Heinz Heckhausen

Motivation und Handeln

Lehrbuch der Motivationspsychologie

Mit 175 Abbildungen und 72 Tabellen

Springer-Verlag
Berlin Heidelberg New York 1980

Professor Dr. Heinz Heckhausen
Ruhr-Universität Bochum
Psychologisches Institut
Postfach 102148
4630 Bochum

ISBN 3-540-09811-9 Springer-Verlag Berlin Heidelberg New York
ISBN 0-387-09811-9 Springer-Verlag New York Heidelberg Berlin

CIP-Kurztitelaufnahme der Deutschen Bibliothek
Heckhausen, Heinz:
Motivation und Handeln: Lehrbuch d. Motivationspsychologie / Heinz Heckhausen. – Berlin, Heidelberg,
New York: Springer, 1980.
ISBN 3-540-09811-9 (Berlin, Heidelberg, New York)
ISBN 0-387-09811-9 (New York, Heidelberg, Berlin)

Das Werk ist urheberrechtlich geschützt. Die dadurch begründeten Rechte, insbesondere die der Übersetzung, des Nachdrucks, der Entnahme von Abbildungen, der Funksendung, der Wiedergabe auf photomechanischem oder ähnlichem Wege und der Speicherung in Datenverarbeitungsanlagen bleiben, auch bei nur auszugsweiser Verwertung, vorbehalten.

Bei Vervielfältigung für gewerbliche Zwecke ist gemäß § 54 UrhG eine Vergütung an den Verlag zu zahlen, deren Höhe mit dem Verlag zu vereinbaren ist.

© by Springer-Verlag Berlin Heidelberg 1980
Printed in Germany.

Die Wiedergabe von Gebrauchsnamen, Handelsnamen, Warenbezeichnungen usw. in diesem Werk berechtigt auch ohne besondere Kennzeichnung nicht zu der Annahme, daß solche Namen im Sinne der Warenzeichen- und Markenschutz-Gesetzgebung als frei zu betrachten wären und daher von jedermann benutzt werden dürften.

Satz u. Bindearbeiten: G. Appl, Wemding. Druck: aprinta, Wemding
2126/3140-543210

Vorwort

Von Motivation ist viel die Rede. Das Wort ist neuerdings in die Umgangssprache eingedrungen. Man benutzt es, um zu sagen, daß jemand etwas gern tut oder von sich aus tut. So gibt es den Schüler, der „motiviert" ist; offensichtlich ein Sachverhalt, der nicht – oder nicht mehr – selbstverständlich ist. In der Psychologie hat Motivation eine lange und verwickelte Begriffsgeschichte. Noch verwickelter ist die dazugehörige Forschungsgeschichte der letzten hundert Jahre. Es gibt kaum ein Teilgebiet psychologischer Forschung, in dem man sich nicht auch auf Effekte von Motivationsvorgängen beriefe; und sei es nur, um unerwartete Befunde nachträglich zu erklären. Seit einigen Jahrzehnten hat sich eine eigene Motivationsforschung herausgebildet. Selbst sie ist schwer zu überblicken. Das liegt weniger an ihrem ständig wachsenden Umfang als an der Verschiedenartigkeit der sie tragenden Impulse. Die Impulse entstammen so unterschiedlichen Forschungsgebieten wie der experimentellen Lernpsychologie, der Sozialpsychologie, der Persönlichkeitspsychologie, der Tiefenpsychologie und der Klinischen Psychologie.

Kaum ein Gebiet der psychologischen Forschung ist von so vielen Seiten zugänglich wie die Motivationspsychologie und doch zugleich so schwer zu überschauen, wenn man erst einmal einzudringen versucht. Auch wer sich, wie der Autor dieses Buches, der Faszination motivationspsychologischer Fragen verschrieben hat, sucht noch nach Jahren nach mehr Überblick und mehr Ordnung in der Vielfalt von Problemen und Antwortversuchen. Ein solches Bedürfnis wurde zum Anlaß, dieses Buch zu schreiben. Beim Schreiben selbst wurden drei Zielsetzungen maßgebend. Einmal sollten die vielfach verschlungenen Problemlinien entwirrt werden. Zum anderen waren getrennte Forschungsrichtungen auf gleiche oder verwandte Problemstrukturen zu integrieren. Schließlich galt es, in kritischer Diskussion bis an den neuesten Forschungsstand überall dort heranzuführen, wo die Impulse besonders fruchtbar sind.

Um diese Ziele zu erreichen, erschienen Eingrenzungen, Ausweitungen und ein paar leitende Gesichtspunkte zweckmäßig. Eingrenzungen betreffen die Verschiedenartigkeit von Motivationsarten. Erörtert werden Handlungsklassen, die für den Menschen charakteristisch sind, nicht dagegen die biologisch verankerten Bedürfnisse. Erörtert werden die Beweggründe des Handelns auf ihre Bedingungen und Wirkungen, nicht dagegen Organisation und Regulation des Handlungsablaufs. Ausweitungen wurden nicht gescheut, wenn Problementwicklungen durchsichtiger gemacht, wenn verschiedene Phänomenbereiche auf ähnliche Problemstrukturen analysiert oder wenn entwicklungspsychologie und angewandte Aspekte dargelegt werden konnten. Weil bisher am besten erforscht, wird Leistungshandeln häufig als Motivationsparadigma herangezogen. Aber auch andere Handlungsklassen wie Angst, sozialer Anschluß, Macht, Hilfeleistung und Aggression – oder aktuelle Forschungsansätze wie „Gelernte Hilflosigkeit" oder intrinsische Motivation – finden eingehende Darstellung

Die leitenden Gesichtspunkte schließlich entsprechen grob der historischen Entfaltung des Motivationsproblems. Ein durchgehender Gesichtspunkt ist die Verhaltenserklärung „auf den ersten bis vierten Blick"; d.h. von der Ursachenlokalisierung in Personfaktoren zur Erklärung interindividueller Unterschiede („erster Blick") und in Situationsfaktoren zur Erklärung intraindividueller Unterschiede („zweiter Blick") bis zur Interaktion beider Ursachenquellen. Ein weiterer Gesichtspunkt ist das motivationstheoretische Grundmodell von „Erwartung-mal-Wert" und seine Elaborationen. In den letzten Kapiteln werden die Einführung kognitiver Zwischenvariablen – insbesondere Kausalattributionen für Handlungsergebnisse – sowie die Aufspaltung des summarischen Motivkonstrukts zum Organisationsprinzip der Darstellung. So kommt es, daß gleiche Gegenstände auf höheren Ebenen der Betrachtung erneut wieder aufgenommen werden; das Leistungshandeln etwa im 9., 11. und 12. Kapitel.

Dieses Buch ist kein Einführungstext in dem Sinne, daß es einen ersten und schnellen Überblick gibt und alles weitere Eindringen einer vielfältigen Spezialliteratur überläßt. Vielmehr will es sowohl einführen, die inneren Zusammenhänge einer vielgestaltigen Motivationsforschung deutlich machen als auch an deren neuesten Fortschritten teilhaben lassen. Als Leser schwebten dem Autor einerseits Studierende der Psychologie und Vertreter der Nachbardisziplinen vor, die sich in die Motivationspsychologie einarbeiten wollen, andererseits aber auch Fortgeschrittene, Lehrende und Forscher, die die Ergebnisse der Motivationspsychologie nutzen, darstellen oder durch eigene Forschung mehren wollen. Für Anfänger und für Fortgeschrittene zu schreiben, ist nur scheinbar widersprüchlich. Die ersten 6 bis 8 Kapitel haben vornehmlich den Anfänger, die letzten 5 bis 7 Kapitel den Fortgeschrittenen im Blick. Außerdem hofft der Autor, daß aus dem Anfänger nach der Lektüre der ersten Kapitel ein Fortgeschrittener geworden ist, wie er andererseits im Fall der Fortgeschrittenen glaubt, daß diese auch von den anfänglichen Kapiteln profitieren können.

Anhand einzelner Kapitel oder Teilkapitel lassen sich Seminare für Anfänger und für Fortgeschrittene gestalten. Dabei können Kapitelteile als Haupt- oder Hintergrundlektüre vorausgesetzt und durch ausgewählte Originalliteratur ergänzt werden.

Das 1. Kapitel breitet die leitenden Gesichtspunkte für die weitere Problementfaltung aus. Neben der Verhaltenserklärung auf den ersten bis vierten Blick werden acht Grundprobleme und fünf Versuchspläne der Motivationsforschung herausgearbeitet. Das 2. Kapitel gibt eine Geschichte der Motivationsforschung der letzten hundert Jahre, indem es die verschiedenen Theorieentwicklungen anhand der Einflußlinien herausragender Forscher zu entwirren sucht. Die beiden nächsten Kapitel behandeln Forschungstraditionen, die in motivationspsychologischer Hinsicht einseitig sind, weil sie zu ausschließlich entweder auf Personfaktoren (3. Kap.) oder auf Situationsfaktoren (einschließlich variabler körperlicher Zustände und kognitiver Dissonanz; 4. Kap.) achten. Das 5. Kapitel verfolgt die Herausbildung des Erwartung-mal-Wert-Modells der Motivation aus der frühen experimentellen Lernforschung und die Fortentwicklungen des Modells hinsichtlich Anreiz und Instrumentalität der Handlungsfolgen. Die Erforschung verschiedener Motivationsarten wie Angst, Leistung, Anschluß, Macht, Hilfeleistung und Aggression wird in den Kapiteln 6, 7 und 8 dargestellt. Der am Risikowahl-Modell orientierten Leistungsmotivationsforschung ist das ganze folgende (9.) Kapitel gewidmet. Das 10. Kapitel führt in die sozialpsychologischen Ansätze der Attributionstheorie ein, die seit Anfang der siebziger Jahre die Motivationsforschung entscheidend angeregt haben. Die Fruchtbarkeit attributionstheoretischer Erklärungsansätze wird im 11. Kapitel für verschiedene Motivationsarten und -phänomene am gegenwärtigen Forschungsstand erläutert. Das 12. Kapitel vereinigt eine Reihe erweiterter Perspektiven, die für die weitere Forschung fruchtbar erscheinen, insbesondere weil sie das summarische Motivkonstrukt aufspalten und zu Teilsystemen strukturieren. Das 13. Kapitel schließlich trägt viele Befunde zu einer Entwicklungspsychologie der Motivation zusammen. Am Beispiel des Leistungshandelns wird die Befundlage zur allgemeinen Motivationsentwicklung, zur Entwicklung individueller Motivunterschiede und zur Änderung von Motiven mit Hilfe von Interventionsverfahren dargestellt.

Der Autor hat vielen für ihre Beiträge zur Fertigstellung des Buches zu danken. Zuvörderst ist ein Stipendium für das „Schreiben synoptischer Lehrbücher" von seiten des Bundesministers für Bildung und Wissenschaft zu nennen; eine sehr hilfreiche Förderung, die auf eine Initiative des ehemaligen Präsidenten der Deutschen Forschungsgemeinschaft, Heinz Maier-Leibnitz, zurückgeht. Dank dieses Stipendiums konnte der Autor ein ganzes Studienjahr ausschließlich der Fertigstellung des Buches widmen. Die im Stipendium vorgesehene Möglichkeit des „kritischen Gegenlesens" wurde ausgiebig genutzt. Die endgültigen Fassungen der einzelnen Kapitel haben erheblich von Kritik und Kommentar der folgenden Kollegen gewonnen: Carl Friedrich Graumann, Rudolf Fisch, Theo Herrmann, Gerhard Kaminski, Hans-Joachim Kornadt, Julius Kuhl, Ernst Liebhart, Heinz-Dieter Schmalt, Klaus Schneider, Clemens Trudewind, Manfred Waller, Franz Weinert und Horst Zumkley. Die vielen Abbildungen hat Günther Keim gestaltet. Die Fülle technischer Vor- und Nacharbeiten lag in den Händen von Ingrid Beisenbruch, Beatrice Börgens, Claudia Steuer und Rosemarie Tweer. Vor allem ist Edith Lutz zu nennen, die die Niederschrift des sich fortspinnenden Manuskripts und seiner mannigfachen Überarbeitungen besorgt hat, ohne je den Überblick zu verlieren. An dieser Arbeit waren in einzelnen Phasen auch Irmfriede Hustadt, Ulrike Kurte und Ilsegret Röbke beteiligt. Schließlich war die Forschungsaktivität unserer Bochumer Arbeitsgruppe, einschließlich ihrer Diplomanden, eine nie versiegende Quelle der Stimulation, die dem Buch an vielen Stellen direkt zugute gekommen ist.

Allen, die auf ihre Weise dazu beigetragen haben, daß dieses Buch endlich doch fertig wurde, sei herzlich gedankt. Einschließen in den Dank möchte ich nicht zuletzt auch meine Frau und meine Kinder. Ohne deren Verständnis für ein nicht selten geistig abwesendes Familienmitglied hätte dieses Buch seine Gestalt nicht gewinnen können.

Bochum, Februar 1980   HEINZ HECKHAUSEN

Inhaltsverzeichnis

Kapitel 1
Motivationsforschung: Sichtweisen, Probleme, Versuchspläne . . 1

Arten von Aktivität 2

Drei Beurteilungsdimensionen für auffälliges Handeln 4
    Beurteilungsdimensionen und Frageperspektiven 6
Beobachtungsperspektive und Ursachenlokalisierung 6
Auf den ersten Blick: Eigenschaftstheorien 8
Auf den zweiten Blick: Situationsdeterminiertheit 9
Die beiden Disziplinen der Psychologie 10
Umverlagerung der Erklärungslast von Personen auf Situationen . 11
    Individuelle Unterschiede 12
    Gleichartigkeit über Situationen 12
    Stabilität über Zeit 13
Neuverteilung der Erklärungslast: Personfaktoren als
Erklärungsrest 14
Äquivalenzklassen von Situationen und Persondispositionen . . . 15
Auf den dritten Blick: Wechselwirkung zwischen Person und
Situation 17
Statistische Interaktion: Eine Sackgasse 18
Interaktion als gegenseitiger Beeinflussungsprozeß 21
Auf den vierten Blick: Realisierungsmöglichkeiten für Handeln . . 22

Motiv und Motivation: Acht Grundprobleme 23
Einige Einschränkungen und Hinweise 25
Zirkularität in der Verwendung des Motivationsbegriffs 26
Motive und Motivation als hypothetische Konstrukte 28
    Individuelle Unterschiede 29

Fünf Versuchspläne der Motivationsforschung 31
    Einige wissenschaftstheoretische Vorbemerkungen 31
    Versuchsplan-Typ I 33
    Versuchsplan-Typ II 36
    Versuchsplan-Typ III 36
    Versuchsplan-Typen IV und V 37
Motivationstheoretische Bedeutung von Kognitionen 40
„Situation" und „Handlung" 42
    „Situation" 42
    „Handlung" 43
Wandel des Erklärungsmodells 45

Kapitel 2
Entwicklungslinien der Motivationsforschung 47

Die Generation der Pioniere 48

Instinkttheoretischer Problemstrang 51

Persönlichkeitstheoretischer Problemstrang 54
Motivationspsychologische Linie 58
Kognitionspsychologische Linie 63
Persönlichkeitspsychologische Linie 66

Assoziationstheoretischer Problemstrang 69
Lernpsychologische Linie 69
Aktivationspsychologische Linie 76
Ausblick 85

Kapitel 3
Eigenschaftstheorien der Motivation 86

Mißverstandene Eigenschaftstheorie und Allports idiographische
Betrachtungsweise 87
Intuitiv-charakterologische Eigenschaftstheorie: P. Lersch 90
Faktorenanalytische Eigenschaftstheorie: R. B. Cattell 92
Motivklassifikation nach Instinkten: W. McDougall 98
Motivklassifikation nach Person-Umwelt-Bezügen:
H. A. Murray 101
Hierarchie-Modell der Motivklassifikation: A. Maslow 104
Taxonomieprobleme der Motivklassifikation 107
    Drei Auswahlgesichtspunkte 109
    Ausgliedern einer Motivklasse am Beispiel
    des Leistungshandelns 111

Kapitel 4
Situative Determinanten des Verhaltens 115

Reiz-Reaktions-Verbindungen 117
    Die Ach-Lewin-Kontroverse 118
Bedürfnis und Trieb 120
Triebtheorie 124
    Vorauslaufende Bedingungen des Triebes 126
    Triebreize 127
    Unabhängigkeit von Trieb und *habit* 128
    Energetisierende Wirkung des Triebes 129
    Bekräftigende Wirkung der Triebreduktion 129
    Allgemeiner Charakter des Triebes 131
Erworbene Triebe, Trieb als starker Reiz 133
    Frustration 133
    Furcht als erlernter Trieb 135

Konflikttheorie ... 139
    Lewins Konflikttheorie ... 139
    Millers Konfliktmodell ... 141
    Anwendungen des Konfliktmodells ... 142
Aktivationstheorien ... 145
    Das Aktivationskonstrukt ... 146
    Anregungspotential und seine Wirkungen ... 148
Motivationstheoretische Ansätze einer kognitiven
Situationsbeurteilung ... 152
Emotion als Ergebnis kognitiver Situationsbeurteilung ... 153
    Schachters Zweifaktorentheorie der Emotion ... 153
    Modifikation durch Valins ... 154
Bewertung bedrohlicher Situationen ... 156
Kognitive Ausgewogenheit ... 157
Kognitive Dissonanz ... 158
    Nachentscheidungskonflikte ... 160
    Erzwungene Einwilligung ... 161
    Selektion von Informationen ... 164
    In Frage gestellte Überzeugungen von sozialen Gruppen ... 164
    Unerwartete Handlungsergebnisse und Ergebnisfolgen ... 165
    Theoriegeschichtliche Aspekte der kognitiven
    Dissonanzforschung ... 168
Theorien kognitiver Situationsbeurteilung in
motivationspsychologischer Sicht ... 170
    Abschließende Bemerkungen ... 170

Kapitel 5
Motivation durch Erwartung und Anreiz ... 172

Lewins Feldtheorie ... 175
    Das Personmodell ... 176
    Gespannte Systeme im Personmodell ... 177
    Das Umweltmodell ... 180
    Umweltmodell: postdiktiv, nicht prädiktiv ... 182
    Beziehungen zwischen beiden Modellen ... 184
Experimentelle Beiträge der Feldtheorie ... 188
    Nachwirkungen unerledigter Handlungen ... 188
    Komplikationen des Zeigarnik-Effekts ... 190
    Ersatzhandlungen ... 192
    Psychologische Distanz und Valenzstärke ... 193
Tolmans Analyse zielgerichteten Handelns ... 195
    Erwartung und Zielgerichtetheit ... 195
    Anreiz-Effekte ... 196
    Latentes Lernen: Trennung zwischen Lernen und Motivation ... 198
    Erwartungs-Wert-Matrix ... 200
Erwartung und Anreiz, S-R-theoretisch konzipiert ... 202
    Der frühe Hull ... 202
    Der mittlere und der späte Hull ... 205
    Die Weiterentwicklung durch Spence ... 206

Neuere Fortentwicklungen 207
    Reaktionsbekräftigung, ein unnötiger Erklärungsbegriff 210
    Walkers Analyse der lerntheoretischen Erklärungsbegriffe . . . 210
    Das kognitive Modell der Anreizmotivation von Bolles 211
    Das quasi-physiologische Modell der Anreizmotivation von Bindra 215
Erwartungs-mal-Wert-Theorien 216
Entscheidungstheorie 218
Anspruchsniveau und Theorie der resultierenden Valenz 219
    Erfolgserwartung und Valenz 222
Rotters soziale Lerntheorie 223
    Empirische Belege 224
Instrumentalitätstheorie 226
    Vrooms Instrumentalitätsmodell 228
    Drei Teilmodelle für Valenz, Handlung und Ausführung . . . 229
    Ausführungsmodell 231
    Handlungsergebnisse und Handlungsfolgen 232
    Empirische Überprüfung 233

Kapitel 6
Ängstlichkeit und Leistungsmotiv als Persönlichkeitsdispositionen 235

Ängstlichkeit 237
    Allgemeine Ängstlichkeit 237
    Situative Anregungseffekte 237
    Ängstlichkeit als Disposition und als Zustand 239
    Prüfungsängstlichkeit 242
    Aufmerksamkeitshypothese der Prüfungsängstlichkeit 245
    Störeinflüsse selbstwertbezogener Kognitionsinhalte 246
    Therapeutische Interventionseffekte 248

Leistungsmotiv 250
    Thematischer Auffassungstest 250
Messung der Leistungsmotivation 251
    Konstruktion eines Inhaltsschlüssels 253
    Messung des Leistungsmotivs 255
    Messung der Motivtendenzen „Hoffnung auf Erfolg" und „Furcht vor Mißerfolg" 257
    TAT-Verfahren für beide Leistungsmotive 259
    Intensität versus Extensität des Leistungsmotivs 261
    Gütekriterien der Verfahren und Konstruktcharakter der gemessenen Variablen 263
    Konsistenzproblematik in meß- und konstrukttheoretischer Hinsicht 264
    Andere Verfahren 267
    Verhaltenskorrelate von Motivunterschieden 268
    Aufgabenwahl und Anspruchsniveau 268
    Leistungsergebnisse 270
    Ausdauer 272

Sozialkulturelle Motiv-Indices und historisch-ökonomischer
Wandel 272
Motivunterschiede bei variierter Situationsanregung:
Motivationseffekte 275

Kapitel 7
Soziale Motive: Anschluß und Macht 279

Anschlußmotiv 280
Messung des Anschlußmotivs 282
   Fragebogen 286
Verhaltenskorrelate zu TAT-Maßen 287
Die Studien von Mehrabian und Ksionzky 291

Machtmotiv 295
   Motivbasis 296
   Machtquellen 297
   Machtverhalten 298
Individuelle Unterschiede im Machthandeln: Machtmotiv 301
   1. Erwerb von Machtquellen 301
   2. Fähigkeit 302
   3. Machthandeln 302
   4. Moralität des Zwecks 303
   5. Furcht vor Folgen des Machthandelns 303
   6. Bevorzugte Bereiche 304
Motivdefinitionen 304
   Veroffs Definition 305
   Ulemans Definition 306
   Winters Definition 306
   Typologie von Entwicklungsstadien der Macht 307
   Zusammenfassung 310
Verknüpfung von Wert und Erwartung 310
Validierungskorrelate der Motivmaße 312
   Studien mit Veroffs Motivmaß 312
   Studien mit Ulemans Motivmaß 313
   Studien mit Winters Motivmaß 314
   Studien der Machiavellismus-Skala 316
Motivkonstellationen von Macht, Leistung und Anschluß 317
   Experimentelle Studien 317
   Machthandeln in Kriteriumsgruppen 318
   Demographische Unterschiede und historischer Wandel .. 322

Kapitel 8
Pro- und antisoziale Motive: Hilfeleistung und Aggression 324

Hilfeleistung 324
   Forschungsgeschichtliche Aspekte 326
Situationsbedingungen 327
   Abwägung von Kosten und Nutzen 328

Person-Attribuierung als Erklärungsrest 329
Verantwortlichkeitsdiffusion 330
Normen 332
Norm der sozialen Verantwortlichkeit 332
Norm der Gegenseitigkeit 333
Einfühlung 333
Einfühlung in lerntheoretischer Sicht 334
Einfühlung in feldtheoretischer Sicht 336
Zweistufen-Modell empathie-vermittelter Hilfeleistung . . . 336
Persönlichkeitsdispositionen 337
Diverse Persönlichkeitsmerkmale 338
Das motivationstheoretische Konzept von Schwartz 340
Ansätze zu einem Modell der Hilfemotivation 344
Hilfemotivation in einem Erwartungs-mal-Wert Modell 347

Aggression 349
Abgrenzungen 349
Normen 352
Gegenseitigkeit: Vergeltungsnorm 353
Norm der sozialen Verantwortlichkeit und
Selbstrechtfertigungen ihrer Verletzung 356
Forschungsgeschichtliche Aspekte 358
Triebtheorien 358
Frustrations-Aggressions-Theorie 359
Soziale Lerntheorien der Aggression 359
Experimentelle Aggressionsforschung 361
Situationsbedingte Faktoren des Aggressionsverhaltens 362
Intention 362
Erwartung von Zielerreichung eigener Aggression und von
Vergeltung auf eigene Aggression 363
Aggressionsfördernde Hinweisreize 364
Befriedigungswert der erzielten Aggressionseffekte 366
Selbstbewertung 366
Fremdbewertung 367
Ärger-Emotion und allgemeiner Erregungszustand 368
Zusätzliche Erregungsquellen 369
Individuelle Unterschiede und Ansätze einer Motivkonzeption . . 370
Diverse Persönlichkeitsmerkmale 370
Konstrukttheoretische Ansätze 371
Motivmessung 373
Aggression als Handlungsziel: Die Katharsis-Hypothese 377
Motivationstheoretische Präzisierung der
Katharsis-Hypothese 377
Mangelnde Schlüssigkeit von Katharsis-Experimenten 378
Klärung durch unmittelbare Motivationsmessung 380

Kapitel 9
Leistungsmotivation:
Das Risikowahl-Modell und seine Revisionen 385

Risikowahl-Modell 386
Subjektive Erfolgswahrscheinlichkeit 390
   Determinanten der subjektiven Erfolgswahrscheinlichkeit ... 392
   Schneiders Analysen der subjektiven Unsicherheit 394
   Asymmetrie-Revision des Modells 396
   Subjektive Unsicherheit: Zusammenfassende Betrachtung ... 399
Aufgabenwahl und Zielsetzung 400
   Klärung eines paradoxen Phänomens 401
   Hamiltons Revisionsvorschlag 403
   Persönlicher Standard: Kuhls Erweiterung um einen
   Personparameter 404
   Berufswahl 407
Ausdauer 408
   Ausdauer als einfaches Motivkorrelat 409
   Feathers Bedingungsanalyse 410
   Nygards Modellrevision 411
„Trägheitstendenz" des Unerledigten: Eine Modell-Ergänzung .. 414
   Elaboration und Überprüfung durch Weiner 415
   Trägheitstendenz oder veränderte Erfolgswahrscheinlichkeit? . 417
   Differenzierung des Trägheitskonzepts für
   Aufgabenwiederholungen 419
Zukunftsorientierung: Eine Modell-Erweiterung 420
   Zukunftsorientierung, ein vernachlässigter Handlungsaspekt .. 421
   Raynors Modell-Erweiterung 421
   Empirische Überprüfung des Raynor-Ansatzes 423
   Zeitliche Zieldistanz und Leistung 427
Leistungsergebnisse 428
   Schulleistung in unterschiedlich gruppierten Klassen 428
   Motivationsstärke und Leistungsergebnis: Menge vs. Güte ... 429
   Wirkungen von Erfolg und Mißerfolg auf die Leistung 433
Effizienz der Aufgabenbearbeitung 434
   Effizienz 434
   Empirische Belege 435
Kumulative Leistung 437
   Die doppelte Rolle der Motivationsstärke für kumulative
   Leistungen 438
   Empirische Belege 439

Kapitel 10
Zuschreiben von Ursachen: Attributionstheorie 441

Ursachenzuschreibung in der Verhaltenserklärung auf den
ersten bis vierten Blick 442
Ursachenzuschreibung im Motivationsprozeß 443

Problemgeschichtliche Aspekte und verwandte
Forschungsrichtungen 443
    Phänomenale und kausale Beschreibung in der Wahrnehmung . 444
    Personwahrnehmung in der Sozialpsychologie 446
    Selbstwahrnehmung: Rotters Persönlichkeitsvariable der
    internalen und externalen Kontrolle 446
    Das Konzept der „persönlichen Verursachung" nach
    deCharms 447
    Attribuierung in der Reduktion kognitiver Dissonanz 448
    Bems Theorie der Selbstwahrnehmung 449
    Attribuierung von inneren Erregungszuständen und
    bedrohlichen Situationen 450
Grundpositionen und Modelle 452
    Kausalattribuieren, um zu verstehen und vorauszusagen:
    Bedürfnis oder Fähigkeit 452
    Kausalattribution als Regulativ sozialer Beziehungen 454
    Ursprüngliche Fragestellung und Modelle der
    Attributionsforschung 455
    Heiders „naive" Handlungsanalyse 456
    Modell der korrespondierenden Schlußfolgerung von
    Jones u. Davis 459
    Das Kovarianzmodell von Kelley 462
    Empirische Belege für das Kovarianzmodell 464
    Konfigurationskonzepte: Kausale Schemata nach Kelley . . . 467
Fünf weiterführende Fragestellungen 469
    Die Wann-Frage 469
    Die Frage nach der Informationsnutzung 470
    Die Frage nach Erwartungseffekten 472
    Die Fragen nach der Motivationsvoreingenommenheit und nach
    den Auswirkungen 473
Prozeßabfolge der Attribuierung 473
    Der „fundamentale Attribuierungsfehler" 474
    Ein übersehener Unterschied: selbst-determinierte und
    situativ-induzierte Intentionen 475
    Decis Prozeßmodell der Motivationsattribuierung 478
Motivationale Voreingenommenheiten der Attribuierung 480
    Selbstwertdienliche Attribution bei Erfolg und Mißerfolg . . . 480
    Gegendefensive Attribution 481
    Selbstwertdienlichkeit oder rationale
    Informationsverarbeitung? 482
Perspektive-Diskrepanz der Selbst- und Fremdbeurteilung . . . 484
    Falscher Konsens und Reaktionsdiskordanz 485
    Nutzung von Konsensinformation 485
    Perspektive-Diskrepanz neu konzipiert 486
    Attribuierungsasymmetrie bei Perspektivwechsel des
    Beobachters 488
Attribution von Verantwortlichkeit 489
    Motivationale Voreingenommenheiten in der Attribution von
    Verantwortlichkeit 491

Kapitel 11
Attribuierung und Motivation 494

Gelernte Hilflosigkeit 495
Das leistungsthematische Versuchsparadigma 497
    Erlebniswandel bei nicht-kontingenter Rückmeldung:
    Ein Stadienschema 498
    Unterscheidung zwischen wahrgenommener
    Nicht-Kontrollierbarkeit und Nicht-Kontingenz 500
    Differentieller Effekt von nicht-kontingentem „Erfolg" und
    „Mißerfolg" 502
    Immunisierung gegen Hilflosigkeit 503
Verbesserung statt Minderung der Leistung 504
    Zwei Ansätze zur Erklärung von Leistungssteigerung 506
Generalisierung: Skeptizismus und erlebte Nicht-Kontingenz von
Ergebnis und Folge 507
Generalisierungsförderndes Attributionsmuster:
Stabil-global-internal 509
    Schlüsselrolle von Schwierigkeits- vs. Unfähigkeitsattribution
    für die Generalisierung 510
    Unmittelbare Ursachen des Leistungsabfalls 512
Individuelle Unterschiede 512
Abschließende Bemerkungen 514

Attribution im Leistungshandeln 515
Klassifikation von Ursachen-Dimensionen 516
Bedingungskonstellationen für das Heranziehen einzelner
Ursachenelemente 518
    Kovarianzinformationen 518
    Kausale Schemata 519
Motivbedingte Attribuierungsunterschiede 522
Auswirkungen der Attribution von Erfolg und Mißerfolg 525
Stabilitätsdimension und Erfolgserwartung 526
    Anstrengungsattribution und Erwartungsänderung 529
    Konfundierung von Ursachendimensionen 529
    Kontingenzdimension und Löschungsresistenz 530
    Attribuierungsasymmetrie zur Aufrechterhaltung von
    Selbstwertkonzepten 532
    Erfolgsprognosen im Fremdurteil 532
Lokationsdimension: Motivierung und selbstbewertende
Emotionen 534
    Motivierung 534
    Selbstbewertende Emotionen: Fähigkeits- vs.
    Anstrengungsattribution 536
    Fähigkeits-vs. anstrengungszentrierte Aufgaben 536
    Arten selbstbewertender Emotionen 539
Kontrolldimension: Fremdbewertung und Selbsterleben 541
Kausaldimensionen und Emotionen 544
    Emotionen nach eingetretenem Leistungsergebnis 544
    Emotionen während der Leistungstätigkeit 546

XVIII — Inhaltsverzeichnis

Auswirkungen im Verhalten 548
   Aufgabenwahl 548
   Einholen von Rückmeldungen 550
   Ausdauer 551
   Leistungsergebnisse 552
   Verhaltensänderung 553
Der attributionstheoretische Beitrag zur
Leistungsmotivationstheorie 554

Attribution in sozialen Handlungen 557
Anschluß 557
Hilfeleistung 558
Aggression 561

Kapitel 12
**Erweiterte Perspektiven: Aufspaltung des summarischen
Motivkonstrukts** 564
Selbstbewertung als ein Motivationsprinzip 566
   Selbstkontrolle und Selbstbekräftigung 567
   Selbstbewertung als Motivationsprinzip autonomen Handelns . 569
   Leistungsmotiv als Selbstbewertungssystem 570
   Empirische Belege zum Selbstbewertungsmodell 572
Bezugsnormen der Selbst- und Fremdbewertung 574
   Arten von Bezugsnormen 575
   Der motivationspsychologische Primat der individuellen
   Bezugsnorm 576
   Bezugsnorm-Orientierung in der Selbstbewertung 578
   Bezugsnorm-Orientierung in der Fremdbewertung 578
   Bezugsnorm-Orientierung des Lehrers: Effekte auf die
   Motivation der Schüler 580
Selbstkonzepte und selbstbezogene Kognitionen 582
   Traditionelle Selbstkonzeptforschung 583
   Neuere Ansätze 584
Selbstkonzept-Variablen in der Leistungsmotivationsforschung . . 585
   Selbstkonzept der Begabung und Modell der
   Anstrengungskalkulation 586
   Anstrengungskalkulation 587
   Motivgebundenes Selbstkonzept der Begabung? 588
   Begabungseinschätzung als Motivziel? 590
Selbstbezogene Kognitionen 593
   Selbstaufmerksamkeit 593
   Selbstbezogene Kognitionen in der
   Leistungsmotivationsforschung 595
Modellüberprüfung durch Computersimulation des individuellen
Falles 597
Informationsgewinn oder affektive Befriedigung? 599
   Der attributionstheoretische Ansatz 600
   Ungenügende Spezifikation des antezedenten
   Informationsmusters 601

"Diagnostizität" 601
Der informationspsychologische Ansatz 602
Die verteilten motivationspsychologischen Rollen von
Ungewißheitsreduktion und von Selbstbewertung 603
Abschließende Bemerkungen 606

Intrinsische und extrinsische Motivation 607
Unterschiedliche Konzeptionen von intrinsischer und extrinsischer
Motivation 608
    Triebe ohne Triebreduktion 608
    Zweckfreiheit 608
    Optimalniveau von Aktivation oder Inkongruenz 608
    Selbstbestimmung 609
    Freudiges Aufgehen in einer Handlung 610
    Gleichthematik (Endogenität) von Handlung und
    Handlungsziel 611
    Bewertung der verschiedenen Konzeptionen 612
Korrumpierung intrinsischer Motivation durch extrinsische
Bekräftigungen 613
    Korrumpieren Bekräftigungsprogramme intrinsische
    Motivation? 615
    Intrinsischer und extrinsischer Anreiz in Erwartungs-
    mal-Wert-Modellen 616
    Erhöhung intrinsischer Motivation nach Wegfall extrinsischer
    Belohnung 618
    Abschließende Bemerkungen 618

Ein erweitertes Motivationsmodell 619
    Erwartungen 621
    Anreize 622
    Modellparameter zur Verankerung von Motivkonstrukten . . . 624
    Wahl von Aufgaben mit Oberzielvalenz 625
Geschlechtsgebundene Anreizeffekte und Anreizkonflikte 627
    Geschlechtsgebundene Anreizeffekte bei der Messung des
    Leistungsmotivs 628
    Geschlechtsgebundener Anreizkonflikt: "Furcht vor Erfolg" . . 629

*Motivationswechsel: Das "Dynamische Handlungsmodell" von
Atkinson u. Birch* 632
    Erklärungswert des Dynamischen Handlungsmodells 634
    Eine erste empirische Modellüberprüfung 636

Kapitel 13
Motivationsentwicklung und Motivänderung 639

Motivationsentwicklung 641
Kognitive Voraussetzungen für die Auseinandersetzung mit einem
Tüchtigkeitsmaßstab 642
    Übergangsperiode zum ersten Auftreten leistungsmotivierten
    Verhaltens 643

1. Entwicklungsmerkmal: Zentrierung auf ein selbstbewirktes Handlungsergebnis ... 644
2. Entwicklungsmerkmal: Rückführung des Handlungsergebnisses auf eigene Tüchtigkeit und deren Selbstbewertung ... 645
3. Entwicklungsmerkmal: Unterscheidung von Graden der Aufgabenschwierigkeit und der persönlichen Tüchtigkeit ... 647
4. Entwicklungsmerkmal: Differenzierung der Ursachenkonzepte von Fähigkeit und Anstrengung ... 650

Kognitive Voraussetzungen des Risikowahl-Modells und seiner attributionstheoretischen Elaboration ... 651
5. Entwicklungsmerkmal: Subjektive Erfolgswahrscheinlichkeit ... 653
6. Entwicklungsmerkmal: Beziehung zwischen Erwartung und Anreiz ... 654
7. Entwicklungsmerkmal: Multiplikative Verknüpfung von Erwartung und Anreiz (Anspruchsniveau-Bildung) ... 656

Kognitive Voraussetzungen für Attributionsmuster und deren Affektwirksamkeit ... 658
8. Entwicklungsmerkmal: Kausale Schemata für Fähigkeit und Anstrengung ... 659
9. Entwicklungsmerkmal: Unterschiedliche Affektwirksamkeit von Fähigkeits- und Anstrengungsattribution ... 664

Kognitive Voraussetzungen für individuelle Motivunterschiede ... 668
10. Entwicklungsmerkmal: Individuelle Unterschiede in der Anreizgewichtung von Erfolg und Mißerfolg ... 669
11. Entwicklungsmerkmal: Individuell bevorzugte persönliche Standards ... 670
12. Entwicklungsmerkmal: Individuell bevorzugte Attributionsmuster ... 672

Integrierender Überblick ... 677
Anreizgewichte von Erfolg und Mißerfolg ... 678
Anspruchsniveau-Bildung und persönlicher Standard ... 679
Attributionsmuster ... 680
Zusammenhangsmuster der differentiell-psychologischen Entwicklungsmerkmale ... 681
Abschließende Bemerkungen ... 682

Entwicklung individueller Motivunterschiede ... 683
Selbständigkeitserziehung ... 684
Befunde ... 684
Theorieentwicklung ... 686
Erste Differenzierungen ... 687
Erziehungspraktiken ... 689
Scheinbar paradoxe Bekräftigungseffekte ... 690
Lebensaltersabhängigkeit der Bekräftigungseffekte ... 691
Ökologische Einflüsse ... 692

Änderung von Motiven ... 694
Motivtrainingskurse ... 695
Trainingskurse für Schüler ... 698

Attributionszentrierte Motivänderungsprogramme 699
    Kausalattribuierung als impliziter Programmgehalt 699
    „Verursacher-Erleben" 700
    „Pygmalion im Klassenzimmer" als motivändernder
    Attributionseffekt 701
    Einüben von Attributionsmustern zu günstigerer
    Selbstbewertung 702
Einüben von Attribuierungsmustern zur Überwindung „Gelernter
Hilflosigkeit" 704
Bezugsnorm-Effekte im Unterricht 704
    Bezugsgruppen-Effekt 706

Literaturverzeichnis 708

Sachverzeichnis 755

Namenverzeichnis 775

1 Motivationsforschung: Sichtweisen, Probleme, Versuchspläne

Das Leben jedes Menschen ist ein nicht abreißender Strom von Aktivitäten. Darunter fallen nicht nur die vielerlei Arten von Handlungen oder Mitteilungen. Auch Erleben – geistige Aktivität in Form von Wahrnehmungen, Gedanken, Gefühlen und Vorstellungen – gehört dazu, wenn es auch nicht von außen beobachtbar ist und nicht unmittelbar auf die Außenwelt einwirkt. Die Aktivitäten reichen von Vorstellungsbildern, die im Tag- oder Nachttraum durch das Bewußtsein ziehen (Klinger, 1971), bis hin zu Handlungen, die vorausgeplant sind und willentlich unternommen werden.

Geht man vom Aktivitätsstrom aus, stellt sich eine Unmenge von Fragen. Unter welchen Gesichtspunkten kann man z. B. Teile des Aktivitätsstroms in Einheiten aufgliedern und diese Einheiten nach verschiedenen Arten klassifizieren? Wie kommt es zu einer beobachteten Abfolge von Einheiten, wie ist jede Einheit selbst wieder organisiert und unterteilbar, welche Prozesse liegen dem zugrunde usf.? Fragen dieser Art stellen sich der gesamten Psychologie mit all ihren Teilbereichen bis in die Nachbardisziplinen. Mit einer Teilgruppe solcher Fragen beschäftigt sich die Motivationspsychologie. Ihre Fragen beziehen sich nur auf solche Aktivitäten, die das Verfolgen eines angestrebten Zieles erkennen lassen und unter diesem Gesichtspunkt eine Einheit bilden. Der Motivationsforschung geht es darum, solche Aktivitätseinheiten im Hinblick auf deren Wozu zu erklären. Wozu-Fragen lassen sich vielfältig auffächern. Zum

Beispiel: Inwieweit ist es gerechtfertigt, verschiedene Aktivitätseinheiten einer gemeinsamen Klasse von Zielen zuzuordnen und gegen andere Klassen von Zielen abzugrenzen? Wie entwickelt sich eine solche Zielklasse im Lebenslauf des einzelnen und welche individuellen Unterschiede gibt es? Warum wird unter bestimmten Situationsgegebenheiten eine bestimmte und keine andere Ziel-Aktivität gewählt und mit bestimmter Intensität und Zeitdauer verfolgt?

Es gibt wichtige Fragen, mit denen sich die Motivationsforschung in der Regel nicht beschäftigt, weil sie zur Erklärung des Wozu von Aktivitätseinheiten wenig beitragen. Dazu gehört die Frage nach der Organisation einer Aktivitätseinheit, nach den Komponenten, Schritten und Prozessen, aus denen sie sich zusammensetzt und nach deren Koordination. Denn die Organisation kann das Wozu kaum erklären, eher das Wozu die Organisation. Auch mit den mancherlei Funktionstüchtigkeiten – wie Wahrnehmung, Informationsverarbeitung, Sprache, motorischen Fertigkeiten –, ohne die Aktivitätseinheiten nicht zustande kämen, beschäftigt sich die Motivationsforschung nicht, sondern setzt sie als verfügbar voraus.

Arten von Aktivität

Aktivitäten lassen sich nicht nur danach unterscheiden, ob sie ausschließlich aus Erleben oder zusätzlich auch aus Verhalten bestehen (Verhalten ohne jedes Erleben ist schwer vorstellbar). Unter vielerlei möglichen Unterscheidungen erscheinen die folgenden für die Motivationsforschung angebracht. Zunächst sind „willkürliche" und „unwillkürliche" Aktivitäten gegenüberzustellen, d. h. ob sie vom Handelnden oder Erlebenden intendiert sind, für ihn ein Ziel haben, von ihm auf Zweckmäßigkeit überwacht und korrigiert werden (oder werden können).

Willkürlich sind Aktivitäten, wenn sie erkennen lassen, daß sich die einzelnen Aktivitätsschritte in einer solchen Weise wechselnden Situationsgegebenheiten anpassen und solange andauern, bis sie auf ein bestimmtes Ergebnis konvergieren und es erreichen. Es sind Aktivitäten, bei denen man sich bewußt werden kann, daß man ein Ziel verfolgt und daß die ablaufenden Aktivitäten der eigenen Kontrolle unterliegen (vgl. Klinger, 1978). Nur bei solchen Aktivitätseinheiten scheint es einen Sinn zu haben, Wozu-Fragen zu stellen und nach einer „Motivation" zu suchen. Immer gehen willkürliche Aktivitäten mit mehr oder weniger deutlichen Erwartungen darüber einher, welches Ergebnis die eigenen Aktivitäten oder welche Folgen die Ergebnisse der eigenen Aktivitäten voraussichtlich haben werden (vgl. Witte, 1976). Am deutlichsten tritt dies bei Willenshandlungen hervor, ist aber spurenhaft auch noch bei ganz impulsiven Reaktionen der Fall. Selbst wenn ursprüngliche Willenshandlungen zu reinen Gewohnheitstätigkeiten routinisiert worden sind, scheinen nicht mehr bemerkte Erwartungsanteile dennoch tätigkeitsleitend zu sein, wie sofort deutlich wird, wenn der Ablauf von Gewohnheitstätigkeiten gestört wird.

Unwillkürlich (oder zumindest Grenzfälle) sind Aktivitätseinheiten des Erlebens wie Nacht- oder Tagtraum, sofern man sich beim letzteren den eigenen Vorstellungsinhalten und Gedanken wie einem fremdinszenierten Schauspiel überläßt. Zum unwillkürlichen Verhalten gehören rein reflektorische Körperreaktionen wie Lidschlagreflex und Orientierungsreaktionen, desgleichen konditionierte Reaktionen des Signallernens (vgl. Kap. 2). Des weiteren wären Verhaltenseinheiten zu nennen, die sich wie überraschende Fremdkörper in eine geordnete Handlungssequenz einschieben oder sie gar zusammenbrechen lassen. Es handelt sich etwa um die von der Psychoanalyse erforschten sog. Fehlhandlungen und Symptomhandlungen. Sie widerfahren dem Handelnden auf eine für ihn unvermutete und unerklärliche Weise (vgl. Freud, 1901). Bei unwillkürlichen Aktivitätseinheiten scheint es keinen Sinn zu haben, nach einem Wozu zu fragen, da ihnen keine Absicht unterstellt werden kann. Das heißt aber nicht, daß solche Aktivitäten keine Ursachen hätten, nicht zweckmäßig seien und einer Erklärung nicht zugänglich wären. Ihre Erklärung liegt in der Beantwortung von Fragen nach dem Warum, nicht des Wozu, z. B. in der Aufdeckung kausaler Beziehungen in organismischen Prozessen (vgl. Peters, 1958).

Unter den willkürlichen Verhaltenseinheiten lassen sich Handlungen und Ausführungsgewohnheiten unterscheiden. In Handlungen kommt nicht nur die auch dem Tierverhalten eigene Zielgerichtetheit zum Ausdruck, sondern auch etwas, das nur für den Menschen charakteristisch ist. Es ist die sog. Reflexivität des Handelns. Reflexivität bedeutet, daß das Handeln „rückbezogen" ist, der Handelnde ist sich seines eigenen Handelns bewußt. Er kann das intendierte Handlungsziel vor und während des Handelns auf Erfolgsaussichten abwägen, es im Hinblick auf verschiedene Normen bewerten und korrigieren, sich selbst als Urheber des erzielten Ergebnisses verantwortlich fühlen und dessen Folgen für sich und andere Menschen bedenken sowie über all dieses sich anderen mitteilen. Demgegenüber sind Ausführungsgewohnheiten *(habits)* wie Begrüßungsrituale, Körperpflege oder Autofahren bis zur Routine gelernte Aktivitäten ursprünglicher Handlungen. Sie sind der Reflexivität entkleidet, können diese jedoch sofort zurückgewinnen, sobald der Tätigkeitsablauf gestört ist. Handlungseinheiten haben in der Regel Segmente in Form von Ausführungsgewohnheiten.

An dieser Stelle mag eine forschungsgeschichtliche Anmerkung angebracht sein. Seit Beginn des Jahrhunderts hat die tierexperimentelle Lernforschung vor allem die Routinisierung belohnungsfördernden Verhaltens zu Ausführungsgewohnheiten erforscht. Hungrig gemachte Versuchstiere engen ihre Aktivitäten auf bestimmte „Reize" allmählich auf jene „Reaktionen" ein, die zu Futter führen. Da Aktivitäten als reizabhängig angesehen wurden, verstand man unter Verhalten *(behavior)* ein bloßes Reagieren *(responses)*. Da man zudem die Berücksichtigung von Erlebnis-Aktivitäten, weil nicht von außen beobachtbar, als unwissenschaftlich ausschloß, wurden untersuchungswürdige Aktivitäten auf Bewegungen und Drüsensekretionen des Organismus eingeengt. In dem Bemühen, die so gewonnenen behavioristischen „Reiz-Reaktions-Theorien" (vgl. Kap. 2) auf den Humanbereich zu übertragen, wurden auch die Aktivitäten menschlichen Verhaltens vornehmlich als Reaktionen und als Gewohnheitsbildung und nicht als Handlung betrachtet.

Während zu Beginn dieses Jahrhunderts Watson (1913; 1914) im Forschungsprogramm des Behaviorismus Verhalten auf Reaktionen und Ausführungsgewohnheiten festlegte, hob Max Weber (1921) zur gleichen Zeit „Handlung" von bloß „reaktivem Sichverhalten" ab und machte Handeln zu einem zentralen Grundbegriff der Soziologie. Handeln ist nach Weber alles menschliche Verhalten, mit dem der Handelnde einen „Sinn" verbindet. Von außen betrachtet, ist die Verstehbarkeit des „Sinns" oder „der Gründe" eines Verhaltens entscheidend, um von einer Handlung zu sprechen. Führt man demgegenüber ein Verhalten auf Prozesse im Organismus zurück, so mögen solche Prozesse zwar eine Ursachenerklärung liefern, aber ein Sinnzusammenhang läßt sich auf sie gestützt nicht herstellen, eine Handlung nicht erkennen.

Handlungen lassen sich wiederum danach unterscheiden, wieweit sie eher regelgeleitet *(rule-following;* Peters, 1958) oder eher auffällig sind, weil von Regeln, vom Üblichen abweichend. Für so gut wie alle Lebenslagen liegen Regeln des Handelns vor, die für einen gegebenen Kulturzeitraum verbindlich sind und tradiert werden. Die Anlässe des Handelns, seine Absichten und seine Mittel liegen für die Zeitgenossen eines Kulturzeitraumes offen auf der Hand, so daß bei regelgeleitetem Handeln kaum jemand – sieht man von Psychologen ab – auf den Gedanken kommt, Wozu-Fragen zu stellen. Auf eine bestimmte Weise stillen Menschen Hunger und Durst, nutzen die gegebenen Möglichkeiten zum Lebensunterhalt, verheiraten sich mit einer Person des anderen Geschlechts, ziehen Kinder groß, gewinnen Freunde, suchen die sozialen und wirtschaftlichen Verhältnisse für sich (oder auch andere) zu verbessern, streben nach mehr Kenntnissen und Einsichten und vieles andere mehr.

Das alles gehört offenbar zur „Natur" des Menschen. Es fordert kaum zu Einsichten in das Wozu von Handlungen heraus. Allenfalls setzt man sich hin und macht Aussagen darüber, was Menschen so alles tun, tun sollten und tun können sollten, sei es in erzählender, beschreibender, klassifizierender, wertender, richtender oder normfordernder Absicht. Eine unerschöpfliche Fundgrube solcher Aussagen sind literarische, philosophische, theologische, juristische und politische Texte.

Auffällig beginnt das Handeln zu werden, wenn es weder der Zielsetzung noch dem Tätigkeitsablauf nach konventionell ist. Im Unterschied zum regelgeleiteten regt auffälliges Handeln zu Fragen nach dem Wozu, nach den „Motiven" an oder läßt gar eine Rechtfertigung vom Handelnden fordern. So wird bei einer Straftat nach dem „Tatmotiv" gesucht, und der Täter hat sich zu verantworten. Auffällig wäre auch, wenn jemand trotz Beeinflussung, Zwang oder schwerwiegender Nachteile sich nicht vom eingeschlagenen Kurs seines Handelns abbringen ließe, oder wenn jemand bei Wiederkehr einer schon öfter aufgetretenen Situation sich diesmal anders verhält, als er es zuvor immer getan hat, oder wenn das Handeln von jemand in sich selbst widersprüchlich erscheint, oder wenn jemand bei verschiedenen Anlässen nicht wie andere Personen auch regelgeleitet verschieden, sondern gleich handelt.

Die Übergänge von regelgeleitetem und auffälligem Handeln sind fließend. Auch regelgeleitetes Handeln läßt bei näherer Betrachtung individuelle Unterschiede erkennen, die Fragen nach dem Wozu oder Wieso aufwerfen können. So handeln verschiedene Personen bei gleichen Anlässen zwar in Richtung auf dasselbe Ziel, unterscheiden sich aber in Nachdruck und Ausdauer ihres Handelns; oder wenn jemand bei einer Reihe von verschiedenartigen Anlässen nicht wie andere Personen entsprechend viele verschiedenartige Handlungen ausführt, sondern weniger verschiedenartige.

Drei Beurteilungsdimensionen für auffälliges Handeln

Was Handeln auffällig macht, ist, daß es nicht vollständig vom Situationsanlaß bestimmt zu sein scheint. Häufig entsteht ein solcher Eindruck, weil es auf den ersten Blick Unterschiede zwischen den handelnden Personen sind, die bei gleichen Situationsanlässen ins Auge fallen. Es muß also etwas in den Personen „drinnen" sein, was sie treibt, schiebt oder zieht, sie so und nicht anders unter den gegebenen Anlässen handeln läßt. Es müssen besondere, ihnen anhaftende Eigenschaften sein, in denen sie sich unterscheiden; seien es Wünsche, Triebfedern, Strebungen, Tendenzen, Absichten, „Motive" – oder wie man sonst sagen mag. Eine solche personzentrierte Determinierung des Handelns wird nahegelegt, wenn hinsichtlich einer oder mehrerer von drei Beurteilungsdimensionen bestimmte Informationen vorliegen (vgl. Kelley, 1967).

Im einzelnen sind es die folgenden.

1. Beurteilungsdimension: Vergleich mit anderen Personen auf Übereinstimmung des Handelns *(individuelle Unterschiede).* Je weniger unter gleichen Situationsanlässen das Handeln einer Person mit dem Handeln der Mehrheit anderer Personen übereinstimmt, desto mehr scheint es von individuellen Personfaktoren bestimmt zu sein. Beispiel: Eine Menschenmenge steht tatenlos um das Unfallopfer. Nur einer kniet nieder, um zu helfen. Er muß sehr „hilfsbereit" sein.

2. Beurteilungsdimension: Vergleich mit anderen Situationsanlässen auf Übereinstimmung des Handelns *(Gleichartigkeit über Situationen hinweg).* Je mehr eine Person unter verschiedenen Situationsanlässen gleich handelt, desto mehr scheint ihr Handeln von individuellen Personfaktoren bestimmt zu sein.

Beispiel: Jemand ist nicht nur am Arbeitsplatz von seinen beruflichen Aufgaben erfüllt, er spricht darüber auch während des Betriebsausfluges und verwandelt jedes gesellige Zusammensein in eine Arbeitssitzung. Er muß sehr „leistungsmotiviert" sein.

3. Beurteilungsdimension: Vergleich mit früheren gleichen Situationsanlässen auf Übereinstimmung des Handelns *(Stabilität über die Zeit hinweg)*. Je häufiger oder stärker eine Person bei wiederholten gleichen Situationsanlässen von ihrem früheren Handeln abweicht, desto mehr scheint ihr Handeln von individuellen Personfaktoren bestimmt zu sein (sofern nicht jedesmal bestimmte zusätzliche Umstände der Situation im Spiel sind). Beispiel: Gegenüber früher widersteht ein Schüler der Versuchung, in Klassenarbeiten zu mogeln, obwohl die Gelegenheiten dazu gleich gut geblieben und seine Leistungsfähigkeiten nicht besser geworden sind. Der Schüler muß „ehrlicher" geworden sein, eine höhere „Stufe der moralischen Entwicklung" erreicht haben.

In dem Maße, wie Handeln hinsichtlich dieser drei Beurteilungsdimensionen auffällig wird, scheint Handeln weniger von den Besonderheiten der gegebenen Situationen als von Eigenarten und individuellen Unterschieden der handelnden Personen bestimmt zu sein. Man stattet die Personen deshalb mit differentiellen Arten und Ausprägungen von motivartigen Dispositionen aus oder sucht nach Gründen für wechselnde Motivationen unter sonst gleichen Situationsanlässen (etwa nach Umständen, die sich geändert haben), wenn ihr Handeln nicht den Charakter des Zufälligen haben soll. Eine solche Beseitigung des Zufällig-Erscheinenden, Nicht-Gleich-Erklärbaren im Angesicht der aufgezeigten Auffälligkeiten ist der Nährboden jeder Motivationstheorie, sei sie naiv oder wissenschaftlich; sie läßt sich bis heute in jeder wissenschaftlichen Persönlichkeitspsychologie, Differentiellen Psychologie oder Psychodiagnostik nachweisen. Erst recht sind die älteren Charakterologien und Typologien voll von Erklärungsversuchen, die Fragen nach Ursachen, Grund, Motiv, Zweck oder Sinn von auffälligem Handeln beantworten sollen (vgl. Kap. 3).

Die Antworten auf motivationspsychologische Wozu-Fragen folgen im Grunde einer einfachen Logik. Betrachtet man Handlungen oder ihre Ergebnisse als Wirkungen, so können deren Ursachen im einfachsten Fall entweder „in der Situation" oder „in der Person" des Handelnden liegen. Diese Lokalisierung der Ursachen wird nicht beliebig vorgenommen. Vielmehr erscheint von den beiden möglichen Ursachenquellen im einzelnen Fall diejenige die eigentliche zu sein, die mit der beobachteten Wirkung kovariiert. Wenn in verschiedenen Situationen alle (oder die meisten) Personen entsprechend verschieden handeln, so kovariieren mit dem Handeln nicht die Personen, sondern die Situationen, also muß die Ursache des unterschiedlichen Handelns in den Situationen liegen. Wenn dagegen in verschiedenen Situationen ein Teil der Personen durchgehend in bestimmter Weise und ein anderer Teil der Personen in anderer Weise handelt, so kovariieren mit dem Handeln nicht Situationen, sondern Personen, also muß in ihnen die Ursache liegen. Zwischen diesen beiden Extremen der Kovariation kann es auch Kovariationsmuster geben, die die Ursachen teils auf die Situations- und teils auf die Personseite lokalisieren lassen. Es besteht also ein Zusammenhang zwischen beiden Ursachenquellen.

Schwieriger wird es, wenn eine Änderung des Handelns mit wiederkehrendem Auftreten der gleichen Situation über die Zeit hin auftritt. Offenbar kann die Situation nicht verantwortlich sein; es sei denn, zur Wiederkehr der gleichen Situation kämen jeweils verschiedene Umstände hinzu, die mit dem Handeln kovariieren. Sind solche Umstände nicht erkennbar, so könnte gleichwohl die gleichbleibende Situation Ursachenquelle sein, sofern das Handeln mit der Häufigkeit der Wiederholung der Situation kovariiert. In diesem Falle verliert die gleiche Situation mit wiederholtem Auftreten zunehmend ihren handlungsauslösenden Charakter, den sie ursprünglich besessen hatte (etwa durch Gewöhnung oder Neuinterpretation auf seiten des Handelnden). Kovariiert die Handlungsänderung bei gleicher Situation dagegen mit dem Lebensalter der Handelnden, so wird die

Ursache in die Personen, und zwar in deren Entwicklung, hineinverlegt. Besteht schließlich weder eine Kovariation mit besonderen Umständen der gleichen Situationen noch mit deren Wiederholungssequenz, noch mit dem Lebensalter der Personen, sondern mit den Personen selbst – d. h. nur einige von ihnen zeigen Instabilität des Handelns über Zeit – so liegt es nahe, Änderungen der Persönlichkeit, z. B. der Motive oder Einstellungen, anzunehmen.

Für solch einfache Arten der motivationspsychologischen Ursachenerklärung hat die Attributionsforschung, angeregt durch Heider (1958) Modelle entwickelt, die das psychologische Erklären des Laien wie des Wissenschaftlers erklären sollen (vgl. Jones u. Davis, 1965, und Kelley, 1967). Sie werden im 10. Kapitel erörtert.

Beurteilungsdimensionen und Frageperspektiven

Die drei Beurteilungsdimensionen sind mit zwei verschiedenen Frageperspektiven verbunden, und zwar mit der nach *inter*individuellen und der nach *intra*individuellen Unterschieden des Handelns. Die erste Beurteilungsdimension, Vergleich mit anderen Personen, zielt direkt auf interindividuelle Unterschiede und die dritte, Instabilität über die Zeit hin, direkt auf intraindividuelle Unterschiede. Die zweite Beurteilungsdimension, Gleichartigkeit (Konsistenz) über Situationen hinweg, trägt zur interindividuellen Frageperspektive bei, weil Gleichartigkeit des Handelns trotz verschiedenartiger Situationen eher als Abweichung von dem auffällt, was Menschen üblicherweise tun, denn als eine Änderung über Zeit hinweg.

In der Fremdbeobachtung ist man, wie wir noch sehen werden, stärker darauf aus, gleichzeitige (oder nahezu gleichzeitige) Ereignisse, die unter den gleichen Situationsanlässen zustande kommen, miteinander zu vergleichen als wiederkehrende Ereignisse, die in längerer Zeiterstreckung und unter sich wiederholenden Situationsanlässen auftreten. Zugleich sieht es so aus, als ob ein Vergleich zwischen verschiedenen Handlungsträgern sich häufiger mehr aufdrängt, als ein Vergleich zwischen verschiedenen Handlungen desselben Handlungsträgers zu verschiedenen Zeitpunkten. (Vgl. soziale vs. individuelle Bezugsnorm in der Beurteilung von Leistungsergebnissen, Kap. 12). Welche Gründe dies im einzelnen auch haben mag, im naiven Erklären von Handlungen anderer Personen liegt die interindividuelle Frageperspektive näher als die intraindividuelle; vielleicht schon deshalb, weil intraindividuelle Änderungen über die Zeit hin Informationen aus längeren Beobachtungszeiträumen voraussetzen, über die der Fremdbeobachter weniger verfügt als der Handelnde selbst.

Beobachtungsperspektive und Ursachenlokalisierung

Bei der Erklärung macht es, worauf zuerst Jones u. Nisbett (1971) aufmerksam gemacht haben, einen Unterschied, welche Beobachtungsperspektive wir einnehmen, ob wir unser eigenes oder fremdes Verhalten beobachten. In beiden Fällen sind uns auf charakteristische Weise verschiedene Arten von Informationen zugänglich.

Zunächst sind es Unterschiede in der Zugänglichkeit von Informationen. In der Fremdbeobachtung sehen wir den Handelnden von außen. Unsere Aufmerksamkeit ist auf Handlungsabläufe gerichtet. Was dagegen alles im Handelnden vor sich geht, bevor er zum Handeln ansetzt und während er handelt, ist unserer Wahrnehmung nicht zugänglich. Wir können davon allenfalls äußere Ergebnisse registrieren, soweit sie am beobachtbaren Verhalten sichtbar und hörbar werden: Bewegungen, Ausdruckserscheinungen und Mitteilungen. Die Ursachen dieser Verhaltenserscheinungen schreiben wir einem Urheber zu, dem Handelnden. Und da der Handelnde als Individuum etwas Konstantes ist, lokalisieren wir die Ursachen des Handelns in überdauernden Dispositionen des Handelnden. Beobachten wir dagegen unser eigenes Verhalten, so werden wir der Handlungssituation gleichsam von innen gewahr. Uns selbst ist mehr Information zugänglich. Unsere Wahrnehmung ist auf die Situationsgegebenheiten gerichtet, auf die darin für unser Handeln enthaltenen Hinweise, Möglichkeiten, Attraktionen und Bedrohungen; also auf alles das, wovon sich unser gegenwärtiges Handeln leiten läßt. Entsprechend lokalisieren wir die Ursachen unseres Verhaltens in den wechselnden Situationsgegebenheiten und nicht in festen eigenen Dispositionen, so und nicht anders zu handeln.

Das Wahrgenommene, ja überhaupt das Wahrnehmbare besitzt unter beiden Beobachtungsperspektiven eine unterschiedliche Aufdringlichkeit gegensätzlicher Figur-Grund-Gliederung. In der Fremdbeobachtung sind die situativen Gegebenheiten einbettender Hintergrund, von dem das Verhalten der Handelnden figurhaft absticht. In der Selbstbeobachtung sind umgekehrt die situativen Gegebenheiten wahrgenommene Figur vor dem Hintergrund des eigenen Handelns. Daß es diese schon wahrnehmungsmäßig gegebene Figur-Grund-Gliederung ist, die die Informationsaufnahme, und damit auch die Lokalisierung der Verhaltensursachen vorentscheidet, hat Storms (1973) überzeugend nachgewiesen. Mit Hilfe von Fernsehaufzeichnungen wurden die Beobachtungsperspektiven für Handelnde und für Beobachter vertauscht: Handelnde sahen Aufzeichnungen ihres eigenen Handelns, Beobachter dagegen Aufzeichnungen, die auf die situativen Umstände zentriert sind, unter denen der Handelnde stand. Mit dieser Umkehrung der Beobachtungsperspektive kehrte sich auch die Lokalisierung der Ursachenerklärung um. Die Handelnden schrieben nun ihr Verhalten mehr als die Beobachter eigenen Dispositionen zu.

Neben der rein wahrnehmungsmäßigen Eingrenzung gibt es weitere Gründe für die Einseitigkeit der Ursachenlokalisierung in beiden Beobachtungsperspektiven. Als Handelnde nehmen wir nicht nur die Situationsgegebenheiten wahr. Häufig werden wir auch der von ihnen in uns ausgelösten Eindrücke, Überlegungen, willensartigen Erlebnissen und Handlungsentwürfe gewahr. Alles dies, was wir bei uns selbst feststellen, ist sehr fließend und variabel. In der Regel haben wir deshalb nicht – wie ein außenstehender Beobachter, dem all dies verborgen bleibt – den Eindruck, daß fixierte eigene Dispositionen am Werk sind. Vielmehr sind es mannigfache Einflüsse der Situation, die in uns diese wechselnden Zustände und kurzfristigen Prozesse auslösen.

Ein weiterer Grund der verschiedenen Ursachenlokalisierung besteht in der unterschiedlichen Art und Menge an Hintergrundinformation, die gewöhnlich mit jeder der beiden Beobachtungsperspektiven gegeben sind. Der Handelnde weiß genauer als der Beobachter, was zu dieser Situation geführt hat. Er kennt die Vorgeschichten. Er weiß um längerfristige Änderungen und Entwicklungstrends im eigenen Handeln bei den vorauslaufenden Situationen der gleichen Art. Davon weiß der Beobachter in der Regel wenig oder nichts. Er muß die Ursachenerklärung auf eine Momentaufnahme stützen. Damit scheiden Ergebnisse eines intraindividuellen Änderungsverlaufs als Ursachen aus. Das beobachtete Handeln, so wie es ist, läßt sich nur davon abheben, wie andere in der gleichen Situation handeln oder handeln würden; d. h. nur auf die Frage nach dispositionellen Unterschieden zwischen Personen zurückführen.

Soweit drei verschiedene Gründe für die Beziehungen zwischen Beobachtungsperspektive und Ursachenlokalisierung. Die Beziehungen sind in einer Reihe weiterer Studien von Nisbett, Caputo, Legant u. Marecek (1973) bestätigt worden. So waren Beobachter der Meinung, Handelnde würden sich künftig in einer ähnlichen Situation auf die gleiche wie jetzt beobachtete Weise verhalten. Die Handelnden andrerseits sahen diese dispositionelle Konstanz für ihr künftiges Verhalten nicht voraus. Ließ man Studenten angeben, aus welchen Gründen die Wahl der Freundin und des Studienfaches getroffen wurde, so hielt man für sich selbst die besonderen Gegebenheiten der gewählten Objekte für entscheidend; für die eigenen Freunde macht man dafür eher deren persönliche Dispositionen verantwortlich. Schließlich stellte sich auch heraus, daß man anderen mehr Dispositionen als sich selbst zuschreibt. Hatte man nämlich sich selbst und andere Personen anhand bipolarer Eigenschaftsskalen zu beschreiben – wobei man sich auch für die Aussage „hängt von der Situation ab" entscheiden konnte –, so machte man in der Selbstbeschreibung häufiger Gebrauch von der Situationsabhängigkeit des Handelns als in der Fremdbeschreibung. (Mehr darüber im 10. Kapitel.)

Zusammenfassend läßt sich feststellen, daß die Beobachtungsperspektive auf „natürliche Weise" Einseitigkeiten der Frageperspektive und der Ursachenlokalisierung bei der Handlungserklärung aufdrängt. In der Fremdbeobachtung, die den üblichen Anlaß zur Handlungserklärung gibt, ist unsere Wahrnehmung an das ablaufende Verhalten des Handelnden gefesselt. Was an situativen Gegebenheiten dieses Verhalten veranlaßt hat, was ihm alles vorausgegangen ist, bleibt blaß, undeutlicher Wahrnehmungshintergrund oder unbekannt. Der so bestehenden Ergänzungs- und Erklärungsbedürftigkeit des wahrgenommenen Handelns kommen wir nach, indem wir uns an interindividuellen Unterschieden orientieren, d. h. Handeln verschiedener Personen in (mutmaßlich) gleichen Situationen miteinander vergleichen und es auf Unterschiede in persönlichen Dispositionen zurückführen. In dem Bemühen, bei so großen Informationslücken Regelhaftigkeiten im beobachteten Fremdverhalten auf diesen sich anbietenden, einfachen Erklärungsnenner zurückzuführen, neigen wir naiverweise dazu, die Gleichartigkeit des Handelns über verschiedenartige Situationen hinweg und die Stabilität des Handelns über die Zeit hinweg zu überschätzen; und zwar zugunsten dispositioneller Gebundenheit des Handelns. Das ist das Bild einer Handlungserklärung „auf den ersten Blick". Im folgenden werden wir nacheinander Handlungserklärungen auf den ersten bis vierten Blick erörtern. Um sie möglichst deutlich zu machen, werden sie nacheinander und in typisierender Vereinfachung dargestellt.

Auf den ersten Blick: Eigenschaftstheorien

Wenn wir in der Fremdbeobachtung – und das heißt auf den ersten Blick – Handeln mehr mit Persönlichkeitsdispositionen als mit Situationsgegebenheiten erklären, so ist die naive Motivationstheorie eine Persönlichkeitstheorie. Auf den ersten Blick sind wir alle Persönlichkeitstheoretiker, zumal wenn das zu erklärende Handeln eher auffällig als regelgeleitet erscheint. Auch in der wissenschaftlich betriebenen Psychologie dominierte lange und bis in jüngere Zeit eine Persönlichkeitstheorie, die eine Eigenschaftstheorie ist; d. h. Handeln vornehmlich auf individuelle Dispositionen des Handelnden zurückführt (vgl. kritisch dazu Mischel, 1968).

In allen drei Beurteilungsdimensionen scheint die persönlichkeitstheoretische Erklärung auf der Hand zu liegen. Denn und „normalerweise": (1) In gleichen Situationen handeln verschiedene Personen nie alle gleich (individuelle Unterschiede; (2) in ähnlichen, aber nicht gleichen Situationen handelt dieselbe Person auch gleichartig (Gleichartigkeit über Situationen); (3) in gleichen Situationen handelt dieselbe Person so, wie sie früher schon in gleichen Situationen gehandelt hat (Stabilität über Zeit), was den dispositionellen Charakter von Personfaktoren zu belegen scheint.

Nichts erscheint deshalb natürlicher, als Unterschiede im Handeln auf individuelle Dispositionen zurückzuführen: auf Eigenschaften, „Faktoren", Gewohnheiten *(habits),* Motive des einzelnen Handelnden; kurz auf seine „Persönlichkeit". Die Unterscheidung, Klassifikation und Messung solcher Dispositionen hat die Psychologie bis heute in der Testdiagnostik aller möglichen Eigenschaften oder der sog. Differentiellen Psychologie sehr beschäftigt. Dabei standen häufig praktisch-angewandte Interessen – wie die Eignungsauslese für verschiedene Berufe – im Vordergrund. Andrerseits wurde die Neigung, beobachtete interindividuelle Verhaltensunterschiede auf Dispositionen zurückzuführen, bestärkt durch die offensichtliche

Vererblichkeit einiger Eigenschaften. Dazu gehören in sichtbarer Form körperliche Eigenschaften, aber auch Verhaltensstile, die man seit der Antike als Temperamente klassifiziert hat; außerdem Fähigkeitsunterschiede, die man seit Beginn des Jahrhunderts in Intelligenztests zu messen versucht und in deren Ergebnissen man den Niederschlag angeborener Begabungsfaktoren – d. h. in hohem Maße konstanter Dispositionen – zu erkennen geglaubt hat.

Natürlich wurden Situationsgegebenheiten als Handlungsursachen nicht ganz übersehen. Handeln ist nicht in allen Situationen gleich. Sonst wäre es stereotyp, was es ohne Frage nicht ist. Es ist die Situation, die in der Regel zum Handeln Anlaß gibt. Sie regt die jeweils zuständige Disposition an, aktualisiert sie; und zwar auch in der Stärke, mit der sie im Handeln zum Ausdruck kommt (Allport, 1937). Situationsgegebenheiten werden deshalb als Anregungsbedingungen aufgefaßt. So bestimmen unter den vielen Dispositionen einer Person jene das aktuelle Handeln, die für die gegebene Situation bereitstehen. Da nicht alle Dispositionen immer und allesamt das Handeln bestimmen können, werden Dispositionen als „habituelle Bereitschaften" aufgefaßt. Wir kommen darauf im 3. Kapitel zurück.

Auf den zweiten Blick: Situationsdeterminiertheit

Gegen den Hang der Eigenschaftstheorien, die Ursachen des Handelns so ausschließlich in die Person, d. h. in deren Ausstattung mit Dispositionen zu legen, kann man und hat man revoltiert (z. B. Mischel, 1968). Denn auf einen zweiten Blick ist bei näherem Hinsehen unter den möglichen Ursachen des Handelns so mancher Druck und Zug, der von der Situation ausgeht, vernachlässigt worden. Gibt es wirklich nur Diebe und Nicht-Diebe, oder ist es nicht die Gelegenheit, die Diebe macht?

Eine solche Umkehrung der Ursachenlokalisierung hat verschiedene Gründe. Behält man die Frageperspektive der interindividuellen Unterschiede bei, so kann man den Erklärungstendenzen naiver Fremdbeobachtung mißtrauen. Einmal mag man mißtrauisch werden, weil die Erklärungen so sehr bloß dem Auffälligen in den individuellen Unterschieden gewidmet sind, sich so sehr von der anekdotischen Evidenz des Abweichenden leiten lassen und wenig Sinn für das unauffällige, das regelgeleitete Handeln haben, welches ja – wissenschaftlich gesehen – nicht weniger erklärungsbedürftig ist. Zum andern erweist sich die – in der Regel stillschweigend – angenommene Gleichartigkeit über Situationen als die eigentliche Achillesferse von Eigenschaftstheorien. In ähnlichen Situationen ist das Handeln gleicher Personen gar nicht so gleichartig wie man es unter der Annahme erwarten würde, alles Handeln beruhe auf situativer Anregung bereitstehender Dispositionen.

Es gibt andere Gründe, von eigenschaftstheoretischer Handlungserklärung des ersten Blicks unbefriedigt zu sein, wenn man von vornherein die andere Frageperspektive einnimmt, nämlich die nach intraindividuellen Änderungen über Zeit. Dazu gibt es vielerlei Anlässe. Zunächst ist darunter die Beobachtungsperspektive naiver Selbstbeobachtung aufzuführen. Wir sahen bereits, daß dann vornehmlich situative Gegebenheiten als Ursachen des Handelns hervorspringen. Es sind wechselnde Zustände und Prozesse in der eigenen Person, die – situativ angeregt und häufig als „Motivationen" bezeichnet – das Handeln verursachen. Das scheint aber nicht bloß für naive Introspektion zu gelten. Es hat den Anschein, daß auch wissenschaftliche Handlungstheorien, die als „dynamisch" bezeichnet werden, ihren ursprünglichen Frage-Impetus aus der Perspektive naiver Selbstbeobachtung gewonnen haben. Zu denken ist an Freuds Psychoanalyse und Lewins Feldtheorie (vgl. 2. und 5. Kapitel). Die psychoanalytische Theorie hat ihre Befunde aus introspektiven Berichten von Patienten (aber auch von Freud selbst, ihrem Begründer) gewonnen. In Lewins feldtheoretischer Betrachtung wird zwar nicht auf introspektivische Daten Bezug genommen, das situative Feld wird jedoch wie mit den Augen der darin befindlichen Person, deren Verhalten erklärt werden soll, konstruiert.

Der entscheidende Anlaß, auf einen zweiten Blick nicht mehr in Personfaktoren sondern in Situationsfaktoren die hauptsächlichen Ursachen des Handelns zu lokalisieren, waren jedoch die wissenschaftlichen Vorkehrungen für eine bedingungskontrollierte Fremdbeobachtung, sei es im Experiment oder in planmäßiger Erhebung. Sie ermöglichen, sich ganz dem Einfluß von situativen Gegebenheiten, von „Reizen", auf intraindividuelle Änderungen über Zeit zu widmen, indem individuelle Unterschiede von vornherein kontrolliert oder gar ganz ausgeschaltet wurden (etwa durch reingezüchtete Stämme von Versuchstieren oder durch Vergleich erbgleicher Zwillinge). Eine experimentelle Bedingungsklärung des Handelns heißt ja, das Manipulierbare planmäßig zu variieren, um seinen Einfluß auszugrenzen. Das Manipulierbare sind aber nicht die als konstant gedachten Dispositionen der Person, sondern die Situationen, in denen gehandelt wird. Sie sind die „unabhängigen" Variablen, die experimentell so gestaltet werden, daß sie durchschlagen.

Die beiden Disziplinen der Psychologie

Die Handlungserklärungen auf den ersten und zweiten Blick entsprechen den „beiden Disziplinen der wissenschaftlichen Psychologie", wie sie Cronbach (1957) einander gegenübergestellt hat. Die eine Disziplin, die dem „ersten Blick" entspricht, ist an Personen interessiert. Sie entwickelt Tests zur Erfassung von Dispositionen wie Intelligenz, Einstellungen und Charaktermerkmalen in einer solchen Weise, daß individuelle Unterschiede möglichst deutlich hervortreten. Sie benutzt multivariate Korrelationsverfahren (wie die Faktorenanalyse), um einmal herauszufinden, wie eng Handlungen und ihre Ergebnisse von den in Testwerten indizierten Dispositionen abhängen und zum anderen, wie all die Testwerte untereinander zusammenhängen, um etwa zu sehen, welche voneinander unabhängigen Grundeigenschaften es gibt. Die andere Disziplin, die dem „zweiten Blick" entspricht, betreibt dagegen eine experimentelle Klärung der situativen Bedingungen in dem erwähnten Sinne. Sie benutzt Varianzanalysen des unter verschiedenen äußeren Bedingungen zustande gekommenen Handelns, um herauszufinden, welche Situationsbedingungen handlungswirksam waren.

So ist das Forschungsinteresse an der Situationsdeterminiertheit des Handelns begreiflicherweise auch auf Ursachen gerichtet, die Änderung über die Zeit hin verursachen: die Anpassung des Lebewesens an veränderte Situationsumstände, d. h. alles Lernen wie auch die Individualentwicklung in den bildsamen frühen Lebensabschnitten. Individuelle Unterschiede bleiben unbeachtet. Wo sie bestehen können (z. B. als verschiedene Eingangsvoraussetzungen, bevor Lernphasen einsetzen), werden sie ausgeschaltet oder kontrolliert. Alles Handeln läßt sich so in hohem Maße als situationsspezifisch erweisen. Es ändert sich durch Erfahrungsniederschläge ständig über Zeit. So sind es Lerntheorien und auch Sozialisationstheorien, die die Situationsdeterminiertheit des Handelns, die Erklärung auf den zweiten Blick, hervorkehren, ja, verabsolutieren bis hin zu krassen milieutheoretischen Überzeugungen. Anderseits tendiert der zweite Blick dazu, intraindividuelle Unterschiede über Zeit herbeizuführen und interindividuelle Unterschiede zu übersehen.

In Abb. 1.1 ist das bislang Erörterte zusammengefaßt. Verschiedene Beobachtungsperspektiven legen die besondere Beurteilungsdimension nahe, die entweder der Frageperspektive nach interindividuellen Unterschieden oder nach intraindividueller Änderung entgegenkommen und entsprechend die Handlungsursachen an verschiedenen Stellen lokalisieren; entweder in Personfaktoren (erster Blick) oder in Situationsfaktoren (zweiter Blick). Jeder der beiden alternativen Beobachtungs- und Frageperspektiven entspricht einer der beiden Disziplinen der wissen-

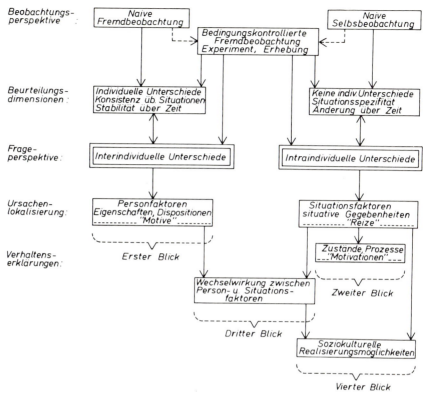

Abb. 1.1. Verhaltenserklärungen auf den ersten bis vierten Blick, die auf unterschiedlichen Voreingenommenheiten der Ursachenlokalisierung beruhen, welche ihrerseits durch gegensätzliche Einstellungen in der Beobachtungsperspektive, in den Beurteilungsdimensionen und in der Frageperspektive konstelliert wird

schaftlichen Psychologie (Cronbach, 1957). Die Verhaltenserklärung auf den ersten Blick ist das Forschungsinteresse der Differentiellen Persönlichkeits- oder Testpsychologie (linke Seite der Abb. 1.1), die Verhaltenserklärung auf den zweiten Blick das Forschungsinteresse der experimentellen Allgemeinen Psychologie (rechte Seite der Abb. 1.1). Ersichtlich ist des weiteren, daß nur eine bedingungskontrollierte Fremdbeobachtungsperspektive in Experiment oder Erhebung in der Lage ist, die Ursachenlokalisierung von vornherein und mit Bedacht mehr auf der einen oder der anderen Seite vorzunehmen. Wir werden im 10. Kapitel die Fragen der Ursachenlokalisierung unter den Gesichtspunkten der modernen Attribuierungsforschung wieder aufgreifen und eingehend erörtern.

Umverlagerung der Erklärungslast von Personen auf Situationen

Fragen wir uns aber noch, wie man die so überzeugend erscheinende Erklärung anhand von Dispositionen der Persönlichkeit aufgeben kann zugunsten einer Situationsdeterminiertheit, zumal ja dieser Wechsel unserer naiv-alltäglichen Fremdbeobachtung keineswegs naheliegt. In allen drei Beurteilungsdimensionen sind, so scheint es, die Schlußfolgerungen recht voreilig gewesen. Nur weil die Unterschiedlichkeit von Situationsgegebenheiten so blaß geblieben ist, konnten Personfaktoren so ausschlaggebend erscheinen. Auf den zweiten Blick verlagern sich die Schwerpunkte in den drei Beurteilungsdimensionen.

Individuelle Unterschiede

Wenn in gleichen Situationen verschiedene Personen nie alle gleich handeln, so ist es naiv, zu unterstellen, daß – vom Betrachter-Blickpunkt – ein und dieselbe äußere Situation für verschiedene Personen auch die gleiche oder gar dieselbe sei. In Wirklichkeit muß man annehmen, daß die objektiv gleiche Situation von jeder Person in einer für sie charakteristischen Weise aufgefaßt wird. Handlungsanregend ist nicht die Situation, wie sie „objektiv" oder mit intersubjektiver Übereinstimmung von Außenstehenden beschrieben wird, sondern wie sie im Erleben des Handelnden gegeben ist, wie sie für ihn existiert. Demnach müssen auch verschiedene Personen in „objektiv gleicher" Situation verschieden handeln, wenn ihr Handeln von den für sie existierenden Situationsgegebenheiten veranlaßt wird. Nur solche Personen, die die von außen betrachtet objektiv gleiche Situation auch subjektiv gleich wahrnehmen, auffassen und beurteilen, handeln in ihr auch gleich. Man kann also genau umgekehrt formulieren: In „wirklich" gleichen Situationen verhalten sich verschiedene Personen auch gleich. Wir müssen dazu nur wissen, was eine gegebene Situation für verschiedene Personen eigentlich bedeutet.

Greifen wir als Beispiel wieder das Mogeln in einer Klassenarbeit auf. In ihr mogeln nicht solche Schüler, die „unehrlich" oder sonstwas sind, sondern solche Schüler, die in dieser Situation die Möglichkeit sehen, ihre Zeugnisnote zu verbessern, diese Verbesserung für wichtig halten sowie die Wahrscheinlichkeit, daß ihr Mogeln entdeckt werden und gravierende Folgen haben könne, für gering halten und nicht durch moralische Bedenken davon abgehalten werden.

An diesem Beispiel soll deutlich werden, daß Gleichheit von Situationen weniger von äußerer Ähnlichkeit abhängt, sondern dann gegeben ist, wenn Handelnde voraussehen, daß ihre Handlungen gleiche oder ähnliche Folgen für sie selbst nach sich ziehen. Deshalb können auch Handlungen, die in äußerlich ganz verschiedenen Situationen dennoch gleiche Folgen haben, durchaus verschieden aussehen, aber in ihrer Zielgerichtetheit gleich sein (vgl. Abb. 1.4; sog. Äquifinalität). Auf die erwarteten Handlungsfolgen kommt es an. Sie werden durch die besonderen Situationsgegebenheiten angedeutet. Und diese rufen die entsprechenden Erwartungen hervor.

Gleichartigkeit über Situationen

Wenden wir uns der zweiten Beurteilungsdimension, der Gleichartigkeit über Situationen zu. Daß sich in ähnlichen Situationen die gleiche Person auch gleich verhält; daß also, mit andern Worten, Dispositionen relativ situationsübergreifend das Handeln bestimmen, hat sich empirisch als die Achillesferse der Eigenschaftstheorie des Handelns erwiesen.

Schon vor über 50 Jahren haben Hartshorne u. May (1928; 1929; Hartshorne, May u. Shuttleworth, 1930) in groß angelegten Studien über Charakterbildung tausende von Kindern in Situationen gebracht, in denen es nahe lag zu mogeln, zu lügen und zu stehlen. Die Situationen waren in verschiedene Umgebungen eingebettet, wie Elternhaus, Schulklasse, Jugendklub, Wettkampf auf dem Sportplatz, Katechismusunterricht in der Kirche oder Gesellschaftsspiele auf einer Party. Das moralische Verhalten war nur dann über verschiedene Situationen hinweg bemerkenswert konsistent, wenn man sich darauf verläßt, was Kinder über sich selbst im Fragebogen aussagen, die sie in der Klasse ausgefüllt haben. Es gab auch hohe Korrelationen zwischen verschiedenen Fragebogen oder Papier-und-Bleistift-Tests, die alle verschiedene Aspekte des moralischen Verhaltens erfassen sollten. Machten die Kinder jedoch Parallelformen derselben Tests in einer andern Umgebung, also etwa statt in der Schulklasse im Jugendklub oder in der Kirche, so verringerten sich die Korrelationen zwischen den Ergebnissen zum gleichen Test erheblich (auf etwa r = .40). Mit anderen Worten, das individuelle Handeln wird bei gleicher auslösender Kernsituation nicht unerheblich von dem einbettenden Situationskontext bestimmt. Die Gleichartigkeit des Handelns ist über ganz ähnlich erscheinende Situationen hinweg eher gering. Statt gleichartig zu sein, ist schon das Fragebogen-Verhalten in einem bemerkenswerten Grade situationsspezifisch. Die Autoren schließen daraus, daß Kinder ihre Angaben zu denselben Fragen so machen, daß sie auf die jeweilige Gesamtsituation passen.

Aber nicht nur Meinungen im Fragebogen, auch das tatsächliche Verhalten erwies sich als hoch situationsspezifisch. So konnten die Kinder in Klassenarbeiten z. B. auf zweierlei Weise mogeln, entweder durch Abschreiben von einer richtigen Vorlage oder durch heimliches Weiterarbeiten nach Beendigung der Klassenarbeit. Die einzelnen Schüler sprechen aber nicht in gleichem Maße auf beide Möglichkeiten des Mogelns an. Wer bei der einen Klassenarbeit heimlich weiterarbeitet, tut dies auch eher bei einer anderen (r=.44). Dagegen ist es weniger wahrscheinlich, daß er in einer anderen Klassenarbeit auch abschreibt (r=.29). Je mehr sich die Situation wandelt, umso geringer wird die Gleichartigkeit des Handelns. Selbst geringe Abwandlungen in der gestellten Aufgabe (wie z. B. statt möglichst viele „A" in einem Text durchstreichen möglichst viele Punkte in Quadrate setzen) beeinflussen die Häufigkeit des Mogelns. Lügen in der Schulklasse hat noch eine geringere Konsistenz (r=.23), aber keine mehr mit Lügen außerhalb der Schulklasse (r=.06).

Wie wir schon bei der Erörterung der individuellen Unterschiede gesehen haben, ist Handeln in Situationen, die dem Fremdbeobachter gleich oder ähnlich erscheinen, unterschiedlicher, als man meinen möchte. Die Spezifität von Situationen macht eine Menge aus. Man reagiert nicht global in gleicher Weise auf breite Abwandlungsreihen anscheinend ähnlicher Situationen. Und Situationen, die gleiches Handeln auslösen, brauchen sich äußerlich nicht sehr zu gleichen. Es kommt offenbar auf die Ähnlichkeit in den Augen des Handelnden an, nämlich auf dessen Erwartung ähnlicher Handlungsfolgen. Handlungsfolgen sind künftige, vorweggenommene Ereignisse, sie „stecken" in der gegenwärtigen Situation. Um sie schon jetzt zu erkennen und zu erwarten, bedarf es individueller Differenzierungs- und Generalisierungsleistungen in der Informationsverarbeitung, die eine lange persönliche Vorgeschichte haben können (vgl. Magnusson u. Endler, 1977; Mischel, 1973).

Mischel (1968), ein ehemaliger Hauptverfechter situationsspezifischer Handlungserklärung, schrieb dazu bereits: „The phenomena of discrimination and generalization lead to the view that behavior patterns are remarkably situation specific, on the one hand, while also evocable by diverse and often seemingly heterogeneous stimuli on the basis of generalization effects. The person's prior experiences with related conditions and the exact details of the particular evoking situation determine the meaning of the stimuli – that is, their effects on all aspects of his life. Usually generalization effects involve relatively idiosyncratic contextual and semantic generalization dimensions and are based on more than gradients of physical stimulus similarity." (1968, S. 189).

Stabilität über Zeit

Was ist aber schließlich mit der Stabilität des Handelns über Zeit? Sie gehört zum Überzeugendsten, was uns dafür einnimmt, Handeln auf Dispositionen der Person zurückzuführen. Sofern keine Stabilität gegeben ist, Handeln sich über Zeit ändert, liegt es nahe, situationsspezifische Einflüsse verantwortlich zu machen; sei es spontanes oder veranstaltetes Lernen oder eine gezielte verhaltensmodifizierende Behandlung wie in der Psychotherapie. Man kann auch an entwicklungsmäßige oder an variierende körperliche Verfassungen, Reifungsvorgänge denken, also die Ursachen für Änderungen des Handelns in den Organismus lokalisieren. Aber wenn Handeln im Fluß der Situationen über Zeit hinweg stabil bleibt, wie will man dafür Situationsfaktoren ins Spiel bringen?

Lösen wir die Aufmerksamkeit vom Handelnden, um sie auf die Situationssequenzen zu richten, die wir in der Umwelt vorfinden, so ist mancher Grund zur Überraschung gegeben, wieviel Stabilität in der regelhaften Wiederkehr gleicher Situationen steckt, und zwar gerade in ihren Handlungsfolgen. Die Folgen eigenen Handelns sind in ganzen Situationsbereichen geradezu institutionalisiert. In welchen Lebensräumen wir uns auch befinden, als Schüler oder Studenten in Einrichtungen des Bildungswesens, als Berufstätige in einem Bereich des Beschäftigungssystems usw. – überall liegen Normen fest, an denen unser Verhalten gemessen, bezüglich deren es sanktioniert, belohnt oder bestraft wird. Sofern wir nicht gerade in einen neuen Lebensraum eintreten, kennen wir diese Normen recht genau und sehen uns einem stabilisierten Gefüge von situativen Hinweisen auf zu erwartende Handlungsfolgen gegenüber. So richten wir unser Handeln am leicht Vorhersagbaren aus. Es ist also diese Stabilisiertheit der situativ angezeigten Handlungsfolgen, die unser Handeln über Zeit hinweg so stabil, weil regelgeleitet, macht. Es müssen deshalb nicht fixierte Dispositionen sein, um gleiches Handeln in wiederkehrenden Situationen zu erklären.

Man könnte einwenden, daß regelgeleitetes Handeln nicht situativ, sondern gerade dispositionell determiniert sei, weil die Person sich die Regeln zu eigen gemacht habe, über Normen Bescheid wisse, „interne Modelle" über die Bedingungen von Ereignisabläufen besitze. Das alles hat die Person in der Tat. Aber dennoch ist es aus zwei Gründen berechtigt, regelgeleitetes Handeln als situations- und nicht persondeterminiert zu betrachten. Denn zum einen stimmen Personen darin in hohem Maße überein, es gibt also wenig Anlaß, nach Personfaktoren zur Erklärung individueller Unterschiede zu suchen. Und zum anderen ist das regelgeleitete Handeln nicht in dem Sinne dispositionell, daß es nicht schlagartig aufgegeben und verlernt werden könnte, wenn sich die Regeln und damit die Außenstabilisierung des Handelns ändert. Das führt auch zu Änderungen des Handelns, zumindest nach einer labilen Umstellungsphase.

Ein Beispiel wäre etwa die Bedeutungsänderung von Klassenarbeitsnoten. Wenn im Zuge einer Reformmaßnahme solche Noten nicht mehr für das Zeugnis, sondern als Entscheidungshinweise für individuelle Förderungsmaßnahmen verwendet würden, geben Schüler, die bislang gemogelt haben, dies auf, sobald sie einsehen, daß die Handlungsfolgen von vorgetäuschten zu guten eigenen Leistungen unter der neuen Zwecksetzung von Nachteil für sie sind. Denn anderenfalls beraubten sie sich selbst der Möglichkeit, eine angemessenere individuelle Förderung zu erfahren.

Alles in allem ist der zweite Blick beim Erklären von Handlungen recht plausibel. Situative Gegebenheiten scheinen das Handeln mehr zu bestimmen als Dispositionen der Person. Sowohl die naive Selbstbeobachtung wie eine Fremdbeobachtung, die Situationseinflüsse kontrolliert und Verhalten als abhängige Variable verfolgt, sehen im Mittelpunkt ihres Frage-Interesses die intraindividuellen Änderungen von Handlungen über Zeit (vgl. Abb. 1.1). Individuelle Unterschiede zwischen den Handelnden bleiben unbeachtet oder werden ausgeschaltet. Handeln ist in hohem Maße situationsspezifisch. In dem Maße, wie sich die subjektiven Situationsgegebenheiten ändern, ändert sich auch das Handeln. Man lernt, man paßt sich an. Dem liegen auf seiten der Person situationsspezifisch ausgelöste kurzfristige Zustände oder Prozesse zugrunde; Zustände des Motiviertseins, der Informationsverarbeitung, des Abrufens von Regeln und des Lernens. Der assoziationstheoretische Problemstrang der Motivationsforschung, insbesondere in seiner lerntheoretischen Linie (vgl. 2. Kap.) hat sich mit ungemeiner Ausdauer und viel Erfolg einer solchen Verhaltenserklärung auf den zweiten Blick verschrieben.

Neuverteilung der Erklärungslast: Personfaktoren als Erklärungsrest

Aber ganz befriedigt können wir auch mit der Handlungserklärung auf den zweiten Blick nicht sein. Haben wir nicht eine Einseitigkeit der Ursachenlokalisierung lediglich gegen eine andere ausgetauscht, indem wir nun statt Dispositionen ausschließlich situative Gegebenheiten verantwortlich machen? Es bleibt ein ungeklärter Rest. Um die Situationsspezifität des Handelns gegenüber individuellen

Unterschieden in objektiv gleichen Situationen aufrechterhalten zu können, mußten wir ja auf die individuellen Unterschiede in der Auffassung objektiv gleicher Situationen hinweisen, auf die Vorgeschichte persönlicher Erfahrungsbildung und dergleichen. Damit sind individuelle Unterschiede, die durchaus überdauernd sind und deshalb den Charakter von Dispositionen haben, durch die Hintertür wieder hereingekommen.

Auf den dritten Blick müssen wir also feststellen, daß es wiederum Personfaktoren sind, die in derselben Situation mit gleichem Aufforderungscharakter zum Handeln dennoch verschiedene Handlungsergebnisse – oder wenn auch gleiche Handlungsergebnisse – dennoch unterschiedliche Folgen der Handlungsergebnisse erwarten lassen und deshalb zu unterschiedlichem Handeln führen. Bei aller Anerkennung der Situationsspezifität des Handelns bleibt ein Erklärungsrest, für den wir individuelle Unterschiede heranziehen müssen.

Das sei näher verdeutlicht. Stehen zwei Personen vor einer Aufgabe, deren Schwierigkeit für beide gleich und durchaus noch im Bereich ihrer Fähigkeit ist, so kann der eine erfolgszuversichtlich, der andere mißerfolgsängstlich werden. Entsprechend unterschiedlich ist ihr Handeln. Der eine geht unbelastet und ausdauernd an die Aufgabenlösung, der andere ist besorgt und gespannt und erliegt eher der Versuchung zu mogeln, weil er so seine Mißerfolgsbefürchtungen beschwichtigen kann. Unterschiedliche Erwartungen in gleicher Situation (d. h. bei gleichem Verhältnis von eigener Fähigkeit und zu überwindender Schwierigkeit sowie bei gleichem Wissen um die Folgen eines Erfolgs- oder Mißerfolgsausgangs) beruhen hier auf unterschiedlichen Dispositionen der Situationsbeurteilung. Dabei mag es durchaus sein, daß die Dispositionen ihrerseits das Produkt langfristiger intraindividueller Änderungen sind; d. h. auf unterschiedliche Anhäufung situationsspezifischer Erfahrungen in der bisherigen Lebensgeschichte zurückgehen. Jedenfalls haben wir es jetzt mit Dispositionen zu tun.

Ähnliches gilt für einen anderen Fall, in dem sich beide Personen noch mehr gleichen. Sie sehen die möglichen Handlungsausgänge – Erfolg oder Mißerfolg – und auch deren Folgen in derselben Weise. Aber sie unterscheiden sich in dem einen Punkt, daß sie die einzelnen Handlungsfolgen unterschiedlich werten. So ist der eine über die Folgen eines möglichen Mißerfolgs besorgter als der andere. Oder einer von beiden bewertet unter den Folgen eines möglichen Erfolgs soziale Anerkennung besonders hoch, während den anderen schon die bloße Lösung der Aufgabe am meisten befriedigt.

Äquivalenzklassen von Situationen und Persondispositionen

So lassen sich leicht Fälle denken, in denen bei aller scheinbar situationsspezifischen Gleichheit der verbleibende „Rest dispositionellen Unterschieds" nicht nur viel, sondern alles ausmacht in bezug darauf, welcher Handlungskurs verfolgt wird. Man mag in unserem letzten Beispiel fragen, ob die objektiv „gleiche" Situation, nämlich eine bestimmte Aufgabe zu lösen, für beide Personen nicht in zwei verschiedene Klassen von Situationen fällt; für die eine Person ist es eine Situation, um die Aufgabe zu meistern und die eigene Tüchtigkeit zu bewähren; für die andere mag die Aufgabensituation lediglich eine Gelegenheit sein, soziale Anerkennung zu gewinnen, neben anderen Gelegenheiten wie etwa in Gesellschaft das Wort zu führen. Es ist deshalb zu fragen, ob die gestellte Aufgabe für beide Personen überhaupt in subjektiv gleiche Äquivalenzklassen von Leistungssituationen fällt. Offensichtlich ist das für die zweite Person nicht oder nur sehr bedingt und nur dann rein der Fall, wenn die Möglichkeit, daß andere anerkennend von ihrer Aufgabenlösung Kenntnis nehmen, ausgeschlossen ist. Wenn sie nun in privaten Leistungssituationen anders handelt als in sozialen, so ist ihr Handeln nicht inkonsistent, denn beides fällt für sie in verschiedene Äquivalenzklassen von Situationen. Inkonsistent erscheint es nur einem Beobachter oder einem psychologischen Forscher, der seine eigene Äquivalenzklassen-

Einteilung von Situationen – wie sehr sie auch für viele oder die meisten Personen zutreffen mag – auf alle Personen ausdehnt.

Dasselbe Problem gilt nicht nur für Situationen, sondern entsprechend auch für Persondispositionen, die man verschiedenen Arten von Handlungen zugrunde legt. So ist die Annahme plausibel, daß die Mitarbeit im Unterricht, die Ausdauer bei den Hausarbeiten, die Genauigkeit beim Basteln und die Intensität eines sportlichen Trainings alles Ausdruck eines zugrunde liegenden „Leistungsmotivs" ist. Aber es kann eine ganze Reihe von Personen geben, für die alle diese Handlungsarten nicht äquivalent sind und deshalb auch nicht gleichermaßen von ihrem Leistungsmotiv bestimmt werden. Wiederum, diese Personen erscheinen dann nur jenem Forscher als inkonsistent, der seine Konzeption, in welch verschiedenen Handlungsbereichen die in Frage stehende Persondisposition wirksam wird, unbesehen auf alle Personen überträgt.

Bem u. Allen (1974) haben es als einen „nomothetischen Fallstrick" *(nomothetic fallacy)* bezeichnet, wenn man – wie in der Differentiellen und Persönlichkeitspsychologie üblich – eine für alle Personen gleichen (d. h. allgemein gesetzmäßigen, nomothetischen) Geltungsbereich unterstellt. Der Geltungsbereich einer Disposition sollte für die einzelne Person zunächst „idiographischer" (d. h. individuell beschreibend) auf die Äquivalenzklasse von zugehörigen Handlungsbereichen sondiert und dann abgegrenzt werden. Tut man dies, so erscheint das Handeln der einzelnen Personen, wie es unserer alltagspsychologischen Intuition entspricht, über verschiedene Situationen weit konsistenter, als es bisher die zu nomothetisch und zu wenig idiographisch vorgehende Persönlichkeitsforschung hat zeigen können (vgl. auch Thomae, 1968). Bem u. Allen haben dies für zwei Dispositionen, für „Freundlichkeit" und „Gewissenhaftigkeit" nachgewiesen, indem sie einfach ihre Vpn danach gefragt haben, für wie konsistent sie sich in dem fraglichen Verhalten über verschiedene Situationen hinweg halten (oder dies indirekt aus einem Fragebogen, der das fragliche Verhalten in verschiedene Situationskontexte stellte, erschlossen). Wie erwartet, waren die Konsistenzkorrelationen zwischen verschiedenen Situationen in jener Personengruppe geringer, die sich in ihrem Handeln als variabler über verschiedene Situationen eingeschätzt hatte. Das heißt, sie hatte die Äquivalenzklasse von Situationen, in der ihnen das fragliche Handeln angemessen erscheint, enger gefaßt.

Solche individuellen Unterschiede in den Äquivalenzklassen handlungsrelevanter Situationen gehen offenbar, wie unsere Beispiele zeigen, mit Unterschieden in der Einschätzung des Handlungsausgangs oder der Bewertung der Handlungsfolgen einher. Da man sie nicht auf für alle Personen gemeinsam geltende Gegebenheiten der gegenwärtigen Situation zurückführen kann, werden sie in der Motivationsforschung z. B. als überdauernde „Motive" zu fassen gesucht. Die individuellen Unterschiede in solchen Motiven haben ihre entwicklungspsychologische Genese, vor allem in den ersten Lebensjahren. Neben Motiven hat man auch andere Dispositionen konzipiert, um individuelle Unterschiede des Handelns, die nicht auf Situationsgegebenheiten allein zurückgeführt werden können, zu erklären. Dazu gehören Dispositionen wie Fähigkeiten zur Informationsverarbeitung und Handlungsplanung, Interessen, Einstellungen, persönliche Konstrukte u. a. (vgl. Mischel, 1973; 1977).

Alle diese Erklärungsbegriffe sind letztlich gebildet worden, um individuelle Unterschiede des Handelns, seine Gleichartigkeit über ähnliche Situationen und seine Stabilität über Zeit zu erklären. Sie entstammen ursprünglich alle der Handlungserklärung auf den ersten Blick. Sie suchen deshalb gewöhnlich auch mehr zu erklären, als auf den zweiten Blick nötig wäre. Berücksichtigt man die situationsspezifische Abhängigkeit des Handelns und reduziert so die Erklärungslast der aufgezählten Personfaktoren, so bleibt auf den dritten Blick das übrig, was wir an Dispositionen noch zur Handlungserklärung benötigen; d. h. wie die Person gegebene Situationen und eigene Handlungsmöglichkeiten wahrnimmt, welche Gruppen verschiedener Situationen und verschiedener eigener Handlungen für sie deshalb äquivalent sind.

Auf den dritten Blick: Wechselwirkung zwischen Person und Situation

Handlungserklärung auf den dritten Blick ist eine Synthese, die die Einseitigkeit in der Ursachenlokalisierung des extrem personzentrierten Eigenschaftstheoretikers (erster Blick) und des extrem situationszentrierten „Situationisten" (zweiter Blick) überwindet. Zwar erscheinen extreme Randbereiche denkbar, in denen Handeln entweder rein persönlichkeits- oder rein situationsabhängig erscheint; auf der einen Seite etwa bizarr-psychopathologisches und auf der anderen Seite hochautomatisiertes Reiz-Reaktionsverhalten. In der Regel und zwischen diesen Extremen ist Handeln sowohl von Person- wie von Situationsfaktoren abhängig und darüber hinaus offensichtlich zugleich ein Ergebnis gegenseitiger Beeinflussung von individuellen Dispositionen und von gegenwärtigen Situationsgegebenheiten. In experimentellen Bedingungsanalysen wird gegenseitige Beeinflussung statistisch als varianzanalytische Wechselwirkung zu fassen gesucht. Wechselwirkung (im varianzanalytischen Sinne) bedeutet mehr als bloße additive Verbindung. Vielmehr haben einerseits gleiche Situationsgegebenheiten bei verschiedenen Dispositionen voneinander abweichende, ja u. U. gegenläufige Auswirkungen auf das Handeln.

Am Beispiel zweier Studien seien solche Wechselwirkungen erläutert. In der ersten Studie (French, 1958b) bestand das Handlungsergebnis in einer Gruppenleistung. In Vierergruppen hatte jede Vp 5 Sätze, die gemeinschaftlich zu einer Geschichte zusammenzusetzen waren. Die Vpn-Gruppen waren nach der Konstellation zweier Motivdispositionen homogen zusammengestellt. In den „Leistungsmotivgruppen" war das Leistungsmotiv stark und das Anschlußmotiv schwach, in der „Anschlußmotivgruppe" war es umgekehrt. Schließlich wurde die gleiche Aufgabensituation noch nach zwei verschiedenen Bewertungsanreizen aufgeteilt. In einer Arbeitspause gab der Vl lobende Rückmeldungen, und zwar entweder in bezug auf die hohe Tüchtigkeit oder auf die gute Zusammenarbeit der Gruppe. Wie die Abb. 1.2 (a) zeigt, erzielten die Leistungsmotivgruppen die besten Ergebnisse, wenn der Bewertungsanreiz in hoher Tüchtigkeit, und die Anschlußmotivgruppe, wenn er in guter Zusammenarbeit bestand.

In der zweiten Studie (Kleinbeck u. Schmidt, 1979) ging es um die Bevorzugung

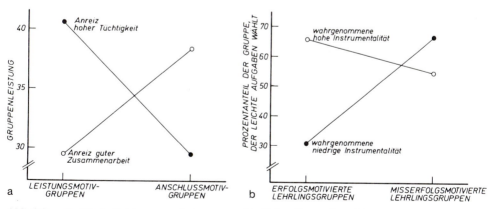

Abb. 1.2a u. b. Wechselwirkungen zwischen unterschiedlichen Persondispositionen und unterschiedlichen Situationsaspekten bei der gleichen Aufgabe. **a** Leistungen von Gruppen mit überwiegendem Leistungs- oder Anschlußmotiv, wenn der Vl während der Arbeit entweder die hohe Tüchtigkeit oder die gute Zusammenarbeit lobt. (Nach French, 1958b). **b** Prozentanteil von Personen innerhalb von Lehrlingsgruppen, die leichte Aufgaben wählen in Abhängigkeit von der Leistungsmotivdisposition („Erfolgs- vs. „Mißerfolgsmotivierte") und von der wahrgenommenen hohen oder niedrigen Instrumentalität der jetzigen Aufgabensituation für den gesamten Ausbildungserfolg. (Nach Kleinbeck u. Schmidt, 1979)

von Aufgaben verschiedenen Schwierigkeitsgrades im Rahmen der Lehrlingsausbildung. Abhängige Variable in unserem Beispiel ist die Wahlhäufigkeit von leichten Aufgaben. Die Lehrlinge wurden nach dem Dispositionsmerkmal „Leistungsmotiv" in „Erfolgs-" und „Mißerfolgsmotivierte" aufgeteilt. Das unterscheidende Situationsmerkmal wurde der Situationswahrnehmung der Lehrlinge entnommen, nämlich für wie entscheidend sie Erfolg bei der zu bearbeitenden Aufgabenart für den Gesamterfolg ihrer Ausbildung hielten (sog. Instrumentalität der jetzigen Handlung für ein wichtiges Oberziel). Wie die Abb. 1.2 (b) zeigt, hatte die wahrgenommene Instrumentalitäts-Bedeutung der jetzigen Aufgabe für den gesamten Ausbildungserfolg nur in der Gruppe der Erfolgsmotivierten einen klaren differentiellen Effekt. Nur wenn die Instrumentalität als hoch eingeschätzt wurde, wählte die überwiegende Mehrheit dieser Gruppe die leichten und nicht schwierigere Aufgaben.

Die allgemeine Formulierung, daß Handeln sowohl eine Funktion (f) des momentanen Zustands der Person (P) wie der momentan wahrgenommenen Umwelt (U) ist, hat Lewin schon 1936 in seiner allgemeinen Gleichung des Verhaltens (V) gegeben:

$$V = f(P, U)$$

Sowohl der momentane Zustand der Person wie der der Situation (Umwelt) sind gegenseitig voneinander abhängig in ihrem Einfluß auf das Handeln (Verhalten). In unserem ersten Beispiel ist die Stärke der Leistungsmotiviertheit – wie sie sich offensichtlich in der besseren Effizienz des Leistungshandelns kundtut – dann am größten, wenn das Hauptmotiv der Person auf einen wahrgenommenen kongruenten Anregungsgehalt der Situation trifft, auf Tüchtigkeitsbewertung in den Leistungsmotivgruppen und Kooperationsbewertung in den „Anschlußmotivgruppen". In dem zweiten Beispiel geht es um die Frage, unter welchen Situationsumständen eine sonst bevorzugte Kongruenz zwischen Persondisposition und situativer Anregung *nicht* aufgesucht wird. Wie man aus vielen Befunden (vgl. Kap. 9) weiß, bevorzugen erfolgsmotivierte Personen Aufgaben eines subjektiv mittleren Schwierigkeitsgrades. Wenn jedoch von der Aufgabenlösung sehr viel zum Erreichen eines übergeordneten Oberziels (hohe Instrumentalität für den Gesamterfolg der Ausbildung) abhängt, so bevorzugen sie ein vermindertes Risiko. Da Mißerfolgsmotivierte andererseits mittelschwere Aufgaben eher zu meiden trachten, ist für sie eine niedrige vs. hohe Instrumentalität kein diskriminierender Situationsumstand, um von ihrer üblichen Schwierigkeitsbevorzugung abzuweichen.

Statistische Interaktion: Eine Sackgasse

Nachdem in den letzten Jahren „Situationisten" (wie Mischel, 1968) heftig die einseitige Ursachenlokalisierung der Eigenschaftstheoretiker kritisierten – und zwar zugunsten einer gleichen, nur gegensätzlich gelagerten Einseitigkeit – ist in jüngster Zeit die Frage der Ursachenlokalisierung verschärft gestellt worden (auch von Mischel selbst, vgl. 1973). Bowers (1973) hat 19 Studien zusammengestellt, in denen Person- und Situationsunterschiede einigermaßen variiert waren, um den relativen Einfluß beider Seiten abzuschätzen. Die Studien unterscheiden sich danach, wie Verhalten erhoben wurde. In einer ersten Gruppe von Arbeiten handelt es sich um das Ankreuzen auf Antwortskalen zu Aussagen (wie „Jemand drängt sich in der Schlange vor der Theaterkasse an Ihnen vorbei"). In einer zweiten Gruppe von Arbeiten werden die Vpn in eine Reihe von Situationen gebracht und haben dann rückblickend ihr tatsächliches Verhalten selbst einzuschätzen; in einer dritten Gruppe schließlich wird das Verhalten in verschiedenen Situationen von anwesenden Beobachtern registriert.

In allen Fällen wurden die erhobenen Ergebnisse einer Varianzanalyse unterworfen; d. h. wieviel von ihrer Unterschiedlichkeit sich auf Unterschiede der Personen oder der Situationen oder schließlich auf eine Wechselwirkung zwischen beiden zurückführen lassen. Über alle Studien hinweg berechnet zeigte sich, daß die auf bloße Personfaktoren zurückgehende Aufklärung der Verhaltensvarianz nur 12,7% beträgt. Für Situationsfaktoren ist der Prozentsatz sogar noch etwas geringer (10,2%). Es besteht also wenig Grund, sich einseitig zum Eigenschaftstheoretiker oder zum Situationisten zu erklären. Demgegenüber klärt die Wechselwirkung zwischen Person und Situation deutlich mehr Varianz auf, nämlich 20,8%. Im übrigen zeigt sich hinsichtlich der Art der abhängigen Verhaltensvariablen kein schlüssiges Bild, das eine Ursachenquelle als einflußreicher als die andere erkennen ließe (Tabelle 1.1).

Eine der Studien sei näher erwähnt, weil sie Ehrlichkeit von Kindern in verschiedenen Versuchungssituationen geprüft hat. Die seit den Veröffentlichungen von Hartshorne u. May (1928; 1929; Hartshorne, May u. Shuttleworth, 1930) angenommene hohe Situationsspezifität dieses Verhaltens muß nach Befunden von Nelson, Grinder u. Mutterer (1969) korrigiert werden. Diese Autoren konnten bis zu 26,4% in der Varianz des Ehrlichkeitsverhaltens auf individuelle Personunterschiede, dagegen nur bis zu 15,5% auf Situationsverschiedenheiten zurückführen.

Die 19 von Bowers zusammengestellten Studien waren in ihrer Anlage weder einseitig eigenschaftstheoretisch noch situationistisch orientiert. Das ist bei diesen Ergebnissen festzuhalten. Denn die Bedingungskontrolle der erhobenen Handlungsvariablen läßt sich leicht in einer Weise gestalten, daß entweder eigenschaftstheoretische oder situationistische Voreingenommenheiten begünstigt werden. (Vgl. für das Folgende Abb. 1.1.). Um das erstere zu erreichen, maximiere man die interindividuellen Unterschiede (z. B. unausgelesene Versuchspersonen-Stichproben) und minimiere die intraindividuelle Varianz (d. h. wenige und möglichst gleichartige Situationen). Das ist typisch für Korrelationsstudien, die über eine heterogene Versuchspersonen-Stichprobe verschiedene Testverhaltensweisen erheben (die eine der beiden Disziplinen der Psychologie nach Cronbach, 1957). Auf diese Weise kann man nur zum Eigenschaftstheoretiker werden, für den Dispositionen zum hauptsächlichen Erklärungsgrund des Verhaltens werden (wie z. B. R. B. Cattell, vgl. 3. Kap.). Um dagegen ein „situationistisches" Ergebnis zu erzielen, kehrt man das Verhältnis von Person- zur Situationsvarianz um und minimiert damit die inter- und maximiert die intraindividuelle Varianz der abhängigen Variablen. Dazu nehme man eher homogene Versuchspersonengruppen und möglichst viele und heterogene Situationsgegebenheiten. Im Extremfall kann man die interindividuellen Unterschiede auch ganz ausschalten, indem man nur eine einzelne Versuchsperson in verschiedene Situationen bringt; etwa einen Patienten, den man nacheinander soviel verschiedenen Behandlungsmethoden unterzieht, bis sich eine als wirksam erwiesen hat, das bestehende Verhalten in erwünschter Weise zu ändern.

Es liegt auf der Hand, daß solche Vorgehensweisen zwar Voreingenommenheiten bekräftigen können, aber nicht geeignet sind, die Ursachenlokalisierung wissenschaftlich befriedigender zu klären. Dazu wäre ein nach beiden Seiten ausgewogener Versuchsplan erforderlich, der sowohl hinsichtlich Personen wie Situationen repräsentative Stichproben

Tabelle 1.1. Klassifikation von 19 Einzeluntersuchungen, in denen entweder Situationseffekte oder Personeffekte überwiegen, getrennt nach drei Arten abhängiger Variablen. (Nach Bowers, 1973, S. 322)

Varianz	Fremdbeobachtetes Verhalten	Selbsteinschätzung	Fragebogen
Person-Varianz größer als Situations-Varianz	3	3	5
Situations-Varianz größer als Person-Varianz	4	1	3

zieht. Das ist übrigens für Personen sehr viel leichter als für Situationen, da es große Schwierigkeiten macht, psychologisch zu bestimmen, was eine Grundgesamtheit von Situationen sei. Schließlich hängen die Ergebnisse auch davon ab, welche Arten von Verhalten man als abhängige Handlungsvariable nimmt. Es gibt sehr situationsabhängige (wie etwa das sprachliche Äußern von Meinungen) und recht „eingewurzelte", situationsresistente Verhaltensweisen (wie etwa das Rauchen).

Aber selbst, wenn diese Stichprobenprobleme gelöst wären und Handlungsvariable herangezogen würden, die weder völlig situationsabhängig noch -unabhängig wären, ließe sich mit einer varianzanalytischen Komponentenzerlegung nie eine klare Entscheidung zugunsten einer Sicht und auf Kosten der beiden anderen fällen. So spricht eine statistische Wechselwirkung zwischen Person- und Situationsvariablen weder gegen eine eigenschaftstheoretische noch eine situationistische Erklärung, sondern läßt sich für beides in Anspruch nehmen. Auch ein größerer Varianzanteil für eine der beiden Seiten macht die andere Seite in keiner Weise bedeutungslos. Ist z. B. die Situationsvarianz um ein Vielfaches größer als die Personvarianz, so braucht dies nicht einmal gegen ein perfektes Zutreffen der eigenschaftstheoretischen Erklärung zu sprechen, wie Olweus (1976) an einem hypothetischen Beispiel demonstriert hat, das in Abb. 1.3 dargestellt ist. Drei verschiedene Personen mit unterschiedlicher Ausprägung einer Eigenschaft, die für die gemessene Handlungsvariable als entscheidend angesehen wird, werden in drei verschiedene Situationen gebracht, die die betreffende Handlungsvariable in unterschiedlichem Maße anregen. Wie die Abb. 1.3 zeigt, sind die mittleren Unterschiede der Handlungsvariable zwischen den drei Situationen dreimal so groß wie zwischen den drei Personen (nämlich 3 Einheiten vs. 1 Einheit). Entsprechend ist die Situationsvarianz ($3^2=9$) weit größer als die Personvarianz ($1^2=1$), obwohl die Korrelation der persönlichen Handlungskennwerte zwischen den Situationen und damit die relative persönlichkeitsspezifische Konsistenz über die verschiedenen Situationen hinweg maximal ist. In diesem Falle addieren sich die Effekte der Disposition und der Situation, ohne daß es zwischen ihnen zu einer Wechselwirkung im statistischen Sinne kommt.

Geht man der Ursachenanalyse des Handelns weiter nach, so stößt man auf schwierige erkenntnistheoretische Probleme. Denn wie will man letzten Endes Person- und Situationsfaktoren in objektiver Form völlig voneinander trennen? Eine handelnde Person ist ohne Situation so wenig denkbar, wie eine Situation ohne Person. Wir sahen ja, daß bereits die Wahrnehmung und Auffassung der Situation eine besondere Verhaltensleistung ist, die auf dispositionellen Besonderheiten der Informationsverarbeitung beruht. So betrachtet muß sich letztlich alles Handelns in einen ständigen, gegenseitigen Wechselwirkungsprozeß auflösen. „Situationen sind ebenso sehr eine Funktion der Person, wie das Verhalten der Person eine Funktion der Situation ist" (Bowers, 1973; S. 327)

Der Versuch, diese Wechselwirkungsverflechtung zugunsten einer der beiden aufzulösen, indem nan sie lebensgeschichtlich rückverfolgt, hilft auch wenig weiter. Der Situationist – vor allem in Gestalt des Sozialisations-

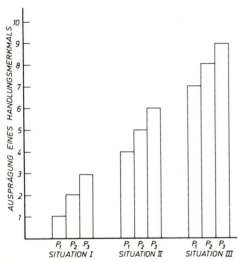

Abb. 1.3. Hypothetisches Beispiel der Ausprägung eines Handlungsmerkmals bei drei Personen (P) in drei verschiedenen Situationen. (Nach Olweus, 1976, S. 174.)

theoretikers – ist geneigt, Dispositionen, die gegenwärtig unleugbar bestehen, als Ergebnisse früherer Situationseinflüsse aufzufassen. Dabei muß man weiter und weiter zurückgehen und landet schließlich bei der Frage, ob nicht schon bei der Geburt Situationseinflüsse vorliegen, die ihrerseits die dispositionellen Faktoren mitbestimmen. Andererseits könnte der Eigenschaftstheoretiker behaupten, daß von Anfang an vorgegebene Dispositionen den Bedeutungsgehalt wechselnder Situationen eingrenzen und sich unter deren Einfluß lediglich entfalten.

Interaktion als gegenseitiger Beeinflussungsprozeß

Weniger gezwungen ist demgegenüber die Annahme eines gegenseitigen Wechselwirkungsprozesses. Sie läßt sich in einer Weise denken, nach welcher Dispositionen und Situationsgegebenheiten sich nicht wie Drinnen und Draußen gegenüberstehen. Beides wird psychologisch wechselwirksam, weil es in kognitiven Schemata repräsentiert ist, die für die Auffassung der jeweiligen Situationsgegebenheiten wie der eigenen Handlungstendenzen (Dispositionen) maßgebend sind. In ständigen Kreisprozessen von Handeln und von Rückerfahren der Handlungswirkungen werden die kognitiven Schemata konstruiert und unaufhörlich rekonstruiert, so daß sie sich den „tatsächlichen" Realitätsverhältnissen (d. h. effektwirksamer Interaktion mit der Umwelt) annähern oder zumindest nicht zu weit davon abirren. Kreisprozesse dieser Art legt Piaget (1936) der kognitiven Entwicklung zugrunde.

Eine solche Auffassung, Interaktion als gegenseitiger Beeinflussungsprozeß, geht weit über den statistischen Interaktionsbegriff der Varianzanalyse, dem wir bisher gefolgt sind (vgl. Abb. 1.2), hinaus. Bei statistischer Interaktion übt jede unabhängige Variable (der Person oder der Situation) bloß einen einsinnig gerichteten Einfluß auf die abhängige Variable (Handeln) aus, der sich durch das Zusammentreffen mit der anderen unabhängigen Variablen geändert hat. Das resultierende Handeln hat keine Rückwirkung auf die unabhängigen Variablen, weder auf die der Person noch die der Situation. Diese werden als völlig isolierte und unveränderliche Entitäten betrachtet. Das gilt auch, wenn es nicht zu einer statistischen Wechselwirkung, sondern zu zwei additiven Haupteffekten, wie in Abb. 1.3, kommt (vgl. zur Kritik Golding, 1975; Olweus, 1976). Demgegenüber entspricht Interaktion als gegenseitiger Beeinflussungsprozeß etwa Piagets kognitiv-genetischer Entwicklungspsychologie, dem Assimilieren von Umweltinformationen an kognitive Schemata, die der Handelnde dazu aufgebaut hat, sowie dem Akkomodieren dieser Schemata an die damit nicht überein zu bringenden Informationen und Erfordernisse der Situation.

Ein ähnlicher und dritter Interaktionsbegriff, der nicht explizit zwischengeschaltete kognitive Prozesse wie das Assimilieren und Akkomodieren von Schemata einbezieht, betont die rückwirkenden Veränderungen sowohl auf seiten der Person wie der Situation, und zwar über das Handeln. Das Handeln ändert die Situationsvariablen, diese ändern daraufhin die Personvariablen, so daß sich das Handeln ändert usf. So entsteht ein Kreisprozeß fortlaufender gegenseitiger Einwirkung und Änderung, in dem Person, Handeln und Situation sich nacheinander beeinflussen und selbst beeinflußt werden (vgl. Overton u. Reese, 1973).

Der neuere Stand der sog. „Interaktionismus-Debatte" wird in einem von Magnusson u. Endler (1977) herausgegebenen Sammelwerk umrissen. Die Herausgeber formulieren vier „Basis-Elemente" eines psychologisch angemessenen Interaktionsbegriffs:

1. Aktuelles Verhalten ist eine Funktion eines kontinuierlichen Prozesses einer vielfach gerichteten Interaktion oder Rückkoppelung zwischen Individuum und den Situationen, in die es eintritt.
2. Das Individuum ist in diesem Interaktionsprozeß ein Aktiv-Handelnder, der Intentionen verfolgt.
3. Auf der Personseite der Interaktion sind

kognitive und motivationale Faktoren wesentliche Determinanten des Verhaltens.
4. Auf der Situationsseite ist die psychologische Bedeutung, die Situationen für das Individuum haben, der entscheidende determinierende Faktor. (1977, S. 4).

Interaktion in diesem Sinne läßt auch von der Vorstellung Abschied nehmen, Situation sei immer das zeitlich Vorauslaufende und damit Unbeeinflußte, worauf die Person dann reagiere. Das Folge- und Abhängigkeitsverhältnis ist auch umgekehrt zu denken. Denn Personen suchen die ihren Dispositionen entsprechenden Situationen auf und sie gestalten sogar vorliegende Situationen nach ihren Dispositionen. So schaffen sich Personen ihre eigene Situationsspezifität, indem sie von vornherein die Fülle möglicher Situationseinflüsse eingrenzen, umbiegen, auf einzelne Akzente pointieren. Diese leicht übersehene Richtung in der Wechselwirkung zwischen Person und Situation hat Wachtel (1973) auf die folgende Weise zum Ausdruck gebracht:

> ... we must ask why for some people the situation is so rarely different. How do we understand the man who is constantly in the presence of overbearing women, or constantly in his work or constantly with weaker men who are cowed by him and offer little honest feedback? Further, how do we understand the man who seems to bring out the bitchy side of *whatever* women he encounters, or ends up turning almost all social encounters into work sessions, or intimidates even men who usually are honest and direct? (1973, S. 331).

Auf den vierten Blick: Realisierungsmöglichkeiten für Handeln

Schließlich läßt sich noch ein letzter, ein vierter Blick auf die Handlungsverursachung werfen, und zwar unter dem Längsschnittsaspekt der Entwicklung. Wenn Handeln auf ständigen Wechselwirkungen zwischen Person- und Situationsfaktoren beruht, so müssen die sich herausbildenden Dispositionen wie auch die bevorzugt aufgesuchten und konstruierten Situationen letztlich auch von dem mitbestimmt sein, was alles auf beiden Seiten miteinander in Wechselwirkung treten kann. Mit anderen Worten, ob aus den Grundgesamtheiten des real Möglichen nur Stichproben von mehr oder weniger großer Einschränkung vorliegen. Denn das müßte die Realisierungsmöglichkeiten des Handelns auf seiten der dispositionellen wie der situativen Seite einengen. Auf der dispositionellen Seite wären es Eingrenzungen der Entwicklungsmöglichkeiten durch angeborene Faktoren, z. B. Möglichkeitsgrenzen in der Entfaltung von Fähigkeiten als einer besonders häufig untersuchten Art von Dispositionen. In unserem Zusammenhang interessieren aber mehr die Eingrenzungen von Entwicklungsmöglichkeiten durch ein Defizit an umschriebenen Situationen, die erst gegeben sein müßten, um bestimmten Dispositionen Gelegenheit zur Entfaltung oder – falls bereits entfaltet – Gelegenheiten zur Realisierung im Handeln zu geben.

Der vierte Blick erklärt also sozusagen nicht, warum ein bestimmtes Handeln erfolgt, sondern warum es *nicht* erfolgt; nämlich aus Mangel an Realisierungsmöglichkeiten wegen eingeschränkter situativer, genauer ökologischer Gegebenheiten in der Lebensumwelt. Es ist der langfristige Mangel an Gelegenheiten, der die Entfaltung entsprechender Dispositionen und damit Handlungsmöglichkeiten einschränkt, aber nicht von vornherein einschränken müßte. Der Mangel erscheint deshalb grundsätzlich änderbar, soweit die gegebenen Lebensverhältnisse wirtschaftlich, technisch, kulturell, gesellschaftlich, politisch zu ändern, zu bereichern, zu verbessern sind.

Mit den Fragen dieser Art beschäftigt sich neuerdings die Umweltpsychologie (vgl. Ittelson, Proshansky, Rivlin u. Winkel, 1974; Kaminski, 1976). So hat Barker den Begriff des Handlungsfeldes, des *behavior setting*, geprägt, der unseren ökologischen Gegebenheiten als Realisierungsmöglichkeit für Handeln nahekommt. Handlungsfelder sind nach Barker verschiedene Orte in der alltäglichen Umwelt, an denen die situativen Gegebenheiten von Umgebung und Tageszeit eng mit den ihnen angemessenen Handlungen verbunden sind; z. B. ein Spielplatz, ein Wirtshaus, eine Schule. Die Eigenarten eines Handlungsfeldes grenzen Handlungsweisen auf die an diesem Ort und zu dieser Zeit angemessenen ein, fordern zu ihnen auf, ermöglichen sie.

Was in diesem Sinne an Handlungsfeldern vorliegt und nicht vorliegt, was es an Gelegenheiten und Chancen gibt und nicht gibt, sei als soziokulturelle Realisierungsmöglichkeit *(opportunity structure)* bezeichnet (vgl. Abb. 1.1). Die Beachtung von Realisierungsmöglichkeiten ist wichtig, um Verhaltensunterschiede, die vor allem zwischen umschriebenen Personengruppen auffallen, zu erklären. So gibt es innerhalb der gleichen Bevölkerung unterschiedliche Realisierungsmöglichkeiten, die institutionalisiert und damit ziemlich stabilisiert sein können. Die Folgen deuten sich in Handlungsunterschieden zwischen männlichen und weiblichen Personen, zwischen Angehörigen verschiedener soziokultureller Lebensräume, zwischen den Zeitgenossen verschiedener Geschichtsepochen an. Berücksichtigt man nicht die jeweilig damit verbundenen soziokulturellen Realisierungsmöglichkeiten, läuft man Gefahr, die beobachteten Handlungsunterschiede voreilig, d. h. auf den ersten Blick, auf Dispositionen im Sinne angeborener „Wesenszüge" zurückzuführen. Ähnliches gilt für kulturvergleichende Erhebungen von Handlungsunterschieden, die man gern auf verschiedenen „Nationalcharakter" zurückgeführt hat. Wir werden noch sehen, wie Unterschiede in den Realisierungsmöglichkeiten die Entwicklung von Motivdispositionen beeinflussen (vgl. 13. Kap.).

Motiv und Motivation: Acht Grundprobleme

Was soll man als Erklärungsrest auf der Personseite einführen, damit im Handeln individuelle Unterschiede, Gleichartigkeit über Situationen und Stabilität über Zeit – oder ihr Fehlen – leichter erklärlich werden? Vielerlei Eigenschaftsbegriffe (Dispositionen) hat man dazu als erklärende Personfaktoren herangezogen: z. B. Charakterzüge, Einstellungen (Attitüden), Überzeugungen, Interessen, Fähigkeiten, Temperamentseigenschaften und vieles andere mehr.

Greifen wir als Beispiel eine besondere Art der Fähigkeit heraus, die als „Kognitive Strukturiertheit" (Harvey, Hunt u. Schroder, 1961; Schroder, Driver u. Streufert, 1967) bezeichnet wird. Danach unterscheiden sich Personen in ihrer Informationsverarbeitungskapazität; und zwar (1) nach wieviel Dimensionen sie Informationen aufschlüsseln (Differenziertheit), (2) nach Anzahl der Unterscheidungen auf jeder Dimension (Diskriminiertheit) und (3) nach Organisiertheit und Kombinierbarkeit des gesamten Dimensionsgefüges (Integriertheit). So sind Personen mit geringer kognitiver Strukturiertheit in ihrem Handeln stereotyp, können sich nicht flexibel auf neue Situationserfordernisse einstellen, neigen zu Übergeneralisierungen und zur Abhängigkeit von äußeren Situationsgegebenheiten etc. Dieses Eigenschaftskonzept ist keineswegs nur personzentriert, sondern interaktionistisch angelegt. Denn die momentane „Informationsverarbeitungskapazität", die das Handeln bestimmt, ist das Ergebnis einer gegenseitigen Abhängigkeit von der „kognitiven Strukturiertheit des kognitiven Systems" der Person und der momentanen „Umwelt-Komplexität". Wächst z. B. die Umweltkomplexität auf der Situationsseite an, so steigt die Informationsverarbeitungskapazität bei Personen mit einem kognitiven System hoher Strukturiertheit schneller an als bei solchen Personen mit geringer kognitiver Strukturiertheit und sie können noch höhere Grade der Umweltkomplexität bewältigen, ehe die Informationsverarbeitungskapazität abfällt oder zusammenbricht (vgl. Krohne, 1977).

Solche, auf Fähigkeiten, Einstellungen (vgl. Ajzen u. Fishbein, 1977), Interessen etc. beruhenden Erklärungsansätze werden in diesem Buch nicht oder nicht im einzelnen verfolgt. Statt dessen wird eine breite Klasse von Erklärungsansätzen behandelt, die seit je zur Erklärung von Handlungen, insbesondere ihrer individuellen Unterschiede herangezogen worden ist. Was diese Erklärungsansätze vereint, ist die offensichtlich leicht begründbare Annahme, daß Handeln sich von der Erwartung und von der Bewertung seiner mutmaßlichen Ergebnisse und deren Folgen leiten läßt. Den Wert, den dabei der Handelnde den Handlungsfolgen beimißt, führt man auf ihm eigene Wertungsdispositionen zurück, die man häufig als „Motive" bezeichnet.

Motive stehen hier als Sammelname für so unterschiedliche Bezeichnungen wie Bedürfnis, Beweggrund, Trieb, Neigung, Streben etc. Bei allen Bedeutungsunterschieden im einzelnen verweisen alle diese Bezeichnungen auf eine „dynamische" Richtungskomponente. Es wird eine Gerichtetheit auf gewisse, wenn auch im einzelnen recht unterschiedliche, aber stets wertgeladene Zielzustände angedeutet; und zwar Zielzustände, die noch nicht erreicht sind, deren Erreichung aber angestrebt wird, so vielfältig auch die Mittel und Wege dahin sein mögen.

Von einem so gedachten „Motiv" läßt sich annehmen, es sei von dem Zielzustand eines bestimmten Person-Umwelt-Bezuges geleitet, der in sich (wenigstens zeitweise) wünschenswerter oder befriedigender als ein gegenwärtig bestehender Zustand sei. Das ist eine sehr allgemeine Vorstellung. Daraus läßt sich jedoch eine Reihe von Weiterungen ableiten, die die Begriffe „Motiv" und „Motivation" zu einem vorläufigen Erklärungsansatz verwenden. Zumindest gliedern sich dabei in einem ersten Zugriff einige Grundprobleme motivationspsychologischer Forschung heraus. Faßt man „Motiv" als den angestrebten Zielzustand innerhalb eines bestimmten Person-Umwelt-Bezuges auf, so lassen sich daraus die folgenden weiteren Punkte entwickeln und als Problembereiche der Motivationsforschung abstecken.

1. Es gibt soviel verschiedene Motive, wie es äquivalente Inhaltsklassen von Person-Umwelt-Bezügen geben mag. Diese lassen sich voneinander abheben durch charakteristische Zielzustände, deren Anstreben man häufig bei Menschen beobachten kann. (Neben anzustrebenden Zielzuständen können – in einzelnen Person-Umwelt-Bezügen – Motive auch durch zu meidende Zustände definiert sein.) Wir haben es mit Problemen der inhaltlichen Klassifikation von Motiven, der Aufstellung von Motivkatalogen zu tun.

2. Motive haben sich im Laufe der individuellen Entwicklung als relativ überdauernde Wertungsdispositionen herausgebildet. Aufgrund welcher Realisierungsmöglichkeiten und Anregungen der Entwicklungsumwelt, aufgrund welcher Faktoren und Prozesse individuelle Ausprägungsunterschiede von Motiven zustande kommen, ist zu klären; desgleichen aber auch die Möglichkeiten der Motivänderung durch gezielte Intervention. Wir haben es mit Problemen der Entwicklung und der Änderung von Motiven zu tun.

3. Personen unterscheiden sich in der individuellen Ausprägung (Art und Stärke) der einzelnen Motive. So kann es für verschiedene Personen auch verschiedene Hierarchien von Motiven geben. Wir haben es mit Problemen der Messung von Motiven zu tun.

4. Das Verhalten einer Person zu einem gegebenen Zeitpunkt wird nicht von irgendwelchen oder allen möglichen ihrer Motive „motiviert", sondern von jenem ranghöchsten (relativ stärksten) Motiv, dem unter den gegebenen Situationsumständen am ehesten die Erreichung des betreffenden Zielzustandes in Aussicht steht (oder bedroht ist). Dieses Motiv wird „aktiviert", es wird vorübergehend „wirksam". (In Verbindung oder in Konflikt mit diesem Motiv können auch weitere Motive aktiviert sein. Davon sei der Einfachheit halber abgesehen). Wir haben es mit Problemen der Motivanregung, d. h. der Eingrenzung der motivspezifischen Anregungsbedingungen der Situation zu tun.

5. Das Motiv ist so lange wirksam, d. h. es trägt zur Motivierung des Handelns bei, bis der Zielzustand des betreffenden Person-Umwelt-Bezuges erreicht ist oder – soweit es die

gegebenen Situationsumstände erlauben – angenähert ist (oder nicht weiter in bedrohliche Ferne gerückt wird), oder bis ein Wechsel der Situationsbedingungen ein anderes Motiv dringlicher werden läßt und damit anstelle des bisherigen aktiviert und dominant werden läßt. Handeln wird häufig auch vor Erreichen eines befriedigenden Zielzustandes unterbrochen oder ist langfristig in zeitlich wiederkehrende Abschnitte gegliedert; es wird dann nach einiger Zeit wieder aufgenommen. Wir haben es mit Problemen der Abgrenzung von Abschnitten im Verhaltensstrom, d. h. mit Wechsel der Motivation, Wiederaufnahme oder Nachwirkung einer früheren Motivation zu tun.

6. Die Motivierung des Handelns durch ein bestimmtes Motiv wird als „Motivation" bezeichnet. Motivation wird als ein Prozeß gedacht, der zwischen verschiedenen Handlungsmöglichkeiten auswählt, das Handeln steuert, auf die Erreichung motiv-spezifischer Zielzustände richtet und auf dem Wege dahin in Gang hält. Kurz: Motivation soll die Zielgerichtetheit des Handelns erklären. Wir haben es mit Problemen der „Motivation" als allgemeiner Zielgerichtetheit des Handelns und im herausgehobenen Sonderfall mit Problemen des Motivationskonflikts zwischen verschiedenen Handlungszielen zu tun.

7. „Motivation" ist sicher kein einheitlicher Prozeß, der einen ganzen Handlungsabschnitt von Anfang bis Ende gleichförmig durchzieht. Sie besteht vielmehr aus verschiedenartigen Prozessen, die in einzelnen Phasen des Verhaltensabschnitts – vor allem vor und nach einer Handlungsausführung – eine selbstregulatorische Funktion ausüben. So stehen etwa am Anfang die Abwägung möglicher Handlungsergebnisse und die Bewertung ihrer Folgen, bevor eine Wahl über die einzuschlagende Handlungsrichtung getroffen wird. Wir haben es mit Problemen der analytischen Rekonstruktion von „Motivation" unter Zugrundelegung hypothetischer selbstregulatorischer Zwischenprozesse in einzelnen Phasen des Handlungsablaufs zu tun.

8. Handeln ist motiviert, d. h. auf ein Motivziel gerichtet; Handeln selbst ist aber nicht mit Motivation zu verwechseln. Es besteht aus einzelnen Verhaltensweisen – sei es Wahrnehmen, Denken, Lernen, Wissensreproduktion, Sprechen oder motorische Tätigkeiten – die ihr eigenes, in der Lebensgeschichte erworbenes Repertoire von Funktionstüchtigkeiten (Fähigkeiten, Fertigkeiten, Wissen) besitzen. Mit ihnen beschäftigt sich die Motivationsforschung nicht, sie setzt sie voraus. Von der Motivation hängt es ab, wie und auf was gerichtet die verschiedenen Funktionstüchtigkeiten eingesetzt werden. Motivation soll also die Auswahl zwischen verschiedenen Handlungsmöglichkeiten, zwischen verschiedenen möglichen Wahrnehmungsgegebenheiten und Denkinhalten sowie die Intensität und Ausdauer einer eingeschlagenen Handlung und die dadurch zustande gekommenen Ergebnisse erklären. Wir haben es mit Problemen der Wirkungen von Motivation und deren vielfältigen Manifestationen im beobachtbaren Handeln und seiner Resultate zu tun.

Einige Einschränkungen und Hinweise

Das sind in Kurzform die acht Problemknoten, um deren Auflösung sich die bisherige Motivationsforschung bemüht und mit denen sich die Forschung auch künftig weiter beschäftigen wird. So verschieden die Probleme im einzelnen auch gesehen, formuliert und angegangen sein mögen, so verwickelt die Problemgeschichte und so divergent die Theorieansätze der bisherigen Motivationsforschung auch tatsächlich sind, auf diese acht Hauptprobleme lassen sich alle Bemühungen zurückführen. Dabei muß jedoch einiges ergänzend und warnend gesagt werden.

Erstens, die hier gewählte Ausdrucksweise – wie etwa „Person-Umwelt-Bezug" oder „Motiv" und „Motivation" als Erklärungsbegriffe –, ja sogar die theoretischen Vorstellungen – wie, daß Motive auf „Zielzustände" gerichtet, individuell relativ konstant, jederzeit situativ aktivierbar sind und über einen variablen, kurzfristigen Motivationsprozeß das Handeln beeinflussen – finden keineswegs einhellige Übereinstimmung unter den Motivationsforschern. Die hier gewählte Ausdrucksweise und die theoretischen Vorstellungen sind jedoch allgemein genug formuliert, des weiteren sind die acht Hauptprobleme grundsätzlich genug voneinander abgehoben, daß sie leicht anderen Ausdrucksweisen und Theorievorstellungen angepaßt werden können, ohne dadurch ihren besonderen Problemcharakter zu verlieren. Es handelt sich teils also bloß um terminologische Fragen. Die gleiche Erklärungslast kann im Grunde auch von anderen Begriffen getragen werden. Man mag statt von Motiven, von Bedürfnissen oder Einstellungen (Attitüden) sprechen, man mag anstelle von Motivation einen richtungsunspezifischen Trieb *(drive)* zugrunde legen (und die Zielgerichtetheit des Verhaltens, wie in der klassischen Lerntheorie, gelernten *Stimulus-Response*-Verbindungen überlassen), man mag sogar Motiv und Motivation für gänzlich überflüssige Begriffe halten und statt dessen – wie Kelly (1955; 1958) – „persönliche Konstruktionssysteme" zugrunde legen; die Probleme bleiben im Grunde die gleichen, nur ihre Lösungsansätze verschieben sich etwas.

Zweitens, die verwendete Ausdrucksweise und die theoretischen Vorstellungen sind nicht mehr (aber auch nicht weniger) als eine allgemeine Denkweise für die Behandlung von Problemen, die in der naiven und in der wissenschaftlichen Verhaltenserklärung mit dem Sammelnamen „Motivation" belegt wurden und werden. Sie sind etwas Ausgedachtes, ihr wissenschaftlicher Erklärungswert bleibt in allen Fällen noch zu spezifizieren und darzulegen. Die acht Punkte benennen eher das zu Erklärende, als daß sie selbst schon Erklärungen anböten. Das gilt für alle „Definitionen" von Motivation: Sie beschreiben die zu klärenden Probleme, geben aber selbst keine Erklärungen. Das zeigt etwa die Problemaufzählung von Jones (1955):

> ... the problems of how behavior gets started, is energized, is sustained, is directed, is stopped, and what kind of subjective reaction is present in the organism while all that is going on (S. VII).

Wie wir noch sehen werden, besteht eine grundsätzliche Schwierigkeit darin, daß „Motiv" und „Motivation" (oder äquivalente Bezeichnungen) nicht beobachtbar und damit nicht unmittelbar erfaßbar sind. Sie sind als Erklärungsbegriffe „hypothetische Konstrukte". Ihre Verwendung muß sich an erwiesener Nützlichkeit und Fruchtbarkeit empirisch erweisen. Dazu bedarf es besonderer wissenschaftstheoretischer Voraussetzungen und experimenteller Vorkehrungen.

Drittens, die Bedeutung, die den einzelnen Problemgesichtspunkten beigemessen wird, hat sich im Laufe der Zeit erheblich geändert. Standen z. B. in den Anfängen der Motivationsforschung Motivklassifikationen im Mittelpunkt des Interesses, so hält man sie heute für wenig ersprießlich und beschränkt sich auf die sorgfältige Abgrenzung von einzelnen Motiven. Und innerhalb einzelner Motive findet heute das Problem Nr. 7, nämlich die Analyse selbstregulatorischer Zwischenprozesse der Motivation, die größte Aufmerksamkeit.

Viertens, nicht nur in der Wahl der Problembereiche, auch in Niveau und Differenziertheit der theoretischen und methodischen Ansätze bietet die Motivationsforschung bis heute ein heterogenes und buntes Bild. Manche Studien gehen über die bloß deskriptive Ebene nicht hinaus, setzen ihre theoretischen Konstrukte nicht der Möglichkeit des Scheiterns an der Empirie aus. Im übrigen ist Stückhaftigkeit motivationspsychologischer Forschungsansätze die Regel.

Zirkularität in der Verwendung des Motivationsbegriffs

Die problembeschreibende aber nicht erklärende Begriffsverwendung von Motiv und Motivation läßt sich am 6. Hauptproblem, der allgemeinen Zielgerichtetheit des Verhaltens, besonders deutlich machen. Es läßt sich zeigen, daß die Begriffe einen Beschreibungsextrakt von beobachteten Verhaltensphänomenen mit seiner Erklärung gleichsetzen und damit „zirkulär" werden.

Während der Motivbegriff in seinem frühen wissenschaftlichen Gebrauch – und auch heute noch in der Alltagssprache – den bewußten Beweggrund, die mitteilbare Absicht eines Verhaltens bezeichnete, hat er sich mittlerweile im Fachjargon davon gelöst. Denn Handeln erscheint auch dann im Sinne der nicht zu übersehenden Zielgerichtetheit „motiviert", wenn keine bewußte Absicht des Handelnden das Verhalten begleitet, oder wenn sogar überhaupt keine Absicht vorgelegen zu haben scheint. Es muß also irgendetwas geben, was Handeln zwischen verschiedenen Möglichkeiten auswählen läßt, in Gang setzt, richtet, steuert und schließlich zu einem Ende bringt, ehe eine neue Handlungsfolge beginnt, in der sich wiederum eine andere Zielgerichtetheit erkennen läßt. Dieses „Irgendetwas", das man vorderhand einfach „Motivation" (nicht „Motiv") nennt, ist ein Begriff, der zunächst für nichts anderes steht als für das, was es zu erklären gilt; nämlich daß eine Verhaltensfolge auf ein bestimmtes Ziel gerichtet ist, das, je nach den gegebenen Umständen, auf den verschiedensten Wegen zu erreichen versucht wird.

Die Zielgerichtetheit des Handelns drängt sich besonders eindrucksvoll auf, wenn dieselbe Person dasselbe Ziel auf ganz verschiedenen Wegen zu erreichen sucht; einen anderen Weg – unter Umständen einen Umweg – einschlägt, wenn unmittelbare Zielerreichungen blockiert sind. So können ganz unterschiedliche Verhaltensweisen die gleiche Zielgerichtetheit als „Motivation" erkennen lassen. Brunswik (1952; 1956) hat dies als Äquifinalität bezeichnet, die Äquifinalität anhand des sog. Linsenmodells veranschaulicht (vgl. Abb. 1.4) und nach diesem Modell probabilistische Vorgehensweisen entwickelt, die über die gehäufte Beobachtung äußerlich verschiedenartiger Verhaltensfolgen deren zielgerichtete Äquifinalität zu bestimmen erlauben.

Bleibt es bei der Begriffsverwendung, offenbare Zielgerichtetheit mit „Motivation" gleichzusetzen, so bezeichnet „Motivation" nur ein zu erklärendes Problem, erklärt aber noch gar nichts. Daran ändert sich auch nichts, wenn man „Motivation" – nämlich den zielgerichteten Charakter des beobachtbaren Verhaltens – dadurch verständlich zu machen versucht, daß man dem Handelnden ein „Motiv" unterschiebt. Auch eine solche Zurückführung der „Motivation" auf ein bestimmtes Motiv wäre überflüssig, eine Scheinerklärung oder, wie man sagt, zirkulär; d. h. sie führt im Kreise herum. Wir belegen ein beobachtbares Handeln mit einem Namen und glauben, dieser Name sei die verborgene Ursache des Handelns. In Wirklichkeit bezeichnen wir aber nichts anderes als eine beobachtbare Tatsache an einem bestimmten Handeln, nämlich seine Zielgerichtetheit.

Solche zirkulären Scheinerklärungen sind in der psychologischen Alltagssprache gang und gäbe. Ein Kind spielt, weil es einen

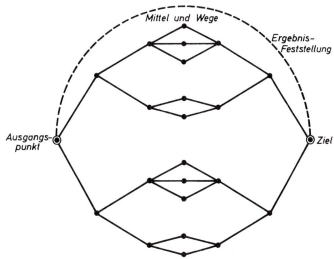

Abb. 1.4. Das Linsenmodell nach Brunswik (1952; 1956) zur Veranschaulichung der sog. Äquifinalität, in der die Zielgerichtetheit des Verhaltens zum Ausdruck kommt. Ganz verschiedene Mittel und Wege, die wir im Ablauf des Handelns beobachten, können schließlich zum gleichen Ziel führen

„Spieltrieb" hat; die Leute sparen, weil sie ein „Sparmotiv" besitzen; jemand arbeitet auch in seiner freien Zeit, weil er „leistungsmotiviert" ist – und so fort. Das alles hat keinen Erkenntniswert, ist ein Spiel mit Worten. Es zeigt nur, daß Menschen bemüht zu sein scheinen, Beobachtbares auf letzte Ursachen zurückzuführen. Daraus zu folgern, daß wir alle „erklärungsmotiviert" seien, weil wir ein „Erklärungsmotiv" hätten, ist jedoch auch zirkulär und fügt den beobachteten Erklärungsbemühungen keine neue Erkenntnis hinzu (vgl. dazu Kap. 10).

Auch die wissenschaftlich betriebene Motivationsforschung hat lange gebraucht, um sich von zirkulären Scheinerklärungen zu befreien; nämlich zielgerichtetes Verhalten als motiviert zu bezeichnen und die Motivation auf ein zugrunde liegendes Motiv zurückzuführen. Warum, so ist zu fragen, verwendet man denn heute immer noch die Begriffe Motiv und Motivation? Nun, die Begriffe gewinnen dann einen wissenschaftlichen Erklärungswert, wenn wir sie als sog. hypothetische Konstrukte betrachten und den daraus sich ergebenden Forderungen genügen.

Motive und Motivation als hypothetische Konstrukte

In „Wirklichkeit" gibt es überhaupt keine Motive. Diese vielleicht verblüffende Formulierung soll zweierlei deutlich machen. Einmal, daß – wie schon gesagt – Motive überhaupt nicht unmittelbar beobachtet und in diesem Sinne auch nicht als Tatsachen aufgewiesen werden können. Zum andern, daß sie auch keine Tatsachen im Sinne wirklicher Sachen sind, die sich lediglich unserer direkten Beobachtung entziehen. Sie sind nur etwas Ausgedachtes, eine gedankliche Hilfskonstruktion, eine Verständnishilfe oder, wie man in der Sprache empirischer Wissenschaft sagt, hypothetische Konstrukte.[1] Ein hypothetisches Konstrukt ist eine gedachte „intervenierende Variable" (Tolman) oder „Zwischenvariable", die zwischen vorauslaufenden beobachtbaren Bedingungen der Situation und nachfolgenden beobachtbaren Erscheinungen im Verhalten erklärend vermitteln kann. Ein hypothetisches Konstrukt kann man nicht beliebig erfinden und in die Welt setzen. Will man den Motivbegriff im Sinne eines hypothetischen Konstrukts verwenden, so muß man zunächst festlegen, unter welchen vorauslaufenden besonderen Bedingungen ein „Motiv" überhaupt ins Spiel kommt und sodann festlegen, welche nachfolgenden und beobachtbaren Wirkungen es im Verhalten hervorbringen soll. So hat sich in der Lernforschung mit Tieren der Motivationsbegriff des „Triebes" als hypothetisches Konstrukt definieren und fruchtbar machen lassen. „Trieb" vermittelt z. B. erklärend zwischen der Dauer des Nahrungsentzuges vor dem Versuch und den Lernleistungen. Mit größerer Entzugsdauer machen die Tiere eher weniger Fehler, rennen schneller zur Fütterungsregion etc. Ein Beispiel aus der Humanpsychologie läßt sich der Erforschung des sog. Leistungsmotivs entnehmen. So müssen die vorauslaufenden Bedingungen jemandem Handlungsmöglichkeiten nahelegen, deren Ergebnisse er vom eigenen Können und nicht vom bloßen Zufall abhängig sehen und nach einem Tüchtigkeitsmaßstab beurteilen kann. Die Aufgaben dürfen auch weder zu schwer noch zu leicht sein, um das Leistungsmotiv, d. h. die Auseinandersetzung mit einem Tüchtigkeitsmaßstab, anzuregen, wie es aus nachfolgenden beobachtbaren Verhaltensdaten – etwa der Intensität und Ausdauer in der Bemühung um ein gutes Tätigkeitsergebnis – erschlossen wird.

Neben diesen vorauslaufenden („antezedenten") Bedingungen muß man also auch die nachfolgenden Wirkungen im beobachtbaren Verhalten spezifizieren (d. h. festlegen, was dann eintreten soll), um die Einführung eines hypothetischen Konstrukts zu rechtfertigen. So muß, um auf das Beispiel des Leistungsmotivs zurückzukommen, jemand, der ein ausgeprägtes Leistungsmotiv besitzt, sol-

---

[1] Die von MacCorquodale u. Meehl (1948) eingeführte Unterscheidung von intervenierenden Variablen und hypothetischen Konstrukten wird hier nicht übernommen.

che Tätigkeiten bevorzugen und sich intensiver und länger mit ihnen beschäftigen, die weder zu leicht noch zu schwer sind und deren Ergebnis eher von eigener Tüchtigkeit als vom Zufall abhängt.

Aus diesem Beispiel ist zu ersehen, daß das hypothetische Konstrukt nichts anderes als einen gedanklichen Stellenwert hat. Es vermittelt erklärend zwischen beobachtbaren Gegebenheiten, die wir nacheinander beobachten können, d. h. zwischen den vorauslaufenden Bedingungen der *Situation,* individuellen Besonderheiten der *Person* und dem nachfolgenden *Handeln*. Der Motivbegriff hat seinen Platz in einem nomologischen Netzwerk von beobachteten Wenn-Dann-Beziehungen. Hypothetische Prozesse (oder deren hypothetische Ergebnisse), die den Komplex von Wenn-Dann-Beziehungen, wie er in einer gegebenen Situation am Verhalten anzutreffen ist, erklären, bezeichnet man meistens (und wie es oben schon vorgeschlagen wurde) als „Motivation"; die individuellen Besonderheiten dagegen, die in diesem hypothetischen Prozeß eine Rolle spielen, als „Motiv".

Zugleich kann sich der Motivbegriff aber auch als mehr oder weniger fruchtbar erweisen, wenn er bislang unerforschte Wenn-Dann-Beziehungen vermuten und finden läßt. So kann die Forschung ein immer dichteres Netz von Wenn-Dann-Beziehungen entdecken (und hat es auch getan), die es schließlich nützlich erscheinen lassen, das zunächst globale Konstrukt „Motiv" in einzelne Teilkonstrukte aufzuteilen, die miteinander in Beziehung stehend gedacht werden und so die zielgerichteten Besonderheiten individuellen Verhaltens in einer gegebenen Situation besser erklären können, d. h. genauer voraussagen lassen. So werden heute etwa am Leistungsmotiv schon eine Reihe von sog. kognitiven Zwischenprozessen als hypothetische Konstrukte unterschieden, wie wir in den Kap. 9, 11 und 12 sehen werden. Soweit diese kognitiven Zwischenprozesse persönlichkeitsspezifisch sind, d. h. individuelle Unterschiede erkennen lassen, sind sie einzelne Bestimmungsstücke des allgemeinen Motivbegriffs.

Individuelle Unterschiede

Die Begriffe Motiv und Motivation werden als hypothetische Konstrukte umso fruchtbarer, je mehr es gelingt, unter den vorauslaufenden Situationsbedingungen solche Aspekte ausfindig zu machen, die individuell unterschiedlich beantwortet werden; d. h. solche Verbindungen zwischen Situationsgegebenheiten und ihrer Beurteilung, die zu ihrer Erklärung eine weitergehende Herausprofilierung motivspezifischer Zwischenvariablen nahelegen und begründen. Es gilt mit anderen Worten, die genauere Art und Weise der Informationsverarbeitung zu entdecken, mit der nicht nur objektiv verschiedene sondern auch objektiv gleiche Situationen von verschiedenen Personen verschieden aufgefaßt und gestaltet, verschieden auf Handlungsmöglichkeiten abgeschätzt und unter Zielaspekte mit persönlich verschiedenen Wertungen gestellt werden.

Entsprechend dieser Überlegung sucht die Motivationsforschung vor allem nach einem diagnostischen Zugriff zur Erfassung individueller Motivunterschiede. Auf diese Weise werden persönliche Besonderheiten als Zwischenvariablen und als weitere Bedingungen des zielgerichteten Verhaltens isoliert. Diese diagnostisch vorweg erfaßten individuellen Unterschiede sind gemeint, wenn in der gegenwärtigen Motivationsforschung etwa davon die Rede ist, jemand habe ein hohes oder niedriges Leistungs-, Macht- oder Anschlußmotiv, er sei in seinem Leistungsmotiv eher erfolgszuversichtlich oder mißerfolgsängstlich usw. In solchen Ausdrücken werden gewisse überdauernde Tendenzen (auch im wörtlichen Sinne von Einseitigkeiten der Informationsverarbeitung) grob zu umschreiben versucht, die sich in der Regel im Handeln einer Person durchsetzen. Denn Personen sind nicht lediglich Spielball wechselnder Situationsbedingungen. Wären sie es, so wäre der Erklärungsbegriff Motiv überflüssig.

So ist es in einem Teil der gegenwärtigen Motivationsforschung zu der Vereinbarung gekommen, unter „Motiv" (innerhalb einer definierten Inhaltsklasse von Person-Umwelt-Bezügen) nur die Unterschiede zwischen diesen überdauernden individuellen Besonderheiten zu verstehen. Motiv ist also ein Erklärungsbegriff „auf den ersten Blick". Die Gruppe der vorauslaufenden Bedingungen des zielgerichteten Verhaltens, nämlich die Besonderheiten der jeweils gegebenen Situation („zweiter Blick"), werden als „motivierend" angesehen. Sie regen die überdauernden Motive einer Person an. Die Anregung wird als gegenseitiger Wechselwirkungsprozeß zwischen Situationsgegebenheiten und Motiven der Person gedacht („dritter Blick"). Das Ergebnis des Wechselwirkungsprozesses bezeichnet man als „Motivation" oder „Motivierung". Motivationen sind also situationsabhängig und damit vergleichsweise kurzfristig. Sie sind es, so wird unterstellt, die eine Handlungsfolge in Gang setzen, auf ein Ziel richten, auf dem Wege dahin steuern und mit der Zielerreichung wieder schwinden.

So gesehen, ist der Motivationsbegriff ein ziemlich abstrakter Erklärungssachverhalt. Er soll die Regelhaftigkeiten, die sich zwischen vorauslaufenden Situationsbedingungen und nachfolgendem Handeln auffinden lassen, auf einen Nenner bringen. In diesem Sachverhalt von Regelhaftigkeiten haben überdauernde individuelle Besonderheiten (Unterschiede zwischen Personen) als „Motiv" eine wichtige Erklärungsfunktion. Hat man solche Regelhaftigkeiten für eine Inhaltsklasse vorauslaufender Situationsbedingungen, die alle ein bestimmtes Motiv anregen, spezifiziert, so kann man, sofern die näheren vorauslaufenden Bedingungen bekannt sind, mit einer gewissen Wahrscheinlichkeit voraussagen, wie das darauffolgende Handeln sein wird. Oder man kann, wenn man dieses erfolgende Handeln registriert, näher erklären, warum es so und nicht anders ist; und zwar ohne lediglich nur das wieder mit anderen Worten auszudrükken, was man ohnehin am beobachteten Handeln ablesen kann. Deshalb und insoweit sind solche Begriffe von Motiv und Motivation nicht zirkulär, sondern Begriffe, die Handeln erklären können und voraussagen lassen.

Abschließend seien die bisherigen Erörterungen, wie die Begriffe Motivation und Motiv zu verstehen sind, zusammengefaßt. Motivation wird häufig als reiner Beschreibungsbegriff verwendet, nämlich daß eine Verhaltensfolge Zielgerichtetheit erkennen läßt. Insofern bezeichnet Motivation eine beobachtbare Besonderheit des Verhaltens, die erklärungswürdig ist, ohne sie selbst zu erklären. In der gegenwärtigen Motivationsforschung wird Motivation als Sammelbezeichnung für Erklärungen von Wenn-Dann-Beziehungen verwendet, die vorauslaufende Bedingungen der Situation mit nachfolgendem Handeln verbinden. Unter Motivation wird dann eine Reihe theoretischer Aussagen über nicht beobachtbare „Zwischenprozesse" verstanden, die zwischen vorauslaufenden Bedingungen und nachfolgenden Wirkungen erklärend vermitteln. Man tut so, als ob solche Zwischenprozesse in der Person abliefen, ist sich jedoch klar, daß sie nur ausgedacht, nur ein konstruiertes Erklärungsmodell sind. (Das heißt nicht, daß erlebnisdeskriptiv erfaßte kognitive und affektive Prozesse nicht charakteristisch für Formen und Arten von Motivation sein können.)

Die Zwischenprozesse der Motivation werden nicht nur von Situationsgegebenheiten, sondern auch von individuellen Besonderheiten beeinflußt. Soweit auf eine gegebene Situation hin die Zielgerichtetheit, die Intensität und die Ausdauer des Handelns Unterschiede zwischen Personen erkennen lassen, führt man diese auf unterschiedliche Motiv-Ausprägungen zurück. Motiv ist ein hypothetisches Konstrukt zur Erklärung individueller Unterschiede unter sonst gleichen Bedingungen. Seine individuelle Ausprägung wird nicht aus dem konkreten Handeln erschlossen, das es zu erklären gilt. Es wird vielmehr unabhängig davon mit eigenen diagnostischen Verfahren zu erfassen gesucht. Die Verfahren sind so konstruiert, daß sie die relativ überdauernden Handlungs- und Beurteilungstendenzen einer Person für eine definierte Äquivalenzklasse von Situationen (Person-Umwelt-Bezügen) erkennen lassen.

Fünf Versuchspläne der Motivationsforschung

Wir können nun konkreter werden, einen weiteren Schritt tun, um nach all den theoretischen Überlegungen der Forschungspraxis näher zu kommen. Das erreichen wir, wenn wir die acht motivationspsychologischen Grundprobleme mit den Überlegungen über den hypothetischen Konstruktcharakter der Erklärungsbegriffe Motiv und Motivation in Verbindung bringen. Daraus ergeben sich charakteristische Grundtypen von Versuchsplänen zur experimentellen Klärung der motivationspsychologischen Grundprobleme. Insgesamt sind es fünf Grundtypen von Versuchsplänen. Mustert man die experimentelle Motivationsforschung durch, so lassen sich offensichtlich auch alle Studien auf den einen oder anderen Grundtyp zurückführen, der sich aus unseren bisherigen theoretischen Überlegungen ableiten läßt. Natürlich unterscheiden sich darüber hinaus die Experimente in vielerlei Aspekten, im theoretischen Problemansatz, in der Konkretisierung der unabhängigen Bedingungen, in der Wahl der abhängigen Variablen, in der Art ihrer Analyse und in manchem mehr. Aber der Grundtyp des Versuchsplans bleibt erkennbar und mit ihm der wissenschaftslogische Bezug zu einem der acht Grundprobleme der Motivationsforschung.

Um dies im einzelnen aufzuzeigen, vergegenwärtigen wir uns zunächst noch einmal die acht Grundprobleme. Die folgende Tabelle 1.2 führt sie auf. In der letzten Spalte der Tabelle sind die Kapitel dieses Buches angegeben, in denen Forschungsergebnisse zu dem betreffenden Problem dargestellt werden.

Wie die Tabelle noch einmal zeigt, beziehen sich die ersten vier Grundprobleme auf das hypothetische Konstrukt Motiv und die letzten vier Grundprobleme auf das hypothetische Konstrukt Motivation. Den größten Teil der bisherigen Forschung haben das vierte und das achte Problem auf sich gezogen, nämlich Untersuchungen zu den Fragen der Motivanregung und der Motivationswirkungen. Das wird auch in der letzten Tabellenspalte deutlich: Die meisten Kapitel dieses Buches beschäftigen sich mit diesen Fragenkomplexen.

Daß Motivanregung und Motivationswirkungen das meiste Forschungsinteresse auf sich gezogen haben, ist auch nicht weiter verwunderlich. Sie bilden die beiden Außenglieder in der zeitlichen Ereigniskette einer Handlung. Hier vor allem lassen sich die hypothetischen Konstrukte Motiv und Motivation an die beobachtbaren vorauslaufenden Bedingungen der Situation (Motivanregung) und an die beobachtbaren nachfolgenden Wirkungen im Handeln und seiner Ergebnisse (Motivationswirkung) anknüpfen. Denn sie sollen ja zwischen dem, was vorauslaufend, und dem, was nachfolgend beobachtbar ist, erklärend vermitteln.

Einige wissenschaftstheoretische Vorbemerkungen

Mit Hilfe des Experiments lassen sich Bedingungszusammenhänge untersuchen und klären. Bedingungen, die von Einfluß zu sein scheinen, werden kontrolliert, d. h. konstant gehalten oder planmäßig variiert und zur Wirkung gebracht. Solche geplanten, kontrollierten und im Versuchsplan isolierten Bedingungen sind die unabhängigen Variablen des Experiments. Die Wirkungen der planmäßigen Bedingungsisolation im Experiment werden in einzelnen Aspekten oder Resultaten des Verhaltens der Vp erhoben. Solche Verhaltensdaten sind die abhängigen Variablen. An dieser Stelle ist es angebracht, unsere bisherigen wissenschaftstheoretischen Überlegungen zum hypothetischen Konstrukt etwas zu vertiefen und einige wichtige Unterscheidungen einzuführen. Unabhängige Variablen (uV) und abhängige Variablen (aV) in einem Experiment sind immer auf der Ebene von Beschreibungen angesiedelt und nicht auf einer Ebene hypothetischer Erklärungen. Es handelt sich um Daten, d. h. Gegebenheiten, die

Tabelle 1.2. Liste der acht motivationspsychologischen Grundprobleme

hypothetisches Konstrukt	Grundproblem	Buchkapitel
Motiv	1. *Motivklassifikation.* Inhaltliche Klassifikation angestrebter Handlungsziele. Aufstellung von Motivkatalogen	3
Motiv	2. *Motivgenese.* Entstehung, Anfänge, Entwicklung und Änderung einzelner Motive	13
Motiv	3. *Motivmessung.* Verfahren zur Erfassung individueller Unterschiede in der Ausprägung einzelner Motive	6, 7, 8
Motiv	4. *Motivanregung.* Eingrenzung und Differenzierung der motivspezifischen Anregungsbedingungen der Situation	3–9
Motivation	5. *Wechsel und Wiederaufnahme der Motivation.* Abgrenzung von Abschnitten im Verhaltensstrom. Wechsel der Motivation. Wiederaufnahme oder Nachwirkung einer früheren Motivation	5, 12
Motivation	6. *Motivierte Zielgerichtetheit und Motivationskonflikt.* Zielgerichtetheit als allgemeines Merkmal motivierten Verhaltens; Motivationskonflikt zwischen verschiedenen Handlungszielen	4–6
Motivation	7. *Selbstregulatorische Zwischenprozesse der Motivation.* Analytische Rekonstruktion von „Motivation" unter Zugrundelegung hypothetischer selbstregulatorischer Zwischenprozesse in einzelnen Phasen des Verhaltensabschnitts	10–12
Motivation	8. *Motivationswirkungen.* Vielfältige Manifestationen von Motivation im beobachtbaren Verhalten und seiner Resultate	4–13

man als hergestellte (uV) oder als sich einstellende (aV) beobachten und „zu Protokoll geben" kann (sog. Protokollsätze). Grundsätzlich gehören dazu auch Selbstbeobachtungen über eigene Erlebnisse, die einem anderen Beobachter unmittelbar nie zugänglich sein können. (Es ist eine metatheoretische Frage, ob man solche Daten als wissenschaftliche Protokollsätze wegen ihrer fehlenden Intersubjektivität, d. h. der Nicht-Beobachtbarkeit durch andere, zulassen will oder nicht.) Auch die funktionalen Wenn-Dann-Beziehungen zwischen unabhängigen und abhängigen Variablen, die sich als Gesetzmäßigkeiten formulieren lassen, gehören zur Beschreibungsebene.

Demgegenüber gehören alle zwischen uV und aV als vermittelnd angenommenen hypothetischen Konstrukte (hK) einer Erklärungsebene an, die jeglicher Beobachtung nicht unmittelbar zugänglich ist. Das gleiche gilt für alle Modelle, die die vermuteten Zwischenprozesse abbilden und ablaufen lassen, etwa durch Computersimulation. Die hypothetischen Konstrukte sind in der Motivationsforschung häufig nicht „neutral", sondern haben Zusatzbedeutungen, die scheinbar mehr oder weniger an die Beschreibungsebene von Daten heranrücken. Ein Beispiel wäre „Hunger" als hypothetisches Motivationskonstrukt. Man kann dieses hypothetische Konstrukt entweder als einen spezifischen Bedürfniszustand neutral fassen. Man kann es auch zusätzlich noch auf innere Empfindungen des Hungers oder aber physiologische Veränderungen in bestimmten Bereichen des Organismus beziehen. Im ersten Fall (Hungerempfindung) erhielte das hypothetische Konstrukt eine „mentalistische", im zweiten eine „physiologische" Zusatzbedeutung.

Konstrukte sind selbst nicht fixe, sondern variable Größen, also Variablen. Als Variable lassen sie sich in Dispositions- und Funktionsvariablen unterteilen. Eine Dispositionsvariable ist über Zeit relativ konstant. Sie variiert damit zwischen Individuen und nicht (oder kaum) innerhalb ein und desselben Individuums. Das hypothetische Konstrukt „Motiv" ist eine Dispositionsvariable. Eine Funktionsvariable bezeichnet einen kurzfristigen Prozeß oder Zustand. Hier ist die Variation nicht zwischen Individuen, sondern innerhalb der einzelnen Individuen bedeutsam, weil von besonderem Erklärungswert. Das hypothetische

Konstrukt „Motivation" ist eine Funktionsvariable.

Da hypothetische Konstrukte nicht, wie gesagt, nach Belieben eingeführt und verwendet werden können, wenn sie einen Erklärungswert haben sollen, müssen sie mit Daten in Beziehung gebracht werden. Es gibt zwei Arten von Beziehungen, die hier aufgrund experimentellen Vorgehens geknüpft werden können; nämlich einmal zwischen unabhängigen Variablen und hypothetischen Konstrukten (uV → hK) und zum andern zwischen einem hypothetischen Konstrukt und abhängigen Variablen (hK → aV). Die erste Beziehung (uV → hK) bietet sich an, um experimentell die Funktionsvariable „Motivation" ins Spiel zu bringen und bei der Erklärung der nachfolgenden Verhaltensdaten heranzuziehen. So legt man den Vpn nicht lediglich Aufgaben vor, sondern macht diese Aufgaben wichtig, schafft „Ich-Beteiligung"; etwa durch den Hinweis, diese Aufgaben gäben Aufschluß darüber, wieweit die Vpn erwünschte Persönlichkeitseigenschaften besäßen. Dahinter steht die stillschweigende Voraussetzung, daß jeder annähernd gleich empfänglich für die motivierende Instruktion des Vl sei, d. h. sich sehr anzustrengen bereit ist, um ein für die Selbst- und Fremdachtung günstiges Ergebnis zu erzielen. Findet man, wie man es häufig getan hat, daß mit dem Motivierungsgrad der Instruktion (uV) auch die Leistungsmenge (wenn auch nicht immer die Leistungsgüte) steigt, so hat man gute Gründe, die Wirksamkeit einer hypothetischen Funktionsvariable „Motivation" zu postulieren. Allerdings bleiben die bei gleicher Instruktionsanregung und auch unter Berücksichtigung verschiedener Fähigkeiten verbleibenden Leistungsunterschiede unerklärt.

Die zweite Beziehung (hK → aV) bietet sich an, um experimentell die Dispositionsvariable „Motiv" ins Spiel zu bringen, um ihre individuellen Unterschiede an abhängigen Verhaltensdaten aufzuweisen. Hier steht man offenbar vor größeren Schwierigkeiten. Denn hier geht man im Versuchsplan ausgerechnet bei der unabhängigen Variable von einem hypothetischen Konstrukt, also von etwas unmittelbar überhaupt nicht Beobachtbarem, aus. Dies war lange die Achillesferse der gesamten humanpsychologischen Motivationsforschung. Man suchte sich zu helfen durch Rekurs auf beobachtbare Dispositionsvariablen, in denen sich plausiblerweise eine hypothetische Dispositionsvariable, wie die individuelle Ausprägung eines bestimmten Motivs, manifestieren sollte. Dazu griff man auf die verschiedensten Daten und Datenquellen zurück, um Personen nach der vermuteten Motivausprägung in unterschiedliche Gruppen einzuteilen; auf Selbstaussagen, Fremdbeurteilungen, Zugehörigkeit zu einer sozialen Gruppe oder Eigentümlichkeiten des Handelns. Ohne im einzelnen auf diese Indikatoren einzugehen (vgl. Kap. 6–9), ist leicht einzusehen, daß solche Vorgehensweisen nicht nur ungenau differenzieren, sondern auch in ihrer vorweg angenommenen Indikatorfunktion recht spekulativ und fragwürdig sind.

Die Lösungsansätze blieben lange unbefriedigend. Wie kann ein hypothetisches Konstrukt, die Dispositionsvariable „Motiv", zur unabhängigen Variable und damit bestimmbar und im Versuchsplan manipulierbar werden? Nun, das ist über die Erhebung eines Motiv-Index-Verhaltens möglich, das zuvor auf seine Motivspezifität validiert worden ist. Wir kommen darauf noch zu sprechen.

Versuchsplan-Typ I

Gehen wir schrittweise bei der Darstellung der Versuchspläne vor und beginnen wir mit jenem, der auf eine erste und einfache Weise beide hypothetischen Konstrukte miteinander vermischt, d. h. ohne zwischen der Dispositionsvariable (Motiv) und der Funktionsvariable (Motivation) trennen zu können. Der Versuchsplan läßt sich wie folgt symbolisieren:

$$uV \rightarrow (hK_1 \rightarrow hK_2) \rightarrow aV$$

Vorauslaufende motivspezifische Anregungsbedingungen sind die unabhängigen Variablen (uV). Die nachfolgenden abhängigen Variablen des Verhaltens (aV) sind möglichst unmittelbare motivations- *und* motivspezifische Reaktionen. Sie bestehen etwa in einer fantasieartigen Vorstellungsproduktion, die auf situative Anregungen hin erfolgt. Jedenfalls muß Grund zu der Annahme bestehen, daß Unterschiede im Motiv (sowie, zusammen damit, in der Motivation) im Verhalten zum Ausdruck kommen (vgl. Kap. 6).

Hier ergibt sich aber ein Problem. Bislang haben wir nur zwischen Beziehungen unterschieden, in denen neben der hypothetischen Konstruktvariable die andere Variable immer empirischer Natur ist, d. h. auf Daten aus der Beschreibungsebene beruht: entweder uV → hK oder hK → aV. In den Überlegungen zu diesem Versuchsplan haben wir es noch mit einem dritten Typ zu tun, nämlich der Beziehung zwischen zwei hypothetischen Konstrukten: $hK_1 \rightarrow hK_2$. Wie diese Beziehung genauer zu denken ist – etwa additiv oder multiplikativ oder sonstwie – läßt sich aus experimentellen Ergebnissen nach diesem Versuchsplan schlechterdings nicht erkennen. Dazu müßte man erst eines der beiden Konstrukte, entweder hK_1 (Motiv) oder hK_2 (Motivation) für sich gesondert an Index-Daten binden können. Dazu gibt es, wie wir sehen werden, in der Tat einen Weg.

Die einfachste Annahme ist zunächst, sich die Beziehung zwischen beiden hypothetischen Konstrukten als linear und ansteigend vorzustellen. Das heißt, bei gleicher Stärke der Anregung (uV), ist die Motivation (hK_2) umso ausgeprägter, je stärker das Motiv (hK_1) ist. In diesem Versuchsplan geht es zunächst nur darum, ob durch Variation der Anregungsbedingungen auch entsprechende Änderungen in der hypostasierten Motivation (hK_2) in den Vpn zu vermuten sind. Es kommt also darauf an, ob mit Änderung der unabhängigen Variablen auch intraindividuelle Änderungen in den abhängigen Variablen einhergehen. Diese abhängigen Variablen seien als „Motiv-Motivations-Index-Verhalten" bezeichnet. Da sie das vermutete Motivationsgeschehen möglichst unmittelbar zum Ausdruck bringen sollen, wird diese Art des Verhaltens mit der Ziffer (1) versehen; im Unterschied zu allen weiteren und anderen Variablen des Verhaltens, die mehr mittelbar durch das Motivationsgeschehen beeinflußt erscheinen und deshalb mit der Ziffer (2) versehen werden. Um schließlich den hypothetischen Charakter der Zwischenvariablen Motiv und Motivation anzudeuten, sind sie in Abb. 1.5 eingerahmt.

Wie Abb. 1.5 zeigt, ist das Motiv-Motivations-Index-Verhalten (Verhalten 1) sowohl von den motivspezifischen Anregungsbedingungen der Situation wie von dem angeregten Motiv beeinflußt, ohne daß man zwischen beiden Einflüssen trennen könnte. Ist man sich über die Motivspezifität der situativen Anregungsbedingung einigermaßen sicher, so muß deren Variation, wie schon gesagt, sich ent-

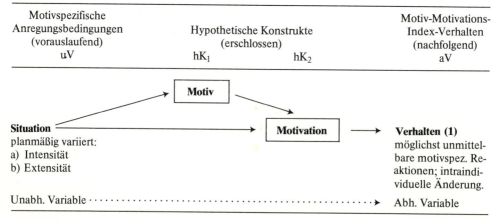

Abb. 1.5. Schema des Versuchsplans vom Typ I zur ersten Klärung der hypothetischen Konstrukte „Motiv" und „Motivation" (ohne zwischen beiden zu trennen) und damit der Frage nach der Motivspezifität unmittelbar angeregter Reaktionen

sprechend in intraindividuellen Änderungen des Motiv-Motivations-Index-Verhaltens widerspiegeln. Trifft dies zu, so spricht es andererseits für eine Motivspezifität des Indexverhaltens. Wenn dieses nun anregungsbedingte Unterschiede intraindividuell anzeigt, müßte es auch interindividuelle Unterschiede anzeigen können (vgl. unten Versuchsplan II). Ist die Motivspezifität des Motiv-Motivations-Index-Verhaltens einigermaßen sichergestellt, so kann man nähere Aufschlüsse über die allgemeine Motivspezifität der situativen Anregungsbedingungen gewinnen, d. h. die entsprechende Äquivalenzklasse von Situationen eingrenzen. Dadurch wiederum lassen sich Fragen der Motivanregung und der Motivklassifikation klären.

Im einzelnen kommen dafür zwei Vorgehensweisen in Betracht. Einmal variiert man planmäßig die Intensität einer motivspezifisch erscheinenden Anregungsbedingung (Versuchsplan Ia). So läßt man etwa im Falle des Nahrungsbedürfnisses die Entzugsdauer seit der letzten Nahrungsaufnahme ansteigen und prüft, ob entsprechend auch die allgemeine oder nahrungssuchende motorische Aktivität der Versuchstiere oder – bei Versuchspersonen – die Häufigkeit nahrungsbezogener Vorstellungsinhalte zunimmt. Untersucht man dagegen bestimmte Furchtmotive, so kann man die zeitliche oder räumliche Nähe zu einem bedrohlichen Ereignis variieren, wie es Psychologen schon auf vielerlei und einfallsreiche Weise getan haben (z. B. Entfernung vom Ort einer Atombombenexplosion, Zeitdistanz zu einem Examen oder zu einem ersten Fallschirmabsprung; vgl. Walker u. Atkinson, 1958; Fisch, 1970; S. Epstein, 1962; Fenz, 1975).

Zum andern kann man planmäßig Inhalte und Aspekte des motivspezifisch relevant erscheinenden Spektrums von möglichen Anregungssituationen variieren (Versuchsplan Ib). Je breiter das Spektrum situativer Anregungsbedingungen ist, das ein Index-Verhalten nach sich zieht, umso sinnvoller ist es, eine motivspezifische (d. h. einer inhaltsäquivalenten Klasse von Person-Umwelt-Bezügen entsprechende) Motivation als hypothetisches Konstrukt anzunehmen. Wenn ein Index-Verhalten z. B. nur dann anspräche, wenn man Vpn ein Kreuzworträtsel vorlegt, nicht aber in anderen Aufgabensituationen, so könnte man es sich sparen, ein „Kreuzworträtsellösemotiv" aufzustellen. Es würde ausreichen, von einem speziellen Interesse oder Desinteresse an Kreuzworträtseln zu sprechen (was natürlich auch ein hypothetisches Konstrukt wäre). Um statt dessen die Begriffe Motiv und Motivation zu verwenden, kommt es darauf an, grundlegende Anregungsgehalte freizulegen, die möglichst viele konkrete Situationen übergreifen und bei allen Unterschieden der Einbettung in konkrete Situationskontexte doch im Kern einen bestimmten hochgeneralisierten Anregungsgehalt für spezifisches Verhalten haben.

Im Grunde geht es also darum herauszufinden, worin – wie weiter oben schon formuliert wurde – eine bestimmte inhaltsäquivalente Klasse der vielfältigen Person-Umwelt-Bezüge besteht, wie sie zu definieren und gegen andere Inhaltsklassen abzugrenzen ist (erstes Grundproblem). Bei diesem Bemühen ist von vornherein damit zu rechnen, daß die Äquivalenzklasse von motivspezifischen Anregungssituationen für verschiedene Personengruppen auch verschieden umfangreich sein kann, wenn man nicht dem „nomothetischen Fallstrick" anheimfallen will, wie ihn Bem u. Allen (1974) aufgewiesen haben (vgl. oben).

Beide erörterten Fälle einer planmäßigen Variation der motivspezifischen Anregungsbedingungen seien als Versuchsplan-Typ I bezeichnet, wobei sich zwei Versionen – Ia und Ib – darin unterscheiden, ob sie die Intensität oder das Inhaltsspektrum („Extensität") der motivspezifischen Anregungssituation variieren. Der Versuchsplan-Typ I mit seinen beiden Versionen ist geeignet, die Grundprobleme 1 und 4 der Motivationsforschung experimentell zu klären, d. h. Fragen der Motivklassifikation und der Motivanregung. Beide Versionen des Versuchsplans I stehen einer Verhaltenserklärung nahe, die Situationsfaktoren ganz in den Vordergrund stellt.

Versuchsplan-Typ II

Der skizzierte Versuchsplan eröffnet jedoch die Möglichkeit zu einem weiteren Plan, um individuelle Unterschiede im Index-Verhalten zu erfassen. Das *Motiv-Motivations*-Index-Verhalten wird zu einem *Motiv*-Index-Verhalten, wenn es nur interindividuelle Unterschiede anzeigt. Wir können Motivmessungen vornehmen, d. h. hK_1 von hK_2 sondern (Versuchsplan-Typ II). Denn ist unter planmäßiger Variation der Situation ein Kern der motiv-spezifischen Anregungsbedingungen abgesteckt (Plan Ib), so lassen unter Konstanthaltung und Standardisierung der Situationsbedingungen die individuellen Unterschiede im Index-Verhalten sich als Indikatoren der individuellen Ausprägung der Dispositionsvariablen „Motiv" verstehen. Zwar ist das beobachtete Motiv-Motivations-Index-Verhalten – wie Abb. 1.5 zeigt – Ausdruck der situativ angeregten Motivation. Da aber die Situation als ausgegrenzte Äquivalenzklasse für alle Vpn gleichgehalten wird, müssen Unterschiede der hypostasierten Motivation im wesentlichen auf individuelle Unterschiede im hypostasierten Motiv zurückgehen.

Versuchsplan II ist auf das dritte Grundproblem der Motivationsforschung, nämlich die Motivmessung, zugeschnitten. Auch ihn gibt es wiederum in zwei Versionen. In der Version IIa geht es darum, Unterschiede der *Intensität* in der individuellen Motivausprägung festzustellen. Die Ergebnisse der bisherigen Motivationsforschung haben gezeigt, daß es zu diesem Zweck vorteilhaft ist, die Intensität der Situationsanregung weder zu schwach noch zu stark zu dosieren, sondern in einem mittleren Bereich zu halten. Ist die Anregung zu schwach, so kann es leicht zu einem motiv-unspezifischen Verhalten oder zu Konflikten mit motivfremden Reaktionen kommen. Ist die Anregung zu stark, so werden die situativen Einflüsse in der hervorgerufenen Motivation die Wirkungen des Motivs leicht überdecken, so daß sich individuelle Motivunterschiede nivellieren.

In der Version IIb geht es darum, Unterschiede der *Extensität* in der individuellen Motivausprägung festzustellen. Unter Extensität wird die Breite des Spektrums der Inhaltsklasse von Situationen verstanden, auf die im individuellen Falle noch motivspezifisch reagiert wird. So wäre etwa zu fragen, wie breit die inhaltliche Variation von Aufgabensituationen (außer Kreuzworträtsel) ist, auf die eine Person noch leistungsmotiviert reagiert. Untersuchungen dieser Art sind übrigens in der Motivationsforschung bisher vernachlässigt worden, so daß der Bem u. Allensche „nomothetische Fallstrick" nicht genügend gebannt ist. Näheres über die Ergebnisse beider Versionen des Versuchsplan-Typs II für die Motivmessung wird in Kap. 6 dargestellt. Es versteht sich von selbst, daß dieser Versuchsplan Personfaktoren in den Mittelpunkt des Erklärungsinteresses rückt.

Versuchsplan-Typ III

Schließlich gibt es noch einen weiteren Versuchsplan zur Klärung individueller Unterschiede der hypothetischen Motiv-Variable. In diesem Typ III werden die motivspezifischen Anregungsbedingungen nicht durch den Experimentator kontrolliert oder gestaltet. Vielmehr gilt es, die entwicklungsgeschichtliche Häufung von motivspezifischen Anregungssituationen zu erheben, die die einzelnen Personen bisher erfahren haben. Denn davon muß die jetzige individuelle Motivausprägung abhängig sein. Es handelt sich also um das zweite Grundproblem; die Motivgenese. Hier muß zur Klärung auf der Situationsseite versucht werden, stichprobenhaft Indikatoren für Art und Häufung der lebensgeschichtlich erfahrenen motivspezifischen Anregungssituationen zu erheben.

Dazu hat man eigene Befragungs- oder experimentelle Beobachtungsmethoden verwendet, in denen motivkritische Alltagssituationen aus der zurückliegenden Individualentwicklung thematisiert werden (vgl. Kap. 13). So hat es sich z. B. für die Genese des Leistungsmotivs als wichtig erwiesen, wieweit und wie frühzeitig das Kind gehäuft Situationen erlebt, in denen die Mutter Selbständigkeit gewährt und fördert. Versuchsplan III kommt einer sozialisationstheoretischen Erklärung individueller Verhaltensunterschiede entgegen. Eine entwicklungsökologische Häufung von Anregungssituationen prägt individuelle Motivunterschiede.

Versuchsplan-Typen IV und V

Zwei weitere Versuchspläne (IV und V) dienen der Klärung des hypothetischen Konstrukts der Motivation (hK$_2$). Es sind die üblichen Standard-Versuchspläne der Motivationsforschung. In ihnen ist das Motiv (d. h. das erhobene Motiv-Index-Verhalten) nicht mehr abhängige, sondern unabhängige Variable. Als abhängige Variablen werden verschiedenartige Verhaltensaspekte herangezogen, sofern sie nur auf die eine oder andere Weise – und sei es auch noch so vermittelt – von der betreffenden Motivspezifität beeinflußt zu sein scheinen. Um sie von dem unmittelbaren Motiv-Index-Verhalten zu unterscheiden, werden diese abhängigen Variablen des Motivations-Index-Verhaltens als Kriteriumsvariablen bezeichnet und mit der Ziffer (2) versehen. Tabelle 1.3 gibt Beispiele solcher Kriteriumsvariablen für drei verschiedene Motive.

Tabelle 1.3. Beispiele für abhängige Kriteriumsvariablen, die mit individuellen Unterschieden des betreffenden Motivs kovariieren

Motiv (unabhängige Variable) Motiv-Index-Verhalten	Kriteriumsverhalten (abhängige Variable) Motivations-Index-Verhalten
Sozialer Anschluß	Größere Leistung einer Arbeitsgruppe, nachdem der Vl während der Aufgabenbearbeitung die gute Kooperation und nicht die hohe Tüchtigkeit lobend hervorgehoben hat. (French, 1958b)
Macht	Bedenkenlose Übervorteilung des Partners in einem Strategiespiel (Schnackers, 1973)
Leistung	Bessere Erinnerung an unerledigte als an erledigte Aufgaben (Atkinson, 1953; Heckhausen, 1963a) oder deren bevorzugte Wiederaufnahme (Weiner, 1965a)

In solchen Versuchsplänen geben die Befunde der abhängigen Kriteriumsvariablen darüber Aufschluß, wie schlüssig und wie breit das Spektrum von motivrelevant erscheinenden Verhaltensweisen tatsächlich mit der hypostasierten Motivausprägung kovariiert, d. h. von dieser beeinflußt zu sein scheint. Sie können also dazu beitragen, das betreffende Motivkonstrukt, das aus dem Motiv-Index-Verhalten erschlossen wurde, weiter zu präzisieren. Lassen sich nämlich die erwarteten Beziehungen bestätigen, so ergibt sich zunehmend ein dichteres „nomologisches Netzwerk" von Beziehungen (vgl. Cronbach u. Meehl, 1955), das zur sog. Konstruktvalidierung des betreffenden Motivs beiträgt. Man kann aber auch die erhobenen Kriteriumsvariablen heranziehen, um – sozusagen in umgekehrter Richtung – die Verfahren zur Bestimmung der unabhängigen Variable, nämlich des Motiv-Index-Verhaltens, in Frage zu stellen, zu verbessern und zu verschärfen. Das ist ein häufig beschrittener Weg zur Konstruktvalidierung eines Motivmeßverfahrens (vgl. Heckhausen, 1963a), neben dem schon erörterten Vorgehen nach dem Versuchsplan-Typ I, in dem das Motiv-Motivations-Index-Verhalten abhängige Variable planmäßig variierter Situationsanregung ist.

Wir haben bislang nicht die Manipulation der Situation in den beiden letzten Versuchsplänen erörtert. Sie wird stets in motivanregender Weise gestaltet; und zwar in Typ IV konstant gehalten, in Typ V dagegen planmäßig variiert, neben der gleichzeitigen planmäßigen Variation der anderen unabhängigen Variablen, nämlich der Motivausprägung. Abb. 1.6 veranschaulicht beide Versuchspläne.

Der Versuchsplan IV enthält mit der Motivausprägung nur einen unabhängigen Variablentyp, denn die Situation wird „konstant" gehalten. Ein solcher Versuchsplan „entartet" in der Forschungspraxis leicht zu fragwürdigen Korrelationsstudien, wenn man die Konstanz der Situation nicht kontrolliert und unbeachtet läßt. Dann korreliert man nichts anderes als zwei abhängige Variablen (aV–aV), nämlich Motivindizes (erhoben nach Versuchsplan II) und Kriteriumsvaria-

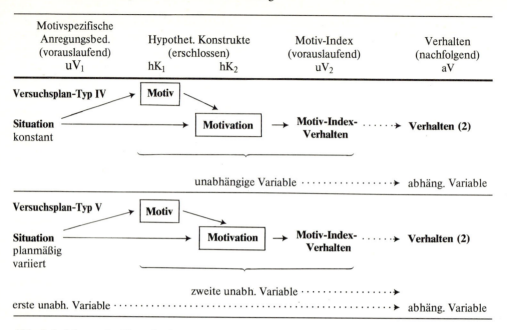

Abb. 1.6. Schema der Versuchspläne vom Typ IV und V zur Klärung des hypothetischen Konstrukts „Motivation". Abhängige Variable sind verschiedenartige Verhaltensweisen, von denen angenommen wird, daß sie teils durch die konstant gehaltene Situation (Typ IV) oder die planmäßig variierte Situation (Typ V) und durch die Dispositionsvariable Motiv motiviert sind

blen, die von einer nicht näher kontrollierten Variation der Situationsanregung abhängig sind. Beispiele dafür sind etwa Korrelationen zwischen Leistungsmotiv und Schulleistungen oder verschiedenen Kriterien des Berufserfolgs. Da der Anregungsgehalt der Schul- bzw. Berufssituationen von Fall zu Fall stark variieren kann, werden auch ganz unterschiedliche Anregungswerte desselben Motivs zusammengeworfen. Es ist daher nicht verwunderlich, wenn die berechneten Korrelationskoeffizienten ganz verschiedene Höhe annehmen können; und zwar abhängig von Art und Variationsbreite der erhobenen Stichprobe von Anregungssituationen. Die „Entartung" des Versuchsplans IV in Korrelationsstudien von abhängigen Variablen ist kennzeichnend für eine eigenschaftstheoretische Sicht des Motivationsproblems; d. h. für eine Verhaltenserklärung, die fast alles auf Personfaktoren zurückführt und Situationsfaktoren vernachlässigt (vgl. etwa Wasna, 1972, für die Korrelation zwischen Leistungsmotiv und Schulnoten).

Der Versuchsplan V ist mehrfaktoriell. Zwei oder mehr unabhängige Variablen werden gleichzeitig unabhängig voneinander variiert und planmäßig miteinander kombiniert. Damit wird eine größere Schärfe der experimentellen Analyse möglich. Denn nun lassen sich die Wirkungsanteile der Situation (uV_1) wie des Motivs (uV_2) auf die resultierende Motivation (hK_2), die ja in den Kriteriumsverhaltensweisen (aV) zum Ausdruck kommt, unterscheiden und abschätzen. Denn (statistische) Wechselwirkungen zwischen beiden unabhängigen Variablen lassen sich erkennen. Wechselwirkungen liegen dann vor, wenn zwei verschiedene Motivausprägungen jeweils in gegenläufiger (oder zumindest voneinander abweichender) Weise auf zwei verschiedene Situationsanregungen ansprechen; also wenn etwa Personen mit hoher Motivausprägung unter Situationsbedingung A ein starkes, unter Situationsbedingung B ein schwaches Kriteriumsverhalten zeigen, während es bei Personen mit niedriger Motivausprägung umgekehrt ist. Ein Beispiel ist das Ausdauerverhalten im Bereich leichter bis mittelschwerer Aufgaben: Hochleistungsmotivierte arbeiten ausdauernder, je schwieriger die Aufgabe, Niedrigleistungsmotivierte, je leichter die Aufgabe ist (Feather, 1961).

So läßt sich ein Problem lösen, das wir schon gestellt haben: Wie ist die Beziehung zwischen zwei rein hypothetischen Konstrukten zu bestimmen, nämlich zwischen der Dispositionsvariablen Motiv und der Funktionsvariablen Motivation? Nun, in dem Maße, wie wir die Beziehung zwischen den beiden unabhängigen Variablen, der Situation (deren Anregungsgehalt) und des Motivs, empirisch klären, fällen wir das letztere sozusagen aus der Beziehung zum anderen hypothetischen Konstrukt, der Motivation, aus. Anders ausgedrückt, indem wir das Kriteriumsverhalten als ein Wechselwirkungsprodukt von Situation und Motiv auffassen und dabei die Ansprechbarkeit der Dispositionsvariablen Motiv isolieren, können wir Aussagen darüber machen, unter welchen Umständen eine gegebene Dispositionsausprägung des Motivs die Funktionsvariable Motivation vergrößert oder verringert.

Beide Versuchspläne sind geeignet, alle vier Grundprobleme zur Motivation (5–8) zu untersuchen; zunächst einmal das achte, nämlich Motivationswirkungen in den vielfältigsten Manifestationen des Verhaltens aufzufinden und näherhin auf die bedingenden Situations- und Personfaktoren (Motive) zu analysieren. Der Versuchsplan von Typ V ist darüber hinaus noch besonders geeignet, die übrigen Grundprobleme zum hypothetischen Konstrukt der Motivation zu klären. Die unabhängige Variation der Situationsanregung und der Motivausprägung bietet hierzu vielfältige Möglichkeiten. So läßt sich zum fünften Grundproblem – Wechsel und Wiederaufnahme der Motivation – etwa untersuchen, wann bei planmäßiger Änderung der Situationsanregung bei gegebenen Motivausprägungen ein Wechsel der Motivation sich ergibt, kenntlich durch den Übergang zu einer Alternativtätigkeit. Gleiches gilt für die Wiederaufnahme früherer Handlungen. Die Nachwirkungen früherer Motivation auf eine gegenwärtige Motivation sind seit Freuds Hinweis auf die Wirksamkeit „unerfüllter Wünsche" eine wichtige Frage. Zu diesem Zweck werden gern in einer Vorphase Erfolg („Befriedigung") oder Mißerfolg („Frustration") in einer motivspezifischen Handlung induziert.

Eine größere Differenziertheit an Versuchsplanung erfordern Studien, die zum siebten Grundproblem selbstregulatorische Zwischenprozesse der Motivation einzukreisen suchen. Hierfür eignen sich besonders mehrfaktorielle Versuchspläne, in denen die Situationsanregung und zugleich die Motivausprägung variiert wird, während unter den abhängigen Variablen auch Index-Daten über einzelne hypostasierte kognitive Zwischenprozesse der Motivation erhoben werden; z. B. über Erwartung und Anreiz eines erreichten Zielzustandes (deren Verhaltenswirksamkeit schon seit langem in Tierversuchen demonstriert werden konnte; Elliott, 1928; Crespi, 1942), über die erlebte Erfolgswahrscheinlichkeit der bevorstehenden eigenen Handlungsbemühungen (vgl. Schneider, 1973) oder nach der Handlung über die subjektiv vermuteten Ursachen eigenen Erfolgs oder Mißerfolgs, die sog. Kausalattribuierung (vgl. Meyer, 1973a) und die Selbstbewertung (vgl. Heckhausen, 1978). Alle diese Arten von kognitiven Zwischenprozessen haben sich als wichtige Bestimmungsstücke der Motivation erwiesen (vgl. Kap. 10 und 11).

Auch die Versuchspläne IV und V stehen verschiedenen verhaltenstheoretischen Ansätzen nahe. Während Versuchsplan IV mit konstant gehaltenem Situationseinfluß die Erklärungslast noch auf Person-, d.h. Dispositionsfaktoren lagert, ist Versuchsplan V geeignet, eine ausgewogenere Verteilung auf Person- und Situationsfaktoren vorzunehmen und das jeweilige motivierte Verhalten als ein (statistisches) Wechselwirkungsprodukt von Faktoren beider Seiten zu analysieren.

Was über die einzelnen Versuchspläne gesagt wurde, ist in Tabelle 1.4 zusammengefaßt. Darin sind alle erörterten Gesichtspunkte aufgeführt: untersuchtes hypothetisches Konstrukt, unabhängige und abhängige Variablen, Art des motivationspsychologischen Grundproblems sowie schließlich Schwerpunkt der verhaltenstheoretischen Erklärungslast.

Tabelle 1.4. Die fünf Versuchspläne der Motivationsforschung: ihre Variablen, untersuchten Probleme und verhaltenstheoretische Erklärungslast

Versuchs-plan-Typ	Untersuchtes hypoth. Konstrukt	Unabhängige Variablen	Abhängige Variablen	Motivationspsychol. Grundproblem	Schwerpunkt der verhaltenstheoret. Erklärungslast
I	Motivation und Motiv	Situationen variiert	Verhalten (1) Motiv-Motivations-Index intraindividuell	(1) Motivklassifikation (4) Motivanregung	Situationen (Anregungsgehalte)
a		Intensität			
b		Extensität			
II	Motiv	Situationen konstant standardisiert	Verhalten (1) Motiv-Index interindividuell	(3) Motivmessung	Personen (Dispositionen)
III	Motiv	Umwelt entwickl.-geschi. Häufung von Anregungssituationen	Verhalten (1) Motiv-Index	(2) Motivgenese	Situationen, als entwickl.-geschichtl. Umwelt
IV	Motivation	Motiv-Index Situation konstant[a]	Verhalten (2) Außenkriterien	(8) Motivationswirkungen (auch 5–7, s. unten)	Personen (Dispositionen)
V	Motivation	1) Motiv-Index 2) Situationen variiert	Verhalten (2) Außenkriterien	(5) Wechsel u. Wiederaufnahme (6) Zielgerichtetheit u. Konflikt (7) Zwischenprozesse (8) Motivationswirkungen	Personen × Situationen Wechselwirkungen (Analyse der Beziehungen zwischen der Dispositionsvariable „Motiv" und der Funktionsvariable „Motivation")

[a] Falls Konstanz der Situation nicht kontrolliert wird, handelt es sich um fragwürdige Korrelationen zwischen zwei abhängigen Variablen, nämlich von Motiv und Außenkriterien

Motivationstheoretische Bedeutung von Kognitionen

Wir haben bislang mehrere Leitgesichtspunkte dargelegt, die die Motivationsforschung bislang durchzogen haben und auf die eine oder andere Weise bestimmen. Eine nicht bloß historische, sondern auch systematische Darstellung der Motivationsforschung läßt sich daran orientieren, ob die verhaltenstheoretische Erklärungslast eher in Person- oder Situationsfaktoren gesehen wird, welche motivationstheoretischen Grundprobleme im Vordergrund stehen und welche experimentellen Vorgehensweisen – im Zusammenhang mit den Grundproblemen – verwendet werden.

Ein wichtiger Gesichtspunkt, anhand dessen sich die bisherigen Forschungsansätze unterscheiden lassen, steht noch aus. Es ist die Rolle, die Kognitionen im Motivationsprozeß zuerkannt wird. Sie reicht von völliger Vernachlässigung bis zu zentralem Stellenwert. In letzter Zeit gewinnen kognitive Motivationstheorien immer mehr an Bedeutung (vgl. Irwin, 1971; Heckhausen u. Weiner, 1972; Weiner, 1972; Heckhausen, 1973a; 1977a, b). Die entscheidende Frage ist, ob zwischen der Situationsanregung und dem nachfolgenden Handeln eine direkte Verknüpfung gedacht wird oder wieweit dazwischen noch eine Reihe vermittelnder Prozesse im Handelnden angenommen wird, und ob diesen Zwischenprozessen ein kognitiver Charakter zugebilligt wird, d. h. eine gedanklich repräsentierte oder nicht repräsentierte Informationsverarbeitung.

An dem einen Ende dieser Reihe stehen reine Reiz-Reaktionstheorien wie in den assoziationistischen lerntheoretischen Ansätzen von Watson (1924), Guthrie (1935) und Skinner (1938, 1953). Am anderen Ende stehen Theorieansätze, die eine feste Reiz-Reaktions-Verknüpfung auflösen zugunsten einer mehr oder weniger großen Reihe zwischengeschalteter kognitiver Prozesse von verschiedener Art; Prozesse der Beurteilung der gegenwärtigen Situation, der vorwegnehmenden Erwartung künftiger Ereignisse und der Bewertung ihrer Folgen; Prozesse die vorausblickend zu Entschlüssen (Intentionen) über den einzuschlagenden Handlungskurs oder – zurückblickend – zu Selbstbewertungen aufgrund der erreichten Handlungsergebnisse führen (Halisch, 1976; Heckhausen, 1978). Die Inhalte der kognitiven Prozesse werden nicht als bloße Epiphänomene ablaufender Grundvorgänge betrachtet. Sie beeinflussen vielmehr entscheidend das Motivierungsgeschehen und damit die erfolgenden Handlungen. Solche Ansätze komplizieren zwar die theoretischen und vor allem die methodischen Probleme, haben sich aber bereits in vielfacher Hinsicht den nicht-kognitiven Theorien überlegen gezeigt. Einzelne kognitive Zwischenprozesse sind von verschiedenen Autoren untersucht und theoretisch aufgearbeitet worden; so von Heider (1958), Kelley (1967), Weiner (1972) Kausalattribuierung von Erfolg und Mißerfolg, von Festinger (1957, 1964) kognitive Dissonanz, von Lazarus (1968) Bewertung der Situation *(appraisal and reappraisal),* von F. W. Irwin (1971) Intention, u. a.

Inzwischen gibt es eine Reihe von Prozeßmodellen, die solche vermittelnden Funktionsvariablen einbeziehen. Die Schwierigkeit ist natürlich, daß man die Prozeßvariablen nicht beobachten, sondern nur indirekt durch gesonderte Erhebungen vor oder nach der eigentlichen Handlung erschließen kann. Insofern können Prozeßverläufe nur in Form theoretischer Modelle konstruiert und die

Tabelle 1.5. Aufteilung wichtiger Theorien in vier Gruppen nach Weiner (1972; S. 9)

Klassifikation	Struktur	
„Mechanistisch"	S–R	Verhalten wird erklärt auf der Grundlage von Reiz-Reaktions-Verknüpfungen *(stimulus-response,* S–R). Intervenierende hypothetische Konstrukte werden bei der Verhaltensanalyse nicht verwendet. Verfechter: Watson, Skinner und andere Assoziationisten und Behavioristen
„Mechanistisch"	S-Konstrukt-R	Verhalten wird auf der Grundlage von Reiz-Reaktions-Verknüpfungen erklärt. Intervenierende hypothetische Konstrukte werden bei der Verhaltensanalyse verwendet, z. B. Trieb *(drive)* und Anreiz *(incentive).* Verfechter: Hull, Spence, N. E. Miller, J. S. Brown und andere Neobehavioristen
„Kognitiv"	S-Kognition-R	Gedanken schalten sich ein zwischen einlaufender Information und der schließlichen Verhaltensreaktion. In der Hauptsache hat eine „Erwartung" *(expectancy)* Einfluß auf das Verhalten. Verfechter: Tolman, Lewin, Rotter, Atkinson u. a.
„Kognitiv"	S-Kognition-R	Gedanken schalten sich ein zwischen einlaufender Information und der schließlichen Verhaltensreaktion. Viele kognitive Prozesse beeinflussen das Verhalten, wie das Suchen von Information, Ursachenerklärung (Kausalattribuierung) usw. Verfechter: Heider, Festinger, Kelley, Lazarus u. a.

daraus abgeleiteten Voraussagen empirisch überprüft werden. Auf diese Weise lassen sich angenommene gegenseitige Wechselwirkungsprozesse nicht unmittelbar nachweisen, sondern allenfalls als plausible Theorien bestätigen. Geeigneter als der varianzanalytische Versuchsplan V ist für die Überprüfung eines komplexeren Prozeßmodells der Motivation ein aussagenlogisch formuliertes Computersimulationsprogramm, dessen Ergebnisse mit den empirisch gewonnen verglichen wird (vgl. Kuhl, 1977).

Zwischen den beiden extremen Spielarten der Theoriebildung gibt es wichtige Übergangsformen. In ihnen werden zwischen Situation und Verhalten ebenfalls intervenierende Variablen mit hypothetischem Konstruktcharakter angenommen. Neobehavioristische Theorien von Hull (1952), Spence (1956), N. E. Miller (1959) hielten schon nicht mehr streng an engen Reiz-Reaktions-Verknüpfungen fest, sondern fügten als vermittelnde Erklärungskonstrukte einzelne Größen wie Triebstärke und Anreiz des Zielobjekts ein. Ein weiterer Schritt führt zu einer anderen Gruppe von Theorien, in denen den Zwischenvariablen zu ihrem hypothetischen Konstruktcharakter auch die Qualität informationsverarbeitender Kognitionen zugesprochen wird. Solche Theorien gehen vor allem auf den „psychologischen Behaviorismus" Tolmans (1932; 1955) und die Feldtheorie Lewins (1938) zurück und lassen sich unter dem Sammelnamen der „Erwartungs-mal-Wert"-Theorien zusammenfassen. Der Anreiz (Wert) von alternativen Handlungsausgängen wird mit der subjektiven Wahrscheinlichkeit ihres Erreichens oder Nicht-Erreichens (Erwartung) gewichtet. Eine einflußreiche Variante ist das Risikowahl-Modell J. W. Atkinsons (1957; 1964).

Die Aufteilung der Tabelle 1.5 in die vier Gruppen von Theorien entspricht einer Gliederung, die Weiner (1972) vorgenommen hat.

„Situation" und „Handlung"

Die Theorien sind nicht nur mehr oder weniger „sparsam", sie ziehen wenige oder viele Variablen heran oder verteilen deren Bedeutungsgewichte anders. Ihnen liegen auch unterschiedliche Erklärungsmodelle für Handeln zugrunde. Das wird am besten deutlich, wenn man darauf eingeht, wie die Hauptbegriffe zur Aufgliederung eines Handlungsablaufs verstanden werden. Wir haben bisher in allgemeiner Weise von „Situation" und „Handeln" gesprochen (wenn die vermittelnden Zwischenprozesse einmal beiseite bleiben). Beide Begriffe bezeichnen Sachverhalte, die voller Probleme stecken. Wieweit sie geklärt oder ausgeklammert werden, führt zu weitreichenden metatheoretischen Vorentscheidungen über Theoriebildung und Methodenverwendung.

„Situation"

Beginnen wir mit der „Situation". Im allgemeinsten Sinne wird unter Situation die gegenwärtige Umgebung eines Lebewesens verstanden, soweit dieses davon momentan beeinflußt wird. Situation setzt also einen Einstrom von Informationen über die gegenwärtige Umgebung voraus. Statt von Situation spricht man in den behavioristischen Theorien von „Reiz" *(Stimulus)*. Ob man nun den einen oder anderen Terminus verwendet, es sind mindestens vier Probleme aufgeworfen.

Erstens, wieviel registriert ein Lebewesen von seiner gegenwärtigen Umgebung? Sicher nicht „alles", sondern nur ein Teil, besonders das Neue, das Unerwartete, das Hervorstehende. Alle diese Attribute sind jedoch bereits Ergebnisse des Informationsverarbeitungsprozesses der Situationswahrnehmung. Sie hängen von Besonderheiten des Wahrnehmenden ab (z. B. der Art zu kodieren, zu selegieren, Bedeutung zu verleihen).

Zweitens, wie elementar oder komplex ist die aufgenommene Information? Die favorisierten Annahmen reichen von einfachen Signalen („Reiz") bis zu gestalthaften Bedeutungsmustern. Wahrscheinlich gibt es so etwas wie die Erfassung einer „Gesamtsituation", die den Bezugsrahmen dafür liefert, welche Bedeutung Einzelheiten haben.

Drittens, wie sind die Informationen über Situationsgegebenheiten in der Motivationsforschung zu definieren? Es gibt grundsätzlich drei verschiedene Bedeutungssysteme: physikalische Bestimmungen, intersubjektive Beschreibung (d. h. übereinstimmende Beschreibung von mehreren Beobachtern oder was der Vl dafür hält) oder subjektive (phänomenale) Gegebenheiten, wie sie für das individuelle Lebewesen in der betreffenden Situation existieren. Die Entscheidung für eines der drei Bedeutungssysteme ist von großer Tragweite für die psychologische Theoriebildung. Nicht nur physikalisch identische, auch intersubjektiv gleicherscheinende Situationen (d. h. in ihrer allgemeinen „öffentlichen" Bedeutung) werden in aller Regel von Individuen in unterschiedlicher Bedeutungsnuancierung erlebt (d. h. haben „private" Bedeutung). Eine genaue Bestimmung der *psychologisch* wirksamen Situationsbedingungen kann also letztlich nur auf der Ebene der privaten Bedeutungen erfolgen, also auf der Ebene jener Bedeutungen, wie sie für die Person tatsächlich existieren (vgl. Heckhausen, 1973a). Motivationspsychologisch wirksam ist das, was der Person erlebnismäßig gegeben ist und was sie für wirklich hält; und nicht, was darüber hinaus noch intersubjektiv oder physikalisch gegeben ist oder von anderen für „wirklich" gehalten wird. Mit der Forderung, Situationen nach ihrer privaten Bedeutung zu erfassen, entstehen methodologische Probleme, die eine Hauptschwierigkeit motivationspsychologischer Forschung ausmachen.

Viertens, wo genau liegt die Grenze zwischen dem Lebewesen und seiner Umgebung? Sie wird häufig einfach an die Körper-Außenfläche des Lebewesens verlegt. Es gibt jedoch auch Informationen über innerorganismische Zustände (wie Hunger und Schmerz), die im Erleben (oder auch unter der Vorstellung eines zentralen Systems, das Informationen aufnimmt und abgibt) noch ein Außen darstellen und deshalb zur Situation als Umgebung zu rechnen sind.

„Handlung"

Den Begriff des „Handelns" haben wir bereits zu Beginn des Kapitels als eine breite Unterklasse des Verhaltens eingeführt. Er wirft nicht weniger Probleme auf als der Begriff der Situation.

Erstens, wird sich der Handelnde seines Handelns ebenso gewahr wie der Situation, in der er sich befindet? Bei aller Reflexivität des Handelns ist die Aufmerksamkeit in aller Regel auf die bedeutsam erscheinenden Teile der Situation, auf die hin gehandelt wird, gerichtet. Es ist eher die Ausnahme, daß der Handelnde sich selbst beobachtet. Bedingungen und Folgen einer solchen „Selbst-Aufmerksamkeit" haben z. B. Duval u. Wicklund (1972) sowie Heckhausen (1980) untersucht. Ebensowenig wie der Wahrnehmung die „gesamte Situation" mit den vielerlei ausmachbaren Einzelheiten gegeben sein kann, können selbstbezogene Kognitionen die „gesamte Handlung", ihren gegenwärtigen Stand wie ihre Entfaltung, zum Gegenstand haben; abgesehen davon, daß Selbstbeobachtung den Ablauf des Handelns leicht stören kann. Bemerkt werden einzelne handlungsbegleitende Inhalte wie ein Gefühlszustand, eine Erwartungsänderung, der Grad des Gelingens eines Handlungsschritts, Beurteilung der eigenen Person (vgl. Heckhausen, 1980). Selbst-Aufmerksamkeit wird gefördert, wenn die eigene Person (oder Repräsentationen davon) in das Feld der eigenen oder fremden Wahrnehmung gerät (z. B. sich im Spiegel sieht, den eigenen Namen hört, sich beobachtet fühlt etc.; vgl. Wicklund, 1975).

Gewöhnlich ist jedoch, wie Jones u. Nisbett (1971) gezeigt haben, die Beobachtungsperspektive des Handelnden auf die Situation gerichtet. Das heißt nicht, daß der Handelnde völlig selbstvergessen ist. Eine Art Rahmenbewußtsein im Sinne von Reflexivität, nämlich, daß man mit seinem Handeln auf die Situation in einer bestimmten Richtung einwirkt, daß man diesen oder jenen Zielzustand anstrebt und dessen Eintreten erwartet etc., wird sicher in aller Regel das Handeln begleiten. Die Antwort auf die Frage, wieviel und was der Handelnde von seinem Handeln bemerkt, ist entscheidend, um Wert und Reichweite intro-und retrospektiver Selbstbewertungsdaten zu beurteilen. Die Vorstellung, der Handelnde registriere laufend umfassend und zuverlässig sein Handeln (einschließlich aller „inneren" Vorgänge) und könne darüber aus der Erinnerung einen vollständigen und unverfälschten Bericht geben, ist unzutreffend. Nisbett u. Wilson (1977) haben solche Fragen experimentell zu überprüfen versucht und Bedingungen differenziert, unter denen man sich auf Selbstberichte nicht verlassen kann; z. B. weil aufgrund plausibler *ad-hoc*-Theorien Erfahrungslücken in einer Weise gefüllt werden, als hätte man tatsächlich das Berichtete beobachtet (vgl. aber die Kritik von Smith u. Miller, 1978, an den weitgehenden Schlußfolgerungen von Nisbett u. Wilson). Unbestreitbar ist, daß entfallene oder fehlende Einzelheiten in der Erinnerung leicht aufgrund eines vorgefaßten oder suggerierten Bedeutungsrahmens rekonstruiert und verändert werden (vgl. Kornadt, 1958).

Zweitens, in welchem Bedeutungssystem ist Handeln zu beschreiben und zu definieren mit Hilfe physikalischer Messung, intersubjektiver Fremdbeobachtung oder subjektiver Selbstwahrnehmung? Die Bevorzugung des einen oder anderen hat weitreichende Folgen für das, was als Verhalten noch zugelassen wird. So kann man bei physikalischer (oder physiologischer) Messung auch unwillkürliche organismische Aktivitäten einbeziehen, die vom Handelnden selbst gar nicht bemerkt werden, wie Drüsensekretion, Änderungen des elektrischen Hautwiderstandes. Dagegen muß man anderes, wie etwa Vorstellungsinhalte und Denkprozesse, ausschließen. Die Fremdbeobachtung muß sich im wesentlichen auf die Registrierung motorischer Aktivität (einschließlich sprachlicher und außersprachlicher Kommunikation) beschränken. Der Selbstwahrnehmung können unter den oben angedeuteten Begrenzungen einzelne Aspekte und Inhalte des eigenen Handelns gegeben sein, die der eigenen Kontrolle unterworfen oder ihr grundsätzlich unterwerfbar sind. Dazu gehören „verdeckte Handlungen" wie Vorstellungs- und Denkprozesse so gut wie „offene Handlungen" in Gestalt von Bewegungsaktionen und Kommunikationsverhalten.

Eine dritte Frage schließt sich an und wird durch die Festlegung auf eines der drei definitorischen Bedeutungssysteme schon mit vorentschieden: nämlich wie elementar oder komplex, gestalthaft und zeitlich erstreckt sind Aktivitätseinheiten? So läßt sich auf der physikalisch-physiologischen Bedeutungsebene ein Bewegungsablauf bis in elementare Muskelkontraktionen aufbrechen, während sich in der Fremdbeobachtung und Selbstwahrnehmung sehr komplexe, verschiedenartige und zeitlich lang dauernde Bewegungsfolgen als eine Handlungseinheit darstellen können. Beschreibungseinheiten auf der Datenebene werden deshalb als eher „molekular" bzw. „molar" klassifiziert. Entsprechendes gilt für die darauf aufgebauten Theorien.

Erst in jüngerer Zeit ist die Aufgliederung des ablaufenden Aktivitätsstroms in Handlungseinheiten eingehender untersucht worden. Newtson (1976) und Mitarb. haben Videoaufnahmen von Handlungssequenzen beobachten lassen. Die Vpn hatten durch Knopfdruck die „Bruchpunkte" zu markieren, d. h. wenn nach ihrer Meinung eine Handlungseinheit zu Ende war und eine neue begann. Die Aufgabe fiel ihnen leicht, gleich, ob sie kleinere, größere oder ihnen „natürlich" erscheinende Einheiten markieren sollten. Kleinere Einheiten erwiesen sich als Unterteilungen der größeren. Es bestand eine große Übereinstimmung zwischen den Vpn sowie der *Retest*-Zuverlässigkeit hinsichtlich der Bruchpunkte. Wurde der Aktivitätsstrom der dargestellten Person weniger vorhersagbar, so gingen die Beobachter dazu über, das Verhalten in kleinere Einheiten zu gliedern. Die Bruchpunkte stellten sich als entscheidend für das Verständnis des beobachteten Aktivitätsstroms heraus. Sie bildeten nicht bloß zeitliche Grenzen zwischen Verhaltenssegmenten, sondern enthielten als Informationen über Änderungen im Aktivitätsstrom alles, was zum Verständnis und zum Wiedererkennen der Handlungssequenz nötig war.

Für die Motivationsforschung ergibt sich viertens ein besonderes Problem: Muß nicht aus dem Verhaltensstrom ein Teil der Aktivität als zentral und steuernd ausgegrenzt und einem instrumentellen Ausführungshandeln gegenübergestellt werden? Nur das letztere wäre dann Handeln im „eigentlichen" Sinne; nämlich das, was es mit Hilfe des ersteren, der motivierenden, zentral steuernden Zwischenprozesse, motivationspsychologisch zu erklären gilt. Diese dann vom Handlungsbegriff ausgenommenen Zwischenprozesse sind entweder phänomenologisch der Selbstwahrnehmung gegeben oder werden als hypothetische Konstrukte, wie wir bereits erörtert haben, erschlossen. Sie wären damit ihrerseits jedoch einer motivationspsychologischen Erklärung nicht enthoben. Nur ein Teilbereich des Handlungsprozesses wäre dann zur Analyse ausgegrenzt, nämlich die Steuerung des offenen Handelns durch kognitive Prozesse des verdeckten Handelns. Ausgeblendet bleiben die Rückwirkungen des offenen Handelns auf die Situation und deren Wahrnehmung, auf die Selbstwahrnehmung bis hin zu entsprechend veränderten motivierenden Zwischenprozessen des verdeckten Handelns und so fort. Die Klärung der vorauslaufenden Bedingungen des verdeckten Handelns in Gestalt motivierender Zwischenprozesse und ihrer individuellen Unterschiede ist deshalb kein geringerer Gegenstand der Motivationsforschung, als es die Bedingungsanalyse offenen Handelns ist.

Wandel des Erklärungsmodells

In diesem verwirrenden Labyrinth von Problemen um die so selbstverständlich erscheinenden Begriffe „Situation" und „Handeln" (ein Labyrinth, das weit verwirrender ist, als es hier dargestellt wurde) nimmt es nicht wunder, wenn in den verschiedenen Motivationstheorien recht unterschiedliche Positionen eingenommen werden, die von vornherein zu Voreingenommenheiten im bevorzugten Erklärungsmodell geführt haben. So haben die fragwürdigen Ergebnisse, mit Hilfe der introspektionistischen Methode gleichsam Elementarteilchen des Bewußtseins aufzuspüren, in den zwanziger Jahren zum Aufkommen des Behaviorismus und zum Verdikt der Selbstwahrnehmung beigetragen. Als wissenschaftlich wurden nur solche Daten akzeptiert, die physikalisch meßbar oder in der Fremdbeobachtung intersubjektiv festzustellen waren. Damit wurden kognitive Inhalte jedweder Art als „mentalistisch" aus der motivationspsychologischen Theoriebildung verbannt. Fähigkeiten, die beim Menschen im Vergleich zu den verschiedenen Tiergattungen hoch entwickelt sind – wie die vorstellungsmäßige Vorwegnahme künftiger Ereignisse, Denken und Sprache – blieben außer Betracht. Das Tierexperiment unter hoch eingeschränkten Reizbedingungen und Reaktionsmöglichkeiten wurde zum Prototyp der Verhaltensanalyse schlechthin; vornehmlich zur Erklärung des Lernens, d. h. zur Anpassung des Verhaltens an geänderte Situationsumstände und führte in Verbindung damit auch zu entsprechenden motivationspsychologischen Theorieansätzen.

Dementsprechend ist das behavioristische Erklärungsmodell des Handelns. Die Situation besteht aus einzelnen Reizen. Das Lebewesen ist ein „Organismus". Die Reaktionen sind Bewegungen oder Drüsensekretionen. Ein Reiz trifft den Organismus und löst hier Reaktionen aus, die aufgrund früherer Lernvorgänge mit dem Reiz fest assoziiert sind. Das ursprüngliche Grundkonzept ist ein passiv reagierender Apparat, der in der Lage ist, seine Reiz-Reaktionsprogramme auf veränderte Situationsumstände nach Maßgabe maximaler Bedürfnisreduktion selbst umzuprogrammieren. Situation und Verhalten sind in elementaristischen und leicht objektivierbaren Formen von Reizen und Reaktionen gefaßt. Vermittelnde Zwischenprozesse, geschweige Kognitionen, werden nicht in Betracht gezogen. Das ist das pointierte und vereinfachte Bild eines extremen Erklärungsmodells, das sich als durchaus erfolgreich in der Aufdeckung vieler Zusammenhänge erwiesen hat.

Doch zunehmend zwangen Erklärungsschwierigkeiten zur Auflockerung von Reiz-Reaktionsverknüpfungen, zur Einfügung intervenierender Variablen als vermittelnde Erklärungskonstrukte, zu deren kognitiver Bedeutungsanreicherung, zu scheinbar „finalen" (daß nämlich Handeln durch Vorwegnahme künftig erreichbarer Zielzustände gesteuert sein muß), statt mechanistisch-kausalen Erklärungen, zu einer Neufassung des Reiz- und Reaktionsbegriffs auf „höherer" psychologischer Bedeutungsebene, zu dem Verständnis, daß Lebewesen aktiv sind und nicht stets in Passivität verfallen, bis sie durch äußere oder innere Reize wieder aufgerüttelt werden, daß sie der Umgebung Informationen entnehmen, nach bestimmten Mustern verarbeiten und danach handeln.

Über die Jahrzehnte hat die Forschung auf verschlungenen Wegen den motivierenden Einfluß von Kognitionen nicht nur postuliert, ihre Wirksamkeit auch konkret aufgezeigt und mit intersubjektiv verwendbaren Verfahren erfaßbar zu machen versucht. Die folgenden Kapitel werden einige Stadien auf diesem Weg darstellen. Zunächst aber wollen wir uns einen Überblick über die Geschichte der Motivationsforschung mit ihren mancherlei Problementwicklungen verschaffen.

2 Entwicklungslinien der Motivationsforschung

Zu Fragen, wie das Verhalten von Lebewesen zu erklären sei, finden wir Erörterungen, soweit die Überlieferung zurückreicht. Unter verschiedenen Bezeichnungen und mit wechselnden Lösungsansätzen ist das, was wir heute als Motivationsproblem umschreiben, behandelt worden, nämlich die Fragen nach Aktivierung, Steuerung und Ausdauer zielgerichteten Verhaltens. Die verwickelte Problemgeschichte kann hier nicht aufgerollt werden (vgl. dazu Bolles, 1975). Was Hermann Ebbinghaus (1850–1909) über die Psychologie gesagt haben soll, läßt sich auch von der Motivationsforschung behaupten: „Sie hat eine lange Vergangenheit, aber eine kurze Geschichte".

Seit den Anfängen einer wissenschaftlich betriebenen, d. h. experimentellen Psychologie fielen Motivationsprobleme in ganz unterschiedlichen Fragezusammenhängen an. Die Bezeichnungen waren verschieden: Wille, Instinkt, Trieb, Bedürfnis, Triebfeder, Motiv, Grund, etc. Zunehmend wurde Motivationsfragen ein zentraler Stellenwert für die Erklärung nicht nur von Handlungen und von Lernleistungen, sondern auch von scheinbar so „automatisch" ablaufenden Vorgängen wie Wahrnehmen, Vorstellen und Denken zugebilligt. Damit entwickelte sich allmählich die Motivationsforschung als ein selbständiges Untersuchungsfeld mit eigenen Begriffen, Methoden und Theorien. Anfänglich konzentrierte sich das Motivationsproblem auf die Analyse des Willensaktes. So sieht A. Pfänder in einer phänomenologischen Abhandlung über „Motive und Motivation" aus dem Jahre 1911 in den Motiven den Grund, den man sich bei einer Willensentscheidung zueigen macht. Im englischsprachigen Bereich erschien 1936 das erste Buch, das ausschließlich dem Motivationsproblem gewidmet war: P. T. Youngs „Motivation and Behavior". Zwanzig Jahre später drängten sich Darstellungen, Monographien, Überblicke und Handbücher immer dichter aufeinander. Allen voran ist die jährliche Reihe des „Nebraska Symposium of Motivation" (seit 1953) zu nennen, dann Handbücher (Koch, 1959–1963 und Thomae, 1965) und die mehr oder weniger umfassenden lehrbuchartigen Darstellungen von Cofer u. Appley (1964), Atkinson (1964), Atkinson u. Birch (1978), Bolles (1967, 1975), Madsen (1959, 1974), Weiner (1972).

Gegenwärtig ist die Motivationsforschung noch weit davon entfernt, in ihren Fragestellungen, Variablen, Methoden und Theorien ein schon eng zusammengewachsenes oder gar einheitliches Forschungsfeld zu sein. Umso notwendiger ist es, die einzelnen Problemstränge, die in der gegenwärtigen Forschung zu erkennen sind, in ihrer geschichtlichen Entwicklung ein wenig zu entwirren. Dabei gehen wir kaum mehr als hundert Jahre zurück. Zunächst ist auf die Generation der Pioniere zu Beginn des Jahrhunderts einzugehen, die die bis heute wirksamen Problemstränge geknüpft haben. Danach sind die einzelnen Stränge, teils mit ihren besonderen Linien, bis zur Gegenwart zu verfolgen.

Die Generation der Pioniere

Von altersher wurde in Philosophie und Theologie der Mensch als ein Lebewesen angesehen, das mit Vernunft begabt und mit freiem Willen ausgestattet ist. Das unterscheidet ihn vom Tier, macht seine Würde, aber auch seine Verantwortlichkeit für sein Tun und Lassen aus. Ein solches Bild vom Menschen läßt kaum Fragen aufkommen, wie menschliches Handeln im einzelnen zu erklären sei. Der Mensch besitzt Vernunft, also handelt er vernünftig, nach leicht einsehbaren Gründen und gültigen Wertsetzungen. Da er einen freien Willen besitzt, ist es auch unangebracht und führt nicht viel weiter, äußere Kräfte zur Erklärung heranzuziehen, seien sie in der Umwelt oder im eigenen Körper gelegen. Allenfalls können vernünftiges Handeln und willensfreie Entscheidung durch Aufwallung „niederer" Gefühle, durch Leidenschaften beeinträchtigt werden. Dieser (sehr vereinfacht dargestellte) Grundtenor der Verhaltenserklärung ist im Zuge wissenschaftlicher Reflexion über die Jahrhunderte hinweg immer auch in Frage gestellt und herausgefordert worden; sei es, daß man menschliches Handeln von den materiellen und physiologischen Gegebenheiten des Organismus abhängig oder von einem hedonistischen Prinzip, der Suche nach Lust und der Vermeidung von Unlust, gesteuert sah. Immer blieb jedoch im Sinne Descartes' die Kluft zum Tier, dessen Verhalten weder von Vernunft noch vom Willen, sondern von blinden, naturhaften Triebkräften, von Instinkten gesteuert ist.

Dieser Dualismus der Verhaltenserklärung brach mit Darwins Buch über den „Ursprung der Arten" (1859) allmählich zusammen. Die Entwicklung der gesamten Unterschiedlichkeit von Körperbau und von Verhaltensweisen aller Lebewesen führte Darwin (1809–1882) auf zwei Erklärungsprinzipien zurück: auf Zufallsvariation von Entwicklungsbildungen und auf deren natürliche Auslese im Kampf ums Überleben. Beide Erklärungsprinzipien waren rein kausal determiniert. Sie ließen es als aussichtsreich erscheinen, auch menschliches Handeln deterministisch zu erklären, d. h. auf strenge Ursächlichkeit zurückzuführen. Neben diesem Durchbruch einer deterministischen Erkenntnishaltung, die gegenüber den menschlichen Motivationsphänomenen solange durch die Vorstellung ontologischer Wesensunterschiede zwischen Mensch und Tier zurückgedrängt worden war, wurden vor allem drei Einsichten maßgebend.

Erstens, wenn zwischen den einzelnen Tierarten und dem Menschen keine Wesenskluft, sondern eine graduelle Übergangsreihe besteht, so müssen Erklärungen für tierisches Verhalten auch eine gewisse Gültigkeit für menschliches Verhalten haben. Es wurde Ausschau gehalten nach Instinkten und Trieben, die menschliches Verhalten in Bewegung setzen. McDougall machte Instinkte zum hauptsächlichen Erklärungsbegriff, stellte davon 1908 eine erste Liste zusammen und begründete den *instinkttheoretischen* Strang der Motivationsforschung, der sich bis in die gegenwärtige Ethologie (Lorenz, Tinbergen) verfolgen läßt. Zur selben Zeit war Freud damit beschäftigt, Licht in irrational erscheinende Phänomene wie Trauminhalte (1900) und das Verhalten neurotischer Patienten (1915) zu bringen und auf eine verborgene Triebdynamik zurückzuführen. Damit begründete er einen wesentlichen Teil des *persönlichkeitstheoretischen* Problemstranges heutiger Motivationsforschung.

Zweitens. Da auf die Dauer nur solche Lebewesen sich fortpflanzten und damit ihre Art erhielten und fortentwickelten, die aufgrund ihrer Ausstattung sich den jeweiligen Umweltbedingungen anpassen konnten, mußte auch die menschliche Intelligenz nicht als etwas Einmaliges, sondern als ein Entwicklungsprodukt über Jahrmillionen erscheinen. Intelligenz, die Fähigkeit aus Erfahrungen zu lernen, mußte in hohem Maße eine arterhaltende Funktion besitzen, weil sie schnelle Anpassung an veränderte Umweltbedingungen ermöglicht. Dann müssen aber auch die heute noch existierenden Tierarten Entwicklungsformen von Intelligenz besitzen. So entstand in den achtziger Jahren des vorigen Jahrhunderts die Vergleichende Psychologie aus dem Bemühen, artspezifische Intelligenzleistungen festzustellen und miteinander zu vergleichen. Aus anekdotischen Beobachtungen und spekulativen Vergleichen entstand allmählich eine systematische und experimentelle Lernforschung. Ihr Pionier ist Thorndike (1898; 1911). Er machte im Keller des Hauses seines Lehrers, William James, seine ersten Tierversuche. James (1842–1910) war eine bemerkenswerte Vermittlergestalt zwischen der alten und neuen Psychologie. Unerreicht bis heute in seiner introspektiven Beobachtungsgabe analysierte er die Bewußtseinsphänomene von Willenshandlungen. Er hielt einerseits am freien Willen fest, sprach aber andrerseits dem Menschen eine Reihe von Instinkten zu. Das dem Menschen eigene Bewußtsein hat sich nach James im Laufe der Stammesgeschichte herausbilden müssen, „um der Steuerung eines Nervensystems willen, das zu komplex geworden ist, um sich selbst zu regulieren" (Boring, 1929, S. 501). James hat selbst nie experimentiert, prägte jedoch bereits den Erklärungsbegriff des „*habit*" (Ausführungsgewohnheit), der für die assoziationstheoretische Lernforschung zentral werden sollte: *Habit* als automatischer Ablauf von Handlungen, die allerdings nach James zuvor bewußt gesteuert worden sind.

Schon Darwin hatte im Instinkt einen intelligenzartigen Anpassungsmechanismus gesehen, an dem die natürliche Auslese in besonderer Weise zur Wirkung kommt. Um am Instinkt das andere Erklärungsprinzip, nämlich die Zufallsvariation, ins Spiel zu bringen, stellte er sich Instinkte als Ansammlungen einzelner Reflexeinheiten vor. Damit wurden, ganz im Sinne der Evolutionstheorie, Änderungen und Fortschritte an diesen Reflexansammlungen in kleinsten Schritten denkbar. Instinkte im tierischen und menschlichen Verhalten brauchten so auch nicht mehr als globale Entitäten betrachtet zu werden. Sie ließen sich auflösen in objektivierbare Reiz-Reaktions-Verbindungen. Der Reflexbogen wurde zum Grundelement des Verhaltens. Der russische Physiologe Pawlow (1927, engl. Übers.) eröffnete um die Jahrhundertwende neben Thorndike eine andere Linie der experimentellen Lernforschung, die bis heute einen Teil der Motivationsforschung beeinflußt hat.

Thorndike und Pawlow haben das geknüpft, was man den *assoziationstheoretischen* Strang der Motivationsforschung nennen kann. Es handelt sich in beiden Fällen um Änderung von Reiz-Reaktions-Assoziationen; im Falle Thorndikes werden Reaktionen durch andere, erfolgreichere ersetzt (sog. instrumentelles oder operantes Konditionieren), im Falle Pawlows werden die ursprünglich reaktionsauslösenden (d. h. reflexauslösenden) Reize durch andere, ehemals neutrale Reize ersetzt (klassisches Konditionieren). Thorndike hat die *lernpsychologische* Linie, Pawlow die *aktivationspsychologische* Linie des assoziationstheoretischen Problemstranges der Motivationsforschung begründet.

Drittens. Diejenigen Besonderheiten in Körperbau und Verhalten, die nach Darwin einen Vorteil bei der natürlichen Auslese verschaffen, lassen sich nicht nur als allgemeine artspezifische Merkmale bei den heute existierenden Arten aufzeigen. Innerhalb einer Art muß es auch stets Individuen geben, die etwas besser als andere für den „Kampf ums Dasein" unter den jeweilig vorherrschenden Umweltbedingungen ausgestattet sind. Diese Schlußfolgerung lenkte das Forschungsinteresse auch auf individuelle Unterschiede und ihre diagnostische Erfassung. Galton (1822–1911), ein Vetter Darwins, stellte unter erbpsychologischen und eugenischen Gesichtspunkten vielerlei Erhebungen an. Er gehört mit dem Franzosen Binet (1857–1911), der nach der Jahrhundertwende den ersten Intelligenztest entwickelte, zu den Begründern der psychologischen Testbewegung, die sich vor allem in Amerika und unabhängig von der übrigen Psychologie entfaltete. Erst ab den dreißiger Jahren fand sie über Allport (1937), Murray (1938) und Cattell (1950) Eingang in den persönlichkeitstheoretischen Strang der Motivationsforschung.

In der Pioniergeneration läßt sich schließlich noch eine Linie ausmachen, die von Darwin ziemlich unbeeinflußt geblieben ist. Sie geht auf Fechner (1801–1887) und vor allem auf Wilhelm Wundt (1832–1920) zurück, die Begründer der Psychologie als einer akademisch etablierten und experimentellen Disziplin. Ein zentrales Thema der Wundtschen Psychologie ist motivationspsychologischer Natur, nämlich die Willenshandlung. In ihr sieht Wundt (1894) eine gestaltende Wirksamkeit des erlebenden und handelnden Individuums, die als psychologische Kausalität scharf von der physikalischen Kausalität, deren Gesetze die Naturwissenschaften untersuchen, zu trennen ist. Alle Prozesse der Informationsverarbeitung (wie wir heute sagen würden) sind nach Wundt von Willenshandlungen geleitet; was er besonders für Phänomene der Aufmerksamkeit und der Apperzeption, aber auch für Wahrnehmungen, Gedanken und Erinnerungen nachzuweisen suchte (Wundt, 1874; 1896; vgl. die neuere Würdigung durch Mischel, 1970). Alle Erlebnisvorgänge wie Gefühle, Empfindungen und Vorstellungen sind von Willensvorgängen durchdrungen. Dabei wurde der „Willensvorgang" als eine bestimmte Art der Synthese von Gefühlen, Empfindungen und Vorstellungen herauspräpariert. Gefühle und Vorstellungen, die zu einer Willenshandlung führen, nannte Wundt „Motive", deren Vorstellungsbestandteil „Beweggrund" und deren Gefühlsbestandteil „Triebfeder".

Aus der bewußtseinspsychologischen Forschungstradition Wundts hat sich um Külpe die Würzburger Schule gebildet. Sie wollte im Labor und mit Hilfe der introspektiven Methode etwas so Flüchtiges wie Gedankenprozesse untersuchen. Wundt sah darin keinen gangbaren Weg und hatte die Erforschung des Denkens der Völkerpsychologie zugewiesen, d. h. der Registrierung manifester Ergebnisniederschläge des Denkens. Bei der Analyse von Denktätigkeiten fanden Külpe und seine Schüler allerdings, daß entscheidende Prozesse im Bewußtsein nicht aufzuspüren waren. Man kam zur Annahme unbewußter Einstellungen und Tendenzen, die den beobachtbaren Bewußtseinsablauf bei Aufgabentätigkeiten steuere. Es war Narziß Ach (1910), der den Begriff der „determinierenden Tendenz" prägte. In einem einfallsreichen Lernversuch ließ er assoziative Reproduktionstendenzen entstehen und brachte diese mit der determinierenden Tendenz einer neuen Versuchsanweisung in Konflikt, um so die individuelle „Willensstärke" zu messen. Dieser Versuch hat (wie wir noch sehen werden) Kurt Lewin zu kritischen Nachexperimenten angeregt und die weitere experimentelle Motivationsforschung im persönlichkeitstheoretischen Kontext entscheidend beeinflußt.

Eine Entwicklungslinie von Wundt bis in den persönlichkeitstheoretischen Problemstrang besteht jedoch nur indirekt über die Querbeziehung zwischen Ach und Lewin. Aus der Forschungstradition Wundts knüpften Külpe-Schüler wie Ach, Watt, Messer und

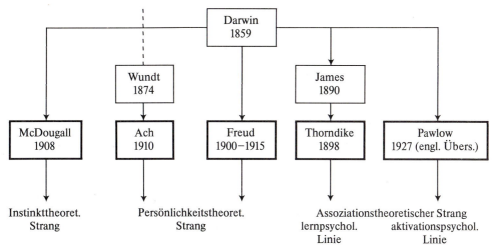

Abb. 2.1. Schema der verschiedenen Problemstränge der Motivationsforschung in der Pioniergeneration um die Jahrhundertwende. (In Anlehnung an Madsen, 1974, S. 91)

Lindworsky neben dem Phänomenologen Pfänder einen allgemeinpsychologischen, insbesondere einen willenspsychologischen Problemstrang. Ihnen ging es um die Klärung von Entscheidungsvorgängen angesichts rivalisierender Vorstellungen und Wahlalternativen, um den Entschluß als abschließenden Willensakt und das Durchhalten der Willenshandlung gegen aufkommende Widerstände. Diese allgemeinpsychologische Tradition wurde in Deutschland von Forschern wie Düker (1931; 1975), Mierke (1955) und Rohracher (1932) und Thomae (1944; 1960) fortgesetzt. Da sie bisher isoliert geblieben ist und nur wenig Forschung angeregt hat, wird im folgenden nicht mehr eigens darauf eingegangen.

Damit ist die Galerie der Pioniere der Motivationsforschung komplett (wobei wir zugegebenermaßen schematisch verfahren sind und nur die bedeutendsten Vertreter herausgegriffen haben; und zwar in Anlehnung an einen ähnlichen Versuch Madsens, 1974). Abb. 2.1 reiht die fünf Gestalten der Pioniergeneration um und nach der Jahrhundertwende auf. Mit McDougall beginnt der instinkttheoretische Problemstrang, mit Ach und Freud der persönlichkeitstheoretische, mit Thorndike und Pawlow der assoziationstheoretische, der sich in eine lernpsychologische und in eine aktivationspsychologische Linie aufgliedert. Im folgenden seien die verschiedenen Stränge und Linien im einzelnen kurz verfolgt. Zwischen ihnen gibt es, wie noch zu zeigen ist, eine Reihe von Querverbindungen.

Instinkttheoretischer Problemstrang

Wie berichtet, hat schon William James Instinkt als einen Erklärungsbegriff übernommen, aber nur für eine bestimmte Klasse von Verhaltensweisen, die er von anderen wie Gefühlsausdruck, Gewohnheitsbildung und Willenshandlungen abgrenzte. Er definierte Instinkt wie folgt: „the faculty of acting in such a way as to produce certain ends, without foresight of the ends, and without previous education in the performance" (1890, Bd. II,

S. 383). Er betonte die auslösenden Reizbedingungen, die aufgrund vorgegebener nervöser Strukturen im Lebewesen zu einem automatischen Verhaltensablauf führen, der weder vorheriges Lernen voraussetzt noch die Voraussicht eines zu erreichenden Zielzustandes beinhaltet. Das zwanghaft-automatische Reagieren auf umschriebene Situationsbedingungen geht aus der folgenden berühmt gewordenen Aussage über die Bruthenne hervor:

> To the broody hen the notion would probably seem monstrous that there should be a creature in the world to whom a nestful of eggs was not the utterly fascinating and precious and never-to-be-too-much-sat-upon object which it is to her (1890, Bd. II, S. 387).

Im Gegensatz zu James blieb Wundt in seiner Auffassung des Instinktbegriffs von Darwin unbeeinflußt. Wundt (1883) brachte Instinkt eng mit Trieb und zielgerichtetem Verhalten zusammen; für ihn gingen Instinkthandlungen auf frühere Willenshandlungen zurück, die sich inzwischen mechanisiert haben.

Der eigentliche Wegbereiter instinkttheoretischer Erklärungen innerhalb der Motivationsforschung war der Angloamerikaner William McDougall (1871–1938). Ihn ließ die experimentelle Bewußtseinsforschung seiner Tage unbefriedigt. Er wollte erforschen, was Leute tatsächlich tun, und sich dabei auf gesicherte phylogenetische Grundlagen stützen, die er in den Instinkten sah. In einem Buch von 1908 (mit „Sozialpsychologie" betitelt, in Wirklichkeit aber eine Motivationspsychologie, hat es über 30 Auflagen erlebt) definierte er Instinkt:

> ... an inherited or innate psycho-physical disposition which determines its possessor to perceive, and to pay attention to, objects of a certain class, to experience an emotional excitement of a particular quality upon perceiving such an object, and to act in regard to it in a particular manner or, at least, to experience an impulse to such action. (1908, S. 25)

Dieses Erklärungskonstrukt ist sehr komplex. Instinkte sind angeboren, sie haben antreibende (energetisierende) und steuernde Funktion, sie enthalten in einer geordneten Abfolge prädisponierte Prozesse der Wahrnehmungsverarbeitung (kognitiv), der emotionalen Erregung (affektiv), der motorischen Handlungsbereitschaft (konativ). McDougall stellte zunächst eine Liste von 12 Instinkten auf, die er später noch etwas erweiterte (Näheres darüber in Kap. 3). Er sprach nicht mehr von Instinkten, sondern von „Neigungen" (propensities), die weniger festgelegt in den einzelnen Bestimmungsstücken waren, um dem Eindruck, es handele sich bloß um hochstereotypisierte Handlungsabläufe, entgegenzuwirken. Übrig blieb im wesentlichen eine zielgerichtete Aktivitätstendenz:

> A propensity is a disposition, a functional unit of the mind's total organization, and it is one which, when it is excited, generates an active tendency, a striving, an impulse or drive towards some goal. (1932, S. 118).

Vorhergegangen war die sog. Instinktkontroverse in den zwanziger Jahren, eine der wenigen großen Kontroversen, die es bislang in der psychologischen Fachöffentlichkeit gegeben hat. Hauptopponent war J. B. Watson, der schon 1913 die Forderung aufgestellt hatte, psychologische Forschung habe sich auf das zu beschränken, was sich in der Fremdbeobachtung intersubjektiv objektivieren lasse. McDougalls Instinkttheorie hatte bei vielen Psychologen die Mode aufkommen lassen, allen möglichen Verhaltensweisen bestimmte Instinkte als Erklärung zu unterschieben. Bernard hatte 1924 die Literatur nach hypostasierten „Instinkten" durchgemustert und davon nicht weniger als 14046 gefunden! Es war nicht von der Hand zu weisen, daß mit einer solchen Ausweitung des Begriffsgebrauchs das Konstrukt Instinkt zirkulär wurde und seinen Erklärungswert verlor.

McDougall hatte der Ausweitung widerstanden. Seine Liste umfaßte zum Schluß nicht mehr als 18 „Neigungen" (1932). Die Instinktkontroverse verlor nach einigen Jahren das öffentliche Interesse, ohne daß es zu einer klaren Entscheidung gekommen wäre (vgl. Krantz u. Allen, 1967). McDougall hat zwei wesentliche Bereiche der weiteren Motivationsforschung stark beeinflußt. Das gilt einmal für den persönlichkeitstheoretischen Strang. Hier waren es seine Listen von Instinkten oder Neigungen, die bei der Ausstattung der Persönlichkeit mit motivähnlichen Dispositionsvariablen anregend wirkten. Das ist besonders bei den persönlichkeitspsychologischen Eigenschaftstheoretikern Allport (1937) und – in Deutschland – Philipp Lersch (1938) bemerkbar; desgleichen bei H. A. Murray (1938), der eine wichtige Schlüsselfunktion in der im engeren Sinne motivationspsychologischen Linie der persönlichkeitstheoretisch orientierten Motivationsforschung innehat.

Zum anderen ist McDougall in direkter Linie der Vorläufer einer Forschungsrichtung, die das Instinktverhalten einer schärferen Funktionsanalyse unterwarf und dabei die Vergleichende Verhaltensforschung oder Ethologie begründete. Dieses Verdienst gebührt vor allem Konrad Lorenz (1937; 1943). Er kritisierte die vagen Bestimmungen von McDougall's Instinkttheorie und grenzte das Instinktverhalten auf eine ererbte Bewegungskoordination ein, d. h. auf die invarianten Glieder einer zweckgerichteten Verhaltensfolge bis zu deren „Endhandlung". Vor allem ist dieses letzte Glied, in dem die eigentliche Instinkthandlung im engeren Sinne zur Ausführung kommt, *rein* zentral nervös gesteuert und ganz starr. Es kommt durch einen „angeborenen, auslösenden Mechanismus" (AAM) sozusagen zur Entladung. Die vorauslaufenden Glieder sind noch an den jeweiligen Situationsgegebenheiten orientiert. Und, je mehr sie den Anfang bilden, auch durch Lernen modifizierbar. Das gilt besonders für die Einleitungsphase, das sog. „Appetenzverhalten". Aufsehen hat die Entdeckung erregt, daß für bestimmte Instinkthandlungen (wie das Nachfolge-Verhalten junger Graugänse) während kurzer sensibler Phasen in der frühen Ontogenese beliebige Objekte zu auslösenden Schlüsselreizen werden können („Prägung").

In intensiver Forschung wurden die Schlüsselreize eingekreist, die bei einer gegebenen Tierart ein bestimmtes Instinktverhalten in Gang setzen. Bleiben solche Schlüsselreize über längere Zeit aus, so können auch ohne äußere Reizauslösung Instinkt-Verhaltensfolgen als sog. „Leerlaufhandlungen" abrollen.

Daran wird zweierlei deutlich: einmal ihre Stereotypie und Erfahrungsunabhängigkeit; zum andern, daß an ihrer Auslösung auch innere Vorgänge einer zeitdauerabhängig wachsenden Bereitschaft beteiligt sind. Diese letzte Beobachtung brachte Lorenz (1950) zu einer Art „psychohydraulischer" Modellvorstellung des Motivationsvorgangs (die übrigens den Auffassungen des frühen Freud, 1895, nahekommt). Für jeden Instinkt nimmt er eine handlungsspezifische Energie an. Diese bildet sich ständig neu und füllt ein Reservoir an. Liegt die Ausführung eines Instinktes längere Zeit zurück, so kommt es zum Überlaufen, d. h. zum Ablaufen der betreffenden Instinkthandlung, ohne daß die äußeren Schlüsselreize gegeben sein müßten (Leerlaufhandlung).

Nikolaus Tinbergen (wie Lorenz Gewinner des Nobelpreises für Medizin 1973), der die Ansätze von Lorenz systematisch fortentwickelt hat, definiert Instinkt wie folgt:

> I will tentatively define an instinct as an hierarchically organized nervous mechanism which is susceptible to certain priming, releasing and directing impulses of internal as well as of external origin, and which responds to these impulses by co-ordinated movements that contribute to the maintenance of the individual and the species. (1951, S. 112).

Einem „Mechanismus" werden hier „Impulse" gegenübergestellt, die die eigentlich motivierende Funktion haben, d. h. die Instinkte aktivieren.

Die Ethologie steht heute außerhalb der psychologischen Motivationsforschung. Sie findet jedoch zunehmend wieder Beachtung, weil sie in zwei Punkten das Interesse von Motivationsforschern auf sich zieht. Da ist einmal ihre Kritik an den Laborexperimenten der Lernpsychologie, weil die Versuchstiere unter hocheingeschränkt künstliche und nicht ökologische Umweltbedingungen gesetzt werden. Zum andern sind es mannigfache Versuche, ethologische Befunde auf menschliches Verhalten zu übertragen (Eibl-Eibesfeldt, 1973). Vor allem der Versuch von Lorenz (1966) eine instinkttheoretische Auffassung der Aggression auf den Menschen zu übertragen, ist auf Kritik der Motivationspsychologie gestoßen (vgl. Kap. 8). Lorenz hält im Grunde an seinem psychohydraulischen Instinktenergie-Modell fest und glaubt, daß im Organismus ständig eine Art aggressiver Energie produziert würde, die sich gefährlich anstaue, wenn keine Gelegenheit gegeben wird, sie von Zeit zu Zeit in harmlosen Ersatzaktivitäten abzubauen.

Eine genauere Darstellung der instinkttheoretischen Position der Ethologie geben Cofer u. Appley (1964), Eibl-Eibesfeldt (1968), Hess (1962) und Hinde (1974). Eine kritische problemgeschichtliche Würdigung der Einflüsse Darwins auf die ethologische Forschung unter natürlichen Bedingungen und der tierexperimentellen Forschung im Labor hat Boyce (1976) vorgelegt. Von den acht Grundproblemen der Motivation beschäftigt sich die Ethologie bei der Verhaltensanalyse verschiedener Tierarten vornehmlich mit vier Problemen: der Motivklassifikation, der Motivanregung, der motivierten Zielgerichtetheit und dem Konflikt sowie mit den Motivationswirkungen. Sie erklärt die Zusammenhänge zwischen beobachteten Situations- und Verhaltensvariablen mit neurophysiologischen Konstrukten oder Modellen (die z. T. auch eine neutrale, systemtheoretische Natur besitzen).

Persönlichkeitstheoretischer Problemstrang

In dieser Tradition wird das Motivationsproblem ausschließlich humanpsychologisch angegangen. Man sieht Motivation entweder mehr als einen wichtigen Schlüsselbereich zur Beschreibung und zum tieferen Verstehen von Persönlichkeit schlechthin oder von Unterschieden zwischen Individuen. Das ist die persönlichkeitspsychologische Linie. Oder man untersucht Motivation als einen Prozeß, der aktuelles Verhalten – und vielleicht auch hinsichtlich seiner individuellen Unterschiede – erklären soll. Das ist die motivationspsychologische Linie, aber auch die kognitionspsychologische Linie.

Als Pioniere dieses Problemstranges haben wir bereits Ach (1871–1946) und vor allem Freud (1856–1939) genannt. Die Unterschiedlichkeit ihres Forschungsansatzes läßt sich kaum gegensätzlicher denken. Ach suchte experimental-psychologisch und in der Tradition Wundt's den tragenden Komponenten kognitiver Tätigkeiten in dem wie passiv ablaufenden Bewußtseinsstrom auf die Spur zu kommen. Freud dagegen ging es um die Aufklärung unverständlich erscheinender Verhaltensweisen und er benutzte dazu die klinische Beobachtung sowie Verfahren zur Provokation und Deutung ausgefallener Bewußtseinsinhalte. Aber beide waren überzeugt, etwas Ähnliches gefunden zu haben, nämlich verborgene, nicht-bewußte Prozesse, die das Handeln lenken und Bewußtseinsinhalte beeinflussen. Ach postulierte „determinierende Tendenzen", wir kommen darauf zurück. Freud sah im „Unbewußten" Triebe in einer hin- und herwogenden Konfliktdynamik am Werk, die im Verhalten und bewußten Erleben nicht nur bruchstückhaft und verschleiert zum Ausdruck kommen, sondern auch den Schlüssel zur Erklärung des Handelns liefern.

Freud war voll von dem biologisch-empirischen Determinismus Darwin's erfüllt und sah sich durch die Erfolge der naturwissenschaftlichen Medizin jener Zeit darin bestärkt. Es konnte nicht länger gelten, das Seelenleben, wie es in der zeitgenössischen Psychologie üblich war, durch eine introspektive Elementaranalyse der Bewußtseinsinhalte zu enträtseln. Es galt vielmehr, auch beim Menschen die biologisch-vitale Triebdynamik zu enthüllen, die den Verhaltenserscheinungen aller Lebewesen zugrunde liegt. Darin sah Freud die eigentlichen psychischen Prozesse, die in einem nicht-abreißenden Folgezusammenhang wirksam sind: das Unbewußte. Betrachtet man den Bewußtseinsstrom, so sind unbewußte Vorgänge nicht die Ausnahme von der Regel, sondern umgekehrt, Bewußtseinsinhalte sind bruchstückhafte Abkömmlinge einer ununterbrochenen Tätigkeit des Unbewußten. Und hinter allem sah Freud keine passive Reaktivität auf Eindrücke der Außenwelt, sondern aktive Gerichtetheit im Lebewesen, Kräfte und Konflikte. Soweit er überhaupt von der Schulpsychologie seiner Zeit beeinflußt war, so von Franz von Brentano, bei dem er in Wien gehört hatte und der im Gegensatz zu Wundt das Seelenleben von „Akten", von einer gerichteten Intentionalität getragen sah; ein Standpunkt, dem sich übrigens die Würzburger Schule, deren Mitglied Ach war, immer mehr annäherte. Den Würzburgern brachte das Kontroversen mit Wundt ein.

Die Analyse von Hysterien und anderen Neurosen nutzte Freud in vielfältiger Weise, um die Wirksamkeit unbewußter Prozesse nicht nur zu erschließen, sondern auch um sie unmittelbar zu erfassen, „ins Bewußtsein zu heben". Dabei bediente er sich anfangs der Hypnose, später der Traumdeutung (1900) und der freien Assoziation; vor allem aber auch einer scharfsinnig-schlußfolgernden Spekulation, die ganz im Sinne verhaltenspsychologischer Theoriebildung vorauslaufende Bedingungen mit nachfolgenden Manifestationen in Verbindung brachte, indem sie vielerlei hypothetische Zwischenprozesse als Erklärungsglieder konstruierte (ein Geschäft, das Freud mit viel Flexibilität und bemerkenswerter Offenheit für ständige Selbstkorrektur betrieben hat).

Zur Formulierung einer abgerundeten Motivationstheorie kam er erst 1915 in seiner Schrift über „Triebe und Triebschicksale", obwohl sich alle Grundzüge schon 1895 im „Entwurf einer Psychologie" finden. Es sind nicht die äußeren, sondern die inneren Reize, mit denen der „psychische Apparat" fertig werden muß. Er kann sich ihnen nicht, wie den äußeren Reizen, entziehen, denn sie entstehen im eigenen Organismus. In vielen Bereichen des Organismus bestehen Bedürfnisse, die zu einer ständigen Produktion und damit zu einer Akkumulation von Triebreizen führen. Und diese Reizakkumulation muß deshalb ständig „abgeführt" werden.

> Das Nervensystem ist ein Apparat, dem die Funktion erteilt ist, die anlangenden Reize wieder zu beseitigen, auf möglichst niedriges Niveau herabzusetzen, oder der, wenn es nur möglich wäre, sich überhaupt reizlos erhalten wollte. (1915, S. 213)

Freud's Motivationstheorie stellt sich als ein Triebreduktionsmodell dar (Es kommt der bereits erörterten Modellvorstellung in der Ethologie nahe und liegt – wie wir sehen werden – auch der lernpsychologischen Linie der assoziationstheoretischen Motivationsforschung zugrunde). In das Triebreduktionsmodell gehen homöostatische und hedonistische Vorstellungen ein. Der Organismus ist umso mehr im Gleichgewicht, je niedriger der angestaute Triebreizpegel ist. Jede Verminderung ist von Lustgefühlen, jede Erhöhung von Unlustgefühlen begleitet. Die Aktivität des psychischen Apparats ist damit dem Lust-Unlust-Prinzip unterworfen.

Für Freud hat Trieb eine leibseelische Zwittergestalt, der Organismisches (nämlich Energie) und Seelisches (nämlich Affekt) und Vorstellungsrepräsentanzen miteinander verbindet. Außerdem sind an jedem Triebgeschehen vier verschiedene Aspekte zu unterscheiden. Freud schreibt:

> Wenden wir uns nun von der biologischen Seite her der Betrachtung des Seelenlebens zu, so erscheint uns der „Trieb" als ein Grenzbegriff zwischen Seelischem und Somatischem, als psychischer Repräsentant der aus dem Körperinnern stammenden, in die Seele gelangenden Reize, als ein Maß der Arbeitsanforderung, die dem Seelischen infolge seines Zusammenhanges mit dem Körperlichen auferlegt ist.
>
> Wir können nun einige Termini diskutieren, welche im Zusammenhang mit dem Begriffe Trieb gebraucht werden, wie: Drang, Ziel, Objekt, Quelle des Triebes.
>
> Unter dem *Drange* eines Triebes versteht man dessen motorisches Moment, die Summe von Kraft oder das Maß von Arbeitsanforderung, das er repräsentiert ...
>
> Das *Ziel* eines Triebes ist allemal die Befriedigung, die nur durch Aufhebung des Reizzustandes an der Triebquelle erreicht werden kann ...
>
> Das *Objekt* des Triebes ist dasjenige, an welchem oder durch welches der Trieb sein Ziel erreichen

kann. Es ist das variabelste am Triebe, nicht ursprünglich mit ihm verknüpft, sondern ihm nur infolge seiner Eignung zur Ermöglichung der Befriedigung zugeordnet ...

Unter der *Quelle* des Triebes versteht man jenen somatischen Vorgang in einem Organ oder Körperteil, dessen Reiz im Seelenleben durch den Trieb repräsentiert ist. (1915, S. 214–215)

Wie schon gesagt, konstruierte Freud das Seelenleben als dynamisches Konfliktgeschehen. Insofern lagen ihm dualistische Prinzipien nahe. Das wird daran deutlich, wie er das Problem der Motivklassifikation zu lösen versuchte. Er hat es stets in der Schwebe gehalten und nicht nach abschließenden Motiv-Katalogen gestrebt. 1915 stellte er den Ich- oder Selbsterhaltungstrieben (z. B Nahrungsbedürfnis) die Sexualtriebe (Libido) gegenüber. Unter dem Eindruck des Ersten Weltkrieges ersetzte er später die ersteren durch Aggressionstriebe. Sein hauptsächliches Forschungsinteresse galt jedoch stets den Sexualtrieben, die er in einem sehr weiten Sinne verstand. In seiner letzten Schaffensperiode postulierte er einen Antagonismus von Lebenstrieben („Eros") und Todestrieben („Thanatos").

Es kann hier nicht das komplexe Theoriegebäude Freud's rekonstruiert werden. Beschränken wir uns deshalb auf eine Reihe weiterer wichtiger Punkte, die die neuere Motivationsforschung beeinflußt haben.

Erstens. Triebimpulse äußern sich in unterschiedlicher Weise. Fehlt bei hoher Triebintensität ein Triebobjekt zur Befriedigung, so machen sich die unerfüllten Triebwünsche im Bewußtsein durch Vorstellungen früherer Trieberfüllungen bemerkbar und wirken weiter fort. Diese Auffassung hat später die Entwicklung von Verfahren zur Motivmessung entscheidend angeregt (Murray, 1938; McClelland et al., 1953). Triebimpulse können auch auf andere Objekte verschoben, sie können sublimiert (d. h. auf nicht-sexuelle Triebziele gerichtet) und schließlich auch verdrängt werden. Im letzten Fall beeinflussen sie in schwer durchschaubarer Weise das Erleben (z. B. im Traum) oder das Verhalten (z. B. in Fehlleistungen oder neurotischen Störungen).

Zweitens. Das Seelenleben, das als ständiger Konflikt zwischen widerstreitenden Tendenzen innerhalb der Person gedacht wird, verteilt Freud in einer Strukturtheorie des seelischen Apparats auf drei stockwerkartige Instanzen. Der Lustsuche („Es") steht eine moralische Kontrolle („Über-Ich") gegenüber, und zwischen beiden sucht eine Instanz zur Realitätsanpassung („Ich") ständig zu vermitteln und Kompromisse herzustellen.

Drittens. Die erwachsene Persönlichkeit ist ein Ergebnis von Triebschicksalen während der Kindheit. Frühe Störungen der Triebentwicklung, vor allem in der frühen Kindheit, haben prägende Nachwirkungen, die die „Arbeits- und Liebesfähigkeit" eines Menschen schwer beeinträchtigen können. Mit Hilfe psychoanalytischer Therapieverfahren können die frühkindlichen Anlässe der Entwicklungsstörungen wiederaufgegriffen und „aufgearbeitet" werden.

Viertens. Die Triebentwicklung durchläuft mehrere psychosexuelle Phasen, in denen nacheinander jeweils eine bestimmte sog. erogene Zone (lustempfindliche Hautzonen um verschiedene Körperöffnungen) dominiert und lustvolle Befriedigung verschafft; und zwar in der Abfolge: Mund (orale Phase: Saugen, Schlucken, Beißen), After (anale Phase: Darmausscheidungen) und Geschlechtsorgan (phallische und genitale Phase: Masturbation, homosexueller und heterosexueller Geschlechtsverkehr). Die Triebentwicklung kann in einer Phase steckenbleiben (Fixierung). Sie kann bei traumatischen Erlebnissen auch auf frühere Phasen zurückgeworfen werden (Regression).

Fünftens. Die Triebentwicklung wird wie in einem dramatischen Drei-Personen-Stück, das ein verheiratetes Paar und einen außenstehenden Liebhaber umfaßt, in Gang gehalten. In der letzten Rolle befindet sich das Kind, das zum gegengeschlechtlichen Elternteil sexuelle Beziehungen aufnehmen möchte und sich dabei vom gleichgeschlechtlichen Elternteil bedroht sieht (Ödipuskomplex). In der normalen Entwicklung wird dieser Konflikt durch Identifikation mit dem gleichgeschlechtlichen Elternteil gelöst. Das führt bereits in der frühen Kindheit zur Internalisierung moralischer Normen (repräsentiert im gleichgeschlechtlichen Elternteil) und damit zur Bildung des Gewissens (Über-Ich) als einer verhaltenskontrollierenden Instanz der Persönlichkeit.

Die drei letzten Punkte – Bedeutung der frühen Kindheit, Fährnisse der Triebentwicklung und sozialisierender Einfluß zwischenmenschlicher Interaktion in der Familie – haben Theorien und Forschungen zur Persönlichkeitsentwicklung und zur Motivgenese bis heute tief beeinflußt. Die statisch-beschreibende Analyse von Komponenten hat seit Freud eine dynamisch-bewegte Prozeß- und Entwicklungsdimension hinzugewonnen, die auf vielfältige Weise bis heute in der Motivationsforschung wirksam ist. Eine detaillierte Würdigung von Werk und Wirkung gibt Rapaport (1959; 1960). Eine Fortentwicklung der psychoanalytischen Motivationstheorie hat Toman (1960a, b) unternommen, wobei er am Motivationsgeschehen Periodizität, Entwicklungs- und Lebenslaufaspekte herausarbeitet.

Kehren wir zu Ach zurück, dem anderen Pionier des persönlichkeitstheoretischen Stranges der Motivationsforschung. In der experimentalpsychologischen Tradition Wundt's und der Würzburger Schule befaßte er sich mit dem Problem der Willensmessung. In einem ingeniösen Versuch ließ Ach (1910) die innerhalb von Silbenpaaren gestiftete Assoziationsstärke, die er durch Häufigkeit der Lernwiederholung variieren konnte, mit der Instruktion zu kontrastierender Aufgabentätigkeit rivalisieren. Auf diese Weise konkurrierte eine willentliche Tendenz (die Instruktion auszuführen) mit einer Ausführungsgewohnheit *(habit)*. Setzte sich die Tendenz, die neu instruierte Aufgabentätigkeit auszuführen, durch, so war die Willensstärke größer als die vorher erzeugte Assoziationsstärke (vgl. Heckhausen, 1969, S. 134ff.). Diese und andere Experimente führten zur Annahme „determinierender Tendenzen", die, ohne im Bewußtsein gegeben zu sein, Verhaltensprozesse zielgerichtet leiten. Ein anderes Mitglied der Würzburger Schule, Selz (1913; 1924), hatte determinierende Tendenzen auch für Denkabläufe nachgewiesen.

Angeregt durch die Achsche Willensmessung setzte die Motivationsforschung Lewins (1890–1947) schon mit seiner Dissertation ein. In ihr stellte Lewin (1917a; 1922) eine Nachuntersuchung zu Achs Willensmessung an und zeigte, daß die Assoziationsbildung im Lernversuch nicht, wie Ach meinte, schon eine Reproduktionstendenz, also eine psychische Kraft entstehen lasse, sondern nur eine Kopplung zwischen vorher getrennten Inhalten. Damit diese Kopplung in der Reproduktion verhaltenswirksam wird, bedarf es einer eigenen Tendenz, die darauf gerichtet ist, das Gelernte zu reproduzieren. Insofern hatte Ach (1910; 1935) bei seinem Versuch zur Willensmessung nicht Assoziationsstärke einer determinierenden Tendenz („Willen") entgegengestellt, sondern zwei verschiedene determinierende Tendenzen entstehen und miteinander in Konflikt geraten lassen. Statt der Achschen Bezeichnung der determinierenden Tendenz sprach Lewin (1926b) später von „Quasi-Bedürfnissen", ohne daß sich am bezeichneten Sachverhalt etwas geändert hätte. Er arbeitete jedoch stärker die Entstehung solcher Quasi-Bedürfnisse aufgrund von übernommenen Aufgaben und Vorsätzen heraus (vgl. Witte, 1976). In neuerer Zeit hat der Düker-Schüler Fuchs (1954; 1955; 1963) Ansätze von Ach, Lewin und Freud integriert und vor allem die Aktivierung motivierender Erwartungsemotionen untersucht.

Mit seinen Schülern stellte Lewin zahlreiche Untersuchungen zur „Handlungs- und Affektpsychologie" an, die wie wohl keine andere bis heute die experimentelle humanpsychologische Motivationsforschung beeinflußt haben. Zu nennen sind vor allem die experimentelle Analyse von Phänomenen wie Behalten oder Wiederaufnahme unerledigter Aufgaben (Zeigarnik, Ovsiankina), Anspruchsniveau (Hoppe, Jucknat), Ersatztätigkeit (Lissner, Mahler), psychische Sättigung (Karstens). Einige dieser Fragen, wie etwa Ersatztätigkeit, haben eine unmittelbare Problemnähe zu Freud's Theorieansätzen. Wahrscheinlich ist Freud's Einfluß größer, als Lewin in seinen Schriften zu erkennen gibt, in denen er sich kritisch vor allem zu Freud's Erklärungsweise äußerte, gegenwärtiges Verhalten auf frühere Ereignisse der Lebensgeschichte zurückzuführen.

Demgegenüber war das Bemühen Lewin's der Aufgabe gewidmet, das Verhalten ganz aus dem jeweils bestehenden (gegenwärtigen) Feld psychologischer Kräfte zu erklären. In einer „Feldtheorie" setzte er die psychologischen Kräfte als Vektoren an. Sie gehen von Objekten und Regionen der Umwelt aus, die einen Aufforderungscharakter (Valenz) haben. Diese Kräfte wirken sich auf die Person aus und determinieren ihr Handeln. Den feldtheoretischen Ansatz suchte er mit Hilfe topologischer (später „hodologischer") Darstellungsweise zu beschreiben. Unabhängig von diesem feldtheoretischen Umweltmodell hatte er schon früh ein Personmodell der Motivation entwickelt: eine Anhäufung von einzelnen, zentralen oder mehr peripheren Regionen (in tiefen oder oberflächlichen Schichten). Jede Region stellt ein Bedürfnis oder Quasi-Bedürfnis dar. Je nach Bedürfniszustand ist eine solche Region ein mehr oder weniger gespanntes System, das über die Exekutivfunktionen (z. B. die Motorik) nach Entspannung strebt, etwa durch die Wiederaufnahme einer unerledigt gebliebenen Handlung. Dynamische Vorstellungen dieser Art stehen denen Freud's nicht fern. Letztlich ist für Freud wie für Lewin die Wiederherstellung eines gestörten Gleichgewichts das tragende Motivationsprinzip.

Handeln wird grundsätzlich als eine Funktion von Person und (wahrgenommener) Umgebung erklärt, wie es in seiner allgemeinen Verhaltensgleichung formuliert ist: V=f (P, U). Damit ist Lewin vielleicht (1931b) der erste, der ein Konzept der Wechselwirkung zwischen Person und Situation formulierte (vgl. Kap. 1). Allerdings galt Lewin's Forschungsinteresse weit mehr den Wirkungen von Situationsunterschieden und weniger den Wirkungen individueller Unterschiede zwischen Personen.

Lewin's Bestreben war darauf gerichtet, eine bestehende psychologische „Gesamtsituation" (sog. Lebensraum), die sowohl die Person wie die von ihr wahrgenommene Umgebung umfaßte, in einer vereinheitlichten (feldtheoretischen) Weise als Momentaufnahme eines Kräftespiels und in Begriffen einer allgemeinen Dynamik festzuhalten; einem Kräftespiel, aus dem sich das Handeln wie eine Vektorsumme ergibt. Der Differenziertheit feldtheoretischer Überlegungen stand allerdings ein Mangel an konkreten Meßoperationen gegenüber, mit denen man Konstrukte wie Spannungen, Kräfte, Richtungen, Valenzen, Regionen und Distanzen hätte an beobachtbare Daten knüpfen können.

So blieb denn auch die Feldtheorie Lewin's (1936; 1963) in ihrer konkreten Modellform ohne größeren Einfluß. Jedoch die durchgreifende Art seiner Konstruktion von Begriffen (wie Aufforderungscharakter) und Funktionsbeziehungen, die Analyse situativer Kräfte, die zu einer Typologie des Konflikts ausgebaut wurde, und – vor allem – die verschiedenen experimentellen Paradigmata zur Erzeugung von Motivationsphänomenen (wie Anspruchsniveau) haben die weitere Motivationsforschung entscheidend angeregt (vgl. Kap. 5).

Mit Lewin verzweigen sich die Einflußlinien. Über Tolman hat Lewin die lernpsychologische Linie und über Allport die persönlichkeitspsychologische Linie der Motivationsforschung beeinflußt, wovon noch zu reden sein wird. Innerhalb der direkten motivationspsychologischen Linie der persönlichkeitstheoretisch orientierten Motivationsforschung hat er in den dreißiger Jahren Henry A. Murray, in den fünfziger Jahren J. W. Atkinson und in den sechziger Jahren V. H. Vroom angeregt.

Motivationspsychologische Linie

Beginnen wir mit Vroom, da sein Beitrag – obwohl neueren Datums – ziemlich unmittelbar von Lewin (wie auch von Tolman) beeinflußt ist. In dem Bemühen, mehr Klarheit in die Fülle der arbeitspsychologischen Befunde zur Arbeitsplatzzufriedenheit *(job satisfaction),* Arbeitsleistung *(job performance)* und dergleichen, die sich Anfang der sechziger Jahre angehäuft hatten, hineinzubringen, entwickelte Vroom (1964) die sog. Instrumentalitätstheorie. Ihr Grundgedanke ist so evident, daß man sich fragt, warum er solange übersehen worden oder unbeachtet geblieben ist. Handlungen und ihre Ergebnisse haben in der Regel eine Reihe von Folgen, die für den Handelnden positive oder negative Anreizwerte von unterschiedlicher Stärke haben. Die Handlungsergebnis-Folgen werden vorweggenommen und motivieren das Handeln. Oder anders ausgedrückt: Handeln läßt sich von der Instrumentalität leiten, die es für das Eintreten erwünschter oder das Nicht-Eintreten unerwünschter Folgen hat

Es ist bezeichnend, daß dieser einfache Grundgedanke in der motivationspsychologischen Laborforschung bis heute kaum aufgetaucht oder nicht beherzigt worden ist. Denn die Handlungen einer Vp im Labor bleiben für sie folgenlos (abgesehen davon, dem Vl oder der „Wissenschaft" behilflich gewesen zu sein, einen Studienschein erworben oder eine kleine Bezahlung erhalten zu haben). In realen Lebensbezügen, wie der Berufstätigkeit, hängt dagegen vielerlei von den eigenen Handlungen und ihrer Ergebnisse ab.

Nach der Instrumentalitätstheorie müssen zunächst die individuellen Valenzen (Lewin's Aufforderungscharaktere) der subjektiv möglichen Folgen des eigenen Handelns erfaßt und jeweils mit der sog. Instrumentalität multipliziert werden. Instrumentalität bezeichnet den Grad der Erwartung, daß ein Handlungsergebnis die betreffende Folge nach sich zieht oder ausschließt. Im letzteren Falle ist die Instrumentalität negativ. Die Summe aller dieser Produkte von Valenz und Instrumentalität aller einzelnen Folgen ergibt eine instrumentalitätsgewichtete Gesamtvalenz eines möglichen Handlungsergebnisses, das dann zum Handeln motiviert, wenn eine ausreichende subjektive Erfolgswahrscheinlichkeit, das Handlungsziel zu erreichen, vorliegt. Die Instrumentalitätstheorie Vroom's ist demnach eine ausdifferenzierte Form des Erwartungsmal-Wert-Modells, wie es von Lewin und Tolman in seiner Grundform konzipiert worden war (Lewin, Dembo, Festinger u. Sears, 1944; Tolman, 1932).

In der motivationspsychologischen Linie ist Murray eine Schlüsselfigur der persönlichkeitstheoretischen Motivationsforschung, da er auch von Darwin, McDougall und vor allem von Freud beeinflußt ist. In seinem Buch „Explorations in Personality" von 1938 präzisierte Murray einen differenzierten Begriff des Bedürfnisses *(need),* der psychoanalytischen Auffassungen nahekam, grenzte inhaltlich etwa 35 verschiedene Bedürfnisse voneinander ab (vgl. Kap. 3), bestimmte die den Bedürfnissen entsprechenden situativen Anregungsbedingungen (sog. *press*), entwickelte eine vielgliedrige Taxonomie motivationsrelevanter Verhaltensbeschreibungen, stellte Fragebogen (oder Schätzskalen) zur Erfassung individueller Motivunterschiede zusammen und spielte – zusammen mit 27 Mitarbeitern – alles an Versuchspersonen durch; unter Verwendung von Fragebogen, Interviews, klinischen Tests, experimentellen Verfahren (Anspruchsniveau) etc.

Damit hatte Murray den Boden vorbereitet für einen Durchbruch, der McClelland und Atkinson Anfang der fünfziger Jahre gelang; nämlich die genauere Eingrenzung eines einzelnen Motivs, des Leistungsmotivs; die Entwicklung eines validierten Verfahrens zur Messung individueller Unterschiede auf der Grundlage des von Murray entwickelten Thematischen Auffassungstests (TAT). Die Möglichkeit, individuelle Motivunterschiede vorweg zu erfassen, eröffnete eine intensive Forschung, die nach und nach alle acht Grundprobleme der Motivationsforschung in Angriff nahm und auch andere Motive, wie sozialen Anschluß und Macht, meßbar machte und einbezog. Davon wird in späteren Kapiteln noch ausführlicher die Rede sein.

McClelland war ein Schüler des Lerntheoretikers Hull. Diese Herkunft war entscheidend, um die bisherige globale Fassung des Bedürfnisbegriffes in der persönlichkeitstheoretisch orientierten Motivationsforschung weiter zu differenzieren. Lewin verstand darunter eine momentane Kraft (oder ein gespanntes System innerhalb der Person), ohne ihrer aktuellen Entstehung oder ihrem dispositionellen Charakter besondere Aufmerksamkeit zu schenken. Für Murray waren Bedürfnisse eher überdauernde Größen von individueller Ausprägung (im Sinne des Motivbegriffs). McClelland entwickelte zwar auch noch keine Theorie, die – wie später Atkinson (1957; 1964) – zwischen Motiv und Motivation klar unterschied. Aber daran fehlte nicht mehr viel. McClelland brachte assoziationstheoretische, erwartungsbezogene und hedonistische Theoriekomponenten miteinander in Verbindung. Die Nähe zu Hull wird in einer Definition von 1951 deutlich:

> A motive becomes a strong affective association, characterized by an anticipatory goal reaction and based on past association of certain cues with pleasure and pain. (1951, S. 466)

Zwei Jahre später (McClelland et al. 1953) wurde noch eine vierte Komponente hinzugenommen, nämlich ein aus der Wahrnehmungspsychologie entlehntes Diskrepanzmodell der Adaptationsniveautheorie (Helson, 1948). Diese Komponente sollte zugleich die psychophysische Grundlage abgeben, auf der im Laufe des Lebens alle Motive erlernt werden. Der Grundgedanke ist folgender. Für verschiedene Klassen von Reizen oder Situationsgegebenheiten gibt es (teils schon psychophysisch prästabilisierte, ungelernte) Adaptationsniveaus, d. h. sie werden als „normal" und neutral empfunden. Abweichungen vom Adaptationsniveau dagegen werden als positiv erlebt, solange sie ein bestimmtes Maß nicht überschreiten. Darüber hinaus erregen sie zunehmend Unlust. Situationshinweise und vorauslaufende Bedingungen, die nun im Laufe der Entwicklung mit diesen affektiven Zuständen und mit einem affektiven Wandel gekoppelt sind, rufen etwas von der ursprünglichen affektiven Situation wieder hervor. Damit ist Motivation ein durch Hinweisreiz Wieder-Wirksamwerden („Redintegration") eines früher schon erfahrenen Wandels in einer affekterzeugenden Situation.

Diese Motivdefinition ist in ihrer Bedeutungshaltigkeit recht komplex, versucht sie doch, gleich drei Motivationsprobleme zu klären; nämlich Motivgenese, Motiv als erlernte individuelle Disposition und Motivanregung als aktuelle Motivation. McClelland und Mitarbeiter (1953) fassen das alles wie folgt zusammen:

> Our definition of a motive is this: *A motive is the redintegration by a cue of a change in an affective situation.* The word *redintegration* in this definition is meant to imply previous learning. In our system all motives are learned. The basic idea is simply this: Certain stimuli or situations involving discrepancies between expectations (adaptation level) and perception are sources of primary, unlearned affect, either positive or negative in nature. Cues which are paired with these affective states, changes in these affective states, and the conditions producing them become capable of redintegrating a state (A') derived from the original affective situation (A), but not identical with it. (S. 28).

Die Definition war aufgrund ihres Mehrzweck-Charakters und aufgrund der Kombination mehrerer Postulate offensichtlich zu komplex, um die weitere Motivationsforschung, die entscheidend von McClellands ursprünglichem Mitarbeiter J. W. Atkinson gestaltet wurde, wesentlich zu beeinflussen. Vor allem das Diskrepanz-Postulat blieb folgenlos, obwohl es nicht völlig an einer theoretischen Weiterentwicklung der Ansätze gefehlt hat (vgl. Peak, 1955; Heckhausen, 1963b). Erst in letzter Zeit gewinnt dieses Postulat zunehmende Bedeutung, vor allem für die sog. „Selbstbekräftigung" (vgl. Kap. 12), die von der Diskrepanz zwischen Handlungsausgang und einem individuell verbindlichen Standard (Normwert) abhängig ist.

Das Interesse McClellands war – im Unterschied zu dem Atkinsons – mehr auf individuelle Motivunterschiede, ihre Genese und ihre Folgen als auf das Motivationsgeschehen in aktuellen Situationen gerichtet. Diese Verbindung mit einer persönlichkeitspsychologischen Betrachtungsweise hat ihren Niederschlag in vielbeachteten Analysen des motivationspsychologischen Wandels über ganze geschichtliche Epochen gefunden und den Zusammenhang des Motivwandels mit wirtschaftlichen und politischen Entwicklungen aufgespürt (1961; 1971; 1975). Die Bestimmung nationaler und historischer Motivindizes wurde durch Inhaltsanalysen von Stichproben literarischer Dokumente vorgenommen. Kennzeichnend sind weiterhin Motivationsanalysen der Unternehmer-Persönlichkeit sowie Motivänderungsprogramme (vgl. McClelland, 1965a; 1978; McClelland u. Winter, 1969).

Atkinson (1957; 1964) entwickelte demgegenüber ein formalisiertes Motivationsmodell

– das „Risikowahl-Modell" –, das wie kein anderes die Motivationsforschung der beiden letzten Jahrzehnte angeregt und beeinflußt hat (vgl. Kap. 9). Einerseits präzisierte er die Erwartungskomponente unter den McClellandschen Postulaten, indem er sie als subjektive Wahrscheinlichkeit von Erfolg, d.h. der Zielerreichung, definierte (We); andrerseits verknüpfte er dies multiplikativ mit dem Anreiz des Erfolgs (Ae), der Zielerreichung. Mit dem Produkt We × Ae nahm er einen Ansatz auf, den schon Anfang der vierziger Jahre die Lewin-Schüler Sybille Escalona (1940) und Leon Festinger (1942b) als „Theorie des resultierenden Wertes" zur Erklärung des Anspruchsniveau-Verhaltens entwickelt hatten. Es handelte sich um eine Konkretisierung der sog. „Erwartungs-mal-Wert"-Theorien, die unabhängig und zu gleicher Zeit als „Entscheidungstheorien" formuliert worden waren, um in einem wirtschaftswissenschaftlichen Zusammenhang Kaufentscheidungen von Verbrauchern (von Neumann u. Morgenstern, 1944) oder in einem psychologischen Zusammenhang Geldeinsatz bei Wetten vorherzusagen (vgl. Edwards, 1954). In den Entscheidungstheorien ist das Produkt von Erwartung und Wert gleich dem subjektiv erwarteten maximalen Nutzwert. Und von diesem läßt sich ein völlig rationaler Mensch bei seiner Entscheidung leiten.

Aber entscheiden alle Menschen völlig rational? Atkinson (1957) tat einen wesentlichen Schritt nach vorn, indem er individuelle Motivunterschiede berücksichtigte. Er fügte dem Produkt von Erfolgswahrscheinlichkeit und Erfolgsanreiz noch eine dritte Variable, eine Dispositionsvariable hinzu: das Motiv, Erfolg zu erzielen (Me). So entstand die „Atkinson-Formel", das Risikowahl-Modell (vgl. auch Atkinson u. Feather, 1966). Danach läßt sich die aktuelle aufsuchende Motivationstendenz (Te) vorhersagen, wenn das Motiv des Handelnden und die Wahrscheinlichkeit, unter den situativ gegebenen Handlungsmöglichkeiten Erfolg zu haben, sowie der entsprechende Anreiz des Erfolges bekannt sind:

$$Te = Me \times We \times Ae$$

In diesem Ausdruck taucht übrigens eine alte Aussage Lewins wieder auf, nämlich seine Bestimmung des Aufforderungscharakters (der Valenz) als eines Produkts von Motiv und Zielanreiz.

Eine entsprechende Formel, wie die oben wiedergegebene, wurde auch für die Tendenz, Mißerfolg zu meiden, aufgestellt: Motiv, Mißerfolg zu meiden, mal Wahrscheinlichkeit des Mißerfolgs mal Anreiz des Mißerfolgs. Diese meidende Tendenz wird von der aufsuchenden subtrahiert und ergibt so die resultierende Tendenz.

Das Risikowahlmodell hat wegen seiner stark auf individuelle Motivunterschiede abhebenden Voraussagen sich bis in die gegenwärtige Forschung hinein als ungemein anregend erwiesen und vielfältige Resultate gebracht (vgl. Schneider, 1973). Im 9. Kap. werden wir uns damit näher beschäftigen. Inzwischen hat sich Atkinson vornehmlich dem 5. Grundproblem der Motivationsforschung zugewandt, nämlich dem Wechsel und der Wiederaufnahme der Motivation. Eine erste Frage geht auf Freud zurück, nämlich die Nachwirkung unerfüllt gebliebener Motivationen bei der Wiederaufnahme einer Handlung. Atkinson fügte solche Motivationsreste als fortbestehende „Trägheitstendenzen" seiner Formel ein (Atkinson u. Cartwright, 1964).

In einem Buch mit D. Birch (1970; vgl. auch Atkinson u. Birch, 1978) zentriert Atkinson das Forschungsinteresse um: weg von der Motivationsanalyse des einzelnen „episodischen" Handlungsabschnitts und hin auf die Frage, warum die eine Motivation aufhört und eine andere Motivation beginnt, das Handeln zu bestimmen. Das Forschungsinteresse verlagert sich sozusagen auf die Gelenkstellen des nicht abreißenden Aktivitätsstroms (vgl. Kap. 12). Die dafür entwickelte „dynamische" Theorie (Dynamic Theory of Action) ist weitgehend formalisiert, denn es werden so viele Kräfte und Abhängigkeitsfunktionen postuliert, daß Computerprogramme nötig sind, um für verschiedene Ausgangsbedingungen die theoriegerechten Vorhersagen bestimmen zu können.

Zusammen mit J. Raynor – der zuvor (1969) das Risikowahl-Modell erweitert hatte, um auch zukunftsorientiertem Handeln gerecht werden zu können – hat Atkinson (1974a, b) schließlich die Beziehungen zwischen Motivstärke, situativem Anregungsgrad und kurzfristig sowie langfristig erzielten (kumulativen) Leistungsergebnissen zu klären versucht. Er griff dabei auf einen Erklärungsansatz der aktivationspsychologischen Linie, der alten Yerkes-Dodson-Regel, zurück, wonach für eine gegebene Aufgabenschwierigkeit ein bestimmter mittlerer Aktivationsgrad am leistungsförderlichsten ist.

In Deutschland sind die Forschungsansätze von McClelland und Atkinson schon früh von Heckhausen aufgenommen und weitergeführt worden. Er entwickelte und validierte zwei unabhängige TAT-Maße für die Motive, Erfolg zu erzielen und Mißerfolg zu meiden. In seiner Bochumer Arbeitsgruppe wurde die Leistungsmotivationsforschung auf mehreren Problemfeldern zugleich vorangetrieben; so in der Motiventwicklung (Heckhausen, 1972; Trudewind, 1975), der Risikowahl (Schneider, 1973), der Berufswahl (Kleinbeck, 1975), des Anspruchsniveaus als eines Personparameters (Kuhl, 1978b), der Motivmessung (Schmalt, 1976b), der Anstrengungsregulation (Halisch u. Heckhausen, 1977), der Motivänderung und pädagogisch-psychologischen Anwendungen (Krug, 1976; Rheinberg, 1980).

Die Bochumer Gruppe hat ebenfalls schon früh die attributionstheoretischen Ansätze der Kognitionspsychologischen Linie (vgl. unten) – insbesondere angeregt durch Weiner (1972) – aufgenommen und zur Integration beider Forschungstraditionen beigetragen. Einige dieser Ergebnisse betreffen die wahrgenommene eigene Fähigkeit als Determinante der subjektiven Erfolgswahrscheinlichkeit (Meyer, 1973a, 1976), die Motivabhängigkeit der Ursachenerklärung von Erfolg und Mißerfolg sowie die Abhängigkeit der affektiven Folgen eines Handlungsergebnisses und der Erwartungsänderungen von der Ursachenerklärung (Meyer, 1973a; Schmalt, 1979). Motivgebundene Voreingenommenheit der Ursachenerklärung von Erfolg und Mißerfolg erwiesen sich als wichtige Determinante der Selbstbewertung, was die Konzeption nahelegte, Leistungsmotiv als ein Selbstbekräftigungssystem aufzufassen (Heckhausen, 1972, 1978).

Die vielfältigen Ansätze führten dazu, komplexere Prozeßmodelle der Motivation zu entwerfen. Eines davon soll aufgrund der wahrgenommenen Relation von eigener Fähigkeit und Aufgabenschwierigkeit die intendierte Anstrengung vorhersagen (Meyer, 1973a). Es kommt dem schon von Ach (1910) formulierten „Schwierigkeitsgesetz der Motivation" nahe. Ein anderes, das „erweiterte Motivationsmodell" (Heckhausen, 1977a), nahm neben attributionstheoretischen Elementen vor allem die in der Leistungsmotivationsforschung vernachlässigten verschiedenartigen Folgen eines Handlungsergebnisses mit seinen Anreizwerten auf, wie es sich in der arbeitspsychologischen Forschung auf dem Boden der Instrumentalitätstheorie von Vroom schon seit 1964 durchzusetzen begonnen hatte. Im übrigen ließ sich zeigen, daß für einzelne Gruppen von Personen auch verschiedene Motivationsmodelle Gültigkeit haben können; so kann Leistungshandeln eher von Anstrengungskalkulation oder von vorweggenommenen Selbstbewertungsfolgen geleitet sein (Kuhl, 1977). Schließlich ist ein Forscher zu erwähnen, der mit einer Theorie innerhalb der motivationspsychologischen Linie aufgetaucht ist, ohne daß er von den Theorieansätzen in dieser Linie beeinflußt wäre. Wie in gewissem Maße auch Atkinson ist er von dem „psychologischen Behaviorismus" Tolmans geprägt; von der Art, kognitive Zwischenprozesse in einem hypothetischen Konstrukt möglichst objektiv erschließbar zu machen. Es handelt sich um Francis W. Irwin, der 1971 ein Buch „Intentional Behavior and Motivation – A cognitive theory" veröffentlicht hat. Die Theorie besteht aus einer begrifflich sehr präzisen Analyse intentionalen Handelns, wenn die Situation Handlungsalternativen, und damit verschiedene Handlungsausgänge, nahelegt. Ohne Rekurs auf introspektive Daten und ohne Anlehnung an das übliche S-R-Schema entwickelte Irwin ein auf der Beschreibung des äußeren Verhaltens beruhendes psycho*logisches* Begriffssystem von kognitiven Konstrukten, das in drei Eckpunkten verankert ist, nämlich in Situation, Handlung und Ausgang (*Situation-act-outcome,* SAO) und daraus die gewählte Handlung ableiten läßt.

Die Grundgedanken sind in Kürze folgende. Hat jemand in einer Wahlsituation zu unterscheiden gelernt, daß sich mit Handlung H_1 Ausgang A_1 und mit Handlung H_2 Ausgang A_2 herbeiführen läßt, so besitzt er alternative Handlungs-Ausgangs-Erwartungen. Kennt man neben diesen alternativen Handlungs-Ausgangs-Erwartungen auch noch die Bevorzugung für einen der alternativen Ausgänge und nimmt man an, die beobachtete Handlung sei von diesen drei Elementen abhängig, so ist sie eine intentionale Handlung. Als solche ist sie durch drei Elemente, die eine sog. „verzahnte Triade" *(interlocked triad)* bilden, vollständig determiniert, nämlich durch die beiden Handlungs-Ausgangs-Erwartungen und die Bevorzugung für einen der beiden Ausgänge.

Auf alle drei Elemente der verzahnten Triade ist aufgrund bloßer Beobachtung des äußeren Verhaltens zwingend zu schließen, wenn ein Lebewesen in seinem Wahlverhalten einen der beiden Ausgänge permanent durch Einschlagen einer der beiden Handlungsalternativen wählt und bei einem Wechsel der Handlungs-Ausgangs-Kontingenz zur anderen Handlungsalternative übergeht. Kennt man nur zwei Elemente der verzahnten Triade und unterstellt man, die Wahl einer bestimmten Handlungsalternative sei von ihnen abhängig, so kann man die Existenz des dritten Elements erschließen; z. B. die Bevorzugung, wenn beide Handlungs-Ausgangs-Erwartungen bekannt sind; oder eine der beiden Handlungs-Ausgangs-Erwartungen, wenn die andere davon sowie die Bevorzugung bekannt sind. Der Irwinsche Terminus der Bevorzugung entspricht dem Motivationsbegriff, und eine Inhaltsklasse bevorzugter Ausgänge dem Motivbegriff.

Den Erklärungswert seiner ebenso behavioristisch wie kognitiv fundierten Theorie hat Irwin vor allem durch Reinterpretation von experimentellen Befunden zum Unterscheidungs- und Wahlverhalten aufgezeigt. Das einzige, was man an Irwins Buch bedauern kann, ist, daß es nicht schon 15 Jahre früher erschienen ist. Zu einer Zeit, in der S-R-Theorien des Verhaltens noch dominant waren, hätte es Tolmans Anliegen einer behavioristischen Ableitung zielgerichteten Verhaltens mit Hilfe so zentraler kognitiver Konstrukte wie „Erwartung" und „Bevorzugung" schon innerhalb des lernpsychologischen Lagers zum überzeugenden Durchbruch verhelfen können.

Da über die gegenwärtige Forschung der motivationspsychologischen Linien noch in späteren Kapiteln berichtet wird, wollen wir hier den historischen Abriß abbrechen; nicht ohne zu unterstreichen, daß in dieser Linie seit Atkinson die Wechselwirkung von Person- und Situationsfaktoren – die Verhaltenserklärung „auf den dritten Blick" – voll zur Geltung kommt. Auch nur innerhalb dieser Linie sind bis heute alle acht Grundprobleme der Motivationsforschung systematisch in Angriff genommen worden.

Kognitionspsychologische Linie

Auch sie nimmt von Lewin ihren Ausgang. Die feldtheoretische, topologische Betrachtungsweise ist bei der Auswahl und Behandlung der untersuchten Phänomene unverkennbar. Wichtiger ist aber etwas anderes, eine Sicht auf das Problem der Motivanregung, die sowohl Freud wie Lewin fremd war. Für sie sind es angewachsene Triebstärken oder bestehende Bedürfnisse, die am Anfang stehen und nachfolgend zum Handeln motivieren. Das Verhalten mag auch – wenn auch eher für Freud als für Lewin – in Kognitionen bestehen. In der kognitionspsychologischen Linie kehrt sich dagegen die Abfolge um. Es sind Kognitionen über die gegenwärtige Lage, die im Betrachter unter gewissen Bedingungen eine Motivation entstehen lassen oder vorhandene Motivationen beeinflussen. Es sind Unausgewogenheiten, Widersprüche, Unverträglichkeiten im kognitiv Repräsentierten, die motivieren. Eine Reihe von Erklärungsansätzen sind dafür entwickelt worden, die man unter dem Sammelnamen Konsistenztheorien zusammenfassen kann (vgl. Zajonc, 1968). Für sie ist das Folgende charakteristisch:

> ... all have in common the notion that the person tends to behave in ways that minimizes the internal inconsistency among his interpersonal relations, among his intrapersonal cognitions, and among his beliefs, feelings, and action. (McGuire, 1966, S. 1).

Damit kommt etwas in die Motivationsforschung zurück, was seit Darwin zunehmend daraus verbannt schien: die Vernunfttätigkeit als etwas, das Motivation bewirkt. Bemerkenswert ist weiterhin, daß die Untersuchungsanlässe sozialpsychologischen Fragestellungen entstammen, wie sie Lewin auch in seinen letzten Jahren (er starb 1947) beschäftigt hatten: zwischenmenschliche Beziehungen, Gruppendynamik, Einstellungsänderung, Personwahrnehmung.

Eine der Konsistenztheorien ist die von Fritz Heider (1946; 1960) entworfene Theorie der kognitiven Ausgewogenheit *(cognitive balance)*. Danach können Beziehungen zwischen Gegenständen oder Personen ausgewogene oder unausgewogene kognitive Konfigurationen darstellen. Heider hat das an triadischen Personbeziehungen aufgezeigt. Wenn Person 1 eine Person 2 wie eine Person 3 gut leiden mag, Person 1 aber sieht, daß Person 2 und 3 sich nicht miteinander verstehen, so besteht für Person 1 ein Bruch in der Einheitsbildung zwischen allen drei Personen. Dieser Bruch motiviert Person 1 zur Herstellung von Ausgewogenheit. Sie kann z. B. etwas unternehmen, um die beiden anderen Personen zu gegenseitiger Zuneigung zu bringen. Dadurch würde die Konfiguration der zwischenmenschlichen Beziehungen zu einer „guten Gestalt" gemacht. Das Postulat, daß kognitive Gegebenheiten nach Konsistenz, Ausgewogenheit, nach „guter Gestalt" streben, erinnert an die Berliner Schule der Gestalttheoretiker Wertheimer, Köhler und Koffka. Bei ihnen hatte Heider in den zwanziger Jahren studiert (wie auch früher schon Lewin).

Eine andere Konsistenztheorie ist die Theorie der kognitiven Dissonanz von Leon Festinger (1957; 1964), einem Schüler Lewins. Eine solche Dissonanz entsteht, wenn mindestens zwei Kognitionen sich nicht miteinander in Übereinstimmung bringen lassen, wenn also das Gegenteil des einen Elements aus dem anderen folgt. Das führt zu einer Motivation, die entstandene Dissonanz zu reduzieren, was durch Änderungen des Verhaltens, Änderung einer der dissonanten Kognitionen oder durch Suche nach neuen Informationen oder Überzeugungen erreicht werden kann. Die Postulate über die motivierenden Wirkungen kognitiver Dissonanz haben eine große Zahl einfallsreicher Experimente angeregt (vgl. Kap. 4).

Für die Motivationsforschung, in einem engeren Sinne betrachtet, blieben die meisten konsistenztheoretischen Untersuchungen eher randständig, weil überdauernde Motive nicht in die Analyse einbezogen wurden. Die generelle Bedeutung der konsistenztheoretischen Ansätze liegt jedoch in dem Nachweis, welch eine bislang übersehene Rolle Kognitionen im Motivationsgeschehen spielen.

Ein weiterer Beitrag von Heider (1958) hat die motivationspsychologische Bedeutung von Kognitionen nicht nur unterstrichen, sondern auch die eigentliche Motivationsforschung in den letzten Jahren ungemein angeregt (vgl. Kap. 10). Im Zuge der sozialpsychologischen Forschung zur Personwahrnehmung hatte man sich damit beschäftigt zu erkennen, was den Betrachter veranlaßt, einer anderen Person bestimmte Eigenschaften zuzuschreiben. Daraus entstanden mancherlei Ansätze einer sogenannten Attribuierungstheorie (vgl. Kelley, 1967; Weiner, 1972). In diesem Problemzusammenhang beschäftigte sich Heider mit der Frage, wie es zu naiv-psychologischen Erklärungen der bei anderen beobachteten Handlungseffekte kommt. Heider unterscheidet wie Lewin zwischen Personkräften und Umgebungskräften. Aber im Unterschied zu Lewin analysiert er die Beantwortung solcher Warumfragen im Erleben des Handelnden oder des Beobachters. Unter welchen Bedingungskonstellationen lokalisiert man die Ursachen eines Verhaltens oder Ereignisses in Personen oder eher in Situationsgegebenheiten? Handelt es sich bei diesen Ursachen um überdauernde Besonderheiten (Dispositionen) einer Person bzw. einer Situationsgegebenheit, eines Objekts oder um vorübergehende Zustände? Ohne solche Ursachenzuschreibung (Kausalattribuierung) läuft offenbar keine Beobachtung von Verhalten und Ereignissen ab, und wo das beobachtete Geschehen auf den ersten Blick rätselhaft bleibt, da wird nach Ursachen gesucht. Ursachenzuschreibung ist aber nicht nur ein kognitives Phänomen, etwa pure Neugier und ohne Folgen. Von ihren Ergebnissen, etwa von den Intentionen, die man einem Handlungspartner zuschreibt, hängt, selbst unter äußerlich völlig gleich erscheinenden Umständen, das weitere Handeln ab.

Ein Beispiel sind etwa Situationen, in denen Handlungen gelingen oder mißlingen können. Unter den dabei maßgebenden Ursachen gehören zu den Personfaktoren Fähigkeit (oder Wissen, Macht, Einfluß), zu den Situationsfaktoren Schwierigkeiten oder Widerstände, die sich den Personkräften bei der Handlungsausführung entgegenstellen. Aus der Beziehung zwischen den Kräften beider Seiten läßt sich das „Können" *(can)* einer Person als ein überdauernder Kausalfaktor erschließen. Zum Können müssen aber noch variable Faktoren hinzutreten, wenn es zu einem erfolgreichen Handlungsabschluß kommen soll, nämlich Intention und „Bemühen" (Anstrengung, *try*). Aus diesem einfachen Schema von Kausalfaktoren ergeben sich wie von selbst Erklärungen für Erfolg oder Mißerfolg einer Handlung, sofern einzelne Faktoren gegeben sind. (Z. B. gegeben sei, jemand habe sich nicht angestrengt: Hat er Erfolg, so muß seine Fähigkeit weit über den Schwierigkeitsanforderungen der Aufgabe liegen; usf.)

Was aber sollte eine solch naive Kausalattribuierung, die man in der Fremdwahrnehmung dem Handeln anderer zugrunde legt, mit Motivation zu tun haben? Das wurde erst langsam klar. Was für die Fremdwahrnehmung gilt, gilt auch für die Selbstwahrnehmung. Wir entwerfen und beurteilen unser Handeln nach den uns maßgeblich erscheinenden Kausalfaktoren wie eigene Intention, Fähigkeit, entgegenstehende Schwierigkeiten, notwendiger Anstrengungsaufwand, Glück oder Pech u. a. Es macht etwas aus, ob wir z. B. das Fehlschlagen einer Tätigkeit auf Mangel an eigener Fähigkeit oder an eigener Anstrengung zurückführen. Im letzten Fall werden wir weniger schnell aufgeben.

B. Weiner (1972; 1974), ein Schüler Atkinsons, hat die Kausalattribuierungstheorie mit der Leistungsmotivationsforschung zusammengeführt. Dadurch ist eine vielfältige Untersuchungstätigkeit angeregt worden, in der sich intervenierende Kognitionen der Kausalzuschreibung von Erfolg und Mißerfolg bereits als wichtige Zwischenprozesse im Motivationsgeschehen zu erkennen geben und zugleich auch individuelle Unterschiede zeigen, die mit Motiv-Unterschieden einhergehen. Wir werden der attributionstheoretisch inspirierten Motivationsforschung ein eigenes Kapitel widmen (Kap. 11).

So wäre denn, nach allem, die Vernunft – wenn auch eine „naive" – wieder als etwas angesehen, was es bei der motivationspsychologischen Erklärung des Verhaltens zu berücksichtigen gilt.

Soweit die kognitionspsychologische Linie, die im wesentlichen von Sozialpsychologen verfolgt worden ist. Im Vordergrund ihrer Verhaltenserklärungen standen mannigartige Situationsfaktoren sowie Einstellungen als Personfaktoren. Einstellungsvariablen haben bisher kaum Eingang in die Motivationsforschung gefunden, teils weil ihr Konstruktcharakter in motivationspsychologischer Hinsicht unklar ist – das Einstellungskonstrukt soll kognitive, emotionale, evaluative und behaviorale Komponenten umfassen – und teils, weil ihre Verhaltenswirksamkeit fraglich ist. Es war aber auch nicht die Absicht der Sozialpsychologen, in der kognitionspsychologischen Linie Motivationsforschung im engeren Sinne zu betreiben. Gleichwohl hat es wichtige Beiträge gegeben zu den Grundproblemen der Motivanregung, der Wiederaufnahme einer Motivation, des Motivationskonflikts, der Motivationswirkungen und vor allem der kognitiven Zwischenprozesse bei der Selbstregulation des Handelns. In letzter Zeit haben sich kognitions- und motivationspsychologische Linien zu einem fruchtbaren Theorieaustausch zusammengefunden (vgl. Kap. 10).

Persönlichkeitspsychologische Linie

In den dreißiger Jahren trat eine „Persönlichkeits-Bewegung" hervor. Ihre Anhänger empfanden sowohl die psychoanalytische Theorie wie die behavioristische Lernpsychologie als nicht ausreichend, um individuellem Handeln gerecht zu werden. Wortführer war der deutsche Psychologe William Stern (1871–1938), der 1935 eine „Allgemeine Psychologie auf personalistischer Grundlage" veröffentlichte. Stern steht in der Tradition Wundts und ist von McDougall kaum beeinflußt. Er ist ein Begründer der Differentiellen Psychologie, die mit Hilfe psychometrischer Verfahren Merkmalsunterschiede zwischen Menschen untersucht. Vor dem Hintergrund dieser Forschungsaufgabe ist es in Abwendung von Wundts allgemein psychologischer Orientierung nicht ohne Konsequenz, wenn Stern zunehmend mehr von einem Personalismus erfüllt war und die Individualität der Person als *unitas multiplex* beschreiben, verstehen und erklären wollte. Sein zentraler Erklärungsbegriff waren Eigenschaften, die er in „treibende" (Richtungsdispositionen) und „instrumentelle" (Rüstungsdispositionen) unterteilte. Die ersteren besitzen motivationalen Charakter.

Sterns einflußreichster Schüler war G. W. Allport (1897–1967). In seinem Buch „Personality. A psychological interpretation" (1937) hat er die Sternschen Grundauffassungen fortentwickelt und eklektisch mit vielerlei zeitgenössischen Theorieansätzen angereichert. Deutsche Verstehenspsychologie, McDougallscher Dynamismus und amerikanischer Empirismus mischen sich zu einem Plädoyer, die individuelle Person als ein unverwechselbares System aufzufassen, das ständig in Entwicklung und zukunftsorientiert ist. Nach Allports Überzeugung kann man dem nicht mit „nomothetischen" Verfahren (auf allgemeine Gesetzmäßigkeiten gerichtet) beikommen, sondern nur mit idiographischen (den Einzelfall beschreibend). Allport definiert Eigenschaft ähnlich wie Stern:

> Sie ist ein verallgemeinertes und fokalisiertes neuropsychisches System (das dem Individuum eigentümlich ist) mit der Fähigkeit, viele Reize funktionell äquivalent zu machen und konsistente äquivalente Formen von Handlung und Ausdruck einzuleiten und ihren Verlauf zu lenken. (1937; dtsch. Übers., 1949. S. 296).

Eigenschaften sorgen für relative Gleichartigkeit des individuellen Verhaltens über Situationen hinweg. Schon damals, in den dreißiger Jahren, gab es eine rege Interaktionismus-Debatte (vgl. Lehmann u. Witty, 1934), ausgelöst durch die Befunde von Hartshorne u. May (1928) über die offenkundige Inkonsistenz des Ehrlichkeitsverhaltens von Kindern in verschiedenen Situationen. Allports Eigenschaftsdefinition von 1937 enthält bereits den Schlüssel zur Lösung des Inkonsistenzproblems, wie in der gegenwärtigen, der „modernen" Interaktionismus-Debatte überdeutlich geworden ist: Konsistenz kann sich nur auf subjektiv äquivalente Klassen von Handlungsweisen und von Situationen beziehen. Eine idiographische Betrachtungsweise muß vor dem „nomothetischen Fallstrick" (Bem u. Allen, 1974; vgl. oben Kap. 1) bewahren. Wir kommen darauf im nächsten Kapitel zurück.

Allport hat Eigenschaften noch kaum als hypothetische Konstrukte angesehen, sondern als tatsächliche Gegebenheiten in der Person, die unmittelbar im Verhalten in Erscheinung treten. Im übrigen unterscheidet Allport wie Stern zwischen mehr „motivationalen" und mehr „instrumentalen" Eigenschaften, ohne daß eine klare Trennlinie gezogen würde.

Sehr bekannt ist Allports „Prinzip der funktionellen Autonomie der Motive" geworden. Es wendet sich gegen alle Theorien, Motive des Erwachsenen etwa auf frühkindliche Triebschicksale oder auf bestimmte Klassen von Instinkten oder Bedürfnissen zurückzuführen, wie es Freud, McDougall und Murray vorgeschlagen haben. Das Prinzip der funktionellen Autonomie soll der Einzigartigkeit individuellen Verhaltens gerecht werden. Allport schreibt:

> Die dynamische Psychologie, die hier vertreten wird, betrachtet die Motive des Erwachsenen als unendlich verschiedenartige und sich selbst tragende, in der *Gegenwart* bestehende Systeme, die aus vorhergehenden Systemen erwachsen, aber von ihnen funktionell unabhängig sind. (1937; dtsch. Übers. 1949, S. 194).

Allport ist der Klassiker der vielfach verzweigten Persönlichkeitsforschung auf eigenschaftstheoretischer Grundlage. Diese Orientierung hat sich in den USA vor allen in der „Humanistischen Psychologie" fortgesetzt, der sog. „Dritten Kraft". Sie hat nach dem Zweiten Weltkrieg auch existentialistische Strömungen aus Europa aufgenommen. Hauptvertreter ist Abraham Maslow (1908–1970). Zu dieser Richtung gehören auch Carl Rogers, Rollo May und Charlotte Bühler.

Maslows Buch „Motivation and Personality" (1954) war schnell sehr verbreitet. Der Einfluß auf die Einstellung zu und die Lösung von praktisch-psychologischen Problemen war weit größer als auf die empirische Forschung. Maslow postuliert eine Hierarchie der Bedürfnisse. Niedrigere Bedürfnisse müssen zuvor befriedigtsein, ehe höhere Bedürfnisse zum Zuge kommen. Die Hierarchieleiter der relativen Vorrangigkeit von Bedürfnissen steigt wie folgt an: Physiologische, Sicherheits-, Gesellungs-, Geltungs- und Selbstverwirklichungsbedürfnisse. Die letzte Gruppe bezeichnet er als „Wachstumsbedürfnisse" *(growth needs)* und stellt sie den übrigen „Mangelbedürfnissen" *(deficiency needs)* gegenüber (vgl. Kap. 3).

In Deutschland hat vor allem Philipp Lersch (1898–1973) die personalistische Tradition Sterns fortgesetzt. 1938 erschien sein Buch „Aufbau des Charakters", das ab 1951 unter dem geänderten Titel „Aufbau der Person" noch viele Auflagen hatte. Lersch ist phänomenologisch orientiert. Mit intuitiver Einfühlung hat er ein sehr differenziertes Begriffssystem zur Beschreibung von Personen entwickelt. Losgelöst von jeder Anbindung an empirische Daten ist es für die Motivationsforschung nicht fruchtbar geworden. Wegen seines ausgeprägt eigenschaftstheoretischen Charakters kommen wir im nächsten Kapitel darauf zurück.

Die persönlichkeitspsychologische Tradition ist in Deutschland von Hans Thomae (1968; 1974) fortgeführt und durch Einarbeitung neuer Theorieansätze erweitert worden. Ihm geht es weniger um ein allgemeines Beschreibungssystem für individuelle Unterschiede, vielmehr um die Individualität als ein Gesamtsystem, das sich lebensgeschichtlich entfaltet. In seiner Motivationsforschung steht er den allgemeinpsychologischen Ansätzen der Würzburger Schule nahe. Anhand von Experimenten, Selbstberichten und biographischem Material hat Thomae (1944) eine Erlebnisdeskription verschiedenartiger Formen der Motivation und ihrer zeitlichen Abläufe betrieben. Außerdem hat er (1960; 1974) Konfliktsituationen und Entscheidungsvorgänge einer umfassenden und sorgfältigen Phänomenanalyse unterzogen.

Schließlich ist noch eine Richtung unter den Eigenschaftstheoretikern zu nennen, die mit dem gesamten Aufwand multivariater Erhebungs- und statistischer Analysetechniken zu Werke geht. Ihr Vertreter ist der Britischamerikaner R. B. Cattell (1957; 1965; 1974). Er steht in einer typisch englischen Tradition. Einflüsse der Differentiellen Psychologie Galtons und der dynamischen Instinkttheorie McDougalls sind unverkennbar. Cattells Lehrer war Spearman, der zu den Begründern der Faktorenanalyse gehört. Mit Hilfe faktorenanalytischer Methoden hat Cattell das zur Zeit wohl komplexeste Beschreibungssystem von Persönlichkeitseigenschaften konstruiert. Er stützt sich dabei fast ausschließlich auf die Interkorrelation von Daten aus thematisch weit gestreuten Fragebögen und Tests. Unter den dabei sich ausfällenden Beschreibungsdimensionen (Faktoren) sind auch drei Arten, denen er motivationalen Charakter zuschreibt, nämlich Einstellungen *(attitudes)*, Werthaltungen *(sentiments)* und Triebe *(„ergs")*. Einstellungen beinhalten Neigungen zu bestimmten Objekten, Tätigkeiten oder Situationen. Sie beziehen sich auf so konkrete Sachverhalte, daß sie fast mit der Ebene der Ausgangsdaten identisch sind. Werthaltungen fassen Gruppen von Einstellungen zusammen. „*Ergs*" (von griechisch *ergon* gleich Arbeit) werden als dynamische „Wurzelvariablen", als Energielieferanten für einzelne Verhaltensbereiche angesehen. Diese Auffassung kommt dem ursprünglichen Instinktkonstrukt McDougalls recht nahe.

Cattell ordnet die drei Faktorengruppen auf verschiedenen Ebenen zwischen Oberflä-

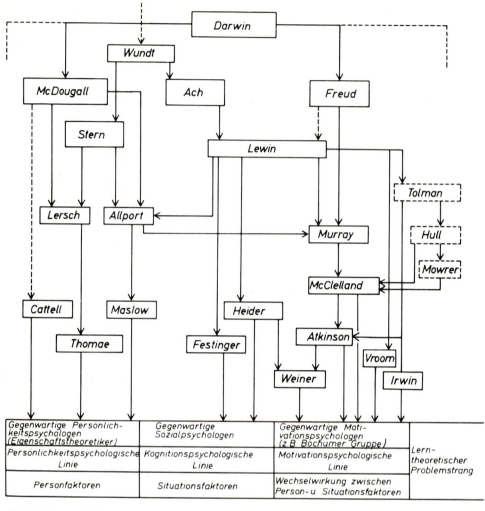

Abb. 2.2. Persönlichkeitstheoretischer Problemstrang in der Entwicklung der Motivationsforschung

che und Tiefe an. Zwischen den einzelnen Faktoren auf den verschiedenen Ebenen gibt es ein „dynamisches Verstrebungswerk" *(dynamic lattice)*, das interindividuell variieren kann. Cattell sieht in seinen Faktoren keine methodenabhängigen Beschreibungsdimensionen, sondern „die Ursachen" des Verhaltens. Wir kommen im nächsten Kapitel darauf zurück.

Damit haben wir auch die persönlichkeitspsychologische Linie skizziert, die dritte und letzte Linie des persönlichkeitstheoretischen Problemstrangs der Motivationsforschung. In dieser Linie ist die Forschung eigenschaftstheoretisch orientiert und damit auf nur wenige motivationspsychologische Grundprobleme konzentriert; im wesentlichen auf Motivklassifikation, motivierte Zielgerichtetheit und Motivationswirkungen. Es gibt eine Fülle von Dispositionsvariablen, aber kaum Funktionsvariablen (Motivation als Prozeß). Bevor wir uns dem assoziationstheoretischen Problemstrang zuwenden, seien die bisher dargelegten Entwicklungslinien in Abb. 2.2 veranschaulicht und zusammengefaßt.

Assoziationstheoretischer Problemstrang

Wie schon erörtert, läßt sich der assoziationstheoretische Problemstrang der Motivationsforschung mit Thorndike und Pawlow gleich in zwei Linien aufteilen, in die lernpsychologische und die aktivationspsychologische. Für beide Linien ging der Anstoß Darwins über ein wichtiges Zwischenglied: eine Neukonzeption der alten hedonistischen Position aus evolutionstheoretischer Sicht.

Es war Herbert Spencer (1820–1903), der auf den Gedanken kam, daß im Laufe der Entwicklungsgeschichte Lustgefühle mit solchen Verhaltensweisen gekoppelt worden sein müssen, die in der Auseinandersetzung mit der Umwelt erfolgreich sind, d. h. Überlebenswert haben. Da Lustgefühle (so die damalige physiologische Vorstellung) die Nervenbahnen „durchlässiger" machen und mit einem inneren Erregungszustand einhergingen, müßten erfolgreiche Handlungen auch besser eingeprägt werden und später leichter reproduzierbar sein. Lust und Unlust sind demnach nicht, wie der klassische Hedonismus spätestens seit Aristipp, also über zweieinhalbtausend Jahre behauptete, Zielzustände, die um ihrer selbst willen angestrebt bzw. vermieden werden. Vielmehr sind es Begleitumstände, die das Erlernen neuer Verhaltensweisen beeinflussen. Sie machen das Wiederauftreten früherer erfolgreicher Handlungen wahrscheinlicher. Damit nahm Spencer bereits in Ansätzen das „Gesetz der Wirkung" Thorndikes, die Triebreduktionstheorie Hulls und aktivationstheoretische Vorstellungen in der Pawlow-Linie voraus.

Lernpsychologische Linie

Angeregt durch die darwinistische Sichtweise, daß es zwischen Tier und Mensch eine gleitende Übergangsreihe der Lernfähigkeit und der Intelligenz geben müsse, wurde Edward Lee Thorndike (1874–1949) im letzten Jahrzehnt des vorigen Jahrhunderts zum Begründer der experimentellen Lernpsychologie. Er arbeitete mit Katzen. Wie konnte er sie bewegen, zu lernen und Probleme zu lösen? Er steckte sie hungrig in einen Lattenverschlag (sog. *puzzle box,* „Problemkiste") und stellte außen Futter auf. Durch Bewegen bestimmter Hebel, wozu es bei den durch Hunger unruhigen Tieren nach einiger Zeit zufällig kommt, öffnet sich ein Gatter, und das Tier kann die Nahrung erreichen. Schon bei den nächsten Wiederholungen läßt das Tier an der instrumentellen Zielgerichtetheit seines Verhaltens einen Lerneffekt erkennen.

Die Analogie zu Darwins Evolutionsgedanken liegt auf der Hand. In einer gegebenen Umweltsituation werden vielerlei bereitliegende Reaktionen hervorgerufen. Nur wenige davon führen unter den neuen Umweltbedingungen zum Erfolg, d. h. nur wenige haben „Überlebenswert". Die Auslese geschieht durch „Versuch und Irrtum", ein Nacheinander-Ausprobieren der verschiedenen Reaktionen. Vergleicht man die einzelnen bereitliegenden Reaktionen mit Individuen, die im „Kampf ums Dasein" stehen, so „überleben" nur die wenigen, die sich erfolgreich der Situation anpassen, die anderen „sterben aus". Thorndike (1898) erklärte dies mit dem „Gesetz der Wirkung" *(law of effect):*

> Of several responses made to the same situation, those which are accompanied or closely followed by satisfaction to the animal will, other things being equal, be more firmly connected with the situation, so that, when it recurs, they will be more likely to recur; those which are accompanied or closely followed by discomfort to the animal will, other things being equal, have their connections with that situation weakened, so that, when it recurs, they will be less likely to occur. The greater the satisfaction or discomfort, the greater the strengthening or weakening of the bond. (1898; 1911, S. 244).

Befriedigung *(satisfaction)* – und zwar hier des Hungers – wurde als Ursache für die Stiftung einer neuen Reiz-Reaktions-Verknüpfung für Lernen angesehen und später als „Bekräftigung" *(reinforcement)* bezeichnet.

Thorndike (1898) setzte das beobachtete Lernen mit physiologischen Prozessen, mit der Verknüpfung von neuronal repräsentierten Elementen für Reiz und Reaktion gleich. Motivationsfaktoren entgingen anfänglich seiner Aufmerksamkeit. Mit dem Lernexperiment war jedoch gleichzeitig ein Motivationsexperiment arrangiert worden. Das Tier mußte vorher hungrig gemacht worden sein. Wie soll man sonst Tiere im Unterschied zum Menschen zum Lernen motivieren? Das ist der Grund, warum die bis heute riesig angewachsene experimentelle Lernforschung mit Tieren stets auch motivationspsychologische Aspekte besessen und entsprechende Erkenntnisse zutage gefördert hat; im Unterschied zur humanpsychologischen Lernforschung, in der Motivationsprobleme zunächst und über weite Strecken hinweg völlig übersehen wurden. Reiz-Reaktions-Verknüpfungen wurden zu den Grundeinheiten allen Verhaltens.

Thorndike hat das Motivationsproblem nicht übersehen. Bestimmte Ereignisse *(state of affairs)* sind nur in dem Maße befriedigend, wie das Lebewesen dafür einen Zustand der „Bereitschaft" *(readiness)* besitzt. So führt Nahrung nur dann zur Befriedigung – und ermöglicht so die Bildung neuer S-R-Verknüpfungen –, wenn das Lebewesen Hunger hat. Anfangs bezeichnete Thorndike (1911) diese Bereitschaft als „Empfänglichkeit" *(susceptibility)* für eine Verknüpfung bestimmter Reiz- und Reaktionselemente; später sprach er (1913) vom „Gesetz der Bereitschaft". Um mentalistische Bedeutungen auszuschließen, ging er so weit, Bereitschaft mit der momentanen Leitfähigkeit von Neuronen gleichzusetzen. Eine zufriedenstellende Klärung des Motivationsproblems ist ihm nicht gelungen. Dagegen kann sein Einfluß auf die weitere Entwicklung der Lerntheorien kaum überschätzt werden. Deren Grundlagen waren nun nicht bloß assoziationstheoretisch, sondern spezifizierten, was miteinander verknüpft wurde, nämlich immer Reize mit Reaktionen. Einer Reiz-Reaktions-Verknüpfung gab er die Bezeichnung „habit". Habit ist eine Ausführungsgewohnheit, die nicht durch Bewußtseinsprozesse kontrolliert wird; sei es, daß sie nach anfänglicher Kontrolle automatisiert wurde oder daß sie von vornherein ohne jede Bewußtseinskontrolle erlernt wurde.

Es war damals üblich, zur Lösung des Motivationsproblems gerichtetes Verhalten auf „Instinkt" zurückzuführen. Nach der Instinktkontroverse setzte sich die Bezeichnung „Trieb" *(drive)* durch. Der Vorschlag geht auf R. S. Woodworth (1918) zurück. Robert S. Woodworth (1869–1962) machte auch eine grundsätzliche Unterscheidung zwischen Antriebskräften, die Verhalten in Gang setzen, und „Mechanismen", die aktiviert werden und das Verhalten bestimmen; etwa die Reiz-Reaktions-Verknüpfungen *(habits)*. Er tat zugleich den ersten Schritt, zwischen S und R ein hypothetisches Konstrukt einzufügen, nämlich „O", den Organismus, der sich in einem bestimmten Triebzustand befindet.

Erst Edward C. Tolman (1886–1959) jedoch entwickelte in begrifflicher Strenge den hypothetischen Konstruktcharakter der von ihm so genannten „intervenierenden Variablen". Diese müssen an vorauslaufende Manipulationen und nachfolgende Beobachtungen konzeptuell eng anzubinden sein. Um etwa einen Hungertrieb von bestimmter Stärke zu hypostasieren, muß die vorauslaufende manipulierte Dauer des Nahrungsentzugs mit nachfolgenden beobachtbaren Verhaltensunterschieden des Tieres kovariieren, etwa mit allgemeiner Unruhe, Laufgeschwindigkeit, Latenzzeit etc. Tolman (1932) analysierte sorgfältig die Zielgerichtetheit des Verhaltens auf ihre Kriterien.

Tolman unterschied zum ersten Mal klar zwischen Motivation und Lernen, was beides bis dahin regelmäßig und später noch häufig kontaminiert wurde. Lernen war für ihn eine Art Wissenserwerb, den er in Form intervenierender Variablen wie „kognitive Karte" *(cognitive map)*, „Mittel-Zweck-Bereitschaften" *(means-end-readiness)* und vor allem als „Erwartung" *(expectancy)* konstruierte. Damit Gelerntes aber zur Ausführung kommt, bedarf es der Motivation. Für deren Wirksamkeit führte er zwei intervenierende Variablen ein: *drive* und andererseits *demand for the goal object* (Zielverlangen; identisch mit Lewins Aufforderungscharakter; später hat sich dafür der Begriff *incentive,* Anreiz durchgesetzt).

Die entscheidende Demonstration für die Notwendigkeit, zwischen Lernen und Motivation zu unterscheiden, waren Versuche zum sog. latenten Lernen (vgl. Kap. 5). Tolman war ein „psychologischer Behaviorist" und steht Lewin, der ihn später auch beeinflußt hat, in vielem nahe. Er fällt aus der reinen assoziationstheoretischen Tradition heraus, insofern er weder auf der kognitiven Seite feste Reiz-Reaktions-Verknüpfungen noch auf der motivationalen Seite Triebreduktion zur Grundlage des Lernens machte. Vielmehr sind es die kognitiven Zwischenvariablen, die das Verhalten zielgerichtet steuern, sobald die motivationalen Zwischenvariablen wirksam werden. Wie schon angedeutet wurde, ist Tolmans Beitrag ein wichtiges Querverbindungsglied zwischen der lernpsychologischen und der motivationspsychologischen Linie. Über Atkinson hat er die letztere beeinflußt.

Tolmans Einfluß ist aber auch bei dem bedeutendsten Theoretiker der lernpsychologischen Linie erkennbar, bei Clark L. Hull (1884–1952). Er übernahm von Tolman die wissenschaftstheoretische Konzeption der intervenierenden Variablen (er nannte sie theoretische Konstrukte) und später auch den Anreiz des Zielobjekts als ein wichtiges Konstrukt (um bei gleicher Triebstärke und gleichem Lernergebnis, *habit*-Stärke, verbleibende Verhaltensunterschiede motivationspsychologisch zu erklären). Hull hat ein umfangreiches deduktives Theoriesystem ausformalisiert. Es besteht aus 17 Postulaten und 133 abgeleiteten Theoremen. In motivationspsychologischer Hinsicht ist er der eigentliche Begründer der Triebtheorie. Im Grunde übernahm er die Thorndikesche Position, differenzierte sie jedoch und reinigte sie von mentalistischen Zusatzbedeutungen. Aus der „Befriedigung" eine Bedürfnisses, die S-R-Verknüpfungen fördert, wurde eine „Triebreduktion". Auch wurde nun zwischen Bedürfnis und Trieb unterschieden. Bedürfnis ist ein spezifischer Mangel- oder Störungszustand im Organismus (wie Hunger, Durst oder Schmerz), der einen unspezifischen Trieb von bestimmter Stärke und mit verhaltensaktivierender Funktion hervorruft. Bedürfnis ist für Hull im Grundsatz eine beobachtbare, zumindest manipulierbare Variable, Trieb dagegen ein theoretisches (hypothetisches) Konstrukt. Das wird in der folgenden Definition – zusammen mit der darwinistischen Sichtweise – deutlich.

When a condition arises for which action on the part of the organism is a prerequisite to optimum probability of survival of either the individual or the species, a state of need is said to exist. Since a need, either actual or potential, usually precedes and accompanies the action of an organism, the need is often said to motivate or drive the associated activity. Because of this motivational characteristics of needs they are regarded as producing primary animal drives.

It is important to note in this connection that the general concept of drive (D) tends strongly to have the systematic status of an intervening variable or X, never directly observable. (Hull, 1943, S. 57).

Im wesentlichen führte Hull in der letzten Fassung seines Theoriesystems (1952) das Verhalten zum einen Teil auf eine motivationale Komponente zurück. Sie hat eine rein energetisierende Funktion und besteht in einer multiplikativen Verknüpfung von Trieb (D) und Anreiz (K). Zum anderen Teil wird Verhalten durch eine assoziative Komponente bestimmt, welche darüber entscheidet, welche der vorliegenden S-R-Verknüpfungen (*habits,* $_sH_R$) bei den vorliegenden inneren und äußeren Stimuli einer gegebenen Situation ausgeführt werden. Beide Komponenten werden multiplikativ miteinander verbunden und bestimmen die Verhaltenstendenz – einen Vektor-Begriff, der Kraft und Richtung vereinigt – nämlich das sog. *reaction-evocation-potential* ($_sE_R$):

$$_sE_R = f(_sH_R \times D \times K)$$

Die Stärke der Gewohnheiten ($_sH_R$) ist abhängig von Anzahl und Verzögerung der vorhergehenden Bekräftigungen, d. h. wie häufig und wie unmittelbar eine Reiz-Reaktions-Verbindung bislang eine Triebreduktion zur Folge hatte.

Der Schüler und Mitarbeiter Hulls, Kenneth W. Spence (1907–1967), hat – teils in enger Zusammenarbeit mit Hull – die Motivations- und Lerntheorie in wichtigen Punkten fortentwickelt. Er hat unter dem Eindruck Tolmanscher Ergebnisse vor allem die experimentelle und begriffliche Analyse des Anreizbegriffs vorangetrieben. (Wenn Hull in seiner Formel für Anreiz das Symbol „K" verwendete, so verwendete er in Würdigung der Verdienste von Kenneth Spence den Anfangsbuchstaben von dessen Vornamen).

Anreiz ist für Spence (1956; 1960) ebenso erlernt wie eine Gewohnheit. Als assoziationstheoretische Erklärung für das Erlernen und Auftreten von Anreiz zieht er den bereits früh von Hull (1930) postulierten Mechanismus der sog. *fractional anticipatory goal responses* (r_G-s_G) heran. Danach lösen schon vor Erreichen (und Wahrnehmen) des Zielobjekts auf dem Wege dahin vertraute Stimuli verborgene Fragmente der ehemaligen Zielreaktion (r_G) aus, die ihrerseits mit dem ehemaligen Zielobjekt (s_G) assoziiert sind und damit die Grundlage für das bilden, was Tolman als hypothetisches Konstrukt mit *expectancy* bezeichnet hat und was in kognitionspsychologischer („mentalistischer") Sprache als Erwartung umschrieben wird. Neben dieser assoziationstheoretisch erklärten Entstehung wird der fragmentarisch vorwegnehmenden Zielreaktion (r_G-s_G) eine motivationale Wirksamkeit zugeschrieben. Sie soll nämlich eine eigene Stimulation erzeugen und damit – neben der Reizproduktion des Triebes – die interne, auf den Organismus einwirkende Stimulation vergrößern. Entsprechend verknüpfte Spence Trieb und Anreiz additiv miteinander, und nicht mehr multiplikativ wie Hull:

$$E = f(D + K) \times H$$

Damit kann auch ein effektives Reaktionspotential (E) vorliegen, d. h. etwa gelernt werden, wenn keine Triebstimulation sondern nur eine Anreizstimulation vorliegt; wenn also das Lebewesen nicht „getrieben" sondern „angezogen" wird. In einem solchen Falle hätten wir es mit einer reinen Anreizmotivation zu tun.

Was andrerseits die Lernkomponente, die Gewohnheitsbildung, betrifft, so ist Spence von der Position Hulls abgerückt, daß es Triebreduktion sei, was die S-R-Verknüpfungen bekräftige. Triebreduktion bestimmt die Stärke des Anreizes, K, der neben Trieb (D) dafür verantwortlich ist, ob und mit welchem Nachdruck eine gelernte Reaktion zur Ausführung kommt. Triebreduktion wird also zu einer rein motivationstheoretischen Frage und scheidet als Erklärung des Lernens aus der Betrachtung aus. Thorndikes „Gesetz der Wirkung" ist für Spence eine unbestreitbare Tatsache *(empirical law of effect)*, Lernen selbst aber läßt sich nach Spence nicht daraus erklären. Statt dessen greift er auf das alte Kontiguitätsprinzip der Assoziationstheorie zurück: Die Stärke einer Gewohnheit *(habit)* ist allein von der Häufigkeit abhängig, mit der eine Reaktion in zeitlicher Gegenwart und räumlicher Nachbarschaft eines Reizes aufgetreten ist. Dies ist auch das assoziationstheoretische Grundmodell des klassischen Konditionierens (vgl. Pawlow, unten), das der Entstehung von fragmentarischen antizipatorischen Zielreaktionen (s_G-r_G) zugrunde liegt.

Spence ist innerhalb der lernpsychologischen Linie der erste gewesen, der individuelle Motivunterschiede gemessen und auf ihre Wirksamkeit in Lernleistungen geprüft hat. Dadurch sind auch Forscher der motivationspsychologischen Linie angeregt worden (z. B. Atkinson und Weiner). Das betreffende Motiv war „Ängstlichkeit" (Taylor, 1953), von der angenommen wird, daß sie bei Aufgabentätigkeiten als hoher allgemeiner Trieb- oder Erregungszustand auftritt. Nach der sog. Interferenztheorie sollen dadurch, wenn es sich um schwierige Aufgaben handelt, zugleich konkurrierende Reaktionen aktiviert werden und die Leistung beeinträchtigen (Taylor u. Spence, 1952).

Drei weitere Schüler und Mitarbeiter Hulls haben die lernpsychologisch orientierte Motivationsforschung weitergeführt: Neal E. Miller, Judson S. Brown und O. Hobart Mowrer.

Miller hat schon früh, zusammen mit dem Psychoanalytiker Dollard, motivationspsychologische Ansätze Freuds aufgenommen und die Lerntheorie auf soziale und psychotherapeutische Probleme angewandt. Er hat dabei eine „liberalisierte S-R-Theorie" entwickelt (Miller u. Dollard, 1941; Miller,

1959); ein einflußreiches Modell des Konflikts entworfen und experimentell untermauert (1944). Er hat am Beispiel der Furcht nachgewiesen, daß es „erworbene Triebe" gibt (1948; 1951) und hat die Triebtheorie Hulls erweitert. In letzter Zeit hat er sich der hirnphysiologischen Motivationsforschung gewidmet und die Antriebsfunktion sog. *Go-Mechanisms* postuliert (1963).

Neben Trieben wird auch von außen kommenden starken Reizen eine motivierende Funktion zugeschrieben. Dollard u. Miller schreiben in ihrem Buch „Personality and Psychotherapy" (1950):

> All that needs to be assumed here is (1) that intense enough stimuli serve as drives (but not that all drives are strong stimuli), (2) that the reduction in painfully strong stimuli (or of other states of drive) acts as a reinforcement, and (3) that the presence of a drive increases the tendency for a habit to be performed. (S. 31).

Trieb ist nicht mehr wie bei Hull ein uniform gedachter, richtungsunspezifischer, also reiner Energetisierungsfaktor. Es gibt damit verbunden auch *cues,* Hinweisreize, die darüber entscheiden, welche Reaktion zur Ausführung kommt.

> The drive impels a person to respond. Cues determine when he will respond, where he will respond, and which response he will make. (S. 32).
>
> To summarize, stimuli may vary quantitatively and qualitatively; any stimulus may be thought of having a certain drive value, depending on its strenght, and a certain cue value, depending on its distinctiveness. (Dollard u. Miller, 1950, S. 34)

Triebe können auch wie Reaktionen an bestimmte ursprünglich neutrale Stimuli assoziiert werden. In einem berühmt gewordenen Experiment (1948; 1951) waren Ratten in einem weiß gestrichenen Abteil solange schmerzhaften elektrischen Schocks (übertragen durch das Bodengitter) ausgesetzt, bis sie gelernt hatten, einen Durchgang zu einem benachbarten schwarzen Abteil zu öffnen. Nach einiger Zeit zeigten sie schon alle Zeichen der Furcht, wenn sie in das weiße Abteil gesetzt wurden, auch wenn das Bodengitter nicht elektrisch geladen war. Ursprünglich neutrale Reize waren jetzt furchterregend, ein Fall klassischen Konditionierens. Furcht war erlernt. Sie war außerdem ein Triebzustand.

Denn die Tiere lernten jetzt auch ohne elektrischen Schock neue Fluchtreaktionen, um ins schwarze Abteil zu gelangen. Dieses Experiment wurde zum Paradefall, um fortan auch „höhere Motive", erlernte oder sekundäre Triebe, aus ursprünglich organismisch verankerten Trieben abzuleiten, vor allem aus der mit Schmerzzuständen verbundenen Furcht.

Ein anderes klassisches Experiment mit Ratten war die Grundlage zu Millers (1944) berühmtem Konfliktmodell. Bei entsprechend angeregten Triebzuständen wird die Tendenz, ein positives Zielobjekt aufzusuchen, oder ein negatives zu meiden, umso stärker, je größer die Nähe zum Ziel ist. Der Anstieg der Aufsuchungstendenz ist dabei jedoch weniger stark als der Anstieg der Meidungstendenz. Ist nun die Zielregion gleichzeitig positiv und negativ, etwa weil ein hungriges Tier dort vorher Futter gefunden hat, gleichzeitig aber auch geschockt worden ist, so gibt es bei entsprechender Dosierung des Hunger- wie des Furchttriebes in bestimmter Entfernung von der Zielregion einen Punkt, wo sich die Gradienten der Aufsuchungs- und der Meidungstendenz schneiden. Hier kommt es zum Konflikt. Jede weitere Annäherung läßt die Furcht, jedes weitere Zurückweichen den Hunger dominant werden. Das Tier pendelt hin und her. Dieses Konfliktmodell hat sich auch für die humanpsychologische Konfliktforschung, etwa im Rahmen der Psychotherapie, als fruchtbar erwiesen.

Brown (1961) ist, verglichen mit Miller, eng der Hullschen Triebtheorie verpflichtet geblieben. Trieb bleibt für ihn eine allgemeine, aktivierende und richtungsunspezifische Zwischenvariable. Es gibt also nur *einen* Trieb, keine erlernten, sekundären Triebe. Aber es gibt viele Quellen, aus denen der allgemeine und uniforme Trieb gespeist wird, sowohl angeboren-organismische wie erlernte Quellen. Dagegen gibt es wohl sekundäre Motivationssysteme. Sie beruhen alle auf der Konditionierung bestimmter Stimuli mit Furchtzuständen, die ursprünglich mit körperlichem Schmerz verbunden waren. Diese Konzeption erinnert ganz an Millers Furcht als erworbenen Trieb. Aber Brown geht noch weiter. Mit dieser Furcht können sich ganz verschiedene Reizkonstellationen verbinden, die sich dann zu eigenen Motivationssystemen gleichsam aufladen. Das verdeutlicht Brown (1953) am „Geldmotiv".

Er führt in diesem Beispiel aus, daß ein Kind während der ersten Lebensjahre sich manchmal verletzt und Schmerzen hat. Es erlebt dann die besorgt dreinschauenden, sich ängstlich verhaltenden Eltern. Damit entsteht eine assoziative Verknüpfung zwischen Schmerz und besorgtem Verhaltensausdruck der Eltern. Wenn nun das Kind häufiger denselben Ausdruck des Besorgt-Dreinschauens bei seinen Eltern wahrnimmt, während diese vom Geldmangel reden (z. B. „wir haben kein Geld mehr"), so wird einmal die Verknüpfung zum Schmerz wieder wachgerufen, d. h. Furcht vor Schmerz, Ängstlichkeit; und zum andern eine Verknüpfung zwischen Furcht und dem Wort „Geld" gestiftet. Immer wenn die Rede auf Geld kommt (z. B. „ich habe kein Haushaltsgeld mehr") kommt es zu einem Zustand der Ängstlichkeit, der im weiteren durch geeignete instrumentelle Aktivität vermindert werden kann (genau wie die Ratten in Millers Experiment neue Fluchtreaktionen lernten, um vom weißen ins schwarze Abteil zu gelangen, obwohl im weißen schon längst kein Schock mehr ausgeteilt wurde). Reduktion der Ängstlichkeit kann etwa durch geregelte Tätigkeit, um Geld zu verdienen, erzielt werden. So hat sich ein „Arbeitsmotiv" gebildet, das, genau gesehen, die Reduktion von Furcht vor Geldmangel ist. So konstruiert dieses Beispiel erscheint, es ist zumindest konsequent aus Browns Triebtheorie heraus entwickelt.

Wie Miller und Brown hat sich der dritte bedeutende Lerntheoretiker neben Hull und Spence, nämlich O. H. Mowrer, besonders mit der Rolle der Furcht bei der Motivierung des Meidungslernens befaßt. Sein bedeutendster motivationstheoretischer Beitrag ist die Einführung von Erwartungsemotionen der Hoffnung und der Furcht, die als Zwischenvariable zwischen Situationsgegebenheiten und Reaktionen vermitteln. Damit ist innerhalb der klassischen lernpsychologischen Linie ein entscheidender Schritt in Richtung auf ein Motivationskonzept hin getan, das vermittelnden kognitiven Prozessen, und zwar in diesem Falle als Erwartungsemotionen, eine zentrale Rolle zuweist. In dieser Hinsicht steht die Motivationstheorie McClellands (McClelland et al. 1953) der Mowrerschen Position sehr nahe und ist von dieser beeinflußt worden. Andererseits hat Mowrers Position viel Verwandtschaft mit der von Young, einem Vertreter der aktivationspsychologischen Linie (vgl. unten), von dem Mowrer seinerseits beeinflußt wurde.

Mowrer (1939) hat zunächst die Rolle der Furcht, bzw. Ängstlichkeit, geklärt. Er nahm dabei den Gedanken Freuds (1926) auf, daß Angst das Signal einer bevorstehenden Gefahr ist, einen Unlustzustand darstellt und zu Verhaltensweisen Anlaß gibt, der Gefahr auszuweichen. Furcht (oder Angst) ist nach Mowrer die Vorwegnahme eines Schmerzes, sie ist eine konditionierte Begleiterscheinung der Schmerzreaktion, die ihrerseits ursprünglich durch eine starke und den Organismus beeinträchtigende Stimulation ausgelöst worden ist. Furcht hat daraufhin eine Motivationsfunktion. Alle Verhaltensweisen, die die Furcht vermindern, werden bekräftigt. Das ist, wie Mowrer (1960) später formulierte, die Umkehrung des „Furcht-Lernens", nämlich ein Lernen, das durch die Erwartungsemotionen der „Erleichterung" bekräftigt wird.

Als motivationale Prozesse hat Mowrer (1960) schließlich zwei verschiedene Grundarten der Bekräftigung jeder Verhaltenserklärung zugrunde gelegt: (1.) Triebinduktion („incremental" reinforcement), wenn Verhalten bestrafende Folgen hat; es kommt zu konditionierter Verknüpfung der Erwartungsemotion „Furcht"; dies ist „Furcht-Lernen". (2.) Triebreduktion („decremental" reinforcement), wenn Verhalten belohnende Folgen hat; es kommt zu einer konditionierten Verknüpfung der Erwartungsemotion „Hoffnung"; dies ist „Hoffnungslernen".

Entsprechend gibt es die komplementären Erwartungsemotionen der „Erleichterung" und der „Enttäuschung": Erleichterung, wenn ein ausgelöster Furchtzustand durch Reaktionsfolgen vermindert wird (Triebreduktion); Enttäuschung, wenn ein ausgelöster

Hoffnungszustand durch Reaktionsfolgen vermindert wird (Triebinduktion). Vier Klassen von Erwartungsemotionen (Hoffnung und Enttäuschung, Furcht und Erleichterung), die Zunahme oder Abnahme ihrer Intensität, sind nach Mowrer entscheidend dafür, welche Verhaltensweisen in einer gegebenen Situation ausgewählt und verfolgt, und damit gelernt, bekräftigt werden.

Mowrer rückt von der klassischen lerntheoretischen Konzeption ab, daß Lernen und Verhalten auf einer unmittelbaren assoziativen Verknüpfung von Reizen und Reaktionen beruhe. Statt dessen sind es die erwähnten Erwartungsemotionen, die mit Reizen verknüpft werden. Die Reize können entweder unabhängig vom eigenen Verhalten sein (und dabei von außen oder von innen, aus dem Organismus, kommen) oder abhängig, d. h. Rückmeldungen aus dem eigenen Verhalten sein. Sind Erwartungsemotionen einmal mit solchen Reizen verknüpft, dann steuern sie das Verhalten in einer flexiblen und angepaßten Weise, indem jeweils solche Reaktionen zum Zuge kommen, die Hoffnung oder Erleichterung mehren bzw. Furcht oder Enttäuschung mindern.

Da das Erlernen emotionaler Reaktionen (sowie sonstiger unwillkürlicher Reaktionen der Hinwendung und der Abwendung) auf Prozessen des Klassischen Konditionierens Pawlows zu beruhen scheint, sieht Mowrer auch den grundlegenden Assoziationsmechanismus des Lernens im Klassischen Konditionieren. Das instrumentelle Konditionieren, seit Thorndike das Haupterklärungsprinzip des Lernens, betrachtet Mowrer als eine aus dem Klassischen Konditionieren ableitbare Unterform.

Wir haben soweit die lernpsychologische Linie des assoziationstheoretischen Problemstrangs in ihren herausragenden Vertretern verfolgt. In keiner anderen Linie hat sich die Forschung so verzweigt, detailliert und angehäuft wie hier. Das Motivationsproblem trat gewöhnlich hinter den lernpsychologischen Fragen zurück, war aber immer mitenthalten und gewann nur selten eine eigenständige Betrachtung. Eine genauere Analyse müßte die weiten Bereiche der Lernpsychologie bis in die vielfältigen Fortentwicklungen innerhalb der gegenwärtigen Forschergeneration aufrollen. Das kann und soll hier nicht versucht werden.

Kennzeichnend für die lernpsychologische Verhaltenserklärung ist es, daß Situationsfaktoren und nicht dispositionelle Personfaktoren, die Erklärungslast tragen. Es sind Reize, die das Verhalten steuern, äußere oder auch reaktionsabhängige, d. h. „innere". Auch Motivationsvariablen wie Trieb werden häufig als „innerer" Reiz aufgefaßt.

An Zwischenvariablen (Konstrukten) vermitteln immer zwei Arten zwischen Situation („Reiz") und Verhalten („Reaktion"). Die eine Art ist eine strukturelle Komponente. Sie gibt dem Verhalten Richtung, Zielgerichtetheit, Zweckmäßigkeit. Sie repräsentiert ein Lernprodukt, sei es im Sinne Tolmans eine Erwartung (was zu was führt) oder im Sinne Hulls und seiner Nachfolger eine Gewohnheitsbildung (habit, $_sH_R$) oder eine konditionierte Hemmung ($_sI_R$). Die andere Art von Zwischenvariablen ist eine motivationale Komponente. Sie setzt Verhalten erst in Gang, energetisiert es. Sie repräsentiert im Sinne Tolmans bedürfnisabhängige Aufforderungscharaktere des Zielobjekts *(demand for the goal object)* oder im Sinne Hulls (1943) einen bedürfnisabhängigen Trieb *(drive, D)* oder bei seinen Nachfolgern andere Aktivierungsmechanismen wie reizausgelöste fraktionale Zielreaktionen oder Furchtreaktionen (r_G bzw. r_F).

Abb. 2.3 skizziert in vereinfachter Form die Stadien der lernpsychologischen Theorie-Entwicklung. S und R *(stimulus* bzw. *reponse)* bezeichnen die beobachtbaren Situations- bzw. Verhaltensvariablen. Die in eckige Klammern gesetzten Zwischenglieder repräsentieren zunächst die jeweilige strukturelle Komponente und dann die motivationale Komponente. Das erste Stadium charakterisiert die frühe Position Thorndikes (1898) um die Jahrhundertwende. Es ist rein assoziationstheoretischer, „mechanistischer" Natur, eine motivationale Komponente fehlt. Obwohl Tolmans Konzeption früher als die Hulls und seiner Nachfolger entwickelt wurde, stellt sie im Vergleich zu diesen eine fortgeschritte-

1. Erste assoziations- $\underline{S} \longrightarrow [S-R] \longrightarrow \underline{R}$
theoretische Konzeption
(Thorndike, 1898)

2. Hulls Konzeption $\underline{S} \longrightarrow \begin{bmatrix} s^H_R \\ s^I_R \\ etc. \end{bmatrix}, [D] \longrightarrow \underline{R}$
von 1943

3. Konzeption der $\underline{S} \longrightarrow [s^H_R], \begin{bmatrix} D \\ r_G r_F \\ Furcht \end{bmatrix} \longrightarrow \underline{R}$
Nachfolger Hulls

4. Tolmans (1932) $\underline{S} \longrightarrow [Erwartung], [Wert] \longrightarrow \underline{R}$
Konzeption

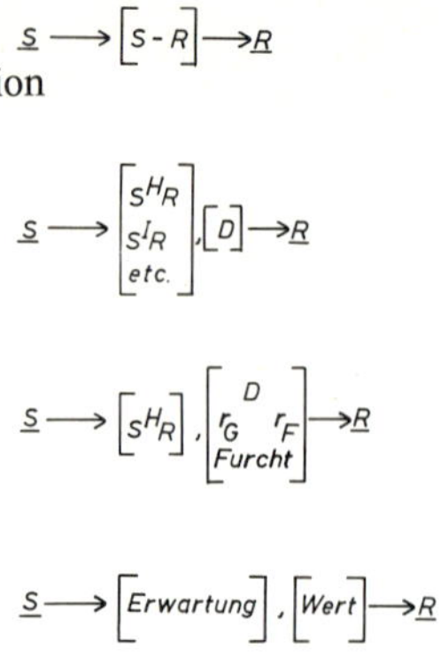

Abb. 2.3. Stadien der lernpsychologischen Theorieentwicklung hinsichtlich der motivationalen Komponente des Verhaltens. (Nach Bolles, 1974)

nere der motivationspsychologischen Theorie-Entwicklung dar; sie enthält bereits die Grundstruktur der Erwartungs-mal-Wert-Modelle, die die neuere Motivationsforschung bestimmt.

Insgesamt haben innerhalb der lernpsychologischen Linie die folgenden Hauptprobleme der Motivation vornehmlich Beachtung gefunden: Motivanregung, Zielgerichtetheit und Konflikt, Motivationswirkungen sowie schließlich auch die Genese von Motiven (vor allem Furcht als erlernter Trieb).

Aktivationspsychologische Linie

Iwan P. Pawlow (1849–1936) ist neben Wladimir Bechterew (1857–1927) der Begründer der Reflexologie, der Lehre von den bedingten (konditionierten) Reflexen; deren Erzeugung später als sog. klassisches Konditionieren bezeichnet wurde. Er empfing die entscheidenden Anregungen von dem Nestor der russischen Physiologie, Iwan Sechenow (1829–1905), der 1863 sein Hauptwerk „Cerebrale Reflexe" veröffentlicht hatte. Darin ging Seschenow den hemmenden Einflüssen der Hirnrinde auf die subkortikalen Zentren nach. Pawlow (1849–1936) hat vor allem an „Verdauungsreflexen" schon um die Jahrhundertwende experimentell nachgewiesen, daß ungelernte reflexauslösende Reize (unkonditionierte, angeborene Stimuli) durch erlernte (konditionierte) ersetzt werden können. Dazu müssen die zu konditionierenden Reize den unkonditionierten zeitlich kurz vorhergehen (etwa eine halbe Sekunde). Hat eine solche zeitliche Paarung beider Reize mehrmals stattgefunden, so genügt der neue, der konditionierte Reiz, um die betreffende Reaktion auszulösen. Das bekannte Paradebeispiel ist die Auslösung einer Speichelreaktion beim Hund, die mittels einer in die Speiseröhre eingesetzten Fistel gemessen wird. Ist der Futteraufnahme (unkonditionierter Reiz für Speichelsekretion) mehrmals ein bislang neutraler Reiz vorangegangen (etwa ein Ton, ein Lichtsignal oder ein Druck auf das Fell), so löst dieser bereits ohne jedes Futter die Speichelreaktion aus. Hier „bekräftigt" also ein unkonditionierter Reiz die Verknüpfung eines bislang neutralen Reizes mit der betreffenden Reaktion.

Der Begriff der Bekräftigung ist von Pawlow geprägt worden. Darin waren allerlei hirnphysiologische Zusatzbedeutungen enthalten. Bekräftigung ist der analoge Begriff zu dem, was Thorndike zur gleichen Zeit mit „Befriedigung" *(satisfaction, satisfying state of affairs)* bezeichnete, um das Gesetz der Wirkung (beim *instrumentellen* Konditionieren) zu erklären. Pawlow und andere russische Physiologen konnten des weiteren zeigen, daß ein konditionierter Reiz selbst Bekräftigungswert gewonnen hat, d. h. seinerseits nun einen bislang neutralen Reiz konditionieren, zu einem Reaktionsauslöser höherer Ordnung machen kann. Pawlow sah darin die Grundlage aller „höheren nervösen Tätigkeit" (vgl. im einzelnen Angermeier u. Peters, 1973).

Auf den ersten Blick sieht es nicht danach aus, als sei von einer solchen Forschungsrichtung, die reflexartiges Verhalten unter höchster Bewegungseinschränkung des Versuchstiers untersucht, viel für die Motivationsforschung zu erwarten. Zwei Besonderheiten sind es jedoch, die Pawlow zum Begründer und Anreger einer mehrfach verzweigten aktivationspsychologischen Linie der Motivationsforschung gemacht haben. Zum einen hat er als Physiologe (1904 erhielt er den Nobelpreis für seine verdauungsphysiologischen Untersuchungen) die beobachteten Lernphänomene neuro- und hirnphysiologisch zu erklären versucht. Zum andern postuliert er dabei die Wechselwirkung zwischen zwei grundlegenden Prozessen, der „Erregung" und der „Hemmung". Der Erregung wird eine verhaltensaktivierende Funktion zugeschrieben. Sie hat also im traditionellen Motivationsverständnis eine energetisierende Funktion. Außerdem spielen sog. Orientierungsreaktionen, die mit Aktivationszuständen einhergehen, eine Rolle beim Aufbau bedingter Reflexe. Orientierungsreaktionen stehen im Mittelpunkt des russischen Zweiges der aktivationspsychologischen Forschung (vgl. unten Sokolov).

Pawlows Arbeiten sind schon früh in der amerikanischen Lernforschung bekannt geworden; und zwar durch einen Vortrag, den er 1906 in den USA hielt und durch einen Überblick seiner Arbeiten von Yerkes u. Morgulis (1909). Wie die amerikanischen Lerntheoretiker war Pawlow gegen die Suche nach kleinsten Inhaltsbestandteilen des Seelenlebens mit Hilfe der introspektiven Methode eingestellt. Statt dessen war er wie die Amerikaner an Prozessen, an der Frage, was zu was führt, interessiert; und zwar soweit man sich dabei durch „Fakten", d. h. durch Änderungen des äußeren Verhaltens leiten lassen kann. Der spätere propagandistische Wortführer dieser Gegenbewegung des Behaviorismus, John B. Watson (1878–1958), war besonders stark von Pawlows Reflexlehre inspiriert. Berühmt geworden ist seine experimentelle Erzeugung emotionaler Meidungsreaktionen bei einem 9-Monate alten Kind mit Hilfe des Klassischen Konditionierens (Watson u. Rayner, 1920).

Anfangs hatte man Schwierigkeiten, konditionierte Reflexe mit dem Thorndikeschen Gesetz der Wirkung, das man als Grundprinzip allen Lernens erachtete, in Beziehung zu bringen. Erst Burrhus F. Skinner (1935) schlug eine grundlegende Zweiteilung allen Verhaltens vor, eine Reaktionssubstitution à la Thorndike und eine Reizsubstitution à la Pawlow. Die erste Art des Verhaltens nannte Skinner später „Wirkreaktionen" *(operant behavior, operants);* ein Verhalten, das auf die umgebende Situation einwirkt, an ihr „operiert" und sie ändert. Reaktionswirkungen, die die Auftretenshäufigkeit der entsprechenden Wirkreaktionen erhöhen, bezeichnet er als „Bekräftiger" *(reinforcer).* Er übernimmt den Pawlowschen Begriff der Bekräftigung, der sich damit endgültig in der amerikanischen Lernpsychologie durchsetzt. Für Skinner hat Bekräftigung jedoch keinerlei physiologische Zusatzbedeutung; er setzt sie der Erhöhung der Auftretenswahrscheinlichkeit einer Reaktion gleich. Der Vorgang heißt operantes Konditionieren (identisch mit instrumentellem Konditionieren Thorndikes). Die zweite Art des Verhaltens nannte Skinner „Antwortreaktionen" *(respondent behavior, respondents);* eine schon bereitliegende Reaktion wird auf einen Reiz hin hervorgerufen. Das Erlernen neuer auslösender Reize geschieht aufgrund klassischen Konditionierens im Sinne Pawlows.

Wegen dieser für die weitere Entwicklung der Lerntheorie wichtigen Unterscheidung kann man Skinner im Grenzbereich der Einflußlinien Thorndikes und Pawlows lokalisieren, obwohl Skinner (1938; 1953) sich ganz einer ungemein detaillierten empirischen Bedingungsanalyse des operanten Konditionierens und, darauf aufbauend, Techniken angewandter Verhaltensänderung gewidmet hat, wie der programmierten Instruktion (Skinner, 1968). Auch die so einflußreich gewordenen Strömungen der Verhaltenstherapie stützen sich im wesentlichen auf die von ihm spezifizierten Bedingungen des operanten Konditionierens.

Skinner in die Problementwicklung der Motivationsforschung einzuordnen, bereitet Schwierigkeiten, da er die Verwendung aller hypothetischen Konstrukte, ja jede Theoriekonstruktion, die über die Formulierung faktischer Wenn-Dann-Beziehungen hinausgeht, ablehnt. Selbst Motivationsbezeichnungen wie Hunger meidet er und spricht statt dessen von „Deprivation", die operational an der Dauer des Nahrungsentzugs, die der Versuchsleiter eingehalten hat, oder an der dadurch bewirkten Gewichtsabnahme bestimmt wird. Natürlich werden mit solcher „Depriva-

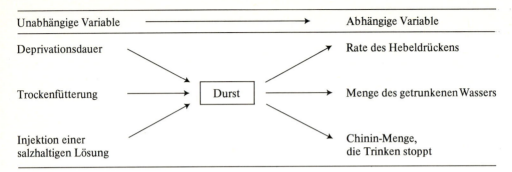

Abb. 2.4. Unabhängige und abhängige Variablen des Trinkverhaltens als Beispiel für die Zweckmäßigkeit, ein hypothetisches Konstrukt („Durst") als vermittelnde (intervenierende) Variable zugrunde zu legen. (Nach Miller, 1959, S. 278)

tion" wie auch mit der ihr entsprechenden, d. h. sie aufhebenden „Bekräftigung" (Reaktionsfolgen, die die Auftretenshäufigkeit der betreffenden Reaktionen erhöhen) motivationale Sachverhalte umschrieben, die von Lern- und Motivationstheoretikern als Zwischenvariablen wie „Bedürfnis", „Trieb" oder „Befriedigung", „Belohnung", „Erwartung" konstruiert werden.

Miller (1959) hat darauf hingewiesen, daß die antitheoretische Haltung Skinners unpraktisch wird, sobald man mit mehr als zwei unabhängigen und abhängigen Variablen bei der Verhaltenserklärung zurechtkommen will. Es gibt z. B. drei verschiedene Manipulationen, die als unabhängige Variablen das Trinkverhalten von Ratten beeinflussen: Deprivationsdauer, Trockenfütterung und Injektion einer salzhaltigen Lösung. Als abhängige Variablen auf der Seite des Trinkverhaltens hat man drei verschiedene Indikatoren herangezogen: Rate des Hebeldrückens, Menge des getrunkenen Wassers und Chinin-Menge im Wasser, die Trinken stoppt. Wollte man in diesem Falle auf das hypothetische Konstrukt „Durst" verzichten, das zwischen den drei unabhängigen und den drei abhängigen Variablen vermittelt (vgl. Abb. 2.4), so müßte man statt dessen neun (3 × 3) verschiedene Wenn-Dann-Beziehungen konstruieren. Dies wäre nicht nur unökonomisch, sondern auch überflüssig, da sich die Wirkung jeder einzelnen der drei unabhängigen Variablen mit jeder der abhängigen Variablen nachweisen läßt.

Aber kehren wir nach diesem Exkurs zur aktivationspsychologischen Linie zurück. Denn Skinner läßt sich ihr nicht zurechnen, sondern stellt, wie gesagt, ein Bindeglied zwischen den auf Thorndike und auf Pawlow zurückgehenden beiden Forschungstraditionen dar. Den eigentlichen Vertretern der aktivationspsychologischen Linie sind vier Betrachtungsweisen gemeinsam, von denen sie sich bei der Theoriekonstruktion leiten lassen. Sie orientieren sich erstens stark an neurophysiologischen Befunden und Theorien über die Hirntätigkeit. Insofern sind ihre hypothetischen Erklärungskonstrukte nicht neutral, sondern haben erhebliche physiologische Zusatzbedeutungen. Eine zentrale Rolle spielen Aktivationssysteme im Hirnstamm. Sie machen zweitens sehr allgemeine Aussagen über die Aktivierung und Steuerung des Verhaltens. Allgemeine Anwendbarkeit von gesetzmäßigen Aussagen wird bevorzugt und geht auf Kosten inhaltsmäßig spezifizierter Determination des Verhaltens im Detail. Drittens spielen Affekte und Emotionen eine hervorgehobenere Rolle als in den meisten übrigen Motivationstheorien. Schließlich sind sie bemüht, auf der Reizseite jene Eigentümlichkeiten und Strukturmuster aufzuweisen, die Verhalten in genereller Weise aktivieren und ihm eine aufsuchende oder meidende Richtung geben.

Es sind zwei hirnphysiologische Entdeckungen, von denen die aktivationspsychologisch orientierten Forscher besonders angeregt wurden. Die erste Entdeckung ist das „ARAS", das aufsteigende retikuläre Aktivationssystem. Wie Moruzzi u. Magoun (1949) gezeigt haben, führt eine elektrische Reizung der Retikulärformation im Hirnstamm zu einer Änderung, zu „Aktivierungsmustern" im Hirnstrombild. Die Aktivierungszustände reichen von Schlaf und Schläfrigkeit bis zu hochgradigen Aufgeregtheitszuständen. Mit ihnen ändert sich die Leistungstüchtigkeit des Verhaltens, wie an vielerlei Tätigkeiten nachgewiesen wurde; und zwar in einer umgekehrt U-förmigen Funktion. Mittlere Aktivationsniveaus sind am förderlichsten. Auch Emotionen und Affekte werden mit verschiedenen Aktivationsniveaus in Verbindung gebracht.

Das ARAS wird unter natürlichen Bedingungen von zwei Seiten her in unspezifischer Weise angeregt, einmal durch die afferenten sensorischen Bahnen, die viele Kollateralen in die Retikulärformation senden; zum andern aber auch durch vielerlei Impulse aus der Hirnrindentätigkeit. Es war vor allem Lindsley (1957), der auf die verhaltenspsychologische Bedeutung der hirnphysiologischen Ergebnisse hingewiesen hat (vgl. Schmidtke, 1965).

Die andere Entdeckung betraf ein „Bekräftigungs-" oder „Lustzentrum" im Gehirn der Ratte (Septum im Hypothalamus). Wird es mit Hilfe eingepflanzter Elektroden gereizt, so lernen Ratten auch ohne vorherige Deprivation und Triebreduktion solche Reaktionen, denen eine solche Hirnreizung auf dem Fuße folgt (Olds u. Milner, 1954; Olds, 1955; 1969). Diese Forschungsrichtung ist von James Olds, einem Schüler Hebbs, begründet worden.

Der einflußreichste Vermittler zwischen Pawlows Tradition einer physiologischen Betrachtungsweise und der neueren aktivationspsychologischen Motivationsforschung ist der kanadische Psychologe Donald O. Hebb. Er grenzte in seinem Buch „Organization of Behavior" (1949) das Motivationsproblem auf die Erklärung der Richtung und Ausdauer von Verhalten ein. Die Energetisierung braucht nicht erklärt zu werden, da der Organismus ständig aktiv ist und Energie umsetzt. Die Frage ist nur, warum jeweils an bestimmten Stellen des Organismus, in bestimmter Verteilung und zeitlichen Folgen Energie freigesetzt wird. Hebb führt das auf sog. Zellverbände *(cell assemblies)* zurück, die sich aufgrund wiederholter Stimulation langsam herausbilden, ein geschlossenes System bilden und motorische Reaktionsabläufe erleichternd bahnen. Ein solcher Zellverband ruft – häufig zusammen mit sensorischem Einstrom – andere Zellverbände hervor, so daß sich sog. organisierte Phasensequenzen bilden: für Hebb das physiologische Äquivalent von gedanklichen Prozessen, die das Verhalten steuern.

Mit einem Wortspiel hat Hebb (1953) in einem späteren Aufsatz das CNS *(Central Nervous System)* zum „Conceptual Nervous System" gemacht. Hebb hat die Ergebnisse der ARAS-Forschung aufgenommen und unterscheidet an jeder Stimulation die Aktivationsfunktion *(arousal function)* und die Hinweisfunktion *(cue function)*. Damit der Informationseinstrom eine Hinweis-, d. h. Steuerungsfunktion ausüben kann, muß ein gewisses unspezifisches Aktivationsniveau (das er dem Triebbegriff analog setzt) erreicht sein, sonst kommt es gar nicht erst zu integrierten Phasensequenzen (z. B. bei Langeweile unter längerer sensorischer Deprivation, die mit dem Zusammenbruch einfacher Leistungsfähigkeiten einhergeht). Andrerseits kann die Aktivation ein zu hohes Maß erreichen, wenn der Informationseinstrom zu stark vom Vertrauten abweicht (oder die Reizeinwirkung zu intensiv ist), und den Ablauf der aufgebauten Phasensequenzen zerreißt. Auf diese Weise werden Emotionen der Unlust, Irritation bis hin zum Schreck hervorgerufen. Lustvoll dagegen und zu weiterer Verfolgung des gegenwärtigen Verhaltens motivierend sind leichte Abweichungen von den bisher aufgebauten Phasensequenzen, weil sie zu deren weiterer Ausbildung anregen.

Dieses letzte Postulat entspricht Vorgängen der sog. Akkomodation, wie sie Jean Piaget (1936) seiner kognitiven Entwicklungspsychologie zugrunde gelegt hat. Wir begegnen hier wieder dem Diskrepanzgedanken, der – wie wir sahen – in McClellands Motivationstheorie eine affektproduzierende und damit motivierende Rolle spielt. Leichte Diskrepanzen vom Vertrauten, vom Erwarteten sind emotional positiv getönt und motivieren zum Aufsuchen, zur Persistenz; größere Diskrepanzen sind negativ getönt und motivieren zur Meidung, zum Abbrechen einer Verhaltenssequenz. McClellands Motivationstheorie (1953) ist in diesem Punkt von Hebbs Vorstellung über die Auswirkungen diskrepanter Phasensequenzen beeinflußt.

Am weitesten hat Daniel E. Berlyne (1924–1976) eine aktivationspsychologische Motivationstheorie ausgebaut. Vor allem Hebbs Ansätze hat er fortgeführt und sie zugleich mit Grundpositionen von Piaget (kognitive Akkomodation) und von Hull („integrativer Neo-Assoziationismus") vereinigt. Berlyne (1960; 1963a; 1967) hat auf der Grundlage der neurophysiologischen ARAS- und Bekräftigungszentren-Forschung einmal die Stimulus-Seite der Aktivation *(arousal)* und zum anderen die aktivationsabhängigen Motivationswirkungen genauer erforscht und aufgrund einer weiten Befundübersicht, die besonders auch die russische Literatur einbezieht, aufgearbeitet. Auf der Stimulusseite sind Konflikt- und Informationsgehalte entscheidend für die Aktivationsfolgen. Diese Gehalte werden unter dem Oberbegriff der sog. „kollativen Variablen" zusammengefaßt.

„Kollativ" bedeutet, daß die einströmende Information Vergleichsprozessen unterworfen ist, die zu mehr oder weniger großen Inkongruenzen und Konflikten mit dem Vertrauten, dem Erwarteten führen können. Berlyne unterscheidet vier Arten kollativer Variablen: Neuigkeit, Ungewißheit, Komplexität und Überraschungsgehalt. Neben diesen kollativen Variablen sind drei andere Reizarten aktivationswirksam: affektive Reize, starke äußere Reize und innere Reize, die von Bedürfniszuständen herrühren. Alle diese Reizarten zusammen machen das aus, was Berlyne „Aktivationspotential" nennt (was man auch als „Anregungspotential" übersetzen kann). Im Unterschied zu Hebbs Auffassung hat Berlyne an vielfältigen Befunden gezeigt, daß zwischen Aktivationspotential und resultierendem Aktivationsniveau getrennt werden muß. Mit zunehmendem Aktivationspotential steigt die Aktivation nicht linear an, sondern wandelt sich in Form einer U-Funktion. Niedriges und hohes Aktivationspotential haben hohe Aktivation zur Folge, werden als unangenehm erlebt und lösen Aktivitäten aus, die zu einer Verringerung der Aktivation, d. h. zu einem mittleren Aktivationspotential führen, das einen Optimalzustand darstellt. Berlyne (1960) schreibt:

> Our hypotheses imply, therefore, that for an individual organism at a particular time, there will be an *optimal influx of arousal potential*. Arousal potential that deviates in either an upward or a downward direction from this optimum will be drive inducing or aversive. The organism will thus strive to keep arousal potential near its optimum. (S. 194).

Auf der Seite der aktivationsabhängigen Motivationswirkungen hat Berlyne zwischen Explorations- und „epistemischem" Verhalten unterschieden (das letztere meint soviel wie Wissenserwerb und Erkenntnisgewinn durch Nachdenken). Ist das Anregungspotential zu hoch, so soll das Verhalten z. B. zu „spezifischer Exploration" motiviert werden, d. h. zur näheren Inspektion der einströmenden Information, um ein zu hohes Aktivationspotential zu reduzieren. Bei zu niedrigem Anregungspotential (Langeweile) führt „diversive Exploration" zur Suche nach mehr Reizvariation, Neugier, spannender Unterhaltung u. ä.

Ein besonderer und ziemlich unabhängiger Zweig innerhalb der aktivationspsychologischen Motivationsforschung ist von Paul Thomas Young begründet worden. Mit seinem Buch „Motivation of Behavior" von 1936 kam – worauf schon hingewiesen wurde – zum erstenmal der Begriff der Motivation in einem englischsprachigen Buchtitel vor. Young sucht physiologische wie psychologische Aspekte des Motivationsgeschehens als verschiedene Gesichtspunkte bei Betrachtung der gleichen Sachverhalte zu berücksichtigen. Seit den vierziger Jahren hat sich Young (1941; 1961) intensiv der Erforschung von Futterbevorzugungen bei Ratten gewidmet. Auch das Verhalten gesättigter Tiere wird durch angebotene Nahrung motiviert, und zwar von einzelnen Futtersorten in verschiedenem Maße. So ist bestimmten Objekten ein ihnen selbst innewohnender affektiver Aktivationswert, ein Anreiz (wie Schmackhaftigkeit) zuzuschreiben, der unabhängig von der Triebstärke ist, die sich aus organismischen Bedürfniszuständen ergibt. Neben diesen Wertungsdispositionen („*evaluative dispositions*", 1959), die mit affektiver Aktivation verbunden sind und deshalb Verhalten bekräftigen können, vernachlässigt Young jedoch nicht die motivierende Wirkung von Bedürfniszuständen und Triebstärken.

Schon bevor das ARAS entdeckt wurde, hatte Elizabeth Duffy (1932) in den dreißiger Jahren mit psychophysiologischer Forschung begonnen. Mancherlei neurovegetative Maße (wie Muskeltonus und hautgalvanischer Reflex) brachte sie mit Ergebnissen von Leistungstätigkeiten zusammen und erklärte die gefundenen Beziehungen mit der Annahme einer Art zentraler Funktionsaktivierung (*activation*, was sich mit dem heute verwendeten Begriff *arousal* deckt), deren physiologische Grundlage sie damals noch im autonomen Nervensystem sah. Duffy (1934; 1941) versuchte auch den Emotionsbegriff an Aktivationsphänomenen zu klären; hier macht sich der Einfluß Youngs bemerkbar. In einem Buch „Activation and Behavior" hat sie 1962 die Ergebnisse der Aktivationsforschung zusammengebracht und motivationstheoretische Ansätze formuliert. Eines der Hauptergebnisse, nämlich die Beziehung zwischen Aktivation und Tätigkeitsausführung, faßt sie wie folgt zusammen:

> The degree of activation of the individual appears to affect the speed, intensity, and co-ordination of responses, and thus to affect the quality of performance. In general, the optimal degree of activation appears to be a moderate degree, with the curve expressing the relationship between activation and performance taking the form of an inverted U. (1962, S. 194).

Zur Bildung einer vollständigeren und systematischen Motivationstheorie, die die Aktivationsforschung Duffys und anderer aufnimmt, hat Dalbir Bindra (1959) zunächst die Fäden von Hebb, von Skinner und von Hull miteinander verknüpft. Nach Bindra kann man emotionales und motiviertes Verhalten nicht voneinander unterscheiden. Das Charakteristische motivierten Verhaltens ist seine Zielgerichtetheit:

> Goal direction is thus a *multidimensional* concept. Appropriateness, persistence and searching ... can be looked upon as some of the dimensions that are involved in judging behavior as *more or less* goal-directed. (1959, S. 59).

Die Entstehung der Zielgerichtetheit führt er mit Skinner hauptsächlich auf Bekräftigungsereignisse zurück. Das aktuelle Auftreten eines bestimmten motivierten Verhaltens beruht nach Bindra auf dem Zusammenwirken verschiedener Faktoren wie Hinweisreize *(sensory cues)*, Gewohnheitsstärke *(habit strength)*, Aktivationsniveau *(arousal level)*, dem Blutchemismus *(blood chemistry)* und einem besonderen „hypothetischen Mechanismus", dem „P. R. M." *(positive reinforcing mechanism)*, der die Wirkungsweise der von Olds entdeckten Bekräftigungszentren ausübt. In einer Fortentwicklung und Neuorientierung seiner Theorie verwirft Bindra das lerntheoretische Postulat von der assoziationsstiftenden Wirkung der Bekräftigung (1969; 1974). Ähnlich wie Young hebt er nun die Bedeutung von Anreizobjekten *(incentive object)* hervor, die – zusammen mit anderen Reizgegebenheiten und bestimmten organismischen Zuständen, dem sog. zentralen Motivzustand – sowohl für die Entstehung einer aktuellen Motivierung wie für die Ingangsetzung und Steuerung des Verhaltens verantwortlich sind. Bindra ist neben Bolles (1972) der führende Vertreter einer Theorie der Anreizmotivation im Lager der tierpsychologischen Lernforschung (vgl. Kap. 5). Die neuen Konzeptionen einer Anreizmotivation konvergieren weitgehend mit Auffassungen, die Lewin und Tolman 40 Jahre früher zu entwickeln begonnen hatten.

Schließlich bleibt noch auf den russischen Zweig der aktivationspsychologischen Motivationsforschung zu verweisen. Ihr herausragender Vertreter ist E. N. Sokolov (1958; engl. Übers. 1963). Er hat die reflexologische Tradition Pawlows unter Aufnahme aller Fortschritte neurophysiologischer Meßtechnik und neuentdeckter Hirnfunktionen (wie das ARAS) fortgesetzt. Vor allem hat er die Auslösungsbedingungen, den Ablauf und die

Wirkungen von Orientierungsreaktionen und Abwehrreaktionen analysiert. Die vielfältigen Ergebnisse Sokolovs und seiner Mitarbeiter sind in Berlynes Motivationstheorie aufgenommen worden und haben vor allem auf diesem Wege die westliche aktivationspsychologische Forschung beeinflußt.

Orientierungsreaktionen sind kurzfristige, komplexe Prozesse, die nach einer einschneidenden Änderung im Reizfeld eine ganze Reihe physiologischer und psychologischer Vorgänge auslösen, die alle die Informationsempfänglichkeit und Handlungsbereitschaft erhöhen. Dazu gehören die Ausrichtung der Sinnesorgane auf die Reizquelle, Erkundungsreaktionen, diskriminationserhöhende physikalische und chemische Änderungen in den Sinnesorganen, Aktivationserhöhungen in peripheren (z. B. Muskeltonus und Blutdruck) und zentralen Funktionsbereichen (Hirnstrom-Muster) u. a. Bei wiederholter Auslösung wird die Orientierungsreaktion zunehmend von generalisierten zu einer lokalisierten Funktionsaktivierung. Die Abwehrreaktion umfaßt teils ähnliche, teils verschiedene Komponenten in ihrem Aktivationsmuster. Sie vermindert im Gegensatz zur Orientierungsreaktion die Informationsempfänglichkeit und schirmt vor übermäßiger Reizbelastung ab. Diese detaillierten Analysen von Prozessen, die nur wenige Sekunden andauern, sind nicht nur psychophysiologisch, sondern auch motivationstheoretisch von Interesse, weil sie Prototypen „akzessiver" und „defensiver Tendenzen" darstellen, die im weiteren zu aufsuchenden oder meidenden Verhaltensabfolgen führen können.

Bevor wir die aktivationspsychologische Linie abschließen, ist noch der englische Psychologe Hans Jürgen Eysenck zu nennen. Er ist bisher in der Hauptsache als eigenschaftstheoretisch-orientierter Persönlichkeitsforscher hervorgetreten, der hinsichtlich verwendeter Fragebogenmethoden und faktorenanalytischer Analyseverfahren R. B. Cattell sehr nahe steht. Bekannt geworden sind die beiden persönlichkeitsbeschreibenden bipolaren Typen: „Extraversion vs. Introversion" und „Neurotizismus vs. emotionale Stabilität". Individuelle Unterschiede innerhalb beider, voneinander unabhängiger Dimensionen sind nach Eysenck vererblich.

Eysenck (1967) hat diese eigenschaftstheoretische Betrachtungsweise mit der hirnphysiologischen Theorientradition Pawlows von Erregung und Hemmung, in Sonderheit von Sokolovs und Hebbs Ansätzen sowie, von neueren Entdeckungen aktivierender Zentren im Gehirn angeregt, mit aktivationsphysiologischen Erklärungsansätzen vermählt. Die Dimension Extraversion-Introversion führt er auf individuelle Unterschiede der Aktivationsfunktion des ARAS zurück, wobei für Introvertierte ein höheres Aktivationsniveau als für Extravertierte postuliert wird. Die letzteren bauen langsamer bedingte Reflexe auf. Der anderen Dimension (Neurotizismus vs. emotionale Stabilität) schreibt er den Charakter eines „emotionalen Triebes" zu und führt sie auf Zentren im limbischen System zurück (wo Olds die sog. Bekräftigungszentren entdeckt hatte). So ist es zu einer aparten Vereinigung von persönlichkeits- und aktivationspsychologischer Theoriebildung gekommen, die Eysenck mit vielen hirnphysiologischen, experimentellen und Testbefunden aus West und Ost belegt.

Die aktivationspsychologische Linie wird gegenwärtig von vielen Psychophysiologen in mancherlei Bereichen fortgeführt. Das Augenmerk der Forschung, sofern es motivationstheoretisch geschärft ist, richtet sich auf den Einfluß von Situationsfaktoren und die Wirksamkeit von Organismusfaktoren, insbesondere spezifische Hirnmechanismen. Von den acht Grundproblemen der Motivation stehen drei im Vordergrund: Anregung motivierten Verhaltens, Zielgerichtetheit und Konflikt sowie Motivationswirkungen (genauer: Aktivationswirkungen) auf die Leistungstüchtigkeit des Verhaltens.

Abb. 2.5 gibt eine Übersicht über beide Linien des assoziationstheoretischen Problemstrangs, die lernpsychologische und die aktivationspsychologische Linie. Für beide steht im Mittelpunkt des Forschungsinteresses die Funktionsanalyse eines aktuell ablaufenden Verhaltens auf vermutete antreibende und steuernde Faktoren. Um Verhaltensunterschiede zu erklären, werden fast ausschließ-

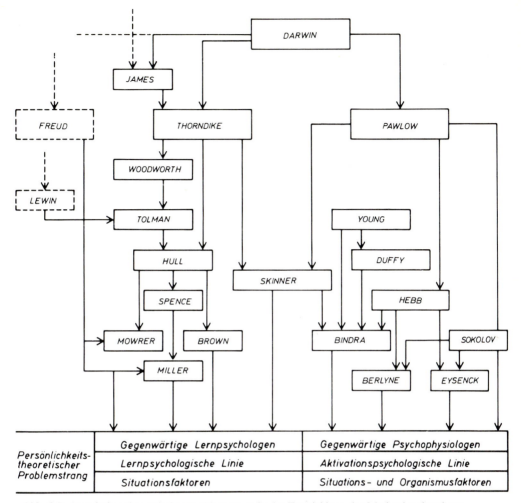

Abb. 2.5. Assoziationstheoretischer Problemstrang in der Entwicklung der Motivationsforschung

lich Situationsfaktoren, äußere wie innere Reize, herangezogen. Überdauernde, d. h. dispositionelle Faktoren gehen auf biologische Grundgegebenheiten zurück, seien es organismische Gleichgewichtszustände, deren Störung zu Bedürfnissen und damit zur Triebstimulation führt, seien es zentralnervöse Mechanismen wie das ARAS oder Bekräftigungszentren, oder seien es bedürfnisunabhängige Anreizcharakteristika von Objekten, wie verschiedene Nahrungsstoffe. Personfaktoren, d. h. individuelle Unterschiede motivationaler Dispositionsfaktoren („Eigenschaften"), spielen (von Eysenck abgesehen) so gut wie keine Rolle.

Das hat seine problemgeschichtlichen Gründe. Motivationspsychologische Fragen waren von Anfang an in andere Fragestellungen eingehüllt und traten erst nach und nach als eigenständige Probleme daraus hervor. In der lernpsychologischen Linie der Motivationsforschung war und ist Lernen die vorrangige Fragestellung, d. h. die Anpassung des Lebewesens an veränderte Umweltgegebenheiten. In der aktivationspsychologischen Linie ist es die neuro- und psychophysiologische Funktionsanalyse des auf Reizstimulation reagierenden Organismus. In beiden Fällen bot sich vornehmlich der Tierversuch an. Deshalb und weil sie in ihrer aktuellen Stärke

84 — 2. Assoziationstheoretischer Problemstrang

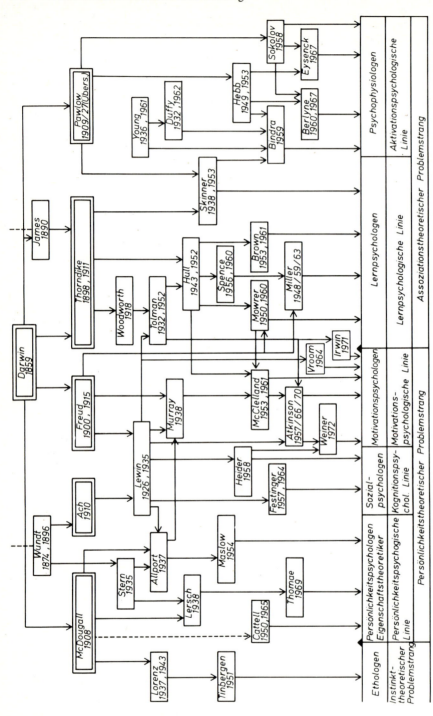

Abb. 2.6. Übersicht über die Geschichte der Motivationsforschung anhand ihrer Hauptvertreter. (Die Jahreszahlen bezeichnen das Erscheinungsjahr wichtiger Veröffentlichungen.)

leicht zu manipulieren sind, beschränkte sich die assoziationstheoretisch-orientierte Motivationsforschung auf organismische Bedürfnisse bzw. auf die ihnen entsprechenden Triebe oder „primären Motive". „Sekundäre", „höhere", „soziale" Motive, die verschiedenen Inhaltsklassen möglicher Person-Umwelt-Bezügen entsprechen, konnten so auch keine Beachtung finden, geschweige zur Berücksichtigung individueller Motivunterschiede führen. Es gibt jedoch in beiden Linien auch Ansätze, die in diese Richtung führen; so Furcht als erlernter, sekundärer Trieb (N. E. Miller), individuelle Unterschiede in dispositioneller Ängstlichkeit (Spence u. Taylor), Erkundungs- und epistemisches Verhalten (Berlyne), Persönlichkeitsunterschiede in der Umweltzuwendung und emotionalen Stabilität (Eysenck).

Ausblick

Anstelle einer Zusammenfassung des problemgeschichtlichen Abrisses der Motivationsforschung möge Abb. 2.6 dienen. Sie enthält im Überblick alle drei Problemstränge, den instinkt-, den persönlichkeits- und den assoziationstheoretischen, sowie die insgesamt fünf verschiedenen Linien innerhalb der beiden letztgenannten Problemstränge. Der problemgeschichtliche Abriß konnte sich in allen seinen Teilen nur mit Andeutungen begnügen. Er sollte dem Leser einerseits einen Eindruck von der Verschiedenartigkeit und Weitläufigkeit all jener Forschungsaktivitäten und Theoriebildungen vermitteln, die auf die eine oder andere Weise mit Erklärungsbegriffen wie Motiv (oder Begriffsäquivalenzen) und Motivation zusammengebracht werden. Andrerseits dient der Abriß der Groborientierung innerhalb der vielgestaltig verschlungenen Motivationsforschung, die insgesamt noch zu jung ist, um schon in eigener Sache eine tiefergehende problemhistorische Darstellung erfahren zu haben (am ehesten schon durch Madsen, 1974).

Die folgenden Kapitel des Buches konzentrieren sich mehr auf die motivations- und kognitionspsychologische Linie als auf andere Linien der Motivationsforschung. Man mag andere Schwerpunkte bevorzugen, aber man wird sich für einen entscheiden müssen, sofern man kein Handbuch oder Nachschlagewerk schreiben will (wie sie von Cofer u. Appley, 1964, und Thomae, 1965, vorliegen). Für die Wahl, das Buch um die motivationspsychologische Linie zu konzentrieren, sprechen einige Gründe. Hier kreuzen sich die meisten Einflußströme aus den anderen Forschungstraditionen, insbesondere der persönlichkeits-, kognitions- und lernpsychologischen. Hier ist es zu mancherlei fruchtbaren Synthesen in Theoriebildung und Methodenentwicklung gekommen. Hier ist die experimentelle Forschung in raschem Fluß begriffen. Hier steht man bei der Erforschung „höherer" menschlicher Motive nicht nur vor allen Grundproblemen der Motivationsforschung, man hat sie auch auf mancherlei Weise in Angriff genommen. Hier kommen Theorien und Methoden zur Zeit am weitesten der Forderung entgegen, Handeln als Wechselwirkungsprozeß zwischen wechselnden Situationsfaktoren und dispositionellen Personfaktoren zu erklären.

3 Eigenschaftstheorien der Motivation

Personzentrierte Verhaltenserklärungen auf den ersten Blick standen naturgemäß an den Anfängen der Motivationsforschung. Individuelle Unterschiede unter gleich erscheinenden oder nicht weiter beachteten Situationsbedingungen fallen ins Auge. Sie vor allem müssen auf Dispositionen unterschiedlicher Ausprägung zurückgehen. Damit ist eine Eigenschaftstheorie schon geboren, so unvollständig sie bleiben mag. Verhaltensbeobachtungen, die mit Eigenschaftsbezeichnungen wie etwa „Hilfsbereitschaft" oder „Streitlust" belegt werden, erhalten Motivcharakter, d. h. es sieht so aus, als seien die betreffenden Personen bestrebt, ein solches Handeln an den Tag zu legen, wann immer es sich machen läßt.

Mit „hinter" dem Verhalten stehenden motivartigen Dispositionen drängt sich, wenn man weiterfragt, nach und nach jedes der vier Grundprobleme zum Motivbegriff auf, die wir im 1. Kapitel bereits erörtert haben. Zunächst müßte sich die Frage stellen, wie sich die individuellen Unterschiede objektivieren lassen. Mit diesem Grundproblem, nämlich der Motivmessung, hat man sich allerdings erst spät zu beschäftigen begonnen. Logisch vorgeordnet ist das Grundproblem der Motivklassifikation. Wie ist eine Disposition denn gegen andere mögliche abzugrenzen und wieviele Dispositionen gibt es überhaupt? Individuelle Unterschiede gibt es ja nicht nur in einem einzelnen Handlungsbereich, wie etwa Hilfsbereitschaft, sondern in vielen. Also muß es viele Motivdispositionen geben. Sie können aber nicht alle zugleich das Handeln bestimmen. Also muß es immer nur eine Motivdisposition (oder deren wenige) sein, die das jeweilige Handeln leitet, während die übrigen Motivdispositionen latent bleiben. Aber wie kommt es zu dieser Auswahl, zur Aktualisierung einzelner Motivdispositionen unter den vielen latenten? Hier drängt sich das Grundproblem der Motivanregung auf. Bei allen Personfaktoren der verschiedenen Motivdispositionen müssen also auch Situationsfaktoren als Anregungsbedingungen berücksichtigt werden. Motivklassifikation verlangt also einen Blick auf den Wechsel des Handelns über wechselnde Situationen. Anders ausgedrückt, wieviele Inhaltsklassen von Person-Umwelt-Bezügen gibt es, die sich alle durch ein charakteristisches Handeln voneinander unterscheiden und deshalb die Aktualisierung entsprechender Motivdispositionen verraten?

Damit hat das Problem der Motivklassifikation einen Stand erreicht, den man experimenteller Klärung zuführen kann. Man variiert Situationsanregungen planmäßig nach Intensität und thematischer Extensität und schaut, wieweit das Handeln äquivalent bleibt, d. h. noch von derselben Motivdisposition bestimmt zu sein scheint. Das sind die Versuchspläne vom Typ I a und b (vgl. Abb. 1.5, S. 34). Jetzt erst, nachdem die Situationsanregung einzelner Motivdispositionen abgeklärt ist, läßt sich die Motivmessung ernstlich in Angriff nehmen, indem man bei inhalts- und intensitätsmäßig standardisierter Situationsanregung individuelle Verhaltensunterschiede mißt (Versuchsplantyp II a und b).

Schließlich tut sich hinter all den eigenschaftstheoretischen Bemühungen um Klassifikation, Wirksamwerden und Messung von Motivdispositionen die Frage auf, woher Motivdispositionen denn eigentlich kommen. Waren sie immer schon da, gehören sie zur phylogenetischen Grundausstattung mit vererbten individuellen Ausprägungsunterschieden oder sind sie erworben im Laufe der individuellen Lebensgeschichte? Versuchsplantyp III ist für erworbene Unterschiede sensibel gemacht, indem er entwicklungsökologische Häufungen von Anregungssituationen mit individuellen Motivunterschieden auf Zusammenhang prüft.

Eigenschaftstheorien der Motivation, die eine eigene Linie innerhalb des persönlichkeitstheoretischen Problemstrangs der Motivationsforschung bilden (vgl. Abb. 2.3), lassen bis heute eine im gleichen Maße systematische Behandlung aller vier Grundprobleme vermissen. Unter der Beobachtungsperspektive individueller Unterschiede zog in der Regel die Motivklassifikation die meisten Bemühungen auf sich. (Eine Ausnahme bildet hier allerdings G. W. Allport.) Nur bei wenigen Eigenschaftstheoretikern war dieses Problem mit jenem der Motivmessung verknüpft (wie etwa bei Cattell). Das Problem situativer Motivanregung blieb in aller Regel vernachlässigt, es verlangt ja auch die entgegengesetzte Beobachtungsperspektive, nämlich intraindividuelle Änderungen über Situationen hinweg. Das Problem der Motivgenese, schließlich, fand häufig keine Beachtung.

Mißverstandene Eigenschaftstheorie und Allports idiographische Betrachtungsweise

Gegenwärtig wie vor vier Jahrzehnten sind die Eigenschaftstheorien zur Erklärung transsituationaler Konsistenz des Handelns ein wenig in den Verruf der Hochstapelei, von nicht einlösbaren Behauptungen geraten. Damals wie heute haben sich „Interaktionismus-Debatten" entsponnen. Ein guter Teil der Kritik beruhte – wie wir bereits in den beiden vorangegangenen Kapiteln angedeutet haben – auf Mißverständnissen der Eigenschaftstheorie.

Ein erstes Mißverständnis besteht in der Radikalisierung der Eigenschaftstheorie, als würde behauptet, Handeln sei ausschließlich, fast ausschließlich oder vorwiegend von individuellen Dispositionen und nicht von Situationen bestimmt. Eine solch radikale Position wird kaum von Eigenschaftstheoretikern – sieht man von Charakterologen wie Ludwig Klages (1910) oder Philipp Lersch (1938) ab – vertreten. Vielmehr wird eine Disposition erst handlungsleitend, wenn eine Situation vorliegt, die mit dieser Disposition kongruent ist, d. h. ihr inhaltsmäßig entspricht, für sie relevant ist. Demnach müßte es für jede Person soviel motivationale Eigenschaften (Eigenschaftskomplexe oder Motivdispositionen) geben, wie es für sie Äquivalenzklassen von Situationen gibt; und auch umgekehrt: soviel Äquivalenzklassen von Situationen, wie es handlungsleitende Motivdispositionen gibt. Schon aus dieser strikt eigenschaftstheoretischen Überlegung geht hervor, daß Persondispositionen und Situationen überhaupt nicht voneinander zu trennen sind.

Ein zweites Mißverständnis ist die Meinung, eine eigenschaftstheoretische Position müsse die Unterschiedlichkeit des Handelns, wenn nicht allein, so doch zum größten Teil auf Persondispositionen und nicht auf Situationen zurückführen. Auch das folgt nicht aus einer eigenschaftstheoretischen Position. Wie wir schon im 1. Kap. (vgl. Abb. 1.3) gesehen haben, können in verschiedenen Situationen derselben Äquivalenzklasse die Anregungsunterschiede so groß sein, daß die Ausprägungsvarianz des Handelns zu einem größeren Teil auf Situation zurückgeht. Dennoch kann über die Situationen hinweg eine vollständige Handlungskonsistenz nach Dispositionsunterschieden bestehen, sofern alle Personen in jeder Situation den gleichen Rangplatz in ihrer Handlungsausprägung behalten.

Ausgelöst wurde die erste Interaktionismus-Debatte der dreißiger Jahre durch die Studien von Hartshorne u. May (1928; 1929) über den „moralischen Charakter" bei Kindern. Wie wir schon in Kap. 1 gesehen haben, fanden sie so wenig Übereinstimmung zwischen verschiedenen Handlungsweisen, die alle moralisch relevant sind, daß sie zu dem Schluß kamen, es handele sich eher „um Gruppen spezifischer Gewohnheiten als um allgemeine Eigenschaften". Denn alle diese Handlungsweisen, die offensichtlich so etwas wie den „moralischen Gesamtcharakter" (*total character score*) ausmachen, korrelierten in ihren Testwerten nicht höher + 0,30. Einen Koeffizienten dieser geringen Höhe hat auch Mischel (1968) in seiner Kritik der Eigenschaftstheorien als die typische „persönlichkeitspsychologische Korrelation" bezeichnet. Er führte sie wie eine Schallmauer der dispositionsabhängigen transsituationalen Konsistenz des Handelns ein, die kaum zu durchbrechen sei. Andere frühere Untersuchungen neben denen von Hartshorne u. May scheinen ihm darin recht zu geben. Newcomb (1929) hat Jungen in einem Sommerlager täglich unter verschiedenen Situationen auf Konsistenz eines extravertierten vs. introvertierten Verhaltens beobachtet. Die mittlere Interkorrelation betrug nur 0,14; kaum höher als das, was sich zwischen zufällig herausgegriffenen Verhaltensvariablen ergibt. Dudycha (1936) hat die Pünktlichkeit von 300 College-Studenten im Unterricht, bei Freizeitgestaltungen und dergleichen beobachtet. Er fand eine transsituationale Konsistenz von nicht mehr als 0,19.

Diese und viele andere Befunde widersprechen unser alltagspsychologischen Erfahrung, daß Personen über verschiedene Situationen hinweg einigermaßen konsistent handeln. Läßt sich der Widerspruch auflösen? Zunächst kann man daran denken, daß Testverfahren und Verhaltensbeobachtung zu wenig reliabel waren, denn das ist eine meßtheoretische Voraussetzung, um die Befunde ernst zu nehmen. Gewöhnlich reichte jedoch die Reliabilität der Verfahren aus, um beträchtlich höhere Konsistenzkorrelationen als 0,30 erwarten zu können.

Das ist kurz umrissen die Befundlage, mit der sich Allport (1937) schon in den dreißiger Jahren auseinanderzusetzen hatte, um die eigenschaftstheoretische Position zu behaupten. Er griff einen Befund von Hartshorne u. May heraus, nach welchem Lügen und Pfuschen praktisch unkorreliert sind ($r=0,13$) und merkte an, daß das eine Kind vielleicht deshalb seine Zuflucht zum Lügen nahm, um die Gefühle der Lehrerin nicht zu verletzen, während ein anderes Kind vielleicht deshalb einen kleinen Geldbetrag stahl, um sich den Klassenkameraden gegenüber großzügig erweisen und ihre Anerkennung finden zu können. Für keins der beiden Kinder fällt deren Verhalten bruchlos unter das, was Hartshorne u. May im vorhinein als eine einheitliche Verhaltensklasse der „Ehrlichkeit" zugrunde gelegt hatten. Wenn nun die Konsistenzkorrelationen so niedrig sind, so „erweist sich daran nur", wie Allport (1937, S. 250) bemerkt, „daß Kinder nicht *auf die gleiche Weise* konsistent sind, aber nicht, daß sie mit *sich selbst* inkonsistent sind".

Mit anderen Worten, die gefundene Inkonsistenz des Verhaltens ist nur eine scheinbare Inkonsistenz (vgl. Allport, 1966). Sie geht darauf zurück, daß die Untersucher jene Handlungsweisen und Situationen, die sie selbst für äquivalent halten und deshalb in Gestalt von Fragebogen-Items und manipulierten Situationen zusammenwerfen, auch bei allen ihren Versuchspersonen als äquivalent voraussetzen. Inkonsistenz-Befunde sagen deshalb weniger etwas über eine transsituationale Inkonsistenz des individuellen Verhaltens als vielmehr etwas über die mangelnde Übereinstimmung zwischen Untersucher und Versuchspersonen aus; nämlich eine mangelnde Übereinstimmung darin, was äquivalente Situationen und ihnen entsprechende äquivalente Handlungsweisen sind. Deshalb müßte, um die eigenschaftstheoretische Konsistenzaussage zu prüfen, die Vpn-Gruppe zunächst einmal auf Gleichheit der Äquivalenzklassen von Situationen und auch von Handlungen untersucht und entsprechend aufgeteilt werden. Von hier aus wird auch verständlich, warum wir unter alltagspsychologischer Erfahrung nicht an der transsituationalen Konsistenz von Eigenschaften zweifeln. Denn wir lassen uns dabei offensichtlich nicht wie psychologische Untersucher von scheinbar allgemein-gültigen (nomothetischen) Klasseneinteilungen für Situationen und Handlungsweisen leiten. Wir gehen vielmehr eher idiographisch vor, indem wir je nach den Besonderheiten des individuellen Falles das Spektrum unterscheidbarer Situationen und Handlungsweisen in einer Weise neu sortieren, die auf den individuellen Fall paßt.

Eine dergestalt „idiographisch" bereinigte d. h. den einzelnen Personen gerechter werdende Betrachtungsweise ist demnach Voraussetzung, wenn man auf nomothetische Weise die transsituationale Konsistenz von Persondispositionen nachweisen und nicht dem „nomothetischen Fallstrick" (Bem u. Allen, 1974) erliegen will. Im Grunde hat darauf Allport schon in seiner Eigenschaftsdefinition von 1937 (vgl. Kap. 2) hingewiesen, wenn er in einer Persönlichkeitseigenschaft die „Fähigkeit" sieht, „viele Reize funktionell äquivalent zu machen und konsistente äquivalente Formen von Handlung und Ausdruck einzuleiten und ihren Verlauf zu lenken" (1937; dtsch. Übersetzung, 1949, S. 296). Motivationspsychologisch würde man sagen, solche Handlungsweisen bilden eine Äquivalenzklasse, lassen auf eine individuelle Motivdisposition schließen und zeigen Konsistenz über Situationen wie Stabilität über Zeit, mit denen der Handelnde äquivalente Folgen seines Handlungsergebnisses anstrebt. Und entsprechend bilden solche Situationen eine Äquivalenzklasse, lassen auf äquivalente Anregungsgehalte schließen und bringen konsistente Handlungsweisen hervor, in denen dem Handelnden das Erreichen äquivalenter Folgen des Handlungsergebnisses aussichtsreich erscheint. Letztlich ist also die motivationspsychologische Äquivalenz von Handlungen wie von Situationen durch ihre Äquifinalität zu bestimmen (vgl. Abb. 1.4).

Im folgenden sollen eigenschaftstheoretische Positionen an paradigmatischen Lösungsversuchen dargestellt werden. Im Mittelpunkt steht dabei immer das Hauptproblem aller eigenschaftstheoretischen Ansätze, die Motivklassifikation. Zunächst werden zwei ganz verschiedene Vorgehensweisen skizziert: der intuitiv-charakterologische Ansatz von Philipp Lersch als Beispiel für eine radikale Eigenschaftstheorie und der faktorenanalytische Ansatz von Raymond B. Cattel. Danach folgen wir dem Versuch zur Motivklassifikation in problemgeschichtlicher und systematischer Sicht.

Intuitiv-charakterologische Eigenschaftstheorie: P. Lersch

Hauptwerk Lerschs ist der „Aufbau des Charakters" (1938), das ab 1951 unter dem Titel „Aufbau der Person" in immer wieder erweiterten Auflagen herauskam. In der Tradition der deutschen Charakterologie von Klages (1910) und von Pfänder (1922) war Lersch bemüht, ein allgemeines persönlichkeitstheoretisches Beschreibungssystem aufzustellen, aus dem uns hier nur der motivationspsychologische Teil interessiert, nämlich die „Antriebserlebnisse".

Diese charakterologische Eigenschaftstheorie beruht auf einer eigentümlichen Verbindung beider Beobachtungsperspektiven. In phänomenologischer Selbstbeobachtung werden, vereinfacht ausgedrückt, einerseits Erlebnisweisen voneinander abgegrenzt und wie Bausteine im Aufbau der Person inventarisiert, d. h. benannt, geordnet, miteinander in Beziehung gesetzt. Die Bausteine werden als Dispositionen angesehen, die nun andrerseits in der Fremdbeobachtung individuelle Unterschiede in ihrer Ausprägung aufweisen. So werden aus einzelnen, voneinander abgegrenzten Antriebserlebnissen, deren man bei sich selbst gewahr wird, Dispositionen, d. h. „verhältnismäßig gleichbleibende, von Mensch zu Mensch verschiedene habituelle Bereitschaften" (Lersch, 1951, S. 34). Es heißt weiter:

> Die Dispositionen sind es, durch die das Seelenleben eines Menschen, im Längsschnitt der Zeit gesehen, ein faßbares Gepräge erhält. Das Seelenleben als Charakter betrachten, heißt also zunächst, es betrachten als Gepräge, das bestimmt wird durch das Vorhandensein von Erlebnisformen und Bereitschaften, die sich im Fluß der ständig wechselnden Vorgänge und Zustände als verhältnismäßig konstant erweisen. (1951, S. 35)

Das Zitat umschreibt prägnant die Grundüberzeugungen einer Verhaltensklärung auf den ersten Blick. Situationsfaktoren werden zur Erklärung nicht herangezogen. Es sind ausschließlich Personfaktoren – und zwar Dispositionen –, auf die individuelle Unterschiede des Handelns und dessen Stabilität über Zeit zurückgeführt werden. Gleichartigkeit des Handelns über breite Situationsbereiche wird eher stillschweigend unterstellt, ohne daß freilich Menschen als umweltlose Monaden angesehen würden. Aber es bleibt bezeichnend, daß sowohl Umwelten, die für einzelne Menschen im zeitlichen Längsschnitt verschieden sind, wie auch der sich aneinander reihende Wechsel von Situationen, ganz außer Betracht bleiben.

So bleibt das Problem der situativen Anregung von Motivdispositionen unter der persönlichkeitstheoretischen und differentiell-psychologischen Frageperspektive verborgen. Nur das Korrelat auf der Personseite findet Beachtung als „Fluß der ständig wechselnden Vorgänge und Zustände". Man könnte zunächst meinen, daß Lersch mit „Vorgängen" und „Zuständen" auch neben den Dispositionsvariablen (im Sinne von Motiv) Funktionsvariablen (im Sinne von Motivation) als kurzfristige Prozesse einführte. Das ist jedoch nicht der Fall. Funktionen fallen für ihn mit Dispositionen zusammen; das ist das Kennzeichen einer verabsolutierten Eigenschaftstheorie.

Die auftretenden „Erlebnisformen und Bereitschaften" erweisen sich als „relativ konstant". Unausgesprochen steht dahinter die Voraussetzung, daß – über ganze Lebenslaufabschnitte hinweg – die Umwelten verschiedener Menschen sowie die unterschiedlichsten Situationen als mehr oder weniger äquivalent erlebt werden. Denn nur unter dieser Voraussetzung kann man es für selbstverständlich halten, daß alle individuellen Unterschiede des Handelns ausschließlich auf individuelle Unterschiede in der Ausprägung eines umschriebenen Repertoires von Dispositionen zurückgehen. Pointiert läßt sich eine solch radikal-eigenschaftstheoretische Charakterologie wie folgt umschreiben. Personen sind mit je besonderen Dispositionsausprägungen ausgestattet. Mit ihnen durchlaufen sie unverwechselbar ihre Lebensbahn, wie in jeder einzelnen Situation zu erkennen ist.

Die einzelnen Dispositionen sind nicht ausschließlich Abstraktionen aus der introspektiven Erfahrung, sondern lehnen sich auch an das Alltagsverständnis umgangssprachlicher

Bezeichnungen an, wie das folgende Zitat zeigt.

> Die Bestimmung solcher Dispositionen geschieht durch Eigenschaftsbegriffe, die die Seelenkunde teils neu prägen muß, zum größten Teil aber schon in dem in jahrhundertelanger Entwicklung aufgestauten Wortschatz der Sprache als fertiges Gebrauchsgut vorfindet. Die Charakterkunde wird umso mehr ihre Möglichkeiten und Aufgaben erfüllen, je mehr sie mit äußerster Beweglichkeit in ihre Systematik diejenigen Begriffe aufnimmt, die sie im vorwissenschaftlichen Sprachgut vorgeformt findet. (1951, S. 35).

Die Beziehung zwischen Bezeichnung und dem Bezeichneten, der Disposition, erscheint bei Lersch ganz unproblematisch, die Bezeichnung verweist unmittelbar auf das Bezeichnete. Im Gegensatz zum erfahrungswissenschaftlichen Vorgehen sind Dispositionen keine hypothetischen Konstrukte, die einem Geflecht beobachtbarer Bedingungen und Wirkungen einen gewissen Erklärungszusammenhang geben, sondern liegen uns unmittelbar vor Augen: eine Art „Wesensschau". Verhaltensmerkmal und Verhaltensursache werden in eins gesetzt, obwohl Lersch schreibt: „Dispositionen lassen sich nicht unmittelbar feststellen, sondern nur aus den immer wiederkehrenden Reaktionen eines Menschen erschließen" (1951, S. 35).

Aber welche Reaktionen sind es, hinter denen in welchen Situationen welche Disposition steht? Die fehlende Verankerung an konkrete Situationen und konkrete Verhaltensweisen hat gravierende Folgen. Zwar ist das klassifizierende Beschreibungssystem von Motivdispositionen – wie wir gleich sehen werden – in sich plausibel und schlüssig, aber in Beziehung zur tatsächlichen Mannigfaltigkeit des Verhaltens hat es einen eigenartig lose-schwebenden Charakter. Zur genaueren Beschreibung von Verhalten ist es nicht konkret und unvoreingenommen genug, zur erklärenden Identifikation von Dispositionen bietet es zu wenig Gewähr für intersubjektive Übereinstimmung in der Beurteilung, ganz abgesehen von der Validität der Beurteilungen, d.h. vom Erklärungswert der diagnostizierten Dispositionen. Eine vermeintlich unmittelbare Wesensschau verleitet dazu, die Probleme der Situationsanregung (Situations-äquivalenz) und der operationalisierenden Messung zu übersehen. Ohne deren Lösung sind jedoch keine Motivdispositionen und ihre individuellen Ausprägungsunterschiede intersubjektiv verläßlich zu identifizieren.

Der Motivklassifikation von Antriebserlebnissen legt Lersch einen weitgespannten anthropologischen Bezugsrahmen zugrunde. Antriebserlebnisse sind „Vollzugsformen, in denen sich das menschliche Dasein zu verwirklichen sucht" (1951, S. 90). Er unterscheidet drei Gruppen von Antriebserlebnissen.

> Die erste Gruppe umfaßt Antriebserlebnisse „des lebendigen Daseins". Sie haben „das Innewerden des Lebens in der Unmittelbarkeit, Ursprünglichkeit und Dynamik seines Vollzuges zum Ziele" (1951, S. 93). Dazu gehören Tätigkeitsdrang, Genußstreben, Libido und Erlebnisdrang.
>
> Die zweite Gruppe umfaßt Antriebserlebnisse „des individuellen Selbstseins". Der Mensch muß „sein Dasein leben ... als eines der unzähligen Einzelwesen, in denen sich Leben konkretisiert" (1951, S. 105). Dazu gehören Selbsterhaltungstrieb, Egoismus, Wille zur Macht, Geltungsdrang, Anspruchsniveau, Vergeltungsdrang und Eigenwertstreben.
>
> Die dritte Gruppe schließlich umfaßt Antriebserlebnisse „des Über-sich-hinaus-Seins". „Sie sind abgestimmt auf Teilhabe an der Welt, jedoch nicht im Sinne des Besitzes, des Für-sich-haben-Wollens, sondern im Sinne der Zugehörigkeit des individuellen Selbstes zur Welt, wodurch das Bewußtsein der Individuation ein Gegengewicht findet", nämlich „... über sich hinaus zu fragen und zu suchen" (1951, S. 131). Dazu gehören mitmenschliche Teilhabe, schaffende Teilhabe (Schaffensdrang), wissende Teilhabe (Interessen), liebende Teilhabe, verpflichtende Teilhabe, enthebende Teilhabe (künstlerischer Drang, metaphysisches Bedürfnis, religiöses Suchen).

Wie bei allen solchen Einteilungen kann man natürlich auch andere Ordnungsgesichtspunkte vorziehen, abweichender Meinung sein, ob man nicht anders zuordnen, mehr oder weniger Unterscheidungen treffen sollte. Stets grenzt Lersch jedoch mit feinsinniger Intuition ab. Hier ist ein Beispiel:

> Wenn wir nun das Leistungsstreben als Variante des Schaffensdranges ansprechen, so heißt das, daß die Leistung um ihrer selbst willen, eben als Zuwachs des Wertbestandes der Welt angestrebt wird. Dies muß deshalb mit Nachdruck gesagt werden, weil Leistung auch im Dienste des Geltungsstrebens stehen kann. Wir sprechen in diesem Falle von Lei-

stungsehrgeiz ... Beim Leistungsehrgeiz endigt das Streben nicht eigentlich in der Leistung, sondern ist zurückgebogen auf das individuelle Selbst. Die Leistung ist nichts Selbständiges, kein in sich gegründeter Wert, sondern Mittel zum Zweck. (1951, S. 145).

Individuelle Unterschiede des Verhaltens wurden, wie gesagt, ausschließlich auf die stärkemäßige Ausprägung in den einzelnen Dispositionen (Strebungen oder Triebfedern in unserem Zusammenhang) zurückgeführt. „Je größer die Kraft einer Triebfeder ist, desto mehr sucht sie die Führung im seelischen Leben zu übernehmen, je geringer sie ist, desto belangloser wird sie für Lebensführung und Lebensgestaltung" (1951, S. 164). So entsteht eine recht variable Typologie, indem einzelne Menschen nach ihrer hervorstechenden Strebung charakterisiert werden. Das Verhalten des „Gutmütigen" ist z. B. durch ein zu gering ausgeprägtes „Anspruchsniveau" bedingt. Über ihn heißt es u. a.:

Der Gutmütige hat ein geringes Anspruchsniveau insofern, als alle Strebungen, die gerichtet sind auf materielles Wohlergehen, auf Besitz, Macht oder Geltung, so wenig ausgeprägt oder wirksam sind, daß er, der Gutmütige, sich in der natürlichen Rivalität der Menschen um Lebenssicherung, Besitz, Einfluß und Geltung alles gefallen läßt: er läßt sich leicht einen Besitz streitig machen, auf den er berechtigten Anspruch hat, er nimmt selten etwas übel, worauf andere mit besonderer Empfindlichkeit ihres Geltungsanspruchs reagieren ... In all diesen Fällen setzt er den Zumutungen, die andere an ihn richten und die eine Einschränkung der eigenen berechtigten Ansprüche darstellen, keinen Widerstand entgegen. (1951, S. 124).

Es überrascht nicht, daß eine so radikal eigenschaftstheoretische Behandlung des Motivationsproblems, wie sie Lersch vornimmt, für die Forschung nicht fruchtbar werden konnte. Die Aufstellung von Motivdispositionen erfolgt zu intuitiv, ihre Bedeutungen sind zu wenig geklärt und an überprüfbaren Sachverhalte festgemacht. Die Probleme der Motivanregung und der Motivmessung bleiben gänzlich unbeachtet. Gleichwohl ist die Motivklassifikation aufgrund phänomenologischer Einsichten und eines weitgespannten anthropologischen Bezugsrahmens nicht ohne Verdienst und Bedeutung. Denn dadurch kann auf übersehene motivationspsychologische Phänomenbereiche aufmerksam gemacht werden, die in anderen Motivklassifikationen, die zwar auf wissenschaftlich befriedigendere Weise Dispositionen identifizieren, zu kurz kommen oder ganz übersehen zu sein scheinen (wie etwa Motive des „Über-sich-hinaus-Seins").

Faktorenanalytische Eigenschaftstheorie: R. B. Cattell

Wie Lersch ist Cattell ein Eigenschaftstheoretiker, der die Ursachen des Verhaltens allerdings nicht ganz so ausschließlich in Dispositionen der Person lokalisiert. Wie Lersch verwendet Cattell (mit geringen Ausnahmen) zur Verhaltenserklärung nur Dispositionsvariablen (im Sinne von Motiv) und keine Funktionsvariablen (im Sinne von Motivation). Wie Lersch entwirft Cattell ein differenziertes, ja noch komplexeres System zur Persönlichkeitsbeschreibung. Er unterscheidet im Großen zwischen drei Arten von Dispositionen als Ursachen der zu beobachtenden Modalität des Verhaltens: kognitive Dispositionen (Fähigkeiten), die mit Unterschieden der Komplexität von Problemlösungssituationen hervortreten; Temperamentsdispositionen, die durchgängig, d. h. situationsunabhängig zum Ausdruck kommen; und schließlich „dynamische", d. h. motivationale Dispositionen, die mit der entsprechenden Anreizstärke der jeweiligen Situation hervor- oder zurücktreten. Wie Lersch hat Cattell schließlich keine experimentellen Bedingungsanalysen angestellt, um durch planmäßige Variation der vorauslaufenden Situationsgegebenheiten deren Einfluß auf das Verhalten abzugrenzen und dabei etwa mögliche Wechselwirkungen mit Motivdispositionen aufzuklären (etwa nach Versuchsplantyp V).

Bei allen diesen Übereinstimmungen in der eigenschaftstheoretischen Grundkonzeption liegen jedoch Welten im methodologischen Vorgehen zwischen Lersch und Cattell. Bei der Suche nach eigenständigen Dispositionen und ihrer Abgrenzung untereinander verläßt sich Cattell weder auf phänomenologische Beschreibungen noch auf den Erfahrungsschatz in der Umgangssprache oder gar auf intuitive Einsichten. Cattell (1957; 1958; 1965) mißt individuelle Unterschiede über z. T. riesige Bereiche möglicher Reaktionsarten, um zu sehen, welche der Reaktionsarten mit welchen zusammen gehen. Mit Hilfe korrelationsstatistischer Verfahren der Faktorenanalyse lassen sich einzelne Kovariationsmuster von Reaktionsarten ausgliedern. Da die Kovariationsmuster sich als mehr oder weniger selbständige Funktionseinheiten in der Mannigfaltigkeit des beobachteten Verhaltens herausgestellt haben, werden sie als „Faktoren" bezeichnet und inhaltlich nach charakteristischen Leitvariablen bezeichnet. In solchen Faktoren sieht Cattell nicht nur Beschreibungsgesichtspunkte des Verhaltens, sondern auch ihm zugrunde liegende Dispositionen der Person und damit wesentliche, wenn nicht die eigentlichen Ursachen des Verhaltens überhaupt.

Das Vorgehen ist jedoch kritischer und komplizierter, als es nach dieser allgemeinen Charakterisierung erscheint. Cattell nutzt die Möglichkeiten multivariater Datenerhebung und ihrer korrelationsstatistischen Analyse in einfallsreicher Weise. Er begnügt sich nicht damit, einzelne vorliegende Testverfahren, die gewöhnlich in Form von Fragebogen auf bestimmte motivthematische Bereiche, wie etwa Hilfsbereitschaft oder Geselligkeit, abzielen, faktorenanalytisch aufzugliedern, um – wie es die differentiell-psychologisch interessierten Psychometriker tun – die gefundenen Faktoren schon als Dispositionen zu betrachten, nach denen man jede Testperson aufgrund ihrer Faktorenkennwerte individuell charakterisieren, d. h. in einem n-faktoriellen Raum lokalisieren kann.

Denn ein solches Vorgehen wäre vor allem aus zwei Gründen voreilig. Zum einen hängen die resultierenden Faktoren (die Kovariationsmuster der Reaktionen) entscheidend davon ab, wie eng oder wie breit die Verschiedenartigkeit von Reaktionsmöglichkeiten ist, die von den verwendeten Testverfahren bei den Probanden überhaupt angeregt und realisierbar gemacht werden. Die dadurch bedingte Methodenabhängigkeit der gefundenen Faktoren wird umso eher überwunden, je mehr es gelingt, Verfahren heranzuziehen, die sowohl auf der Anregungsseite wie auf der Reaktionsseite eine repräsentative Stichprobe dessen sind, was außerhalb der Testsituation alles vorkommt. Zum andern haben sich die üblichen Instrumente, um die stärkemäßige Ausprägung von Motivdispositionen abzuschätzen, nämlich Fragebogen, als wenig aufschlußreich erwiesen. Anwortreaktionen auf Fragen beruhen auf introspektiven Selbstberichten, die – da die Testabsicht in der Regel durchschaubar ist – leicht verfälscht oder von „Antworttendenzen" beeinflußt sein können; abgesehen davon, wieweit die einzelnen Probanden überhaupt zu einem getreuen Selbstbericht in der Lage sind.

Um diese Schwierigkeit zu überwinden, ist Cattell (1957) in zwei Schritten vorgegangen. In einem ersten Schritt hat er nach Verhaltensindizes gesucht, in denen die Stärke von Motiven möglichst unmittelbar und „objektiv", d. h. ohne daß sich der Proband dessen gewahr wird und seine Reaktion entsprechend beeinflussen kann, zum Ausdruck kommt. Dabei wurde jeweils ein einheitlich geschlossen erscheinender motivthematischer Bereich von Interessen und Einstellungen herangezogen und in seinen Einzelaussagen in die Form objektiver Tests gekleidet, die verschiedenartige Verhaltensindizes liefern. Die erhobenen Verhaltensindizes für die Stärke von Motiven (auf dem jeweils vorweg abgegrenzten Interessensgebiet) wurden auf ihre Kovariationsmuster faktorenanalytisch untersucht und nach verschiedenen „Motivationskomponenten" aufgegliedert. Die Motivationskomponenten sind also *nicht* verschiedene Motive, sondern abgrenzbare Ausdrucksformen eines jeden, inhaltlich noch zu bestimmenden Motivs. Die den Komponenten zugrunde liegenden, herausdestillierten Verhaltensindizes, sind sozusagen Anzeigeinstrumente *(devices)*, um individuelle Unterschiede in der Ausprägung einzelner Motive festzuhalten.

In einem zweiten Schritt werden dann anhand der Verhaltensindizes als Anzeigeinstrumente möglichst weite Bereiche inhaltlich verschiedener Einstellungen und Interessen auf ihre Kovariationsmuster faktorenanalytisch aufgegliedert. Daraus ergeben sich inhaltlich verschiedene Motivdispositionen, denen Cattell letzte allgemeinpsychologische Gültigkeit zuschreibt. Die einzelnen Motivdispositionen werden schließlich noch anhand gewisser Kriterien in verschiedene Arten aufgeteilt, die sich nach dem Grad ihrer biologischen Verankerung oder kulturellen Erlerntheit unterscheiden. Soweit in aller Kürze das zweischrittige Verfahren.

Seine multivariate Strategie läßt sich nicht zwanglos in unsere Taxonomie von Versuchsplänen der Motivationsforschung einfügen, da diese die Möglichkeiten von experimentellen Bedingungsanalysen, d. h. eines in der Regel univariaten Vorgehens, darstellt. Dennoch läßt sich sagen, daß Cattell bei der Identifizierung von Motiven im Grunde auch von dem Versuchsplantyp I und II ausgeht; bemerkenswerterweise nur in umgekehrter Reihenfolge, nämlich von II b nach I b. Zunächst werden – je einzeln und für sich – Einstellungsfragen, die in ihrer thematischen Extensität vermutlich einheitlich sind (also Situationen, deren Anregungswert äquivalent erscheint) mit motivstärkeindizierenden Tätigkeiten in Verbindung gebracht. Die aus diesen Verhaltensindizes faktorisierten Komponenten der Motivstärke werden dann nach Versuchsplantyp Ib herangezogen, um über eine thematisch weit streuende Diversität von Einstellungsfragen motivspezifische Äquivalenzklassen anhand der unterschiedlichen Kovariationsmuster auszugliedern. Aus ihnen läßt sich dann schließlich ein Katalog von Motivdispositionen zusammenstellen.

Zeichnen wir das zweischrittige Vorgehen etwas genauer nach. Um zunächst die Stärke von Motivationskomponenten erfaßbar zu machen, hat Cattell so gut wie alles an Verhaltensindizes gesammelt, von dem jemals in der psychologischen Forschung behauptet worden war, in ihnen kämen motivartige Tendenzen zum Ausdruck. An einer Stelle hat Cattell (1957, S. 465–471; vgl. auch Graumann, 1965, S. 182f.) von diesen Indizes für „Motivations-Manifestationen" nicht weniger als 55 aufgeführt. Sie entstammen verschiedenen Funktionsbereichen, wie allgemeinem Wissen (etwa welche Mittel zu einem gegebenen Interessenziel führen), Wahrnehmung, Gedächtnis, Lernen, Entscheidungszeit, Fantasie, neurovegetativen Reaktionen, Meinungsvoreingenommenheiten, Wiederaufnahme unterbrochener Aufgaben. Als Beispiel seien ein paar objektivierte Indizes für die Motivstärke-Manifestation einer einzelnen Einstellungsaussage zur Motivdisposition „Geselligkeit" *(gregariousness)* aufgeführt; und zwar zu der Aussage: „Ich möchte zu einem geselligen Klub oder einer Gruppe von Leuten gehören, die gemeinsame Interessen haben."

Index 1. Wissen und Information
„Welche der folgenden Bezeichnungen sind gesellige Vereine in Amerika?"
P. T. A., The Elks, 4 H, Co-optimists
Index 3. Meinungsverzerrung im Dienste der Motiverfüllung
„Welcher Prozentsatz von Vereinen in Ihrer Gegend würde Sie nicht aufnehmen, selbst wenn Sie eintreten möchten."
Keiner, 5%, 10%, 50%
Index 6. Hautgalvanische Reaktion auf eine Bedrohung
Die Feststellung „Heutzutage gehen die Leute in zu viele Vereine und Klubs" wird tachistoskopisch dargeboten und der prozentuale Abfall des Hautwiderstandes gemessen.
Usw. Anzumerken ist noch, daß bei der Verrechnung der Reaktionen interindividuelle Unterschiede in Wissen, Fertigkeiten, physiologischer Reaktivität ausgeschaltet wurden durch sog. ipsative Kennwerte; d. h. die Reaktionen eines Probanden wurden bei jedem einzelnen Verhaltensindex auf eine Durchschnittsnorm für eben diesen Probanden bezogen.

Auf diese Weise wurden für jede Aussage eines Einstellungsfragebogens zur Geselligkeit zwanzig bis fünfzig objektivierbare Verhaltensindizes entwickelt und bei etwa 200 Probanden erhoben. Alle einzelnen Indizes wurden über die Probanden hinweg interkorreliert, um zu prüfen, ob sie alle eine Einheit bilden in ihrer Funktion, Motivstärke in einem Bereich anzuzeigen, der schon vorweg als geselligkeitsthematisch definiert worden war. Faktorenanalysen zeigten, daß dies nicht der Fall war. Die Verhaltensindizes ließen sich in sechs Faktoren von allgemeinen (inhaltsfreien) Motivationskomponenten aufgliedern, von denen Cattell drei nach der psychoanalytischen Terminologie mit „Es", „Ich" und „Über-Ich" umschreiben zu können glaubte. Ähnliches zeigte sich in anderen Einstellungs- und Interessenbereichen, die wie Geselligkeit apriori eine thematische Einheitlichkeit von Person-Umwelt-Bezügen darzustellen schienen.

Die sechs Komponenten der Motivationsstärke wurden ihrerseits einer Faktorenanalyse (zweiter Ordnung) unterzogen. Dabei ergaben sich zwei Faktoren zweiter Ordnung, eine „integrierte" und eine „unintegrierte" Motivationskomponente. Die integrierte Komponente umfaßt gerichtete, bewußte Anteile einer Motivdisposition („Ich", „Über-Ich"), ein Beispiel dafür ist der oben angeführte Index 1, Wissen und Information. Die unintegrierte Komponente umfaßt „Komplexe", nicht-bewußte Tendenzen, physiologische Reaktivität. Beispiele dafür sind die oben angeführten Indizes 3 und 6, Meinungsverzerrung und hautgalvanische Reaktion. In den folgenden Untersuchungen wurden nur noch diese beiden Motivationskomponenten zur Stärke-Messung, und zwar in einem zusammengesetzten Kennwert, herangezogen; und zwar anhand von insgesamt sechs Leitindizes, die sich als besonders sensibel erwiesen hatten.

Damit war das Anzeigeinstrument für Motivationsstärke in einem motivübergreifenden Sinne geschaffen, und der zweite Schritt – die faktorenanalytische Abgrenzung unterschiedlicher Motivdispositionen – konnte beginnen; ein Schritt, den Cattell als *dynamic calculus*, als Suche nach den dynamischen Strukturfaktoren bezeichnet. Thematisch weit variierende Einstellungsaussagen, d. h. verschiedenartigste Tätigkeitsziele, wurden anhand ihrer Stärke-Indizes faktorenanalysiert. Dabei kristallisierten sich eine Reihe von Faktoren heraus, die Cattell als „einheitliche dynamische Wurzeldispositionen" *(unitary dynamic source traits)* bezeichnete. Einige davon bezeichnete er als *ergs* (von griechisch *ergon*, Energie, Arbeit), in denen er eine Art biologisch verankerten Antrieb sah, was dem ursprünglichen Instinktbegriff von McDougall (1908) recht nahe kommt.

Den *ergs* sind gewisse emotionale Qualitäten und biologische Ziele gemeinsam. Das geht anderen Faktoren unter den Wurzeldispositionen ab. Bei ihnen treten statt dessen soziale und kulturelle Einstellungen hervor, die weniger biologisch verankert als erlernt sind, z. B. Einstellungen zum Beruf, zur Religion oder zum eigenen Selbst. Cattell bezeichnet sie als Werthaltungen *(sentiments)*. Im übrigen grenzt er noch eine dritte Gruppe ab, die sog. Komplexe. Werthaltungen *(sentiments)* und Komplexe faßt er als sog. Engramme (M, von *memory*) zusammen, weil ihr Ursprung lebensgeschichtlicher und nicht biologischer Natur, wie bei den *ergs,* sei. Die Einteilung in *ergs* und *sentiments,* teilweise auch deren Bezeichnung, ist übrigens stark von McDougall (1932) beeinflußt und entspricht seiner Unterscheidung von *propensities* und *sentiments*.

Motivdispositionen der *ergs* definiert Cattell anhand einer Äquivalenzklasse von Handlungszielen wie folgt:

> An innate psychological structure which permits the organism to acquire reactivity (attention, response) to certain classes of objects more readily than others, to experience a specific emotion common to each class, and to start various courses of action (equivalents) which cease more completely at a certain common, definite, consummatory goal activity than at any other. The common goal character is demonstrable by, among other methods, a factor-analytic proof of functional unity in attitude action courses that can be perceived (or demonstrated) by the psychologist to lead to a common goal. (1957; S. 543).

Die Motivdispositionen der *sentiments* kristallisieren sich um soziale und kulturelle Sachverhalte und Institutionen. In ihnen bündeln sich einerseits Einstellungen aus verschiedenen, wenn auch thematisch benachbarten Bereichen, andrerseits haben sie in verschiedenen *ergs* ihre Wurzeln. Cattell definiert:

> The sentiment brings together, in fact, with several *different* ergic roots, but only *one* source of learning – the repeated experiences of rewarded behaviour simultaneously affecting a wide set of attitudes. (1965; S. 192).

Aufgrund komplizierter korrelationsstatistischer Verfahren hat Cattell ein „dynami-

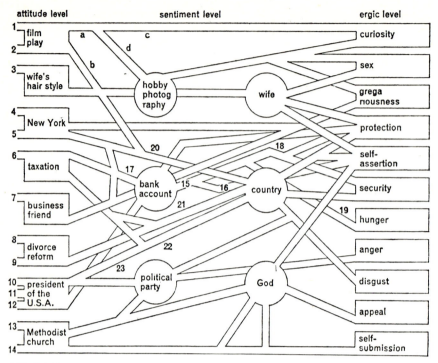

Abb. 3.1. Fragment eines „dynamischen Verstrebungswerks" *(dynamic lattice).* (Aus Cattell, 1965; S. 186)

sches Verstrebungswerk" *(dynamic lattice)* konstruiert. Abb. 3.1 deutet die Beziehungen zwischen den verhaltensnahen Einstellungen einerseits *(attitude level)* und andrerseits den beiden Ebenen der Motivdispositionen der *sentiments* und der *ergs* an.

Es würde zu weit führen, alle Motivdispositionen von *ergs* und *sentiments* anzuführen und zu erläutern, die Cattell und seine Mitarbeiter (vgl. 1957; 1965; Cattel u. Child, 1975) in fast ununterbrochener Folge faktorenanalytisch auf der Grundlage von Einstellungsaussagen herauskristallisiert haben. Tabelle 3.1 führt sechs *ergs* nach ihren Handlungszielen und Emotionen auf, außerdem jeweils das Beispiel einer Aussage des Einstellungsfragebogens, die das betreffende *erg* anzeigt (d. h. eine Faktorladung von mindestens 0,50 besitzt). Für diese sechs Motivdispositionen vom Typ des *erg* hatte Cattell 1957 bereinigte Testbatterien entwickelt.

Motivdispositionen der *ergs* können aufgrund situativer Anregung verschieden aktualisiert sein. Auch ihre intraindividuellen Änderungen – Cattell spricht von Änderungen im „Spannungsniveau" *(level of ergic tension)* – hat Cattell faktorenanalytisch in Komponenten zu zerlegen versucht. Neben zwei konstanten Komponenten, einer konstitutionellen und einer lebensgeschichtlichen, schreibt er jedem *erg* drei variable Komponenten zu, eine der situativen Anregung, eine weitere dem physiologischen Zustand sowie schließlich eine der vorhandenen oder mangelnden Befriedigung. So kommt Cattell, wie häufig auch sonst, zu komplexen hypothetischen Bestimmungsformeln in der Form mathematisierter Linearkombinationen. Sie hängen allerdings in der Luft, solange sie nicht durch einzelne theoriegeleitete experimentelle Bedingungsanalysen auf ihre vorauslaufenden Bedingungen oder Konsequenzen überprüft und bestimmt werden. Das aber bleibt bei Cattell programmatisch und unerledigt, da er inzwischen zu immer neuen korrelationsstatistischen Analysen eilt; etwa um die Möglich-

Tabelle 3.1. Handlungsziele und Emotionen von sechs Motivdispositionen vom Typ des *erg* sowie das Beispiel einer Einstellungsaussage. (Nach Cattell, 1957; S. 541)

Handlungsziel	Emotion	Einstellungsaussage
1. Mating	Sex	I want to fall in love with a beautiful woman
2. Gregariousness	Loneliness	I want to belong to a sociable club or team of people with congenial interests
3. Parental Protectiveness	Pity	I want to help the distressed, wherever they are
4. Exploration	Curiosity	I like to read books, newspapers, and magazines
5. Escape to security	Fear	I want my country to get more protection against the terror of the atom bomb
6. Self assertiveness	Pride	I want to be smartly dressed, with a personal appearance that commends admiration

keiten einer Taxonomie der Anregungsgehalte von Situationen oder die „Lösung" anderer psychologischer Grundprobleme auf faktorenanalytischem Wege zu demonstrieren.

Unverkennbar ist Cattells Bemühen, Motivdispositionen auf Äquivalenzklassen von Handlungsweisen und von Situationen zu basieren. Bei allen Fortschritten gegenüber *apriori*-Definitionen sind dem korrelationsstatistischen Vorgehen Grenzen gesetzt, soweit dieses nur für das gesamte Vpn-Kollektiv durchschnittliche Zusammenhangsmuster beschreibt und nicht zuvor Teilgruppen nach idiographischen Äquivalenzklassen heraussondert. Auch das ziemlich theorielos zusammengehäufte Ausgangsmaterial an Fragebogen und „objektiven Tests" macht die korrelationsstatistische Reduktion auf „Faktoren" nicht überzeugender und die Gefahren eines „nomothetischen Fallstricks" nicht geringer.

Trotz der scharfsinnigen Ausnützung aller Möglichkeiten korrelationsstatistischer Analysen, trotz des ungeheuren Untersuchungsaufwands ist die faktorenanalytische Eigenschaftstheorie bis heute ohne maßgebenden Einfluß auf die Motivationsforschung geblieben. Es liegt in der beschreibenden und nicht bedingungsklärenden Natur korrelationsstatistischer Analysen – sie decken auf, was miteinander zusammengeht, aber nicht was zu was führt – daß für die Grundprobleme der Motivanregung und der Motivgenese von vornherein wenig Aufklärung zu erwarten ist.

Anders steht es mit den Grundproblemen der Motivklassifikation und der Motivmessung. Hier könnte eine faktorenanalytische Eigenschaftstheorie Entscheidendes beisteuern. Wenn Cattells Beiträge auf diesen Gebieten zwar häufig achtungsvoll erwähnt, aber nicht weiter fruchtbar gemacht worden sind, so hat dies offensichtlich mehrere Gründe. Die Frage der Motivklassifikation im Sinne vollständiger Beschreibungssysteme hat gegenüber den ersten Jahrzehnten des Jahrhunderts (wie wir noch sehen werden) ihre Attraktivität verloren, da man sie kaum für lösbar und, falls „gelöst", für wenig hilfreich bei der experimentellen Bedingungsanalyse innerhalb einzelner Motivbereiche hält. Die vorgeschlagenen Motivdispositionen vom Typ der *ergs* stimmen auch nur wenig mit den überlieferten Abgrenzungen einiger Motive überein, die in der experimentellen Forschung viele Untersuchungen auf sich gezogen haben und sich dabei vor allem auf den Motivkatalog Murrays (1938) gestützt haben.

Schließlich sind Motivationsforscher bei allen persönlichkeitstheoretischen Interessen weniger psychometrisch als experimentell eingestellt, sie sind mehr an Bedingungsanalyse im einzelnen als an beschreibender Vermessung des „Ganzen" interessiert. Und vielen erscheint die Ausschließlichkeit des korrelationsstatistischen Vorgehens zugleich oberflächlich, spekulativ, aufwendig und vertrackt. Dennoch hätten es Cattells Motivmeßverfahren, insbesondere in Kombination mit den objektiven Verhaltensindizes, verdient, in der Einzelmotiv-Forschung ihre Brauchbarkeit unter Beweis zu stellen. Leider haben Cattell und seine Mitarbeiter wenig getan, um den Weg dazu zu ebnen.

Motivklassifikation nach Instinkten: W. McDougall

Cattells motivationspsychologisches Beschreibungssystem ist in gewisser Weise eine Wiederbelebung von McDougalls erklärender Verhaltensklassifikation zu Beginn des Jahrhunderts. Von McDougall (1908) stammt der erste großangelegte Versuch, alles Verhalten letztlich auf Motivdispositionen zurückzuführen. Die gebräuchliche Bezeichnung für Motivdispositionen war zu seiner Zeit noch nicht der Motiv- sondern der Instinktbegriff. So wurde etwa Freuds Begriff des Triebes in den ersten Übertragungen seiner Werke ins Englische mit „instinct" übersetzt. Instinkt gehörte bereits als Gegenstück zur Intelligenz zum Begriffsinventar der Vermögenspsychologie des 19. Jahrhunderts. Mit dem Siegeszug des Darwinschen Evolutionsgedankens wurden Instinkte zunehmend auch zur Erklärung des menschlichen Verhaltens herangezogen.

James (1892) sah im Instinkt das Vermögen, in einer solchen Weise zu handeln, „as to produce certain ends, without foresight of the ends, and without previous education in the performance" (S. 383). Was noch bei James eines unter mehreren Erklärungsprinzipien des Verhaltens war, griff McDougall auf und wies ihm eine Schlüsselstellung für jede „dynamische", d. h. verhaltenserklärende Psychologie zu. Die nun geradezu imperialistische Rolle, die McDougall dem Instinkt als Erklärungsbegriff zuwies hat problemgeschichtliche Auswirkungen gehabt. Sie hat die große Instinktkontroverse im zweiten Jahrzehnt des Jahrhunderts heraufbeschworen. Einerseits sahen sich die Hauptkritiker des Instinktbegriffs in ihrem assoziationstheoretischen Credo zu einer radikalen Formulierung ihrer behavioristischen Positionen veranlaßt, nach der alles Verhalten auf einfache Reflexe und Lernen rückführbar ist (Watson, 1919). Andrerseits löste Woodworth (1918), dem schon lange eine „*motivology*" vorschwebte, Instinkt endgültig durch den Begriff des *drive* ab. Und Tolman schließlich war es, der das motivationspsychologische Anliegen McDougalls auch für Behavioristen respektabel, d. h. experimentalisierbar machte. Die spätere Begriffsbereinigung und Erforschung des Instinktverhaltens war dann eine Sache, die Ethologen wie Lorenz und Tinbergen unter sich ausmachten.

Worin bestand McDougalls Anliegen? Er wandte sich sowohl gegen eine rein bewußtseinsbeschreibende Psychologie wie gegen eine „mechanistische" Verhaltenserklärung der Assoziationstheoretiker und Reflexologen. Für ihn ist statt dessen alles Verhalten „teleologisch", zielgerichtet, auf die Erreichung umrissener künftiger Zielzustände aus. Sieben Merkmale sind es, die dafür sprechen:

1. Spontanität der Bewegung
2. Anhaltende Ausdauer der Bewegung, unabhängig davon ob das auslösende Ereignis andauert oder nicht
3. Richtungswechsel der zielgerichteten Bewegungen
4. Stillstand der Bewegungen, sobald sie die angestrebte Änderung der Umwelt erreicht haben
5. Vorbereitung auf die neue Situation, zu der die gegenwärtige Handlung führt
6. Gewisse Verbesserung im Wirkungsgrad eines Verhaltens, wenn dieses unter ähnlichen Umständen wiederholt wird
7. Ganzheitlichkeit des Reaktionsverhaltens eines Organismus.

Diese Merkmale von Gerichtetheit auf jeweils spezifische Zielzustände führte McDougall auf Instinkte zurück. Sein ursprünglicher Instinktbegriff ist recht komplex und umfaßt drei aufeinanderfolgende Prozesse: (1) eine Disposition zu selektiver Wahrnehmung in Abhängigkeit von besonderen Zuständen des Organismus (z. B. bei Hunger eßbare Objekte eher zu bemerken), (2) ein entsprechender emotionaler Impuls (das Kernstück des Instinktes), (3) entsprechende instrumentelle Aktivitäten zur Zielerreichung (z. B. Flucht bei Furcht). McDougall faßt zusammen:

... every instance of instinctive behaviour involves a knowing of something or object, a feeling in regard to it, and a striving towards or away from that object. (1908; S. 26).

Ganz verschiedene Sachverhalte werden also miteinander in Beziehung gesetzt und alle unter einen Dispositionsbegriff gebracht. Die Verwickeltheit wird noch dadurch gesteigert, daß McDougall nur eines der drei Bestimmungsstücke, nämlich die Emotion, das Kernstück, als angeborene und unveränderliche Komponente des Instinkts ansieht, während die kognitive und die motorische Komponente sich unter lebensgeschichtlichen Erfahrungen ändern können:

> The emotional excitement, with the accompanying nervous activities of the central part of the disposition, is the only part of the total instinctive process that retains its specific character and remains common to all individuals and all situations in which the instinct is excited. (1908; S. 33).

In einem so komplex aufgeladenen Begriffsverständnis stellte McDougall (1908) anfänglich eine Liste von 12 Instinkten auf, obwohl er den letzten 5 davon keine klar definierten Emotionen zuordnen konnte (in Klammern sind die jeweiligen Emotionen angegeben): 1. *Flight (fear);* 2. *Repulsion (disgust);* 3. *Curiosity (wonder);* 4. *Pugnacity (anger);* 5. *Self-abasement (subjection);* 6. *Self-assertion (elation);* 7. *Parental instinct (tender emotion);* 8. *Reproduction instinct* (–); 9. *Desire for food* (–); 10. *Gregarious instinct* (–); 11. *Acquisition instinct* (–); 12. *Construction instinct* (–).

Da die Bezeichnung „Instinkt" heftig attackiert wurde und zu dem Mißverständnis Anlaß gab, das Verhalten sei weitgehend durch angeborene Dispositionen festgelegt, verwendete McDougall später die Bezeichnung *propensity,* Neigung. Am Begriff änderte sich jedoch kaum etwas; mit der Ausnahme, daß nun zwischen Disposition *(propensity)* und Funktion *(tendency)* unterschieden wurde, wie das folgende Zitat aus seinem letzten Werk (1932) deutlich macht:

> A *propensity* is a disposition, a functional unit of the mind's total organization, and it is one which, when it is excited, generates an active *tendency,* a *striving,* an *impulse,* or *drive* towards some goal: such a tendency working consciously towards a foreseen goal is a *desire.* (1932; S. 118).

Mehrere *propensities* können sich in sog. *sentiments* (Gesinnungen) verbinden. Das sind erfahrungs- und lernabhängige kognitive Systeme, die sich auf die Wertschätzung von Gegenständen und Sachverhalten beziehen, wie wir es bereits bei Cattell kennengelernt haben. So sind etwa in der Auffassung und Wertung des Sachverhalts „Vaterland" mehrere *propensities* beteiligt. Solche kognitiven Schemata, unter denen das *Self-sentiment* – bezogen auf das Bild vom eigenen Selbst – eine zentrale und organisierende Rolle spielt, machen den „Charakter" aus, und damit zum guten Teil die individuellen Unterschiede bei aller angeborenen Grundausstattung mit den instinktartigen emotionalen Impulsen der *propensities.* Tabelle 3.2 enthält die letzte Fassung der von McDougall vorgeschlagenen *propensities.*

Das Studium einer solchen Liste macht schnell klar, daß es kaum möglich sein dürfte, sie abschließend zu begründen. Warum nicht mehr oder auch weniger Motivdispositionen? Stehen sich nicht „Hilfesuchen" (Nr. 11) und „Unterwerfung" (Nr. 9) sehr nahe? Ist „Wandertrieb" (Nr. 17) nicht bloß eine besondere Ausdrucksform von „Neugier" (Nr. 5)? Solche und viele ähnliche Fragen lassen sich stellen. Sie werfen das Problem auf, an welchen empirischen Kriterien man sie entscheiden kann, die über den Aufweis von bloßer Plausibilität hinausreichen.

Dieses Problem, das bis heute nicht gelöst ist, wurde immer dringlicher empfunden, als es – angeregt durch McDougalls Instinktlisten – vor allem in den Nachbarwissenschaften wie Soziologie und Politischer Wissenschaft üblich wurde, jedem Verhaltensphänomen einen eigenen Instinkt zu unterlegen; etwa nach dem Muster: Krieg liegt am Streitinstinkt; und woran kann man sehen, daß es der Streitinstinkt ist; weil sich die Menschen bekriegen. Die Zirkularität einer solchen Denkmode, der sich McDougall selbst nie hingegeben hat, war ein erster Grund für die große Instinkt-Kontroverse, die bald heraufzog. Diesen Einwänden hätte man mit klareren Kriterien für instinktabhängiges Verhalten und systematischen Untersuchungen begegnen können. Dazu kam es aber in der Hitze des Gefechts nicht mehr. Ein zweiter, verwandter Grund lag in dem Verdacht, daß unter der Bezeichnung Instinkt die alte Vermögenspsychologie wieder auferstand; daß man nämlich im Grunde nur Verhalten beschrieb und klassifizierte. Drittens, wie soll man Verhalten aufteilen in solches, das instinktabhängig ist und

Tabelle 3.2. McDougalls letzte Fassung instinktartiger Motivdispositionen *(propensities)*. (Nach McDougall, 1932, S. 97–98)

1. Food-seeking propensity. To seek (and perhaps to store) food
2. Disgust propensity. To reject and avoid certain noxious substances
3. Sex propensity. To court and mate
4. Fear propensity. To flee, to cover in response to violent impressions that inflict or threaten pain or injury
5. Curiosity propensity. To explore strange places and things
6. Protective and parental propensity. To feed, protect and shelter the young
7. Gregarious propensity. To remain in company with fellows and, if isolated, to seek that company
8. Self-assertive propensity. To domineer, to lead, to assert oneself over, or display oneself before, one's fellows
9. Submissive propensity. To defer, to obey, to follow, to submit in the presence of others who display superior powers
10. Anger propensity. To resent and forcibly to break down any thwarting or resistance offered to the free exercise of any other tendency
11. Appeal propensity. To cry aloud for assistance when our efforts are utterly baffled
12. Constructive propensity. To construct shelters and implements
13. Acquisitive propensity. To acquire, possess, and defend whatever is found useful or otherwise attractive
14. Laughter propensity. To laugh at the defects and failures of our fellow creatures
15. Comfort propensity. To remove, or to remove oneself from, whatever produces discomfort, as by scratching or by change of position and location
16. Rest or sleep propensity. To lie down, rest, and sleep when tired
17. Migratory propensity. To wander to new scenes
18. A group of very simple propensities serving bodily needs, such as coughing, sneezing, breathing, evacuation

auch von einer sachlich-empirischen-Klärung fernhielten. Von den Gegnern wurde der Instinktbegriff mit McDougalls Überzeugung, daß Verhalten zielgerichtet, d. h. vom Ziel her organisiert sei, ineinsgesetzt. Das aber erschien vom assoziationstheoretischen Standpunkt unwissenschaftlich, so als würde McDougall, wie früher die Vitalisten, mit den Instinkten eine Art mystischer Kräfte einführen. Natürlich lag das McDougall fern. Aber die metatheoretischen Unterstellungen machten die Kontroverse hitziger und verhinderten jede Klärung über Befundkriterien zur Entscheidung der Kontroverse. Da die Gegner des Instinktbegriffs auch selbst keine bessere Theorie anbieten konnten, blieb die ganze Kontroverse in der Sache unentschieden. Sie erledigte sich durch Erschöpfung und durch Überdruß am Spekulieren. Ihr auf allen Seiten mit wachsender Zustimmung aufgenommenes Resultat war die Einsicht, daß man mehr experimentieren müsse, konkret und im Detail; was dann auch mit Beginn der dreißiger Jahre sprunghaft der Fall war (vgl. Krantz u. Allen, 1967).

McDougall hat, neben Freud, ein durch und durch motivationspsychologisches Denken in die Erklärung des Verhaltens eingebracht. Mit den Fragen, was ein Motiv sei und wie Motive zu klassifizieren seien, hat er zentrale Probleme aufgeworfen, die, weil er sie eher beschreibend und definitorisch zu klären versuchte, die Kontroversen hervorbrachten, die die empirische Motivationsforschung der folgenden Jahrzehnte zu einem guten Teil geleitet haben. Ist Verhalten vorwiegend ein Resultat vorangegangenen Lernens oder angeborener Impulse? Ist motiviertes Verhalten eine Frage seiner Energetisierung oder eine Frage seiner Steuerung und Auswahl? Und vor allem: Ist Verhalten im mechanistischen Sinne von Reiz-Reaktionsverknüpfungen oder im mentalistischen Sinn von antizipatorischen Kognitionen zu erklären?

Die Bezeichnung Instinkt für eine Motivdisposition war fortan geächtet. An die Stelle traten die Bezeichnungen Trieb und Bedürfnis. Die vernachlässigten Probleme der Motivanregung und der Motivationswirkung wurden in Angriff genommen. Aber zwischen

in solches, das auf erlernten Ausführungsgewohnheiten *(habits)* beruht? Dazu hätte man unterscheiden können müssen zwischen austauschbaren instrumentellen Aktivitäten und Zielzuständen, auf die das Verhalten letztlich konvergiert (vgl. Abb. 1.4, Äquifinalität).

Schließlich und viertens waren es im wesentlichen metatheoretische Gegensätze, die die Kontroverse untergründig belebten und

McDougalls Instinktlisten und Cattells faktorenanalytisch gewonnenen Katalogen gab es noch einen großen Ansatz zur Motivklassifikation, eng verbunden mit Versuchen der Motivmessung: H. A. Murrays Liste von Bedürfnissen *(needs)* aus dem Jahre 1938.

Motivklassifikation nach Person-Umwelt-Bezügen: H. A. Murray

Murrays Werk „Explorations in Personality" (1938) ist der Schnittpunkt wichtiger Entwicklungslinien der Motivationsforschung; insbesondere jener, die von McDougall, von Freud und von Lewin ausgehen. Murray, vor allem klinisch und persönlichkeitspsychologisch interessiert, machte den Motivbegriff des Bedürfnisses *(need)* zum Mittelpunkt eines Begriffssystems mit einer Fülle von Unterscheidungen. Die in ihrer Herkunft eklektische Semantik war nicht zur bloßen Verhaltensbeschreibung gedacht, auch nicht zur Erklärung von individuellen Reaktionsunterschieden in standardisierten Situationen. Vielmehr sollte das Individuelle an größeren (molaren) Verhaltensabschnitten, ja der rote Faden in der zyklischen Wiederkehr individualtypischer Ähnlichkeiten gefunden werden, wenn man Personen über Situationen und über die Zeit hinweg beobachtet. Person wird als ein aktiver Organismus aufgefaßt, der nicht nur auf den Druck von Situationen reagiert, sondern Situationen auch aktiv aufsucht, gestaltet; in jedem Falle aber die Auswirkungsmöglichkeiten der jeweiligen Situation auf die eigenen Bedürfnisbelange auffaßt und entsprechend agiert.

Die Zielgerichtetheit des Verhaltens sucht Murray aus der sich fortspinnenden Kette von episodenhaften Person-Umwelt-Bezügen zu erklären; aus der ständigen Interaktion von Person- und Situationsfaktoren. Damit war eine bloße Eigenschaftstheorie der Motivation, die alles Handeln so einseitig auf dispositionelle Personfaktoren zurückführt, überwunden. Das folgende Zitat spricht für sich:

Since at every moment, an organism is within an environment which largely determines its behaviour, and since the environment changes – sometimes with radical abruptness – the conduct of an individual cannot be formulated without a characterization of each confronting situation, physical and social. It is important to define the environment since two organisms may behave differently only because they are, by chance, encountering different conditions. It is considered that two organisms are dissimilar if they give the same response but only to different situations as well as if they give different responses to the same situation. Also, different inner states of the same organism can be inferred when responses to similar external conditions are different. Finally, the assimilations and integrations that occur in an organism are determined to a large extent by the nature of its closely previous, as well by its more distantly previous, environments. In other words, what an organism knows or believes is, in some measure, a product of formerly encountered situations. Thus, much of what is now *inside* the organism was once *outside*. For these reasons, the organism and its milieu must be considered together, a single creature-environment interaction being a convenient short unit for psychology. A *long unit* – an individual life – can be most clearly formulated as a succession of related *short units*, or *episodes*. (1938; S. 39–40).

Wie das Zitat belegt, hat Murray bereits die „moderne" Position des Interaktionismus (Bowers, 1973; Magnusson u. Endler, 1977) vorgezeichnet. Organismus (Person) und wahrgenommene Situation bilden eine Interaktionseinheit im Sinne gegenseitiger Einwirkung. Die beiden zentralen und sich entsprechenden Begriffe sind *need* auf der Personseite und *press* auf der Situationsseite. *Need* und *press* liegen der Beobachtung nicht offen zutage, sie müssen erschlossen werden; es sind keine Beschreibungsbegriffe, sondern – wie man heute sagen würde – hypothetische Konstrukte. Aber woraus sind sie zu erschließen? Sie lassen sich nicht aus momentanen Ausschnitten des gegenwärtigen Verhaltens oder der gegenwärtigen Situation, sondern nur aus den Effekten erschließen, auf die hin der Verhaltensablauf bzw. die Situationsentwicklung tendiert, konvergiert. Der Motivbegriff des *need* (*drive* wird im übrigen davon nicht unterschieden) ist also inhaltlich durch den zu erreichenden Zielzustand eines Person-Umwelt-Bezuges zu bestimmen; *press*, welchen Zielzustand die Situation erhoffen oder als verlustig gehend befürchten läßt. *Need* und *press* entsprechen sich thematisch; ein *press* ruft das entsprechende *need* hervor, ein *need* sucht seinen ihm entsprechenden *press*. Die Wechselwirkung zwischen *need* und *press*, ihre thematische Verschränkung, wird als *thema* bezeichnet (deshalb auch „Thematischer Auffassungstest", vgl. unten). Das „thema" ist die eigentliche Analyseeinheit im Aktivitätsstrom. Jede Episode daraus hat ein Thema, einen zielgerichteten Handlungsablauf.

Murray definiert *need* in einer Weise, die die Einflüsse McDougalls und Freuds erkennen lassen:

> A need is a construct (a convenient fiction or hypothetical concept) which stands for a force (the physico-chemical nature of which is unknown) ... which organizes perception, apperception, intellection, conation and action in such a way as to transform in a certain direction an existing, unsatisfying situation. (1938; S. 123–124).
>
> ... we may loosely use the term „need" to refer to an organic potentiality or readiness to respond in a certain way under given conditions. In this sense a need is a latent attribute of an organism. More strictly, it is a noun which stands for the fact that a certain trend is apt to recur. We have not found that any confusion arises when we use „need" at one time to refer to a temporary happening and at another to refer to a more or less consistent trait of personality. (1938; S. 61).

Der Begriff *need* wird also von Murray sowohl im Sinne einer Dispositionsvariable als auch einer Funktionsvariable benutzt. Arten der Motivdisposition *need* werden in verschiedenen Hinsichten klassifiziert: zunächst in primäre (viszerogene) Bedürfnisse (wie *n(eed)* Water, *n* Food, *n* Sex, *n* Urination, *n* Coldavoidance u. a. m.) und sekundäre (psychogene) Bedürfnisse (vgl. Tab. 3.3). Die primären Bedürfnisse beruhen im Unterschied zu den sekundären auf organismischen Vorgängen und treten zyklisch (wie *n* Food) oder regulatorisch auf (wie *n* Coldavoidance). Des weiteren in positive (aufsuchende) oder negative (meidende) Bedürfnisse; in manifeste oder latente Bedürfnisse, die manifesten

Tabelle 3.3. Murrays Katalog von psychogenen Bedürfnissen *(needs; n=need)*, alphabetisch geordnet

1. *n* Abasement (*n* Aba)	Erniedrigung
2. *n* Achievement (*n* Ach)	Leistung
3. *n* Affiliation (*n* Aff)	sozialer Anschluß
4. *n* Aggression (*n* Agg)	Aggression
5. *n* Autonomy (*n* Auto)	Unabhägigkeit
6. *n* Counteraction (*n* Cnt)	Widerständigkeit
7. *n* Deference (*n* Def)	Unterwürfigkeit
8. *n* Defendance (*n* Dfd)	Selbstgerechtigkeit
9. *n* Dominance (*n* Dom)	Machtausübung
10. *n* Exhibition (*n* Exh)	Selbstdarstellung
11. *n* Harmavoidance (*n* Harm)	Leidvermeidung
12. *n* Infavoidance (*n* Inf)	Mißerfolgsmeidung
13. *n* Nurturance (*n* Nur)	Fürsorglichkeit
14. *n* Order (*n* Ord)	Ordnung
15. *n* Play (*n* Play)	Spiel
16. *n* Rejection (*n* Rej)	Zurückweisung
17. *n* Sentience (*n* Sen)	Sinnenhaftigkeit
18. *n* Sex (*n* Sex)	Sexualität
19. *n* Succorance (*n* Suc)	Hilfesuchen (Abhängigkeit)
20. *n* Understanding (*n* Und)	Verstehen (Einsicht)

Die folgenden Bedürfnisse wurden vorläufig aufgestellt, aber nicht systematisch untersucht:

n Acquisition (*n* Acq)	Erwerb
n Blamavoidance (*n* Blam)	Tadelvermeidung
n Cognizance (*n* Cog)	Wissensdrang
n Construction (*n* Cons)	Aufbauen (Organisieren)
n Exposition (*n* Exp)	Darlegen (Unterrichten)
n Recognition (*n* Rec)	Geltungsdrang
n Retention (*n* Ret)	Zurückbehalten (Sparsamkeit)

kommen frei im offenen Verhalten zum Ausdruck („objektiviert"), die latenten in spielerischem oder bloßem Fantasieverhalten („halb-objektiviert") bzw. „subjektiviert". In bestimmten Situationen können auch einzelne Bedürfnisse bei der Motivierung des Verhaltens miteinander verschmelzen oder in Konflikt miteinander liegen, oder ein Bedürfnis kann in den Dienst eines anderen gestellt werden. Etc.

Press wird wie folgt definiert:

... kind of effect an object or situation is exerting or could exert upon the subject. It is a temporal gestalt of stimuli which usually appears in the guise of a *threat of harm* or *promise of benefit* to the organism. (1938; S. 748).

In identifying press we have found it convenient to distinguish between 1, the *alpha* press, which is the press that actually exists, as far as scientific inquiry can determine it; and 2, *beta* press, which is the subject's own interpretation of the phenomena that he perceives. (1938; S. 122).

All diese Begriffsdistinktionen waren nicht lediglich das Resultat von Plausibilität, Nachdenken und Erfindung. Anhand von Befunden vielfältiger Untersuchungssituationen, in die 50 Personen in der *Harvard Psychological Clinic* gebracht wurden, wurde der Begriffsapparat entwickelt, verfeinert, überprüft. Das gilt besonders für die inhaltliche Abgrenzung der einzelnen sekundären Bedürfnisse (vgl. Tabelle 3.3). Von insgesamt 27 Mitarbeitern, Psychologen und Psychiatern wurden die Vpn in verschiedene Situationen gebracht, um die sich wiederholenden Manifestationen der bei den einzelnen Personen jeweils ausgeprägteren Motive zu registrieren; dazu aber auch Situationen in denen einzelne, individuell nicht ausgeprägte Motive angeregt wurden. Die Untersuchungssituationen reichten von Interviews, schriftlichen Lebensläufen, Kindheitserinnerungen über verschiedene Testverfahren bis zu Anspruchsniveau- und Gedächtnisexperimenten. Besondere Erwähnung verdient der von Murray entwickelte Thematische Auffassungstest (TAT). Unter gezielter inhaltlicher Anregung durch einzelne Bildvorlagen hat der Proband Fantasiegeschichten zu entwerfen, die einer Analyse von *need*, *press* und *thema* unterzogen werden. In einer besonderen Ausformung gewann dieses Verfahren große Bedeutung für eine objektivierte Motivmessung und schuf damit die Voraussetzung für eine intensive experimentelle Einzelmotivforschung, insbesondere des Leistungsmotivs (vgl. Kap. 6).

So wurde einer eilfertigen Motivklassifikation entgegengewirkt. Einzelne Bedürfnisse des Katalogs wurden leitbildhaft von anderen Autoren herangezogen, um Motivmeßverfahren zu konstruieren, seien es Fragebögen oder thematische Auffassungsmethoden. Motive wie *need Achievement* (*n* Ach), *need Affiliation* (*n* Aff) und *need Dominance* (heute unter der Bezeichnung *n* Power) sind durch die in den fünfziger Jahren einsetzende experimentelle Motivationsforschung sehr bekannt geworden.

Worin besteht Murrays Beitrag? Er hat eine Fülle von Gesichtspunkten aus verschiedenartigen Theorieansätzen zusammengetragen und klassifiziert, lauter Gesichtspunkte, die zur Erklärung des Verhaltens wichtig erscheinen. Er hat ein Begriffsinventar geschaffen, das die Aufmerksamkeit bei der Theorienbildung und Motivmessung schärfer fokussierte. Aber eine eigentliche Theorie hat er nicht geschaffen. Zwischen den vielen empirischen und hypothetischen Variablen sind kaum spezifische Beziehungen postuliert. Im wesentlichen sind nach dem Versuchsplantyp I (Abb. 1.5) Anregungsbedingungen über weite Bereiche variiert worden, um die Verschiedenartigkeit in Inhalt und Art des erfolgenden Verhaltens – seine intra- und seine interindividuellen Unterschiede – voneinander abzuheben und zu klassifizieren. Der Bedürfniskatalog ist das Resultat des entschiedenen Versuchs, den Wandel des Verhaltens sowohl über Situationen wie über Zeit hinweg beschreibbar und erklärbar zu machen. Eine bedingungsanalytisch fundierte Vorhersage des Verhaltens für eingegrenzte Ausschnitte, gar die Spezifikation von *need-press*-Interaktion, mußte außerhalb der weitgespannten Frageperspektive liegen.

Die Einseitigkeit der eigenschaftstheoretischen Betrachtungsweise, der Verhaltenserklärung auf den ersten Blick, wie sie von McDougall überkommen war und später noch von Cattell methodisch verfestigt wurde, hat

Murray überwunden. Er hat bereits (worauf wir schon hinwiesen) Positionen des „modernen" Interaktionismus vertreten. Angestrebte Handlungsfolgen *(need)* und wahrgenommene Möglichkeiten der Situation *(press)* verschränken sich zu einem „Thema" *(thema)*; zu einer, wie wir heute sagen würden, Äquivalenzklasse von Handlungssituationen für ein gegebenes Individuum. Das Problem der Motivklassifikation sah er nicht nur in einem bloßer Spekulation vorbeugenden Zusammenhang mit der Motivmessung, sondern auch im Zusammenhang mit situativer Motivanregung, sowie mit Wechsel und Wiederaufnahme der Motivation (5. Grundproblem) und mit motivierter Zielgerichtetheit und Motivationskonflikt (6. Grundproblem). Sein Thematischer Auffassungstest (TAT) schuf die Grundlage für einen späteren Durchbruch in der Motivmessung (McClelland et al., 1953).

Hierarchie-Modell der Motivklassifikation: A. Maslow

Wieder stärker eigenschaftstheoretisch verhaftet als Murrays Motivklassifikation war ein Versuch, den Abraham Maslow 1954 in seinem Buch „Motivation and Personality" vorlegte. Maslow war ein Begründer der „Humanistischen Psychologie", die sich nach dem Zweiten Weltkrieg in den USA unter Einfluß existentialistischen europäischen Gedankenguts herausbildete. Diese Bewegung begreift sich als die „Dritte Kraft", die sich von den Einseitigkeiten einer rein behavioristischen wie einer rein psychoanalytischen Betrachtungsweise frei zu machen sucht, um Fragen der Wertorientierung und des Lebenssinns in den Mittelpunkt persönlichkeitstheoretischer Forschung zu stellen. Sie greift dabei auf die alten Ansätze Diltheys (1894) zu einer „verstehenden Psychologie", der auch Lersch verpflichtet war, zurück. Das geschieht unter anderem in einer anti-darwinistischen Wendung. Zwar ist der Mensch biologisch determiniert, sind seine Möglichkeiten angeboren und entfalten sich in Reifungsprozessen, aber er unterscheidet sich grundsätzlich von nichtmenschlichen Lebewesen durch seine Fähigkeit, ja sein Bedürfnis zu wertgeladener Selbstverwirklichung.

Maslow wendet sich gegen Motivklassifikationen. Er hält die bestehenden Listen von Trieben und Bedürfnissen für theoretisch unfruchtbar. Das hält ihn nicht davon ab, selbst eine Motivklassifikation vorzunehmen. In zweierlei Hinsicht freilich unterscheidet sich der Versuch von früheren Klassifikationen, und es waren diese Unterschiede, die Maslows Liste sehr populär gemacht haben. Zum einen wurden nicht einzelne Motive, sondern nur ganze Motivgruppen voneinander abgegrenzt. Zum andern wurden diese Motivgruppen in eine wertbezogene Hierarchie nach ihrer Rolle in der Persönlichkeitsentwicklung geordnet. Aber auch die „höheren" und „höchsten" Bedürfnisse werden dabei nicht weniger als „instinktoide", d. h. angeborene, konstitutionelle Dispositionen verstanden als die „niederen" Bedürfnisse. Nur solange ein Bedürfnis unbefriedigt ist, aktiviert und beeinflußt es das Handeln. Dabei wird das Handeln weniger von innen getrieben *(pushed)* als von Befriedigungsmöglichkeiten angezogen *(pulled)*. Der Grundgedanke von Maslows Klassifikation ist ein Prinzip der relativen Vorrangigkeit in der Motivanregung. Es besagt, daß zunächst immer die Bedürfnisse der niederen Gruppe befriedigt sein müssen, ehe ein höheres Bedürfnis überhaupt aktiviert wird und das Handeln bestimmen kann.

Die Hierarchie der Bedürfnisse geht von physiologischen Bedürfnissen über Sicherheitsbedürfnisse und Bedürfnisse der sozialen Bindung bis zu Bedürfnissen der Selbstachtung und letztlich der Selbstverwirklichung. Selbstverwirklichung kann erst verhaltensbestimmend werden, wenn alle übrigen Bedürfnisse befriedigt sind. Kommt es zu einem Konflikt zwischen Bedürfnissen verschiedenen Hierarchieniveaus, so setzt sich das „niedere" Bedürfnis durch. Entwicklungspsychologisch gesehen entsprechen die aufsteigenden Motivgruppen einer lebensgeschichtlichen Folge (vgl. auch die Studien der Ich-Entwicklung nach Erikson, 1963). Für den Säugling steht die Befriedigung physiologischer Bedürfnisse im Vordergrund, für das Kleinkind wird Sicherheit zum vordringlichen Anliegen, es folgen soziale Bindungen und Selbstachtung, erst in der Adoleszenz gewinnen Aspekte der Selbstverwirklichung Bedeutung, die – falls überhaupt – erst im Erwachsenenalter realisiert werden können. Abb. 3.2 verdeutlicht diese Vorstellung.

Die niederen Bedürfnisgruppen bezeichnet Maslow als Mangelbedürfnisse *(deficiency needs)*, die höheren als Wachstumsbedürfnisse *(growth needs)*. Tabelle 3.4 spezifiziert die einzelnen Motivgruppen in der Hierarchie, der „Pyramide" von Bedürfnissen.

Unter allen Motivgruppen gilt Maslows Hauptinteresse den Bedürfnissen nach Selbstverwirklichung. Von ihnen schreibt er:

> Even if all these needs are satisfied, we may still often (if not always) expect that a new discontent and restlessness will soon develop, unless the individual is doing what *he*, individually, is fitted for. A musician must make music, an artist must paint, a poet must write, if he is to be ultimately at peace with himself. What a man *can* be, he *must* be. This need we may call self-actualization ... It refers to man's desire for self-fulfilment, namely, to the tendency for him to become actualized in what he is potentially. (1954; S. 91, 92).

Die relative Vorrangigkeit vorübergehend unbefriedigter niederer Bedürfnisse muß nicht in jedem Fall die Verfolgung der Selbstverwirklichung unterbrechen und blockieren.

Tabelle 3.4. Maslows Motivklassifikation nach einem Hierarchie-Modell

Höhere Bedürfnisse (Wachstumsbedürfnisse)	5. Selbstverwirklichungsbedürfnisse *(self-actualization needs)*: Selbsterfüllung in der Realisierung der eigenen angelegten Möglichkeiten und Fähigkeiten, Bedürfnis nach Verstehen und Einsicht
	4. Selbstachtungsbedürfnisse *(esteem needs)*: Bedürfnisse nach Leistung, nach Geltung, nach Zustimmung
	3. Soziale Bindungsbedürfnisse *(needs for belongingness and love)*: Bedürfnisse nach Liebe, nach Zärtlichkeit, nach Geborgenheit, nach sozialem Anschluß, nach Identifikation
	2. Sicherheitsbedürfnisse *(safety needs)*: Sicherheit und Schutz vor Schmerz, Furcht, Angst und Ungeordnetheit. Bedürfnis nach schützender Abhängigkeit, nach Ordnung, Gesetzlichkeit und Verhaltensregelung
Niedere Bedürfnisse (Mangelbedürfnisse)	1. Physiologische Bedürfnisse *(physiological needs)*: Hunger, Durst, Sexualität etc. soweit sie homöostatisch und organismischer Natur sind

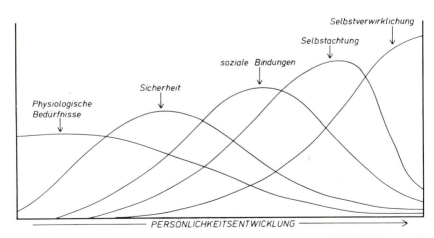

Abb. 3.2. Hierarchie der Motivgruppen aufgrund relativer Vorrangigkeit in der Bedürfnisbefriedigung nach Maslow. (Darstellungsweise nach Krech, Crutchfield u. Ballachey, 1962; S. 77)

Die Selbstverwirklichung kann eine Art funktioneller Autonomie im Sinne Allports (1937) gewinnen (vgl. Kap. 2). Was die empirischen Belege betrifft, so stützt sich Maslow (1954; 1955) auf Interviewmaterial und Biographien herausragender Persönlichkeiten aus Gegenwart und Vergangenheit, wie Lincoln, Beethoven, Einstein, Eleanor Roosevelt, Aldous Huxley. In dieser ausgelesenen Stichprobe sieht er die folgenden Charakteristika hervortreten: Realitätsorientierung, akzeptierende Liberalität, Spontaneität, Sachorientierung, Eingrenzung von Privatsphäre, Unabhängigkeit, Urteilsfreudigkeit, Spiritualität, Identifikation mit der gesamten Menschheit, Intimsphäre mit wenigen nahestehenden Menschen, demokratische Werte, Unterscheidung zwischen Mitteln und Zwecken, Humor, Kreativität und Nonkonformität. In 16 Punkten typisiert Maslow Unterschiede zwischen niederen und höheren Bedürfnissen. Hier sind einige Punkte:

1. Das höhere Bedürfnis stellt eine spätere stammesgeschichtliche Entwicklung dar.
2. Je höher das Bedürfnis umso weniger dringlich ist es für das bloße Überleben, umso länger kann die Befriedigung zurückgestellt werden und umso leichter ist es für das Bedürfnis, auf Dauer zu verschwinden.
3. Auf einem höheren Bedürfnisniveau zu leben, bedeutet größere biologische Effizienz, längeres Leben, weniger Krankheiten, besseren Schlaf, mehr Appetit etc.
4. Höhere Bedürfnisse sind subjektiv weniger drängend.
5. Befriedigung höherer Bedürfnisse schafft mehr an wünschbaren und persönlichen Ergebnissen, d. h. tieferes Glück, Heiterkeit und inneren Reichtum (1954; S. 147f.).

Bei der Motivklassifikation läßt sich Maslow in seinem humanistischen Anliegen offensichtlich nicht nur von dem Verhalten, wie es ist, sondern auch wie es sein sollte, leiten. Es wäre konsequent, die individuellen Unterschiede im Verhalten darauf zurückzuführen, daß viele nicht (oder noch nicht) das höchste Bedürfnisniveau erreicht haben und auf niederen Stufen fixiert bleiben. Einen solchen Ansatz, mitsamt den erforderlichen Meßoperationen, hat Maslow nicht verfolgt (dazu gibt es inzwischen von anderen Autoren entwickelte Verfahren, vgl. Loevinger u. Wessler, 1970).

Hier ist Maslows Motivklassifikation an einen Punkt gekommen, wo eine Verhaltenserklärung auf den vierten Blick (vgl. Kap. 1) unausweichlich wird. In verschiedenen kulturellen und wirtschaftlichen Epochen, in verschiedenen sozialen Gruppen und in verschiedenen gesellschaftlichen Positionen treffen Menschen ohne Zweifel unterschiedliche Realisierungsmöglichkeiten für die Befriedigung höherer Bedürfnisniveaus an. In der Tat sieht Maslow die Entwicklung zu höheren Bedürfnisniveaus nicht nur, wie im 1. Punkt oben angeführt, von der Stammesgeschichte, sondern auch von der gesellschaftlichen Entwicklung abhängig. So merkt er kritisch zu den in der Psychologie gängigen Instinkt- und Bedürfnislisten an, daß sie ein Produkt überholter Zeiten, des vorigen Jahrhunderts seien, als es noch für die größten Teile der Bevölkerung – auch in den westlichen Ländern – um Daseinsfristung im Sinne der physiologischen und der Sicherheitsbedürfnisse ging.

Die humanistische Engagiertheit der motivationspsychologischen Verhaltenserklärung, die Maslow mit seinem Hierarchie-Modell der Motivationsklassifikation vorgeschlagen hat, verleiht ihr eine Frische, die der Distanziertheit psychologischer Verhaltenserklärung sonst abgeht. Freilich wird dies damit erkauft, daß Maslow den Erklärungswert seines Ansatzes eher auf eine Minderheit von Individuen beschränkt, die (derzeit schon) in seinem Sinne zur Selbstverwirklichung kommen. Die humanistische Psychologie beruht auf einer idealistischen Version von Humanismus. Sie will zu einer Kultivierung jener Fähigkeiten und Potenzen der Persönlichkeit beitragen, die von der etablierten Psychologie und der Psychoanalyse nicht beachtet und nicht gefördert werden, wie Kreativität, Autonomie, Verantwortung, Selbstverwirklichung. Wenn viele sich in diesem Bemühen zusammentäten, so sollte – wie Maslow (1961) glaubte – „die gute Gesellschaft" entstehen. Eine solche persönlichkeitszentrierte Auffassung vernachlässigt die Situationsgebundenheit des

Handelns sowie seine sozialen und ökonomischen Realisierungsmöglichkeiten. Sie unterscheidet sich darin von den kritischeren Positionen eines existentialistischen und phänomenologischen Humanismus in Europa, wie sie von Sartre, Camus, Merleau-Ponty und Linschoten vertreten wurden (vgl. Graumann, 1977; Misiak u. Sexton, 1973).

Die Motivklassifikation ist in einem schlichten, ja naiven Sinne eigenschaftstheoretisch. Maslow hält die Bedürfnisse für relativ unabhängig von der jeweiligen Situation. Es sind die unmittelbar über dem befriedigten Niveau gelagerten Bedürfnisse, die ihre Handlungsmöglichkeiten organisieren, so gut es unter bestehenden Gegebenheiten der Situation geht. Die flankierenden Grundprobleme der Motivanregung und der Motivmessung sind vernachlässigt. Gleichwohl sind das Prinzip der relativen Vorrangigkeit sowie die darin enthaltenen Aspekte der individuellen und der gesellschaftlichen Entwicklung (das letztere: Verhaltenserklärung auf den vierten Blick) neue und anregende Gesichtspunkte für die Motivklassifikation.

Taxonomieprobleme der Motivklassifikation

Wie zu sehen war, ist das Problem der Motivklassifikation nicht befriedigend gelöst. Die Frage stellt sich, ob es überhaupt befriedigend zu lösen ist. Jede Wissenschaft ist bemüht, die von ihr untersuchten Gegebenheiten systematisch zu gliedern, in Einheiten aufzuteilen. Das steht am Anfang mancher Einzelwissenschaft. Es scheint Voraussetzung ihrer Erkenntnisfortschritte zu sein und diese selbst machen immer wieder Revisionen der systematischen Klassifikation von Einheiten notwendig. Besonders in der Biologie (Botanik und Zoologie), wo man es mit einer ungeheuren Vielfalt der Erscheinungen zu tun hat, war der wissenschaftliche Fortschritt zu einem guten Teil mit befriedigender Klassifikation verbunden. Hier ist für Klassifikationsfragen der Begriff der Taxonomie entwickelt worden. Taxonomie meint nicht irgendeine Klassifikation nach beliebigen Gesichtspunkten, die eine Mannigfaltigkeit von Gegebenheiten ohne Rest aufzugliedern vermag. Es ist mehr verlangt. Das Klassifikationsschema sollte nach konsistenten Prinzipien aufgebaut sein; nach Prinzipien, die möglichst gut den „natürlichen" Beziehungen zwischen den Gegebenheiten entsprechen. Wieweit das gelungen ist, läßt sich letztlich nur anhand der wissenschaftlichen Fruchtbarkeit entscheiden, zu der die Prinzipien der Klassifikation führen.

Das wirft zunächst die Frage auf, worin man die „Natur" eines Motivs erblicken soll. Wir haben bereits erörtert, daß Motiv ein hypothetisches Konstrukt ist, um überdauernde Besonderheiten in der Zielgerichtetheit, Auswahl, Intensität und Ausdauer des Handelns zu erklären, indem man entsprechende latente Bereitschaften (Dispositionen) in Personen ansiedelt. Die Schwierigkeit besteht darin, daß man Motive (wie alle hypothetischen Konstrukte) nicht beobachten, sondern nur diagnostisch erschließen kann. Wir haben es also zugleich mit einem Kriterienproblem zu tun; nämlich uns an all das zu halten, was Aufschluß gibt über Zielgerichtetheit (Äquifinalität), Auswahl, Intensität und Ausdauer, um Äquivalenzklassen von Handlungen und ihnen entsprechenden Situationen voneinander abzugrenzen.

Vorab wären der Beobachtungsumkreis, räumlich und zeitlich, sowie die Beobachtungseinheiten zu klären. Es bedarf keiner weiteren Erörterung mehr, daß die Beobachtungen sich nicht auf den Handelnden beschränken dürfen. Nicht weniger wichtig ist, woraufhin er handelt und in seinem Handeln beeinflußt wird: Die jeweilige Situation als Umwelt. Der räumliche Beobachtungskreis wird also immer von einer Person-Umwelt-Interaktion gebildet. Da Interaktionen zeitlich erstreckt sind, gilt es ihren Fortgang zu verfolgen, bis es zu einem „natürlich" erscheinenden Abschluß kommt; sei es, daß der Handelnde die Situation so verändert hat, daß im unmittelbaren Anschluß daran wenig mehr geschehen kann; sei es, daß etwas dazwischen tritt, die Handlung nicht zum Zuge kommt und abgebrochen wird.

Die Beobachtungseinheiten können nicht „molekular", sondern nur „molar" sein. Nicht detaillierte Momentaufnahmen, so objektiv sie auch registrierbar sein mögen, sind von Belang, sondern bedeutungshafte Gerichtetheiten im Handlungsablauf wie in den situativen Einwirkungen. Dabei kommt es darauf an, möglichst der Sicht des Handelnden nahezukommen: Wie er die Aufforderungsgehalte der Umwelt erlebt und gestaltet, welche Ziele zu erreichen, welche Folgen herbeizuführen er in seinem Handeln intendiert.

Diese kurze Aufzählung von einigen Grundforderungen an eine kriterienorientierte Klassifikation von „Handlungssituationen" (Handlungen und zugehörige Situationen), denen dann entsprechende „Motive" unterlegt werden, macht die Fülle der Schwierigkeiten deutlich. Murray, der sich wie kaum ein anderer mit solchen Fragen auseinandergesetzt hat (1951), hat eine Kriterienliste aufgestellt, die hier nur genannt werden soll (1951; S. 457–463).

1. Arten des initiierenden oder reagierenden (inneren) Zustandes. Z. B. Körperliche Empfindungen oder gefühlshafte Gestimmtheiten.
2. Art der initiierenden (äußeren) Situation. In der Bedeutung, die sie für den Handelnden hat: Befriedigung oder Unbefriedigtsein, Mangel oder Hindernisse verheißend.
3. Art der initiierenden vorgestellten Situation, die als eine künftige Möglichkeit herbeigewünscht wird. Solche vorgestellten Situationen können sehr weit in der Zukunft liegen (z. B. es in dem gewählten Beruf einmal zu Ruhm und Ehre bringen), aber schon jetzt eine Kette wiederkehrender Handlungsabschnitte bestimmen.
4. Gerichtetheit von Teilstücken des Verhaltens (Bewegungen und Worte).
5. Art der Absicht (vorgestelltes Ziel, vorgestellte Wirkungen).
6. Art der zustande gebrachten Wirkungen. In welcher Weise die Situation verändert worden ist, wobei allerdings vielerlei zu berücksichtigen ist: Wieweit intendiert, wieweit durch externale Faktoren, wieweit zustande gebrachte Wirkung nur ein Zwischenabschnitt bei der Verfolgung von Fernzielen ist usf.
7. Art der Aktivität, der Wirkung oder Situation, die mit Befriedigung verknüpft ist.

Kriterien, die unter diese sieben Klassen fallen, sind sicher nicht erschöpfend, könnten aber dazu beitragen, Zielzustände erkennbar zu machen, auf die Handeln – unter durchaus wechselnden Ausgangslagen und Begleitumständen – zu konvergieren scheint und in denen eine organisierte Verhaltenssequenz einen offenbar „natürlichen" Abschluß findet. Freilich ist „Abschluß" in der Regel nur Zwischenabschluß in übergreifenden Zielperspektiven, eine Kette von Wiederaufnahmen gleicher dauernder Anliegen (vgl. Klinger, 1971), die wegen anderer Notwendigkeiten, Situationseinflüsse, Pflichten, Tageseinteilungen und auch wegen der Langfristigkeit oder auch völligen Unabschließbarkeit der Zielerreichung immer wieder unterbrochen werden müssen. Murray (1951) spricht vom Seriencharakter *(serial)* vieler Handlungen, die deshalb auch zur Diagnose Informationen über langfristige Zeiträume erfordern. Immer stehen dabei alle Kriterien für die Erschließung eines Motivs unter der Betrachtungsperspektive, welch gerichteter Wandel sich im Person-Umwelt-Bezug anzeigt, der vom Individuum betrieben und herbeizuführen gesucht wird.

Gelänge es, all dieser Komplexität Herr zu werden, einen ausgewogenen Satz von Kriterien auszuwählen, Erhebungsmethoden zu standardisieren, die Daten zu validieren und schließlich größere Mengen von Verhalten unter ausgewogenen Gesichtspunkten der Stichprobenwahl zu erfassen, dann könnte man vielleicht mit mehr Aussicht auf Erfolg daran gehen, alle Beobachtungen über den betriebenen Wandel von Person-Umwelt-Bezügen, d. h. über alle gefundenen Zielzustände, nach Äquivalenzklassen zu gliedern und eine Taxonomie von Motiven aufzustellen.

Ohne auf die vielerlei Probleme einzugehen, die mit diesem zweiten Schritt wiederum verbunden sind, wird schon genügend klar, wieweit wir nach wie vor von einer befriedigenden Motivklassifikation entfernt sind, und wie unzulänglich die bisherigen Versuche sind. Das gilt insbesondere für Motivlisten, die entweder ganz kurz oder ganz lang sind. So ist etwa die Motivklassifikation Freuds, die im wesentlichen alles Verhalten auf Libido und Aggression (oder später auch auf Todestrieb) zurückführt, unzureichend, weil das

Prinzip der Sparsamkeit von Erklärungsbegriffen so weit getrieben ist, daß die Fülle intra- und interindividueller Unterschiede des Handelns nicht annähernd mehr eingefangen und berücksichtigt werden kann. Je mehr Unterscheidungen man andrerseits macht, umso mehr meidet man diesen Mißstand, läuft aber mit zunehmend länger werdenden Listen Gefahr, daß bloß akzidentelle Unterschiede im Handeln und in Situationsgegebenheiten eine ungebührliche Rolle spielen und zugrunde liegende Äquivalenzen verdecken. Das Abstraktionsniveau einer Taxonomie darf also weder zu hoch noch zu niedrig liegen; andererseits muß es aber auch einheitlich sein. Auf den Wechsel in der Höhe des Abstraktionsniveaus haben wir bereits im Falle der Liste McDougalls hingewiesen. Auch Murrays Motivkatalog gibt hier Anlaß zu Zweifeln.

Diese Schwierigkeiten hat Maslow (1954) gesehen und als Gründe angeführt, warum man Motivklassifikationen widerstehen sollte (ohne sich dadurch selbst von einem Taxonomieversuch abhalten zu lassen):

> We should give up the attempt once and for all to make atomistic lists of drives or needs. For several different reasons such lists are theoretically unsound ... Too many of the listings that we now have available have combined indiscriminately needs at various levels of magnification. With such a confusion it is understandable that some lists should contain three or four needs and others contain hundreds of needs. If we wished, we could have such a list of drives contain anywhere from one to one million drives, depending entirely on the specificity of analysis. (1954; S. 70–71).

Drei Auswahlgesichtspunkte

Um einer zu großen Anzahl von möglichen Unterscheidungen vorzubeugen, hat man verschiedene Auswahlgesichtspunkte aufgestellt. Vorrangig war dabei die *phylogenetische Kontinuität* von Verhaltensweisen, insbesondere im Hinblick auf die dem Menschen nahestehenden Arten wie die Primaten, weil darin angeborene biologische Verankerungen sichtbar seien. Ein weiterer und ähnlicher Gesichtspunkt waren *physiologische Grundlagen* von Verhaltensformen. Beschränkt man sich unter beiden Gesichtspunkten auf die Klassifikation „primärer" (physiologischer, viscerogener) Motive (Triebe, Bedürfnisse), so ist das Taxonomieproblem erheblich vereinfacht und die Übereinstimmung zwischen verschiedenen Autoren groß. Young (1936) hat eine Liste mit 16 „primären Trieben" zusammengestellt: Hunger, Ekel, Durst, Sexualität, Pflegen, Urinieren, Defäzieren, Vermeidung von Hitze, Vermeidung von Kälte, Vermeidung von Schmerz, Lufthunger, Furcht und Wut, Müdigkeit, Schlaf, Neugier (Beobachten, Hantieren), Kitzel (Erlebnishunger). Meistens sind die Listen kürzer. So faßt etwa Tolman Hunger und Durst als „food-hunger", Ekel, Urinieren und Defäzieren als „excretion hungers" zusammen. Weder phylogenetische Kontinuität noch physiologische Grundlagen helfen viel weiter. Weite Verhaltensbereiche bleiben außer Betracht. Man hat ihnen „sekundäre" Motive zugrundegelegt, also versucht, sie aus „primären" abzuleiten. Solche Versuche sind fragwürdig geblieben und haben den Blick auf die Mannigfaltigkeit menschlicher Handlungen erheblich verengt. Maslows Prinzip der relativen Vorrangigkeit ist nicht zuletzt eine kritische Reaktion auf solche Blickverengung.

Frei von dieser Beschränkung scheint der Auswahlgesichtspunkt der *Universalität* zu sein. Beobachtungen, aufgrund deren man eine Motivdisposition erschließt, sollten sich bei allen Menschen, in allen Gegenden, Kulturen und Zeitepochen machen lassen; gleich, ob dabei angeborene oder physiologische Grundlagen zu finden sind oder nicht. Dieser Auswahlgesichtspunkt gewährleistet, daß auch Motive nicht übergangen oder vorschnell reduziert werden, die allein den Menschen aus dem Stammbaum der Lebewesen herausheben, nämlich als ein Wesen, das Kultur und Technologie schafft und tradiert, sich selbst deutet, nach Wertverwirklichung trachtet und die Zeit weit in Zukunft und Vergangenheit hinein überbrücken kann. Um auf Universalität zu prüfen, bedarf es kulturvergleichender Erhebungen, die nach gleichen Inhaltsklassen von Person-Umwelt-Bezügen fahndeten, die sich trotz völlig verschiedener sozialer, kultureller und technisch-wirtschaftlicher Konteinbettung zu erkennen gäben (vgl. Kornadt, Eckensberger u. Emminghaus, im Druck); ein ebenso aufwendiges wie schwieriges Unternehmen, das die Mitarbeit auch anderer Disziplinen wie Kulturanthropologie und Soziologie voraussetzte. Theoretische Grundlagen für die Bewältigung einer solchen Aufgabe hat eine Gruppe von Psychologen (darunter Murray, Tolman und Allport), Soziologen und Kulturanthropologen Anfang der fünfziger Jahre zu legen versucht (vgl. Parsons u. Shils, 1951).

Es hat Versuche gegeben, Universalität bei der Klassifikation von dispositionellen Persönlichkeitsmerkmalen zu sichern, indem man sich auf die „Weisheit der Sprache" verläßt. Allport u. Odbert (1936) haben etwa 18 000 persönlichkeitsbeschreibende Eigenschaftsbezeichnungen der englischen Sprache aus Wörterbüchern zusammengestellt. Das sind fast fünf Prozent des gesamten englischen Lexikons. Cattell (1946; 1957) hat psychologische Fachtermini hinzugefügt und diese Liste durch Gruppierung nach gleicher Bedeutung auf 171 Variablen reduziert. Daraufhin wurde eine sehr heterogene Stichprobe von 100 Erwachsenen aller Sozialschichten auf diese 171 Variablen hin beurteilt, und zwar jeder Proband von einem Beurteiler aus seinem engeren Bekanntenkreis. Die Beurteilungen wurden faktorenanalysiert. Mit einer aufgrund dieser Ergebnisse verkürzten Variablenliste wiederholte Cattell die Prozedur an einer weiteren Stichprobe von 208 Probanden. Daraus ergaben sich 16 Faktoren, die Cattell als die „*primary source traits of personality*" bezeichnet, als „wirkliche" und universelle Persönlichkeitsdispositionen angesehen und darauf einen Fragebogen aufgebaut hat („Sixteen Personality Factor Questionnaire"; Cattell, Saunders u. Stice, 1957).

Bezöge man in einem solchen Vorgehen neben dem Englischen auch viele andere Sprachen ein, so könnte man zwar zu einer Universalität in den semantischen Schemata für umgangssprachliche Beschreibungen kommen, aber kaum zu einer Taxonomie von Motiven. Denn zum einen beziehen sich Beobachtungskriterien, die Motive erschließen lassen, auf – wie wir gesehen haben – komplexe Rahmen-Sachverhalte, die in bloßen Eigenschaftsbezeichnungen zur Persönlichkeitsbeschreibung unbeachtet bleiben. Zum anderen kann die Faktorenanalyse nur bedeutungsgleiche Bezeichnungen im allgemeinen und vorwissenschaftlichen Sprachverständnis bündeln, nicht aber theoretische Konstrukte im wissenschaftlichen Sinne freilegen, die den bezeichneten Verhaltensunterschieden zugrunde liegen. Wie sehr die Faktorenstruktur auf die allgemeine Übereinstimmung in den sprachsemantischen Schemata und nicht allein auf Merkmalsunterschiede der Beurteilten zurückgeht, wird an der Tatsache deutlich, daß sich die Faktorenstruktur nicht ändert, wenn statt enger Bekannter völlig Fremde die Probanden beurteilen (Passini u. Norman, 1966).

Dem Universalitätsanspruch an eine Motiv-Taxonomie näher kommen Versuche von Kulturanthropologen, die menschliches Handeln auf fundamentale Wertorientierungen hin analysieren, die in allen Kulturen vorzufinden sind, wenn auch ihre Ausgeprägtheit variiert (Florence Kluckhohn u. Strodtbeck, 1961; vgl. Überblick bei Graumann, 1965, S. 277ff.). Die psychologischen Möglichkeiten, die den Menschen mit seiner organismischen Konstitution gegeben sind, in Interaktion mit grundlegenden Umweltbedingungen unseres Planeten müßten eigentlich in einer Universalität der erstrebten Zielzustände und darin zum Ausdruck kommenden Wertorientierungen konvergieren. Kluckhohn (1962) definiert Wertorientierung:

> ... als eine verallgemeinerte und in sich gegliederte, das Verhalten beeinflussende Konzeption der Natur, der Stellung des Menschen darin, der Beziehungen von Mensch zu Mensch – sowie des Wünschenswerten und Nicht-Wünschenswerten, sofern es das Verhältnis des Menschen zu seiner Umwelt und zu seinen Mitmenschen betrifft. (1962; S. 411)

Da Wertorientierungen noch nichts über ihre handelnde Verwirklichung sagen, wäre ihre Verknüpfung mit Handlungstendenzen, die in Person-Umwelt-Interaktionen Wandel zu schaffen suchen, vielleicht das geeignetste Suchmodell für die Taxonomie von Inhaltsklassen universeller Person-Umwelt-Bezüge, also für einen Motivkatalog mit Universalien-Charakter. Einen solchen Versuch hat H. A.

Murray noch nach seinem Hauptwerk „Explorations in Personality" (1938) in einem Artikel „Toward a classification of interactions" (1951) unternommen. Er unterscheidet zwischen Vektoren (Gerichtetheit der Handlungstendenz) und Werten (inhaltlichen Sachverhaltsbereichen des Person-Umwelt-Bezuges). Vektoren und Werte lassen sich zu einem überschaubaren Katalog von Motiven kombinieren.

Dies sind die Vektoren: (1) Aufgeben (renunciation), (2) Zurückweisen (rejection), (3) Erwerben (acquisition), (4) Gestalten (construction), (5) Aufrechterhalten (maintenance), (6) Zum Ausdruck bringen (expression), (7) Weitergeben (bestowal), (8) Zurückbehalten (retention), (9) Ausscheiden (elimination), (10) Angreifen (aggression), (11) Verteidigen (defendance), (12) Meiden (avoidance).

Dies sind die Werte: (1) Körper, Gesundheit (*body, health*), (2) Eigentum, verfügbare Gegenstände, Geld (*property, usable objects, money*), (3) Wissen, Tatsachen, Theorien (*knowledge, facts, theories*), (4) Schönheit, sinnenhafte und dramatische Gebilde (*beauty, sensory and dramatic patterns*), (5) Weltanschauung, Wertsystem (*ideology, system of values*), (6) sozialer Anschluß, zwischenmenschliche Beziehung (*affiliation, interpersonal relationship*), (7) Sexualität, einschließlich Fortpflanzung (*sex, with reproduction*), (8) hilfsbedürftiges Objekt, Kinderpflege (*succorant object, child to be reared*), (9) Autorität, Macht über andere (*authority, power over others*), (10) Geltung, Ansehen (*prestige, reputation*), (11) Führer, Gesetzgeber (*leader, law-giver*), (12) helfendes Objekt, Beistand (*supporting object, supporter*), (13) rollenmäßige Verpflichtung, Rollenfunktion in der Gruppe (*roleship, functional place in group*), (14) Gruppe, soziales System als Einheit (*group, social system taken as a unit*).

Auch dieser, bis heute vielleicht durchdachteste Klassifikationsversuch ist nicht auf seine Universalität geprüft. Auch selbst wenn dies der Fall wäre, bliebe zu fragen, ob Universalität ein notwendiges oder gar hinreichendes Kriterium für eine Motivklassifikation sein muß. Zweifellos würde Universalität unser Vertrauen in einen Klassifikationsversuch erhöhen. Denkbar wären doch auch kultur- und zeitgebundene Motive im Sinne erstrebenswerter Handlungsziele, für die es in einem anderen Kulturzeitraum keine homologe Äquivalenzklasse gibt. So müssen wir mit dem Hinweis auf die spekulative Vorläufigkeit aller bisherigen Motivklassifikationen schließen.

Ausgliedern einer Motivklasse am Beispiel des Leistungshandelns

Die Motivationsforschung hat sich von den unüberwundenen Hindernissen auf dem Weg zu einer Motivklassifikation nicht aufhalten lassen. Sie hat näherliegende Ziele zu erreichen versucht, indem sie sich einzelnen Motiven gewidmet und versucht hat, deren Inhaltsklasse von Person-Umwelt-Bezügen abzugrenzen, individuelle Motivunterschiede meßbar zu machen und an individuellen Handlungsunterschieden in äquivalent erscheinenden Situationen zu validieren. In dieser Hinsicht ist die Analyse des Leistungshandelns bisher wohl am weitesten vorangeschritten.

Wir haben bereits den Begriff der „Handlungssituation" eingeführt. Er besagt, daß die vom Handelnden angestrebten Handlungsfolgen und die von der Situation angebotenen Möglichkeiten, die Situation im Sinne der angestrebten Handlungsfolgen zu verändern, kongruent sind. Ein Motiv müßte inhaltlich mit einer Äquivalenzklasse solcher Handlungssituationen – oder nach Murray mit der Äquivalenzklasse eines *thema* – abgesteckt werden. Das gleiche haben wir bisher auch mit dem Begriff einer „Inhaltsklasse von Person-Umwelt-Bezügen" umschrieben (vgl. Kap. 1). Wir können auch auf die zu Anfang dieses Kapitels erörterte Eigenschaftsdefinition, die Allport schon 1937 gegeben hat, zurückgreifen. Sie enthält im Kern schon alles. Überträgt man die Eigenschaftsdimension auf Motive, so wäre Motiv „die Fähigkeit ... viele Reize funktionell äquivalent zu machen und konsistente äquivalente Formen von Handlung und Ausdruck einzuleiten und ihren Verlauf zu lenken" (1937; deutsche Übersetzung, 1949, S. 296). Die Frage ist nur, welche „viele(n) Reize funktionell äquivalent" gemacht werden und welche „Formen von Handlung und Ausdruck" konsistent und äquivalent sind.

Es gilt also, für eine Äquivalenzklasse von Handlungssituationen Bestimmungskriterien zu finden. Und scheinen die Kriterien gefunden zu sein, wäre des weiteren zu prüfen, ob sie universal vorzufinden sind, d. h. ob die betreffende Äquivalenzklasse von Handlungssituationen Universalität beanspruchen kann.

Für leistungsthematische Handlungssituationen sind auf seiten der Handlung fünf Kriterien aufgestellt worden, die zusammen gegeben sein müssen, damit eine Handlung aus der Sicht des Handelnden oder eines Beobachters als Leistungshandlung erlebt bzw. betrachtet wird (Heckhausen, 1974a). Es sind im einzelnen die folgenden Kriterien. Die Handlung muß (1) an ihrem Ende ein aufweisbares Ergebnis hinterlassen, das (2) an Maßstäben der Güte oder Menge bewertbar ist, wobei (3) die Anforderungen an die zu bewertende Handlung weder zu leicht noch zu schwer sein dürfen, d. h. die Handlung muß überhaupt mißlingen bzw. gelingen können und (oder zumindest) einen gewissen Aufwand an Kraft und Zeit erfordern. Für die Bewertung des Handlungsergebnisses müssen (4) ein bestimmter Vergleichsmaßstab für maßgebend und – innerhalb des Vergleichsmaßstabs – ein bestimmter Normwert für verbindlich gehalten werden. Die Handlung muß schließlich (5) vom Handelnden selbst gewollt und das Ergebnis von ihm selbst zustande gebracht worden sein.

Kurz gesagt, Leistungshandlungen zielen auf das Bewältigen von Aufgaben ab. Läßt die Aufgabenstellung kein objektivierbares Ergebnis erkennen, unter- oder überfordert sie das Vermögen des Handelnden, hält dieser Maßstäbe und Normen der Bewertung der Aufgabentätigkeit nicht für sich für verbindlich, ist ihm die Aufgabe aufgezwungen worden, oder hat sich deren Lösung ohne sein Zutun ergeben, so kann von einem Leistungshandeln nicht oder allenfalls nur eingeschränkt die Rede sein. Sicher wird ein Beobachter nicht erst das Vorliegen aller fünf Bedingungen prüfen, ehe er das Tätigsein eines anderen als Leistungshandeln auffaßt. Solange eine oder mehrere Bedingungen gegeben erscheinen und es keine Hinweise auf das Nichtvorliegen anderer gibt, wird eine Leistungshandlung wahrgenommen.

Die zu solchen Handlungen kongruenten leistungsthematischen Situationen („Leistungsthematik") haben wir schon als „Aufgabenstellung" angedeutet. Es sind Situationen, denen ein Betrachter oder Handelnder einen Aufgabencharakter abgewinnt. Dazu muß die Situation Möglichkeiten zur Realisierung der angeführten fünf Kriterien des Leistungshandelns bergen.

Das dritte Situationskriterium (Anforderungen weder zu leicht noch zu schwer) ist von großer Bedeutung in der Entwicklung eines jeden Menschen. Wenn er nur solche Situationen leistungsthematisch auffassen kann, in denen ihm die Erreichung eines Leistungsergebnisses weder unmöglich noch zu leicht erscheint, wandelt sich in der individuellen Lebensspanne – besonders im Laufe von Kindheit und Jugendzeit – der Umkreis der leistungsthematischen Situationen. Aufgabensituationen, die im Zuge der individuellen Entwicklung ihren Unlösbarkeitscharakter verlieren, treten in diesen Umkreis ein, während Aufgabensituationen, die beginnen, mühelos bewältigt zu werden, daraus ausscheiden (vgl. Kap. 13).

Es gibt Lebensbereiche (oder *settings* im Sinne Barkers, 1968), in denen leistungsthematische Handlungssituationen überwiegen, z. B. Schule und Berufswelt in modernen Industriegesellschaften. Ohne Frage sind leistungsthematische Handlungssituationen – ihr gesellschaftlicher Rahmen, ihr bedeutungsmäßiger Stellenwert in Relation zu andersthematischen Handlungssituationen, ihre konkreten Inhalte – in hohem Maße kultur- und zeitgebunden. Eine Lebenswelt innerhalb der Menschheitsgeschichte ohne Leistungsthematik ist schwer vorstellbar. Aber ist Leistungshandeln deshalb schon universal, d. h. kommt es bei allen Menschen, an allen Orten und zu allen Zeiten vor?

Diese Frage wird von Autoren vorsichtig bejaht, die die vorliegenden kulturvergleichenden Befunde durchgemustert haben, wie Kornadt, Eckensberger u. Emminghaus (im Druck) und Maehr (1974).

Kornadt et al. führen aus:

> If one agrees ... that universality can be based on universal learning processes and experiences, a universal basic motive structure is probable in which person-environment relationships are related to the concept of a standard of excellence. This is to be expected if (a) internal maturation processes (cognitive and motoric) meet the necessary requirements, (b) external learning conditions offer incentives to set one's own goals, (c) there is striving for

these goals, (d) the effects of individual action are recognized, and (e) the action is evaluated against a standard. Each person starts from this general and undifferentiated motive structure which consists of a motive to be able to reach goals. The more differentiated structure that is culture-specific is the result of additional development. This developmental sequence may be universal. (Im Druck).

Hält man sich unsere fünf Kriterien des Leistungshandelns (sowie die entsprechenden der leistungsthematischen Situation) in ihrer Abstraktheit und Fundamentalität vor Augen, so möchte man die Universalität leistungsthematischer Handlungssituationen – und damit auch des Leistungsmotivs (wir kommen darauf zurück) – nicht bezweifeln. Kornadt et al. sowie Maehr bezeichnen aufgrund der Analyse der kulturvergleichenden Befunde vier bzw. drei „Komponenten des Leistungsmotivs" als universal, die den angeführten Kriterien des Leistungshandelns entsprechen (nur das erste Kriterium, aufweisbares Ergebnis, bleibt ohne Gegenstück). Kornadt et al. (im Druck) zählen auf:

1. „The existence of a standard of excellence for one's own goal directed behavior" (unser Kriterium 2, Maßstab der Güte oder Menge).
2. „Affective reactions to success and failure such as being proud or happy, disappointed or sad, respectively" (Kriterium 4, verbindlicher Normwert).
3. „Individual feelings of responsibility for the outcome of the act" (Kriterium 5, Ergebnis vom Handelnden selbst gewollt und zustande gebracht).
4. „Incentives based on insecurity about one's own capacity or ability to succeed (cf. Maehr, 1974)" (Kriterium 3, Anforderungen weder zu leicht noch zu schwer).

Kornadt et al. (im Druck) und Maehr (1974) weisen darauf hin, daß diese abstrakten Bestimmungsstücke leistungsmotivierten Handelns sich in einer kulturgebundenen Unterschiedlichkeit konkretisieren, die ungemein groß ist. Das betrifft zunächst einmal die inhaltliche Diversität der vom Kulturzeitraum abhängigen Aufgabenbereiche; wie etwa Jagen, Fischen, Handeltreiben, Praktizieren religiöser Riten, handwerkliches und industrielles Produzieren, Vermarkten, wissenschaftliches Forschen, künstlerisches Gestalten und vieles andere mehr; sowie die Formen individueller, kollektiver, kooperativer, arbeitsteiliger Organisation zur Erledigung von Aufgaben. Innerhalb des jeweiligen Inhaltsrahmens von Aufgaben sind des weiteren auch die Kriterien des Leistungshandelns kulturspezifisch konkretisiert: Die Vergleichsmaßstäbe und Normwerte der Leistungsbewertung, die Ursachenerklärung von Erfolg und Mißerfolg (z. B. die Kausalrolle, die höheren Mächten und Gewalten, dem Schicksal, der „Fortuna" zugeschrieben wird), die Handlungs-Ergebnis-Folgen und ihre Anreizwerte, die Zukunftsorientierung.

Bei allen historischen und kulturellen Einkleidungen erscheint die Äquivalenzklasse der leistungsthematischen Handlungssituationen in ihrer Kernbedeutung, d. h. abstrakt gesehen, universal. Die kulturhistorische Einkleidung steckt jeweils den Rahmen und damit konkrete Inhalte und die Variationsbreite leistungsthematischer Handlungssituationen ab. Wir haben insoweit Handlungssituationen von außen und allgemein betrachtet und müssen jetzt fragen, ob sie auch von allen Individuen eines Kulturzeitraums in gleicher Weise aufgefaßt werden. Das ist ganz sicher nicht der Fall. Individuen unterscheiden sich darin, wie breit oder wie eng die Abwandlungsreihe von Handlungssituationen ist, die sie noch leistungsthematisch auffassen, welches Wertgewicht sie ihnen im Vergleich zu andersthematischen Handlungssituationen beimessen sowie anderen Idiosynkrasien. Das ist eine Frage des Leistungsmotivs. Wenn wir wieder auf Allports Eigenschaftsdefinition zurückkommen, so besteht das individuelle Leistungsmotiv darin, wieviele „Reize" – d. h. Situationen – als leistungsthematische „funktionell äquivalent" gemacht werden, um „konsistente äquivalente Formen" von Leistungshandlungen „einzuleiten und ihren Verlauf zu lenken".

Die Frage ist dann, ob es Individuen gibt oder gegeben hat, die im Laufe ihres Lebens nie eine der universalen Situationen, die aufgrund der oben angeführten Kriterien zum Leistungshandeln auffordern, leistungsthematisch aufgefaßt haben und zu einem entsprechenden Handeln gekommen sind. Das ist schwer vorstellbar. Insofern erscheinen solche Handlungssituationen, nicht nur allgemein, sondern auch individuell betrachtet, universal und damit auch das Leistungsmotiv – bei aller individuellen Unterschiedlichkeit und bei aller Eingebundenheit in einen kulturhistorischen Rahmen der konkreten leistungsthematischen Handlungssituationen.

Ähnliche Analysen lassen sich für andere Äquivalenzklassen von Handlungssituationen (wie z. B. der Aggression, vgl. Kornadt et al., im Druck) durchführen, um die Universalität anderer Motive zu prüfen. Aber daß einzelne Motive universal erscheinen, löst – wie gesagt – das Klassifikationsproblem noch nicht.

4 Situative Determinanten des Verhaltens

Eine Verhaltenserklärung auf den ersten Blick ist personzentriert. Sie läßt sich, wie wir gesehen haben, fast ausschließlich von individuellen Unterschieden in Beschlag nehmen. Die eigenschaftstheoretische Sichtweise macht die Klassifikation von Motivdispositionen vordringlich. Denn nur dann besitzt man die Grundvariablen, nach denen sich Individuen in ihrem Handeln auf vorhersagbare Weise unterscheiden lassen. Wie man solche Grundvariablen bezeichnet, ob als Instinkte, Neigungen, Bedürfnisse, Triebe oder Motive, macht wenig aus. Immer sind es Dispositionen, deren Erklärungskonto hinsichtlich Situationswechsel und Zeitablauf leicht überzogen wird. Sie müssen zugleich erklären, was das Handeln antreibt und steuert. Situative Determinanten haben nur wachrufende Funktion und schon soll eine Motivdisposition das weitere Handeln bestimmen. Nach unserer Unterscheidung von Motiv und Motivation haben wir es mit einer Motivationsforschung ohne Motivation und mit lauter Motiven zu tun; oder allenfalls mit motivabhängigen Motivationsunterschieden in gleicher Situation.

Schon diese Lücke muß die andere Frageperspektive nahelegen, die weniger auf individuelle Unterschiede als auf Situationsspezifität des Handelns sieht. Wie kommt eine Verhaltenssequenz überhaupt in Gang, steuert auf ein Ziel zu, paßt sich den jeweiligen Situationserfordernissen an und kommt schließlich zum Abschluß? Das sind Fragen, denen sich eine Verhaltenserklärung auf den zweiten

Blick zuwendet. Sie zielen auf die Ursachen konkreter Verhaltensabläufe, auf funktionalistische Aspekte, die nicht mit dem Hinweis auf eine momentan aktivierte Motivdisposition, gar auf eine angeborene Instinktausstattung, beantwortet werden können. Nicht global nach einem Motiv, sondern nach Motivationsvorgängen im einzelnen ist gefragt. In der Instinktkontroverse erhob sich der Protest gegen Dispositionsbegriffe. Besonders auf behavioristischer Seite mißtraute man ihnen. Sie erschienen „mystisch", weil sie empirisch kaum faßbar waren, ja, detaillierte Analysen durch vorschnelle Globalerklärungen verhinderten. Man wollte das zu Erklärende genauer daraufhin differenzieren, was Verhalten antreibt und wodurch es gesteuert wird. Man wollte zu den „tatsächlichen" Grundlagen des Verhaltens vorstoßen; nicht auf etwas so Allgemeines und schwer Faßbares wie etwa das Vererbte sondern auf Vorgänge, die im Organismus aufweisbar sind, auf physiologische Prozesse. Einige Jahrzehnte später sah H. A. Murray die behavioristische Revolte wie folgt:

> In the heyday of primitive behaviorism, the prime target for the revolutionists' machine guns and cap pistols was the despotic concept, instinct. In the ids of the Americans, this concept was somehow linked with the stereotype of the aloof and lofty Britisher and with armchair speculation, as well as with the noxious notion of constitutional determinism and its repellent offspring, racial superiority. McDougall's unpardoned error was to assume that in conjunction with certain dispositions, man inherits a pattern of flight in conjunction with fear, a pattern of combat in conjunction with anger, a pattern of nurturant behavior in conjunction with pity, and so forth.
> Having shown that most instrumental acts are *learned* and that most goal objects (specific values) are *learned,* social scientists wasted no time in committing McDougall to limbo. His instinct theory was, to all appearances, killed and buried. But, in no time, it rose again, reshaped and disguised by a new name, „drive", and later, „need". This reincarnation of the irrespressible notion of directional force was welcomed by some as the herald of a new scientific era in psychology. (1951; S. 454–455).

In diesem Kapitel werden die wichtigsten Theorieentwicklungen einer entschlossenen Abkehr von Dispositionsbegriffen und einer Hinwendung zu einer situationszentrierten Verhaltenserklärung behandelt. Verhalten als intraindividuelle Änderung über Zeit, insbesondere Phänomene des Lernens, rücken in den Mittelpunkt des Erklärungsinteresses. Überkommene assoziationstheoretische Konzepte mit ihrer Stiftung von Reiz-Reaktions-Verbindungen durch Häufigkeit von raumzeitlicher Berührung (Kontiguität) boten sich an. Wieweit Verhalten auch durch bloße Reiz-Reaktions-Verbindungen und ohne treibende Kräfte, ohne „Motivation", zustande kommt, war die Streitfrage der Ach-Lewin-Kontroverse. Wie Lernkomponente und Motivationskomponente zusammenhängen, ist bis heute ein zentrales Problem an den Schnittstellen von Lernpsychologie und Motivationspsychologie geblieben. Doch zunächst wandte man sich in den zwanziger Jahren einer genaueren Erforschung der treibenden Kräfte zu. Man suchte die nicht beobachtbaren Größen Bedürfnis und Trieb, die neben den Reizen der äußeren Situation als innere situative Determinanten das Verhalten bestimmen, an ihren vorauslaufenden Bedingungen und nachfolgenden Wirkungen faßbar, beobachtbar zu machen. Das bereitete den Boden für Hulls Triebtheorie, deren einzelne Postulate im Lichte empirischer Bewährung auf ihre Stichhaltigkeit hin erörtert werden. Im Trieb kehren Teile des alten Instinktbegriffs, insbesondere seine energetisierende Antriebsfunktion, wieder.

Die spätere Postulierung erworbener, abgeleiteter Triebe und des Triebes als eines starken Reizes hat den Erklärungswert der Triebtheorie auf Verhalten auszudehnen versucht, das nicht unmittelbar auf physiologische Bedürfniszustände zurückgeht. Unter dem Einfluß psychoanalytischer Theoriebildung weitet sich der Blick behavioristischer Verhaltenstheoretiker über das Tierexperiment hinaus auf die Komplexität humanpsychologischer Verhaltensphänomene aus. Es sind vor allem Phänomene des Konflikts, die zu einer fruchtbaren Integration von lernpsychologischen, psychoanalytischen und feldtheoretischen Ansätzen führen.

Im Anschluß an die Konflikttheorie werden schließlich die Beiträge der aktivationspsychologischen und der kognitionspsychologischen Traditionslinie zu den situativ motivierenden Determinanten des Handelns durchgemustert. Während die Aktivationstheorien physiologisch orientiert sind und triebtheoretische Ansätze fortentwickeln, weisen verschiedene kognitionspsychologische Theorien die Verhaltenswirksamkeit von kognitiven Situationsbeurteilungen nach. Sie unterstreichen die Bedeutung intervenierender kognitiver Prozesse im Motivationsgeschehen. Unter den motivationstheoretischen Ansätzen einer kognitiven Situationsbeurteilung hat die Theorie der kognitiven Dissonanz eine ungewöhnlich intensive Forschungsaktivität angeregt.

Reiz-Reaktions-Verbindungen

Situativ determiniertes Verhalten ist von Informationen über die laufende Situation abhängig. Im einfachsten Falle besteht Verhalten aus reflexartigen Reiz-Reaktions-Verbindungen; Reaktionen werden durch „Reize" ausgelöst und stehen unter deren Kontrolle. Unter den situativen Determinanten ist zwischen äußeren und inneren zu unterscheiden. Äußere situative Determinanten sind Reize, die ihre Quelle außerhalb des Organismus in der Umgebung haben und auf die Sinnesperipherie treffen. Innere situative Determinanten entstammen dem Organismus selbst. Es sind ebenfalls Reize oder vorübergehende Zustände des Organismus.

Obwohl Freud (1895) bereits in einer seiner frühesten Schriften die Anhäufung innerer Triebreize zum Mittelpunkt seiner Motivationstheorie gemacht hatte, spielten in den frühen Reiz-Reaktions-Theorien des Verhaltens nur äußere Reize eine Rolle. Über die angeborenen Reiz-Reaktions-Verbindungen, die Reflexe, hinaus erschien klassisches und instrumentelles (operantes) Konditionieren einen kaum erschöpfbaren Erklärungswert auch für alles Verhalten zu haben, das sich so flexibel veränderten Situationsumständen anpassen kann. Was sich dabei auf der Reizseite manipulieren und auf der Reaktionsseite beobachten ließ, mußte im Gehirn eine neurologische Entsprechung haben. So hypothetisch dies war, es gab dem experimentellen Stiften und Auflösen von S-R-Verbindungen den Anstrich verläßlicher, weil neurologisch-materieller Tatsächlichkeit. Je häufiger und schneller eine von Thorndikes Katzen nach Versuch und Irrtum den „Problem-Verschlag" *(puzzle box)* öffnete, um zum Futter zu kommen, umso stärker schien sich die S-R-Verbindung auch neurologisch befestigt zu haben.

Die Erklärungen für die gelernten, situationsangepaßten Verhaltensänderungen beruhen auf reiner Assoziationsbildung. Weder Thorndike noch Pawlow (sieht man von den Erregungs- und Hemmungsvorgängen ab) haben damals schon die Einführung eines Motivationsbegriffs zur Erklärung der Verhaltensänderung für notwendig erachtet. Das ist umso bemerkenswerter, als beide in ihren futterbezogenen Lernexperimenten Sorge trugen, daß ihre Versuchstiere hungrig waren. Waren Pawlows Hunde satt (d. h. nicht „erregt"), so reagierten sie nicht mit Speichelabsonderung auf das in ihr Maul eingeführte Fleischpulver; und waren Thorndikes Katzen satt, so blieben futterorientierte Befreiungsaktivitäten aus. Beide Forscher waren mit Fragen des strukturellen Mechanismus von S-R-Verbindungen beschäftigt; etwa mit zeitlichen Beziehungen, die den größten Lernerfolg garantieren.

So fand Pawlow, daß ein bislang neutraler Reiz den ungelernten und reaktionsauslösenden Reiz dann am wirkungsvollsten ersetzen kann, wenn in der Trainingsphase beide Reize zeitlich gepaart werden, der neutrale Reiz aber etwas früher einsetzt und zwar nicht mehr als etwa 5 Sekunden. In ihren Erklärungen über das Zustandekommen neuer S-R-Verbindungen – sei es Reizsubstitution im Klassischen Konditionieren oder Reaktionssubstitution im instrumentellen Lernen – begnügten sich Pawlow und Thorndike nicht mit dem Prinzip bloßer Kontiguität (zeiträumlicher Berührung). Nach Pawlow „bekräftigt" der ungelernte reaktionsauslösende Reiz den bislang neutralen Reiz (vgl. Angermeier u. Peters, 1973). Nach Thorndikes „Gesetz der

Wirkung" ist es der erzielte Befriedigungszustand *(satisfying state of affairs),* der eine zum Erfolg führende instrumentelle Reaktion fester mit vorauslaufenden Reizen verknüpft (vgl. Angermeier, 1972). Erst später, etwa in Hulls Triebreduktionstheorie, erhielten zugrunde liegende Motivationszustände als innere situative Determinanten gebührende Beachtung bei der Erklärung von S-R-Verbindungen.

Wenig später, nachdem Pawlow und Thorndike die Bedingungen formuliert hatten, unter denen neue S-R-Verbindungen erlernt werden und das Verhalten bestimmen, wurde an anderen Orten bezweifelt, daß zur S-R-Verbindung allein das alte Assoziationsprinzip bloßer Kontiguität ausreiche. Als zusätzliche Bedingungen wurden Motivationsvorgänge als innere situative Determinanten postuliert, um Verhaltensänderungen zu erklären. Im Kreis der Würzburger Schule hatte Narziß Ach den Willen in Gestalt „determinierender Tendenzen" bemüht: Neben bloßer Kontiguität kann auch eine determinierende Tendenz zu neuen Reaktionen auf gegebene Reize führen. Ach (1910) brachte beide Kopplungsprinzipien, Assoziation durch häufige Kontiguität und determinierende Tendenz, miteinander in Konflikt, um die Willenskraft zu messen. Wie stark muß eine Assoziation durch Häufigkeit ihrer Wiederholung gemacht werden, so fragte er, damit eine determinierende Tendenz sie nicht mehr auflösen kann? Lewin (1922) fand es inkonsequent, Assoziation und determinierende Tendenz als zwei verschiedene Erklärungsprinzipien für Reiz-Reaktions-Folgen im Verhalten anzusehen, von denen jedes schon eine hinreichende Bedingung darstellt. So kam es zur Ach-Lewin-Kontroverse. Wir werden sie sogleich etwas näher darstellen, weil in ihr die grundsätzliche Bedeutung motivationaler Faktoren im zielgerichteten Verhalten zum Ausdruck kommt.

Im Grunde geht es um die so leicht übersehene Unterscheidung von Lernen und Motivation. Statt schon Lewin (1917a) wird sie häufig erst Tolman und seinen Mitarbeitern (etwa um 1930) zugeschrieben. Im nächsten Kapitel werden wir uns mit Tolmans Einsichten beschäftigen. Ein Ergebnis seiner vieljährigen Studien bestand darin, daß Unterschiede im „Bedarf für das Zielobjekt" *(demand for the goal object)* die Ausführung gleich stark erlernter Reiz-Reaktions-Verbindungen beeinflussen. Der Wert des Zieles, das durch ein Verhalten erreicht wird, beeinflußt dieses Verhalten (etwa in seiner Intensität oder Schnelligkeit); Verhalten ist nicht bloß die Reproduktion früherer Lernergebnisse. Zwischen Verhalten und Lernergebnissen muß unterschieden werden, wie es zuvor schon die Ach-Lewin-Kontroverse deutlich gemacht hatte.

Die Ach-Lewin-Kontroverse

Ach (1910) benutzte die Methode des Paar-Assoziations-Lernens auf einfallsreiche Weise. Serien von sinnfreien Silbenpaaren waren in vielen Wiederholungen über sieben Tage hin zu lernen. Je ein Drittel der Silbenpaare waren von besonderer Art: Ein Drittel war „umgestellt" (z. B. dus-sud), ein zweites Drittel war „gereimt" (z. B. mär-pär); das letzte Drittel war „gewöhnlich", d. h. verschieden (z. B. söl-rid). Vom 8. bis 12. Tag wurden Prüftätigkeiten durchgeführt, nun wurde erst der erste Silbenpaarling gegeben, der zweite mußte von der Versuchsperson reproduziert werden. Registriert wurden Fehlreaktionen und die Reaktionszeit. An jedem Prüftag erhielt die Vp jedoch eine bestimmte Instruktion (determinierende Tendenz), nämlich die gegebene Silbe entweder umzustellen oder zu reimen. Da an jedem Prüftag das gesamte Silbenmaterial dargeboten wurde, ergab sich die Situation, daß bei jeweils einem Drittel des Silbenmaterials die determinierende Tendenz mit der sog. „assoziativen Reproduktionstendenz", d. h. der während der achttägigen Lernphase hergestellten Assoziationsstärke, übereinstimmte (homogene Tätigkeit). Wie erwartet zeigten sich hier keine Fehlreaktionen und kurze Reaktionszeiten. Anders war es mit den übrigen zwei Dritteln des Silbenmaterials. Hier stand nach Ach die determinierende Tendenz im Konflikt mit der assoziativen Reproduktionstendenz (heterogene

Tätigkeit). Wie erwartet traten häufiger Fehlreaktionen auf, und die Reaktionszeiten waren länger.

Lewin (1922) bezweifelte nicht die Befunde, wohl aber die Interpretation, daß es bei heterogener Tätigkeit notwendig zum Konflikt zwischen determinierender Tendenz, d. h. der neuen Aufgabenstellung und einer assoziativen Reproduktionstendenz komme, die auf der gelernten Silbenassoziation beruht. Die Assoziation der Silbenpaarlinge als Lernergebnis beruht ihrerseits auf einer determinierenden Tendenz während der acht Lerntage, die man – wie Ach – als assoziative Reproduktionstendenz bezeichnen kann. Aber nachdem unter dieser Tendenz gelernt worden ist, bildet das Gelernte als solches nicht schon eine Tendenz, sich selbst zu reproduzieren, sobald der erste Paarling erscheint. Gelernte Assoziationen bilden zwar nach Lewin ein Band, besitzen aber aus sich selbst noch keine Tendenz, das jeweils Fehlende an der Assoziation zu ergänzen. Dazu bedarf es einer eigenen „Kraft"; einer Tendenz (Motivation), jetzt zu reproduzieren.

Wie ist aber dann Achs Ergebnis bei heterogener Tätigkeit zu erklären? Wenn die früher gelernten Assoziationen nicht schon als solche zu einer Reproduktionstendenz führen, hätte es doch auch nicht zum Konflikt kommen können, wie er sich doch tatsächlich in Fehlreaktionen und längeren Reaktionszeiten äußert. Lewin vermutete, daß die Versuchsbedingungen während der Prüftätigkeit der Vp streckenweise eine assoziative Reproduktionstendenz nahelegen, und zwar durch die homogene Tätigkeit. Diese kann die Vp nämlich auf zweierlei Weise ausführen. Sie kann die aufgetragene Tätigkeit z. B. umstellen, jedesmal eigens wieder ausführen gemäß der Instruktion. Sie kann aber auch bloß die gelernten Silbenpaarlinge reproduzieren. Beides läuft auf dasselbe hinaus, führt zum Erfolg, nur ist die bloße Reproduktion einfacher und läuft schneller ab. Deshalb wechselt die Vp stillschweigend ihre determinierende Tendenz vom Umstellen zum bloßen Reproduzieren. Kommen nun plötzlich Silben einer heterogenen Materialart, so muß die determinierende Tendenz, das Gelernte zu reproduzieren, zu Fehlreaktionen oder zu einem Konflikt mit verlängerter Reaktionszeit führen, sobald die Vp bemerkt, daß sie nicht mehr der aufgetragenen Instruktion entspricht.

Lewin (1922) überprüfte experimentell seine theoretische Überzeugung, daß Assoziationsstärke noch keine Reproduktionstendenz ausmacht, sowie seine Vermutung über das Zustandekommen des Konflikts in Achs Versuchsanordnung mit heterogener Tätigkeit. In einem ersten Versuch wiederholte er Achs Experiment unter vereinfachten Bedingungen. Als Lernmaterial dienten gewöhnlich Silben, von denen die eine Hälfte 270mal, die andere Hälfte nur 6mal dargeboten wurde. Wurde nun während der Prüftätigkeit Umstellen verlangt (also eine heterogene Tätigkeit), so war nach Ach zu erwarten, daß es bei dem intensiver gelernten Material (höhere Assoziationsstärke) zu mehr Störungen kommen mußte als bei dem flüchtig vertrauten Silbenpaar. Aber keinerlei Unterschiede fanden sich. In beiden Fällen verlief das Umstellen glatt, ohne Fehlreaktionen und verlängerte Reaktionszeiten.

In einer weiteren Versuchsanordnung bestätigte Lewin die Vermutung über das stillschweigende Einschleichen der assoziativen Reproduktionstendenz bei heterogener Tätigkeit in Achs Versuchsanordnung. In der Lernphase wurden Umstell- und Reimsilben eingeübt. Zwei verschiedene Prüfphasen schlossen sich an. In einer Prüfphase bestand die Tätigkeit in einer neuen Art der Silbenbehandlung, nämlich den Vokal zu ändern. Nachdem dies an 20 neuen Silben gemacht worden war, wurden vereinzelt vorher gelernte Umstell- oder Reimsilben eingestreut. Unter dieser Bedingung blieben Konfliktwirkungen, wie erwartet, völlig aus; ja die Versuchspersonen erkannten an den kritischen Silben nicht einmal das vorher gelernte Material. Die andere Prüftätigkeit war dagegen auf Konfliktwirkungen eingerichtet. Aufgabe war Silbenreimen, und zwar zunächst an bereits vorher gelernten Reimsilben (homogene Tätigkeit). Eingestreute Umstellsilben des vorher gelernten Materials führten nun zu erheblichen Verlängerungen der Reaktionszeit. Damit wurde Lewins Vermutung bestätigt: Bei homogener Tätigkeit übernimmt die bloße Reproduktion des vorher Gelernten gegenüber der Aufgabeninstruktion stillschweigend die Führung und muß bei einer unverhofft eingestreuten heterogenen Silbe zur Störung führen.

So war bereits Anfang der zwanziger Jahre experimentell demonstriert worden, daß eine gelernte Reiz-Reaktionsverbindung als solche noch keine hinreichende Bedingung ist, Verhalten zu bestimmen. Ein motivationaler Faktor muß hinzutreten, damit gelernte S-R-Verbindungen verhaltenswirksam werden; sei es, wie im Fall der Versuche von Ach und Lewin, eine Tätigkeitstendenz, die der Versuchsleiter aufgegeben hat, oder eine solche, die die Vp sich selbst aufgibt. Neben dem Repertoire des Gelernten (S-R-Verbindung, Gewohnheiten, *habits*) ist ein motivationaler Faktor notwendige Bedingung, damit das Gelernte auch das Verhalten bestimmt. So wurde allmählich klar, daß bloße Reizeinwirkung als *eine* situative Determinante nicht ausreicht, Verhalten (Reflexe ausgenommen) zu bestimmen oder zu erklären. Man begann, eine strukturelle Komponente (wie S-R-Verbindungen) und eine motivationale Komponente zu unterscheiden und beide miteinander in Beziehung zu setzen, um Verhalten zu erklären. Diese Zweiteilung hat bis heute eine verwickelte Geschichte. Insbesondere die Rolle der motivationalen Komponente wurde zu klären, einzuengen, auszuweiten oder gelegentlich auch ganz überflüssig zu machen versucht. Immer aber handelt es sich bei der motivationalen Komponente nicht um Motivdispositionen, sondern um situativ determinierte Motivationsfaktoren, wenn auch verschiedener Art und Herkunft.

Bedürfnis und Trieb

Es war Woodworth (1918), der in der Instinktkontroverse eine mittlere Position einnahm. Einerseits bestritt er gegenüber McDougall die Allgemeingültigkeit der Instinkte als letzte Grundlage der motivationalen Komponente in der Verhaltensverursachung. Andrerseits bestritt er gegenüber den behavioristischen Assoziationisten den Erklärungswert reiner S-R-Verbindungen. Er fügte als eine weitere Determinante zwischen Reiz und Reaktion Zustände im Organismus ein und bereicherte die einfache Verhaltensgleichung von S-R um O (Organismus) zu S-O-R. Besteht ein organismischer Mangelzustand, so ist, wie schon Sherrington beobachtet und vorgeschlagen hatte, zwischen vorbereitenden und konsummatorischen Reaktionen (Endhandlungen) zu unterscheiden. Vorbereitende Reaktionen mögen noch sehr stark unter der Kontrolle äußerer Reize stehen, konsummatorische verraten demgegenüber die Wirkung innerer Reize, eines Antriebs *(drive),* die das Verhalten zum Abschluß, zur Befriedigung, zur Ruhe treiben. In dieser „dynamischen" Sicht des Verhaltens glaubte Woodworth, daß die „Mechanismen" des Verhaltens (also die strukturelle Komponente) auf die Dauer selbst einen Antriebscharakter gewinnen (also zugleich eine motivationale Komponente).

Inzwischen hatte man damit begonnen, unter Reizen nicht ausschließlich wie bisher äußere Einwirkungen auf den Organismus zu verstehen, sondern auch an innere Reize zu denken, die im internen Milieu des Organismus entstehen und dort ihre Wirkungen haben. Freud hatte schon 1895 auf eine Besonderheit innerer Reize hingewiesen, nämlich daß ihnen der Organismus nicht, wie es bei den äußeren Reizen möglich ist, entfliehen kann. Auf physiologischer Seite setzte eine Suche nach registrierbaren inneren Reizen ein, die zu bestimmten Verhaltensweisen antreiben. Für Hunger und für Durst entwickelten Cannon und andere eine Lokaltheorie der Motivation (Cannon u. Washburn, 1912). Mit einem geschluckten und im Magen aufgeblasenen Gummiball wurden Magenkontraktionen gemessen. Sie korrelierten mit gleichzeitigen Hungerempfindungen. Innerorganismische Reize, die für Durstgefühle verantwortlich zu sein scheinen, wurden in Empfindungen einer ausgetrockneten Mundschleimhaut gesehen.

In den folgenden Jahrzehnten entwickelte sich eine intensive Forschung (vgl. Überblick bei Bolles, 1967; 1975), unter deren Befunden die Lokaltheorie der Motivation zusammenbrach. So zeigte sich etwa bei Hunden, die man nach Belieben „scheintrinken" läßt (das aufgenommene Wasser wird durch eine in die Speiseröhre eingesetzte Fistel wieder vollständig ausgeführt, ehe es den Magen erreicht), daß ihr Mundraum ständig feucht bleibt, sie aber dennoch überdurchschnittlich große Wassermengen trinken. Die Regulation der Nahrungs- und Flüssigkeitsaufnahme hat sich als ungemein komplex erwiesen und ist bis heute physiologisch noch nicht voll aufgeklärt. Neben peripheren Bereichen im Organismus (wie Aufnahmetrakt, Magen, Darm, Leber, Körperzellen, arterieller und venöser Blutstrom) sind auch Hirnzentren als zentrale integrierende Mechanismen daran beteiligt (vgl. Balagura, 1973).

Eine physiologisch ausgewogenere Antriebstheorie des Verhaltens hat Morgan (1943) unter der Bezeichnung „Zentrale Motivzustände" *(Central Motive States)* vorgeschlagen. Bei verschiedenen Motivationsarten wie Hunger, Durst oder Sexualität soll durch äußere und innere Reize, hormonale und auch erfahrungsabhängige Faktoren ein für eine spezifische Motivart charakteristischer „Zentraler Motivzustand" entstehen, dem die folgenden Merkmale zugeschrieben werden.

1. Persistenz. Er reicht zeitlich über die in Gang setzenden Bedingungen oder das folgende Verhalten hinaus.
2. Allgemeine Aktivität. Das Aktivitätsniveau steigt.
3. Spezifische Aktivität. Es werden spezifische Verhaltensweisen ausgelöst, die von spezifischen Situationsbedingungen unabhängig erscheinen.
4. Vorbereitender Zustand. Der Organismus hat eine erhöhte Bereitschaft zu einem angemessenen konsummatorischen Verhalten, sobald die entsprechenden Umweltbedingungen gegeben sind.

Alle diese Merkmale lassen sich nach Morgan nicht aufgrund äußerer oder innerer Reizeinwirkung erklären. Zentrale Motivzustände sind physiologisch eingehend erforscht worden. Nur sind die Verknüpfungen mit nachfolgenden Verhaltensabläufen bis heute wenig verfolgt worden, so daß sie für eine psychologische Verhaltenserklärung noch kaum fruchtbar geworden sind.

Eine andere Forschungsrichtung, vor allem mit dem Namen von Curt Richter verbunden, nahm die allgemeine Aktivität von Versuchstieren als Index für periodische Antriebsschwankungen, die offensichtlich mit zyklischen Bedürfnisschwankungen bei der Aufrechterhaltung organismischer Gleichgewichtszustände (Homeostase) einhergehen. In Laufrädern und Aktivitätskäfigen wurde die Aktivität über Tage hinweg automatisch aufgezeichnet. Bei der Interpretation der registrierten Aktivitätsschwankungen nahm man eine dreigliedrige Verursachungsabfolge an: Bedürfnis führt (über innere Stimulation) zu Trieb, und Trieb führt in linearer Funktion zu erhöhter Aktivität. Lange Zeit glaubte man, daß physiologische Indikatoren von Bedürfniszuständen unmittelbar die Annahme eines entsprechenden Triebes erlaubten und daß dieser vor seiner Befriedigung in einer erhöhten allgemeinen Aktivität zum Ausdruck komme. Anfangs glaubte man gar, mit Hilfe homeostatischer Prinzipien alles Verhalten lückenlos erklären zu können (vgl. Raup, 1925). Es zeigte sich jedoch bald, daß Rückschlüsse auf das Vorliegen eines Triebes, sei es anhand vorauslaufender Indikatoren für Bedürfnis *(need)* oder sei es anhand nachfolgender Aktivitätserhöhung, gewagt und viel zu einfach sind.

Auch hier scheinen die Dinge viel komplizierter zu liegen. Ob z. B. die allgemeine Aktivität ausgehungerter Ratten überdurchschnittlich oder aber unterdurchschnittlich ist, hängt weit stärker von äußeren Reizbedingungen ab, als man zunächst annahm. Ein Versuch von Campbell u. Sheffield (1953) mag das verdeutlichen. Sie hielten Ratten sieben Tage lang in Aktivitätskäfigen. Diese haben eine Auflagerung, die jede Erschütterung, die durch Aktivität des Tieres entsteht, zu registrieren gestattet. Der Versuchsraum war dunkel und geräuschisoliert, ein Ventilator produzierte einen gleichbleibenden Schallpegel, um alle verbleibende Geräuschvariation zu maskieren. In den ersten vier Tagen war Futter ausreichend vorhanden, in den

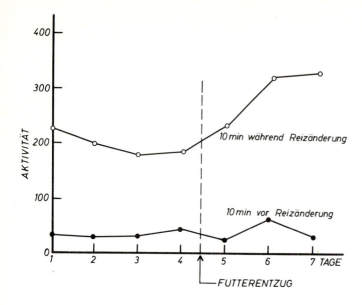

Abb. 4.1. Mittlere Aktivitätsänderung in 10-Minutenperioden vor oder während einer täglichen Reizänderung in nicht-hungrigem Zustand (1.–4. Tag) und bei wachsendem Hunger (5.–7. Tag). (Nach Campbell u. Sheffield, 1953, S. 321)

letzten drei Tagen jedoch keines. Einmal am Tag betrat der Versuchsleiter für 10 Minuten den Raum, drehte das Licht an und stellte den Ventilator ab. Die Aktivität wurde einmal während dieser Reizänderung und zum anderen 10 Minuten davor gemessen. Abb. 4.1 zeigt die durchschnittliche Aktivität über die sieben Versuchstage. Ohne Reizänderung bleibt die Aktivität auf dem gleichen niedrigen Niveau, auch wenn vom vierten Tag an der Hunger wächst. In der Reizänderungsperiode ist dagegen die Aktivität ständig erhöht und sie steigt mit zunehmendem Hunger an.

Die Befunde sprechen gegen Richters Annahme, daß mit wachsendem Bedürfniszustand automatisch die Aktivität steigt. Was ansteigt, ist offensichtlich die Bereitschaft, auf äußere Reize zu reagieren. Insofern sprechen die Befunde für Morgans Erklärung, nach welcher ein allgemeiner Motivzustand anwächst. In einem weiteren Versuch haben Sheffield u. Campbell (1954) gezeigt, daß der Aktivitätsanstieg während der Hungerperiode besonders dann ausgeprägt ist, wenn in den Tagen vorher die Reizänderung zeitlich mit der Fütterung verbunden war. Die Tiere haben also Signalreize gelernt, auf die Fütterung zu folgen pflegt. Das läßt vermuten, daß die von Richter beobachteten periodischen Antriebsschwankungen durch fütterungsankündigende Reize ausgelöst wurden, die in Richters Experimenten nicht kontrolliert waren.

Immerhin ging man jedoch mit Zuversicht daran, Triebe an beobachtbaren Daten faßbar und meßbar zu machen. Die Registrierung allgemeiner Aktivität bot Interpretationsschwierigkeiten, weil fraglich bleibt, welcher spezifische Trieb darin jeweils zum Ausdruck kommt. Auch ist ja die allgemeine Aktivität nicht in triebspezifischer Weise zielgerichtet. Deshalb bedeutete es einen Fortschritt, mit Hilfe eines neuen Versuchsapparates, triebspezifische und zielgerichtete Aktivität zu messen. Es war der „Columbia-Behinderungs-Kasten" *(Columbia Obstruction Box)*. Abb. 4.2 zeigt ihn im Grundriß. Um zu einem Anreizobjekt der Triebbefriedigung zu gelangen, muß das in die Eingangskammer (A) gesetzte Tier ein elektrisch geladenes Bodengitter (B) überqueren, zu welchem der Versuchsleiter eine Tür (t_1) öffnen kann. Überquert das Tier das Bodengitter, befindet es sich im ersten Teil der Anreizkammer (C) und tritt auf die Auflöseplatte (E), die die Tür (t_2) zum eigentlichen Teil der Anreizkammer (D) öffnet, wo sich ein triebspezifisches Anreizobjekt befindet (Futter, Wasser oder ein Geschlechtspartner).

Die Tiere erhalten zunächst ein Vortraining, um mit dem Apparat vertraut zu wer-

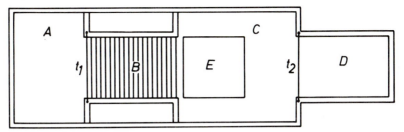

Abb. 4.2. Columbia Obstruction Box zur Messung triebspezifischer Aktivitätsniveaus. (Nach Jenkins, Warner u. Warden, 1926, S. 366)

den, das Anreizobjekt ist zugegen, und erst beim letzten Vortrainings-Durchgang wird das Bodengitter elektrisch geladen. In den Hauptversuchen wird die Entzugsdauer für ein spezifisches Bedürfnis variiert und danach in einer 20minütigen Beobachtung registriert, wie häufig das Tier die Aversion vor dem elektrisch geladenen Bodengitter überwindet, um mit dem Anreizobjekt in Kontakt zu kommen. Auf diese Weise hoffte man, die Stärke oder Dringlichkeit einzelner Triebe nicht nur als Funktion der Entzugsdauer sondern auch im Vergleich zwischen den Triebarten bestimmen zu können. Wie aus Abb. 4.3 zu ersehen ist, scheint Durst größere Triebstärke zu erreichen als Hunger, und Hunger wiederum als Sexualität beim Männchen. Allerdings ist die Anzahl von Gitterüberquerungen aus verschiedenen Gründen ein fraglicher Index für Triebstärke. So kann es beim Vortraining aufgrund unkontrollierter Faktoren zu unterschiedlichen Lernergebnissen kommen. Die Ergebnisse können sich auch stark verschieben, wenn man die Dauer der Beobachtungsperiode ändert. Es ist kaum zu entscheiden, welche Versuchsdauer bei einem bestimmten Bedürfnis das valideste Maß für die entsprechende Triebstärke abgibt. Vor allem wurde die Attraktivität des Anreizobjekts nicht systematisch kontrolliert, ein motivierender Faktor, der – wie man inzwischen weiß – unabhängig vom Bedürfniszustand das Verhal-

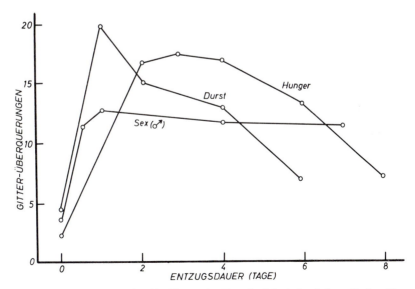

Abb. 4.3. Häufigkeit, mit der Ratten in der Columbia Obstruction Box ein elektrisch geladenes Bodengitter überqueren, um bei verschiedener Entzugsdauer Kontakt mit einem bedürfnisspezifischen Anreizobjekt zu gewinnen. (Nach Warden, Jenkins u. Warner, 1936)

ten aktivieren kann. Hinzu kommt, daß bei jedem Kontakt mit dem Anreizobjekt – so flüchtig er auch von seiten des Versuchsleiters gehalten wird – konsummatorische Aktivitäten auftreten, die nicht genau vergleichbar gehalten werden können.

Triebtheorie

Die um den Triebbegriff orientierte experimentelle Forschung der zwanziger und dreißiger Jahre hat vielerlei Befunde und Erkenntnisse hervorgebracht. Die Manipulation von Bedürfniszuständen, innere und äußere Reize, physiologische und verhaltensmäßige Indikatoren für bedürfnisabhängige Triebstärke, instrumentelle und konsummatorische Reaktionen – vielerlei war beobachtbar, meßbar gemacht und miteinander in Beziehung gesetzt worden. Überall gab es beträchtliche Fortschritte über den spekulativen Instinktbegriff hinaus. Aber der Triebbegriff war noch keineswegs klar und einheitlich. Einig war man sich nur in der allgemeinen Auffassung, daß mit wachsendem Bedürfniszustand ein dem Verhalten zugrunde liegender Antrieb ansteigt. Man stand aber auch wieder vor den gleichen Fragen, auf die die Instinkttheoretiker ihre Antworten gegeben hatten. Gibt es soviele Triebe, wie es physiologische Bedürfnisse gibt? Oder gibt es Trieb nur in der Einzahl als eine allgemeine, bedürfnisunspezifische Antriebsfunktion aller Verhaltensweisen? Entscheidet man sich dagegen für verschiedene Triebe, hat dann ein bedürfnisspezifischer Trieb nicht nur eine Antriebsfunktion sondern auch eine reiz- und reaktionsmäßig auswählende Funktion; kurz: nicht nur eine motivationale (energetisierende) sondern auch eine strukturelle (steuernde) Komponente? Auf diese Fragen gab Hull (1943) mit seiner Triebtheorie klare Antworten. Zuvor hatte er eine Motivationstheorie mit Hilfe des Assoziationsmechanismus der *anticipatory goal reaction* entwickelt, die der Zielgerichtetheit des Verhaltens und dem von Tolman eingeführten Erwartungskonzept Genüge tun und entsprechen sollte. Wir kommen darauf im nächsten Kapitel zurück.

Hulls Antwort bestand, kurz gesagt, darin, daß es Trieb nur in der Einzahl gibt, daß er nur eine allgemeine Antriebsfunktion und keine assoziative, auswählende Funktion bei der Verhaltenssteuerung hat. Damit hat sich seit Hull für alle Theoretiker, die ihm folgten, das Motivationsproblem auf das Trieb-, oder besser auf ein Antriebsproblem reduziert. Motivation wird gleichbedeutend mit Fragen nach der Energetisierung des Verhaltens. Auswahl und Gerichtetheit des Verhaltens werden demgegenüber zu Fragen eines assoziativen Lernens. Diese theoretisch bestechend erscheinende Klarheit der Arbeitsteilung zwischen Problemen des Lernens und Problemen der Motivation bei der Verhaltenserklärung, bedeutet jedoch nicht, daß man beide Komponenten als gegenseitig unbeeinflußbar voneinander geschieden hätte. Eine Grundkonzeption der Hullschen Triebtheorie besteht darin, daß die Motivationskomponente die Lernkomponente beeinflußt, nicht aber umgekehrt die Lernkomponente Einfluß auf die Motivationskomponente ausübt. Die Motivationskomponente, der Trieb (*drive*, D), ist sozusagen autochthon unter den Ursachfaktoren des Verhaltens.

Worin besteht der Einfluß des Triebs auf die Lernkomponente? Ende der dreißiger Jahre begann Hull die bloße Kontiguität von Reiz und Reaktion für nicht ausreichend zu halten, um Lernen – also neue S-R-Verbindungen – zu erklären. Nicht mehr das klassische Konditionieren, aus dem man zunächst Thorndikes Lernen nach Versuch und Irrtum abzuleiten versuchte, war das primäre Lernprinzip, sondern das instrumentelle Konditionieren. Stimuli verknüpfen sich mit Reaktionen, wenn die Reaktionen zum Kontakt mit dem Zielobjekt, zum Abschluß der Verhaltenssequenz, zur Bedürfnisbefriedigung führen, wie es auch beim klassischen Konditionieren ausgesprochen der Fall ist. Durch die auf dem Fuße folgende Verminderung des bestehenden Bedürfnisses wird die neue S-R-Verbindung *bekräftigt*. S-R-Lernen erfolgt also nach dem Prinzip der Bekräftigung. Die Bekräftigung besteht in einer Verminderung der „Bedürfnisrezeptoren-Entladungen" *(need receptor discharges)*. Hull sprach statt von Bedürfnis auch gleichlaufend von Verminderung des Triebs und der Triebrezeptoren-Entladungen (S_D), ohne daß für das letztere schon Meßoperationen in Aussicht waren. Diese Vorstellung über die Ursachen der Bekräftigung wird kurz als Triebreduktionstheorie bezeichnet. Sie erscheint als viertes Grundpostulat in den „Principles of Behavior" (1943):

> Whenever a response (R) and a stimulus (S) occur in close temporal contiguity, and this conjunction is closely associated with the diminuition of a need or with a stimulus which has been closely and consistently associated with the diminuition of a need, there will result an increment to a tendency for that stimulus on later occasions to evoke that reaction. The increments from successive reinforcement summate in a manner which yields a combined habit strength ($_SH_R$) which is a simple positive growth function of the number of reinforcements. The upper limit of this curve of learning is in turn a function of the magnitude of need reduction which is involved in primary, or which is associated with secondary, reinforcement; the delay of reinforcement; and the degree of contiguity between the stimulus and response. (1943; S. 178).

Danach hängt also die Stärke der entstehenden Reiz-Reaktions-Verbindung ($_SH_R$) allein von der Häufigkeit der Bekräftigung ab. Wie häufig oder wie intensiv dabei die gelernten Reaktionen auftreten, ist allein von der bestehenden Triebstärke abhängig. Die Triebreduktionstheorie der Bekräftigung (wie auch andere Konzepte seiner Triebtheorie) leitete Hull vor allem aus zwei Studien ab, einer von Williams (1938) und einer anderen von Perin (1942). In beiden Arbeiten lernten Ratten unter 23stündiger Nahrungsdeprivation eine instrumentelle Reaktion (Hebeldrücken), die zu Futter führte. Jeweils vier Versuchstiergruppen unterschieden sich nach der Häufigkeit, mit der während der Lernphase die instrumentelle Reaktion bekräftigt (d. h. mit Futter belohnt) wurde. In der folgenden kritischen Prüfphase wurden die Tiere nach einer erneuten Hungerperiode (bei Williams 22 Stunden und bei Perin 3 Stunden) nicht mehr bekräftigt, d. h. die erlernte Reaktion wurde gelöscht. Abhängige Variable war die Löschungsresistenz, d. h. wie oft der Hebel noch gedrückt wird, bevor eine Periode von 5 Minuten ohne Reaktion verstreicht. Dies ist ein Maß der *habit*-Stärke ($_SH_R$). Abb. 4.4 zeigt die Ergebnisse.

Wie zu sehen ist, steigt mit der Anzahl der vorherigen Bekräftigungen die Löschungsresistenz der gelernten S-R-Verbindung an. Mit anderen Worten, das Tier macht umso mehr vergebliche Versuche, ehe es die ursprüngliche Zielreaktion aufgibt, je häufiger diese Zielreaktion vorher den bestehenden Bedürfniszustand vermindert hat. Das spricht klar

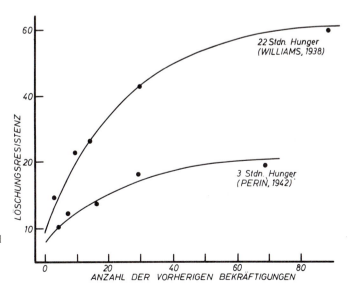

Abb. 4.4. Einfluß der Anzahl wiederholter Bekräftigung und der Entzugsdauer auf die Löschungsresistenz. (Nach Perin, 1942, S. 101)

für Bekräftigung aufgrund von Triebreduktion. Die beiden Kurven lassen aber noch etwas Zweites erkennen. Unabhängig von der Zahl der Bekräftigungen nimmt die Löschungsresistenz mit der Entzugsdauer zu. Je höher die Bekräftigungshäufigkeit ist, umso größer wird der Unterschied in der Löschungsresistenz zwischen den beiden verschiedenen Entzugsdauer-Bedingungen, d. h. zwischen beiden Triebstärken. Mit anderen Worten, Bekräftigungshäufigkeit und Triebstärke stehen zueinander in einer multiplikativen Beziehung, was den Einfluß auf das Verhalten betrifft. Weder die *habit*-Stärke ($_sH_R$) aufgrund der Bekräftigungshäufigkeit, für sich allein, noch die Triebstärke (D) aufgrund der Entzugsdauer, für sich allein, führen zum Verhalten (in unserem Fall zum Verschwinden einer gelernten Reaktion); vielmehr muß beides zusammentreffen, um verhaltenswirksam zu werden. Verhalten wird durch das Produkt von ($_sH_R$) und (D) beeinflußt, von dem sog. Reaktionspotential, $_sE_R$. Die Formel lautet: $_sE_R = f(_sH_R) \times f(D)$. Hull schreibt:

> This multiplicative relationship is one of the greatest importance, because it is upon $_sE_R$ that the amount of action in its various forms presumably depends. It is clear, for example, that it is quite impossible to predict the vigor or persistence of a given type of action from a knowledge of either habit strength or drive strength alone; this can be predicted only from a knowledge of the product of the particular functions of $_sH_R$ and D respectively; in fact, this product constitutes the value which we are representing by the symbol $_sE_R$. (1943; S. 239–240).

An dieser Stelle ist an das Ergebnis der Ach-Lewin-Kontroverse zu erinnern, und zwar an die Unterscheidung zwischen Lernergebnissen als reinen assoziativen Verbindungen und Handlungsausführung des Gelernten. Das Gelernte bestimmt als solches noch nicht die Ausführung. Eine motivationale Komponente muß hinzutreten. Diese von Lewin getroffene Unterscheidung von Lernen und Ausführung tritt auch bei Hull zutage, und zwar explizit, wenn *habits* sich bereits gebildet haben. Nur das Produkt von $_sH_R$ und D bestimmt dann die Handlungsausführung. Implizit ist das gleiche aber auch in den vorhergehenden Vorgängen des Lernens der Fall. Lernen ist bei ihm, genau besehen, wie die Ausführung des Gelernten auch, ein Verhaltensprinzip. Damit sich eine *habit*-Stärke aufbaut, muß der Organismus ständig etwas tun, was die Reduktion eines spezifischen Triebes zur unmittelbaren Folge hat. Insofern ist die unterscheidende Bezeichnung von Lernkomponente ($_sH_R$) und Motivationskomponente (D) problematisch, soweit die Lernphase betroffen ist. Denn aufgrund des für unerläßlich erachteten Bekräftigungsvorgangs steckt auch die Motivationskomponente in der Lernkomponente (der *habit*-Bildung).

Hull (1943) hat seine Triebtheorie nach verschiedenen Richtungen ausgebaut und dabei im wesentlichen sechs hypothetische Setzungen formuliert. Sie alle haben zur Klärung des Triebkonstrukts beigetragen, die Forschung ungemein angeregt und, wie wir noch sehen werden, zu Revisionen und neuen Konzeptionen geführt. Die sechs Punkte betreffen (1) die vorauslaufenden Bedingungen des Triebes, (2) Triebreize, (3) Unabhängigkeit von Trieb und *habit*, (4) Energetisierende Wirkung des Triebes, (5) Bekräftigende Wirkung der Triebreduktion und (6) den allgemeinen Charakter des Triebes. Gehen wir kurz die einzelnen Punkte durch und deuten Forschungsergebnisse an, insbesondere soweit sie die ursprüngliche Konzeption der Triebtheorie in Schwierigkeiten gebracht haben.

Vorauslaufende Bedingungen des Triebes

Triebstärke hängt in direkter Funktion vom jeweiligen Bedürfniszustand des Organismus ab; vermittelt vermutlich durch Rezeptoren im Organismus für innere bedürfnisspezifische Reize. Im wesentlichen ist das Nahrungsbedürfnis zur Induktion von Triebzuständen herangezogen worden. Die Dauer des Nahrungsentzugs wird als vorauslaufende Bedingung des Triebes manipuliert und dient so als operationales Kriterium der Triebstärke.

Der Kriteriumswert der Entzugsdauer mußte jedoch stark eingeschränkt werden. So stellt sich bei Ratten ein Zusammenhang zwischen Entzugsdauer und Indikatoren des Hungers – wie etwa Menge der aufgenommenen Nahrung – erst nach einer Entzugsdauer von mehr als vier Stunden her (Bolles, 1967; 1975). Laborratten fressen tagsüber etwa viermal und des Nachts achtmal, so daß eine gleich lange Entzugsdauer während der Nacht stärker depriviert als tagsüber. Der Vier-Stunden-Grenzwert ist z. B. von Le Magnen u. Tallon (1966) nachgewiesen worden: In der Zeit zwischen zwei regulären Fütterungen steigt die Nahrungsaufnahme nicht mit der Dauer der Abstinenz, wohl aber mit dem Zeitintervall nach einer ausgefallenen Fütterung.

Die bisherige Forschung (vgl. Bolles, 1967, Kap. 7) hat ergeben, daß die Abnahme des Körpergewichts ein besserer Indikator für Triebstärke ist als die Entzugsdauer. In Tierversuchen mit Ratten hat sich in Übereinstimmung mit Hulls Triebtheorie gezeigt, daß die Stärke instrumentellen wie konsummatorischen Verhaltens in seinen verschiedenartigen Indizes (wie Latenzzeit, Intensität, Ausdauer, Löschungsresistenz) mit dem prozentualen Gewichtsverlust ansteigt. Allerdings erreichen die quantitativen Beziehungen zwischen hergestellten Bedürfniszuständen und Triebstärke (d. h. deren Verhaltensparametern) kein Intervallskalen- sondern nur Rangskalenniveau. Andere Bedürfnisse als Nahrungs- und Flüssigkeitsaufnahme, wie Sexualität oder Erkundung, stellen im Sinne der Triebtheorie keine „Bedürfnisse" dar, da ihr Entzug kaum Auswirkungen auf das Verhalten hat. Die verhaltensdeterminierenden Bedingungen sind hier recht komplex. Vor allem die Anreizbedingungen der äußeren Situation spielen eine entscheidende Rolle (vgl. unten Abb. 4.6). So sind für Kopulationsverhalten gewisse hormonelle Zustände eine notwendige aber noch nicht hinreichende Bedingung.

Triebreize

Die Entstehung eines Triebzustands soll gleichzeitig mit spezifischen Triebreizen (S_D) einhergehen. Diese werden der strukturellen (assoziativen), nicht der motivationalen Komponente des Verhaltens zugerechnet. Triebreize tragen zu eigenen Reiz-Reaktions-Verbindungen bei, können also das Verhalten steuern, können aber nicht selbst, wie die allgemeine unspezifische Triebstärke, zu Verhalten motivieren. Die vermutete Verhaltenssteuerung durch Triebreize ist durch Triebunterscheidungsversuche zu erhärten versucht worden. Ratten lernen z. B. unter Hunger bestimmte instrumentelle Reaktionen, unter Durst dagegen in sonst gleicher äußerer Situation andere Reaktionen. Wie leicht fällt es ihnen, nach dem jeweils bestehenden Bedürfnisstand entsprechend instrumentell zu reagieren? Dazu müßten sie „wissen", ob sie gerade hungrig oder durstig sind. Mit anderen Worten, spezifische Triebreize müßten sich mit den instrumentellen Reaktionen assoziiert haben. Die bisherigen Forschungsergebnisse (vgl. Bolles, 1967; S. 254–264) räumen den Triebreizen kaum Bedeutung ein. Wo Ratten bedürfnisspezifisch das jeweils erfolgreiche Instrumentalverhalten schnell lernen, bieten sich andere Erklärungen als überlegen an – nämlich über den Anreizmechanismus fragmentarischer Zielreaktionen (r_G). Das sei an zwei Studien deutlich gemacht. Hull (1933) ließ Ratten durch ein Labyrinth laufen. Schlugen sie einen bestimmten Weg ein, so fanden sie in der Zielkammer Wasser; schlugen sie einen anderen Weg zu derselben Zielkammer ein, so fanden sie Futter. Die Tiere wurden abwechselnd durstig oder hungrig in das Labyrinth gesetzt. Es dauerte sehr lange, bis schwache und nicht sehr verläßliche Unterscheidungsleistungen zustande gekommen waren. Leeper (1935) beobachtete dagegen rasche Unterscheidungsleistungen, wenn Wasser und Futter in verschiedenen Zielkammern sind.

Wenn Triebreize maßgebend wären, dürfte es zwischen beiden Studien nicht diesen Unterschied im Lernergebnis geben. In der Leeperschen Anordnung war offenbar etwas anderes als Triebreize maßgebend. Die konsummatorische Reaktion des Trinkens oder Fressens (R_G) verbindet sich mit Stimuli der jeweiligen Umgebung, in der sie stattfindet. Diese Umgebung hat Ähnlichkeit mit Stimuli, die schon vorher an der entscheidenden Weggabelung im Labyrinth auftreten. Dadurch werden dann vorwegnehmende fragmentarische Zielreaktionen (r_G) des Trinkens oder Fressens ausgelöst, von denen – nach dem jeweiligen Bedürfniszustand – die eine oder die andere Art stärker ist und das Tier in die entsprechende Richtung zieht. Dieser hypothetische Anreizmechanismus über vorwegnehmende fragmentarische Zielreaktionen (r_G, *anticipatory goal response*) ist, wie wir im nächsten Kapitel noch sehen werden, der ernsthafteste Rivale der Triebtheorie, weil er unter dem Begriff der Anreizmotivation auch in anderen Hinsichten einen höheren Erklärungswert besitzt. Das gilt vor allem auch gegenüber rein assoziativen Versuchen der Verhaltenserklärung, die sich entscheidend auf die Wirksamkeit von Triebreizen haben stützen müssen (so vor allem Estes, 1958).

Unabhängigkeit von Trieb und *habit*

Weder *habit*, die Lernkomponente, noch Trieb, die Motivationskomponente, bestimmen – je für sich allein – Verhalten, sondern ihr multiplikatives Produkt. Hat sich dementsprechend die funktionale Unabhängigkeit beider Komponenten empirisch aufweisen lassen? Zwei Vorgehensweisen hat man im wesentlichen eingeschlagen. Einmal vergleicht man Lernkurven, die bei vergleichbarer Häufigkeit der Bekräftigung unter verschiedenen Triebbedingungen zu beobachten sind. Je nach Triebstärke sind wegen des multiplikativen Effekts die Plateaus verschieden hoch (vgl. die Daten von Williams-Perin in Abb. 4.4), sie sollten jedoch in jeweils gleichen Schrittraten erreicht werden. Eindeutiger ist das zweite Vorgehen. Man läßt unter einer Triebbedingung lernen und prüft unter einer anderen. Die Frage ist dann, ob die Verhaltensergebnisse dem Wechsel der Triebbedingung folgen oder ob sich noch Übertragungseffekte von der vorherigen Triebbedingung beobachten lassen.

Ein Beispiel für das zweite Vorgehen liefert eine Untersuchung von Deese u. Carpenter (1951). Ratten mit niedrigem und mit hohem Trieb nach Nahrungsentzug wurden in einen Gang gesetzt, der zur Zielkammer mit Futter führte. Gemessen wurde die Latenzzeit zwischen Öffnen des Ganges und Loslaufen. Nachdem beide Gruppen nach 24 Bekräftigungen ein Plateau ihrer Latenzzeit erreicht hatten, wurden die Triebbedingungen vertauscht: die Gruppe mit bislang niedrigem Triebniveau hatte nun ein hohes und umgekehrt. Abb. 4.5 zeigt die Ergebnisse. Der Übertragungseffekt ist eigenartigerweise asymmetrisch. Beim Wechsel von niedriger zu hoher Triebbedingung zeigt sich voll der erwartete Effekt: Die Latenzzeit verkürzt sich von 10 auf 2 Sekunden und erreicht sofort die gleichen Werte, die die ursprüngliche Gruppe

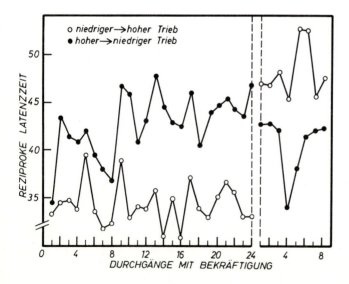

Abb. 4.5. Latenzzeit (reziprok) der Laufreaktion zum Futter unter niedrigem und hohem Triebniveau sowie anschließender Umkehrung der Triebbedingungen. (Nach Deese u. Carpenter, 1951, S. 237)

unter hohem Trieb gegen Ende der Lernphase erreicht hatte. Aber bei dieser Gruppe verlangsamt sich die Latenzzeit nicht auf das Plateau der anderen Gruppe mit ursprünglich niedrigem Triebniveau. Hier läßt sich die Unabhängigkeit von *habit* und Trieb nicht erkennen. Dafür mag man nachträgliche Erklärungen finden; daß vielleicht in der ersten Phase nicht genau gleiche, sondern verschiedene Reaktionen gelernt wurden (langsames und schnelles Loslaufen); oder daß anfangs nach 24 Bekräftigungen in den beiden triebverschiedenen Gruppen nicht die gleiche *habit*-Stärke erreicht wurde. Beide Forderungen sind Voraussetzungen für den Nachweis der Unabhängigkeit von *habit* und Trieb.

Bolles (1967; S. 227–242) hat die wesentlichen Ergebnisse zusammengestellt. Im allgemeinen hat sich die Unabhängigkeit von *habit* und Trieb bei aufsuchendem Verhalten bestätigen lassen, sofern es sich um Intensitätsmaße handelt. Im letzteren Falle stellt sich die Frage, ob etwa langsame und schnelle Laufgeschwindigkeit bloße Intensitätsunterschiede ein und derselben Reaktion oder zwei qualitativ verschiedene Reaktionen sind, die unter niedriger bzw. hoher Triebstärke gelernt werden. Andere Komplikationen kommen hinzu.

Im übrigen ist es eine Definitionsfrage, ob Trieb und *habit* voneinander unabhängig sind. Denn es gibt sekundäre, erworbene Triebe (Motive) wie Furcht, deren Aktivierung an bestimmte Hinweisreize gebunden ist. Hull führt sie gesondert auf, weil er zum Trieb (D) nur nicht-gelernte Triebzustände rechnet. Mitarbeiter und Schüler Hulls, wie Spence (1956; 1958b), Miller (1956) und Brown (1961) dagegen rechnen alles, was motivierenden Charakter hat, unter D und haben damit das Postulat der Unabhängigkeit von Trieb und Reiz-Reaktionsverbindungen aufgegeben (zu diesen Fortentwicklungen der Triebtheorie vgl. weiter unten).

Energetisierende Wirkung des Triebes

Dies ist eine grundlegende hypothetische Setzung der Triebtheorie: Die Motivationskomponente hat nur antreibende, aber keine steuernde Wirkung auf das Verhalten. Auch hier hat die Forschung keine einheitliche Bestätigung beibringen können. Am klarsten noch fallen die Befunde im Sinne der Energetisierung durch Triebstärke aus, wenn es sich bei dem gelernten Verhalten um Triebbedingungen handelt, die aufgrund instrumenteller oder konsummatorischer Reaktionen einer raschen Änderung unterworfen sind (vgl. Abb. 4.4). Im wesentlichen ist das beim Nahrungsbedürfnis, nicht aber beim „Sexualtrieb" der Fall (dessen Triebcharakter ja schon oben in Frage gestellt wurde). Versteht man im übrigen unter Energetisierung Reaktionshäufigkeit, so lassen sich die Befunde auch auf andere Weise erklären, etwa rein assoziativ oder unter Annahme von Anreizwirkungen. Ein Beispiel dafür liefern die Befunde von Campbell u. Sheffield (1953), die wir bereits dargestellt haben (vgl. Abb. 4.1).

Bekräftigende Wirkung der Triebreduktion

Das Erlernen einer neuen Reiz-Reaktions-Verbindung setzt voraus, daß ein Triebzustand besteht, der durch die Reaktion reduziert wird. Keines der Postulate der Triebtheorie hat soviel Forschung und Überprüfung angeregt wie dieses. Man hat viel Bestätigung gefunden, aber auch zunehmend mehr Befunde, die sich mit der Triebreduktionstheorie schwerlich oder gar nicht vereinbaren lassen. Das Postulat wirft Fragen auf, was unter Triebreduktion genauer zu verstehen sei. Ist es schon die konsummatorische Aktivität, oder deren reizmäßige Folgen (z. B. Magentätigkeit nach Nahrungsaufnahme) oder die schließlich erfolgende Bedürfnisreduktion im Organismus? Zum anderen steht wieder die Frage der Ach-Lewin-Kontroverse im Hintergrund: Ist Triebreduktion nicht bloß ein Motivationsprozeß, damit es zur Ausführung von Verhalten kommt, das auch ohne Triebreduktion auf andere Weise gelernt worden ist? Triebreduktion wäre dann ein Verhaltensprinzip – eine Frage der Motivation – und kein Lernprinzip (vgl. dazu im nächsten Kapitel: Latentes Lernen).

Um zu prüfen, ob konsummatorische Reaktionen das kritische (d. h. Lernen befördernde) Ereignis darstellen, hat man Teile der konsummatorischen Reaktionssequenz ausgeschaltet: den oralen Teil, indem man Nahrung direkt durch eine Fistel in den Magen einführt; oder den gastrischen Teil, indem man die aufgenommene Nahrung durch eine Speiseröhrenfistel wieder ausführt (Scheinfütterung). Da unter beiden Bedingungen Lernen, wenn auch beschränkt, zu beobachten ist, muß man Triebreduktion wenigstens zum Teil an konsummatorische Aktivität knüpfen. Sofern man dabei das hypothetische Triebkonstrukt aufrecht erhalten will, wie es N. E. Miller (1961) tat, der viel mit direkter und mit Scheinfütterung experimentiert hat, muß man allerdings – abweichend von Hull – Triebreduktion von einer Reduktion des organismischen Bedürfniszustands abtrennen.

Sheffield ging noch einen Schritt weiter, indem er zeigte, daß weder Bedürfnis- noch Triebreduktion vorliegen muß, um Lernen demonstrieren zu können. Sheffield u. Roby (1950) zeigten, daß durstige Ratten eine instrumentelle Reaktion lernten, um eine Süßstofflösung statt einer gleichen Menge Wasser zu erhalten. Da Süßstoff (Sacharin) keinen Nährwert hat, ist hier eine größere Bedürfnisreduktion auszuschließen. Young (1949; 1961) hat eine Fülle von Geschmacksbevorzugungen dokumentiert, die, ohne die Stoffwechselerfordernisse des Organismus zu verbessern, Lernen veranlassen. Young führt dies auf unterschiedlich affekterregende Anreizwerte des Futters zurück.

Noch kritischer für die Triebreduktion ist eine Studie von Sheffield, Wulff u. Backer (1951) zum Lernen unter Stimulation des Sexualtriebs. Männliche Ratten (die bislang noch nicht kopuliert hatten) lernten eine instrumentelle Reaktion, um sich mit einem läufigen Weibchen zu kopulieren, obwohl der Kopulationsvorgang vor dem Orgasmus (Samenguß) unterbrochen wurde. Hier ist die Annahme nicht abzuweisen, daß es nicht nur zu keiner Reduktion der Triebstärke, sondern – im Gegenteil – zu einer Triebsteigerung gekommen ist. In besonderen Fällen ist es also Triebinduktion, und nicht Triebreduktion, die Lernen zur Folge hat. Abb. 4.6 zeigt die Ergebnisse im Vergleich mit einer Kontrollgruppe, die in der Zielkammer ein männliches Tier vorfand.

Eine ganze Klasse von Lernphänomenen, die nicht durch Reduktion organismischer Bedürfniszustände verursacht sein können, wird als Neugier- oder Erkundungsverhalten umschrieben. So fand Harlow (1953), daß Rhesusaffen sich stundenlang und hingebungsvoll damit beschäftigen, die Öffnung von Riegelmechanismen herauszufinden. Nach Butler (1953) lernen Rhesusaffen eine Unterscheidungsaufgabe und drücken auf einen Knopf, „nur" damit sich ein Fenster öffnet, das einen Blick aus dem visuell abgeschirmten Käfig gestattet. (Vgl. zusammenfassend Berlyne, 1960).

Eine letzte Gruppe von Untersuchungen hat die aufsehenerregende Entdeckung genutzt, die Olds u. Milner (1954) mit elektrischer Reizung bestimmter lateraler Regionen im Hypothalamus gemacht haben, dem sog. „Lustzentrum" oder „Freudenzentrum". Ratten lernen Hebeldruck oder andere instrumentelle Reaktionen, wenn man darauf eine milde Reizung dieser Hirnregionen folgen läßt. Unter dieser Bedingung hat Olds (1958) bis zu 7000 Reaktionen pro Stunde, ja eine

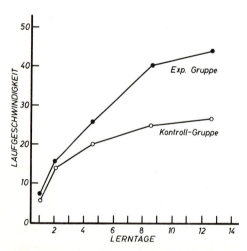

Abb. 4.6. Lernfortschritt unter der Triebbedingung einer Kopulation ohne Samenerguß bei männlichen Ratten. Die Kontrollgruppe fand keine Weibchen sondern Männchen in der Zielkammer. (Nach Sheffield, Wulff u. Backer, 1951, S. 5)

Aktivität bis zur körperlichen Erschöpfung beobachtet. Werden die Elektroden in eine Region implantiert, die in der Nahrungsregulation eine Rolle spielt, so schwindet die Bekräftigungswirkung der elektrischen Reizung, wenn das Tier gesättigt ist. Bei sexueller Stimulation durch Injektion von Androgen läßt die Bekräftigungswirkung der Reizung der „Hunger-Region" nach. Es gibt also Interaktionen mit körperlichen Bedürfniszuständen und mit anderen Trieben.

Kann man solche Befunde mit der Triebreduktionstheorie vereinbaren? Ein hartgesottener Triebtheoretiker könnte vermuten, daß die elektrische Hirnreizung in einen Teil des komplizierten Regulationsmechanismus für Bedürfnis- oder Triebzustände einbricht. Es könnte aber auch sein, daß Bedürfnis- oder Triebzustände keine Rolle spielen und daß es vielmehr affektgetönte Erregung oder lustbetonte Zustände sind, die ein sie hervorrufendes Verhalten bekräftigen. Jedenfalls stellt die Hirnreizungsforschung Hulls Postulat eher in Frage. Will man es in Anbetracht der angehäuften Befunde beibehalten, so tut man gut daran, die Triebreduktion von ihrer Bindung an vorauslaufende Bedürfniszustände zu trennen und alles das als „Trieb" zu bezeichnen, was bekräftigt, wenn es reduziert wird.

Allgemeiner Charakter des Triebes

Da *habit* und Trieb unabhängig voneinander sein sollen, muß die *habit*-aktivierende Funktion des Triebes auch unabhängig von verschiedenen Quellen des Triebes sein. Trieb ist also die allgemeine Basisgröße, zu der sich spezifische Triebzustände wie Durst und Hunger vereinigen. Eine Reaktion, die unter Hungerbedingungen gelernt wurde, muß demnach auch ausgeführt werden, wenn nur Durst besteht, und die ursprüngliche Reizsituation vorliegt. Mit anderen Worten, auch ein irrelevanter Trieb hat energetisierende Funktion. So kann ein irrelevanter Trieb den relevanten steigern (Triebsummation) oder auch ganz ersetzen (Triebsubstitution).

Die empirischen Belege sind positiv wie negativ. Hat bei Triebsummation der irrelevante Trieb größere Stärke, so hat man z. B. häufig das Gegenteil eines energetisierenden, nämlich einen hemmenden Effekt gefunden. Hunger und Durst erwiesen sich zur gegenseitigen Substitution als wenig geeignet, weil die organismische Regulation beider Bedürfniszustände nicht unabhängig voneinander ist. Nahm man als irrelevante eine aversive Triebbedingung (Schmerz), so schien es von den äußeren Reizbedingungen der ursprünglichen aversiven Triebbedingung abzuhängen, ob das Verhalten gefördert oder gehemmt wird, weil es im letzteren Fall je nach der besonderen Versuchsanordnung zu einem Reaktionskonflikt kommen kann. Insgesamt muß man sagen, daß das Postulat eines allgemeinen unspezifischen Triebes eher die Ausnahme als die Regel ist (vgl. Bolles, 1965; S. 265 ff.). Zu dem gleichen Schluß führen Untersuchungen, die die allgemeine Aktivität auf die Summation von Triebzuständen zurückzuführen suchten. Es zeigte sich, daß Ratten durch Hunger als solchen noch nicht in Aktivität gebracht werden, äußere Stimulation (wie Geräusche, Dunkelwerden) sind entscheidende Zusatzbedingungen.

Das Postulat des allgemeinen Triebcharakters von D hat auch Pate gestanden bei einer ausgedehnten humanpsychologischen Forschungsrichtung (Taylor u. Spence, 1952). Taylor (1953) entwickelte einen Fragebogen zur Messung überdauernder individueller Unterschiede in der allgemeinen, d. h. situationsunspezifischen Ängstlichkeit (MAS, *Manifest Anxiety Scale*; vgl. Kap. 6). Es handelt sich also nicht um eine situative Determinante, sondern um eine Motivdisposition. Ängstlichkeit wird als ein „erworbener Trieb" angesehen. (Mit erworbenen Trieben werden wir uns noch beschäftigen). Personen mit hohen Testwerten wird ein allgemeines hohes Triebniveau zugeschrieben. Sie sollten demnach eine erhöhte Reaktionsbereitschaft haben (Spence, 1958a).

Daraus sind unterschiedliche Konsequenzen für das Erlernen leichter und schwerer Aufgaben abzuleiten. Die Überlegung ist dabei folgende. Aufgaben sind leicht, wenn die richtigen Reaktionen schon eine gewisse *habit*-Stärke besitzen, und wenn wenig Konkurrenz mit der *habit*-Stärke nicht-richtiger Reaktionen besteht. Wegen der multiplikativen Beziehung von $_sH_R$ und D müssen Ängstliche leichte Aufgaben besser und schneller lernen als Niedrigängstliche, weil dadurch die Dominanz des Reaktionspotentials der richtigen Reaktionen über die falschen noch mehr über die Reaktionsschwelle herausgehoben wird. Bei schwierigen Aufgaben sollte das Gegenteil der Fall sein. Sie sind dadurch charakterisiert, daß die richtigen Reaktionen gegenüber falschen eine geringere *habit*-Stärke haben. Durch die hohe Triebstärke der Ängstlichen wird die ungünstige Stärkeverteilung der miteinander konkurrierenden Reaktionen zuungunsten der richtigen noch vergrößert. Außerdem werden noch andere irrelevante *habits* über die Reaktionsschwelle gehoben. Zur Bestätigung dieser Theorie über die Wechselwirkung von allgemeiner Triebstärke und Aufgabenschwierigkeit wurden Paarassoziationsaufgaben mit niedrigem Schwierigkeitsgrad (hoher Assoziationswert zwischen den Paarlingen) und mit hohem Schwierigkeitsgrad (niedriger Assoziationswert; andere Reaktionen liegen näher, so daß es zur Interferenz mit der vorgegebenen richtigen Reaktion kommt) herangezogen.

Spence, Farber u. McFann (1956) und andere haben die so abgeleiteten Hypothesen bestätigen können. Weiner (1966b) sowie Weiner u. Schneider (1971; vgl. auch Schneider u. Gallitz, 1973) haben jedoch eine Alternativerklärung vorgebracht und in einem Entscheidungsversuch die triebtheoretischen Hypothesen widerlegt. Weiners Alternativerklärung geht von häufig berichteten Befunden aus, nach denen bei ängstlichen Personen nach Erfolg die Leistung steigt und nach Mißerfolg sinkt, während es bei Nichtängstlichen umgekehrt ist. Da leichte Aufgaben eher zu Erfolgserlebnissen und schwierige Aufgaben eher zu Mißerfolgserlebnissen Anlaß geben, ist der von Spence gefundene differentielle Effekt eher auf kognitive Zwischenprozesse des Erfolgs- und Mißerfolgserlebens als auf Reaktionskonkurrenz (nach der Triebtheorie) zurückzuführen.

Um zwischen beiden Erklärungsansätzen entscheiden zu können, hat Weiner die Verbindungen leichte Aufgabe und Erfolg sowie schwere Aufgabe und Mißerfolg experimentell getrennt. Vpn, die (objektiv) leichte Paarassoziationen zu lernen hatten, wurde während der Versuchsdurchführung mitgeteilt, daß ihre Leistungen unterdurchschnittlich sei-

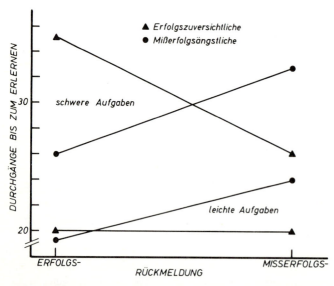

Abb. 4.7. Zahl der Durchgänge bis zum Erlernen einer leichten und einer schweren Liste von 13 Trigramm-Paaren in Abhängigkeit von überwiegender Erfolgszuversichtlichkeit oder Mißerfolgsängstlichkeit des Leistungsmotivs und von Erfolgs- und Mißerfolgsrückmeldung während des Versuchs. (Nach Weiner u. Schneider, 1971, S. 260)

en. Schwierige Paarassoziationen wurden entsprechend von Erfolgsrückmeldungen begleitet. Unter diesen Bedingungen ließ sich in der Tat zeigen, daß ein differentieller Leistungseffekt nicht vom Grad der allgemeinen Ängstlichkeit („Triebstärke" als persönlichkeitsspezifisches und situationsübergreifendes Merkmal) sondern von der aktuellen Erfolgs-Mißerfolgserfahrung bewirkt wird. Ängstliche lernen eine schwierige Liste von Trigramm-Paaren (z. B. Hov-Mig) schneller als Nicht-Ängstliche bei Erfolgsrückmeldung. Umgekehrt lernen Nicht-Ängstliche bei Mißerfolgsrückmeldung eine leichte Liste schneller als Ängstliche.

In einer Nachuntersuchung von Weiner u. Schneider (1971; sowie Schneider u. Gallitz, 1973) ergaben sich die gleichen Befunde, wenn man Ängstlichkeitsgrad der Vp, Schwierigkeitsgrad der Aufgabe und Rückmeldebedingungen voll miteinander kombiniert. Zur Bestimmung der individuellen Unterschiede wurde ein Meßverfahren zur Bestimmung des erfolgszuversichtlichen und des mißerfolgsängstlichen Leistungsmotivs herangezogen (vgl. Kap. 6). Abb. 4.7 zeigt die Befunde. Die Interaktion zwischen Ängstlichkeit und Erfolgs-Mißerfolgs-Rückmeldung ist bei schwierigen Aufgaben ausgeprägter als bei leichten.

Zusammenfassend ist festzustellen, daß auch dieses letzte Postulat der Triebtheorie viel scharfsinnige Forschung angeregt und manche weiterführende Erkenntnisse gebracht hat, die Revisionen wenn nicht das völlige Aufgeben der ursprünglichen Triebtheorie Hulls nahelegen. In den beiden folgenden Abschnitten beschäftigen wir uns mit einigen Fortentwicklungen der Triebtheorie und wollen sehen, wieweit sie den zu erklärenden Phänomenen besser gerecht werden.

Erworbene Triebe, Trieb als starker Reiz

Selbst im Bereich primärer, d. h. organismischer Triebe von Versuchstieren wie der Albinoratte, haben sich die einzelnen Postulate der Hullschen Triebtheorie nur mit unterschiedlichem Erfolg und nie ohne Schwierigkeiten und Alternativerklärungen darlegen lassen. Wie erst, so mag man fragen, können sie sich behaupten, wenn man daran geht, mit ihnen die Komplexität menschlichen Verhaltens zu erklären? Es ist ja von vornherein klar, daß man den größten Teil dieses Verhaltens kaum auf die Reduktion jeweils primärer Triebe zurückführen kann. Als Woodworth 1918 den Triebbegriff einführte und den Verhaltensmechanismen, die vom Trieb in Gang gesetzt werden, gegenüberstellte, wies er schon darauf hin, daß Mechanismen selbst Antriebsfunktion gewinnen, also sich von der Energetisierung durch primäre Triebe lösen könnten. Auch Tolman (1926a; 1932) machte sich schon früh Gedanken, wie sich von primären Trieben sekundäre ableiten und loslösen könnten. Allport (1937) stellte das Prinzip der funktionellen Autonomie auf. Es leugnet zwar nicht die historische Herkunft von Motiven aus primären Trieben, behauptet aber die bald einsetzende Unabhängigkeit von dieser Herkunft.

Mitarbeiter Hulls, vor allem Mowrer und N. E. Miller, waren bemüht, die Triebtheorie auszuweiten und fortzuentwickeln, um auch komplexeren Motivationsphänomenen wie Frustration, Konflikt und nicht-primären Motivationsbedingungen – nicht zuletzt beim Menschen – gerecht zu werden. Ein Ergebnis war die Postulierung „erworbener Triebe" *(acquired drives)*.

Frustration

Bemerkenswerterweise fanden sich unter den primären Triebquellen keine der aufsuchenden („appetitanregenden") Triebe wie Hunger, Durst oder Sexualität, aus denen sich erworbene Triebe hätten ableiten lassen. „Ableiten" heißt hier, experimentell herstellen und dabei zeigen, daß der neue „Trieb" triebtheoretische Postulate erfüllt; vor allem daß er in der Lage ist, neues Verhalten zu bekräftigen, d. h. Lernen zu fördern.

Eine Ausnahme schien zunächst die sog. Frustration zu sein. Frustration in diesem Zusammenhang wird auf der Seite der vorauslaufenden Bedingungen durch Vereitelung von Reaktionen, die zum Ziel, wo Triebbefriedigung stattfinden kann, hinführen oder – wenn am Ziel – durch Vereitelung von konsummatorischen Zielreaktionen selbst. In beiden Fällen hat man den sog. Frustrationseffekt beobachtet. Das Tier reagiert heftiger, häufiger oder variabler. Anscheinend beruht der Frustrationseffekt auf einer Steigerung jenes Triebs, dessen Befriedigung vereitelt wird. Dabei entsteht auch die Frage, ob es nicht bei häufiger Frustration zu einem erworbenen Trieb kommt, der zur allgemeinen Triebstärke beiträgt und in seiner spezifischen Form mit aggressiven Reaktionen verknüpft ist. Das letztere haben Dollard, Doob, Miller, Mowrer u. Sears (1939) in ihrem einflußreichen Buch „Frustration and Aggression" behauptet. Frustration wurde von ihnen als notwendige und zugleich als hinreichende Bedingung für Aggression angesehen; eine Auffassung, die inzwischen aus mancherlei Gründen bestritten und präzisiert worden ist (vgl. Feshbach u. Singer, 1971; Bandura, 1971b; Zumkley, 1978). Wir werden im 8. Kapitel näher darauf eingehen.

Vom Frustrationsanstieg auf eine Triebsteigerung zu schließen, ist aus mehreren Gründen zweifelhaft. Die auf Vereitelung folgenden Reaktionen geben häufig zu naheliegenderen Erklärungen Anlaß. Ein Tier, das nicht wie gewohnt Futter vorfindet, kann nicht mit konsummatorischen Reaktionen die Verhaltenssequenz zum Abschluß bringen. Es ist deshalb kein Wunder, wenn es statt dessen die instrumentellen Zielreaktionen oder andere Verhaltensweisen zeigt. Dabei können frühere Lernresultate hineinspielen, z. B. daß heftigere Reaktionen zum Erfolg führen. Steigerung der Intensität oder Variabilität des Verhaltens läßt sich also statt mit dem Triebfaktor mit assoziativen Faktoren erklären. Eine solche Erklärung wird durch Befunde von Holder, Marx, Holder u. Collier (1957) gestützt, nach welchen Ratten lernen konnten, nach Vereitelung, d. h. Vorenthaltung der Bekräftigung, nicht stärker sondern schwächer zu reagieren.

Amsel hat die Bedingungsanalyse vorangebracht, indem er den Frustrationseffekt von den Reaktionen auf Vereitelung gelöst und an nachfolgenden Zielreaktionen beobachtet hat. Hungrige Ratten finden in einem zweitei-

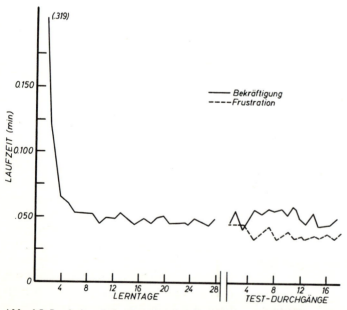

Abb. 4.8. Laufzeit zwischen erster und zweiter Zielkammer während der Trainingsphase und während der Testphase, in der abwechselnd Futter (Bekräftigung) oder kein Futter (Frustration) in der ersten Zielkammer liegt. (Nach Amsel u. Roussel, 1952, S. 367)

ligen Laufgang am Ende jedes der beiden Teile Futter. Nachdem die Laufreaktion eingeübt ist, enthält bei jedem zweiten der weiteren Durchgänge die erste Zielkammer kein Futter. Der Frustrationseffekt wird einmal an der Geschwindigkeit gemessen, mit der das Tier die erste (leere) Zielkammer verläßt, sowie an der Laufgeschwindigkeit, mit der das Tier den zweiten Teil des Laufgangs durcheilt. Beide Geschwindigkeiten stiegen in einem Versuch von Amsel u. Roussel (1952) an. Abb. 4.8 zeigt die Veränderung der Laufgeschwindigkeit im zweiten Teil des Laufgangs.

In weiteren Untersuchungen (Amsel u. Ward, 1954; Amsel u. Prouty, 1959) wurde das Tier nach der ersten Zielkammer vor eine Wahlsituation gestellt. Um in der zweiten Zielkammer Futter zu finden, mußte eine bestimmte Reaktion oder deren Gegenteil gelernt werden, je nachdem ob es in der ersten Zielkammer Futter gefunden oder nicht gefunden hatte, d. h. bekräftigt oder nicht bekräftigt worden war. Nach einiger Übungszeit konnten die Tiere diese Unterscheidung lernen. Die Frage ist, ob diese Lernleistung triebtheoretisch zu erklären ist; d. h. ist sie eine Wirkung eines spezifischen, neu erworbenen Triebes (Frustrationstrieb) oder einer Bedingung, die zu einer allgemeinen Triebsteigerung beiträgt? Die letztere Postition, die Hull am nächsten kommt, wird von Brown (1961) vertreten. Oder sind es andere motivierende Faktoren, die assoziativ mit äußeren Reizen der Situation verbunden worden sind? Die letztere Auffassung bevorzugt Amsel (1962). Es ließ sich nämlich zeigen, daß die gelernten Reaktionen von Reizen hervorgerufen werden, die mit der ursprünglichen Vereitelung gepaart waren. Dadurch wird das Tier offenbar in die Lage versetzt, die bevorstehende Vereitelung bereits vorwegzunehmen. Amsel hält nicht Triebsteigerung sondern Anreizwirkungen auf die Motivation, die von der äußeren Situation ausgehen, für entscheidend, um die beobachteten Frustrationseffekte zu erklären.

Furcht als erlernter Trieb

Wenn nicht bei aufsuchenden, so schien es doch bei aversiven Trieben gelungen zu sein, erlernte Triebe nachzuweisen. Hierzu bot sich das Vermeidungslernen an. Wirksam scheint hier Furcht zu sein. Furcht kann man als eine konditionierte Reaktion auf Schmerz, und Schmerz selbst als einen primären (und aversiven) Triebzustand ansehen, dessen Reduzierung instrumentelles Flucht- und Meidungsverhalten bekräftigt. Da sich, wie wir sehen werden, zeigen ließ, daß auch in konditionierten Furchtzuständen, und ohne daß der ursprünglich erfahrene Schmerz auftreten muß, Flucht- und Meidungsreaktionen gelernt und aufrecht erhalten werden, scheint Furcht ein leicht erwerbbarer und sich selbständig machender Trieb zu sein, der sich an die verschiedensten Auslösebedingungen heften kann.

Solche Überlegungen stellte als erster Mowrer (1939) an. Er griff dabei auf die zweite psychoanalytische Angsttheorie zurück, die Freud 1926 aufgestellt hatte. Danach ist Angst „Realangst", d. h. ein wirkungsvolles Signal, das vor kommenden realen Gefahren warnt und zu Abwehrhandlungen motiviert. Beobachtungen im Tierversuch, auf die schon Hull hinzuweisen pflegte, ließen erkennen, daß Reaktionen, um einen elektrischen Schlag zu vermeiden, sich nur schwer wieder löschen ließen. Das heißt, versetzt in die ursprüngliche Situation fahren die Tiere fort zu flüchten, auch wenn der Schmerzreiz ausbleibt; offensichtlich ein typischer Fall klassischer Konditionierung. Erstaunlich war jedoch die hohe Löschungsresistenz, da die auch für klassisches Konditionieren im weiteren Verlauf notwendigen Bekräftigungen fehlen. Insofern reicht klassisches Konditionieren als Erklärung nicht aus. Mowrer nahm deshalb an, daß Hinweisreize aus der ursprünglichen mit Schmerz verbundenen Situation, Furcht hervorrufen. War Furcht ursprünglich eine konditionierte Form der Schmerzreaktion, so wird sie nun – als ein aversiver Spannungszustand – zu einem unabhängigen Trieb. Und dieser wird durch Ausführung der Fluchtreaktion reduziert. Damit ist es die Reduktion von Furcht, die die Fluchtreaktion auch in Abwesenheit von Schmerz weiter bekräftigt.

Das Paradox schien mit dieser Erklärung, daß auch hier Triebreduktion stattfindet, aufgelöst. Dieser Interpretation hatte sich Mowrer (1938) schon in einem humanpsychologischen Experiment bedient. Vpn erhielten an den Fingern leichte elektrische Schläge, die durch ein Lichtsignal vorher angekündigt wurden. Die gleichzeitig gemessene hautgalvanische Reaktion (als ein Index für emotionalen Spannungszustand) stieg mit dem Lichtsignal an und fiel mit Einsetzen des Schocks ab. Übereinstimmend damit berichteten die Vpn, daß das Lichtsignal sie irritiert habe, und der Schock wie eine Erleichterung gewesen sei.

N. E. Miller (1941; 1948) hat die klassisch gewordenen Versuche gemacht, die den Nachweis, Triebe seien erlernbar, am Beispiel der Furcht führen sollten. Der Versuchsapparat besteht aus zwei Kammern, die durch eine Tür getrennt sind. Die linke Kammer ist weiß und hat einen elektrisierbaren Gitterboden, die rechte Kammer ist schwarz und hat einen normalen Boden. Die Verbindungstür kann von der weißen Kammer aus geöffnet werden, wenn eine waagrecht über der Tür angebrachte Walze etwas gedreht oder ein Hebel neben der Tür heruntergedrückt wird. Nachdem geprüft war, daß Ratten bei geöffneter Tür keine Bevorzugung für die weiße oder schwarze Kammer zeigten, wurde jedes Tier zehnmal bei geöffneter Tür in die weiße Kammer gesetzt und durch das Bodengitter elektrisiert. Dem konnte das Tier durch Flucht in die schwarze Kammer entkommen. In den weiteren Phasen des Versuchs gibt es keinen Schock mehr. Das Tier wird zunächst fünfmal bei geschlossener Tür in die weiße Kammer gesetzt. Nähert es sich der Tür, wird diese vom Versuchsleiter geöffnet. In einer weiteren Phase von 16 Durchgängen öffnet sich die Tür nur, wenn das Tier gelernt hat, die Walze zu drehen. In einer letzten Phase setzt das Türöffnen das Erlernen einer neuer Reaktion, nämlich Hebeldrücken, voraus. Unter dieser Versuchsanordnung flüchteten alle Versuchstiere bei geöffneter Tür in die schwarze Kammer, auch wenn es keinen Schock gab. Die Hälfte erlernte die instrumentelle Reaktion des Walzendrehens, um bei geschlossener Tür zu entkommen; sowie, als dies nicht mehr wirksam war, später auch die neue Reaktion des Hebeldrückens. Die Reaktionsgeschwindigkeit stieg über die 16 Durchgänge ständig an. Die übrigen Tiere zeigten das artübliche Furchtverhalten: „Einfrieren", Zusammenkrümmen, Koten und Urinieren.

Miller schließt aus diesen Ergebnissen das Folgende. Furcht ist eine (unkonditionierte) Reaktion des autonomen Nervensystems auf Schmerzreize. Sie kann auf andere Reize konditioniert werden (hier: Hinweisreize der weißen Kammer). Furcht ist aber auch selbst ein Reiz, weil sie eine Verbindung mit Reaktionen eingehen kann. Aber als Reiz ist sie zugleich ein Trieb, weil jede Reaktion, die aus dem Bereich furchtauslösender Reize herausführt, bekräftigt wird. Furcht erfüllt also ein zentrales Postulat der Triebtheorie, ihre Reduktion hat Bekräftigungsfunktion.

Miller löst, abweichend von Hull, den Trieb von der Ausschließlichkeit seiner Entstehungsbedingungen in primären Bedürfnissen. Er formuliert: „a drive is a strong stimulus which impels to action. Any stimulus can become a drive if it is made strong enough. The stronger the stimulus the more drive function it possesses" (Miller u. Dollard, 1941; S. 18). Auch äußere Reize können demnach, wenn sie nur stark genug sind, Triebcharakter gewinnen. Für erworbene Triebe wie Furcht gilt: „Drive value is acquired by attaching to weak cues responses producing strong stimuli" (Miller u. Dollard, 1941; S. 66).

Furcht in den Status eines Triebes im Hullschen Sinne zu versetzen, führt jedoch zu Komplikationen. In dem angeführten Versuchsbeispiel haben wir es nicht mit einem Fluchtlernen zu tun. Beim Fluchtlernen vermag das Tier zunehmend schneller durch instrumentelle Reaktionen der schmerzhaften Reizung zu entrinnen, sobald diese eingesetzt hat. In unserem Falle haben wir es mit Vermeidungslernen zu tun. Aufgrund von gelernten Voraussignalen entrinnt das Tier nach einigen Malen bereits, bevor der Schmerz eingesetzt hat; d. h. es meidet nun jeden

Schmerz. Wir sahen bereits, daß die hohe Löschungsresistenz sich nach Pawlowschem Konditionieren nicht erklären läßt, da ja der Schmerz als gelegentlicher Bekräftiger später ausbleibt. Aus dieser Verlegenheit hilft die Erklärung, die Furcht zum Trieb macht. Die mit der Vermeidungsreaktion einhergehende Furchtreduktion bekräftigt die Vermeidungsreaktion, erhöht also die Löschungsresistenz (und zwar solange, wie nicht die Furcht selbst gelöscht ist). Insofern braucht der Triebtheoretiker sein Bekräftigungspostulat nicht aufzugeben.

Mowrer (1947) schränkt die Allgemeingültigkeit des Postulats der Bekräftigung durch Triebreduktion jedoch schon ein. In dieser Zeit vertrat er seine sog. Zweifaktorentheorie, nach welcher alles Lernen entweder auf klassischem oder auf instrumentellem Konditionieren beruht. (Diese Position hat er später (1960) zugunsten einer Erwartungstheorie der Motivation aufgegeben; vgl. Kap. 2 und 5). Triebreduktion ist nach der Zweifaktorentheorie nicht mehr allgemeine Voraussetzung für jede Bekräftigung, sondern nur noch für Bekräftigung beim instrumentellen Lernen, das auf die willkürliche Motorik der Skelettmuskulatur beschränkt ist. Beim klassischen Konditionieren (beschränkt auf die unwillkürliche Motorik) genügt zur Bekräftigung bloße Kontiguität. Beim Vermeidungslernen spielt beides zusammen; zunächst wird Furcht an Reizsignalen klassisch konditioniert, dann führt Furchtreduktion zur Bekräftigung instrumenteller Meidungsreaktionen.

Aber damit ließ sich ein weiteres Paradox nicht auflösen, daß durch Befunde von Solomon u. Wynne (1953) entstand. Diese Autoren fanden, daß gelernte Vermeidungsreaktionen nach einigen Wiederholungen noch schneller auftreten als eine Furchtreaktion zustande kommen kann. Zehn Sekunden nach dem konditionierten Reiz erhielten Hunde einen starken elektrischen Schlag und lernten schnell als Vermeidungsreaktion, über eine Hürde zu springen. Abb. 4.9 zeigt die Latenzzeit eines typischen Versuchstieres. Schon nach 7 Durchgängen springt der Hund, ehe der elektrische Schlag einsetzt, und erreicht nach 3 weiteren Durchgängen Latenzzeiten

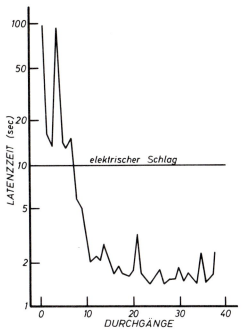

Abb. 4.9. Erwerb der Vermeidungsreaktion auf einen nach 10 Sekunden erfolgenden elektrischen Schlag (in Latenzzeit) bei einem einzelnen Versuchstier. (Nach Solomon u. Wynne, 1953, S. 6)

zwischen 1 und 2 Sekunden, die zu kurz sind, um noch die Zwischenschaltung einer Furchtreaktion annehmen zu können. Denn Furcht ist eine Reaktion des autonomen Nervensystems. Sie braucht zu ihrer Entstehung gewöhnlich 2–4 Sekunden (vgl. Spence u. Runquist, 1958). Ist die Latenzzeit gelegentlich länger, um in diesem Intervall das Auftreten von Furchtreaktionen zu erlauben, so sind die folgenden Latenzzeiten manchmal umso kürzer. Es ist also so, als wollte das Tier nicht nur den Schmerz sondern auch die Furcht vor dem Schmerz meiden. Und ausgerechnet unter den Bedingungen dieses Versuchs war die Löschungsresistenz fast unbegrenzt, einige Hunde benötigten nicht weniger als 650 Durchgänge. Hier kann die Erklärung, Furchtminderung bewirke als Triebreduktion die weitere Bekräftigung der erlernten Vermeidungsreaktionen, kaum aufrecht erhalten werden. Die Autoren erklären die hohe Löschungsresistenz mit „Angst-Konservierung". Läßt sie nach, so wird die Reaktionszeit länger, Furcht wird wieder empfunden und bekräftigt die Vermeidungsreaktion. Aber auch so bleibt die extreme Löschungsresistenz unverständlich.

Eine Erklärung, die ganz darauf verzichtet, Vermeidungslernen auf einen erworbenen Trieb zurückzuführen, hat Schoenfeld (1950) vorgeschlagen. Wie es Skinner tut, wird darauf verzichtet, hypothetische Zwischenvariable in Anspruch zu nehmen. Vielmehr läßt sich einfach sagen: Es gibt positive oder negative Reize mit Bekräftigungswert. Werden sie mit neutralen Reizen gepaart, so erhalten diese mit der Zeit auch einen entsprechenden Bekräftigungswert. So nehmen ursprünglich neutrale Reize negativen Charakter an und Lebewesen erlernen solche Reaktionen, die den unangenehmen Reiz zum Verschwinden bringen.

An den Nachweis, Furcht sei ein erlernter Trieb, hatten sich hohe Erwartungen geknüpft. Hier schien es möglich zu sein, die Kluft im Verhalten zwischen Tieren und Menschen, zwischen Lernversuchen mit hungrig oder durstig gemachten Ratten und menschlichen Verhaltensweisen, die alle möglichen Zwecke verfolgen und keine biologischen Bedürfnisse befriedigen, zu verringern wenn nicht gar zu überbrücken. Das Streben nach Besitz, Macht, Geltung und Leistung ließe sich dann als ein gelerntes Vermeidungsverhalten verstehen, das durch Furchtreduktion bekräftigt und aufrecht erhalten wird und letztenendes – verfolgt man die individuelle Entwicklung nur weit genug bis in die frühe Kindheit zurück – seine Wurzeln in primären Trieben wie Hunger, Durst und Schmerz hat. Diese Denkweise kam psychoanalytischen Vorstellungen entgegen und hat viel dazu beigetragen, diese im Rahmen lern- und triebtheoretischer Forschung faßbar, überprüfbar und anwendbar zu machen. Beispiele dafür sind zwei Bücher von Mowrer (1950) und von Dollard u. Miller (1950). Auch der schon im 2. Kapitel berichtete Versuch von Brown (1953), ein „Geldmotiv", und damit zusammenhängend ein „Arbeitsmotiv", auf eine im frühen Alter erworbene Furcht zurückzuführen, verrät die Erwartung, letztlich alle Motivationsprobleme von primären Trieben her aufrollen zu können. Brown bemerkt:

In many instances, if not all, where adult human behavior has been strongly marked by money-seeking responses there appears to be little need for postulating the operation of a learned money-seeking drive. One does not learn to have a drive for money. Instead, one learns to become anxious in the presence of a variety of cues signifying the absence of money. The obtaining of money automatically terminates or drastically alters such cues, and in so doing, produces a decrease in anxiety. (1953; S. 14).

Solche Erwartungen hat die triebtheoretische Forschung nicht erfüllen können. Der Erklärungswert der Triebtheorie ist in ihren einzelnen Postulaten, wie auch in der Hypostasierung von Furcht als erworbenem Trieb, in wachsendem Maße fraglich geworden. Die Erklärungsversuche für die vielfältig beigebrachten Untersuchungsergebnisse – und insofern war die Triebtheorie wissenschaftlich außerordentlich fruchtbar – haben zunehmend Faktoren beigezogen, die nicht, wie Triebzustände, innerorganismische situative Determinanten darstellen, sondern vielmehr äußere situative Determinanten. Das Geschehen hat sich sozusagen „nach außen" verlagert. Hinweisreize, Anreizgehalte, motivierende Erwartungen könnten offenbar angemessenere theoretische Ansätze abgeben, um Aktivierung, Steuerung und Ausdauer, kurz zielgerichtetes Streben in Verhalten zu erklären. Im nächsten Kapitel werden wir solche Ansätze verfolgen.

Als ein abschließendes Wort zur Triebtheorie sei Bolles zitiert, der zu der von ihr angeregten Forschung einen Teil beigesteuert hat:

The drive concept is like an old man that has had a long, active, and, yes, even useful life. It has produced a notable amount of conceptual and empirical work; it has, perhaps, indirectly, made a great contribution to our understanding of behavior. But the fruitful days are nearly gone. The time has come when younger, more vigorous, more capable concepts must take over. So, as sentimental as we must feel about our old friend, we should not despair at his passing. (1967; S. 329–330).

Konflikttheorie

Lewins Konflikttheorie

Ein wichtiger Einzelbereich triebpsychologischer Forschung war die experimentelle Analyse des Konfliktverhaltens. N. E. Miller (1944; 1951) entwickelte daraus ein weithin bekannt gewordenes Modell des Aufsuchen-Meiden-Konflikts. Die Grundideen hatte Lewin bereits in einer kleinen Monographie über „Die psychologische Situation bei Lohn und Strafe" aus dem Jahre 1931(a) vorweggenommen (engl. Übersetzung 1935). Er definiert: „Ein Konflikt ... ist psychologisch zu charakterisieren als eine Situation, in der *gleichzeitig entgegengesetzt gerichtete*, dabei aber annähernd gleich starke *Kräfte* auf das Individuum einwirken" (1931a; S. 11). Er unterscheidet drei Grundfälle einer Konfliktsituation. Hovland u. Sears (1938) haben später noch einen vierten Fall hinzugefügt. Nach den Kräften, die aus der Situation auf die Person einwirken und diese zu aufsuchendem oder meidendem Verhalten veranlassen, klassifiziert man die vier Arten von Konfliktsituationen wie folgt:

1. Aufsuchen-Aufsuchen-Konflikt. Man steht zwischen zwei Gegebenheiten oder Zielen, die beide positiven und annähernd gleichen Aufforderungscharakter (Valenz) besitzen; man kann aber nicht beides zugleich haben oder anstreben, sondern muß sich für eine der beiden Möglichkeiten entscheiden. Es ist der sprichwörtliche Fall von Buridans Esel, der zwischen zwei Heuhaufen verhungert.

2. Meiden-Meiden-Konflikt. Hier hat man zwischen zwei annähernd gleich starken Übeln zu wählen; z. B. ein Schüler zwischen dem Erledigen einer verhaßten Hausaufgabe oder der andernfalls zu gewärtigenden Strafarbeit.

3. Aufsuchen-Meiden-Konflikt. Ein und dieselbe Sache ist zugleich anziehend und abstoßend. Jemand möchte z. B. durch Heirat einen geliebten Menschen an sich binden, fürchtet aber zugleich, damit seine Unabhängigkeit aufzugeben.

4. Doppelter Aufsuchen-Meiden-Konflikt (doppelter Ambivalenz-Konflikt). Jemand schwankt z. B. in der Wahl zwischen zwei Berufen, von denen jeder positive und negative Seiten hat.

Abb. 4.10 enthält die vier Arten von Konfliktsituationen. Sie sind in einer Weise symbolisiert, wie es einer von Lewin entwickelten feldtheoretischen Darstellungsweise entspricht, in der z. B. Pfeile die Bedeutung von Feldvektoren haben und Wirkungsrichtungen, die von Situationsgegebenheiten oder von der Person ausgehen, darstellen. Das Schema des Meiden-Meiden-Konflikts enthält im übrigen eine rundum geschlossene Barriere, die eine psychologische Zwangssituation andeutet. Das heißt die Person sieht sich daran gehindert, aus der Klemme zwischen zwei Übeln auszubrechen. Andernfalls würde sie sich dem Konflikt entziehen können.

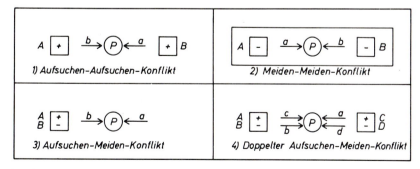

Abb. 4.10. Die vier Arten von Konfliktsituationen. P bedeutet Person, A bis D sind positive (+) oder negative (−) Aufforderungscharaktere der zur Entscheidung stehenden Objekte oder Ziele des Verhaltens. Die Kleinbuchstaben a bis d bezeichnen die den positiven oder negativen Aufforderungscharakteren der Objekte oder Ziele entsprechenden Kräfte, die auf die Person einwirken, d. h. sie näher an das Objekt oder Ziel heranschieben oder davon wegschieben

Die feldtheoretische Sichtweise Lewins wird noch deutlicher im Beispiel einer konkreten Konfliktsituation, deren Kräftefeld in Abb. 4.11 repräsentiert wird. Ein dreijähriges Kind am Strand versucht seinen Spielzeug-Schwan, der in die Wellen geraten ist, aus der Brandung zurückzuholen. Einerseits wird es zu dem geliebten Spielzeug hingedrängt. Kommt es dabei jedoch den bedrohlich erscheinenden Wellen zu nahe, wird es in die Gegenrichtung gedrängt. Es gibt eine Grenzlinie längs des Strandes, wo, wenn sie überschritten wird, die von den Wellen wegdrängenden Kräfte schneller größer werden als die zum Schwan hindrängenden Kräfte.

An diesem Beispiel hat Lewin (1946a; S. 812) bereits intuitiv postuliert, daß bei zunehmender Annäherung an das Zielobjekt in einem Aufsuchen-Meiden-Konflikt die abstoßenden Kräfte schneller anwachsen als die anziehenden. In einem gewissen Abstand vom Zielobjekt muß es deshalb ein Gleichgewicht zwischen Aufsuchen und Meiden geben. In diesem Abstand schneiden sich die beiden Valenz-Gradienten der anziehenden bzw. abstoßenden Kräfte beider Aufforderungscharaktere. Bevor dieser Abstand erreicht ist, sind die anziehenden Kräfte ungleich stärker als die abstoßenden. Deshalb drängt das Kind auf den Schwan zu. Sobald es aber den Abstand überschreitet, der durch den Schnittpunkt beider Valenz-Gradienten gebildet wird, werden die abstoßenden Kräfte stärker, und das Kind drängt wieder zurück. So kommt es zu einem hin- und herpendelnden Verhalten. Abb. 4.12 verdeutlicht das wechselnde Kräfteverhältnis in dieser Konfliktsituation als eine Funktion des geographischen Abstands der Person von angestrebter bzw. gefürchteter Gegebenheit.

Nach Lewin ist also die Stärke einer Verhaltenstendenz (Kraft) zugleich von zwei Größen abhängig, von der Stärke der Valenz des Zieles (Zielgegenstandes) und der noch zu überwindenden Distanz zum Ziel. (Distanz kann psychologisch auch anders als an geographischer Entfernung ermessen werden; z. B. als Zeitstrecke oder als Anzahl von nötigen Zwischentätigkeiten oder deren Schwierigkeiten oder deren erforderlicher Kraftaufwand u. a.).

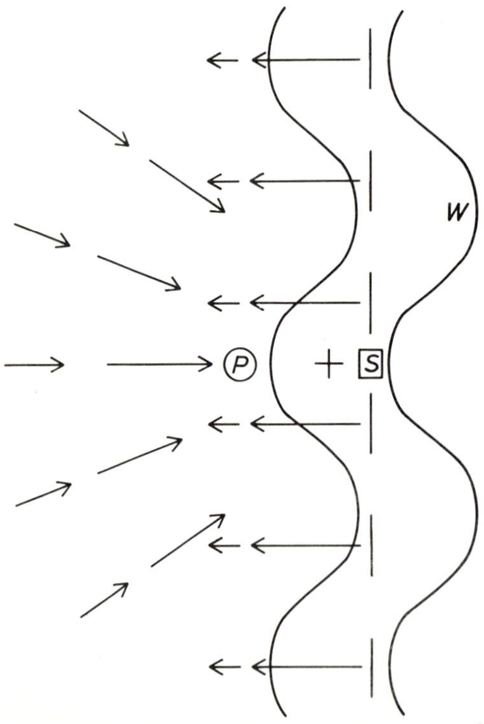

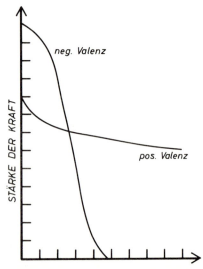

Abb. 4.11. Kräftefeld in einer Konfliktsituation, wo positive und negative Valenz in der gleichen Richtung liegen. Vgl. Text. (Nach Lewin, 1946a, S. 812)

Abb. 4.12. Positiver und negativer Valenzgradient in Abhängigkeit des geographischen Abstands der Person von den Gegebenheiten mit positiver und negativer Valenz. (Nach Lewin, 1946a, S. 812)

Millers Konfliktmodell

Miller (1944) brachte Lewins Idee, daß Valenzänderungen vom Zielabstand abhängig sind, in Zusammenhang mit Hulls (1932; 1934) Hypohese des Zielgradienten. Mit dieser Hypothese erklärte Hull Beobachtungen, nach denen hungrige Tiere in Zielnähe schneller laufen und nach denen Fehlerkorrekturen beim Durchlaufen eines Labyrinths zunächst in Zielnähe und dann in rückwärts gerichteter Reihenfolge bis hin zur Startregion erfolgen. Die Zielgradientenhypothese besagt, daß der Aufbau der Reiz-Reaktions-Verbindungen, also das Anwachsen der *habit*-Stärke zunächst in unmittelbarer Zielnähe beginnt, weil hier die Bekräftigung sofort erfolgt und nicht, wie in weiterem Abstand vom Ziel, verzögert ist. So wandert der Aufbau der *habit*-Stärken beim Erlernen einer neuen Verhaltenssequenz vom Ende her langsam nach rückwärts zum Beginn der Reaktionsabfolge.

Zum Konfliktgeschehen stellte Miller (1951 und 1959) sechs Annahmen auf:

1. Die Aufsuchen-Tendenz ist umso stärker, je näher man an das Ziel herankommt (Aufsuchen-Gradient).
2. Die Meiden-Tendenz ist umso stärker, je näher man an den gefürchteten Reiz herankommt (Meiden-Gradient).
3. Der Meiden-Gradient ist steiler als der Aufsuchen-Gradient.
4. Wenn zwei miteinander unverträgliche Reaktionen in Konflikt stehen, so setzt sich die stärkere Reaktion durch.
5. Die Höhe des Aufsuchen- oder des Meiden-Gradienten hängt von der Triebstärke ab, auf der jeder der beiden beruht.
6. Mit der Zahl der Bekräftigungen wächst die Stärke der bekräftigten Reaktionstendenz, solange das maximale Lernplateau noch nicht erreicht ist. (Diese Annahme wurde 1959 hinzugefügt).

Abb. 4.13 veranschaulicht die ersten vier Annahmen. Wird der Abstand X zum Ziel überschritten, wird die Meiden-Tendenz stärker als die Aufsuchen-Tendenz. An diesem Punkt pendelt sich aufsuchendes und meidendes Verhalten ein.

Nach der fünften Annahme kann sich das Stärkeverhältnis beider Tendenzen, und damit auch ihr Schnittpunkt, verändern, wenn das Verhältnis der beiden Triebstärken, auf denen die Tendenzen beruhen, verändert wird. Steigt z. B. der Hunger, der das Tier zum Aufsuchen des Futters in der Zielregion treibt, so hebt sich der Aufsuchen-Gradient insgesamt, so daß der Schnittpunkt beider Gradienten näher am Ziel liegt.

Aber wie läßt sich die Annahme begründen, daß der Meiden-Gradient steiler als der Aufsuchen-Gradient sein soll? Den Grund sieht Miller in der unterschiedlichen Triebbasis für die beiden Tendenzen. Die Aufsuchen-Tendenz wird etwa bei Hunger durch einen Triebreiz aufrecht erhalten, dessen Ursprung im Organismus selbst liegt. Wohin man sich auch bewegt, der Triebreiz ändert sich nicht, gleichgültig wieweit man vom Ziel, wo Nahrung bereit liegt, entfernt ist. Dagegen beruht

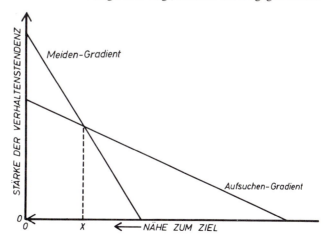

Abb. 4.13. Gradienten der Aufsuchen- und Meiden-Tendenz bei Annäherung an ein Ziel, das zugleich positive und negative Valenzen hat

die Meiden-Tendenz auf einem erworbenen Trieb der Furcht, wenn etwa in der Zielregion durch äußere Reizung Schmerz zugefügt wird. Da Furcht nicht durch einen inneren Triebreiz, sondern durch äußere Hinweisreize der Situation ausgelöst wird, ist sie durch sie eng an die ursprüngliche, schmerzerzeugende Situation gebunden.

Mit dieser Überlegung liegt auch die Bedeutung der letzten Annahme auf der Hand. Mit der Zahl der Bekräftigungen der Reaktionen, also der *habit*-Stärke, wird die *Steilheit* des Gradienten der entsprechenden Tendenz beeinflußt, da die assoziative Komponente (*habit*-Stärke) des Reaktionspotentials von der Zielnähe abhängt (wenigstens solange Lernen auf dem ganzen Weg zum Ziel hin ein Plateau erreicht hat). Daß der Meiden-Gradient steiler ist, läßt sich ja gerade darauf zurückführen, daß beide Komponenten des Reaktionspotentials – sowohl der Trieb (Furcht) wie die *habit*-Stärke – an zielbezogene Reize gebunden sind. Für die Aufsuchen-Komponente gilt das nur für die assoziative Komponente, die *habit*-Stärke. Wäre diese bei der Aufsuchen-Komponente etwa sehr viel stärker als bei der Meiden-Komponente, so könnte der Fall eintreten, daß ausnahmsweise einmal die Aufsuchen-Komponente steiler ist.

Brown (1948) hat die Annahmen 1 bis 3 und 5 experimentell geprüft und bestätigt gefunden. Von vier Versuchstiergruppen (Ratten) fanden zwei am Ende eines Laufganges wiederholt Futter; eine Gruppe war sehr hungrig, die andere nicht-hungrig (48 vs. 1 Stunde Nahrungsentzug). Die beiden übrigen Gruppen waren nicht-hungrig und erhielten an der gleichen Stelle einen elektrischen Schlag; eine der beiden Gruppen einen starken, die andere einen schwachen. Nach der Lernphase maß Brown die Kraft, mit der das einzelne Versuchstier – in den Laufgang hineingesetzt – auf das Ziel hinstrebte oder von ihm wegstrebte. Die Kraft wurde gemessen, indem das Versuchstier angeschirrt und an bestimmten Punkten des Laufgangs an einer Zugleine gestoppt wurde. Abb. 4.14 enthält die Ergebnisse.

In einer späteren Studie (Miller, 1959) sind die beiden Annahmen 4 (die stärkere Reaktion) und die Annahme 5 (Höhe des Gradienten steigt mit der Triebstärke) miteinander verknüpft, experimentell realisiert und bestätigt worden. Die Tiere erhielten nun an demselben Ort sowohl Futter wie einen elektrischen Schlag, so daß eine Konfliktsituation entstand. In Abhängigkeit von der Zeitdauer des Futterentzugs und von der Stärke des elektrischen Schlags wurden für einzelne Versuchstiergruppen verschiedene Kombinationen von Triebstärken geschaffen, die – unabhängig voneinander – die Höhe des Aufsuchen- und des Meiden-Gradienten manipulieren ließen. Damit müssen sich Gradienten-Schnittpunkte in unterschiedlichem Abstand von der Zielregion ergeben. Abhängiges Maß war dementsprechend der Mindestabstand von der Zielregion, den das Tier in seiner konflikthaften Lokomotion erreichte. Die Ergebnisse entsprechen den Annahmen. Bei gegebener Schockintensität nimmt der erreichte Abstand mit der Entzugdauer ab. Umgekehrt nimmt bei gleichbleibender Entzugsdauer der Abstand zu, wenn sich die Schockintensität erhöht.

Anwendungen des Konfliktmodells

Das Konfliktmodell hat vielfältige und anregende Anwendungsmöglichkeiten eröffnet. Wie schon gesagt, muß die Abstandsdimension zur Zielregion nicht nur räumlicher Natur sein. Es kann auch die zeitliche Nähe oder der Ähnlichkeitsgrad mit dem ursprünglichen Ziel sein. Der letztere Fall, eine Abwandlungsreihe abnehmender Ähnlichkeit mit einer konflikthaft erlebten Zielgegebenheit, spielt häufig in neurotischen Konflikten und ihrer therapeutischen Behandlung eine Rolle. So kann ein Objekt aggressiver oder sexueller Wünsche zugleich starke Furcht vor negativen Konsequenzen auslösen, so daß es – wie Freud beobachtet hat – zur sog. "Verschiebung" kommt. Das ursprüngliche Objekt wird im Erleben ersetzt durch ein mehr oder weniger ähnliches, das weniger Furcht (oder Angst) auslöst. Was Sexualität betrifft, so hat Clark (1952; Clark u. Sensibar, 1955) Verschiebungen in der Vorstellungsproduktion

Anwendungen des Konfliktmodells — 143

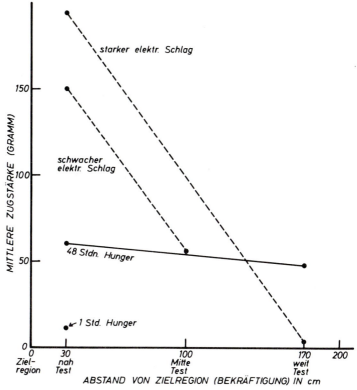

Abb. 4.14. Stärke der Aufsuchen- und Meiden-Tendenz in verschiedenem Abstand von der Zielregion bei vier Versuchstiergruppen unter je einer Triebbedingung in einer von zwei Stärkestufen: 1 Stunde Hunger, 24 Stunden Hunger, starker elektrischer Schlag und schwacher elektrischer Schlag. (Nach Brown, 1948, S. 457/459)

unter Bedingungen wachsender sexueller Anregung experimentell bestätigt gefunden.

Verschiebung entspricht einer Reizgeneralisation des ursprünglichen Objekts. Je mehr die Meiden-Tendenz die Aufsuchen-Tendenz überwiegt, umso geringer ist die Ähnlichkeit zwischen dem ursprünglichen Objekt und dem Objekt der Verschiebung, der erreichten Konfliktlösung. Miller (1944) hat auf diesen Fall sein Konfliktmodell angewandt. Die Aufsuchen- und Meiden-Gradienten bezeichnen nun die Reaktionsstärke in Abhängigkeit vom Ähnlichkeitsgrad zum konfliktverursachenden Zielreiz und nicht mehr in Abhängigkeit vom räumlichen und zeitlichen Abstand. Es handelt sich also um Reizgeneralisationsgradienten für die aufsuchende, die gehemmte Reaktion und für die meidende, die hemmende Reaktion. Abb. 4.15 zeigt die Version des

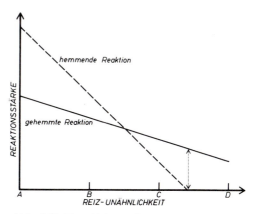

Abb. 4.15. Verschiebung einer gehemmten Reaktion entlang eines Reizgeneralisationsgradienten auf den Punkt maximaler Nettostärke der gehemmten Reaktion (gepunktete Linie). (Nach Miller, 1944, S. 434)

Modells für die Verschiebungsproblematik. Daraus ergibt sich, daß jener Ähnlichkeitsgrad für eine Verschiebung bevorzugt wird, bei dem die Netto-Stärke der gehemmten Reaktion am größten ist. Das ist in der Abbildung ein Ähnlichkeitsgrad zwischen C und D.

Murray u. Berkun (1955) haben hierfür experimentelle Bestätigung gefunden. Nachdem Ratten gelernt hatten, am Ende eines schwarzen Laufgangs Futter zu finden, wurden sie dort während des Fressens elektrisch geschockt, so daß sie die Zielkammer mieden. Danach wurden zwei weitere Laufgänge parallel mit dem ursprünglichen verbunden. In verschiedenen Abständen von der Zielkammer waren Öffnungen, um in den benachbarten Gang zu gelangen. Die beiden Nachbargänge unterschieden sich von dem ursprünglichen in der Wandfarbe. Sie waren nicht schwarz sondern der eine (unmittelbar benachbarte) grau und der weitere weiß. In dieser Abstufung ergibt sich also ein Gradient abnehmender Ähnlichkeit zum ursprünglichen, konfliktauslösenden Laufgang. Setzt man das Versuchstier in diesen hinein, so muß es von der Zielkammer einen großen Abstand halten, der sich nach Ausweichen in den benachbarten Laufgang verringert und wiederum in dem nächsten Laufgang noch geringer wird. Das Konfliktgeschehen pendelt sich also gleichzeitig zwischen zwei voneinander unabhängigen Gradienten-Dimensionen ein: räumlicher und ähnlichkeitsmäßiger Abstand vom konfliktauslösenden Ziel. Beide Dimensionen hat man als orthogonale Basisachsen für ein dreidimensionales Konfliktmodell verwendet. Die Gradienten sind dann keine Linien mehr sondern Flächen. Ihr Schnittpunkt wird zu einer Schnittlinie zwischen beiden Dimensionsachsen. Konkret gesprochen, das Tier erreicht einen geringeren Zielabstand, wenn es gleichzeitig eine größere Unähnlichkeit mit dem ursprünglichen Zielreiz in Kauf nimmt (und umgekehrt). Das haben Murray u. Berkun in der Tat zeigen können. Und noch etwas haben sie gefunden. Die Verschiebung wirkt sich „therapeutisch" aus, der Meiden-Gradient senkt sich mit der Zeit. Die Tiere nähern sich zunehmend auch dem ähnlicheren und dem ursprünglichen Zielreiz.

Für die Therapie läßt sich folgern, daß nicht der Aufsuchen-Gradient zu heben, sondern der Meiden-Gradient zu senken ist, und zwar durch geeignete Maßnahmen der Ähnlichkeitsverschiebung zur eigentlichen Konfliktursache. Dann setzt sich der Patient offensichtlich wieder mit der konfliktverursachenden Gegebenheit auseinander. Bloßes Zureden des Therapeuten dagegen, sich gleich mit der eigentlichen Konfliktursache auseinanderzusetzen, würde den Schnittpunkt beider Gradienten zwar näher an die eigentliche Konfliktursache heranrücken, gleichzeitig aber auch höher rücken, was die größere Stärke beider Konflikttendenzen, und damit eine höhere innere Gespanntheit, bedeutete.

Paradefälle für das Konfliktmodell sind im übrigen bedrohlich erscheinende Ereignisse, die zeitlich fixiert sind und deshalb unausweichlich näher rücken, wie ein Examen, eine notwendige Operation oder eine Niederkunft. Einerseits fürchtet man sie, andererseits bejaht man sie auch, möchte sie bestehen und hinter sich bringen. Konflikttendenzen im Hinblick auf ein bevorstehendes Examen hat Fisch (1970) in Abhängigkeit von Zeitnähe und Ähnlichkeitsgrad von Bildsituationen zum bevorstehenden Ereignis untersucht.

An Amateur-Fallschirmspringern, die vor ihrem ersten Absprung stehen, hat S. Epstein (1962) eine ähnliche Studie gemacht. Unter anderem ließ er in den aufeinanderfolgenden Handlungsabschnitten, die zum ersten Absprung führen, nacheinander Selbsteinschätzungen über die beiden Konflikttendenzen wiederholen. Dabei waren Aufsuchen- und Meidentendenzen wie folgt definiert: „looking forward to the jump, wanting to go ahead, being thrilled by the prospect of jumping" und „wanting to turn back and call the jump off, questioning why you even let yourself get into jumping, fear." Abb. 4.16 gibt die nachträglichen (gemittelten) Selbsteinschätzungen von 28 Anfängern als Sequenz von 14 Ereignissen wieder, und zwar zu folgenden Zeitpunkten: (1) letzte Woche, (2) letzte Nacht, (3) diesen Morgen, (4) nach Erreichen des Flugfeldes, (5) während der Übungsstunde vor dem Sprung, (6) beim Anlegen des

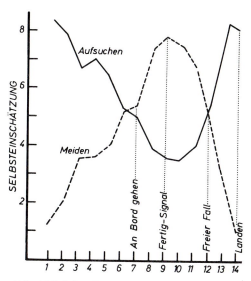

Abb. 4.16. Selbsteinschätzung von Aufsuchen- und Meiden-Tendenz in Abhängigkeit von der Ereignisfolge vor dem ersten Fallschirmabsprung. (Nach Epstein, 1962, S. 179)

Fallschirms, (7) beim An-Bord-Gehen, (8) beim Aufstieg, (9) beim Fertig-Signal, (10) beim Klettern nach außen (man steht zunächst auf dem Fahrgestell), (11) darauf warten, abgestoßen zu werden, (12) freies Fallen, (13) nach Öffnen des Schirms, (14) unmittelbar nach dem Landen.

Natürlich sind Selbsteinschätzungen (und dazu noch nachträgliche) fragwürdige Maße für die Aufsuchen- und Meiden-Tendenz. Statt beide voneinander trennen zu können, werden die Springer wohl eine Art resultierender Tendenz von gemischten Gefühlen, von Zuversicht und Besorgtheit erlebt haben. Dafür spricht auch der spiegelbildliche Verlauf beider Kurven. Bemerkenswert ist jedoch, daß die Meidentendenz Besorgtheit stetig anwächst, aber bereits kurz vor dem kritischen Ereignis des Absprungs wieder zurückgeht (so als sähe der Springer jetzt keine Möglichkeit des Zurückweichens mehr und gewönne damit an Zuversicht).

In den nachfolgenden Studien hat Fenz (1975) neurovegetative Indikatoren der Aktivation während der gesamten Sprung-Sequenz erhoben. Dabei zeigte sich, daß Herzfrequenz und Atemfrequenz und die hautgalvanische Reaktion ständig bis zum Öffnen des Fallschirms zunehmen. Das gilt aber nur für Anfänger. Erfahrene Springer erreichten ihre maximalen Werte schon in früheren Stadien der Sprungsequenz: beim An-Bord-Gehen (Herzfrequenz), beim Fertig-Signal (Atemfrequenz) und beim freien Fall (hautgalvanische Reaktion). Aber alle ihre Werte blieben unterhalb der 50-Prozent-Marke der gesamten Variationsbreite, die Fenz bei Anfängern für jeden der drei Indikatoren fand. Diese Unterschiede sind jedoch nicht ausschließlich erfahrungsabhängig, d. h. eine Funktion der Anzahl der Sprünge. Unterscheidet man zwischen guten und schlechten Springern, so zeigen die letzteren noch nach vielen Sprüngen einen Aktivationsverlauf der jenem der Anfänger ähnlich ist. Offenbar geben ihnen ihre Sprungleistungen weniger Anlaß, mit der Bedrohlichkeit der Situation besser fertig zu werden *(coping with stress)*. Vielleicht ist der Bedingungszusammenhang (wenigstens teilweise) auch kreisartig zu deuten: Weil sie furchtsam-aufgeregter bleiben, springen sie schlechter, und weil sie schlechter springen, bleiben sie länger furchtsam-aufgeregt.

Aktivationstheorien

In Kap. 2 haben wir bereits die aktivationspsychologische Linie der Motivationsforschung in Grundzügen skizziert und dabei auf die anregende Wirkung verwiesen, die zwei hirnphysiologische Entdeckungen, wie das „aufsteigende retikuläre Aktivationssystem" (ARAS) im Hirnstamm (Moruzzi u. Magoun, 1949; Lindsley, 1957) und ein „Bekräftigungssystem" im Hypothalamus (Olds u. Millner, 1954) auf die motivationspsychologische Theoriebildung gehabt haben. Hier kann nicht auf die hirnphysiologischen Befunde eingegangen werden, die im übrigen heute ein weit komplizierteres Bild bieten, als es in den fünfziger Jahren noch aussah (vgl. Olds, 1973). Schon sehr viel früher war auf eine Fülle neurovegetativer Aktivationsphänomene und ihre Messung, vor allem im Zusammenhang mit der Beschreibung und Erklärung von Emotionen, aufmerksam gemacht worden (etwa schon von Duffy, 1934). Aber erst jetzt wurde der Gedanke vertreten, daß das hypothetische Konstrukt eines allgemeinen Aktivationsniveaus, basierend auf der hirnphysiologischen ARAS-Funktion, der Stärke des allgemeinen Triebs entspricht, ja Hulls D ersetzen könne. Diese Ansicht vertraten vor allem Malmo (1959) und Hebb (1955), auch Duffy (1957) und Bindra (1959). Da sich das Aktivationsniveau *(arousal level)* anhand vieler neurovegetativer Indizes, wie hautgalvanischer Reflex, Muskeltonus oder Hirnstrombild, messen läßt, glaubte man, auch einen zuverlässigeren Index für Triebstärke gewonnen zu haben, als es den Triebtheoretikern bislang gelungen war, etwa durch Entzugstechniken oder durch Messung allgemeiner Aktivität. Lacey (1969) vor allem hat jedoch das Konstrukt einer allgemeinen Aktivation in Frage gestellt, weil die verschiedenen Maße nur wenig miteinander korrelieren und Ausprägungsmuster bilden, die individuell sehr unterschiedlich sind.

Das Aktivationskonstrukt

Das Aktivationskonstrukt ist auf seine vorauslaufenden Bedingungen und seine nachfolgenden Wirkungen in einer Vielfalt von Befunden verankert worden. Davon kann hier nur einiges in groben Zügen angedeutet werden. Auf der Seite der von Aktivation abhängigen Wirkungen sind vor allem Leistungsvariablen untersucht worden. Vereinfacht lassen sich die Ergebnisse im Bild der umgekehrten U-Kurve zusammenfassen. Bei niedriger und sehr hoher Aktivation ist die Leistung beeinträchtigt, mittlere Grade sind am günstigsten. Allerdings spielt dabei auch der Schwierigkeitsgrad (Komplexitätsgrad) der Aufgabe eine Rolle; je höher er ist, umso günstiger scheint eine geringere Aktivation zu sein. Sprichwörtlich für diesen Zusammenhang ist das sog. Yerkes-Dodson-Gesetz geworden. Diese Autoren hatten bereits 1908 gefunden, daß im Tierversuch mittlere Motivationsstärken (erzeugt durch elektrischen Schlag) für das Erlernen von Labyrinthen am günstigsten sind. Die optimale Motivationsstärke lag dabei für leichte Labyrinthe höher als für schwere.

Hebb (1955) hat diese umgekehrte U-Funktion als eine Interaktion von Aktivationsfunktion *(arousal function)* und Hinweisfunktion *(cue function)* gedeutet. Die über die Sinne einströmenden Informationen werden einerseits als spezifische Hinweise verarbeitet, andrerseits tragen sie in unspezifischer Weise zu einem allgemeinen Aktivationsniveau bei. Um ein optimales Niveau zu erreichen, bedarf die Hinweisfunktion eines gewissen Aktivationsgrades der beteiligten Hirnregionen. Abb. 4.17 gibt Hebbs Vorstellung wieder.

Die Gleichsetzung von Aktivationsniveau und Triebstärke (D) läßt sich zumindest in zwei Punkten nicht oder kaum mit den Postulaten der klassischen Triebtheorie vereinbaren. Einmal paßt die kurvilineare Beziehung zwischen Aktivation und Leistungstüchtigkeit nicht zu der postulierten monotonen Funktion

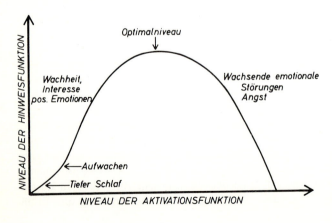

Abb. 4.17. Umgekehrte U-Funktion in der Beziehung zwischen Leistungstüchtigkeit des Verhaltens (Hinweisfunktion) und Aktivationsniveau. (Nach Hebb, 1955, S. 250)

von Triebstärke und Verhaltensmaßen (sieht man von dem von Hull angesetzten Entkräftigungsfaktor ab, der bei längerem Nahrungsentzug zu berücksichtigen ist). Malmo (1958; 1959) hat Herzschlagfrequenz als Aktivationsindex vorgeschlagen, von der gezeigt werden konnte, daß sie etwa mit der Entzugsdauer von Flüssigkeit monoton ansteigt (vgl. auch Belanger u. Feldman, 1962), was andere Autoren (wie Rust, 1962) allerdings nicht finden konnten. Herzschlag ist im übrigen ein problematischer Indikator für Triebstärke, weil er auch von der jeweiligen Aktivität beeinflußt wird. Das andere Problem der Gleichsetzung mit Triebstärke ist darin zu sehen, daß das Aktivationsniveau erwiesenermaßen stark von äußerer Reizstimulation abhängig ist, was beim klassischen Triebbegriff (von aversiven Trieben wie Schmerz abgesehen) ganz und gar nicht der Fall sein soll.

Damit sind wir bei den vorauslaufenden Bedingungen des Aktivationsniveaus. Hier sind Abhängigkeiten von einer Fülle von Parametern der externen Stimulation aufgewiesen und isoliert worden. Mehr als bloße Intensität der Reizung spielt ihre Variation in räumlicher und zeitlicher Verteilung eine Rolle; und natürlich auch nicht Reizung allein in ihren physiologischen oder physikalischen sondern vor allem in ihren psychologischen Parametern; ihrem Informationsgehalt, ihrer Komplexität, ihren Abweichungen von dem, was dem Wahrnehmenden bekannt, vertraut und verstehbar ist. Aufmerksamkeit haben zunächst dramatische Fälle in den Randbereichen eines gedachten Kontinuums des Reizeinstroms gefunden: Reizentzug *(sensory deprivation)* sowie Reizsituationen, die Aufregung, Schreck und Furcht hervorrufen. Was die Folgen des Reizentzugs betrifft, so ist vor allem ein Experiment von Bexton, Heron u. Scott (1954) bekannt geworden. Sie gewannen Studenten gegen hohe Bezahlung, sich für mehrere Tage in reizabgeschirmte Kammern zu legen und dabei Brillen und Manschetten um Arm und Hände zu tragen, die die visuelle Form- bzw. die taktile Wahrnehmung weitgehend ausschalteten. Schon bald ließen sich Halluzinationen und schwere Beeinträchtigungen der intellektuellen Fähigkeiten beobachten. Schon nach wenigen Tagen brachen die Vpn trotz der hohen Bezahlung den Versuch ab, weil sie die Entzugssituation nicht länger ertragen konnten. Gab man ihnen während des Versuchs Gelegenheit, Börsenberichte oder Auszüge aus dem Telefonbuch vorgelesen zu bekommen – also Informationen, an die sie unter normalen Umständen keinen Augenblick verschwendet hätten – so waren sie jetzt wie wild darauf und forderten ständige Wiederholungen.

Die Befunde lassen darauf schließen, daß der Organismus zu seinem Wohlbefinden und zur Funktionstüchtigkeit eines gewissen Einstroms von Reizvariation bedarf. Auf ähnliche Schlußfolgerungen deuten bereits Ergebnisse der Untersuchungen zur sog. „psychischen Sättigung" aus dem Jahre 1928 von der Lewin-Schülerin Anitra Karstens hin. Sie forderte Schüler auf, möglichst lang monotone Kurzaufgaben zu wiederholen, wie Striche machen, Mondgesichter zeichnen, den gleichen kurzen Satz schreiben etc. Nach einiger Zeit versuchten die Vpn, die Aufgaben durch Umstellung der Ausführungsreihenfolge wieder interessanter zu machen. Schließlich zerfiel die Ausführung in sinnlose Teilkomponenten, und Fehler stellten sich ein. Sättigung und Abneigung gegen die Aufgabe waren zunehmend unüberwindlicher geworden. Wurden sie nun aufgefordert, eine neue Aufgabe zu machen, so stellte sich die Leistungstüchtigkeit sofort wieder her.

Das Gegenstück zum Reizentzug ist nicht „Reizüberflutung" im landläufigen Sinne des Wortes, sondern ein Reizeinstrom, der „Inkongruenzen" schafft; d. h. nicht mehr verarbeitet werden kann, weil er zu komplex oder widersprüchlich ist, das Erwartete, Bekannte, Verstehbare über den Haufen rennt. Das kann zu heftigen emotionalen Reaktionen bis hin zu panischem Schrecken führen. Hebb (1946; 1949) hat dies an den „Paroxysmen des Terrors" bei Schimpansen demonstriert, wenn man ihnen den ausgestopften Kopf oder den leblosen Körper eines narkotisierten Artgenossen zeigt, oder wenn der Wärter die von ihm üblich getragene Jacke auf links angezogen hat. Ähnlich heftige Schreckreaktionen haben Bühler, Hetzer u. Mabel (1928) bei

Säuglingen beobachtet, wenn etwa die Mutter als vertraute Pflegeperson ans Bettchen tritt und plötzlich mit hoher Falsettstimme spricht. Es ist der plötzliche Unterschied im sonst gleichen und vertrauten Objekt (Hebb: *difference in sameness*), der die heftigen, schreckhaften Aktivierungszustände auslöst.

Zwischen den Extremen von Reizentzug und nicht zu bewältigender Inkongruenz des Reizeinstroms liegt ein breites Band in den Kontinua von Reizvariation, Geordnetheit und Inkongruenz im Informationseinstrom, der offenbar als angenehm und unterhaltend erlebt wird und zu aufsuchendem Verhalten der Neugier, wie Exploration und manipulativer Tätigkeit herausfordert. Es sind leichte Inkongruenzen zum Bekannten, Erwarteten, bereits Gekonnten, die Verhalten anregen und steuern. Die kaum abreißenden zweckfreien Beschäftigungen des Kleinkindes, insbesondere Spielen, scheinen von diesen Bedingungen externaler Stimulation motiviert zu werden (vgl. Heckhausen, 1964b; Klinger, 1971, 2. Kap.). Harlow (1950), dessen Rhesus-Affen sich so intensiv, ausdauernd und ohne jede Belohnung mit dem Öffnen von Riegelmechanismen beschäftigten, nimmt einen eigenen Trieb an, den *manipulation drive*, Montgomery (1954) wie auch andere einen *exploratory drive*. Gegenüber triebtheoretischer Erklärungen haben sich jedoch aktivationstheoretische inzwischen stärker durchgesetzt. Hauptvertreter einer aktivationstheoretischen Sicht ist neben Hebb (1955), Fowler (1971) und Walker (1973) vor allem Berlyne (1960; 1963a, b; 1971).

Anregungspotential und seine Wirkungen

Berlyne hat die vorauslaufenden Bedingungen des Aktivationsniveaus nach verschiedenen Klassen des Stimulusmaterials kategorisiert. Darunter befinden sich vor allem die sog. ,,kollativen Variablen" (kollativ heißt so viel wie vergleichend). Sie beruhen auf Vergleichsprozessen, deren Effekte sich etwa in folgende Klassen einteilen läßt: Neuigkeit und Wechsel, Überraschungsgehalt, Komplexität, Ungewißheit und Konflikt. Abb. 4.18 zeigt visuelle Vorlagen, mit denen Berlyne (1958) zwei verschiedene Grade von Komplexität herzustellen versuchte, und zwar im Hinblick auf verschiedene Gesichtspunkte wie der Unregelmäßigkeit der Anordnung oder der Heterogenität der Elemente. Die Wirkungen solcher Vorlagen auf Aktivations-Indikatoren und Verhalten (wie Dauer der Betrachtung, Vorzugswahl, Einschätzung nach Gefälligkeit, Interessantheit, Überraschungsgehalt etc.) sind von Berlyne und anderen vielfältig untersucht worden. Abb. 4.19 bringt ein Beispiel von Munsinger u. Kessen (1964) zur Bevorzugung von Komplexitätsgraden. Vpn hatten ihre Vorliebe für Flächenfiguren mit unterschiedlicher Anzahl von Ekken einzuschätzen.

Die kollativen Variablen sind eine wichtige Klasse von Bedingungen, die zu dem beitragen, was Berlyne als ,,Anregungspotential" *(arousal potential)* bezeichnet. Anregungspotential ist eine hypothetische Gesamtgröße für alle Besonderheiten eines momentanen Informationseinstroms. Diese Größe setzt sich zusammen aus:

1. den kollativen Variablen (Neuigkeit, Ungewißheit oder Konflikt, Komplexität, Überraschungsgehalt),
2. affektiven Reizen,
3. starken äußeren Reizen,
4. inneren Reizen, die von Bedürfniszuständen herrühren.

Das Anregungspotential ist von seinen Wirkungen zu unterscheiden; und zwar einmal von dem Aktivationsniveau und zum andern von dem positiven oder negativen Gefühlston und damit verbundenen aufsuchenden oder meidenden Tendenzen. Beginnen wir mit dem letzteren. Berlyne (1971; 1974) hält für die Wirkung des Anregungspotentials die alte Wundt-Kurve für maßgebend, die Wundt (1874) für die Beziehung zwischen Reizintensität und der Angenehmheit der Empfindung aufgestellt hatte. Wie Abb. 4.20 zeigt, nimmt nach Überschreiten der absoluten Reizschwelle der positive Gefühlston mit zunächst wachsendem Anregungspotential zu, fällt bei weiterem Steigen des Anregungspotentials wieder ab und wandelt sich schließlich in einen negativen mit wachsender Intensität.

Anregungspotential und seine Wirkungen — 149

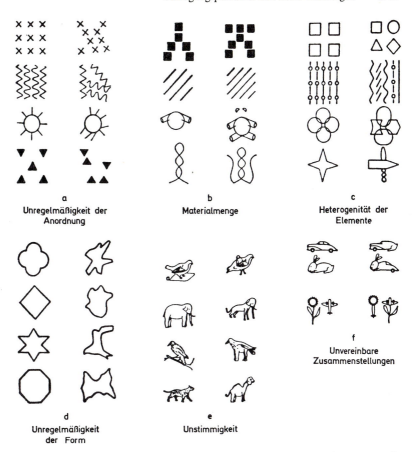

Abb. 4.18. Stimulusmaterialien in jeweils zwei Versionen, von denen die eine unter verschiedenen Aspekten jeweils „komplexer", aufmerksamkeitserregender ist. (Aus Berlyne, 1960, S. 100)

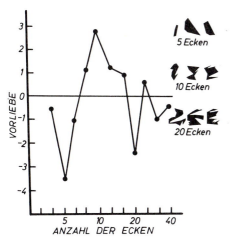

Abb. 4.19. Vorliebe-Einschätzungen von Flächenfiguren verschiedener Komplexität (definiert durch Anzahl ihrer Ecken). (Nach Munsinger u. Kessen, 1964, S. 7 u. 11)

Angeregt durch Olds' hirnphysiologische Lokalisierung von Zentren mit positiver und negativer Bekräftigungsfunktion (Olds u. Olds, 1965) sieht Berlyne in der Wundt-Kurve zwei gegengerichtete Systeme am Werk, ein „primäres Belohnungssystem" und ein „Aversionssystem". Er wandelt die Wundt-Kurve in eine Summenkurve um und teilt sie – entsprechend den beiden hypostasierten Systemen – in zwei Teilkurven auf (vgl. Abb. 4.20 unten). Dabei entstehen, wie die Abb. zeigt, drei aufeinanderfolgende Regionen in der Ausprägung des Anregungspotentials von unterschiedlicher Wirksamkeit auf das Verhalten. Region A mit niedrigem Anregungspotential hat nur „positive Effekte", d. h. hier ist Stimulation angenehm und bekräftigend, zieht Zuwendung auf sich. In der mittleren Region (B) mischen sich positive und negative Effekte, wobei die positiven überwiegen, während schließlich in der oberen Region (C) des Anregungspotentials die Effekte überwiegend negativ sind.

Im Unterschied zu Hebb (1955) oder Fiske u. Maddi (1961) ist das Aktivationsniveau keine monotone lineare Funktion des Anregungspotentials (oder Reizeinstroms), sondern vielmehr eine U-förmige. Das heißt, nicht nur hohes sondern auch niedriges Anregungspotential treiben das Aktivationsniveau in die Höhe. Berlyne (1960) hält es für ausgemacht, daß etwa Langeweile und Reizmonotonie von einem hohen, irritierenden Aktivationsniveau begleitet seien. Damit sind wir schließlich bei der postulierten Bekräftigungsfunktion des Aktivationsniveaus angelangt. Alles das wirkt bekräftigend, was die Aktivation in Richtung auf ein niedriges Niveau senkt. Insofern stimmt die Aussage voll mit dem Hullschen Postulat der Bekräftigung

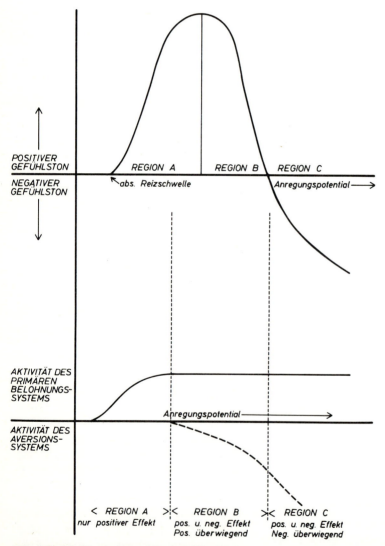

Abb. 4.20. Die Wundt-Kurve (oben) und ihre Zerlegung in zwei hypothetische Summenkurven (unten) für die Aktivitäten des primären Belohnungssystems und des Aversionssystems als Funktionen des Anregungspotentials. (Nach Berlyne, 1973, S. 19)

durch Triebreduktion überein. Es besagt jedoch zugleich – wegen der U-förmigen Beziehung zwischen Anregungspotential und Aktivation – daß die Erhöhung eines niedrigen Anregungspotentials und die Senkung eines hohen Anregungspotentials in Richtung auf ein mittleres Niveau angenehm und positiv bekräftigend sei (vgl. Berlyne, 1967). In beiden Fällen kommt es ja zu einer Senkung des Aktivationsniveaus. In beiden Fällen wird nach Berlyne ein besonderes Verhalten ausgelöst; im Falle zu hohen Anregungspotentials eine „spezifische Exploration", die sich Stimulation von spezifischer Herkunft, d. h. mehr Überblick und Einsicht, verschaffen will (teils auch umgangssprachlich mit Neugier gleichzusetzen). Im Falle eines zu niedrigen Anregungspotentials tritt eine „diversive Exploration" in Funktion, die zerstreuen, unterhalten, erholen lassen soll (häufig durch Langeweile motiviert).

Ein Beispiel ist eine Untersuchung von Berlyne u. Crozier (1971). Vpn hatten aus einer Reihe mehr oder weniger komplexer Stimulusmuster dasjenige herauszusuchen, das ihnen am besten gefiel. Eine Teilgruppe der Vpn war unmittelbar vor Darbietung jedes einzelnen Stimulusmusters für 3,5 Sekunden einem stimulationsarmen Dämmerlicht ausgesetzt worden. Eine andere Teilgruppe hatte statt dessen sehr komplexe, d. h. hoch anregende Stimulusmuster zu betrachten. Vpn dieser Teilgruppe bevorzugten anschließend die weniger informationshaltigen Muster, während jene Vpn, die zuvor dem stimulationsarmen Dämmerlicht ausgesetzt waren, komplexere und überraschendere Muster auswählten. In beiden Teilgruppen wurde offensichtlich das Optimum des Aktivationsniveaus unter- bzw. überschritten, so daß – im ersten Fall – ein aktivationssteigender Reizeinstrom als positiv erlebt und bevorzugt (diversive Exploration) und – im zweiten Fall – aktivationssenkende Umweltereignisse als angenehm erlebt und aufgesucht wurden (spezifische Exploration).

Berlyne (1971; 1974) hat diese und viele andere Befunde zu einer Psychologie der Ästhetik zusammengetragen. Danach kann ein Kunstwerk den Betrachter angenehm stimulieren, weil es dessen Aktivationsniveau in Richtung auf das Optimum anhebt. Ein Kunstwerk kann aber auch unattraktiv, ja abstoßend wirken, wenn es dem Betrachter zu neuartig und zu komplex erscheint. Diese negative Reaktion kann sich ins Positive umkehren, wenn der Betrachter langsam mit dem Kunstwerk vertrauter wird; etwa durch wiederholtes Hören eines Musikstückes. Ist es schließlich so vertraut, daß es nichts Neuartiges und Unerwartetes mehr erfahren läßt, so läßt es „kalt" und hat seine aktivierende Funktion verloren.

Im Unterschied zu Berlyne haben Hebb (1955) sowie Fiske u. Maddi (1961) ein mittleres Aktivationsniveau bzw. – was bei ihnen das gleiche ist – ein mittleres Anregungspotential zum optimalen Zustand erklärt, der angestrebt wird. Und alle Änderungen in Richtung auf ein mittleres Niveau wirken positiv bekräftigend. Um den Unterschied zwischen Hebbs und Berlynes Postulaten ganz deutlich

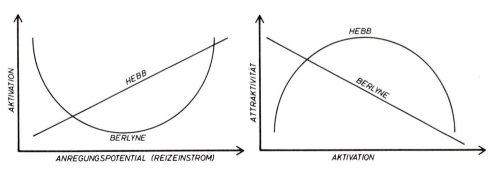

Abb. 4.21. Unterschiedliche Postulate von Hebb und von Berlyne über die Beziehungen zwischen Anregungspotential und Aktivation und zwischen Aktivation und Attraktivität (bevorzugter Aktivationszustand)

zu machen, werden in Abb. 4.21 die von beiden Autoren hypostasierten Beziehungen zwischen Anregungspotential (Reizeinstrom) und Aktivation einerseits und zwischen Aktivation und Attraktivität (d. h. bevorzugter Aktivationszustand) einander gegenüber gestellt. Die Abweichungen betreffen vor allem den Bereich geringen Anregungspotentials. So verallgemeinernd und spekulativ die Postulate auch sind, Berlyne war unermüdlich tätig, Belege für seine Sicht beizubringen und zu sammeln, und die vielfältigen Befunde scheinen eher für ihn zu sprechen.

Abschließend sei erwähnt, daß solche aktivationstheoretischen Überlegungen sog. Diskrepanztheorien der Motivation sehr nahe stehen. Wie bereits im 2. Kapitel dargestellt, hat McClelland seine Motivationstheorie auf einer Diskrepanz-Vorstellung aufgebaut (McClelland et al., 1953). Leichte Abweichungen von einer Norm, einem Normalzustand haben einen positiven Gefühlston, einen motivierenden Charakter; und zwar nach beiden Seiten der Abweichung. Solche Normen werden als Adaptationsniveaus bezeichnet (Helson, 1964; 1973). Sie geben indifferente Nullpunkt-Lagen von Bezugssystemen ab, die jedem Wahrnehmungseindruck und jedem Beurteilungsvorgang zugrunde liegen. Adaptationsniveaus verschieben sich ständig in Richtung auf zentrale Tendenzen im gegenwärtigen Reizeinstrom wie auch in Richtung früherer Erfahrungshäufung.

Ein vielzitiertes Beispiel für die affektiven Wirkungen der Abweichung vom Adaptationsniveau ist eine Untersuchung von Haber (1958). Vpn steckten zunächst beide Hände ins Wasser, dessen Temperatur ungefähr der Körpertemperatur entsprach. Nachdem sie sich daran adaptiert hatten, d. h. nachdem die Wärme weder als angenehm noch als unangenehm sondern als neutral erlebt wurde, steckten sie die Hände in einen anderen Behälter mit Wasser, dessen Temperatur jeweils verschiedene Grade wärmer oder kälter war. Abb. 4.22 gibt die Ergebnisse wieder: Geringe Abweichungen haben positiven, größere zunehmend negativen Gefühlswert. So kommt die sog. „Schmetterlingskurve" zustande. Bis heute ist jedoch die Diskrepanztheorie für die Motivationsforschung nicht recht fruchtbar geworden. Das wundert nicht, da es sehr schwierig ist, psychophysische Messungen wie die berichteten von Haber auf die Komplexität motivierten Verhaltens zu übertragen.

Motivationstheoretische Ansätze einer kognitiven Situationsbeurteilung

Unter den situativen Determinanten des Verhaltens haben wir mit Triebtheorie, Konflikttheorie und Aktivationstheorie Beiträge der lernpsychologischen und der aktivationspsychologischen Linie der Motivationsforschung erörtert. Aber auch die kognitionspsychologische Linie hat wichtige motivationstheoreti-

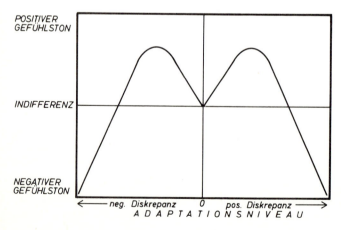

Abb. 4.22. Hypothetische Beziehungen zwischen Abweichungen einer Reizbedingung vom Adaptationsniveau und Gefühlston-Urteilen

sche Ansätze beigesteuert, die Verhalten so gut wie ausschließlich auf situative Determinanten zurückführen. Die situativen Determinanten bestehen jedoch nicht bloß aus äußeren oder inneren Reizgegebenheiten, wie sie intersubjektiv als feste Charakteristika der Situation festgestellt oder erschlossen werden. Reizgegebenheiten sind vielmehr ein Ausgangsmaterial. Sie stellen Informationen dar, die weiter verarbeitet werden zu einer kognitiven Repräsentation der gegenwärtigen Lage. So erhält die Situation ihre Bedeutungsgehalte, die dann das Verhalten beeinflussen, motivieren. Die Ergebnisse einer kognitiven Situationsbeurteilung sind also verhaltenswirksam. Deshalb kann man von motivationstheoretischen Ansätzen sprechen, selbst wenn deren Autoren nicht die Absicht hatten, eine Motivationstheorie aufzustellen. Entscheidend ist, daß situative Gegebenheiten nicht direkt und blind das Verhalten bestimmen, sondern interpretiert und zu einem zusammenhängenden Bild der gegenwärtigen Lage umgewandelt werden; daß andrerseits aber auch nicht gleich schon von einem bereits fertigen Bild der Situation ausgegangen wird, wie es etwa Lewin bei der Motivationsanalyse von Konfliktsituationen tut (sozusagen „postperzeptuell"; vgl. Feldtheorie, Kap. 5).

Von den mannigfachen Theorieansätzen einer kognitiven und motivierenden Situationsbeurteilung werden im folgenden einige wichtige herausgegriffen. Zunächst wird gezeigt, daß Emotionen nicht einfach „innere Reize" sind, die dann im weiteren das Motivationsgeschehen beeinflussen. Sie stellen vielmehr das Ergebnis von Informationsverarbeitung dar, an der kognitive Situationsbeurteilungen entscheidend beteiligt sind. Schachters Zweifaktorentheorie der Emotion und deren Modifikation durch Valins sowie Lazarus' Theorie der Abschätzung bedrohlicher Situationen exemplifizieren diese Forschungsrichtung. Dann werden zwei Spielarten der sog. kognitiven Konsistenztheorien dargestellt, die Theorie der kognitiven Ausgewogenheit (Heider) und die Theorie der kognitiven Dissonanz (Festinger und andere). Beide Ansätze, vor allem der letztere, haben zu dem Nachweis geführt, daß Informationen aus der Umgebung („äußere" und „innere" Reize) unter bestimmten Umständen zu Kognitionen führen, die untereinander nicht konsistent sind und, um größerer Konsistenz willen, eine motivierende Wirksamkeit entfalten.

Emotion als Ergebnis kognitiver Situationsbeurteilung

Schachters Zweifaktorentheorie der Emotion

Nach der Zweifaktorentheorie der Emotion von Schachter (1964) sind eine physiologische des autonomen Nervensystems und eine kognitive Komponente zu unterscheiden. Das Aktivationsniveau eines physiologischen Erregungszustandes macht noch keine Emotion. Ein innerer Erregungszustand muß dazu erst auf seine Anlässe und Ursachen in der gegebenen Situation hin kognitiv interpretiert werden. In Analogie zu Hulls Triebtheorie hat nach Schachter das Aktivationsniveau eine allgemeine energetisierende Funktion, während die kognitive Komponente der Situationsbeurteilung erst der erlebten Emotion Inhalt, Tönung und Richtung gibt (also der *habit*-Komponente entspricht). Da Schachter zudem zwischen beiden Komponenten eine multiplikative Beziehung annimmt (deshalb „Zweifaktorentheorie"), bleiben Emotionen aus, solange entweder Aktivationszustände nicht auf ihre situativen Determinanten interpretiert (oder interpretierbar) sind oder solange eine positive oder negative Situationsbeurteilung nicht von einem erhöhten Aktivationszustand begleitet ist. Für den Fall, daß situative Ursachen für einen Erregungszustand nicht unmittelbar zu erkennen sind, nahm Schachter an, daß eine „Erklärungsmotivation" *(evaluative needs)* angeregt wird.

Bei der experimentellen Überprüfung dieser Theorie kommt es also darauf an, Aktivation und Situationsbeurteilung unabhängig voneinander zu variieren. In dem häufig angeführten Belegexperiment von Schachter u. Singer (1962) ging man dazu wie folgt vor. Unter dem Vorwand, die Wirkung eines Vitaminpräparates auf das Dunkelsehen zu erproben, wurde den Vpn in Wahrheit Adrenalin injiziert. Adrenalin erhöht den Herzschlag, beschleunigt die Atmung, erzeugt Zittern und kann auch Hitzewallungen herbeiführen. Einer Gruppe wurde bei der Injektion gesagt, daß dies die Nebenwirkungen des Vitaminpräparates seien (informierte Gruppe); einer weiteren Gruppe wurde versichert, daß keinerlei Nebenwirkungen zu erwarten seien (uninformierte Gruppe); einer dritten Gruppe wurden unzutreffende Nebenwirkungen wie Taubheitsgefühl und Juckreiz vorgegeben (falsch informierte Gruppe). Eine Kontrollgruppe erhielt ein Leerpräparat (Salzlösung; *Placebo*-Gruppe). Nach der Injektion wurde die Vp in einen Warteraum geschickt, bevor die Wirkung des Präparats experimentell überprüft werden sollte. Dort fand sie eine andere Person vor, die angeblich auch an dem gleichen Versuch teilnahm und wartete. In Wirklichkeit war es ein Verbündeter des Vls, der vor den Augen der Vp eine von zwei emotionalen Verhaltensabfolgen darbot. In einer euphorischen Version (für eine Hälfte der Vpn) benahm er sich recht lustig, fertigte u. a. Papierschwalben an, ließ sie fliegen und suchte die Vpn in dieses Treiben miteinzubeziehen. In einer Ärgerversion dagegen kritisierte er Fragen, die er schriftlich auszufüllen hatte, steigerte sich darin, bis er schließlich wütend das Zimmer verließ.

Welche Wirkungen hatte das beobachtete gleiche Euphorie- oder Ärger-Verhalten in den einzelnen Vpn-Gruppen? Wie heimliche Beobachtung und nachträgliche Befragung zeigten, wurden die über die Adrenalinwirkung uninformierten und falsch informierten Vpn von dem beobachteten Verhalten angesteckt, schätzten sich als euphorisch bzw. verärgert ein, während die informierte und die *Placebo*-Gruppe distanziert und ohne Emotion blieben.

Modifikation durch Valins

Während die berichteten Befunde die Bedeutung nachträglicher Interpretation und Etikettierung von Erregungszuständen des autonomen Nervensystems unterstreichen, ist Valins (1966; 1967; 1970; 1974) bei einer Modifikation der Zweifaktorentheorie Schachters sozusagen noch zwei Schritte weitergegangen. Einmal postuliert er, daß der tatsächliche (reale) Erregungszustand nicht unmittelbar – also auf eine automatische und unbewußte Weise –, sondern über seine Wahrnehmung zum Erleben einer Emotion beiträgt. Damit wird eine Schwierigkeit der Schachterschen Position entschärft, die ja völlige Unspezifität der nervösen Erregungskomponente behauptet, wogegen manche Befunde sprechen, die eine Emotionsspezifität der autonomen Erregungsmuster nachweisen (z. B. Lacey, 1969). Da andererseits die Unterscheidungsfähigkeit unserer Wahrnehmung für verschiedene autonome Erregungsmuster gering ist (vgl. etwa Mandler u. Kremen, 1958), wird verständlich, warum wir in der Wahrnehmung autonome Erregungszustände, die in Wirklichkeit verschieden sind, so leicht als gleich – und in Wirklichkeit gleiche Erregungszustände als verschieden – erleben können. Die Wahrnehmung von Erregungszuständen des autonomen Nervensystems unterliegt also im Grunde den gleichen Prozessen der Informationsverarbeitung wie die Wahrnehmung von Dingen und Ereignissen außerhalb unseres Organismus.

Wenn dem so ist – und damit tut Valins konsequent den zweiten Schritt – so bedarf es zur Wahrnehmung einer Änderung des eigenen Erregungszustandes nicht tatsächlicher Veränderungen im autonomen Nervensystem. Man kann diese auch durch falsche Rückmeldungen der Vp vortäuschen. Es ist also gleich, ob die Informationen über den eigenen Erregungszustand von innen (interozeptiv) oder von außen kommen, ob sie der Realität entsprechen oder nicht, solange sie der Wahrnehmende nur mit seinem inneren Zustand verknüpft. Emotionen sind deshalb nicht nur über unterschiedliche Situationskontexte – wie im Experiment von Schachter u. Singer – zu manipulieren, sondern auch dann, wenn man Personen bei gleicher äußerer Situation falsche Informationen über ihre innere Situation, über ihren Erregungszustand gibt.

Valins (1966) konnte dies bestätigen. Er ließ männliche Vpn eine Bildserie halbnackter Frauen betrachten und gab dem Betrachter dabei eine vermeintliche akustische Rückmeldung über dessen Herzschlag, der sich bei bestimmten Bildern verlangsamte oder beschleunigte. Eine Kontrollgruppe hörte die gleichen Geräuschfolgen, ihr wurde jedoch gesagt, daß sie für den Versuch bedeutungslos seien. Bei nachträglichen Attraktivitätseinschätzungen bevorzugten die experimentellen Vpn jene Abbildungen, deren Betrachtung mit einer Veränderung ihres (vermeintlichen) Herzschlages einherging; so als hätten sie sich gesagt: „Dieses Mädchen hat meinen Herzschlag beeinflußt, es muß attraktiv sein". Eine Reihe von Aussagen deutet darauf hin, daß die Vpn bereits während der Betrachtung diese Abbildungen genauer inspizieren, als wollten sie die Herzschlaginformationen einer Hypothesenprüfung unterziehen. Dafür spricht auch eine spätere Untersuchung von Valins (1974), in der er vor der Attraktivitätseinschätzung den Versuchsschwindel aufklärte. Dadurch änderte sich die Bevorzugung nicht. Offenbar hatten die Vpn inzwischen genügend „plausible" Gründe für ihre Bevorzugungen gefunden, daß sie daran festhielten.

Inzwischen ist der „Valins-Effekt" vielfach untersucht und auch häufig bestätigt worden; und zwar in so verschiedenen Bereichen wie zwischenmenschliche Beziehung, Anschlußhandeln, Leistungshandeln, Aggression, Einstellungsänderung, Vermeidungsverhalten, Schmerzwahrnehmung und Löschung autonomer Reaktionen (vgl. Liebhart, 1978). Freilich hat der Valins-Effekt auch seine Grenzen. So läßt sich eine Phobie mit hohen Erregungszuständen im Angesicht des Furchtobjekts nicht durch falsche Beruhigungsrückmeldungen abbauen. Die falsche Rückmeldung muß glaubhaft erscheinen, zugleich muß der Empfänger sie sich aber nicht auf Anhieb erklären können, so daß er sich veranlaßt sieht, nach plausiblen Gründen zu suchen, für die sich dann auch hinreichend komplexe Situationsgegebenheiten anbieten müssen.

Gegen einige dieser Voraussetzungen hat sicherlich eine Untersuchung von Detweiler u. Zanna (1976) verstoßen, in der kein Valins-Effekt gefunden werden konnte. Den studentischen Vpn wurden nacheinander Namen von Nationen dargeboten, während zwischendurch falsche Rückmeldungen über die Änderung der Herzschlagfrequenz eingestreut wurden. Zu den zeitlich damit verbundenen Nationen ergab sich keine Einstellungsänderung. Zwar mögen sich die Vpn über die Änderung ihres Herzschlages gewundert haben, nur bot ihnen das Lesen von Nationen-Namen wohl keinen hinreichenden Anlaß, darin die Ursachen zu vermuten.

Liebhart (1978) hat alle bis 1977 erschienenen Untersuchungen zum Valins-Effekt analysiert und dazu ein Erklärungsmodell entwickelt, das hier in voller Länge zitiert sei, weil es den mehrstufigen Prozeß, der offenbar für ein Zustandekommen des Valins-Effekts erforderlich ist, sowie die Bedingungen für die einzelnen Prozesse präzisiert. Dabei zieht Liebhart übrigens auch Ansätze aus Berlynes (1965) Theorien des epistemischen (erkenntnissuchenden) Verhaltens heran, die der „spezifischen Exploration", die wir oben schon erörtert haben, nahestehen. Danach wird die Motivation zum Suchen nach Erklärungen für einen Sachverhalt durch zwei Faktoren bestimmt; einmal durch die Erklärungsunsicherheit *(explanatory uncertainty),* die er in der Person erzeugt, und zum anderen durch die subjektive Wichtigkeit, die eine Reduktion dieser Unsicherheit für die Person hat. Liebhart formuliert sein Modell wie folgt:

> Das Modell interpretiert den Valins-Effekt als Resultat dreier sukzessiver intervenierender Prozesse: Erklärungssuche, Attribution und Zuwendung von Aufmerksamkeit auf die vermeintlichen Ursachen fiktiver physiologischer Veränderungen. Zunächst wird vorausgesetzt, daß Rückmeldung Information vermittelt, die der Rezipient aufgrund der ihm unmittelbar verfügbaren Kenntnis des Kontexts nicht befriedigend erklären kann, d. h. daß Rückmeldungsinformation – z. B. starke Schwankungen der Herzrate – und Kontext der Rückmeldung – z. B. nacheinander dargebotene Bilder von Frauen ähnlicher Attraktivität – ein inkongruentes Muster darstellen. Die zunächst geringe subjektive Wahrscheinlichkeit der kausalen Verknüpfung von fiktiver Reaktion und Kontext sollte Erklärungsbedürfnisse aktivieren: Inkongruität führt zu Erklärungssuche. Im weiteren, so nehmen wir an, wird der Kontext der fiktiven autonomen Reaktion abgetastet bis zur Auffindung von Aspekten, welche die Handlungsinformation „erklären" – z. B. hinreichend anziehende Merkmale der Frau-

en, bei deren Anblick vermeintlich Herzklopfen eintrat. Wenn die kausale Verknüpfung zwischen einem Kontextaspekt und der Rückmeldung ausreichend hohe subjektive Wahrscheinlichkeit erreicht, sollte die Erklärungssuche abgebrochen und die fiktive autonome Reaktion jenen Aspekten attribuiert werden. Schließlich können Attributionen ihrerseits – vorausgesetzt, daß den „Kausalfaktoren" zum Zeitpunkt des Zielverhaltens Aufmerksamkeit zugewendet wird – verbales, motorisches und autonomes Verhalten beeinflussen.

Trifft dieses Modell zu, so sind vier Bedingungen für das Auftreten des Valins-Effekts notwendig: (a) Motivation zur Erklärungssuche, (b) Zugänglichkeit von Kontextinformation, (c) Plausibilität eines Kausalzusammenhangs und (d) subjektive Bedeutsamkeit des vermeintlichen Kausalfaktors (1978).

Schachters Theorie und deren Fortführung durch Valins weisen kognitiven Vorgängen zur Beurteilung von Gegebenheiten der inneren wie der äußeren Situation eine entscheidende Rolle beim Zustandekommen von Emotionen und verhaltenswirksamen Motivationen zu. Weitere Befunde werden im 8. Kapitel erörtert (Aggression, Rolle von Ärger und anderer Erregungszustände).

Bewertung bedrohlicher Situationen

Die Bewertung *(appraisal)* einer Situation auf ihre förderlichen oder bedrohlichen Momente hat Magda Arnold (1960) als erste zum Mittelpunkt eines kognitiven Sequenzmodells der Emotion gemacht. Auf den ersten Schritt, der Wahrnehmung, folgt das Bewerten der wahrgenommenen Situation auf mögliche Folgen für den Wahrnehmenden und Handelnden, und zwar in Form gefühlsmäßiger Stellungnahmen, die als aufsuchende oder meidende Verhaltenstendenzen erlebt werden. Die begleitenden physiologischen Reaktionen bestimmen den Ausdruck der Emotionen. Der letzte Schritt in dieser Sequenz ist schließlich eine aufsuchende oder meidende Handlung.

Dieses allgemeine Prozeßmodell kognitiver Situationsbeurteilung hat Lazarus (1968) weiter differenziert und experimentell belegt. Über Schachter und Valins hinausgehend zeigt er, daß Aktivations- und situationskognitive Komponenten nicht bloß nebeneinanderstehend sich ergänzen. Kognitive Prozesse der Situationsbewertung können die physiologische Aktivationskomponente direkt beeinflussen, so daß es je nach den aufeinanderfolgenden Zwischenergebnissen der Situationsbewertung zu Rückwirkungen auf Emotion und Handlung kommt. In seinen Experimenten hat Lazarus das Fertigwerden *(coping)* mit bedrohlichen oder Streßsituationen untersucht. Das zugrunde liegende Modell nimmt zwei aufeinanderfolgende Prozeßstadien kognitiver Aktivität an: zunächst primäre Bewertung *(appraisal)*, ob und wieweit die Situation bedrohlich ist und dann sekundäre Bewertung der Möglichkeiten, mit der bedrohlichen Situation fertig zu werden. Dafür gibt es im Grunde eine von zwei Strategien: entweder direkte Handlungen mit der entsprechenden Emotionsaktivierung, etwa Angreifen (Ärger), Sichzurückziehen (Furcht), Inaktivität (Deprimiertheit); oder eine Neubewertung *(reappraisal)*, die die Situation in einem günstigeren, weniger bedrohlichen Licht erscheinen läßt, was wiederum das furchtgetönte emotionale Erregungsniveau herabsetzt.

Lazarus schuf Streßsituationen, indem er seinen Vpn Filme mit bedrohlichen Inhalten vorführte, einen anthropologischen Film über Beschneidungsriten australischer Ureinwohner oder einen Unfallverhütungsfilm in dem mehrere Unfälle in einem Sägewerk in Großaufnahme gezeigt werden (z. B. wie jemand an der Kreissäge seinen Daumen verliert). In einem Versuch mit diesem letzten Film haben Lazarus, Opton, Nomikos u. Rankin (1965) zwei Arten kognitiver Neubewertung vor dem Zeigen des Films nahegelegt, die dessen Bedrohlichkeit zu mindern geeignet waren: und zwar durch „Leugnung" (es handelt sich ja nur um einen gestellten Film mit Schauspielern) oder durch Intellektualisierung (distanzierte Betrachtungsweise). Als Indikator des emotionalen Erregungsniveaus wurden während des Films fortlaufend Änderungen der hautgalvanischen Reaktion registriert. Abb. 4.23 zeigt die Ergebnisse. Verglichen mit einer unvorbereiteten Kontrollgruppe führen entschärfende kognitive Neubewertungen vom Typ der Leugnung und insbesondere

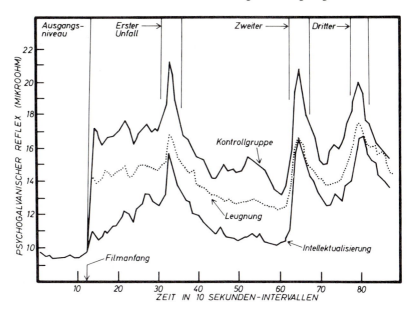

Abb. 4.23. Dämpfung der emotionalen Reaktion (gemessen am hautgalvanischen Reflex) auf einen furchterregenden Film durch vorweg nahegelegte Arten kognitiver Interpretation (Neubewertung), nämlich Leugnung oder Intellektualisierung. (Nach Lazarus, Opton, Nomikos u. Rankin, 1965, S. 628)

der Intellektualisierung zu einer beträchtlichen Minderung des neurovegetativen Erregungszustandes.

Im Rahmen der Trieb- und Lerntheorie bereitet die Erklärung solcher Befunde Schwierigkeiten. Denn dieselben furchterregenden Reize führen in Abhängigkeit von kognitiven Zwischenprozessen der Situationsbeurteilung zu unterschiedlichen Reaktionen (vgl. zu den theoretischen Implikationen Heckhausen, 1973 a).

Kognitive Ausgewogenheit

Dieser Theorie Heiders (1946; 1958; *cognitive balance*) liegt das gestaltpsychologische Prinzip der „guten Gestalt" zugrunde, eine Gliederungstendenz, die in der Wahrnehmung zu erkennen ist. Wenn sich verschiedene Gliederungsmöglichkeiten anbieten, werden ausgewogene, einfache Konfigurationen bevorzugt. Heider übertrug den Sollzustand der „guten Gestalt" auf Beziehungen, die zwischen verschiedenen Gegebenheiten einer Situation bestehen. Er sagt:

Diese Theorie der Ausgewogenheit handelt hauptsächlich von Konfigurationen, die aus einer Reihe von Gegebenheiten bestehen, zwischen denen gewisse Beziehungen existieren. Die Gegebenheiten können Personen sein – die eigene Person oder andere Personen – und anderen Gegebenheiten wie z. B. Dinge, Situationen oder Gruppen. Die in Betracht gezogenen Beziehungen sind in der Hauptsache von zweierlei Art: einerseits Einstellungen des Mögens oder Nichtmögens und andrerseits Bindungen zu Einheiten der Zusammengehörigkeit. Die Hauptidee besteht darin, daß bestimmte dieser Konfigurationen bevorzugt werden, sowie daß sie, sofern es die Umstände erlauben, hergestellt werden durch die Person, entweder in einer rein geistigen Umstrukturierung, wie es im Wunschdenken der Fall ist, oder in einer tatsächlichen Änderung durch Handeln. Einige wenige Beispiele mögen eine Vorstellung über die Anwendung dieser Theorie geben.

Zu den Konfigurationen, die bevorzugt werden und ausgewogen und harmonisch sind, gehören etwa jene, die beinhalten, daß wir die Personen und Dinge mögen, die in einer gewissen Weise zu uns gehören; daß unsere Freunde auch freundlich zueinander sind; daß wir das mögen, das zu unseren Freunden gehört; daß unsere Freunde mögen, was zu uns gehört oder was wir geschaffen haben, daß wir mögen, was unsere Freunde mögen.

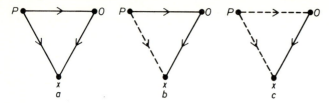

Abb. 4.24a–c. Beispiel dreier Triaden, von denen **a** und **c** ausgewogen, **b** nicht ausgewogen ist. Die Pfeile zeigen die Richtung der Beziehung, durchgezogene Linien positive, gestrichelte Linien negative Beziehungen an

Konfigurationen, die im Widerspruch zu diesen harmonischen Beziehungen bestehen, führen zu Spannungen; z. B. ein Streit zwischen zwei Leuten, die wir mögen. Normalerweise werden wir solche Situationen meiden und soweit es möglich ist, sie durch geeignete Handlungen zu verhindern suchen. Falls sie bereits bestehen, werden wir sie zu lösen suchen, d. h. wir werden versuchen, sie wieder in eine ausgewogene Konfiguration zu bringen. (Heider, 1960; S. 167; übersetzt).

Formuliert ist die Heidersche Theorie für Triaden von Gegebenheiten, die ein sog. p-o-x-System darstellen, d. h. aus der eigenen Person (p), einer anderen Person (o) und einer anderen Gegebenheit (x), die nicht in einer Person besteht, sei es eine Sache oder eine Überzeugung. Abb. 4.24 skizziert ausgewogene und nicht-ausgewogene Konfigurationen einer solchen Triade.

Es gibt vielerlei Situationen, in denen ein Bestreben nach kognitiver Ausgewogenheit resultierende Gefühle und Handlungen erklären kann; z. B. was man empfindet und tut, wenn die Ehe von guten Bekannten auseinanderbricht. Allerdings hat Heiders Theorie bis heute nur wenig Forschung angeregt. Einen kritischen Überblick gibt Zajonc (1968).

Kognitive Dissonanz

Ungleich mehr Forschung hat die Theorie der kognitiven Dissonanz von Festinger (1957; 1964) angeregt. Es gibt wohl keinen motivationstheoretischen Ansatz, der in den sechziger Jahren zu so viel Untersuchungen Anlaß gegeben hat, um die vielfältigen Entstehungsbedingungen und Wirkungen kognitiver Dissonanz zu klären. Davon kann hier nur einiges skizziert werden. Zusammenfassende Darstellungen im Rahmen der Theorien kognitiver Konsistenz geben McGuire (1966), Zajonc (1968). Der gegenwärtige Forschungsstand wird von Irle (1975) und insbesondere von Irle u. Möntmann (1978) dargelegt.

Sicherlich standen Konzeptionen von Lewins Feldtheorie und Heiders kognitiver Ausgewogenheit Pate, als Festinger 1957 seine Theorie der kognitiven Dissonanz formulierte. Der auslösende Anlaß war jedoch eine eigenartige Beobachtung von Prasad (1950; vgl. Sarup, 1978). Danach gingen nach einem Erdbeben in Indien in mehreren indischen Dörfern Gerüchte um, daß noch weitere Katastrophen folgen würden. Die Gerüchte waren umso erstaunlicher, als die betreffenden Dörfer nicht in Mitleidenschaft gezogen worden waren. Warum, wenn Schlimmeres bevorstehen soll, sich nicht darauf vorbereiten statt zu zittern? Festingers Antwort auf dieses Paradox lautete: „Vielleicht waren diese Gerüchte, die das Eintreffen von noch schlimmeren Katastrophen vorhersagten, im Grunde nicht angsterzeugend, sondern angstrechtfertigend. Das heißt, diese Leute waren aufgrund des Erdbebens bereits verängstigt, und die Gerüchte hatten die Funktion, ihnen etwas Konkretes zu geben, wovor sie Angst haben konnten" (Festinger, 1957, deutsche Übersetzung in Irle u. Möntmann, 1978, S. 9).

Die Grundannahme der Theorie ist ein Streben nach Harmonie, Konsistenz und Kongruenz in der kognitiven Repräsentation der Umwelt und der eigenen Person. Die Theorie handelt von Beziehungen zwischen kognitiven Inhaltselementen, und welche motivationalen Wirkungen die Tendenz nach Übereinstimmung hat, wenn zwischen zwei Elementen Widersprüche auftreten. Zu klären ist also zunächst, was in der Theorie unter Beziehungen und was unter Elementen zu verstehen ist. Beziehungen werden zwischen je zwei Elementen, d. h. innerhalb eines Paares von Elementen, in Betracht gezogen. Die Beziehung ist entweder irrelevant – beide Elemente haben nichts miteinander zu tun – oder konsonant – ein Element folgt aus den andern – oder dissonant – das Gegenteil eines Elements folgt aus dem anderen. Unter „Elementen" werden einzelne Wissensinhalte, darunter auch Überzeugungen und Wertungen, verstanden. Festinger erläutert:

> These elements refer to what has been called cognition, that is, the things a person knows about himself, about his behavior, and about his surroundings. These elements, then, are „knowledges", if I may coin the plural form of the word. Some of these elements represent knowledge about oneself: what one does, what one feels, what one wants or desires, what one is, and the like. Other elements of knowledge concern the world in which one lives: what is where, what leads to what, what things are satisfying or painful or inconsequential or important, etc. (1957; S. 9).

Da Dissonanz unangenehm ist, motiviert sie dazu, Dissonanz zu reduzieren und Konsonanz herzustellen. Neben Versuchen, Dissonanz zu reduzieren, werden Situationen und Informationen gemieden, die die Dissonanz noch weiter vergrößern könnten. Im wesentlichen läßt sich Dissonanz auf dreierlei Weise reduzieren: (1.) Durch Änderung von einem oder mehreren Elementen der dissonanten Beziehungen, (2.) durch Hinzufügen neuer Elemente, die mit bereits bestehenden übereinstimmen und (3.) durch Vermindern der Bedeutung der dissonanten Elemente.

Die verschiedenen Möglichkeiten seien am Beispiel eines Rauchers verdeutlicht, der sich vor die Information gestellt sieht, daß Rauchen Lungenkrebs fördere. Durch (1.) Änderung eines Elements kann er etwa auf folgende Weisen Dissonanzreduktion erreichen: Er stellt das Rauchen ein; er vermindert die Zahl der täglich gerauchten Zigaretten und hält sich nun für einen schwachen Raucher, für den die Beziehung Rauchen – Lungenkrebs nicht mehr gilt; oder er schränkt die Lungenkrebsinformation dahingehend ein, daß sie nur für Zigaretten- nicht aber für Pfeifenraucher, zu denen er gehört, gilt. Durch (2.) Hinzufügen neuer Elemente läßt sich die Dissonanz entschärfen, indem er an die vielen Bekannten, die auch rauchen, oder an alte Raucher denkt, die sich bester Gesundheit erfreuen; oder in Erwägung zieht, daß andere, nicht beeinflußbare schicksalhafte Faktoren für die Entstehung von Lungenkrebs mitentscheidend seien. Schließlich kann er (3.) die Bedeutung des Rauchens aufwerten, z. B. es erhöht mit dem Wohlbefinden zugleich seine Leistungsfähigkeit, oder er kann die Bedeutung des Lungenkrebs abwerten, z. B. dieser sei heute schon oder bald heilbar oder er bezweifelt überhaupt den behaupteten Zusammenhang zwischen Rauchen und Lungenkrebs (dieser Zweifel ist, wie amtliche Umfragen zeigen, bei Nichtrauchern weniger verbreitet als bei Rauchern und unter diesen greift er mit der Stärke des Rauchens um sich).

Zajonc (1968) hat neun Postulate präzisiert, die den während der sechziger Jahre entwickelten Stand der Theorie der kognitiven Dissonanz wiedergeben:

1. Cognitive dissonance is a noxious state.
2. In the case of cognitive dissonance the individual attempts to reduce or eliminate it and he acts so as to avoid events that will increase it.
3. In the case of consonance the individual acts so as to avoid dissonance-producing events.
4. The severity or the intensity of cognitive dissonance varies with (a) the importance of the cognitions involved and (b) the relative number of cognitions standing in dissonant relation to one another.
5. The strength of the tendencies enumerated in (2) and (3) is a direct function of the severity of dissonance.
6. Cognitive dissonance can be reduced or eliminated only by (a) adding new cognitions or (b) changing existing ones.
7. Adding new cognitions reduces dissonance if (a) the new cognitions add weight to one side and thus decrease the proportion of cognitive elements which are dissonant or (b) the new cognitions change the importance of the cognitive ele-

ments that are in dissonant relation with one another.
8. Changing existing cognitions reduces dissonance if (a) their new content makes them less contradictory with others, or (b) their importance is reduced.
9. If new cognitions cannot be added or the existing ones changed by means of a passive process, behaviors which have cognitive consequences favoring consonance will be recruited. Seeking new information is an example of such behavior. (1968; S. 360-361).

Diese Postulate haben sich in recht unterschiedlichen Phänomenbereichen des Verhaltens, teils in lebensnahen Feldstudien, meistens in künstlichen Laborsituationen bestätigen lassen. Es sind im wesentlichen 5 Phänomenbereiche, in denen Festinger (1957) die Reduktion von kognitiver Dissonanz vermutete und viele Untersuchungen angeregt hat; und zwar (1) Nachentscheidungskonflikte, (2) erzwungene Einwilligung in Handlungen, die man von sich aus nicht unternommen hätte, (3) Selektion von Informationen, (4) in Frage gestellte Überzeugungen von sozialen Gruppen und (5) unerwartete Handlungsergebnisse und Ergebnisfolgen. Werfen wir einen Blick auf jeden dieser Bereiche.

Nachentscheidungskonflikte

Die Lösung eines Konflikts durch Entscheidung kann nachträglich leicht kognitive Dissonanz aufkommen lassen (vgl. Festinger, 1964). Immer wenn man sich für eine von zwei Alternativen entschieden hat, tragen positive Seiten der verworfenen Alternative und negative Seiten der gewählten Alternative zur Dissonanz der getroffenen Entscheidung bei, wie – umgekehrt – negative Seiten der verworfenen und positive Seiten der gewählten Alternative die Konsonanz der Entscheidung erhöhen. Vor dem Fällen der Entscheidung ist man sich im Stadium des Konflikts in der Regel möglicher Nachentscheidungskonflikte bewußt und ist deshalb bemüht, nach der Entscheidung auftretende Dissonanzen gering zu halten, indem man etwa sorgfältig Informationen über die Implikationen der einen und der anderen Alternative sammelt. Ist die Entscheidung aber einmal gefällt, so hat man sich festgelegt, und die psychologische Situation ändert sich schlagartig. Anstelle der flexiblen Realitätsorientierung der Phase vor der Entscheidung läßt sich nun im Falle auftretender Dissonanz eine voreingenommene Bewertungsänderung zugunsten der einmal bevorzugten Alternative beobachten. Die zugrunde liegende Tendenz zur Dissonanzreduktion macht sich bemerkbar.

Ein Beispiel dafür geben Befunde von Brehm (1956). Vpn hatten die Attraktivität von handgefertigten Gegenständen einzuschätzen. Als Entgelt für die Teilnahme am Versuch konnten sie sich jeweils einen von zwei Gegenständen zum Mitnehmen aussuchen. Die Wahl bestand für eine Gruppe zwischen zwei gleich attraktiven Gegenständen (hohe Dissonanz), für eine andere Gruppe zwischen einem attraktiven und einem unattraktiven Gegenstand (niedrige Dissonanz). Bei einer weiteren Attraktivitätsschätzung nach der Entscheidung zeigte sich generell, daß nun die gewählte Alternative relativ zur nicht-gewählten deutlich attraktiver (als vor der Entscheidung) geworden war. Die Änderung war unter der Bedingung hoher Dissonanz (gleich attraktive Alternativen zur Wahl) ausgeprägter.

Seit Brehms (1956) erster Untersuchung ist Dissonanzreduktion von Nachentscheidungskonflikten häufig nachgewiesen worden. Man spricht von einem sog. Divergenz-Effekt, weil die Bilanzierung der gewählten und der nichtgewählten Alternativen zugunsten der ersteren stärker zum Divergieren gebracht wird. Je mehr Alternativen es gibt, zwischen denen man unterscheiden muß, und je mehr diese sich qualitativ unterscheiden, umso stärker ist gewöhnlich der festgestellte Divergenz-Effekt. Zur Dissonanzreduktion kann man auch das Gewicht der herangezogenen Entscheidungskriterien nachträglich ändern. So haben Penner, Fitch u. Weick (1966) die Wichtigkeit von acht Charaktereigenschaften, die der Vizepräsident einer Firma haben sollte, einschätzen lassen. Danach hatten die Vpn zwischen zwei Kandidaten zu wählen, in deren Persönlichkeitsprofil je vier der acht Charaktereigenschaften hervorstachen. Nachdem die

Vpn einen der beiden Kandidaten gewählt hatten, war die Wichtigkeit der acht Eigenschaften erneut einzustufen. Jetzt zeigte sich, daß die Eigenschaften des gewählten Kandidaten nachträglich aufgewertet wurden.

Gelegentlich hat man auch das Gegenteil eines Divergenz-Effekts, einen Konvergenz-Effekt oder „Effekt des Bedauerns" gefunden; d. h. die gewählte Alternative wurde ab- und nicht-gewählte Alternative aufgewertet (z. B. Walster, 1964). Nach Festinger (1964) soll die unmittelbar nach der Entscheidung selbstbesorgte Erhöhung der Dissonanz eine Art Schutzreaktion von Personen mit geringer Dissonanztoleranz sein, nämlich ein Versuch, die gerade getroffene Entscheidung wieder aufzuheben. Konvergenz-Effekte stellen offensichtlich Komplikationen dar, die – eine seltene Ausnahme in der Dissonanz-Forschung – eine Berücksichtigung individueller Unterschiede nahelegen. Die Befundlage ist bis heute unklar (vgl. Irle u. Möntmann, 1978). Daß schließlich Dissonanzreduktion immer erst nach getroffener Entscheidung einsetzt, wie Festinger (1957) ursprünglich meinte, ist nach einigen Befunden zu relativieren (Grabitz, 1971). Denn während der Entscheidungsfindung werden bereits Hypothesen über die Auswirkungen der einen oder anderen Festlegung gebildet, die schon den Status vorläufiger Entscheidungen haben. Informationen, die diesen Vorentscheidungen entsprechen oder widersprechen, werden auf- bzw. abgewertet.

Erzwungene Einwilligung

Der am meisten untersuchte Phänomenbereich betrifft eine ganz spezielle dissonanzerzeugende Situation; nämlich erzwungene Einwilligung *(forced compliance)*, die zu Handlungen führt, die man vor sich selbst nur ungenügend rechtfertigen kann. Die Dissonanz ist umso ausgeprägter, je mehr man nicht einfach durch reinen Zwang, nicht bloß durch entsprechende Belohnungsangebote oder Strafandrohungen veranlaßt wurde, etwas zu tun, was man bei freier Entscheidung nicht getan hätte, sondern je mehr man voreilig und eher freiwillig oder ohne ausreichend kompensierende Belohnung sich bewegen ließ, in etwas einzuwilligen, was sich nach der Ausführung als eine Zumutung erweist. Um in dieser Situation die entstandene Dissonanz zu mindern, muß die ausgeführte Handlung nachträglich aufgewertet oder ihre negativen Aspekte bagatellisiert werden. Damit wird die gemachte Einwilligung nachträglich verständlicher und gerechtfertigt.

Um Bedingungen erzwungener Einwilligung und ungenügender Rechtfertigung herzustellen, hat man verschiedene Versuchstechniken entwickelt. In einer ersten Untersuchung ließen Festinger u. Carlsmith (1959) äußerst langweilige Tätigkeiten ausführen. Im Anschluß daran wurden die Vpn gebeten, künftigen Teilnehmern zu sagen, es handele sich um ein sehr interessantes Experiment. Dafür wurden einer Vpn-Gruppe 20 Dollar, einer anderen nur 1 Dollar angeboten. In einer anschließenden Einschätzung des Experiments zeigte sich, daß bei geringer Belohnung das Experiment für interessanter gehalten wurde als bei hoher Belohnung. Die im ersten Fall entstandene größere Dissonanz zwischen der Einwilligung, eine unzutreffende Aussage zu machen, und der geringen Belohnung dafür, wurde durch eine Tatsachenverfälschung in der retrospektiven Betrachtung reduziert.

In einer schon bald erfolgenden Analyse der Befunde zur erzwungenen Einwilligung haben Brehm u. Cohen (1962) eine notwendige Bedingung postuliert, die neben Diskrepanz und Wichtigkeit der beteiligten Kognitionen gegeben sein muß, damit Dissonanzreduktion auftritt. Es ist das sog. *commitment* des Handelnden für eine Handlungsalternative, deren Ausführung dann kognitive Dissonanz hervorruft. *Commitment* kann man als „Zielbindung" des Handelnden übersetzen. Damit wird der ursprüngliche Geltungsbereich der kognitiven Dissonanztheorie eingeschränkt. Es genügt nicht, daß zwei Inhaltselemente dissonant sind. Die Dissonanz muß durch eine als selbst verursacht erlebte eigene Handlung zustande gekommen sein, für die man sich auch nach außen hin engagiert und Verantwortlichkeit übernommen hat.

Zielbindung als notwendige Bedingung läßt sich an einer weiteren Bedingungsdifferenzierung des ursprünglichen Experiments von Festinger u. Carlsmith (1959) demonstrieren, die Carlsmith, Collins u. Helmreich (1966) vorgenommen haben. Wieder ging es darum, ein äußerst langweiliges Experiment als sehr interessant und lehrreich auszugeben. Unter einer Bedingung wurden Vpn angehalten, diese Meinung öffentlich gegenüber einer anderen Person zu vertreten; unter einer anderen brauchte dies nur anonym in einem Aufsatz geäußert zu werden. Als Belohnung wurde in beiden Bedingungen entweder ein halber, ein oder fünf Dollar gegeben. Wie erwartet, trat eine Dissonanzreduktion nur bei Zielbindung auf, d. h. wenn die Vp ihre von der erfahrenen Tatsache abweichende Einstellung zum Experiment auch öffentlich gegenüber einer anderen Person realisiert hatte. Die nachträglich gemessene Einstellungsänderung war dann umso größer, je geringer die dafür ausgesetzte Belohnung gewesen war. Blieb dagegen der nahegelegte Einstellungswechsel auf anonymes Aufsatzschreiben beschränkt – d. h. wurde er als Handlung nicht sozial realisiert – so ergab sich der gegenteilige Effekt, statt einer Dissonanzreduktion eine Art von Bestechung: Je größer die Bezahlung, umso mehr änderte man seine Einstellung.

Frey u. Irle (1972) haben schließlich beide Momente einer Zielbindung, nämlich eigenen Entschluß und soziale Handlungsrealisierung, auf ihre Wirksamkeit geprüft, indem sie die Bedingungen von gegebener oder nicht-gegebener Wahlmöglichkeit und von öffentlichem oder anonymem Handeln miteinander kombinierten. Die Vpn hatten gegen Bezahlung von 1 DM oder von 8 DM einen Diskussionsbeitrag gegen die Herabsetzung des Wahlalters von 21 auf 18 Jahre vorzubereiten. Das wurde einmal entweder aufgetragen oder eher freigestellt, und zum anderen sollte der Diskussionsbeitrag entweder mit Namensnennung und öffentlicher Rechtfertigung oder anonym dargelegt werden. Eine Dissonanzreduktion, d. h. eine Einstellungsänderung zugunsten einer Nichtherabsetzung des Wahlalters, trat nur auf, wenn beide Momente der Zielbindung, Wahlmöglichkeit und öffentliche Handlungsrealisierung, gegeben waren. War beides nicht der Fall, so ergab sich der umgekehrte („Bestechungs"-)Effekt: Nur bei höherer Bezahlung änderte sich die Einstellung. In den beiden anderen Bedingungen, in denen jeweils nur eines der beiden Zielbindungsmomente vorlag, gab es keine bezahlungsabhängigen Effekte, weder im Sinne von Dissonanzreduktion noch von Bestechung.

Der motivierende Einfluß kognitiver Dissonanz kann sogar die Verhaltenswirksamkeit von Trieben (im Hullschen Sinne) verändern. Experimentelle Nachweise, daß Dissonanzreduktion selbst im Zusammenhang mit organismischen Bedürfnissen auftritt, hat Zimbardo (1969) zusammengetragen. Wir wollen davon ein Durstexperiment und ein Experiment zum Vermeidungslernen (Schmerz) vorstellen.

In der ersten Untersuchung erzeugte Mansson (1969) bei seinen Vpn Durst, indem ihnen Salzgebäck mit einem besonders hergerichteten Aufstrich zu essen gegeben wurde, der die Empfindung einer trockenen und heißen Mundhöhle hervorrief. Danach wurde ihnen angeboten, an einem 24-stündigen Durstversuch teilzunehmen, wofür ihnen entweder eine starke oder eine schwache Rechtfertigungsgrundlage gegeben wurde. Auf einem besonderen Formblatt konnte jede Vp dann mitteilen, ob sie an dem Versuch teilnehmen wolle oder nicht. Diejenigen, die es nicht wollten, bildeten die Gruppe der „Verweigerer". Außerdem gab es eine nicht-durstige und eine durstige Kontrollgruppe. Beiden wurde kein Durstversuch angekündigt, die nicht-durstige Kontrollgruppe aß nur Salzgebäck, die durstige auch den dursterzeugenden Aufstrich. Bevor die vermeintliche Durstperiode einsetzte, erhob der Vl verschiedene Variablen als Indikatoren des erlebten Durstes bei den Vpn aller einzelnen Gruppen. Wie nach der Dissonanztheorie zu erwarten, verhielten sich jene Vpn, die ohne ausreichende Rechtfertigung bereit gewesen waren, sich einer Durstperiode zu unterziehen, in einer Weise, als hätten sie kaum Durst, ähnlich der nicht-durstigen Kontrollgruppe. Verglichen mit der Gruppe, die eine starke Rechtfertigung für die Versuchsteilnahme erhalten hatte, sowie mit der durstigen Kontrollgruppe schätzten diese Vpn ihren Durst geringer ein, sie tranken weniger Wasser, in der Wiedererkennung nahmen sie weniger durstbezogene Wörter wahr, sie brauchten länger zum Erlernen von Paarassoziationen mit durstbezogenen Inhalten und in Fantasiegeschichten tauchten seltener Durstthemen auf. Abb. 4.25 zeigt die durchschnittlichen Mengen des getrunkenen Wassers vor dem vermeintlichen Durstversuch von 24 Stunden in den verschiedenen Gruppen. Die getrunkene Wassermenge bei hoher Dissonanz unterscheidet sich signifikant von allen anderen Gruppen.

In einem anderen Experiment hat Grinker (1969) die Wirkung kognitiver Dissonanzreduktion beim klassischen Konditionieren des Lidschlagreflexes nachweisen können. Unbedingter Reiz ist ein Luftstoß bestimmter Stärke auf das Auge. Er wird mit einem Tonsignal zeitlich gepaart. Fortschritte im Vermeidungslernen sind an den konditionierten Reaktionen zu erkennen; d. h. schon der Ton genügt, um eine Lidschlagreaktion auszulösen. Nach den ersten 20 Durchgängen wurde angekündigt, daß in den nächsten 10 Durchgängen der Luftstoß stärker sein werde; eine Bedingung, die nach anderen Untersuchungen das Vermeidungslernen beschleunigt. In Wirklichkeit blieb die Stärke des Luftstoßes gleich. Um unterschiedliche Grade kognitiver Dissonanz zu erzeugen, wurden drei Vpn-Gruppen gebildet. Zwei davon hatten sich freiwillig zum Versuch gemeldet. Vorweg wurden einer davon starke Rechtfertigungsgründe für die Teilnahme an diesem unangenehmen Versuch gegeben (geringe Dissonanz), der anderen schwache (hohe Dissonanz). Eine Kontrollgruppe hatte sich weder freiwillig gemeldet, noch erhielt sie Rechtfertigungsgründe. Wie Abb. 4.26 zeigt, bleibt in der Gruppe mit hoher Dissonanz der Lernfortschritt weit hinter der Gruppe mit geringer Dissonanz und der Kontrollgruppe zurück. In der ersten Gruppe muß die Ankündigung eines stärkeren Luftstoßes vergleichsweise weniger Furcht ausgelöst haben. Nach der Theorie ist dies durch eine Unterdrückung der Erwartungsemotion der Furcht zu erklären, da hierdurch kognitive Dissonanz reduziert werden kann.

Kognitive Dissonanz ist also in der Lage, den Einfluß von Triebzuständen wie Durst und Furcht auf Verhalten und Lernen zu mo-

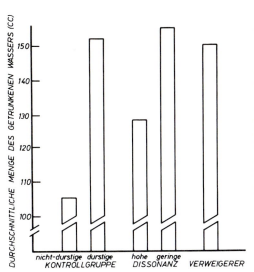

Abb. 4.25. Durchschnittliche Menge des getrunkenen Wassers für die nicht-durstige Kontrollgruppe, für die Gruppen mit hoher und mit geringer Dissonanz sowie für die Verweigerer des Durstversuchs. (Nach Mansson, 1969, S. 90)

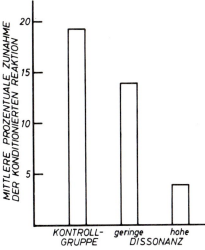

Abb. 4.26. Mittlere prozentuale Zunahme des konditionierten Lidschlagreflexes, nachdem eine (vermeintlich) größere Stärke des unbedingten Reizes (Luftstoßes) angekündigt worden ist, bei hoher und geringer Dissonanz sowie einer Kontrollgruppe. (Nach Grinker, 1969, S. 130)

derieren. Die Befunde unterstreichen die Wirksamkeit zwischengeschalteter kognitiver Prozesse unter sonst gleichen Bedingungen sowie die Bedeutung solcher situativer Gegebenheiten, die zu Umbewertungen, wie sie bei Dissonanzreduktion vorgenommen werden, Anlaß geben.

Selektion von Informationen

Eine besondere Möglichkeit, die nach einer Entscheidung auftretende Dissonanz zu reduzieren, besteht – worauf Festinger (1957) schon ursprünglich aufmerksam gemacht hatte – in der Selektion von Informationen. Man sucht und bevorzugt solche Informationen, die die gewählte Handlungsalternative aufwerten und die nicht-gewählte abwerten; und man meidet solche Informationen, die das Umgekehrte nahelegen. Die erste Untersuchung stammt von Ehrlich, Guttmann, Schönbach u. Mills (1957). Nach dem Kauf ihres ersten Autos beachteten die Käufer mehr die Werbung der Herstellerfirma des eigenen Wagens als die Werbung anderer Firmen, deren Autos man bei der Wahl in Betracht gezogen hatte.

In den folgenden Untersuchungen erwies sich allerdings, daß ein dissonanzreduzierendes Suchen von Informationen sich eher bestätigen ließ als das Meiden von dissonanzerhöhenden Informationen (vgl. Wicklund u. Brehm, 1976). Entscheidend ist u. a. der Grad der Widerlegbarkeit konsonanter und dissonanter Informationen. Man bevorzugt schwer widerlegbare konsonante und leicht widerlegbare dissonante Informationen und meidet leicht widerlegbare konsonante und schwer widerlegbare dissonante Informationen. Das jedenfalls fand Lowin (1967) in einem Feldexperiment zur Präsidentschaftswahl von 1964 bei Anhängern der damals rivalisierenden Kandidaten Johnson und Goldwater. Anhängern der beiden Kandidaten wurden Auszüge von schwer und von leicht widerlegbaren Argumenten aus Broschüren für und gegen jeden der beiden Kandidaten mit dem Hinweis zugeschickt, daß sie die betreffenden Broschüren anfordern könnten.

Offenbar ist die Informationsselektion auch subtiler als bloße Wahlbevorzugung zwischen Informationen oder die Zeitdauer, denen man sich ihnen aussetzt. Selbst wenn man sich einer Information zuwendet, kann die Güte der Informationsaufnahme unterschiedlich sein. Brock u. Balloun (1967) operationalisierten diesen Aspekt an der Häufigkeit mit der eine Vp eine Tonbandwiedergabe von Informationen mit Hilfe eines Knopfdruckes von einem störenden Rauschen befreite, das sich nach einiger Zeit immer wieder einstellte. Wie erwartet, wurde der Entstörungsknopf bei konsonanten Informationen – z. B. „Rauchen führt nicht zu Lungenkrebs" bei starken Rauchern – häufiger gedrückt als bei dissonanten.

In Frage gestellte Überzeugungen von sozialen Gruppen

Hierzu haben schon Festinger, Riecken u. Schachter (1956) eine spannend zu lesende Feldstudie unter dem Titel „When Prophecy Fails" vorgelegt. Mitglieder einer kleinen Sekte hatten sich in einer amerikanischen Stadt versammelt, um gemeinsam einen bestimmten Tag im Dezember abzuwarten, an dem nach ihrer festen Überzeugung die Welt in einer Sintflut untergehen werde und sie selbst durch fliegende Untertassen auf einen anderen Planeten gerettet würden. Als die prophezeiten Ereignisse nicht eintraten, war eine Dissonanz zwischen existentiellen Erwartungen und der Realität entstanden, die nicht toleriert werden konnte, sondern reduziert werden mußte. Was hätte näher gelegen, als den Sektenglauben an Weltuntergang und persönliche Errettung zu verlieren? Das war jedoch nur bei Sektenmitgliedern an anderen Orten der Fall, denen aufgegeben war, Weltuntergang und Rettung einzeln zu erwarten. Die Gruppe dagegen, die gemeinsam enttäuscht worden war, reduzierte die Dissonanz in umgekehrter Weise. Sie steigerte in gegenseitiger Einwirkung noch die gefährdete Glaubensbereitschaft und aktivierte ihren Missionseifer im Hinblick auf einen trotz unerfüllter Prophetie unausweichlichen Weltuntergang. Dissonanzreduktion ist hier eng mit sozialen Interaktionen zwischen den Mitgliedern einer Überzeugungs- oder Glaubensgemeinschaft verknüpft.

Eine weitere Feldstudie an einer religiösen Sekte („True World") haben Hardyck u. Braden (1962) gemacht. Die kleine Sektengruppe erwartete an einem bestimmten Tag einen Atombombenangriff, grub sich in Erdbunkern ein und verharrte dort 42 Tage nach der nicht eingetroffenen Katastrophe. Diese Gruppe reduzierte ihre Dissonanz nicht durch Missionseifer, sondern durch Hinzufügen konsonanter Kognitionen. Sie waren davon überzeugt, daß sie durch ihren Glauben eine Prüfung Gottes bestanden hätten und deshalb die Katastrophe ausgeblieben sei.

Ohne Zweifel lassen sich manche geschichtlichen Phänomene religiöser und politischer Bewegungen, die dem Außenstehenden irrational erscheinen, als Vorgänge von Dissonanzreduktion erklären. Schönbach (1966) hat dies für ein Kapitel der jüdischen Religionsgeschichte, den Messias Sabbatai Zwi (geboren 1626) und seinen Propheten Nathan von Gaza, getan.

Lebensnahe Feldstudien oder historische Analysen sind jedoch bis heute Ausnahmen geblieben. Meistens hat man in experimenteller Laborforschung sich darauf beschränkt, die einzelne Vp mit Überzeugungen einer anderen Person zu konfrontieren, die von den eigenen Überzeugungen abweichen. Dabei wächst die kognitive Dissonanz mit der Diskrepanz der aufeinanderprallenden Überzeugungen, der Wichtigkeit des Themas, der Glaubwürdigkeit und Attraktivität des Kommunikators. Eine Reduktion der entstandenen Dissonanz kann einmal durch Annäherung an die Fremdüberzeugung oder in einer Extremisierung der eigenen Überzeugung (sog. „Bumerang-Effekt") erfolgen. Welches von beiden geschieht, hängt von der Änderungsresistenz der sich gegenüberstehenden Überzeugungsinhalte ab. Werden z. B. sozial fest verwurzelte religiöse Glaubensinhalte in Frage gestellt, so resultiert, wie wir an den Feldstudien sahen, eher eine Extremisierung der eigenen Überzeugung (vgl. im einzelnen Irle u. Möntmann, 1978).

Unerwartete Handlungsergebnisse und Ergebnisfolgen

Unter diese Rubrik fallen drei Bedingungskomplexe für Dissonanzreduktion, die im Unterschied zu den bisher erörterten Bedingungen noch nicht von Festinger (1957) in der ursprünglichen Formulierung der Dissonanztheorie vorweggenommen worden waren, sondern erst später abgeleitet wurden. Der erste Bedingungskomplex betrifft das Mißverhältnis von hohem Anstrengungsaufwand und Erfolglosigkeit des Handlungsergebnisses. Die beiden weiteren Bedingungskomplexe beziehen sich auf Folgen des Handlungsergebnisses, und zwar in Gestalt von Selbstbewertung und in Gestalt von Nebenfolgen. Nehmen wir die verschiedenen Komplexe der Reihe nach auf.

Sich umsonst sehr angestrengt zu haben, ruft offenbar Dissonanz hervor. Um sie zu reduzieren, muß man die umsonst aufgebrachte Anstrengung nachträglich zu rechtfertigen versuchen, indem man den Anreiz des angestrebten Handlungsziels aufwertet (sofern man die aufgewendete Anstrengung nicht herabsetzen oder leugnen will). Unter den hierzu vorliegenden Studien sind Tierexperimente von Lawrence u. Festinger (1962) zur – wie es im Untertitel heißt – „Psychologie der ungenügenden Belohnung" am eindrucksvollsten, weil sie nachweisen, daß kognitive Dissonanz und deren Reduktion nicht auf Menschen beschränkt zu sein scheint, sondern auch bei infrahumanen Lebewesen zu beobachten ist. Damit wird auch für nicht-sprachliches und nicht-kommunikatives Handeln Gültigkeit der Dissonanztheorie beansprucht.

Versuchstiere waren hungrige Ratten, die eine Laufstrecke zum Futter unter Bedingungen lernten, die Lernen erschweren und die Lebewesen meiden, wenn sie das Ziel (Nahrung zu finden) auf leichtere Weise oder zuverlässiger erreichen können. Drei Arten von Erschwernis-Bedingungen wurden während der Lernphasen herangezogen: partielle Bekräftigung, verzögerte Bekräftigung und Erfordernis größerer Anstrengung, um das Ziel zu erreichen (so mußten im letzteren Fall die Ratten eine Fläche von bestimmtem Steigungsgrad hinaufrennen). Abhängiges Maß und Indikator für die Dissonanzreduktion war die Löschungsresistenz, d. h. über wieviel Durchgänge ohne Bekräftigung das erlernte Verhalten beibehalten wurde (gegebenenfalls auch mit welcher Intensität). Lawrence u. Festinger leiteten für diese Versuchsbedingungen zwei Hypothesen aus der Dissonanztheorie ab. Erstens, jede Dissonanz, die durch ausbleibende oder verzögerte oder mit relativ großer Anstrengung erzielte Bekräftigung verursacht wird, erfährt eine Reduktion, indem der Zielhandlung zusätzliche Anreize *(extra attractions)* zugeschrieben werden, die anderen Motiven – wie etwa Exploration, sensorische Stimulation – entstammen. Zweitens, da Dissonanz kumulativ ist, mußte sie ständig abgebaut werden, entsprechend wächst die Stärke der zusätzlichen Anreize an.

In 16 einzelnen Experimenten ließen sich beide Hypothesen stützen. Hinsichtlich partieller Bekräftigung wurden Anzahl und Prozentanteil der nicht-bekräftigten Durchgänge unabhängig voneinander variiert. (In der lerntheoretischen Erforschung des Zusammenhangs von partieller Bekräftigung und Löschungsresistenz wurde fast immer die prozentuale Bekräftigungsrate herangezogen.) Wie Abb. 4.27 zeigt, war die Löschungsresistenz nicht von der prozentualen Bekräftigungsrate abhängig, sondern stieg stark mit der Anzahl der nicht-bekräftigten Durchgänge an. Das spricht dafür, daß Dissonanz – wie postuliert – kumulativ ist und sich in einer wachsenden Stärke der Zusatzanreize abbaut. Wenn das dominante Bedürfnis (der Hunger) während der Lernphase sehr stark, in der Löschungsphase aber schwach war, so erreichte die Löschungsresistenz umso höhere Werte, je häufiger in der Lernphase nicht bekräftigt worden war. Dieses Ergebnis spricht dafür, daß größere Dissonanz (Ausbleiben der erwarteten Befriedigung bei größerer Bedürfnisstärke) auch zu stärkerer Dissonanzreduktion in Gestalt von Zusatzanreizen führt.

Auch für den Grad der erforderlichen Anstrengung fanden sich hypothesengerechte Ergebnisse. So liefen Ratten, die einen Steigungswinkel von 50° zu überwinden hatten, in

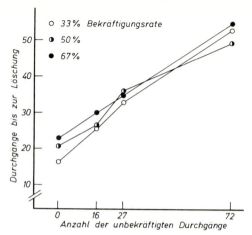

Abb. 4.27. Löschungsresistenz in Abhängigkeit von der Anzahl der unbekräftigten Durchgänge innerhalb von drei Bedingungen mit unterschiedlicher prozentualer Bekräftigungsrate. (Nach Lawrence u. Festinger, 1962, S. 91)

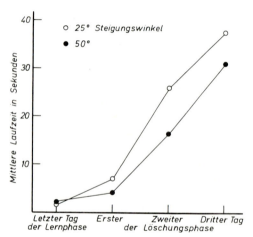

Abb. 4.28. Durchschnittliche Laufzeit (in Sekunden) während der Löschungsphase für zwei Grade der erforderlichen Anstrengung während der Lernphase (Steigungsgrad der Lauffläche 25° oder 50°). (Nach Daten von Lawrence u. Festinger, 1962, S. 143)

der Löschungsphase schneller (vgl. Abb. 4.28) und brauchten mehr Durchgänge bis zur Löschung als Ratten, die einen Steigungswinkel von nur 25° zu überwinden hatten. Diese Anstrengungsbefunde erwiesen sich als unabhängig vom Bekräftigungsplan. Wurde beides, Anstrengungsgrad und Zahl der ausbleibenden Bekräftigungen unabhängig kombiniert, so addierten sich die Effekte beider Bedingungen. Diese und andere Befunde veranlaßten Lawrence u. Festinger zu folgender Schlußfolgerung:

> If an organism continues to engage in an activity while processing information that, considered alone, would lead it to discontinue the activity, it will develop some extra attraction for the activity or its consequences in order to give itself additional justification for continuing to engage in the behavior. (1962, S. 156)

Zu erwähnen bleiben noch dissonanzerzeugende Folgen eines erreichten Handlungsergebnisses. Aronson (1968) hat darauf hingewiesen, daß Dissonanz vornehmlich dann erzeugt wird, wenn eine Handlung oder deren Ergebnis im Widerspruch zum eigenen Selbstkonzept steht, insbesondere soweit dieses eigene Fähigkeiten oder die eigene Moralität betrifft: „If dissonance exists it is because the individual's behavior is inconsistent with his self concept" (1968, S. 23). Aronson gelangte zu dieser Auffassung, weil kognitive Dissonanz erstens umso größer sei, je gefestigter die Erwartung ist, die in Frage gestellt wird, und zweitens, weil die Erwartungen über das eigene Handeln gefestigter seien als solche über das Handeln anderer. Unabhängig davon, wieviel diese Auffassung für sich hat (eine Dissonanz zum Selbstkonzept könnte ja auch bedeutsamer erscheinen als andere Erwartungswidrigkeiten, die nichts mit dem Selbstkonzept zu tun haben), hat die Bindung von Dissonanz an das Selbstkonzept in der Regel klare Effekte der Dissonanzreduktion gebracht.

Die Erzeugung von Dissonanz mit dem Selbstkonzept folgte einem von Aronson u. Carlsmith (1962) in die Dissonanzforschung eingeführten Grundparadigma, das übrigens auch in der Leistungsmotivations- und Attributionsforschung (vgl. Kap. 11) üblich ist. Durch Erfolgs- oder Mißerfolgsinduktion bei einer bestimmten Aufgabe werden die Vpn veranlaßt, eine hohe bzw. geringe Selbsteinschätzung ihrer Fähigkeit für die betreffende Aufgabe aufzubauen. Danach erhalten sie erwartungswidrige Erfolgs- oder Mißerfolgsrückmeldungen, die zu der aufgebauten Selbsteinschätzung ihrer Fähigkeit in Widerspruch stehen, sei es in positiver oder in negativer Richtung. In beiden Fällen soll nach Aronson kognitive Dissonanz erzeugt werden, die Tendenzen zu ihrer Reduktion auf den Plan rufen. Hierzu können verschiedene Wege eingeschlagen werden, die in neueren Studien getrennt angeboten und so auf ihre Nutzung untersucht werden sollten.

So fanden etwa Irle u. Krolage (1973), daß bei positiver Erwartungsdiskrepanz des Testergebnisses die Selbsteinschätzung stärker heraufgesetzt als bei negativer Erwartungsdiskrepanz herabgesetzt wurde. (Dieses Ergebnis steht in Übereinstimmung mit vielen Befunden zur selbstwertdienlichen Voreingenommenheit bei Attribuierung von Erfolg und Mißerfolg; vgl. etwa Bradley, 1978; Fitch, 1970; Miller, 1976; wir werden in Kapitel 10 darauf eingehen.) Bei positiver Erwartungsdiskrepanz wurde die eigene Anstrengung und die Validität des Tests höher eingeschätzt als bei negativer Erwartungsdiskrepanz. Je mehr das erwartungswidrige Ergebnis von der Selbsteinschätzung abwich, umso ungenauer wurde es erinnert. Die durchschnittliche Testleistung, die man von einer Bezugsgruppe erwartete, wurde der eigenen Testleistung angeglichen. Auch eine individuelle Unterschiedsvariable – Höhe der Selbsteinschätzung – war von Einfluß. Sie trat in Wechselwirkung mit der Erwartungsdiskrepanz: Die Dissonanzeffekte waren am stärksten bei Vpn mit hoher Selbsteinschätzung und negativer Erwartungsdiskrepanz sowie bei Vpn mit niedriger Selbsteinschätzung und positiver Erwartungsdiskrepanz.

Eine andere Art von dissonanzerzeugenden Folgen eines Handlungsergebnisses betrifft schließlich unerwartete Nebenfolgen. Ein Beispiel ist eine frühe Studie von Brehm (1959). Er bewog Schüler, gegen Belohnung freiwillig ein Gemüse zu essen, das sie nicht mochten. Danach sah sich ein Teil der Vpn mit einer überraschenden Nebenfolge ihres Tuns konfrontiert: Der Vl hatte die Eltern brieflich davon unterrichtet, daß ihr Kind das betreffende Gemüse offensichtlich doch gern essen würde. Diese Vpn schätzten anschließend die Attraktivität des Gemüses höher ein als jene, deren Eltern keinen Brief erhalten hatten. Brehm bezeichnet den Effekt als *fait accompli* und führte ihn auf die Nichtvorhersehbarkeit der negativen Nebenfolge zurück. In nachfolgenden Studien konnte diese Interpretation jedoch nicht bestätigt werden. Wie Sogin u. Pallak (1976) schließlich nachgewiesen haben, ist nicht die Vorhersehbarkeit entscheidend, sondern ob man sich die Verursachung der negativen Nebenfolge selbst zuschreibt. Ist dies der Fall, so reduziert man Dissonanz, indem man die ursprüngliche Einstellung der negativen Nebenfolge annähert.

Theoriegeschichtliche Aspekte der kognitiven Dissonanzforschung

Seit Festinger 1957 den Startschuß gab, hat sich die Dissonanzforschung ungemein virulent entwickelt. Bis 1977 sind über 800 Arbeiten veröffentlicht worden. Die Vielfalt der Phänomene, die unter dem Aspekt eines Bestrebens, kognitive Dissonanz zu reduzieren, auftreten, ist bemerkenswert. Der größte Teil der Phänomenvielfalt betrifft die Änderung von Einstellungen und Überzeugungen, wenn gefällte Entscheidungen, erzwungene Einwilligung in Handlungen, die man sonst nicht unternommen hätte, neue Informationen über gewählte Alternativen, widerlegte Überzeugungen oder unerwartete Handlungsergebnisse und deren Folgen eine kognitive Dissonanz erzeugt haben.

Vor allem sind die Situationsbedingtheiten sprachlichen und kommunikativen Handelns geklärt worden. Unverkennbar sind dabei auch die förderlichen Impulse des großangelegten Forschungsprogramms zur Kommunikation und Einstellungsänderung, das in den fünfziger Jahren unter der Leitung von Hovland und Janis an der Yale-Universität abgewickelt wurde (Hovland, Janis u. Kelley, 1953). Demgegenüber sind im engeren Sinne motivationspsychologische Untersuchungen sowohl nach ihrer Zahl wie nach ihrem Einfluß auf die weitere Theorieentwicklung zurückgetreten. Aber gerade solche Untersuchungen wie die Tierexperimente von Lawrence u. Festinger (1962) und die Experimentsammlung von Zimbardo (1969) zur kognitiven Kontrolle von Bedürfniszuständen (vgl. Grinker, 1969; Mansson, 1969) haben die Fruchtbarkeit der Dissonanztheorie auch jenseits eines sprachlichen und kommunikativen Handelns demonstriert. Wir sind deshalb auf diese Ansätze besonders eingegangen, obwohl auch von ihnen aus bis heute keine eigene Motivationstheorie entwickelt worden ist.

Sieht man von diesen Studien ab, in denen Motivations- oder Bedürfniszustände beeinflußt wurden, so wird der breite Strom der Dissonanzforschung zunehmend mehr von einer Theorieentwicklung geleitet, die – in der einen oder anderen Form – die Selbstwahrnehmung des Handelnden zum entscheidenden Angelpunkt macht. Ursprünglich hatte Festinger (1957) noch alle Kognitionsinhalte eines Individuums, die sich nicht miteinander in Übereinstimmung bringen lassen, als „dissonant" in dem Sinne bezeichnet, daß sie eine Motivation zur Dissonanzreduktion hervorrufen würden. Als Beispiel hatte er auch widersprüchliche Aussagen über externe Sachverhalte angeführt, die den, der sie für wahr hält, nicht weiter tangieren (wie: Jemand glaubt, daß der Mensch den Mond erreichen könne, zweifelt aber zugleich an der Möglichkeit einer Technologie zur Überwindung der Erdanziehung; vgl. Festinger, 1957, S. 14). Offensichtlich ist solcher Meinungswiderspruch nicht persönlich relevant genug, um zur Dissonanzreduktion zu motivieren. Jedenfalls ist der ursprünglich so weit gezogene Geltungsbereich bald aufgegeben worden, und Greenwald u. Ronis (1978) werfen die Frage auf, warum er nie ernsthaft geprüft worden sei und ob er nicht doch berechtigt gewesen sein könne.

Brehm u. Cohen (1962) präzisierten statt dessen kognitive Dissonanz auf persönlich relevante Widersprüche, indem sie als notwendige Bedingung eine Zielbindung *(commitment)* postulierten mit den beiden Momenten der erlebten Selbstverursachung der Dissonanz und der öffentlichen Handlungsrealisierung. Brehm u. Cohen formulierten: „... we assume that a person is committed when he has decided to do or not to do a certain thing, when he has chosen one (or more) alternatives and thereby rejected one (or more) alternatives, when he actively engages in a given behavior or has engaged in a given behavior" (1962, S. 7). Diese Spezifikation von Dissonanz war bereits insofern in den ursprünglichen Formulierungen Festingers vorgezeichnet, als die Dissonanzstärke in Abhängigkeit von der Wichtigkeit der Kognitionsinhalte gebracht worden war. Festinger (1964) stimmte der Spezifikation von Brehm u. Cohen zu.

Aronson (1968) ging noch einen Schritt weiter, Dissonanz auf Phänomene von persönlicher Relevanz einzuschränken. Er band sie an sehr gefestigte Erwartungen *(firm expectations)*, die immer nur das eigene Handeln betrafen, so daß Dissonanz nur vorlag, wenn eigene Handlungen dem Selbstkonzept widersprachen, waren sie nun in negativer oder in positiver Hinsicht erwartungswidrig. Bramel (1968) engt noch weiter ein, indem er nur negative Abweichungen vom Selbstkonzept als dissonanzerzeugend zuläßt. Er gibt Dissonanz den Status einer speziellen Furchtmotivation; der Furcht nämlich vor sozialen Folgen, wenn man sich als weniger kompetent oder moralisch erweist, als man es sein möchte oder zu sein hat.

In einem kürzlichen Klärungsversuch machen Wicklund u. Brehm (1976) schließlich die erlebte persönliche Verantwortlichkeit für das Nebeneinander inkonsistenter Kognitionsinhalte zur notwendigen Bedingung von Dissonanzreduktion. Sie schreiben: „Recent research ... has made it abundantly clear that dissonance reduction as we know it takes place only when the dissonant elements have been brought together through the personal responsibility of the individual who experiences dissonance" (1976, S. 7). Wicklund u. Brehm weiten damit den Geltungsbereich der Dissonanztheorie wieder über Aronsons enge Bindung an das Selbstkonzept noch etwas aus. Insgesamt ist die Richtung der Theorieentwicklung von 1962 (Brehm u. Cohen) bis 1976 (Wicklund u. Brehm) jedoch konsistent. Entscheidend für das Erleben von kognitiver Dissonanz und ihrer Reduktion ist, daß man sich in der Selbstwahrnehmung als Verursacher der Unstimmigkeiten und als für sie verantwortlich erlebt.

Dieser Theoriestand bringt die Dissonanzforschung in enge Berührung mit der Attributionsforschung. So haben Nisbett u. Valins (1971) Befunde der Dissonanzforschung bei ungenügender vs. ausreichender Rechtfertigung attributionstheoretisch reinterpretiert. Sie glauben, daß die Attributionstheorie der Dissonanztheorie überlegen sei, weil sie zugleich auch das Verhalten bei ausreichender Rechtfertigung schlüssig erkläre. Wir werden im 10. Kapitel darauf eingehen. Des weiteren überlappt sich die Dissonanzforschung mit der Leistungsmotivationsforschung, insbesondere seit die letztere attributionstheoretisch elaboriert worden ist (vgl. Kap. 11). Eigenartigerweise gibt es jedoch bis heute kaum Forschungsansätze, die beide Theorien miteinander verbinden. (Eine Ausnahme davon wird in Kap. 6 dargestellt; vgl. Heckhausen, Boteram u. Fisch, 1970.)

Die Selbstwahrnehmung hat auch insofern noch eine besondere Rolle in der Dissonanzforschung gespielt, als Bem (1967; 1972) mit seiner sog. Selbstwahrnehmungstheorie versucht hat, die Postulierung kognitiver Prozesse der Dissonanzreduktion überflüssig zu machen. Nach Bem haben Menschen weniger ein unmittelbares Wissen über ihre Kognitionen, sie gewinnen vielmehr aus der Beobachtung des eigenen Handelns Informationen über sich selbst. Wenn sich nun jemand dabei ertappt, daß er etwas tut, was er früher nicht getan hat oder hätte, so sagt er sich, daß er es gern tue oder für wichtig halte. Und damit sei eine Einstellungsänderung vollzogen. Wir werden Bems Theorie der Selbstwahrnehmung und ihre „Widerlegung" als einer Alternativ-Erklärung für Dissonanzreduktion im 10. Kap. ausführlicher erörtern, wenn wir uns mit problemgeschichtlichen Aspekten und Vorläufern der Attribuierungstheorie beschäftigen.

Am Rande sei schließlich noch eine theoretische Position von J. M. Nuttin (1975) erwähnt, die leugnet, daß es aufgrund von Dissonanzreduktion überhaupt zu einer Einstellungsänderung komme. Nuttin führt einstellungsabweichendes Verhalten auf eine Reaktions-Ansteckung zurück *(response contagion)*. Ändern soll sich lediglich zeitweise die affektive Aufladung des Einstellungsgegenstandes. Nuttin fand bei seinen Vpn, daß sie 5

Wochen nach dem einstellungsabweichenden Handeln wieder die alte Einstellungsausprägung besaßen. Die hier schwelende Kontroverse ist noch nicht entschieden.

Theorien kognitiver Situationsbeurteilung in motivationspsychologischer Sicht

Alle erörterten Theorieansätze über die Verhaltenswirksamkeit kognitiver Situationsbeurteilung tragen zur Klärung von Motivationsproblemen bei, auch wenn sie individuelle Unterschiede vernachlässigen. Besonders wertvoll sind ihre Beiträge zum siebten Grundproblem der Motivationsforschung, den selbstregulatorischen Zwischenprozessen der Motivation, daneben aber auch zum Motivationskonflikt (sechstes Problem) und schließlich zur Motivanregung (viertes Problem), falls man Konsistenz als ein Motiv im Sinne eines allgemeinen Grundbedürfnisses ansieht wie Hunger oder gar als ein Motiv mit individuellen Ausprägungsunterschieden. Aber gerade hinsichtlich ihres möglichen Motivcharakters sind die motivationstheoretischen Ansätze kognitiver Situationsbeurteilung bis heute unentwickelt und ungeprüft geblieben, eine Motivationsforschung ohne Motive. Das vor allem mag auch der Grund sein, warum Autoren wie Festinger und Heider ambivalent und im Zweifel geblieben sind, wieweit ihre Theorien einen Beitrag zur Motivationsforschung darstellen.

So sagt Festinger (1957) einerseits:

> Cognitive dissonance can be seen as an antecedent condition which leads to activity towards dissonance reduction just as hunger leads to activity oriented towards hunger reduction. It is a very different motivation from what psychologists are used to dealing with but, as we shall see, nonetheless powerful (S. 3).

Und andrerseits:

> There are many factors affecting people's behavior, attitudes and opinions about which the theory of dissonance has nothing to say. For example, we have said little or nothing about motivation throughout the course of this book. Dissonance itself can, of course, be considered as a motivating factor, but there are many other motives which affect human beings and we have skirted the question of any relationship between these other motivations and the pressure to reduce dissonance. There are, however, in some circumstances, clear relationships ... But what I want to stress here is that I have not dealt with problems of motivation, and that these problems would, by and large, be distinct from the problems with which the theory of dissonance does deal. (S. 276–277).

Und Heider (1960) sagt von seiner Theorie der Ausgewogenheit:

> It is not meant to be a general theory of motivation but has been developed mainly with respect to interpersonal relations (S. 166).

Unter den situativen Determinanten der Motivation haben wir eine ganz entscheidende bisher zu kurz kommen lassen, nämlich soziale Kognition über Handlungsabsichten und Zuständlichkeiten anderer Personen. In sozialen Handlungssituationen könnten wir gar nicht handeln, wenn wir unseren Handlungspartnern (und auch uns selbst) nicht unentwegt Intentionen zuschrieben, die wir aus dem Verhalten zu erkennen glauben. Davon wird einiges bei der Darstellung der sozialen Motive von Anschluß und Macht (Kap. 7) und von Hilfe und Aggression (Kap. 8) sowie in Kap. 11 erörtert.

Abschließende Bemerkung

Dieses Kapitel hat unter problemgeschichtlicher Perspektive über die Erforschung recht heterogener, situativer Determinanten des Handelns berichtet. Das Spektrum umfaßt: durch Aufgabeninstruktion veranlaßte determinierende Tendenzen, momentane Bedürfniszustände und Triebstärke, situativ erzeugte Konflikte und Aktivationszustände, Emotionen und Kognitionen als Ergebnis von Situationsbeurteilungen. Gemeinsam ist all diesen Determinanten der inneren oder äußeren Situation nur, daß sie intraindividuell variabel sind und nicht mit interindividuellen Dispositionsunterschieden verknüpft wurden. Die Verschiedenartigkeit der situativen (variablen) Determinanten ist charakteristisch für Verhaltenserklärungen auf den zweiten Blick.

Ohne diese Blickweise zu ändern, sind die meisten dieser Ansätze in einer Weise fortentwickelt worden, die eine Konvergenz auf das Hauptproblem der Motivation erkennen läßt, nämlich wie das Anstreben von Zielzuständen zu erklären ist. Dabei wurde immer deutlicher, daß die Klärung des Motivationsproblems auf zwei Basiskonstrukten beruht, auf Erwartung und Anreiz. Im folgenden Kapitel werden wir dies vor allem an der Fortentwicklung der ursprünglichen Ansätze von Lewin und Hull verfolgen; aber auch an dem Ansatz Tolmans, der von Anfang an die Analyse zielgerichteten Verhaltens mit Hilfe von Erwartungs- und Anreizkonstrukten betrieb. Die erörterten kognitionspsychologischen Ansätze und ihre Fortentwicklungen andererseits haben dazu beigetragen, Bedingungen für die Ausprägung von Erwartungs- und Anreizvariablen zu klären. Darauf werden wir erst in späteren Kapiteln eingehen, vor allem im 10. und 11., die den von Heider angeregten attributionstheoretischen Ansätzen gewidmet sind.

5 Motivation durch Erwartung und Anreiz

Auch in diesem Kapitel werden wir uns mit situativen Determinanten beschäftigen, die zum Handeln motivieren. Den jetzt zu erörternden Theorien ist gemeinsam, daß sie auf die eine oder andere Weise dem Lebewesen zuerkennen, daß es Voraussicht hat, daß sein Verhalten von vorweggenommenen Zielzuständen des Verhaltens geleitet wird. Zielzustände spielen eine zentrale Rolle in der Verhaltenserklärung. Die gegenwärtige Lage ist in eine künftige zu überführen, die einen Zielzustand darstellt. In der behavioristischen Lern- und Triebtheorie werden Zielzustände als „Bekräftigung" bezeichnet. Das sind Ereignisse, die nachweisbar vorauslaufendes Verhalten unter ihre Kontrolle bringen; wie etwa bei Hunger das Ereignis Nahrungsaufnahme die vorauslaufenden Handlungen auf jene einengt, die zum Kontakt mit der Nahrung führen.

Motivation ist Anstreben von Zielzuständen, von „Bekräftigungen". Um das Anstreben auf eine mittelbare Weise zu erklären, müssen offenbar zwei Voraussetzungen gegeben sein. Einmal muß das Eintreten des Zielzustands vorweggenommen werden können. Es gibt eine entsprechende Erwartung. Die Erwartung kann darin bestehen, welcher Zielzustand eintreten wird, wobei eigenes Zutun unberücksichtigt bleibt oder keine Rolle spielt (wie etwa beim klassischen Konditionieren, wenn ein Signal Nahrung ankündigt); oder auch darin, was man selbst tun muß, um einen Zielzustand herbeizuführen. Der erste Fall ist eine Erwartung vom Typ der Situations-Folge-Kontingenz (S-S*, vgl. Bolles, 1972); der zweite Fall eine Erwartung vom Typ der Handlungs-Folge-Kontingenz (R-S*). Erwartungen lassen sich auch danach unterscheiden, welche Zeitspannen oder welchen Umfang von Handlungssequenzen sie überbrücken. Erwartungen sind der Fremdbeobachtung nicht unmittelbar zugänglich. Sie müssen erschlossen werden und sind deshalb hypothetische Konstrukte. Motivationstheoretiker unterscheiden sich, wieweit sie dem Rechnung tragen und die Rolle von Erwartungen in Form hypothetischer Prozesse konstruieren und diese als Ergebnis von vorherigem Lernen kontrollierbar machen.

Die andere Voraussetzung besteht darin, daß der Zielzustand Wertcharakter für das Lebewesen haben muß, daß er ein „Bekräftiger" ist. Bestimmte Objekte oder Ereignisse, die den Zielzustand ausmachen oder mit ihm zusammenhängen, die ihn bedrohen oder vereiteln, haben eine herausgehobene positive oder negative Bedeutung. Diese Objekte oder Ereignisse (S*) besitzen einen entsprechenden positiven oder negativen Anreiz. Sie ziehen das Lebewesen an oder stoßen es ab. Allem, was „Bekräftigungswert" hat, d. h. nachweisbar vorauslaufendes Verhalten unter seine Kontrolle bringt, ist Anreiz zuzuschreiben. Wie Erwartungen, sind Anreize hypothetische Konstrukte, und Motivationstheoretiker unterscheiden sich darin, wieweit sie sich ihrer als solcher bedienen. Dazu gehört insbesondere, wieweit sie die Entstehungsbedingungen von Anreizen klären. Der Anreiz von Objekten oder Ereignissen kann sich als erlernt oder angeboren (erfahrungsunabhängig), als eher abhängig oder eher unabhängig von momentanen Bedürfniszuständen erweisen. Für den Wertcharakter gibt es auch andere Bezeichnungen als Anreiz. So spricht Lewin von Valenz oder Aufforderungscharakter, Tolman von „Zielverlangen" *(demand for the goal)*.

Anreiztheorien der Motivation suchen die Zielgerichtetheit des Handelns möglichst direkt zu erklären. Wahrgenommene oder erwartete Objekte und Ereignisse mit Anreizcharakter regen Handeln an und geben ihm zugleich Richtung. Anreize sollen sowohl Handeln energetisieren wie auch leiten, indem sie es sozusagen über Raum und Zeit anziehen. Verhalten ist proaktiv, indem es sich von den anreizartigen Verheißungen und Bedrohungen der gegenwärtig gegebenen Situation auf die Erreichung zu erwartender, künftiger Zielzustände anziehen läßt. Die Handlungssteuerung ist vorwärts gerichtet, als frage sich das Lebewesen ständig, was zu was führt. Demgegenüber ist das Verhalten nach Erklärungsansätzen, die weder Erwartungen noch Anreize unterstellen, wie etwa Hulls Bekräftigungstheorie (1943), eher reaktiv. Die allgemeine Energetisierung besorgt ein unspezifischer Trieb, und Verhaltenssteuerung wird durch bereits fixiert vorliegende Reiz-Reaktions-Verbindungen, durch *habits,* bestimmt. *Habits* haben sich bereits retroaktiv, durch rückwärtsgerichtete Wirkung der Bekräftigung gebildet, denn mit Häufigkeit, Ausmaß und zeitlicher Unmittelbarkeit der Bekräftigung nimmt die *habit*-Stärke der vorauslaufenden Reiz-Reaktions-Verbindungen zu.

Diese vereinfachte Gegenüberstellung soll die Besonderheit herausheben, die allen Theorien einer sog. „Anreizmotivation" in der einen oder anderen Form eigen ist, gleichgültig ob sie sich mehr auf Erwartungen vom Typ S-S* oder vom Typ R-S* stützen. Anreiztheoretische Vorstellungen stehen dem motivationspsychologischen *Common Sense* durchaus nahe. In verschiedener Form stecken sie schon in den Theorien der Pioniere der Motivationsforschung wie William James, Freud und McDougall. Die erste Motivationstheorie, in der die Anreizidee nicht nur zentral, sondern auch systematisch entwickelt wurde, ist wohl Lewins Feldtheorie. Sie wird im folgenden zunächst dargestellt. Das feldtheoretische Äquivalent des Anreizbegriffs ist Aufforderungscharakter oder Valenz. Die Verhaltenswirksamkeit von Valenzen hat Lewin in seinem Umweltmodell zu fassen versucht, in dem er Valenzen zu Ausgangspunkten von Kräften im psychologischen Feld der gegenwärtigen Situation machte; Kräfte, die das Handeln der Person nach Stärke und Richtung bestimmen. Vor allem hat Lewin die Bedingungen für die jeweilige Ausprägung von Valenzen zu spezifizieren versucht.

Tolman hat – ähnlich wie Lewin aber wirksamer weil in den experimentellen Paradigmen der zeitgenössischen Forschung – erwartungs- *(expectancy)* und anreiztheoretische Erklärungsbegriffe *(demand for the goal)* als hypothetische Konstrukte eines „psychologischen Behaviorismus" herausgearbeitet. Sie vermitteln als eine Art intervenierender Kognitionen zwischen den situativen Gegebenheiten und dem erfolgenden Verhalten. Tolman hielt die starre *habit*-Bildung nach der Bekräftigungstheorie für ungeeignet, um die flexible Zielgerichtetheit des Verhaltens zu erklären. Wie wir sehen werden, insbesondere an Befunden zum sog. latenten Lernen, gelang es Tolman, die Unterscheidungslinien zwischen Lernen und Motivation (Ausführung) gegenüber der herrschenden Auffassung neu zu ziehen. Bekräftigung gehört auf die Seite des Motivationsgeschehens, nicht des Lerngeschehens. Entgegen der Bekräftigungstheorie beeinflußt Bekräftigung weniger Lernen als solches als die Ausführung des Gelernten, weil Bekräftigung die Erwartung eines Ereignisses mit Anreizcharakter schafft.

Die Vertreter der Bekräftigungstheorie, Hull und seine Schüler, nahmen die Herausforderung der Tolmanschen Befunde auf, was zu einer allmählichen Umwandlung der Bekräftigungstheorie in eine Anreiztheorie der Motivation führte; vor allem bei Spence (1956) und, noch ausgesprochener, bei Mowrer (1960), der dazu überging, mit Anreizen auch alles das zu erklären, was bislang den Trieben zugedacht war. Bei der Umwandlung zugunsten anreiztheoretischer Vorstellungen spielte ein hypothetischer Mechanismus eine große Rolle, den Hull schon Anfang der dreißiger Jahre (d. h. vor dem Ausbau seiner Bekräftigungstheorie in den „Principles of Behavior" von 1943) eingeführt hatte, um erwartungsähnlichen Prozessen auch im Rahmen einer Reiz-Reaktions-Theorie einen Platz zu geben: die fragmentarische vorwegnehmende Zielreaktion (r_G, *fractional anticipatory goal response*).

Mit der Revision zugunsten anreiztheoretischer Erklärungsansätze hat sich zunehmend die Frage aufgedrängt, ob Reaktions-Bekräftigung nicht eine überflüssige oder gar unzureichende Erklärung für operantes Lernen sei; ob die verhaltensändernde Wirkung von Bekräftigern nicht als motivationaler Anreizeffekt statt als assoziativer Kopplungseffekt zwischen Reiz und Reaktion zu erklären sei. Diese Position wird inzwischen von namhaften Lern- und Motivationstheoretikern wie Walker (1969), Bolles (1972) und Bindra (1974) eingenommen. In Fortführung von Tolmanschen Erklärungsansätzen scheinen nicht Reiz-Reaktions-Verbindungen sondern Erwartungen von Kontingenzen erlernt zu werden. Nach Bolles sind es zwei Grundtypen von Erwartungen: Situations-Folge-Kontingenzen (S-S*) und Reaktions-Folge-Kontingenzen (R-S*). Daraus ergibt sich ein einfaches kognitives Motivationsmodell: Die Wahrscheinlichkeit einer Reaktion steigt mit der Stärke von S-S* und von R-S* sowie mit dem Wert von S*.

Seit den vierziger und fünfziger Jahren hatten erwartungs- und anreiztheoretische Modelle sich auch außerhalb der lernpsychologischen Theoriebildung entwickelt. Es handelt sich um sog. „Erwartungs-mal-Wert-Theorien". Sie boten sich an, um Entscheidungsverhalten in Wahlsituationen zu erklären, sei es bei Einsätzen in einem Glücksspiel, bei Kaufentscheidungen (von Neumann u. Morgenstern, 1944; Edwards, 1954) oder beim Festsetzen des Anspruchsniveaus angesichts verschieden schwieriger Aufgaben (Escalona, 1940; Festinger, 1942 b). Grundidee der Erwartungs-mal-Wert-Theorie ist, daß bei der Wahl zwischen mehreren Handlungsalternativen jene bevorzugt wird, bei der das Produkt von erzielbarem Wert (Anreiz) mit der Wahrscheinlichkeit, ihn zu erzielen (Erwartung), maximal ist. Anders ausgedrückt: Unter Berücksichtigung seiner Erreichbarkeit wird ein Zielzustand angestrebt, der einen möglichst hohen Anreizwert hat. Erwartungs-mal-Wert-Theorien bilden eine wichtige Grundlage gegenwärtiger Motivationsforschung (vgl. Kap. 9). Schließlich wird in Gestalt der Instrumentalitätstheorie (Vroom, 1964) eine bedeutsame Erweiterung der Erwartungs-mal-Wert-Theorien erörtert. Sie berücksichtigt die Instrumentalität eines Handlungsergebnisses für dessen verschiedene Folgen, seien sie angestrebt oder in Kauf genommen.

Lewins Feldtheorie

Lewin hat mit seiner „Feldtheorie" eine neue verhaltenserklärende Sichtweise entwickelt. Mit ihrer Hilfe sollen Handlungsabläufe möglichst umfassend und konkret auf die Bedingungskonstellationen des je gegenwärtigen „Feldes" zurückgeführt und erklärt werden. Der Begriff des Feldes umfaßt Bedingungsfaktoren sowohl der „äußeren" Situation (der Umgebung) wie der „inneren" Situation (der Person). Schroff setzt sich diese Sichtweise von allen Verhaltenserklärungen auf den ersten Blick ab, die Verhalten auf Dispositionen in der Person und individuelle Unterschiede zwischen ihnen zurückführt. Die Feldtheorie ist weitgehend eine Verhaltenserklärung auf den zweiten Blick. Sie sucht alle verhaltenswirksamen Bedingungen, die die gegenwärtige Situation und Zuständlichkeiten der Person charakterisieren, aufzuspüren und miteinander in kausaldynamische Beziehungen zu setzen.

Zu den lern- und triebtheoretischen Erklärungsansätzen, die wir schon behandelt haben, bestehen im wesentlichen drei Unterschiede. Sie fallen mit drei von sechs Charakteristika zusammen, die nach Lewin (1942) die Feldtheorie kennzeichnen. Erstens, die Analyse des Verhaltens muß von der Gesamtsituation ausgehen. Der Erklärungszusammenhang wird über die enge Ausschnitthaftigkeit einzelner Reiz- und Reaktionselemente ausgeweitet. Die gesamte Situation, wie sie für die Person existiert, wird zu rekonstruieren versucht. Das bedeutet zweitens, daß der Erklärungsansatz psychologisch sein muß. Die Determinanten des Verhaltens seien sie in der Umgebung oder in der Person zu lokalisieren, sind *psychologisch* und nicht quasiphysikalisch zu fassen. Deshalb gehören z. B. nicht Reize, wie sie der Behaviorist „physikalisch" zu definieren versucht, sondern wahrgenommene Umweltgegebenheiten, die sich der Person als Handlungsmöglichkeiten anbieten, zu den Grundeinheiten der Kausalanalyse. Zu einer psychologischen Analyse gehört jedoch nicht nur das, was dem Handelnden bei sich selbst und in der umgebenden Situation phänomenal gegeben ist. Auch was im Erleben nicht repräsentiert, aber verhaltenswirksam ist, gehört dazu. Drittens werden bloße Kopplungen im Sinne von Reiz-Reaktions-Assoziationen nicht als ausreichend erachtet. Jedem Verhalten liegen Kräfte zugrunde. Das ist der dynamische Ansatz der Verhaltenserklärung, der über die Annahme eines allgemeinen und richtungsunspezifischen Triebes hinausgeht.

In den drei weiteren Charakteristika stimmt die Feldtheorie mit zeitgenössischen Ansätzen in der experimentellen Verhaltensanalyse, etwa der Lern- und Triebtheorie, grundsätzlich überein. Es ist (viertens) nach der konstruktiven Methode vorzugehen. Bloße Klassifikation der zu beobachtenden Phänomene bleibt bei der Beschreibung stehen und kann Erklärungsversuche in die Irre führen. Gleiches Verhalten kann ganz verschiedene Ursachen haben. Es gilt allgemeine Erklärungsbegriffe zu gewinnen, die als Konstruktionselemente zu verwenden sind und aus deren Zusammenstellung auch der konkrete Einzelfall seine Klärung findet. Das Verhalten ist (fünftens) eine Funktion des je gegenwärtigen Feldes. Genau wie künftige so können auch vergangene Ereignisse nicht das Verhalten bestimmen. Nur was gegenwärtig wirkt, ist verhaltenswirksam. Vergangenes oder Künftiges kann gegenwärtig erinnert bzw. vorweggenommen werden und deshalb als etwas Vergegenwärtigtes wirksam sein. Vergangene Ereignisse, etwa Lernen, können zur Struktur des gegenwärtigen Feldes beigetragen haben, sowohl was gegenwärtige Besonderheiten der Person oder der Umgebung betrifft. Man kann aber nicht, wie es etwa die Psychoanalyse häufig tut, gegenwärtiges Verhalten unbesehen auf frühere Ereignisse zurückführen. Dispositionsvariablen wie Intelligenz oder „Instinkt" stand Lewin skeptisch gegenüber, weil er darin einen leichtfertigen historischen Rückgriff sah. Schließlich (und sechstens) sind psychologische Situationen möglichst mathematisch darzustellen, „damit wissenschaftliche Ableitungen möglich werden" und um „eine logisch zwingende und zugleich mit konstruktiven Methoden übereinstimmende Sprache (zu) verwenden" (1942;

dtsch. Übersetzung 1963, S. 106). Mathematische Darstellung muß nicht ausschließlich quantitativer, sie kann auch qualitativer Natur sein, wie es für die Geometrie zutrifft. Lewin hat in seiner Feldtheorie ausgiebigen Gebrauch von der Topologie, einer Form der Geometrie, die nur Nachbarschaften von Regionen, aber keine Entfernungen und Richtungen kennt, Gebrauch gemacht; außerdem von Vektoren, mit ihren drei Bestimmungsstücken, nämlich Stärke, Richtung und Ansatzpunkt.

Diese wissenschaftstheoretischen Forderungen können hier nicht näher diskutiert werden. Ihre Fruchtbarkeit und Schwierigkeiten werden im folgenden an Lewins Erklärungsmodellen noch deutlich. Es war das Anliegen Lewins (1931a, b; 1935), in der psychologischen Verhaltenserklärung eine aristotelische Denkweise, die Klassifikation des äußerlich Erscheinenden, zugunsten einer galileischen Denkweise, nämlich einer Bedingungsanalyse der Erscheinungen und deren Rückführung auf letzte, allgemeine Erklärungskonstrukte, aufzugeben. Solche Erklärungskonstrukte sollten Grundbegriffe einer allgemeinen Dynamik sein, wie sie sich in der nachgalileischen Physik herausgebildet haben; z. B. Spannung, Kraft, Feld (in Analogie zum elektromagnetischen oder Gravitationsfeld).

Nicht weniger programmatisch und für die Motivationsforschung wohl noch bedeutsamer war Lewins Forderung nach Analyse der Gesamtsituation. Sie resultierte in der berühmt gewordenen Verhaltensgleichung (1946a). Verhalten (V) ist eine Funktion von Personfaktoren (P) und Umgebungsfaktoren: $V = f(P, U)$. Dieser programmatischen, wenn auch recht allgemeinen Forderung nach ist die Feldtheorie bereits eine Verhaltenserklärung auf den dritten Blick. Sie eröffnet, der Idee nach, bereits die Berücksichtigung von Wechselwirkungszusammenhängen zwischen Person- und Situationsfaktoren im Sinne gegenseitiger Beeinflussung. Allerdings ist die Feldtheorie hinter diesem programmatischen Anspruch zurückgeblieben, weil sie unter den Personfaktoren Dispositionsvariablen zugunsten von momentan angeregten Funktionsvariablen vernachlässigt hat. Die Vernachlässigung individueller Unterschiede in Motivvariablen beruht auf der erwähnten Skepsis gegenüber „historischen" Erklärungsweisen, obwohl die Feldtheorie dem grundsätzlich nicht entgegensteht. Denn historisch gewordene Verfestigungen widersprechen nicht der Forderung, Verhalten sei eine Funktion des je gegenwärtigen Feldes, sofern sie die je gegenwärtigen Felder in einer personcharakteristischen Weise vorstrukturieren.

Lewin hat zur Verhaltenserklärung zwei verschiedene Modelle entwickelt, die sich teilweise ergänzen. Es sind das Personmodell und das Umweltmodell. Beide Modelle behandeln Motivationsprobleme, keine Motivprobleme. Die strukturelle Komponente beider Modelle besteht in Bereichen, die benachbart und voneinander abgegrenzt sind. Trotz dieser Übereinstimmung, bedeuten die Bereichsstrukturen, wie wir sehen werden, in beiden Modellen etwas Verschiedenes. Von vornherein unterschiedlich ist die dynamische Komponente beider Modelle. Das Personmodell operiert mit Energien und Spannungen, also mit skalaren Größen. Das Umweltmodell operiert mit Kräften und zielgerichtetem Verhalten („Lokomotion" durch Handlungsbereiche), also mit vektoriellen Größen. Beide Modelle basieren letztlich auf einer homeostatischen Dynamik. Die dargestellten Zustände tendieren nach einem Gleichgewichtszustand der Spannungsverteilung bzw. der Kräfteverteilung. Dabei ist nicht Spannungsminderung sondern Spannungsausgleich im übergreifenden System bzw. Feld das regulierende Prinzip (vgl. 1926a; S. 323f.).

Das Personmodell

Die Ursprungsstelle von Lewins motivationspsychologischer Theoriebildung ist jene Kontroverse mit Ach, die wir bereits erörtert haben. Er wies nach, daß Achs Begriff der determinierenden Tendenz nicht nur neben purer Assoziationsbildung eine Teilgruppe von Verhaltensweisen erklärt, sondern die dynamische Voraussetzung jeden Verhaltens ist. Bloße Kopplung von Reiz und Reaktion als

Lernergebnis genügt nicht, immer muß eine Kraft dahinter stehen, damit Gelerntes im Verhalten zutage tritt. Im Vordergrund stand für Lewin die Frage der Energetisierung. Damit ist nicht der Energieverbrauch für die Ausführung der ablaufenden kognitiven oder motorischen Handlungen gemeint. Energetisierung betrifft vielmehr die zentrale Frage der Verhaltenssteuerung; genauer, welche der in einer gegebenen Situation möglichen Handlungstendenzen sich durchsetzt und das Verhalten bestimmt. Nach unserem Problemkatalog handelt es sich also um die Motivationsprobleme 5 und 8: Wechsel und Wiederaufnahme des Verhaltens sowie Motivationswirkungen.

Diese beiden Probleme suchte Lewin mit der Modellvorstellung von wechselnden Spannungszuständen in verschiedenen innerpersonalen Bereichen, wenn nicht zu erklären, so doch darzustellen (vgl. 1936). Wie Abb. 5.1 zeigt, wird die Person durch ein Gebilde repräsentiert, in dem sich viele voneinander getrennte Bereiche befinden. Jeder Bereich steht für ein bestimmtes Handlungsziel, sei es für ein überdauerndes Anliegen, das man als Bedürfnis oder Motiv bezeichnen kann, oder für eine momentane Vornahme. (Die innerpersonalen Bereiche können auch gesonderte Aktivitäten oder Wissensinhalte darstellen). Die einzelnen Bereiche haben unterschiedlich enge Nachbarschaften zueinander. Dadurch soll der Grad der Ähnlichkeit zwischen ihnen repräsentiert werden. Er ist am größten, wenn zwei Bereiche eine gemeinsame Grenze haben.

Eine weitere Unterscheidung betrifft die mehr zentrale oder periphere Lage. Zentrale Bereiche grenzen an mehr benachbarte Bereiche als periphere Bereiche. Damit soll „Ich-Nähe", persönliche Bedeutsamkeit von Handlungszielen und Aktivitäten angedeutet werden, sowie deren Einflußmächtigkeit auf andere Handlungsziele und Aktivitäten, gemessen an deren Anzahl. Des weiteren wird noch zwischen innerer und äußerer Lage der Bereiche unterschieden. Diese Unterscheidung betrifft den Nachbarschaftsgrad, und damit die Zugangsmöglichkeit zu der Grenzzone, die den innerpersonalen Gesamtbereich

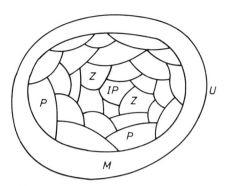

Abb. 5.1. Personmodell. M, sensumotorische Grenzzone, die zwischen Umwelt (U) und den innerpersonalen Bereichen (IP) vermittelt. Die innerpersonalen Bereiche teilen sich in zentrale (Z) und periphere (P) auf. (Nach Lewin, 1969, S. 185)

umschließt. Diese Grenzzone enthält die Wahrnehmungs- und Exekutivfunktionen, die zwischen Person und Umwelt vermitteln; d. h. einerseits die Wahrnehmung, die Informationen über die Umwelt einbringt, und andererseits die motorische Exekutive, die eine handelnde Einwirkung der Person auf die Umwelt ermöglicht (wozu nicht nur grobmotorische Handlungen wie Lokomotion gehören, sondern auch Sprechen und körperliche Ausdruckserscheinungen).

Gespannte Systeme im Personmodell

Soweit ist das Personmodell ein reines Strukturmodell mit Bereichen, Nachbarschaften und Vermittlungsfunktionen zwischen innen und außen. Eine strukturelle Besonderheit ist nachzutragen. Es ist die Beschaffenheit der Grenzen. Sie können verschiedene „Wandfestigkeit" besitzen und damit durchlässig werden, so daß es zwischen benachbarten Bereichen zur Verbindung kommen kann. Diese strukturelle Besonderheit der Bereichsgrenzen hängt mit der dynamischen Komponente des Personmodells zusammen. Für die dynamische Komponente führt Lewin den Begriff der Spannung ein. Die einzelnen innerpersonalen Bereiche können unter verschiedenen Spannungszuständen stehen. Man kann sich die einzelnen Bereiche als flüssigkeitsgefüllte

Gefäße vorstellen, die unter verschiedenem Druck stehen. Weist ein Bereich einen im Vergleich zu den übrigen Bereichen erhöhten Spannungszustand auf, so bezeichnet Lewin diesen Bereich als ein „gespanntes System". Gespannte Systeme streben nach Spannungsausgleich in Relation zu den benachbarten Bereichen. Das kann auf zweierlei Weise geschehen. Das gespannte System, das eine vorgenommene Handlung repräsentiert, entspannt sich, wenn es Zugang zur Grenzzone der sensumotorischen Exekutive findet, d. h. das Verhalten bestimmt, bis das Handlungsziel erreicht ist. Findet es dagegen diesen Zugang nicht, so wirken Kräfte auf die Grenzwandungen des gespannten Systems ein. Es hängt dann von der Wandfestigkeit der Grenzen zu Nachbarbereichen und von der Zeitdauer ab, bis es zu einem Spannungsausgleich durch eine sich ausbreitende Diffusion gekommen ist.

Beide Arten des Spannungsausgleichs sind keine eigentlichen Erklärungen, sondern quasi-physikalische Modellvorstellungen. Sie haben einen großen heuristischen Wert für die Bedingungsanalyse einer Reihe von Verhaltensphänomenen gehabt, die Lewins Schüler in klassisch gewordenen Experimenten zu einer „Handlungs- und Affektpsychologie" betrieben haben. Mit der ersten Art des Spannungsausgleichs durch Zugang zur Exekutive läßt sich erklären, welche Handlung nach Abschluß einer vorausgegangenen oder nach Unterbrechung wieder aufgenommen wird. Paradigmatisch hierfür ist der sog. Zeigarnik-Effekt. Lewins Schülerin Bluma Zeigarnik (1927) fand, daß unterbrochene Aufgaben besser behalten werden als erledigte. Mit der zweiten Art des Spannungsausgleichs durch Diffusion in benachbarte Bereiche lassen sich so unterschiedliche Phänomene wie Bedürfnisbefriedigung durch Ersatztätigkeit (Lewin, 1932; Lissner, 1933, Mahler, 1933; Henle, 1944) und die Rolle von Müdigkeit, Emotionalität (Ärger, Dembo, 1931) und Irrealität (Brown, 1933) bei der Entladung gespannter Systeme erklären. Müdigkeit, Emotionalität und Irrealität werden dabei als Zustände aufgefaßt, die die Wandfestigkeit der Bereichsgrenzen ändern.

Die Struktur des innerpersonalen Gesamtbereichs ist nicht ein für alle Male fixiert. Mit individueller Entwicklung und Erfahrungsbildung differenziert sie sich, sie kann sich umstrukturieren, jedes momentane Handlungsziel bildet sich als ein eigener Bereich heraus. Wie Lewin in seiner grundlegenden theoretischen Studie „Vorsatz, Wille und Bedürfnis" (1926b) darlegt, sind Handlungsziele sehr häufig „Quasi-Bedürfnisse", d. h. abgeleitete Bedürfnisse. Quasi-Bedürfnisse sind vorübergehender Natur. Sie entstehen häufig durch eine Vornahme, z. B. den Brief an einen Freund in den Briefkasten zu werfen. Sie bilden ein gespanntes System, das erst verschwindet, wenn das Handlungsziel erreicht ist.

Quasi-Bedürfnisse können sich aber auch ohne den Akt der Vornahme herausbilden, etwa als auszuführende Tätigkeiten, die sich als notwendige Zwischenschritte zur Erreichung von Handlungszielen ergeben, die mit „echten" – d. h. übergreifenden und überdauernden – Bedürfnissen zusammenhängen. Auch die Anweisung eines Versuchsleiters wird in aller Regel von der Versuchsperson ohne eigentlichen Vornahmeakt übernommen. Es entsteht ein Quasi-Bedürfnis, die aufgegebene Tätigkeit auszuführen, das sich im Grunde nicht von einer selbst-initiierten Vornahme unterscheidet. So läßt sich in beiden Fällen beobachten, daß nach Unterbrechung die Tätigkeit später spontan wieder aufgenommen wird (vgl. Ovsiankina, 1928). Entscheidend für die Stärke des Quasi-Bedürfnisses (bzw. des ihm entsprechenden gespannten Systems) ist nicht das Vorliegen oder die Intensität des Vornahmeakts, sondern wieweit das Quasi-Bedürfnis mit echten Bedürfnissen (die in unserem Sinne des Begriffs den Status von Motiven haben) zusammenhängen, sozusagen von ihnen „gespeist" werden. Dazu Lewin:

> Die Vornahme, den Brief in den Briefkasten zu werfen, einen Bekannten aufzusuchen, ja selbst die, als Versuchsperson eine Reihe sinnloser Silben auswendig zu lernen, bildet selbst dann, wenn das betreffende Handlungs*geschehen* ein relativ gut abgeschlossenes Ganzes darstellt, den hinter ihr stehenden Kräften nach nichts Isoliertes, sondern fließt aus umfassenderen Bedürfnissen: etwa dem Willen,

seine Berufsarbeiten zu erledigen oder als Student im Studium vorwärts zu kommen oder einem Bekannten einen Freundschaftsdienst zu erweisen. Nicht von der Intensität des Vornahmeaktes, sondern (abgesehen von anderen Faktoren) von der *Stärke* und (der Lebenswichtigkeit oder richtiger) von der *Tiefe der Verankerung* der echten Bedürfnisse, in die das Quasibedürfnis eingebettet ist, hängt im wesentlichen die Wirksamkeit der Vornahme ab (1926b; S. 369–370).

Wie wir gleich bei der Darstellung des zweiten Modells, des Umweltmodells, noch sehen werden, geht ein gespanntes System, sei es ein Bedürfnis oder Quasi-Bedürfnis, mit spezifischen Änderungen der wahrgenommenen Umwelt einher. Objekte, die der Entspannung oder der Bedürfnisbefriedigung dienen können, gewinnen einen sog. Aufforderungscharakter, eine Valenz, die sie aus ihrer Umgebung heraushebt und zielgerichtetes Aufsuchungsverhalten anzieht. Will man z. B. einen Brief abwerfen, so fällt in einer unbekannten Gegend ein Briefkasten weit eher als sonst ins Auge, selbst wenn man nicht bewußt darauf achtet. Die Stärke der Valenz ist abhängig von der Stärke des gespannten Systems. Dieser postulierte Zusammenhang ist die einzige Verbindung zwischen den beiden – wie wir noch sehen werden – grundverschiedenen Modellen.

Die Anwendungsflexibilität des Personmodells beruht im wesentlichen auf seiner strukturellen Komponente. Es arbeitet hier mit Variationen der Lagebeziehungen innerpersonaler Bereiche, mit Variationen der Wandfestigkeit von Grenzen und schließlich mit Variationen von übergreifenden Grenzverläufen mit erhöhter Wandfestigkeit. Abb. 5.2 gibt davon eine Vorstellung. Ein und dieselbe Person befindet sich hier in drei verschiedenen dynamischen Zuständen; und zwar (a) in einer ungezwungenen Situation (b) unter Druck im Zustand der Selbstbeherrschung und (c) unter sehr hoher Spannung. Für jeden Zustand lassen sich daraus unterschiedliche Verhaltensweisen ableiten; z. B. ein undifferenzierter Affektdurchbruch im Zustand (c).

Obwohl die Feldtheorie individuelle Unterschiede zu wenig berücksichtigt hat, um das Niveau einer Verhaltenserklärung auf den dritten Blick zu erreichen (d. h. speziell Interaktionen zwischen individuellen Dispositionsunterschieden und Situationsfaktoren aufzuspüren), so finden sich doch Ansätze, individuelle Unterschiede mit Hilfe des Personmodells darzustellen; und zwar durch Unterschiede von dessen überdauernder „Materialbeschaffenheit". Das gilt einmal für verschiedene Stufen der Persönlichkeitsentwicklung, die sowohl durch unterschiedliche Differenziertheit (Anzahl) der innerpersonalen Bereiche wie durch unterschiedliche Stärke der Ausgrenzung (Wandfestigkeit) der einzelnen

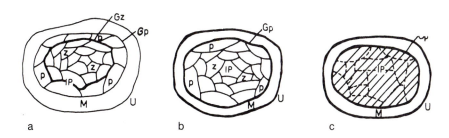

Abb. 5.2 a–c. Darstellung von drei verschiedenen Zuständen einer Person mit Hilfe des Personmodells. **a** Die Person in einer ungezwungenen Situation. Die peripheren Teile p des innerpersonalen Bereichs IP sind von der Umwelt U leicht zugänglich; weniger dagegen die zentralen Teile z, wie die unterschiedliche Wandfestigkeit der Grenze zwischen zentralen und peripheren Bereichen G_Z sowie zwischen innerpersonalen Bereichen und sensumotorischen Grenzzonen G_P andeutet. Der innerpersonale Bereich IP wirkt relativ ungezwungen auf die sensumotorische Grenzzone M ein. **b** Die Person unter Druck im Zustand der Selbstbeherrschung. Die peripheren Teile p des innerpersonalen Bereichs IP sind weniger leicht als in (a) zugänglich. Periphere und zentrale Bereiche (p und z) hängen enger zusammen. Die Kommunikation ist zwischen IP und M weniger ungezwungen. **c** Die Person unter sehr hoher Spannung. Es kommt zu einer Vereinheitlichung (Primitivierung, „Regression") des innerpersonalen Bereichs IP. (Aus Lewin, 1936; dtsch. Übersetzung 1969, S. 189)

Bereiche repräsentiert wird. Zum andern hat Lewin (1935; Kap. 7) Unterschiede zwischen normalen und schwachsinnigen Personen mit Hilfe beider Besonderheiten der „Materialbeschaffenheit" im Modell nachgebildet und „erklärt". Schwachsinnige haben stärkere Abgrenzungen zwischen den innerpersonalen Bereichen und zugleich weniger Bereiche als Normale. Abb. 5.3 veranschaulicht diese Modellvorstellungen für Entwicklungs- und Intelligenzunterschiede.

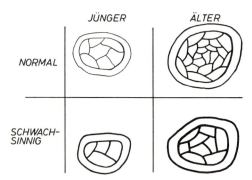

Abb. 5.3. Darstellung normaler und schwachsinniger Personen auf verschiedenen Stufen der Persönlichkeitsentwicklung. Im Vergleich zu Schwachsinnigen haben Normale in aufeinanderfolgenden Entwicklungsabschnitten jeweils eine größere Differenziertheit (Anzahl) der innerpersonalen Bereiche sowie schwächer ausgeprägte Bereichsgrenzen. (Nach Lewin, 1935, S. 210)

Soweit das Personmodell. Seine dynamische Komponente – Spannungszustände und keine Kräfte und Richtungen – steht den „psychohydraulischen" Modellvorstellungen von Freud (1895; 1915) und Lorenz (1950) nahe. In Behältern angesammelte Flüssigkeit, die (wie in einem Dampfkessel) erhöhten Druck erzeugt, strebt nach Ausgleich, nach „Abfuhr". Lewins Konzeption der gespannten Systeme unterscheidet sich in zwei wesentlichen Punkten von Hulls Triebtheorie. Einmal sind gespannte Systeme stets zielspezifisch und besitzen keine allgemeine Antriebsfunktion für alles und jedes; zum andern aktivieren gespannte Systeme nicht bloß vorwegfixierte Ausführungsgewohnheiten (Reiz-Reaktionsverbindungen), die früher einmal zum Erreichen des betreffenden Handlungsziels geführt haben. Sie sind auf das Erreichen von Zielzuständen gerichtet und setzen die dahin führenden Handlungen jeweils flexibel und den Situationsumständen angemessen ein.

Wie dies jedoch im einzelnen zuwege gebracht wird, darüber kann das Personmodell keinerlei Aussagen machen. Überhaupt bleibt unklar, wie im einzelnen gespannte Systeme Zugang zur sensumotorischen Grenzzone finden und wie in dieser bestimmte Exekutivvorgänge zustande kommen und ablaufen. Die strukturelle Komponente eröffnet dem Personmodell eine gewisse Variabilität. Sie ist teils feldtheoretisch konzipiert, insofern sie mit Nachbarschaften, Lagebeziehungen und übergreifenden Bereichsbildungen operiert. Dies ist mit technologischen Vorstellungen über die Wandfestigkeit der Bereichsgrenzen, d. h. Durchlässigkeit für Spannungszustände, kombiniert. Bei allem fehlt dem Personmodell jede Umwelt (obwohl Lewin sie jenseits der sensumotorischen Grenzzone beginnen läßt). Transaktionen mit der Umwelt können nicht dargestellt, sie müssen vorausgesetzt werden. Die Person ist eingekapselt. Das Personmodell wird nicht der Forderung Lewins nach Analyse der Gesamtsituation gerecht. Motivierende Erwartungen und Anreize (Aufforderungscharaktere, Valenzen) im jeweiligen Person-Umwelt-Bezug können im Personmodell keinen Platz finden. Dafür hat Lewin das Umweltmodell entwickelt. Trotz aller seiner Begrenztheiten hat das Personmodell eine Reihe wichtiger Experimente angeregt. Einige davon werden wir noch erörtern.

Das Umweltmodell

Schon früh hat Lewin Beobachtungen zur psychologischen Struktur der Umwelt als eines Handlungsraumes gemacht. Dabei ergaben sich bemerkenswerte Unterschiede zur geographischen Struktur der Umwelt, insbesondere wenn sie in den euklidischen Raumdimensionen gefaßt wird. Prägend waren wahrscheinlich Erlebnisse Lewins als Frontsoldat des Ersten Weltkriegs, die er in seiner ersten Publikation über „Kriegslandschaft"

(1917b) beschrieb. Verglichen mit der Etappe kehrten sich an der Frontlinie die Wegstrukturen in vergleichbaren Teilen der Landschaft völlig um. Mußte man, geographisch gesehen, nahgelegene Orte erreichen, so fielen an der Front alle leicht begehbaren Geländestücke, wie unmittelbar zum Zielort führende Wege, als unüberwindliche Hindernisse aus, sofern sie keinen Schutz vor Feindeinsicht boten. Unter den Bedingungen möglicher Feindeinwirkung wurde ein höchst verschlungener Pfad, entlang an Deckungsmöglichkeiten, die die Natur des Geländes bot, zum psychologisch kürzesten Weg zum Zielort, obwohl er gemessen an der kürzesten geographisch möglichen Lokomotion, einen vielfachen Umweg darstellte (aber nicht als solcher erlebt wurde). Später hat Lewin häufig das Verhalten von Kindern in freien Situationen, etwa auf dem Spielplatz, gefilmt und nachträglich die Lokomotion auf die in ihr zum Ausdruck kommenden Strukturen der Umgebung als eines psychologischen Handlungsraumes analysiert (ein Beispiel dafür ist die konflikthafte Lokomotion des Kindes in Abb. 4.11, das seinen im Wasser schwimmenden Spielzeugschwan wiederhaben möchte, sich zugleich aber vor den anbrandenden Wellen fürchtet).

Um solchen Phänomenen gerecht zu werden, muß das Umweltmodell Richtungen der möglichen oder ablaufenden Zielhandlungen darstellen können, und zwar in einem psychologischen und nicht in einem geographischen Raum. Der psychologische Raum, das psychologische Feld, besteht aus verschiedenen Bereichen. Die Bereiche repräsentieren nicht Räume im buchstäblichen Sinne, sondern psychologische Möglichkeiten von Handlungen und von Ereignissen. Einzelne dieser Bereiche stehen für mögliche positive oder negative Ereignisse. Es sind Zielregionen mit positiven Valenzen bzw. Abschreckungsregionen mit negativen Valenzen. Alle übrigen Bereiche repräsentieren instrumentelle Handlungsmöglichkeiten, die an eine Zielregion heranführen oder von einer Abschreckungsregion wegführen. Sie haben also Mittel-Zweck-Bedeutung. In einem der Bereiche des Umweltmodells ist die Person lokalisiert, dargestellt durch einen Punkt oder einen leeren Kreis. Um eine Zielregion mit positiver Valenz zu erreichen, muß sie nacheinander die zwischen ihr und der Zielregion liegenden Bereiche nacheinander „durchlaufen", d. h. handlungsmäßig realisieren. Will z. B. jemand ein Auto besitzen und selbst fahren, so muß er zunächst einen Führerschein erwerben, Geld sparen, sich für eine Automarke entscheiden, den Händler aufsuchen etc.

Immer ist das Umweltmodell weniger eine Erklärung als ein Darstellungsversuch, wie sich für eine Person in einer gegebenen Lebenslage Handlungsmöglichkeiten zur Errei-

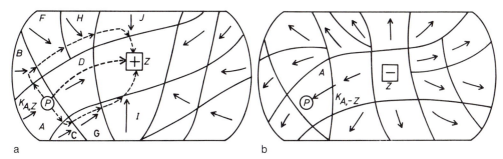

Abb. 5.4a u. b. Das Umweltmodell, dargestellt an einem positiven und einem negativen Kräftefeld. In dem positiven Kräftefeld **a** sind alle Kräfte auf den Zielbereich Z gerichtet. Die auf die Person einwirkende Kraft $K_{A,Z}$ entspricht dem positiven Aufforderungscharakter (Valenz), wenn die Person sich in Bereich A und das Ziel in Bereich Z befindet. Um in den Zielbereich Z zu gelangen, gibt es drei mögliche Handlungspfade, von denen jeder das Durchlaufen einer verschiedenen Anzahl von Zwischenbereichen (Handlungen) erfordert: A–D–Z; A–C–G–I–Z; A–B–F–H–J–Z. In dem negativen Kräftefeld **b** streben alle Kräfte von dem Bereich Z fort. Die auf die Person im Bereich A einwirkende Kraft $K_{A,-Z}$ entspricht dem negativen Aufforderungscharakter von Z

chung eines angestrebten Zieles oder zur Vermeidung eines negativen Ereignisses ausstrukturiert haben. Es handelt sich also um kognitive Repräsentationen von Mittel-Zweck-Bezügen, die die Person über eigene Handlungsmöglichkeiten und ihre Ergebnisse ausstrukturiert hat; mit anderen Worten, es handelt sich um ihre motivierenden Erwartungen. Das ist die strukturelle Komponente des Umweltmodells.

Die dynamische Komponente kommt in einem Kräftefeld zum Ausdruck, dessen Zentren jeweils in Bereichen mit positiver oder negativer Valenz liegen, wie Abb. 5.4 zeigt. Kräfte von gegebener Stärke greifen an der Person an und geben als resultierende Vektorsumme der psychologischen Lokomotion der Person Richtung und Stärke. Greifen entgegengerichtete Kräfte von annähernd gleicher Stärke an, so kommt es zum Konflikt. Richtung heißt dabei die Abfolge einzelner, zweckgerichteter Handlungen. Häufig führen verschiedene Handlungspfade zum gleichen Ziel. Dabei bleibt die psychologische Richtung unverändert, es besteht Äquifinalität des zielgerichteten Verhaltens (vgl. Abb. 1.4). Das Umweltmodell ist also im wesentlichen zur Klärung des sechsten Grundproblems der Motivationsforschung konstruiert, nämlich zur Klärung der motivierenden Zielgerichtetheit des Verhaltens und des Motivationskonflikts; daneben auch, wie das Personmodell, zur Klärung von Motivationswirkungen, aber nicht von Wechsel und Wiederaufnahme der Motivation.

Da topologische Darstellungen eigentlich nur Nachbarschaften, aber keine Richtungen enthalten, hat Lewin (1934) sie zu einer „hodologischen" Betrachtungsweise (von griechisch *hodos*, Weg) fortzuentwickeln versucht: Handlungspfade ergeben sich als Verbindungen zwischen dem Bereich, in dem sich momentan die Person befindet, und dem Zielbereich. Abb. 5.4a veranschaulicht drei verschiedene Handlungspfade zum Ziel. Lewin nimmt an, daß es einen „ausgezeichneten" Pfad gibt, der bevorzugt wird, weil er die geringste Anzahl von zu durchlaufenden Bereichen aufweist, also der „kürzeste" sei. Kürze oder minimale psychologische Distanz muß

aber nicht nur von der Anzahl der Zwischenbereiche abhängen. Auch die mit dem Durchlaufen der einzelnen Bereiche verbundenen Grade an Schwierigkeit, Anstrengung oder Gefährdung können unabhängig von der Bereichsanzahl die psychologische Distanz bestimmen, wie das Beispiel der Kriegslandschaft zeigt. Nicht nur Richtungen, auch Distanzen kommen in einer Topologie nicht vor. Trotz mancher Bemühungen Lewins (1936; 1938; 1946a) ist die Frage, wie man psychologische Distanz bestimmen und darstellen kann, bis heute ungelöst, obwohl eine Beantwortung dieser Frage (wie wir noch sehen werden) Voraussetzung für die Bestimmung der Stärke von Kräften ist, die von positiven oder negativen Valenzen ausgehen und in den verschiedenen Bereichen des Feldes zur Wirkung kommen.

Umweltmodell: postdiktiv, nicht prädiktiv

Das Umweltmodell kann Verhalten nicht eigentlich erklären, sondern nur nachkonstruierend darstellen. Es ist postdiktiv, nicht prädiktiv. Denn es setzt die wesentlichen verhaltensmotivierenden Bedingungen bereits als gegeben und bekannt voraus; nämlich einerseits motivierende Anreize in Gestalt von Bereichen des psychologischen Feldes mit Valenzen, und andrerseits die kognitive Ausstrukturierung von Erwartungen, die Mittel-Zweck-Bezüge von Handlungssequenzen auf dem Wege zum Ziel zum Inhalt haben. Sie werden dargestellt in Gestalt von benachbarten Bereichen und die durch sie hindurchführenden Handlungspfade. Die heuristische Fruchtbarkeit des Umweltmodells liegt, wenn auch nicht in der Erklärung, so doch in der Bedingungsanalyse von Verhalten in relativ freien Situationen. Wichtige Einflußfaktoren in der Komplexität des psychologischen (d. h. verhaltenswirksamen) Gesamtfeldes – wie Kräfte, Barrieren, Handlungspfade, Nähe zum Zielbereich – lassen sich aufspüren und ableiten. Beispiele dafür sind die Analyse der Situation von Lohn und Strafe (1931a) und die Typologie des Konflikt (1938; vgl. Kap. 4), sowie eine einfache Taxonomie der

Gerichtetheit des Verhaltens, die in Tabelle 5.1 wiedergegeben ist. Die Kombination von Aufsuchen vs. Meiden (abhängig von der Valenz eines Bereichs) und von der Unterscheidung, ob die Person sich bereits im Valenzbereich oder in einem benachbarten Bereich befindet, führen zu vier Grundtypen gerichteten Verhaltens, wie die Tabelle zeigt.

Tabelle 5.1. Taxonomie der Gerichtetheit des Verhaltens

Lokalisation der Person	Richtung des Verhaltens	
	Aufsuchen	Meiden
Valenzbereich (A)	(A,A) Konsummatorisches Verhalten	(A,–A) Fluchtverhalten
außerhalb des Valenzbereichs (B) (oder auch C, D …)	(B,A) Instrumentelles Verhalten	(B,–A) Meidungsverhalten

Weitere Beispiele für eine bedingungsklärende Anwendung des Umweltmodells in mancherlei Abwandlungen betreffen so verschiedene Probleme wie Entscheidungsprozesse (vgl. Cartwright u. Festinger, 1943; Lewin, 1943, den Einkauf von Nahrungsmitteln betreffend), die sozialpsychologische Situation des Jugendlichen (Lewin, 1939), Gruppenbildung bei verschiedenen Führungsstilen (Lippitt, 1940), Gruppendynamik (Lewin 1946b), Gruppenentscheidungen (Lewin, 1947), die ökologische Situation großer und kleiner Schulgebilde und ihr Einfluß auf die Aktivität von Schülern (Barker u. Gump, 1964) und manches andere mehr. Im Vergleich zum Personmodell hat das Umweltmodell jedoch kaum Experimente im engeren Sinne angeregt. Der Grund ist wahrscheinlich darin zu suchen, daß es ziemlich freie – und nicht wie das Experiment in hohem Maße bedingungskontrollierte – Situationen voraussetzt.

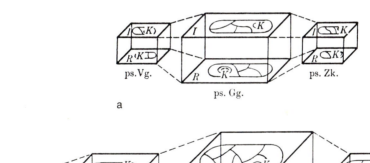

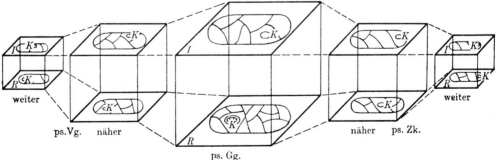

Abb. 5.5a u. b. Die Differenzierung des Lebensraumes in verschiedenen Stadien der Individualentwicklung unter Berücksichtigung verschiedener Abschnitte der Zeitperspektive (Gegenwart, Vergangenheit, Zukunft) und zweier Realitätsebenen (Realität vs. Irrealität). Oben ist der Lebensraum eines jüngeren Kindes dargestellt, unten der Lebensraum eines älteren Kindes. Dieser weist in dreierlei Hinsicht einen größeren Differenziertheitsgrad auf: hinsichtlich der Anzahl von Umweltbereichen, der Spannweite der Zeitperspektive und der Abgehobenheit von Realitäts- und Irrealitätsebene. (Nach Lewin, 1946a, S. 798). K = Kind; R = Realitätsebene; I = Irrealitätsebene; ps.Vg. = psychologische Vergangenheit; ps.Gg. = psychologische Gegenwart; ps.Zk = psychologische Zukunft

Die im Umweltmodell abgebildeten psychologischen Tatbestände sind für Lewin eine Darstellung des Lebensraums *(life-space)* der Person. Vom Lebensraum sagt Lewin: „the psychological environment has to be regarded functionally as a part of one interdependent field, the life space, the other of which is the person" (1951; S. 140). Wie einfallsreich das Umweltmodell herangezogen wurde, zeigt besonders die Analyse von Unterschieden der Differenziertheit des Lebensraums, die mit verschiedenen Stadien der Individualentwicklung einhergehen. Den gleichen Versuch anhand des Personmodells haben wir bereits in Abb. 5.3 kennengelernt. In einem Umweltmodell der Entwicklungsdifferenzierung des Lebensraums nimmt nicht nur die Anzahl der Umweltbereiche zu (vgl. Abb. 5.5). Auch die Erstreckung der Zeitperspektive (Frank, 1939), die psychologische Zukunft und Vergangenheit, das heißt das Vorwegnehmen künftiger und das Erinnern vergangener Geschehnisse weitet sich aus.

Außerdem wird berücksichtigt, wieweit Realitäts- und Irrealitätsebenen (Brown, 1933) in der kognitiven Repräsentation des Lebensraumes sich differenziert und voneinander abgehoben haben. Dabei wird angenommen, daß die Materialbeschaffenheit der Bereichsstrukturen auf der Irrealitätsebene „flüssiger" ist als auf der Realitätsebene. Die um die Dimensionen Zeitperspektive und Realitätsgrad erweiterte Darstellung des Lebensraumes hat sich als anregend für die Klärung mancher Phänomene erwiesen; so zum Beispiel für die sog. Kinderlüge, Träume, Phantasie und Spiel (Sliosberg, 1934); für Produktivität, Kreativität und Planungsfähigkeit (Barker, Dembo u. Lewin, 1941); für Wunschdenken, Hoffnung, Schuld und Reue.

Beziehungen zwischen beiden Modellen

Mit der Entwicklung des Umweltmodells stand Lewin vor schwierigen erkenntnistheoretischen Fragen; vor allem, wie dabei das psychophysische Problem zu lösen sei. Zwar sind wir uns selbst wie auch die Umwelt nur phänomenal gegeben und nur über das uns phänomenal Gegebene können wir uns gegenseitig verständigen. Aber es gibt unabhängig von unserem Erleben eine „reale", das heißt eine nicht-psychologische, eine physische Welt (einschließlich unseres eigenen Körpers). Diese Welt unterliegt nicht psychologischen, sondern physikalischen Gesetzen. Wir können durch unser Handeln auf die physische Welt einwirken, und diese wirkt ständig auf unsere psychologische Welt des phänomenal Gegebenen ein, zum Beispiel in der Wahrnehmung. Wo die Übergänge zwischen beiden Welten liegen und wie sie vonstatten gehen, das wirft die schwierigen Fragen des psychophysischen Problems auf. Lewin ließ die nicht-psychologische Welt an den sog. Randpunkten des Lebensraums beginnen und bezeichnete sie als „fremde Hülle" *(foreign hull)*. Dazu gehören, wie Abb. 5.6 zeigt, alle sog. „Tatsachen, die nicht psychologischen Gesetzen unterliegen"; nach Lewin physikalische und soziale Gegebenheiten (ein Beispiel für die sozialen wären etwa die in einem Land geltenden Gesetze).

Für den Lebensraum beanspruchte er (1936) andererseits, daß er psychobiologische Tatsachen repräsentiere, um einer Einengung auf das bloße bewußtseinsmäßig (phänomenal) Gegebene, um einer phänomenologischen Einkapselung zu entgehen und dem Vorwurf zu begegnen, das Modell des Lebensraums sei rein mentalistisch konzipiert und beruhe letztlich bloß auf Ergebnissen der Introspektion. Er betont deshalb, daß alle Einflußfaktoren und Gesetzmäßigkeiten, die verhaltenswirksam seien – ganz unabhängig, wieweit ihre Wirkungen im Erleben zum Aus-

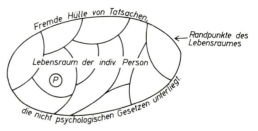

Abb. 5.6. Lebensraum der individuellen Person (P), an dessen Randpunkten die „fremde Hülle" von Tatsachen beginnt, die nicht psychologischen Gesetzen unterliegt. (Nach Lewin, 1969, S. 90)

druck kommen – im Lebensraummodell zu berücksichtigen sind. Den Lebensraum auf psychobiologische Tatsachen zu beziehen, ist jedoch nur eine terminologische Umgehung des psychophysischen Dilemmas (vgl. Graefe, 1961).

Noch offensichtlicher werden solche Schwierigkeiten bei den gelegentlichen Versuchen, Personmodell und Umweltmodell untereinander zu verbinden. Die Person wird dann nicht mehr als Punkt oder leerer Kreis dargestellt, sondern mit innerpersonalen Bereichen und der Grenzzone von Wahrnehmungs- und Exekutivfunktion ausgestattet. Ein Beispiel für diesen Versuch liefert Abb. 5.5. Da der psychophysische Übergang tief in Wahrnehmungs- und Handlungsvorgänge hineinreicht, müßten die Randpunkte des Lebensraums (die fremde Hülle) schon an der Grenzzone der Person ansetzen (vgl. im einzelnen die eingehende Kritik von Leeper, 1943 und von Graefe, 1961).

Beide Modelle stehen sich schon deshalb als unvereinbar gegenüber, weil ihre dynamischen Komponenten sich nicht entsprechen: Im Personmodell sind es Spannungen und im Umweltmodell Kräfte. Technologisch gesprochen sind es Druckzustände in Behältern, die einem übergreifenden Kräftefeld gegenüberstehen. Insofern haben auch die Bereichsgliederungen als strukturelle Komponenten beider Modelle nur eine oberflächliche Ähnlichkeit. Auch Nachbarschaft von Bereichen bedeutet in beiden Modellen etwas Verschiedenes: Im Personmodell bezeichnet sie Ähnlichkeit; im Umweltmodell dagegen Mittel-Zweck-Bezüge (vgl. auch Heider, 1960).

Der psychologisch bedeutsame Punkt, in dem sich beide Modelle jedoch entsprechen, ist – wie schon erwähnt – der kovariierende Zusammenhang von Bedürfniszustand der Person (gespanntes System) und Valenz eines Objekts oder Handlungsbereichs in der Umwelt. In Lewins Worten:

Ja, bis zu einem gewissen Grade sind die Aussagen: „das und das Bedürfnis besteht" und „der und der Bereich von Gebilden besitzt einen Aufforderungscharakter zu den und den Handlungen", äquivalent. Entspricht doch der Wandlung der Bedürfnisse allemal eine Wandlung von Aufforderungscharakteren (1926b; S. 353).

Diese Aussage wirft die Frage auf, ob Bedürfnis der Person und Valenz in der Umgebung lediglich zwei Seiten des gleichen Sachverhalts sind; ob, wenn ein Bedürfnis besteht, immer auch eine Valenz vorliegt und – umgekehrt – wo eine Valenz vorliegt, auf ein entsprechendes Bedürfnis rückgeschlossen werden kann. Oder sollte nicht vielmehr ein gegenseitiger Bedingungszusammenhang von Ursache und Wirkung eine angemessenere Annahme sein? Wenn der Lebensraum ein interdependentes Gesamtfeld ist, sollte ein Bedürfnis eine Valenz geeigneter Befriedigungsmöglichkeiten nach sich ziehen. Und vielleicht sollte auch umgekehrt eine bestehende Valenz das entsprechende Bedürfnis wachrufen. Was die erste Beziehung betrifft, so kommt Lewin zu dem Schluß, daß bei Vorliegen einer Valenz immer auch ein Bedürfnis bestehen muß. Fraglich ist jedoch die Umkehrung. Es kann ein Bedürfnis bestehen, ohne daß bereits in der Umgebung Befriedigungsmöglichkeiten existieren, die Valenzcharakter gewinnen können. Allerdings müßte die Umgebung in diesem Fall immer als Wunschvorstellung auf der Irrealitätsebene des Lebensraums bestehen, so daß grundsätzlich an dem Satz festzuhalten wäre, jedes Bedürfnis schaffe eine entsprechende Valenz. Die umgekehrte Beziehung, daß Valenz Bedürfnis schaffe, wird von Lewin nicht akzeptiert. Allerdings tut er einen Schritt in Richtung dieser Annahme. Er schreibt der Valenz einen Anteil zu, der nicht vom jeweiligen Bedürfniszustand abhängig, sondern der „Natur" des Valenzobjekts eigen ist. So haben etwa Speisen, unabhängig vom Hunger des Betrachters, unterschiedliche Grade von appetitanregender Attraktivität (ein Phänomen, dem Young den größten Teil seiner Motivationsforschung gewidmet hat). Valenz (Va) hat demnach zwei Determinanten. Sie ist eine Funktion der Bedürfnisspannung der Person (t, *tension*) und der wahrgenommenen „Natur" des Zielobjekts der Zielaktivität (G, *goal*):

$$Va(G) = F(t, G)$$
(vgl. Lewin, 1938; S. 106–107).

Mit dem Valenzanteil G, der wahrgenommenen Natur des Valenzobjekts, hat Lewin einen Fremdkörper in die psychologische (oder psychobiologische) Natur des Lebensraums eingeführt. G ist ein Fremdfaktor *(alien factor)*, der zu den nicht-psychologischen Tatsachen der fremden Hülle gehört. Wieder stehen wir mit Lewins Umweltmodell vor dem psychophysischen Dilemma, das heißt vor der schwierigen Frage, wie denn die Wirkungsübergänge zwischen Lebensraum und fremder Hülle zu denken seien. Auch die Beziehung zwischen t und G hat Lewin (1938) in seiner theoretischen Schrift über die Messung psychologischer Kräfte, in der er sich ausführlich mit dem Verhältnis zwischen Spannung (Personmodell) und Kräften (Umweltmodell) beschäftigt, nicht genauer spezifiziert. Sofern man die Verknüpfung zwischen t und G nicht von vornherein multiplikativ ansetzt, würde allein schon G ohne Bestehen einer Bedürfnisspannung (t) Kräfte im Lebensraum erzeugen, die auf die Person einwirken. Es ließe sich weiter denken, daß G dann in der Person ein ihr entsprechendes gespanntes System (Bedürfnis) schafft, womit seinerseits die Valenzstärke jenes Umweltbereichs, in dem G sich befindet, noch um einen bestimmten Betrag weiter ansteigt, so daß die Feldkräfte entsprechend anwachsen. Zwischen t und G bestände dann eine sich verstärkende Wechselseitigkeit, die nicht nur von t, sondern auch von G ihren Ausgang nehmen könnte. G wäre dann der Sammelbegriff für bedürfnis-spezifische Anregungsbedingungen in der Umwelt, die ein spezifisches Bedürfnis wecken und unter Spannung setzen.

Ein Beispiel ist etwa der Versuchsleiter, der eine nicht zu leichte Denkaufgabe stellt. Er schafft eine Situation, die in Frage stellt, ob die Fähigkeit der Versuchsperson ausreicht, um die Aufgabe zu lösen; oder in Termini des Umweltmodells: Ob die Person den Zielbereich G (Aufgabe gelöst) wird erreichen können. Dies schafft eine bedürfnisspezifische, situative Anregung des „Leistungsbedürfnisses" der Person. Wäre Lewin einer solchen Überlegung gefolgt, so wäre das von ihm vernachlässigte (4.) Grundproblem der Motivanregung nicht unbehandelt geblieben. Er hätte dann eine motivspezifische Analyse von Anregungsbedingungen der Umweltbereiche betreiben müssen, was allerdings nicht ohne Klärungen des Problems der Motivklassifikation (und im Gefolge davon der Motivmessung und Motivgenese) vorangegangen wäre.

Was Lewin davon abgehalten hat, war offensichtlich die voreilige Überzeugung, daß das Problem der Motivklassifikation zu „aristotelisch" und nicht „galileisch" genug ist. Damit blieben alle Fragen der Motivanregung ausgespart und Lewins Motivationstheorie im Kern auf die folgenden Vorgänge beschränkt. Irgendwie ist in der Person ein gespanntes System (ein Bedürfnis oder Quasi-Bedürfnis) entstanden. Diese Spannung induziert (unter geeigneten Umständen) in der Umwelt eine entsprechende Valenz; die Valenz schafft ein Kräftefeld in der Umwelt, die dem Verhalten der Person Antrieb und Richtung gibt; die Verhaltenssequenz wird durch die Mittel-Zweck-Strukturierung der zum Zielbereich führenden Handlungspfade geleitet. Ist der Zielbereich erreicht, so wird das Bedürfnis befriedigt, das gespannte System entspannt sich, die Valenz verschwindet, mit ihr das Kräftefeld, und das Verhalten kommt zum Stillstand.

Einzelne Konstrukte Lewins haben gewisse Ähnlichkeit mit Konstrukten Hulls oder verweisen schon auf die weiteren, nachlewinschen Theorieentwicklungen. Handlungspfade als zu durchlaufende Umweltbereiche entsprechen dem Erwartungsbegriff, zum Beispiel Hull: *anticipatory goal response,* r_G–S_G; (Tolman: *means-end relations, expectancy;* Bolles: S-R*). G (nicht dagegen Valenz als abhängig von t und G) entspricht dem Begriff des Anreizes (zum Beispiel Hull und Spence: *incentive;* Tolman: *demand for goal;* Bolles: S-S*) und leitet über zu Konzeptionen von „Anreizmotivation" (etwa von Young oder Bindra), die wir in diesem Kapitel noch erörtern werden.

Was entspricht nun der Valenz? Nach Lewin ist sie die entscheidende Determinante der psychologischen Kraft (f, *force*), die eine Person (P) in den Zielbereich (G) drängt oder zieht. Von dieser psychologischen Kraft ($f_{P,G}$) nimmt Lewin außerdem an, daß sie von der relativen Position von Person und Zielbereich abhängt, das heißt von der psychologischen Distanz. Diese Abhängigkeit hält Lewin nicht für invariant. In vielen Fällen scheint mit wachsender psychologischer Distanz zum Zielbereich (e, Entfernung; $e_{P,G}$) die Stärke der psychologischen Kraft abzunehmen. Dafür sprechen zumindest Beobachtungen von Fajans (1933) an Säuglingen und Kleinkindern. Dementsprechend formuliert Lewin (1938):

$$f_{P,G} = \frac{Va(G)}{e_{P,G}} = \frac{(t,G)}{e_{P,G}}$$

Die so definierte psychologische Kraft würde man heute etwa als Motivierungsstärke oder resultierende Motivationstendenz bezeichnen. Sie ist im wesentlichen eine Funktion der Valenz, wie sie Lewin als hypothetisches Konstrukt konzipiert hat. Wir werden sehen, daß Lewin noch einen Schritt weiter gegangen ist, indem er Valenz multiplikativ mit einem anderen Konstrukt, der sog. Potenz (Po, *potency*) verknüpft hat.

Potenz ist ein begrifflich nicht eindeutig geklärtes Konstruktionselement, das in Wahlsituationen eine Rolle spielt. In einigen Fällen wird darunter die persönliche Wichtigkeit, in anderen die Eintretenswahrscheinlichkeit der Erreichung verschiedener, untereinander konkurrierender Ziele verstanden. Die in solchen Fällen „wirksame Kraft" wird wie folgt definiert:

$$\text{wirksame Kraft} = \frac{Va(G) \times Po(G)}{e_{P,G}}$$

Diese Konzeption, entwickelt am Problem der Anspruchsniveau-Setzung, führt unmittelbar zu einem Typ von Motivationstheorie, der die neuere Motivationsforschung bis heute leitet; nämlich die Erwartungs-mal-Wert-Theorien.

Wir haben bereits an mehreren Stellen die Beiträge Lewins kritisch gewürdigt. Das sei abschließend noch einmal zusammengefaßt. Lewins Hauptverdienst besteht in einer eindringenden begrifflichen Analyse, um die Konstruktionselemente für eine Motivationstheorie herauszuarbeiten. Die Hauptschwäche der Feldtheorie besteht jedoch bis heute darin, daß sie sowohl im Person- wie im Umweltmodell eine *nachträglich* „erklärende" Betrachtungsweise geblieben ist. Sie gibt wenig her, um *im voraus* die wirksamen Bedingungen im einzelnen zu bestimmen und daraus Aussagen zu machen über das zu erwartende Verhalten. Diese Schwäche rührt aus der geringen Mühe, die sich Feldtheoretiker gemacht haben, ihre theoretischen Konstrukte an beobachtbaren vorauslaufenden und nachfolgenden Daten festzumachen. Wie will man konkret und im individuellen Fall etwas über die Ausprägung der den Konstruktionselementen entsprechenden Größen wie t oder G, Valenz, psychologische Distanz und Kraft ausmachen? Oder über die Mittel-Zweck-Strukturierung des Handlungspfades zum Zielbereich? So sorgfältig die Beziehungen der hypothetischen Konstrukte untereinander ausgearbeitet sind, so vernachlässigt sind deren Beziehungen zu beobachtbaren Gegebenheiten. Dieser Mangel tritt besonders gegenüber der lern- und triebtheoretisch orientierten Forschung hervor.

Als nachteilig hat sich auch die Vernachlässigung individueller Unterschiede von Dispositionsvariablen erwiesen. Das gilt insbesondere für die Konstrukte t und G. Die Situationsgegebenheiten (G) für die Anregung spezifischer Motive (t) blieben deshalb unbeachtet; ebenso die Notwendigkeit der inhaltlichen Abgrenzung einzelner Motive, wenn nicht der Motivklassifikation. Alle Probleme, die Motivdispositionen betreffen, haben kaum Beachtung gefunden; und zwar nicht nur Klassifikation (Abgrenzung) von Motiven, auch ihre Anregung, ihre Messung und ihre Genese. Das Hauptaugenmerk ruhte auf Problemen der Motivation: Wechsel und Wiederaufnahme, Zielgerichtetheit und Konflikt sowie Wirkungen im Verhalten. Dagegen wurden selbstregulatorische Zwischenprozesse der Motivation nicht postuliert. Das liegt wahrscheinlich daran, daß das Umweltmodell die kognitive Repräsentation der jeweiligen Situation voraussetzt und nicht darlegt, wie es dazu kommt; etwa in den Etappen des Handlungspfades.

Trotz dieser Unvollkommenheiten hat die Feldtheorie entscheidend zur begrifflichen Klärung in der Motivationstheorie beigetragen. Gegenüber den Einseitigkeiten der Laborforschung hat sie eine Vielfalt humanpsychologischer Motivationsphänomene in das Blickfeld gerückt. Und nicht zuletzt hat sie eine Reihe experimenteller Paradigmen geschaffen, die ganz unabhängig von der Feldtheorie die Motivationsforschung bis heute angeregt und bereichert haben. Einigen wenigen dieser Paradigmen wollen wir uns jetzt zuwenden.

Experimentelle Beiträge der Feldtheorie

Unter den vielen einfallsreichen Experimenten, die Lewin inspiriert hat, gibt es eine ganze Gruppe, die sich mit den Nachwirkungen unerledigter Handlungen beschäftigt; sei es deren besseres Behalten, bevorzugte Wiederaufnahme oder ihre „Erledigung" durch Ersatztätigkeiten. Da bei Konzeption dieser Experimente besonders das Personmodell Pate stand, seien sie als Beispiele ausgewählt. Das Umweltmodell hat, wie gesagt, kaum experimentelle Ansätze angeregt, da es Verhalten unter relativ freien und komplexen Situationen abbildet. Eine Ausnahme ist jedoch die Untersuchung von Fajans (1933) über die Abhängigkeit der Stärke des Aufforderungscharakters von der Entfernung. Das einflußreichste Experiment aus dem Kreise Lewins, die Anspruchsniveau-Setzung (Hoppe, 1930), ist erst zehn Jahre später nach dem Umweltmodell theoretisch aufgearbeitet worden. Wir werden es weiter unten bei der Erörterung der Erwartungs-mal-Wert-Theorien aufgreifen.

Nachwirkungen unerledigter Handlungen

Freud hat schon (1901) in seiner „Psychopathologie des Alltagslebens" eine Fülle von Beispielen für die Nachwirkungen unerfüllter Wünsche, das heißt nicht-realisierter Handlungen, gesammelt. Selbst wenn sie wegen ihres verbotenen und unschicklichen Charakters „verdrängt" sind, verschwinden sie nicht einfach, sondern melden sich in vielfältiger und verhüllter Form wieder zu Wort, sei es im „freien" Einfall, im Traum oder in sog. Fehlleistungen, flüchtigen Augenblicksstörungen der ablaufenden Handlungen. Auf solchen Beobachtungen beruht im wesentlichen die psychoanalytische Theorie und Behandlungstechnik.

Von ähnlichen Beobachtungen, nämlich den Nachwirkungen des Unerledigten, ging Lewin aus, als er sein Personmodell entwickelte. Zur experimentellen Bedingungsanalyse wurden der Vp etwa 16 bis 20 verschiedene Aufgaben nacheinander vorgelegt, von denen der Versuchsleiter die Hälfte vor ihrer Vollendung unterbrach, indem er die nächste Aufgabe einführte. Nach dem Versuch wurde die Vp beiläufig gefragt, an welche Aufgaben sie sich noch erinnern könne. Die Nachwirkung unerledigter Handlungen muß in dem besseren Behalten der unterbrochenen Aufgaben zum Ausdruck kommen. Das konnte Lewins Schülerin B. Zeigarnik (1927) bestätigen. Ein solches Ergebnis pflegt man als „Zeigarnik-Effekt" zu bezeichnen. In einer Abwandlung des Experiments durch eine andere Lewin-Schülerin, Maria Ovsiankina (1928), wird anstelle einer Behaltensprüfung die spontane Wiederaufnahme einzelner Aufgaben festgestellt. Zu diesem Zweck bleibt das bearbeitete Aufgabenmaterial vor der Vp ausgebreitet, der Versuchsleiter verläßt unter einem Vorwand den Raum und beobachtet heimlich, ob einzelne Aufgaben wieder aufgenommen werden. Wiederaufnahme hat gegenüber Behalten den Vorteil, daß die unerledigten Quasi-Bedürfnisse unmittelbarer wirksam sein können, weil hier der Zeigarniksche Auftrag zum Produzieren, der sich sowohl auf vollendete wie unterbrochene Aufgaben richtet, nicht mit der Wirksamkeit der unerledigten Quasi-Bedürfnisse konkurriert.

Neben den beiden klassischen Verfahren, Behalten und Wiederaufnahme, sind inzwischen vier weitere Verhaltensindikatoren herangezogen worden, um die Nachwirkungen unerledigter Handlungen zu prüfen:

1. Die Wiederholungswahl, das heißt die Wahl zwischen zwei wieder vorgelegten Aufgaben, von denen vorher die eine gelöst und die andere nicht gelöst wurde, zur nachträglichen Beschäftigung (Rosenzweig, 1933, 1945; Coopersmith, 1960).
2. Neurovegetative Veränderungen, die sich bei beiläufiger Erwähnung unerledigten Materials während einer anderen Tätigkeit beobachten lassen (Fuchs, 1954). Verschiedentlich ist beobachtet worden, daß Handlungsunterbrechung mit Erhöhung des Muskeltonus einhergeht (Freeman, 1930; Smith, 1953; Forrest, 1959).
3. Unterschiedliche Erkennungsschwellen für Wörter, die vollendete oder abgebrochene Aufgaben bezeichnen (Postman u. Solomon, 1949; Caron u. Wallach, 1957).
4. Anstieg der Attraktivität einer Aufgabe nach Unterbrechung (Cartwright, 1942; Gebhardt, 1948).

Nach seinen eigenen Worten ist Lewin auf die Idee, die Nachwirkung unerledigter Handlungen zu untersuchen, gekommen, als ihm klar wurde, daß er das Erklärungskonstrukt der Spannung im Personmodell ernst nehmen und möglichst konkret im Experiment realisieren solle (vgl. Heider, 1960; S. 154). Aus dem Personmodell läßt sich eine Reihe von Hypothesen ableiten, die jeweils einer der drei Besonderheiten des Personmodells entspringen, nämlich (a) dem Spannungszustand eines Bereichs (gespanntes System), (b) der Bereichsgliederung (z. B. zentral vs. peripher; Grad der Ausgliederung) und (c) der Materialbeschaffenheit (Wandfestigkeit der Bereichsgrenzen). Im folgenden werden zu jeder der theorieabgeleiteten Hypothesen einige bestätigende Befunde aufgeführt.

Gespanntes System:
1. Besseres Behalten oder bevorzugte Wiederaufnahme unerledigter Quasibedürfnisse. (Beides sei im folgenden als Zeigarnik-Effekt bezeichnet.) Zeigarnik (1927) fand, daß unerledigte Aufgaben im Durchschnitt etwa doppelt so gut behalten werden wie erledigte Aufgaben. Bei Wiederaufnahme sind die Ergebnisse noch ausgeprägter (Ovsiankina, 1928).
2. Je stärker das unbefriedigte Quasibedürfnis, umso größer der Zeigarnik-Effekt (oder allgemeiner: je stärker die Motivation, umso stärker die Nachwirkungen, wenn das Motivationsziel nicht erreicht wird). Vpn, die bei der Aufgabenausführung „Ehrgeiz" erkennen ließen, behalten fast dreimal mehr Unerledigtes als Erledigtes, während sich bei nicht-engagierten Vpn kein Zeigarnik-Effekt finden ließ (Zeigarnik, 1927). Verschärfung der motivierenden Anregungsbedingungen durch Wetteifer vergrößert den Zeigarnik-Effekt (Marrow, 1938).
3. Der Zeigarnik-Effekt wird geringer, wenn andere Quasibedürfnisse interferieren. Bei Wiederaufnahme sind die Nachwirkungen in der Regel ausgeprägter als bei Behalten. Je mehr im letzteren Falle die Vp die Frage des Vls nicht als informelle Nacherörterung, sondern als Behaltenstest auffaßt, umso mehr verschwindet der Zeigarnik-Effekt. Für den ersten Fall berichtet Zeigarnik einen Behaltensquotienten (Zahl der unerledigten geteilt durch Zahl der erledigten Aufgabe) von 2,8; im zweiten Fall von 1,5.

Bereichsgliederung:
4. Zentrale Quasibedürfnisse führen zu stärkerem Zeigarnik-Effekt als periphere. Unvollendete Aufgaben, an denen jemand ein besonderes Interesse hat, werden besser behalten (Zeigarnik, 1927). Für die eigentliche Hypothese scheinen jedoch keine klaren Befunde vorzuliegen, weil sich die Unterscheidung von peripher vs. zentral nicht leicht experimentell realisieren läßt, ohne daß es zu einer Kontamination mit der zweiten Hypothese der unterschiedlichen Stärke von Quasibedürfnissen kommt.
5. Ungenügende Bereichsabgrenzung von erledigten und unerledigten Aufgaben. Mit größerer Ähnlichkeit zwischen erledigtem und unerledigtem Aufgabenmaterial schwindet der Zeigarnik-Effekt. Die Erledigung ähnlicher Aufgaben hat Ersatzwert, d. h. bringt Nachwirkungen der unerledigten Aufgabe zum Verschwinden. (Vgl. unten Ersatzhandlungen; Lissner, 1933; Mahler, 1933).

Materialbeschaffenheit:
6. Ein unbefriedigtes Quasibedürfnis entspannt sich mit der Zeit. (Die Wände des gespannten Systems haben eine gewisse Durchlässigkeit, so daß auf die Dauer ein Spannungsausgleich eintritt). Nachgewiesen z. B. von Ovsiankina (1928), Martin (1940), Jäger (1959; 1960).
7. Schwächerer Zeigarnik-Effekt bei Ermüdung. (In diesem Zustand ist die „Flüssigkeit" der Bereichsabgrenzungen erhöht). Nachgewiesen von Zeigarnik (1927).
8. Schwächerer Zeigarnik-Effekt bei affektiver Erregtheit. Wie (7).
9. Zeigarnik-Effekt nimmt mit höherem ontogenetischen Entwicklungsstand zu. Mit dem Lebensalter nimmt die Festigkeit der Bereichsabgrenzungen zu (vgl. oben Abb. 5.5). Zeigarnik hat entsprechende Unterschiede zwischen Kindern, Jugendlichen und Erwachsenen gefunden.

Darüber hinaus gibt es Befunde, die sich nicht aus dem Personmodell, wohl aber aus dem Umweltmodell ableiten lassen. Statt eines innerpersonalen gespannten Systems ist eine psychologische Kraft anzunehmen, die die Person in Richtung auf einen umschriebenen Handlungsbereich zieht. Wie wir bereits sahen, ist die Kraft abhängig von der Valenz des Handlungsziels (G) und der psychologischen Distanz (e), die Valenz wiederum von Bedürfnisstärke (t) und personunabhängigen Besonderheiten des Handlungsziels (G):

$$F = \frac{Va(G)}{e_{P,G}} = \frac{t, G}{e_{P,G}}$$

Zeigarnik fand, daß die Behaltensüberlegenheit unerledigter Aufgaben bei sog. Endhandlungen, d. h. solchen mit klarem Abschluß, größer ist als bei sog. Reihenhandlungen, die (wie das Durchstreichen bestimmter Buchstaben in einem Text) aus der Wiederholung des Gleichen bestehen. Man kann darin die Wirksamkeit eines Faktors G sehen, der als personunabhängige Besonderheit des Handlungsziels die Stärke der Valenz mitbestimmt. Ein anderer Befund läßt sich nur mit Hilfe der anderen Determinante der psychologischen Kraft, nämlich der psychologischen Distanz, $e_{P,G}$, erklären. Der Zeigarnik-Effekt wird stärker, je kürzer eine Handlung vor ihrer Vollendung unterbrochen wird (Ovsiankina, 1928).

Es konnte im übrigen gezeigt werden, daß nicht Unterbrechung einer Handlung als solche für den Zeigarnik-Effekt entscheidend ist. Entscheidend ist vielmehr die psychologische Situation, wie sie für den Handelnden besteht, ob er sein Handlungsziel, etwa richtige Lösung einer Aufgabe, erreicht sieht oder nicht. Marrow (1938) hat dies durch eine Umkehrung der Versuchstechnik gezeigt. Er teilte der Vp mit, daß er sie jedesmal unterbreche, wenn sie auf dem richtigen Wege sei, und die Aufgabe länger bearbeiten lasse, wenn die Lösung nicht gefunden wurde. Unter diesen Umständen wurde das „beendete" Mißerfolgsmaterial besser behalten als die unterbrochenen (richtigen) Aufgaben (vgl. auch Junker, 1960).

Soweit die theorieentsprechenden Ergebnisse. Daneben gibt es jedoch eine große Anzahl von Untersuchungen, die keinen oder gar einen umgekehrten Zeigarnik-Effekt fanden, wo ein solcher sich hätte zeigen sollen. Statt die postulierten Nachwirkungen zu bezweifeln oder den Zeigarnik-Effekt zu einem Phänomen des „Now-you-see-it-now-you-don't-see-it" zu erklären, haben kritische Analysen der verwendeten Versuchsbedingungen in der Regel den Verdacht genährt oder bestätigt, daß die erforderlichen psychologischen Bedingungen nicht genügend hergestellt oder Versuchsfehler gemacht worden sind (vgl. etwa die Analysen von Junker, 1960; und von Butterfield, 1964). Werden z. B. die zu unterbrechenden Aufgaben weit schwieriger gestaltet als die zu vollendenden, so kann die Vp den Eindruck des zu Schwierigen oder gar Unlösbaren gewinnen. Sie erwartet deshalb keine Zielerreichung, übernimmt die unterbrochenen Aufgaben nicht und entwickelt gar nicht erst ein Quasibedürfnis für ihre Lösung.

Versuchsfehler sind meistens gedächtnispsychologischer Art. So wird etwa Gelegenheit gegeben, das Aufgabenmaterial zu stark einzuprägen; oder die Vpn bringen gleich eine Lernabsicht mit in den Versuch, wie schon Zeigarnik bei einigen Vpn-Gruppen gefunden hatte. Häufig haben die beendeten Aufgaben einen Einprägungsvorteil, weil der Vl gestattet, mehr Zeit auf sie zu verwenden (bei Abel, 1938, etwa das Sechsfache der Zeit für unterbrochene Aufgaben). Oder sie sind gedächtnismäßig begünstigt, weil sie sich am Anfang und Ende der Darbietungsreihe häufen (z. B. bei Alper, 1946, oder Sanford u. Risser, 1948). Schließlich kann das Aufgabenmaterial auch zu homogen sein, so daß eine reproduktionsbehindernde Bereichsbildung entsteht.

Komplikationen des Zeigarnik-Effekts

Die Methode Zeigarniks enthält schwerwiegende gedächtnispsychologische Komplikationen. Jede Gedächtnisleistung beruht auf Vorgängen in drei aufeinanderfolgenden Phasen, nämlich der Informationsaufnahme (Lernen), der Speicherung und des Abrufens der gespeicherten Information (Reproduktion). Die letzten beiden Phasen des Speicherns und Abrufens sind gedächtnispsychologischer Natur. Ein gespanntes System müßte sich im Falle einer unerledigten Aufgabe dann bilden, wenn der Kontakt mit der Aufgabe abreißt, also zu Beginn der Speicherphase. Und in der dritten Phase des Abrufens tritt eine abrupte Entspannung ein, sobald es zu einer Erledigung kommt.

Die Demonstration eines Zeigarnik-Effekts setzt den Nachweis voraus, daß es sich um ein Gedächtnis- und kein Lernphänomen handelt. Genau genommen muß man zeigen können, daß erledigtes und unerledigtes Material in der ersten Phase der Informationsaufnahme (des Lernens) gleich gut eingeprägt worden sind, ehe mit der Unterbrechung Prozesse während der Speicherung den Gedächtnisspuren ein differentielles „Schicksal" bereiten, das sich beim Abrufen im Zeigarnik-Effekt niederschlägt. Den Verdacht auszuräumen, daß schon in der anfänglichen Lernphase die unterbrochenen Aufgaben besser eingeprägt wurden, ist schwierig. Man müßte dazu bereits eine Gedächtnisprüfung anstellen, bevor die Vp den Eindruck gewonnen hat, die Aufgaben erledigt bzw. nicht erledigt zu haben. Man könnte aber den Zeigarnik-Effekt als ein Phämomen des Lernens, und nicht des Gedächtnisses (Speichern und Abrufen), erklären und die Theorie des gespannten Systems falsifizieren, wenn sich nachweisen ließe, daß eine Erledigung der unterbrochenen Aufgaben vor der Reproduktionsphase (Abrufen) die Behaltensüberlegenheit dieser Aufgaben nicht beeinträchtigte.

Das haben Caron u. Wallach (1959) nachzuweisen versucht. Einer Gruppe von Vpn wurde mitgeteilt, daß man sie getäuscht habe: Die unerledigt gebliebenen Aufgaben seien in Wirklichkeit unlösbar. Damit müßten nach Lewin diese Aufgaben „erledigt" und bei der Reproduktion nicht mehr besser gestellt sein; im Unterschied zu einer Kontrollgruppe, die diese quasi-therapeutische Aufklärung nicht erhalten hat. Es zeigte sich, daß beide Gruppen ungefähr gleich viel unterbrochenes Material behalten. Das spricht dafür, daß selektives Lernen in der Einprägungsphase stattgefunden hat. Der entscheidende Faktor scheint also nicht ein gespanntes oder entspanntes System als Spurenschicksal, sondern selektives Lernen in der Einprägungsphase zu sein. Man muß aber zögern, mit diesem Ergebnis die Lewinsche Theorie des gespannten Systems als „erledigt" anzusehen. Waren in der kritischen Versuchsgruppe die unterbrochenen Aufgaben und die darauf gerichteten Quasibedürfnisse wirklich so „erledigt" bzw. entspannt, wie es bei den erledigten Aufgaben der Fall ist? Die aufklärende Mitteilung vor der Reproduktion kann das unerledigte Material auffrischen und einen Entspannungseffekt durch einen zusätzlichen Lerneffekt kompensieren. Da Caron u. Wallach in den Kontrollgruppen überhaupt keinen Zeigarnik-Effekt fanden, liegt die Vermutung nahe, daß in der kritischen Gruppe die Aufklärung einen zusätzlichen Einprägungsvorteil zur Folge hatte.

Bald häuften sich auch Befunde, die im Widerspruch zu der Hypothese zu stehen scheinen, nach welcher mit stärkerem Quasibedürfnis auch der Zeigarnik-Effekt stärker sein müsse. Je mehr man den Aufgaben die Bedeutsamkeit von Prüfungsmaterial gab, umso eher verschwand der Effekt oder kehrte sich gar um (z. B. Rosenzweig, 1941; 1943; Alper, 1946; 1957; Smock, 1957; Green, 1963). Rosenzweig erklärte dies im Rahmen der psychoanalytischen Verdrängungstheorie mit einer Selbstverteidigungstendenz, obwohl er mit steigendem Prüfungsdruck eine Zunahme der behaltenen, erledigten statt eine Abnahme der unerledigten Aufgaben beobachtete (vgl. dazu Glixman, 1948; Sears, 1950). Die Befundlage ist uneinheitlich, ja bis heute verworren. Es gibt andrerseits Untersuchungen, in denen Prüfungsbedingungen den Zeigarnik-Effekt begünstigen (z. B. Marrow, 1938; Sanford u. Risser, 1948; Rösler, 1955; Junker, 1960). Im Rahmen der Feldtheorie ließen sich Selbstverteidigungstendenzen durchaus als interferierende Wirksamkeit eines zentralen Bedürfnisses, das den Zeigarnik-Effekt zum Verschwinden bringt, interpretieren.

Zunehmend häufiger zog man individuelle Unterschiede heran, um Streuungen und Widersprüche in den Befunden aufzuklären; versuchte also etwas nachzuholen, was die Feldtheorie so konsequent vernachlässigt hat. Zwar hatte Zeigarnik schon Beobachtungen dieser Art gemacht, wenn sie etwa bei „ehrgeizigen" Vpn einen ausgeprägteren Effekt als als bei nicht-ehrgeizigen fand. Marrow (1938) und Green (1963) berichten über einen ausgeprägteren Zeigarnik-Effekt bei Personen, die sich freiwillig zum Versuch gemeldet hatten. Cartwright (1942), der die Nachwirkung von Handlungsunterbrechung an der Änderung des Aufforderungscharakters (Attraktivität der Aufgabe) – also unmittelbarer als es bei Behaltensleistungen der Fall ist – erfaßte, fand stets Teilgruppen mit gegensätzlichen Ergebnissen. Selbst wenn bei Nichterledigung selbstwertbelastende Mißerfolgsgefühle induziert wurden, gab es eine nicht unbeträchtliche Teilgruppe, für die der Aufforderungscharakter der unerledigten Handlungen noch anstieg.

Waren die herangezogenen individuellen Unterschiede zunächst nur nachträgliche Erklärungen, die sich auf unterschiedliches Verhalten während des Versuchs stützen, so wurden bald auch Vpn-Gruppen nach vorweg erhobenen Unterschieden von mancherlei Persönlichkeitsdispositionen einander gegenübergestellt, so z. B. nach „Stärke des Ichs" (Alper, 1946; 1957), „Geltungsstreben" (Mittag, 1955), „Selbstachtung" (Worchel, 1957; Coopersmith, 1960) und vor allem nach dem „Leistungsmotiv" (Atkinson, 1953; Moulton, 1958; Heckhausen, 1963a; Weiner, 1965a). Personen mit starkem und erfolgszuversichtlichem Leistungsmotiv zeigen im allgemeinen einen ausgeprägteren Zeigarnik-Effekt als Personen mit schwacher und mißerfolgsängstlicher Motivausprägung. Die Ergebnisse unterstreichen, daß zur Aufklärung selbst so flüchtiger Phänomene wie des Zeigarnik-Effekts die Einbettung in übergreifende Bedürfnissysteme nicht vernachlässigt werden darf und individuelle Motivunterschiede zu berücksichtigen sind (vgl. Heckhausen, 1963a; 1967).

Ersatzhandlungen

Zu den Nachwirkungen unerledigter Handlungen gehört auch, daß unbefriedigte Bedürfnisse durch Ersatzhandlungen, die der unerledigten Tätigkeit ähnlich oder von ihr abgeleitet sind, befriedigt werden können. Auch auf diese Form der Nachwirkung hat als erster Freud (1915) aufmerksam gemacht. Und wieder war es Lewin (1932), der – angeregt durch Freud, aber nicht zufrieden mit dessen spekulativer Abstraktion von einzelnen Beobachtungen in der therapeutischen Arbeit – als erster eine experimentelle Bedingungsanalyse in Gang setzte. Bleiben Triebwünsche unerfüllt, so kommt es nach Freud zu „Triebschicksalen", zu Umwandlungen der eigentlichen Triebaktivität, sei es durch Verschiebung des ursprünglichen Triebobjekts auf ein Ersatzobjekt (vgl. Kap. 4, Konflikttheorie) oder durch eine sog. Sublimation der „Triebenergie", die sich damit in unverfänglicheren Aktivitäten entlädt.

Lewin ließ die Bedingungen analysieren, unter denen eine unerledigte Handlung durch Erledigung einer anderen ihre Nachwirkungen verlor. Von dieser zwischengeschalteten anderen Handlung läßt sich dann sagen, daß sie „Ersatzwert" für die ursprüngliche Handlung hat. Zur experimentellen Analyse bot sich Ovsiankinas Versuchstechnik der spontanen Wiederaufnahme an. Zwischen Unterbrechen einer Aufgabe und der späteren Gelegenheit, sie wieder aufzunehmen, wird eine andere Aufgabe eingeschoben, die vollendet werden kann. Je nachdem, ob danach die ursprüngliche und unterbrochene Aufgabe wieder aufgenommen wird oder nicht, erweist sich, ob die Zwischentätigkeit einen Ersatzwert bzw. keinen hat.

Auch hier war das Personmodell maßgebend für die Hypothesenableitung; und zwar seine beiden Postulate, daß wegen der relativen Durchlässigkeit von Bereichsgrenzen ein Spannungsausgleich zwischen benachbarten Bereichen erfolgt sowie, daß Nachbarschaft von Bereichen den Ähnlichkeitsgrad der entsprechenden Handlungsziele und Aktivitäten definiert. Danach ist zu erwarten, daß eine Entspannung des gespannten Systems am ehesten durch die Erledigung einer möglichst ähnlichen Handlung erfolgt. Wenn Bereich A ein gespanntes System ist, so fließt Spannung in den benachbarten Bereich B. Der Spannungsunterschied gleicht sich aus. Er wird wieder größer, wenn Bereich B nach Handlungsabschluß völlig entspannt ist. Damit erfolgt eine weitere Spannungsminderung in Bereich A. (Aus den Zeitverhältnissen in der Abfolge dieses Ereignismodells ließen sich weitere Hypothesen ableiten; z. B. daß mit zunehmender Zeitdauer zunächst der Ersatzwert einer ähnlichen Zwischenhandlung steigen müßte, da der Spannungsausgleich einige Zeit benötigt. Dergleichen scheint aber bis heute noch nicht überprüft zu sein).

Unter welchen Bedingungen eine andere Handlung Ersatzwert hat, ist im wesentlichen von drei Schülerinnen Lewins untersucht worden: Lissner (1933), Mahler (1933) und Henle (1944). Lissner unterbrach Kinder z. B. beim Kneten einer Figur in Plastilin und forderte sie auf, eine andere Figur zu formen. Der Ersatzwert für die ursprüngliche Aufgabe stieg im allgemeinen mit der Ähnlichkeit zwischen beiden Aufgaben. Als eine wichtige Dimension der Ähnlichkeit stellte sich der Grad der Aufgabenschwierigkeit heraus. War die Ersatztätigkeit leichter als die unterbrochene Aufgabe, so war der Ersatzwert gering; war er dagegen schwerer, so war er sehr hoch; d. h. die ursprüngliche Aufgabe wurde kaum noch aufgenommen. Weiterhin sind Situationsumstände, die das Handlungsziel der Person bestimmen von Einfluß. Wollte man z. B. etwas für eine bestimmte Person herstellen, so hat die nicht-unterbrochene Herstellung des gleichen Gegenstandes für eine andere Person keinerlei Ersatzwert für die ursprüngliche Herstellungsabsicht (Adler u. Kounin, 1939). Das gleiche trifft, wie Lissner beobachtete, zu, wenn der Vl eine ganz ähnliche Tätigkeit mit dem Hinweis ankündigt, daß jetzt etwas ganz anderes komme.

Mahler hat Ersatzhandlungen nach ihrem Realitätsgrad variiert; z. B. eine unterbrochene Tätigkeit in der Vorstellung, in sprachlicher Mitteilung oder in tatsächlichem Handeln zu Ende zu bringen. Der Ersatzwert steigt mit dem Realitätsgrad der Zwischentätigkeit an; genauer, je mehr diese sich dem Ausführungsmodus annähert, der der unterbrochenen Tätigkeit angemessen ist (so hat z. B. Denken beim Problemlösen einen höheren Realitätsgrad als motorisches Handeln).

Henle hat in umfangreichen Studien den Ersatzwert nicht vom Person-, sondern vom Umweltmodell her zu klären versucht; und zwar insbesondere aufgrund des Verhältnisses der Valenzen von unterbrochener und Ersatzhandlung. Die Vpn schätzten zunächst eine Reihe von Aufgaben nach ihrer Attraktivität ein. Aufgrund dieser Daten stellte die Versuchsleiterin verschiedene Kombinationen von Attraktivität und Nicht-Attraktivität bei der unterbrochenen und der Ersatzhandlung zusammen. Ist die Valenz der Ersatzhandlung geringer als jene der unterbrochenen Handlung, so ist der Ersatzwert gering oder null. Umgekehrt steigt der Ersatzwert umso mehr an, je mehr die Valenz der Ersatzhandlung jene der ursprünglichen Handlung übertrifft.

Gleich, ob die experimentelle Analyse sich vom Personmodell oder vom Umweltmodell leiten ließ, machte die experimentelle Analyse des Ersatzwertes die übergreifende Zielgerichtetheit des Handelns deutlich. Denn der Ersatzwert ist um so größer, je mehr die Ersatzhandlung kein neues Ziel verfolgt, sondern der Erreichung des blockierten alten Ziels auf einem anderen Wege nahekommt. Das wird besonders an Lissners Variation der Aufgabenschwierigkeit deutlich. Das Lösen einer schwierigeren Version der unterbrochenen Aufgabe hat offensichtlich deshalb hohen Ersatzwert, weil das Lösen einer schwierigeren Aufgabe Erfolg auf allen leichteren Stufen einschließt.

Psychologische Distanz und Valenzstärke

Fajans (1933) hat zwei Altersgruppen, Kleinkindern und Fünfjährigen, ein attraktives Spielzeug in verschiedenen Distanzen vorgelegt, die stets die Reichweite des Kindes überschritten. Sie hat die Ausdauer des zielgerichteten Verhaltens (wie Hände ausstrecken, Hilfe vom Versuchsleiter erbitten, Suche nach Werkzeugen) sowie die Dauer affektiver Frustrationsreaktionen registriert. Nach einiger Zeit, die für beide Altersgruppen gleich ist, geben die Kinder schließlich auf. Die Zeitdauer, bis dieser Punkt erreicht ist, nimmt für beide Gruppen zu, je kürzer die Distanz zum angestrebten Zielobjekt ist. Bei den Jüngeren nimmt mit abnehmender Distanz auch das Ausmaß an affektiven Reaktionen zu. Bei den Älteren hingegen bleibt das Ausmaß der Affektivität bei jeder Entfernung gleich.

Den Ausdauer-Befunden ist zu entnehmen, daß die Valenz eines Handlungsziels mit geringer werdender psychologischer Distanz ansteigt. Allerdings scheinen die Gründe dafür, wie Lissner (1933) und Lewin (1938) vermuten, bei jüngeren und älteren Kindern verschieden zu sein. Während für Jüngere die auf das Zielobjekt gerichtete Kraft einfach mit der Entfernung abnimmt, scheint für die Älteren eher eine kognitive Strukturierung des Feldes maßgebend zu sein; d. h. die Einsicht, daß mit zunehmender Entfernung instrumentelle Aktionen, wie Gebrauch von Werkzeugen, aussichtsloser werden. Dem gleichen beobachteten („phänotypischen") Tatbestand – nämlich Zunahme zielgerichteten Ausdauerverhaltens bei abnehmender, physikalisch definierter Entfernung zum Zielobjekt – liegt demnach in beiden Altersgruppen ein anderer psychologischer („genotypischer") Sachverhalt zugrunde. Für die Älteren bestimmt sich die Entfernung stärker als psychologische Distanz im Sinne der Mittel-Zweck-Struktur der zum Zielobjekt hinführenden Handlungsmöglichkeiten.

Dementsprechend hat auch nach Lewin das endgültige Aufgeben der Zielbemühungen verschiedene Gründe. Für beide Altersgruppen, für die Jüngeren jedoch ausschließlich, gilt die folgende Entwicklung im Kräftefeld, die an der Barriere stattfindet, jenem Umweltbereich, der den Zugang zum Zielbereich verhindert. An dieser Stelle wird zunächst eine abweichende (restraining) Kraft als Widerstand erfahren, die die Stärke der auf das Zielobjekt gerichteten Kraft aufhebt. Da sich vor der Barriere die Kräfte aufheben, müßte das Kind endlos an dieser Stelle verharren, wenn nicht der Barrierenbereich mit seiner abweisenden Kraft allmählich eine negative Valenz annähme und ein negatives Kraftfeld entwickelte. Werden dann die negativen Feldkräfte stärker als die positiven, zieht sich das Kind zurück, entfernt sich vom Zielbereich und gibt schließlich die Zielverfolgung auf.

Bei den älteren Kindern, so nimmt Lewin an, kommt noch ein zusätzlicher, ein kognitiver Prozeß hinzu. Sie erkennen, daß sie nicht auf einem Handlungspfad sind, der zum Ziel führt. Sie strukturieren die Mittel-Zweck-Bezüge des Feldes um, indem sie erkennen, daß ganz unabhängig von der geographischen Nähe das begehrte Zielobjekt nicht zu erreichen ist, weil die eigentliche Barriere im Versuchsleiter liegt, denn er blockiert den Zugang zum Ziel. Gestützt wird diese Annahme einer kognitiven Umstrukturierung des Feldes durch die Befunde zum affektiven Verhalten. Während dieses bei den jüngeren Kindern mit größerer geographischer Annäherung zum Zielobjekt ansteigt, ist es bei den älteren in allen Entfernungen gleich ausgeprägt. Da affektive Reaktionen auf Konflikt beruhen, und Konfliktstärke umso ausgeprägter ist, je mehr die Stärke der entgegengerichteten Kräfte gleich groß wird, muß man folgern, daß nur für die älteren Kinder die aufsuchende Kraft (und damit Konflikt) unabhängig von der geographischen Nähe zum Zielobjekt gleich bleibt. Das aber setzt eine Mittel-Zweck-Strukturierung des Handlungsfeldes voraus, für die die bloße geographische Entfernung allein nicht mehr ausschlaggebend ist.

Die hier verkürzt wiedergegebenen Theorieableitungen und Schlußfolgerungen Lewins zur Erklärung der Befunde Fajans machen die Komplexität und Flexibilität der psychologischen Analyse deutlich, zu der das Umweltmodell beitragen kann. Wenn auch eine weitere systematische Verfolgung und empirische Absicherung der feldtheoretischen Überlegungen – so schwierig das auch wegen deren Komplexität und Flexibilität sein mag – zu wünschen ist, so gebührt allein schon dem theoretischen Aufweis, daß gleiches äußeres Verhalten in verschiedenen Personengruppen psychologisch ganz unterschiedlich zu interpretieren ist, großes Verdienst. Den neueren Stand feldtheoretischer Betrachtungsweise hat Cartwright (1959b) zusammengefaßt.

Tolmans Analyse zielgerichteten Handelns

Lewin ging bei seiner Verhaltenserklärung von den je gegenwärtigen Bedingungen der Gesamtsituation aus, von den Valenzen in der Umwelt und von den nach Zielerreichung durchstrukturierten Handlungsmöglichkeiten des Lebensraums. Valenzen und Erwartungen (von Handlungs-Folge-Kontingenzen) setzt er voraus, sie sind bereits da. Wie man ihr Vorhandensein objektiviere, wie man ihr Zustandekommen erklären kann, solchen Fragen widmete er wenig Aufmerksamkeit. Beim einfühlenden Umgang mit Versuchspersonen mag die Rekonstruktion des Lebensraums, der für einen Mitmenschen in einem gegebenen Augenblick existiert, zwar einigermaßen zutreffend sein, wenn es auch von behavioristischer Seite als mentalistisch in Zweifel gezogen wird. Hat man es jedoch mit kleinen Kindern oder nicht-menschlichen Lebewesen zu tun, wird gleich deutlich, wie sehr Erklärungsbegriffe wie Valenzen oder Anreize und Erwartungen in der Luft hängen. Ob und wie ein unterstellter Erklärungsfaktor vorgelegen haben mag, wird unsicher. Mutmaßungen breiten sich aus. Die etwas spekulativen nachträglichen Interpretationen der Befunde Fajans an Säuglingen und Kleinkindern sind ein Beispiel.

Erwartung und Zielgerichtetheit

Unabhängig von Lewin kam Tolman schon Ende der zwanziger Jahre zu ganz ähnlichen Erklärungsansätzen, obwohl er mit Ratten experimentierte. Als überzeugter Behaviorist zweifelte er nicht daran, daß nicht-beobachtbare kognitive Vorgänge im Lebewesen entscheidend für sein Verhalten sind. Aber statt mentalistisch solche kognitiven Vorgänge einfach zu unterstellen, war er bemüht, sie in Beobachtbares zu übersetzen; sozusagen nicht-beobachtbares Inneres nach außen zu stülpen, indem man es an den vorauslaufenden Bedingungen und den nachfolgenden Wirkungen – beides beobachtbar – festmacht, zwischen ihnen einklemmt. So klärt Tolman als erster die Natur intervenierender Variablen als hypothetische Konstrukte und die Notwendigkeit ihrer operationalen Verankerung in Operationen und Beobachtungen (vgl. Kap. 1). Fragt man, ob eine Ratte z. B. ein Wissen um den kürzesten Weg in einem Labyrinth zum Futterplatz, d. h. Erwartungen in Form von Handlungs-Folge-Kontingenzen (R-S*) habe, so wird diese Annahme unabweisbar, wenn man mit Tolman die folgenden Beobachtungen und Operationen aufeinander bezieht:

> ... consider a rat which has completely learned a maze, so that when put in at the entrance, he dashes through like a shot, turning here, there, and yonder, entering no blind and arriving at the food box in only some four or five seconds from the start. Suppose, now, one of the alleys be considerably shortened between trials. What happens? On the trial after, the animal runs kerplunk into the new end of the alley. In short, he acts as if the old length of alley were going to be still present. His behavior postulates, expects, makes a claim for that old length. (1926b, S. 356)

Tolman verfolgte einen „psychologischen Behaviorismus". Was ihn von den Lernpsychologen seiner Zeit unterschied und zugleich in die Nähe Lewins brachte, waren vor allem drei miteinander zusammenhängende Sichtweisen der Verhaltenserklärung. *Zum einen* bevorzugte er molare Beobachtungseinheiten gegenüber molekularen. Nicht einzelne Muskelbewegungen oder Drüsensekretionen, sondern größere Abläufe im Gesamtverhalten lassen Zielgerichtetheit oder Absicht *(purpose)* erkennen. *Des weiteren* trägt die vorschnelle Rückführung des Verhaltens auf physiologische und neurologische Substrate wenig zur Verhaltenserklärung bei, solange wir, was die psychologischen Sachverhalte betrifft, noch im Dunklen tappen. *Schließlich* ist Verhalten, da es auf Zielobjekte und Zielzustände gerichtet ist, unter dem Aspekt der Zielgerichtetheit zu betrachten und zu analysieren.

Gerade die postulierte Zielgerichtetheit muß, wie Tolman eingehend darlegt, kein mentalistischer Beschreibungsbegriff (d. h. ohne Meßoperation) bleiben, sondern kann an verschiedenen Aspekten des Verhaltens behavioristisch konkretisiert werden. Drei Aspekte der Zielgerichtetheit hat er besonders herausgearbeitet: Ausdauer *(persistence),* Gelehrigkeit *(docility)* und Auswahl *(selectivity).* Ausdauer meint einen „persistence until character", d. h. ein Durchhalten bis zum Erreichen eines bestimmten Objekts oder Zustands. Gelehrigkeit meint Lernfortschritte über Zeit in gleichen oder ähnlichen Situationen. Auswahl meint spontanes Verhalten, das nicht durch äußeren Druck erzwungen ist, die Bevorzugung einer bestimmten Handlungsmöglichkeit, wenn mehrere offenstehen.

Diese Sichtweisen Tolmans eröffneten Einsichten, die einer 25jährigen tierpsychologischen Lernforschung seit Thorndike verborgen geblieben waren. Man hatte unentwegt hungrige oder durstige Tiere in Problemverschlägen und Labyrinthen daran gehindert, unmittelbaren Zugang zu Futter oder Wasser zu finden. Nach einigem Versuch und Irrtum lernte das Tier, die Behinderung immer schneller zu überwinden. Die Lernkurven à la Thorndike zeigen von Durchgang zu Durchgang eine Verbesserung bis zum Leistungsmaximum. Daraus war das Gesetz der Wirkung abgeleitet worden, nach welchem jenes Verhalten verstärkt wird, das einer Befriedigung vorausläuft. Solche Wirkungen, nämlich Befriedigungen, knüpfen das Band zwischen den jeweiligen Reizgegebenheiten und den zur Befriedigung führenden Reaktionen immer enger. Das Gesetz der Wirkung schien somit ein reines Lerngesetz.

Da operantes Lernen offensichtlich von der Wirkung, vom Erfolg, von der Bedürfnisbefriedigung abhängig ist, und da man sich den Lernvorgang selbst nicht anders als Reiz-Reaktionsverbindungen vorstellen konnte (obwohl diese Vorstellung rein hypothetischer Natur oder eine quasi-neurologische Spekulation ist), blieben die motivationalen Bedingungen der beobachteten Lernleistungen so lange unerkannt. Die klassischen Paradigmen des Lernexperiments sind so eingerichtet, daß der fortschreitende Lernvorgang unmittelbar im Verhalten seinen Niederschlag findet, um als Lernleistung faßbar zu werden. So schien es müßig, zwischen Lernen und Verhalten, zwischen dem, was gelernt wird, und dem, was getan wird, überhaupt zu unterscheiden. Daran änderte sich wenig, als Hull (1943) aus den Befunden zum Gesetz der Wirkung seine Bekräftigungstheorie präzisierte. Zwar wurden nun motivationale Bedingungen des Lernens theoretisch konzipiert und herausgehoben: nämlich ein Mindestmaß an Triebstärke für eine unspezifische Energetisierung des Verhaltens sowie eine nachfolgende Triebreduktion zur *habit*-Bildung als dem eigentlichen Lernvorgang.

Anreiz-Effekte

Die eingeengte reiz-reaktions-theoretische Sichtweise vertrug sich nicht mit Tolmans Programm eines Behaviorismus, der das Molare und Zielgerichtete am Verhalten für entscheidend hält. Muß man sich Lernen wirklich als Einstanzen fester Reiz-Reaktions-Verbindungen vorstellen? Kann es nicht in der Herausbildung von „kognitiven Landkarten" *(cognitive maps)* bestehen, die jeweils Anlaß zu Erwartungen darüber geben, was zu was führen wird? Muß man sich Verhalten so vorstellen, als würde es nach dem letzten Stand eines fest herausgebildeten Lernprogramms Schritt für Schritt von hinten vorangeschoben? Kann es nicht freier von Zielen angezogen und auf dem Wege dahin ohne Umschweife (d. h. Versuch und Irrtum) von Mittel-Zweck-Erwartungen geleitet werden?

Seit den zwanziger Jahren gibt es einzelne Untersuchungen, vor allem aus Tolmans Arbeitskreis, in denen der Anreizcharakter des Ziels variiert wurde. Unter diesen Bedingungen zeigten sich abrupte Änderungen des Verhaltens, die sich nicht mit dem nur allmählich fortschreitenden Vorgang des Lernens vereinbaren lassen. Verhalten und Lernen treten auseinander. Die experimentelle Bedingungsanalyse des Verhaltens konnte von der des Lernens gelöst und abgehoben werden. Die Ergebnisse hat Tolman 1932 in seinem Buch „Purposive behavior in animals and men" zu einer Anreiz- und Erwartungstheorie der Motivation zusammengefaßt. Bevor im folgenden auf einzelne Untersuchungen eingegangen wird, sei die üblicherweise verwendete Versuchsapparatur des Lernversuchs, das T-Labyrinth, erläutert. Wie Abb. 5.7 zeigt, besteht ein solches Labyrinth aus lauter ineinandergeschachtelten T-förmigen Wegstücken, wobei jeweils einer der beiden Äste eine Sackgasse bildet, während am Ende des anderen Astes eine aufstoßbare Tür in das nächste Wegstück führt.

Eine erste Gruppe von Untersuchungen betrifft die Wirkung unterschiedlicher Anreizstärke auf das Verhalten. Die erste Untersuchung stammt aus dem Jahr 1924. Zu dieser Zeit war man in der Hauptsache damit beschäftigt, mit Hilfe der *Columbia Obstruction Box* den Einfluß der Bedürfnisstärke auf die Aktivität zu untersuchen. Ein Mangel dieser Untersuchungen bestand in der ungenügenden Kontrolle des Anreizes der verwendeten Zielobjekte. Simmons (1924) machte als erste den Anreizfaktor zum Mittelpunkt ihrer Untersuchung. Sie fand, daß Ratten ein Labyrinth schneller lernen, wenn sie in der Zielkammer ein begehrtes Futter finden. Die Tiere waren zur Zeit des Versuchs gleich hungrig, da sie ihre Tagesration erst ein paar Stunden nach dem Versuch in ihrem üblichen Käfig erhielten. Vor jedem Durchgang konnten sie in der Zielkammer kurz von dem ausgelegten Futter kosten und wurden dann in die Startkammer gesetzt. Bei milchgetränktem Brot stieg von Durchgang zu Durchgang die Laufgeschwindigkeit schneller an und die Fehlerzahl sank schneller ab als bei Sonnenblumensamen. Diese differentielle Anreizwirkung läßt zwei Interpretationen offen. Entweder wird bei stärkerem Anreiz schneller gelernt oder es wird unter beiden Anreizbedingungen gleich gut gelernt, nur sind die Tiere bei geringerem Zielanreiz weniger motiviert, das Ziel möglichst schnell zu erreichen. Die erste Erklärung würde der (späteren) Hullschen Bekräftigungstheorie entsprechen, die zweite dem Tolmanschen Postulat, daß die Stärke des „Zielverlangens" *(demand for the goal object)* eine Determinante ist, die neben dem jeweiligen Lernstand das Verhalten im Labyrinth unmittelbar beeinflußt.

Elliott (1928) hat die letztere Interpretation untermauert, indem er, während eine

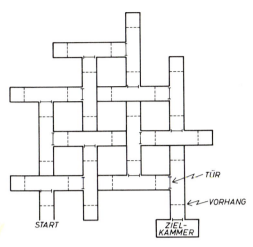

Abb. 5.7. Grundriß eines 14-teiligen T-Labyrinths

Versuchstiergruppe das Labyrinth erlernte, die Anreizstärke wechselte. Ratten dieser Gruppe fanden im zehnten Durchgang statt Kleiegemisch (weniger begehrten) Sonnenblumensamen in der Zielkammer vor. Sofort stieg in den folgenden Durchgängen die Fehlerzahl, und zwar noch etwas über das Niveau einer Sonnenblumensamen-Vergleichsgruppe. Abb. 5.8. zeigt die beiden „Lernkurven". Hier ist unabweisbar, daß die plötzliche Erhöhung der Fehlerzahl beim Übergang zu einem geringeren Futteranreiz nicht auf einem schlagartigen Verlernen, sondern nur auf einem vom Lernen unabhängigen Motivationseffekt beruhen kann. Da sich das bisher erzielte Lernergebnis nicht mehr voll im Verhalten ausdrückt, ist zwischen Lernen und Verhalten zu unterscheiden und dem Anreiz als Zielobjekt eine unabhängige Wirksamkeit einzuräumen.

In einem weiteren Versuch hat Elliott (1929) die Art der Bekräftigung nach neun Tagen gewechselt, und zwar von Futter auf Wasser. Tiere, die wenig hungrig aber sehr durstig waren, zeigten unmittelbar nach der Einführung des bedürfnisadäquaten Zielobjekts (Wasser) einen Leistungsanstieg hinsichtlich Laufgeschwindigkeit und Fehlerzahl. Der die Verhaltensleistung beeinflussende Anreiz des Zielobjekts ist also, wie nicht an-

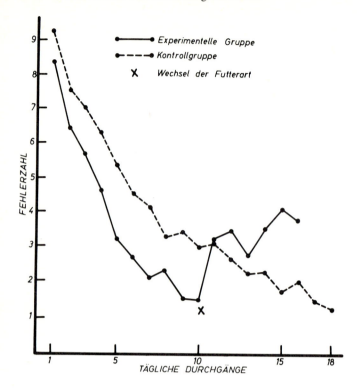

Abb. 5.8. Wirkung eines Anreizwechsels auf die Verhaltensleistung beim Übergang von einer bevorzugten Futterart zu einer weniger bevorzugten. (Nach Elliott, 1928, S. 26)

ders zu erwarten, vom momentanen Bedürfniszustand abhängig. Die gleiche Beziehung hat Lewin ja zwischen Quasi-Bedürfnis und Valenz unterstellt. Aber über die Bedürfnisadäquatheit hinaus gibt es einen bedürfnisunabhängigen Anteil in der Verhaltenswirksamkeit des Anreizes eines Zielobjekts, der dem Lewinschen Faktor G in seiner Valenzformel entspricht. Nach Simmons (und später von Young (1947) systematisch untersucht) besteht dieser Anteil der Anreizwirkung in Qualitätseigenschaften, die dem Zielobjekt eigen sind. Wie Crespi (1942; 1944) später fand, spielt auch die Quantität des Zielobjekts eine Rolle. Eine größere Futtermenge verbessert die Verhaltensleistung hungriger Tiere im Lernversuch schlagartig. Dieser sog. Crespi-Effekt erschütterte Hulls bekräftigungstheoretisches Postulat, daß die Menge der Bekräftigung zur *habit*-Bildung beitrage. Wir kommen darauf zurück.

Latentes Lernen: Trennung zwischen Lernen und Motivation

Ein Grenzfall der Anreizvariation besteht im Wegfall jeden Anreizes. In diesem Fall findet keine Bekräftigung statt, und ein zielgerichtetes Verhalten ist nicht zu erwarten. Aber kann dennoch gelernt werden? Daß dies in der Tat der Fall ist, hat als erster Blodgett (1929) in Experimenten zum sog. „latenten Lernen" im Verhalten sichtbar gemacht. Drei Gruppen gleichhungriger Ratten wurden an neun aufeinanderfolgenden Tagen je einmal in ein Labyrinth gesetzt. Die erste Gruppe fand vom ersten Tage ab Futter in der Zielkammer vor, die zweite Gruppe erst vom dritten Tage ab und die dritte Gruppe vom siebten Tage ab. Sobald ein Tier die Zielkammer betreten hatte, konnte es dort unter Futterbedingung drei Minuten lang fressen. Unter Nicht-Futterbedingung wurde es für zwei Minuten in der Zielkammer gehalten und dann herausgeholt. Wie Abb. 5.9 zeigt, fiel nach Einführung des Zielobjekts in der zweiten und dritten Gruppe die Fehlerzahl rapide ab. Jede Gruppe er-

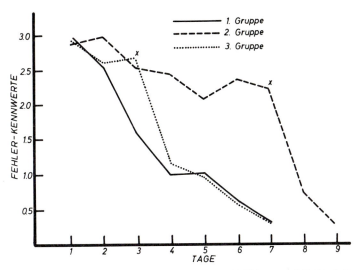

Abb. 5.9. Wirkung von latentem Lernen und von späterer Einführung einer Bekräftigung auf die Verhaltensleistung. Die erste Gruppe erhielt bei jedem Durchgang Futter, die anderen beiden Gruppen erst vom dritten bzw. siebten Durchgang an (an den mit x bezeichneten Punkten). (Nach Blodgett, 1929, S. 120)

reichte schlagartig die Verhaltensleistung der ersten Gruppe, die vom ersten Tage an bekräftigt worden war. In einer späteren Studie haben Tolman u. Honzik (1930) die Befunde bestätigt.

Die Befunde machen verschiedenes klar. Zunächst, Lernen hat hier ohne Bekräftigung stattgefunden. Bekräftigung kann also keine notwendige Bedingung des Lernens sein. Lernen kann latent bleiben, d. h. muß sich, während es stattfindet, nicht im Verhalten niederschlagen. In diesem Fall muß Lernen in einem Herausbilden von Wissen über die Wegstrukturen im Labyrinth bestanden haben und nicht in einer festen Folge von Reiz-Reaktions-Verbindungen; denn ein zielgerichtetes, fehlervermeidendes Aufsuchen der Zielkammer hatte, bevor dort Futter ausgelegt wurde, nicht stattgefunden. Lernergebnisse lassen sich im Verhalten erst beobachten, wenn sie zur Erreichung eines Verhaltenszieles dienlich sind, wenn Motivation vorliegt. Thorndikes Gesetz der Wirkung ist kein Lernprinzip, sondern ein Verhaltensprinzip. Im Verhalten treten sowohl Lernen wie Motivation als getrennte Bedingungsfaktoren miteinander zusammen. Die durch den Anreiz des Futters bewirkte Motivation, die Zielkammer zu erreichen, ist in ihrer Ausführung von dem jeweilig erreichten Lernergebnis abhängig. Das zeigt der Unterschied in der Leistungsverbesserung zwischen der zweiten und dritten Gruppe. Nach siebenmaliger Gelegenheit, das Labyrinth zu erkunden, gelingt die Zielerreichung auf Anhieb glatter als nach dreimaliger Erkundung.

Das Verhalten erklärt sich also aus einem Zusammenwirken von zwei intervenierenden Variablen, einem Lernfaktor und einem Motivationsfaktor. Der Lernfaktor besteht nach Tolman aus dem Wissen darüber, welches Wegstück zu welchem weiteren Wegstück im Labyrinth führt. Dieses Lernergebnis wird im aktuellen Falle zur Zielerwartung in Form von Handlungs-Folge-Kontingenzen. Der Motivationsfaktor ist das Zielverlangen. Das Zielverlangen ist abhängig vom physiologischen Bedürfniszustand oder Trieb und vom Anreiz des Zielobjekts (bei Lewin entsprechend von t und G; Tolman hat beide Anteile, Trieb und Anreiz, als mehr oder weniger gleichrangig behandelt, ihren differentiellen Wirkungsgrad und ihr Verhältnis zueinander nicht weiter geklärt). Mit Zielverlangen und Zielerwartung hat Tolman zwei intervenierende Variablen konstituieren können, die nicht nur kognitiver Natur sind, sondern auch zwischen den beobachtbaren Daten der vorauslaufenden Bedingungen und des nachfolgenden Verhaltens in einer solchen Weise vermitteln, daß sich beobachtete Zielgerichtetheit im Verhalten erklären läßt. Abb. 5.10 veranschaulicht die Logik dieser motivationspsychologischen Theoriekonstruktion. Unter den vorauslaufenden Bedingungen sind neben Umwelt-Stimuli und Trieb (Bedürfniszustand) auch früheres Lernen, Anlage und Reifungszustand aufgeführt, die alle unter gewissen noch näher zu klärenden Umständen sowohl Zielverlangen wie Zielerwartungen mitdeterminieren können. Auf der Seite der nachfolgenden molaren Verhaltenswirkungen sind die drei beobachtbaren Aspekte der Zielgerichtetheit aufgeführt.

Die neue Antwort auf die Frage, was gelernt wird, und die neue Einsicht in das Zusammenwirken von Lernen und Motivation im Verhalten umreißt noch einmal das folgende Zitat aus „Purposive behavior in animals and men":

> Our final criticism of the trial and error doctrine is that it is its fundamental notion of stimulus-response bonds, which is wrong. Stimuli do not, as such, call out responses willy nilly. Correct stimulus-response connections do not get „stamped in", and incorrect ones do not get „stamped out". Rather learning consists in the organisms' ‚discovering' or ‚refining' what all the respective alternative responses lead to. And then, if, under the appetitive-aversion conditions of the moment, the consequences of one of these alternatives is more demanded than the others – or if it be ‚demanded for' and the others be ‚demanded-against' – then the organism will tend, after such learning, to select and to perform the response leading to the more ‚demanded for' consequences. But, if there be no such differences in demands there will be no such selection and performance of the one response, even though there has been learning (Tolman, 1932; S. 364).

Erwartungs-Wert-Matrix

Tolman (1951; 1959) hat später seine Motivationstheorie noch etwas ausgebaut (wobei er verglichen mit Hull wenig systematisch vorging). Neben den Bedürfniszuständen (zum Versuch seiner Motivklassifikation vgl. Kap. 3) motivieren die beiden intervenierenden und kognitiven Variablen Erwartung *(belief)* und Wert *(value)* zum jeweiligen Verhalten. Wert ist gleich Anreiz des Zielobjekts, also neben Bedürfnis (oder Trieb) der andere Anteil am Zielverlangen. Beide Variablen, Erwartung und Wert, sind gewöhnlich nicht frei kombinierbar. Sie hängen vielmehr matrizenartig in etablierten Überzeugungssystemen miteinander zusammen, in einer sog. Erwartungs-Wert-Matrix *(belief-value-matrix)*. Um in einer Bedürfnissituation den ihr entsprechenden Zielzustand der Befriedigung zu erreichen, bieten sich in der Regel mehrere Möglichkeiten in Form von Handlungs-Folge-Erwartungen (R-S*) an, d. h. einerseits Erwartungen von Handlungsmöglichkeiten und andrerseits daran gekoppelte Zielzustände (S*) von unterschiedlichem Wert.

Das ist besonders in Wahlsituationen der Fall, z. B. wenn man seinen Hunger stillen will und verschieden gute und teure Restaurants mit entsprechenden Speiseangeboten und Ansprüchen an die eigene Geldbörse in der Nähe sind. Bei der Wahl zwischen den Restaurants und den jeweils angebotenen Speisen geht es nicht nur um vorweggenommene Handlungsmöglichkeiten, sondern zugleich um Wertentscheidungen. Abb. 5.11 veranschaulicht die Erwartungs-Wert-Matrix, die eine Person für diesen Fall haben mag. (Aufgabe der Persönlichkeitspsychologie wäre üb-

Abb. 5.10. Tolmans motivationstheoretische Konstruktion zweier intervenierender Variablen, Zielverlangen *(demand for goal)* und Zielerwartung *(expectancy of goal)*, die zwischen vorauslaufenden beobachtbaren Bedingungen und nachfolgenden beobachtbaren Aspekten der Zielgerichtetheit molaren Verhaltens erklärend vermitteln

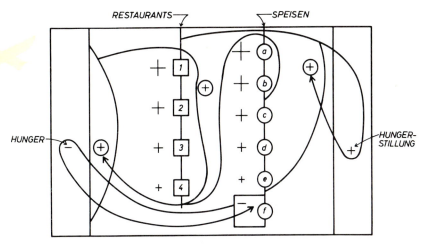

Abb. 5.11. Beispiel einer Erwartungs-Wert-Matrix *(belief-value-matrix)*: Kognitive Vorwegnahmen bei der Wahl zwischen verschieden guten (und teuren) Restaurants sowie zwischen verschiedenen Speisen, wenn hungrig. (Nach Tolman, 1952, S. 392)

rigens u. a. die Feststellung, wieweit die Erwartungs-Wert-Matrizen einer Person den soziokulturellen Überzeugungsnormen entsprechen oder davon abweichen). Die Tolmansche Matrix-Darstellung deutet eine hodologische Handlungsabfolge zwischen gegenwärtigem Hungerzustand (links) und Bedürfnisbefriedigung (rechts) an. Die mit einem Pfeil versehenen „Lasso-Linien" deuten die in engeren Betracht gezogenen Handlungsschritte an, die Größe der Pluszeichen den Wert der einzelnen Restaurants (Mittel) und Speisen (Zielobjekte). In allen vier Restaurants kann man die am meisten bevorzugten Speisen a und b erhalten, aber auch die Speisen c, d und e würden den Hunger unserer Person stillen, nicht dagegen die Speise f.

Noch deutlicher wird der Einfluß Lewins in einem Versuch Tolmans (1952), die geschilderte Wahlsituation psychologisch vollständig darzustellen. Wie aus Abb. 5.12 zu ersehen ist, kommt Tolman zu einer eigenwilligen Kombination von Lewins Personmodell (Bedürfnissystem) und Umweltmodell (Verhaltensraum), wobei die Unverträglichkeit zwischen beiden, auf die wir oben schon hingewiesen haben, durch Vermittlung (siehe die zweigeteilten Pfeillinien) der kognitiven Prozesse des Erwartungs-Wert-Systems überbrückt wird. Unabhängige Variablen sind der physiologische Bedürfniszustand (T, Trieb) und die Umwelt-Stimuli (S); intervenierende Variable ist das Bedürfnissystem, das Erwartungs-Wert-System und der Verhaltensraum; abhängige Variable ist das erfolgende Verhalten (V). Der Verhaltensraum stellt die kognitiv-phänomenale Repräsentation der gegebenen Situation dar. Seine Gestaltung ist entscheidend von dem Erwartungs-Wert-System abhängig. Die Anreize x_1, x_2 sowie a_1, a_2 leiten sich aus entsprechenden Werten im Erwartungs-Wert-System ab (hier: für zwei Restaurants und die bevorzugte Speise in jedem der beiden). Ebenfalls daraus abgeleitet sind die erwartete Befriedigung der Hungerstillung sowie der erlebte „Hunger-Schub" *(need push)*, welch letzterer auch eine unmittelbare Funktion des Bedürfnisses und der Umwelt-Stimuli ist.

Ohne auf Einzelheiten (sowie Schwierigkeiten) einzugehen, wird schon aus der Abbildung deutlich, daß Tolman bemüht ist, über Lewin hinauszugehen, indem er den gegebenen Verhaltensraum konditionalgenetisch aus vorauslaufenden intervenierenden kognitiven Variablen abzuleiten versucht. Im Text dazu erörtert er zudem diagnostische Möglichkeiten, um die individuelle Ausprägung der konstituierenden kognitiven Zwischenvariablen im Erwartungs-Wert-System operational zu

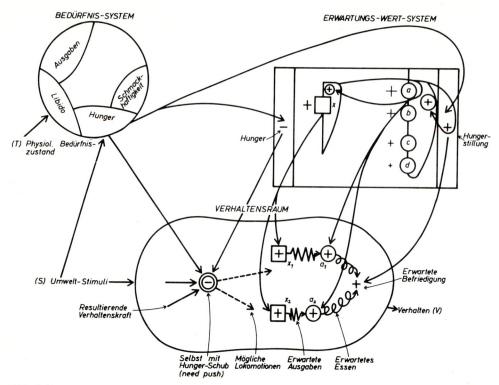

Abb. 5.12. Darstellung einer Wahlsituation unter Bedürfnisdruck auf drei verschiedenen Betrachtungsweisen der Modellbildung: Bedürfnissystem, Erwartungs-Wert-System und Verhaltensraum. Das Erwartungs-Wert-System vermittelt zwischen Bedürfnis-System und Verhaltensraum, die dem Personmodell und dem Umweltmodell Lewins entsprechen. Unabhängige Variablen sind der Bedürfniszustand Hunger (T) und die Umwelt-Stimuli (S); intervenierende Variablen das Bedürfnis-System, das Erwartungs-Wert-System und der Verhaltensraum; abhängige Variable ist das erfolgende Verhalten (V). (Nach Tolman, 1952, S. 395)

erfassen. Damit betont er im Unterschied zu Lewin die Bedeutung individueller Unterschiede und stößt auf Probleme, die im Mittelpunkt der neueren Motivationsforschung, besonders im Rahmen der Erwartungs-mal-Wert-Theorie, stehen (vgl. Kap. 9).

Erwartung und Anreiz, S-R-theoretisch konzipiert

Tolmans Analyse des zielgerichteten Verhaltens mit ihren experimentellen Belegen mußte Ende der zwanziger Jahre die Verfechter einer assoziationstheoretischen Verhaltenserklärung herausfordern. Diese sahen in S-R-Verbindungen das kausale Grundschema von Ursache und Wirkung. Wie sollten, wie Tolman postuliert, Erwartungen, ein Wissen um künftige Zielzustände und um Mittel und Wege, sie zu erreichen, das gegenwärtige Verhalten bestimmen? Hull nahm die Herausforderung an. Tolmans behavioristische Analyse der Zielgerichtetheit von Verhalten war unbezweifelbar. Im Unterschied zum Lernen als einem Verstärken von S-R-Verbindungen mußte ein Prozeß der Motivation als ein *Anstreben von Zielen* anerkannt werden.

Der frühe Hull

Aber, so fragte Hull, läßt sich Motivation nicht letztenendes auf S-R-Verbindungen zurückführen? In Beantwortung dieser Frage entwickelte er in den dreißiger Jahren ein S-R-theoretisches Gegenstück zu Tolmans kognitiver Motivationstheorie, eine kognitive S-R-Theorie der Motivation. Es galt, den vorwegnehmenden Zielerwartungen, diesen verhaltensleitenden aber mentalistischen „Ideen" über das anzustrebende Ziel, eine substantielle, d. h. „physikalische" Grundlage in S-R-Ereignissen zu geben. In dieser ersten Phase seiner Theoriebildung entwickelte Hull den sog. r_G-s_G-Mechanismus, die fragmentarische vorwegnehmende Zielreaktion, als ein Äquivalent für kognitive Erwartung.

Wir werden diese Konzeption als erstes in den Grundgedanken kurz erörtern. Die motivierende Wirkung des Anreizes des Zielobjekts spielte in dieser ersten Phase noch keine herausgehobene Rolle. Das wurde erst in der dritten und letzten Phase der Theorieentwicklung Hulls (1951) aufgegriffen und von Spence (1956) fortgeführt, wobei der r_G-s_G-Mechanismus wieder besondere Bedeutung gewinnt. In der Zwischenzeit, der mittleren Phase, die durch die Ausformulierung der Bekräftigungs- und der Triebtheorie in den „Principles of Behavior" (1943) gekennzeichnet ist (vgl. Kap. 4), war die Berücksichtigung kognitiver Vorgänge wie Erwartung und Anreiz sowie deren S-R-theoretische Konstruktion vorübergehend in den Hintergrund getreten. So erstreckt sich die Auseinandersetzung der S-R-Theoretiker mit Tolmans Theorieansätzen und der ihnen zugrunde liegenden Befunde über mehr als zwanzig Jahre, bis schließlich auch eine Variable wie Anreiz des Zielobjekts Aufnahme in die S-R-Theorie des Verhaltens als ein eigener Motivationsfaktor fand.

Beginnen wir mit der frühen Frage Hulls: Wie kann die Erwartung der Zielerreichung ablaufendes Handeln steuern, wie kann Künftiges Gegenwärtiges bestimmen? Lassen sich Erwartungen in S-R-Begriffen fassen? Einen Anhalt boten Pawlows Forschungsergebnisse zum klassischen Konditionieren, die Ende der zwanziger Jahre in voller Übersetzung vorlagen. Wie Pawlow gezeigt hatte, können bislang neutrale Reize eine Signalwirkung gewinnen und bevorstehende Ereignisse ankündigen. Daß sie damit etwas schaffen, was dem „Wissen" um Künftiges analog ist, läßt sich aus Verhalten wie der Speichelreaktion ersehen. Sie bereitet schon vorweg die eigentliche Zielreaktion (nämlich das Fressen) vor, obwohl das eigentliche Zielobjekt (Futter) noch gar nicht vorhanden ist, und deshalb die Zielreaktion noch nicht stattfindet, und der Zielzustand (Gesättigtsein) noch auf sich warten läßt. Nimmt man nun an, daß die auf einen äußeren Reiz (S_1) erfolgende Reaktion (R_1) eine propriozeptive Rückmeldung hat, d. h. einen inneren Reiz zur Folge hat (s_1), so kann dieser innere Reiz zeitlich mit dem nächsten äußeren Reiz (S_2) zusammenfallen, der seinerseits R_2 auslöst. Damit läuft s_1 unmittelbar R_2 voraus und kann sich mit ihm assoziieren. Auf die Dauer könnte dann schon S_1 genügen, um die ganze Kette von Reaktionen, vermittelt über die von diesen Reaktionen ausgelösten inneren Reize, ablaufen zu lassen. Dabei ist zu beachten, daß die S_n-R_n-Verknüpfungen umso stärker sind, je näher sie an der Zielreaktion liegen, die Kette baut sich vom Ende her auf. Abb. 5.13 zeigt die Etappen dieser Assoziationsbildung mittels innerer Reize.

Somit kann sich eine Reaktionsfolge über die von ihr geschaffenen, reaktionsabhängigen inneren Reize sozusagen selbst kurzschließen und von dem weiteren Ingangshalten

a $S_1 \longrightarrow S_2 \longrightarrow S_3 \longrightarrow$
   $\searrow R_1 \quad \searrow R_2 \quad \searrow R_3$

b $S_1 \longrightarrow S_2 \longrightarrow S_3 \longrightarrow$
   $\searrow R_1 \rightarrow s_1 \searrow R_2 \rightarrow s_2 \searrow R_3$

c $S_1 \longrightarrow S_2 \longrightarrow S_3 \longrightarrow$
   $\searrow R_1 \rightarrow s_1 \dashrightarrow R_2 \rightarrow s_2 \dashrightarrow R_3$

d S_1
   $\searrow R_1 \rightarrow s_1 \dashrightarrow R_2 \rightarrow s_2 \dashrightarrow R_3$

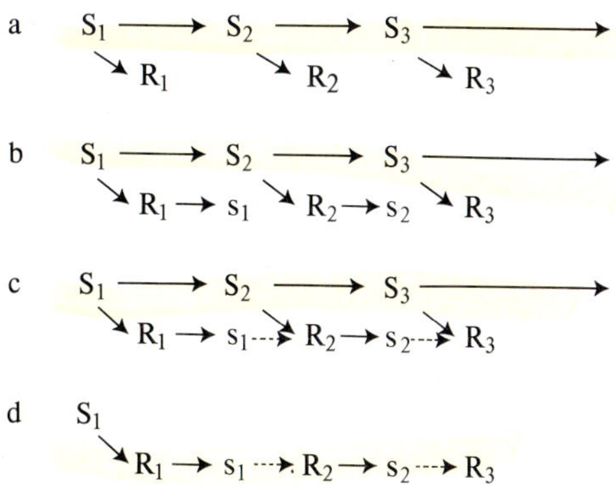

Abb. 5.13 a–d. Grundmuster, wie eine Reaktionsabfolge (R_1 bis R_3) sich über zwischengeschaltete innere, d. h. reaktionsabhängige Reize (s_1, s_2) kurzschließen kann und so zu ihrem weiteren Ablaufen nicht mehr der jeweils auslösenden äußeren Reize bedarf

durch äußere Reize unabhängig machen. Eine solcherart konditionierte Kette von Reaktionen kann sehr schnell ablaufen, gewöhnlich schneller, als die Kette von Stimuli, die die Änderungen der Außenwelt bis zum Erreichen des Zielobjekts repräsentieren. Die Reaktionsabfolge ist schneller als die Stimulusabfolge, R_3 erfolgt schon, bevor S_3 auftritt. Mit anderen Worten: Ereignisse im Organismus sind Ereignissen in der Außenwelt schon voraus. Damit kann der Organismus schon auf etwas reagieren, was in Wirklichkeit noch nicht eingetreten ist: Die Grundlage für Voraussicht ist gegeben.

Allerdings ist ein Einwand auszuräumen. Nach den bisherigen Überlegungen würde schon ein äußerer Reiz (S_1), der noch sehr weit vom eigentlichen Zielreiz (S_G, G = *goal*) entfernt ist, ausreichen, komplette Leerlaufreaktionen abrollen zu lassen. Die Zielreaktion (R_G) würde schon gleich erfolgen, obwohl noch kein Kontakt mit dem Zielobjekt, etwa Futter, hergestellt ist. Da Reaktionen in diesem Falle ohne Effekt bleiben, nimmt Hull an, daß sie nach dem Gesetz der Wirkung allmählich verschwinden bis auf wenige Spurenelemente der ursprünglich voll ausgeprägten Reaktionen. Diese spurenartigen Reaktionsreste nennt er „reine Stimulus-Akte" (*pure stimulus acts*). Ihre einzige Funktion besteht nur noch darin, als innere Reize für die Auslösung anderer Akte zu dienen, die alle letztlich auf das Zielereignis, die Zielreaktion, verweisen. In den reinen Stimulus-Akten sah Hull die neurologische Grundlage kognitiver Prozesse, wie Gedanken und Erwartungen. Wie Watson war Hull ein „Peripheralist", kein „Zentralist"; d. h. er verlegte das Substrat kognitiver Prozesse nicht in ein zentrales System (wie etwa die Großhirnrinde) sondern in die peripheren Effektorsysteme des Körpers. Jedenfalls glaubte er, mit den *pure stimulus acts* die Grundlage einer kognitiven und flexiblen Verhaltenssteuerung freigelegt zu haben. Er schreibt 1930:

It is evident upon a little reflection that the advent of the pure stimulus act into biological economy marks a great advance. It makes available at once a new and enlarged range of behavior possibilities. The organism is no longer a passive reactor to stimuli form without, but becomes relatively free and dynamic. There is a transcendence of the limitations of habit as ordinarily understood, in that the organism can react to the not-here as well as the not-now ... The pure stimulus act thus emerges as an organic, physiological – strictly internal and individual – symbolism. Quite commonplace instrumental acts, by a natural reduction process, appear transformed into a kind of thought (1930, S. 516–517).

In dem Bemühen, S-R-theoretische Grundlagen für verhaltensleitende Zielerwartungen zu finden, entwickelte Hull neben den inneren Reizen (als propriozeptive Reaktionsrückmeldungen) ein weiteres, zusätzliches Konzept, das für die weitere Theorieentwicklung bedeutsamer werden sollte, insbesondere später bei der Berücksichtigung von Anreizwirkungen. Es ist eine herausgehobene Gruppe der reinen Stimulus-Akte: die fragmentarische vorwegnehmende Zielreaktion, der r_G-s_G-Mechanismus. Hull geht – ähnlich wie vor ihm schon Freud – davon aus, daß ein Bedürfniszustand bis zu seiner Befriedigung von einem Triebreiz (S_D) begleitet ist. Da der Triebreiz andauert, assoziiert er sich mit allen aufeinanderfolgenden Reaktionen, die zur Zielreaktion führen – und auch mit der Zielreaktion selbst. Schließlich kann der Triebreiz, sobald er auftaucht, schon gleich die Zielreaktion hervorrufen. Würde diese jedoch voll ausgeführt, so käme sie verfrüht und würde mit den notwendigen instrumentellen Reaktionen, die in Kontakt mit dem Zielobjekt bringen und damit erst die Voraussetzung für eine erfolgreiche Zielreaktion schaffen, in Konflikt geraten. Die vorweg hervorgerufene Zielreaktion wird deshalb schnell nach dem Gesetz der Wirkung gelöscht. Zurück bleibt ein Fragment der eigentlichen Zielreaktion, das die Abfolge instrumenteller Reaktionen nicht behindert; also etwa statt Zuschnappen Kauen und Schlucken (Zielreaktion), Speichelfluß, Zungenbewegung und ähnliche Andeutungen des Freßaktes.

Entscheidend ist, daß dieses Fragment der Zielreaktion (r_G) schon ganz früh durch den Triebreiz ausgelöst wird und die gesamte Reaktionskette, die erst noch zur Zielreaktion (R_G) hinführen muß, mit einem Satz überspringen kann. Sie hat (wie jede Reaktion) zudem ihre propriozeptive Rückmeldung, S_G, ein innerer Reiz, den Hull als Zielreiz bezeichnet. Dieser innere Zielreiz repräsentiert das Zielereignis, die Bedürfnisbefriedigung. Er ist wie der Triebreiz während der gesamten Verhaltenssequenz, also schon bei jeder einzelnen Zwischenreaktion, zugegen. Er kann deshalb Grundlage dessen sein, was Tolman als Zielerwartung gefaßt hat, was den Handlungsausgang antizipiert und damit zielgerichtet steuert. Oder wie Hull es selbst sagt: „anticipatory goal reactions are the physical substance of purposive ideas" (1931; S. 505).

Nachdem auf die geschilderte Weise das Motivationsproblem der Zielgerichtetheit, d. h. das Anstreben von Zielen durch vorwegnehmende Erwartung des Zielzustands, S-R-theoretisch gelöst worden war, sah Hull (1935) die Möglichkeit, Motivationsvorgänge überhaupt auf Gesetze des Lernens, auf die Herausbildung von S-R-Assoziationen zurückzuführen. Es mußte zusätzlich nur noch angenommen werden, daß die bekräftigenden Befriedigungsereignisse, die „satisfying states of affairs" nach Thorndike, angeborene und bedürfnisspezifische Grundlagen haben, auf denen sich in der Ontogenese gewisse Modifikationen durch Lernen entwickeln und auskristallisieren können. Aber konnte er damit, soweit er Tolman auch entgegengekommen war, die Befunde erklären, die dieser ins Feld geführt hatte? Nehmen wir die schlagartige Verbesserung der Verhaltensleistung, wenn Futter von geringem Anreiz gegen solches von hohem Anreiz ausgewechselt wird. Im Rahmen der Hullschen Konzeption müßte man annehmen, daß (1.) die Aufnahme des neuen Futters mit etwas anderen Zielreaktionen verbunden sei (was etwa bei Kleiebrei gegenüber Sonnenblumensamen nicht unwahrscheinlich ist), damit überhaupt eine andere antizipatorische Zielreaktion (r_G) Platz greifen kann; daß (2.) mit nur einmaliger Erfahrung die Assoziation des Triebreizes (S_D) mit dem bisherigen r_G zugunsten des neuen r_G gelöscht wird. Das aber ist bei der allmählichen Natur des Lernens, insbesondere des Umlernens, wenig wahrscheinlich. Ganz und gar unerklärlich muß das latente Lernen bleiben. Hier liegt zwar ein Triebreiz (S_D), aber keinerlei Zielreaktion (R_G) vor. Ein r_G-s_G-Mechanismus kann sich nicht aufbauen. Dazu sind, wie die Kontrollgruppe zeigt, wiederholte Erfahrungen nötig. Das sprunghafte Aufholen der Kontrollgruppen-Leistung muß auch nach dieser Erweiterung der S-R-Theorie ein Rätsel bleiben.

Der mittlere und der späte Hull

Das einzige, was Hull tat, als er 1943 seine Bekräftigungstheorie ausformulierte (und die Fragen einer S-R-theoretischen Konstruktion von kognitiven Prozessen des Anstrebens von Zielen vorübergehend aus den Augen verlor), war, daß er Qualität und Menge des bekräftigenden Zielobjekts ausdrücklich unter den

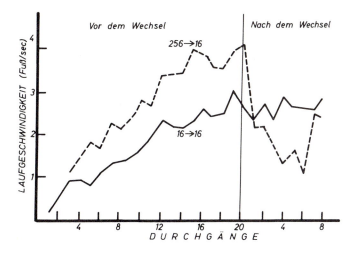

Abb. 5.14. Laufgeschwindigkeit in Abhängigkeit von der Futtermenge. Bis zum 19. Durchgang wurden einer Gruppe 16 Futterpillen, der anderen 256 gegeben. Vom 20. Durchgang erhielten beide Gruppen 16 Futterpillen. (Zusammengestellt nach Crespi, 1942, Fig. 2, S. 488, u. Fig. 8, S. 508)

Bedingungen aufzählte, die für die Stärke der Bekräftigung von S-R-Verbindungen verantwortlich sind. Es war Crespi (1942; 1944), der gleich mit neuen Befunden darauf aufmerksam machte, daß auch auf diese S-R-theoretische Weise das Anreizproblem nicht gelöst werden konnte, daß es sich beim Anreiz vielmehr um einen eigenständigen motivationalen Sachverhalt handelt. Crespi wechselte die Menge des Futters, die hungrige Ratten am Ende eines geraden Ganges fanden. Bei größerer Futtermenge wuchs die Laufgeschwindigkeit in den ersten 19 Durchgängen schneller als bei kleinerer Futtermenge. Wie Abb. 5.14 zeigt, ist das Plateau der Laufleistung unter beiden Anreizbedingungen verschieden hoch. Es wird in beiden Bedingungen nach gleicher Anzahl von Durchgängen erreicht, so daß auch beide Versuchstiergruppen gleiche *habit*-Stärke herausgebildet haben müssen. Soweit gehen die Befunde voll mit Hulls Bekräftigungstheorie überein. Aber danach wechselt Crespi die Futtermenge bei einzelnen Versuchstiergruppen. Die Abbildung zeigt den Effekt des Wechsels von viel bis zu wenig Futter. Die Laufgeschwindigkeit sinkt abrupt ab auf das Niveau der Gruppe, die bislang nur wenig Futter erhalten hat, und noch darunter. Wiederum ist die plötzliche Verhaltensänderung assoziationstheoretisch nicht zu erklären. Bestätigt wurden Crespis Befunde von Zeaman (1949). Er fand bei einer Umkehrung der Futtermenge von 0,05 und 2,4 Gramm eine vollständige Umkehrung der Latenzzeiten auf das vorher erreichte Plateau der anderen Gruppe mit der gleichen Futtermenge.

In der letzten Phase seiner Theoriekonstruktion hat Hull (1951) versucht, diesen Befunden gerecht zu werden. Das Ausmaß und die Art der Bekräftigung, die von der Stärke und der Art des Anreizes des Zielobjektes abhängen, ließ er nicht mehr zur *habit*-Bildung beitragen. Das tun jetzt nur noch die Häufigkeit und die Verzögerung der Bekräftigung. Ausmaß und Art der Bekräftigung faßt er dagegen zu einem neuen motivationalen Faktor K zusammen. Die Stärke von K ist eine Funktion der Stärke der konsummatorischen Reaktion, die selbst wieder vom Anreiz des Zielobjekts abhängt. Neben D ist K nun für die Stärke der instrumentellen Reaktion verantwortlich; nicht für die *habit*-Bildung, d. h. nicht für die Frage, welche Reaktion erfolgt. D und K werden multiplikativ miteinander verknüpft, so daß die Formel für das Reaktionspotential ($_sE_R$) jetzt folgende Gestalt annimmt:

$$_sE_R = D \times K \times {_sH_R}$$

Die Weiterentwicklung durch Spence

Hull folgte damit teilweise Überlegungen, die Spence anstellte, um Anreizphänomenen, wie dem latenten Lernen, beizukommen. Spence hatte das ursprüngliche Konzept Hulls vom r_G-s_G-Mechanismus wieder aufgegriffen. Wenn die fragmentarische antizipatorische Zielreaktion, so überlegte Spence, sich nicht nur mit dem Triebreiz (S_D), wie Hull es ursprünglich konzipiert hatte, verbindet, sondern auch mit äußeren Reizen (S) und inneren, propriozeptiven (s), so kann die antizipatorische Zielreaktion von den entsprechenden Reizen ausgelöst und ihrerseits wie ein Motivator wirken, d. h. die Stärke der jeweils situativ ausgelösten instrumentellen Reaktionen erhöhen. Die antizipatorische Zielreaktion ist damit zu einer energetisierenden Anreizmotivation geworden. Spence stellt sich vor, daß sie Spannungszustände und Konflikt hervorrufen, die eine allgemeine und unspezifisch antreibende Wirkung haben. Die tatsächliche Natur der antizipatorischen Zielreaktionen ist bis heute nicht recht klar. Versuche, sie zu beobachten und registrierbar zu machen, waren bislang unergiebig (vgl. Bolles, 1967; S. 352 f.). Da Spence ihnen den Status einer intervenierenden Variablen zuweist, kann die unmittelbare Beobachtbarkeit der antizipatorischen Zielreaktionen dahingestellt bleiben.

Im Unterschied zu Hull verband Spence die beiden Motivationsfaktoren, D und K, nicht multiplikativ sondern additiv, so daß das exzitatorische Potential (E; das Äquivalent für Hulls Reaktionspotential, $_sE_R$:

$$E = (D + K) \times H$$

Für diese Änderung gibt es einige bestätigende Befunde (z. B. Reynolds u. Anderson, 1961). Entscheidender ist jedoch eine andere Änderung gegenüber Hull. Spence (1956) gab die Bekräftigungstheorie der *habit*-Bildung ganz auf. Die Festigkeit von S-R-Verbindungen ist nach ihm nur noch eine Funktion der Häufigkeit bloßen Zusammenauftretens, also reiner Kontiguität. Dagegen tragen die Bekräftigungsereignisse – ihre Häufigkeit, Stärke, Art und Unmittelbarkeit bzw. Verzögerung – direkt zur Ausprägung der Anreizmotivation K, die in der fragmentarischen antizipatorischen Zielreaktion (r_G-s_G) zum Ausdruck kommt, bei.

Diese Konzeption ist eher als Hulls Revision in der Lage, Befunde zur Anreizwirkung und zum latenten Lernen zu erklären. Die Wirksamkeit von Bekräftigungsereignissen liegt nun überhaupt nicht mehr im langsamen Auf- und Abbau von *habits*. Die darin liegende Schwerfälligkeit des Lernvorgangs war ja der Grund, warum die Plötzlichkeit von Anreizeffekten nicht erklärt werden konnte. Jetzt teilt sich ein in den Bekräftigungsereignissen zutage tretender Anreizwechsel über die motivierende Funktion des r_G-s_G-Mechanismus unmittelbar *allen* Reaktionen mit, die situativ ausgelöst werden. Der r_G-s_G-Mechanismus selbst wird nach dem Muster des klassischen Konditionierens von den jeweiligen Stimuli verschiedener Art (Außenweltreize, propriozeptive Reize und Triebreize) hervorgerufen; und zwar nach Maßgabe ihrer Ähnlichkeit mit dem eigentlichen Zielreiz (S_G). Dabei ist mit wachsender zeitlicher und räumlicher Entfernung vom Zielereignis mit einem Reizgeneralisationsgradienten zu rechnen; d. h. mit zunehmender Entferntheit verlieren die jeweiligen Stimuli an Ähnlichkeit mit dem Zielreiz und lösen entsprechend schwächere Motivationswirkungen der antizipatorischen Zielreaktionen aus. (Im Ergebnis entspricht dieser S-R-theoretische Zusammenhang der Konzeption Lewins, nach welcher die Valenzstärke mit der psychologischen Distanz zum Ziel abnimmt).

Mit dieser Fortentwicklung der S-R-Theorie zu einer Theorie der Anreizmotivation ist Spence den Vorstellungen Lewins und Tolmans schon recht nahe gekommen. In S-R-Begriffen betrachtet stehen sich die Mechanismen r_G-s_G (Spence) und SR-S (Tolman; oder R-S*) recht nahe. Offen bleibt allerdings, ob der Spencesche Vorschlag bereits voll ausreicht, um die Schlagartigkeit der anreizabhängigen Verhaltenswirkung zu erkennen. Denn da r_G-s_G selbst das Ergebnis klassischen Konditionierens ist, bleibt fraglich, ob r_G-s_G sich so abrupt schon nach einmaliger Veränderung des Bekräftigungsereignisses ändern kann.

Neuere Fortentwicklungen

Es gibt weitere Phänomene und viele Befunde, die inzwischen zunehmend mehr Motivationsforscher veranlaßt haben, Anreiztheorien (in der einen oder anderen Form) gegenüber Trieb- und Bekräftigungstheorien des Verhaltens den Vorzug zu geben. Bei der Erörterung der triebtheoretischen Postulate im vorigen Kapitel boten sich bei manchen Befunden anreiztheoretische Erklärungen als konkurrierende oder überlegene Alternativen an. Ein Beispiel sind Befunde von Triebunterscheidungsversuchen. Wenn Tiere in der Lage sind, ihrem jeweiligen Triebzustand entsprechend den einen oder anderen Verhaltenskurs einzuschlagen, so kann diese Unterscheidungsleistung statt auf spezifischen Triebreizen auf Anreizwirkungen, d. h. antizipatorischen Zielreaktionen, beruhen. Ein anderes Beispiel ist die postulierte energetisierende Funktion des Triebs. Mit den S-R-theoretischen Revisionen von Hull und Spence stellt sich die Frage, wieweit energetisierende Wirkungen auf Anreiz (K) zurückgehen. Schon die Beobachtungen Richters über periodische Aktivitätsänderungen und die späteren Versuche mit der *Columbia Obstruction Box* über die Beziehung zwischen Bedürfniszustand und Aktivität werfen Fragen nach unberücksichtigten Anreizeffekten auf.

In diesem Zusammenhang haben wir bereits im 4. Kap. die Beobachtungen von Sheffield u. Campbell (1954) kennengelernt, nach denen Reizänderungen, die mit der täglichen Fütterung verbunden waren, ausreichen, die Aktivität hungriger Ratten zu steigern. Offensichtlich ist die Reizänderung ein Pawlowscher Signalreiz für fragmentarische antizipatorische Zielreaktionen des Fressens. Gleiches legt der erörterte Frustrationsversuch von Amsel u. Roussel (1952) nahe (vgl. Abb. 4.8). Fanden die Ratten in der ersten Zielkammer nicht, wie früher, Futter, so erhöhte sich die Laufgeschwindigkeit zur zweiten Zielkammer. Wie Amsel (1962) an vielen Befunden nachgewiesen hat, erhöht Frustration die Intensität des gerade ablaufenden Verhaltens. Nach Amsel besteht Frustration darin, daß vorbereitende konsummatorische Reaktionen nicht zum Zuge kommen, d. h. nicht in konsummatorisches Verhalten am Zielobjekt übergehen können. Aus r_G wird nicht R_G.

Die verschiedenen Befunde stimmen gut mit der Vermutung von Spence überein, daß die Anreizwirkung in einer Erhöhung der Aktivation bestünde. Die Stärke der konsummatorischen Reaktion (R_G) und die Stärke der zu ihr hinführenden instrumentellen Reaktionen müßten sich entsprechen, da die letzteren ja von den r_G, die die R_G vorwegnehmen, aktiviert werden. Einen guten Beleg dafür haben Sheffield, Roby u. Campbell (1954) vorgelegt. Sie haben Ratten nach Flüssigkeit mit unterschiedlicher Süßigkeit und Nährwert (Saccharin und Dextrose) laufen lassen. Es ergab sich eine erstaunlich straffe Korrelation zwischen Menge getrunkener Flüssigkeit und Laufgeschwindigkeit. Auch die für die Triebreduktionstheorie kritischen Befunde von Sheffield, Wulff u. Backer (1951) zum Kopulationsverhalten ohne Samenerguß (vgl. Abb. 4.6) gehören hierher. Das Sexualverhalten ist in besonders hohem Maße anreizmotiviert. Studiert man Youngs Befunde (1959; 1961), so wird man Entsprechendes kaum weniger für das Nahrungsverhalten gelten lassen. Young legte nicht-hungrigen Ratten verschiedenartige Futterarten aus, die nach ihren Komponenten systematisch durchvariiert waren, und maß Laufgeschwindigkeit, Bevorzugung und konsumierte Menge. Bei Zuckerlösung z. B. rennen Ratten ohne jeden Verzug, bei Kasein nähern sie sich nur zögernd, verfallen zwischendurch in Erkundungsaktivitäten, ehe sie sich schließlich an das Kasein heranmachen. Young glaubt, bei den Tieren zu Beginn jedes Durchgangs eine „propriozeptive Gespanntheit" zu beobachten, die der Intensität des späteren Freßverhaltens entspricht.

Unter dem Eindruck der angeführten und anderer Befunde hat Sheffield das triebtheoretische Postulat, nach welchem die Stärke der Bekräftigung vom Ausmaß der Triebreduktion abhängen soll, in Zweifel gezogen und sieht statt dessen die Bekräftigung als von der Stärke des konsummatorischen Verhaltens, vom Grad der „Erregtheit" (excitement) abhängig. Bekräftigung hat also eher etwas mit *Triebinduktion* als mit Triebreduktion zu tun. Sheffield geht in seiner Theorie der Anreizmotivation noch einen Schritt über Spence hinaus auf Lewin und Tolman zu. Er gibt der Anreizmotivation nicht wie Spence eine bloß unspezifische, sondern eine spezifische, d. h. gerichtete Antriebsfunktion, allerdings auf eine etwas indirekte Weise. Die Überlegung ist in Kürze wie folgt (vgl. Sheffield, Roby u. Campbell, 1954). Im Bedürfniszustand können in einer Situation, die noch nicht die Zielsituation ist, verschiedene Reaktionstendenzen situativ hervorgerufen werden. Über propriozeptive Stimuli erregen sie in unterschiedlichem Grade fragmentarische Zielreaktionen (r_G). Je mehr dies bei einer der Reaktionstendenzen der Fall ist, umso stärker wird Erregtheit hervorgerufen, die dann gerade diese Reaktionstendenz aktiviert, d. h. gegenüber den anderen zur Ausführung bringt, bis schließlich die Situation hergestellt ist, in der die Zielreaktion (R_G) erfolgen kann.

Überlegungen dieser und ähnlicher Art münden alle in die beiden Grundfragen jeder Anreiztheorie der Motivation in Auseinandersetzung mit den Postulaten der klassischen S-R-Theorie. (1.) Ist es zwingend, zwei Motivationsfaktoren, nämlich Trieb und Anreiz anzunehmen, oder läßt sich mit einem auskommen, indem Anreiz auch Trieb umfaßt? (2.) Ist das Postulat von der *habit*-bildenden Wirkung der Bekräftigung nicht überflüssig? Anreiztheorien unterscheiden sich, wieweit sie Trieb und Bekräftigung zum alten Eisen unnützer Erklärungsbegriffe werfen. Besonders ist die Nützlichkeit des Bekräftigungsbegriffs neuerdings immer stärker in Zweifel gezogen worden. Zwar wird dem Bekräftigungsereignis die entscheidende Rolle bei der Bildung von Anreizen, von fragmentarischen und vorwegnehmenden Zielreaktionen (r_G), zuerkannt, aber auf der Grundlage klassischen Konditionierens nach Pawlow und nicht instrumentellen Bekräftigungslernens nach Thorndike. Wir kommen darauf im nächsten Abschnitt zurück. Was die erste Frage betrifft, so bleibt Trieb als Variable des Bedürfniszustands weiterhin von Bedeutung, aber er wird zu einer determinierenden Bedingung für die Stärke der Anreizmotivation selbst. Um es in Lewins Theoriesystem auszudrücken: In einer gegebenen Situation repräsentiert die Valenz der Zielsituation die motivierende Kraft im psychologischen Feld, und die Bedürfnisstärke (t) ist eine ihrer Bestimmungsgrößen.

Seward (1942) war der erste aus dem S-R-theoretischen Lager, der Schritte in dieser Richtung tat. Er sprach von der „Externalisierung des Triebes" in r_G-Mechanismen der Anreizmotivation. Und Anreizmotivation genügt, um auf solche Reize hin, die mit der bekräftigenden Zielreaktion assoziativ verknüpft sind, die geeigneten Reaktionen auszuwählen und zu aktivieren. 1951 umriß er diese Position, indem er den eigentlich wirksamen Prozeß der Motivierung als „tertiäre Motivation" bezeichnet:

> ... an animal in a state of need is motivated not only by a primary drive (D) and drive stimulus (s_D) but by a secondary drive consisting of set r_G to make a characteristic consummatory or goal response (R_G). When a response (R) is followed by a reward, R_G is conditioned to concurrent stimuli. By generalization of this conditioning, stimuli accompanying R now serve to intensify r_G ... this intensification called tertiary motivation (is) endowed with the property of facilitating R, the activity in progress. (Seward, 1951; S. 130)

Zwei ehemalige Schüler Hulls, McClelland und Mowrer, nahmen die motivierende „Erregtheit" *(excitement)*, die Sheffield und Young betont hatten, zum Ausgangspunkt ihrer Theorieentwicklung. Sie fügten ihr ein emotional-inhaltliches Element hinzu, so daß Erwartungsemotionen daraus wurden. Die Position beider Autoren ist schon im 2. Kapitel skizziert worden. Für McClelland besteht Motivation (abgekürzt) in der Erwartung eines früher schon erfahrenen Wandels in einer affektiv bedeutsamen Situation. Diese motivierende Erwartung wird durch einen Hinweisreiz ausgelöst, der die frühere affektiv bedeutsame Situation partiell reaktiviert, sie wieder wirksam werden läßt (vgl. McClelland et al., 1953).

Für Mowrer (1960) sind es vier Arten von Erwartungsemotionen (Hoffnung, Furcht, Enttäuschung und Erleichterung), die im Sinne der Anreizmotivation das Verhalten sowohl aktivieren als auch ausrichten. Trieb ist nunmehr weder zur Bekräftigung instrumenteller Reaktionen noch zu deren Energetisierung vonnöten. Er hat allerdings noch eine bedeutsame Funktion; an seine Reduktion wie auch seine Induktion konditionieren sich die Erwartungsemotionen. Äußere wie innere Hinweisreize können die Erwartungsemotionen auslösen. Die Erwartungsemotionen intensivieren nach dem Regelungsprinzip, Hoffnung zu mehren und Furcht zu mindern, die ablaufenden instrumentellen Reaktionen auf dem Wege zum Zielzustand. Durch die propriozeptive Rückmeldung findet also eine beginnende Reaktion über die ausgelöste positive oder negative Erwartungsemotion sogleich eine Bekräftigung in Form von Verstärkung oder Hemmung. Dabei hat Mowrer allerdings die Frage unbeantwortet gelassen, wie eine instrumentelle Reaktion anders als auf S-R-theoretische Weise überhaupt erst in Gang gerät, ehe sie von den Erwartungsemotionen intensiviert oder gedämpft wird.

Dieses und andere Konzepte von Anreiz und Erwartung sowie der Regelungsmechanik hat Heckhausen (1963b) in einer „Rahmentheorie der Motivation" aufgegriffen. Sie ist nicht in S-R-Begriffen formuliert und ihr zentraler Begriff ist das emotional getönte „Erwartungsgefälle", das aufsuchend oder meidend motiviert.

Reaktionsbekräftigung, ein unnötiger Erklärungsbegriff

Wir haben bereits die Frage aufgeworfen, ob das Postulat von der *habit*-bildenden Bekräftigung nicht überflüssig sei. Seit Tolman ab Ende der zwanziger Jahre dagegen Front machte und Befunde zum latenten Lernen und zum Anreizwechsel der Hullschen Bekräftigungstheorie des operanten Lernens unlösbare Probleme aufgaben, haben anreiztheoretische Ansätze, wie wir sahen, die Erklärungslast für das instrumentelle, zielgerichtete Verhalten mehr und mehr, ja schließlich vollständig, einer situativ angeregten und erwartungsbezogenen Anreizmotivation zugesprochen (vgl. das neue Sammelreferat von Bolles u. Moot, 1972). Der Unterschied zu Lewins und Tolmans Erklärungsansätzen besteht eigentlich nur noch darin, daß bei diesen die motivierenden Erwartungen schlicht als kognitiv repräsentiert vorausgesetzt werden, während Anreiztheoretiker wie Seward, Sheffield, Mowrer sowie Logan (1960) intervenierende Prozesse in der S-R-Sprache konstruieren (was sicherlich die experimentelle Detailanalyse gefördert hat). Das klassische Konditionieren nach Pawlow hat sich als unentbehrlich bei der Erklärung erwartungsbezogenen Handelns erwiesen.[1]

Das instrumentelle (operante) Konditionieren ist in seiner Interpretation als Reiz-Reaktions-Verknüpfung durch Bekräftigung nach Thorndike und Hull zunehmend fragwürdiger geworden. Das Gesetz der Wirkung wurde von einem Lernprinzip zu einem Verhaltensprinzip. Der assoziationstheoretische r_G-s_G-Mechanismus hat sich zum kognitionstheoretischen Äquivalent von motivierenden Erwartungen eines Anreizes gemausert.

Entscheidender als die verbleibenden Unterschiede des Theoriesystems, ob „mechanistisch" (assoziationstheoretisch) oder „kognitiv", ist etwas anderes. Es hat ein Umschwung in der Auffassung des Motivationsgeschehens stattgefunden. In einer Kurzformel läßt er sich wie folgt umschreiben: Vom Schub zum Zug. Zielgerichtetes Verhalten erscheint nicht mehr durch einen allgemeinen Trieb von hinten angeschoben, wobei alle Gerichtetheit fixierten S-R-Verknüpfungen überlassen bleibt, die sich über Triebreduktion herausgebildet haben (und im Falle von Untauglichkeit zunächst gelöscht werden müssen) oder sich erst langsam herausbilden. Zielgerichtetes Verhalten erscheint vielmehr von erwarteten Zielzuständen angezogen, von denen her instrumentelle Reaktionen schnell und flexibel eingesetzt werden, weil deren Einsatz nicht auf S-R-Verknüpfungen, sondern auf Handlungs-Folge-Erwartungen basiert. Führende Vertreter der Lern- und Motivationsforschung haben neuerdings die Bekräftigungstheorie des instrumentellen Verhaltens verworfen.

Walkers Analyse der lerntheoretischen Erklärungsbegriffe

Walker (1969) teilt die Konzepte der Lerntheorie in vier Klassen hypothetischer Konstrukte ein: Schub *(push)*, Zug *(pull)*, Struktur *(structure)* und Kleber *(glue)*. Zur Konzeptklasse des Schubes gehören Erklärungsbegriffe wie Trieb, Motiv, Aktivation, Spannung etc.; zur Konzeptklasse des Zuges: Anreiz, Valenz etc.; zur Konzeptklasse der Struktur: Kognitive Organisation, Wissen, *habit*-Stärke etc.; und zur Konzeptklasse des Klebers: Bekräftigung (als ein hypothetischer Prozeß, der S-R-Verbindungen stiftet und verstärkt; sofern mit Bekräftigung das Ereignis bezeichnet wird, das einen Zielzustand, eine Bedürfnisbefriedigung darstellt, so ist es der Konzeptklasse des Zuges zuzurechnen und Begriffen wie Anreiz und Valenz gleichzustellen). Von den vier Konzeptklassen wer-

---

[1] Das sagt übrigens *nichts* darüber aus, ob klassisches Konditionieren tatsächlich auf einem Bekräftigungsprozeß, d. h. auf der Befestigung einer S-R-Verbindung beruht, wie im Rahmen der S-R-Theorie angenommen wird; ganz entsprechend wie beim instrumentellen Konditionieren. Es könnte auch sein, daß der Prozeß beim klassischen Konditionieren im Erlernen einer Erwartung über die Abfolge zweier Ereignisse einer Stimulus-Folge-Kontingenz ist, auf welche bedürfnis- und artspezifisch reagiert wird (vgl. Rescorla u. Solomon, 1967).

den (und können offenbar auch nur) drei durch vorauslaufende Bedingungskontrolle manipuliert: Schub durch Entzugsdauer der Bedürfnisbefriedigung, Zug durch Zielobjekte mit erwiesenem Anreizcharakter (Attraktivität); Struktur durch vorherige Erfahrungsbildung, d. h. Anzahl der Durchgänge im Lernversuch. Bekräftigung als „Reaktions-Verstärker" dagegen stellt einen hypothetischen Prozeß dar, der zwischen zwei hypothetischen Konstrukten stattfindet. Das Zug-Konzept sondert sozusagen einen Kleber aus, der in der Struktur eine Reaktion immer fester an einen Reiz klebt. Abb. 5.15 veranschaulicht die Zusammenhänge.

Die Frage ist nun, ob Bekräftigung als Kleber-Konzept ein notwendiger Erklärungsbegriff für Verhaltensänderung ist. Wandelt sich ein Verhalten, dem Bekräftigungen (im Sinne von Bedürfnisbefriedigung) folgen, mehr als ein Verhalten, dem keine Bekräftigungen folgen, und zwar ohne daß man einen solchen Wandel nicht genau so gut mit Konstrukten der andern drei Klassen, Schub, Zug und Struktur, erklären könne? Walker stellt fest, daß Strukturänderungen (Lernen) immer ausreichend mit diesen drei Klassen von Konstrukten zu erklären sind, und daß deshalb Bekräftigung als Kleber ein überflüssiger Erklärungsbegriff sei. So läßt sich das Verschwinden gelernter Reaktionen unter Löschungsbedingungen am einfachsten durch den Wegfall des bisherigen Anreizobjekts erklären. Es wird kein Zug mehr ausgeübt. Die Löschung geht allmählich vor sich, weil der Anreizcharakter von den mit dem ursprünglichen Zielobjekt assoziierten Situationsgegebenheiten erst wieder verlernt werden muß.

Als Belege für die Feststellung von der Überflüssigkeit eines Kleber-Konstrukts führt Walker verschiedene Befunde an. Neben Ergebnissen des latenten Lernens und des Anreizwechsels weist er unter anderem auf Befunde hin, nach denen die *habit*-Stärke entgegen dem Hauptpostulat der Bekräftigungstheorie mit ständiger Bekräftigung nicht auf dem erreichten Niveau erhalten bleibt, sondern wieder absinkt und verloren geht. Die Reaktionshäufigkeit geht gegen null, obwohl jedes Auftreten der betreffenden Reaktion bislang bekräftigt wurde. Walker versucht nicht nur zu zeigen, daß der Kleber-Effekt der Bekräftigung bis heute nicht nachgewiesen worden ist. Er macht auch darauf aufmerksam, daß man weit komplexere abhängige Variablen entwickeln müßte, um einen Kleber-Effekt zwischen Zug und Struktur zu rechtfertigen.

Das kognitive Modell der Anreizmotivation von Bolles

Bolles, früher (1967) Anhänger einer bekräftigungstheoretischen Sichtweise auf das Motivationsproblem, bevorzugt neuerdings (1972) ein kognitives Modell auf anreiztheoretischer Grundlage. Er sieht in der Bekräftigung weder eine notwendige noch eine hinreichende Bedingung des instrumentellen Lernens. Was gelernt wird, sind nicht S-R-Verbindungen, sondern zwei Arten von Erwartungen. Die erste Art von Erwartungen bezieht sich auf Kontingenzen zwischen äußeren situativen Gegebenheiten und ihren Folgen (S-S*, Stimulus-Folge-Kontingenz); die andere Art bezieht sich auf Kontingenzen zwischen eigenen Handlungen und ihren Folgen (R-S*; Handlungs-Folge-Kontingenz). Das Verabreichen von Bekräftigern eröffnet die Möglichkeit,

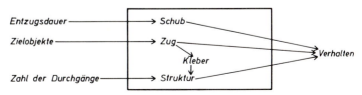

Abb. 5.15. Walkers Schema der vier Konzeptklassen lerntheoretischer Erklärungsbegriffe, von denen eine („Kleber", Bekräftigung) überflüssig ist. (Nach Walker, 1969, S. 51)

daß beide Arten von Erwartungen gelernt werden.

Da diese aus der S-R-theoretisch orientierten Lernforschung hervorgegangene Auffassung am weitesten vorangeschritten ist und mit den kognitiven Theorien der motivationspsychologischen Forschungstradition nicht mehr bloß konvergiert, sondern sich so gut wie völlig deckt, sei das Bollessche Modell der Verhaltenserklärung etwas näher erläutert. Bei der Erörterung des Bekräftigungsbegriffs müssen wir zunächst (wie schon in Walkers kritischer Analyse) seine beiden verschiedenen Bedeutungen auseinanderhalten: Bekräftigung als Ereignis (vom Versuchsleiter als Prozedur gehandhabt) und Bekräftigung als Prozeß (*habit*-bildende Funktion), was im folgenden kurz als Bekräftigungsmechanismus bezeichnet wird.

Bekräftigungsereignisse lassen im nachfolgenden Verhalten häufig jene Art von Lernen erkennen, die dem postulierten Bekräftigungsmechanismus entspricht. Zunehmend werden aber Beobachtungen registriert, in denen das nicht der Fall ist. Entweder findet sich nach Bekräftigungsereignissen kein Lernen, wie es hätte stattfinden sollen, oder – umgekehrt – ein Lernen erfolgt schneller, schlagartiger, als es hätte statthaben können, wenn ihm ein Bekräftigungsmechanismus zugrunde läge. Einige der dafür von Bolles beigebrachten Belege seien kurz angeführt. Daß Bekräftigung keine Lerneffekte hat, wo es sie haben sollte, berichten etwa Breland u. Breland (1961) unter der Bezeichnung „Fehlverhalten von Tieren".[2]

So lernte ein Waschbär, eine hölzerne Münze zu einem Sparschwein zu tragen und dort einzuwerfen. Das gelernte Verhalten brach jedoch zusammen, sobald es mit zwei Münzen vorgenommen werden sollte. Ein arteigenes Nahrungssuche-Verhalten brach ein. Der Waschbär rieb die beiden Münzen aneinander, hielt sie in das Sparschwein und zog sie wieder heraus. Dieses Verhalten wurde so dominant, daß die Dressur aufgegeben werden mußte.[3]

Ein Beispiel für Lernen, das zu schnell erfolgt, um es auf einen Bekräftigungsmechanismus zurückzuführen, ist das sog. „auto-shaping" (selbstbesorgte Verhaltensformung). Es gehört zum Ausbildungsprogramm amerikanischer Psychologie-Studenten, Tauben in einer Skinner-Box dahin zu bringen, auf eine kleine Scheibe zu picken, um Futter zu erhalten. Das gelingt gewöhnlich in einer Stunde, wenn man graduelle Annäherung des Verhaltens an die gewünschte Reaktion mit Futter belohnt. Neuere Studien zeigen, daß sich der Versuchsleiter solche Bemühungen in der Bekräftigungsprozedur sparen kann. Es genügt, wenn man von vornherein den Futter-Automaten kontingent auf die gewünschte Pickreaktion einstellt und der Taube ab und zu Futter zukommen läßt, gleichgültig, was sie gerade tut (Brown u. Jenkins, 1968). Da das Picken, besonders auf optisch sich heraushebende Gegenstände, ein artspezifisches Verhaltensmuster ist und deshalb hohe Auftretenswahrscheinlichkeit hat, ließe sich noch bekräftigungstheoretisch erklären, wieso allmählich die Häufigkeit des belohnten ortsgebundenen Pickens zunimmt. Diese Erklärung läßt sich jedoch nicht mehr aufrecht erhalten, wenn man, wie Williams u. Williams (1969), die bisherigen Bekräftigungsbedingungen auf den Kopf stellt. Futter wurde von Zeit zu Zeit nicht-kontingent gegeben, aber nie, wenn die Tauben die gewünschte Pickreaktion zeigten. Trotzdem stieg die Häufigkeit der unbelohnten Pickreaktion, die sich nicht (oder nur näherungsweise) unter die Kontrolle der Bekräftigung bringen lassen. Das Versuchstier reagiert so wie ein Tier seiner Art, wenn es Futter erwartet. Es zeigt bedürfnisspezifische Reaktionen, die zu seinem Verhaltensrepertoire gehören.

---

[2] Die beiden Brelands waren Schüler Skinners und suchten die Gesetzmäßigkeiten des operanten Konditionierens für die Verhaltensdressur im Zirkus nutzbar zu machen. Dabei ergaben sich bei verschiedenen Tierarten bemerkenswerte Schwierigkeiten und Fehlschläge.

[3] Hier zeigen sich übrigens die Grenzen, die artspezifische Verhaltensmuster dem operanten Konditionieren ziehen. Sie sind unter den Bedingungen der einfachen Lernversuche im Labor, deren ökologische Angemessenheit unbeachtet blieb, bislang nicht genügend erkannt worden. Vor allem Ethologen haben dies an der tierpsychologischen Lernforschung kritisiert.

Ähnliche Befunde lassen sich aus der Forschungsliteratur zum Vermeidungslernen beibringen. Bei einigen Reaktionsanforderungen des Versuchsleiters haben Bekräftigungsereignisse den gewünschten Lerneffekt, bei anderen haben sie dagegen keinen. Wenn Bekräftigung funktioniert, dann deshalb, weil das vom Versuchsleiter gewünschte (belohnte) Vermeidungsverhalten mit den artspezifischen Vermeidungsreaktionen zusammenfällt. Was also im Lernversuch geschieht, läßt sich schlicht wie folgt darstellen. Ein in Bedürfniszustand versetztes Tier lernt Futter oder etwa einen elektrischen Schlag erwarten. Es setzt sein dafür bereitliegendes artspezifisches Verhalten ein. Hat es dafür zwei verschiedene Reaktionstypen – wie Wegrennen oder „Einfrieren" bei Bedrohung –, so braucht der Versuchsleiter nur den unerwünschten der beiden Typen zu bestrafen (d. h. den elektrischen Schlag nicht abzustellen), um das gewünschte Meidungsverhalten in Erscheinung zu bringen. Nicht-artspezifische Meidungsreaktionen, wie etwa Hebeldrücken bei Ratten, sind erfahrungsgemäß nur mühsam zu konditionieren und lassen sich am ehesten erzielen, wenn die Ratte zunächst in der Nähe des Hebels artspezifisch „einfriert".

Anreiztheoretisch lassen sich Befunde, die der Bekräftigungstheorie widersprechen, ebenso gut erklären wie solche, die ihr entsprechen. Wie, das haben wir schon ausführlich erörtert. Drei Annahmen, die hierzu im Rahmen der S-R-Theorie gemacht worden sind, seien nur kurz aufgezählt. Erstens, Anreizobjekte haben motivierende Funktion. K intensiviert bestehende *habits*. Zweitens, der aktivierende Prozeß der Anreizmotivation beruht auf fragmentarischen vorwegnehmenden Zielreaktionen, sie produzieren eine affektive Erregtheit. Der unterstellte vermittelnde r_G-s_G-Mechanismus läßt das Korpus von Lerngesetzen zur Anwendung kommen, der bislang unter S-R-theoretischer Analyse gewonnen worden ist. Drittens, die beteiligten Assoziationsprozesse entsprechen dem Muster des klassischen, nicht des instrumentellen Konditionierens. (Allerdings besteht hier die gleiche Schwierigkeit wie beim instrumentellen Bekräftigungslernen: Wir müssen auch beim klassischen Konditionieren zwischen (manipulierbarem) Ereignis und hypostasiertem Prozeß unterscheiden. Es bleibt offen, ob S-R-Paare befestigt oder Stimulus-Folge-Erwartungen vom Typ S_1-S_2 gestiftet werden. Vgl. oben Fußnote, S. 210).

Bolles hat diese S-R-theoretischen Ansätze zu einem andersartigen, nämlich kognitiven Modell fortentwickelt. Die Frage, was gelernt wird, beantwortet er bündig: nicht Paarungen von S und R, sondern von S-S* und von R-S* werden in der Form von Erwartungen gelernt. Er formuliert fünf Gesetze.

Die beiden ersten handeln vom Lernen. In ihnen werden die beiden Arten von Erwartungen definiert, die den Inhalt des Lernens ausmachen. Das *primäre Gesetz des Lernens* besagt, daß Lernen in der Ausbildung von Erwartungen über neue Kontingenzen zwischen Ereignissen in der Umwelt besteht. Neu auftauchende regelhafte Ordnungen von Ereignisfolgen werden gelernt; anders ausgedrückt: Stimulus-Folge-Kontingenzen. Der Stimulus sagt ein für das Lebewesen bedeutsames Ereignis voraus, etwa ein Zielobjekt für die Bedürfnisbefriedigung oder ein bedrohliches, schmerzverursachendes Objekt. Die Notation für diese Art von Erwartung ist S-S*.

Lebewesen sind offensichtlich in der Lage, nicht nur vorhersagbare Abfolgen zwischen den Ereignissen ihrer Umwelt, sondern auch zwischen ihrem eigenen Handeln und dessen Folgen in der Umwelt, zu erfassen. Solche Erwartungen vom Typ der Handlungs-Folge-Kontingenzen fallen unter das *sekundäre Gesetz des Lernens* und werden als R-S*-Erwartungen bezeichnet. Sie kommen in den mannigfaltigen Phänomenen des instrumentellen Lernens zum Ausdruck. S-S*- und R-S*-Erwartungen entsprechen dem, was Tolman als *expectancy* (SR-S) eingeführt hat. Es erscheint aber nützlich, zwischen beiden Typen zu unterscheiden, da in einer neuen Lernsituation einer der beiden Typen etwa schon ausgeprägt vorliegen kann, sei er vorher erlernt oder angeboren (vgl. unten: Gesetz der vorgängigen Erwartungen).

Im dritten Gesetz, dem *Gesetz der Ausführung*, geht es darum, wie beide Typen von Erwartungen, vorausgesetzt sie sind gelernt worden, miteinander in Beziehung treten und das Verhalten bestimmen. Dafür bietet sich als Modell das einfache logische Schlußfolgerungsverfahren (Syllogismus) an: Wenn S-S* und wenn R-S*, dann kann ich S* erreichen, sobald S vorliegt und ich R einsetze. Bis zu welchen Differenzierungs- und Komplikationsgraden verschiedene Arten von Lebewesen (oder einzelne Individuen) eine syllogistische Zusammenhangsbildung treiben können, ist eine lohnende Frage experimenteller Analyse. Jedenfalls beruht die Ingangsetzung und Steuerung des Verhaltens, wie etwa die Befunde zum latenten Lernen zeigen, auf komplexeren Vorgängen als auf bloßen S-R-Paarungen. Eine kognitive Theorie legt anspruchsvollere Prozesse zugrunde. Tolman verwendete das Bild vom Lesen einer „kognitiven Karte", um die Zielgerichtetheit der zur Ausführung kommenden Handlungen zu „erklären".

Das (vierte) *Gesetz der vorgängigen Erfahrungen* zieht angeborene oder vorher gelernte Erwartungen von beiderlei Typ in Betracht, die ein Lebewesen mit in eine neue Situation bringt und die vorherrschend bleiben können. Sie erklären Befunde, in denen die Bekräftigungsprozedur des Versuchsleiters nichts ausrichtet, wie etwa im Falle des Brelandschen Waschbärs, bei dem arteigene Verhaltensweisen der Nahrungssuche unabänderbar durchbrachen. Nach den vorgängigen Erfahrungen gibt es Grenzen des Lernmöglichen, die für jede Spezies gesondert zu ziehen sind. Bei Säugetieren wie Ratten zeigen sich diese Grenzen schon bald bei zeitlicher Verzögerung des Bekräftigungsereignisses an dem Einbrechen artspezifischer Reaktionen.

Fünftens und letztens formuliert Bolles die Gesetze der Motivation: „Die Wahrscheinlichkeit einer Reaktion steigt (a) mit der Stärke der S-S*-Erwartung, (b) mit der Stärke der R-S*-Erwartung und (c) mit dem Wert von S*" (Bolles, 1972, S. 405). Alle drei Determinanten haben eine motivationale Komponente in S*, einem bedeutsamen, aber noch nicht erreichten Zielzustand (oder – falls S* eine Bedrohung darstellt – einem Zustand, der als eingetretener oder einzutreten drohender zu

ändern bzw. zu meiden ist). S* als Wert von Zielereignissen ist gleich Valenz nach Lewin oder Zielverlangen nach Tolman. S* ist abhängig vom Bedürfniszustand, der dem Hullschen D oder Lewins t entspricht. S-S*, die Erwartung, daß eine Situation zu Zielobjekten und -ereignissen führen wird, ist das Äquivalent für Lewins Struktur des Lebensraums und für Hulls K. R-S* ist der Richtungsgeber des Verhaltens, wenn S-S* gegeben ist, dies entspricht bei Lewin dem gewählten Handlungspfad, bei Tolman der Erwartung über Mittel-Zweck-Relationen und bei Hull den rein assoziationstheoretisch gedachten *habits*.

Um die Stärke oder Auftretenswahrscheinlichkeit einer Handlung vorauszusagen, könnten in dem Modell von Bolles alle drei Determinanten multiplikativ miteinander verbunden werden. Wie wir noch sehen werden, mündet eine solche Konzeption ganz in die Klasse der Erwartungs-mal-Wert-Theorie, wie sie sich auch aus anderen Forschungsrichtungen ergeben haben (vgl. unten). Neu ist an ihr, daß es zwei Determinanten der Erwartung gibt, nämlich S-S* und R-S*. Sie unterscheiden sich darin, ob das Zielereignis, das einen Wert (S*) darstellt, von selbst eintritt (S-S*) oder des eigenen Zutuns bedarf (R-S*) und welche Wahrscheinlichkeiten dabei jeweils im Spiel sind. Wie wir auch noch sehen werden (Kap. 10), ist diese Unterscheidung ein grundlegender Aspekt der Ursachenzuschreibung (Kausalattribuierung) von Handlungseffekten. Ursachenzuschreibung beeinflußt das Motivationsgeschehen entscheidend (vgl. Kap. 11).

Spielen nun S-R-Verbindungen überhaupt keine Rolle mehr? Bolles räumt ihnen in zweierlei Hinsicht Bedeutung ein; einmal bei angeborenen Handlungsmustern von Instinkten im ethologischen Sinne, zum andern aber auch bei erlerntem Verhalten, sofern es sich um automatisierte Ausführungsgewohnheiten und Fertigkeiten handelt. Abschließend bleibt zu sagen, daß das Modell von Bolles natürlich noch in vielerlei Hinsicht zu spezifizieren bleibt. Die Beziehungen zwischen den theoretischen Konstrukten sind weiter zu klären, insbesondere unter welchen Bedingungen

S-S* und R-S* zusammenpassen. Die theoretischen Konstrukte sind operational zu verankern. Erst ihre Quantifizierung macht eine experimentelle Prüfung an Voraussagen möglich.

Das quasi-physiologische Modell der Anreizmotivation von Bindra

Bindra (1974; 1969) hat ein Modell vorgeschlagen, das dem von Bolles recht ähnlich ist. Er verwirft ebenfalls das S-R-theoretische Postulat der Reaktions-Bekräftigung. Als Belege führt er unter anderem an, daß Lernen auch ohne die Möglichkeit, Reaktionen auszuführen, stattfinden kann *(learning without responding)*. Die Versuchstiere sehen das Anreizobjekt, können aber selbst nicht reagieren, weil sie curarisiert sind (Curare ist ein indianisches Pfeilgift, das die motorischen Effektororgane vorübergehend lähmt). Sobald die Lähmung verschwunden ist, zeigen sie einen beträchtlichen Lernzuwachs (vgl. etwa Taub u. Berman, 1968). Auch das in letzter Zeit stark erforschte Vorbildlernen *(modeling)* hat das Postulat der Reaktionsbekräftigung schwer erschüttert. Es genügt die bloße Beobachtung des Verhaltens eines Vorbildes, um auf einen Schlag ganz neue Verhaltensweisen zu übernehmen, ohne daß die Beobachtenden selbst eine Bekräftigung erfahren müßten (vgl. Bandura, 1971a).

Das Modell enthält keine R-S*-Erwartungen, da Bindra glaubt, diese auf S-S* zurückführen zu können. Nach Bindra bedarf es ihrer nicht, weil „die spezifische Reaktionsform, die sich herausbildet, eine spontane Konstruktion ist, die durch den momentanen Motivationszustand und die raumzeitliche Verteilung von verschiedenen distalen und Kontakt-Stimuli mit anreizanzeigendem Charakter in der Situation gebildet wird" (Bindra, 1974; S. 199). Das erinnert an die Lokomotion im Lebensraum, die nach Lewin frei den gegebenen Kräften und Handlungsmöglichkeiten des Feldes folgt. Bolles (1972; S. 406) bezweifelt, daß es weise ist, gesonderte R-S*-Erwartungen nicht einzuführen, da so die erfolgenden Reaktionen zu sehr an das Verhaltensrepertoire eines gegebenen Motivationszustandes gebunden sein, was der Flexibilität vieler Säugetierarten, ganz zu schweigen vom Menschen, kaum gerecht werden kann. Aber abgesehen von dieser Verschiedenheit stimmen die Grundpositionen beider Autoren überein. Bindras Modell ist in vielerlei Hinsicht recht spezifiziert und zwar mit physiologischen Zusatzbedeutungen.

Nach Bindra ist Motivation nie weder allein von einem organismischen Bedürfniszustand noch von äußeren Reizen mit Anreizcharakter determiniert, sondern stets von einem Zusammenwirken beider Faktoren. Sie rufen beide einen zentralen Motivzustand *(central motive state)*, wie ihn bereits Morgan (1943) konzipiert hatte, hervor. In zeitlicher Hinsicht übernehmen dabei die Anreizobjekte der Umwelt die Führung. Sie regen den zentralen Motivzustand an, sofern bereits Bereitschaft dafür gegeben ist (d. h. die propriozeptiven Hinweisreize aus dem Organismus damit kompatibel sind oder nicht bereits ein anderer zentraler Motivzustand besteht). Der zentrale Motivzustand übt einmal eine allgemeine auslösende und intensivierende Wirkung auf alle sensumotorischen Funktionen aus, die aufsuchende (oder meidende) Verhaltensmuster fördern. Zugleich beeinflußt er einerseits autonome Körperfunktionen (wie Speichelfluß beim Aufsuchen von Nahrung) und erhöht andererseits die Herausgehobenheit des Anreizobjekts in seiner zentralen Repräsentation (im Gehirn). Es kommt also zu einem wechselseitigen Aufschaukeln zwischen zentraler Repräsentation des Anreizobjekts und dem zentralen Motivzustand.

Verhaltensänderung (Lernen) kommt zustande, wenn sich zentrale Repräsentationen von Kontingenzen zwischen situativen Stimuli und Anreizstimuli herausbilden. Einige, bislang neutrale Stimuli der Situation wandeln sich in konditionierte anreizanzeigende Signale. Abb. 5.16 gibt einen Eindruck vom Charakter des Modells. Die Pfeillinien zeigen den Übergang von beobachtbaren Ereignissen zu nicht beobachtbaren (hypothetischen) Prozessen an, die Gabellinien stellen Einwirkungsprozesse zwischen den hypothetischen Variablen dar. Bindra unterscheidet drei Ar-

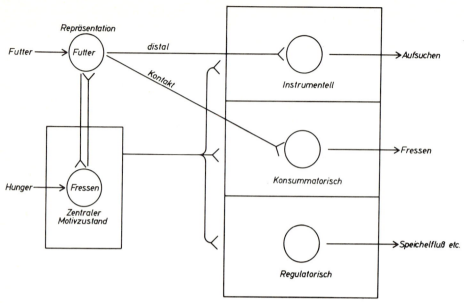

Abb. 5.16. Schema des Modells von Bindra für einen Motivationsprozeß und seinen Einfluß auf drei verschiedene Reaktionsarten; dargelegt am Beispiel eines unkonditionierten Futtersuche-Verhaltens

ten von Reaktionen: die instrumentellen (Aufsuchen und Meiden), die konsummatorischen (alles was im Kontakt mit dem Zielobjekt getan wird) und die regulatorischen (innerorganismische Reaktionen wie Drüsensekretionen). Auch Bindra kann mit seinem Modell eine Reihe von Phänomenen und Befunden erklären, die sich einer Interpretation mit Hilfe der Theorie des Bekräftigungslernens widersetzen.

Erwartungs-mal-Wert-Theorien

Es gibt wohl keine neuere Motivationstheorie, die nicht in ihren Grundzügen dem Modelltyp der sog. Erwartungs-mal-Wert-Theorien *(expectancy x value)* entspräche. Mittlerweile ist nicht mehr zu übersehen, daß auch unabhängig voneinander entwickelte Theorieansätze auf diesen Modelltyp konvergieren. Darauf hat bereits Feather (1959a) hingewiesen (vgl. Überblick in Wahba u. House, 1974). Bevor die wichtigsten Theorieansätze dargestellt werden, seien die Konvergenzen, die wir in diesem Kapitel bereits verfolgt haben, noch einmal kurz überflogen.

Schon früh wurden Ansätze von Erwartung und Wert in den Formulierungen von Lewin und Tolman erkennbar. Die Wert-Variable, der Angelpunkt jeder Anreizmotivations-Theorie, haben beide Forscher von Anfang klar expliziert; Lewin im Valenz-Begriff und Tolman im Begriff des Zielverlangens. Demgegenüber kristalisierte sich die Erwartungsvariable in der Tolmanschen Theoriebildung früher heraus als in der Lewinschen. Tolman führte den *expectancy*-Begriff ein als das erlernte Wissen um Mittel-Zweck-Bezüge. Später wurde daraus in der *belief-value-matrix* die entfaltete Formalisierung einer Erwartungs-mal-Wert-Theorie. Bei Lewin blieb die Erwartungsvariable zunächst in der Bereichsstrukturierung des Umweltmodells eingebunden, ja versteckt, nämlich in der Wahrnehmung des einzuschlagenden Handlungspfades, der zum Zielbereich führt. Erst später, bei der Analyse der Anspruchsniveau-Setzung (Lewin, Dembo, Festinger u. Sears, 1944), wurde mit dem Potenzbegriff die

Wahrscheinlichkeit der Zielerreichung als eigenes Konstrukt spezifiziert. Zusammen mit der Valenz bestimmt die Wahrscheinlichkeit (Potenz) der Zielerreichung die „wirksame Kraft"; oder im Falle der Anspruchsniveau-Setzung die „resultierende Valenz", d. h. jene Aufgabe, die zur Ausführung ausgewählt wird. Die Theorie der resultierenden Valenz ist eine der Erwartungs-mal-Wert-Theorien, denen wir uns gleich zuwenden werden.

In der Tradition der assoziationstheoretischen Lernforschung dagegen schien zunächst kein Platz für so „mentalistische" Konstrukte wie Wert oder Erwartung. Dennoch lassen sich ihre Funktionsäquivalente auch unter S-R-theoretischer Verkleidung erkennen. Die Wertvariable findet im Bekräftigungsergebnis, in der Reduktion der Triebstärke (D) ihren Ausdruck; später zusätzlich noch in der Anreizvariable K. Zur Erklärung, wie Zielobjekte eine Anreizwirkung (K) auf das Verhalten ausüben können, wird auf den schon früh von Hull entwickelten r_G-s_G-Mechanismus, die fragmentarische vorwegnehmende Zielreaktion, zurückgegriffen. In s_G, der Vorwegnahme des Zielobjektreizes, steckt die Wertvariable. Zugleich enthält der r_G-s_G-Mechanismus in seiner assoziativen Verknüpfung die Erwartungsvariable; nämlich daß die Rückmeldung einer bestimmten Reaktion (r_G) mit der Repräsentanz (s_G) des kommenden Zielereignisses (S_G) assoziiert ist.

Obwohl es sich im Sinne Tolmans oder Lewins mit dieser Konstruktion angeboten hätte, in dem r_G-s_G-Mechanismus ein hypothetisches Konstrukt für den „mentalistischen" Vorgang der Erwartung zu sehen, haben sowohl Hull wie Spence und Sheffield davon abgesehen. War bislang habit ($_SH_R$) die einzige richtunggebende Strukturkomponente, die nicht mehr ausreichte, um die Phänomene des latenten Lernens und des Anreizwechsels, die dem Tolmanschen Erwartungsbegriff keine Schwierigkeiten boten, zu erklären, so trat nun der s_G-r_G-Mechanismus hinzu und konnte als Anreiz (K) die Erklärungslücke als ein S-R-theoretisches Äquivalent des Erwartungsbegriffs ausfüllen. Für den Anreiz galt, was auch für D gilt. Seine aktivierende Wirkung ist unspezifisch. Sie teilt sich nach Spence allen momentan angeregten habits in gleicher Stärke mit, wobei jeweils die habits, die aufs stärkste mit der Zielreaktion konditioniert sind, zum Zuge kommen.

Sheffield macht noch einen Schritt weiter mit seiner Triebinduktionstheorie. Auf dem Wege zum Ziel werden nach einigem Konditionierungslernen schon vorzeitig fragmentarische Zielreaktionen ausgelöst. Diese führen zu unspezifischer Erregung. Dadurch wird die Ausführungsintensität des momentan dominanten habits erhöht. Da aufgrund vorangegangenen Lernens die dominanten habits die richtigen, d. h. zum Ziel führenden habits sind, muß bei Zögern und Ausprobieren verschiedener Reaktionsmöglichkeiten an kritischen Punkten der Verhaltensequenz sich schnell die richtige Reaktion durch einen Erregungsanstieg kenntlich machen und durchsetzen. Die aktivierende Wirkung der fragmentarischen Zielreaktion ist wie bei Spence zwar unspezifisch, nämlich ein Erregungsstoß, aber dieser teilt sich nur den wichtigen Reaktionen mit. Insofern hat K für Sheffield auf indirekte Weise eine Funktion erhalten, die dem Verhalten Richtung gibt.

Mowrer schließlich durchbricht die behavioristische Enthaltsamkeit vor dem Erwartungskonstrukt. Er führt Erwartungsemotionen ein, die das Verhalten leiten. Am weitesten endlich dringt Bolles in eine kognitive Theoriekonstruktion vor, indem er zwei Arten von Erwartungen mit einer zielbezogenen Wertvariable (S*) verbindet, nämlich die Erwartungen über Situations-Folge-Kontingenzen (S-S*) und über Handlungs-Folge-Kontingenzen (R-S*). Damit hat die Entfaltung des Erwartungs-Wert-Komplexes im Rahmen der S-R-theoretischen Theorieentwicklung einen kognitiven Charakter erreicht, der den kognitiven Theorien Lewins (1938) und Tolmans (1959) nicht nachsteht und diese an begrifflicher Präzision sogar noch übertrifft.

Während die verschiedenen Theorietraditionen in die gemeinsame Klasse von Erwartungs-mal-Wert-Theorien einmünden, haftet ihnen noch ihre jeweilige Herkunft an, sei es ein ursprünglich postulierter Geltungsbereich für bestimmte Situationen, sei es die Eingrenzung der Verhaltenserklärung auf Wahlentscheidungen oder die Ausweitung auf Intensität und Ausdauer. Im folgenden seien nacheinander dargestellt die Entscheidungstheorie, die Theorie der resultierenden Valenz, die soziale Lerntheorie Rotters und die Instrumentalitätstheorie.

Entscheidungstheorie

Sie läßt sich bis auf Blaise Pascal (1623 bis 1662) zurückverfolgen. Von einem Chevalier de Méré gefragt, wie man sich beim Glücksspiel am besten verhielte, gab Pascal den Rat, sich für jenes Spiel zu entscheiden, bei dem das Produkt von möglichem Geldgewinn und von Wahrscheinlichkeit des Gewinnes maximal sei. In den folgenden Jahrhunderten gewann das Problem zweckmäßiger Entscheidung große theoretische Bedeutung in der Volkswirtschaftslehre; nämlich unter welchen Umständen es sinnvoll sei, etwas zu kaufen und dafür Geld ausgeben oder etwas nicht zu kaufen und sein Geld zu behalten (vgl. Überblick von Edwards, 1954). Der Wert eines Objekts wurde unter dem hedonistischen Gesichtspunkt von Lust- und Unlustfolgen gesehen und als Nutzen *(utility)* bezeichnet. Man nahm an, daß der Nutzen einer Ware mit ihrer Menge in einer monoton ansteigenden und negativ beschleunigten Funktion ansteigt, so daß man mit einer entsprechenden Preisgestaltung sich der Konsumentenentscheidung anpassen könnte, um einen möglichst großen Absatz zu erzielen. In dieser Theorie wurde der Konsument als ein „ökonomischer Mensch" vorausgesetzt, nämlich daß er (a) vollkommen informiert sei, (b) unendlich viele Unterscheidungen in Alternativen machen könne und (c) rational vorgehe.

Allmählich wurde aber auch klar, daß im wirtschaftlichen Bereich Entscheidungen häufig in teilweiser Ungewißheit über ihre Konsequenzen zu treffen sind; nicht unähnlich den Entscheidungen beim Glücksspiel, für die Pascal dem Chevalier de Méré bereits im 17. Jahrhundert eine Handlungsregel gegeben hatte: Unter den alternativen Möglichkeiten von Gewinn und seiner Wahrscheinlichkeit ist jene Alternative mit dem maximalen Produkt von Wert und Eintretenswahrscheinlichkeit zu wählen. Dieses Produkt nannte man „erwarteten Wert" *(expected value)*. Aber diesem mathematischen Kalkül folgen tatsächliche Entscheidungen beim Kaufen und Glücksspielen offensichtlich kaum. Deshalb schlug David Bernoulli 1738 vor, statt des erwarteten objektiven Wertes einen subjektiven zugrunde zu legen, der als erwarteter Nutzen bezeichnet wurde. Von Neumann u. Morgenstern entwickelten daraus 1944 ein deskriptives Verhaltensmodell, mit welchem man anhand subjektiver Vorzugswahlen die Nutzenfunktion für ein gegebenes Individuum bestimmen konnte. Man läßt hierzu zwischen Alternativkombinationen von Nutzen und Wahrscheinlichkeit wählen und stellt solche Alternativen fest, zwischen denen die Wahl indifferent bleibt (z. B. ist jemand indifferent zwischen der Alternative, mit völliger Gewißheit 12 DM zu gewinnen gegenüber einer 50prozentigen Gewißheit 20 DM oder gar nichts zu gewinnen; damit hätte für dieses Individuum der Betrag von 12 DM die Hälfte des erwarteten Nutzens von 20 DM).

Dieses entscheidungstheoretische Verhaltensmodell mit seiner individuell zu bestimmenden Nutzenfunktion hat viel Forschung angeregt (vgl. Edwards, 1962). Dabei zeigten sich vielerlei Komplikationen, es „psychologisch" zu machen, d. h. tatsächliches Verhalten vorauszusagen. Wie es Abweichungen zwischen objektivem und subjektivem Nutzen gibt, so gibt es auch Abweichungen zwischen objektiver und subjektiver Wahrscheinlichkeit. So gibt es z. B. an den Enden der Wahrscheinlichkeitsskala systematische Verzerrungen. Hohe Wahrscheinlichkeiten werden eher über- und niedrige Wahrscheinlichkeiten eher unterschätzt (vgl. Abb. 5.17). Um die Subjektivität von Wahrscheinlichkeit und Nutzen zu betonen, spricht man vom subjektiv erwarteten Nutzen *(subjectively expected utility,* SEU).

Aber selbst wenn man subjektive, also nicht objektive Kennwerte für Wahrscheinlichkeit und Nutzen zugrunde legt, gibt es bei der Wahl zwischen Alternativen von gleichem subjektiv erwarteten Nutzen klare Bevorzugungen von Wahrscheinlichkeitsbereichen. Läßt man etwa zwischen Alternativen wählen, in denen steigender Gewinn mit abnehmender Wahrscheinlichkeit in einer solchen Weise kombiniert ist, daß der erwartete Nutzen aller Alternativen gleich groß ist, so wird eine 50prozentige Wahrscheinlichkeit bevorzugt. Bei negativem Nutzen, wenn etwa Geld zu verlieren ist, ist es wieder anders. Hier werden die niedrigsten Wahrscheinlichkeiten, die mit der höchsten Verlustmöglichkeit gekoppelt sind, gewählt.

Es gibt noch eine ganze Reihe weiterer Komplikationen. Es kann sein, daß Wahrscheinlichkeit und Nutzen nicht einfach multiplikativ miteinander verknüpft sind; daß Gewinn- und Verlustwahrscheinlichkeit nicht in einfacher Weise komplementär miteinander verknüpft sind, sondern unterschiedlich gewichtet werden; oder gar daß der Wahrscheinlichkeitseindruck eines möglichen Ereignisses von seiner Erwünschtheit mit abhängt und – umgekehrt – die Erwünschtheit eines Ereignisses von dessen Wahrscheinlichkeit. Was die erste Art der gegenseitigen Beeinflussung von Wahrscheinlichkeit und Erwünschtheit eines Ereignisses betrifft, so hat etwa Irwin (1953) gezeigt, daß positive Ereignisse für wahrscheinlicher gehalten werden als negative. Er ließ Studenten aus einem Packen von zehn Karten, von denen entweder 1, 3, 5, 7 oder 9 markiert waren, eine ziehen. Für das Ziehen einer markierten Karte gab es in den ersten beiden Versuchsdurchgängen einen Pluspunkt, in zwei weiteren einen Minuspunkt. In einer Kontrollgruppe blieb das Ereignis, eine markierte Karte gezogen zu haben, neutral, es gab weder Plus- noch Minuspunkte. Die Vp hatte vor jedem Ziehen die Wahrscheinlichkeit anzugeben, ob sie eine markierte Karte ziehen würde, nachdem ihr vorher mitgeteilt worden war, wieviel von den 10 Karten jeweils markiert sind. Abb. 5.17 zeigt die Verteilung der Ja-Antworten in Abhängigkeit von der objektiven Wahrscheinlichkeit, d. h. der tatsächlichen Anzahl der jeweils vorhandenen markierten Karten; und zwar bei erwünschtem (Pluspunkt), unerwünschtem (Minuspunkt) und neutralem Er-

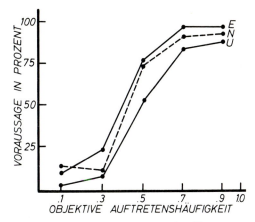

Abb. 5.17. Prozent-Verteilung der Voraussage über das Auftreten eines erwünschten (E), unerwünschten (U) und neutralen (N) Ereignisses in Abhängigkeit von der objektiven Auftretenswahrscheinlichkeit. (Nach Irwin, 1953, S. 331)

eignis. Unter allen Wahrscheinlichkeitsgraden wird das Eintreten eines erwünschten Ereignisses gegenüber einem unerwünschten überschätzt, während das geschätzte Eintreten neutraler Ereignisse dazwischen liegt. (Außerdem tritt auch die systematische Überschätzung hoher und die Unterschätzung niedriger Wahrscheinlichkeit hervor).

Andrerseits kann umgekehrt auch die Erwünschtheit eines Ereignisses oder Objekts von der Auftretenswahrscheinlichkeit beeinflußt werden. Das gilt, wie wir noch sehen werden, für leistungsabhängige Ereignisse. Je unwahrscheinlicher ein Erfolg ist, d. h. je schwieriger die Aufgabe ist, umso höher wird Erfolg bewertet. Alle aufgezählten Komplikationen der entscheidungstheoretischen Verhaltensvoraussage machen auch den übrigen Erwartungs-mal-Wert-Theorien, die wir noch erörtern werden, zu schaffen.

Anspruchsniveau und Theorie der resultierenden Valenz

Um die Wahl von Aufgabenschwierigkeiten zu erklären, die Versuchspersonen in sog. Anspruchsniveau-Experimenten treffen, haben zuerst Sybille Escalona (1940) und Leon Festinger (1942b) eine „Theorie der resultierenden Valenz" entwickelt. Sie wurde später in einem Sammelreferat von Lewin, Dembo, Festinger u. Sears (1944) weiter ausgebaut.

Seit der Untersuchung des Lewin-Schülers Fritz Hoppe über „Erfolg und Mißerfolg" (1930) hat die Bezeichnung Anspruchsniveau einen wichtigen Platz in der Motivationsforschung und ist neuerdings auch bereits in die Umgangssprache eingedrungen. Man versteht darunter in der Motivationsforschung einerseits ein experimentelles Paradigma, das vielfältig abgewandelt und wie kaum ein anderes fruchtbar geworden ist, andererseits ein hypothetisches Konstrukt, das in der Theorie der Leistungsmotivation zur Erklärung individueller Unterschiede des Leistungsverhaltens herangezogen worden ist. Hier bezeichnet Anspruchsniveau den für ein Individuum charakteristischen Gütegrad, bezogen auf die erreichte Leistungsfähigkeit, der für die Selbstbewertung eines erzielten Handlungsresultats entscheidend ist. Wir gehen darauf in späteren Kapiteln (6, 9, 12) näher ein.

Als experimentelles Paradigma bedeutet Anspruchsniveau: „Die einem Versuchsleiter von einer Versuchsperson mitgeteilte Zielsetzung in bezug auf eine ihr nicht mehr unbekannte, jetzt erneut auszuführende und mehr oder weniger gut zu meisternde Aufgabe, sofern diese Zielsetzung innerlich übernommen ist" (Heckhausen, 1955, S. 119). Das übliche Verfahren stellt die Versuchsperson vor eine bestimmte Aufgabe, die sich mehr oder weniger gut oder schnell ausführen läßt, oder vor verschiedene Aufgaben der gleichen Art aber mit verschiedenem Schwierigkeitsgrad. Nachdem die Versuchsperson erste Erfahrungen über ihren Leistungsstand gesammelt hat, muß sie vor jeder wiederholten Tätigkeit ein Ziel für die nächste Ausführung wählen und dem Versuchsleiter mitteilen. So entsteht eine Ereignisabfolge, die in Abb. 5.18 dargestellt wird.

Hoppe ging es ursprünglich um die Frage, wovon es abhängt, daß ein erzieltes Leistungsergebnis als Erfolg oder Mißerfolg erlebt wird. Denn das gleiche Leistungsergebnis kann für den einen Erfolg und für einen anderen Mißerfolg bedeuten. Wie die Forschungsergebnisse zeigen, ist Erfolg oder Mißerfolg nicht einfach davon abhängig, welcher objektiv definierte Schwierigkeitsgrad einer Aufgabe bewältigt wurde, sondern auch von dem zuvor gesetzten Anspruchsniveau. Wird dieses in der neuen Leistung erreicht oder überschritten, hat man ein Erfolgsgefühl, wird es nicht erreicht, ein Mißerfolgsgefühl. Wie Abb. 5.18 zeigt, ist für die Selbstbewertungsreaktion die sog. Zielerreichungsdiskrepanz, d. h. die positive oder negative Differenz zwischen Anspruchsniveausetzung und neuer Leistung maßgebend. Erfolg und Mißerfolg wirken sich anschließend auf die Anspruchsniveausetzung für die nächste Ausführung aus. Nach Erfolg wird das Anspruchsniveau in der Regel herauf- und nach Mißerfolg herabgesetzt und nicht umgekehrt (sog. „Verschiebungsgesetzmäßigkeit"). Die Verschiebung des Anspruchsniveaus nach oben oder unten hängt von der Intensität des erlebten Erfolgs bzw. Mißerfolgs ab, wie Befunde von Margarete Jucknat (1938) in Tabelle 5.2 zeigen.

Das Erleben von Erfolg und Mißerfolg konzentriert sich auf einen mittleren subjekti-

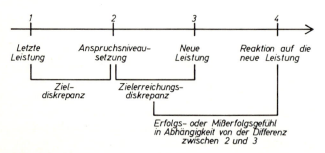

Abb. 5.18. Ereignisabfolge in einem Anspruchsniveau-Experiment. (Nach Lewin et al., 1944, S. 334)

Tabelle 5.2. Prozenthäufigkeit der Anspruchsniveau-Verschiebung nach oben oder unten in Abhängigkeit von der Intensität des erlebten Erfolgs bzw. Mißerfolgs. (Nach Jucknat, 1938, S. 99)

Verschiebung des Anspruchsniveaus	nach Erfolg			nach Mißerfolg		
	E!!	E!	E	M	M!	M!!
nach oben	96	80	55	22	19	12
nach unten	4	20	45	78	81	88

Anm.: E!! = sehr guter Erfolg; E! = guter Erfolg; E = kein besonderer Erfolg; M!! = sehr schwerer Mißerfolg; M! = klarer Mißerfolg; M = kein besonderer Mißerfolg

ven Schwierigkeitsbereich. Das Gelingen sehr leichter und das Mißlingen sehr schwerer Aufaben hat keine Folgen für die Selbstbewertung. Andrerseits, je weiter der gemeisterte Schwierigkeitsgrad über den bislang erreichten Leistungsstand hinausgeht, umso stärker wird Erfolg erlebt; und je weiter er dahinter zurückbleibt, umso ausgeprägter wird Mißerfolg empfunden. Mit dieser Asymmetrie der Selbstbewertungsfolgen geht die erkennbare Tendenz einer, mit der bei wiederholter Beschäftigung erzielten allmählichen Steigerung des Leistungsniveaus auch das Anspruchsniveau entsprechend heraufzusetzen. Statt mit fortschreitend höherem Leistungsniveau, bezogen auf das ursprüngliche Anspruchsniveau, immer größere Erfolge zu erleben, bleibt das Erfolgsgefühl eher gleich.

Entscheidend ist die Zieldiskrepanz, der Unterschied zwischen der zuletzt erzielten Leistung und dem darauf basierenden Anspruchsniveau für die erneute Ausführung (vgl. Abb. 5.18). Sie zeigt eine gewisse individuelle Konstanz über Zeit. Sie kann positiv oder negativ sein, d. h. das Anspruchsniveau liegt immer etwas (oder viel) über dem bereits erreichten Leistungsstand bzw. etwas (oder viel) darunter. Nach einer deutlichen Leistungsverbesserung ist gewöhnlich eine vergleichsweise größere Bereitschaft zu beobachten, das Anspruchsniveau heraufzusetzen, als bei Leistungsverschlechterung es herabzusetzen. (Dies deutet sich in Jucknats Befunden, Tabelle 5.2, nur schwach bei sehr ausgeprägten Erfolgen und Mißerfolgen an). Hoppe hat zur Erklärung dieser allgemeinen Aufwärtstendenz den Begriff des sog. „Ich-Niveaus" eingeführt; d. h. das Bestreben, das Selbstbewußtsein durch einen hohen persönlichen Leistungsstandard möglichst „hoch" zu halten. Heute ist diese Vorstellung in die Definition des sog. „Leistungsmotivs" eingegangen, das etwa definiert wird als „Bestreben, die eigene Tüchtigkeit in allen jenen Tätigkeiten zu steigern oder möglichst hoch zu halten, in denen man einen Gütemaßstab für verbindlich hält und deren Ausführung deshalb gelingen oder mißlingen kann" (Heckhausen, 1965a, S. 604).

Abgesehen von der Feststellung und Erklärung von individuellen Unterschieden in der bevorzugten Zieldiskrepanz (die später zum wichtigsten Leitkriterium in der Leistungsmotivationsforschung wurde, vgl. nächstes Kapitel) hat sich die Anspruchsniveauforschung mit einer Fülle von Einflußvariablen befaßt, die die Zieldiskrepanz intraindividuell über das Übliche hinaus nach oben oder unten zur Abweichung bringen. Verleiht man etwa der Aufgabe eine größere persönliche Wichtigkeit, so tendiert das Anspruchsniveau nach oben; d. h. positive Zieldiskrepanzen werden größer, negative kleiner (vgl. Frank, 1935; Ferguson, 1962). Das gleiche geschieht, wenn man der Zielsetzung eine größere Irrealität einräumt; wenn man sich mehr von Wünschen als von realistischen Erwartungen leiten läßt (Festinger, 1942a). Die Einführung von Leistungsstandards einer relevanten sozialen Bezugsgruppe kann die persönliche Anspruchsniveausetzung in Konflikt bringen zwischen individueller und sozialer Bezugsnorm (zwischen eigenem und fremdem Leistungsstandard) und somit beeinflussen (vgl. Heckhausen, 1969, S. 158ff.) Auch schon die Anwesenheit, das Prestige und das Verhalten des Versuchsleiters und von Zuschauern ist von Einfluß. Dabei kann es zu einer Spaltung des Anspruchsniveaus in ein öffentlich bekanntgegebenes und ein privat gehaltenes kommen. Einen Überblick über die Ergebnisse der Anspruchsniveauforschung geben Lewin et al. (1944) und Heckhausen (1965a, S. 647 bis 658).

Erfolgserwartung und Valenz

Über die berichteten allgemeinen Befundtendenzen hinaus sollte die Anfang der vierziger Jahre entwickelte Theorie der resultierenden Valenz (Lewin et al., 1944) stringenter erklären, warum es im individuellen Fall zu der beobachteten Anspruchsniveauverschiebung kommt. Die Anspruchsniveausetzung wird als eine Risikowahl zwischen verschiedenen Alternativen aufgefaßt, sei es zwischen verschiedenen schwierigen Aufgaben des gleichen Typs oder sei es zwischen verschieden hohen Leistungszielen bei derselben Aufgabe. In jedem Falle handelt es sich immer um verschiedene Schwierigkeitsgrade als Alternativen. Jeder Schwierigkeitsgrad hat eine positive Valenz für den Fall des Erfolgs und eine negative Valenz für den Fall des Mißerfolgs. Wie wir schon gesehen haben, steigt die positive Valenz des Erfolgs mit zunehmendem Schwierigkeitsgrad an bis zu einer oberen Grenze, jenseits derer Erfolg ganz außerhalb der Reichweite eigener Fähigkeitssteigerung liegt (also etwa für einen Olympiasieger im 100 m-Lauf die Zeit von 10 sec noch um eine Sekunde zu unterbieten). Umgekehrt steigt die negative Valenz des Mißerfolgs mit abnehmendem Schwierigkeitsgrad. Mißerfolg ist umso peinlicher, je leichter die Aufgabe war; wiederum bis zu einer Grenze, jenseits derer Aufgaben so „kinderleicht" sind, daß Mißerfolg nur durch unglückliche Umstände verursacht sein kann. Bildete man nun für jede Wahlalternative von Schwierigkeitsgraden die Differenz ihrer positiven und negativen Valenz, so würde die resultierende Valenz monoton mit dem Schwierigkeitsgrad ansteigen; gewählt würde immer nur die schwierigste Aufgabe, sofern sie überhaupt noch im Bereich des Menschenmöglichen läge. Das ist aber nicht der Fall. Die Wahlen bewegen sich in einem mittleren Bereich über, aber auch unter dem erreichten Leistungsstand.

Neben der Valenz spielt offensichtlich noch ein anderer Faktor eine Rolle, nämlich die Erfolgserwartung, die subjektive Wahrscheinlichkeit von Erfolg und Mißerfolg. Je schwieriger eine Aufgabe ist, umso mehr steigt mit abnehmender Wahrscheinlichkeit des Erfolgs gleichzeitig die positive Valenz des Erfolgs an. Diesen offensichtlichen Zusammenhang hat etwa Feather (1959a) empirisch erhärtet. Entsprechend ist die positive Valenz von Erfolg (Va_e) mit der subjektiven Wahrscheinlichkeit von Erfolg (W_e) zu gewichten, denn so attraktiv auch Erfolg bei einer sehr schwierigen Aufgabe sein mag, so unwahrscheinlich ist er auch. Dies wird berücksichtigt, wenn das Produkt von Valenz und Wahrscheinlichkeit die gewichtete Erfolgsvalenz bilden: $Va_e \times W_e$. Entsprechendes gilt zugleich für die negative Valenz des Mißerfolgs (Va_m) und die subjektive Wahrscheinlichkeit des Mißerfolgs (W_m) bei der gleichen Aufgabe: $Va_m \times W_m$. Erfolgs- und Mißerfolgswahrscheinlichkeit der gleichen Aufgabe sind komplementär ($W_e + W_m = 1.00$), beträgt etwa die Wahrscheinlichkeit des Erfolgs 70 Prozent, so die Wahrscheinlichkeit des Mißerfolgs 30 Prozent. Die Formel für die resultierende gewichtete Valenz (Va_r) lautet somit:

$$Va_r = (Va_e \times W_e) + (Va_m \times W_m)$$

Für jede Alternative der zur Wahl stehenden Aufgabenschwierigkeiten gibt es eine solche resultierende gewichtete Valenz, und es wird – so die Theorie – jene Aufgabe gewählt, bei der die Summe der gewichteten Erfolgs- und Mißerfolgsvalenz maximal ist. Die einzelnen resultierenden Valenzen sind in Lewins Feldtheorie resultierenden Kräften (*resultant forces*) gleichzusetzen, von denen die stärkste das Wahlverhalten der Person bestimmt. In der ursprünglichen Formulierung wurde statt subjektiver Wahrscheinlichkeit der Begriff der *potency* verwendet, der in der Theorie der resultierenden Valenz jedoch bedeutungsgleich ist.

Kennt man für jede Alternative in einer gegebenen Serie verschieden schwerer Aufgaben die Erfolgs- und Mißerfolgsvalenzen sowie die subjektiven Erfolgs- und Mißerfolgswahrscheinlichkeiten, so läßt sich ableiten, welches Anspruchsniveau für die nächste Ausführung gewählt werden müßte. Das Anspruchsniveau könnte über oder auch unter dem erreichten Leistungsniveau liegen. Das ist davon abhängig, wie sich Erfolgs- und

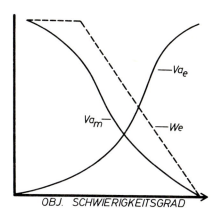

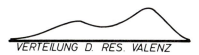

Abb. 5.19. Verteilung der resultierenden Valenz bei gegebenen Funktionen für Erfolgsvalenz (Va$_e$), Mißerfolgsvalenz (Va$_m$) und subjektiver Erfolgswahrscheinlichkeit (We) in Abhängigkeit von objektiven Schwierigkeitsgraden der Aufgabenreihe. (Nach Festinger, 1942b, S. 241)

Mißerfolgsvalenz in Funktion der subjektiven Erfolgswahrscheinlichkeit der Aufgabenreihe verändern. Abb. 5.19 zeigt einen Funktionszusammenhang, bei dem die maximale resultierende Valenz im Bereich der schwierigen Aufgaben liegt, also zu einer positiven Zieldiskrepanz bei der Anspruchsniveausetzung führt.

Wollte man die Theorie der resultierenden Valenz als Vorhersagemodell verwenden, müßte man zunächst eine Fülle von Daten erheben, um den Verlauf jeder der drei Kurven in Abb. 5.18 zu bestimmen. Außerdem müßte man bei jeder Änderung des Leistungsniveaus die Abszissen-Skala der nach objektivem Schwierigkeitsgrad gestaffelten Aufgabenreihe verschieben. So wundert es nicht, daß die Theorie der resultierenden Valenz kaum tauglich zur Vorhersage geblieben ist und statt dessen zur nachträglichen Erklärung postuliert wurde. Später wurde sie von Atkinson (1957) einerseits vereinfacht, was die Beziehung zwischen Valenz und Wahrscheinlichkeit betrifft, andrerseits ergänzt um die Berücksichtigung individueller Motivunterschiede. So entstand das sog. Risikowahlmodell (vgl. Kap. 9). Es hat eine bessere Tauglichkeit zur Vorhersage individueller Anspruchsniveausetzung vielfach unter Beweis gestellt.

Rotters soziale Lerntheorie

Mit seinem Buch „Social Learning and Clinical Psychology" (1954) scherte Rotter aus der von Spence fortgeführten klassischen Lerntheorie Hulls aus. Statt erlernter und unspezifisch aktivierter Reiz-Reaktions-Verbindungen sind es – und hier folgte er Tolman – erlernte Erwartungen über den Zusammenhang von eigener Handlung und ihrer Bekräftigungsfolgen, die das erfolgende Verhalten bestimmen. In der Notation von Bolles (1972) sind es R-S*-Erwartungen, also Erwartungen über Handlungs-Folge-Kontingenzen. Die Bezeichnung „*soziales* Lernen" wählte Rotter, weil „die hauptsächlichen und grundlegenden Arten des Verhaltens in sozialen Situationen erlernt werden und unauflöslich mit Bedürfnissen verbunden sind, die zu ihrer Befriedigung die Mittlerstellung anderer Personen erfordern" (1954, S. 84). Nach Rotter (1954; 1955; 1960) fördert ein Bekräftigungsereignis die Bildung einer Erwartung, daß ein besonderes Verhalten oder Ereignis auch in Zukunft die gleiche Bekräftigung nach sich zieht. Solche erlernten Erwartungen über die Kontingenz von Handlung und Bekräftigung werden wieder verlernt, d. h. abgeschwächt oder ganz ausgelöscht, wenn späterhin die Bekräftigungen ausbleiben. Schon das kleine Kind differenziert in seinem Lebensraum zunehmend Verhaltensweisen nach ihrer Ursächlichkeit für Bekräftigungsereignisse. Je mehr eine ursächliche Kontingenz zwischen eigenem Handeln und nachfolgender Bekräftigung erlebt worden ist, umso kritischer ist das Ausbleiben dieser Kontingenz für die Beibehaltung der herausgebildeten Erwartung. Ist dagegen die Kontingenzerwartung schwächer ausgebildet, so wird sie durch

Nichtbestätigung vergleichsweise gering beeinflußt.

In einer gegebenen Situation hat nach diesen Überlegungen jede mögliche Handlungsalternative ein bestimmtes Verhaltenspotential *(behavior potential,* BP). Es ist eine Funktion (1.) sowohl der Stärke der Erwartung *(expectancy,* E), daß das Verhalten x in dieser Situation (s_1) zur Bekräftigung a *(reinforcement,* Ra) führen wird sowie (2.) dem Bekräftigungswert *(reinforcement value,* RV) der Bekräftigung a in dieser Situation (s_1). Formelmäßig drückt dies Rotter (1955) wie folgt aus:

$$BP_{x,s_1,Ra} = f\,[E_{x,Ra,s_1}\ \&\ RV_{a,s_1}]$$

oder abgekürzt:

$$BP = f\,(E\ \&\ RV)$$

Unter den in einer gegebenen Situation möglichen Handlungsalternativen setzt sich jene mit dem größten Verhaltenspotential (BP) durch. Dieses Konstrukt entspricht dem Hullschen Reaktionspotential und der Lewinschen Kraft. Es ist unschwer zu sehen, daß die Konstrukte Erwartung und Bekräftigungswert der subjektiven Wahrscheinlichkeit und der Valenz von Erfolg oder Mißerfolg innerhalb der Theorie der resultierenden Valenz entsprechen. Unterschiede bestehen nur in der größeren Voraussetzungslosigkeit der Rotterschen Konzeption. So wird die Verknüpfung zwischen Erwartung und Bekräftigungswert nicht multiplikativ angesetzt, sondern bleibt offen. Außerdem gibt es keine vorweg eingebauten Beziehungen zwischen beiden Variablen, wie es zwischen Erfolgswahrscheinlichkeit und Erfolgsvalenz der Fall ist.

Rotter hat die Konstrukte der Erwartung und des Bekräftigungswertes noch näher spezifiziert. Die von ihm angeregte Forschung hat sich aber ausschließlich auf die Erwartungsvariable konzentriert. Sie wird durch zwei unabhängige Determinanten bestimmt; einmal durch eine spezifische Erwartung (E'), daß nach den bisherigen Erfahrungen in dieser spezifischen Situation dieses spezifische Verhalten zu einem bestimmten Bekräftigungsereignis geführt hat; zum andern durch eine generalisierte Erwartung (GE), die über einen breiten Bereich ähnlicher Situationen und Verhaltensweisen hinweg verallgemeinert ist:

$$E = f\,(E'\ \&\ GE)$$

Eine grundlegende Dimension aller Erwartungen über Handlungs-Folge-Kontingenzen besteht darin, wie stark das Folgeereignis durch das eigene Handeln beeinflußt werden kann. Rotter bezeichnet diese Dimension als internale vs. externale Kontrolle der Bekräftigung. Besonders in dieser Hinsicht kommt es leicht zu generalisierten Erwartungen, nach denen ganze Ausschnitte von Lebenssituationen entweder mehr durch eigenes Handeln beeinflußbar (internal kontrolliert) oder mehr durch äußere Instanzen beeinflußt (external kontrolliert) erscheinen. Darin kommen zeitgebundene Überzeugungen der Kultur und Weltanschauung über die Rolle von Ursachfaktoren wie Schicksal, Glück oder Kontrolle durch Mächtige zum Ausdruck. Es gibt individuelle Unterschiede in diesen Überzeugungen. Rotter nimmt sogar an, daß die Erwartungen über die Kontrollierbarkeit von Bekräftigungen so hoch generalisiert sind, daß sie sich über alle Lebenssituationen erstrecken und deshalb den Charakter von Persönlichkeitsdispositionen haben. Um sie zu erfassen, wurde ein eigener Fragebogen entwickelt, die I-E Skala *(Internal-External Scale;* Rotter, 1966). Die Kennwerte werden als individuelle Spezifikation der generalisierten Erwartung (GE) herangezogen und haben bis heute die Forschung im Gefolge der Rotterschen sozialen Lerntheorie weithin bestimmt (Rotter, 1966; Rotter, Chance u. Phares, 1972; Phares, 1976). Wir kommen darauf im 10. Kapitel zurück.

Empirische Belege

Spezifische, d. h. stark situationsgebundene Erwartungen im Hinblick auf die bekräftigenden Handlungsfolgen sind im Experiment

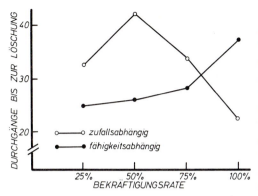

Abb. 5.20. Mittlere Zahl der Durchgänge bis zur Löschung für eine fähigkeitsabhängige und eine zufallsabhängige Aufgabe nach einer Lernphase unter vier verschiedenen Bekräftigungsplänen. (Nach Rotter, Liverant u. Crowne, 1961, S. 172)

durch die Gegenüberstellung von fähigkeitsabhängigen und zufallsabhängigen Aufgabensituationen induziert worden. Es ließ sich zeigen, daß man in Aufgabensituationen, deren Ergebnis man eher als zufallsabhängig erlebt, weniger geneigt ist, nach Erfolg die Erwartung weiteren Erfolgs zu steigern, als man es im Falle einer fähigkeitsabhängigen Aufgabensituation tut. Entsprechend ist man auch nach Mißerfolg weniger zu einer Erwartungsänderung bereit. Zudem ist unter zufallsabhängig erlebter Kontingenz die Bereitschaft geringer, von der spezifischen Situation auf andere, ähnliche Situationen zu generalisieren. Bemerkenswert sind vor allem Befunde zur Löschungsresistenz, die offensichtlich (wenn auch nur scheinbar) im Widerspruch zu der im Tierversuch erhärteten lerntheoretischen Tatsache stehen, daß intermittierende Bekräftigung (d.h. während der Lernphase werden z. B. nur 50 Prozent aller Durchgänge bekräftigt) Lernresultate schafft, zu deren anschließender Löschung die größte Zahl von Durchgängen erforderlich ist. Das ist im humanpsychologischen Versuch nur dann der Fall, wenn das Ergebnis der Aufgabentätigkeit als zufallsabhängig erlebt wird. Wird es dagegen als fähigkeitsabhängig aufgefaßt, so ist die Löschungsresistenz nach 100 prozentiger Bekräftigungsrate (Erfolg) höher als bei 50 prozentiger.

Als Beleg sei ein Versuch von Rotter, Liverant u. Crowne (1961) herangezogen. Die Vpn hatten eine Platte mit einem darauf befindlichen Ball hochzuheben, ohne daß der Ball herunterrollte. Neben dieser geschicklichkeitsabhängigen Aufgabe gab es eine zufallsabhängige Aufgabe zur außersinnlichen Wahrnehmung. Innerhalb beider Gruppen mit verschiedenen Aufgaben wurde des weiteren die Erfolgsrate während der Lernphase vierfach variiert: 25, 50, 75 und 100 Prozent Bekräftigung. In der anschließenden Löschungsphase (d. h. permanenter Mißerfolgsserie) gaben die Vpn vor jedem Durchgang die subjektive Erfolgswahrscheinlichkeit an. Betrug sie weniger als 10 Prozent, so war das gesetzte Löschungskriterium erreicht. Abb. 5.20 zeigt die erforderlichen Löschungsdurchgänge unter den verschiedenen Bedingungen.

Wie soll man die beiden Kurvenverläufe der Abb. 5.20 erklären? Der Hinweis der Autoren, man ziehe bei zufallsabhängigen Aufgaben weniger Informationen aus dem Auftreten von Bekräftigungen, d.h. man lerne weniger als bei fähigkeitsabhängigen Aufgaben, überzeugt nicht. Versetzt man sich in die verschiedenen Versuchsbedingungen, so bietet sich das folgende als plausibel an. Unter fähigkeitsabhängiger Bekräftigung baut sich mit steigender Erfolgsrate zugleich mit einer stärkeren Erfolgserwartung eine Überzeugung auf, für diese Aufgabe, gemessen an ihrem Schwierigkeitsgrad, eine hinreichende spezifische Fähigkeit zu besitzen. Je mehr sich diese Überzeugung befestigt hat, umso länger muß die anschließende Mißerfolgsserie sein, um diese Überzeugung wieder in Frage zu stellen und schließlich aufzugeben; sei es, daß man einsieht, die eigene Fähigkeit anfänglich überschätzt oder die Aufgabenschwierigkeit unterschätzt zu haben. Dem entspricht in etwa der monotone Anstieg der Extinktionskurve in Abhängigkeit von der Erfolgsrate.

Wie steht es aber in der zufallsabhängigen Bedingung? Sie kann nur unter einer Erfolgsrate von 50 Prozent volle Bestätigung in der Erfahrung finden und die Zufallsabhängigkeit maximal überzeugend machen; auf keinen Fall aber bei ununterbrochener Erfolgsrate von 100 Prozent, hier drängt sich am ehesten der Verdacht einer willkürlichen Manipulation durch den Versuchsleiter auf, so daß man in der Löschungsphase die verbliebenen Reste eines Glaubens an Zufallsabhängigkeit am schnellsten verliert. Dagegen ist bei 50 prozentiger Erfolgsrate dieser Glaube vorher stark befestigt worden und braucht deshalb mehr an widersprechender Erfahrung einer nullprozentigen Erfolgsrate, um aufgegeben zu werden. Die Erfolgsraten von 25 und 75 Prozent schließlich sind Mischfälle zwischen den beiden Extremen. Überlegungen dieser Art werden wir wieder aufnehmen, wenn wir im 10. und 11. Kap. Zusammenhänge zwischen Kausalattribution, Erfolgserwartung und Löschungsresistenz erörtern.

Was schließlich die andere Determinante des Verhaltenspotentials, den Bekräftigungswert (BV) betrifft, so hat Rotter (1955) schon früh eine Spezifikation vorgenommen, ohne daß sie in der von ihm angeregten Forschung aufgegriffen worden wäre. Danach ist der „Bekräftigungswert a in der Situation 1 eine Funktion aller Erwartungen, daß diese Bekräftigung zu nachfolgenden Bekräftigungen b bis n in der Situation 1 führen wird sowie des Wertes aller dieser nachfolgenden Bekräftigungen b bis n in der Situation 1. Mit anderen Worten, Bekräftigungen treten nicht völlig unabhängig voneinander auf, sondern das Auftreten einer Bekräftigung kann erwartete Folgen für künftige Bekräftigungen haben" (S. 255–256). Formelmäßig läßt sich diese Spezifikation des Bekräftigungswerts wie folgt ausdrücken:

$$RV_{a,s_1} = f[E_R \rightarrow {}_{R\,(b-n),s_1} + RV_{(b-n),s_1}]$$

Eine solche erwartungsmäßige Verknüpfung zwischen aufeinanderfolgenden Bekräftigungen (oder Valenzen) ist von der jüngsten Spielart der Erwartungs-mal-Wert-Theorien unter der Bezeichnung Instrumentalitätstheorie aufgegriffen worden.

Instrumentalitätstheorie

In demselben Jahr, in dem Rotter (1955) schrieb, daß der Bekräftigungswert einer Handlung von der Erwartung und dem Wert weiterer Folgebekräftigungen abhängt, die das erste Bekräftigungsereignis nach sich zieht, hatte auch Helen Peak (1955) ähnliche Überlegungen vorgelegt und den Begriff der Instrumentalität eingeführt. Bei der Abklärung des Verhältnisses von Einstellung *(attitude)* und Motivation spielt die Instrumentalität eine zentrale Rolle. Der affektive Gehalt einer Einstellung zu einem bestimmten Sachverhalt (Objekt oder Situation) ist eine Funktion (1.) der Instrumentalität dieses Sachverhalts für die Erreichung eines angestrebten Zieles und (2.) der Befriedigung, die aus der Zielerreichung gewonnen wird, was schließlich von der Motivation abhängt. Mit anderen Worten, verhaltensbestimmend an einer Einstellung ist einmal die subjektive Wahrscheinlichkeit, daß das Einstellungsobjekt zu erwünschten oder unerwünschten Konsequenzen führen kann (Instrumentalität) und zum andern die Intensität des Befriedigungswertes, die von diesen Konsequenzen erwartet wird. Multipliziert man Instrumentalität mit dem zugehörigen Befriedigungswert für jede einzelne erwartete Konsequenz und summiert die sich ergebenden Produkte der „Affektladung" *(derived affect load)* algebraisch auf, so erhält man die „affektive Wertgeladenheit" *(affective loading)*, die den betreffenden Einstellungsgegenstand kennzeichnet. Abb. 5.21 macht dies an einem einfachen Beispiel zu dem Einstellungsgegenstand „Aufhebung der Rassentrennung" deutlich.

Die Peaksche Modellversion der Erwartungs-mal-Wert-Theorie zur Bestimmung der affektiven Wertgeladenheit von Einstellungen hat empirische Bestätigungen gefunden. So konnte Rosenberg (1956) individuelle Unterschiede in der Einstellung zur Redefreiheit für Kommunisten und zur Aufhebung von rassenspezifischen Wohngebieten vorhersagen, indem er Angaben über Wertziele und Wahrscheinlichkeitsurteile, daß Redefreiheit und Aufhebung von Rassenschranken die Errei-

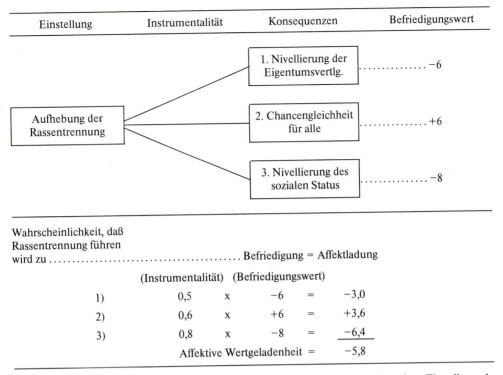

Abb. 5.21. Einfaches Beispiel zur Bestimmung der „affektiven Wertgeladenheit" einer Einstellung als Funktion der Instrumentalitäten, mit denen der Einstellungsgegenstand zu Konsequenzen mit verschiedenen Bekräftigungswerten führen würde. (Nach Peak, 1955, S. 155)

chung dieser Wertziele fördern oder erschweren würden, heranzog. In einer Anschlußstudie gelang Carlson (1956) eine Änderung dieser Einstellung, indem er durch Beeinflussung den Befriedigungswert der Konsequenzen einer Aufhebung der Rassentrennung modifizierte. Diese Ansätze in der Einstellungsforschung sind von Ajzen u. Fishbein (1969) fortgeführt worden, um ein Handeln zu erklären, das auf das tatsächliche und das erwartete Handeln eines sozialen Partners bezugnehmen muß.

Die Ansätze Peaks wurden zuerst von den Arbeits- und Betriebspsychologen Georgopolous, Mahoney u. Jones (1957) aufgenommen und später von Vroom (1964) zu einer Instrumentalitätstheorie ausgebaut und formalisiert. Es ist nicht von ungefähr, daß die angewandte Betrachtungsweise in der Erforschung der industriellen Arbeitswelt den Instrumentalitätsaspekt von Handlungsergebnissen hervorkehrte. Die Erwartung einer Vielfalt möglicher Folgen, die ein Handlungsergebnis nach sich ziehen kann, muß die Handlungsmotivierung entscheidend beeinflussen. Daß das künftige Handlungsergebnis dabei als instrumentell für weitere Folgen, seien sie erwünscht oder unerwünscht, vorweg beurteilt wird, konnte nur im ausgegrenzten Laborexperiment der motivationspsychologischen Grundlagenforschung solange verborgen bleiben.

Georgopolous et al. (1957) vermuteten, daß die Arbeitsproduktivität davon abhängig ist, wieweit man die eigene Produktivität als ein Mittel (einen „Zielpfad" im Sinne Lewins) ansieht, persönlich wichtige Ziele zu erreichen. Sie erhoben bei 621 Arbeitern einer Haushaltartikel-Fabrik die subjektive Instrumentalität von hoher und niedriger Arbeitsproduktivität für jedes von zehn verschiedenen Zielen. Von dreien dieser Ziele, nämlich „auf lange Sicht viel Geld zu verdienen", „gut mit der Kollegengruppe auszukommen" und

„einen besser bezahlten Arbeitsplatz zu bekommen" wurde die mittlere skalierte Wichtigkeit herangezogen, um alle Arbeiter in zwei Gruppen von hoher oder niedriger Valenz („Bedürfnis") einzuteilen. Die Arbeitsproduktivität wurde je nach Über- oder Unterschreiten der von der Firma gesetzten Normen, mit der jeder Arbeiter vertraut war, bestimmt. Die Ergebnisse bestätigen die Zielpfad- oder Instrumentalitätsüberlegung. Hohe Produktivität ging mit der Überlegung überein, daß hohe Produktivität entscheidend für die Erreichung der drei aufgeführten Ziele ist. Diese Instrumentalitätsbeziehung war bei jenen Arbeitern ausgeprägter, die den Zielen eine größere persönliche Wichtigkeit, d. h. eine höhere Valenz, beimaßen. Die Arbeitsproduktivität hängt also einerseits davon ab, welchen Instrumentalitätswert sie für die Erreichung übergreifender Ziele hat und andererseits von der Wichtigkeit (Valenz), die diese Ziele für jemanden besitzen.

Vrooms Instrumentalitätsmodell

In Anlehnung an die Tradition der Erwartungs-mal-Wert-Theorien hat Vroom (1964) Instrumentalität und Valenz multiplikativ miteinander verknüpft. Je höher das Produkt, umso stärker ist die Motivation oder Handlungstendenz. Stehen Handlungsalternativen zur Wahl, so kommt bei entsprechender Instrumentalität jene mit der optimalen Valenz zum Zuge. Zu diesem Zweck werden für jede Handlungsalternative die erwarteten Valenzen der mit ihr verbundenen Handlungsfolgen mit ihrer jeweilig erwarteten Auftretenswahrscheinlichkeit multipliziert. Die so entstandenen Produkte für jede Handlungsalternative werden algebraisch summiert, und die Handlungsalternative mit der größten Summe wird gewählt.

Im einzelnen und zum genaueren Verständnis des Vroomschen Instrumentalitätsmodells ist es nützlich, einige Unterscheidungen zu machen, die bei Vroom teils eher implizit bleiben. Voneinander abzugrenzen sind: Handlung, Handlungsergebnis und die davon hervorgerufenen Handlungsfolgen (genauer müßte man sagen: „Handlungsergebnisfolgen"; Vroom bezeichnet sie wie auch das Handlungsergebnis mit dem gleichen Terminus: *outcome*).

Ob eine erwogene Handlung zu dem gewünschten Handlungsergebnis führt, ist mehr oder weniger wahrscheinlich. Mit anderen Worten, die subjektive Erfolgswahrscheinlichkeit der Handlung kann zwischen 0 und 1 variieren. (Statt subjektiver Erfolgswahrscheinlichkeit benutzt Vroom den Terminus Erwartung, *expectancy*, E). Ist nun ein bestimmtes Handlungsergebnis erzielt worden, so ist es mehr oder weniger geeignet, erwünschte oder unerwünschte Handlungsfolgen nach sich zu ziehen; im positiven Fall etwa Zustimmung der Mitarbeiter, Anerkennung durch den Vorgesetzten, Beförderung oder Gehaltsaufbesserung. Die möglichen Verknüpfungsgrade zwischen Handlungsergebnis und Handlungsfolgen bezeichnet Vroom nicht – wie es naheliegen mag – als Wahrscheinlichkeit, sondern als Instrumentalität. Dahinter steht der Gedanke, daß nach einem gewissen Handlungsergebnis nicht nur die erwünschte Handlungsfolge nicht, sondern gerade ihr Gegenteil eintreten mag. Die Verknüpfungsgrade reichen also nicht wie bei der Wahrscheinlichkeit von 0 bis 1, sondern von -1 bis $+1$. Eine positive, eine fehlende und negative Instrumentalität eines Handlungsergebnisses *(effective performance)* für Handlungsfolgen mit positiver und negativer Valenz definiert Vroom wie folgt:

> If effective performance leads to attainment of positively valent outcomes or prevents the attainment of negatively valent outcomes then it should be positively valent; if it is irrelevant to the attainment of either positively or negatively valent outcomes, it should have a valence of zero; and if it leads to the attainment of negatively valent outcomes and prevents the attainment of positively valent outcomes, it should be negatively valent (1964; S. 263).

Würde z. B. ein Handlungsergebnis zu einer negativen Handlungsfolge führen, so hätte es eine positive Instrumentalität für eine negative Handlungsfolge, und ihr Produkt wäre negativ. Die entsprechende Handlung würde unterlassen. Wenn dagegen das Handlungsergebnis eine negative Handlungsfolge verhindern würde, so wären sowohl Instrumentalität wie Handlungsfolge negativ. Das Produkt wäre positiv und damit auch die Handlungstendenz. Ein Beispiel wäre etwa die Furcht eines Schülers, nicht versetzt zu werden (negative Handlungsfolge). Er erkennt, daß vermehrte Anstrengung in den letzten Wochen vor dem Ende des Schuljahres das befürchtete Ereignis abwenden könne (negative Instrumentalität für Sitzenbleiben). Also vermehrt er nun seine Anstrengungen für die Schule. Hier führt eine furchtbezogene Anreizmotivation zu einer Erhöhung der Motivierung. Variierte die Instrumentalität nicht zwischen +1 und −1, sondern nur – wie die Erwartung – zwischen +1 und null, so würde unser Schüler angesichts des befürchteten Sitzenbleibens in Inaktivität verfallen, da das Produkt zwischen Instrumentalität (Erwartung) und negativer Handlungsfolge immer negativ wäre.[4]

Instrumentalität bedeutet also immer den Verknüpfungsgrad zwischen dem Ergebnis einer Handlung und den Folgen, die es nach sich zieht. Allgemeiner kann man von dem Verknüpfungsgrad zwischen dem unmittelbaren Handlungsergebnis und davon abhängigen mittelbaren, weiteren Ergebnissen sprechen. In Bolles' Notation fiele dies unter die Erwartungen vom Typ der Stimulus-Folge-Kontingenz, S-S*. S bedeutet hier die durch das erzielte Handlungsergebnis erzielte Situation, die – ohne daß man selbst etwas dazu tun kann – zu weiteren Situationen zu führen verspricht, die für das Individuum einen Valenzcharakter haben.

Dieser Aspekt der Handlungs-Folge-Erwartungen ist bezeichnenderweise in der experimentellen Laborforschung immer wieder übersehen worden. Denn mit dem erzielten Handlungsergebnis hat die Versuchsperson die ihr aufgetragene Aufgabe erledigt. Die Tätigkeit im Labor bleibt eine ausgegrenzte Episode, ohne Nachwirkungen für die mannigfachen Lebensziele der Versuchsperson (sofern man davon absieht, daß sie vielleicht beim Versuchsleiter einen guten Eindruck hinterlassen möchte). Es wird vorausgesetzt, daß das Handlungsergebnis seine Valenz in sich habe. In Vrooms Konzeption würde dies bedeuten, daß ein erfolgreiches Handlungsergebnis immer eine vollständige Instrumentalität von +1 mit „Belohnungen" hat, die für die einzelne Versuchsperson Valenzcharakter besitzen; wie das Gefühl der Zufriedenheit mit der eigenen Leistungstüchtigkeit oder andere Handlungsfolgen. Das gilt etwa für Atkinsons Risikowahlmodell, das wir im 9. Kap. erörtern. Wie in anderen Erwartungs-mal-Wert-Theorien umfaßt hier die Erwartungskomponente keine Instrumentalitäten, sondern nur die Erfolgswahrscheinlichkeit, daß die eigenen Handlungsbemühungen zu dem angezielten Handlungsergebnis führen. Dies ist identisch mit dem Vroomschen Erwartungsbegriff (E). Er fällt unter jenen Typ von Erwartungen, die Bolles als Handlungs-Folge-Kontingenzen (R-S*) faßt, die also die Verknüpfungswahrscheinlichkeit zwischen den eigenen Handlungsbemühungen und ihrem, von den eigenen Bemühungen abhängigen Ergebnis zum Ausdruck bringt.

Drei Teilmodelle für Valenz, Handlung und Ausführung

Wie die bisherige Erörterung schon hat anklingen lassen, spielen die Valenzen der möglichen Handlungsfolgen eine Rolle. Sie bestimmen zusammen mit ihrer jeweiligen Instrumentalität die Valenz des Handlungsergebnisses. Die Valenz des erwarteten Handlungsergebnisses ist also eine Funktion der Valenzen aller weiteren Handlungsfolgen und der dem Handlungsergebnis für ihr Eintreten zugeschriebenen Instrumentalitäten. Für jede Handlungsfolge wird das Produkt ihrer Valenz und ihrer Instrumentalität gebildet, alle diese Produkte werden algebraisch aufsummiert. Das Handlungsergebnis hat also in sich

---

4 Allgemein gesagt würde dies bedeuten, daß Furchtmotivation stets zu einer Verminderung der Handlungstendenz führen müsse. Das ist, wie wir sehen werden, die Konsequenz des Risikowahlmodells von Atkinson. Es multipliziert negative Anreize mit Erfolgswahrscheinlichkeit (null bis 1), so daß die furchtbezogene Komponente im Risikowahlmodell immer negativ ist und sich immer hemmend auf die resultierende Handlungstendenz auswirkt. Vgl. Kap. 9.

selbst keine Valenz, sondern gewinnt diese erst im Hinblick auf die durch es ermöglichten weiteren Handlungsfolgen. Formelmäßig lautet der aufgestellte Zusammenhang wie folgt:

$$V_j = f \left[\sum_{k=1}^{n} (V_k \times I_{jk}) \right]$$

wobei V_j = Valenz des Handlungsergebnisses j; V_k = Valenz der Handlungsfolge k; I_{jk} = die erwartete Instrumentalität (-1 bis $+1$) des Handlungsergebnisses j für das Eintreten der Handlungsfolge k.

Mit diesem Valenzmodell kann man die wertmäßige Situationsbeurteilung eines Individuums erklären, wenn es bereits in einer bestimmten Richtung und Intensität handelnd tätig ist oder wenn bereits Handlungsergebnisse vorliegen. Es ist deshalb folgerichtig, wenn das Valenzmodell so gut wie ausschließlich zur Erforschung der Zufriedenheit am Arbeitsplatz *(job satisfaction)* herangezogen wurde (vgl. Mitchell u. Biglan, 1971). Dagegen kann das Valenzmodell nicht erklären, welche Handlungsalternativen unter mehreren möglichen, und welche in welcher Intensität, in einer gegebenen Situation bevorzugt und ausgeführt werden. Dazu ist – wie auch in allen anderen Erwartungs-mal-Wert-Theorien – die Wahrscheinlichkeit zu berücksichtigen, mit der die Handlung zu dem erwünschten Handlungsergebnis führen wird. Deshalb verknüpft das instrumentalitätstheoretische Motivationsmodell die Erwartung, durch eine Handlung ein bestimmtes Handlungsergebnis zu erreichen, multiplikativ mit der Valenz des Handlungsergebnisses (deren Bestimmung oben schon dargestellt wurde). Dieser aufgestellte Zusammenhang ergibt die resultierende Verhaltenstendenz in einer Wahlsituation; Vroom bezeichnet sie im Anschluß an Lewins Feldtheorie als psychologische Kraft (F, *force*). Als Formel ausgedrückt:

$$F_i = f \left[\sum_{j=1}^{n} (E_{ij} \times V_j) \right]$$

wobei F_i = psychologische Kraft, die Handlung i auszuführen; E_{ij} = die Stärke der Erwartung (0 bis 1), daß die Handlung i zum Handlungsergebnis j führt; V_j = Valenz des Handlungsergebnisses j.

Diese Formel ist im Unterschied zur Valenzformel kein Beurteilungsmodell (Arbeitsplatz-Zufriedenheit), sondern ein Handlungsmodell. Es klärt Verhaltensunterschiede in Leistungssituationen auf und wurde in der Industriepsychologie zur Erforschung der beruflichen Leistung, der Produktivität am Arbeitsplatz *(job performance)* herangezogen. Vroom (1964) hat das Modell als Leitfaden herangezogen, um eine Fülle empirischer Befunde zur Berufswahlentscheidung, zum Verbleiben am Arbeitsplatz, zur Anstrengung und zur Produktivität zu ordnen und zu analysieren. Dabei hat sich das Modell als erklärungstüchtig erwiesen. Zur Verdeutlichung sei seine Grundvorstellung noch einmal in Abb. 5.22 veranschaulicht.

Genau besehen sagt das Handlungsmodell der psychologischen Kraft (F) nicht das Handlungsergebnis, sondern – worauf Vroom auch hinweist – den aufgewendeten *Anstrengungsgrad* bei der Verfolgung eines Handlungsziels voraus. Handlungsergebnisse (wie etwa Produktivität am Arbeitsplatz) sind durch das Handlungsmodell nur insoweit aufgeklärt, als sie vom Anstrengungsgrad (Moti-

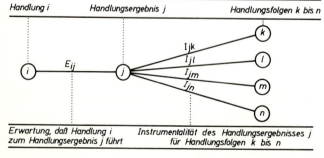

Abb. 5.22. Schema der Variablen in Vrooms Instrumentalitätsmodell

viertheit, Motivation) und nicht von anderen Faktoren, wie vor allem Fähigkeit für die betreffende Aufgabe, determiniert sind. Vroom hat hier bereits einen Gedanken vorweggenommen, der durch die Kausalattribuierungstheorie nahegelegt wurde; nämlich, daß der Motivationsprozeß in einer Anstrengungskalkulation bestehen kann (vgl. Kukla, 1972a; Meyer, 1973a; Kap. 12). Verschiedene Grade der aufzuwendenden Anstrengung können zu verschieden hohen Niveaus des Handlungsergebnisses führen, und diese wiederum zu Handlungsfolgen mit verschiedenen Valenzen. Nach Vroom ist der aufgewendete Anstrengungsgrad eine Funktion der algebraischen Summe der Produkte aus den Valenzen jedes Niveaus des Handlungsergebnisses und aus der Erwartung, daß jedes Handlungsergebnis-Niveau durch jenen Anstrengungsgrad erzielt werden kann.

Ausführungsmodell

Für die Vorhersage des tatsächlich erzielten Handlungsergebnisses schlägt Vroom (wie auch Lawler u. Porter, 1967) ein drittes Modell vor, das Ausführungsmodell *(performance model)*. Danach ist das erzielte Handlungsergebnis die Funktion einer multiplikativen Verknüpfung zwischen Fähigkeit und Motivation, d. h. der psychologischen Kraft: Handlungsergebnis = f (Fähigkeit × Motivation)

Und wenn wir statt Motivation (M) die Formel des Handlungsmodells für psychologische Kraft (F) einsetzen:

$$\text{Handlungsergebnis} = f \text{ Fähigkeit} \times \left[\sum_{j=1}^{n} (E_{ij} \times V_j) \right]$$

Individuelle Unterschiede der Fähigkeit sind bislang nur selten berücksichtigt worden (vgl. etwa Gavin, 1970). Weder allein noch in multiplikativer Verknüpfung mit der psychologischen Kraft haben sie nennenswert zur Varianzaufklärung von Handlungsergebnissen beitragen können (vgl. Heneman u. Schwab, 1972). Das liegt wahrscheinlich daran, daß objektive Kennwerte psychometrischer Tests und nicht Selbsteinschätzungen der eigenen Fähigkeit für die in Frage stehende Aufgabe oder Berufsarbeit herangezogen wurden (wie ja auch die Werte für Erwartung, Instrumentalität und Valenz subjektiver Natur sind).

Abb. 5.23 zeigt in Form eines Prozeßmodells die Zusammensetzung aller drei Modelle Vrooms, des Valenz-, des Handlungs- und des Ausführungsmodells. Das Prozeßmodell enthält die einzelnen Bestimmungsstücke, die die Valenz des angezielten Handlungsergebnisses (Valenzmodell), die psychologische Kraft bei der Handlungstätigkeit (Handlungsmodell) und schließlich das erzielte Handlungsergebnis (Ausführungsmodell) bestimmen. Das Prozeßmodell beginnt mit der Interaktion von Valenz der Handlungsfolgen und der Instru-

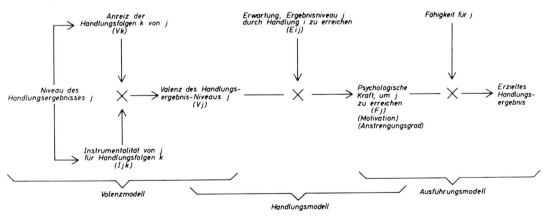

Abb. 5.23. Prozeßmodell der Instrumentalitätstheorie von Vroom, in dem das Valenzmodell, das Handlungsmodell und das Ausführungsmodell miteinander verbunden sind

mentalität des Handlungs-Niveaus für diese Valenzen. Daraus resultiert die Valenz des entsprechenden Handlungsergebnis-Niveaus. Diese Valenz steht in Interaktion mit der Erwartung, durch eine Handlung das angezielte Handlungsergebnis-Niveau zu erreichen. Daraus ergibt sich die psychologische Kraft, die entsprechende Handlung auszuführen, d. h. die Bereitschaft, einen entsprechenden Anstrengungsgrad aufzuwenden. Man kann auch von der Stärke der Handlungstendenz oder Motivation sprechen. Das Produkt schließlich von psychologischer Kraft (Anstrengung) und Fähigkeit determiniert das erzielte Handlungsergebnis.

Handlungsergebnisse und Handlungsfolgen

Da Vroom (1964) ursprünglich sowohl das Handlungsergebnis wie die Handlungsfolgen als *outcomes* bezeichnet hatte, ergab sich einige Verwirrung, zwischen verschiedenen Ausgängen *(outcomes)* zu unterscheiden. Sie sind ja zeitlich gestaffelt und bedingen sich nach ihrer Instrumentalität für den zeitlich folgenden Ausgang. Galbraith u. Cummings (1967) unterschieden deshalb zwischen Ausgängen (Handlungsfolgen) erster und zweiter Ebene. Ein Ausgang erster Ebene ist nach diesen Autoren ein solcher, dessen Valenz der Untersucher bestimmen will. Ausgänge zweiter Ebene sind dann alle solche Ereignisse, für die ein Ausgang erster Ebene eine instrumentelle Bedeutung hat, und deren Valenz deshalb die Valenz des Ausgangs erster Ebene bestimmt.

Eindeutiger, und psychologisch wohl auch angemessener, ist es, zwischen Handlungsergebnis (Ausgang erster Ebene) und Handlungsfolgen (Ausgänge zweiter Ebene) zu unterscheiden, wie wir es getan haben. Hier erhebt sich die Frage, ob ein Handlungsergebnis seine Valenz nur von den Handlungsfolgen erhält oder auch – zusätzlich – eine Valenz in sich selbst hat. Im letzteren Falle spricht man nicht selten von *intrinsischen* Valenzen; das Handlungsergebnis ist ziemlich unmittelbar mit werthaften Erlebnissen verknüpft, die der Handelnde ohne jede Vermittlung durch äußere Instanzen bei sich selbst empfindet. Die Erlebnisse beruhen auf Selbstbewertungsprozessen während der Handlung und nach Erzielung eines Handlungsergebnisses. Mitchell u. Albright (1972) haben fünf Arten solcher intrinsischer Valenzen voneinander abgegrenzt: (1) Selbstwertgefühle, (2) Gelegenheit für eigenständige Gedanken und Handlungen, (3) Möglichkeiten zur eigenen Entwicklung, (4) Gefühle der Selbsterfüllung und (5) Gefühle angemessener Aufgabenerfüllung. Demgegenüber gibt es *extrinsische* Valenzen, bei denen äußere Instanzen eine Rolle spielen, und es sich immer um fremdvermittelte Handlungsfolgen handelt, wie (6) Autorität, (7) Prestige, (8) Sicherheit, (9) Gelegenheit zur Gewinnung enger Freunde, (10) Gehalt, (11) Aufstieg und (12) Anerkennung.

Es liegt nahe, im Unterschied zu Galbraith u. Cummings alle fremdvermittelten Ereignisse mit extrinsischer Valenz als Ausgänge zweiter Ebene (Handlungsfolgen) und alle Ereignisse mit intrinsischer Valenz als Ausgänge erster Ebene (Handlungsergebnisse) zu betrachten. Aber auch diese Aufteilung wäre fragwürdig. Denn Ereignisse mit intrinsischer Valenz fallen nicht mit dem Erzielen eines bestimmten Handlungsergebnisses zusammen, sondern sind ihrerseits das Ergebnis von Selbstbewertungsprozessen in Reaktion auf das erzielte Handlungsergebnis. So können gleiche Handlungsergebnisse für dasselbe Individuum unterschiedlichen intrinsischen Wert haben, je nachdem ob man sie etwa mehr auf eigene Tüchtigkeit oder auf Glück oder auf hilfreiche Unterstützung durch andere zurückführt (vgl. Kap. 11 und 12).

Außerdem ist es möglich, daß Ereignisse mit äußerer Valenz (Handlungsfolge) selbst wieder Ereignisse der Selbstbewertung mit intrinsischer Valenz zur Folge haben. Wieder eine andere Unterscheidung zwischen Ausgängen erster und zweiter Ebene machen Campbell, Dunnette, Lawler u. Weick (1970) in ihrem „*Hybrid Expectancy Model*". Das Handlungsergebnis bezeichnen sie als Aufgabenziel, dem eine Erwartung I zugeordnet ist. Das erreichte Aufgabenziel führt mit einer Erwartung II zu Ausgängen erster Ebene mit Belohnungscharakter. Deren Valenz ist eine Funktion ihrer Instrumentalität für die Befriedigung von Bedürfnissen, und diese Bedürfnisbefriedigung beinhaltet Ausgänge zweiter Ebene. Nach diesem Vorschlag sind alle Handlungsfolgen mit Valenzcharakter Ausgänge erster Ebene. Sie werden unterteilt nach Art der vermutlich zugrunde liegenden Bedürfnisart. Es bleibt dann die Schwierigkeit, Ausgänge zweiter Ebene zu erfassen; nämlich verschiedene Bedürfnisse voneinander abzugrenzen und ihre Befriedigung zu messen.

Gegenwärtig ist man wohl am besten beraten, wenn man einerseits so hypothetische Prozesse wie Bedürfnisbefriedigung (Campbell et al., 1970) aus dem Spiele läßt und andrerseits alle Ereignisse mit Valenzcharakter, ob intrinsischer oder extrinsischer Natur (Galbraith u. Cummings, 1967) zur Gruppe der Handlungsfolgen (Ausgänge zweiter Ebene) rechnet und von dem Handlungsergebnis (Ausgang erster Ebene) abgrenzt, das zu ihnen Anlaß gibt.

Empirische Überprüfung

Die Instrumentalitätstheorie von Vroom hat sich als fruchtbar erwiesen und eine ganze Reihe von Feldstudien angeregt. Dabei fanden sowohl das Valenzmodell wie das Handlungsmodell im wesentlichen Bestätigung. Die Modelle sind auch mit zusätzlichen Variablen erweitert worden; wie der Arbeitsrolle *(work role)*, die die wahrgenommenen und übernommenen Anforderungen des Arbeitsplatzes – etwa an Anstrengungsaufwand – beinhaltet und die neben psychologischer Kraft und Fähigkeit das erzielte Handlungsergebnis bestimmen soll (vgl. Graen, 1969; Porter u. Lawler, 1968). Kritische Sammelreferate haben Mitchell u. Biglan (1971) und Heneman u. Schwab (1972) vorgelegt. Wahba u. House (1974) diskutieren Probleme der Theoriebildung und des methodischen Vorgehens.

In der Regel hat sich gezeigt, daß die modellgerechten multiplikativen Verknüpfungen eher zutreffen als additive Verknüpfungen. Zum Beispiel konnten Mitchell u. Albright (1972) mit Hilfe des Valenzmodells (d. h. der multiplikativen Verknüpfung von Valenz und Instrumentalität) in einer Stichprobe von Marineoffizieren die Varianz der Arbeitsplatzzufriedenheit zur Hälfte voraussagen ($r = +0,72$). Das gilt allerdings nicht immer sowohl für die Interaktion zwischen Valenz der Handlungsfolgen und der Instrumentalität des Handlungsergebnisses für die Handlungsfolgen wie für die Interaktion zwischen Erwartung, ein angezieltes Handlungsergebnis zu erreichen, und der Valenz dieses Handlungsergebnisses (vgl. Pritchard u. Sanders, 1973). In den frühen Untersuchungen wurde jedoch in der Regel Instrumentalität und Erwartung nicht voneinander getrennt in Ansatz gebracht, wie es das Modell fordert; sei es, daß beides konfundiert wird, wenn man etwa den Verknüpfungsgrad zwischen Anstrengung und Handlungsfolgen erfragt (wie Hackman u. Porter, 1968) oder diesen vermischt mit dem Verknüpfungsgrad zwischen Handlungsergebnis und Handlungsfolgen, d. h. der Instrumentalität (wie Gavin, 1970; Lawler u. Porter, 1967); oder sei es, daß nur indirekte Schätzungen der wahrgenommenen Instrumentalität herangezogen wurden (wie bei Georgopolous et al., 1957; Galbraith u. Cummings, 1967; Goodman, Rose u. Furcon, 1970).

In allen bisherigen Untersuchungen kann man die Operationalisierung der Konstrukte in Frage ziehen. Das gilt besonders für die Instrumentalität. Ein Beispiel ist die Erhebung von Pritchard u. Sanders (1973). Sie untersuchten Postangestellte, die einen Briefsortier-Kurs machten, in dem sie lange und komplexe Beförderungswege auswendig lernen mußten. Fünfzehn verschiedene Handlungsfolgen waren auf ihre Valenzen einzuschätzen (wie „eingestellt zu bleiben und nicht entlassen zu werden", „eine Gehaltserhöhung zu bekommen"; aber auch eher negative Valenzen wie „mehr Arbeit zugeteilt zu bekommen" oder „Überstunden zu machen"). Die Instrumentalitäts-Kennwerte (I) waren demgegenüber nicht modellgerecht. Sie bestanden in Wahrscheinlichkeitsschätzungen von $+1$ bis $+10$, wieweit das Erlernen des Kursprogramms die einzelnen der 15 Handlungsfolgen nach sich ziehen würde. Abhängige Variablen waren Schätzungen der im Kursprogramm aufgewendeten Anstrengung. (Da die Angestellten einen großen Teil des Programms zu Hause erledigten, scheint die selbsteingeschätzte Anstrengung der beste Kennwert der abhängigen Variable zu sein). Die besten Vorhersagen lieferten die folgenden Teilstücke bzw. Vollformen des Valenz- und des Handlungsmodells in ihrer multiplikativen oder additiven Verknüpfung:

$r =$ 0,54 V   (Valenz)
      0,52 V × E   (Valenz mal Erwartung)
      0,50 V × I   (Valenzmodell, multiplikativ)
      0,49 E + (V×I)   (Handlungsmodell, additiv)
      0,47 E × (V×I)   (Handlungsmodell, multiplikativ)
      0,41 V + I   (Valenzmodell, additiv)
      0,36 E + (V+I)   (Valenz- u. Handlungsmodell, additiv)
      0,22 I   (Instrumentalität)

Wie zu sehen ist, ist das multiplikative Valenzmodell dem additiven überlegen (0,50 vs. 0,41); nicht dagegen das multiplikative Handlungsmodell dem additiven (0,47 vs. 0,49). Die nicht modellgerechte Operationalisierung der Instrumentalitätswerte trägt kaum zur Varianzaufklärung bei; ja verringert sie eher, wenn I zu den übrigen Variablen hinzutritt.

Ein weiteres Problem ist Anzahl und Art der Handlungsfolgen, die vom Untersucher berücksichtigt werden. Individuen unterscheiden sich darin, wie zahlreich und wie geartet die Handlungsfolgen sind, die für sie relevant sind. Da die Kennwerte für Valenz und Instrumentalität sich auf die vom Untersucher ausgewählten Handlungsfolgen beziehen, kann die interindividuelle Varianz von Valenz und Instrumentalität über Gebühr eingeschränkt sein, weil wichtige Handlungsfolgen außer Betracht bleiben. Bestimmt man andrerseits Anzahl und Art der Handlungsfolgen für jeden individuellen Fall, kann das vom Modell geforderte algebraische Aufsummieren aller Valenz-Instrumentalitätsprodukte die interindividuelle Vergleichbarkeit gefährden.

Die bisherigen Untersuchungen zur Instrumentalitätstheorie sind fast ausschließlich Feldstudien in der beruflichen Arbeitsumwelt. Das gibt ihnen gegenüber künstlichen Labor-Experimenten eine hohe externe Validität, ist andrerseits jedoch mit einem Nachteil zu bezahlen. Eine kausale Bedingungsanalyse ist bei zur gleichen Zeit erhobenen Variablen und ohne planmäßige Variation jener Variablen, denen man Bedingungscharakter zuschreibt, nicht möglich. Lawler (1968) hat deshalb seine Untersuchung an 55 Industriemanagern über ein ganzes Jahr ausgedehnt. Die Valenzdaten bestanden aus Wichtigkeitsschätzungen von sechs vorgegebenen Handlungsfolgen. Die Instrumentalitätsdaten waren (wie schon gesagt) mit Erwartung konfundiert: Es war zu schätzen, wieweit eigene Anstrengung und Handlungsergebnisse zu den sechs Handlungsfolgen führen. Die tatsächlich erzielten Handlungsergebnisse (abhängige Variable) wurden nach einem Jahr erhoben; und zwar im Urteil der Kollegen, des Vorgesetzten und nach Selbstbeurteilung. Multiple Korrelationen zwischen dem Produkt von „Instrumentalität" × Valenz und dem erzielten Handlungsergebnis nach einem Jahr schwankten zwischen 0,55 (Vorgesetzten-Beurteilung), 0,45 (Kollegen-Beurteilung) und 0,65 (Selbst-Beurteilung). Da diese Korrelationen mit einjähriger Zeitstaffelung von abhängigen und unabhängigen Variablen höher sind als die Korrelationen der zu Beginn der Untersuchungszeit erhobenen Variablen, sprechen sie für eine kausale Abhängigkeit des erzielten Leistungsergebnisses im Sinne des Vroomschen Valenz- und Handlungsmodells.

Mit der Instrumentalitätskonzeption haben die Erwartungs-mal-Wert-Theorien eine entfaltete Modellversion hervorgebracht, die für die künftige Motivationsforschung noch viel verspricht.

6 Ängstlichkeit und Leistungsmotiv als Persönlichkeitsdispositionen

In den beiden letzten Kapiteln haben wir uns mit Faktoren situativer Einflüsse auf Motivation und Verhalten beschäftigt. Individuelle Unterschiede in den situativen Einflußfaktoren – etwa in der Situationswahrnehmung oder im Anreizgewicht eines Zielobjekts – blieben unberücksichtigt (Kap. 4) oder zumindest unerklärt (Kap. 5). Bis zum Ende der vierziger Jahre hatte die experimentelle Motivationsforschung das Problem individueller Unterschiede übersehen oder vor sich hergeschoben. Sie war mit flüchtigen Motivationszuständen aber nicht mit Motiven als Dispositionsvariablen beschäftigt. Sie gehörte der einen der „beiden wissenschaftlichen Disziplinen der Psychologie" (Cronbach, 1957), nämlich der experimentellen und nicht der differentiellen Psychologie an. Sie betrieb eine experimentelle Analyse planmäßig variierter Situations-Bedingungen und war an den intraindividuellen Änderungen und nicht an interindividuellen Unterschieden interesssiert (vgl. Kap. 1; Abb. 1.1). Das änderte sich mit Beginn der fünfziger Jahre. Zum ersten Mal wurden zwischen den beiden Disziplinen Brücken geschlagen. Experimentell-bedingungsklärende und differentiell-diagnostische Fragestellungen verbanden sich, um sowohl die intraindividuelle wie die interindividuelle Varianz von Verhaltensunterschieden aufzuklären.

Die neuen Ansätze waren auf die Entwicklung von diagnostischen Verfahren gerichtet, die die Messung von individuellen Unterschieden in der Stärke von Motivdispositionen gestatten. Die Pioniere dieses Durchbruchs waren Experimentalisten und keine Diagnostiker aus dem Lager der Differentiellen Psychologie. Ihre Bemühungen unterscheiden sich in dreierlei Hinsicht von den Bemühungen der Differentiellen oder der Persönlichkeitspsychologen, deren eigenschaftstheoretische Ansätze wir im 3. Kapitel erörtert haben.

Erstens geht es nicht um die Klassifikation vieler oder gar „aller" Motive, sondern um eine einzelne Motivdisposition. Zweitens geht es weder um idiographische Beschreibung noch um multivariate Eigenschaftsprofile, sondern um die Feststellung grober Ausprägungsunterschiede eindimensional konstruierter Dispositionen. Drittens, die Kennwerte der neuen Verfahren sollen in erster Linie nicht dazu dienen, sie mit anderen Persönlichkeitsvariablen zu korrelieren, sondern vielmehr, um Persönlichkeitsunterschiede als unabhängige Variablen in den Versuchsplan einzubringen und um so differentielle Wirkungen situativer Bedingungen zu erfassen.

Die neuen Verfahren liefern Kennwerte des *Motiv-Motivations*-Index-Verhaltens, das wir im 1. Kapitel erörtert haben. Zugrundeliegt der Versuchsplantyp IIa zur Messung der Intensität individueller Motivausprägung (vgl. Tabelle 1.4). Da die unabhängigen Variablen der Motivationsanregung in den Verfahren standardisiert sind und gleich gehalten werden, führt man die interindividuelle Streuung des Antwortverhaltens auf das hypothetische Konstrukt „Motiv" und nicht auf das hypothetische Konstrukt „Motivation", also auf eine Persönlichkeitsdisposition, zurück. Die Frage, ob die verwendete Motivationsanregung auch tatsächlich individuelle Unterschiede in der Ausprägung jenes Motivs hervorbringt, an dessen Erfassung man interessiert ist, hat man – neben reiner Inhaltsvalidität der Anregungsbedingungen – durch zwei verschiedene Vorgehensweisen abzusichern gesucht. Einmal hat man die resultierenden Kennwerte des Antwortverhaltens auf Übereinstimmung mit Außenkriterien geprüft, denen man theoretisch eine Abhängigkeit von dem gleichen Motiv zuschreibt. Zum andern hat man nach dem Versuchsplan Ia (vgl. Abb. 1.5) die Intensität der Anregungsbedingungen variiert, um zu sehen, ob sich eine entsprechende Änderung in der Stärke des Antwortverhaltens zeigt. Sofern Anregung und Antwortverhalten intraindividuell kovariieren, sieht man darin einen Beleg, daß das angenommene Motiv angeregt worden war und sich – vermittelt über einen Motivationszustand, der der vorgegebenen Situationsanregung entsprach – im Index-Verhalten niedergeschlagen hat.

Was die Verfahrenstechnik betrifft, so griff man einerseits auf die üblichen Fragebogenmethoden zurück, wie sie vielfach zur Erhebung von Persönlichkeitsmerkmalen (etwa Einstellungen) verwendet werden. Ein Beispiel dafür haben wir bereits in der I-E-Skala *(internal vs. external control of reinforcement;* Rotter, 1966) kennengelernt (Kap. 5). Unter allen fragebogenmäßig erfaßten Persönlichkeitsdimensionen gewann die „Ängstlichkeit" die größte Bedeutung für die Motivationsforschung. Noch wichtiger wurde eine andere Verfahrenstechnik, der zu klinisch-psychologischen Zwecken entwickelte Thematische Auffassungstest (TAT). Dieses „projektive" Verfahren wurde zur Messung von Motiven wie Leistung, Macht und sozialem Anschluß experimentalisiert und standardisiert. Es hat wie kein anderes die Motivationsforschung seit den fünfziger Jahren angeregt. In diesem Kapitel werden wir die Messung und Verhaltenswirksamkeit der Persönlichkeitsdispositionen Ängstlichkeit und Leistungsmotiv erörtern; in den nächsten beiden Kapiteln soziale Motive wie Anschluß, Macht, Hilfe und Aggression.

Ängstlichkeit

Allgemeine Ängstlichkeit

Anfang der fünfziger Jahre haben Janet Taylor und Kenneth Spence an der Universität von Iowa eine Ängstlichkeitsforschung eröffnet, die wie kein anderer Ansatz die im Tierexperiment entwickelte Triebtheorie für die humanpsychologische Motivationsforschung fruchtbar gemacht hat. Taylor und Spence waren nicht an der Ängstlichkeit als solcher interessiert, sondern an der Überprüfung einiger Ableitungen aus der lernpsychologischen Triebtheorie; nämlich an dem Einfluß der Triebstärke auf das Erlernen neuer Verhaltensweisen. Ausgangspunkt war Hulls Triebtheorie mit ihren verschiedenen Postulaten wie Unabhängigkeit von Trieb und *habit*, energetisierende Wirkung des Triebes und allgemeiner Charakter des Triebes (vgl. Kap. 4). Da nach dem letzten Postulat zur jeweiligen Triebstärke *(D)* alle momentanen Bedürfnis- und Aktivationszustände beitragen, bot sich Ängstlichkeit zur Spezifikation des Triebzustandes an, zumal sich Menschen offenbar stark nach ihrer Ängstlichkeit unterscheiden. Im Sinne von Miller und Mowrer wurde Ängstlichkeit als ein erworbener (und schwer löschbarer) Trieb aufgefaßt, dessen Quelle in antizipatorischen emotionalen Reaktionen (r_e) besteht, die durch bedrohliche Hinweisreize ausgelöst werden.

Um individuelle Unterschiede zu messen und um Versuchspersonen nach der Stärke ihrer mit in die Versuchssituation gebrachten Ängstlichkeit zu trennen, entwickelte Taylor (1953) die *Manifest Anxiety Scale* (MAS). Sie nahm aus dem Persönlichkeitsinventar des *Minnesota Multiphasic Personality Inventory* solche Items, die nach übereinstimmendem Urteil einiger Klinischer Psychologen erkennbare Symptome chronischer Angstreaktionen darstellen. Darunter sind etwa folgende Items: Ich kann mich nicht auf eine Sache konzentrieren; Alle paar Nächte habe ich Angstträume; Selbst an kühlen Tagen schwitze ich leicht; Ich bin leicht verlegen. Obwohl die verschiedenen Ängstlichkeitsreaktionen nicht auf spezifische Situationsanlässe bezogen werden, erwies sich der schließlich konstruierte Fragebogen bei wiederholter Messung als sehr zuverlässig. Im Vergleich zu normalen Personen haben neurotische und psychotische stark abweichende, hohe Kennwerte. In der folgenden Forschung mit meist studentischen Stichproben wurden gewöhnlich Extremgruppen aufgrund der MAS-Werte einander gegenübergestellt.

Nachdem die MAS unterschiedliche Triebstärke zu messen gestattet, galt es auch die *habit*-Seite näher zu spezifizieren. Nach dem Postulat der multiplikativen Verknüpfung von Triebstärke und *habit* muß die Triebstärke den Lernerfolg dann begünstigen, wenn richtige oder förderliche *habits* schon relativ stark ausgeprägt oder nur wenig konkurrierende *habits*, die nicht relevant sind, bestehen. Das ist bei leichten Aufgaben der Fall. Bei schwierigen Aufgaben ist es umgekehrt. Sie lösen ein *habit*-Repertoire aus, in dem förderliche *habits* noch eine geringere Stärke als nicht relevante *habits* besitzen oder in mannigfacher Konkurrenz stehen. In diesem Falle wird bei niedriger Triebstärke besser gelernt, d. h. gewinnen die anfänglich unterlegenen richtigen *habits* schneller die Oberhand über die anfänglich dominanten falschen *habits*. Prototyp einer leichten und einfachen Lernaufgabe wurde die Konditionierung des auf Luftstoß erfolgenden Lidschlagreflexes auf bestimmte Signalreize (Taylor, 1951). In vielen Untersuchungen ließ sich übereinstimmend zeigen, daß Personen mit hohen MAS-Werten die Lidschlagkonditionierung sehr viel schneller erlernen als Personen mit niedrigen MAS-Werten (vgl. zusammenfassend Spence, 1964; sowie Abb. 6.1).

Situative Anregungseffekte

Um die Effekte bei leichten und schweren Aufgaben gegenüberzustellen, wurden verschiedene Arten psychomotorischer, sprachlicher und Problemlösungsaufgaben verwen-

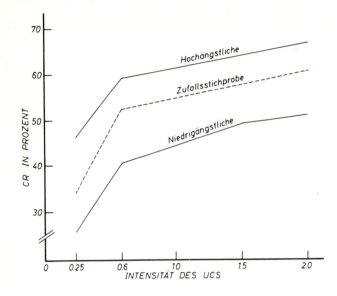

Abb. 6.1. Prozentsatz der konditionierten Lidschlag-Reaktionen (CR) in Abhängigkeit von verschiedenen Versuchspersonen-Stichproben und von der Intensität des Luftstoßes (UCS). (Nach Spence, 1958a, S. 135)

det; insbesondere Paarassoziationen, weil sich hier der Schwierigkeitsgrad (a) durch den Assoziationswert innerhalb der Reiz-Reaktions-Paare und (b) durch den Ähnlichkeitsgrad der Reaktionswörter innerhalb der gesamten zu lernenden Liste von Paarassoziationen gut dosieren läßt. Mit solchen Aufgaben ließ sich häufig die Erwartung bestätigen, daß Ängstliche bei leichten und Nicht-Ängstliche bei schwierigen Aufgaben überlegen sind.

Aber es gab auch widersprechende Befunde. Kritische Übersichten von Irwin Sarason (1960), Spence u. Spence (1966), Spielberger (1966) ergaben, daß es nicht genügt, die Persönlichkeitsdisposition Ängstlichkeit bloß als hypothetisches Motivkonstrukt aufzufassen, das permanent und über Situationen hinweg Verhalten beeinflußt. Wenn dies auch die ursprüngliche Konzeption war, unter welcher die MAS-Variable entwickelt und als überdauernder Triebstärke-Indikator herangezogen worden war, so ließ sich bald nicht mehr übersehen, daß Determinanten der Versuchssituation hinzutreten müssen, damit höhere Testwerte in der MAS auch tatsächlich mit den erwarteten Leistungsergebnissen einhergehen. Offensichtlich ist zusätzlich ein hypothetisches Motivationskonstrukt denknotwendig; d. h. die überdauernde Disposition Ängstlichkeit muß situativ zu einem Ängstlichkeitszustand angeregt werden. Dafür spricht, daß unter belastenden und bedrohlichen Bedingungen wie Streß, Erwartung von Schmerz und Gefahr oder bedrohter Selbstwert (etwa durch Mißerfolgsinduktion oder angekündigte Fremdbewertung) die Leistungsunterschiede zwischen Hoch- und Niedrigängstlichen deutlicher und in der erwarteten Richtung ausfallen. So fanden etwa Davidson, Andrews u. Ross (1956) anhand von Leistungsverschlechterungen, daß Hochängstliche auf Mißerfolgsrückmeldungen oder verkürzte Bearbeitungszeiten für die gestellten Aufgaben empfindlich reagierten.

Taylor (1956) wie auch Spence (1958a) hatten dieser Einsicht schon Rechnung zu tragen gesucht, indem sie der Beziehung der MAS-Werte zur Triebstärke eine Alternativ-Hypothese zugrunde legten. Nach der „chronischen Hypothese" sind Hochängstliche (nach MAS) in allen Situationen ängstlich und besitzen stets eine vergleichsweise hohe Triebstärke; nach der „reaktiven Hypothese" haben Hochängstliche lediglich eine höhere Bereitschaft zur Ängstlichkeit; sie sind also nur in belastenden und bedrohlichen Situationen ängstlicher als Nichtängstliche. Schon an der Lidschlag-Konditionierung ließ sich zeigen, daß die Intensität des Luftstoßes aufs Auge oder die Ankündigung leichter elektrischer Schläge bei Fehlreaktionen die Konditionierungsleistung verbessert (Spence,

1958a). Abb. 6.1 zeigt, daß die Erlernung des konditionierten Lidschlags sowohl von den MAS-Werten wie von der Stärke des Luftstoßes abhängt; und zwar hier in einfacher additiver Weise.

Angesichts dieser Befunde ist der situativ angeregten Ängstlichkeit eine erhöhte Bedeutung beizumessen, und man mag sich fragen, ob nicht schwierige Aufgaben schon allein wegen des erlebten Schwierigkeitsgrades Mißerfolgserwartungen, und damit erhöhte Ängstlichkeit, auslösen. Es könnte demnach nicht so sehr Aufgabenkomplexität als solche sondern Mißerfolgsfurcht sein, der Personen mit hohen MAS-Werten leicht unterliegen, und die sie dann bei der Aufgabenlösung ablenkt und stört. Sarason u. Palola (1960) fanden dafür Belege. Den klarsten Beleg (Weiner u. Schneider, 1971; Schneider u. Gallitz, 1973) haben wir bereits in Kap. 4 berichtet. Trennte man objektiven Schwierigkeitsgrad und Erfolgs-Mißerfolgserleben, indem man nach (objektiv) schwierigen oder leichten Aufgaben entweder durchgehend Erfolg oder Mißerfolg rückmeldete, so erlernten Mißerfolgsängstliche die schwierigen Aufgaben schneller nach Erfolg als nach Mißerfolg; und nach Erfolg zudem schneller als die Erfolgszuversichtlichen, nach Mißerfolg dagegen langsamer (vgl. Abb. 4.7). Entscheidend ist also nicht die tatsächliche Komplexität der Aufgabe (im lerntheoretischen Sinne von *habit*-Hierarchien) sondern der momentane Ängstlichkeitszustand.

Ängstlichkeit als Disposition und als Zustand

Wie wir schon in Kap. 1 erörtert haben, beruht jede Motivmessung auf einem *Motiv-Motivations*-Index-Verhalten, das bei Konstanthalten der Situationsanregung (Versuchsplan IIa; vgl. Tabelle 1.4) auf individuelle Dispositionsunterschiede rückschließen läßt. Da aber Ängstlichkeit so sehr situationsabhängig ist, lag es nahe, das Index-Verhalten an spezifische Situationen zu binden. Dazu entwickelte man einmal Fragebogen, die sich auf umschriebene Situationen wie Prüfungen beziehen (Prüfungsängstlichkeit). Eine andere Möglichkeit besteht darin, eine tatsächliche Situation auf den in ihr erlebten Ängstlichkeitszustand beurteilen zu lassen. Ein solches Verfahren kann einen im Zeitablauf vorhandenen Motivationszustand besser widerspiegeln als Fragebogen, die sich auf viele oder auch nur auf eine Klasse von vorgestellten Situationen beziehen. Spielberger hat ein solches Verfahren entwickelt, das *State-Trait Anxiety Inventory* (STAI; vgl. Spielberger, Gorsuch u. Lushene, 1970). Es enthält 20 Aussagen zur Ängstlichkeit als Zustand (A-Zustand; *State Anxiety*). Man hat auf einer 4-Punkte-Skala anzukreuzen, wie man sich zu einem besonderen Zeitpunkt fühlt (z. B. „Ich bin nervös"). Zur Erfassung der Ängstlichkeit als Disposition (A-Disposition; *Trait Anxiety*) hat man anzugeben, wie man sich im allgemeinen fühlt (z. B. „Mir fehlt Selbstvertrauen"). Die unterschiedlichen Bedeutungen, die Spielberger (1966) mit beiden Ängstlichkeitsmaßen verbindet, gehen aus folgendem Zitat hervor:

> Anxiety states (A-States) are characterized by subjective, consciously perceived feelings of apprehension and tension, accompanied by or associated with activation or arousal of the autonomic nervous system. Anxiety as a personality trait (A-Trait) would seem to imply a motive or acquired behavioral disposition that predisposes an individual to perceive a wide range of objectively nondangerous circumstances as threatening, and to respond to these with A-State reactions disproportionate in intensity to the magnitude of the objective danger (Spielberger, 1966, S. 16–17).

Die Werte für A-Disposition und A-Zustand, die man für jede Versuchsperson erhält, sollten eine gewisse Kovariation zeigen. Wer hohe A-Disposition aufweist wird in Situationen, die den Selbstwert bedrohen, auch eher zu einem höheren A-Zustand neigen als Personen mit niedriger A-Disposition. Neben dieser Intensitäts- ist auch eine Extensitätsbeziehung zu erwarten: Je höher die A-Disposition, umso breiter der Kreis von Situationen, die als bedrohlich erlebt werden und einen A-Zustand herbeiführen (vgl. Versuchsplan IIa u. b; Tabelle 1.4). Aber hier hat man eine Einschränkung festgestellt. In Situationen, die Schmerz oder körperliche Gefährdung heraufbeschwören, haben Personen mit hoher

A-Disposition keinen höheren A-Zustand als Personen mit niedriger A-Disposition (Hodges u. Spielberger, 1966); im Unterschied zu sozialen Situationen, in denen Selbstachtung oder das Ansehen bei anderen in Frage gestellt wird und bedroht ist. Überhaupt ist die Kovariation nicht starr. Ob Personen, die sich in A-Dispositionen unterscheiden auch entsprechende Unterschiede in Intensität oder Extensität der A-Zustände zeigen, hängt davon ab, wieweit die einzelne Person eine gegebene Situation für sich als bedrohlich oder gefährlich wahrnimmt, was wiederum auf die bisherigen individuellen Erfahrungen zurückgeht.

Spielberger, O'Neil u. Hansen (1972) haben ein Prozeßmodell zur Verhaltenserklärung in bedrohlichen Situationen skizziert, das die Rolle von A-Disposition und A-Zustand spezifiziert (vgl. Abb. 6.2). Sobald jemand eine Situation als bedrohlich bewertet, wird ein A-Zustand hervorgerufen, dessen Intensität der kognitiven Bewertung der Bedrohung proportional ist. Die Bewertung hängt von den Gegebenheiten der Situation wie von der A-Disposition ab. In den Bewertungsprozeß gehen aber auch sensorische und kognitive Rückkoppelungen ein (gestrichelte Linien in Abb. 6.2); und zwar einmal Rückmeldungen über den bereits bestehenden A-Zustand, zum andern Abwägungen über geeignete Reaktionen, die aufgrund bisheriger Erfahrungen geeignet sind, die Situation zu entschärfen (Gegenmaßnahmen). Stärke und Dauer eines A-Zustands sind damit ein Produkt kognitiver Bewertungen, die im wesentlichen von vier Determinantengruppen abhängen: (1) den äußeren Situationsgegebenheiten, (2) der A-Disposition, (3) der eingeschätzten Entlastungswirkung unmittelbar erfolgender oder in Aussicht genommener Gegenmaßnahmen und (4) des rückgemeldeten momentanen A-Zustands.

Der experimentelle Nachweis für einzelne Teilprozesse des Modells sieht im allgemeinen wie folgt aus: Äußere Situationsgegebenheiten und A-Disposition beeinflussen beide den A-Zustand und dieser wiederum wirkt sich auf das Ergebnis von Aufgabentätigkeit aus, wobei der Schwierigkeitsgrad der Aufgabe noch eine entscheidende Rolle als Moderator spielt: Je selbstwertbelastender die Situation, je ausgeprägter die A-Disposition, umso höher steigt der A-Zustand; je höher der A-Zustand, umso stärker wird bei sehr schwierigen Aufgaben die Leistung beeinträchtigt. Eine Verringerung des A-Zustands durch Neubewertung der Situation angesichts erfolgter oder erwogener Entlastungsreaktionen ist von anderen Forschern nachgewiesen worden; insbesondere von Lazarus (1968; vgl. Kap. 4). Ob schließlich die Rückmeldung des momen-

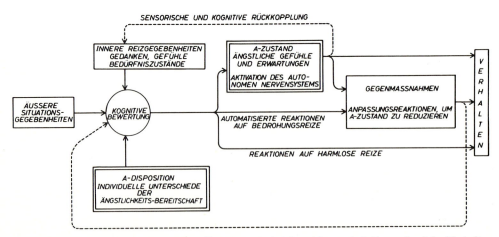

Abb. 6.2. Prozeßmodell der Wirkung von Ängstlichkeit als Disposition und als Zustand auf das Verhalten in Bedrohungs- und Belastungssituationen. (Nach Spielberger, O'Neil u. Hansen, 1972, S. 111)

tanen A-Zustands die Situationsbewertung beeinflußt, und damit den A-Zustand rückkoppelnd erhöhen oder senken kann, scheint noch nicht geprüft zu sein.

Die getrennte Messung von Ängstlichkeit als Disposition und als Zustand ermöglicht schärfere Bedingungsanalysen für viele Fragestellungen als die übliche Bestimmung individueller Unterschiede in einer Dispositionsvariablen, wie die Studie von Spielberger et al. (1972) deutlich macht. Studentische Versuchspersonen mit hoher oder niedriger A-Disposition erlernten naturwissenschaftliche Grundbegriffe mit Hilfe computer-unterstützter programmierter Unterweisung (bei falscher Antwort wird ein Lösungshinweis zurückgemeldet und das gleiche Problem erneut gestellt; erst bei richtiger Antwort erscheint das nächste Problem). Nach einer Übungsaufgabe folgen 6 Aufgabenabschnitte: schwierige Aufgaben A, B und C sowie leichte Aufgaben A, B und C. Nach jeder Aufgabe erschienen auf dem Monitor 4 Aussagen der A-Zustands-Skala, deren Zutreffen im Hinblick auf den gerade beendeten Aufgabenabschnitt zu beurteilen war. Abb. 6.3 (a) zeigt den Verlauf des A-Zustands. Personen mit hoher A-Disposition haben in jedem Versuchsabschnitt einen höheren A-Zustand als Personen mit niedriger A-Disposition. Zugleich nimmt in beiden Gruppen der A-Zustand signifikant über die drei schwierigen Aufgaben ab. Offensichtlich werden die Aufgaben bei gleichbleibendem objektiven Schwierigkeitsgrad zunehmend vertrauter, d. h. leichter und damit weniger mißerfolgsbedrohlich. Dafür spricht eine signifikante Abnahme der Fehlerzahl in den aufeinanderfolgenden Abschnitten der schwierigen Aufgaben. Wie aus Abb. 6.3 (b) zu ersehen ist, geht die Abnahme der Fehlerzahl ausschließlich auf jene Personen zurück, die auf die erste schwierige Aufgabe (A) zunächst mit hohem A-Zustand reagiert hatten. Dagegen gab es keinen Zusammenhang zwischen A-Disposition und Fehlerzahl.

Eine voll gegenläufige (disordinale) Wechselwirkung zwischen Höhe des A-Zustands und Schwierigkeitsgrad der Aufgabe auf die Fehlerzahl haben Tennyson u. Woolley (1971) nachgewiesen. Die Aufgabe der Versuchspersonen war es, Gedichte auf das Vorliegen eines besonderen Versmaßes (Trochäus) zu klassifizieren, dessen Eigenart

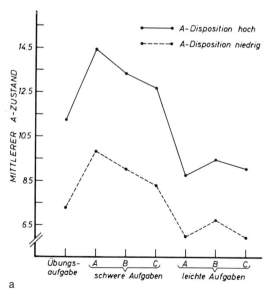 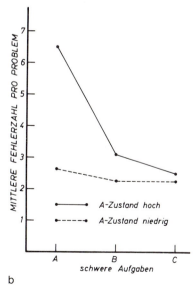

Abb. 6.3a. Verlauf der A-Zustände von Personen mit hoher A-Disposition und mit niedriger A-Disposition über die aufeinanderfolgenden schweren und leichten Aufgaben hinweg. **b** Mittlere Fehlerzahl von Personen mit hohem A-Zustand und mit niedrigem A-Zustand (bei Aufgabe A) über drei aufeinanderfolgende schwere Aufgaben hinweg. (Nach Spielberger et al., 1972. S. 131 u. 132)

ihnen zuvor dargelegt worden war. Zunächst wurde eine Auswahl schwer zu klassifizierender Gedichte und dann eine leichte Auswahl vorgelegt. Den beiden Aufgaben von unterschiedlicher Schwierigkeit ging eine entsprechend leicht belastende bzw. erleichternde Instruktion voraus. Entsprechend hob und senkte sich der A-Zustand. Dieser korrelierte mit A-Disposition $r = 0,42$ ($N = 35$) bei der schwierigen und $r = 0,62$ bei der leichten Aufgabe. Eine Aufteilung der Versuchspersonen in hohen vs. niedrigen A-Zustand zeigte eine signifikante Umkehrung der Leistungsergebnisse: Die Gruppe mit hohem A-Zustand machte bei leichten Aufgaben wenig und bei schweren Aufgaben viel Fehler; die Gruppe mit niedrigem A-Zustand hatte dagegen bei leichten Aufgaben weit mehr Fehler als bei schweren.

Die Ergebnisse beider Untersuchungen lassen sich mit der ursprünglichen Spence-Taylorschen Triebtheorie nur vereinbaren, wenn man die „chronische" Hypothese zugunsten der „reaktiven" verwirft und einräumt, daß es der als mißerfolgsbedrohlich erlebte Schwierigkeitsgrad einer Aufgabe ist, der den A-Zustand akut steigert. Offen bleibt bei diesen Befunden zweierlei; einmal ob die erhöhte Fehlerzahl im Sinne der Triebtheorie durch vermehrten *habit*-Wettstreit oder durch störende Ablenkungen aufgrund eines ängstlich-aufgeregten Erlebniszustands verursacht wird; zum andern, warum – wie Tennyson u. Woolley (1971) berichten – Niedrigängstliche bei leichten Aufgaben mehr Fehler machen als bei schweren. Ein weiterer Forschungsansatz zur sog. Prüfungsängstlichkeit scheint eher in der Lage zu sein, auf beide Fragen Antworten zu geben.

Prüfungsängstlichkeit

Im Unterschied zu den bisher berichteten Konzeptionen und Meßverfahren haben Mandler u. S. Sarason (1952) Ängstlichkeit auf Prüfungssituationen eingegrenzt. Im Theorieansatz folgen sie nicht mehr wie Taylor und Spence der Hullschen Konzeption eines allgemeinen Triebniveaus, sondern der Fortentwicklung Millers, nach welcher Trieb als starker und spezifischer Reiz, als Triebreiz (S_D), betrachtet wird (Miller u. Dollard, 1941). Ängstlichkeit ist danach eine Reaktion auf einen starken internalen Reiz, der seinerseits durch situative Hinweisreize ausgelöst wird. Wie Miller legen Mandler u. S. Sarason gelernte Triebe zugrunde. In Prüfungssituationen, denen das motivationspsychologische Interesse der Autoren gilt, sollen zwei Arten gelernter Triebe wirksam werden: ein „Aufgabentrieb" *(task drive, S_T)* und ein „Ängstlichkeitstrieb" *(anxiety drive, S_A)*.

Der Aufgabentrieb umfaßt alle Motivationstendenzen zu erfolgreicher Aufgabenbearbeitung, die in einer gegebenen Situation durch die besondere Aufgabenstellung, die Erwartungen des Prüfenden u. a. angeregt werden, und die ihrerseits die entsprechend erlernten Reaktionen (R_T) hervorrufen. Ein Verfahren zur Messung der aufsuchenden Motivationstendenzen führen die Autoren nicht ein. Der Ängstlichkeitstrieb umfaßt alle Ängstlichkeitsreaktionen, die bislang in ähnlichen Prüfungssituationen erworben worden sind. Ängstlichkeit wird als ein durch diese Reaktionen erzeugter starker Reiz verstanden (S_A). Dieser starke Reiz als Trieb löst seinerseits Reaktionen zu seiner Verminderung aus. Zwei Arten von Reaktionen werden dabei unterschieden. Eine Art von Reaktionen trägt unmittelbar zur Aufgabenerledigung bei und reduziert so die Ängstlichkeit. Diese aufgabenrelevanten Ängstlichkeitsreaktionen (R_{AT}) sind in funktioneller Hinsicht den erlernten aufgabenrelevanten Reaktionen (R_T) gleichzustellen. Die andere Art von Reaktionen (R_A), die die Aufgabentätigkeit stört, ist dagegen nicht spezifisch an die besonderen Erfordernisse der Aufgabensituation gekoppelt. Sie besteht aus Gefühlsinhalten der Untüchtigkeit, Hilflosigkeit und Aufgeregtheit, aus Erwartungen von Mißerfolg, der den Selbstwert in den eigenen oder den Augen anderer herabsetzt; sowie schließlich aus Tendenzen, der Prüfungssituation auszuweichen.

Nur für diese zweite Komponente des Ängstlichkeitstriebs mit ihren selbstwertbelastenden Reaktionen, die nichts zur Aufgabenlösung beitragen, haben Mandler u. S. Sarason (1952) ein Meßinstrument entwickelt, den *Test Anxiety Questionnaire* (TAQ). Der Fragebogen enthält 37 Aussagen über Empfindungen vor und während einer Prüfung; z. B. wie nervös man sich fühle, wie sehr man Herzklopfen verspüre, über schlechtes Abschneiden besorgt sei (vgl. deutsche Übersetzung bei Fisch u. Schmalt, 1970). Eine erste Validierung bestand in der Beobachtung manifester Symptome ängstlichen Verhaltens bei der Lösung schwieriger Aufgaben. Das Vorkommen von überschießenden Bewegungen, Schwitzen, gequältem Lachen, Nachfragen zur Aufgabenanweisung und anderen Hinweisen korrelierten mit den TAQ-Werten. Der TAQ hat zur Konstruktion von zwei weiteren Fragebögen angeregt, die ihm in Inhalt und Konstruktvalidität sehr ähnlich sind. I. Sarason (1958a) verkürzte den TAQ zur *Test Anxiety Scale* (TAS) mit 21 Items, die man nur bejahen oder verneinen kann. Alpert u. Haber (1960) konstruierten den *Achievement Anxiety Test* (AAT), der in je 10 Items zwei verschiedene Tendenzen der Prüfungsängstlichkeit mißt; die eine ist leistungsbeeinträchtigend (AAT-), die andere leistungsfördernd (AAT+). Die letztere Tendenz entspricht den aufgabenrelevanten Ängstlichkeitsreaktionen (R_{AT}), die Mandler u. S. Sarason (1952) postuliert hatten.

Das Grundparadigma der vielen, im Gefolge des Theorieansatzes von Mandler u. Sarason publizierten Untersuchungen sieht wie folgt aus. Aufgrund eines Fragebogens zur Prüfungsängstlichkeit werden Extremgruppen von Hoch- und Niedrigängstlichen gebildet, die unter verschiedenen Situationsbedingungen komplexe Aufgaben bearbeiten. Die Situationsbedingungen werden hinsichtlich ihrer Relevanz und Bedrohlichkeit für den Selbstwert variiert; sei es durch vorgespielte Erfolgs- oder Mißerfolgsrückmeldungen, sei es durch Betonung oder Dementierung des Prüfungscharakters der Aufgaben oder durch andere Hinweise des Versuchsleiters, die bestimmte Grade von „Ich-Beteiligung" induzieren. Die Ergebnisse sind recht übereinstimmend, wie die Sammelreferate von I. Sarason (1960) und von Wine (1971) zeigen. Je stärker die Überprüfung persönlicher Fähigkeiten betont wird, umso schlechter fällt die Leistung Hochängstlicher und umso besser die der Niedrigängstlichen aus. Bei hoher Selbstwertrelevanz sind die Niedrigängstlichen den Hochängstlichen überlegen; bei niedriger oder fehlender Selbstwertrelevanz ist es umgekehrt, Hochängstliche sind den Niedrigängstlichen überlegen.

Ein typisches Ergebnis berichtete bereits die ursprüngliche Untersuchung von Mandler u. S. Sarason (1952). Hoch- und Niedrigängstliche hatten zunächst in 6 Durchgängen Würfelmuster *(block design)* als Intelligenztestaufgaben zu bearbeiten. Die Niedrigängstlichen benötigten dafür signifikant kürzere Zeiten; erst im letzten Durchgang verschwindet der Unterschied. Danach werden drei verschiedene Bedingungen für die weitere Bearbeitung der Aufgaben eingeführt. In einer Bedingung wird die bisherige Leistung als Erfolg, in einer anderen als Mißerfolg ausgegeben. In einer neutralen Bedingung wird nichts mitgeteilt. Tabelle 6.1 enthält die Bearbeitungszeiten beider Ängstlichkeitsgruppen für den ersten Durchgang nach diesen Mitteilungen. Wie zu sehen ist, erzielen Niedrigängstliche die besten Leistungen nach Mißerfolgsinduktion. Hochängstliche erreichen dagegen ihr Leistungsmaximum nach einem neutralen Aufgabenintervall, während sie durch Erfolgs- wie Mißerfolgsinduktion in gleich starker Weise beeinträchtigt werden. Die Erklärung folgt für die Mißerfolgsängstlichen unmittelbar aus dem Theorieansatz der Autoren: Die eröffnete Bewertung der eigenen Fähigkeit ruft eine Fülle selbstwertbezogener Reaktionen in Form gefühlsgeladener Kognitionen hervor, die mit den aufgabenrelevanten Lösungsschritten interferiert und diese behindert; zumindest solange die Lösungsschritte noch nicht genügend eingeübt und automatisiert sind. Weniger unmittelbar läßt sich dagegen erklären, warum Nichtängstliche erst unter Fähigkeitsbewertung ihre volle Leistungsfähigkeit entfalten. Diese Bedingung regt in ihnen offenbar kein leistungsbeeinträchtigendes Ausmaß von selbstwertbezogenen Reaktionen, sondern vielmehr erhöhtes

Tabelle 6.1. Mittlere Lösungszeiten für den ersten Durchgang einer wiederholten Aufgabenbearbeitung durch Hoch- und Niedrigängstliche, nachdem die bisherige Leistung entweder als Erfolg oder als Mißerfolg ausgegeben oder unkommentiert geblieben war (neutral). (Nach Mandler u. S. Sarason, 1952, S. 170)

Experimentelle Bedingung	Hoch-ängstliche	Niedrig-ängstliche	p
Neutral	126,0	165,6	<0,08
Erfolg	163,6	138,0	<0,17
Mißerfolg	162,2	108,6	<0,03

Interesse und Aufmerksamkeit für die Aufgaben selbst an, was unter neutralen und entspannten Bedingungen noch zu fehlen scheint. Die in dieser Erklärung bereits akzentuierte Bedeutung der Aufmerksamkeit wurde, wie wir noch sehen werden, später stärker herausgearbeitet und experimentell bestätigt (vgl. Wine, 1971).

I. Sarason hat in verschiedenen Untersuchungen am genauesten die Bedingungen differenziert, die die Leistung von Hoch- und Niedrigängstlichen beeinflussen. Eine dieser Untersuchungen (I. Sarason, 1958b) spricht, wie die schon berichtete Studie von Weiner u. Schneider (1971), gegen die Annahme von Taylor und Spence, nach welcher das erhöhte allgemeine Antriebsniveau die Ursache des verlangsamten Lernens komplexer Aufgaben sei. Sarason ließ sinnlose Silben in wiederholter Darbietung unter einer Instruktionsbedingung lernen, die er „Beruhigung" *(reassurance)* nannte. Im Anschluß an die übliche Aufgabeninstruktion fügte der Versuchsleiter hinzu, daß viele Leute bei dieser Aufgabe in einen angespannten und aufgeregten Zustand gerieten, daß Fortschritte sich nur langsam einstellten und daß man leichter lerne, wenn man sich einfach auf das Aufgabenmaterial konzentriere, statt sich darüber Gedanken zu machen, wie gut man abschneide. Diese Zusatzinstruktion vermindert nicht die Selbstwertrelevanz der Aufgabe, sondern lenkt die Aufmerksamkeit von der Selbstbeobachtung weg auf die Aufgabentätigkeit. Unter dieser Bedingung erzielten die Hochängstlichen noch höhere Leistungen als unter neutralen und bloß aufgabenorientierten Bedingungen. Offensichtlich muß die von den Hochängstlichen empfundene Betonung der Leistungsbewertung nicht unbedingt vermindert werden, wenn es ihnen nur gelingt, ihre Aufmerksamkeit mehr auf die Aufgabe als auf sich selbst zu konzentrieren; was hier bereits durch eine kurze und beruhigende Zusatzinstruktion erreicht zu sein scheint. Was die Niedrigängstlichen betrifft, so führte bei ihnen die gleiche Zusatzinstruktion zur Leistungsverschlechterung.

In einer neueren Untersuchung mit ähnlichen Aufgaben verglich Sarason (1972) die Wirksamkeit von fünf verschiedenen Instruktionen miteinander: (1) Neutral (bloße Aufgabeninstruktion), (2) Leistungsorientierung (Aufgabe wird als Intelligenz-Indikator hingestellt), (3) Beruhigung (hier: Die Aufgaben sind sehr, sehr schwer, und niemand wird sehr viele davon erfolgreich lösen können. Mach dir deshalb keine Gedanken, wie gut du abschneidest. In diesem Experiment kommt es hauptsächlich auf Besonderheiten der Aufgaben an), (4) Motivierende Aufgabenorientierung (Dies ist ein Experiment, um die Form von Lernkurven herauszufinden. Manche lernen schneller oder mehr pro Zeiteinheit als andere. Aber daran bin ich nicht interessiert. Ich bin nur an der Form von Lernkurven bei verschiedenen Aufgaben interessiert. Dabei würde mir am meisten geholfen, wenn man

Tabelle 6.2. Anzahl der richtigen Reaktionen von Hoch- und Niedrigängstlichen nach wiederholtem Lernen von relativ sinnfreiem Sprachmaterial. (Nach I. Sarason, 1972; S. 389)

Experimentelle Bedingung	Hoch-ängst-liche	Niedrig-ängstliche
Neutral	47,83	46,67
Leistungsorientierung	34,08	65,08
Beruhigung (Reassurance)	58,75	42,24
Motivierende Aufgaben-orientierung	65,33	59,67
Aufgabenorientierung	50,00	38,25

die Aufgabe als eine Gelegenheit ansieht, sich im Behalten von verschiedenem Material zu üben ...), (5) Aufgabenorientierung (Experiment soll Aufschlüsse über die Aufgabe und nicht über das individuelle Leistungsniveau geben). Tabelle 6.2 enthält die Ergebnisse. Unter „Leistungsorientierung" erzielen Niedrigängstliche ihr bestes und Hochängstliche ihr schlechtestes Ergebnis. Hochängstliche sind am besten bei „motivierender Aufgabenorientierung" und sie übertreffen die Niedrigängstlichen am meisten nach „Beruhigung" und nach „Aufgabenorientierung".

Aufmerksamkeitshypothese der Prüfungsängstlichkeit

Prüfungsängstlichkeit besteht, so scheint es, in dem vermehrten Auftreten von deprimierenden selbstwertbezogenen Kognitionen, wenn die eigenen Fähigkeiten einer Fremdbewertung unterworfen werden. Da diese Kognitionen nichts zur Lösung der Aufgabe beitragen, entziehen sie bei vermehrtem Auftreten den gleichzeitig ablaufenden Lösungsbemühungen zuviel an Aufmerksamkeit, so daß die Leistungsfähigkeit beeinträchtigt wird. Für diese „Aufmerksamkeitshypothese" der Prüfungsängstlichkeit, die dem Theorieansatz von Mandler u. S. Sarason gut entspricht und ihn konkretisiert, hat Wine (1971) Belege zusammengetragen. Mandler u. Watson (1966) berichten, daß Hochängstliche (TAQ) in einem postexperimentellen Fragebogen ein beträchtlich häufigeres Vorkommen von Gedanken über momentanes Gelingen oder Mißlingen angeben (ebenso Marlett u. Watson, 1968).

In mehreren Studien haben Liebert und Morris zwei Komponenten der Prüfungsängstlichkeit von unterschiedlicher Wirksamkeit nachgewiesen. Die Items des TAQ (Liebert u. Morris, 1967) wie des MAS (Morris u. Liebert, 1969) wurden in zwei Gruppen aufgeteilt und auf eine anstehende Leistungsprüfung bezogen. Die eine Itemgruppe bezieht sich auf kognitive Aktivitäten, die sich als Selbstzweifel *(worry)* umschreiben lassen. Mißerfolgserwartungen und Zweifel an der eigenen Tüchtigkeit beherrschen die Selbstwahrnehmung. Die andere Itemgruppe bezieht sich auf autonome körperliche Reaktionen, die als Zuständlichkeiten erhöhter Gespanntheit, als Aufgeregtheit *(emotionality)* wahrgenommen werden. Beide Komponenten, Selbstzweifel *(worry)* und Aufgeregtheit *(emotionality)*, unterscheiden sich in dreierlei Hinsicht. Erstens, die Erfolgserwartung vor einer Prüfung kovariiert mit Selbstzweifel, nicht aber mit Aufgeregtheit; je geringer die Erfolgserwartung umso größer der Selbstzweifel (Liebert u. Morris, 1967; Morris u. Liebert, 1970; Spiegler, Morris u. Liebert, 1968; Doctor u. Altman, 1969). Zweitens, die Stärke des Selbstzweifels ändert sich vor, während und nach der Prüfung kaum, während Aufgeregtheit in der Prüfung ihren Höhepunkt erreicht und dann steil abfällt (Spiegler et al., 1968). Drittens, die Prüfungsleistung kovariiert mit Selbstzweifel, aber nicht (oder kaum) mit Aufgeregtheit (Morris u. Liebert, 1969, 1970; Doctor u. Altman, 1969). Morris u. Liebert (1969) ließen Intelligenztestaufgaben hoher und niedriger Schwierigkeit sowie mit und ohne Zeitbegrenzung bearbeiten. Probanden mit hohen Selbstzweifel-Kennwerten schnitten vor allem bei Aufgaben mit Zeitbegrenzung schlecht ab; und besonders wenn die Aufgaben zudem noch schwierig waren.

Für eine starke Selbstzweifel-Komponente, die unabhängig von eigentlicher Ängstlichkeit im Fragebogen zur Prüfungsängstlichkeit enthalten ist, spricht auch eine Analyse der *Test Anxiety Scale for Children* (TASC; Sarason, Davidson, Lighthall, Waite u. Ruebusch, 1960), die Nicholls (1976b) vorgenommen hat. Items, die eher einem Selbstkonzept des Leistungsstandes *(self-concept of attainment)* entsprechen, korrelierten enger als Prüfungsängstlichkeit (im engeren Sinne) mit vielen Variablen wie Lehrerbeurteilungen, Leistungen, Kausalattributionen für Erfolg und Mißerfolg, die man bisher als charakteristische Angst-Korrelate angesehen hatte.

Störeinflüsse selbstwertbezogener Kognitionsinhalte

Einen Versuch, selbstwertbezogene Kognitionen nach verschiedenen Inhalten zu unterscheiden und den Einfluß der unterschiedenen Kognitionsinhalte auf das Ergebnis der Aufgabentätigkeit abzuschätzen, hat Heckhausen (1980) unternommen. Examenskandidaten hatten unmittelbar nach der Prüfung in einem Fragebogen anzugeben, wie häufig ihre Gedanken um bestimmte Inhalte kreisten, die nicht unmittelbar im Dienste der Aufgabenlösung standen. So gab es Items, die sich auf die Ursachenanalyse von Erfolg und Mißerfolg im Leistungsverlauf bezogen, auf Anreize der erwarteten Folgen des Prüfungsergebnisses, auf affektive Befindlichkeiten, auf Erfolgs- und Mißerfolgserwartungen u. a. Den angeführten Kognitionsinhalten wird (sofern sie häufiger vorkommen) ein störender Einfluß auf den Prüfungsverlauf zugeschrieben, während andere Kognitionsinhalte, wie etwa Ausführungsintentionen oder Normsetzung, weder stören noch fördern. Der Fragebogen enthält auch einen Teil, der zu entscheiden gestattet, ob der Motivationszustand während der Prüfung eher erfolgszuversichtlich (E-Zustand) oder mißerfolgsängstlich (M-Zustand) war. (Die Zusammenstellung der Items für beide Zustände war an einem erprobten inhaltsanalytischen Verfahren zur Messung des Leistungsmotivs orientiert; vgl. unten: Leistungsmotiv). Eine Faktorenanalyse dieses Fragebogenteils ergab sechs Faktoren des Motivationszustands, von denen je drei eher kognitive und eher affektive Komponenten darstellen, die der Unterscheidung von Selbstzweifel und Aufgeregtheit im Sinne von Liebert und Morris entsprechen. Die Items der drei kognitiven Komponenten lassen sich wie folgt umschreiben: Inkompetenzgefühl, negative Selbstbewertung, Mißerfolgserwartung (bzw. das jeweilige Gegenteil); und die Items der drei affektiven Komponenten: Aufgeregtheit, Überforderungsgefühl, mangelnde Reaktionskontrolle.

Kandidaten mit M-Zustand gaben für 6 von 7 selbstwertbezogenen Kognitionsinhalten ein häufigeres Vorkommen als Kandidaten mit E-Zustand; die letzteren berichteten entsprechend ein zweieinhalbmal häufigeres Vorkommen von „Selbstvergessenheit", d. h. die Abwesenheit selbstwertbezogener Kognitionen zugunsten einer Konzentration auf aufgabenbezogene Informationsverarbeitung. Die M-Zustandsgruppe fühlte sich von allen selbstwertbezogenen Kognitionen in ihrer aktuellen Leistungsfähigkeit behindert; nicht dagegen die E-Zustandsgruppe. Dieser motivationsabhängige Unterschied im Störeinfluß von selbstwertbezogenen Kognitionen bestand auch unabhängig von deren Auftretenshäufigkeit. Prüft man schließlich den Zusammenhang der verschiedenen Faktoren des Motivationszustands mit der Prüfungsleistung, so finden die Befunde von Liebert und Morris Bestätigung: Nur die kognitiven und nicht die affektiven Komponenten kovariierten deutlich mit der erzielten Prüfungsnote. Je mehr der Motivationszustand während der Prüfung durch Inkompetenzgefühle, negative Selbstbewertung und Mißerfolgserwartung geprägt war, umso schlechter war die Note.

Tabelle 6.3 verdeutlicht einige der berichteten Ergebnisse. Dargestellt ist der Zusammenhangsgrad zwischen den Faktoren des Motivationszustands und den verschiedenen Kognitionsinhalten sowie der erzielten Prüfungsnote. Wie zu ersehen ist, werden die meisten Arten selbstwertbezogener Kognitionsinhalte umso störender erlebt, je ausgeprägter der Motivationszustand von Inkompetenzgefühlen, von negativer Selbstbewertung und von Aufgeregtheit beherrscht wird. Von den verschiedenen Kognitionsinhalten werden vor allem „Ursachenanalyse von Erfolg und Mißerfolg", „Anreize der Folgen des möglichen Prüfungsergebnisses" und „Handlungs-Ergebnis-Erwartungen" als leistungsstörend empfunden, wenn ein mißerfolgsängstlicher Motivationszustand überwiegt (vgl. auch Kap. 12; Abb. 12.10). Im übrigen sind es, wie gesagt, die kognitiven, nicht die affektiven Komponenten des Motivationszustands, die mit einem schlechten Prüfungsergebnis korrelieren.

Demnach sind es die drei kognitiven Faktoren des mißerfolgsängstlichen Motivationszustands, die zu jener Reaktionsklasse (R_A) ge-

Tabelle 6.3. Enge des Zusammenhangs zwischen der mißerfolgsängstlichen Ausprägung der sechs Faktoren des Motivationszustands und dem Störeinfluß verschiedener Arten von selbstwertbezogenen Kognitionsinhalten sowie einem schlechten Prüfungsergebnis. (Nach Heckhausen, 1980)

Faktoren des Motivations-zustands	Störende Kognitionsinhalte									schlechte Note
	1 Ursachen-analyse	2 Anreize der Folgen	3 Norm-setzung	4 Leistungs-verlauf	5 Handlungs-Ergebnis-Erwartung	6 Affektiver Zustand	7 Ausführ.-Intentionen	8 Situat.-Ergebnis-erwartungen	9 Irrele-vantes	
Kognitive Komponenten										
1. Inkompetenz-erleben	///	///		//	///	//				///
2. Negative Selbstbewertung	///	//	/	/	///	//				//
3. Mißerfolgs-erwartung		/		/	//					//
Affektive Komponenten										
4. Aufgeregt-heit	///	///	/	//	///	//	/			
5. Überforder.-gefühl	/	//	/	/	/			/		
6. Mangelnde Reaktions-kontrolle	//				///				/	

Signifikanzniveau ($N = 65$): /// < 0.001 ($0.61 > rpb \geqq 0.41$); // < 0.01 ($0.41 > rpb > 0.32$); / < 0.05 ($0.32 \geqq rpb > 0.24$)

hören, die, wie schon Mandler u. Sarason (1952) vermutet haben, die ablaufende Aufgabentätigkeit stören. Man könnte entgegnen, daß ihre Korrelation mit schlechter Leistung trivial sei, weil diese kognitiven Reaktionen nur realistische Einschätzungen einer geringen Leistungsfähigkeit seien; daß der mißerfolgsängstliche Motivationszustand, wie er sich in Inkompetenzerleben, negativer Selbstbewertung und Mißerfolgserwartungen spiegele, nur eine Begleiterscheinung mangelnder Fähigkeit sei. Gegen diese Vermutung sprechen schon erwähnte Befunde (z. B. von Sarason, 1958b; 1972), daß bei Entschärfung der selbstwertbelastenden Situationseinbettung Prüfungsängstliche ihre Leistungen erheblich steigern können und sogar die Nicht-Ängstlichen übertreffen. In einer Reihe neuerer Studien, die direkt auf eine Verhaltensänderung Prüfungsängstlicher zielen, wurden ebenfalls beträchtliche Leistungsverbesserungen erreicht.

Bevor wir uns diesen Studien zuwenden, sei ein Theorieansatz erwähnt, der Aufmerksamkeit und Leistung in einen unmittelbaren Funktionszusammenhang zu bringen versucht. Nach einer Analyse vieler Forschungsbefunde hat Easterbrook (1959) darauf hingewiesen, daß bei erhöhter emotionaler Aktiviertheit sich die Aufmerksamkeit einengt und aufgabenrelevante Hinweisreize unbeachtet bleiben *(range of cue utilization)*. Wachtel (1968) ließ deshalb Prüfungsängstliche unter selbstwertbelastenden und nichtbelastenden Bedingungen an einer Geschicklichkeitsaufgabe arbeiten, die auch die Beachtung von Signalen im peripheren Sehfeld erforderte. Unter selbstwertbelastenden Bedingungen stieg zwar mit dem Grad der Prüfungsängstlichkeit die Leistung im zentralen Sehfeld an, aber die Reaktionszeiten für periphere Signale nahmen zu. Die Befunde stimmen mit Easterbrooks These überein. Wachtel führt die Leistungsverschlechterung auf Aufmerksamkeitseinengung und diese wiederum darauf zurück, daß ein Teil der verfügbaren Aufmerksamkeitsbreite vom äußeren Wahrnehmungsfeld abgezogen und, angesichts des bedrohten Selbstwertes, nach innen gerichtet wird.

Therapeutische Interventionseffekte

Daß Prüfungsängstlichkeit keine bloße Folge von Fähigkeitsmangel, sondern ein durch selbstbedrohliche Hinweisreize ausgelöster Motivationszustand ist, dessen individuelle Unterschiede auf motivartigen Persönlichkeitsdispositionen beruhen, läßt sich kaum eindrucksvoller als durch therapeutische Interventionen nachweisen, die den Prüfungsängstlichen weniger ängstlich und damit leistungstüchtiger machen. In einer Folge von Studien hat I. Sarason das Lernen an Vorbildern herangezogen, um eine stärkere Konzentration auf die Erfordernisse der Aufgabe und eine Minderung selbstwertbezogener Gedankenaktivität zu erzielen. In einer dieser Studien (Sarason, 1973) machte der Versuchsleiter die Lösung der Testaufgaben (schwierige Anagramme) zunächst vor; in einer Bedingung stumm, in einer zweiten unter Mitteilung seines jeweiligen Lösungsvorgehens und in einer dritten mit zusätzlichen Kommentaren über allgemeine Lösungsprinzipien. Unter dieser letzten Bedingung hatten Prüfungsängstliche ihre besten Leistungen, die sogar in diesem Falle noch die der Niedrigängstlichen übertrafen. Die Hinlenkung auf lösungsrelevante Hinweisreize von seiten des Vorbildes wurde hier offenbar von den Prüfungsängstlichen wegen ihrer so bedrohlichkeitssensiblen Aufmerksamkeit stärker beachtet, als es bei den Niedrigängstlichen der Fall war.

Aber läßt sich auch, ohne aufgabenspezifische Lösungshinweise zu geben, eine Leistungsverbesserung erzielen, wenn man die Prüfungsängstlichen dazu bringt, sich weniger ihrem Selbstzweifel hinzugeben? Zu diesem Zweck wurde der Vorbildeinfluß anders gestaltet (Sarason, 1975). Statt irgendwelche Lösungshinweise zu geben, schloß sich der Versuchsleiter persönlich auf. So bekannte er in einer Bedingung, prüfungsängstlich zu sein und schilderte verschiedene Arten von Selbstzweifel-Gedanken, die seine Konzentration während der Prüfung beeinträchtigen, ihn mißerfolgsängstlich und aufgeregt machen. In einer anderen Bedingung fügte er jedoch hinzu, daß er auch schon erfahren habe, wie man die ungünstigen Angsteffekte überwinden könne (Bewältigungsbedingung). In einer weiteren Bedingung stellte sich der Versuchsleiter als überhaupt nicht prüfungsängstlich vor. In jeder dieser Bedingungen (sowie in zwei verschiedenen Kontrollbedingungen) wurde die Aufgabe (Behaltenstest) entweder mit neutraler oder mit leistungsbetonter Instruktion gegeben. Insgesamt zeigte sich wieder in den Leistungsunterschieden die Wechselwirkung zwischen Prüfungsängstlichkeit und dem durch die Instruktion erzeugten Grad situativer Bedrohlichkeit. Bei neutraler Instruktion übertrafen die Hochängstlichen die Niedrigängstlichen, bei leistungsbetonter Instruktion war es umgekehrt.

Aber unabhängig von der Art der Instruktion (die für sich alleingenommen keine Leistungsunterschiede hervorbrachte) schlugen die verschiedenen Vorbildbedingungen durch. Hochängstliche erzielten ihre beste Leistung in der Bewältigungsbedingung und übertrafen hier noch weit die Niedrigängstlichen, während sie am schlechtesten bei einem prüfungsängstlichen Vorbild abschneiden, das keine Strategien zur Bewältigung seiner Angst mitteilt.

Meichenbaum (1972) schließlich hat nachgewiesen, daß sich Prüfungsängstlichkeit als Persönlichkeitsdisposition durch eine gezielte Therapie von mehreren Gruppensitzungen beträchtlich mildern läßt. Die Therapie war teils „einsichtsorientiert": Dem Prüfungsängstlichen wurden Anlaß, Natur und Wirkung seiner Selbstzweifel-Gedanken im einzelnen klargemacht. Zum anderen Teil bestand die Therapie in einer modifizierten Form der Desensibilisierungsmethode: Entspannende Vorstellungsbilder zur Angstbewältigung und Selbstinstruktionen zur Konzentration auf die Aufgabe wurden eingeübt. Verglichen mit einer unbehandelten Kontrollgruppe und mit einer reinen Desensibilisierungsgruppe (bloße Entspannung in angstauslösenden Situationen) war die gezielte Therapieform in mehrfacher Hinsicht erfolgreich. Sowohl Test- wie Studienleistungen verbesserten sich. Außerdem zeigten die Werte des Ängstlichkeitsfragebogens (AAT) einen bemerkenswerten Wandel, der sich auch noch einen Monat nach der Behandlung noch stabil erwies: Die leistungsbeeinträchtigende Ängstlichkeitstendenz (AAT-) hatte ab- und die leistungsförderliche Tendenz (AAT+) zugenommen.

Zusammenfassend läßt sich der Forschungsstand wie folgt umreißen. Prüfungsängstlichkeit ist eine Persönlichkeitsdisposition im Sinne eines Motivs. Situationen der Leistungsbeurteilung werden als selbstwertbedrohlich erlebt und rufen einen Motivationszustand hervor, der durch Aufgeregtheit und Selbstzweifel-Gedanken gekennzeichnet ist. Die selbstwertbezogenen Gedankeninhalte ziehen einen Teil der für die Aufgabenlösung notwendigen Aufmerksamkeit ab und beeinträchtigen den Lösungsablauf. Diese Wirkung tritt offenbar nur auf, wenn selbstwertbezogene Kognitionen während der Aufgabentätigkeit überhand nehmen. Sind sie in einem geringeren Maße vorhanden, so können sie durchaus leistungsfördernd sein. Das ist bei Niedrigängstlichen erst unter herausfordernden und selbstwertrelevanten Prüfungsbedingungen der Fall, bei Hochängstlichen dagegen unter entspannten oder beruhigenden Prüfungsbedingungen; oder nach Erlernen von Strategien, die Selbstzweifel-Gedanken zugunsten einer vermehrten Konzentration auf die Aufgabe in geringerem Maße aufkommen läßt. Prüfungsängstlichkeit ist nicht die einfache Folge von unterdurchschnittlicher Befähigung, d. h. ihre selbstwertbelastenden Mißerfolgserwartungen beruhen kaum auf einer realistischen Einschätzung der eigenen Leistungsmöglichkeiten.

Leistungsmotiv

Der Motiv-Motivations-Index von Fragebogen-Antworten, wie er zur Messung der Ängstlichkeit verwendet wird, ist – um eine Unterscheidung Skinners heranzuziehen – respondenter und nicht operanter Natur. Auf eine vorfixierte Aussage wie „In Prüfungssituationen habe ich Herzklopfen" gibt man den Grad seiner Zustimmung oder Ablehnung an; dazu sucht man sich an diesbezügliche Selbstbeobachtungen zu erinnern und diese zu einem generellen Urteil, das für alle Prüfungssituationen gilt, zusammenzufassen. (Nur Spielbergers Verfahren zur Messung des Ängstlichkeitszustandes bildet insofern eine Ausnahme, als sich die Selbstbeobachtung auf eine einzelne – gegenwärtige oder kurz zurückliegende – Situation bezieht). Ein operantes Verfahren würde sich in zweierlei Hinsicht von einem respondenten unterscheiden. Einmal wären die Aufforderungsgehalte der Testsituation stärker einer tatsächlichen Lebenssituation – wenn auch *en miniature* – angenähert, d. h. konkreter und zugleich komplexer. Zum anderen ist der Proband nicht auf die Dosierung einer einzelnen vorfixierten Testreaktion festgelegt, sondern es steht ihm ziemlich frei, welche Aspekte der Testsituation er aufgreift und wie er sie bearbeitet.

Durch die konkret-komplexen Aufforderungsgehalte wird die Testsituation und durch die Freiheit der Antwortmöglichkeiten das Testverhalten mehrdeutig. Es entsteht die Schwierigkeit, Parameter für die Testsituation wie für das Testverfahren festzulegen, die im interindividuellen Vergleich auch Gleiches bedeuten. Andrerseits bestehen gegenüber respondenten Verfahren die Vorteile, daß die Testsituation, weil sie ökologischer, „hautnäher" ist, stärker und zugleich dosierter Motivationszustände aktiviert, und daß das Testverhalten persönlichkeitsspezifischer, idiographischer ist. Um diese Vorteile zu nutzen, muß es freilich zunächst gelungen sein, einmal die Testsituation mit solchen Aufforderungsgehalten aufzuladen, die den in Frage stehenden Motivationszustand auch anregen; und zum anderen aus der Vielgestaltigkeit des Testverhaltens jene Besonderheiten herauszufinden, die Art und Stärke des angeregten Motivationszustands anzeigen. Nur dann kann ein sog. „projektives" Verfahren (vgl. Frank, 1939; Heckhausen, 1960a; Murstein, 1963) einem Fragebogenverfahren, das von vornherein auf respondente Einengung präzisiert ist, überlegen sein und zugleich entscheidende Beiträge liefern, um die drei der motivationspsychologischen Probleme zu klären, nämlich Motivklassifikation und Motivanregung (Versuchsplantyp I) sowie Motivmessung (Versuchsplantyp II).

Thematischer Auffassungstest

Der in den dreißiger Jahren von H. A. Murray (1938; 1943; Morgan u. Murray, 1935) entwickelte Thematische Auffassungstest (TAT) gab die entscheidenden Anregungen, die die Motivmessung revolutioniert haben. Nicht zuletzt verdankt der TAT seine Entstehung dem Begriff der „Projektion", der in der Psychologie eine wechselvolle Geschichte hat (vgl. Heckhausen, 1960a). Maßgebend war eine spezielle Version, die Freud (1894) ihm gegeben hatte. Nach Freud soll Projektion ein Abwehrmechanismus sein, mit dem vor allem Paranoiker eigene Gefühle und Handlungsbereitschaften, die sie nicht als eigene akzeptieren wollen, anderen Menschen zuschreiben. Sie verlegen (projizieren) sie „nach außen". Obwohl es nicht gelungen ist, derartige Vorgänge zweifelsfrei nachzuweisen (vgl. Murstein u. Pryer, 1959), wurden bemerkenswerte andere Zusammenhänge entdeckt. So hatte Murray (1933) die Teilnehmer einer Kindergeburtstagsfeier einmal vor und einmal nach einem gruseligen Mörderspiel im Dunklen Portraitfotos von unbekannten Personen vorgelegt und ließ diese auf den Grad ihrer Bösartigkeit einschätzen. Nach dem Mörderspiel erschienen die gleichen Personen sehr viel bösartiger als vorher. Offenbar kommt darin das Umweltkomplement eines Motivationszustands erhöhter Furchtsamkeit zum Ausdruck. Auch ein erhöhter Hungerzustand machte sich, wie Sanford (1937) fand, in Bilddeutungen bemerkbar. Die Häufigkeit nahrungsbezogener Deutungen stieg an.

Es war kein großer Schritt, um von diesem Motivations-Index-Verfahren auf ein Verfahren zu kommen, das einen Motiv-Motivations-Index liefert. Dazu muß das auszudeutende Bildmaterial eine bestimmte Motivthematik ansprechen und im Ausdeuter einen entsprechenden Motivationszustand anregen, der sich dann in den Deutungen niederschlägt und zu erkennen gibt. Um den Probanden in eine Art Motivationszustand zu versetzen, die der Thematik einer vorgelegten Bildsituation angemessen war, hat der Proband im TAT eine vollständige Geschichte zu entwerfen und sich ganz in die Thematik hineinzuversetzen; also sich auszudenken, wie es zu der Situation wohl gekommen ist, wie es weitergeht, was die beteiligten Personen fühlen und denken etc. Wenn derselbe Bildgehalt in den Geschichten verschiedener Probanden eine unterschiedliche motivthematische Ausprägung erfährt, so ließe das *ceteris paribus* auf Unterschiede im betreffenden Motiv schließen.

Murrays Dispositionsbegriff des Motivs *(need)* und seine Motivtaxonomie haben wir bereits im 3. Kapitel erörtert. Beides hat die Konstruktion des TAT und das ursprünglich vorgeschlagene Auswertungssystem (Murray, 1943) entscheidend bestimmt. Am Rande sei vermerkt, daß eine kleine Kontroverse zwischen zwei Harvard-Professoren die Entwicklung des TAT-Verfahrens begleitet und gefördert hat. Allport (1953) war der Meinung, nicht-neurotische Personen könnten ohne weiteres über ihre Motivdispositionen auf direkte Befragung Auskunft geben. Das fand den Widerspruch Murrays, der mit Freud (1900) der Auffassung war, daß überdauernde Motivtendenzen der Introspektion nicht zugänglich sind, sondern am ehesten in wunscherfüllenden phantasieartigen Vorstellungsproduktionen zum Ausdruck kommen. Wie man diese und andere Fragen des TAT-Verfahrens zu klären versucht hat, sei hier jedoch nicht weiter verfolgt (vgl. Combs, 1947; Heckhausen, 1963b; Kornadt, 1964; Lens, 1974).

Messung der Leistungsmotivation

Das TAT-Verfahren, wie es Murray zu Zwecken der klinisch-psychologischen Persönlichkeitsdiagnostik entwickelt hatte, bot sich, so wie es war, nicht gerade als ein verläßliches Instrument zur Messung einzelner Motive an, als McClelland und seine Mitarbeiter Ende der vierziger Jahre nach Möglichkeiten zur Motivmessung suchten. Sie erprobten die Tragfähigkeit des TAT unter Bedingungen, die die Komplexität seiner bisherigen Anwendung reduzierte. Unterschiedliche Motivationszustände wurden zuvor durch experimentelle Manipulation hergestellt. Dazu bot sich Hunger an, der sich auf einem Unterseeboot-Stützpunkt durch Dienstpläne variieren ließ, indem Zwischenzeiten bis zur nächsten Mahlzeit auf 1, 4 und 16 Stunden festgesetzt waren, ohne daß die Matrosen ahnten, an einem Hungerversuch teilzunehmen (Atkinson u. McClelland, 1948). Zum andern wurde die Durchführung des TAT objektiviert und als Gruppenversuch standardisiert. Bilder mit nahrungsbezogenen Inhalten wurden einzeln für 20 Sekunden gezeigt; dann hatten die Probanden 4 Minuten, um eine Geschichte darüber zu schreiben. Dazu waren auf einem Blatt nacheinander vier Fragen zu beantworten (augenblickliches Geschehen, was vorher geschah, was in den Personen vor sich geht, wie es weiter- und ausgehen wird).

Die TAT-Geschichten nach den verschiedenen Entzugsdauern wurden eingehend auf Unterschiede analysiert. Es zeigte sich, daß mit wachsender Entzugsdauer die Häufigkeit einiger nahrungsbezogener Inhalte zunahmen, die anderer Inhalte jedoch abnahmen. Eine Zunahme war zu verzeichnen bei Erwähnungen von Nahrungsmittelknappheit, instrumentellen Aktivitäten zur Abkürzung der Abstinenz und Bekundung des Nahrungsmangels von Personen der Geschichten. Dagegen nahm die Häufigkeit von Aktivitäten der Nahrungsaufnahme und von (wunscherfüllender) Verfügbarkeit über Nahrung ab. Nach sorgfältiger Definition der einzelnen Inhaltskategorien und einer positiven oder negativen Punktbewertung (je nach zu- bzw. abnehmender Häufigkeit mit wachsender Entzugsdauer) zeigte eine unabhängige Auswertung durch Beurteiler, die keine Information über die jeweilige Entzugsbedingung der einzelnen Geschichte hatten, klare Unterschiede in den Punktwerten des Hungerzustand-Maßes zwischen einer Entzugsdauer von 1 und 4 Stunden gegenüber 16 Stunden.

Bei solch eingehender Suche nach inhaltlichen Trennkriterien ist das Ergebnis nicht weiter erstaunlich. Aber es ermutigte, ohne eine weitere Kreuzvalidierung der Hungerzustandsmessung, das für leibliche Bedürfniszustände objektivierte TAT-Verfahren auf die Messung „höherer" psychogener Motive zu übertragen. Die Grundfrage war, ob das Verfahren nicht nur als Motivationsindex, sondern auch als Motiv-Motivations-Index tauglich ist; d. h. überdauernde individuelle Unterschiede der Motivstärke anzeigt. Zur Überprüfung dieser Frage entschieden sich McClelland und Mitarbeiter (1949; 1953) für das Leistungsmotiv *(need for achievement, nAch)*.

Die Logik des Motivmeßverfahrens war klargelegt (vgl. McClelland, 1958a; 1971). Seine Erprobung verhalf der Motivationsforschung zu einem entscheidenden Durchbruch. Wieder hatten die Probanden Geschichten zu einzelnen Bildern zu schreiben, die diesmal leistungsbezogene Themen nahelegten. Abb. 6.4 zeigt ein häufig verwendetes Bild. Wieder wurden vor dem Geschichtenschreiben unterschiedliche Motivationszustände zu erzeugen gesucht; und zwar durch eine vorausgehende Testsituation mit 7 verschiedenen Aufgaben, die unter 6 verschiedenen Bedingungen zur differentiellen Anregung des Leistungsmotivs präsentiert wurden. Wieder sollten sich zwischen den Bedingungen unterschiedlicher Anregungsstärke auch Ausprägungsunterschiede in motivrelevanten Gehalten der Geschichten zu erkennen geben. Wir haben es also mit dem Versuchsplantyp Ia (vgl. Tabelle 1.4) zu tun, der geeignet ist, zunächst die Grundprobleme der Motivklassifikation (hier der Eingrenzung des Leistungsmotivs) und der Motivanregung zu klären; aber noch nicht unmittelbar das Problem der Motivmessung (Versuchsplantyp IIa), denn dazu muß erst der gesuchte TAT-Auswertungsschlüssel entwickelt sein, der unterschiedlich stark angeregte Motivationszustände an den Inhalten der Geschichte voneinander abheben kann.

Der 20–30 Minuten dauernde Testvorspann und der unmittelbar folgende TAT wurden von verschiedenen Versuchsleitern durchgeführt, um beides als unzusammenhängend erscheinen zu lassen. Gleichwohl wurde angenommen, daß der im Testvorspann induzierte Motivationszustand nicht gleich verfliegen, sondern noch während des Geschichtenschreibens weiterbestehen würde. Die sechs

Abb. 6.4. Ein häufig verwendetes Bild des *n*Ach-Verfahrens: „Zwei Erfinder". (Nach McClelland, Atkinson, Clark u. Lowell, 1953, S. 101)

Anregungsbedingungen wurden wie folgt abgegrenzt.

Entspannt. Der Versuchsleiter führte sich als fortgeschrittener Student ein, verhielt sich informell und machte klar, daß die Testaufgaben sich noch im Erprobungsstadium befänden; nicht die Probanden, sondern die Aufgaben würden getestet und deshalb bräuchte auch niemand seinen Namen auf die Testformulare zu schreiben.

Neutral. Hier wurden die leistungsthematischen Aufforderungsgehalte der Testsituation weder bagatellisiert noch betont. Die Aufgabensituation sollte der üblichen Studiensituation gleichen.

Leistungsorientiert. Der Versuchsleiter verhielt sich formell wie ein Prüfer, unterstrich die Bedeutung der Aufgaben als Test wichtiger Fähigkeit und hielt jeden an, „sein Bestes zu tun".

Erfolg. Die Testaufgaben wurden wie unter leistungsorientierter Bedingung eingeführt. Nach der ersten Aufgabe und wieder am Schluß konnten die Probanden ihre erzielten Ergebnisse mit Durchschnittsnormen vergleichen, die der Versuchsleiter mitteilte. Diese waren so niedrig, daß jeder Proband recht „erfolgreich" war.

Mißerfolg. In entsprechender Umkehrung zur Erfolgsbedingung wurden so hohe Durchschnittsnormen mitgeteilt, daß jeder Proband die von ihm erzielten Leistungen als Mißerfolg erleben mußte.

Erfolg-Mißerfolg. Nach der ersten Aufgabe wurde wie in der Erfolgsbedingung Erfolg, und am Schluß des Tests wie in der Mißerfolgsbedingung Mißerfolg induziert.

Jede dieser Anregungsbedingungen enthält bestimmte leistungsthematische Aufforderungsgehalte, die auf bestimmte Anreize möglicher Handlungsfolgen verweisen. Es sind diese, von der Situation nahegelegten, erwarteten und dann erfahrenen Anreize – insbesondere die Folgen eines erfolgreichen oder nicht-erfolgreichen Testergebnisses auf die Selbstbewertung und die Fremdbewertung durch den Versuchsleiter – die motivrelevante Gefühlszustände und Erwartungen hervorrufen und einen bestimmten Motivationszustand aktivieren (vgl. McClelland, 1971; Heckhausen, 1977 a, b). So gibt es unter entspannter Bedingung, wenn Testaufgaben und nicht die eigene Leistungsfähigkeit erprobt werden sollen, kaum einen Anreiz aussichtsvoller Selbstbestätigung oder Fremdbestätigung nach einem guten Ergebnis, noch die Bedrohlichkeit negativer Selbst- und Fremdeinschätzung nach einem schlechten Ergebnis. Das letztere muß jedoch in der Mißerfolgsbedingung ausgiebig erfahren und hingenommen werden.

Konstruktion eines Inhaltsschlüssels

Die beiden Bedingungen „Entspannt" versus „Mißerfolg" wurden ursprünglich als die Extrempunkte der Motivanregung betrachtet. Im Mißerfolg sahen McClelland, Clark, Roby u. Atkinson (1949) zunächst in Analogie zur Entzugsdauer beim Hunger eine vereitelte Befriedigung des Leistungsmotivs und deshalb die stärkste Anregungsbedingung. Später (McClelland et al., 1953) wurde diese fragwürdige Analogie mit dem Hungermotiv aufgegeben, weil sich einige Ungereimtheiten beim Häufigkeitsvergleich einzelner Inhaltskategorien zwischen Geschichten, die unter entspannter und solchen, die unter Mißerfolgsbedingung geschrieben worden waren, ergaben. Der Vergleich legte nahe, daß es besondere Mißerfolgsreaktionen gab, die nicht typisch für einen stark angeregten Motivationszustand sein müssen. Man stellte deshalb der entspannten die leistungsorientierte Bedingung gegenüber und machte sich in Analysen und Reanalysen auf die Suche nach solchen Inhaltskategorien, die in ihren Häufigkeiten die Extremposition beider Anregungsbedingungen zum Ausdruck brachten.

Dabei ließ man sich von einer allgemeinen Definition leiten, nach welcher leistungsmotiviertes Erleben und Verhalten immer durch die „Auseinandersetzung mit einem Tüchtigkeitsmaßstab" *(concern with a standard of excellence)* gekennzeichnet ist. Diese allgemeine Bestimmung wurde in drei verschiedenen Spezifikationen mit größerer Häufigkeit in Geschichten, die nach leistungsorientierter Aufgabentätigkeit geschrieben worden waren als in Geschichten unter entspannter Bedingung gefunden. Eine Geschichte wurde dementsprechend nur dann als „leistungsthematisch" eingestuft (Punktwert: +1), wenn (a) ein Tüchtigkeitsmaßstab konstatiert wurde (z. B. eine gute Examensnote zu erreichen) oder (b) ein Leistungsergebnis erzielt wurde, das nach allgemeiner Auffassung als „einzigartig" zu bezeichnen ist (wie z. B. eine Erfindung) oder (c) leistungsthematische Fernziele (wie ein Berufsziel) verfolgt wurden. Liegt keines dieser drei Bestimmungsstücke vor, wird die Thematik als „fraglich" (Punktwert null) angesehen, wenn lediglich Routinearbeiten dargestellt werden. Ist selbst dieses nicht der Fall und werden andersthematische Aktivitäten geschildert, so wird die Thematik als „unbezogen" eingestuft (Punktwert: −1).

Im Falle einer vorliegenden Leistungsthematik fahndeten die Autoren nach spezifischen Inhaltskategorien eines leistungsorientierten Handlungsablaufs, die in der Häufigkeit ihres Vorkommens am deutlichsten beide Anregungsextreme voneinander trennen. Dabei ließ man sich von einem allgemeinen Schema zielgerichteter Handlungsabläufe leiten, das in Abb. 6.5 dargestellt ist. Der Handlungsablauf beginnt „in" der Person mit einem Bedürfnis (B), ein bestimmtes Ziel zu erreichen und wird von Erfolgs- (E+) oder Mißerfolgserwartungen (E−) begleitet. Die instrumentelle Aktivität, das Ziel zu erreichen, mag erfolgreich (I+) oder nicht erfolgreich (I−) sein; eine hilfreiche Unterstützung (U) mag die eigene Aktivität fördern, äußere Hindernisse in der Umwelt (Hu) oder persönliche Handicaps (Hp) können sie blockieren. Dabei, sowie nach Erfolg oder Mißerfolg, kommt es zu positiven (G+) oder negativen Gefühlszuständen. Für jede der aufgezählten Inhaltskategorien hatte sich nachweisen lassen, daß sie häufiger nach leistungsorientierter als nach entspannter Aufgabentätigkeit auftritt.

So kam man schließlich zu einem Auswertungsschlüssel, in dem jede einzelne Kategorie sorgfältig definiert ist, um das inhaltsanalytische Verfahren zu objektivieren und eine hohe Übereinstimmung zwischen verschiedenen Beurteilern zu gewährleisten (vgl. McClelland et al., 1953; Atkinson, 1958, Kap. 12 und Anhang I). Jede in einer Geschichte vorkommende Kategorie wird mit einem Punkt bewertet. Die Summe der Punktwerte aller Geschichten eines Erzählers ist der Kennwert seiner Leistungsmotivation. Tabelle 6.4 zeigt die mit Hilfe des Auswertungsschlüssels erhobenen mittleren Motivationswerte für die einzelnen Anregungsbedingungen. Wie erwartet, bewährt sich das inhaltsanalytische Verfahren als Motivations-Index; die Kennwerte steigen mit wachsendem Anregungsgrad. Eine Reihe weiterer Untersuchungen hat diese Befunde bestätigen können (z. B. Lowell, 1950; Martire, 1956; Haber u. Alpert, 1958).

Das so von McClelland und Mitarbeitern entwickelte TAT-Verfahren zur Motivationsmessung stellt eine systematische Erhebung von Gedankenstichproben, von operanten Vorstellungstätigkeiten dar, die unter dosierten Anregungsbedingungen motivthematisch induziert und mit Hilfe eines Auswertungsschlüssels auf ihre motivthematischen Gehalte, auf ihren Intensitätsgrad ausgeschöpft werden. Im Vergleich zu anderen Verfahren scheint es einige Vorteile zu haben. Gegenüber respondenten Fragebogen-Verfahren wäre die schon erörterte operante Natur der

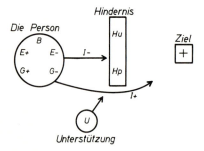

Abb. 6.5. Schema eines zielgerichteten Handlungsablaufs zur Differenzierung verschiedener Inhaltskategorien in TAT-Geschichten. B: Bedürfnis, ein Ziel zu erreichen; E+: Erfolgserwartung; E−: Mißerfolgserwartung; G+: positiver Gefühlszustand; G−: negativer Gefühlszustand; I−: instrumentelle Aktivität, nicht erfolgreich; I+: instrumentelle Aktivität, erfolgreich; U: hilfreiche Unterstützung von seiten anderer Personen; Hu: Hindernis, das in der Umwelt oder in der Sache liegt; Hp: Hindernis, das in der Person des Handelnden selber liegt. (Nach McClelland, Atkinson, Clark u. Lowell, 1953, S. 109)

Tabelle 6.4. Der Einfluß verschieden starker Anregungsbedingungen bei einer vorhergehenden Aufgabentätigkeit auf die Kennwerte für Leistungsmotivation in nachfolgend verfaßten TAT-Geschichten. (Nach McClelland et al., 1953, S. 184)

Anregungsbedingung	N	Mittelwert	Standardabweichung
Entspannt	39	1,95	4,30
Neutral	39	7,33	5,49
Leistungsorientiert	39	8,77	5,31
Erfolg	21	7,92	6,76
Mißerfolg	39	10,10	6,17
Erfolg-Mißerfolg	39	10,36	5,67

Vorstellungsproduktion zu nennen, die dem imaginierten Erleben und Handeln einen breiten Raum von Ausgestaltungsmöglichkeiten mit komplexen Bedeutungsnuancierungen eröffnet. Zudem bleibt die Untersuchungsabsicht des als „Phantasietest" vorgestellten Verfahrens dem Probanden verborgen, so daß Verfälschungstendenzen oder die Neigung, sozial erwünschte Testantworten zu geben, kaum zum Zuge kommen. Vergleicht man das Verfahren mit der Beobachtung von tatsächlichem Verhalten in entsprechenden Lebenssituationen, so muß man ihm eine große Ökonomie des Aufwandes zusprechen (denn welche Anstalten müßte man treffen, um den Probanden in solchen Lebenssituationen zu beobachten, die denen vergleichbar sind, die er in seinen Geschichten so mühelos entwirft!). Schließlich wäre Handeln in tatsächlichen Situationen von vielerlei nicht-motivationalen Faktoren und äußeren Umständen abhängig, während in der Vorstellungsproduktion persönliche Wertungsdispositionen, Erwartungen und Handlungstendenzen ziemlich quellnahe angezapft werden.

Schon McClelland et al. (1949) weisen auf die Vorteile des neuen Verfahrens hin. Ihre Studie, so heißt es,

> supports the parsimonious assumption that imaginative behavior is governed by the same general principles as govern any behavior. For example, a variety of experiments show the same increase in instrumental activity with increased drive at the gross motor level; others, as in the Pavlovian conditioning, show the same increase in anticipatory goal responses (salivation). If one grants that the principles governing imaginative behavior are no different from those governing performance when both are analyzed according to the same categories of response, then the method used here becomes a more subtle and flexible approach to the establishment and extension of those principles than the ordinary method of studying performance. Thus, for example, it would be difficult to get a performance response which would correspond to the anticipation of deprivation which follows drive arousal at the imaginative level. One might even go so far as to suggest that by the use of this method Tolman could study much more directly the „cognitive maps" which the behavior of his rats has led him to infer are the important intervening variables in determining behavior... (McClelland et al., 1949, S. 254).

Die Autoren sehen in ihren Ergebnissen auch bestimmte Auffassungen über Motive bestätigt, zu denen bereits der frühe Hull, angeregt durch Tolmans Nachweis von Erwartungsprozessen, gekommen war. Von den Inhaltskategorien, deren Häufigkeit mit wachsender Motivanregung zunimmt, sagen die Autoren:

> Most, if not all of them, appear to have a future reference – for instance, the stated wish for achievement, successful instrumental activity, anticipatory goal responses, and positive affect at the end of the story. On the other hand categories did not change which seemed to involve more of an objective description of the situation... without the striving or anticipatory dimension. This... suggests that it is one of the major characteristics of motivation – at least achievement motivation – to be anticipatory or forward looking. This might seem to be a somewhat radical departure from the usual conception of a motive as a persisting deficit stimulus, but oddly enough Hull (1932), working from entirely different data, has come to much the same conclusion – namely, that fractional anticipatory goal responses are the key to understanding purposeful and motivational phenomena. In fact, one can argue that the anticipatory goal responses observed in this experiment supply a kind of direct confirmation of Hulls view which has been very difficult to obtain with animals. (McClelland et al., 1949, S. 253).

Messung des Leistungsmotivs

Das soweit entwickelte Verfahren lieferte keine Motiv- sondern Motivations-Indizes, die auf motivthematische Anregungsunterschiede sensibel gemacht worden waren. Nun galt es, daraus ein Motivmaß-Verfahren zu machen,

d. h. die Anregungsbedingung auf einen bestimmten Ausprägungsgrad zu standardisieren und für alle Probanden gleich zu halten, damit Unterschiede der Motivationskennwerte nicht auf Unterschiede der situativen Anregung, sondern auf Unterschiede der individuellen Motivdispositionen zurückgeführt werden können (Versuchsplantyp II). Mit anderen Worten, die Maximierung intraindividueller Varianz über Situationen sollte von der Maximierung interindividueller Varianz in der gleichen Situation abgelöst werden. Die Frage ist, was am TAT-Verfahren – und auf welchen Anregungsgrad hin – standardisiert werden soll. Hierzu muß man sich zunächst vergegenwärtigen, daß das Verfahren fünf verschiedene Bestandteile umfaßt: (1) die einbettenden Situationsbedingungen (z. B. vorgeschaltete Aufgabentätigkeit, Auftreten des Versuchsleiters), (2) die Anweisung zum Geschichtenschreiben (z. B. Hinweis auf „Phantasietest", nicht Leistungstest), (3) Testdurchführung (Gruppenversuch, schriftliche Beantwortung auf vorbereiteten Antwortbögen mit 4 Fragen unter Zeitbegrenzung – das letztere um den Einfluß unterschiedlicher Äußerungsleichtigkeit möglichst gering zu halten), (4) leistungsthematischer Gehalt der TAT-Bilder, (5) Auswertungsschlüssel. Von diesen Bestandteilen sind im Verfahren bereits festgelegt: die Anweisung, die Testdurchführung und die Auswertung. Festzulegen bleibt noch der Anregungsgrad der einbettenden Situationsbedingungen und der Bilder.

Schon früh waren unterschiedliche nAch-Mittelwerte in verschiedenen Untersuchungen aufgefallen und regten systematische Studien an (vor allem Haber u. Alpert, 1958; Klinger, 1967). Je höher der (unabhängig festgestellte, vgl. Jacobs, 1958) Anregungsgehalt der Bilderserie, umso höher die Motivationswerte. Teilte man die Probanden nach dem Median der TAT-Werte in Hoch- und Niedrigmotivierte, so trennten sowohl stark wie schwach anregende Bilderserien annähernd gleich gut zwischen beiden Probanden-Gruppen (McClelland et al., 1953, S. 198). Ähnliches gilt, für sich genommen, auch für die einbettende Situationsanregung (wobei sogar das gestische Gebaren des Versuchsleiters Unterschiede hervorrief; vgl. Klinger, 1967). Jeder der beiden Anregungsfaktoren, Bilder und Situationseinbettung, erhöhte in etwa gleich starkem Maße die nAch-Werte. Beide sind Haupteffekte der nAch-Varianz und scheinen nicht in Wechselwirkung zu treten. Die Frage, wie stark und in welcher Konstellation beide Anregungsfaktoren zur trennschärfsten Erfassung von Motivunterschieden gestaltet werden sollten, läßt sich wie folgt beantworten:

Am trennschärfsten sind Mischkonstellationen: Starker Situationseinfluß und schwaches Bildangebot oder umgekehrt (McClelland et al., 1953, S. 194f.; Haber u. Alpert, 1958). Beides zusammen darf nicht zu schwach sein, weil sonst die Versuchsperson kaum oder gar nicht leistungsthematisch gestimmt wird, so daß interindividuelle Unterschiede nach unten nivelliert werden. Auch zu stark darf beides zusammen nicht sein, weil sonst der Versuchsperson, gleich ob es ihrer Neigung entgegenkommt oder nicht, leistungsthematische Gehalte von außen aufgedrängt werden, so daß interindividuelle Unterschiede nach oben nivelliert werden. Die Festlegung erfolgte in der Forschungspraxis zugunsten eines schwachen Situationseinflusses (neutrale Versuchsbedingungen ohne jede leistungsthematische Einstimmung durch Anweisung oder experimentellen Vorspann) und ausgeprägtere Thematisierung des Bildangebots. Diese Mischkonstellation hat vor der anderen den unverkennbaren Vorteil, sich 1. mit geringerem Aufwand, 2. auf natürlichere Weise und vor allem 3. zuverlässiger (d. h. mit größerer Konstanz) herstellen zu lassen und die Meßzuverlässigkeit des Verfahrens auch wirklich zu erhöhen ... (Heckhausen, 1964b, S. 245).

Gegen einen zu schwach thematisierten Bildgehalt spricht auch die dann vorliegende Mehrdeutigkeit, die im Geschichtenerzähler einen Auffassungswettstreit zwischen Themen verschiedener Motive hervorrufen kann (Feshbach, 1961), was nur bei einem Verfahren vorteilhaft wäre, das die intraindividuelle Ausprägung verschiedener Motive erfassen soll. Bei ausgeprägter Motivthematik der Bilder erhöht sich die Testzuverlässigkeit, d. h. die Stabilität der Meßwerte bei Testwiederholung (Haber u. Alpert, 1958). Als untunlich hat sich demgegenüber erwiesen, die Anweisung leistungsthematisch aufzuladen, indem man das Geschichtenschreiben als Intelligenztest ausgibt. Die Geschichten froren unter dieser Bedingung so sehr ein, daß sie inhaltsanalytisch nichts mehr hergaben (McClelland et al., 1953, S. 103). Bei starker situativer und Bildanregung hat man bei einer Teilgruppe einen paradoxen Effekt gefunden: Ihre TAT-Werte waren niedriger als unter schwächeren Anregungsbedingungen (Scott, 1956). Die Geschichten wurden kürzer und mißerfolgsgetönter. Offensichtlich handelte es sich um Mißerfolgsängstliche, die den hohen Grad der Leistungsanregung als bedrohlich ansahen und schon in der Vorstellungsproduktion ein Meidungsverhalten vorzogen (sog. „Meider"). Während in diesem Falle der Umkehreffekt von einer als zu bedrohlich erlebten Situationsanregung hervorgebracht wird, haben einige Autoren (z. B. Lazarus, 1961) einen generellen Umkehreffekt für TAT-Produktionen postuliert. Wer im Leben leistungsmäßig nicht erfolgreich ist, soll danach Geschichten mit starker Leistungsthematik schreiben, und umgekehrt. Dafür haben sich bislang keinerlei Belege finden lassen. Vielmehr scheinen Vorstellungstätigkeit und Handeln in einem direkten, einem parallelen Bezug zu stehen, zumindest solange es sich nicht um sozial tabuisierte Motive, wie Sexualität und Aggression, handelt (vgl. McClelland, 1966; Heckhausen, 1967, S. 13).

Daß es schließlich gelungen ist, unter standardisierten Anregungsbedingungen individuelle Motivunterschiede zu messen, d. h. daß das Verfahren Validität besitzt, hat sich in zahlreichen Untersuchungen erwiesen, in denen Motivkennwerte entscheidend zur Varianzaufklärung von vielerlei Aspekten des Verhaltens und Erlebens beigetragen haben. Darüber wird noch zu berichten sein, nachdem zunächst Fortentwicklung des Verfahrens und andere Methoden dargestellt worden sind. Anzumerken ist allerdings noch, daß das TAT-Maß für das Leistungsmaß bei Frauen schon in den frühen Anregungs-Studien Rätsel aufgab. Wir kommen darauf im 12. Kapitel (extrinsische Anreizeffekte) zurück.

Messung der Motivtendenzen „Hoffnung auf Erfolg" und „Furcht vor Mißerfolg"

Der McClelland-Gruppe war es nicht verborgen geblieben, daß der Auswertungsschlüssel zur Messung des Leistungsmotivs offenbar zwei verschiedene Motivtendenzen, eine aufsuchende und eine meidende, miteinander vermengt, nämlich „Hoffnung auf Erfolg" (Erfolgsmotiv) und „Furcht vor Mißerfolg" (Mißerfolgsmotiv). So umfaßt der Auswertungsschlüssel erfolgsbezogene und mißerfolgsbezogene Inhaltskategorien, die alle zu einem einzigen Punktwert zusammengezogen werden. Hier rächte sich die ursprüngliche Konzeption, Leistungsmotivation in Analogie zum Nahrungsbedürfnis zu betrachten und dementsprechend Mißerfolgsanregung einem erhöhten Hungerzustand gleichzusetzen. Eine nachträgliche Analyse der Anregungswirkung von Erfolg und Mißerfolg auf die Häufigkeit erfolgs- und mißerfolgsbezogener Inhalte brachte keine einheitlichen Ergebnisse. Zwar erhöhte sich entsprechend die Häufigkeit positiver bzw. negativer Gefühlszustände, bei den Erfolgs- und Mißerfolgserwartungen bot sich aber paradoxerweise ein umgekehrtes Bild („Polykrates-Effekt"). Scott (1956) fand, wie schon berichtet, daß eine Gruppe sog. „Meider" unter starker Anregung geringere nAch-Werte hatte als unter niedriger.

Gegenüber diesen unklaren Anregungseffekten waren es Faktorenanalysen der Inhaltskategorien und vor allem Zusammenhänge der nAch-Werte mit diversen Verhaltensvariablen, die immer stärker auf die Notwendigkeit, zwischen zwei Motivtendenzen zu unterscheiden, verwiesen (vgl. zusammenfassend Heckhausen, 1963a, b, S. 40–48). McArthur hatte schon 1953 die Auffassung kritisiert, daß mit zunehmender Motivationsstärke sich in gleichem Maße sowohl erfolgs- wie mißerfolgsbezogene Inhalte vermehren sollten. Er stellte zwei Schülergruppen einander gegenüber, von denen die eine aufgrund des Verhältnisses von Schulfähigkeit und Schulleistung eher erfolgsorientiert und die andere mißerfolgsorientiert war, und zeigte, daß entsprechend auch erfolgs- bzw. mißerfolgsbezogene Inhalte im TAT überwogen.

Aber selbst wenn man die vermengenden *n*Ach-Werte mit motivrelevanten Verhaltensvariablen in Beziehung brachte, hatte man Grund, zwei verschiedene Tendenzen des Leistungsmotivs zu vermuten. Eigenartigerweise war es immer das mittlere Drittel, gelegentlich auch die untere Hälfte der *n*Ach-Verteilung, die mit Verhaltensdaten einhergingen, die auf die Tendenz, Mißerfolg zu meiden, hindeuten.

Das Problem des „mittleren Drittels" der Verteilung von Motivkennwerten wie *n*Ach haben neuerdings Sorrentino u. Short (1977) wieder aufgegriffen. In vier eigenen Studien und in der Reanalyse früherer Untersuchungen fanden sie nicht-theoriegerechte Befunde, wenn Hoch- und Niedrigmotivierte (*n*Ach) oder Erfolgs- und Mißerfolgsmotivierte (*n*Ach vs. TAQ) nach einer Aufteilung am Median – und nicht nach oberem vs. unterem Drittel – einander gegenübergestellt worden waren. Immer fielen die Vpn mit mittelhohen Motiv-Kennwerten in ihren Verhaltensdaten aus einer Mittellage zwischen den Extremgruppen (oberes vs. unteres Drittel) heraus. Die Autoren vermuten, daß Vpn des mittleren Drittels, da weder Fisch noch Fleisch, eine geringe Motivationskonsistenz über verschiedene Situationen hinweg haben und deshalb in ihrem Verhalten stärker durch andere situationsbezogene Determinanten bestimmt werden als Vpn des oberen und unteren Drittels (vgl. Bem u. Allen, 1974).

Als Beispiel einer Untersuchung, in der die untere Hälfte der *n*Ach-Verteilung mißerfolgsmeidende Motivtendenzen zu repräsentieren scheint, sei hier nur eine von Atkinson (1953) zum Zeigarnik-Effekt angeführt. Er ließ Aufgaben, von denen die Hälfte vor Fertigstellung unterbrochen wurde, unter entspannten, neutralen und leistungsorientierten Bedingungen bearbeiten. Abb. 6.6 zeigt die Ergebnisse. Mit zunehmender leistungsthematischer Anregung erinnerten Hochmotivierte mehr unerledigte und Niedrigmotivierte weniger unerledigte Aufgaben. Je mehr aber Nicht-Erledigung Mißerfolg bedeutet, umso ausgeprägter ist der Zeigarnik-Effekt bei „Erfolgsmotivierten" und immer mehr verschwindet er bei den „Mißerfolgsmotivier-

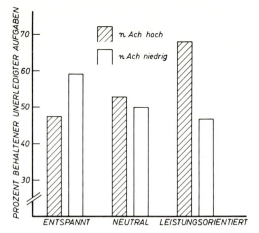

Abb. 6.6. Durchschnittliche Prozenthäufigkeiten der behaltenen unterbrochenen Aufgaben bei hoch- und niedrigmotivierten (*n*Ach) Versuchspersonen unter drei verschiedenen Graden leistungsthematischer Anregung. (Nach McClelland et al., 1953, S. 266)

ten". Bei den letzteren kann man defensive Tendenzen vermuten, die den Zeigarnik-Effekt aufheben, wie es schon so oft unter selbstwertbelastenden Bedingungen gefunden worden war (vgl. Kap. 5).

Moulton (1958) hat den Zeigarnik-Effekt als Außenkriterium herangezogen, um die TAT-Geschichten jener Versuchspersonen aus Atkinsons Studie zu analysieren, die unter steigender Leistungsanregung keine Behaltensüberlegenheit unerledigter Aufgaben aufwiesen. In ihren Geschichten sollten gehäuft Inhalte auftreten, die für die Motivtendenz „Furcht vor Mißerfolg" charakteristisch sind. Mit Hilfe dieses Wechsels der Validierungsstrategie von Anregungsvariation zur Korrelation mit motivrelevanten Außenkriterien ließen sich solche Inhaltskategorien finden und ausgrenzen, die unter leistungsorientierter Bedingung mit der Behaltensüberlegenheit erledigter Aufgaben einhergehen. Auf diese Weise ließ sich ein enger linearer Zusammenhang zwischen dem Punktwert des neuen Auswertungsschlüssels für das Mißerfolgsmotiv und einem umgekehrten Zeigarnik-Effekt herstellen. Der neue Schlüssel bestand nicht einfach aus den bisherigen negativen Kategorien. Teils mußten diese neu definiert, teils mußten neue Kategorien eingeführt werden. Die Punktwerte für das Erfolgsmotiv wurden dagegen einfach aufgrund der positiven Kategorien des *n*Ach-Schlüssels bestimmt; sie zeigten ihrerseits einen linearen Zusammenhang mit dem bevorzugten Behalten unerledigter Aufgaben, und zwar einen engeren als die *n*Ach-Werte.

Moultons Versuch einer gesonderten Fassung beider Motivtendenzen ist jedoch nicht weitergeführt und kreuzvalidiert worden. Statt dessen werden in der amerikanischen Motivationsforschung Ängstlichkeitsfragebogen zur Bestimmung des Mißerfolgsmotivs herangezogen, meistens Prüfungsängstlichkeit (TAQ, seltener AAT).

Eine überzeugende Begründung gibt es dafür bis heute nicht. Fragen nach prüfungsängstlichem Verhalten erfassen ja nicht Motivtendenzen, Mißerfolg zu meiden, sondern bestenfalls Verhaltenssymptome, die man an sich bemerkt, wenn man bereits in einer mißerfolgsbedrohlichen Situation steht (Atkinson, 1964, S. 289f.). Es ist fraglich, ob zwischen einer mißerfolgsmeidenden Motivtendenz und neurovegetativen Indikatoren (wie etwa beschleunigter Herzschlag) eine lineare Beziehung besteht. Auch bei hoher aufsuchender Motivation könnte das Verhalten von Gespanntheit und Aufregung begleitet sein. Schließlich ist nicht versucht worden, Prüfungsängstlichkeit nach ihren beiden Komponenten, Selbstzweifel *(worry)* und Emotionalität (Liebert u. Morris, 1967) zu trennen, und jede auf ihren Indikatorwert für mißerfolgsmeidendes Verhalten zu prüfen.

Die englischsprachige Forschungspraxis zieht gewöhnlich die *n*Ach-Werte als Indikator für das Erfolgsmotiv und die TAQ-Werte als Indikator für das Mißerfolgsmotiv heran. Meistens werden die Verteilungen beider Kennwerte am Median aufgeteilt. Der Versuchspersonengruppe mit *n*Ach-Werten über dem Median und TAQ-Werten unter dem Median wird ein „hohes resultierendes Leistungsmotiv" zugeschrieben. Dabei wird die Stärke des Mißerfolgsmotivs als eine hemmende Kraft angesehen, die die Stärke des antreibenden Erfolgsmotivs (*n*Ach) mindert (vgl. Atkinson, 1957; 1964). Obwohl diese Bestimmung beider Motivtendenzen sich in der Forschung als fruchtbar erwiesen hat, ist die Kombination von operantem TAT-Verfahren und respondentem Fragebogenverfahren zur Messung beider Motivtendenzen nicht recht überzeugend und die Auffassung des Mißerfolgsmotivs als eines reinen Hemmungsfaktors bestritten (vgl. Heckhausen, 1963a, 1968; 1977a; Schneider, 1973).

TAT-Verfahren für beide Leistungsmotive

In der deutschsprachigen Forschung hat sich ein reines TAT-Verfahren zur Messung beider Motivtendenzen durchgesetzt. Zur Entwicklung zweier unabhängiger Auswertungsschlüssel für „Hoffnung auf Erfolg" (HE) und „Furcht vor Mißerfolg" (FM) hat Heckhausen (1963a) zunächst die Anregungsbedingungen zugunsten einer Maximierung individueller Motivunterschiede gestaltet: Die Instruktion ist neutral und die Bilder deuten ziemlich unmißverständlich Leistungssituationen an. Jeweils die Hälfte der 6 Bilder legt einen erfolgreichen oder nicht-erfolgreichen Handlungsablauf nahe (für Schüler ist eine Parallel-Bilderserie von Meyer, Heckhausen u. Kemmler, 1965, entwickelt worden). Als Leitkriterium für die Identifizierung von erfolgs- und mißerfolgsmotivierten Aussagen in den Geschichten wurde nicht die Variation der vorauslaufenden Motivanregung, sondern ein Verhaltenskriterium herangezogen; nämlich die Zielhöhe in einem Anspruchsniveau-Experiment, das zu einem anderen Zeitpunkt durchgeführt worden war. Die TAT-Geschichten von zwei Erzählergruppen mit positiver oder mit negativer Zieldiskrepanz wurden einander gegenübergestellt und auf typische Unterschiede der Inhaltsaussagen geprüft. So entstanden nach mehrfachen Analysen von über 4000 TAT-Geschichten und nach wiederholten Revisionen der inhaltsanalytischen Definitionen ein Auswertungsschlüssel für beide Motivtendenzen (Heckhausen, 1963a, S. 287–302). Die folgende Aufstellung zählt die einzelnen Inhaltskategorien auf, bei deren Vorliegen ein Punkt für HE oder FM verrechnet wird.

„Hoffnung auf Erfolg" (HE)
1. *Bedürfnis nach Leistung und Erfolg* (B). Jemand in der Geschichte setzt sich selbst ein positiv formuliertes Leistungsziel oder fühlt sich dazu angetrieben (z. B. „Er will einen neuen Apparat konstruieren").
2. *Instrumentelle Tätigkeit zur Zielerreichung* (I). (z. B. „Der Schüler denkt konzentriert über die Aufgabe nach").
3. *Erfolgserwartung* (E). (z. B. „Er ist sicher, daß seine Arbeit ein Erfolg wird").
4 *Lob infolge guter Leistung* (L). (z. B. „Der Meister anerkennt die mustergültige Herstellung des Werkstückes").
5. *Positiver Gefühlszustand,* der sich auf Arbeit, Leistung und erfolgreiche Zielerreichung bezieht (G+). (z. B. „Die Hausaufgabe macht ihm viel Spaß").
6. *Erfolgsthema* (Th), als Gewichtungskategorie, sofern die Geschichte einen überwiegend erfolgsgerichteten Gehalt besitzt.

„Furcht vor Mißerfolg" (FM)
1. *Bedürfnis nach Mißerfolgsmeidung* (Bm), z. B. durch Setzung von negativ formulierten Leistungszielen, durch den Wunsch, daß etwas geschähe, was einen Mißerfolg abwenden könnte, durch Bereuen eines Verhaltens, das zu Mißerfolg geführt hat, oder durch Zögern und Furcht vor den Konsequenzen eines Mißerfolgs (z. B. „Er hofft, daß der Meister von dem Fehler nichts merkt").
2. *Instrumentelle Tätigkeit,* um einen Mißerfolg zu vermeiden, bzw. dessen Konsequenzen aus dem Weg zu gehen (Im) (z. B. „Der Schüler versteckt sich, um nicht aufgerufen zu werden").
3. *Mißerfolgsungewißheit oder Erfolgsungewißheit* (Em). (z. B.: „Wenn es diesmal nicht gelingt, bin ich blamiert").
4. *Kritik und Tadel* infolge Leistungsungenügens (T). (z. B. „Wenn du die Lehrabschlußprüfung bestehen willst, mußt du dich stärker anstrengen").
5. *Negative Gefühle,* die sich auf Arbeit und Leistung beziehen (G−). (z. B. „Daß mir auch dieser Fehler passieren mußte!").
6. *Mißerfolg* (M), sofern eine leistungsbezogene Handlung mit einem Mißerfolg endet. (z. B. „Der Lehrling hat das Werkstück verdorben").
7. *Mißerfolgsthema* (Thm), als Gewichtungskategorie, sofern die Geschichte einen überwiegend mißerfolgsgetönten Inhalt besitzt.

Einer der Vorteile gegenüber dem *n*Ach-Verfahren besteht darin, daß nicht erst das Vorliegen einer generellen Leistungsthematik geprüft werden muß, ehe einzelne Aussagen der Geschichte verrechnet werden dürfen. Dadurch bleiben die einzelnen Punktverrechnungen unabhängiger voneinander und ermöglichen eine Normalverteilung der Gesamtwerte für HE und FM. Aus beiden Größen können noch zwei zusammengesetzte Maße abgeleitet werden: ihre Summe als „Gesamtmotivation" (HE + FM = Gm) und ihre Differenz als „Netto-Hoffnung" (HE − FM = NH). Der Auswertungsschlüssel wurde ausgiebig kreuzvalidiert am Außenkriterium der Anspruchsniveausetzung.

Das Überwiegen der einen oder anderen Motivtendenz geht durchweg mit Unterschieden des gewählten Schwierigkeitsgrades einher. Erfolgsmotivierte bevorzugen Ziele, die den erreichten Leistungsstand nur leicht über-

Tabelle 6.5. Korrelationen zwischen der Motivvariable *n*Ach nach McClelland et al. (1953) und den Motivvariablen nach dem TAT-Verfahren von Heckhausen (1963a, S. 74)

*n*Ach	Hoffnung auf Erfolg HE	Furcht vor Mißerfolg FM	Netto-Hoffnung NH	Gesamtmotivation GM
Studierende Päd. Akademie ($N = 71$)	+0,73++	+0,15	+0,32+	+0,63++
Studierende Universität ($N = 77$)	+0,60++	+0,21	+0,27+	+0,62++

+ $p < 0,01$; ++ $p < 0,001$

steigen; Mißerfolgsmotivierte fallen dagegen in zwei Teilgruppen, von denen die eine unrealistisch niedrige und die andere unrealistisch hohe Ziele setzt (vgl. Kap. 9).

Die beiden Motivtendenzen HE und FM sind unabhängig voneinander, ihre Korrelation ist in der Regel schwach und negativ. FM mißt etwas anderes als Prüfungsängstlichkeit, TAQ korreliert weder mit FM noch anderen TAT-Maßen (Fisch u. Schmalt, 1970). Tabelle 6.5 enthält Korrelationen zwischen nAch und den Variablen des TAT-Verfahrens von Heckhausen für zwei Stichproben von Studierenden. Während nAch recht gut mit HE und auch noch mit Gm übereinstimmt, hat es keine Beziehung zu FM und nur eine sehr lockere zu NH. Die Test- und Konstrukteigenschaften der verschiedenen Motivvariablen werden weiter unten dargestellt.

Intensität versus Extensität des Leistungsmotivs

Die Kennwerte der beschriebenen TAT-Verfahren bestehen zum einen aus der Aufsummierung verschiedener Inhaltskategorien, die zu einem Bild produziert wurden und zum anderen aus der Aufsummierung gleicher Inhaltskategorien, die von verschiedenen Bildern angeregt wurden. So fließen zwei verschiedene Informationsaspekte zusammen, ohne daß sie auseinandergehalten wurden. Zum einen sagt die Anzahl möglichst verschiedenartiger Inhaltskategorien etwas über die *Intensität* des betreffenden Motivs aus. Zum anderen sagt die Anzahl verschiedenartiger Bildsituationen, die zu motivrelevanten Aussagen anregen, etwas über die *Extensität* des Motivs aus, d. h. wie generalisiert die betreffende Persönlichkeitsdisposition auf verschiedenartige Situationen anspricht. Diese Unterscheidung des gemessenen Motivs nach seiner Intensität und Extensität (vgl. deCharms, 1968; Heckhausen, 1968) ist ursprünglich zugunsten einer bloßen Intensitätsauffassung übersehen worden; so als würde ein Hochmotivierter auf alle Situationen, die sich überhaupt leistungsthematisch strukturieren lassen, hochmotiviert ansprechen.

Dies wäre eine naive Eigenschaftstheorie der Motivation, die individuelle Unterschiede in der Wechselwirkung von Person und Situation übersähe. Denn es ist z. B. leicht denkbar, daß von zwei Personen mit gleich hoher Motivintensität der eine nur auf sehr eng umschriebene Aufforderungsgehalte der Situation (etwa aus der eigenen Berufstätigkeit) „anspringt", der andere jedoch auf beinah alles, wo man seine Fähigkeiten unter Beweis stellen könnte. Um solche Extensitätsunterschiede zu erfassen, wäre es zunächst einmal erforderlich, das Bildangebot planmäßig über die breite Vielfalt von alltäglichen Lebenssituationen zu variieren.

Schmalt (1973, 1976a, b) hat im sog. Leistungsmotiv-Gitter (LM-Gitter) ein Verfahren entwickelt, das Intensität und Extensität gesondert zu erfassen erlaubt. Es ist ein „semiprojektives" Verfahren, das die oben erwähnten Vorzüge des TAT mit der unaufwendigen Direktheit von Fragebogen verbindet. Es gibt insgesamt 18 Bilder, je drei zu sechs verschiedenartigen Tätigkeitsbereichen (nämlich manuell, musikalisch, schulisch, selbstbehauptend, hilfegewährend, sportlich). Abb. 6.7 gibt Beispiele aus dem sportlichen und schulischen Bereich (Testform für Kinder). Unter jedem Bild werden immer die gleichen 18 Aussagen aufgereiht. Sie repräsentieren (bis auf einige Füllitems) im Kern die einzelnen Inhaltskategorien des Auswertungsschlüssels für das Erfolgs- und Mißerfolgsmotiv (z. B. „Er glaubt, daß er alles richtig gemacht hat", positive Erfolgserwartung). Der Proband hat nichts anderes zu tun, als solche Aussagen anzubringen, die seiner Auffassung nach auf die Bildsituation zutreffen.

Fügt man die angekreuzten Aussagen zu jedem Bild nebeneinander, so erhält man eine Antwortmatrix (deshalb die Bezeichnung „Gitter" für das Verfahren), in der die Spalten den Intensitätsaspekt enthalten (verschiedenartige Aussagen pro Bild) und die Zeilen den Extensitätsaspekt (gleiche Aussagen zu verschiedenartigen Bildern). Tabelle 6.6 enthält die 18 Aussagen. Vor jeder Aussage steht der ursprüngliche diagnostische Auswahlgesichtspunkt (HE, FM, Füll-Item) und unter jeder Aussage die aufgrund einer Faktoren-

Abb. 6.7. Zwei der 18 Bildsituationen des LM-Gitter, Testform für Kinder. (Nach Schmalt, 1976b)

Tabelle 6.6. Die 18 Aussagen des LM-Gitters, ihr ursprünglicher diagnostischer Auswahlgesichtspunkt und ihre faktorenanalytisch bestimmte Zugehörigkeit zu verschiedenen Motivtendenzen nach Aufsummierung über alle 18 Bildsituationen. ($N = 279$ Neun- und Zehnjährige; aufgeklärte Gesamtvarianz: 43%; nach Schmalt, 1976b)

Diagnost. Auswahlgesichtspunkte[a]		Aussagen	Motivtendenz[b]
Füller		1) Er fühlt sich wohl dabei	— — —
FM	(Im)	2) Er denkt: „Wenn das schwierig ist, mache ich lieber ein anderes Mal weiter"	FM_1
HE	(E)	3) Er glaubt, daß er das schaffen wird	HE vs. FM_1
HE	(G+)	4) Er denkt: „Ich bin stolz auf mich, weil ich das kann"	HE
FM	(Em)	5) Er denkt: „Ob auch nichts falsch ist?"	FM_2
FM	(G−)	6) Er ist unzufrieden mit dem, was er kann	FM_1
Füller		7) Er wird dabei müde	FM_2
FM	(Im)	8) Er denkt: „Ich frage lieber jemanden, ob er mir helfen kann"	FM_1
HE	(B)	9) Er denkt: „Ich will das einmal können"	HE
HE	(E)	10) Er glaubt, daß er alles richtig gemacht hat	HE vs. FM_1
FM	(Em)	11) Er hat Angst, daß er dabei etwas falsch machen könnte	FM_2
Füller		12) Das gefällt ihm nicht	FM_1
FM	(Bm)	13) Er will nichts verkehrt machen	FM_2
HE	(B)	14) Er will mehr können als alle anderen	HE
HE	(B)	15) Er denkt: „Ich will am liebsten etwas machen, was ein bißchen schwer ist"	HE
Füller		16) Er will lieber gar nichts tun	FM_1
HE	(I)	17) Er denkt; „Wenn das sehr schwer ist, versuche ich das bestimmt länger als andere"	HE
FM	(Em)	18) Er denkt, er kann das nicht	FM_1

[a] In Klammern sind die einzelnen Inhaltskategorien der Auswertungsschlüssel für HE und FM nach Heckhausen angegeben (vgl. Aufstellung weiter oben im Text).
[b] FM_1: aktive Mißerfolgsmeidung (Item 2, 8, 16) und Selbstkonzept mangelnder Fähigkeit (Item 6, 18); FM_2: Furcht vor Mißerfolg (Item 5, 7, 11, 13); HE: Erfolgszuversicht (Item 3, 10), Bevorzugung eher schwieriger Aufgaben (Item 15, 17) und Selbstkonzept guter Fähigkeit (Item 4, 14); HE vs. FM_1: bipolare Faktorenladung (Item 3, 10).

analyse der gesamten Antwortmatrix bestimmte Zugehörigkeit zu einer von drei Motivtendenzen: HE, FM_1 und FM_2. Die Tendenz FM_1 läßt sich als aktive Mißerfolgsmeidung und als Selbstkonzept mangelnder Fähigkeit bezeichnen; die Tendenz FM_2 als Furcht vor Mißerfolg (vgl. weiter unten: Eine Konstruktvalidierung der Motivkennwerte des Gitter-Tests an der Anspruchsniveausetzung brachte eine enge Übereinstimmung mit dem TAT-Verfahren nach Heckhausen: Erfolgsmotivierte (HE) bevorzugen mittlere, Mißerfolgsmotivierte (FM_2) dagegen extreme Schwierigkeitsgrade.

Gütekriterien der Verfahren und Konstruktcharakter der gemessenen Variablen

Nach der klassischen Testtheorie (vgl. Lienert, 1967) bestehen die hauptsächlichen Gütekriterien eines Testverfahrens in der Objektivität der Testdurchführung und -auswertung, der Reliabilität und der Validität der erhobenen Testwerte. Objektivität und Reliabilität sind Voraussetzungen und Validitätskriterien unmittelbare Nachweise dafür, daß die gemessenen Variablen den Konstruktcharakter von Persönlichkeitsvariablen in dem theoretisch postulierten Sinne besitzen. Einen ausführlichen Überblick über die Gütekriterien nach der klassischen Testtheorie haben für eine Vielzahl von Varianten an Motivmeßverfahren neuerdings Fineman (1977) und Heckhausen, Schmalt und Schneider (im Druck) gegeben.

Moderne stochastische Testmodelle wie das von Rasch (1960; Fischer, 1974) versuchen, die Testeigenschaften und den Konstruktcharakter der Testergebnisse ganz unmittelbar miteinander zu verknüpfen. Sie prüfen, ob und wieweit Testreaktionen ein eindimensionales Intensitätskontinuum der in Frage stehenden latenten Persönlichkeitsdimension darstellen. Testreaktionen sind in diesem Sinne eindimensional, soweit sie (a) über verschiedene Aufgaben- oder Situationsbesonderheiten hinweg (z.B. verschiedene TAT-Bilder) und (b) über verschiedene Probandengruppen hinweg (z. B. Alter, Geschlecht oder Ausprägung psychologischer Merkmale) äquivalent sind, d. h. sowohl in inhaltlicher wie in metrischer Hinsicht einen vergleichbaren Indexwert für die latente Persönlichkeitsposition abgeben. Wir kommen darauf noch zurück.

Da, wie wir gesehen haben, TAT-Verfahren sehr empfindlich gegenüber Situationseinflüssen verschiedener Art sind – so gegenüber vorauslaufenden Erlebnissen und Motivanregungen, Anweisungen, Verhalten des Versuchsleiters –, ist die *Objektivität der Testdurchführung* ein besonders kritischer Punkt, der viel Sorgfalt auf Einhaltung der Standard-Durchführungsbedingungen verlangt, andernfalls sind die Testwerte innerhalb oder zwischen Probandengruppen wegen unterschiedlicher Motivanregung nicht unmittelbar vergleichbar. *Die Objektivität der Testauswertung* hat sich als sehr befriedigend erwiesen, sofern der inhaltsanalytische Auswertungsschlüssel ausreichend einstudiert ist. Dafür gibt es eigene Einübungskurse (für *n*Ach: Smith u. Feld, 1958; für HE und FM: Heckhausen, 1963a). Für beide TAT-Verfahren lassen sich zwischen unabhängigen Auswertern durchaus Beurteilungs-Korrelationen zwischen 0,80 und 0,95 erreichen. Es sind sogar Computerprogramme zur Inhaltsanalyse von TAT-Geschichten entwickelt worden (für *n*Ach: Stone et al., 1966; für HE und FM: Seidenstücker u. Seidenstücker, 1974). Das LM-Gitter ist wie jedes Fragebogenverfahren mit vorfixierten Antwortmöglichkeiten hinsichtlich seiner Auswertungsobjektivität unproblematisch.

Die *Zuverlässigkeit* betrifft zunächst und vor allem die Stabilität der Testwerte bei wiederholter Messung. Verglichen mit Fragebogenverfahren, sind die *Test-Retest*-Korrelationen der TAT-Verfahren gering. Sie bewegen sich zwischen 0,40 und 0,60, wenn 3–5 Wochen zwischen beiden Testaufnahmen liegen (Haber u. Alpert, 1958; Heckhausen, 1963a; Sader u. Specht, 1967). Immerhin ergeben sie für HE und FM einen Standardmeßfehler, der dem Verfahren eine Trennschärfe von 3 bis 4 Unterscheidungen innerhalb der Testwertverteilung einer Probandengruppe gibt. Für das LM-Gitter berichtet Schmalt (1976b) *Retest*-Korrelationen zwischen 0,67 und 0,85 für eine Zwischenzeit von 2 bis 8 Wochen.

Allerdings ist bei TAT-Verfahren zu bedenken, daß Testwiederholung die ursprünglichen Bedingungen nicht wiederherstellen kann, weil die Bilder und die beim ersten Mal erzählten Geschichten noch bekannt sind und manchen Probanden zu einer davon abweichenden und weniger naheliegenden Produktion veranlassen kann. Testwiederholung führt deshalb eher zu ungünstigen Zuverlässigkeitsschätzungen. McClelland (1958b) hat daher empfohlen, ganz auf sie zu verzichten und die Zuverlässigkeit aus der Validität zu erschließen.

Winter u. Stewart (1977) haben dieses Problem zu klären versucht, indem sie bei einem *Retest* nach einer Woche Vpn-Gruppen eine von drei Instruktionen gaben, (1) sich in die ehemalige Testsituation wieder hineinzuversetzen und möglichst ähnliche Geschichten zu schreiben oder (2) sich nicht darum zu kümmern, ob die jetzigen Geschichten den alten ähnlich seien oder nicht oder (3) sich zu bemühen, möglichst andersartige Geschichten zu schreiben. Die *Test-Retest*-Korrelationen für die drei Instruktionsbedingungen betrugen bei einem TAT-Verfahren zur Messung des Machtmotivs 0,61, 0,58 und 0,27. Die Korrelationen unter den ersten beiden Instruktionsbedingungen sind sehr signifikant und höher, als es ohne solche Instruktionen für TAT-Verfahren üblich ist. Heckhausen (1963a, S. 79) hatte bei seinen Testwiederholungen mit ihren relativ hohen Korrelationen eine Instruktion verwendet, die der zweiten Version von Winter u. Stewart entspricht.

Statt *Test-Retest*-Korrelation wird häufig die Korrelation zwischen zwei Testhälften einer Testdurchführung als Zuverlässigkeitskriterium herangezogen, obwohl solche Halbierungskorrelationen nichts über die Stabilität der Testwerte (da das Zeitintervall zwischen beiden Messungen gegen null geht), sondern über die *Homogenität des Tests* aussagt. Hohe Homogenität oder innere Konsistenz hat man nach der klassischen Testtheorie lange zu Unrecht für eine notwendige Vorbedingung der Validität gehalten. Auf diese Annahme hat sich kürzlich noch Entwisle (1972) gestützt und die TAT-Verfahren zur Motivmessung kritisiert. Tatsächlich haben die Verfahren eine geringe innere Konsistenz (für HE und FM kaum signifikante Halbierungskorrelationen, bei nAch eher signifikant, aber mäßig).

Das ist nicht verwunderlich, da bei der Konstruktion der Verfahren gerade auf eine gewisse Inhomogenität Wert gelegt wurde: Die Bildinhalte stellen verschiedene Tätigkeitsbereiche dar, sie legen eher Erfolg oder Mißerfolg der abgebildeten Personen nahe. Atkinson, Bongort u. Price (1977) haben anhand von Computersimulation nachgewiesen, daß geringe oder fehlende innere Konsistenz (gemessen an der Zeitdauer, die pro Bild für leistungsthematische Aussagen verwendet wird) die Konstruktvalidität der Testwerte nicht beeinträchtigt (vgl. Kap. 12, Dynamisches Handlungsmodell).

Konsistenzproblematik in meß- und konstrukttheoretischer Hinsicht

Im Grunde hat das bereits ein Eigenschaftstheoretiker wie G. W. Allport (1937), der nie den Einfluß von Situationsfaktoren übersehen hat, postuliert: Unterschiedliches („inkonsistentes") Verhalten in verschiedenen Situationen muß nicht auf Inkonsistenz der gemessenen Persönlichkeitsdisposition zurückgehen. Denn die gleiche Ausprägung einer latenten Persönlichkeitsdimension kann sich in verschiedenen Situationen auch in verschiedener Art und Stärke äußern (vgl. auch Alker, 1972). Eine hohe Situationsspezifität von Reaktionen ist also durchaus vereinbar mit transsituational hoch generalisierten Persönlichkeitsdispositionen (solange sich beide Seiten wie additive Haupteffekte verhalten und nicht miteinander in Wechselwirkung treten; vgl. Abb. 1.3). Die einzelnen TAT-Bilder können durchaus verschiedene Inhaltskategorien anregen – und dies in unterschiedlicher Häufigkeit – ohne daß deshalb schon die Konsistenz der latenten Persönlichkeitsdisposition widerlegt wäre. Eine solche Frage versucht das stochastische Testmodell von Rasch zu klären, indem es die Konsistenzproblematik in meßtheoretischer und in konstrukttheoretischer Hinsicht eng miteinander verknüpft.

Wichtige Grundgedanken sind die folgenden. Dem manifesten Testverhalten werden latente Besonderheiten der Person und der Testsituation (Aufgabe) unterlegt; und zwar in einer stochastischen Beziehung. Die Wahrscheinlichkeit, daß ein Proband eine bestimmte Testreaktion zeigt (z. B. die Inhaltsreaktion G+ auf ein TAT-Bild) nimmt zu mit der Ausprägung des latenten Personparameters der betreffenden Disposition dieses Probanden und mit der generellen „Aufgabenleichtigkeit" des latenten Itemparameters (d. h. je mehr es naheliegt, auf dieses TAT-Bild eine bestimmte Inhaltsaussage zu machen). Aufgrund einer nach dieser Grundvorstellung entwickelten Modellfunktion lassen sich aus einer Antwortmatrix der Testreaktionen über Probanden und Items die latenten Personparameter und die latenten Itemparameter (Aufgabenanforderung, Situationsanregung) abschätzen. Ein solches Vorgehen setzt allerdings die Gültigkeit des zugrunde gelegten Testmodells voraus: Die Testitems (produzierte Inhaltsaussagen zu einzelnen Bildern) müssen „spezifische Objektivität", d. h. die schon oben erwähnte Äquivalenz für alle zu vergleichenden Probanden besitzen. Gehören z. B. alle erfolgsbezogenen Inhaltskategorien einer Äquivalenzklasse HE an, so wäre es gleichgültig, welche einzelnen Inhaltskategorien zur Messung der Motivstärke von HE herangezogen würden. Um die Modellvoraussetzung der spezifischen Objektivität zu prüfen, werden „interne" und „externe" Modellkontrollen angestellt. Der Grundgedanke dabei ist einfach. Bei „interner" Modellkontrolle teilt man die Probanden am Median nach hohem und niedrigem Gesamt-Testwert (z. B. HE) auf und prüft, ob die Häufigkeit der einzelnen Testreaktionen (Inhaltskategorien) in beiden Teilgruppen proportional den jeweiligen Gesamttestwerten ist. Ist dies der Fall, so ist für die einzelnen Testreaktionen spezifische Objektivität gegeben. Beim „externen" Modelltest wird die Probandengruppe nach anderen Persönlichkeitsdispositionen medianisiert, um zu sehen, wie heterogen die Probandengruppe noch zusammengesetzt sein darf, ohne daß die spezifische Objektivität, die Äquivalenz der Testitems, verlorengeht.

Kuhl (1978a) hat nach dem Testmodell von Rasch die HE- und FM-Punktwerte zu allen Bildern in den TAT-Protokollen von 1034 Probanden, die hinsichtlich Alter, Geschlecht und Bildungsgrad verschieden waren, auf ihre konstrukttheoretische Konsistenz (spezifische Objektivität) analysiert. Zunächst war zu fragen, ob die Inhaltskategorien, die einem Konstrukt (HE oder FM) zugeordnet sind, sich allesamt von Bild zu Bild proportional in ihrer Häufigkeit ändern. Wäre dies der Fall, so müßten alle Einzelkategorien beim Vergleich zweier Bilder auf eine Regressionslinie mit dem Steigungsgrad 1 fallen. Wie Abb. 6.8a am Beispiel der Inhaltskategorien für FM zu den beiden „Mißerfolgs"-Bildern B und D zeigt, weichen einzelne Inhaltskategorien wie

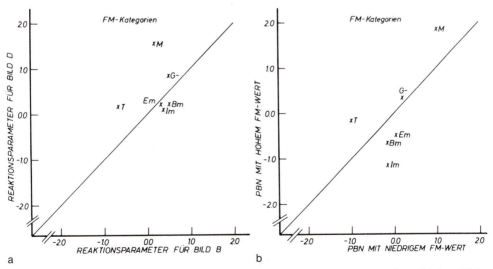

Abb. 6.8 a u. b. Parameter der FM-Reaktionen (einzelne Inhaltskategorien) für **a** zwei verschiedene Bilder und **b** zwei verschiedene Probandengruppen mit hohem vs. niedrigem FM-Wert. Das Abweichen der Reaktionsparameter von der Regressionslinie spricht nicht im Falle **a**, wohl aber im Falle **b** gegen eine spezifische Objektivität der FM-Messung. (Nach Kuhl, 1978a, S. 40 u. 44)

M und T deutlich von der Regressionslinie ab; M und T treten (im Vergleich zum Vorkommen der übrigen Inhaltskategorien) in Geschichten zu Bild D überproportional häufiger auf als in Geschichten zu Bild B. Eine solche Wechselwirkung zwischen Bild und Reaktionsparametern muß aber noch nicht eine spezifische Objektivität der Person- und Itemparameter ausschließen, wenn man als Testitem nicht Bilder und Reaktionen getrennt nimmt, sondern sie als feste Bild-Reaktions-Kombination auffaßt, als reaktionsspezifischen Bildanregungsgehalt. Die dafür berechneten Modellparameter wurden internen und externen Modelltests unterzogen. Für HE ergab sich, daß die Parameter der Bild-Reaktions-Kombinationen in verschiedenen Untergruppen von Probanden übereinstimmen; sowohl wenn man die Gruppen nach HE-hoch und HE-niedrig (interner Modelltest) als auch nach FM-hoch und FM-niedrig (externer Modelltest) aufteilt. Deshalb ist zu schließen, daß die HE-Kategorien zu den einzelnen Bildern innerhalb der Probandengruppe äquivalente, im konstrukttheoretischen Sinne konsistente Indizes für eine latente Persönlichkeitsdimension sind. Modellabweichungen gab es erst zwischen zwei oder drei Bildern, wenn die Probanden nach ihrem Lebensalter oder ihrem Bildungsgrad sehr stark differierten.

Für FM ließ sich dagegen keinerlei Modellverträglichkeit nachweisen. Im internen Modelltest sind die FM-Inhaltskategorien nicht eindimensional. Abb. 6.8b zeigt dies für Bild D: Probanden mit niedrigem FM-Wert haben überproportional häufig die Kategorien Im, Bm, Em; dagegen Probanden mit hohem FM-Wert überproportional häufig die Kategorien M und T. Die Annahme einer über Situationen und Reaktionen hinweg konsistenten FM-Disposition kann nicht aufrechterhalten werden. Eine Nachprüfung, ob die Inkonsistenz eher auf die Bilder oder die Inhaltskategorien zurückgeht, ergab, daß dafür nicht die Bilder, sondern allein die Inhaltskategorien verantwortlich sind. Zwei unterschiedliche Klassen von FM-Inhaltskategorien gliedern sich heraus: Eine Tendenz zu erwartungs- und handlungsbezogener Mißerfolgsmeidung (Em = Erfolgsungewißheit; Im = Instrumentelle Tätigkeit, um Mißerfolg zu vermeiden; Bm = Bedürfnis, Mißerfolg zu vermeiden); sowie eine Tendenz, sich mit eingetretenem Mißerfolg (M) und seinen affektbezogenen Folgen (T = Tadel) zu beschäftigen. Die erste Tendenz zu handlungsbezogener Mißerfolgsmeidung (Em, Im, Bm) tritt zudem stärker bei Probanden mit hohen als mit niedrigen HE-Werten auf. Diese Aufspaltung des Mißerfolgsmotivs wird gestützt durch faktorenanalytische Untersuchungen zur *faktoriellen Validität* beider Motivtendenzen. Während sich dabei HE stets als eine einheitliche Dimension herauskristallisierte, zerfiel FM in zwei unabhängige Faktoren.

Ganz in Übereinstimmung mit den Ergebnissen der Rasch-Analyse von Kuhl, hatten bereits Sader u. Keil (1968) zwei unabhängige FM-Dimensionen nachgewiesen: „Bedürfnis, Mißerfolg zu meiden" und „negativer Gefühlszustand". Auch die FM-Aussagen im LM-Gitter gruppieren sich, wie wir gesehen haben (Tabelle 6.6) in zwei Faktoren ganz ähnlicher Art: Aktive Mißerfolgsmeidung (FM_1) und Mißerfolgsfurcht (FM_2). Ängstlichkeit und Meidungstendenzen sind motivationspsychologisch offenbar komplexer als Zuversicht und Aufsuchungstendenzen. Auch die Prüfungsängstlichkeit zeigt, wie wir sahen, ein Doppelgesicht. Die von Liebert u. Morris (1967) unterschiedene kognitive Komponente *(worry)* und emotionale Komponente *(emotionality)* scheint mit der Aufspaltung des Mißerfolgsmotivs übereinzustimmen.

Eine Art faktorieller Validität, die mit Kriteriumsvalidität vermischt ist, haben Bäumler u. Weiss (1967; sowie auch Bäumler u. Dvorak, 1969; Bäumler u. Breitenbach, 1970) berichtet. Sie haben HE- und FM-Werte zusammen mit verschiedenen Intelligenz-, Leistungs- und Persönlichkeitsvariablen faktorenanalysiert. In der Regel gliederten sich zwei Faktoren heraus: Ein unipolarer Gesamtmotivationsfaktor, der sowohl HE wie FM umfaßt; sowie ein bipolarer, in dem HE und FM einander gegenüberstehen. Der unipolare Gesamtmotivationsfaktor läßt sich charakterisieren mit Eigenaktivität, Mengenleistung, Arbeitstempo; der bipolare Faktor mit Gemütsruhe, Laissez-faire-Haltung und

Optimismus (HE) versus überspanntem Leistungsehrgeiz (FM). Diese Ergebnisse und ihre Charakterisierungen sind jedoch fragwürdig, weil sie von den jeweiligen Kriterienvariablen, die man neben den TAT-Variablen der Faktorenanalyse unterwirft, abhängen. So zeichnen sich mit wechselnden Außenkriterien oder Zusammensetzungen der Probandengruppen auch gelegentlich spezifische HE- und FM-Faktoren und mehrere FM-Komponenten ab. Es ergeben sich erneut Anhaltspunkte, daß der FM-Auswertungsschlüssel keine eindimensionale Disposition erfaßt, sondern zwei unabhängige Dimensionen. Wenn die handlungsbezogene Meidungskomponente (FM_1) mit HE kovariiert, wie Kuhl (1978a) fand, so mag das die von Bäumler und Mitarbeitern gefundenen bipolaren Faktoren (HE vs. FM) erklären. Diese und andere Ergebnisse stellen Anhaltspunkte für eine „reinigende" Revision des FM-Inhaltsschlüssels dar.

Andere Verfahren

In den letzten 25 Jahren ist eine Vielzahl anderer Verfahren zur Messung des Leistungsmotivs entwickelt worden; und zwar in Form von projektiven Tests, Persönlichkeitsinventaren oder Fragebogen (vgl. Fineman, 1977; Heckhausen et al., im Druck). Hier sollen nur einige projektive Tests und Fragebogen erwähnt werden, die sich einigermaßen als konstruktvalide erwiesen haben.

Der von Elizabeth French (1955, 1958a) entwickelte *French Test of Insight* (FTI) verwendet statt Bilder kurze Geschichtenanfänge, um die Inhaltsproduktion anzuregen (z. B.: „Don is always trying something new"). Der zugehörige Inhaltsschlüssel stimmt mit dem nAch-Verfahren überein; meistens wird der FTI herangezogen, wenn es der Untersucher (etwa bei kulturvergleichenden Studien) für probat hält, bildliche Anregung durch sprachliche zu ersetzen. Ein TAT-Verfahren von Birney, Burdick u. Teevan (1969) folgt der Auffassung, daß Furcht vor Mißerfolg nicht offen eingestanden würde und deshalb eher indirekt als Wahrnehmung einer feindlichen, den eigenen Selbstwert herabsetzenden Umwelt zum Ausdruck käme. Die inhaltsanalytisch gemessene Motivvariable wird als *Hostile Press* (HP) bezeichnet und scheint in konstrukttheoretischer Hinsicht einen gewissen Überlappungsbereich mit FM und niedrigem nAch zu haben (Birney et al., 1969; Heckhausen, 1968, S. 120–125). Als projektiv ist schließlich noch ein graphischer Kritzeltest von Aronson (1958) zu bezeichnen. Die nicht-repetitive und raum-gestaltende Reproduktion von kurzzeitig dargebotenen Kritzelvorlagen wird nach einem detaillierten Auswertungsschlüssel als Index für ein erfolgsorientiertes Leistungsmotiv angesehen. Das sprachfreie Verfahren hat sich bei kleinen Kindern und bei der Bestimmung von Motiv-Indizes für verschiedene Epochen des antiken Griechenlands anhand von Vasen-Ornamenten als Methode der Wahl erwiesen (McClelland, 1958b; 1961).

Die mancherlei Fragebogen, die „Leistungsmotivation" messen wollen, haben bis heute in der Regel kaum konstruktvalide Beiträge zur Leistungsmotivationsforschung aufzuweisen, die dem TAT-Verfahren an die Seite zu stellen wären (vgl. Schmalt, 1976a). Sieht man vom halbprojektiven LM-Gitter ab, so hat McClelland (1958b; 1971; 1972) recht behalten mit seiner Auffassung, daß unmittelbare Selbstbeurteilung, wie sie der Fragebogen erfordert, individuelle Motivunterschiede nicht zum Vorschein bringt. Eine Ausnahmestellung können drei Fragebogen-Instrumente beanspruchen – aus den USA (Mehrabian, 1968), aus Holland (Hermans, 1970) und aus Norwegen (Gjesme u. Nygard, 1970) –, weil ihre Entwicklung von konstrukttheoretischen Ergebnissen der Leistungsmotivationsforschung geleitet worden ist.

Der Fragebogen von Mehrabian (1968, 1969), die *Mehrabian Achievement Risk Preference Scale* (MARPS) bildet in seinen Items wichtige Befunde der Leistungsmotivationsforschung, d. h. Verhaltenskorrelate der mit TAT-Verfahren erhobenen Motivunterschiede, ab; so die Bevorzugung realistischer Anspruchsniveaus, Unabhängigkeit gegenüber Konformitätsdruck, Neigung zu vorausplanender Zukunftsperspektive, Herausforderung der eigenen Tüchtigkeit (z. B. „In meiner Freizeit würde ich lieber ein Spiel erlernen, das gleichzeitig meine Fähigkeiten weiterentwickelt, als ein Spiel, bei dem man sich nur erholt") u. a. m. In einer Reihe experimenteller Studien wurden die Vpn-Gruppen nach diesen Fragebogen zusammengestellt. Da die Befunde hypothesengerecht ausfielen, scheint dem Mehrabian-Fragebogen eine gewisse Konstruktvalidität zuzukommen.

Ähnlich verhält es sich mit dem Fragebogen von Hermans (1970), der in Versionen für 10–16jährige (Hermans, 1971) und für ältere Jugendliche (Hermans, 1976) vorliegt. Er korreliert mit Mehrabians Fragebogen und weist zusammen mit diesem vergleichbare Validierungsbefunde auf (vgl. Schultz u. Pomerantz, 1974). Wohl am sorgfältigsten ist die *Achievement Motivation Scale* (AMS) von Gjesme u. Nygard (1970) für das Erfolgs- und das Mißerfolgsmotiv konstruiert worden. So wurden etwa affektive Erlebnisinhalte in Verbindung mit bestimmten subjektiven Erfolgswahrscheinlichkeiten so miteinander in den Items verknüpft, wie es die Leistungsmotivationsforschung herausgearbeitet hat. Beispiele sind die beiden folgenden Items: „I feel pleasure at working on tasks that are somewhat difficult for me" (Erfolgsmotivskala); „I become anxious when I meet a problem I don't understand at once" (Mißerfolgsmotivskala). Die Skalen für beide Motive korrelieren leicht negativ miteinander. Validierungsergebnisse hat Rand (1978) in Form von Leistungsresultaten bei verschiedenen Aufgaben mit variiertem Schwierigkeitsgrad vorgelegt.

Verhaltenskorrelate von Motivunterschieden

Was an konstruktvalidierenden Nachweisen sich für die TAT-Verfahren anführen läßt, sei wegen seiner Fülle im folgenden nur in einigen Beispielen angeführt. Ein großer Teil der Validierungsbefunde, insbesondere aus den frühen Untersuchungen, besteht aus einfachen Studien über den Zusammenhang von Motivvariablen und leistungsbezogenen Verhaltensdaten, ohne daß dabei situative Anregungsbedingungen planmäßig variiert worden wären. Die Motivationswirkung auf Verhalten wird unmittelbar auf individuelle Unterschiede in Motivdispositionen zurückgeführt; die Konstruktvalidität dieser Dispositionen soll an einer Vielfalt unterschiedlicher Außenkriterien festgemacht werden. Es handelt sich um den Versuchsplantyp IV der Tabelle 1.4. Bei der Wahl der Außenkriterien ließ man sich von den drei Wirkungsklassen leiten, die in der einen oder anderen Form Motivationsvorgängen zugeschrieben werden: Wahl zwischen Handlungsalternativen, Intensität (Leistungsergebnisse) und Ausdauer des Handelns.

Aufgabenwahl und Anspruchsniveau

Unter dem Kriteriumsgesichtspunkt der Auswahl bot sich die Anspruchsniveau-Setzung als bevorzugtes experimentelles Paradigma an. In einer der frühesten Studien erhob Atkinson unmittelbar vor einer Seminarklausur nAch-Werte und ließ die Studierenden angeben, welche Note sie zu erreichen dachten (vgl. McClelland et al., 1953; S. 244–248). Zwischen nAch und Höhe des Anspruchsniveaus ergab sich eine signifikante Korrelation von +0,45; allerdings erst nach Ausscheiden solcher Kandidaten, bei denen allgemeine Studienleistung und spezielle Seminarleistung übereinstimmten. Hier, so wird argumentiert, ist das Anspruchsniveau durch realitätsfixierte Erwartungen bestimmt; erst bei inkongruenten Erfahrungen (bisherige Seminarleistungen besser oder schlechter als allgemeine Studienleistungen) schlagen Motivunterschiede durch.

Schon bald zeigte sich jedoch ein bis heute vielfach bestätigter Befund (vgl. zusammenfassend Heckhausen, 1977a). Mit der Stärke des (aufsuchenden) Leistungsmotivs steigt das Anspruchsniveau nicht stetig an; vielmehr werden hohe, aber erreichbare Ziele bevorzugt und unrealistisch hohe Ziele gemieden. Abb. 6.9 zeigt die bevorzugten Distanzen in einem Ringwurfspiel für Hoch- und Niedrig-

Aufgabenwahl und Anspruchsniveau — 269

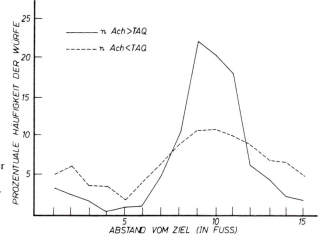

Abb. 6.9. Prozenthäufigkeiten der gewählten Ringwurfdistanzen zweier Vpn-Gruppen mit hohem und mit niedrigem resultierenden Leistungsmotiv (nAch > TAQ bzw. nAch < TAQ). (Nach Atkinson u. Litwin, 1960, S. 55)

motivierte, ausgewählt nach nAch und TAQ-Werten, über bzw. unter dem Median der Vpn-Stichprobe (Atkinson u. Litwin, 1960). Ähnliche Ergebnisse hat Heckhausen für das HE- und FM-Motiv erhoben. Abb. 6.10 unterteilt zwischen den verschiedenen Zieldiskrepanzgruppen in einem Labyrinthtest und gibt die Motivausprägung jeder Gruppe wieder. Danach bevorzugen Erfolgsmotivierte ausgeglichene bis leicht erhöhte Zieldiskre-

panzen, während Mißerfolgsmotivierte zu extremen Wahlen neigen.

Die gleichen Befunde hat Schmalt (1976a) aufgrund einer Gruppeneinteilung mittels des LM-Gitters erhalten. Schon früher in einer Ringwurfstudie mit Kindergartenkindern hat McClelland (1958a) für die Bevorzugung mittelschwerer Aufgaben eine Erklärung gegeben. Danach bevorzugen Hochmotivierte (oder auch Erfolgsmotivierte) „kalkulierte

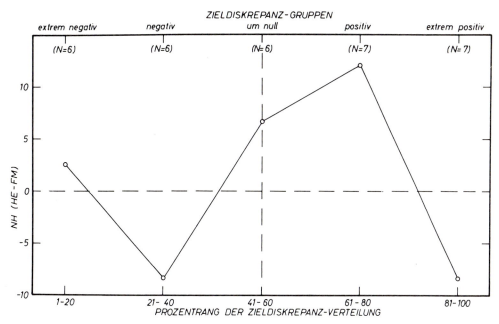

Abb. 6.10. Ausprägung des Erfolgsmotivs (NH = HE–FM) in verschiedenen Zieldiskrepanz-Gruppen bei einer Labyrinthaufgabe. (Nach Heckhausen, 1963a, S. 95)

Risiken". Sie versprechen auf Dauer den größten Fortschritt, da man sich weder an die unerheblichen „Erfolge" zu leichter Ziele bindet, noch auf unwahrscheinliche Zufallserfolge bei zu schwierigen Zielen setzt. Dieser Erklärungsansatz sollte noch wichtige Elaborationen erfahren, und zwar im Risikowahl-Modell (Kap. 9) und nach der Kausalattribution des erzielten Ergebnisses (Kap. 11). Eine frühe Interpretation der von Erfolgsmotivierten bevorzugten Anspruchsniveau-Setzung enthielt bereits alle Ansätze: „Die Erreichung (ausgeglichener bis mäßig hoher) Ziele ist weitestgehend vom persönlichen Einsatz und Können und weniger von äußeren Umständen abhängig. Erfolg und Mißerfolg ist bei dieser Zielsetzung fast gleich wahrscheinlich; d. h. es wird ein möglichst offener und ungewisser Ausgang bevorzugt, der maximal von der eigenen Tüchtigkeit beeinflußt wird" (Heckhausen, 1963a, S. 256).

Andere Außenkriterien, in denen Wahlaktivitäten zum Zuge kommen können, sind der Zeigarnik-Effekt, der bei Hochmotivierten (vgl. Abb. 6.6; Atkinson, 1953) und bei Erfolgsmotivierten (Heckhausen, 1963a) ausgeprägt ist. Nach einer Aufgabenserie mit wechselnden und gleich häufigen Erfolgs- und Mißerfolgsrückmeldungen überschätzen Erfolgsmotivierte ihre Mißerfolge und Mißerfolgsmotivierte ihre Erfolge, was offenbar auf einem Erwartungskontrasteffekt beruht (Heckhausen, 1963a). McClelland u. Liberman (1949) fanden niedrigere Erkennungsschwellen für erfolgsbezogene Wörter bei Personen mit hohem im Vergleich zu mittlerem oder geringem nAch. Und manches andere mehr.

Leistungsergebnisse

Intensität von Aufgabenbemühungen, wie sie vor allem in Mengenleistungen zum Ausdruck kommt, gehört zu den ersten herangezogenen Außenkriterien. Lowell (1952) ließ Wortumstell- und einfache Additionsaufgaben bearbeiten. Beim (überlernten) Addieren lösten Hochmotivierte von Anfang an mehr Aufgaben als Niedrigmotivierte. Beim Wortumstellen, in dem Lernfortschritte möglich waren, zeigte sich die Überlegenheit der Gruppe mit hohen nAch-Werten mit zunehmender Anzahl der Durchgänge. Offensichtlich nutzen sie die in der Aufgabe enthaltenen Lernmöglichkeiten stärker. Ihre Überlegenheit läßt sich nämlich nicht auf ihre besseren sprachlichen Fähigkeiten zurückführen; partialisiert man deren Einfluß statistisch aus, so bleibt die Korrelation zwischen nAch und Wortumstell-Leistung erhalten. Abb. 6.11 zeigt die Mengenleistungskurven für beide Motivgruppen.

Die Beziehungen zwischen Motivstärken und Intensität der Aufgabenbemühung sind in der Regel komplexer, als es die Lowellschen Befunde nahelegen, zumal wenn, wie es

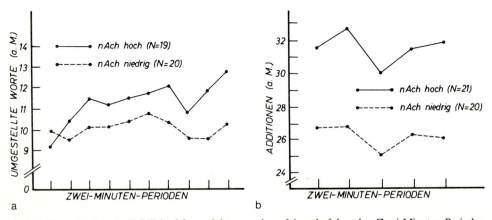

Abb. 6.11 a u. b. Durchschnittliche Mengenleistungen in aufeinanderfolgenden Zwei-Minuten-Perioden von Hochmotivierten und Niedrigmotivierten (nAch) bei **a** Wortumstellaufgaben und **b** Addition einstelliger Zahlen. (Nach Lowell, 1952, S. 36 u. 38)

gewöhnlich der Fall ist, Intensität der Aufgabenbemühung nicht selbst sondern nur mittelbar über das erzielte Leistungsresultat erfaßt wird. Die erzielte Leistungshöhe ist ja nicht nur eine Frage der Motivationsstärke, der aufgewendeten Anstrengung. Ausschlaggebend sind vor allem Unterschiede an Fähigkeiten, an Vorkenntnissen, an Übungsniveaus und dergleichen. Bei langfristigen, d. h. kumulativen Leistungsergebnissen wie Schulnoten fällt neben Intensität der Bemühungen auch deren Ausdauer ins Gewicht; Ausdauer hängt wiederum von dem Stärkeverhältnis des Leistungsmotivs zu konkurrierenden Motiven ab (vgl. Atkinson u. Raynor, 1974; Kap. 20).

Werden solche Faktoren kontrolliert oder gleichgehalten, so hängt es zunächst von der Natur der Aufgaben ab, ob sich mit wachsender Anstrengungsintensität überhaupt das Leistungsergebnis verbessert. Das ist der Fall, wenn es auf Kraft oder Schnelligkeit ankommt; nicht jedoch, wenn Qualitätsaspekte im Vordergrund stehen. Bei komplexen Güteanforderungen gilt eher eine umgekehrte U-Funktion zwischen Anstrengungsintensität und Leistung, wie sie Yerkes u. Dodson (1908) beschrieben haben. Weiterhin beeinflußt die erlebte Aufgabenschwierigkeit die Motivationsstärke bei unterschiedlicher Motivstärke auch unterschiedlich. Hochmotivierte z. B., die – wie wir gesehen haben – mittlere Schwierigkeitsgrade bei der Zielsetzung bevorzugen, werden durch leichte Aufgabenanforderungen weniger motiviert als Niedrigmotivierte. So läßt sich erklären, daß Mißerfolgsmotivierte bei der Ausführung einfacher und überlernter Fertigkeiten, wie dem Addieren einstelliger Zahlenpaare, schneller arbeiten und in ihrer Leistung weniger absinken als Erfolgsmotivierte; bei Problemaufgaben dagegen, die ein vorausplanendes Überblickdenken erfordern, sich unter Zeitdruck verschlechtern, während Erfolgsmotivierte sich verbessern (Heckhausen, 1963a; Bartmann, 1963).

Am häufigsten sind Motivkennwerte wohl mit Schul- und Studienleistungen korreliert worden, weil sich allenthalben Schüler und Studenten als Probanden anbieten. Hier wirkt sich der Versuchsplan IV (vgl. Tabelle 1.4) fatal aus, da die unabhängige Variable – die Unterrichts- oder Studiensituation – nicht nur nicht variiert, sondern auch nicht kontrolliert wird. Motivkennwerte werden wie Intelligenztestwerte behandelt, ohne zu bedenken, daß verschiedene Motivausprägungen auch unterschiedlicher situativer Anregung bedürfen, um voll aktiviert zu werden. So ist es nicht verwunderlich, wenn sich häufig keine oder unerwartete Beziehungen zwischen Lei-

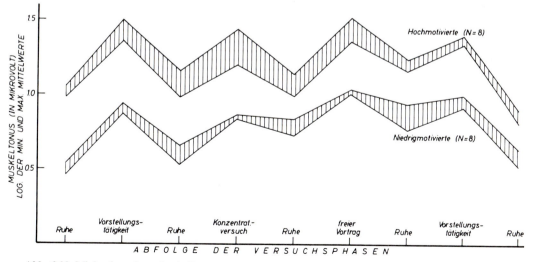

Abb. 6.12. Minimale und maximale Werte des Muskeltonus bei Hochmotivierten und bei Niedrigmotivierten in aufeinanderfolgenden Phasen verschiedenartiger geistiger Aktivitäten und dazwischen eingelegten Ruhepausen. (Nach Mücher u. Heckhausen, 1962, S. 218)

stungsmotiv und schulischen Leistungen haben finden lassen (vgl. Überblick von Klinger, 1966).

Die motivationspsychologische Erklärung von Leistungsunterschieden erfordert einen besonderen theoretischen Aufwand, der subjektive Erfolgswahrscheinlichkeiten, Aufgabenanforderungen und situative Anreize mit in ein hypothetisches Wirkungsgefüge einbezieht. Wir kommen darauf im 9. Kapitel zurück. Zu den Studien, die relativ unmittelbar Motivstärke und Handlungsintensität in Beziehung setzen, gehören solche, die neurovegetative Variablen als Indikatoren einer zentralen Funktionsaktivierung heranziehen. Ein Beispiel ist eine Studie von Mücher u. Heckhausen (1962), in der der Muskeltonus während verschiedenartiger geistiger Aktivitäten und dazwischen eingelegten Ruhephasen gemessen wurde.

Abb. 6.12 verdeutlicht die aufeinanderfolgenden Versuchsphasen und zeigt, daß Hochmotivierte (oberes Drittel der Gm-Verteilung) über alle Versuchsphasen hinweg höher aktiviert sind als Niedrigmotivierte (unteres Drittel).

Ausdauer

Ausdauer bei Leistungsbemühungen läßt sich leichter erfassen als deren Intensität. Aber wie schon in bezug auf die Intensität erwähnt, wird die Beziehung zwischen Motivstärke und Ausdauer durch den motivspezifischen Anreizcharakter der Situation, insbesondere durch den erlebten Schwierigkeitsgrad der Aufgabe, beeinflußt. Theoriemodelle, die solchen Wechselwirkungen Rechnung tragen, werden wir im 9. und 11. Kapitel erörtern. Hier seien einige einfache Beziehungen zwischen Motivstärke und Ausdauer angeführt. So fand Winterbottom (1958), daß unter achtjährigen Jungen, die mit Zusammensetzaufgaben beschäftigt wurden, Hochmotivierte häufiger als Niedrigmotivierte (nAch) das Angebot, mal eine Pause einzulegen, ablehnten. Erwachsene Versuchspersonen arbeiteten länger an komplexen Problemaufgaben, ohne dabei Rückmeldungen zu erhalten, wenn sie hochmotiviert als wenn sie niedrigmotiviert (nAch) waren (French u. Thomas, 1958). Ähnliches berichten Atkinson u. Litwin (1960) von der Bearbeitungszeit einer Abschlußklausur. Kandidaten, die eine längere Arbeitsdauer in Anspruch nehmen, waren zu 60% hochmotiviert und zu 32% niedrigmotiviert ($p = 0,03$).

Mit der Ausdauer hängt sicherlich auch die Spannweite der zukunftsbezogenen Zeitperspektive zusammen. Bestimmt man aus dem Zeitgerüst der Geschehensabläufe, die in TAT-Geschichten entworfen werden, die Spannweite der Zukunftsperspektive im leistungsthematischen Erleben, so strukturieren Erfolgsmotivierte (HE) wie auch Hochmotivierte (Gm) größere Spannen der vorausliegenden Zukunft. Ihr Zeiterleben ist auch zielgerichteter und aktiver als das von Mißerfolgs- und Niedrigmotivierten. Das zeigte sich an der Beurteilung verschiedenartiger Zeitmetaphern, die sich faktorenanalytisch in drei Metapherntypen gruppierten. Teilte man die Metaphern des ersten Typs, die alle hohe Ladungen des Faktors „dynamisch-raschbewegt" aufweisen, in solche Metaphern, die eine „zielgerichtet-rasche Fortbewegung" (z. B. „Zeit ist ein galoppierender Reiter") aufweisen und in solche, die einen „ziellos-unablässigen Bewegungsfluß" (z. B. „Zeit ist ein stürzender Wasserfall") aufweisen, so ergaben sich charakteristische Unterschiede für Erfolgs- und Mißerfolgsmotivierte. Tabelle 6.7 zeigt die Befunde für mehrere Stichproben (Heckhausen, 1963 a).

Sozialkulturelle Motiv-Indices und historisch-ökonomischer Wandel

Motivunterschiede sind nicht nur auf Verhaltenskorrelate geprüft worden. Zwischen verschiedenen, demographisch definierten Bevölkerungsgruppen hat man nach Motivunterschieden gesucht. Hier bestanden die Motivkorrelate nicht in psychologischen, sondern in soziologischen, geschichts- und wirtschaftswissenschaftlichen Kategorien, denen mit

Tabelle 6.7. Korrelationen zwischen den Variablen des Leistungsmotivs und der Spannweite der zukunftsbezogenen Zeitperspektive und zwei gegensätzlichen Typen eines dynamischen Zeiterlebens („zielgerichtet-rasche Fortbewegung" vs. „ziellos-unablässiger Bewegungsfluß"). (Nach Heckhausen, 1963a, S. 203 u. 223)

Kriterium	Versuchsgruppe	Motivvariable			
		HE	FM	NH	Gm
Spannweite der Zukunftsperspektive	Hauptschüler ($N = 106$)	$+0,67^{+++}$	$-0,18$	$+0,51^{+++}$	$+0,21$
	Studenten ($N = 32$)	$+0,55^{++}$	$+0,05$	$+0,28$	$+0,46^{+++}$
	Studenten ($N = 52$)	$+0,30^{++}$	$+0,08$	$+0,11$	$+0,30^{+}$
Zeiterleben:	Studenten ($N = 52$)				
„zielgerichtet-rasch"		$+0,46^{++}$	$+0,01$	$+0,30^{+}$	$+0,53^{++}$
„ziellos-unablässig"			$+0,01$	$+0,62^{++}$	$-0,41^{++}$	$+0,52^{++}$

$+ p < 0,05$; $++ p < 0,01$; $+++ < 0,001$

plausibler Kühnheit ein Indikatorwert für leistungsthematische Wertvoreingenommenheiten und Verhaltensweisen zugeschrieben wird. Diese Forschungsrichtung wurde von McClelland (1961) initiiert, und zwar angeregt durch die These Max Webers (1904/ 1905) von einem inneren Zusammenhang zwischen „Protestantischer Ethik und dem Geist des Kapitalismus". Nach dieser These soll die frühindustrielle Revolution aus dem religiösen Wurzelboden einer aktivistischen Berufsethik in nachreformatorischen Sekten (besonders der calvinistischen Prädestinationslehre) erwachsen sein.

McClelland unterstellte den folgenden psychologischen Wirkungszusammenhang: Im Wertungsklima der protestantischen Ethik richtet sich die Kindererziehung besonders auf Selbständigkeit und Selbstverantwortlichkeit; dies begünstigt die Entwicklung eines ausgeprägten Leistungsmotivs; dieses wiederum führt zu verstärkter unternehmerischer Tätigkeit, die sich in beschleunigtem Wirtschaftswachstum durch ständige Rückinvestition des Kapitalertrages und durch Nutzung technologischer Neuerungen niederschlägt. Ein Vergleich der Wirtschaftskraft protestantischer und katholischer Länder um 1950 fällt zugunsten der ersteren aus. Als Index der Wirtschaftskraft nahm McClelland den Pro-Kopf-Verbrauch an Elektrizität, wobei nationale Unterschiede in den natürlichen Ressourcen berücksichtigt wurden.

Aber wie lassen sich nationale Motivationsunterschiede als entscheidende Zwischenvariable des Wirtschaftswachstums überprüfen? Dazu ist neben dem Wirtschaftsindex ein nationaler Motivindex vonnöten. Diesen gewann McClelland aus der Inhaltsanalyse von Lesebuchgeschichten des 3. Schuljahres nach dem nAch-Auswertungsschlüssel, da er annahm, daß sich der nationale Zeitgeist in Ländern mit allgemeiner Schulpflicht kaum in anderen Dokumenten so unverhüllt widerspiegelt wie in den Lesebüchern für junge Schüler.

In einem ersten Vergleich wurden die nationalen nAch-Indizes von 1925 korreliert mit der Diskrepanz zwischen erwartetem und tatsächlichem Zuwachs des Elektrizitätsverbrauchs, der 1950 in den einzelnen Ländern festzustellen war. (Die Erwartungswerte sind so berechnet, daß sie unterschiedliche Ausgangsniveaus des Wachstumsanstiegs, die in den einzelnen Ländern durch die Unterschiede der natürlichen Ressourcen und des erreichten Industrialisierungsgrads bedingt sind, berücksichtigen). Die Korrelation zwischen dem Motivindex von 1925 und der erwartungswidrigen Zu- oder Abnahme an Elektrizitätsverbrauch im Jahre 1950 betrug nicht weniger als $+0,53$. Nimmt man den Motivindex aus der gleichen Zeit, d. h. von 1950, so verschwindet die Korrelation völlig ($+0,03$). Es scheint also in der Tat so zu sein, daß ein hohes nationales „Leistungsmotiv" eine überproportionale ökonomische Wachstumsrate nach sich zieht, und eine niedrige Motivstärke ein unterproportionales Wachstum. Tabelle 6.8 enthält die gleiche Beziehung über einen kürzeren Zeitraum von 1950 bis 1958 für 49 Länder. Hier beträgt die Korrelation zwischen nAch (1950) und der Abweichung von der erwarteten Zuwachsrate (1952–1958) noch +0,43.

Die Inhaltsanalyse sprachlicher Dokumente eröffnete die Möglichkeit, Motivindizes früherer geschichtlicher Epochen zu bestimmen. Als Spiegel des leistungsthematischen Zeitgeistes wurden Stichproben aus datierbaren literarischen Texten herangezogen, d. h. Epigramme, Lyrik, Begräbnisreden des antiken Griechenlands von 900 bis 100 v. Chr.; oder Romane, Gedichte und Legenden von 1200 bis 1730 in Spanien; oder Dramen, Reisebeschreibungen und Balladen von 1400 bis 1830 in England. Als Wirtschaftsindikatoren dienten archäologische Landkarten, die die Reichweite des griechischen Ölexports in der Antike anzeigten; oder die Tonnage spanischer Schiffe, die pro Jahr nach der Neuen Welt in See gingen; oder die jährlichen Kohleinfuhren nach Groß-London. Stets gingen Anstieg und Abfall des nAch-Indexes den Perioden wirtschaftlicher Blüte und Verfalls voraus. Abb. 6.13 zeigt ein weniger kühnes Beispiel für die USA von 1810 bis 1950. In

Tabelle 6.8. Zuwachsrate des Elektrizitätsverbrauchs (1952–1958) und nationaler Motivindex (nAch) im Jahre 1950. (Nach McClelland, 1961, S. 100)

		Abweichungen von erwarteter Zuwachsrate in Standardeinheiten		
	Nationaler Motivindex 1950	Höher als zu erwarten	Nationaler Motivindex 1950	Niedriger als zu erwarten
nAch hoch	3,62 Türkei	+1,38		
	2,71 Indien	+1,12		
	2,38 Australien	+0,42		
	2,33 Israel	+1,18		
	2,33 Spanien	+0,01		
	2,29 Pakistan	+2,75		
	2,29 Griechenland	+1,18	3,38 Argentinien	−0,56
	2,29 Kanada	+0,06	2,71 Libanon	−0,67
	2,24 Bulgarien	+1,37	2,38 Frankreich	−0,24
	2,24 USA	+0,47	2,33 Südafrika	−0,06
	2,14 Westdeutschland	+0,53	2,29 Irland	−0,41
	2,10 UdSSR	+1,62	2,14 Tunesien	−1,87
	2,10 Portugal	+0,76	2,10 Syrien	−0,25
nAch niedrig	1,95 Irak	+0,29	2,05 Neuseeland	−0,29
	1,86 Österreich	+0,38	1,86 Uruguay	−0,75
	1,67 England	+0,17	1,81 Ungarn	−0,62
	1,57 Mexiko	+0,12	1,71 Norwegen	−0,77
	0,86 Polen	+1,26	1,62 Schweden	−0,64
			1,52 Finnland	−0,08
			1,48 Niederlande	−0,15
			1,33 Italien	−0,57
			1,29 Japan	−0,04
			1,20 Schweiz	−1,92
			1,19 Chile	−1,81
			1,05 Dänemark	−0,89
			0,57 Algerien	−0,83
			0,43 Belgien	−1,65

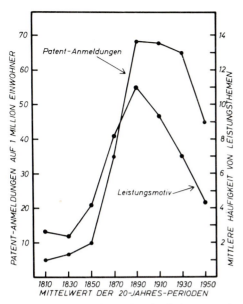

Abb. 6.13. Nationaler Index des Leistungsmotivs (mittlere Häufigkeit von Leistungsthemen in Lesebüchern) und die Anzahl von Patentanmeldungen (pro 1 Million Einwohner) in den USA von 1800 bis 1950. (Nach deCharms u. Moeller, 1962, S. 139)

Tabelle 6.9. Ausprägung des Leistungsmotivs in verschiedenen sozialen Herkunftsgruppen aus einer Stichprobe von 539 deutschschweizer Rekruten. (Nach Vontobel, 1970, S. 190)

Soziale Herkunfts-gruppe	Motivvariablen (standardisiert)			
	HE	FM	NH	Gm
Alle Regionen				
Protestanten	100	97	103	98
Katholiken	101	107	94	104
Oberschicht	114	107	108	111
Mittelschicht	108	102	106	105
Unterschicht	84	108	76	96
Städtische Regionen				
Oberschicht	132	110	122	121
Mittelschicht	108	98	110	103
Unterschicht	95	108	87	101

20-Jahres-Perioden wurde der *n*Ach-Index von Lesebuchstichproben der Anzahl von angemeldeten Patenten pro 1 Million Einwohner gegenübergestellt. Hier zeigt sich eine gleich gerichtete Abfolge von 20 bis 40 Jahren im Wandel des Motivindexes und des An- und Abstiegs der Patentanmeldungen.

Es lag auch nahe, Motivunterschiede zwischen soziologisch definierten Gruppen in der gegenwärtigen Bevölkerung von Industrienationen zu finden (vgl. zusammenfassend Heckhausen, 1972). Repräsentative Erhebungen liegen für die USA (Veroff, Atkinson, Feld u. Gurin, 1960) und für die Schweiz vor (Vontobel, 1970). Zwischen Protestanten und Katholiken läßt sich kein Unterschied mehr finden, wohl aber zwischen den Sozialschichten. Tabelle 6.9 enthält Befunde einer Stichprobe von deutsch-schweizer Rekruten. Die TAT-Werte des HE- und FM-Auswertungsschlüssels sind der besseren Vergleichbarkeit wegen standardisiert (mit 100 als Mittelwert der Gesamtstichprobe). Mit abfallender Sozialschicht verringert sich das Erfolgsmotiv hochsignifikant, nicht aber das Mißerfolgsmotiv. Bei NH und Gm gibt es entsprechende Unterschiede. Besonders deutlich treten die Sozialunterschiede des Leistungsmotivs in der Stadtbevölkerung hervor. Zwischen den beiden Konfessionen gibt es dagegen keine signifikanten Unterschiede.

Motivunterschiede bei variierter Situationsanregung: Motivationseffekte

Bisher haben wir einfache und lineare Beziehungen zwischen Motivstärke und Außenkriterien erörtert. Anspruchsvoller und aufschlußreicher sind Versuchspläne, die unter den Persönlichkeitsvariablen auch situative Anregungsvariablen planmäßig variieren (vgl. Versuchsplantyp V, Tabelle 1.4), weil sich nicht nur die beiderseitigen Haupteffekte, sondern vor allem Wechselwirkungen von Person und Situation erfassen lassen. Diese Wechselwirkung liegt ja dem aktuellen Motivationszustand zugrunde. Als Beispiele seien an dieser Stelle nur zwei Studien angeführt, von denen die eine Aufgabenleistung und die andere Attraktivitätsänderung von Aufgaben nach Mißerfolg zur unabhängigen Variable hat.

In der ersten Studie von French (1958b) wurden die Einflußfaktoren variiert: (1) die relative Ausprägung von zwei verschiedenen Motiven, (2) die Arbeitsorientierung und (3) die motivspezifischen Anregungen. In Gruppen zu vier Personen hatte jeder 5 Sätze, die in der Gruppe zu einer Geschichte von 20 Sätzen zusammenzusetzen waren. Die erzielte Gruppenleistung war die abhängige Variable. Jede Gruppe war hinsichtlich ihrer Motivausprägung homogen: Entweder das Leistungsmotiv hoch und das Anschlußmotiv niedrig (beide mit TAT-Verfahren gemessen) oder umgekehrt, das Anschlußmotiv hoch und das Leistungsmotiv niedrig (Leistungsmotivgruppe vs. Anschlußmotivgruppe). Es gab zwei Arbeitsbedingungen: Einige Gruppen wurden angewiesen, für die abschließende Lösung einen Konsensus in der Gruppe herbeizuführen, andere Gruppen brauchten das nicht (Gruppenorientierung vs. individuelle Orientierung). Schließlich gab es in einer Versuchspause bewertende Rückmeldungen durch den Versuchsleiter: Entweder betonte er die Leistungstüchtigkeit der Gruppe oder die gute Zusammenarbeit (Tüchtigkeitsrückmeldung vs. Zusammenarbeitsrückmeldung).

Tabelle 6.10 zeigt die erzielten Leistungen unter den 8 Bedingungen (2×2×2). Erwartungsgemäß schnitten die Leistungsmotivgruppen bei Tüchtigkeitsrückmeldung besser ab als bei Zusammenarbeitsrückmeldung, bei den Anschlußmotivgruppen war es umgekehrt. Gruppen- oder individuelle Orientierung hatten bei den Leistungsmotivgruppen keinerlei Effekt, während in den Anschlußmotivgruppen Gruppenorientierung mit etwas besseren Leistungen verbunden war. Die günstigste Anregungskonstellation für hoch Anschlußmotivierte bestand in Gruppenorientierung und einer Rückmeldung während des Versuchs, die die gute Zusammenarbeit der Gruppe betonte, und die ungünstigste Konstellation war individuelle Orientierung bei Tüchtigkeitsrückmeldung. Keiner der drei Hauptfaktoren – weder Motivkonstellation noch Arbeitsorientierung, noch motivspezifische Rückmeldung – hatte für sich allein einen signifikanten Effekt auf die Leistung (vgl. Spalten- und Zeilensummen in Tabelle 6.10). Hochsignifikant ist dagegen die Wechselwirkung zwischen Motivkonstellation und motivspezifischer Rückmeldung ($p < 0{,}001$); signifikant ist auch noch die Wechselwirkung zwischen Motivkonstellation und Aufgabenorientierung ($p < 0{,}05$).

Die Ergebnisse zeigen zwei Dinge mit wünschenswerter Deutlichkeit. (1) Motivunterschiede werden erst bei entsprechender Motivationsanregung verhaltenswirksam. (2) Einzelne Anregungsdimensionen haben verschiedene Wirkungen auf einzelne Motive. So ist es bemerkenswert, daß Gruppenorientierung vs. individuelle Orientierung bei der Aufgabentätigkeit nur bei Anschlußmotivierten, nicht aber bei Leistungsmotivierten von Bedeutung ist.

An einer zweiten Studie soll gezeigt werden, wie die Motivationswirkung einer bestimmten Anregungsdimension die Gültigkeit zweier verschiedener motivationstheoretischer Ansätze zu prüfen erlaubt. Abhängige Variable ist die Attraktivitätsänderung einer Aufgabe nach Mißerfolg. Im vorigen Kapitel haben wir bereits bei der Erörterung des Zeigarnik-Effektes die Beobachtung Cartwrights

Tabelle 6.10. Durchschnittliche Gruppenleistungen von Vierer-Gruppen mit hohem Leistungsmotiv oder mit hohem Anschlußmotiv bei verschiedener Arbeitsorientierung (Gruppe vs. Individuell) und bei verschiedener Anregung durch den Versuchsleiter (lobende Rückmeldung: Tüchtigkeit vs. Zusammenarbeit). (Nach French, 1958b, S. 404)

Lobende Rückmeldung im Hinblick auf	Hohes Leistungsmotiv		Hohes Anschlußmotiv		
	Gruppen-Orientierung	Individ.	Gruppen-Orientierung	Individ.	a.M.
Hohe Tüchtigkeit	40,50	39,38	29,12	25,12	33,53
Gute Zusammenarbeit	29,25	30,87	38,38	31,50	32,50
a.M.	34,88	35,12	33,75	28,31	

(1942) erwähnt, daß eine Teilgruppe von Versuchspersonen nach Mißerfolg die Attraktivität der Aufgabe höher einstuften als vorher. In einer nachträglichen Befragung erwiesen sich diese Versuchspersonen als erfolgszuversichtlich gestimmt, so daß ihnen Cartwright die Motivtendenz *need for success* zuschrieb. Der andere und größere Teil der Versuchspersonen fand die Aufgabe nach Mißerfolg weniger attraktiv und gab in der Nachbefragung an, weiteren Mißerfolg zu befürchten.

Der Befund stimmt mit der unterschiedlichen Anspruchsniveausetzung Erfolgs- und Mißerfolgsmotivierter überein: Erfolgsmotivierte ziehen es vor, sich leicht zu überfordern, Mißerfolgsmotivierte bevorzugen dagegen eher zu leichte oder zu schwere Aufgaben – offenbar, weil in diesen extremen Schwierigkeitsbereichen der vorauszusehende Erfolgs- oder Mißerfolgsausgang weniger der eigenen Tüchtigkeit bzw. Untüchtigkeit, sondern äußeren Faktoren zugeschrieben werden muß, so daß der Selbstwert-Belastung von Mißerfolg vorgebeugt ist. Dagegen legen es Erfolgsmotivierte darauf an, sich selbst an solchen Schwierigkeitsgraden zu erproben, deren Meisterung maximal von der eigenen Tüchtigkeit abhängt. Ein anfänglicher Mißerfolg sollte deshalb der Aufgabe einen zusätzlichen Anreiz geben. Nach diesem Ansatz der Leistungsmotivationstheorie (deren Formalisierung als „Risikowahl-Modell" durch Atkinson im 9. Kapitel erörtert wird) ist ein klarer Motiv-Haupteffekt zu erwarten: Nach Mißerfolg steigt für Erfolgsmotivierte und sinkt für Mißerfolgsmotivierte die Attraktivität der Aufgabe.

In einer Nachuntersuchung der Befunde Cartwrights hatte Gebhard (1948, 1949) eine andere wichtige Anregungsbedingung entdeckt. Danach steigt die Attraktivität besonders dann, wenn die Aufgabe vorher frei gewählt und nicht einfach vom Versuchsleiter zugewiesen war. Dieser Unterschied wurde später als eine entscheidende Grundbedingung erkannt, um paradox erscheinende Motivationsphänomene mit Hilfe der Kognitiven Dissonanztheorie zu erklären (vgl. Kap. 4; Brehm u. Cohen, 1962). Trifft man selber eine Entscheidung (Wahl der Aufgabe), die nachher unliebsame Folgen hat (Mißerfolg), so entsteht größere kognitive Dissonanz, als wenn man für die Initiierung der betreffenden Tätigkeit nicht verantwortlich gewesen wäre (Zuweisung der Aufgabe). Um die Dissonanz einer unzureichenden Veranlassung für die ausgeführte Handlung *(insufficient justification)* zu reduzieren, wird die Aufgabe nachträglich aufgewertet. Nach der Dissonanztheorie wäre demnach ebenfalls ein klarer Haupteffekt zu erwarten: Nur wenn die Aufgabe frei gewählt werden konnte, sollte sich nach Mißerfolg deren Attraktivität erhöhen; war die Aufgabe zugewiesen, braucht keine Dissonanz reduziert zu werden: Die Attraktivität der Aufgabe sollte unverändert bleiben.

Um den Erklärungswert beider Theorien zu prüfen, haben Heckhausen, Boteram u. Fisch (1970) Erfolgs- und Mißerfolgsmotivierte unter beiden Bedingungen der Aufgabenübernahme – Wahl oder Zuweisung – Mißerfolg erleben und vorher wie nachher die Attraktivität der Aufgabe einschätzen lassen. Jede Versuchsperson erhielt eine Bearbeitungsliste von 9 verschiedenen Aufgaben und hatte sie zunächst danach in eine Rangliste zu bringen, wie sie ihr am meisten „lägen". Unter der Wahlbedingung konnte sie dann zwischen den beiden Aufgaben des 5. und 6. Rangplatzes wählen; unter Zuweisungsbedingung wurde ihr eine Aufgabe dieser beiden Rangplätze zugewiesen. Nach der Bearbeitung und anschließender Mißerfolgsinduktion waren die Aufgaben erneut in eine Rangordnung zu bringen. Aus den Rangplatzverschiebungen wurden die Attraktivitätsänderungen berechnet.

Abb. 6.14 veranschaulicht die Ergebnisse. Die Pfeile in jeder der vier Bedingungskonstellationen des 2×2-Versuchsplans deuten die Voraussagen für jede der beiden Theorien an, die gestrichelten Felder das Ausmaß tatsächlicher Attraktivitätsänderungen. Nur in einer der vier Bedingungskonstellationen, nämlich Mißerfolgsmotiv und Wahl, machen beide Theorien gegensätzliche Voraussagen. Hier fallen die Ergebnisse zugunsten der Leistungsmotivationstheorie aus: Für Mißerfolgsmotivierte sinkt die Attraktivität der Aufgabe, auch wenn sie sie vorher frei haben

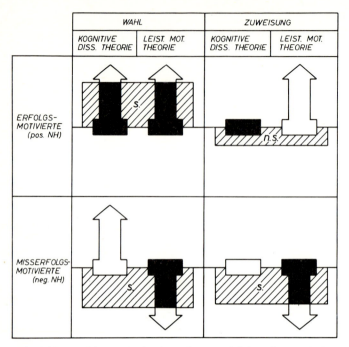

Abb. 6.14. Zunahme und Abnahme der Attraktivität einer Aufgabe nach Mißerfolg bei Erfolgs- und Mißerfolgsmotivierten sowie bei selbst gewählter oder zugewiesener Aufgabe. Die Pfeile bezeichnen die Voraussagen nach der Kognitiven Dissonanztheorie und nach der Leistungsmotivationstheorie. Die gestrichelten Felder zeigen die tatsächlichen Attraktivitätsänderungen an. (Befunde nach Heckhausen, Boteram u. Fisch, 1970)

wählen können. Dasselbe gilt auch – entgegen der Dissonanztheorie – für die Zuweisungsbedingung. Während für Mißerfolgsmotivierte die Leistungsmotivationstheorie der Dissonanztheorie überlegen ist, versagt sie gegenüber der Dissonanztheorie in einer Bedingungskonstellation für Erfolgsmotivierte: Bei Zuweisung der Aufgaben stufen sie deren Attraktivität nach Mißerfolg nicht höher, sondern gleichbleibend ein.

Insgesamt läßt sich sagen, daß keine der beiden Theorien der anderen in der Erklärung der Befunde völlig überlegen wäre. Von 4 Bedingungskonstellationen fielen 3 nach der Leistungsmotivationstheorie und 2 nach der Dissonanztheorie aus. Wenn die beiden Haupteffekte – Motiv und Wahl – nach beiden Theorien gegensätzliche Wirkung haben sollen, setzt sich der Haupteffekt Motiv durch. Wahl und Zuweisung, d. h. Selbstbestimmung für die Übernahme der Aufgaben, haben offensichtlich nur bei den Erfolgsmotivierten eine Motivationswirkung, nicht aber bei den Mißerfolgsmotivierten, die ja auch durch ihre Aufgabenwahl im Anspruchsniveauversuch selbstwertrelevanten Folgen ihrer Tätigkeit aus dem Wege zu gehen scheinen. Der Einfluß von Selbstbestimmung auf eine sog. intrinsische Handlungsmotivation wird uns noch im 12. Kapitel beschäftigen. Eine systematische Erörterung von Ergebnissen, die bei variierter Situationsanregung Motivmaß und Motivkonzept validierten, werden wir im 9. Kapitel nach Einführung motivationstheoretischer Modellannahmen wieder aufnehmen.

7 Soziale Motive: Anschluß und Macht

In diesem und dem nächsten Kapitel werden einige weitere Motive vorgestellt. Im Unterschied zu Ängstlichkeit und Leistungsmotiv sind es ausgesprochen soziale Motive: Die angestrebten Handlungsziele lassen sich nur in der Interaktion mit anderen Menschen verwirklichen. Interaktion heißt Abfolge eines gegenseitigen Handelns, das zwischen den Handlungspartnern hin und her geht. Da die motivationspsychologische Analyse-Einheit eine molare Handlung des Individuums ist, wird das Geschehen aus der Perspektive eines der beteiligten Interaktionspartner betrachtet. Damit bestehen die situativen Bedingungen im wesentlichen aus den Handlungen des Gegenübers, des anderen Partners. Diese aber sind nicht wie etwa die Aufgabensituation beim Leistungshandeln im Handlungsablauf gleichbleibend, sondern ziemlich variabel, eben weil der Handlungspartner selbst teils agiert, teils reagiert. Deshalb wird die Motivationsanalyse komplexer, der Methodenansatz aufwendiger. Die Analyse muß letztlich auch die Motivstruktur, die Handlungen und Kognitionen des Handlungspartners einbeziehen. In diesem Kapitel werden Anschlußmotiv und Machtmotiv behandelt.

Anschlußmotiv

Das Anschlußmotiv (*need affiliation*) wurde 1938 von Murray wie folgt umschrieben:

> To form friendship and association. To greet, join and live with others. To co-operate and converse sociably with others. To love. To join groups (1938, S. 83).

Es gibt recht verschiedene Ziele, die durch Knüpfen und Aufrechterhalten sozialer Beziehungen verfolgt werden mögen, wie etwa Eindruck machen, andere beherrschen, Hilfe suchen oder geben. Mit Anschluß (Kontakt, Geselligkeit) ist eine Inhaltsklasse von sozialen Interaktionen gemeint, die alltäglich und zugleich fundamental ist: Mit anderen Menschen, nicht zuletzt mit Fremden oder noch wenig bekannten Menschen, Kontakt aufzunehmen und in einer Weise zu unterhalten, die beide Seiten als befriedigend, anregend und bereichernd erleben.

Wieweit dergleichen zustande kommt, hängt nicht nur vom „Anschlußsuchenden", sondern auch von der „Anschlußperson" ab. Der Anschlußsuchende muß mehreres erreichen. Er muß zunächst seinen Kontaktwunsch nicht nur zu erkennen geben, sondern in den Augen der Anschlußperson auch attraktiv erscheinen lassen. Er muß deutlich werden lassen, daß er die Anschlußperson als einen gleichberechtigten Partner sieht und ihr eine voll reziproke Beziehung eröffnet: Daß er selbst nicht nur Anschlußsuchender, sondern zugleich Anschlußperson für die Anschlußsuche des anderen ist. Einseitigkeiten in der Rollenverteilung oder weitergehende Wünsche, die einen der beiden Partner als Objekt instrumentalisieren (z. B. für das Erleben von Unabhängigkeit oder Abhängigkeit, Überlegenheit oder Unterlegenheit, Macht oder Ohnmacht, Hilfegeben oder Hilfesuchen) beeinträchtigen oder zerstören Anschluß um seiner selbst willen. Der Anschlußsuchende muß schließlich einen gewissen Gleichklang im Erleben herstellen, der beide Seiten zur Interaktion anregt und im Ergebnis als freundlich, als den Wert der eigenen Person bestätigend, als lohnend erlebt wird.

Vom Anschlußsuchenden aus gesehen bestünde dann das Ziel des Anschlusses darin, sich von seiten der Anschlußperson akzeptiert, freundlich bejaht, sympathisch gefunden, gern gemocht, wenn nicht gar geliebt zu sehen. Eine solche Aussage betont freilich das Nehmen und vernachlässigt das Geben in der Anschlußbeziehung. Es wäre deshalb wohl treffender, das Ziel des Anschlußmotivs in einer wechselseitigen und vertrauensvollen Bindung zu sehen, in der man sich gegenseitig akzeptiert, freundlich bejaht, sympathisch findet, gern mag, wenn nicht gar liebt. Um den Zielzustand einer solchen Bindung zu erreichen und aufrechtzuerhalten, gibt es vielerlei sprachliche und nicht-sprachliche Verhaltensweisen, die insbesondere bei der Kontaktaufnahme mit fremden Personen zu beobachten sind. Der anschlußmotivierte Charakter des Verhaltens gibt sich zu erkennen in Anzahl und positivem Gehalt der sprachlichen Mitteilungen, Freundlichkeit des Gesichtsausdrucks, Dauer des Blickkontakts, Häufigkeit des Kopfnickens, Körperhaltung und Gesten u. a. (vgl. zur nicht-sprachlichen Kommunikation Mehrabian, 1972).

Wenn wir uns von dem Erwartungs-mal-Wert-Modell leiten lassen, so stellt das oben skizzierte Motivziel einen positiven Wert dar. Handlungsergebnisse, die an das Motivziel heranführen, haben einen positiven Anreizwert. Individuelle Unterschiede im positiven Anreizwert von Anschluß sind eine Determinante der Anschlußmotivation. Dem steht der negative Anreizwert mißlingenden Anschlusses gegenüber, wiederum mit individuellen Unterschieden. Je nach dem Stärkeverhältnis von (generalisiertem) positivem und negativem Anreizwert ist das individuelle Anschlußmotiv mehr von „Hoffnung auf Anschluß" (HA) oder von „Furcht vor Zurückweisung" (FZ) geprägt.

Wie bei anderen Motiven (z. B. Leistungsmotiv) hat das Handlungsergebnis eines gelingenden oder mißlingenden Anschlusses nicht nur positiven bzw. negativen Wert von bestimmter Stärke. Jedes der beiden alternativen Handlungsergebnisse wird auch vorweg mit einer gewissen Wahrscheinlichkeit erwartet. So hat der einzelne aufgrund seiner bisherigen Erfahrungen im Anschlußbereich generalisierte Erwartungen, daß ihm das Herstellen von Anschluß an bislang unbekannte Personen eher gelingt oder eher mißlingt: Anschlußerwartung und Zurückweisungserwartung. Diese Erwartungen determinieren neben den entsprechenden Anreizwerten nicht nur die Anschlußmotivation (und vervollständigen so das Erwartungs-mal-Wert-Modell). Sie treten offenbar auch unmittelbar im Anschlußverhalten zutage, je nachdem wie Aufnehmen und Aufrechterhalten des Kontaktes sicher, freundlich und angepaßt oder unsicher, scheu und ungeschickt erfolgt.

Die enge Verknüpfung von Erwartung und Verhalten zeichnet das Anschlußmotiv nicht nur vor anderen Motiven (wie etwa Leistung) aus. Sie hat auch einen eigenartigen Rückwirkungseffekt, der auf die Dauer eine Kovariation von Erwartung und Anreizwert gegenüber noch unbekannten Anschlußpersonen fördert: Je höher die Erfolgserwartung, um so stärker der positive Anreizwert, und je höher die Mißerfolgserwartung, um so stärker der negative Anreizwert. Die Rückwirkungskette besteht im einzelnen aus den folgenden Gliedern: Erwartung beeinflußt Art des Handelns, Art des Handelns beeinflußt das Ergebnis, die Häufung von Erfolgs- oder Mißerfolgsergebnissen hinterläßt generalisierte Erfolgs- bzw. Mißerfolgserwartungen, diese wiederum bewirken Unterschiede im Handeln, die Anschluß eher gelingen oder eher mißlingen lassen, so daß schließlich entweder die Anreizwerte geglückten Anschlusses oder die Anreizwerte mißglückten Anschlusses nachhaltiger erfahren werden und zu einer individuellen Ausprägung im Stärkeverhältnis von generalisierten positiven und negativen Anreizwerten, von „Hoffnung auf Anschluß" (HA) und „Furcht vor Zurückweisung" (FZ) führen.

So entsteht im Falle noch unbekannter Anschlußpersonen die Kovariation von Erwartung und Anreizwert des individuellen Anschlußmotivs und auch der einzelnen Motivation: Je mehr die generalisierte positive Erwartung die negative überwiegt, um so stärker ist der positive Anreizwert als der negative, und umgekehrt. Diese Kovariation unterscheidet das Anschlußmotiv vom Leistungsmotiv, wo Erwartung und Anreizwert in einer inversen Beziehung zueinander stehen: Je größer die Erfolgswahrscheinlichkeit und damit die Leichtigkeit einer Aufgabe, um so geringer ist der Anreizwert von Erfolg; und je größer die Mißerfolgswahrscheinlichkeit (Schwierigkeit der Aufgabe), um so größer ist der Anreizwert von Erfolg.

Zu unterscheiden von den generalisierten Erwartungen sind allerdings die spezifischen, die sich auf bestimmte Personen beziehen, die man bereits gut kennt. Hier können Anreizwerte und Erwartung unabhängig voneinander variieren. So mag der anschlußthematische Anreizwert eines guten Bekannten gering, aber die Erwartung, schnell und leicht mit ihm Kontakt aufnehmen zu können, hoch sein; oder auch umgekehrt. Ähnliches liegt dann vor, wenn der Anschlußsuchende zwar noch nicht persönlich die Anschlußperson kennengelernt hat, aber schon Informationen über sie besitzt, die eine besondere Schwierigkeit oder Leichtigkeit des Kontakts beinhalten. Z. B. kann die Anschlußperson einen höheren sozialen Status als der Anschlußsuchende besitzen. Dann mag jemand mit sonst hohen generalisierten Erfolgserwartungen nicht mehr so zuversichtlich sein, ob der Ranghöhere auf die eigenen Anschlußbemühungen eingeht, zugleich mag er ebenfalls fürchten, wegen der geringeren Erfolgsaussichten auch gehemmter und gespannter als üblicherweise zu sein und damit an Attraktivität für die Anschlußperson einzubüßen und so selbst dazu beizutragen, daß die Erfolgsaussichten bei hohem positiven Anreizwert vermindert sind.

Bisher ist die Gleichgewichtigkeit der Kovariation von Erwartung und Anreizwert in der Anschlußmotivation gegenüber Fremden nicht empirisch überprüft worden. Es ist jedoch bemerkenswert, daß sie von einigen Forschern stillschweigend vorausgesetzt wird, zuerst von Byrne, McDonald u. Mikawa (1963):

> It seems reasonable to propose that experiences throughout life with other individuals lead to a

generalized expectancy concerning people as sources of reward or punishment. If the former expectancy is high relative to the latter, other people should be sought as companions, trusted, and highly valued. If the reverse is true, other people should be avoided, mistrusted and devalued. An individual with mixed experiences, and hence one high in both types of expectancy, should be in a state of relatively continuous conflict about interpersonal relationships. An individual low in both types of expectancies should be indifferent and unconcerned where other individuals are involveld.

Those whose experiences are characterized by a relatively high proportion of successful interpersonal interactions should (1) have developed strong approach motives with respect to affiliative cues, (2) believe that future interpersonal situations will offer a similar proportion of rewarding interactions, and (3) interpret affiliation-relevant stimuli in terms of their own experiences and expectancies... (S. 34–35)

Nach diesen Autoren ist die individuelle Ausprägung des Anschlußmotivs allein von den sich herausbildenden generalisierten Erwartungen hinsichtlich positiver oder negativer Anreizwerte (*reward* oder *punishment*) abhängig, so daß Anreizwerte schließlich zur Erklärung individueller Motivunterschiede überflüssig sind. Denn sie sind entweder eine Konstante oder eine austauschbare Variable, wobei im letzteren Fall die Anreize die gleichen Werte wie die Erwartungen annehmen.

Austauschbarkeit tritt noch deutlicher bei Mehrabian u. Ksionzky (1974) hervor, dem bisher differenziertesten Theorieansatz zur Anschlußmotivation. Mehrabian u. Ksionzky drücken die beiden Tendenzen des Anschlußmotivs in anschlußzuversichtlicher und zurückweisungsbefürchtender Erwartung *(expectancy)* aus und bezeichnen sie als R_1 und R_2 in Abkürzung von *reinforcement*, also als Anreizwerte, nicht als Erwartungsbegriff. Das gilt aber nur, wenn der Anschlußsuchende noch nicht näher mit der Anschlußperson vertraut ist. Ist er es dagegen, so werden statt der generalisierten Erwartungen (R_1, R_2) spezifische Erwartungen entscheidender, die in diesem Falle von den Autoren als spezifische Anreizwerte bezeichnet werden (r_1, r_2). Wir kommen darauf zurück.

Byrne et al. (1963) haben, wie das obige Zitat zum Ausdruck bringt, eine Kreuzklassifikation des Anschlußmotivs in vier Typen vorgeschlagen, die auch Mehrabian u. Ksionzky (1974) übernommen haben. Unterteilt man Erfolgs- und Mißerfolgserwartung nach ihrer Ausprägung in hoch und niedrig, so ergibt sich als erster Typ der Anschlußmotivierte (HA hoch, FZ niedrig), als zweiter Typ der Zurückweisungsmotivierte (HA niedrig, FZ hoch), als dritter Typ der Konflikthaft-Anschlußmotivierte (HA hoch, FZ hoch) und als vierter Typ der Wenig-Anschlußmotivierte (HA niedrig, FZ niedrig). Wie beim Leistungsmotiv hatte man schon Anfang der fünfziger Jahre in den ersten Versuchen, das Anschlußmotiv zu messen, zwei verschiedene Tendenzen, eine aufsuchende und eine meidende, angenommen. Eine getrennte Erfassung mittels des TAT-Verfahrens gelang jedoch wie beim Leistungsmotiv nicht auf Anhieb.

Messung des Anschlußmotivs

Shipley u. Veroff haben schon 1952 ein erstes TAT-Verfahren zur Messung des Anschlußmotivs veröffentlicht. Zu dieser Zeit standen sie unter dem Einfluß entsprechender Bemühungen um das Leistungsmotiv. Das wird an drei Dingen deutlich. Einmal benutzen sie auch unterschiedliche motivspezifische Anregungsstärken vor dem Schreiben der Geschichten (Versuchsplantyp Ia); zum anderen entspricht die Art (nicht der Inhalt) der Kategorien der inhaltsanalytischen Auswertung dem Schlüssel für das Leistungsmotiv; schließlich – und äußerst folgenreich – legten die Autoren auch das Deprivationsmodell der Motivation zugrunde: Wie Hunger Nahrungssuch-Verhalten, so soll Mißerfolg das Leistungsmotiv (vgl. Kap. 6) und In-Frage-stellen sozialen Anschlusses das Anschlußmotiv anregen.

Zu diesem Zweck ließen die Autoren unmittelbar vor dem TAT soziometrische Einschätzungen innerhalb einer Gruppe von Verbindungsstudenten vornehmen, und zwar in ihrem Verbindungshaus. Jeder einzelne stand der Reihe nach auf, während ihn die anderen nach verschiedenen Eigenschaften wie antisozial, freundlich, intolerant, furchtsam etc. beurteilten. Zum Schluß hatte jeder die Namen von drei Verbindungsbrüdern anzugeben, mit denen er enge Freundschaft haben möchte. Dieser Experimentalgruppe stand eine Kontrollgruppe gegenüber, die vor dem TAT einen Fragebogen über bevorzugte Speisen auszufüllen hatte. Eine zweite Anregungstechnik bestand in der Zusammenstellung zweier Gruppen, von denen die eine Studenten umfaßte, die einen Monat zuvor eine Absage auf ihren Antrag zur Aufnahme in eine Verbindung erhalten hatten, die andere bestand aus Studenten, die aufgenommen worden waren. In jeder der beiden Studien hat die angeregte bzw. deprivierte Experimentalgruppe höhere TAT-Punktwerte nach dem vorher konstruierten Inhaltsschlüssel als die jeweiligen Kontrollgruppen. (Die zweite Studie ist nicht schlüssig, da nicht geprüft wurde, ob die beiden Vpn-Gruppen vor der Aufnahme oder Ablehnung nicht auf gleiche Stärke des Anschlußmotivs parallelisiert wurden; vielleicht besaß die Gruppe der Abgelehnten schon vorher eine höhere Motivstärke.) Aufgrund des Inhaltsschlüssels konnten für einzelne (positive oder negative) Aussagen Punkte gegeben werden, wenn die Thematik der Geschichte um Zurückweisung, Trennung und Vereinsamung kreiste. Die Autoren kamen zu dem Schluß, daß ihr TAT-Verfahren Furcht vor Zurückweisung mißt. Sie vermuteten, daß diese Motivtendenz aber (wie ihr nicht gefundenes Gegenstück der Hoffnung auf Anschluß) nicht zu einem anschlußmeidenden, sondern eher zu einem anschlußsuchenden Verhalten führt.

Atkinson, Heyns u. Veroff (1954) wollten diese einseitige Zentrierung in Furcht vor Zurückweisung aufheben und auch aufsuchende Tendenzen (Hoffnung auf Anschluß) einbeziehen. Zu diesem Zweck änderten sie gegenüber der Studie von Shipley u. Veroff dreierlei. Sie nahmen TAT-Bilder, die nicht nur Zurückweisungen und Trennungsthemen, sondern auch geglückten Anschluß nahelegten. Zum anderen stellten sie der soziometrischen Anregungssituation von Shipley u. Veroff als Kontrollbedingung eine neutrale Situation gegenüber. Sie verlegten sie vom Verbindungshaus (wo schon die örtliche Umgebung positive Anschlußinhalte anregen mag) in einen Seminarraum der Universität und ließen dort eine Anagramm-Aufgabe bearbeiten. Schließlich erweiterten sie den Inhaltsschlüssel gegenüber Shipley u. Veroff um positive Vorstellungsinhalte und unterschieden innerhalb der meisten Kategorien zwischen positiven und negativen Aussagen. Die Hauptdefinition für das Vorliegen einer anschlußthematischen Geschichte lautete nun:

Affiliation Imagery ... is scored when a story contains evidence of concern, in one or more characters, over *establishing, maintaining, or restoring a positive* affective relationship with another person(s). Concern of this sort is immediately evident if the relationship is described as friendship. (Atkinson et al., 1954, S. 97)

In fast allen Kategorien hatte die Experimentalgruppe signifikant höhere Punktwerte als die Kontrollgruppe. Innerhalb der einzelnen Kategorien trennten aber nur die positiven und nicht die negativen Aussagen (deshalb werden die letzteren auch nicht im Gesamtpunktwert berücksichtigt). Die Autoren versuchten nicht weiter, eine aufsuchende und eine meidende Tendenz des Anschlußmotivs voneinander zu trennen (dazu hatten sie auch keine entsprechend gegensätzlichen Anregungsbedingungen eingeführt). Sie kamen vielmehr, wie auch Shipley u. Veroff zu dem Schluß, das Anschlußmotiv sei eine Aufsuchenstendenz, gleich ob diese durch Zurückweisungsfurcht oder durch Anschlußhoffnung genährt wird. Sie sehen diese Auffassung aufgrund von Korrelationen des Anschlußmotivs mit einigen soziometrisch eingeschätzten Persönlichkeitsmerkmalen bestätigt: mit Suchen nach Zustimmung, mit Zuversicht und mit Selbstbehauptung. Allerdings paßt eine Korrelation mit Egoismus wenig in dieses Bild.

Unerörtert lassen Atkinson et al. die Frage, ob Anschlußhoffnung und Zurückweisungsfurcht – auch wenn sie beide zur Aufsuchenstendenz beitragen – dennoch unterschiedliche Wirkung auf das anschlußsuchende Verhalten ausüben. Insgesamt bleiben die Ergebnisse unklar. Es wurde nicht auch positiv, sondern nur negativ (d. h. Anschluß in Frage stellend) angeregt. Wenn darauf im Vergleich zu neutraler Anregung vermehrt mit positiven Inhalten reagiert wurde, so kann dies einfach daran gelegen haben, daß die negative Anregung generalisierten Erfolgserwartungen bei einem Teil der Vpn widerspricht und deshalb zuversichtliche Inhalte auslöst. Um dies zu kontrollieren, wäre eine Vorausmessung unter neutralen Bedingungen notwendig gewesen. Der TAT-Inhaltsschlüssel – später ausführlich erläutert von Heyns, Veroff u. Atkinson (1958) und bis heute unverändert geblieben – ist überhaupt noch nicht an theoretisch fundierten Validitätskriterien geschärft worden, die zwischen zurückweisungsbesorgter und anschlußzuversichtlicher Tendenz trennen könnten. Schließlich ist die Definition der Anschlußthematik so breit gefaßt, daß sie in unreiner Vermischtheit auch andere mögliche soziale Motive wie Suchen nach Zustimmung, Anerkennung und Dominanz umfaßt.

In den folgenden Jahren wurde die experimentelle Analyse in zweierlei Hinsicht zu schärfen gesucht: zum einen durch eine spezifische Anregung für jede der beiden Motivtendenzen und zum anderen durch deren getrennte inhaltsanalytische Erfassung. Als erste differenzierten French u. Chadwick (1956) die soziometrische Anregungssituation in eine positive vs. negative Rückmeldung (man ist bei den anderen beliebt oder nicht beliebt). Die (fingierten) Rückmeldungen fanden die Vpn (Personal einer US-Luftwaffenbasis) allerdings unglaubwürdig. Deshalb konnten die Autoren nur unspezifiziert von einer Anregungsgruppe sprechen. Nach einem von French entwickelten Verfahren („Test of Insight": statt Bilder einleitende Sätze wie „Thomas läßt immer den anderen gewinnen", die in einer Art Geschichte erklärt werden sollen; der Inhaltsschlüssel gleicht weitgehend dem von Atkinson et al.) wurde zunächst das Anschlußmotiv ohne besondere Anregung gemessen (Versuchsplantyp IIa) sowie die Beliebtheit innerhalb der jeweiligen militärischen Einheit, um hinsichtlich beider Variablen parallelisierte Experimental- und Kontrollgruppen zu haben, von denen einen Monat später nach Anregungsmanipulation erneut die Anschlußmotivation erhoben wurde (Versuchsplan Ia). Die Ergebnisse sind recht eindeutig: Unter Anregung stieg die Anschlußmotivation, und zwar richtungsunspezifisch (eine richtungsspezifische Anregung war ja auch nicht gelungen) und um so mehr, je höher das anfangs gemessene Anschlußmotiv bereits war; richtungsunspezifische Motivierungseffekte waren von der Beliebtheit abhängig, bei Beliebteren stiegen die HA-, bei Unbeliebteren die FZ-Inhalte.

Der letzte Befund paßt gut in unsere allgemeinen Überlegungen, da Beliebtheit bei den anderen Mitgliedern einer sozialen Gruppe einigermaßen mit der (für diese Gruppe spezifizierten) Erwartung eines jeden Gruppenmitgliedes übereinstimmen muß. Man kann deshalb folgern: Die soziometrische Situation hat das Anschlußmotiv angeregt, die Gerichtetheit der entstehenden Motivation ist dagegen von Erwartungen abhängig, die die einzelne Vp bereits in spezifischer Form mit in die Versuchssituation bringt.

Bekräftigt wird unsere Vermutung durch zwei weitere Studien. Die erste Studie von Rosenfeld u. Franklin (1966) ist in sich nicht schlüssig. Vpn waren Studentinnen aus gemeinsamen Wohneinheiten. Neben der Kontrollgruppe gab es drei Experimentalgruppen, die vor dem TAT nach einem soziometrischen Fragebogen entweder keine, positive oder negative Rückmeldungen erhielten. Gegenüber der Kontrollgruppe stiegen nach Anregung die Motivationswerte an, aber signifikant nur nach fehlender und negativer Rückmeldung (hier am stärksten). Die Schlußfolgerung der Autoren, daß Anschluß ein Meidungsmotiv sei (genauer gesagt: nur auf Bedrohung von Anschluß anspreche), ist voreilig aus denselben Gründen, die wir oben gegen Atkinson et al. (1954) ins Feld geführt haben. Vermutlich stand die fingierte negative Rückmeldung weit mehr als die positive im Widerspruch zu realistischen Erwartungen. Tatsächlich hat die Gruppe mit negativer Rückmeldung auch außerordentlich viel positive Aussagen in ihren TAT-Geschichten. Wieder fehlt ein Voraus-TAT, um die Wirkung generalisierter Erwartungen prüfen zu können.

Die zweite Studie stammt von Fishman (1966), verzichtet auf jede Anregungsmanipulation und ist die erste, die tatsächliches Anschlußverhalten unter einigermaßen lebensnahen Bedingungen beobachtet. Statt manipulierter Anregung erfaßte sie die tatsächliche gegenseitige Beliebtheit und Freundlichkeit, die zusammenlebende Studentinnen auf einem Fragebogen angaben. Daraus wurde ein Index für spezifische Erwartungen gegenüber den einzelnen Mitgliedern der Wohnheimgruppe gebildet. Unmittelbar vor (und nicht nach!) dem Beliebtheitsfragebogen wurde ein TAT durchgeführt und anhand des Inhaltsschlüssels von Heyns et al. (1958) ausgewertet. Der Gesamtwert für das Anschlußmotiv wurde noch in HA- und FZ-Werte aufgespalten (nach einem Verfahren von deCharms, 1957; vgl. unten). Zwei bis vier Wochen später wurde ein Treffen von jeweils 4 Vpn desselben Wohnheims in einem gemütlich ausgestatteten Raum arrangiert, wo die Vpn zunächst sich selbst überlassen blieben und dann eine schriftliche Instruktion erhielten, über ein populäres Thema zu diskutieren. Der Vl war nicht anwesend, sondern protokollierte hinter einer Beobachtungsscheibe anhand eines Auswertungsschlüssels „positives" und „negatives" Anschlußverhalten (daraus wurden Prozentwerte „positiver Akte" berechnet).

Die Ergebnisse in Tabelle 7.1 belegen wie die von French u. Chadwick (1956) die Bedeutung von spezifischen Erwartungen, wenn man sie zusammen mit den TAT-Werten be-

rücksichtigt. Anschlußmotiv und HA-Tendenz korrelierten nur schwach mit positivem Anschlußverhalten, die FZ-Tendenz überhaupt nicht. Die schwachen Korrelationen stiegen beträchtlich (etwa bei HA von 0,20 bis zu 0,58), wenn man sie nur in jener Teilgruppe berechnet, die sehr zuversichtlich spezifische Anschlußerwartungen besaß, während hohe *generalisierte* Erwartungen den Zusammenhang zwischen Anschlußmotiv und positivem Anschlußverhalten nicht verbessern. Mit anderen Worten: Wenn hohe positive Anreizwerte (hoher Gesamt- und HA-Wert des TAT) mit hohen spezifischen Erwartungen (hohe gegenseitige Beliebtheit zwischen den Partnern) verbunden sind, kommt es zu dem stärksten Austausch positiver Anschlußhandlungen.

Die eingangs postulierte Kovariation von Anreizwert und generalisierter Erwartung kann sich hier nicht ergeben, da es sich bei den Anschlußpartnern um gute Bekannte und nicht um Fremde handelt. Die Korrelationen zwischen Anschlußmotiv (sowie HA und FZ) und spezifischen Anschlußerwartungen lagen denn auch um null. Zum TAT-Instrument läßt sich sagen, daß hoher Gesamtwert und hoher HA-Wert ein anschlußfreudiges und anschlußförderliches Verhalten erwarten lassen, sofern *spezifische* Erwartungen nicht dagegen sprechen. Das gilt nicht für die FZ-Komponente, obwohl sie ebenso hoch wie die HA-Komponente mit dem Gesamtwert korrelierte. FZ (nach dem verwendeten Auswertungsverfahren) zeigt weder ein Meidungsverhalten an noch fördert sie negative Anschlußakte.

Es hat verschiedene Versuche gegeben, die beiden TAT-Komponenten zu trennen. DeCharms (1957), dem Fishman gefolgt ist, hat lediglich den Punktwert nach den Verfahren von Atkinson et al. (d. h. Heyns et al., 1958) in je einem Summenwert (aller positiven und negativen Aussagen) für Geschichten mit überwiegender Zurückweisungsthematik (FZ) und einen anderen für Geschichten mit überwiegender Anschlußthematik (HA) aufgespalten. Byrne et al. (1963) haben zusätzlich für jede Geschichte bestimmt, ob ein positiver, negativer oder kein „interpersonaler

Tabelle 7.1. Korrelationen der TAT-Maße für das Anschlußmotiv, der Tendenzen „Hoffnung auf Anschluß" (HA) und „Furcht vor Zurückweisung" (FZ) mit dem Prozentsatz positiver Anschlußhandlungen in einer Gruppendiskussion, aufgeteilt nach Vpn mit hohen vs. niedrigen spezifischen Anschlußerwartungen. (Nach Fishman, 1966, S. 158)

Versuchspersonen	TAT-Motivmaße		
	Anschluß-motiv	HA-Tendenz	FZ-Tendenz
Alle Vpn ($N=80$)	0,22s	0,20	0,10
Spez. Anschlußerwartungen			
niedrig ($N=40$)	−0,02	−0,19	0,24
hoch ($N=40$)	0,46ss	0,58ss	0,16

Affekt" vorliegt. Sie fanden, daß die unter neutraler Anregung erhobenen TAT-Werte mit der Anzahl der Geschichten mit positivem Affekt anstiegen, während negativer Affekt nur bei mittleren und niedrigen TAT-Werten häufiger auftritt. Statt, wie die Autoren, daraus zu folgern, hohe TAT-Werte ließen auf HA, niedrige auf FZ und mittlere auf einen Konflikt zwischen HA und FZ schließen, gibt es auch eine recht triviale Erklärung, wenn die Autoren nach dem Inhaltsschlüssel von Heyns et al. (1958) negative Inhalte (wie etwa die Kategorie „negative Gefühlszustände") ausgeschlossen haben. Dann muß mit zunehmendem TAT-Wert einer Geschichte auch ein positiver interpersonaler Affektgehalt überwiegen.

Der einzige Versuch bisher, einen Inhaltsschlüssel gegensätzlicher Anregungsbedingungen zu entwickeln, stammt von Laufen (1967). Er gab vor der TAT-Erhebung einen anschlußthematischen Fragebogen einer Gruppe in zurückweisungsthematischer Formulierung und einer anderen Gruppe in anschlußthematischer Formulierung, um auf die einzelnen Items mit „ja" oder „nein" zu antworten. Der vorweg konzipierte Inhaltsschlüssel brachte nur für FZ einen signifikanten Unterschied in der erwarteten Richtung. Allerdings ist die Anregungsmanipulation von geringem Validierungswert. Denn eine anschlußzuversichtliche Vp kann auf zurückweisungsthematische Fragen getrost mit „nein" antworten, ohne daß deshalb schon FZ angeregt werden müßte. Einen überzeugenderen Validierungshinweis werden wir noch erörtern.

Fragebogen

Neben den TAT-Maßen verdient ein Fragebogeninstrument von Mehrabian (1970) Erwähnung, weil es – im Unterschied zu den mancherlei Fragebogen zur Messung des Leistungsmotivs – theoriegeleitet entwickelt wurde (vgl. Mehrabian u. Ksionzky, 1974). Einerseits legt auch Mehrabian zwei Tendenzen des Anschlußmotivs zugrunde, die er *affiliative tendency* (R_1) und *sensitivity to rejection*

(R_2) nennt. Er versteht sie als generalisierte Erwartungen über den positiven bzw. negativen Bekräftigungswert von Anschlußpersonen. Wir erwähnten schon eingangs, daß Mehrabian die Erwartungsvariable gegenüber der Anreizvariablen ganz in den Vordergrund rückt, sofern die Anschlußperson noch nicht näher bekannt ist, während bei näher bekannten Anschlußpersonen deren spezifische Anreizwerte und nicht die Erwartungen entscheidend sind. Der Fragebogen ist für den ersteren Fall noch nicht näher bekannter Anschlußpersonen entworfen, für den zweiten Fall, von eng vertrauten Personen, wird eine besondere soziometrische Technik mit 15 Dimensionen verwendet, die (wie Faktorenanalysen zeigen) ebenfalls auf zwei Komponenten hinauslaufen: positiver und negativer Bekräftigungswert der Anschlußperson.

Eine nähere Inspektion des Fragebogens zeigt indes, daß Mehrabians Begriff der Erwartung mit dem positiven und negativen Bekräftigungswert von sozialen Situationen und Kontaktaufnahmen gleichzusetzen ist. „Erwartung" bedeutet nicht, wieweit eine eigene Anschlußhandlung gelingen oder mißlingen kann, um ein positives anschlußthematisches Ergebnis zustande zu bringen, sondern vielmehr wieweit bei gegebenen Situationen „von selbst" mehr oder weniger positive oder negative Folgen eintreten oder Handlungsweisen bevorzugt werden. Z. B. umreißen die beiden Feststellungen „Freunde zu haben, ist sehr wichtig für mich" (Anschlußtendenz) und „Ich nehme mir manchmal Kritik zu sehr zu Herzen" (Zurückweisungsfurcht) Situationen mit impliziertem Bekräftigungswert, dem die Vp anhand einer neunstufigen Urteilsskala (sehr stark, stark, einigermaßen, schwach, weder-noch) zustimmen oder widersprechen kann. Diese Grade von Zustimmung oder Widerspruch bringen die Erwartung über das Vorliegen von Bekräftigungswert zum Ausdruck. Als „Erwartung" erfaßt der Fragebogen einmal die Anzahl verschiedener Situationen mit Bekräftigungswert und zum anderen die Ausgeprägtheit der jeweiligen Bekräftigung. Man könnte also auch sagen, der Fragebogen sucht anhand einer Stichprobe von Situationen das Gesamtpotential an anschlußthematischem Bekräftigungswert abzutasten, das die Umwelt für eine gegebene Person bereithält.

Dabei sollte nicht stören, wenn der Mehrabian-Fragebogen statt generalisierter Erwartungen (im Sinne des Erwartungs-mal-Wert-Modells) das generalisierte Bekräftigungs- oder Anreizpotential der Motivmessung zugrunde legt, da – wie wir eingangs vermuteten – innerhalb der Anschlußmotivation Anreizwert und Erwartung offenbar gleichsinnig kovariieren, sofern es sich um noch unbekannte Anschlußpersonen handelt. Die Abkürzungen für beide Tendenzen des Anschlußmotivs, R_1 und R_2 (*reinforcement*), sind durchaus zutreffend gewählt, da der Fragebogen generalisierte Bekräftigungswerte erfaßt.

Die beiden Fragebogen für R_1 und R_2 wurden aus einer umfangreichen Item-Sammlung gewonnen, wobei bestehende Persönlichkeitsinventare herangezogen wurden. Nach mehrmaligen Faktorenanalysen und Itemselektionen blieben 25 R_1-Items und 24 R_2-Items übrig. Beide Maße korrelieren nicht miteinander und sind frei von Beantwortungstendenzen, die auf sozialer Erwünschtheit beruhen. Was die Validität betrifft, so geben Mehrabian u. Ksionzky (1974) in einer Monographie eine Fülle von Belegen, die wir noch erörtern werden.

Grob gesehen lassen sich aus der Kombination beider Maße vier Typen des Anschlußmotivs gegenüberstellen. (1) R_1 hoch, R_2 niedrig: In den meisten Situationen werden die eigenen Anschlußbedürfnisse nachhaltig befriedigt; (2) R_1 niedrig, R_2 hoch: In den meisten Situationen bleiben die eigenen Anschlußbedürfnisse unbefriedigt oder werden gar zurückgewiesen; (3) R_1 niedrig, R_2 niedrig: Die meisten Situationen haben nur einen schwachen, positiven oder negativen anschlußthematischen Bekräftigungswert; (4) R_1 hoch, R_2 hoch: In den meisten Situationen werden die eigenen Anschlußbedürfnisse entweder befriedigt oder zurückgewiesen. Diese verschiedenen Typen sind Entwicklungsergebnisse der vor allem in der Kindheit erfahrenen Bekräftigungen in sozialen Interaktionen. Der vierte Typ (sowohl R_1 als R_2 hoch) soll nach Mehrabian die Motivgrundlage für ausgeprägtes Konformitätsverhalten sein, d. h. ein Indikator für Abhängigkeitsmotiv, weil die häufige Verwendung von positiven wie negativen Sanktionen Mittel einer abhängigkeitsfördernden Erziehung sind.

Verhaltenskorrelate zu TAT-Maßen

Es entspricht dem noch unbefriedigenden Zustand der TAT-Messung des Anschlußmotivs, wenn bisher nur vereinzelt Verhaltenskorrelate der Anschlußmotivation erforscht worden sind. Es scheint bisher nur eine Studie zu geben, die sich mit Anschlußverhalten im eigentlichen Sinne, d. h. mit sozialer Interaktion befaßt. Es ist die schon erörterte Studie von Fishman (1966). Zu nennen wäre allenfalls noch ein Befund von Lansing u. Heyns (1959), nach dem Hoch-Anschlußmotivierte mehr Kontaktaktivitäten wie Telefonieren und Briefeschreiben aufweisen. Fast alle übrigen Arbeiten lassen die Dominanz der Leistungsmotivationsforschung erkennen, da sie entweder Anschluß- und Leistungsmotiv miteinander in Konflikt bringen oder den Einfluß der Anschlußmotivation auf leistungsthematische Parameter wie Aufgabenwahl oder Leistungsresultate untersuchen.

Einen Einfluß angeregter Anschlußmotivation auf die Wahrnehmungssensibilität haben Atkinson u. Walker (1956) nachgewiesen. Anhand des unter neutraler Anregung erhobenen TAT-Maßes wurden die Vpn in Hoch- und Niedrigmotivierte geschieden und einen Monat später je zur Hälfte mittels eines soziometrischen Tests angeregt oder nicht angeregt, bevor eine Wahrnehmungsaufgabe gegeben wurde. Ein Wahrnehmungsmuster, in dessen vier Quadranten verschiedene Gegenstände abgebildet waren, wurde so kurzzeitig und schlecht beleuchtet projiziert, daß nichts genauer erkannt werden konnte. Das Wahrnehmungsmuster bestand in jeweils einem Quadranten aus einem Gesichtsschema, in den übrigen aus nicht-anschlußthematischen Gebilden (Haushaltsgegenständen). Die Vpn hatten anzugeben, in welchem Quadranten das Gebilde am meisten hervorstach oder am klarsten erschien. Unter motivationsanregenden und nicht unter neutralen Vorspannbedingungen gaben die hochmotivierten Vpn häufiger den Gesichtsquadranten an als die niedrigmotivierten Vpn.

Alle übrigen Studien bringen bei Wahlhandlungen Anschluß- und Leistungsmotivation miteinander in Konflikt oder prüfen die Wirkung kontrollierter doppelthematischer Anreizbedingungen auf das Leistungsverhalten. French (1956) stellte Vpn vor die Wahl, ob sie bei einer auszuführenden Aufgabe als Arbeitspartner eher mit einem Freund, der sich zuvor für diese Aufgabe als untüchtig erwiesen hatte, oder mit einem anderen zusammenarbeiten möchten, der erwiesenermaßen tüchtig ist, den sie aber nicht besonders leiden mögen. Die Wahlen entsprachen den Motivkonstellationen. Vpn mit hohem Leistungs- und niedrigem Anschlußmotiv stellten Tüchtigkeit über Freundschaft, Vpn mit hohem Anschluß- und niedrigem Leistungsmotiv Freundschaft über Tüchtigkeit.

Einen ähnlichen Konflikt schufen Walker u. Heyns (1962) in einem einfallsreichen Versuch. Jede Vp hatte eine befreundete Person mitzubringen, die Paare wurden getrennt, man fand sich vereinzelt in einer Gruppe vor, in der um die Wette Kodierungsaufgaben zu

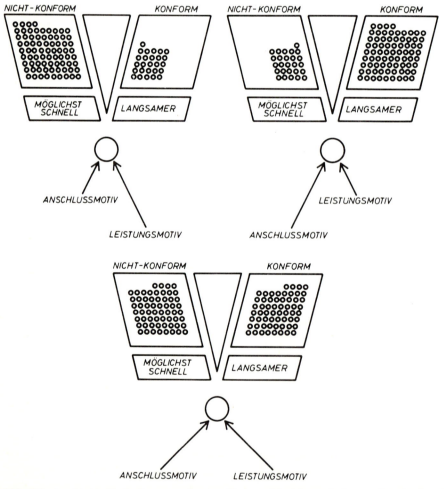

Abb. 7.1. Anzahl der Studentinnen zweier verschiedener Motivkonstellationen, die mit einer konfliktauslösenden anschlußthematischen Aufforderung konform bzw. nicht konform gehen. (Nach Walker u. Heyns, 1962, S. 67)

lösen waren. Nach jedem Durchgang waren die kodierten Wörterlisten wieder zu entkodieren, und zwar von einer anderen Gruppe in einem anderen Raum, die ebenfalls wetteiferte. Danach erfuhr jede Vp, daß es ihr mitgebrachter Partner war, der die eigenen Kodierungen entkodiert hatte, damit nicht fertig geworden war und einen (fingierten) Hilferuf auf das Arbeitsblatt mit der Bitte notiert hatte, langsamer zu arbeiten, weil er in seiner Gruppe nicht mitkäme. Je nach Motivkonstellation entsprachen die Vpn dieser Bitte oder arbeiteten unbeirrt mit gleichem Tempo weiter. Waren Anschluß- und Leistungsmotiv gleich stark, so wurde der Konflikt von einer Hälfte der Vpn durch Konformität, d. h. zugunsten von Anschluß, und von der anderen Hälfte zugunsten von Leistung gelöst. War eines der beiden Motive über das andere dominant, so wurde jeweils von der überwiegenden Mehrheit motiventsprechend gehandelt, wie Abb. 7.1 veranschaulicht. Bezeichnenderweise galt das jedoch nur für die weiblichen Vpn, die männlichen Vpn entsprachen auch bei dominantem Anschlußmotiv nicht der Bitte ihres Partners.

Leistungssituationen enthalten häufig anschlußthematische Anregungsgehalte; etwa bei Kooperation statt Wetteifer oder durch die soziale Beziehung zwischen dem, der Aufgaben erteilt und dem, der sie ausführt. Da in solchen Situationen Anschlußmotivation zur Leistungsmotivation hinzutritt, kann sich das Leistungsergebnis entsprechend verändern; und zwar auch ohne daß es zwischen beiden Motiven zum Konflikt kommen müßte. Der differenzierteste Planversuch hierzu stammt von French (1958b) und ist bereits im vorigen Kapitel dargestellt worden (vgl. Tabelle 6.10). Vpn mit dominantem Anschlußmotiv hatten dann die besten Arbeitsergebnisse, wenn sie nicht für sich, sondern in der Gruppe arbeiteten und wenn der Vl während der Arbeit lobende Rückmeldungen über die Zusammenarbeit und nicht über Tüchtigkeit gab.

Die gleiche Wechselwirkung zwischen Anschlußmotiv und situativer Anreizstruktur hat McKeachie (1961) für den Studienerfolg in 31 Anfängerkursen für Psychologie, Mathematik und Französisch bei über 600 Studenten gefunden. Von allen Studenten und den 31 Dozenten wurde (neben anderen Motiven) die Stärke des Anschlußmotivs vor den Kursen erhoben. Die anschlußthematische Anreizstruktur jedes Kurses wurde neben der Motivstärke des Dozenten auch durch Stichprobenerhebung seines Unterrichtsverhaltens bestimmt (z. B. ob er die Studenten bei ihrem Namen anredete, ob er nach der Veranstaltung noch mit einigen plauderte). Wie Abb. 7.2 zeigt, erzielten hoch-anschlußmotivierte Studenten bei anschlußorientierten Dozenten bessere Noten als niedrig-anschlußmotivierte Studenten; und umgekehrt, die letzteren erzielten bessere Noten bei wenig anschlußorientierten Dozenten als die hoch-anschlußmotivierten Studenten.

Gelegentlich und unbeabsichtigt stellte sich bei nachträglichen Analysen heraus, daß Leistungsunterschiede nicht mit dem Leistungs-, sondern dem Anschlußmotiv zusammenhingen. In solchen Fällen hatte der Vl um Kooperation gebeten (Atkinson u. Raphelson, 1956), oder es stand ein weiblicher Vl männlichen Vpn gegenüber (Atkinson u. O'Connor, 1966), oder beides war der Fall (French, 1955; Jopt, 1974). Den Einfluß des Vl-Geschlechts auf männliche Vpn hat Jopt untersucht, indem er an Motivunterschieden beide Tendenzen des Leistungsmotivs (HE und FM) und des Anschlußmotivs (HA und FZ nach dem Inhaltsschlüssel von Laufen) berücksichtigte. Von 16jährigen männlichen Gymnasiasten führte je eine Gruppe (parallelisiert nach Motivkonstellationen) unter einem männlichen und einem weiblichen Vl eine Kodierungsaufgabe in Einzelsitzungen durch. Nur der weibliche Vl wies vor Beginn des Versuchs noch darauf hin, daß er auf Kooperation für eine andere, spätere Untersuchung hoffe.

Abb. 7.3 zeigt die Ergebnisse aufgeschlüsselt für die vier Motivkonstellationen und die Versuchsleiterbedingungen. Generell waren die Leistungen bei dem männlichen Vl besser als bei dem weiblichen. Ein zweiter Haupteffekt geht nicht auf das Leistungs-, sondern auf das Anschlußmotiv zurück: Die Zurückweisungsängstlichen (HA < FZ) schneiden in allen Konstellationen besser ab als die Anschlußzuversichtlichen (HA > FZ), ganz be-

290 — 7. Soziale Motive: Anschluß

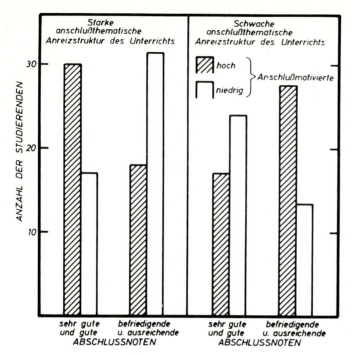

Abb. 7.2. Anzahl der hoch- und der niedrig-anschlußmotivierten Studenten, die in Studienanfängerkursen mit starker und mit schwacher anschlußthematischer Anreizstruktur gute oder weniger gute Abschlußnoten erzielten. (Zusammengestellt nach McKeachie, 1961, S. 128)

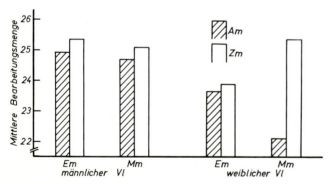

Abb. 7.3. Mittlere bearbeitete Symbolmenge für vier Gruppen mit unterschiedlicher Konstellation von Leistungs- und Anschlußmotiv, von denen je eine Hälfte ($N = 15$) unter einem männlichen bzw. weiblichen Vl arbeitete. (Em = Erfolgsmotivierte, HE > FM; Mm = Mißerfolgsmotivierte, HE < FM; Am = Anschlußmotivierte, HA > FZ; Zm = Zurückweisungsmotivierte, HA < FZ). (Nach Jopt, 1974, S. 323)

sonders aber, wenn sie zugleich mißerfolgsmotiviert (HA < FM) sind und unter einem weiblichen Vl arbeiten. Daß gerade die Mißerfolgs- und Zurückweisungsängstlichen bei einem weiblichen, um Kooperation bittenden Vl ihre Besorgnisse verlieren und sich besonders anstrengen, ist ein plausible Erklärung. Vpn mit der gleichen Motivkonstellation von Mißerfolgs- und Zurückweisungsängstlichkeit fielen auch in einer Untersuchung von Schneider u. Meise (1973) auf: Sie setzten sich in einer Geschicklichkeitsaufgabe höhere Anspruchsniveaus als die Vpn der übrigen Motivkonstellationen.

Ein Feldexperiment, das in der Variation und Kontrolle der unabhängigen Motiv- und Anreizvariablen sehr überzeugend ist, haben Sorrentino u. Sheppard (1978) durchgeführt. Den Versuch führten die Trainer der Schwimm-Mannschaften von drei kanadischen Universitäten als „First Annual Interteam Swim-Off" mit der erklärten Absicht durch, die Interaktion zwischen den drei Mannschaften zu fördern. Zu schwimmen waren 200-*Yard*-Freistil, und zwar von jedem unter zwei Bedingungen, als Einzelwettkampf und als Gruppenwettkampf. Im letzteren Falle wurden die Gruppen von sechs gleichgeschlechtlichen Schwimmern gebildet, zwei von jeder der drei Universitäten. Um jedem Schwimmer die gleichen Gewinnchancen zu geben, wurde von den Trainern ein individuelles *handicap* aufgrund der persönlichen Bestzeit bestimmt und auf die aktuell erreichte Zeit in Anrechnung gebracht. Unter dieser Regelung müssen beim Einzelwettkampf maximaler leistungsthematischer Anreiz und beim Gruppenwettkampf maximaler anschlußthematischer Anreiz erlebt werden, denn es hängt jedesmal ganz vom eigenen Anstrengungseinsatz ab, ob man persönlich bzw. ob die eigene Gruppe gewinnt. Anschlußzuversichtliche Schwimmer sollten von der Möglichkeit, der eigenen Gruppe zum Sieg zu verhelfen, zusätzlich motiviert werden und deshalb bessere Zeiten erreichen als im Einzelwettkampf. Für zurückweisungsängstliche Schwimmer sollte das Gegenteil gelten: Die Möglichkeit, die Niederlage der eigenen Gruppe zu verursachen, entmotiviert sie und führt zu schlechteren Zeiten als im Einzelwettkampf.

Diese Hypothesen bestätigten sich vollauf; sowohl hinsichtlich der gegenläufigen Leistungsänderung vom Einzel- zum Gruppenwettkampf als auch im Leistungsunterschied zwischen beiden Motivgruppen bei Gruppenwettkampf. Es gab eine deutliche Interaktion zwischen den beiden Anschlußmotiven und den beiden Wetteiferbedingungen. Am ausgeprägtesten wird der Leistungsunterschied zwischen den Anreizgehalten der beiden Wettkampfformen, wenn man die Schwimmer zusätzlich nach dem Leistungsmotiv klassifiziert und nur die Erfolgsmotivierten berücksichtigt. Die größte Leistungssteigerung im Gruppenwettkampf (gegenüber Einzelwettkampf) hatten hoch Erfolgsmotivierte, die zugleich sehr anschlußzuversichtlich waren; und den größten Leistungsabfall hatten ebenfalls hoch Erfolgsmotivierte, wenn sie zugleich sehr zurückweisungsängstlich waren.

Die Motivklassifikation nach den beiden Motivtendenzen von Anschluß und von Leistung war mit Hilfe der Inhaltsschlüssel von Heyns et al. (1958) bzw. McClelland et al. (1953) vorgenommen worden; die Motivklassifikation nach den entsprechenden negativen Motivtendenzen von Zurückweisungsangst und von Mißerfolgsfurcht mit Hilfe der Fragebogeninstrumente von Mehrabian (1970) bzw. von Mandler u. Sarason (1952). Es ist bemerkenswert, daß die Hypothesen sich nicht nur mit dem resultierenden Kennwert des Anschlußmotivs (HA–FZ, z-transformiert), sondern auch getrennt für jede der beiden Motivtendenzen bestätigen ließen. Dieser Befund ist eine zusätzliche Bestärkung dafür, Anschluß als ein Doppelmotivsystem zu konzipieren, das aus zwei unabhängigen Tendenzen, Anschlußhoffnung und Zurückweisungsfurcht, besteht.

Die Studien von Mehrabian und Ksionzky

Wie bereits erwähnt, legen Mehrabian u. Ksionzky (1974) zwei Tendenzen des Anschlußmotivs (*affiliative disposition*) zugrunde, eine anschlußmotivierte (R_1) und eine zurückweisungsmotivierte (R_2). R_1 und R_2 sind generalisierte Erwartungen, daß Anschlußverhalten zu Ergebnissen mit positiver bzw. negativer Bekräftigung führt. (Wie wir bereits erörtert haben, wird implizit eine gleichsinnige Kovariation von generalisierter Erwartung und generalisiertem Anreizwert zugrunde gelegt.) Angenommen wird weiterhin, daß R_1 immer R_2 überwiegt. Für den Fall einer Situation, in der der Anschlußsuchende noch nichts Näheres über die Anschlußperson weiß, stellen die Autoren folgende Gleichung auf:

Anschlußmotiv = $R_1 - e_1 R_2$, (1974, S. 17),

in der e_1 ein kleiner Bruchteil von eins ist, um anzudeuten, daß die anschlußmotivierte Tendenz stets größer als die zurückweisungsmotivierte ist. In einer Anschlußsituation mit einem Fremden ist diese Formel für Motiv zugleich auch die Formel für Motivation. Wenn der Anschlußsuchende dagegen mit der Anschlußperson bereits spezifische Erwartungen und Anreizwerte verbindet, so wird die Motivation nicht von generalisierten Erwartungen, sondern von spezifischen positiven (r_1) und negativen Anreizwerten (r_2) bestimmt:

Anschlußmotivation gegenüber
einer bekannten Anschlußperson = $r_1 - e_2 r_2$
(1974, S. 17),

wobei e_2 eine positive Konstante zwischen null und eins ist. Da eine völlig fremde wie eine völlig vertraute Anschlußperson Extremfälle sind, sind die beiden obigen Gleichungen für verschiedene Grade von Vertrautheit (F, *familiarity*) wie folgt zusammengesetzt worden:

Anschlußmotivation = $(1-F)(R_2 - e_1 R_2)$ + $F(r_1 - e_2 r_2)$
(1974, S. 18).

Wie die Formel zu erkennen gibt, verlieren mit zunehmender Vertrautheit mit der Anschlußperson die generalisierten Erwartungen ($R_1 - e_1 R_2$) an Gewicht, während zugleich die spezifischen Anreizwerte ($r_1 - e_2 r_2$) dominanter werden; und umgekehrt. Die Formel bildet das theoretische Grundgerüst für eine Reihe komplexer Untersuchungen Mehrabians, teils mittels Fragebogen und teils von tatsächlichem Interaktionsverhalten mit einer fremden Person in Wartezimmer-Situationen. Für beide Tendenzen des Anschlußmotivs lassen sich die wichtigsten Ergebnisse wie folgt zusammenfassen; zunächst für hoch Anschlußmotivierte:

... the results for affiliative tendency indicated that more affiliative persons perceive others in a more positive light, and as being similar to themselves. They like others more, are liked more, and are more popular. Their more frequent use of positive interpersonal cues in social situations serves to elicit positive cues (affiliation) from strangers. Thus, a positive cycle of exchanges is generated which is conducive to feelings of confidence and comfort in interacting with a stranger. (Mehrabian u. Ksionzky, 1974, S. 142)

Und für hoch Zurückweisungsmotivierte (*more sensitive persons*):

... the pattern of results obtained for the perceptions and actual behaviors of more sensitive persons, and the impressions that they conveyed, did not exactly conform to expectations. Contrary to expectations, for example, they were not less affiliative in their behavior and did not report more negative interpersonal attitudes. However, they were found to be less confident, more tense, more anxious, and more distressed in social situations with strangers; and they elicited discomfort and tension from others. They elicited more negative feelings and judged themselves to be less popular and more lonely. Thus, sensitivity to rejection measures an aspect of inferior social skills and the tendency to engage in a helpless cycle of exchanges which perpetuate feelings of inadequacy and inability to cope with interpersonal relationships. (S. 143)

Nach diesen Befunden sind Zurückweisungsmotivierte nicht einfach das Gegenteil von Anschlußmotivierten, d. h. statt Anschlußsuchende nicht Anschlußmeidende. Anschlußsuchen und -finden ist für beide Motivgruppen ein hervorstechendes Handlungsziel. Sie unterscheiden sich also weniger im Anreizwert, den sozialer Anschluß für sie hat, als in der Erfolgserwartung, ihrer Geschicklichkeit im anschlußsuchenden Verhalten sowie im Anschlußerfolg, den sie bei der Anschlußperson haben. Demnach scheint sich in diesen Untersuchungen kaum eine Kovariation von Erwartung und Anreizwert bestätigt zu haben. Denn trotz Furcht (d. h. Mißerfolgserwartung) vor Zurückweisung (negativer Anreizwert) streben Zurückweisungsmotivierte nach Anschluß. Offenbar besitzt Anschluß trotz aller negativen Erfahrungen einen positiven Wert, den es zu verwirklichen gilt, so sehr Zurückweisungsfurcht auch in Konflikt stürzen mag.

Aber selbst wenn für Zurückweisungsmotivierte der positive Anreizwert für Anschluß vergleichsweise immer noch stärker ist als der entsprechende negative Anreizwert für Zurückweisung, kann dennoch in den Stärkegraden von Erwartung und Anreizwert eine motivspezifische Kovariation zwischen beiden zum Ausdruck kommen. Dafür spricht etwa ein Befund von Mehrabian (1971), wenn man den Grad der Sympathie für die Anschlußperson (*liking of the target person*) als Indikator für einen spezifischen anschlußthematischen Anreizwert nimmt. Die Vpn erfuhren vor der Begegnung mit einem Fremden in einer Wartesituation Statusmerkmale des anderen (soziale Herkunft, wirtschaftliche Verhältnisse, Studienleistungen etc.), wobei die Anschlußperson einen höheren oder niederen Status als die Vp besaß. Es zeigte sich, daß hoch Zurückweisungsmotivierte eine Anschlußperson mit niedrigerem Status signifikant höher schätzen als eine solche mit höherem Status ($\bar{X}$ = 4,37 vs. 3,85), während es bei niedrig Zurückweisungsmotivierten signifikant umgekehrt ist ($\overline{X}$ = 3,82 vs. 4,32). Betrachtet man die Statushöhe der Anschlußperson als ein anschlußthematisches Anspruchsniveau, so steigt bei überwiegender Zurückweisungsfurcht der Anreizwert mit niedrigerem Anspruchsniveau, während er bei fehlender (oder geringer) Zurückweisungsfurcht mit höherem Anspruchsniveau steigt.

In der gleichen Untersuchung zeigte sich auch, daß die in einem Fragebogen berichtete Neigung, Fremde anzusprechen, mit dem Fragebogen-Instrument Mehrabians für beide Motivtendenzen korreliert. Eine multiple Regressionsanalyse ergab den multiplen Korrelationskoeffizienten von 0,48 bei folgender Regressionsgleichung: Neigung, Fremde anzusprechen = 0,48 R_1 − 0,20 R_2.

Bedeutsamer ist, wieweit man tatsächliches Anschlußverhalten mit Hilfe der Motivmaße aufklären kann. Zu diesem Zweck hat Mehrabian (1971) in der gleichen Studie die Vpn einzeln in eine zweiminütige Wartesituation

Tabelle 7.2. Variablen des Anschlußverhaltens in Wartesituationen mit einem Fremden, analysiert anhand audiovisueller Aufzeichnungen sowie faktorenanalysiert. (Nach Mehrabian, 1971 S. 130)

Faktoren und Variablen	Gerichtetheit der Faktorladung
Faktor I: Anschluß	
1. Gesamtanzahl von Aussagen pro Minute	+
2. Anzahl erläuternder Aussagen pro Minute	+
3. Anzahl von Fragen pro Minute	+
4. Prozentuale Rededauer der Vp	+
5. Prozentuale Rededauer der Anschlußperson	+
6. Prozentuale Dauer des Blickkontakts mit Anschlußperson	+
7. Kopfnicken pro Minute	+
8. Freundlichkeit des Gesichtsausdrucks	+
9. Anzahl sprachlicher Bekräftigungen pro Minute	+
10. Positiver Mitteilungsinhalt	+
11. Hand- und Armgesten pro Minute	+
12. Positiver Stimmausdruck	+
Faktor II: Anregungsqualität	
1. Gesamte (positive plus negative) Stimmaktivität	+
2. Lautstärke des Sprechens	+
3. Sprechschnelligkeit	+
Faktor III: Entspannung	
1. Bein- und Fußbewegungen pro Minute	−
2. Schaukelbewegungen pro Minute	−
3. Schräghaltung des Körpers	+
Faktor IV: Intimität (Vertraulichkeit)	
1. Schulterhaltung nicht frontal zur Anschlußperson	+
2. Distanz zur Anschlußperson	−
Faktor V: Verlegenheit	
1. Prozentuale Dauer von Hin- und Herlaufen	+

mit einem ebenfalls wartenden Fremden gebracht und die Interaktion unbemerkt (durch Einwegscheiben) beobachtet. Tabelle 7.2 enthält die einzelnen Variablen des Beobachtungsschlüssels in ihrer nachträglich mittels Faktorenanalyse vorgenommenen Gliederung. Die Variablen sind nach der Höhe ihrer Faktorenladung aufgeführt. Der Index für Anschlußverhalten umfaßte die folgenden standardisierten Variablen als Summenwert: Gesamtzahl der Aussagen pro Minute, Prozentdauer des Blickkontakts mit Anschlußperson, Kopfnicken pro Minute, Freundlichkeit des Gesichtsausdrucks, Anzahl sprachlicher Bekräftigungen pro Minute, positiver Mitteilungsinhalt, Hand- und Armgesten pro Minute, positiver Stimmausdruck.

Dieser Summenwert sollte als abhängige Variable aufgeklärt werden durch die beiden Persönlichkeitsdispositionen Anschlußhoffnung (R_1) und Zurückweisungsfurcht (R_2) sowie durch zwei experimentell manipulierte Situationsfaktoren in Form von Besonderheiten der Anschlußperson. Die erste Besonderheit betraf deren Statusdiskrepanz (S) zur Vp: höherer, niedrigerer oder gleicher Status, den die Vp schon vor der Begegnung anhand eines Protokollbogens kennenlernte. Die andere Besonderheit betraf das vorweg gut eingeübte Verhalten der Anschlußperson in der gemeinsamen Wartesituation. Ihr Verhalten war entweder ein wenig freundlich zugewandt oder ein wenig abweisend. Der Freundlichkeitseindruck, den die Vp von der Anschlußperson hatte, wurde von der Vp nachträglich eingestuft und ging als Freundlichkeitswert der Anschlußperson (r_1) zusammen mit R_1, R_2 und S in eine schrittweise multiple Regressionsanalyse des Anschlußverhaltens ein. Die folgende Regressionsgleichung enthält (standardisierte) Einzelvariablen und deren (teils mehrfache) Interaktionen, die einen signifikanten Beitrag zur Aufklärung der Variabilität des Anschlußverhaltens leisten.

Anschlußverhalten =
$0{,}18\, r_1 + 0{,}19\, R_1 + 0{,}13\, R_1 r_1 + 0{,}16\, R_2 S r_1 + 0{,}14\, R_1 R_2 S r_1$

Der erzielte multiple Korrelationskoeffizient beträgt nur 0,35; d. h. die Regressionsgleichung klärt nicht mehr als 12,3 Prozent der Varianz des Anschlußverhaltens auf. An der Gleichung lassen sich auch schwerlich die Wechselwirkungen, insbesondere höherer Ordnung, verständlich machen. Vergleicht man die Zellhäufigkeiten der betreffenden Bedingungskonstellationen (Mehrabian u. Ksionzky, 1974, S. 96), so beruht die Wechselwirkung $R_1 r_1$ darauf, daß nur die hoch Anschlußmotivierten auf ein freundlicheres Entgegenkommen der Anschlußperson auch mit vermehrtem Anschlußverhalten reagierten. Die Interaktion dritter Ordnung $R_2 S r_1$ geht darauf zurück, daß unfreundliches Benehmen nur dann weniger Anschlußverhalten auslöste, wenn hoch Zurückweisungsmotivierte sich zugleich mit einem höheren Status konfrontiert sahen oder umgekehrt, wenn niedrig Zurückweisungsmotivierte mit einer Anschlußperson von niedrigem Status zu tun hatten. Diese Gegenläufigkeit ließe sich (ähnlich wie bereits oben) damit erklären, daß für niedrig Zurückweisungsängstliche unfreundliches Benehmen zusammen mit niedrigerem Status einen zu wenig attraktiven Anreizwert hat, für hoch Zurückweisungsängstliche dagegen unfreundliches Benehmen zusammen mit höherem Status einen zu bedrohlichen Anreizwert besitzt.

Wie komplex die motivspezifischen Zusammenhänge sind, sei abschließend am Beispiel der erlebten Ähnlichkeit mit der Anschluß-

Tabelle 7.3. Mittelwerte der vom Anschlußsuchenden erlebten Ähnlichkeit mit der Anschlußperson in Abhängigkeit von Motivkonstellation und Streßcharakter der Anschlußsituation. (Nach Mehrabian u. Ksionzky, 1974, S. 113)

Situation	Anschluß-motiv	Zurückweisungsmotiv hoch	niedrig
Streß			
	hoch	0,07 ←	0,41
	niedrig	0,01	−0,14
Neutral			
	hoch	0,07 ←	−0,14 ←
	niedrig	−0,31 ←	−0,04 ←

Mit Pfeilen verbundene Mittelwerte unterscheiden sich auf dem 5%-Niveau person aus einer weiteren Studie (Mehrabian u. Ksionzky, 1974, 7. Kap.) demonstriert. Der Versuch war ganz ähnlich aufgebaut, nur war diesmal auch die Anschlußperson eine echte Vp. Neben einer neutralen gab es eine Streßsituation. Die letztere wurde durch die folgende Instruktion nach Betreten des Wartezimmers induziert: „Sie sollen sich gleich beide auf Ihre soziale Attraktivität einschätzen, d. h. wie interessant jeder von Ihnen dem anderen erscheint. Ich bin in ein paar Minuten mit den entsprechenden Antwortblättern zurück." Tabelle 7.3 enthält die Mittelwerte der geschätzten Ähnlichkeit mit dem Partner für die vier verschiedenen Motivkonstellationen unter neutralen und Streßbedingungen. Insgesamt wird unter Streß größere Ähnlichkeit erlebt. Dieser Haupteffekt wird jedoch entscheidend durch Interaktion mit Motivkonstellation moderiert. Anschlußzuversichtliche (hohes Anschluß-, niedriges Zurückweisungsmotiv) fühlen sich anderen besonders unter Streßbedingungen ähnlich. Im Gegensatz dazu fühlen sich Zurückweisungsängstliche (niedriges Anschluß-, hohes Zurückweisungsmotiv) anderen besonders unähnlich unter neutralen Bedingungen. Es sind also die Zurückweisungsängstlichen, die dazu neigen, Fremde (hier: gleichen Alters beiderlei Geschlechts) als von sich selbst verschieden zu erleben, so daß sie soziale Anschlußsituationen von vornherein als weniger aussichtsreich erleben.

Die angeführten Befundbeispiele mögen genügen, um darzutun, wie komplex anschlußmotiviertes Verhalten ist. Die Reziprozität des Anschlußverhaltens in der Interaktion moderiert – in der Mikroanalyse – ständig die jeweilige Anschlußmotivation und das Verhalten. Das scheint besonders der Fall zu sein, wenn einer der Anschlußpartner mit seinem Intimitätsverhalten (räumliche Nähe, Blickkontakt, Berührung u. a.) über eine gewisse Schwelle hinausgeht. Nach Patterson (1976) löst das im Gegenüber eine Erhöhung des Aktivierungsniveaus aus, was je nach den Rahmenbedingungen der Anschlußsituation zu einem positiven oder negativen Gefühlszustand führt. Im Falle positiv erlebter Gefühlszustände wird die zugenommene Intimität des anderen erwidert und weiter erhöht, im Falle negativ erlebter Gefühlszustände kommt es dagegen eher zu kompensatorischen Reaktionen (wie etwa Wegschauen), um die ursprüngliche Distanz wieder herzustellen.

Machtmotiv

Macht – und auch die soziale Ungleichheit ihrer Verteilung zwischen Personen, Sozialgruppen oder Staatsgebilden – ist eine vielgestaltige Erscheinung, die seit alters her wie kaum etwas anderes zu Erklärungen, Rechtfertigungen und Infragestellungen herausfordert. Bertrand Russel (1938) betrachtet Macht als den fundamentalen, weil vereinheitlichenden Erklärungsbegriff jeder Sozialwissenschaft, so wie Energie der fundamentale Erklärungsbegriff der Physik sei. Die Sozial- und Verhaltenswissenschaft sind heute noch weit davon entfernt, der Macht die Position eines zentralen Erklärungsbegriffs zuzuweisen, obwohl ein Trend dahin allenthalben unverkennbar ist. Phänomene der Macht sind äußerst komplex, sie beruhen auf dem ubiquitär anzutreffenden Sachverhalt sozialen Konflikts, der sich aus der Unvereinbarkeit von Zielen verschiedener Personen und Gruppen oder von Mitteln zur Zielerreichung ergeben (vgl. Swingle, 1970; Tedeschi, 1974). Der Begriff der Macht hat einen eher negativen Beigeschmack, da er sich gewöhnlich mit Vorstellungen von Zwang, Unterdrückung, Gewalt oder ungerechtfertigter Herrschaft verbindet.

Er hat jedoch nicht weniger auch mit positiv – oder zumindest nicht negativ – bewerteten Phänomenen zu tun, wie legitimierte Herrschaft, Autorität, anerkannte Führung, Einflußnahme, Erziehung, Interessenausgleich, Gruppenzusammenhalt (vgl. Berle, 1967).

Bevor wir darauf eingehen, was „Machtmotiv" sein mag und was darunter verstanden wird, müssen wir mehr Klarheit über die Sachverhalte gewinnen, die als „Macht" bezeichnet werden. In sozialwissenschaftlichen Disziplinen wie Soziologie und Politikwissenschaft ist man vornehmlich daran interessiert, den *Zustand* gegebener Machtverhältnisse zu analysieren und nachträglich zu erklären; in verhaltenswissenschaftlichen Disziplinen wie der Psychologie neigt man eher zur Erforschung des *Prozeßverlaufs* von Machtausübung und ihrer Vorhersage (vgl. Raven u. Kruglanski, 1970; Pollard u. Mitchell, 1972). Wie Macht sich in der Sicht verschiedener Disziplinen ausnimmt, können die folgenden Definitionen deutlich machen.

Der Soziologe Max Weber: „Macht bedeutet jede Chance, innerhalb einer sozialen Beziehung den eigenen Willen auch gegen Widerstreben durchzusetzen, gleichviel worauf diese Chance besteht." (1921; zit. nach 1964, S. 38).
Der Philosoph Bertrand Russel: „Power may be defined as the production of intended effects." (1938, S. 35).
Der Politikwissenschaftler R. A. Dahl: „My intuitive idea of power, then, is something like this: A has power over B to the extent that he can get B to do something that B would not otherwise do." (1957, S. 202).
Der Psychologe Kurt Lewin: „We might define power of b over a ... as the quotient of the maximum force which *b* can induce on *a* ..., and the maximum resistance which *a* can offer." (1951, S. 336).

Von Macht ist demnach offenbar immer dann zu sprechen, wenn es darum geht, daß jemand in der Lage sei, einen anderen zu veranlassen, etwas zu tun, was er sonst nicht tun würde. Nur Russels Definition greift noch allgemeiner darüber hinaus. Für ihn ist schon jedes Zustandebringen eines beabsichtigten Handlungsergebnisses Macht – auch ohne daß ein sozialer Konflikt zugrunde liegen müsse. Diese Auffassung von Macht als eines allgemeinen Vermögens ist auch innerhalb der Psychologie anzutreffen. Jeder Effekt, den ein Individuum auf seine Umwelt (auch die nichtsoziale) ausübt, ist von dessen „Macht" im Sinne von Vermögen, Fähigkeit, Kompetenz abhängig. Diese Auffassung entspricht, wie Heider (1958) aufgewiesen hat, einer naiven Handlungstheorie. Danach geht jede Handlung und ihr Ergebnis auf zwei verschiedene Verursachungsstränge zurück; zum einen auf Können *(can)*, das auf der Relation des Machtfaktors (im Sinne eigenen Vermögens, eigener Fähigkeit) zu den zu bewältigenden Umweltkräften beruht, und zum anderen auf dem Motivationsfaktor *(try)*, d. h. ob man sich überhaupt zum Handeln entschließt und wie sehr man sich dabei anstrengt (vgl. Kap. 10).

Motivbasis

Dieser handlungstheoretische Ansatz zur ganz allgemeinen Erklärung von Person-Umwelt-Interaktionen hat auch seine motivationspsychologischen Entsprechungsstücke in Theorien, die den Machtfaktor (im Sinne von Vermögen, Fähigkeit, Kompetenz) entweder wie Robert White (1959; 1960) als das Ergebnis eines allgemeinen Grundmotivs konstituieren oder – umgekehrt – wie Alfred Adler (1922) aus einer ursprünglichen Mangelhaftigkeit des Machtfaktors ein eigenes Grundmotiv, das Streben nach Macht und Überlegenheit entstehen lassen. Für White (nicht unähnlich auch für Piaget, vgl. Heckhausen, 1976a) ist Kompetenz das Ergebnis eines grundlegenden Wirksamkeitsmotivs *(effectance motive)*, sich unablässig um der eigenen Wirksamkeit willen mit der Umwelt auseinanderzusetzen, auch mit der sozialen Umwelt:

Just as the child explores his physical surroundings, finding out what he can do with objects and what they will do to him, so he investigates his human environment, learning what he can make people do and what he can expect of them. (1960, S. 104).

Vom zwei- und dreijährigen Kind sagt White:
... the child has reached a point of understanding where for the first time he can contemplate his place in the family and his relation to other people in general. To some extent he continues to experiment

with crude social power, especially with other children whom he may boss, hit, and threaten in various ways. But he is also beginning to grasp the nature of roles. (1960, S. 123)

Adler (1922) entfernte sich von seinem Lehrer Sigmund Freud, indem er statt des Sexualtriebs den „Willen zur Macht", das Machtstreben zum Haupterklärungsprinzip seiner populären Persönlichkeitslehre der Individualpsychologie machte. Danach ist es der konstitutionelle Mangel an Macht, den das Individuum als unzureichende Kompetenz bei sich vorfindet – als fehlende Maskulinität bei Frauen, als Organminderwertigkeit verschiedener Art, als Unterlegenheit des Kindes gegenüber Erwachsenen – und der als Minderwertigkeitskomplex empfunden und durch Streben nach Vollkommenheit, Überlegenheit und sozialer Macht zu kompensieren gesucht wird.

Beide Ansätze, eine machtbezogene Persönlichkeitsdisposition zugrunde zu legen, haben die Motivationsforschung kaum beeinflußt: Whites Wirksamkeitsmotiv nicht, weil es zu allgemein ist (und neben Macht nicht weniger auch anderen Motiven wie Leistung und Anschluß zugrunde gelegt werden könnte); und Adlers Machtstreben nicht, weil es zu locker und vielgestaltig als Erklärungsprinzip für alle denkbaren individuellen Unterschiede verwendet wurde. Wichtiger als die Klärung individueller Unterschiede der Machtausübung unter sonst gleichen Situationsbedingungen war zunächst die Klärung von generellen Voraussetzungen der Machtausübung.

Nimmt man den einfachsten Fall, daß jemand (A) Macht ausübt, um das Verhalten eines anderen (B) zu beeinflussen, so muß B zunächst im feldtheoretischen Sinne Lewins Bewegungsfreiheit haben, etwas anderes zu tun, als A will (sowie dieses natürlich nicht auch schon von sich aus tun wollen). A muß zusätzliche Kräfte in das Kräftefeld einbringen, in dem sich B momentan befindet, um die übrigen, bereits bestehenden Feldkräfte zu überwinden und somit B's Handeln in die gewünschte Richtung zu ziehen. Eine feldtheoretische Analyse Cartwrights (1959 a) der verschiedenen Determinanten, die in solchen Beeinflussungssituationen zu berücksichtigen sind, hat viel zur begrifflichen Klärung von Machtphänomenen beigetragen. Das Wichtigste ist das Folgende. Um Macht zu haben, muß A (eine Person oder auch ein Sozialverband) ein Repertoire von potentiellen Handlungen zur Verfügung haben. Damit eine solche Handlung, wenn ausgeführt, auch Macht ausüben kann, d. h. bestehende Handlungstendenzen im zu beeinflussenden B in die beabsichtigte Richtung umzulenken, muß sie eine „Motivbasis" in B ansprechen. Anderenfalls ließe A's Handlung B gleichgültig, sie könnte in B's Handlungsfeld keine neue Kraft induzieren. Halten wir schon jetzt fest, daß die Motivbasis von B, die A mit seinem Machthandeln anspricht – sozusagen der „wunde Punkt", an dem er B „faßt" –, aus allen denkbaren Motiven B's bestehen kann. Machthandeln ist also stets eine zweckgerichtete Ausnutzung der am stärksten befriedoder verletzbaren Motive eines anderen, worin sie im einzelnen auch bestehen mögen.

Machtquellen

Um die Motivbasis in einem anderen ansprechen zu können, muß der Machtausübende über „Resourcen" im Sinne von Bekräftigungsmitteln verfügen, mit denen er eine Befriedigung der angesprochenen Motivbasis gewähren, vorenthalten oder entziehen kann. Bezeichnen wir solche motivspezifischen Ressourcen als „Machtquellen". French u. Raven (1959) haben eine Taxonomie von fünf Machtquellen aufgestellt, die später von Raven u. Kruglanski (1970) um eine sechste Machtquelle (Informationsmacht) ergänzt und auf die Implikation jeder dieser Arten von Machtausübung wie etwa ihrer „Kosten" weiter differenziert wurden (vgl. auch Raven, 1974). Begnügen wir uns hier mit einer knappen Aufzählung.

1. Belohnungsmacht (*reward power*). Ihre Stärke hängt von der Erwartung B's ab, wieweit A in der Lage ist, eines seiner (B's) Motive zu befriedigen und wieweit A dies von einem erwünschten Verhalten B's abhängig macht.
2. Zwangs- oder Bestrafungsmacht (*coercive*

power). Ihre Stärke hängt von der Erwartung B's ab, wieweit A in der Lage ist, B für unerwünschte Handlungen durch Entziehung der Möglichkeit zur Befriedigung bestimmter Motive zu bestrafen und wieweit dies A von dem unerwünschten Verhalten B's abhängig macht. Der Zwang besteht darin, daß durch Strafandrohung der Handlungsspielraum B's eingeengt wird. Im Grenzfall können Bestrafungs- und Zwangsmacht auch unmittelbar körperlich zum Austrag kommen, z. B. wenn ein Kind, das nicht schlafen gehen will, geschlagen oder ins Bett getragen wird.
3. Legitimierte Macht (*legitimate power*). Hier handelt es sich um internalisierte Normen von B, die ihm sagen, daß A befugt ist, die Einhaltung gewisser Verhaltensnormen zu überwachen und, falls nötig, durchzusetzen.
4. Vorbildmacht (*referent power*). Sie beruht auf der Identifikation von B mit A, auf B's Wunsch, so zu sein wie A.
5. Expertenmacht (*expert power*). Ihre Stärke hängt von dem Ausmaß ab, mit dem B besondere Kenntnisse, Einsichten oder Fertigkeiten hinsichtlich des in Frage stehenden Verhaltensbereiches A zuschreibt.
6. Informationsmacht (*informational power*). Sie ist dann wirksam, wenn A Dinge mitteilen kann, die B die Folgen seines Verhaltens in einem neuen Licht erscheinen lassen.

Machtverhalten

Wir können nun Machtverhalten aus der Perspektive des Machtausübenden genauer fassen. Einmal muß einer sich im klaren sein, über welche Machtquellen er verfügt, sowie auch entschlossen, sie zum Tragen zu bringen. Andererseits muß er dazu zunächst die Motivbasen dessen, der beeinflußt werden soll, zutreffend einschätzen und die entsprechenden Wirksamkeiten seiner Machtquellen richtig, d. h. mit den Augen des Zu-Beeinflussenden, antizipieren, um schließlich die wirksamste Strategie im Einsatz seiner Machtquellen zu wählen, die zugleich für ihn die günstigste Kosten-Nutzen-Relation (vgl. dazu Thibaut u. Kelley, 1959) hat. Die Kosten-Nutzen-Relation ist wichtig, da B Widerstand gegen die Beeinflussung durch A entwickeln und rückhandelnd Macht auf A ausüben kann. Außerdem werfen die verschiedenen Machtquellen Kosten-Nutzen-Probleme auf, worauf Raven u. Kruglanski (1970) und Raven (1974) hingewiesen haben.

So verlangen Belohnungs- und Bestrafungsmacht von A ständige Überwachung von B, können auch A's Resourcen erschöpfen und Feindseligkeit von B gegenüber A schaffen oder erhöhen. Alle diese Kosten sind zum Beispiel nicht mit der Ausübung von Vorbild-, Experten- und Informationsmacht verbunden.

Was A schließlich, ohne rohe Gewalt anzuwenden, getan hat, wenn es ihm gelungen ist, die eigene Macht derart auszuüben, daß B sein Verhalten in der von A gewünschten Richtung ändert, ist dies: Er hat für B handlungsentscheidende Anreizwerte von Folgen und Nebenfolgen von dessen Handlungsmöglichkeiten in einer Weise umarrangiert, die B selbst motivieren, den von A gewünschten Handlungskurs einzuschlagen.

Was also Machthandeln im Unterschied zu allem durch andere Motive gesteuerten Verhalten anspricht, ist gerade nicht das gleiche Motiv (Machtmotiv), sondern sind sonstige Motive im anderen, indem es deren Anreizwerte umarrangiert. In der Regel handelt es sich um den Aufbau zusätzlicher, verlockender oder bedrohlicher Anreizwerte, die thematisch nichts mit dem zu beeinflussenden Verhalten von B zu tun haben, sondern andersthematische (extrinsische) Nebenfolgen für Handlungen von B darstellen, die A für erwünscht oder für unerwünscht hält. Lewin (1931a) hat diesen Sachverhalt feldtheoretisch in seiner klassischen Analyse der „psychischen Situation bei Lohn und Strafe" geklärt.

Es muß sich dabei im übrigen keineswegs stets um moralisch verwerfliche Vorgänge handeln wie im Falle von Erpressung oder Verführung. Auch das Informieren, Unterrichten, Erziehen, Wecken von Begeisterung durch eine „charismatische" Führungspersönlichkeit gehören dazu. Auch ist zwischen aktueller und potentieller Macht zu unterscheiden. A braucht nicht unbedingt handelnd einzugreifen, um B klar zu machen, welche Machtquellen er besitzt und einzusetzen gedenkt. B kann dies häufig schon aufgrund allgemeinen Wissens oder persönlicher Erfahrung antizipieren. Simon (1957) macht das wie folgt deutlich:

> An organization member is seldom presented with an ultimatum „to do so and so or suffer the consequences". Rather, he anticipates the consequences of continual insubordination or failure to please the person or persons who have the ability to apply sanctions to him, and this anticipation acts as a constant motivation without expressed threats from any person (S. 196).

Um das bisher Erörterte zusammenzufügen und noch weiter zu differenzieren, ist ein deskriptives Modell der einzelnen Schritte des Machthandelns von Cartwright (1965), erweitert von Kipnis (1974), hilfreich (vgl. Abb. 7.4). Zunächst muß (1.) im Machtausübenden eine Machtmotivation angeregt sein, andere zu beeinflussen. Die Ursachen, Anlässe oder Gründe für Machtmotivation mögen verschieden sein und auch als verschiedene gedacht werden. Als Erwerb von Machtquellen kann Machtmotiv ein universelles Bestreben sein, sich mit Mitteln zur Befriedigung der verschiedenen Bedürfnisse und Wünsche ausgestattet zu sehen. Diese Auffassung vertritt etwa Cartwright: „All men seek to influence others and to strive for positions of influence, because they seek certain objectives whose attainments require the exercise of influence" (1965, S. 7).

Aus denselben Gründen, die nach Erwerb von Machtquellen trachten lassen, wird sie auch ausgeübt. Schon der Grundsachverhalt, daß Menschen bei der Verfolgung ihrer Ziele und der Befriedigung ihrer Bedürfnisse aufeinander angewiesen sind, läßt Motivation zur Machtausübung immer dann aufkommen, wenn andere nicht von sich die eigene Bedürfnisbefriedigung und Zielerreichung ermöglichen und damit – absichtlich oder unabsichtlich – blockieren. Durch Machthandeln soll dann der andere hilfreich, dienlich, gefügig gemacht werden. Machtmotivation ist hier instrumentell für andersthematische Ziele und Bedürfnisse. Ein herausgehobener Fall eines solchen instrumentellen Machthandelns ist Machtmotivation als Rollenverhalten. So werden an Inhaber leitender Positionen in Gruppenverbänden und Organisationen (Familie, Schule, Firma, militärische Einheit u. a.) Rollenerwartungen gestellt, für die Aufrechterhaltung bestimmter Verhaltensweisen der Mitglieder dieser Verbände Sorge zu tragen. Und ihre Rolle stattet sie mit Machtquellen aus, um abweichendes Verhalten korrigierend zu beeinflussen.

Neben Machterwerb ist eine andere und ebenfalls nicht-instrumentelle – und damit eigentlich „intrinsische" – Auffassung des Machtmotivs in der Ausübung von Macht um ihrer selbst willen zu sehen. Nicht so sehr das Gefühl, Macht zu haben, sondern das Gefühl, Macht für andere spürbar zu machen, deren Verhalten zu beeinflussen, ist das eigentlich Motivierende. Sieht man von den instrumentellen Formen der Machtmotivation ab, so gibt es offenbar zwei Auffassungen eines intrinsischen Machtmotivs: Eines, das mehr auf den Erwerb von Machtquellen gerichtet ist, ein anderes, das auf Ausüben von Macht, auf Machthandeln um seiner selbst willen aus ist. Beide Auffassungen sind, wie wir sehen werden, von Erforschern des Machtmotivs vertreten worden; die erste von Veroff (1957), die zweite von McClelland (1970; 1975) und Winter (1973). Ob es sich dabei bloß um verschiedene Aspekte eines zusammenhängenden Motivsachverhaltes oder um zwei verschiedene (wenn auch eng verwandte) Arten des Machtmotivs handelt, ist bislang nicht geklärt.

Kehren wir zu den einzelnen Schritten des Machthandelns zurück. Nachdem eine Machtmotivation angeregt ist, gibt (1) der Machtausübende der „Zielperson" zu erkennen, welches Verhalten er von ihr erwartet. Entspricht die Zielperson sogleich dieser Erwartung, so ist der machtmotivierte Handlungsablauf schon zu Ende. Läßt die Zielperson jedoch Widerstand erkennen (2), so mustert sozusagen der Machtmotivierte seine Machtquellen unter dem Gesichtspunkt, ob und welche er mit Aussicht auf Erfolg unter Be-

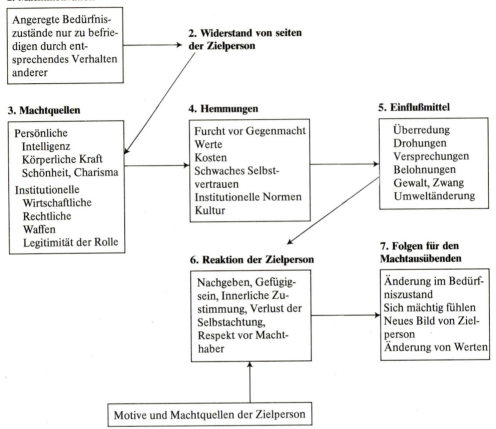

Abb. 7.4. Ein deskriptives Modell des Machthandelns nach Cartwright (1965) und Kipnis (1974, S. 89)

rücksichtigung von den Motivbasen der Zielperson zum Tragen bringen kann. In Abb. 7.4 sind in dem entsprechenden Kasten (3) einige persönliche und institutionelle Machtquellen aufgezählt. Welche Machtquellen man wählt, hängt übrigens nicht nur von den Motivbasen der Zielperson, sondern auch von der Art des Verhaltens ab, das man in der Zielperson induzieren will. Wünscht man etwa, vom anderen geliebt zu werden, so ist der Einsatz persönlicher Machtquellen angemessener als der Einsatz institutioneller.

Dem Einsatz eigener Machtquellen können aber Hemmungen entgegenstehen (4), die überwunden oder nicht überwunden werden. Solche Hemmungen können sein: Furcht vor Gegenmacht des anderen, Furcht vor Machtausübung, weil damit ein ideales Bild vom eigenen Ich unterzugehen droht; zu geringes Selbstvertrauen und damit zuviel Selbstzweifel an den eigenen Einflußmöglichkeiten; rivalisierende Werte (z. B. eine anti-autoritäre Wertüberzeugung); nachträgliche Kosten der Machtausübung (weil z. B. einem auf die Dauer Belohnungen zu kostspielig, Überwachungen des Verhaltens der Zielperson zu aufwendig werden können); institutionelle Normen darüber, welche Mittel der Einflußnahme sich gegenüber welchen Personen nicht gehören.

Sofern Hemmungen nicht vorliegen oder überwunden wurden, werden Einflußmittel (5) benutzt. Sie entsprechen teils den eingesetzten Machtquellen, teils hängen sie von individuellen Unterschieden des Machtausübenden, teils von dessen Situationswahrnehmung, teils vom Widerstand der Zielperson ab (vgl. Überblick bei Kipnis, 1974). Um beim letzteren zu beginnen: In der Regel werden zunächst mildere Einflußmittel wie Überredung benutzt und eskalieren dann in der Schärfe bis zu Bestrafungen und Zwang, wenn der Widerstand der Zielperson anhält. Mangelnde Fähigkeit der Zielperson wird mit milderen Einflußmitteln zu korrigieren versucht als mangelnde Motivation (vgl. auch Fremdbewertung von Leistungen, Kap. 11). Je größer, entfernter und anonymer der Kreis der zu Beeinflussenden ist, umso höhere Einflußmittel setzt man ein; desgleichen, je schwächer das eigene Selbstvertrauen ist. Kommen Personen, die sich schwach und external kontrolliert fühlen in Führungspositionen, die ihnen viele institutionelle Machtquellen zu Verfügung stellen, so meiden sie persönlich vermittelnde Einflußnahmen wie Überredung zugunsten institutioneller Anwendung harter Maßnahmen (Goodstadt u. Hjelle, 1973).

Die Reaktion der Zielperson (6) hängt von deren Motiven und Machtquellen ab. Zeigt sie erneut Widerstand, so beginnt die ganze Handlungsabfolge in Abb. 7.4 von vorn. Entspricht sie den Erwartungen des Machtausübenden, so kann dies auf ganz verschiedene Arten geschehen. Sie kann äußerlich gefügig sein, aber innerlich Groll hegen, sie kann äußerlich mürrisch nachgeben, aber innerlich der Einflußnahme zustimmen. Sie kann an Selbstachtung verlieren oder mehr Respekt vor dem Machtausübenden gewinnen, u. a. m. Schließlich hat das Machthandeln auch Folgen für den Machtausübenden. Er hat das Bedürfnis das die Zielperson blockiert hatte, durch eine von ihm selbst induzierte Verhaltensänderung der Zielperson befriedigt. Wichtiger ist vielleicht das Gefühl, mächtig gewesen zu sein, machtvollkommen gehandelt und Eindruck bei anderen hinterlassen zu haben, einen Zuwachs an Selbstachtung gewonnen zu haben o. ä. Das Bild von der Einflußperson kann sich ändern, man schreibt ihr mehr Abhängigkeit und weniger eigenständige Motivation zu, hat eine geringere Meinung von ihr, hält mehr Abstand u. a.

Individuelle Unterschiede im Machthandeln: Machtmotiv

Die bisher vorgenommene allgemeine Analyse des Machthandelns kann uns jetzt Anhaltspunkte für die Beantwortung der Frage bieten, in welchen Hinsichten unter sonst gleichen Situationsumständen sich Individuen beim Machthandeln unterscheiden könnten. Daraus ließen sich Bestimmungsstücke für ein Persönlichkeitskonstrukt „Machtmotiv" ableiten, das individuelle Verhaltensunterschiede aufklärt.

Weiterhin ließe sich prüfen, wieweit die bisher zu diesem Zweck konstruierten Meßverfahren für Machtmotiv den Besonderheiten des Machthandelns entsprechen. Wir werden dabei gelegentlich Befunde über individuelle Unterschiede anführen, ohne schon näher auf die verwendeten Meßinstrumente einzugehen.

1. Erwerb von Machtquellen

Zunächst einmal sollte es individuelle Unterschiede in dem Bestreben geben, die eigenen Machtquellen zu vermehren und zu vergrößern. Schon der bloße Besitz von Machtquellen und das dadurch vermittelte Machtgefühl kann ein Zielzustand sein, der um seiner selbst willen angestrebt wird, ohne daß es mit einem Machthandeln gegen andere verbunden sein muß. Für die persönliche Befriedigung ist das Gefühl, Macht zu besitzen, entscheidender als die Beeinflussung anderer. Zu den begehrten Machtquellen kann vieles gehören wie Besitz, Prestige, Status, Führungsposition, Informationskontrolle. So fand Winter (1973), daß Studenten, die Ämter in der studentischen Selbstverwaltung innehatten, überdurchschnittlich machtmotiviert waren; desgleichen die öffentlichen Wortführer eines lokalpolitisch bedeutsamen Sanierungsprogramms in einer Großstadt, nicht jedoch Parteipolitiker verschiedener Ebenen derselben Stadt.

2. Fähigkeit

Es sollte individuelle Unterschiede hinsichtlich der Fähigkeit geben, die Motivbasen anderer Personen schnell und treffend zu erfassen und mit den eigenen Machtquellen in Beziehung zu bringen, um auf einflußwirksame und kostengünstige Weise das Anreizfeld der Handlungsfolgen für den anderen umzuarrangieren. Dabei mag es auch eine Rolle spielen, wieweit jemand in der Lage ist, alle eigenen Machtquellen, alle Einflußmittel und alle Motive des anderen in Erwägung zu ziehen, um die Einflußsituation zu konstellieren. Interessen und Fähigkeiten dieser Art haben ein manipulatives Moment und lassen sich geradezu als motivationspsychologisch apostrophieren! Es ist aufschlußreich, daß Winter (1973) bei Stichproben von Lehrern, Geistlichen, Journalisten und Psychologen – im Gegensatz etwa zu Verwaltungsbeamten, Medizinern und Juristen – ein stark ausgeprägtes Machtmotiv fand. In allen vier Fällen handelt es sich um ausgesprochene „Manipulations"-Berufe, die ihre Mitmenschen erziehen, beeinflussen oder ändern wollen. (Man denke etwa an den Klinischen Psychologen, der Techniken der Verhaltensmodifikation anwendet; aber auch an den experimentellen Motivationsforscher, der seinen Vpn allerlei glauben machen muß, um sie seinem Versuchsplan entsprechend zu motivieren). Auch für unterschiedliche Fähigkeiten im schnellen Abschätzen der eigenen Machtquellen in einer neuen Situation mit ihren Einflußmöglichkeiten gibt es Hinweise. So fanden Schnackers u. Kleinbeck (1975), daß hoch Machtmotivierte in einem Verhandlungsspiel *(Con Game)* sich aktiver durchsetzen, ihre Mitspieler mehr beeinflussen, häufiger hereinlegen und von Anfang an mehr Gewinn erzielen.

3. Machthandeln

Was wird angestrebt, weil es befriedigt? Das Bestreben nach Erwerb von Machtquellen um des damit verbundenen Machtgefühls willen haben wir schon erwähnt. Darüber hinaus kann aber auch, weil es befriedigt, angestrebt werden, die eigenen Machtquellen zu nutzen, um damit die Motivbasen anderer zur Verhaltensbeeinflussung im Dienst eigener Ziele ansprechen zu können. Demnach müßte es individuelle Unterschiede nicht nur hinsichtlich der Fähigkeit, sondern vor allem auch hinsichtlich des Bestrebens geben, Machthandeln auch auszuüben, um andere zu beeinflussen.

Das ist offenbar ein wesentlicher Punkt, der zum Beispiel „starke" von „schwachen" politischen Führern unterscheidet. Donley u. Winter (1970) haben die Stärke des Machtmotivs der 12 amerikanischen Präsidenten dieses Jahrhunderts (erhoben durch Inhaltsanalyse ihrer Antrittsreden) mit ihrer politischen Wirksamkeit (eingeschätzt durch Historiker), mit Eintreten in einen Krieg und mit dem Ausmaß von Kabinettsumbildungen verglichen. Obwohl allen Präsidenten ein großer Machtapparat zur Verfügung stand, haben – wie sich an den aufgeführten Indikatoren ablesen läßt – die niedrig machtmotivierten unter ihnen (Taft, Harding, Coolidge, Hoover und Eisenhower) davon weniger Gebrauch gemacht als die hoch machtmotivierten (wie F. D. Roosevelt, Truman, Kennedy und Johnson).

Individuelle Unterschiede gibt es aber auch in der Bevorzugung verschiedener Einflußmittel, wie Goodstadt u. Hjelle (1973) fanden. Sie eröffneten Vpn, ausgesucht nach hoher internaler oder externaler Kontrolle im Sinne Rotters, verschiedene Machtquellen, um auf einen Arbeiter einzuwirken, der eine ungünstige Einstellung zu seiner Arbeit hatte und wenig produzierte. External kontrollierte Vpn verließen sich dabei weit mehr auf Einflußmittel der Bestrafung und des Zwangs (z. B. Drohung mit Entlassung) als internal kontrollierte Vpn, die es eher mit Zu- und Überreden versuchten. Da external Kontrollierte sich von Haus aus als machtlos und entfremdet erleben, schätzen sie wahrscheinlich alle Einflußmöglichkeiten außer Zwang und Bestrafung für zu gering ein.

Man kann hier die Frage nach individuellen Unterschieden noch weiter differenzieren, wenn man die vier Voraussetzungen für erfolgreiches Machthandeln – nämlich Verfügen über Machtquellen, Fähigkeit zum Umarrangieren von Anreizwerten im Handlungsfeld anderer, das Bestreben, das Verhalten anderer zu beeinflussen und die Bevorzugung bestimmter Einflußmittel – in jeweils verschiedener Ausprägung miteinander kombiniert. So mag jemand zwar über Machtquellen, Entschlossenheit zum Machthandeln, adäquate Einflußmittel, nicht aber über Fähigkeit verfügen, usw.

4. Moralität des Zwecks

Es sollte auch individuelle Unterschiede darin geben, um welcher Gründe willen man letztlich bestrebt ist, Macht und Einfluß auf andere auszuüben. Hier treten moralische Wertungsgesichtspunkte in die Betrachtung ein. Machtausübung kann im Dienst genußreicher Erfahrung eigener Willkür und der manipulierten Hilflosigkeit anderer stehen, der persönlichen Selbsterhöhung dienen. Sie kann aber auch in den Dienst der „guten Sache", der Ziele einer Gruppe oder Organisation gestellt werden, sie kann dem „wohlverstandenen Interesse" der Beeinflußten dienen. Unter moralischen Gesichtspunkten werden von den Beteiligten und Außenstehenden die jeweilig vermuteten Absichten nach „gut" und „schlecht", nach „legitim" oder „illegitim" eingestuft.

In diesem Sinne hat McClelland zwischen zwei Motivtypen unterschieden, die er als personalisierte Macht (*p Power*) und sozialisierte Macht (*s Power*) bezeichnet (McClelland, Davis, Kalin u. Wanner, 1972; McClelland, 1970; 1975). McClelland und Mitarbeiter entdeckten, daß ein Indikator für „Aktivitätshemmung" in TAT-Geschichten und anderem sprachlichen Material (Auftretenshäufigkeit des Wortes „nicht") bei sonst hohem machtthematischen Gehalt mit dem Innehaben verantwortlicher Ämter und eher geringem Alkoholkonsum einhergeht (*sPower*), während bei fehlender Aktivitätshemmung ein hohes Machtmotiv mit exzessivem Trinken, mit Besitz von angeberischen Prestigegütern, mit ersatzbefriedigendem Lesen von Sex- und Sportzeitschriften sowie mit Hang zu riskantem Glücksspiel korreliert (*p Power*).

Dieser Unterschied konnte auch durch zusätzliche Kategorien im Inhaltsschlüssel zur Messung des Machtmotivs herausgearbeitet werden; z.B. ob das Machtziel zum eigenen oder zum Wohl anderer Personen angestrebt wird und ob man Selbstzweifel über die eigenen Machtquellen und die Fähigkeit, sie anzuwenden, empfindet. McClelland (1975) hat den Aspekt der Selbst- und Fremddienlichkeit des Machtmotivs zu einer Vier-Stadien-Theorie der Ich-Entwicklung erweitert (wie wir noch sehen werden).

Relevant unter dem Gesichtspunkt von Moralität der Absichten ist auch die Unterscheidung von Thibaut u. Kelley (1959) zwischen Schicksalskontrolle und Verhaltenskontrolle (*fate vs. behavior control*). Bei Schicksalskontrolle beeinflußt A die Folgen von B's Handlungen, ohne sich weiter um dessen Motive und Handlungen zu kümmern. Bei Verhaltenskontrolle beeinflußt A die Folgen von B's Handlungen nur insoweit, als es ihm gelingt, B vorher zu motivieren, in der von A gewünschten Weise zu handeln.

5. Furcht vor Folgen des Machthandelns

Die soziale Interaktion beim Machthandeln ist zwar nicht symmetrisch wie bei anschlußthematischer Interaktion, sie ist aber auch nicht einseitig gerichtet, wie anhand des deskriptiven Modells des Machthandelns bereits erörtert wurde. Die Interaktion ist gegenseitig. Die Zielperson des eigenen Machthandelns handelt zurück, sie kann Widerstand entwickeln und Gegenmacht einsetzen. Es sollte deshalb individuelle Unterschiede darin geben, wieweit Möglichkeiten und Folgen des eigenen Machthandelns bei A selbst nicht nur Hoffnungen und Wünsche, sondern auch oder statt dessen Befürchtungen auslösen. Fünf Arten von Furcht vor Macht lassen sich unterscheiden: (1) Furcht vor Zuwachs an eigenen Machtquellen, (2) Furcht vor Verlust eigener Machtquellen, (3) Furcht vor Ausübung eigener Macht, (4) Furcht vor Gegenmacht des anderen und (5) Furcht vor Erfolglosigkeit des eigenen Machtverhaltens.

Eine derartige Differenzierung von Furcht vor Macht ist bislang weder zu messen noch zu belegen versucht worden. Winter (1973) hat ein Maß für Furcht vor Macht entwickelt, das im wesentlichen Furcht vor Erfolglosigkeit der eigenen Macht anzuzeigen scheint. Dafür spricht einmal, daß Studenten mit hoher Furcht vor Macht großen Wert auf Unabhängigkeit und ein unreglementiertes Studium legen. Zum anderen ist es bezeichnend, daß jüngste Söhne, die mehr als ein älteres Geschwister haben, höhere Furcht vor Macht haben als Söhne in allen anderen Geschwisterkonstellationen. Sie hatten während der Kindheit am meisten die Machtausübung Überlegener zu erleiden und zudem die geringsten Manövriermöglichkeiten zur Bildung von Koalitionen gegen die Machtausübung älterer Geschwister.

6. Bevorzugte Bereiche

Offensichtlich zeigen Individuen nicht in allen ihren Lebensbereichen gleich wenig oder viel Machthandeln. Es kann sich beschränken auf die private Sphäre (auf den Ehepartner, die Kinder), auf die berufliche Sphäre (auf Untergebene, Kollegen), auf die öffentliche Sphäre (auf andere Interessenverbände, politische Gruppierungen) u. a. m. Sprichwörtlich ist die Karikatur eines Mannes, der in seiner beruflichen Stellung viel zu sagen, zu Hause bei seiner Frau aber „nichts zu melden" hat. Faßt man Machtmotivation rein instrumentell auf, so müßte die Bereichsspezifität des Machthandelns von den folgenden vier Faktoren abhängen: (1) von der Stärke eigener Motive und der persönlichen Wichtigkeit von Zielsetzungen, die sich nur bei aktiver Unterstützung durch andere verwirklichen lassen, (2) von der fraglichen oder fehlenden Bereitschaft anderer, diese Unterstützung von sich aus zu gewähren, (3) von Art und Stärke der eigenen Machtquellen, die befried- und verletzbare Motive der anderen tangieren können und (4) die besonderen, zur Verfügung stehenden Einflußmittel, um die eigenen Machtmittel auf die Motivbasen der anderen sich konkret auswirken zu lassen. Bereichsspezifisches Machthandeln beruht also auf einem mehrfaktoriellen Bedingungsgeflecht. Bis heute scheint es dazu noch keine Untersuchungen zu geben.

Faßt man dagegen Machtmotivation als Anregung eines intrinsischen Machtmotivs auf, so müßte es schon dort zu bevorzugten Bereichen des Machthandelns kommen, wo man über besondere Machtquellen und Einflußmittel verfügt, gleichgültig, ob auch eigene Bedürfnisse und Zielsetzungen die Mitwirkung anderer erforderlich machen und diese Mitwirkung in Frage gestellt ist oder nicht. In der Tat gibt es Befunde, die dafür sprechen, daß allein schon die bloße Verfügbarkeit von Machtquellen zu ihrer Verwendung in verstärktem Machthandeln zur Beeinflussung anderer führt. So machte Kipnis (1972) Vpn in einer Simulationsstudie zu Managern. Unter einer Bedingung wurde ihnen ausdrücklich ein breites Spektrum von Sanktionsmitteln gegenüber ihren Arbeitnehmern zur Verfügung gestellt (Machtbedingung), in der anderen wurde ihnen nur gesagt, Manager zu sein (Nicht-Machtbedingung). Obwohl alle Arbeitnehmer zufriedenstellend arbeiteten, unternahmen Manager in der Machtbedingung mehr als zweimal soviel Versuche, die Arbeitnehmer zu beeinflussen.

Motivdefinitionen

Nachdem wir aus der allgemeinen Analyse des Machthandelns sechs Bestimmungsstücke für individuelle Unterschiede eines Persönlichkeitskonstrukts „Machtmotiv" spezifiziert haben, können wir daran gehen zu prüfen, ob und wieweit die Motivdefinitionen jener Forscher, die Meßinstrumente für das Machtmotiv entwickelt haben, damit übereinstimmen. Als erster ist H. A. Murray anzuführen, der unter der Bezeichnung *„need Dominance"* schon 1938 eine Definition des Machtmotivs gab:

Desires and Effects: To control one's human environment. To influence or direct the behavior of *O*s (others) by suggestion, seduction, persuasion, or command. To dissuade, restrain, or prohibit. To induce an *O* to act in a way which accords with one's sentiments and needs. To get *O*s to co-operate. To convince an *O* of the rightness of one's opinion ... *Actions:General:* To influence, sway, lead, prevail upon, persuade, direct, regulate, organize, guide, govern, supervise. To master, control, rule, override, dictate terms. To judge, make laws, set standards, lay down principles of conduct, give a decision, settle an argument. To prohibit, restrain, oppose, dissuade, punish, confine, imprison. To magnetize, gain a hearing, be listened to, be imitated, be followed, set the fashion ... (S. 152).

Diese Aufzählung von Tätigkeiten beschreibt ausschließlich Machthandeln und deutet zum Schluß drei der sechs Machtquellen an: Legitimierte, Bestrafungs- und Zwangs- sowie Vorbildmacht. Nicht explizit sind: Erwerb von Machtquellen, Fähigkeit, Moralität des Zwecks, Furcht vor Folgen des Machtverhaltens und bevorzugte Bereiche.

Veroffs Definition

Die nächste Definition stammt von Veroff (1957), der nicht – wie Murray (1938) – einen Fragebogen, sondern das erste TAT-Instrument entwickelte. Die folgende, sehr knappe Definition wird noch ergänzt durch einige wichtige Hinweise des TAT-Inhaltsschlüssels, welche Aussagen als machtthematisch anzusehen sind:

> ... the power motivation will be considered that disposition directing behavior toward satisfactions contingent upon the control of the means of influencing another person (s). (S. 1) – Power imagery: ... (a) ... affect surrounding the maintenance or attainment of the control of means of influencing a person. A character can be feeling good about winning an argument or feeling bad about because he was unable to have his way ... Affective concern can also be found in statements of wanting to avoid weakness. Examples of this are: being humiliated in a status position, being ashamed of an incapacity to assert one's self or become dominant, and resenting the influence of another and wanting to overcome this ... (b) ... someone doing something about maintaining or attaining to control of the means of influence ... The character has to dispute a position, argue something, demand or force something ...(c) ... an interpersonal relationship which in its execution is culturally defined as one in which there is a superior person in control of the means of influencing a subordinate person ... (S. 3, 4).

Es fällt auf, daß Veroffs Auffassung des Machtmotivs in der Hauptsache um die Aufrechterhaltung und den Erwerb von Machtquellen sowie um die Furcht vor Verlust eigener Machtquellen und die Furcht vor Gegenmacht des anderen kreist. (Auch bei der Erörterung des Anschlußmotivs haben wir gesehen, daß das dafür von Shipley u. Veroff, 1952, entwickelte Meßverfahren vornehmlich Furchttendenzen erfaßt.) Von den anderen Bestimmungsstücken bleiben Fähigkeit, Moralität des Zweckes und bevorzugte Bereiche offen. Machthandeln ist nicht betont, statt dessen werden seine affektiven Begleiterscheinungen und Folgen hervorgehoben. An Machtquellen treten vor: Zwangsmacht, legitimierte Macht, Informations- und (vielleicht auch) Expertenmacht. Insgesamt entsteht der Eindruck, daß Veroff Macht eher aus der Sicht dessen auffaßt, der den Verlust von Machtquellen fürchtet und die Macht anderer erleidet, statt selbst Macht auszuüben. (Wir werden noch sehen, daß die besonderen Anregungsbedingungen, die Veroff bei der Validierung seines Inhaltsschlüssels heranzog, seiner Auffassung des Machtmotivs entgegenkommen).

Es ist deshalb nicht weiter verwunderlich, wenn eine Reihe von Befunden mit Veroffs Meßinstrument die Aspekte der eigenen Machtlosigkeit und der Furcht vor der Macht anderer hervortreten lassen (Veroff u. Veroff, 1972). So fanden Veroff und Mitarbeiter in einer bundesweiten USA-Erhebung von 1957, daß Personen mit minimalem Einkommen, mit geringer Schulbildung, aus zerbrochenen Familien sowie Farbige und Verwitwete über 50 Jahre überdurchschnittlich „machtmotiviert" waren (Veroff, Atkinson, Feld u. Gurin, 1960; Veroff u. Feld, 1970). In Ländern, deren nationale Motivindices (aufgrund von Lesebuchgeschichten) für Macht (nach Veroff) hoch und für Anschluß niedrig sind, herrschten totalitäre Regierungsformen vor (McClelland, 1961). Ein hoher nationaler Machtmotiv-Index für 1944–1950 sagt für den Zeitraum von 1955–1960 ein erhöhtes Maß an politischer Unruhe und Gewalt voraus (Southwood, 1969).

Ulemans Definition

Das nächste TAT-Maß stammt von Uleman (1966, 1972; das gemessene Konstrukt benannte er später (1972) von *need Power* in *need Influence* um). Uleman geht nicht von einer ausdrücklichen Definition des Machtmotivs aus, sein Inhaltsschlüssel macht jedoch deutlich, daß er statt der defensiven und furchtbezogenen Auffassung Veroffs von Macht eine offensive bevorzugt, wie folgende Auszüge belegen.

... a party (P1) acts toward a second party (P2) in such a way that is causes P2 to react ... The first *action* must be overt, and intentional or willful. – ... high social status or prestige. Indicators of prestige include fame, wealth, and position. – ... an organisation, or a member of an organisation ... – ... *absence* of deprecation, humiliation, embarassment, belittling of some party involved in the influenced situation. – ... absence of thoughts about the past ... – ... *absence* of fear, dread, apprehension ... – ... *action-reaction* sequence ... the parties ... plan some further activity, or seek ... advice ... – ... one party carries out an act which threatens some important interest of another party, who reacts by carrying out an act to neutralize the threat. – ... active separation of one party from another ... (1972, S. 171, 172).

Hier steht Machthandeln ganz im Vordergrund als eine heftige, sich gegenseitig bedrohende Interaktion, die keinerlei Furcht aufkommen läßt und tapfer zu bestehen ist. Keines unserer anderen Bestimmungsstücke wird thematisiert (vielleicht mit Ausnahme von Fähigkeit: *plan some further activity*). An Machtquellen werden Belohnungsmacht und legitimierte Macht hervorgehoben. Wir werden noch sehen, daß auch hier das validierende Motivanregungs-Experiment ganz der vom Autor bevorzugten Macht-Auffassung entspricht.

Winters Definition

Als letzter hat Winter (1973) nach einigen Revisionen ein TAT-Maß veröffentlicht, in dem auch Teile der Inhaltsschlüssel von Veroff und von Uleman Verwendung gefunden haben. Der Winter-Schlüssel korreliert zwischen 0,39 und 0,47 mit den Schlüsseln von Veroff und von Uleman. Im Folgenden werden zunächst Winters allgemeine Definition des Machtmotivs und dann Auszüge seines Inhaltsschlüssels wiedergegeben.

... social power is the ability or capacity of 0 to produce ... intended effects on the behavior or the emotions of another person P. (S. 5).

... some person or a group of persons ... is concerned about establishing, maintaining, or restoring his power- that is impact, control, or influence over another person, group of persons, or the world at large ... 1. Someone shows his power concern through actions which in themselves express his power ... (a) Strong forceful actions which affect others, such as assaults ... (b) Giving help, assistance, advice, or support if it has not been solicited by the other person ... (c) Trying to control another person through regulating his behavior or the conditions of his life, or through seeking information which would affect another's life or actions ... (d) Trying to influence, persuade, convince, bribe ..., so long as the concern is not to reach agreement ... (e) Trying to impress some other person or the world at large ... 2. Someone does something that arouses strong positive or negative emotions in others ... 3. Someone ... having a concern for his reputation or position ... (S. 251–254).

Fear of Power ...: (a) The power goal is for the direct or indirect benefit of another ... (b) The actor has doubt about his ability to influence, control, or impress others ... (c) The writer of the story suggests that power is deceptive or has a flaw ... (S. 261, 262).

Winters revidierter Inhaltsschlüssel umfaßt weit mehr Phänomene und Bestimmungsstücke des Machthandelns als die Inhaltsschlüssel von Veroff und Uleman. Der Erwerb von (nicht weiter spezifizierten) Machtquellen und auch Machthandeln (vor allem im Sinne von Eindruck machen) werden betont. Fähigkeit spielt indirekt eine Rolle, weil unterschiedliche Motivbasen für Machthandeln offengehalten werden, indem auch Hilfe und Unterstützung des anderen aufgeführt sind. Die Moralität des Zweckes wird in positiver und negativer Hinsicht akzentuiert. Allerdings ist sozialdienliches Machthandeln eigenartigerweise mit Furcht vor Macht (genauer: Furcht vor Erfolglosigkeit und moralischer Fragwürdigkeit der eigenen Machtausübung) gekoppelt. Bevorzugte Bereiche werden nicht differenziert.

Schnackers u. Kleinbeck (1975), die eine ins Deutsche übertragene und validierte Form des Winter-Schlüssels verwenden, definieren Machtmotiv als

> ... das Bestreben ..., in sozialen Situationen, in denen verschiedene Einstellungen, Pläne und Verhaltensweisen möglich sind, die eigenen Absichten und Entscheidungen unter Ausschöpfung eigener Kontrollmöglichkeiten durchzusetzen, wobei in der Regel das Verhalten und das Schicksal anderer Personen beeinflußt wird. (S. 301).

Diese Definition definiert schon genauer Bedingungen des Machthandelns; nämlich die Verwendung von Machtquellen (deren Besitz allerdings vorausgesetzt wird und deren Erwerb unthematisiert bleibt) und des notwendigen freien Bewegungsspielraumes auf beiden Seiten der sozialen Interaktion, worin auch implizit die Ansprechbarkeit von Motivbasen sowie der Fähigkeitsaspekt angedeutet ist. Moralität des Zweckes, Furcht vor Folgen des Machtverhaltens und bevorzugte Bereiche bleiben unberücksichtigt.

Fähigkeits- und moralische Einstellungsmerkmale, die in sozialer Interaktion – besonders in Verhandlungssituationen – die Übervorteilung anderer begünstigen, haben übrigens Christie und Mitarbeiter (Christie u. Geis, 1970) bei der Validierung der sog. Machiavellismus-Skala herausgearbeitet. Da wir auf diesen Ansatz noch eingehen werden, sei hier nur soviel gesagt, daß sich ausgeprägte „Machs" in sozialen Situationen, die etwas unstrukturiert und leicht emotionalisierbar sind, durch ein „cool syndrom" und nicht durch „soft touch" auszeichnen. Sie lassen sich nicht emotionalisieren und von anderen beeinflussen, bleiben kühl und erfassen schnell, was die Situation an Einflußmöglichkeiten enthält. Sie bleiben aufgaben- und nicht personorientiert, ergreifen Initiative und kontrollieren mehr als ihre Partner und Gegenspieler das Geschehen zu ihren Gunsten. Diese Fähigkeiten gehen mit einer etwas zynischen Auffassung über die Manipulierbarkeit anderer Menschen einher. Es ist jedoch noch offen, ob dies Anzeichen einer moralisch bedenklichen Grundeinstellung oder Ausdruck ihrer im Vergleich zu anderen Menschen bemerkenswerten Bereitschaft ist, auch sozial unerwünschte Meinungen mitzuteilen.

Typologie von Entwicklungsstadien der Macht

Die Thematik machtmotivierten Handelns hat neuerdings McClelland (1975) wieder aufgerollt und in einen größeren Betrachtungsrahmen gestellt, indem er kultur- und gesellschaftskritisch auf die einseitige Auffassung machtmotivierten Verhaltens im Sinne von Einflußnahme und von aggressiver Durchsetzung des eigenen Willens aufmerksam macht. Diese Einsichtigkeit, so sucht er durch ausgedehnte kulturanthropologische und -psychologische Analysen aufzuzeigen, ist charakteristisch für das Maskulinitätsideal westlicher Kulturtraditionen, übersieht aber das anders akzentuierte Machtverhalten in östlichen Kulturkreisen (etwa in Indien) und läßt vor allem typisch weibliche Formen der Machtausübung außer Betracht. McClelland definiert das Machtmotiv

> ... as the need primarily to *feel strong*, and secondarily to act powerfully. Influencing others is just one of several ways of satisfying the need to feel strong (1975, S. 77).

Das entspricht unserer Unterscheidung von Erwerb und Besitz von Machtquellen einerseits und Machthandeln andererseits. Das in beiden Fällen letztlich angestrebte Motivziel ist nach McClelland, „sich stark zu fühlen". Er hat all seinen Analysen eine vierteilige Klassifikation des Machtverhaltens zugrunde gelegt, die auf die psychoanalytische Theorie Eriksons (1963) der Ich-Entwicklung (oder der sozialemotionalen Entwicklung) zurückgeht. Unterschieden wird zwischen Quellen und Objekten der Macht, und zwar jeweils ob sie sich auf das Selbst oder den anderen beziehen. So entstanden vier Entwicklungsstadien der Machtorientierung: I. In-sich-Aufnehmen (*Intake*), II. Unabhängig-sein (*Autonomy*), III. Sich-Durchsetzen (*Assertion*) und IV. Hervorbringen (*Generativity*), die Tabelle 7.4. näher darstellt.

Die vier Stadien sollen Reifestadien darstellen, die in dieser Reihenfolge im Laufe der Entwicklung erreicht werden können. Das Erreichen eines höheren Stadiums hebt die früheren nicht auf, sie bleiben je nach Situationsangemessenheit voll verfügbar. Paradigma von Stadium I („Es stärkt mich") ist die frühe Mutter-Kind-Beziehung. Machtthematisch bedeutet dies in späteren Lebenslaufabschnitten: mit Menschen Kontakt zu halten, die Unterstützung gewähren, Kraft spenden, inspirieren, begeistern; kurz, durch Verbindung mit ihnen das eigene Machtgefühl steigern. (Beispiel: Mitgerissenwerden durch die Rede eines politischen Führers). Paradigma von Stadium II („Ich stärke mich selbst") ist die mittlere Kindheit mit ihrem Unabhängigwerden von der Mutter und zunehmender Ich- und Willenskontrolle über das eigene Verhalten. Paradigma von Stadium III („Ich mache Eindruck auf andere") ist der Heranwachsende, der sich von Autoritäten unabhängig gemacht hat, wechselnde Liebesbeziehungen aufnimmt, wetteifert und sich gegen andere durchsetzt. Paradigma von Stadium IV („Es drängt mich zur Pflichterfüllung") ist der gereifte Erwachsene mit fester gegenseitiger Liebesbindung, der sich in den Dienst einer Sache oder einer sozialen Gruppe stellt. Eine ähnliche, empirisch noch ungeprüfte Entwicklungstheorie haben übrigens auch Veroff u. Veroff (1971) vorgelegt.

Das sind nur knappe Andeutungen zur machtthematischen Stadientypologie. Verglichen mit unserer Liste von Bestimmungsstükken betonen die Stadien I und II den Erwerb von Machtquellen und die Stadien III und IV das Machthandeln. Die Moralität des Zweckes wird durch die Selbstdienlichkeit des Stadiums III und die Fremddienlichkeit des Stadiums IV kontrastiert, was der McClellandschen Unterscheidung von personalisierter und sozialisierter Machtmotivation entspricht. Was bevorzugte Bereiche des Machtverhaltens betrifft, so hat McClelland hierzu eine Fülle stadienspezifischer Befundhinweise beigebracht, die hier nicht verfolgt werden können. Dagegen bleibt neben Fähigkeit der Punkt Furcht vor Folgen des Machtverhaltens unberücksichtigt; so auch überhaupt der Aspekt gegenseitiger Interaktion beim Machthandeln.

Tabelle 7.4. McClellands Klassifikation der Machtorientierung in vier Entwicklungsstadien (1975, S. 14, 36)

Objekte der Macht	Quellen der Macht	
	ANDERE	SELBST
SELBST (sich stärker fühlen)		
Definition:	*Stadium I: In-sich-Aufnehmen*[a] „Es" (Gott, meine Mutter, mein Führer, Nahrung) stärkt mich	*Stadium II: Unabhängig sein* Ich stärke, überwache, leite mich selbst
Handlungskorrelate:	Machtorientierte Lektüre	Ansammlung von Prestigegütern
Entwicklungsstand:	Oral: versorgt werden	Anal: Unabhängigkeit, Wille
Pathologie:	Hysterie, Drogensucht	Zwangsneurose
Berufe:	Klient, Mystiker	Psychologen, Sammler
Volkstümliche Themen:[b]	Essen, nehmen, verlassen	Ich, er, haben, gehen, finden
ANDERE (zu beeinflussen)		
Definition:	*Stadium IV: Hervorbringen* „Es" (Religion, Gesetze, meine Gruppe) drängt mich zum Dienen und zur Einflußnahme auf andere	*Stadium III: Sich-Durchsetzen* Ich mache Eindruck, habe Einfluß auf andere
Handlungskorrelate:	Mitgliedschaft in Organisationen	Wettkampfsport, Debattieren
Entwicklungsstand:	Genital: Gegenseitigkeit, Prinzipientreue, Pflicht	Phallisch: sich selbst behauptende Aktionen
Pathologie:	Messianismus	Kriminalität
Berufe:	Manager, Wissenschaftler	Strafverteidiger, Politiker, Journalisten, Lehrer
Volkstümliche Themen:	Wir, sie steigen auf, fallen	Jagen, Können

[a] Die Stadienbezeichnungen sind ergänzt (nach McClelland, 1975, S. 36).
[b] Aufgrund von Worthäufigkeitsanalysen von Volksgut-Material (Märchen, Sagen etc.) aus 44 Kulturen aller Kontinente (vgl. McClelland et al., 1972).

Stewart (1973) hat einen TAT-Inhaltsschlüssel entwickelt, um die stadienspezifische Ausprägung des individuellen Machtmotivs zu erfassen. Sie hat dazu aus einem Jahrgang von Harvard-Studienanfängern ($N=85$) je sechs Fälle ausgesucht, die am reinsten je einem der vier Stadien nach Eriksons Theorie der Ich-Entwicklung entsprechen, um zwischen ihnen charakteristische Unterschiede in TAT-Materialien ausfindig zu machen. Dabei ließen sich machtthematische Unterschiede zwischen den Stadien anhand von vier Dimensionen finden: (1.) Beziehung zur Autorität, (2.) Beziehung zu Menschen und Objekten, (3.) Gefühle und (4.) Handlungen. Als Beispiel sei nur die Stadienspezifität der Autoritätsbeziehung angeführt: I. Autorität ist wohlwollend, II. Autorität ist kritisch, III. Rebellion gegen Autorität, IV. Distanziertheit von persönlichen Autoritäten.

Da der Winter-Schlüssel (wie auch der von Veroff oder Uleman) bevorzugt machtthematische Ausdrucksformen der Stadien II und III erfaßt (also in bereichsspezifischer Hinsicht einseitig ist), hat McClelland die Stadienpunktwerte nach dem Stewart-Schlüssel additiv mit den Punktwerten für das Machtmotiv (nach Winter) kombiniert. An einer Stichprobe von Männern und verheirateten Frauen (mit unterschiedlichem sozialen Hintergrund) ließ sich zeigen, daß die kombinierten Machtmotivwerte ein wenig höher mit vielfältigem Fragebogen- und TAT-Material, das sich zuvor als stadienspezifisch erwiesen hatte, korrelieren als die einfachen Machtmotivwerte. Tabelle 7.5 gibt dazu Beispiele. Sie deuten an, daß eine stadienmäßige Bereichsspezifität des Machtmotivs den Zusammenhang mit alternativen Manifestationen des Machtverhaltens erhöhen kann.

Neben den mancherlei biographischen und kulturpsychologischen Analysen sucht McClelland (1975) die Machtthematik der weiblichen Rolle zu klären. Dazu prüft er, welche Verhaltensweisen, die ohnehin in seiner weiblichen Stichprobe verheirateter Frauen ausgeprägter sind als in seiner Männer-Stichprobe, sich mit höherem Machtmotiv noch stärker herausheben. Unabhängig von der Höhe des Machtmotivs ist bei Frauen bereits mehr als bei Männern ausgeprägt: Stärke der von anderen empfangenen Inspiration, Mitgliedschaft in Vereinigungen; Verleihen von Dingen in letzter Zeit; freiwillig auf Kinder aufpassen, weil man sie gern hat. Akzentuiert werden darüber hinaus durch höheres Machtmotiv Unterschiede wie die folgenden zugunsten der Frauen: Diät einhalten; Anzahl verfügbarer Kreditkarten; größere tägliche Flüssigkeitsaufnahme; mehr Bereitschaft zum Spenden eigener Organe nach dem Tode. Er schließt daraus, daß Machtmotivation die traditionelle Frauenrolle, die bemüht ist, innerhalb der Familie soziale und emotionale Ressourcen bereitzustellen – also im Geben und Entspannen sich auswirkt – begünstigt und bereichert:

Because their role has traditionally been to manage social and emotional resources in the family, women are interdependent and especially inter-

Tabelle 7.5. Korrelationen machtthematischer Verhaltensweisen mit einfachen und mit kombinierten Werten des Machtmotivs (kombiniert: plus stadienspezifischen Punktwerten) bei 85 Männern und 115 verheirateten Frauen. (Nach McClelland, 1975, S. 45)

Verhaltensweise	Machtmotiv		Machtmotiv plus Stadienwert	
	Männer	Frauen	Männer	Frauen
Stadium I: Machtthematische Lektüre	0,13	0,11	0,27s	0,12
Stadium II: Kontrollierter Ärger	0,15	0,12	0,22s	0,17
Stadium III: Offener, gegen andere gerichteter Ärger	0,07	0,04	0,10	0,17
Stadium IV: Mitgliedschaft in Organisationen	−0,01	0,23s	0,12	0,30ss

ested in people and the life process ...; what power motivation does is focus them on having more resources to share. (S. 94). – Female role behavior deserves a more positive, simple designation. It is more than just not being assertive like a man. It involves interdependence, building up resources, and giving. (S. 96).

Zusammenfassung

Schließen wir unsere kritische Übersicht über die machtthematischen Motivdefinitionen ab. Zusammenfassend läßt sich sagen, daß Machtmotivation weit komplexer als Leistungs- und Anschlußmotivation ist, zumal sie die verschiedensten Motive bei der Bemühung, sich machtvoll zu fühlen oder andere zu beeinflussen, auf beiden Seiten der sozialen Interaktion einbeziehen kann. Die Motivdefinitionen und inhaltsanalytischen Meßverfahren zeigen Fortschritte, wenn auch noch manche Aspekte ungeklärt bleiben. Soweit unsere theoretische Analyse zutreffend ist, ließe sich Machtmotiv – etwas umständlich, um möglichst alle Dimensionen wahrscheinlicher individueller Unterschiede aufzuführen – etwa wie folgt umschreiben.

Machtmotiv geht darauf aus, eigene Machtquellen zu gewinnen und zu sichern; entweder um des damit verbundenen Prestiges und Machtgefühls willen oder um – zusätzlich oder in der Hauptsache – das Verhalten und Erleben anderer, nicht von sich aus gefügiger Personen in einer solchen Weise zu beeinflussen, daß die Befriedigung eigener Bedürfnisse ermöglicht und gefördert wird. Dabei werden mit Hilfe eigener Machtquellen und Einflußmittel die Anreizwerte für entscheidende Motive des anderen möglichst wirksam und für den Einflußnehmenden ökonomisch umarrangiert. Auf diese Weise kann machtmotiviertes Handeln die verschiedensten Motive im anderen ansprechen. Es kann im Dienste des eigenen oder des fremden Wohles oder auch einer übergeordneten Sache stehen; es kann für den anderen schädlich oder hilfreich sein. Das individuelle Machtmotiv ist hinsichtlich Machterwerb und Machthandeln auf inhaltliche Bereiche, d. h. auf besondere Machtquellen und Personengruppen, eingegrenzt. Es kann auch von Furcht vor Machtgewinn, vor Machtverlust, vor Machtausübung, vor Gegenmacht und vor Machtlosigkeit geprägt sein.

Verknüpfung von Wert und Erwartung

Zum Schluß bleibt noch die Frage, ob und wieweit das Erwartungs-mal-Wert-Modell auch für machtmotiviertes Verhalten gilt; d. h. welche Verknüpfung zwischen Anreizwert und Erfolgserwartung (oder Schwierigkeitsgrad der Zielerreichung) anzunehmen ist. Gibt es wie bei der Leistungsmotivation eine inverse oder wie bei der Anschlußmotivation eher eine gleichgerichtete Beziehung oder was sonst? Nehmen wir Machtgefühl als machtthematischen Anreizwert, so müssen wir zunächst zwischen den beiden Motivzielen, Machterwerb und Machthandeln, unterscheiden. Was das erstere Ziel betrifft, so ist es schwer vorstellbar, daß der Anreizwert des erlangten Machtbesitzes von dem Schwierigkeitsgrad seines Erwerbs abhängig sei und nicht von absoluten oder sozialen Vergleichsmaßstäben. Erwartung und Wert sind hier offenbar voneinander unabhängig. Es ist durchaus eine Wahlsituation denkbar, in der jemand die Handlungsalternative eines wenig wahrscheinlichen, aber großen Machtzuwachses der Alternative eines sehr wahrscheinlichen, aber geringen Machtzuwachses vorzieht. Empirische Untersuchungen scheinen hier noch ganz zu fehlen.

Was das andere Ziel, erfolgreiches Machthandeln, betrifft, so wäre es schon eher denkbar, daß der Anreizwert einer durchgesetzten Verhaltensänderung umso größer ist, je mehr Widerstand die Zielperson der Beeinflussung entgegengesetzt hat. Aber ein solcher inverser Zusammenhang erscheint bei näherer Betrachtung fraglich, sofern Machthandeln nicht mit bloßem Zwang und Aggression verwechselt werden soll. In einem solchen Fall mag die im anderen erzeugte Feindseligkeit dem Aggressor Befriedigung verschaffen. Es könnte durchaus sein, daß gerade die induzierte und nicht ressentimentgeladene Bereitwilligkeit der Zielperson, sich auf die gewünschte Weise zu verhalten, den Anreizwert für den Machtausübenden erhöht. Vor allem aber wird die eingeschätzte Wichtigkeit der induzierten Verhaltensänderung maßgebend für den Anreizwert und damit wiederum unabhängig von der Erfolgserwartung sein.

Glücklicherweise gibt es hier erste Befunde. McClelland u. Watson (1973) ließen Vpn Roulette in einer möglichst lebensnahen Kasino-Situation spielen. Jeder machte vor den Augen der gesamten Gruppe seine Einsätze, gewann und verlor Chips etc. – eine Situation, die die Autoren als prestige- und machtthematisch ansehen. Es gab acht Einsatzmöglichkeiten, deren Gewinnchancen 1 oder $^1/_2$ zu eins, 2 oder 5 zu eins, 8 oder 11 zu eins oder 17 oder 35 zu eins betrugen. Sie wurden für die Auswertung zu vier Erfolgswahrscheinlichkeiten zusammengesetzt: 0,58, 0,25, 0,09, 0,04. Die Vpn waren so ausgesucht, daß entweder das Macht-, das Leistungs- oder das Anschlußmotiv dominant war. Wie Abb. 7.5 zeigt, bevorzugten hoch Machtmotivierte die riskantesten Einsätze, d. h. die höchsten Gewinnmöglichkeiten bei geringsten Erfolgsaussichten. Sie orientierten sich also an der Höhe des Anreizwertes und vernachlässigten Erwartungswerte. Die hoch Anschlußmotivierten verhielten sich eher umgekehrt, bevorzugten niedrige Risiken, als wollten sie öffentlicher Konkurrenz aus dem Wege gehen. Überraschend war das Verhalten der hoch Leistungsmotivierten, sie wählten bei dieser reinen Glücksspieltätigkeit statt niedriger Risiken (wie Littig, 1963 und Litwin, 1966 gefunden haben) hohe Risiken.

In einer anderen Untersuchung haben McClelland u. Teague (1975) die Ungültigkeit des Erwartungs-mal-Wert-Modells für machtmotiviertes Verhalten bestätigt. In einem Fingerhakel-Wettkampf konnte sich jede Vp einen gleich starken, einen stärkeren oder einen schwächeren Gegner aussuchen und dann unter den Augen aller anderen Vpn gegen ihn antreten. Niedrig Machtmotivierte wählten nur gleich starke oder schwächere Gegner, hoch Machtmotivierte dagegen bevorzugt gleich starke und stärkere (und schwächere dann, wenn ihr Machtmotiv vornehmlich durch „personalisierte Macht" geprägt war, was eine frühere Vermutung von McClelland u. Watson, 1973, bestätigt: „It looks as if people high in p Power are likely to

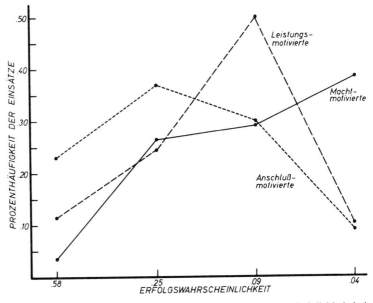

Abb. 7.5. Prozenthäufigkeit der Roulette-Einsätze mit unterschiedlicher Erfolgswahrscheinlichkeit bei hoch Machtmotivierten, Anschlußmotivierten und Leistungsmotivierten. (Nach McClelland u. Watson, 1973, S. 133)

become boasters tending to imagine or represent themselves as bigger risk takers than in fact they turn out to be under the stress of public competition", S. 131). Nur bei den niedrig Machtmotivierten stand die Höhe der Erfolgsaussicht in einem umgekehrten Verhältnis zur Stärke des Gegners. Sie gaben auch an, sich weniger getroffen zu fühlen, wenn sie gegen einen stärkeren Gegner verloren. Beide Sachverhalte, die dem Erwartungsmal-Wert-Modell entsprechen, gelten dagegen nicht für hoch Machtmotivierte. Sie geben Erfolgsaussichten an, die unabhängig von der Stärke des Gegners sind und sie fühlen sich umso getroffener, je mehr Wert sie vorher darauf gelegt hatten, einen Gegner zu besiegen. Insgesamt spricht also manches dafür, daß die Stärke machtthematischer Motivbefriedigung – und damit wohl auch die Stärke der Motivanregung – allein von der Höhe des Anreizwertes, unmoderiert von der Erfolgswahrscheinlichkeit, abhängt.

Validierungskorrelate der Motivmaße

Anfängliche und in theoretischer Hinsicht wenig durchgearbeitete Motivdefinitionen, die auf persönlicher Intention und Voreingenommenheit beruhen, unterliegen im weiteren Prozeß der Konstruktbildung leicht der selbsterfüllenden Prophetie. Denn die anfängliche Motivauffassung bestimmt die Anregungsbedingungen und Außenkriterien, die man zur Konstruktion des Inhaltsschlüssels und seiner späteren Validierung heranzieht.

Studien mit Veroffs Motivmaß

Ein erstes Beispiel dafür ist Veroff (1957), der – wie wir sahen – in seiner Motivdefinition dazu neigt, furchtthematische Aspekte hervorzuheben. Entsprechend hat er dann auch seine Anregungsstudie angelegt. Als Anregungsgruppe hat er Kandidaten für Ämter der studentischen Selbstverwaltung herangezogen und sie während der letzten zwei Stunden vor Auszählung und Bekanntgabe der Stimmergebnisse TAT-Geschichten schreiben lassen. Um die Spannung noch zu erhöhen, hatte jeder noch seine Gewinnchancen auf einer 6-Punkte-Skala einzuschätzen. Als neutrale Gruppe dienten Studenten eines Psychologie-Einführungskurses. Mit diesem Vorgehen hat Veroff übrigens zwei verschiedene Strategien zugleich angewandt, denn neben den situativen Anregungsunterschieden stellte die experimentelle Gruppe eine ausgelesene Kriteriumsgruppe dar, da die Kandidatur für Wahlämter bereits als Anzeichen eines überdurchschnittlichen Machtmotivs angesehen werden kann.

Was jedoch im angeführten Sinne eine selbsterfüllende Prophetie begünstigt, ist der vermutlich ängstlich-gespannte Zustand der Kandidaten (worauf Winter, 1973, S. 48, hingewiesen hat). Kurz vor Abschluß der Stimmauszählung sind die Würfel gefallen: Man kann nichts mehr tun, als das Unausweichliche abzuwarten, man fühlt sich schwach und ausgeliefert. Entsprechend müssen insbesondere furchtthematische Gehalte in die TAT-Geschichten geflossen sein, die dann – in Gegenüberstellung zu den Geschichten der neutralen Gruppe – als Indikatoren für ein ausgeprägtes Machtmotiv Eingang in den Inhaltsschlüssel des Meßinstrumentes gefunden haben. Daß tatsächlich furchtthematische Kriterien im Inhaltsschlüssel hervorstechen, haben wir bereits dargelegt; ebenso auch, daß der demographische Befund eines höheren Machtmotivs in armen und unterprivilegierten Bevölkerungsgruppen wiederum Schwäche und Besorgtheit über fehlende Machtquellen anzeigt („emotionally concerned about getting or maintaining control of the means of influencing a person" – ein Hauptkennzeichen der Machtthematik im Inhaltsschlüssel).

So wundert es nicht, wenn Veroff in neueren theoretischen Analysen, die teils auf Befunden mit seinem Instrument beruhen, zu folgenden Schlüssen kommt:

1. Power motivation occurs in status groups that are concerned about their weakness; 2. Power motivation is correlated with positive social performance and adjustment when the power demands are not publicly salient; 3. Power motivation can lead to the

avoidance of the power situation, including self-destruction. (Veroff u. Veroff, 1971, S. 59; desgleichen auch in Veroff u. Veroff, 1972.)

Der erste Punkt kann sich u. a. auf eine Studie von Terhune (1968b) berufen, in der Drei-Mann-Gruppen internationale Beziehungen simulierten. In dieser Situation suchten hoch Machtmotivierte (nach Veroff) eher Konflikt als Kooperation, rüsteten militärisch auf und griffen zu Täuschungsmanövern. Auch in einem Verhandlungsspiel fand Terhune (1968a) hoch Machtmotivierte ausgesprochen unkooperativ und rücksichtslos. Ergebnisse einer Erhebung über Ehe und Arbeit in den USA veranlaßten Veroff und Feld (1970) zu dem Schluß: „the more public a person's power or lack of it in a role, the more likely it is that the negative features (power-avoidant behavior) of the motive will be engaged in role behavior" (S. 330).

Der zweite Punkt wird durch einen Befund McKeachie's (1961) bestätigt, nach welchem hoch machtmotivierte Studenten (nach Veroff) dann Besseres in Seminaren leisten, wenn der Dozent nicht dominierte und die Unterrichtsstruktur festlegte, sondern den Seminarteilnehmern viel Spielraum ließ.

Den dritten Punkt stützen die Veroffs auf einen Zusammenhang zwischen nationalem Index für Machtmotiv (aufgrund von Lesebuchgeschichten) in 17 Ländern für 1925 und den nationalen Statistiken von 1950 für Selbstmord, Mord und Alkoholismus (gemessen an der Häufigkeit von Leberzirrhose mit tödlichem Ausgang), den Rudin (1965) berichtet.

Studien mit Ulemans Motivmaß

Auch für den Inhaltsschlüssel von Uleman (1966; 1972) liegt es nahe, die Wirksamkeit einer selbsterfüllenden Phrophetie anzunehmen. Nicht Furcht und Machtschwäche wie bei Veroff, sondern eher das Gegenteil – offensives Machthandeln – liegt der Macht-Auffassung von Uleman zugrunde. Entsprechend gestaltete er die validierende Anregungssituation. In einem Vorversuch erhob er TAT-Material bei je einer Hälfte der Vpn vor (neutrale Gruppe) und nach einer Hypnose-Demonstration (angeregte Gruppe). Da er die Unterschiede wenig ergiebig fand, entwikkelte er eine neuere Anregungstechnik. Er holte sich Mitglieder einer studentischen Verbindung als Versuchsleiter einer Untersuchung über „die Wirkung von Frustration auf Phantasievorstellungen". Jeder von ihnen hatte ein Mitglied aus einer anderen Studentenverbindung in Denksport- und Kartenspielen zu frustrieren und wurde zu diesem Zweck zunächst in Tricks (wie markierte Spielkarten) eingeführt, um seine Vp später permanent hereinlegen zu können. Status und Prestige der Rolle eines „Versuchsleiters", dazu insgeheim eingeweiht in die Manipulationsstrategie auf Kosten eines Kommilitonen einer anderen Verbindung, sollten das Machtmotiv anregen.

Bevor in jeder Zweiergruppe der Frustrationsversuch begann, schrieben Vl und Vp TAT-Geschichten. Die Vl bildeten die Anregungsgruppe, die Vpn (denen lediglich gesagt wurde, daß sie an einem Glücksspielversuch teilnähmen) die neutrale Gruppe. Beide Gruppen hatten bereits schon früher an einem ersten TAT unter neutralen Bedingungen teilgenommen. Dieser Versuchsplan erlaubt es Uleman, einmal den Zuwachs an machtthematischen Gehalten, den die „Vl"-Gruppe in ihren Geschichten vom ersten, neutralen zum zweiten, angeregten TAT erkennen ließen, und zum anderen den Unterschied zwischen „Vl"- und „Vp"-Gruppe beim zweiten TAT herauszufinden. Das Ergebnis war ein Inhaltsschlüssel, den wir bereits analysiert haben: Machthandeln als starke, den anderen bedrohende Aktion, ungetrübt von moralischen Skrupeln. Machtquellen sind hoher Status und Prestige („Versuchsleiter").

Es gibt bisher nur wenige weitere Validierungsbefunde. Uleman (1972) berichtet etwa einen Zusammenhang mit selbst eingeschätzter Dominanz, aber negativen Korrelationen mit der Machiavellismus-Skala. In einem Zweier-Gruppen-Experiment ließ Uleman (1971) diskutieren, um Meinungsverschiedenheiten auszuräumen. Dabei setzte sich in der Regel der Diskussionspartner mit höherem Machtmotiv durch.

Studien mit Winters Motivmaß

Winter (1967) entwickelte seine Anregungstechnik, ohne überhaupt Machtmotiv messen zu wollen. Es ging ihm ursprünglich um die Wirkungen, die eine im Max Weberschen Sinne charismatische Führerpersönlichkeit ausübt, wobei ihm eher andere Motive wie Abhängigkeit und Unterwerfung vorschwebten. Er zeigte den Vpn einen Fernsehfilm über John F. Kennedys Präsidenten-Antrittsrede aus dem Jahre 1961. (Der Versuch fand 1965, zwei Jahre nach Kennedys Ermordung, also noch zu einer Zeit fast nationaler Heldenverehrung für den Präsidenten, insbesondere innerhalb der jungen Generation, statt.) Winter unterschied zuvor noch anhand eines Fragebogens, ob die Vpn für oder gegen Kennedy eingestellt waren. Aber das machte keinen Unterschied in den TAT-Geschichten, die unmittelbar nach dem Film geschrieben und mit Geschichten zu den gleichen Bildern einer neutralen Kontrollgruppe verglichen wurden, die zuvor einen Film gesehen hatte, in dem ein Geschäftsmann Apparate zu naturwissenschaftlichen Unterrichtsdemonstrationen vorführte. Das TAT-Material der angeregten Gruppe war im Vergleich zur neutralen Gruppe voll von machtthematischen Gehalten. Es verwundert nachträglich nicht, daß insbesondere Machtgefühl und Eindruckmachen auf andere (*to have an impact on other people*) sich als Inhaltskriterien für angeregtes Machtmotiv herausstellten.

Winter hat, wie schon erwähnt, die ursprüngliche Fassung seines Inhaltsschlüssels durch Aufnahme von Kriterien Ulemans und Veroffs (so von Uleman: Aktionen, die in anderen starke Affekte erregen; Bedrohung, Konterreaktionen; und von Veroff: äußere Hindernisse; negative Zielerwartungen) geändert. Dieser so revidierte Schlüssel besaß eine Trennschärfe, die in Nachanalysen des TAT-Materials der Anregungsstudien von Veroff und von Uleman die Anregungsunterschiede hoch signifikant hervortreten ließ (vgl. Tabelle 7.6). Das gilt nicht nur für die Gesamtwerte, sondern fast durchgängig auch für jede einzelne der 13 Inhaltskategorien. Stewart u. Winter (1976) haben im übrigen festgestellt, daß Studentinnen sich nicht weniger als Studenten durch die Ulemansche Technik der Hypnose-Demonstration wie auch durch Tonbandwiedergabe von Reden berühmter Gestalten (Churchills Dünkirchen-Rede, Jeffersons erste Antrittsrede, Shakespeare-Monolog von Heinrich V) zu machtthematischen Gedankeninhalten anregen lassen.

Die Validierungskorrelate in weiteren Studien und Erhebungen (vgl. Winter, 1973) sind vielgestaltig und verstreut. Zusammengefaßt ergibt sich bei Studenten das folgende Bild von hoch Machtmotivierten (oder hoch in „Hoffnung auf Macht", vgl. oben S. 306):

hatten mehr Ämter in Organisationen inne; kandidierten mehr für einflußreiche Kommissionen; arbeiten mehr in Redaktionen von Zeitungen und Radiostationen der Universität mit; bevorzugten häufiger Sportarten mit Wettkampfcharakter; erreichten darin mehr Meistertitel; wählten häufiger „Manipulations"-Berufe (Lehrer, Geistliche, Psychologen, Journalisten); schrieben mehr Leserbriefe; hatten als enge Freunde eher unscheinbare Kommilitonen; hatten schon früher Geschlechtsverkehr gehabt; erschienen den Mitgliedern einer Gruppendiskussion als einfluß- und initiativereicher als die anderen, mitreißender; wurden in

Tabelle 7.6. Trennschärfe der verschiedenen Inhaltsschlüssel für die einzelnen machtthematischen Anregungsstudien. (Nach Winter, 1973, S. 71)

	Trennschärfe zwischen neutraler und Anregungsbedingung			
Inhaltsschlüssel	Veroff	Uleman Frustrieren	Uleman Hypnose	Winter
Veroff (1957)	ja	nein	nein	–
Uleman (1966, 1972)	nein	ja	nein	–
Winter (1967)	nein	teils	ja	ja
Winter, revidiert (1973)	ja	ja	ja	ja

Aussprachegruppen eher als wenig hilfreich erlebt; gaben auf Nachfrage höhere Studienleistung an als tatsächlich erreicht; besaßen häufiger Prestigegüter (wie Stereoanlagen) und wendigere, sportliche Autos; tranken mehr Bier und hochprozentige Spirituosen; nahmen mehr an Wettspielen teil; lasen häufiger Sport- und Sexjournale (wie *Playboy*).

Winter schließt daraus, daß hoch Machtmotivierte dazu neigen, Aufmerksamkeit zu erregen, leicht beeinflußbare Anhänger an sich zu ziehen, nach und nach Positionen von sozialem Einfluß und formaler Macht zu besetzen, Informationskanäle zu kontrollieren, Prestigegüter als Symbole für Machtquellen zu erwerben und zu sammeln sowie sich einer Reihe von Ersatzbefriedigungen für Machtbesitz und Machtausübung hinzugeben. War nach Winter ein hohes Machtmotiv vornehmlich furchtorientiert (was zum Teil McClellands „sozialisiertem Machtmotiv" entspricht), so ergaben sich nur wenige Korrelate (eine besonders ausgeprägte Tendenz zur Unabhängigkeit; ein höheres allgemeines Aktiviertheitsniveau, geringere Geschicklichkeit in einem Gesellschaftsspiel mit Geldeinsatz; mehr Obszönität im Fluchen).

Die Legende vom *Don Juan* hat Winter als einen Archetyp der Macht (nicht der Sexualität) analysiert. Da der Don-Juan-Stoff seit seiner ersten Niederschrift um 1615 durch den spanischen Mönch Tirso de Molina in verschiedenen Ländern wie kaum ein anderer literarischer Vorwurf viele Versionen und Auflagen hervorgebracht hat, boten sich die letzteren als nationale Indizes für Machtentfaltung an, wie sie sich in imperialistischer Gebietserweiterung (Großbritannien) oder in Kriegseintritten (mitteleuropäische Länder und USA) dokumentieren lassen. In der Tat fand Winter Zusammenhänge von Auflagenerhöhung und vermehrter Produktion von Don-Juan-Versionen mit der ein Jahrzehnt später erfolgenden nationalen Machtentfaltung von Gebietserweiterung und Kriegseintritten.

Leider gibt es bis heute erst eine einzige experimentelle Studie, in der hoch Machtmotivierte nach dem Winter-Schlüssel auf die Art ihrer sozialen Interaktion beobachtet wurden (Schnackers u. Kleinbeck, 1975). In Dreier-Gruppen, von denen einzelne Mitglieder ein hohes Machtmotiv besaßen, wurde ein

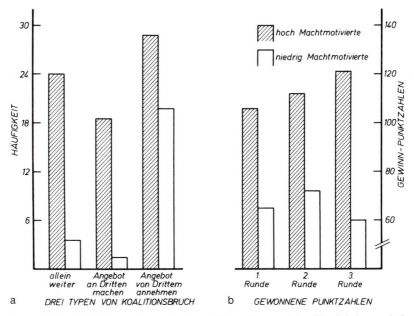

Abb. 7.6a u. b. Hoch und niedrig Machtmotivierte in einem Verhandlungsspiel: **a** Häufigkeit von drei Typen des Koalitionsbruchs und **b** gewonnene Punktzahlen in den drei aufeinanderfolgenden Spielrunden. (Nach Schnackers u. Kleinbeck, 1975, S. 307, 314)

Verhandlungsspiel (*Con game*) gemacht. Jeder Spieler hatte Machtkarten, mit denen er gewürfelte Punktzahlen multiplizieren konnte, um zum Ziel vorzurücken. Je zwei Spieler konnten Koalitionen gegen den dritten bilden, um gemeinsam das Ziel zu erreichen. Dann war die Gewinnaufteilung zu verabreden. Koalitionen konnten auch bis zuletzt gebrochen und neu gebildet werden. Wie erwartet, zeigte sich, daß hoch Machtmotivierte häufiger als niedrig Machtmotivierte die Initiative ergreifen und Koalitionsvorschläge machen, als Koalitionspartner akzeptiert werden, Koalitionen eingehen, diese brechen, die Mitglieder gegeneinander ausspielen, Gewinnverteilungsabsprachen zu ihren Gunsten ändern und gewinnen. Abb. 7.6. zeigt die Unterschiede beider Motivgruppen hinsichtlich dreier Typen des Koalitionsbruches und des Gesamtgewinns nach drei Spielrunden. Die Korrelationen zwischen Stärke des Machtmotivs und Höhe des Gewinns betrugen für die drei Spielrunden: +0,33 ($p < 0,025$); +0,42 ($p < 0,005$); +0,45 ($p < 0,005$).

Studien der Machiavellismus-Skala

Offenbar besitzen hoch Machtmotivierte eine bessere Fähigkeit, in sozialer Interaktion Situationsspielräume vorteilhaft für sich zu gestalten. Ein solches Fähigkeitssyndrom haben Christie und Mitarbeiter (Christie u. Geis, 1970) eingehend erforscht. Da sie zu ganz ähnlichen Ergebnissen wie Schnackers u. Kleinbeck gekommen sind, überrascht es, daß Machtmotiv nach der TAT-Methode und Machiavellismus nach Christies Fragebogen (*Mach*-Skala) nicht miteinander korrelieren. Offenbar ist Machiavellismus ein Einstellungssyndrom gegenüber Macht, das allein weder notwendig noch hinreichend für ein starkes Machtmotiv (im Sinne der bisherigen Konstruktvalidierung) ist. Andererseits könnte das skizzierte Fähigkeitssyndrom mit beiden Persönlichkeitsdispositionen verknüpft sein. Die gegenwärtige Befundlage reicht nicht aus, um solche Fragen zu klären.

Die Aussagen, aus denen Christie (Christie u. Geis, 1970; 2. Kap.) die *Mach*-Skala konstruierte, stammten aus zwei Schriften Machiavellis, dem „Libro del Principe" und den „Discorsi", die 1532 bzw. 1531 in Rom erschienen sind. In der endgültigen Form (*Mach* V) enthält der sorgfältig entwickelte und von sozialer Erwünschtheit weitgehend bereinigte Fragebogen 20 Itemtriaden, innerhalb derer jeweils eine auszuwählen ist. In dem folgenden Beispiel zeigt Version B Machiavellismus an:

A. People are getting so lazy and self-indulgent that it is bad for our country.
B. The best way to handle people is to tell them what they want to hear.
C. It would be a good thing if people were kinder to others less fortunate than themselves.

Von den vielen Einzelstudien seien nur folgende Befunde angedeutet. Vpn mit hohen *Mach*-Werten schauten, nachdem sie bei einer Aufgabentätigkeit zum Mogeln verführt worden waren, dem Vl bei einer peinlichen Befragung häufiger offen ins Auge. Auf der anderen Seite waren sie von einer anderen Vp (Komplize des Vl) weniger leicht zum Mogeln zu verführen. In einer Diskussion ließen sie sich durch Gruppendruck weniger leicht zu einer Meinungsänderung bewegen. Sie ließen sich eher von einer Person mit hohem Prestige zum Lügen verführen (während für Vpn mit niedrigen *Mach*-Werten das Prestige des Verführers unerheblich war). In einem Rollenspiel „Parlament" setzten sie mehr Vorlagen durch, wenn diese Emotionen anfachten (z. B. Heraufsetzen des Wahlalters auf 25 Jahre) als wenn sie neutral waren (z. B. Einführung einer neuen Briefmarke), u. a. m. Insgesamt ziehen die Autoren diese Schlußfolgerungen:

> The primary difference between individuals who score higher or lower on the Mach scales is the high scorers' greater emotional detachment ... High Machs manipulate, win more, are persuaded less, persuade others more, and otherwise differ significantly from low Machs as predicted in situations in which subjects interact face to face with others, when the situation provides latitude for improvisation and the subject must initiate responses as he can or will, and in situations in which affective involvement with details irrelevant to winning distracts low Machs ... high Machs are markedly less likely to become emotionally involved with other people, with sensitive issues, or with saving face in embarassing situations ... One consequence of the

high Machs' lack of susceptibility to emotional involvements in general is a lack of susceptibility to sheer social pressure urging compliance, cooperation, or attitude change ... The highs' tendency to act by what they know makes them effective in exploiting whatever resources the situation provides (including distractible low Machs). Evidence to date suggests that they are not hostile, vicious, or vindictive compared to lows ... In general, high Machs appear to have as little defensive investment in their own self-image or their own beliefs as they have in others or in interpersonal relations ... High Machs initiate and control the social structure of mixed-Mach groups. They are prefered as partners, chosen and identified as leaders, jugded as more persuasive, and appear to direct the tone and content of interaction – and usually also the outcome. (Christie u. Geis, 1970. S. 312, 313.)

Motivkonstellationen von Macht, Leistung und Anschluß

Um den Motiveinfluß in Interaktion mit Situationsfaktoren genauer zu klären, kann die gleichzeitige Berücksichtigung mehrerer Motive weiterführen als die Berücksichtigung nur eines Motivs. Es gibt inzwischen eine Reihe von Studien, in denen die Vpn-Gruppierung nach der individuellen Konstellation von zwei oder drei Motiven vorgenommen wurde oder Motivkonstellationen nachträglich erhoben wurden. Vorweg kontrollierte Motivkonstellationen wurden in Verhandlungsspielen herangezogen. Diesen Experimenten werden wir uns zunächst zuwenden. Nachträglich erhoben wurden Motivkonstellationen in Kriteriumsgruppen wie leitenden Managern der Wirtschaft, politischen Führern oder radikalen Protest-Studenten; außerdem im historischen Wandel von Nationen. Mit diesen nicht-experimentellen Studien nachträglicher Erhebung werden wir uns später beschäftigen.

Experimentelle Studien

Verhandlungsspiele unterschiedlicher Komplexität mit vorweg nach Motivkonstellationen ausgesuchten Vpn hat Terhune (vgl. 1970) durchgeführt. In einer Studie verwendete Terhune (1968a) eine Variante des in der Konfliktforschung häufig verwendeten Gefangenen-Dilemma-Spiels. Die Grundstruktur des Spiels ist wie folgt. Jeder der beiden Spieler kann sich entweder zur Kooperation oder zum Konflikt entscheiden. Am meisten gewinnt man, wenn man den anderen zur Kooperation überreden kann, dann selbst aber Konflikt anmeldet, d. h. den anderen hereinlegt; am wenigsten, wenn beide Konflikt wählen, während beidseitige Kooperation dazwischen liegt. Durch entsprechende Abstufung der Gewinnmöglichkeiten läßt sich das Spiel bedrohlicher oder kooperationsfreundlicher machen. Terhune stellte die Spielpartner so zusammen, daß beide jeweils in einem der drei Motive (Leistung, Anschluß und Macht) sehr hoch und in den beiden anderen sehr niedrig waren. Wenn die Gewinnmatrix nicht zu bedrohlich angelegt war, zeigten sich klare Motivunterschiede: Am kooperativsten waren die Leistungsmotivierten, sie erwarteten auch mehr Kooperation von ihrem Partner. Am defensivsten waren die Anschlußmotivierten, sie fürchteten am meisten, hereingelegt zu werden. Am gewinnsüchtigsten waren die Machtmotivierten (nach Veroff-Schlüssel), sie versuchten, ihren Partner hereinzulegen und erwarteten aber gleichzeitig von ihm Kooperation. Je bedrohlicher das Spiel gestaltet wurde, d. h. je größer die Versuchung war, den Partner hereinzulegen und gleichzeitig die Befürchtung, hereingelegt zu werden, umso defensiver wurde das Verhalten aller Vpn, so daß Motivunterschiede dahinschwanden.

Ganz ähnliche Ergebnisse fand Bludau (1976), der hoch Erfolgsmotivierte (nach Heckhausen) mit schwachem Machtmotiv (nach Winter/Schnackers) der umgekehrten Konstellation gegenüberstellte. Erfolgsmotivierte bevorzugen Kooperation sowie eine Gewinnmatrix, die weder zu bedrohlich noch zu kooperationsfreundlich ist. Machtmotivierte sind in ihrem Verhalten ambivalent, mit einer Tendenz zum Kompetitiven. Sie bevorzugen konfliktträchtige Spiele (bedrohliche Gewinnmatrix).

Weit komplexer ist das Spiel „Internationale Beziehung" (Terhune, 1968b). Die Gruppe besteht aus mehreren Vpn von je gleicher Motivkonstellation. Jede „Nation" kann aufrüsten oder die Wirtschaft ausbauen, Krieg erklären oder Verträge schließen, irreführende Propaganda treiben oder ihre wahren Absichten dartun etc. Die Ergebnisse sind ähnlich wie beim Gefangenen-Dilemma-Spiel. Die Leistungsmotivierten waren am meisten um Kooperation bemüht, am wenigsten die Anschlußmotivierten, vermutlich weil sie sich sehr zurückzogen, um sich aus allem herauszuhalten (sie sandten z. B. die wenigsten Botschaften). Die Machtmotivierten (nach Veroff) waren mehr als die beiden anderen Gruppen damit beschäftigt, militärisch aufzurüsten, während die Leistungsmotivierten dafür das wenigste Geld aufwandten. Die Machtmotivierten bemühten sich auch am meisten, die anderen zu manipulieren, d. h. durch öffentliche Propaganda und vertrauliche Botschaften irrezuführen.

Das Bild, das die Verhandlungsspiele von Machtmotivierten liefern, hat fast die Konturen eines manipulativen Ausbeuters, der notfalls „über Leichen geht". Gegenüber einer solchen und moralischen Blickverengung ist Skepsis angebracht. Man darf nicht vergessen, daß Verhandlungsspiele ein solches Verhalten vorweg eingrenzen und herausfordern. Die situative Abhängigkeit des Verhaltens wird von dem Befund Terhunes unterstrichen, daß alle Motivunterschiede sich verwischen, wenn die Gewinnmatrix zu bedrohlich wird. Außerdem hatte Terhune gefunden, daß die Motivunterschiede irrelevanter wurden, wenn 30 Runden nacheinander gespielt wurden; insbesondere wenn dabei den Vpn sprachliche Kommunikation gestattet wurde. Gelegenheit, das Bild des Machtmotivierten etwas aufzuhellen, bietet sich, wenn man sie als Kriteriumsgruppen in realen Lebenskontexten aufsucht.

Machthandeln in Kriteriumsgruppen

Eine solche Kriteriumsgruppe sind Inhaber leitender Management-Positionen in Wirtschaftsunternehmen. McClelland (1961) hatte ursprünglich Belege gesammelt, daß in unternehmerisch leitenden Positionen sich gehäuft hochleistungsmotivierte Personen finden und erfolgreich sind. Diese Auffassung mußte korrigiert, zumindest ergänzt werden (vgl. McClelland, 1975, S. 252 ff.). In Management-Positionen größerer Organisationen geht es darum, Aufgaben zu delegieren, die Ausführung zu koordinieren und die Ausführenden zu motivieren für die übergreifenden Zielsetzungen, wenn nicht zu begeistern; kurz: Menschen zu führen. Dazu ist der nur hoch Leistungsmotivierte offenbar zu sehr Einzelgänger, wenn er möglichst auf sich allein gestellt vieles besser, als es bisher getan wurde, tun will. Er verzettelt sich, kann nicht delegieren, verhakt sich in den Maschen der Organisation. Was er braucht für seine leistungsbestrebte Art zu handeln, ist das, was ein Manager erst schaffen muß: ein Organisationsklima, das seine Art, zu denken und tätig zu sein, erst ermöglicht und ihr innerhalb der Organisationsstruktur den Rahmen absteckt (vgl. Litwin u. Stringer, 1968).

Wie entscheidend das Organisationsklima dafür ist, daß individuelle Motive überhaupt zum Zuge kommen können, belegt eine Studie von Andrews (1967) über zwei Großfirmen der gleichen Branche in Mexiko-City. Firma A, Filiale eines US-Unternehmens, war nach striktem Leistungsprinzip organisiert. Wer im Sinne der Firmenziele erfolgreich war, konnte rasch aufsteigen, auch an bisherigen Vorgesetzten vorbei, die schon länger im Dienst der Firma waren. Firma B, eine mexikanische, war streng hierarchisch gegliedert und fast patriarchalisch geführt. Dienstalter und die damit erwiesene Loyalität zur Firma waren ein wichtigeres Aufstiegskriterium als erwiesene Leistung. Motivmessungen an Person-Stichproben verschiedener Positionsränge beider Firmen lieferten klare Unterschiede. Mit aufsteigenden Positionsrängen korrelierte in Firma A das Leistungsmotiv und in Firma B das Machtmotiv.

Litwin u. Stringer (1968) haben ein Verfahren entwickelt, um das Organisationsklima nach sechs Dimensionen zu erfassen, und zwar nach: (1) Konformität (Zahl der Regeln und Vorschriften, die von Untergebenen zu beachten sind), (2) Verantwortlichkeit (wieweit man Entscheidungen treffen muß), (3)

Standards (wieweit man sie an die eigene Leistung gestellt sieht), (4) Belohnungen (die man für die eigene Arbeit erhält oder nicht erhält), (5) Organisationsklarheit (wieweit man weiß, was genau von einem zu tun erwartet wird), (6) Teamgeist (der betreffenden Abteilung). Die Mitarbeiter von 49 Spitzenmanagern großer amerikanischer Firmen berichteten im Detail, wie es hinsichtlich der sechs aufgezählten Dimensionen in ihrem Arbeitsbereich zugeht. Die Indizes für Organisationsklarheit und Teamgeist wurden zu einem Index für „Moral" zusammengefaßt. Von den 26 Spitzenmanagern, deren Mitarbeiter eine überdurchschnittliche Moral berichteten, hatten 88 Prozent höhere TAT-Werte für Macht- als für Anschlußmotiv, verglichen mit 30 Prozent jener Spitzenmanager, deren Mitarbeiter ein Organisationsklima von geringerer Moral berichtet hatten. Bei hoher Arbeitsmoral war das Machtmotiv der Chefs durchweg sehr stark und das Anschlußmotiv schwach; ihre Mitarbeiter berichteten übereinstimmend, daß sie stolz seien, der Arbeitsgruppe ihres Chefs anzugehören.

Die Motivkonstellation von hohem Macht- und niedrigem Anschlußmotiv bezeichnet McClelland (1975, S. 301) als „imperiale Motivkonstellation". Sie findet ihren Ausdruck nicht, wie man meinen könnte, in einem um persönliche Machtausübung besorgten Führungsstil, sondern vielmehr in der Fähigkeit, Loyalität und Hingabe für übergeordnete Zielsetzungen in den Mitarbeitern zu wecken. Das ist besonders der Fall, wenn das Machtmotiv das nach McClelland höchste Entwicklungsstadium (IV, „Hervorbringen") erreicht und die Form sozialisierter statt personalisierter Macht angenommen hat. Als Indikator dafür zieht McClelland, wie wir gesehen haben, die „Aktivitätshemmung" heran (Häufigkeit des Wortes „nicht" im TAT-Material). Von 20 der 49 Spitzenmanager ließ sich das TAT-Material noch auf diesen Hemmungsindex analysieren, um zu prüfen, wie die Motivkonstellation der Spitzenmanager mit den von ihren Untergebenen eingeschätzten Dimensionen des Organisationsklimas zusammenhängt. Tabelle 7.7 enthält Mittelwerte der einzelnen Klimavariablen, aufgeteilt nach verschiedenen Motivkonstellationen der Chefs. Bei imperialer Motivkonstellation (Macht größer als Anschluß bei hoher Hemmung) waren Verantwortlichkeit, Organisationsklarheit und Teamgeist sehr ausgeprägt und Organisationsklarheit größer als bei den beiden anderen Motivkonstellationen, während umgekehrt Konformität (!) niedriger war.

Nach diesen Befunden und den bisher angestellten Überlegungen sollte ein für den wirtschaftlichen Erfolg optimales Organisationsklima zustande kommen, wenn in den leitenden Managementpositionen ein hohes Machtmotiv mit einem hohen Leistungs- und

Tabelle 7.7. Mittelwerte für einzelne Dimensionen des Organisationsklimas in Management-Abteilungen von 10 großen, amerikanischen Firmen, aufgeteilt nach drei Motivkonstellationen der Spitzenmanager dieser Firmen. (Nach McClelland, 1975, S. 301)

Motivkonstellationen d. Spitzenmanager		N	Dimensionen des Organisationsklimas			
			Konformität	Verantwortlichkeit	Organisationsklarheit	Teamgeist
A) Hoch Anschluß>Macht, hohe Hemmung		7	16,8	10,7	10,4	12,4
B) Hoch Macht>Anschluß geringe Hemmung		8	15,7	12,8	11,9	15,7
C) Hoch Macht>Anschluß hohe Hemmung		5	13,4	13,6	13,5	15,6
Signifikante Unterschiede	A vs. B			<0,10		
	A vs. C		<0,01	<0,05	<0,01	<0,01
	B vs. C		<0,05		<0,05	

einem niedrigen Anschlußmotiv kombiniert ist. Diese Motivkonstellation deutete sich in einer Untersuchung von Wainer u. Rubin (1971) nur teilweise an. Von 51 Firmenleitern kleiner und kürzlich gegründeter Unternehmen des technischen Sektors wurden alle drei Motive erhoben (Macht nach Veroff). Als Index des wirtschaftlichen Erfolgs wurde die Zuwachsrate des Geschäftsumsatzes (bezogen auf das zweite, d. h. letzte Geschäftsjahr) herangezogen. Abb. 7.7 zeigt die Ergebnisse, gemessen am Prozentanteil jener Unternehmen, die eine überdurchschnittliche Zuwachsrate hatten; und zwar aufgeteilt nach niedriger, mittlerer und hoher Motivausprägung für Leistung, Macht und Anschluß der jeweiligen Firmenleiter. Nach diesen Ergebnissen, die jedes Motiv für sich nehmen, begünstigt ein hohes Leistungs- und niedriges Anschlußmotiv den wirtschaftlichen Erfolg, während die Stärke des Machtmotivs ohne Belang zu sein scheint. Zweierlei bleibt jedoch zu bedenken. Einmal handelte es sich um kleine Firmen, deren einfache Organisationsstruktur noch keine größeren Anforderungen an Aufgabenteilung und Menschenführung stellte. Zum anderen zeigte eine Berücksichtigung von Motivkonstellationen, daß der größte Umsatzzuwachs von Firmenleitern mit hohem Leistungs- und mittlerem Machtmotiv erzielt wurde.

Die Konstellation von hohem Leistungs- und Machtmotiv mit niedrigem Anschlußmotiv hat Kock (1965; 1974) auf ungewöhnliche Weise bestätigt: Aufgrund postdiktiver Erklärung prophezeite er das weitere Schicksal größerer Unternehmen und prüfte zehn Jahre später das Eintreten seiner Prophezeiungen. Kock (1965) suchte aus 104 finnischen Unternehmungen der Strickwaren-Industrie 15 gleichartige Firmen heraus, die alle zur gleichen Zeit im östlichen Grenzgebiet mit Hilfe staatlicher Subventionen gegründet worden waren. Über einen Zeitraum von 10 Jahren (1952–1961) wurden verschiedene wirtschaftliche Entwicklungsfaktoren erhoben und nachträglich das Leistungs-, Macht- (nach Veroff) und Anschlußmotiv der maßgebenden Personen der Firmenleitung gemessen (wobei die individuellen TAT-Werte nach der geschätzten Größe des Einflusses jeder Person gewichtet wurden). Tabelle 7.8 zeigt die Korrelationen zwischen den einzelnen Motiven (sowie der Konstellation „Leistung plus

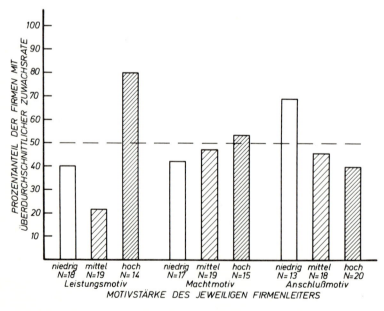

Abb. 7.7. Prozentanteil der Firmen mit überdurchschnittlicher Zuwachsrate des Geschäftsumsatzes, deren Leiter eine niedrige, mittlere oder hohe Ausprägung des Leistungs-, Macht- oder Anschlußmotivs haben. $N = 51$ kleine und dreijährige Firmen. (Nach Wainer u. Rubin, 1971, S. 137)

Tabelle 7.8. Korrelationen zwischen fünf Kriterien der ökonomischen Entwicklung von 15 Strickwaren-Unternehmen für den Zeitraum von 1954–1961 und der Motivausprägung der Firmenleitung in Leistung, Macht und Anschluß sowie des Kennwertes für die Motivkonstellation Leistung plus Macht minus Anschluß (L + M − A). (Nach Kock, 1974, S. 215)

	Motivausprägung der Firmenleitung			
	Leistung (L)	Macht (M)	Anschluß (A)	L+M−A
Bruttoproduktionswert	0,39	0,49s	−0,61ss	0,67ss
Anzahl der Arbeitsplätze	0,41	0,42	−0,62ss	0,66ss
Umsatz	0,46s	0,41	−0,53s	0,60s
Bruttoinvestitionen	0,63s	−0,06	0,20	0,45s
Gewinn	0,27	0,01	−0,30	0,34

Macht minus Anschluß", L + M − A) der Unternehmensleitung und 5 wirtschaftlichen Entwicklungskriterien der Jahresperiode bis 1964, in welcher sich innerhalb der Branche ein erheblicher Wandel in Richtung auf eine ständig wachsende Produktion von Modeartikeln vollzogen hatte. Wie zu ersehen, korreliert der Konstellationskennwert (L + M − A) noch enger mit den ökonomischen Kriterien als je allein Leistungs- und Machtmotiv – oder, im negativen Sinne, das Anschlußmotiv. (Übrigens ist die Kreditaufnahme umso geringer, je höher das Anschlußmotiv.)

Aufgrund der Motivkennwerte hat Kock (1974) in einer Anschlußstudie die ökonomische Entwicklung für den folgenden Zeitraum von 1962–1971 vorhergesagt. Von den sieben Firmen mit den niedrigsten Motivkonstellationskennwerten sind während dieses Zeitraums fünf eingegangen: Eine hat mit einer anderen Firma fusioniert, eine weitere Firma ist in Konkurs gegangen und die drei restlichen Firmen haben auf andere Weise zu existieren aufgehört. Tabelle 7.9 enthält die Korrelationen für die verbleibenden 10 Firmen. Hohes Leistungsmotiv allein spielt im Unterschied zu hohem Macht- und niedrigem Anschlußmotiv keine entscheidende Rolle mehr, wohl aber die Konstellation aller Motive. Sie ist wiederum ein besserer Prädiktor als jedes einzelne Motiv.

Eine andere hervorstechende Kriteriumsgruppe in Machtpositionen sind Politiker in Regierungsämtern. Die Studie von Donley u. Winter (1970) über die amerikanischen Präsidenten seit der Jahrhundertwende ist bereits gestreift worden. Die Autoren haben die Antrittsrede jedes Präsidenten auf die Stärke der macht- und leistungsthematischen Gehalte analysiert. Tatkräftige Präsidenten wie Franklin Roosevelt, John F. Kennedy oder Lyndon Johnson haben ein weit höheres Machtmotiv und Leistungsmotiv als inaktive Präsidenten wie William Taft oder Dwight Eisen-

Tabelle 7.9. Korrelationen zwischen fünf Kriterien der ökonomischen Entwicklung von 10, den Zeitraum von 1962–1971 „überlebenden" Unternehmen und der Motivausprägung der Firmenleitung in Leistung, Macht und Anschluß sowie des Kennwertes für die Motivkonstellation Leistung plus Macht minus Anschluß (L + M − A). (Nach Kock, 1974, S. 216)

	Motivausprägung der Firmenleitung			
	Leistung (L)	Macht (M)	Anschluß (A)	L+M−A
Bruttoproduktionswert	−0,04	0,44	−0,42	0,62
Anzahl der Arbeitsplätze	0,15	0,55	−0,26	0,74
Umsatz	0,04	0,37	−0,49	0,60
Bruttoinvestitionen	0,05	0,85	0,20	0,59
Gewinn	0,10	0,56	−0,13	0,62

hower. Die Motivunterschiede spiegeln sich auch in der Anzahl von Kabinettsumbildungen, territorialen Erweiterungen des Staatsgebietes und Kriegseintritten (Winter, 1973).

Eine weitere Kriteriumsgruppe sind offenbar Aktivisten der studentischen Protestbewegung. Winter u. Wiecking (1971) erhoben die Motivwerte von männlichen und weiblichen Studierenden, die Ende der sechziger Jahre ganztägig in Protestorganisationen (wie „National Mobilization Committee to end the war in Vietnam", „War Resisters League", „Catholic Peace Fellowship") arbeiteten statt zu studieren und sich selbst als Radikale bezeichneten. Die Ergebnisse stellen auf den ersten Blick eine Überraschung dar. Die Radikalen waren höher leistungs-, aber weniger machtmotiviert als eine Kontrollgruppe (vgl. Tabelle 7.10). Radikale männliche Studierende waren sogar deutlich weniger machtmotiviert als die männliche Kontrollgruppe und radikale weibliche Studierende waren höher anschlußmotiviert als die weibliche Kontrollgruppe.

Diese Ergebnisse konnten durch nonreaktive Befunde erhärtet werden. Am 1. und 6. Mai 1969 besetzten etwa 150 Studenten das Rektorat der Wesleyan Universität, um gegen die auf dem Campus stattfindende Reserveoffizier-Werbung für den Vietnamkrieg zu protestieren. Gegen diese Besetzung verabschiedeten in den gleichen Tagen etwa 250 Studenten eine Resolution, in der sie sich gegen die Besetzung wandten. Von beiden Gruppen, den Besetzern und den Gegendemonstranten, gab es Namenslisten auf Resolutionen. Darunter fanden sich auf beiden Seiten etwa 55 Studierende, die 3 bis 15 Monate vorher einen TAT-Versuch zur Messung des Macht- und des Leistungsmotivs gemacht hatten. Ein Vergleich beider Gruppen zeigte, daß die Besetzer ein signifikant geringer ausgeprägtes Machtmotiv besaßen als die auf Recht und Ordnung bedachten Gegendemonstranten. Der Unterschied im Leistungsmotiv war in der erwarteten Richtung, aber nicht signifikant. Die Autoren erklären die Befunde damit, daß es gerade die hoch Leistungsmotivierten seien, die nach Innovation etablierter und erstarrter Verhältnisse strebten, während die hoch Machtmotivierten die bestehende Ordnung instrumentell zu nutzen suchten.

Demographische Unterschiede und historischer Wandel

Für die USA liegen bundesweite Stichproben-Erhebungen für alle drei Motive von Veroff et al. (1960) und Veroff u. Feld (1970) vor, von denen einige Befunde bereits bei der Erörterung des Veroffschen Inhaltsschlüssels angeführt wurden. McClelland (1975) hat in einer internationalen Vergleichsstudie über 41 Länder die „imperiale Motivkonstellation" (hohes Macht- und niedriges Anschlußmotiv bei hohem Hemmungsindex) aufgrund von Lesebuchgeschichten von 1925 darauf geprüft, ob sie in der nationalen Ausgabenpolitik der fünfziger Jahre mit Aufwendungen einhergeht, die im Vergleich mit nicht-imperialen Motivkonstellationen für Verteidigungszwecke höher und für privaten Konsum geringer ausfielen. Das war in der Tat der Fall.

McClelland (1975) hat auch den historischen Wandel nationaler Motivindices – erho-

Tabelle 7.10. Motivstärken für Macht, Leistung und Anschluß einer politisch radikalen und einer Kontrollgruppe von männlichen und weiblichen Studenten. (Nach Winter u. Wiecking, 1971, S. 525)

		Machtmotiv		Leistungsmotiv		Anschlußmotiv	
Männlich							
Radikale	($N=19$)	9,06	$p<0,06$	11,79	$p<0,05$	3,21	
Kontrollgruppe	($N=14$)	11,30		9,02		3,64	
Weiblich							
Radikale	($N=13$)	10,08		12,10	$p<0,02$	4,46	$p<0,10$
Kontrollgruppe	($N=19$)	9,91		8,35		2,90	

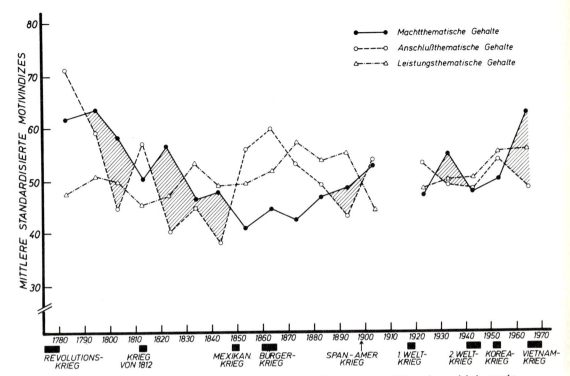

Abb. 7.8. Historischer Wandel der nationalen Motivkonstellation in den USA, wie er sich in macht-, anschluß- und leistungsthematischen Gehalten zeitgenössischer Texte großer Verbreitung (Kinderlesebücher, Romane und Kirchenlieder) spiegelt, und das Auftreten von Kriegen zwischen 1780 und 1970. Die schraffierten Flächen deuten Zeitperioden an, in denen machtthematische Gehalte ausgeprägter als anschlußthematische waren. (Nach McClelland, 1975, S. 336)

ben an literarischen Stichproben für aufeinanderfolgende Zeitabschnitte – herangezogen, um zu prüfen, wieweit die imperiale Motivkonstellation in einem Lande Vorbote eines späteren Auftretens von Kriegen und heftigen nationalen Protestbewegungen ist. Die Analysen beziehen sich auf die englische Geschichte von 1500–1800 und die amerikanische von 1780–1970. Als ein Beispiel soll Abb. 7.8 die Art der gefundenen Zusammenhänge andeuten; und zwar hier zwischen wechselnden nationalen Motivkonstellationen der Vereinigten Staaten, wie sie sich in zeitgenössischen Texten von großer Verbreitung (Kinderlesebücher, Romane und Kirchenlieder) niedergeschlagen haben, und den Kriegen, in die die USA zwischen 1780 und 1970 verwickelt waren. Die schraffierten Flächen zeigen Zeiten imperialer Motivkonstellation an, d. h. Zeiten, in denen das Machtmotiv stärker als das Anschlußmotiv war. Das Leistungsmotiv ist dabei ohne Belang. Eine gewisse zeitliche Abfolge in erwarteter Richtung ist erkennbar. Hält man diese postdiktiven Erklärungen für stringent genug, um eine Vorhersage zu wagen, so wären nach 1970 in den USA die psychologischen Voraussetzungen gegeben, um das baldige Eintreten eines neuen Krieges zu befürchten.

8 Pro- und antisoziale Motive: Hilfeleistung und Aggression

Unter den sozialen Motiven sind Anschluß und Macht als Persönlichkeitsdispositionen konzipiert und meßbar gemacht worden. Das gilt nicht – oder nur in Anfängen – für zwei weitere Klassen eines prosozialen und eines antisozialen Handelns: Hilfeleistung und Aggression. Schon von einem „Hilfeleistungsmotiv" und von einem „Aggressionsmotiv" zu sprechen, eilt dem gegenwärtigen Forschungsstand eher voraus. Hilfeleistung hat man bisher fast ausschließlich als situativ angeregtes Verhalten untersucht. Aggression hat seit der Antike vielerlei Erklärungsbemühungen auf sich gezogen, die in ihr einen angeborenen, quasi-biologischen Trieb, ein erlerntes Verhalten oder eine natürliche Reaktion auf bestimmte Situationsumstände sehen.

Hilfeleistung

Unter Hilfeleistung, altruistischem oder „prosozialem" Verhalten kann alles Handeln verstanden werden, das darauf gerichtet ist, das Wohlergehen anderer Menschen zu fördern. Die Vielfalt von Hilfehandeln ist groß. Sie reicht von flüchtigen Gefälligkeiten (wie dem Anreichen des Salzstreuers) über mildtätige Spenden bis zur Unterstützung eines anderen, wenn dieser in Schwierigkeiten, Gefahren oder Notlagen geraten ist, bis zum Einsatz des eigenen Lebens, um das eines anderen zu retten. Entsprechend kann der Aufwand bemessen sein, den der Helfende einem Mitmenschen zuteil werden läßt; Aufwand an Aufmerksamkeitszuwendung, Zeit, Mühe, Kosten, Zurückstellung eigener Wünsche und Tätigkeitsabsichten, Selbstaufopferung. In seinem Motivkatalog hat Murray (1938) für Hilfehandeln ein Basismotiv angenommen, das er als Fürsorglichkeit *(need nurturance)* bezeichnet. Er umschreibt die Handlungsmerkmale wie folgt:

> To give sympathy and gratify the needs of a helpless O(ther); an infant or any O that is weak, disabled, tired, inexperienced, infirm, defeated, humiliated, lonely, dejected, sick, mentally confused. To assist an O in danger. To feed, help, support, console, protect, comfort, nurse, heal. (S. 184)

Was alles äußerlich gesehen Hilfehandeln ist, weil es im Effekt einem anderen zugute kommt, kann gleichwohl recht verschiedene Beweggründe haben. In einzelnen Fällen kann es fraglich sein, wieweit der Hilfeleistende sich in erster Linie vom Wohlergehen des Hilfeempfängers, also von altruistischen Beweggründen leiten läßt. Macaulay u. Berkowitz (1970) definieren Altruismus als: „behavior carried out to benefit another without anticipation of rewards from external sources" (S. 3). Um eine Handlungsklasse „Hilfeleistung" gegen andere Handlungsklassen abzugrenzen, genügt – wie auch im Falle von Leistung, Anschluß und Macht – eine behavioristische Verhaltensbeschreibung nicht. Die Ziele des Handelns, die eigenen Absichten, kurz die eigene „Motivation" – ja auch, wie man diese selbst sieht und wie man sich die Lage des Hilfsbedürftigen erklärt –, muß mit in die Definition eingehen. Entscheidend ist für ein hilfemotiviertes Handeln, daß es weniger um des eigenen als um des fremden Wohlergehens erfolgt, daß es mehr fremddienlich als selbstdienlich ist. So kann ein äußerlich gleiches Hilfehandeln in einem Falle altruistisch, im anderen dagegen etwa rein machtmotiviert sein, wenn es unter der Absicht erfolgt, den anderen abhängig und für eine spätere Gelegenheit gefügig zu machen. Der für Hilfehandeln entscheidende Gesichtspunkt der Fremddienlichkeit läßt sich kaum prägnanter darstellen als durch das Gleichnis vom Barmherzigen Samariter:

> Ein Mann ging von Jerusalem nach Jericho hinab und fiel unter die Räuber. Diese plünderten ihn, schlugen ihn wund, gingen davon und ließen ihn halbtot liegen. Zufällig ging ein Priester denselben Weg hinab, er sah ihn und ging weiter. Ebenso kam ein Levit an der Stelle vorbei, sah ihn und ging vorüber. Ein reisender Samariter aber kam zu ihm. Als er ihn sah, wurde er von Mitleid gerührt. Er trat hinzu, verband seine Wunden, goß Öl und Wein darauf. Dann setzte er ihn auf sein eigenes Lasttier, führte ihn in die Herberge und trug Sorge für ihn. Am anderen Morgen zog er zwei Denare heraus, gab sie dem Wirt und sprach: „Trage Sorge für ihn, und was du noch darüber aufwenden wirst, will ich dir bei meiner Rückkehr erstatten." (Lukas 10: 30-35).

Die Hilfeleistung des Barmherzigen Samariters ist so hervorstechend, weil sie nicht unter sozialem Druck, ja nicht einmal unter den bewertenden Augen anderer erfolgt, weil für den Samariter nicht so ausgesprochene moralische Verpflichtungen wie für den Priester und den Leviten bestehen, weil der Samariter die ihm entstehenden Mühen und Kosten ohne jede Aussicht auf Gegenleistung auf sich nimmt.

Wie sehr jedoch Hilfehandeln mit hohem und höchstem Einsatz öffentlich Aufmerksamkeit erregt und als Vorbildverhalten in die literarische Überlieferung eingeht, wie sehr auch ein mehr alltägliches Hilfehandeln verbreitet sein mag – in der Motivationsforschung hat es bis Anfang der sechziger Jahre keine Beachtung gefunden (wenn man von Murrays Einfügung des Fürsorglichkeitsmotivs in seinen Bedürfniskatalog absieht). In McDougalls (1908) Instinktkatalog zu Beginn dieses Jahrhunderts gab es an prosozialen Motiven nur den Elterninstinkt *(parental instinct)*, der sich auf das Füttern und Beschützen des eigenen Nachwuchses beschränkt. (Allerdings erwähnt McDougall unter den Gefühlen eine Art des „primitiven passiven Mitfühlens", *primitive passive sympathy*, die, wie wir sehen werden, eine zentrale Rolle in gegenwärtigen Versuchen zur motivationspsychologischen Erklärung des Hilfehandelns spielt). Ob altruistisches Verhalten nicht nur gegenüber dem eigenen Nachwuchs, sondern auch gegenüber den anderen Artgenossen im Laufe der Stammesgeschichte eine zum Teil instinktive Grundlage gewonnen haben könnte, ist in letzter Zeit diskutiert worden. Ein schlüssiger Nachweis hat sich jedoch nicht führen lassen (vgl. Campbell, 1972).

Forschungsgeschichtliche Aspekte

Man hat verschiedentlich zu erklären versucht, warum die Forschung prosoziales Verhalten im Vergleich zu „negativen" Verhaltensweisen, wie Aggressivität, neurotischen Störungen u. a., so sehr vernachlässigt hat (so etwa Wispé, 1972). Die herrschenden Theoriesysteme, Psychoanalyse und klassische Lerntheorie, ließen für eine Erklärung altruistischen Verhaltens, das letztlich doch nicht selbstdienlich ist, keinen Raum. Während die Psychoanalyse hinter altruistischem Verhalten nach verdrängten Trieben sucht, muß nach dem hedonistischen Grundprinzip der Lerntheorie stets eine positive Bekräftigungsbilanz für den Helfenden zu finden sein. Da der Helfende sich häufig persönliche Nachteile einhandelt, diese voraussieht und dennoch nicht von Hilfeleistung abläßt, sieht sich der Lerntheoretiker dem „Altruismus-Paradox" gegenüber (Rosenhan, 1972). Es zwingt ihn, weil äußere Bekräftigungen fehlen, zu der Annahme, der Helfende sei zwar mitfühlend (fühle sich ein, habe Empathie), bekräftige sich aber letztlich selbst für sein selbstloses Handeln, obwohl sich der empirische Nachweis einer Selbstbekräftigung schwer führen läßt.

Wenn sich in der zweiten Hälfte der sechziger Jahre Untersuchungen über Hilfeleistung zunehmend häuften, so lagen Gründe dafür sowohl in der Öffentlichkeit wie in der Wissenschaft. Was die Öffentlichkeit betrifft, so scheinen vor allem zwei spektakuläre Ereignisse maßgebend gewesen zu sein, die die öffentliche Aufmerksamkeit erregten. Das eine Ereignis war der Eichmann-Prozeß, der ein spätes Licht auf Personen warf, die unter hoher persönlicher Gefährdung während des Zweiten Weltkrieges Juden vor der Vernichtung gerettet haben. Daraufhin wurde in den USA 1962 eine Stiftung gegründet, um die Persönlichkeitszüge und Motive überlebender Helfer zu ermitteln (London, 1970). Der persönlichkeitspsychologische Ansatz blieb unergiebig, zumal nur noch eine Kriteriumsgruppe von 27 ausgewanderten Helfern erreicht werden konnte. In Interviews schälten sich für die Untersucher gewisse Gemeinsamkeiten heraus wie Abenteuerlust, Identifikation mit einem elterlichen Moral-Vorbild und soziale Randständigkeit.

Das andere Ereignis war die Ermordung einer Frau (Catherine Genovese) in der Nacht zum 13. März 1964 auf einem Bahnhofsvorplatz von Bronx bei New York. Obwohl der Mörder eine halbe Stunde brauchte, um in drei Angriffen sein um Hilfe schreiendes Opfer niederzustechen und endlich zu töten, obwohl 38 Nachbarn wach wurden, ans Fenster kamen und das Geschehen beobachteten, griff niemand helfend ein oder rief die Polizei. Das Echo in den Medien war ebenso empört wie ratlos. Experten verschiedener Wissenschaften wußten keine Erklärung. Statt dessen wurden globale Phänomene wie Vermassung, Anonymität oder Verstädterung verantwortlich gemacht.

Das schockierende Ereignis hat einige Sozialpsychologen veranlaßt, das gesicherte Terrain theoriefundierter Verhaltensphänomene im Labor zu veranlassen, um unter lebensnahen Feldbedingungen Hilfehandeln zu studieren. Begünstigt wurde diese Entwicklung durch eine Debatte, die zur gleichen Zeit innerhalb der Sozialpsychologie entflammt war. Kritisiert wurde die „Realitätsferne" der experimentellen Laborforschung, und man forderte stattdessen mehr „Relevanz" mit Hilfe von Feldforschung (vgl. Israel u. Tajfel, 1972; Ring, 1967). Die dadurch ausgelöste Hinwendung zu quasi-natürlichen Feldbedingungen hat dazu beigetragen, daß die bisherige Erforschung prosozialen Verhaltens theoriearm und situationistisch geblieben ist.

So ist es mittlerweile zu einem eigenartigen Forschungsstand gekommen. Einerseits wissen wir heute mehr über die situativen Determinanten des Hilfehandelns als bei den meisten anderen Handlungsmotivationen. Selbst das Gleichnis vom Barmherzigen Samariter wurde als Vorlage für einen Versuch herangezogen (Darley u. Batson, 1973). Andererseits sind aber Persönlichkeitsvariablen, die zur Hilfeleistung disponieren, bisher kaum herausgefunden, geschweige ein Maß für ein Hilfemotiv entwickelt worden. Damit fehlt es auch an Verhaltenserklärungen auf den dritten Blick, an der Erforschung der Wechselwirkungen von Person- und Situationsvariablen.

In einfallsreichen Felduntersuchungen wurden hilfeheischende Situationen durch Mitwisser und Komplizen des Vls gestellt, und zwar auf Straßen, in Verkehrsmitteln, Versuchsräumen etc. Stets war der Hilfsbedürftige den Passanten und Anwesenden (als den potentiellen Helfern) unbekannt. Die Hilfesituationen lassen sich in eher alltägliche Gefälligkeiten und in ernste Notlagen aufteilen. Zum ersteren gehören: um Uhrzeit oder Weg gefragt, um Geldmünze zum Telefonieren oder Busfahren, um eine Spende gebeten werden; noch nicht abgesandte Briefe oder Geldbörsen auf der Straße finden; eine Frau hilflos bei Wagen mit Reifenpanne sehen; bei jemandem warten, der eilig beschäftigt ist. Zu Notlage-Situationen gehören: Jemand bekommt einen epileptischen Anfall oder Magenkrämpfe; aus dem Nebenraum ist zu hören, wie eine Frau von einer Leiter fällt; in der U-Bahn oder auf der Straße bricht jemand zusammen; jemand sitzt hustend und mit gesenktem Kopf in einem Hauseingang; vor den eigenen Augen stiehlt jemand Geld vom Tisch einer Sekretärin, die gerade herausgegangen ist; in dem Raum, in dem man als Vp arbeitet, quillt plötzlich Rauch aus einer Wandspalte u. a. m. Eingeweihte Dritte des Vls beobachten versteckt, aus einiger Entfernung oder als scheinbare Mitpassanten oder Mitanwesende, wieweit und bei welchen Personen die Situation Hilfehandeln veranlaßt.

Situationsbedingungen

Die Analyse situativer Bedingungen des Helfens ist vor allem durch eine Monographie von Latané u. Darley (1970), „The unresponsive bystander: Why doesn't he help?", angeregt worden. Betrachten wir zunächst alltägliche Situationen. Aus verschiedensten Anlässen sahen sich Straßenpassanten oder U-Bahn-Benutzer in New York plötzlich um Hilfe angegangen. Die erhobenen Daten sind einfach, es braucht lediglich der Prozentsatz aller in eine Situation verwickelten Personen, die darauf mit Hilfeleistung reagieren, mitgeteilt zu werden. Ein Beispiel ist das Erbitten eines kleinen Geldbetrages von einem Passanten auf der Straße. Fragte man: „Geben Sie mir 25 *cent*?", so entsprachen nur 34% dieser Bitte. Der Prozentsatz stieg, wenn man seinen Namen beifügte (49%); als Grund hinzufügte, man müsse telefonieren (64%), oder die eigene Geldbörse sei gestohlen worden (72%).

Dieses und andere Beispiele zeigen, daß potentielle Helfer zunächst einmal die Situation näher darauf hin beurteilen müssen, was vor sich geht, ob jemand und in welcher Hinsicht Hilfe benötigt und ob man sich selbst entschließen soll, Hilfe zu geben. Die angesprochenen Passanten in unserem Beispiel müssen sich vor allem über die Motivation des Hilfesuchenden klar werden: Bettelt er bloß, will er mich zum Narren halten, muß er eine momentane Schwierigkeit überwinden oder ist er unverschuldet in eine Notlage geraten? Durch die zusätzlichen Angaben des Hilfesuchenden wird die Zahl möglicher Absichten, die der Angesprochene dem Hilfesuchenden zuschreiben kann, eingegrenzt und die Situation auch zunehmend im Sinne einer Notlage, zu deren Überwindung Hilfeleistung geeignet ist, interpretiert. Entsprechend steigt die Häufigkeit der Hilfeleistung. Offen bleibt, warum jene 34% schon bei unklarer Hilfesituation (bloße Bitte um Geld) Geld geben; und warum jene restlichen 28% bei klarer Hilfesituation (Geldbörse gestohlen) sich der Bitte verweigern. Hat die erste Gruppe die Situation hilfethematisch aufgefaßt (z. B. armer Bettler) oder war es ihr peinlich oder bedrohlich, die als dreist empfundene Bitte abzuschlagen? Und hat die zweite Gruppe die Situation immer noch nicht als hilfethematisch beurteilt, oder hat sie es getan und sich dennoch nicht zur Hilfeleistung entschieden?

Abwägung von Kosten und Nutzen

Latané u. Darley haben zur Erklärung ein Kosten-mal-Nutzen-Modell (Thibaut u. Kelley, 1959) herangezogen (und kein Erwartungs-mal-Wert-Modell). In einer einfachen Anwendung des Modells haben sie nur die dem Hilfegebenden entstehende Kosten-Nutzen-Bilanz im Falle gewährter und nicht gewährter Hilfeleistung berücksichtigt und gegenübergestellt. Nach Überlegungen aufgrund der Billigkeitstheorie *(equity theory;* Adams, 1963; Walster u. Piliavin, 1972) und einigen Befunden (z. B. von Schopler, 1967) liegt es nahe, daß Helfende auch die Kosten-Nutzen-Bilanz für den Hilfsuchenden erwägen; wahrscheinlich insbesondere dann, wenn für diesen die Kosten unterlassener Hilfeleistung sehr hoch werden. Eine These, die sich aus der einfachen Anwendung des Kosten-mal-Nutzen-Modells ableiten läßt, besagt, daß man umso weniger zur Hilfeleistung bereit ist, je kostenreicher diese ist; wie überhaupt das Kosten-Nutzen-Modell sich umso eher als ein zusätzliches Erklärungsprinzip bewährt hat, je höher die Kosten sind, die auf dem Spiele stehen (Berkowitz u. Daniels, 1964).

Zur Prüfung der These, daß mit wachsenden Kosten die Bereitschaft zur Hilfeleistung abnimmt, bestiegen zwei Komplizen des Vls (Vl 1 und Vl 2) die New Yorker U-Bahn (Allen, zit. in Latané u. Darley, 1970). Vl 1 setzte sich neben einen Fahrgast; Vl 2 trat hinzu und fragte – sich zugleich an Vl 1 und den Fahrgast wendend –, ob der Wagen in das Zentrum oder die Außenbezirke führe. Daraufhin gab Vl 1 immer eine falsche Antwort. Registriert wurde, ob der Fahrgast korrigierend eingriff oder nicht. In zwei weiteren Bedingungen gab es noch ein Vorspiel: Vl 2 war Vl 1 über die Beine gestolpert. In einer Bedingung reagierte Vl 1 (der spätere Falschantworter) sehr ungehalten und steigerte sich bis zur körperlichen Bedrohung; in der anderen Bedingung reagierte Vl 1 nur mit verhaltener Beschwerde. Die Befunde entsprechen einer Kostenüberlegung. Ohne Vorspiel korrigierten 50% der Fahrgäste die falsche Auskunft. Nach Stolper-Vorspiel mit schwacher Auseinandersetzung taten dies 28% und nach bedrohlicher Auseinandersetzung nur noch 16%. Offensichtlich befürchteten die potentiellen Helfer in den beiden letzten Fällen, daß als Folge ihrer Hilfeleistung sich der andere Fahrgast erneut und jetzt mit ihnen anlegt. – Gleichzeitig wurde in dieser Untersuchung ein anderer situativer Auslösefaktor für Helfen festgestellt: Die zugewiesene Verantwortlichkeit. Denn die Häufigkeit der Korrektur der falschen Antwort war geringer, wenn der Frager sich nicht an beide Fahrgäste zugleich (50%), sondern nur an den Falschinformanten (16%) gewandt hatte.

Charakteristisch für die geschilderte wie auch für viele andere Untersuchungen – einschließlich solcher, die schwere Notlagen vorspiegeln – ist, daß ihre Ergebnisse unmittelbar verständlich und auch vom Laien leicht vorhersagbar sind. Das haben Penner, Summers, Brookmire u. Dertke (1976) anhand des Paradigmas vom verlorenen Dollar gezeigt. Die „verlorene" Dollarnote befand sich entweder in einer Brieftasche (mit Anschrift des Besitzers), in einem Briefumschlag, der an eine Universitätskasse gerichtet war, oder sie lag allein für sich auf einem Stuhl oder auf dem Boden. Gefunden werden konnte die Dollarnote in drei verschiedenen Räumlichkeiten: (1) in einem Untersuchungsraum des eigenen (Psychologischen) Instituts, wo man allein als studentische Vp an einer Aufgabe arbeitete, (2) im Raum eines fremden Instituts, wo man an einem Nebenfachkurs teilnahm, (3) im Waschraum einer Universitätstoilette. Wie erwartet, wurde die Dollarnote umso häufiger behalten, je anonymer (d. h. je weiter entfernt von dort, wo man „zuhause" und bekannt ist) der Fundort war: 58% im Toilettenwaschraum versus 18% und 15% im fremden bzw. eigenen Institut; und entsprechend seltener zurückgegeben: 18% vs. 35% vs. 40% (in den jeweiligen Restfällen wurde der Dollar ignoriert). Außerdem wurde an jedem der drei Fundorte der Dollar in der Brieftasche häufiger als der Dollar im Umschlag, und dieser häufiger als der bloße Dollar zurückgegeben (bzw. seltener behalten).

In einer Simulationsstudie wurden Vpn einzeln eine der Kombinationen der 3 × 3

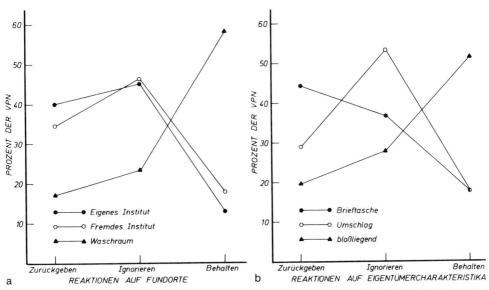

Abb. 8.1 a u. b. Prozenthäufigkeit der Vpn, die eine ausgelegte Dollarnote zurückgeben, ignorieren oder behalten in Abhängigkeit **a** vom Fundort und **b** von Eigentümercharakteristika. (Nach Penner et al., 1976, S. 282)

Bedingungsmatrix (z. B. Brieftasche in der Waschraumtoilette) vorgestellt und gefragt, wie sie selbst und wie andere ihrer Meinung nach handeln würden. Die Ergebnisse dieser Befragung stimmen völlig mit den tatsächlichen Befunden überein. Die Vpn der Simulationsstudie hatten auch das Folgende einzuschätzen: (1) welcher Schaden dem Eigentümer entsteht, (2) wie riskant das Behalten des Dollars ist und (3) aus welchen Gründen jemand den Dollar behalten mag. Übereinstimmend sah man den Eigentümer des Dollars in der Brieftasche als am meisten, den Eigentümer des bloßen Dollars als am wenigsten geschädigt an. Für am gefährlichsten wurde es gehalten, den Dollar im eigenen Institut zu behalten, während dies im Toilettenwaschraum am wenigsten riskant erschien.

Person-Attribuierung als Erklärungsrest

Die Motivations-Zuschreibungen (Attributionen) für das Behalten des Dollars entsprechen den Verhaltenserklärungen auf den ersten und den zweiten Blick, die wir im 1. Kapitel erörtert haben. Je mehr das Behalten des Dollars den Situationsumständen zuwiderlief (d. h. je riskanter es ist – eigenes Institut – und je mehr der Eigentümer geschädigt erscheint – Dollar in Brieftasche), umso mehr wurde es Persönlichkeitsfaktoren (eines schlechten Charakterzuges) zugeschrieben. Je mehr andererseits das Behalten des Dollars den Situationsumständen entsprach (d. h. wenig riskant ist – Toilettenwaschraum – und den Eigentümer weniger schädigt – bloßer Dollar), umso mehr erschien es durch Situationsfaktoren verursacht. Legt man den Kostengesichtspunkt zugrunde, so scheinen für den Fall des Behaltens in dreierlei Hinsicht Kosten bedacht zu werden: (1) Kosten, die dem Eigentümer wegen des Verlusts entstehen, (2) Kosten für den Finder, ertappt zu werden und (3) Kosten, die der Finder mit einer negativen Selbstbewertung eingeht.

Je mehr eine Hilfeleistung unter kostenanalytischen Gesichtspunkten nicht zu erklären ist, ja paradox erscheint, umso mehr wird sie Personeigenschaften des Helfers, seiner Selbstlosigkeit, zugeschrieben. Eine solche Kausalattribuierung ist auch entscheidend dafür, wie stark der Einfluß eines Vorbildes auf die Nachahmung seines altruistischen Verhaltens ist. Fanden z. B. Straßenpassanten eine Brieftasche mit einem Rücksendebrief an den Eigentümer, in dem ein erster Finder zum Ausdruck brachte, daß er die Brieftasche gegen den Rat seiner Freunde – oder gegen seine bisherige Erfahrung, die er mit eigenen verlorenen Brieftaschen gemacht habe – zurücksende, so sandten etwa dreimal mehr (zweite) Finder die Brieftasche an den Eigentümer weiter, als wenn der erste Finder geschrieben hatte, daß er in Übereinstimmung mit seinen Freunden und seinen bisherigen eigenen Erfahrungen das Gefundene zurückgebe (Hornstein, Fisch u. Holmes, 1968).

Stellt man eine Kostenanalyse für das Gleichnis vom Barmherzigen Samariter an, so ergibt sich eine ausgesprochene Person-Attribuierung. Die Handlung des Samariters erscheint deshalb so selbstlos, weil sie den situativ nahegelegten Umständen zuwiderläuft und hervorstechenden Personeigenschaften des Helfers zugeschrieben werden muß. Die Kosten der Hilfe sind für den Helfer hoch. Die Kosten, nicht zu helfen, sind dagegen gleich null, da ihn in dieser Einsamkeit niemand wegen unterlassener Hilfeleistung zur Verantwortung ziehen könnte; nur für das Opfer wären die Kosten ungemein hoch, ja lebensbedrohend. Hinzu kommt, daß von der sozialen Zugehörigkeit her der Samariter sich weniger verantwortlich für das Opfer fühlen kann als der Priester und der Levit. Wir kommen damit zu Untersuchungen des Hilfehandelns in schwerwiegenden Notlagen.

Verantwortlichkeitsdiffusion

Im Unterschied zu alltäglichen Hilfesituationen zeichnen sich Notsituationen durch einige Umstände aus, die ein promptes und angemessenes Hilfehandeln erschweren. Eine Notsituation ereignet sich unvorhergesehen, man hat keinen Handlungsplan für sie bereitliegen. Notsituationen sind sehr seltene Ereignisse, für die man keine Erfahrungen hat sammeln können. Eine Notsituation kann auch für den Helfer eine Bedrohung von Gut, Leib und Leben sein; d. h. die eigenen Kosten können im Vergleich zum eigenen (und auch zum fremden) Nutzen unverhältnismäßig hoch sein. Schließlich verlangt eine Notsituation schnelles Reagieren und erlaubt kaum ein langwieriges Überdenken der verschiedenen Handlungsmöglichkeiten (manche heldenhafte Hilfe mag erfolgt sein, weil sich der Helfer keine Zeit ließ, die Gefährlichkeit seines Einsatzes erst zu bedenken). Eine plötzlich angetroffene Notsituation muß also zunächst einmal als solche wahrgenommen, dann genauer auf ihre Verursachung und ihre Hilfemöglichkeiten beurteilt werden, ehe man sich entschließen kann, selbst Verantwortung zu übernehmen und zwischen verschiedenen Hilfsmöglichkeiten die am angemessensten erscheinende auswählt, um endlich selbst einzugreifen. Dieser komplexe Prozeß von der ersten Situationswahrnehmung bis zur Hilfehandlung kann in den einzelnen Stadien auf verschiedene Weise gestört und verzögert werden.

So ist es nicht zu verwundern, wenn es gar nicht erst zur Hilfeleistung kommt. Häufig wird Hilfe umso eher unterlassen, je mehr Menschen dabeistehen (*bystander effect;* Latané u. Darley, 1968). Latané u. Darley erklären dies mit „pluraler Ignoranz" und „Verantwortlichkeitsdiffusion". Plurale Ignoranz bezieht sich auf das Stadium der Situationsbeurteilung. Ist man nicht allein, zieht man in die Situationsbeurteilung auch die Reaktionen der anderen ein. Gleichzeitig hält man sich zurück, um nicht durch voreilige Reaktion oder Überreaktion peinlich aufzufallen. Da dieser Ausdruckshemmung aus Befangenheit zunächst alle verfallen, wird die Notsituation als weniger kritisch fehlinterpretiert (vgl. Bickman, 1972).

Und wenn es anschließend darum geht, ob man sich verantwortlich für zu ergreifende Hilfsmaßnahmen fühlen soll, erwartet man Gleiches von allen anderen Anwesenden, so daß es zu einer Diffusion, und damit Verminderung der Verantwortlichkeit kommt. So läßt sich jedenfalls erklären, daß – wenn plötzlich Rauch aus einer Wandspalte in den Versuchsraum tritt – eine einzelne Vp schneller unruhig wird und den Vorfall dem draußen weilenden Vl meldet (75%), als wenn zwei Vpn anwesend sind (10%); oder gar die eine der beiden Vpn als Komplize des Vl dem Vorfall keinerlei Beachtung schenkt (Latané u. Darley, 1970); wenn, nachdem man jemanden nebenan eine Leiter herabfallen und vor Schmerz schreien hört, 70% aller Vpn in Einzelsituation und nur 40% der Vpn in Zweiersituation zur Hilfe in den Nachbarraum eilen (Latané u. Rodin, 1969); wenn in einer Gruppendiskussion (über Kopfhörer und Mikrofon, jeder Teilnehmer sitzt in einer Kabine) ein Teilnehmer einen epileptischen Anfall bekommt und in Zweiersituation jeder (100%) schnell (durchschnittlich nach 52 sec) um Hilfe bemüht ist, in Dreiersituation 85% in 93 sec, in Sechsersituation 62% nach 166 sec.

Wie neuere Untersuchungen zeigen, hat der *bystander-effect* allerdings Grenzen. So fanden ihn Schwartz u. Clausen (1970) in der Epileptiker-Situation nur bei weiblichen, aber nicht bei männlichen Vpn. Handelte es sich um einen ganz unmißverständlichen Notfall – wie der plötzliche Zusammenbruch eines Fahrgastes im Mittelteil eines fahrenden U-Bahn-Wagens – so war die Hilfeleistung unabhängig von der Anzahl der umstehenden Fahrgäste, ja die Latenzzeit bis zur Hilfeleistung nahm sogar noch mit der Anzahl der Fahrgäste etwas ab (Piliavin, Piliavin u. Rodin, 1975; Piliavin, Rodin u. Piliavin, 1969; vgl. Clark u. Ward, 1972). Wenn schließlich die Umstehenden sich nicht fremd waren, sondern eine strukturierte Gruppe bildeten, die miteinander interagiert, kam es ebenfalls nicht zu einer Diffusion der Verantwortlichkeit (Misavage u. Richardson, 1974). Allerdings gab es in den U-Bahn-Studien auch klare Belege für eine Verantwortlichkeitsdiffusion (geringere Häufigkeit und längere Latenzzeit), wenn Charakteristika des Hilfsbedürftigen den potentiellen Helfern nahelegen, daß die persönlichen Kosten der Hilfeleistung hoch sein könnten. Solche, hohe Kosten andeutenden Charakteristika des Hilfsbedürftigen waren offensichtliches Betrunkensein (Piliavin et al., 1969), Bluten aus dem Mund (Piliavin u. Piliavin, 1972), ein großes rotes Muttermal im Gesicht oder etwas verwahrlostes Aussehen (Piliavin et al., 1975). In der letzten Studie wurde unter der Muttermal-Bedingung (hohe Kosten) Verantwortlichkeitsdiffusion noch weiter erhöht, wenn neben dem zusammengebrochenen Fahrgast ein Fahrgast im weißen Kittel saß, der ein Arzt oder Krankenpfleger zu sein schien.

Eine Alternativ-Erklärung des *bystander-effect* im Sinne der Theorie der sog. Selbstaufmerksamkeit *(objective self-awareness;* Duval u. Wicklund, 1972; Wicklund, 1975; vgl. Kap. 12) haben Wegner u. Schaefer (1978) vorgeschlagen. Nach der Theorie der Selbstaufmerksamkeit führen situative Bedingungen, die die Aufmerksamkeit von der Außenwelt weg auf das eigene Selbst richten (z. B. vor einem Spiegel oder in Front eines Auditoriums) zum Gewahrwerden von Diskrepanzen zwischen dem, wie man gerade handelt oder gehandelt hat, und dem, wie man idealerweise handeln möchte oder sollte. Eine Folge dieser erlebten Diskrepanz kann das Bemühen sein, das eigene Handeln der idealen Norm anzunähern. In Gruppensituationen wird Selbstaufmerksamkeit dann gefördert, wenn man allein oder in einer kleineren Gruppe einer größeren Gruppe gegenübersteht, was in den üblichen Hilfeleistungssituationen mit einem Hilfsbedürftigen und mehreren Umstehenden gerade nicht der Fall ist. Wegner u. Schaefer haben gezeigt, daß entsprechend diesem Zusammenhang die Hilfsbereitschaft weit größer ist, wenn ein potentieller Helfer drei Hilfsbedürftigen gegenübersteht als drei potentielle Helfer einem Hilfsbedürftigen.

Eine Fülle weiterer Befunde ließe sich berichten und noch mancherlei Situationsaspekte auf ihre hilfefördernden und hemmenden Wirkungen abwägen, ohne daß uns dies einem Verständnis der Hilfemotivation viel näher brächte. Denn individuelle Unterschiede blieben bislang unbeachtet. Insbesondere Latané und Darley neigen dazu, mögliche Personfaktoren zu bagatellisieren, obwohl doch in allen ihren Befunden zu erklären wäre, warum es unter hilfehemmenden Situationsbedingungen immer auch eine Minorität gab, die half; und unter hilfefördernden Bedingungen immer auch eine Minorität, die nicht half. Die sozialpsychologisch orientierten Forscher waren in hohem Maße erfinderisch in der Gestaltung und Abwandlung von Situationsumständen, nicht dagegen in der Entwicklung persönlichkeitspsychologischer Theoriekonstruktion und der Entwicklung entsprechender diagnostischer Instrumente.

Normen

So sehr situativ angeregte Kostenüberlegungen Hilfehandeln beeinflussen mögen, sie reichen zur Erklärung umso weniger aus, je mehr Hilfeleistung fremddienlich ist und trotz ungünstiger Kostenbilanz für den Helfer erfolgt. Offensichtlich ist Hilfeleistung, unabhängig von Kostenerwägungen, auch an Normen im Sinne allgemeiner Verhaltensregeln orientiert. Normen, die Hilfeleistung fordern, sind in mannigfacher Weise kodifiziert und tradiert (z. B. „Liebe deinen Nächsten wie dich selbst" Matth. 19:19; in schwerwiegenden Fällen wird unterlassene Hilfeleistung gesetzlich unter Strafe gestellt). Die Frage ist, wieweit der Einzelne sich solche allgemein bekannten Normen zu eigen gemacht hat, denn davon hängt ihre Handlungswirksamkeit ab. Je weniger sie als persönlich verbindliche Standards erlebt werden, umso ausschließlicher beeinflussen Normen das Handeln durch die Vorwegnahme positiver oder negativer Folgen, die von außen als Belohnung oder Bestrafung verabreicht werden. Die Normgerechtigkeit des Handelns ist damit stark davon abhängig, wieweit es der nachträglichen Beurteilung und Bekräftigung durch andere offenliegt. Je mehr dagegen Normen als persönliche Standards verinnerlicht sind, umso mehr wird das Handeln von vorweggenommenen Selbstbewertungsfolgen gelenkt und damit von äußeren Umständen unabhängiger. Ehe wir auf solche Persönlichkeitsunterschiede eingehen, seien zwei allgemeine Normen erörtert, die für Hilfeleistung maßgebend sind: die Norm der sozialen Verantwortlichkeit und die Norm der Gegenseitigkeit (Reziprozität).

Norm der sozialen Verantwortlichkeit

Die Norm der sozialen Verantwortlichkeit fordert immer dann Hilfeleistung, wenn der Hilfsbedürftige vom potentiellen Helfer abhängig ist, weil er z. B. zu jung, zu alt, zu krank oder zu arm ist und kein anderer oder keine soziale Institution für ihn aufkommt. Genau dieser Sachverhalt wird in der eingangs angeführten Motivdefinition Murrays der Fürsorglichkeit *(nurturance)* aus dem Jahre 1938 im wesentlichen umrissen. Berkowitz und Mitarbeiter haben den Einfluß der Verantwortlichkeitsnorm anhand des experimentellen Paradigmas der Abhängigkeit eines Arbeitsgruppenleiters von der Produktivität eines Mitarbeiters untersucht. Je größer die Hilfsbedürftigkeit des Leiters war (z. B. um einen Preis zu gewinnen), umso größer war auch die Hilfsbereitschaft des Mitarbeiters (Berkowitz u. Daniels, 1963). Das gilt auch dann, wenn die Mitarbeiter-Vp vorher weiß, daß der hilfsbedürftige Leiter und auch der Vl von ihrer Hilfeleistung nichts erfahren wird (Berkowitz, Klanderman u. Harris, 1964).

Verantwortlichkeit aufgrund von Abhängigkeit des anderen kann durch verschiedene Faktoren modifiziert werden, insbesondere durch die Kausalattribuierung der Hilfsbedürftigkeit. Je mehr ein Hilfsbedürftiger seine Lage selbstverschuldet hat, umso weniger fühlt man sich verantwortlich, dem Abhängigen zu helfen (Horowitz, 1968). Erreicht die Abhängigkeit des Hilfsbedürftigen höhere Grade, die die erlebte Handlungsfreiheit des Helfenden zu stark beschneiden, so kann „Reaktanz" auftreten (Brehm, 1966): Der Helfer empfindet die erwartete oder auferlegte Hilfeleistung als zu lästig, sucht sich davon frei zu machen, indem er das Ausmaß seiner Hilfsbereitschaft mindert. Vorbild-Einfluß kann die Verantwortlichkeitsnorm hervorheben und Hilfsbereitschaft steigern. Sahen Autofahrer z. B., daß einer Frau bei einer Reifenpanne geholfen wurde, so halfen mehr von ihnen bei einer bald folgenden (gestellten) Reifenpanne (Bryan u. Test, 1967). Überhaupt geht Vorbildwirkung weniger von Worten und Predigten, als von den Taten des Vorbilds aus (Bryan, 1970; Grusec, 1972).

Norm der Gegenseitigkeit

Die andere Norm, Gegenseitigkeit, scheint ein universales Prinzip sozialer Interaktion (Gouldner, 1960) und sozialen Austauschs von materiellen Gütern, Handlungen, Wohltaten und Schadenszufügungen zu sein (Homans, 1961). Vergeltung im Guten wie im Bösen („wie du mir, so ich dir"), um zwischen Individuen oder Gruppen wieder ein ausgewogenes Gleichgewicht herzustellen („Quitt zu werden"), ist offenbar ein verbreitetes Grundprinzip; etwa als Billigkeit *(equity),* „ausgleichende Gerechtigkeit" und als fortgeschritteneres Entwicklungsstadium des moralischen Urteils nach Kohlberg (1963). Während die Norm der sozialen Verantwortlichkeit die Initiative zum Helfen ergreifen läßt, regelt die Norm der Gegenseitigkeit eher die Reaktion auf empfangene Hilfe. Man zeigt sich erkenntlich für Wohltaten. Falls Hilfe allerdings ausschließlich mit Blick auf Gegenseitigkeit, d. h. auf erwartete Wiedergutmachung, gegeben wird, verliert sie an altruistischem Charakter.

In Laborexperimenten hat sich die Wirksamkeit der Gegenseitigkeitsnorm klar nachweisen lassen. So halfen in einer Arbeitssituation Vpn einer anderen Vp weit mehr, wenn diese ihnen vorher geholfen, als wenn sie ihnen Hilfe verweigert hatte. Besonders erkenntlich zeigte man sich, wenn die Hilfe freiwillig und nicht auf Anordnung erfolgt war (Goranson u. Berkowitz, 1966). Eine mit Blick auf Gegenseitigkeit motivierte Hilfeleistung kann Verschiedenes intendieren. Einmal kann sie die Wiedergutmachung empfangener Hilfe beabsichtigen, zum andern den Empfänger auf künftige Gegenleistung verpflichten und schließlich kann Hilfe in einer Weise gewährt werden, die es dem Empfänger eher möglich oder eher unmöglich macht, seine Dankesschuld wieder abzutragen. Wieweit der Empfänger sich zur Gegenseitigkeit verpflichtet fühlt, hängt entscheidend davon ab, wie er die Absichten des Helfers und die empfangene Hilfe einschätzt; d. h. von einer Motivationsattribuierung der Hilfehandlung (vgl. Kap. 11). Man wird umso mißtrauischer über die Motvation des Helfers, je übertriebener die Hilfe ist und je weniger sie der besonderen Situation des Hilfsbedürftigen angepaßt ist. Dann nämlich drängt sich der Verdacht auf, daß der Helfer eigennützige Ziele verfolgt, indem er den Empfänger – nach Norm der Gegenseitigkeit – auf künftige Wiedergutmachung verpflichtet (Schopler, 1970).

Andererseits kann allerdings auch solche Hilfe, an die keine Gegenleistungserwartungen geknüpft sind, wenig dankbar, ja sogar feindselig machen, wenn der Empfänger sich zunehmend verpflichtet fühlt und keine Möglichkeit sieht, sich zu revanchieren (Brehm u. Cole, 1966); wiederum ein Fall von Freiheitsminderung, der zur „Reaktanz" führt. Dagegen wird der Empfänger umso mehr zur Gegenseitigkeit motiviert, je mehr die Hilfe situationsangemessen und prompt erfolgt, je fremddienlicher die Absichten erscheinen (d. h. ohne Spekulation auf Gegenseitigkeit) und je größer der Aufwand des Helfers in bezug auf die ihm verfügbaren Ressourcen sind (Pruitt, 1968).

Einfühlung

Während Normen als Maßstäbe für Fremd- und Selbstbekräftigung Hilfehandeln motivieren können, ist zu fragen, ob Helfen nicht noch unmittelbarer und nachhaltiger dadurch motiviert werden kann, daß man sich in den Hilfsbedürftigen hineinversetzt und vorwegnimmt, wie eigene Hilfe die Zuständlichkeit des andern verbessert (vgl. Krebs, 1975; Stotland, 1969). Über Mitfühlen (Sympathie) und Mitleid hinaus wäre Einfühlung (Empathie) in einen selbst bewirkten positiv verlaufenden affektiven Wandel im Hilfsbedürftigen eine Art vorweggenommener stellvertretender Bekräftigung, die eigenes Hilfehandeln motiviert. Je mehr jemand zu solcher Einfühlung fähig und geneigt ist, umso hilfsbereiter ist er im konkreten Fall (vgl. Coke, Batson u. McDavis, 1978). Eine solche Erklärung würde neben Fremd- und Selbstbekräftigung ein weiteres Motivationsprinzip zum Verständnis altruistischen Handelns heranziehen: Die einfühlende Bekräftigung. Aber welche Belege und theoretischen Konzepte gibt es dafür?

Zunächst einmal gibt es indirekte Belege. Einfühlung in andere setzt voraus, daß man nicht übermäßig mit sich selbst und den eigenen Anliegen beschäftigt ist. Ist das Erleben in erhöhtem Maße selbstbezogen, so ist die Hilfsbereitschaft, worauf Berkowitz (1970) hingewiesen hat, in der Tat vermindert. Andererseits führt freudige Gestimmtheit – etwa nach Erfolgserleben („the warm glow of success"; Isen, 1970; Isen, Clark u. Schwartz, 1976) oder nach Induktion von gehobener Stimmung (Aderman, 1972) – zu erhöhter Hilfsbereitschaft.

Darley u. Batson (1973) haben sich gefragt, was in dem Gleichnis vom Barmherzigen Samariter den Priester und den Leviten davon abgehalten haben mag, zu helfen. Sie kommen zu der Vermutung, daß beide zu ihrer Zeit im Unterschied zum Samariter hochbeschäftigte Personen gewesen sein müssen, die zwischen Terminen hin und her hetzen. Zeitdruck bei der Verfolgung eigener Anliegen ist eine Form von Selbstbezogenheit, die Helfen verhindert. Des weiteren vermuteten die Autoren, daß Priester und Levit sich auf ihrer Fußreise ausgiebig mit religiösen Gedanken beschäftigt hätten; was, da die Autoren Normen keinen motivierenden Einfluß zuschreiben, nicht die Hilfsbereitschaft hat erhöhen können. Darley u. Batson beließen es nicht bei dieser Interpretation, sondern bildeten das Gleichnis zur Überprüfung ihrer Hypothesen in einem Experiment nach. Theologiestudenten erhielten im Einzelversuch den Auftrag, sich kurz auf einen Vortrag von 3–5 Minuten vorzubereiten, der in einem Nachbargebäude auf Tonband aufgezeichnet werden sollte. Die eine Hälfte der Vpn hatte über das Gleichnis vom Barmherzigen Samariter, die andere über nicht-seelsorgerische Berufsmöglichkeiten von Geistlichen zu sprechen. Auf dem Weg zum Vortrag wurden die Vpn unter verschiedene Grade von Zeitdruck gesetzt (hoch, mäßig, fehlend). Vor dem Nachbargebäude kamen sie an einer zusammengesunkenen, abgerissen gekleideten Gestalt vorbei, die sich offenbar in einem bedauernswerten körperlichen Zustand befand.

Tabelle 8.1. enthält die Ergebnisse. Wie erwartet nimmt Hilfeleistung mit zunehmendem Zeitdruck ab. Entgegen der Erwartung der Autoren hat die gedankliche Beschäftigung mit Hilfe-Thematik gegenüber neutraler Thematik einen hilfefördernden Einfluß (vgl. dazu Greenwald, 1975a).

Einfühlung in lerntheoretischer Sicht

Für direkte Belege einer einfühlenden Bekräftigung hat Aronfreed (1970) ein theoretisches Konzept entworfen. Altruistischem Verhalten liegt nach Aronfreed eine Disposition zugrunde, sich in die Affektzustände eines anderen einzufühlen:

> The concept of altruism can more usefully be restricted to the choice of an act which is at least partly determined by the actor's expectation of consequences which will benefit another person without benefit to himself. But the expected consequences for the other person are not necessarily without affective (and reinforcement) value for the actor, even though directly beneficial outcomes for the actor are not specified by the altruistic component of the act.
>
> When the consequences of an act for another person are concrete and visible, their affective value for the actor may be mediated by his capacity for empathic or vicarious response to social cues which immediately transmit the other person's experience (for example, to expressive cues which may convey the affective state of the other person). Alternatively, the actor may experience the empathically or vicariously reinforcing affective consequences of altruistic behaviour through his capacity to give a

Tabelle 8.1. Mittlere Hilfeleistungswerte bei gedanklicher Beschäftigung mit neutraler oder Hilfethematik und unter drei Graden von Zeitdruck. (Nach Darley u. Batson, 1973, S. 105)

Gedankliche Beschäftigung mit	Zeitdruck fehlend	mäßig	hoch	Summe
Hilfe-Thematik	3,80	2,00	1,00	2,26
neutrale Thematik	1,67	1,67	0,50	1,33
Summe	3,00	1,82	0,70	

cognitive representation to the effects of the behavior on another person. The affective support for the altruistic act therefore does not require that the effects of the act be directly observable. (S. 105).

Aronfreed u. Paskal (1965; siehe Aronfreed, 1970) haben einfühlende Bekräftigungen in Experimenten mit Kindern aufzubauen und nachzuweisen versucht. Es handelt sich um experimentelle Simulationen, wie man lernen kann, sein eigenes Handeln von einfühlender Bekräftigung – d. h. von der einfühlenden Teilhabe an einem durch eigenes Handeln bewirkten positiven Affektwandel im Hilfsbedürftigen – motivieren zu lassen. Ein solcher einzelner Lernvorgang kann zugleich im sozialisationstheoretischen Sinne zum Aufbau einer altruistischen Disposition beitragen. Das experimentelle Vorgehen bestand aus zwei Schritten. In einem ersten Schritt, der dem klassischen Konditionieren entspricht, werden die auf ein bestimmtes Signal erfolgenden Ausdrucksanzeichen eines affektiven Wandels einer anderen Person mit einem gleichgerichteten affektiven Wandel im Kind gekoppelt. In einem zweiten Schritt, der dem instrumentellen Konditionieren entspricht, wird eine Handlung gelernt, die im anderen die Anzeichen eines Affektwandels in positiver Richtung auslöst.

Einer der Versuche ging wie folgt vor sich. Vl und Kind saßen vor einem Kasten mit zwei Hebeln. Mit dem einen Hebel konnte man ein Bonbon herausfallen, mit dem andern ein rotes Licht für drei Sekunden aufleuchten lassen. Nur wenn das Kind das letztere tat, reagierte der Vl mit dem Ausdruck der Freude (schaute lächelnd und hingegeben auf das rote Licht und sagte „da ist das rote Licht"). Danach nahm er das Kind zärtlich in den Arm, ohne den Blick vom roten Licht zu lenken. In einer zweiten Versuchsphase saß der Vl hinter dem Kasten, wo jetzt nur noch das rote Licht sichtbar war. Das Kind konnte wählen zwischen rotem Licht (Freude für den Vl) oder einem Bonbon für sich selbst. Verglichen mit zwei Kontrollgruppen, die in der ersten Versuchsphase entweder nur den freudigen Ausdruck des Vls oder nur die zärtliche Zuwendung erfahren hatten, wählten die Kinder, für die beides vorher gekoppelt worden war, häufiger das rote Licht; auch im Vergleich zu den Bonbons. Wie eine nachfolgende Untersuchung von Midlarsky u. Bryan (1967) ergab, treten die beobachteten Effekte auch auf, wenn die Reihenfolge von Affektausdruck (Lächeln) und Affektproduktion im anderen (Umarmen) umgekehrt wird.

Besteht also ein einfühlender Gleichklang in der affektiven Gestimmtheit mit einer anderen Person, so verzichten Kinder auf materielle Belohnungen, um im anderen Freude zu erzeugen. Aber nicht nur das altruistische Bewirken von Freude, auch die Aufhebung von Belastung, unter der der andere leidet, ließ sich unter Verzicht auf belohnte Aufgabelö- sungen (den zuerst der Vl vormachte) schnell erlernen (vgl. Aronfreed, 1970).

Entwicklungspsychologische Belege für die Herausbildung der Einfühlungsfähigkeit hat Hoffman (1975; 1978) zusammengetragen. Die Entwicklung der Personpermanenz, der Rollenübernahme (einschließlich des moralischen Urteils; vgl. Kohlberg, 1969; Rubin u. Schneider, 1973; Hogan, 1973) sowie der Personidentität bilden nach Hoffman Voraussetzungen für die Fähigkeit, sich in die Notempfindungen eines anderen hineinzuversetzen und helfend in uneigennütziger Weise einzugreifen. Auf diesen entwicklungspsychologischen Grundlagen baut sich dann in Abhängigkeit von individuellen Erfahrungen ein unabhängiges altruistisches Motiv (Hilfemotiv) als Persönlichkeitsdisposition auf.

In seiner neuen Entwicklungstheorie zur Empathie hat Hoffman (1978) das Erleben „empathischer Not" *(empathic distress)* dem Hilfehandeln als ein motivierendes Agens zugrunde gelegt. Empathische Not setzt sich aus einer affektiven Erregungskomponente und einer sozialkognitiven Komponente zusammen. Die affektive Erregungskomponente kann schon bei sehr jungen Kindern beobachtet werden. Sie setzt noch keine kognitive Differenzierung von Eigenerleben und Fremderleben voraus. Die affektive Erregung kann auf verschiedenen Vorgängen beruhen; auf klassisch konditionierten Reaktionen, auf Gefühlsübertragung mittels motorischer Nachahmung oder auf der Vorstellung, wie man sich selbst in der Situation des Hilfsbedürftigen fühlen würde. Die sozialkognitive Komponente der empathischen Not unterliegt einem allmählichen Entwicklungswandel, der im wesentlichen dem entspricht, was wir über die Entwicklung der Rollenübernahme wissen. Sobald das Kind – etwa gegen Ende des ersten Lebensjahres – zwischen sich selbst und anderen Personen unterscheiden kann, durchläuft das Kind nach Hoffman verschiedene Stadien der Empathiefähigkeit mit zunehmend angemesseneren Verständnismöglichkeiten für den anderen. Im Zuge dieser Entwicklung wird das Kind fähiger, Mitgefühl für die Not des anderen *(sympathetic distress)* zu empfinden.

Einfühlung in feldtheoretischer Sicht

Während Aronfreed ein lerntheoretisches Konzept der Einfühlung als Grundlage altruistischer Motivation entwickelt hat, hat Hornstein (1972, 1976) das gleiche aus feldtheoretischer Sicht versucht. Den drei Ursachen, die nach Lewin zu gespannten Systemen führen (Grundbedürfnisse, Quasibedürfnisse, normative Forderungen) fügt Hornstein eine vierte hinzu, die sog. „promotive Spannung". Sie besagt, daß man Spannungszustände einer anderen Person und die damit einhergehenden Feldkräfte (auf eine Zielregion hin oder von ihr weg) stellvertretend miterlebt.

Drei Bedingungen sollen für die Entstehung promotiver Spannung verantwortlich sein: (1) die Valenz, die man selbst für die Zielregion der anderen Person hat, (2) welche Valenz nach eigener Einschätzung das Ziel der anderen Person für diese besitzt und (3) wie groß man die psychologische Distanz zwischen der anderen Person und ihrem Ziel einschätzt. Da sich bei der Erforschung des Zeigarnik-Effekts gezeigt hat, daß ein wegen unerledigter Aufgabe noch bestehendes Spannungssystem reduziert werden kann, wenn ein anderes Gruppenmitglied die Aufgabe erledigt (Deutsch, 1949), müßte auch umgekehrt der vergebliche Versuch einer Person, mit etwas fertig zu werden, ein gespanntes System in einer anderen Person erzeugen können. Voraussetzung für eine solche einfühlende Spannungsübertragung ist, daß die beobachtende Person (der potentielle Helfer) ein „Zusammengehörigkeitsgefühl" gegenüber der anderen Person, die in Schwierigkeiten oder in Not ist, empfindet. Die erlebte Zusammengehörigkeit entsteht, wenn zumindest die folgenden Bedingungen gegeben sind: (1) die Ziele beider Personen sind in der gegebenen Situation aufeinander bezogen, (2) es gibt eine Grundlage für zwischenmenschliche Anziehung und (3) beide Personen sind Mitglieder einer gleichen sozialen Gruppe.

Hornstein demonstriert den Erklärungswert seines feldtheoretischen Ansatzes für einfühlendes Hilfehandeln an eigenen Untersuchungen mit der Methode „der verlorenen Briefe" (Hornstein et al., 1968). In diesen Studien wurde der Übereinstimmungsgrad in der Valenz der Zielregion durch die Einstellungen variiert, die Verlierer und Finder des Briefs gegenüber dem Inhalt des Briefes hegen (z. B. pro-israelisch oder pro-arabisch). Zugleich konnte dem Brief die psychologische Distanz zum angestrebten Ziel entnommen werden. Die meisten Vpn waren dann hilfreich (d. h. sandten den gefundenen Brief weiter), wenn sie (1) die Einstellung des Verlierers zum Briefthema teilten, (2) wenn dieser im Brief einen starken Wunsch nach Zielerreichung zum Ausdruck gebracht hatte und (3) die Zielerreichung bereits nahe war.

Zweistufen-Modell empathie-vermittelter Hilfeleistung

Am weitesten haben bisher Coke, Batson u. McDavis (1978) die Rolle der Einfühlung für Hilfeleisten aufgeklärt. Sie schlagen ein Zweistufen-Modell vor. Danach steigert Rollenübernahme (sich in den Hilfsbedürftigen hineinversetzen) zunächst die einfühlende Emotion, und diese wiederum führt dazu, helfend einzugreifen. Sich nur in den anderen hineinzuversetzen, fördert Helfen nicht, sofern nicht eine einfühlende Emotion dazwischen vermittelt. Diese Kausalkette haben die Autoren auf einfallsreiche Weise experimentell belegt. Um die Schlüsselrolle der einfühlenden Emotion für Hilfeleistung zu klären, wurde die Emotion in einer ersten Studie unter einer Bedingung durch eine induzierte Fehlattribution von ihrer Quelle abgelenkt und in einer zweiten Studie unter einer Bedingung durch falsche Rückmeldung über körperliche Erregung (vgl. Valins-Effekt, vgl. Kap. 4) künstlich erzeugt und gesteigert. In beiden Studien erfuhren die weiblichen Vpn in Form einer in Vorbereitung befindlichen Nachricht des Universitätsrundfunks von einer hilfsbedürftigen Studentin.

In der ersten Studie hatten die Vpn entweder sich in die Hilfsbedürftige hineinzuversetzen (Anregung zur Rollenübernahme) oder auf die Technik der Nachrichtenzubereitung zu achten. Es handelte sich um einen schweren Schicksalsschlag (nach einem tödlichen

Verkehrsunfall beider Eltern stand die Studentin allein mit ihren noch sehr jungen Geschwistern und bat um stundenweise Aushilfe bei der Beaufsichtigung ihrer Geschwister). Unter einem Vorwand in einem vorauslaufenden angeblichen Experiment hatten die Vpn ein Medikament eingenommen *(Placebo)*, das laut Instruktion entweder Entspannung oder innere Erregung bewirken sollte. Die danach unter Rollenübernahme-Instruktion geweckte emotionale Einfühlung in die hilfsbedürftige Studentin sollte hypothesengemäß bei medikamentöser „Erregung" fehlattribuiert werden und deshalb nicht zu gesteigerter Hilfeleistung führen – im Gegensatz zur medikamentösen „Entspannung".

Die Befunde bestätigten diese Erwartung voll. Rollenübernahme allein genügt nicht (vgl. Übersicht von Kurdek, 1978). Die von ihr geförderte einfühlende Emotion muß hinzutreten. Ist das nicht der Fall – wie es hier durch den experimentellen Kunstgriff der Fehlattribution der Erregung erreicht wurde –, blieb die Hilfeleistung gering wie unter der Anweisung, auf die Technik der Nachrichtenzubereitung zu achten. Nur wenn das Hineinversetzen in den anderen eine mitfühlende Erregung auslöste, die in zutreffender Weise der Notlage des Hilfsbedürftigen zugeschrieben wurde, kam es zu einer gesteigerten Hilfeleistung (vgl. einen analogen Theorieansatz zur Erklärung moralischen Handelns von Dienstbier, Hillman, Lehnhoff, Hillman u. Valkenaar, 1975).

In der zweiten Studie ging es vor allem darum, welcher Art die Emotionen sind, die Hilfeleistung fördern. Ist es eine Emotion, die sich in den anderen einfühlt, so daß man dem anderen aus seiner mitgefühlten Not heraushelfen möchte, oder ist es ein aversiver persönlicher Gefühlszustand *(personal distress)*, aus dem man sich selbst befreien möchte, indem man dem anderen hilft. Die erste Möglichkeit läßt Hilfemotivation als altruistisch erscheinen. In Vorerhebungen waren Emotionsbezeichnungen ausgelesen worden, die für die eine oder andere Emotionsart stehen. Die Vpn erfuhren diesmal von einer etwas banalen Hilfsbedürftigkeit (eine Studentin suchte unbezahlte Vpn, weil sie knapp bei Kasse war). Dabei wurde mit Hilfe falscher Rückmeldung körperlicher Erregungsindikatoren einer Hälfte der Vpn glauben gemacht, daß sie innerlich sehr bewegt seien, der anderen Hälfte, daß sie unbewegt blieben. Bevor die Vpn Gelegenheit erhielten, der Studentin ihre Hilfe anzubieten, hatten sie aus einer Liste von Emotionen jene anzukreuzen, die sie beim Hören der Nachricht erlebt hatten. Erwartet wurde, daß die Vpn in der Bedingung falsch rückgemeldeter hoher Erregung stärkere einfühlende Emotionen hatten und auch hilfsbereiter waren als die Vpn unter der Nichterregungs-Bedingung.

Wieder wurden die Hypothesen sehr klar bestätigt. Die Erregungs-Manipulation steigerte die Hilfeleistung, aber nur insofern sie zu einfühlenden Emotionen und nicht zu Emotionen eines aversiven personzentrierten Zustands geführt hatte. Diese kausale Vermittlung konnte mit Hilfe pfadanalytischer Auswertung gesichert werden. Entscheidend ist also, daß die erlebten Emotionen in der hilfsbedürftigen Person zentriert sind (vgl. Krebs, 1975). Es scheint diese emotionale Einfühlung in den Hilfsbedürftigen zu sein, die zur Hilfeleistung motiviert: ein altruistisches (und kein egoistisches) Bestreben, einem bedrängten Menschen aus seiner Notlage herauszuhelfen.

Persönlichkeitsdispositionen

Motivationstheoretische Modelle des Hilfehandelns, wie etwa die gerade skizzierten, haben bislang nicht zur Entwicklung von Motivmaßen beigetragen, um individuelle Unterschiede bei gleichen Situationsbedingungen aufzuklären. Dennoch sind vielerlei Instrumente zur Erfassung der verschiedenen Persönlichkeitsdispositionen einschließlich demographischer Einteilungen herangezogen worden. Da dies in der Regel ziemlich willkürlich getan wurde, kann der geringe Ertrag nicht überraschen (vgl. Krebs, 1970; Lück, 1975; Bar-Tal, 1976). Welchen Beitrag sollen etwa Fragebögen zu Persönlichkeitszügen wie den folgenden zum altruistischen Handeln haben: Geselligkeit, politischer Konservatismus, Zustimmungsmotiv *(approval motive)* und Gottesglaube? Die Erforschung der situativen Determinanten des prosozialen Handelns ist in den letzten zehn Jahren offenbar so hektisch vor sich gegangen, daß man nach allem gegriffen hat, was an persönlichkeitsdiagnostischen Instrumenten bereitlag, wenn sich nur irgendeine lose – geschweige eine theoretisch geforderte – Beziehung zum Hilfehandeln denken ließ. Es lohnt sich deshalb auch nicht, das meiste davon zu berichten.

Diverse Persönlichkeitsmerkmale

Gelegentliche und mäßige Korrelationen zwischen einzelnen Persönlichkeitsvariablen und Indizes des prosozialen Verhaltens waren aus zwei Gründen unbefriedigend. Zum einen wurde zwar über die situationsbedingte Varianz hinaus zusätzliche Varianz aufgeklärt. Wegen fehlender motivationstheoretischer Konzeptionen zur Interaktion von Person und Situation blieben solche Befunde folgenlos, obwohl sich die einzelnen Korrelationen in hohem Maße abhängig vom jeweiligen Situationskontext und von den gegebenen Handlungsmöglichkeiten erwiesen (wie schon Hartshorne u. May, 1928–1930, gefunden haben; vgl. 1. Kap.). Zum andern führte der Mangel motivtheoretischer Konzeptionen dazu, jede Persönlichkeitsvariable für sich stehen zu lassen, statt sie untereinander auf gemeinsame oder spezifische Prädiktorwirkungen zu prüfen.

Die unbefriedigende Situation wollten Gergen, Gergen u. Meter (1972) mit einer kritischen Modellstudie, die 10 Persönlichkeitsvariablen und 5 Handlungsvariablen – jeweils getrennt für beide Geschlechter – heranzog, demonstrieren. Wie erwartet, zeigte sich ein buntscheckiges Korrelationsmuster zwischen einzelnen Wertungsdispositionen (nach EPPS, *Edward Personal Preference Schedule*) und den verschiedenen Hilfeanforderungen. Als Ausweg schlagen die Autoren multiple Regressionsanalysen vor, um allmählich die besten Prädiktoren für vorweg eingegrenzte Situationskontexte herauszufiltern. Letztlich ist dies aber auch kein Ausweg. Abgesehen von Verständnisschwierigkeiten, die mit einem Regreß in Interaktionen von zunehmend höherer Ordnung anwachsen, kann es ja nicht darum gehen, empiristisch immer besser für zunehmend eingeschränktere Situationskonstellationen Verhalten vorherzusagen (vgl. Cronbach, 1975). Vielmehr sollten individuelle Unterschiede im Motivationsgeschehen theoretisch geklärt werden.

Im Sinne von Gergen et al. (1972) haben Penner et al. (1976) in ihrer Studie nach dem Paradigma des „verlorenen Dollars" eine Soziopathie-Skala und verschiedene Wertungsnormen (*Value Survey* nach Rokeach, 1973) einer Diskriminanzanalyse unterworfen. Bemerkenswerterweise trennen diese Variablen am besten, wenn der Situationsdruck auf prosoziales Verhalten nicht zu ausgeprägt ist (d. h. nicht im eigenen, sondern in einem fremden Institut, wo man unbekannt ist). Vpn, die hier den gefundenen Dollar behalten, sind gegenüber jenen, die ihn zurückgeben, stärker „soziopathisch" (d. h. antisozial eingestellt), legen in der Rangordnung der Werte (nach Rokeach) mehr Gewicht auf „komfortables Leben", „Ehrgeiz", „Sauberkeit" und weniger auf „Ehrlichkeit". Offenbar verrät die Betonung von Werten wie „Reinlichkeit" und „komfortables Leben" eine oberflächliche Konventionalität der moralischen Wertnormen. Ähnliches fand, wie wir noch sehen werden, Staub (1974) bei Vpn, die einer unter Schmerzen leidenden Person nicht zu Hilfe eilten (vgl. unten Tabelle 8.2.).

Häufig sind individuelle Unterschiede im Grad der „Verantwortlichkeit" erhoben worden. Berkowitz u. Daniels (1964) haben aus vorliegenden Fragebogen eine Skala für „soziale Verantwortlichkeit" zusammengestellt. Gelegentlich gefundene Zusammenhänge mit Verhaltensdaten blieben theoretisch wenig ergiebig, da nicht klar ist, wieweit die Skala Konformität mit Normen schlechthin, mit der Norm der Gegenseitigkeit oder mit Eigeninitiative erfaßt. Außerdem ist ihre Beantwortung stark von sozialer Wünschbarkeit beeinflußt (vgl. Lück, 1975, S. 54). Ein anderes und recht globales Maß für Verantwortlichkeit ist Rotters (1966) Skala der Internalen vs. Externalen Kontrolle. In einer Replikation der „Epileptiker"-Studie von Darley u. Latané (1968) konnten Schwartz u. Clausen (1970) zeigen, daß in den Sechser-Gruppen Vpn mit hoher Internaler Kontrolle schneller zur Hilfe eilten als Vpn mit niedrigen Testwerten. Offenbar ist ein Gefühl persönlicher Wirksamkeit ein Persönlichkeitsfaktor für prompte und aktive Hilfeleistung.

Ansätze zur Theoriebildung bei Verwendung von Persönlichkeitsvariablen sind in Studien von Staub (1974) festzustellen. Er gliedert Persönlichkeitsvariablen des Hilfehandelns in drei Bereiche: (1) prosoziale Orientierung, (2) Handlungsinitiative *(tendency to take action)* und (3) Urteilsschnelligkeit *(speed in making judgement)*. Als Indikatoren der prosozialen Orientierung werden herangezogen: Kohlbergs (1963) Stadien der moralischen Entwicklung, Machiavellismus-Skala (Christie u. Geis, 1970) und Rokeachs *Test of Values*; für Handlungsinitiative: Soziale Verantwortlichkeit (Berkowitz u. Daniels, 1964), Rotters Skala der Internalen vs. Externalen Kontrolle und eine Skala der attribuierten Selbstverantwortlichkeit (*Ascription of Responsibility to the Self*; Schwartz, 1968); für Urteilsschnelligkeit (nach Kagans *Matching Familiar Figures Test*).

Der Versuch bestand in einer Abwandlung des Paradigmas „Leiter-Unfall im Nebenraum". Währen die Vp bei Abwesenheit des Vls an einer Aufgabe arbeitete, hörte sie nebenan jemanden vor Schmerzen stöhnen, aber keine Hilferufe. In einer Bedingung („Erlaubnis") war der Vp vorher gesagt worden, daß im Nebenraum Kaffee gekocht würde und sie sich dort bedienen könne; in einer zweiten Bedingung („Verbot"), daß sie ununterbrochen arbeiten solle, weil ihre Zeit gestoppt würde; in einer dritten Bedingung („keine Information") wurde vorher weder das eine noch das andere gesagt. Die Hilfeleistung für die unter „Magenschmerzen leidende" männliche Person konnte sich aufgrund eines festgelegten Verhaltensprogrammes dieses Komplizen des Vl weit ausdehnen (vom bloßen Nachfragen im Nebenraum bis

Tabelle 8.2. Korrelationen zwischen Mittelwerten der Hilfeleistung unter verschiedenen Versuchsbedingungen und einem Gesamtwert „prosozialer Orientierung". (Nach Staub, 1974, S. 331)

Versuchsbedingungen		Moral. Entw.-Stand	Machiavellismus	Wertungen (Rockeach) hilfreich	sauber	tapfer	Selbstverantw. (Schwartz)	Soziale Verantw. (Berkowitz)	Gesamtw. prosozialer Orient.
keine Information	(N=33)	−0,05	−0,45ss	0,23	−0,15	0,13	0,23	0,29	0,40s
Verbot	(N=43)	0,23	−0,15	0,20	−0,53ss	0,34ss	0,09	0,38s	0,41ss
Erlaubnis	(N=40)	0,53ss	−0,34s	0,26	−0,31	0,24	0,45ss	0,32	0,55ss
Insgesamt	(N=116)	0,25ss	−0,30ss	0,24s	−0,32ss	0,26ss	0,27s	0,34ss	0,46ss

zum Holen von Medikamenten in der nächsten Apotheke).

Urteilsschnelligkeit und Rotters Skala zeigten keine Zusammenhänge mit Hilfeleistungen, wohl aber alle anderen Indikatoren. Tabelle 8.2. enthält die Korrelationen der einzelnen Indikatoren sowie eines (faktorenanalytisch gewonnenen) Gesamtwertes für „prosoziale Orientierung" mit den Mittelwerten der einzelnen möglichen Hilfeleistungen, aufgeteilt nach Versuchsbedingungen. Über alle Versuchsbedingungen hinweg („Insgesamt") korrelieren alle Indikatoren in erwarteter Richtung, sowohl die Variablen der prosozialen Normen als auch jene der Verantwortlichkeit. Allerdings beeinflussen die Versuchsbedingungen die Enge des Korrelationszusammenhangs. Die Höhe des erreichten Entwicklungsstadiums des moralischen Urteils wirkte sich stärker auf die Hilfsbereitschaft aus, wenn der Vl das Betreten des Nebenraumes, aus dem das Stöhnen zu hören war, vorher erlaubt hatte. Vpn, die das Stadium V nach Kohlberg (Verhaltensnormen aufgrund gegenseitiger Vereinbarungen; „sozialer Vertrag") erreicht hatten, reagierten häufiger auf Notsignale, waren aktiver und gaben mehr Hilfe. Vergleichbares hat Staub (1974) in einer anderen Studie mit dem „Leiter-Unfall"-Paradigma gefunden. Im übrigen lassen sich aus der Korrelationsmatrix keine besonderen motivationstheoretischen Hinweise ablesen, wenn auch einzelne Daten Beachtung verdienen. So waren Vpn, die Tapferkeit hoch schätzten, auch weniger als andere unter der Verbotsbedingung von Hilfeleistung abzuhalten. Ihre Aktivität bestand vor allem im Ergreifen von Handlungsinitiative, nachdem sie das Stöhnen gehört hatten; während Vpn, die Hilfsbereitschaft hoch bewerten, eher dazu neigten, geäußerten Hilfewünschen (zur Apotheke laufen) schnell nachzukommen.

Das motivationstheoretische Konzept von Schwartz

Ein differenziertes motivationstheoretisches Konzept hat Schwartz (1968; 1970; 1973) in Form eines Modells der moralischen Entscheidung entwickelt. Das Modell verbindet drei Aspekte jeder moralischen Handlung:

> First, moral decisions necessarily lead to interpersonal actions having consequences for the welfare of others. Second, decisions are classified as moral only when the decision maker is considered a responsible agent – a person who has chosen an action knowingly and willingly when he could have done otherwise. Finally, the actions resulting from moral decisions and the agent held responsible for them are evaluated as good or bad according to the consequences the actions have for others' welfare. Cultural specifications of what constitutes good and bad interpersonal behavior, i. e., moral norms, are the reference points for these evaluations. (Schwartz, 1970, S. 128)

Der erste Aspekt ist das Bewußtsein der Folgen, die das Ergebnis eigenen Handelns (oder Nicht-Handelns) für das Wohlergehen anderer Menschen hat (*awareness of consequences*). Das Bewußtsein der Folgen für andere ist im konkreten Fall teils von situativen Umständen, teils aber von Persönlichkeitsfaktoren abhängig. Persönlichkeitsspezifisch könnte daran z. B. die Fähigkeit und die Bereitschaft sein, sich in andere einzufühlen. Tangiert eigenes Handeln das Wohlergehen eines andern, wird der zweite Aspekt wichtig: welche Verantwortlichkeit muß man sich selbst – oder aber äußeren Umständen – für die eigenen Handlungen und ihre Folgen für andere zuschreiben (*ascription of responsibility to the self*). Auch hier greifen wieder situative und persönlichkeitsspezifische Faktoren ineinander. Sieht man sich z. B. zur Hilfe gezwungen, so ist man weniger hilfsbereit, als wenn es einem freisteht, zu helfen oder nicht zu helfen (Horowitz, 1968). Andererseits unterscheiden sich Menschen in der Bereitschaft, Verantwortlichkeit zu übernehmen. Der dritte Aspekt sind schließlich moralische (oder prosoziale) Normen, die sozial vorgeschrieben und von einer Person teilweise oder ganz als selbstverbindlich übernommen sind. Nach Schwartz steuern solche Normen nicht unmittelbar (oder gar automatisch) das eigene Handeln, sondern nur insoweit wie zugleich die beiden ersten Aspekte gegeben sind: Bewußtsein der Folgen für andere und attribuierte Selbstverantwortlichkeit.

Insgesamt besteht das Motivationsmodell des prosozialen Handelns aus einem dreistufigen Entscheidungsprozeß. Für die ersten beiden Stufen hat Schwartz (1968) persönlichkeitsdiagnostische Instrumente entwickelt. Bewußtsein der Folgen wurde mit einer semiprojektiven Technik erfaßt: Die Vp hat eine vorgegebene Geschichte schriftlich daraufhin zu kommentieren, was an Überlegungen der Person der Geschichte durch den Kopf geht, bevor sie ihre Entscheidung trifft. Dieser Kommentar wird nach einem Inhaltsschlüssel von 24 Auffassungen und Selbst-Bewertungsinhalten ausgewertet. Die Auswerter-Zuverlässigkeit (93% Übereinstimmung) ist zufriedenstellend. Die Kennwerte hängen weder mit Wertschätzung prosozialer Normen noch mit sozialer Wünschbarkeit zusammen. Hier ist eine der vorgegebenen Geschichten:

> When the alarm rang at 7:30 on Saturday morning, Bob rolled over and shut it off with a groan. He had been up very late and had no desire to climb out of bed into the cold air now. Then he remembered that his friends were scheduled to pick him up at 8:00 A.M. They were planning to spend the day skiing, and had agreed to leave early to beat the traffic and the crowds. Bob had looked forward to the day. He knew that if he didn't get going immediately, he would keep everyone waiting. Lying in bed, Bob struggled to get up. *Question:* What thoughts and feelings might be going through Bob's mind as he debates with himself about what to do now? (Schwartz, 1970; S. 134).

Attribuierte Selbstverantwortlichkeit wurde als Übereinstimmung mit 24 Einstellungs- und Selbstbeschreibungsitems gemessen (z. B. „Being very upset or preoccupied does not excuse a person for doing anything he would ordinarily avoid"). Attribuierte Selbstverantwortlichkeit korreliert nicht mit Bewußtsein der Folgen. In einer Studie zur Überprüfung seines Entscheidungsmodells hat Schwartz (1968) von allen Bewohnern mehrerer Studentenheime neben den Werten für Bewußtsein der Folgen und für Attribuierte Selbstverantwortlichkeit auch deren persönliche Wertnormen und deren tatsächliches Verhalten in alltäglichen Situationen (Hilfsbereitschaft, Zuverlässigkeit u. a.) mittels Einschätzung durch Mitbewohner erhoben.

Eine Übereinstimmung (Korrelation) zwischen den als persönlich verbindlich angegebenen Wertnormen und tatsächlichem prosozialen Verhalten sollte sich nur dann ergeben, wenn gleichzeitig die Persönlichkeitsdispositionen für Bewußtsein der Folgen und für Attribuierte Selbstverantwortlichkeit ausgeprägt sind. Tatsächlich steigen die Korrelationen zwischen Normen und Hilfehandeln umso mehr an, je ausgeprägter Bewußtsein der Folgen und Attribuierte Selbstverantwortlichkeit sind, wie Tabelle 8.3. für nach diesen Variablen aufgespaltenen Teilgruppen zeigt. Eine nähere Analyse zeigt, daß beide Variablen zugleich stark vorhanden sein müssen, damit

Tabelle 8.3. Korrelationen zwischen summarischen Indizes für persönliche Normen und tatsächlichem prosozialen Handeln (eingeschätzt von Heim-Mitbewohnern) in Teilgruppen, aufgespalten nach „Bewußtsein der Folgen" und „Attribuierter Selbstverantwortlichkeit". Das N der Teilgruppen schwankt zwischen 23 und 54. (Nach Schwartz, 1970; S. 135)

Variable	Teilgruppen I(niedrig)	II	III	IV(hoch)
Bewußtsein der Folgen (BF)	−0,02	0,08	0,21	0,39s
Attribuierte Selbstverantwortlichkeit (AS)	0,02	0,15	0,20	0,37s
	BF u. AS niedrig	Teilgruppen BF hoch und AS niedrig oder umgekehrt		BF u. AS hoch
BF und AS über oder unter Median	0,01	0,17		0,47ss

Normen und tatsächliches Hilfehandeln übereingehen (vgl. letzte Zeile von Tabelle 8.3).

Neuerdings hat Schwartz (1977) sein Entscheidungsmodell zu einem Prozeßmodell mit einer ganzen Reihe aufeinanderfolgender Schritte verfeinert. Die zum Hilfehandeln führende Motivation sieht er in einem Gefühl der moralischen (persönlichen) Verpflichtung, helfend einzugreifen. Dieses Gefühl der moralischen Verpflichtung beruht auf der Aktivierung der kognitiven Struktur persönlich verbindlicher Normen. Eine solche Normenstruktur wird unter dem Eindruck der hilfeheischenden Situation (ihrer Wahrnehmung und Bewertung) situationsspezifisch mehr oder weniger stark und umfassend elaboriert. Zu dieser Aktivierung trägt insbesondere das Bewußtsein der Folgen eigenen Handelns für den Hilfsbedürftigen bei. In einem weiteren und dritten Prozeßstadium kann jedoch die gefühlte moralische Verpflichtung durch Abwehrvorgänge wieder vermindert und neutralisiert werden, indem der Sinn oder die Angemessenheit der Verpflichtung in Frage gestellt wird. Hierbei spielt ein Prozeß der Verantwortlichkeits-Leugnung *(responsibility denial, RD)* eine entscheidende Rolle. Als Dispositionsvariable ist Verantwortlichkeits-Leugnung die bloße Umkehrung der von Schwartz bisher erhobenen Dispositionsvariablen Attribuierte Selbstverantwortlichkeit.

In diesem erweiterten Prozeßmodell besteht – wie in dem ursprünglichen Entscheidungsmodell – das motivierende Agens in der Selbstbewertung des potentiellen Helfers. Es sind auf das Selbst bezogene Erwartungen, die durch die wahrgenommene Notlage eines anderen aktiviert werden und zu Gefühlen moralischer Verpflichtung führen. Verhalten ist dann „motivated by the desire to act in ways consiste nt with one's values so as to enhance or preserve one's sense of self-worth and avoid self-concept distress" (Schwartz, 1977, S. 226). Wir können also von einem Modell des Selbstbewertungs-Anreizes sprechen. Davon grenzt Schwartz zwei weitere Arten der Motivierung zum Hilfehandeln ab: einmal die emotionale oder empathische Erregung *(empathic arousal)* und zum anderen die Aktivierung sozialbezogener Erwartungen. Im letzteren Fall ist Hilfehandeln von dem Abwägen positiver und negativer Fremdbewertungen abhängig, also von einer Kosten-Nutzen-Kalkulation, die prosozialem Verhalten den eigentlichen Altruismus-Charakter nimmt. Der erste Fall, nämlich die empathische Erregung, liegt – wie wir gesehen haben – den Erklärungsansätzen von Aronfreed (1968) von Hornstein (1972) und von Hoffman (1978) zugrunde. Schwartz hält die Integration eines Erklärungsansatzes, der emotionale Empathie zugrunde legt, mit seinem Prozeßmodell, in dem persönlichkeitsverbindliche Normen die Hauptrolle spielen, für wünschenswert aber noch unerledigt.

In seinem Prozeßmodell altruistischen Handelns unterscheidet Schwartz neun Schritte, die er in vier Phasen gliedert, nämlich: Aktivierung der persönlichen Verantwortlichkeit, moralische Verpflichtung, Überprüfung und Leugnung, Handeln (oder Nicht-Handeln). Im einzelnen:

I. *Activation steps: perception of need and responsibility*
  1. Awareness of a person in a state of need
  2. Perception that there are actions which could relieve the need
  3. Recognition of own ability to provide relief
  4. Apprehension of some responsibility to become involved
II. *Obligation step: norm construction and generation of feelings of moral obligation*
  5. Activation of preexisting or situationally constructed personal norms
III. *Defense steps: assessment, evaluation, and reassessment of potential responses*
  6. Assessment of costs and evaluation of probable outcomes (The next two steps may be skipped if a particular response clearly optimizes the balance of costs evaluated in step 6. If not, there will be one or more iteration through steps 7 and 8).
  7. Reassessment and redefinition of the situation by denial of:
    a. state of need (its reality, seriousness)
    b. responsibility to respond
    c. suitability of norms activated thus for and/or others
  8. Iterations of earlier steps in high of reassessments
IV. *Response step*
  9. Action or inaction response (Schwartz, 1977, S. 241).

Schwartz kann für die meisten dieser Schritte bereits Belege beibringen. Wir wollen hier

Tabelle 8.4. Korrelationen zwischen moralischen Verpflichtungsnormen und altruistischem Handeln, moderiert durch den Grad der Verantwortlichkeits-Leugnung. (Nach Schwartz, 1977, S. 259)

Norm und Handeln	Stichprobe	Verantwortlichkeits-Leugnung			Vergleich
		hoch	mittel	niedrig	hoch vs. niedrig
Spenden von Knochenmark für einen Fremden	132 weibl. Verw. Angest.	0,01	0,27	0,44ss	$p<0,05$
Blinden Kindern vorlesen	141 Studenten Univ. Jerusalem	−0,13	0,34s	0,72ss	$p<0,001$

nur Befunde zum Schritt 7 b darstellen, d. h. aufzeigen, wie die erlebte moralische Normverpflichtung durch individuelle Unterschiede in der Absage von persönlicher Verantwortlichkeit abgeschwächt wird, und daher nicht oder nur vermindert im Handeln zum Ausdruck kommt. In einer Untersuchung von Schwartz (1973) erhielt eine Zufallsstichprobe von 253 weiblichen Verwaltungsangestellten einen Fragebogen zur Organverpflanzung, der angeblich zu einer nationalen Umfrage gehörte. Der Fragebogen enthielt auch die Skala zur Verantwortlichkeits-Leugnung sowie eine Frage, wieweit man sich zum Spenden von Knochenmark für einen nicht-bekannten Leukämie-Kranken moralisch verpflichtet fühlt. Drei Monate später – und diesmal von einer scheinbar ganz anderen Stelle, einem berühmten Transplantationsspezialisten – erhielten 132 der Verwaltungsangestellten, die inzwischen auf die Umfrage geantwortet hatten, eine Aufforderung, sich in eine Liste möglicher Knochenmarkspender eintragen zu lassen; zusammen mit näheren Erläuterungen über Gründe, Probleme und Vorgehensweisen der Knochenmark-Transplantation. Freiwillige Spender sollten einem örtlichen Arzt eine Blutprobe geben, die nach Analyse in einem Laborzentrum die individuelle Knochenmarksgruppe für eine nationale Spenderliste für künftige Anforderungen spezifizierte. Die Angeschriebenen konnten darauf auf vierfache Weise reagieren: (1) nicht interessiert, (2) mehr Information senden, (3) vermutlich interessiert, nehme aber noch Rücksprache mit meinem Arzt, (4) interessiert, melde mich zum Blutspendetermin. Solche, die nicht antworteten, galten als ausgesprochene Verweigerer (sie erhielten die Punktzahl 0).

Alle Angeschriebenen wurden aufgrund ihrer Skalenwerte der Verantwortlichkeits-Absage in drei Gruppen eingeteilt. Tabelle 8.4 enthält die Korrelationen zwischen der moralischen Verpflichtungsnorm und der Spendebereitschaft von eigenem Knochenmark als dem Indikator für altruistisches Handeln. Die mit schwächer werdender Verantwortlichkeits-Absage ansteigenden Korrelationen zwischen Norm und Handeln, lassen sich dahingehend interpretieren, daß die ursprünglich empfundene Verpflichtungsnorm zu altruistischem Handeln führte, insoweit sie nicht vor der endgültigen Entscheidung noch durch die individuelle Tendenz zur Verantwortlichkeits-Leugnung teilweise oder ganz aufgehoben wurde. Noch ausgeprägter sind die Ergebnisse einer ganz entsprechend durchgeführten Studie, in der Studenten sich zur Verfügung stellen konnten, Kindern aus der Blindenschule zu Hause vorzulesen.

Zusammenfassend läßt sich sagen, daß sich die Persönlichkeits-Variablen des Schwartzschen Modells – persönliche Normen, Bewußtsein der Folgen und Attribuierte Selbstverantwortlichkeit (oder Verantwortlichkeits-Leugnung) – als aussichtsreiche Kandidaten für die Messung eines prosozialen Motivs der Hilfeleistung anbieten; vermutlich aber auch für antisoziale Motive wie Aggression. Die Persönlichkeitsdispositionen scheinen die Wahrnehmung und Beurteilung der jeweiligen konkreten Hilfesituation entscheidend zu beeinflussen; nicht nur bei plötzlich auftretenden Notlagen, wenn für wohlabgewogene Entscheidungen wenig Zeit bleibt. Hinsichtlich prosozialer Normen wären persönlich verbindliche Normen, die der einzelne sich zu eigen gemacht hat, stärker gegen allgemeine (sozial vorgegebene) Normen in ihrer Wertungshierarchie abzuheben, ohne daß soziale Wünschbarkeit verfälschend eingreift.

Ansätze zu einem Modell der Hilfemotivation

Überblickt man die wesentlichen Ergebnisse der bisherigen Erforschung des Hilfehandelns, so lassen sich die gefundenen – situativen wie persönlichkeitsspezifischen – Bedingungskomplexe allesamt auch motivationstheoretisch umformulieren, wenn man sie als Anreize der Folgen auffaßt, die die Person, bevor sie handelt, als Ergebnis ihres Handelns (Eingreifens oder Nicht-Eingreifens) vorwegnimmt.

Grob lassen sich mindestens fünf verschiedene Arten von Folgen der eigenen Handlung, die ihre besonderen motivierenden Anreize haben, abgrenzen. Da sind zunächst (1.) Nutzen und (2.) Kosten, die der Handelnde antizipiert, wenn er Hilfe leistet. Unter Kosten und Nutzen fallen nicht nur materielle Güter, Zeitaufwand, Mühe u. a., sondern auch Verlust und Gewinn im Hinblick auf die Realisierung anderer und selbstdienlicher Motive. Kosten-Nutzen-Modelle wie auch die Gegenseitigkeitsnorm haben hier ihren Geltungsbereich und ihren Voraussagewert. Getrennt sei eine weitere (3.) Folge aufgeführt, die wie Nutzen und Kosten unter die selbstdienlichen zu zählen ist: die Fremdbewertung; d. h. der Anreiz, den das Urteil relevanter anderer Personen (oder der Öffentlichkeit) über das eigene Handeln haben mag. Dieses Urteil hängt davon ab, wieweit das eigene Handeln mit den sozial anerkannten Normen, insbesondere mit der Norm der sozialen Verantwortlichkeit gegenüber Abhängigen und auch mit der Gegenseitigkeitsnorm, in Übereinstimmung steht. Die Anreize aller bislang aufgeführten Folgen sind eigennützig. Soweit sie beim Handlungsentschluß den Ausschlag geben, ist Hilfehandeln nicht intrinsisch, sondern extrinsisch motiviert (vgl. Kap. 12), d. h. nicht im eigentlichen Sinne altruistisch.

Eine weitere Folge ist (4.) die nachträgliche Selbstbewertung (Selbstbekräftigung) der eigenen Handlung im Hinblick darauf, wieweit man persönlichen Wertnormen gerecht geworden ist. Die Anreize der Selbstbewertungsfolgen bestehen in vorweggenommenen affektiven Zuständlichkeiten wie Zufriedenheit mit sich selbst, den eigenen Wertanforderungen gerecht geworden zu sein, Genugtuung darüber, einer guten Sache gedient zu haben; andererseits die entsprechenden Gefühle der Schuld und Scham darüber, Wertnormen, die man persönlich als verbindlich ansieht, nicht realisiert zu haben. Zu den maßgebenden Normen für Selbstbewertung gehört zweifellos auch die Norm der sozialen Verantwortlichkeit (und die Gegenseitigkeitsnorm wahrscheinlich insoweit, als man sich für empfangene Wohltaten erkenntlich zeigen sollte). Im Unterschied zu Nutzen, Kosten und Fremdbewertung ist die Selbstbewertung keine fremdvermittelte, sondern eine selbstvermittelte Folge eigenen Handelns.

Eine letzte (5.) Folge ist die emotionale Einfühlung in die innere Situation eines Hilfsbedürftigen, in dessen sich bessernde Befindlichkeit nach eigenem Hilfehandeln. Die Anreize dieser Folge bestehen etwa in Gefühlen der Erleichterung, der Befreiung von Notgefühlen, der Linderung von Schmerzen. Die beiden zuletzt genannten Anreize – normabhängige Selbstbewertung und Einfühlung in eine sich bessernde Befindlichkeit des Hilfsbedürftigen – sind uneigennützig. Soweit sie beim Handlungsentschluß den Ausschlag geben, ist Hilfehandeln intrinsisch motiviert, d. h. im eigentlichen Sinne altruistisch (siehe die eingangs angeführte Definition von Macaulay u. Berkowitz, 1970).

Welche Anreizwerte die verschiedenen Folgen in konkreten Situationen annehmen, hängt von jeweiligen Situationsumständen, aber auch von verschiedenen Persönlichkeitsdispositionen ab, die – wie etwa die Neigung, Verantwortlichkeit zu übernehmen oder abzuweisen – die Beurteilung einer sonst gleichen Situation durch verschiedene Personen

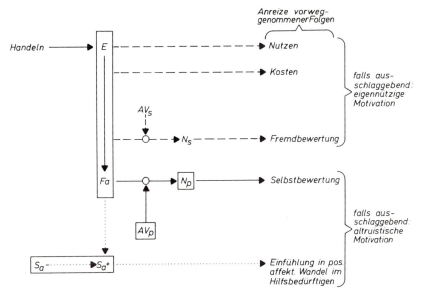

Abb. 8.2. Schema eines Motivationsmodells für Hilfeleistung. Die durchgezogenen Linien stellen den Prozeßablauf bei der motivierenden Vorwegnahme der Selbstbewertung dar; die gepunkteten Linien das Entsprechende für den Anreizwert der Einfühlung und die gestrichelten Linien für die Anreizwerte fremdvermittelter Folgen (Nutzen, Kosten, Fremdbewertung). E = Ergebnis der eigenen Handlung; Fa = Folgen für den anderen; S_a- = hilfsbedürftige innere Situation des anderen; S_a+ = erleichterte innere Situation des anderen; AV_s = attribuierte Verantwortlichkeit nach sozial gültigen Auffassungen; AV_p = attribuierte Verantwortlichkeit auf die eigene Person; Ns = sozial gültige Normen; Np = persönliche Normen, als verpflichtend erlebt

auch verschieden ausfallen läßt, selbst wenn dieselben moralischen Normen für persönlich verpflichtend gehalten werden. Abb. 8.2 ist das grobe Schema eines Motivationsmodells für Hileleistung, das vermittelnde Persönlichkeitsvariablen, die die Anreizwerte der verschiedenen Folgen beeinflussen, enthält. Diese Variablen sind in der Abbildung eingerahmt. Eine Angelpunktrolle spielt zunächst das, was Schwartz (1970) als Bewußtsein der Folgen eigenen Handelns für das Wohlergehen eines anderen bezeichnet hat. Es ist die Voraussicht, daß das Ergebnis der eigenen Handlung (E) Folgen für einen anderen haben wird (Fa). Im Sinne der Instrumentalitätstheorie handelt es sich um die Instrumentalität einer besonderen Handlungsfolge. In motivationspsychologischer Hinsicht geht es um individuelle Unterschiede in der Tendenz, neben den Folgen, die im selbstdienlichen Sinne einen persönlich betreffen, auch die Folgen für andere zu berücksichtigen.

Schwartz (1968) hat, wie wir gesehen haben, diese altruistisches Handeln fördernde Persönlichkeitsdisposition mit Hilfe eines semiprojektiven Verfahrens meßbar gemacht.

Offensichtlich enthält diese Variable auch ein Stück Einfühlung in den anderen, d. h. Fähigkeit und Bereitschaft, sich in die Belange anderer Menschen hineinzuversetzen. Dem kommt am nächsten, was Mehrabian u. Epstein (1972) als „emotionale Empathie" bezeichnen und mit einem Fragebogen mit einer gewissen Validität zu messen scheinen. Zumindest Teilaspekte dieser Variablen sind wohl auch meßbar gemacht in der Erfassung von Rollenübernahme (vgl. Flavell, 1968) und von moralischer Urteilsfähigkeit (Kohlberg, 1963). So reagieren ja, wie Staub (1974) gezeigt hat, Vpn, die ein höheres Stadium in der Entwicklung des moralischen Urteils erreicht haben, häufiger auf Notsignale und greifen schneller helfend ein. Schließlich kommen in dem Bewußtsein der Folgen für andere offenbar auch individuelle Unterschiede in der eingeschätzten Wirksamkeit eigenen Handelns auf andere zum Ausdruck.

Wenn wir in der Abbildung den durchgezogenen Linien folgen, die den Prozeß der Selbstbewertung skizzieren, so wird die Selbstbewertung von zwei Persönlichkeitsdispositionen bestimmt. Die persönlichen Normen (Np) geben den verbindlichen Standard ab, an dem die erzielte Folge für den anderen (Fa) gemessen wird, allerdings nur in dem Maße, wie man sich eine persönliche Verantwortlichkeit für die eigene Handlung und ihre Folge für den anderen zuschreibt oder abweist (Attribuierung persönlicher Verantwortlichkeit, AVp). Individuelle Unterschiede in der Bereitschaft, persönliche Verantwortung für das Wohlergehen anderer zu übernehmen (für sie einzutreten, sich mit ihnen solidarisch zu fühlen), wären hier zu messen (wie es Schwartz mit der AR-Skala oder RD-Skala zu tun versucht hat). Aber auch Faktoren der Situationsbewertung sind entscheidend dafür, wieweit man Verantwortung übernimmt. Wie wir in Kap. 11 noch erörtern werden, sieht man sich am stärksten für Hilfeleistung verantwortlich, wenn man die Notlage Ursachfaktoren zuschreibt, die der Hilfsbedürftige nicht kontrollieren kann, und die eigene Lage solchen Ursachfaktoren, die zu beherrschen, man jederzeit fähig ist (vgl. Ickes u. Kidd, 1976 b).

Spiegelbildlich zu Np und AVp sind in der Abbildung die entsprechenden Determinanten für die Fremdbewertung angeordnet: Die sozial gültigen Normen (Ns) und die dem Handelnden von den bewertenden sozialen Instanzen zugeschriebene Verantwortlichkeit für die eigene Handlung und ihre Folge für die andere Person (AVs). Ns und AVs werden hier nicht als Perönlichkeitsdispositionen betrachtet, da darüber zumindest in einer zusammengehörigen sozialen Gruppe Kenntnis, wenn auch nicht Konsens, besteht. Die persönlichen Normen müßten in Abhebung von den sozial gültigen erfaßt werden.

Die gepunkteten Linien im Motivationsschema deuten die Einfühlung in die Befindlichkeit des anderen und deren Wandel an: Wie sich eine bedrückende innere Situation des anderen (S_a-) bessern mag (S_a+). Wie Coke et al. (1978) nachgewiesen haben, ist die emotionale Einfühlung in einen Hilfsbedürftigen entscheidend für die Motivierung zur Hilfeleistung. Sie löst wahrscheinlich Erwägungen aus, wie eigenes Handeln erleichternde Folgen für den Hilfsbedürftigen haben könnten ($E \rightarrow Fa$). Sie motiviert zu altruistischer Hilfe, weil der dadurch bewirkte positive affektive Wandel in der Befindlichkeit des anderen einen positiven Anreizwert hat. Zu den Voraussetzungen und Grundlagen des Einfühlungsprozesses haben Aronfreed (1970) und Hornstein (1972) ihre lern- bzw. feldtheoretischen Konzeptionen entwickelt. Coke et al. (1978) haben ihr Zweistufen-Modell experimentell belegt. Danach löst Rollenübernahme einfühlende Emotionen aus und nur diese Emotionen motivieren zur Hilfeleistung. Berkowitz (1970) hat dargelegt, wie Selbstbefangenheit, wie Beschäftigungsdruck bei der Verfolgung selbstbezogener Anliegen die Bereitschaft zur Einfühlung in andere vorübergehend stark herabsetzen kann. Auch hier handelt es sich wiederum um eine Interaktion von Situationsumständen und Persönlichkeitsdispositionen. Individuelle Unterschiede in der Fähigkeit und – noch wichtiger – bei gegebener Fähigkeit in der Bereitschaft zur Einfühlung in andere Menschen wären meßbar zu machen (wie es z. B. Hogan, 1969, oder Mehrabian u. Epstein, 1972, bereits versucht haben.)

Das schematische Modell beansprucht nicht, die Komplexität kognitiver und affektiver Vorgänge der Hilfemotivation wiederzugeben, wie es Schwartz (1977) in der detaillierten Schrittfolge seines Prozeßmodells tut. Aber es kann Hinweise geben, was im einzelnen bei der Messung individueller Unterschiede zu berücksichtigen wäre, wenn man die Entwicklung des noch fehlenden Maßes für ein „Hilfemotiv" anginge. Nach unserer Analyse verdienen dabei vier Punkte Beachtung: (1) die Bereitschaft, sich in die innere Befindlichkeit anderer Menschen emotional einzufühlen, (2) die Bereitschaft, die Folgen eigenen Handelns für andere zu berücksichtigen, (3) die persönlichen Normen, die der Selbstbewertung eigenen altruistischen Handelns Standards setzen (in Abhebung von den sozial geltenden Normenstandards) und (4) die Tendenz, Verantwortlichkeit für altruistisches Handeln auf das eigene Selbst und nicht auf äußere Umstände oder andere Menschen zu attribuieren.

Hilfemotivation in einem Erwartungs-mal-Wert Modell

Ob und mit welchem Aufwand an Zeit, Kraft und sonstigen Kosten man sich zum Helfen entschließt, sollte auch im Rahmen von Erwartungs-mal-Wert-Modellen erklärbar sein. Die Wertvariablen sind die Folgen der eigenen unternommenen oder unterlassenen Hilfeleistung. Je größer das Gewicht der positiven Folgen, umso eher wird man helfen. Die Erwartungsvariablen können verschiedener Art sein. Eine Art ist die subjektive Wahrscheinlichkeit, daß das eigene Handeln zu einem Ergebnis führt, das die erhofften Folgen für den Hilfsbedürftigen nach sich zieht. Eine andere Art von Erwartungsvariable ist die Instrumentalität der eigenen Hilfehandlung für die erwünschte Handlungsfolge (Befreiung des Hilfsbedürftigen aus seiner Not). Diese klärende Unterscheidung hat, wie wir in Kap. 5 erörtert haben, erst die Instrumentalitätstheorie in ihrer erweiternden Aufschachtelung des Erwartungs-mal-Wert-Modells gebracht. Das Produkt von Instrumentalität und Valenz der betreffenden Handlungsfolge (oder die Summe solcher Produkte, wenn es mehrere Handlungsfolgen gibt) ergibt im Valenzmodell die resultierende Valenz für die Hilfeleistung; und die Erwartung, daß das eigene Handeln im Ergebnis zu einer Hilfeleistung führt, bildet im Handlungsmodell mit der resultierenden Valenz ein Produkt, das für die Stärke der Hilfemotivation steht (vgl. Abb. 5.23).

In einem solchen Modellrahmen hätte die emotionale Einfühlung keinen eigenen, wohl aber einen mittelbaren Platz. Sie wäre maßgebend für die Herausgehobenheit *(salience)* der Folgen der Hilfeleistung für den Hilfsbedürftigen. Insofern erhöht sie die Valenzstärke in der motivierenden Situationsbewertung, bevor es zum Handeln kommt.

Lynch u. Cohen (1978) haben Vpn stark vereinfachte Fallsituationen („Szenarios") vorgelegt, in denen für nur eine Art von Handlungsfolgen unterschiedlich hohe Werte für Erwartung und für Valenz unabhängig voneinander variiert und kombiniert wurden. Die Vp hatte den Grad ihrer Hilfsbereitschaft anzugeben. Die Autoren verwendeten das denkbar einfachste Modell, nämlich das des subjektiv erwarteten Nutzens (vgl. Kap. 5, Entscheidungstheorie). Da sie nicht zwischen Erfolgserwartung und Instrumentalität unterschieden, ergab sich zufällig, daß in zwei der Szenarios je eine der beiden Erwartungsvariablen zum Zuge kam.

In dem ersten Szenario hatte man sich in einen Rechtsanwalt hineinzuversetzen, der von einer gemeinnützigen Gesellschaft gegen den Herztod gebeten worden war, kostenlos einen Prozeß gegen eine betrügerische Firma zu führen, bei dem mit bestimmter Erfolgsaussicht eine bestimmte Geldsumme für die gute Sache gewonnen werden konnte. Erfolgsaussicht und Höhe der Geldsumme waren in verschiedenen Kombinationen je fünffach gestuft. Erfolgsaussicht bedeutet in diesem Falle die Wahrscheinlichkeit, mit der es dem Rechtsanwalt durch sein Vorgehen gelingt, den Prozeß zu gewinnen. In diesem Falle kann Instrumentalität keine variable Größe sein, da ein gewonnener Prozeß automatisch den Gewinn des gesamten Streitwertes zur Folge hat (die Instrumentalität beträgt also stets +1). Die Vp hatte zu jeder Kombination von Erfolgserwartung und von zu gewinnendem Streitwert den Zeitaufwand anzugeben, den man als Anwalt für die Sache der gemeinnützigen Gesellschaft aufwenden würde, ohne ein Honorar dafür zu fordern. Die Angaben über das Ausmaß der eigenen Hilfsbereitschaft bestätigten eine modellgerechte multiplikative Verknüpfung von Erfolgserwartung und Valenz der Handlungsfolge. Es ergab sich eine Interaktion von Valenz und Erfolgserwartung: Je höher der zu gewinnende Streitwert war, desto mehr Zeit für den Prozeß zu opfern war man bereit, sofern die Erfolgsaussichten gut und nicht nur ausgewogen oder gar nur gering waren. Mit anderen Worten: Bei hoher Erfolgswahrscheinlichkeit hatte die Höhe der Valenz einen größeren Effekt auf das Ausmaß der Hilfehandlung.

In dem anderen Szenario stand die Effektivität der eigenen Hilfehandlung (Herbeirufen der Feuerwehr) überhaupt nicht in Frage; dagegen wohl aber die Instrumentalität der Hilfehandlung für das Ausräumen einer Notlage (wieweit der Feuerwehreinsatz für das Verhindern eines Brandes überhaupt nötig war). Die Vp hatte sich in einen eiligen Autofahrer zu versetzen, der noch ein Flugzeug erreichen wollte und ein Grasfeuer auf einem Farmgelände mit einem unbewohnten Gebäude bemerkt. Der Wert des Gebäudes wurde fünffach gestuft, von einer alten Holzhütte bis zu einem Wohnhaus; desgleichen die Wahrscheinlichkeit, daß das Grasfeuer das Gelände in Brand setzen würde. Hier bedeutet Wahrscheinlichkeit die Instrumentalität der herbeigerufenen Feuerwehr, einen Geländebrand überhaupt verhindern zu brauchen. Erfolgswahrscheinlichkeit ist nicht von Belang, da das Alarmieren der Feuerwehr keine Handlung ist, die mißlingen könnte.

Für jede Kombination von Valenz der Handlungsfolge und Instrumentalität hatte die Vp die Wahrscheinlichkeit anzugeben, mit der sie ihre Fahrt zum Flughafen unterbrechen würde, um die Feuerwehr zu benachrichtigen, obwohl sie dann kaum noch ihr Flugzeug erreichen würde. Auch hier ergab sich eine Interaktion zwischen beiden Variablen, d. h. eine multiplikative Verknüpfung zwischen Valenz der Handlungsfolge (Wert des vor Brand geschützten Gebäudes) und der Instrumentalität der eigenen Hilfehandlung (Notwendigkeit des veranlaßten Feuerwehreinsatzes). Je wertvoller das bedrohte Gebäude war, für desto wahrscheinlicher hielt man es, die Fahrt zum Flughafen zu unterbrechen, um die Feuerwehr zu alarmieren, und dies jeweils umso mehr, je gefährdeter das Gebäude erschien. Das heißt, Unterschiede der Instrumentalität hatten einen größeren Effekt auf die Wahrscheinlichkeit einzugreifen, wenn der Gebäudewert hoch und nicht niedrig war.

In beiden Szenarios entspricht also die von den Vpn angegebene hypothetische Hilfsbereitschaft ziemlich gut dem Produkt von Erwartung und Wert. Da auf der Seite der Erwartung in dem ersten Szenario nur Erfolgswahrscheinlichkeit und in dem zweiten nur Instrumentalität von Belang (d. h. variierbar) sind, werden hier Valenzmodell und Handlungsmodell (vgl. Abb. 5.23) miteinander deckungsgleich. Das heißt, im Falle des Gebäudebrandes bedarf das Produkt von Valenz und Instrumentalität (Valenzmodell) keiner Gewichtung durch die Erfolgswahrscheinlichkeit der eigenen Hilfeleistung (Handlungsmodell); und im Falle des Rechtsstreits bedarf das Produkt von Valenz und Erfolgswahrscheinlichkeit (Handlungsmodell) keiner Gewichtung durch die Instrumentalität der erzielten Hilfeleistung (Valenzmodell). Komplexer und zugleich realitätsnäher würde dagegen die Erprobung des Erwartungs-mal-Wert-Theorems für Hilfehandeln, wenn erstens sowohl Erfolgswahrscheinlichkeit und Instrumentalität unabhängig voneinander variiert würden und wenn, zweitens, mehr als nur eine Handlungsfolge in Betracht kämen; etwa im Falle des Brandszenarios Lob oder Belohnung von seiten des Gebäude-Eigentümers; Verlegenheit, wenn die Feuerwehr unnötig alarmiert worden wäre; Unannehmlichkeiten des verpaßten Fluges; Zufriedenheit über die eigene Hilfsbereitschaft.

Kommt mehr als eine Handlungsfolge in Frage, so ist außer der ersten Modellannahme (multiplikative Beziehung zwischen Erwartung und Wert) eine zweite zu überprüfen, nämlich die additive Verbindung der Produkte für jede einzelne Handlungsfolge. Lynch u. Cohen haben die zweite Modellannahme zu überprüfen versucht, indem sie das Brandszenario erweitert haben. Sie gaben Informationen über Instrumentalität und Wert eines zweiten, brandgefährdeten Gebäudes. Sie fanden eine einfache Additivität nicht bestätigt. Statt einer bloßen Addition beider Produkte, wurden die Produkte offensichtlich nach der Extremität der entsprechenden Handlungsfolge gewichtet: Eine Handlungsfolge mit extremen Implikationen drängt sich in den Vordergrund und läßt trivialere Handlungsfolgen verblassen. Bevor es zu einer Addition der Produkte kommt, scheinen einzelne

Produkte auf- und andere abgewertet zu werden. Wieweit man diesen Befund verallgemeinern kann, ist fraglich, da die Autoren nur eine Art von Handlungsfolge unterteilt (Brand von einem oder von zwei Gebäuden), nicht aber verschiedene Arten von Handlungsfolgen miteinander verbunden haben. Wieweit in einem solchen Falle vorgegebene Unterschiedsgrade der Extremität verschiedenartiger Handlungsfolgen (Produkte) sich ebenfalls nicht einfach addieren, sondern zunächst auf- oder abgewertet werden, scheint bislang noch nicht untersucht worden zu sein. Im übrigen bleiben natürlich auch individuelle Unterschiede in der Gewichtung von vorgegebenen Informationen über Erwartung und Wert von Handlungsfolgen zu beachten.

Aggression

Als Aggression wird umgangssprachlich eine Vielfalt von Handlungen bezeichnet, die eine andere Person (oder eine Gruppe) in ihrer leiblichen oder psychologischen Integrität, in ihren Absichten, Interessen und Gütern beeinträchtigen, schädigen oder vernichten. Dieser antisoziale Beiklang wirft so verschiedene Dinge wie Kinderstreit und Kriegsführung, Tadel und Mord, Bestrafung und Raubüberfall in dieselbe Inhaltsklasse. Nicht nur in phänotypischer, auch in genotypischer Hinsicht setzt eine motivationspsychologische Bedingungsklärung Differenzierungen voraus und geht mit ihnen einher. Aber die Bedingungsklärung ist hier besonders komplex. Wie bei anderen sozialen Motivationen agiert der aggressiv Handelnde in der Regel nicht bloß in Reaktion auf einfache Situationsumstände, sondern ist in verwickelte Vorgeschichten eingebunden, die ein Bewerten der Absichten anderer und der Folgen eigenen Reagierens erforderlich machen. Da zudem viele (aber nicht alle) Arten aggressiven Handelns moralischen Normen und sozialen Sanktionen unterliegen, ist mit vielerlei gehemmten und verhüllten Erscheinungsformen zu rechnen.

Die Erforschung, unter welchen Bedingungen welche Arten und Formen aggressiven Handelns auftreten, hat in den letzten 15 Jahren ungemein zugenommen. Im Jahrzehnt bis 1973 gab es dreimal soviel Veröffentlichungen wie in den drei Jahrzehnten davor, und seit 1970 sind bis 1976 mehr als 1200 erschienen (Stonner, 1976). Allein über menschliche Aggressivität liegen bisher mehr als 350 Monographien vor (Baron, 1977; S. vii). Ein Grund dafür liegt nicht zuletzt in dem Bemühen, durch ein besseres Verstehen aggressiver Handlungen zur Vermeidung und Eindämmung spektakulärer Gewaltanwendung beizutragen. Die Öffentlichkeit vieler Länder ist zunehmend beunruhigt über terroristische Aktivitäten (in Ländern mit und ohne Bürgerkrieg), über neue Formen der Kriminalität wie Bankraub, Flugzeugentführung, Geiselnahme und Erpressung, über die Wirkung von Gewaltszenen, die die Massenmedien täglich frei Haus liefern.

Abgrenzungen

Es hat offensichtlich wenig Sinn, durch Verhaltensumschreibungen aggressive Handlungen von nicht-aggressiven abzugrenzen. So ist eine körperliche Verletzung im Falle eines chirurgischen Eingriffs keine Aggression, wohl aber als Folge eines Angriffs mit einem Messer. Abgrenzungen innerhalb der Fülle gleicher und verschiedener Verhaltensweisen lassen sich nur treffen, wenn man die beabsichtigten Folgen von Handlungen auf einen funktionsäquivalenten Nenner bringt, etwa auf die Intention, einem anderen Schaden zuzufügen. In ihrer einflußreichen und die gesamte neuere Aggressionsforschung eröffnenden Monographie „Frustration and Aggression" von 1939 haben Dollard, Doob, Miller, Mowrer und Sears Aggression bereits in einer Weise definiert, die einer den anderen schädigenden Handlungsabsicht (wenn auch implizit) Platz einräumt: „an act whose goal-response is injury to an organism" (S. 11). Nachfolgend haben Autoren wie Buss (1961) und Bandura u. Walters (1963) versucht, Aggression rein behavioristisch zu fassen und als Zufügen von Verletzung *(injury)* zu definieren. Das ist inzwischen jedoch von den meisten Autoren als unhaltbar aufgegeben worden, weil man dann unbeabsichtigte Verletzungen als Aggression und beabsichtigte Verletzungen, die ihr Opfer verfehlen, als Nicht-Aggression betrachten müßte (vgl. Feshbach, 1964; 1970; Kaufmann, 1970; Werbik, 1971). Die beiden folgenden Definitionen von einem experimentellen Tierpsychologen und einem kognitiven Motivationspsychologen schließen Anregungsbedingungen für aggressives Handeln ein.

Aggression can be defined as a specifically oriented behavior directed toward removing or overcoming whatever is threatening the physical and/or psychological integrity of the living organism. (Valzelli, 1974, S. 299).

We assume the aggression motive to be injury of others or of others' interests, eliminating sources of frustration through which positive change of affect is expected. To achieve this change is the goal of aggression-motivated behavior. (Kornadt, 1974, S. 568).

Nach beiden Definitionen wäre Aggression immer Reaktion in feindseliger Absicht auf eine „Frustration" durch andere (Behinderung eigener Handlungsziele, Schädigung eigener Interessen), gleichgültig ob die Frustration ihrerseits in feindseliger Absicht erfolgt ist. Es macht einmal aber, wie wir sehen werden, einen entscheidenden Unterschied, ob dem Frustrator eine feindselige Absicht zugeschrieben wird oder nicht; zum anderen gibt es offensichtlich auch Aggressionen, die nicht reaktiv auf Frustration hin, sondern „willkürlich" in der Absicht erfolgen, einen anderen zu behindern, unrecht zu behandeln, zu kränken oder zu schädigen. Man könnte demnach zwischen „reaktiver" und „spontaner" Aggression unterscheiden.

Feshbach (1964; 1970, 1971) hat einige wichtige Unterscheidungen getroffen, wenn man zunächst einmal unbeabsichtigte „Aggression" ausscheidet. Er grenzt „expressive", „feindselige" und „instrumentelle" Aggression voneinander ab. Die expressive Aggression ist ein ungewollter Ausbruch von Ärger und Wut, der nicht zielgerichtet ist und sein baldiges Ende findet, ohne daß die Störungsquelle überhaupt attackiert sein muß (wie es für den Trotzanfall kleiner Kinder typisch ist). Berkowitz (1974) bevorzugt, von impulsiver Aggression zu sprechen, wenn die Handlung unkontrolliert in Form eines Affektgeschehens abläuft. Von Bedeutung ist vor allem die Unterscheidung zwischen feindseliger und instrumenteller Aggression. Die feindselige sieht ihr Ziel hauptsächlich in der Schädigung des anderen, während die instrumentelle auf ein nicht-aggressives Ziel gerichtet ist, zu dessen Erreichung Aggression nur als Mittel eingesetzt wird (z. B. bei räuberischer Erpressung, bei Bestrafung im Dienste eines Erziehungsziels oder bei gezielten Schüssen auf einen Geiselnehmer). Die instrumentelle Aggression unterteilt Feshbach (1971) noch in persönlich oder sozial motivierte Aggression (man könnte auch von eigennütziger vs. uneigennütziger oder von anti- vs. prosozialer sprechen).

Rule (1974) hat die Bedeutung dieser Ergebnisse anhand einiger Befunde unterstrichen. So hatten Vpn etwa einen Bericht über drei Vorfälle anläßlich einer verlorenen Geldbörse zu lesen und über Rechtmäßigkeit und Strafwürdigkeit ein Urteil abzugeben. Im ersten Fall läßt sich der Berichterstatter auf eine körperliche Auseinandersetzung mit dem unehrlichen Finder ein, um die Geldbörse ihrem rechtmäßigen Eigentümer zurückzugeben (prosoziale, instrumentelle Aggression), im zweiten Fall behält er die Geldbörse für sich (antisoziale, instrumentelle Aggression), im dritten Fall schlägt er aus moralischer Entrüstung den unehrlichen Finder (feindselige Aggression). Wie Tabelle 8.5 zeigt, beurteilen

Tabelle 8.5. Einstufung von Rechtmäßigkeit und Strafwürdigkeit von prosozial-instrumenteller, antisozial-instrumenteller und feindseliger Aggression durch 16- bis 17jährige Schüler; alle Werte in den Zeilen unterscheiden sich signifikant. (Nach Rule, 1974; S. 140)

	Prosozial-instrumentelle Aggression	Antisozial-instrumentelle Aggression	Feindselige Aggression
Rechtmäßigkeit	4,96	2,12	3,14
Strafwürdigkeit	1,81	3,70	3,04

16- bis 17jährige Schüler eine prosozial-instrumentelle Aggression als rechtmäßiger als eine feindselige, und diese für rechtmäßiger als eine antisoziale; entsprechend stufen sie die Strafwürdigkeit ein.

Schon dieses Befundbeispiel macht die Schwierigkeit eindeutiger Klassifikation deutlich. So enthält die „feindselige Aggression" des moralisch entrüsteten Berichterstatters sicher auch eine Komponente prosozial-instrumenteller Aggression gegenüber einem Rechtsbrecher. Häufig mag z. B. auch eine zunächst instrumentelle Aggression feindselige Anteile hinzugewinnen, etwa wenn das Opfer sich zur Wehr setzt. Dennoch sind solche Abgrenzungen nicht müßig. Sie klären das zu untersuchende Feld für eine planmäßige Überprüfung dessen, was an Aggression funktionsäquivalent ist. Diese Aufgabe ist bis heute noch unerledigt. In der Regel hat man sich auf experimentelle Paradigmata gestützt, die (wie wir noch sehen werden) prosozial-instrumentelle Aggression induzieren und diese entweder mit feindseliger Aggression anreichern oder nicht anreichern. Festzuhalten sind auf jeden Fall die beiden unterschiedlichen Motivationstypen von instrumenteller und (eigentlicher, „intrinsischer" vgl. Kap. 12) feindseliger Aggression. Die letztere läßt sich weiterhin als eher überlegt oder impulsiv charakterisieren. Und jeder dieser Typen oder Untertypen ließe sich weiterhin nach pro- oder antisozial einteilen; natürlich nicht objektiv, sondern aus der Sicht des Handelnden oder des Opfers oder eines Beobachters. Was dem Opfer und einem Beobachter antisozial erscheinen mag, kann der Handelnde für prosozial halten und nachträglich dazu umstilisieren. (Es ließen sich darüber hinaus noch weitere Unterscheidungen treffen, z. B. ob es sich um offene oder versteckte Aggression handelt, intrapunitive oder extrapunitive u. a. m.).

Angesichts der angedeuteten Komplexität und Vielgesichtigkeit aggressiver Handlungen, kann es nicht verwundern, wenn sie einerseits dem Hilfehandeln nahekommen und andererseits sich mit Bereichen des Machthandelns überlappen können. Das letztere trifft für instrumentelle Formen der Aggression zu, die das Opfer – sei es aus pro- oder antisozialen Gründen – für etwas gefügig machen wollen, was es von sich aus nicht täte. In diesen Fällen wird Zwang oder Gewalt als Machtquelle (*coercive power*) angewandt. Diesen Überschneidungsbereich von instrumenteller Aggression und Machthandeln haben Tedeschi, Smith u. Brown (1974) soweit zu überdehnen gesucht, bis ihnen schließlich jede Art aggressiven Handelns als eine Form von Machthandeln mit Hilfe von Zwang erscheint. Sie halten den Begriff der Aggression für unangemessen, glauben, ihn durch die folgende Definition ersetzen zu können:

... an act will be labelled as aggressive when the following conditions are met: (a) The action involves the constraint of another's behavioral alternatives or outcomes (most clearly through the use of coercive power); (b) The observer perceives the action as intentionally detrimental to the interests of himself or the target person (i. e., malevolent or selfish), whether or not the actor really intended to do harm; and (c) the action is considered by the observer to be antinormative or illegetimate, for example, when the action is viewed as unprovoked, offensive, or disproportionate to the provocation. (S. 557).

Bei der Erörterung der Machtmotivation im vorigen Kapitel wurde deren Besonderheit deutlich, daß sie sich aller anderen motivthematischen Vorgehensweisen bedienen kann, um eine andere Person zur Erreichung der eigenen Zielsetzungen gefügig zu machen; also

352 —— 8. Antisoziale Motive: Aggression

auch der Aggression. Das ändert aber nichts daran, daß die Motivationsziele von Machthandeln und feindseliger Aggression ganz verschieden sind und bleiben. Diesen entscheidenden Punkt haben Tedeschi et al. übersehen (vgl. auch die Kritik von Stonner, 1976).

Die bisherige Forschung hat sich im wesentlichen auf die Klärung von situationsbedingten Unterschieden der Aggression konzentriert. Dagegen fanden individuelle Unterschiede der Aggression unter sonst gleichen Situationsumständen – sie seien als Aggressivität bezeichnet – bisher nur selten Beachtung. Insofern haben wir es mit einem ähnlichen Forschungsstand wie bei der Hilfemotivation zu tun. Individuelle Unterschiede der Aggressivität dürften jedoch auf einem komplexeren motivpsychologischen Sachverhalt beruhen als beim Hilfemotiv; denn die Aggressivität wird entscheidend durch eine Hemmungstendenz bestimmt, da Aggression in ausgeprägter Weise sozialen Normen und Funktionen unterliegt. Wenden wir uns zunächst diesen Normen zu.

Normen

Normen und damit auch Art und Häufigkeit aggressiver Verhaltensweisen sind kulturgebunden. Kulturvergleichende Studien weisen solche Unterschiede aus (vgl. Überblick von Kornadt, Eckensberger und Emminghaus, im Druck). Umso bemerkenswerter ist es, daß bei Kindern, solange sie noch nicht voll in die besonderen Sozialisationsnormen ihrer jeweiligen Kultur hineingewachsen sind, Art und Häufigkeit der Aggression in unterschiedlichen Kulturen fast völlig gleich sind. Das ergaben sorgfältige Verhaltensbeobachtungen in je einer Gemeinde aus sechs Kulturen, nämlich den USA, Nordindien, Philippinen, Okinawa, Mexiko und Kenia (*Six-Culture Study;* vgl. Whiting u. Whiting, 1975; Lambert, 1974). Nimmt man die häufigsten Formen der Aggression (wie beleidigen, schlagen), so zeigen Kinder zwischen 3 und 11 Jahren in jeder Kultur durchschnittlich 9 mal pro Stunde aggressive Akte. Davon sind 29 Prozent unmittelbare Vergeltungsreaktionen auf Angriffe, die man gerade von anderer Seite erfahren hat. Der Prozentanteil ist in allen Kulturen gleich und nur zwischen den Geschlechtern ein wenig verschieden: etwa 33 Prozent bei Jungen und 25 Prozent bei Mädchen. Mit dem Alter ändern sich in allen Kulturen die Formen der Aggression: Die Häufigkeit körperlicher Angriffe nimmt ab zugunsten stärker „sozialisierter" Formen wie Beleidigungen und Balgereien. Abb. 8.3 zeigt diesen Entwicklungswandel für beide Geschlechter in drei aufeinanderfolgenden Altersperioden. Bemerkenswert ist des weiteren, daß in jeder Kultur die jüngeren Kinder und die altersgleichen weit mehr Aggression abbekommen als die älteren, zumal mit jüngerem Alter die Angegriffenen auch eher zur Aggression einladen, weil sie sich getroffen fühlen oder weinen. Lambert (1974) sieht

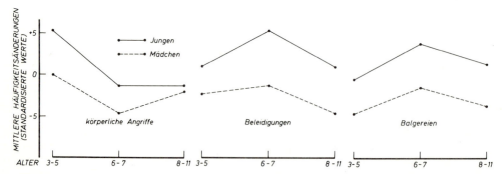

Abb. 8.3. Häufigkeitsänderungen von drei Formen der Aggression (körperlicher Angriff, Beleidigungen und Balgereien) zwischen 3 und 11 Lebensjahren für Jungen und Mädchen in 6 Kulturen; die standardisierten Werte pro Kultur sind gemittelt. (Nach Whiting u. Whiting, 1975, S. 156)

darin eine Verschiebung auf wehrlose Opfer:

> Another trend which appears markedly across cultures is for a form of massive displacement of aggression toward children and particularly young children, in the sense that a much higher proportion of hurts received from older people are forgotten and for a much higher number of hurts to be visited upon young people relative to hurts received. (S. 451).

Jede Kultur hat bei allen Gemeinsamkeiten besondere Normen und Wertungen für aggressives Handeln; was nicht erlaubt oder erlaubt ist, was gar geschätzt wird. Strafgesetzbücher enthalten einiges davon. So wird Mord aus niedrigen Beweggründen schwer, Töten aus Notwehr dagegen nicht bestraft. Erlaubte oder gar positiv bewertete Formen der Aggression sind dagegen kaum kodifiziert, wie etwa Aggressivität in bestimmten Sportarten (Gabler, 1976) oder verletzende Schärfe in „Redeschlachten". Aggression zahlt sich auch in mancher Hinsicht aus. So schreibt Buss (1971): „there is a large and significant payoff for aggressing in our society (S. 7) ... in terms of money, prestige and status" (S. 17). Vielerlei hat hier ein Kind beim Hineinwachsen in seine Kultur zu lernen. Die entscheidende Bedeutung kulturspezifischer Normen und Verhaltensstandards kann deshalb vor allem durch eine entwicklungspsychologische Perspektive deutlich gemacht werden (vgl. Feshbach, 1974). Betrachten wir deshalb beispielhaft einige Befunde aus dem westlichen Kulturkreis, die die allmähliche Verwebung von Aggression und moralischen Normen während der Kindheitsentwicklung aufzeigen. Zunächst seien einige deskriptive Entwicklungsdaten dargelegt, dann – in Abhebung von den üblichen Sozialisationstheorien, alles sei einfaches Ergebnis unmittelbarer Erziehungseinwirkungen – der Einfluß der kognitiven Entwicklung auf die Übernahme moralischer Standards und schließlich die verhaltensleitende Funktion von moralischen Normen an einem kognitiv komplexen Phänomen, nämlich der Selbstrechtfertigung nach eigenem aggressiven Handeln.

In den ersten Lebensjahren bestehen Aggressionen fast ausschließlich in der impulsiven Form von Trotzanfällen, deren Verlauf von außen nicht zu beeinflussen ist (Goodenough, 1931; Kemmler, 1957). Ursachen sind insbesondere Blockierungen eigener Tätigkeitsabsichten beim „Erzogenwerden". Später treten Konflikte mit Gleichaltrigen immer mehr hervor; meistens geht der Streit um Besitz von Sachen (in 78% der Fälle bei Anderthalbjährigen, aber nur noch 38% bei Fünfjährigen; Dawe, 1934; vgl. auch Hartup, 1974). In der gleichen Entwicklungsspanne nimmt auch das Einsetzen körperlicher Gewalt zu (von 3 auf 15%). Während bei den jüngeren Kindern Blockierung mehr instrumentelle Aggression auslöst, ist es bei den älteren zunehmend eine Mischung auch mit feindseliger, auf die Person des anderen gerichteter Aggression. (Wie wir sehen werden, setzt dies bereits die kognitive Fähigkeit voraus, dem Störenfried böswillige Absichten zuzuschreiben.) Der Einfluß Gleichaltriger kann kaum überschätzt werden (vgl. Patterson, Littmann u. Bricker, 1967). Sehr aggressive Kinder mäßigen sich nach Eintritt in den Kindergarten, weil sie viel Gegenaggression erfahren, wenig aggressive werden aggressiver in dem Maße, wie sie erfahren, daß prompt erfolgende Gegenaggressionen ihnen weitere Attacken ersparen. Wer es lernt, auf der Stelle das gleiche Aggressionsverhalten zurückzugeben, wird nicht nur mehr in Ruhe gelassen, sondern zeigt auch insgesamt weniger Aggressivität (Lambert, 1974). Andererseits fanden Patterson et al. (1967), daß etwa 80% aller Aggressionen Erfolg zeitigten; danach muß der Kindergarten hervorragende Gelegenheit zur Bestärkung instrumenteller Aggression bieten.

Gegenseitigkeit: Vergeltungsnorm

Die bisherige Sozialisationsforschung hat Aggressivität und ihre individuellen Unterschiede ausschließlich als unmittelbaren Ausfluß elterlicher Erziehung gesehen. So fanden etwa Bandura und Walters (1959), daß überaggressive und deshalb straffällige Jugendliche aus relativ intakten Elternhäusern der Mittelklasse Väter hatten, die innerhalb der Familie Aggression nicht duldeten, aber gleichwohl die eigenen Kinder ermunterten und anstachelten, außerhalb des Hauses andere zu provozieren und zu attackieren, und dieses Verhalten positiv bekräftigten. Eltern können auch selbst Vorbilder für Aggressivität sein, wie die Gluecks bei straffälligen Jugendlichen vorbestrafter Eltern fanden (vgl. Glueck u. Glueck, 1950; Silver, Dublin u. Lourie, 1969).

Solche und andere sozialisatorische Einflüsse des Bekräftigungs- und Vorbildlernens sind jedoch vor dem Hintergrund der kognitiven Entwicklung des Kindes zu sehen; vor der Tatsache, daß es zunehmend moralische Regeln des Verhaltens konstruieren kann und sich von ihnen leiten läßt. So verweben sich Aggression und Moralitätsnormen zusehends. Eine Grundregel sagt aus, wie eine erlittene Aggression angemessen durch Gegenaggression zu beantworten ist. Sie entspricht der Norm der Gegenseitigkeit beim Hilfehandeln: die Vergeltungsnorm gleichabgestufter Gegenaggression *(lex talionis)*. Das eine hebt das andere auf; man wird „quitt". Schuld wird gesühnt, damit ausgelöscht. Eine aus dem Gleichgewicht gebrachte Sozialbeziehung wird wieder ausbalanciert. Wie eingefleischt die Vergeltungsnorm ist, macht ihre alttestamentarische Formulierung im Dritten Buch Mose und die neutestamentarische Forderung der Bergpredigt deutlich, statt Vergeltung Feindesliebe zu üben.

Altes Testament. „Wer seinem Nächsten einen Leibschaden zufügt, dem soll man tun, wie er getan hat: Bruch um Bruch, Aug um Auge, Zahn um Zahn! Derselbe Leibschaden, den er einem anderen zugefügt hat, soll ihm zugefügt werden." (3. Mose 24:19,20).
Neues Testament. „Ihr habt gehört, daß gesagt ist: ,Aug um Auge' und ,Zahn um Zahn'. Ich aber sage euch: Widersteht dem Bösen nicht, sondern wer dich auf die rechte Wange schlägt, dem halte auch die andere hin." (Matth. 5:38,39).

Die (im modernen Strafrecht übrigens überwundene) Norm der Vergeltung (und Sühne) hat ihre unbezweifelbare Sachimmanenz in der Entfaltungslogik moralischer Normen und bedarf nicht erst der Bekräftigung durch Eltern und Erziehung. Vergeltungsnorm ist ein Charakteristikum des heteronomen Stadiums in der Entwicklung des moralischen Urteils nach Piaget (1930); eines Stadiums, das durch die Vorstellung unverbrüchlicher Regeln gekennzeichnet ist, denen man unter allen Umständen gerecht werden muß. Bestrafung hat für Kinder dieses Stadiums (nach Kohlbergs, 1969, sechsteiliger Stufenskala etwa das zweite oder dritte) einen sühnenden, auslöschenden Charakter, der nach einer Übertretung das verlorene Gleichgewicht in der Sozialbeziehung wieder herstellt. Das ist ein Fortschritt gegenüber der impulsiven Aggression des kleineren Kindes, wenn es auch noch von höheren Formen einer nicht aggressiv ausgleichenden Gerechtigkeit entfernt ist. Durch Bestraftwerden für eigene Übertretungen machen sich Kinder – nicht zuletzt innerhalb der Gruppe von Altersgleichen – zu eigen, wie man selbst strafen muß, wenn andere Übertretungen begehen. Den Verursacher erlittener eigener Unbill im Gegenzug Leid zuzufügen und ihn leiden zu sehen, reduziert den entstandenen Ärgeraffekt und befriedigt das eigene Aggressionsverlangen. Dafür spricht auch, daß, wer viele Bestrafung erfährt, auch selbst mehr aggressiv ist – eine vielfach gefundene Korrelation (Feshbach, 1970).

Moralische Verhaltensstandards in aggressionsthematischen Situationen können des weiteren unmittelbar dem Verhalten von erwachsenen Vorbildern abgeschaut werden. Auch wenn Kinder das Gesehene nicht gleich nachfolgend in die Tat umsetzen, haben sie es sich in der Regel zu eigen gemacht. Ein Beispiel ist der folgende Versuch Banduras (1965). Kindern wurde ein Film vorgeführt, in dem sich ein Vorbild (Modell) in einer für sie ungewohnten Weise verbalaggressiv verhielt. Im folgenden wurde es unter einer Bedingung dafür bestraft, unter einer anderen belobigt und unter einer letzten erfuhr es keinerlei Reaktion. Danach wurden die Kinder in eine Situation gebracht, die Gelegenheit gab, das beobachtete Verhalten nachzuahmen. Nachahmung trat häufiger auf, wenn das Vorbild belobigt, als wenn es bestraft worden war. Anschließend wurde den Kindern eine Belohnung versprochen, wenn sie möglichst genau das beobachtete Filmverhalten reproduzierten. Nun zeigten auch die meisten jener

Kinder, die es aus freien Stücken vorher noch nicht getan hatten (wahrscheinlich wegen überwiegender Aggressivitätshemmung), das aggressive Verhalten des Vorbildes; ein Zeichen, daß sie es durchaus zur Kenntnis genommen und gespeichert hatten. Im übrigen waren die Jungen mehr als die Mädchen bereit, dem aggressiven Vorbild zu folgen. Abb. 8.4 gibt die Ergebnisse wieder.

Durch Selbsterfahrung und Vorbildeinfluß differenziert das heranwachsende Kind im Rahmen des Entwicklungsstandes seiner kognitiven Fähigkeiten die für es maßgebenden moralischen Verhaltensregeln. Das muß sich auch in individuellen Unterschieden der Aggressivität und ihrer Entwicklung niederschlagen; etwa wenn ein Kind sich besonders nachdrücklich auf strikte Einhaltung der Vergeltungsnorm verwiesen sieht. Wieweit sich darauf die Genese unterschiedlich ausgeprägter Aggressionsmotive zurückverfolgen läßt, ist bis heute noch nicht untersucht.

Die Vergeltungsnorm erfordert die Abwägung angemessener Gegenaggression (Strafe). Ein Zuwenig befriedigt nicht, weil es Feindseligkeit nicht völlig verrauchen läßt. Ein Zuviel bringt dem Strafenden Schuldgefühle und macht ihn selbst wieder zum Ziel eines Gegenangriffs (vgl. Walster, Berscheid u. Walster, 1973). Es ist im konkreten Fall sorgfältig abzuwägen, welcher Standard für die vergeltende Aggressionshandlung angemessen ist. Damit die Abwägung der Angemessenheit auch die erwünschten Folgewirkungen beim Bestraften hat, muß sie auch von diesem als angemessen erlebt werden. Das setzt auf seiten des aggressiv Strafenden einen Stand der kognitiven Entwicklung voraus, der es ihm erlaubt, sich in den anderen hineinzuversetzen und das Geschehen mit dessen Augen zu sehen (Rollenübernahme). Ein wichtiger Aspekt dabei ist, die Aggression des anderen nach der hinter ihr stehenden Intention zu beurteilen – ein für jede Reaktion auf Aggression in späteren Altersstufen fundamentaler Attribuierungsvorgang. Für Siebenjährige macht es noch kaum einen Unterschied, ob sie absichtlich oder unabsichtlich von anderen behindert oder in Mitleidenschaft gezogen werden. Aber schon bei den Neunjährigen ruft unbeabsichtigte Aggression deutlich weniger Gegenaggression hervor als beabsichtigte (Shantz u. Voydonoff, 1973).

Kognitiv fortgeschrittenere Stadien, die zur Rollenübernahme und der Würdigung der Intentionen anderer befähigen, sind offenbar auch Teilvoraussetzung eines Vorgangs, der entscheidend zur Regulation und Dämpfung feindseliger Aggression beitragen kann, nämlich der Einfühlung (Empathie) in das Opfer

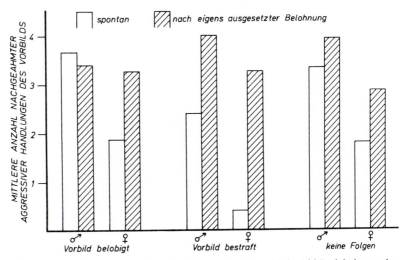

Abb. 8.4. Mittlere Anzahl nachgeahmter aggressiver Handlungen des Vorbilds in Abhängigkeit von den Folgen, die das Vorbild erfuhr (belobigt, bestraft, keine Folgen) und von einer eigens ausgesetzten Belohnung für Vorbild-Nachahmung. (Nach Bandura, 1965, S. 592)

des eigenen Aggressionsverlangens. Wie beim Hilfehandeln hat die Fähigkeit und Bereitschaft zur Einfühlung auch auf aggressives Handeln einen prosozialen Effekt. Sich hineinzuversetzen in die innere Befindlichkeit des Angegriffenen, in einen Leidenszustand, den zu verursachen man selbst im Begriffe ist (oder bereits verursacht hat), widerstreitet dem Verlangen, dem anderen Leiden zuzufügen, und hemmt deshalb Aggression. In der Tat hat sich wiederholt eine inverse Beziehung zwischen Einfühlungsfähigkeit und Aggressivität feststellen lassen (Feshbach u. Feshbach, 1969; Mehrabian u. Epstein, 1972). Einfühlungsfähigere Kinder sind weniger aggressiv. Sie haben Eltern, die eine differenziertere kognitive Entwicklung fördern durch erklärende Hinweise, freundliche Zuwendung und Gewähren freier Handlungsspielräume zur Selbsterprobung (vgl. N. Feshbach, 1974; 1978).

Norm der sozialen Verantwortlichkeit und Selbstrechtfertigungen ihrer Verletzung

Wie beim Hilfehandeln hat neben der Gegenseitigkeitsnorm (Vergeltungsnorm) auch die Norm der sozialen Verantwortlichkeit ihre abgewandelte Bedeutung. Es ist nämlich auch zu beurteilen, wieweit der Aggressor verantwortlich zu machen ist für seine Handlung und deren Folgen. So wird man ein kleines Kind oder jemanden, der die Folgen nicht übersehen konnte, weniger strafen als ein älteres Kind oder einen Wissenden.

Wie sehr aggressives Handeln schließlich von moralischen Normen abhängig ist, kann kaum deutlicher hervortreten als in Fällen, in denen die Moralstandards verletzt wurden und deshalb eine vorsorgliche oder eine nachträgliche Selbstrechtfertigung in Szene gesetzt wird. So kann der Aggressor seine Verantwortlichkeit für die Aggression leugnen, abstreiten, daß seine Aggression schmerzlich war, oder nachzuweisen versuchen, daß die Aggression verdient war (vgl. Walster et al., 1973). Durchweg handelt es sich um Rationalisierungen. Eklatante Beispiele liefern psychologische Kriegsführung, Einlassungen von Kriegsverbrechern und Verlautbarungen terroristischer Untergrundgruppen. Bandura (1971b) hat sechs Arten von Selbstrechtfertigung unterschieden, die ein schlechtes Gewissen für begangene oder geplante Aggressionen beschwichtigen sollen.

1. Herunterspielen der begangenen Aggression durch einseitigen Vergleich. Man vergleicht die eigenen aggressiven Taten mit schlimmeren Untaten anderer.
2. Rechtfertigung der Aggression im Dienste höherer Werte (instrumentelle Aggression).
3. Abschieben der Verantwortlichkeit.
4. Aufteilung und Verunklärung der Verantwortlichkeit; vor allem bei kollektiver Aggression, die auf hoher Arbeitsteiligkeit beruht.
5. Entmenschlichung der Opfer. Dehumanisierung, man spricht den Opfern oder Gegnern menschliche Qualitäten und Eigenschaften ab.
6. Allmähliche Abstumpfung. Sie tritt besonders in dem Maße ein, wie es gelingt, die ursprüngliche negative Selbstbewertung durch die vorher genannten Selbstrechtfertigungsversuche zu vermindern.

In einer experimentellen Studie haben Bandura, Underwood u. Fromson (1975) den aggressionsenthemmenden Effekt von Dehumanisierung demonstriert. Die Vpn erhielten die Aufgabe, auf die ihnen angezeigte Güte von Ergebnissen einer (fiktiven) Arbeitsgruppe, die zusammen Problemlösungen erarbeitete, mit abgestuften elektrischen Schocks (1 bis 10) zu reagieren, weil dies die Effektivität der Arbeitsgruppe beeinflussen könne. Den Vpn wurde also eine instrumentelle Aggression auferlegt, um die Produktivität der vermeintlichen Arbeitsgruppe zu erhöhen (ein übliches experimentelles Paradigma der Aggressionsforschung). Um die Effektivität des Schockerteilens zu variieren, wurde die Reihenfolge guter und schlechter Leistungen der Arbeitsgruppe so eingerichtet, daß unter einer Bedingung (funktional) auf eine Bestrafung (schlechte Lösung) eine richtige Lösung folgte, unter der anderen Bedingung (dysfunktional) sich mehrere Mißerfolge häuften, so daß stärkere Bestrafung keinen Effekt zu haben schien. Durch ein vorgetäuschtes Versehen konnte die Vpn, bevor der Versuch begann, ein privates Gespräch zwischen dem Vl und seinem Assistenten mithören, in dem dieser die Mitglieder der Ar-

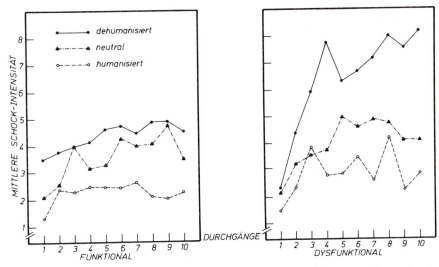

Abb. 8.5. Mittlere Schockintensitäten, die für aufeinanderfolgende Aufgabenlösungen erteilt wurden, in Abhängigkeit von der Dehumanisierung der Schockempfänger und von der Effektivität der Bestrafungen. (Nach Bandura, Underwood u. Fromson, 1975, S. 264)

beitsgruppe entweder abfällig (dehumanisiert) oder respektvoll (humanisiert) oder ohne jeden bewertenden Hinweis (neutral) charakterisierte.

Abb. 8.5 zeigt die Ergebnisse für die einzelnen Durchgänge. Insgesamt waren Vpn weniger aggressiv (d.h. erteilten geringere Schockintensitäten), wenn ihre Bestrafungen die Leistungen verbesserten, als wenn sie keinen Effekt hatten und dysfunktional blieben. Humanisierte Opfer wurden durchgängig milder bestraft als dehumanisierte, während neutrale zwischen den Extremen lagen. Führte jedoch die Schockerteilung nicht gleich zur Leistungsverbesserung, so zeigte sich ein dramatischer Effekt der Dehumanisierung: Die Strafzumessung eskalierte sprunghaft, während sie unter neutraler und besonders humanisierter Bedingung nach geringem anfänglichen Anstieg wieder abfiel. Aufschlußreich ist eine nachträgliche Befragung, die Unterschiede der Selbstbewertung für ein an sich normwidriges Verhalten aufdecken sollte. Tabelle 8.6 gibt an, wieviel Prozent der Vpn die Bestrafungsreaktionen, die sie gerade ausgeübt hatten, für gerechtfertigt und für nicht gerechtfertigt hielten. Die Variation der Bestrafungseffektivität hat für sich allein genommen keinen Einfluß im Unterschied zur Per-

Tabelle 8.6. Prozentsatz der Versuchspersonen, die ihre Bestrafungsmaßnahmen für gerechtfertigt und für ungerechtfertigt hielten, in Abhängigkeit von Effektivität der Bestrafung und der Personcharakterisierung des Opfers. (Nach Bandura et al., 1975, S. 265.)

Bedingungen	Gerechtfertigt	Ungerechtfertigt
Effektivität		
Funktional	29	51
Dysfunktional	23	57
Personcharakterisierung des Opfers		
Humanisiert	4	74
Neutral	13	63
Dehumanisiert	61	23
Kombinierte Bedingungen		
Funktional und humanisiert	9	73
Funktional und neutral	25	58
Funktional und dehumanisiert	50	25
Dysfunktional und humanisiert	0	75
Dysfunktional und neutral	0	67
Dysfunktional und dehumanisiert	73	27

soncharakterisierung des Opfers. Während man gegenüber humanisierten Opfern körperliche Bestrafung als ungerechtfertigt ansah, machte man sich gegenüber dehumanisierten Opfern von solchen Gewissensskrupeln frei (und zwar besonders häufig dann, wenn das eigene Strafen ohne Effekt geblieben war). Die Befunde unterstreichen, wie leicht sich Aggressivität enthemmen kann, wenn die Personwürde des Opfers in Frage gestellt ist, und wie schnell man zugleich Rechtfertigungen zur Hand hat, um sich von negativer Selbstbewertung (Schuldgefühlen) für moralisch nicht vertretbare Handlungen zu entlasten.

Forschungsgeschichtliche Aspekte

Es gibt drei verschiedene Familien von Aggressionstheorien; angeordnet nach ihrem Alter: Triebtheorien (Instinkttheorie), die Frustrations-Aggressions-Theorie, soziale Lerntheorien (einschließlich motivationspsychologischer Ansätze). Triebtheorien hält man in der Psychologie heute für überholt, neuerdings teilweise auch die Frustrations-Aggressionstheorie. Diese stellte einen Übergang von psychoanalytischer Triebtheorie zu sozialen Lerntheorien dar und hat die neuere Aggressionsforschung entscheidend angeregt und in Fluß gebracht.

Triebtheorien

Triebtheorien legen Aggression als eine feste Disposition in das Individuum hinein und sind deshalb einfach konstruiert. Die psychoanalytische Theorie Freuds (1905) hat Aggression zunächst als einen Bestandteil sog. „Ichtriebe" angenommen; später jedoch (1930) – vor allem unter dem Eindruck des Ersten Weltkrieges – daraus einen eigenen Aggressionstrieb in Form des sog. „Todestriebes" gemacht. (Auf die nähere Theorieentwicklung, auch die anderer Psychoanalytiker wie Adler oder der Neopsychoanalyse, braucht nicht näher eingegangen zu werden, da sie seit langem keinen Einfluß auf die psychologische Aggressionsforschung hat.) In einem Briefwechsel mit Albert Einstein aus dem Jahre 1932 über Möglichkeiten, Kriege zu verhindern, betonte Freud die triebmäßigen Grundlagen des menschlichen Zerstörungsdranges und hielt Versuche, diesen Drang abzubauen, für fruchtlos. Durch gesellschaftlichen Fortschritt könne man allenfalls erreichen, unschädliche Möglichkeiten der Abreaktion bereitzustellen.

Eine ähnliche Auffassung hat Lorenz (1963), der Begründer der Verhaltensforschung, eingenommen. Im Organismus (von Tieren wie Menschen) soll ständig eine Art aggressiver Triebenergie erzeugt werden, die sich bis zur Abfuhr aufgrund auslösender Reize (bei manchen Tierarten etwa, wenn ein fremder Artgenosse in das eigene Revier eindringt) aufstaut. Dieses einfache „psychohydraulische Energiemodell" ist – nicht nur wegen seiner kühnen Übertragung auf den Menschen – bei Ethologen (z. B. Hinde, 1974) wie bei Psychologen (vgl. Montague, 1968, 1976) auf Kritik gestoßen; sowohl wegen seiner unzulänglichen Befundbasis wie wegen seiner Übertragung auf den Menschen und der triebtheoretisch abgeleiteten Vorschläge, den Aggressionsstau des Zivilisationsmenschen durch Wettspiele und ähnliches mindern zu können. Nicht bestritten wird dagegen, daß menschliche Aggression ihre evolutionshistorischen (vgl. Bigelow, 1972) und physiologischen Grundlagen (vgl. Moyer, 1971, 1976) hat. Zu den physiologischen Grundlagen gehören auch die Geschlechtshormone (vgl. Maccoby u. Jacklin, 1974). Deren Bedeutung ist nicht zu vernachlässigen, wenn auch der gegenwärtige Forschungsstand erst wenig die psychologische Aggressionsforschung anregen kann. Faßbarer und bis heute weit häufiger untersucht sind sozialisationsbedingte Ursachen der Geschlechtsunterschiede im aggressiven Verhalten. Insgesamt zeigen die vorliegenden Untersuchungen, daß Jungen und Männer aggressiver sind als Mädchen und Frauen (Maccoby, 1966, S. 323–326; Maccoby u. Jacklin, 1974). Aggressives Handeln scheint bei Frauen stärker gehemmt zu sein. Werden sie aggressiv, so reagieren sie eher mit Schuld- und Angstgefühlen (Maccoby, 1966). Dieses Bild ist jedoch keineswegs in jeder Hinsicht und unter allen Umständen so einheitlich, wie eine Analyse der experimentellen Literatur zeigt (Frodi, Macaulay u. Thome, 1977; Merz, 1979).

Unter die Triebtheoretiker ist auch McDougall (1908) einzuordnen (vgl. 3. Kapitel). In seiner Liste von 12 Instinkten findet sich *Pugnacity* mit der zugehörigen Emotion des Ärgers. Aus diesem Kampfinstinkt ist in McDougalls (1932) letzter Fassung von 18 Motivdispositionen (*propensities*; vgl. Tabelle 3.2) das Folgende geworden: „Anger propensity. To resent and forcibly to break down any thwarting or resistance offered to the free exercise of any other tendency". Mit dieser Formulierung hat McDougall bereits die Position der Frustrations-Aggressions-Theorie von Dollard et al. (1939) vorweggenommen.

Frustrations-Aggressions-Theorie

Gegenüber den reinen Triebtheorien hat die Frustrations-Aggressions-Theorie – 1939 von Dollard et al. in einer Monographie vorgelegt – eine intensive experimentelle Aggressionsforschung in Gang gebracht. Nach dieser Theorie ist Aggression kein automatischer, im Organismus entstehender Trieb, sondern die Folge von Frustrationen, d. h. von Behinderungen zielgerichteter Handlungen oder von Vereitelungen des Eintretens von Zielzuständen. Sie besagt, daß (1) Aggression immer die Folge von Frustration ist und (2) Frustration immer zu Aggression führt.

Die beiden Postulate haben sich in dieser strengen Form nicht halten lassen. Nicht jede Aggression ist die Folge von Frustration (z. B. jede Form instrumenteller Aggression). Und nicht jede Frustration erhöht den Drang zur Aggression (z. B. wenn die Frustration vom Frustrierten als unbeabsichtigt oder gerechtfertigt angesehen wird). Auch die sog. Katharsis-Hypothese (der wir uns noch in einem eigenen Abschnitt zuwenden), nach welcher ein aggressives Verhalten den Drang zur Aggression (*instigation to aggression*) vermindere, ist nicht unter allen Umständen zutreffend.

Soziale Lerntheorien der Aggression

Die sozialen Lerntheorien der Aggression lassen ihre Herkunft von S-R-theoretischen Grundlagen (vor allem von Hull) erkennen: Antriebs- und Richtungskomponenten des Verhaltens werden in verschiedener Weise konzipiert und miteinander in Verbindung gebracht. Die einflußreichsten Vertreter sind Berkowitz und Bandura. Berkowitz (1962) hat eng an der Frustrations-Aggressions-Theorie angesetzt und statt des (unhaltbaren) Postulats, daß Frustration immer zur Aggression führe, eine antreibende und eine richtungsgebende Zwischenvariable eingeführt; nämlich Ärger (als Antriebskomponente) und auslösende Reize (*releasing* oder *eliciting cues*). Ärger entsteht, wenn die Verfolgung von Handlungsabsichten von außen blockiert wird. Aber er führt allein noch nicht zu einem antriebsspezifischen Verhalten. Dazu bedarf es geeigneter Auslöser-Reize. Geeignet sind sie, wenn sie unmittelbar oder auch vermittelt (etwa auch durch Gedanken) mit der Ärgerquelle, dem Verursacher der Frustration, zusammenhängen. Grundlegend ist also eine Schub-Konzeption des Verhaltens (*push*) im Paradigma-Rahmen der klassischen Konditionierung. Berkowitz definiert: „the strength of the aggressive reaction to some thwarting is a joint function of the intensity of the resulting anger and the degree of association between the instigator and the releasing cue" (1962, S. 33).

Neuerdings hat Berkowitz (1974) diese mechanische Schub-Konzeption, die dem Lorenz-Modell angeborener auslösender Mechanismen (AAM) entspricht, geändert und erweitert. Ein auslösender Reiz ist keine notwendige Bedingung mehr, daß Ärger zur Aggression führt; auch Reize, die mit Bekräftigungsfolgen von aggressiven Handlungen verknüpft worden sind, können Aggression auslösen. Das Paradigma des instrumentellen Konditionierens ist also zusätzlich maßgebend. Außerdem können Hinweisreize, wenn sie aggressionsthematischer Natur sind, die Intensität einer aggressiven Handlung erhöhen (z. B. der Anblick von Waffen, wenn man sich provoziert sieht; sog. Waffen-Effekt; Berkowitz u. LePage, 1967).

Bandura (1973) ist mehr am Paradigma des instrumentellen Konditionierens orientiert, wobei er dem Lernen durch Beobachten von Vorbildern eine zentrale Rolle zuweist. Eine

Ärgeremotion ist weder eine hinreichende noch notwendige Bedingung. Da für Bandura Ärger lediglich ein nachträglich etikettierter Erregungszustand ist, wird jeder emotionale Erregungszustand, der auf aversiv erlebte Stimulation zurückgeht (z. B. Lärm, Hitze), die Intensität aggressiver Handlungen beeinflussen können, sofern überhaupt ein aggressiver Handlungskurs eingeschlagen wird. Das aber ist, wenn nicht bloß konditionierte Reaktionen ausgelöst werden, von den vorweggenommenen Folgen möglichen Handelns abhängig. Und dazu bedarf es überhaupt keines emotionalen Erregungszustandes, keiner Antriebskomponente. Banduras theoretische Position ist vielgliedrig und an einer anreiztheoretischen Zug-Konzeption des Verhaltens *(pull)* orientiert. Sie ist eine Verbindung lerntheoretischer und kognitivistisch-motivationstheoretischer Traditionen. Verhaltensleitend sind vor allem die Anreize der vorweggenommenen Folgen des Handelns. Unter diesen Folgen spielen z. B. nicht nur fremdverabreichte Bekräftigungen, sondern auch Selbstbekräftigungen, die von persönlich verbindlichen Verhaltensstandards abhängig sind, eine entscheidende Rolle. So kann unter gleichen äußeren Situationsumständen statt Aggression eine ganz andere Handlung gewählt werden, wie Abhängigkeit, Leistung, Rückzug, konstruktive Problemlösung u. a.

Abb. 8.6 veranschaulicht in vereinfachten Schemata die Grundpositionen von Freud, Lorenz, Berkowitz und Bandura. Mittlerweile konvergieren die neueren, lerntheoretisch-basierten Theorieansätze beträchtlich, indem sie die rigoristische Einfachheit und Strenge von S-R-Mechanismen zugunsten kognitiver Prozesse zur Bedeutungsverleihung situativer Informationen (ursprünglich angeregt durch Heider, 1958) großen Raum geben; d. h. der Attribuierung von emotionalen Erregungszuständen, der Interpretation von Handlungsabsichten anderer Personen, der Erklärung eigenen und fremden Handelns durch dispositionelle oder durch situative Faktoren, der Etikettierung des Verhaltens als Aggression (vgl. Dengerink, 1976)

Als einflußreicher Anreger ist neben Berkowitz und Bandura auch Feshbach (1964; 1970; 1974) zu nennen. Er hat, wie wir schon gesehen haben, erheblich zur Klärung des Aggressionsbegriffs beigetragen; des weiteren (1970; 1974) zur Klärung der Entstehungsbe-

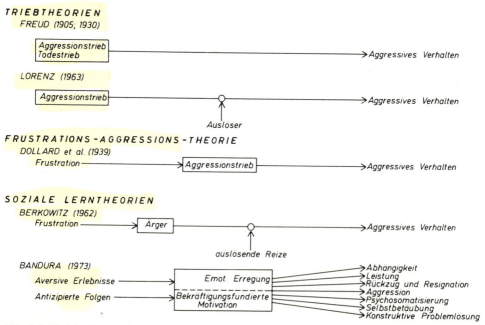

Abb. 8.6. Modellschemata der verschiedenen Aggressionstheorien. Hypothetische Konstrukte sind eingerahmt. (In Anlehnung an Bandura, 1973, S. 54)

dingungen von Aggression und individuellen Unterschieden der Aggressivität, indem er sie in Beziehung zur allgemeinen kognitiven Entwicklung gebracht hat. Feshbach (1974) vertritt eine Sichtweise, die ausgesprochen kognitiv-persönlichkeits- und motivationspsychologischen Konzeptionen – die den in einem späteren Abschnitt noch darzustellenden von Kornadt (1974; in Vorb.) und Olweus (1972) – nahekommt.

Experimentelle Aggressionsforschung

Bevor mit Buss (1961) und Berkowitz (1962) die experimentelle Aggressionsforschung im Labor ihren Aufschwung begann, hatte es in der zweiten Hälfte der fünfziger Jahre intensive Bemühungen gegeben, individuelle Unterschiede der Aggressivität im Sinne aufsuchender und meidender Motivtendenzen zu messen (vgl. Überblick von Feshbach, 1970, S. 180–184), insbesondere mit Hilfe von TAT-Verfahren. Die Ergebnisse der verschiedenen TAT-Inhaltsschlüssel wurden mit Kriterien offenen Aggressionsverhaltens (z. B. aufgrund von Fremdbeurteilung, Straffälligkeit korreliert. Dabei ergab sich ein komplexes Bild, dessen Widersprüchlichkeit erst schwand, wenn man auch Aggressionshemmung gesondert im TAT zu fassen suchte und als Moderator in der Beziehung zu offen aggressivem Verhalten einbezog. Diese Bemühungen brachen Anfang der sechziger Jahre mit dem Aufkommen der experimentellen Laborforschung, die individuelle Unterschiede bis heute vernachlässigt, ab. Erst neuerdings gibt es wieder erste motivdiagnostische Ansätze mittels projektiver Verfahren (Olweus, 1972; Kornadt, 1974).

Die experimentelle Aggressionsforschung begann mit der Antwort auf eine schwierige Frage. Wie kann man im Labor Aggressivität anregen, ihre Bedingungsumstände kontrollieren, die Verhaltenseffekte exakt messen, ohne die Vpn in Mitleidenschaft zu ziehen und ethische Prinzipien zu verletzen? In aller Regel hat man die Vp in eine Situation gebracht, die ihr aufgibt, einer anderen Person, die sich mit Aufgaben beschäftigt, elektrische Schocks zu erteilen. Die andere Person ist in Wirklichkeit ein Verbündeter des Vls und erhält tatsächlich keine Schocks. Natürlich ist ein täuschender Vorwand nötig, um Vpn zu veranlassen, andere Personen zu bestrafen. Hier gibt es drei experimentelle Prozeduren. Die erste war die „Aggressionsmaschine" von Buss (1961). Die Vp hat Fehler, die eine andere Person, welche im gleichen oder einem anderen Raum mit einer Lernaufgabe beschäftigt ist, macht, mit abgestuften Schockintensitäten rückzumelden; dabei wird der Vp nahegelegt, sie könne damit den Lernerfolg des anderen beeinflussen. In der Regel stehen zehn Schockintensitäten zur Wahl (die geringste Intensität soll Erfolg anzeigen). Außer der Intensität des Schocks dienen Anzahl, Dauer und Latenz als weitere abhängige Variablen, die letzteren geben eher impulsiven Tendenzen des Strafenden Ausdruck (Berkowitz, 1974). Eine zweite Prozedur von Berkowitz (1962) ist eine leichte Abwandlung. Hier muß die Vp die Leistung eines anderen (etwa seinen Aufsatz) beurteilen und ihr Urteil durch Erteilung einer bestimmten Schockintensität zum Ausdruck bringen. Es entfällt der Vorwand einer Rückmeldung im Dienste möglicher Leistungsverbesserung, da im Paradigma der Aggressionsmaschine das Erteilen von Schocks paradoxerweise als prosozialer Akt aufgefaßt werden kann und auch wird (vgl. Baron u. Eggleston, 1972). Neuerdings finden sich auch vermehrt Untersuchungen, in denen nicht Stromschläge, sondern Geräuschintensitäten verabreicht werden, die die Schmerzschwelle überschreiten (z. B. Fitz, 1976).

Eine dritte Prozedur – Wetteifer bei einer Reaktionszeit-Aufgabe – stammt von Taylor (1965; 1967). Vpn wetteifern innerhalb von Zweiergruppen. Vor jedem Durchgang legt jede von ihnen fest, welche von fünf Schockintensitäten sie dem anderen erteilen wird, falls er verliert. (Die einzelnen Intensitäten werden vorher individuell festgelegt, die höchste ist das, was man gerade noch freiwillig hinnehmen will.)

Typische Bedingungsvariationen sind vorherige Beleidigung durch die Person, die man zu schocken hat, oder die Erwartung, daß die Rollen noch getauscht werden. Zusätzliche vorherige Beleidigung untermischt die instrumentelle Aggression stärker mit feindseliger Aggression. Die erzeugte Aggressivität ist meistens (nicht unabhängig von der späteren Reaktion der Schock-Erteilung) durch nachträgliche Befragung auf Typus, Grad und Mischungsverhältnis kontrolliert worden. Die Laborsituationen sind recht künstlich. Es ist deshalb fraglich, wieweit die Ergebnisse externale Validität besitzen, d. h. ob die gefundenen Bedingungszusammenhänge auch für alltägliche Situationen Gültigkeit haben. Elektroschocks wählte man, weil Zufügen körperlichen Schmerzes für eine wesentliche Bedingung des Angegriffenwerdens gehalten wurde und weil es der strikt behavioristischen Definition von Aggression von Buss so gut entsprach. Das ist jedoch nicht der Fall. So fand sich nach einem Rollentausch kein Unterschied in der Vergeltungsstärke, ob man vorher von seinem Widersacher tatsächliche Stromschläge erhalten oder nur erfahren hatte, wieviele einem zugedacht waren (Schuck u. Pisor, 1974). Auch die interne Validität der Buss-Maschinen-Ergebnisse ist in Zweifel gezogen worden (etwa von Hilke, 1977; Werbik u. Munzert, 1978).

Es gibt nur wenige Untersuchungen, in denen die Vpn nicht in die künstliche Schockerteilungs-Maschinerie eingespannt, sondern in ein Geschehen verwickelt waren, das nicht von vornherein als instrumentiert erkennbar ist (z. B. Kornadt, 1974). Problematisch ist stets die ethische Seite, selbst wenn man die Vpn nachträglich voll über den Versuch aufklärt. Wie der bereits dargestellte Versuch von Bandura et al. (1975) zeigte, empfinden viele Vpn das, was man ihnen zu tun aufgibt, als moralisch nicht gerechtfertigt.

Situationsbedingte Faktoren des Aggressionsverhaltens

Davon hat die rege Aggressionsforschung der letzten 10 Jahre bereits vielerlei geklärt. Im weiteren soll nacheinander die Rolle der folgenden Faktoren des Motivationsgeschehens anhand einzelner Befundbeispiele verdeutlicht werden: Intention, die dem Angreifer zugeschrieben wird; Erwartung von Zielerreichung und von Vergeltung auf eigene Aggression; aggressionsfördernde Hinweisreize; Befriedigungswert der erzielten Aggressionseffekte; Selbstbewertung (Schuldgefühle); Fremdbewertung.

Intention

Sieht man sich von einem anderen behindert oder angegriffen, so ist zuallererst entscheidend, ob man dem anderen eine aggressive Intention, eine feindselige Absicht zuschreibt oder nicht (vgl. Überblick von Maselli u. Altrocchi, 1969). Allein schon das Wissen, daß ein anderer feindselige Absichten hegt, genügt oft zur Auslösung von Aggression, auch wenn man noch gar nicht angegriffen wurde (Greenwell u. Dengerink, 1973). Wenn andererseits der Gegenspieler eine aggressive Handlung entschuldigend vorankündigt, so entsteht Ärger häufig erst gar nicht, und eine vergeltende Aggression unterbleibt (Zillmann u. Cantor, 1976). In einer ähnlich angelegten, aber erweiterten Studie hat Zumkley (1979 a) nachgewiesen, daß dieser Effekt tatsächlich auf unterschiedlicher Motivationsattribuierung beruht, d. h. man dem anderen harmlose oder feindselige Absichten zuschreibt. War die Attribution einer Schädigungsabsicht aber erst einmal erfolgt und Ärger entstanden, so ließ sich eine Änderung der Attribution nachträglich nur schwer erreichen (was einen sog. Perseveranz-Effekt beim Attribuieren darstellt; vgl. Ross, 1977, S. 204f.).

Ärger, Drang zur Gegenaggression und Wunsch nach Vergeltung können jedoch sofort schwinden, wenn man zu dem Schluß kommt, der Vorfall sei unbeabsichtigt oder ein Versehen gewesen. Mallick u. McCandless (1966) z. B. haben Kinder durch eine verbündete Schein-Vp daran gehindert, Tätigkeiten zu Ende zu führen und die dafür ausgesetzten Belohnungen zu erhalten. Auch nachdem die Kinder Gelegenheit erhalten hatten, den Störenfried zu bestrafen, zeigte sich noch keine Verringerung der Aggressivität. Dagegen schwand Aggressivität sofort, wenn ihnen mitgeteilt wurde, die Behinderung beruhe auf reiner Ungeschicklichkeit des anderen. In einer anderen Studie von Nickel (1974) erhielten die Vpn nach der Buss-Prozedur schwere Schocks, bevor sie ihrerseits Gelegenheit erhielten, den anderen zu bestrafen. Zuvor wurde ihnen jedoch vom Vl mitgeteilt, daß aufgrund eines Fehlers, der ihm unterlaufen sei, die Tasten am Elektrisierapparat falsch angeschlossen gewesen seien, so daß sie statt geringer Schocks sehr starke erhalten hätten. Daraufhin wählten sie niedrigere Schockintensitäten, als sie empfangen hatten.

Erwartung von Zielerreichung eigener Aggression und von Vergeltung auf eigene Aggression

Beim Aggressionshandeln beziehen sich Erwartungen weniger darauf, mit welcher Erfolgswahrscheinlichkeit man ein Opfer treffen und damit das Ziel der Aggressionshandlung erreichen kann, solange dafür direkte Möglichkeiten zur Verfügung stehen, die ohne Schwierigkeit zu realisieren sind. Es gibt jedoch den kaum untersuchten Sonderfall, daß die eigenen Aggressionen den Aggressor nicht unmittelbar treffen, weil es z. B. keine Begegnungsmöglichkeiten gibt oder man diese scheut. Die Aggression kann dann indirekter erfolgen, indem man etwa Eigentum des Aggressors beschädigt oder seinen guten Ruf verletzt. Die Wahrscheinlichkeit, daß solche aggressiven Handlungen den Aggressor tatsächlich treffen, kann ganz unterschiedlich sein und ist als Handlungsergebnis-Folge-Erwartung (Instrumentalität) eine entscheidende Determinante des Handelns. Kann man sich z. B. über den Aggressor nur bei einer vorgesetzten Person beschweren und gibt deren Verhalten zu geringerer Erwartung Anlaß, daß der Vorgesetzte sich die Beschwerde zu eigen macht und weitergibt, so bleibt ein Rest der entstandenen Aggressionstendenz als unerledigt bestehen (Zumkley, 1978; vgl. unten).

Ist eine direkte Aggression möglich, so ist eine andere Erwartung entscheidend, nämlich die Wahrscheinlichkeit, mit der die eigene Aggression durch eine Gegenaggression beantwortet wird (d. h. sich durch den eigenen aggressiven Akt selbst wieder zum Opfer zu machen). Wie wir bereits erörtert haben, werden solche Erwartungsabwägungen vom Vergeltungsprinzip, das nach Ausgleich *(equity)* strebt, getragen. (Zum Ausgleichsprinzip, *equity*, vgl. Adams u. Freedman, 1976; Walster, Berscheid u. Walster, 1973). Zu fragen ist, ob die Vergeltungserwartung das Vergeltungsprinzip außer Kraft setzt. Das scheint im allgemeinen nicht der Fall zu sein. So ließ Baron (1973) Vpn schocken und beleidigen (feindseliger Angriff). Bevor sie ihrerseits den Angreifer bestrafen konnten, eröffnete der Vl je einem Drittel der Vpn, daß danach das Experiment beendet sei (niedrige Vergeltungserwartung), oder daß ein erneuter Rollentausch von der noch verbleibenden Zeit abhänge (mäßige Vergeltungserwartung), oder daß ein Rollentausch noch stattfinden werde (hohe Vergeltungserwartung). Wie Abb. 8.7 zeigt, änderten sich mit unterschiedlichen Vergeltungserwartungen die erteilten Schockintensitäten kaum. Eine Kontrollgruppe, die vorher weder geschockt noch beleidigt worden war, zog dagegen Vergeltungserwartungen in Betracht und wählte bei hoher Wahrscheinlichkeit der Gegenaggression niedrigere Schockintensitäten (bestätigt auch von Baron, 1974 b).

Entscheidend für die Verhaltenswirksamkeit der Vergeltungserwartung ist, ob man bereits angegriffen und zum Opfer gemacht worden ist oder noch nicht. Ist man es bereits, so setzt sich das Vergeltungsprinzip durch, selbst wenn die Erwartung einer Rückvergeltung groß ist. Eine Ausnahme von dieser Regel haben Shortell, Epstein u. Taylor (1970) nur in bedrohlicher Situation gefunden, wenn der Bestrafte über die Möglichkeit eines massiven Vergeltungsschlages (doppelte Intensität des bisher schmerzlichsten Schocks) verfügte. Unter dieser Bedingung wählten Strafende geringere Schockintensitäten, als sie es bei fehlender Möglichkeit eines massiven Vergeltungsschlages zu tun pflegten. Eine Aggressivitätsminderung haben Dengerink u. Levendusky (1972) auch dann beobachtet, wenn

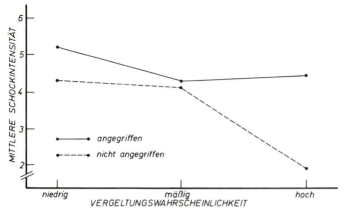

Abb. 8.7. Mittlere Schockintensitäten, die angegriffene (und beleidigte) Vpn und nicht angegriffene Vpn bei unterschiedlicher Vergeltungswahrscheinlichkeit erteilten. (Nach Baron, 1973, S. 109)

beide Opponenten über massive Vergeltungsmöglichkeiten verfügten, ohne sie aber bisher angewandt zu haben; wenn also ein „Gleichgewicht des Schreckens" bestand – eine Situation, die der auf Atomwaffen gestützten Verteidigungsstrategie der Supermächte nicht unähnlich ist.

Betrachtet man die Befunde im Licht des Erwartungs-mal-Wert-Modells, so ergibt sich ein komplexes Bild. Die Wertvariable besteht einmal in den unmittelbaren Folgen des eigenen Handlungsergebnisses (positiver Anreizwert der Vergeltung, des Quittwerdens); hierfür hat eine entsprechende Erwartungsvariable nur bei indirekter Aggression insoweit Bedeutung, als fraglich ist, wieweit die aggressive Handlung den Aggressor auch in der intendierten Stärke trifft (Instrumentalität der eigenen Handlung für die erwünschte Folge). Zum anderen besteht die Wertvariable im negativen Anreizwert der Rückvergeltung (eine durch den Gegenaggressor vermittelte Folge). Der zugehörige Erwartungswert ist die Instrumentalität, ob und wieweit die eigene Vergeltung zu einer Rückvergeltung von seiten des Bestraften führt. Demnach ist nicht die Handlungs-Ergebnis-Erwartung (Wahrscheinlichkeit, daß man selbst den Aggressor adäquat bestraft) die entscheidende Erwartungsvariable, sondern die Instrumentalität des Handlungsergebnisses für eine Folge (der Vergeltung für die Rückvergeltung).

Dieser Sachverhalt scheint überhaupt für alle sozialen Motivationen entscheidend zu sein; insbesondere für Anschlußmotivation (ich bin nett, damit der andere nett zu mir sein kann); bei Macht, Hilfe und Aggression immer dann, wenn das Gegenseitigkeitsprinzip handlungsleitend ist, d. h. Gegenmacht in Rechnung gestellt bzw. Dank und Erkenntlichkeit erhofft bzw. Rückvergeltung befürchtet wird. Modelltheoretisch scheint dieser Sachverhalt bisher noch nicht berücksichtigt und ausgearbeitet zu sein; desgleichen noch nicht die planmäßige Untersuchung, wie Wert- und Erwartungsvariable bei aggressiver Motivation zu gewichten und untereinander zu verknüpfen sind. Wie die zuletzt angeführten Befunde nahelegen, genügt allein schon die *Möglichkeit* massiver Rückvergeltung, um deren negativen Anreiz handlungswirksam zu machen, ohne daß der nähere Grad der Wahrscheinlichkeit (Instrumentalität) daran etwas zu modifizieren scheint.

Aggressionsfördernde Hinweisreize

Kontextvariable beeinflussen die Beurteilung einer Situation. Sie geben Hinweise, welche Bedeutung der Situation zuzuschreiben (zu attribuieren) ist. Als ein Beispiel haben wir bereits den sog. Waffen-Effekt kennengelernt (Berkowitz u. LePage, 1967). Liegt im Versuchsraum eine Waffe, so wird die Aggression nur erhöht, wenn die Vp bereits aggressionsmotiviert ist. Hinweisreize müssen also thematisch dem momentanen Motivationszustand entsprechen, um eine motivationssteigernde Wirkung zu haben. So gesehen ist es auch kein Widerspruch, wenn Waffen selbst bei aggressiver Motivation keinen stimulierenden oder gar einen hemmenden Effekt haben: Sofern jemand Waffen für zu gefährlich hält, können sie die voraussehbar bedrohlichen Folgen der Meidungstendenzen bestärken (vgl. Berkowitz, 1974). Aber von einem solchen Fall abgesehen hat sich der Waffeneffekt nicht immer bestätigen lassen (vgl. zusammenfassend Schmidt u. Schmidt-Mummendey, 1974). Er tritt etwa dann nicht auf, wenn die Vp argwöhnt, die Waffe sei als Aggressions-Stimulans ausgelegt worden (Turner u. Simons, 1974). An einer Studie von Geen u. Stonner (1973) sei der motivationssteigernde Effekt von Hinweisreizen, die thematisch dem Motivationszustand entsprechen, demonstriert. Nachdem Vpn zunächst angegriffen oder nicht angegriffen (elektrisch geschockt) worden waren, sahen sie einen Film über einen Box-Meisterschaftskampf. Der Kampf wurde vom Vl für 3 Gruppen von Vpn unterschiedlich eingeführt. Eine erste Gruppe erhielt den Hinweis, es handele sich um einen Herausforderungskampf für eine frühere Niederlage; die zweite Gruppe, es sei ein Kampf von Berufsboxern um Geld; die dritte Gruppe erhielt keinen Hinweis. Anschließend hatten die Vpn einer anderen (einem Verbündeten des Vl) etwas beizubringen und Fehler mit elektrischen Schocks zu bestrafen. Die Ergebnisse entsprechen dem Postulat des Waffen-Effekts, nach welchem thematische Übereinstimmung zwischen Motivation und Hinweisreiz die Motivation erhöht. Bereits vor dem Film angegriffene Vpn waren aggressiver, wenn sie den Film als rächende Herausforderung als wenn sie ihn als geldmotiviertes Boxen aufgefaßt hatten, obwohl in beiden Fällen der gleiche Film gesehen worden war. Bei den nicht zuvor angegriffenen Vpn war es umgekehrt. Berufsboxen stimulierte ihre Aggressivität mehr als ein Vergeltungskampf.

Im übrigen macht es einen Unterschied, ob reale gewalttätige Szenen, die man nach einer aggressionsstimulierenden Provokation beobachtet, als gerechtfertigt oder ungerechtfertigt hingestellt werden. Im ersteren Falle zahlte man dem Provokateur härter heim, als wenn die gleichen Szenen als nicht gerechtfertigt interpretiert wurden oder nicht reale, sondern gestellte Gewaltszenen zu beobachten waren (Meyer, 1972). Für einen Waffeneffekt spricht auch die Kriminalstatistik:

> Zwischen der Zahl der verfügbaren Schußwaffen und der Häufigkeit von Morden besteht ein enger, wahrscheinlich kausaler Zusammenhang. Dies haben die in den vergangenen zehn bis zwanzig Jahren in den Vereinigten Staaten gemachten Erfahrungen klar bestätigt. Mit steigendem Waffenbesitz – in etwa der Hälfte aller amerikanischen Haushalte gibt es heute eine Waffe – hat die Zahl der Morde im ganzen Land zugenommen. Bereits 1968 sollen 90 Millionen Schußwaffen existiert haben, darunter 24 Millionen Revolver. Im Süden der Vereinigten Staaten, wo bereits in 60 Prozent der Haushalte Waffen zu finden sind, wird auch am häufigsten gemordet. Gegenüber 1960 hat sich die Zahl der Morde in den Vereinigten Staaten im Jahre 1975 mit über 14 000 verdreifacht. Der Anteil der durch Schußwaffen getöteten Menschen ist insgesamt von 55 auf 68 Prozent gestiegen.
>
> ... Der Anteil der Schußwaffen an den Mordfällen ist in Cleveland von 54 auf 81 Prozent gestiegen. Dafür werden jetzt weniger Messer verwendet, deren Anteil an den Mordtaten von 25 auf 8 Prozent gesunken ist.
>
> ... Die Analyse der Mordfälle hat ferner bestätigt, daß die meisten Morde nicht im Zusammenhang mit anderen Gewaltverbrechen begangen werden. In Cleveland ereigneten sich nur 7 Prozent der Morde bei Einbrüchen, Raub, Geiselnahme oder anderen Delikten. Die Mehrzahl der Todesfälle ist nicht das Ergebnis einer kühl kalkulierten, vorsätzlichen Tat. Meist handelt es sich um durch Streitereien im Familien-, Freundes- oder Bekanntenkreis ausgelöste Auseinandersetzungen, also um spontane Gewalt im Kampf um „Recht" und Rache. In solchen Situationen wird, ohne Rücksicht auf die Gefahr für das Leben, die gerade zur Verfügung stehende Waffe verwendet. Früher war dies häufig das Messer, jetzt ist es immer öfter eine leicht zu erreichende Pistole. Da bei der Verwendung von Schußwaffen Todesfälle fünfmal häufiger sind als beim Gebrauch von Messern, ist der Anstieg der Zahl der Morde nicht verwunderlich. (Frankfurter Allgemeine Zeitung, 21. 9. 1977, S. 8.)

Befriedigungswert der erzielten Aggressionseffekte

Die Ergebnisse der gerade angeführten Studie von Geen u. Stonner (1973) können auch aufgrund der unterschiedlichen Befriedigungswerte erklärt werden, die dem Boxfilm unterlegt wurden. Für jemanden, der angegriffen wurde und auf Vergeltung sinnt, bringt das Sehen des Herausforderungskampfes eines Boxers wegen erlittener Niederlage stellvertretendes Erleben mit sich, das die selbst erhofften Anreizwerte spiegelt, anregt, anreichert und deshalb motivationsbestärkend wirkt.

Man kann deshalb fragen, ob Bandura bei der Bedingungserklärung des Lernens am Vorbild (Modell-Lernen, Imitationslernen) nicht den angeführten Motivationssachverhalt als eine entscheidende Voraussetzung übersehen hat. Michaelis (1976, S. 79f.) hat darauf hingewiesen, daß in dem klassischen Experiment von Bandura, Ross u. Ross (1961) zur Imitation der Aggression eines Erwachsenen die Kinder-Vpn höchst spielmotiviert waren und deshalb imitierten. Schon Deutsch (1962) hatte angemerkt, daß schärfer zwischen Fähigkeit und Motivation getrennt werden sollte. Erst neuerdings beginnt man die Rolle der Motivation beim Imitieren zu klären, was auch Fragen der Motivationsattribuierung einschließt; z. B. ob man dem beobachtetem Aggressor eine böse Absicht zuschreibt und wie man sein eigenes Imitationsverhalten beurteilt (Joseph, Kane, Nacci u. Tedeschi, 1977; Zumkley, 1979b).

Den unmittelbarsten Befriedigungswert haben alle Getroffenheitsreaktionen des Opfers, insbesondere die Kundgabe von Schmerz. Liegt bei feindseliger Aggression die Vergeltungsnorm zugrunde, sollte ein abgewogenes Maß von Schmerz maximalen Befriedigungswert haben, die Aggressionsmotivation auf null reduzieren und aggressives Verhalten in vergleichbaren Situationen bekräftigen; während ein Zuwenig an Aggressionswirkung unbefriedigt und restliche Aggressionstendenzen bestehen läßt (vgl. unten, Zumkley, 1978). Ein Zuviel müßte Schuldgefühle und Wiedergutmachungstendenzen auslösen. Die Prüfung dieser Vermutungen setzt die Erfassung von Vergeltungsstandards voraus (ähnlich wie beim Anspruchsniveau), was bislang noch nicht getan worden zu sein scheint. Es gibt eine Reihe von Studien, die die aggressionsmindernde Wirkung von Schmerzäußerungen des Opfers gezeigt haben (vgl. Dengerink, 1976). Aber Baron (1974a) hat bei angegriffenen und verärgerten Vpn auch eine aggressionserhöhende Wirkung festgestellt, wenn zuvor prosoziale, d. h. lernfördernde Effekte des Schockerteilens verneint worden waren, während nicht angegriffene Vpn nach Schmerzäußerungen des Opfers die Schockintensität verminderten. Entscheidend für die aggressionssteigernde Wirkung von Schmerzäußerungen des Opfers ist eine starke Provokation und tiefgreifende Verärgerung des Angegriffenen und (oder) eine bereits habituell hohe Aggressivität, wie etwa bei gewalttätigen Delinquenten. In diesen Fällen sind Schmerzäußerungen des Opfers Anzeichen für erfolgreiches Aggressionshandeln und wirken bekräftigend (Hartmann, 1969). Daß Schmerzäußerungen eines Angreifers sogar einen Bekräftigungswert für das Erlernen einer verbalen Konditionierungsaufgabe haben können, ist von Feshbach, Stiles u. Bitter (1967) nachgewiesen worden (vgl. zusammenfassend Rule u. Nesdale, 1976).

Selbstbewertung

Selbstbewertungsprozesse sind entscheidende Regulative der Aggressivität. Selbstverbindliche Normstandards regulieren die eigene Aggressivität. Sie können Aggression sowohl fördern wie hemmen. Ist durch einen als unverdient erlebten Angriff, durch willkürliche Behinderung oder Demütigung das eigene Selbstwertgefühl (ein Normstandard) verletzt und herabgesetzt worden, so dient Aggression seiner Wiederherstellung mittels des Vergeltungsprinzips (vgl. Feshbach, 1964). Das gleiche Prinzip sowie allgemeine moralische Normen, die man sich zu eigen gemacht hat, lassen bei überschießender Aggression Selbstkritik, Schuldgefühle, Gewissensbisse – kurz negative Selbstbewertungen – erwarten. Wenn in den vorgenannten Studien Schmerzäußerungen des Opfers zur Aggressionsminderung führten, so ist die Wirkung wahrscheinlich durch Selbstbewertungsprozesse vermittelt (etwa bei Buss, 1966). Dazu gibt es bisher erst wenig adäquat angelegte Studien mit schlüssigen Ergebnissen (vgl. Dengerink, 1976; S. 74f.). Ansätze werden wir noch bei der Erörterung individueller Unterschiede der Aggressivität erwähnen.

Normstandards bezüglich dessen, was man an Aggression für erlaubt und für unerlaubt hält, regulieren nicht automatisch das eigene Aggressionshandeln. Damit Selbstbewertungsstandards wirksam werden, muß die Aufmerksamkeit nach innen gerichtet sein. Das ist der Fall, wenn der Zustand der sog. Selbstaufmerksamkeit *(objective self-awareness)* besteht. Selbstaufmerksamkeit wird angeregt, wenn Teile oder Attribute der eigenen Person ins Aufmerksamkeitsfeld geraten, z. B. wenn man sich selbst in einem Spiegel sieht. (Auf Theorie und Ergebnisse dieser von Duval u. Wicklund, 1972, inaugurierten Forschungsrichtung gehen wir im 12. Kapitel näher ein). Ein Beispiel, wie Selbstaufmerksamkeit im Sinne allgemeiner Normen aggressionsdämpfend wirken kann, liefern Ergebnisse von Scheier, Fenigstein u. Buss (1974). Männliche Vpn erhielten Gelegenheit, nach der Buss-Prozedur einem weiblichen Opfer elektrische Stromschläge zu erteilen, wobei die Vpn über der Elektrisiermaschine entweder einen Spiegel, in dem sie sich selbst sehen konnten, oder keinen vorfanden. Unter der Spiegelbedingung wurden weit geringere Stromschläge erteilt – in Übereinstimmung mit der allgemeinen Norm, daß Männer gegen Frauen keine physische Gewalt anwenden sollten.

Selbstaufmerksamkeit macht also Menschen zivilisierter und moralischer, d. h. bringt ihr Handeln mehr in Übereinstimmung mit den allgemeinen und persönlichen Normen, die sie für verbindlich halten. Das ist mehrmals belegt worden. So stimmte die selbstberichtete positive oder negative Einstellung zu körperlicher Bestrafung nur dann mit tatsächlichem Aggressionshandeln (Buss-Prozedur) überein, wenn sich die Vpn dabei in einem Spiegel sehen konnten (Carver, 1975). Enge Zusammenhänge zwischen selbstberichteter eigener Aggressivität und tatsächlicher Aggressivität gibt es auch ohne situative Induzierung von Selbstaufmerksamkeit (Spiegel), wenn man nur jene Vpn heranzieht, die dispositionell zur Selbstbefangenheit *(private self-consciousness)* neigen, wie man mit Hilfe eines eigenen Fragebogens feststellen kann (Scheier, Buss u. Buss, 1978). Mit anderen Worten, individuelle Unterschiede von motivähnlichen Handlungsnormen für Aggressivität, um tatsächliches Aggressionshandeln gegen die unmittelbaren Situationseinflüsse im Sinne eigener überdauernder Normwerte zu regulieren, setzen ein gewisses Maß von Selbstaufmerksamkeit voraus. Was aber geschieht, wenn man sich in einem starken, aggressionsauslösenden Ärgeraffekt befindet? Unter erhöhter Selbstaufmerksamkeit sollte sich dann ja nicht nur das aggressionsdämpfende Normbewußtsein, sondern zugleich auch der aggressionssteigernde Ärgeraffekt in verstärktem Maße aufdrängen. Scheier (1976) ist dieser Frage nachgegangen. In der Buss-Prozedur wurden männliche Vpn von einer männlichen Schein-Vp bis zum Ärger provoziert und erhielten anschließend Gelegenheit, gegenaggressiv zu werden. Sowohl eine situativ induzierte Selbstaufmerksamkeit (Spiegel) wie dispositionelle Selbstbefangenheit führten nach der Ärger-Erregung nicht zu geringerer, sondern zu höherer Vergeltungsaggressivität, während unter einer Nicht-Ärger-Vorbedingung die umgekehrte Tendenz auftrat. Daraus ist zu schließen, daß Ärgeraffekt bei Selbstaufmerksamkeit so sehr das Erleben ausfüllt, daß Normwerte zur Selbstregulation des Handelns verdeckt und unwirksam bleiben.

Fremdbewertung

Sie läßt sich im Experiment leichter als die Selbstbewertung situativ manipulieren. So gibt es eine ganze Reihe von Studien, die Fremdbewertung als eine vorweggenommene Folge eigener Aggression, als einen motivationswirksamen Anreiz aufzeigen. Baron (1974b) hat einen Teil der Vpn vorweg glauben gemacht, daß das Erteilen hoher Schockintensitäten ein Zeichen von „Männlichkeit" und „allgemeiner Reife" sei. Unter diesem Fremdbewertungsaspekt wurde selbst bei Erwartung massiver Gegenschläge aggressiver vorgegangen als in einer Kontrollgruppe. Allein schon die Gegenwart anderer Personen, denen man eine bestimmte Einstellung zur Aggressivität zuschreibt, hat fördernde oder hemmende Effekte. Borden (1975) ließ in der ersten Hälfte des Versuchs einen Beobachter teilnehmen, der entweder der Aggression zugeneigt (Trainer des Universitäts-Karate-Klubs) oder abgeneigt erschien (Mitbegründer der *„Society Against Nuclear Expansion")*. Schaute der „aggressive" Beobachter zu, so waren die Vpn aggressiver, als wenn der „pazifistische" Beobachter zugegen war. Sobald der aggressive Beobachter gegangen war, senkten sie die Schockintensität auf ein Niveau, das in der Gruppe mit pazifistischem Beobachter auch nach dessen Weggang unverändert niedrig geblieben war.

Im übrigen ist in allen Studien die andere „Vp" (der Verbündete des Vl) der eigentlichen Vp unbekannt. Macht man die beiden zuvor eingehender miteinander bekannt, so reduziert das die spätere Aggression (Silverman, 1971). Offensichtlich hat dadurch der Gedanke an die Bewertung des eigenen Aggressionshandelns durch den anderen, mit dem man sich eben noch freundlich unterhalten hatte, vermehrtes Gewicht erhalten. Man darf schließlich auch nicht vergessen, daß all diese künstlichen Elektrisier-Experimente nur zustande kommen können, weil die Vp den Anweisungen des Vls folgt und in seinen Augen eine „verständige" und kooperationsbereite Vp sein möchte. Bis zu welchen Ausmaßen von Aggression sich Vpn durch diesen Gehorsam gegenüber dem Vl treiben lassen, hat die aufsehenerregende Studie von Milgram (1963) demonstriert, und zwar unter Bedingungen, in denen die Schmerzschreie des (vermeintlichen) Opfers immer lauter wurden.

Ärger-Emotion und allgemeiner Erregungszustand

Eine noch umstrittene Frage ist es, ob Ärger eine hinreichende, eine notwendige oder eine bloß aggressionserhöhende Bedingung aggressiven Handelns ist. Berkowitz (1962) hat dem Ärger die entscheidende Vermittlungsposition zwischen Frustration und Aggression zugewiesen; er ist notwendig, aber nicht hinreichend, weil noch auslösende Reize als Richtungsfaktoren hinzukommen müssen, damit feindselige Aggression zum Austrag kommt (vgl. oben Abb. 8.6.). Für Bandura (1973) ist Ärger allenfalls eine Komponente allgemeiner Erregung, die nur dann aggressionsfördernd ist, wenn unter den gegebenen Situationsumständen Aggression die dominante Reaktion ist und wenn die vorweggenommenen Folgen der Aggression insgesamt nicht zu ungünstig sind. Die gegenwärtige Befundlage spricht für eine dritte Position (vgl. Rule u. Nesdale, 1976), die eher Berkowitz als Bandura nahesteht. Emotionale Zustände, die als Ärger empfunden werden, scheinen nicht nur eine antreibende, sondern auch eine richtende Funktion zu haben und Eintreten wie Stärke aggressiver Handlungen zu fördern, die sich gegen die Quelle des Ärgers wenden.

Nach den vorliegenden Ergebnissen ist es keine Frage, daß Ärger, den man als Folge von Frustration und von ungerechtfertigten, feindseligen Akten erlebt, die Aggressionsbereitschaft gegen den Verursacher des Ärgers erhöht. Umstritten sind allerdings noch eine Reihe von Fragen. Kann Ärger durch stellvertretendes Erleben aggressiver Akte anderer verrauchen, so daß ein aggressionsmindernder Effekt eintritt? Auf diese Frage werden wir bei der Erörterung des Katharsis-Problems eingehen. Hier seien zwei andere Fragen erörtert. Erhöht Ärger die Aggression auch dann, wenn negative Folgen der eigenen Aggression vorhersehbar sind? Und können sich emotionale Erregungszustände, die auf andere Quellen als auf Frustration oder Angegriffenwerden zurückgehen, mit einem vorhandenen Ärgeraffekt summieren und diesen somit erhöhen, so daß die erfolgende Aggression stärker ausfällt? Unter welchen Bedingungen kommt es zu einer solchen (Fehl-) Attribuierung des emotionalen Erregungszustandes?

Eine lineare Beziehung zwischen Stärke des Ärgers und Intensität der Aggression wird deshalb nicht durchgängig anzutreffen sein, weil mit stärkerer Aggression auch die vorweggenommenen Folgen mehr zurückschrecken lassen (wenn man von Wut und völlig impulsivem Aggressionsdurchbruch absieht). Besteht etwa die Möglichkeit massiver Vergeltung, wird man sich zügeln (vgl. Shortell et al., 1970). Man kann sich auch fürchten, über das Ziel hinauszuschießen, den anderen zu sehr zu bestrafen, ein schlechtes Gewissen zu bekommen (negative Selbstbewertung) oder von anderen kritisiert zu werden (negative Fremdbewertung). Berkowitz, Lepinski u. Angulo (1969) haben drei unterschiedliche Ärgergrade durch falsche Rückmeldungen über den (vermeintlichen) physiologisch gemessenen Erregungszustand zu induzieren versucht. Zuvor war die Vp von einem Verbündeten des Vl abfällig behandelt worden. Bei der anschließenden Prozedur nach Buss erteilten die Vpn mit mittlerem Ärgergrad stärkere und längere Schocks als Vpn mit schwachem oder starkem Ärgergrad. Die Autoren erklären die unerwartete Nichtlinearität der Beziehung zwischen Ärger und Aggressivität mit der Vermutung, daß der höchste Ärgergrad den Vpn unangemessen hoch erschienen sei und deshalb einen Hemmungsvorgang ausgelöst habe.

Zusätzliche Erregungsquellen

Zur Frage der Wirkung zusätzlicher Erregungsquellen hat sich ein Summierungseffekt erhöhter Aggressivität herausgestellt, sofern die Vp die allgemeine Erregung der Ärgerquelle zuschreibt (zusammenfassend Rule u. Nesdale, 1976). Als zusätzliche Erregungsquellen wurden verwendet: kurzfristige körperliche Anstrengung, erotisch stimulierende Geschichten, Bilder oder Filme, Lärmbelastung, Hitzebelastung, stimulierende Pharmaka. Mindestens vier Bedingungen sind für den Summierungseffekt von Bedeutung.

Zum ersten darf der bestehende Ärgeraffekt nicht zu gering sein. So fanden Zillmann, Katcher u. Milavsky (1972) nur einen Summierungseffekt, wenn nach zweieinhalbminütiger Anstrengung keine zu schwache Provokation erfolgte. Zwischen hoher und niedriger Anstrengung war der Aggressionsunterschied viel größer, wenn die Vpn stärker provoziert worden waren.

Zum zweiten darf die zusätzliche Erregungsquelle nicht zu hohe Aversionsgrade besitzen. Das hat sich bei extremer Hitzebelastung ergeben. In einem Experiment von Baron u. Bell (1975) gaben die angegriffenen Vpn an, es sei ihr Hauptwunsch gewesen, aus der Hitze herauszukommen – eine Verhaltenstendenz, die sich nicht mit der Aggressionstendenz gegen die andere Vp vereinbaren läßt.

Zum dritten scheint die zeitliche Reihenfolge der Erregungsquellen entscheidend zu sein. Das ergab sich zumindest bei erotischer Stimulierung. Wenn die allgemeine Erregung der ärgererregenden Attacke vorausgeht, kommt es zu höherer Aggression; nicht jedoch, wenn sie zwischen Attacke und der Vergeltungsmöglichkeit erfolgt – ein *recency*-Effekt in der Interpretation des eigenen Erregungszustandes (Donnerstein, Donnerstein u. Evans, 1975). Neben der zeitlichen Abfolge scheint auch die Zeitspanne zwischen den Erregungsquellen einerseits und der nachfolgenden Vergeltungsmöglichkeit andererseits von Bedeutung zu sein. Je größer die Zeitspanne, um so weniger sollten noch die eigentlichen Entstehungsbedingungen der nicht-ärgerbezogenen Erregung deutlich sein. Desto eher sollte deshalb diese Erregung auf die Ärgerquelle fehlattribuiert werden. Zillmann, Johnson u. Day (1974) fanden diese Annahme bestätigt. Bei einer zeitlichen Verzögerung der Vergeltungsmöglichkeit traten intensivere Aggressionen auf als ohne Verzögerung.

Zum vierten sind alle situativen Hinweise über die Herkunft des Erregungszustandes von Bedeutung. Nach Schachters Zweifaktorentheorie der Emotion (1964) wird jeder Erregungszustand kognitiv etikettiert. Weiß man z. B. nicht, daß der eigene Erregungszustand auf ein Pharmakon zurückgeht, so macht man momentane Situationsereignisse dafür verantwortlich, was situationsentsprechend zu ganz unterschiedlichen Emotionen führen kann (vgl. Schachter u. Singer, 1962). Am einfachsten ist die Situationsanalyse, wenn der Vl die Hinweise selbst gibt. So bekamen in einer Studie von Geen, Rakosky u. Pigg (1972) die Vpn elektrische Schocks von einem Verbündeten des Vl, während sie eine sexuell erregende Geschichte lasen. Bevor sie Gelegenheit erhielten, sich am Verbündeten zu rächen, machte sie der Vl glauben, ihr emotionaler Zustand rühre von den Schocks oder von der Geschichte oder von einer Droge her. Unter den beiden letzten Bedingungen gaben sie an, weniger verärgert zu sein und erteilten auch weniger intensive Schocks, als wenn für den emotionalen Zustand die elektrischen Schocks verantwortlich gemacht worden waren.

Individuelle Unterschiede und Ansätze einer Motivkonzeption

Mit Beginn der Aggressionsforschung Mitte der fünfziger Jahre gab es vielfältige Versuche, individuelle Unterschiede auf ganz verschiedenen Abstraktionsebenen zu erfassen, von konkret-beobachtbaren aggressiven Handlungsweisen bis zu hochgeneralisierten Persönlichkeitskonstrukten wie Aggressivität und Aggressionshemmung (vgl. Überblick von Feshbach, 1970, S. 180/181). Auf der Suche nach Persönlichkeitskonstrukten wurden vor allem TAT-Verfahren eingesetzt, angeregt von der erfolgreichen Erfassungstechnik für das Leistungsmotiv (McClelland et al., 1953). Diese Bemühungen traten jedoch mit dem Aufkommen der Laborprozeduren des Elektrisierens (Buss, 1961) zu Beginn der sechziger Jahre wieder in den Hintergrund. Die Möglichkeiten zur Manipulation situativer Faktoren favorisierten die Sichtweisen sozialer Lerntheorien und vernachlässigten die Berücksichtigung von Persönlichkeitsunterschieden – zum Nachteil einer motivationspsychologischen und damit einer komplexeren Bedingungserklärung aggressiven Handelns. Individuelle Unterschiede in der Auffassung der Versuchssituation und in der Bereitschaft, sich zu einem offen-aggressiven Verhalten stimulieren zu lassen, gingen in der allgemeinen Fehlervarianz der Befunddaten unter. Das ist um so schwerwiegender, als die typischen Versuchsbedingungen in der Regel labile Mischungen von instrumenteller und feindseliger Aggression anregen. Die nach individuellen Unterschieden unkontrollierte Stichprobenbildung von Vpn ist zu einem guten Teil dafür verantwortlich zu machen, wenn trotz gleicher situativer Bedingungen nicht selten widersprüchlich erscheinende Befunde erhoben wurden und eine eindringendere Bedingungserklärung nicht vorankam.

Diverse Persönlichkeitsmerkmale

Wenn gelegentlich Persönlichkeitsmerkmale, deren Erhebungsverfahren in ganz anderen Zusammenhängen entwickelt worden waren, herangezogen wurden, so erwies sich dies als fruchtbar, wie zunächst an einigen Beispielen gezeigt werden soll. Danach werden Ansätze einer Motivkonzeption dargestellt, wie sie schon in den früheren Versuchen, individuelle Dispositionsunterschiede der Aggressionsbereitschaft im TAT aufzuspüren und mit beobachtbarem Aggressionsverhalten in Beziehung zu bringen, vorbereitet wurden. Eine Motivkonzeption ersetzt die situationsspezifische Bedingungsanalyse nicht durch eine eigenschaftstheoretische, sondern durch eine „auf den dritten Blick" (vgl. Kap. 1), die Interaktionen zwischen Situations- und Personfaktoren aufzuklären sucht.

Ein Verfahren, um Personen nach dem Grad ihrer Aggressivität zu unterscheiden, ist die Skala Vier des MMPI *(Minnesota Multiphasic Personality Inventory)*. Wilkins, Scharff u. Schlotmann (1974) haben nach dieser Skala hoch und niedrig aggressive Vpn ausgelesen und fanden, daß die ersteren schon bei bloß instrumenteller Aggression (und

„prosozialer" dazu, weil erteilter Schock eine bestimmte Lernfähigkeit verbessern soll) zu einer höheren Intensität griffen. Ein nachfolgender Bericht über Gewalttätigkeiten machte die hoch Aggressiven bereits bis zu einem solchen Grade aggressiv, den die niedrig Aggressiven erst erreichten, wenn sie zusätzlich vorher noch beleidigt worden waren.

Auch für überdauernde Aggressionshemmung gibt es eine Reihe von Hinweisen in Form verschiedener Persönlichkeitsmerkmale. Dorsky (1972) teilte seine Vpn nach einem Fragebogen-Maß für „soziale Angst" (Angst vor sozialen Konsequenzen eigenen Tuns). Er verwendete die Taylor-Prozedur: Während der Komplize in dem Wetteifer-Reaktionszeit-Versuch wachsende Schockintensitäten verwendete, reagierten niedrig Ängstliche mit gleichen Intensitäten, hoch Ängstliche dagegen mit geringeren. Konnte allein der Gegenspieler noch über eine besonders hohe Schockintensität verfügen, so waren hoch Ängstliche besonders zurückhaltend. Kehren sich jedoch die Vergeltungsmöglichkeiten um (nur die Vp verfügte über die massive Schockintensität), so gebrauchten die hoch Ängstlichen 4mal häufiger die überhöhte Vergeltungsintensität als die niedrig Ängstlichen. Ähnliches fand Taylor (1967) für „überkontrollierte" Vpn, die in einem Selbstbeurteilungsfragebogen angaben, daß sie Feindseligkeiten eher unterdrücken. Sie vergalten ihrem Opponenten stets mit geringerer Intensität. Das gleiche ist auch für external Kontrollierte (im Unterschied zu internal Kontrollierten nach Rotter) von Dengerink, O'Leary u. Kasner (1975) gezeigt worden.

Die genannten Persönlichkeitsmerkmale zeigen offenbar eher Furcht vor Vergeltung als internalisierte Aggressionshemmung an. Die letztere löst als Selbstbewertungsfolge von eigener Aggressivität Schuldgefühle aus. Für eine internalisierte Aggressionshemmung haben Knott, Lasater u. Shuman (1974) mit Hilfe eines Fragebogens für Schuldgefühle Belege gefunden. Im Vergleich zu Vpn mit geringen Schuldgefühlen waren Vpn mit einer Neigung zu starken Schuldgefühlen weniger gegenaggressiv, sowohl hinsichtlich Intensität wie auch Häufigkeit der erteilten Schocks. Sie ließen sich auch weniger zur Gegenaggression konditionieren.

Die angeführten diagnostischen Instrumente haben einen etwas herbeigeholten Indikatorwert für Aggressionsneigung oder -hemmung. Unmittelbarer sind eigens entwickelte Fragebogenverfahren. Wie der MMPI, aus dem sie teils abgeleitet wurden, waren sie anfänglich bloße „Omnibus"-Verfahren, d. h. ein Konglomerat, das nach verschiedensten Verhaltensweisen und Einstellungen fragt (z. B. eine Skala von Zaks u. Walters, 1959). Das Buss-Durkee-Inventar (Buss u. Durkee, 1957) umfaßt faktorenanalytisch gewonnene Subskalen wie Aggressivität und Feindseligkeit. Aber auch eine faktorenanalytische Differenzierung kann noch keine theoretischen Konstrukte schaffen, die erklärend zwischen der Vielfalt situativer Bedingungen und der Vielfalt von Verhaltensweisen vermitteln können. Sie liefert Zusammenhangsmuster konkreter Arten des Verhaltens, Erlebens und Meinens. Eine theoriegeleitete Konstruktion von Meßverfahren muß den umgekehrten Weg beschreiben: von hochgeneralisierten und zentralen Konstrukten ausgehen, dazu konkrete Situations-Handlungs-Zusammenhänge als theoriekonforme Manifestationen entwerfen und in Item-Form bringen.

Konstrukttheoretische Ansätze

Ein grundlegender konstrukttheoretischer Ansatz, für die oben angeführten, aber auch die früheren Versuche, TAT-Aggression mit offener Aggression in Beziehung zu bringen, ist die Gegenüberstellung von aggressiver und aggressionshemmender Tendenz. Ein Beispiel ist ein neueres Konzept von Olweus (1972), das zwischen habituellen aggressiven und habituellen aggressionshemmenden Tendenzen unterscheidet:

> An individual's *habitual aggressive tendencies* constitute a disposition to appraise certain classes of situations as frustrating, threatening, and/or noxious; an appraisal that gives rise to an activation value above a certain minimal level entails activation of the individual's tendencies to inflict injury or discomfort. And similarly, an individual's *habitual aggressive-inhibitory tendencies* constitute a disposi-

tion to appraise his own aggressive tendencies and/ or responses as dangerous, unpleasant, distressing, or inappropriate; an appraisal that gives rise to an activation value above a certain minimal level entails activation of the individual's tendencies to inhibit, avoid, or deprecate the expression of aggressive tendencies. (S. 283)

Dieses Konzept setzt in einfacher Weise drei aufeinanderfolgende Größen miteinander in Beziehung: den situativen Anregungsgrad, die Stärke der überdauernden Tendenz (Motiv) und die Stärke der momentanen aktivierten Tendenz (Motivation); und das sowohl in aggressionsstimulierender Abfolge wie in aggressionshemmender Abfolge.

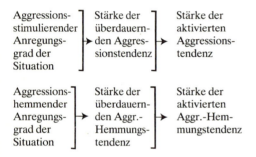

Ein ähnliches Konzept vertritt Kornadt (1974), der ebenfalls zwei Motivkonstrukte zugrunde legt: Aggressionsmotiv vs. Aggressionshemmungsmotiv. Hier beginnt die Abfolge mit einem situativ ausgelösten Ärgeraffekt wegen Behinderung, Bedrohung oder zugefügtem Schmerz. Wird die Situation aufgrund kognitiver Bewertungsprozesse als „wirklich ärgerlich" empfunden, gliedert sich ein aktueller Motivationszustand heraus, der zur Setzung aggressiver Ziele, zur Planung zieldienlicher Handlungen und zur Vorwegnahme möglicher Folgen der Zielerreichung führt. Das Hemmungsmotiv ist dabei maßgebend für das Gewicht, das die Erwartung negativer Folgen (wie Schuldgefühle und Furcht vor Strafe) in den Motivationsprozeß einbringt.

Ehe wir auf die Meßinstrumente, die auf diesen Konzepten basieren, sowie auf die damit gewonnenen Ergebnisse eingehen, sei kurz auf die frühe TAT-Aggressions-For-

schung zurückgegangen, weil sie bereits die Notwendigkeit einer Unterscheidung in eine aufsuchende und eine meidende Motivtendenz erkennen ließ. Die Beziehungen zwischen aggressiven Gehalten in TAT-Geschichten („Phantasie-Aggression") und Aggressivität im offenen Verhalten („offene Aggressivität") ergaben zunächst ein widersprüchliches Bild. Man fand positive, negative und fehlende Beziehungen (vgl. Murstein, 1963, Kap. 11; Molish, 1972; Varble, 1971). Negative Korrelationen entsprechen der verbreiteten und psychoanalytischen Auffassung einer kompensatorischen Umkehrbeziehung: Wegen sozialer Tabuisierung findet im alltäglichen Leben nicht ausgelebte Aggression in der Phantasie ihren ersatzartigen Ausdruck. Andere Erklärungsmöglichkeiten betreffen die Vpn-Stichprobe (überwiegend aggressionsgehemmt) oder die TAT-Bilder (ungefährliche Situationen darstellend) oder den Auswertungsschlüssel (überwiegend Hemmungstendenzen erfaßt), oder auch die besondere Lerngeschichte der Probanden (d. h. wieweit sie bisher für Aggression soziale Unterstützung erfahren haben; Klinger, 1971, S. 320f.). Fehlende Korrelationen lassen vermuten, daß der Auswertungsschlüssel nicht zwischen aufsuchenden und meidenden Gehalten trennt, daß die Vpn-Stichprobe heterogen zusammengesetzt ist, und die Bildsituationen für eigenes aggressives Handeln teils gefährlich, teils ungefährlich erscheinen. Positive Korrelationen mögen entsprechend auf ungefährlich erscheinende Bildsituationen, auf die Auslese einer nicht-aggressionsgehemmten Stichprobe etc. verweisen.

Überlegungen dieser Art machten die verworrene Lage durchsichtiger. So unterschieden Mussen u. Naylor (1954) zwischen „Phantasie-Aggression" (alle berichteten aggressiven Akte der Helden der Geschichten) und „Furcht vor Strafe" (alle Strafen und Schädigungen, die der Held hinnehmen muß). Bei ihren Vpn – 9- bis 15jährige Jungen – korrelierte die Phantasie-Aggression mit Vorfällen tatsächlicher Aggressivität in einer Besserungsanstalt. Da die Vpn aus der sozialen Unterschicht stammten, liegt es nahe, die positive Korrelation mit der schwachen Ausprägung von Aggressionshemmungstendenzen zu erklären, die für diese Sozialschicht charakteristisch ist. Die engste Beziehung ergab sich, wenn man zusätzlich „Furcht vor Strafe" als aggressionshemmende Tendenz berücksichtigte.

Nicht „Furcht vor Strafe", sondern Schuldgefühle waren das beste TAT-Trennkriterium, das in der Untersuchung von Bandura u. Walters (1959) die normale Kontrollgruppe von straffälligen Jugendlichen abhob. Im gleichen Sinne unterschied MacCasland (1962) zwischen TAT-Inhalten, die auf innere oder auf äußere Hemmungen verweisen. Innere, aber nicht äußere, Hemmungsanzeichen scheiden nicht-aggressive von aggressiv gestörten Jungen. Unverblümt aggressive Handlungen in TAT-Geschichten 10- bis 13jähriger Jungen korrelierten in einer Studie von Lesser (1957) dann positiv mit offener Aggressivität gegen Gleichaltrige, wenn ihre Mütter aggressives Verhalten ermuntern ($r = +0{,}41$); negativ dagegen ($r = -0{,}41$), wenn die Mütter Aggressionen ablehnen.

Kagan (1956) stellte für 6- bis 10jährige Jungen eine TAT-Bilderserie zusammen, die mit zunehmender Deutlichkeit Streitsituationen mit Gleichaltrigen nahelegen; und zwar genau jenes, von Lehrern beurteilte Kriteriumsverhalten, mit dem die TAT-Werte in Beziehung gesetzt werden sollten. Unter dieser Spezifikation des TAT-Verfahrens korrelierten wie erwartet Aggressivität in TAT und im Schulleben positiv miteinander; und zwar um so enger, je deutlicher der aggressive Anregungsgehalt des TAT-Bildes war. Schüler, die trotz der Bildanregung keine aggressiven Geschichten entwarfen, waren – so schließt der Autor – sowohl in der Phantasie wie in der Alltagssituation aggressionsgehemmt.

Schon diese wenigen Befunde machen klar, daß (1) der Auswertungsschlüssel zwischen aufsuchenden und meidenden Inhalten trennen sollte, daß (2) der Anregungsgrad des Bildmaterials und seine Übereinstimmung mit dem Kriteriumsverhalten bedacht sein müssen und daß (3) Herkunft und Zusammensetzung der Vpn-Stichprobe den Zusammenhang zwischen offener und Phantasieaggression modifizieren kann.

Motivmessung

Wie entscheidend die Berücksichtigung der angeführten Gesichtspunkte für die Konstruktion von Motiv-Meßverfahren ist, läßt sich am Erfolg neuerer Bemühungen von Olweus und von Kornadt ablesen. Olweus hat einen Fragebogen (1975) und ein projektives Verfahren (1969) entwickelt. Beginnen wir mit dem „Aggressions-Inventar" für Jungen. Es enthält fünf faktorenanalytisch bereinigte Unterskalen: (1) Verbale Aggression (gegen Erwachsene, wenn man sich von diesen ungerecht behandelt oder kritisiert sieht; z. B.: „When an adult is unfair to me, I get angry and protest"), (2) Körperliche Aggression (gegen Gleichaltrige; z. B.: „When a boy teases me, I try to give him a good beating"), (3) Aggressive Impulse (z. B.: „I am often upset that I feel like smashing things"), (4) Aggressionshemmung (z. B.: „I am often angry with myself for having behaved badly" oder „When an adult is annoyed with me, I usually feel that I am at fault"), (5) Positiver Selbstbericht (zur Kontrolle sozialer Erwünschtheit; z. B.: „The boys at school never say nasty things about me").

Bemerkenswert an diesem Fragebogen ist, daß nur solche aggressiven Verhaltensweisen aufgenommen wurden, die häufig auftreten und für eine umschriebene Zielgruppe – nämlich vor allem 12- bis 16jährige Jungen – alterstypisch sind: verbaler Protest gegen Erwachsene und körperlicher Streit mit Gleichaltrigen. Dementsprechend wurde die Voraussagekraft des Inventars an eben diesen Verhaltensweisen überprüft. In zwei Schülerstichproben wurden für jede Schulklasse nach dem Zufall 4 Schüler ausgewählt, die bei jedem ihrer Mitschüler die Stärke seiner Tendenz, eine Schlägerei anzufangen, und seiner Tendenz zur Widerrede und Protest gegen Erwachsene einschätzten. Diese Kriteriumsverhaltensweisen decken sich also mit den ersten beiden Unterskalen. Da sie zudem für diese Altersgruppe nicht ungewöhnlich sind und nicht besonders stark sanktioniert werden, sind engere Korrelationen zwischen den einander entsprechenden Prädiktoren und Kriterien sowie nur ein geringer Prädiktions-

Tabelle 8.7. Korrelationen zwischen verschiedenen Unterskalen des Aggression-Inventars für Jungen von Olweus und Einschätzungen der offenen Aggressivität für zwei Stichproben (A, $N = 98$; B, $N = 86$) 12- bis 16jähriger Jungen. (Nach Olweus, 1975, S. 38)

Unterskalen des Fragebogens	Einschätzungen der offenen Aggressivität					
	1 Fängt Schlägereien an		2 Protestiert verbal		1 und 2	
	A	B	A	B	A	B
I. Verbale Aggression	0,25	0,18	0,51	0,46	0,43	0,36
II. Körperliche Aggression	0,48	0,41	0,39	0,26	0,49	0,37
I + II	0,46	0,37	0,57	0,43	0,58	0,47
III. Aggressive Impulse	0,16	0,02	0,10	0,08	0,15	0,06
I + II + III	0,40	0,28	0,45	0,36	0,48	0,36
IV. Aggressionshemmung	−0,05	−0,12	−0,14	−0,08	–	–

wert der Aggressionshemmung zu erwarten. Genau dies zeigte sich in zwei Stichproben. Wie Tabelle 8.7 zeigt, sind die Korrelationen höher, wenn sich Prädiktor und Kriterium entsprechen; verbale und körperliche Aggressionen können sich aber auch gegenseitig signifikant vorhersagen. Faßt man beides zusammen, so wird ein Koeffizient von 0,58 erreicht, ein für persönlichkeitsdiagnostische Verfahren ungewöhnlich hoher Validitätskoeffizient (der dem Voraussagewert von Intelligenztests für Schulleistungen an die Seite zu stellen ist).

Komplexer, aber durchaus entwirrbar, ist die Situation, wenn Prädiktor und Kriterium sich nicht so vollkommen entsprechen. Das hat Olweus (1969; 1972) anhand eines Prädiktors gezeigt, der sich auf Aggressionen zwischen Jugendlichen und Erwachsenen bezieht, während das Kriterium – wie in der gerade dargestellten Untersuchung – Aggression zwischen Gleichaltrigen (12–14 Jahre) ist. Als Prädiktor wurde kein Fragebogen, sondern ein projektives Verfahren gewählt, weil insbesondere Aggressionshemmungstendenzen durch die Ausgangssituation des Tests (Jugendlicher gegen einen Erwachsenen) angeregt werden und sich in Testreaktionen, die offene und gehemmte Aggression anzeigen, niederschlagen sollten. Das projektive Verfahren besteht aus vier Geschichtenanfängen, in denen jeweils ein männlicher Erwachsener einen Jungen (vom Alter der Vpn) in eine frustrierende und etwas bedrohliche Situation bringt, für die der Junge jedoch teilweise selbst verantwortlich ist. Die Vp hat drei Fragen zu dieser Situation zu beantworten und dann der Geschichte einen Schluß zu geben. Der inhaltsanalytische Auswertungsschlüssel enthält eine Reihe von Unterkategorien, die sich zu zwei Motivrichtungen – Aggressionstendenz und Aggressionshemmungstendenz – zusammenschließen. Der Testsituation, d. h. sowohl den Ausgangsgeschichten wie den Rahmenbedingungen der Testdurchführung, schreibt Olweus den gleichen mittleren Anregungsgrad für Aggressions- wie für Aggressionshemmungstendenz zu, so daß in den meisten Vpn beide Tendenzen zugleich aktiviert werden. Die Beurteiler-Übereinstimmung betrug übrigens $r = 0,90$.

Damit besteht zwischen der Testsituation und der Alltagssituation des Kriteriumsverhaltens (Konflikt zwischen Gleichaltrigen) eine Inkongruenz im Anregungsgrad für beide Motivtendenzen. Denn in der Alltagssituation des Streits zwischen Gleichaltrigen ist der Anregungsgrad zwar auch für die Aggressionstendenz etwa mittelstark, für die Aggressionshemmungstendenz jedoch nur schwach. Daraus folgt, daß Aggressionshemmungstendenzen, soweit sie vorhanden sind, stärker in der Testsituation als in der Alltagssituation zum Ausdruck kommen. Sind die Hemmungstendenzen stark, so müßten im Test gegenüber Erwachsenen – nicht aber im Schulalltag gegenüber Mitschülern – mit steigender Aggressionstendenz weniger häufig aggressive (aufsuchende) Inhalte zum Ausdruck kommen. Diese vermutete Umkehrbeziehung von

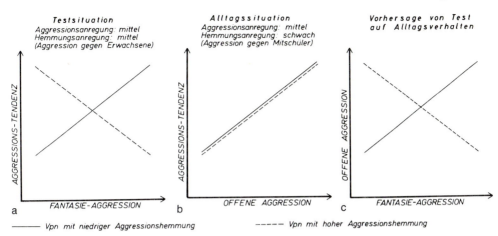

Abb. 8.8 a–c. Annahmen über die Beziehung von **a** Aggressionstendenz und Phantasie-Aggression in der Testsituation, von **b** Aggressionstendenz und offener Aggression und **c** Schlußfolgerung über die Beziehung von Phantasie-Aggression und offener Aggression für eine Schülergruppe mit niedriger Aggressionshemmungstendenz und eine andere mit hoher Aggressionshemmungstendenz. (Nach Olweus, 1972, S. 291 u. 293)

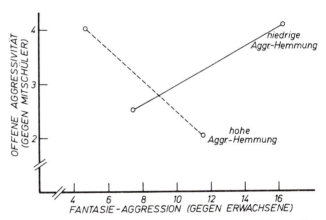

Abb. 8.9. Beziehung zwischen Phantasie-Aggression (gegenüber Erwachsenen) in einem projektiven Test und offener Aggressivität (gegenüber Mitschülern) in zwei Gruppen 12- bis 14jähriger Jungen ($N = 44$) mit niedriger und mit hoher Aggressionshemmungstendenz im projektiven Test. (Nach Olweus, 1972, S. 294; 1969, S. 150)

Phantasie-Ausdruck der Aggression und tatsächlicher Aggressionstendenz bei hoch aggressionsgehemmten Schülern wird im Diagramm a (Testsituation) der Abb. 8.8 verdeutlicht. In der alltäglichen Kriteriumssituation dagegen (Diagramm b) sollten sich aggressionsgehemmte und -ungehemmte Schüler kaum unterscheiden, da Streit mit Gleichaltrigen kaum Hemmungstendenzen aktiviert.

Will man nun von den projektiven Testwerten aus die alltägliche Aggressivität gegenüber Gleichaltrigen vorhersagen, so gilt für die im Test (gegenüber Erwachsenen) hoch Gehemmten die Umkehrbeziehung (Diagramm a), d. h. je geringer die in der Phantasie offen zum Ausdruck kommenden Aggressionsinhalte sind, um so stärker ist die Aggressionstendenz, die unter weniger bedrohlichen Umständen (gegenüber Gleichaltrigen) das tatsächliche Verhalten bestimmt (Diagramm c).

Diese theoretischen Annahmen hat Olweus empirisch voll bestätigen können. Das zeigt Abb. 8.9 für eine Stichprobe von 44 Jungen, die nach dem Median der Hemmungswerte im projektiven Test aufgeteilt worden waren. Prädiktor (Abszisse) ist die aufsuchende Aggressionstendenz gegen Erwachsene im TAT-Verfahren (Summe innerer aggressiver Regungen und aggressiver Verhaltensweisen der Hauptpersonen in den TAT-Geschichten; vgl. Olweus, 1969, S. 49–50).

Als Kriterium (Ordinate) diente wieder Aggressivität gegen Mitschüler, und zwar eingeschätzt durch vier Mitschüler innerhalb jeder Klasse. In der Gruppe mit geringer Hemmungstendenz beträgt die Korrelation zwischen Phantasie-Aggression und offener Aggressivität +0,64; in der Gruppe mit hoher Hemmungstendenz dagegen −0,55.

Das bisher differenzierteste inhaltsanalytische Instrument ist ein TAT-Verfahren von Kornadt (1973; 1974) zur Erfassung von Aggressivität und Aggressions-Hemmung als den beiden Motivtendenzen der Aggression (vgl. auch Kornadt, in Vorb.).

Der Bildersatz besteht aus 8 Bildern, auf denen männliche Personen in Situationen dargestellt sind, die in je zwei Bildern entweder neutralen, niedrigen, mittleren oder hohen aggressionsthematischen Anregungsgehalt besitzen. Die interne Konsistenz für beide Testhälften (aufgeteilt nach gleichabgestuftem Anregungsgehalt) beträgt $r = 0,50$, die Beurteiler-Übereinstimmung für beide Motivtendenzen um 0,90. Die Kennwerte für beide Motivtendenzen korrelieren nicht. Der Auswertungsschlüssel ist analog den Schlüsseln für das Leistungsmotiv konstruiert (vgl. Kap. 6). Er umfaßt die folgenden Inhaltskategorien:

Aggressionsmotiv. (1) Bedürfnis nach Verletzung, (2) Instrumentelle Tätigkeit zur Verletzung, (3) Positiver Gefühlszustand und aggressive Gefühle, (4) Erfolgserwartung, (5) Zielerreichen, (6) Aggressionssymbole und Aggressions-Gegenstände, (7) Abwertende Kritik, Lächerlichmachung, (8) Tabuierte Ausdrücke.

Aggressionshemmungsmotiv. (1) Bedürfnis nach Vermeidung der äußeren Folgen einer Aggression (Strafe oder Bedrohungsangst), (2) Bedürfnis nach Vermeidung der inneren Folgen einer Aggression (Reue, Schuld), (3) Instrumentelle Tätigkeit zur Vermeidung der äußeren Folgen einer Aggression, (4) Instrumentelle Tätigkeit zur Vermeidung der inneren Folgen einer Aggression, (5) Aggressionshemmungs-relevante Gefühle, (6) Strafangst oder Bedrohungsangst, (7) Reue, Schuldgefühle, (8) Erwartung von unangenehmen Folgen einer Aggression, (9) Vereitelung, Nichtgelingen der Aggressionshandlung, (10) Strafsymbole, Strafobjekte, (11) Strafe, (12) Wertende Stellungnahmen des Erzählers, Ablegnungen von aggressiven Handlungen, (13) Plötzlicher Abbruch einer aggressiven Geschichte. (Das Aggressionshemmungsmotiv kann noch aufgeteilt werden in Furcht vor Schuld und Furcht vor Strafe.)

Zur Konstruktvalidierung wurde u. a. die Anregungstechnik verwendet. Tabelle 8.8 enthält die Ergebnisse einer solchen Studie (Kornadt, 1974). Die studentischen Vpn wurden in eine Experimental- und eine Kontrollgruppe aufgeteilt, die aufgrund des Buss-Durkee-Fragebogens hinsichtlich Aggressivität und Hemmung parallelisiert waren. Die Experimentalgruppe hatte, wie erwartet wurde, nach der Frustration sowohl stärkere Aggressivitätswerte wie stärkere Hemmungswerte im TAT als die Kontrollgruppe. Weitere Validierungsbefunde für Kornadts TAT-Verfahren ergeben sich aus Studien zur Katharsis-Hypothese, der wir uns abschließend zuwenden.

Tabelle 8.8. Mittlere TAT-Kennwerte des Aggressionsmotivs und des Aggressionshemmungsmotivs unter neutralen Bedingungen und nach Ärger erregender Frustration. (Nach Kornadt, 1974; S. 571)

	Neutrale Gruppe ($N = 21$)	Frustrationsgruppe ($N = 21$)	p der Differenz
Aggressionsmotiv	2,95	5,76	0,008
Aggressionshemmungsmotiv	1,48	2,90	0,004

Aggression als Handlungsziel: Die Katharsis-Hypothese

Aristoteles schrieb den Tragödien seiner Zeit eine kathartische, d. h. reinigende Wirkung zu. Die auf der Bühne dargestellten Affekte wie Mitleid und Furcht sollen den mitempfindenden Zuschauer von ähnlichen Affekten entbinden und läutern. Freud u. Breuer (1895) haben in ihren Hysterie-Studien das Katharsis-Konzept aufgegriffen. Hysterien sollen auf nicht-verarbeiteten traumatischen Erlebnissen beruhen. Gelingt es, sie in der Hypnose wieder erinnerlich werden und erneut durchleben zu lassen, so tritt eine Abfuhr der „eingeklemmten" Affekte, eine nachträgliche Bewältigung des traumatischen Erlebnisses ein. Dieses energetische Motivationsmodell von Spannungsstau und Spannungsabfuhr wurde später von Psychoanalytikern und von durch sie beeinflußten Pädagogen auf Aggression bezogen und dieser in Therapie und Erziehung Möglichkeiten des Auslebens verschafft. Eine solche Auffassung hat neuerdings Lorenz (1963) populär gemacht, ohne die Fachwelt überzeugen zu können.

Motivationstheroretische Präzisierung der Katharsis-Hypothese

Die Frustrations-Aggressionstheorie der Yale-Gruppe (Dollard et al., 1939) hat demgegenüber eine Katharsis-Hypothese formuliert, die spezifischer und damit überprüfbarer gefaßt ist:

> It has been assumed that the inhibition of any act of aggression is a frustration which increases the instigation to aggression. Conversely, *the occurrence of any act of aggression is assumed to reduce the instigation to aggression.* In psychoanalytic terminology, such a release is called *catharsis*. ... *Presumably this reduction is more or less temporary and the instigation to aggression will build up again if the original frustration persists.* (S. 50) ... The expression of any act of aggression is a catharsis that reduces the instigation to all other acts of aggression. (S. 53)

Aus diesen Aussagen lassen sich einige Forderungen ableiten, die erfüllt sein müssen, wenn man die Katharsis überprüfen will. Da diese Forderungen meistens nicht beachtet wurden, ist es nicht verwunderlich, daß die bisherige Forschung zur Katharsis in großen Teilen widersprüchlich und wenig schlüssig geblieben ist (vgl. Geen u. Quanty, 1977; Quanty, 1976; Zumkley, 1978). Eine erste Forderung besteht darin, daß die Vpn zunächst zur Aggression motiviert werden müssen. Es muß deshalb nachweisbar gemacht werden, daß entsprechende Vorkehrungen des Experiments diese Voraussetzung auch tatsächlich erfüllt haben. Nach der Yale-Gruppe wird diese Bedingung immer nur durch eine Frustration, d. h. durch die Blockierung einer ablaufenden Zielhandlung erreicht. Eine solche Einengung auf Frustration hat sich jedoch als nicht haltbar erwiesen (vgl. Berkowitz, 1969). So aktivieren auch Beleidigungen Ärger, machen feindselig und motivieren zur Aggression. Vpn, die sich nicht frustrieren oder beleidigen lassen, müssen ausgeschieden werden.

Die zweite Forderung betrifft die Aggression. Diese muß eine zielgerichtete Handlung sein, die den Urheber der ärgererregenden Beeinträchtigung treffen soll, selbst wenn dies in abgeschwächter oder indirekter, ersatzartiger Form geschieht. Nur bei Vpn, die auch mit zielgerichteten Aggressionshandlungen reagieren, läßt sich die Katharsis-Hypothese überprüfen. Nach erfolgter Aggressionshandlung muß im übrigen die Aggressionstendenz keineswegs voll abgebaut sein; sie muß nur reduziert sein, wie die Yale-Gruppe sagt. Das Ausmaß der Reduktion wird davon abhängen, wieweit die Vp ihr Aggressionsziel erreicht und wieweit sie die Form der ihr im Experiment möglichen Aggression für angemessen und deren Stärke – nach dem Vergeltungsprinzip – für ausreichend hält.

Eine dritte Forderung besteht in der Unterscheidung zwischen einer Aggressionstendenz *(instigation to aggression)* und Aggressionshandlungen. Aggressionstendenz läßt sich an der Stärke des berichteten Ärgeraffekts und an Indikatoren der physiologischen Aktiviertheit (insbesondere des diastolischen oder systolischen Blutdrucks) ablesen. Um Katharsis nachzuweisen, müssen beide Komponenten reduziert sein; sowohl die Indikatoren des Ärgeraffekts und der physiologischen Aktiviertheit wie auch Auftreten und Stärke aggressiver Handlungen. Schließlich muß als vierte Forderung sichergestellt sein, daß die ursprüngliche Frustration nicht weiter fortbesteht und daß später nicht neue Frustrations- und Ärgerquellen wirksam werden.

In dieser Weise präzisiert, stimmt die Katharsis-Hypothese der Yale-Gruppe voll mit der motivtheoretischen Konzeption von Zielhandlungen überein: Die Motivation zur Erreichung eines Handlungsziels schwindet, wenn dieses erreicht ist. Für diesen allgemeinen Sachverhalt ist Katharsis nur eine spezielle Bezeichnung, die sich auf Aggressionshandlungen bezieht. Darauf hat Kornadt (1974) hingewiesen:

> Like in any other motivated behavior, a deactivation after goal attainment must be postulated for aggression. This goal orientation is the essential characteristic of activated motivation, and, since the investigations of Zeigarnik and Ovsiankina of the Lewin school, the dependency of the activation upon the goal attainment is well known. (S. 571/572)

Nach Kornadts Motivkonzeption der Aggression wird das Motivsystem Aggression aktiviert, wenn man „wirklich ärgerlich" *(really irritated)* ist, sei es wegen frustrierender Handlungsblockierung oder wegen Verletzung eigener Belange (vgl. Kornadt, in Vorb.). Der Ärgeraffekt kann eine angeborene oder gelernte Reaktion auf Frustration oder eine konditionierte Affektaktivierung sein. Das aktivierte Motivsystem beeinflußt die vorweggenommenen Anreize der Folgen möglicher, gegen die Ärgerquelle gerichteter Aggressionshandlungen – insbesondere positive Affekt-Veränderung nach Erreichung des Aggressionsziels, wie auch die negativen in Form von Schuldgefühlen. Natürlich spielt hierbei die Berücksichtigung der situativen Umstände (auch bei der Abschätzung der Wahrscheinlichkeit der Zielerreichung) eine entscheidende Rolle. Nach der Handlungsausführung findet eine erneute Bewertung der entstandenen Lage statt. Bei einer positiven Bewertung und einem entsprechenden Affektwandel wird die Aggressionsmotivation wieder desaktiviert. Auf die Ähnlichkeit dieses Konzepts mit dem von Olweus haben wir bereits hingewiesen.

Mangelnde Schlüssigkeit von Katharsis-Experimenten

Im Lichte der motivationstheoretischen Präsisierung der Katharsis-Hypothese haben die meisten Experimente zu ihrer Überprüfung – entworfen im Rahmen der sozialen Lerntheorie – kaum Beweiskraft für oder gegen die Hypothese. Zwei Versuchspläne haben sich eingebürgert. Nach dem ersten verärgert der Vl durch herabsetzende Äußerungen die Vpn. Danach wird ihnen ein „aggressiver" oder neutraler Film gezeigt und im Anschluß daran erhalten sie Gelegenheit, in einem Fragebogen sich kritisch zum Vl und zum Experiment zu äußern. Der zweite Versuchsplan spannt einen Komplizen des Vl ein und folgt der üblichen Elektrisierprozedur. In einem „Lernexperiment" erhalten die Vpn für „Fehler" Schocks (um besser zu lernen), die, um Ärger zu aktivieren, recht hoch bemessen sind. Daraufhin wird ein aggressiver oder neutraler Film gezeigt, bevor die Vpn ihrerseits dem Komplizen Schocks für Fehler in einem Lernexperiment erteilen können. In beiden Vorgehensweisen wird das Folgende unterstellt: Erstens, daß die Vpn tatsächlich verärgert und aggressionsmotiviert wurden, was bei der instrumentellen Aggression der Schockprozedur durchaus fraglich ist (manchmal wird dies unabhängig kontrolliert, insbesondere durch physiologische Indikatoren); zweitens, daß der eingeschobene aggressive Filmausschnitt Gelegenheit zur Katharsis biete, obwohl er der Vp keine Möglichkeit eröffnet, die eigentliche Quelle ihres Ärgers zu treffen; drittens, daß die anschließend gebotene Aggressionsmöglichkeit schon zu einer kathartischen Wirkung führen müsse, obwohl jetzt erst die Ärgerquelle attackiert und das Aggressionsziel erreicht werden kann; es wäre deshalb folgerichtig und notwendig gewesen, in einer weiteren Phase des Experimentes eine zweite Aggressionsmöglichkeit zu eröffnen, um überhaupt erst die kathartische Wirkung der vorausgegangenen Zielhandlungen erfassen zu können.

Erschwerend für eine klare Bedingungsanalyse kommt hinzu, daß die eingeschobene Filmphase unerwünschte Effekte haben kann.

Sie kann die Vp (erneut) frustrieren, weil sie daran gehindert wird, ihre Aggressionsmotivation in die Tat umzusetzen. Dadurch wird die Aggression eher gesteigert, verglichen mit einer ebenfalls geärgerten Vpn-Gruppe, die nicht mit einem Film aufgehalten wurde. Die Filmphase kann die vorhandene Aggressionsmotivation auch noch weiter stimulieren oder auch dämpfen, je nachdem ob das Filmgeschehen gerechtfertigte oder ungerechtfertigte Aggression (vgl. Berkowitz u. Rawlings, 1963) und begrüßenswerte oder bedrückende Aggressionsfolgen zeigt. So verwundert es nicht, wenn die Befunde widersprüchlich sind, wenn Aggressivität mal verringert, mal erhöht ist. Im letzteren Fall spricht man gern davon, daß im Gegensatz zu einer Katharsis Aggression „gelernt" werde (so etwa Bandura, 1973). Es ist keine Frage, daß zum Erfolg führende Aggressionshandlungen gelernt (d. h. sowohl vervollkommt wie häufiger angewendet) werden; auch nicht, daß immer wiederkehrende Erfahrungen, mit Erfolg aggressiv zu sein, die Stärke des Aggressionsmotivs auf die Dauer erhöhen kann – wie auch bei wiederkehrendem Mißerfolg die Hemmungstendenz stärker wird. Dieser mögliche Langzeit-Effekt darf nicht mit der Katharsis als einem Kurzzeit-Effekt verwechselt werden. Mit anderen Worten: Katharsis ist ein Motivations-Effekt und kein Motiv-Effekt, nämlich die Desaktivierung einer Motivation nach Erreichen des Handlungszieles dieser Motivation.

All dies hat übrigens nichts zu tun mit der triebtheoretischen (und popularisierten) Ansicht, daß ausgelebte Aggressivität zu einer mittelfristigen (oder gar langfristigen) Abschwächung der Aggressionsbereitschaft führe; eine Auffassung, die weder motivations- noch lerntheoretisch plausibel zu machen ist und für die es auch keine empirischen Belege gibt. Das passive Beobachter-Erleben von Aggression und Gewalt in den Massenmedien oder in unmittelbaren Ereignissen hat nach der gegenwärtigen Befundlage ebenfalls keinen kathartischen (wie etwa Lorenz, 1963, annimmt), sondern einen aufreizenden Effekt, der allerdings von einer Reihe zusätzlicher Bedingungen abhängt (vgl. Geen, 1976).

Eine kritische Analyse der Katharsis-Experimente unter motivationstheoretischen Gesichtspunkten hat Zumkley (1978) angestellt. Wie wenig schlüssig solche Experimente bisher in der Regel waren, sei hier nur an einem Beispiel erläutert; und zwar an einer Studie von Feshbach (1955), die als erste eine Phantasietätigkeit auf kathartische Wirkung prüfte und eine solche Wirkung zu bestätigen schien. Die studentischen Vpn wurden einer von drei Bedingungen zugeteilt. Während sich der Vl in einer Bedingung höflich verhielt, äußerte er sich in den beiden anderen abfällig über Fähigkeit, Motivation und Reifestand der Vpn. Eine dieser beiden Gruppen (wie auch die erste Gruppe) hatte unmittelbar darauf Geschichten zu vier aggressionsthematischen TAT-Bildern zu erzählen. Die andere beleidigte Gruppe beschäftigte sich mit einigen (neutralen) Testaufgaben. Im Anschluß an diese verschiedenen Zwischentätigkeiten wurde der Grad der Aggressivität mittels eines Satzergänzungstests und mittels einer Beurteilung des Experiments erhoben. An der Beurteilung war angeblich die Fakultät interessiert, um die Einstellung der Studenten zu Forschungstätigkeiten während der Lehrveranstaltungen zu erfahren. Satzergänzungstest und Beurteilung waren so konstruiert, daß Feindseligkeit sich nicht nur auf den Vl, sondern auch auf die Hochschule und die Forschung schlechthin generalisieren konnte. Die Ergebnisse scheinen für Katharsis zu sprechen. Die beleidigte TAT-Gruppe hatte aggressivere TAT-Inhalte als die nicht beleidigte TAT-Gruppe, dagegen war danach ihre verbleibende Feindseligkeit geringer als in der beleidigten Nicht-TAT-Gruppe. Eine nicht weniger plausible Erklärung kann die Reduktion der zum Ausdruck gebrachten Feindseligkeit statt auf Katharsis auf die nachträgliche Hemmung einer durch den TAT noch angestiegenen Aggressionsaktivierung zurückführen. Denn es ist zunächst einmal zweifelhaft, ob die Vpn überhaupt Möglichkeiten aggressiver Zielhandlungen gegen den Vl sahen. Die TAT-Produktionen konnten die aggressionsblockierte Feindseligkeit noch weiter steigern, und die nachträglich gewährte Aggressionsmöglichkeit mußte deshalb um so bedrohlicher erscheinen, zumal hier der Vl als ein mögliches Aggressionsziel noch in eine Reihe mit Institutionen von hohem Prestige wie Hochschule und Forschung gestellt war.

Die Alternativ-Erklärungen machen ein Problem deutlich, das die Katharsis-Forschung lösen muß: Wie läßt sich entscheiden, ob eine in der Prüfphase verminderte offene Aggressivität auf eine Reduktion der Aggressionsaktivierung (Katharsis) oder auf eine Steigerung der Aggressionshemmungstendenz zurückzuführen ist. Hokanson und seine Mitarbeiter haben diese Frage in vielen Untersuchungen zu lösen versucht, indem sie neben offener Aggression die zugrunde liegende Aggressionsaktivierung anhand der physiologischen Indikatoren von Pulsfrequenz und systolischem Blutdruck zu messen suchten. Die physiologischen Messungen wurden vor und nach der Frustration und nach der Gelegenheit zur Aggression gemacht. Mit der Frustration stiegen Pulsfrequenz und Blutdruckwerte deutlich an und fielen nach der Gegenaggression wieder ab, häufig bis auf das Ausgangsniveau oder das Niveau nicht frustrierter Vpn. Das gilt aber nicht, wenn der Frustrator einen hohen Status hatte, wenn er kein Student, sondern ein Professor war (vgl. Hokanson u. Burgess, 1962). In diesem Falle blieb die Blutdruckerhöhung bestehen, selbst wenn man vorher in einem Fragebogen seiner Aggression Luft machen konnte. Das mittlere Blutdruckniveau war nicht wesentlich verschieden von der ebenfalls frustrierten Gruppe, die keine Gelegenheit zur Vergeltung erhalten hatte.

Man kann daraus Verschiedenes schließen: Entweder ist trotz Aggression gegen den statushohen Frustrator noch keine Desaktivierung der aufsuchenden Aggressionstendenz eingetreten (vielleicht, weil in diesem Falle die gewährte Aggressionsmöglichkeit weniger adäquat erschien als im Falle des studentischen Frustrators); oder es ist ein Konflikt zwischen noch bestehenden aufsuchenden und hinzugekommenen hemmenden Aggressionstendenzen entstanden; oder an die Stelle der aufsuchenden Aggressionstendenzen haben sich Hemmungstendenzen gesetzt, etwa Furcht vor Gegenaggression des Ranghöheren oder Schuldgefühle. Für die zweite und dritte Erklärung spricht die Beobachtung von Hokanson u. Burgess (1962), daß auch nicht frustrierte Vpn, denen Gelegenheit zur Aggression gegen den professoralen Vl gegeben wurde, erhöhten Blutdruck zeigten („as if merely having the opportunity to aggress against a high status object is ‚tension‘ producing", S. 243).

Klärung durch unmittelbare Motivationsmessung

Es kommt also darauf an, den momentanen Prozeßzustand aufsuchender vs. hemmender Aggressionstendenzen näher sondieren zu können, als dies mit Hilfe physiologischer Indikatoren möglich ist. Dazu bietet sich der Aggressions-TAT von Kornadt an. In einer experimentellen Studie hat Kornadt (1974) nachgewiesen, daß nach einer Frustration die Aggressionsmotivation ansteigt und die Aggressionshemmungsmotivation abfällt, wenn keine Gelegenheit zur Vergeltung besteht. Wird diese jedoch eingeräumt, so unterscheiden sich danach die Motivationswerte nicht von denen einer nicht frustrierten Vpn-Gruppe.

An dem Versuch nahmen zwei experimentelle Gruppen und eine Kontrollgruppe von Studenten teil. Beide experimentellen Gruppen wurden vom Vl verärgert; er brach in verletzender Weise ein Versprechen; behielt Geld für sich, das den Vpn versprochen worden war und machte ihnen zudem noch hämisch klar, daß es ihre eigene Dummheit sei, sich hinters Licht haben führen zu lassen. Danach übernahm ein zweiter Vl jede Gruppe und führte den Kornadt-TAT durch. Die erste experimentelle Gruppe begann sofort mit dem TAT, die zweite hatte vorher fünf Minuten Gelegenheit, ihrem Ärger Luft zu machen. Fast alle Vpn benutzten diese Gelegenheit und beklagten sich beim zweiten Vl über dessen Kollegen in heftigen Beschwerden, Beleidigungen und Bedrohungen. Da sie damit rechnen konnten, daß ihre verbalen Aggressionen durch den zweiten Versuchsleiter an den ersten weitergegeben würden und daß dessen Ruf im betreffenden Universitätsinstitut dadurch erheblich beeinträchtigt würde, ist die Annahme berechtigt, daß die Vpn dieser experimentellen Gruppe ihre Aggressionsabsichten im wesentlichen erreicht und damit ihre Aggressionsmotivation befriedigt haben.

Die Befunde der Motivationsmessung unter den verschiedenen Bedingungen entsprachen den motivationstheoretischen Hypothesen. Kontrollgruppe und Frustrationsgruppe mit Katharsis unterschieden sich in der Stärke beider Motivtendenzen nicht. Gegenüber diesen beiden Gruppen hatte die Frustrations-Gruppe ohne Katharsis eine erhöhte Aggressionsmotivation und eine niedrigere Hemmungsmotivation, so daß die Netto-Motivation zur Aggression beträchtlich angewachsen war. Offenbar hatten die Vpn in der Katharsis-Gruppe ihre Aggressionsziele erreicht, so daß eine Desaktivierung der Aggressionsmotivation eingetreten war.

Diese Interpretation wäre jedoch zwingender, hätte man noch weitere Informationen über den Motivationsprozeß von der Vor-Frustrationsphase bis zu einer abschließenden Gelegenheit, die restliche Aggressionsmotivation unmittelbar gegen den Frustrator in die Tat umzusetzen. Das heißt im einzelnen viererlei: (1) Die Motivationslage zu Beginn des Versuchs (Parallelisierung der drei Gruppen), (2) die Motivation und die gesetzten Aggressionsziele nach der Frustration, (3) der Grad der Zielerreichung nach der Katharsis-Phase (bzw. einer gleichlangen Tätigkeitsphase) neben der dann bestehenden Motivation, (4) Vorkommen und Stärke von Aggressionshandlungen, wenn sich dazu eine weitere und unmittelbare Gelegenheit ergibt. Vor allem der letzte Punkt ist in der bisherigen Forschung übersehen worden. Allen diesen Forderungen genügt eine sorgfältige Studie von Zumkley (1978), die sich an die beschriebene Versuchstechnik von Kornadt anlehnt.

Der Versuch fand in Dreiergruppen männlicher Vpn statt, die – parallelisiert u. a. nach den Unterskalen für „Nervosität" und „Aggressivität" des Freiburger-Persönlichkeits-Inventars – den verschiedenen Bedingungen zugeteilt waren ($N = $ je 17). Der Vl stellte sich als Doktorand vor, der Befunde für seine Dissertation erhebt. Der (studentische) Frustrator kam während des Versuchs herein und teilte dem Vl mit, daß „Professor Katz überraschend gekommen sei, nur wenig Zeit habe und ihn dringend sprechen müßte". Er benutzte nach kurzer Erörterung mit dem Vl die Zwischenzeit, um einen kurzen eigenen Versuch durchzuführen. Nach einer kurzen Testaufgabe, in der alle wegen guter Leistung gelobt wurden, kam die kritische Aufgabe (rückwärts zählen von 200 in Dreierschritten), in der eine Belohnung ausgesetzt und die Frustrationsgruppen unterbrochen, ungerechtfertigt kritisiert und in höhnischer Weise um den verdienten Geldbetrag gebracht wurden. Während der Frustrator ging, kam der Vl zurück. Die Katharsis-Bedingung wurde noch in ‚vollkommene Zielerreichung' und ‚teilweise Zielerreichung' aufgeteilt. Im ersteren Falle hörte sich der Vl die Beschwerden der Vpn verständnisvoll an und versprach, der Sache persönlich nachzugehen, den Frustrator zur Rechenschaft zu ziehen und dafür zu sorgen, daß die Vpn das ihnen zustehende Geld erhielten. Im zweiten Falle einer teilweisen Zielerreichung hörte sich der Vl die Beschwerden für eine Minute an, brach dann mit dem Hinweis ab, später noch darauf zurückzukommen und sich um das vorenthaltene Geld zu kümmern. Zum Schluß kam der Frustrator noch einmal in den Versuchsraum, so daß die Vpn noch eine Gelegenheit zur unmittelbaren Konfrontation hatten.

Es gab drei Arten von Indikatoren des Motivationszustandes, die während des Versuchsablaufs wiederholt gemessen wurden: Pulsfrequenz als Aktivierungsindikator; projektive Verfahren: (a) Formdeutungen eines projizierten, unstrukturierten und bewegten Bildmaterials („Rorschach") und (b) TAT; Befindlichkeitsschätzungen („Ärgerthermometer"). Die Messungen wurden den Vpn als eigentliche Teile der Untersuchung vorgestellt und waren somit als natürliche Bestandteile in den Versuchsablauf eingebettet. Die Messung der Pulsfrequenz erfolgte zu Beginn (Basis), nach der Frustration (Aktivierung) und nach der ersten Aggressionsgelegenheit (Desaktivierung) bzw. für die Kontrollgruppe nach neutraler Zwischentätigkeit. Die Motivationsmessung nach TAT wurde ebenfalls zu diesem Zeitpunkt vorgenommen, zusammen mit dem Rorschach-Verfahren, das auch schon zu Beginn durchgeführt wurde (leider läßt sich die TAT-Motivationsmessung nicht wiederholen). Befindlichkeitsschätzungen fanden nach der Frustration sowie nach der ersten und zweiten Aggressionsgelegenheit statt. Spontane Verhaltensaggressionen wurden unmittelbar nach der Frustration und während der zweiten Aggressionsgelegenheit aufgezeichnet.

Die Ergebnisse entsprachen in allen Punkten den motivationstheoretischen Erwartungen. Die wichtigsten Befunde sind in den beiden Abb. 8.10 und 8.11 dargestellt. Die anfänglich bei allen Gruppen gleiche Pulsfrequenz nahm nach Frustration signifikant zu;

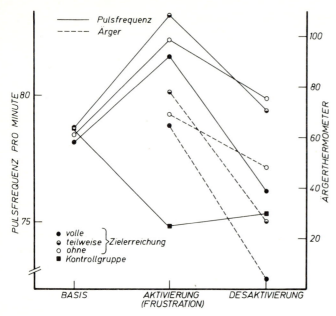

Abb. 8.10. Pulsfrequenzwerte der drei frustrierten Vpn-Gruppen und der Kontrollgruppe vor und nach der Aktivierung und nach verschiedenen Graden der Zielerreichung (Desaktivierung) sowie der Grad des Ärgers in den drei frustrierten Vpn-Gruppen nach Aktivierung und nach verschiedenen Graden der Zielerreichung. (Nach Zumkley, 1978, S. 103)

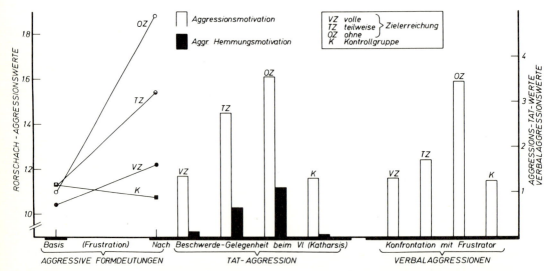

Abb. 8.11. Indikatoren des Motivationsprozesses in der Abfolge des Versuchsverlaufs für die drei frustrierten Vpn-Gruppen und für die Kontrollgruppe: Aggressive Formdeutungen vor der Frustration und nach verschiedenen Erreichungsgraden des Aggressionsziels, TAT-Aggression nach verschiedenen Erreichungsgraden des Aggressionsziels sowie Verbalaggressionen bei einer nachträglichen Konfrontation mit dem Frustrator. (Nach Zumkley, 1978, S. 105 u. 109)

desgleichen der Grad des berichteten Ärgers (die Kontrollgruppe gab keinerlei Ärger an). Entsprechend einer vollen, teilweisen oder fehlenden Zielerreichung bei der ersten Gelegenheit zur Aggressionshandlung sanken sowohl der Erregungsgrad (Pulsfrequenz) wie der erlebte Ärger (vgl. Abb. 8.10) auf das Ausgangsniveau (volle Zielerreichung), auf ein mittleres Niveau (teilweise Zielerreichung) oder nur wenig (ohne Zielerreichung). Die mit Hilfe des Rorschach-ähnlichen Formdeutungsverfahrens und des TAT nach Kornadt gemessene Aggressionsmotivation war nach voller Erreichung des Aggressionsziels nicht erhöht, verglichen mit der Kontrollgruppe bzw. mit der Ausgangsbasis (vgl. Abb. 8.11). Bei teilweiser oder fehlender Zielerreichung kam es dagegen zu signifikanten Erhöhungen der Aggressionsmotivation (Rorschach und TAT) sowie der Aggressionshemmungsmotivation (TAT). Die TAT-Netto-Aggressivität stieg ebenfalls mit abnehmendem Grad der Zielerreichung an, d. h. unter den gegebenen Bedingungen eines Frustrators mit niedrigem Status wurden Hemmungstendenzen nicht dominierend. Das zeigte sich in der nachträglichen Konfrontation mit dem Frustrator. Während es in der Gruppe mit voller Zielerreichung (wie in der Kontrollgruppe) nicht mehr zu direkten Verbalaggressionen und überhaupt nicht zur Erwähnung des Vorfalls kam, nahm besonders ausgeprägt die Gruppe ohne Zielerreichung (schwächer auch die Gruppe mit teilweiser Zielerreichung) die Gelegenheit zu verbalaggressiven Angriffen auf den Frustrator wahr.

Die Ergebnisse sind ein eindrucksvoller Beleg für Kornadts motivationstheoretische Konzeption der Aggressivität. Von anderen intendierte Frustration oder Schädigung eigener Belange löste einen Ärgeraffekt aus, der durch aggressive Zielhandlungen gegen den Urheber der Frustration oder Schädigung wieder reduziert werden konnte. Motivierend wirkte die Erwartung dieses positiven Affektwandels. In dem Maß, wie das Ziel erreicht wurde, trat „Katharsis" ein, d. h. wurde die aktivierte Aggressionsmotivation wieder desaktiviert und verminderte entsprechend weitere offene Aggression gegen den ursprünglichen Urheber des Ärgers.

Die Ergebnisse sprechen gegen die trieb- und instinkttheoretischen Auffassungen von Freud und Lorenz einer diffusen Entladung aggressiver Triebenergie. Denn die ersatzweisen Ausdrucksmöglichkeiten der Aggression im TAT haben bei unvollständiger oder fehlender Erreichung des direkten Aggressionsziels keine reduzierende Wirkung auf die nachträgliche Aggressivität bei der direkten Konfrontation mit dem Frustrator gehabt. Die Ergebnisse lassen sich auch nicht gut mit der sozialen Lerntheorie vereinen (abgesehen davon, daß aufgrund der sozialen Lerntheorie bis heute kein Experiment entworfen worden ist, daß eine solch vollständige Bedingungsklärung der Katharsis-Hypothese hätte erreichen können). Zumindest käme die lerntheoretische Konzeption Banduras bei der Erklärung der Befunde in Schwierigkeiten. Sie müßte einmal die entscheidende Rolle des Ärgeraffekts für aggressive Zielhandlungen anerkennen. Zum anderen könnte sie kaum erklären, warum bei teilweiser Zielerreichung später ein aggressives Handeln wieder aufgenommen wurde. Zumkley hat diese Bedingung eigens eingerichtet, weil sie nach Banduras Auffassung zu weniger Aggression hätte führen müssen. Denn dieser sieht das Auftreten aggressiver oder anderer Reaktionen allein durch den instrumentellen Wert der Reaktion für das Erreichen des jeweils hervorstechenden Ziels bestimmt. Nimmt man an, die Erlangung des vorenthaltenen Geldes sei das hervorstechende Handlungsziel gewesen, so hatten die Vpn auch schon bei teilweiser Zielerreichung hinlänglich Gewißheit, das Geld zu erhalten. Dennoch ist es – entsprechend der motivationstheoretischen Konzeption – nicht zu einer größeren oder gar vollständigen Desaktivierung gekommen.

Eine weitere Studie aus Kornadts Arbeitskreis von Peper (1975; in Vorb.) macht anhand postexperimenteller Erhebung der TAT-Aggression zwei Punkte klar; einmal, daß expansiver Kraftsport nach der Frustration nicht – wie häufig behauptet wird – eine kathartische „Ventilfunktion" besitzt; zum anderen, daß auch die nachträgliche Erreichung eines Leistungsziels, an dessen Erreichung man zuvor durch einen Frustrator gehindert wurde, die entstandene Aggressionsmotivation nicht desaktivierte. Eine Desaktivierung erfolgte nur, wenn das Aggressionsziel erreicht wurde.

Bisher scheint es keine Studien zu geben, in denen individuelle Unterschiede des Aggressionsmotivs (vor allem niedriges vs. hohes Hemmungsmotiv) als unabhängige Variablen in den Versuchsplan aufgenommen worden wären, um zu sehen, ob die Katharsis-Bedingungen, die zur Desaktivierung führen, und die erzielten Desaktivierungsgrade unter sonst gleichen situativen Bedingungen individuell unterschiedlich sind. Es gibt Untersuchungen, die das vermuten lassen. So hat Schill (1972) Studentinnen nach dem Grad ihres Schuldgefühls über Feindseligkeit *(hostility guilt* nach einem Fragebogen von Mosher, 1968) in zwei Gruppen aufgeteilt. Vpn mit niedrigem Schuldgefühl brachten nach einer Frustration (Vl rückte eine versprochene Belohnung nicht heraus) mehr Feindseligkeit zum Ausdruck und hatten eine größere Senkung des diastolischen Blutdrucks als Vpn mit hohem Schuldgefühl. Und unter den Vpn, die besonders aggressiv waren, ging der Blutdruck bei jenen mit hohem Schuldgefühl nicht herunter.

Diese Befunde lassen eine Analyse der individuellen Unterschiede der Aggression als Motivsystem ebenso notwendig wie aufschlußreich erscheinen. Unterschiede im Anreizwert vorweggenommener Schuldgefühle sind sicherlich nicht der einzige Parameter von Belang. Unterschiede in der kognitiven Situationsbewertung – z. B. in der Attribuierung der Frustration, der Intentionalität des Frustrators, des eigenen Ärgerzustands und der erzielten oder nicht erzielten Desaktivierung – kommen hinzu und sind vielleicht zu motivspezifischen Zusammenhangsmustern verknüpft. Vielleicht stehen hier Entdeckungen bevor, wie sie im Bereich des Leistungsmotivs schon gemacht worden sind (vgl. Kap. 9).

Eine noch nicht publizierte Arbeit von Schiffer (1975; vgl. Kornadt in Vorb.) deutet bereits in diese Richtung. Die Autorin stellte zwischen aggressiven und nicht aggressiven 11- bis 12jährigen Schülern (aufgeteilt nach Lehrer-Urteil) Unterschiede in der Bewertung einer experimentellen Frustrationssituation fest. Aggressive ärgerten sich nicht nur dann (wie die Nicht-Aggressiven), wenn die Frustration willkürlich erfolgte, sondern auch, wenn sie unvermeidlich war. Aber obwohl sie verärgert waren, verhielten sie sich nach einer unvermeidlichen Frustration ebenso unaggressiv wie die Nicht-Aggressiven. Bei willkürlicher Frustration wählten sie jedoch im Unterschied zu den Nicht-Aggressiven nicht nur gestattete, sondern auch unerlaubte Formen der Aggression. Im übrigen war ihre Ärgerschwelle niedriger. Aus diesen Befunden ist die Vermutung abzuleiten, daß Personen mit hohem Aggressionsmotiv sich zunächst ärgern und dann erst die auslösende Situation angemessen beurteilen, während weniger aggressionsmotivierte Personen erst die Situation genauer beurteilen, ehe sie sich ärgern. Diese Vermutung steht in Übereinstimmung mit Befunden von Camp (1977) über unzureichende verbale Vermittlungsprozesse in der Handlungssteuerung aggressiver Jungen. Diesen Jungen gingen nicht die erforderlichen sprachlichen Fähigkeiten ab, wohl aber deren selbstregulatorischer Einsatz bei der Impulskontrolle.

Einer attributionstheoretischen Analyse der Determinanten von Verärgerung und Aggressionsstärke werden wir uns noch am Ende des 11. Kapitels zuwenden.

9 Leistungsmotivation: Das Risikowahl-Modell und seine Revisionen

Eine Verhaltenserklärung „auf den dritten Blick" – d. h. als Wechselwirkung zwischen Persönlichkeitsdispositionen und situativen Determinanten – ist bisher in der Leistungsmotivationsforschung am weitesten vorangekommen. Hier findet sich weit häufiger als in der Erforschung anderer Motivationen schon der Versuchsplan-Typ V (vgl. Kap. 1, Abb. 1.3), der Motivausprägung und Situationsvariable getrennt voneinander variiert, sie als unabhängige Variable ins Spiel bringt und so Haupteffekte und Wechselwirkungseffekte im resultierenden Verhalten zu erfassen gestattet. Entscheidend für diese Entwicklung war das Risikowahl-Modell von Atkinson (1957; 1964; *risk-taking model*). Es ist ein Sproß aus der Familie der Erwartungs-mal-Wert-Theorien (vgl. Feather, 1959a). Bei deren Erörterung (Kap. 5) haben wir das Risikowahl-Modell noch ausgespart, weil es als einziges Modell neben der Erwartungsvariablen und der Wertvariablen (Anreiz) noch eine Motivvariable einführte. Jetzt soll es nachgetragen werden.

Das Risikowahl-Modell ist ein Grundmodell, d. h. vereinfacht für den „reinen Fall": Eine Person mit bestimmter Motivausprägung steht vor einer Aufgabe, für die sie eine bestimmte Erfolgswahrscheinlichkeit hat und deren Gelingen oder Mißlingen keine weiteren Folgen als Selbstbewertungen hat (Emotionen und erlebte Kompetenz). Für diesen vereinfachten Grundfall soll das Risikowahl-Modell verschiedene Parameter leistungsmotivierten Verhaltens erklären; zuvörderst individuelle Unterschiede in der Wahl zwischen verschieden schwierigen Aufgaben (Aufgabenwahl und Anspruchsniveau), in der Ausdauer und Zukunftsorientierung von Aufgabentätigkeiten sowie in der Anstrengung und Leistung. Zunächst wird das Grundmodell dargestellt, dann sein Erklärungswert für die einzelnen Parameter leistungsmotivierten Verhaltens anhand ausgewählter Befunde. Dabei werden die Ergänzungen und Modifikationen des Modells eingeführt, die es auf einzelne Parameter besser anwendbar machen, die modellabweichenden Befunden Rechnung tragen oder bisher unberücksichtigte Phänomenenbereiche erschließen.

Risikowahl-Modell

In Kapitel 5 haben wir bereits die Logik der Erwartungs-mal-Wert-Modelle erörtert: Eine Wertvariable – „Nutzen" in der Entscheidungstheorie oder „Valenz" (Va) in Lewins Handlungstheorie – wird multiplikativ mit der zugehörigen Erwartungsvariablen gewichtet, d. h. mit der Eintretenswahrscheinlichkeit des werthaltigen Ereignisses. Handelt es sich um die Wahl zwischen verschiedenen Aufgaben, so gibt es für jede Aufgabe zwei werthaltige Ereignisse oder Valenzen, nämlich Erfolg (Vae) und Mißerfolg (Vam), und für beide die entsprechenden subjektiven Wahrscheinlichkeiten (We und Wm). Für jede einzelne Aufgabe ist somit die resultierende gewichtete Valenz (Var) wie folgt zu formulieren (vgl. Kap. 5, Erfolgserwartung und Valenz):

$$Var = (Vae \times We) + (Vam \times Wm)$$

Diese, in den vierziger Jahren von Lewin, Dembo, Festinger u. Sears (1944) entwickelte Theorie zur Erklärung der Anspruchsniveau-Setzung, hat Atkinson (1957) um die Personvariable „Motiv" erweitert. Genau gesagt, hat er sie nicht erweitert, sondern die Valenzvariable in die beiden Komponenten zerlegt, die schon Lewin (1938) vorgeschlagen hatte: die Bedürfnisspannung der Person (t) und die wahrgenommene „Natur" des Zielobjekts (G):

$$Va (G) = f (t,G).$$

Der Bedürfnisspannung entspricht die Ausprägung des Leistungsmotivs als einer Persönlichkeitsdisposition, also die Stärke des Erfolgsmotivs (Me) und des Mißerfolgsmotivs (Mm) einer Person. Der Natur des Zielobjektes entspricht der Anreiz des Erfolgs bei der gegebenen Aufgabe (Ae) und der Anreiz des Mißerfolgs (Am). Die Valenz der Aufgabe hat also eine Personkomponente (Motivstärke) und eine Situationskomponente (Anreiz der Aufgabe). Anders gesagt, der Anreiz der Aufgabe (bei ihr Erfolg oder Mißerfolg haben) wird von der überdauernden Motivstärke der Person gewichtet (von der Stärke ihres Erfolgsmotivs und Mißerfolgsmotivs):

$$Vae = Me \times Ae \quad Vam = Mm \times Am$$

Fügt man der Erfolgs- und Mißerfolgsvalenz der Aufgabe die zugehörige subjektive Erfolgswahrscheinlichkeit (We) und Mißerfolgswahrscheinlichkeit (Wm) hinzu, so ergibt sich die aufsuchende Erfolgstendenz (Te) und die meidende Mißerfolgstendenz (Tm) für die gegebene Aufgabe:

$$Te = Me \times Ae \times We$$
$$Tm = Mm \times Am \times Wm$$

Die drei Variablenarten sind so angeordnet, daß zunächst die Persönlichkeitsdisposition (M) und dann die situativen Determinanten aufgeführt werden. In der ursprünglichen Darlegung des Modells hat Atkinson (1957) den Anreiz zunächst mit der Erfolgswahrscheinlichkeit gewichtet (We × Ae) und dann diesen gewichteten Anreiz mit der Motivstärke (Me) gewichtet. Entsprechend wird in der üblichen Schreibweise des Modells von den beiden Situationsvariablen zunächst die Erfolgswahrscheinlichkeit und dann der Anreiz aufgeführt. Wir kehren diese Reihenfolge um, damit deutlich wird, daß M und A Komponenten des Lewinschen Valenzbegriffs sind.

Nach der Definition der Valenz müßte eine

subjektiv gleich schwierige Aufgabe für Hochmotivierte einen höheren Anreiz haben als für Niedrigmotivierte. Litwin (1966) hat dies überprüft, indem er in einem Ringwurfspiel die Vpn fragte, welche Geldbeträge (bis zu einem Dollar) als Preis für Treffer von verschiedenen Entfernungen eingesetzt werden sollten. Abb. 9.1 zeigt, daß die Valenzen für Erfolg (Geldbeträge) mit wachsender Aufgabenschwierigkeit (die von einer Parallel-Vpn-Gruppe eingeschätzt waren) ansteigen, und zwar bei Hochmotivierten signifikant steiler als bei Niedrigmotivierten. Der unterschiedliche Steilheitsgrad der Valenzfunktion bestätigt die Abhängigkeit der Valenzen von Motivunterschieden. Die mittlere (ausgezogene) Linie gibt die Anreizfunktion (1-We) wieder, wie sie sich allein aus den mittleren angegebenen Erfolgswahrscheinlichkeiten berechnen läßt (vgl. weiter unten). Diese Anreizfunktion ist signifikant weniger steil, als es die unmittelbaren Anreizschätzungen der Hochmotivierten sind.

Dagegen fanden weder Karabenick (1972) noch Schneider (1973), daß die von der subjektiven Erfolgswahrscheinlichkeit abhängigen Valenzfunktionen für Erfolg und für Mißerfolg von der Motivausprägung moderiert gewesen wären. Als Valenzindikatoren dienten in beiden Studien Einschätzungen von Zufriedenheit nach Erfolg und von Unzufriedenheit nach Mißerfolg. Weder stieg für Erfolgsmotivierte die Erfolgszufriedenheit mit abnehmender Erfolgswahrscheinlichkeit steiler an als für Mißerfolgsmotivierte, noch stieg für die letzteren die Unzufriedenheit über Mißerfolg mit wachsender Erfolgswahrscheinlichkeit steiler an als für die Erfolgsmotivierten.

Genau genommen läßt sich ebenfalls die Erwartungsvariable (W) – wie auch schon die Wertvariable der Valenz – in eine personbezogene und situative Determinante zerlegen: in die eingeschätzte eigene Fähigkeit und die wahrgenommene Schwierigkeit der Aufgabe. Beide Determinanten von We (bzw. Wm) sind schon früh erkannt (Fuchs, 1963, S. 633; Atkinson, 1964, S. 254) aber erst später, und zwar aus der Sicht der Kausalattribuierungstheorie (s. Kap. 11) untersucht worden.

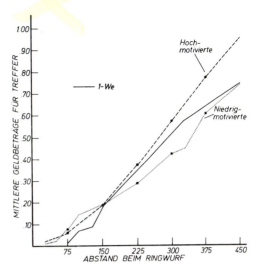

Abb. 9.1. Durchschnittliche Geldbeträge, die Hochmotivierte und Niedrigmotivierte als Preis für erzielte Treffer beim Ringwurf aus verschiedenen Entfernungen aussetzen, im Vergleich zur Anreizfunktion, wie sie sich allein aufgrund der angegebenen Erfolgswahrscheinlichkeiten ergibt. (Nach Litwin, 1966, S. 112)

Die Erfolgstendenz und Mißerfolgstendenz lassen sich als algebraische Summe zur resultierenden Tendenz (Tr) für die gegebene Aufgabe zusammensetzen:

$Tr = Te + Tm$; oder ausführlich:
$Tr = (Me \times Ae \times We) + (Mm \times Am \times Wm)$.

Da die Mißerfolgstendenz wegen des negativen Mißerfolgsanreizes immer negativ ist (oder im Grenzfall null, wenn Mm = 0), betrachtet Atkinson das Mißerfolgsmotiv als eine hemmende Kraft. Für diese rein subtraktive Rolle der Mißerfolgstendenz beim Zustandekommen der resultierenden Tendenz gibt es bis heute keine unmittelbaren Belege. Es ist im Gegenteil denkbar – und gewisse Ergebnisse der Anspruchsniveau-Forschung sprechen dafür (Heckhausen, 1963a) –, daß auch die Mißerfolgstendenz sich positiv im Verhalten auswirkt, etwa um mit höherer Anstrengung den möglichen Mißerfolg zu überwinden. Nach Atkinsons subtraktiver Verknüpfung muß die Erfolgstendenz stärker als die Mißerfolgstendenz sein, damit man sich (bei Abwesenheit anderer Tendenzen, d. h. im „freien Kräftefeld") der Aufgabe zuwendet und sich von ihr angezogen fühlt.

Atkinsons Beitrag zur Fortentwicklung des Erwartungs-mal-Wert-Modells besteht in zwei Punkten. Einmal führte er, wie bereits dargelegt, die Motivvariable als Gewichtungsgröße für den Anreiz der Aufgabe ein. Zum anderen ließ er die Größen von Anreiz und Wahrscheinlichkeit nicht mehr unabhängig voneinander variieren, sondern verknüpfte sie zu einer festen Beziehung, und zwar zu einer invers-linearen. Das entspricht der einfachen, auch empirisch – zumindest grob – bestätigten Erfahrung (z. B. von Feather, 1959b; Karabenick, 1972; Schneider, 1973, S. 160), daß in leistungsthematischen Situationen der Erfolgsanreiz einer Aufgabe (d. h. das vorweggenommene Erfolgsgefühl nach Aufgabenlösung) um so stärker ausfällt, je geringer die subjektive Erfolgswahrscheinlichkeit – d. h. je größer die erlebte Schwierigkeit der Aufgabe – ist. Umgekehrt ist der Mißerfolgsanreiz einer Aufgabe um so stärker, je größer die Erfolgswahrscheinlichkeit – je leichter die Aufgabe – ist. Auf die gesonderte Erfassung des Erfolgs- und Mißerfolgsanreizes kann also (wegen der festgelegten Beziehung) ganz verzichtet werden, sofern nur die subjektive Erfolgswahrscheinlichkeit bekannt ist. Die zugehörige Mißerfolgswahrscheinlichkeit braucht ebenfalls nicht erhoben zu werden, da der Einfachheit halber angenommen wird, daß beide Wahrscheinlichkeiten komplementär sind, d. h. sich zu 1,00 ergänzen (We + Wm = 1,00). Damit lassen sich alle Variablen, die die resultierende Tendenz bestimmen, mit Ausnahme des Erfolgs- und Mißerfolgsmotivs, durch We ausdrücken:

$Wm = 1-We; \quad Ae = 1-We; \quad Am = -We.$

Nun läßt sich die resultierende Tendenz wie folgt schreiben:

$Tr = Me \times (1-We) \times We - Mm \times We \times (1-We)$

oder zusammengefaßt:

$Tr = (Me - Mm) \times (We - We^2).$

Da der Erfolgsanreiz einer Aufgabe und ihre Erfolgswahrscheinlichkeit in invers-linearer Beziehung zueinanderstehen, ergibt ihr Produkt – (1-We) × We – eine quadratische Funktion, deren Nullpunkte bei We = 0 und We = 1 liegen, während ihr Maximum stets bei mittlerer Erfolgswahrscheinlichkeit liegt (We = 0,50), und zwar als positive (aufsuchende) resultierende Tendenz, wenn das Erfolgsmotiv stärker als das Mißerfolgsmotiv ist, und als negative (meidende) resultierende Tendenz, wenn das Mißerfolgsmotiv stärker als das Erfolgsmotiv ist. Abb. 9.2 zeigt die Erfolgs- und Mißerfolgstendenz sowie die resultierende Tendenz (a) für eine Person, deren Erfolgsmotiv doppelt so stark ist wie ihr Mißerfolgsmotiv und (b) für eine Person, deren Mißerfolgsmotiv doppelt so stark ist wie das Erfolgsmotiv. Abb. 9.2c soll deutlich machen, wie mit dem Überwiegen der Stärke eines der beiden Motive (hier des Erfolgsmotivs) die resultierende Tendenz sich stärker profiliert, d. h. daß zwischen den aufeinanderfolgenden Stufen der Erfolgswahrscheinlichkeit auch der Unterschied in der Stärke der Tendenz größer wird.

Überwiegt bei einer Person das Mißerfolgsmotiv, so ist die resultierende Tendenz zwischen den Erfolgswahrscheinlichkeiten 0 und 1,00 stets negativ. Eine solche Person müßte der Bearbeitung jeder Aufgabe aus dem Wege gehen. Da ein völliges Ausweichen vor Leistungsanforderungen aber kaum anzutreffen ist, nimmt Atkinson das Wirken zusätzlicher und nicht-leistungsbezogener Motive, wie etwa das des sozialen Anschlusses (z. B. dem Vl gefällig sein) an. Diese zusätzlichen Motivationen bewegen trotz der resultierenden Meidentendenz die Person, die Aufgabe in Angriff zu nehmen. Die Wirksamkeit zusätzlicher Motive wird als „extrinsische Tendenz" (Tex) bezeichnet und den Variablen der resultierenden Tendenz hinzuaddiert:

$Tr = Te + Tm + Tex$

Zusammenfassend läßt sich das Risikowahl-Modell in sieben Punkten charakterisieren.

1. Es ist für den „reinen Fall" einer einzelnen rein leistungsthematischen Aufgabensi-

tuation entworfen, d. h. wenn keine anderen Motive angeregt sind und wenn das Leistungsergebnis keine weiteren Folgen für den Handelnden hat außer dessen unmittelbarer Selbstbewertungsreaktion auf Erfolg oder Mißerfolg seiner Handlung. Die Hinzunahme extrinsischer Tendenzen weicht bereits vom reinen Fall ab, indem sie eine zusätzliche und nicht leistungsthematische Bedingung spezifizieren, unter der Mißerfolgsmotivierte überhaupt erst gegenüber Aufgabenzielen aufsuchend motiviert sein können.

2. Der Anreiz zum Leistungshandeln – d. h. das motivierende Agens einer resultierenden Erfolgs- oder Mißerfolgsmotivation (resultierenden Tendenz) – besteht ausschließlich in der Vorwegnahme einer affektiven Selbstbewertung nach Erfolg oder Mißerfolg (Atkinson spricht von „Stolz" bzw. „Beschämung"). Außer dieser unmittelbaren Folge bleiben die Anreize weiterer leistungsthematischer Folgen – wie eines übergreifenden Leistungszieles, für welches das jetzt angezielte Aufgabenergebnis eine gewisse Instrumentalität besitzt – außer Betracht. Desgleichen bleiben die Anreize nicht-leistungsthematischer Nebenziele außer Betracht (mit Ausnahme der gelegentlich herangezogenen extrinsischen Tendenzen).

3. Die so eingegrenzten leistungsthematischen Anreizwerte von Erfolg und Mißerfolg bei der anstehenden Aufgabentätigkeit sind ausschließlich von der subjektiven Erfolgswahrscheinlichkeit des Handlungsausgangs abhängig. Deshalb braucht von den situativen Variablen (Erwartung und Wert) auch nur die subjektive Erfolgswahrscheinlichkeit erfaßt zu werden, um den gewichteten Anreiz zu bestimmen (Erwartung mal Wert).

4. Das Risikowahl-Modell gilt nur für Aufgaben derselben Aufgabenklasse, d. h. für Aufgaben, die sich nur nach ihrer objektiven Erfolgswahrscheinlichkeit unterscheiden. Über die Wahl zwischen verschiedenartigen Aufgaben mit gleichen oder verschiedenen subjektiven Erfolgswahrscheinlichkeiten kann es keine Aussagen machen. Denn dazu müßten zusätzliche, an die Art der Aufgaben gebundene Anreize, berücksichtigt werden (z. B. Unterschiede der persönlichen Wichtigkeit).

5. In der Familie der Erwartungs-mal-Wert-Modelle enthält das Risikowahl-Modell als erstes Motive im Sinne überdauernder

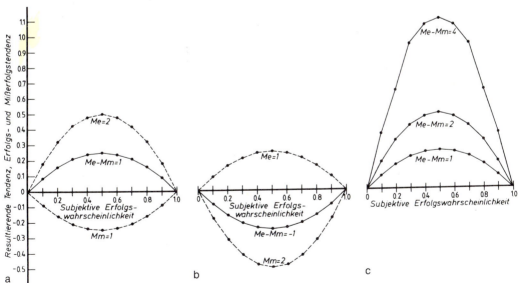

Abb. 9.2a–c. Stärke der resultierenden Tendenz (und – gestrichelt – der Erfolgs- und Mißerfolgstendenz) in Abhängigkeit von der subjektiven Erfolgswahrscheinlichkeit, wenn **a** das Erfolgsmotiv einer Person stärker ist als ihr Mißerfolgsmotiv (Me–Mm = 1), **b** wenn ihr Mißerfolgsmotiv stärker ist als ihr Erfolgsmotiv (Me–Mm = –1) und **c** wenn bei verschiedenen Personen das Erfolgsmotiv in unterschiedlichem Maße stärker ist als das Mißerfolgsmotiv

Persönlichkeitsvariablen. Das Erfolgsmotiv und das Mißerfolgsmotiv der Person gewichten den Anreiz von Erfolg und Mißerfolg in der gegebenen Leistungssituation (oder, was auf dasselbe hinausläuft, den bereits aufgrund der Erfolgswahrscheinlichkeit gewichteten Anreiz von Erfolg und Mißerfolg).

6. Das Mißerfolgsmotiv wird als eine ausschließlich hemmende Kraft betrachtet. Das bedeutet, daß die Mißerfolgsvalenz (Tm = Mm × Am × Wm) stets zum Vermeiden einer Aufgabenwahl, von aufwendiger Anstrengung und von Ausdauer motivieren soll.

7. Die drei Variablen des Modells sind so aufeinander bezogen (Erwartung und Wert) und miteinander verknüpft (Motiv mal Anreiz mal Erwartung), daß mittlere Erfolgswahrscheinlichkeiten (mittelschwere Aufgaben) am stärksten zur leistungsorientierten Tätigkeit motivieren, sofern das Erfolgsmotiv stärker als das Mißerfolgsmotiv ist. Überwiegt dagegen das Mißerfolgsmotiv das Erfolgsmotiv, so motivieren mittelschwere Aufgaben am wenigsten zu leistungsorientierter Tätigkeit, während – sofern der Aufgabentätigkeit nicht überhaupt ausgewichen wird – sehr schwere oder sehr leichte Aufgaben relativ am meisten motivieren.

Wenn wir uns nun empirischen Belegen für den Erklärungswert des Risikowahl-Modells zuwenden, so haben wir zu bedenken, daß das Modell für den reinen Fall gilt und deshalb in seiner Überprüfung Ansprüche an die experimentelle Operationalisierung und Bedingungskontrolle stellt. Das gilt in dreierlei Hinsicht. Neben einer möglichst validen Messung beider Motivtendenzen muß, zweitens, die experimentelle Situation möglichst nur die Anreize von Erfolg und Mißerfolg und keine nicht-leistungsthematischen wachwerden lassen und, drittens, muß es schließlich gelingen, die subjektive Erfolgswahrscheinlichkeit möglichst getreu zu erheben oder zu kontrollieren. In den späteren Abschnitten über Anspruchsniveau und Leistung werden wir uns deshalb in der Hauptsache auf Studien beschränken, in denen die Ansprüche an die experimentelle Überprüfung einigermaßen erfüllt zu sein scheinen.

Subjektive Erfolgswahrscheinlichkeit

Der dritte der aufgeführten Punkte bedarf noch einer eigenen Erörterung; denn unter den drei Variablen des Modells gibt die subjektive Erfolgswahrscheinlichkeit der Aufgabe den größten Ausschlag und ihre Herstellung und Erfassung ist bis heute nicht unproblematisch geblieben (vgl. Schneider, 1971; Moulton, 1974). Atkinson (1957) hat sie ursprünglich als Repräsentation des Erwartungskonstrukts im Sinne einer kognitiven Antizipation eingeführt, und zwar offenbar in der Überzeugung, daß objektive und subjektive Erfolgswahrscheinlichkeiten übereinstimmen. Diese Überzeugung wurde jedoch schon in der ersten, vom Modell geleiteten Untersuchung (Atkinson, 1958) erschüttert. Hochmotivierte waren bei einer objektiven Erfolgswahrscheinlichkeit von weniger als 0,50 maximal motiviert, wie ihre Leistungsergebnisse anzeigen (und wie gleichfalls in vielen Anspruchsniveau-Versuchen deutlich wurde).

Das ist jedoch noch kein Beweis für eine mangelnde Übereinstimmung von objektiver und subjektiver Erfolgswahrscheinlichkeit. Denn Hochmotivierte könnten ja auch – in Abweichung vom Modell – tatsächliche Erfolgswahrscheinlichkeiten von weniger als 0,50 bevorzugen. Das ist in der Tat immer wieder gefunden worden; zum ersten Mal in Untersuchungen von 1955/56 (Heckhausen, 1963a). Werden Aufgaben vom gleichen Schwierigkeitsgrad häufiger nacheinander aufgeführt, so entspricht das Häufigkeitsverhältnis von früheren Erfolgen zu allen bisherigen Versuchen als objektiver Indikator der Erfolgswahrscheinlichkeit ziemlich gut der subjektiven Erfolgswahrscheinlichkeit, die die Vp vor jeder erneuten Ausführung angibt. Wie Jones, Rock, Shaver, Goethals u. Ward (1968) bei einer Sequenz von Problemaufgaben fanden, hat dabei auch die Abfolge von Erfolg und Mißerfolg einen Einfluß. Wurden die Erfolge zunehmend häufiger, so schätzte die Vp ihre weiteren Leistungen höher ein, als wenn anfänglich viele Erfolge zunehmend seltener wurden, obwohl in beiden Fällen die relative Häufigkeit des Erfolgs über die ganze

Sequenz gleich war. Daraus läßt sich plausiblerweise vermuten, daß objektive und subjektive Erfolgswahrscheinlichkeit um so mehr übereinstimmen, je mehr die Vp nach anfänglichen Lernfortschritten ein oberes Leistungsplateau erreicht hat und dieses auch als ein solches ansieht.

Die Frage der Beziehung zwischen objektiver Erfolgswahrscheinlichkeit (berechnet aus der relativen Häufigkeit von Erfolg) und subjektiver Erfolgswahrscheinlichkeit (von den Vpn nach einigen Erfolgs- und Mißerfolgserfahrungen angegeben) hat Schneider (1971; 1973; 1974) systematisch an einer motorischen Geschicklichkeitsaufgabe untersucht, in der die Vpn eine Metallkugel in Toröffnungen von neunfach gestufter Weite zu schlagen hatten. Stets zeigte sich dabei, daß die subjektiven – gegenüber den objektiven – Erfolgswahrscheinlichkeiten überschätzt wurden, mit Ausnahme des untersten (schwierigsten) Skalenbereichs der Erfolgswahrscheinlichkeit. Eine Überschätzung der Erfolgswahrscheinlichkeit mittlerer und leichter Schwierigkeitsstufen hat auch Howell (1972) gefunden, und zwar bei anderen und verschiedenen Leistungsaufgaben. Noch deutlicher wird die Überschätzungstendenz, wenn die Vp für jede Stufe der objektiven Erfolgswahrscheinlichkeiten nur mit „ja" oder „nein" antworten soll, ob sie hier einen Treffer haben wird.

Abb. 9.3a zeigt die mittleren subjektiven Erfolgswahrscheinlichkeiten und die relativen Häufigkeiten der Treffervoraussagen (Ja-Antworten) in Abhängigkeit von den objektiven Erfolgswahrscheinlichkeiten (den relativen Trefferhäufigkeiten). Diese Überschätzungstendenzen sind offenbar charakteristisch für leistungsthematisches Erleben, für eine proaktive Motivation wie Leistungshandeln; so als käme der Wunsch nach Leistungsverbesserung oder die Vorwegnahme künftiger Fortschritte aufgrund von Anstrengung und Übung schon zum Ausdruck. Die Einschätzung leistungsthematischer Erfolgswahrscheinlichkeit hebt sich von den umgekehrt s-förmigen Funktionen ab, die für die Auftretenswahrscheinlichkeiten rein zufallsabhängiger Ereignisse gefunden und – etwas voreilig – als der typische Zusammenhang zwischen objektiven und subjektiven (Erfolgs-)Wahrscheinlichkeiten angesehen wurden (Coombs, Dawes u. Tversky, 1970). Für Zufallsereignisse ist charakteristisch, daß die Wahrscheinlichkeit seltener Ereignisse überschätzt und die Wahrscheinlichkeit häufiger Ereignisse etwa oberhalb 0,20 unterschätzt wird. (Ein solch umgekehrter s-förmiger Zusammen-

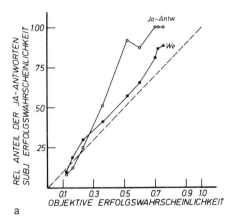 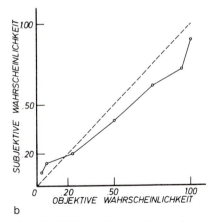

Abb. 9.3a u. b. Schätzfunktionen über das Eintreten von Ereignissen in Abhängigkeit von **a** leistungsbezogenen und von **b** zufallsbezogenen objektiven Eintretenswahrscheinlichkeiten. **a** Mittlere subjektive Erfolgswahrscheinlichkeit (We) und relativer Anteil der Treffervoraussagen (Ja-Antworten) als Funktion der objektiven Erfolgswahrscheinlichkeit in einer Geschicklichkeitsaufgabe (nach Schneider, 1974, S. 162). **b** Subjektive Wahrscheinlichkeit von Gewinn in Glücksspielen mit verschiedenen objektiven Gewinnwahrscheinlichkeiten. (Nach Preston u. Baratta, 1948, S. 148)

hang hat sich für fähigkeitsabhängige Ereignisse wie Erfolg in Geschicklichkeitsspielen nur gezeigt, solange die Vpn noch keine Erfahrungen mit der Aufgabe haben machen können; vgl. Cohen u. Hansel, 1955.)

Abb. 9.3b zeigt einen typischen Befund für zufallsabhängige Ereignisse, nämlich die subjektive Wahrscheinlichkeit von Gewinn in Glücksspielen mit verschiedenen objektiven Gewinnwahrscheinlichkeiten (nach Preston u. Baratta, 1948).

Wie Abb. 9.3a zeigt, ist nach ausreichender Erfahrung mit gestaffelten Schwierigkeitsstufen einer Aufgabe die subjektive Erfolgswahrscheinlichkeit eine monoton ansteigende Funktion der objektiven Erfolgswahrscheinlichkeit, die zwischen dem unteren und oberen Skalenbereich die objektiven Wahrscheinlichkeitswerte nur wenig übersteigt. Insofern könnte man sich für grobe Schätzungen der subjektiven Erfolgswahrscheinlichkeit auf die objektive Ergebnisverteilung der bisherigen Aufgabentätigkeit verlassen (vgl. Litwin, 1966). Zu diesem Zweck variiert man in der Regel ein anschauliches Schwierigkeitsmerkmal der Aufgabe. Im Falle der Aufgabenwahl ist aus einer Menge verschieden schwieriger Aufgaben des gleichen Typs eine Aufgabe zu wählen (etwa verschiedene vormarkierte Weiten der Wurfdistanz, verschiedene Torweiten bei gleicher Schußdistanz oder Testblätter mit zunehmend umfangreicher werdenden Labyrinthen). Im Falle der Zielsetzung (Anspruchsniveau) wird ein und dieselbe Aufgabe wiederholt. Dabei definiert sich das gesetzte Ziel an der benötigten Ausführungszeit oder an der Fehlermenge. Während bei der Aufgabenwahl die relativen Häufigkeiten von Erfolg und Mißerfolg bei jeder Schwierigkeitsstufe Anhaltspunkte für die subjektive Erfolgswahrscheinlichkeit geben, liefert im Falle der Zielsetzung die Zieldiskrepanz vergleichbare Hinweise. Bei einer Zieldiskrepanz von null schwankt das Anspruchsniveau gleichmäßig um das Leistungsniveau, so daß das mittlere Anspruchsniveau in etwa mit einer subjektiven Erfolgswahrscheinlichkeit von 0,50 gleichzusetzen ist (vgl. Heckhausen, 1963a); allerdings bleibt es offen, wie zunehmende positive und negative Zieldiskrepanzen in objektiven oder subjektiven Erfolgswahrscheinlichkeiten zu verankern wären. (Zu entwicklungspsychologischen Unterschieden von Aufgabenwahl und Zielsetzung, vgl. Kap. 13.)

Während die bisher erörterten Vorgehensweisen die Herausbildung der subjektiven Erfolgswahrscheinlichkeiten der Selbsterfahrung den Vpn überlassen, haben einige Autoren dies durch Mitteilung fingierter individueller oder – häufiger – fingierter sozialer Bezugsnormen einfach zu induzieren versucht (so Feather, 1963a; 1966). Vor allem der letztere Fall ist ein zweifelhaftes Vorgehen. Denn abgesehen von der Glaubwürdigkeit der Vl-Mitteilungen, kann die gleiche mitgeteilte Norm einer sozialen Bezugsgruppe zu unterschiedlichen Schlußfolgerungen bei verschiedenen Vpn führen; und zwar je nachdem, wie die einzelne Vp ihren persönlichen Fähigkeits-Rangplatz im Rahmen der Bezugsgruppe einschätzt. Der Mitteilung hoher und niedriger sozialer Bezugsnormen folgen Vpn offenbar nur tendenziell bei der Einschätzung ihrer persönlichen Erfolgswahrscheinlichkeit. Wie Feathers Befunde (1963a; 1966) zeigen, blieben Vpn bei niedrigen Bezugsnormen (bei mitgeteilten hohen Lösungswahrscheinlichkeiten) deutlich zurückhaltender und bei hohen sozialen Bezugsnormen (bei mitgeteilten niedrigen Lösungswahrscheinlichkeiten) deutlich zuversichtlicher. Es zeigte sich außerdem, daß eigener Mißerfolg die Erfolgswahrscheinlichkeit stärker senkt, als eigener Erfolg sie hebt; wie es auch schon aus der Anspruchsniveauforschung bekannt ist.

Determinanten der subjektiven Erfolgswahrscheinlichkeit

Außer auf unmittelbarer Selbsterfahrung oder auf Mitteilung kann die Einschätzung der Erfolgswahrscheinlichkeit auch auf Schlußfolgerungen beruhen; insbesondere dann, wenn die Vp noch keine näheren Erfahrungen mit einer konkreten Aufgabe gesammelt hat. Sie nimmt dann eine Art prospektiver Ursachenanalyse des zu erwartenden Handlungsergebnisses vor, indem sie ihren

Eindruck von der objektiven Schwierigkeit der Aufgabe mit dem Konzept ihrer eigenen Fähigkeit für die Klasse ähnlicher Aufgaben, an denen sie bereits ihre Leistungsfähigkeit erprobt hat, in Beziehung setzt. Wird bei gleicher wahrgenommener Aufgabenschwierigkeit die eigene Fähigkeit hoch eingeschätzt, ist die subjektive Erfolgswahrscheinlichkeit höher, als wenn die eigene Fähigkeit niedrig eingeschätzt wird (vgl. Meyer, 1973a, S. 160f.).

Diese Relation von wahrgenommener objektiver Aufgabenschwierigkeit und dem Konzept eigener Fähigkeit für eine Aufgabenklasse kann noch durch eine dritte Größe modifiziert werden, nämlich den intendierten Anstrengungsgrad; zumindest bei solchen Aufgaben, deren Bearbeitung nicht ausschließlich fähigkeits-, sondern auch – oder nur – anstrengungsabhängig erscheint – (Kukla, 1972a, b; Meyer, 1976). Erfaßt der Vl diese Determinanten, aus denen die Vp logisch schlußfolgernd die Schätzung ihrer Erfolgswahrscheinlichkeit gewinnen müßte, so hat er Anhaltspunkte für individuelle Unterschiede der subjektiven Erfolgswahrscheinlichkeit für eine gegebene Aufgabe. Als einen solchen Anhaltspunkt hat Heckhausen (1975b) die Differenz zwischen der wahrgenommenen objektiven Schwierigkeit der Aufgabe und der eingeschätzten eigenen Fähigkeit für diese Aufgabe herangezogen. Die Determinanten der subjektiven Erfolgswahrscheinlichkeit – Schwierigkeit, Fähigkeit, Anstrengung – und besonders deren Einfluß auf Änderungen der Erfolgswahrscheinlichkeit werden wir im 11. Kapitel noch als Vorgänge der Kausalattribuierung und im 13. Kapitel unter entwicklungspsychologischen Aspekten erörtern.

Eine weitere Frage ist es, ob Motiv und Anreiz die Erfolgswahrscheinlichkeit beeinflussen. Gibt es zunächst – wie beim Anreiz – einen Einfluß von seiten der Motivstärke? Hochmotivierte (nach nAch) und auch Erfolgsmotivierte schätzten anfänglich Erfolgswahrscheinlichkeiten von schweren Aufgaben höher ein als Niedrig- bzw. Mißerfolgsmotivierte (Feather, 1965; Schneider, 1972). Das gilt aber nur, solange sie mit der Aufgabe noch nicht genügend vertraut waren oder widersprüchliche Informationen erhielten. Mit ausreichender Erfahrung und eindeutigen Rückmeldungen verschwanden individuelle Motivunterschiede in der Höhe der Erfolgswahrscheinlichkeit.

Die anfängliche Überschätzung bei den Hochmotivierten hat Atkinson (1957) ursprünglich herangezogen, um modellabweichende Anspruchsniveau-Befunde zu erklären, daß nämlich Hochmotivierte ihre Erfolgswahrscheinlichkeiten überschätzen und deshalb Aufgaben von etwas höherer, statt mittlerer Schwierigkeit bevorzugen. Die Erklärung ist nicht stichhaltig, da Erfolgsmotivierte nach genügender Vertrautheit mit der Aufgabe ihre Erfolgswahrscheinlichkeiten nicht unrealistischer einschätzen als Niedrigmotivierte (vgl. McClelland et al., 1953) und dennoch fortfahren, Erfolgswahrscheinlichkeiten kleiner als 0,50 bei Aufgabenwahl und Zielsetzung zu bevorzugen. Man hat durchaus Zusammenhänge zwischen Motiv und anderen Persönlichkeitsdispositionen gefunden, bei denen es jedoch fraglich ist, ob sie eine Über- oder Unterschätzung der Erfolgswahrscheinlichkeit nahelegen. Wahrscheinlicher ist vielmehr, daß mit diesen Persönlichkeitsdispositionen auch das Konzept der eigenen Fähigkeit kovariiert. So fand Feather (1966), daß Erfolgsmotivierte häufiger nach Erfolg, und Mißerfolgsmotivierte häufiger nach Mißerfolg ihr Anspruchsniveau in typischer Weise veränderten (d. h. aufwärts nach Erfolg und abwärts nach Mißerfolg). Darin scheinen generalisierte Erwartungen beider Motivgruppen ihren Ausdruck zu finden. In gleichem Sinne lassen sich Zusammenhänge mit Testwerten für Ängstlichkeit interpretieren. Feather (1963a) berichtet über eine positive Korrelation zwischen mitgeteilter Erfolgswahrscheinlichkeit und „förderlicher Ängstlichkeit" sowie eine negative mit „beeinträchtigender Ängstlichkeit" (nach dem Fragebogen von Alpert u. Haber, 1960). Desgleichen fand auch Phares (1968) negative Korrelationen zwischen Prüfungsängstlichkeit und mitgeteilten Erfolgswahrscheinlichkeiten.

Kaum weniger eindeutig sind die Zusammenhänge mit einem weiteren Persönlichkeitskonstrukt, der „internalen vs. externalen Kontrolle" nach Rotter (1966). Internal kontrollierte Personen sollten sich nach Rotter mehr als external kontrollierte für ihre Handlungsergebnisse verantwortlich fühlen und deshalb ihre Erwartungen nach Erfolg und Mißerfolg auch stärker revidieren. Rotter (1966) berichtet über Studien, die dies bestätigen. Eine weitere Bestätigung ist ein Befund Feathers (1968), nach welchem zwar nicht das Ausmaß der Revision, wohl aber die Anzahl typischer handlungsergebnisabhängiger Veränderungen der Erfolgswahrscheinlichkeit (sowohl nach Erfolg wie Mißerfolg) mit internaler Kontrolle kovariiert. Eine genauere Analyse der Determinanten der Erfolgswahrscheinlichkeits-Veränderungen hat erst die von Weiner für die Leistungsmotivation spezifizierte Kausalattribuierungstheorie eröffnet (Weiner et al., 1971; vgl. Kap. 11). Denn diese unterscheidet nicht nur wie Rotter zwischen internalen und externalen Faktoren, sondern untergliedert noch nach stabilen und variablen Faktoren. Wie wir sehen werden, ist es weniger die Dimension internal vs. external als die Dimension stabil vs. variabel, die Änderungen der Erfolgswahrscheinlichkeit bewirkt, und zwar die erlebte Abhängigkeit des Erfolgs und Mißerfolgs von Anstrengung (internal und variabel) und von Zufall (external und variabel).

Schließlich bleibt zu fragen, ob die subjektive Erfolgswahrscheinlichkeit nicht nur von Motiven oder motivähnlichen Persönlichkeitsvariablen, sondern auch vom leistungsthematischen Anreiz der Situation beeinflußt wird. Dazu scheinen bisher keine Befunde vorzuliegen. Dagegen ist seit Marks (1951) und Irwin (1953) wiederholt nachgewiesen worden, daß die Ja-Antwort über das Eintreten eines nicht-leistungsabhängigen Ereignisses mit wachsendem Anreiz auch häufiger abgegeben wird. Wenn in Irwins Versuch (Abb. 9.4) das Ziehen einer markierten Karte aus dem Stoß von Spielkarten kein neutrales, sondern ein positiv bewertetes (Punktgewinn) oder ein negativ bewertetes Ereignis (Punktverlust) ist, so steigen die Ordinatenwerte der s-förmigen Funktion etwas, aber signifikant an bzw. ab. Irwin (1953) bot einen Stoß von

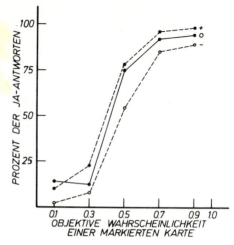

Abb. 9.4. Prozenthäufigkeit der „Ja"-Antworten, eine markierte Karte aus einem Stoß von zehn Spielkarten zu ziehen, wenn dieses Ereignis neutral (o), positiv (+) oder negativ (−) bewertet wird. (Nach Irwin, 1953, S. 31)

zehn Spielkarten an, in dem entweder 1, 3, 5, 7 oder 9 Karten markiert waren, und ließ die Vp vorhersagen, ob sie eine markierte Karte ziehen werde. Das Vorhersagen eines solchen Alternativereignisses ergibt eine s-förmige Beziehung zur objektiven Wahrscheinlichkeit (im Unterschied zur Einschätzung des kontinuierlichen Attributs der Eintretenswahrscheinlichkeit, wofür eine umgekehrte s-förmige Beziehung charakteristisch ist; vgl. Abb. 9.3b). Offensichtlich kommt darin eine Tendenz zum Ausdruck, die Vorhersage von Alternativereignissen zu verbessern. Denn das gelingt besser, wenn man bei einer objektiven Wahrscheinlichkeit von über 0,50 häufiger „ja", und bei einer unter 0,50 häufiger „nein" sagt.

Schneiders Analysen der subjektiven Unsicherheit

Bis heute ist es fraglich, wieweit die von der Vp geäußerten Erfolgswahrscheinlichkeiten tatsächlich die im Sinne des Risikowahl-Modells verhaltensbestimmenden Größen für We sind. Zweifel haben in dieser Hinsicht vor allem Atkinson u. Feather (1966, Kap. 20) geäußert. Schneider (1971, 1972, 1973) hat die Wahrscheinlichkeitsschätzung auf zwei verschiedene Urteilsbasen gestellt, einmal für den nächsten (einzelnen) Versuch und zum anderen für die nächsten zehn Versuche.

Nur bei geringer Erfahrung mit der Aufgabe (Zahlen-Symbol-Substitution) zeigten Erfolgsmotivierte bei den niedrigen objektiven Erfolgschancen deutliche Unterschiede zwischen beiden Schätzungen. Gaben sie ihre Schätzungen bezogen auf einen nachfolgenden Durchgang ab, so stuften sie ihre Erfolgschance bis zu 30% höher ein als bei einer Schätzung, die sich auf mehrere nachfolgende Versuche bezog. Nur bei der ersten Schätzung wiesen sie auch in der schweren Bedingung, verglichen mit Mißerfolgsmotivierten, eine deutliche Überschätzung ihrer Chancen auf. Der Grund für die unterschiedliche motivationale Beeinflussung dieser beiden Arten der subjektiven Wahrscheinlichkeit dürfte darin zu suchen sein, daß nur die letzte Art eindeutig ist und sich empirisch durch nachfolgende Versuche (x Richtige unter n Versuchen) überprüfen läßt.

Wurden beide Formen der subjektiven Erfolgswahrscheinlichkeit nach längerer Erfahrung mit einer Aufgabe (hier allerdings ein Geschicklichkeitsspiel) erfragt, so wichen sie auch bei Erfolgsmotivierten nur noch geringfügig voneinander ab. Allenfalls lagen nach längerer Erfahrung mit der Aufgabe die Werte der subjektiven Erfolgswahrscheinlichkeit der ersten Art (allernächster Versuch) in der oberen Hälfte der Skala (eher leichte Aufgaben) ein wenig über den subjektiven Erfolgswahrscheinlichkeiten der zweiten Art (die nächsten 10 Versuche). In der unteren Skalenhälfte ist es umgekehrt (Schneider, 1973).

Die Tatsache, daß objektive und subjektive Wahrscheinlichkeiten so wenig voneinander abweichen (vgl. Abb. 9.3a), läßt vermuten, daß Personen in Experimentalsituationen, die objektive Wahrscheinlichkeiten erschließen lassen, sich eng an diese anlehnen. Auf diese Weise werden wahrscheinlich die tatsächlichen aber insgeheimen Erfolgserwartungen verfälscht. Es drängt sich daher die Frage auf, ob es nicht statt der Schätzung subjektiver Erfolgswahrscheinlichkeiten unmittel-

barere und weniger künstliche Maße gibt, die eine mittlere subjektive Erfolgswahrscheinlichkeit als den Punkt maximaler Unsicherheit (We = 0,50) bei der Aufgabenwahl anzeigen.

Als zwei solch unmittelbarer Alternativ-Maße der subjektiven Unsicherheit hat Schneider in mehreren Studien die unwissentlich gemessene Entscheidungszeit auf die Frage herangezogen, ob man bei der anstehenden Aufgabe Erfolg haben werde sowie die skalierte Konfidenz des abgegebenen Urteils. Wie erwartet, stimmten das Maximum der Entscheidungszeit und das Minimum der Konfidenz in der Regel überein. Jedoch zeigte sich immer eine merkwürdige Diskrepanz beider Maße zum dritten Maß, zur Einschätzung der subjektiven Erfolgswahrscheinlichkeit. Wie Abb. 9.5 zeigt, ist der Punkt maximaler objektiver Unsicherheit, der Punkt also, bei dem die Vpn in 50% aller Fälle einen Erfolg errangen, bei der 6. Schwierigkeitsstufe zu finden. Die mittlere subjektive Erfolgswahrscheinlichkeit von 50% findet sich dagegen bei der nächst höheren Schwierigkeitsstufe 5, bei der die objektive Erfolgswahrscheinlichkeit im Mittel nur 37% betrug. Eine noch op-

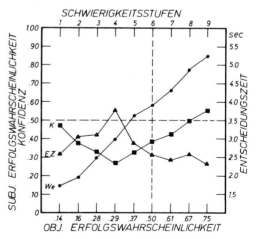

Abb. 9.5. Mittlere subjektive Erfolgswahrscheinlichkeiten (We), mittlere Entscheidungszeiten (EZ) und mittlere Konfidenz (K) bei der Treffervoraussage als Funktion von objektiven Erfolgswahrscheinlichkeiten und Schwierigkeitsstufen. Die Konfidenzwerte (0 bis 100) wurden durch 100 dividiert, damit die Abszissenskala mit der für We übereinstimmt. (Nach Schneider, 1974, S. 154)

timistischere Erfolgserwartung zeigen die mittleren Entscheidungszeiten und Konfidenzen an. Ihr Maximum bzw. Minimum findet sich erst bei der nächst höheren Schwierigkeitsstufe 4 – hier beträgt die objektive Erfolgswahrscheinlichkeit im Mittel nur noch 29%.

Da die Vpn in freien Wahlen jene Aufgaben bevorzugten, bei denen sie zuvor bei der Treffer-Frage die längsten Entscheidungszeiten und die geringste Urteilskonfidenz hatten (sowie – ein weiteres Maß für subjektive Unsicherheit – auch jene Aufgaben bevorzugten, wo die Verteilung der Ja-Antworten auf die Treffer-Frage 50 Prozent erreichte; vgl. Abb. 9.3a), folgert Schneider (1971; 1973), daß die maximale Entscheidungszeit ein gültigeres Kriterium für die subjektive Erfolgswahrscheinlichkeit von 0,50 als deren Schätzung durch die Vp sei. Damit bedeutet dann die Bevorzugung von Aufgaben mit objektiven Erfolgswahrscheinlichkeiten unterhalb 0,50 keine Abweichung vom Risikowahl-Modell. Die Diskrepanz zwischen der durch die maximale Entscheidungszeit markierten subjektiven Erfolgswahrscheinlichkeit von 0,50 (maximale Unsicherheit) und der damit zusammenfallenden objektiven Erfolgswahrscheinlichkeit zwischen 0,30 bis 0,40 erklärt Schneider als eine wunschgeleitete Vorwegnahme künftigen Leistungsfortschritts, als Hinzuschlagen eines „Hoffnungsbonus", während die geschätzten Erfolgswahrscheinlichkeiten eher realitätsverhaftet seien (in der Tat wurden die Vpn hier auch zu großer Präzision angehalten).

Asymmetrie-Revision des Modells

Heckhausen (1968) hatte schon vorher die Diskrepanz zum Anlaß genommen, eine Änderung des Modells vorzuschlagen, die ihm seine Symmetrie nimmt und den Punkt maximaler Motivation von We = 0,50 nach We zwischen 0,30 und 0,40 verlegt. Zu diesem Zweck wird der Erfolgsanreiz definiert: 0,70–We (und nicht mehr als 1–We). Abb. 9.6 zeigt die Abhängigkeit der Erfolgstendenz von der Erfolgswahrscheinlichkeit nach dem (symmetrischen) Risikowahl-Modell und seiner asymmetrischen Revision. Ein Erfolg hat bei einer We = 0,70 keinen positiven Anreiz (Ae) mehr (Ae = 0,70–0,70 = 0). Entsprechend schwindet der Mißerfolgsanreiz ab höheren Schwierigkeitsgraden von We = 0,30. Multipliziert man mit den entsprechenden Erfolgswahrscheinlichkeiten, so kulminiert die Erfolgstendenz zwischen 0,30 und 0,40 (Abb. 9.6) und die Mißerfolgstendenz zwischen 0,60 und 0,70. Dasselbe ergibt sich allerdings auch aus anderen Annahmen über den Zusammenhang von Erfolgswahrscheinlichkeit und Anreiz; etwa wenn man einen konkaven Zusammenhang mit Hilfe einer Potenzfunktion darstellt (vgl. Schneider, 1973, 4. Kap.).

Ob die maximale Entscheidungszeit (oder das Minimum der Urteilskonfidenz) dem Punkt der „eigentlichen" (d. h. verhaltensbestimmenden) subjektiven Erfolgswahrscheinlichkeit von 0,50 entspricht oder ob dies für den (zum leichteren Ende der Schwierigkeitsskala hin verschobenen) Punkt gilt, wo die Vp ihre Erfolgswahrscheinlichkeit mit 0,50 skaliert, ist derzeit nicht eindeutig zu entscheiden. Gilt das erstere (Schneider, 1978), so ist die Symmetrie des Risikowahl-Modells voll gewahrt: Vpn wählen bevorzugt dort, wo die subjektive Unsicherheit maximal sein sollte (We = 0,50). Gilt das zweite, so gibt es eine systematische Modellabweichung im Sinne der von Heckhausen (1968) vorgeschlagenen

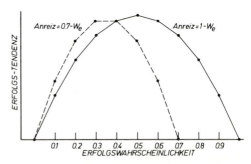

Abb. 9.6. Stärke der Erfolgstendenz in Abhängigkeit von subjektiver Erfolgswahrscheinlichkeit (We) beim Risikowahl-Modell (Anreiz = 1-We) und dessen asymmetrischer Revision nach Heckhausen (Anreiz = 0.7-We). (Nach Heckhausen, 1968, S. 155)

Asymmetrie des Modells: Vpn wählen bevorzugt dort, wo die subjektive Unsicherheit nicht mehr maximal ist (We zwischen 0,30 und 0,40). Man kann schließlich beide sich gegenüberstehenden Positionen miteinander vereinen, wenn man der subjektiven Erfolgswahrscheinlichkeit verschiedene Realitätsgrade zugesteht. Unter wunschgeleiteter Vorwegnahme weiterer Fortschritte bei der Zielerreichung neigen Vpn zur Überschätzung ihrer momentanen Erfolgswahrscheinlichkeit, während sie *zugleich* noch ein realistischeres Urteil abgeben und sich korrigieren können.

In Nachuntersuchungen haben Schneider u. Posse (1978 a, b) als Teilursachen der Diskrepanz der verschiedenen subjektiven Unsicherheitsmaße auch verfahrenstechnische Unterschiede in der Erhebung aufdecken können. Erhebt man nämlich Entscheidungszeit und Konfidenz nicht unmittelbar vor der Aufgabenausführung (was offenbar Wunschvorstellungen fördert), sondern nachher (wie es bei der Skalierung der Erfolgswahrscheinlichkeit in Schneiders Studien immer der Fall war), so rücken auf der Schwierigkeitsskala die Punkte maximaler Entscheidungszeit und skalierter Erfolgswahrscheinlichkeit von 0,50 enger aneinander heran. Außerdem wird die Tendenz, Erfolg vorherzusagen, offensichtlich durch die Möglichkeit erleichtert, eine Erfolgsvorhersage durch „ja" anzugeben. Es werden erheblich weniger Erfolge angesagt, wenn mit „ja" ein Mißerfolg vorhergesagt werden soll.

Für die Voraussage der tatsächlichen Aufgabenwahl macht es keinen wesentlichen Unterschied, ob man den Punkt mittlerer Erfolgswahrscheinlichkeit nach dem einen oder dem anderen Indikator festlegt. Die Voraussagen sind im Mittel gleich gut, wenn man die verschiedenen Studien Schneiders durchgeht. In diesen Studien wurde die Schwierigkeitsbevorzugung in Beziehung gesetzt sowohl zu den direkten Kennwerten der subjektiven Unsicherheit (Konfidenz und Entscheidungszeit) wie auch zu einem indirekten, nach dem informationstheoretischen Kalkül aus den Wahrscheinlichkeitsurteilen ermittelten Kennwert der subjektiven Unsicherheit „H".[1] Tabelle 9.1 enthält die in 5 Studien gefundenen Beziehungen zwischen Präferenzfolge der Aufgabenwahl und den drei Indikatoren der subjektiven Unsicherheit, und zwar einmal für Mittelwerte von Prädiktor und Kriterium (Gruppenpräferenzfolgen) und zum anderen für individuelle Werte der einzelnen Vpn, deren durchschnittliche Korrelation als Medianwert angegeben ist (individuelle Präferenzfolgen).

Zwar lassen sich die Gruppenpräferenzfolgen, ermittelt aus den prozentualen Wahlhäufigkeiten der Vpn-Stichproben, besser mit den direkten Kennwerten Konfidenz und Entscheidungszeit vorhersagen. Auch hier wählten die Vpn bevorzugt Aufgaben, bei denen ihre objektiven und subjektiven Erfolgswahrscheinlichkeiten im Mittel niedriger als 0,50 waren. Berechnet man jedoch die Rangkorrelationen zwischen den individuellen Präferenzfolgen der Schwierigkeitsstufen und den einzelnen Prädiktorvariablen, so sind über alle Studien hinweg Konfidenz und subjektive Unsicherheit H gleich gute Prädiktoren. Die aus den Wahrscheinlichkeitsurteilen ermittelten H-Werte haben bei der individuellen Vorhersage den Vorteil der größten Meßzuverlässigkeit (Konsistenz), was ihren offensichtlichen Nachteil – den Bereich maximaler subjektiver Unsicherheit auf der Schwierigkeitsskala zu niedrig anzugeben – aufwiegt.

Motivunterschiede hat Schneider bei der Voraussage der Aufgabenwahl nicht berück-

---

[1] Das informationstheoretische „H"-Maß nach Shannon und Weaver (vgl. Mittenecker u. Raab, 1973) hat Berlyne (1960) als Bestimmungsgrundlage für subjektive Unsicherheit vorgeschlagen. Reduktion maximaler subjektiver Unsicherheit bedeutet größten Informationsgewinn. Macht man daraus ein Motivationsmodell, nämlich das Streben nach größtmöglichem Informationsgewinn, so ergibt sich die gleiche umgekehrte u-förmige Funktion zwischen Erfolgswahrscheinlichkeit und Handlungstendenz. Für subjektive Unsicherheit angesichts von Aufgabenschwierigkeit lautet die informationstheoretische Formel: $H = We \times \mathrm{ld}\,\dfrac{1}{We} + Wm \times \mathrm{ld}\,\dfrac{1}{Wm}$. Diese kognitionspsychologische Formulierung entspricht genau der affektpsychologischen des Risikowahl-Modells, nämlich dem gewichteten Anreiz, der sich aus $(1-We) \times We$ ergibt.

Tabelle 9.1. Zusammenhänge (Kendall-Rangkorrelationen) zwischen den Gruppenpräferenzfolgen und den gemittelten Prädiktorvariablen subjektiver Unsicherheit (H), Konfidenz (K) und Entscheidungszeit (EZ) sowie die Mediane der einzeln berechneten Rangkorrelationen zwischen den individuellen Präferenzfolgen und den Einzelmessungen dieser Variablen. In Klammern sind die prozentualen Anteile der signifikanten ($p < 0{,}05$) einzeln berechneten Rangkorrelationen angegeben; in der untersten Zeile die Anteile der signifikanten Korrelationen über alle 5 Studien. (Nach Schneider u. Heckhausen, in Vorb.)

Studie	Gruppenpräferenzfolgen			Individuelle Präferenzfolgen		
	H	K	EZ	H	K	EZ
Schneider (1974)						
Exp. I	0,22	−0,67	0,47	0,15 (15%)	−0,27 (19%)	0,11 (15%)
Exp. II	0,83	−0,78	1,00	0,49 (44%)	−0,39 (41%)	0,30 (13%)
Schneider u. Posse (1978a)	0,83	−0,67	0,56	0,58 (58%)	−0,51 (44%)	0,42 (44%)
Schneider u. Posse (1978b)						
Exp. I	0,50	−0,78	0,78	0,25 (19%)	−0,44 (29%)	0,20 (14%)
Exp. II	0,56	−0,44	0,83	0,31 (25%)	−0,43 (40%)	0,30 (25%)
Mittlere Prozenthäufigkeiten über alle Studien				32%	35%	22%

sichtigt, da er in seiner ursprünglichen Studie (1971) keine Unterschiede der Aufgabenbevorzugung zwischen beiden Motivgruppen gefunden hatte. (Wir kommen darauf und auf die möglichen Gründe in Kapitel 11 zurück.)

Bezieht man maximale Entscheidungszeit, minimale Urteilskonfidenz und skalierte We von 0,50 als Indikatoren maximaler Unsicherheit auf die zugehörigen objektiven Erfolgswahrscheinlichkeiten, so stellen nach Schneiders Befunden alle drei Indikatoren Überschätzungen dar, die im Falle der subjektiven Erfolgswahrscheinlichkeit nur etwas weniger ausgeprägt sind. Dieser Sachverhalt unterstreicht den Erklärungsansatz Schneiders (1971), daß angesichts auszuführender Aufgaben die Erfolgserwartung künftige Leistungsfortschritte vorwegnimmt und einen „Hoffnungsbonus" hinzuschlägt:

> Personen erhoffen bei solchen Leistungsaufgaben offensichtlich auch nach ausführlichem Umgang mit der Aufgabe noch eine Leistungsverbesserung ..., wenngleich sie das bei einer Befragung nach ihren subjektiven Erfolgswahrscheinlichkeiten nicht vollständig zuzugeben bereit sind ... Damit belegen diese Befunde auch den von Schneider (1971) vorgeschlagenen Erklärungsversuch für die häufig gemachte Beobachtung, daß Vpn bei solchen Studien in der Regel nicht, wie vom Modell Atkinson vorhergesagt, solche Schwierigkeitsstufen wählen, bei denen die objektive und, wie Schneider (1971) zeigen konnte, auch die subjektive Erfolgswahrschein-lichkeit um 0,50 sind, sondern solche, bei denen die objektive Erfolgswahrscheinlichkeit im Mittel um 0,30 und die subjektive zwischen 0,30 und 0,40 ist. Die gleichen optimistischen Erfolgserwartungen, die sich in den Entscheidungszeiten manifestieren, bestimmen auch die Wahl unterschiedlich schwerer Aufgaben. (Schneider u. Posse, 1978b, S. 493f.)

Dieser Erklärungsansatz wird weiter erhärtet durch eine Studie von Schneider u. Rieke (1976), in der die Vpn in einem „Experiment zum Wahrscheinlichkeitslernen" zufallsabhängige Ereignisse von neunfach verschiedener Auftretenshäufigkeit (Prozenthäufigkeit des Aufleuchtens einzelner Lampen von 10, 20 bis 90%) auf subjektive Wahrscheinlichkeit skalierten. Außerdem wurden Entscheidungszeiten und Urteilskonfidenz bei den Voraussagen für jede der neun Lampenpositionen erhoben. Wie Abb. 9.7 zeigt, gibt es unter diesen zufallsabhängigen Bedingungen keine Überschätzungen der objektiven Wahrscheinlichkeiten, wie es für leistungsabhängige Tätigkeiten charakteristisch ist. Die drei Indikatoren maximaler subjektiver Unsicherheit (längste Entscheidungszeit, geringste Urteilskonfidenz und subjektive Wahrscheinlichkeit von 0,50) stimmen einigermaßen überein und liegen bei oder nahe bei der objektiven Auftretenshäufigkeit von 50%. Im Unterschied zur Geschicklichkeitsaufgabe

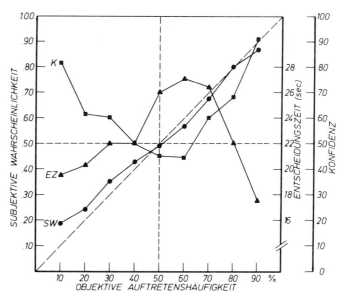

Abb. 9.7. Mittlere subjektive Wahrscheinlichkeiten (SW), mittlere Entscheidungszeiten (EZ) und mittlere Urteilskonfidenzen (K) für zufallsabhängige Ereignisse unterschiedlicher Auftretenshäufigkeit. (Nach Schneider u. Rieke, 1976, S. 5a)

sind die Extrempunkte von Entscheidungszeit und Konfidenz – verglichen mit der subjektiven Wahrscheinlichkeit von 0,50 – um eine Stufe zur höheren Wahrscheinlichkeit hin verschoben.

Wir werden unten noch eine weitere Analyse des Asymmetriephänomens kennenlernen (Kuhl, 1978b). Sie führt einen zusätzlichen Personparameter, den persönlichen Standard ein, der die Abhängigkeit des Erfolgs- und Mißerfolgsanreizes von der Erfolgswahrscheinlichkeit modifiziert. Damit ist es Kuhl (1978b) gelungen, über bloße Mittelwertunterschiede zwischen den Motivgruppen hinaus individuelle Unterschiede der Aufgabenwahl innerhalb der Motivgruppen aufzuklären.

**Subjektive Unsicherheit:
Zusammenfassende Betrachtung**

Nach allem läßt sich sagen, daß Entscheidungszeit und Urteilskonfidenz ein ziemlich unmittelbarer Ausdruck der subjektiv erlebten Unsicherheit bei der Aufgabenwahl sind, während die subjektive Erfolgswahrscheinlichkeit offenbar ein Mehr an kognitiven Rekonstruktionsprozessen erfordert: die Stärke der empfundenen Unsicherheit und die Urteilsbereiche „eher leicht" vs. „eher schwer" müssen in eine lineare Urteilsskala gebracht werden.[2] Die Punkte maximaler Unsicherheit stimmen bei Entscheidungszeit und Konfidenz überein. Sie weichen stärker als die subjektive Erfolgswahrscheinlichkeit von 0,50 von der mittleren objektiven Erfolgswahrscheinlichkeit ab; und zwar zum schwierigeren Pol der Aufgabenverteilung hin. Als Erklärung bietet sich eine etwas größere Realitätsverhaftetheit bei der Skalierung von Erfolgswahrscheinlichkeiten an. Sieht man die bevorzugten Aufgabenschwierigkeiten im Sinne des Risikowahl-Modells als Kriterien für mittlere Erfolgswahrscheinlichkeiten an,

---

[2] Die unwissentlich gemessene Entscheidungszeit bei der Frage nach voraussichtlichem Erfolg ist verglichen mit Konfidenz und skalierter Erfolgswahrscheinlichkeit als individueller Kennwert wenig reliabel. Seine Reliabilität läßt sich beträchtlich steigern, wenn man die Entscheidungszeit wissentlich mißt (Schneider, persönliche Mitteilung).

so sind die verhaltensrelevanten Erfolgserwartungen höher als die objektiven wie auch die skalierten subjektiven Erfolgswahrscheinlichkeiten. Diese Diskrepanz kann als „Hoffnungsbonus" interpretiert werden, der bereits künftige Leistungsfortschritte vorwegnimmt. Im übrigen überschätzen alle drei Indikatoren maximaler subjektiver Unsicherheit (längste Entscheidungszeit, geringste Konfidenz und skalierte Erfolgswahrscheinlichkeit von 0,50) die objektive Wahrscheinlichkeit von 0,50. Dies ist charakteristisch für Wahrscheinlichkeitsschätzungen im Hinblick auf eigenen Erfolg oder Mißerfolg. Eine Überschätzung tritt dagegen kaum auf, wenn die Wahrscheinlichkeit zufallsabhängiger Ereignisse geschätzt wird (zumindest sofern die alternativen Ereignisse neutral sind oder gleichen Anreizwert haben).

Subjektive Erfolgswahrscheinlichkeiten lassen sich nach dem informationstheoretischen Maß „H" in ein Maß subjektiver Unsicherheit (Ungewißheit, *uncertainty*) umwandeln. Die so auf der Skala objektiver Erfolgswahrscheinlichkeit (oder Aufgabenschwierigkeit) abtragbare, umgekehrt u-förmige Funktion subjektiver Unsicherheit (H) entspricht der Verteilung der Entscheidungszeiten und der Komplementärwert-Verteilung der Konfidenzanteile. Am genauesten entspricht sie den gewichteten Anreizwerten ($(1-We) \times We$) des Risikowahl-Modells. Alle herangezogenen Indikatoren sind im Grunde Transformationen des gleichen Grundsachverhalts, der subjektiven Unsicherheit angesichts eines zu erwartenden Handlungsergebnisses. Dahinter stehen zwei Modelle verschiedener Herkunft, die die Aufgabenwahl gleich gut vorhersagen. Das informationstheoretische Modell (H) sieht das motivierende Agens im Informationsgewinn, in der maximalen Reduzierung von Unsicherheit über die eigene Leistungstüchtigkeit. Das andere, das Risikowahl-Modell ($(1-We) \times We$) sieht das motivierende Agens in der Maximierung positiver Selbstbewertungsfolgen. Eine „kognitive" und eine „affektive" Position motivationspsychologischer Theoriebildung kommen so zu analogen Formulierungen und zu gleichen Ergebnissen. Das läßt fragen, ob es sich letztlich nicht bloß um die semantische Disjunktion des kognitiven und des affektiven Aspekts des gleichen motivationspsychologischen Sachverhalts handelt; eine Frage, die wir im 12. Kapitel grundsätzlicher diskutieren werden. Wie wir im 11. Kapitel sehen werden, gibt es noch einen dritten Modellansatz, der aufgrund attributionstheoretischer Überlegungen wiederum zu den gleichen Ergebnissen wie das „kognitiv-informationstheoretische" und das „affektive" Modell führt. Nach dem attributionstheoretischen Modell ist der Handelnde bestrebt, solche Aufgaben zu wählen, bei denen er das Ergebnis maximal auf sich selbst, auf eigene Fähigkeit und Anstrengung zurückführen kann.

Aufgabenwahl und Zielsetzung

Diese beiden Indikatoren der Anspruchsniveau-Setzung haben wir als Verhaltenskorrelate von Motivunterschieden bereits in Kapitel 6 an einigen Befunden kennengelernt (vgl. Abb. 6.9 und 6.10). Nach dem Risikowahl-Modell bevorzugen Erfolgsmotivierte Aufgaben mittlerer subjektiver Erfolgswahrscheinlichkeit bzw. setzen realistische Anspruchsniveaus. Das konnte immer wieder bestätigt werden, wenn man von der durchgängigen Modellabweichung absieht, daß das Präferenzmaximum, sei es als objektive, oder als subjektive Erfolgswahrscheinlichkeit definiert, unter 0,50 und im Mittel zwischen 0,30 und 0,40 liegt. Mißerfolgsmotivierte sollten dagegen den mittleren Schwierigkeitsbereich zugunsten sehr leichter und sehr schwerer Aufgaben meiden. In solcher Striktheit hat sich die Modellvorhersage für die Mißerfolgsmotivierten nur selten bestätigen lassen. In aller Regel hat sich nur finden lassen, daß Mißerfolgsmotivierte im Vergleich zu den Erfolgsmotivierten mittelschwere Aufgaben weniger bevorzugen. Atkinson vermutete deshalb, daß sich unter den untersuchten studentischen Vpn wegen der schulischen Selektionsmechanismen kaum noch „echte" Mißerfolgsmotivierte befänden (Atkinson u. Litwin, 1960; Atkinson u. Feather, 1966, Kap. 20). Es gibt aber unausgelesene Kinder- und Schülerstichproben (z. B. McClelland, 1958a), für die sich ebenfalls keine modellgemäßeren Präferenzprofile finden ließen.

Für die Mißerfolgsmotivierten lassen sich verschiedene Präferenzmuster, die nur in relativer und abgeschwächter Form dem Risikowahl-Modell entsprechen, voneinander unterscheiden. So finden sich einseitige Präferenzmuster zugunsten sehr schwerer oder zugunsten leichter Aufgaben. Einen solchen Unterschied kann das Risikowahl-Modell nicht erklären. Sie mögen auf besonderen Motivausprägungen oder auf situativen Anregungsbesonderheiten beruhen. Für das erste, besondere Motivausprägungen, fand Heckhausen (1963a) einen Hinweis in der Stärke der Gesamtmotivation. Mißerfolgsmotivierte mit hoher Gesamtmotivation neigen zur Überforderung, solche mit niedriger Gesamtmotivation zur Unterforderung. Ähnliches fanden Jopt (1974), Schmalt (1976a) und Schneider (1971). Zum anderen gehen verschiedene Präferenzmuster offenbar auch auf subtile Anreizunterschiede zurück, die in den experimentellen Situationen in der Regel nicht kontrolliert wurden. Daß vorwiegend mißerfolgsmeidend eingestellte Vpn auf situative Anregungsunterschiede besonders sensibel reagieren, ist nicht weiter verwunderlich. Im 12. Kapitel gehen wir auf mögliche Erklärungen für die Präferenzmuster der Mißerfolgsmotivierten ein, nachdem wir ein vollständigeres Motivationsmodell des Leistungshandelns, als es das Risikowahl-Modell ist, eingeführt haben. An dieser Stelle seien nur einige beispielhafte Untersuchungen dargestellt.

Klärung eines paradoxen Phänomens

An einen paradox erscheinenden Befund der Anspruchsniveau-Forschung hat Moulton (1965) angeknüpft, um ihn mit Hilfe des Risikowahl-Modells zu erklären. Es handelt sich um die bei einigen Vpn gehäuft zu beobachtenden atypischen Verschiebungen, d. h. die Heraufsetzung des Anspruchsniveaus nach Mißerfolg und seine Herabsetzung nach Erfolg. Das Risikowahl-Modell kann ein solches Verhalten als einen Interaktionseffekt von Motiv und Veränderung der subjektiven Erfolgswahrscheinlichkeit nach Erfolg und Mißerfolg erklären. Denn atypische Verschiebungen sollten bei Mißerfolgsmotivierten auftreten, wenn – erwartungswidrig – durch Erfolg bei einer schweren Aufgabe oder durch Mißerfolg bei einer leichten Aufgabe sich die Erfolgswahrscheinlichkeiten aller Schwierigkeitsstufen erhöhen bzw. verringern, so daß die für eine typische Verschiebung in Frage kommende Aufgabenschwierigkeit nun näher an den Punkt mittlerer Erfolgswahrscheinlichkeit herangerückt ist und damit die Meidungskomponente in der resultierenden Tendenz erhöht.

Im einzelnen: Ein Mißerfolgsmotivierter wird, wenn er zwischen verschiedenen Schwierigkeitsgraden, die symmetrisch nach beiden Skalenenden um den Punkt We = 0,50 lokalisiert sind, zu wählen hat, Aufgaben bevorzugen, die möglichst weit entfernt von We = 0,50 sind. Wählt er die schwerste Aufgabe und hat er Erfolg, so rückt We dieser Aufgabe näher an 0,50 heran und damit vermindert sich seine Motivation, die gleiche Aufgabe wieder zu wählen (während sich die Motivation bei einem Erfolgsmotivierten in der gleichen Situation erhöhen würde). Da sich zugleich auch We der übrigen Schwierigkeitsversionen dieses Aufgabentyps erhöht, ist die ursprünglich leichteste Aufgabe noch leichter geworden. Er muß deshalb jetzt mit seiner Aufgabenwahl auf das leichte Ende der Schwierigkeitsskala überwechseln, da er jene Aufgabe bevorzugt, deren We möglichst weit von 0,50 entfernt ist. Er wählt also nach Erfolg bei der schwersten Aufgabe nun die leichteste Aufgabe. Ganz analog kommt es ebenfalls zu einer atypischen Verschiebung, wenn er zunächst die leichteste Aufgabe gewählt hat und dabei Mißerfolg erfahren hat. Jetzt verringert sich We aller einzelnen Aufgaben, und den größten Abstand zu We von 0,50 bildet nun die schwerste Aufgabenversion. Dementsprechend sollte er nach Mißerfolg bei der leichtesten Aufgabe die schwerste wählen.

Abb. 9.8 veranschaulicht die Verschiebung der We-Skala nach erwartungswidrigem Erfolg und Mißerfolg und den dadurch verursachten atypischen Anspruchsniveau-Sprung der Mißerfolgsmotivierten an das andere Ende der Schwierigkeitsverteilung. Gegeben sind die Aufgaben A, B und C mit den We von 0,25, 0,50 und 0,75 sowie eine einheitliche Verschiebung der We-Werte um 0,15 nach Erfolg (nach links) und nach Mißerfolg (nach rechts). Erfolgsmotivierte würden bei diesem Aufgabenangebot stets die Aufgabe B wählen und bei der angenommenen We-Verschiebung nach Erfolg und Mißerfolg stets typische Wahlen treffen, d.h. nach Erfolg die Aufgabe A und nach Mißerfolg die Aufgabe B. Generell müssen nach dem Risikowahl-Modell Erfolgs- und Mißerfolgsmotivierte gegenläufige Änderungen ihrer Motivationsstärke haben, wenn sie bei einer leichten oder bei einer schweren Aufgabe Erfolg oder Mißerfolg haben und dieselbe Aufgabe noch einmal ausführen sollten: Jede Annäherung der Erfolgswahrscheinlichkeit an 0,50 führt bei den Erfolgsmotivierten zu einer Steigerung und bei den Mißerfolgsmotivierten zu einer Schwächung der Motivation, jedes Abrücken der Erfolgswahrscheinlichkeit von 0,50 hat für jede der beiden Motivgruppen den gegenteiligen Effekt. Tabelle 9.2 faßt diese aus dem Risikowahl-Modell abgeleiteten Gesetzmäßigkeiten zusammen.

Tabelle 9.2. Aus dem Risikowahl-Modell abgeleitete Steigerung (+) und Abschwächung (−) der Motivationsstärke, wenn Erfolgsmotivierte und Mißerfolgsmotivierte bei leichten oder bei schweren Aufgaben Erfolg oder Mißerfolg haben und dadurch eine Verschiebung der Erfolgswahrscheinlichkeit eintritt

Verschiebung der Erfolgswahrscheinlichkeit nach	Erfolgsmotivierte Aufgabe		Mißerfolgsmotivierte Aufgabe	
	leichte	schwere	leichte	schwere
Erfolg	−	+	+	−
Mißerfolg	+	−	−	+

Moulton (1965) hat diese Ableitungen geprüft. Die Einführung von drei Schwierigkeitsstufen mit symmetrisch verteilten Erfolgswahrscheinlichkeiten hat er zunächst auf die folgende Weise glaubhaft zu machen versucht. Aus einem Sortiment verschiedener Schwierigkeitsstufen einer Anagramm-Aufgabe wurden vor den Augen der Vp drei Aufgaben herausgesucht, die aufgrund von Schulleistungen und zuvor erhobenen Testinformationen über die Vp ihr angeblich genau die Erfolgschancen von 75%, 50% und 25% bö-

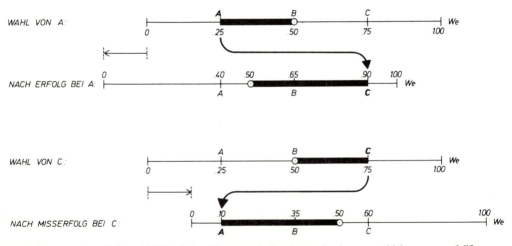

Abb. 9.8. Aus dem Risikowahl-Modell abgeleitete atypische Anspruchsniveauverschiebungen von Mißerfolgsmotivierten, die bei einer schweren Aufgabe Erfolg (Wahl von A) oder bei einer leichten Aufgabe Mißerfolg hatten (Wahl von C)

ten. Danach konnte die Vp wählen, welche der drei Aufgaben sie bearbeiten möchte. Nach der Wahl mußte jede Vp zunächst die mittelschwere Aufgabe beantworten. Bei Vpn, die zuvor die leichte Aufgabe gewählt hatten, induzierte er Mißerfolg; bei jenen, die zuvor die schwere Aufgabe gewählt hatten, induzierte er Erfolg (Vpn, die die mittelschwere Aufgabe bevorzugt hatten, wurden je zur Hälfte auf Erfolgs- und Mißerfolgsbedingung verteilt). Anschließend konnte sich jede Vp die nächste Aufgabe frei wählen. Wie Tabelle 9.3 zeigt, entsprechen die Ergebnisse im wesentlichen dem Risikowahl-Modell. Bei freier Wahlmöglichkeit bevorzugten signifikant mehr Mißerfolgsmotivierte als Erfolgsmotivierte leichte und schwere statt mittelschwere Aufgaben. In vollem Sinne modellgerecht war allerdings nur das Wahlverhalten der Erfolgsmotivierten. Bei den Mißerfolgsmotivierten gab es nur eine relative Bevorzugung der Randbereiche der Schwierigkeitsverteilung. Was die Anspruchsniveau-Verschiebungen nach Erfolg und Mißerfolg betrifft, so trafen sehr signifikant mehr Mißerfolgsmotivierte eine atypische Wahl, als dies Erfolgsmotivierte taten. In einer nachexperimentellen Befragung gaben zudem einige Mißerfolgsmotivierte spontan an, daß sie zur atypischen Wahl geneigt, es jedoch als „komisch" empfunden hätten, nach Erfolg eine leichte Aufgabe oder nach Mißerfolg eine schwere zu wählen.

Hamiltons Revisionsvorschlag

Während Moulton (1965) durch Vl-Mitteilungen fixierte Erfolgswahrscheinlichkeiten zu induzieren versuchte, hat Hamilton (1974) jede seiner Vpn individuelle Erfolgswahrscheinlichkeiten erfahren und für sie markant werden lassen. In Ringwurfspielen mit je einer Vp konnten zunächst zehn Ringe aus frei gewählten Entfernungen geworfen werden. Anschließend waren von jeder einzelnen Entfernung je zehn Ringe zu werfen. Der Vl fertigte dazu ein Kurvendiagramm der Trefferhäufigkeiten pro Entfernung, glättete – falls nötig – den Kurvenverlauf, erklärte diesen der Vp und „übersetzte" ihn in zehn Entfernungsmarken auf dem Fußboden, die den mittleren Trefferhäufigkeiten von 1 bis 10 entsprachen. Die Vp wurde gefragt, ob dies ihrer Meinung über ihre Leistungsfähigkeit entspreche oder ob sie für die nächsten Durchgänge eine andere Ergebnisverteilung erwarte. Nachdem die Vp zugestimmt hatte (evtl. nach gewünschter Revision), hatte sie erneut zehn Würfe nach selbstgewählter Entfernung zu machen. Diese Wurfdistanzen wurden nun in Form „subjektiver" Erfolgswahrscheinlichkeiten registriert, ohne daß die Vp noch explizit zur Schätzung subjektiver Erfolgswahrscheinlichkeiten hätte aufgefordert werden müssen. Ein solches Vorgehen ist nicht ohne Fragwürdigkeit, da es die Vpn auf die Übernahme der objektiven Erfolgswahrscheinlichkeiten festlegt und ihnen wunschgeleitete Überschätzungen der Erfolgswahrscheinlichkeit verwehrt.

Zur Prüfung des Risikowahl-Modells wurde für jede Vp die Abweichung der gewählten

Tabelle 9.3 Anzahl erfolgs- und mißerfolgsmotivierter Vpn, die anfänglich eine mittelschwere, eine leichte oder schwere Aufgabe bevorzugen und nach Erfolg oder Mißerfolg bei der mittelschweren Aufgabe eine typische oder atypische Anspruchsniveau-Verschiebung vornehmen. (Nach Moulton, 1965, S. 155)

Motivgruppe	Anfänglich bevorzugte Aufgabe			Anspruchsniveau-Verschiebung	
	mittelschwer ($W_e = 0{,}50$)	leicht ($W_e = 0{,}75$)	schwer ($W_e = 0{,}25$)	atypisch	typisch
Erfolgsmotivierte ($N = 31$)	23	1	7	1	30
Mißerfolgsmotivierte ($N = 31$)	14	9	8	11	20

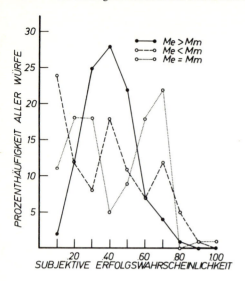

Abb. 9.9. Verteilung der bevorzugten Erfolgswahrscheinlichkeiten bei den letzten Würfen in den Vpn-Gruppen der Erfolgsmotivierten (Me > Mm), Mißerfolgsmotivierten (Me < Mm) und „Gleichmotivierten" (Me = Mm). (Nach Hamilton, 1974, S. 860)

Trefferwahrscheinlichkeit von der Trefferwahrscheinlichkeit 0,50 herangezogen. Hinsichtlich dieser Abweichungswerte unterschieden sich jedoch die Motivgruppen nicht, entgegen der Forderung des Modells. Sie tun es jedoch, wenn man statt von 0,50 die Abweichungen von 0,40 berechnet, wo die Erfolgsmotivierten die meisten ihrer Wahlen plazierten. Abb. 9.9 zeigt die Verteilung der Wahlen für drei Motivgruppen (neben Erfolgs- und Mißerfolgsmotivierten eine weitere Gruppe, in der beide Tendenzen gleich stark waren). Wiederum entsprechen Erfolgsmotivierte dem Modell mehr als die Mißerfolgsmotivierten (vereinigt man diese mit der dritten Gruppe, den „Gleichmotivierten", so entstünde eine ziemlich modellgerechte Verteilung). Erwähnenswert ist schließlich die erneute Bestätigung der Asymmetrie in der Verteilung der Schwierigkeitsbevorzugung. Der Scheitelpunkt liegt nicht bei einer Erfolgswahrscheinlichkeit von 0,50, sondern darunter; und zwar in dieser Studie bei 0,40. Zur Erklärung schlägt Hamilton – ganz ähnlich wie Schneiders „Hoffnungsbonus" – eine Unterscheidung von erwartetem und angestrebtem Leistungsergebnis vor *(expected* vs. *aspired to)*. Er schlägt dementsprechend eine leichte Modelländerung vor, indem er der Erfolgswahrscheinlichkeit (We) eine Konstante hinzuaddiert, während der Erfolgsanreiz in der bisherigen Form belassen wird (1-We). So erhält das Modell eine ähnliche Asymmetrie wie Heckhausen (1968) vorgeschlagen hatte.

Persönlicher Standard: Kuhls Erweiterung um einen Personparameter

Eine Reihe von Erklärungen für die linksasymmetrische Abweichung der Aufgabenwahl von der Präferenzfunktion des Risikowahl-Modells haben wir bereits kennengelernt. Schneider (1973) löst die Abweichung auf in Methodenprobleme der Erfassung von Erfolgswahrscheinlichkeit (Verhaltensindex vs. subjektive Einschätzung, Grad der Wunschgeleitetheit), Heckhausen (1968) hat die Präferenzfunktion einfach auf der Abszisse verschoben (Ae = 0,7-We; vgl. Abb. 9.6), Hamilton (1974) ist ähnlich vorgegangen. Auch in nicht-linearen Funktionen ist Anreiz von Erfolgswahrscheinlichkeit abhängig gemacht worden; so von Festinger (1942b) in einer ogivenartigen Funktion (vgl. Abb. 5.19) und von Wendt (1967) in Form einer Exponentialfunktion, $Ae = (1-We)^n$. Die letztere Modifikation ist nicht so starr wie die additiven von Heckhausen und Hamilton, weil der Exponent für jede Person eine individuelle Größe annehmen kann.

Eine bemerkenswerte Modell-Erweiterung hat Kuhl (1978b) vorgenommen. Gegenüber Wendt (1967) kehrt er wieder zu einem additiven Modell zurück, aber er individualisiert wie Wendt die Beziehung zwischen Erfolgswahrscheinlichkeit und Anreiz, indem er einen weiteren Personparameter einführt: den persönlichen Standard (S). Der Standard ist als ein Schwierigkeitsgrad definiert, der für das Ausmaß der Selbstbewertung nach Erfolg und nach Mißerfolg verbindlich ist. Hat jemand einen schwierigen Standard für die positive Selbstbewertung – d. h. einen solchen von We < 0,50, etwa von We = 0,30 – so verschiebt sich der mittlere Erfolgsanreiz, der nach dem ursprünglichen Modell bei We = 0,50 liegt, auf der We-Skala nach unten, auf We = 0,30. Ist der Standard nicht schwierig, sondern leicht, so verschiebt sich der entsprechende mittlere Erfolgsanreiz nach oben, d. h. zu leichteren Aufgaben. Bei einem mittelschweren Standard (von We = 0,50) entspricht die Erfolgsanreiz-Funktion dem ursprünglichen Modell. Demnach ist der durch den persönlichen Standard für Selbstbewertung definierte Erfolgsanreiz (Ae) gleich dem Erfolgsanreiz des ursprünglichen Modells minus der Differenz zwischen mittelschwerem und tatsächlichem Standard (0,50-Se):

Ae = 1-We-(0,50-Se)
oder Ae = (Se + 0,50)-We.

Die Erweiterung führt dazu, daß mit schwierigeren Standards (Se < 0,50 die Erfolgsanreize aller Schwierigkeitsstufen abnehmen und mit leichteren Standards (Se > 0,50) zunehmen. Entsprechendes gilt für den Standard für negative Selbstbewertung (Sm). Auch hier wird von der ursprünglichen Modellgleichung für den Mißerfolgsanreiz (Am = -We) die Differenz von mittelschwerem und tatsächlichem Standard abgezogen:

Am = -We-(0,50-Sm)
oder Am = (Sm-0,50)-We.

Danach hat ein schwieriger Standard einen Anstieg des Mißerfolgsanreizes, ein leichter Standard eine Abnahme des Mißerfolgsanreizes auf allen Schwierigkeitsstufen zur Folge. Eine getrennte Bestimmung der Standards für positive und negative Selbstbewertung ähnelt einer abgewandelten Anspruchsniveau-Erfassung, die einen Leistungsbereich festlegt, unterhalb oder oberhalb dessen man anfängt, negativen bzw. positiven Affekt zu empfinden (*confirmation interval;* vgl. Birney et al., 1969). Im Unterschied zum *confirmation interval* ist der persönliche Standard nach Kuhl aber keine Leistungsgrenze, ab der man sich positiv oder negativ bewertet, sondern der Punkt, wo Erfolgs- und Mißerfolgsanreiz mittelstark (0,50) sind. Also auch wenn man mit seiner Leistung etwas unterhalb des Standards für die positive Selbstbewertung bleibt, besteht noch ein positiver Erfolgsanreiz (< 0,50). Entsprechendes gilt für den Mißerfolgsanreiz. Der Einfachheit halber läßt Kuhl in seiner Modellerweiterung die Standards für positive und negative Selbstbewertung an einem Punkt der Erfolgswahrscheinlichkeitsskala zusammenfallen.

Aus der Kuhlschen Neudefinition des Erfolgs- und Mißerfolgsanreizes ergibt sich, daß Personen mit schwierigem Standard bei leichten Aufgaben einen negativen(!) Erfolgsanreiz erleben und solche Aufgaben meiden, sofern die Anreizwerte für Erfolg bei ihnen stärker als jene für Mißerfolg gewichtet werden, d. h. sofern sie erfolgsmotiviert sind. Andererseits sollten Personen mit leichten Standards bei einer sehr schweren Aufgabe einen positiven(!) Mißerfolgsanreiz erleben und eine solche Aufgabe bevorzugen, sofern sie mißerfolgsmotiviert sind. Abb. 9.10 zeigt die resultierenden Tendenzen aufgrund der Kuhlschen Modellerweiterung für erfolgs- und mißerfolgsmotivierte Personen je mit schwerem (S = 0,20) und mit leichtem Standard (S = 0,80). Wie zu sehen ist, bevorzugen Erfolgsmotivierte mit schwierigem Standard (S = 0,20) eher schwere Aufgaben (um We = 0,35) und solche mit leichtem Standard (S = 0,80) eher leichte Aufgaben (um We = 0,70). Differenziert man unter den Erfolgsmotivierten nicht nach dem Schwierigkeitsgrad der Standardsetzung – und wären Erfolgsmotiv (NH) und Standard unkorreliert – so würden Erfolgsmotivierte im Durchschnitt mittelschwere Aufgaben bevorzugen.

Andererseits (rechte Seite der Abb. 9.10) bevorzugen Mißerfolgsmotivierte mit schwierigem Standard (S = 0,20) noch am ehesten die allerleichtesten Aufgaben (hier geht Am gegen null) und meiden am stärksten schwere Aufgaben. Mißerfolgsmotivierte mit leichtem Standard müßten dagegen die schwersten Aufgaben (We < 0,30) bevorzugen, weil hier der Anreizwert des Mißerfolgs positiv wird. Für sie besteht jedoch auch eine Wahlalternative in den leichtesten Aufgaben, wo der Mißerfolgsanreiz gegen null geht. Unterscheidet man innerhalb der Gruppe der Mißerfolgsmo-

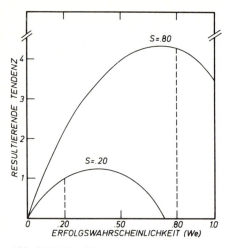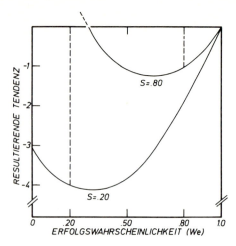

Abb. 9.10. Resultierende Tendenzen für Erfolgsmotivierte (links) und Mißerfolgsmotivierte (rechts), die schwierige (S = .20) oder leichte Standards (S = .80) setzen, in Abhängigkeit von der subjektiven Erfolgswahrscheinlichkeit (We). (Nach Kuhl, 1978b, S. 242)

tivierten nicht nach dem persönlichen Standard – und wären Mißerfolgsmotiv (neg. NH) und Standardsetzung unkorreliert – so erhielte man die durchschnittliche Präferenzfunktion nach dem ursprünglichen Risikowahl-Modell, d. h. Präferenzmaxima an beiden Enden der Schwierigkeitsskala. Nach der Kuhlschen Modellerweiterung könnte man jedoch eine bisher ungeklärte Frage beantworten, nämlich welche Personen unter den Mißerfolgsmotivierten sehr schwere und welche sehr leichte Aufgaben bevorzugen (vgl. Kap. 12, erweitertes Motivationsmodell).

Da man so häufig gefunden hat, daß Erfolgsmotivierte leicht überhöhte und Mißerfolgsmotivierte zu hohe oder zu niedrige Schwierigkeitsgrade bei der Aufgabenwahl oder Anspruchsniveau-Setzung bevorzugen, liegt es nahe, in einer Art individueller Anspruchsniveau-Norm (genauer: Zieldiskrepanz-Norm) ein zentrales Bestimmungsstück des Leistungsmotivs zu sehen (so Heckhausen, 1963a, 1967). Man mag sich wundern, warum man bisher versäumt hat, dieses Postulat zu prüfen; wahrscheinlich weil sich Schwierigkeitsbevorzugung und Anspruchsniveau in der Forschungstradition immer nur als abhängige Variable anboten und weil man in aller Regel Erfolgs- und Mißerfolgsanreiz nicht unabhängig erhoben, sondern als inverslineare Größe der Erfolgswahrscheinlichkeit erschlossen hat. Kuhl ist der erste, der den Weg dazu geebnet hat. Er läßt es mangels Befunde noch offen, ob der persönliche Standard ein hochgeneralisierter oder ein aufgabenspezifischer Normwert ist, jedenfalls soll der persönliche Standard ein generalisierter Wert sein als die aktuelle Aufgabenwahl oder Anspruchsniveau-Setzung. Die entscheidende Frage ist, wie eng der persönliche Standard mit der individuellen Motivausprägung korreliert ist. In einer ersten modellprüfenden Untersuchung, über die wir jetzt berichten, fand Kuhl nur eine schwache, aber signifikante Korrelation von 0,36 zwischen nAch und dem Schwierigkeitsgrad des persönlichen Standards.

Kuhl ließ seine Vpn unterschiedliche Schwierigkeitsgrade verschiedener Versionen einer Problemaufgabe (Punkte verbinden, ohne daß sich die Verbindungslinien überkreuzen) bearbeiten und stabilisierte in einer Vorphase die subjektive Erfolgswahrscheinlichkeit der verschiedenen Aufgabenschwierigkeiten bei 0,80, 0,60, 0,50, 0,30 und 0,10. Danach setzten die Vpn ihren Standard, und zwar anhand jenes Schwierigkeitsgrades, der, wenn nicht gemeistert, bereits ein Gefühl der Unzufriedenheit auslösen würde. (Der Standard für positive Selbstbewertung wurde nicht gesondert erhoben, da er hoch mit dem für negative Selbstbewertung korreliert; Kuhl, 1977.) Anschließend begann der Hauptversuch, in dem jede Vp 50mal sich einen Schwierigkeitsgrad aussuchen und bearbeiten konnte.

Tabelle 9.4 enthält die Wahlhäufigkeiten in beiden Motivgruppen, aufgeteilt nach leichter und schwieriger Standardsetzung. Die Ergebnisse entsprechen den Modellableitungen (vgl. Abb. 9.10). Erfolgsmotivierte mit leichtem Standard wählten am häufigsten mittelschwere und etwas leichtere Aufgaben (We von 0,50 und 0,60), solche mit schwierigen Standards dagegen schwere Aufgaben (We = 0,30). Mißerfolgsmotivierte mit schwierigem Standard wählten häufiger eher leichte Aufgaben, solche mit leichtem Standard eher schwierige Aufgaben. Die Ergebnisse ermutigen zu weiteren Überprüfungen eines Modells, von dem noch mancherlei Klärungen zu erwarten sind. Zuvörderst ist zu prüfen, ob persönlicher Standard ein Motiv- und kein Motivationsparameter ist, d. h. wieweit er situationsübergreifend und zeitstabil ist.

Befunde einer neueren Untersuchung über Selbstbewertung bei erwartungswidrigen Rückmeldungen von Butzkamm (in Vorb.) sprechen dafür, persönliche Standards eher als Motivparameter anzusehen. Die positive oder negative Selbstbewertung von Butzkamms Vpn hing entscheidend von der Diskrepanz zwischen vorher gesetztem Anspruchsniveau und nachher rückgemeldetem Leistungsergebnis ab. Diese Diskrepanz klärte in den meisten Durchgängen des Versuchs zwischen 60 und 60% der Selbstbewertungsvarianz auf. Auch das Leistungsmotiv hatte einen Einfluß; so bewerteten sich die Erfolgsmotivierten nach Erfolg stärker positiv als die Mißerfolgsmotivierten. Diese Motiveffekte wurden jedoch offenbar durch motivgebundene Anspruchsniveau-Unterschiede vermittelt. Wurde nämlich der Einfluß unterschiedlicher Anspruchsniveaudiskrepanzen auf die Selbstbewertung mit Hilfe einer Regressionsanalyse auspartialisiert, so schwanden auch alle Zusammenhänge zwischen Motiv und Selbstbewertung. Wir kommen auf diese Studie im Zusammenhang mit Selbstbewertung und Selbstkonzept in Kap. 12 zurück.

Berufswahl

Da Risikowahlen und Anspruchsniveau-Setzung nicht nur in künstlichen Experimentalsituationen, bei Testaufgaben und Ringwurfspielen, sondern auch bei manchen alltäglichen und bei lebenswichtigen Entscheidungen auftreten, ist zum Beispiel auch die Berufswahl ein Bewährungsfeld für das Risikowahl-Modell (vgl. Kleinbeck, 1975;1977). Auch hier müssen unterschiedliche Schwierigkeitsgrade in Relation zur eigenen Befähigung berücksichtigt und eine Entscheidung getroffen werden. Mißerfolgsmotivierte sollten sich in ihren Berufswünschen eher unter- oder überfordern, während Erfolgsmotivierte realistische Wahlen treffen. Mahone (1960) hat diese Hypothesen an College-Studenten geprüft, indem er Berufsziele erfragte und von ausgebildeten Beratungspsychologen, denen Studien- und Testleistungen der Vpn vorlagen, schätzen ließ, wie realistisch das Berufsziel war.

Wie Tabelle 9.5 zeigt, waren Erfolgsmotivierte (nAch hoch und „beeinträchtigende

Tabelle 9.4. Durchschnittliche Wahlhäufigkeiten als Funktion von Aufgabenschwierigkeit (We), Motivgruppe und gesetztem Standard. (Nach Kuhl, 1978b, S. 245)

Standard	Erfolgsmotivierte Aufgabenschwierigkeit (We)					Mißerfolgsmotivierte Aufgabenschwierigkeit (We)				
	0,10	0,30	0,50	0,60	0,80	0,10	0,30	0,50	0,60	0,80
Leicht	3,7	5,2	19,0	16,0	6,0	6,0	13,0	14,2	9,7	6,0
Schwierig	8,5	14,7	9,2	8,5	9,0	1,7	3,7	25,0	12,0	7,5

Tabelle 9.5. Prozenthäufigkeiten von realistischen und unrealistischen Berufswahlen nach Beraterurteil und von Zieldifferenz-Terzilen (eingeschätzter eigener Fähigkeit zu eingeschätzter erforderlicher Fähigkeit für den angestrebten Beruf) von Gruppen mit verschiedener Motivausprägung. (Nach Mahone, 1960, S. 175 u. 178)

nAch	Angst	Berater-Urteil:			Zieldifferenz		
		realistisch	unrealistisch		mittleres Drittel	unteres und oberes Drittel	
hoch	hoch	56	44		30	70	
hoch	niedrig	94	6	ss	50	50	ss
niedrig	hoch	17	83		18	82	
niedrig	niedrig	74	26		38	62	

Ängstlichkeit" nach Alpert u. Haber, 1960, niedrig) realistischer in ihren Berufswünschen als Mißerfolgsmotivierte. Um diesen Befund noch unmittelbarer im Sinne einer Unterforderung oder Überforderung bei der Anspruchsniveau-Setzung interpretieren zu können, ließ Mahone seine Vpn auch noch ihre Fähigkeit im Vergleich zu den anderen College-Studenten sowie auch die Fähigkeitsgrade einschätzen, die man für verschiedene Berufe benötigt. Aus beiden Informationen läßt sich ein Zieldiskrepanzwert (eigene Fähigkeit vs. erforderliche Fähigkeit für den gewählten Beruf) für jede Vp im Hinblick auf den von ihr angestrebten Beruf bilden. Tabelle 9.5 enthält auch diese Befunde. Während die Erfolgsmotivierten je zur Hälfte realistische Zieldiskrepanzen (mittleres Drittel der Verteilung) und unrealistische (unteres und oberes Drittel) hatten, wichen 82% der Mißerfolgsmotivierten auf überfordernde und unterfordernde Berufswahlen aus. Schließlich bestätigte sich auch eine Vermutung Mahones, nach welcher Mißerfolgsmotivierte keine Informationen einholen oder sich gar gegen Informationen abschirmen, die eine realistische Berufswahl fördern. Die Einschätzungen der eigenen Fähigkeit wurden mit objektiven Studien- und Testleistungsdaten verglichen. Es stellte sich heraus, daß Mißerfolgsmotivierte ihre Fähigkeiten bei weitem weniger treffend einschätzen als die Erfolgsmotivierten.

Ausdauer

Wenn das Risikowahl-Modell angeben kann, unter welchen Bedingungen Leistungsmotivation stark oder schwach wird, dann müßte das Modell neben der Schwierigkeitsbevorzugung von Aufgaben besonders alle Phänomene erklären, die unmittelbar von der Motivationsstärke abzuhängen scheinen, wie die Intensität und Ausdauer von Aufgabentätigkeit. Da man Unterschiede der Ausdauer unmittelbarer fassen kann als Unterschiede der Anstrengungsintensität, wollen wir uns zunächst der Ausdauer zuwenden. Ausdauer, auch Persistenz genannt, kann in verschiedenen Formen auftreten; einmal als Dauer der kontinuierlichen Beschäftigung mit einer Aufgabe, zum anderen als Wiederaufnahme unterbrochener oder mißlungener Aufgaben und schließlich als langfristige Verfolgung eines übergreifenden Zieles.

Es liegt auf der Hand, daß individuelle Unterschiede der Ausdauer – neben Unterschieden der Anstrengungsintensität – die erzielten Leistungsergebnisse beeinflussen und daß es besonderer experimenteller Kontrolle bedarf, beide Effekte unabhängig voneinander zu erfassen. Bei der Darstellung der motivationspsychologischen Klärung des Ausdauerverhaltens werden wir der Theorieentwicklung folgen. Wir beginnen mit Befunden einfacher Motivkorrelate. Erst eine von Feather (1961) entwickelte Technik zur allmählichen Änderung der Erfolgswahrscheinlichkeit der bearbeiteten Aufgabe hat dann den Erklärungswert des Risikowahl-Modells für Ausdauerverhalten voller ausgeschöpft. Die experimentelle Analyse ist von Nygard (1975; 1977), der für die Randbereiche der Erfolgswahrscheinlichkeit eine Revision des Modells vorgeschlagen hat, weiter präzisiert worden. Da man zur Änderung der Erfolgswahrscheinlichkeit bei der Bearbeitung eines Aufgabentyps Mißerfolg induzierte, hatten die Ausdauer-Studien mit der Wiederaufnahme mißlungener Tätigkeiten zu tun. Dafür haben Atkinson u. Cartwright (1964) die Erweiterung des Modells um sog. Trägheitstendenzen vorgeschlagen; eine Erweiterung, die von Weiner (1965 a, b) vervollständigt wurde. Während Trägheitstendenzen die Nachwirkungen unerledigter Absichten auf die Ausdauer erklären sollen, wird die dritte Form der Ausdauer offensichtlich durch die Zugkraft weitgesteckter Ziele motiviert. Dem hat Raynor (1969) durch eine Elaboration des Modells Rechnung zu tragen versucht, die die Zukunftsorientierung gegenwärtiger Aufgabentätigkeit für künftige Zielerreichung formalisiert. Ausdauer bei langfristiger Zielverfolgung schließlich führt zu erhöhter kumulativer Leistung, wie wir am Schluß des Kapitels erörtern werden.

Ausdauer als einfaches Motivkorrelat

Beginnen wir mit Ausdauer als einem einfachen Motivkorrelat. Hochmotivierte unter 8jährigen Jungen, denen Winterbottom (1958) Zusammensetz-Aufgaben vorlegte, fragten weniger oft um Hilfe und lehnten vorgeschlagene Ruhepausen häufiger ab als Niedrigmotivierte. French u. Thomas (1958) setzten erwachsene Vpn an eine komplexe Problemaufgabe, über deren richtige Bearbeitung die Vpn keinerlei Rückmeldung erfuhren. Hochmotivierte hielten länger aus als Niedrigmotivierte, wenn es freigestellt war, jederzeit vor dem Ende der 35-minütigen Sitzung abzubrechen. Tabelle 9.6 enthält die Ergebnisse.

Atkinson u. Litwin (1960) registrierten, wann Studenten in einer dreistündigen Semesterabschluß-Klausur ihre Arbeiten abgaben.

Tabelle 9.6. Mittlere Bearbeitungsdauer einer komplexen Problemaufgabe und Anzahl der Hoch- und Niedrigmotivierten, die vorzeitig abbrechen oder bis zum Ende durcharbeiten. (Nach French u. Thomas, 1958, S. 46)

	Mittlere Bearbeitungszeit (Min)	Anzahl der Vpn	
		vorzeitig abgebrochen	bis Ende durchgearbeitet
Hoch-Leistungsmotivierte	27,14	25	22
Niedrig-Leistungsmotivierte	13,79	44	1

Erfolgsmotivierte gaben später ab als Mißerfolgsmotivierte, d. h. sie arbeiteten ausdauernder an der Bearbeitung der gestellten Fragen. Scheinbar das Gegenteil hat Smith (1964) gefunden. Erfolgsmotivierte (nAch-TAQ) arbeiteten weniger lang an einer Semesterabschluß-Klausur als Mißerfolgsmotivierte. Smith vermutet, daß sein Examen leichter gewesen sein muß als das von Atkinson u. Litwin. War das Examen leicht, so sollten nach dem Risikowahl-Modell Mißerfolgsmotivierte länger bei der Sache bleiben als bei einem mittelschweren Examen; bei Erfolgsmotivierten sollte es umgekehrt sein. Diese Modellableitungen sind für die Mißerfolgsmotivierten – genau genommen – nur dann korrekt, wenn für sie eine gewisse zusätzliche extrinsische Motivationstendenz bestanden hätte, in der Examenssituation zu bleiben; oder wenn für sie die Alternativ-Aktivität nach Abbrechen des Examens noch etwas abschreckender wäre, als weiterhin an den Prüfungsfragen zu arbeiten. Denn nach dem Modell sollten die Mißerfolgsmotivierten Aufgabentätigkeiten aller Schwierigkeitsgrade meiden.

Smith erschloß ganz grob die subjektiven Erfolgswahrscheinlichkeiten, indem er seine 146 Vpn nach ihren Intelligenztestwerten in Begabtere und weniger Begabte aufteilte (IQ über oder unter 127). Die nachträglichen Analysen sprechen für die Vermutung von Smith, daß sich im Sinne des Modells eine Interaktion zwischen Motiv und Erfolgswahrscheinlichkeit andeutet. Zwischen Mißerfolgsmotiv (TAQ) und Bearbeitungsdauer gab es bei hoher Erfolgswahrscheinlichkeit (begabtere Gruppe) eine positive Korrelation von +0,41, nicht dagegen bei niedrigerer – vermutlich mittlerer – Erfolgswahrscheinlichkeit in der weniger begabten Gruppe (+0,07). Bei den Erfolgsmotivierten waren die Korrelationen eher umgekehrt: Bei leichterem Schwierigkeitsgrad (begabtere Gruppe) war die Ausdauer geringer (−0,27) als bei höherem Schwierigkeitsgrad (+0,10).

Feathers Bedingungsanalyse

Eine schärfere Bedingungsanalyse der Ausdauer ist Feather (1961; 1962; 1963b) mit einer besonderen Experimentiertechnik gelungen. Um sie zu realisieren, konnte nicht mehr wie in den bisher berichteten Studien die Dauer der kontinuierlichen Beschäftigung mit einer Aufgabe herangezogen werden. Vielmehr wurde Mißerfolg bei der wiederholten Beschäftigung mit Aufgaben des gleichen Typs induziert und geschaut, wann die Vp zu einer vorweg angebotenen Alternativ-Tätigkeit an einer anderen Aufgabenart überging. Mit dieser Technik kann (neben der anfänglich mitgeteilten Erfolgswahrscheinlichkeit der Hauptaufgabe) zweierlei kontrolliert werden. Einmal wird durch die wiederholte Mißerfolgsinduktion die anfängliche Erfolgswahrscheinlichkeit (We) kontinuierlich vermindert. Auf diese Weise läßt sich erreichen, daß eine anfänglich hohe We sich zunehmend einer We von 0,50 annähert, oder eine anfänglich niedrige We sich zunehmend weiter davon entfernt. Da bei einer We von 0,50 sich die Motivation von Erfolgs- und Mißerfolgsmotivierten maximal unterscheidet, muß Annäherung oder Entfernung von diesem Punkt auch jeweils gegensätzliche Wirkungen bei beiden Motivgruppen haben. Zum anderen kann die We der Alternativtätigkeit festgelegt werden, so daß die Ausdauer näherhin auf eine Wahlentscheidung zwischen verschieden hohen We zurückgeführt und ihre Übereinstimmung mit Voraussagen des Modells überprüft werden kann.

In einem ersten Experiment teilte Feather (1961) seine studentischen Vpn in eine erfolgsmotivierte und eine mißerfolgsmotivierte Gruppe nach den Kennwerten für nAch und TAQ. Die Vpn mußten die Linien einer Strichfigur nachfahren, ohne den Bleistift abzuheben (eine nicht lösbare Aufgabe). Es gab davon 4 Aufgaben, und den Vpn wurde vorweg klargemacht, daß sie zur zweiten Aufgabe überwechseln konnten, wann immer sie es wünschten. Der einen Hälfte jeder Motivgruppe wurde die Aufgabe als leicht, der anderen Hälfte als schwer ausgegeben, indem im ersten Falle darauf hingewiesen wurde, daß ungefähr 70% der gleichaltrigen Studenten die (erste) Aufgabe lösen könne und im zweiten Falle nur ungefähr 5 Prozent. (Bei aller sonstigen Schärfe enthält dieses Vorgehen zwei Schwächen; einmal, daß die Erfolgswahrscheinlichkeit durch Bezugsgruppen-Vergleich zu induzieren versucht wurde und zum anderen, daß die We der Alternativtätigkeit (zweite Aufgabe) nicht vorweg festgelegt wurde.)

Aus dem Risikowahl-Modell folgerte Feather, daß (1) Erfolgsmotivierte mehr Ausdauer zeigen, wenn die ursprüngliche We der ersten Aufgabe hoch ist, als wenn sie niedrig ist (denn im ersten Falle nähert sie sich nach vergeblichen Lösungsversuchen dem Punkt von We = 0,50, während sie sich im zweiten Falle davon entfernt). Für die Mißerfolgsmotivierten gilt das Umgekehrte: (2) Sie zeigen mehr Ausdauer bei einer anfänglich für schwer gehaltenen Aufgabe als bei einer für leicht gehaltenen Aufgabe. Die in Tabelle 9.7 aufgeführten Befunde bestätigen diese Folgerungen. Wie die Tabelle zeigt, lassen sich die Unterschiede der Ausdauer weder als ein Haupteffekt bei der Motivgruppe noch als ein Haupteffekt des anfänglichen Schwierigkeitsgrades, sondern nur als ein Interaktionseffekt von Motiv *und* Erfolgswahrscheinlichkeit erklären; ganz wie es nach dem Risikowahl-Modell sein sollte.

Zu den beiden genannten hatte Feather noch zwei weitere Hypothesen aufgestellt und bestätigt gefunden, nämlich, daß (3) bei geringerer Anfangsschwierigkeit Erfolgsmotivierte ausdauernder als Mißerfolgsmotivierte seien und daß (4) bei hoher Anfangsschwierigkeit Mißerfolgsmotivierte ausdauernder als Erfolgsmotivierte seien. Die letzte Hypothese widerspricht dem Risikowahl-Modell und ist falsch abgeleitet. Wie aus Abb. 9.2 abzulesen ist, bleibt auch bei ganz geringen Erfolgswahrscheinlichkeiten die resultierende Tendenz für Erfolgsmotivierte immer positiv und für Mißerfolgsmotivierte immer negativ. Berücksichtigt man jedoch die Erfolgswahrscheinlichkeit der Alternativtätigkeit (die ja unattraktiver bleiben muß als die Erfolgswahrscheinlichkeit der Haupttätigkeit, damit Ausdauer erhalten bleibt), so ist Feathers 4. Hypothese nicht ohne theoretischen Rückhalt, ohne daß dies allerdings von Feather dargelegt worden wäre. Denn zwar ist die resultierende Tendenz für die Anfangsaufgabe bei den Erfolgsmotivierten immer ein wenig stärker als bei den Mißerfolgsmotivierten. Jedoch ergibt sich gleichzeitig ein sehr großer Unterschied zwischen beiden Motivgruppen hinsichtlich der Alternativaufgabe, wenn man annimmt, daß deren Erfolgswahrscheinlichkeit (da vorweg unspezifiziert) etwa als mittelhoch angenommen wird. Dann ist für die Erfolgsmotivierten die Alternativaufgabe sehr attraktiv, für die Mißerfolgsmotivierten dagegen maximal abschreckend; so daß es plausibel wäre, daß die Mißerfolgsmotivierten nur deshalb ausdauernder sind, weil die Alternativaufgabe noch weit mehr abschreckend ist als die Anfangsaufgabe. Tatsächlich hat sich die 4. Hypothese bestätigt wie Tabelle 9.7 zeigt. Die nachträgliche Begründung dieser Hypothese macht deutlich, daß die anfängliche Erfolgswahrscheinlichkeit der Alternativtätigkeit und auch ihr Wandel während des Versuchs kontrolliert werden muß.

In einem weiteren Experiment hat Feather (1963b) die Erfolgswahrscheinlichkeit der Alternativaufgabe auf We = 0,50 festgelegt und die Schwierigkeit der Anfangsaufgabe nicht mehr variiert. Die anfängliche Aufgabe wurde als sehr schwierig ausgegeben, nur 5 Prozent der Bezugsgruppe könne sie lösen. Unter dieser Bedingung sollten, wie wir gerade anläßlich der 4. Hypothese der früheren Studie erörtert haben, Mißerfolgsmotivierte weit ausdauernder sein als Erfolgsmotivierte.

Tabelle 9.7. Anzahl der Vpn mit hoher und geringer Ausdauer, aufgeteilt nach Motivgruppe und anfänglicher Aufgabenschwierigkeit. (Nach Feather, 1961, S. 558)

Motiv-gruppe	Schwierig-keitsgrad	Ausdauer	
		hoch	niedrig
Erfolgs-motivierte	leicht	6	2
	schwer	2	7
Mißerfolgs-motivierte	leicht	3	6
	schwer	6	2

Die Ergebnisse fielen auch in dieser Richtung aus, allerdings nur schwach ($p < 0,10$; einseitig getestet). Da die Vpn We-Schätzungen zur anfänglichen Aufgabe abgegeben hatten, stellte sich heraus, daß die We-Induktion für die anfängliche Aufgabe keineswegs so einheitlich gelungen war. Wie eine nachträgliche Analyse aufgrund der individuellen We-Einschätzungen ergab, waren – wie zu erwarten – Erfolgsmotivierte um so weniger ausdauernd, je mehr sie die Aufgabe von Anfang an für sehr schwierig gehalten hatten.

Insgesamt läßt sich sagen, daß die Featherschen Ausdauer-Studien das Risikowahl-Modell mit einer bisher nicht gekannten Eleganz und Schärfe geprüft und bestätigt haben. Gleichzeitig aber machen sie auch deutlich, daß die methodischen Möglichkeiten, detaillierte Modellableitungen zu prüfen, schnell erschöpft sind. Nach wie vor hat man mit dem Problem zu kämpfen, wie man subjektive (d. h. tatsächlich wirksame) Erfolgswahrscheinlichkeit induzieren, kontrollieren und – überhaupt – getreuer erfassen kann.

Nygards Modellrevision

Nygard (1975; 1977) hat die Featherschen Ausdauerstudien mit gesteigerter experimenteller Präzision und Umsicht fortgeführt (so hat er z. B. die induzierten Schwierigkeitsgrade durch We-Einschätzungen der Vpn selbst überprüft). Besonderes Augenmerk hat er den Randbereichen der Erfolgswahrscheinlichkeit gewidmet. Nach dem Risikowahl-Modell wird hier der Unterschied zwischen beiden Motivgruppen immer geringer, wobei nur die Erfolgsmotivierten – wenn auch minimal – aufsuchend motiviert bleiben. Das scheint jedoch Befunden zu widersprechen, die statt Ausdauer als abhängige Variable Leistungsergebnisse herangezogen haben. Nygard führt dazu eine Reihe von Belegen an. So hat bei sehr leichten Aufgaben z. B. Heckhausen (1963a) gefunden, daß Mißerfolgsmotivierte beim Addieren einstelliger Zahlenpaare größere Mengenleistungen als Erfolgsmotivierte erzielen. Für eine Leistungsüberlegenheit der Mißerfolgsmotivierten findet er noch weitere Belege (z. B. Miles, 1958). Er revidiert das Modell in einer solchen Weise, daß sich die Funktionen der resultierenden Tendenz beider Motivgruppen in den beiden Randbereichen der Erfolgswahrscheinlichkeit überschneiden. Wie Abb. 9.12 zeigt, sind bei sehr leichten und sehr schweren Aufgaben Mißerfolgsmotivierte positiv und Erfolgsmotivierte negativ motiviert.

Zur theoretischen Begründung verbindet Nygard das Risikowahl-Modell mit einigen Aussagen der Aktivationstheorie zur „optimalen Stimulation" (Hebb, 1955; Berlyne, 1960; vgl. Kap. 4). Die Überlegung dabei ist in aller Kürze die folgende. Wachsende Aufgabenanforderungen stellen auch eine wachsende Stimulation dar. Mittlere Stimulationsgrade besitzen größte Attraktivität. Leistungsaufgaben von unterschiedlicher Schwierigkeit belegen auf der Stimulationsskala für die Erfolgsmotivierten die untere Hälfte: Mittlere Schwierigkeitsgrade verursachen mittlere optimale Stimulation, geringe und sehr hohe Schwierigkeitsgrade verursachen zu wenig Stimulation. Für die Mißerfolgsmotivierten belegen Schwierigkeitsunterschiede demgegenüber die obere Hälfte der Stimulationsskala: Mittlere Schwierigkeitsgrade verursachen sehr hohe (unangenehme) Stimulation, niedrige oder hohe Schwierigkeitsgrade dagegen mittlere optimale Stimulation.

Von Nygards Modell-Revisionen lassen sich keine Hypothesen zum Ausdauerverhalten ableiten, die sich in ihrer Richtung vom Risikowahl-Modell unterscheiden; lediglich müßten die Unterschiede zwischen den beiden Motivgruppen sich bei extrem leichten oder schweren Aufgaben quantitativ stärker ausprägen. Anhand quantitativer Unterschiede zwischen Modell und Modellrevision zu entscheiden, ist jedoch bei der Unschärfe der Operationalisierung der Konstruktvariablen ein wenig aussichtsvolles Unterfangen. Das zeigte sich auch an Nygards Ergebnissen. Soweit die Ergebnisse dem revidierten Modell entsprachen, ließen sie sich aus dem ursprünglichen Modell erklären. Zog man allerdings statt Ausdauer Leistungsergebnisse heran, so waren besonders in leichten Aufgaben die Mißerfolgsmotivierten den Erfolgsmotivierten beträchtlich überlegen (d. h. leichte

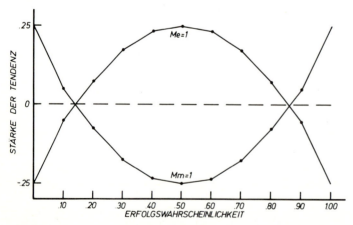

Abb. 9.11. Erfolgstendenzen (wenn Erfolgsmotiv, Me = 1) und Mißerfolgstendenzen (wenn Mißerfolgsmotiv, Mm = 1) als Funktion der Erfolgswahrscheinlichkeit aufgrund Nygards Revision des Risikowahl-Modells. (Nach Nygard, 1977, S. 111)

Schwierigkeit als Anfangsaufgabe vs. mittlere Schwierigkeit als Alternativaufgabe). Das spricht für die Modellrevision.

In seinen Studien hat Nygard drei Konstellationen von Anfangs- und Alternativaufgaben untersucht: mittelschwer vs. leicht; leicht vs. mittelschwer; sehr schwer vs. mittelschwer; und zwar jeweils mit verschiedenen Aufgabenarten. Die Bedingung „sehr schwer vs. mittelschwer" ergab im Unterschied zu den beiden anderen Konstellationen weder modellgerechte noch interpretierbare Ergebnisse. Am klarsten fielen die Ergebnisse in der Konstellation „leicht vs. mittelschwer" aus: Mit stärkerem Mißerfolgsmotiv nahm (wie erwartet) die Ausdauer bei der leichten Anfangsaufgabe zu und mit stärkerem Erfolgsmotiv ab, wie Abb. 9.12 zeigt. Die Aufgabe bestand im Nachzeichnen einer Reihe einfacher Figuren; auf 5 Seiten eines Heftes waren je 15 Zeilen auszufüllen. Die Alternativaufgabe befand sich in einem Umschlag. Über ihre Art (Rechenaufgabe) wurde nichts vorher mitgeteilt; lediglich, daß die Aufgabe mittelschwer sei. Die beiden Motivgruppen wurden nach dem Fragebogenverfahren von Gjesme u. Nygard (1970) ausgelesen.

In der umgekehrten Konstellation „mittelschwer vs. leicht" (statt „leicht vs. mittelschwer") zeichneten sich – wie erwartet – auch die gegenläufigen Befunde ab, allerdings mit geschlechtsspezifischen und We-spezifischen Sondereffekten. Erfolgsmotivierte Jungen waren ausdauernder als mißerfolgsmotivierte, insbesondere wenn sie die Aufgabenschwierigkeit zunächst (relativ) unterschätzten. Da das letztere auch für die Mädchen zutraf, ergab sich ein Haupteffekt für We. Dieser We-Effekt innerhalb der Versuchsbedingungen, der im übrigen modellgerecht ist, zeigt, wie problematisch und schwierig die experimentelle Realisation der theoretisch geforderten Erfolgswahrscheinlichkeiten ist.

Insgesamt bestätigt die präzisierte Versuchstechnik die Featherschen Befunde. Ob Erfolgsmotivierte oder Mißerfolgsmotivierte ausdauernder sind, hängt davon ab, ob die ersteren bei einer mittelschweren Aufgabe und die letzteren bei einer nicht-mittelschweren Aufgabe verweilen können. Ausdauer ist jener leistungsthematische Parameter, in dem sich bis heute die Modell-Logik einer Interaktion von Motiv und Erfolgswahrscheinlichkeit am deutlichsten hat demonstrieren lassen.

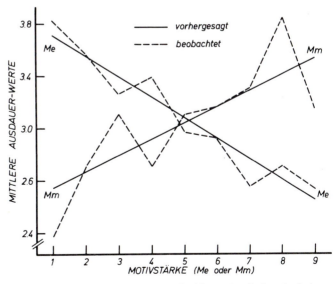

Abb. 9.12. Mittlere Ausdauer-Werte bei einer leichten Aufgabe, wenn die Alternativaufgabe mittelschwer ist, in Abhängigkeit von der Stärke des Erfolgsmotivs (Me) und des Mißerfolgsmotivs (Mm). Die vorhergesagten Ausdauer-Werte beruhen auf Nygards Revision des Risikowahl-Modells. (Nach Nygard, 1977, S. 205)

„Trägheitstendenz" des Unerledigten: Eine Modell-Ergänzung

Wie die Bedingungsanalysen von Feather und Nygard gezeigt haben, hängt die Ausdauer, mit der man eine gegenwärtige Handlung weiterverfolgt, entscheidend von der konkurrierenden Handlungstendenz für Alternativtätigkeit ab. Um Ausdauer motivationspsychologisch zu verstehen, darf die Betrachtung sich also nicht allein auf die in Gang befindliche Aktivität beschränken, sie muß gleichzeitig vorhandene aber latente Kräfte zugunsten alternativer Aktivitäten mitberücksichtigen. Das erinnert an Lewins (1926a) Modellvorstellung vom „gespannten System", d. h. an die Nachwirkungen unerledigter Handlungen, wie sie als „Zeigarnik-Effekt" und „Ovsiankina-Effekt" beobachtbar gemacht wurden (vgl. Kap. 5). Eine unterbrochene Handlung hinterläßt eine „Restspannung", eine unerledigte Handlungstendenz, die sich zu Wort meldet, sobald sie nicht mehr von einer anderen und stärkeren Handlungstendenz latent gehalten wird. So nimmt in der Studie von Ovsiankina (1928) die Vp in einer unbeobachteten Versuchspause die Arbeit an der unterbrochenen Aufgabe wieder auf.

Differenziert man die Vpn nach der Ausprägung ihres Leistungsmotivs, so fand man in frühen Untersuchungen, in denen die subjektive Erfolgswahrscheinlichkeit der Aufgaben noch nicht kontrolliert wurde, daß ein Zeigarnik-Effekt (vgl. Abb. 6.6: Atkinson, 1953; Moulton, 1958; Heckhausen, 1963a; Weiner, 1966a) oder ein Ovsiankina-Effekt (Weiner, 1965a) sich eher bei Hochmotivierten (oder Erfolgsmotivierten) einstellt. Ein Kriterium fortbestehender Handlungstendenzen ist auch die Attraktivität von Aufgaben. Konnte sich die Vp eine von zwei annähernd (für sie) mittelschweren Aufgaben zur Bearbeitung aussuchen, so stieg, wie Heckhausen et al. (1970; vgl. Abb. 6.14) fanden, nach Mißerfolg für Erfolgsmotivierte die Attraktivität dieser Aufgabe, während sie für Mißerfolgsmotivierte abfiel.

In allen Fällen haben wir es damit zu tun, welche Effekte Erfolg und Mißerfolg auf die Motivation bei erneuter Beschäftigung mit der gleichen oder ähnlichen Tätigkeit haben. Solche Nachwirkungen haben z. B. Moulton (1965) für die Aufgabenwahl, Feather (1961; 1962; 1963b) für die Ausdauer und andere Untersucher – wie wir noch erörtern werden – für Leistungsresultate nachgewiesen. Zur Erklärung bietet sich nach dem Risikowahl-Modell jene seiner Variablen an, die allein situationsabhängig ist, die Erfolgswahrscheinlichkeit.

Sie ändert sich mit Erfolg und Mißerfolg bei wiederholter Aufgabentätigkeit und führt – je nach Annähern oder Abwandern vom Punkt mittlerer Erfolgswahrscheinlichkeit – zu gegenläufigen Änderungen der resultierenden Handlungstendenz in Erfolgs- und Mißerfolgsmotivierten. Bei einer solchen Betrachtung ist die Nachwirkung der früheren Motivation nicht unmittelbar wie im Falle einer Restspannung nach Lewin. Sie ist vielmehr nur ein mittelbares Erfahrungsprodukt: Nach Mißerfolg erscheint die gleiche Aufgabe nun schwerer. An der Situation hat sich etwas geändert, aber nichts am Handelnden, wenn er erneut in eine Handlung eintritt und die gleiche Aufgabe wieder aufnimmt. Die Motivation ist völlig von jeder neu auftretenden Situation abhängig. Nach dem Risikowahl-Modell ist der Handelnde mit seiner überdauernden Motivprägung völlig stimulusgebunden. Sein Handeln ist ausschließlich seiner jeweiligen Erfolgserwartung ausgeliefert.

Das widerspricht der Konzeption eines aktiven Organismus, einer zielgerichteten Aktivität über weite Zeitstrecken mit vielen Unterbrechungen und Hindernissen. Schon Freud (1915) hatte postuliert, daß Wünsche (Triebreize) wirksam bleiben, bis sie erfüllt sind. Nach Lewin (1926; 1935) bleibt ein gespanntes System erhalten, bis sich eine Gelegenheit zur Erledigung eines unbefriedigt gebliebenen Bedürfnisses ergibt. Atkinson u. Cartwright (1964) haben durch eine Ergänzung des Modells dieser offenkundigen Tatsache fortbestehender Tendenzen Rechnung zu tragen versucht. Sie fügen der Erfolgstendenz (Te) eine sog. „Trägheitstendenz" (TGi) hinzu:

$$Te = (Me \times We \times Ae) + TGi.$$

TGi ist eine aus früherer Tätigkeit herrührende fortbestehende und unbefriedigte Tendenz. Das große G (von g = goal) soll bedeuten, daß es sich um eine *generelle* Tendenz handelt, die sich jeder nachfolgenden Erfolgstendenz für alle besonderen Tätigkeiten hinzuaddiert. Diese behauptete Unspezifizität der Übertragbarkeit von Trägheitstendenzen auf alle späteren Tendenzen der gleichen Motivklasse ist übrigens bis heute nicht überprüft worden. Die Untersuchungen über Ersatzhandlungen von Lissner (1933), Mahler (1933) und Henle (1944) deuten vielmehr auf eine Spezifität solcher Tätigkeiten, die einen Ersatzwert für unerledigte Handlungstendenzen haben (vgl. Kap. 5). Das Subskript i in TGi bedeutet *„inertial"*, d. h. träge. Eine Trägheitstendenz ist nicht nur bei der unmittelbaren Wiederaufnahme einer gescheiterten Tätigkeit wirksam. Sie bleibt auch bestehen, wenn eine andere Aktivität zunächst an Stelle der ursprünglichen tritt, sie also von einer stärkeren Handlungstendenz überdeckt wird. Sie verschwindet erst wieder, wenn sie befriedigt wird oder sich schließlich „auflöst" (*dissipates;* so wie ein bewegter Körper schließlich aufgrund der Reibung zum Stillstand kommt, anderenfalls würde sich seine Bewegung stets in gleicher Weise fortsetzen).

Den Begriff der Trägheitstendenz haben Atkinson u. Cartwright (1964) in Analogie zur Newtonschen Bewegungsmechanik gebildet. Newton postuliert die Trägheit *(inertia)* der Masse eines Körpers als Widerstand gegen Änderungen des jetzigen Bewegungszustands in seinem ersten Gesetz der Bewegungsmechanik. Atkinson sieht die folgende Analogie. Der sich immer bereits in Bewegung befindlichen trägen Masse entspricht die ursprüngliche und fortbestehende Handlungstendenz. Eine neu von außen einwirkende Kraft (die neu in der momentanen Situation entstandene Handlungstendenz) erzeugt nicht Bewegung, sondern verändert nur die bereits bestehende. Im Hinblick auf dieses erste Gesetz der Bewegungsmechanik erheben Atkinson u. Cartwright die Trägheitstendenz zu einem „ersten Prinzip der Motivation". Atkinson hat diesen Grundgedanken konsequent fortgeführt. So muß in aller Regel mehr als eine Handlungstendenz gleichzeitig bestehen, von denen jeweils die stärkste sich im Verhalten durchsetzt, bis das Stärkeverhältnis der Tendenzen sich ändert und eine vormals schwächere Tendenz dominiert und einen Tätigkeitswechsel herbeiführt. Wir haben es hier mit dem im 1. Kapitel angeführten 5. Motivationsproblem, dem Wechsel und der Wiederaufnahme von Aktivitäten, zu tun. Zu einem vollen Theoriesystem ist dieser Grundgedanke in „Dynamics of Action" von Atkinson u. Birch (1970; 1974; 1978) ausgebaut worden. Wir kommen im 12. Kapitel darauf zurück. Die neue Problemperspektive tritt aus dem folgenden Atkinson-Zitat klar hervor:

> The forms of interest must turn from the initiation, persistence, and cessation of the single goal-directed episode to the juncture or joint between two episodes that constitutes the cessation of one and the initiation of another (Atkinson, 1969a, S. 106).

Elaboration und Überprüfung durch Weiner

Ehe die Modellerweiterung experimentell überprüft wurde, hatte sie Weiner (1965a, 1970) erweitert. Atkinson u. Cartwright hatten nur für die Erfolgstendenz eine (positive) Trägheitstendenz angenommen. Weiner führte sie konsequenterweise auch für die Mißerfolgstendenz ein. Danach besteht nach einem Mißerfolg sowohl die vorherige Erfolgstendenz (als TGi) wie die Mißerfolgstendenz (als T-Gi) fort. Damit lautet die Formel für die resultierende Tendenz (Tr), einschließlich beider Trägheitstendenzen:

$$Tr = (Me \times We \times Ae + TGi) + (Mm \times Wm \times Am + T\text{-}Gi).$$

Es kommt so zu einer resultierenden Trägheitstendenz, die bei Erfolgsmotivierten stets positiv ist, d. h. die Motivation für die nachfolgende Tätigkeit stets erhöht; denn bei den Erfolgsmotivierten ist ja die Erfolgstendenz immer stärker als die Mißerfolgstendenz. Bei Mißerfolgsmotivierten ist dagegen die resultierende Trägheitstendenz stets negativ, d. h. der Wiederaufnahme der mißlungenen Tätigkeit wird entgegengewirkt. Im Falle der Mißerfolgsmotivierten kommt die ursprüngliche und die erweiterte Fassung des Trägheitskonzepts zu gegensätzlichen Voraussagen. Nach Atkinson u. Cartwright werden alle Personen (d. h. neben den Erfolgsmotivierten auch die Mißerfolgsmotivierten) nach Mißerfolg mehr als vorher für die mißlungene Tätigkeit motiviert. Nach Weiners ergänzter Fassung haben die Mißerfolgsmotivierten dagegen einen Motivationsverlust und die Erfolgsmotivierten einen Motivationszuwachs.

In mehreren Studien hat Weiner (1965b; 1970) das um positive und negative Trägheitstendenzen erweiterte Risikowahl-Modell experimentell geprüft. Dabei galt es, eine Schwierigkeit zu lösen, nämlich Effekte der Trägheitstendenzen von Effekten sich ändernder Erfolgswahrscheinlichkeit zu isolieren. Weiner verwendete Feathers Technik und gab den Vpn eine Aufgabe, die nach sozialen Vergleichsnormen entweder schwer (We = 0,30) oder leicht (We = 0,70) sein sollte.

Die erfolgs- und mißerfolgsmotivierten Vpn in der Bedingung We = 0,30 erhielten wiederholt Mißerfolg; und die Vpn in der Bedingung We = 0,70 erhielten wiederholt Erfolg. In beiden Gruppen ändert sich somit die Erfolgswahrscheinlichkeit in Richtung auf die Endpunkte der Skala: von 0,30 gegen 0,00 und von 0,70 gegen 1,00. Weiner setzt voraus, daß das Ausmaß der We-Änderung nach Mißerfolg immer genau so groß ist wie nach Erfolg (und lediglich gegenläufig ist).

Da die We-Werte in der Erfolgs- wie in der Mißerfolgsbedingung symmetrisch verteilt sind, d. h. gleich weit von We = 0,50 entfernt sind, ist der motivierende Einfluß der Erfolgswahrscheinlichkeit für beide Bedingungen innerhalb jeder Motivgruppe gleich gehalten. (Voraussetzung ist allerdings, daß beide Vpn-Gruppen tatsächlich mit den We = 0,30 und 0,70 beginnen und dann nach jedem Erfolg bzw. Mißerfolg in gleichen Schritten sich den Endpunkten der Skala annähern.) Deshalb müßten Unterschiede zwischen Erfolgs- und Mißerfolgsbedingung allein auf die Nachwirkungen von Mißerfolg, auf resultierende Trägheitstendenzen, zurückgehen.

Weiner ließ seine Vpn im Einzelversuch Kodier-Aufgaben (Zahlen-Symbol-Test) bearbeiten. In der Mißerfolgsbedingung enthielt das Aufgabenheft mehr Einzelaufgaben, so daß bei gleicher Bearbeitungszeit die Vpn nicht fertig werden konnten. Zunächst wurde jedoch eine nicht-leistungsthematische Aufgabe – die Attraktivität von Werbeanzeigen beurteilen – eingeführt und 10 Minuten lang ausgeführt, dann begann die Kodier-Aufgabe. Leistungsmaß war die Schnelligkeit. Ausdauermaß war das Überwechseln zur ursprünglichen Beurteilungsaufgabe, was der Vp ausdrücklich als jederzeit möglich freigestellt worden war. Die Ergebnisse sprechen für das Wirken von Trägheitstendenzen. Erfolgsmotivierte arbeiteten nach Mißerfolg länger als nach Erfolg, bei den Mißerfolgsmotivierten war es tendenziell eher umgekehrt. Eindeutiger fielen die Befunde hinsichtlich des Leistungsparameters aus, die in Tabelle 9.8 enthalten sind. Im ersten Durchgang gab es zwischen beiden Motivgruppen keinen Unterschied. Für den zweiten Durchgang wurde generell etwas mehr Zeit gebraucht. Die Leistungsänderungen weisen eine signifikante Interaktion zwischen Motivgruppe und Bedin-

Tabelle 9.8. Mittlere Zeit (in Sekunden) von Erfolgs- und von Mißerfolgsmotivierten, um 60 Zahlen-Symbol-Kodierungen im ersten Durchgang und – nach Erfolg oder Mißerfolg – im zweiten Durchgang vorzunehmen. (Nach Weiner, 1965b; S. 437)

Bedingung	Erfolgsmotivierte			Mißerfolgsmotivierte		
	Durchgang		Differenz	Durchgang		Differenz
	erster	zweiter		erster	zweiter	
Erfolg (We = 0,70)	60,1	66,6	−6,5	60,6	62,8	−2,2
Mißerfolg (We = 0,30)	60,9	64,3	−3,4	60,9	70,4	−9,5

gung auf. Erfolgsmotivierte haben nach Mißerfolg eine bessere Leistung als nach Erfolg; Mißerfolgsmotivierte dagegen eine bessere nach Erfolg als nach Mißerfolg.

Trägheitstendenz oder veränderte Erfolgswahrscheinlichkeit?

Ob die Befunde eine Bestätigung des Trägheitsmodells sind, ist davon abhängig, ob die von Weiner gemachten Voraussetzungen über die hergestellten Erfolgswahrscheinlichkeiten zutreffen. Darüber liegen nicht von ihm selbst, wohl aber von Feather (1966) und von Feather u. Saville (1967) Befunde vor. Feather gab zur Induzierung des Schwierigkeitsgrades von Anagramm-Aufgaben soziale Vergleichsnormen von 70% (leicht) und von 30% (schwer) einer Bezugsgruppe an, die die Aufgaben lösen könnten. Das entspricht genau der Induzierung in Weiners Versuch. In aufeinanderfolgenden Durchgängen erhielten die Vpn fünfmal hintereinander Erfolg oder Mißerfolg. In Abb. 9.13 sind die von den Vpn geschätzten Erfolgswahrscheinlichkeiten abgetragen; und zwar für die beiden Bedingungen, die mit Weiners Versuch übereinstimmen: fortlaufend Erfolg nach anfänglicher Induzierung von We = 0,70 und fortlaufend Mißerfolg nach anfänglicher Induzierung von We = 0,30. Wie zu sehen ist, ist die anfängliche Induzierung mittels sozialer Vergleichsnorm nicht sehr durchschlagend; vor allem nicht bei der niedrigen Erfolgswahrscheinlichkeit von 0,30. Wichtiger sind in unserem Zusammenhang die Erwartungsänderungen. Mit laufendem Mißerfolg fallen die Erfolgswahrscheinlichkeiten stärker, als sie mit laufendem Erfolg steigen. Das gilt besonders für Mißerfolgsmotivierte in der Mißerfolgsbedingung. We fällt bei ihnen vom 1. zum 5. Durchgang um 0,40, bei den Erfolgsmotivierten nur um 0,27. Die Steigerung in der Erfolgsbedingung beträgt dagegen nur 0,17 vs. 0,08. Demnach sollten Mißerfolgsmotivierte aufgrund des Risikowahl-Modells nach Mißerfolg mehr Ausdauer zeigen als nach Erfolg. Da Weiners Befunde aber umgekehrt ausfielen, sind sie ein Beleg für Trägheitstendenzen und das erweiterte Modell: Mißerfolg erhöht die Motivierung der Erfolgsmotivierten und reduziert die Motivierung von Mißerfolgsmotivierten unabhängig von Erwartungsänderungen.

Weiners Befunde lassen sich aber, statt auf Trägheitstendenzen zurückzugreifen, auch

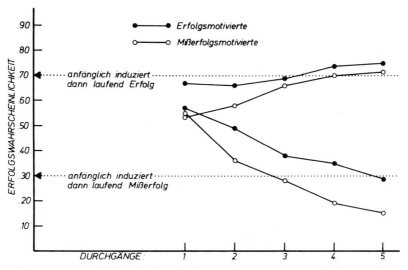

Abb. 9.13. Mittlere Schätzungen der Erfolgswahrscheinlichkeit von Erfolgs- und von Mißerfolgsmotivierten in fünf Durchgängen von Anagramm-Aufgaben mit anfänglich induzierter Erfolgswahrscheinlichkeit von .30 oder .70, wenn entweder laufend Erfolg oder Mißerfolg eintritt. (Nach Befunden von Feather, 1966)

anders erklären. Dazu hat Heckhausen (1968) auf seine asymmetrische Revision des Risikowahl-Modells hingewiesen. Wenn We zwischen 0,30 und 0,40 der Bereich maximaler Motivierung ist, so sind Erfolgsmotivierte nach anfänglicher Induzierung von We = 0,30 und nachfolgenden Mißerfolgen ungleich stärker motiviert als Mißerfolgsmotivierte. Denn wie Abb. 9.13 zeigt, bewegen sich die Erfolgsmotivierten in der We-Zone maximaler aufsuchender, die Mißerfolgsmotivierten aber maximaler meidender Motivierung. Es bedarf also keiner Trägheitstendenzen, um die motivabhängigen Unterschiede in Ausdauer und Leistung zu erklären. Auch die Befunde in weiteren Studien von Weiner (1966b; 1970; Weiner u. Rosenbaum, 1965), die Trägheitstendenzen aufgrund unterschiedlicher Leistung und Aufgabenwahl belegt sehen, lassen sich mit dem asymmetrischen Modell erklären.

Zwischen beiden Erklärungsmöglichkeiten hat Schneider (1973; 2. Kap., 2. Exp) zu entscheiden versucht. Nach einem Vorschlag von Heckhausen (1968) änderte er die Versuchsanordnung in einer Weise, daß sich für Trägheitstendenzen und für We-Effekte nach dem asymmetrischen Modell gegensätzliche Hypothesen ergeben. Statt wie bei Weiner (1965b) Trägheitstendenz (Mißerfolg) und maximale Motivierung (We = 0,30) zusammenfallen zu lassen, wurde beides getrennt. In einer Bedingung erhielten die Vpn nach einer etablierten anfänglichen We von ungefähr 0,10 fortlaufend Erfolg, kamen also schnell in den maximal motivierenden We-Bereich, ohne daß Trägheitstendenzen entstanden. In der anderen Bedingung erhielten die Vpn nach einer anfänglichen We von ungefähr 0,90 fortlaufend Mißerfolg, mußten also Trägheitstendenzen aufbauen, während sie zunächst noch weit vom maximal motivierenden We-Bereich entfernt blieben. Abb. 9.14 veranschaulicht den Schneiderschen Versuchsplan in Abhebung vom Weinerschen. Nach Heckhausens Alternativerklärung aufgrund des asymmetrischen Modells müssen jetzt Erfolgsmotivierte unter Erfolgsbedingung (Ausgangs-We = 0,10) stärker motiviert sein als unter Mißerfolgsbedingung (Ausgangs-We = 0,90), und Mißerfolgsmotivierte müßten geringer motiviert sein. Sind dagegen Trägheitstendenzen wirksam, so müßten sich alle Befundunterschiede umkehren. Statt der Interaktion von Motivgruppe und Anregungsgrad des We-Bereichs ist die Interaktion von Motivgruppe und Erfolg vs. Mißerfolg ausschlaggebend.

Mit Hilfe anschaulich gestaffelter Schwierigkeitsgrade konnte Schneider, wie ein eigens angestellter Vorversuch zeigte, in der Erfolgsbedingung ein anfängliches We von ungefähr 0,20 herstellen, das sich im zweiten Durchgang auf 0,40 erhöhte; in der Mißerfolgsbedingung ein anfängliches We von 0,75, das sich im zweiten Durchgang auf 0,70 verminderte. (Im siebten und letzten Durchgang betrugen die We-Werte in der Erfolgsbedingung 0,80 und in der Mißerfolgsbedingung 0,25.) Im zweiten Durchgang ist also bereits ein kritisches Stadium für die Alternativ-Hypothesen erreicht. Als Alternativ-Tätigkeit konnte die Vp Figuren danach beurteilen, wieweit sie ihr gefielen. Abhängige Variable waren Ausdauer und Leistungsveränderungen.

Die Ergebnisse fallen nicht eindeutig zugunsten einer Erklärung, sprechen insgesamt aber eher für das Trägheitsmodell. Was Aus-

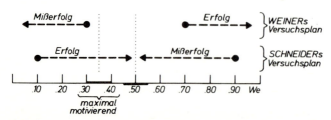

Abb. 9.14. Versuchsplan von Weiner (1965b) und von Schneider (1973, 2. Kap., Exp. 2) zur Trennung von Motivationseffekten der subjektiven Erfolgswahrscheinlichkeit (We) und der Trägheitstendenz nach Mißerfolg

dauer betrifft, so ist sie nach Mißerfolg in den ersten beiden Durchgängen in beiden Motivgruppen geringer als nach Erfolg. Das läßt sich weder mit Weiners noch mit Heckhausens Modell-Revision erklären. Allerdings sind es mehr Mißerfolgs- als Erfolgsmotivierte, die nach den ersten beiden Mißerfolgen abbrechen, was eher für das Wirken von Trägheitstendenzen spricht. Etwas eindeutiger sind die Leistungsveränderungen vom ersten zum zweiten Durchgang. Schon im ersten Durchgang gibt es keinen Unterschied zwischen den Bedingungen. Da die mitgeteilten Ausgangswahrscheinlichkeiten symmetrisch um 0,50 lagen, hätten nach Heckhausen Erfolgsmotivierte in den niedrigen We-Bedingungen (da näher an 0,30 bis 0,40) überlegen sein müssen. Zudem verringern die Erfolgsmotivierten nach dem ersten Mißerfolg ihre Bearbeitungszeit, nicht jedoch nach Erfolg. Die Mißerfolgsmotivierten verschlechtern sich unter beiden Bedingungen. Insgesamt sprechen die Befunde für das Trägheitsmodell. Das asymmetrische Modell kann die gefundenen differentiellen Wirkungen von Erfolg und Mißerfolg nicht erklären.

Wir kommen auf diese und andere Befunde Schneiders zurück, wenn wir erörtern, wieweit Leistungsergebnisse sich mit dem Risikowahl-Modell, ergänzt um Trägheitstendenzen oder nicht, erklären lassen. Hier sei schon darauf hingewiesen, daß Schneider (1973, 2. Kap., 1. Exp) in einer Replikation des Experiments von Weiner (1965b) einen Beleg für Trägheitstendenzen nicht finden konnte. Beide Motivgruppen erzielten nach Mißerfolg bessere Leistungen als nach Erfolg. Da es seitdem keine neueren Untersuchungen zum Trägheitsmodell gibt, ist seine Gültigkeit weiterhin offen. Schneider (1973) fand, daß die Eigenart der Aufgabe (Schwierigkeit, Komplexität, Menge vs. Güte) eine entscheidende und bisher übersehene Rolle spielt, wie wir noch sehen werden.

Differenzierung des Trägheitskonzepts für Aufgabenwiederholungen

Die Modellrevision nach dem Konzept der Trägheitstendenzen ist kürzlich in einer Formalisierung von Revelle u. Michaels (1976) weiter differenziert worden. Pate stand ein Postulat (Nr. 7) von Atkinson u. Birch (1970), nach welchem schon bloßes Tätigsein in einer Aufgabe „Befriedigungswert" (consummatory value, C) hervorbringt. Aufgrund dieses Postulats berücksichtigen Revelle u. Michaels zum einen die Anzahl der erfolglosen Versuche bei der Wiederaufnahme einer Aufgabe und zum anderen den Mangel an Befriedigungswert (1-C) bei Mißerfolg (vgl. kritisch dazu Kuhl u. Blankenship, 1979a). Unter dem letzteren ist ein Index zu verstehen, in welchem Ausmaß sich die unbefriedigte Motivation eines erfolglosen Versuchs auf den folgenden Versuch überträgt. Je stärker das der Fall ist (d. h. ein geringer oder kein Befriedigungswert des Mißerfolgs) und je mehr Versuche es seit dem letzten Erfolg bei dieser Aufgabe gegeben hat, um so stärker muß nach Revelle u. Michaels' Formalisierung die Motivationsstärke bei Erfolgsmotivierten anwachsen und bei Mißerfolgsmotivierten abnehmen. Das bedeutet – scheinbar paradox vom ursprünglichen Risikowahl-Modell her gesehen – daß mit wachsender Zahl erfolgloser Durchgänge Erfolgsmotivierte bei immer schwierigeren Aufgaben (abnehmende We) sich maximal anstrengen (stärkste Motivation haben). Nur vor dem ersten Versuch (oder nach einem erfolgreichen Versuch) liegt der Punkt maximaler Motivierung bei We = 0,50.

Aufgrund dieser Konzeption gelangen die Autoren zu einem asymmetrischen Modell, das im Ergebnis dem von Heckhausen (1968), Hamilton (1974) und Kuhl (1978b) ähnelt, jedoch den Grad der Asymmetrie von der Zahl der Durchgänge und vom Befriedigungswert des Mißerfolgs abhängig macht. Abb. 9.15 veranschaulicht dies. Belege für ihr differenziertes Trägheitsmodell sehen Revelle u. Michaels in Befunden Lockes (1968), nach denen Vpn sich um so mehr anstrengen (schneller arbeiten), je schwieriger die Aufga-

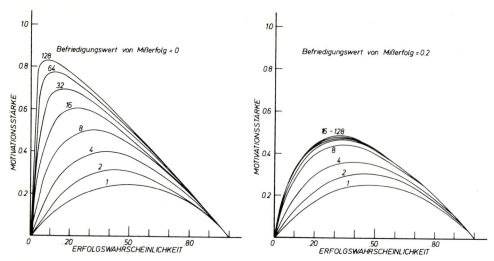

Abb. 9.15. Revelle u. Michaels' Differenzierung des Trägheitskonzepts: Erwartete Motivationsstärke von Erfolgsmotivierten als eine Funktion der Erfolgswahrscheinlichkeit und der Anzahl der Durchgänge seit dem letzten Erfolg. Die linke Kurvenschar gilt für einen Befriedigungswert für Mißerfolg von null, die rechte Kurvenschar für einen Befriedigungswert von 0.2. (Die Zahlen an den einzelnen Kurven geben die Zahl der Durchgänge seit dem letzten Erfolg an. Das Erfolgsmotiv ist gleich 1 und das Mißerfolgsmotiv gleich null gesetzt.) (Nach Revelle u. Michaels, 1976, S. 397)

ben sind, die zu bearbeiten sie sich vornehmen, so daß mit größerer Schwierigkeit auch die erzielte Leistung wächst. Wir haben es hier mit einem Zusammenhang zu tun, den schon 1912 Hillgruber als „Schwierigkeitsgesetz der Motivation" beschrieb (vgl. auch Ach, 1910). Aber mit wachsender Anstrengung lassen sich zunehmende Leistungssteigerungen nur bei einfachen Schnelligkeitsaufgaben erzielen, bei denen Menge pro Zeiteinheit aber kaum Güte der Bearbeitung zählt. Und das waren auch die Aufgaben, die Locke seinen Vpn gab. Insofern ist wieder übersehen worden, daß die Eigenart der Aufgabe etwas ausmacht. Revelle u. Michaels' Differenzierung des Trägheitskonzepts kann deshalb wohl auch nur für einfachere Schnelligkeitsaufgaben Gültigkeit beanspruchen.

Zukunftsorientierung: Eine Modell-Erweiterung

Die Modellerweiterung durch Elaboration des Trägheitskonzepts wie sie Revelle u. Michaels (1976) vorgenommen haben, hat Gültigkeit nur für erfolglose Wiederholungen der ständig gleichen Aufgabe. Es kommt, wie wir sahen, noch hinzu, daß diese Modellerweiterung nur für einen einfachen Aufgabentypus gilt, bei dem Anstrengung sich ziemlich unmittelbar in Mengenleistung umsetzt. Die ursprüngliche Formalisierung des Trägheitskonzepts durch Atkinson u. Cartwright (1964) war in einem wichtigen Punkte anspruchsvoller: Trägheitstendenzen sollten sich auf jede leistungsthematische Tätigkeit übertragen. Eigenartigerweise blieb dieser Anspruch unbeachtet und ungeprüft. Er taucht erst wieder auf in einer ganz anderen Modellerweiterung. Es ist ein theoretischer Ansatz, der nicht übriggebliebene Schubkräfte vergangener Handlungen in Gestalt von Trägheitstendenzen, sondern vielmehr Zugkräfte in Gestalt von Valenzen künftiger Handlungsziele der Motivation zur gegenwärtig anliegenden Handlung hinzufügt. Das ist der Anspruch von Raynors (1969; 1974a) Modellerweiterung der Zukunftsorientierung. Sie ist für alle Handlungen gedacht, die Station auf einem Handlungspfad sind, der in einiger Zukunft zu einem Oberziel führen soll. Eine zusätzliche

Motivationskomponente erhalten alle solche Handlungen – so verschieden sie auch voneinander sein mögen –, die auf einem solchen Handlungspfad zum Oberziel liegen. Schon jetzt sei gesagt, daß auch die Erweiterung aufgrund dieser Konzeption zu einer Asymmetrisierung des ursprünglichen Modells führt. Allerdings verlegt sich der Scheitelpunkt maximaler Motivierung im Unterschied zu den bisher erörterten Revisionen (so auch jener von Revelle u. Michaels) auf Erfolgswahrscheinlichkeiten, die nicht kleiner, sondern größer als 0,50 sind.

Zukunftsorientierung, ein vernachlässigter Handlungsaspekt

In aller Regel steht eine abgeschlossene Handlung nicht für sich. Sie erhält ihre Bedeutung für den Handelnden, weil sie weiterführende Handlungsmöglichkeiten eröffnet und Fortschritte auf übergreifende Zielsetzungen hin möglich macht. Die zukunftsperspektivische Orientierung gegenwärtigen Handelns ist wiederholt von verschiedenen Autoren unterstrichen worden (z. B. von Lewin, 1951; Murray, 1951; Heckhausen, 1963a, 1967; Nuttin, 1964; 1978). Aber erst Vroom (1964) hat sie mit seinem instrumentalitätstheoretischen Ansatz (vgl. Kap. 5) für die motivationspsychologische Theoriekonstruktion greifbar gemacht; und zwar auch für Raynor (1969).

Die späte Berücksichtigung der Zukunftsorientierung in der Leistungsmotivationsforschung ist um so verwunderlicher, als in dem ursprünglichen TAT-Inhaltsschlüssel zur Leistungsmotiv-Messung langfristige Zielverfolgung ein wichtiges Merkmal ist (McClelland et al., 1953). Im übrigen gibt es wohl kaum eine Inhaltsklasse von Motivationen, in der aufeinanderfolgende Handlungsschritte so weit in die Zukunft entworfen werden und von Oberzielen her ihre Bedeutung erhalten.

Das ist offenbar deshalb so lange übersehen und vernachlässigt worden, weil im Laborexperiment die aufgetragenen Aufgaben kaum Oberziel-Bedeutung für die Vpn haben. Gleichwohl könnten auch im Labor kurzfristig zu erreichende Ergebnisniveaus ein gewisses Oberziel darstellen, so daß die gegenwärtige Aufgabentätigkeit instrumentell für das Erreichen des kurzfristigen Oberziels mit seiner Valenz sein kann. In die Überlegungen zur Frage, warum leicht überhöhte Ziele bevorzugt werden, gingen bereits zukunftsperspektivische Aspekte ein, sei es als angestrebte Ergebnisniveaus (*aspired score,* Hamilton, 1974), sei es als erwartete Leistungsfortschritte („Bonus", Schneider, 1973). Insoweit ging es aber nur um Ergebnis-Verbesserung durch die wiederholte Ausführung gleicher Handlungen. Weit lebensnäher ist, daß Erfolg bei einer gegenwärtig anstehenden Handlung die Möglichkeit zu weiteren und anderen Handlungsschritten auf dem Weg zu künftiger Zielerreichung eröffnet. Zukunftsorientierung bedeutet eine Kette weiterführender Handlungen, von denen die jeweils nächste den erfolgreichen Abschluß der gegenwärtigen Handlung voraussetzt. Raynor (1969) bezeichnet dies als einen *kontingenten Handlungspfad* und grenzt diesen von einem nicht-kontingenten ab, dessen aufeinanderfolgende Handlungen nicht einander voraussetzen und auf ein übergreifendes Ziel hin geordnet sind. Eine ähnliche Unterscheidung hatte schon vorher Nuttin (1964) getroffen und von offenen vs. geschlossenen Aufgaben gesprochen.

Raynors Modell-Erweiterung

Das Risikowahl-Modell behandelt nur den einfachsten Fall einer einzelnen Aufgabentätigkeit auf einem nicht-kontingenten Handlungspfad, den Fall einer geschlossenen Aufgabe. Wie wir bei der Erörterung des Risikowahl-Modells gesehen haben, berücksichtigt es nur die unmittelbare Folge der Selbstbewertung nach Abschluß der gegenwärtigen Handlung. Dabei bestimmt die subjektive Erfolgswahrscheinlichkeit (Aufgabenschwierigkeit) den Anreiz von Erfolg und Mißerfolg, und diese beiden Anreize, zusammen mit den beiden Motivtendenzen, machen die Valenz von Erfolg und Mißerfolg (Selbstbewertung) aus. Raynors Neuformulierung des Risikowahl-Modells enthält zumindest – d. h. im

Falle eines einstufigen Handlungspfades – zwei Komponenten. So umfaßt die Erfolgstendenz für die anstehende Handlung einmal die Stärke der Erfolgstendenz (Te) für diese gegenwärtige (1) Handlung („intrinsischer Wert") selbst sowie – hinzuaddiert – die Stärke der Erfolgstendenz für die darauf folgende künftige (2) Handlung („instrumenteller Wert"), die zum Ziel führt und den Handlungspfad beendet. Formalisiert:

$Te = Te_1 + Te_2 = Me (We_1 \times Ae_1 + We_2 \times Ae_2)$;

entsprechend auch die Mißerfolgstendenz, Tm.

Als Formalisierung der resultierenden Tendenz ergibt sich abgekürzt

$Tr = (Me - Mm) \times We_1 \times (1-We_1) + We_2 \times (1-We_2)$.

Es ist leicht zu sehen, daß die individuelle Motivationsausprägung, die auf dem relativen Stärkeverhältnis von Erfolgs- und Mißerfolgsmotiv beruht, sich intensiviert und daß individuelle Unterschiede unter Zukunftsorientierung größer werden. Das ist umso mehr der Fall, je länger (mehrstufiger) der Handlungspfad ist. Bei längeren Handlungspfaden berechnet Raynor (1969) die resultierende Tendenz für den unmittelbar nächsten Handlungsschritt durch eine Summierung aller Teiltendenzen für jeden Schritt im Pfad:

$Tr = Tr_1 + Tr_2 + \ldots Tr_n$

oder etwas ausführlicher:

$$Tr = Te + Tm = (Me - Mm) \times \sum_{n=1}^{N} (We_{1,n} \times Ae_n)$$

Die subjektive Erfolgswahrscheinlichkeit, daß eine gegenwärtige Handlung 1 zu Erfolg bei einer künftigen Handlung n des Pfades ($We_{1,n}$) führen wird, läßt sich durch das Produkt der Erfolgswahrscheinlichkeiten aller aufeinanderfolgenden Handlungen bestimmen:

$We_{1,n} = We_1 \times We_2 \times \ldots We_n$.

Die so kombinierte Erfolgswahrscheinlichkeit besagt, wie schwierig es zu Beginn des Handlungspfades (d. h. vor Handlung 1) erscheint, ihn nach der letzten Handlung n mit Erfolg abzuschließen. Im übrigen bleibt es bei den üblichen Verknüpfungen des Risikowahl-Modells, wonach $Ae_n = 1 - We_{1,n}$ und $Am_n = -We_{1,n}$ ist.

Eine Anwendungsschwierigkeit des Raynorschen Modells besteht darin, daß man schon vorweg die antizipierten Erfolgswahrscheinlichkeiten für jeden einzelnen Handlungsschritt erfassen müßte. Zu ihrer Behebung verwendet Raynor eine nicht unbedenkliche Vereinfachung. Er hält alle Erfolgswahrscheinlichkeiten im Pfad konstant und gibt ihnen den Wert für We der gegenwärtig bevorstehenden Handlung. Demnach gibt es zwei Bestimmungsstücke, die die zukunftsorientierte Zusatzkomponente in der Motivation für die bevorstehende Aufgabe ausmachen: Die Höhe von We für die unmittelbar bevorstehende Aufgabe und die Höhe von We für jede nachfolgende Aufgabe, was Raynor auf die bloße Anzahl der Handlungsschritte im kontingenten Pfad reduziert. Aus der Kombination und Variation der beiden Bestimmungsstücke lassen sich einige überraschende Voraussagen ableiten, wie Abb. 9.16 veranschaulicht.

Aus Abb. 9.16 läßt sich mehreres ablesen. Erstens ist festzustellen, daß entsprechend dem ursprünglichen Risikowahl-Modell Erfolgsmotivierte immer positiv und Mißerfolgsmotivierte immer negativ motiviert sind, sofern keine extrinsischen Tendenzen hinzutreten. Zweitens motiviert eine mittelschwere Aufgabe maximal, solange der Handlungspfad nur aus einem Schritt besteht, also nicht kontingent ist. Das ist der Sonderfall, für den das ursprüngliche Risikowahl-Modell nur gilt. Drittens, sobald jedoch die bevorstehende Handlung zukunftsorientierte Bedeutung hat und weitere Schritte im Pfad eröffnet, so wächst mit der Zahl der Schritte die Stärke der (positiven oder negativen) zukunftsorientierten Motivationskomponente für die unmittelbar bevorstehende Handlung stetig an.

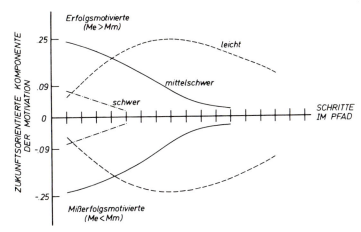

Abb. 9.16. Zukunftsorientierte Komponenten der Motivation der unmittelbar bevorstehenden Handlung Erfolgsmotivierter und Mißerfolgsmotivierter für die einzelnen Schritte im Handlungspfad bei unterschiedlichen Schwierigkeitsgraden der Aufgabenserie (leicht: $We_n = .90$; mittelschwer: $We_n = .50$; schwer: $We_n = .10$). (Nach Raynor, 1974a, S. 135, 136)

Die Summe der einzelnen Komponenten der aufeinanderfolgenden Schritte wird in Abb. 9.16 durch die Fläche unterhalb der einzelnen Kurven markiert. Viertens, wie sich aus dem Vorhergehenden ergibt, werden mit zunehmender Länge des Handlungspfades auch die Motivationsunterschiede zwischen beiden Motivgruppen immer größer. Fünftens, umfaßt der Pfad mehr als 6 bis 7 Schritte, so werden Erfolgsmotivierte von leichten Aufgabenschwierigkeiten jedes Schrittes (We = 0,90) zunehmend stärker motiviert als von mittelschweren Aufgaben 0,50). Am geringsten bleibt die Motivation bei sehr schweren Aufgaben über einen Pfad von mehr als zwei Schritten. Unter den aufeinanderfolgenden Schritten im Pfad bringt der siebte die maximale zusätzliche Motivationskomponente ein. Für Mißerfolgsmotivierte gilt das Entsprechende hinsichtlich der Meiden-Motivation.

Aus der letzten (fünften) Ableitung lassen sich weitere Hypothesen differenzieren. Ein mäßig befähigter Erfolgsmotivierter (We = 0,50) orientiert sich mehr an der Gegenwart, d. h. ist in Pfaden von ganz wenigen Handlungsschritten am stärksten motiviert; ein hoch Befähigter (We = 0,90) gewinnt einer Tätigkeit umso mehr ab, je weiter in die Zukunft sich damit ein Handlungspfad eröffnet; ein wenig Befähigter (We = 0,10) bleibt wenig motiviert, gleichgültig wie lang der Pfad ist. Überraschendes ergibt sich für Mißerfolgsmotivierte. Gerade die Befähigten unter ihnen (We = 0,90) sollten der Verfolgung realistischer Handlungspfade am meisten aus dem Wege gehen. Das wird durch die oben schon erwähnten Befunde Mahones (1960) zur Berufswahl gestützt. Mißerfolgsmotivierte weichen danach auf über- oder unterfordernde Wahlen aus und holen keine Informationen ein, die für eine realistische, berufliche Entwicklung dienlich wären. Zum beruflichen Streben hat Raynor (1974b) eine eigene begriffliche Analyse vorgelegt.

Empirische Überprüfung des Raynor-Ansatzes

In Abb. 9.16 sind die zukunftsorientierten Motivationskomponenten einzeln und für jeden weiteren Handlungsschritt getrennt abgetragen. Die gesamte zukunftsorientierte Motivation wird durch die von der jeweiligen Kurve umschriebenen Fläche verdeutlicht. Abb. 9.17 stellt dagegen die gesamte positive oder negative Motivation in Kurvenzügen dar; und zwar in Abhängigkeit von der Anzahl der Handlungsschritte (N) und der konstanten subjektiven Erfolgswahrscheinlichkeit sowie getrennt für Erfolgs- und Mißerfolgsmotivierte. Die angeführten Ableitungen lassen sich nun noch unmittelbarer ablesen.

Nehmen wir z.B. die fünfte Ableitung, nach welcher bei einem längeren Pfad (mehr als 6–7 Schritte) Erfolgsmotivierte zunehmend stärker positiv und Mißerfolgsmotivierte stärker negativ motiviert werden. Das ist an den Kurven N = 15 zu sehen, wenn die Erfolgswahrscheinlichkeit ansteigt. Steigt diese von anfänglich We = 0,50 gegen 0,90, so kommt die Raynorsche Modell-Erweiterung zu Voraussagen, die dem ursprünglichen Modell widersprechen. Nach diesem müssen Aufgaben, die zunehmend leichter als 0,50 werden, in beiden Motivgruppen die positive bzw. negative Motivation ständig vermindern, so daß die Motivationsunterschiede zwischen beiden Motivgruppen kleiner werden. Nach Raynor muß das Gegenteil eintreten. Die Motivationen steigen in beiden Motivgruppen und der Unterschied zwischen ihnen vergrößert sich.

Raynor u. Entin (1972; vgl. auch Raynor, 1974a, S. 142–144) haben die unterschiedlichen Voraussagen in einem Ausdauer-Experiment überprüft. Studentische Vpn erhielten drei Hefte mit Serien von komplexen Rechenaufgaben. Das erste und leichteste Heft sollte einen mittleren Schwierigkeitsgrad (We = 0,50) haben, das der beiden folgenden Hefte jeweils ein weiter angestiegenes Schwierigkeitsniveau. Bei allen 35 Einzelaufgaben des ersten Heftes erhielten alle Vpn stets Erfolg. Abhängiges Maß für Ausdauer war, wieviel Aufgaben sie versuchten, ehe sie zum nächsten, schwereren Heft übergingen. Für eine Hälfte der Vpn wurde ein kontingenter, für die andere Hälfte ein nicht kontingenter Handlungspfad hergestellt. In der kontingenten Bedingung wurde gesagt, daß sie soviel Einzelaufgaben in Angriff nehmen und weiterarbeiten könnten, solange sie bei jeder vorausgehenden Einzelaufgabe erfolgreich gewesen seien; in der nicht kontingenten Bedingung, daß man weiterarbeiten könne, auch wenn man einzelne Aufgaben nicht habe lösen können.

Die Ergebnisse sprechen großenteils für Raynors Modellableitungen. Halten wir uns vor Augen, daß in der ersten (anfänglich als mittelschwer ausgegebenen) Aufgabenserie

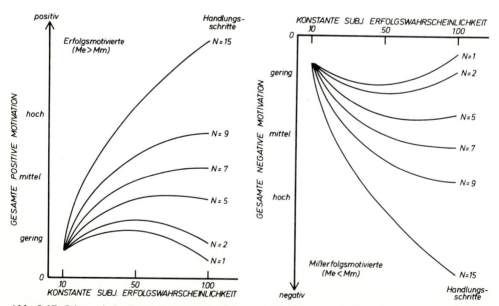

Abb. 9.17. Schematische Darstellung der gesamten zukunftsorientierten Motivation, angeregt in einem kontingenten Handlungspfad, in Abhängigkeit von der Länge des Pfades (N) und der konstanten subjektiven Erfolgswahrscheinlichkeit über den ganzen Pfad hinweg; und zwar für Erfolgsmotivierte (links) und Mißerfolgsmotivierte (rechts). (Nach Raynor, 1974a, S. 140, 141)

ständig Erfolg erfahren wurde und deshalb dieser Aufgabentyp als zunehmend leichter erlebt werden mußte. Unter dieser Rahmenbedingung arbeiten Erfolgsmotivierte in einem kontingenten Pfad mehr Einzelaufgaben durch, ehe sie zum nächsten Aufgabentyp übergehen, als in einem nicht-kontingenten. In einem kontingenten Pfad arbeiten sie auch länger als Mißerfolgsmotivierte. Die erwartete Umkehrung für die Mißerfolgsmotivierten konnte dagegen nicht bestätigt werden. Weder arbeiteten diese länger in einem nicht-kontingenten als in einem kontingenten Pfad, noch waren sie in einem nicht-kontingenten Pfad ausdauernder als die Erfolgsmotivierten.

Widersprechen diese Ausdauer-Befunde denen von Feather (1961; 1963b), die mit dem ursprünglichen Modell übereinstimmen? Das ist nicht der Fall. Denn Feather gab kontinuierlich Mißerfolg beim gleichen Aufgabentyp. Die Aufgaben waren nicht in einen kontingenten Handlungspfad einbezogen. Leider fehlen bis heute Studien darüber, was geschieht, wenn ein Schritt im kontingenten Pfad nicht gelingt. Unter welchen Bedingungen (insbesondere Änderung von We) bricht der kontingente Pfad zusammen und verschwindet die zukunftsorientierte Motivationskomponente?

Nicht nur die Ausdauer, auch die Aufgabenwahl sollte in einem kontingenten Pfad anders als in einem nicht-kontingenten (d. h. anders als nach dem ursprünglichen Modell) ausfallen. Von leichten Aufgabenschwierigkeiten sollten Erfolgsmotivierte am stärksten angezogen und Mißerfolgsmotivierte am stärksten abgestoßen werden. Befunde erhoben hierzu Wish u. Hasazi (1972, vgl. Raynor, 1974a, S. 145/146) an Studenten einer Wirtschafts-Fachschule in einem lebensnah-kontingenten Pfad. Diese Schule bot verschiedene Studiengänge unterschiedlicher Schwierigkeit an. Herangezogen wurden die tatsächlichen Studiengangs-Wahlen sowie die Wahrscheinlichkeitsschätzung der Studenten, in ihnen einen Abschluß zu erzielen. Tabelle 9.9 enthält die Ergebnisse für beide Motivgruppen, aufgeschlüsselt nach We um 0,0, 0,50 und 1,00 sowie die dazwischenliegenden Schätzungen. Die Ergebnisse fallen hoch si-

Tabelle 9.9. Häufigkeit der Wahl des Studiengangs durch Erfolgs- und Mißerfolgsmotivierte, aufgeschlüsselt nach der subjektiven Einschätzung, einen Abschluß zu erzielen. (Befunde von Wish u. Hasazi, 1972. Nach Raynor, 1974a, S. 145)

Motivgruppe	Schwierigkeitsgrad			
	am schwersten (bei We = 0,00)	mittelschwer (um We = 0,50)	am leichtesten (bei We = 1,00)	dazwischenliegend
Erfolgsmotivierte	1	12	55	23
Mißerfolgsmotivierte	28	8	1	14

gnifikant im Sinne der Erwartung aus: Erfolgsmotivierte bevorzugten die leichtesten Studiengänge, Mißerfolgsmotivierte die allerschwersten.

Wie schon anfangs gesagt, führt Raynors Erweiterung zu einer Asymmetrie des Modells nach rechts (d. h. nach We > 0,50), während alle bisherigen Revisionen, seien sie von Zielsetzungsbefunden (Heckhausen, 1968; Hamilton, 1974) oder von Befunden zu Ausdauer und Leistung (Revelle u. Michaels, 1976) angeregt, eine Asymmetrie nach links (d. h. nach We < 0,50) vorgeschlagen haben. Dieser Widerspruch ist offensichtlich nur scheinbar; nämlich dann, wenn alle Befunde, die zu links-asymmetrischen Modellrevisionen geführt haben, an Aufgaben in nicht-kontingenten Handlungspfaden erhoben wurden. Das scheint auch in aller Regel in den typischen Laborexperimenten der Fall zu sein. Eine kritische Gegenüberstellung beider Revisionstypen, besonders anhand von Aufgabenwahl in kontingenten und nicht-kontingenten Pfaden, steht aber bisher aus.

Es bleiben noch einige Studien, in denen Leistungsergebnisse die abhängige Variable waren. Raynor u. Rubin (1971) gaben Studenten fünf Serien von je 25 komplexen Rechenaufgaben und machten (mit Hinweis auf Vortestungen, Computeranalyse etc.) jeder Vp klar, daß sie eine 50prozentige Erfolgswahrscheinlichkeit hätte, in den gewährten 2½ Minuten 20 Aufgaben davon zu lösen. In einer kontingenten Bedingung wurde gesagt, daß man nicht an der nächsten Serie weiterarbeiten dürfe und bis zum Ende des Versuchs warten müsse, wenn man länger als 2½ Minuten gebrauchen sollte. In der nicht-kontingenten Bedingung wurde darauf hingewiesen, daß man unbeschadet, ob man das Zeitkriterium erreiche, jede Serie bearbeiten könne. Nach Bearbeitung der ersten Serie wurde das Experiment abgebrochen.

Tabelle 9.10 stellt die durchschnittliche Anzahl von bearbeiteten und von richtig gelösten Aufgaben für beide Motivgruppen und beide Bedingungen gegenüber. Die Ergebnisse entsprechen der Raynorschen Modell-Erweiterung, und zwar für die Mengen- wie die Güteleistung. Bei kontingentem Handlungspfad sind die Erfolgsmotivierten den Mißerfolgsmotivierten am meisten überlegen. Sie leisten mehr unter kontingenten als unter nicht-kontingenten Bedingungen. Bei den Mißerfolgsmotivierten ist es genau umgekehrt. Die Wechselwirkungen zwischen Motiv und Kontingenz des Pfads sind für beide abhängigen Variablen hoch signifikant. Das gleiche fanden Entin u. Raynor (1973) mit einer einfachen wie mit einer komplexeren Rechenaufgabe.

Mit Hilfe der gleichen Versuchstechnik haben Raynor u. Sorrentino (1972) die Erfolgswahrscheinlichkeiten von 0,80, 0,50 und 0,20 – bzw. in einer zweiten Studie von 0,90, 0,50 und 0,10 – in kontingenten Pfaden von 4 bzw. 7 Schritten einem nicht-kontingenten Pfad gegenübergestellt. Wie erwartet, waren in beiden Studien die Erfolgsmotivierten bei hohem We und die Mißerfolgsmotivierten bei niedrigem We überlegen. Bei einem mittleren We ergaben sich keine Unterschiede.

Schließlich gibt es Studien, die zeigen, daß Zukunftsorientierung ein Moderator für Motiveffekte auf die Studienleistung (Raynor, 1970; Isaacson u. Raynor, 1966) und auf das Erleben und Werten eines bevorstehenden Examens (Raynor, Atkinson u. Brown, 1974) ist. Ein höherer Grad erlebter Instrumentalität von Studienleistungen für Examina und Berufserfolg führt bei Erfolgsmotivierten, nicht aber bei Mißerfolgsmotivierten zu besseren Studienleistungen.

Diese Befunde geben Gelegenheit, abschließend noch einmal darauf hinzuweisen, daß Raynors Modell-Erweiterung von der Instrumentalitätstheorie Vrooms (1964) inspiriert wurde und ihr nahesteht. Zukunftsorientierung mit ihren verschieden langen Handlungspfaden und Oberzielen wird dem Leistungshandeln sicher besser gerecht als das einfache Risikowahl-Modell für einmalige Aktivitäten ohne weitere Folgen für die Annäherung an ein Oberziel. Statt der Schub-Konzeption weiterwirkender Trägheitstendenzen tritt eine Zug-Konzeption der Zukunftsorientierung in den Mittelpunkt der motivationstheoretischen Betrachtung.

Aber wie wir noch an weitergreifenden Handlungsmodellen in Kapitel 12 sehen werden, bleibt die Raynorsche Erweiterung in Beschränkungen des Risikowahl-Modells verhaftet. So ist auch hier der Anreiz von Oberzielen (die „Zukunftsorientierung") völlig an die Erfolgswahrscheinlichkeit des unmittelbar bevorstehenden Handlungsschritts gebunden. Wenn auch multiplikativ verkettet über die einzelnen Handlungsschritte, die motivierenden Valenzen (Motiv mal Anreiz) erschöpfen sich wie im Risikowahl-Modell in bloßer Selbstbewertung. So bleiben Anreizunterschiede aufgrund verschiedener persönlicher Wichtigkeit von Oberzielen außer Betracht. Nach Raynor müßten zwei gleich lange Handlungspfade mit gleicher Erfolgswahrscheinlichkeit des ersten Schritts auch immer (bei

Tabelle 9.10. Mittlere Anzahl bearbeiteter und richtig gelöster Aufgaben in Abhängigkeit von Motivgruppe und Kontingenz des Handlungspfades. (Nach Raynor u. Rubin, 1971, S. 39)

Motivgruppe	Bearbeitete Aufgaben		Gelöste Aufgaben	
	nicht kontingent	kontingent	nicht kontingent	kontingent
Erfolgsmotivierte	15,63	18,43	13,00	17,43
Mißerfolgsmotivierte	14,14	8,38	11,86	7,00

gleicher Motivausprägung) die gleiche Motivationsstärke anregen, gleichgültig, welch unterschiedliche Bedeutung ein Handelnder den beiden Oberzielen beimessen mag.

Aber trotz solcher Vereinfachungen hat das Raynorsche Konzept der Zukunftsorientierung einen Fortschritt für die Theorieentwicklung in der Leistungsmotivationsforschung gebracht. Neuerdings macht Raynor (1976) einen Unterschied zwischen der Anzahl der vorausgesehenen Schritte im Pfad, was er Aufgabenhierarchie nennt, und der erlebten zeitlichen Länge des Pfades, was er Zeithierarchie nennt. Mit wachsender Zeithierarchie, d. h. der Distanz zum Oberziel, soll die Motivationsstärke vermindert, mit wachsender Aufgabenhierarchie dagegen – gemäß dem schon erörterten Modell – erhöht werden.

Zeitliche Zieldistanz und Leistung

Die Wirksamkeit eines künftigen Oberziels auf die Motivation für eine gegenwärtige Aufgabentätigkeit ist vermutlich nicht nur im Sinne Raynors von der Anzahl der Schritte im kontingenten Pfad abhängig, sondern wahrscheinlich auch davon, mit welchem Grad von Strukturiertheit die aufeinanderfolgenden Schritte schon jetzt erscheinen und auch davon, in welcher zeitlichen Distanz das Oberziel wahrgenommen wird (Heckhausen, 1977a, S. 321). Ebenso vernachlässigt wie wichtig erscheint das letztere, eine psychologisch gefaßte zeitliche Zieldistanz (Heckhausen, 1967, S. 77, 80). In drei Studien hat Gjesme (1974; 1975; 1976) die Wirkung wachsender Zieldistanz auf Ergebnisse anstehender leichter Anagramm- und Rechenaufgaben geprüft, indem er die Mitteilung der erzielten Ergebnisse für einen von vier Zeitpunkten ankündigte: unmittelbar folgend, nach einer Woche, nach einem Monat oder nach einem Jahr (und zwar dann verbunden mit einer erneuten Ausführung der äquivalenten Aufgaben). Es handelt sich um einen nicht-kontingenten Pfad mit unterschiedlicher Zieldistanz, wenn man die Bekanntgabe der Ergebnisse als Ziel ansieht.

Da es ein nicht-kontingenter Pfad ist, kann man mit Raynor nicht erwarten, daß die Motivation mit wachsender Zieldistanz ansteigt. Gjesme nimmt plausiblerweise das Gegenteil an. Mit größerer zeitlicher Distanz zum Zielereignis nimmt die aufsuchende Motivationstendenz in Erfolgsmotivierten und die meidende Motivationstendenz in Mißerfolgsmotivierten ab (Motivklassifikation nach Gjesme u. Nygard, 1970; Nygard, 1977). Legt man eine monotone Beziehung zwischen resultierender Motivationstendenz und den Leistungsparametern für Menge und Güte zugrunde, so müßten sich mit größerer Zieldistanz die Leistungen der Erfolgsmotivierten verringern und die der Mißerfolgsmotivierten erhöhen. Das fand Gjesme (1974) auch für die Güteleistung, für die Mengenleistung jedoch nur bei den Erfolgsmotivierten.

In einer zweiten Studie stellte Gjesme (1976) fünf Vpn-Gruppen mit unterschiedlicher Prüfungsängstlichkeit (TAS) einander gegenüber. Die Ergebnisse entsprechen denen der Studie von 1974. Mit größerer Zieldistanz verbesserten Hoch-Ängstliche ihre Güteleistung (Mengenleistung blieb wieder konstant), während bei Niedrig-Ängstlichen eher die Mengen- als die Güteleistung abnahm. Die Ergebnisse sind jedoch nur wenig ausgeprägt.

In einer dritten Studie unterschied Gjesme (1975) innerhalb jeder der beiden Gruppen noch nach hoher vs. niedriger Zukunftsorientierung mit Hilfe eines Fragebogens. Personen mit hoher Zukunftsorientierung sehen objektiv gleich weit entfernte Ereignisse zeitlich näher liegen, als es Personen mit niedriger Zukunftsorientierung tun. Infolgedessen sollte für Erfolgsmotivierte mit hoher Zukunftsorientierung die aufsuchende Motivation bei gleicher objektiver Distanz zu entfernteren Zielen (von Grenzbereichen abgesehen) stets stärker sein als bei Erfolgsmotivierten mit niedriger Zukunftsorientierung. Deshalb sollte bei hoher Zukunftsorientierung der mit zunehmender Zieldistanz eintretende Leistungsabfall geringer sein, als er bei niedriger Zukunftsorientierung ist. Bei Mißerfolgsmotivierten sollte das gleiche hinsichtlich der Stärke der meidenden Motivation gelten: Bei hoher Zukunftsorientierung sollte sie bei gleicher objektiver Distanz zu entfernteren Zielen stets stärker sein als bei niedriger Zukunftsorientierung. Deshalb sollte hier bei hoher Zukunftsorientierung mit größerer Zieldistanz der eintretende Leistungszuwachs geringer sein, als er bei niedriger Zukunftsorientierung ist. Diese Erwartung fand Gjesme bei den Erfolgsmotivierten für die Mengen- wie die Güteleistung nicht bestätigt: Ihre Leistungen nahmen unabhängig von der Zukunftsorientierung ab, je länger die Zieldistanz wurde. Dagegen verbesserten sich bei den Mißerfolgsmotivierten mit größerer Zieldistanz erwartungsgemäß Menge und Güte mehr, wenn die Zukunftsorientierung niedrig war, während bei hoher Zukunftsorientierung die Zieldistanz keinen Effekt hatte.

Gjesmes Studien lassen die psychologische Zieldistanz zu Zielereignissen als einen wichtigen Faktor der Motivationsstärke erscheinen. Wenn die Befunde auch noch nicht sehr eindeutig ausfallen, so sieht es hypothesengemäß doch so aus, als würden bei zukunftsbezogenen Aufgaben Erfolgsmotivierte bessere Leistungen erzielen, wenn sie keine niedrige, sondern eine hohe Zukunftsorientierung besitzen; Mißerfolgsmotivierte dagegen dann, wenn sie eine niedrige und keine hohe Zukunftsorientierung besitzen.

Leistungsergebnisse

Bei den bisher erörterten Modellrevisionen haben wir schon verschiedentlich Leistungsbefunde herangezogen; so die Leistungsüberlegenheit Mißerfolgsmotivierter bei leichten Aufgaben im Zusammenhang mit Nygards Modellrevision; so die motivabhängigen Nachwirkungen von Erfolg und besonders von Mißerfolg auf die folgende Leistung – seien sie erklärt durch Trägheitstendenzen (Atkinson, Weiner), sich ändernde Erfolgswahrscheinlichkeiten im Rahmen des Risikowahl-Modells (Feather, Heckhausen, Schneider), Anstrengungsintentionen (Locke) oder automatische Anstrengungsregulation (Hillgruber); so schließlich die motivabhängigen Effekte der Zukunftsorientierung im kontingenten Handlungspfad (Raynor) und der zeitlichen Distanz zum Ziel bei nicht-kontingentem Pfad (Gjesme).

Das alles sind revidierte, zusätzliche oder andere Modelle. Wenn wir jetzt zunächst auf das einfache Risikowahl-Modell zurückkommen, stehen wir vor einem eigenartigen Tatbestand. Ausgerechnet Leistungsresultate sind bis heute in ihrer Abhängigkeit von Unterschieden der Leistungsmotivation theoretisch und empirisch ziemlich ungeklärt geblieben. Es fehlt eine Leistungsprozeß-Theorie, d. h. eine Theorie über das Zustandekommen von Leistungen bei gegebenen Aufgabenanforderungen, in der die Rolle der Motivation für verschiedene Parameter des Leistungsergebnisses geklärt wäre. Das Risikowahl-Modell hilft lediglich, die gröbste Vereinfachung zu verwerfen; daß nämlich die Dispositionsvariable Leistungsmotiv in einer unmittelbaren – und zwar positiv monotonen – Beziehung zu Parametern der Aufgabenleistung stehe. Denn das hieße, Motiv mit Motivation zu verwechseln; eine fast unausrottbare naivwissenschaftliche Erklärungsweise, die sich am Fähigkeitsbegriff der traditionellen Intelligenzforschung orientiert. Entscheidend ist nicht die überdauernde Motivstärke als solche, sondern die von der jeweiligen Situation – insbesondere der subjektiven Aufgabenschwierigkeit – angeregte resultierende Motivationsstärke. Dafür bieten etwa Schulleistungen einen Beleg.

Schulleistung in unterschiedlich gruppierten Klassen

Es gibt immer noch Studien, die individuelle Unterschiede der Schulleistungen allein durch Motivunterschiede aufklären wollen (z. B. Wasna, 1972), obwohl das Risikowahl-Modell klarmacht, daß je nach dem Schwierigkeitsgrad des Unterrichtsangebots selbst Schüler mit hohem Leistungsmotiv niedriger leistungsmotiviert sein können als Schüler mit niedrigem Leistungsmotiv. Wird der Schwierigkeitsgrad des Unterrichtsangebots, den die einzelnen Kinder wahrnehmen, nicht erfaßt, so können die Korrelationen zwischen Motivstärke und Schulleistung positiv, null oder negativ sein, ohne daß dies etwas über den tatsächlichen Motivationseinfluß aussagte.

Eine Näherungslösung zur Erfassung der subjektiven Erfolgswahrscheinlichkeit im Schulunterricht bieten Klassen, die fähigkeitshomogen oder -heterogen gruppiert sind. In homogenen Klassen hat das Unterrichtsangebot eher mittlere Erfolgswahrscheinlichkeiten für alle Schüler, als es in heterogenen Klassen der Fall sein kann. Deshalb sollten in ihnen Erfolgsmotivierte stärker als Mißerfolgsmotivierte motiviert sein und infolgedessen auch höhere Schulleistungen aufweisen. Entsprechend fanden O'Connor, Atkinson u. Horner (1966) auch nur bei den Erfolgsmotivierten, und nicht bei den Mißerfolgsmotivierten, Leistungsverbesserungen über einen Zeitraum von ein bis zwei Jahren. Vergleichbare Effekte hat Weiner (1967) für Studierende berichtet. Die Erfolgsmotivierten unter ihnen profitieren am meisten von einer fähigkeitshomogenen Gruppierung.

Gjesme (1971) teilte fähigkeitsheterogene Klassen männlicher Schüler nach Intelligenztestwerten in Begabungsgruppen auf und fand erwartungsgemäß, daß nur in der mittleren Begabungsgruppe ein überwiegendes Erfolgsmotiv in positivem, und ein überwiegendes Mißerfolgsmotiv in negativem Zusammenhang mit der Schulleistung stand. Die Befunde entsprechen dem Risikowahl-Modell, da nur bei mittleren Erfolgswahrscheinlichkeiten (mittlere Begabungsgruppe) beide Leistungsmotive maximal angeregt werden. Da nach einer Annahme Gjesmes (1973) Mädchen in heterogen gruppierten Klassen ihre Erfolgswahrscheinlichkeiten unterschätzen, sagte er voraus und fand, daß nur in der hohen Begabungsgruppe die Ausprägungskonstellation der beiden Leistungsmotive mit der durchschnittlichen Schulleistung korrelierte.

Im übrigen fand Gjesme (1977), daß erfolgsmotivierte Jungen von mittlerer Fähigkeit und Mädchen von hoher Fähigkeit die größte Zufriedenheit mit (und Interesse an) der Schule berichten, während es bei den anderen Motiv-Fähigkeits-Kombinationen eher zu Schulverdrossenheit kommt.

Motivationsstärke und Leistungsergebnis: Menge vs. Güte

Aber selbst wenn man nicht Stärke des Motivs, sondern die resultierende Motivation zugrunde legt, ist die Beziehung zum Leistungsergebnis lange ungeklärt geblieben. Unproblematisch erscheint die bis heute unangefochtene Vorstellung, daß mit der resultierenden Motivationsstärke auch die Intensität und die Ausdauer der Aufgabenbemühungen ansteigen. Problematisch ist dagegen die Vorstellung, mit Intensität und Ausdauer der Aufgabenbemühung steige auch automatisch Güte und Menge des Leistungsresultats. Größere Ausdauer wird im Endergebnis die Menge, unter Umständen auch die Güte, verbessern. Größere Intensität der Aufgabenbemühung wird die Mengenleistung bei einfachen Schnelligkeitsaufgaben hochtreiben. Aber wird sie auch die Güte der Leistung – insbesondere bei komplexeren Aufgabenanforderungen – verbessern? Das Risikowahl-Modell hält keine Spezifikation bereit und bietet auch für diesen Fall nur eine positive und monotone Funktion an.

Einen solchen, dem Risikowahl-Modell entsprechenden Zusammenhang haben bei einer komplexeren Aufgabe bisher nur Karabenick u. Youssef (1968) nachgewiesen. Erfolgsmotivierte Studenten (nAch/TAQ) lernten aus einer Liste objektiv gleich schwieriger Paarassoziationen jene besser, die als mittelschwer ausgegeben worden waren. Mißerfolgsmotivierte dagegen lernten unter dieser Bedingung am schlechtesten, sie erzielten ihre besten Leistungen bei jenen Paarassoziationen, die als leicht oder als schwer ausgegeben worden waren. In der mittelschweren Bedingung unterschieden sich beide Motivgruppen signifikant (vgl. Abb. 9.18).

Wahrscheinlich ist der differentielle Lernerfolg durch Anstrengungsunterschiede zustande gekommen, die nach dem Risikowahl-Modell im mittleren Schwierigkeitsbereich für beide Motivgruppen maximal sein sollten. Und bei der gegebenen Paarassoziationsaufgabe scheint die vermehrte Anstrengung auch die Leistungsgüte des Lernens noch zu fördern. Denkbar ist aber auch, daß ebenfalls die

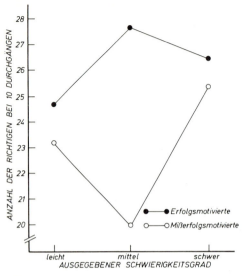

Abb. 9.18. Anzahl der richtigen Paarassoziationen in 10 Durchgängen beim Erlernen von als leicht, mittelschwer und schwer ausgegebenen (in Wirklichkeit gleich schwierigen) Wortpaaren, getrennt für Erfolgs- und Mißerfolgsmotivierte. (Nach Karabenick u. Yousseff, 1968, S. 416, rekonstruiert)

Mißerfolgsmotivierten sich bei den mittleren Aufgaben maximal anstrengten, weil sie hier die größte Furcht vor möglichem Mißerfolg hatten und dabei aber entgegen ihrer Intention mehr Fehler machten. In der Angstforschung (vgl. Kap. 6) sind eine Reihe von Modellvorstellungen entwickelt und überprüft worden, die erklären können, wie Angst gerade bei komplexen Lernaufgaben leistungsverschlechternd wirken muß.

Da in der Studie von Karabenick u. Yousseff kein zweites unabhängiges Anstrengungsmaß verwandt wurde, kann zwischen diesen beiden Erklärungen nicht entschieden werden. In anderen Studien hat sich nämlich gezeigt, daß erhöhte Anstrengung in Abhängigkeit von Aufgabenanforderungen auch den gegenteiligen, einen die Leistungsgüte mindernden Effekt haben kann. Das haben u. a. Schneider u. Kreuz (1979) nachgewiesen, indem sie hohe Anstrengungsgrade entweder durch Instruktion („Rekord", vgl. Mierke, 1955) oder – nach dem Vorgehen Lockes (1968) – durch Setzen hoher Ziele induzierten. Die studentischen Vpn hatten 96 Zahlen-Symbol-Kodierungen in 7 Durchgängen vorzunehmen; und zwar in einer leichten und in einer schweren Fassung des Zahlen-Symboltests, die sie im Abstand von einer Woche einmal unter „normaler" und zum anderen unter „maximaler" Anstrengung bearbeiteten. Die Schnelligkeitsleistung (Bearbeitungszeit) beruhte auf einer monotonen ansteigenden Addition beider Haupteffekte, des Schwierigkeitsgrades (S) und des Anstrengungsgrades (A). Die Bearbeitungszeiten wurden in der folgenden Reihenfolge kürzer: S hoch u. A max.; S hoch u. A normal; S niedrig u. A normal; S niedrig u. A max. Bei der Güteleistung jedoch, der Zahl der unkorrigierten und der korrigierten Fehler, verknüpften sich beide Haupteffekte multiplikativ zu einer Interaktion: Maximale Anstrengung erhöhte die Zahl beider Fehlerarten, und zwar bei der schwierigen Testversion weit stärker als bei der leichten. Abb. 9.19 zeigt, wie sich die Güteleistung mit größerer Anstrengung bei schwierigerer Aufgabe rapide verschlechterte.

Mit wachsender Motivationsstärke können sich also Menge und Güte in gegensätzlicher Richtung verändern, und nur in der Mengenleistung kommen Veränderungen der Motivationsstärke unmittelbarer zum Ausdruck. Schon Thurstone (1937) hat darauf hingewiesen, daß nur die Mengenleistung einen Index für Motivationsstärke darstellt. Die Güteleistung kann demgegenüber durch „Übermotivation" beeinträchtigt werden, so daß es offenbar für jede Aufgabe eine optimale Motivationsstärke gibt, bei der die Effizienz der Aufgabenbearbeitung maximal ist. (Wir kommen darauf im übernächsten Abschnitt zurück.) So gibt es eine Fülle von Befunden, nach denen bei komplexen sensumotorischen Überwachungsaufgaben eine sehr hohe Motivation (Aktiviertheit, Anstrengung, Schnelligkeit des Vorgehens) mit Störungen der Informationsverarbeitung einhergeht, und Güte zugunsten von Menge ausgetauscht wird (vgl. z. B. Welford, 1976). Je nach den einzelnen Anforderungen der Aufgabentätigkeit scheint für Teilprozesse eine Mindestzeit notwendig zu sein, die nicht unterschritten werden kann, ohne daß es zu Fehlern kommt. Solche Prozeßanalysen, wie sie etwa die Ergonomie betreibt, hat die Motivationspsychologie bisher vernachlässigt. In jedem Fall ist es zunächst einmal unabdinglich, zwischen Güte- und Mengenmaßen zu trennen, wenn man die Beziehungen zwischen Motivation und Leistung analysieren will.

In scheinbarem Widerspruch zu den Befunden, daß zu starke Motivation leistungsabträglich ist, und auch zum Risikowahl-Modell stehen zahlreiche Studien von Locke (1968) und seiner Mitarbeiter: Stets stieg die Leistung mit zunehmendem Schwierigkeitsgrad der Aufgabe – definiert durch wachsende Höhe der individuellen Zielsetzung – an. Eine Inspektion der 12 Studien, die Locke (1968) zusammenfassend erörtert, zeigt, daß es sich bis auf eine Ausnahme um einfache Schnelligkeitsaufgaben handelt. Deshalb ist mit wachsender Anstrengung auch nichts anderes als ein Anstieg der Mengenleistung zu erwarten.

Locke (1975) weist darauf hin, daß seine Befunde dem Risikowahl-Modell widersprechen. Während er fand, daß mit abnehmender Erfolgswahrscheinlichkeit Anstrengung und Mengenleistung anstieg, mußte sich nach dem Risikowahl-Modell eine umgekehrt U-förmige Beziehung ergeben, mit zunehmendem Abfallen der Erfolgswahrscheinlichkeit unter 0,50 sollten z. B. Erfolgsmotivierte ihre Anstrengung vermindern und einen Leistungsabfall haben. Locke (1975) spricht davon, daß „Erwartungstheorien" der Motivation (wie das Risikowahl-Modell) mit einer „zielorientierten" Motivationstheorie, die er vorschlägt, unvereinbar seien. Diese Aussage betrifft nicht den eigentlichen Erklärungsbereich des Risikowahl-Modells, die freie Aufgabenwahl, sondern muß auf die Übertragung des Erklärungswertes auf Anstrengungsintensität und Mengenleistung eingeschränkt werden. Denn den Vpn war die Höhe des zu bewältigenden Schwierigkeitsgrades entweder freigestellt oder zugewiesen worden. In einigen Studien wurden die sehr hohen Schwierigkeitsgrade ihnen jedoch in einer Weise nahegelegt, die die Vp, wie nachträgliche Befragungen ergaben, auch tatsächlich zu der Intention führte, die vorgegebene Zielhöhe als verbindliches

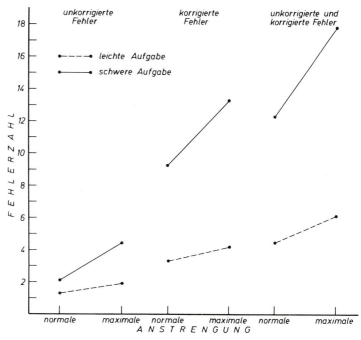

Abb. 9.19. Mittlere Anzahl der unkorrigierten und der korrigierten Fehler bei leichten und schwierigen Zahlen-Symboltest-Aufgaben, die unter normaler oder unter maximaler Anstrengung durchgeführt wurden. (Nach Schneider u. Kreuz, 1979, S. 37)

Anspruchsniveau zu übernehmen und zu erreichen – auch wenn das Erreichen des Ziels unwahrscheinlich war.

Offensichtlich hat Locke hier schwierige persönliche Standards im Sinne von Kuhls (1978b) Elaboration des Risikowahl-Modells induziert, so daß zumindest für erfolgsmotivierte Vpn die resultierende Tendenz bei niedrigen Erfolgswahrscheinlichkeiten höher sein muß als bei niedrigen. Im übrigen aktiviert schon die bloße Aufforderung zu persönlicher Zielsetzung, wie de Bruyn (1976) gezeigt hat, eine höhere Motivationsstärke als die Aufforderung, möglichst schnell und richtig zu arbeiten, oder als eine hoch leistungsthematische Instruktion; jedenfalls fielen entsprechend die Leistungsunterschiede in dreistufigen Rechenaufgaben aus (Konzentrations-Leistungs-Test nach Düker u. Lienert, 1959).

In Lockes Studien handelt es sich um intentionale Zielbindungen (*commitments*) an sehr niedrige bis sehr hohe Schwierigkeitsgrade. Obwohl Vpn, die hohe Schwierigkeitsgrade zu bewältigen suchten, ihre Ziele weitaus seltener erreichten als die Vpn, die Ziele von leichter Schwierigkeit verfolgten, zeigten die ersteren durchweg ein höheres Niveau der Mengenleistung. Abb. 9.20 zeigt, wie mit abnehmender objektiver (empirisch ermittelter) Erfolgswahrscheinlichkeit des intendierten Zieles die Mengenleistung ansteigt. Die Rangkorrelation beträgt 0,78 ($p < 0{,}01$). Die Punkte geben Teilgruppen von Vpn wieder, die in den einzelnen Studien eine bestimmte Zielhöhe zu erreichen versuchten. Auf der Abszisse sind die gemittelten empirischen Wahrscheinlichkeiten der Zielerreichung abgetragen (d. h. in wieviel Prozent der Durchgänge die einzelnen Vpn-Teilgruppen ihr gesetztes Ziel tatsächlich erreichen können). Das Leistungsniveau ist auf der Ordinate in Z-Werten ausgedrückt, die innerhalb jeder Studie gebildet wurden.

Ein solcher Zusammenhang zwischen Schwierigkeitsgrad der verfolgten Aufgabe und der Stärke der aufgewendeten Anstrengung ist schon vor über 70 Jahren als „Schwierigkeitsgesetz der Motivation" formuliert worden (Ach, 1910; Hillgruber, 1912). Nach diesem Gesetz (oder besser Regel) wird angenommen, daß sich der Anstrengungsgrad automatisch der zu überwindenden Schwierigkeit anpaßt. Offen ist, bis zu welcher Höhe des Schwierigkeitsgrades diese monotone Beziehung geht, da Locke und Mitarb. in ihren Studien keine subjektiven Erfolgswahrscheinlichkeiten erfragt haben.

Nicht im Widerspruch zum Schwierigkeitsgesetz der Motivation stehen auch Befunde

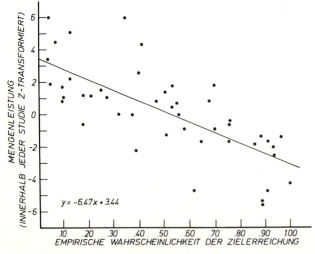

Abb. 9.20. Mengenleistung als Funktion des Schwierigkeitsgrades der Aufgabe, den zu bewältigen man sich vorgenommen hat. Die Punkte stellen Vpn-Teilgruppen in einzelnen aus insgesamt 12 Studien dar, die eine bestimmte Zielhöhe zu erreichen versuchten. (Aus Locke, 1968, S. 162)

von Meyer u. Hallermann (1977). In einem Befragungsexperiment mit fiktiven Aufgaben (Gewichtheben und Schleuderballwerfen) und vorgegebenen Schwierigkeitsgraden gaben die Vpn an, sich bei mittleren, und nicht bei hohen, Erfolgswahrscheinlichkeiten am meisten anstrengen zu wollen. Das überrascht jedoch nicht, da die Vpn 100 „Anstrengungseinheiten" auf die unterschiedlichen Schwierigkeitsgrade zu verteilen hatten. Hier wird die intendierte Anstrengung an ein rational-haushälterisches Kalkül gebunden. (Näheres zur Anstrengungskalkulation in Kap. 12). In einer Untersuchung von Krug, Hage u. Hieber (1978) am Fahrradergometer, bei dem sich die tatsächlich aufgewendete Anstrengung messen läßt, ergab sich im Sinne des Risikowahl-Modells eine signifikante Interaktion der beiden Haupteffekte Motiv und Erfolgswahrscheinlichkeit. Erfolgsmotivierte Schüler zeigten bei mittelschweren Aufgaben (Gruppennorm: 25% Erfolg) ihre beste Leistung, mißerfolgsängstliche dagegen bei sehr schweren oder sehr leichten Aufgaben (Gruppennorm: 0% und 100% Erfolg).

Wirkungen von Erfolg und Mißerfolg auf die Leistung

Mißerfolg soll, wie wir schon erörtert haben, Trägheitstendenzen entstehen lassen, die bei nachfolgenden Aufgaben die Motivation bei Erfolgsmotivierten erhöhen und bei Mißerfolgsmotivierten vermindern. Zur Prüfung dieser Erweiterung des Risikowahl-Modells hat man auch Leistungsparameter herangezogen (z. B. Weiner, 1965 b, die Mengenleistung bei einem leichten Zahlen-Symboltest; Tabelle 9.8). Die Befunde, ob Ausdauer oder Leistung, sind – wie wir schon gesehen haben – zu wenig eindeutig, um die Annahme von Trägheitstendenzen als tragfähig erscheinen zu lassen. Manche der Befunde lassen sich nach dem einfachen Risikowahl-Modell aufgrund von Änderungen der Erfolgswahrscheinlichkeit nach Erfolg und Mißerfolg erklären. Hier interessiert uns, wieweit die mit solchen Erwartungsänderungen vermutlich einhergehenden Änderungen der Motivationsstärke sich in den Leistungen niedergeschlagen haben.

Dazu hat Schneider (1973, 2. Kap.) einschlägige Experimente durchgeführt. In dem ersten bearbeiteten die Vpn einen leichten Zahlen-Symboltest. In einer Bedingung wurde vorweg eine hohe Erfolgswahrscheinlichkeit (90%) induziert und laufend Erfolg gegeben; in der zweiten eine niedrige Erfolgswahrscheinlichkeit (10%) und laufend Mißerfolg gegeben (Replikation des Versuchs von Weiner, 1965b; vgl. Abb. 9.14). Sowohl Erfolgs- als auch Mißerfolgsmotivierte erzielten nach Mißerfolg eine größere Mengenleistung als nach Erfolg. Das steht in Übereinstimmung mit dem „Schwierigkeitsgesetz der Motivation": Mißerfolg erhöht die nachfolgende Anstrengung. Es läßt auch Atkinsons Grundannahme des Risikowahl-Modells bezweifeln, die mißerfolgsbezogene Komponente der Leistungsmotivation sei bloß inhibitorisch und vermindere um ihren Anteil die resultierende Motivationstendenz. Heckhausen (1963a) hatte dagegen bei Anspruchsniveau-Experimenten beobachtet, daß Vpn mit hohem Mißerfolgsmotiv sich besonders hohe Anspruchsniveaus setzten und mit großer Anstrengung zu erreichen suchten, wenn auch ihre Gesamtmotivation (HE + FM) hoch war. Hier scheint die Mißerfolgsmotivation nicht hemmend, sondern aktivierend zu sein. Ein probater Weg, Mißerfolg zu meiden, ist ganz offenbar, angestrengt Erfolg herbeizuführen (vgl. „hypothetisches Wirkungsgefüge" in Heckhausen, 1963a, S. 269). Entsprechend fand Schneider, daß die Erhöhung der Mengenleistung bei der einfachen Zahlen-Symbolaufgabe auch mit der Gesamtmotivation (HE + FM) korreliert war.

In einem zweiten Experiment hatten die Vpn einen schwierigen Zahlen-Symboltest zu bearbeiten. Diesmal hatten sie bei anfänglich als sehr leicht ausgegebenen Aufgaben (We = 0,90) laufend Mißerfolg und bei als sehr schwer ausgegebenen Aufgaben (We = 0,10) laufend Erfolg. Erfolgsmotivierte steigerten nach Mißerfolg ihre Mengenleistung, während die Menge, besonders aber die Güte, bei den Mißerfolgsmotivierten abfiel. Unterscheidet man zwischen korrigierten und unkorrigierten Fehlern, so nahm nach Mißerfolg in beiden Motivgruppen die Zahl der korrigierten Fehler zu, die Zahl der unkorrigierten aber nur bei den Mißerfolgsmotivierten.

Zusammenfassend läßt sich sagen, daß das Risikowahl-Modell allenfalls Mengenleistungen bei einfachen Aufgabenanforderungen vorhersagen kann. Wie dagegen die Motivationsstärke die Leistungsgüte beeinflußt, ist unklar und hängt offensichtlich von der Schwierigkeit der Aufgabe ab. Je anspruchsvoller die Aufgabenanforderungen, umso eher scheinen hohe Motivationsstärken die Leistungsgüte im Sinne der Yerkes-Dodson-Regel zu beeinträchtigen. Neuerdings hat Atkinson (1974a) zur motivationsabhängigen Effizienz der Aufgabentätigkeit Vorstellungen entwickelt, denen wir uns in den nächsten beiden Abschnitten zuwenden.

Bei der Überprüfung des Risikowahl-Modells anhand von Leistungsbefunden haben sich besondere Schwierigkeiten ergeben. Neben dem Fehlen einer prozeßorientierten Differenzierung der Aufgabenanforderungen und der darauf basierenden Unterscheidung von Mengen- und Güteleistungen ist auch der Einfluß der subjektiven Erfolgswahrscheinlichkeit auf Anstrengung und resultierende Leistung noch unzulänglich untersucht. Schließlich ist die Modellableitung, daß Mißerfolgsmotivierte im mittleren Schwierigkeitsbereich vermindert in ihren ablaufenden Leistungstätigkeiten motiviert oder gar gehemmt seien, zweifelhaft und harrt der Klärung. Wenn hier etwas „hemmt", so hat offenbar die diesbezügliche Grundannahme des Modells ihre empirische Überprüfung gehemmt.

Effizienz der Aufgabenbearbeitung

In einem 1974, zusammen mit Raynor herausgegebenen Buch „Motivation and Achievement" hat Atkinson die Beziehung zwischen Motivationsstärke und Güte des Leistungsergebnisses theoretisch näher ausgearbeitet. Es handelt sich nicht um eine Revision oder Ergänzung des Risikowahl-Modells, sondern um ein eigenes motivationstheoretisches Modell zur Erklärung von Leistungsunterschieden, insbesondere der Leistungsgüte. Einmal geht es dabei um die Effizienz der Aufgabenbearbeitung aufgrund der momentanen Motivationsstärke und zum anderen um die über Lebenszeitstrecken summierte Beschäftigungsdauer von je bestimmter Effizienz, die sich in kumulativen Leistungsergebnissen niederschlägt. Beide Betrachtungsweisen legen schließlich einen entwicklungspsychologischen Funktionszusammenhang zwischen Motivstärke und erreichtem Leistungsniveau nahe. Diesen Aspekten wenden wir uns in den letzten beiden Abschnitten dieses Kapitels zu.

Effizienz

Im Sinne der alten Yerkes-Dodson-Regel (1908) nimmt Atkinson (1974a) an, daß zwischen der Motivationsstärke bei der Ausführung einer Aufgabe und der Effizienz der Ausführung, wie sie in der Güte des Leistungsresultats zum Ausdruck kommt, keine monotone, sondern eine umgekehrt U-förmige Beziehung besteht. Darauf haben schon früher Autoren hingewiesen, z. B. Broadhurst

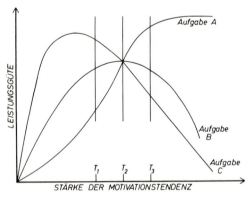

Abb. 9.21. Abhängigkeit der Effizienz der Aufgabentätigkeit (Leistungsgüte) von der Stärke der Motivationstendenz bei drei Aufgaben (A, B, C) mit ansteigender Komplexität der Lösungsforderungen. Mit abnehmender Stärke der Motivationstendenz (T_3, T_2, T_1) steigt die Effizienz der Bearbeitung von Aufgaben mit höherem Komplexitätsgrad. (Nach Atkinson, 1974a, S. 200)

(1959), Eysenck (1966a, b), Vroom (1964). Der maximalen Effizienz entspricht nicht eine maximale, sondern eine optimale Motivationsstärke, die in aller Regel submaximal und umso niedriger ist, je komplexer und schwieriger die Aufgabenanforderungen sind. So gibt es für jede Aufgabentätigkeit eine ihre Effizienz beeinträchtigende „Untermotivation" und „Übermotivation". Abb. 9.21 verdeutlicht den Effizienzsachverhalt, d. h. die Funktion von Motivationsstärke und Leistungsgüte für eine einfache Aufgabe (A), eine mäßig komplexe (B) und eine sehr komplexe Aufgabe (C). Die optimale Motivationsstärke für Aufgabe B ist suboptimal für die Aufgaben A und C. Bei den optimalen Motivationsstärken für die Aufgaben A und C ist die Effizienz der jeweils anderen Aufgabe nahezu minimal.

Es kommt also darauf an, wieweit Individuen für die gegebenen Anforderungen einer Aufgabe in optimaler Stärke motiviert und nicht unter- oder übermotiviert sind. Die jeweils resultierende Motivationsstärke hängt von drei Determinanten ab (1) der Motivstärke, (2) der subjektiven Erfolgswahrscheinlichkeit für die betreffende Aufgabe und (3) von Anreizen der Situation (die unabhängig von der Erfolgswahrscheinlichkeit sind, wie persönliche Wichtigkeit der Aufgabe, ihre Bedeutung für die schrittweise Erreichung eines Oberziels). Die Motivationsstärke und damit die Effizienz der Aufgabenbearbeitung ist also das Ergebnis des Zusammenwirkens von drei unabhängigen Größen, nämlich der Person (Motiv), der Aufgabe (subjektive Erfolgswahrscheinlichkeit) und der Situation (Anreize der weiteren und der extrinsischen Folgen von Erfolg und Mißerfolg; z. B. Oberzielerreichung, Fremdbewertung etc.). Soweit die Situation auch Anreize extrinsischer Folgen birgt, spielt auch die Stärke der betreffenden extrinsischen Motive (z. B. Anschluß in einer Leistungssituation) eine Rolle.

Es gibt bis heute noch keine systematische Analyse, wie die einzelnen Determinanten sich beim Hervorbringen der Motivationsstärke miteinander verknüpfen. Dazu macht Atkinson bloß plausible *ceteris-paribus*-Annahmen: Mit wachsender Motivstärke und je mehr die Erfolgswahrscheinlichkeit sich We = 0,50 nähert, und je stärker die situativen Anreize sind, umso höher ist die resultierende Motivationsstärke. Da Atkinson das Mißerfolgsmotiv (TAQ) als Hemmungsfaktor ansieht, kommte es auf die resultierende Motivstärke (nAch-TAQ; HE-FM), auf den „Netto-Hoffnungswert" (NH) an. Das kann zu der paradox erscheinenden Voraussage führen, daß ein höheres Mißerfolgsmotiv zu besserer Leistungseffizienz führt, weil es sonst, bei gleichem Erfolgsmotiv, zu einer Übermotivation – insbesondere bei komplexeren Aufgabenanforderungen und starken situativen Anreizen – käme.

Ebenso wie das Zusammenwirken der drei Determinanten auf die Motivationsstärke sind bis heute die von der Natur der Aufgabe abhängigen Effizienzfunktionen der Motivationsstärke nicht systematisch analysiert worden. Was die Anforderungen der Aufgabe betrifft, so ist bisher wenig differenziert worden. Man unterscheidet grob „weniger" oder „mehr" komplexe Anforderungen. Auf die für die Ängstlichkeitsforschung (Spence u. Spence, 1966) charakteristische Konfundierung von Komplexitätsanforderungen und subjektiver Erfolgswahrscheinlichkeit hat die Leistungsmotivationsforschung allerdings schon seit längerem hingewiesen (Atkinson, 1960, S. 267–268; Weiner u. Schneider, 1971).

Empirische Belege

Was bisher an Belegen für die umgekehrt und U-förmige Effizienzfunktion der Motivationsstärke vorliegt, beruht mit Ausnahme von Dissertationen von Entin (1968, veröffentlicht 1974) und Horner (1968, veröffentlicht 1974b) auf Reanalysen früherer Dissertationen (von Reitman und von Smith) mit multithematischer Anreizsituation durch Atkinson (1974a).

Entin (1974) gruppierte seine Vpn nach der Stärke des resultierenden Erfolgsmotivs (nAch-TAQ) und des Anschlußmotivs und gestaltete zwei Situationsbedingungen mit unterschiedlicher anschlußthematischer Anreizstärke: private vs. öffentliche Leistungsrückmeldung. In der ersten Bedingung wurden die erzielten Ergebnisse am nächsten Tag unter anonymer Code-Nummer, und in der zweiten Bedingung mit vollem Namen – also für jedermann kenntlich – an das Schwarze Brett geschlagen. Zu bearbeiten waren Rechenaufgaben, deren Anforderungen teils einfach, teils komplex (Düker-Rechenaufgaben) waren. Bei privater Rückmeldung herrschten die Anreizbedingungen, für die das Risikowahl-Modell geschaffen ist: An Folgen ist nur Selbstbewertung möglich, Fremdbewertung ist ausgeschlossen. Unter dieser Bedingung war die Güteleistung in der Gruppe mit hohem Erfolgsmotiv (nAch-TAQ) besser als in der Gruppe mit niedrigem Erfolgsmotiv, und zwar sowohl bei den leichten als auch bei den komplexeren Aufgaben. Die monotone Beziehung mag darauf zurückgehen, daß in beiden Fällen die optimale Motivationsstärke noch nicht erreicht war. Aufschlußreich muß deshalb die öffentliche Rückmeldung sein, die, wenn Erfolgs- und Anschlußmotiv zugleich hoch sind, die resultierende Motivationsstärke vielleicht über den Scheitelpunkt optimaler Effizienz hinaus erhöhen und zur Übermotivation führen kann. In der Tat zeigte sich jetzt in der Tendenz eine Abnahme der Anzahl richtig gelöster Aufgaben; aber dies nicht nur bei den komplexeren, sondern auch bei den leichten Aufgaben. Die Befunde stützen deshalb kaum die Annahme einer kurvilinearen Effizienzfunktion der Motivationsstärke.

Ein wenig überzeugender fiel eine Reanalyse Atkinsons (1974a) der Studien von Atkinson u. Reitman (1956) und Reitman (1960) aus. In einer multithematischen Anreizsituation (Gruppenwetteifer, Antreiben durch Vl und ausgesetzte Belohnung) verschlechterten Vpn mit hohem Erfolgsmotiv ihre Rechenleistung (Düker-Aufgaben) im Vergleich zu einer Einzelsituation, während Vpn mit niedrigem Erfolgsmotiv sie verbesserten. Des weiteren hat Atkinson (1974a) die Dissertation von Smith (1961, veröffentlicht 1966) reanalysiert. Smith hatte die situativen Anreizgehalte stärker differenziert in „entspannt", „leistungsbezogen" und „multithematisch". Innerhalb der Gruppe mit hohem Erfolgsmotiv stieg die Zahl der richtig gelösten Düker-Aufgaben von 53,0 (entspannt) auf 78,8 (leistungsbezogen) an und fiel auf 55,3 (multithematisch) ab, während innerhalb der Gruppe mit niedrigem Erfolgsmotiv sich zwischen den Bedingungen ein monotoner Anstieg ergab: 34,8–55,8–85,3. Daß die drei Situationsbedingungen auch wie erwartet unterschiedlich hohe Motivationsstärken hervorgerufen haben, wurde durch die mittleren Werte einer Anstrengungsskalierung erhärtet.

Horner (1974b) hat schließlich männliche Studierende an Düker- und an Anagramm-Aufgaben entweder in einer Einzelsituation oder im Wetteifer mit einem männlichen oder einem weiblichen Arbeitspartner arbeiten lassen. Wieder waren die Vpn nach der Stärke beider Motive kreuzklassifiziert. Tabelle 9.11 enthält die Ergebnisse. Wie zu erwarten ist, unterscheiden sich die Gruppen mit hohem und niedrigem Erfolgsmotiv signifikant nur in der Einzelarbeitssituation. Traten Wetteiferanreize hinzu, verwischte sich das Bild. Nun führte offenbar in Abhängigkeit von der Stärke des Anschlußmotivs der anschlußthematische Anreizwert des Wetteifers zu erhöhter resultierender Motivation, und zwar besonders dann, wenn die männliche Vp mit einem männlichen statt mit einem weiblichen Partner wetteiferte. War die Stärke beider Motive hoch, so kam es bei Wetteifer mit männlichen Partnern zu einem Leistungsabfall, der im Sinne der vermuteten Effizienzfunktion als Übermotivation interpretiert werden kann. Ähnliches zeigte sich bei den Düker-Aufgaben.

Schließlich ist die gut kontrollierte Feldstudie von Sorrentino u. Sheppard (1978) – wir haben sie bereits im 7. Kapitel kennengelernt – zu erwähnen, in der sich eine klare monotone Beziehung zwischen Motivationsstärke und Leistung im Freistil-Schwimmen über 200 *Yard* ergab. Bei unterschiedlichen Anreizbedingungen von Einzel- und Gruppenwettkampf zeigten die nach den beiden Anschluß- und Leistungsmotiven gruppierten Spitzenschwimmer die erwarteten Schnelligkeitsunterschiede. Ein leistungsmindernder Übermotivationseffekt wurde z.B. bei den hoch Anschluß- und zugleich hoch Erfolgs-

Tabelle 9.11. Mittlere Anagramm-Leistungen männlicher Vpn als Funktion von Erfolgsmotiv (*n*Ach-TAQ), Anschlußmotiv und drei situativen Anreizbedingungen. (Die Ergebnisse sind standardisiert. Mittelwert gleich 50, Standardabweichung gleich 10). (Nach Horner, 1974b, S. 249)

Motivkonstella-tion	Situative Anreizbedingungen		
	Allein-arbeit	Wetteifer mit weiblichem Partner	Wetteifer mit männlichem Partner
Hohes Anschlußmotiv			
Hohes Erfolgsmotiv	46,5	53,9	48,4
Niedriges Erfolgsmotiv	41,8	53,6	56,1
Niedriges Anschlußmotiv			
Hohes Erfolgsmotiv	48,4	53,4	53,7
Niedriges Erfolgsmotiv	40,8	47,7	46,7

gabenseite Komplexitätsparameter genauer differenziert und ein breiteres Spektrum herangezogen werden. Auf der Seite der situativen Anreize würde das Bild klarer, wenn statt durch extrinsische Anreize die Erhöhung der Motivationsstärke durch Steigerungsreihen der leistungsthematischen Anreizgehalte erreicht würde (z. B. in der Art, wie es von Mierke, 1955, oder von Locke, 1968, versucht wurde). Schließlich sollten auf der Personseite die beiden Leistungsmotive mit großer Sorgfalt erhoben werden, um Atkinsons Diktum zu überprüfen, das Mißerfolgsmotiv sei eine bloß subtraktive Größe beim Zustandekommen der resultierenden Motivationsstärke.

Kumulative Leistung

Wir müssen zunächst etwas nachtragen. Die Leistungsgüte bei der Aufgabentätigkeit ist nicht nur von der Effizienz der Motivationsstärke für die spezifischen Aufgabenanforderungen abhängig, sondern natürlich auch von der individuellen Fähigkeit für diese Aufgabe. Nach Atkinson (1974b) soll die Leistungsgüte das Produkt von Fähigkeit und Effizienz sein. Das bedeutet, daß nur bei gleicher Effizienz – etwa in der Bearbeitung eines Intelligenztests – sich im Ergebnis die tatsächlichen Fähigkeitsunterschiede zu erkennen geben. Bei unterschiedlicher Effizienz dagegen können Personen mit gleicher „wahrer" Fähigkeit ganz verschiedene Ergebnisniveaus erzielen. Insoweit macht die gesamte Intelligenzforschung bis heute stillschweigend die unwahrscheinliche Annahme, alle Probanden arbeiteten in motivationaler Hinsicht mit maximaler (oder zumindest mit derselben) Effizienz. Da Test- und Prüfungssituationen, insbesondere wenn die Erreichung von Oberzielen von ihnen abhängt, multithematische Anreizsituationen von hoher Motivationsanregung sind, dürfte die Effizienz vieler Probanden durch Übermotivation beeinträchtigt sein, so daß sie weniger fähig erscheinen, als sie unter alltäglichen Arbeitsbedingungen tatsächlich sind.

motivierten nicht beobachtet; im Gegenteil, sie erzielten beim Gruppenwettkampf die größte Leistungsverbesserung gegenüber dem Einzelwettkampf. Bei diesen Schwimmleistungen ging es um Aufwand an Kraft und Ausdauer in einer hochmotivierten Tätigkeit unter Situationsumständen des Wettkampfs, die den Vpn gut vertraut waren. Die Autoren vermuten deshalb, daß leistungsmindernde Übermotivationseffekte nur bei neuartigen Aufgaben und unter nichtvertrauten Laborbedingungen auftreten. Entscheidend mag aber nicht nur die Neuartigkeit, sondern auch die Art der Aufgabe sein (Güte vs. Menge; Problemlösen vs. motorische Kraft und Ausdauer).

Die berichteten Befunde attestieren der These von der motivationsabhängigen umgekehrt U-förmigen Effizienzfunktion für Güteleistungen einen gewissen heuristischen aber keineswegs allgemeingültigen Erklärungswert. Es ist aber jetzt an der Zeit, die Effizienzfunktion in eigener Sache zu untersuchen und nicht länger bloß durch Reanalysen modellabweichender Güteleistungen in multithematischen Anreizsituationen plausibel zu machen. Dazu müßten vor allem auf der Auf-

Fähigkeitstestergebnisse sind also ein schwer zu entwirrendes Mischprodukt von „wahrer" Fähigkeit und motivationsabhängiger Effizienz ihrer Bearbeitung.

Es sind die Personen mit hoher Motivstärke, die nach Atkinson in stark anregenden Situationen der Übermotivation verfallen und einen Leistungsabfall hinnehmen müssen. Dagegen kommt ihnen unter alltäglichen Arbeitsbedingungen die hohe Motivstärke zugute, denn die resultierende Motivationsstärke ist dann geringer als in der Prüfungssituation, bewegt sich deshalb im optimalen Effizienzbereich und begünstigt gleichzeitig eine längere Ausdauer in den täglich aufeinanderfolgenden Arbeitsphasen. Atkinson nimmt eine monotone Beziehung zwischen Stärke des Leistungsmotivs und der für Leistungstätigkeiten aufgewendeten Zeit an. Langfristig führen hohe durchschnittliche Effizienz und große Ausdauer zu hohen kumulativen Leistungen. Atkinson (1974b) sucht so den in der Pädagogischen Psychologie viel untersuchten und diskutierten Begriff des sog. *Overachievement* und *Underachievement* (vgl. Thorndike, 1963; Wahl, 1975; Heckhausen, in Vorb.), d. h. Erwartungswidrigkeiten in der Relation von Schul- und Studienleistungen einerseits und gemessenem Fähigkeitsniveau andererseits, zu entmystifizieren. Im Unterschied zum bisher erörterten *Overachiever* besitzt der *Underachiever* eine geringe Motivstärke, so daß er nur in stark anregenden Leistungssituationen (wie bei einem Intelligenztest) optimal effizient, auf Dauer und unter alltäglichen Bedingungen aber weder effizient noch ausdauernd arbeitet und damit zu geringeren kumulativen Leistungsergebnissen kommt.

Die doppelte Rolle der Motivationsstärke für kumulative Leistungen

Kumulative Leistungen sind also neben den Fähigkeitsvoraussetzungen und der Effizienz von der Dauer der insgesamt aufgewendeten Arbeitszeit abhängig. Da Fähigkeit und Effizienz die Güte der Leistung ausmachen, ist kumulative Leistung nach Atkinson das Produkt von Güte der Leistung und aufgewendeter Arbeitszeit. Die aufgewendete Arbeitszeit wird nun nicht nur von der Stärke des Erfolgsmotivs (HE-FM), sondern auch von dem leistungsthematischen Anregungsgehalt der alltäglichen Lebensumwelt sowie von der Stärke konkurrierender Motive (vgl. Feather, 1962) bestimmt, die das Auftreten nicht-leistungsthematischer Alternativtätigkeiten begünstigen. Somit spielt die Leistungsmotivation eine doppelte Rolle beim Zustandekommen kumulativer Leistungen. Einmal beeinflußt sie in Abhängigkeit von den Erfordernissen der Aufgabe und neben der individuellen Fähigkeit für diese Aufgabe die Effizienz der momentanen Aufgabenbearbeitung. Zum anderen beeinflußt sie die Dauer der insgesamt aufgewendeten Arbeitszeit in Relation zur Motivationsstärke für Alternativtätigkeiten. Abb. 9.22 verdeutlicht den Gesamtzusammenhang in einem Schema. Bemerkenswert ist daran die entwicklungspsychologische Sichtweise. So hat die multiplikative Interaktion von Leistungsgüte und aufgewendeter Arbeitszeit nicht nur einen Einfluß auf die kumulative Leistung, sondern auch auf die Person selbst, und zwar als Zuwachs an Fähigkeiten im Sinne des Sprichwortes „Übung macht den Meister".

Fähigkeitstestergebnisse korrelieren etwa zwischen 0,30 und 0,50 mit kumulativen Schulleistungen, d. h. klären etwa 10 bis 25 Prozent von deren Varianz auf. Die Frage ist, wieweit man darüber hinaus die Varianzaufklärung treiben kann, wenn man Atkinsons Wirkungsgefüge der kumulativen Leistung zugrunde legt. Das wäre eine komplexe Untersuchung, da man sowohl die motivationsabhängige Effizienz bei der Fähigkeitstestung wie auch die motivationsabhängige Effizienz und Ausdauer unter alltäglichen Arbeitsbedingungen gesondert zu erfassen und zu berücksichtigen hätte. Dann müßten in aufeinanderfolgenden Entwicklungsetappen sowohl die Korrelation zwischen Leistungsmotiv (NH) und kumulativer Leistung wie auch die Korrelation zwischen Motiv und Fähigkeit („Übung macht den Meister") zunehmend enger werden.

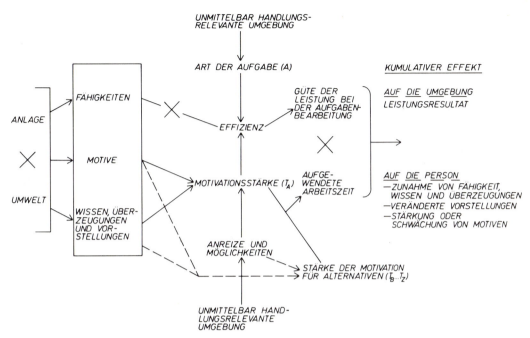

Abb. 9.22. Die doppelte Rolle der Motivation als Determinante der kumulativen Leistung. Neben der individuellen Fähigkeit für eine gegebene Aufgabe (A) beeinflußt Motivation (T_A) einmal in Abhängigkeit von den Erfordernissen der Aufgabe die Effizienz der momentanen Aufgabenbearbeitung. Zum anderen beeinflußt sie die Dauer der insgesamt für die kritische Aufgabe aufgewendeten Arbeitszeit in Relation zur Motivationsstärke für Alternativtätigkeiten ($T_B \ldots T_Z$). (Nach Atkinson, Lens u. O'Malley, 1976, S. 51)

Empirische Belege

Detaillierte empirische Analysen stehen noch aus. Sawusch (1974) hat die Implikationen des Wirkungsgefüges einer Computer-Simulation an einer hypothetischen Stichprobe von 80 Vpn unterworfen, denen nach Zufall Kennwerte für Fähigkeit, für Leistungsmotive und für Alternativtätigkeitsmotive zugeschrieben wurden. Unter den verschiedenen modellentsprechenden Annahmen (wie z. B. daß die Motivation beim Test höher ist als in normalen Arbeitssituationen, verschiedene Korrelationen zwischen Motiv und Fähigkeit, kurvilineare Effizienzfunktion etc.) wundert es nicht, daß die Motivstärke nicht unbeträchtlich mit kumulativer Leistung korrelieren kann.

Überzeugen können aber nicht modelladäquat simulierte, sondern nur empirisch gewonnene Ergebnisse, die den Modellvoraussagen entsprechen. Erste Befunde haben Atkinson, Lens u. O'Malley (1976) erhoben. Sie haben das resultierende Leistungsmotiv (*n*Ach-TAQ) und Intelligenztestwerte (*California Test of Mental Maturity*) von Schülern des 6. und des 9. Schuljahres genommen und nach 6 bzw. 3 Jahren mit der Schulleistung *(grade point average)* im 12. Schuljahr in Beziehung gebracht. Insgesamt klärten die Intelligenztestunterschiede mehr Varianz der Schulabschlußleistung auf als die Motivunterschiede (was ganz oder teilweise an der unterschiedlichen Zuverlässigkeit der Messung beider Prädiktoren liegen kann). Motivstärke im 6. oder 9. Schuljahr kovariierte am deutlichsten mit der Schulleistung im 12. Schuljahr bei Schülern mit hohen Intelligenztestwerten, und gar nicht im unteren Intelligenzbereich. Im mittleren Intelligenzbereich korrelierte Motivstärke erst im 9. Schuljahr mit der Schulleistung im 12. Schuljahr.

Dieser, von der Höhe der Fähigkeit moderierte Motivationseffekt auf die Schulleistung entspricht Atkinsons Konzeption der kumulativen Leistung. Denn die kumulative Leistung ist ein Produkt der Leistungsgüte bei der Tätigkeitsausführung (abhängig von der Fähigkeit und Effizienz) und von der Ausdauer bei der Arbeit (abhängig von der Motivationsstärke). Deshalb muß der Motivationseffekt am ehesten im höheren Intelligenzbereich zum Tragen kommen. Wenn er sich im 9. Schuljahr auch im mittleren Intelligenzbereich zeigt, so hat vielleicht die Fähigkeit der älteren Schüler inzwischen eine kritische Höhe erreicht. Die gleichen Ergebnisse würde man übrigens nach dem Raynorschen Konzept der Zukunftsorientierung erwarten.

Denn im kontingenten Handlungspfad führen hohe anfängliche Erfolgswahrscheinlichkeiten zur stärksten (und damit ausdauerndsten) Motivation, und die höchsten Erfolgswahrscheinlichkeiten im Unterricht haben die hochbefähigten Schüler.

Des weiteren war die Kovariation zwischen Motivstärke und Fähigkeitsniveau im 9. Schuljahr enger als im 6. Wenn dies auch keine Längsschnittbefunde sind, so mag man es als einen entwicklungspsychologischen Hinweis werten, daß anfängliche Fähigkeiten umso mehr fortentwickelt werden, je mehr Arbeitszeit, in der sie geübt werden konnten, aufgewendet worden ist. Mit anderen Worten, Unterschiede der Motivstärke tragen zu einem differentiellen Fähigkeitszuwachs bei. Allerdings steht dafür bis heute ein überzeugender Beleg noch aus, ebenso für die Einflußverknüpfungen der vielen einzelnen Determinanten im Wirkungsgefüge der kumulativen Leistung.

10 Zuschreiben von Ursachen: Attributionstheorie

Nicht bloß der Motivationsforscher stellt Fragen nach den Gründen von Handlungen und den Ursachen der Handlungsergebnisse. Das tut jeder Mensch, es ist eine alltägliche Sache. Jeder ist ein Motivationspsychologe. Jeder sucht, im Bilde zu bleiben, was um ihn herum vor sich geht, zumal, wenn er selbst betroffen ist. Als Beobachter und Beteiligte registrieren wir das Handeln anderer nicht bloß an der Erscheinungsoberfläche von Bewegungsabläufen, wir „nehmen wahr" oder erschließen, was andere vorhaben, worauf sie hinauswollen, was sie „im Schilde führen". Dazu muß uns erst keine der Verhaltensauffälligkeiten verdutzt machen, die im 1. Kap. aufgezählt wurden.

Ein paar alltägliche Beispiele können es verdeutlichen. Jemand lobt mich: Ist es reine Liebenswürdigkeit, will er sich einschmeicheln, oder habe ich das Lob wirklich verdient? Ein Verkäufer preist mir unter mehreren Produkten des gleichen Artikels das teuerste an: Will er den größten Gewinn machen, oder ist dieses Produkt wirklich das Beste? Ein flüchtiger Bekannter lädt mich zu einem gelegentlichen Besuch ein: Ist es bloße Höflichkeit, oder würde er sich tatsächlich freuen, wenn ich eines Tages in der Tür stünde? Ein Hochschulabsolvent mit sehr gutem Zeugnis bewirbt sich um eine Stelle: Ist er wirklich so gut, oder kommt er von einer Hochschule, an der die Prüfungen leicht sind? In allen diesen Fällen liegt es auf der Hand, daß die Fragen nach den Gründen der Motivation von Handlungen (Beispiel 1–3), nach den Ursachen von

Handlungsergebnissen (Beispiel 4) nicht lediglich intellektueller Neugier entstammen. Vielmehr ist ihre Beantwortung auch folgenschwer, wenn sie nicht zutreffend ist. Verkenne ich, daß der Lobende sich einschmeicheln, der Verkäufer bloß maximalen Gewinn erzielen, der Einladende nur liebenswürdig sein will, und die Abschlußnoten des Bewerbers zu leicht erworben sind, so habe ich das Nachsehen und schaffe, ohne es zu wollen, künftige Verlegenheiten. Das schließt nicht aus, daß wir oft besser mit unzutreffenden Attributionen leben mögen, weil sie etwa unser Handeln rechtfertigen oder die Auffassungen über uns selbst und unsere Umwelt nicht erschüttern.

Genaugenommen ist im übrigen zwischen Wozu-Fragen nach Gründen des Handelns und Warum-Fragen nach Ursachen von Handlungsergebnissen oder Vorkommnissen zu unterscheiden (vgl. Kap. 1; Buss, 1978; Peters, 1958). Im ersten Fall handelt es sich um die Attribution von Motivation oder Intention, um derentwillen eine Handlung verfolgt wird. Im zweiten Fall handelt es sich um die Erklärung von Ergebnissen intendierter Handlungen, von Ereignissen und Vorkommnissen, worunter auch unwillkürlich erscheinende Aktivitäten fallen. Die Unterscheidung zwischen Wozu- und Warum-Fragen, zwischen Gründen und Ursachen, zwischen Motivationsattribuierung und Effekt- (oder Ergebnis-) Attribuierung ist in der Attributionsforschung bisher nicht vorgenommen worden (Ausnahme: Kruglanski, 1975). Stattdessen ist generell von „Ursachen", von „Attribution" die Rede. Wir folgen deshalb im weiteren dem undifferenzierten Sprachgebrauch, wir werden jedoch gelegentlich, wo es wichtig erscheint, auf die Unterscheidung verweisen.

Ursachenzuschreibung in der Verhaltenserklärung auf den ersten bis vierten Blick

Beim Abwägen sich aufdrängender Antworten oder beim Suchen danach treffen wir die verschiedenen Typen von Verhaltenserklärungen an, die wir im 1. Kap. als solche auf den ersten bis vierten Blick charakterisiert haben; insbesondere auf Eigenschaften des Handelnden (erster Blick) und auf Besonderheiten der Situation (zweiter Blick). Sicherlich durchläuft man im Regelfall nicht alle vier Erklärungstypen. Aber nicht selten wird man zwischen den ersten beiden schwanken: Wieweit liegen die Gründe des Handelns oder die Ursachen seines Ergebnisses in einer Disposition des Handelnden oder in einer Besonderheit der Situation? Vermutlich unterscheiden sich Menschen auch danach, welchem Erklärungstyp sie größeres Gewicht beimessen. Für manche mag der „zweite Blick" (situative Verursachung) der „erste" sein oder der ausschlaggebendere. Individuelle Unterschiede in der Ursachenzuschreibung und der Motivationsattribuierung gleicher Sachverhalte sind bisher noch kaum erforscht worden. Allerdings scheint jedermann, wenn es für ihn sehr wichtig ist, oder er dazu aufgefordert wird, in der Lage zu sein, alle Erklärungstypen durchzuspielen und gegeneinander abzuwägen.

Unterstellen wir einmal, es gäbe individuelle Unterschiede der Ursachenzuschreibung, so hätte dies bereits in unseren alltäglichen Beispielen bemerkenswerte Folgen. Ein „Eigenschaftstheoretiker" wäre geneigt, die Einladung als Ausdruck echter Gastfreundschaft und nicht als situativ bedingte Form der Höflichkeit aufzufassen und folgt ihr. Dem Verkäufer würde er dagegen mißtrauen und das billigere Produkt auswählen. Dagegen würde der „Situationist" die Einladung als Ausfluß momentan hochgestimmter Geselligkeit werten und nicht weiter ernst nehmen, während er der Empfehlung des Verkäufers folgen würde, weil er nicht daran zweifelt, daß dieser sich ganz von den Besonderheiten der einzelnen Produkte hat leiten lassen. Wer dagegen beide Seiten abwägt („auf den dritten Blick"), macht es sich schwerer und kann zu einem weniger entschiedenen Eindruck, wenn nicht zu einer Kompromißbildung kommen. Er akzeptiert z. B. das Lob mit einigen Abstrichen, weil er dem Lobenden auch eine Neigung zuschreibt, jeden Anlaß zum Loben wahrzunehmen. Wer schließlich den „vierten Blick" bevorzugt oder für angemessen hält, mag den Bewerber trotz offensichtlich überhöhter Abschlußnoten einstellen, weil dieser wegen mangelhafter Realisierungschancen an seiner Hochschule seine wahre Tätigkeit noch nicht hat entfalten und nachweisen können.

Ursachenzuschreibung im Motivationsprozeß

Wie Menschen sich Sachverhalte erklären, Ursachen zuschreiben, „Kausalattributionen" vornehmen, damit beschäftigt sich die Attributionstheorie und ihre Forschung. Sie hat eine Fülle von Problemen zu klären, wie schon der folgenden Frage zu entnehmen ist: „Wann fragt sich wer bezüglich wessen wie und wozu warum?" (Görlitz, 1974, S. 543). Schon in früheren Kapiteln war es unerläßlich, zumindest auf Teile einer so kompakten Frage einzugehen, um Motivation zu erschließen, damit künftiges Handeln voraussagbar wird. Das gilt insbesondere für Handeln in zwischenmenschlichen Beziehungen. Je unmißverständlicher man den Eindruck hat, daß jemand z. B. unverschuldet akut in Not geraten ist, umso eher ist man bereit, helfend einzugreifen, auch wenn viele potentielle Helfer in der Nähe sind; wie Piliavin et al. (1969) beobachteten, wenn im Mittelteil eines U-Bahnwagens ein Fahrgast (Komplize des Vls) plötzlich zusammenbricht. Wird man von jemandem behindert oder sonst in den eigenen Belangen verletzt, so hängt – wie wir in Kap. 8 gesehen haben – die Entstehung von Ärger und das Bestreben nach vergeltender Aggression entscheidend davon ab, ob man dem anderen Absicht oder keine Absicht zuschreibt. Wurden z. B. Kinder von einer Schein-Vp daran gehindert, eine Tätigkeit zu Ende zu führen und die dafür ausgesetzte Belohnung zu erhalten, so verrauchte die Aggressivität sofort, und sie ließen die Möglichkeit der Vergeltung ungenutzt, wenn ihnen mitgeteilt wurde, die Behinderung beruhe auf Ungeschicklichkeit des anderen (Mallick u. McCandless, 1966).

Man schreibt aber nicht nur anderen Absichten, Motivationen und Emotionszustände zu, man tut es auch bei sich selbst. Ein Beispiel ist ein Attributionsfehler, der die Stärke einer Aggressionshandlung erhöht: Bestand schon vor einer Ärgerprovokation durch einen anderen eine erhöhte Erregung (z. B. durch körperliche Anstrengung, erotische Stimulation, ein Pharmakon), so kommt es zu einem Summmierungseffekt der verschiedenen Erregungsquellen, d. h. man neigt dazu, die gesamte Erregung der letzten, der ärgerauslösenden Quelle zuzuschreiben und handelt entsprechend aggressiver (vgl. Rule u. Nesdale, 1976; Zillmann, 1971).

Es ist also keine Frage, daß kognitive Prozesse der Ursachenerklärung und der Motivationsattribuierung zur Motivation selbst gehören und das eigene Handeln entscheidend beeinflussen. Will man Handeln wissenschaftlich erklären, so sind solche Kognitionen mitzuberücksichtigen, gleichgültig, ob die Attribuierungen des Handelnden – vom Blickpunkt wissenschaftlicher Analyse aus – „laienhaft", unvollständig oder „falsch" sein mögen. Was zählt, ist allein, was der Handelnde für zutreffend hält. Wie er zu dieser Auffassung kommt, welche Informationen er nutzt, wie er sie verarbeitet – das ist der eigentliche Gegenstand der Attributionstheorie und ihrer Forschung. Darum geht es in diesem Kapitel. Auch die Wirkungen von ursachenzuschreibenden Kognitionen auf das eigene Erleben und Handeln kann man noch dazu rechnen, obwohl diese Fragen bereits weit in benachbarte oder übergreifende Forschungsfelder einmünden, die sich mit Motivation, Emotion und Handlungen verschiedener Äquivalenzklassen etc. beschäftigen. Solche Fragen, die die Rolle von Kausalattributionen in der Handlungsmotivation betreffen, werden im nächsten (11.) Kapitel erörtert.

Problemgeschichtliche Aspekte und verwandte Forschungsrichtungen

Es gibt weder eine einheitliche, in sich geschlossene Attribuierungstheorie noch eine für sie spezifische Methode. Bei der Vielfalt von Sachverhalten, die sich Menschen erklären, ist es nicht verwunderlich, wenn es verschiedene Theorieansätze und methodische Zugänge gibt, um Licht in das Was, Wie und

Wozu dieses Erklärens zu bringen. Aber alle gegenwärtigen Ansätze sind entscheidend von Fritz Heider angeregt. Sein 1958 erschienenes Buch „The psychology of interpersonal relations" war der Ausgangspunkt. Das Buch stellt keine experimentellen Befunde vor. Es widmet sich der wissenschaftlichen Analyse der *Common-Sense*-Psychologie, der Psychologie des alltäglichen Handels, mit welcher der wissenschaftlich naive Laie sich Handeln und seine Ergebnisse erklärt. Das Material, das Heider analysierte, sind Handlungen und Ereignisse, die jeder beobachten oder in literarischen Texten (z. B. Fabeln) vorfinden kann, sowie die umgangssprachlichen Worte, mit denen sie bezeichnet und psychologisch erklärt werden, wie z. B. können *(can),* bemühen *(try),* wollen, gehören, sollen u. a. In solchen Begriffen einer naiven Handlungsanalyse und in ihren systematischen Beziehungen untereinander sieht Heider ein dicht geknüpftes Netzwerk psychologischer Theorien, das dem alltäglichen Wahrnehmen, Urteilen und Handeln zugrunde liegt. Heiders Analysen sind von der Überzeugung getragen: „that there is a system hidden in our thinking about interpersonal relations, and that this system can be uncovered" (1958, S. 14).

Phänomenale und kausale Beschreibung in der Wahrnehmung

Heiders Buch war in erster Linie ein Beitrag zu einem aktuellen Forschungsinteresse der Sozialpsychologie in den fünfziger Jahren, der Personwahrnehmung in zwischenmenschlichen Beziehungen. Heider unterschied in der Wahrnehmung die phänomenale Beschreibung von der kausalen. Die phänomenale Beschreibung sucht das Wahrgenommene unmittelbar zu fassen, die kausale Beschreibung sucht den Wahrnehmungsprozeß vom „distalen" Gegenstand der Wahrnehmung über die Vermittlungsprozesse der Reizaufnahme und -verarbeitung bis zum Wahrgenommenen in einzelnen Teilabschnitten zu klären. Zwischen beiden Formen der Beschreibung gibt es gleitende Übergänge. Im unmittelbar Wahrgenommenen ist uns bereits mehr als bloße Erscheinungsoberfläche gegeben. Wir nehmen an einer anderen Person nicht nur Bewegungen und Gesichtsausdruck wahr, sondern auch deren Gefühlszustände, Wünsche und Motivationen. Wahrnehmung enthält also bereits „Zutaten", Zuschreibungen, ohne daß wir uns einzelner schlußfolgernder Prozesse bewußt sein müßten, wenn auch Stücke davon uns im Sinne kausaler Beschreibung gewahr werden können. Heider schreibt:

(In) person perception (the observer) not only perceives people as having certain spatial and physical properties, but also can grasp even such intangibles as their wishes, needs, and emotions by some form of immediate apprehensions. (1958, S. 22).

Was diesen unmittelbaren Auffassungen an regelhaften Bedingungen zugrunde liegt, wollte Heider vor allem klären. Es ist das Problem der phänomenalen Kausalität, das in der Wahrnehmungspsychologie bereits seine Problemgeschichte hat. So hatte Hume (1711–1776), der englische Empirist, die Kausalitätswahrnehmung als ein Produkt der Erfahrung angesehen, die Gestaltpsychologie hat sie aus dieser fixierten Denktradition gelöst und einen „Gestaltfaktor phänomenaler Kausalität" zu bestimmen gesucht (Duncker, 1935). Denn unter bestimmten Bedingungen raumzeitlicher Ereignisabläufe (z. B. jemand schlägt die Tür, und danach geht das Licht aus) wird ein Kausalzusammenhang unmittelbar wahrgenommen, auch gegen alle Erfahrung und gegen jedes bessere Wissen. In diesen besonderen Fällen hat die Wahrnehmung von Verursachungszusammenhängen, wie Metzger meint (1954, S. 125), „nicht mit den *Folgen* von Erfahrungen, sondern mit deren *Voraussetzungen* ... zu tun." Freilich handelt es sich in den Fällen von anschaulich zwingender Kausalität nur um einen sehr kleinen Ausschnitt dessen, was für uns in Kausalitätsbeziehung stehen oder gebracht werden kann.

Metzger (1953) beurteilt die Summe der Befunde zur anschaulich gegebenen Kausalität wie folgt: „Die Verursachung ist eine ebenso ursprüngliche sinnliche Gegebenheit wie die Farbe, die Form, die Größe und der Ort der Gegenstände" (S. 441). Maßgebend für dieses Urteil waren vor allem experimentelle Befunde von Michotte (1941; 1946; kritisch dazu Weir, 1978). Er ließ seine Vpn die Wahrnehmung etwa des folgenden Vorgangs beschreiben: Ein Objekt A bewegt sich auf ein ruhendes Objekt B, berührt dieses, worauf A stehenbleibt und B sich in Richtung von A's ursprünglicher Bahn in Bewegung setzt. Ist die Verzögerungszeit zwischen der Berührung A's mit B und der Bewegung von B nicht zu lang (etwa unter 100 Millisekunden), so erlebte jede Vp zwingend, daß A die Bewegung von B verursacht habe; selbst gegen jedes bessere Wissen, daß in der Versuchsapparatur die Bewegungen beider Objekte unabhängig voneinander waren. Kehrte A nach Berührung mit B die Bewegungsrichtung um und machte B die gleiche Bewegung, so wurde B von A „gezogen", „abgeholt" usf.

Heider u. Simmel (1944) sind noch einen Schritt weitergegangen. Sie haben nachgewiesen, daß unbelebte Objekte nicht nur den unmittelbaren Eindruck physikalischer, sondern auch „psychologischer Kausalität" hervorrufen können, d. h. daß sie Motivationen besitzen, die ihr gegenseitiges Handeln leiten. Die Autoren boten den Vpn einen Trickfilm dar. Er soll hier bereits so beschrieben werden, wie ihn die Vpn wahrnahmen; eine „objektive", d. h. topographische Beschreibung des Geschehens wäre äußerst umständlich und künstlich. Ein größeres Dreieck (D) geht in ein Haus (Rechteck mit einem Türflügel), kommt wieder heraus und beginnt einen Kampf mit einem kleineren Dreieck (d), währenddessen ein Kreis (k) ins Haus geht. Nachdem D den Kampf gewonnen hat, geht es ins Haus zurück und jagt k darin herum, bis d von außen die Tür öffnet und k herausflieht, verfolgt von D. Danach laufen alle drei zweimal um das Haus herum. Als d und k sich schließlich entfernt haben, schlägt D auf die Mauern des Hauses ein, bis sie zerbrechen. Die Wahrnehmung des Trickfilms wurde von den Vpn in dieser oder ähnlicher Form beschrieben. Den geometrischen Objekten wurden Personeigenschaften zugeschrieben, so etwa D die Disposition der Streitsucht, die Charaktermerkmale des „Schlägers".

Kausale Beschreibung sucht demgegenüber hinter das unmittelbar Erscheinende zurückzugehen und Teilprozesse seines Zustandekommens zu erfassen. Dabei mag Einzelheiten des Wahrgenommenen, dem Abruf von Gedächtnismaterial oder begrifflichen Abstraktionen der Informationsverarbeitung oder anderen Teilprozessen eine wichtige Rolle zugeschrieben werden. Heider (1958, S. 26f.) weist besonders auf „zentrale Prozesse" hin, die die „Begriffe" liefern, mit deren Hilfe das Wahrnehmbare interpretiert wird. Eine entscheidende erkenntnistheoretische Frage psychologischer Forschung ist es, wieweit und wie treffsicher man mit Hilfe von Introspektion die Teilprozesse aufhellen kann, die dem phänomenal Gegebenen zugrunde liegen. Nisbett u. Wilson (1977) sind dieser Frage nachgegangen, indem sie vielerlei Befunde überprüften und eigene Untersuchungen anstellten. Sie kommen zu skeptischen Schlußfolgerungen, die man als „Introspektionsillusion" bezeichnen kann:

1. People often cannot report accurately on the effects of particular stimuli on higher order, inference-based responses. Indeed, sometimes they cannot report on the existence of critical stimuli, sometimes cannot report on the existence of their responses, and sometimes cannot even report that an inferential process of any kind has occured ...
2. When reporting on the effects of stimuli, people may not interrogate a memory of the cognitive processes that operated on the stimuli; instead, they may base their reports on implicit, a priory theories about the causal connection between stimulus and response ...
3. Subjective reports about higher mental processes are sometimes correct, but even the instances of correct report are not due to direct introspective awareness. Instead, they are due to the incidentally correct employment of a priory causal theories. (S. 233).

Smith u. Miller (1978) halten diesen Skeptizismus für übertrieben und haben die Schlußfolgerungen von Nisbett u. Wilson aus mehreren Gründen kritisiert. So halten sie z. B. ein Prüfkriterium der Autoren für überspannt, nach welchem die Vp solcher verhaltenswirksamen Situationsfaktoren gewahr werden sollte, für deren Verborgenbleiben der Vl gerade die größte Sorgfalt bei der Gestaltung des Experiments aufwendet. Die Reanalyse eines Experiments zur Frage, wie aufschlußreich Einzelinformationen für eine zusammenfassende Persönlichkeitsbeurteilung sind, ergab zudem, daß – entgegen einer unangemessenen Auswertung – Vpn durchaus in der Lage waren, sich der urteilsbildenden Rolle von Teilinformationen bewußt zu werden. Statt zu fragen, ob man durch Introspektion Zugang zu kognitiven Prozessen, die dem eigenen Erleben und Handeln zugrunde liegen, gewinnen kann, halten es Smith u. Miller (1978) für fruchtbarer, nach den Bedingungen zu fragen, unter denen ein introspektiver Zugang möglich ist.

Personwahrnehmung in der Sozialpsychologie

Neben der wahrnehmungspsychologischen Problementwicklung stand vor allem das in der Sozialpsychologie erwachte Interesse an der Personwahrnehmung Pate bei der Elaborierung der Attributionstheorie. Eine zentrale Frage war z. B., wie Personen aufeinanderfolgende Informationen nutzen, um sich ein Bild vom anderen Menschen zu formen. Asch (1946) legte dazu eine Liste von Eigenschaften vor, die eine andere Person charakterisieren sollten. Eine Hälfte der Vpn erhielt die Liste in umgekehrter Reihenfolge. Es zeigte sich ein *primacy effect:* Die zuerst aufgenommenen Eigenschaften – gleichgültig, welche es im einzelnen waren – bestimmten die Personwahrnehmung am stärksten. Asch vermutete, daß die ersten Informationen die Bedeutung der späteren etwas abändern, damit diese mit den ersteren besser zusammenpassen.

Jones u. Goethals (1971) haben später die Abfolge-Effekte der Informationsverarbeitung zusammengefaßt und ihnen drei verschiedene Prozesse unterlegt. Einmal kann die Aufmerksamkeit nachlassen, so daß später erfolgende Informationen ungenügend verarbeitet werden; zum anderen kann spätere Information abgewertet werden *(discounted)*, weil sie sich mit der früheren Information nicht übereinbringen läßt. Schließlich kann drittens, wie Asch vermutete, die spätere Information verändert werden, um mit früherer übereinzustimmen. Anderson (1965; 1974) hat ein Modell der Informationsintegration entworfen, das aufgrund gewichteter Durchschnittsbildung der aufeinanderfolgenden Informationen das endgültige Urteil bestimmt. Einen Überblick über den Forschungsstand zur Personwahrnehmung, als Heiders Buch erschien, gaben Tagiuri u. Petrullo (1958). Die Kontroverse über Aschs These von der Bedingungsänderung dauert bis heute an (vgl. Zanna u. Hamilton, 1977).

Zu nennen ist auch Kellys (1955; 1958) originelle Theorie der „persönlichen Konstrukte". Darin stecken individuelle Problemlösungen, um wiederkehrende Situationen, vor allem sozialer Art, auf ihren Kern hin zu verstehen und zu kategorisieren. Kelly hat schon darauf aufmerksam gemacht, daß es in dieser Hinsicht keinen grundsätzlichen Unterschied zwischen dem intuitiven Beobachter und dem Verhaltenswissenschaftler gibt. Persönliche Konstrukte kann man auch als Attributionen auffassen. Kelly hat diese Sichtweise vor allem im Bereich klinisch-psychologischer Phänomene fruchtbar gemacht.

Selbstwahrnehmung: Rotters Persönlichkeitsvariable der internalen und externalen Kontrolle

Einen weiteren Vorläufer-Bereich der Attributionsforschung kann man der Persönlichkeitspsychologie zuordnen. Er betrifft die Selbstwahrnehmung der Person. Einiges davon haben wir schon in Kap. 4 und 5 erörtert. Zu nennen ist einmal Rotters (1954) Konzept der sog. internalen vs. externalen Kontrolle der Bekräftigung. Es handelt sich um generalisierte Erwartungen, d. h. Überzeugungen bezüglich der eigenen Wirksamkeit; wieweit man selbst in der Lage ist, durch eigenes Handeln und dessen Ergebnisse erwünschte Folgen zu verursachen. Das hängt natürlich auch von den situativen Gegebenheiten ab. Aber Rotter weist darauf hin, daß das gleiche Bekräftigungsereignis (die gleiche erwünschte Handlungsfolge) in verschiedenen Personen auch verschiedene Reaktionen wachrufen kann:

One of the determinants of this reaction is the degree to which the individual perceives that the reward follows from, or is contingent upon, his own behavior or attributes versus the degree to which he feels the reward is controlled by forces outside of himself and may occur independently of his own actions. The effect of a reinforcement following some behavior on the part of a human subject, in other words, is not a simple stamping-in process but depends upon whether or not the person perceives a causal relationship between his own behavior and the reward. A perception of causal relationship need not be all or none but can vary in degree. When a reinforcement is perceived by the subject as following some action of his own but not being entirely contingent upon his action, then, in our culture, it is typically perceived as the result of luck, chance, fate, as under the control of powerful others or as unpredictable because of the great complexity of the forces surrounding him. (1966, S. 1)

Solche Überlegungen stehen, wie wir in Kap. 5 gezeigt haben, der instrumentalitätstheoretischen Konzeption nahe. Die Rottersche Kontroll-Überzeugung ist eine Erwartung bezüglich der Instrumentalität, die eigene Handlungsergebnisse für weitere Folgen, die man selbst nicht unmittelbar kontrollieren kann, haben werden; also eine wahrgenommene Ursächlichkeit des eigenen Handelns. Das Diagnostikum für individuelle Unterschiede ist die I-E-Skala *(internal-external control scale)*. Die 23 Items bestehen aus Wahl-Alternativen, wie z. B.: (a) Viel von den unglücklichen Dingen in dem Leben der Menschen ist zum Teil einfach Pech, (b) Das Mißgeschick der Menschen rührt von Fehlern her, die sie gemacht haben.

Die Item-Inhalte streuen über weite Lebensbereiche wie schulischer Erfolg, soziales Ansehen, Liebe und Zuneigung, Dominanz, sozialpolitische Überzeugungen und allgemeine Lebensphilosophie. Diese transsituationale Globalität des Eigenschaftskonstrukts der persönlichen Kontrolle ist seiner Validität für spezifische Handlungskriterien – wie etwa Erwartungsänderung nach Mißerfolg, Löschungsresistenz – nicht gut bekommen (vgl. Collins, 1974; Zuckerman u. Gerbasi, 1977). Personen mit hoher internaler Kontrolle-Überzeugung nach Rotters Fragebogen sind auch nicht mit Erfolgsmotivierten im Leistungshandeln gleichzusetzen. Sie wählen zwar wie diese auch mittelschwere Aufgaben, zugleich aber auch leichte (Liverant u. Scodel, 1960). Am besten sagen die Fragebogenkennwerte globalere Kriterien voraus, wie politische Einstellungen, Konformität, Aktivität zur Verbesserung der eigenen Lebenslage u. ä. (vgl. Phares, 1976). Spezifiziert auf Leistungssituationen haben Crandall, Katkovsky u. Crandall (1965) den Rotter-Fragebogen zur IAR-Skala *(Intellectual Achievement Responsibility)* entwickelt. Dieses Instrument spielte, wie wir noch sehen werden, bei der Einführung attributionstheoretischer Gesichtspunkte in die Leistungsmotivationsforschung eine wichtige Rolle.

Das Konzept der „persönlichen Verursachung" nach deCharms

Eng verwandt mit Rotters Gegenüberstellung von internaler und externaler Kontrolle ist deCharms' (1968) Konzept der „persönlichen Verursachung" *(personal causation)*. DeCharms unterscheidet zwei Persönlichkeitstypen, *„origins"* („Verursacher") und *„pawns"* (Bauernfiguren im Schachspiel; „Abhängige"). Ein *Origin* betrachtet reines Handeln, soweit es unter den situativen Umständen irgend geht, als frei und selbstbestimmt, ein *Pawn* sieht sich vergleichsweise eher fremdbestimmt und äußerem Zwang unterworfen. Zwischen beiden gibt es alle Übergänge, die deCharms (1973) mit Hilfe eines TAT-ähnlichen Verfahrens erfaßt hat. DeCharms (1968) charakterisiert sein Persönlichkeitskonstrukt wie folgt:

> Feeling like an Origin has strong effects on behavior as compared to feeling like a Pawn. The distinction is continuous, not discrete – a person feels *more* like an Origin under some circumstances and *more* like a Pawn under others.
> The personal aspect is more important motivationally than objective facts. If the person feels he is an Origin, that is more important in predicting his behavior than any objective indications of coercion. Conversely, if he considers himself a Pawn, his behavior will be strongly influenced, despite any objective evidence that he is free. An Origin has a strong feeling of personal causation, a feeling that the locus for causation of effects in his environment lies within himself. The feedback that reinforces this feeling comes from changes in his environment that are attributed to personal behavior. This is the crux of the concept of personal causation and it is a powerful motivational force directing future behavior. A Pawn has a feeling that causal forces beyond his

control, or personal forces residing in others, or in the physical environment, determine his behavior. This constitutes a strong feeling of powerlessness or ineffectiveness. (1968, S. 274).

DeCharms (1973; 1976) hat das „Verursacher-Erleben" mit großem Erfolg zum Kernpunkt von Motivänderungsprogrammen für Lehrer und Schulklassen gemacht. Wir kommen darauf im 12. Kap. zurück.

Attribuierung in der Reduktion kognitiver Dissonanz

Ein weiterer Forschungsbereich, in dem Vorgänge der Kausalattribuierung im Mittelpunkt standen, ist die von Festinger (1957) angeregte Erforschung von Phänomenen kognitiver Dissonanz (vgl. Kap. 4). Hier geht es nicht um individuelle Unterschiede, sondern um intraindividuelle Änderungen von eigenen Meinungen und Überzeugungen im Dienste der Reduktion kognitiver Dissonanz. Erinnern wir uns an zwei häufig herangezogene Bedingungen, um in Experimenten kognitive Dissonanz zu erzeugen: erzwungene Einwilligung *(forced compliance)* und eine sich später klar herausstellende ungenügende Rechtfertigung der eingetretenen Entscheidungsfolgen *(insufficient justification)*. Zunächst muß man in den Vpn die Illusion einer freiwilligen (oder halbfreiwilligen) Entscheidung für eine Handlung erzeugen, die man unter besonnener und unbeeinflußter Abwägung nie unternommen hätte; in dem Experiment von Festinger u. Carlsmith (1959) zum Beispiel auf Bitten des Vls anderen Vpn mitzuteilen, daß eine langweilige Versuchstätigkeit interessant sei. Die Handlung, in die man eingewilligt hat, ist zudem hinsichtlich ihrer positiven Folgen ungenügend gerechtfertigt, so erhielt eine Vpn-Gruppe von Festinger u. Carlsmith nur 1 Dollar, statt wie eine andere 20 Dollar. Mit welchen Gründen können beide Gruppen ihr Handeln rechtfertigen? Bei hoher Bezahlung kann man äußere Gründe verantwortlich machen, die angenehme materielle Nebenfolge eines – für sich genommen – unaufrichtigen Aktes. Man mag deshalb seine wahre Meinung beibehalten und für sich behalten. Bei ungenügender Bezahlung hat man jedoch keinen äußeren Rechtfertigungsgrund, man muß ihn bei sich selbst suchen. Man hat selbst die Handlung verursacht – also muß sich die ursprüngliche Überzeugung im Sinne der unternommenen Handlung ändern.

Dissonanzreduktion wurde in einem engeren Sinne motivationspsychologisch interpretiert, und zwar als Bedürfnis, den unangenehmen Zustand kognitiver Dissonanz zu meiden. Auf zweierlei Weise hat man statt dessen versucht, die Dissonanzreduktion attributionstheoretisch als einen „rein kognitiven" Vorgang der Attribuierung zu erklären. Nisbett u. Valins (1971) haben wie folgt argumentiert: Wenn bei ungenügender Rechtfertigung durch äußere Gründe nur innere Gründe übrigbleiben und die Handlung entsprechend attribuiert wird, so müßte umgekehrt beim Vorliegen innerer Gründe für eine Handlung deren Ursächlichkeit abgewertet werden, wenn zugleich auch wichtige äußere Gründe für die Handlung sprechen (vgl. unten: Abwertungsprinzip). Was ist also, wenn man für die Verkündung fester eigener Überzeugungen auch noch hoch bezahlt wird? Die Überzeugungsstärke müßte sich dann abschwächen, so als hätte sich die Vp gesagt: Bei dieser hohen Bezahlung können es nicht nur innere Gründe sein, die mein Handeln veranlaßt haben. In der Tat haben Nisbett u. Valins (1971) eine Reihe von Belegen dafür beigebracht. Da sie damit die Wirksamkeit von Attribuierungsvorgängen auch bei fehlender Dissonanz nachweisen, sehen sie in Festingers motivationspsychologischem Ansatz nur die Erklärung für einen speziellen Fall – nämlich der Dissonanz – während der attributionstheoretische Ansatz eine generelle Erklärung anbietet, die sowohl für kognitive Konsonanz wie für Dissonanz gilt. Im übrigen werden wir noch eine entscheidende Voraussetzung der Dissonanzreduktion, nämlich den „fundamentalen Attributionsfehler" (Ross, 1977) kennenlernen.

Bems Theorie der Selbstwahrnehmung

Ebenfalls auf dem Boden von Attribuierungsvorgängen hat Bem (1967; 1972) eine These zur Erklärung von Dissonanzreduktion aufgestellt. Es ist seine Theorie der Selbstwahrnehmung. Danach haben Menschen kein unmittelbares Wissen über sich, über ihre momentane Motivierung. Sie erschließen dies vielmehr durch Beobachtung und Beurteilung des eigenen Handelns, so wie man auch durch die Beobachtung anderer auf deren innere Zustände und Motivation schließt. Selbstwahrnehmung wäre demnach nur ein Spezialfall der zwischenmenschlichen Personwahrnehmung. Wenn etwa jemand sich dabei beobachtet („ertappt"), daß er etwas tut, wofür es – was die äußeren Folgen wie Belohnung, Entschädigung etc. betrifft – keine genügende Rechtfertigung gibt, so sagt er sich, daß er das gern tut, für wichtig hält. Er erschließt also innere Gründe für sein Handeln, weil äußere nicht festzustellen sind. Liegen dagegen äußere Gründe vor, so sieht er in diesen die Anlässe seines Handelns. In diesem Falle kommt er erst gar nicht auf den Gedanken, daß ihn die Sache selbst motiviert haben könnte. Nach Bem schaut man bei Selbstwahrnehmung eigenen Handelns zunächst nur auf dessen äußere, in der Situation lokalisierte Gründe (Verhaltenserklärung auf den zweiten Blick). Liegen sie vor, so ist dies bereits eine hinreichende Bedingung, um das eigene Handeln zu erklären. So kommt Bem in etwa zu gleichen Vorhersagen wie Nisbett u. Valins (1971), wenn sowohl eigene Überzeugung (innere Gründe) als auch genügende Rechtfertigung (äußere Gründe) vorliegen, obwohl er im Unterschied zu Nisbett u. Valins eine unmittelbare Selbstwahrnehmung der inneren Gründe abstreitet. Bem sagt:

> Individuals come to „know" their own attitudes, emotions and other internal states partially by inferring them from observations of their own overt behavior and/or the circumstances in which this behavior occurs. Thus to the extent, that internal cues are weak, ambiguous, or uninterpretable, the individual is functionally in the same position as an outside observer, an observer, who must necessarily rely upon those same external cues to infer the individual's inner states (1972, S. 2).

Bem (1967) hat mit Hilfe seiner Selbstwahrnehmungstheorie die Überflüssigkeit einer motivationalen Erklärung der Dissonanzreduktion nachzuweisen versucht. Er ließ Beobachter hören, welche Standpunkte eine Vp (in einem experimentellen Paradigma erzwungener Einwilligung und ungenügender Rechtfertigung) vertrat und machte sie mit den Versuchsumständen vertraut, ohne ihnen die ursprüngliche Einstellung der Vp mitzuteilen. Die Beobachter waren in der Lage, die Einstellung der Vp, nachdem sie den ihr aufgetragenen Standpunkt vertreten hatte, zutreffend zuzuschreiben. Wollte man diesen Befund als Widerlegung der dissonanztheoretischen Erklärung annehmen, so müßte man unterstellen, daß der Handelnde (die Vp) seine ursprüngliche Einstellung inzwischen vergessen hat. Denn nur in diesem Fall hätten die Beobachter die gleiche Informationsgrundlage wie der Handelnde. Einige Autoren hielten diese Annahme für unbegründet und teilten in Nachuntersuchungen den Beobachtern die ursprüngliche Einstellung der Vp mit (Jones, Linder, Kiesler, Zanna u. Brehm, 1968; Piliavin, Piliavin, Loewenton, McCauley u. Hammond, 1969). Tat man dies, so kamen die Beobachter nicht mehr zu Urteilen, die mit Bems Erklärung übereinstimmten.

Die Befunde von Jones et al. (1968) und von Piliavin et al. (1969) stellen jedoch keine zwingende Widerlegung dar. Bem (1968) sowie Bem u. McConnell (1970) haben zu Recht geltend gemacht, daß die Vpn ihre vor der Versuchsmanipulation bestehende Einstellung inzwischen vergessen haben. Denn wurden die Vpn im Anschluß an den Versuch danach gefragt, so stimmten ihre Angaben überwiegend nicht mehr mit den ursprünglichen überein. Aber gerade dieser Befund könnte schon eine Wirkung kognitiver Dissonanzreduktion sein. Dann nämlich setzte Bem etwas für seine Selbstwahrnehmungs-Erklärung voraus, was bereits das Ergebnis eines kognitiven Prozesses der Dissonanzreduktion ist. Man müßte deshalb sowohl die Vpn nach dem Versuch an ihre ursprüngliche Einstellung erinnern wie den Beobachtern davon Mitteilung machen. Unter diesen Bedingungen sollte nach der Theorie der kognitiven

Dissonanz ebenfalls eine Einstellungsänderung – ja sogar eine stärkere! – eintreten. Nach Bem gäbe es jedoch unter diesen Bedingungen nichts weiter mittels Selbst- oder Fremdwahrnehmung des Verhaltens zu erschließen, denn die eigentliche Einstellung ist ja bekannt; es bestünde kein Anlaß, aufgrund der Versuchsmanipulationen „falsche" Schlüsse zu ziehen.

Da unter diesen Versuchsbedingungen Dissonanztheorie und Selbstwahrnehmungstheorie zu gegensätzlichen Voraussagen kommen, boten sich Entscheidungsexperimente an. Sie schienen zugunsten der Dissonanztheorie auszufallen. Ross u. Shulman (1973) fanden, daß nach einer Erinnerung an die ursprüngliche Einstellung die Einstellungsänderung noch stärker war, als wenn die Vpn nicht daran erinnert worden waren. Bei den letzteren zeigte sich im übrigen, was Bem schon vermutet, aber nicht als einen bereits stattgefundenen Effekt der Dissonanzreduktion aufgefaßt hatte: Sie konnten ihre ursprünglichen Einstellungen nicht mehr genau angeben. Auch ein Experiment von Green (1974) fiel zugunsten der Dissonanztheorie und gegen Bems Selbstwahrnehmungstheorie aus. Vpn, die sich bereits in einem sehr durstigen oder nicht-durstigen Zustand befanden, wurden veranlaßt, 24 Stunden nicht zu trinken, wofür ihnen entweder 20 oder nur 5 Dollar angeboten wurden. Nach der Dissonanztheorie mußte in der Gruppe mit extremem Durst und geringer Vergütung die größte Dissonanzreduktion im berichteten Durstgrad zum Ausdruck kommen. Der berichtete Durstgrad wird allerdings auch von der Ausgangslage abhängen. Da diese von der Selbstwahrnehmungstheorie nicht berücksichtigt wird – denn das würde ja Erinnerung an einen früheren inneren Zustand voraussetzen – dürfte es auch keinen entsprechenden Haupteffekt des Durstzustandes vor dem 24-stündigen Fasten geben. Es gibt ihn aber, wie Green nachgewiesen hat.

Es scheint demnach so auszusehen, als liefere die Dissonanztheorie eine zutreffendere Erklärung als die Selbstwahrnehmungstheorie. Allerdings ist von anderen Autoren (so von Greenwald, 1975b) die Möglichkeit in Zweifel gezogen worden, beim gegenwärtigen Stand beider Theorien Entscheidungsexperimente anzustellen. Greenwald (1975b) hat dargelegt, daß man aus jeder Theorie auch das Gegenteil hätte ableiten können. So könnte die nachträgliche Erinnerungsmanipulation in der Studie von Ross u. Shulman (1973) wegen ihres *commitment*-Charakters statt eines Strebens nach Dissonanzreduktion den Widerstand gegen eine Einstellungsänderung erhöht haben. Während so die Dissonanztheorie keine Einstellungsänderung voraussagt, könnte andererseits die Selbstwahrnehmungstheorie eine solche voraussagen, wenn man annimmt, daß die nachträgliche Erinnerungsmanipulation als ein Widerspruch zu den gegenwärtigen Situationserfordernissen aufgefaßt wird. Um so eher sollte sich deshalb die verunsicherte Vp an das, was sie zuletzt an sich selbst wahrgenommen hat, halten und sich eine entsprechende Überzeugung zuschreiben, so daß eine Einstellungsänderung zustande kommt. Solange man auf diese Weise die Ableitungen aus beiden Theorien „umdrehen" kann, ist es müßig, die Tragfähigkeit beider Theorien gegeneinander abzuwägen.

Attribuierung von inneren Erregungszuständen und bedrohlichen Situationen

Zwei weitere Forschungsbereiche schließlich, in denen Attribuierungsprozesse eine entscheidende Rolle spielen, haben wir schon im 4. Kap. dargestellt. Es ist einmal Schachters (1964) Zweifaktorentheorie der Emotion, deren Modifikation durch Valins (1966; 1967; 1970) und die dadurch angeregte Forschung. Danach bedürfen tatsächliche oder vermeintliche eigene Erregungszustände der kognitiven Interpretation, um als eine spezifische Emotion wahrgenommen zu werden. So schrieben die männlichen Vpn von Valins (1966) jenen Bildern von jungen Frauen eine größere Attraktivität zu, bei denen ihnen während der Betrachtung eine Beschleunigung oder Verlangsamung ihres Herzschlages vorgetäuscht worden war; der Effekt blieb auch bestehen, wenn vor der abschließenden

Attraktivitätsschätzung der Versuchsschwindel aufgedeckt worden war (Valins, 1974).

Es sei an das Modell Liebharts (1978) zur Erklärung von Valins-Effekten erinnert (vgl. Kap. 4). Danach muß man zunächst durch eine (falsche) Information über eine Erregungsänderung im eigenen Organismus, die mit der wahrgenommenen eigenen Lage (innerer Zustand und äußere Situation) nicht übereinstimmt, zur Suche nach Erklärungen motiviert werden. Danach wird der situative Kontext nach möglichen Ursachen der fiktiven Erregungsänderung überprüft. Bietet dieser eine hinreichende Variabilität möglicher Anhaltspunkte und gewinnt davon einer genügend Erklärungsplausibilität, so wird er der fiktiven Erregungsänderung als Ursache attribuiert. Ist schließlich bei einem späteren Anlaß zum Handeln die Aufmerksamkeit noch auf diese „Ursache" gerichtet, so beeinflußt diese Kausalattribution das Handeln. Sie kann auch neurovegetative Reaktionen beeinflussen.

Der zweite Forschungsbereich betrifft Untersuchungen, in denen eine bereits situativ angeregte Furchtemotion durch die Einführung eines möglichen Attribuierungselements geändert wurde. Dieser Sachverhalt erinnert an die Neubewertung einer bedrohlichen Situation, wie sie Lazarus (1968) und seine Mitarbeiter untersucht haben, wenn sie der Vp Umdeutungen als Abwehrstrategie *(defense)* gegenüber erregenden Filmszenen nahelegten (vgl. Kap. 4). Wenn Lazarus auch die kognitiven Prozesse der Neubewertung wie „Leugnung" und „Intellektualisierung" als „Abwehr" bezeichnet, so handelt es sich im Grunde um Attribuierungsvorgänge.

Die Änderung eines bereits bestehenden Emotionszustandes durch Umattribuierung haben als erste Nisbett u. Schachter (1966) demonstriert. Nachdem Vpn eine Serie von elektrischen Stromschlägen angekündigt worden war, erhielten sie ein *Placebo*-Medikament, von dessen vermeintlichen Nebeneffekten sie informiert wurden. Einer Vpn-Gruppe wurden Nebeneffekte geschildert, die, wie Händezittern und Herzschlagen, typisch für eine starke Furchtemotion sind. Einer anderen Vpn-Gruppe wurden Nebeneffekte angedeutet, die wie Juckreiz und Kopfschmerz in keiner Beziehung zu Furcht stehen. Die Ergebnisse fielen wie erwartet aus. Unter der ersten Bedingung (*Placebo*, das angeblich furchtähnliche Zustände schafft) hatten die Vpn eine höhere Reizschwelle und eine höhere Toleranzschwelle für die elektrischen Stromschläge als in der zweiten Bedingung, in welcher die Vpn ihren natürlicherweise bestehenden Furchtzustand nicht auf die harmlose Ursache eines Medikaments schieben konnten.

Eine solche ent-emotionalisierende Attribuierungswirkung wurde in einer weiteren Studie von Ross, Rodin u. Zimbardo (1969) erhärtet. Statt eines *Placebo*-Medikaments führten die Autoren ein lautes Geräusch ein, von dem einmal behauptet wurde, es rufe furchtähnliche und zum anderen nicht-furchtbezogene Symptome hervor. Die Vpn konnten dann zwischen zwei Aufgaben wählen. Erfolg bei der einen konnte die angekündigten Stromschläge vermeiden helfen, und Erfolg bei der anderen wurde mit Geld belohnt. Die bevorzugte Beschäftigung mit der letzteren Aufgabe war ein objektiver Index für eine verminderte Furcht vor den angekündigten Stromschlägen. Von jenen Vpn, denen mitgeteilt worden war, das laute Geräusch erzeuge furchtähnliche Symptome, bevorzugten weit weniger die Stromschlag-Vermeidungsaufgabe als von jenen, für die das laute Geräusch nicht mit furchtähnlichen Symptomen in Zusammenhang gebracht worden war. Sie wurden also zu einer Umdeutung, zu einer Fehlattribuierung ihres Furchtzustandes gebracht und verhielten sich infolgedessen bei der Wahl der Aufgaben sorgloser.

Mit der Induktion solcher Fehlattribuierungen ließen sich auch erfolgreich eingeschliffene Verhaltensstörungen wie Schlaflosigkeit überlisten. Storms u. Nisbett (1970) haben unter Schlaflosigkeit leidenden Patienten *Placebos* einmal mit dem Hinweis gegeben, dadurch würden die Symptome der Schlaflosigkeit noch verstärkt und zum anderen mit dem Hinweis, das Medikament würde entspannen und Einschlafen fördern. Wie erwartet, kamen die Patienten der ersten Gruppe schneller zum Einschlafen als die der zweiten Gruppe. Denn offensichtlich konnten sie unbesorgter auf den Schlaf warten, weil das Nicht-Einschlafen-Können ja nun nicht an ihnen selbst, sondern am Medikament lag, während die Patienten der zweiten Gruppe sich umgekehrt noch verstärkt auf ihr schwer heilbares Leiden verwiesen sahen, da die durch das Medikament erwartete Entspannung ausblieb. In Nachuntersuchungen hat sich allerdings eine solch heilsame Wirkung von Fehlattribuierung nicht replizieren lassen (Bootzin, Herman u. Nicassio, 1976).

Grundpositionen und Modelle

Sieht man von Fällen zwingender phänomenaler Kausalität ab, so scheint das Zuschreiben von Ursachen ein motivierter Prozeß zu sein, um aus mancherlei Informationen „einen Sinn" zu machen. Wenn aber motiviert, steht man vor der leicht bohrenden Frage, warum Menschen nach dem Warum von Ereignissen fragen. Darauf haben Vertreter der Attributionsforschung, allen voran Heider, eher eine philosophische als eine motivationspsychologische Antwort gegeben: Es gehöre zur Natur des Menschen. Heider schreibt, „daß der Mensch im allgemeinen nicht einfach damit zufrieden ist, die beobachteten Dinge, die ihn umgeben, zu registrieren; er hat das Bedürfnis, sie soweit wie möglich auf die Invarianzen seiner Umwelt zu beziehen" (1958, S. 81; dt. Übersetzung, 1977, S. 101) Kelley spricht vorsichtiger davon, daß „die Theorie Prozesse beschreibt, die davon ausgehen, *als ob* das Individuum motiviert wäre, die Kausalstruktur seiner Umwelt kognitiv in den Griff zu bekommen" (1967, S. 193).

Mit diesem „Bedürfnis" wäre dann das vordarwinistische Bild vom Menschen als eines vernunftbegabten Wesens wieder in seine Rechte eingesetzt. Nachdem aus diesem Bild mit der wissenschaftlichen Psychologie die Seele, und mit dem Aufkommen von Psychoanalyse und behavioristischer Lerntheorie – auf je verschiedene Weise – auch die Vernunft verschwunden war, ist die Vernunft darin zurückgekehrt. Die Attributionsforscher haben im Hinblick auf das allgemeine Bedürfnis, Ursachen herauszufinden, den sog. „Mann auf der Straße" mit dem Wissenschaftler verglichen, der das gleiche – allenfalls etwas gründlicher – tue. Das Beispiel ist nicht ganz glücklich, weil es die Alltäglichkeit, die Selbstverständlichkeit, ja die anscheinende Trivialität des Ursachenzuschreibens übersehen läßt. Offensichtlich sind es diese Eigenheiten, die bis heute eine Motivationspsychologie des Ursachenzuschreibens – von Ansätzen abgesehen – kaum haben aufkommen lassen.

So hätte eine Motivationspsychologie der Kausalattribution auf den ersten Blick sich mit der Frage beschäftigen können, ob es individuelle Unterschiede gibt, wie lange oder wie häufig man sich mit Ursachenzuschreibungen abgibt und welchen Standards an Absicherung man dabei genügen will (worin sich etwa Wissenschaftler unterscheiden). Dazu gibt es bis heute keine Untersuchungen. So wären des weiteren auf den zweiten Blick die situativen Bedingungen zu analysieren gewesen, die zum Suchen nach Ursachen motivieren. Dazu gibt es Ansätze, aber die Frage ist – wie wir sehen werden – bemerkenswert vernachlässigt; im Unterschied übrigens zu Theorien außerhalb der Attributionsforschung wie den Theorien Berlynes zum epistemischen Verhalten (1965) und zum Neugierverhalten (1960), in welchen die Bedingungen von Erklärungsunsicherheit (*explanatory uncertainty*) bzw. spezifischer Exploration spezifiziert werden. Ganz außer Sicht ist schließlich noch eine Motivationspsychologie der Kausalattribution auf den dritten Blick, die individuelle Unterschiede und situative Anregungsfaktoren auf ihre Wechselwirkungen analysiert hätte.

Kausalattribuieren, um zu verstehen und vorauszusagen: Bedürfnis oder Fähigkeit

Aber Heider beläßt es nicht bei dem Hinweis auf ein allgemeines Bedürfnis. Er macht einmal auf einen Grundsachverhalt des Verstehens von Wahrnehmungsgegebenheiten und zum anderen auf die Nützlichkeit des Voraussagens künftiger Ereignisse aufmerksam. Was das erstere betrifft, so liegen unter der Oberfläche der aufzeigbaren „Fakten" von Wahrnehmungsgegebenheiten mit all ihren flüchtigen und bunten Mannigfaltigkeiten in einer Art Tiefenschicht „Kernprozesse" oder „Kernstrukturen" *(core processes, core structures,* 1958, S. 80). Der Unabsehbarkeit von Mannigfaltigkeiten in den wahrgenommenen Abläufen von Vorgängen kann man nur Herr werden, wenn man sie auf ihre Regelhaftigkeiten bündelt, auf ihre Zusammenhänge von Ursachen und Folgen zurückführt.

Was wir aus der Fülle der Erscheinungen sozusagen herausfiltern, sind wiederkehrende Konstanzen, d. h. Dispositionen von Personen oder von Dingen oder von Situationsumständen. Dadurch wird das Geschehen um uns herum auf eine Mannigfaltigkeit heruntergekategorisiert, die wir noch überschauen, auf den Nenner bringen, verstehen können. Wir bilden so Zusammenhangseinheiten von Ursachen und Folge, die von einfachen Fällen phänomenaler Kausalität, die sich zwingend aufdrängen, bis zu komplizierten Ableitungen reichen, in denen die Wahrnehmung nur Symptomfolgen für verdeckte und weit abliegende Ursachen liefert. Für den letzteren Fall gibt Heider (1958) ein Beispiel: Er findet Sand auf seinem Schreibtisch und will den Grund dafür wissen; schließlich entdeckt er einen Riß in der Decke, aus der der Sand gerieselt ist, was wiederum zu der Entdeckung führt, daß eine tragende Wand zu schwach geworden ist.

Das Beispiel macht zugleich den anderen Aspekt des Bedürfnisses nach Ursachenerklärung deutlich, nämlich seine Nützlichkeit. Denn wenn ich die Ursache kenne, warum der Sand auf meinem Schreibtisch lag, verstehe ich – über bloße Neugier hinaus – nicht nur ein merkwürdiges Ereignis, ich kann auch voraussagen, was weiterhin geschehen mag und mich gegen künftige Ereignisse (wie dem Einsturz der Decke) wappnen. Voraussagen heißt, sich in seinem Handeln auf künftige Ereignisse einrichten zu können und deshalb, wenn sie eintreten, die Kontrolle über sie zu behalten. Eine solche Nützlichkeit der Kausalattribution machen auch alle eingangs dieses Kapitels angeführten Beispiele deutlich. Ob ich die Gründe der Handlung eines anderen (oder die Ursachen von seinen Handlungsergebnissen) ihm als Person oder dem Gegenstand der Handlung oder den situativen Umständen zuschreibe, macht eine Menge aus, um mich selbst zweckmäßig zu verhalten und um Schaden und Ärger abzuwenden.

Betrachtet man beide Aspekte, auf die Heider aufmerksam macht – sowohl die Rückführung der Oberflächenmannigfaltigkeit von Vorgängen auf eine Tiefenschicht noch handzuhabender Verstehenseinheiten als auch das Voraussagenkönnen künftiger Ereignisse –, so nimmt es nicht wunder, wenn man von einem allgemeinen „Bedürfnis" oder „Motiv" spricht, ohne auf den Gedanken zu kommen, Kausalattribution motivationspsychologisch zu analysieren. Denn unter den skizzierten Aspekten ist Kausalattribution weniger ein „Bedürfnis" oder „Motiv" als eine Grundfähigkeit des Menschen, ebenso wie die Fähigkeit zu schlußfolgerndem Denken oder zu sprachlicher Kommunikation. Statt allen diesen Fähigkeiten allgemeine „Bedürfnisse" zu unterschieben, ist es offensichtlich angemessener, sie als Produkte der Evolutionsgeschichte zu betrachten, ohne die der Mensch nicht das geworden wäre, was er ist. Wie es individuelle Fähigkeitsunterschiede des schlußfolgernden Denkens und der sprachlichen Kommunikation gibt, mag es auch solche der Kausalattribution geben, was der Universalität aller dieser Fähigkeiten keinen Abbruch tut.

Was jedoch an diesen Fähigkeiten über ihre universale Funktionstüchtigkeit hinaus motivationspsychologisch bedeutsam wäre, ist ihre Funktion in je besonders motivierten Handlungen. In dieser Hinsicht ist die Metapher, der „Mann auf der Straße" verfahre bei der Suche nach Ursachen wie ein Wissenschaftler, eher irreführend, sofern man dabei dem Wissenschaftler unbestechliche Objektivität unterstellt. Wie schlußfolgerndes Denken und sprachliches Kommunizieren fügt sich das Kausalattribuieren als dienliches Glied in den Zug der jeweils übergreifenden Handlungsmotivation ein. Dabei sind in der Beziehung zwischen Handlungsmotivation und Attributionsprozeß zwei ganz verschiedene Fälle voneinander abzugrenzen. Einmal dient Attribution wie andere Prozesse der Informationsverarbeitung dem Gewinnen realitätsangemessener und deshalb nützlicher Erkenntnis. In diesem Sinne verhält sich auch jeder Laie im Grunde so rational wie ein Wissenschaftler. Zum anderen können aber Motivationen verzerrend auf die Prozesse der Attribution einwirken, so daß der Attributor im Dienst persönlichen Interesses zu falschen, schiefen oder einseitigen Ergebnissen kommen kann. Ja, wahrscheinlich ist das Kausalattribuieren in dieser Hinsicht noch anfälliger als Schlußfolgern und sprachliches Kommunizieren, wenn man bedenkt, wie weit weg von den unmittelbar beobachtbaren Gegebenheiten die Ursachen lokalisiert sein und wo sie überall gesucht werden können (vgl. den Valins-Effekt).

Diese Doppelfunktion des Kausalattribuierens – einmal als rationales Erkenntnismittel und zum anderen als ein dem Wünschen des Attributors entgegenkommendes Zurechtbiegen der „Wirklichkeit" – hat Kelley (1971) wie folgt zum Ausdruck gebracht: „attribution processes are to be understood, not only as a means of providing the individual with a veridical view of his world, but as a means of encouraging and maintaining his effective exercise of control in that world" (S. 22). Beiden Funktionen könnte man mit Kelley (1971) eine Art „Kontrollmotivation" zugrunde legen. Aber von einem „Kontrollmotiv" könnte man allenfalls nur bei der zweiten Funktion sprechen, insofern mit individuellen Unterschieden in dem Bestreben zu rechnen ist, im Falle fraglicher oder fehlender Kontrolle durch nicht-rationale Attributionen die Illusion aufrecht zuerhalten, man sei und bleibe in der Kontrolle seiner Umwelt.

In diesem Sinne wäre es sinnvoll, eine Motivationspsychologie des Kausalattribuierens zu betreiben, und zwar nicht des Kausalattribuierens an sich, sondern des Kausalattribuierens im Rahmen motivierten Handelns, wenn die Interessen des Attribuierenden selbst auf dem Spiele stehen. Bisher scheint es keine Untersuchungen zu geben, die individuelle Unterschiede eines „Kontrollmotivs" er-

hoben und mit der Ausprägung von Fehlattribution bei bedrohter Kontrolle in Beziehung gebracht hätten. Erwähnenswert ist ein genereller Effekt, den Cialdini, Braver u. Lewis (1974) berichtet haben. Vpn schätzten (im Vergleich zu außenstehenden Beobachtern) die Intelligenz einer Person, die sie leicht von ihren Argumenten überzeugen konnten, höher ein als die Intelligenz einer Person, die sich nicht überzeugen ließ. Die Attribution ist offensichtlich um so mehr von erwünschter Umweltkontrolle beeinflußt, je mehr man der Vermutung widersteht, die eigene erfolgreiche Überzeugungskraft lasse sich durch die geringe Intelligenz des Überzeugten erklären, sondern sie manifestieren ihren hohen Grad gerade an der hohen Intelligenz des Überzeugten.

Kausalattribution als Regulativ sozialer Beziehungen

Orvis, Kelley u. Butler (1976) haben kürzlich die übliche Grundposition der Attributionsforscher, jeder Mensch suche wie ein Wissenschaftler nach Ursachen, um seine Umwelt besser verstehen und künftige Ereignisse voraussagen zu können, in Frage gestellt. Sie fragen:

> Now, what if this view is essentially wrong? What if the person learns and is motivated to make attributions not for some abstract understanding of the world, but, rather, to explain his own actions and to attempt to control the actions of his close associates? In other words, what are the implications of assuming that the attribution process is originally learned and subsequently maintained primarily in the social context of justification of self and criticism of others? (1976, S. 378/379).

Daß Attribution im Wechselspiel von Rechtfertigung des eigenen Handelns und von Kritik am Handeln des anderen ein grundlegendes Regulativ zur Aufrechterhaltung und Gestaltung sozialer Beziehungen sein könne – auf diesen Gedanken brachte Orvis et al. (1976) die Befunde einer Untersuchung an jungen Liebespaaren. Bei diesen Paaren wurde jeder gebeten, Beispiele vom eigenen Handeln und vom Handeln des Partners zu geben, für das jeder von beiden eine andere Erklärung gehabt hat, sowie diese Erklärungen mitzuteilen. Solche Attribuierungswidersprüche – meist handelte es sich um negative Anlässe aus der Sicht des Partners – konnten die jungen Leute mit großer Leichtigkeit berichten, wobei sie sich auch gegenseitig Attributionen attribuierten, also Meta-Attributionen (Attributionen über Attributionen) vornahmen.

Die Klassifikation der Attribuierungen enthüllte zunächst mit aller Deutlichkeit die Unterschiede der Beobachtungsperspektive zwischen Handelndem und Beobachter (betroffener Partner), wie wir sie nach Jones u. Nisbett (1971) bereits im 1. Kap. behandelt haben. Eigenes Handeln erklärte man vor allem mit situativen Umständen und Umweltbedingungen, während es der betroffene Partner fast ausschließlich auf Persönlichkeitsmerkmale des Handelnden zurückführte. Wichtiger in unserem Zusammenhang ist die soziale Funktion, die die gegenseitigen Attribuierungen für die Zweierbeziehungen haben: Man gibt einander Rechenschaft über Tun und Lassen. Der Handelnde erklärt sein Handeln, um es dem Partner gegenüber zu rechtfertigen oder zu entschuldigen. Er möchte sein Handeln akzeptiert oder entschuldigt oder vergeben wissen. Die Erklärungen des betroffenen Partners zielen darauf, den Handelnden zu bewegen, Verantwortung für sein Verhalten zu übernehmen und darauf zu achten, daß es nicht wieder vorkommt.

Diese Sicht der Attribuierung im sozialen Kontext führt die Autoren zu einer Reihe von Implikationen. Zunächst und vor allem: Es sind in der Hauptsache Situationen mit Interessenkonflikten, die Attribuierungsprozesse hervorrufen. Handelnde möchten den Zwängen sozialer Kontrolle entweichen, und betroffene Partner möchten durch negative Erklärungen des unerwünschten Verhaltens den anderen wieder auf den – aus ihrer Sicht – Pfad des Wohlverhaltens zurückbringen. Insofern sind Attribuierungen ein regulativer Prozeß zwischenmenschlicher Bewertung. Die Gründe des Handelns schließen bereits attribuierende Bewertungen des Handelns ein. Für jede Handlung gibt es einen weiten Spielraum, ihm Gründe und Ursachen zu attribuieren, so daß der Handelnde wie der Partner sehr selektiv vorgehen können. Daraus resultieren nicht selten unlösbare Attribuierungskonflikte. Jedoch muß sich jeder der beiden bemühen, Erklärungen vorzubringen, die für den anderen möglichst plausibel und vernünftig sind. Anderenfalls kommt es zu Meta-Attribuierungen, die die Aufrichtigkeit oder die Verständigkeit, wenn nicht gar die Vernunft des anderen – und damit die Fortführung der Beziehung überhaupt – in Frage stellen.

Fassen wir zusammen. Das universale Auftreten von Kausalattribuierungen auf ein „Bedürfnis" des Menschen zurückzuführen und mit den Erkenntnisbemühungen eines Wissenschaftlers zu vergleichen, ist wenig überzeugend. Dagegen ist Kausalattribuieren ohne Zweifel eine allgemeine Fähigkeit des Menschen zum Verstehen und Voraussagen von Ursache und Wirkung und von Grund und Folge. Während es unnötig ist, ein Bedürfnis nach Kausalattribuierung um ihrer selbst anzunehmen, sind in motivierten Handlungen immer Kausalattribuierungen eingebunden. Insofern können Kausalattribuierungen vom angestrebten Handlungsziel – indem sie ihm dienlich sind – beeinflußt werden, zumal der Erklärungsspielraum gewöhnlich beträchtlich ist. Kausalattribution ist somit ein Teilprozeß der Handlungsmotivation. Das kommt besonders in der regulativen Bedeutung von Attribution bei der Aufrechterhaltung von engen sozialen Beziehungen zum Ausdruck; und zwar im Wechselspiel von Rechtfertigung eigenen Verhaltens und Zuweisung von Verantwortung für dieses Verhalten durch den betroffenen Partner.

Ursprüngliche Fragestellung und Modelle der Attributionsforschung

Nach einer zehnjährigen Inkubationszeit im Anschluß an Heiders 1958 erschienenes Buch schnellte die Anzahl von Attributions-Untersuchungen buchstäblich in die Höhe. Zählt man nur in einer Zeitschrift, dem „Journal of Personality and Social Psychology" die Häufigkeit von Titeln aus, in denen „Attribution" oder ein gleichbedeutender Begriff vorkommt, so gab es in den Zwei-Jahresräumen von 1966–67 erst einen Artikel, 1970–71 deren 12 und 1975/76 etwa 55. Die Situation ähnelt dem *Boom* der Dissonanzforschung Anfang der sechziger Jahre.

Die Grundfrage der Attributionsforschung ist, wie Menschen sich Sachverhalte erklären. Nach Heiders in vielfältiger Hinsicht anregendem Buch, waren es Modelle über Prozesse der Informationsnutzung, um zu Erklärungen, etwa für das Handeln einer Person, zu kommen, die die Forschung leiteten. Dazu gehören neben Heiders grundlegenden Formulierungen die Theorie der korrespondierenden Schlußfolgerung von Jones u. Davis (1965; *Correspondent Inference Theory*), Kelleys (1967) Kovarianzmodell und die kausalen Schemata (Kelley, 1972).

Diese genannten forschungsanregenden Grundmodelle spezifizierten dreierlei: (1) Welche Inhalte von Information genutzt werden, (2) die Ursachenkategorien, zwischen denen ausgewählt wird und (3) die Regeln, wie man von Informationen auf Ursachen folgert. Die Modelle sind in hohem Maße rationalistisch. Sie entsprechen schlichter Logik und damit, wie sich in ihrer experimentellen Anwendung sofort herausstellte, dem Allgemeinverstand aller Vpn (sofern sie nicht noch zu jung waren). Im Grunde behandeln die Modelle nur eine Fragestellung: Zwischen einer Verhaltenserklärung auf den ersten und einer auf den zweiten Blick zu entscheiden (erst später auf den dritten Blick; Kelley, 1973). Mit anderen Worten, wieweit liegt der Grund einer Handlung oder die Ursache ihres Ergebnisses eher im Handelnden oder eher in der Sache, auf die sich eine Handlung bezieht. Weitere Theorieansätze, wie der schon im 1. Kap. dargestellte Ansatz von Jones u. Nisbett (1971) über unterschiedliche Informationsnutzung aus den Beobachtungsperspektiven vom Handelnden und Beobachter sowie Ansätze zu spezielleren und weiterführenden Fragen, rücken die Kausalattribuierung mehr in einen Handlungskontext oder stellen sie als einen Prozeßablauf dar (wie Deci, 1975). Darauf gehen wir erst später ein.

Heiders „naive" Handlungsanalyse

Heider (1958) geht von Lewins allgemeiner Verhaltensgleichung aus, nach welcher Verhalten (V) eine Funktion von Person (P) und der jeweiligen Umwelt (U) ist: V = f (P, U). Heider differenziert weiterhin auf der Person- wie der Umweltseite – oder, wie er sagt, innerhalb der „wirksamen Personkraft" und der „wirksamen Umweltkraft" – zwischen je zwei Komponenten. Die wirksame Personkraft setzt sich aus Bemühen (*try*, man könnte auch von Motivation sprechen) und aus Fähigkeit (von Heider auch mit dem Oberbegriff *power*, Macht, bezeichnet) zusammen. Bemühen setzt sich wiederum aus zwei Komponenten zusammen, die er multiplikativ verbindet; nämlich was man tun will (Intention) und wie intensiv man es zu erreichen sucht (Anstrengung). Bemühen ist also das Produkt von Intention und Anstrengung; keines von beiden reicht allein aus, zu einer Intention muß ein Minimum an Anstrengung hinzutreten, und Anstrengung bedarf einer Intention, damit es überhaupt zu einer Handlung kommt. Während Bemühen (Intention mal Anstrengung) eine variable Komponente der Personkraft ist, ist Fähigkeit eine konstante Komponente der Personkraft. Auf der Umweltseite gibt es eine (konstante) Hauptgröße, die Schwierigkeit, die auf dem Weg zum Ziel zu überwinden ist. Gelegentlich kann der Zufall im Sinne von Glück oder Pech die Bewältigung der Schwierigkeit günstig oder ungünstig beeinflussen.

Wichtig ist, daß eine Personkomponente und eine Umweltkomponente, nämlich Fähigkeit und Schwierigkeit, in eine subtraktive Beziehung zueinandertreten und das Können *(can)* der Person bestimmen: Können = f (Fähigkeit minus Schwierigkeit). Damit sind alle Variablen eingeführt, zu denen nach Heiders Modell Informationen genutzt werden können. Ein Teil dieser Informationsvariablen wird zu übergeordneten Konzepten verknüpft: Das Produkt von Intention und Anstrengung zum Konzept Bemühen (Motivation); und die Differenz von Fähigkeit und Schwierigkeit zum Konzept Können. Aus der unspezifizierten Beziehung von Bemühen und

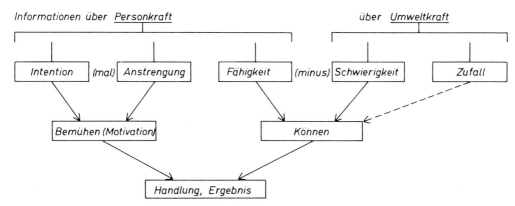

Abb. 10.1. Aufbau von Heiders Handlungsanalyse: von Informationen über Komponenten der Person- und der Umweltkraft (obere Zeile) über daraus gebildete Konzepte (mittlere Zeile) zur resultierenden Handlung und zu ihrem Ereignis

Können ergibt sich schließlich die Handlung und ihr Ergebnis. Abb. 10.1 zeigt den Aufbau der Handlungsanalyse, in der oberen Zeile die Informationen über die Komponenten der Personkraft und der Umweltkraft, in der mittleren Zeile die daraus gebildeten Konzepte und in der unteren Zeile die resultierende Handlung mit ihrem Ergebnis.

Als Nächstes wäre zu fragen, wozu soll die Handlungsanalyse dienen, zwischen welchen Ursachkategorien soll unterschieden und ausgewählt werden? Wie schon gesagt, geht es darum, ob eine Verhaltenserklärung auf den ersten oder den zweiten Blick angebracht ist, d. h. eine Handlung oder ihr Ergebnis eher durch Personkraft oder durch Umweltkraft zustande gekommen ist oder – wie Heider unterscheidet – ob persönliche Kausalität (etwas absichtlich herbeiführen) oder nicht-persönliche vorliegt. Die Antwort auf diese einfach anmutende Alternative ist von Bedeutung, wenn es dem Beobachter – wie in der Personwahrnehmung – darauf ankommt, künftige Ereignisse voraussagbarer und damit kontrollierbarer zu machen. Kommt er z. B. zu dem Schluß, daß das gegenwärtig beobachtete Handlungsgeschehen auf persönlicher Kausalität des Handelnden, d. h. auf Intentionen und Dispositionen von diesem beruht, so kann er voraussagen, daß auch in einer Fülle von ähnlich gelagerten künftigen Situationen der Handelnde in gleicher Weise sich verhalten wird. Eine solche Ursachlokalisation in persönlicher Kausalität bedeutet für den Beobachter einen größeren Informationsgewinn, als wenn er zu dem Schluß käme, daß nicht der Handelnde, sondern eine sehr spezifische Situation – als nicht-persönliche Kausalität – maßgebend war. Denn im ersteren Falle kann der Beobachter für eine Klasse von Situationen künftiges Handeln voraussagen, im zweiten Fall nur für eine ganz spezielle Situation. Wenn man also Grund zu sehen glaubt, einen anderen Menschen mit Dispositionen – insbesondere mit Motiven – ausstatten zu können, so sieht man sein künftiges Handeln voraussagbarer gemacht.

Damit wären wir bei der dritten Frage; aufgrund welcher Regeln kann man von den Informationen über die einzelnen Komponenten von Heiders Handlungsmodell auf persönliche oder nicht-persönliche Kausalität rückschließen? Auf diese Frage hat Heider nur ein paar lose und allgemeine Hinweise – meistens anhand von Beispielen – gegeben. Diese Lücke zu ergänzen und formalisierte Regelsysteme zu liefern, war die Absicht der Modelle von Jones u. Davis (1965) und von Kelley (1967).

Um einer Handlung persönliche Kausalität zu attribuieren, ist zunächst entscheidend, ob man dem Handelnden Intention zuspricht. Dazu ist zu prüfen, ob die handelnde Person nicht bloß Randglied eines umfassenderen

Geschehens ist, ob die in Frage stehende Handlung oder ihr Ergebnis nicht bloß eine unbeabsichtigte Begleiterscheinung oder Zwischenphase einer übergreifenden Handlungsintention ist, und ob schließlich die Intention auch tatsächlich zur Ausführung gebracht werden soll. An diesem Punkt kommen auch Informationen über Anstrengung und Können ins Spiel. Nur wenn auch Anstrengung beobachtbar ist, kann man über das Konzept Bemühen auf eine entsprechende Intention schließen. Intentionen, von denen man noch nicht weiß, wie und was man tun soll, sie zu realisieren, werden nicht als Intentionen im Sinne einer notwendigen Bedingung für persönliche Kausalität gewertet. Nicht zuletzt sind auch Informationen über die Relation von Fähigkeit und Schwierigkeit von Belang, d. h. ob der Handelnde für sich das nötige Können, um ein Handlungsziel zu erreichen, vorauszusetzen scheint.

In Anlehnung an Brunswik (1952; 1956) unterstreicht Heider die Bedeutung beobachteter Äquifinalität des Handelns einer Person für das Erschließen von Intentionen, die Ausdruck von persönlichen Motivdispositionen sind. Eine solche motiv-anzeigende Äquifinalität (vgl. Abb. 1.4) liegt vor, wenn jemand unter verschiedenen Situationsbedingungen entsprechend angepaßte verschiedene Handlungswege wählt, von denen jeder zum gleichen Handlungsziel führt. Diesen Ansatz des Rückschließens auf Intentionen und Motive haben Jones u. Davis (1965) mit ihrem Modell der korrespondierenden Schlußfolgerung weitergeführt und formalisiert.

Im Aufbau der Handlungsanalyse, wie sie Abb. 10.1 wiedergibt, ist mit dem Umweltfaktor „Schwierigkeit" eine Einengung auf leistungsbezogenes Handeln gegeben. Heider beschränkt sich aber keineswegs auf diese Themenklasse. So können Umweltkräfte auch in der Attraktivität eines bestimmten Objekts bestehen. Ein längeres Zitat aus Heiders Analyse der „Attribution von Verlangen und Freude" soll dies belegen, zugleich einen Eindruck von Heiders Weise zu analysieren vermitteln sowie einen weiteren Ansatz – den der individuellen Unterschiede – deutlich machen, der zur Entscheidung zwischen persönlicher und nicht-persönlicher Kausalität herangezogen werden kann.

Wir werden mit dem Datenmuster anfangen, das der Bestimmung der Attribution zugrunde liegt: Diejenige Bedingung wird für eine Wirkung als verantwortlich angesehen, die vorhanden ist, wenn die Wirkung vorhanden ist, und fehlt, wenn die Wirkung fehlt. Dieses Prinzip liegt den experimentellen Untersuchungsmethoden von Mill zugrunde ...

Lassen Sie uns jetzt sehen, wie dieses Prinzip im Fall der Attribution von Freude zum Objekt funktioniert. Wenn ich immer dann Freude empfinde, wenn ich mit dem Objekt interagiere und etwas anderes als Freude, wenn das Objekt entfernt wird (z. B. Sehnsucht, Ärger oder eine eher neutrale Reaktion), dann werde ich das Objekt für die Ursache der Freude halten. Die Wirkung ‚Freude' wird so gesehen, daß sie in hoher Übereinstimmung mit der Gegenwart oder Abwesenheit des Objekts variiert ...

Lassen Sie uns nun sehen, wie das Prinzip bei der Attribution von Freude zur Person funktioniert. Wenn ich manchmal am Objekt Freude habe und manchmal nicht, dann ändert sich die Wirkung in Übereinstimmung mit irgend etwas in mir und nicht mit dem Objekt. Vielleicht kann ich definieren, was es ist, vielleicht auch nicht, ich weiß aber, daß die Wirkung mit einem wechselnden persönlichen Zustand zu tun hat. Es könnte meine Stimmung, mein Zustand des Hungerns sein, usw., die oftmals als die Bedingungen erkannt werden können, die in ausgeprägter Weise in Relation zur Wirkung stehen, obwohl es sich um Zustände mit temporärem Charakter handelt. Man beachte, daß bei dieser Art von Attribution ein temporärer Zustand – und deshalb eine mehr oder weniger nicht-dispositionelle Eigenschaft der Person – als Quelle der Freude herausgestellt wird ...

Wenn die Freude einer dispositionalen Eigenschaft der Person attribuiert wird, dann sind zusätzliche Daten hinsichtlich der Reaktionen anderer Menschen nötig. Konkret gesagt, wenn ich beobachte, daß nicht alle Menschen an einem Objekt Freude haben, dann kann ich die Wirkung individuellen Unterschieden attribuieren ... Das heißt, die Wirkung, in diesem Fall die Freude, hängt davon ab, um welche Person es sich handelt. Bei o ist Freude vorhanden, bei p fehlt sie. Manchmal sprechen wir dann von einem unterschiedlichen Geschmack. Wichtig ist dabei die Feststellung, daß das Vorhandensein und Fehlen von Freude nicht mit dem Vorhandensein und Fehlen des Objekts korreliert, sondern eher mit der Gegenwart und Abwesenheit verschiedener Menschen. In Abhängigkeit davon, um was für eine Art von Person es sich handelt, hat man dann das Gefühl, o habe Freude an x und p sei mit x nicht zufrieden. (Heider, 1958; dtsch. Übers. 1977, S. 181, 182).

Interindividuelle Übereinstimmung des Handelns ist also ein entscheidendes Indiz für die Ursachenlokalisierung. Liegt sie vor, dann ist es das besondere Objekt – eine nicht-persönliche Kausalität –, das Handeln verursacht (Verhaltensklärung auf den zweiten Blick). Kelley (1967) hat dieses Kriterium aufgegriffen und zu einer entscheidenden Dimension („Konsensus") seines Kovariationsmodells gemacht, das in formalisierter Weise die Lokalisation der Ursachen auf Person- oder Umweltseite vornimmt. Kelleys Modell und das von Jones u. Davis betreiben insofern eine Art „Arbeitsteilung", als sie sich an den gegensätzlichen Punkten der Ursachenlokalisierung orientieren; Jones u. Davis konzentrieren sich auf eine Verhaltenserklärung auf den ersten Blick (Person) und Kelley auf eine solche des zweiten Blicks (Situation).

Wichtiger ist vielleicht ein anderer Unterschied. Jones u. Davis beschäftigen sich ausschließlich mit Motivationsattribuierung; d. h. nicht mit Ursachen von Handlungsergebnissen, sondern mit den Gründen, um derentwillen Handlungen unternommen werden. Zu den Gründen gehören nicht nur überdauernde Dispositionen (die wie Motive „Personursachen" im Sinne individueller Unterschiede darstellen), sondern auch temporäre Intentionen. Kelley dagegen beschäftigt sich weniger mit Gründen (Intentionen) des Handelnden als mit den Ursachen von Urteilen, Vorkommnissen oder Handlungsergebnissen; und zwar mit der Aufteilung des Ursachengewichts auf überdauernde Eigenheiten der Person oder der Gegenstandswelt (sowie auch auf temporäre Situationsumstände). Aber Kelleys Modell schließt auch Motivationsattribuierung ein; und zwar wenn die „Ursache" einer Handlung einer überdauernden Disposition des Handelnden zugeschrieben wird. Wenden wir uns nacheinander beiden Modellen zu.

Modell der korrespondierenden Schlußfolgerung von Jones u. Davis

In ihrer Abhandlung „From acts to dispositions" entwerfen Jones u. Davis (1965) ein Modell der Motivationsattribuierung, um auf Intentionen des Handelnden und damit auf zugrunde liegende Dispositionen wie Einstellungen und Motive rückschließen zu können, weil solche Rückschlüsse den größten Informationsgewinn über künftige Aktivitäten der Person bringen. Erkenntnisabsichten dieser Art stehen auch im Mittelpunkt von Aufklärung und Bewertung zurückliegender Handlungen, wie sie etwa ein parlamentarischer Untersuchungsausschuß oder in der Strafjustiz die Geschworenen betreiben. Bei der Zumessung von Verantwortlichkeit und Strafe hängt alles davon ab, wieweit dem Urheber des zu untersuchenden Handlungsergebnisses Absicht zugeschrieben werden kann. Dabei sind die Beurteiler in aller Regel keine Beobachter der Handlung, ihnen liegen lediglich Berichte über die Handlung oder sogar nur über deren Ergebnis vor.

Ausgangspunkt ist also das faktisch Vorliegende, eine Handlung oder zumindest ihr Ergebnis. Um von hier aus bis zu Dispositionen rückschließen zu können, müssen drei Schritte getan werden, die zu einer Intentionsattribuierung führen können, aber nicht müssen. Der erste Schritt besteht in einer Sicherung von zwei Voraussetzungen, die gegeben sein müssen, damit der Handelnde überhaupt eine Intention gehabt haben konnte. Dazu muß er einmal ein vorausschauendes Wissen über das Ergebnis seines Handelns und zum anderen auch die Fähigkeit besessen haben, das Ergebnis herbeizuführen. Ist das erste nicht der Fall, so war das Ergebnis nicht vorhergesehen und damit auch nicht intendiert. Ist das zweite nicht der Fall, so wird zweifelhaft, ob es sich überhaupt um ein Ergebnis handelt, das man diesem Handelnden zuschreiben kann. Man überprüft sozusagen, wenn wir uns Abb. 10.1 vor Augen halten, die beiden Pfeile, die von „Bemühen" und von „Können" auf das „Handlungsergebnis" führen.

Hat man darüber Gewißheit oder unterstellt man beide Voraussetzungen, besteht der zweite Schritt in der Prüfung, welche Folgen – oder Effekte – des Handlungsergebnisses es denn gewesen sein mögen, die den Handelnden motiviert haben, dieses besondere Handlungsergebnis herbeizuführen. Um nicht ganz auf Spekulationen angewiesen zu sein, kann die Überlegung weiterhelfen, daß jede Handlung an ihrem Ursprungspunkt einer Wahl zwischen verschiedenen Handlungsalternativen unterlegen hat, zumindest der Alternativen, die Handlung durchzuführen oder zu unterlassen. Für solche Handlungsalternativen werden dann die vermuteten Effekte aufgelistet. Effekte, die allen Handlungsalternativen gemeinsam sind, können die Wahl der Handlungsalternativen nicht beeinflußt haben. Entscheidend können nur die nicht-gemeinsamen Effekte *(non-common effects)* der ausgeführten Handlungsalternative gewesen sein. Je geringer die Anzahl der nicht-gemeinsamen Effekte auf seiten der gewählten Handlungsalternative ist – möglichst nur ein einzelner –, umso eindeutiger kann der Rückschluß auf eine maßgebende Intention sein. Abb. 10.2 erläutert diesen Schritt für zwei Handlungen X und Y mit drei bzw. vier Effekten, von denen zwei gemeinsam sind. Ist X gewählt worden, so gibt es nur einen nicht-gemeinsamen Effekt c. Er muß es gewesen sein, der X gegenüber Y bevorzugen ließ. Ist jedoch Y gewählt worden, gibt es zwei nicht-gemeinsame Effekte, d und e, die uns im unklaren lassen, ob d oder ob e entscheidend war. (Dieses Vorgehen ähnelt der Analyse intentionalen Verhaltens durch Irwin, 1971; vgl. 2. Kap.)

Aber selbst, wenn wir für die bevorzugte Handlung nur einen nicht-gemeinsamen Effekt ausgemacht haben, können wir noch nicht mit Sicherheit schließen, daß ihm auch Intention als Ausdruck einer Persondisposition korrespondiert. Denn es könnte sich um einen Effekt handeln, der den meisten Menschen oder fast allen Menschen einer bestimmten Bezugsgruppe erwünscht erscheint. In diesem Fall ist die Handlung vom allgemein erwünschten Anreizwert des Zielgegenstands der Handlung her motiviert. Der Handlungsgrund ruht also eher in der Eigenheit des Zielgegenstands und weniger in der Eigenheit der Person. Ein Beispiel wäre, wenn wir auf einer Ausstellung moderner Kunst zwei Personen antreffen, von denen die eine Kunsthistoriker und die andere Steuerinspektor von Beruf ist. Hier Kunsthistoriker anzutreffen, würden wir ohne Zögern dem für Kunsthistoriker typischen („category-based") Kunstinteresse oder einer anziehenden Besonderheit der Ausstellung zuschreiben. Weniger trivial wäre unsere Schlußfolgerung im Falle des Steuerinspektors. Da für diese Berufsgruppe Kunstinteresse nicht typisch ist, muß dieser eine Steuerinspektor eine ausgeprägte Disposition haben, moderne Kunst hoch zu schätzen.

Generell läßt sich sagen, alles Handeln, das dem vermuteten Rollen-Repertoire einer Personengruppe entspricht, der der Handelnde angehört, ist nicht informativ, um auf Dispositionen zu schließen. Man weiß hier nicht, ob neben der Rollenvorschrift auch noch eine entsprechende Disposition des Individuums das Handeln verursacht hat. Umgekehrt ist es sehr informativ für das Erschließen einer Disposition, wenn sich jemand entgegen der situationsangebrachten Rolle seiner sozialen Gruppe verhält. Ein Beispiel wären zwei Politiker in einer Wahlversammlung, von denen sich einer für etwas einsetzen will, was bei den Anwesenden populär ist, der andere jedoch für etwas, was ihnen unpopulär erscheint. Da Politiker Anklang finden wollen, um gewählt zu werden, wird man eher bei der Absichtsbekundung des zweiten Politikers sicher sein, daß er auch ernsthaft intendiert, was er sagt.

In einem dritten Schritt ist also die allgemeine Erwünschtheit des Handlungseffekt für die Art von Personengruppe, der der Handelnde angehört, abzuschätzen. Ein solcher „kategorienbasierter" Rückschluß vom typischen Angehörigen einer Bezugsgruppe auf die Individualität des Handelnden ist natürlich mit Unsicherheiten behaftet. Jones u.

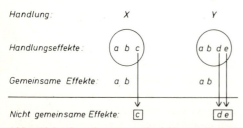

Abb. 10.2. Gemeinsame und nicht-gemeinsame Handlungseffekte von zwei Handlungsalternativen X und Y

McGillis (1976) haben deshalb den dritten Schritt zu präzisieren versucht, indem sie Erwünschtheit in zwei Determinanten aufteilen. Sie lassen sich einmal von dem leiten, was allgemein in einer angegebenen Kultur als erwünscht gilt und zum anderen von dem, was man über die besonderen Erwünschtheiten des Handelnden weiß. Beide Arten von Erwünschtheit werden zudem mit Wahrscheinlichkeiten ihrer Realisierbarkeit gewichtet, so daß im Sinne der Erwartungs-mal-Wert-Theorien Erwünschtheit als „erwartete Valenz" gefaßt wird.

Mit Hilfe der drei geschilderten Schritte ist nun endlich die erschlossene Korrespondenz zwischen registrierter Handlung und zugrunde liegender Intention als Ausdruck einer Persondisposition zu bestimmen. Die Korrespondenz ist umso enger, je geringer einmal die Anzahl der nicht-gemeinsamen Effekte der gewählten Handlungsalternative ist und je geringer zum anderen die vermutete Erwünschtheit (oder erwartete Valenz) der nicht-gemeinsamen Handlungseffekte ist. Tabelle 10.1 enthält eine Kreuzklassifikation in „hoch" und „niedrig" beider Determinanten der Schlußfolgerung. Nur in einer der vier Kombinationen kann man hohe Korrespondenz erreichen und mit einiger Gewißheit auf eine umschriebene Intention des Handelnden und damit auf eine bestimmte Persondisposition des Handelnden rückschließen. Nur in diesem Fall führt die Theorie der korrespondierenden Schlußfolgerung zu einem klaren Informationsgewinn.

Empirische Überprüfungen des Modells auf seine Fruchtbarkeit sind bis heute nicht gerade häufig. Zwei Beispiele seien angeführt. Das erste, eine Studie von Newtson (1974), hat die Korrespondenz des Rückschlusses in Abhängigkeit von der Anzahl nicht-gemeinsamer Effekte geprüft. Dabei zeigte sich, daß auch die nicht-gemeinsamen Effekte der nicht gewählten Handlungsalternative – also die Handlungseffekte, auf die man verzichtet hat – von Einfluß sind. Den Vpn wurde von zwei Personen (Alex und Bob) berichtet, daß sie von drei (allgemein gleich attraktiv erscheinenden) Handlungsalternativen eine gewählt hatten: „*babysit* für einen Professor". Einige

Tabelle 10.1. Korrespondenz des Rückschlusses von einer Handlung auf die zugrunde liegende Intention (und Persönlichkeitsdisposition) aufgrund der Anzahl nicht-gemeinsamer Effekte der gewählten Handlungsalternative und der vermuteten Erwünschtheit (oder erwarteten Valenz) dieser Effekte. (Nach Jones u. Davis, 1965, S. 392)

		Erwünschtheit der nicht-gemeinsamen Effekte (oder erwartete Valenz)	
		hoch	niedrig
Anzahl der nicht-gemeinsamen Effekte	hoch	Triviale Mehrdeutigkeit	Interessante Mehrdeutigkeit
	niedrig	Triviale Klarheit	Hohe Korrespondenz

Vpn erhielten hierfür nur einen Effekt angegeben: „sich beim Professor einzuschmeicheln"; andere noch einen zusätzlichen: „sich noch besonders auf ein Seminar vorzubereiten". Wurden für Alex beide Effekte angegeben und für Bob nur der erste, so wurde Bob als einschmeichelnder beurteilt, wie nach dem Korrespondenzmodell zu erwarten.

Die anderen beiden Handlungsalternativen waren, am Strand baden zu gehen oder in der Bücherei für einen Freund zu arbeiten. Für jede dieser nicht-gewählten Alternativen spezifizierte Newtson in einem weiteren Teil seiner Studie ein oder zwei Effekte. Wenn Alex mit seiner Wahl für das *babysitting* vier Effekte der beiden anderen Handlungsalternativen aufgab, wurde er als einschmeichelnder beurteilt als Bob, der nur zwei Effekte aufgab. Und wenn Bob zwei Effekte aufgab und einen zurückbehielt, während Alex vier aufgab und zwei zurückbehielt, erschien Alex einschmeichelnder als Bob. Das heißt einmal, daß der Rückschluß auf eine Persondisposition umso zwingender war, je weniger nicht-gemeinsame Effekte zurückblieben und je mehr Effekte aufgegeben wurden; und zum anderen, daß die gewählten nicht-gemeinsamen Effekte stärker gewichtet werden als die aufgegebenen.

Die andere Studie betrifft das Zuschreiben von Einstellungen. Jones, Worchel, Goethals u. Grumet (1971) machten ihre Vpn mit dem

Aufsatz einer Person für oder gegen Marihuana bekannt. Einzuschätzen war, wie stark verankert die Einstellung sein mochte. Dazu wurden zwei weitere Informationen gegeben, die jede der beiden Determinanten des Modells betraf. Die Anzahl der nicht-gemeinsamen Effekte wurde durch die Mitteilung variiert, die Person habe den Aufsatz freiwillig oder nur unter Druck geschrieben (im letzteren Falle bestehen mehr Gründe, den Aufsatz zu schreiben, einmal solche, die in der Sache liegen, und zum anderen jene, die die Person veranlaßten, dem Druck nachzugeben). Der Grad der Erwünschtheit andererseits wurde durch zusätzliche Mitteilungen über Einstellungen der Person manipuliert, sein eigenes Leben zu führen, über das eigene Schicksal selbst zu bestimmen u. ä. Wenn der Aufsatzschreiber solche Einstellungen in ausgeprägtem Maße hegt, sollte für ihn die freie Verwendung von Marihuana auch erwünschter sein. (In diesem Falle ist die Einschätzungsgrundlage für Erwünschtheit nicht kategorien-, sondern individuumbasiert.) Die Ergebnisse fielen in Übereinstimmung mit dem Korrespondenz-Modell aus. Der Person wurde eine ausgeprägte Einstellung zugeschrieben, wenn sie das Aufsatzschreiben frei gewählt hatte und wenn sie dazu eine Position bezog, die von der für sie zu erwartenden Erwünschtheit abwich; mit anderen Worten, wenn sowohl die Anzahl nicht-gemeinsamer Effekte wie deren Erwünschtheit eher gering war.

Das Kovarianzmodell von Kelley

In seiner einflußreichen Abhandlung von 1967 kontrastiert Kelley wie folgt den Unterschied zwischen seinem Modell und dem von Jones u. Davis:

> The oberserver's focus in the two (theories) is essentially at opposite ends of the person-environment polarity. In my earlier analyses ... the person is concerned about the validity of an attribution regarding the environment. He applies the several criteria in an attempt to rule out person-based sources of „error" variance. In the problems specified by Jones and Davis the observer has exactly the opposite orientation. He is seeking for person-caused variance (that caused by the particular actor under scrutiny) and in doing so, he must rule out environmental or situation-determined causes of variations in effects. (1967, S. 209)

Während Jones u. Davis bestimmen wollen, ob auf der Personseite genauerhin auf Dispositionen geschlossen werden kann, will Kelley die vorliegende Information darauf überprüfen, wieweit die Ursachen einer Handlung oder ihres Ergebnisses sich in den Gegebenheiten der Umwelt lokalisieren lassen oder ob man auch, oder gar ausschließlich, die Person als Ursachenquelle ansehen muß. Im Unterschied zu Jones u. Davis legt Kelley Informationen nicht über eine einzelne Handlung vor, sondern über mehrere Handlungen derselben Person und anderer Personen zu verschiedenen Zeitpunkten sowie auch über Handlungen auf verschiedene Zielgegenstände hin und unter verschiedenen Situationsumständen. Da das Informationsmaterial über vier Dimensionen ausgeweitet ist – nämlich über Personen, über Zeitpunkte, über Zielgegenstände und über Situationsumstände – kann Kelley ausgiebig von dem (wie er es nennt) „Kovariationsprinzip", d. h. von der „Methode des Unterschieds" nach John Stewart Mill, Gebrauch machen, nach welchem „diejenige Bedingung ... für eine Wirkung als verantwortlich angesehen (wird), die vorhanden ist, wenn die Wirkung vorhanden ist, und fehlt, wenn die Wirkung fehlt" (Heider, 1958; dtsch. Übers. 1977, S. 181).

Bei dieser Kovariationsanalyse wird die Ursache einer gegebenen Handlung (abhängige Variable) aus dem Kovariationsmuster von vier Kriteriumsdimensionen (unabhängigen Variablen) erschlossen. Diese Kriteriumsdimensionen entsprechen den drei Beurteilungsdimensionen des Handelns, die wir im 1. Kap. erörtert haben. Im einzelnen sind es die folgenden. (1) Die Besonderheit der Entitäten (Zielgegenstände; das können auch andere Personen sein, auf die sich die Handlung richtet; *distinctiveness of entities*). Die Frage ist, ob das Handeln auch von anderen Entitäten ausgelöst wird. (2) Die Übereinstimmung zwischen verschiedenen Personen, ihr Konsens *(consensus)* im Handeln auf eine bestimmte Entität hin. Die Frage ist, ob andere Personen genauso handeln. (3) Die Konsistenz dieses Handelns über Zeit *(consistency across time)*. Die Frage ist, ob die Person immer so handelt. (4) Die mit Konsistenz über Zeit verbundene Konsistenz über verschiedene Modalitäten, in denen die Entität sich darstellt *(consistency across modalities)*. Die Frage ist, ob die gleiche Handlung sich einstellt, wenn die Entität in andere Situationsumstände eingebettet ist.

In allen Fällen hoher Besonderheit reagiert eine Person auf eine Entität in einer ganz spezifischen Weise. Bei hohem Konsens stimmt die Reaktion auf eine Entität mit der Mehrheit anderer Personen überein. Bei hoher Konsistenz über Zeit reagiert die Person, wann immer sie mit der Entität zu tun hat, in gleicher Weise. Und sie tut dies auch, bei Konsistenz über Modalität, wenn dabei die Situationsumstände variieren.

Ein Beispiel Kelleys möge das verdeutlichen. Wenn jemandem ein bestimmter Film besonders gefällt und er mir einen Kinobesuch empfiehlt, ist es für mich von Belang zu entscheiden, ob die Ursache dieser Empfehlung in der Entität (Güte des Films) oder in der Person (der Empfehlende findet leicht an etwas Gefallen) zu lokalisieren ist. Wenn ich nun weiß, daß der Empfehlende sehr spezifisch auf verschiedene Filme reagiert (Besonderheit), daß er sich diesen Film schon mehrmals angesehen hat (Konsistenz über Zeit), auch in der Fernsehbearbeitung desselben Regisseurs (Konsistenz über Modalitäten) und daß er in seinem Urteil mit anderen Filmbesuchern übereinstimmt, dann schreibe ich die Empfehlung Eigentümlichkeiten der Entität zu. Wenn mir diese Person jedoch unterschiedlos alle Filme empfiehlt, wenn ihr derselbe Film mal gefällt und mal nicht gefällt und wenn andere Personen anderer Meinung sind, schreibe ich die Empfehlung Eigentümlichkeiten der Person zu.

Das Vorgehen bei solchen Schlußfolgerungen hat Kelley mit einer einfachen und unvollständigen Varianzanalyse der Informationsdaten gleichgesetzt, zu der offenbar auch jeder Laie fähig ist. Die möglichen Kovariationsmuster hat Kelley (1967) in einem varianzanalytischen Würfel mit den drei hauptsächlichen Kriteriendimensionen, Entitäten,

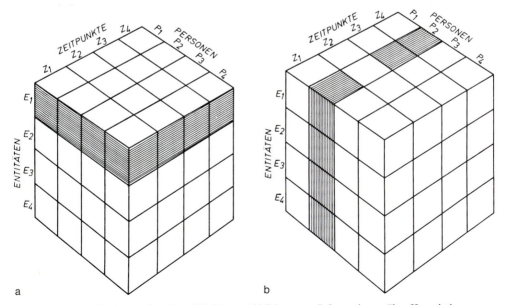

Abb. 10.3a u. b. Varianzanalytischer Würfel zur Abbildung von Informationen über Kovariationen von Handlungen über die drei Dimensionen „Entitäten", „Zeitpunkte" und „Personen". Der linke Würfel **a** zeigt ein Informationsmuster, das die Handlung der Person (etwa P_1) der Entität E_1 attribuiert; der rechte Würfel **b** ein Informationsmuster, das die Handlung der Person P_2 attribuiert. (Nach Kelley, 1973, S. 110)

Zeitpunkte und Personen, veranschaulicht, wie Abb. 10.3 zeigt. Die schraffierten Teile des linken Würfels repräsentieren den Fall, daß ich die Kino-Empfehlung der ersten Person der Entität (E_1) und nicht der Person (P_1) zuschreibe; die schraffierten Teile des rechten Würfels gelten für die zweite Person (P_2), bei der es nicht zu einer Entitäts-, sondern zu einer Personattribuierung kommt. (Hier liegt im Zeitpunkt Z_2 ein inkonsistentes Verhalten vor.)

Kelley führt die Analogie zur Varianzanalyse bis zum F-Quotienten fort. Die Variable der Besonderheit steht im Zähler. Sie steht für die Unterschiedlichkeit zwischen den Bedingungen (Entitäten). Im Nenner – als Ausdruck der „Fehler"-Varianz innerhalb der Bedingungen (Entitäten) stehen Konsistenz und Konsens als Indikatoren der individuellen Stabilität und interindividuellen Replizierbarkeit des Handelns. Je geringer Konsistenz und Konsens sind, umso größer ist der Nenner und umso größer muß der Besonderheits-Wert im Zähler sein, um die Ursache des zu erklärenden Effekts noch in Umweltgegebenheiten lokalisieren zu können.

Orientierungspunkt der Kelleyschen Überlegungen ist es also, nach Möglichkeit eine Verhaltenserklärung auf den zweiten Blick vorzunehmen. Zeigt das Handeln einer Person hohe Besonderheit im Vergleich über Entitäten und zugleich hohen Konsens im Vergleich über andere Personen und hohe Konsistenz im Vergleich über Zeitpunkte, so kann man dieser Person einen hohen „Informationsstand über die Welt" *(state of information regarding the world;* 1967, S. 198) zusprechen. Freilich wäre die Kehrseite, daß man ihr dann kaum noch Individualität in ihren Dispositionen und Motiven zubilligen kann. Tabelle 10.2 führt die verschiedenen Informationsmuster über Handlungen auf, die nach Kelley zu Ursachenlokalisierungen in der Entität oder in den Situationsumständen oder in der Person führen.

Es verdient Beachtung, daß Kelley das Ursachengewicht nicht nur nach Person und Umwelt aufteilt. Er differenziert auf seiten der Heiderschen Umweltkraft zwischen Entität und Situationsumständen, unter denen die

Tabelle 10.2. Informationsmuster über Handlungen, die nach Kelleys Kovarianzmodell zur Lokalisierung der Handlungsursache in der Entität oder in der handelnden Person oder in den Situationsumständen führen

Lokalisierung der Ursachen in	Informationen über		
	Besonderheit (über Entitäten)	Konsens (über Personen)	Konsistenz (über Zeitpunkte)
Entität	hoch	hoch	hoch
Umstände	hoch	niedrig	niedrig
Person	niedrig	niedrig	hoch

Entität gegeben ist. Während Entität ein konstanter Umweltfaktor ist, sind Situationsumstände variable Kontextfaktoren. Wenn z. B. jemand, der einige besondere Filme mag (hohe Besonderheit), die andere nicht mögen (niedriger Konsens), gelegentlich einen seiner sonst bevorzugten Filme nicht ausstehen kann (geringe Konsistenz), so sind wir geneigt, die Ursache dieser gelegentlichen, vom sonstigen Verhalten der Person abweichenden Reaktion in besonderen Situationsumständen zu vermuten.

Empirische Belege für das Kovarianzmodell

Die Verarbeitung der Information nach Kelleys Kovariationsprinzipien ist rein logisch und statistisch. Es bedarf keines psychologischen Abwägens. Ein einfaches Computer-Programm würde genügen. Die Frage ist deshalb, ob Menschen bei Ursachenlokalisierung so logisch und statistisch verfahren, wenn man ihnen eine Handlungsepisode vorlegt und zusätzliche Kovariationsinformationen über Konsens, Besonderheit und Konsistenz beifügt. Das hat McArthur (1972; 1976) getan. In der ersten ihrer Studien hat McArthur (1972) ihren Vpn eine episodische Aussage wie die folgende vorgelegt: „Georg übersetzt den Satz falsch". Dazu gab es Zusatzinformationen zu jeder der drei Kriteriendimensionen (da ein Kriterium entweder hoch oder niedrig angesetzt war, gab es 8 verschiedene Kombinationen oder Informationsmuster); Konsens: „Beinahe jeder (kaum jemand) übersetzt den

Satz falsch"; Besonderheit: „Georg übersetzt kaum einen anderen (fast jeden) Satz falsch"; Konsistenz: „Bisher hat Georg den Satz fast immer (fast nie) falsch übersetzt". Im Anschluß an diese Informationen hatten die Vpn immer zu urteilen, ob es eher etwas an der Person oder an der Entität oder an besonderen Situationsumständen oder an Kombinationen der vorhergenannten Gründe sei, was das Handlungsergebnis verursacht habe (oder die Reaktion veranlaßt habe im Falle von Handlungen, Gefühlen und Meinungen).

Was die Ergebnisse betrifft, so ist zunächst bemerkenswert, daß die Ursache am häufigsten der Person attribuiert wird (vgl. Tabelle 10.3). Das gilt auch für eine Kontrollgruppe, die die einzelne Handlungsaussage ohne die zugehörige Zusatzinformation vorgelegt bekommen hatte. Eine solche Bevorzugung einer Verhaltenserklärung auf den ersten Blick entspricht der Beobachtungsperspektive aus der Sicht des Beobachters nach Jones u. Nisbett (1971). Nicht selten wurde auch von der Möglichkeit Gebrauch gemacht, Kombinationen von Ursachen heranzuziehen, wobei fast ausschließlich die Kombination „Person und Entität" hervorstach, also eine Verhaltenserklärung auf den dritten Blick. Da es sich hier ausschließlich um Fremdbeobachtung handelt, kann man die Befunde nicht auf Selbstbeobachtung verallgemeinern.

Betrachtet man die globalen Ergebnisse der Tabelle 10.3, so fällt auf, daß Konsistenz-Informationen die Kausalattribuierung weit stärker beeinflussen (20% der aufgeklärten Gesamtvarianz) als Besonderheits- (10%) oder gar Konsens-Informationen (3%). Der geringe Einfluß von Konsens-Informationen ist auch in anderen Studien zur Fremdattribuierung bestätigt worden (McArthur, 1976; Nisbett u. Borgida, 1975; Orvis, Cunningham u. Kelley, 1975). In einer Reihe von Studien zur Selbstattribuierung von Nisbett, Borgida, Crandall u. Reed (1977) waren Konsens-Informationen unwirksam (vgl. auch Feldman, Higgins, Karlovac u. Ruble, 1976). Inzwischen haben Ruble u. Feldman (1976) nachgewiesen, daß die Wirksamkeit der Konsens-Information einem Positionseffekt unterliegt. Wurde Konsens-Information nicht (wie in den erwähnten Studien der Fall) an erster, sondern an letzter Stelle angeboten *(recency effect)*, so war sie kaum weniger wirksam als Konsistenz- und Distinktheits-Information. Zu ihrer Beachtung können auch Hinweise auf die Repräsentativität der herangezogenen Bezugsgruppe beitragen (Wells u. Harvey, 1977). Insgesamt haben die bisherigen Studien (vgl. etwa Hansen u. Stonner, 1978) ergeben, daß in der Fremdattribuierung Konsensinformationen durchaus im Sinne des Kovarianzmodells genutzt werden, sofern sie hervorgehoben werden und repräsentativ erscheinen. Dagegen werden sie in der Selbstattribuierung bemerkenswert vernachlässigt. Das hat mit der Diskrepanz der Beobachtungsperspektiven im Sinne von Jones u. Nisbett (1971) zu tun (vgl. Kap. 1). Wir kommen darauf noch zurück (auch in Kap. 11 u. 13).

Am wichtigsten in unserem Zusammenhang ist der Einfluß der kompletten Informationsmuster auf die Ursachenzuschreibung in der Beobachterperspektive. Die Befunde bestätigen das Modell, d. h. die in Tabelle 10.2 aufgeführten Zusammenhänge. Person-Attribuierung war am häufigsten bei niedriger Be-

Tabelle 10.3. Prozentanteil (abgerundet) der Gesamtvarianz der Kausalattributionen auf Personen, Entitäten und Situationsumstände in Abhängigkeit von den drei Kriteriendimensionen Besonderheit, Konsens und Konsistenz. (Nach McArthur, 1972, S. 182)

Kriterien-dimension	Kausalattribution				
	Entität	Umstände	Person	Person und Entität	Insgesamt
Besonderheit	12	8	22	0	10
Konsens	5	0	6	1	3
Konsistenz	6	41	16	16	20

sonderheit, niedrigem Konsens und hoher Konsistenz. Am entscheidensten waren hierfür Besonderheits-Informationen (22% der Gesamtvarianz, vgl. Tabelle 10.3), am zweitwichtigsten Konsistenz-Informationen (16%). Entitäts-Attribution war am häufigsten, wenn sowohl Besonderheit wie Konsens und Konsistenz hoch waren. Attribution auf Situationsumstände war am häufigsten bei hoher Besonderheit und niedriger Konsistenz, während Konsens keine Rolle spielte. Aber auch die Art des Verhaltens, die zu erklären ist, verschiebt die Ursachenlokalisierung mehr zur Person- als zur Umweltseite. McArthur hatte Handlungen, Handlungsergebnisse, Emotionen und Meinungen attribuieren lassen. Die ersteren Ereignisse, Handlungen und Handlungsergebnisse, ziehen mehr Person- als Entitäts-Attributionen auf sich; Emotionen und Meinungen dagegen mehr Entitäts-Attributionen (wie schon Heider, 1958, vermutet hatte).

Bemerkenswert sind schließlich noch einige moderierende Interaktionen zwischen den Kriteriendimensionen. So werden die Tendenzen zur Entitäts-Attribution bei hoher Besonderheit und hohem Konsens und die umgekehrte Tendenz zur Person-Attribution bei niedriger Besonderheit und niedrigem Konsens abgeschwächt, wenn zugleich niedrige Konsistenz vorliegt. Ist von Besonderheit und Konsens eines von beiden hoch und das andere niedrig, so fördert hohe Konsistenz eine Entität-plus-Person-Attribution, also eine Verhaltenserklärung auf den dritten Blick.

Insgesamt bestätigen McArthurs Befunde das logisch-statistische Kovarianzmodell Kelleys. Der Konsens-Information kommt jedoch weniger Bedeutung zu als den Informationen über Besonderheit und insbesondere über Konsistenz des Handelns. Die Befunde gelten nur für die Fremdbeurteilung, sie sagen auch nichts darüber aus, welche Art von Informationen man von sich aus am ehesten sucht, wenn man sich zu einer Verhaltenserklärung genötigt sieht.

Man mag gegen die Befunde von McArthur Einwände hinsichtlich des methodischen Vorgehens haben, weil die Vpn die Kovariationsinformationen bereits in schriftlich zusammengefaßter Form vorgelegt erhielten. Auch konnte die planmäßige Variation der Informationskombination die Vpn geradezu auf die Logik des Kovariationsmodells stoßen. Man könnte deshalb argwöhnen, die Befunde hätten nur das Vorhandensein logischer Fähigkeiten geprüft, nicht aber, wieweit Vpn von sich aus Kovariationsinformationsmuster erstens überhaupt erst entdecken und zweitens bei der Erklärung von Handlungsergebnissen auch nutzen.

Daß Vpn tatsächlich beides tun, haben Cordray u. Shaw (1978) nachgewiesen. Verschiedene Vpn-Gruppen beobachteten auf dem Bildschirm, wie jemand nacheinander Problemaufgaben löste oder nicht löste. Für die einzelnen Vpn-Gruppen wurden die folgenden Bedingungen variiert: Schwierigkeit der Aufgaben (hoch vs. niedrig aufgrund vorweg mitgeteilter sozialer Vergleichsinformationen), erzieltes Ergebnisniveau (hoch vs. niedrig) und Kovariation des sichtbar geringen oder hohen Anstrengungsgrades (Ausdauer, Gespanntheit) mit Mißerfolg bzw. Erfolg bei der einzelnen Aufgabe. Die Vpn hatten anschließend das erzielte Ergebnisniveau auf vier Kausalfaktoren (Fähigkeit, Anstrengung, Aufgabenschwierigkeit und Zufall) zurückzuführen. Die Befunde zeigten, daß die Vpn die im Ereignisablauf enthaltenen Informationen sowohl entdeckten als auch bei der Attribution nutzten (nicht aber die vorweg mitgeteilte Konsensinformation über die Aufgabenschwierigkeit, was mit McArthurs Befunden übereinstimmt). Hohes Ergebnisniveau wurde auf Fähigkeit und Anstrengung, niedriges dagegen auf hohe Aufgabenschwierigkeit zurückgeführt. Bestand eine Kovariation zwischen Anstrengungsgrad und Erfolg bei den einzelnen Aufgaben, so wurde Anstrengungsattribution bei der Erklärung des Gesamtergebnisses ausschlaggebend; und zwar auf Kosten von Fähigkeitsattribution im Falle von hohem Ergebnisniveau und von Schwierigkeitsattribution im Falle von niedrigem Ergebnisniveau.

Befunde zur Selbstbeurteilung und zur Nutzung von Informationen über die Kovariationsdimensionen nach Erfolg und Mißerfolg werden wir noch in den folgenden Abschnitten erörtern. Im Einzelfall sind dem „intuitiven Psychologen" eine ganze Reihe von Voreingenommenheiten und Fehlerarten beim Attribuieren nachzuweisen, wie Ross (1977) dokumentiert hat. Wir kommen darauf zurück.

Konfigurationskonzepte: Kausale Schemata nach Kelley

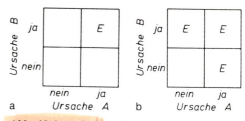

Abb. 10.4a u. b. Kausalschemata für **a** „multiple notwendige Ursachen" und für **b** „multiple hinreichende Ursachen" zur Erklärung eines Effekts (E), wenn zwei Ursachen (A, B) eine Rolle spielen. (Nach Kelley, 1972, S. 2, u. 6)

Die bisher erörterte Kovariationsanalyse der Handlungsursachen setzt vielfältige Informationen voraus. In vielen Alltagssituationen liegen sie nicht vor oder man hat keine Muße, sie zusammenzuholen und zu analysieren. Bei unvollständigen Informationen hilft man sich, wie Kelley (1971; 1972; 1973) dargelegt hat, mit Konfigurationskonzepten über das Zusammenwirken verschiedener Ursachen, den sog. kausalen Schemata. Wenn jemand z. B. eine Aufgabe gelöst hat und wenn man weiß, daß die Aufgabe sehr schwierig ist, so nimmt man eine hohe Fähigkeit als Ursache des Erfolges an. Das erfolgreiche Handlungsergebnis hat also eine hinderliche Ursache, die hohe Aufgabenschwierigkeit, und eine förderliche Ursache, die hohe Fähigkeit. Förderliche und hinderliche Ursachen brauchen nicht wie in diesem Beispiel zwischen Person und Umwelt aufgeteilt zu sein, sie können auch beide in der Person oder in der Umwelt lokalisiert sein.

Außer einer Differenzierung der Ursachen in förderliche vs. hinderliche und internale vs. externale weist Kelley (1972) auf zwei spezielle Konzepte hin, wie Ursachen miteinander verknüpft sein können, um einen Effekt hervorzubringen. Die eine Art ist das Schema sog. „multipler notwendiger Ursachen" *(multiple necessary causes).* Von mehreren förderlichen Ursachen müssen alle gleichzeitig gegeben sein, damit der Effekt zustande kommt. Abb. 10.4a veranschaulicht dies für zwei Ursachen A und B. Der Effekt (E) kommt nur zustande, wenn A und B vorhanden sind. Hält man ein solches Kausalschema für maßgebend, so kann man bei Eintreten des Effektes sofort auf das Vorliegen von A und B schließen, ohne daß man die beiden Ursachen eigens identifizieren müßte. Die andere Art ist das Kausalschema sog. „multipler hinreichender Ursachen" *(multiple sufficient causes).* Hier genügt von mehreren förderlichen Ursachen schon eine einzige, um den Effekt hervorzubringen (vgl. Abb. 10.4b). Allerdings kann man in diesem Fall nicht von dem Effekt rückschließen, welche der förderlichen Ursachen die Wirkung zustande gebracht hat.

Welches kausale Schema ist wann anzuwenden? Dazu entwickeln Menschen offensichtlich gewisse Erfahrungsregeln. Seltenen und ungewöhnlichen Ereignissen (oder besonders durchschlagenden; Cunningham u. Kelley, 1975) legt man eher multiple notwendige Ursachen zugrunde: Mehrere Ursachen müssen zusammentreten, multiplikativ miteinander verknüpft sein. Ein Beispiel wäre Erfolg bei einer sehr schweren Aufgabe oder Mißerfolg bei einer sehr leichten Aufgabe. Im ersteren Falle müssen zwei förderliche internale Ursachen, hohe Fähigkeit und hohe Anstrengung, zusammen vorgelegen und im zweiten Falle nicht vorgelegen haben. Häufige Ereignisse dagegen, wie Erfolg bei leichten und Mißerfolg bei schweren Aufgaben, legen ein Kausalschema multipler hinreichender Ursachen nahe. Um Erfolg bei einer leichten Aufgabe zu haben, genügt es schon, daß eine der beiden förderlichen Ursachen, Fähigkeit oder Anstrengung, am Werke war; um Mißerfolg bei einer schweren Aufgabe zu haben, genügt es schon, daß eine der beiden förderlichen Ursachen fehlte, damit die hinderliche

Ursache (Aufgabenschwierigkeit) nicht überwunden werden konnte.

Wie aber läßt sich im Falle multipler hinreichender Ursachen herausfinden, welche der förderlichen Ursachen vorlag? Diese Frage ist auch mit weiteren Informationen über das Auftreten des fraglichen Effektes nicht zu beantworten. Denn bei jedem wiederholten Auftreten des Effekts (z. B. Erfolg bei leichter Aufgabe) kann die eine oder die andere förderliche Ursache vorgelegen haben. In einem solchen Fall der Nicht-Trennbarkeit gleichgerichteter Ursachen wird nach Kelley (1972; 1973) ein Abwertungsprinzip *(discounting principle)* herangezogen: Jede einzelne Ursache des Effekts wird in ihrer Rolle abgewertet, abgeschwächt, wenn auch andere plausible Ursachen vorliegen oder vorliegen können. (Dieses Prinzip entspricht ebenfalls der Logik des varianzanalytischen Modells). Wir haben es hier übrigens mit dem gleichen Sachverhalt zu tun, den Jones u. Davis (1965) in ihrem Modell der korrespondierenden Schlußfolgerung als eine Determinante der Rückführbarkeit einer Handlung auf eine zugrunde liegende Disposition abgehandelt haben: der Anzahl der nicht-gemeinsamen Effekte. Gibt es mehr als einen nicht-gemeinsamen Effekt für die gewählte Handlungsalternative, so ist man ebenfalls mit der Nicht-Trennbarkeit multipler hinreichender Gründe konfrontiert. Man bleibt im ungewissen, welche der den verschiedenen nicht-gemeinsamen Effekten zugeordneten Dispositionen handlungsleitend war. Eine Korrespondenz zwischen Handlung und Disposition läßt sich nicht herstellen.

Die Abwertung einer einzelnen Ursache unter mehreren möglichen (wie eines einzelnen nicht-gemeinsamen Effektes unter mehreren möglichen) ist umso stärker, je größer die Anzahl hinreichender Ursachen (bzw. Effekte) ist. Das einzige, was hier zur weiteren Klärung übrigbleibt, ist eine Differenzierung des Kausalschemas für den in Frage stehenden Effekt durch vielfältige Kovariationsbeobachtungen über Entitäten, Situationsumstände, Zeitpunkte und Personen, d. h. ein fortgesetztes Bilden von psychologischen Hypothesen und deren Prüfung. Ehe eine solche Klärung abgeschlossen ist oder wenn sie ausbleibt, ist es eine interessante Frage, welche von zwei möglichen förderlichen Ursachen ein Beurteiler stärker abwertet, falls die eine davon die Person und die andere die Umwelt betrifft. Daran würde sich nämlich zeigen, ob man eher zu einer Verhaltenserklärung auf den ersten oder den zweiten Blick tendiert. Würde man die umweltbezogene Ursache stärker abwerten, so entspräche diese Bevorzugung einer Verhaltenserklärung auf den ersten Blick der Voreingenommenheit der Fremdbeobachtungsperspektive nach Jones u. Nisbett (1971; vgl. auch Jones, 1976). Ross (1977) bezeichnet diese Einseitigkeit, auf die bereits Heider (1958) aufmerksam gemacht hat, als den „fundamentalen Attribuierungsfehler".

Auch das Gegenstück des Abwertungsprinzips kommt bei kausalen Schlußprozessen in Betracht, das Aufwertungsprinzip *(augmentation principle;* Kelley, 1971). Es besagt, daß eine förderliche Ursache immer dann an Bedeutung gewinnt, wenn ihr eine hinderliche Ursache entgegensteht, wie etwa dem Erreichen des Handlungsziels sich in den Weg stellende Schwierigkeiten, erforderliche Opfer und Risiken. Auch hier ergibt sich wiederum eine exakte Analogie zum Modell der korrespondierenden Schlußfolgerung von Jones u. Davis; und zwar mit dessen Determinante der Erwünschtheit. Je weniger ein verfolgtes Handlungsziel sozial erwünscht erscheint – etwa wenn es gegen die üblichen Rollenvorschriften verstößt –, umso mehr wird eine diesbezügliche internale Ursache des Handelns aufgewertet und eine Disposition der Person – statt eines Aufforderungsgehaltes der Situation – verantwortlich gemacht.

Kelley (1973) hat noch weitere kausale Schemata analysiert. Die Schemata für notwendige und hinreichende Ursachen sind nur zwei Sonderfälle eines übergreifenden Schemas, das nicht bloß vom Vorliegen oder Nichtvorliegen einer Ursache ausgeht. Es ist das Schema für abgestufte (additive oder multiplikative) Effekte, das dem Alltagsdenken näherliegt, weil es Unterschiede in der Stärke der einzelnen Ursachen berücksichtigt. Da das Kausalschema für abgestufte Effekte für

Leistungshandeln maßgebend ist, werden wir es im nächsten Kapitel noch aufgreifen (vgl. Abb. 11.4) und im 13. Kap. behandeln, wie es sich im Laufe der kognitiven Entwicklung des Kindes über Vor- und Fehlformen herausbildet.

Fünf weiterführende Fragestellungen

Während die Forschung sich an der Modell-Logik der Theorieansätze von Heider, von Jones u. Davis und vor allem von Kelley orientierte, wurde nicht die Logik selbst, sondern die den Modellen zugrunde liegenden Annahmen zunehmend in Frage gestellt. Das gilt insbesondere für die meistens stillschweigend unterstellte Annahme, daß Menschen alle vorhandenen Informationen objektiv heranzögen, sie rational abwägten und immer, wenn sich nur Anlässe bieten, mit Kausalattributionen beschäftigt seien. All dies rief fünf kritische Fragen auf den Plan, die Kelley (1976) wie folgt bezeichnet: (1) die Wann-Frage, (2) die Frage nach der Informationsnutzung, (3) die Frage nach Erwartungseffekten, (4) die Frage nach der Motivationsvoreingenommenheit, (5) die Frage nach den Auswirkungen.

Die Fragen zielen darauf ab, Kausalattribution aus der Modell-Logik vorprogrammierter kognitiver Prozesse herauszubringen und einerseits als tatsächliche Leistungen der Informationsverarbeitung zu untersuchen (vgl. Fischhoff, 1976; Ross, 1977) und andererseits auf ihre Anfälligkeit gegenüber motivationsbedingten Voreingenommenheiten zu prüfen. Nehmen wir die einzelnen Fragen der Reihe nach kurz auf.

Die Wann-Frage

Wann sehen sich Menschen veranlaßt, sich über Ursachen Gedanken zu machen und wann hören sie damit auf? Man möchte meinen, daß sei eine der wichtigsten Vorfragen, die geklärt sein sollten, wenn man einen Sachverhalt untersucht. Aber bis heute gibt es offenbar kaum Untersuchungen über die Anlässe des Einsetzens und des Aufhörens von Kausalattribuierung. Fragt man unentwegt danach, warum etwas geschieht, wenn man es nicht gleich wahrnimmt? Und tun dies alle Menschen gleichermaßen? Attributionsforscher, die in der Kausalattribution ein menschliches Grundbedürfnis sehen, scheinen die Bejahung beider Fragen nahezulegen. Sicherer ist es, die Anlässe zur Kausalattribution auf Anlässe einzugrenzen, wenn etwas Unerwartetes eintritt. Aber wie unerwartet muß es sein? Das Eintreten des Valins-Effekts ist ein Beispiel, und Liebharts Erklärungsmodell (1978) spezifiziert Einsetzen und Abbrechen des Attribuierungsprozesses.

Für die Ungeklärtheit der Wann-Frage sind nicht nur die Ausgangsposition der Pioniere der Attributionsforschung – ihr Postulat eines allgemeinen Bedürfnisses, die fehlende motivationspsychologische Einbettung und ihre logisch-rationalen Modelle –, sondern auch methodische Probleme verantwortlich. Kausalattribuierungen sind kognitive Vorgänge, die von außen schwerlich zu erfassen sind. Gewöhnlich fragt man Vpn, nachdem ein Ereignis, z. B. ein Mißerfolg bei einer Aufgabe, eingetreten ist, wie sie sich dies erklären, indem man bereits fixierte Alternativen von Kausalerklärungen vorlegt. Ein solches Vorgehen läßt ungewiß, ob die Vp sich überhaupt mit Kausalattribuieren abgegeben hätte und nicht lediglich auf Aufforderung hin eine plausible Erklärung nachliefert, etwa um dem Vl gegenüber das erzielte Handlungsergebnis zu rechtfertigen.

Ein Beispiel ist ein Experiment von Weiner u. Kukla (1970, Exp. V). Die Vpn hatten in einer Serie der beiden Ziffern 0 und 1 vorherzusagen, welche Ziffer als nächste auftreten würde (tatsächlich war die Abfolge rein zufällig). Nachdem ihnen mitgeteilt worden war, ob ihr Ergebnis erfolgreich oder nicht gewesen sei, hatten sie einzuschätzen, wieweit sie die Ursache des Ergebnisses in der aufgewendeten Anstrengung sahen. Vpn, denen ein „Erfolg" rückgemeldet worden war, machten dafür eine größere Anstrengung verantwortlich. Hier liegt der Verdacht nahe, daß eine solche Kausalattribuierung spontan überhaupt nicht stattgefunden hat, sondern daß die überfragten Vpn ihre Zuflucht zu einem Verfahren genommen haben, das Nisbett u. Wilson (1977) als „Telling more than we can know" bezeichnet und untersucht haben. Um die gestellte Frage zu beantworten, haben die Vpn eine schlichte *Common-Sense*-Theorie herangezogen, nämlich daß mehr Anstrengung eher zum Erfolg führt. Dies legte dann den Umkehrschluß nahe: „Da ich Erfolg hatte, muß ich mich wohl sehr angestrengt haben". Besser konnten sich die Vpn auch gar nicht aus der Affäre ziehen, da bei der in Wahrheit völligen Zufallsabhängigkeit ihres Erfolges eine Kovariation zwischen wahrgenommener eigener Anstrengung und Aufgabenerfolg unmöglich war. Ohne Zweifel beschäftigen sich Vpn spontan weit seltener mit dem Attribuieren von Ursachen, als Attributionsforscher zu unterstellen geneigt sind.

Es gibt eine neuere Untersuchung von Diener u. Dweck (1978), die einen unmittelbaren Zugang zu natürlich vorkommenden Kausalattribuierungen gesucht und dabei gefunden haben, daß es trotz gleicher Versuchsumstände beträchtliche individuelle Unterschiede im Auftreten von Kausalattribuierungen und deren Wirksamkeit gibt (zu ähnlichen Ergebnissen vgl. Heckhausen, 1980). Diener u. Dweck haben Kinder des 5. Schuljahrs mit dem Selbstverantwortlichkeitsfragebogen (IAR) von Crandall et al. (1965) in zwei Gruppen aufgeteilt: in „leistungsorientierte" und solche, die im Angesicht von Mißerfolg „hilflos" werden. In einer Trainingsphase wurden sie nicht nur mit der Aufgabe vertraut gemacht, sondern auch darin eingeübt, ohne Scheu ihre, die Aufgabentätigkeit begleitenden Gedanken laut zu äußern. In der nachfolgenden Experimentalphase erhielten alle bei vier weiteren Aufgaben desselben Typs Mißerfolg.

Eine Inhaltsanalyse der laufend mitgeteilten Gedanken erbrachte, daß die leistungsorientierten Kinder auf Mißerfolg so gut wie nicht mit Kausalattribuierungen, sondern mit Überlegungen reagierten, wie man die eigenen Leistungen verbessern könnte (Selbst-Instruktion und Selbst-Überwachungen); zugleich äußerten sie häufig Erfolgserwartungen. Im Gegensatz dazu beschäftigten sich die hilflosen Kinder vornehmlich mit den Ursachen ihres Mißerfolgs, den sie vor allem auf Verlust an Fähigkeit (z.B. Durcheinandersein, nicht mehr denken können) oder auf Mangel an Fähigkeit (z.B. schlechtes Gedächtnis) zurückführten. Außerdem beschäftigten sie sich häufiger mit ineffektiven Lösungsstrategien. Tabelle 10.4 stellt die Häufigkeit der angeführten und anderer mitgeteilter Kognitionen beider Gruppen gegenüber. Da sich beide Gruppen in der Trainingsphase nicht in ihren mitgeteilten Kognitionen unterschieden, sind die Befunde umso eindrucksvoller, was die individuellen Unterschiede im Anlaß, im Auftreten und in der Auswirkung von Kausalattribution betrifft.

Tabelle 10.4. Anzahl der hilflosen und leistungsorientierten Kinder, die während einer Mißerfolgsserie verschiedene Inhaltskategorien von begleitenden Kognitionen mitteilen. (Nach Diener u. Dweck, 1978, S. 459)

Inhaltskategorie der mitgeteilten Kognition	Schülergruppe		p (von Chi^2)
	hilflos ($N = 30$)	leistungs-orientiert ($N = 30$)	
Attributionen auf Fähigkeitsverlust	11	0	<0,001
Lösungsirrelevante Aussagen	22	0	<0,001
Ineffektive Aufgabenstrategie	14	2	<0,001
Nützliche Aufgabenstrategie	26	26	–
Selbstinstruktionen	0	12	<0,001
Selbstüberwachung	0	25	<0,001
Erfolgserwartungen	0	19	<0,001
Positiver Affekt	2	10	<0,025
Negativer Affekt	20	1	<0,001

Die Frage nach der Informationsnutzung

Wie genau, wie objektiv, wie gewitzt sind Menschen (oder können sie sein) in der Nutzung verfügbarer Informationen, wenn sie etwas Ungewisses erklären oder vorhersagen? Innerhalb der Forschungsrichtung, die sich mit dem Fällen von Urteilen und Entscheidungen beschäftigt, hat die Frage durchweg beunruhigende Antworten gefunden (vgl. Fischhoff, 1976). Dagegen sind die Attributionsforscher bisher noch recht optimistisch, was die Effektivität der Informationsverarbeitung beim Erklären von Handlungen betrifft. Das liegt wohl weniger daran, daß das Erklären zurückliegender Ereignisse (Attribuieren) vielleicht problemloser ist als das Vorhersagen (Entscheiden), als daran, daß man erst damit begonnen hat, Mängel der Nutzung und Verarbeitung von Informationen beim Attribuieren systematisch zu untersuchen (vgl. Ross, 1977).

Eine erste Unvollkommenheit besteht darin, daß Kausalattribuierung von der momentanen Aufmerksamkeitsverteilung beeinflußt wird, wie schon Duncker (1929) für induzierte Bewegungen fand. Richtet man seine Aufmerksamkeit auf eine von zwei Personen, die sich unterhalten, so schreibt man ihr einen größeren Einfluß auf die Interaktion zu (Taylor u. Fiske, 1975). Wie erinnerlich, schreiben Jones u. Nisbett (1971) dem unterschiedlichen Aufmerksamkeitsfeld von Handelndem und Beobachter eine wesentliche Rolle für die Unterschiede der Attribuierung aus beiden Beobachtungsperspektiven zu. Der Aufmerksamkeitseffekt trägt vermutlich zum „fundamentalen Attribuierungsfehler" (Ross, 1977; vgl. auch Jones, 1979) bei, d. h. zur Überbewertung der Person-Ursachen des Handelnden auf Kosten von Situations-Ursachen. Aufmerksamkeit ist auch eine mögliche Ursache von Reihenfolge-Effekten der Informationsnutzung. Den *primacy effect* bei der Personwahrnehmung haben wir schon zu Beginn des Kapitels erörtert (vgl. Jones u. Goethals, 1971). Kanouse (1971) hat gezeigt, daß man beim Attribuieren auch insofern dem *primacy effect* erliegt, als man sich leicht mit der ersten Erklärung, die einem einfällt, zufrieden gibt.

Ein weiterer Punkt ist die mangelhafte Nutzung von Konsens-Informationen, die bereits McArthur (1972) gefunden hatte. Es gibt viele Belege, daß Menschen an das „Gesetz der kleinen Zahlen" (Tversky u. Kahnemann, 1971) glauben; d. h. sie haben falsche Vorstellungen über die Grundwahrscheinlichkeiten, mit der in der Bevölkerung bestimmte Verhaltensweisen auftreten und sind unkritisch hinsichtlich der Repräsentativität ihrer kleinen Beobachtungsstichproben. Obwohl Nisbett u. Borgida (1975) ihre Vpn mit statistischen Angaben über Prozenthäufigkeiten versorgten, mit denen frühere Versuchsteilnehmer altruistisch handelten und bereit waren, sich elektrische Stromschläge geben zu lassen, ließen sich die Vpn davon nicht in ihrem Urteil beeinflussen, wie besondere Versuchsteilnehmer sich in dem früheren Experiment verhalten haben mögen. Auch die dazu attribuierten Ursachen und ebenfalls die Vorhersage, wie sie sich selbst verhalten würden, blieben von den mitgeteilten Grundwahrscheinlichkeiten (Konsens-Informationen) unbeeinflußt. Hatten die Vpn in umgekehrter Richtung Information zu nutzen, d. h. von konkreten Einzelfällen auf die Grundwahrscheinlichkeit eines Verhaltens zu schließen, so tendierten sie dazu, auch extreme einzelne Verhaltensweisen für durchschnittlich zu halten.

Nisbett u. Borgida (1975) kommentieren das Unvermögen ihrer Vpn, Konsens-Informationen zu nutzen, etwas sarkastisch: „unwillingness to deduce the particular from the general was matched only by their *willingness* to infer the general from the particular" (S. 939). So lassen sich Leute z. B. auch weniger durch die farblosen, statistikartigen Berichte von Verbraucherzeitschriften über die Stärken und Mängel eines Warenprodukts als vielmehr durch die lebhaft-konkreten Klagen oder Lobeserhebungen eines einzelnen Bekannten beeinflussen, der dieses Warenprodukt besitzt. Nisbett u. Borgida halten es allerdings für möglich, daß in bestimmten Handlungsbereichen sich Bezugssysteme mit differenzierterer Berücksichtigung von Konsens-Informationen herausgebildet haben. Das ist mit Sicherheit beim Leistungshandeln der Fall, dessen Ergebnisse – wie auch die Fähigkeit ihrer Urheber – ja ständig aufgrund sozialer Bezugsnormen beurteilt werden (vgl. Kap. 11). Frieze u. Weiner (1971) fragten ihre Vpn nach den Ursachen der Leistungsergebnisse anderer Personen, nachdem sie ihnen Konsistenz- und Konsens-Informationen gegeben hatten. Hier wurden die Konsens-Informationen durchaus differenziert genutzt.

Die Frage nach Erwartungseffekten

Kümmert man sich denn um die aktuell gegebene Information oder holt überhaupt welche für einen neuen Fall ein, da man doch schon einen Grundstock von Erfahrungen gesammelt hat, da man vorgefertigte Kausal-Überzeugungen heranziehen kann? Es gibt eine Reihe irreführender Erwartungseffekte, die gut dokumentiert sind. Davon seien nur einige angeführt.

Da ist zunächst das Phänomen der „illusionären Korrelationen". Nach Kelley hängt alles davon ab, daß man Kovariationen im gegebenen Informationsmuster richtig erfaßt, um Ursache und Wirkung auszugliedern. Dazu sind aber Klinische Psychologen, Krankenschwestern und Studierende erwiesenermaßen nicht in der Lage, wenn sie Verursachungskonzepte über den Indikatorwert von Symptomen oder psychodiagnostische Testmerkmale für Verhaltensstörungen haben (Chapman u. Chapman, 1967; 1969; Golding u. Rorer, 1972; Smedslund, 1963). Sie beachten nur das erwartete Zusammenauftreten von Index und indiziertem Verhalten (wie Symptom und Krankheit) und übersehen die übrigen möglichen Fälle, in denen nur eines von beiden oder keines auftritt. Tversky u. Kahnemann (1973) führen solche illusionären Korrelationen auf die größere Erinnerungsfähigkeit oder Zugänglichkeit *(availability)* der erwartungsgerechten Zusammenhänge zurück.

Wohl aus dem gleichen Grund gibt es auch beträchtliche Fehler in den Erwartungen hinsichtlich der Grundhäufigkeit, der „Normalität", eines gegebenen Verhaltens. Hier wird ein „falscher Konsens" zugrunde gelegt, der zu „egozentrischer Attribution" (Ross, 1977), zu „attributiver Projektion" (Holmes, 1968) führt. Man hält seine eigenen Handlungsweisen und Urteile für aufschlußreich, um dem anderen eine Disposition zuzuschreiben. Eine Ursache solch egozentrischer Erwartungen liegt darin, daß man eher die Gesellschaft solcher Menschen sucht, die ähnliche Überzeugungen und Handlungstendenzen, wie man sie selbst hat, bevorzugen *(selective self-exposure)*. Ein drastisches Beispiel liefern Ross, Greene u. House (1977). Sie drängten ihre Vpn, eine halbe Stunde lang ein Transparent mit der Aufschrift „EAT AT JOE'S" durch das Universitätsgelände zu tragen. Vpn, die sich dazu bereit fanden, hielten ein solches Verhalten für verbreiteter und fanden das Gegenteil, nämlich die Aufforderung des Vls abzulehnen, aufschlußreicher, um auf eine Persönlichkeitsdimension rückzuschließen. Umgekehrt hielten Vpn, die die Aufforderung des Vls ablehnten, ihr Verhalten für normaler und das Herumtragen des Transparentes eher für den Ausdruck einer besonderen Disposition.

Die egozentrische Attribution aufgrund erwartungsgemäßen, aber falschen Konsenses wirft auch ein neues Licht auf die von der Beobachtungsperspektive abhängige Diskrepanz der Attribuierungsvoreingenommenheit nach Jones u. Nisbett (1971). Je mehr der Beobachter das Handeln des Beobachteten als abweichend von seinen eigenen, egozentrischen Erwartungen empfindet, umso eher ist er geneigt, dem Handelnden Dispositionen zuzuschreiben. Liebhart (1977a) hat dies überprüft. Die Diskrepanz der Beobachtungsperspektiven ließ sich nicht auf egozentrische Attribution zurückführen.

Ein weiterer Erwartungseffekt ist die von Langer (1975) so bezeichnete „Illusion der Kontrolle". So tendieren Vpn dazu, zufallsabhängige Situationen als leistungsabhängig wahrzunehmen, eine Selbsttäuschung, die sich viele motivationspsychologische Forscher (z. B. Weiner u. Kukla, 1970) zunutze gemacht haben. Man läßt sich zu einer solchen Selbsttäuschung schnell verleiten, wenn eine zufallsabhängige Situation einige Hinweise enthält, die für Leistungssituationen typisch sind, wie freie Wahl der „Aufgabe", Vorschalten einer Übungsphase, über Strategien der Aufgabenbearbeitung nachdenken lassen, Aufforderung, sich anzustrengen, Wetteifer.

Die Frage nach Erwartungseffekten betrifft schließlich auch die implizite Motivationstheorie des Beurteilers selbst. Neigt er eher zu persönlichkeitspsychologischen oder situationistischen Erklärungen? Entsprechend haben z. B. Lowe u. Medway (1976) aufgrund eines Fragebogens ihre Vpn in „Personals" und

„Environmentals" aufgeteilt und fanden, daß „Personals" Erfolg oder Mißerfolg einer anderen Person mehr auf Anstrengung und weniger auf Zufall zurückführen, als dies „Environmentals" tun. Ist der Beurteiler eher ein „Nativist" oder ein „Milieutheoretiker"? Von derartigen Einstellungen mag es abhängen, ob er eher Verhaltenserklärungen auf den ersten oder den zweiten Blick suchen und sich damit leichter zufrieden geben wird. Wir kommen darauf zurück, wenn wir die Prozeßabfolge der Attribuierung erörtern.

Die Fragen nach der Motivationsvoreingenommenheit und nach den Auswirkungen

Die erste Frage lautet etwa: Selbst wenn Menschen in der Lage wären, Informationen angemessen zu nutzen und zu verarbeiten, lassen sie sich schließlich nicht doch beim Attribuieren von ihren Wünschen und Eigeninteressen leiten? Die zweite Frage lautet: Wenn sich Menschen auch allerlei erklären, ist das mehr als bloßes Beiwerk und hat es wirklich Auswirkungen auf ihr Handeln? Beide Fragen muß man inzwischen mit einem klaren Ja beantworten, obwohl man hinsichtlich der ersten Frage (motivationale Voreingenommenheit) bemüht ist, einseitige und fehlerhafte Attribuierungen möglichst weitgehend auf Fähigkeitsmängel in der Nutzung und Verarbeitung zurückzuführen (vgl. etwa Miller u. Ross, 1975; Ross, 1977). Da beide Fragen von zentraler motivationspsychologischer Bedeutung sind, werden wir ihnen einen eigenen Abschnitt widmen, nachdem wir zunächst noch erörtert haben, wie der Prozeß der Attribuierung ablaufen mag.

Prozeßabfolge der Attribuierung

McArthur (1972; 1976) hat ihren Vpn eine Handlungsepisode vorgestellt und sie mit Zusatzinformationen über Besonderheit, Konsens und Konsistenz im Sinne des Kelley-Modells versorgt. Wie und in welcher Abfolge, mit welchen Zwischenergebnissen die Vpn zu ihrer Kausalattribution gekommen sind, bleibt dabei dunkel. Es ist z. B. denkbar, daß man darauf aus ist, zunächst Informationen über Besonderheit heranzuziehen, weil deren Kovariation mit dem Effekt am eindeutigsten zwischen einer Ursachenlokalisation auf Umwelt (Entität, Umstände) oder auf Person entscheiden läßt (vgl. Tabelle 10.2). Am zweitwichtigsten könnte danach die Prüfung der Konsistenzinformation sein, weil sie in einem zweiten Schritt die Verursachungsrolle der Situationsumstände von jener der Entität und der Person abhebt. Für eine andere Abfolge sprechen McArthurs Befunde, da die Größe der aufgeklärten Varianz der Kausalattribution in der Abfolge Konsistenz-Besonderheit-Konsens abnimmt.

Wenn wir deshalb einmal annehmen, daß Konsistenz-Informationen Priorität bei der Verarbeitung haben (und daß Aufmerksamkeits- und Erwartungseffekte daran im Einzelfall nicht viel ändern), so bleibt die Frage, ob der Beobachter von einer Person-Verursachung ausgeht und diese erst falsifiziert sehen will, ehe er das Gegenteil, eine Umwelt-Verursachung, annimmt; oder ob es umgekehrt ist, daß der Beobachter von einer Umwelt-Verursachung ausgeht und diese erst falsifiziert sieht, wenn die Information das Gegenteil aufdrängt. Dieser Unterschied ist folgenreich, weil man im ersten Falle eher Verhaltenserklärungen auf den „ersten" Blick (wie die Persönlichkeitspsychologen und Psychodiagnostiker) und im zweiten eher Verhaltenserklärungen auf den „zweiten" Blick (wie die Lerntheoretiker und Sozialpsychologen) bestätigt sehen würde. Man würde seine vorgefaßte Handlungstheorie durch Kausalattribuieren noch bestätigen und bestärken.

Aufschlußreich für die Untersuchung dieser Frage wären Fälle, in denen zwei hinreichende Gründe für ein Verhalten vorliegen, davon einer in der Person und der andere in der Umwelt. Je nach den beiden verhaltenstheoretischen Einstellungen müßte der außenstehende Beobachter den einen oder den anderen Grund stärker abwerten. Dazu gibt es erste Hinweise. Orvis et al. (1975) haben ihren

Vpn Aussagen über zwischenmenschliche Handlungen oder über Leistungsergebnisse zusammen mit unvollständigen (1 oder 2 Dimensionen) oder vollständigen Kovariationsinformationen (Besonderheit, Konsens, Konsistenz) vorgelegt. Die Vpn hatten entweder die fehlende Information zu ergänzen oder die Verursachung in der Person, der Situation (Entität), den Umständen – oder Kombinationen hiervon – zu lokalisieren. Es wurde erwartet, daß die Vpn die jeweiligen Informationsmuster aktivieren, in die die gegebene Information hineinpaßt und entsprechend die fehlende Information ergänzen oder die entsprechende Ursachenlokalisierung vornehmen. So sind z. B. – wie aus Tabelle 10.2 abzulesen ist – die bloßen Informationen von (a) hohem Konsens oder (b) niedriger Besonderheit oder (c) niedriger Konsistenz eindeutig, um die beiden übrigen Kovariationsinformationen und die dazugehörige Ursachenlokalisation zu erschließen. Alle übrigen Teilinformationen sind mehrdeutig. In unserem Zusammenhang ist es aufschlußreich, wenn nur hohe Konsistenz vorgegeben ist, da diese sowohl dem Informationsmuster für Person- als auch dem für Entitätsattribuierung entspricht. Ein Teil der Vpn (die Hälfte bei interpersonalem Verhalten, ein Drittel bei Leistungsergebnissen) schrieb denn auch den zu erklärenden Effekt einer Kombination von Person und Entität (Situation) zu, die restlichen Vpn bevorzugten jedoch überwiegend eine reine Personattribution (nach der allerdings auch zuerst gefragt wurde).

Auch in Kombinationen mit hoher Konsistenz, die sowohl Person- als auch Entitätsoder nur Entitäts-Attribuierung erwarten lassen, zeigte sich ein deutlicher Trend zur Person-Attribuierung. So sprechen die Befunde, wie auch schon die von McArthur (1972), für eine Dominanz einer Verhaltenserklärung auf den ersten Blick (Person-Attribuierung) in der Fremdbeurteilung. Das stimmt mit dem „fundamentalen Attribuierungsfehler" nach Ross (1977; vgl. auch Jones, 1979) überein, nach welchem der Beobachter als „intuitiver Psychologe" in mehrdeutigen Fällen dazu neigt, die Handlungsursache vornehmlich im Handelnden zu sehen.

Der „fundamentale Attribuierungsfehler"

Ross (1977) führt eine Reihe empirischer Belege für die Überschätzung von Personkräften, insbesondere von Dispositionen, aus der Sicht des außenstehenden Beobachters an. Sie entsprechen den Postulaten von Jones u. Nisbett (1971) zur Diskrepanz der Beobachtungsperspektiven. Eindrucksvoll sind Befunde von Bierbrauer (1973; 1975), der seine Vpn ein der bekannten Gehorsamkeitsstudie von Milgram (1963) nachgestelltes Versuchsgeschehen beobachten oder sie die Rolle des „Lehrers" (der den „Schüler" durch immer stärkere Stromschläge zu besserem Lernen veranlassen sollte) anhand eines typischen Milgramschen Versuchsprotokolls nachspielen ließ. Unabhängig davon, ob die Vpn die Rolle eines außenstehenden Beobachters oder des Handelnden selbst einnahmen, ob sie nach dem Versuchsgeschehen sofort oder erst nach halbstündigem Nachdenken darüber oder nach halbstündiger Ablenkung attribuierten, überschätzten die Vpn die dispositionellen Personkräfte im Vergleich zum situativen Druck. Ein abhängiges Maß bestand in einer Schätzung, wieviel Prozent von Stanford-Studenten bei den einzelnen Stromstärken den Gehorsam verweigern würden und diente als Index, wie sehr man glaubt, eine solche Situation unter persönlicher Kontrolle halten zu können. Diese Schätzungen liegen, wie Abb. 10.5 zeigt, weit über den tatsächlichen Prozentsätzen, die Milgram (1963) im Durchschnitt fand. Es deutet sich lediglich an, daß nach halbstündigem Nachdenken über das Erlebte den situativen Kräften etwas mehr Einfluß eingeräumt wird; aber immer noch weit weniger, als Milgram berichtet hat.

Bemerkenswert ist, daß Bierbrauer entgegen der Jones u. Nisbettschen Perspektive-Diskrepanz auch aus der Rollenposition des Handelnden eine Überschätzung der dispositionellen Personkräfte fand. Ross (1977) nimmt dies als Beleg, den fundamentalen Attribuierungsfehler als ein von der Beurteilungsperspektive unabhängiges und generelles Phänomen anzusehen. Damit sieht er die Möglichkeit eröffnet, alle Befunde zur Einstellungsänderung nach dem Paradigma der

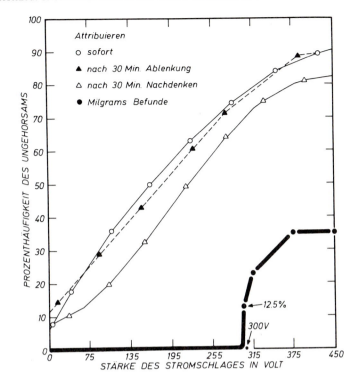

Abb. 10.5. Vergleich der Prozenthäufigkeiten von vorhergesagtem Ungehorsam bei verschieden starken Stromschlägen in Milgrams Experiment mit den Prozenthäufigkeiten, die Milgram (1963) tatsächlich fand. (Nach Bierbrauer, 1975, S. 51)

erzwungenen Einwilligung (vgl. Kap. 4) einer Reinterpretation zu unterziehen. Was die kognitiven Dissonanztheoretiker mit Dissonanzreduktion erklären, wäre danach eine Folge des fundamentalen Attribuierungsfehlers. Wenn in der klassischen Studie von Festinger u. Carlsmith (1959) die Vp nur 1 Dollar für die falsche Berichterstattung über das Experiment erhält, so muß sie aufgrund des fundamentalen Attribuierungsfehlers die subtilen situativen Einflüsse der erzwungenen Einwilligung unterschätzen und die Rolle, die dispositionelle Kräfte in ihr bei der Einwilligung gespielt haben, überschätzen.

Ross weist im übrigen darauf hin, daß das spektakuläre Aufsehen, das manche sozialpsychologischen Experimente mit sog. nicht-auf-der-Hand-liegenden *(non-obvious)* Ergebnissen erregen, eine gezielte Strategie von Sozialpsychologen sei, die den fundamentalen Attribuierungsfehler im fachpsychologischen wie im allgemeinen Publikum ausnutzen. Beispiele sind das Gehorsamkeitsexperiment von Milgram (1963) oder das der Parabel vom guten Samariter nachgestellte Experiment von Darley u. Batson (1973; vgl. Kap. 8). Was das wissenschaftliche und das Laien-Publikum an den Ergebnissen solcher Studien verblüfft, ist deren Widerspruch zur intuitiven Alltagsweisheit, nach welcher Personkräfte und ethische Prinzipien nicht so leicht experimentellen Manipulationen der Situation unterliegen.

Ein übersehener Unterschied: selbst-determinierte und situativ-induzierte Intentionen

Nach Heider (1958) und nach Kelley (1967) läuft Attribuierung darauf hinaus, entweder eher Personkräfte oder eher Umweltkräfte als Ursache einer Handlung zu sehen. Diese einfache Gegenüberstellung läßt wenig Raum, beide Seiten in einer differenzierteren Beziehung zu sehen, die einer Verhaltenserklärung auf den dritten Blick entspräche. Die Vpn etwa von McArthur (1972) oder von Bierbrauer (1975) gaben sich denn auch nicht mit bloßer Gegenüberstellung zufrieden. Sie setzten

Person- und Umweltkräfte miteinander in Beziehung.

Wir haben bereits eingangs darauf hingewiesen, daß es sich bei der Attribuierung von Motivation eher um Wozu- als um Warum-Fragen, um Gründe für eine Handlung und nicht um deren „Ursache" handelt. Es ist immer der Handelnde (und nicht seine Umwelt), der seine Gründe für eine bestimmte Intention oder Motivation hat. Die Gründe können sich jedoch eher auf Personkräfte oder eher auf Umweltkräfte beziehen. Eine solche Differenzierung vorzunehmen, ist freilich mit großen Schwierigkeiten verbunden. Denn ein situativer Anreiz mag deshalb Handeln veranlassen, weil erst eine besondere Persondisposition den situativen Anreiz so stimulierend macht. Und umgekehrt wird eine Personkraft erst wachgerufen, weil ein korrespondierender Anreiz von der Situation angeboten wird. Diese Schwierigkeit, bei der Motivationsattribuierung zwischen „internaler" (Disposition) und „externaler" (Situation) Veranlassung des Handelns zu unterscheiden (vgl. Diskussion bei Ross, 1977, S. 176f), bildet auch das Hauptthema der Debatte um die Interaktion von Person und Situation (vgl. Kap. 1). Eine gewisse Lösungsmöglichkeit bietet das Modell der korrespondierenden Schlußfolgerungen von Jones u. Davis (1965) an. Danach ist eine Handlung um so eher Personkräften zuzuschreiben, je mehr die Valenz des nicht-gemeinsamen Effekts nicht allgemein erwünscht („kategorienbasiert"), sondern idiosynkratisch ist.

Deci (1975) hat eine andere Unterscheidung von „internal" vs. „external" getroffen, die von der bisherigen Attributionsforschung nicht beachtet worden ist. Ursprung und Anlaß war eine motivationspsychologische Unterscheidung zwischen „intrinsisch" und „extrinsisch" motivierten Handlungen (vgl. Kap. 12). Deci (1975) definiert beide Handlungsarten wie folgt:

> Intrinsically motivated behaviors are ones for which the rewards are internal to the person. The actor engages in them to feel competent and self-determining. Extrinsically motivated behaviors are ones which the actor engages in to receive some extrinsic reward. If David typed a manuscript in order to make money, he was extrinsically motivated; if he did it because he enjoyed typing and he felt competent and self-determining when he did it, he was intrinsically motivated.
>
> In either case the behavior is the same. However, the desired effects are different. In the case of extrinsic, the desired effect is the receipt of money. In Kelley's terms, if David were doing it for money, there would be high distinctiveness (David would type only in response of an entity that involved money), low consensus (only people high on the disposition of extrinsic motivation would type for pay), and high consistency (he'd generally be willing to type for money). Using Kelley's model there would be some ambiguity, but the attribution would tend to be environmental. The high distinctiveness puts the causality in the entity, though the low consensus would weaken the attribution.
>
> In the case of intrinsic, the desired effect is to engage in the behavior. The rewards are internal, so the attribution would be to a personal disposition, viz., intrinsic motivation. In Kelley's terms, if David were intrinsically motivated, there would be low distinctiveness (David would still type if the entity changed), low consensus (only people intrinsically motivated to type would do it) and high consistency (he'd probably type a lot if it were intrinsically rewarding). Hence, the attribution would be personal. (S. 248, 249)

In beiden Fällen, ob das Schreibmaschine-Schreiben von David intrinsisch oder extrinsisch motiviert ist, liegen Fähigkeit und Intention vor, so daß sowohl Heider (1958) wie auch Jones u. Davis (1965) von persönlicher Kausalität sprechen würden. Auch Äquifinalität ist in beiden Fällen gegeben und unterscheidet sie von einer nicht-persönlichen Kausalität. Dennoch ist ein Unterschied in der Ursachenlokalisation (oder besser: in der Induktion von Gründen) zwischen beiden Fällen persönlicher Kausalität nicht zu übersehen. Bei intrinsischer Motivation ist die Intention selbst-determiniert *(personally caused intention)* und bei extrinsischer Motivation situativ-induziert *(environmentally caused intention)*. Abb. 10.6 verdeutlicht die Unterscheidung im Rahmen des Heiderschen Handlungsaufbaus.

Eine situativ-induzierte Handlung bringt Person und Umwelt in eine gegenseitige Beziehung und sollte nicht mit der nicht-persönlichen Kausalität von Umweltkräften, denen keine Intentionen zukommen, verwechselt werden, wie es Heiders (Schwierigkeit und

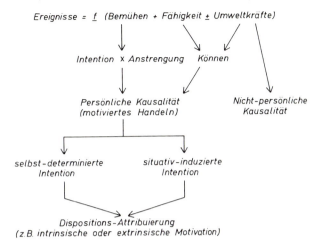

Abb. 10.6. Decis Unterscheidung der persönlichen Kausalität in selbst-determinierte und situativ-induzierte Intentionen im Rahmen des Heiderschen Handlungsaufbaus. (Nach Deci, 1975, S. 253)

Zufall) und Kelleys Analyse (Entitäten, Umstände) nahelegen. Mit anderen Worten, Deci schlägt einen intermediären Kausaltyp zwischen den Extremen von Personkausalität und Umweltkausalität vor: Wenn extrinsische Folgen des Handlungsergebnisses eine förderliche Ursache der Handlung darstellen, liegt eine situativ-induzierte Intention vor, die persönlicher Kausalität zuzurechnen ist. Damit ist die Klassifikation der Kausalattribuierungen der Fessel einer bloß alternativen Verhaltenserklärung auf den ersten oder den zweiten Blick ledig. Eine Erklärung auf den dritten Blick eröffnet sich zumindest für extrinsisch motivierte Handlungen.

Ein Beispiel für eine solche Motivationsattribuierung auf den dritten Blick liefern Befunde von Enzle, Hansen u. Lowe (1975). Die Vpn hatten zu erklären, warum ihr Mitspieler (Schein-Vp) sich entweder wetteifernd oder kooperativ verhalten hatte, nachdem durch die vorher festgelegten Gewinnmöglichkeiten Wetteifer entweder vorteilhaft oder nachteilig war. Die Attribution des Mitspielerverhaltens auf einen Person- und einen Umweltfaktor beruhte nicht auf Haupteffekten der beiden Bedingungen (wetteiferfördernde vs. -hemmende Gewinnmöglichkeit und wetteiferndes vs. kooperatives Verhalten), sondern auf einer Interaktion beider. Stand die Verhaltensstrategie des Mitspielers im Widerspruch zur Gewinnmöglichkeit, wurde eher ein Personfaktor verantwortlich gemacht; stimmte dagegen die Verhaltensstrategie mit der Gewinnmöglichkeit überein, so erschien ein Umweltfaktor ausschlaggebend.

Ob man sich selbst eine extrinsisch motivierte Handlung (eine situativ-induzierte Intention) zuschreibt – oder ob ein außenstehender Beobachter dies tut –, hängt also davon ab, wie stark unter multiplen förderlichen Gründen der Handlung eine (oder mehrere) davon von der Umwelt induziert wird, wie in Aussicht stehende Belohnung oder Strafe. Sobald man eine solche förderliche externale Handlungsfolge bemerkt oder annimmt, wird nach Kelley das Abwertungsprinzip wirksam. Die alleinige Personkausalität wird abgeschwächt. Es entspricht genau diesem Abschwächungsvorgang, wenn nach Deci der Handlung eine extrinsische Motivation attribuiert wird. Eine Studie von Deci, Benware u. Landy (1974) soll diese Motivationsattribuierung erläutern. Vier Gruppen von Vpn bekamen je einen Bericht über ein vermeintliches arbeitspsychologisches Experiment vorgelegt, in dem man mehr oder weniger viel Bildvorlagen ausmalen konnte. Unter zwei der vier Bedingungen (A, B) war die Leistungsmenge und auch die Entlohnung hoch ($ 7.50), die unter A leistungsunabhängig (als Stundenlohn) und unter B leistungsabhängig (als Stücklohn) erfolgte. Sowohl in A wie in B wurde insgesamt das gleiche verdient. Unter den beiden übrigen Bedingungen, C und D, war die Leistungsmenge und die (in beiden

Fällen gleiche) Entlohnung niedrig ($ 1.50), die unter C wiederum als Stundenlohn und unter D als Stücklohn erfolgte (vgl. Versuchsplan in Tabelle 10.5). Die Vpn hatten einzuschätzen, wieweit die Arbeitenden „aus Freude an der Tätigkeit" und wieweit „wegen der Bezahlung" motiviert gewesen waren.

Die Vorhersagen sind etwas komplex. Bei hoher Leistungsmenge und hoher Bezahlung sollte der geldliche Anreiz stärker bei leistungsabhängiger Entlohnung (Stücklohn) als bei leistungsunabhängiger Entlohnung (Stundenlohn) hervorstechen und deshalb auch die Attribuierung einer intrinsischen Motivation stärker zugunsten einer extrinsischen abwerten. Das war der Fall, wie Tabelle 10.5 (obere Zeile) zeigt. Bei geringer Leistungsmenge und niedriger Bezahlung sollte jedoch das Umgekehrte eintreten. Da selbst Stücklohn nur zu geringer Leistungsmenge führte, kann der geldliche Anreiz nur gering gewesen sein und deshalb die Attribution einer intrinsischen Motivation nur wenig abwerten. Weit mehr sollte sie dagegen abgewertet werden, wenn bei leistungsunabhängigem Stundenlohn auch wenig geleistet würde. Denn die Leistung war offenbar so gering, weil auch bei stärkerer Anstrengung nicht mehr verdient werden konnte. Auch diese Vorhersagen wurden bestätigt (Tabelle 10.5, zweite Zeile). Vergleicht man die Skalierungen für extrinsische und für intrinsische Motivation in der Tabelle, so ergeben sich die erwarteten einander entsprechenden Wechselwirkungen von Art der Entlohnung und der Höhe der Leistungsmenge, gekoppelt mit entsprechender Bezahlung. Zwar war immer Geld als extrinsischer Anreiz im Spiel; wieweit dadurch jedoch die Möglichkeit einer intrinsischen Motivation abgewertet wurde, hing von der Konstellation beider Bedingungsfaktoren ab.

Decis Prozeßmodell der Motivationsattribuierung

Kehren wir zu unserer Frage, wie der Prozeß der Attribuierung ablaufen mag, zurück. Wenn wir uns an Heiders Unterscheidung zwischen phänomenaler und kausaler Beschreibung erinnern, so kann sich der Attribuierungsprozeß zwischen diesen beiden Extremfällen bewegen. Auf der einen Seite „nimmt (die Person) bei anderen nicht nur bestimmte räumliche und physikalische Eigenschaften wahr, sie kann sogar so vage Dinge wie Wünsche, Bedürfnisse und Gefühle von anderen durch ein bestimmtes unmittelbares Verständnis begreifen" (Heider, 1958, dtsch. Übers. 1977, S. 34). Auf der anderen Seite handelt es sich im Sinne Kelleys um einen komplexen, varianzanalyse-ähnlichen Schlußfolgerungsprozeß, der eigens motiviert sein kann, um – wie in Heiders Sand-Beispiel – etwas Unerwartetem, Rätselhaftem, Beunruhigendem auf den Grund zu kommen.

Deci hat ein Prozeßmodell vorgeschlagen, das zwischen diesen beiden Extremen angesiedelt ist. Im allgemeinen soll danach zuerst nach nicht-persönlichen Ursachen Ausschau gehalten werden, also nach allem, was im Sin-

Tabelle 10.5. Mittlere Attribuierungen von extrinsischer und intrinsischer Motivation unter vier Arbeitsbedingungen, die nach hoher vs. niedriger Leistungsmenge und Bezahlung sowie nach leistungsunabhängiger (Stundenlohn) vs. leistungsabhängiger Entlohnung (Stücklohn) variieren. (Nach Deci, Benware u. Landy, 1974; S. 661, 662)

	Extrinsische Motivation		*Intrinsische Motivation*	
	Stundenlohn	Stücklohn	Stundenlohn	Stücklohn
Hohe Leistungsmenge u. hohe Bezahlung ($ 7,50 für 3 Stdn oder 25 Stück)	6,03	8,33	7,00	5,63
Niedrige Leistungsmenge u. niedrige Bezahlung ($ 1,50 für 3 Stdn oder 5 Stück)	4,53	2,37	4,63	5,10

ne Kelleys durch hohe Besonderheit, hohe Konsistenz und hohen Konsens gekennzeichnet ist. Ein Beispiel wäre, wenn eine Ausflugsgesellschaft bei einem plötzlichen Regenschauer sich unterstellt. Hier hat die Kausalattribuierung den Heiderschen Status einer phänomenalen Beschreibung. Sie drängt sich unmittelbar auf. Es bedarf keiner weiteren Kausalattribuierung, man kann es bei der Konstatierung einer gebieterischen Umweltkraft bewenden lassen. Daß die Beachtung nicht-persönlicher Ursachen am Anfang steht, ist einleuchtend, weil sie mehr als persönliche Ursachen der unmittelbaren Wahrnehmung offenliegen. Nur wenn ihnen im ersten Prozeßstadium keine oder keine hinreichende Rolle zuerkannt werden kann, sucht man an zweiter Stelle nach Umweltkräften, die eine situativ-induzierte Intention erzeugt haben könnten. Dafür boten etwa in der Studie von Deci et al. (1974) die Höhe der Bezahlung und Art der Belohnung Anhaltspunkte. Es wird eine entsprechende Disposition des Handelnden zugrunde gelegt, etwa ein „Motiv, viel zu verdienen". Wenn die Stärke des situativen Anreizes ganz ungewöhnlich hoch ist (wie etwa in einer „Versuchungssituation") oder wenn weitere förderliche Umweltursachen hinzutreten, schwächt sich nach dem Abwertungsprinzip die angenommene Dispositions-Basis der situativ-induzierten Intention ab. Kommen hinderliche Umweltursachen hinzu, so wird umgekehrt die angenommene Dispositions-Basis aufgewertet. Abwägungen dieser Art entsprechen einer Verhaltenserklärung auf den dritten Blick.

Läßt das zweite Prozeßstadium eine situativ-induzierte Intention als eine hinreichende Erklärung erscheinen, so bricht der Attribuierungsprozeß hier ab. Erscheint sie nicht (oder noch nicht) hinreichend, so wird in einem dritten Prozeßstadium eine selbst-determinierte Intention angenommen. Die Attribuierung bezieht sich damit schließlich auf eine Disposition des Handelnden, die intrinsisch ist, d. h. Selbstbestimmung verrät und Ziele um ihrer selbst willen verfolgt. Auch diese Disposition kann wiederum in ihrer Stärke aufgewertet werden, wenn zugleich hinderliche Umweltursachen oder hinderliche andere Personursachen vorliegen; oder andererseits abgewertet werden, wenn zugleich förderliche Umweltursachen oder förderliche andere Personursachen bemerkt werden. Abb. 10.7 veranschaulicht Decis Prozeßmodell der Motivationsattribuierung in Form eines Handlungsprogramms.

Insgesamt läßt sich die Prozeßabfolge wie folgt charakterisieren: Zunächst wird geschaut, ob eine Verhaltenserklärung auf den zweiten Blick im Sinne eines durchschlagenden Situationseffekts genügt. Reicht eine solche Erklärung nicht aus, so wird eine Verhaltenserklärung auf den dritten Blick im Sinne situativ-induzierter („extrinsischer") Intentionen versucht. Reicht auch eine solche Erklärung nicht aus, so bleibt schließlich eine Verhaltenserklärung auf den ersten Blick übrig; man sieht das Verhalten des Handelnden einzig von einer ihm eigenen Disposition geleitet. Da die Prozeßabfolge auch eine Prioritätsabstufung im Suchen und Finden von Ursachen beinhaltet, steht Decis Modell im Widerspruch zu dem von Ross (1977; vgl. auch Jones, 1979) postulierten fundamentalen Attributionsfehler. Denn nach diesem müßte – nachdem nicht-persönliche Ursachen ausgeschlossen sind – das dritte Decische Prozeßstadium Priorität haben, die Rückführung des Handelns auf selbst-determinierte Intentionen und die ihnen zugrunde liegenden Dispositionen. Eine empirische Klärung dieser Frage – wie überhaupt eine Bestätigung des Deci-Modells – steht bisher aus (allenfalls gibt es indirekte Stützungen wie durch die Befunde von Enzle et al., 1975; Coke, Batson u. McDavis, 1978; oder von Dyck u. Rule, 1978, über Attribution von Aggressivität, vgl. Kap. 11). Der Angelpunkt des Modells ist Decis Unterscheidung von „intrinsischer" und „extrinsischer" Motivation. Wir werden auf dieses Begriffspaar im 12. Kap. näher eingehen.

Im übrigen hat Deci sein Modell nicht als eine starre Prozeßabfolge, sondern nur als ein allgemeines Suchschema konzipiert. Aufmerksamkeitszentrierungen und Erwartungen können den Attribuierungsprozeß von vornherein auf ein bestimmtes Prozeßstadium fi-

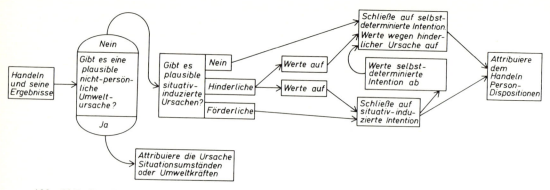

Abb. 10.7. Das Prozeßmodell der Motivationsattribuierung nach Deci in Form eines Handlungsprogramms. (Nach Deci, 1975, S. 274)

xieren. Motivationseffekte des Attribuierenden können hinzukommen. Bei hoher Motivation, Handlungen und ihren Ergebnissen auf den Grund zu gehen, wird man sich eher dazu veranlaßt sehen, alle Stadien gründlich zu durchlaufen. Dabei können auch individuelle Unterschiede in der Gründlichkeit beim Klären von Sachverhalten eine Rolle spielen. Schließlich sind motivationale Voreingenommenheiten des Attribuierenden von Belang. Ein eigenes ichbeteiligtes Interesse kann einen dazu bewegen, die Ursachen des eigenen oder eines fremden Handelns nicht in situativ-induzierten, sondern selbst-determinierten Intentionen zu finden oder auch umgekehrt. Solchen motivationalen Voreingenommenheiten wollen wir uns nun zuwenden.

Motivationale Voreingenommenheiten der Attribuierung

Die bisher vorgestellten Befunde lassen die Kausalattribution als ein logisches und rationales Geschäft erscheinen. Das mag an den fiktiven Szenarios liegen, die Vpn in aller Regel zu erklären hatten. Hat man eigenes Verhalten zu erklären, ist man von den Ursachen eigenen oder auch fremden Handelns selbst betroffen. Wird der eigene Selbstwert tangiert, so mag eine logisch-rationale Informationsnutzung von selbstwertdienlichen Interessen verzerrt werden. Motivationale Voreingenommenheiten der Attribution sind häufig untersucht und gefunden worden. Besonders deutlich treten sie nach Erfolg und Mißerfolg hervor. Sie machen sich auch in der Perspektive-Diskrepanz der Selbst- und Fremdbeurteilung sowie in der Nutzung von Konsens-Informationen bemerkbar. Sie haben sich in überdauernden Formen des Arbeitsverhaltens, wie der „gelernten Hilflosigkeit", niedergeschlagen. Sie beeinflussen das Erleben von Verantwortlichkeit und Schuld.

Selbstwertdienliche Attribution bei Erfolg und Mißerfolg

Die frühesten Hinweise auf selbstwertdienliche Attributionstendenzen fand man bei der Erklärung von Unterrichts- oder Therapieerfolg, für den sich der Lehrende (Therapeut) mehr oder weniger verantwortlich fühlen kann. Johnson, Feigenbaum u. Weiby (1964) brachten ihre Vpn in eine simulierte Unterrichtssituation, in der sie zwei Schülern (die sich vermeintlich hinter einer Einwegscheibe befanden) Rechenoperationen beizubringen hatten. Einer der beiden Schüler machte keine Fortschritte oder verbesserte sich rapide. Mißerfolg schrieben die Vpn („Lehrer") überwiegend dem Schüler, Leistungsverbesserung sich selbst zu. Ähnliches fand Beckman (1970), wenn die Leistungen des vermeintlichen Schülers während der Unterrichtung abfielen bzw. anstiegen.

Gegendefensive Attribution

Ob die Attribuierungsasymmetrie motivational bedingt ist, haben Ross, Bierbrauer u. Polly (1974) bezweifelt. Denn Erfolg und Mißerfolg sind in den beiden Studien keine vergleichbaren Ereignisse, die sich nur in ihrem Anreizwert unterscheiden. Mißerfolg ist in einer solchen Situation eher unerwartet und zudem nicht beabsichtigt. Und das Eintreten des Unerwarteten legt das Wissen von Umweltkräften – also eine Besonderheit des Schülers – nahe. Ross et al. (1974) haben deshalb eine eigene Studie so anzulegen versucht, daß Erfolgs- und Mißerfolgsattribuierung nicht allein auf Erwartungsunterschiede zurückgeführt werden konnten. Der Schüler wurde als durchschnittlich begabt eingeführt, und sein gutes oder schlechtes Abschneiden wurde als gleich große Abweichung vom durchschnittlichen Lernerfolg definiert. Die Ergebnisse brachten eine Umkehrung der selbstwertdienlichen Asymmetrie zutage: Man hielt sich eher für den Mißerfolg des Schülers als für dessen Erfolg verantwortlich. Diese Umkehrung war besonders ausgeprägt, wenn die Vpn professionelle Lehrer und keine Studenten waren.

Die Befunde von Ross et al. scheinen einer selbstwertdienlichen Attribution zu widersprechen. Bei näherer Prüfung der Versuchsbedingungen tritt jedoch ein entscheidender Situationsumstand hervor. Den Vpn war bedeutet worden, daß ihr Unterrichtsverhalten zum Zwecke anschließender Auswertung auf Band aufgenommen würde. Unter solchen Bedingungen einer genaueren öffentlichen Beurteilung des eigenen Tuns ist es offensichtlich selbstwertdienlicher, in der Selbstpräsentation (Schlenker, 1975) bescheiden und selbstkritisch zu sein, indem man mehr Verantwortung für Mißerfolg als für Erfolg übernimmt, statt sich nachträglich einer abwertenden Fremdbeurteilung ausgesetzt zu sehen, weil man sich selbst zu unbedenklich in ein zu günstiges Licht gestellt hat (vgl. das Sammelreferat von Bradley, 1978).

Solch selbstwertdienliche Gegendefensiv-Attributionen *(counterdefensive attribution)* haben sich auch in anderen Studien gefunden, wenn die Vp mit kritischer Fremdbeurteilung ihrer Selbstattribution rechnen muß. So ließen Feather u. Simon (1971) immer zwei Vpn nebeneinander an Anagramm-Aufgaben arbeiten, zunächst in einer Übungs- und dann in einer Testphase. Durch Variation des Schwierigkeitsgrads der Übungsaufgaben wurde die Erfolgserwartung und durch Schwierigkeitsvariation der Testaufgaben Erfolg und Mißerfolg manipuliert. Nach jeder Aufgabe gab der Vl die Ergebnisse beider Vpn öffentlich bekannt sowie auch zum Schluß das Gesamtergebnis. Danach hatten die Vpn einzuschätzen, wieweit die eigenen Ergebnisse und die der Mit-Vp auf Fähigkeit oder Zufall zurückgingen. Erwartete Ergebnisse wurden eher internal (Fähigkeit) und unerwartete eher external (Zufall) attribuiert. Wichtiger in unserem Zusammenhang ist das Auftreten von Gegendefensiv-Attributionen: Der Erfolg des anderen wurde mehr als der eigene mit Fähigkeit, und der Mißerfolg des anderen mehr als der eigene mit Zufall erklärt. Ähnliches berichten auch Medway u. Lowe (1976), wenn die andere Person der Vp sympathisch und nicht unsympathisch war. Eine selbstwertdienliche Gegendefensiv-Attribution fanden auch Wortman, Costanzo u. Witt (1973), wenn Vpn nach Attribution ihrer Leistungsergebnisse mit weiterer Überprüfung ihrer Leistungsfähigkeit rechnen müssen. Die Vp arbeitete mit einer vermeintlichen (und immer erfolgreichen) Mit-Vp an einem Test zur sozialen Kompetenz *(social perceptiveness)* und erhielt abschließend Erfolgs- oder Mißerfolgsrückmeldung. Vpn, denen keine Fortsetzung des Tests angedeutet worden war, attribuierten in direkter Weise selbstwertdienlich: Mißerfolgs-Vpn machten mehr Pech und Aufgabenschwierigkeit verantwortlich, als es Erfolgs-Vpn taten. Vpn jedoch, die eine Fortsetzung des Tests erwarteten, schrieben sich weniger Fähigkeit zu als Vpn, die den Test für beendet glaubten. Außerdem schrieben sie ihrer erfolgreichen Mit-Vp mehr Fähigkeit und sich selbst mehr Glück zu.

Selbstwertdienlichkeit oder rationale Informationsverarbeitung?

Sofern man nicht die Gefahr sieht, daß die Selbstattribuierung anhand der gezeigten oder künftigen Leistung einer kritischen und öffentlichen Prüfung oder einem sozialen Vergleich unterworfen wird, ist die Tendenz zur direkten Selbstwertdienlichkeit in vielen Untersuchungen festgestellt worden: Erfolg hält man sich selbst zugute, Mißerfolg schiebt man eher auf externale Gründe (z. B. Luginbuhl, Crowe u. Kahan, 1975), während man bei der Attribuierung fremder Leistung vergleichsweise unbestechlich und rational ist (vgl. Fontaine, 1975; Snyder, Stephan u. Rosenfield, 1976). Die Interpretation der Attributionsasymmetrie nach Erfolg und Mißerfolg im Sinne selbstwerterhöhender oder selbstwertschützender Tendenzen haben Miller u. Ross (1975) in Zweifel gezogen. Von den beiden Erfordernissen, denen nach Heider (1958) beim Kausalattribuieren zu genügen ist – nämlich: (1) „The reason has to fit the wishes of the person and (2) the datum has to be plausibly derived from the reason" (S. 172) – glauben Miller u. Ross, vieles von den berichteten Attributionsasymmetrien, wenn nicht alles, auf das zweite statt auf das erste Erfordernis zurückführen zu können. Im einzelnen machen sie drei Gründe einer rationalen und nicht-motivationalen Informationsverarbeitung geltend, die es bewirken, daß man sich mehr für Erfolge als für Mißerfolge verantwortlich sieht: (1) Menschen intendieren und erwarten eher Erfolg als Mißerfolg ihrer Bemühungen und schreiben sich dementsprechend auch eher erwartete als unerwartete Handlungsergebnisse zu; (2) zwischen Anstrengungsbemühungen und einer zunehmenden Erfolgsserie wird eine engere Kovariation als im Falle von Mißerfolgssequenzen wahrgenommen; (3) Menschen halten irrtümlicherweise den Wirkungszusammenhang von eigenem Bemühen mit Erfolg für enger als mit Mißerfolg.

Inzwischen sind vor allem die ersten beiden Erklärungen (Unterschiede in der Erwartung oder in den aufgewendeten Anstrengungsbemühungen) auf ihre Tragfähigkeit untersucht worden, und zwar mit dem Ergebnis, daß sie eine motivationale Ursache der selbstwertdienlichen Attribuierungsasymmetrie nicht entkräften können (vgl. zusammenfassend Bradley, 1978). Eine erste Untersuchung stammt von einem der beiden kritischen Autoren, von Miller (1976) selbst. Er ließ die Vpn einen vermeintlichen Test zur sozialen Kompetenz bearbeiten. Bevor er anschließend den Test auswertete und den Vpn Erfolg oder Mißerfolg mitteilte, eröffnete er einer Hälfte der Vpn, daß es sich um einen sehr validen Test, der mancherlei begehrenswerte Eigenschaften anzeige, oder um einen neuen, noch nicht validierten Test handele. Durch die Nachträglichkeit des induzierten Unterschieds an Selbstwertrelevanz von Erfolg und Mißerfolg wurde ausgeschaltet, daß zwischen den experimentellen Gruppen systematische Unterschiede in (1) den Erwartungen und (2) in der Anstrengung (und damit hinsichtlich Kovariation mit dem späteren Ergebnis) entstehen konnten. Miller fand, daß Erfolg eher internalen und Mißerfolg eher externalen Faktoren zugeschrieben wurde. Die Asymmetrie war bei hoher Selbstwertrelevanz des Testergebnisses ausgeprägter als bei geringer Relevanz.

Schmalt (1978) hat Erfolge oder Mißerfolge (aufgrund sozialer Vergleichsinformation) sowie leichte oder schwere Aufgabe induziert. Unabhängig von den auf diese Weise nahegelegten Unterschieden des Erwartungsniveaus sahen die Vpn Erfolg stärker als Mißerfolg von den beiden internalen Faktoren – und Mißerfolg stärker als Erfolg von Zufall – verursacht. Am weitesten in der Kontrolle der von Miller u. Ross (1975) angeführten Erklärungsmöglichkeiten scheinen Federoff u. Harvey (1976) gegangen zu sein. Sie haben erstens eine Aufgabentätigkeit ausgewählt, in welcher die Vpn nicht die geringste Vorerfahrung hatten, nämlich zur Erprobung laientherapeutischer Befähigung, einen ängstlichen

Patienten zu entspannen (abzulesen an einem angeblichen Anzeigeinstrument für Muskelspannung). Sie haben zweitens Erfolgs- und Mißerfolgserwartungen vorweg induziert. Sie haben drittens unterschiedliche Selbstwertrelevanz in Form hoher oder niedriger Selbstaufmerksamkeit induziert *(objective self-awareness* nach Duval u. Wicklund, 1973; zur Erzeugung hoher Selbstaufmerksamkeit wurde eine Kamera auf die Vp gerichtet; vgl. Kap. 12). Schließlich und viertens haben sie die aufgewendete Anstrengung skalieren lassen und fanden keine unterschiedliche Kovariation zwischen Erfolgs- und Mißerfolgsbedingung. Wie Tabelle 10.6 zeigt, ergab sich bei hoher Aufmerksamkeit eine klare Attribuierungsasymmetrie für Erfolg und Mißerfolg, und zwar unabhängig von den Erfolgs- und Mißerfolgserwartungen, mit denen die Vpn ihre Tätigkeit begannen.

Die bisher schärfste Analyse, wieweit die Attribuierung von Erfolg und Mißerfolg von einer rationalen Informationsverarbeitung zugunsten selbstwertdienlicher Tendenzen abweicht, haben Stevens u. Jones (1976) vorgelegt. Sie knüpften am rein rationalen Kovarianzmodell von Kelley (1967) an und gaben Kovariationsinformationen zu allen drei Dimensionen. Im Unterschied zu McArthurs (1972) Studie ließen sie aber nicht auf Fragebogen vorgegebene Szenarios von anderen Personen beurteilen; vielmehr führten die Vpn selbst Aufgaben mit Erfolg oder Mißerfolg aus, denen direkt Informationen über Besonderheit, Konsistenz und Konsens zu entnehmen waren (jeweils in zwei Stufen: hoch vs. niedrig). Vier Aufgaben zur Wahrnehmungsunterscheidung waren zu erledigen; die erste und vierte waren von visueller und von ähnlicher Art, die zweite bestand in Gewichts- und die dritte in Tonhöhenunterscheidung. Die Besonderheit war niedrig, wenn man in den (unähnlichen) Aufgaben 2 und 3 ein gleiches Ergebnis wie in Aufgabe 4 hatte; sie war hoch, wenn man ungleiche Ergebnisse hatte. Die Konsistenz hing von der Ergebnis-Übereinstimmung der (ähnlichen) Aufgaben 1 und 4 ab. Die Konsensinformation wurde graphisch zur Aufgabe 4 als Leistungsverteilung früherer Vpn mitgeteilt: Konsens war hoch, wenn bei eigenem Erfolg (Mißerfolg) auch viele andere Erfolg (Mißerfolg) hatten; er war niedrig, wenn bei eigenem Erfolg (Mißerfolg) wenige andere Erfolg (Mißerfolg) hatten.

Nach der Aufgabenbearbeitung hatten die Vpn Erfolg und Mißerfolg bei der 4. Aufgabe zu attribuieren. Die Ergebnisse zeigten durchweg Abweichungen von einer rationalen Informationsverarbeitung im Sinne des Kelleyschen Kovarianzmodells. Erfolgreiche Vpn attribuierten stärker internal (Fähigkeit und Anstrengung) und weniger external (Zufall) als nicht-erfolgreiche Vpn. Selbstwertdienliche Attribuierungsvoreingenommenheiten wurden umso ausgeprägter, je häufiger die Vpn Mißerfolg erfahren hatten, wenn die meisten anderen Vpn erfolgreich waren. Der krasseste Fall ist das Informationsmuster von (a) Mißerfolg bei den beiden ähnlichen Aufgaben 1 und 4 (hohe Konsistenz), (b) verschiedenem Ergebnis der unähnlichen Aufgaben 2, 3 und 4 (niedrige Besonderheit) und (c) Mißerfolg bei Aufgabe 4, wenn die meisten anderen Vpn bei dieser Aufgabe Erfolg hatten (niedriger Konsens). Ein solches Infor-

Tabelle 10.6. Stärke der internalen und externalen Erfolgs- und Mißerfolgsattribuierungen in Abhängigkeit von hoher und niedriger Selbstaufmerksamkeit sowie von positiver und negativer Erwartung. (Nach Federoff u. Harvey, 1976, S. 341, 342)

| Erwartung | *Hohe Selbstaufmerksamkeit* | | | | *Niedrige Selbstaufmerksamkeit* | | | |
| | *Erfolg* | | *Mißerfolg* | | *Erfolg* | | *Mißerfolg* | |
	Int.	Ext.	Int.	Ext.	Int.	Ext.	Int.	Ext.
positiv	7,98	5,28	4,46	8,27	6,71	6,22	5,92	6,93
negativ	8,01	6,65	4,28	6,10	6,47	6,24	6,13	6,45

mationsmuster von hoher Konsistenz, niedriger Besonderheit und niedrigem Konsens sollte nach Kelley am zwingendsten zu einer Personattribuierung führen (vgl. Tabelle 10.2). Statt dessen erreichte ausgerechnet hier die Fähigkeitsattribuierung einen Tiefpunkt und die Zufallsattribuierung einen Höhepunkt! Eine solche Abweichung von rationaler Attribuierung ist umso bemerkenswerter, als die Wahrnehmungsaufgaben wohl wenig geeignet waren, eine hohe Selbstwertrelevanz zu erzeugen.

Insgesamt ist also festzuhalten, daß eine rationale Informationsverarbeitung im Sinne des Kelleyschen Kovarianzmodells nur in der Fremdattribuierung stattfindet. In der Selbstattribuierung wird diese Rationalität durch selbstwertdienliche Tendenzen – insbesondere bei selbstwertabträglichen Erfahrungen – verzerrt, sofern man nicht damit rechnen muß, daß die eigenen Attribuierungen einer kritischen Prüfung durch andere unterworfen werden.

Da Selbstwert einen derart starken motivationalen Einfluß auf die Selbstattribuierung auszuüben scheint, stellt sich die Frage, wieweit individuelle Unterschiede einer Persönlichkeitsvariablen wie Selbstachtung zur verzerrenden Attribuierungsasymmetrie nach Erfolg und Mißerfolg beitragen. Fitch (1970) hat zwei sich anbietende Alternativhypothesen geprüft. Nach der Erhöhungshypothese sollte die selbstwertdienliche Asymmetrie umso größer sein, je geringer die Selbstachtung ist. Nach der Konsistenzhypothese dagegen sollte bei geringer Selbstachtung die Asymmetrie geringer sein als bei hoher Selbstachtung; d. h. man übernimmt in Übereinstimmung mit einer chronisch geringen Selbstachtung vergleichsweise mehr Verantwortung für Mißerfolge als für Erfolge. Fitch hat seine Vpn anhand eines Fragebogens in solche mit hoher und niedriger Selbstachtung aufgeteilt. In einer Punktschätzaufgabe wurde Erfolg oder Mißerfolg induziert, und die Ursachen des erzielten Ergebnisses waren anteilig auf die vier Faktoren Fähigkeit, Anstrengung, Zufall und geistig-körperliche Verfassung zurückzuführen. Im Sinne der Konsistenzhypothese machten die Vpn mit niedriger Selbstachtung für ihren Mißerfolg stärker ihre Fähigkeit und ihre Anstrengung verantwortlich, als es Vpn mit hoher Selbstachtung taten. Sie tendierten also nach Mißerfolg nicht zu einer selbstwerterhöhenden Attribuierungsasymmetrie. Nach Erfolg gab es dagegen im Sinne der Erhöhungshypothesen zwischen beiden Vpn-Gruppen keinen Unterschied. Ähnliche Unterschiede des bevorzugten Attribuierungsmusters für Erfolg und Mißerfolg sind für erfolgs- und für mißerfolgsmotivierte Vpn gefunden worden. Sie haben, wie wir im 12. Kap. sehen werden, Anlaß gegeben, das Leistungsmotiv als ein Selbstbekräftigungssystem aufzufassen.

Perspektive-Diskrepanz der Selbst- und Fremdbeurteilung

Da eine selbstwertdienliche Attribuierungsasymmetrie verständlicherweise nur in der Selbstbeurteilung und nicht in der Fremdbeurteilung vorzufinden ist, stellt sich die Frage, wie sich dies mit der Diskrepanz der Selbst- und Fremdbeobachtungsperspektive (Jones u. Nisbett, 1971) verträgt, zumal dem Handelnden grundsätzlich mehr Informationen zur Erklärung seines Handelns und dessen Ergebnissen zur Verfügung stehen als dem Beobachter. Die Perspektive-Diskrepanz beruht ja offensichtlich nicht auf motivational bedingten Attribuierungsvoreingenommenheiten, sondern auf informationsbedingten Attribuierungsfehlern. Wie wir schon im 1. Kap. erörtert haben, scheinen es im wesentlichen zwei Gründe zu sein, warum Handeln vom Handelnden selbst eher auf Situationsfaktoren und vom Beobachter auf Personfaktoren zurückgeführt wird: Unterschiede im Gegenstand der Aufmerksamkeit und in der Menge an Kontextinformationen. Die Aufmerksamkeit des Handelnden ist auf Aspekte der Situation, die des Beobachters auf den Handelnden gerichtet. Vor allem hat der Handelnde weit mehr Informationen über die gegenwärtige Situation (Besonderheit), ihr Zustandekommen und die Vorgeschichten (Konsistenz) als der Beobachter.

Falscher Konsens und Reaktionsdiskordanz

Wie schon erwähnt, hat Ross (1977) eine zusätzliche Erklärung für die Perspektive-Diskrepanz gegeben, die er für entscheidend hält: den „falschen Konsens". Danach hält der Handelnde sein Handeln für „normal" (hoher Konsens). Bei einer solchen „egozentrischen Attribution" (Heider, 1958, S. 148f.) glaubt man das zu tun, was alle anderen auch tun, so daß die Handlungsgründe nicht person-, sondern situationsspezifisch erscheinen. (Diese Tendenz zur Konsens-Überschätzung, d. h. von eigenen Merkmalen übergeneralisierend auf Merkmale anderer zu schließen, hat Holmes (1968) auch als „attributive Projektion" bezeichnet.) Auf diese Weise läßt sich zwar die Situations-Dominanz in der Selbstattribuierung, aber noch nicht die Person-Dominanz in der Fremdattribuierung erklären. Denn die letztere würde voraussetzen, daß der Beobachter das Verhalten des Handelnden als abweichend von der Norm (niedriger Konsens) erlebte. Ross hat das als „fundamentalen Attribuierungsfehler" postuliert; es ist aber nicht einzusehen, daß es dazu und nicht zu einer Situationsattribuierung kommen sollte, wenn dem Beobachter das Verhalten als „normal" erscheint. Da in experimentellen Beobachtungsgruppen einige Beobachter das Verhalten als abweichend, andere es als normal erleben, kann es aufgrund differentieller Konsens-Auffassung allerdings tendenziell zur Perspektive-Diskrepanz zwischen Handelndem und Beobachter kommen.

Diese Konfundierung auf der Beobachterseite hat als erster Liebhart (1977a) aufgelöst, indem er Konkordanz oder Diskordanz zwischen der bevorzugten Reaktion der Beobachter-Vp und der Reaktion des zu beurteilenden Handelnden (Schein-Vp) herstellte. Unter dem Vorwand eines Sensitivitätstrainings hatte die Vp in einer Gruppe von Schein-Vpn aus Porträtfoto-Paaren das jeweils sympathischere Gesicht auszusuchen und erfuhr danach, ob der Nebenmann die gleiche oder die umgekehrte Wahl getroffen hatte; in weiteren Bedingungen erhielt sie explizite oder keine Konsensinformation (Wahlen der ganzen Gruppe als hoher, niedriger oder unbekannter Majoritätskonsensus). Die Vpn waren entweder in der Position des Handelnden (Selbstattribuierung) oder des Beobachters (Fremdattribuierung). Die Befunde zeigen, daß bei Diskordanz, wie erwartet, der Beobachter die Reaktion des Handelnden stärker internal attribuierte als bei Konkordanz, wenn keine Information über den Majoritätskonsens vorlag. Bestand beim Handelnden und beim Beobachter Reaktionskonkordanz mit dem Partner, so blieb dennoch eine Perspektive-Diskrepanz bestehen. Die Vp attribuierte beim anderen (Beobachterposition) stärker internal als bei sich selbst (Position des Handelnden). Die weitere Vermutung, daß bei fehlender expliziter Konsensinformation die Perspektive-Diskrepanz implizit durch „falschen Konsens" („attributive Projektion") vermittelt wäre, fand keine Bestätigung. Denn auch wenn falscher Konsens durch explizite Information über Majoritätskonsens ausgeräumt war (wie sich aus den Vorhersagedaten erkennen ließ), verminderte sich die Perspektive-Diskrepanz nicht.

Nutzung von Konsensinformation

Nach Liebharts Befunden ist die Perspektive-Diskrepanz ein Phänomen, das weder voll auf Reaktionsdiskordanz von seiten des Beobachters noch auf falschen Konsens von seiten des Handelnden zurückgeführt werden kann und das auch den für beide expliziten Konsensinformationen widersteht. Bevor wir nach näheren Gründen für diese hartnäckige Eigenständigkeit der Perspektive-Diskrepanz suchen, sei noch ein Experiment von Hansen u. Stonner (1978, Exp. 3) dargestellt, in dem es nicht wie bei Liebhart um die Erklärung von Sympathieurteilen, sondern von Testleistungen ging und in der ebenfalls explizite Konsensinformationen nur in der Fremdbeurteilungs-, nicht aber in der Selbstbeurteilungsperspektive wirksam waren (wie auch schon Nisbett u. Borgida, 1975, fanden). Psychologie-Studenten erhielten als Teil eines curriculumbezogenen Kenntnistests eine Liste von Psychologennamen. Sie sollten solche Namen identifizieren, von denen sie in einem Satz deren Bei-

Tabelle 10.7. Effekte von expliziten Konsensinformationen (Abweichung der individuellen Testleistung vom Durchschnitt) auf Mittelwerte der internalen und externalen Kausalattribution bei Testpersonen und Beobachtern. (Elfpunkt-Skala. Nach Hansen u. Stonner, 1978, S. 665)

Attribution	Leistung der Testperson ist		
	unter-durch-schnitt-lich	durch-schnitt-lich	über-durch-schnitt-lich
der Testperson			
Kenntnisse (int.)	$4{,}67_a$	$5{,}11_a$	$5{,}33_a$
Testschwierigkeit (ext.)	$6{,}56_{b,c}$	$7{,}44_b$	$8{,}44_b$
des Beobachters			
Kenntnisse (int.)	$8{,}33_b$	$5{,}33_a$	$5{,}89_c$
Testschwierigkeit (ext.)	$3{,}22_a$	$7{,}44_b$	$3{,}78_a$

Anmerkung: Mittelwerte, die keinen gemeinsamen Indexbuchstaben haben, sind signifikant voneinander unterschieden

trag zur Psychologie mitteilen konnten. Die Liste war so konstruiert, daß die Vpn dazu nur in etwa der Hälfte der Namen in der Lage waren. Beobachter-Vpn sahen die handelnde Vp über Video-Aufzeichnung. Am Ende des Tests bzw. seiner Aufzeichnung wurde jede Vp (Handelnder oder Beobachter) gebeten, dem eiligen Vl bei der Eintragung der bisherigen Testergebnisse in eine Hauptliste behilflich zu sein, wobei die Vp anschaulich erfuhr, daß die bisherigen Vpn entweder ebensoviel Namen wie die gegenwärtige Vp oder viel mehr oder viel weniger identifiziert hatten.

Diese dreifach gestufte explizite Konsensinformation über die Grundhäufigkeit *(base rate)* der Lösungen in der Studenten-Stichprobe wurde, wie Tabelle 10.7 zeigt, nur von den Beobachter-Vpn und nicht von den handelnden Vpn genutzt, wenn es anschließend galt, die Testleistung auf Aufgabenschwierigkeit (Identifizierbarkeit der Namen) oder auf Psychologiekenntnisse der Testperson zurückzuführen. Wie zu sehen ist, erhöhten nur die Beobachter (im Sinne des Kovarianzmodells) das Ursachengewicht des Personfaktors (Psychologiekenntnisse) auf Kosten des Situationsfaktors (Testschwierigkeit), wenn die Testleistung von der Durchschnittsleistung nach oben oder unten abwich. Wieder zeigte sich die Perspektive-Diskrepanz. Handelnde attribuierten stärker auf externale und Beobachter stärker auf internale Faktoren; und zwar dann, wenn die Reaktion vom normativen Durchschnitt abwich. Im Unterschied zu Liebharts Analyse bleibt bei Hansen u. Stonner offen, ob die Handelnden trotz expliziter Konsensinformation diese beiseite lassen und falschem Konsens verfallen oder ob die Konsensinformation falschen Konsens ausgeräumt hat und andere Faktoren die Perspektive-Diskrepanz verursachen.

Perspektive-Diskrepanz neu konzipiert

Eine weiterführende Klärung der Perspektive-Diskrepanz ist einer kritischen Erörterung der vorliegenden Befunde durch Monson u. Snyder (1977) zu verdanken. Diese Autoren verweisen darauf, daß experimentelle Situationen, in denen ja alle Belege für die Perspektive-Diskrepanz gefunden wurden, die Erzeugung von Perspektive-Diskrepanz begünstigen, weil der Handelnde solche Situationen weder von sich aus herbeiführt noch gestalten kann und sich statt dessen situativen Einflüssen ausgesetzt sieht. Es ist deshalb durchaus zutreffend, wenn er situativen Faktoren ein größeres Gewicht als Personfaktoren beimißt. Da der Handelnde den situativen, den erlebnismäßigen und den historischen Kontext seiner gegenwärtigen Situation kennt, sollte er auch zutreffender als ein Beobachter attribuieren, gleich, ob es sich um situative oder personelle Faktoren handelt. Monson u. Snyder stellen die folgende These auf: „Actors should make more situational attributions than should observers about behavioral acts that are under situational control; by contrast, actor's perceptions of behavior that are under dispositional control ought to be more dispositional than the perceptions of observers" (S. 96). Unter den folgenden Bedingungen sollte ein Handelnder mehr Situationsfaktoren als ein Beobachter verantwortlich machen, wenn sein Verhalten:

(a) ... is elicited by an experimental manipulation, (b) performed in situational context not chosen or controllable by the actor, (c) performed in the presence of facilitative situational cues provided by those aspects of the experimental manipulation designed to elicit the behavior, (d) dissimilar to previously manifested behaviors because the actor has no prior exposure to the experimental situation, (e) inconsistent with previous selfattributions because the actor has had no prior experience with the particular experimental situation, and (f) not part of an extended causal chain (S. 101).

Dagegen sind die Selbstattribuierungen des Handelnden stärker personzentriert als die eines außenstehenden Beobachters, wenn die experimentellen oder natürlich vorkommenden Situationen die folgenden Handlungsweisen ermöglichen:

(a) dispositonal, (b) performed in situations chosen and/or controllable by the actor, (c) performed in the presence of neutral or inhibitory situational factors, (d) similar to previously manifested behaviors, (e) consistent with prior attributions, and (f) part of a causal chain with prior dispositional causes (S. 101/102).

Monson u. Snyders Rekonzeptualisierung der Bedingungen für Perspektive-Diskrepanz widersprechen nicht den Erklärungen von Jones u. Nisbett (1971), spezifizieren jedoch, wann in der Selbstattribuierung nicht mehr Situationsfaktoren, sondern Personfaktoren dominieren. Sie testieren dem Handelnden wegen der größeren Menge an verfügbarer Information eine grundsätzliche Überlegenheit, angemessen zu attribuieren, während der Beobachter stets dem fundamentalen Attribuierungsfehler nach Ross (1977) anheimfällt und generell Personfaktoren überschätzt. Alle Bedingungen der jeweiligen Perspektive-Diskrepanz beruhen, soweit sie bisher analysiert sind, auf informationspsychologischen und nicht auf motivationalen Bedingungen. So ist es nur ein scheinbarer Widerspruch, wenn in der Perspektive-Diskrepanz dem Handelnden weniger Attribuierungsfehler als dem Beobachter unterlaufen, dagegen bei der Attribuierung selbstwertrelevanter Handlungen und ihrer Ergebnisse der Handelnde voreingenommener ist als der Beobachter. Betrachtet man beides zusammen, so wirft die von Monson u. Snyder rekonzeptualisierte Perspektive-Diskrepanz neues Licht auf die selbstwertdienliche Attribuierungsasymmetrie. Da sie in aller Regel in hochkontrollierten Experimentalsituationen, die den Handelnden ein Übergewicht von Situationsfaktoren erleben lassen, gewonnen worden ist, wird schon aus informationspsychologischen Gründen im Falle selbstwertabträglicher Handlungen und nichterfolgreicher Ergebnisse eine Externalisierung der Ursachen begünstigt. Es erscheint deshalb nachträglich verständlich, wenn die selbstwertdienliche Voreingenommenheit der Attribuierungsasymmetrie im Falle von Mißerfolg ausgeprägter ist als im Falle von Erfolg, wie es etwa Stevens u. Jones (1976) gefunden haben.

So plausibel die These von Monson u. Snyder ist, die Belege dafür aufgrund einer Reinterpretation bereits vorliegender Befunde sind noch nicht überzeugend. Die These verlangt Versuchspläne, die auf sie zugeschnitten sind. In dieser Hinsicht ist ein Experiment von Snyder (1976) unmittelbar relevant. Die Vpn hatten sich selbst danach einzuschätzen, wieweit sie ihr Handeln nach den jeweiligen Situationsumständen regulieren *(self-monitoring)*. Zwischen diesem Persönlichkeitsunterschied und der Perspektive-Diskrepanz fand Snyder eine Interaktion im Sinne der These von Monson u. Snyder. Während sich Vpn mit hoher oder niedriger situationsangepaßter Handlungsregulation nicht in der Attribution des Verhaltens anderer unterschieden, gab es in der Selbstattribution den erwarteten Unterschied: Vpn mit niedriger situationsangepaßter Handlungsregulation attribuierten eigenes Verhalten weniger situational als das Verhalten anderer, während es umgekehrt bei Vpn mit hoher situationsangepaßter Handlungsregulation zur Perspektive-Diskrepanz im Sinne von Jones u. Nisbett kam.

Die Robustheit eines allgemeines Effekts der Perspektive-Diskrepanz hat Goldberg (1978) auf eine unmittelbare Weise demonstriert. Die Vpn hatten zu beurteilen, ob persönlichkeitsbeschreibende Bezeichnungen (davon insgesamt 2800, die das gesamte Repertoire der Sprache so gut wie ausschöpfen) für sie selbst und drei andere Personen (davon eine sympathisch, eine unsympathisch und eine neutral) charakteristisch sind oder nur gelegentlich – d. h. situationsbedingt – zutreffen. In mehreren Studien zeigte sich stets, daß man für sich selbst die Antwortalternative ‚situationsbedingt' etwas häufiger in Anspruch nahm, vor allem im Vergleich mit einer sympathischen oder unsympathischen anderen Person. Nur bei 15% der Vpn und bei 8% der persönlichkeitsbeschreibenden Bezeichnungen zeigte sich die umgekehrte Perspektive-Diskrepanz; aufgrund welcher Besonderheiten diese Vpn und diese Bezeichnungen sich von den anderen Vpn und Bezeichnungen abhoben, ist noch nicht klar. Da Goldberg Persönlichkeitsbeschreibungen ohne jeden Situations- und Handlungsbezug herangezogen hat, stehen seine Ergebnisse nicht im Widerspruch zu Monson u. Snyders These, daß in der Selbstattribution die für eine gegebene Handlung maßgebenden Situationsfaktoren und Personfaktoren zutreffender berücksichtigt werden als in der Fremdattribution.

Attribuierungsasymmetrie bei Perspektivwechsel des Beobachters

Um informationspsychologische Faktoren gegen selbstwertdienliche Voreingenommenheiten abzuwägen, bietet sich ein experimenteller Ansatz an, der im Beobachter einen Perspektivwechsel zugunsten einer Sicht mit den Augen des Handelnden erzeugt. Bei so gewechselter Perspektive hat ein Beobachter nicht mehr Informationen zur Verfügung als ein gewöhnlicher Beobachter, der aus seiner Perspektive das Handlungsgeschehen verfolgt. Umso gespannter kann man sein, wieweit er sich zu einer, im Sinne des Handelnden selbstwertdienlichen Attribuierungsasymmetrie hinreißen läßt. Im Falle von Mißerfolg müßte ein solcher Beobachter vornehmlich Situationsfaktoren verantwortlich machen, was nur scheinbar der für den Handelnden (unter hochkontrollierten Situationsbedingungen) typischen Attribuierung entspricht. Diese müßte genaugenommen etwas weniger radikal als beim Handelnden sein, weil beim letzteren ja noch zusätzliche Informationen über die situative Verhaltensdeterminiertheit im Experiment hinzukommen (eine experimentelle Analyse dieses Unterschieds fehlt bisher). Im Falle von Erfolg dagegen müßte der Beobachter bei Perspektivwechsel genau entgegen der Perspektive-Diskrepanz nach Jones u. Nisbett Personfaktoren für ausschlaggebender halten.

Befunde, die diese Ableitungen bestätigen, liegen inzwischen vor. Perspektivwechsel hat man durch Aufmerksamkeitslenkung (sei es durch Videoaufnahmen aus verschiedener Sicht, wie es Storms, 1973, getan hat – vgl. 1. Kap. –, sei es durch Änderung von Satzstrukturen in Berichten, Pryor u. Kriss, 1977) oder durch Instruktionen hervorgerufen, die den Beobachter zur Einfühlung in den Handelnden (Empathie) veranlassen (Aderman u. Berkowitz, 1970). So haben Regan u. Totten (1975) ihre Vpn die Videoaufnahme einer Kontaktaufnahme zwischen zwei Personen beobachten und das Verhalten einer der beiden Personen attribuieren lassen. Unter Empathie-Instruktion wurden mehr situative als personale Faktoren – verglichen mit üblicher Beobachterperspektive – für verantwortlich gehalten. Der Videofilm war nicht wie bei Storms (1973) aus verschiedenen Blickwinkeln, sondern aus dem gleichen Blickwinkel aufgenommen worden. Entscheidend war also nicht die wahrnehmungsmäßige, sondern die psychologische Zentrierung der Aufmerksamkeit.

Mit dieser Technik haben Gould u. Sigall (1977) eine Hälfte ihrer Beobachter angeregt, ein als Videoaufnahme vorgeführtes Geschehen aus der Perspektive des Handelnden zu beobachten. Diese und die „normalen" Beobachter sahen ein und dasselbe: einen Studenten, der sich mit einer Studentin bekanntmacht und dabei um einen guten Eindruck bemüht ist. Um Erwartungseffekte auszuschließen, wurde vorweg mitgeteilt, daß in etwa der Hälfte der Fälle aller aufgenommenen „ersten Begegnungen" der Student einen sehr guten Eindruck auf die Studentin gemacht habe, in der anderen Hälfte der Fälle einen schlechten Eindruck. Nach der Vorführung wurde den Beobachtern mitgeteilt, daß dieser Student einen guten oder schlechten Eindruck auf diese Studentin gemacht habe, bevor anschließend auf einer Elfpunkt-Skala einzuschätzen war, wieweit das Ergebnis auf Eigenarten des Studenten (internal) oder auf Situationsumständen und Eigenarten der Studentin (external) zurückzuführen war.

Tabelle 10.8 enthält die Ergebnisse. Aus der üblichen Beobachterperspektive haben Personfaktoren das größere Gewicht und es gibt keinerlei Attribuierungsasymmetrie nach Erfolg und Mißerfolg. Unter Empathiebedingung dagegen – also aus der Perspektive des Handelnden – zeigten Beobachter eine sehr ergebnisabhängige Asymmetrie der Attribuierung: Erfolg hielten sie eher den Eigenarten des Handelnden zugute und Mißerfolg entschärften sie, indem sie dafür Eigenarten der Kontaktperson für verantwortlich machten. Das stärkere Gewicht des Person- als des Situationsfaktors im Falle von Erfolg widerspricht dem, was nach der üblichen Perspektive-Diskrepanz aus der Sicht des Handelnden zu erwarten gewesen wäre. Um so mehr erhärtet dieses Ergebnis die Wirksamkeit motivational bedingter Attribuierungsvoreingenommenheiten, wenn das Handeln selbstwertrelevante Folgen hat.

Tabelle 10.8. Durchschnittliche Stärke der Situationsattribution (Elfpunkt-Skala) für eine beobachtete, erfolgreiche und nicht-erfolgreiche Kontaktaufnahme in Abhängigkeit von der vom Beobachter eingenommenen Perspektive: Beobachtungen versus Empathie mit dem Handelnden. (Nach Gould u. Sigall, 1977, S. 487)

Ergebnis	Perspektive des Beobachters	
	Beobachtung	Empathie
Erfolg	4,80	3,50
Mißerfolg	4,75	6,92

Anmerkung: Der Attributionsunterschied für Erfolg und Mißerfolg unter Empathiebedingung ist sehr signifikant ($p < 0,005$); die Interaktion zwischen Ergebnis und Perspektive signifikant ($p < 0,05$)

Attribution von Verantwortlichkeit

In zwischenmenschlichen Beziehungen geht es in der Regel weniger darum, die bloße Ursächlichkeit von Handlungen und deren Ergebnissen und Folgen festzustellen. Es geht vor allem um die Zuschreibung von Verantwortlichkeit. Ursächlichkeit ist keineswegs einfach mit Verantwortlichkeit gleichzusetzen. So sind z. B. Eltern für einen Schaden, den ihr Kind in der Schule anrichtet, verantwortlich, obwohl sie selbst hierfür nicht die unmittelbare Ursache waren. Andererseits kann man selbst die unmittelbare Ursache eines Schadens oder eines Delikts sein, ohne dafür im Sinne einer rechtlichen Haftung oder eines Schuldvorwurfs verantwortlich zu sein; etwa wenn man bei der Tatausführung sich in einem „unzurechnungsfähigen" Zustand befand (der rechtliche Terminus „unzurechnungsfähig" beinhaltet schon in der allgemeinen Wortbedeutung: „nicht-attributionsfähig") oder wenn man zu der Tat durch Gewalt gezwungen wurde. Diese besonderen Gründe rechtfertigen bei voller Ursächlichkeit eine Nicht-Verantwortlichkeit.

In einer Fülle gesetzlicher Bestimmungen werden die komplexen Beziehungen zwischen Ursächlichkeit und Verantwortlichkeit im Sinne rechtlicher Haftung geregelt. Von der rechtlichen ist noch eine moralische Verantwortlichkeit im Sinne von Schuldhaftigkeit oder Lobwürdigkeit zu unterscheiden, die auf persönlichen, allgemeinen und religiösen Überzeugungen beruht. Hier können wir uns nur mit psychologischen Ergebnissen zur Attribution von Verantwortlichkeit befassen.

Unter dem Gesichtspunkt der Ursächlichkeit geht es nur darum, ob und wieweit die Person – oder der Personfaktor – an der Hervorbringung eines Effekts als eine notwendige, eine hinreichende oder eine zusätzlich beteiligte Ursache angesehen werden kann. Um der Person Verantwortlichkeit zuzuschreiben, wird die Ursächlichkeit (Kausalität) nach drei Dimensionen differenzierter betrachtet (vgl. Heider, 1958, S. 113): (1) nach unmittelbarer (lokaler) vs. vermittelter (entfernter, *remote*) Verursachung, (2) nach Vorhersehbarkeit und (3) nach Beabsichtigtheit (Intentionalität) der hervorgebrachten Effekte. Ist der Effekt einer Handlung nicht nur vorhersehbar, sondern wird er vorhergesehen und wird die Handlung unternommen, so schreibt man dem Handelnden auch die entsprechende Intention zu (vgl. Irwin, 1971). Ein eindeutiger Fall der Verantwortlichkeitszuschreibung ist es, wenn man glaubt, ein Effekt sei von einer Person unmittelbar verursacht, vorhergesehen und beabsichtigt worden. Aber auch, wenn nicht alle drei Merkmale vorliegen, gibt es Verantwortlichkeitszuschreibung. Hat man z. B. einen Schaden angerichtet, aber weder vorhergesehen noch beabsichtigt, war jedoch der Schaden vorhersehbar, so wird man wegen Fahrlässigkeit für verantwortlich gehalten und rechtlich haftbar gemacht.

Es liegt nahe, die Attributionstheorie zur Analyse von Entscheidungsfindungen in der Strafjustiz heranzuziehen. Ein Beispiel ist die Entscheidung, ob und wann ein Strafgefangener vorzeitig aus der Haft zur Bewährung entlassen werden sollte (Carroll, 1978; Carroll u. Payne, 1976; 1977). Bei damit in den USA befaßten Kommissionen hat sich gezeigt, daß zwei Dinge – Bewertung und Erwartung – sorgsam abgewogen werden. Einmal soll die Strafe (verbüßte Haft) der Schwere des Verbrechens entsprechen, wobei Strafmaß und verhängte Mindesthaftzeit Sache des Richters ist. Zum anderen soll das Risiko der Rückfälligkeit während der zur Bewährung ausgesetzten Strafe in Grenzen gehalten werden. Für die Einschätzung von Strafe und Risiko waren unterschiedliche Kausalfaktoren maßgebend. Analog zum Leistungshandeln erwies sich für die Bewertung (Strafe) die Lokationsdimension und für die Erwartung (Risiko) die Stabilitätsdimension als ausschlaggebend (s. Kap. 11).

Generell wurde mit der Schwere des Verbrechens dem Täter auch mehr Verantwortlichkeit zugeschrieben; und zwar erschien eine härtere Strafe um so angemessener, je mehr man das Verbrechen internalen oder intentionalen (kontrollierbaren) Faktoren (wie Persönlichkeitsmerkmalen, bösartigen Vorsätzen) und je weniger externalen und nichtintentionalen (unkontrollierbaren) Faktoren zuschreibt (wie schlechte wirtschaftliche Verhältnisse, ungünstiges Milieu). Andererseits wurde das Risiko der Rückfälligkeit um so höher eingeschätzt, je stabiler die Tat-Ursachen erschienen. So legt Attribution auf fixierte, kaum kontrollierbare Persönlichkeitsbezüge oder ungünstiges, kaum änderbares Milieu eine geringe Strafe und hohes Risiko nahe. Umgekehrt läßt Attribution auf Mangel an Bemühen, verbrecherische Handlungen zu vermeiden, die verdiente Strafe hoch und das Rückfälligkeitsrisiko gering erscheinen. Kodierte man die Äußerungen in einer Kommissionssitzung, so hatten gut die Hälfte aller Kausalattributionen internal-stabile Faktoren zum Inhalt. Das läßt auf den „fundamentalen Attributionsfehler" (vorwiegende Verhaltenserklärung auf den ersten Blick) schließen und steht in einem Spannungsverhältnis zum Resozialisierungsgedanken einer auf Bewährung ausgesetzten Strafe.

Im Folgenden befassen wir uns mit Verantwortlichkeitszuschreibungen, die zum Teil unterhalb der Schwelle rechtlicher Haftung liegen, denn hier gibt es bemerkenswerte individuelle Unterschiede zwischen Beurteilern und außerdem eine allgemeine Tendenz, selbst dort Verantwortlichkeit zuzuschreiben, wo es sich rational nicht rechtfertigen läßt. Hinsichtlich der individuellen Unterschiede sei auf einige persönlichkeits- und entwicklungspsychologische Befunde hingewiesen. So hat deCharms (1968) gezeigt, daß Personen, die sich selbst als „Verursacher" *(origins)* erleben, nicht nur bei sich selbst, sondern auch bei anderen Personen dazu neigen, die Urheberschaft von Handlungsergebnissen in Person- und nicht in Umweltfaktoren zu sehen. Ähnliches fanden Lowe u. Medway (1976) bei Vpn, die sie als „Personals" im Unterschied zur „Environmentals" klassifiziert hatten. Entwicklungsunterschiede haben Piaget (1930) und Kohlberg (1969) festgestellt. Junge Kinder basieren nach Piaget ihr moralisches Urteil auf den Begriff einer „objektiven" Verantwortlichkeit: Nur das Ausmaß des angerichteten Schadens zählt, und erst ältere Kinder berücksichtigen auch Intention und Situationsumstände („subjektive Verantwortlichkeit"). Kohlberg fand bei der Beurteilung moralischer Dilemma-Situationen (z. B. ein Mann stiehlt ein lebensrettendes Medikament für seine Frau, das er nicht bezahlen kann, aber der Apotheker auch nicht zu einem erschwinglicheren Preis abgeben will) verschiedene Stadien in der Ausgewogenheit, mit der widersprüchliche Gerechtigkeitsprinzipien miteinander in Beziehung gesetzt werden, um Verantwortlichkeit im Sinne eines Schuldvorwurfs zu beurteilen.

Wichtiger ist für uns hier die allgemeine Tendenz, selbst dort Verantwortlichkeit zuzuschreiben, wo es einer rationalen Betrachtung nicht standhält. Erinnern wir uns daran, daß Attribution die eigene Umwelt und künftige Ereignisse kontrollierbarer macht. Voreingenommenheiten der Attribution, die im Dienste einer Motivation, um Kontrolle aufrechtzuerhalten, stehen, hat selbst Kelley (1971), der sonst einer rein rationalen Informationsverarbeitung das Wort redet, angenommen:

> The purpose of causal analysis – the function it serves for the species and the individual – is effective control ... Controllable factors will have a high salience as candidates for causal explanation. In cases of ambiguity or doubt, the causal analysis will be biased in its outcome toward controllable factors. (S. 22-23)

Einer „Kontrollmotivation" (vgl. Wortman, 1976) kommen zwei Attributionsfehler entgegen, die auf einer unvollkommenen Informationsverarbeitung beruhen. Das ist einmal der „fundamentale Attribuierungsfehler" (Ross, 1977), den wir schon erörtert haben und den man auch als „Illusion der Freiheit" bezeichnet hat. Danach wird die persönliche Verursachung – und damit auch die Verantwortlichkeit – auf Kosten von Umweltkräften und (variablen) Situationsumständen überschätzt; eine Tendenz, die – wie Bierbrauer (1973; 1975) gezeigt hat – sich in der Selbstattribution entgegen der Perspektive-Diskrepanz nach Jones u. Nisbett (1971) durchsetzen kann. Da es schwieriger ist, eine „Situation" als eine Person für etwas verantwortlich zu machen, fördert der fundamentale Attribuierungsfehler die erlebte Kontrollierbarkeit (wobei es offen ist, ob und wieweit dieser Fehler durch eine Eigenart der Informationsverarbeitung oder motivational bedingt ist).

Der andere Attribuierungsfehler, der erlebte Kontrolle begünstigt, sind die ebenfalls schon erörterten „illusionären Korrelationen". Danach wird die Zufälligkeit des Zusammenauftretens zweier Ereignisse systematisch überschätzt, sobald man eine plausible Hypothese für einen Zusammenhang hat (z. B. daß detaillierte Augen-Darstellungen in einem Mensch-Zeichnungstest auf Verfolgungswahn hinweisen; vgl. Chapman u. Chapman, 1967). Die illusionäre Korrelation kommt zustande, weil sie einmal schneller in der psychologischen Informationsverarbeitung „verfügbar" ist (*availability,* Tversky u. Kahneman, 1973) und weil man zum anderen dazu tendiert, das Nicht-Zusammenauftreten beider Ereignisse zu übersehen und die Zufälligkeit des Zusammentreffens nicht in Betracht zu ziehen.

Motivationale Voreingenommenheiten in der Attribution von Verantwortlichkeit

Es gibt Befunde, die sich kaum noch auf Besonderheiten der Informationsverarbeitung zurückführen lassen, sondern eher als motivationale Voreingenommenheiten zu interpretieren sind. Sie verraten eine generelle Abneigung, Zufall als ein Ursachenelement anzuerkennen und sich damit Unkontrollierbarkeit bei Ereignissen einzugestehen, die einen selbst oder andere nicht unerheblich betreffen. Darunter fällt die Überzeugung, man könne rein zufallsabhängige Ereignisse zu seinen Gunsten beeinflussen, z. B. wenn man ein Lotterielos sich selbst ziehen kann und nicht zugeteilt bekommt. Langer (1975) verkaufte Vpn am Arbeitsplatz unter jeder der beiden Bedingungen Lotterielose zu 1 Dollar, die in der ersten Ziehung im Falle eines Gewinns etwa 58 Dollar und in den weiteren Ziehungen 25 Dollar bringen konnten. Vor der ersten Ziehung wurden die Loskäufer mit der Bitte angesprochen, ihr Los an einen anderen zu verkaufen und den dafür geforderten Betrag anzugeben. Vpn, die ihr Los selbst gezogen hatten, verlangten im Durchschnitt 8,67 Dollar (!), solche, die es zugeteilt bekommen hatten, nur 1,96 Dollar. Die Wahlfreiheit beim Ziehen eines Loses wird offensichtlich als eine Selbstverursachung erlebt, die sogar ein Zufallsgeschehen beeinflussen kann.

Neben Selbstverursachung fördert auch Vorwissen darüber, welches Los ein Gewinn ist, die Illusion der Kontrolle. Wortman (1975) hat die Vp einen wertvolleren oder einen weniger wertvollen Gegenstand gewinnen lassen, und zwar in Abhängigkeit davon, welche von zwei verschiedenfarbigen Kugeln aus einer Urne herausgegriffen wurde. Griff die Vp selbst (statt des Vl) in die Urne und wußte sie vorher (statt erst nachher), mit welcher Kugel man den wertvolleren Gegenstand gewann, dann glaubte sie, mehr Kontrolle über den Gewinn, mehr Wahlfreiheit und auch mehr Verantwortlichkeit für das Ergebnis zu haben.

Auch im Falle schwerer Schicksalsschläge, die einen selbst oder nahestehende Personen betreffen, ist es kaum tolerierbar, an ein reines Walten des Zufalls, an pure Sinnlosigkeit und völlige Unkontrollierbarkeit zu glauben. Eltern von Kindern mit tödlicher Leukämie machen sich (oder anderen) Vorwürfe, weil die Vorstellung, niemand sei für das Schicksal ihres Kindes verantwortlich, untragbar ist (Chodoff, Friedman u. Hamburg, 1964). Opfer von Vergewaltigung reden sich ein, ihr Mißgeschick selbst auch ein wenig provoziert zu haben. Denn nur wenn dies der Fall gewesen ist, können sie sich künftig durch Kontrolle ihres eigenen Verhaltens schützen. Läge andererseits keinerlei Verantwortlichkeit bei ihnen selbst, so müßten sie damit rechnen, daß ein ähnlich schreckliches Geschehen erneut und ganz unvorhersagbar über sie hereinbrechen könnte (Medea u. Thompson, 1974).

Das Eingeständnis, der Zufall könne sinnlos walten und Unheil stiften, verletzt offensichtlich die „Kontrollmotivation", das Bedürfnis nach Schutz und Sicherheit. Nicht nur bei sich selbst, auch bei anderen neigt man dazu, sie für ein Mißgeschick, das sie getroffen hat, verantwortlich zu machen, und zwar um so mehr, je härter das Mißgeschick ist. Auch hier würde eine Attribution auf Zufall oder Schicksal das Eingeständnis heraufbeschwören, daß man in gleichem Maße wie der Unglückliche unvorhersehbaren und unabwendbaren Schicksalsschlägen ausgesetzt wäre. Schreibt man dagegen dem Unglücklichen Verantwortlichkeit zu, so kann man sich bei dem Gedanken beruhigen, daß einem vermutete Unterlassungen oder Fehlhandlungen nicht unterlaufen würden.

Walster (1966) hat in einem bekannten Experiment die Zusammenhänge demonstriert. Die Autorin hat die Verantwortlichkeit eines Autofahrers beurteilen lassen, der seinen Wagen an einer abschüssigen Straße geparkt hatte (nach Aussagen eines Beteiligten mit angezogener Handbremse). Nach einiger Zeit machte sich der Wagen selbständig und rollte die Straße hinunter. Je schlimmer die Unfallfolgen waren (verletzte Personen statt lediglich einer verbogenen Stoßstange), um so mehr schrieben die Beurteiler dem Fahrer Verantwortlichkeit zu. Nachdem eine Reihe von Nachuntersuchungen widersprüchliche Befunde brachte, haben Lowe u. Medway (1976) die Bedingungen genauer geklärt, unter welchen einem Handelnden mit wachsender Erheblichkeit der positiven oder negativen Ergebnisse auch mehr Verantwortlichkeit zugeschrieben wird. Danach muß (1) die Verursachung des fraglichen Ereignisses mehrdeutig und nicht von vornherein einseitig auf Person- oder Umweltfaktoren festgelegt sein; (2) das fragliche Ereignis darf auch nicht zu selten und unwahrscheinlich sein; (3) vor allem muß die zu beurteilende Situation für den Beurteiler relevant sein, d. h. dessen eigenen Lebensverhältnissen entsprechen.

Was aber geschieht in Fällen, in denen unabweisbar ist, daß die andere Person ihr Mißgeschick nicht selbst und unmittelbar verursacht haben kann? In einem solchen Fall kann man sich vor der Vorstellung, genauso gut selbst von einem Mißgeschick getroffen werden zu können, schützen, wenn man glaubt, daß das arme Opfer doch auf irgendeine Weise sein Los verdient hat, daß im Leiden eine frühere Schuld abgetragen wird. Lerner (1974) hat eine solche Leitvorstellung der Verantwortlichkeitszuschreibung als „Glaube an eine gerechte Welt" bezeichnet; eine Welt, in der Menschen das widerfährt, was sie verdienen. Ist ein Opfer anscheinend unschuldig, dann muß eine verborgene Schuld vorliegen, die sein Leiden rechtfertigt.

Lerner u. Matthews (1967) haben das Bedürfnis, an eine „gerechte Welt" zu glauben, experimentell nachgewiesen. Sie haben Vpn glauben gemacht, daß von einem Vpn-Paar einer der beiden ein Lernexperiment mit schmerzhaften Stromschlägen, der andere dagegen unter angenehmeren Bedingungen durchzuführen habe. Die Entscheidung, wer von beiden Schmerz zu erdulden habe, wurde einem Losverfahren anheimgegeben. Unter einer Bedingung konnte die Vp zuerst ihr Los ziehen, erhielt den günstigeren Part und mußte sich sagen, daß ihre Partner-Vp nun Stromschläge zu erdulden habe. Unter einer anderen Bedingung hatte die Partner-Vp (vermeintlich) schon das ungünstigere Los gezogen, erschien also für ihr Geschick selbst verantwortlich. Nach dem Experiment, das die andere Vp (das Opfer) angeblich unter Stromschlägen durchgeführt hatte, war das Opfer mittels eines Fragebogens zu beschreiben. Sah sich die Vp selbst für das Geschick des Opfers verantwortlich, so beschrieb sie das Opfer in einer abwertenden und herabsetzenden Weise. Erschien das Opfer selbst für sein Geschick verantwortlich, so war die Beschreibung (wie in einer Kontrollgruppe) sachlich und ausgeglichen.

Für die Abwertung des nicht unmittelbar für sein Leiden verantwortlichen Opfers läßt sich statt des Glaubens an eine „gerechte Welt" allerdings auch ein anderer Grund anführen. Da die Vp das Mißgeschick des Opfers durch Ziehen des günstigeren Loses verursacht hatte, sieht sie sich in einer Art Komplizenschaft mit dem Mißgeschick des anderen und sucht sich in dieser selbstwertbelastenden Rolle zu rechtfertigen, indem sie das Opfer herabsetzt, als verdiene es, was ihm widerfahren sei. Cialdini, Kenrick u. Hoerig (1976) haben diese Vermutung geprüft und bestätigt gefunden (aber kritisch dazu Lerner u. Miller, 1978, S. 1033). Wurde klargemacht, daß keinerlei Zusammenhang zwischen der Vp und dem in einem anderen Experiment befindlichen Opfer besteht, trat auch kein Abwertungseffekt auf; wohl aber, wenn, wie in der Studie von Lerner u. Matthews, ein Zusammenhang hergestellt war. Über den Forschungsstand zum Phänomen der „gerechten Welt" berichten Lerner u. Miller (1978).

11 Attribuierung und Motivation

Nachdem wir die verschiedenen attributionstheoretischen Ansätze – von einer einheitlichen Attributionstheorie kann man derzeit noch kaum sprechen – und wichtige Forschungserträge behandelt haben, sollen in diesem Kapitel die Auswirkungen von Attributionen in verschiedenen Handlungsbereichen erörtert werden. Es handelt sich um die Übertragung und Anwendung attributionstheoretischer Ansätze auf motivationspsychologische Probleme. Hier wie in anderen Forschungsfeldern hat sich eine attributionstheoretische Sichtweise schon bald als sehr fruchtbar erwiesen. Zunächst soll am Beispiel eines merkwürdigen Phänomens, der sog. „Gelernten Hilflosigkeit", gezeigt werden, wie eine verworrene Forschungslage durch die neuerliche Einbeziehung von attributionstheoretischen Ansätzen mehr Klarheit zu gewinnen scheint, wie „Hilflosigkeit" entsteht und aufrechterhalten wird.

Auf keinem Gebiet der Motivationspsychologie ist die Attributionstheorie bisher so systematisch zum Tragen gebracht und fruchtbar gemacht worden, wie in der Leistungsmotivationsforschung. Deshalb wird diesen Beiträgen der größte Teil dieses Kapitels gewidmet. Nicht nur die Auswirkungen leistungsthematischer Attributionen, auch ihre Bedingungskonstellationen werden dargestellt, um der inzwischen erreichten attributionstheoretischen Elaboration und Fortführung der Leistungsmotivationstheorie gerecht zu werden. Schließlich wird auch die Bedeutung von Attributionen in sozialen Motivationen wie Hilfeleistung und Aggression an einigen Befundbeispielen demonstriert, wie wir es punktuell schon in Kap. 8 getan haben, aber nicht systematisch dargestellt. Das letztere verbietet sich aus Raumgründen, auch ist die attributionstheoretische Analyse noch nicht soweit fortgeschritten wie im Bereich des Leistungshandelns.

Gelernte Hilflosigkeit

Ein vielbeachtetes Phänomen, dessen Bedingungsstruktur sich erst neuerdings unter Zuhilfenahme attributionstheoretischer Ansätze zu klären beginnt, ist die „gelernte Hilflosigkeit". Ihre Entdeckung ist einem unerwarteten tierexperimentellen Befund von Overmier u. Seligman (1967) zu verdanken. Die Autoren hatten Hunde einer klassischen Furchtkonditionierung ausgesetzt – die Tiere waren festgeschirrt und erhielten auf ein Glockenzeichen unausweichliche Stromstöße –, um in einem anschließenden Vermeidungslernen zu prüfen, ob eine solche Vorbehandlung die Tiere instand gesetzt habe, der schmerzbringenden Gefahrensituation schneller auszuweichen. In dieser Testsituation wurde der Stromstoß durch ein Lichtsignal angekündigt; und zwar früh genug, damit das Tier durch Sprung über eine Barriere (in einer *shuttle box*) den schmerzhaften Stromstoß ganz meiden konnte. Aber statt dieser Meidungsreaktion lernten die Tiere das Gegenteil – sich hilflos der Gefahr zu überlassen. Sie liefen anfangs noch agitiert herum, bis sie sich hinlegten und winselnd die bis zu einer Minute dauernden Stromstöße über sich ergehen ließen. Versuchstiere dagegen, die kein Vortraining in Gestalt klassischer Furchtkonditionierung erhalten hatten, lernten schnell, den Stromstößen durch Sprung über die Barriere zu entgehen. Bei Katzen, Ratten und Fischen ließen sich gleiche Phänomene demonstrieren (zusammenfassend Maier u. Seligman, 1976; Seligman, 1975).

Seit Anfang der siebziger Jahre hat man mit wechselndem Erfolg versucht, Gelernte Hilflosigkeit auch beim Menschen zu erzeugen und nachzuweisen (vgl. Überblick von Miller u. Norman, 1979). Wo es gelang, waren die Hilflosigkeitseffekte eher gering, verglichen mit den drastischen Effekten im Tierexperiment. Eine eng dem tierexperimentellen Paradigma des Vermeidungslernens nachempfundene Versuchsanordnung hat z. B. Hiroto (1974) gewählt. Sie ist typisch dafür, wie das Auftreten unangenehmer Ereignisse, sofern dieses als unkontrollierbar erlebt wird, die Effizienz des Handelns in ähnlichen Situationen vermindert. Die unangenehmen Ereignisse bestanden nicht in Stromschlägen, sondern in einem sehr lauten Ton von hoher Frequenz. Die Vpn waren in drei Gruppen aufgeteilt. In der ersten Versuchsphase konnten Vpn aus einer Gruppe den Ton abstellen, wenn sie auf den Knopf eines Gerätes drückten. Hier waren die unangenehmen Ereignisse unvermeidbar, aber kontrollierbar (d. h. zum Verschwinden zu bringen, nachdem sie eingesetzt hatten). Für eine zweite Gruppe bestand Unvermeidbarkeit und Unkontrollierbarkeit; unabhängig vom Knopfdrücken setzte der Ton ein und hörte nach einiger Zeit wieder auf. Eine dritte Gruppe nahm an der ersten Versuchsphase nicht teil, hatte also keine Vorerfahrungen (Kontrollgruppe). In einer zweiten Versuchsphase, dem Test auf gelernte Hilflosigkeit, konnte jede Vp aus allen drei Gruppen den unangenehmen Ton von 5 sec Dauer, dessen Einsetzen immer durch ein vorangehendes Licht von 5 sec Dauer angekündigt wurde, abstellen, wenn an einem anderen Apparat ein Knopf abwechselnd nach links oder rechts geschoben wurde *(hand shuttle box)*. Geschah dies schon während des

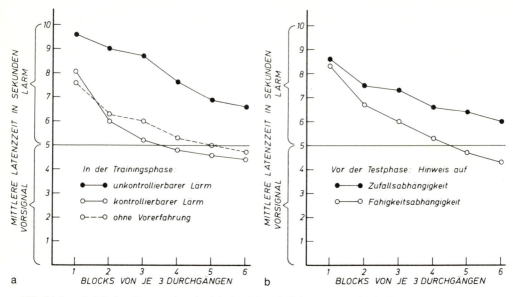

Abb. 11.1a u. b. Mittlere Latenzzeiten (sec) in 6 aufeinanderfolgenden Blocks der Testphase, um angekündigten Lärm (5 sec Vorsignal) zu vermeiden oder nach Beginn abzuschalten (während der anschließenden 5 sec) in Abhängigkeit von **a** drei verschiedenen Vorerfahrungen bezüglich der Kontrollierbarkeit des Lärms in der Trainingsphase und **b** von einer Zusatzinstruktion vor der Testphase, die entweder auf Zufalls- oder Fähigkeitsabhängigkeit der Kontrollierbarkeit des Lärms hinwies. (Nach Hiroto, 1974, S. 190 u. 191)

Lichtsignals, so konnte der Ton ganz vermieden werden.

Die Ergebnisse entsprechen den Tierversuchen. Die Gruppe, die zuvor unkontrollierbaren Lärm hatte hinnehmen müssen, erwies sich jetzt als hilfloser im Vergleich zur Gruppe mit kontrollierbarem Lärm und zur Kontrollgruppe ohne Vorerfahrung mit Lärm. Sie lernte, wie die Latenzzeiten in Abb. 11.1a zeigen, nur verzögert, den Lärm abzustellen und kam nicht soweit wie die beiden anderen Gruppen, den Lärm aufgrund des Vorsignals ganz zu vermeiden.

Neben dem Einfluß unkontrollierbarer Vorerfahrung hat Hiroto noch zwei andere Faktoren nachgewiesen, die Hilflosigkeit fördern. Das war einmal eine Zusatzinstruktion zum Testversuch, die die Kontrollierbarkeit des Lärms entweder als fähigkeitsabhängig oder als zufallsabhängig hinstellte. Bei nahegelegter Zufallsattribution waren die Latenzzeiten verzögerter als bei Fähigkeitsattribution (vgl. Abb. 11.1b). Der andere Faktor waren individuelle Unterschiede bezüglich Rotters internaler vs. externaler Kontrolle. Externale lernten verzögert. Alle drei Faktoren trugen additiv zu einem verzögerten Ausweich- und Vermeidungslernen bei: nichtkontrollierbare Vorerfahrungen, vermeintliche Zufallsabhängigkeit der Testsituation und Externalität als Persönlichkeitsmerkmal. Die Wirkungen dieser drei Faktoren waren so gleichförmig, daß sie gemeinsam einen zugrunde liegenden Prozeß des Hilfloswerdens zu umschreiben scheinen.

Diese und ähnliche Befunde wurden von Seligman und seinen Mitarbeitern auf den folgenden theoretischen Nenner gebracht: Die Erfahrung, daß eigene Handlungen keinen Einfluß auf den Lauf der Dinge haben und die erwünschten Handlungsergebnisse nicht herbeiführen, befestigt die Erwartung von der Unkontrollierbarkeit der Handlungsergebnisse *(outcomes)*, was ein dreifaches „Defizit" ein motivationales, ein kognitives und ein emotionales, zur Folge hat. Das motivationale Defizit besteht in verzögerten Ansätzen, handelnd einzugreifen. Das kognitive Defizit besteht in einer größeren Schwierigkeit, später noch lernen zu können, daß in ähnlichen Situationen, die tatsächlich kontrollierbar sind, eigenes Handeln wirkungsvoll ist. Das emotionale Defizit besteht in deprimierter (wenn nicht depressiver) Stimmung als Folge der Nutzlosigkeit eigenen Handelns. Diese lapidaren Aussagen haben sich im Humanversuch schon bald als unzulänglich erwiesen. Die inzwischen um Attributionsprozesse erweiterte Theorieentwicklung (vgl. Abramson, Seligman u. Teasdale, 1978; Miller u. Norman, 1979; Wortman u. Brehm, 1975) ist ein Paradebeispiel dafür, um wieviel komplexer die Bedingungen eines Motivationsphänomens werden, wenn man es nicht nur im tierischen Verhalten, sondern auch im menschlichen Handeln hervorbringen und ausleuchten will; d. h. bei einem Lebewesen, das seine Aktivitäten und deren Ergebnisse reflektieren kann.

Das leistungsthematische Versuchsparadigma

Die Revision der anfänglichen Erklärungen mit Hilfe attributionstheoretischer Ansätze hat vor allem Anlaß zu dem Versuch gegeben, Gelernte Hilflosigkeit nicht nur im Vermeidungslernen, sondern auch in Leistungen bei kognitiven Aufgabentätigkeiten nachzuweisen. Es geht ja in der Vorbehandlungs- oder Trainingsphase darum, der Vp den Eindruck zu vermitteln, daß zwischen ihren Handlungen und dem Eintreten oder Ausbleiben der erwünschten Ergebnisse kein Bedingungszusammenhang, keine „Kontingenz" zu erkennen ist. Das läßt sich einfach und glaubwürdig erreichen, wenn es um Reaktionen zur Vermeidung unangenehmer äußerer Ereignisse wie Lärm oder Stromstoß geht. Bei kognitiven Aufgaben hingegen muß, um Nicht-Kontingenz und damit Unkontrollierbarkeit erleben zu lassen, die Vp „richtige" und „falsche" Lösungen produzieren, ohne daß sie durchschauen kann, wieso ihre Lösungsbemühungen einmal „richtig" und ein anderes Mal „falsch" sind.

Zu diesem Zweck wird in der Hilflosigkeitsforschung, wenn es nicht um Vermeidungslernen geht, immer ein bestimmter Aufgabentyp für die Vorbehandlung verwendet, die Diskriminationsaufgabe *(concept identification task)*. Die Vp hat auf vorgelegten Tafeln mit Symbolen von verschiedener Art, Größe, Farbe, Lokation etc. ein „richtiges" Element, Prinzip oder „richtige" Konstellation zu entdecken. In der nicht-kontingenten Bedingung erhält sie nach vorher festgelegter Zufallsfolge, meistens in je 50% der Fälle, die Rückmeldungen „richtig" bzw. „falsch". In der kontingenten Bedingung erhält sie Richtig-Rückmeldungen nur, wenn ihre Antwort auch tatsächlich einem vorher festgelegten und eingebauten Prinzip entspricht. Um sicher zu gehen, daß die Vp das Prinzip auch im Laufe der Durchgänge findet, wird es entweder augenfällig gemacht (vgl. Hanusa u. Schulz, 1977), oder es werden zunehmend direktere Lösungshinweise gegeben (vgl. Cohen, Rothbart u. Phillips, 1976; auch kann die Trainingsphase fortgesetzt werden, bis eine bestimmte Anzahl aufeinanderfolgender richtiger Antworten vorliegt, vgl. Peterson, 1978). Ein solches Vorgehen schafft zunächst einmal ein versuchstechnisches Problem: Es konfundiert Kontingenz mit dem Überwiegen von Richtig-Lösungen („Erfolgen", „Bekräftigungen"), denn in der kontingenten Bedingung gibt es in der Regel mehr als 50% Richtig-Lösungen, wie es für die nicht-kontingente Bedingung festgesetzt wird. Man kann diese Schwierigkeiten durch ein *yoking design* beheben, indem man jeder Vp unter kontingenter Bedingung eine Vp unter nicht-kontingenter Bedingung zuordnet und dieser den Prozentanteil der Richtig-Lösungen der ersteren Vp gibt, wie es z. B. Cohen et al. (1976) getan haben. Dann ist die Anzahl der Richtig-Lösungen unter kontingenter und nicht-kontingenter Bedingung gleich. Aber selbst dann wird bei Nicht-Kontingenz die Aufgabe als schwieriger erlebt als bei Kontingenz, weil trotz gleicher Zahl der „Erfolge" das Lösungsprinzip nach wie vor dunkel geblieben ist. So gibt es bis heute in allen Untersuchungen eine nicht behobene Konfundierung der Nicht-Kontingenz-Bedingung und erlebter größerer Schwierigkeit (vgl. Cohen et al., 1976; Frankel u. Snyder, 1978; Hanusa u. Schulz, 1977).

Im Sinne einer einfachen Übertragung der tierexperimentellen Prozedur auf den Menschen hat Seligman (1975) noch lange unterstellt, die Vp komme unter Nicht-Kontingenz-Bedingungen zu der Erwartung, die rückgemeldeten Ergebnisse seien unabhängig von den eigenen Lösungsbemühungen. Die Unterstellung ist weltfremd. Eine Fülle von Befunden macht deutlich, welche Schwierigkeit es Menschen bereitet, Ereignisse als nicht-kontingent oder zufällig aufzufassen (vgl. Langer, 1977; Tversky u. Kahnemann, 1973). Das ist erst recht bei Vpn der Fall, denn sonst würden für sie die Ereignisse in einem psychologischen Experiment ihren Sinn verlieren. Gerade bei Begriffsdiskriminationsaufgaben hat Levine (1971) festgestellt, daß Vpn aus nicht-kontingenten Rückmeldungen nicht den (objektiv richtigen) Schluß ziehen, die Aufgaben seien unlösbar, sondern vielmehr folgern, ihre bisherigen Lösungsansätze seien noch zu einfach, und nach immer komplexeren Hypothesen suchen.

Wenn so die Vpn die Aufgabe zunehmend schwieriger finden, so müssen sie sich im Vergleich zu Vpn in der Kontingenzbedingung als überfordert erleben; sei es, daß sie an ihrer Fähigkeit zu zweifeln beginnen oder die Aufgabe für so schwierig halten, daß weitere Bemühungen sich nicht lohnen. Gelernte Hilflosigkeit hinge also davon ab, wie entmotivierend Mißerfolg attribuiert und wieweit diese Attribution auf ähnliche Aufgaben übertragen wird. Sind Trainings- und Testaufgaben von gleicher Art, so kann auch, wie Peterson (1978) gezeigt hat, die anfangs erzeugte Einstellung, nur sehr komplexe Hypothesen führten bei so schwieriger Aufgabe zum Erfolg, ein Scheitern bei leichten Aufgaben in der Testphase zur Folge haben – einfach deshalb, weil die Vp nur nach komplexen Hypothesen sucht. Dagegen kam es nicht zu einer schlechteren Leistung (verglichen mit einer Kontrollgruppe), wenn die Testaufgaben tatsächlich komplexe Hypothesen erforderten. Die hier gelernte „Hilflosigkeit" beruhte auf einer Einstellung hinsichtlich des Bereichs von Lösungsmöglichkeiten *(hypothesis pool),* was je nach Art der Testaufgabe hinderlich oder förderlich war. Um im Sinne von Seligmans Nicht-Kontingenz zu induzieren, instruierte Peterson in einem zweiten Experiment die Vpn, daß nicht jede Rückmeldung zutreffend sei. Unter dieser Bedingung hielten sie an einfachen Hypothesen fest, weil sie negative Rückmeldungen als unzutreffend ansehen konnten, was die Suche nach komplexeren Hypothesen überflüssig machte. Verlangte nun die anschließende Testaufgabe komplexe Hypothesen, so wurden weit mehr Durchgänge als in der Kontrollgruppe bis zur Lösungsfindung benötigt. War die Testaufgabe dagegen einfach, so war man der Kontrollgruppe überlegen.

Erlebniswandel bei nicht-kontingenter Rückmeldung: Ein Stadienschema

Petersons Befunde sind in unserem Zusammenhang nicht deshalb interessant, weil Hilflosigkeit sich hier auf einen Einstellungseffekt zurückführen ließ (was die besondere Bedingung voraussetzte, daß Trainings- und Testaufgabe von gleicher Art waren), sondern weil sie zeigen, daß nicht-kontingente Rückmeldungen als kontingent erlebt wurden, solange der Vl nicht selbst die Kontingenz ausdrücklich in Frage stellte. Damit kommen wir zu dem eigentlichen Problem. Während negative Rückmeldungen unter beiden Kontingenzbedingungen der Hilflosigkeitsforschung als Mißerfolg empfunden werden, ist bei positiven Rückmeldungen eine unterschiedliche Bedeutung unausbleiblich. Während eine positive Rückmeldung unter Kontingenz-Bedingung Einsicht in das Lösungsprinzip vermittelt, tappt man unter Nicht-Kontingenz-Bedingung unentwegt im dunklen, weil jeder „Erfolg" sich nachträglich immer wieder als Zufallstreffer erweist, da das ihm entsprechende Lösungsprinzip sich in späteren Durchgängen als falsch erweist. In dem Maße, wie einfachere Hypothesen falsifiziert erscheinen, bildet man immer komplexere, bis man an seiner eigenen Fähigkeit zu zweifeln beginnt oder die Aufgabe für zu schwierig oder endlich gar für unlösbar hält. Damit könnten dann doch – dauert der Versuch lange genug – erste Zweifel aufkommen, ob überhaupt eine Kontingenz zwischen Lösungsvorschlägen und Rückmeldungen besteht. Der Verdacht, einer Willkür des Vls aufgesessen zu sein, kann endlich zur Gewißheit werden, wodurch alle bisherigen selbstwertbelastenden Emotionen der Ängstlichkeit und Deprimiertheit umschlagen in Ärger und Feindseligkeit gegen den Vl. In der Tat ist eine solche Gewißheit mit dem entsprechenden Gefühlsumschlag in zwei Studien bei einzelnen Vpn beobachtet worden (Gatchel, Paulus u. Maples, 1975; Miller u. Seligman, 1975).

Tabelle 11.1 skizziert den vermuteten Ablauf der erlebten Verfügbarkeit über die Aufgabenlösung unter nicht-kontingenter Bedingung. Wie auch bei kontingenter Bedingung beginnen die Vpn mit der fraglosen Gewißheit, daß sie es mit einer lösbaren Aufgabe zu tun haben. Eine Nicht-Kontingenz zwischen Handlung (H) und Ergebnis (E) würde ihnen im Traum nicht einfallen. Fraglich ist nur, ob und wann sie über die richtige Handlung (Lösung) verfügen werden. Den vom Vl mitgeteilten Erfolgen oder Mißerfolgen attribuieren sie internale Faktoren und halten das Abschneiden im Test für kontrollierbar (Stadium 1). Bei allen Bemühungen wird ihnen immer klarer, daß sie über ein Lösungsprinzip noch nicht verfügen (Stadium 2). Die Aufgabe erscheint ihnen unerwartet schwierig. Sie suchen nach komplexeren Lösungsprinzipien. Die ausbleibende Lösungseinsicht wirft eine Reihe von Attributionshypothesen auf: Ist die Aufgabe zu schwer, bin ich nicht fähig genug, habe ich mich noch nicht genügend angestrengt. Solche Attributionshypothesen, die

Tabelle 11.1. Stadien der erlebten Verfügbarkeit über die Aufgabenlösung bei objektiv nicht-kontingenten Aufgaben und die Auswirkungen auf Ergebniswahrnehmung, Ursachenattribution, Kontingenz-Erleben, erlebte Kontrollierbarkeit, Selbstbewertung und das resultierende Lernen von Hilflosigkeit. (E = Ergebnis; H = Handlung)

Stadien Aufgabenlösung erscheint:	Wahrgenommenes Ergebnis (E)	Ursachenattribution	Erlebte Kontingenz zwischen H und E	Erlebte Kontrollierbarkeit von E	Selbstbewertung	Lernen von Hilflosigkeit
1. wahrscheinlich verfügbar	a) Erfolg b) Mißerfolg	internal internal	vorhanden vorhanden	ja ja	pos. neg.	nein
2. noch nicht verfügbar, Aufgabe erscheint schwieriger als gedacht	a) Erfolg b) Mißerfolg	Zufall Schwierigkeit	vorhanden vorhanden	wird fraglich wird fraglich	neutral neg.	nein, eher Leistungsverbesserung
3. unverfügbar Aufgabe erscheint zu schwierig	a) „Erfolg" b) „Mißerfolg"	unklar stabil	vorhanden vorhanden	nein nein	neutr. neg. neg.	ja
4. Aufgabe erscheint prinzipiell unlösbar	„richtig", „falsch"	Willkür des Vl	nicht vorhanden[a]	nein[a]	neutral	Vermeidungslernen: ja Leistungshandeln: nein

[a] Ist das Ergebnis (E) einer Handlung (H) instrumentell für eine Folge (F) des Handlungsergebnisses, so kann hier auch der folgende analoge Fall eintreten: Zwar besteht Gewißheit über die Kontingenz zwischen H und E, aber die Kontingenz zwischen E und F wird als nicht (mehr) vorhanden wahrgenommen; z.B. wenn auf dasselbe Handlungsergebnis nicht mehr wie früher eine Bekräftigung erfolgt (Löschung). In diesen Fällen wird zwar E, aber nicht F, als kontrollierbar erlebt, es gibt keine Kontingenz mehr zwischen H (E) und F.

im Falle von Mangel an Fähigkeit und an Anstrengung negative Selbstbewertung nach sich ziehen, lassen sich am besten durch vermehrte Anstrengung testen. Solange die Vpn noch nicht an ihrer Fähigkeit zweifeln und die Vorbehandlung hier abbricht, sollte in der Testphase nicht nur kein Hilflosigkeitseffekt, sondern im Gegenteil eher eine Leistungsverbesserung zu beobachten sein – der so häufig beobachtete Effekt vermehrter Anstrengung nach anfänglichen Mißerfolgen (vgl. Kap. 9).

Hält die Vorbehandlung jedoch an, wird den Vpn zunehmend unverständlicher, wieso ihre „Erfolge" ein richtiges Lösungsprinzip enthalten sollen (denn ihre „Erfolgs"-Hypothesen werden ja im weiteren Verlauf falsifiziert). So wird ihnen allmählich die Kontrollierbarkeit des Ergebnisses fraglich und sie beginnen, „Erfolg" auf Zufall zu attribuieren. Im weiteren Verlauf (Stadium 3) erscheint die Aufgabe zu schwierig. Sie sehen nicht, wie ihnen die richtige Lösungshandlung noch verfügbar werden sollte. Den Richtig- und Falsch-Rückmeldungen des Vls vermögen sie kaum noch lösungsdienliche Hinweise zu entnehmen. Die Ursachenattribution nach Erfolg wird unklar, nach Mißerfolg bestärkt sie das Eingeständnis eigenen Unvermögens. Die Aufgabenlösung erscheint nicht mehr kontrollierbar, die Selbstbewertungsfolgen bleiben negativ.

Schließlich kann es bis zur Gewißheit kommen, daß die Aufgabe prinzipiell unlösbar ist, ja, daß überhaupt keine Kontingenz zwischen H und E besteht. (Um dahingehende systematische Schlußfolgerungen unmöglich zu machen, haben z. B. Klein, Fencil-Morse u. Seligman, 1976, die Tafeln unter nicht-kontingenter Bedingung kürzer vorgelegt.) Damit ist Stadium 4 erreicht. Man ist zu der Gewißheit gelangt, daß kein Lösungsprinzip besteht und deshalb eigene Lösungsbemühungen müßig sind, daß positive und negative Ergebnisse nicht kontrollierbar sind und die Selbstbewertung nicht tangieren können. Selbstwertbelastende Emotionen schlagen um in Ärger und Feindseligkeit gegen den Vl. Dieser Punkt wird erreicht, wenn man die Vp lange genug in der Nicht-Kontingenz-Situation festhält, wie es Dembo (1931) in ihrer klassischen Untersuchung getan hat.

Aber auch schwerwiegende Konsequenzen können mit dem Erkennen von Nicht-Kontingenz verbunden sein und bei Vermeidungshandeln – wenn auch nicht Leistungshandeln – zu depressiver Hilflosigkeit führen; etwa wenn alle Therapien sich als wirkungslos und eine Krankheit sich als unheilbar erweist. Wieder ein anderer Fall ist die Frustration in dem Sinne, daß ein positives Anreizobjekt trotz des erzielten positiven Handlungsergebnisses nicht mehr erreichbar ist; hier ist die Kontingenz nicht zwischen Handlung und Handlungsergebnis, sondern zwischen diesem und der früher üblichen Folge aufgehoben (vgl. Fußnote zu Tabelle 11.1). Was grundsätzlich menschenunmöglich erscheint, verursacht nach einer Unterscheidung von Abramson et al. (1978) *universal helplessness*, während *personal helplessness* nur auf dem Unvermögen des einzelnen beruht.

Unterscheidung zwischen wahrgenommener Nicht-Kontrollierbarkeit und Nicht-Kontingenz

Eigenartigerweise scheint der Wandel des Attributionsprozesses bei objektiver Nicht-Kontingenz bisher noch nicht näher untersucht zu sein. Aus unserer Analyse läßt sich jedenfalls zweierlei folgern; zunächst, unter welchen speziellen Bedingungen bei objektiver Nicht-Kontingenz gelernte Hilflosigkeit überhaupt auftreten kann (vgl. Tabelle 11.1, letzte Spalte). Verharrt die Vp im zweiten Stadium (d. h. zweifelt sie noch nicht endgültig daran, daß sie die Lösung finden wird), so ist statt mit Hilflosigkeit eher mit dem Gegenteil zu rechnen, nämlich mit vermehrten Lösungsbemühungen. Ein solcher Fall ist zu erwarten, wenn die Erfahrungen der Vp unter objektiver Nicht-Kontingenz vom Experimentator zu kurz oder zu wenig nachhaltig gehalten werden. Dagegen sollte Hilflosigkeit erlernt werden, wenn die Vp das dritte Stadium erreicht hat; wenn ihr die Aufgabe mittlerweile so schwer erscheint, daß sie zu zweifeln beginnt, ob sie je die richtige Lösung finden wird und jedes Ergebnis als unkontrollierbar erlebt. Sollte die Vp schließlich sogar das vierte und letzte Stadium erreichen, d. h. von prinzipieller Unlösbarkeit der Aufgabe, von Nicht-Kontingenz überzeugt sein und alle ihre Handlungsmöglichkeiten für wirkungslos halten, so wird bei reinen Leistungsaufgaben keine Hilflosigkeit gelernt. Denn die Vp macht nun allein leistungsfremde Ursachen – wie Tücke des Vls und prinzipielle Unlösbarkeit der Aufgabe – verantwortlich. Dementsprechend bleiben die Selbstbewertungsfolgen neutral.

Zum anderen läßt es unsere Analyse angebracht erscheinen, mehrere begriffliche Unterscheidungen zu treffen, über die in der bisherigen Literatur nur erste Ansätze zu finden sind (z. B. in Abramson et al., 1978). Zu unterscheiden ist zwischen Nicht-Kontingenz als Manipulation des Vls und dem dadurch verursachten Erlebnissachverhalt der Vp in seiner jeweiligen Entfaltungsstufe. Daraus ergibt sich, daß die folgenden drei Bedeutungspaare nicht, wie es häufig geschieht, miteinander gleichgesetzt und verwechselt werden dürfen: (1) wahrgenommene Kontingenz und Nicht-Kontingenz, (2) wahrgenommener Erfolg und Mißerfolg und (3) wahrgenommene Kontrollierbarkeit und Nicht-Kontrollierbarkeit. Zu (1) und (2): Solange eine Vp eine Aufgabe für lösbar (und zwar auch von ihr selbst lösbar) hält, steht für sie Kontingenz nicht in Frage und die Ergebnisse ihrer Bemühungen werden als Erfolg und Mißerfolg erlebt. Auch wenn sie nach vergeblichen Versuchen zu der Überzeugung kommt, daß sie – im Unterschied zu anderen Personen – die Aufgabe nie lösen wird, erlebt sie ihre Mißerfolge als kontingent und nicht als nicht-kontingent. Das Erleben von Erfolg und Mißerfolg setzt also immer eine nicht in Frage gestellte Kontingenz voraus. Die zugrunde liegende Kontingenz-Überzeugung wird erst erschüttert, wenn bei Verfügbarkeit der Lösungshandlung erwartungswidrig Mißerfolg oder bei Nicht-Verfügbarkeit der Lösungshandlung erwartungswidrig Erfolg eintritt.

Mit der Fragwürdigkeit der Kontingenz wird auch fragwürdig, ob das Ergebnis als „Erfolg" bzw. „Mißerfolg" zu verbuchen, d. h. internal zu attribuieren ist. In der Tat können auch nicht internal zu erklärende „Erfolge" gelernte Hilflosigkeit in Form eines motivationalen, kognitiven und sogar emotionalen (Ängstlichkeit) Defizits herbeiführen (Griffith, 1977). Das ist bezeichnenderweise jedoch nicht der Fall, wenn statt zu 80% zu 100% nicht-kontingenter „Erfolg" rückgemeldet wurde (Benson u. Kennelly, 1977). Unter einer solchen Überschwemmung mit Erfolg wird den Vpn nicht nur jeder Informationsgehalt von Rückmeldung vorenthalten, sondern auch ein baldiges Erleben von Nicht-Kontingenz erzwungen, da auch sich ausschließende Lösungsprinzipien als „erfolgreich" ausgegeben werden. So berichteten denn auch die Vpn, daß sie keinerlei Kontrolle über die erzielten Ergebnisse empfunden hätten. In einer nachfolgenden Anagramm-Aufgabe schnitten sie ebenso gut ab wie die kontingente Gruppe. Damit stehen wir vor zwei bemerkenswerten Tatbeständen. Erstens, um im Sinne des Postulats der traditionellen Hilflosigkeitsforschung eine erlebte Nicht-Kontingenz zwischen Handlung und Ergebnis möglichst schnell und gründlich zu erzeugen, gibt es keine probatere Versuchstechnik, als ausschließlich „Erfolg" rückzumelden. Zweitens, entgegen diesem Postulat hat eine so induzierte Nicht-Kontingenz im Leistungshandeln gerade keine Hilflosigkeit zur Folge.

Was schließlich die (3) wahrgenommene Kontrollierbarkeit betrifft: Sie ist nicht mit erlebter Kontingenz gleichzusetzen. Zwar setzt erlebte Kontrollierbarkeit immer eine Kontingenz-Überzeugung voraus, hinzukommen muß aber die Erwartung, daß man selbst in der Lage ist oder künftig in der Lage sein wird, das gewünschte Ergebnis zu erzielen. Besteht diese Erwartung nicht oder nicht mehr, so wird bei voller Kontingenz-Überzeugung das gewünschte Ergebnis als nicht-kontrollierbar angesehen (Stadium 3).

Insofern kann auch gehäufte Mißerfolgsinduktion – solange der Glaube an die grundsätzliche Lösbarkeit der Aufgabe nicht erschüttert ist, etwa weil andere Personen der relevanten Bezugsgruppe die Aufgabe lösen können – Hilflosigkeit lernen lassen *(personal helplessness* nach Abramson et al., 1978; vgl. Kuiper, 1978). Ist andererseits Kontingenz zweifelhaft oder Nicht-Kontingenz gewiß geworden, so werden die Ergebnisse als unkontrollierbar und zugleich nicht mehr als Erfolg oder Mißerfolg erlebt.

Differentieller Effekt von nicht-kontingentem „Erfolg" und „Mißerfolg"

Die angestellten Überlegungen werfen insbesondere die Frage auf, ob nicht-kontingenter partieller „Erfolg" dasselbe Ausmaß an Hilflosigkeit lernen läßt wie nicht-kontingenter partieller „Mißerfolg". Man könnte etwa vermuten, daß die Vp bei nicht-kontingentem Erfolg aus selbstwertdienlichen Gründen (oder infolge eines kausalen Schemas bezüglich des Zusammenhangs von Erfolg und Mißerfolg mit Kontingenz und Nicht-Kontingenz) länger an eine Kontrollierbarkeit glaubt, als sie es bei nicht-kontingentem Mißerfolg tut, so daß (zumindest vorübergehend) eine ergebnisabhängige Asymmetrie der erlebten Kontrollierbarkeit eintritt.

Etwas anderes haben Koller u. Kaplan (1978) vermutet. Sie glauben, daß in beiden Fällen Nicht-Kontrollierbarkeit erlebt wird, daß aber „Mißerfolg" zusätzlich entmotiviert, während „Erfolg" motiviert; so daß Hilflosigkeit nach „Mißerfolg" stärker ist als nach „Erfolg". Sie haben deshalb ein „Zwei-Prozeß-Modell" vorgeschlagen, nach welchem „kognitive" und „motivationale" Aspekte bei der Entstehung von Hilflosigkeit zu unterscheiden sind. „Kognitiv" sind nicht-kontingente Rückmeldungen, weil sie die erforderlichen Informationen, um das Problem zu lösen, vorenthalten. „Motivational" sei dagegen die bloße Häufigkeit von Erfolgs- oder Mißerfolgsrückmeldungen, weil sie auch ohne erlebte Kontrollierbarkeit die Motivation zu weiteren Lösungsbemühungen aufrechterhalte bzw. abschwäche. Demnach sollte nach nicht-kontingentem Erfolg weniger Hilflosigkeit als nach nicht-kontingentem Mißerfolg entstanden sein.

Diese Vorhersage konnten die Autoren empirisch bestätigen. Allerdings ist damit noch nicht zwischen den beiden erörterten Vermutungen zugunsten des Zwei-Prozeß-Modells additiver Effekte von „Information" und „Motivation" entschieden. Da der Versuch von Koller u. Kaplan (1978) mehr als andere Versuche Bedingungen des Kontingenzerlebens experimentell variiert, verdient er eine nähere Darstellung. In der Trainingsphase hatten die Vpn 40 Durchgänge einer Aufgabe zur Vermeidung unangenehmen Lärms. Die Testaufgabe war ähnlicher Art und wurde in demselben Raum und mit demselben Vl durchgeführt. Die Trainingsaufgabe wurde unter einer von vier Rückmeldungs-Bedingungen durchgeführt: (1) kontingent, (2) nicht-kontingent (nach *yoking design* an Vpn der Bedingung 1 gekoppelt), (3) fast ausschließlich „Erfolg", (4) fast ausschließlich „Mißerfolg". Vor der Testphase wurde innerhalb jeder Rückmeldungsbedingung der Trainingsphase eine von vier „Interventionen" vorgenommen: (1) Information über die tatsächliche Nicht-Kontingenz der Rückmeldungen während der Trainingsphase und daß nun, in der Testphase, die Rückmeldungen kontingent sein würden, (2) keinerlei Information, (3) Lob und (4) Tadel wegen der erzielten Trainingsergebnisse. Abhängiges Maß und Indikator für Hilflosigkeit waren die Reaktionslatenzen in der Testaufgabe.

Die Ergebnisse fielen klar aus. War in der „Intervention" vor der Testphase keine Information oder Lob oder Tadel gegeben worden, kam es zu deutlichen Hilflosigkeitseffekten im Vergleich zur kontingenten Bedingung. Ausgeprägt war die Hilflosigkeit aber nur nach nicht-kontingenter Erfolgs-Mißerfolgs-Rückmeldung *(yoking design)* und nach „Mißerfolgs"-Rückmeldung, nicht jedoch nach „Erfolgs"-Rückmeldung. Im letzteren Fall lag die Leistung zwischen den Niveaus der Vpn-Gruppen mit kontingenten und nicht-kontingenten Rückmeldungen. „Erfolge" scheinen also nach Koller u. Kaplan einen motivationalen Effekt gehabt zu haben oder das Erleben von Nicht-Kontingenz zu verzögern. Weit wahrscheinlicher ist jedoch eine andere, nicht-motivationale Erklärung im Sinne der erwähnten Befunde von Benson u. Kennelly (1977). Da Koller u. Kaplan der Erfolgsgruppe fast ausschließlich „Erfolge" rückgemeldet haben, müßte gerade hier der Verdacht, die Aufgabe sei unlösbar, genährt und das Erleben von Nicht-Kontingenz gefördert worden sein. Und dies sollte, wie gefunden, Hilflosigkeit mindern.

Immunisierung gegen Hilflosigkeit

Bemerkenswert ist der Effekt, den bei Koller u. Kaplan die volle Aufklärung über die Nicht-Kontingenz in der Trainingsphase und der Hinweis auf Kontingenz in der bevorstehenden Testphase hatten: Jede gelernte Hilflosigkeit schwand mit einem Schlage! Das heißt, die verschiedenen Kontingenzbedingungen in der Trainingsphase hatten keinerlei Einfluß mehr auf die Testleistung. Zur vollkommen „Therapie" experimentell erzeugter Hilflosigkeit – oder besser: zur Immunisierung gegen ihre Folgen – genügt also ein Wort der Aufklärung, daß man die Vp hinters Licht geführt habe. Dieses Ergebnis ist konsistent mit unserer Auffassung, daß es (1) die gewonnene Überzeugung von der Nichtkontrollierbarkeit der Aufgabenlösung und gleichzeitig (2) die nicht in Frage gestellte Kontingenz zwischen eigenen Leistungsbemühungen und eintretenden Effekten ist, die Hilflosigkeit für die betreffende Aufgabe erlernen läßt (vgl. Tabelle 11.1, Stadium 3).

Einen ähnlichen Immunisierungseffekt haben Thornton u. Powell (1974) hinsichtlich Hilflosigkeit beim Vermeiden von Schmerz berichtet. Erhielten die Vpn bei einer Wahlreaktionsaufgabe unausweichliche Stromschläge, so reagierten sie anschließend bei einer motorischen Transferaufgabe langsamer. Wurden sie jedoch vor dieser Transferaufgabe davon informiert, daß nun die Stromschläge vermeidbar seien, so schwand jedes Anzeichen von Hilflosigkeit; ja, die Vpn reagierten noch schneller als Vpn, die bei der ersten Aufgabe die Stromschläge kontrollieren konnten oder keine erhalten hatten. Eine Art „Selbst-Immunisierung" hat Hiroto (1974, S. 191) an seiner Vpn-Gruppe mit internaler Kontrolle beobachtet. Diese Vpn machten während der Vorbehandlung viermal soviel Ausweichversuche wie die Vpn mit externaler Kontrolle. In der Testphase zeigten sie im Unterschied zu den externalen Vpn auch keine Hilflosigkeit (gemessen an den gemittelten Latenzzeiten). Auch dieser Befund fügt sich gut in unser Stadienschema der Tabelle 11.1 ein: Die internalen Vpn befanden sich noch im Stadium 2, die externalen Vpn schon im Stadium 3 der erlebten Unkontrollierbarkeit. Eine mit Hirotos Befunden vergleichbare erste Beobachtung haben übrigens Seligman u. Maier (1967) an Hunden gemacht und als Immunisierung bezeichnet. Erhielten die Hunde vorher entrinnbare Stromschläge, so zeigten sie bei unausweichlichen Stromschlägen vermehrte Ausweichreaktionen und waren später nicht hilflos.

Da nach den bisherigen Erörterungen Hilflosigkeit nur unter sehr speziellen Bedingungen bezüglich der erlebten Kausalstruktur in der Beziehung von Situation und eigenen Handlungsmöglichkeiten gelernt wird, kann es nicht überraschen, wenn bisher in vielen Experimenten, die der Herstellung der entscheidenden Bedingungen nicht genügend Aufmerksamkeit geschenkt und ihr Vorliegen nicht eigens überprüft haben, die erwarteten Defizite der Hilflosigkeit nicht gefunden wurden. Zwei Probleme haben sich vor allem herausgeschält. Das erste betrifft die Trainingsphase. Bei Leistungsaufgaben muß sichergestellt sein, daß die Vpn nicht soviel Erfahrungen machen, daß schließlich ihr Kontingenz-Glaube erschüttert wird; andererseits aber Erfahrungen genug, um die anfängliche Kontrollierbarkeits-Gewißheit zu verlieren (vgl. Tabelle 11.1). Geschieht das letztere nicht, so ist es nicht verwunderlich, wenn statt der Verminderung der Leistungsfähigkeit in der Testphase eine Leistungsverbesserung zu beobachten ist. Das zweite Problem betrifft die Generalisierung von der Trainingsphase. Erörtern wir beide Probleme anhand vorliegender Befunde.

Verbesserung statt Minderung der Leistung

Hanusa u. Schulz (1977) gaben in der Trainingsphase wie üblich bei einer Diskriminationsaufgabe (Herausfinden eines begrifflichen Prinzips) nicht-kontingente Rückmeldungen. Es gab drei Aufgaben mit je 25, 22 bzw. 18 Durchgängen. Aufgrund attributionstheoretischer Überlegungen erwarteten die Autoren erlernte Hilflosigkeit von jenen Vpn, die die objektiv nicht-kontingenten Rückmeldungen auf persönlichen Fähigkeitsmangel zurückführen. Das entspricht in Tabelle 11.1 dem Stadium 2. Allerdings erfuhren die Vpn ja keine gehäuften Mißerfolge, sondern in der Hälfte der Fälle „Erfolg". Um eine Fähigkeitsattribuierung zu erzeugen, haben die Autoren zu Beginn und am Ende der Trainingsphase eine solche explizit der Vp nahegelegt und dem noch durch eine Konsensinformation, daß nur 2 von 89 Vpn keines der drei Probleme gelöst hatten, nachzuhelfen versucht. Allerdings hebt diese Konsens-Information die nahegelegte Attribution auf Fähigkeitsmangel eher wieder auf: Wenn fast alle erfolgreich sind, muß die Aufgabe sehr leicht sein und wenig Fähigkeit erfordern. Wenn dann die Vp 50% Richtig-Informationen erhält und auch noch nicht recht durchschauen kann, warum ihre Lösungsvorschläge manchmal richtig und manchmal falsch sein können, und wenn sie auch noch nicht an einer zugrunde liegenden Kontingenz zweifelt, wäre die Erwartung der Autoren eher umzukehren: Die Vp sollte bemüht sein, sich ihrer herausgeforderten Fähigkeit zu vergewissern und sich in der Testphase verstärkt bemühen.

Die Autoren gliederten das nicht-kontingente Training in vier Teilgruppen: Neben Fähigkeitsmangel wurden Anstrengungsmangel und Aufgabenschwierigkeit (mit etwas abgemilderter Konsensinformation) sowie kein Attributionsfaktor als Ursachenerklärung induziert. Außerdem gab es noch eine Gruppe mit kontingenten Rückmeldungen sowie eine Kontrollgruppe ohne Trainingserfahrung. Trainings- und Testversuch wurden getrennt, indem der erste Vl die Vp in einen anderen Raum führte, wo ein zweiter Vl ein angeblich anderes Projekt durchführte. Die Testaufgabe bestand in einer Labyrinthaufgabe.

Die Ergebnisse zeigten keinerlei Hilflosigkeitseffekte in jeder der nicht-kontingenten Gruppen, verglichen mit der kontingenten und der Kontrollgruppe. Statt dessen erzielte die nicht-kontingente Gruppe mit induzierter Fähigkeitsattribuierung, wie wir erwartet haben, erheblich bessere Labyrinthleistungen in der Testsituation als alle übrigen Vpn-Gruppen. Fragebogenbefunde unterstützen diesen Befund: Im Vergleich zur kontingenten Gruppe hielt die Fähigkeitsattributionsgruppe die Trainingsaufgabe für weniger lösbar (also schwieriger) und weniger kontrollierbar, die Testaufgabe jedoch für kontrollierbarer. Offensichtlich ist in dieser Untersuchung das von den Autoren beabsichtigte Lernen von Hilflosigkeit aus zwei Gründen verhindert worden. Einmal stand dem, wie schon erwähnt, die gegebene Konsensinformation im Wege, weil sie die Gewißheit von der Lösbarkeit der Aufgaben nur bestärken konnte. Zum anderen reichte offensichtlich die Anzahl von insgesamt 55 Durchgängen (für 3 Probleme) nicht aus, um die Erwartung, das Lösungsprinzip doch noch finden zu können (geschweige die Gewißheit zugrunde liegender Kontingenz), ernsthaft zu erschüttern (vgl. Tabelle 11.1, Stadium 2). Die Autoren verweisen selbst auf eine Studie von Roth u. Kubal (1975), in der Hilflosigkeitseffekte erst nach 120 Durchgängen auftraten. Hinzu kommt, worauf die Autoren ebenfalls hinweisen, daß mit der Induktion von Fähigkeitsattribution der Vl die Aufgabe besonders wichtig machte (Index für *„academic potential"*), wodurch eher vermehrte Anstrengung als schnelles Aufgeben nahegelegt wird.

Es gibt noch eine weitere Untersuchung, in der wie bei Hanusa u. Schulz eine manipulierte Konsensinformation nicht geeignet war, persönliche und universale Hilflosigkeit experimentell zu realisieren. Wortman, Panciera, Schusterman u. Hibscher (1976) ließen unter nicht-kontingenter Bedingung die Vp erleben, daß eine zweite (Schein-)Vp im selben Raum trotz des bestehenden Lärms die Aufgaben entweder lösen oder – wie auch sie selbst – nicht lösen konnte. Mangelnder Konsens führte nicht zur persönlichen Hilflosigkeit, sondern zur verbesserten Leistung bei den gleichen Aufgaben ohne Lärm sowie zur leicht verbesserten Leistung bei Testaufgaben. Der Grund liegt offensichtlich darin, daß die Vp ihre schlechtere Leistung während der Lärmphase nicht eigenem Fähigkeitsmangel, sondern der größeren Lärm-Unempfindlichkeit der Mit-Vp zugeschrieben hat.

Abgesehen von (mißglückten) Attributions-Induktionen hängt das Lernen von Hilflosigkeit ganz offensichtlich und entscheidend von der Nachhaltigkeit der Unkontrollierbarkeits-Erfahrung ab, um die in Tabelle 11.1 skizzierte Stadienabfolge im Erleben von Kontingenz in Gang zu bringen. Dafür enthält die Studie von Roth u. Kubal (1975) Belege (desgleichen eine vorausgehende Studie von Roth u. Bootzin, 1974). In der Trainingsphase gab es ein, zwei oder drei Begriffsbildungs-Probleme. Der Testversuch fand anschließend in einem „anderen" Experiment statt, das „zufällig" im selben Gebäude durchgeführt wurde. Die Ergebnisse lassen die Wirkung des Ausmaßes an Hilflosigkeits-Training klar erkennen. Vpn, die nur ein Problem mit 50 Durchgängen unter nicht-kontingenten Rückmeldungen zu lösen hatten, zeigten in der Testphase gegenüber den anderen Gruppen (einschließlich der kontingenten und der Kontrollgruppe) eine gesteigerte Leistung. Dagegen traten Hilflosigkeits-Effekte bei jenen Vpn auf, die vorher alle drei Probleme mit insgesamt 120 Durchgängen bearbeitet hatten. Das spricht dafür, daß die hilflosen Vpn inzwischen an ihrer Verfügbarkeit über die richtige Aufgabenlösung (Stadium 3) – an der Kontrollierbarkeit, nicht an der Kontingenz – zu zweifeln begonnen hatten.

Der Effekt war im übrigen stärker, wenn die objektiv nicht-kontingenten Begriffsbildungsaufgaben als sehr bedeutsam („really a good predictor of grades in college") und nicht bloß als ein Lernexperiment ausgegeben worden waren. Bei solcher Häufung von erfahrener Nicht-Kontrollierbarkeit muß in diesem Falle die Bedeutsamkeit der Aufgabe nicht mehr anspornend, sondern zusätzlich deprimierend auf die nachfolgende Testtätigkeit gewirkt haben.

Ein Mangel dieser wie aller bisherigen Arbeiten ist es, daß nicht genau kontrolliert wurde, wie die Vpn die objektiv nicht-kontingenten Rückmeldungsinformationen verarbeitet und wie attribuiert haben (also in welchem Stadium der Tabelle 11.1 sie sich befanden). Tennen u. Eller (1977) haben an der Studie von Roth u. Kubal (1975) angeknüpft und versucht, neben dem Ausmaß an Hilflosigkeits-Training zugleich auch (und auf einfallsreichere Weise als bisher) eine Fähigkeits- oder eine Schwierigkeitsattribuierung zu induzieren. Zu diesem Zweck wurden wie bei Roth u. Kubal ein oder drei Probleme (mit je 48 Durchgängen) gegeben und in den Gruppen mit mehr als einem Problem das jeweils nächste Problem entweder als leichter oder schwerer ausgegeben. Bei leichter werdendem Problem sollte die fortwährende Vergeblichkeit der Lösungsfindung auf Fähigkeitsmangel, bei schwerer werdenden Problemen auf zu große Aufgabenschwierigkeit, also auf den speziellen Aufgabentyp, zurückgeführt werden.

Die Ergebnisse in der anschließenden Testaufgabe (Anagramm, anderer Raum aber gleicher Vl) sind gegenläufig für beide Induktionsgruppen und damit aufschlußreich im Sinne unseres Analyseschemas (wie auch die gleichen Befunde von Klein et al., 1976, an depressiven Vpn). Die Gruppe mit induzierter Schwierigkeitsattribution war allen anderen Gruppen überlegen; sogar, wenn auch nicht signifikant, gegenüber der kontingenten und der Kontrollgruppe. Sie löste mehr Anagramme in kürzerer Zeit. Vermutlich hat die Zentrierung auf hohe Aufgabenschwierigkeit – das Charakteristikum von Stadium 2 – die Vpn länger auf diesem Stadium festgehalten und zu reaktiver Anstrengungssteigerung veranlaßt. Dagegen fiel die Gruppe mit induzierter Attribuierung auf Fähigkeitsmangel hinter alle übrigen Gruppen zurück. Sie hatte signifikant weniger richtige Lösungen und längere Latenzzeiten. Offensichtlich hatte sie den Glauben an die Kontrollierbarkeit der Trainingsaufgabe bereits verloren; d. h. sie steckte bereits im Stadium 3.

Wahrscheinlich spielt weniger die bloße Anzahl von Durchgängen pro Problemaufgabe, als die Anzahl der Problemaufgaben, bei denen man in der Trainingsphase das Lösungsprinzip nicht durchschauen kann, die entscheidende Rolle beim Lernen von Hilflosigkeit. So haben Klein et al. (1976) bei vier objektiv unlösbaren Problemen mit je nur 10 Durchgängen unmittelbar darauf in der gleichen Situation schlechtere Anagrammleistungen gefunden. Ähnlich wie Hanusa u. Schulz (1977) haben die Autoren durch drastische Konsensinformationen eine Attribution entweder auf Mangel an Fähigkeit (85% der Vpn lösen drei oder vier der Probleme) oder auf Aufgabenschwierigkeit (7% lösen ein, 90% kein Problem) zu induzieren versucht; eine Manipulation, die sich in nachexperimenteller Attribuierungsbefragung niederschlug, aber dennoch bei nicht-depressiven Vpn (im Unterschied zu depressiven) keinerlei Effekt auf die Anagrammleistung hatte. Die Leistungsverschlechterung bei Klein et al. steht im Widerspruch zur Leistungsverbesserung bei Hanusa u. Schulz, wenn man davon absieht, daß Klein et al. vier statt drei Probleme gaben, andere Aufgaben verwendeten und die Testphase im selben Experiment und mit demselben Vl durchführten. Eine Aufklärung des Widerspruchs würde Informationen voraussetzen, wie die Vpn die Nicht-Kontingenz erlebt und ihre vergebliche Suche nach dem Lösungsprinzip attribuiert haben. Im übrigen ist, wie wir noch erörtern werden, bis heute unklar, worauf eigentlich die verminderte Leistungsfähigkeit unmittelbar zurückzuführen ist.

Zwei Ansätze zur Erklärung von Leistungssteigerung

Wenn man die Lösung einer Aufgabe nicht finden kann, weil man nicht durchschaut, warum einige Lösungsvorschläge „richtig" und andere „falsch" sein sollen, beginnt man die Situation als unkontrollierbar zu erleben. Für diesen Fall sagt die sog. Reaktanz-Theorie von Brehm (1972) – im Widerspruch zur traditionellen Hilflosigkeitstheorie – vermehrte Bemühungen voraus, die verlorengegangene Kontrollierbarkeit wiederherzustellen. Anhand einer kritischen Befundübersicht haben Wortman u. Brehm (1975) die gegensätzlichen Positionen zu integrieren versucht, indem Reaktanz die unmittelbare Reaktion auf die erfahrene Nicht-Kontrollierbarkeit ist – zumal wenn die Aufgabe als persönlich bedeutsam angesehen wird – und Hilflosigkeit erst nach längerem und fruchtlosen Bemühen um Wiedergewinnung von Kontrollierbarkeit resultiert. Reaktanz und Hilflosigkeit sind also aufeinanderfolgende Handlungskonsequenzen, angeordnet auf einem Kontinuum fortgesetzter Erfahrung von Nicht-Kontrollierbarkeit und in ihrer Stärke abhängig von der Bedeutsamkeit der unkontrollierbaren Ereignisse. Dieses integrative Modell entspricht unserer postulierten Stadienabfolge in Tabelle 11.1. Nur ist es so global, daß es z. B. nicht zwischen als kontingent und als nicht-kontingent erlebten Mißerfolgen unterscheidet und noch keine differenzierteren attributionstheoretischen Gesichtspunkte (im Unterschied zu Abramson et al., 1978; oder Miller u. Norman, 1979) einschließt.

Reaktanzverhalten von sehr unterschiedlichen Formen wurde ursprünglich von Brehm (1972) als Reaktion auf Freiheitseinengungen konzipiert, und zwar in Abhängigkeit von der Bedeutsamkeit und dem Umfang der bedrohten oder beseitigten Handlungsfreiheit sowie davon, wie durchgreifend die Einengung erfolgt. Das hat sich z. B. in der Einengung der Käuferfreiheit nachweisen lassen, als man Kundinnen eines Supermarktes durch Empfehlungen oder Geldzuwendungen veranlassen wollte, von zwei Brotsorten die eine zu bevorzugen (Weiner u. Brehm, 1966): Je stärker der ausgeübte Einfluß war („you are going to buy" statt „please try"), um so weniger Kundinnen gaben dem Ansinnen nach (51 statt 70%). Der gegenwärtige Stand der Reaktanzforschung ist verwickelt und wenig klar (vgl. Gniech u. Grabitz, 1978). Statt Freiheitseinengung ist unter dem Eindruck der Hilflosigkeitsforschung inzwischen „Kontrollverlust" in den Mittelpunkt gerückt (Wortman u. Brehm, 1975). Das Aufrechterhalten von Kontrolle („Kontrollmotivation") scheint ein elementares Anliegen zu sein, das bereits in der Ursachenerklärung selbst zum Ausdruck kommt (vgl. Kelley, 1971; Wortman, 1976; nachgewiesen von Cialdini et al., 1974; vgl. Kap. 10: Verantwortlichkeit).

Einen ähnlichen Ablauf wie Wortman u. Brehm (1975) hat Klinger (1975) auf der Grundlage einer anreizzentrierten Motivationstheorie in der Form des sog. Zyklus von Anreiz und Entsagung entworfen *(incentive-disengagement cycle)*. Nach Klinger sind es Anreize, deren Verfolgen und Auskosten das Handeln leiten. Den Anreizen liegen beim Handelnden hypothetische Zustände, sog. laufende Anliegen *(current concerns),* zugrunde, die von der ersten Zielbindung an einen Anreiz *(commitment)* bis zum Aufgeben des Anreizes, sei es durch Zielrealisation oder durch Entsagung, fortbestehen. Laufende Anliegen stellen eine Art zielkonkretisierte Miniatur-Motive dar, die den Lewinschen Konstrukten der Vornahme oder das Quasi-Bedürfnisses nahestehen. Entsagung folgt auf Frustration, Löschung oder Verlust des Anreizobjekts und besteht im Durchlaufen eines regelhaften Zyklus von mehreren Stadien, die Klinger mit Befunden aus vielen Bereichen belegt. Zunächst tritt eine vermehrte Kraftaufwendung auf *(invigoration;* vgl. z. B. Amsels Frustrationseffekt, Kap. 4), dann Primitivierung der Reaktionen und Aggression. Führt auch dies nicht weiter, so beginnt ein Abschwung in Depression mit apathischen Verhaltensweisen. Nach einiger Zeit findet ein Wiederaufschwung statt bis zur Erholung. Depression mit allen Merkmalen der Hilflosigkeit ist demnach ein normales Durchgangsstadium angepaßter Lebensbewältigung, wenn man einem Anreiz entsagen, ein laufendes Anliegen aufgeben muß (vgl. auch Bulman u. Wortman, 1977).

Bezogen auf die Hilflosigkeitsforschung entspricht der Phase der vermehrten Kraftaufwendung die Leistungsverbesserung, und der Depressionsphase der Leistungsabfall in der Testaufgabe. Danach wäre Gelernte Hilflosigkeit allerdings nur ein vorübergehender depressiver Zustand, der auch nicht durch das Erleben von Unkontrollierbarkeit als solcher, sondern durch die Einsicht in die Unerreichbarkeit eines anreizgeladenen Zieles ausgelöst wird. Beide Theorien beanspruchen auch, Erklärungswert für die Entstehung von reaktiven Depressionen zu haben, wobei Klinger den generellen und temporären Verlauf im Entsagungsprozeß hervorhebt, wenn die Zielbindung an einen Anreiz wegen dessen endgültiger Unerreichbarkeit aufgegeben werden muß.

Die Hilflosigkeits-Theorie, die erlebte Nicht-Kontrollierbarkeit als eine hinreichende, aber nicht notwendige Ursache für reaktive Depressionen ansah, war zunächst recht einfach (Seligman, 1975). Danach sollte erlebte Unkontrollierbarkeit hinreichen, um neben motivationalen und kognitiven Defiziten depressive Affekte hervorzurufen. Inzwischen wird Unkontrollierbarkeit nicht mehr als hinreichend für depressive Affekte angesehen und – in Annäherung an Klinger (1975) – für erforderlich gehalten, daß man hoch erwünschter Handlungsfolgen *(outcomes)* verlustig gegangen ist oder mit dem Eintreten stark aversiver Ereignisse rechnen muß (Abramson et al., 1978, S. 65). Um des weiteren Generalisierungsgrad, Dauer und Intensität von reaktiven Depressionen zu erklären, lassen sich verschiedene, insbesondere attributionstheoretische Ansätze heranziehen, denen wir uns bei der Erörterung des zweiten Hauptproblems der bisherigen Hilflosigkeitsforschung, der Frage der Generalisierung gelernter Hilflosigkeit, zuwenden.

Generalisierung: Skeptizismus und erlebte Nicht-Kontingenz von Ergebnis und Folge

Das Phänomen gelernter Hilflosigkeit wäre um so bemerkenswerter, je mehr sich nachweisen ließe, daß es sich über Handlungsbereiche und über Zeit generalisierte. In beiderlei Hinsicht weiß man bisher kaum etwas. Trainings- und Testaufgabe sind zwar verschieden, wurden jedoch gewöhnlich in das gleiche Bedeutungslicht akademischer Tüchtigkeit gerückt, was Übertragungseffekte begünstigt. Werden beide Aufgaben in einem Experiment unter demselben Vl bearbeitet (wie bei Klein et al., 1976), so mag eine Leistungsverschlechterung lediglich auf den Skeptizismus einer externalen Attribution zurückgehen, daß in *diesem* Experiment, bei *diesem* Vl oder heute eben nichts gelinge. Daß periphere Gegebenheiten für Übertragungseffekte maßgebend sein können, geht aus einer Studie von Dweck u. Repucci (1973) an Schülern der 5. Klasse in einer Schulsituation hervor. Von zwei Vln (Lehrern) gab einer lösbare und der andere unlösbare Aufgaben. Als später wiederum der „unlösbare" Lehrer den Schülern Aufgaben gab, die sie vorher bei dem anderen Lehrer gelöst hatten, konnten sie diese nicht mehr lösen.

Es wäre denkbar (Dweck u. Repucci haben entsprechende Überprüfungen nicht vorgenommen), daß die Kinder dahintergekommen sind, der eine Lehrer gäbe ihnen unlösbare Aufgaben. In einem solchen Falle hätten sie die Überzeugung einer Nicht-Kontingenz zwischen H und E beim „unlösbaren" Lehrer gewonnen, external attribuiert, keinen Mißerfolg empfunden und sich nicht negativ bewertet (Stadium 4). Sie hätten nicht an ihrer Fähigkeit, sondern an diesem Lehrer gezweifelt. Die objektive Hilflosigkeit, als dieser mit lösbaren Aufgaben kam, wäre auf eine sehr spezielle soziale Situation beschränkt geblieben. Von hier ist es nur noch ein kleiner Schritt bis zu Situationen, in denen auf bisher erfolgreiche Handlungen die üblichen Folgen (F) ausbleiben, etwa externale Bekräftigungen nicht mehr gegeben werden (vgl. Fußnote zur Tabelle 11.1). Das ist charakteristisch für die Extinktion und ein Sonderfall der Frustration. Beides hatte Klinger vor allem im Auge bei der Konzeption seines Anreiz-Entsagungs-Zyklus. Hier wird etwas unkontrollierbar, für das man nicht verantwortlich ist, nicht das Handlungsergebnis, sondern dessen fremdvermittelte Folge. Aufgehoben wird nicht die bisherige Handlungs-Ergebnis-Erwartung, sondern die Ergebnis-Folge-Erwartung (Instrumentalität des Handlungsergebnisses für die begehrte Folge; vgl. Heckhausen, 1977a,

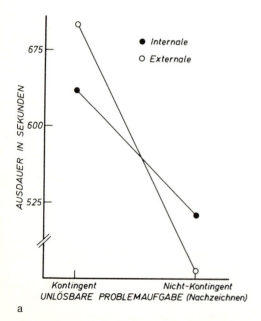
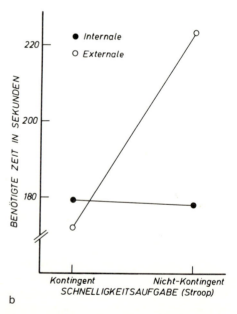

Abb. 11.2 a u. b. Bearbeitungszeiten in zwei verschiedenen Testaufgaben bei internalen und externalen Vpn im Anschluß an kontingente und nicht-kontingente Rückmeldungen in einer Begriffsbildungsaufgabe: **a** Ausdauer bei nicht-lösbarer Problemaufgabe (Diagramm-Nachzeichnen) und **b** benötigte Zeit für eine problemfreie Schnelligkeitsaufgabe (Stroop-Test). (Nach Cohen, Rothbart u. Phillips, 1976, S. 1053 u. 1054)

b; sowie Kap. 12). Bandura (1977) macht die gleiche Unterscheidung zwischen *efficacy expectation* und *outcome expectation:*

> Theorizing and experimentation on learned helplessness might well consider the conceptual distinction between efficacy and outcome expectations. People can give up trying because they lack a sense of efficacy in achieving the required behavior, or they may be assured of their capabilities but give up trying because they expect their behavior to have no effect on an unresponsive environment or to be consistently punished (S. 204).

Hilflosigkeit wegen aufgehobener Ergebnis-Folge-Erwartung kann man in allen Untersuchungen ausschließen, in denen zwischen Training und Test, Ort und Vl gewechselt wurde. Systematische Untersuchungen, über welches Spektrum verschiedenartiger Aufgaben sich Hilflosigkeit generalisieren kann, gibt es bisher nicht und wären auch verfrüht, solange das Phänomen selbst nicht besser verstanden und verläßlicher hervorgerufen werden kann.

Aus der Studie von Cohen et al. (1976) geht hervor, daß die Generalisierungsbreite auch von persönlichen Unterschiedsmerkmalen abhängig ist. Die Autoren stellten nach Rotters (1966) Konzept zwei Vpn-Gruppen zusammen, die internal bzw. external kontrolliert waren. Nach der Trainingsaufgabe (Begriffsbildung) wurden in einem anderen Raum und von einem anderen Vl zwei Testaufgaben gegeben. Die eine war eine Problemlösungsaufgabe (Nachzeichnen von Diagrammfiguren, ohne den Bleistift abzuheben) in vier aufeinanderfolgenden Versionen (jeweils in mehreren Exemplaren), von denen die 1. und 3. unlösbar waren. Gemessen wurde die Ausdauer. Die zweite Testaufgabe war eine „Nicht-Problemlösungsaufgabe" (Stroop-Test: möglichst schnell Farbnamen herunterlesen, die in einer anderen Farbe gedruckt sind). In der Problemlösungsaufgabe zeigten die internalen wie die externalen Vpn Hilflosigkeitseffekte: Verglichen mit Vpn, die in der Trainingsphase kontingente Rückmeldungen erhalten hatten, waren sie bei unlösbaren Aufgaben weniger ausdauernd (vgl. Abb. 11.2a) und brauchten bei lösbaren mehr Zeit (das letztere war bei externalen Vpn noch ausgeprägter als bei internalen). In der Leseschnelligkeit beim Stroop-Test gab es dagegen nur bei den externalen Vpn einen Übertragungseffekt (Abb. 11.2b).

Generalisierungsförderndes Attributionsmuster: Stabil-global-internal

Während die ursprüngliche Hilflosigkeitstheorie keine Aussagen über Generalisierungsgrad und Dauer machte, holten dies die reformulierten Fassungen von Abramson et al. (1978) und von Miller u. Norman (1979) in einer attributionstheoretischen Elaborierung nach, die zur Zeit noch programmatisch und ohne empirische Belege ist (vgl. Wortman u. Dintzer, 1978). Plausiblerweise soll Generalisierung und Dauer davon abhängen, wie man sich in der Trainingsphase die Unkontrollierbarkeit der Ergebnisse durch die eigenen Handlungen erklärt. Im Sinne der seit langem eingeführten Attributionsdimensionen der Lokation (internal vs. external) und Stabilität (stabil vs. variabel; vgl. Weiner, 1972) sollte – solange die prinzipielle Lösbarkeit der Aufgabe noch nicht bezweifelt wird – eine stabile und internale Attribution, d. h. eigene Unfähigkeit, die stärkste und damit auch eher generalisierende Hoffnungslosigkeit hervorrufen. Eine solche Schlußfolgerung bestätigen (hinsichtlich Stärke) die Befunde von Tennen u. Eller (1977) und (hinsichtlich Generalisierung) die Beobachtung von Dweck u. Repucci (1973), nach welcher die größte transsituationale Generalisierung des Hilflosigkeitsdefizits bei solchen Kindern auftrat, die ihre Leistungsergebnisse mit eigener Unfähigkeit erklärten.

Entscheidend für die Generalisierung ist natürlich, wie breit der Fähigkeitsbegriff gefaßt ist, mit dem man sein Scheitern erklärt. Deshalb wurde eine zusätzliche Attributionsdimension der Globalität eingeführt (Abramson et al.: global vs. spezifisch; Miller u. Norman: allgemein vs. spezifisch). Führt man z. B. das Nichtentdecken des Lösungsprinzips in der Trainingsaufgabe auf einen sehr speziellen Begabungsmangel zurück (internal, stabil und spezifisch), so wird sich Hilflosigkeit weit weniger auf andere Aufgabentypen übertragen, als wenn man seine Intelligenz in Frage gestellt sieht (internal, stabil und global). Entscheidend für die Übertragbarkeit wird also die Generalität des aufgabenspezifischen Fähigkeitskonzepts sein, das der einzelne an die Trainingsaufgabe heranträgt oder das ihm nahegelegt wird. Analoges gilt bei externaler Attribuierung, die ebenfalls Hilflosigkeitsdefizite hervorbringen kann, aber vor Selbstwertbelastung bewahrt. Betrachtet man die Trainingsaufgabe als ein ausgefallen schwieriges Item aus einer sonst mittelschweren Testbatterie, wird sich Hilflosigkeit weit weniger ausbreiten, als wenn man die Aufgabe für ein repräsentatives Testitem oder alle Tests für unfair hält.

Je mehr man stabile und nicht variable und zugleich globale und nicht spezifische Ursachen den Ergebnissen einer Tätigkeit zuschreibt – gleichgültig, ob die Ursachen internal oder external sind – resultiert eine weit generalisierende und chronische Hoffnungslosigkeit, künftig auch bei ähnlichen und anderen Tätigkeiten erwünschte Ergebnisse nicht erzielen zu können. Es ist diese, auf stabiler und globaler Ursachenzuschreibung beruhende Erwartungsänderung, die lang dauernde Hilflosigkeitsdefizite über ein weites Tätigkeitsspektrum zur Folge hat. Je nachdem, ob sich die Erwartung des weiteren auf internale oder externale Ursachen gründet, tritt zum motivationalen und kognitiven Hilflosigkeitsdefizit ein weiteres in Form von Selbstwertverlust hinzu bzw. nicht hinzu. Zu einer internalen Zuschreibung können auch Persönlichkeitsmerkmale prädisponieren; z. B. – neben internaler vs. externaler Kontrolle – Selbstbefangenheit *(private self-consciousness;* Fenigstein, Scheier u. Buss, 1975; Buss u. Scheier, 1976).

Aber auch bei externaler Attribuierung kann es, wenn keine negative Selbstbewertung, so doch ein affektives Defizit im Sinne depressiver Affekte geben, wenn hoch erwünschte Handlungsergebnisse aufgegeben oder ganz unerwünschte in Kauf genommen werden müssen (um dies abzuleiten, fehlt allerdings auch der reformulierten Hilflosigkeitstheorie ein Erklärungskonstrukt, das etwa dem *current concern* in Klingers Modell des Anreiz-Entsagungs-Zyklus entspräche).

Schlüsselrolle von Schwierigkeits- vs. Unfähigkeitsattribution für die Generalisierung

Bisher haben wir die attributionstheoretische Elaboration (leistungsthematischer) Hilflosigkeit lediglich in Form additiver Effekte der drei Attributionsdimensionen Stabilität, Globalität (Generalität) und internale Lokation betrachtet. Was jedoch mehr ist, die drei Dimensionen sollten auch Interaktionseffekte hervorbringen. Da Hoffnungslosigkeit einen drastischen Abfall der Erfolgserwartung voraussetzt, ist zunächst einmal die Stabilitätsdimension entscheidend (vgl. weiter unten: Stabilitätsdimension und Erfolgserwartung). Unter den stabilen Ursachen für die erlebte Unkontrollierbarkeit wird des weiteren die Lokationsdimension bedeutsam, da der wahrgenommenen Aufgabenschwierigkeit eine Schlüsselrolle für Generalisierung und Selbstwertbelastung zukommt. Wird die Aufgabe als sehr schwierig wahrgenommen (wie es bei ausreichender nicht-kontingenter Vorbehandlung die Regel ist), so sollte die Generalisierung auf andersartige Aufgaben und über Zeit hinweg eher gering sein, da die hohe Besonderheit der Aufgabe (Entität) für das erfahrene Scheitern verantwortlich ist. Auch die Selbstwertbelastung sollte eher geringer sein, da es sich um einen singulären und speziellen Fall handelt. Nachträgliche Erfolgserfahrungen sollten deshalb auch ausreichen, Hilflosigkeit wieder aufzuheben. Wird dagegen die Aufgabe als eher einfach wahrgenommen, muß die Ursache des Scheiterns an der Person, an der eigenen Unfähigkeit liegen. Diese internale Lokation legt zugleich eine Globalitätsattribution nahe, so daß Generalisierung und Selbstwertbelastung eher vergrößert werden. In diesem Falle würden spätere Erfolgserfahrungen weniger geeignet sein, Hilflosigkeit zu beheben. Denn vor dem Hintergrund internal-globaler Mißerfolgsattribution sollten einzelne Erfolge als Ausnahme erscheinen und deshalb auf variable und spezifische Ursachen zurückgeführt werden.

Auf die angeführten unterschiedlichen Folgen einer Schwierigkeits- oder einer Unfähigkeitsattribution für Generalisierung, Selbstwertbelastung und Behebung von erzeugter Hilflosigkeit laufen im wesentlichen die attributionstheoretischen Elaborationen von Abramson et al. (1978) und von Miller u. Norman (1979) hinaus. Die Schlüsselrolle der Schwierigkeits- vs. Unfähigkeitsattribution wird von den Befunden von Tennen u. Eller (1977) und von Klein et al. (1976) – hier allerdings nur bei nicht-depressiven Vpn – unterstrichen: Nur bei Unfähigkeitsattribution kam es zur Generalisierung von Hilflosigkeit auf die Testaufgabe. Des weiteren belegen auch die Therapie-Befunde von Dweck (1975) die Schlüsselrolle der Unfähigkeitsattribution. Die aufgrund manifester Anzeichen einer chronischen Hilflosigkeit ausgewählten Schulkinder konnten mit Hilfe zweier Vorgehensweisen (deren anteilige Wirksamkeit allerdings nicht getrennt überprüft wurde) erfolgreich therapiert werden. Zum einen erhielten die Kinder ein Reattributionstraining, Mißerfolge nicht auf Unfähigkeit, sondern auf noch mangelnde Anstrengung zurückzuführen (vgl. Kap. 13). Es handelt sich um eine Art von „Attributionstherapie" (vgl. Valins u. Nisbett, 1971). Zum anderen erfuhren sie kontingente Rückmeldungen über Erfolg und Mißerfolg.

Nach den bisherigen Überlegungen ist es – veranlaßt durch Unfähigkeitsattribution – hohe und globale Mißerfolgserwartung, die Hilflosigkeit „lernen" läßt. Eine solche Mißerfolgserwartung wirkt sich auf die Motivation aus: Man gibt auf, Anstrengung hat keinen Sinn mehr. Muß man dennoch eine weitere Aufgabe bearbeiten, folgt aus dem motivationalen Defizit – der unzureichenden Anstrengung – ein kognitives Defizit. Die Generalisierung des motivationalen (und damit verbundenen kognitiven) Defizits auf eine andere Aufgabe sollte besonders dann auftreten, wenn auch die andere Aufgabe nicht allzu schwierig erscheint. Denn in einem solchen Falle würde Mißerfolg erneut Unfähigkeitsattribution nahelegen und Selbstwertbelastung verheißen. Erscheint die Schwierigkeit der anderen Aufgabe jedoch sehr hoch, so wäre möglicher Mißerfolg weniger der eigenen Unfähigkeit als der hohen Schwierigkeit zuzuschreiben und deshalb nicht erneut selbstwertbelastend. Deshalb sollte es eher bei subjektiv mittelschweren als bei sehr schweren Testaufgaben zu einer Generalisierung von Hilflosigkeit, zu einem motivationalen, kognitiven und emotionalen Defizit kommen. Diese Hypothesen entsprechen exakt den Aussagen, die das Risikowahl-Modell für Mißerfolgsängstliche macht.

Frankel u. Snyder (1978) haben diese Hypothesen aufgestellt und bestätigt gefunden. Nach Vorbehandlung an nicht-kontingenten Diskriminationsaufgaben lösten die Vpn mehr Anagrammaufgaben in kürzerer Zeit, wenn ihnen die Anagrammaufgabe als sehr schwierig und nicht als mittelschwer vorgestellt worden war. Es gab Hinweise, daß sie sich im ersteren Falle mehr anstrengten. Die Autoren erklären das Ergebnis mit einer selbstwertdienlichen Strategie des Anstrengungsaufwandes (*„egotism"*), weil bei hoher Aufgabenschwierigkeit Mißerfolg trotz hoher Anstrengung keine selbstwertbedrohliche Unfähigkeitsattribution befürchten läßt, wohl aber bei mäßiger Aufgabenschwierigkeit. Sie setzen ihre „Egotismus"-These der Hilflosigkeitstheorie als Alternativhypothese entgegen, weil – so meinen sie – die Hilflosigkeitstheorie für beide Schwierigkeitsgrade ein Leistungsdefizit vorhersagt. Ein solcher Widerspruch besteht jedoch nur zu den traditionellen Aussagen der Hilflosigkeitstheorie und nicht zu ihrer neueren attributionstheoretischen Elaboration. Die Untersuchung von Frankel u. Snyder unterstreicht aber die entscheidende Rolle des Verbunds des motivationalen und emotionalen Aspekts im Hilflosigkeitsphänomen: Unzureichender Einsatz von Anstrengung (motivational) steht im Dienste des Ausweichens vor belastenden Selbstbewertungsfolgen von Mißerfolg (emotional).

Unmittelbare Ursachen des Leistungsabfalls

Mit den Befunden von Frankel u. Snyder (1978) und deren Interpretation sind wir endlich auf eine entscheidende Frage gestoßen, die wir bisher nicht beachtet haben. Was bewirkt eigentlich unmittelbar den Leistungsabfall bei der Testaufgabe, nachdem in der Trainingsphase jene Attributionseffekte erzeugt worden sind, die wir so ausführlich erörtert haben? Einfach von „motivationalen" oder von „kognitiven" Defiziten zu sprechen, beantwortet diese Frage nicht, sondern deutet nur unterschiedliche Erklärungsmöglichkeiten des Leistungsabfalls an; nämlich entweder eine verminderte Anstrengung oder beeinträchtigte kognitive Prozesse beim Problemlösen (welch letztere allerdings wiederum auf Unter- oder Übermotivation beruhen könnten, vgl. Kap. 9).

Die Beobachtungen von Frankel u. Snyder und die Befunde zum Paradigma des Vermeidungslernens machen als unmittelbare Ursache des Leistungsabfalls ein motivationales Defizit im Sinne geringer Anstrengung wahrscheinlich. Eine solche Erklärung ist jedoch bei wichtig gemachten Leistungsaufgaben mehr als fraglich, wenn die Vp während der Trainingsphase in den skizzierten Reattribuierungsprozeß des Stadiums 3 geraten ist. Die Reattribuierung eines schwer erklärlichen und selbstwertbelastenden Leistungsversagens wirkt sicherlich nach, wenn anschließend die Testaufgabe zu bearbeiten ist. Selbstbezogene Kognitionen – worunter um eigene Unfähigkeit kreisende Attributionen zu rechnen sind – sind erwiesenermaßen geeignet, Problemlösungsprozesse bei der Testaufgabe schwer zu beeinträchtigen (vgl. Kap. 6). Dazu bedarf es keines Motivationsverlusts; im Gegenteil, die Beeinträchtigung der Problemlösungsfähigkeit kann eher noch durch Übermotivation gefördert werden.

Dramatische Belege für diese Vermutung liefert die bereits in Kap. 10 erwähnte Studie von Diener u. Dweck (1978). Als „hilflos" oder „leistungsorientiert" diagnostizierte Fünftkläßler erhielten nach einer Einübungsphase fortlaufend Mißerfolg bei einer Diskriminationsaufgabe. Während die leistungsorientierten Kinder darauf kaum mit Attributionen, sondern stattdessen mit Überlegungen reagierten, wie man das eigene Lösungsvorgehen zweckmäßiger gestalten könne, erschöpften sich die hilflosen Kinder in Unfähigkeitsattributionen, Gewahrwerden von negativem Affekt und aufgabenirrelevanten Kognitionen (vgl. Tabelle 10.4).

Man kann diese gegensätzlichen Zuständlichkeiten als „Handlungsorientierung" vs. „Lageorientierung" bezeichnen (persönliche Mitteilung von J. Kuhl). Was in unserem Zusammenhang noch bemerkenswerter ist, ist die Qualitätsänderung der Strategie zur Bildung von Lösungshypothesen. Während die meisten leistungsorientierten Kinder nützliche Lösungsstrategien beibehielten oder noch entwickelten, gaben fast alle hilflosen Kinder solche Strategien zugunsten ineffektiver und simpler Hypothesen auf. Einen ähnlichen Zusammenhang zwischen Häufigkeit von Kausalattributionen und erlebtem Störeinfluß in einer mündlichen Prüfung fand Heckhausen (1980) bei Kandidaten mit mißerfolgsmotiviertem Zustand.

Zwar sind diese Befunde differentiell-psychologischer Natur. Da jedoch das Versuchsparadigma zur Hilflosigkeitsinduktion Unfähigkeitsattributionen so stark aufdrängt, ist es durchaus denkbar, daß selbst Leistungsorientierte oder Erfolgsmotivierte kurzfristig irritiert werden und in der Testaufgabe noch einen, wenn auch schwächeren, Leistungsabfall haben. Wenden wir uns deshalb der Frage zu, welche Befunde zu individuellen Unterschieden vorliegen.

Individuelle Unterschiede

Es gibt individuelle Unterschiedsvariablen, die dem Erleben von Nicht-Kontrollierbarkeit des Handlungsergebnisses entgegenkommen und deshalb für das Erlernen von Hilfsigkeit anfällig machen. Unter vergleichbaren Erfahrungen gelangen solche Personen schneller und nachhaltiger in Stadium 2 unseres Ablaufschemas. Da ist einmal internale vs.

externale Kontrolle. Externale Vpn sollten eher inkontingente Rückmeldungen als Nicht-Kontrollierbarkeit interpretieren und deshalb schneller, ausgeprägter und generalisierter hilflos werden. Dafür gibt es Belege (ausgeprägter: Hiroto, 1974; generalisierter: Cohen et al., 1976; vgl. Abb. 11.2). Beim Vermeidungslernen haben sich Unterschiede zwischen den beiden psychophysiologischen Persönlichkeitstypen A und B der Herzinfarkt-Anfälligkeit gezeigt (Krantz, Glass u. Snyder, 1974). In diesem Zusammenhang ist eine medizinische Theorie zur Hoffnungslosigkeit von Interesse. Aufgrund tierexperimenteller Befunde glaubt Engel (1978), daß Hoffnungslosigkeit die beiden sonst antagonistischen Nervensysteme des ergotropen Sympathicus-Systems und des trophotropen Vagus-System gleichzeitig aktiviert und Kreislaufkrisen herbeiführt.

Besonders anfällig für hilflos machende Erfahrungen sollten Personen sein, die Mißerfolg vorschnell mit eigener Unfähigkeit statt mit unzureichender Anstrengung oder hoher Aufgabenschwierigkeit erklären. Ein solches Attributionsmuster entmutigt und deprimiert leicht und schnell. Es ist typisch für Mißerfolgsmotivierte (vgl. unten: Motivbedingte Attributionsmuster). Hilflosigkeitsbefunde mit beiden Leistungsgruppen gibt es bisher noch nicht. Unter Schülern neigten Mädchen mehr als Jungen zu diesem entmotivierenden Attributionsmuster und waren entsprechend anfälliger für Hilflosigkeit (Dweck u. Bush, 1976; Dweck u. Repucci, 1973). Das galt jedoch nur, wenn die Fremdbewertung von einem Erwachsenen und nicht von einem Gleichaltrigen ausging (vgl. Näheres weiter unten und Kap. 13).

Am nächsten steht Gelernte Hilflosigkeit dem klinischen Bild der Depression (Miller u. Seligman, 1975). Deshalb sind nicht-depressive Vpn und depressive (allerdings nur im nicht-klinischen Sinne einer reaktiven Depression) häufig miteinander verglichen worden. In einer mehr oder weniger chronischen Hilflosigkeit mit allen vier Defiziten (motivational, kognitiv, Selbstwert, affektiv) sehen Abramson et al. (1978) eine Form der Depression. Zu ihrer Entstehung reicht die bloße Erfahrung von Unkontrollierbarkeit allerdings kaum aus (vgl. Buchwald, Coyne u. Cole, 1978; Wortman u. Dintzer, 1978). Unkontrollierbarkeit, wenn sie external und nicht zu ändern ist, kann man gelassen oder zumindest gefaßt hinnehmen (sofern der unkontrollierbare Zustand nicht allzu unangenehm ist). Unkontrollierbarkeit kann auch statt negativer positive Ereignisse bescheren. Entscheidend für Depression soll deshalb im Defizit-Syndrom das vierte Element sein; nämlich der negative Affektwandel, weil mit dem Ausbleiben erwünschter und dem Aufkommen unerwünschter Effekte gerechnet wird.

Hammen u. Krantz (1976) sowie Wener u. Rehm (1975) haben depressive und nicht-depressive Vpn nicht-kontingenten Ergebnisserien von überwiegendem Erfolg oder Mißerfolg ausgesetzt und fanden, daß nach Mißerfolg depressive Vpn stärker deprimiert waren, weniger Selbstvertrauen hatten und niedrigere Erfolgserwartungen hegten als nicht-depressive Vpn. Nach nicht-kontingentem Erfolg zeigten sie keine Unterschiede (was nicht zu verwundern braucht, da – wie wir gesehen haben – nicht-kontingente Rückmeldungen, die nur aus Erfolg bestehen, die Wahrnehmung von Nicht-Kontingenz fördern und Hilflosigkeit aufheben).

Neben diesem negativen Affektwandel ist häufig auch Selbstwertverlust entscheidend (Blaney, 1977). In der Tat hat man bei Depressiven bemerkenswerte Attribuierungsvoreingenommenheiten gefunden, die Ursachen von unkontrollierbaren Ergebnissen oder Mißerfolgen einseitig in internalen, globalen und stabilen Faktoren zu sehen. Rizley (1978) hat Studenten, die aufgrund eines Fragebogens als depressiv oder nicht-depressiv klassifiziert wurden, entweder Erfolg oder Mißerfolg in einer Problemaufgabe erfahren und anschließend Gründe dafür geben lassen. Depressive Studenten machten für ihre Erfolge die Leichtigkeit der betreffenden Aufgabe (external, spezifisch, stabil) und für Mißerfolge ihre Unfähigkeit (internal, global, stabil) verantwortlich. Dagegen führten nicht-depressive Studenten Erfolg auf ihre Fähigkeit (internal, global, stabil) und Mißerfolg auf die Schwierigkeit dieser besonderen Aufgabe zurück (external, spezifisch, stabil). Das Attributionsmuster der Depressiven fördert demnach generalisierte und chronische Mißerfolgserwartungen und das der Nicht-Depressiven generalisierte und chronische Erfolgserwartungen.

In einer hypothetischen Ätiologie der Entstehung von reaktiver Depression fassen Miller u. Norman (1979) die attributionstheoretische Reformulierung der Hilflosigkeitstheorie prägnant zusammen. Sie zeichnen die vermutete Entwicklung eines voreingenommenen Attributionsmusters, das – wie wir unten noch sehen werden – in ähnlicher, wenn auch abgeschwächter Weise für Mißerfolgsmotivierte postuliert wird. Die Autoren schreiben:

> Due to some combination of situational cues and repeated exposure to noncontingent and nondesired outcomes, the individual's attributions of these outcomes changes from external, variable, and specific causes to internal, stable, and general causes. This change results in a change in future expectancies, performances, and mood. Thus, in new situations, the individual expects noncontingency and failure, and when these congruent outcomes occur, they are attributed to internal, stable, and general causes, whereas discrepant outcomes of success and contingency are attributed to external, variable und specific causes and do not influence future expectancies, performance, or mood. The individual is then depressed and tends to disregard outcomes of success and contingency while overgeneralizing failure and noncontingent outcomes. Thus, response initiation declines, a greater number of failure and noncontingent outcomes do occur, and the vicious circle of depression has begun. (S. 113/114).

Ob die Entwicklung eines solchen Attributionsmusters über entsprechende Erwartungen das vierteilige Defizit-Syndrom der Hilflosigkeit auch im Sinne einer klinischen Depression hervorrufen kann, ist sehr fraglich. Denkbar wäre durchaus eine umgekehrte Kausalkette, an deren Anfang eine endogen verursachte depressive Verstimmung steht, die ihrerseits das beschriebene Attributionsmuster zur Folge hat.

Abschließende Bemerkungen

Gelernte Hilflosigkeit hat sich als ein äußerst anregendes Motivationsphänomen erwiesen. Ein besseres Verständnis konnte noch nicht erreicht werden, weil es die Hilflosigkeitsforschung bisher versäumt hat, die durch nicht-kontingente Ergebnisrückmeldungen in der Vp erzeugten Erlebnissachverhalte und deren Wandel zu erfassen. Wir haben diesen Mangel durch *common-sense*-Überlegungen zu ersetzen versucht und ein Stadienschema über die erlebte Verfügbarkeit der Aufgabenlösung entworfen (Abb. 11.1). Damit ließen sich widersprüchliche und nicht erklärliche Befunde nachträglich verständlich machen; z. B. unter welchen Bedingungen nicht-kontingenter Vorbehandlung ein Leistungsanstieg oder -abfall oder kein Effekt auftritt; daß erlebte Nicht-Kontrollierbarkeit und erlebte Nicht-Kontingenz nicht verwechselt werden dürfen, und die letztere beim Problemlösen kein Leistungsdefizit bewirkt, sondern im Gegenteil aufhebt; daß eine 100-prozentige nicht-kontingente Erfolgsrückmeldung am geeignetsten ist, Nicht-Kontingenz zu entdecken.

Als fruchtbar haben sich auch die attributionstheoretischen Elaborationen der Hilflosigkeitstheorie erwiesen (Abramson et al., 1978; Miller u. Norman, 1979). Das gilt besonders für die Attributionsdimensionen der Globalität (Generalität), die durch das ungeklärte Generalisierungsproblem nahegelegt wurde. In der bisherigen Attributionsforschung hat es nur auf seiten der Umwelt (Besonderheit von Entitäten) Beachtung gefunden. Diese fruchtbar erscheinenden Ansätze – Attributionen und Stadienschema – dürfen jedoch nicht übersehen lassen, daß sie von fraglichem Erklärungswert, ja zirkulär bleiben, solange (1) die postulierten kognitiven Sachverhalte nicht unabhängig erfaßt werden und (2) es nicht gelingt, ihre Abhängigkeit von situativen Bedingungen und – teils in Wechselwirkung dazu – individuellen Unterschiedsmerkmalen nachzuweisen. Nicht zuletzt ist noch ungeklärt, was eigentlich unmittelbar zum Leistungsabfall in der Testaufgabe führt. Bei Leistungsaufgaben, die als wichtig erlebt werden, scheint es gerade kein „motivationales Defizit" im Sinne eines Anstrengungsmangels, sondern ein „kognitives Defizit" zu sein. Denn die stark induzierten selbstbezogenen Kognitionen, die besonders um Unfähigkeitsattribution kreisen, beeinträchtigen die Problemlösungsprozesse. Für alle diese Aufgaben eröffnet sich der weiteren Forschung ein fruchtbares Feld.

Abschließend sollte nicht der Hinweis versäumt werden, daß der Phänomenkreis der Hilflosigkeit viel weiter reicht und viel komplexer ist, als künstliche Laborexperimente zum Vermeidungslernen und Leistungshandeln vermuten lassen (vgl. Wortman u. Dintzer, 1978). Es gibt Schicksalsschläge, Dinge, die Leben und Tod betreffen – wie Unfälle mit bleibenden Folgen, unheilbare Krankheiten, Verlust eines geliebten Menschen, wirtschaftliche Krisen, Arbeitslosigkeit, Übersiedlung in ein Altersheim – und mit einem plötzlichen und manchmal nicht mehr aufhebbaren Verlust der Kontrollierbarkeit in der bisherigen Lebensführung verbunden sind. Bulman u. Wortman (1977) haben z. B. untersucht, wie junge Menschen, die durch einen Unfall querschnittsgelähmt wurden, mit ihrem Los zurechtkommen. Im Unterschied zum Leistungshandeln – und begreiflicherweise so, möchte man hinzufügen – ist es hier das umgekehrte Attributionsmuster, das hilflos macht. Je mehr die Unfallopfer einen anderen und nicht sich selbst für verantwortlich hielten, je mehr sie glaubten, der Unfall hätte vermieden werden können, um so weniger waren sie in der Lage, mit ihrem Geschick fertig zu werden. Mit anderen Worten, eine Attribution des Schicksalsschlages auf externale, variable und spezifische Verhaltensweisen anderer machte hilfloser als wenn man eine stabile und internale Ursache annahm und sich selbst verantwortlich machte.

Attribution im Leistungshandeln

Erfolg und Mißerfolg als Ergebnisse einer Leistungshandlung sind geläufige Anlässe zur Ursachenzuschreibung. Daß Attributionen im Leistungshandeln zu einem Paradigma der Attributionsforschung wurden und bisher systematischer als in anderen Handlungsbereichen erforscht worden sind, liegt wohl mit daran, daß hier das Ursachengefüge einfacher strukturiert zu sein scheint als in sozialen Handlungen mit interagierenden Partnern. Es ist aber auch das Verdienst Bernard Weiners (1972; 1974) und seiner Mitarbeiter (Weiner et al., 1971; Weiner, Heckhausen, Meyer u. Cook, 1972; Weiner u. Kukla, 1970). In all diesen Studien wurden Vpn nach den Ursachen von eigenen oder fremden Leistungsergebnissen gefragt, um die antezedenten Bedingungen der Attributionen oder deren Auswirkungen auf so verschiedene Dinge wie Erwartungen, selbstbewertende Emotionen, Sanktionen, Wahl, Ausdauer und Leistungsänderungen zu analysieren.

Dabei wurde unentwegt unterstellt, daß Personen von sich aus ihren erzielten oder ihren erwarteten Leistungsergebnissen Ursachen zuschrieben. Wir haben bereits darauf hingewiesen, daß diese stillschweigende Annahme bis heute so gut wie ungeprüft geblieben ist. Im Anschluß an ihr Hilflosigkeits-Experiment erhielten Hanusa u. Schulz (1977) auf ihre offenen Fragen hin keine Kausalattributionen mitgeteilt. Wortman u. Dintzer (1978) geben dafür einige mögliche Erklärungen. Vermutlich wird Kausalattribution um so eher und spontan stattfinden, je unerwarteter das Ergebnis ausgefallen ist oder je ungewisser es erscheint. Sie wird wohl auch eher im Falle von Mißerfolg als von Erfolg auftreten, und zwar nicht nur deshalb, weil Mißerfolg in der Regel das Unerwartete ist, sondern auch, weil die Ursachenanalyse von Mißerfolg dessen Überwindung dienlich ist. Mehr als Erfolg veranlaßte Mißerfolg, zu seiner Erklärung nach zusätzlichen Informationen zu suchen (Frieze, 1976). Auf individuelle Unterschiede in der Neigung zu attribuieren haben wir bereits hingewiesen. Eine solche Neigung fand sich ausgeprägt bei „gelernt hilflosen" Schülern in der Aufgabenbearbeitung nach Mißerfolg (Diener u. Dweck, 1978) und bei mißerfolgsmotivierten Studierenden während eines mündlichen Examens (Heckhausen, 1980).

Klassifikation von Ursachen-Dimensionen

Die Attributionsforschung hat die naiv-psychologischen Kausalerklärungen des „Mannes auf der Straße" als ein Ausgangsdatum in ihre Analysen eingeführt. Sie tut dies jedoch nicht „naiv", sondern „wissenschaftlich", indem sie unterhalb der konkreten Bedeutungsebene von individuell erlebten Einzelursachen auf eine Ebene genereller Bedeutungsdimensionen zurückzugehen versucht, die jeder möglichen Einzelursache einen psychologischen Stellenwert gibt, der mehrdimensional bestimmbar ist. Diese Abstraktion auf Bedeutungsdimensionen hat die Attributionsforschung wissenschaftlich fruchtbar gemacht, und es war kein kurzer Weg, bis man die entscheidenden Dimensionen herausgefunden hatte. Die erste Unterscheidung war eindimensional. Rotter (1954; 1966) stellte unter der Bezeichnung *locus of control* internale und externale Ursachen einander gegenüber; und zwar im Sinne der Kontrollierbarkeit des Handlungsergebnisses. Diese Bezeichnung hat sich inzwischen als irreführend erwiesen, da es auch internale Ursachen gibt, die man selbst nicht – wie etwa die eigene Begabung – kontrollieren kann; und womöglich auch externale Ursachen, die man kontrollieren kann (z. B. wenn man jemanden, der Ressourcen verwaltet, beeinflußt oder besticht). Damit nicht genug – es wurden in der Forschungspraxis fähigkeitsabhängige und zufallsabhängige Aufgaben miteinander kontrastiert (vgl. Rotter, 1966; Feather, 1969). Diese besondere Gegenüberstellung läßt die Dimensionen von internal und external mit einer anderen von stabil (Fähigkeit) und variabel (Zufall) konfundieren (was einzugestehen, Vertretern der traditionellen *locus-of-control*-Forschung schwerzufallen scheint; vgl. Phares, 1978, S. 270).

Heider (1958) hat in seiner Analyse neben den internalen Person- und den externalen Umweltkräften zugleich auch die weitere Dimension von stabil vs. variabel hervorgehoben. Auf der Personseite ist Fähigkeit stabil und Motivation (Intention und Anstrengung) variabel. Auf der Umweltseite ist Schwierigkeit der Aufgabe stabil und Zufall variabel. Weiner hat beide Dimensionen der Lokation und der Stabilität in einem Vierfelderschema von Ursachen zusammengefaßt (vgl. Tabelle 11.2), das bis heute fast alle attributionstheoretischen Untersuchungen des Leistungshandelns geleitet und sich als fruchtbar erwiesen hat.

Inzwischen sind weitere Dimensionen vorgeschlagen worden, zunächst schon aus logischen und Plausibilitätsgründen. Rosenbaum (1972) hat von den beiden Heiderschen Motivationskomponenten der Intention und der Anstrengung die erstere, die von Weiner nicht berücksichtigt worden war, einbezogen. So lassen sich bei internaler Lokation stabile und variable Ursachen noch danach unterscheiden, ob sie intentional sind. Stabil ist neben Fähigkeit auch Arbeitshaltung (als konstante Anstrengung, Fleiß, Faulheit; vgl. Heckhausen, 1972), aber nur Arbeitshaltung und nicht

Tabelle 11.2. Klassifikationsschema für Ursachen von Erfolg und Mißerfolg nach Weiner et al. (1971, S. 2)

Stabilität	Lokation	
	internal	external
stabil	Fähigkeit	Aufgaben-schwierigkeit
variabel	Anstrengung	Zufall

Fähigkeit ist intentional. Variabel ist neben Anstrengung auch die leibseelische Verfassung (Stimmung, Müdigkeit), aber nur Anstrengung und nicht die leibseelische Verfassung ist intentional.

Intentionalität ist jedoch keine voll angemessene Bezeichnung für diese Unterscheidung (abgesehen davon, daß Intentionalität sich auf Gründe und nicht auf Ursachen bezieht; vgl. Kap. 10 u. 12; Buss, 1978). Führt man einen Mißerfolg auf mangelnde Anstrengung zurück, so muß der Mißerfolg ja nicht intentional im Sinne von beabsichtigt gewesen sein. Eine Intention entscheidet, ob und was überhaupt getan wird. Sie ist eine Vorbedingung aber keine unmittelbare Ursache des Handlungsergebnisses. Angemessener ist es deshalb mit Rheinberg (1975) von Steuerbarkeit oder neuerdings mit Weiner (1979) von „Kontrolle" (Kontrollierbarkeit) zu sprechen (vgl. Tabelle 11.3). Für als steuerbar wahrgenommene Ursachen hält man sich selbst für verantwortlich. Deshalb und weil der Handelnde in bezug auf sie von Außenstehenden zu beeinflussen ist, spielen variable und konstante Anstrengung (Arbeitshaltung) in der Fremdbewertung von Leistungsergebnissen die entscheidende Rolle. (Variable Anstrengung, die man leichter als konstante Anstrengung durch Belohnung oder Bestrafung beeinflussen kann, hat sich entsprechend auch als maßgebender für die Fremdbewertung herausgestellt; vgl. Rest, Nierenberg, Weiner u. Heckhausen, 1973, Exp. I.) Die Berücksichtigung einer weiteren (vierten) Dimension von global vs. spezifisch haben Abramson et al. (1978) für die künftige Forschung gefordert, um – wie wir schon gesehen haben – die Generalisierung von Attribuierungsaffekten auf andersartige Tätigkeiten erklären zu können (so auch Miller u. Norman, 1979).

In einer Reihe von Studien wurden die möglichen Ursachen nicht vorgegeben, die Vpn hatten für eigene (fiktive) oder für Leistungen anderer (etwa von Schülern) Gründe anzugeben (vgl. Frieze, 1976; Meyer u. Butzkamm, 1975; Rheinberg, 1975; 1980). Unter den vielerlei Nennungen tauchte kaum etwas auf, was sich nach dem Weinerschen Vierfelderschema unter „Zufall" subsumieren ließe.

Tabelle 11.3. Klassifikation internaler Ursachen nach den Dimensionen der Stabilität und der Steuerbarkeit. (Rheinberg, 1975; „Intentionalität", Rosenbaum, 1972; „Kontrollierbarkeit", Weiner, 1979)

Stabilität	Steuerbarkeit	
	steuerbar	nicht steuerbar
stabil	Arbeitshaltung (Fleiß, Faulheit)	Fähigkeit
variabel	Anstrengung (momentan)	leibseelische Verfassung (Stimmung, Müdigkeit)

Von den übrigen drei Faktoren waren dagegen Fähigkeit und Anstrengung die meistgenannten. Anstrengung wurde häufig als eine konstante Persönlichkeitsvariable herangezogen (vgl. auch Ostrove, 1978; Saxe, Greenberg u. Bar-Tal, 1974). Andere Faktoren wie sonstige Persönlichkeitsdispositionen, leibseelische Zustände, häusliches Milieu, soziale Unterstützung oder Behinderung traten auch auf. Im wesentlichen ließen sich alle vorgebrachten Ursachen in ein dreidimensionales Klassifikationsschema von Lokation, Stabilität und Steuerbarkeit (Kontrollierbarkeit) aufgliedern. Die vierte Dimension der Generalität, global vs. spezifisch, scheint nur erforderlich, um die Generalisierungsbreite von Effekten über verschiedene Tätigkeiten und verschiedene Situationen zu erklären. Eine fünfte Dimension der Kontingenz ist, wie wir noch erörtern werden, von Bedeutung, wenn Handlungsergebnisse als zufallsbedingt, Rückmeldungen als fiktiv und das Geben oder Nichtgeben von Bekräftigungen als willkürlich erlebt werden können. Elig u. Frieze (1975) haben einen elaborierten Inhaltsschlüssel entworfen, um freie Attributions-Angaben nach den drei Kausaldimensionen und einigen besonderen Gesichtspunkten zu klassifizieren. Sie unterscheiden insgesamt 19 Kausalelemente.

Man mag schließlich auch die Frage nach der Universalität von Ursachenerklärungen aufwerfen. Vermutlich sind die Ursach-Dimensionen für Leistungsergebnisse universell, nicht aber die darin klassifizierten Ursachenelemente. So wird von Triandis (1972) berichtet, daß in Griechenland und Japan Geduld und in Indien Feingefühl und Eintracht *(tact, unity)* als wichtige Ursachen von Erfolg angesehen werden. Aber neben kulturellen Unterschieden gibt es schon innerhalb einer Kultur beträchtliche Unterschiede hinsichtlich des Gewichts, das einzelnen Ursachenelementen beigemessen und was an verschiedenen Person- und Situationsfaktoren im einzelnen herangezogen wird (vgl. unten).

Bedingungskonstellationen für das Heranziehen einzelner Ursachenelemente

Kovarianzinformationen

Frieze u. Weiner (1971) haben, geleitet vom Kelleyschen Kovarianzmodell, untersucht, wieweit Beurteiler Konsistenz- und Konsensinformationen nutzen, um Erfolg und Mißerfolg zu erklären. Es galt Konstellationen eines gegenwärtigen Erfolgs oder Mißerfolgs nach den vier Weinerschen Kausalfaktoren zu erklären, wobei Konsistenz und Konsens jeweils dreifach abgestuft war (Konsistenz: Ergebnisse früherer Bearbeitungen der Aufgabe stimmen zu 100%, 50% oder 0% mit dem jetzigen Ergebnis überein; Konsens: Prozentsatz anderer Personen, die die Aufgabe erfolgreich lösen, beträgt 100%, 50% oder 0%). Es wurden auch Besonderheitsinformationen gegeben, die aber lediglich auf Konsistenzinformation bei einer ähnlichen Aufgabe beruhten und deshalb hier nicht weiter erörtert werden.

Die Befunde bestätigen, daß sowohl Konsistenz- als auch Konsensinformationen in modellgerechter Weise genutzt werden. Je ausgeprägter Konsistenz ist, um so ausschlaggebender waren die stabilen Faktoren Aufgabenschwierigkeit und Fähigkeit und um so weniger ausschlaggebend die variablen Faktoren Zufall und (allerdings nur im Falle von Mißerfolgsattribution) Anstrengung. Beachtung verdient, daß die soziale Vergleichsinformation (hier allerdings aus der Beobachterperspektive) besser beachtet und genutzt wird als (wie wir schon gesehen haben) bei nicht-

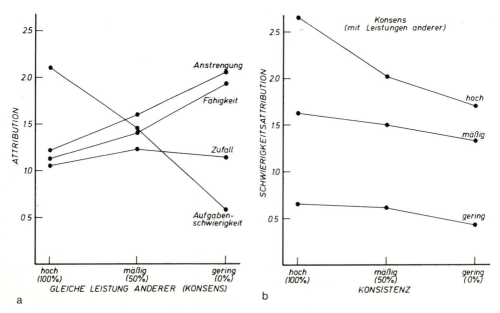

Abb. 11.3 a u. b. Durchschnittliche Effekte der Konsens- und der Konsistenzinformation auf die Attribution von Leistungsergebnissen. **a** Abhängigkeit der vier Weinerschen Kausalfaktoren von Konsensinformation (Prozentzahl anderer mit gleicher Leistung); **b** Interaktion von Konsens- und Konsistenzinformation auf die Attribution von Aufgabenschwierigkeit. (Nach Frieze u. Weiner, 1971, S. 594 u. 597)

leistungsthematischen Handlungen (vgl. McArthur, 1972; Nisbett u. Borgida, 1975). Wie Abb. 11.3a zeigt, fördert geringer Konsens die Attribution der internalen Faktoren Fähigkeit und Anstrengung und hoher Konsens die Attribution des externalen Faktors Aufgabenschwierigkeit. Konsens und Konsistenz zeigten modellgerechte Haupteffekte. So wurde die Aufgabenattribution um so stärker, je mehr zu hoher Konsistenz auch hoher Konsens hinzutrat. Dabei beeinflußte Konsens die Aufgabenattribution mehr als Konsistenz (vgl. Abb. 11.3b). Im übrigen gab es nicht unerhebliche individuelle Unterschiede in der Informationsnutzung.

Beim Leistungshandeln spielen innerhalb der Konsistenzinformation noch Sequenzeffekte eine Rolle für die Fähigkeitsattribution. Es macht einen Unterschied, ob bei wiederholter Bearbeitung derselben Aufgaben zunächst mehr Mißerfolg und dann zunehmend mehr Erfolg auftritt oder umgekehrt nach anfänglichem Erfolg sich Mißerfolg häuft. Im letzteren Falle wird man für begabter gehalten als im ersten Fall, selbst wenn in beiden Fällen das Häufigkeitsverhältnis von Erfolg und Mißerfolg gleich ist, wie Jones, Rock, Shaver, Goethals u. Ward (1968) gefunden haben. Die Fähigkeitsattribution unterliegt also in der Konsistenzinformation einem *primacy effect*. Es sieht so aus, als ob man bei zunehmendem Erfolg Übung und Anstrengung im Vergleich zur Fähigkeit für maßgeblicher hält, als wenn man schon zu Anfang Erfolg hat und die nachträgliche Häufung von Mißerfolg nicht auf Fähigkeitsverlust, sondern nur erlahmende Anstrengung zurückgeführt werden kann. Eine solche Erklärung entspricht der Assimilationsannahme aus der Personwahrnehmung, die Jones, Goethals, Kennington u. Severance (1972) in diesem Fall bestätigt fanden. Danach bleibt der erste Eindruck stärker eingeprägt und bestimmt die Verarbeitung nachfolgender Informationen, die, wenn sie im Widerspruch zum ersten Eindruck stehen, an diesen assimiliert werden.

Kausale Schemata

Kausale Schemata (Kelley, 1972) sind situationsspezifische Hypothesen-Konzepte über die Angemessenheit (*a-priori*-Wahrscheinlichkeit) von Ursachen. Sie erlauben, bei unvollständigen Kovariationsinformationen das Vorliegen oder Ausbleiben eines Effekts auf seine Ursachen oder Teilursachen zurückzuführen. Hat z.B. jemand Erfolg bei einer Aufgabe und liegt einem nur die Konsensinformation vor, daß bei dieser Aufgabe die meisten Personen Mißerfolg haben, so handelt es sich um ein ungewöhnliches Ereignis, für das das Kausalschema multipler notwendiger Ursachen bereitliegt (vgl. Abb. 10.4a). Entsprechend wird man sowohl hohe Fähigkeit als auch hohe Anstrengung für den Erfolg verantwortlich machen. Hat man noch weitere Kovariationsinformationen – etwa zur Besonderheit: Der Betreffende löst viele verschiedene Aufgaben aus diesem Bereich – so hat man Grund, eine der beiden förderlichen Ursachen, nämlich Fähigkeit, hoch anzusetzen. Entsprechend kann man nach dem Abwertungsprinzip die zweite förderliche Ursache, Anstrengung, mit geringerem Ausprägungsgrad ansetzen. In diesem Fall hat man das Schema multipler notwendiger Ursachen zu einem Schema kompensatorischer Ursachen differenziert. Das kompensatorische Schema gilt für abgestufte Effekte, wenn zu ihrem Eintreten zwei oder mehr Effekte beitragen. Innerhalb abgestufter Effekte kann ein nicht-ungewöhnlicher Effekt auch nur der starken Ausprägung einer der beiden Ursachen zugeschrieben werden, während die andere nicht vorzuliegen braucht. In diesem Grenzfall ist das kompensatorische Schema identisch mit dem Schema für multiple hinreichende Ursachen (vgl. Abb. 10.4b).

Für Leistungshandeln ist ein Kausalschema für abgestufte Effekte und mit kompensatorischen Ursachen am angemessensten. Effekte sind Erfolg und Mißerfolg. Die Effektabstufung hängt vom Grad der Aufgabenschwierigkeit ab. Der Erfolgseffekt nimmt mit steigender Schwierigkeitsstufe zu (vgl. Abb. 11.4: E, EE, EEE), der Mißerfolgseffekt nimmt mit fallender Schwierigkeitsstufe zu (M, MM,

MMM). Förderliche Ursachen für Erfolgseffekt sind Fähigkeit und Anstrengung, die sich gegenseitig kompensieren können. Das bedeutet gleichzeitig, daß für die meisten Effektstufen beide Ursachen notwendig sind, d. h. keine der beiden darf ganz fehlen. Aufgabenschwierigkeit ist im Unterschied zu Fähigkeit und Anstrengung ein hemmender Faktor für Erfolgseffekt. Insofern entspricht die Effektabstufung von Erfolg und Mißerfolg dem Risikowahl-Modell, d. h. der proportionalen Beziehung zwischen Schwierigkeit und Erfolgsanreiz bzw. der umgekehrt-proportionalen Beziehung zwischen Schwierigkeit und Mißerfolgsanreiz.

Die Matrix in Abb. 11.4 stellt ein solches kompensatorisches Kausalschema für 7 abgestufte Effekte (MMM; MM; M; E; EE; EEE; EEEE), die sieben Schwierigkeitsstufen entsprechen, dar, wenn von zwei förderlichen Ursachen (Fähigkeit und Anstrengung) auf den meisten Schwierigkeitsstufen keine allein hinreichend ist, sondern beide notwendig sind, damit ein Erfolg zustande kommt (Ausnahme Schwierigkeitsstufe 4). Jede Ursache ist in ihrer Stärke vierfach gestuft. Die Stärke einer Ursache ist additiv (nicht multiplikativ) mit der Stärke der anderen Ursache verknüpft. Auf der mittleren Schwierigkeitsstufe Nr. 4 gibt es zwei Kombinationen, in denen beide Ursachen nach einem Schema multipler hinreichender Ursachen verknüpft sind (die beiden Zellen links oben und rechts unten): Hier fehlt die eine Ursache, wenn die andere maximal ausgeprägt ist. Erfolg auf sehr hohen Schwierigkeitsstufen (Nr. 6 und 7) und Mißerfolg auf sehr niedrigen Schwierigkeitsstufen (Nr. 1 und 2) stellen ungewöhnliche Effekte dar (graue Felder). In beiden Fällen wird das Schema notwendiger Ursachen besonders prägnant. Erfolg bei sehr hoher Schwierigkeit setzt hohe Ausprägung beider Ursachen voraus (lediglich eine von beiden darf nur mittelstark ausgeprägt sein). Mißerfolg bei sehr leichter Schwierigkeit setzt das Fehlen beider Ursachen voraus (lediglich eine von beiden darf nicht stärker als „niedrig" ausgeprägt sein). Im übrigen gibt es in einem solchen Schema für abgestufte Effekte und mit kompensatorischen Ursachen zwei Fälle, bei denen man außer dem Effekt keine weiteren Informationen braucht, um auf die Ausprägung beider Ursachfaktoren zu schließen. Beim stärksten Mißerfolg (MMM) sind sowohl Fähigkeit wie Anstrengung fehlend, beim stärksten Erfolg (EEEE) beide Ursachen maximal hoch. In allen übrigen Fällen auf den dazwischenliegenden Schwierigkeitsstufen muß man die Ausprägung einer der beiden Ursachen kennen, um die Stärke der anderen erschließen zu können.

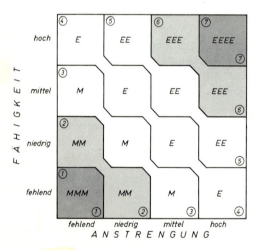

Abb. 11.4. Kausalschema für abgestufte Effekte des Leistungshandelns und mit kompensatorischen Ursachen, d. h. für Erfolg auf ansteigenden Schwierigkeitsstufen (E; EE usf.) und für Mißerfolg auf absteigenden Schwierigkeitsstufen (M; MM usf.), wenn vier Ausprägungsgrade der beiden Ursachfaktoren Fähigkeit und Anstrengung sich additiv gegenseitig kompensieren. Ist nur der Effekt bekannt, so ist es (mit Ausnahme des stärksten Erfolgs und Mißerfolgs) mehrdeutig, welche Proportion an Ausprägungsstärke der beiden Ursachen dem Effekt zugrunde liegt. Diese Mehrdeutigkeiten geben Raum für individuelle Unterschiede der Attribuierungsvoreingenommenheit im Falle von Erfolg oder Mißerfolg

Kennt man die Ausprägung keiner der beiden Ursachfaktoren genauer, so ergeben sich Mehrdeutigkeiten, die individuellen Attribuierungsvoreingenommenheiten Raum geben (und damit, wie wir noch sehen werden, individuelle Unterschiede der Motivation konstituieren). Die Mehrdeutigkeit betrifft einmal Erfolg auf verschiedenen Schwierigkeitsstufen (Nr. 4 bis 6). So kann man einen Erfolg auf Schwierigkeitsstufe 6 (EEE) entweder hoher Fähigkeit und mittlerer Anstrengung oder mittlerer Fähigkeit und hoher Anstrengung zuschreiben. Analoges gilt zum anderen für Mißerfolg auf verschiedenen Schwierigkeitsstufen (Nr. 2 und 3). So kann man einen Mißerfolg auf der Schwierigkeitsstufe 2 (MM) entweder niedriger Fähigkeit und fehlender Anstrengung oder fehlender Fähigkeit und niedriger Anstrengung zuschreiben.

An der Matrix der Abb. 11.4 lassen sich drei verschiedene Verknüpfungsschemata des übergeordneten Kausalschemas für abgestufte Effekte verdeutlichen. Erstens, vergleicht man Ergebnisse auf verschiedenen Schwierigkeitsstufen (Zeilen oder Spalten), so kovariiert die Ausprägung einer Ursache mit der Effektstärke, während die andere Ursache konstant bleibt. Das läßt sich als einfache Kovariation (einer einzelnen Ursache mit dem Effekt) bezeichnen. Das ist der Fall, wenn eine Ursache (wie z. B. die eigene Fähigkeit) konstant bleibt und eine Verbesserung des Ergebnisses nur durch Erhöhung der Anstrengung erzielt werden kann. Zweitens, vergleicht man deutlich ungleiche Effekte miteinander – d. h. solche, die mindestens um zwei Schwierigkeitsstufen auseinanderliegen –, so können beide Ursachen mit ansteigender Effektstufe (auf den Diagonalen von links unten nach rechts oben) kovariieren, indem die eine und die andere Ursache proportional zum Effektzuwachs stärker werden. Man kann deshalb von einem Schema der kombinierten Kovariation (mit dem Effekt) sprechen. Wie die einfache ist die kombinierte Kovariation Grundlage für das Vorhersagen von Effekten, wenn die Stärke beider Ursachen bekannt ist. Drittens, will man dagegen eine gegebene festliegende Effektstärke erklären (die Diagonalen von links oben nach rechts unten), so steht die Ausprägungsstärke der beiden Ursachen in einem umgekehrt proportionalen Verhältnis zueinander. Man kann deshalb von einem Kausalschema der Kompensation (zwischen zwei förderlichen Ursachen) sprechen; und zwar von Anstrengungskompensation, wenn – um einen bestimmten Effekt zu erreichen – gegebene Unterschiede an Fähigkeit durch entsprechenden Anstrengungsaufwand ausgeglichen werden; und von Fähigkeitskompensation, wenn gegebene Unterschiede an Anstrengung durch entsprechende Unterschiede an Fähigkeit ausgeglichen werden.

Befunde von Anderson u. Butzin (1974) und von Kun u. Weiner (1973) belegen, daß das skizzierte kompensatorische Schema abgestufter Effekte für die Erklärung von Leistungseffekten angemessen ist, wenn man keine Information über die Ausprägung einer der beiden Ursachen hat. Ihren Hypothesen hatten Kun u. Weiner lediglich die beiden Schemata für hinreichende und für notwendige Ursachen zugrunde gelegt. Sie erwarteten, daß bei ungewöhnlichen Effekten – Erfolg bei sehr schweren und Mißerfolg bei sehr leichten Aufgaben – beide Ursachen zusammen als hoch bzw. niedrig angenommen werden (multipel notwendig) und daß bei gewöhnlichen Effekten – Erfolg bei leichten und Mißerfolg bei schweren Aufgaben – schon das Vorliegen einer Ursache bzw. das Fehlen einer Ursache hinreicht (multipel hinreichend). In diesen letzteren Fällen hinreichender Ursachen meinten die Autoren, daß es ungewiß sein müsse, ob die andere (in ihrem Ausprägungsgrad nicht bekannte) Ursache ausgeprägt oder nicht ausgeprägt vorliege. Diese Überlegung ist nur stichhaltig, wenn ein Schema hinreichender Ursachen einen Alles-oder-Nichts-Effekt und kein Schema abgestufter Effekte mit kompensatorischen Ursachen zugrunde gelegt wird. Tatsächlich taten Kun u. Weiners Vpn das letztere, und zwar mit gutem Grund.

Denn die Autoren gaben den Vpn Informationen über abgestufte Effekte, und zwar Erfolg oder Mißerfolg bei einem Examen, das einen von drei Schwierigkeitsgraden hatte; definiert mit Hilfe von Konsensinformation (10%, 50% oder 90% der Studierenden erfolgreich). Neben Ergebnis und Schwierigkeit des Examens wurde eine dritte Information über eine der beiden Ursachen (Fähigkeit oder Anstrengung) gegeben; diese Ursache war im Falle von Erfolg hoch und im Falle von Mißerfolg niedrig ausgeprägt. Die Vpn mußten angeben, ob sie die jeweils andere Ursache (im Falle von Erfolg hoch, im Falle von Mißerfolg niedrig ausgeprägt) für entschei-

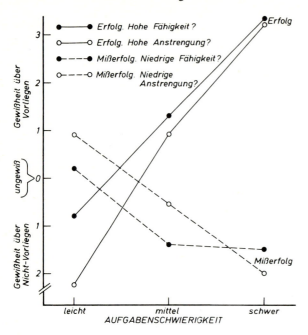

Abb. 11.5. Mittlere Gewißheitsurteile hinsichtlich des Vorliegens oder Nicht-Vorliegens von hoher Fähigkeit oder hoher Anstrengung im Falle von Erfolg sowie des Vorliegens im Falle von Mißerfolg, wenn jeweils Informationen vorliegen über (1) Erfolg oder Mißerfolg, (2) Ausprägung einer der beiden Ursachen und (3) Schwierigkeitsgrad der Aufgabe. (Nach Kun u. Weiner, 1973, S. 203)

dend, für ungewiß oder für nicht entscheidend hielten.

Abb. 11.5 stellt die Ergebnisse dar. Hat es bei einem schweren Examen Erfolg gegeben (ungewöhnliches Ereignis), so sind die Vpn gewiß, daß auch die andere der beiden Ursachen stark ausgeprägt war. Das gilt auch noch, wenn das mit Erfolg bestandene Examen mittelschwer war. War es dagegen leicht, Erfolg zu haben (gewöhnliches Ereignis), so waren die Vpn überzeugt, daß nicht auch die andere Ursache hoch ausgeprägt war. Im Falle von Mißerfolg ergaben sich analoge Befunde im Sinne eines kompensatorischen Schemas abgestufter Effekte; allerdings weniger deutlich, wenn man ein leichtes Examen nicht bestanden hatte (ungewöhnliches Ereignis). Hier war die Gewißheit, daß auch der andere Faktor nur schwach ausgeprägt war, nur gering. Mißerfolg bei schwerem Examen (gewöhnliches Ereignis) ließ gewiß erscheinen, daß neben geringer Fähigkeit oder geringer Anstrengung nicht auch die jeweils andere Ursache schwach ausgeprägt war. Sieht man von Mißerfolg bei leichter Aufgabe ab (wo die Gewißheit, beide Ursachen seien nur schwach ausgeprägt gewesen, nur gering war), so bestätigen die Befunde von Kun u. Weiner, daß bei abgestuften Leistungsergebnissen ein kompensatorisches Schema zugrunde liegt, wenn eine der beiden Ursachen (Fähigkeit oder Anstrengung) bekannt oder die andere erschlossen werden muß.

Motivbedingte Attribuierungsunterschiede

Jenseits der schon erörterten generellen Tendenz, Erfolg und Mißerfolg selbstwertdienlich zu attribuieren, sind wir schon wiederholt auf individuelle Attribuierungsunterschiede gestoßen. Es gibt sie in der Fremdbeurteilung, wenn etwa Lehrer Schülerleistungen erklären (Meyer u. Butzkamm, 1975; Rheinberg, 1975) und auch in der Selbstbeurteilung wie bei gelernter Hilflosigkeit. Systematisch fand sie z. B. Rizley (1978) mit Depressivität als einer Persönlichkeitsdisposition, Gilmor u. Minton (1974) mit Internaler vs. Externaler Kontrolle und Dweck u. Bush (1976) sowie Feather (1969) mit Geschlechtsunterschieden verbunden. Auffällig ist jedesmal ein Attribuierungsmuster, das nach Erfolg wenig zuversichtlich motiviert und nach Mißerfolg eher deprimiert.

So schrieben depressive Studierende im Vergleich zu nicht-depressiven ihre Mißerfolge eher mangelnder Fähigkeit und weniger hoher Aufgabenschwierigkeit zu und Mißerfolg weniger ihrer guten Fähigkeit und mehr der Leichtigkeit der Aufgabe zu (Rizley, 1978). Internale Vpn führen im Vergleich zu externalen ihren Erfolg mehr auf Fähigkeit und Mißerfolg mehr auf Zufall zurück, insbesondere, wenn sie mit hohen Erfolgserwartungen an die Aufgabe herangegangen sind (Gilmor u. Minton, 1974; Lefcourt, Hogg, Struthers u. Holmes, 1975). Mädchen hielten sich häufiger für weniger befähigt als Jungen und neigten dazu, Glück für ihre Erfolge mitverantwortlich zu machen (Feather, 1969). Sie glaubten, daß die Lehrer bei ihnen in mangelnder Begabung den Grund für Mißerfolge sehen, während Jungen glaubten, daß die Lehrer bei ihnen mangelnde Motivation dafür verantwortlich machen (Dweck u. Bush, 1976). Dieses differentielle Bild der Fremdattribution wird offenbar durch unterschiedliche Lehrerreaktion auf geschlechtsspezifisches Rollenverhalten vermittelt. Da Mädchen angepaßter dem Unterricht folgen, wendet sich der Lehrer ihnen häufiger zu, wenn sie Leistungsschwierigkeiten haben. Jungen erfordern dagegen mehr Zuwendung, weil sie unaufmerksamer sind und den Unterricht stören.

Viele Autoren haben gefunden, daß mit den beiden Leistungsmotiven verschiedene Attributionsmuster verbunden sind. Erfolgsmotivierte (oder Hochmotivierte, *nAch*) halten sich Erfolge stärker zugute und sehen sich von Mißerfolgen weniger belastet, als es Mißerfolgsmotivierte (oder Niedrigmotivierte) tun. Als erste beobachteten dies Weiner u. Kukla (1970) und Weiner u. Potepan (1970) in einfachen Korrelationsstudien. Erfolgsmotivierte kreuzten bei Erfolgsitems des Selbstverantwortlichkeitsfragebogens von Crandall, Katkovsky u. Crandall (1965; *Intellectual Achievement Responsibility*, IAR) häufiger internale Kausalfaktoren (vor allem Fähigkeit) an als Mißerfolgsmotivierte. In einer experimentellen Studie (Weiner u. Kukla, 1970; Exp. V) führten die erfolgsmotivierten Vpn – im Vergleich zu den mißerfolgsmotivierten – gute Leistungen in einer Versuchsaufgabe eher auf ihre Fähigkeit und schlechte Leistungen eher auf eine noch nicht ausreichende Anstrengung zurück. In einer Reihe weiterer Untersuchungen ist man der Motivgebundenheit von Attribuierungsmustern genauer nachgegangen. Meyer (1973a) hat in einer Zahlensymbol-Aufgabe 5mal hintereinander Mißerfolg induziert und dann das Ergebnis prozentanteilig mit den vier Weiner-Faktoren erklären lassen. Mißerfolgsmotivierte machten für ihre Mißerfolge – im Vergleich zu den Erfolgsmotivierten – weniger mangelnde Anstrengung und Pech als vielmehr mangelnde Fähigkeit verantwortlich. Krug (1972) fand mit derselben Methodik (nur die Skalierung der vier Attributionsfaktoren war unabhängig und nicht prozentanteilig gebunden) die gleichen Ergebnisse. Jopt u. Ermshaus (1977; 1978) stellten nur bei einer intellektuellen und nicht bei einer manuellen Aufgabe motivbedingte Unterschiede fest. Neben Fähigkeitsmangel machten hier die Mißerfolgsmotivierten auch Aufgabenschwierigkeit für ihre Mißerfolge verantwortlich.

Die deutlichsten Unterschiede im Attribuierungsmuster hat Meyer (1973a) bei sorgfältiger Induktion von Erfolg und Mißerfolg gefunden. Beides wurde auf der Grundlage des Erwartungsniveaus induziert, das die einzelne Vp für ihre persönliche Leistungsgüte aufgebaut hatte. Der Vl gab in der Ergebnisrückmeldung die Anzahl der richtig gelösten Aufgaben höher („Erfolg") oder niedriger („Mißerfolg") als von der Vp erwartet an. Abb. 11.6 stellt die Ergebnisse für die drei Faktoren Fähigkeit, Anstrengung und Zufall dar. Im Vergleich zu den Erfolgsmotivierten schrieben die Mißerfolgsmotivierten ihre Erfolge weniger der (guten) Fähigkeit und Anstrengung und mehr dem Glück zu; ihre Mißerfolge dagegen mehr ihrer (mangelnden) Fähigkeit und weniger einer (mangelnden) Anstrengung und weniger dem Pech.

Schmalt (1976c) hat untersucht, welcher besondere Typ von Mißerfolgsmotiv mit dem häufig gefundenen Attribuierungsmuster verbunden ist. Mit Hilfe der Gitter-Methode

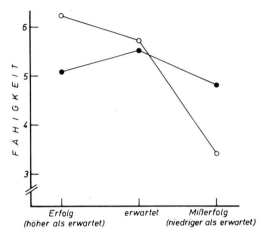
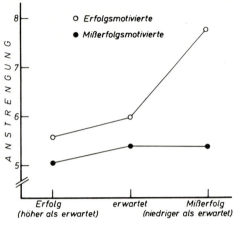
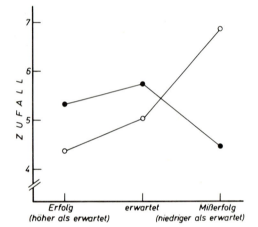

Abb. 11.6. Mittlere Stärke der skalierten Kausalfaktoren Fähigkeit, Anstrengung und Zufall bei Erfolgs- und Mißerfolgsmotivierten, wenn die Anzahl der richtigen Lösungen höher (Erfolg) oder niedriger (Mißerfolg) ist als erwartet oder so hoch wie erwartet. (Nach Meyer, 1973a, S. 81 u. 82)

(vgl. Kap. 6) unterschied er Mißerfolgsmotivierte, die durch ein Selbstkonzept mangelnder Begabung oder durch Furcht vor sozialen Konsequenzen gekennzeichnet sind. Nur bei den ersteren fand sich das übliche Attribuierungsmuster: Erfolg wird bevorzugt durch Glück und Mißerfolg durch mangelnde Fähigkeit und weniger durch mangelnde Anstrengung erklärt.

Insgesamt bietet sich zur Motivgebundenheit der Attribuierungsmuster für Erfolg und Mißerfolg das folgende Bild. Im Falle von Erfolg ist die Lokationsdimension ausschlaggebend. Erfolgsmotivierte attribuieren Erfolg bevorzugt auf internale Faktoren, besonders auf gute Fähigkeit; Mißerfolgsmotivierte betonen die externalen Faktoren, insbesondere Glück und manchmal auch Aufgabenleichtig-keit. Im Falle von Mißerfolg ist die Stabilitätsdimension ausschlaggebend. Für Erfolgsmotivierte beruht Mißerfolg eher auf steuerbaren oder veränderlichen Faktoren, insbesondere auf noch unzureichender Anstrengung, manchmal auch auf Pech. Dagegen nehmen Mißerfolgsmotivierte ihren Mißerfolg als kaum änderbar hin, weil sie ihn auf mangelnde eigene Fähigkeit oder auch auf zu große Aufgabenschwierigkeit zurückführen. Während die Erfolgsmotivierten damit das Bild der üblichen und selbstwertdienlichen Attribuierungsasymmetrie für Erfolg und Mißerfolg bieten, neigen die Mißerfolgsmotivierten zu einem Attribuierungsmuster, das nach Erfolg kaum ermuntert und nach Mißerfolg entmutigt und dem eigenen Selbstwertgefühl abträglich ist. Damit sind schon Auswirkun-

Tabelle 11.4. Die beiden durch die Ursachdimensionen Stabilität und Lokation vermittelten Wirkungseffekte nach der Konzeption von Weiner

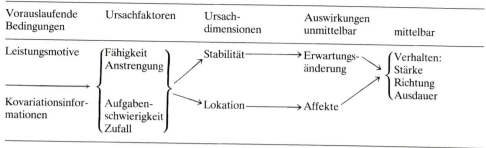

gen auf Erwartungsänderungen, Selbstbewertung und Motivierung angedeutet, die wir im einzelnen noch aufgreifen werden. Nur im Falle von depressiven vs. nicht-depressiven Studierenden in der Studie von Rizley (1978; vgl. oben) scheint nicht die Stabilitäts-, sondern die Lokationsdimension für die unterschiedlichen Attribuierungsmuster maßgebend zu sein.

Abschließend ist aber auch darauf hinzuweisen, daß die Befunde keineswegs einheitlich und immer deutlich sind. Am einheitlichsten sind die folgenden Attribuierungsakzente: Hohe Fähigkeit nach Erfolg und Anstrengungsmangel nach Mißerfolg bei Erfolgsmotivierten sowie Fähigkeitsmangel nach Mißerfolg bei Mißerfolgsmotivierten. In einigen Studien hat Schneider (1977) keine motivgebundenen Unterschiede entdeckt, Jopt u. Ermshaus (1977) nur nach Mißerfolg, aber nicht nach Erfolg. Motivgebundenheit heißt im übrigen nicht, daß das zugehörige Attribuierungsmuster in jeder Leistungssituation auftreten müßte, sondern nur dann, wenn das Motiv stark angeregt und, so ist es zu vermuten, Realitätsfaktoren den Attribuierungsspielraum nicht zu sehr einengen.

Auswirkungen der Attribution von Erfolg und Mißerfolg

Attributionen des Leistungsergebnisses bleiben nicht folgenlos. Die Auswirkungen lassen sich zu einem guten Teil nach Ursachdimensionen aufgliedern. Die Stabilitätsdimension beeinflußt die Erfolgserwartung. Die Stabilität der Ursachfaktoren bestimmt etwa die Löschungsresistenz. Das tut nicht die Lokation *(locus of control)*, wie Rotter (1966) und seine Mitarbeiter behauptet haben. In dieser Kontroverse zwischen Attributionstheorie und sozialer Lerntheorie gibt es allerdings Mißverständnisse auf beiden Seiten, weil bisher wie in der Hilflosigkeitsforschung die Kontingenzdimension unbeachtet geblieben ist. Die Lokationsdimension hat motivierende und affektive Konsequenzen. Sie ist entscheidend für die selbstbewertenden Emotionen nach Erfolg und Mißerfolg; aber auch für das Motivationssyndrom der gelernten Hilflosigkeit. Tabelle 11.4 skizziert die beiden Wirkungsketten, auf die Weiner schon früh und wiederholt hingewiesen hat (Weiner, 1972; Weiner et al. 1971).

Die neue und dritte Dimension, Steuerbarkeit, die wir kurz als Kontrolldimension bezeichnen wollen, ist entscheidend für die Fremdbewertung von Leistungsergebnissen. Des weiteren wird auch die Motivation zur weiteren Aufgabentätigkeit von den einzelnen Ursachdimensionen beeinflußt, wie es in Ausdauer, Schwierigkeitswahl und Leistungsergebnissen zum Ausdruck kommt. Schließlich beginnen sich nach neueren Untersuchungen zwischen den einzelnen Ursachdimensionen und verschiedenartigen Emotionen Beziehungen abzuzeichnen.

Stabilitätsdimension und Erfolgserwartung

Hatte man bisher Änderungen der Erfolgserwartung nur mit Hilfe induzierter Erfolge oder Mißerfolge ausgelöst und hergestellt (vgl. etwa Feather, 1966; 1968; Schneider, 1972), so bot die Attribuierungstheorie in Gestalt der beiden stabilen Ursachfaktoren kognitive Vermittlungsvariablen an, die die Auswirkungen von Erfolg und Mißerfolg auf die Erwartung und deren Änderung moderieren sollten. Die Relation der eingeschätzten eigenen Fähigkeit zur vermuteten (objektiven) Aufgabenschwierigkeit macht nach Heider (1958) das erlebte eigene Können und – bei konstanter Anstrengung damit identisch – die Höhe der Erfolgserwartung aus. Je mehr man deshalb für ein Handlungsergebnis die eigene Fähigkeit und die Aufgabenschwierigkeit statt fluktuierender Einflüsse von Anstrengungsvariation und Zufall verantwortlich macht, um so mehr ergibt sich aus der Relation der beiden stabilen Faktoren unmittelbar die Höhe der Erfolgserwartung.

Aus der gleichen Überlegung heraus gibt es zwei Fälle, die zu einer Änderung einer einmal gebildeten Erfolgserwartung führen. Der erste Fall liegt vor, wenn man aufgrund der bisher erzielten Ergebnisse Anlaß sieht, die bisher angenommene Relation der beiden stabilen Kausalfaktoren zu revidieren, sei es, daß man die eigene Fähigkeit für die gegebene Aufgabe nun höher oder geringer als früher einschätzt und zugleich – oder unabhängig von einer Revision der Fähigkeitsattribuierung – die vermutete Aufgabenschwierigkeit geringer oder höher beurteilt. Solche Revisionen werden durch längere Erfolgs- oder Mißerfolgsserien nahegelegt. Der zweite Fall liegt vor, wenn aufgrund des Eintretens eher erwarteter oder konsistenter Ergebnisse das ursprüngliche Gewicht variabler Faktoren sich zugunsten stabiler Faktoren vermindert. In dieser Situation hat man weniger Anlaß, eine Revision der ursprünglichen Erfolgserwartung noch länger zu suspendieren, sondern kann die letzten Ergebnisse schon als valide Indikatoren des eigenen Könnens (Relation von Fähigkeit zu Schwierigkeit) nehmen. Den ersteren Fall wollen wir als Revision des Könnenskonzepts (geänderte Relation von Fähigkeit zu Aufgabenschwierigkeit), den zweiten Fall als Stabilisierung des Könnenskonzepts bezeichnen (zunehmendes Gewicht der stabilen Faktoren gegenüber den variablen). Im übrigen ist anzumerken, daß beides – Revision und Stabilisierung des Könnenskonzepts – auch zugleich auftreten kann.

Bisher gibt es keine Studien, die Änderungen der Erfolgserwartungen systematisch auf Revision und Stabilisierung des Könnenskonzepts – wie es sich in entsprechenden Änderungen der Attribution der aufeinanderfolgenden Ergebnisse zu erkennen gibt – analysiert hätten. Meyer (1973a; Weiner et al., 1972) hat als erster die Beziehung zwischen Attribution und Erwartungsänderung überprüft. Er induzierte in mehreren Durchgängen entweder nacheinander Erfolg oder Mißerfolg und ließ das Ergebnis jedesmal anhand der vier Weiner-Faktoren attribuieren. In der Erfolgsserie gab es keinerlei Zusammenhänge zwischen Attribution und steigender Erfolgserwartung, wohl aber in der Mißerfolgsserie zwischen einer bloß summarischen über alle Durchgänge berechneten Attribution auf stabile Faktoren und fallender Erfolgserwartung. Entscheidender als die Fähigkeits- war die Schwierigkeitsattribution. Vpn, die die Aufgabe für eher schwierig hielten, begannen mit kaum niedrigeren Erfolgswahrscheinlichkeiten, senkten diese aber schneller im Angesicht weiterer Mißerfolge. Signifikant ist dieser Unterschied aber erst, wenn man für jede Vp den Summenwert beider stabiler Faktoren zugrunde legt und danach die Vpn am Median in zwei Gruppen aufteilt: Größere Stabilität der den Mißerfolgen zugeschriebenen Ursachen bewirkte einen stärkeren Abfall der Erfolgserwartung (Abb. 11.7). Es bleibt jedoch ungeklärt, wieweit die verschiedenen Änderungsraten auf Unterschieden (1) der schon zu Anfang bestehenden Stabilitätsattribution, (2) der fortschreitenden Stabilisierung und (3) der Revision des Könnenskonzepts beruhen.

In den weiteren Untersuchungen bisher (sieht man von einer Studie mit Erfolgsinduk-

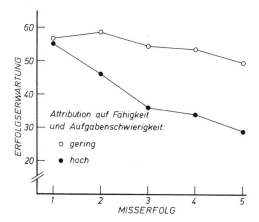

Abb. 11.7. Änderung der mittleren Erfolgserwartung in einer Mißerfolgsserie bei Vpn-Gruppen mit geringer bzw. hoher Attribution des Mißerfolgs auf Fähigkeit und Aufgabenschwierigkeit. (Nach Meyer, 1973a, S. 105)

tion von Riemer, 1975, ab, bei der sich keinerlei Beziehungen fanden) hat man gefunden, daß – wie üblich – mit der Häufung von Erfolg die Erfolgserwartung steigt und mit Mißerfolgshäufung fällt, ohne daß diese Änderungen jedoch – wie vermutet – steiler ausfielen, wenn stärker auf stabile Faktoren attribuiert wurde. Was dagegen gefunden wurde, ist eine Beziehung zwischen der Stabilitätsdimension und der Höhe der Erfolgserwartung nach dem ersten (und teils auch noch darauffolgendem) Erfolg oder Mißerfolg, also mit der absoluten Höhe des Erwartungsniveaus (Fontaine, 1974; McMahan, 1973; Valle u. Frieze, 1976; Weiner, Nierenberg u. Goldstein, 1976). Die Erfolgserwartung war bei stärkerer Stabilitätsattribution nach Erfolg höher und nach Mißerfolg niedriger als bei weniger starker Stabilitätsattribution (vgl. vor allem McMahan, der mit tatsächlichen Aufgabenerfahrungen gearbeitet hat. Er fand, daß Änderungen der Stabilitätsdimension nur über den Fähigkeits- und nicht den Schwierigkeitsfaktor stattfanden.) Insofern scheinen die Befunde der Stabilisierung des Könnenskonzepts zu entsprechen.

Aber in keiner der bisherigen Untersuchungen ist die Stabilisierung von Durchgang zu Durchgang – geschweige die Revision der Relation von Fähigkeit und Aufgabenschwierigkeit – analysiert worden: punktuelle Stabilität statt Stabilisierungsprozeß. Im übrigen war die Stärke der Stabilitätsattribution höher, wenn das Ergebnis der vorangehenden Erwartung nicht widersprach (McMahan, 1973). So sind bislang die folgenden Wirkungsketten bezüglich der Höhe (nicht der Änderungsrate) von Erfolgserwartungen nachgewiesen: (1) Erwartungsgemäßer Erfolg (Mißerfolg) – höhere Stabilitätsattribution – hohe (niedrige) Erfolgserwartung; (2) erwartungswidriger Erfolg (Mißerfolg) – niedrigere Stabilitätsattribution – weniger hohe (weniger niedrige) Erfolgserwartung.

Da Weiner et al. (1976) in einem „Entscheidungsexperiment" ihre attributionstheoretische Position (wonach mit höherer Stabilitätsattribution stärkere Erwartungsänderungen nach Erfolg und Mißerfolg stattfinden sollen) gegen die Soziale Lerntheorie Rotters bestätigen wollten, sei diese Studie näher dargestellt. Soweit die Soziale Lerntheorie nach Erfolg oder Mißerfolg stärkere Erwartungsänderungen bei fähigkeits- als bei zufallsabhängigen Aufgaben gefunden hat (vgl. Phares, 1957; James u. Rotter, 1958; Rotter, Liverant u. Crowne, 1961), steht dies nicht in Widerspruch mit der attributionstheoretischen Position, da Fähigkeit ein stabiler und Zufall ein variabler Faktor ist. Nur konfundiert die Soziale Lerntheorie diesen Unterschied mit der Lokationsdimension von internal vs. external. Bei den beiden restlichen Faktoren, Anstrengung und Aufgabenschwierigkeit, kommen beide Theorien zu gegensätzlichen Aussagen: Nach der Sozialen Lerntheorie müßte Anstrengungsattribution, weil internal, höhere Erwartungsänderungen bewirken als die (externale) Aufgabenschwierigkeit (vgl. Kap. 5); nach der Attributionstheorie müßte umgekehrt Aufgabenschwierigkeit, weil stabil, mehr Erwartungsänderung bewirken als die (variable) Anstrengung. Um dies zu prüfen, haben die Autoren immer zwei der vier Faktoren auf ihre Gewichtigkeit miteinander vergleichen lassen; und zwar so, daß die beiden jeweils zu vergleichenden Faktoren sich immer nur in einer der beiden Ursachdimensionen unterschieden (also z.B. Fähigkeit vs. Aufgabenschwierigkeit, beide sind stabil, aber unterscheiden sich in der Lokation). Unabhängige Vpn-Gruppen bearbeiteten entweder 1, 2, 3, 4 oder 5mal mit Erfolg Figurlege-Aufgaben. Zum Schluß des Versuchs wurde innerhalb jeder Bedingung die Erfolgswahrscheinlichkeit geschätzt (wieviel von 10 Aufgaben werden richtig sein) und Ursacherklärungen für die erzielten Erfolge abgegeben.

Abb. 11.8 faßt die wichtigsten Ergebnisse zusammen, und zwar für zwei Paare von Teilgruppen, die sich nach der Höhe ihrer Stabilitätsattribution bzw. ihrer Internalitätsattribution unterscheiden. Wenn wir zunächst nur die Stabilitätsdimension betrachten, so ist bei hoher Stabilitätsattribution lediglich zu Anfang (besonders nach einem oder zwei Erfolgen) ein höheres Erwartungsniveau als bei niedriger Stabilitätsattribution festzustellen. Mit zunehmender Anzahl der Erfolge verlor sich dieser Niveauunterschied völlig, so daß entgegen der attributionstheoretischen Hypothese es die Vpn mit niedriger Stabilitätsattribution waren, die stärkere Erwartungsänderungen hatten. Das gleiche gilt analog für die Lokationsdimension, wenn auch kaum ausgeprägt: Vpn mit höherer externaler Attribuierung hatten stärkere Erwartungsänderungen. Die Befunde laufen also hinsichtlich (1) der Erwartungsänderung über mehrere Erfolge hinweg und (2) der nach mehreren Erfolgen erreichten Erwartungshöhe sowohl Weiners attributionstheoretischer Position wie der Sozialen Lerntheorie zuwider. Lediglich hinsichtlich der Höhe der Erwartung nach ein oder zwei Erfolgen wird Weiners Position bestätigt, aber die der Sozialen Lerntheorie auch nicht widerlegt.

Offensichtlich ist der Zusammenhang zwischen Attribution und Erwartungsänderung komplexer als Weiner und seine Mitarbeiter angenommen haben. Nicht nur die Attribuierung kann die Erwartung, auch die Erwartung kann die Attribuierung beeinflussen; und das in einem fortlaufenden Zirkel von Ergebnis zu Ergebnis. Je mehr ein Ergebnis der ursprünglichen Erwartung widerspricht, um so weniger wird es stabilen Faktoren zugeschrieben (Feather, 1969; Feather u. Simon, 1971; Frieze u. Weiner, 1971; Gilmor u. Minton, 1974) und um so weniger Gewicht hat dieses Ergebnis für die Erwartung über den Ausfall des nächsten Ergebnisses (vgl. Befunde und das dafür entwickelte formale Modell von McMahan, 1973; Valle u. Frieze, 1976). Was bisher nachgewiesen ist, scheint nur der folgende Zusammenhang zu sein: Wer angesichts einer zu bearbeitenden Aufgabe eher hohe oder eher niedrige Erfolgserwartungen hat und diese durch anschließenden Erfolg bzw. Mißerfolg bestätigt sieht, behält seine Stabilitätsattribution bei oder erhöht sie noch; zugleich akzentuiert er seine ursprünglich bereits hohe bzw. niedrige Erfolgserwartung weiter nach oben bzw. nach unten (was der sog. typischen Anspruchsniveauverschiebung gleichkommt). Wer dagegen ein erwartungswidriges Ergebnis erfährt, verändert zunächst die ursprüngliche Attribuierung zugunsten variabler Faktoren und zögert dementsprechend, seine ursprüngliche Erwartung stärker herauf- bzw. herabzusetzen. Eine tiefer eindringende Bedingungsanalyse steht noch aus. Erwartungsänderungen als Folge einer Stabilisierung des Könnenskonzepts sind bislang nur punktuell, aber noch nicht als Stabilisie-

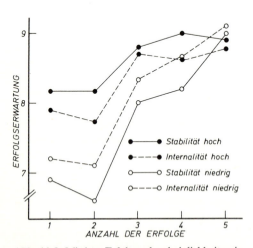

Abb. 11.8. Mittlere Erfolgswahrscheinlichkeiten in Abhängigkeit von der Anzahl vorausgegangener Erfolge bei Vpn, die nach dem Versuch stark oder schwach (a) die stabilen Ursachen und (b) die internalen Ursachen verantwortlich machten. (Nach Weiner, Nierenberg u. Goldstein, 1976; Daten der Tabelle 3 entnommen, S. 62)

rungsprozeß – und als Folge einer Revision des Könnenskonzepts überhaupt noch nicht – untersucht worden.

Anstrengungsattribution und Erwartungsänderung

Anstrengung kann auch als stabil (z. B. als Arbeitshaltung) aufgefaßt werden. In einem solchen Falle trägt die Anstrengungs- wie die Fähigkeitsattribuierung dazu bei, die Erfolgserwartung stärker an den schon erreichten Ergebnissen zu orientieren. Hält man dagegen (a) Anstrengung für variabel, so kann die Intendierung von mehr Anstrengung eine drastische Erhöhung der Erfolgserwartung zur Folge haben, sofern man (b) die Aufgabenleistung für anstrengungsabhängig hält, (c) die bisher erzielte Leistung noch nicht in einem Spitzenbereich liegt und (d) man Anlaß oder Anreiz sieht, noch höhere Leistungen zu erreichen.

Diese vier Bedingungen hat Ostrove (1978) in zwei Experimenten realisiert, von denen das zweite berichtet sei. Der Vp wurde die Aufgabe (Zahlen-Symboltest) entweder (a) als ausschließlich anstrengungs- oder fähigkeitsabhängig ausgegeben; für besondere Leistungen in den Durchgängen 2, 4 und 6 wurden Geldprämien in Aussicht gestellt. Anschließend wurden (b) zur Induktion von Anstrengung als stabiler oder als variabler Ursachfaktor entweder konsistente oder stark variierende Einzelergebnisse mitgeteilt, die in beiden Fällen anhand von Normdaten (c) im Mittel als gut bezeichnet wurden. Vor der Bearbeitung weiterer Aufgaben wurde einer Hälfte der Vpn (d) als zusätzlicher Anreiz der Hinweis gegeben, die folgenden Aufgaben würden von den meisten Studenten als eher interessant angesehen (der anderen Hälfte, sie wären sehr uninteressant). Vor ihrer Bearbeitung schätzten die Vpn ihre Erfolgserwartung auf einer Prozentskala ein. Tabelle 11.5 enthält die Ergebnisse. Unter Fähigkeitsorientierung gab es keinerlei unterschiedliche Erfolgserwartungen, gleichgültig, ob die bisherigen Ergebnisse konsistent oder variabel und die bevorstehenden Aufgaben interessant oder uninteressant waren. Unter Anstrengungsorientierung trat die erwartete Erhöhung der Erfolgserwartung nach Induktion von Anstrengung als einer variablen Ursache und nach Einführung eines Zusatzanreizes für die weitere Aufgabenbearbeitung ein. Die Erfolgserwartung liegt hochsignifikant über allen übrigen sieben Werten.

Konfundierung von Ursachendimensionen

Die gegenwärtige Forschung leidet, wie das „Entscheidungsexperiment" von Weiner et al. (1976) zeigt, offensichtlich in beiden Lagern an Konfundierungen. Einerseits weist Weiner mit Recht darauf hin, daß die Soziale Lerntheorie mit der Gegenüberstellung von Fähigkeit und Zufall nicht nur auf der Lokations-, sondern zugleich auf der Stabilitätsdimension ein Gegensatzpaar gebildet hat. Andererseits unterscheiden sich die beiden Weinerschen Faktoren von Aufgabenschwierigkeit und Zufall nicht nur auf der Stabilitätsdimension, weil beide eine externale Lokation haben. Beide unterscheiden sich auch in einer weiteren Dimension, nämlich der Kontingenz, die Rotter (1966) im Auge hatte, als er

Tabelle 11.5. Mittlere Erfolgserwartungen für eine als interessant oder uninteressant ausgegebene Aufgabe als Funktion von Anstrengungs- oder Fähigkeitsabhängigkeit und von bisher erzielten variablen oder konsistenten Ergebnissen. (Nach Ostrove, 1978, S. 914)

Anreiz der bevorstehenden Aufgaben	Anstrengungsabhängig bisherige Ergebnisse		Fähigkeitsabhängig bisherige Ergebnisse	
	variabel	konsistent	variabel	konsistent
Interessant	84,92	76,58	71,25	75,92
Uninteressant	74,58	72,92	69,92	72,50

schrieb: „If a person ... sees the reinforcement as being outside his own control or not contingent, that is, depending upon chance, fate, powerful others, or unpredictable, then the preceding behavior is less likely to be strengthened or weakened" (S. 5). Zufall wird in aller Regel als ein Faktor betrachtet, der die Kontingenz zwischen Handlung und einem Ergebnis aufhebt (aber vgl. Wortman, 1975), Aufgabenschwierigkeit dagegen trägt zur erlebten Kontingenz der Handlung mit Erfolg oder Mißerfolg bei. Insofern ist es auch nicht angemessen, wenn Weiner der Sozialen Lerntheorie unterstellt, sie reihe unter die Ursachen externaler Kontrolle neben Zufall, Verfügungsgewalt anderer etc. auch Aufgabenschwierigkeit ein.

Dieses Mißverständnis hat zwei Gründe. Der erste Grund ist semantischer Natur und betrifft das Begriffsverständnis von externaler Lokation. Rotter versteht darunter nur solche Ursachen, die zugleich nicht-kontingent sind, Weiner dagegen sowohl kontingente wie nicht-kontingente. Der zweite Grund liegt offensichtlich in einem verschiedenen Paradigma von Handlung und ihren Folgen. Weiner hat die Ursachen vor Augen, die ein angezieltes Handlungsergebnis nicht gelingen lassen; Rotter dagegen Ursachen, die nach Erreichen eines Handlungsergebnisses das Ausbleiben der Bekräftigungsfolgen bewirken. Im ersten Fall handelt es sich um Handlungs-Ergebnis-Erwartung, im zweiten Fall um Ergebnis-Folge-Erwartungen (vgl. Kap. 12). Die ersteren setzen immer erlebte Kontingenz voraus, die letzteren können als kontingent oder als nicht-kontingent erlebt werden. Hinsichtlich beider Gründe stehen wir hier vor den gleichen Unklarheiten, die wir schon bei der Hilflosigkeitsforschung beklagt haben (vgl. Tabelle 11.1).

Schließlich ist es auch angebracht, die Kontingenzdimension nicht mit der Kontrolldimension gleichzusetzen. Zwar wird jede erlebte Kausalbeziehung der Nicht-Kontingenz auch als nicht kontrollierbar wahrgenommen, aber nicht jede Unkontrollierbarkeit als nicht-kontingent. Wie Tabelle 11.1 aufführt, erscheint z. B. künftiger Erfolg bei einer als zu schwer erlebten Aufgabe außerhalb der eigenen Kontrolle, aber der statt dessen eintretende Mißerfolg durchaus kontingent; oder ein durch Anstrengung erreichbarer Erfolg als kontingent, die ausbleibende Bekräftigungsfolge als nicht-kontingent. Die künftige Erforschung der Attributionsabhängigkeit von Erfolgserwartungen wird mehr Unterscheidungen zu treffen haben.

Kontingenzdimension und Löschungsresistenz

Wir haben schon im 5. Kap. Befunde von Rotter et al. (1961), nach denen partielle Bekräftigung (50%) nur bei zufallsabhängigen, aber nicht bei fähigkeitsabhängigen Aufgaben zu größerer Löschungsresistenz führte (vgl. Abb. 5.20), attributionstheoretisch interpretiert. Im 4. Kap. haben wir tierexperimentelle Befunde dargestellt (vgl. Abb. 4.27 und 4.28), die Lawrence u. Festinger (1962) als Beleg für eine dissonanztheoretische Erklärung ansahen: z. B. wenn größere Anstrengung (Steigungsgrad der Lauffläche), um Futter zu erhalten, während der Lernphase aufgewandt werden mußte, rannten die Ratten in der Löschungsphase schneller. Statt mit Lawrence u. Festinger Dissonanzreduktion (mittels „*extra attractions*") anzunehmen, läßt sich attributionstheoretisch auch das Folgende spekulieren: Da das Erlangen der Bekräftigung mit erhöhter Anstrengung verbunden ist, wird das Ausbleiben der Bekräftigung vom Versuchstier auf unzureichende Anstrengung „attribuiert", und ein solch variabler Ursachfaktor läßt in der Löschungsphase die „Erfolgserwartung" langsamer abfallen.

Für die gut belegten Unterschiede der Löschungsresistenz (vor allem, daß sie nach partieller Bekräftigung größer als nach kontinuierlicher ist) hat Weiner (1972) den vielen Erklärungsversuchen (vgl. Rest, 1976) einen attributionstheoretischen in Form eines Drei-Stufen-Modells an die Seite gestellt. Danach soll der gegebene Bekräftigungsplan dem Versuchstier (oder der Vp) erstens Informationen über mögliche Ursachen von Bekräftigung und Nicht-Bekräftigung geben, die –

zweitens – die Erwartung hinsichtlich weiterer Bekräftigung ändern, so daß – drittens – davon die Löschungsresistenz beeinflußt wird. So liegt bei partieller Bekräftigung die Annahme variabler Ursachen wie Anstrengung und Zufall nahe, so daß in der Löschungsphase die in der Lernphase aufgebaute Erwartung langsamer abgebaut wird und deshalb mehr Durchgänge bis zur Löschung nötig sind. Weniger plausibel ist allerdings die attributionstheoretische Erklärung, warum nach kontinuierlicher Bekräftigung die Löschungsresistenz geringer sein soll. Denn in diesem Fall sollte auf hohe Fähigkeit oder geringe Aufgabenschwierigkeit attribuiert werden. In der Löschungsphase müßten die Vpn das Umgekehrte tun: Entweder an einen plötzlichen Fähigkeitsverlust glauben oder argwöhnen, daß sie es nun mit einer anderen, einer unlösbaren Aufgabe zu tun haben. Das erstere müßte wohl doch mehr Zeit erfordern; so hatten ja die Vpn von Rotter et al. (1961; Abb. 5.20) auch eine größere Löschungsresistenz nach kontinuierlichem als nach partiellem Erfolg (offensichtlich konnten sie eine Änderung der Aufgabenschwierigkeit kaum für den plötzlich andauernden Mißerfolg verantwortlich machen). Andererseits hat Rest (1976) gefunden, daß fast alle Vpn in einer seiner Studien nach kontinuierlichem Erfolg sich dessen plötzliches und permanentes Ausbleiben nur durch eine inzwischen veränderte Aufgabenschwierigkeit erklären konnten.

Das sind lauter *post-hoc*-Erklärungen. Überzeugender wäre es, wenn man die „Bekräftigungshypothesen" der Vp selbst kennen würde, deren Attributionen und auch, wieweit sie überhaupt Kontingenz zwischen ihren Reaktionen und den Bekräftigungen erlebt. Wiederum ist die Überprüfung des letzteren auch in diesem Forschungsbereich eine Seltenheit. Unter den verschiedenartigen Bekräftigungsplänen läßt insbesondere der des fixierten Zeitintervalls (*fixed interval schedule;* ohne Berücksichtigung der Zahl und Art inzwischen erfolgter Reaktionen) ein Erleben von Nicht-Kontingenz aufkommen. Unter solcher Bedingung haben Leander, Lippman u. Meyer (1968) einen Zusammenhang zwischen Reaktionsrate und der von ihren Vpn erkannten Verursachung der Bekräftigung gefunden. Vpn, die glaubten, daß das Auftreten der Bekräftigung lediglich von der Zeitdauer seit der letzten Bekräftigung abhängt, hatten eine beträchtlich geringere Reaktionsrate als solche, die glaubten, Bekräftigung hinge mit ihrer Reaktion zusammen (also noch Kontingenz erlebten).

Systematische Analysen über den Einfluß verschiedener Bekräftigungspläne auf Attributionen und Reaktionsraten hat Rest (1976) angestellt. Er stellte die beiden Bekräftigungspläne des fixierten Intervalls und des fixierten Verhältnisses (*fixed ratio;* z. B. auf 45 Reaktionen einmal Belohnung) gegenüber. Die Vp hatte an einer Zugwaage (*spring scale*) zu ziehen und erhielt pro Bekräftigung 0,02 Dollar (sofern die aufgewandte Kraft mindestens 25 Pfund betrug). Unter jedem der beiden Bekräftigungspläne erhielten die Vpn entweder eine, was die objektive Kontingenz betrifft, zutreffende oder eine unzutreffende Instruktion. (Die Maschine sei so konstruiert, daß die Vp in hohem Maße – nur in sehr geringem Maße – einen Einfluß darauf habe, wieviel Geld sie herausholt; die erste Version war für einen fixierten Verhältnis-Plan, die zweite für einen fixierten Intervall-Plan zutreffend.) Nach 20minütiger Aufgabentätigkeit wurde die Bedeutung der vier Weiner-Faktoren für das Erzielen von monetären Bekräftigungen erhoben. Wenn auch auf diese Weise das Kontingenzerleben nicht direkt erfragt wurde, so wird es doch von der dem Zufall zugeschriebenen Bedeutung einigermaßen erfaßt.

Die Ergebnisse zeigen, daß der tatsächliche Bekräftigungsplan und nicht die vorweg gegebene – zutreffende oder unzutreffende – Kontingenzinstruktion auf die Dauer die Attributionen und die Reaktionsrate determiniert. Bei Verhältnis-Bekräftigung war die Reaktionsrate höher und Anstrengung wurde für entscheidender gehalten als Zufall, als es bei Intervall-Bekräftigung der Fall war. Zwischen Attribution und Reaktionsrate gab es nur unter fixiertem Verhältnis-Plan positive Korrelationen zwischen den drei kontingenten Ursachfaktoren Anstrengung ($r = 0{,}35$), Fähigkeit ($r = 0{,}27$) und Aufgabenschwierigkeit

($r = 0,34$), während die Bedeutung von Zufall negativ korrelierte ($r = -0,24$).

Man mag bei solchen Befunden bezweifeln, ob nachträglich erfragte Attributionen tatsächlich die Erfolgserwartung und damit die Löschungsresistenz bestimmt haben. So könnte etwa im Sinne der Selbstwahrnehmungstheorie Bems (1972; vgl. Kap. 10) die Attribution lediglich eine Interpretation des vorher an sich selbst beobachteten Verhaltens sein. Um solchen Einwänden Rechnung zu tragen, hat Rest (1976) in einem weiteren Experiment Attributionen nach einer anfänglichen und nach einer mittleren Phase der Aufgabentätigkeit erhoben. Die Attributionsänderung zwischen beiden Meßzeitpunkten korrelierten signifikant mit den nachfolgenden Änderungen der Reaktionsrate (mittlere minus letzte Phase), aber nicht mit den vorauslaufenden Änderungen (anfängliche minus mittlere Phase); und zwar positiv für die drei kontingenten Faktoren (Anstrengung, Fähigkeit, Schwierigkeit) und negativ mit dem nicht-kontingenten Faktor Zufall. Das ist ein klarer Beleg dafür, daß Attributionen, die für Kontingenz-Erleben stehen, die Reaktionsrate (als Ausdruck der Erfolgserwartung) beeinflussen und nicht umgekehrt im Sinne Bems die Reaktionsrate die Attributionen beeinflußt.

Attribuierungsasymmetrie zur Aufrechterhaltung von Selbstwertkonzepten

Bereits im vorigen Kapitel haben wir auf die motivational bedingte Asymmetrie der Selbstattribuierung nach Erfolg und Mißerfolg hingewiesen. Es ist der Aufrechterhaltung des Selbstwerts (Selbstachtung, Selbstkonzept der Fähigkeit) dienlich, wenn man Erfolg auf eine internal-stabile Ursache (gute eigene Fähigkeit) und Mißerfolg auf variable Ursachen (ungenügende Anstrengung, Pech) zurückführt. Auf diese Weise kann man auch im Angesicht von Mißerfolg eine hohe Erfolgserwartung – und damit Selbstachtung und Selbstkonzepte der Fähigkeit – beibehalten. Die Frage, ob Personen mit niedrigen Selbstkonzepten eine selbstwerterhöhende oder selbstwertabträgliche Attribuierungsasymmetrie zeigen, hat Fitch (1970) zugunsten der Konsistenzhypothese und gegen eine generelle Erhöhungshypothese beantwortet, d. h. Vpn mit geringer Selbstachtung machten für Mißerfolg internale Faktoren, insbesondere Fähigkeitsmangel, verantwortlich und (allerdings nicht signifikant) für Erfolg stärker als Personen mit hoher Selbstachtung Glück und weniger gute Fähigkeit. Sie verteilten also die Attributionsgewichte auf der Stabilitätsdimension in einer solchen Weise, daß Erfolge nicht zu einer selbstwertinkonsistenten Erhöhung der Erfolgserwartung, Mißerfolge dagegen zu einer selbstwertkonsistenten Bestärkung von Mißerfolgserwartungen führen.

Die gleiche asymmetrische Verwendung der Stabilitätsdimension führt, wie wir gesehen haben, zum Hochhalten und zum Niedrighalten der Erfolgserwartungen bei den Erfolgsmotivierten bzw. den Mißerfolgsmotivierten (vgl. z. B. Meyer, 1973a; Abb. 11.6); insbesondere, wenn die letzteren ein Selbstkonzept mangelnder Begabung haben (Schmalt, 1976c). Ähnliche Beobachtungen hat Ames (1978) an Fünftkläßlern mit niedrigem Selbstwertkonzept gemacht, die ihre Erfolge nicht ihrer Fähigkeit zugute schrieben, insbesondere nicht, wenn sie mit ihren Klassenkameraden wetteifern mußten.

Attribuierungsasymmetrien auf der Stabilitätsdimension tragen eher dazu bei, generalisierte Erfolgserwartungen in Übereinstimmung mit dem Selbstkonzept auch im Angesicht widersprechender Erfahrung konstant zu halten. Wir werden noch sehen, daß Attribuierungsasymmetrien auch auf der Lokationsdimension bestehen, so daß es nicht nur zu Unterschieden der selbstwert- oder motivbedingten Erfolgserwartungen, sondern auch der selbstbewertenden Emotionen kommt.

Erfolgsprognosen im Fremdurteil

Erwartungen hinsichtlich des künftigen Leistungserfolgs anderer hängen wie eigene Erfolgserwartungen ebenfalls von Ursachfaktoren ab, die man bei dem Betreffenden, dessen Erfolg vorhergesagt wird, für maßgebend hält

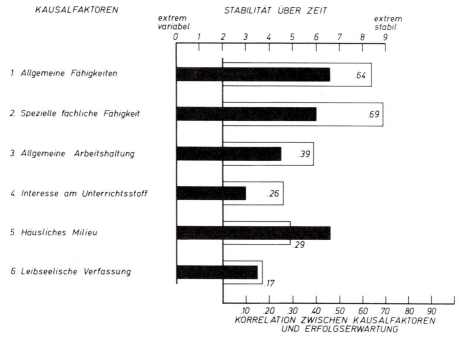

Abb. 11.9. Stabilität verschiedener Kausalfaktoren der unterrichtsfachspezifischen Schülerleistung im Lehrerurteil sowie die Korrelation zwischen Ausprägung dieser Kausalfaktoren und der Erfolgsprognose des Lehrers für Schülergruppen, die für die Leistungsverteilung ihrer Klasse repräsentativ sind. (Nach Daten von Rheinberg, 1975, S. 183 u. 192)

(Valle, 1974; Valle u. Frieze, 1976). Da insbesondere Lehrer solche Prognosen treffen, hat Rheinberg (1975) an zwei verschiedenen Stichproben von Realschullehrern zunächst verschiedene Faktoren der Schülerleistung auf der Stabilitätsdimension beurteilen lassen. Wie Abb. 11.9 zeigt, wurden die Faktoren „allgemeine geistige Fähigkeiten", „spezielle Fähigkeit für das betreffende Unterrichtsfach" sowie „häusliches Milieu" im Mittel für ziemlich zeitstabil gehalten. Eher variabel erschienen „Interesse am Unterrichtsstoff" und „leibseelische Verfassung". Zwischen diesen Extremen eher stabiler und eher variabler Ursachen lag die „allgemeine Arbeitshaltung" als Ausdruck personspezifischer Anstrengung.

Eine andere Lehrergruppe hat in einer zweiten Studie für drei Schüler, die den unteren, mittleren und oberen Leistungsbereich der Klasse repräsentieren, das Gewicht der einzelnen Ursachfaktoren für den gegenwärtigen Leistungsstand skaliert sowie eine Erfolgsprognose für den in einem Vierteljahr voraussichtlich erreichten Leistungsstand abgegeben. Je mehr der einzelne Kausalfaktor als stabil und nicht variabel gilt, um so stärker bestimmte er die Erfolgsprognose, wie an der Höhe der in Abb. 11.9 dargestellten Korrelationskoeffizienten deutlich wird. Für die Prognose ausschlaggebend waren den Lehrern allgemeine und spezielle Fähigkeit, dagegen nicht Interesse am Unterrichtsstoff und leibseelische Verfassung; dazwischen rangierte die allgemeine Arbeitshaltung. Nur ein Faktor, „häusliches Milieu", fiel aus dieser klaren Zuordnung heraus. Obwohl stabil, halten Lehrer diesen Faktor für zu entfernt lokalisiert, um die Schulleistung unmittelbar zu beeinflussen.

Lokationsdimension: Motivierung und selbstbewertende Emotionen

Die ursprüngliche Leistungsmotivationstheorie betrachtete Leistungshandeln nicht als eine reflexive Aktivität, in welcher der Handelnde auch die Gründe von möglichem oder eingetretenem Erfolg und Mißerfolg in Betracht zieht und sich von der Vorwegnahme möglicher Handlungsfolgen in Gestalt selbstbewertender Emotionen leiten läßt. Dennoch waren diese Leerstellen von Anfang an in den Versuchsoperationen implizit ausgefüllt. Im Risikowahl-Modell, das im Grunde ein Selbstbewertungsmodell ist (vgl. Kap. 9), wurden die Leerstellen schon zu einem guten Teil explizit ausgefüllt, wenn auch von kognitiven Prozessen wie Kausalattribution und Selbstbewertung nicht die Rede ist.

Wie sehr eine attributionstheoretische Elaboration des Leistungshandelns auf der Hand liegt, wird daran deutlich, daß McClelland (1958b) die Anspruchsniveausetzung schon 1958 (!) – und offenbar noch unabhängig von der ersten Formulierung des Risikowahl-Modells durch Atkinson (1957) – in zwei Sätzen alles vorwegnahm. Er begründete die Verknüpfung von ausgeprägtem Leistungsmotiv und dem kalkulierten Risiko unternehmerischer Entscheidungen wie folgt:

> The rationale for predicting such a linkage runs something like this: in an extremely safe undertaking at which anyone can succeed, the person with high n Achievement can get little achievement satisfaction out of accomplishing his objective. In an extremely speculative one, on the other hand, he not only is almost certain to frustrate his achievement aspirations, he also may feel that if he should by some outside chance succeed, his success could not be attributed to his own personal efforts but to luck or circumstances beyond his control. (S. 306).

An diesen schon früh erreichten Stand der Theorieentwicklung haben die ersten Anwendungen der Attributionstheorie auf Leistungshandeln angeknüpft, um ihn zu elaborieren (Weiner u. Kukla, 1970, insbesondere Exp. VI). Zu Beginn wurde u. a. zwar die intuitiv plausible, aber pauschale Annahme aufgestellt, es sei die internale Ursachlokation für Erfolg und Mißerfolg, die zu „Affekten" führe (Weiner et al., 1971; vgl. Tabelle 11.4). Anlaß waren übergeneralisierte Befunde zur Fremdbewertung von Leistungen. Inzwischen hat sich das Bild differenziert. Unter den mannigfachen Emotionen, die im Leistungshandeln entstehen können (z. B. Ärger, wenn man von jemandem behindert wird), sind es nur die selbstbewertenden, die mit internaler Ursachenlokation verbunden sind und denen – wie es schon im alten Risikowahl-Modell konzipiert war – eine motivierende Funktion zukommt.

Motivierung

Schon in der frühen und mittleren Leistungsmotivationsforschung waren internale Ursachenlokation, selbstbewertende Emotionen und Motivierungsstärke ein impliziter oder expliziter Verbund. Um stark motivanregend zu sein, sollten Aufgaben erstens Fähigkeit und Anstrengung herausfordern und nicht zufallsabhängig sein. Dies verstand sich von selbst. Erst 1963 machte Littig darauf aufmerksam, daß in zufallsabhängigen Tätigkeiten wie Poker- und Würfelspielen Hochmotivierte sehr hohe – statt wie sonst in Leistungstätigkeiten mittlere – Erfolgswahrscheinlichkeiten bevorzugten. Zweitens sollten die Aufgaben eine mittlere subjektive Erfolgswahrscheinlichkeit haben und drittens als persönlich wichtig erlebt werden. Erörtern wir die beiden letzten Punkte etwas ausführlicher.

Nach dem Risikowahl-Modell steigern sich mit der Unerwartetheit des Leistungsergebnisses die affektiven Folgen: Erfolg wird um so positiver erlebt, je schwieriger die Aufgabe und – umgekehrt – Mißerfolg um so negativer, je leichter die Aufgabe ist. Das ist – in affekt- und motivationspsychologischer Version – eine Vorwegnahme des Heiderschen Konzepts (1958) des „Könnens" *(can):* Je höher die überwundene Schwierigkeit, desto größer die Fähigkeit, und umgekehrt, je geringer die nicht-überwundene Schwierigkeit, desto geringer die Fähigkeit. (Diese Beziehungen zwischen Schwierigkeit, definiert durch Konsensinformation, und internaler Zuschreibung bei Erfolg und Mißerfolg haben

Weiner u. Kukla, 1970, in einem Experiment (Nr. VI) zur Fremdbeurteilung fiktiver Leistungen bestätigt.) Ist der Ausgang (das eigene Können) jedoch noch ungewiß, so sollten mittlere und nicht hohe subjektive Schwierigkeitsgrade maximal motivieren (d. h. erwartungsgewichtet die stärksten Affektfolgen erwarten lassen), weil Mißerfolg bei hoher Schwierigkeit zu wahrscheinlich ist und deshalb vergleichsweise zu geringe affektive Konsequenzen erwarten läßt. Attributionstheoretisch gewendet, bedeutet der gleiche Sachverhalt, daß Mißerfolge bei zu schwerer Aufgabe mehr der Aufgabenschwierigkeit als der Fähigkeit zuzuschreiben sind und daß die Möglichkeit internaler Fähigkeitszuschreibungen bei mittleren Schwierigkeitsgraden maximiert wird. Die Vielfalt der Befunde, die im Rahmen des Risikowahl-Modells die schwierigkeitsabhängige Motivierungsfunktion belegen, haben wir bereits in Kap. 9 erörtert.

Im zeitlichen Vorfeld der Anfang der siebziger Jahre einsetzenden attributionstheoretischen Elaboration des Leistungshandelns gibt es zumindest zwei Beiträge, die schon auf die Beziehung von internaler Ursachenlokation und Motivierungsstärke hingewiesen haben. Das ist einmal der von deCharms (1968) dargelegte Sachverhalt des „Verursacher-Erlebens" *(origin feeling)*. Dieses aktivitätsfördernde Erleben erschöpft sich nicht in internal-stabiler Zuschreibung aufgrund eines Selbstkonzepts hoher Fähigkeit, sondern beruht vorwiegend auf der Überzeugung, man könne etwas tun, um das Geschehen zu steuern. Das motivierende Gefühl des Verursachers ist also eher in Intentionalität als in einer internal-variablen Ursachenzuschreibung (wie Anstrengung) zentriert (vgl. unten: Kontrolldimension).

Der andere Beitrag ist eine Untersuchung von Breit (1969) im klassischen Stil der Anregungsstudien zur Erfassung von Motivationsunterschieden (vgl. Kap. 6). Anhand einer vorgestellten Episode, in der ein Examenskandidat entweder überzeugt ist, das Ergebnis hinge von seinem Arbeitseinsatz ab, sich selbst intensiv vorbereitet und eine gute Note erzielt hat oder sich selbst für die ausgeteilte Note nicht verantwortlich fühlt, weil er auch ohne Vorbereitung eine gute Note erhalten habe, hatten sich die Vpn in einem kurzen Aufsatz entweder in die eine oder die andere Person einzufühlen. Unmittelbar nach dieser Anregung eines Erlebens internaler oder externaler Ursachenlokation hatten die Vpn die Attraktivität von Erfolg in neun Berufen mit ansteigenden Anforderungen (vom Nachtwächter bis zum Arzt) zu skalieren. Die Steilheit dieses Anreizgradienten (vgl. Litwin, 1966; Morgan, 1964) diente als Gradmesser der induzierten Motivationsstärke. Wie vermutet, führte das induzierte Erleben internaler Verursachung zu einem steileren Gradienten des Erfolgsanreizes als im Falle externaler Verursachung. Es ist bemerkenswert, daß die erlebnismäßige Anregung, die hier nicht Fähigkeit, sondern Anstrengung betraf, sich auch über die nicht-kontrollierten individuellen Motivunterschiede hinweg durchsetzte.

Der letzte (dritte) Punkt betrifft die persönliche Wichtigkeit einer Aufgabe. Dieser erwartungsunabhängige Anreizfaktor ist zwar in den früheren Anregungsstudien zur Motivationssteigerung operationalisiert worden, indem der Vl den Aufgaben im Experiment einen besonderen Indikatorwert für hochgeschätzte Fähigkeiten wie „Intelligenz" beimaß. Bis heute ist der Anreizfaktor der persönlichen Wichtigkeit in der Leistungsmotivations- und der Attributionstheorie jedoch kaum angemessen berücksichtigt worden. Über den Zusammenhang von Wichtigkeit internaler Ursachenlokation und selbstbewertender Emotion scheint es bislang nur Teilbefunde zu geben. Miller (1976) hat die Validität und Wichtigkeit eines Tests zur sozialen Kompetenz variiert. Je stärker beides betont wurde, um so mehr trat die übliche Attributions-Asymmetrie nach Erfolg und Mißerfolg hervor (vgl. Kap. 10). Posse (1975) berichtet sehr signifikante Korrelationen der eingeschätzten Wichtigkeit von Aufgaben und Stärke der affektiven Reaktionen zwischen $r = 0,33$ und $r = 0,51$. Schertel (1976) fand sogar eine Wechselwirkung von Wichtigkeit und Ergebnis auf die affektive Reaktion: Erfolg bei wichtigen und Mißerfolg bei wenig wichtigen Aufgaben lösten stärkere selbstbewertende Emotionen aus als Mißerfolg bei wichtigen bzw. Erfolg bei wenig wichtigen.

Eine gleichsinnige Wechselwirkung stellte Nicholls (1975b) im Hinblick auf das vermittelnde Glied, die internale Ursachenlokation, fest. Er gab die gleiche Aufgabe (Winkelschätzen) für eine Gruppe als Intelligenztest (hohe Wichtigkeit; *attainment value*), für eine andere als Test für die Fähigkeit, die Größe von Dingen in der Entferung zu unterscheiden (geringe Wichtigkeit). Erfolg wurde bei hoher Wichtigkeit doppelt so stark guter Fähigkeit wie bei geringer Wichtigkeit attribuiert; und Mißerfolg mehr als doppelt so stark auf Fähigkeitsmangel bei geringer Wichtigkeit wie bei hoher Wichtigkeit. Setzt man die Befunde von Nicholls und von Schertel zusammen, so scheint die besondere Wichtigkeit einer fähigkeitsindizierenden Aufgabe nach Erfolg über eine erhöhte Fähigkeitsattribution die positive Selbstbewertungsemotion zu steigern und nach Mißerfolg über eine verminderte Fähigkeitsattribution die negative Selbstbewertungsemotion abzuschwächen. Bei einer Aufgabe von geringer Wichtigkeit sind die entsprechenden Zusammenhänge eigenartigerweise umgekehrt.

Fassen wir zusammen, so ist die Stärke der Motivierung oder der selbstbewertenden Emotionen über Anstrengungsattribution (deCharms, Breit) oder über Fähigkeitsattribution (Schertel und Nicholls) vermittelt. Es ist deshalb nach der differentiellen Affektwirksamkeit von Fähigkeits- und Anstrengungsattribution in der Selbstbewertung zu fragen.

Selbstbewertende Emotionen: Fähigkeits- vs. Anstrengungsattribution

Ursprünglich hatte Weiner (1972; 1974) der Anstrengungsattribuierung eine größere Affektwirksamkeit als der Fähigkeitsattribuierung zugesprochen. Grund dafür waren vielfach bestätigte Befunde der Fremdbeurteilung von Leistung, nach denen Anstrengung maßgebender als Fähigkeit ist (Weiner u. Kukla, 1970; Rest et al., 1973; vgl. unten). Eine Übertragung der Fremdbeurteilung auf selbstbewertende Emotionen ist jedoch aus mehreren Gründen nicht zwingend. Bei den Fremdbeurteilungen handelt es sich erstens nicht um Emotionen, sondern um bewertende Sanktionen in Form von Lob und Tadel. Solche Sanktionen sind zweitens ihrer Natur nach darauf aus, den Beurteilten zu beeinflussen. Da Anstrengung nicht nur internal ist, sondern auch steuerbar ist (s. unten Kontrolldimension), bietet sie sich – und nicht Fähigkeit – zur einflußnehmenden Sanktion an. Drittens handelt es sich um die Sicht von Außenstehenden, so daß mit Perspektive-Diskrepanz zu rechnen ist (vgl. Kap. 10). In einer einzelnen Studie von Weiner u. Kukla (1970; Exp. III) war allerdings auch in der Selbstbeurteilung von fiktiven Leistungsergebnissen Anstrengung affektwirksamer als Fähigkeit (aber vgl. kritisch dazu Sohn, 1977, sowie weiter unten).

Die Frage, ob Fähigkeits- oder Anstrengungsattribution in der Selbstbewertung affektwirksamer sei, ist – wie sich inzwischen herausgestellt hat – in dieser Form zu global gestellt. Man muß dabei offensichtlich zweierlei unterscheiden, einmal, um welche Art von Aufgaben und zum anderen, um welche Art von selbstbewertenden Emotionen es sich handelt.

Fähigkeits- vs. anstrengungszentrierte Aufgaben

Beginnen wir mit der ersten Unterscheidung, obwohl bisher keine systematischen Untersuchungen über den Einfluß verschiedener Aufgabenarten vorliegen. Es liegt nahe, zwischen fähigkeits- und anstrengungszentrierten Aufgaben zu unterscheiden (vgl. Heckhausen, 1974a) und gemäß der größeren Indikator-Relevanz der Ergebnisse für Fähigkeit oder Anstrengung eine entsprechend größere Affektwirksamkeit für Fähigkeits- bzw. Anstrengungsattribution zu postulieren. Fähigkeitszentriert sind solche Aufgaben, zu deren Bewältigung man von vornherein Fähigkeit für entscheidender als Anstrengung hält; anstrengungszentriert solche, deren Erledigung weniger eine Frage von Fähigkeit als von hohem Aufwand an Konzentration, Kraftentfaltung oder Ausdauer zu sein scheint. Da in den meisten Untersuchungen eher fähigkeitszentrierte Aufgaben verwendet werden, steht es in Übereinstimmung mit unserer Unterscheidung, wenn sich in der Regel bisher auch Fähigkeitsattribution als affektwirksamer als Anstrengungsattribution erwiesen hat.

Ein weiterer, scheinbar paradoxer Beleg kommt hinzu. Je mehr fähigkeitszentrierte Aufgaben nicht zu leicht sind, desto eher müßte auch eine gewisse Anstrengung notwendige Voraussetzung für Erfolg sein. Damit drängt sich ein kompensatorisches Kausalschema notwendiger Ursachen auf: Je größer die Anstrengung war, die, um bei einer fähigkeitszentrierten Aufgabe Erfolg zu erzielen, eben noch oder nicht mehr ausreichte, um so geringer muß man die eigene Fähigkeit einschätzen. So sollte bei fähigkeitszentrierten Aufgaben mit zunehmender Anstrengungsattribution die positive Selbstbewertung nach Erfolg sich abschwächen und die negative nach Mißerfolg sich steigern. Anstrengungsattribution wäre also nicht in gleicher Richtung wie Fähigkeitsattribution – und nur abgeschwächt – affektwirksam. Sie ist es vielmehr in umgekehrter Richtung nach Erfolg sowie nach Mißerfolg: Geringe Anstrengungsattribution steigert positive und mindert negative Selbstbewertung, während niedrige Fähigkeitsattribution positive Selbstbewertung mindert und negative steigert. (Dasselbe sollte gelten, wenn sich bei einer anstrengungszentrierten Aufgabe Anstrengungsaufwand durch Fähigkeit kompensieren ließe.)

Eine erste Bestätigung für die Umkehrung der Affektwirksamkeit von Anstrengungsattribution nach dem kompensatorischen Ursachenschema hat Meyer (1973a, S. 153) für den Fall von Erfolg mitgeteilt. Er gab seinen Vpn über sieben Durchgänge der Zahlen-Symbol-Aufgabe konstant Erfolg. Anschließend hatten sie das Gefühl der „Freude und Zufriedenheit" über die Aufgabenlösung zu skalieren. Mit dieser Selbstbewertung korrelierten die nach jedem Durchgang erhobenen Anstrengungsattributionen negativ und die Fähigkeitsattributionen positiv. In der gleichen Weise als Effekte eines kompensatori-

schen Ursachenschemas sind Befunde von Nicholls (1975b) zu interpretieren. Er gab die schon erwähnte Winkelschätzaufgabe als Test für spezielle oder allgemeine Fähigkeit aus und ließ vor dem angekündigten Test einige Aufgaben zur Übung bearbeiten. Unter den Vpn, die hierbei Erfolg erhielten, waren jene ängstlicher besorgt über ihr Abschneiden beim Test, die ihren Übungserfolg eher der Anstrengung zuschrieben; während jene sich zuversichtlicher fühlten, die Fähigkeit für den Übungserfolg verantwortlich machten. Und nach erfolgreich bestandenem Test korrelierte die Freude darüber mit der Fähigkeits- und nicht mit der Anstrengungsattribution. Auch in einer anderen Studie von Nicholls (1976b) erwies sich Fähigkeitsattribution als affektwirksamer, wie an der berichteten affektiven Reaktion auf Prüfungssituationen zu erkennen war.

Auch motivgebundene Unterschiede der Selbstbewertung bei fähigkeitszentrierten Aufgaben haben sich zu einem guten Teil auf motivbezogene Attribuierungsunterschiede im Sinne der postulierten differentiellen Affektwirksamkeit von Fähigkeit und Anstrengung zurückführen lassen. Zur Klärung des Zusammenhangs hat Heckhausen (1978) bei Polizeischülern eine Pseudodiskriminationsaufgabe verwendet, die angeblich prototypisch für die hochverantwortliche Tätigkeit der Verkehrsüberwachung durch Fluglotsen ist. Nachdem ein Lernplateau von 50% richtiger Aufgaben erreicht war, erhielt die Vp entweder eine erwartungswidrige Erfolgs- oder Mißerfolgsserie. Als Selbstbewertung wurde die Zufriedenheit bzw. Unzufriedenheit mit sich selbst nach den letzten Durchgängen herangezogen. Statt direkt Ursachenerklärungen für die erwartungswidrigen Leistungen zu erfragen, wurden Einschätzungen der Fähigkeit und Anstrengung erhoben; und zwar aus der Annahme heraus, daß so die wirksamen Kausalattributionen unverfälschter erfaßt würden.

Wie vorhergesagt, war nach Erfolg die Selbstzuschreibung von Fähigkeit, nicht aber von Anstrengung, mit höherer Zufriedenheit verbunden (so auch Lütgerhorst, 1974, in einer gleichen Versuchsanordnung nach erwartungswidrigem Erfolg im Zahlen-Symbol-Test). Mißerfolg war um so weniger selbstwertbelastend, je weniger er auf Fähigkeitsmangel und je mehr auf Anstrengungsmangel zurückgeführt wurde (so daß die eigene Fähigkeit nicht in Zweifel gezogen zu werden brauchte, vgl. Abb. 12.3). Im Sinne des kompensatorischen Kausalschemas erhöhte also Anstrengungsmangel nicht die Unzufriedenheit über den Mißerfolg, sondern minderte sie. Abb. 11.10 zeigt diesen Sachverhalt anhand der Attribuierungsdifferenz von Fähigkeit minus Anstrengung (F-A). Wie postuliert, gehen hohe Differenzwerte mit schwacher und niedrige Differenzwerte mit starker negativer Selbstbewertung einher. Außerdem besteht ein klarer Motiveffekt: Mißerfolgsmotivierte bewerten sich nach Mißerfolgen insgesamt negativer als Erfolgsmotivierte. Im übrigen ließ sich feststellen, daß sie Attribuierungsunterschiede sowohl nach Erfolg (Fähigkeit) wie nach Mißerfolg (Anstrengung) weniger sensibel bei der Selbstbewertung berücksichtigen, als es die Erfolgsmotivierten taten.

Wenn wir nun zu eher anstrengungszentrierten Aufgaben übergehen, bietet sich zunächst eine Studie von Riemer (1975) an, in der eine praktische Übung im Klavierspielen den Vpn (Studierende ohne jede musikalischen Fertigkeiten) als rein fähigkeits- oder rein anstrengungsabhängig ausgegeben wurde. Die Vpn erhielten positive Rückmeldungen über ihren Übungserfolg. Die danach erhobenen affektiven Bewertungen des erzielten Übungserfolges waren in der fähigkeitszentrierten und in der anstrengungszentrierten Gruppe gleich hoch. In einigen Studien wurden Klassenarbeitsnoten oder einzelne Schul- oder Studienleistungen herangezogen als Handlungsergebnisse, die in der Regel wohl weder einseitig fähigkeits- noch anstrengungszentriert, sondern eher als Mischprodukt mit wechselnder Akzentuierung der beiden Faktoren aufgefaßt werden.

Nicholls (1976a) hat z. B. Erfolg oder Mißerfolg in einem sehr wichtigen und eher unbedeutenden Seminar des Fachstudiums vorstellen und affektive Reaktionen angeben lassen *(pride* and *pleasure* vs. *shame* and *displeasure)*. Danach hatte die Vp zu entscheiden, welche Art von Person sie bevorzugt sein möchte: jemand, der Erfolg (Mißerfolg) hat mit hoher Fähigkeit und geringer Anstrengung oder mit geringer Fähigkeit und hoher Anstrengung. Schließlich hatte sie zu beantworten, ob sie nach Erfolg und Mißerfolg eher bei der einen oder der anderen Kombination von Ursachen Stolz bzw. Beschämung empfinden würde. Auf diese letzte Frage zeigte sich eine größere Affektwirksamkeit der Anstrengung: Erfolg aufgrund hoher Anstrengung und geringer Fähigkeit machte stolzer, Mißerfolg aufgrund geringer Anstrengung und hoher Fähigkeit machte beschämter. Eine Person jedoch der letzteren Kombination – hohe Fähigkeit und geringe Anstrengung – wünschten alle nach Erfolg wie nach Mißerfolg zu sein. Nicholls gibt im Titel seiner Arbeit eine Kurzinterpretation der scheinbar widersprüchlichen Befunde: „Effort is virtous, but it's better to have ability". Auch bei anstrengungsabhängigen Aufgaben, bei denen rückblickend Anstrengung affektwirksamer ist, eröffnet offensichtlich hohe Fähigkeit auf die Dauer günstigere Erfolgsaussichten als bloß hohe Anstrengung. Diesen zukunfts-

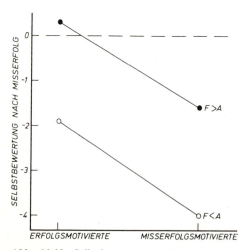

Abb. 11.10. Selbstbewertung nach einer erwartungswidrigen Mißerfolgsserie bei Erfolgs- und Mißerfolgsmotivierten, die sich entweder mehr Fähigkeit und weniger Anstrengung (F > A) oder weniger Fähigkeit und mehr Anstrengung (F < A) für die (fähigkeitszentrierte) Aufgabe zuschrieben. (Nach Heckhausen, 1978, S. 205)

orientierten, eine Fähigkeitszentrierung fördernden Aspekt hatte Nicholls auch in seiner vorangehenden Studie (1975b) gefunden: Schrieb man dem Übungserfolg zum bevorstehenden Test eher Fähigkeit als Anstrengung zu, war man nicht ängstlich besorgt, sondern zuversichtlich.

Eine eher anstrengungszentrierte Aufgabe hat Schneider (1977) verwendet. Kurzfristig dargebotene Punktmuster mußten möglichst schnell in eine von zwei Kategorien (große oder kleine Menge) eingeordnet werden. Die Aufgabe, bei der die Vp das Tempo selbst bestimmen konnte, verlangte permanente Konzentration. Zur Selbstbewertung konnten die Affekte „gefreut" vs. „geärgert" skaliert werden. Nach Erfolg korrelierte „Freude" stärker mit Anstrengung als mit Fähigkeit und nach Mißerfolg korrelierte „Ärger" stark mit mangelnder Anstrengung, aber nicht mit mangelnder Fähigkeit.

Insgesamt sprechen die Befunde für die Vermutung, daß Attribuierung auf Fähigkeit um so affektwirksamer ist, je mehr die Tätigkeit fähigkeitszentriert ist und damit auch mehr Aufschlüsse über die eigene (und künftige) Leistungstüchtigkeit gibt, als es ein momentaner Anstrengungsaufwand tun kann. Bei Fähigkeitszentrierung und Zukunftsorientierung kehrt sich die Affektwirksamkeit der Anstrengungsattribution im Sinne des kompensatorischen Kausalschemas um: Je mehr Erfolg und Mißerfolg bei viel Anstrengung eintritt, desto mehr wird die Erfolgsemotion gedämpft und die Mißerfolgsemotion gesteigert.

Arten selbstbewertender Emotionen

In der ursprünglichen Studie hatten Weiner u. Kukla (1970, Exp. III) Lehramtsstudentinnen aufgegeben, sich in Situationen eines Schülers hineinzuversetzen, der bei einer Klassenarbeit eine von fünf Notenstufen erreicht hat (von mangelhaft bis ausgezeichnet) und zudem durch eine der vier Kombinationen des Vorliegens oder Nichtvorliegens von Fähigkeit und Anstrengung charakterisiert ist. Für jeden der 20 möglichen Fälle (5 Notenstufen mal 4 Merkmalskombinationen) war das Ausmaß von „Stolz" oder „Beschämung" anzugeben. Diese beiden Emotionsarten waren der Atkinsonschen Anreizdefinition (1964) für die beiden Leistungsmotive entnommen. Abb. 11.11 zeigt die Befunde. Die mit besserer Notenstufe zunehmend positiver werdende Selbstbewertung wurde durch die jeweilige Ursachenkonstellation in der Weise moderiert, daß Anstrengungsattribution entscheidender war. Keine Fähigkeit, aber Anstrengung löste bei schlechten Klassenarbeitsergebnissen weniger Beschämung und bei erfolgreichem Abschneiden mehr Stolz aus, als wenn Fähigkeit, aber keine Anstrengung vorlag.

Abgesehen davon, daß sich hier Lehrerinnen in die Rolle von Schülern hineinversetzen, könnte man dieses Ergebnis damit erklären, daß die Klassenarbeit eher anstrengungs- als fähigkeitszentriert aufgefaßt wurde. Sohn (1977) hat eine andere Erklärung gegeben und überprüft. Er weist darauf hin, daß Stolz und Beschämung „moralisch nicht-neutrale" Emotionen seien *(morally un-neutral affects):*

> Our culture regards pride and shame as particularly appropriate reactions to the sense of having or not having done one's best, that is, of having expended great effort. There is a moral quality about these affects which make them fitting reactions to the perception of those characteristics of behavior over which we seem to have voluntary control, for example, effort ... (S. 501).

Stolz und Beschämung sind ohne Zweifel auch Emotionen mit einem sozialen Bezugspunkt; man ist unter den Augen anderer stolz oder beschämt. Darin kommt der moralische Charakter der sozialen Norm, sein Bestes zu geben, zum Ausdruck. Dem hat Sohn die „moralisch neutralen" Selbstbewertungsemotionen der Zufriedenheit und Unzufriedenheit *(happiness* und *unhappiness)* gegenübergestellt. Die Vpn hatten sich eine Studienleistung mit der höchsten oder der niedrigsten Note vorzustellen und dann anzugeben, bei welchem von vier prozentualen Anteilverhältnissen von Anstrengung und Fähigkeit (80 zu 20; 60 zu 40; 40 zu 60; 20 zu 80) man sich am zufriedensten *(most happy)* bzw. unzufriedensten sowie am stolzesten bzw. am

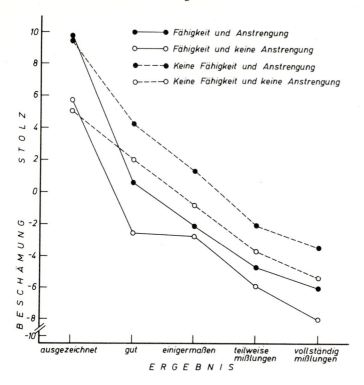

Abb. 11.11. Stolz und Beschämung bei unterschiedlichem Erfolg in einer hypothetischen Klassenarbeit in Abhängigkeit von vorhandener oder nicht-vorhandener Fähigkeit und/oder Anstrengung. (Nach Weiner u. Kukla, 1970, S. 6)

beschämtesten fühle. Die Ergebnisse zeigten, daß vorwiegende Fähigkeitsattribution affektwirksamer war (nur nach Mißerfolg), wenn es sich um die moralisch neutralen Emotionen der Zufriedenheit und Unzufriedenheit handelte, während vorwiegende Anstrengungsattribution am stärksten die „moralischen" Emotionen von Stolz und Beschämung hervorrief.

Die Arten der selbstbewertenden Emotion machen also einen Unterschied, zumindest bei Leistungsergebnissen, die wie Studienerfolg weder einseitig fähigkeits- noch anstrengungszentriert erscheinen. Die klarste, allein auf das Selbst bezogene Bewertungsemotion ist offensichtlich Zufriedenheit oder Unzufriedenheit mit sich selbst (Heckhausen, 1978). Stolz und Beschämung haben dagegen eher eine sozialbezogene und moralische Bedeutung. Die gelegentlich verwendete Emotion des „Ärgers" scheint mehrdeutig zu sein. In Schneiders (1977) Experiment mit anstrengungszentrierter Aufgabe bedeutet sie offenbar „Ärger über sich selbst", weil Mißerfolg wegen mangelnder Anstrengung Anlaß dazu gab. Sonst aber ist Ärger charakteristischerweise die Folge externaler Ursachen, die Erfolg vereitelt haben, wie Behinderung durch andere oder „unfair" schwierige Aufgabe (vgl. unten sowie Weiner, Russel u. Lerman, 1978a, b).

Schmalt (1979) hat in einer Pseudo-Diskriminationsaufgabe, die als „leicht" oder „schwer" eingeführt wurde, Erfolg oder Mißerfolg gegeben und zwei Paare von Emotionen skalieren lassen: „Freude" und „Ärger" sowie „Stolz" und „Scham". Das letztere Emotionspaar war in einzelnen Fällen mit internalen Ursachen verknüpft. Bei leichter Aufgabe führte (erwartungskonformer) Erfolg wegen hoher Anstrengung zu „Stolz" und (erwartungswidriger) Mißerfolg wegen mangelnder Fähigkeit zu „Scham". Das Emotionspaar „Freude" und „Ärger" war dagegen mit externalen Ursachen verbunden. Bei schwerer Aufgabe löste eine (erwartungswidrige) Erfolgsserie, die auf Zufall zurückgeführt wurde, „Freude" aus, bei einer als leicht ausgegebenen Aufgabe eine (erwartungswidrige) Mißerfolgsserie „Ärger", wenn man, entgegen der Ankündigung des Vls, eine hohe Aufgabenschwierigkeit verantwortlich machte. Im letzten Fall war man vielleicht verärgert, weil man sich vom Vl getäuscht sah.

Wie zu sehen ist, verlangten die Beziehungen zwischen Ursachenerklärung und emotionalen Folgen über die engeren Selbstbewertungsemotionen hinaus eine systematische Klärung. Dazu liegen erste Versuche vor, auf die wir im übernächsten Abschnitt eingehen.

Kontrolldimension: Fremdbewertung und Selbsterleben

Anstrengung ist nicht nur internal, sondern unterliegt auch willentlicher Kontrolle. Für die aufgewendete Anstrengung ist man deshalb verantwortlich, ein Mangel daran ist vorwerfbar. Deshalb kann auch in der Selbstbewertung, wie wir gesehen haben, Anstrengungsattribution affektwirksamer sein als Fähigkeitsattribution, wenn die Aufgabe in stärkerem Maße anstrengungsabhängig ist und sofern es sich um Emotionen mit moralischer Zusatzbedeutung wie Stolz und Scham handelt. In der Fremdbewertung ist dieses Bild völlig eindeutig. Eine Affektwirksamkeit geht allein von der Anstrengungsattribution aus. Sofern der Fremdbeurteiler über ein bloßes Urteil hinaus durch Lob und Tadel den Beurteilten beeinflussen will, ist es auch nur sinnvoll, jenen Ursachfaktor dabei zu berücksichtigen, den der Beurteilte willentlich steuern kann, die Anstrengung. Weiner (1977) schreibt:

> There appear to be two reasons for the discrepancy between ability and effort as determinants of reward and punishment. First, effort attributions elicit strong moral feelings – trying to attain a socially valued goal is something that one „ought" to do. Second, rewarding and punishing effort is instrumental to changing behavior, inasmuch as effort is believed to be subject to volitional control. On the other hand, ability is perceived as nonvolitional and relatively stable and thus should be insensitive to external control attempts. (S. 508)

Die Befunde entstammen alle einem Lehrer-Schüler-Paradigma, in dem die Vp die Rolle des Lehrers zu übernehmen und aufgrund von Informationen über die Schülerleistung und ihre Ursachen Lob oder Tadel, Belohnung oder Strafe auszuteilen hat. Eine frühe Studie stammt von Lanzetta u. Hannah (1969). Die studentischen Vpn hatten im Einzelversuch einen Kommilitonen (Schein-Vp) in eine Diskriminationsaufgabe einzuüben, wobei sie mit zwei verschieden großen Geldbeträgen oder Elektroschock-Intensitäten Erfolg belohnen bzw. Mißerfolg bestrafen konnten. Die Aufgabe wurde ihnen entweder als leicht oder schwer und ihr „Schüler" als sehr oder wenig befähigt ausgegeben. Während die Geldbelohnung wenig zwischen diesen Bedingungen differenzierte, weil Erfolg stets in gleicher Weise belohnt wurde, ergab die Bestrafungspraxis ein differenzierteres Bild. Mißerfolg bei leichter Aufgabe wurde strenger als bei schwerer bestraft, und stets bei dem befähigten Schüler mehr als bei dem wenig befähigten. Die stärkste Strafe erhielt der befähigte Schüler, der bei leichter Aufgabe scheiterte. Die Autoren machten dafür den offenbaren Anstrengungsmangel verantwortlich, der in diesem Fall von der Vp erschlossen werden mußte.

Weiner u. Kukla (1970) sowie Rest et al. (1973) haben in hypothetischen Beurteilungssituationen neben Leistungsergebnis (fünffach gestuft) und Fähigkeit (zweifach gestuft) auch Informationen über Anstrengung (zweifach gestuft) gegeben. In allen einzelnen Studien fielen die Ergebnisse eindeutig aus, ob es sich um amerikanische Studenten (Weiner u. Kukla, 1970) indische Studenten (Eswara, 1972), schweizer Lehrer (Rest et al., 1973) sowie (vgl. Kap. 13) um Kinder und Jugendliche aus den USA (Weiner u. Peter, 1973), aus England (Leichman, 1977) oder Persien (Salili, Maehr u. Gillmore, 1976) handelte (vgl. Kap. 13, Abb. 13.4). Abb. 11.12 zeigt die Bewertungen amerikanischer Studenten, die sich in die Rolle eines Elementarschullehrers, der eine Klassenarbeit bewerten muß, zu versetzen hatten. Die Ergebnisse sind ganz ähnlich, wie wenn Lehrer sich in die Selbstbewertung von Schülern hineinversetzen mußten (vgl. Abb. 11.11). Bei Erfolg wurde hohe Anstrengung mehr belohnt als hohe Fähigkeit, bei

Mißerfolg wurde Anstrengungsmangel mehr bestraft als Fähigkeitsmangel.

Eine Art Mittelding zwischen Selbst- und Fremdbewertung ist es, wenn man die Leistung einer Gruppe beurteilen muß, der man selbst angehört. Zander, Fuller u. Armstrong (1972) haben die gleichen Informationen wie Weiner u. Kukla für verschiedene Arbeitsgruppen vorgegeben. Jede Vp sollte sich als Mitglied der einzelnen Arbeitsgruppen fühlen und jeweils angeben, wieviel Stolz oder Beschämung sie für die Gruppe oder für sich selbst empfände. Beide Bewertungen entsprechen ganz den in Abb. 11.12 dargestellten. Nur war die Gruppenbewertung noch etwas ausgeprägter von der aufgewendeten Anstrengung abhängig als die Selbstbewertung. Anstrengung aller Gruppenmitglieder erhöhte den Stolz auf die Gruppe mehr als den Stolz auf sich selbst, und Mangel an Anstrengung bewirkte mehr Beschämung über die Gruppe als über sich selbst.

Da die Fremdbewertung sich vom vermuteten Anstrengungsaufwand leiten läßt, stecken in Lob und Tadel auch implizite Fähigkeitsurteile, die der Beurteilte nach dem kompensatorischen Kausalschema für abgestufte Effekte erschließen kann. Wird man etwa für Erfolg bei einer leichten Aufgabe überschwenglich gelobt, so kann man nur folgern, daß man vom Beurteiler für wenig befähigt angesehen wird. Und wird man wegen Mißerfolg bei einer schweren Aufgabe getadelt, so muß man in den Augen des Beurteilers eine hohe Fähigkeit besitzen. Voraussetzung für diese logische Schlußfolgerungsfigur ist die Verknüpfung von zwei Prämissen: (1) die der Anstrengungsorientierung in der Fremdbewertung und (2) die des kompensatorischen Kausalschemas. Dazu sind Kinder ab 10 bis 12 Lebensjahren in der Lage (vgl. Kap. 13). Hält der Beurteilte den Beurteilenden für kompetent und dessen Urteil für valide, so kann er sich durchaus veranlaßt sehen, die Selbstein-

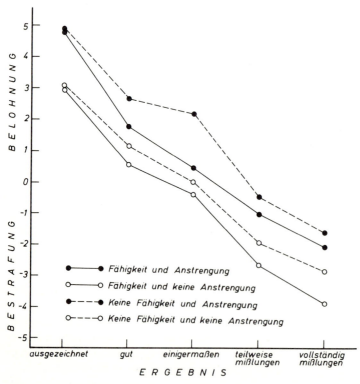

Abb. 11.12. Belohnung und Bestrafung durch „Lehrer"-Vpn für unterschiedliche Ergebnisse von „Schülern" in einer hypothetischen Klassenarbeit in Abhängigkeit von vorhandener oder nicht-vorhandener Fähigkeit und/oder Anstrengung. (Nach Weiner u. Kukla, 1970, S. 3)

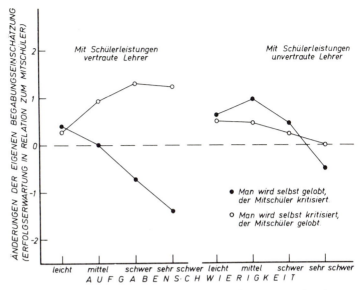

Abb. 11.13. Änderung der Erfolgserwartung für verschieden schwere Aufgaben (als Indikator der eigenen Begabungseinschätzung), nachdem ein mit den eigenen Leistungen vertrauter oder unvertrauter Lehrer die eigene Leistung bei einer leichten Aufgabe – im Unterschied zu einem leistungsgleichen Schüler – gelobt oder kritisiert hat. (Nach Meyer u. Plöger, 1979, S. 231)

schätzung der eigenen Fähigkeit nach Lob zu senken und nach Tadel zu steigern.

Solche nur auf den ersten Blick paradox erscheinenden Wirkungen von Lob und Tadel auf die eigene Fähigkeitseinschätzung haben Meyer u. Plöger (1979; Meyer, 1978) nachgewiesen. Die Vpn hatten sich in einen Schüler hineinzuversetzen, der für einen leidlichen Erfolg in einer leichten Aufgabe im Unterschied zu einem Mitschüler mit der gleichen Leistung entweder gelobt oder kritisiert wurde. Im Anschluß daran schätzten die Vpn – als Indikator einer veränderten Fähigkeitseinschätzung – ihre Erfolgserwartung für die Bearbeitung verschiedener Schwierigkeitsgrade der gleichen Aufgabe (und zwar in Relation zu der des Mitschülers) sowie die Sympathie, die der Lehrer ihnen und dem Mitschüler entgegengebracht hätte. Der Einfluß der Urteilskompetenz wurde überprüft, indem entweder ein mit den Schülerleistungen vertrauter Lehrer oder unvertrauter Vertretungslehrer lobte oder tadelte.

Wie aus Abb. 11.13 zu ersehen ist, führte Lob für die Leistung bei leichter Aufgabe beim urteilskompetenten Lehrer zu einem deutlichen Abfall der Erfolgserwartungen für schwierigere Aufgaben, d. h. zu einer Senkung der eigenen Fähigkeitseinschätzung; und Tadel entsprechend zu einem Anstieg der eingeschätzten eigenen Fähigkeit. Beim nichturteilskompetenten Vertretungslehrer wurden Lob und Kritik dagegen als Bezeugungen von Sympathie und Antipathie aufgenommen.

Aber die Kontrolldimension hat nicht nur etwas mit Fremdbewertung zu tun. Sie ist auch – wir erwähnten es schon – maßgebend für die Selbstbewertung bei anstrengungszentrierten Aufgaben. Im Selbsterleben der Anstrengung wird man auch seiner eigenen Intentionalität, seines Motiviertseins, seiner Selbstverantwortlichkeit gewahr. Hier liegt der Brennpunkt des „Verursacher-Erlebens" nach deCharms (1968), das Aktivität und Selbstbestimmung fördert. Das Gefühl, das man das, was man tut, selbst bestimmt hat und das, was man erreicht hat, der eigenen willentlichen Kontrolle verdankt, wird – wie wir im nächsten Kapitel erörtern werden – von einigen Autoren wie deCharms (1968) und Deci (1975) als ein Bestimmungsmerkmal der intrinsischen (und nicht extrinsischen) Motivation angesehen. Befundbeispiele, wie erlebte Kontrolle die Effizienz des eigenen Handelns fördert (Kanfer u. Grimm, 1978) und günstige Verhaltensänderungen bewirkt (Davison, Tsujimoto u. Glaros, 1973), werden wir im Abschnitt „Auswirkungen im Verhalten" erörtern.

Kausaldimensionen und Emotionen

Sowohl das Diktum Atkinsons, Stolz und Beschämung seien „die" Anreizemotionen des Leistungsmotivs, als auch das Diktum Weiners, die internale Lokation der Attribution rufe „die Affekte" hervor, waren einseitig und voreilig. Statt das Auftreten von Affekten oder Emotionen und ihre Rolle im Motivationsgeschehen nur zu postulieren (wie z. B. im Motivationsmodell des affektiven Wandels von McClelland et al., 1953), beginnt die Leistungsmotivationsforschung, diese Fragen empirisch anzugehen.

Emotionen nach eingetretenem Leistungsergebnis

Weiner, Russel u. Lerman (1978a, b; 1979) haben als erste begonnen, systematisch den Beziehungen zwischen Attribution und Affekt nachzuspüren (die Begriffe „Affekt" und „Emotion" werden hier nicht unterschieden, sondern austauschbar verwendet). Die methodischen Schwierigkeiten, Affekte zu differenzieren, zu klassifizieren und zu erfassen, haben sie auf ebenso einfache wie nicht unbedenkliche Weise zu meistern versucht, indem sie sich auf ein allgemeines Verständnis umgangssprachlicher Bezeichnungen für einzelne Arten von Affekten verließen. Aus Wörterbüchern haben sie eine lange Liste solcher Bezeichnungen ausgelesen, die als mögliche Reaktionen nach Erfolg oder Mißerfolg auftreten können und genügend verschieden erschienen. Außerdem stellten sie in Anlehnung an Elig u. Frieze (1975; Frieze, 1976) eine Liste von leistungsthematischen Kausalfaktoren zusammen (vgl. Tabelle 11.6). In einzelnen kurzen Geschichten wurde je eine Ursache für Erfolg oder Mißerfolg angegeben. Die Vpn hatten aus der Liste der Affekte jene auszusuchen, die angemessen erschienen, und deren Stärke zu skalieren.

Die Analyse solcher Angaben ergab zunächst einmal, daß eine Reihe von Affekten nur mit dem Erfolgs- oder Mißerfolgsausgang der Geschichte, aber nicht mit dem dafür verantwortlich gemachten Kausalfaktor, kovariierte. Beispiele für solche ergebnisabhängigen oder attributionsunabhängigen Affekte waren nach Erfolg *pleased, happy, satisfied, good;* nach Mißerfolg *uncheerful, displeasure, upset.* Es gab aber auch Affekte für Erfolg und Mißerfolg, die mit einem Kausalfaktor verbunden waren und die die einzelnen Kausalfaktoren voneinander trennten. Tabelle 11.6 faßt solche attributionsabhängigen Affekte zusammen. Nach Erfolg führte z. B. Fähigkeitsattribution zu Gefühlen der Zuversicht und Kompetenz; variable Anstrengung zu erhöhter Aktivierung und Eigenmachtgefühlen *(potency);* Anstrengung im Sinne konstanter Arbeitshaltung zu Entspannung; Zuschreibung auf die eigene Persönlichkeit zur Selbstwert-Erhöhung; Attribution auf andere Personen zur Dankbarkeit; auf Glück zu Überraschung. Nach Mißerfolg gab Fähigkeitszuschreibung Anlaß zu Inkompetenzgefühlen; Anstrengungsattribution zu Beschämung und zu Schuldgefühlen; Attribution auf die eigene Persönlichkeit zu Resignation; Attribution auf andere zu Aggression und Vergeltungslust; und auf Pech zu Überraschung.

Wenn es gerechtfertigt ist, in solchen Zuordnungen mehr zu sehen als bloß allgemeine semantische Konventionen, drängen sich motivationspsychologische Spekulationen auf. So könnten die einzelnen Affekte für verschiedene Personen einen unterschiedlichen Anreizwert haben. Manche Personen würden z. B. von Situationen motiviert, die ihnen über Fähigkeitsattribution Gelegenheit geben, wieder einmal das Gefühl eigener Kompetenz auszukosten. Andere mögen sich erst zum Handeln herausgefordert fühlen, wenn eine Anspannung aller Kräfte erforderlich ist usf.

Eine andere Spekulation kann den Unterschied zwischen den ergebnisabhängigen und den attributionsabhängigen Affekten aufgreifen. Sieht man in Affekten eher diffuse und in Emotionen eher kognitiv elaborierte Gefühlszustände, so bietet sich – wie die Autoren vermuten – ein Prozeßablauf an. Die ergebnisabhängigen aber attributionsunabhängigen „Affekte" werden kognitiv zu attributionsabhängigen „Emotionen" elaboriert. Das würde der Zweikomponententheorie der Emotionen von Schachter (1964) oder den Prozessen der Neubewertung *(reappraisal)* nach Lazarus (1968) entsprechen (vgl. Kap. 4).

Ehe man solchen Überlegungen nachgibt, sollten die Ergebnisse mit weniger fraglichen Methoden erhärtet werden. Unter den attributionsgebundenen Affekten in Tabelle 11.6 findet man je nach internalem Kausalfaktor verschiedene Arten selbstbewertender Emotionen, aber es haben sich aus den vielerlei Nennungen keinerlei übergreifende, d. h. dimensionsspezifische Affektarten herausgegliedert. Das zeichnet sich jedoch in einer Folgestudie mit einer anderen Methode, der *critical incidence technique,* ab. Ein Fragebogen enthielt 12 Leistungskonstellationen, in denen jeweils Erfolg oder Mißerfolg durch einen von 6 Kausalfaktoren verursacht war (Fähigkeit, variable oder konstante Anstrengung, Persönlichkeit, andere Personen, Zufall). Die Vpn sollten jedesmal dazu eine selbst erlebte Erfahrung erinnern und, wenn ihnen etwas einfiel, dies in wenigen Worten skizzieren und abschließend ihr damaliges Erleben mit drei Affektbezeichnungen charakterisieren (wozu ihnen als Hilfestellung je sieben Erfolgs- und Mißerfolgsaffekte angegeben wurden, die sich in den vorangehenden Studien als erfolgs- und mißerfolgsspezifisch erwiesen hatten).

Die Ergebnisse bestätigten teilweise die früheren Befunde. Zum einen gab es rein ergebnisabhängige Affekte wie „glücklich" bei Erfolg und „Depression" oder „Frustration" bei Mißerfolg. Zum anderen tauchten in 9 der 12 Konstellationen wieder gleiche oder ähnliche attributionsabhängige Affekte auf (vgl. Tabelle 11.6). Dagegen war z. B. variable Anstrengung nicht mehr mit Aktivierung, sondern mit „Erleichterung" und „befriedigt"

Tabelle 11.6. Attributionen und dominierende trennscharfe Affekte für Erfolg und Mißerfolg (Nach Weiner et al., 1979)

Attributionen	Affekte	
	nach Erfolg	nach Mißerfolg
Fähigkeit	Competence, Confidence	Incompetence
Variable Anstrengung	Activation, Augmentation	Guilt, Shame
Konstante Anstrengung	Relaxation	Guilt, Shame
Eigene Persönlichkeit	Self-Enhancement	Resignation
Andere Personen	Gratitude	Aggression
Glück bzw. Pech	Surprise	Surprise

verbunden, und Mißerfolg wegen eigener Persönlichkeitsmängel zog keine spezifische Affektart mehr auf sich. Aber es ließen sich dimensionsspezifische Affekte erkennen, wenn man den vier internalen Faktoren (Fähigkeit, variable und konstante Anstrengung, Persönlichkeit) die beiden externalen (andere Personen, Zufall) gegenüberstellte. Im Falle von Erfolg bilden Stolz, Kompetenzgefühle, Zuversicht und Befriedigung einen Komplex selbstbewertender Emotionen für internale Lokation, dem auf der externalen Seite so verschiedene Affekte wie Dankbarkeit, Überraschung und Schuldgefühl gegenüberstehen. Im Falle von Mißerfolg treibt internale Attribution Schuldgefühle und externale Attribution Ärger und Überraschung hervor. Schuldgefühle können also bei Erfolg wie bei Mißerfolg entstehen; bei Erfolg, wenn external und bei Mißerfolg, wenn internal attribuiert wird.

Wenn Attributionen zu Emotionen führen, dann müßte sich auch aus den Emotionen die Attribution eines Handlungsergebnisses erschließen lassen. Vielleicht verbirgt man deshalb so häufig den Ausdruck der Gefühle, weil man vor anderen die Gedanken verbergen will, die zu diesen Gefühlen geführt haben. In einem weiteren Experiment haben Weiner et al. (1979) das Erschließen von Attributionen geprüft, indem sie in kleinen Erfolgs- und Mißerfolgsgeschichten jeweils drei Affekte des Handelnden mitgeteilt haben, die aufgrund früherer Ergebnisse am eindeutigsten mit einem von sechs Kausalfaktoren verbunden sind. Die Vpn hatten anzugeben, welchen der sechs Faktoren (Fähigkeit, variable oder konstante Anstrengung, andere Personen, Zufall, Aufgabenschwierigkeit) der Handelnde für sein Ergebnis verantwortlich gemacht habe.

In der überwiegenden Zahl der Fälle erschlossen die Vpn aus den Affekten die „richtigen" Kausalfaktoren, hinsichtlich Aufgabenschwierigkeit zeichnete sich keinerlei Zusammenhang ab. Wieder zeigten sich dimensionsspezifische Zusammenhänge innerhalb der internalen und der externalen Lokation. Die Befunde regen erneut zur Spekulation über eine Stufenabfolge des Emotionsprozesses an. Die ergebnisabhängigen diffusen Affekte könnten sich zunächst zu attributionsspezifischen Emotionen kognitiv elaborieren, um sich dann in dimensionsspezifischen Emotionen zu verdichten, z. B. in selbstbewertende bei internaler Lokation oder zu Hoffnungslosigkeit bei stabilen Ursachen. Aber auch die umgekehrte Abfolge ist gegenwärtig noch nicht auszuschließen: Daß nach den ergebnisabhängigen Affekten zunächst dimensionsspezifische Emotionen auftreten, die sich dann erst zu attributionsspezifischen differenzieren.

Emotionen während der Leistungstätigkeit

Attributionen und Emotionen treten nicht nur nach Eintreten des endgültigen Leistungsergebnisses, sondern auch während der Leistungstätigkeit auf, etwa bei aufkommenden Schwierigkeiten oder Teilergebnissen. Heckhausen (1980) hat Studenten unmittelbar im Anschluß an ein mündliches Examen einen Fragebogen vorgelegt, in dem u. a. die Vorkommenshäufigkeit von Störeinflüssen verschiedener Kategorien von Emotionen und von Kognitionen, die nichts direkt mit der Beantwortung der Prüfungsfragen zu tun hatten, zu skalieren waren. Unter diesen Kognitionen gab es sieben Kausalfaktoren: Fähigkeit, Prüfungsvorbereitung und momentane Konzentration (beides „Anstrengung"), körperliche Verfassung, Schwierigkeit, Prüfer und Zufall.

Die Emotionen waren nicht wie bei Weiner Wörterbüchern entnommen, sondern auf der Grundlage eines Motivationsmodells (Heckhausen, 1977a; vgl. Kap. 12) zu vier Klassen zusammengefaßt: (1) motivierende Anreizemotionen (beziehen sich auf vorweggenommene Folgen des erwarteten Handlungsergebnisses, wie positive oder negative Selbst- oder Fremdbewertungen nach dem Examen), (2) Erwartungsemotionen (beziehen sich auf künftige positive oder negative Handlungsergebnisse, z. B. Zuversicht oder Befürchtung hinsichtlich der Examensnote), (3) Zustandsemotionen (wie Gelöstheit vs. Gespanntheit, Ärger, Prüfungsängstlichkeit, Gewahrwerden störender Körperempfindungen), (4) Emotionswandel (Erleichterung vs. Enttäuschung).

Tabelle 11.7 enthält die signifikanten Kovariationen in der Vorkommenshäufigkeit von Kausalfaktoren und Emotionsarten. Teilt man die Vpn, je nachdem, ob sie die Examensnote später als Erfolg (E) oder als Mißerfolg (M) erlebten, in zwei Testgruppen auf, so waren einige Kovariationen in einer der beiden Teilgruppen enger oder ausschließlich vorhanden. Erstaunlich war, wie häufig während der Prüfung selbstbezogene Kognitionen auftraten, die um das Zuschreiben von Ursachen kreisten. Fähigkeitsattributionen kovariierten eng mit motivierenden Anreizemotionen vorweggenommener Selbst- und Fremdbewertung, wobei es der Erfolgsgruppe mehr um Selbst- als um Fremdbewertung zu tun war. Die beiden Anstrengungsfaktoren, Prüfungsvorbereitung und Konzentration, gingen dagegen mit den Erwartungsemotionen der Zuversicht und der Befürchtung, aber nicht mit den motivierenden Selbst- oder Fremdbewertungsemotionen einher. Das steht in guter Übereinstimmung mit der schon erörterten differentiellen Affektwirksamkeit von Fähigkeit und Anstrengung bei fähigkeitszentrierten Aufgaben: Das bevorstehende Examensergebnis produziert mehr Affektivität in seiner Rückführbarkeit auf Fähigkeitshöhe als auf Anstrengungsaufwand. Die Erwartungsemotionen korrelierten mit fünf der sieben Kausalfaktoren, und zwar Zuversicht mit konstanter Anstrengung (Prüfungsvorberei-

Tabelle 11.7. Zusammenhang ($p < 0{,}05$) kausalattributorischer Kognitionen mit verschiedenen Arten von Emotionen während der Prüfung bei allen Kandidaten sowie bei solchen, die nachher mit ihrem Prüfungsergebnis eher zufrieden (E; Erfolg) oder eher unzufrieden (M; Mißerfolg) sind. (Angefügtes E oder M bedeutet, daß der entsprechende Zusammenhang für eine der beiden Teilgruppen enger ist; vorangestelltes E oder M, daß er nur für die eine der beiden Teilgruppen besteht; die engsten Zusammenhänge sind kursiv zusammengesetzt. Zusammengestellt nach Heckhausen, 1980)

Kausalattributorische Kognitionen	Emotionsarten			
	Motivierende Anreizemotionen (Erwartung pos. od. neg. Selbstbewertung oder Fremdbewertung nach der Prüfung)	*Erwartungsemotionen* (Zuversicht vs. Befürchtung hinsichtlich d. Ergebnisses)	*Zustandsemotionen* (Gelöstheit vs. Gespanntheit; Prüfungsangst; Ärger)	*Emotionswandel* (pos.: Erleichterung neg.: Enttäuschung)
Fähigkeit (Selbstkonzept guter Fähigkeit)	pos. Selbstbewertung (E); pos. Fremdbewertung			*positiv* (E)
Prüfungsvorbereitung (voll ausreichend)		Zuversicht (E)	Gelöstheit (E) keine Prüfungsangst (E)	nicht negativ (E)
Konzentration (gestört und um Verbesserung bemüht)		Befürchtung		
Körperliche Verfassung (sich davon abhängig fühlend)	M: neg. Fremdbewertung		Gespanntheit Prüfungsangst	M: negativ
Schwierigkeit (der Prüfungsfrage)		Befürchtung (E)	Prüfungsangst (E) E: Gespanntheit M: Ärger	
Prüfer (Abhängigkeit von ihm)		Befürchtung (E)		M: positiv
Zufall (Abhängigkeit von Zufälligkeiten)		Befürchtung (M)	Prüfungsangst (E) Ärger	negativ

tung) und Befürchtung mit unzureichend erlebter variabler Anstrengung (gestörte Konzentration) und den externalen Faktoren Schwierigkeit, Prüfer und Zufall. Zustandsemotionen und Emotionswandel schließlich fügen sich als Begleitemotionen gut in die Zusammenhangsmuster der Anreiz- und Erwartungsemotion mit den verschiedenen Kausalfaktoren ein.

Der Zusammenhang zwischen dimensionsspezifischen Attributionen und Emotionen ist offenbar während der Leistungstätigkeit von anderer Art als nach eingetretenem Leistungsergebnis, zumindest wenn es um den Nachweis von Kompetenz in einer Prüfung geht. Unter den internalen Faktoren ist es nur Fähigkeit, die mit selbstbewertenden Anreizemotionen einhergeht. Erwartungsemotionen hängen mit stabilen Faktoren (Ausmaß der zurückliegenden Prüfungsvorbereitung, Schwierigkeit der Prüfungsfragen und Abhängigkeit vom Prüfer) zusammen, aber auch mit momentan variablen Faktoren, die die Aussichten verschlechtern können wie gestörte Konzentration und Zufälligkeiten. Negative Zustandsemotionen wie Prüfungsängstlichkeit kovariieren alle mit nicht kontrollierbaren Faktoren wie leibseelische Verfassung (z. B. Nervosität), Schwierigkeit und Zufall. Einige der hier klassifizierten Emotionsarten scheinen auch nicht nur eine begleitende (wie die Zustandsemotionen) oder eine rückwärtsgewandte Funktion (wie in den Untersuchungen von Weiner und seinen Mitarbeitern) zu haben, sondern in dem Motivationsprozeß selbst eingebettet zu sein. So kommen in den vorwegnehmenden Selbstbewertungsemotionen der Anreizparameter und in Befürchtungen der Erwartungsparameter im Sinne des Risikowahl-Modells zum Ausdruck.

Abschließend sei noch auf den Störeinfluß kausalattributorischer Kognitionen auf die ablaufende Tätigkeit hingewiesen. Unter mehreren Kognitionsklassen (sie sind in der Tabelle 6.3 aufgeführt) wurde keine als so störend für die Beantwortung von Examensfragen empfunden wie die kausalattributorischen Kognitionen (vgl. zu individuellen Unterschieden Kap. 6).

Auswirkungen im Verhalten

Nach den erörterten Befunden ist es keine Frage, daß Attributionen Erwartungen und Emotionen beeinflussen. Unter den Emotionen sind es besonders die selbstbewertenden, die – wenn antizipiert – den Anreizvariablen des Risikowahl-Modells entsprechen. Insofern hat die Attributionsforschung um Weiner zur Klärung der vorauslaufenden Bedingungen für die beiden Hauptvariablen des Risikowahl-Modells der Leistungsmotivationstheorie – Erwartung und Anreiz – beigetragen, und zwar im Sinne einer Klärung des Bedingungsvorfeldes und einer generellen Elaboration von kognitiven Zwischenprozessen der Motivierung. Damit gab man sich jedoch nicht zufrieden, sondern versuchte auch, Attributionen zu den eigentlichen Hauptvariablen eines Motivationsmodells zu machen, Erwartung und Anreiz in den Status bloß vermittelnder Konstrukte abzudrängen und aus einem Erwartungs-mal-Wert-Modell auszubrechen. Als Feld dieser Auseinandersetzung bot sich die Domäne des Risikowahl-Modells an, nämlich die Erklärung von Verhaltensparametern der Wahl, der Ausdauer und der Leistungsergebnisse. Wie wir sehen werden, ist das Bemühen, das Risikowahl-Modell durch rein attributionstheoretische Ansätze zu ersetzen, unbefriedigend geblieben. Denn zur Erklärung der einzelnen Verhaltensparameter waren verschiedenartige Zusatzannahmen nötig, die ein überzeugendes, weil in sich geschlossenes alternatives Theoriesystem bisher vermissen lassen. Nehmen wir die Verhaltensparameter der Reihe nach auf.

Aufgabenwahl

Attributionstheoretisch gesehen, sollten mittelschwere Aufgaben bevorzugt oder gemieden werden, je nachdem ob man maximale Information über eigene Tüchtigkeit (Fähigkeit und/oder Anstrengung) sucht bzw. meiden will. Denn mittlere Schwierigkeitsgrade lassen am meisten eine internale Attribution des Ergebnisses erwarten. Hier fördert Kovariation der Ergebnisse über Personen (niedriger Konsens) eine Personzuschreibung und – so läßt sich hinzufügen – geringe Konsistenz des Ergebnisses bei wiederholter Bearbeitung eine Anstrengungsattribution („Umstände" nach Kelleys Kovarianzmodell).

Weiner et al. (1971, S. 15–19) haben unter Zugrundelegung von Konsensinformationen (und nicht von Konsistenzinformation) postuliert, daß Erfolgsmotivierte danach streben, Information über ihre Tüchtigkeit zu erhalten und deshalb mittelschwere Aufgaben bevorzugen, während Mißerfolgsmotivierte diese Information zu meiden trachten und deshalb zu leichte oder zu schwere Aufgaben wählen. Da internale Lokation jedoch die selbstbewertende Emotion maximiert, kann man auch, wie es das Risikowahl-Modell tut, ein Affektmaximierungsprinzip zugrunde legen. Da Streben nach Informationsgewinn und nach Affektmaximierung zu den gleichen Ergebnissen führen, läßt sich von der Wahlbevorzugung nicht zwischen beiden Ansätzen entscheiden. Das hat Weiner et al. (1971) nicht davon abgehalten, der Atkinsonschen Motivdefinition – „capacity of experiencing pride in accomplishment" (1964, S. 214) – eine eigene entgegenzusetzen: „capacity for perceiving success as caused by internal factors, particularly effort". Abgesehen davon, daß die hervorgehobene Rolle von Anstrengung theoretisch nicht abgeleitet wird (so auch nicht in Weiner et al., 1972, S. 247), soll es also ein erhöhtes „Vermögen" der Erfolgsmotivierten zur internalen Zuschreibung sein, das im Falle von Erfolg mehr „Stolz" erfahren läßt (Weiner et al., 1971, S. 18) – ein „affektives" Prinzip wie im Risikowahl-Modell – oder mehr „Informationsgewinn" erwarten läßt (Meyer, Folkes u. Weiner, 1976, S. 414) – ein „kognitives" Prinzip.

Betrachten wir bei dieser unklaren theoretischen Position die Befunde. Zwei Studien haben zu zeigen versucht, daß mittelschwere Aufgaben mit höherer Anstrengungsattribution verbunden sind und deshalb bevorzugt werden. In einer Studie (Weiner et al., 1972, Exp. III) war zu fünf Aufgabenschwierigkeiten, definiert durch Konsensinformation (d. h. Prozentsatz der Personen mit richtiger Lösung), aus der Perspektive der Fremdbeurteilung anzugeben, wie bedeutsam Anstrengung für das Abschneiden sei und bei welchem Schwierigkeitsgrad Anstrengungsaufwand sich am meisten auszahle. Zu beiden Fragen wurde bevorzugt ein mittlerer Schwierigkeitsgrad genannt. In der anderen Studie (Kukla, 1972b, Exp. III) wurde eine objektiv rein zufallsabhängige Zahlenrate-Aufgabe entweder als allein fähigkeits- oder als sowohl fähigkeits- wie anstrengungsabhängig ausgegeben. Um die jeweils nächste Ziffer (1 bis 9) auf einer Liste des Vls zu erraten, konnten die Vpn sich für eine mehr oder weniger aussichtsreiche Ratestrategie entscheiden (alle neun oder weniger Ziffern bis hin zu einer einzigen), anzugeben. Abhängige Variable war die Häufigkeit einer Ratestrategie von mittlerem Risiko (4 bis 6 Ziffern). Ein mittleres Risiko wurde am häufigsten nur von Erfolgsmotivierten bevorzugt, sofern die Aufgabe sowohl fähigkeits- wie anstrengungsabhängig erschien. Die Ergebnisse beider Studien entsprechen auch den Voraussagen, die nach dem Risikowahl-Modell zu machen sind.

So sehr es intuitiv einleuchtet, daß mittlere Schwierigkeitsgrade gewählt werden, weil man dort das Ergebnis am meisten als fähigkeits- und vor allem als anstrengungsabhängig erlebt, fanden die wenigen Untersuchungen, die sowohl Aufgabenwahl wie Attribution erfaßt haben (Krug, 1971; Schneider u. Posse, 1978a, b, c) diesen Zusammenhang nicht bestätigt. Hier wurden mittlere Aufgabenschwierigkeiten bevorzugt, ohne daß dies mit internaler Attribution einherging. Schneider u. Posse boten eine Geschicklichkeitsaufgabe an, die anschaulich in 9 Schwierigkeitsgraden abgestuft war (Torweiten, in die eine Kugel zu schlagen ist). Die Vpn führten (prospektiv wie retrospektiv) Treffer bei den einzelnen Torweiten kaum auf Fähigkeits- oder Anstrengungsunterschiede, sondern ausgeprägt auf Schwierigkeitsunterschiede zurück. Sie wählten bevorzugt jene Aufgaben, die nicht zu leicht erschienen.

Diese Befunde sind nicht verwunderlich, wenn man bedenkt, daß nach Kelley (1967) den Vpn ein Informationsmuster vorlag, daß die Effektverursachung nicht in der Person, sondern in Entitäten lokalisieren läßt: hohe Besonderheit und (damit verknüpft) hohe Konsistenz (Sequenzen von Erfolg und Mißerfolg bei jeder Schwierigkeitsstufe in unterschiedlichen aber stabilen Relationen) sowie keine Konsensinformationen (vgl. Tabelle 10.2). Der Weinersche Erklärungsansatz – erhöhte internale Attribution bei mittelschweren Aufgaben – hat jedoch solche Informationsmuster zur Voraussetzung, die eine Personabhängigkeit des Leistungsergebnisses nahelegen. Das läßt sich an den beiden zunächst erörterten Studien zeigen. Bei der Fremdbeurteilung des erforderlichen Anstrengungsgrades für verschieden schwere Aufgaben (Weiner et al., 1972) gab es ausschließlich Konsensinformationen, mit Hilfe derer die sonst fehlenden Informationen über Besonderheit (Aufgabenschwierigkeit) definiert wurden. Als Ursachenlokation drängen sich bei hohem Konsens (leichte oder schwere Aufgaben) „Entität" und bei niedrigem Konsens (mittelschwere Aufgaben) „Person" (etwa Fähigkeit) oder „Umstände" (etwa momentane Anstrengung) auf. Deshalb fallen unter diesen Bedingungen Anstrengungswirksamkeit und mittlerer Schwierigkeitsgrad zusammen. In Kuklas (1972b) Experiment wird überhaupt keine Kovariationsinformation gegeben, sondern einfach behauptet, die Rate-Aufgabe sei von internalen Personfaktoren abhängig. Und nur wo dies ausdrücklich für beide internalen Faktoren getan wird, lassen sich Erfolgsmotivierte herbei, eine Strategie des kalkulierten Risikos wie bei einer leistungsabhängigen Aufgabe zu verwenden.

Es bleibt demnach festzuhalten, daß nicht in jedem Fall die Aufgabenwahl einer maximalen internalen Attribuierung folgt. Liegen Kovariationsinformationen vor, die die Ursachen der Ergebnisse in die Entitäten der nach Schwierigkeit gestaffelten Aufgaben verlegen, so kann die individuelle Schwierigkeitswahl nicht mehr nach dem Weinerschen Erklärungsansatz wohl aber noch nach dem Risikowahl-Modell vorausgesagt werden (vgl. Schneider u. Posse, 1978a, b, c). Es gibt im übrigen noch einen Parameter der Anspruchsniveau-Setzung, der einer attributionstheoretischen Erklärung Schwierigkeiten macht. Es ist die atypische Anspruchsniveau-Verschiebung Mißerfolgsmotivierter, wenn sie nach Erfolg oder Mißerfolg in den Bereich mittlerer Erfolgserwartung geraten sind (vgl. Kap. 9). In attributionstheoretischer Sicht (Weiner et al., 1971, S. 3) sollen nach Mißerfolg atypische und starre Wahlen bei hoher Anstrengungsattribuierung – also gerade bei Erfolgsmotivierten – auftreten. Moulton (1965) fand beides jedoch nur bei Mißerfolgsmotivierten, die eher Fähigkeits- als Anstrengungsmangel für ihre Mißerfolge verantwortlich machen sollten.

Einholen von Rückmeldungen

Eng verwandt mit der Schwierigkeitswahl ist das Einholen von Leistungsrückmeldungen bei ausgewählten Schwierigkeitsgraden. Auch dieser Parameter läßt nicht entscheiden, ob Informationsgewinn oder Affektmaximierung das „eigentlich" Motivierende ist. Meyer et al. (1976) haben in einem hypothetischen Experiment einen Gegner beim Schach- oder Tennisspiel vorstellen lassen, bei dem man unterschiedliche Gewinnchancen (von 10, 20 bis 90%) hatte. Die Auswahl des Gegners sollte einmal von der Befriedigung mit den zu erwartenden Ergebnissen und zum anderen von dem Informationsgewinn über die eigene Tüchtigkeit (Fähigkeit und Anstrengung) abhängig gemacht werden. In beiden Fällen ergaben sich jedoch keine Unterschiede, bevorzugt wurde jedesmal ein gleich starker Gegner.

Im Widerspruch zum Risikowahl-Modell wurde kein Unterschied der Wahlen zwischen Erfolgs- und Mißerfolgsmotivierten gefunden. Eine demnach allgemeine Bevorzugung mittlerer Schwierigkeiten wurde als eine Überlegenheit des Informationsansatzes über das affektmaximierende Risikowahl-Modell angesehen; was allerdings insofern nicht überzeugen kann, da auch die gefundene allgemeine Tendenz auf Affektmaximierung beruhen kann. In einem weiteren Experiment (Nr. III) derselben Arbeit wurde die gleiche allgemeine Tendenz nachzuweisen versucht. Polizeischüler gaben ihre Erfolgserwartungen an, ein Ziel mit der Pistole bei neun verschiedenen Distanzen zu treffen. Sie sollten sich vorstellen, auf jede Distanz einmal geschossen zu haben und konnten eine Distanz auswählen, um zu erfahren, ob sie getroffen hatten. Auch hier wurden mittlere subjektive Erfolgswahrscheinlichkeiten häufiger bevorzugt als niedrige oder als hohe. Da für diese Vpn TAT-Motivkennwerte vorlagen, hat Heckhausen (1975c) die Daten reanalysiert und fand nur bei den Erfolgsmotivierten eine signifikante Bevorzugung mittlerer Erfolgswahrscheinlichkeiten, Mißerfolgsmotivierte entschieden sich häufiger für niedrige Erfolgswahrscheinlichkeiten (vgl. nächstes Kapitel, Abb. 12.7).

Ebenso fanden Butzkamm (1972) und Starke (1975) das Einholen von Rückmeldungen im Sinne des Risikowahl-Modells von Motivunterschieden abhängig. Beim Schätzen von Punktmengen auf drei Schwierigkeitsstufen wünschten Erfolgsmotivierte bei mittelschweren Aufgaben mehr Rückmeldungen als Mißerfolgsmotivierte (Butzkamm, 1972), wie Abb. 11.14 zeigt. Starke (1975) hat leistungsbezogene Aufgaben (aus einem Intelligenztest) und nicht-leistungsbezogene (z. B. Beurteilung von Werbeentwürfen) bearbeiten lassen und betont, daß nur die ersteren Aufgaben etwas mit Fähigkeit zu tun hätten. Nach dem Versuch konnte man sich eine Aufgabe zur Auswertung auswählen und außerdem drei Tage später beim Vl genauere Informationen über die Ergebnisse beschaffen. In beiderlei Hinsicht besorgten sich die Erfolgsmotivierten mehr Informationen über ihr Abschneiden in den leistungsabhängigen Aufgaben als die Mißerfolgsmotivierten. Insgesamt stimmen diese Befunde mit dem Risikowahl-Modell und auch mit seiner attributionstheoretischen Elaboration überein. Sie sprechen nicht gegen Affektmaximierung, wohl aber gegen eine von Motivunterschieden unabhängige Tendenz zur Informationsmaximierung.

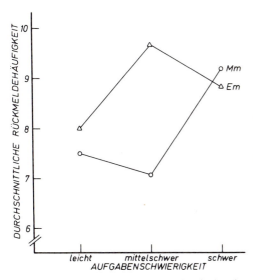

Abb. 11.14. Durchschnittliche Häufigkeit der eingeholten Leistungsrückmeldungen von Erfolgs- (Em) und Mißerfolgsmotivierten (Mm) bei einer Punktmengen-Schätzaufgabe. (Nach Butzkamm, 1972, S. 76)

Ausdauer

Während die Aufgabenwahl über die internale Ursachenlokation, insbesondere Anstrengung, vermittelt sein soll, wird Ausdauer im Angesicht von Mißerfolg mit der bevorzugten Attribution der beiden variablen Faktoren Anstrengungsmangel und Pech erklärt. Denn variable Ursachen lassen länger an der anfänglichen Erfolgserwartung festhalten. Allerdings machen die beiden variablen Faktoren nicht nur resistent gegen schnelle Erwartungssenkungen nach Mißerfolg, sie haben zudem unterschiedliche affektive Konsequenzen: Mangelnde Anstrengung, aber nicht Pech, hat selbstbewertende Emotionen zur Folge. Deshalb wird eine Zusatzannahme eingeführt. Erfolgsmotivierte sollen mehr den Erwartungsaspekt (und darum die Stabilitätsdimension) beachten; so sind sie auch bei mangelnder Anstrengung nicht nur zuversichtlich, sondern frei von negativen Affektkonsequenzen. Mißerfolgsmotivierte sollen dagegen mehr den affektiven Aspekt (und darum die Lokationsdimension) berücksichtigen, entsprechend mehr negativen Affekt akkumulieren und deshalb, selbst bei gleich hoch gehaltener Erfolgserwartung, weniger ausdauernd sein (vgl. Weiner u. Sierad, 1975, S. 416).

Nach diesen Überlegungen sollten Erfolgsmotivierte stets ausdauernder als Mißerfolgsmotivierte sein, was im Widerspruch zum Risikowahl-Modell ist, nach welchem Ausdauer eine – im übrigen gute belegte – Interaktion zwischen Motiv und Erfolgserwartung ist (Feather, 1961; 1963b; vgl. Kap. 9). Es gibt zwar Befunde, nach welchen Attribution auf eher variable als stabile Faktoren mit größerer Ausdauer einhergeht (z. B. Andrews u. Debus, 1978). Die Ableitungen aus beiden Theorien sind bisher jedoch nur einmal miteinander konfrontiert worden. Oltersdorf (1978) hat bei einer Figuren-Nachzieh-Aufgabe zunächst entweder hohe oder niedrige Erfolgserwartungen induziert und dann ihre erfolgs- oder mißerfolgsmotivierten Vpn fortlaufend Mißerfolg erfahren lassen, so daß die anfänglich hohe Erfolgserwartung immer mehr zugunsten einer mittelhohen schwand bzw. die anfängliche geringe Erfolgserwartung zur Mißerfolgsgewißheit wurde. Die Ausdauerbefunde der Motivgruppen unter beiden Erwartungsbedingungen zeigten keinerlei Zusammenhang mit den erhobenen Attributionen. Sie erwiesen sich dagegen als vollständige Wechselwirkung von Motivgruppen und Erwartungsänderung im Sinne des Risikowahl-Modells. So waren Erfolgsmotivierte ausdauernder als Mißerfolgsmotivierte, wenn anfänglich leichte Aufgaben nach ständigem Mißerfolg mittelschwerer erschienen, und Mißerfolgsmotivierte waren ausdauernder, wenn anfänglich schwere Aufgaben nach vergeblichen Lösungsversuchen noch schwerer erschienen.

Leistungsergebnisse

Für die freie Wahl leistungsbezogener Aufgaben gegenüber anderer Tätigkeit haben Weiner et al. (1971) eine internale Erfolgsattribution (insbesondere Anstrengung) verantwortlich gemacht, weil sie positive Selbstbewertungsemotionen zur Folge habe. Dieses Prinzip der Maximierung positiver Affekte sollte über vermehrte Anstrengung auch die Höhe von Leistungsergebnissen erklären können. Eine erste Leistungsstudie hat Meyer (1973a; auch in Weiner et al., 1972, Exp. II) durchgeführt. Bei wiederholtem Mißerfolg in Zahlen-Symbol-Aufgaben wurde die Bearbeitungsschnelligkeit gemessen. Teilt man die Vpn nach der Kausalattribution ihrer Leistung beim ersten Durchgang in hohe und niedrige Attribuierung der einzelnen Faktoren auf, so ergibt sich das in Abb. 11.15 dargestellte Bild. Zwar führte hohe Anstrengungsattribuierung zu einer Leistungsverbesserung, das gleiche tat aber auch hohe Zufallsattribuierung. Entscheidend war also nicht die Lokations-, sondern die Stabilitätsdimension: Je höher man trotz wiederholter Mißerfolge – aufgrund zugeschriebener variabler Ursachen – die Erfolgserwartung halten konnte, desto mehr verbesserte sich die Leistung. Außerdem gab es einen von Attribution unabhängigen Motiveffekt zugunsten der Erfolgsmotivierten. Motiv- und Attributionseffekt addierten sich teilweise. Erfolgsmotivierte arbeiteten noch schneller, wenn sie variable Ursachen für maßgebend hielten. Mißerfolgsmotivierte verschlechterten sich nur dann, wenn sie ihren Mißerfolgen stabile Ursachen zuschrieben.

Patten u. White (1977) haben Meyers Untersuchung mit größerer Bedingungsvariation repliziert. Zwar zeigten sich wieder die attributionsgebundenen Leistungsunterschiede, wenn auch erst nach dem fünften und sechsten Mißerfolg. Auch ein Motiveffekt zugunsten der Erfolgsmotivierten zeigte sich wie-

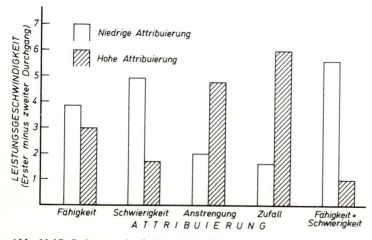

Abb. 11.15. Steigerung der Leistungsschnelligkeit vom ersten zum zweiten Mißerfolg in einer Zahlen-Symbol-Aufgabe in Abhängigkeit von hoher oder niedriger Attribution der einzelnen Kausalfaktoren. (Nach Befunden von Meyer, 1973a, in Weiner et al., 1972, S. 245)

der. Er war vom Attributionseffekt unabhängig. Noch deutlicher als schon aus Meyers Ergebnissen ist daraus zu folgern, daß unter den gegebenen Bedingungen die motivgebundenen Leistungsunterschiede nicht durch Attribution vermittelt wurden. Eine solche Vermittlung fand Kukla (1972b, Exp. II) allerdings bei den Erfolgsmotivierten, wenn Attribution auf die schon erwähnte Art induziert worden war. Das Lösen von Anagramm-Aufgaben wurde entweder als fähigkeits- oder als sowohl fähigkeits- wie anstrengungsabhängig ausgegeben. Nur bei den Erfolgsmotivierten hatte die zusätzliche Induktion von Anstrengungsattribution einen leistungssteigernden Effekt.

Zusatzannahmen zu motivbezogenen Attributionswirkungen, wie wir sie für Ausdauer bereits anführten, haben Weiner u. Sierad (1975) für Leistungsunterschiede nach viermaligem Mißerfolg in einer Zahlen-Symbol-Aufgabe gemacht. Unter einer Bedingung erhielten die Vpn ein „Medikament", das angeblich die für die Aufgabe erforderliche optisch-motorische Koordination beeinträchtigen sollte. Das Medikament wurde so zu einer hemmenden und stabilen Ursache, die sowohl die Erfolgserwartung als auch den negativen Affekt über Mißerfolg mindert. Geminderte Erfolgserwartung sollte die Leistung senken, geminderter negativer Affekt aber erhöhen. Das erstere (Stabilitätsdimension), so die Zusatzannahme, sollte für die Erfolgsmotivierten und das zweite (Lokationsdimension) für die Mißerfolgsmotivierten ausschlaggebend sein, so daß diese Motivgruppe der anderen unter Medikamentbedingung überlegen sein mußte. Die Befunde (vgl. Abb. 11.16) bestätigen diese Vermutung, obwohl die motivspezifischen Zusatzannahmen sich nicht zwingend aus einem attributionstheoretischen Ansatz ableiten lassen. Zwingender ließen sie sich aus dem Risikowahl-Modell ableiten, wenn man plausiblerweise voraussetzt, daß anfänglich eine mittlere Erfolgserwartung bestanden hat. Die Senkung der Erfolgserwartung durch das Medikament muß dann die resultierende Tendenz bei den Erfolgsmotivierten verringert und bei den Mißerfolgsmotivierten erhöht haben. Im übrigen sind die Be-

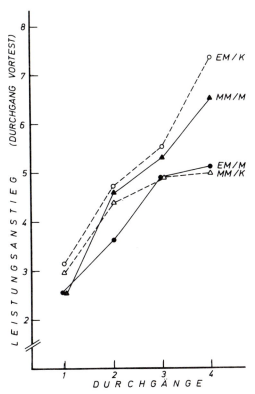

Abb. 11.16. Leistungsanstieg von einem Vortest über vier Durchgänge bei Erfolgsmotivierten (EM) und Mißerfolgsmotivierten (MM) in Abhängigkeit von induzierter Attribution auf einen hemmenden stabilen Faktor („Medikament" = M; Kontrollbedingung = K). (Nach Weiner u. Sierad, 1975, S. 419)

funde unter Kontrollbedingung (ohne Medikament) so ausgefallen, wie es nach dem Risikowahl-Modell sowie nach den motivgebundenen Attributionsunterschieden für Mißerfolg zu erwarten war.

Verhaltensänderung

Verhaltensänderungen im Sinne größerer Effizienz können zustande kommen, wenn man Kontrolle über das, was man tut, erlebt und es von selbst intendierter Anstrengung abhängig sieht. Ein Beispiel sind Nachbehandlungseffekte bei Schlaflosigkeit, über die Davison et al. (1973) berichten. Die an Schlaflosigkeit leidenden Vpn erhielten eine Woche lang ein leichtes Schlafmittel sowie Hinweise, wie man sich auf das Einschlafen einstellen und sich selbst entspannen kann. Danach wurde einer Hälfte der Vpn mitgeteilt, daß die Schlafmitteldosis optimal gewesen sei, um die erzielte Besserung zu erreichen. Der anderen Hälfte wurde bedeutet, das Schlafmittel sei zu schwach gewesen, um allein irgendeine Besserung herbeizuführen. Alle wurden angewiesen, bei abgesetztem Schlafmittel mit der psychologischen Selbstentspannung fortzufahren. Wie erwartet, blieb der erzielte Behandlungserfolg besser bei jenen Vpn erhalten, die ihn nicht mit dem Schlafmittel, sondern mit den selbst ausgeführten Bemühungen erklärten.

Wie Kanfer u. Grimm (1978) gezeigt haben, wird der Behandlungserfolg auch gefördert, wenn die Personen unter mehreren möglichen Behandlungsmethoden selbst eine für sich auswählen konnten. In dem Versuch ging es um Erhöhung der Lesegeschwindigkeit. Eine Hälfte der Vpn hatte sich auf ein Inserat hin freiwillig gemeldet, die andere Hälfte war aus Studienerfordernissen zur Teilnahme verpflichtet. Den Vpn wurden drei verschiedene Behandlungsmethoden vorgestellt. Eine von drei Gruppen konnte frei wählen, eine zweite wurde nach der Wahl aus vermeintlich technischen Gründen einer bestimmten Methode zugewiesen, einer dritten Gruppe wurde von vornherein keine Wahl gelassen. Nach dem Trainingskurs (mit in Wahrheit der gleichen Behandlungsmethode für alle Vpn) zeigten sich die erwarteten Erfolgsunterschiede. Die freiwilligen Vpn verzeichneten einen größeren Zuwachs an Lesegeschwindigkeit als die nicht-freiwilligen. Weitaus am besten schnitten jene ab, die zudem noch die Behandlungsmethode selbst wählen konnten.

Beide Untersuchungen legen die Schlußfolgerung nahe, daß Selbstbestimmung und freie Wahl die Intention und Attribution von Anstrengung fördert (Kontrolldimension) und deshalb erwünschte Verhaltensresultate schneller und dauerhafter erreichen läßt. Auf ähnliche Bedingungen und Wirkungen werden wir stoßen, wenn wir uns mit intrinsischer Motivation (Kap. 12) und mit Motivänderungsprogrammen (Kap. 13) beschäftigen.

Der attributionstheoretische Beitrag zur Leistungsmotivationstheorie

Es ist nun an der Zeit, eine Wertung des bisherigen attributionstheoretischen Beitrages zur Leistungsmotivationstheorie vorzunehmen. Er bestand – ganz allgemein gesprochen – in der Einführung hypothetischer kognitiver Zwischenvariablen, die aus den „Leistungsreaktionen" in der Formelsprache des Risikowahl-Modells (obwohl dabei stets an mehr als nur reizabhängiges „mechanistisches" Reagieren gedacht wurde) ein reflexives „Leistungshandeln" gemacht haben. Reflexiv heißt, daß der Handelnde sein Tun auf seinen eigenen Handlungswillen (Intention) und die Ergebnisse auf eigene Urhebereigenschaften wie auch auf externale Ursachen bezieht (vgl. Heckhausen u. Weiner, 1972). Davon ist das letztere, die Ursachenzuschreibung von Leistungsergebnissen in ihrer motivierenden Wirksamkeit aufgedeckt und für die Motivationsforschung ungemein fruchtbar gemacht worden.

Die attributionstheoretischen Ansätze haben das Risikowahl-Modell elaboriert, sie haben einige weiterführende Theoriebildungen angeregt, aber das Risikowahl-Modell haben sie nicht ersetzt. Das sei im einzelnen erläutert. Die Elaboration betrifft jede der drei Grundvariablen des Risikowahl-Modells. Die Motivvariable wurde durch die Entdeckung motivgebundener Attribuierungsasymmetrien für Erfolg und Mißerfolg aufgehellt (zuerst von Weiner u. Kukla, 1970). Zusammen mit dem Kausalschema für abgestufte Effekte, das Fähigkeit und Anstrengung in kompensatorische Beziehung setzt (Kelley, 1972; Kun u. Weiner, 1973), ist das der bisher vielleicht bedeutendste Beitrag. Er hat z. B. zu der Konzeption des Leistungsmotivs als eines Selbstbekräftigungssystems geführt (vgl. Kap. 12).

Hinsichtlich der beiden übrigen Variablen des Risikowahl-Modells, Erfolgserwartung und Anreiz, ist deren Bedingungsvorfeld geklärt worden. Tabelle 11.8, die nach Weiner et al. (1978a) den gegenwärtigen Stand des Attributionsmodells der Leistungsmotivation darstellt, führt in den ersten drei Spalten die-

Tabelle 11.8. Der gegenwärtige Stand des attributionstheoretischen Modells der Leistungsmotivation nach Weiner, Russel u. Lerman (1978a, S. 60)

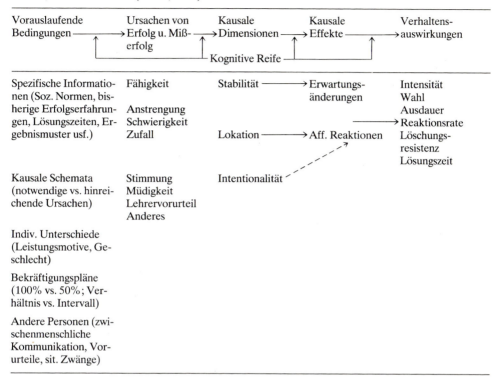

ses Bedingungsfeld auf. Die einzelnen Ursachen für Erfolg und Mißerfolg sowie ihre verschiedenen Dimensionen haben sich als entscheidende Einflußvariablen für Erwartung und Anreiz erwiesen. Die vorauslaufenden Bedingungen für Attributionen (linke Spalte) sind allerdings noch nicht genügend geklärt worden. Obwohl sich das Kelleysche Kovarianzmodell als Theorierahmen für eine systematischere Erforschung der vorauslaufenden Bedingungen anbietet, ist davon kaum Gebrauch gemacht worden. So läßt sich die Behauptung, Ergebnisse bei subjektiv mittelschweren Aufgaben würden maximal auf eigene Fähigkeit und Anstrengung zurückgeführt, nicht auf alle Konstellationen von Kovariationsinformationen verallgemeinern; z. B. nicht, wie wir gesehen haben, wenn Besonderheit der Aufgabenstufen und Konsistenz der Ergebnisse stark ausgeprägt sind, während Konsensinformationen fehlen.

Gelegentlich verrät der aufklärerische Elan einer attributionstheoretischen Bedingungsanalyse (z. B. Meyer et al., 1976) den Ehrgeiz, Erwartung und Anreiz mit Hilfe der Attributionsvariablen vollständig bestimmen zu können. Ein solcher Nachweis ist nicht gelungen. So beeinflußt die Attribution eines Leistungsergebnisses zwar die Höhe der Erfolgserwartung, andererseits beeinflußt der Grad der Erwartungsgewißheit aufeinanderfolgender Ergebnisse wiederum die Attribution. Wir haben gesehen, daß die mit einer Ergebnissequenz einhergehende Erwartungsänderung attributionstheoretisch noch unaufgeklärt ist, und zwar sowohl hinsichtlich der Stabilisierung als auch der Revision des Könnenskonzepts. Was den Anreiz (die vorweggenommenen affektiven Reaktionen) oder die tatsächlichen affektiven Reaktionen nach Erfolg und Mißerfolg betrifft, so gibt es neben der Attribution noch weitere Determinanten wie einmal die Erwartungswidrigkeit des Ergebnisses oder seine Abweichung vom gesetzten Anspruchsniveau und zum anderen erwartungsunabhängige Anreizgewichtungen, seien sie aufgabenspezifisch wie persönliche Wichtigkeit oder generell wie motivbedingte Anreizgewichtungen. Aber hinsichtlich Anreiz und Affekt hat die Attributionsforschung begonnen, über das Risikowahl-Modell hinauszugehen und den Bann zu brechen, mit dem bisher eine Erforschung von Affektphänomenen in eigener Sache belegt war. Die Attributionsgebundenheit einiger Emotionsarten ist ein erster Schritt, wenn auch eine motivationspsychologisch fruchtbare Klassifikation und die Funktion von Emotionen im Motivationsgeschehen noch ungeklärt sind.

Die beiden Grundvariablen jeden Erwartungs-mal-Wert-Modells, Erwartung und Anreiz, sind bislang zu ausschließlich entweder als abhängige Variablen oder – bei der Bedingungsanalyse von Verhaltensparametern – als bloß vermittelnde Variable für Attributionseinflüsse behandelt worden. Wohl deshalb wird gelegentlich der Anspruch erhoben, oder zumindest der Eindruck erweckt (so etwa in Meyer et al., 1976), als könne ein attributionstheoretischer Ansatz das Risikowahl-Modell ersetzen. Erst neuerdings beginnt man zu untersuchen, wieweit Erwartung und Anreiz *nicht* von Attributionsvariablen determiniert werden; z. B. wenn sich attributionsunabhängige aber motivgebundene Effekte nachweisen lassen (vgl. etwa Heckhausen, 1978; Patten u. White, 1977; Schmalt, 1978; Schneider, 1977; Schneider u. Posse, 1978a, b, c).

Vor allem ist die Verknüpfung von Erwartung und Anreiz – wie auch Tabelle 11.8 zeigt – unbeachtet und unspezifiziert geblieben. Diese Vernachlässigung macht sich bemerkbar, wenn Attributionen Verhaltensparameter der Wahl, Informationseinholung, Ausdauer und von Leistungsergebnissen aufklären sollen; insbesondere, wenn dies in Konkurrenz zum Risikowahl-Modell versucht wurde. Hier erwies sich, wie wir gesehen haben, das Risikowahl-Modell nicht nur als ebenbürtig, sondern in der Regel als überlegen. So mußte die attributionstheoretische Erklärung die eine oder andere Zusatzannahme machen, die sich nicht aus dem Attributionsmodell ableiten lassen (z. B. motivbedingte Gewichtungsunterschiede von Kausaldimensionen). Insgesamt bestehen die attributionstheoretischen Erklärungsansätze des Leistungshandelns zur Zeit noch in einem lockeren Gefüge von theoretischen Aussagen, die noch nicht zu einer einheitlichen Theorie integriert sind. Aller Voraussicht nach werden sie ihre größte Voraussagekraft erst erlangen, wenn sie sich in die Erwartungs-mal-Wert-Struktur des Risikowahl-Modells einpassen.

Dazu gehört auch eine Antwort (wenn nicht Erklärung) auf die Frage, worin das „eigentlich" motivierende Agens des Leistungshandelns bestehen mag: um des Kausalattribuierens, der Information über eigene Leistungsmöglichkeiten willen oder um der Anreize emotionsgeladener Folgen des erzielten Handlungsergebnisses willen? Welche Antwort man auch auf eine solche Wozu-Frage geben mag, sie läßt sich kaum aus rein attributionstheoretischen Überlegungen ableiten. Macht man eine Aussage zugunsten von Informationsgewinn oder von Umweltkontrolle, so bewegt man sich bereits in einem Erwartungs-mal-Wert-Modell, indem man motivierende Anreizparameter aufstellt; gleich, ob man ihnen alleinige oder bloß zusätzliche Bedeutung zuerkennt.

Wir werden die Frage der Motivierung durch Informationsgewinn (oder auch Reduzierung von Ungewißheit) oder durch Maximierung positiver Selbstbewertungsemotionen im nächsten Kapitel noch einmal aufgreifen und u. a. an Befunden zur Informationseinholung während (nicht nach) einer ablaufenden Tätigkeit erörtern (Halisch u. Heckhausen, 1977). Ebenfalls im nächsten Kapitel werden wir einige, aus attributionstheoretischen Überlegungen entwickelte Ansätze behandeln, die das Risikowahl-Modell erweitert oder ein gewisses Eigenleben entwickelt haben. Zum ersteren gehört die schon erwähnte Konzeption des Leistungsmotivs als eines Selbstbekräftigungssystems (u. a. eine Verbindung von motivgebundener Attribuierungsasymmetrie und kompensatorischen Kausalschema), zum letzteren das Selbstkonzept der Fähigkeit und das Modell der Anstrengungskalkulation. Schließlich hat die Attribuierungstheorie entscheidend zur Entwicklung von Motivänderungsprogrammen für Mißerfolgsmotivierte beigetragen. Davon wird im letzten Kapitel die Rede sein.

Attribution in sozialen Handlungen

Soziales Handeln erfordert nicht nur Reflexivität hinsichtlich des eigenen Tuns wie beim Leistungshandeln. In der Interaktion mit dem Partner sind auch dessen Intentionen, die Gründe für die Situation, aus der heraus er handelt, und für die Ergebnisse seines Handelns zu verstehen; ja darüber hinaus noch die Reflexivität des Partners für dessen Handeln sowie die Perspektive, unter der er sein eigenes Handeln betrachtet. Äußerlich gleiche Handlungen des Partners und gleiche Handlungsergebnisse können ganz verschiedene Bedeutungen annehmen, je nachdem welche Intention und Ursachen man ihnen zuschreibt. Sozialem Handeln liegen also auf seiten beider Partner fortlaufend Attributionsprozesse zugrunde. Wir haben in den Kap. 7 und 8 schon wiederholt auf die Bedeutung von Attributionen für verschiedene Arten sozialer Motivation hingewiesen. Im folgenden soll dieser Gesichtspunkt nicht systematisch aufgearbeitet werden. Die attributionstheoretische Elaboration ist in den einzelnen Bereichen des sozialen Handelns bisher noch nicht soweit fortgeschritten wie im Leistungshandeln, das dabei Modellcharakter und Schrittmacherfunktion übernommen hat. Wir werden nur einige wenige exemplarische Ergebnisse aus den Bereichen Anschluß, Hilfeleistung und Aggression erörtern.

Anschluß

Aufgrund der Perspektive-Diskrepanz kann es leicht zu unterschiedlichen Attributionen des eigenen und des fremden Anschlußhandelns kommen. Wie dies zu Mißverständnissen, aber auch zu gegenseitigen Handlungsregulationen über Vorwürfe und Rechtfertigungen führt, haben wir bereits an der Liebespaar-Studie von Orvis et al. (1976) erörtert. Unabhängig von der Perspektive-Diskrepanz können auch individuelle Voreingenommenheiten oder motivgebundene Asymmetrien der Attribution eine Rolle spielen.

Ganz ähnlich wie im Leistungshandeln deuten sich etwa im Anschlußhandeln motivgebundene Attribuierungsasymmetrien an, wie Ames, Ames u. Garrison (1977) in einer Fragebogenstudie mit Kindern des 4. bis 6. Schuljahres gefunden haben. Mit Hilfe einer soziometrischen Technik wurde die Beliebtheit der einzelnen Schüler in der Klasse als Arbeitspartner, Spielpartner und Sitznachbar festgestellt. Die darauf basierende Auslese von Vpn mit hohem oder mit niedrigem sozialen Status kann man als einen Indikator für ein erfolgszuversichtliches bzw. zurückweisungsängstliches Anschlußmotiv betrachten (vgl. Kap. 7). Die Vpn erhielten in Kurzform positive oder negative Ergebnisse eigener und fremder sozialer Interaktionen vorgelegt (z. B. „Suppose you meet a new student at school and you become friends quickly") und hatten jede dieser Situationen entweder als internal (selbstverursacht), external (fremdverursacht) oder gegenseitig verursacht zu attribuieren.

Die Ergebnisse fielen analog zur Attribuierungsasymmetrie von Erfolgs- und Mißerfolgsmotivierten aus. Kinder mit hohem Status attribuierten positive Anschlußergebnisse internal und negative external, während Kinder mit niedrigem Status umgekehrt positive Ergebnisse eher externalen und negative eher internalen Ursachen zuschrieben. Aufgrund dieser gegenläufigen Attribuierungsasymmetrie für positive und negative Anschlußergebnisse kann jede der beiden Gruppen ihr Anschlußmotiv oder zumindest ihr Selbstkonzept sozialer Kompetenz auch im Angesicht widersprechender Erfahrung bestätigt sehen und damit konsistent aufrechterhalten (vgl. Kap. 12, Motiv als Selbstbekräftigungssystem). Bemerkenswert ist weiterhin eine gruppenspezifische Perspektive-Diskrepanz im Sinne von Jones u. Nisbett (1971). Ein Vergleich der Selbst- und Fremdattribution zeigte, daß Kinder mit niedrigem Status durchgängig der Perspektive-Diskrepanz unterlagen, indem sie für eigene Anschlußergebnisse eher externale und für Anschlußergebnisse anderer eher internale Gründe geltend machten. Sie sahen damit den Erfolg ihres sozialen Handelns eher von den Partnern und den Umständen abhängig. Dagegen hatten Kinder mit hohem Status nur bei negativem Ergebnis eine Perspektive-Diskrepanz: Sie attribuieren eigenen Mißerfolg mehr external und fremden Mißerfolg mehr internal. Da dies im Falle der Selbstattribuierung auch der eigenen Erfolgszuversicht entgegenkommt, kann das auch motivational bedingt sein. Bei positivem Ergebnis andererseits wichen Selbst- und Fremdattribuierung nicht voneinander ab.

Wenn sich diese Ergebnisse nicht nur in hypothetischen, sondern auch in tatsächlichen Anschlußsituationen bestätigen lassen, hätte dies weitreichende Implikationen für selbstinduzierte Erfolgs-Mißerfolgs-Raten im Anschlußhandeln. Zurückweisungsängstlich motivierte Personen beschwören wegen ständiger Perspektive-Diskrepanz unentwegt Mißverständnisse herauf. Anschlußzuversichtliche Personen tun dies nur im Falle von sozialem Mißerfolg, der – weil auf externale Ursachen zurückgeführt – das Aufgeben des Kontaktes nahelegt, wodurch ihre Mißerfolgsrate verringert wird.

Auch der Prozeß gegenseitiger Anziehung zwischen zwei Menschen hat viel von einer attributionstheoretischen Betrachtungsweise gewonnen. Ein Beispiel ist das Sich-beliebt-machen-wollen, indem man den anderen lobt, ihm schmeichelt, Komplimente macht (vgl. Jones u. Wortman, 1973). Um seine Beliebtheit bei der geschmeichelten Person zu erhöhen, muß der Schmeichler, um erfolgreich zu sein, die Kausalattributionen des Geschmeichelten geschickt in solcher Weise beeinflussen, daß kein Anlaß erkennbar wird, die Aufrichtigkeit der Schmeichelei abzuwerten. So darf hinter einem Kompliment keine Absicht zu erkennen sein, etwas anderes erreichen zu wollen. Auch darf man sich nicht als jemand zu erkennen geben, der jede Gelegenheit zum Kompliment ergreift oder es in Situationen tut, wo es für jedermann üblich ist. Anderenfalls wird die Glaubwürdigkeit abgewertet, und man macht sich nicht beliebter.

Sigall u. Michela (1976) haben mit Hilfe des Abwertungsprinzips ein scheinbares Paradox bisheriger Forschungsergebnisse zur Eindrucksbildung erklärt. Personen mit einem gut aussehenden Äußeren werden auch hinsichtlich anderer Eigenschaft positiv beurteilt und eher überschätzt. Sie müßten deshalb ein positiveres Bild von sich selbst besitzen als Personen, die nicht gut aussehen. Diese naheliegende Vermutung hat sich jedoch nie bestätigen lassen. Das wäre erklärlich, wenn gut aussehende Personen darum wissen, daß sie in übergeneralisierender Weise zu positiv beurteilt werden und deshalb den Wahrheitsgehalt schmeichelhafter Urteile durchweg abwerten. Das Abwertungsprinzip sollte vor allem hübsch aussehende Frauen gegen Männer-Komplimente immunisieren. Sigall u. Michela weckten in ihren weiblichen Vpn zunächst das Gefühl hübsch oder nicht hübsch auszusehen, indem sie ihnen eine Auslese unattraktiver bzw. attraktiver Frauenfotos zur Beurteilung vorlegten. In einem anschließenden Versuch wurden ihre Aufgabenleistungen von einem männlichen Beurteiler gelobt, der sie entweder gesehen oder nicht gesehen hatte. Wie erwartet, fanden die hübschen Vpn den Beurteiler glaubwürdiger, wenn er sie nicht gesehen hatte, und die nicht-hübschen Vpn, wenn er sie gesehen hatte.

Hilfeleistung

In Kap. 8 haben wir gesehen, daß im Hilfehandeln eine Norm der sozialen Verantwortlichkeit erkennbar ist. Man ist umso mehr zum Hilfeleisten motiviert, je mehr erkennbar ist, daß der Hilfsbedürftige unverschuldet in Not geraten ist, d. h. diese nicht selbst zu verantworten hat und je weniger er in der Lage ist, sich selbst aus seiner Not zu befreien. Ursprünglich hatte man diesen Sachverhalt nur als eine Abhängigkeit von externalen Ursachen aufgefaßt und Hilfeleistungsexperimente entsprechend angelegt. Unter dem Einfluß der Fortschritte, die die Ursachenklassifikation für Leistungsergebnisse gemacht hat, hat sich die attributionstheoretische Analyse des hilfemotivierenden Sachverhalts der sozialen Verantwortlichkeitsnorm erheblich differenziert. Es ist nicht nur eine Sache der Lokations-, sondern auch der Stabilitäts- und der Kontrolldimension (vgl. Ickes u. Kidd, 1976a). Wir wollen diese Entwicklung kurz skizzieren.

Die allererste Studie (Schopler u. Matthews, 1965) manipulierte die Hilfsbedürftigkeit bloß auf der Lokationsdimension. Die Vpn hatten Aufgaben zu lösen und wurden angehalten, einer angeblich untergebenen Vp, die bei der gleichen Aufgabe Schwierigkeiten hatte, zu helfen, was ihren eigenen Erfolg schmälern konnte. Die Vpn halfen dem „Untergebenen" mehr, wenn dessen Handlung durch die experimentelle Versuchsanordnung (externale Abhängigkeit) bedingt war, und weniger, wenn der „Untergebene" ohne solche Notwendigkeit von sich aus um Hilfe nachsuchte (internale Abhängigkeit). Berkowitz (1969b) machte ebenfalls hinsichtlich der Lokationsdimension den Hilfsbedürftigen entweder verantwortlich oder nicht verantwortlich für seine Lage. Den Vpn wurde mitgeteilt, daß sie einer Mit-Vp helfen könnten, die in ihrer Arbeit zurückgefallen sei, weil sie entweder die Sache falsch angefaßt oder vom Vl die falschen Materialen erhalten hatte. Wieder war im Fall der external verursachten Notlage die geleistete Hilfe größer.

In beiden Studien war Hilfeleistung davon abhängig, daß die Hilfsbedürftigkeit vom Hilfsbedürftigen nicht selbst verschuldet, d. h. nicht intentional bedingt war. Das Ausschließen der Selbstverantwortlichkeit setzt aber nicht notwendig das Vorliegen externaler Ursachen voraus. Notwendig und hinreichend ist vielmehr, daß es sich um eine Ursache handelt, die nicht der willentlichen Kontrolle unterliegt. Entscheidend ist also nicht die Lokations-, sondern die Kontrolldimension. Auch für eine internal verursachte Notlage kann der Hilfsbedürftige nicht verantwortlich sein und Hilfsbereitschaft wecken, sofern die internale Ursache stabil und vom Hilfsbedürftigen nicht zu beeinflussen ist wie körperliche oder geistige Mängel. Stürzt z. B. in einem schlingernden U-Bahnwagen jemand zu Boden, der offensichtlich körperbehindert oder blind ist, so eilen die umstehenden Fahrgäste eher zu Hilfe, als wenn es sich um einen Betrunkenen handelt (Piliavin et al., 1969). Trunkenheit unterliegt willentlicher Kontrolle, nicht dagegen Blindheit. Innerhalb der internalen Ursachen sind es die variablen, die – wie Anstrengung – intentionsabhängig und kontrollierbar sind und deshalb den Handelnden verantwortlich machen. Wie Mißerfolg wegen mangelhafter Anstrengung negative Sanktionen in der Fremdbewertung nach sich zieht, wird zugleich auch die Hilfsbereitschaft der Außenstehenden vermindert. Andererseits löst Mißerfolg trotz hoher Anstrengung und wegen mangelhafter Fähigkeit keine Kritik, aber Hilfsbereitschaft aus. Insofern stimmen die Attributionsmuster für die Fremdbewertung von Mißerfolg und für die Hilfsbereitschaft in einer Notlage voll überein.

Ickes u. Kidd (1976b) haben unter diesen Attributionsgesichtspunkten nicht nur die Lage des Hilfsbedürftigen, sondern auch des potentiell Hilfeleistenden manipuliert. Sie gingen von einer gut belegten Feststellung Midlarskys (1968) aus, nach welcher man eher zur Hilfeleistung neigt, wenn man die eigene günstige Lage – Handlungsergebnisse oder Ressourcen, aus denen man dem Hilfsbedürftigen abgeben kann – als selbst und nicht als external verursacht ansieht. So fördert z. B. der „warm glow of success" (Isen, 1970) die Hilfsbereitschaft (ein Effekt, der allerdings schnell verfliegt; Isen et al. 1976). Unter solchen Umständen, so differenzieren Ickes u. Kidd, wird Helfen gefördert, weil es (1) das Selbstwertgefühl steigert, (2) die vermuteten Kosten des Helfens verringert und (3) die subjektive Erfolgswahrscheinlichkeit der Hilfeleistung erhöht. Diese Bedingungen legen bestimmte Attributionsmuster für maximale und für minimale Hilfsbereitschaft nahe. Sie sollte maximal sein, wenn der Hilfeleistende seine Lage (sein Handlungsergebnis) auf hohe eigene Fähigkeit und nicht auf variable Faktoren wie Anstrengung zurückführt und wenn er die Lage des Hilfsbedürftigen durch mangelnde Fähigkeiten und nicht durch mangelnde Anstrengung verursacht sieht.

In einem Erkundungsexperiment haben Ikkes u. Kidd (1976b) Fähigkeits- und Zufallsattribuierung gegenübergestellt. Die Vp und eine Schein-Vp (Verbündeter des Vls) hatten jeder für sich eine Aufgabe (Porträtfotos und Vornamen einander zuordnen) zu lösen, die nachträglich entweder als fähigkeits- oder als zufallsabhängig ausgegeben wurde. In jedem Fall hatte die Vp mehr „richtige" Zuordnungen als die Schein-Vp und erhielt deshalb zur Belohnung einen höheren Betrag an Kleingeld. Nach dem Versuch und in Abwesenheit des Vls zeigte sich die Schein-Vp besorgt, daß die Drei-Stunden-Leihfrist eines Buches, aus dem sie etwas kopieren wollte, gleich verstrichen sei und daß ihr Kleingeld zum Kopieren fehle. Nimmt man den von der Vp daraufhin gespendeten Geldbetrag, so zeigte sich – wie erwartet –, daß man Geld, um einem anderen zu helfen, leichter abgibt, wenn man den Gelderwerb der eigenen Fähigkeit und nicht dem Zufall zuschrieb.

In einem Folge-Experiment haben die Autoren die Verursachung des Handlungsergebnisses auf seiten des Hilfeleistenden und des Hilfsbedürftigen unabhängig voneinander variiert. Die Bedingungen der Aufgabentätigkeit waren die gleichen, nur arbeitete die Vp allein. Anschließend wurde ihr in einem Sekretariat das gewonnene Geld ausgezahlt, wobei ihr freigestellt wurde, etwas für einen Fonds zur Bezahlung solcher Vpn zu spenden, für die es eine Etat-Schwierigkeit gab, weil sie zwar zum Versuch erschienen seien, aber ihn nicht durchführten, und zwar entweder wegen einer Fehlplanung des Vls (nicht-kontrollierbare externale Bedingung) oder weil sie den Versuch nicht ausführen wollten (kontrollierbar, internale Bedingung). Die Ergebnisse fielen wie erwartet aus. Die Freigiebigkeit war größer, wenn man den Geldgewinn eigener Fähigkeit und nicht dem Zufall zuschrieb. Hatte zudem der Unterstützungsbedürftige das Experiment gegen seine Absicht nicht durchführen können, so war die Freigiebigkeit am größten. Leider wurde in diesem Experiment beim Spender neben Fähigkeitsattribution nicht auch Anstrengungsattribution induziert, um zu prüfen, ob im letzteren Falle die Hilfsbereitschaft geringer war. Dafür sprechen jedoch indirekte Hinweise. Eine Skalierung beider Attributionsfaktoren für das Handlungsergebnis korrelierte nur im Falle von Fähigkeit, nicht aber von Anstrengung mit der Höhe des gespendeten Betrages (Ickes u. Kidd, 1976a, S. 326).

Das Ergebnis verdient auch Beachtung, weil bei einer Umkehrung der üblichen Perspektive-Diskrepanz die Hilfsbereitschaft am größten ist: Wenn man die eigenen Handlungsergebnisse als internal und die des anderen, des Hilfsbedürftigen als external (oder nicht kontrollierbar) verursacht sieht. Ein solches Attributionsmuster fördert Hilfeleisten offensichtlich aus zwei Gründen. Einmal erlebt man die Notlage des anderen wie mit dessen eigenen Augen, aus der Perspektive des Betroffenen und nicht des außenstehenden Beobachters. Zum anderen macht die Selbstattribuierung auf Kompetenz einen selbst fähig und verantwortlich, nicht nur sich selbst, sondern auch anderen helfen zu können. Diese attributionstheoretische Analyse stimmt im Ergebnis gut mit einer der drei Variablen im Modell der Hilfemotivation von Schwartz (1968; 1970; 1973) überein, nämlich mit der zugeschriebenen Selbstverantwortlichkeit *(ascription of responsibility to the self;* vgl. Kap. 8). Schwartz (1973) hat diese Selbstverantwortlichkeit ganz ähnlich definiert: „... feel some capability to control the action enjoined and its outcomes – some personal responsibility" (S. 353).

Von welcher Bedeutung in der sozialpflegerischen Praxis die Perspektive-Diskrepanz und die von ihr nahegelegten Attributionen dafür sind, wie Information von und über Ratsuchende verarbeitet und welche Hilfe angeboten wird, hat Batson (1975) auf eindrucksvolle Weise demonstriert. Er fand, daß professionelle im Unterschied zu nicht-professionellen Helfern dazu tendierten, die Probleme von Ratsuchenden – selbst wenn diese Umweltfaktoren und äußere Umstände dafür verantwortlich machten sowie als glaubwürdig zu gelten hatten – in deren Persönlichkeit zu lokalisieren. Dementsprechend schlugen die professionellen Helfer auch eher zur Therapie

Institutionen vor, die – wie geschlossene Anstalten – eher die Umwelt vor dem Patienten schützen, statt solche Institutionen, die – wie ambulante Einrichtungen – eher den Patienten vor der Umwelt schützen. Im übrigen konnte Batson mit Hilfe pfadanalytischer Auswertung nachweisen, daß diagnostische Vorinformationen über die Ursachen der vom Patienten vorgetragenen Beschwerden und über deren Glaubwürdigkeit eher internale oder eher externale Attributionen des Patientenproblems erzeugten und daß der abschließende Therapievorschlag im wesentlichen über diese Attributionen vermittelt wurde.

Aggression

In Kap. 8 haben wir bereits auf die Bedeutung von Attributionen für aggressives Handeln hingewiesen, und zwar für Erleben von vermeintlichen oder tatsächlichen körperlichen Erregungszuständen als Ärger, für die Interpretation der Handlungsabsicht einer anderen Person als feindselig, für die Erklärung einer die eigenen Belange verletzenden Handlung anderer als dispositionell oder situativ verursacht. Attributionsgesichtspunkte wurden zunächst nur in nachträglicher Erklärung von (vor allem unerwarteten) Befunden hinzugezogen oder sie wurden unmittelbar induziert. Inzwischen ist die attributionstheoretische Analyse über diese einfachen Anfangsstadien hinausgewachsen und hat entscheidend zu einer besseren Bedingungserklärung aggressiven Handelns beigetragen.

Dafür sei als Beispiel eine Untersuchung von Dyck u. Rule (1978) erörtert. In ihr wird nachgewiesen, daß ein Angriff umso schwächer vergolten wird, je mehr der Angegriffene dem Angreifer auch externale Gründe für sein Verhalten zuschreibt. Nach dem Abwertungsprinzip Kelleys (1971) sollte sich eine internale oder externale Ursachenlokation abschwächen, wenn zugleich eine externale bzw. internale Ursache vorliegt. Eine solche doppeldeutige Ursachenlokation erlaubt aber – über Kelley hinaus – eine Überprüfung des im vorigen Kapitel dargestellten Prozeßmodells der Attribuierung von Deci (1975), nach welchem zunächst externale Ursachen berücksichtigt und internale abgewertet werden, d. h. internale Ursachen kommen nur in dem Maße zur Geltung, wie externale nicht zur Erklärung ausreichen. Dieses Modell stützte sich ursprünglich nur auf Befunde von Enzle et al. (1975).

Als externale Ursachen des Angriffs wurden in einer ersten Studie hoher Konsens (d. h. Normalität eines solchen Verhaltens) und in einer zweiten Studie mangelnde Vorhersehbarkeit der Folgen der Angriffshandlung herangezogen. Die erste externale Ursache (Konsens) ist dem Kovarianzmodell von Kelley (1967), die zweite (Vorhersehbarkeit) dem Modell der korrespondierenden Schlußfolgerung von Jones u. Davis (1965) entnommen.

In beiden Studien wurde zudem die Attribution auf eine weitere externale Ursache angeregt oder nicht angeregt, nämlich auf eine situationsgemäße Rechtfertigung des Angriffs. Wir haben es also in jeder Studie mit zwei externalen Ursachen zu tun, die – wenn sie experimentell induziert werden – den Angegriffenen veranlassen sollten, dem Angreifer eine geringere Intention zu feindseligem Angriff zuzuschreiben. Dementsprechend sollte der Angegriffene bei einer Vergeltungsmöglichkeit auch weniger aggressiv sein. Umgekehrt sollte die vergeltende Aggression am stärksten sein, wenn keine der externalen Ursachen zur Attribution sich anbietet und eine Rückführung auf allein internale Ursachen – eine feindselige Intention – nicht abgewertet werden kann.

Zur situationsgemäßen Rechtfertigung sind zuvor einige Erläuterungen angebracht. Rechtfertigung wurde auf eine Weise operationalisiert, die einem unerwarteten Befund einer Untersuchung von Epstein u. Taylor (1967) entnommen war. Diese Autoren waren nach dem Paradigma von Taylor (1965) vorgegangen, nach welchem sich die beiden Teilnehmer eines Reaktionstest-Wettspiels (einer davon Komplize des Vls) gegenseitig für Verlieren mit elektrischen Stromschlägen von verschiedener Intensität bestrafen durften. Variiert wurde auch die Rate, mit der die Vp unterlegen war. Zu ihrer Überraschung fanden Epstein u. Taylor, daß bei einer nachfolgenden Vergeltungsmöglichkeit die Aggression der Vpn nicht mit der Zahl der Niederlagen („Frustration") anstieg, sondern bei einer Niederlagenrate von 50% größer war als bei einer Rate von 83% oder 13%. Kelley (1971) gab hierfür eine einleuchtende Erklärung. Hat die Vp fast immer verloren (83%), so faßt sie den Angriff des Partners als Bestrafung für ihre schlechten Leistungen auf; hat sie fast immer gewonnen, so führt sie den Angriff auf den Ärger des Partners über dessen schlechte Leistungen zurück. Wenn sie dagegen genauso gut wie der Partner abschneidet, hat sie kaum Grund, den Angriff mit ihrer eigenen Unterlegenheit oder Überlegenheit zu erklären und schreibt entsprechend dem Partner eine relativ größere Feindseligkeit zu.

Jede der beiden experimentellen Studien von Dyck u. Rule bestand aus einer Provokations- und einer Vergeltungsphase. Die Provokation wurde nach dem Taylor-Paradigma gestaltet. Die Vp erhielt jedesmal, wenn sie eine längere Reaktionszeit hatte als der Vp-Komplize von diesem eine aversive Lärmstimulation von verschieden hoher Intensität. Die Vergeltung war nach dem Paradigma von Buss (1961) gestaltet. Die Vp übernahm eine Lehrerrolle beim Lernen einer Liste sinnloser Silben und konnte die andere „Vp" für unbefriedigende Ergebnisse mit einer von 10 verschiedenen Schockintensitäten einer Elektrisiermaschine bestrafen. Um auszuschließen, daß die verabreichten Stromstöße von der Vp als lernerleichternde Hilfen und nicht als Aggression aufgefaßt wurden – wie an der bisherigen Verwendung des Buss-Paradigmas mit Recht kritisiert worden ist (vgl. Baron u. Eggleston, 1972) –, wies der Vl zuvor darauf hin, daß mit wachsender Schockintensität die Lernleistung beeinträchtigt würde.

Die Ergebnisse beider Studien bestätigen, daß die Vp in der Provokationsphase die Angriffe (Lärm) für weniger gerechtfertigt hielt, wenn die Häufigkeit der eigenen Niederlagen 50% und nicht 13% oder 83% betrug (vgl. Abb. 11.9). Unter dieser Ebenbürtigkeitsbedingung wurde der anderen „Vp" auch eine feindseligere Intention zugeschrieben, mehr Ärger erlebt und vor allem mit größeren Schockintensitäten vergolten. Damit hat sich die Vermutung Kelleys (1971) bestätigt. Die andere externale Ursache – Konsensinformation in der ersten Studie und Vorhersehbarkeit in der zweiten – moderierte diese Beziehungen in erwarteter Weise. So führte die Kombination von Ebenbürtigkeit (50% Niederlagen) und geringem Konsens (Aggression in der Provokationsphase nicht normal) in der ersten Studie zu minimaler Rechtfertigung des Angegriffenwerdens und zu maximaler Vergeltung (vgl. Tabelle 8.9). In der zweiten Studie war es entsprechend die Kombination von Ebenbürtigkeit und hoher Vorhersehbarkeit (auf seiten des Angreifers für dessen Handlungsfolgen).

Die Befunde von Dyck u. Rule belegen, daß der Angegriffene nach Ursachen sucht,

Tabelle 11.9. Mittlere Ausprägung der erlebten Rechtfertigung für das Angegriffenwerden in der Provokationsphase (linke Seite; 7-Punkt-Skala) und mittlere Schockintensität in der Vergeltungsphase (rechte Seite; Schockintensität aufsteigend von 1 bis 10) in Abhängigkeit von der Häufigkeit der Niederlage und der Konsensinformation (Normalität des Angegriffenwerdens). (Nach Dyck u. Rule, 1978, S. 525 u. 524)

Konsens (Normalität des Angegriffen-werdens)	Rechtfertigung des Angegriffenwerdens			Schockintensität in der Vergeltung		
	Häufigkeit der Niederlage			Häufigkeit der Niederlage		
	17%	50%	83%	17%	50%	83%
hoch	4,75 }a	4,75 }b	5,12 }a	3,63$_{bc}$	4,08$_{bd}$	3,04$_{cd}$
niedrig	5,37	3,37	5,66	4,42$_b$	6,08$_a$	2,88$_c$

Anmerkung: Zahlen mit gemeinsamen Buchstabenindizes sind nicht signifikant ($p < 0,05$) voneinander unterschieden.

die den Angreifer motiviert haben. Dabei wägt er internale und externale Ursachen gegeneinander ab. Je weniger er externale Ursachen für den Angriff verantwortlich machen kann, umso mehr schreibt er dem Angreifer internale Ursachen zu, d. h. feindselige Intentionen. Damit steigert sich der eigene Ärgeraffekt und die vergeltende Gegenaggression. Die Ergebnisse bestätigen die Spezifikation des Kelleyschen Abwertungsprinzips im Sinne von Decis Prozeßmodell der Attribution: Internale Ursachen werden nur in dem Maße zur Erklärung von Handlungen und ihren Ergebnissen herangezogen, wie externale Ursachen zum Verständnis nicht ausreichen. Allerdings ist die Gegenprobe – Abwertung einer externalen Ursache, wenn eine internale offensichtlich ist – bisher noch nicht gemacht worden.

12 Erweiterte Perspektiven: Aufspaltung des summarischen Motivkonstrukts

Das Motivkonstrukt hat sich in zweierlei Hinsicht als heuristisch für die Motivationsforschung erwiesen. Einmal entspricht ein Motiv einer Inhaltsklasse von wertgeladenen Zielzuständen eines Person-Umwelt-Bezuges wie Leistung, Macht oder Anschluß. Im Hinblick auf solche Inhaltsklassen motivbezogener Zielzustände lassen sich entsprechende Äquivalenzklassen von Situationen und Handlungen in abstrakter Form definieren und voneinander abgrenzen. Für einzelne Motive ist das in befriedigender, d. h. forschungsproduktiver Weise gelungen, nicht jedoch für das Problem einer erschöpfenden Motivklassifikation (vgl. Kap. 3). Zum anderen – und dies hat sich in heuristischer Hinsicht als noch bedeutsamer erwiesen – soll Motiv individuelle Unterschiede des Handelns unter sonst gleichen „äußeren" (objektiven) Bedingungen faßbar machen. Solche individuellen Unterschiede bestehen einerseits hinsichtlich der Extensität der Äquivalenz motivbezogener Situationen und Handlungen und andererseits – wenn interindividuell Äquivalenz in bezug auf den generellen Motivbereich vorliegt – hinsichtlich der individuellen Unterschiede in den erlebten Folgen von selbst gleichen Handlungsergebnissen. Darunter fallen vor allem die Anreizwerte der Folgen, aber auch die erlebte Instrumentalität des Handlungsergebnisses für die Folgen und manches andere. Alles das, worauf individuelle Unterschiede des Erlebens und Handelns in äußerlich gleichen Situationen zurückgehen mögen, mit Hilfe einer einzigen Dispositionsvariable

„Motiv" zu erfassen, kann nur eine übermäßige Vereinfachung sein, so fruchtbar es auch für die Motivationsforschung war und noch ist. Es konnte nicht ausbleiben, daß die Forschung auf Motivationsparameter stieß, die sich als Motivkomponenten auffassen ließen. Denn mit ihrer Hilfe konnte unabhängig von dem summarischen Motivmaß ein Teil der individuellen Unterschiede aufgeklärt werden. Beispiele sind etwa der Grad der Zukunftsorientierung (Kap. 9), Attribuierungsmuster für Erfolg und Mißerfolg (Kap. 11) oder persönlicher Standard (Kap. 9).

Kennwerte für das Leistungsmotiv nach dem TAT-Verfahren sind als individuelle Unterschiede im Anreiz von Erfolg und Mißerfolg konzipiert worden (vgl. Kap. 9). Das TAT-Maß ist eine bloße Summe einzelner Inhaltskategorien wie Zielerwartung, affektive Reaktion, instrumentelle Aktivität. Es ist erstaunlich, daß die Addition so verschiedenartiger Inhaltskategorien ein so fruchtbares Motivmaß lieferte; ja daß im Falle des Erfolgsmotivs (HE) alle einzelnen Inhaltskategorien erwiesenermaßen funktional äquivalent sind (vgl. Kap. 6; Kuhl, 1978a). Erstaunlich ist aber auch, daß bis heute die Möglichkeiten des TAT-Verfahrens zur differenzierten Erfassung verschiedener Motivkomponenten noch nicht genutzt worden sind. Statt dessen waren es zusätzliche und *ad-hoc*-Indikatoren, die der Theorieentwicklung erweiterte Perspektiven eröffnet haben.

In diesem Kapitel werden wir einige wichtige neue Theorieentwicklungen der Motivationsforschung erörtern, die geeignet sind, das summarische Motivkonstrukt in Komponenten aufzuspalten. Die meisten davon entstammen der Leistungsmotivationsforschung. Zunächst betrachten wir die *Selbstbewertung (Selbstbekräftigung) als ein Motivationsprinzip*. Darunter fällt auch die Konzeption des Leistungsmotivs als eines Selbstbewertungssystems, wie wir es im letzten Kapitel schon öfter angedeutet haben. Die Selbstbewertung hängt nicht nur von der Attribuierung des Handlungsergebnisses, sondern auch von dessen Diskrepanz zum Anspruchsniveau ab. Anspruchsniveau ist bisher fast nur als motivabhängige und nicht als unabhängige Variable, d. h. als Motivparameter im Sinne eines persönlichen Standards (Kuhl, 1978b; vgl. Kap. 9) untersucht worden.

Unter den Anregungsbedingungen für Leistungshandeln hat sich in letzter Zeit auch die Vergleichsperspektive, unter der Leistungsergebnisse bewertet werden, als einflußreich erwiesen. Hier stehen sich vor allem zwei Vergleichsperspektiven gegenüber: die intraindividuelle im längsschnittlichen Leistungszuwachs und die interindividuelle als sozialer Vergleich zu einem gegebenen Zeitpunkt. Wir werden die vorliegenden Befunde dazu im Abschnitt über *Bezugsnormen der Selbst- und Fremdbewertung* erörtern.

Selbstkonzepte und *selbstbezogene Kognitionen* stehen der Selbstbewertung nahe. Als individuelle Unterschiedsvariablen von erwiesener Handlungswirksamkeit verdienen sie eine eigene Behandlung. So sind z. B. die Bedingungen für das Auftreten selbstbezogener Kognitionen, der sog. Selbstaufmerksamkeit *(objective self-awareness)*, und ihre Auswirkungen auf das Handeln außerhalb der Motivationsforschung untersucht worden.

Das Selbstkonzept der Fähigkeit scheint in Relation zum wahrgenommenen Schwierigkeitsgrad eine Kalkulation der intendierten Anstrengung zu bestimmen. Wieweit im individuellen Fall Modelle der Anstrengungskalkulation oder der Selbstbewertung oder daraus zusammengesetzte Modellvarianten (einschließlich des Risikowahl-Modells) abhängige Variablen wie Selbstbewertung, intendierte Anstrengung und Leistung am besten voraussagen, wird in einem eigenen Abschnitt anhand einer *Modellüberprüfung durch Computersimulation des individuellen Falles* erörtert. Solche Erörterungen werfen eine Frage auf, die wir schon im letzten Kapitel gestellt haben; nämlich welche Zielzustände durch Leistungshandeln eigentlich angestrebt werden. Wir werden untersuchen, ob und wieweit Leistungshandeln durch ein Streben nach *Informationsgewinn oder affektiver Befriedigung* motiviert zu sein scheint.

Zu einer eigenen Forschungsrichtung hat sich ein langständiges und begrifflich schwieriges Problem der Motivationsforschung entwickelt. Es ist die Untersuchung von *intrinsi-*

scher und extrinsischer Motivation, deren Bedingungen und Auwirkungen.

Die letzten Abschnitte behandeln zwei komplexe Motivationsmodelle. Beide stehen sich nicht als Alternativen gegenüber, sondern beziehen sich auf unterschiedliche, einander ergänzende Sachverhalte der Motivation. Einmal handelt es sich um ein *„erweitertes Motivationsmodell"* im Rahmen einer Erwartungs-mal-Wert-Konzeption. Es integriert Risikowahl-Modell, Instrumentalitätstheorie sowie weitere kognitive (vor allem attributionstheoretische) Parameter für Leistungshandeln; ein postuliertes Teilmotiv wie die sog. „Furcht vor Erfolg" erhält seinen Platz als ein *extrinsischer Anreizeffekt*. Während dieses Modell „episodisch" ist, d. h. eine gegebene Aktivitätseinheit in einer gegebenen Situation motivationspsychologisch erklären will, sucht das andere Modell den Wechsel von einer Aktivitätseinheit zur anderen erklärbar zu machen. Es ist das *Modell der „Handlungsdynamik"* (*Dynamics of Action* nach Atkinson u. Birch, 1970).

Selbstbewertung als ein Motivationsprinzip

Wenn Handeln durch die voraussichtlichen Folgen möglicher Handlungsergebnisse motiviert wird und wenn solche Folgen allein external kontrolliert würden, wäre es nur von situativen Faktoren in Gestalt external verabreichter Bekräftigungen geleitet. Eine Verhaltenserklärung auf den zweiten Blick wäre allein ausreichend. Man würde jeder Versuchung leicht nachgeben und im Angesicht von Widrigkeiten schnell aufgeben, falls man nicht durch unmittelbar erfolgende Belohnung oder Bestrafung in Konflikt gebracht und zu mehr Standfestigkeit veranlaßt würde. Erfolgszuversichtliche Personen ließen sich schon durch eine induzierte Mißerfolgsserie leicht mißerfolgsängstlich und Mißerfolgtängstliche durch eine Erfolgsserie erfolgszuversichtlich machen. Man würde, wenn es weiter keine Folgen hat, nur leichte und keine schwierigeren Aufgaben wählen. Das alles ist in der Regel nicht der Fall. Handeln läßt sich nicht nur von fremdvermittelten, sondern auch von selbstvermittelten Folgen leiten. Selbstvermittelte Folgen sind positive oder negative eigene Reaktionen auf das erzielte Handlungsergebnis, und zwar nach Maßgabe eines selbstgesetzten oder als verbindlich empfundenen Standards für eigene Handlungsergebnisse. Ein solcher Vorgang der „Selbstbekräftigung" oder der „Selbstbewertung" (ein Begriff, der nicht soviel an implizitem Theorie-Überschuß enthält wie Selbstbekräftigung) kann ein gewisses Maß von Autonomie erklären, das der Handelnde gegenüber fremdvermittelten Folgen besitzt. Da solche Standards verschieden anspruchsvoll sein und als unterschiedlich verpflichtend erlebt werden können, ist eine Variable für individuelle Unterschiede wie Motiv sinnvoll, um überdauernde Tendenzen der Selbstregulation zu repräsentieren.

Nicht nur durch selbstvermittelte Folgen ist der Handelnde unabhängiger von den fremdvermittelten. Bevor er sein Handlungsergebnis nach Maßgabe des selbstgesetzten Standards bewertet, kann er schon das Ergebnis in einer ihm eigenen Weise interpretieren und umdeuten, wie wir es an den motivgebundenen Attribuierungsvoreingenommenheiten gesehen haben. Beide Sachverhalte – persönlicher Standard und voreingenommene Attribution – können über einen Prozeß einer Art von „Selbstbekräftigung" Tatbestände näher erklären, für welche der Motivbegriff in summarischer Weise in Anspruch genommen wurde; nämlich einerseits individuelle Unterschiede des Handelns bei Gleichheit des Ergebnisses und der externalen Handlungsfolgen und andrerseits relative Konsistenz des individuellen Handelns trotz erwartungswidriger Ergebnisse und geänderter externaler Handlungsfolgen (d. h. relative Autonomie gegenüber Situationsfaktoren). Skizzieren wir im folgenden die Theorieentwicklung, die zu diesem Ansatz geführt hat.

Selbstkontrolle und Selbstbekräftigung

Nach dem lerntheoretischen Grundpostulat wird Verhalten durch Bekräftigungen ausgelöst, aufrecht erhalten und modifiziert. Aber nicht nur die Alltagserfahrung, auch experimentelle Befunde lehren, daß Bekräftigungsprozeduren nicht immer zu einem entsprechenden Verhalten führen, so daß man zweifeln mag, ob ein Bekräftigungsprozeß stattgefunden hat (sofern man den Bekräftigungsbegriff nicht überhaupt für überflüssig hält). Für solche Fälle hat Skinner (1953) Verhaltensweisen der Selbstkontrolle als ein Erklärungsprinzip eingeführt. So kann etwa jemand Situationen meiden, die ein Verhalten auslösen, das er ablegen will; z. B. wenn man das Rauchen aufgeben will und deshalb Gaststätten und Raucherabteile meidet. Unter solchen „kontrollierenden Reaktionen" hat Skinner auch die Selbstbekräftigung (und Selbstbestrafung) aufgeführt und wie folgt definiert: „Self-reinforcement of operant behavior presupposes that the individual has it in his own power to obtain reinforcement but does not do so until a particular response has been emitted" (1953, S. 237–238). Obwohl Skinner später die Möglichkeit der Selbstbekräftigungsprozesse nicht weiter verfolgt hat (wahrscheinlich weil sie am äußeren Verhalten kaum ablesbar sind), enthält seine Definition die drei wesentlichen Bestimmungsstücke, die in der Folgezeit für die Bestimmung und Erforschung von Selbstbekräftigungsprozessen maßgebend geworden sind: (1) Das Individuum ist ein eigener Bekräftigungsagent, (2) die Bekräftiger stehen dem Individuum frei zur Verfügung und (3) deren Verabreichung an sich selbst macht das Individuum vom vorherigen Ausführen ganz bestimmter eigener Reaktionen abhängig.

Kanfer (1970; 1971; 1975) hat diesen Theorieansatz weiter elaboriert und zwar weniger um Motivationsphänomene als um die Selbstregulation einer Verhaltensequenz auch in solchen Fällen erklären zu können, in denen keine fremdvermittelten Rückmeldungen und Bekräftigungen vorliegen. Abb. 12.1 gibt Kanfers (1970) Modell der Selbstregulation wieder. Es soll erklären, wieso jemand ohne äußere Bekräftigung von Reaktion A zu Reaktion B übergeht. Die Person hat zunächst für das Ergebnis der Reaktion A ein bestimmtes Ausführungskriterium (Standard) festgelegt oder übernommen (dritte Spalte „Ergebnis"). Sie registriert ihr eigenes Verhalten über selbstvermittelte Rückmeldungen. Das ist das erste Stadium, die Selbstbeobachtung *(self-monitoring)*. In dem nächsten Stadium der Selbstbewertung *(self-evaluation)* wird die Rückmeldung mit dem Ausführungskriterium (Standard) verglichen. Das letztere beruht auf der „individuellen Geschichte", d. h. auf übermittelten Aufgabenstandards, sozialen Normen, früheren Bekräftigungen oder einer „Erfolgsmotivation". Das Ergebnis der Selbstbewertung sagt an, ob die Ausführung den Standard überschritten, gerade erreicht oder noch nicht erreicht hat. Damit kann das dritte Stadium, die Selbstbekräftigung, erfolgen, die nach Maßgabe des erreichten oder nicht erreichten Standards positiv bzw. negativ

Abb. 12.1. Modell der Selbstregulation von Kanfer (1970, S. 42). (R_A = Reaktion A; R_B = Reaktion B; sr = Selbstbekräftigung; S^D = diskriminativer Stimulus)

ausfällt und Reaktion B zur Ausführung freigibt bzw. Reaktion A wiederholen läßt. Selbstbekräftigungen können nach Kanfer (wie auch nach Skinner) alle operanten, d. h. etwas bewirkenden Verhaltensweisen sein; z. B. materielle Bekräftiger, die man sich selbst verabreicht; inneres Aussprechen von Selbstlob und Selbsttadel; Skalierungen an einem Markierungsschieber (Karoly u. Kanfer, 1974). Selbstbekräftigung wird auch durch persönlichkeitsspezifische Besonderheiten wie Häufigkeitsraten und Kontingenzparameter (Art und Größe des Bekräftigers) beeinflußt.

Kanfers Selbstregulationsmodell ist, wie gesagt, ein handlungstheoretisches, aber kein motivationspsychologisches Erklärungsprinzip. Selbstbekräftigung soll die zweckmäßige Abfolge von Handlungseinheiten bei Abwesenheit externaler Kontrolle erklären. Es wird dagegen nicht in Betracht gezogen, daß die Vorwegnahme einer Selbstbekräftigung einen Anreiz darstellt, der zum Handeln motiviert. Wie Skinner hielt Kanfer daran fest, daß Handeln grundsätzlich external kontrolliert ist und daß Selbstbekräftigung nur eine Ersatzfunktion ist, wenn externale Kontrolle vorübergehend ausfällt. Über Skinner ging Kanfer mit der Postulierung von vier Subprozessen hinaus: Standardsetzung, Selbstbeobachtung, Selbstbewertung und Selbstbekräftigung. Diese Teilprozesse werden von Kanfer kaum als hypothetische Konstrukte, sondern eher als reale Prozesse aufgefaßt, die mit dem, was beobachtet wird, identisch sind. Das Stadium der Selbstbewertung ist jedoch ein rein erschlossener Prozeß des Vergleichens von Handlungsergebnis und Standard, den Kanfer der Selbstbekräftigung vorangehen läßt und strikt von ihr trennt. Bis heute gibt es für die Eigenständigkeit keine Belege in Gestalt beobachteter Verhaltensdaten (vgl. Halisch, Butzkamm u. Posse, 1976; 1977). Es ist deshalb sparsamer, beides – den Vergleichsprozeß und die sich daraus ergebende Selbstbekräftigung – in einen Vorgang der Selbstbewertung zusammenzulegen. Das ist auch bei ähnlichen Theorieansätzen von verschiedenen Autoren getan worden (Aronfreed, 1968; Festinger, 1954; Heckhausen, 1975a; 1978; Hill, 1968; Hunt, 1965; 1971).

Daß Kanfers Selbstregulationsmodell nicht aus einer motivationspsychologischen Sicht entwickelt wurde, sondern einer funktionalistischen Lerntheorie verpflichtet ist, zeigt sich auch an der Rolle von Affekten. Kanfer weist Selbstbewertungsemotionen nicht die Funktion von Bekräftigern zu; offensichtlich weil Selbstbewertungsemotionen wie alle Affekte nur respondente und keine operanten Reaktionen sind. Im lerntheoretischen Rahmen Skinners können sie deshalb nichts weiter bewirken. In motivationspsychologischer Sicht können sie jedoch sehr wohl etwas ausrichten. Denn die Vorwegnahme auch respondenter affektiver Reaktion, die automatisch an Diskrepanzen zwischen Handlungsergebnis und Standard gekoppelt ist, kann zum Aufnehmen oder Unterlassen solcher Handlungen motivieren, die das Eintreten positiver bzw. das Meiden negativer Selbstbewertungsemotionen erwarten lassen. Emotionale Reaktionen spielen deshalb in den Selbstbekräftigungskonzeptionen von Bandura (1969; 1971a; 1974) und von Heckhausen (1972; 1975a; 1977a; 1978) eine prominente Rolle. Ein weiterer Punkt unterschiedlicher Konzeptualisierung besteht in der Frage, wieweit Selbstbekräftigung auch eine Variable individueller Unterschiede ist, wie es motivgebundene Attributionsmuster und Selbstbewertungsemotionen nahelegen (vgl. Kap. 11). Kanfer ist in dieser Frage eher ablehnend: „The notion is also rejected that self-control is an internalized personality trait" (1970, S. 214); „... the behavioral view ... reserves the term self-control to a person's actions in a specific situation, rather than a personality trait" (1975, S. 315). Allerdings weist er auch selbst auf persönlichkeitsspezifische Parameter hin wie die Einflüsse der „individuellen Geschichte", die die Höhe des selbstgesetzten Standards beeinflussen, und individuelle Besonderheiten in den Häufigkeitsraten und Art der Selbstbekräftigung (vgl. Abb. 12.1).

Kanfers Selbstregulationsmodell hat sich als fruchtbar erwiesen. In vielerlei Experimenten hat sich der handlungstheoretische Ansatz differenziert und seine Praktikabilität für eine therapeutische Modifikation des Verhaltens unter Beweis gestellt (Kanfer, 1975).

Davon kann hier nicht im einzelnen die Rede sein (vgl. Halisch, 1976; Halisch et al., 1976; 1977). Kanfers Selbstregulationsmodell hat auch die motivationspsychologische Konzeption von Selbstbekräftigung angeregt. Ehe wir auf eine solche Konzeption eingehen, sei eine Studie von Spates & Kanfer (1976) erwähnt, in der Komponenten des Selbstregulationsmodells auf ihren leistungsfördernden Effekt geprüft wurden. Zwischen einem Vortest und Nachtest in Rechenaufgaben wurden Erstkläßler im Einzelversuch verschieden instruiert, nämlich bei der Ausführung der Aufgaben (1) Selbstbeobachtung vorzunehmen, (2) Ausführungsstandards laut zu äußern, (3) beides (1 u. 2) zu tun, (4) sich selbst zu bewerten und mit „Das habe ich richtig (falsch)" zu bekräftigen. Selbstbewertung und Selbstbekräftigung wurden vereinigt, da sie sich operational kaum trennen lassen; zudem wurde unter dieser vierten Bedingung auch Selbstbeobachtung und Ausführungsstandard, also der gesamte Selbstregulationszyklus angeregt. Gegenüber dieser Kontrollbedingung war die Leistungsverbesserung nach Selbstbeobachtung nur gering; jedoch beträchtlich, sobald Ausführungsstandards eingeführt worden waren. Der gesamte Selbstregulationszyklus brachte demgegenüber nur noch eine geringe Zusatzverbesserung. Entscheidend war also unter den Bedingungen dieses Versuchs bereits die Verbalisierung expliziter Ausführungsstandards; vielleicht deshalb, weil Standardsetzung schon von sich aus Selbstbewertung (mit Selbstbekräftigung) nach sich zieht. Mit einem ähnlichen Versuchsplan haben Krug, Bachmann, Egeri, Kanz & Wecker (1978) die Häufigkeit, mit der Viertkläßler im Schulunterricht aufzeigen, zu erhöhen versucht. Hier erwies sich das gesonderte Skalieren selbstbewertender Affekte als bedeutsam, weil es die erhöhte Aufzeige-Häufigkeit auch noch über den Trainingszeitraum hinaus stabilisierte.

Selbstbewertung als Motivationsprinzip autonomen Handelns

Bandura (1974) betrachtet Selbstbekräftigung nicht als ein Mittel der Selbstregulation im Sinne von selbstbesorgter Handlungskoordination wie Kanfer, sondern als ein Motivationsprinzip autonomen Handelns, mit dem sich erklären läßt, wieso Menschen sich in der Wahl, Intensität und Ausdauer ihrer Handlungen von situativer Fremdkontrolle freimachen können. Er betont die Standardsetzung und die davon abhängige Selbstbekräftigung, die er nicht wie Kanfer von einem Selbstbewertungsprozeß loslöst. Bandura hat zwei Probleme getrennt untersucht; zum einen, wie sich Ausführungsstandards, die Selbstbekräftigung zur Folge haben, herausbilden; und zum anderen, ob Selbstbekräftigungen das Handeln beeinflussen. In beiden Fällen wurde Selbstbekräftigung anhand der Selbstverabreichung von ausreichend zur Verfügung stehenden materiellen Bekräftigern (wie Bonbons, Chips, Geldmünzen) operationalisiert.

Das erste Problem, die Herausbildung von Standards zur Selbstbekräftigung, hat Bandura mit Hilfe des Imitationslern-Paradigmas untersucht. Kinder beobachteten zunächst an einem erwachsenen Vorbild Standardsetzung und Selbstbekräftigung, ehe sie selbst und allein für sich Gelegenheit zur Standardsetzung und Selbstbekräftigung erhielten (vgl. etwa Bandura u. Kupers, 1964). Zum zweiten, dem eigentlich motivationspsychologischen Problem, wurde der „bekräftigende" Einfluß von selbstvermittelten Handlungsfolgen auf das eigene Handeln untersucht, sei es Anstrengungsintensität oder Ausdauer. Zum Beispiel konnten Kinder in einer Studie von Bandura u. Perloff (1967) sich durch verschieden häufiges Drehen einer Kurbel unterschiedlich anstrengen und damit Punkte gewinnen. Kinder, die ihre Standards selbst setzten und sich selbst mit Punkten belohnen durften, strengten sich mehr an als Kinder einer Kontrollgruppe (ohne Standardsetzung und ohne Selbstbekräftigung). Waren die Standards und die Bekräftigung vom Vl gesetzt bzw. verabreicht, so strengten sich nur die männlichen Vpn noch etwas mehr an, als es die

Selbstbekräftigungsgruppe schon aus freien Stücken tat (vgl. unten: Intrinsische und extrinsische Motivation).

Bandura (1976; 1977) sieht die Wirksamkeit von Bekräftigungsereignissen nicht mehr wie die klassischen Lerntheoretiker in der Verknüpfung von Reiz und Reaktion, noch wie Kanfer in der sequentiellen Koordination von Reaktionen über diskriminative Stimuli, sondern im motivationserzeugenden Anreizwert der erwarteten Handlungsfolgen. Hinsichtlich externaler Bekräftigung stellt Bandura (1977) fest:

> Through cognitive representation of future outcomes individuals can generate current motivators of behavior. Seen from this perspective, reinforcement operations affect behavior largely by creating expectations that behaving in a certain way will produce anticipated benefits or avert future difficulties ... In the enhancement of previously learned behavior, reinforcement is conceived of mainly as a motivational device rather than as an automatic response strengthener (S. 193).

Und hinsichtlich Selbstbekräftigung:

> A second cognitive based source of motivation operates through the intervening infuences of goal setting and self-evaluative reactions ... Self-motivation involves standards against which to evaluate performance. By making self-rewarding reactions conditional on attaining a certain level of behavior, individuals create self-inducements to persist in their efforts until their performances match self-prescribed standards. Perceived negative discrepancies between performance and standards create dissatisfactions that motivate corrective changes in behavior. Both the anticipated satisfactions of desired accomplishments and the negative appraisals of insufficient performance thus provide incentives for action (S. 193).

Leistungsmotiv als Selbstbewertungssystem

Banduras motivationspsychologische Konzeption der Selbstbewertung („Selbstmotivation") kommt dem Risikowahl-Modell nahe, das Atkinson (1957) zwanzig Jahre früher entworfen hat. Wie wir in Kap. 9 erörtert haben, ist es ein Selbstbewertungsmodell: Was zum Handeln motiviert, ist der Anreiz der Selbstbewertungsfolgen des vorweggenommenen Handlungsergebnisses, gewichtet durch dessen Erfolgswahrscheinlichkeit. Zwei Unterschiede bestehen jedoch. Einmal ist der Standard (Anspruchsniveau) keine unabhängige, d. h. antezedente Größe sondern eine abhängige Variable der resultierenden Motivation. Zum andern hat Atkinson mit den beiden Motivvariablen individuelle Unterschiede der Anreizgewichtung für die positive und negative Selbstbewertung nach Erfolg bzw. Mißerfolg eingeführt. Dadurch wird der erste Unterschied – Standard eine motivationsabhängige und nicht antezedente Größe – praktisch wieder ausgeräumt. Denn Standard wird im Risikowahl-Modell zu einer motivabhängigen Größe individueller Unterschiede: Erfolgsmotivierte bevorzugen realistische, Mißerfolgsmotivierte zu hohe oder zu niedrige Standards. Derart feste individuelle Unterschiede der Standardsetzung nimmt Bandura nicht an, wohl dagegen aufgabenspezifische Verfestigungen aufgrund individueller Lerngeschichten (etwa aufgrund von Vorbildeinfluß).

Daß das Risikowahl-Modell im Grunde einen Selbstbewertungsprozeß beschreibt, ist lange im Hinblick auf seine impliziten theoretischen Konsequenzen unbeachtet geblieben. Solche Konsequenzen, die sich mit der Entdeckung motivgebundener Asymmetrien der Attributionsmuster für Erfolg und Mißerfolg anboten, hat Heckhausen (1972; 1975a; 1978) gezogen. Wenn, wie wir im Kap. 11 gesehen haben, Erfolgsmotivierte im Vergleich zu Mißerfolgsmotivierten Erfolge mehr guter eigener Fähigkeit und Mißerfolge weniger mangelhafter Fähigkeit als noch unzureichender Anstrengung sowie mehr externalen Ursachen zuschreiben – wenn sie also auf diese Weise eine günstigere Selbstbewertungsbilanz haben, und zwar auch wenn sie nicht mehr Erfolge und weniger Mißerfolge als die Mißerfolgsmotivierten erzielen – dann bestätigen und bekräftigen beide Motivgruppen auch angesichts erwartungswidriger Handlungsergebnisse immer wieder erneut durch ihre voreingenommene – eher zu positive oder zu negative – Selbstbewertung ihr bestehendes Motivsystem; d. h. ein System, in dem entweder dem Erfolgsanreiz oder dem Mißerfolgsanreiz ein maßgebendes Gewicht zukommt. So betrachtet ist Motiv nicht ein summarischer und ein-für-allemal fixierter Persönlichkeitszug, sondern ein System von motivationsrelevanter Informationsverarbeitung, das sich durch einen eingebauten, individuell verfestigten Interpretationsmechanismus (hier aufgrund von Atttributionsvoreingenommenheiten) immer wieder von neuem durch „Selbstbekräftigung" (Selbstbewertung) stabilisiert – auch gegen Erfahrung, die mit der eigenen, motivgebundenen Sichtweise in Widerspruch steht.

Heckhausen sieht die bekräftigenden Ereignisse der Selbstbewertung in den selbstbewertenden Emotionen wie Zufriedenheit oder Unzufriedenheit mit sich selbst oder ähnlicher Emotionsarten wie Stolz auf sich selbst oder Beschämung und Ärger über sich selbst (vgl. Kap. 11). Selbstbewertungsemotionen können auch von Akten der Selbstbelohnung oder Selbstbestrafung begleitet sein. Zwar sind Selbstbewertungsemotionen im Sinne Skinners nicht operant, sondern respondent, d. h. vom Vergleich zwischen Standard und erzieltem Handlungsergebnis abhängig. Aber in der Vorwegnahme möglicher Handlungsergebnisse und ihrer Selbstbewertungsfolgen entfalten die letzteren eine motivationale Wirkung auf die operante Aktivität, um ein Handlungsergebnis mit günstigen Selbstbewertungsfolgen zu erreichen. Im übrigen sind Selbstbewertungsemotionen als Bekräftiger in dem Sinne „frei verfügbar", als sie jederzeit und sofort auftreten können, sofern nur der entsprechende Selbstbewertungsanlaß gegeben ist. Statt von „Selbstbekräftigung" spricht Heckhausen von Selbstbewertung, weil der Bekräftigungsbegriff im Sinne von Reaktionsbekräftigung ein irreführender oder zumindest überflüssiger Erklärungsbegriff ist und weil sich zudem nicht, wie Kanfer meint, das Ergebnis des Vergleichsprozesses (Selbstbewertung) und dessen Folgen („Selbstbekräftigung") als zwei verschiedene Stadien voneinander trennen lassen; zumindest nicht, wenn die Folgen primär aus Selbstbewertungsemotionen und nicht in von außen beobachtbaren Akten der Selbstbelohnung oder Selbstbestrafung bestehen.

Abb. 12.2 schematisiert das Selbstbewertungsmodell. Unter den Folgen des Handlungsergebnisses besteht eine in der Selbstbewertung. Diese beruht auf einem Vergleich zwischen Handlungsergebnis und Standard, dessen Resultat durch die Kausalattribution des Handlungsergebnisses modifiziert wird. Es gibt also drei Determinanten der Selbstbewertung: Handlungsergebnis, Standard und Attribution. Bisher haben wir nur das Attribuierungsmuster als motivgebunden betrachtet, dasselbe können wir aber auch für den Standard tun. Wenn Mißerfolgsmotivierte sich überhöhte Standards setzen, so schränken sie die Möglichkeiten zu positiver Selbstbewertung ein und tendieren zudem aufgrund ihres bevorzugten Attributionsmusters, Mißerfolg bei zu schweren Aufgaben mit mangelnder Fähigkeit zu erklären. Und wenn sie andrerseits zu niedrige Standards setzen, so sind sie offensichtlich bemüht, die Möglichkeiten zu negativer Selbstbewertung einzuschränken, ohne daß sie bei ihrem bevorzugten Attribuierungsmuster Erfolg wegen zu leichter Aufgabe ihrer Tüchtigkeit zuschreiben. Erfolgsmotivierte hingegen haben bei realistischer Standardsetzung annähernd gleiche Erfolgs- und Mißerfolgsraten, wobei aufgrund des ihnen eigenen Attributionsmusters Erfolge stärker in der Selbstbewertung zu Buche schlagen als Mißerfolge. Auf diese Weise ergänzen sich in beiden Motivgruppen die bevorzugte Standardsetzung und das bevorzugte Atttributionsmuster im Hervorbringen einer eher günstigen bzw. ungünstigen

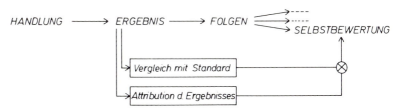

Abb. 12.2. Modell der Selbstbewertung

Selbstbewertungsbilanz mit ihren motivationswirksamen Anreizen.

Allerdings setzen solche Überlegungen voraus, daß die selbstbewertungswirksamen Standards sich aus der Anspruchsniveau-Setzung erschließen lassen. Daran muß man aufgrund postexperimenteller Befragungsbefunde (Heckhausen, 1955) und aufgrund des Modells des persönlichen Standards von Kuhl (1978b) und seiner Überprüfung (vgl. Kap. 9; Abb. 9.11; Tabelle 9.3) im Falle der Mißerfolgsmotivierten seine Zweifel haben. Nach Kuhls Erweiterung des Risikowahl-Modells sollten Mißerfolgsmotivierte mit hohem Standard (definiert durch jenen Schwierigkeitsgrad, bei dem man im Falle von Mißerfolg beginnt, Unzufriedenheitsgefühle zu haben) bevorzugt leichte Aufgaben und Mißerfolgsmotivierte mit niedrigem Standard bevorzugt schwere Aufgaben wählen und taten dies auch. In beiden Fällen (hoher Standard aber Wahl leichter Aufgaben; niedriger Standard aber Wahl schwerer Aufgaben) berauben sich die Mißerfolgsmotivierten der Möglichkeit positiver Selbstbewertung; im ersten Falle, weil sie die Erreichung ihres hohen Standards gar nicht erst versuchen, im zweiten Falle, weil sie soweit über ihren niedrigen Standard hinausgehen, daß sie in der Regel scheitern. Nach Kuhls Modellerweiterung wäre also – unabhängig vom Attributionsmuster – schon allein der persönliche Standard ausreichend, um die selbstbesorgte Perpetuierung motivgebundener Unterschiede in der Selbstbewertungsbilanz zu erklären.

Empirische Belege zum Selbstbewertungsmodell

Um Heckhausens Konzeption des Leistungsmotivs als eines Selbstbewertungssystems zu überprüfen, bedarf es mehrerer Schritte. Nachzuweisen ist (1) die Motivgebundenheit des Standards, (2) die Motivgebundenheit des Attributionsmusters, (3) die Abhängigkeit der Selbstbewertung von der Diskrepanz zwischen Handlungsergebnis und Standard, (4) die Abhängigkeit der Selbstbewertung von der Attribution des Handlungsergebnisses, (5) das Ausmaß, mit dem motivgebundene Unterschiede der Selbstbewertung auf Unterschiede in der Standardsetzung und in der Attribution zurückgeführt werden können und (6) die motivationale Wirkung des Anreizwertes vorweggenommener Selbstbewertungsfolgen. Skizzieren wir kurz die Befundlage zu den einzelnen Punkten.

Zur (1) Motivgebundenheit des Standards liegt eine Fülle von Befunden vor, sofern man persönlichen Standard mit Anspruchsniveau gleichsetzt, was jedoch für die Mißerfolgsmotivierten offensichtlich nicht gilt. Aber auch die von Kuhl (1978b) bei ihnen postulierte und gefundene Gegenläufigkeit von persönlichem Standard und Anspruchsniveau ist motivgebunden und in einer ganz ähnlichen Weise selbstbewertungswirksam, wie wenn man ihre Anspruchsniveaus zugrundelegte. Was (2) die Motivgebundenheit der Attribution von Erfolg und Mißerfolg betrifft, so haben wir sie bereits im letzten Kapitel dokumentiert.

Zur Frage der (3) Abhängigkeit der Selbstbewertung von der Diskrepanz zwischen Handlungsergebnis und Standard (oder Anspruchsniveau) liegen eigenartigerweise erst neuerdings Befunde vor; vielleicht weil eine solche Abhängigkeit trivial erscheint. Butzkamm (in Vorb.) hat seinen Vpn, die in einem komplexen Reaktionszeitversuch ein Lernplateau erreicht hatten, anschließend fortlaufend entweder ansteigende oder absteigende Leistungen rückgemeldet und auf einer bipolaren Gefühlsskala die Selbbstbewertung angeben lassen. Die nach den einzelnen Durchgängen entstehenden Anspruchsniveaudiskrepanzen (Differenz zwischen gesetztem Ziel und danach erreichtem Ergebnis) klärten im Mittel zwischen 50 und 60% der gesamten Selbstbewertungsvarianz unter Erfolgs- sowie unter Mißerfolgsbedingung auf. Motiveffekte auf die Selbstbewertung waren in dieser Studie im wesentlichen durch motivgebundene Anspruchsniveau-Unterschiede vermittelt. Denn wurde der Einfluß der Anspruchsniveaudiskrepanzen statistisch auspartialisiert, so schwand der Zusammenhang zwischen Motiv und Selbstbewertung.

Auch Halisch (1980) fand motivgebundene Unterschiede der Selbstbewertung weitgehend über das Anspruchsniveau vermittelt. Diese Studie verdient besonderes Interesse, weil sie „internale Selbstbekräftigung" (Markieren von Zufriedenheit und Unzufriedenheit an zwei Schiebern) und „externale Selbstbekräftigung" (Glasmurmeln, die man sich selbst nimmt und später auch gegen Schulmaterial eintauschen kann) gegenüberstellte und weil sie den Einfluß von Vorbildern mit mildem und mit strengem Standard prüfte. Es handelte sich um Vpn des 4. Schuljahres, die ein unbemerkbar manipulierbares Geschicklichkeitsspiel (Autoslalom) machten. Vorbilder waren per Film gezeigte Erwachsene, die bei diesem Spiel ein hohes oder niedriges Anspruchsniveau hatten und entsprechende Selbstbewertungen zeigten. Nach einiger Praxis und bevor Vorbilder eingeführt waren, bestand eine gewisse Konsistenz zwischen internaler und externaler Selbstbewertung (durchschnittliches $r = 0,46$), die nach Einführung von Vorbildern signifikant geringer wird ($r = 0,31$). So war z. B. unmittelbar nach dem Vorbild-Film bei einem ersten Mißerfolg die internale Selbstbewertung weit negativer als die externale; und zwar insbesondere bei einem milden Vorbild. Obwohl man mit sich sehr unzufrieden ist, nimmt man sich – ein Bandurascher Imitationseffekt – noch einige Murmeln. Die Befunde zeigen, daß Selbstbewertung nur begrenzt in selbstverabreichten externalen Bekräftigern zum Ausdruck kommt. Der Vorbild-Standard beeinflußte die Standardsetzung der Kinder auch nur flüchtig. Nur bei Kindern, die vorher noch keine Erfahrungen mit der Aufgabe gesammelt hatten, war der Vorbild-Standard deutlich, verlor sich dann aber mit zunehmender Praxis zugunsten eines Standards, der der eigenen Tüchtigkeit angemessen war.

Was (4) die Abhängigkeit der Selbstbewertung von der Attribution des Handlungsergebnisses betrifft, so haben wir einige Befunde schon im Zusammenhang der größeren Affektwirksamkeit von Fähigkeits- als von Anstrengungsattribution (bei fähigkeitszentrierten Aufgaben) in Kap. 11 erörtert. Heckhausen (1978) hat Vpn beider Motivgruppen in einer Signalerkennungsaufgabe zunächst ein Lernplateau erreichen lassen, so daß sie sich in der Wahrnehmung der Aufgabe (deren Schwierigkeit, eigene Fähigkeit) angeglichen hatten, ehe anschließend eine erwartungswidrige Serie von Erfolgen oder Mißerfolgen induziert wurde. Nach Erfolg unterschieden sich beide Motivgruppen unerwarteterweise nicht in der Selbstbewertung. Eine nähere Analyse zeigte, daß innerhalb der Erfolgsmotiv-Gruppe die Höhe der Zufriedenheit mit sich selbst stärker als in der Mißerfolgsmotiv-Gruppe durch Fähigkeitsattribution vermittelt war, während in der letzteren Gruppe die Vermittlung über Anspruchsniveau ausschlaggebender war. In der Mißerfolgsbedingung trat der vorhergesagte Motiveffekt ein. Daß die Erfolgsmotivgruppe sich insgesamt weniger negativ bewertete als die Mißerfolgsmotiv-Gruppe, stellte sich als reiner Motiveffekt heraus, der weder durch Kausalattribution noch durch Anspruchsniveau vermittelt war. Aber innerhalb jeder Motivgruppe war die Selbstbewertung um so negativer, je mehr man die Mißerfolge geringer Fähigkeit und hoher Anstrengung zuschrieb (vgl. Abb. 11.10). Hohe Anstrengungsattribution bei Mißerfolg erwies sich also im Sinne des kompensatorischen Kausalschemas als selbstwertbelastend. Nur innerhalb der Erfolgsmotiv-Gruppe wurde das kompensatorische Kausalschema zur Entlastung von negativer Selbstbewertung genutzt: Die Rückführung der Mißerfolgsserie auf geringe Anstrengung führte, wie Abb. 12.3 zeigt, zu einer indifferenten (!) Selbstbewertung.

Die Frage, wieweit sich (5) das Ausmaß motivggebundener Selbstbewertungsunterschiede auf Standard und Attribution zurückführen läßt, bedarf noch differenzierter Untersuchungen, weil es hierbei entscheidend auf die Validität der Messung der drei Variablen (Motiv, Standard, Attribution) ankommt. Butzkamm (in Vorb.) fand, daß Motivunterschiede (nach Gittertest von Schmalt) ganz in Anspruchsniveau-Unterschieden aufgehen; Heckhausen (1978) behielt dagegen nach Mißerfolg noch einen eigenständigen Effekt der Motive (nach TAT-Methode erhoben) zurück.

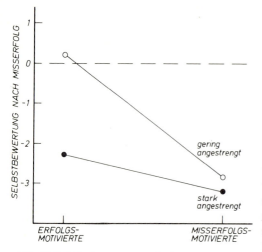

Abb. 12.3. Selbstbewertung nach einer erwartungswidrigen Mißerfolgsserie bei Erfolgs- und Mißerfolgsmotivierten, die angeben, sich gering oder starkt angestrengt zu haben. (Nach Heckhausen, 1978, S. 204)

Die Frage nach der (6) motivationalen Wirkung des Anreizwertes vorweggenommener Selbstbewertungsfolgen ist das Schlußglied in der Kette, die eine Selbstperpetuierung des Motivsystems möglich macht und es auch gegenüber erwartungswidrigen Erfahrungen stabilisiert, wenn nicht immunisiert. Butzkamm (in Vorb.) hat Motivunterschiede gefunden, wenn er gleichzeitig noch zwischen Tendenzen zu eher schwach oder stark dosierter Selbstbewertung unterschied. Erfolgsmotivierte von beiderlei Art verbesserten unter Erfolgsbedingung ihre Leistungen in einem komplexen Reaktionsversuch. Von den Mißerfolgsmotivierten verbesserten dagegen nur solche mit einer Tendenz zu stark dosierter Selbstbewertung ihre Leistung, solche dagegen mit schwach dosierter Selbstbewertung hatten einen erheblichen Leistungsabfall.

Sonst scheint dieses Schlußglied in der Beweiskette bisher noch nicht explizit untersucht worden zu sein. Implizit deckt sich eine positive Beantwortung dieser letzten Frage mit den Aussagen des Risikowahl-Modells, da diesem die Konzeption der Selbstbewertung als eines Motivationsprinzips zugrundeliegt. Insgesamt bestätigen die vielfältigen Befunde zu Aufgabenwahl, Ausdauer und Leistung (vgl. Kap. 9) überwiegend diese Konzeption. Dennoch ist eine direkte Erfassung des Selbstbewertungsanreizes überfällig, um seine motivationalen Wirkungen explizit zu machen.

Leistungsmotiv als ein Selbstbewertungssystem aufzufassen, bedeutet natürlich nicht, daß nicht auch Anreizwerte außerhalb der Selbstbewertung – wie z. B. Fremdbewertung, extrinsische Nebenwirkungen, Oberziele (vgl. unten) – Leistungshandeln entscheidend motivieren und bestimmen. Es bedeutet jedoch, daß Selbstbewertung eine Kernkomponente des Motivsystems ist, die zu dessen Stabilität über Zeit beiträgt. Zu fragen bleibt schließlich, ob auch andere Motive durch ein Selbstbewertungssystem stabilisiert und gegen den Änderungsdruck motiv-inkongruenter Einflüsse gefeit werden. Da Selbstbewertung etwa bei sozialen Motiven wie Aggression und Helfen von Bedeutung ist, wäre dies durchaus denkbar. Vor einer eingehenden Prüfung dieser Frage sollte man sich jedoch davor hüten, auch andere Motive als Selbstbewertungssysteme aufzufassen.

Bezugsnormen der Selbst- und Fremdbewertung

Um ein eigenes oder fremdes Handlungsergebnis zu bewerten, bedarf es – wie wir gesehen haben – eines Standards. Anderenfalls könnte man ein erzieltes Ergebnis nur beschreibend konstatieren, aber nicht als mehr oder weniger gelungen bewerten. Der Standard selbst ist aber nicht einfach willkürlich oder aus dem Nichts heraus gesetzt, sondern leitet sich aus einer besonderen Art von Maßstab her. Maßstäbe zur Bewertung von Handlungsergebnissen gehören zur vielfältigen Klasse von Bezugssystemen, innerhalb deren ein Sachverhalt erst seinen Stellenwert, seine Bedeutung erhält; ja häufig erst in Erscheinung treten kann. Bezugssysteme selbst treten dabei kaum in Erscheinung, sie bilden eher den unauffälligen Hintergrund, vor dem der Sachverhalt sich in einer bestimmten Weise darstellt, die sich bei einem Wechsel des Bezugssystems völlig ändern kann. Nicht anders ist es mit Maßstäben. Im folgenden beschäftigen wir uns mit Gütemaßstäben für Leistungsergebnisse; und zwar mit ihrer Sachgrundlage, ihrer Herkunft. Heckhausen (1974a) hat dafür die Bezeichnung „Bezugsnorm" vorgeschlagen, weil ein Ergebnis auf eine bestimmte Vergleichsnorm bezogen wird.

Arten von Bezugsnormen

Man kann ein Leistungsergebnis auf frühere Leistungsergebnisse derselben Person beziehen und feststellen, ob das Ergebnis gleich geblieben ist oder sich verschlechtert oder verbessert hat. Das ist eine „individuelle" Bezugsnorm. Die Vergleichsperspektive ist der zeitliche Längsschnitt einer individuellen Entwicklung. Man kann das Leistungsergebnis einer Person auch mit entsprechenden Leistungsergebnissen anderer Personen vergleichen und den Rangplatz bestimmen. Das ist eine „soziale" Bezugsnorm (vgl. Festinger, 1954). Die Vergleichsperspektive ist die Leistungsverteilung innerhalb einer sozialen Bezugsgruppe, und zwar häufig im zeitlichen Querschnitt. Man kann ein Leistungsergebnis auch an Kriterien messen, die in der Natur der Aufgabe liegen. Eine Lösung kann richtig oder falsch sein. Ein angezielter Effekt kann mehr oder weniger eintreten. Hier kann man von einer „sachlichen" oder „aufgabeninhärenten" Bezugsnorm sprechen. Das Aufgabenkriterium kann auch von außen herangetragen sein, so daß man es mit einer „fremdgesetzten" oder „selbstgesetzten" Bezugsnorm zu tun hätte.

Die einzelnen Bezugsnormen beruhen auf der Verarbeitung von Informationen über die Kovariation von Erfolg und Mißerfolg hinsichtlich der drei Dimensionen des Kelleyschen (1967) Kovariationsmodells. Die individuelle Bezugsnorm stützt sich auf Konsistenzinformationen, d. h. auf Sequenzen von Erfolg und Mißerfolg über verschiedene Zeitpunkte bei derselben Aufgabe. Die sachliche Bezugsnorm nutzt Besonderheitsinformationen des Erfolgs und des Mißerfolgs über verschiedene Aufgaben oder Schwierigkeitsstufen der gleichen Aufgabe (Entitäten).

Individuelle und sachliche Bezugsnormen (Konsistenz- und Besonderheitsinformationen) werden leicht miteinander integriert. Das zeigte sich in einer Untersuchung von Brackhane (1976). Die Vpn hatten sich einzeln (d. h. ohne jede soziale Vergleichsinformation) mit einer Pfeilwurf-Aufgabe zu beschäftigen und ihre aufeinanderfolgenden Ergebnisse zu beurteilen. Zunächst stützten sie ihr Urteil auf die sachinhärenten Strukturmerkmale der Aufgaben, d. h. auf die Ringe der Zielscheibe mit den aufgetragenen Punktzahlen (Besonderheitsinformationen, sachliche Bezugsnorm). Mit zunehmender Erfahrung über die Verteilung ihrer eigenen Leistungen (Konsistenzinformationen, individuelle Bezugsnorm), lösten sie sich von der konkreten Bindung an die Aufgabenmerkmale und bauten ein Bezugssystem von 3 bis 5 Urteilsklassen auf, um – nach Maßgabe der Abweichung vom erreichten durchschnittlichen Leistungswert – ihre einzelnen Leistungen zu beurteilen. Verbesserte sich mit zunehmender Übung die Leistung, so verschob sich auch entsprechend der Nullpunkt, an welchem eine Leistung als weder gut noch schlecht beurteilt wurde, und mit ihm auch das ganze Bezugssystem von 3–5 Unterscheidungsklassen für die Güte der eigenen Leistung. Schließlich fragten auch einige Vpn nach den Leistungen anderer Vpn, suchten also zusätzlich noch Informationen des sozialen Vergleichs (soziale Bezugsnorm). Eine soziale Bezugsnorm stützt sich auf Konsensinformationen, d. h. auf die Verteilung von Erfolg und Mißerfolg bei einer Aufgabe in einer sozialen Bezugsgruppe. Befunde zur Entwicklung der einzelnen Bezugsnormen, insbesondere über die früheste Nutzung und Integration der verschiedenen Kovariationsinformationen werden wir im nächsten Kapitel erörtern.

Bezugsnormen können auch miteinander verschachtelt sein, d. h. Kovariationsinformationen können miteinander integriert werden. So erlaubt eine individuelle Bezugsnorm allein nicht, das Ausmaß zu bestimmen, um wieviel man sich verbessert oder verschlechtert hat. Das wird erst möglich, wenn die individuelle Bezugsnorm wiederum auf eine sachliche oder eine soziale bezogen wird; d. h. wenn die Differenz zwischen früherer und jetziger Leistung anhand von aufgabeninhärenten Kriterien bzw. anhand einer eingetretenen Rangplatzverschiebung feststellbar wird. Jede Bezugsnorm hat auch ihren blinden Fleck. Eine individuelle Bezugsnorm läßt im unklaren, wieweit andere inzwischen ihre Leistung verbessert haben und wieweit die eigene Tüchtigkeit sich mit der anderer messen kann, solange man nicht auch eine soziale Bezugsnorm hinzuzieht. Eine soziale Bezugsnorm sagt nichts darüber aus, welche absoluten Fortschritte in der Bewältigung von Aufgabenanforderungen gemacht worden sind, solange eine sachliche Bezugsnorm verborgen bleibt. Eine sachliche (oder eine gesetzte) Bezugsnorm bietet noch keine Garantie dafür, daß sie Fortschritte und individuelle Unterschiede von Leistungen angemessen abbildet, solange sie nicht diesbezügliche Entsprechungen zu individueller und sozialer Bezugsnorm aufweist. Systematische Untersuchungen über Verschachtelung, Nebeneinander oder Konflikt von Bezugsnormen scheint es bis heute noch nicht zu geben.

Jede Bezugsnorm hat unter gewissen Zweckaspekten ihre Berechtigung und Vorzüge. Das gilt insbesondere für die individuelle und soziale Bezugsnorm, etwa wenn man an die Leistungsbeurteilung im Klassenverband der Schule denkt. Sollte der Lernerfolg jedem Schüler in der Form erfahrbar gemacht werden, daß ihm seine gegenwärtige Position in der Ranghierarchie der Klasse oder daß ihm sein während der letzten Monate erreichter Lernfortschritt mitgeteilt wird? Eine solche Frage ist nicht neu. Sie hat z. B. schon vor anderthalb Jahrhunderten Herbart (1831, S. 210) und neuerdings die Motivationsforschung beschäftigt (Rheinberg, 1980).

Der motivationspsychologische Primat der individuellen Bezugsnorm

Die individuelle Bezugsnorm hat einen motivationspsychologischen Primat. Beurteilt nämlich der Handelnde Erfolg oder Mißerfolg seines Leistungsergebnisses danach, wieweit er seinen früheren Leistungsstand verbessert, nicht verbessert oder gar verschlechtert hat, so hat er sich für differenziertere Rückschlüsse auf den erreichten Fähigkeitsstand und die aufgewendeten Bemühungen sensibel gemacht; die Kovariation zwischen Fähigkeit und Anstrengung einerseits und erzieltem Erfolg andererseits wird deutlich. Daraus kann in fünffacher Hinsicht eine stärkere motivationale Wirksamkeit erwachsen, als wenn die Leistungsbeurteilung sich auf eine soziale Bezugsnorm stützte.

Erstens können gleiche oder ähnliche Leistungsergebnisse variabler als Erfolg oder Mißerfolg erlebt werden, als es bei sozialer Bezugsnorm der Fall sein kann. So braucht ein Schüler mit unterdurchschnittlichen Leistungen nicht – wie bei sozialer Bezugsnorm – unentwegt Mißerfolg zu erleben. In Abhängigkeit vom individuellen Leistungsfortschritt – ob nun definiert durch aufgabeninhärente Kriterien oder durch Verschiebung der sozialen Rangposition – kann auch der unterdurchschnittliche Schüler nicht weniger häufig Erfolg als Mißerfolg erleben; wie umgekehrt auch der überdurchschnittliche Schüler nicht weniger häufig Mißerfolg als Erfolg. *Zweitens* wird durch die so gewonnene Unabhängigkeit des Erfolgs- und Mißerfolgserlebens vom sozialen Vergleich eine realistische Anspruchsniveau-Setzung gefördert: Weder muß sich der unterdurchschnittliche Schüler unablässig überfordert noch der überdurchschnittliche Schüler unterfordert sehen. Entsprechend können *drittens* die Erfolgs- und Mißerfolgserwartungen im mittleren, dem nach dem Risikowahl-Modell maximal motivierenden Bereich liegen. *Viertens* ergeben sich dann im mittleren subjektiven Schwierigkeitsbereich für die Kausalattribuierung die besten Bedingungen, um Erfolg und Mißerfolg auf eigene Fähigkeit und Anstrengung und nicht auf externale Ursachen zurückzuführen und um zwischen Unterschieden des eigenen Fähigkeitsstandes und des eigenen Anstrengungsaufwandes zu diskriminieren. Schließlich und *fünftens* wird so die positive oder negative Selbstbewertung maximiert, und damit über den vorweggenommenen Selbstbewertungsanreiz auch die Motivationsstärke.

Außer in Untersuchungen zur Lehrer-Schüler-Interaktion (Rheinberg, 1980) sowie in angewandten Studien zur Motivationsförderung (vgl. Kap. 13) ist das motivationspsychologische Primat der individuellen Bezugsnorm bisher noch kaum in der experimentellen Laborforschung aufgegriffen und überprüft worden. Leider hat die Forschung zum Anspruchsniveau, zur Aufgabenwahl, zur Anstrengungsintention, zur Ausdauer, zu den Wirkungen von Erfolg und Mißerfolg, die Unterscheidung von individuellen und sozialen Bezugsnormen noch kaum explizit vorgenommen und auf differentielle Wirkungen untersucht. Erste Befunde zur Zielsetzung berichten Rheinberg, Duscha u. Michels (in Vorb.). In Gruppen zu sechs hatten die Vpn eine Wurfaufgabe durchzuführen. Unter einer Bedingung hatte jede einzelne Vp einen anders geformten, unter einer anderen einen gleichgeformten Wurfgegenstand, so daß – auch durch entsprechende Instruktionen unterstützt – im ersten Falle eine individuelle und im zweiten Falle eine soziale Bezugsnorm nahegelegt wurde. Die mittleren Zieldiskrepanzen waren bei individueller Bezugsnorm beträchtlich geringer als bei sozialer Bezugsnorm, d. h. in beiden Motivgruppen waren die Zielsetzungen realistischer, wenn man sich an den eigenen früheren Leistungen als an den Leistungen anderer orientierte. Eine individuelle Bezugsnorm erhöhte auch noch die (unter beiden Bedingungen überwiegenden) typischen Verschiebungen nach Erfolg und Mißerfolg, insbesondere bei den Mißerfolgsmotivierten. Atypische Verschiebungen traten häufiger bei sozialer als bei individueller Bezugsnorm auf.

Je nachdem, ob man individuelle oder soziale Bezugsnorm zugrundelegt, kann auch die Einschätzung der eigenen Fähigkeit für dieselbe Aufgabe ganz verschieden ausfallen; und damit vermutlich (Untersuchungen stehen noch aus) auch die subjektive Erfolgswahrscheinlichkeit, die ja auf der Relation von wahrgenommener objektiver Aufgabenschwierigkeit und Einschätzung der eigenen Fähigkeit für die betreffende Aufgabe beruht. Heckhausen (1975b) fand für eine als beruflich wichtig hingestellte Aufgabe (visuelle Detektionsaufgabe für Polizisten), daß die Fähigkeitseinschätzungen nach individueller und sozialer Bezugsnorm (wieviel Prozent der Kollegen befähigter als man selbst ist) sogar unkorreliert sein können. Während man bei sozialer Bezugsnorm die eigene Fähigkeit mit der Verteilung derselben Fähigkeit innerhalb der sozialen Bezugsgruppe vergleicht, vergleicht man bei individueller Bezugsnorm die betreffende Fähigkeit vermutlich mit anderen Fähigkeiten, die man besitzt, wobei die Positionseinschätzungen der verschiedenen Fähigkeiten durchaus wiederum auf sozialen Vergleichen beruhen, sich aber auch an aufgabeninhärenten Kriterien orientieren könnten. Statt eines intraindividuellen Vergleichs zwischen verschiedenen Fähigkeiten, könnte jedoch im einzelnen Falle sich das Fähigkeitsurteil auch innerhalb des Kontinuums von aufgabeninhärenten Schwierigkeitsgraden verankern. Bis heute fehlen noch Analysen über das Zustandekommen von Fähigkeitseinschätzungen nach individueller Bezugsnorm.

Wie sie im einzelnen auch zustande kommt, die Fähigkeitseinschätzung nach individueller Bezugsnorm hat andere Motivationsfolgen als eine Fähigkeitseinschätzung nach sozialer Bezugsnorm. Ein Beispiel ist die intendierte Anstrengung oder „Anstrengungskalkulation", für die Kukla (1972a) und Meyer (1973a) Modelle entworfen haben (s. u.). In der erwähnten Studie (Heckhausen, 1975b) zeigte sich, daß höhere Anstrengung intendiert wurde, wenn die Fähigkeitseinschätzung nach individueller Bezugsnorm es eher fraglich erscheinen ließ, mit der Schwierigkeit der Aufgabe fertig zu werden. Das ist eine rationale Kalkulation der intendierten Anstrengung, die dem „Schwierigkeitsgesetz der Motivation" (Hillgruber, 1912) wie den Modellen von Kukla (1972a) und Meyer (1973a) entspricht. Dagegen zeigte sich bei sozialer Bezugsnorm der Fähigkeitseinschätzung ein genau umgekehrter Zusammenhang! Je mehr man sich im Vergleich zu den Kollegen für die Aufgabe besonders befähigt hielt, um so höher war die intendierte Anstrengung. Statt des Schwierigkeitsgesetzes ist hier offenbar ein besonderer Anreizeffekt am Werke: Bei einer Aufgabentätigkeit, in der man sich den meisten anderen überlegen fühlt, durch vermehrte Anstrengung die eigene Führungsposition zu halten oder auszubauen. Einen vergleichbaren Anreizeffekt von auf sozialer Bezugsnorm basierender Schwierigkeitsunterschiede hat Kukla (1975) an den extremen Enden der Schwierigkeitsskala untersucht und gefunden. Moulton (1974) hatte schon auf diesen Motivationseffekt von individuellen Kompetenzunterschieden hingewiesen.

Wie wir im 11. Kapitel gesehen haben, führt man Erfolg eher auf gute eigene Fähigkeit als Mißerfolg auf mangelnde Fähigkeit zurück. Entsprechend sollte man auch eher geneigt sein, nach Erfolg die eigene Fähigkeit höher (als nach Mißerfolg geringer) einzuschätzen. In derselben Studie fand Heckhausen (1975b) nach Erfolg einen Aufwertungseffekt für die Fähigkeitseinschätzung nach individueller Bezugsnorm. Die Höhe der Aufwertung hing jedoch bei den Mißerfolgsmotivierten davon ab, wie hoch sie ihre Fähigkeit nach sozialer Bezugsnorm einschätzten. Wenn sie sich ihren Kollegen überlegen fühlten, so erhöhten sie nach Erfolg ihre Fähigkeitseinschätzung nach individueller Bezugsnorm sehr stark; dagegen kaum, wenn sie sich für unterlegen hielten. Der Befund deutet auf motivbezogene Unterschiede in der Abhängigkeit der individuellen von der sozialen Bezugsnorm hin. Mißerfolgsmotivierte sind in der Selbsteinschätzung ihrer Fähigkeiten stärker von sozialem Vergleich abhängig als Erfolgsmotivierte.

Bezugsnorm-Orientierung in der Selbstbewertung

Der zuletzt erwähnte Befund deutet bereits auf individuelle Bevorzugung einer der beiden Bezugsnormen, auf eine Bezugsnorm-Orientierung hin. Rheinberg (1980) hat sie mit einem einfachen Test, der „Kleinen Beurteilungsaufgabe" meßbar gemacht. Abb. 12.4 zeigt das Vorgehen, wenn die Bezugsnorm-Orientierung in der Fremdbewertung von Leistungen erhoben werden soll. Es werden aufsteigende, absteigende oder gleichbleibende Leistungssequenzen bei neun Schülern anhand von je drei Testergebnissen von maximal 100 Punkten vorgestellt, wobei der Klassendurchschnitt bei etwa 50 Punkten liegt. Zu beurteilen ist jeweils das zuletzt erzielte Ergebnis mit bis zu 5 Pluspunkten oder Minuspunkten. Bei sozialer Bezugsnorm-Orientierung würde man z. B. die Sequenz 85-80-75 positiver bewerten als die Sequenz 15-20-25. Bei individueller Bezugsnorm-Orientierung wäre es umgekehrt, denn hier spielt ein An- und Abstieg der Leistung eine entscheidendere Rolle als die erreichte Position in der Leistungsverteilung innerhalb der Klasse. Mit Hilfe einer hierarchischen Clusteranalyse ließ sich das gemittelte Urteilsprofil einer Stichprobe von Lehrern in zwei Typen gegensätzlicher Urteilsprofile aufspalten, die in Abb. 12.4 rechts dargestellt sind. Der erste Typ bevorzugt, wie zu sehen ist, eine individuelle Bezugsnorm, der zweite Typ eine soziale. Nach entsprechender Abänderung läßt sich mit der „Kleinen Beurteilungsaufgabe" die Bezugsnorm-Orientierung auch in der Selbstbewertung ermitteln.

Es ist eine bisher kaum untersuchte Frage, wieweit individuelle Unterschiede der Bezugsnorm-Orientierung ein differentielles Bestimmungsstück des Leistungsmotiv-Systems sind. Erste Korrelationsbefunde mit Motivkennwerten hat Rheinberg (1980) berichtet. Eine individuelle Bezugsnorm-Orientierung korrelierte bei Schülern des 6. Schuljahrs positiv mit einem erfolgszuversichtlichen Leistungsmotiv (NH1, Gittertest) und negativ mit einem Mißerfolgsmotiv (FM1; vgl. Kap. 6), das durch ein „Selbstkonzept mangelnder Fähigkeit" gekennzeichnet ist.

Bezugsnorm-Orientierung in der Fremdbewertung

Die Bezugsnorm-Orientierung in der Bewertung von Leistungen anderer ist bisher fast ausschließlich bei Angehörigen eines Berufsstandes untersucht worden, zu deren alltäglichem Geschäft das Bewerten gehört: bei Lehrern. Fast alle der im folgenden berichteten Befunde hat Rheinberg (zusammenfassend 1980) beigebracht. Innerhalb verschiedener

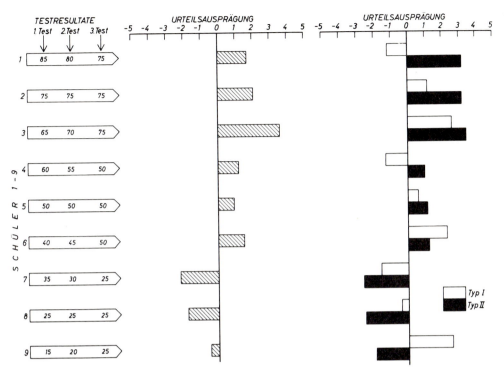

Abb. 12.4. Verschiedene Leistungssequenzen von Schülern als Testvorlage der „Kleinen Beurteilungsaufgabe" (links) und die mittlere Ausprägung der positiven oder negativen Fremdbeurteilung der zuletzt erreichten Schülerleistung durch Lehrer, und zwar für alle Vpn (Mitte) und für zwei Teilgruppen, aufgeteilt mit Hilfe einer hierarchischen Clusteranalyse in zwei Typen, von denen einer die individuelle Bezugsnorm (Typ I), der andere die soziale Bezugsnorm (Typ II) bevorzugt. (Nach Rheinberg, 1980, S. 31, 33)

Lehrerstichproben fanden sich stets beträchtliche individuelle Unterschiede der Bezugsnorm-Orientierung, selbst wenn der situative Beurteilungskontext für alle gleich war. Natürlich ändert der einzelne seine Bezugsnorm-Orientierung in Abhängigkeit von Art und Zweck der jeweiligen Bewertung. Dabei erwiesen sich aber Lehrer mit vorwiegender individueller Bezugsnorm-Orientierung weit flexibler als Lehrer mit überwiegender sozialer Bezugsnorm-Orientierung.

Zur Feststellung der individuellen Unterschiede hatten die Lehrer zunächst die „Kleine Beurteilungsaufgabe" zu erledigen und sie sodann jeweils unter dem Aspekt einer bestimmten Bewertungssituation (wie Zeugnis, Übergangsentscheidung, Gespräch mit den Eltern, mit dem Schüler allein, im Klassenverband u. a.) erneut auszufüllen. Während alle Lehrer den einzelnen Bewertungssituationen einhellig bestimmte Funktionen zuordnen – so dem Zeugnis und der Übergangsentscheidung eine Berechtigungs- und Selektionsfunktion und dem Gespräch mit dem Schüler oder im Klassenverband eine Motivierungsfunktion –, bevorzugen Lehrer mit sozialer Bezugsnorm-Orientierung durchweg in fast gleichem Maße eine soziale Bezugsnorm. Hingegen passen sich Lehrer mit individueller Bezugsnorm-Orientierung der jeweiligen Bewertungsfunktion an; bei Berechtigungs- und Selektionsfunktion (Zeugnis, Übergangsentscheidung) basieren sie ihr Urteil auf soziale Bezugsnorm, bei Motivierungsfunktion (Gespräch mit dem Schüler, im Klassenverband) auf individuelle Bezugsnorm. Offenbar glaubt die erstere Lehrergruppe, durch soziale Vergleiche den Schüler motivieren zu können, die letztere hingegen durch Rückmeldungen über den erzielten Leistungszuwachs.

Unter den situativen Faktoren ist die nahegelegte Vergleichsperspektive von besonderem Einfluß. Liebhart (1977b) ließ seine Vpn vier Klassenarbeiten von je vier Schülern unter intraindividueller Vergleichsperspektive (nacheinander die 4 Arbeiten eines jeden Schülers) und unter interindividueller Vergleichsperspektive (nacheinander eine Arbeit von allen 4 Schülern) bewerten; und zwar im Hinblick auf verschiedene Ursachen der erzielten Leistung. Intraindividuelle Perspektive – d. h. individuelle Bezugsnorm – förderte Anstrengungsattribution, interindividuelle Perspektive – d. h. soziale Bezugsnorm – begünstigte Fähigkeitsattributionen.

Bezugsnorm-Orientierung des Lehrers: Effekte auf die Motivation der Schüler

Wir haben bereits auf die motivationsfördernde Wirksamkeit der individuellen Bezugsnorm hingewiesen; und zwar hinsichtlich einer ausgewogeneren Verteilung von Erfolg und Mißerfolg, eines ausgewogenen Anspruchsniveaus, realistischer Erfolgserwartungen, einer eher internalen Kausalattribuierung und einer ausgeprägten Selbstbewertung. Mit seiner Bezugsnorm-Orientierung kann der Lehrer die Motivation seiner Schüler direkt und indirekt beeinflussen; direkt, indem die Schüler seine bezugsnormorientierte Sichtweise für sich übernehmen; indirekt, indem die Bezugsnorm-Orientierung des Lehrers dessen Unterrichtsverhalten in einer solchen Weise strukturiert, daß der Schüler nur mit der gleichen Bezugsnorm situationsadäquat reagieren kann. Spätestens ab der fünften Klasse können Schüler ausgeprägtere Bezugsnorm-Orientierungen ihres Lehrers zutreffend darlegen (Lührmann, 1977).

Was die bevorzugte Kausalattribuierung der Schülerleistung betrifft, so bevorzugen Lehrer mit sozialer Bezugsnorm-Orientierung eher zeitstabile und internale Faktoren, d. h. Schülereigenschaften wie Fähigkeit und Fleiß, während Lehrer mit individueller Bezugsnorm-Orientierung vergleichsweise häufiger zeitvariable Faktoren – darunter externale der Lern- und Anforderungssituation – heranziehen (Elke, 1978). Entsprechend halten Lehrer mit sozialer Bezugsnorm-Orientierung Schülerleistungen auch auf längere Zeitspannen hin für vorhersagbar. Hinsichtlich der Bekräftigung zeigen beide Lehrertypen, wie erwartet, gegensätzliche Reaktionen. Lehrer mit sozialer Bezugsnorm-Orientierung äußern sich anerkennend gegenüber einem überdurchschnittlichen Schüler, auch wenn dessen Leistungen abgefallen sind, Lehrer mit individueller dagegen mißbilligend. Bei einem unterdurchschnittlichen Schüler mit ansteigenden Leistungen reagieren nur Lehrer mit individueller Bezugsnorm-Orientierung anerkennend. Sie geben im übrigen schon positive Bekräftigung (und Lösungshilfen), während der Schüler sich noch um die Aufgabenlösung bemüht. Dagegen loben oder tadeln Lehrer mit sozialer Bezugsnorm-Orientierung erst dann, wenn das richtige bzw. falsche Resultat bereits vorliegt (Wagner, 1977). Schließlich fand Rheinberg (1980), wie erwartet, auch Unterschiede zwischen beiden Lehrertypen in der Individualisierung ihres Unterrichtsangebots. Lehrer mit individueller Bezugsnorm-Orientierung variieren den Schwierigkeitsgrad ihrer Fragen stärker, auch im zeitlichen Längsschnitt. Sie dosieren den Schwierigkeitsgrad, indem sie, nachdem der Schüler aufgerufen ist und sich um eine Antwort bemüht, den Schwierigkeitsgrad durch Lösungshilfen oder Umformulierungen der Frage nachregulieren (Wagner, 1977).

Aus all diesen bezugsnormrelevanten Aspekten des konkreten Unterrichtsverhaltens hat Rheinberg (1980) einen „Fragebogen zur Erfassung der Bezugsnorm-Orientierung" (FEBO) konstruiert. Er ist differenzierter als die „Kleine Beurteilungsaufgabe" (KBU), korreliert mäßig mit dieser ($0,30 < r > 0,50$) und wird in Interventionsstudien (s. Kap. 13) als Diagnostikum für die motivationsinduzierende Wirksamkeit von Lehrerpersönlichkeiten und für den Erfolg von Trainingsprogrammen verwendet.

Nimmt man all diese Korrelate der individuellen Bezugsnorm-Orientierung im Unterrichtsverhalten zusammen, so ist auf seiten der Schüler ein förderlicher Einfluß auf die aktuelle Leistungsmotivation der Schüler im Unterricht, auf den Lernerfolg, ja vielleicht auch auf die Entwicklung eines angstfreien, erfolgszuversichtlichen Leistungsmotivs zu erwarten. In der Tat deuten alle Befunde in diese Richtung. Brauckmann (1976) berichtet von 16 Klassenlehrern mit insgesamt 492 Schülern des 3. Schuljahres eine Korrelation von $r\,(16) = +0{,}54$ zwischen individueller Bezugsnorm-Orientierung der Lehrer und dem pro Klasse gemittelten Erfolgsmotiv. Rheinberg, Schmalt u. Wasser (1978) erwarteten, daß in 8 vierten Klassen (196 Schüler), deren Lehrer soziale Bezugsnorm bevorzugten, das Mißerfolgsmotiv ausgeprägter als in 3 weiteren vierten Schulklassen (76 Schüler) war und fanden dies bestätigt; zusammen mit entsprechenden Unterschieden in Prüfungsängstlichkeit (AFS von Wieczerkowski, Nickel, Janowski, Fittkau u. Rauer, 1974) und in Schulunlust.

Schon diese Korrelationsstudien lassen einen Einfluß auf die Motiventwicklung vermuten. Die Vermutung wird durch eine einjährige Längsschnittuntersuchung an 8 Hauptschulklassen erhärtet (Rheinberg, 1980; Peter, 1978). Die Klassen waren zu Beginn des 5. Schuljahres neu zusammengesetzt worden, und je vier von ihnen wurden von einem Lehrer mit individueller bzw. sozialer Bezugsnorm-Orientierung (FEBO u. KBU) geführt. Pro Klasse wurden die Schüler nach ihrer Testintelligenz in Terzile aufgeteilt, weil im unteren Intelligenzdrittel die förderlichsten Wirkungen der individuellen Bezugsnorm-Orientierung auf Motivation und Selbstkonzept eigener Tüchtigkeit erwartet wurden. Unter individueller Bezugsnorm hat sich im Laufe eines Schuljahres in der Tat die anfängliche Stärke des Mißerfolgsmotivs vermindert, und zwar am stärksten im unteren Intelligenzterzil (vgl. Abb. 12.5), so daß sich nach einem Jahr auch eine signifikante Wechselwirkung zwischen Bezugsnorm-Orientierung und Intelligenzterzil ergab. Entsprechende Ergebnisse zeigten sich auch für Prüfungsängstlichkeit und Manifeste Ängstlichkeit (AFS von Wieczerkowski et al., 1974). Damit nicht genug, berichteten die Schüler in allen drei Intelligenzterzilen einen Zuwachs an erlebter eigener Tüchtigkeit (also an etwas, das unter einer sozialen Bezugsnorm unwahrnehmbar bleibt). Mißerfolge wurden am Ende des Schuljahres weniger einem zeitkonstanten Tüchtigkeitsmangel zugeschrieben, als es bei Schülern unter sozialer Bezugsnorm der Fall war.

Die Wirksamkeit der Bezugsnorm-Orientierung hat Krug (1980) nicht nur bestätigt, sondern auch weiter differenziert. In einer Längsschnittstudie mit 40 Realschulklassen des 5. Schuljahres zeigte sich wieder, daß die Klassen von Lehrern mit individueller Bezugsnorm-Orientierung weniger mißerfolgsmotiviert und prüfungsängstlich waren sowie mehr Interesse an den Unterrichtsgegenstän-

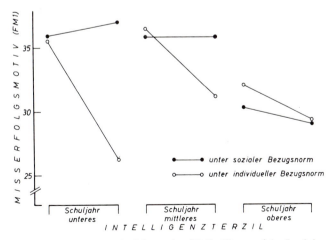

Abb. 12.5. Entwicklungswandel in der Ausprägung des Mißerfolgsmotivs (FM1, Gittertest) im Lauf des 5. Schuljahres von je vier Hauptschulklassen, deren Lehrer eine individuelle oder eine soziale Bezugsnorm-Orientierung besaßen, aufgeteilt nach Intelligenzterzilgruppen in jeder Klasse. (Nach Rheinberg, 1980, S. 148)

den hatten. Die Schüler hielten sich im Mittel auch für fleißiger und begabter, als es in den Klassen von Lehrern mit sozialer Bezugsnorm der Fall war. Bei den letzteren war die Unterrichtsgestaltung stärker an einer Einschätzung der Schüler-Begabungen orientiert; eine Einschätzung, die übrigens in einem hohen Maße mit den tatsächlichen Intelligenztestwerten der Schüler übereinstimmte. Auch die Schüler selbst führten die Schulleistungen ihrer Klassenkameraden im wesentlichen auf Begabung zurück. Sie sind eher in der Lage, die (soziale) Bezugsnorm-Orientierung ihrer Lehrer zutreffend anzugeben. In diesen Klassen bestanden auch engere Zusammenhänge zwischen IQ und Schulleistung sowie im Nachtest zwischen Persönlichkeitsvariablen (Selbstkonzept, Ängstlichkeit und Interesse) und Schulleistung als in den individualisierend unterrichteten Klassen.

Insgesamt bestätigen die bisherigen Befunde, daß Bezugsnormen der Leistungsbeurteilung die Motivation entscheidend moderieren, ja sogar die Motiventwicklung beeinflussen können. Wenn auch die Einflüsse situativer oder individueller Unterschiede der Bezugsnorm auf die verschiedenen Parameter des Leistungshandelns noch kaum experimentell isoliert worden sind, so ist in der Lehrer-Schüler-Interaktion inzwischen dokumentiert, daß der individuellen Bezugsnorm ein motivationspsychologischer Primat zukommt. Motivförderungsprogramme für Schüler, die an einer Änderung der Bezugsnorm-Orientierung des Lehrers ansetzen, werden wir im nächsten Kapitel darstellen.

Selbstkonzepte und selbstbezogene Kognitionen

Die Erforschung eines Einzelmotivs, die Reduktion von Personen auf summarische Eigenschaftskonstrukte wie „Erfolgsmotivierte" und „Mißerfolgsmotivierte" muß beim Fortschreiten ihrer Analysen erfahren, daß der ursprünglich gezogene Forschungsrahmen zu eng ist. Das galt und gilt in zweierlei Hinsicht für die Leistungsmotivationsforschung. Einmal hat die Person auch andere Motive, die ihr Leistungshandeln mitbestimmen. Beispiele sind der Einfluß des Anschlußmotivs auf die Aufgabenwahl (etwa Schneider u. Meise, 1973; Jopt, 1974) oder die Rolle konkurrierender Motive beim Zustandekommen kumulativer Leistung (Atkinson, 1974b). Zum anderen – und das interessiert uns hier – kommt offenbar auch eine Art von Instanz ins Spiel, die im Vergleich zum Motivkonstrukt zentraler ist und aus der Tradition der Persönlichkeitsforschung mit dem Begriff „Selbst" bezeichnet wird, oder einer seiner vielen Zusammensetzungen: Selbstbild, Selbstkonzept, Selbstbewertung, Selbstbekräftigung, Selbstaufwertung, Selbstregulation, Selbstkontrolle usf.

Die Leistungsmotivationsforschung hat drei Anlässe gesehen, das „Selbst" ins Spiel kommen zu lassen. Erstens war der Charakter einer persönlichen Verbindlichkeit häufig nicht zu übersehen, mit dem ein Ziel gesetzt und die erreichte Leistung anschließend einer Bewertung unterzogen wurde, die das Erleben des eigenen Selbstwertes entscheidend tangierte. Dafür steht die Auffassung des Leistungsmotivs als eines Selbstbewertungssystems, die Selbstbewertung als eine Handlungsergebnisfolge oder – in der Vorwegnahme – als motivierender Anreiz, außerdem der persönliche Standard (Kuhl, 1978b). Zweitens drängten sich selbstbildartige Personeigenschaften in Form des „Selbstkonzepts der eigenen Begabung" auf. Ein solches Selbstkonzept wurde als entscheidende Determinante der subjektiven Erfolgswahrscheinlichkeit (z. B. von Meyer, 1976) und der intendierten und aufgewendeten Anstrengung herangezogen und sogar an die Stelle des Leistungsmotivs zu setzen versucht (Kukla, 1972a, b; Meyer, 1973a, b).

Der dritte Anlaß schließlich weicht ganz von einer eigenschaftstheoretischen Sichtweise ab und sucht der reflexiven Natur menschlichen Handelns und Erlebens gerechter zu werden (vgl. Smedslund, 1972; Groeben u. Scheele, 1977). Die Frage ist, unter welchen Bedingungen sich die Aufmerksamkeit des Handelnden von der Außenwelt weg auf die eigene Person verlagert, was dabei an selbstbezogenen Kognitionen auftritt und welche

Wirkungen es hat. Solche Fragen sind bisher erst selten explizit gestellt worden, obwohl etwa schon Attribuierungsvoreingenommenheiten nach Erfolg und Mißerfolg Bedingungen und Wirkungen selbstbezogener Kognitionen nahelegen. Selbstbezogene Kognitionen, zu denen übrigens auch das Gewahrwerden selbstwertrelevanter Emotionen (Affekte) zu rechnen ist, werden offenbar angeregt durch Konflikte, erwartungswidrige Handlungsergebnisse (insbesondere Mißerfolg) und Bewertung durch andere.

Wir werden im folgenden zunächst auf die eigenschaftstheoretische Sichtweise eingehen, unter der Selbstkonzepte relativ überdauernde Personkonstrukte sind. Danach erörtern wir die prozeßtheoretische Sichtweise, die nach den Bedingungen für das aktuelle Auftreten von selbstbezogenen Kognitionen und ihren Wirkungen fragt. Die Übergänge sind allerdings fließend; so wenn man auch momentane Änderungen des Selbstkonzepts, also nicht nur Eigenschaften, sondern auch Zustände zuläßt oder wenn man das automatische Wirksamwerden von Regulationsmechanismen zur Aufrechterhaltung des Selbstwerts unterstellt, wie etwa bei Attribuierungsvoreingenommenheiten im Angesicht von Mißerfolg.

Traditionelle Selbstkonzeptforschung

Schon William James (1890) hat ein verwickeltes System der Klassifikation entwickelt: das materielle, soziale und spirituelle Selbst etc. Diese deskriptiven Unterscheidungen haben wenig Forschung angeregt und konnten es wohl auch nicht. Statt dessen hat man in der Folgezeit Vpn nach einzelnen Aspekten des („realen" oder „idealen") Bildes von sich selbst gefragt und die Ergebnisse ganz verschiedener Fragebogen als Persönlichkeitskonstrukte angesehen. Dem lagen die stillschweigenden Annahmen zugrunde, daß der Befragte unmittelbar um sein „Selbst" weiß, sein Erleben in die gleichen persönlichkeitspsychologischen Abstraktionen zerfallen läßt, die der Forscher seinem Fragebogen zugrunde gelegt hat, und schließlich zutreffend antwortet.

In zahllosen Untersuchungen hat man zwei Ziele verfolgt. Zum einen hat man – wie im ersten Stadium der Leistungsmotivationsforschung – die erhobenen Selbstbilder mit vielerlei passend erscheinenden Verhaltensdaten korreliert. Dahinter steht die Annahme, daß die Komponenten des Selbstbildes Personkonstanten sind, die das Verhalten leiten. Zum anderen hat man Komponenten des Selbstbildes durch gezielt vermittelte Erfahrungen wie Erfolg, Mißerfolg oder Therapie zu ändern versucht. Dahinter steht entweder die Überzeugung von der Möglichkeit einer allmählichen Änderung von Persönlichkeitskonstanten oder von der Fluktuation eigenschaftsabhängiger Zustände.

Die Ergebnisse sind insgesamt mager geblieben (vgl. Wylie, 1961; 1974; Gergen, 1971; Filipp, 1979). Hier sind einige Beispiele für Studien, die Selbstbild mit Verhaltensdaten, die in der Leistungsmotivationsforschung üblich sind, korrelierten. Nach Coopersmith (1960) bleibt ein Zeigarnik-Effekt bei realistischer Selbstbewertung *(self esteem)* aus. Ähnliches fand Silverman (1964) nach Mißerfolgsbelastung. Steiner (1957) stellte Beziehungen zwischen Anspruchsniveau und Selbstbild fest, sehr hohe Ziele korrelierten mit einem unsicheren und sehr niedrige Ziele mit einem pessimistischen Selbstkonzept. In einer neueren Studie fanden Shrauger u. Sorman (1977) Zusammenhänge zwischen allgemeiner Selbstachtung *(general self esteem)* und Ausdauer bei der Weiterbearbeitung von Anagramm-Aufgaben nach Mißerfolg; Vpn mit geringer Selbstachtung zeigten weniger Ausdauer. Generelle Selbstachtung war im Vergleich zu aufgabenspezifischer der bessere Prädiktor. Ein Beispiel für kurzfristige Zustandsänderungen des Selbstbildes bietet Diller (1954). Nach Erfolg wurde das Selbst in der eigenen Beurteilung aufgewertet, nach Mißerfolg jedoch nicht abgewertet, nur mit Hilfe einer subtilen Methode fanden sich „unbewußte" negative Reaktionen. Diggory (1966) hat als Nachwehen von Mißerfolgserfahrungen sogar Selbstmordphantasien festgestellt.

Wenn das Selbstbild Verhalten ändert und Verhaltensergebnisse das Selbstbild beeinflussen, stellt sich – entwicklungspsychologisch gesehen – die Frage der Kausalrichtung. Sie stellte sich insbesondere für die zahlreich nachgewiesenen Zusammenhänge zwischen verschiedenen Selbstkonzept-Maßen und Schulerfolg (vgl. Purkey, 1970). So unbestreitbar sich eine wechselseitige Verursachung anbietet, man hat einer kausalen Asymmetrie entweder zugunsten des Selbstkonzepts *(self enhancement)* oder der Schulleistung *(skill development)* das Wort geredet. Auf beide Interpretationsmöglichkeiten hin haben Calsyn u. Kenny (1977) eine fünfjährige Längsschnittsstudie an jugendlichen Schülern analysiert. Sie fanden, daß eher die Schulleistung das Selbstkonzept der Begabung der Schüler und deren Wahrnehmung, wie andere ihre Begabung einschätzen, beeinflußt, als daß die Begabungseinschätzung durch die anderen zu einer Änderung des Selbstkonzepts der eigenen Begabung und damit zu Änderung der Schulleistung führt.

Ein solcher Kausalzusammenhang, der für „normale" schulische Entwicklungsbedingungen gilt, schließt jedoch im Einzelfall eine Umkehrung nicht aus, wie wir an den Ergebnissen von schulischen Motivänderungsprogrammen (Kap. 13) noch sehen werden, wenn z. B. die Wahrnehmung einer geänderten Begabungseinschätzung durch den Lehrer das Selbstkonzept der Begabung beim Schüler ändert, zu vermehrter Anstrengung führt und schließlich die Schulleistung verbessert.

Wie generalisiert oder spezifisch Selbstkonzepte der Begabung sind, ist im übrigen bis heute wenig untersucht. Am weitesten dringen wiederholte Erhebungen Kuhls (1977) bei mehrfacher Bearbeitung einer Problemaufgabe vor. Vor Inangriffnahme der noch unbekannten Aufgabe waren hochgeneralisierte Begabungskonzepte wirksam. Waren erst 20 Einzelaufgaben bearbeitet, so hatten sich bereits Begabungskonzepte herausgebildet, die in hohem Maße aufgabenspezifisch und auch verhaltenswirksam waren. Bei weiterer Erfahrung wurden sogar differenzierte Begabungskonzepte für verschiedene Aufgaben desselben Typs entwickelt. Bei einer vierten Erhebung des Begabungskonzepts lag nicht einmal mehr für den gesamten Aufgabensatz ein gemeinsames Begabungskonzept zugrunde.

Neuere Ansätze

Einen neuen Anfang hat Epstein (1973) vorgeschlagen, indem er forderte, unter Selbstkonzepten jene Theorien zu verstehen, die eine Person über sich selbst hat. Ohne Zweifel ist das naiv-wissenschaftliche Selbstverständnis, das der einzelne von sich hat, weitaus dichter an den Phänomenen des Selbst als der persönlichkeitspsychologische Raster des Psychometrikers, dem alle Individuen gleichermaßen unterworfen werden. Epsteins Forderungen sind bisher allerdings programmatisch geblieben. Die herkömmliche Selbstkonzeptforschung verstand sich nur als eine der „beiden Disziplinen der wissenschaftlichen Psychologie" (Cronbach, 1957). Sie war persönlichkeitspsychologisch und nicht experimentell-psychologisch orientiert, sie ging korrelationsstatistisch und nicht varianzanalytisch vor. Erst neuerdings macht sich auch die andere Disziplin geltend, indem der Einfluß inhaltlich präzis umschriebener Selbstkonzepte – sog. Selbstschemata – auf die Informationsverarbeitung experimentell untersucht wird. Solche Selbstschemata sind generalisierte Niederschläge der Erfahrungen mit sich selbst und sollen selbstbezogene Informationen des jeweiligen Inhaltsbereichs organisieren und leiten.

Markus (1977) hat Vpn danach aufgeteilt, ob sie sich eher als „unabhängig" oder als „abhängig" beurteilen, und anschließend die Verarbeitung diesbezüglicher Informationen geprüft. Im Vergleich zu Vpn, die sich auf der Dimension „unabhängig vs. abhängig" nicht einem der beiden Pole zuordneten, sondern sich in der Mitte einstuften („mal so, mal so"), hatten die klar „Unabhängigen" und „Abhängigen" geringere Latenzzeiten bei der Entscheidung, ob diesbezügliche Eigenschaftsbezeichnungen auf sie zutreffen, gaben dazu mehr konkrete Beispiele aus eigener Lebenserfahrung an, schätzten die Wahrscheinlichkeit entsprechender Verhaltensweisen höher ein und waren weniger geneigt, „Testaussagen" zu akzeptieren, die ihren Selbstschemata widersprachen.

Dieses methodische Vorgehen entspricht der Forderung von Bem u. Allen (1974), Persönlichkeitsforschung ideographischer zu betreiben (vgl. Kap. 1). Die Unzahl von Eigenschaftsdimensionen, die Psychologen entwerfen und messen, sind im Selbsterleben nie für alle Menschen relevant. Wenn jemandem die Pole „unabhängig" und „abhängig" gleich nah oder fern liegen, wird er für diese Dimension von Verhaltensunterschieden keine Selbstschemata entwickeln. In diesem Fall ist, wie Bem u. Allen (1974) gezeigt haben, die Verhaltensausprägung in hohem Maße situationsabhängig. Situationsübergreifende Konsistenz des Verhaltens, die es erst erlaubt, von einer persönlichen Eigenschaft zu sprechen, setzt ein Selbstschema, eine eher extreme Lokalisierung auf einer Eigenschaftsdimension voraus.

Allerdings ist die Situationsabhängigkeit des Verhaltens bei „Eigenschaftslosigkeit" (Vp kreuzt auf der betreffenden Eigenschaftsdimension den Indifferenzbereich an) nur scheinbar, weil der Forscher nicht auch jene Eigenschaften in seinem Meßrepertoire hatte, die für das in Frage stehende Verhalten ausschlaggebend gewesen sein mögen. Aus diesem Grunde plädieren Bem u. Funder (1978) unter der Devise „Predicting more of the people more of the time" (statt wie noch Bem u. Allen: „Predicting some of the people some of the time") dafür, die Variabilität innerhalb von Personen mehr zu beachten als die zwischen Personen. Sie verwenden deshalb die *Q-sort*-Technik, um etwa hundert Eigenschaften pro Person zu erfassen.

Auf jeden Fall läßt sich sagen, daß Informationen, die mit dem eigenen Selbst in Verbindung gebracht werden, offensichtlich eine „größere Tiefe der Verarbeitung" (*depth of processing*; vgl. Craik u. Lockhart, 1972) erfahren. Das haben in einfacher und eleganter Weise Rogers, Kuiper u. Kirker (1977) nachgewiesen. Die Vpn hatten Eigenschaftswörter unter verschiedenen Aufgabenstellungen zu beurteilen: strukturell (große Buchstaben?), phonemisch (reimt sich mit -?), semantisch (bedeutet das gleiche wie -?) und selbstbezogen (beschreibt Sie?). In einem (vorweg nicht angekündigten) Behaltenstest wurden die Eigenschaftswörter, die mit dem Selbst in Beziehung gebracht worden waren, am besten erinnert.

Selbstkonzept-Variablen in der Leistungsmotivationsforschung

Im Vergleich zur Selbstkonzeptforschung sind innerhalb der Leistungsmotivationsforschung Selbstkonzept-Variablen im allgemeinen enger und präziser gefaßt worden. Sie ähneln damit dem, was McClelland (1951) und neuerdings Markus (1977) als Selbstschemata bezeichnet haben. Sie werden wie Motive als eigenschaftstheoretische Personvariable betrachtet. Sie können Motivgruppen weiter differenzieren, teils sind sie mit einer Motivvariable korrelativ verschwistert und können diese im Hinblick auf bestimmte Verhaltenskorrelate zu einem gewissen Teil vertreten. Neuere Arbeiten, die analog zu dem Vorgehen von Markus (1977) den Einfluß leistungsbezogener Selbstschemata (z. B. Selbstkonzept der Begabung) auf die Verarbeitung leistungsthematischer Informationen prüfen, liegen noch nicht vor.

Es wundert nicht, daß die Einbeziehung des Selbst schon früh im Zusammenhang mit Mißerfolg erfolgte. Denn Mißerfolg blockiert die Handlung, widerlegt Erfolgserwartungen und zieht die kritische Aufmerksamkeit auf sich – lauter Anlässe für den Handelnden, seine Aufmerksamkeit auf sich selbst zu richten und sich mit dem Bild von der eigenen Tüchtigkeit und einer möglichen Revision konfrontiert zu sehen. Birney et al. (1969) unterschieden phänomenologisch drei Arten der Mißerfolgsfurcht und deren zugehörige Abwehrstrategien: (1) Furcht vor Selbstabwertung *(self-devaluation)*, (2) Furcht vor sozialer Abwertung und (3) Furcht vor nicht-ichbezogenen Folgen (*non-ego punishments*, z. B. materieller Verlust). Es verdient Erwähnung, daß später Schmalt (1976a, b) mit Hilfe der Gittertechnik zwei Arten des Mißerfolgsmotivs faktorenanalytisch voneinander getrennt hat, von denen das erste (FM_1) in einem Selbstkonzept mangelnder Begabung besteht und damit der Furcht vor Selbstabwertung sehr verwandt ist (vgl. Kap. 6).

Eine andere, früh eingeführte Variable war im Gefolge der Unterscheidung von „internaler vs. externaler Kontrolle" (Rotter, 1966), die Selbstverantwortlichkeit für eigene Hand-

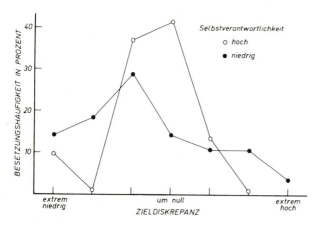

Abb. 12.6. Bevorzugung verschiedener Zieldiskrepanzbereiche durch Vpn (Viertkläßler) mit hoher oder niedriger Selbstverantwortlichkeit für eigene Erfolge und Mißerfolge. (Nach Meyer, 1969, S. 344)

lungsergebnisse. Feather (1967) führte diese Variable (C) in das Risikowahl-Modell ein, und zwar als Moderator der invers-linearen Abhängigkeit des Erfolgs- und Mißerfolgsanreizes von der subjektiven Erfolgswahrscheinlichkeit: $Ae = C(1-We)$ und $Am = -CWe$. Die Ergebnisse waren nicht ermutigend; vermutlich weil der herangezogene Rotter-Fragebogen Selbstverantwortlichkeit recht global über Situationen verschiedener Thematik hinweg erfaßt. Offenbar ist die internale Kontrolle der Folgen eigenen Handelns kein so generalisiertes Selbstkonzept, wie in der Rotter-Schule bis heute angenommen wird. Geeigneter erwies sich der Selbstverantwortlichkeitsfragebogen von Crandall, Katkovsky u. Crandall (1965), der sich auf erfolgreiche und mißlungene Leistungsergebnisse beschränkt. Meyer (1969) konnte mit der Variable Selbstverantwortlichkeit für Erfolg und Mißerfolg die Anspruchsniveau-Setzung einigermaßen aufklären. Wie Abb. 12.6 zeigt, bevorzugen hoch Selbstverantwortliche, wie man es von den Erfolgsmotivierten kennt, mittelschwere Aufgaben. Krug (1971, vgl. Meyer, 1973a, S. 57f.) fand, daß Selbstverantwortlichkeit für Erfolg eine realistische Anspruchsniveau-Setzung nicht weniger gut vorhersagt als der Motivkennwert NH.

Als eine besondere Art der „Selbst"-Variablen läßt sich der persönliche Standard für Handlungsergebnisse anführen. Sie repräsentieren „Selbstansprüche an die eigene Person, die in Selbst-Konzepten unterschiedlicher Generalisierungsbreite verankert sind" (Ha-lisch et al., 1976, S. 156). Sie entscheiden darüber, was der Handelnde als Erfolg oder Mißerfolg seiner Bemühungen ansieht und bilden somit, wie wir schon erörtert haben, die Grundlage der Selbstbewertung. Diggory (1966) hat nachgewiesen, daß generalisierte Standards weit resistenter gegenüber Revisionen aufgrund erwartungswidriger Handlungsergebnisse sind, als es bei Intentionen und aktuellen Zielsetzungen der Fall ist. Das steht mit Kuhls (1978b) Konstrukt des persönlichen Standards in Übereinstimmung.

Selbstkonzept der Begabung und Modell der Anstrengungskalkulation

Mit dem Aufkommen der Attribuierungstheorie um 1970 ist die Selbstverantwortlichkeit wieder aus dem Variablenrepertoire verschwunden und durch Einschätzungen der Fähigkeits- und Anstrengungsattribuierung ersetzt worden. An die Stelle von Selbstverantwortlichkeit trat das „Selbstkonzept eigener Begabung" (oder Fähigkeit; vgl. Meyer, 1973a). Denn es waren die Begabungsattribuierungen, die in Meyers Befunden auf sich aufmerksam gemacht hatten. Beide Motivgruppen unterschieden sich nur hinsichtlich dieses Faktors in der Erklärung von Erfolg und Mißerfolg. Im Vergleich zu den Mißerfolgsmotivierten führten die Erfolgsmotivierten Erfolg stärker auf gute eigene Begabung und Mißerfolg weniger auf mangelnde Begabung zurück. Dieser Tatbestand gab zu drei Gedanken Anlaß (wenn man davon absieht, beide Motivgruppen mit unterschiedlichen Attribuierungsvoreingenommenheiten ausgestattet zu sehen und das Leistungsmotiv als ein Selbstbewertungssystem aufzufassen). Alle drei Gedanken waren für die Postulierung eines Selbstkonzepts der Begabung und die darauf basierende Forschung entscheidend. Der erste davon (Meyer, 1973a, S. 160) war im Grunde nicht neu und liegt auf der Hand. Die subjektive Einschätzung der eigenen Begabung mußte in Relation zur wahrgenommenen objektiven Schwierigkeit die Höhe der subjektiven Erfolgswahrscheinlichkeit determinieren. Darauf hatten schon Heider (1958), Atkinson (1964, S. 254), Fuchs (1963, S. 633) und Moulton (1967, in Moulton, 1974) hingewiesen. Insbesondere muß das Selbstkonzept der Begabung (trivialerweise) entscheidend für die subjektive Erfolgswahrscheinlichkeit sein, wenn die Aufgabenschwierigkeit den Vpn in sozialer Bezugsnorm mitgeteilt wird, denn jede Vp muß sich dann aufgrund ihrer Begabungseinschätzung in die Leistungsverteilung der herangezogenen Bezugsgruppe einordnen (vgl. Meyer u. Hallermann, 1977).

Neu war an dem ersten Gedanken allenfalls, daß die subjektive Erfolgswahrscheinlichkeit außer von dem Selbstkonzept der Begabung und der wahrgenommenen Aufgabenschwierigkeit auch noch von der Stärke der intendierten Anstrengung abhängen muß. Die intendierte Anstrengung wiederum sollte bei jenem Schwierigkeitsgrad der Aufgabe maximal sein, den man aufgrund seiner Begabungseinschätzung noch gerade bewältigen kann, und bei jenen Schwierigkeitsgraden minimal, die die eigene Begabung restlos über- oder unterfordern. Aufgrund dieses Kalküls eines rationalen Erwartungs-mal-Nutzen-Modells von Kukla (1972a) und eines davon unabhängig von Meyer (1973a, b; 1976) entwickelten, ähnlichen Modells der Anstrengungskalkulation boten sich beiden Forschern der intendierte Anstrengungsaufwand wie auch andere Parameter der Leistungsmotivationsforschung (Aufgabenwahl, Persistenz, Leistung) als abhängige Variablen an.

Anstrengungskalkulation

Die Modelle der Anstrengungskalkulation (oder Anstrengungsintention) besagen kurz das Folgende. Man intendiert nicht mehr Anstrengung, als einem zur Bewältigung des jeweiligen Schwierigkeitsgrades der Aufgabe gerade noch erforderlich erscheint. Ab einer oberen Schwierigkeitsgrenze, jenseits derer auch maximale Anstrengung nichts mehr auszurichten scheint, fällt die Stärke der intendierten Anstrengung ab (nach Kukla soll der Abfall abrupt sein). Daraus folgt – da die subjektive Schwierigkeit einer Aufgabe mit höherer Einschätzung der eigenen Fähigkeit abnimmt –, daß bei gleichen *objektiven* Schwierigkeitsgraden Individuen, die sich für befähigter halten, weniger Anstrengung intendieren als Individuen, die sich für weniger befähigt halten. Jedoch in einem oberen Bereich objektiver Schwierigkeit, der dort beginnt, wo die weniger Befähigten maximale Anstrengung als nutzlos betrachten, erhöhen die Befähigteren noch weiterhin die intendierte Anstrengung, bis auch sie ihren oberen Grenzwert der Schwierigkeit erreicht haben. Nur in diesem oberen Schwierigkeitsbereich intendieren also diejenigen, die sich für befähigter halten, mehr Anstrengung als jene, die sich für weniger befähigt halten. Betrachtet man diese Aussagen zur Kalkulation der intendierten Anstrengung in attributionstheoretischer Sicht, so beruht das Modell auf einem kompensatorischen Ursachenschema hinsichtlich Fähigkeit und Anstrengung und folgt zudem einem Ökonomieprinzip hinsichtlich der aufzuwendenden Anstrengung.

Dieser plausible, schon von Heider (1958, S. 11) geäußerte Sachverhalt wurde in einer Reihe von Studien bestätigt (Meyer, 1973b; 1976; Meyer u. Hallermann, 1974; 1977). Daß ein wahrgenommener höherer Schwierigkeitsgrad den Anstrengungsaufwand erhöht und damit die Leistung (Menge, wenn auch nicht Güte) steigert, entspricht dem schon in Kap. 9 zitierten alten „Schwierigkeitsgesetz der Motivation" (Ach, 1910; Hillgruber, 1912). Dieser Sachverhalt ist auch schon in Vrooms (1964) Handlungsmodell (vgl. Kap. 5; Abb. 5.23) vorweggenommen, aber vor allem von Locke (1968) und manchem Nachfolger (z. B. Ivancevich, 1976; Rosswork, 1977; Terborg, 1976; Terborg u. Miller, 1978) wiederholt demonstriert worden: Je schwieriger die Aufgabe ist, um so höher ist die Mengenleistung; vorausgesetzt, die Vp übernimmt das anspruchsvolle Ziel (vgl. Abb. 9.20). In solchem Fall werden höhere Leistungen erreicht, als wenn man die Vpn lediglich auffordert, „ihr Bestes zu tun". Die handlungsbestimmende Rolle von Intentionen, die sich auf konkrete Aufgaben beziehen, hat besonders Ryan (1970) unterstrichen.

Ein Postulat in Kuklas Modell besagt, daß es zu einem abrupten Abfall der Anstrengungsintention kommt, sobald eine Aufgabe als zu schwierig erscheint. Dieses Postulat hat sich bisher nicht belegen lassen. Die Modelle der Anstrengungskalkulation kommen für die Erfolgsmotivierten zu ähnlichen Ableitungen wie das Risikowahl-Modell. Der entscheidende Testfall sind die Mißerfolgsmotivierten. Denn nach dem Risikowahl-Modell sollten sie bei schwierigen Aufgaben weniger als bei zu schwierigen motiviert sein; nach der Anstrengungskalkulation dagegen mehr bei schwierigen als bei zu schwierigen. Ein überzeugender Nachweis, daß das Modell der Anstrengungskalkulation dem der Risikowahl überlegen sei, konnte bisher nicht beigebracht werden (vgl. Kukla, 1974). In einer Reihe von Untersuchungen wurde der Nachweis nicht explizit angetreten; und zwar offenbar aus Gründen, die mit dem zweiten Gedanken zu tun haben, dem wir uns jetzt zuwenden.

Motivgebundenes Selbstkonzept der Begabung?

Die Asymmetrie der Begabungszuschreibung nach Erfolg und Mißerfolg durch die beiden Motivgruppen legte sowohl Kukla (1972a, b, 1978) wie Meyer (1973a) einen weiteren Gedanken nahe; die Annahme nämlich, daß Erfolgsmotivierte sich als begabter erleben, als es die Mißerfolgsmotivierten tun (wobei es offen ist, ob die motivgebundenen Unterschiede im Selbstkonzept der Begabung auch tatsächlichen Begabungsunterschieden entsprechen).

Beide Autoren waren von dieser Annahme so überzeugt, daß sie es offenbar deshalb unterlassen haben (so auch Latta, 1976), die Annahme direkt zu überprüfen, d. h. Erfolgs- und Mißerfolgsmotivierte auf ein unterschiedliches Selbstkonzept der Begabung zu prüfen.

Davon gibt es bei Kukla allerdings zwei Ausnahmen. In einer zufallsabhängigen „Zahlen-Rate-Aufgabe" hielten sich Hochmotivierte (nach Mehrabian-Fragebogen) für etwas befähigter als Niedrigmotivierte (Kukla, 1972b, S. 168). In einer Nachuntersuchung fanden Touhey u. Villemez (1975) jedoch keinen Unterschied zwischen beiden Motivgruppen. Zum anderen fand Kukla (1977), daß Hochmotivierte (Mehrabian) ihre Begabung für nicht näher spezifizierte „intellektuelle" und „künstlerische" Aufgaben höher einschätzten als Niedrigmotivierte. Dieser Befund stimmt mit der häufig gemachten Beobachtung überein, daß Erfolgsmotivierte, solange sie eine neue Aufgabe noch nicht in Angriff genommen haben, optimistischere Erfolgserwartungen haben als Mißerfolgsmotivierte. Der Unterschied schwand jedoch, sobald die Aufgabe bearbeitet wurde (Atkinson Bastian, Earl u. Litwin, 1960; Feather, 1965; McClelland et al., 1953; Pottharst, 1955). Demnach ließe sich zwischen beiden Motivgruppen ein Unterschied in einer sehr generalisierten und globalen Fähigkeitseinschätzung annehmen, von der aber eine Verhaltenswirksamkeit noch nicht nachgewiesen worden ist. Beziehen sich die Fähigkeitseinschätzungen dagegen auf konkrete Aufgaben, so läßt sich erstens kein Unterschied mehr zwischen beiden Motivgruppen finden, und zweitens sind innerhalb der beiden Motivgruppen Unterschiede der Fähigkeitseinschätzung verhaltenswirksam (vgl. unten).

In neueren Arbeiten hat Meyer (1973b; 1976; Meyer u. Hallermann, 1974; 1977; Meyer et al., 1976, Exp. III u. IV) seine Vpn nicht mehr nach Leistungsmotiv, sondern nur noch nach Selbstkonzept der Begabung differenziert. Alle Befunde brachten keinen Erklärungsvorteil gegenüber dem Risikowahl-Modell. Transformiert man Begabungseinschätzungen und Aufgabenschwierigkeit in subjektive Erfolgswahrscheinlichkeiten, so sind –

durchschnittlich gesehen – mittlere Erfolgswahrscheinlichkeiten motivierungswirksamer als einerseits niedrige oder andererseits hohe.

In einer Studie über Aufgabenwahl zum Zwecke der Ergebnisrückmeldung (Meyer, 1976, S. 125; Exp. III in Meyer et al., 1976) zeigte ausgerechnet die Gruppe mit niedrigster Einschätzung der eigenen Begabung für die betreffende Aufgabe (Pistolenschießen) die stärkste Präferenz für eine mittlere Erfolgswahrscheinlichkeit. Wenn diese Gruppe aus Mißerfolgsmotivierten bestehen soll, wäre das Gegenteil zu erwarten gewesen. Da für diese Studie auch Motivdaten vorlagen, hat Heckhausen (1975c) die Befunde reanalysiert. Er fand keinerlei Beziehung zwischen Motiv und Selbstkonzept der Begabung, und die Aufgabenwahl ließ sich nur anhand von Motivunterschieden im Sinne des Risikowahl-Modells, nicht aber mit Unterschieden des Selbstkonzepts der Begabung aufklären (vgl. Abb. 12.7). Diese und andere Befunde (Heckhausen, 1975b, c; Jopt u. Ermshaus, 1977; Butzkamm, in Vorb.) sprechen also dafür, daß Leistungsmotiv und Selbstkonzept der Begabung nicht die beiden Seiten derselben Medaille, sondern voneinander unabhängig sind und – je für sich berücksichtigt – weitergehende Aufschlüsse als jedes der beiden allein geben können, wie an Butzkamms (in Vorb.) Ergebnissen noch zu zeigen sein wird.

Während Meyer statt Unterschiede im Motiv nur solche der Begabungseinschätzung erhob, hat Kukla (1972b; 1974) in seinen experimentellen Arbeiten weiterhin nur Motivunterschiede (nach Mehrabian) erhoben, sie eigenartigerweise aber nur als Unterschiede der Begabungseinschätzung angesehen, indem er Erfolgsmotivierte als *high achiever* und Mißerfolgsmotivierte als *low achiever* bezeichnete. Ebenfalls Kuklas Ergebnisse, Aufgabenwahl- und Leistungsbefunde, lassen sich mindestens so gut auch nach dem Risikowahl-Modell erklären. Touhey u. Villemez (1975) haben die Aufgabenwahlstudie von Kukla (1972b) repliziert und dabei nachgeholt, was Kukla versäumt hatte, nämlich die Vpn nicht nur nach Motiv, sondern auch nach Selbsteinschätzung ihrer Begabung für die gestellte Aufgabe zu unterscheiden. Beide Motivgruppen unterscheiden sich nicht in ihren Begabungskonzepten. Unabhängig vom Leistungsmotiv bevorzugten Vpn mit einem Selbstkonzept niedriger Begabung häufiger ein mittleres Risiko als Vpn mit hoher Begabungseinschätzung. Innerhalb der Erfolgsmotivierten wählten solche mit niedriger Begabungseinschätzung weit häufiger mittlere Risiken als

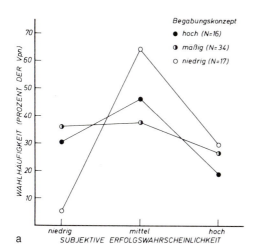 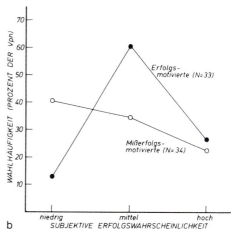

Abb. 12.7 a u. b. Wahlhäufigkeiten (Prozent der Vpn) für Erfolgsrückmeldung bei einer Aufgabe von niedriger, mittlerer oder hoher subjektiver Erfolgswahrscheinlichkeit in Funktion **a** von unterschiedlich hohen Begabungskonzepten für die Aufgaben und **b** von der Ausprägung des Leistungsmotivs (pos. NH vs. neg. NH). (Nach Heckhausen, 1975c, S. 7, 8)

solche mit hoher Begabungseinschätzung, sofern die Aufgabe nicht nur als fähigkeits-, sondern auch als anstrengungsabhängig ausgegeben worden war. Unter den Mißerfolgsmotivierten trat die gleiche Polarisierung auf, wenn die Aufgabe als allein fähigkeitsabhängig hingestellt worden war.

So muß man insgesamt zu dem Ergebnis kommen, daß das Ersetzen der Motivparameter durch Selbstkonzeptparameter der Begabung zwar die Determination der subjektiven Erfolgswahrscheinlichkeit aufklären hilft, aber die Gleichsetzung von Motivunterschieden mit unterschiedlichem Selbstkonzept der Begabung keinen Gewinn gebracht hat (Meyer, 1976). Nur die Kombination beider Personparameter, wie die Replikation von Touhey u. Villemez (1975) zeigt, bringt einen Gewinn. Die beiden Anstrengungskalkulations-Modelle konnten sich nicht als Alternativmodelle an die Stelle des Risikowahl-Modells setzen. Sie erwiesen sich diesem entweder – wie im Falle von Meyers Modell, wenn man zusätzlich Motivation berücksichtigt – als unterlegen oder wie im Falle von Kuklas Modell, wenn man statt Begabungseinschätzungen Motivunterschiede heranzieht – als so ähnlich, daß die Befunde keine Entscheidung zwischen den Modellen gestatten.

Der ursprüngliche Gedanke, wegen der asymmetrischen Begabungsattribuierung beider Motivgruppen diesen unterschiedliche Selbstkonzepte der Begabung zuzuschreiben, war plausibel, aber nicht zwingend. Denn ebensogut kann es sich um motivgebundene Attribuierungsvoreingenommenheiten handeln, die von der Selbsteinschätzung der Begabung unabhängig sind. Aus einem anderen Grunde war die Annahme von vornherein unplausibel: Um mit einem summarischen Personkonstrukt wie Motiv eng zu kovariieren, müßte das Selbstkonzept sich auf eine hoch generalisierte Begabungsvorstellung beziehen. Das ist aber unwahrscheinlich, da man sich für unterschiedliche Aufgabenbereiche in der Regel auch unterschiedlich befähigt erlebt. So bestehen zwischen Fragebogenwerten zu einem allgemeinen Begabungskonzept und der Begabungseinschätzung für verschiedene Aufgabenarten keine nennenswerten Korrelationen (Meyer, 1972; Starke, 1975). Meyer hat die Annahme eines Selbstkonzepts generalisierter Begabung zugunsten „aufgabenspezifischer Begabungsperzeptionen" (1976, S. 133) aufgegeben. Das wird der gegenwärtigen Befundlage am besten gerecht. Wir haben bereits darauf hingewiesen, daß von motivgebundenen Unterschieden einer globalen Begabungseinschätzung (Kukla, 1977) bislang noch kein Motivationseffekt nachgewiesen worden ist, sobald es an die Bearbeitung einer konkreten Aufgabe geht.

Jopt u. Ermshaus (1977) stellten fest, daß mißerfolgsmotivierte Haupt- und Realschüler ihre Fähigkeit für eine manuelle Aufgabe (Steckbrett) höher einschätzten als für eine intellektuelle (Zahlen-Symboltest), nachdem sie im Einzelversuch einige Praxis mit jeder Aufgabe gehabt hatten. In der Mitte dieser Unterschiedsspanne stuften sich die erfolgsmotivierten Schüler für beide Aufgabentypen ein. Auch zwischen wahrgenommener und „tatsächlicher" Begabung (d. h. erwiesener Leistungsfähigkeit) besteht kein enger Zusammenhang (Arsenian, 1942; Hallermann, 1975; Starke, 1975; Wylie, 1968). Die bestehenden Zusammenhänge sind enger mit schulfachspezifischen als mit allgemeinen Selbstkonzepten der Begabung, wie Brookover, Thomas u. Paterson (1966) an über tausend Siebtkläßlern gefunden haben (vgl. auch das *self-concept of attainment* nach Nicholls, 1976b).

Begabungseinschätzung als Motivziel?

Der dritte Gedanke schließlich machte die Begabungseinschätzung sogar zum eigentlichen Motivziel. Meyer (1973a) sah (wie auch schon Weiner u. Kukla, 1970) Leistungshandeln durch das Bestreben motiviert, neue Informationen über die eigene Begabung zu erlangen, im Unterschiede zum „hedonistischen" Risikowahl-Modell, nach welchem die affektiven Folgen von Erfolg und Mißerfolg als Anreize motivieren. Mittlere Erfolgswahrscheinlichkeiten sollen nach der attributionstheoretischen Elaboration des Risikowahl-Modells den größten Informationswert haben, weil hier Erfolg und Mißerfolg am meisten auf internale Ursachfaktoren zurückgeführt werden können, sie motivieren deshalb am stärksten. Da Meyer für beide Motivgruppen das gleiche Informationsbestreben postuliert, kommt er nur hinsichtlich der Mißerfolgsmotivierten zu anderen Voraussagen als das Risikowahl-Modell. In dieser Hinsicht kann er die überwiegende Befundlast, nach welcher Mißerfolgsmotivierte im Bereich mittlerer Erfolgswahrscheinlichkeit nicht maximal aufsuchend motiviert sind, (zur Zielsetzung allein vgl. Heckhausen, 1977a) nicht erklären. Andererseits läßt sich die postulierte Motivierungsfunktion unglücklicherweise ebensogut „kognitiv" (als Informationsmaximierung) wie „hedonistisch" (als Maximierung einer positiven Affektbilanz) erklären, so daß auf diesem Wege die Suche nach einer Entscheidung müßig zu sein scheint. Wir werden auf die scheinbare Gegensätzlichkeit beider Positionen später noch ausführlicher eingehen.

Am gründlichsten ist die Bedeutung des Selbstkonzepts einer spezifischen Aufgabenfähigkeit für verschiedene Motivationsparameter bisher von Butzkamm (in Vorb.) dokumentiert worden (Butzkamm, Halisch u. Posse, 1979). Die Aufgabe bestand in komplexen Reaktionsleistungen. Nachdem die Vp ein Übungsplateau erreicht hatte, schätzte sie ihre Fähigkeit ein, sowohl nach individueller wie nach sozialer Bezugsnorm. Beide Fähigkeitseinschätzungen korrelierten, wie auch schon Heckhausen (1975b) gefunden hatte, nur schwach ($r = 0,32$). Nach erwartungswidrigen Erfolgs- oder Mißerfolgsserien erwies sich das Selbstkonzept nach sozialer Bezugsnorm als stabiler ($r = 0,89$) als das nach individueller Bezugsnorm ($r = 0,56$). Beide Motivgruppen unterscheiden sich nicht in den Einschätzungen ihrer Fähigkeit nach beiden Bezugsnormen. In jeder Motivgruppe gab es eine gleich breite Variation der wahrgenommenen eigenen Fähigkeit. Das Fähigkeitskonzept war nicht starr. In den nachfolgenden erwartungswidrigen Erfolgs- oder Mißerfolgsserien fanden Hebungen bzw. Senkungen der Fähigkeitseinschätzung statt.

Was mehr ist, das Selbstkonzept der aufgabenspezifischen Fähigkeit erwies sich, teils motivgebunden, als eine entscheidende Moderatorvariable der Selbstbewertung und ihrer beiden Determinanten, Zielsetzung und Kausalattribuierung. Innerhalb jeder Motivgruppe bewerteten sich die Vpn mit hohem Fähigkeitskonzept (sowohl aufgrund individueller wie sozialer Bezugsnorm) nach Erfolg positiver und nach Mißerfolg weniger negativ, als es die Vpn mit niedrigem Fähigkeitskonzept taten. Außerdem gab es einen Motiveffekt, nach welchem Erfolgsmotivierte sich nach Erfolg durchweg positiver bewerteten als die Mißerfolgsmotivierten. Nach Mißerfolg deutete sich die ungünstigere Selbstbewertung der Mißerfolgsmotivierten nur in der Teilgruppe mit niedrigem Selbstkonzept an. Abb. 12.8 zeigt die unterschiedlichen Selbstbewertungen beider Motivgruppen in Abhängigkeit vom Fähigkeitskonzept nach sozialer

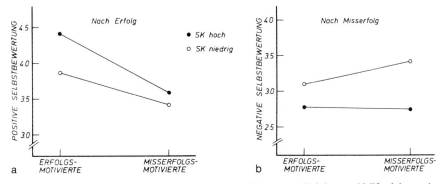

Abb. 12.8 a u. b. Stärke der positiven und negativen Selbstbekräftigung von Erfolgs- und Mißerfolgsmotivierten nach Erfolg **a** bzw. Mißerfolg **b** in Abhängigkeit von hohem oder niedrigem Selbstkonzept der aufgabenspezifischen Fähigkeit (SK). (Nach Butzkamm, in Vorb.)

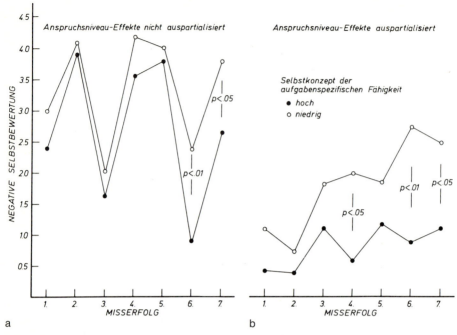

Abb. 12.9 a u. b. Stärke der negativen Selbstbewertung von Mißerfolgsmotivierten mit hohem und mit niedrigem Selbstkonzept der aufgabenspezifischen Fähigkeit (soziale Bezugsnorm) für die aufeinanderfolgenden Mißerfolge, wenn Anspruchsniveau-Effekte nicht auspartialisiert **a** oder auspartialisiert **b** sind. In den Durchgängen 3 und 6 war der Mißerfolg etwas geringer als im vorauslaufenden Durchgang. (Nach Butzkamm, in Vorb.)

Bezugsnorm. Der Einfluß des Fähigkeitskonzepts auf die Selbstbewertung trat noch deutlicher hervor, wenn man die Überlagerungen durch Anspruchsniveau-Effekte statistisch auspartialisiert, denn die jeweiligen Zielerreichungsdiskrepanzen bedingten allein etwa 50 bis 60 Prozent der Selbstbewertungsvarianz. Abb. 12.9 zeigt dies in einer Gegenüberstellung innerhalb der Gruppe der Mißerfolgsmotivierten für die aufeinanderfolgenden Mißerfolgsdurchgänge. Wie zu sehen ist, waren die Vpn mit einem Selbstkonzept niedriger aufgabenspezifischer Fähigkeit von der Serie erwartungswidriger Mißerfolge in zunehmendem Maße mit sich unzufriedener als die Vpn mit einem Selbstkonzept hoher Fähigkeit.

Zum Konstrukt des Selbstkonzepts der Begabung verdient schließlich ein Gesichtspunkt mehr Beachtung, als er bisher gefunden hat, nämlich welch ein naiv-wissenschaftliches Verständnis von „Begabung" dem individuellen Selbstkonzept zugrunde liegt. Begabung kann z. B. „statisch" als eine unveränderliche Disposition oder „dynamisch" als kumuliertes Lernergebnis aufgefaßt werden. Es handelt sich um „Metaattribuierungen" eines begrifflichen Sachverhalts, die keineswegs auf bloße Meinungsunterschiede beschränkt bleiben, sondern auch das eigene Verhalten beeinflussen. So könnte ein dynamischer Begabungsbegriff mit größerer Zukunftsorientierung (vgl. Kap. 9) zusammengehen; auch mit der Erwartung, daß sich gegenwärtige Leistungserwartungen mit der Zeit rasch ändern können („Metaerwartungen": Erwartungen über Erwartungen). Für die skizzierte Metaattribuierung haben Jopt u. Sprute (1978) Verhaltenskonsequenzen abgeleitet und einen ersten Bestätigungshinweis mitgeteilt. So wird die Schwierigkeit des Faches Mathematik von jenen Schülern eines hohen Niveaukurses für leichter gehalten, die ein statisches und kein dynamisches Begabungskonzept haben. Umgekehrt halten die „Statiker" in einem niedrigen Niveaukurs Mathematik für schwerer als die „Dynamiker" des gleichen Kurses.

Selbstbezogene Kognitionen

Die Motivationsforschung hat in den letzten zehn Jahren zunehmend dahin tendiert, Kognitionen als intervenierende Prozesse anzunehmen, weil deren Postulierung viele Befunde einfacher, „natürlicher" oder zumindest geschmeidiger erklären kann als S-R-theoretische Ansätze, die Kognitionen als subjektive Begleiterscheinungen aus der Verhaltensanalyse verbannt hatten (vgl. Heckhausen u. Weiner, 1972; Heckhausen, 1973a). Das markanteste Beispiel ist die Attributionsforschung, die – überspitzt gesagt – den Menschen ständig in Überlegungen über die Ursachen von Erscheinungen verstrickt sieht. Sie hat nach der tatsächlichen, d. h. spontanen Existenz solcher Prozesse bisher nicht gefragt, geschweige sie näher eingekreist oder gar direkt erfaßt. Statt dessen werden die vermuteten Prozesse nachträglich erfragt, so daß man mit Nisbett u. Wilson (1977) die Frage stellen muß, wieweit anstelle von Introspektionsdaten tatsächlich bemerkter Vorgänge bloß alltagspsychologische Plausibilitäten über den erfragten Sachverhalt vorgebracht werden.

Demgegenüber stellen z. B. die Befunde von Meyer u. Plöger (1979; vgl. Kap. 11, Abb. 11.13) einen methodischen Fortschritt gegenüber nachträglich und direkt erfragten Kognitionen dar. Sie erfassen zwar den Schlußfolgerungsprozeß der Vp – zwei Prämissen und eine Konklusion – nicht direkt, kreisen jedoch die vorauslaufenden Bedingungen eng ein und erfassen ihre vorausgesagte Wirkung indirekt an Verhaltenskonsequenzen. Die im folgenden berichteten Befundbeispiele sind in ihrem Rekonstruktionsnachweis für selbstbezogene Kognitionen mehr oder weniger überzeugend, stets sind aber eine selbstbezogene Kognition (oder Emotion) und ihre kurzfristige Verhaltenswirksamkeit plausibel.

Ein Beispiel ist das gehobene Selbstgefühl nach einem Erfolgsgefühl („*the warm glow if success*", Isen, 1970), das geselliger, hilfsbereiter macht (Isen, 1970; Isen, Horn u. Rosenhan, 1973), die Aufmerksamkeit mehr den eigenen Stärken als den Schwächen zuwenden läßt (Mischel, Ebbesen u. Zeiss, 1973). Ob es die selbstbezogene Emotion als solche ist, die diese Großzügigkeit mit sich und anderen zur Folge hat, oder vielmehr die Erwartung weiteren Erfolgs, haben Mischel, Ebbesen u. Zeiss (1976) anhand des selektiven Wiedererkennens von positiven und negativen Informationen über die eigene Person geprüft. Sie induzierten Erfolgs- und Mißerfolgserlebnisse und – unabhängig davon – Erfolgs- oder Mißerfolgserwartungen für eine zweite, bevorstehende Testaufgabe. Von den daraufhin mitgeteilten Informationen aus früher durchgeführten Persönlichkeitstests erkannten die Vpn in einem anschließenden Wiedererkennungstest dann weniger negative als positive Informationen, wenn sie für die künftige Testbearbeitung eine Erfolgs- und keine Mißerfolgserwartung hatten. Das ursprüngliche Erfolgserleben hatte nur eine überlagernde Wirkung. Es sind also eher Erfolgserwartungen als erfolgsbezogene Emotionszustände, die die Informationsverarbeitung selbstbezogener Inhalte beeinflussen.

Erwartungen, die das Selbst als eine Quelle besonderer Wirksamkeit einbeziehen, scheinen überhaupt eine zentrale Rolle unter den selbstbezogenen Kognitionen zu spielen. Erinnert sei an das schon in Kap. 10 erörterte „Verursacher-Erleben" nach deCharms (1968). Bandura (1977) hat das Erleben von „Selbst-Wirksamkeit" *(self-efficacy)*, – d. h. die Wirksamkeitserwartungen im Sinne der Gewißheit, über effektive Fähigkeiten zu verfügen – zur zentralen Variable gemacht, um den Erfolg ganz verschiedenartiger therapeutischer Vorgehensweisen bei der Überwindung von Furcht und Meidungsverhalten zu erklären.

Selbstaufmerksamkeit

Der gegenwärtig fruchtbarste Forschungsansatz zur Klärung der Bedingungen für das Auftreten selbstbezogener Kognitionen und deren Wirkungen auf das Verhalten ist die Theorie der „objektiven Selbstaufmerksamkeit" *(objective self-awareness)* einer Forschergruppe um Wicklund (Duval u. Wicklund, 1972; Wicklund, 1975; Frey, Wicklund u. Scheier, 1978). In der Regel richtet man seine Aufmerksamkeit auf die Umwelt und nur im Ausnahmefall nach „innen" auf das eigene Selbst. Da im letzteren Falle das Selbst das Objekt der eigenen Aufmerksamkeit ist, wird von „objektiver" Selbstaufmerksamkeit gesprochen; im Unterschied zur „subjektiven", wenn das Selbst das Subjekt der nach außen gerichteten Aufmerksamkeit ist. Die Theorie geht nicht von der Grundannahme der bisherigen Selbstkonzept-Forschung aus, daß das „Selbst" ein hochkomplex differenziertes latentes Gefüge sei, das einen beständigen Einfluß auf Erleben und Handeln der Person ausübe. Vielmehr sind es jeweils nur einzelne Aspekte des Selbst, die dann verhaltenswirksam werden können, wenn sie Gegenstand der Aufmerksamkeit, d. h. zum Inhalt selbstbezogener Kognitionen geworden sind. Wann und wie das geschieht und welche Folgen es hat, darüber gibt es vier Annahmen, die sich in vielen Untersuchungen haben bestätigen lassen.

Erstens, äußere Anlässe zum Aufmerksamkeitswechsel auf das Selbst liegen vor, wenn etwas, das die eigene Person repräsentiert, in das Wahrnehmungsfeld gerät; wenn man z. B. sein Gesicht im Spiegel erblickt, seine Stimme vom Tonband hört, aber auch wenn man eine Kamera oder die prüfenden Blicke anwesender Personen auf sich gerichtet sieht. Um experimentell einen Zustand der Selbstaufmerksamkeit zu erzeugen, wurde in der Regel ein Spiegel im Versuchslabor angebracht. *Zweitens*, sobald irgendein Selbstbezug im Erleben – wie äußerlich auch immer – hergestellt ist, besteht für alle anderen selbstbezogenen Aspekte eine erhöhte Tendenz, zum Gegenstand der Aufmerksamkeit zu werden. *Drittens*, unabhängig vom ursprünglichen Anlaß der Selbstaufmerksamkeit wird unter den zahllos möglichen Aspekten des Selbst jener zum Inhalt des weiteren selbstbezogenen Gedankenstroms, der in der gegebenen Situation bedeutungsmäßig hervortritt. Hervorstechend sind gewöhnlich unerfüllte Selbstansprüche an das eigene Handeln und seine Ergebnisse, aber auch Quellen der Zufriedenheit mit sich selbst; kurz, jene der Selbstbewertung unterzogenen Inhalte, für die eine Diskrepanz zu einem Normwert besteht. Aber auch momentane Emotionszustände können die Aufmerksamkeit auf sich ziehen. *Viertens*, richtet sich die selbstbezogene Aufmerksamkeit auf eine Diskrepanz zwischen Normwert und Verhalten oder zwischen Worten und Taten, so entsteht eine Tendenz, die Diskrepanz zu reduzieren, die zu entsprechendem Handeln führen kann. Ist unter den gegebenen Umständen eine Reduzierung nicht oder kaum möglich, so wird der Zustand der Selbstaufmerksamkeit abgebrochen; man beginnt, alle Hinweisreize zur Selbstaufmerksamkeit zu meiden. Richtet sich die selbstbezogene Aufmerksamkeit auf einen eigenen emotionalen Zustand (wie z. B. Ärger), so wird dieser Zustand intensiviert.

Die Mehrheit der Befunde bestätigt die vierte Annahme, die Reduktion oder die Meidung von selbstwertbezogenen Diskrepanzen; sie stützt die Annahmen eins bis drei mehr indirekt im Sinne naheliegender oder notwendiger Voraussetzungen. Ein Beispiel für Diskrepanz-Reduktion gibt eine Studie von Carver (1975). Anhand eines Fragebogens über die Nützlichkeit von Strafen wurden zwei Extremgruppen gebildet, die Strafe für pädagogisch nützlich oder für nutzlos hielten. Beide Gruppen erhielten dann in Einzelversuchen nach dem Buss-Paradigma der Aggressionsforschung Gelegenheit, eine (vermeintliche) Mit-Vp für ungenügende Lernleistungen mit elektrischen Stromstößen unterschiedlicher Stärke zu bestrafen. Zwischen beiden Gruppen gab es keinen Unterschied in der Stärke der gewählten Stromstöße. Ein Unterschied, wie nach den Selbstbericht-Daten zu erwarten, trat erst auf, als im Bestrafungsexperiment die Vp sich selbst in einem Spiegel sehen konnte.

Auch schon das Ausfüllen von Persönlichkeitsfragebogen kann, wenn es unter Selbstaufmerksamkeits-Bedingungen geschieht, deren Validität, gemessen an Verhaltenskriterien, erheblich erhöhen (vgl. Pryor, Gibbons, Wicklund, Fazio u. Hood, 1977). Das Vermeiden von Selbstaufmerksamkeit ließ sich nach selbstwertbelastenden Mißerfolgserlebnissen beobachten: Die Vpn verließen dann eher einen Warteraum mit Spiegel und Kamera (Duval u. Wicklund, 1972) oder waren weniger geneigt, ein Tonbandprotokoll ihrer eigenen Stimme abzuhören, während jene Vpn, die erfolgreich gewesen waren, dies mit Hingebung taten (Gibbons u. Wicklund, 1976). Die Intensivierung von Gefühlszuständen unter Selbstaufmerksamkeits-Bedingungen haben Scheier u. Carver (1977) nachgewiesen. Sie fanden den gleichen Effekt auch ohne Einführung eines Spiegels bei jenen Vpn, die in einem Fragebogen zur Selbstbefangenheit (Fenigstein, Scheier u. Buss, 1975) hohe Kennwerte hatten.

Auch die Produktivität bei der Bearbeitung von Aufgaben wird von Selbstaufmerksamkeit beeinflußt. Einen fördernden Einfluß berichten McDonald (im Druck) sowie Wicklund u. Duval (1971). Nimmt die Selbstaufmerksamkeit jedoch zu hohe Grade an, so wird die Leistungsfähigkeit beeinträchtigt (Liebling u. Shaver, 1973), offenbar weil nicht mehr genügend Aufmerksamkeit für die Erfordernisse der Aufgabe übrigbleibt (vgl. Wine, 1971). Bis heute sind Selbstaufmerksamkeits- und Leistungsmotivationsforschung zwei getrennte Lager geblieben, obwohl es manche Berührungspunkte gibt, die gegenseitige Anregung versprechen. Das gilt insbesondere für den Prozeß der Selbstbewertung.

Selbstbezogene Kognitionen in der Leistungsmotivationsforschung

Sieht man von Programmen zur Motivänderung ab (vgl. Kap. 13), so gibt es hier erst wenige und sporadische Ansätze, die selbstbezogene Kognitionen nicht nur unterstellen, sondern auch erzeugen oder näher auf ihre verschiedenen Arten eingehen. Erst neuerdings ziehen verschiedene Emotionsarten, die sich bei unterschiedlich verursachten Erfolgen oder Mißerfolgen einstellen, intensive Forschungsbemühungen auf sich. Darüber haben wir bereits im vorigen Kapitel berichtet (vgl. Tabelle 11.6 u. 11.7).

In einer Laborstudie hat Reiß (1968) gezielt selbstbezogene Kognitionen erzeugt. Leider hat sie bisher noch keine weitere Forschung angeregt. Die Autorin (vgl. in Heckhausen, 1968, S. 146 ff.) hat Erfolgs- und Mißerfolgsmotivierte mit Hilfe der Technik des gelenkten Wachtraums in einen von drei Gefühlszuständen versetzt: Erfolgsgefühl (brillianter Vortrag vor einem Auditorium), Mißerfolgsgefühl (peinliches Versagen bei einem Vortrag), idyllische Gestimmtheit (über eine Frühlingswiese schlendern und Blumen pflücken). Eine Inhaltsanalyse der induzierten Wachtraumphantasien nach dem TAT-Schlüssel für die beiden Leistungsmotive ergab ein Durchschlagen der jeweiligen Induktion, unabhängig von der Motivgruppen-Zugehörigkeit. Die Gefühlsinduktion war in einen Zeigarnik-Versuch eingebettet, und zwar zwischen Aufgabenbearbeitung und Reproduktion der bearbeiteten Aufgaben. Unter Erfolgsgestimmtheit zeigte sich ein klarer Zeigarnik-Effekt, es wurden weit mehr unerledigte als erledigte Aufgaben erinnert, unter Mißerfolgsgestimmtheit wurden die erledigten Aufgaben etwas besser behalten. Zwischen diesen Extremen lagen die Ergebnisse für die idyllische Gestimmtheit. Aus den Befunden läßt sich zweierlei schließen; einmal, daß der Zeigarnik-Effekt nicht während der Informationsaufnahme zustande kommt, sondern in den späteren Phasen der Speicherung oder des Abrufs; zum anderen, daß während dieser Phasen aktuelle selbstbezogene Kognitionen wie Erfolgs- und Mißerfolgsgestimmtheit ausschlaggebend sind und nicht latente Motivdispositionen.

Heckhausen (1980) hat von einem erweiterten Motivationsmodell (s. u.) ausgehend selbstbezogene Kognitionen, die bei Leistungstätigkeiten auftreten und von denen die meisten nichts zur Aufgabenlösung beitragen, klassifiziert. Sie kreisen z. B. um die Ursachenanalyse des möglichen Handlungsergebnisses, um Anreizwerte der möglichen Folgen der Handlungsergebnisse, um den momentanen Leistungsverlauf, um Handlungs-Ergebnis-Erwartungen, um den eigenen affektiven Zustand u. a. Sofern dabei mißerfolgsbezogene Inhalte überwiegen, kann man von Selbstzweifel-Kognitionen sprechen. Examenskandidaten gaben anonym unmittelbar nach einer mündlichen Prüfung an, wie häufig Inhalte der einzelnen Kognitionsarten während der gerade abgeschlossenen Prüfung aufgetreten waren und schätzten, wie störend sie das Auftreten der einzelnen Kognitionsarten empfunden hatten. Außerdem wurde anhand eines Fragebogens, wie wir schon in Kap. 6 (vgl. Tabelle 6.3) dargestellt haben, der Leistungsmotivationszustand erhoben, um die Kandidaten in solche mit erfolgszuversichtlichem und mit mißerfolgsängstlichem Motivationszustand während der Prüfung aufzuteilen.

Wie die Ergebnisse zeigen, traten während der Prüfung selbstbezogene Kognitionen, die für die gestellten Leistungsanforderungen überhaupt nicht dienlich waren, in erstaunlicher Vielfalt und Häufigkeit auf. Bei den meisten, aber nicht allen Kognitionsarten nimmt mit der Häufigkeit auch der Störeinfluß zu, insbesondere wenn die Kognitionsinhalte mißerfolgsbezogen waren und um Selbstzweifel kreisten. Ihre Häufigkeit und ihr Störeinfluß unterlagen in Abhängigkeit vom Motivationszustand beträchtlichen individuellen Unterschieden. Die selbstbezogenen Kognitionen waren bei mißerfolgsängstlichem Motivationszustand häufiger und störender als bei erfolgszuversichtlichem Motivationszustand (vgl. Abb. 12.10). Besonders störend waren ursachenanalytische Erwägungen (Mangel an eigener Fähigkeit und Prüfungsvorbereitung), Mißerfolgserwartungen, vorweggenommene Anreizwerte möglicher Folgen und das Gewahrwerden nervös-gespannter Zuständlichkeiten. Aber unabhängig von ihrer Häufigkeit wirkten Selbstzweifelkognitionen bei mißerfolgsängstlichem Motivationszustand störender als bei erfolgszuversichtlichem. Im letzteren Zustand wurden leichte Selbstzweifel sogar als leistungsfördernd erlebt (vgl. im übrigen Kap. 6).

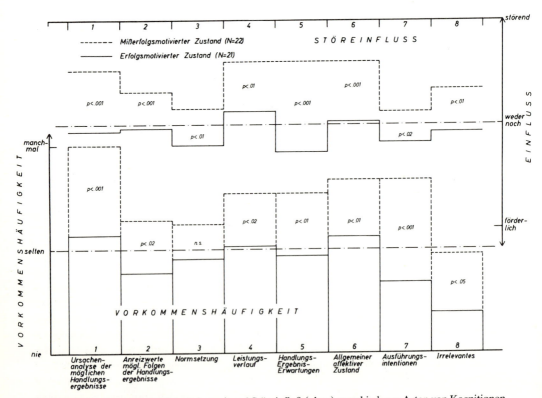

Abb. 12.10. Vorkommenshäufigkeit (unten) und Störeinfluß (oben) verschiedener Arten von Kognitionen während einer mündlichen Prüfung, aufgeteilt nach zwei Kandidatengruppen mit entweder erfolgszuversichtlichem oder mißerfolgsängstlichem Zustand. (Nach Heckhausen, 1980)

Modellüberprüfung durch Computersimulation des individuellen Falles

Zur Überprüfung von Motivationsmodellen werden in aller Regel stichprobenabhängige Parameter verwendet und deterministisch in einer mathematisierten Formalisierung verknüpft. Unter manchen Gesichtspunkten erscheinen zwei davon abweichende Vorgehensweisen angemessener. Es kann zum einen von Vorteil sein, die Parameter stichprobenunabhängig zu fassen, d. h. die Analyse von Charakteristiken der jeweiligen Vpn- und Aufgaben-Stichprobe sowie von Voraussetzungen der korrelations- oder inferenzstatistischen Datenauswertung (wie z. B. der Annahme einer Normalverteilung der Kennwerte) frei zu machen. Hierfür eignen sich stochastische Testmodelle wie das von Rasch (1960; vgl. Fischer, 1974), in dem für jede Dimension Personparameter und Aufgabenparameter (allgemeiner: Situationsparameter) unterschieden werden; z. B. wird die erlebte eigene Tüchtigkeit für einen Aufgabentyp und die erlebte Schwierigkeit (Lösbarkeit) jeder einzelnen Aufgabe erschlossen aus einer Matrix der Antworten aller Vpn zu der Frage nach den subjektiven Lösungschancen bei jeder Aufgabe. Es lassen sich latente Personparameter und latente Aufgabenparameter abschätzen und prüfen, ob zwischen dem latenten Person- oder Itemparameter und dem Antwortverhalten eine „spezifisch objektive" Beziehung besteht, d. h. eine Beziehung, die auch beim Vergleich von Parametern, die aus unterschiedlichen Stichproben gewonnen wurden, invariant bleibt.

Zum anderen bietet, was die Verknüpfung der Modellparameter betrifft, die Computersimulation den Vorteil, ein stochastisches Testmodell mit aussagenlogischen Formulierungen zu verbinden. Auf diese Weise läßt sich das jeweilige Modell für jede einzelne Vp einer Stichprobe daraufhin prüfen, wieweit der simulierte Handlungsparameter (abhängige Variable) mit dem tatsächlich erhobenen übereinstimmt. Ein Motivationsmodell muß ja nicht für alle Personen zutreffen, verschiedene Personengruppen könnten sich auch in einer Weise verhalten, die unterschiedlichen Prozeßmodellen entspricht (vgl. Bem u. Allen, 1974; Bem u. Funder, 1978). Erst wenn man es aufgibt, Modelle allein auf universalistische Gültigkeit zu prüfen, kann man auch die Einseitigkeiten der üblichen Persönlichkeitspsychologie überwinden, die Personen nomothetisch in eine Ansammlung separater Erklärungskonstrukte auflöst und andererseits Situationen eher blaß läßt oder bloß idiographisch fixiert. Die Suche nach Motivationsmodellen, die nur für umschriebene Personengruppen Gültigkeit beanspruchen, würde dagegen Personen idiographischer und Situationen nomothetischer, d. h. beide Seiten ausgewogener als bisher behandeln (vgl. Heckhausen, 1977a, S. 311).

Von diesen Grundgedanken geleitet hat Kuhl (1977) meß- und prozeßtheoretische Analysen einiger Person- und Situationsparameter von Modellen der Leistungsmotivation angestellt. Er ließ Vpn 20 Schwierigkeitsvarianten einer Aufgabe (Punkte in einem Koordinatennetz verbinden) bearbeiten. Neben den Leistungsergebnissen gab es drei weitere abhängige Variablen, die nachträglich als Vorwegnahme für eine wiederholte Aufgabenbearbeitung einzuschätzen waren: positive und negative Selbstbewertung sowie die intendierte Anstrengung. Außerdem wurde eine Reihe motivthematischer Person- und entsprechender Situationsparameter für jede einzelne Aufgabe mit Hilfe von Fragebogen erfaßt, z. B. für positive (negative) Normsetzung („Würden Sie von einer guten (schlechten) Leistung sprechen, wenn Sie diese Aufgabe (nicht) gelöst hätten?"; entspricht dem persönlichen Standard nach Kuhl, 1978b); Kausalattribuierung (wieweit die Leistung von kontrollierbaren Ursachen – Anstrengung, erlernbare Fähigkeit – und nicht von externalen beeinflußt worden ist); wahrgenommene eigene Fähigkeit und Lösbarkeit der Aufgabe (bei maximaler und minimaler Anstrengung) etc.

Abb. 12.11 zeigt in der Form von Flußdiagrammen drei aussagenlogisch formulierte Modellvarianten, um die intendierte Anstrengung zu simulieren. Die erste Modellvariante

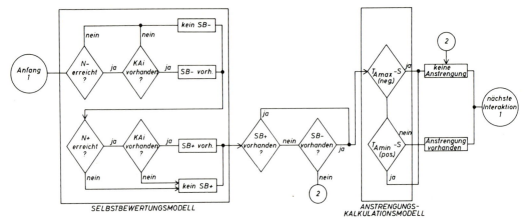

Abb. 12.11. Drei Modellvarianten zur Erklärung der intendierten Anstrengung: sowohl aufgrund antizipierter Selbstbewertung als auch von Anstrengungskalkulation. Legende: N+ und N−, Normwerte der Ergebnisse, ab welchen Erfolgs- bzw. Mißerfolgserleben beginnt; KAi, internale Kausalattribuierung; SB+ und SB−, positive bzw. negative Selbstbewertung; T_{Amax} und T_{Amin}, erlebte eigene Tüchtigkeit bei maximaler bzw. minimaler Anstrengung; S, erlebte Schwierigkeit der Aufgabe, aufgrund aufgabeninhärenter Bezugsnorm. (Nach Kuhl, 1977, S. 278)

koppelt zwei verschiedene Prozesse aneinander: Zunächst wird geprüft, ob bei der betreffenden Aufgabenversion je nach Ausfall des Ergebnisses überhaupt eine positive oder negative Selbstbewertung (SB±) antizipiert wird. Im Sinne des Selbstbewertungsmodells von Heckhausen (vgl. Abb. 12.2) sind hierfür Normwerte (d. h. Ergebnisstandards) für das Erleben von Mißerfolg (N−) bzw. Erfolg (N+) sowie eine internale Kausalattribuierung des Ergebnisses (KA_i) maßgebend. Erst wenn eine positive oder negative Selbstbewertung antizipiert wird, kommt es zum Prozeß der Anstrengungskalkulation, wie sie von Kukla (1972a) und ähnlich auch von Meyer (1973a) formuliert worden ist. Hier wird geprüft, ob die erlebte Schwierigkeit (S) die wahrgenommene eigene Tüchtigkeit auch bei maximaler Anstrengung (T_{Amax}) überfordert oder bei minimaler Anstrengung (T_{Amin}) unterfordert. Für die Differenzen T_{Amax}-S und T_{Amin}-S kann man als kritische Grenzwerte eine Konstante einsetzen. Werden sie über- bzw. unterschritten, d. h. wird die Aufgabe weder als zu schwer noch als zu leicht empfunden, wird der jeweils ausreichende Grad von Anstrengung intendiert. In der zweiten Modellvariante wird nur die Anstrengungskalkulation und in der dritten nur die Selbstbewertungsfolge als Determinante der Anstrengungsintention berücksichtigt.

In jeder Raute des Flußdiagramms sind die einander entsprechenden Person- und Situationsparameter enthalten (in Abb. 12.11 nur für Modell der Anstrengungskalkulation spezifiziert). Mit Hilfe der Modellgleichung des Rasch-Modells wird für jede Raute die Wahrscheinlichkeit einer positiven Antwort berechnet. Da das Testmodell stochastisch ist, werden bei der jeweiligen Abfrage (Raute) aufgrund des Wahrscheinlichkeitswertes eine Ja- oder Nein-Antwort für jede von 100 bis 1000 Iterationen der Computersimulation (je für eine Aufgabe) generiert, so daß schließlich für eine abhängige Variable wie intendierte Anstrengung eine theoretische Kennwert-Verteilung entsteht, die man mit dem empirisch erhobenen Kennwert für intendierte Anstrengung auf Übereinstimmung vergleichen kann. Tabelle 12.1 gibt an, bei wievielen der 105 Vpn der empirische Kennwert für jede der vier abhängigen Variablen nicht-signifikant von dem theoretischen Kennwert abweicht, d. h. eine Verträglichkeit mit dem jeweiligen Modell besteht. Von den 8 von Kuhl simulierten Modellvarianten werden hier nur vier gegenübergestellt: (1) Selbstbewertung und Anstrengungskalkulation (vgl. Abb.

12.11) (2) nur Selbstbewertung, (3) nur Anstrengungskalkulation, (4) Risikowahl-Modell nach Atkinson. Für die Computersimulation der vierten abhängigen Variable, Leistung, wurde an jedes der vier Modelle ein eigener Teilprozeß angehängt, der den Grad objektiver Fähigkeit und intendierter Anstrengung heranzieht.

Wie aus Tabelle 12.1 zu ersehen ist, wurde die Selbstbewertung von dem Selbstbewertungsmodell (1 und 2) und dem Risikowahl-Modell (4) für annähernd gleich viel Vpn (20–35%) vorhergesagt, wobei das Selbstbewertungsmodell für positive, das Risikowahl-Modell für negative Selbstbewertung etwas überlegen war. Hinsichtlich der intendierten Anstrengung stand das reine Selbstbewertungsmodell dem reinen Anstrengungskalkulationsmodell kaum nach, dagegen war das Risikowahl-Modell nur für wenige Vpn erklärungsträchtig. Bezüglich der Leistung bestand bei allen Modellen für mehr als die Hälfte der Vpn Modellverträglichkeit.

Wie die Beispiele demonstrieren, lassen sich mit Hilfe der Computersimulation die Modellvarianten leicht variieren und auch ergänzen, um Modelle herauszufinden, die für möglichst viele Vpn Erklärungswert haben. Dennoch wird es wahrscheinlich stets Personengruppen geben, für die unterschiedliche Prozeßmodelle der Motivation gelten. So fand Kuhl (1977), daß von seinen 105 Vpn die intendierte Anstrengung bei 21 Vpn nur dem Selbstbewertungsmodell, bei 31 nur dem Anstrengungskalkulationsmodell, bei 21 beiden Modellen und schließlich bei 32 keinem der beiden Modelle entsprach.

Der nächste Schritt wäre dann, nach Unterschieden zwischen solchen Personengruppen zu fahnden. So fand Kuhl, daß Vpn, deren intendierte Anstrengung nur dem Anstrengungskalkulationsmodell und nicht dem Selbstbewertungsmodell folgte, signifikant höhere Kennwerte haben für Anstrengung, Tüchtigkeitseinschätzung, internale Kausalfaktoren, negative Bewertung von Mißerfolg und objektive Fähigkeit. Die Frage, warum gerade diese Personmerkmale die Gültigkeitsgrenzen für verschiedene Motivationsmodelle markieren, ist offen. Festzuhalten ist

Tabelle 12.1. Anzahl der modellkonformen Vpn (von $N = 105$) bei der Computersimulation von positiver und negativer Selbstbewertung, intendierter Anstrengung und Leistung aufgrund von vier Modellvarianten. (Nach Kuhl, 1977, S. 301)

Modellvarianten	Selbstbewertung		intendierte Anstrengung	Leistung
	pos.	neg.		
1. Selbstbewertung plus Anstrengungskalkulation	38	22	28	66
2. Nur Selbstbewertung	37	22	42	69
3. Nur Anstrengungskalkulation	–	–	52	68
4. Risikowahl-Modell	29	34	9	60

für die weitere Forschung, daß von einer unbegrenzten Generalisierbarkeit der Motivationsmodelle über alle Individuen hinweg nicht die Rede sein kann. Eine solche von herkömmlichen, statistischen Auswertungsmethoden genährte Fiktion löst sich auf, wenn man auf der Grundlage stochastischer Testmodelle die individuellen Fälle einer Computersimulation unterzieht.

Informationsgewinn oder affektive Befriedigung?

Wir greifen jetzt die schon im letzten Kapitel gestellte Wozu-Frage des Leistungshandelns wieder auf. Die Leistungsmotivationsforschung hat von Beginn an (Atkinson, 1957) diese Wozu-Frage zugunsten selbstbewertender Emotionen entschieden, ohne die Frage explizit zu stellen. Mit der Konzeption des Leistungsmotivs als eines Selbstbewertungssystems (zuerst Heckhausen, 1972) wurde ein Prozeß der Informationsverarbeitung (Vergleich von Ergebnis mit Standard unter Berücksichtigung der Kausalattribution des Ergebnisses) eng mit der sich daraus ergebenden Selbstbewertungsemotion gekoppelt, der die eigentliche Motivationsfunktion zugeschrieben wird.

In jüngerer Zeit sind zwei Konzeptionen von außen in die Leistungsmotivationsforschung hineingetragen worden, die die Motivationsfunktion affektiver Befriedigung in Frage stellen und stattdessen den Informationsgewinn vorgeschlagen haben. Die erste Konzeption stammt aus attributionstheoretischen Überlegungen und sieht im Leistungshandeln einen speziellen Fall von Selbsterkenntnisstreben, nämlich mehr Information über die eigene Tüchtigkeit zu gewinnen. Die zweite Konzeption entstammt einer Verbindung der aktivationstheoretischen Motivationsforschung mit der Informationstheorie. Sie geht ganz generell von einem rein informationspsychologischen Motivationsprinzip aus, nach welchem bestehende Ungewißheit durch Handeln maximal zu reduzieren gesucht wird. Leistungshandeln – insbesondere die Wahl der Aufgabenschwierigkeit – erfolgt nach dem attributionstheoretischen Ansatz, weil der Handelnde mehr Information über sich selbst – und nach dem informationspsychologischen Ansatz – weil er mehr Information über die Schwierigkeit der Aufgabe gewinnen will. Wenden wir uns nacheinander beiden Ansätzen zu.

Der attributionstheoretische Ansatz

Das meiste dazu haben wir schon im letzten und in diesem Kapitel behandelt, wir können uns deshalb auf einige wesentliche Punkte beschränken. Wenn subjektiv mittlere Aufgabenschwierigkeiten bevorzugt werden und wenn der Handelnde in diesem Bereich erzielte Ergebnisse maximal seiner Fähigkeit und Anstrengung zuschreibt, liegt die Annahme nahe, der Handelnde strebe nach einer Maximierung internaler Attribution seiner Handlungsergebnisse, statt nach einer Optimierung der zu erwartenden Selbstbewertungsbilanz, wie es das Risikowahl-Modell

annimmt. Als erste haben Weiner und Mitarbeiter (1971; 1972) diese Annahme geäußert; freilich zunächst als Ergänzung zu selbstbewertenden Emotionen und ohne deren Motivationsfunktion infrage zu stellen. So sollte ein Mißerfolgsmotivierter Informationsgewinn (mittelschwere Aufgaben) meiden, um einer Selbstwert-Belastung aus dem Wege zu gehen. Später wurde die „kognitive" Motivationserklärung zunehmend gegenüber der „hedonistischen" (Risikowahl-Modell) verabsolutiert. Zunächst wurde versucht (Meyer, 1973a), die beiden Leistungsmotive durch Selbstkonzepte hoher bzw. geringer Begabung zu ersetzen (da dies natürlicherweise mit Unterschieden der bevorzugten *objektiven* Aufgabenschwierigkeit einhergeht). Schließlich wurde der Nachweis zu führen gesucht (Meyer et. al., 1976; Weiner, 1978), daß Informationsgewinn ein universelles Motivationsprinzip ist, das auch für Mißerfolgsmotivierte gilt, weil sie sich in der Schwierigkeitsbevorzugung nicht von den Erfolgsmotivierten unterschieden.

Nach der absolut gesetzten „kognitiven" Erklärung müßten Mißerfolge dem Handelnden genauso willkommen sein wie Erfolge, wenn sie nur den gleichen Gewinn an Information über die eigene Untüchtigkeit wie bei Erfolg über die eigene Tüchtigkeit brächten. Diese, der Selbsterfahrung widersprechende Theorieableitung hat man bisher noch nicht geprüft. Sie widerspricht auch phänomendeskriptiven Befunden zur Affektivität von Erfolgs- und Mißerfolgserleben (Fuchs, 1963; 1965; Heckhausen, 1955). Sie läßt sich auch nicht vereinen mit vielerlei Befunden über motivgebundene Unterschiede in der Schwierigkeitsbevorzugung (vgl. Kap. 9; unten: erweitertes Modell) und in den Attributionsmustern (Kap. 11). Eine weitere und bisher ungeprüfte Theorieableitung würde voraussagen, daß die Motivation, sich mit einer Aufgabe zu beschäftigen, umso mehr schwindet, je sicherer man sich über die eigene aufgabenspezifische Tüchtigkeit geworden sei – eine wenig wahrscheinliche Aussage.

Ungenügende Spezifikation des antezedenten Informationsmusters

Weiner und Meyer behaupten, daß es bei subjektiv mittelschweren Aufgaben immer zu einer maximalen internalen Attribution der Leistungsergebnisse komme. Diese generelle Aussage beruht, wie wir schon im vorigen Kapitel (vgl. Auswirkungen im Verhalten) erwähnten, auf einer unvollständigen Spezifikation des antezedenten Informationsmusters. Die Aussage gilt nämlich nur für Informationsmuster, die nach Kelley (1967) eine Personabhängigkeit der Leistungsergebnisse nahelegen und üblicherweise in dem von diesen Forschern verwendeten Versuchsparadigma enthalten sind. Mittlere Aufgabenschwierigkeit wird nämlich durch soziale Bezugsnorm (etwa 50% einer Bezugsgruppe können diese Aufgabe lösen) induziert. Eine solche Information über niedrigen Konsens begünstigt nach Kelley Personattribution (vgl. Tabelle 10.2), zumal, wenn die weiterhin differenzierende Besonderheitsinformation ausfällt, weil die Vpn keine eigenen Erfahrungen mit verschiedenen Aufgaben-Entitäten machen können.

Verwendet man dagegen individuelle Bezugsnorm und mehrere Schwierigkeitsstufen der gleichen Aufgaben als leistungsthematisches Basisparadigma, so sammeln die Vpn selbst Erfahrungen über verschiedene Aufgabenschwierigkeiten (Entitäten; Information über hohe Besonderheit), erhalten keine sozialen Normen mitgeteilt (keine Konsensinformation) und erfahren bei wiederholter Ausführung der einzelnen Aufgaben hohe Konsistenz der Ergebnisse bei jeder Aufgabenschwierigkeit (was ebenso gut der Person wie der Entität attribuiert werden kann). Bei einem solchen Informationsmuster sehen die Vpn die Ursachen ihrer Erfolge und Mißerfolge im mittelschweren Bereich nicht in internalen Faktoren, sondern über die ganze Schwierigkeitsstufung hinweg in Entitätsunterschieden der Aufgaben, d. h., sie differenzieren bei der Attribution nur nach Leichtigkeit oder Schwierigkeit der Aufgabenstufen (vgl. Krug, 1971; Schneider u. Posse, 1978a, b, c). Im übrigen erklärt die bei einem solchen Paradigma nahegelegte Entitäts-Attribution vielleicht auch, warum Schneider (1973) keine deutlichen Anspruchsniveau-Unterschiede zwischen beiden Motivgruppen gefunden hat (vgl. Kap. 9).

Da die Vpn auch unter dem Informationsmuster des Schneiderschen Paradigmas subjektiv mittelschwere Aufgaben bevorzugt haben, obwohl bei diesen keine erhöhte Personattribuierung vorgenommen wurde, versagt hier der „kognitive" Erklärungsansatz der Suche nach mehr Information über eigene Tüchtigkeit, während der „hedonistische" Ansatz eines Strebens nach affektiver Befriedigung auch hier ausreicht. Diese Analyse unterstreicht die Notwendigkeit einer systematischen Variation der antezedenten Informationsmuster, ehe man attributionstheoretische Schlußfolgerungen zugunsten einer generellen Motivationsfunktion des Erkenntnisgewinns über die eigene Tüchtigkeit zieht.

„Diagnostizität"

Da die Bevorzugung mittelschwerer Aufgaben sowohl mit Informationsgewinn als auch mit affektiver Befriedigung erklärt werden kann, bot sich ein weiterer Aufgabenparameter, die sog. „Diagnostizität", an, um zwischen beiden Erklärungen zu entscheiden. Normalerweise hat eine Aufgabe die größte Diagnostizität (d. h. Diagnosewert für das Erschließen einer ihr entsprechenden Fähigkeit), wenn sie so schwer ist, daß sie nur von der Hälfte einer Bezugsgruppe – und zwar von den für diese Aufgabe erwiesenermaßen Begabteren – gelöst werden kann. Trope u. Brickman (1975) haben ihren Vpn Informationen über Aufgaben vorgelegt, nach denen die Diagnostizität unabhängig vom Schwierigkeitsgrad (definiert anhand sozialer Bezugsnorm) variiert war. So wurde etwa von zwei Aufgaben behauptet, daß bei der ersten 90% aller Höherbegabten und 60% aller Niedrigerbegabten Erfolg hätten, während diese Relation bei der zweiten Aufgabe 52 zu 48% betrage. Die erstere Aufgabe (90% zu 60% Erfolg in beiden Begabungsgruppen) ist ziemlich leicht, aber von hoher Diagnostizität. Die letztere Aufgabe (52% zu 48% Erfolg in beiden Begabungsgruppen) ist zwar mittelschwer, besitzt aber kaum Diagnostizität. Nach diesem Muster legten die Autoren zur Wahl jedesmal drei verschieden schwere Testversionen vor, wobei entweder die mittelschwere oder die leichte und schwere Version die größere Diagnostizität besitzen sollte. Erfaßt werden sollte mit den Testversionen eine ganz besondere Art Intelligenz („*integrative orientation*"), von der zudem behauptet wurde, daß sie in der Population der Vpn je zur Hälfte hoch bzw. niedrig ausgeprägt sei.

Wie die Autoren erwartet hatten, richteten sich die Vpn bei der Wahl nach der Diagnostizität und nicht nach der Schwierigkeit. Die Vpn bevorzugten also auch leichte oder schwere Aufgaben vor mittelschweren, wenn die ersteren eine größere Diagnostizität als die letzteren besaßen. In zwei weiteren Studien wurden auch die Leistungsmotive erhoben. Trope (1975) fand, daß Erfolgsmotivierte mehr als Mißerfolgsmotivierte Aufgaben mit hoher Diagnostizität bevorzugen. Bukkert, Meyer u. Schmalt (1979) stellten dagegen keinen Unterschied zwischen beiden Motivgruppen in der Bevorzugung von Diagnostizität über Schwierigkeitsgrad fest.

Alle Autoren der Diagnostizitäts-Studien schließen aus ihren Befunden, daß Informationsgewinn und nicht affektive Befriedigung (Risikowahl-Modell) für die Wahl maßgebend sei. Eine solche Schlußfolgerung ist allerdings wenig überzeugend. Dafür gibt es mehrere Gründe. Einmal wurden die Schwierigkeitsangaben aufgrund sozialer Bezugsnorm gemacht. Durch solche Konsensinformation läßt sich, wie wir in Kap. 9 und 10 gesehen haben, der von der einzelnen Vp geschätzte Schwierigkeitsgrad nur wenig beeinflussen, auch wenn wie in den Diagnostizitäts-Experimenten noch keinerlei Erfahrungen mit den Aufgaben gemacht werden konnten. Zweitens wurde der „Diagnostizität" durch die Informationshinweise sowie auch durch die Unbekanntheit der Aufgabe ein hervorstechender Aufforderungscharakter gegeben. Drittens und vor allem sahen sich die Vpn vor die Wahl gestellt, zwischen validen und invaliden Testversionen zu unterscheiden, um festzustellen, ob sie zu jener Hälfte ihrer Population gehörten, die jene so begehrte Fähigkeit besäße. In dieser eigenartigen Situation wählten sie die einzig relevante Testversion, nämlich die valide, auch wenn sie nicht „mittelschwer" war. Denn bei der unvaliden Aufgabe ist nicht zu begreifen, warum sie überhaupt eine Testversion sein soll; entweder mißt sie etwas anderes, was nicht zur Untersuchungsabsicht des Vls gehört, oder ihre Lösung hängt weitgehend von Zufallsfaktoren ab. Was die Diagnostizitäts-Experimente zeigen, ist, daß Vpn sich nicht im Widersinn zur *cover story* des Vls (auch wenn diese im Widerspruch zur vorgelegten Aufgabe steht) verhalten haben – mehr nicht.

Der informationspsychologische Ansatz

In einer Fortentwicklung seines Modells der Anstrengungskalkulation hat Meyer (1976; Meyer u. Hallermann, 1977) den motivierenden Anreiz des Informationsgewinns von Kausalerklärungen gelöst und als eine Funktion von wahrgenommener eigener Fähigkeit und wahrgenommener (subjektiver) Aufgabenschwierigkeit formalisiert. Das Kalkül läuft im wesentlichen auf das informationstheoretische Maß der Ungewißheit (H) von Shannon u. Weaver (1949) hinaus. Berlyne (1960) hat dieses Ungewißheitsmaß in seiner aktivationstheoretisch orientierten Motivationsforschung verwendet (vgl. 4. Kap.). Danach bevorzugt man solche Handlungen, hinsichtlich deren Ergebnis man die größte Ungewißheit hat, weil, nachdem das Ergebnis eingetreten ist, die bestehende Ungewißheit maximal reduziert werden kann. Die Ungewißheit eines Handlungsergebnisses ist umso größer, (1) je gleichwahrscheinlicher die Ergebnisalternativen sind und (2) je mehr Ergebnisalternativen es gibt.

Bei einer Aufgabe gibt es in der Regel zwei Ergebnisalternativen (Erfolg oder Mißerfolg), und die Ungewißheit, welche der beiden eintritt, ist bei einer mittelschweren Aufgabe (We = 0,50) am größten. Sie wird gewählt, weil man mit ihr die Ungewißheit darüber, ob die eigene Leistungstüchtigkeit zu ihrer Lösung noch ausreicht, maximal reduziert.

Die *H*-Werte stimmem im Falle der Aufgabenwahl mit den Erwartungs-mal-Wert-Produkten des Risikowahl-Modells überein (d. h. genau nur mit Vorhersagen für Erfolgsmotivierte). Wie wir im Kap. 9 gesehen haben, hat Schneider (1973; 1974; Schneider u. Posse, 1978a, b, c) geprüft, ob unmittelbar erfaßte Maße wie subjektive Ungewißheit, Entscheidungszeit, Urteilsgewißheit (Konfidenz) und geschätzte Leistungsinformation die Aufgabenwahl besser vorhersagen lassen als das mit Hilfe der Erfolgswahrscheinlichkeitsurteile errechnete informationstheoretische *H*-Maß sowie die damit übereinstimmenden Kennwerte des Risikowahl-Modells (erwartungsgewichteter Erfolgsanreiz). Alle unmittelbaren Maße lieferten keine besseren Vorhersagen als die beiden mittelbaren Maße, zumal, wenn die individuellen Präferenzfolgen aufzuklären waren. Bei der erfragten Leistungsinformation, die durch Ausführung der einzelnen, verschieden schwierigen Aufgaben eingeholt werden kann, zeigte ein Teil der Vpn nicht die zu erwartende umgekehrt U-förmige Funktion in Abhängigkeit von den individuellen Erfolgswahrscheinlichkeitsurteilen (Schneider u. Posse, 1978a).

Offenbar gründeten diese Vpn ihr Urteil über den Informationsgewinn nicht auf die erlebte Ungewißheit, sondern auf die Höhe der Aufgabenschwierigkeit, ohne diese noch mit der Erfolgswahrscheinlichkeit zu gewichten. Dahinter stand vermutlich die plausible Überlegung, daß, je höher die gemeisterte Schwierigkeitsstufe ist, es auch umso mehr leichtere Schwierigkeitsstufen gibt, die man ebenfalls meistern kann. Wäre man tatsächlich bei einer höheren Schwierigkeitsstufe (We < 0,50) erfolgreich, hätte man mehr Ungewißheit reduziert, als bei einer gemeisterten mittelschweren Aufgabe. Dem größeren Informationswert erwartungswidrig hoher Leistungen entspricht eine logarithmische Funktion des partiellen Informationsgehalts nach der Informationstheorie, wie sie etwa Schneider (1973) und Fuchs (1976) vorgeschlagen haben. Freilich ist bei schwereren Aufgaben Erfolg auf längere Sicht ein eher seltenes Ereignis, so daß letztlich weniger Leistungsinformation als bei mittleren Schwierigkeitsgraden zu erwarten ist. Dem trägt das informationstheoretische Kalkül Rechnung. Der partielle Informationsgehalt von Erfolg hat bei einer eher schweren Aufgabe (We = 0,37), derjenige des Mißerfolgs bei einer eher leichten Aufgabe (We = 0,63) sein Maximum. Berücksichtigt man die beiden alternativen Ereignisse in gleichem Maße, so liegt die insgesamt im Mittel zu erwartende maximale Leistungsinformation bei We = 0,50. Das Urteil über die einholbare Leistungsinformation ist aber keine konsistente Erlebnisgröße, weil ein Teil der Vpn damit den partiellen Informationsgehalt von Erfolg, ein anderer Teil die gemittelten partiellen Informationsgehalte für Erfolg und Mißerfolg verbindet.

Insgesamt läßt sich sagen, daß der informationspsychologische Ansatz – gleich, ob er unmittelbare Erlebnisgrößen oder das *H*-Maß heranzieht – ebenfalls keine Entscheidung darüber gestattet, ob eher Informationsgewinn oder affektive Befriedigung motiviert, da die Ergebnisse sich nicht wesentlich vom erwartungsgewichteten Erfolgsanreiz des Risikowahl-Modells unterscheiden. Für den informationspsychologischen Ansatz würde es dagegen sprechen, wenn sich die Mißerfolgsmotivierten in ihrer Aufgabenwahl nicht, wie es das Risikowahl-Modell postuliert, von den Erfolgsmotivierten unterscheiden. Die Befundlage ist nicht einhellig und umstritten (vgl. Heckhausen, 1975c; 1977a; Meyer et al., 1976). Schneider (z. B. 1973) fand in seinen Untersuchungen keine wesentlichen Motivunterschiede in der Aufgabenwahl. Das kann aber, worauf wir oben bereits hingewiesen haben, an dem besonderen Versuchsparadigma Schneiders liegen, weil es eine Schwierigkeits- und keine internale Attribuierung für Erfolg und Mißerfolg auf den verschiedenen Schwierigkeitsstufen nahelegte.

Die verteilten motivationspsychologischen Rollen von Ungewißheitsreduktion und von Selbstbewertung

Ob während einer ablaufenden Tätigkeit Informationen über den momentan erreichten Leistungsstand oder nach abgeschlossener

Tätigkeit über das erzielte Ergebnis eingeholt werden, hat offenbar eine unterschiedliche motivationspsychologische Bedeutung. Während der Handlung können Rückmeldungen noch dazu dienen, die Tätigkeit zu steuern, etwa die Anstrengung je nach dem erreichten Leistungsstand zu erhöhen oder zu senken. Hier hat das Einholen von Rückmeldungen einerseits eine Informationsfunktion: Es reduziert Ungewißheit über den momentanen Stand. Andererseits gibt dies die Grundlage ab für den laufenden Motivationsprozeß der Anstrengungsregulation. Informationsgewinn selbst ist hier kein Motivationsziel, sondern eine Voraussetzung der Regulation der intendierten Anstrengung, hat also zusätzlich eine mittelbare Motivationsfunktion. Ist die Tätigkeit dagegen abgeschlossen, dient das Einholen von Information über das Ergebnis der abschließenden Selbstbewertung. Selbstbewertung ist im Unterschied zur Anstrengungsregulation ein Motivationsziel, ob es nun in einem Informationsgewinn über eigene Tüchtigkeit oder daraus abgeleiteter affektiver Befriedigung bestehen mag. In jedem Fall hat Selbstbewertung Anreizwert und motiviert so die gesamte Handlungssequenz. Deshalb hat das Einholen von Ergebnisrückmeldung nach abgeschlossener Tätigkeit eine Motivationsfunktion. Wir haben bereits gesehen, daß in diesem Falle das Einholen von Information nicht durch Ungewißheitsreduktion, sondern durch die Folgen an affektiver Befriedigung motiviert zu sein scheint (vgl. Abb. 11.14). Denn Erfolgsmotivierte holen bevorzugt bei mittelschweren Aufgaben Informationen ein, während Mißerfolgsmotivierte dies eher meiden (Butzkamm, 1972; Starke, 1975).

Das Einholen von Information spielt also zwei verschiedene motivationspsychologische Rollen. Während der ablaufenden Handlung folgt es der Ungewißheitsreduktion und dient der motivationalen Handlungssteuerung. Nach Abschluß der Handlung schafft es – sofern noch nötig – die Voraussetzung der Selbstbewertung, deren Anreizwert die Handlung selbst motiviert. Die erste Rolle haben Halisch u. Heckhausen (1977) in einer Studie über Informationseinholung und Anstrengungsregulation analysiert. Sechs- bis achtjährige Vpn, die nach dem Kritzeltest von Aronson (1958) in eine erfolgs- und eine mißerfolgsmotivierte Gruppe aufgeteilt waren, bauten im Einzelversuch mit dem Vl um die Wette einen Turm. Nach drei Durchgängen, in denen keiner gewann, wurden durch Erfolgsraten von 20, 50 und 80% entsprechende Erfolgserwartungen induziert. In einer Schlußphase waren Erfolg und Mißerfolg für alle drei Erwartungsgruppen gleich verteilt. Registriert wurden (1) Zeitpunkte und Häufigkeit des Informationseinholens während des Bauens (Kind blickt zum Turm des Vls) und (2) die Bewegungsschnelligkeit vom Aufnehmen jedes Bauklotzes bis zu seinem Absetzen auf dem Turm.

Wie erwartet, entsprach die Häufigkeit der Informationseinholung dem informationspsychologischen Ansatz, d. h. sie gehorchten in beiden Motivgruppen allein der Ungewißheitsreduktion. Am Ende der Induktionsphase holte die Gruppe mit mittelhoher Erwartung (Erfolgsrate von 50%, höchste Ungewißheit) signifikant mehr Informationen ein als die beiden Gruppen mit hoher oder niedriger Erwartung (vgl. Abb. 12.12). Zu Beginn der Induktionsphase und in der Abschlußphase, wo jedesmal Erfolg und Mißerfolg gleich verteilt waren, war die Informationseinholung in allen drei Gruppen annähernd gleich häufig. Die gesuchten Rückmeldungen hatten also eine Informationsfunktion. Hatten sie auch eine mittelbare Motivationsfunktion im Dienste der Handlungssteuerung? Um diese Frage zu beantworten, wurde geprüft, ob und wie sich die Bewegungszeit in der Schlußphase nach dem Einholen einer Information über momentanen Vorsprung oder Rückstand änderte, in Relation zu einer vergleichbaren Bewegungszeit vor der Informationseinholung. Denn die Anstrengungsregulation sollte in Änderungen der Bewegungsschnelligkeit zum Ausdruck kommen. Nach dem Risikowahl-Modell und seiner attributionstheoretischen Erweiterung waren folgende Hypothesen aufgestellt worden. Erfolgsmotivierte sollten nach einer momentanen Mißerfolgsrückmeldung ihre Anstrengung erhöhen, wenn ihre Erfolgserwartung mittelhoch oder hoch ist, weil weiterer Erfolg fraglich wird. Ist die Er-

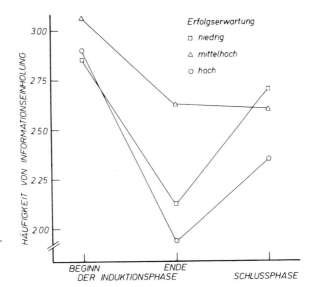

Abb. 12.12. Mittlere Häufigkeit der Informationseinholung pro Durchgang zu Beginn und am Ende der Induktionsphase sowie in der Schlußphase in Gruppen mit induzierter niedriger, mittelhoher und hoher Erfolgserwartung. (Nach Halisch u. Heckhausen, 1977, S. 728)

folgserwartung dagegen bereits niedrig, sollte der Anstrengungsaufwand vermindert werden, weil die bisherige Mißerfolgsserie kaum noch durch einen variablen Faktor wie Anstrengung erklärbar ist. Nach momentaner Erfolgsrückmeldung sollte das Umgekehrte eintreten: Wenn die Erfolgserwartung niedrig ist (und nun infolge des beobachteten Vorsprungs angehoben wird), erhöhen Erfolgsmotivierte ihre Anstrengung. Ist dagegen die Erfolgserwartung bereits mittelhoch oder hoch, sollte eine momentane Erfolgsrückmeldung die Anstrengung eher sinken lassen, da ohnehin mit Erfolg gerechnet wird. Für Mißerfolgsmotivierte sollten die entgegengesetzten Beziehungen wie für Erfolgsmotivierte gelten, wenn sie Selbstbewertung unter mittelhohen Erfolgserwartungen (und eine Annäherung daran) zu meiden suchen, wie das Risikowahl-Modell postuliert.

Abb. 12.13 zeigt die Änderungen der Bewegungsschnelligkeit nach Erfolg- und Mißerfolgsrückmeldung für beide Motivgruppen. Bei den Erfolgsmotivierten entsprechen sie voll den Vorhersagen. Sah man sich im Vorsprung, so erhöhte man die Anstrengung, wenn die Erfolgserwartung gering war; man senkte sie, wenn die Erfolgserwartung bereits mittelhoch oder hoch war. Sah man sich im Rückstand, so senkte man die Anstrengung, wenn man bereits eine niedrige Erfolgserwartung hatte; man erhöhte sie jedoch, wenn man aufgrund der bisherigen Erfolgsrate (mittelhoch oder hoch) eher zuversichtlich war und weiteren Erfolg nun infragegestellt sah. Die Anstrengungsregulation der Mißerfolgsmotivierten entsprach nicht den Vorhersagen. Zwischen den Erwartungsgruppen gab es keine Unterschiede und nach Mißerfolgsrückmeldung sank die Anstrengung leicht (aber nicht signifikant) ab. Die Befunde ließen sich durch die Annahme erklären, daß das für diese Motivgruppe typische Atttributionsmuster (Erfolg aus Glück; Mißerfolg wegen mangelnder Fähigkeit) die Wirkung der induzierten unterschiedlichen Erwartungen überlagert hat.

Ingesamt bestätigen die Befunde, daß das Einholen von Rückmeldung während einer Handlung einerseits eine Informationsfunktion und andrerseits eine Motivationsfunktion erfüllt. Es reduziert zum einen Ungewißheit und schafft zum anderen die Voraussetzung für die Regulation der ablaufenden Handlung (hier die Anstrengungsintensität). Davon zu unterscheiden ist das Einholen von Information über das endgültig erzielte Handlungsergebnis. Es ist Voraussetzung für die Selbstbewertungsfolgen, deren Anreizwert die gesamte Handlungsequenz motiviert.

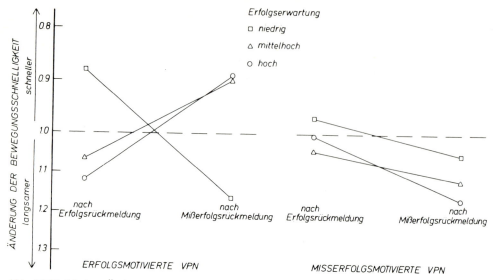

Abb. 12.13. Mittlere Änderungen der Bewegungsschnelligkeit in Reaktion auf Erfolgs- und Mißerfolgsrückmeldungen zu Beginn der Schlußphase als Funktion von Erfolgserwartungen (niedrig, mittelhoch, hoch) und der beiden Leistungsmotive. (Änderungswerte der Schnelligkeit sind Quotienten der Zeiten einer Bewegungseinheit nach der Rückmeldung und vergleichbarer Bewegungseinheiten vor der Rückmeldung). (Nach Halisch u. Heckhausen, 1977, S. 730)

Abschließende Bemerkungen

Nach allen Erörterungen und inspizierten Befunden ist die Frage, ob Leistungshandeln durch den Anreiz des erwarteten Informationsgewinns oder der erwarteten affektiven Befriedigung motiviert sei – ob ein „kognitives" oder ein „hedonistisches" Motivationsmodell angemessener sei – in dieser Entweder-Oder-Form nicht eindeutig zu beantworten. Zwar läßt sich die Motivationsfunktion von selbstbewertenden Emotionen nicht leugnen, und sie kann auch mehr für sich ins Feld führen, aber das alles schließt die Motivationsfunktion von Informationsgewinn über die eigene Tüchtigkeit oder über die Natur der Aufgabe nicht aus, wenn dies auch nicht auf Kosten affektiver Befriedigung verabsolutiert werden kann.

Wahrscheinlich ist die Frage aus mindestens zwei Gründen nicht entscheidbar und heuristisch unfruchtbar. Der erste Grund liegt darin, daß es sich offenbar um eine metapsychologische Frage handelt. Denn die Frage nach den „letzten Zielen" von Lebewesen überfordert die Psychologie mit ihren Methoden der Erlebnis- und Verhaltensanalyse. Vielleicht sind hierfür phylogenetische Analysen der Biologie und gesellschaftlich-historische Analysen der Sozialwissenschaften besser geeignet. Der zweite Grund liegt in der klischeehaften Gegensätzlichkeit der Begriffe „Kognition" (Informationsgewinn) und „Emotion" (affektive Befriedigung). Wenn wir Kognitionen als emotionslose Gedankeninhalte und Emotionen als informationslose Erlebniszustände auffassen, so sind wir das Opfer einer langtradierten Schreibtischpsychologie. Informationen über den Erfolg eigenen Tuns und die eigene Person dürften in der Regel eher in Form emotionsgetönter als kühlrationaler Kognitionen verarbeitet werden. Solche Informationen lösen gleichzeitig auch spezifische Emotionen aus. Emotionen und Affekte geben unmittelbar auch Information über den Bedeutungsgehalt motivrelevanter Gegebenheiten (Arnold, 1960). Sie mögen weit weniger elaboriert sein als gedankliche Reflexionen, aber für eine erste schnelle Reaktion durchaus geeignet, ja erforderlich.

Wenn sich kognitive (informative) und affektive Aspekte weitgehend durchdringen, verliert die Frage, was von beiden Priorität habe oder gar allein motivationswirksam sei, ihren Sinn. Die motivationale Wirksamkeit von Selbstbewertungsemotionen, die nicht informationslos sind, ist für das Leistungshandeln gut belegt. Das gilt einmal für die Antizipation von Selbstbewertungsemotionen, die zu Leistungshandeln anregt oder vor ihm ausweichen läßt, die es aufrecht erhält oder abbrechen läßt. Zum anderen gilt es für die langfristige Stabilisierung des Motivsystems, die durch individuelle Voreingenommenheiten in der Selbstbewertung von Handlungsergebnissen bewirkt wird.

Intrinsische und extrinsische Motivation

Offensichtlich scheint Verhalten entweder eher von „innen heraus" (intrinsisch) oder eher „von außen her" (extrinsisch) motiviert zu sein. Diese Gegenüberstellung ist fast so alt wie die experimentelle Motivationsforschung. Sie scheint immer dann aktuell zu werden, wenn die Forschung sich mit einigem Erfolg auf solches Verhalten konzentriert hat, das der Befriedigung körperlicher Bedürfnisse oder der Meidung aversiver Körperzustände dient, und im Begriffe ist, alles Verhalten, seine Veränderungen (Lernen) und die ihm zugrundegelegte Motivation auf externale Verhaltensfolgen in Gestalt von Bekräftigungen – Belohnungen, Nicht-Belohnungen und Bestrafungen – zurückzuführen. Gegen eine solche ausschließlich instrumentelle Auffassung, die Verhalten letztlich nur im Dienste eines Organismus sieht, der homöostatische Krisen meistern muß, hat es regelmäßig Einsprüche gegeben; zumal wenn tierexperimentelle Ergebnisse pauschal auf den Menschen übertragen wurden.

Der vielleicht früheste Einspruch stammt von Woodworth (1918) in Gestalt seiner Theorie der *behavior-primacy*. Danach gibt es eine angeborene Ausstattung für sensorische, motorische oder kognitive Fähigkeiten. Solche „Mechanismen" werden von „Trieben" wie Neugier oder Selbstbehauptung energetisiert, sie entwickeln sich, und ihre Aktivität ist in sich selbst befriedigend. Eine derart entwickelte und motivierte Aktivität kann in den Dienst körperlicher Triebbefriedigung gestellt werden; aber nur „when it is running by its own drive ... can (it) run freely and effectively" (Woodworth, 1918; S. 70). Eine vergleichbare Auffassung ist Allports (1937) „Prinzip der funktionellen Autonomie", nach welcher ursprünglich instrumentelle Handlungen ihren eigenständigen (intrinsischen) Anreiz gewinnen können.

Der zweite Einspruch – fast eine Revolte – erfolgte in den fünfziger Jahren, als im Gefolge von Hull und Skinner eine ausschließliche Verhaltenserklärung durch externale Bekräftigungen ihren Höhepunkt erreicht hatte. Man entdeckte zunehmend Aktivitäten bei Ratten und Affen, die nicht der Triebreduktion dienten, sondern offenbar in sich selbst bekräftigend waren, weil das Versuchstier – bei ihrer Ausführung oder um sie ausführen zu können – lernte (vgl. Kap. 4). Harlow (1950; 1953) postulierte einen „Manipulationstrieb", Montgomery (1954; Welker, 1956) einen „Explorationstrieb" und Butler (1953) einen Trieb zur „visuellen Exploration". Wohl keiner hat so beredt Hoffnungen an diese motivationspsychologische Öffnung zu einem intrinsisch regulierten Verhalten geknüpft wie Sigmund Koch, der große wissenschaftstheoretische Skeptiker der Psychologie. Er schrieb 1956:

> Perhaps the most exciting strand in this research is the growing concern with the phenomena of the more patently „in and for itself" or intrinsically maintained variety, phenomena which strain the resources of an extrinsic grammar and which give promise of human relevance even when studied in animals. I have in mind, of course, the work related to „exploratory" and „manipulation drives", and „need to know" ... If less time were spent postulating new drives and more time devoted, say, to narrowing down the range of characters which cause monkeys to „solve" some manipulative problems and not others, this would truly put us on the track of facts required by an „intrinsic grammar". If more effort, say, were devoted, not to whether increased stimulation can „reinforce", but to what the detailed properties might be of those „stimulus" increases which *do* reinforce, psychology might find itself at a new threshold. (S. 81 u. 82).

Unterschiedliche Konzeptionen von intrinsischer und extrinsischer Motivation

Es gibt bis heute keine Übereinstimmung darüber, was den Unterschied von intrinsischem und extrinsischem Verhalten ausmacht (was Dyer u. Parker, 1975, z. B. mit einer Erhebung unter Arbeitspsychologen belegt haben). Es lassen sich zumindest sechs verschiedene Auffassungen anführen, die unterschiedliche Aspekte bei der Abgrenzung oder hinsichtlich zugrundeliegender Prozesse geltend machen. Allen gemeinsam ist, daß intrinsisches Verhalten um seiner selbst oder eng damit zusammenhängender Zielzustände willen erfolgt, daß es nicht bloßes Mittel zu einem andersartigen Zweck ist.

Triebe ohne Triebreduktion

Eine *erste* Konzeption besagt nur, daß intrinsisches Verhalten nicht der Befriedigung leiblicher Bedürfnisse wie Hunger, Durst und Schmerzvermeidung dient. Man hat dafür die schon erwähnten zusätzlichen „Triebe" der Exploration, Manipulation u. a. postuliert. Sie stehen nicht unter dem Gebot, homeostatische Krisen des Organismus zu beheben. Es sind Triebe ohne Triebreduktion. Aber auch ohne Triebreduktion kann, um ihr Auftreten im manifesten Verhalten zu ermöglichen, instrumentell gelernt werden.

Zweckfreiheit

Eine *zweite,* verwandte Konzeption betrachtet alle zweckfrei erscheinenden Aktivitäten als intrinsisch, ohne dafür eigene Triebe oder Motive zu postulieren. Breite Aktivitätsbereiche, besonders in der Kindheit von Lebewesen, erscheinen, wie etwa Spielen, „autotelisch" (Klinger, 1971). Für White (1959) gehören Aktivitäten, in denen das Individuum möglichst effektvoll mit seiner Umwelt umgeht, zum Grundstrom des Verhaltens, der nur gelegentlich durch triebreduzierende Handlungen unterbrochen wird. Er legt ihnen eine „Wirksamkeitsmotivation" *(effectance motivation)* zugrunde. Motivierend ist ein „Gefühl der Wirksamkeit" *(feeling of efficacy).* Es resultiert eine vielfältige Kompetenzsteigerung. Aus der generellen Wirksamkeitsmotivation sollen sich später spezifischere Motive entwickeln wie die nach Leistung oder Selbstbehauptung. Unter dieser Auffassung, wenn auch noch radikaler die Instrumentalität des Verhaltens zum Unterscheidungskriterium machend, fällt die Klassifikation durch McReynolds (1971). Danach sind nur solche Verhaltensweisen intrinsisch motiviert, die nur um der ablaufenden Tätigkeit selbst erfolgen. Extrinsisch ist dagegen alles, was Endzustände oder Ziele anstrebt. Fast alle Arten von Handlungen, die in diesem Buch behandelt werden, wären damit extrinsisch; alles Verhalten, was auf Leistung, Macht, Anschluß, Hilfeleistung, Aggression oder auf sonstige Ziele gerichtet ist. Als intrinsisch blieben nur kurzweilige Aktivitäten übrig, die an sich selbst genug haben, wie Spielen und ästhetisches Erleben.

Optimalniveau von Aktivation oder Inkongruenz

Eine *dritte* Konzeption sieht auf die eine oder andere Weise Verhalten dann intrinsisch motiviert, wenn eine Regulation zugunsten einer Beibehaltung oder Wiederherstellung eines optimalen Funktionsniveaus zu erkennen ist. Die einzelnen theoretischen Ansätze unterscheiden sich danach, ob sie der aktivationstheoretischen Forschungstradition entstammen, sich auf zentralnervöse Prozesse beziehen und Aussagen über eine „optimale Aktivation" *(optimal arousal)* machen, wie es Hebb (1955) und später Fiske u. Maddi (1961) getan haben; oder ob sie sich von Piagets kognitiver Entwicklungstheorie herleiten, sich auf psychologische Prozesse beziehen und Aussagen über „optimale Inkongruenzen" zwischen dem momentanen Informationseinstrom und einer Art Standard (Schema, Erwartung, Adaptationsniveau) machen, wie es Hunt (1965; 1971) getan hat; oder ob beide Ansätze miteinander verbunden und sowohl physiologische wie psychologische Prozesse beachtet werden, wie es Berlyne (1960; 1967; 1971) mit seinem psychologischen Erklärungskonzept des Anregungspotentials *(arousal potential)* getan hat.

Die Positionen Hebbs und Berlynes haben wir bereits im 4. Kap. dargestellt (vgl. Abb. 4.21). Während Hebb den im Verhalten angestrebten Optimalzustand auf neurophysiologischer Ebene durch ein mittelhohes Aktivationsniveau definiert, tut Berlyne dies auf psychologischer Ebene durch ein mittleres Anregungspotential, d. h. durch ein mittleres Ausmaß an Inkongruenzen des Informationseinstroms, was nicht mit einem mittelhohen Aktivationsniveau (wie bei Hebb) sondern mit einem niedrigen verbunden ist. Wird eine optimale Inkongruenz überschritten, so reguliert nach Berlyne eine *spezifische* Exploration den Inkongruenzgrad, und damit das erhöhte Aktivationsniveau, herunter; wird die optimale Inkongruenz unterschritten, so setzt eine *diversive* Exploration zur Erhöhung der Inkongruenz ein. Optimale Inkongruenz als Prinzip intrinsischer Motivation findet sich nicht nur bei Berlyne und Hunt, sondern auch in verwandten Ansätzen, die statt von Inkongruenz von Komplexität im Sinne einer Abweichung des Reizeinstroms vom Erwarteten sprechen, wie bei Dember u. Earl (1957) und Walker (1973); ja bis hin zur ursprünglichen Motivationstheorie von McClelland und Mitarbeitern (1953), nach welcher kleine Diskrepanzen „redintegrierter" Hinweisreize von einem dafür zuständigen Adaptationsniveau (Helson, 1964) positive Affekte und damit aufsuchendes Verhalten und größere Diskrepanzen negative Affekte und damit meidendes Verhalten hervorrufen (vgl. Kap. 2; sowie die resultierende „Schmetterlingskurve" der motivierenden Affekttönung, Abb. 4.22).

Neben Berlyne hat Hunt (1965) seine Theorie intrinsischer Motivation sehr elaboriert und viele Befunde, vor allem aus Piagets Entwicklungspsychologie, herangezogen. Er betrachtet den Menschen als ein System der Informationsverarbeitung, das zu seiner Funktionstüchtigkeit eines optimalen Ausmaßes an Inkongruenz bedarf. Intrinsische Motivation wird angeregt, sobald nicht zu geringe oder zu große Inkongruenz zwischen aufgenommener Information und einem Standard in Form eines Adaptationsniveaus oder einer Erwartung auftaucht. Die durch solche Inkongruenz angeregte intrinsische Motivation soll ein die Inkongruenz reduzierendes Verhalten in Gang setzen und solange aufrechthalten, bis die Inkongruenz beseitigt ist. Deci (1975, S. 40ff.) hat darauf hingewiesen, daß Hunts Konzeption nicht ganz konsistent und vollständig ist. Da Hunt ein Bedürfnis nach Inkongruenz postuliert, sollte nicht nur eine Motivation nach Verminderung vorgefundener Inkongruenz bestehen, sondern auch eine Motivation nach Aufsuchen oder Herstellen von optimaler Inkongruenz (die dann wieder vermindert wird).

Selbstbestimmung

Eine *vierte* Konzeption geht auf deCharms (1968) zurück. Er sieht ähnlich wie White (1959) eine primäre Motivation des Menschen darin, sich als wirksam, als Verursacher von Änderungen in seiner Umwelt zu erleben (vgl. Kap. 10). Dieses Streben nach persönlicher Verursachung des eigenen Handelns ist kein Eigenmotiv, sondern ein Leitprinzip, das die verschiedenen Motive durchdringen soll. Anforderungen der Umwelt, in Aussicht gestellte Belohnungen und Bestrafungen, Zwang – all dies kann die erlebte Selbstbestimmung einschränken, bis hin zu dem Gefühl völliger Abhängigkeit *(feeling like a pawn).*

Dagegen versucht man anzugehen, und je mehr es im Einzelfall gelingt, umso mehr fühlt man sich als Herr seiner selbst, hat Freude an der eigenen Aktivität und ist intrinsisch motiviert; und je mehr es nicht gelingt, umso mehr erlebt man sich als Spielball äußerer Kräfte, sieht seine eigene Aktivität (selbst wenn sie äußerlich erfolgreich ist) entwertet und ist extrinsisch motiviert. DeCharms zog daraus zwei anscheinend paradoxe Folgerungen über die Wirkung externaler Belohnungen. Sie haben die spätere Forschung, wie wir sehen werden, entscheidend angeregt und wurden im wesentlichen bestätigt. Die erste Folgerung besagt: Werden Belohnungen für etwas gegeben, was man aus freien Stücken tut oder getan hätte, so sind sie geeignet, die intrinsische Motivation zu schwächen. Die zweite Folgerung besagt: Bleiben Belohnungen für uninteressante Tätigkeiten aus, die man der Belohnung wegen auf sich genommen hat, so kann die intrinsische Motivation anwachsen.

Die Forschung ist vor allem von Lepper (z. B. Lepper, Greene u. Nisbett, 1973; Greene u. Lepper, 1978 und von Deci (1975) angeregt worden, die die Position von de-Charms in attributionstheoretischer Hinsicht elaboriert haben. Lepper stützt sich auf die Theorie der Selbstwahrnehmung von Bem (1972; vgl. Kap. 10). Wird man für etwas, das man ohnehin gern tut, auch noch zusätzlich und ausdrücklich belohnt, so sieht man sein Handeln „überveranlaßt" *(overjustification)* und beginnt zu zweifeln, ob man es noch allein aus freien Stücken getan hätte. Die zweite Folgerung von deCharms (Erhöhung der intrinsischen Motivation nach Wegfall der Belohnung) würde den Erklärungstheorien der unzureichenden Veranlassung *(insufficient justification)* der kognitiven Dissonanz-Forschung folgen.

Deci macht zwei Erlebnisweisen zum Charakteristikum intrinsischer Handlungsmotivation, die White (1959) und deCharms (1968) in den Mittelpunkt ihrer Motivationstheorien gestellt haben. Es ist das Gefühl der eigenen Tüchtigkeit *(sense of competence;* White) und der Selbstbestimmung *(self-determination;* deCharms: *personal causation).* Je ausgeprägter beides im Erleben des Handelnden vorhanden ist, umso stärker ist er intrinsisch motiviert. Entscheidend ist also im Sinne der Attributionstheorie die internale Lokation der Ursachfaktoren, die der Handelnde für das angestrebte oder erreichte Ergebnis verantwortlich macht. Extrinsisch ist oder wird die Motivation, wenn man das erzielte Ergebnis externalen Ursachen (und nicht der eigenen Tüchtigkeit) zuschreibt und (oder) wenn man die Handlung weniger aus freien Stücken als wegen externaler Handlungsfolgen, wie Belohnung und Bestrafung unternommen hat. Decis Auffassung der intrinsischen Motivation steht der Konzeption, Motiv als ein Selbstbewertungssystem anzusehen, sehr nahe. Leistungshandeln z. B. wäre umso intrinsischer, je mehr es erfolgsmotiviert ist; d. h. je mehr es auf internale Ursachenlokation des Handlungsergebnisses aus ist, die eigene Tüchtigkeit erproben will und keiner externalen Bekräftiger bedarf.

Freudiges Aufgehen in einer Handlung

Eine *fünfte* Konzeption macht in noch stärkerem Maße das handlungsbegleitende Erleben zum Kriterium, und zwar nicht im Sinne eines ichbezogenen Erlebens (wie persönlicher Verursachung), sondern eines handlungsbezogenen Erlebens. Intrinsisch bedeutet hier eine freudige Hingabe an die anliegende Sache, ein völliges Absorbiertwerden des Erlebens von der voranschreitenden Handlung, wie es bereits Wertheimer (1945) in seinen Studien zum produktiven Denken beschrieben hat.

Csikszentmihalyi (1975) macht in einem Buch mit dem Titel „Beyond boredom and anxiety" einen bestimmten Gefühlszustand, nämlich Freude an einer Aktivität *(enjoyment),* zum Charakteristikum intrinsischer Motivation. Er ging dabei nicht von theoretischen Erklärungsansätzen mit ihren Konstruktbildungen, deren Tragfähigkeit experimentell überprüft wird, aus. Stattdessen nutzte er die in der neueren Motivationsforschung vernachlässigte phänomendeskriptive Analyse: „Instead of approaching enjoyment as something to be explained away in terms of other conceptual categories ... we try to look at it as an autonomous reality that has to be understood in its own terms" (S. 10). Er ließ Schachspieler, Chirurgen, Rocktänzer und Bergsteiger über ihre berufliche und Freizeitaktivitäten berichten und den freudigen Genuß, den sie bei ihren Aktivitäten empfinden, skalieren. Was sich dabei als ein zentraler Beschreibungsbegriff herausschälte, nennt er „Fluß" *(flow).* Fluß ist ein freudevolles Aktivitätsgefühl, das völlig in der Sache, mit der man sich beschäftigt, aufgeht; eine Aufmerksamkeit, die ganz von der Aufgabe absorbiert wird und die eigene Person vergessen läßt: „a holistic sensation that people feel when they act with total involvement" (S. 36).

Bei der phänomendeskriptiven Analyse des Fluß-Erlebens tauchen allerdings Grundbegriffe der „naiven Verhaltensanalyse" Heiders (1958) zum Können *(can)* auf: Tüchtigkeit und Aufgabenschwierigkeit. Wenn die Tüchtigkeit die Schwierigkeit weit übersteigt, resultiert Langeweile, im umgekehrten Falle Angst. Wenn jedoch Aufgabenschwierigkeit die eigene Tüchtigkeit ein wenig übersteigt, ist die Bedingung für Fluß-Erleben gegeben. Diese Bedingung entspricht dem bevorzugten Anspruchsniveau Erfolgsmotivierter, sie maximiert die internale Ursachenlokation für erzielte Handlungsergebnisse. Sie bringt auch, folgt man Csikszentmihalyis Berichterstattern, Unterschiede zwischen Spiel und Arbeit zum Verschwinden. Fluß-Erleben ist nicht nur exzeptionell, es tritt als Mikrofluß *(microflow)* auch in kleinen und unbedeutenden Alltagsepisoden, wie Tagträumen, Summen und Pfeifen, auf. Csikszentmihalyi hat Personen zur Aufgabe gemacht, solche Aktivitätsepisoden für einen Tag lang zu unterdrücken und fand, daß die „Fluß-Deprivation" müde und abgespannt machte, mehr Kopfschmerz und Irritierbarkeit sowie weniger Entspanntheit und Konzentration erleben ließ. Alltägliche Routinetätigkeiten wurden zur Last, und die spontane kreative Aktivität nahm ab.

Gleichthematik (Endogenität) von Handlung und Handlungsziel

Nach einer *sechsten* und letzten Konzeption kommt es darauf an, ob und inwieweit im Erleben des Handelnden zwischen Handeln und dessen Ziel – d. h. dessen Zweck oder Grund – eine sachinhärente Beziehung besteht oder nicht (Heckhausen, 1976c). Es ist also eine Frage der Selbstattribution der eigenen Motivation. Intrinsisch ist Handeln dann, wenn Mittel (Handlung) und Zweck (Handlungsziel) thematisch übereinstimmen; mit anderen Worten, wenn das Ziel gleichthematisch mit dem Handeln ist, so daß dieses um seiner eigenen Thematik willen erfolgt. So ist z. B. Leistungshandeln intrinsisch, wenn es nur um des zu erzielenden Leistungsergebnisses willen unternommen wird, weil damit die Aufgabe gelöst ist oder die eigene Tüchtigkeit einer Selbstbewertung unterzogen werden kann. Das Handlungsergebnis, eine bestimmte Leistung, ist dabei selbst nicht wieder ein Mittel im Dienste eines anderen, nicht-leistungsthematischen Zweckes; wie etwa damit einem anderen zu helfen oder ihm zu imponieren oder um eine Geldsumme für einen bestimmten Zweck zu verdienen, weil man diesen Zweck im Moment nicht oder nicht leichter auch auf andere Weise erreichen kann. Nur wenn das Leistungsergebnis insofern Mittel ist, als es einen notwendigen Zwischenschritt zur Erreichung eines leistungsthematischen Oberziels *(supraordinate goal)* darstellt, bleibt der intrinsische Charakter des Leistungshandelns unberührt (Heckhausen, 1977a, b).

Andererseits ist Handeln extrinsisch, wenn Mittel (Handeln) und Zweck (Handlungsziel) thematisch nicht übereinstimmen; wenn das Ziel andersthematisch ist, so daß Handeln und sein Ergebnis Mittel für das Eintreten eines andersartigen Zieles sind. Dieser Mittel-Charakter ist ein bloß äußerlicher, willkürlich gesetzter und im Grunde beliebig herstellbar. So ist z. B. Aggression extrinsisch, wenn man jemanden, nicht um ihn zu verletzen (das wäre intrinsisch) angreift, sondern um sich etwa in den Besitz des Bargelds zu bringen, das der andere bei sich trägt. In der Aggressionsforschung spricht man in diesem Falle von „instrumenteller" Aggression, die nicht mit eigentlicher (d. h. nach unserem Sprachgebrauch hier: intrinsischer) Aggression verwechselt werden darf (vgl. Kap. 8).

Die gleiche Unterscheidung macht Kruglanski (1975), indem er „endogene" (intrinsisch motivierte) und „exogene" (extrinsisch motivierte) Handlungen einander gegenüberstellt. Er kommt zu dieser Unterscheidung aufgrund einer ebenso scharfsinnigen wie berechtigten Kritik an attributionstheoretischen Versuchen, Handlungen als „internal" oder „external" verursacht einzustufen (so Kelley, 1967; vgl. Tabelle 10.2, in der aufgrund verschiedener Informationsmuster die Ursache einer Handlung entweder in der „Entität" des

Handlungsgegenstandes oder der „Person" lokalisiert wird). Handlungen oder die ihnen zugrundeliegenden Intentionen sind jedoch immer nur „internal" verursacht. Das gilt auch, wenn nach den beiden hier differenzierenden Kovariationsdimensionen der Besonderheit und des Konsens eine externale Ursachenlokation (Entität oder Umstände) nahegelegt wird; d. h. wenn hohe Besonderheit hinsichtlich des Handlungsgegenstands (spezifische Entität) oder hinsichtlich der Situationsumstände (z. B. eine ausgesetzte Belohnung für das Ausführen der Handlung) vorliegt oder wenn in der gegebenen Situation „alle" so handeln (hoher Konsens).

Kruglanski macht eine Unterscheidung zwischen Handlungen und „occurrences", gemeint sind die eintretenden Ergebnisse der Handlungen. Nur bei den Handlungsergebnissen ist es angebracht, die attributionstheoretische Aufteilung in internale und externale Ursachenfaktoren zu verwenden (vgl. Zuckerman, 1978). Handlungen und die sie tragenden Intentionen können zwar externalen Faktoren Rechnung tragen, sie werden durch diese aber nicht „verursacht". Dagegen stehen Handlungsergebnisse nicht im völligen Belieben des Handelnden, da ihr Zustandekommen immer von teils internalen (personabhängigen) und teils externalen (umweltabhängigen) Faktoren verursacht wird. Handlungen kann man stattdessen als endogen oder exogen attribuieren. Endogen – oder intrinsisch motiviert – ist eine Handlung, wenn deren Ziel in ihrer Ausführung selbst und deren Ergebnis liegt. Exogen – oder extrinsisch motiviert – ist eine Handlung, wenn ihre Ausführung und deren Ergebnis ein Mittel zu einem anderen Zweck sind, der nicht handlungsinhärent ist, sondern in eine willkürliche Instrumentalitätsbeziehung zum Handlungsergebnis gebracht wurde. Übrigens wäre es, wie Buss (1978) darlegt, treffender, nicht von endogenen oder exogenen Handlungen, sondern von endogenen oder exogenen Gründen für eine Handlung zu sprechen.

Bisher sind wir von dem einfachsten Fall ausgegangen, als gäbe es nur ein Ziel, das entweder gleichthematisch (endogen) oder andersthematisch (exogen) hinsichtlich seiner Beziehung zur Handlung sei und als ob es immer klar entscheidbar wäre, ob das eine oder das andere der Fall sei. In der Regel dürften jedoch nicht nur ein Ziel, sondern mehrere vorliegen, und die Beurteilung einer Handlung als gleich- oder andersthematisch vor allem in der Fremdattribution nicht immer einhellig sein. Auch kann dasselbe Handlungsziel im Sinne der 6. Definition von „intrinsisch" teils intrinsisch und teils extrinsisch motiviert sein, d. h. als teils endogen und teils exogen begründet erlebt werden, wenn es zu einer Selbstattribution der eigenen Motivation kommt. Was die Zahl der erkennbaren oder vermuteten Handlungsziele betrifft, so wird Kelleys (1971) Abwertungsprinzip wirksam (vgl. Kap. 10). Je mehr man neben einem endogenen Ziel noch andere, exogene Ziele vermutet, umso mehr wird die Attribution einer intrinsisch motivierten Handlung zugunsten einer extrinsisch motivierten abgewertet (Kruglanski, Riter, Arazi, Agassi, Montequio, Peri u. Peretz, 1975). Was andererseits die Gewißheit betrifft, ob ein endogenes Ziel und welche exogenen Ziele (zusätzlich oder stattdessen) vorliegen, so können Vermutungen darüber mit Hilfe der Kelleyschen Kovariationsinformationen über Konsistenz, Besonderheit und Konsens erhärtet werden.

Bewertung der verschiedenen Konzeptionen

Von den neueren Auffassungen zur intrinsischen Motivation erscheint die der Endogenität (Gleichthematik) der Handlung psychologisch am klarsten. Sie deckt sich völlig mit Csikszentmihalyis (1975) freudigen Aufgehen in einer Handlung, wenn das damit verbundene *flow*-Erlebnis auch ein Spezialfall sein mag. Selbstbestimmtheit des Handelns im Sinne von deCharms (1968) muß jedoch nicht immer ein Zeichen intrinsischer Motivation sein, da auch exogene Handlungen – z. B. jemandem Hilfe leisten, um ihn von sich abhängig zu machen – durchaus mit dem Gefühl persönlicher Verursachung verbunden sein können. Decis (1975) Verbindung der Selbstbestimmung mit Kompetenzerleben entgeht dieser Gefahr, weil Kompetenz an die Handlung gebunden ist und damit Endogenität sichert. Dafür muß jedoch der Preis bezahlt werden, daß Kompetenzerleben zu speziell an leistungsthematische Handlungen gebunden ist und andere endogene Handlungen ausspart. Das letztere gilt nicht für das Konzept der Über-Veranlassung der Gruppe um Lepper, das allerdings auch weniger differenziert ist.

Gegenüber der Selbstbestimmungs-Konzeption im Sinne einer „internalen" Ursachenlokation konnten Kruglanski, Riter, Amitai, Margolin, Shabtai u. Zaksh (1975) ins Feld führen, daß auch Geldbelohnungen für eine Tätigkeit – die ja eigentlich wegen der externalen Ursachenlokation die Motivation extrinsisch machen müßten – durchaus die intrinsische Motivation erhöhen können, sofern Geldbelohnungen der Aufgabe inhärent sind; die Tätigkeit also „geld-endogen" ist wie bei einem Glücksspiel (etwa *coin-toss guessing game*). Die „geld-exogene" Tätigkeit bestand in einem Konstruktionsspiel mit dem Vl. In dieser und einer zweiten Studie (in der die gleiche Tätigkeit einmal – geld-endogen – mit dem Aktienmarkt und zum anderen – geld-exogen – mit der Leitung einer Sportmannschaft in Zusammenhang gebracht worden war) wurde die intrinsische Motivation erschlossen an Selbstberichten über Interesse am Spiel, Bevorzugung gegenüber anderen Aktivitätsalternativen und Tätigkeitsfreude. Es zeigte sich übereinstimmend, daß – wenn Geld gegeben wurde – sich die intrinsische Motivation bei geld-endogener Tätigkeit erhöhte und bei geld-exogener Tätigkeit verminderte. Nicht die Geldbelohnung als solche („externale" Ursachenlokation) zerstört also die intrinsische Motivation; sondern nur, wenn sie für Tätigkeiten gegeben wird, die nicht innerlich mit Geld zusammenhängen. Hängen sie dagegen mit Geld zusammen, so steigert die Belohnung noch die intrinsische Motivation, d. h. Interesse, Tätigkeitsfreude und Ausdauer.

Was schließlich die drei früheren Konzeptionen betrifft, so ist die erste – Triebe ohne Triebreduktion – problemgeschichtlich überholt, wenn gleich alle darunter subsumierten Phänomene in die Klasse endogener, d. h. intrinsisch motivierter Verhaltensweisen fallen. Die Konzeption der Zweckfreiheit ist entschieden zu eng gefaßt, da nur autotelische Aktivitäten, wie Spielen, intrinsisch motiviert wären. Die Konzeptionen eines Optimalniveaus von Aktivation oder Inkongruenz stellen schließlich Prozeßmodelle der Handlungsregulation dar, die sowohl für autotelische aber auch für zweckgerichtete Aktivitäten geeignet sind und deren Endogenität sicherstellen. Aber fraglos sind die nach einer Konzeption vom Optimalniveau regulierten Aktivitäten nur ein Spezialfall aus dem gesamten Umkreis intrinsisch motivierter Handlungen, wenn man Endogenität der Handlung als maßgebende Definition zugrundelegt.

Korrumpierung intrinsischer Motivation durch extrinsische Bekräftigungen

Der Unterschied zwischen endogenen und exogenen Handlungen läßt sich – in motivationspsychologischer Terminologie – auf das unterschiedliche Gewicht von intrinsischen Anreizwerten (der gleichthematischen Folgen des Handlungsergebnisses) und von extrinsischen Anreizwerten (der andersthematischen Folgen des Handlungsergebnisses) zurückführen. Wenn sich beide Arten von Anreizen additiv zueinander verhielten, wäre ihre Unterscheidung eher eine akademische Angelegenheit, die kaum weitere Forschungstätigkeit ausgelöst hätte. Aber die Belege für die erste der beiden Thesen von deCharms (1968) kamen seit Anfang der siebziger Jahre in schneller Folge: Wurde dem ausreichenden intrinsischen Anreizwert für eine Aufgabentätigkeit noch zusätzlich ein extrinsischer hinzugefügt – kam es also zu einer „Über-Veranlassung" *(overjustification)* einer beliebten Tätigkeit – so sank deren Beliebtheit, gemessen an mancherlei Parametern für „intrinsische" Motivation, ab (vgl. Deci, 1975; Condry, 1977; Notz, 1975).

Das übliche Versuchsparadigma besteht aus drei Phasen. In der ersten beobachtet man die spontane Beschäftigung mit einer Aufgabe von eher hoher Attraktivität. In der zweiten Phase wird die gleiche Tätigkeit „überveranlaßt", indem der Vl bestimmte äußere Ergebnisfolgen wie Belohnungen ankündigt und verabreicht. Diese können bestehen in materieller, symbolischer oder verbaler Belohnung (manchmal auch Bestrafung) oder nur in Information über das erzielte Ergebnis. Nicht immer erfolgen die Ergebnisfolgen kontingent auf die erzielte Leistung, sondern bloß pauschal für die Versuchstätigkeit. Außerdem werden sie nicht in allen Versuchen vorher angekündigt, sondern auch unerwartet nach beendeter Tätigkeit präsentiert. Eine dritte Phase ohne Ergebnisfolgen erfolgt unmittelbar anschließend oder nach kurzer (bis zu einigen Wochen) Zwischenzeit. In ihr hat die Vp, ohne sich beobachtet oder gedrängt zu sehen, Gelegenheit, die ursprüngliche Tätigkeit spontan wieder aufzunehmen oder etwas anderes zu tun. Außer Wiederaufnahme (wie sie schon Ovsiankina 1928, verwendet hatte) werden auch objektive Daten wie Tätigkeitsdauer oder Latenzzeit erhoben, daneben häufig auch noch Selbstberichtsdaten wie Aufgabenfreude. Diese Daten werden mit jenen einer Kontrollgruppe (die in der zweiten Phase nicht „überveranlaßt" wurde) oder auch mit Ausgangsdaten in der ersten Phase verglichen.

Ein typisches Experiment ist das von Lepper, Greene u. Nisbett (1973). Kindergartenkinder, bei denen besonderes Interesse am Malen mit mehrfarbigen Filzstiften beobachtet worden war, wurden ausgelesen und malten in einer Einzelsitzung, wofür ihnen entweder ein Preis (Urkunde mit Siegel und Band) in Aussicht gestellt oder unerwartet nachher verliehen wurde oder weder vorher etwas angekündigt noch nachher etwas gegeben wurde. Ein bis zwei Wochen später wurden wieder verdeckte Beobachtungen der freien Spielbeschäftigung im Kindergarten wie in der Eingangsphase gemacht. Die Dauer der Beschäftigung mit Malen hatte bei jenen Kindern abgenommen, die den Preis erwartet und erhalten hatten; nicht jedoch bei der Kontrollgruppe und jenen, die den Preis erhalten aber nicht erwartet hatten.

Inzwischen ist der Korrumpierungseffekt auf mancherlei einzelne Bedingungsfaktoren überprüft worden; insbesondere hinsichtlich der Art von Ergebnisfolge, deren Kontingenz, Erwartetheit und Betontheit *(salience)*. Was die Art der Ergebnisfolgen betrifft, so minderten materielle Belohnungen die Kennwerte für intrinsische Motivation stärker als symbolische oder verbale (Anderson, Manoogian u. Reznick, 1976; Dollinger u. Thelen, 1978); Lob wirkte steigernd (Anderson et al., 1976; Deci, 1971), aber nicht bei Frauen (Deci, 1972a; Deci, Cascio u. Krusell, 1975); Tadel beeinträchtigend. Ob eine leistungsabhängige Kontingenz zwischen Ergebnis und Belohnung oder bloße Pauschalbelohnung für die Teilnahme am Versuch korrumpierender ist, ist noch ungeklärt. Bisher verwendeten die Studien das eine oder das andere und belegten es (nur Deci, 1972b, fand bei Pauschalbelohnung keinen Effekt; wohl aber z. B. Kruglanski, Freedman u. Zeevi, 1971). Erwartete Belohnungen korrumpierten mehr als unerwartete (Lepper et al., 1973; Ausnahme: Kruglanski, Alon u. Lewis, 1972). Betontheit einer leistungskontingenten Belohnung war beeinträchtigender als fehlende Betontheit (Ross, 1975). Alle diese Befunde setzen voraus, daß die Tätigkeit schon zu Beginn hohes Interesse fand. Calder u. Staw (1975) haben die gleiche Tätigkeit (Zusammensetz-Aufgabe) in einer interessanten und einer langweiligen Version angeboten (mit und ohne Bildillustration) und fanden, daß einerseits und wie erwartet nach Bezahlung die Zufriedenheit mit der interessanten Aufgabe abnahm; daß andererseits jedoch die Zufriedenheit mit der uninteressanten Aufgabe so weit zunahm, daß sie nun mehr Zufriedenheit weckte als die interessante.

Deci (1975) hat eine „Theorie der kognitiven Bewertung" *(cognitive evaluation theory)* vorgeschlagen, die ähnlich, wenn auch etwas differenzierter wie der Theorieansatz der Lepper-Gruppe ist; ohne sich auf die behavioristische Position von Bems Selbstwahrnehmungstheorie zu stützen. Eine in Aussicht gestellte Belohnung führt zum „Gewahrwerden möglicher Befriedigung" *(awareness of potential satisfaction)*. Wenn dabei Kompetenzgefühle und Selbstbestimmung vermindert erscheinen, fällt die intrinsische Motiva-

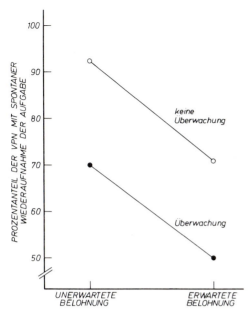

Abb. 12.14. Prozentanteil der Vpn, die nach erwarteter oder nicht erwarteter Belohnung und nach ostentativer oder fehlender Überwachung die Aufgabentätigkeit spontan wieder aufnehmen. (Nach Lepper u. Greene, 1975, S. 483)

tion ab. Belohnung und Rückmeldung haben gewöhnlich jedoch zwei verschiedene Aspekte in unterschiedlichem Ausmaß, einen kontrollierenden und einen informierenden. Der erstere fördert extrinsische, der zweite intrinsische Motivation. Besteht z. B. Machtausübung in der Kontrolle eines anderen Menschen, so korrumpiert es dessen intrinsische Motivation (vgl. Kap. 7; Kipnis, 1972). Lepper u. Greene (1975) haben mit Vorschulkindern das Versuchsparadigma (interessante *Puzzle*-Aufgaben, erwartete oder nicht-erwartete nicht-kontingente Belohnung mit attraktivem Spielzeug, als Motivationskriterium die Wiederaufnahme der Aufgabentätigkeit) um eine Überwachungsbedingung erweitert. Es wurde eine Kamera auf das Kind gerichtet und ihm mitgeteilt, daß der Vl immer, wenn ein Licht leuchte, mit der Kamera kontrolliere, wie gut das Kind arbeite. Wie Abb. 12.14 zeigt, addierten sich die Korrumpierungseffekte von Belohnung und von Überwachung unabhängig voneinander.

Neben einer Überwachung der Tätigkeit ist auch der Kontext von Belang, in dem die Bewertung des erzielten Ergebnisses stattfindet. Daß Vpn mit hohem Leistungsmotiv stärker durch intrinsische Selbstbewertungsanreize motiviert werden, wenn die Aufgaben eher schwierig als leicht sind, wird durch Befunde von Maehr u. Stallings (1972) bestätigt. Diese Autoren fanden, daß Hochmotivierte sich eher für schwierige Aufgaben freiwillig melden, wenn der Bewertungskontext internal war und eher für leichte Aufgaben, wenn die Bewertung external erfolgte (vgl. auch Atkinson u. Reitman, 1956; sowie den durch Übermotivation bedingten Leistungsabfall, Kap. 9).

Korrumpieren Bekräftigungsprogramme intrinsische Motivation?

Mit der Erforschung des Korrumpierungseffektes stellte sich die Vermutung ein, daß die hoch entwickelte psychologische Technologie von Münz-Bekräftigungsprogrammen *(token economy programs)*, die vor allem in der Schulpraxis Verwendung gefunden haben, die intrinsische Motivation der Betroffenen untergraben könnten (Levine und Fasnacht, 1974). Problematisch ist an diesen Verfahren nicht nur, daß das erwünschte Verhalten nach Absetzen der Bekräftigung in der Regel auf die Ausgangslage zurückfällt und deshalb auf Dauer das Aufrechterhalten eines Regimes externaler Bekräftigung nötig erscheinen läßt (Kazdin, 1973; Kazdin u. Bootzin, 1972). Da von solchen Programmen auch Schüler erfaßt werden, die sich bereits in der erwünschten Weise verhalten, müßte bei ihnen ein Verlust an intrinsischer Motivation eintreten.

Dieser Vermutung sind Reiss u. Sushinsky (1975; 1976) entgegengetreten, indem sie den Korrumpierungseffekt mit besonderen Bedingungen des experimentellen Vorgehens zu seinem Nachweis erklärten. Da jeweils nur einmal am Ende der Versuchssitzung und nicht mehrmals in aufeinanderfolgenden Durchgängen bekräftigt, und da die einmalige Belohnung angekündigt und deutlich hervorgehoben worden war, ruft sie nach Reiss u.

Sushinsky konkurrierende Reaktionen hervor, die den Ablauf der Aufgabentätigkeit beeinträchtigen, so daß bei späterer (unbekräftigter) Wiederaufnahmemöglichkeit die Aufgabentätigkeit weniger attraktiv erscheint. Eine solche Interferenz aufgrund eines Neuigkeitseffekts der einmaligen Bekräftigung sollte dagegen bei mehrmaliger Bekräftigung (*multiple-trial* statt *single-trial reinforcement*) verschwinden. In einem Experiment, in dem Vorschulkinder dafür bekräftigt wurden, eins von drei Liedern bevorzugt zu hören (was allerdings nur eine passive und keine aktive Tätigkeit ist), fanden Reiss u. Sushinsky (1975) ihre Hypothesen bestätigt: Nach einmaliger Bekräftigung sank die Bevorzugung im Sinne eines Korrumpierungseffektes, nach mehrmaliger Bekräftigung stieg sie dagegen an (vgl. kritisch dazu Lepper u. Greene, 1976). Feingold u. Mahoney (1975) fanden in einem siebenwöchigen Münz-Bekräftigungsprogramm, in dem Zweitkläßler für Quantitätsleistungen in einer Nachzeichenaufgabe Punkte sammeln und gegen Spielzeug eintauschen konnten, keine (gegenüber den Ausgangswerten) abnehmende, sondern ansteigende Mengenleistung, nachdem die Bekräftigung abgesetzt worden war.

Die Frage, ob im Sinne der Interferenztheorie der Korrumpierungseffekt nur nach einmaliger Bekräftigung auftritt und nach mehrmaliger Bekräftigung ausbleibt, haben Greene, Sternberg u. Lepper (1976) in einem großangelegten Münz-Bekräftigungsversuch von 9 Wochen zu entscheiden gesucht. Grundschüler konnten sich individuell mit vier verschiedenen Arten von Mathematik-Lernmaterial beschäftigen. Nach ihrer Bevorzugung während der ersten 19 Tage wurden die Schüler danach, was in der folgenden Phase bekräftigt wurde, in vier Gruppen aufgeteilt: (1) die beiden am meisten bevorzugten Materialarten (hohes Interesse), (2) die am wenigsten bevorzugten (niedriges Interesse), (3) zwei eigens vom Schüler selbst ausgewählte (Wahlgruppe) oder (4) jede Materialart (nicht-differentielle Bekräftigung als Kontrollgruppe, die sonst bei der Erforschung der Wirksamkeit von Bekräftigungsprogrammen in aller Regel fehlt).

Die Ergebnisse zeigen, daß auch bei mehrmaliger Münz-Bekräftigung (also entgegen der Interferenztheorie) ein Korrumpierungseffekt auftreten kann. Insbesondere die Schüler der Wahlgruppe (Abb. 12.15) beschäftigten sich nach Absetzen des Bekräftigungsprogramms weniger lange mit den zuvor gewählten Materialarten als zu Anfang des Versuchs wie auch im Vergleich zur Kontrollgruppe (d. h. zu Schülern mit gleicher Bevorzugung aber nicht-differentieller Bekräftigung). In der Gruppe mit niedrigem Interesse bestand im Vergleich zur Kontrollgruppe, in der Gruppe mit hohem Interesse im Vergleich zur Ausgangslage ein Korrumpierungseffekt. Die Ergebnisse sprechen gegen die Interferenz-Erklärung des Korrumpierungseffektes. Sie zeigen, daß Münz-Bekräftigungsprogramme durchaus intrinsisches Interesse an vorher bekräftigten Aufgabentätigkeiten mindern können aber nicht müssen. Eine genauere Klärung, welche Bedingungen günstige oder ungünstige Nachwirkungen haben, steht noch aus.

Intrinsischer und extrinsischer Anreiz in Erwartungs-mal-Wert-Modellen

Schon in Kap. 9 haben wir erörtert, daß das Risikowahl-Modell ausschließlich nur Selbstbewertungsfolgen, d. h. nur intrinsische Anreizwerte, berücksichtigt. Für modellabweichende Befunde hat man gelegentlich extrinsische Anreize (wie etwa dem Vl gefällig zu sein) verantwortlich gemacht, ohne daß bisher das Modell für extrinsische Arten von Anreizen erweitert worden wäre. Dafür bietet sich Vrooms (1964) Instrumentalitätsmodell (vgl. Kap. 5) an, weil es die verschiedenen Folgen eines Handlungsergebnisses (d. h. die Produkte des Anreizes jeder Folge mit der zugehörigen Instrumentalität) additiv zu einer Gesamtvalenz des Handlungsergebnisses zusammenfaßt. Vrooms Modell impliziert also – im Widerspruch zu den berichteten Korrumpierungseffekten extrinsischer Anreize – eine Additivität intrinsischer und extrinsischer Anreizwerte. Bisher gibt es nur zaghafte Versuche, die Additivitätsfunktion für beide An-

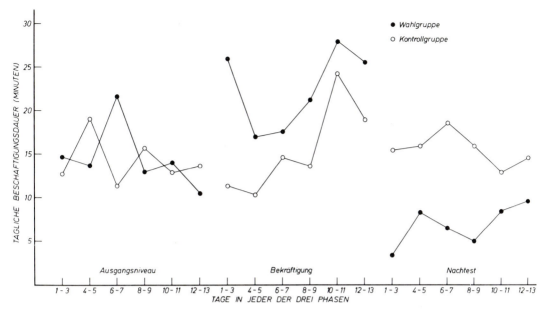

Abb. 12.15. Mittlere Zeitdauer pro Tag, mit der sich Grundschüler in den drei Phasen eines Münz-Bekräftigungsprogramms mit zwei ausgesuchten Lernmaterialien beschäftigt haben; getrennt für eine Wahlgruppe (von den Schülern selbst gewählte Materialien, differentiell bekräftigt) und für eine Kontrollgruppe (vergleichbare Materialien, nicht-differentiell bekräftigt). (Nach Greene, Sternberg u. Lepper, 1976, S. 1227)

reizarten zu revidieren (z. B. von Campbell et al., 1970).

Hier würde sich in der Tat ein weiteres Forschungsfeld eröffnen, um die Motivationswirksamkeit intrinsischer *versus* extrinsischer Anreize differenzierter als bisher zu klären; und zwar im Rahmen von Erwartungs-mal-Wert-Modellen und unter Berücksichtigung individueller Motivunterschiede zur Bestimmung intrinsischer Anreizwerte. Einen ersten Schritt in diese Richtung hat Shapira (1976) getan. Er hat aus sieben Konstruktionsaufgaben von ansteigender Schwierigkeit (definiert aufgrund sozialer Bezugsnormen) eine zur Bearbeitung auswählen lassen; und zwar unter einer der Bedingungen mit einer Geldbelohnung von 2,5 Dollar für eine erfolgreiche Lösung, gleichgültig ob die gelöste Aufgabe schwer oder leicht war. Wie erwartet entsprach die Wahl, wenn keine Bezahlung in Aussicht gestellt war, dem Risikowahl-Modell (d. h. bei Zugrundelegen einer linksasymmetrischen Modellrevision, nach welcher der Anreiz keine lineare sondern eine Potenz-

funktion der Erfolgswahrscheinlichkeit ist, wie es etwa schon Wendt, 1967, vorgeschlagen hat; sowie unter der Annahme, daß die vorweggenommenen Selbstbewertungsanreize ingesamt positiv und nicht – wie bei Mißerfolgsmotivierten – eher negativ sind). Die meisten Vpn bevorzugten die zweitschwerste Aufgabe, deren Erfolgswahrscheinlichkeit mit 0,18 angegeben worden war.

Bei Bezahlung wählten die meisten Vpn dagegen die zweitleichteste Aufgabe (We = 0,82), was dem Modell Vrooms entspricht. Denn da der extrinsische Erfolgsanreiz für jede Schwierigkeitsstufe gleich ist (2,5 Dollar), muß sich die Motivationsstärke mit wachsender Erfolgswahrscheinlichkeit erhöhen. Daß nicht die leichteste Aufgabe (größte Gewißheit, die Bezahlung zu erhalten) gewählt wurde, mag auf intrinsische Selbstbewertungsanreize zurückgehen, die sich gegen den extrinsischen Anreiz nicht durchsetzen konnten. Wären individuelle Motivwerte erhoben worden, hätten Hoch- und Erfolgsmotivierte wegen ihrer höheren intrinsischen Anreizwerte für Selbstbewertung dem Bezahlungsanreiz stärker als Niedrig- und Mißerfolgsmotivierte trotzen und weniger leichte Aufgaben wählen sollen. Genau diesen motvgebundenen Unterschied an intrinsischem Anreizwert hat Heckhausen (1968, S. 165f.) bei der Aufgabenwahl gefunden, wenn ungeachtet des Schwierigkeitsgrades immer nur die gleiche Punktmenge zu gewinnen war.

Erhöhung intrinsischer Motivation nach Wegfall extrinsischer Belohnung

Es bleibt noch die Frage, ob sich auch die zweite der beiden Schlußfolgerungen von deCharms (1968) hat bestätigen lassen. Unternimmt man eine Tätigkeit in der Hauptsache wegen extrinsischer Belohnung, und fällt diese Belohnung weg, so haben wir es mit dem dissonanztheoretischen Paradigma der unzureichenden Veranlassung *(insufficient justification)* zu tun. Eine Möglichkeit der Dissonanzreduktion besteht dann darin, daß man die Tätigkeit nun mehr um ihrer selbst willen schätzt; d. h. mehr intrinsisch motiviert ist. Eine Studie aus der Dissonanzforschung von Weick (1964) gibt dafür einen klaren Beleg. Studierenden, die zu einem Experiment erschienen waren, um hier eine für ihr Studium erforderliche Bescheinigung zu erhalten, wurde in unfreundlichem Ton eröffnet, daß sie die in Aussicht gestellte Bescheinigung nicht erhalten würden. Auf diese Weise unzureichend extrinsisch motiviert, an dem Experiment teilzunehmen, zeigte sich nach der Versuchstätigkeit (Begriffsbildungsaufgabe) an zehn Indikatoren – wie aufgewendete Anstrengung, Leistung, Zielsetzung, Aufgabeninteresse –, daß die Vpn nun stärker intrinsisch motiviert waren als eine Kontrollgruppe, die die Teilnahmebescheinigung erhielt und freundlich vom Vl behandelt worden war.

Abschließende Bemerkungen

Damit schließt sich der Kreis, der durch die beiden Schlußfolgerungen von deCharms (1968) abgesteckt wurde. In beiden Fällen handelt es sich um Auswirkungen auf die Motivation, wenn die Selbstattribution der eigenen Motivation zu dem Schluß kommt, daß das eigene Handeln im Hinblick auf dessen extrinsische Anreizwerte entweder „über"- oder „unterveranlaßt" ist. Offenbar geht die Motivationsattribution in beiden Fällen von einer Verhältnismäßigkeit der jeweils gegebenen extrinsischen Anreizwerte in Bezug zu den bereits bestehenden intrinsischen Anreizwerten aus. Sind die extrinsischen Anreizwerte übermäßig stark, so kommt es zu einer Abwertung der intrinsischen Motivation; bleiben die extrinsischen Anreizwerte hinter dem erforderlichen Maß zurück, so kommt es zu einer Aufwertung der intrinsischen Motivation – in beiden Fällen mit all seinen gegensätzlichen Folgen auf Erleben (wie Tätigkeitsfreude) und Handeln (wie Ausdauer). Weil beim Abwägen der Verhältnismäßigkeit die extrinsischen Anreizwerte eher die intrinsischen durch Auf- und Abwertung bestimmen als umgekehrt die intrinsischen Anreizwerte die extrinsischen, bestätigt sich Decis (1975) Prozeßmodell der Motivationsattribution, nach welchem die Suche nach situativ-induzierten Intentionen jener nach selbstdeterminierten Intentionen vorangeht.

Zugleich wird aber auch deutlich, daß die bisherige Forschung zur intrinsischen Motivation immer nur von der Unverhältnismäßigkeit intrinsischer und extrinsischer Motivationsanteile ausgeht. Das sind ohne Zweifel Extremfälle der Motivation. Der Normalfall dürfte darin bestehen, daß zwischen beiden Motivationsanteilen in dem Sinne ein ausgewogenes Verhältnis besteht, als die Handlung ausreichend und weder über- noch unterveranlaßt erscheint. In solchen Normalfällen bleibt dann zu fragen, welche Auswirkungen verschiedene Anteilverhältnisse von intrinsischer und extrinsischer Motivation haben. Die Bearbeitung solcher Fragestellungen hat erst noch zu beginnen. Sie ist methodisch schwieriger, da sie die Erfassung intrinsischer und extrinsischer Anreizwerte auf subjektivem Niveau und ihrer individuellen Unterschiede voraussetzt. Einem dafür geeigneten heuristischen Theorierahmen in Gestalt eines erweiterten Motivationsmodells wollen wir uns gleich zuwenden.

Besonderes Forschungsinteresse verdient des weiteren, wie sich bei Überwiegen intrinsischer oder extrinsischer Motivation Handlungen mit sonst gleicher Zielsetzung unterscheiden. Dazu hat Garbarino (1975) bemerkenswerte Beobachtungen mitgeteilt. In einer Schule, in der dies üblich war, hatten Schüler des vierten und fünften Schuljahres solche des ersten und zweiten zu unterrichten, und zwar diesmal in einer Sortieraufgabe. Eine Gruppe der Tutoren erhielt dafür keine Belohnung, eine andere Gruppe dagegen Kinokarten. In beiden Gruppen gab es Unterschiede in der Interaktion mit dem jüngeren Schüler. Die belohnten Tutoren waren unfreundlicher und fordernder als die nicht-belohnten. Sie betrachteten offenbar ihre Tätigkeit nicht nur als Hilfe für den anderen, sondern auch als instrumentell für das Erlangen der Belohnung, so daß sie sich von Mißerfolgen ihres Schülers frustriert fühlten und ungeduldig wurden. Dementsprechend erzielten die Schüler der belohnten Tutoren auch weniger gute Leistungen als die Schüler der nicht-belohnten Tutoren, die freundlicher und geduldiger waren.

Auch einige bereits vorliegende Ergebnisse über Leistungsänderungen verdienen in diesem Zusammenhang Beachtung. Nachdem externale Belohnungen eingeführt worden sind, nimmt die Mengenleistung auf Kosten der Qualität zu (Greene u. Lepper, 1974; Kruglanski et al., 1971; Lepper et al., 1973). In diesen Fällen verminderten also externale Anreizwerte die Motivationsstärke im Sinne der aufgewerteten Anstrengung keineswegs, sondern erhöhten sie. Verändert hat sich die Strategie der Aufgabenbearbeitung. Die Instrumentalität des Leistungsergebnisses für eine extrinsische Folge läßt offenbar jene Leistungsaspekte bevorzugt beachten, die äußerlich am ehesten hervortreten und zu erkennen sind, nämlich Menge statt Güte, und macht unsensibler für Anforderungen, die mehr verborgen und der Aufgabe inhärent sind, nämlich für die Qualität der Aufgabenlösungen.

Ein erweitertes Motivationsmodell

Die Leistungsmotivationsforschung hat in den letzten 10 Jahren die drei Hauptfaktoren des Motivationsgeschehens – nämlich den Personfaktor Motiv sowie die beiden Situationsfaktoren subjektive Erfolgswahrscheinlichkeit und Anreiz – so sehr differenziert und aufgespalten, daß man sich nachträglich über den Forschungsertrag wundert, der mit diesen summarischen Konzepten erzielt werden konnte (vgl. Kap. 6 u. 9).

Nehmen wir zunächst Motiv als individuelle Unterschiedsvariable zur Gewichtung von Anreiz. Zunächst wurde das Leistungsmotiv in zwei Motivtendenzen, Erfolgs- und Mißerfolgsmotiv, aufgespalten. Dann erwies sich das Mißerfolgsmotiv noch als heterogen und wurde aufgelöst in Mißerfolgsängstlichkeit aufgrund eines Selbstkonzepts mangelnder Fähigkeit oder aufgrund von Furcht vor sozialen Konsequenzen (Schmalt, 1976a). Es gibt darüber hinaus einzelne Personparameter, die das individuelle Motivsystem – über die typologische Zuweisung zu einer Motivklasse hinaus – spezifizieren; so der persönliche Standard (Kuhl, 1978b), des weiteren Attribuierungsvoreingenommenheiten, Spannweite der Zukunftsperspektive, Bezugsnorm-Orientierung, die Stärke konkurrierender Motive etc. Wenn diese Parameter auch alle eine gewisse Kovariation mit summarischen Motivklassen haben, so drängt sich doch die Frage auf, ob sie – alle getrennt erfaßt und berücksichtigt – nicht ein summarisches Motivkonstrukt ersetzen und zugleich mehr Verhaltensvarianz aufklären können; vorausgesetzt es gelingt, alle einzelnen Parameter angemessen zu erfassen.

Was die Anreizvariable betrifft, so ist sie aus ihrer ausschließlichen Bindung an die subjektive Erfolgswahrscheinlichkeit zu befreien. Die Handlungsfolgen bestehen nicht nur aus Selbstbewertung. Es gibt auch andere Anreize, endogene und exogene – wie Oberziele, Fremdbewertung und extrinsische Nebenwirkungen – die zum Leistungshandeln motivieren. Als individuelle Situationsbewertung im Hinblick auf verschiedene Arten möglicher

Handlungsfolgen ist die Anreizvariable ein Interaktionsprodukt von Person- und Situationsfaktoren. Individuelle Unterschiede der antizipierten Anreize – bei objektiv gleicher Situation – sind offenbar am ehesten geeignet, die bisherige Motivklassifikation zu ergänzen.

Schließlich muß zur Situationsspezifität der subjektiven Erfolgswahrscheinlichkeit noch manches andere hinzutreten. Die wahrgenommenen Instrumentalitäten eines Handlungsergebnisses für verschiedene Handlungsfolgen sind ebenfalls von Bedeutung. Auch die wahrgenommene Natur der Aufgabe, ihre Anforderungen, die definierten Bezugsnormen für die Ergebnisbeurteilung, die der Aufgabe innewohnende Ursachenstruktur für Erfolg und Mißerfolg, all dies ist ebenfalls zu berücksichtigen. So macht es etwas für die Selbstbewertung aus, ob die Aufgabe als zu leicht, zu schwer, vorwiegend fähigkeits-, anstrengungs- oder zufallsabhängig erscheint. Bei all diesen Situationsvariablen muß man sich natürlich im klaren sein, daß sie nie „rein" situativ, sondern auch von individuellen Personunterschieden abhängig sind. Da es sich stets um individuelle Beurteilungen situativer Gegebenheiten handelt, können sehr wohl individuelle Voreingenommenheiten zu Akzentuierungen und Verzerrungen führen. Die säuberliche Abgrenzung von Situationsfaktoren gegenüber Personfaktoren sowie die Frage, was von beiden das Verhalten entscheidender determiniere, ist ja – wenn die Debatte über die Interaktion zwischen Person und Situation (vgl. Olweus, 1976) überhaupt etwas gezeigt hat – eine Übervereinfachung, wenn nicht eine unzulässige Frage.

Heckhausen (1977a, b) hat ein erweitertes Motivationsmodell entworfen, das die meisten der bisher isolierten Motivationsparameter enthält. (Dessen Formalisierung wird weiter unten an einem Untersuchungsbeispiel dargestellt.) Wenn das Modell auf summarische Motivvariablen zugunsten von aktuell wirksamen Motivationsvariablen verzichtet, so wird die Denknotwendigkeit von Motivkonstrukten – nämlich individuelle Unterschiede des Handelns unter sonst gleichen Situationsbedingungen zu erklären – nicht geleugnet. Vielmehr wird die Frage offengehalten, in welchem Ausmaß jeder einzelne Motivationsparameter auch „motivgebunden" ist, d. h. außer seiner Situationsabhängigkeit auch noch Personabhängigkeiten aufweist. Es handelt sich also um ein gegenläufiges Vorgehen zur bisherigen Erklärungsstrategie. Statt von einem summarischen Motivkonzept individueller Unterschiede („Leistungsmotiv") auszugehen und dann eine Situationsdeterminante nach der anderen hinzuzufügen, wird nun der Weg vom anderen Ende begonnen, ausgehend von den vielen situationsabhängigen Determinanten, die inzwischen differenziert werden konnten, und mit dem Ziel, in jeder von ihnen den Anteil an individueller Unterschiedlichkeit herauszulösen, was sich dann schließlich in einem neuen, mehrdimensional ausdifferenzierten Motivbegriff auskristallisieren ließe. Wieweit diese Wegrichtung fruchtbar und der Erhebungsaufwand noch praktikabel ist, bleibt abzuwarten. Jedenfalls hat die Motivationstheorie inzwischen einen Stand erreicht, in dem summarische Motivkonstrukte allmählich den Charakter von Fossilien annehmen.

Das erweiterte Motivationsmodell ist für zielgerichtetes Handeln gedacht und darum nicht auf einzelne Zielbereiche wie Leistungshandeln beschränkt (zu Hinweisen auf andere Motivbereiche vgl. Heckhausen, 1977b). Es ist ein rationalistisches Modell, das mehrere Ansätze aufnimmt und fortführt: Die Erwartungs-mal-Wert-Verknüpfung, Instrumentalitätstheorie, Leistungsmotivationstheorie und Kausalattribuierungstheorie. Hinzu kommt der von Bolles (1972) aufgewiesene „psychologische Syllogismus", d. h. die Unterscheidung von Situations-Ergebnis-Erwartungen (S-S*) und Handlungs-Ergebnis-Erwartungen (R-S*; S* bedeutet ein anreizbesetztes Ergebnis), aus der sich in Form eines Syllogismus die einzuschlagende Handlung ergibt.

Das erweiterte Modell baut auf der Grundform von Erwartungs-mal-Wert auf. Deren Produkt, für das es bisher keinen einfachen Terminus gibt, wird als Valenz bezeichnet. Im Unterschied zu herkömmlichen Erwartungs-mal-Wert-Theorien gibt es drei Arten von Valenzen, die miteinander in Beziehung gesetzt werden: Situationsvalenz, Handlungsvalenz und Ergebnisvalenz. Der Motivationsprozeß besteht zunächst in der Beurteilung, zu welchem Ergebnis die gegebene Situation (die sich eingestellt hat, selbst herbeigeführt oder gestaltet worden ist) führen wird, wenn man nicht handelnd eingriffe (Situationsvalenz), sodann in der Beurteilung möglicher eigener Handlungen, die zu einem Ergebnis führen, das erwünschte Folgen nach sich zieht oder unerwünschte ausschließt (Handlungsvalenz). Sowohl in die Situations- als auch in die Handlungsvalenz wird als Wertvariable die Ergebnisvalenz eingesetzt; d. h. die Summe aller instrumentalitätsgewichteten Anreizwerte der Folgen, die ein Situationsergebnis oder ein Handlungsergebnis voraussichtlich nach sich ziehen wird.

Das Modell ist nach vier Ereignis-Stadien im Motivierungsprozeß gegliedert: Situation, Handlung, Ergebnis und Folgen (vgl. Abb. 12.16). Eine Art Angelpunkt stellt das Handlungsergebnis dar. Es hat für sich genommen keinen Anreizwert, sondern empfängt diesen von den Folgen, die es nach sich zieht. Eine solche Trennung von Ergebnis und Folgen ist aus zwei Gründen sinnvoll. Einmal hat ein Handlungsergebnis in der Regel mehrere Folgen. Zum anderen kann das gleiche Handlungsergebnis für verschiedene Individuen verschiedene Folgen haben.

Erwartungen

Die Struktur des Modells tritt am deutlichsten in der Unterscheidung von vier Arten von Erwartungen hervor (vgl. Abb. 12.16). Die Situations-Ergebnis-Erwartung (S→E) bezeichnet den subjektiven Wahrscheinlichkeitsgrad, mit dem eine gegenwärtige Lage ohne eigenes Zutun zu einem künftigen Ergebniszustand führen wird. Sie beinhaltet eine bedingte Grundwahrscheinlichkeit für das Eintreten künftiger Ereignisse. Davon (zusammen mit den Anreizwerten der Ergebnisse, also den Situationsvalenzen) besitzt jeder Mensch ein großes Erfahrungsrepertoire, das jeder Situationsbeurteilung zugrunde liegt (vgl. Mischel, 1973). Diese Art der Erwartung ist bis heute vernachlässigt oder mit Handlungs-Ergebnis-Erwartungen konfundiert worden. Handlungs-Ergebnis-Erwartungen (H→E) sind demgegenüber bis heute fast ausschließlich beachtet worden. Sie bezeichnen den subjektiven Wahrscheinlichkeitsgrad, mit dem die Situation durch eigene Handlungen in erwünschter Weise geändert werden kann.

Eine weitere Art ist die Handlungs-bei-Situation-Ergebnis-Erwartung (H-S→E). Sie bezeichnet den subjektiven Wahrscheinlichkeitsanteil, mit dem äußere und variable Umstände die Handlungs-Ergebnis-Erwartung erhöhen oder verringern und so zu einer resultierenden Handlungs-Ergebnis-Erwartung führen. Die Ergebnis-Folge-Erwartung (E→F) schließlich bezeichnet den Grad, mit dem ein Ergebnis instrumental für das Eintreten einer Folge mit besonderem Anreizwert ist. Sie wird gemäß der Instrumentalitätstheorie nicht als Wahrscheinlichkeit, sondern als Instrumentalität, die zwischen +1 und −1 variieren kann, ausgedrückt. Diese Erwartung hat gegenüber der Handlungs-Ergebnis-Er-

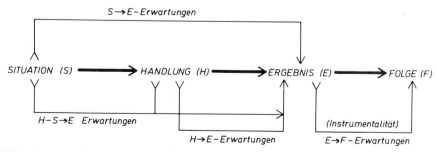

Abb. 12.16. Vier Arten von Erwartungen, die sich auf verschiedene Ereignis-Stadien im Motivierungsprozeß beziehen. (Nach Heckhausen, 1977a, S. 287)

wartung die Besonderheit, daß sie nicht durch eigenes Handeln – wenigstens nicht unmittelbar – beeinflußt werden kann.

Jede der vier Arten von Erwartung beruht auf einer besonderen Kausalattribuierung des Ergebnisses. Der Situations-Ergebnis-Erwartung und der Handlungs-bei-Situations-Ergebnis-Erwartung liegt die Überzeugung zugrunde, daß externale Ursachfaktoren am Werk sind; und zwar im Falle des Leistungshandelns externale Faktoren wie Unterstützung oder Behinderung durch andere, Zufall u. a., mit Ausnahme von Aufgabenschwierigkeit. In der Handlungs-Ergebnis-Erwartung kommen internale Ursachfaktoren wie Fähigkeit und Anstrengung zum Ausdruck, und zwar in Relation zur Aufgabenschwierigkeit, die man mit eigener Fähigkeit und Anstrengung überwinden muß. Da der Faktor Anstrengung nicht nur variabel, sondern auch vom Handelnden steuerbar ist, kann dieser bei anstrengungsabhängigen Aufgaben selbst die Handlungs-Ergebnis-Erwartung herauf- oder herabsetzen, wenn er eine Erhöhung bzw. Verminderung des Anstrengungsaufwandes intendiert. Dem liegt offenbar eine „Anstrengungskalkulation" (vgl. oben) zugrunde, die die eigene Fähigkeit mit dem zu meisternden Schwierigkeitsgrad in Beziehung setzt. Änderungen der Handlungs-Ergebnis-Erwartung nach Erfolg und Mißerfolg hängen von dem relativen Gewicht der stabilen Ursachfaktoren gegenüber den variablen Ursachfaktoren ab, wie in Kap. 11 bereits erörtert.

Was schließlich die Ergebnis-Folge-Erwartungen betrifft, so sind die Ursachfaktoren, die die Instrumentalitätsbeziehung herstellen, bis heute noch kaum untersucht. Hierbei ist es sicherlich entscheidend, um welche Folgen es sich handelt. So dürfte die Instrumentalität der Handlungsergebnisse für ein endogenes Oberziel in der „Natur" des angestrebten Oberzieles liegen. Fremdbewertung und extrinsische Nebenfolgen sind fremdvermittelt (wie Abschlußzeugnisse, Titel, Bezahlung etc.), teils durch eigens dafür eingerichtete Instanzen und aufgrund fester Regeln. Dabei kann allerdings auch der Einfluß von Willkürelementen wie Bevorzugung oder Benachteiligung erwartet werden. In der Theoriebildung zur Leistungsmotivation spielt die Kausalattribuierung bisher nur bei der Instrumentalität des Handlungsergebnisses für die Selbstbewertung eine Rolle. Aufgaben, die dem Handelnden weder zu leicht noch zu schwierig, sondern als mittelschwer vorkommen, besitzen die höchste Instrumentalität für selbstbewertende Affekte, denn hier lassen sich Erfolg und Mißerfolg maximal auf eigene Fähigkeit und Anstrengung und nicht auf zu leichte oder zu hohe Aufgabenschwierigkeit, auf Glück oder Pech zurückführen (vgl. Kap. 11). In diesem mittleren Schwierigkeitsbereich haben Zu- und Abnahmen von Fähigkeit und Anstrengung auch den größten Einfluß auf die Zielerreichung. Deshalb ist die schwierigkeitsabhängige Instrumentalitätsfunktion für Selbstbewertung als umgekehrte U-Funktion zu beschreiben, die bei Handlungs-Ergebnis-Erwartungen (Erfolgswahrscheinlichkeiten) von 0,00 und von 1,00 gleich null, und von 0,50 gleich +1 ist.

Anreize

Es sind die Folgen von Handlungsergebnissen, die Anreizwerte haben. Erst mit dem Aufkommen der Instrumentalitätstheorie hat man sich einer stärkeren Differenzierung der Folgen und ihrer Anreizwerte zugewandt, weil sie zusammengenommen die Ergebnisvalenz bestimmen. Heckhausen (1977a) hat für das erweiterte Modell eine grobe Klassifikation verschiedener Arten von Folgen herangezogen: Selbstbewertung, Annäherung an ein Oberziel, Fremdbewertung und Nebenwirkungen. Wie wir schon in Kap. 9 gesehen haben, wurden die Anreizwerte der Selbstbewertung nach einem erfolgreichen Handlungsergebnis als monoton-inverse (Lewin et. al., 1944) oder linear-inverse Funktion (Atkinson, 1957; Risikowahl-Modell) der Handlungs-Ergebnis-Erwartung postuliert und einigermaßen bestätigt (für den Selbstbewertungsanreiz nach Mißerfolg ist die Abhängigkeit entsprechend nicht invers, sondern direkt).

Individuelle Motivunterschiede nach der traditionellen Sichtweise der Leistungsmotivationsforschung lassen sich unmittelbar in einer differentiellen Gewichtung des Selbstbewertungsanreizes für Erfolg und Mißerfolg abbilden. Die motivabhängige Gewichtung von Erfolgs- und Mißerfolgsanreiz ist, wie wir in Kap. 9 berichtet haben (vgl. Litwin, 1966; Karabenick, 1972; Schneider, 1973), bisher noch nicht überzeugend belegt worden. Allerdings ist in all diesen Untersuchungen die Erhebung der Anreizwerte nicht ausdrücklich auf die Selbstbewertung eingegrenzt worden. Das hat Heckhausen (1978) jedoch getan und gefunden, daß Mißerfolgsmotivierte im Vergleich zu Erfolgsmotivierten sich zwar nach Erfolg nicht weniger positiv, aber nach gleichstarkem Mißerfolg stärker negativ bewerten; und zwar ohne daß dieser Selbstbewertungsunterschied auf einen motivgebundenen Unterschied der Mißerfolgsattribuierung zurückgegangen wäre.

Handlungsergebnisse stehen in der Regel nicht für sich, sondern bringen einem Oberziel mit hohem Anreizwert näher. Diese Annäherung ist eine weitere Folge die ihren Anreizwert vom Oberziel empfängt. Es gibt eine Fülle von Laborstudien, in denen die zur Erhebung des Anspruchsniveaus oder der Leistung verwendeten Aufgaben als persönlich wichtig hingestellt wurden, ohne daß zu entnehmen wäre, ob und wieweit Oberzielanreize wirksam gewesen waren. Einschlägiger sind die schon erörterten Untersuchungen über den motivierenden Einfluß der Zukunftsorientierung im kontingenten Pfad (Raynor, 1974a) und induzierter hoher Zielsetzung (Mierke, 1955). Aber auch hier ist der Oberzielanreiz noch nicht isoliert und individuell erhoben worden.

Anreizwerte der Fremdbewertung können, wenn ein informativer Aspekt vorherrscht, intrinsisch sein (Deci, 1975) und mit jenen der Selbstbewertung übereinstimmen, sofern man dem Fremdbeurteiler die gleichen Standards, Bezugsnormen und Kausalattributionen zuschreibt, die man selbst an das eigene Leistungsergebnis heranträgt. In der Regel dürfte jedoch Fremdbewertung zusätzliche extrinsische Anreizwerte wachrufen, etwa als Vp vom Vl als gefällig angesehen oder als tüchtig respektiert zu werden. Sich nach möglichem Erfolg oder Mißerfolg in den Augen eines anderen aufgewertet bzw. nicht abgewertet zu sehen, sind motivierende Anreize. Das ist an nachträglichen Attribuierungsvoreingenommenheiten abzulesen, wenn man sich Erfolg in einem stärkeren Maße zugute hält, als man sich für Mißerfolg verantwortlich fühlt (vgl Kap. 10; Miller, 1976; Snyder, Stephan u. Rosenfield, 1976; zusammenfassend Bradley, 1978). Mißerfolgsmotivierte scheinen für extrinsische Fremdbewertungsanreize besonders empfänglich zu sein. Ist ihr Anschlußmotiv stark und von „Hoffnung auf Anschluß" geprägt, so bevorzugen sie in Gegenwart des Vl überhöhte Zielsetzungen, ist ihr Anschlußmotiv schwach oder von „Furcht vor Zurückweisung" bestimmt, so setzen sie niedrige Anspruchsniveaus (Jopt, 1974; Schneider u. Meise, 1973). Andere Beispiele sind explizit multithematisch angelegte Anreizstudien, die auch Wetteifer enthalten, wie wir bereits bei der Erörterung der Leistungseffizienz (Kap. 6 und 9) dargestellt haben (z. B. Atkinson, 1974a; Horner, 1974a).

Fremdbewertungsanreize haben sicherlich einen breiten Überlappungsbereich mit den Anreizen von Nebenwirkungen eines Handlungsergebnisses. Ein schönes Beispiel ist die Anregungsstudie von French (1958b). Die anhand des Leistungsergebnisses erkennbare Motivationsstärke war z. B. für hoch Anschlußmotivierte am größten, wenn sie nicht für sich, sondern für die Gruppe arbeiteten und wenn der Vl während der Aufgabenbearbeitung Rückmeldungen über die gute Zusammenarbeit gab. Ein weiteres Beispiel ist ein Befund (Heckhausen, 1968, S. 166) zur Anfälligkeit gegenüber dem Anreiz extrinsischer Nebenwirkungen, wenn dieser in Konflikt mit dem aufgabenschwierigkeitsabhängigen Anreiz der Selbstbewertung steht. Die Vpn konnten verschieden schwere Aufgaben zur Bearbeitung wählen, erhielten jedoch für jede gelöste Aufgabe die gleiche Punktzahl in einem vermeintlich wichtigen Test. Unter dieser Folge-Bedingung wurden die leichtesten Aufgaben am häufigsten gewählt, die lineare Präferenzfunktion war jedoch bei den Mißerfolgsmotivierten signifikant steiler als bei den Erfolgsmotivierten. Sie waren also anfälliger für die den intrinsischen Selbstbewertungsanreizen widersprechende extrinsische Pauschalbelohnung.

Modellparameter zur Verankerung von Motivkonstrukten

Wenn man nicht von einem summarischen Motivkonzept ausgehen will, an welchen Parametern des erweiterten Modells lassen sich motivartige Konstrukte, d. h. individuelle Unterschiedsvariablen, am aussichtsreichsten verankern? Die Analyse von Heckhausen (1977a) kommt zu sechs Parameter-Bereichen.

Ein erster Parameterbereich sind die Anreizgewichte von Oberzielen. Individuen unterscheiden sich danach, von welchen Inhaltsklassen von Ereignissen und Aktivitäten sie im besonderen Maße zur „Auseinandersetzung mit Tüchtigkeitsmaßstäben" (McClelland et al., 1953) herausgefordert werden. Die Wertbesetztheit inhaltlich definierter Oberziele ist stärker zu beachten. Ein zweiter Parameterbereich sind die Anreizgewichte für Erfolg und Mißerfolg in der Selbstbewertung. Sie hängen offenbar vom persönlichen Standard ab (Kuhl, 1978b). Ein dritter Parameterbereich ist der Grad der Revidierbarkeit von Handlungs-Ergebnis-Erwartungen angesichts Erfolg und Mißerfolg. Individuelle Unterschiede beruhen hier auf Voreingenommenheiten in der stabil vs. variablen Ursachenzuschreibung, wobei insbesondere Selbstkonzepte eigener Handlungsfähigkeiten eine zentrale Rolle spielen.

Ein vierter Parameterbereich ist die Instrumentalität des erzielten Ergebnisses für die Selbstbewertung. Einmal kann die Höhe der Instrumentalität (d. h. der internalen Ursachenzuschreibung) für Ergebnisniveaus von gleicher subjektiver Erfolgswahrscheinlichkeit interindividuell voneinander abweichen. Zum anderen kann die Instrumentalität ein negatives Vorzeichen annehmen; nämlich dann, wenn jemand es auf das Nichtauftreten selbstwertrelevanter Ergebnisrückmeldungen absieht. Dann haben Ergebnisrückmeldungen, insbesondere wenn ihr Anreizwert negativ ist, eine negative Instrumentalität für das Vermeiden selbstwertrelevanter Informationen. (In diesem Fall sagt das erweiterte Modell eine Umkehrung der Präferenzfunktion für Aufgabenschwierigkeiten voraus. Schwierigkeitsbereiche mit sonst negativer Selbstbewertungsvalenz erhalten bei negativer Instrumentalität eine positive Valenz.)

Ein fünfter Parameterbereich ist die Instrumentalität des Ergebnisses für die Erreichung von Oberzielen, die in individuellen Unterschieden der Zukunftsorientierung zum Ausdruck kommen. So sind einige Individuen mehr als andere geneigt oder in der Lage, den Handlungspfad vorweg zu strukturieren und zeitperspektivisch weiter auszudehnen. Ein sechster und vermischter Parameterbereich ist schließlich die Anfälligkeit gegen Anreize extrinsischer Nebenwirkungen eines Handlungsergebnisses. Die Anfälligkeit für Nebenwirkungen hängt von der individuellen Hierarchie der Anreizgewichte für verschiedene Motivationsklassen ab. Ist z. B. das Anschlußmotiv stärker als das Leistungsmotiv, so kann sich Leistungshandeln leicht exogenen Gründen von Anschlußzielen unterordnen.

Das erweiterte Modell ist bisher nur ein Ordnungs- und Suchmodell für weitere Theoriebildung, neue Forschungsansätze und die nachträgliche Erhellung bisher schwer erklärlicher Befunde. Es ist explikativ, nicht prädiktiv. Es stellt nur eine von vielen möglichen Modellvarianten dar. Es beansprucht auch nicht, hinsichtlich des gewählten Formalismus gegenüber anderen Varianten prüfbar – oder gar überlegen – zu sein. Dazu wären allein schon die erforderlichen skalentheoretischen Voraussetzungen unerfüllbar. Zur nachträglichen Erhellung widersprüchlicher Ergebnisse hat Heckhausen (1977a) die Ergebnisse von 22 Untersuchungen über die Bevorzugung von Aufgabenschwierigkeiten auf ihre Verträglichkeit mit dem erweiterten Modell geprüft. Während das Präferenzprofil Erfolgsmotivierter in allen Untersuchungen einheitlich war und bei leicht überhöhten Schwierigkeitsgraden kulminierte, unterschieden sich die Präferenzprofile Mißerfolgsmotivierter in den einzelnen Untersuchungen erheblich. Vier Gruppen-Präferenzprofile lassen sich unterscheiden: Bevorzugung (1) hohen, (2) niedrigen, (3) hohen und niedrigen Schwierigkeitsbereichs sowie (4) relative Bevorzugung der Randbereiche. Diese Unterschiedlichkeit kann das Risikowahl-Modell nicht erklären. Eine nachträgliche Analyse der jeweiligen Versuchsbedingungen auf ihre Aufforderungsgehalte legte *post-hoc*-Erklärungen der einzelnen Präferenzprofile nahe. So bevorzugen Mißerfolgsmotivierte sehr hohe Schwierigkeitsgrade, wenn die Situation eher Anreize der Selbstbewertung als der Fremdbewertung anbot oder wenn ein hohes und zuversichtliches Anschlußmotiv vorlag; dagegen niedrige Schwierigkeitsgrade, wenn sich extrinsische Fremdbewertungsanreize aufdrängten oder das Anschlußmotiv durch Furcht vor Zurückweisung geprägt war.

Wahl von Aufgaben mit Oberzielvalenz

Es gibt bisher eine Studie, die Ableitungen aus dem erweiterten Modell mit dem Risikowahl-Modell Atkinsons und Raynors Elaboration der Zukunftsorientierung kontrastiert und überprüft hat. Kleinbeck u. Schmidt (1979) haben Auszubildende beim Herstellen eines Werkstücks zwischen elf Schwierigkeitsgraden (soziale Bezugsnormen) wählen lassen. Die Bearbeitung der Aufgabe wurde nach Zeitaufwand und Güte von den Meistern der Lehrwerkstatt einer Automobilfabrik wie üblich punktemäßig bewertet und trug wie weitere und andere Aufgaben zur Entscheidung über den Abschlußerfolg der betrieblichen Ausbildung bei. Die Auszubildenden hatten sich zuvor mit der Aufgabe, aus einem Metallrohling ein Werkstück zu fertigen, vertraut gemacht; jeder schätzte vor der endgültigen Bearbeitung die subjektive Erfolgswahrscheinlichkeit für jede der 11 Schwierigkeitsstufen, gab an, für wie wichtig er ein gutes Abschneiden bei dieser Aufgabe für den weiteren Ausbildungserfolg hielt (Instrumentalität des Handlungsergebnisses für das Oberziel) und wählte einen der 11 Schwierigkeitsgrade für die nachfolgende Arbeit. Die Probanden wurden in Erfolgs- und Mißerfolgsmotivierte (nach Mehrabian, 1968) sowie innerhalb jeder Motivgruppe noch nach geringer und hoher subjektiver Instrumentalität des Aufgabenergebnisses für den Gesamtausbildungserfolg aufgeteilt.

Um aus dem erweiterten Modell Hypothesen abzuleiten, wurden einzelne Parameter wie folgt festgelegt: Der Anreiz des Oberziels war doppelt so stark (2) wie der maximale Anreiz der Selbstbewertung (1); niedrige und hohe Instrumentalität wurden auf +0,20 bzw. +0,80 vereinheitlicht; für die erfolgsmotivierte Gruppe wurde der Erfolgsanreiz der Selbstbewertung doppelt so stark gewichtet wie der Mißerfolgsanreiz, für die mißerfolgsmotivierte wurde entsprechend der Mißerfolgsanreiz doppelt gewichtet; die Instrumentalität für negative Selbstbewertungsfolgen (Mißerfolgsanreiz) erhielt bei den Mißerfolgsmotivierten ein negatives Vorzeichen, da bei ihnen das Motivziel unterstellt wird, Unzufriedenheit über eigene Untüchtigkeit zu meiden, und ein Mißerfolg nicht geeignet ist, ein solches Motivziel zu erreichen; schließlich wurden die gewählten Aufgabenschwierigkeiten nach ihren subjektiven Erfolgswahrscheinlichkeiten (We) in drei Gruppen von niedrig, mittel und hoch aufgeteilt (We von 0,20, 0,50 bzw. 0,80).

Im Folgenden sei kurz die Hypothesenableitung nach den Formeln des erweiterten Modells (Heckhausen, 1977a) skizziert. Zunächst gilt es die Ergebnisvalenz, die sich in diesem Fall aus Selbstbewertungs- und Oberzielvalenz zusammensetzt, zu bestimmen. Was die Selbstbewertungsfolgen betrifft, so ist deren Instrumentalität (U) wie folgt definiert:

$$U = (We \times (1-We)) \times 4,$$

d. h. sie variiert zwischen null und +1 und erreicht (wie die resultierende Tendenz im Risikowahl-Modell) ihr positives oder negatives Maximum bei We = 0,50 und nimmt nach beiden Seiten hin zunehmend schneller ab. Der Anreizwert der Selbstbewertungsfolgen nach Erfolg (Ae) und nach Mißerfolg (Am) ist im Unterschied zum Risikowahl-Modell keine lineare, sondern eine quadratische Funktion der Erfolgswahrscheinlichkeit:

$Ae = (1-We)^2$; $Am = -We^2$.

Die Valenzen der Selbstbewertung für Erfolg (Ve) und für Mißerfolg (Vm) sind das Produkt aus Erfolgs- bzw. Mißerfolgsanreiz und der Instrumentalität (U) für die betreffende Selbstbewertungsfolge:

$Ve = (1-We)^2 \times U$; $Vm = -We^2 \times U$.

Der Mittelwert aus Erfolgs- und Mißerfolgsvalenz macht die resultierende Selbstbewertungsvalenz (V_{F1}) aus:

$V_{F1} = (Ve - Vm)/2$.

Neben der Valenz der Selbstbewertungsfolgen (V_{F1}) ist als weitere Folge noch das Oberziel mit seiner Valenz (V_{F2}) zu berücksichtigen, da es zur Gesamtvalenz des Handlungsergebnisses (Ve) beiträgt:

$V_E = V_{F1} + V_{F2}$.

Die Valenz des Oberziels (wie jeder weiteren Folge) ist wiederum ein Produkt aus Anreiz (A_{F2}) und (jeweils zu bestimmender) Instrumentalität (I_{F2}) des Handlungsergebnisses für das Oberziel:

$V_{F2} = A_{F2} \times I_{F2}$.

Nun läßt sich schließlich die Handlungsvalenz (V_H) bestimmen, die der angeregten Motivationsstärke für ein bestimmtes Handlungsergebnis entspricht. Die Handlungsvalenz ergibt sich als Produkt aus subjektiver Erfolgswahrscheinlichkeit des jeweiligen Handlungsergebnisses und der Ergebnisvalenz:

$$V_H = We \times V_E$$
$$= We \left[\left(\frac{(Ae \times U) + (Am \times U)}{2} \right) + (A_{F2} \times I_{F2}) \right]$$

Bei Einfügung der oben angegebenen Parameter-Spezifikationen erhält man mit dieser Formel die in Tabelle 12.2 aufgeführten Handlungsvalenzen, die für Aufgaben mit niedriger, mittlerer und hoher Erfolgswahrscheinlichkeit und bei Wahrnehmung niedriger oder hoher Instrumentalität des Aufgabenerfolgs für die Erreichung des Oberziels zu erwarten sind, wenn das Erfolgs- und Mißerfolgsmotiv gleich stark oder eines der beiden stärker ausgeprägt ist. Wie zu sehen ist, sollten Erfolgsmotivierte bei geringer Instrumentalität für das Oberziel mittlere subjektive Schwierigkeitsgrade bevorzugen, weil hier – ganz der Logik des Risikowahl-Modells entsprechend – die Selbstbewertungsvalenz ausschlaggebender als die Oberzielvalenz ist. Bei hoher Instrumentalität für das Oberziel sollte sich dagegen dessen Ergebnisvalenz durchsetzen und zur Bevorzugung der leichtesten Aufgaben führen. Für Mißerfolgsmotivierte stehen sich demgegenüber Selbstbewertungs- und Oberzielvalenz unter beiden Instrumentalitätsbedingungen nicht entgegen, da auch ihre Selbstbewertungsvalenz stets bei den leichtesten Aufgaben maximal ist. Sie sollten deshalb unabhängig von der Instrumentalität für das Oberziel stets die leichtesten Aufgaben bevorzugen. Zu beachten ist im übrigen, daß die Handlungsvalenzen der Mißerfolgsmotivierten unter allen spezifizierten Bedingungen positiv sind (und nicht negativ wie die entsprechenden resultierenden Tendenzen nach dem Risikowahl-Modell).

Die Ergebnisse (vgl. Abb. 12.17) bestätigen die abgeleiteten Hypothesen vollauf. Die Häufigkeiten der Aufgabenbevorzugung entsprechen den Rangpositionen der Handlungsvalenz-Stärken von Tabelle 12.2 unter beiden Instrumentalitätsbedingungen (leicht vertauscht sind lediglich bei Mißerfolgsmotivierten und hoher Instrumentalität die Wahlhäufigkeiten für leichte und mittelschwere Aufgaben).

Die Befunde zeigen, daß das Risikowahl-Modell auf Selbstbewertungsvalenzen eingeengt ist und nicht ausreicht, wenn Oberziele, von denen wirklich etwas abhängt, ins Spiel kommen. Auch die Modellrevision Raynors kann die vorliegenden Befunde nicht erklären. Zwar hätten danach Erfolgsmotivierte bei kontingentem Handlungspfad – ohne daß zwischen abgestuften Oberziel-Instrumentalitäten unterschieden werden könnte – auch die leichtesten Aufgaben bevorzugen, die Mißerfolgsmotivierten jedoch die schwersten wäh-

Tabelle 12.2. Modellabgeleitete Handlungsvalenzen bei drei verschiedenen Erfolgswahrscheinlichkeiten (We) des Handlungsergebnisses und niedriger oder hoher Instrumentalität des Handlungsergebnisses für das Oberziel (I_{F2}), wenn in der Selbstbewertungsvalenz Erfolgs- und Mißerfolgsanreiz entweder ungewichtet sind (Erfolgs- und Mißerfolgsmotiv gleich stark) oder der Erfolgsanreiz doppelt gewichtet ist (Erfolgsmotiv stärker als Mißerfolgsmotiv) oder der Mißerfolgsanreiz doppelt gewichtet und die zugehörige Instrumentalität negativ ist (Mißerfolgsmotiv stärker als Erfolgsmotiv) und wenn der Anreiz des Oberziels doppelt so stark ist wie der maximale Anreiz der Selbstbewertung. (Nach Kleinbeck u. Schmidt, 1979, S. 4)

We	Erfolgs- u. Mißerfolgsmotiv gleich stark (1/1)		Erfolgsmotiv stärker als Mißerfolgsmotiv (2/1)		Mißerfolgsmotiv stärker als Erfolgsmotiv (1/2)	
	$I_{F2} = +0{,}20$	$I_{F2} = +0{,}80$	$I_{F2} = +0{,}20$	$I_{F2} = +0{,}80$	$I_{F2} = +0{,}20$	$I_{F2} = +0{,}80$
0,20	0,12	0,36	0,16	0,40	0,13	0,37
0,50	*0,20*	0,80	*0,26*	0,86	0,38	0,99
0,80	0,17	*1,13*	0,18	*1,14*	*0,65*	*1,62*

len müssen. Das erweiterte Modell ist durch die Differenzierung der Ergebnisvalenz in verschiedene Anreizwerte und Instrumentalitäten offensichtlich besser in der Lage, die Komplexität der Leistungsmotivation außerhalb des Versuchslabors nachzubilden. Es bleibt abzuwarten, wie fruchtbar das erweiterte Motivationsmodell ist, wenn neben intrinsischen Anreizen wie Selbstbewertung und Oberziel auch extrinsische Anreize exogener Folgen eine Rolle spielen. So ist bis heute noch nicht klar, ob eine Verminderung intrinsischer Motivation (Korrumpierungseffekt) auch dann eintritt, wenn die extrinsischen Anreize noch keine Überveranlassung *(overjustification)* bedeuten.

Geschlechtsgebundene Anreizeffekte und Anreizkonflikte

Das Zusammen- oder Gegeneinanderwirken endogener und exogener Anreize, wofür das erweiterte Motivationsmodell einen heuristi-

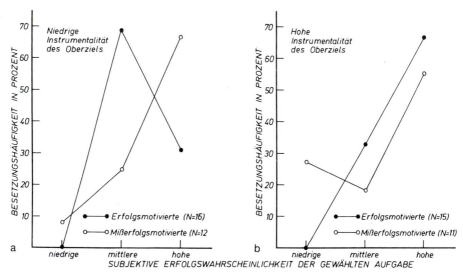

Abb. 12.17a u. b. Aufgabenwahl von Erfolgs- und Mißerfolgsmotivierten in Abhängigkeit von niedriger **a** und hoher **b** Instrumentalität des Handlungsergebnisses für ein Oberziel (Erfolg in betrieblicher Ausbildung). (Nach Kleinbeck u. Schmidt, 1979, S. 8 u. 9)

schen Theorierahmen abgeben könnte, ist bisher kaum untersucht worden. Eine gewisse Ausnahme bilden nur arbeitspsychologische Studien, etwa zur Arbeitszufriedenheit, die auf der Instrumentalitätstheorie basieren (vgl. Kap. 5). Ansätze bietet auch die Berücksichtigung individueller Motivkonstellationen, jedoch war die Forschung hier in experimentellen Simulationsstudien oder in Verlaufsstudien des Berufserfolgs nur bemüht zu zeigen, wie das dominante Motiv „durchschlägt". Verborgen bleibt dabei, wie die Anreize verschiedener Folgen gleicher Handlungsergebnisse den Handlungskurs motivieren, u. U. auch konflikthaft hin- und herreißen. Eine Wirksamkeit multipler Anreize drängt sich besonders bei Geschlechtsunterschieden auf, die sich bei der Messung des Leistungsmotivs ergeben haben, die für beide Geschlechter unter gleichen Anregungsbedingungen vorgenommen wird. Gleiches gilt für die Postulierung eines eigenen „Motivs", der sog. Furcht vor Erfolg, das besonders unter Frauen auftreten soll.

Geschlechtsgebundene Anreizeffekte bei der Messung des Leistungsmotivs

Seit Beginn der Leistungsmotivationsforschung mußte weiblichen Vpn eine Ausnahmestellung eingeräumt werden. Schon in den ersten Anregungsstudien zeigte sich, daß ihre nAch-Kennwerte nicht mit der Stärke der Anregungsbedingungen anstiegen, sondern schon unter neutraler Bedingung recht hoch waren (McClelland et al., 1949; Veroff, Wilcox u. Atkinson, 1953). Es wurde vermutet (McClelland et al., 1953, S. 178), daß die Anregungshinweise auf „Intelligenz und Führungseigenschaften" (im experimentellen Vorspann vor dem TAT) wenig geeignete Anreize seien, um bei Frauen das Leistungsmotiv zu aktivieren, etwa im Unterschied zu „sozialer Beliebtheit" *(social acceptability)*. In anderen Ländern wie Brasilien (Angelini, 1959) oder Japan (Hayashi u. Habu, 1962) gab es dagegen keine Geschlechtsunterschiede, ebenfalls nicht in Deutschland mit einem anderen Motivmeßverfahren (für HE und FM; Heckhausen, 1963a). Das wiederum legte die Vermutung nahe, daß nationale Ausleseunterschiede im Hochschulzugang von Frauen maßgebend sein könnten. In Brasilien, Japan und Deutschland war die Bildungsbeteiligung von Frauen weniger weiterführend als in den USA, so daß stärker ausgelesene Anteile der Altersgruppen – und deshalb vermutlich auch mit einem mehr „maskulinen" Rollenkonzept – ins Studium gelangten.

Die unklare Befundlage rief bis in die Mitte der sechziger Jahre eine Reihe von Studien auf den Plan, die verschiedene vermutete Faktoren auf ihre Wirksamkeit prüften; so den Auslesegrad der weiblichen Vpn-Stichprobe, die Höhe ihres akademischen Leistungsstandes, Koedukation und Konkurrenzgrad der betreffenden Bildungsinstitution, die Wertorientierung (intellektuell und berufsorientiert vs. hauswirtschaftlich und familienorientiert), das Geschlecht der auf den TAT-Bildern abgebildeten Personen, Alter und Familiensituation des Geschichtenerzählers usf. Einen Überblick über die bis heute verwirrende und ungeklärte Befundlage geben Alper (1974) und Horner (1974a). Bezeichnend ist der Titel des Alperschen Sammelreferats: „Achievement motivation in college women A now-you-see-it-now-you-don't phenomenon".

Zur Illustration der unklaren Befundlage seien nur die folgenden Ergebnisse aufgezählt. Vpn beiderlei Geschlechts hatten zu TAT-Bildern mit männlichen Personen höhere nAch-Werte, was auf die Auslese der betreffenden Bildungsinstitutionen und soziokulturelle Geschlechtsstereotype zurückgeführt wurde (Veroff et al., 1953). Mit steigender Situationsanregung erzielten College-Studentinnen entsprechend mehr nAch bei männlichen TAT-Bildern (Alper, 1957; Morrison, 1954), bei weiblichen TAT-Bildern jedoch nur dann, wenn eine Berufskarriere nahegelegt wurde (Morrison, 1954). Verglich man an einer stark auslesenden Mädchen-Oberschule IQ-gleiche Schülerinnen, die leistungsmäßig zurechtkamen, mit solchen, die nicht zurechtkamen, und stellte man dabei männliche und weibliche TAT-Bilder sowie neutrale und leistungsorientierte Anregungsbedingungen gegenüber, so war der allgemeine Anregungseffekt – die Zunahme leistungsthematischer TAT-Inhalte unter stärkerer situativer Motivanregung – nicht signifikant (Lesser, Krawitz u. Packard, 1963). Er war es jedoch bei den leistungsstarken Schülerinnen in Reaktion auf die weiblichen, nicht auf die männlichen TAT-Bilder. Bei den leistungsschwachen Schülerinnen zeigte sich das Umgekehrte: Der situative Anregungseffekt trat nur bei männlichen TAT-Bildern ein, bei weiblichen Bildern kehrte er sich um. Auch die Berücksichtigung von individuellen Unterschieden in der Wertorientierung vermochte das Bild nicht zu klären (French u. Lesser, 1964). Ob Studentinnen mehr ein intellektuelles oder traditionell-weibliches Rollenkonzept besaßen, in beiden Gruppen hatten sie höheres *n*Ach, wenn bei Anregung von intellektueller Wertorientierung „männliche" TAT-Situationen und bei Anregung von traditionell-weiblicher Wertorientierung „weibliche" TAT-Situationen vorgelegt worden waren.

Geschlechtsgebundener Anreizkonflikt: „Furcht vor Erfolg"

Wie die Dinge lagen, hätte sich die angelsächsische Leistungsmotivationsforschung weiterhin so gut wie ausschließlich auf männliche Vpn beschränkt, wenn nicht eine Dissertation von Matina Horner (1968, 1969, 1970, 1972, 1974a) schnell und weit bekannt geworden wäre, buchstäblich Furore gemacht und eine Fülle von Nachuntersuchungen ausgelöst hätte. Horner glaubte, das Geheimnis der inkonsistenten Befundlage gelüftet zu haben, indem sie ein für Frauen charakteristisches Zusatzmotiv „Furcht vor Erfolg" einführte. Leistungstüchtig zu sein, schadet ihrer Beliebtheit bei anderen, besonders bei den Männern. Und deshalb ist es nur scheinbar paradox, wenn Frauen sich vor Erfolg fürchten. Anstelle von TAT-Bildern hatte Horner ihren männlichen und weiblichen Vpn nach der FTI-Methode (French, 1958a) Aussagen vorgelegt. Die sechste und letzte davon lautete:

„Nach dem ersten Semesterschlußexamen findet Anne sich selbst an der Spitze ihres Medizinstudiums-Jahrgangs". (Für die männlichen Vpn war statt von Anne von Hans die Rede.) Zu dieser Aussage erzählten 65% von Horners weiblichen Vpn (darunter besonders viel erfolgreiche Studentinnen) Erfolgsmeidungsgeschichten, aber nur 9% ihrer männlichen Vpn taten dies zur Hans-Version. Der Inhaltsschlüssel für das Vorliegen von „Furcht vor Erfolg" gründet sich auf folgende Inhalte in der Geschichte: Negative Folgen des Erfolgs hinsichtlich Beliebtheit und Anschluß, Erwartung negativer Folgen des Erfolgs, negative Affekte wegen des Erfolgs, instrumentelle Aktivitäten weg vom gegenwärtigen oder künftigen Erfolg (z. B. nicht Ärztin, sondern Krankenschwester zu werden), unmittelbar ausgedrückter Konflikt über Erfolg, Uminterpretation der vorgelegten Situation (Leugnung), bizarre und unrealistische Reaktionen. Lag eine dieser Kategorien vor, so wurde dem Erzähler „Furcht vor Erfolg" zugeschrieben (wie es schon vorher Scott, 1956, für Furcht vor Mißerfolg getan hatte).

Nach der Motivmessung bearbeiteten die Vpn im Gruppenversuch noch verschiedene Aufgaben. Sie taten dies erneut in einer zweiten Sitzung, nun aber unter einer von drei Bedingungen: einzeln und ohne Wetteifer, gemischt-geschlechtlicher Wetteifer und gleichgeschlechtlicher Wetteifer. Es ergaben sich einige Leistungsunterschiede innerhalb der weiblichen Vpn-Gruppen: Bei „Furcht vor Erfolg" war die Leistung unter Nicht-Wetteiferbedingung (2. Sitzung) besser als in der allgemeinen Gruppensitzung (1. Sitzung, Horner hielt sie für wetteiferanregend). Bei fehlender „Furcht vor Erfolg" war es umgekehrt. Weder ist dieser Versuchsplan schlüssig, noch zeigen die Befunde, daß „Furcht vor Erfolg" ein Anreizeffekt aufgrund von Leistungskonkurrenz mit Männern ist und die Leistung mindert. Näherliegend wäre es, die Nicht-Wetteiferbedingung (2. Sitzung) als leistungsorientiert und die Gruppenbedingung (1. Sitzung) als neutral anzusehen. Dann ergäbe sich ein klarer Anregungseffekt bei weiblichen Vpn mit „Furcht vor Erfolg". Dementsprechend fanden Zuckerman u. Wheeler (1975) auch in einem Vergleich zwischen den Vpn-Gruppen der 2. Sitzung eine generelle Leistungsüberlegenheit der Studentinnen mit „Furcht vor Erfolg". Lediglich und ausgerechnet innerhalb der Nicht-Wetteifer-Bedingung waren die Vpn mit hoher „Furcht vor Erfolg" unterlegen. Auch spätere Untersuchungen fanden meist keine Leistungsunterschiede im Sinne Horners (vgl. Peplau, 1976).

Horner hatte ihre ersten Daten 1965 erhoben. Was lag näher, als in der „Furcht vor Erfolg" im Sinne eines Jahrgangs- oder Kohorteneffekts ein epochalpsychologisches Phänomen zu sehen, das sich mit der erwachenden Frauen-Emanzipationsbewegung Ende der sechziger und Anfang der siebziger Jahre verflüchtigt haben müßte? Aber noch 1972 berichtet Horner von einer Studentinnen-Stichprobe mit 85% „Furcht vor Erfolg" und Alper im Studienjahr 1970/71 von 89% (Alper, 1974). Bald entdeckte man, daß männliche Studierende zur Hans-Version kaum weniger oder sogar mehr „Furcht vor Erfolg" produzierten als weibliche Studierende zur Anne-Version. In 9 von 16 Stichproben, die zwischen 1968 und 1974 untersucht wurden, hatten Studentinnen mehr „Furcht vor Erfolg" als Studenten, in den restlichen 7 Stichproben war es umgekehrt (Zuckerman u. Wheeler, 1975, S. 936). Nicht bei den Frauen, sondern bei den Männern schien sich ein epochalpsychologischer Trend abzuzeichnen. Hoffman (1974) berichtet über einen Prozentanteil von 79 in ihrer männlichen Stichprobe von Studenten der Michigan-Universität! Inzwischen haben sich aber auch die Anhaltspunkte gemehrt, daß Horners Instrument bei Männern etwas anderes erfaßt als bei Frauen, jedenfalls nicht Furcht vor extrinsischen Nebenfolgen des Erfolgs.

Statt eines epochalen Geschlechtsrollenwandels boten sich kulturelle Stereotype als Erklärung an, zumal der Arztberuf nach wie vor von Männern dominiert wird. Für eine solche Erklärung spricht ein wenig, daß Männer und Frauen zur Anne-Version sehr viel mehr „Furcht vor Erfolg" produzierten als zur Hans-Version (Alper, 1974; Monahan, Kuhn u. Shaver, 1974). Aber die Inhalte der „Furcht vor Erfolg" weisen geschlechtsspezifische Unterschiede auf. Männer (Hans-Version) stellen den Wert von Leistung überhaupt in Frage und verwerfen die Ziele und den Lebensstil einer erfolgreichen Berufskarriere. Erfolg wird von ihnen nicht gefürchtet, weil er unerwünschte extrinsische Nebenfolgen heraufbringt, vielmehr erscheint ihnen der Anreizwert von Studien- und Berufserfolg selbst zweifelhaft geworden zu sein. Frauen beschäftigen sich dagegen mit dem Verlust ihrer Weiblichkeit und sozialer Zurückweisung (vgl. Hoffman 1974; 1977; Morgan u. Mausner, 1973). Was sie bewegt, wäre also nicht Furcht vor Erfolg als solchem, sondern Furcht vor extrinsischen Nebenfolgen des Erfolges, besonders die Furcht vor Vereitelung anschlußmotivierter Handlungsziele.

Das Konstrukt „Furcht vor Erfolg" ist bis heute, wie Tresemer (1974) einen Artikel überschreibt, „populär aber unbewiesen" *(popular but unproven)*. In einem kritischen Sammelreferat kommen Zuckerman u. Wheeler (1975) zu den folgenden Schlußfolgerungen: Es gibt keine verläßlichen Alters- und Geschlechtsunterschiede in dem Motiv, Erfolg zu meiden; „Furcht vor Erfolg" und Geschlechtsrollen-Orientierung scheinen nicht zusammenzuhängen; es ist unklar, ob es sich um ein Motiv oder um kulturelle Stereotype handelt; es gibt keine konsistenten Beziehungen zu leistungsbezogenen Variablen; die Meßprozedur für „Furcht vor Erfolg" ist fraglich und wenig zuverlässig. In dieses verwirrende Bild hat Hoffman (1977) mit Hilfe einer Nacherhebung bei den ursprünglichen Vpn Horners (1968) mehr Klarheit gebracht. Zwischen beiden Erhebungen von 1965 (Horner) und 1974 (Hoffman) lag eine Zeitspanne von neun Jahren. Eine Wiederverrechnung des ehemaligen Materials ließ eine Veränderung der inzwischen eingetretenen Auswertungspraxis erkennen, die gegenüber früher ein häufigeres Auftreten von „Furcht vor Erfolg" bei Männern begünstigt, so daß allein schon darauf ein guter Teil des vermuteten epochalen Wandels bei den Männern zurückzugehen scheint. Die Frauen aus Horners ursprünglicher Stichprobe zeigten nach 9 Jahren im Mittel eine Abnahme von Furcht vor Erfolg, während bei Männern die durchschnittliche Ausprägung gleich geblieben war; die mittleren Kennwerte für Männer waren deshalb inzwischen etwas höher als für Frauen. Konsistent waren die Kennwerte jedoch nur bei den Frauen; wer 1965 nicht erfolgsängstlich war, war es auch 1974 nicht, aber knapp die Hälfte der Erfolgsängstlichen von 1965 war es 1974 – nun unter anderen Lebensumständen, meistens verheiratet und schon Mutter – nicht mehr.

Für die Männer erwies sich das Furcht-vor-Erfolg-Maß als nicht valide (es war für sie auch noch nie an objektiven Kriterien validiert worden). Bei ihnen gab es die meisten Verrechnungsprobleme. Wieder zeigte sich, daß bei Männern der Erfolg eher in sich zweifelhaft war, als daß negativ-extrinsische Nebenfolgen (wie bei den Frauen) befürchtet worden wären. Im übrigen gingen solche Zweifel am Anreizwert von Erfolg sowohl 1964 wie 1975 mit niedrigem Leistungsmotiv bei den Männern einher.

Dagegen erwies sich, daß Horners Instrument bei Frauen tatsächlich so etwas wie Furcht vor extrinsischen Nebenfolgen von Leistungserfolg erfaßt. Wie Hoffman erwartet hatte, wurden solche Frauen, die 1965 hohe Kennwerte für „Furcht vor Erfolg" hatten, in den folgenden neun Jahren dann überzufällig schwanger, wenn sie unmittelbar vor einer geplanten (oder vor dem Entschluß zu einer geplanten) Schwangerschaft knapp vor einem Erfolg standen, der gegenüber ihrem männlichen Partner, Ehemann oder Lebensgefährten die etablierte Gewichtsrelation im beiderseitigen Leistungsstatus deutlich zu ihren Gunsten veränderte. Was könnte eine bessere Lösung sein als eine Schwangerschaft, wenn eine Frau fürchtet, durch eigenes Erfolgreichsein die Beziehung zu ihrem Partner zu belasten? Eine Schwangerschaft, bemerkt Hoffman (1977), „... removes the wife from the achievement-career area, confirms her femininity, and reestablishes affiliative ties" (S. 319).

Der Fall von „Furcht vor Erfolg" ist typisch für ein vermutlich aufschlußreiches aber ein zu früh, d. h. noch unreif konzeptualisiertes Phänomen. Nach dem erweiterten Motivationsmodell (Abb. 12.16) handelt es sich offensichtlich um eine komplexe Motivation. Ein Leistungsergebnis, sei es erwartet oder bereits erzielt, löst eine extrinsische Ergebnis-Folge-Erwartung aus, und zwar, daß eine Folge mit negativem Anreiz innerhalb eines andersthematischen Motivbereichs (z. B. Verlust von sozialem Anschluß) eintreten wird. Das erweiterte Motivationsmodell läßt eine Reihe von Punkten hervortreten, deren Berücksichtigung bei der Bedingungsklärung für das Auftreten des *now-you-see-it-now-you-don't phenomenon* der „Furcht vor Erfolg" erforderlich und in der bisherigen Forschung nicht gesehen worden ist. Dazu gehört erstens die Messung der Stärke jener Motive, deren Realisierung durch Leistungserfolg bedroht werden kann (z. B. des Anschlußmotivs), zweitens die Bestimmung, wie stark die Ergebnis-Folge-Erwartung (Instrumentalität) ist, daß ein positives Leistungsergebnis automatisch eine bestimmte Folge mit negativem Anreiz nach sich zieht und nicht zuletzt drittens eine motivationstheoretische Übereinstimmung der verbesserungswürdigen Meßprozedur für „Furcht vor Erfolg" und jener Situation, in der ein „Furcht vor Erfolg"-Verhalten sich realisieren kann und vorhergesagt werden soll.

Die Zeit ist reif, solche Bedingungsklärungen zu betreiben. Einen ersten Anfang dazu hat Karabenick (1977) gemacht. Von den oben aufgestellten Forderungen hat er die erste erfüllt und die Stärke des Anschlußmotivs gemessen. Die Messung von „Furcht vor Erfolg" erfolgte nach einem von Horner neu entwickelten Verfahren, das an Leistungsunterschieden zwischen Wetteifer- und Nicht-Wetteiferbedingungen validiert worden war (Horner, Tresemer, Berens u. Watson, 1973). Karabenicks abhängige Variable waren Anagramm-Leistungen. Nach Einzelversuchen bearbeitete jede weibliche Vp die Anagramm-Aufgaben erneut im Wetteifer mit einer männlichen Vp, und zwar sowohl bei vermeintlich „männlichen" als bei „weiblichen" Typen der Anagramm-Aufgaben. Gegenüber der Alleintätigkeit hatten Frauen im Wetteifer einen umso größeren Leistungsabfall, je größer ihre „Furcht vor Erfolg" war, aber nur bei „männlichen" Aufgaben. Den gleichen Zusammenhang gab es mit dem negativ gerichteten Anschlußmotiv (Furcht vor Zurückweisung), hier aber nur bei den „weiblichen" Aufgaben. Bei Männern ließ sich die Leistungsvarianz am besten durch Kombination von *n*Ach und von TAQ aufklären.

Erwähnung verdienen schließlich die Zusammenhänge zwischen den Motivvariablen. Bei Frauen korrelierte „Furcht vor Erfolg" negativ mit *n*Ach und positiv mit beiden Tendenzen des Anschlußmotivs (Hoffnung auf Anschluß und Furcht vor Zurückweisung). Bei Männern korrelierte „Furcht vor Erfolg" zwar auch mit beiden Anschlußmotiven, aber nicht mit *n*Ach. Aus diesen Befunden an US-amerikanischen Studierenden aus der Mitte der siebziger Jahre läßt sich verallgemeinern, daß bei hoher „Furcht vor Erfolg" sich nur bei Frauen die Anreize für Leistung und Anschluß im Wege stehen, nicht jedoch bei Männern.

Motivationswechsel: Das „Dynamische Handlungsmodell" von Atkinson u. Birch

Die bisher dargestellten Motivationsmodelle gelten fast ausnahmslos für einzelne Episoden im Aktivitätsstrom. Das Individuum sieht sich in einer neuen Situation und bewertet sie, so als wäre es nicht vorher schon aktiv gewesen oder als hätte es mit allem, was vorher war, endgültig abgeschlossen; die neue Situation motiviert, ein bestimmtes Handlungsziel durch eigene Tätigkeit zu erreichen, so als wären alle anderen Handlungstendenzen völlig zur Ruhe gelegt; schließlich wird das Handlungsziel erreicht oder nicht erreicht, und eine neue Episode kann beginnen, so als könne die dominante Handlungstendenz nicht zwischendurch von einer anderen Handlungstendenz abgelöst oder bei Nichterreichen des Ziels (z. B. bei einem Mißerfolg) nicht untergründig fortbestehen und nach Wiederaufnahme drängen.

Die episodischen Motivationsmodelle sind Vereinfachungen, die den Experiment-Episoden im Labor aber nicht dem alltäglichen Aktivitätsfluß entsprechen. Sie vernachlässigen das fünfte Motivationsproblem (vgl. Kap. 1), nämlich den Wechsel der Motivation, die Wiederaufnahme und die Nachwirkung einer früheren Motivation. Dieses Problem hatten Freud (1915) als Fortbestehen unerfüllter Wünsche bis zu ihrer Befriedigung und Lewin (1926b; 1935) als Wiederaufnahme unerledigter Vornahmen in den Mittelpunkt ihrer motivationspsychologischen Überlegungen gestellt. Innerhalb der Leistungsmotivationsforschung tauchte das fünfte Motivationsproblem – abgesehen vom Heranziehen des Zeigarnik-Effekts als eines Motivationsindikators – zum ersten Mal in den Ausdauer-Studien von Feather (1961; 1962; 1963b) auf: Das Überwechseln zu einer nicht-leistungsbezogenen Alternativtätigkeit hängt nicht nur von der schwindenden Motivationsstärke für die leistungsbezogene Tätigkeit sondern zugleich auch von der zunächst nur latenten Motivationsstärke für die Alternativtätigkeit ab. Atkinson u. Cartwright (1964) haben das motivationale Fortwirken nicht-erreichter Handlungsziele als „Trägheitstendenzen" konzipiert, mit denen Weiner (1965a, b) das Risikowahl-Modell erweiterte. Alle diese Ansätze haben wir bereits im 9. Kapitel erörtert.

Einen weit größer angelegten Versuch, dem fünften Motivationsproblem gerecht zu werden, haben Atkinson u. Birch (1970; 1974; 1978, 2. Kap.) mit ihrem „Dynamischen Handlungsmodell" *(Dynamics of Action)* unternommen. Sie verlagerten das Forschungsinteresse von den einzelnen Episoden auf die Schnittstellen im Aktivitätsstrom, an denen eine Handlungstendenz aufhört und eine andere beginnt, die beobachtbare Aktivität zu bestimmen; und dies selbst dann, wenn die Determinanten der Umgebung, der „Reizsituation", konstant bleiben. Es galt, die völlige Stimulus-Gebundenheit des nicht-erweiterten Risikowahl-Modells zu überwinden, und aus einem bloß reagierenden Individuum ein agierendes zu machen.

Leitlinie bei der Entwicklung des (unnötig verwickelt) dargestellten Modells war in Anlehnung an Freud das Axiom der Trägheitstendenz: „A behavioral tendency, once aroused, will persist in its present state until acted upon by some psychological force that either increases or decreases its strength" (Atkinson u. Birch, 1974, S. 273). Es werden mehrere Einflüsse und Kräfte postuliert, die im Zeitfluß des Aktivitätsstroms ein Auf und Ab in der Stärke der resultierenden Handlungstendenzen bewirken, so daß sich jeweils jene resultierende Handlungstendenz durchsetzt und in Aktivität zum Ausdruck kommt, die momentan die größte Stärke besitzt. Gefragt wird nach den Zeitpunkten im Aktivitätsstrom, zu denen eine resultierende Handlungstendenz gegenüber anderen dominant wird und die Dominanz wieder verliert. Diese Zeitpunkte entsprechen Parametern, die in der traditionellen „episodischen" Betrachtung als verschiedenartig betrachtet worden sind wie Latenzzeit, Ausdauer, Häufigkeit des Auftretens *(operant level)*. Eine resultierende Handlungstendenz ($\bar{T}$) ergibt sich aus der Differenz einer (aufsuchenden) Handlungstendenz (T) und einer (meidenden) Nichthandlungstendenz (N, *negaction*): $\bar{T} = T-N$. Beide Arten von Tendenzen werden motivthematisch nach „Familien" gebündelt. Denn innerhalb einer Familie von Tendenzen gibt es gegenseitige Beeinflussung, nämlich Ersatzbildung *(substitution)* oder Verschiebung *(displacement)*. So kann das Realisieren einer bestimmten Leistungstendenz die Stärke anderer, latenter aufsuchender Leistungstendenzen mindern (vgl. Ersatzwert, Kap. 5), und andererseits das Nicht-Realisieren einer Tendenz – z. B. Anschlußverlust zu meiden – sich auf funktional äquivalente Tendenzen übertragen und deren Stärke erhöhen (Verschiebung).

Die Handlungsdynamik wird wesentlich durch zwei Eingangsgrößen bestimmt, durch die antreibende Kraft *(instigating force,* F) und die hemmende Kraft *(inhibitory force,* I). Beides wird in jeder Situation innerhalb jeder Familie von Tendenzen (Motiv) in bestimmten Graden angeregt. Beide Kräfte, einmal angeregt und sofern die Situation konstant bleibt, lassen die Handlungstendenz bzw. die Nichthandlungstendenz mit zunehmender Zeitdauer linear stärker werden. Das Modell legt im einzelnen das Verlaufsgeschick der beiden entgegengesetzten Tendenzen, T und N, die in jedem Zeitpunkt die resultierende Tendenz ausmachen, fest. Dem stetigen Ansteigen von antreibender (F) und hemmender Kraft (I) wirkt je eine andere Kraft entgegen. Die antreibende Kraft – sofern sie im Verhalten (über eine entsprechend dominante resultierende Handlungstendenz) ihren Ausdruck finden kann – wird durch eine konsummatorische Kraft *(consummatory force,* C), die nur bei Ausführung der Handlung entsteht, zunehmend abgeschwächt. Die konsummatorische Kraft (C) ist eine multiplikative Funktion der Stärke der entsprechenden Handlungstendenz (T) und einer Konstanten für den allgemeinen Befriedigungswert der Aktivität pro Zeiteinheit *(consummatory value,* c): C = T · c. Andererseits wird die hemmende Kraft durch eine Widerstandskraft *(force of resistance,* R) zunehmend gemindert. Die Widerstandskraft (R) ist ihrerseits eine multiplikative Funktion der Stärke der entsprechenden Nichthandlungstendenz (N) und einer Konstanten für den allgemeinen enthemmenden Wert (r), der pro Zeiteinheit den Widerstand gegen die zu unterdrückende Aktivität erlahmen läßt: R = N · r.

Tabelle 12.3 stellt die einander entsprechenden Begriffe der antreibenden und widerständigen Momente in der Handlungsdynamik gegenüber. Atkinson u. Birch (1970) führen noch weitere Modellparameter ein, die das Geschehen nicht nur verwickelter machen, sondern auch gegen „Verhaltensflattern" beim Aktivitätswechsel absichern (d. h. etwa daß die gerade dominant gewordene

Tabelle 12.3. Einander entsprechende Begriffe für Antreiben *(instigation)* und Widerstand *(resistance)* im Dynamischen Handlungsmodell von Atkinson u. Birch (1970, S. 207)

Antreiben zur Handlung	Widerstand gegen Handlung
Instigating force, F	*Inhibition force,* I
Action tendency, T	*Negaction tendency,* N
Action	Resistance
Consummatory force, C	*Force of resistance,* R

Aktivität nicht gleich wieder durch die einsetzende konsummatorische Kraft subdominant wird). So kann eine selektive Aufmerksamkeit auf situative Anreizgegebenheiten die antreibende Kraft für eine momentan nicht-dominante Handlungstendenz abschwächen. Andere Parameter beschreiben das Ausmaß von Ersatzbildung oder Verschiebung von einer antreibenden oder hemmenden Kraft auf eine verwandte Kraft derselben Familie von Handlungstendenzen. Wieder andere Parameter bestimmen die zeitlichen Verzögerungen, mit denen die konsummatorische Kraft einsetzt oder endet, nachdem eine Handlungstendenz begonnen bzw. aufgehört hat, das Verhalten zu bestimmen; wobei auch die ogivenartigen Verlaufsformen des An- und Abschwellens festgelegt sind.

Bei dieser Komplexität des Modells nimmt es nicht wunder, daß seine Vorhersagen, sofern man sie, wie es Atkinson liebt, auf vielerlei Implikationen hin verfolgen möchte, die Möglichkeiten einer gedanklichen Verfolgung übersteigen und auch den Rechenaufwand mathematischer Operationen ins Untunliche emporschnellen lassen, so daß eine Computersimulation des Modells angebracht ist. Zu diesem Zweck liegen Programme vor (Bongort, 1975; Seltzer, 1973; Seltzer u. Sawusch, 1974). Immer kommt es dabei darauf an, das von Zeiteinheit zu Zeiteinheit sich ändernde Kräftegeschehen zu simulieren um zu bestimmen, zu welchem Zeitpunkt, mit welcher Dauer und in welcher Abfolge einzelne resultierende Handlungstendenzen dominant werden und im Handeln ihren Ausdruck finden.

Entscheidend für die Vorhersagen nach dem Dynamischen Handlungsmodell sind die beiden Eingangsgrößen der antreibenden und hemmenden Kraft (F, I) innerhalb jeder Familie von Handlungstendenzen. Diese Größen müssen vorgegeben sein. Es gibt bisher nur erste Ansätze von Atkinson u. Birch (1974), wie sie empirisch zu spezifizieren seien. Dabei bietet sich das episodische Risikowahl-Modell als Hilfe an. Denn eine Determinante für beide Kräfte sind die entsprechenden situationsgebundenen, positiven und negativen Anreize einer Motivklasse, da sie die antreibende bzw. hemmende Kraft anregen.

Solange das Individuum ihnen ausgesetzt ist, steigt die entsprechende Handlungstendenz (oder Nichthandlungstendenz) kontinuierlich an. Leistungsthematische Anreize für Erfolg und Mißerfolg sind nach dem Risikowahl-Modell lineare Funktionen der Erfolgswahrscheinlichkeit. Als eine zweite und dritte Determinante machen Atkinson u. Birch (1974, S. 315) Erfahrungsniederschläge aus der individuellen Lebensgeschichte namhaft; nämlich Motiv (dessen aufsuchende und meidende Tendenz) und Trägheitstendenzen aus früheren Handlungen.

Abb. 12.18 veranschaulicht in einem vereinfachten Flußdiagramm, wie die Person- und Situationsdeterminanten, Motiv und Anreiz, die beiden Eingangsgrößen des Dynamischen Handlungsmodells „füttern" und wie dann – bei konstant bleibender Situationsanregung – diese Eingangsgrößen (F und I) durch konsummatorische bzw. Widerstandskraft (C und R) moduliert werden, so daß von Zeiteinheit zu Zeiteinheit eine veränderte Handlungstendenz (ΔT) und veränderte Nichthandlungstendenz (ΔN) einen Wandel der resultierenden Handlungstendenz ($\bar{T}$) herbeiführen; wie die Trägheitstendenzen direkt die Veränderung von Handlungs- und Nichthandlungstendenz beeinflussen; und wie sich schließlich an- und abschwellende resultierende Handlungstendenzen verschiedener (und miteinander nicht-kompatibler) Motivbereiche den Zugang zum Verhalten streitig machen und nach Maßgabe ihrer Dominanz nur zeitweilig, aber wiederkehrend das ablaufende Verhalten bestimmen.

Erklärungswert des Dynamischen Handlungsmodells

Das Dynamische Modell hat bis heute kaum empirische Forschung angeregt. Das verwundert nicht angesichts der Vielfalt seiner hypothetischen Größen und seiner definierenden und verknüpfenden Annahmen, die zwar alle – weil sie eine große Fülle motivationspsychologischer Theoriebestände und Einzeltatbestände in sich aufnehmen – plausibel sind, aber doch hinsichtlich ihrer komplexen Ver-

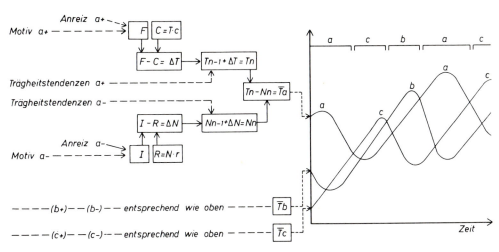

Abb. 12.18. Vereinfachte Darstellung des Dynamischen Handlungsmodells von Atkinson u. Birch (Motivation), der Determinanten seiner Eingangsgrößen (Person und Situation) und seiner Ausgangsgrößen der resultierenden Handlungstendenzen ($\bar{T}$), dargestellt in der Abfolge und Dauer einzelner Handlungen aus drei verschiedenen Motivbereichen (a, b u. c). F = *instigating force;* C = *consummatory force;* c = *consummatory value;* T = *action tendency;* $\bar{T}$ = *resultant action tendency;* I = *inhibitory force;* R = *force of resistance;* r = *disinhibiting value;* N = *negaction;* ΔT oder ΔN = Änderung von T oder N gegenüber der vorausgehenden Zeiteinheit

knüpfung vielfältiger Überprüfung bedürften. Dem steht jedoch bisher eine vernachlässigte (und sicherlich schwierige) Operationalisierung und Messung der verschiedenen hypothetischen Parameter entgegen. Eine empirische Überprüfung kann letztlich auch nicht durch Computersimulation hypothetischer Fälle ersetzt werden, so anregend auch die Ergebnisse sein mögen, die der Computer bei Eingabe planmäßig variierter Eingangsgrößen ausdruckt.

Die Computersimulation kann jedoch einen Beweiswert haben; etwa um zu prüfen, ob gewisse Voraussetzungen gegeben sein müssen, damit bestimmte Ergebnisse auftreten können. Ein Beispiel ist die Behauptung von Entwisle (1972), die TAT-Methode zur Messung des Leistungsmotivs könne nicht valide sein, weil die Kennwerte für die Geschichten zu den einzelnen Bildern keine interne Konsistenz besäßen. Atkinson, Bongort u. Price (1977) haben variierte Motivstärken und unterschiedliche Anreizgrößen für TAT-Bildersequenzen in eine Computersimulation des Dynamischen Modells eingegeben, um die bei jedem Bild und die insgesamt auf leistungsthematische Phantasieproduktion verwendete Zeit zu bestimmen. Die Ergebnisse zeigten, daß die insgesamt verwendete Zeit (als Indikator des Motivkennwerts) sehr genau den eingegebenen Motivunterschieden entspricht, obwohl für die pro Bild verwendeten Zeiten keinerlei interne Konsistenz vorzuliegen braucht.

Zur Zeit hat das Dynamische Modell am ehesten einen heuristischen Wert für die Integration verschiedener Theorieansätze. Ein Beispiel ist die Gleichsetzung des Motivbegriffs mit einer Familie funktional äquivalenter Handlungstendenzen oder Nichthandlungstendenzen, innerhalb derer Ersatzbildung und Verschiebung stattfinden kann. Eine solche Konzeption eröffnet ein weites empirisches Feld zur Überprüfung der Extensität eines Motivs und seiner Abgrenzung gegen andere Motive. Allerdings wurden auch zweifelhafte Annahmen ungeprüft als koordinierende Definitionen übernommen wie die Auffassung, Furcht vor Mißerfolg sei eine rein hemmende Kraft (I).

Wie alle deterministischen Modelle kann natürlich auch das Dynamische Handlungsmodell das Problem der Spontaneität des Handelns nicht lösen. Außerdem läßt es unentwegt „aktiv" handeln und nie „passiv" sein. Es bringt jedoch gegenüber Reiz-Reaktions-Modellen vom Typ S-O-R (Woodworth, 1918) einen Fortschritt, weil es die Stimulusgebundenheit des Handelns, wenn nicht aufhebt, so doch erheblich lockert. Bei gleichbleibender Situation kann das offene Verhalten von einer Handlung zu einer anderen wechseln und eine frühere Handlung wiederaufnehmen. Eine problematische Einseitigkeit des Dynamischen Modells in seiner derzeitigen Version besteht jedoch darin, daß es im Unterschied zu zeitgenössischen Motivationsmodellen Kognitionen keine Rolle zuweist und die Beziehung zwischen Kognition und Handlung unspezifiziert läßt. Sind einmal die antreibenden und hemmenden Kräfte durch Reizeinwirkung der bestehenden Situation in Bewegung gesetzt, so läuft das weitere Geschehen blind ab, und das Individuum kann sich nur dieses oder jenes tuend vorfinden. Zwischengeschaltete kognitive Kontrollen, selbstbezogene oder gar selbstbewertende Kognitionen mit motivationalen Auswirkungen sind nicht vorgesehen.

Atkinson u. Birch (1970, S. 333f.) haben dieses Problem gesehen. In der ursprünglichen Modellversion betrachteten sie Kognitionen lediglich als parallele Begleitprozesse der Handlungsdynamik. Kognitionen haben keine kausale, sondern nur eine diagnostische Funktion, um die eigentliche Handlungsdynamik anzuzeigen. In einem ersten Schritt wiesen die Autoren Kognitionen eine gewisse Bedeutung mit dem Hinweis zu, daß die Eingangsgrößen des Modells durch die kognitive Verarbeitung situativer Gegebenheiten wie Anreiz und Erfolgswahrscheinlichkeit (nach dem Risikowahl-Modell) bestimmt werden (Atkinson u. Birch, 1974). In einem weiteren Schritt (Birch, Atkinson u. Bongort, 1974) öffneten sie sich noch mehr für eine eigenständige Rolle von Kognitionen, nun selbst innerhalb der Handlungsdynamik. So können nicht nur Hinweisreize aus der Umgebung, sondern auch davon unabhängige Gedanken und Vorstellungen antreibende und hemmende Kräfte anregen und – sofern diese bereits bestehen – noch verstärken *(amplify)*. Ein noch weitergehender Schritt würde erfordern, daß alle Handlungstendenzen kognitiv vermittelt sind. Die Autoren schließen eine solche Möglichkeit, denen ihr Modell nicht gerecht werden könnte, nicht aus; sehen jedoch nicht die Prinzipien, nach denen sie realisiert werden könnten.

Hier haben kognitive Motivationsmodelle allerdings Prinzipien anzubieten, die im Unterschied zum bisher unreflexiven Dynamischen Handlungsmodell dem menschlichen Handeln Reflexivität zubilligen; Prinzipien wie persönlicher Standard, Schlußfolgerungen aufgrund kausaler Schemata und vor allem Selbstbewertung. Einen ersten Versuch zur Integration des Dynamischen Modells mit kognitiven Theorieansätzen hat Kuhl (1976) unternommen. Danach nimmt z. B. mit positiver Selbstbewertung nach Erfolg die Stärke der konsummatorischen Kraft (C) und der Widerstandskraft (R) zu, so daß sowohl die entsprechende Handlungstendenz (T) als auch die Nichthandlungstendenz (N) abnehmen.

Eine erste empirische Modellüberprüfung

Eine erste Modellüberprüfung liegt bisher nur für die Aufgabenwahl vor, wenn sich die Erfolgswahrscheinlichkeiten der verschiedenen Schwierigkeitsstufen, zwischen denen zu wählen ist, stabilisiert haben. Kuhl u. Blankenship (1979a, b) sagten aufgrund einer Computersimulation des Dynamischen Modells für diesen Fall voraus, daß Erfolgsmotivierte zwar (wie das Risikowahl-Modell vorhersagt) zunächst mittelschwere Aufgaben und Mißerfolgsmotivierte zunächst leichte oder schwere Aufgaben bevorzugen; daß jedoch im weiteren Verlauf – selbst bei konstant bleibenden subjektiven Erfolgswahrscheinlichkeiten – die Erfolgsmotivierten zunehmend schwierigere Aufgaben (We <0,50) und Mißerfolgsmotivierte zunächst leichte und danach auch zunehmend schwierigere Aufgaben wählen.

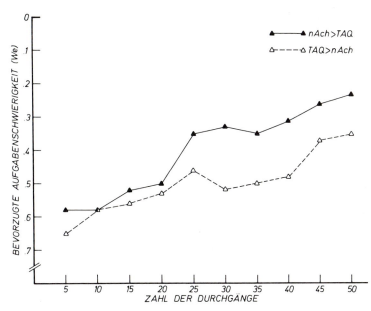

Abb. 12.19. Mittlere bevorzugte Schwierigkeitsstufen bei Erfolgs- (nAch > TAQ) und Mißerfolgsmotivierten (TAQ > nAch) in einer Serie von 50 Wahlen, nachdem die subjektiven Erfolgswahrscheinlichkeiten für jede Schwierigkeitsstufe stabilisiert worden waren. (Nach Kuhl u. Blankenship, 1979b)

Nach dem Dynamischen Modell liegen die Gründe für diese Änderungen der Aufgabenpräferenz bei gleichbleibenden Situationsbedingungen im folgenden. Da bei leichteren Aufgaben häufiger Erfolg eintritt als bei schwierigeren, und da dem Erfolg eine höhere konsummatorische Wirkung zugeschrieben wird als dem Mißerfolg, wird bei ihnen einerseits bei wiederholter Aufgabenbearbeitung die konsummatorische Kraft (C) im Durchschnitt stärker und mindert die Handlungstendenz; andererseits wird auch die Widerstandskraft (R) stärker und mindert die Nichthandlungstendenz. Berücksichtigt man die fortschreitende Natur beider Reduktionsvorgänge in den beiden Motivgruppen mit ihrem anfänglichen Unterschied in der Stärkerelation von Handlungs- und Nichthandlungstendenzen, so ergeben sich die oben angeführten Hypothesen.

Nachdem die Vpn zunächst durch eingehende Übung ihr Leistungsplateau für fünf verschiedene Schwierigkeitsstufen einer Problemlösungsaufgabe erreicht (und damit die subjektiven Erfolgswahrscheinlichkeiten stabilisiert) hatten, konnten sie 50mal einzelne Schwierigkeitsstufen zur Bearbeitung auswählen. Abb. 12.19 zeigt die bevorzugten mittleren Schwierigkeitsstufen für je 5 aufeinanderfolgende Durchgänge bei den männlichen Vpn. Erfolgsmotivierte (nAch > TAQ) begannen bei mittelschweren Aufgaben und bevorzugten dann zunehmend schwierigere. Mißerfolgsmotivierte (TAQ > nAch) fingen bei eher leichten Aufgaben an und stiegen dann zu schwierigeren auf, blieben jedoch hinter den hohen Schwierigkeitsstufen der Erfolgsmotivierten zurück. Eine nachträgliche Überprüfung zeigte, daß sich die subjektiven Erfolgswahrscheinlichkeiten auch am Schluß des Versuchs nicht wesentlich geändert hatten.

Die Befunde bestätigen die aus dem Dynamischen Modell abgeleiteten Hypothesen. Es gibt für sie jedoch auch die Alternativerklärung einer rationalen Strategie der Aufgabenbearbeitung, wie sie von anderen Untersuchern gefunden worden ist (z. B. von Heckhausen u. Wagner, 1965; Schneider u. Posse, 1978c). Den Vpn war die 50malige Aufgabenwahl mit dem Hinweis begründet worden, sie sollten Gelegenheit erhalten, alle Aufgaben kennen zu lernen, um hinterher ihre persönlichen Eindrücke in einem Fragebogen angeben zu können. Dieser Hinweis kann es nahegelegt haben, die Schwierigkeitsstufen nacheinander durchzugehen und dabei mit den leichteren zu beginnen und mit den schwierigeren aufzuhören. Im übrigen legt das verwendete Versuchsparadigma – wie wir schon zu dem von Schneider (1973) verwendeten erörtert haben – nahe, Erfolg und Mißerfolg den Aufgabenschwierigkeiten (Entitäten) und nicht der eigenen Tüchtigkeit (Person) zuzuschreiben. Vermutlich sind deshalb die Unterschiede zwischen beiden Motivgruppen nicht größer ausgefallen. Die weitere Forschung wird zeigen müssen, ob die gefundene Wahlsequenz sich besser als Ausdruck einer rationalen Strategie oder eines Waltens handlungsdynamischer Kräfte erklären läßt.

13 Motivationsentwicklung und Motivänderung

Endlich kommen wir zu dem noch nicht behandelten motivationspsychologischen Hauptproblem der Motivgenese und Motivänderung. Für die Klärung motivgenetischer Fragen erschien uns in Kap. 1 der Versuchsplan III geeignet (vgl. Tabelle 1.4): Indikatoren der entwicklungsgeschichtlichen Häufung motivspezifischer Anregungssituationen werden mit einem gegenwärtigen Motivindex in Beziehung gebracht, um dessen Ausprägungsstärke und dessen individuelle Unterschiede zu erklären. Zwei weit auseinanderliegende Zeitpunkte in eine kausale Entwicklungsbeziehung zu bringen, ist das Geschäft der Sozialisationsforschung. Ein solches Vorgehen tappt ein wenig im dunkeln. Seine Erklärungskraft ist nicht immer überzeugend.

Es gibt zwei weitere Gründe, warum entwicklungspsychologische Probleme in der Motivationsforschung nicht auf die Genese von Motiven und den Versuchsplan III eingeschränkt werden können. Zum einen ist es, wie die letzten Kapitel gezeigt haben, häufig fruchtbarer, ein Motiv nicht als ein summarisches Superkonstrukt, sondern auch als ein System von Einzelkonstrukten, wie persönlicher Standard oder Attributionsmuster, anzusehen. Solche Teilkonstrukte haben ihre eigene Genese und stellen Anforderungen an den erreichten kognitiven Entwicklungsstand. Zum anderen bestimmt Motiv als ein Ensemble von Persönlichkeitsvariablen nur zum Teil das Motivationsgeschehen. Situationsspezifische Variablen wie Erfolgserwartung, Anreiz und Kausalattribution müssen hinzutreten. Sie setzen Fähigkeiten der Informationsverarbeitung voraus, die sich womöglich zu verschiedenen Zeitpunkten der frühen Entwicklung herausbilden. Die umgreifendere Frage ist also nicht die nach der Motiventwicklung, sondern nach der Motivationsentwicklung. Entsprechend müssen wir das in Kap. 1 formulierte zweite motivationspsychologische Hauptproblem erweitern. Auch die in Frage kommenden Versuchspläne erweitern sich um alle Formen experimenteller Bedingungsklärung, sei es in lebensalterlichen Quer- oder Längsschnittsanalysen.

Im folgenden werden wir nur am Beispiel des Leistungshandelns die entwicklungspsychologischen Probleme ordnen und die entsprechenden Befunde zusammentragen (zur Entwicklung des Aggressionshandelns vgl. Kap. 8). Dafür gibt es drei Gründe. Zum einen verbietet sich aus Raumgründen die Darstellung von Entwicklungsbefunden zu mehreren Motivbereichen. Zum anderen ist die Entwicklung des Leistungshandelns bisher weit besser erforscht als die von Aggression, Anschluß- oder Machthandeln. Schließlich ist das Beispiel der Leistungsmotivationsforschung lehrreich, weil erst neuerdings nach mancherlei theoretischen Fortschritten – insbesondere der Aufspaltung des summarischen Motivkonstrukts – die ganze Fülle entwicklungspsychologischer Probleme der Motivation sichtbar zu werden beginnt. Wenden wir uns kurz diesem problemgeschichtlichen Aspekt der entwicklungspsychologischen Motivationsforschung zu.

In Gang gebracht wurde die Leistungsmotivationsforschung erst, nachdem es Anfang der fünfziger Jahre McClelland et al. (1953) gelungen war, individuelle Motivunterschiede zu erfassen. Ein solch differentiell-psychologischer Ansatz hat bis heute die weitere Forschung bestimmt und anfängliche phänomendeskriptive Analysen (wie z. B. Heckhausen, 1955) verdrängt. Entwicklungspsychologische Fragestellungen engten sich deshalb auf die Erklärung individueller Motivunterschiede ein. Mit Hilfe des Versuchsplans III wurde nach Sozialisationsindikatoren gefahndet, die in früheren Entwicklungsabschnitten der untersuchten Personen ihren motivbildenden Einfluß gehabt haben mögen, wie unterschiedliche Werthaltungen in einzelnen Bevölkerungsgruppen (z. B. McClelland, 1961; Smith, 1969a; Vontobel, 1970) oder unterschiedliche Erziehungspraktiken individueller Eltern (z. B. Rosen u. D'Andrade, 1959).

Eine solche Reduktion der Motivationsentwicklung auf sozialisationstheoretische Erklärungen von individuellen Motivunterschieden trug dazu bei, zwei absurde Auffassungen nahezulegen. Die eine Auffassung unterstellt, daß es von förderlichen Bedingungen der Erziehung und Umwelt abhinge, ob sich überhaupt ein Leistungsmotiv entwickele. Die andere Auffassung behauptet in der Tradition sozialer Lerntheorien, daß der Ursprung des Leistungsmotivs als ein aufgepfropftes Nebenprodukt sozialer und grundlegenderer Motive zu verstehen sei. So schreiben Crandall, Katkowsky u. Preston (1960): „The basic goal of achievement behavior is the attainment of approval and the avoidance of disapproval. Approval and disapproval constitute the defining cues for competence of performance and are the potential reinforcements for achievement behaviors" (S. 791). Eine solche Auffassung übersieht frühe Formen des Leistungshandelns, denen Kinder sich offensichtlich spontan und auch gegen elterlichen Erziehungsdruck überlassen.

Es ist nur scheinbar paradox, wenn heute nach einem Vierteljahrhundert differentiell-psychologischer Leistungsmotivationsforschung eine günstigere Ausgangsbasis besteht, um die *allgemeine* Motivationsentwicklung aufzuhellen. Die ursprüngliche und leitende Motivdefinition – „Auseinandersetzung mit einem Tüchtigkeitsmaßstab" – konnte kaum etwas hergeben, um einzelne Entwicklungsmerkmale zu konkretisieren. Das ist aber inzwischen in dem Maße möglich geworden, wie das Superkonstrukt des „Motivs" einer Reihe von Teilkonstrukten Platz gemacht hat. Motivvariablen wie persönlicher Standard, Attributionsmuster, Anreizwerte der Selbstbewertung bieten sich dagegen eher als Entwicklungsmerkmale an. Das gleiche läßt sich von Variablen der situativen Motivationsanregung, wie subjektive Erfolgswahrscheinlichkeit oder Bezugsnorm, sagen. Solchen Teilkonstrukten kann man eher beobachtbare Verhaltensdaten zuordnen und deren Entwicklungswandel verfolgen. Im Sinne einer kognitiven Entwicklungstheorie lassen sich zudem die funktionslogischen Voraussetzungen für das erste Auftreten der konstruktabbildenden Entwicklungsmerkmale postulieren und überprüfen. So ist die Erforschung der Motivationsentwicklung gut beraten, wenn sie sich von der fortgeschrittenen Motivationstheorie leiten läßt und deren differentiell-psychologischen Hauptansatz in einen allgemein-psychologischen umwandelt. Eine solche Vorgehensweise hat Atkinson (1969b) schon vor einem Jahrzehnt gefordert:

> Developmental psychologists should look to current theory of motivation to define their problem. The developmental analysis of the problem of motivation, that is, the contemporaneous determinants of action, is logically prior to developmental psychology... Why? Because change in behavior from occasion 1 to occasion 2 provides the researcher with two instances of behavior. And if we do not already know how to think coherently about the several determinants of the behavior on one occasion, how can we describe coherently the nature of the change that has occurred to account for the observed change in behavior on the second occasion. I would thus argue that the psychology of achievement motivation, the current conceptual analysis – in all its complexity – of the determinants of achievement-oriented activity, has a logical priority in the study and analysis of developmental problems. The theory of achievement motivation defines what the developmental psychologist ought to be interested in studying the development of: motives ..., expectations ..., and incentive values ... (S. 204/205).

Dieses Kapitel besteht aus drei Teilen. Im ersten Teil werden wir uns mit der *Motivationsentwicklung* beschäftigen. Aus der Motivationstheorie werden Entwicklungsmerkmale abgeleitet und einschlägige Befunde herangezogen, um ein voraussetzungslogisches Mosaik der allgemeinen Motivationsentwicklung zusammenzusetzen. Der zweite Teil behandelt die *Entwicklung individueller Motivunterschiede*. Anhand einiger Beispiele werden wir den traditionellen Sozialisationsansatz sowie einen neueren ökologischen Ansatz erörtern. Der dritte und letzte Teil beschäftigt sich mit der *Änderung von Motiven*. Es handelt sich um Anwendungen der Motivationstheorie, die in der Gestalt mehrerer Interventionsprogramme vorliegen.

Motivationsentwicklung

Jedes näher definierte Verhalten, verfolgt man es über seinen Entwicklungswandel zurück, verliert sich spätestens im Dunkel der Kindheit. Das gilt auch für Leistungshandeln und seine Voraussetzungen, wenn wir das Zurückzuverfolgende genauer auf einzelne Entwicklungsmerkmale eingrenzen. Läßt man sich bei der Suche nach solchen Entwicklungsmerkmalen von der Theoriebildung der Leistungsmotivationsforschung leiten, so kann man überrascht feststellen, daß die Abfolge der zunehmend differenzierteren Theoriefortschritte in etwa auch der ontogenetischen Abfolge im Auftauchen der aus ihnen abgeleiteten Entwicklungsmerkmale entspricht. Im folgenden lassen wir uns von den Motivationskonstrukten der aufeinanderfolgenden Stadien der Theorieentwicklung leiten, spalten das jeweilige Motivationskonstrukt in Entwicklungsmerkmale auf und berichten über Befunde, von welchem Lebensalter ab das betreffende Entwicklungsmerkmal zum ersten Mal und unter welchen Bedingungen beobachtet wurde. Wir suchen nach Vorformen des Merkmals in jüngeren Altersgruppen, so daß mit lebensalterbezogenem Wandel aus einem punktuellen Entwicklungsmerkmal eine Entwicklungsvariable wird. Wir haben es dabei mit Stadien zu tun, die in ihrem theoretischen Hintergrund weit voneinander abweichen, die nicht einmal immer die Entwicklung des Leistungshandelns verfolgen und hinsichtlich entwicklungspsychologischer Versuchsplanung eher naiv sind; meist handelt es sich um Altersquerschnitts- und keine Längsschnittsanalysen.

Von 12 theorieabgeleiteten Entwicklungsmerkmalen spalten die ersten vier das ursprüngliche und allgemeinste Motivationskonstrukt des Leistungshandelns auf, nämlich die „Auseinandersetzung mit einem Tüchtigkeitsmaßstab" (vgl. Kap. 6; McClelland et al., 1953). Frühes Verhalten, das einer solchen Definition entspricht, läßt Entwicklungsfortschritte in der Kausalattribution eigener Handlungsergebnisse erkennen. Wir werden deshalb zur Differenzierung auch Heiders (1958) „naive Verhaltensanalyse" und Kelleys (1967) „Kovarianzmodell" heranziehen. Die Entwicklungsmerkmale 5–7 spezifizieren kognitive Voraussetzungen des Risikowahl-Modells (vgl. Kap. 9; Atkinson, 1957) und seiner attributionstheoretischen Elaboration (vgl. Kap. 11; Weiner et al., 1971; Weiner, 1972; 1974). Die Entwicklungsmerkmale 8 und 9 greifen auf einen besonderen Ansatz der Attributionstheorie zurück, auf die kausalen Schemata nach Kelley (1972). Während alle diese Merkmale (1–9) allgemeiner Natur – im Sinne eines universellen Entwicklungswandels – sind, beziehen sich die letzten drei auf kognitive Voraussetzungen, die Raum für individuelle Motivunterschiede geben. Sie entsprechen dem Theoriekonzept des Leistungsmotivs als eines Selbstbewertungssystems (vgl. Kap. 12; Heckhausen, 1972, 1977a, b). Eine ausführliche Darstellung aller Befunde zu den 12 Entwicklungsmerkmalen findet sich an anderer Stelle (Heckhausen, im Druck).

Kognitive Voraussetzungen für die Auseinandersetzung mit einem Tüchtigkeitsmaßstab

Nach dieser allgemeinen Definition des Leistungshandelns sollte zu beobachten sein, daß das Kind mit Hilfe seines Handelns einen Effekt erzielen will und in einer Weise auf dessen Eintreten reagiert, die nicht nur erkennen läßt, daß das Kind den Effekt als durch sein eigenes Handeln verursacht wahrnimmt (1. Entwicklungsmerkmal), sondern ihn auch auf die Tüchtigkeit der eigenen Person zurückführt (2. Entwicklungsmerkmal). Das Kind sollte also bereits fähig sein, eine Kausalattribution im Sinne einer internalen Lokation der Ursachen des erzielten Ergebnisses und damit eine Selbstbewertung vorzunehmen, die an affektiven Selbstbewertungsfolgen sichtbar wird. Ein weiteres (3.) Entwicklungsmerkmal würde auftauchen, wenn das Kind zwischen Graden der Aufgabenschwierigkeit oder der persönlichen Tüchtigkeit unterscheiden kann, denn das ist die kognitive Voraussetzung für die Bildung von Maßstäben für die eigene Tüchtigkeit.

Ein (4.) Entwicklungsmerkmal schließlich wäre gegeben, sobald das globale Tüchtigkeitskonzept allmählich in die Ursachenkonzepte von Fähigkeit und Anstrengung aufgegliedert werden kann.

Die vier Merkmale haben alle mit kognitiven Prozessen der Kausalattribution zu tun: (1) bloße Internalität der Ursachenlokation, wenn Ergebnisse als selbstbewirkt angesehen werden; (2) Rückführung des Ergebnisses auf das allgemeine Person-Attribut der Tüchtigkeit; (3) Unterscheidung zwischen Aufgabenschwierigkeit und Tüchtigkeit als den beiden hauptsächlichen – internalen und externalen – Ursachen des Handlungsergebnisses; (4) Unterscheidung von Tüchtigkeit in Fähigkeit und Anstrengung auf der Dimension stabil vs. variabel. Wir brauchen an dieser Stelle nicht mehr darauf hinzuweisen, wie sehr die Unterscheidung dieser Entwicklungsmerkmale dem Heiderschen Ansatz entspricht (vgl. Kap. 10). Es sei lediglich darauf hingewiesen, daß der globale und vorläufige Tüchtigkeitsbegriff mit der *personal force* nach Heider übereinstimmt.

Die Differenzierung der Konzepte setzt voraus, daß das Kind im Laufe der Entwicklung zunehmend fähig wird, Informationen über die mögliche Kovariation von Ursachen und hergestellten Effekten zu verarbeiten. Um den von der Informationsverarbeitung des Kindes abhängigen Entwicklungswandel aufzuklären, wird uns, wie sich noch zeigen wird, Kelleys (1972) dreidimensionales Kovarianzmodell von großem Nutzen sein. Die einzelnen Dimensionen – Besonderheit, Konsistenz, Konsens – entsprechen übrigens verschiedenen Bezugsnormen (sachbezogenen, individuellen, sozialen), wie wir bereits im letzten Kapitel erörtert haben.

Wie wir noch sehen werden, stellen die drei Kovariationsdimensionen – in der oben angeführten Reihenfolge – selbst nicht nur zunehmende kognitive Anforderungen an die Informationsverarbeitung des Kindes, sondern sind auch maßgebend dafür, ob Leistungsergebnisse eher mit externalen oder mit internalen Ursachen erklärt oder vorhergesagt werden (vgl. Tabelle 10.2). So sind die gegebenen Kovariationsformationen z. B. entscheidend dafür, wieweit ein Ergebnis auf Aufgabenschwierigkeit oder Tüchtigkeit zurückgeführt wird (3. Entwicklungsmerkmal) oder wieweit das Kind bei der Anspruchsniveaubildung mehr auf Aufgabenschwierigkeit (Erfolgserwartung) oder auf Erfolgsanreiz zentriert ist (7. Entwicklungsmerkmal).

Übergangsperiode zum ersten Auftreten leistungsmotivierten Verhaltens

Es gibt eine Reihe von Phänomenen, die leistungsbezogen anmuten und teils schon im ersten Lebensjahr zu beobachten sind. Es sieht so aus, als erlebte das Kind seine Aktivität als selbstbewirkt. Die Selbstbewirkung von laufenden und unmittelbaren Handlungseffekten scheint der motivierende Faktor zu sein. Solche Aktivitäten lassen jedoch noch nicht erkennen, daß das Handeln unternommen wird, um einen bestimmten Zielzustand in Form eines objektivierbaren Ergebnisses (Werkes) herzustellen und daß es nach dessen Erreichen und einer selbstbewertenden Reaktion abbricht.

Zu solchen, nur scheinbar leistungsbezogenen Aktivitäten gehören die von Piaget (1936) beschriebenen sekundären Kreisreaktionen ab dem vierten Lebensmonat, noch deutlicher die tertiären Kreisreaktionen gegen Ende des ersten Lebensjahrs. Sie lassen schon Anfänge einer intendierten Effektproduktion, aber noch keine selbstbezogenen Reaktionen erkennen. Andere Phänomene, wie Karl Bühlers (1919) „Funktionslust", Nuttins (1973) „Kausalitätslust" (vgl. auch Kun, Garfield u. Sipowicz, im Druck), Whites (1959) „Wirksamkeitsmotivation" (*effectance motivation;* vgl. deren Elaboration durch Harter, 1978) oder Hunts (1965) „intrinsische Motivation", haben zwar mit dem Leistungshandeln ihren intrinsischen Charakter im Sinne einer Unabhängigkeit von äußerer Bekräftigung gemein, scheinen aber einerseits eher vom Handeln selbst als von dessen angezielten Ergebnissen motiviert zu sein und sind andererseits zu undifferenziert umschrieben, um mit Leistungshandeln gleichgesetzt werden zu können.

Studien unseres Arbeitskreises haben festgestellt, daß das kritische Übergangsfeld zwischen zwei und dreieinhalb Lebensjahren liegt. Bei jüngeren Kindern war die Vorform eines selbstbewirkten Handlungsergebnisses und bei älteren der selbstbewertende Rückbezug auf eigene Tüchtigkeit (als Schlüsselkriterium für Leistungshandeln) zu beobachten. In einer Art dieser Studien (Heckhausen u. Roelofsen, 1962; auch in Heckhausen, 1974b) – im weiteren „Wetteiferstudie" genannt – hatte das Kind möglichst schnell zwölf Holzringe an einem Ständer aufzustecken, und zwar im Wetteifer mit dem Vl, der ebenfalls einen Ständer zum Aufstecken seiner Ringe hatte. Der Vl richtete seine Baugeschwindigkeit so ein, daß das Kind in der Hälfte der Durchgänge gewann bzw. verlor. Nach und vor jedem Durchgang fragte der Vl, wer zuerst fertig geworden sei und wer beim nächsten Mal als erster fertig werden würde. In einer anderen Art der Studien (Heckhausen u. Wagner, 1965; auch in Heckhausen, 1974b) – im weiteren „Aufgabenwahl" genannt – hatte das Kind zwischen fünf anschaulich präsentierten Schwierigkeitsstufen derselben Aufgabe zu wählen (z. B. Hochziehen eines Gewichts, das in der obersten Stellung von einem Mechanismus festgehalten wurde). Weitere Arten bestanden in einer „Spielstudie" (Seibt, 1960) und einer „Puste-Studie" (Krüger, 1978).

In der Spielstudie konnte sich das Kind frei mit ausgelegtem Material zum Ringwerfen, Turmbauen und Rollen eines Balles in „Hauseingänge" (jeweils vier anschaulich gemachte Schwierigkeitsstufen) beschäftigen. In der Puste-Studie war ein Wattebausch aus drei verschiedenen Entfernungen in ein vorn und hinten offenes Miniaturhaus zu pusten.

1. Entwicklungsmerkmal: Zentrierung auf ein selbstbewirktes Handlungsergebnis

In ihren Studien über den Umgang mit Materialien hat Hetzer (1931; S. 31 ff.) beobachtet, daß die Kinder ab 1^{1}/$_{2}$ Lebensjahren im spielerischen Hantieren mit Bauklötzen innehielten und ihr „Werk" beachteten („respektierten"). Mit zwei Jahren taten dies alle Kinder. Darin heben sich erste Anzeichen des „Schaffens" im Sinne von Produzieren eines Effektes vom rein spielerischen Umgang mit dem Material ab, der um der Aktivität als solcher und nicht um eines Effektes willen zu erfolgen scheint. Ob die Beachtung des Handlungsergebnisses schon in dem Erleben zentriert ist, es selbst bewirkt zu haben, ist fraglich, aber jedenfalls eine notwendige Vorstufe dazu. Ein deutlicheres Indiz ist das ebenfalls im 2. Lebensjahr auftretende „Selbermachenwollen", d. h. Effekte von Handlungen, die man bereits beherrscht, selbst herbeizuführen, ohne sich helfen zu lassen (Fales, zit. in Lewin et al., 1944; Klamma, 1957; Müller, 1958). Treten dabei jedoch Schwierigkeiten auf, so wird bis hin zu den Vierjährigen schnell zugunsten des Helfenlassens kapituliert.

Auch in den Wetteiferstudien, den Aufgabenwahlstudien und der Spielstudie ließen die Reaktionen der 2- bis 3^{1}/$_{2}$jährigen keinen Zweifel daran, daß das selbst erzielte Handlungsergebnis im Zentrum ihres Erlebens stand, aber sie zeigten in der Regel noch nicht den typischen Erfolgs- und Mißerfolgsausdruck der Selbstbewertung (vgl. unten). Bei der Aufgabenwahl erkannten alle die Schwierigkeitsabstufungen und bearbeiteten mit fröhlicher Geschäftigkeit jede Aufgabe in starren auf- und absteigenden Serien. Unabhängig vom Schwierigkeitsgrad registrierten sie Erfolg und Mißerfolg mit oder ohne affektivem Ausdruck, aber so, daß das Verhalten sich allein auf das Handlungsergebnis und nicht auch auf die eigene Person bezug. So wurde Gelingen und Mißlingen von den meisten schlicht konstatiert. Von anderen wurde Gelingen mit Staunen, mit Freude oder befriedigt wegen eines überwundenen Widerstandes der Aufgabe aufgenommen und Mißlingen mit Bedauern, Ärger oder gar Zorn, ohne daß dadurch die Stimmung nachträglich getrübt worden wäre. Erste Anzeichen einer leistungsbezogenen Selbstbewertung gab es in dieser Altersgruppe vereinzelt nur nach Gelingen, wenn das Kind nicht mehr bloß Freude über den Effekt zeigte, sondern mit seiner Kraft prahlte und eine Art Eigenmachtgefühl äußerte, unter welchem aber bemerkenswerterweise der Bezug zur bewältigten Aufgabe verlorenging.

In den Wetteiferstudien setzte Mißerfolg die (von C. Halisch, 1979, getrennt geprüfte) Fähigkeit voraus zu erkennen, daß man später als der Vl fertig geworden ist. C. Halisch (1979) hat zuvor die Fähigkeit zum komparativen Zeiturteil („früher vs. später") geprüft und gefunden, daß fast alle 2^{1}/$_{2}$- bis 3^{1}/$_{2}$jährigen, die zu einem solchen Zeitvergleich noch nicht fähig waren, jedesmal freudig auf ihren fertiggestellten Turm reagierten; sie verrieten dabei jedoch eher Freude über den Effekt als schon eine selbstbewertende Erfolgsreaktion. Andererseits gab es in der Studie von Heckhausen u. Roelofsen (1962; S. 359) nur ein Kind, das bereits mit 2^{1}/$_{4}$ Jahren die Fähigkeit zum komparativen Zeiturteil besaß, aber noch keine selbstbewertenden Reaktionen zeigte (Heckhausen u. Roelofsen, 1962; S. 359). Es registrierte Erfolge des Vls mit ebensolcher Freude wie eigene Erfolge. Bei eigenem Erfolg war sein Ausdrucksverhalten strahlend auf den eigenen Turm zentriert: Freude über den Effekt, die noch nicht rückgeführt wird auf die eigene Tüchtigkeit. Wegen der dyadischen Struktur der Wetteifersituation war es besonders aufschlußreich, ob sich das Ausdrucksverhalten auf den eigenen Turm oder auf den Gegenspieler zentrierte (auf die Zentrierung des „psychologischen

Feldes" im Verhalten des Kleinkindes hat schon Lewin, 1927, aufmerksam gemacht). Eine Reihe von Kindern zwischen 2½ und 3½ Jahren blickte ohne erkennbare Ausdrucksabweichung nach Erfolg den Verlierer (Vl) an. Nach Mißerfolg konnte sich dagegen der Blick nicht vom eigenen Turm lösen, der verlegen manipuliert wurde. Nach zwei, drei Mißerfolgen trübte sich die Stimmung, und die Kinder brachen das Spiel ab. Hier haben wir es offenbar mit den frühesten Anzeichen eines eigentlichen, d. h. selbstbewertenden Erfolgs- und Mißerfolgserlebens im Wetteiferversuch zu tun.

In der Puste-Studie wurden die Kinder nach jedem Handlungsergebnis zu dessen Erklärung aufgefordert. Von den Dreijährigen gaben 60 Prozent keinen Grund an oder schrieben dem Wattebausch ein Eigenleben zu (z. B. „der wollte ins Haus rein"). Die übrigen führten bereits eigene Tüchtigkeit an (z. B. „ich habe gut gepustet, weil ich das kann"). Obwohl hier der Selbstwert-Bezug auf sprachliche Aussagen gestützt wird, ergibt sich eine gute Altersübereinstimmung mit den Kriterien des Ausdrucksverhaltens in den anderen Studien: Das Erleben der meisten 2- bis 3½ jährigen ist – ob mit oder ohne affektive Begleiterscheinungen – auf die erzielte Wirkung des eigenen Handelns gerichtet, aber noch nicht darüber hinaus auf die für den Erfolg des Handelns ursächlichen Besonderheiten der eigenen Person, auf eine Selbstbewertung.

Offensichtlich bedarf es hierzu eines Ursachenkonzepts für Personeigenschaften der eigenen Tüchtigkeit. Das erfordert mehr als die Wahrnehmung der Wirksamkeit des eigenen Handelns. Anfänge einer erlebten Kausalität zwischen eigenem Handeln und dessen Effekt sieht Piaget (1950) schon in den sekundären und tertiären Kreisreaktionen des ersten Lebensjahres. Schließlich enthielten unsere Aufgaben auch die wichtigsten Bedingungen, die schon bei den Jüngsten die Wahrnehmung von Kausalität fördert: Aufeinanderfolge von Ursache und Wirkung (Kun, 1978; Shultz u. Mendelson, 1975), zeitliche Kontiguität (Mendelson u. Shultz, 1976), räumliche Kontiguität und – in Aufgabenwahl- und Puste-Studie – auch Kovariation zwischen nach Schwierigkeit gestaffelten Aufgaben und Handlungsergebnis.

2. Entwicklungsmerkmal: Rückführung des Handlungsergebnisses auf eigene Tüchtigkeit und deren Selbstbewertung

Bis spätestens 3½ Jahre waren bei allen Kindern affektgeladene Erfolgs- und Mißerfolgsreaktionen mit unverkennbarer Zentrierung auf Selbstbewertung zu beobachten. Das galt auch für den Wetteifer imbeziller Kinder, wenn man nicht deren Lebensalter (6,5 bis 14,6), sondern ein Intelligenzalter ab 3½ Jahren zugrunde legte (Heckhausen u. Wasna, 1965; Wasna, 1970). Das Ausdrucksverhalten war in all unseren Studien bemerkenswert einheitlich und läßt sich mit Hilfe der Wetteifertechnik (alle Kinder können nun erkennen, wer zuerst fertig geworden ist) mit hoher Zuverlässigkeit provozieren (vgl. die Bilder in Heckhausen u. Roelofsen, 1962, und Film von Heckhausen, Ertel u. Kiekheben-Roelofsen, 1966). Heckhausen (1973b) gibt folgende Kurzbeschreibung:

Hat das Kind gewonnen, so hebt sich sein Blick strahlend vom eigenen Werk und richtet sich triumphierend auf den Verlierer. Der Körper strafft sich, die Hände werden hochgeworfen ...: Das eigene Ich wird stolz vergrößert und zum Schwerpunkt des Erlebnisfeldes gemacht. Hat das Kind dagegen verloren, so sinkt es zusammen, es ist „geknickt", der Kopf zur Seite geneigt, Blick und Hände können sich nicht vom eigenen Werk lösen: Das Erlebnisfeld schrumpft zusammen. Bemerkenswert ist der Gesichtsausdruck. Die getrübte Stimmung wird fast immer durch ein verlegenes Mißerfolgslächeln zu verdecken gesucht. Die krasseste Ausprägung des Mißerfolgserlebens ist das Bestreben, „im Erdboden zu verschwinden", sich vor den Augen des Gewinners hinter dem Tisch zu verbergen ... Ab viereinhalb Jahren wird der Ausdruck nach Erfolg wie nach Mißerfolg sehr viel beherrschter. Hat das Kind verloren, so kann es nun sogar den Gewinner mit einem gezwungenen Lächeln anblicken. Aber neben der „geknickten" Haltung gibt es immer noch kleine Anzeichen wie ein kleines Zucken der Mundwinkel, ein rasches Einziehen der Unterlippe, ein Schlucken, der Klang der Stimme, woran die Betroffenheit spürbar wird (S. 99).

Die nach Erfolg und Mißerfolg im Wetteiferversuch zu beobachtende Strukturierung des Handlungsfeldes läßt sich auf die Kurzformel bringen: „Das Werk dort ist das Produkt meiner Tüchtigkeit (Untüchtigkeit) hier". Der Selbstwertbezug wurde besonders in dem Konfliktverhalten deutlich, das durch die Frage des Vls, wer zuerst fertig gewesen sei, ausgelöst wird. Bis zu $4^{1}/_{2}$ Jahren sind fast alle außerstande, ihren Mißerfolg einzugestehen. Sie schweigen hartnäckig mit gesenktem Blick oder leugnen einfach, indem sie mit tonloser Stimme und allen Zeichen eines schlechten Gewissens „ich" sagen. Daneben gibt es weitere Formen des Nichtwahrhabenwollens wie Bemänteln, Entschuldigen, Verharmlosen, Ablenken, Selbsttröstung durch Erinnern an frühere Erfolge. Andere Konfliktlösungsversuche bestehen in Ausweichen (Pausen einlegen, Abbrechen), vorsorglichem Meiden von Mißerfolgen (z.B. Vl behindern oder sich selbst einen Startvorsprung verschaffen) oder Ersatzhandlungen (z.B. plötzlich beim Abbauen gewinnen).

In den Aufgabenwahlstudien ließen sich vergleichbare Phänomene in derselben Weise klassifizieren (vgl. auch Zunich, 1964); desgleichen in der Studie zum freien Spiel (Seibt, 1960). Die 3jährigen gingen spontan mit dem Versuchsmaterial in effektproduzierender Weise um (hohen Turm bauen, Ball ins Haus rollen, nicht dagegen Ringwurf), aber erst die älteren unter ihnen zeigten klare Erfolgs- und Mißerfolgserlebnisse. Wenn andere Autoren das erste Auftreten von Erfolgs- und Mißerfolgsreaktionen erst bei älteren Kindern beobachtet haben, so liegt es daran, daß die verwendeten Aufgaben höhere Anforderungen an den kognitiven Entwicklungsstand stellen, um Erfolg und Mißerfolg überhaupt erkennen zu können (z.B. Müller, 1958).

Wenn Kinder nach unseren Studien schon mit drei Jahren Selbstbewertungsreaktionen zeigen, so sollten sie damit auch bereits rudimentäre Konzepte für eigene Tüchtigkeit entwickelt haben (vgl. unten, 3. Entwicklungsmerkmal). Der direkte Nachweis solcher Konzepte bereitet methodische Schwierigkeiten. So verwundert es nicht, wenn Ruble, Parsons u. Ross (1976) mit Hilfe einer wenn auch kindgemäß veranschaulichten Skala keinerlei Kovariation zwischen Handlungsergebnis und Attribution auf Fähigkeit und Anstrengung bei 4- und 5jährigen finden konnten (erst bei 7- bis 9jährigen gab es eine Kovariation mit Fähigkeit!). Dagegen ließ sich schon bei jüngeren Kindern die Verwendung von Tüchtigkeitskonzepten nachweisen, wenn man anhand einfacher Bildgeschichten (wie Tauziehen, Turmbauen, Koffertragen) die Befolgung des Kausalschemas der einfachen Kovariation von Ursache und Effekt (vgl. Abb. 11.4, Kap. 11) prüft, indem man verschiedene Handlungsergebnisse und verschiedene Handelnde (Kinder) einander zuordnen läßt. Dabei wies die Darstellung der Handelnden Körpermerkmale auf, die unmittelbar (z.B. Schlankheit, um durch ein Mauerloch schlüpfen zu können) oder mittelbar aufgabenrelevante Fähigkeiten anzeigten (z.B. Körperstatur als Indiz für Kraft, Körpergröße als Indiz für lebensalterbezogene Fähigkeitsunterschiede). Mit einer solchen Technik hat Gurack (1978) schon ab $3^{1}/_{2}$ Jahren volle Kovariation zwischen unmittelbarem Fähigkeitsindex und Handlungsergebnis gefunden; ab 4 Jahren auch bei mittelbaren Fähigkeitsindices (so auch Kuhl, 1975).

Was ein weiteres Tüchtigkeitskonzept betrifft, so ist Anstrengung in ihrer Variabilität (im Gegensatz zu Fähigkeit) unmittelbar an sich selbst und an anderen zu beobachten. In der Puste-Studie (Krüger, 1978) wurden auch bildlich repräsentierte Zuordnungen von Ursache und Effekt vorgenommen. Nur 25% der Dreijährigen stellte eine vollständige Kovariation zwischen drei Graden von bildlich dargestelltem Anstrengungsaufwand (aufgeblasene Backen) und entsprechend abgestuften Effekten (abgeblasene Pusteblume) her. Wenn die gleichen Kinder selbst bliesen, um einen Wattebausch auf drei verschiedene Distanzen in das „Haus" zu bekommen, konnten sie bereits in 64% aller Versuche ihren Anstrengungsaufwand erfolgreich dosieren, jedoch dies noch nicht vorweg als intendierte Anstrengung sprachlich mitteilen. Insgesamt sprechen alle erwähnten Befunde zur Kovariation von wahrgenommener Fähigkeit und Anstrengung mit Handlungsergebnissen dafür, daß mit dem Auftauchen von selbstbewertenden Reaktionen unter den Dreijährigen auch bereits rudimentäre Tüchtigkeitskonzepte vorliegen.

Auch von anderer Seite wird die Auffassung gestützt, daß schon das frühe Leistungshandeln durch Selbstbewertung intrinsisch motiviert ist. Masters, Furman u. Barden (1977) untersuchten bei 4- bis 5jährigen die Abhängigkeit der Lernrate in einer Unterscheidungsaufgabe von der Höhe des gesetzten Leistungsstandards (niedrig, mittel, hoch, mit Leistung steigend) und von materieller Belohnung durch den Vl vs. verbaler Selbstbewertung (Selbstlob im Falle von Erfolg). Bei Selbstbewertung lernten die Kinder insgesamt schneller als bei materieller Belohnung. Lernunterschiede zwischen den vom Vl gesetzten Standards verschwanden völlig; d. h. auch nach Erreichen des leichten Standards verbesserten die Kinder ihre Leistung noch rapide weiter, obwohl sie dadurch die Häufigkeit des positiven Selbstlobs nicht mehr steigern konnten. Bei materieller Belohnung verbesserten sich die Kinder dagegen nicht viel über den erforderlichen Standard hinaus.

Insgesamt läßt sich sagen, daß es, um von ersten Anfängen eines leistungsmotivierten Handelns zu sprechen, noch nicht genügt, Handlungseffekte als selbstverursacht zu erleben (1. Entwicklungsmerkmal). Das Kind muß auch schon in der Lage sein, den sich einstellenden oder nicht einstellenden Effekt als persönlichen „Erfolg" bzw. „Mißerfolg" – d. h. als durch eigene Tüchtigkeit oder Untüchtigkeit verursacht – zu erleben. Das anfänglich globale Erleben von Urheberschaft wandelt sich zu einer Rückmeldungserfahrung über die eigene Tüchtigkeit, ohne daß schon zwischen verschiedenen Faktoren internaler Verursachung, wie Fähigkeit und Anstrengung, differenziert werden könnte.

3. Entwicklungsmerkmal: Unterscheidung von Graden der Aufgabenschwierigkeit und der persönlichen Tüchtigkeit

Voraussetzung für die Bildung von Tüchtigkeitsmaßstäben ist die Wahrnehmung von Unterschieden der Aufgabenschwierigkeit. Aufgabenschwierigkeit und Tüchtigkeit definieren sich gegenseitig (je größer die bewältigte Aufgabenschwierigkeit, umso tüchtiger ist man). Solange aber Schwierigkeit nicht unabhängig von Tüchtigkeit bestimmt werden kann, läßt sich Erfolg ebensogut auf geringe Schwierigkeit wie auf hohe Tüchtigkeit, und Mißerfolg auf hohe Schwierigkeit oder geringe Tüchtigkeit zurückführen. Die Frage ist dann, was Kinder zuerst tun: Erfolg und Mißerfolg Schwierigkeits- oder Tüchtigkeitsunterschieden zuzuschreiben. Erst wenn Kinder in der Lage sind, Informationen zu den drei Kelleyschen Dimensionen (Bezugsnormen) – insbesondere hinsichtlich Besonderheit und Konsens (vgl. Tabelle 10.2) – zu verarbeiten, weisen die Kovariationen eindeutig auf eine externe (Aufgabenschwierigkeit) oder interne (Tüchtigkeit) Ursachenlokalisation hin. Dazu sind 3- bis 5jährige wohl noch nicht fähig, und die Frage ist, welche der drei Arten von Kovariationsinformation sie zuerst heranziehen. Auf jeden Fall scheinen Kinder unter $3^{1}/_{2}$ Jahren Kovariationsinformationen eher auf Schwierigkeit als auf Tüchtigkeit zu beziehen, solange sie in ihren Reaktionen überhaupt noch keine Selbstbewertung zeigen, sondern ganz auf den Effekt zentriert sind.

Erste Hinweise gibt die Aufgabenwahlstudie. Kinder über $2^{3}/_{4}$ Jahren reagierten deutlich im Sinne von Besonderheitsinformationen (etwa auf zu schweres Gewicht: „Das geht nicht"), zeigten aber bis zu den $3^{1}/_{2}$jährigen noch keine Selbstbewertungsreaktionen (Tüchtigkeit), sondern nur Freude über den Effekt (Gewicht bleibt oben) oder nach Mißlingen Bedauern, Überraschung oder Ärger. Sie wählten in starr auf- und absteigenden Serien jeden Schwierigkeitsgrad und zeigten noch nicht wie die Älteren die typischen Abweichungen von diesen starren Serienwahlen, die auf tüchtigkeitsbezogene Erwägungen schließen lassen. Auch Studien von Ruble, Parsons u. Ross (1976) und Falbo (1975) bestätigen die entwicklungspsychologische Priorität von Schwierigkeitsattribution über Tüchtigkeitsattribution bei 4- bis 5jährigen bzw. entwicklungsrückständigen 5jährigen (geringer IQ). Shaklee (1976) findet bei 4jährigen schon Tüchtigkeitsattribution, wenn Konsistenzinformation (unterschiedliche Erfolgshäufigkeiten) vorliegen; bei entsprechenden Konsensinformationen aber keine Schwierigkeitsattribution. Da jedoch erst ältere Kinder Konsensinformationen (siehe unten) verarbeiten können, läßt sich aus Shaklees Befunden keine Umkehrung der entwicklungspsychologischen Priorität von Schwierigkeits- über Tüchtigkeitsattribution folgern. DiVitto u. McArthur (1978) fanden, daß auch Erstkläßler noch keine Konsensinformation nutzten.

Wenn auch noch systematische Untersuchungen über die entwicklungsabhängige Bevorzugung einzelner Arten von Kovariationsinformation und über die Fähigkeit zu ihrer Verarbeitung fehlen, so stimmen alle vorliegenden Befunde darin überein, daß Konsensinformation erst in höheren Altersstufen genutzt werden kann. So gaben Ruble et al. (1976; Studie I) Aufgaben mit dem Bemerken, daß „fast alle" oder „sehr wenig" Kinder des gleichen Alters die richtige Lösung finden könnten und prüften die Wirkung dieser Konsensinformation an der affektiven Selbstbewertung nach Erfolg und Mißerfolg. Von drei Altersgruppen von 6, 8 und 10 Jahren zeigte sich die erwartete Wirkung nur in den beiden letzteren.

Sieht man von Besonderheitsinformationen ab, so belegen die Befunde, daß im Vorschulalter Kinder ihre Leistungsbeurteilung auf Konsistenzinformationen (individuelle Bezugsnorm) und nicht auf Konsensinformationen (soziale Bezugsnorm) stützen. Dieser Sachverhalt entspricht dem motivationspsychologischen Primat der individuellen Bezugsnorm (vgl. Kap. 12). Nur bei unmittelbaren und anschaulichen Wahrnehmungen sozialen Vergleichs – etwa beim Wetteifer mit einem Partner wie im Turmbauversuch (vgl. auch Ruble, Feldman u. Boggiano, 1976) – können Konsensinformationen verarbeitet werden (oder werden es zumindest). Der entwicklungspsychologische Primat von Konsistenz- über Konsensinformation läßt es offen, ob Handlungsergebnisse vornehmlich der Aufgabenschwierigkeit oder der eigenen Tüchtigkeit zugeschrieben werden. Sachlogisch gesehen, ist beides gleich naheliegend (vgl. Tabelle 10.4). Die oben erwähnten Aufgabenwahl-Befunde zeigen jedoch, daß zumindest bis $3^{1}/_{2}$ Jahren eine Schwierigkeitsattribution bevorzugt wird. Allerdings lagen hier zugleich auch Informationen über hohe Besonderheit vor, die eine Entitätsattribution (Aufgabenschwierigkeit) nahelegen und unterstützen. Ab wann und unter welchen Bedingungskonstellationen an Kovariationsinformation Kinder im kritischen Übergangsfeld von 2–4 Jahren wahrgenommene Unterschiede der Aufgabenschwierigkeit als Tüchtigkeitsmaßstäbe heranziehen – erkennbar an selbstbewertenden Reaktionen –, ist bislang noch nicht systematisch untersucht worden, obwohl es die ontogenetischen Anfangspunkte des Leistungshandelns markiert.

Offensichtlich verschafft die Verknüpfung von Konsistenzinformation (Sequenz von Erfolg und Mißerfolg bei einer gegebenen Aufgabe) mit Besonderheitsinformation (unterschiedliche Erfolgsrate bei ähnlichen Aufgaben oder einzelnen Schwierigkeitsstufen derselben Aufgabe) die Grundlage für die früheste Bildung von Tüchtigkeitsmaßstäben. Das entspräche auch der Stadientheorie Veroffs (1969) zur *Achievement Orientation,* nach welcher sich in den Vorschuljahren ein „autonomes" Leistungsmotiv aufgrund individueller Bezugsnorm (d. h. Konsistenzinformation) entwickeln soll, das zwischen 7 und 9 Lebensjahren einem „sozialen" oder „normativen" Leistungsmotiv auf der Grundlage sozialer Bezugsnorm (Konsensinformation) Platz macht, ehe es vom zweiten Lebensjahrzehnt an zu einer „Integration" beider „Motive" (Bezugsnormen) kommen kann (vgl. Kap. 12; Bezugsnormen).

Für die nach Schuleintritt zunehmende Nutzung von sozialer Bezugsnorm (Konsensinformation) und deren zeitweilige Dominanz über individuelle Bezugsnorm (Konsistenzinformation) bei der Leistungsbeurteilung, gibt es einige Belege. Ruhland u. Feld (1977) fanden mit einem thematisch-apperzeptiven Verfahren, daß Leistungsmotivinhalte von Schülern des 1. und 4. Schuljahres stärker mit sozialer als mit individueller Bezugsnorm verknüpft waren; ein Unterschied, der sich bei einer Wiederholungsuntersuchung nach einem Jahr noch vergrößert hatte. Nicholls (1975a; 1978a; 1979) hat 5- bis 13jährige Schüler ihren Rangplatz innerhalb der Schulleistungsverteilung der Klasse einschätzen lassen. Erst ab 9–10 Jahren war diese Selbsteinschätzung aufgrund sozialer Bezugsnorm einigermaßen realistisch und korrelierte bis 13 Jahren zunehmend höher mit dem Lehrerurteil. Wir kommen auf diese Ergebnisse noch zurück (12. Merkmal).

Für das zweite Lebensjahrzehnt haben Rheinberg et al. (1977) Befunde über die bevorzugte Bezugsnorm der Selbstbewertung mit Hilfe der „Kleinen Beurteilungsaufgabe" (vgl. Abb. 12.4) erhoben. Wie aus Abb. 13.1 zu ersehen ist, schnellt im 6. Schuljahr die individuelle Bezugsnorm zur gleichen Bedeutung wie die soziale empor und wird ab dem 11. Schuljahr (etwa 17 Jahre) zunehmend wieder ausschlaggebender als die soziale Bezugsnorm. In diesem normalen Entwicklungswandel ließen sich auch umweltspezifische Einflüsse der Unterrichtsorganisation und des Schulabschlusses isolieren. So orientierten sich Schüler von Gesamtschulen länger vornehmlich an sozialen Bezugsnormen und Entlaßschüler berücksichtigten sie wieder stärker als vorher.

Insgesamt läßt sich aus der Befundlage das Folgende schließen. Das rudimentäre Tüchtigkeitserleben (2. Entwicklungsmerkmal) differenziert sich zunächst an Maßstäben, die auf Informationen über Besonderheit (die verschiedene Aufgabenschwierigkeiten nahelegen) und/oder auf Informationen über Konsistenz (die verschiedene Schwierigkeiten oder Tüchtigkeiten nahelegen) beruhen. Vielleicht spielen bei den Jüngsten zunächst Inkonsistenzinformationen im Sinne zunehmender Erfolge bei wiederholter Beschäftigung mit der gleichen Aufgabe die Hauptrolle; eine Erfahrung, die wohl in keinem Abschnitt der Lebensspanne so gehäuft auftritt wie in der frühen Kindheit. Entscheidend für die Herausbildung eines stabileren Tüchtigkeitsmaßstabs sind Konsensinformationen, die zum einen später (vor allem nach Schuleintritt) gehäuft auftreten und zum anderen vorher noch nicht verarbeitet werden oder werden können. Erst dann lassen sich Aufgabenschwierigkeiten unabhängig von der eigenen Tüchtigkeit definieren und geben einen stabilen Tüchtigkeitsmaßstab ab.

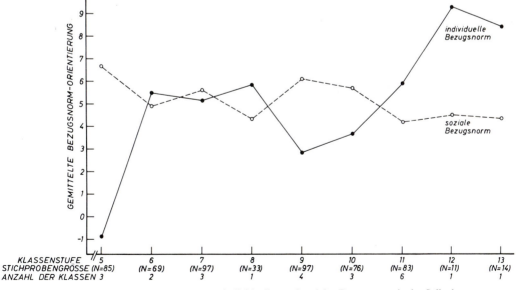

Abb. 13.1. Mittelwerte der Bevorzugung von individueller und sozialer Bezugsnorm in der Selbstbewertung von Schülern (Gymnasien und Gesamtschulen) der 5. bis 13. Klasse. (Nach Rheinberg, Lührmann u. Wagner, 1977, S. 91)

4. Entwicklungsmerkmal: Differenzierung der Ursachenkonzepte von Fähigkeit und Anstrengung

Das Anstrengungskonzept beinhaltet einen variablen und intentional steuerbaren Ursachfaktor. Zu seiner Herausbildung bedarf es der Erfahrung, daß Erfolg und Mißerfolg mit dem Ausprägungsgrad der wahrgenommenen eigenen Anstrengung kovariieren. Solche Erfahrungen lassen sich an Aufgabenarten gewinnen, die zu ihrer Bewältigung Kraftaufwand oder Ausdauer erfordern. Schon aus theoretischen Überlegungen ist zu erwarten, daß sich ein Anstrengungskonzept früher ausbildet als ein Fähigkeitskonzept. Denn einmal läßt sich Anstrengung im Unterschied zur Fähigkeit unmittelbar an sich und an anderen beobachten. Zum anderen kovariiert der bei sich selbst oder einer anderen Person beobachtete Anstrengungsgrad mit Erfolg und Mißerfolg. Demgegenüber muß Fähigkeit trotz Wechsel des Beobachtbaren – ob viel oder wenig Anstrengung, ob Erfolg oder Mißerfolg – erst als etwas Konstantbleibendes begriffen werden, ehe daraus der abstrakte Sachverhalt eines intraindividuell konstanten aber interindividuell variablen Erklärungskonstrukts werden kann.

Einige Befunde über frühe Konzepte der Tüchtigkeitsattribution haben wir bereits bei der Erörterung des 2. Entwicklungsmerkmals dargestellt. Wie sich die Vorstellungen von „Tüchtigkeit" in „Fähigkeit" und „Anstrengung" differenzieren, wird an der Kovariation mit Handlungsergebnissen deutlich. Dergleichen bei jungen Kindern zu erfassen, wirft beträchtliche methodische Schwierigkeiten auf. Vier- und fünfjährige Kinder einfach Kausalfaktoren skalieren zu lassen, scheint die Altersgruppe zu überfordern. Es ist deshalb auch nicht verwunderlich, wenn Ruble, Parsons u. Ross (1976) in dieser Altersgruppe noch keine einfache Kovariation zwischen Ergebnis und „Fähigkeit" oder „Anstrengung" fanden.

Einfallsreiche Methoden sind vonnöten. So hat Gurack (1978) zur Entwicklung der Fähigkeitsattribution anschaulich abgebildete Fähigkeitsmerkmale (Körperbau, Stärke, Größe, Alter) verschiedenen Handlungsergebnissen zuordnen lassen. Sie fand drei „Fähigkeitsschlußfolgerungen" von wachsender Komplexität in aufeinanderfolgenden Altersgruppen: (1) Den unmittelbaren Schluß von einem anschaulich relevanten Körpermerkmal ab $3^1/_2$ Jahren (z. B. Schlankheit – Durchkriechen durch ein entsprechendes enges Mauerloch); (2) den mittelbaren Schluß von einem sichtbaren Körpermerkmal auf eine nicht anschauliche Personeigenschaft der Tüchtigkeit ab 4 Jahre und mit 5 Jahren abgeschlossen (Größe oder Alter – Höhe eines gebauten Turmes; ähnlich auch Kuhl, 1975); (3) den Schluß von einem früheren Handlungsergebnis auf ein späteres eines unbekannten Urhebers (Konstanz der Tüchtigkeitseigenschaft) ab 6 Jahre. Standen zwei Fähigkeitskriterien für ein späteres Handlungsergebnis – Größe (Alter) und früheres Ergebnis – miteinander in Widerspruch, so wurde diese Diskrepanz erst ab 5 Jahren bemerkt. Die 6jährigen, die sich bereits mehrheitlich an der Konsistenz der Ergebnisse (und nicht mehr am Körpermerkmal von Größe und Alter) orientieren, konnten aber ihre Zuordnung noch nicht mit irgendeiner Fähigkeitsvorstellung begründen. Ein Fähigkeitsbegriff im Sinne einer konstanten Personeigenschaft scheint demnach den 6jährigen noch nicht – wenigstens nicht sprachlich – geläufig zu sein.

Zur Entwicklung der Anstrengungsattribuierung hat Krüger (1978) in der Puste-Studie (und vergleichbaren Aufgaben, die unterschiedlichen Anstrengungsaufwand erfordern) (a) die Wahrnehmung eigener Anstrengung, (b) die aufgabengerechte Dosierung von Anstrengung, (c) Anstrengungsattribuierung für eigene Handlungsergebnisse und (d) die Zuordnung von anschaulich abgebildeten Anstrengungsmerkmalen zu Handlungsergebnissen untersucht.

Auf Fragen nach Unterschieden der Anstrengungswahrnehmung berichteten die Kinder (3–6 Jahre) fast durchweg nur Schwierigkeitsunterschiede, so daß sich die Vermutung aufdrängt, der Schwierigkeitsattribution komme nicht nur ein entwicklungspsychologischer Primat vor der Tüchtigkeits- (Anstrengungs-) Attribuierung zu, sondern auch ein phänomenologischer. Eine aufgabengerechte Anstrengungsdosierung war faktisch (gemessen an der Erfolgshäufigkeit) schon bei 3jährigen zu beobachten. Eine Übereinstimmung zwischen zuvor (auf Befragen) intendierter und tatsächlich aufgewendeter Anstrengung war erst ab 5 Jahren ausgeprägt. Erst diese Altersgruppe machte auch bei der freien Ursachenattribution des Ergebnisses in der Mehrzahl anstrengungsbezogene Aussagen. Hinsichtlich des Kausalschemas der einfachen Kovariation von Anstrengungsgraden und Ergebnissen (beides bildlich dargestellt) erkannte schon die Mehrheit der 5- bis 6jährigen vorgelegte paradoxe Zuordnungen, korrigierte oder erklärte sie.

Vergleicht man die Altersangaben zu den verschiedenen Indizes der Fähigkeits- und Anstrengungsattribution, so wird ab 5 Jahre von den meisten Kindern eine Kovariation zwischen abgestuften Handlungsergebnissen einerseits und anschaulichen Tüchtigkeitsmerkmalen – seien diese mehr fähigkeitsbezogen oder mehr anstrengungsbezogen – hergestellt. Ein Kovariationsschema für Anstrengungsattribuierung scheint sich insgesamt früher und zügiger zu entwickeln als eines für Fähigkeitsattribuierung, wenn auch die einfache Kovariation von anschaulich repräsentierter Fähigkeit früher als solche von Anstrengung mit dem Handlungsergebnis gelingt. Aber das Fähigkeitskonzept hat eine längere Begriffsentfaltung durchzumachen als das Anstrengungskonzept. Es ist nach den berichteten Befunden auszuschließen, daß 6jährige in Fähigkeit bereits ein Erklärungskonstrukt sehen, das intraindividuell konstant und interindividuell variabel ist. Wir nehmen die weitere Entwicklung des Fähigkeitskonzepts im 8. Merkmal – kausale Schemata für Fähigkeit und Anstrengung – wieder auf.

Zusammenfassend läßt sich sagen, daß erst allmählich sich Fähigkeits- und Anstrengungsbegriff aus einem globalen Tüchtigkeitskonzept ausgliedern und von einander unabhängig werden. Sind abgestufte Ergebnisse mit einem der beiden Faktoren zu erklären oder sind Ergebnisse vorherzusagen aufgrund ungleicher Anstrengung oder ungleicher Fähigkeit, so wird schon von den meisten 5- bis 6jährigen das Kausalschema einfacher Kovariation verwendet. Im Falle von Erfolg ist die einfache Kovariation schon früher ausgeprägt als im Falle von Mißerfolg.

Kognitive Voraussetzungen des Risikowahl-Modells und seiner attributionstheoretischen Elaboration

Für unsere Zwecke einer allgemeinpsychologischen Entwicklungsbetrachtung können wir das Risikowahl-Modell auf die beiden Grundvariablen Erfolgserwartung und Anreizwert eingrenzen. Denn man braucht beim ersten Auftreten von leistungsmotivierten Handlungen noch keine individuellen Unterschiede in der Gewichtung von Erfolgs- und Mißerfolgsanreiz, d. h. noch keine Motivunterschiede anzunehmen. Statt dessen legen wir die Annahme zugrunde, daß Kinder im frühen Alter bei ihren Aktivitäten eher Erfolg erzielen als Mißerfolg meiden wollen (was in der Modellsprache darauf hinausläuft, als gewichteten sie den Erfolgsanreiz stärker als den Mißerfolgsanreiz). Wir haben es demnach mit drei kognitiven Sachverhalten zu tun, denen man eigene Entwicklungsmerkmale zuordnen kann:
1. Erfolgserwartung (subjektive Erfolgswahrscheinlichkeit oder deren Komplement, die erlebte Aufgabenschwierigkeit)
2 a. Erfolgsanreiz als umgekehrt-proportional abhängige Größe von Erfolgserwartung
2 b. Mißerfolgsanreiz als direkt-proportional abhängige Größe von Erfolgserwartung
3. Multiplikative Verknüpfung zwischen Erfolgserwartung und Erfolgsanreiz. (Da wir annehmen, daß in der frühen Motivationsentwicklung der positive Anreiz eines möglichen Erfolges stärker ist als der eines möglichen Mißerfolges, können wir (a) die entsprechende multiplikative Verknüpfung zwischen Erfolgserwartung und Mißerfolgsanreiz sowie (b) die subtraktive Beziehung zwischen dem erwartungsgewichteten Erfolgsanreiz und dem erwartungsgewichteten Mißerfolgsanreiz beiseite lassen.)
Die ersten beiden Sachverhalte sind hinrei-

chende kognitive Voraussetzungen für leistungsmotivierte Selbstbewertungsreaktionen nach Erfolg und Mißerfolg. Der dritte Sachverhalt muß als kognitive Voraussetzung hinzutreten, damit realistische Zielsetzung und Aufgabenwahl möglich wird. Nach dem Risikowahl-Modell wären Kinder also erst zu leistungsmotiviertem Erleben und Handeln fähig, wenn sie kognitiv in der Lage sind, erstens ein (wenn auch rudimentäres) Konzept der Erfolgswahrscheinlichkeit zu bilden; zweitens, wenn sich für sie der Erfolgsanreiz in umgekehrt-proportionaler Beziehung zur subjektiven Erfolgswahrscheinlichkeit ändert (bzw. der Mißerfolgsanreiz in direkt-proportionaler Beziehung); und wenn sie drittens vor Aufnahme einer Handlung den Erfolgsanreiz mit der subjektiven Erfolgswahrscheinlichkeit gewichten.

Alle drei Sachverhalte sind attributionstheoretisch elaboriert worden (Weiner, 1972). Das gilt insbesondere und zunächst einmal für das Konzept der subjektiven Erfolgswahrscheinlichkeit. Dafür müßte das Kind eigentlich schon über anfängliche Differenzierungen von Fähigkeit und Anstrengung (4. Merkmal) hinaus über ein voll entfaltetes Konzept für Fähigkeit verfügen. Ein Fähigkeitskonzept im Sinne einer stabilen Personeigenschaft, die nicht mehr mit fluktuierender Anstrengung verquickt ist, dürfte jedoch eher der Endpunkt als der Anfang einer langen Begriffsentwicklung sein.

Andererseits muß ein Konzept für objektive Aufgabenschwierigkeit entwickelt werden, d. h. für eine Schwierigkeit „an sich", losgelöst von der eigenen Fähigkeit. In Beziehung gesetzt zu einem aufgabenspezifischen Fähigkeitskonzept ergäbe sich, wie gesagt, die subjektive Erfolgswahrscheinlichkeit, die Vorstellung vom eigenen Können. Aus der wahrgenommenen objektiven Schwierigkeit („an sich") würde eine subjektive Schwierigkeit („für mich"). Wie schon beim (3.) Entwicklungsmerkmal erörtert, würde dies die volle Nutzung von Konsensinformationen und deren Integration mit Konsistenz- und Besonderheitsinformation voraussetzen (Kelley, 1967). Einen so langen und umständlichen Weg wird die Entwicklung sicher nicht erst gehen müssen, damit schon rudimentäre Formen der subjektiven Erfolgswahrscheinlichkeit zum ersten Mal verfügbar sind.

Es gibt eine Abkürzung zum unmittelbaren Erleben von „Erfolgswahrscheinlichkeit", die wir schon bei der Erörterung des Unterscheidungsvermögens für Aufgabenschwierigkeit erörtert haben. Da sich Tüchtigkeit und Schwierigkeit gegenseitig definieren (man ist so tüchtig, wie man welche Aufgabe noch bewältigt, und die Aufgaben sind so schwierig, wie man sie noch bewältigen kann), läßt sich die subjektive Schwierigkeit unmittelbar an der Konsistenz von Erfolgs- und Mißerfolgs-Sequenzen erfahren. Das läßt allerdings im dunkeln, ob man Erfolg wegen eigener Tüchtigkeit oder wegen Leichtigkeit der Aufgabe gehabt hat. Ob man jedoch das eine oder das andere annimmt, in beiden Fällen handelt es sich um stabile Ursachfaktoren. Attribuiert man Erfolg oder Mißerfolg stabilen und nicht variablen Ursachen, so fördert dies eine an- bzw. absteigende Änderung der Erfolgserwartung (vgl. Kap. 11).

Während die Relation von Aufgabenschwierigkeit und Tüchtigkeit („Fähigkeit") innerhalb der stabilen Faktoren die Erfolgserwartung bestimmt, ergibt sich der Anreizwert aus der Relation der internalen zu den externalen Faktoren. Je mehr die Ursachen des Handlungsergebnisses internal (Tüchtigkeit) und nicht external lokalisiert werden, umso ausgeprägter ist der Anreizwert von Erfolg oder Mißerfolg. Externale Ursachattributionen können – wie das „Selbermachenwollen" der Zweijährigen zeigt – schon sehr früh vorgenommen werden; seien es Ursachen wie Hilfe oder Behinderung durch andere oder auch eine einfache Schwierigkeitsattribution im Sinne des Machbar-Erscheinenden. Wählt man Aufgaben mittlerer Schwierigkeit, so maximiert man das Übergewicht internaler über externale Ursachen und damit zugleich den (erwartungsgewichteten) Anreizwert von Erfolg und Mißerfolg. Dies genau ist die im Risikowahl-Modell formalisierte Aussage, nach welcher mittelschwere Aufgaben maximal motivieren.

Insgesamt lassen sich aus den Aussagen des Risikowahl-Modells und seiner attributions-

theoretischen Elaboration drei Entwicklungsmerkmale ableiten:
1. Die Entwicklung der subjektiven Erfolgswahrscheinlichkeit mit den Vorformen des Erwartungsbegriffs.
2. Der aus der Erfolgserwartung sich aufgrund einer umgekehrt-proportionalen Beziehung herausbildende Erfolgsanreiz, mitsamt den Vorformen dieser Beziehung.
3. Die multiplikative Beziehung von Erwartung und Anreiz als Entwicklung zu einer realistischen Anspruchsniveau-Bildung.

5. Entwicklungsmerkmal: Subjektive Erfolgswahrscheinlichkeit

Wie bereits erörtert, setzt das voll entwickelte Konzept der Erfolgswahrscheinlichkeit das Inbeziehungsetzen von zwei konstanten Faktoren, der eigenen Fähigkeit und der (von eigener Fähigkeit und Anstrengung unabhängigen) objektiven Aufgabenschwierigkeit voraus. Bis dahin liegt ein weiter Entwicklungsweg vor den Kindern. Sobald sie Konsistenz- oder Besonderheitsinformationen verarbeiten können, ist die an der Erfolgsrate erkennbare Aufgabenschwierigkeit einem Vorbegriff von subjektiver Erfolgswahrscheinlichkeit äquivalent, sofern das Kind schon einen von kovariierender Anstrengung bereinigten Fähigkeitsbegriff im Sinne intraindividueller Konstanz besitzt. Solange der Fähigkeitsbegriff noch nicht anstrengungsbereinigt ist, muß „Erfolgswahrscheinlichkeit" eine sehr dehnbare Größe sein.

Das bestätigte sich in den Erfolgsvorhersagen der Wetteiferstudie (Heckhausen u. Roelofsen, 1962). Bei einer objektiven Erfolgsrate von 50% waren Kinder unter 4½ Jahren in der Regel noch völlig zuversichtlich; erst bei älteren Kindern waren Anzeichen von Konflikt zu beobachten. Die ungebrochene Erfolgszuversicht kann auf einer mangelnden Integration der Konsistenzinformationen oder auf einer wunschgeleiteten Erhöhung der eigenen, noch nicht von Anstrengungssteigerung bereinigten „Fähigkeit" beruhen. Für die letztere Erklärung spricht eine Replikation der Wetteiferstudie mit dreifach variierter Erfolgswahrscheinlichkeit von 25, 50 und 75% (Eckhardt, 1968). Betrug die Mißerfolgsrate 75%, so waren die Kinder schon ab 3½ Jahren bei der Erfolgsvorhersage so konflikthaft verunsichert wie die Älteren ab 4½ Jahren bei einer Mißerfolgsrate von 50%. Die Jüngeren waren also durchaus zur Integration der Konsistenzinformation fähig, nur half bei einer Mißerfolgsrate von 75% selbst eine dehnbare Einschätzung der eigenen „Fähigkeit" wenig, um erfolgszuversichtlich zu bleiben.

Kommen zu Informationen über Konsistenz solche über Besonderheit hinzu, wie in den Aufgabenwahlstudien, so sollten mit wachsendem Alter sich in der Erfolgsvorhersage bei zu schweren Aufgaben Konflikte zeigen. Das fand Wasna (1970) ebenfalls ab 4½ Jahren. Alle diese Hinweise lassen aber nur die Anfänge eines Konzepts der subjektiven Erfolgswahrscheinlichkeit deutlich werden. Denn voll entwickelt setzt es einen anstrengungsbereinigten Fähigkeitsbegriff voraus, der zur Anstrengungs- wie zur Fähigkeitskompensation befähigt; also kaum vor 9 bis 10 Jahren von der Mehrheit einer Altersgruppe zu erwarten ist (vgl. Kun, 1977; Tweer, 1976).

Dafür sprechen auch zwei Studien von Parsons u. Ruble (1972; 1977), in denen noch Erfolgserwartungen nach Erfolgs- oder Mißerfolgssequenzen von verschiedener Länge zu skalieren waren. 4½- bis 5jährige blieben unbeeindruckt von Art und Zahl der Rückmeldungen erfolgsgewiß. Bei älteren Kindern bis hin zu 11jährigen fanden die Konsistenzerfahrungen einen zunehmend realistischeren Niederschlag. Mädchen sind darin Jungen um etwa zwei Jahre voraus (so auch bei Crandall, 1969, und Nicholls, 1975b), was nicht an geschlechtsrollenspezifischer Sozialisation liegen muß, sondern auch ein Vorsprung in der kognitiven Entwicklung sein kann.

Elf- und 12jährige müssen nach der Studie von McMahan (1973; vgl. Kap. 11) das Konzept der subjektiven Erfolgswahrscheinlichkeit schon vollständig erworben haben, da zwischen ihnen und älteren Schülern des 10. Schuljahrs und des College kein Unterschied in der Abhängigkeit der Erfolgserwartung vom erzielten Ergebnis und seiner Kausalattribuierung bestand. Die Abhängigkeit entsprach der attributionstheoretischen Erwartung: Die geschätzte Erfolgswahrscheinlichkeit für die erneute Ausführung der Aufgabe wurde nach einem Erfolg umso mehr nach oben – und nach einem Mißerfolg nach unten – verändert, je mehr man das zuletzt erzielte Ergebnis auf den stabilen Ursachfaktor Fähigkeit zurückführte, während die variablen Faktoren Anstrengung und Zufall nach Erfolg kein Heraufsetzen und nach Mißerfolg kein Herabsetzen der Erfolgswahrscheinlichkeit bewirkten.

6. Entwicklungsmerkmal: Beziehung zwischen Erwartung und Anreiz

Vor der vollständigen Herausbildung des Konzepts subjektiver Erfolgswahrscheinlichkeit ist die Beziehung zwischen Erwartung und Anreiz identisch mit einer proportionalen Beziehung zwischen subjektiver Aufgabenschwierigkeit und Erfolgsanreiz und einer umgekehrt-proportionalen Beziehung zwischen Aufgabenschwierigkeit und Mißerfolgsanreiz. (Wenn von proportionalen Beziehungen die Rede ist, so wird natürlich keine Proportionalität im streng mathematischen Sinne, sondern lediglich eine positive oder negative Korrelation zwischen zwei Größen gefordert). In rudimentärer Form sind solche Beziehungen nichts anderes als das Kovariationsschema der Tüchtigkeitswahrnehmung. Je „größer" der zustande gebrachte Effekt, umso größer ist die Tüchtigkeit; und je „geringer" der nicht zustande gebrachte Effekt, umso größer ist die Untüchtigkeit. Zu dieser einfachen Kovariation sind, wie wir gesehen haben, Kinder ab 5 Jahren durchweg fähig. Von diesem Alter ab sollte deshalb auch die Beziehung zwischen Erwartung und Anreiz zu finden sein. Allerdings ist dabei einiges zu spezifizieren; zunächst, was ein „größerer" oder „geringerer" Effekt ist. Hier geht es wieder um die drei Kelleyschen Vergleichsdimensionen (oder Bezugsnormen), deren Nutzung ihre entwicklungspsychologische Abfolge hat. Da zur Differenzierung der Aufgabenschwierigkeit am frühesten Besonderheitsinformationen – anschaulich gestaffelte Schwierigkeitsgrade – genutzt werden, sollte auch hier am frühesten die proportionale Beziehung zwischen Aufgabenschwierigkeit und Anreiz beobachtet werden; dicht gefolgt von einer Schwierigkeitsdifferenzierung aufgrund von Konsistenzinformationen; d. h. in Abhängigkeit von der Erfolgsrate bei wiederholter Ausführung der gleichen Aufgabe. In diesem Falle ist „größerer" oder „geringerer" Effekt gleichbedeutend mit selteneren bzw. häufigerem Erfolg. Erst später sollten soziale Vergleichsinformationen (wie „fast alle" oder „nur wenige können dies") eine Urteilsbasis abgeben, auf der sich die Beziehung von Erfolg und Anreiz aufbaut.

Die vorliegenden Befunde bestätigen, daß mit dem Auftreten des Kovariationsschemas (ab 4 und mehrheitlich ab 5 Jahren) Erfolgsreaktionen (als Anreiz-Indikatoren) bei höheren Schwierigkeitsgraden (als Erwartungs-Indikatoren) ausgeprägter sind und daß dabei die Art der Kovariationsinformation zu beachten ist. In den Aufgabenwahlstudien (Heckhausen u. Wagner, 1965; Wagner, 1969; Wasna, 1970) – d. h. bei Besonderheitsinformationen über anschaulich gestaffelte Schwierigkeitsgrade – trat die proportionale Beziehung zwischen Höhe des Schwierigkeitsgrades und Stärke der Erfolgsreaktion etwa mit $4^{1}/_{2}$ Jahren zuerst hervor. Über die entsprechende umgekehrt-proportionale Beziehung zwischen Aufgabenschwierigkeit und Mißerfolgsreaktion finden sich dagegen keine Beobachtungen. Wasna (1970, S. 50) berichtet für diese Altersgruppe sogar die Beobachtung einer proportionalen (!) Beziehung zwischen der nicht geglückten Höhe eines Turmbaues und der Intensität des Mißerfolgsausdrucks. Da selbst Erwachsene größere Schwierigkeiten im Verstehen von negativen (als von positiven) Korrelationen haben (Slovic, 1974; Smedslund, 1963), ist zu vermuten, daß sich die umgekehrt-proportionale Beziehung nach Mißerfolg erst später entwickelt.

Besonderheitsinformationen hat auch Harter (1975) zwei Altersgruppen von 4 und von 10 Jahren gegeben: Zwei Problemaufgaben in Gestalt effektproduzierender Apparate, von denen die Manipulierbarkeit des ersten schnell und die des zweiten schwer (*de facto:* überhaupt nicht) zu durchschauen war. Für die 4jährigen hatten beide Aufgaben den gleichen Anreizwert, gemessen an der Beschäftigungsdauer mit jeder; für die 10jährigen war die schwierigere Aufgabe ungleich attraktiver, was sie auch verbal zum Ausdruck brachten (ähnlich Harter, 1974; zusammenfassend 1978).

Vergleichbare Beobachtungen unter der Bedingung von Konsistenzinformationen scheinen noch nicht vorzuliegen. Dagegen gibt es Studien, die zur Unterscheidung von Schwierigkeitsgraden soziale Vergleichsinformationen benutzten. Greene u. Lepper (1974) haben bei 3- bis 4jährigen die Wirkung extrinsischer Belohnungen für das Bemalen von Blättern auf das „intrinsische Interesse" (Ausdauer) bei späterer Wiederaufnahme dieser Tätigkeit untersucht (vgl. Kap. 11). In unserem Zusammenhang ist eine besondere Bedingungsaufteilung von Interesse: Bei erwarteter (vorher angekündigter) und nicht erwarteter (später angekündigter) Belohnung wurde ein niedriger oder ein hoher Standard (*performance demand*) zugrunde gelegt, d. h. entweder wurden für alle bzw. nur für die besten Bilder eine Belohnung versprochen. Diese unterschiedlichen Standards – definiert durch sozialen Vergleich – hatten keinerlei Effekt auf den intrinsischen Anreizwert (definiert durch Zeitdauer der Beschäftigung unter freier Wiederaufnahmesituation) innerhalb der beiden Belohnungsbedingungen (erwartet vs. nicht erwartet). Daraus ist zu folgern, daß 3- bis 4jährige noch keine positive Beziehung zwischen Aufgabenschwierigkeit und Erfolgsanreiz sehen, zumal wenn Aufgabenschwierigkeit durch Konsensinformationen definiert ist.

Dasselbe gilt auch für bereits 6jährige mit einer für unser Problem mehr direkten Methode (Ruble, Parsons u. Ross, 1976; Studie I). Niedrige und hohe soziale Vergleichsnormen hatten nach Erfolg und Mißerfolg noch keinen signifikant unterschiedlichen Effekt auf die Selbstbewertung (einstellbarer Affektausdruck auf einem Pappgesicht) bei 6jährigen, sondern erst bei 8jährigen. In einem zweiten Versuch teilten die Autoren dem Kind lediglich mit, die Aufgabe sei entweder „leicht" oder „schwer". Diese Information beeinflußte noch nicht einmal bei 7- bis 9jährigen die Selbstbewertung. Offensichtlich ist bei Fehlen jeglicher Kovariationsinformation die bloße Feststellung eines anderen, die einzeln vorgelegte Aufgabe sei „leicht" oder „schwer", noch nicht hinreichend, um eine Beziehung zwischen „Schwierigkeit" und Anreiz wachzurufen.

Das machen auch Befunde von Nicholls (1978a) mit einer kindgemäßen Methodik deutlich. Der Vl legte den Vpn von 5 bis 13 Jahren drei Kästen mit *Puzzles* vor und definierte die gestaffelten Schwierigkeitsgrade anhand sehr anschaulich gemachter sozialer Vergleichsnormen (unterschiedliche Anzahl von Gesichtern in einer von zwei Farben, um die Proportion von erfolgreichen zu nicht erfolgreichen Kindern anzudeuten). Die Mehrzahl der Kinder war in der Lage, (1) ab 6 Jahren leichte und schwere Aufgaben zu unterscheiden, (2) ab 7 Jahren anzugeben, daß die schwere Aufgabe mehr Fähigkeit erfordert und (3) ebenfalls nach 7 Jahren anzugeben, daß der Lehrer sich über die Lösung der schwierigen Aufgabe am meisten freuen würde.

Die bei dieser Methode sich schon bei 7jährigen durchsetzende Proportionsbeziehung von Aufgabenschwierigkeit und Erfolgsanreiz (in der vom Kind antizipierten Fremdbewertung!) trat übrigens noch etwas früher auf, wenn die Schwierigkeitsstaffelung unter Weglassung der sozialen Vergleichsinformation lediglich direkt benannt wurde. Nicholls (1975a) gibt eine interessante Erklärung, was jüngere Kinder bei Konsensinformation daran hindern mag, sie in leistungsbezogene Proportionalität mit Anreizunterschieden zu verknüpfen. In der Entwicklung des moralischen Urteils befanden sich die 5- bis 8jährigen vielleicht noch im Stadium der normativen Konformität (Kohlberg, 1969). Da, was die meisten Kinder tun (an Aufgaben lösen können), „richtig" und nachahmenswert ist, bevorzugten sie auch von den drei Aufgaben jene, die die meisten Kinder lösen konnten.

Auf dieselbe Weise – oder auf später erwachende Fähigkeit zur Verarbeitung von Konsensinformationen – lassen sich auch Aufgabenwahl-Befunde erklären, die Veroff (1969) an großen Altersstichproben fand. Vier- bis 7jährige bevorzugten von drei Aufgabenversionen mehrheitlich die leichte Aufgabe, die „die meisten Kinder deines Alters schaffen". Erst ab 8 Jahren wurde von den meisten Kindern zunehmend die mittelschwere Aufgabe bevorzugt, „die einige Kinder deines Alters schaffen und einige Kinder deines Alters noch nicht schaffen" (so auch Ruhland u. Feld, 1977).

Insgesamt bestätigen die berichteten Befunde, daß eine der Leistungsmotivationstheorie entsprechende Beziehung zwischen Erwartung und Anreiz mit dem Auftreten des einfachen Kovariationsschemas von bewältigter Aufgabenschwierigkeit (Erwartung) und erlebter Tüchtigkeit (Anreiz, erfaßt an Erfolgsreaktion oder Aufgabenwahl) zu beobachten ist; und zwar frühestens ab 4 bis 5 Jahren, sofern die Schwierigkeitsstaffelung auf Besonderheits- oder (vermutlich auch) Konsistenzinformation und noch nicht auf bloß sprachlich vermittelter Konsensinformation beruht (hier erst ab etwa 8 Jahren). Will man wie Nicholls (1978a, S. 807) das erste Auftreten einer schwierigkeitsabhängigen Anreizvariation mit dem Entwicklungsübergang von präoperationalem zu konkret operationalem Denken nach Piaget verbinden, so darf man nicht übersehen, daß sich das Übergangsfeld zwischen Altersgruppen von 4 bis zu 8 Jahren verschieben kann, und zwar in Abhängigkeit von Art und Anschaulichkeit der angebotenen Kovariationsinformation. Die direkt proportionale Beziehung zwischen Aufgabenschwierigkeit und Erfolgsanreiz scheint früher aufzutreten als die umgekehrt-proportionale Beziehung zwischen Aufgabenschwierigkeit und Mißerfolgsanreiz.

7. Entwicklungsmerkmal: Multiplikative Verknüpfung von Erwartung und Anreiz (Anspruchsniveau-Bildung)

Diese Erwartungs-mal-Wert-Verknüpfung ist die Grundaussage des Risikowahl-Modells: die Optimierung der künftigen Selbstbewertungsbilanz durch eine Erwartungsgewichtung des Erfolgs- und Mißerfolganreizes. Da die volle Entwicklung des Konzepts der Erfolgswahrscheinlichkeit erst nach dem 10. Lebensjahr erreicht werden kann, dürfte das Leistungshandeln von Kindern – auch wenn sich schon vorher die proportionale Beziehung zwischen Aufgabenschwierigkeit und Anreiz erlebter Tüchtigkeit herausgebildet hat – erst in dem Stadium der formalen Operationen nach Piaget (1936) auf der vom Risikowahl-Modell vorausgesetzten Entwicklungshöhe funktionieren. Auf dem Wege bis dahin ist aber wiederum mit Vorformen zu rechnen, die schon zu leistungsmotiviertem Handeln (kenntlich an emotionalen Selbstbewertungsreaktionen) befähigen, ehe im Sinne einer „sachimmanenten Entfaltungslogik" (Heckhausen, 1965b) sich das 5. und 6. Entwicklungsmerkmal auf höherer Stufe zu einem gemeinsamen Konzept verknüpfen: Zur bevorzugten Wahl solcher Aufgaben und Ziele, bei denen das Produkt von Erwartung und Anreiz maximal ist.

Vorformen in der Entwicklung eines produktbildenden Kalküls dürften in der Zentrierung auf einen der beiden Faktoren, auf Erwartung oder auf Anreiz, bestehen. Eine Zentrierung auf Erfolgserwartung (subjektive Aufgabenschwierigkeit) muß die Bevorzugung zu leichter Aufgaben zur Folge haben. Andererseits muß eine Zentrierung auf den höheren Anreiz dessen, was für schwieriger gehalten wird, zu überhöhtem Anspruchsniveau führen. Die letztere Tendenz könnte allerdings auch auf Unterschätzung der Aufgabenschwierigkeit aufgrund eines noch dehnbaren Fähigkeitsbegriffs beruhen.

Auf welchen der beiden Faktoren zentriert wird, sollte von der Art der angebotenen Kovariationsinformation abhängen. Denn kovariiert Erfolg und Mißerfolg wie bei Aufgabenwahl (nicht Zielsetzung) mit einer anschaulich nach Schwierigkeitsgrad gestaffelten Reihe von Aufgaben (Besonderheit), bietet sich Aufgabenschwierigkeit als Ursache (vgl. Kap. 11: Aufgabenwahl in Schneiders Experiment, 1973) und damit Erfolgserwartung als Zentrierung an. Kovariieren Erfolg und Mißerfolg dagegen wie in der Zielsetzung mit der wechselnden Höhe des Leistungszieles bei ein und derselben Aufgabe, bieten sich Fähigkeit und vor allem Anstrengung als Ursachen und damit eine Zentrierung auf selbstbewertendem Erfolgsanreiz an. Wir wollen deshalb im folgenden die Befunde nach Aufgabenwahl und Zielsetzung, d. h. nach der Art der verwendeten Kovariationsinformation gliedern.

Ausschließlich Besonderheitsinformationen bietet die von Rosenzweig (1933; 1945) entwickelte und viel verwendete Aufgabenwahl-Versuchstechnik der „Wiederholungswahl" an. Das Kind bearbeitet nacheinander Versionen wachsender Schwierigkeit der gleichen Aufgabe, von denen es die ersten löst, die letzten nicht mehr lösen kann. Danach hat es eine einzelne Schwierigkeitsstufe zur erneuten Bearbeitung zu wählen. Die Ergebnisse von Studien, die die Wiederholungswahl (oder Abwandlungen davon) in verschiedenen Altersgruppen verwendet haben, lassen sich dahingehend verallgemeinern, daß jüngere Kinder – insbesondere im Vorschulalter – eine der bereits gelösten Aufgaben zur Wiederbearbeitung wählen, ältere Kinder dagegen eine noch nicht gelöste (Crandall u. Rabson, 1960; Heckhausen u. Oswald, 1969; Reutenbach, 1968; Rosenzweig, 1945; Ruhland u. Feld, 1977; Veroff, 1969). Mit diesem Entwicklungsschritt – der Überwindung der durch Besonderheitsinformationen nahegelegten Zentrierung auf Erfolgserwartung – korrelieren bei gleichaltrigen Kindern Variablen, die einen höheren kognitiven Entwicklungsstand andeuten; so die Kennwerte des *Intellectual Achievement Responsibility Questionnaire* (Crandall et al., 1965) bei Jungen des 3. Schuljahres in einer Untersuchung von Mooshage (1969; vgl. auch Bialer, 1961; und Butterfield, 1965) oder der Hinweis 5- bis 8jähriger bei der Aufgabenpräsentation, daß der Lehrer am meisten von Erfolg bei der schwierigeren Aufgabe angetan sei (Nicholls, 1975a, 1978a). Die Kinder, die in dem letzteren Falle die Kovariationsbeziehung zwischen Aufgabenschwierigkeit und Fremdbewertung noch nicht herstellten – also auch nicht auf Anreiz zentrieren konnten – bevorzugten die leichteste Aufgabe.

Ein anderes Bild bietet sich, wenn statt der Besonderheitsinformationen nur solche der Konsistenz vorliegen. Das ist der Fall, wenn es nicht um Aufgabenwahl, sondern um Zielsetzung geht, d. h. wenn ein und dieselbe Aufgabe eine kontinuierliche Ergebnisvariation erlaubt. Hier sollte auf Erfolgsanreiz zentriert und unrealistisch hohe Ziele gesetzt werden. Die vorliegenden Befunde bestätigen das. Bei einem Figurlege-Test setzten noch 73% der 4jährigen rasch und sorglos das höchstmögliche Ziel, die 5- und 6jährigen waren realistischer, bevorzugten aber auch noch überhöhte Ziele (Müller, 1958). In einem Ringwurfspiel mit 5jährigen wählten fast alle Wurfdistanzen, die nach der objektiven Erfolgswahrscheinlichkeit der Konsistenzinformationen weit unterhalb von 50% lagen (McClelland, 1958b).

Eine Kombination von Besonderheits- und Konsistenzinformationen lag in unseren Aufgabenwahlstudien vor. So war in der ursprünglichen Studie (Heckhausen u. Wagner, 1965) jede Aufgabe anschaulich in 5 Schwierigkeitsstufen präsentiert, und jedes Kind konnte, solange es wollte, nacheinander einzelne Schwierigkeitsstufen einer Aufgabe wählen und bearbeiten. Unter diesen Bedingungen, die Besonderheits- und Konsistenzinformation voll miteinander verknüpfen lassen, wählten schon die jüngeren Kinder von $3^{1}/_{2}$ bis $4^{1}/_{2}$ Jahren vorsichtig und bevorzugten nicht das zu Schwere und blieben auch nach getroffener Wahl unsicher und konflikthaft; im Unterschied zu den schon erörterten unrealistisch hohen Zielsetzungen, wenn nur Konsistenzinformationen vorliegen – im Unterschied auch zu Gleichaltrigen im Wetteiferversuch (Heckhausen u. Roelofsen, 1962), die noch bei einer Erfolgsrate von 50% sich stets mit größter Selbstgewißheit als künftige Gewinner angaben. Bis zu $4^{1}/_{2}$ Jahren scheint also auch die Kombination von Besonderheits- und Konsistenzinformationen noch eine Zentrierung auf Erfolgserwartung und damit vorsichtige Aufgabenwahl nahezulegen. Deshalb ist zu vermuten, daß die Verarbeitung von Besonderheitsinformation einen entwicklungspsychologischen Primat vor Informationen über Konsistenz (geschweige über Konsens) hat.

Das Bild der Aufgabenwahl änderte sich bei Kindern über 4½ Jahren, bei Wagner (1969) und Wasna (1970) schon ab 3¾ Jahren. In einem Übergangsalter waren zunächst individuelle Unterschiede einer mehr offensiven oder mehr defensiven und dann eine Ambivalenz von abwechselnd offensiver und defensiver Wahlstrategien zu beobachten, die insgesamt realistischer waren, was die Ausgewogenheit von Erfolg und Mißerfolg (Wagner, 1969) und ab 5½ Jahren die Erfolgsvorhersagen betraf (Wasna, 1970).

Alle diese Befunde legen es nahe, individuelle Unterschiede einer mehr offensiven oder defensiven Wahlstrategie im Alter zwischen 4 und 6 Jahren nicht schon als eine persönlichkeitsspezifische Differenzierung der Motiventwicklung, sondern als ein Übergangsstadium anzusehen, in dem das Kind zwar schon leistungsorientiert wählt, aber noch entweder mehr auf Erfolgserwartung (Aufgabenwahl: Besonderheits- und keine Konsistenzinformationen) oder Anreiz (Zielsetzung: Konsistenz- und keine Besonderheitsinformationen) zentriert, ehe es später beide Gesichtspunkte in ein ausgewogeneres Verhältnis bringen kann und einer multiplikativen Verknüpfung von Anreiz und Erwartung mit leistungsabhängigen Anspruchsniveau-Verschiebungen nahekommt. Dieses Entwicklungsniveau kommt am frühesten in Aufgabenwahlsituationen zum Ausdruck, die sowohl Besonderheits- wie Konsistenzinformationen anbieten. Die volle Ausbildung der multiplikativen Verknüpfung wird erst nach dem 10. Lebensjahr – d. h. erst nach voller Entwicklung der Konzepte für Fähigkeit und Erfolgswahrscheinlichkeit – zu erwarten sein. Über die weitere Entwicklung bis dahin scheinen Untersuchungen bisher zu fehlen.

Kognitive Voraussetzungen für Attributionsmuster und deren Affektwirksamkeit

Wir nehmen jetzt die weitere Entwicklung des Fähigkeitskonzepts wieder auf, die wir bei der Erörterung des 4. Merkmals nicht weiter verfolgt haben. Beginnt sich das anfänglich globale Tüchtigkeitskonzept allmählich in ein zeitstabiles Fähigkeitskonzept und ein zeitvariables Anstrengungskonzept zu differenzieren, so ergeben sich Unklarheiten oder Mehrdeutigkeiten bei der Kausalattribuierung von erzielten Ergebnissen, da häufig – wenn nicht in der Regel – unvollständige Kovariationsinformationen vorliegen oder diese noch nicht vollständig genutzt werden können. In solchen Fällen bieten sich dem Erwachsenen bereitliegende Hypothesenkonzepte an, um auf zugrundeliegende Ursachen, auf deren Konstellation und Gewichtsverteilung zu schließen. Es handelt sich nach Kelley (1972; 1973) um kausale Schemata, von denen er einige Typen beschrieben hat. Kausale Schemata erlauben z. B. schon einen einzelnen Erfolg oder Mißerfolg auf eine bestimmte Ausprägung eines Ursachfaktors, über den keine Informationen vorliegen, zurückzuführen, wenn der andere Faktor gegeben ist (Kun u. Weiner, 1973); oder bei Kenntnis beider Faktoren das Ergebnis vorherzusagen.

Da auch schon – oder gerade – in der Kindheit genügend Anlaß besteht, sich aus unvollständigen Kovariationsinformationen einen Reim zu machen, bieten sich kausale Schemata als ein Entwicklungsmerkmal, ja als eine Entwicklungsvariable an, da es kausale Schemata von unterschiedlicher Komplexität gibt, die sich im Laufe der Entwicklung auseinander heraus entfalten sollten.

In Kap. 11 (vgl. Abb. 11.4) haben wir bereits das für Leistungshandeln voll entwickelte und übergeordnete Kausalschema für abgestufte Effekte dargestellt. Es enthält zwei Schemata, eins für die Vorhersage und ein anderes für die Erklärung eines Effekts bei verschieden schweren Aufgaben. Das *Schema der kombinierten Kovariation* läßt Leistungsergebnisse vorhersagen, wenn beide Ursachen gegeben sind, und zwar aufgrund der proportional kombinierten Kovariation beider Ursachen. Das *Schema der Kompensation* läßt vorliegende Leistungsergebnisse erklären, wenn nur eine der beiden Ursachen gegeben ist, und zwar aufgrund der umgekehrt-proportionalen Kompensation beider Ursachen. In der Entwicklung dieser beiden Schemata gibt es, wie vorliegende Studien zeigen, drei Vorformen: (1) die *einfache Kovariation,* (2) die *zentrierte Kovariation* und (3) die *Kopplung.* Wir werden diese Vorformen noch im einzelnen voneinander abgrenzen.

Beim Kompensationsschema ist zweierlei zu unterscheiden. Man kann von Anstrengungskompensation sprechen, wenn – um einen bestimmten Effekt zu erreichen – eine allein nicht ausreichende Fähigkeit, d. h. ein Fähigkeitsmangel, durch eine entsprechende Erhöhung des Anstrengungsaufwandes ausgeglichen wird. Und von Fähigkeitskompensation spricht man, wenn gegebene Unterschiede an Anstrengung durch die erforderlichen Unterschiede an Fähigkeit ausgeglichen werden.

Das kompensatorische Kausalschema ist von großer Bedeutung für die spätere Entwicklung der Leistungsmotivation, weil es erlaubt, ein und dasselbe Leistungsergebnis mit verschiedenen (kompensatorischen) Anteilverhältnissen von Fähigkeit und Anstrengung zu erklären. Dieses Anteilverhältnis ist einerseits bedeutsam, weil es Änderungen der Erfolgserwartung veranlaßt: Attribution auf die stabile Ursache Fähigkeit fördert nach Erfolg eine Erhöhung und nach Mißerfolg einen Abfall der Erfolgserwartung. Andererseits ist die kompensatorische Variabilität der Anteilverhältnisse die kognitive Grundlage für individuelle Unterschiede der bevorzugten Attributionsmuster für Erfolg und Mißerfolg.

Solche Attributionsmuster werden für die Motiventwicklung (nicht: Motivationsentwicklung, sondern für die Entwicklung individueller Differenzen) bedeutsam, wenn es zuvor – in der allgemeinen Motivationsentwicklung – zu einer differentiellen Affektwirksamkeit von Fähigkeits- und Anstrengungsattribution in der Selbstbewertung gekommen ist. Die schon in Kap. 11 berichtete größere Affektwirksamkeit der Fähigkeitsattribution legt ein weiteres Entwicklungsmerkmal nahe.

8. Entwicklungsmerkmal: Kausale Schemata für Fähigkeit und Anstrengung

Jetzt können wir wieder die Entwicklung einer zunehmenden Differenzierung des Tüchtigkeitskonzepts in Fähigkeit und Anstrengung aufnehmen. Bei der Erörterung des 4. Entwicklungsmerkmals haben wir schon die Entwicklung der Kovariation je eines der beiden Ursachfaktoren mit ansteigendem Ergebnis dargestellt; und zwar sowohl wenn vorliegende Ergebnisstufen mit Fähigkeit oder Anstrengung erklärt oder wenn bei gegebener Ausprägung beider Ursachfaktoren das Ergebnis vorhergesagt werden soll. Eine vollständige Differenzierung der beiden Konzepte der Fähigkeit und der Anstrengung ist erst dann zweifelsfrei, wenn sie entweder bei der Erfolgsvorhersage als einander ergänzend oder bei der Erklärung eines fixierten Ergebnisses als sich gegenseitig kompensierend angesehen werden können.

Jetzt ist darzustellen, wann sich welche kausalen Schemata entwickeln, anhand deren Schlußfolgerungen gezogen werden, um Ergebnisse vorherzusagen oder zu erklären (vgl. auch Überblick von Weiner u. Kun, in Vorb.). Denn kausale Schemata, die Fähigkeit und Anstrengung miteinander verknüpfen, sind Voraussetzung für Gewichtungen in der Bewertung eigener und fremder Leistungsergebnisse (9. Entwicklungsmerkmal) und für die Entwicklung individuell unterschiedlicher Attributionsmuster in der Selbstbewertung (12. Entwicklungsmerkmal).

Die für Leistungshandeln angemessenen Kausalschemata für abgestufte Effekte (d. h. Erfolg oder Mißerfolg auf verschiedenen Stufen anschaulicher Aufgabenschwierigkeit) sind bereits in ihren ausgereiften Formen als kombinierte Kovariation beider Ursachen (bei vorauszusagenden Effekten) und als Kompensation einer Ursache durch die andere (bei gegebenem Effekt) erläutert worden (vgl. Abb. 11.4).

Für beide Schemata – das der proportionalen kombinierten Kovariation und das der umgekehrt-proportionalen Kompensation – gibt es drei Vorformen: (1) die *einfache Kovariation,* d. h. die Proportionalität zwischen

Effektstärke und einem der beiden Ursachfaktoren, wenn der andere als fixiert angenommen wird oder als nicht notwendig erscheint (im letzteren Falle kann man nach Kelley, 1972, von einem Schema multipler hinreichender Ursachen sprechen); (2) die *zentrierte Kovariation,* wenn von den beiden Ursachen nur eine beachtet und in eine einfache Kovariation mit den Effektstärken gebracht wird; (3) die *Kopplung,* wenn die Stärke eines zu erschließenden Faktors der Stärke des gegebenen anderen Faktors gleichgesetzt wird. Zentrierte Kovariation und Kopplung führen innerhalb des Schemas abgestufter Effekte (und multipler notwendiger Ursachen) zu falschen Schlüssen.

Eine Reihe von Studien haben die Entwicklung von kausalen Schemata für Anstrengung und Fähigkeit ab 5 Jahre untersucht. Kun (1977), Kun, Parsons u. Ruble (1974) haben fiktive Situationen in Geschichten vorgegeben. Tweer (1976) hat das Kind in einer Kraftaufgabe selbst handeln lassen (Hammerschlag mit kraftproportionalen Effekten), Nicholls (1975a; 1978a, b) hat Filmhandlungen mit paradoxen Anstrengungseffekten beurteilen lassen.

Die Fähigkeit zu einfacher Kovariation einer Ursache mit dem Effekt ist noch weit von einer kombinierten oder kompensatorischen Kovariation *beider* Ursachen entfernt. Auf dem Wege dahin bleiben Fähigkeit und Anstrengung zunächst fest aneinander gekoppelt. Hatte der eine Faktor eine bestimmte Ausprägung, so gab man dem anderen Faktor die gleiche Ausprägung. Ein solch starres Kopplungsschema (oder „halo schema" nach Kun, 1977) wurde schon früher – etwa mit 8 Jahren – überwunden, wenn Fähigkeit gegeben und Anstrengung der zu erschließende Faktor war. Im umgekehrten Fall – Anstrengung gegeben und Fähigkeit zu erschließen – lag die Überwindung des Kopplungsschemas noch ein bis zwei Jahre später. Eine Auflösung der Kopplung war erst zweifelsfrei, wenn ab 8 bis 9 Jahren das Kompensationsschema an Stelle des Kopplungsschemas trat. Das war bei Anstrengungskompensation (d. h. wenn das gleiche Ergebnis bei geringerer Fähigkeit durch mehr Anstrengung kompensiert wird) früher der Fall als bei Fähigkeitskompensation (geringere Anstrengung wird durch mehr Fähigkeit kompensiert). Daraus ist zu schließen, daß sich der Anstrengungsbegriff früher aus dem globalen Tüchtigkeitskonzept löst als der Fähigkeitsbegriff.

Die Entwicklung des Fähigkeitsbegriffs hat Nicholls (1975a; 1978a) hervortreten lassen, indem er Kinder zwischen 5 und 13 Jahren durch Filmszenen provozierte, in denen eine einfache Kovariation zwischen Anstrengung (Ausdauer) und Ergebnis durchbrochen war: Von zwei Kindern arbeitete das eine ununterbrochen, das andere nur zeitweise an der gleichen Aufgabe und dennoch erzielte das zweite Kind ein gleich gutes oder sogar noch besseres Ergebnis als das ununterbrochen arbeitende. Aufgrund einer Inhaltsanalyse der Antworten auf anschließende Fragen (wer sich mehr angestrengt habe; wer schlauer sei; wer ein besseres Ergebnis haben würde, wenn sich beide gleich anstrengen würden, usw.) ließen sich die Kinder in vier Entwicklungsstadien des Fähigkeitsbegriffs gruppieren: Von (1) einem globalen Tüchtigkeitskonzept, der Kopplung von Fähigkeit und Anstrengung (etwa 5–6 Jahre) über (2) vorwiegende Anstrengungskovariation (etwa 7–9 Jahre) und (3) Fähigkeit als gelegentlich schon ausgegliederte Ursache (etwa 10 Jahre) bis (4) zur systematischen Fähigkeitskompensation (etwa 12–13 Jahre). Abb. 13.2 zeigt die Lebensalterverteilung der vier Stadien.

Zur kombinierten Kovariation bei Ergebnisvorhersage, wenn sowohl Fähigkeit als auch Anstrengung festgelegt sind, seien Ergebnisse von Kun et al. (1974) erwähnt. Sechs- bis 11jährige sowie Erwachsene hatten Ergebnisse für 9 fiktive Situationen vorherzusagen, die durch Kombination von 3 Fähigkeits- und 3 Anstrengungsstufen bestimmt waren. Schon die 6jährigen zeigten ausgeprägte kombinierte Kovariation, nur 31% zentrierten noch auf Anstrengung. Während die kombinierte Kovariation bei den 6jährigen noch additiv war, zeigten sich bei 8jährigen Ansätze multiplikativer Verknüpfung, die bei den 10jährigen und den Erwachsenen vorherrschten; d. h. mit höherer Fähigkeit brachte der gleiche Anstrengungszuwachs einen

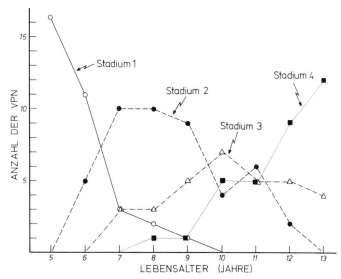

Abb. 13.2. Lebensalterverteilung von vier Stadien in der Entwicklung des Fähigkeitsbegriffs, wenn die Leistungsergebnisse von zwei Kindern zu erklären sind, deren filmisch dargebotene Aufgabenbearbeitung einer einfachen Kovariation von Anstrengung und Ergebnis widerspricht. Stadium 1: globales Tüchtigkeitskonzept; Stadium 2: Anstrengungskovariation; Stadium 3: Fähigkeit als ausgesonderte Ursache; Stadium 4: Fähigkeitskompensation. (Nach Nicholls, 1975a)

vermehrten Effekt. Im übrigen war mit zunehmendem Alter Anstrengung ausschlaggebender als Fähigkeit.

Bei der Erklärung von Leistungsergebnissen ist zur Prüfung des Kompensationsschemas neben dem Ergebnis einer der beiden Ursachfaktoren festgelegt. Ob Kompensationsfragen mehrheitlich schon von 6jährigen oder erst von Älteren richtig beantwortet werden, hängt von mehreren Bedingungen ab. Kompensation tritt früher auf, wenn (1) die Kompensation in Anstrengung statt in Fähigkeit besteht, (2) die gegebenen Informationen möglichst einfach sind (Erfolg bei der gleichen Aufgabe und nur zwei Ausprägungsstufen des gegebenen Faktors), (3) wenn die abhängige Variable mittels Paarvergleich und nicht mittels Skalierung erhoben wird und (4) bei vergleichsweise höherem kognitiven Entwicklungsstand (erschlossen aus der Schichtzugehörigkeit).

Karabenick u. Heller (1976) stellten in Geschichten zwei Kinder von unterschiedlicher Fähigkeit oder Anstrengung vor, die ein *Puzzle* gelöst hatten und fragten, welches der beiden Kinder mehr Anstrengung aufgewandt hätte bzw. mehr Fähigkeit besitze. Die Kompensation durch Anstrengung beantworteten schon 91% der Vpn aus dem 1. Schuljahr, die Kompensation durch Fähigkeit 63% richtig. Mit einer ähnlichen Methode hat Kuhl (1975) die Anstrengungskompensation auch bei noch jüngeren Kindern untersucht. Er legte Bilder mit zwei Jungen vor, von denen der eine größer oder gleichgroß, aber kräftiger gebaut war. Gefragt wurde, wer beim Tauziehen, beim Koffertragen etc. sich mehr anstrengen müsse. Von den 4jährigen beantworteten bereits 25–35% und von den 5jährigen 60–70% die Frage richtig.

Tweer (1976) hat mit einer Kraftaufgabe bei 5- bis 11jährigen Kompensation nach der Paarvergleichsmethode untersucht. Das Kind hatte mit einem Hammer auf einen Bolzen zu schlagen. Ein Kraftübertragungsmechanismus ließ einen Schlitten an einer senkrechten Stange entsprechend der Schlagstärke verschieden hoch emporgleiten. An seiner höchsten Stelle blieb der Schlitten („Wagen") stehen. Das Kind konnte zunächst solange schlagen bis es meinte, am selben Tage nicht noch höher zu kommen. Die Maximalleistung wurde markiert als ein anschauliches Zeichen für die Fähigkeit des Kindes (bei maximaler Anstrengung).

Zur Anstrengungskompensation verwendete Tweer zwei intraindividuelle Fähigkeitsniveaus (mit deinem rechten oder linken Arm) und interindividuelle (du und dein Vater) sowie jeweils Kompensation bei gleichem und bei ungleichem Ergebnis (für beide Arme bzw. Kind und Vater). Da die Ergebnisse bei intra- und bei interindividuellem Fähigkeitsunterschied fast gleich sind, seien hier nur die letzteren herangezogen. Zur Anstrengungskompensation bei gleichem Ergebnis wurde eine Höhe unterhalb der Maximalleistung des Kindes angegeben, die sowohl es wie der Vater erreicht hätten und gefragt, wer sich mehr angestrengt habe. Bei ungleichem Ergebnis war der Vater höher gekommen, war jedoch von seiner Maximalleistung noch weiter entfernt als das Kind von der seinen. Wie zu erwarten, trat die Anstrengungskompensation bei gleichem Ergebnis früher auf als bei ungleichem Ergebnis. So zeigten in der Altersgruppe der 9- bis 11jährigen 80% Anstrengungskompensation bei gleichem Ergebnis, aber nur 55% bei ungleichem Ergebnis.

Zur Fähigkeitskompensation wurde das Kind auf seine Maximalleistung hingewiesen und von jemand anderem erzählt, daß er die gleiche Höhe mit wenig Anstrengung erreicht habe. Die altersmäßige Verschiebung zwischen Anstrengungs- und Fähigkeitskompensation (jeweils bei gleichem Ergebnis) ist in Abb. 13.3a dargestellt. Die Abb. 13.3b und c zeigen die altersbezogenen Häufigkeiten der beiden Typen von falschen Kompensationsantworten, der zentrierten Kovariation und der Kopplung. Bei der Anstrengungskompensation war die zentrierte Kovariation etwas häufiger als die Kopplung und bei den 7jährigen sogar noch die dominante Antwort: Wenn Kind und Erwachsener das gleiche Ergebnis erzielt haben, war ihre Anstrengung auch gleich (dagegen seltener: Da der Erwachsene fähiger ist, hat er sich auch mehr angestrengt). Bei der Fähigkeitskompensation war die Kopplung weit häufiger als die zentrierte Kovariation und trat noch bei den 8jährigen ebenso häufig auf wie die richtige

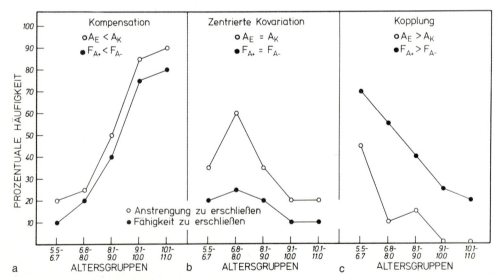

Abb. 13.3a–c. Prozentuale Häufigkeiten richtiger und falscher Antworten zur Anstrengungs- und Fähigkeitskompensation bei gleichen Ergebnissen. **a** Richtige Antworten sind zum einen Kompensation durch Anstrengung (A): Erwachsener (E) strengt sich weniger an als das Kind (K) = $A_E < A_K$ und zum anderen durch Fähigkeit (F): Bei geringerer Anstrengung (A–) muß die Fähigkeit größer als bei hoher Anstrengung (A+) sein = $F_{A+} < F_{A-}$. **b** Falsche Antwort aufgrund zentrierter Kovariation: $A_E = A_K$; $F_{A+} = F_{A-}$. **c** Falsche Antwort aufgrund von Kopplung: $A_E > A_K$; $F_{A+} > F_{A-}$. (Nach Tweer, 1976, S. 63)

Antwort: Wer sich mehr angestrengt hat, der ist auch fähiger (dagegen weit seltener: Wenn beide dasselbe Ergebnis erzielt haben, dann sind sie auch gleich fähig).

Aus den Verteilungen beider Falschantworten lassen sich drei Folgerungen ableiten: Jüngere Kinder (1) sahen eher die Anstrengung als die Fähigkeit mit dem Ergebnis korreliert (zentrierte Kovariation), (2) folgerten eher aus der Anstrengung die Fähigkeit als umgekehrt aus der Fähigkeit die Anstrengung (Kopplung), (3) differenzierten die Begriffe von Fähigkeit und Anstrengung noch nicht genügend, wobei Anstrengung die Führungsrolle in einem undifferenzierteren Tüchtigkeitskonzept zu haben scheint. Was die Führungsrolle der Anstrengung betrifft, so ist an den Befund von Kun et al. (1974) zu erinnern, nach welchem bei der Ergebnisvorhersage in allen Altersgruppen Anstrengung der ausschlaggebendere Faktor war.

Mit Hilfe verschiedener statistischer Verfahren hat Tweer die Daten zu allen ihren Fragen auf ihre innere Voraussetzungsstruktur analysiert, ohne das Lebensalter zu berücksichtigen. Dabei ergab sich übereinstimmend die folgende Voraussetzungsstruktur in der Entwicklung der Kausalschemata: Fähigkeitskovariation und Anstrengungskovariation sind nebengeordnet, sie bilden in gleicher Weise die Voraussetzungen für die Anstrengungskompensation und für die später auftretende Fähigkeitskompensation (vgl. auch Kun, 1977). Und diese beiden Kompensationsschemata bilden die Voraussetzung für die Anstrengungskompensation bei ungleichem Ergebnis.

In Übereinstimmung mit Tweers Ergebnissen stehen – wenn auch mit Altersverschiebungen – kulturvergleichende Befunde von Nicholls (1978b) an Maori und weißen Kindern in Neuseeland. Gegenüber den weißen zeigten die Maori-Kinder noch in Altersgruppen von 7 und 10 Jahren (aber nicht mehr von 13 Jahren, vermutlich wegen des Einflusses der Schule) eine Entwicklungsverzögerung. Aus diesem Grunde trat im Durchschnitt für beide ethnischen Gruppen einfache Kovariation von hoher Anstrengung und Erfolgsergebnis erst ab 10 Jahren und von geringer Anstrengung mit Mißerfolgsergebnis erst ab 13 Jahren hervor. Sieben- und 10jährige Maori-Kinder benutzten noch das Kopplungsschema, indem sie noch aus hoher Anstrengung auch eine hohe Fähigkeit erschlossen. Fähigkeitskompensation trat in beiden ethnischen Gruppen erst bei den 12jährigen auf: Wenn zwei Kinder in einer Filmepisode das gleiche Ergebnis erzielten, wurde nur jenem, das sich weniger angestrengt hatte, eine höhere Fähigkeit zugeschrieben.

Faßt man den gegenwärtigen Forschungsstand zusammen (vgl. Heckhausen, im Druck), so verläuft die Entwicklung der kausalen Schemata wie folgt. (1) Eine einfache Kovariation zwischen Effekt und einer Ursache ist schon ab 4 bis 5 Jahren zu beobachten, wobei Anstrengungskovariation wahrscheinlich früher ist als Fähigkeitskovariation (vgl. 4. Entwicklungsmerkmal sowie Nicholls 1975a, 1978a, b). (2) Eine kombinierte Kovariation bei der Ergebnisvorhersage wurde ab 5 bis 6 Jahren beobachtet, wenn die Ausprägung beider Ursachfaktoren gegeben ist oder wenn zwei Fälle ungleicher Anstrengung miteinander zu vergleichen sind (Kun et al., 1974; Tweer, 1976). Jüngere Altersgruppen sowie das Auftreten von Vorformen wie der zentrierten Kovariation und der Kopplung sind noch nicht untersucht worden. (3) Nach Überwindung von (vornehmlich) zentrierter Kovariation war – je nach Methodik und Vpn-Stichprobe – die Mehrheit der 5- oder erst der 10jährigen zur Anstrengungskompensation fähig (Kun, 1977; Tweer, 1976). (4) Nach Überwindung von (vornehmlich) Kopplung und erst nach Anstrengungskompensation trat Fähigkeitskompensation auf, etwa zwischen 6 und 11 Jahren; und zwar eher spät, wenn eine vorgefaßte Fähigkeitsattribution revidiert werden muß oder sogar noch später, wenn ungleiche Anstrengung in deutlich erkennbarer Weise nicht mit dem Ergebnis kovariiert (Karabenick u. Heller, 1976; Nicholls, 1978a; Tweer, 1976). (5) Anstrengungskompensation bei ungleichem Ergebnis war ab 9 bis 11 Jahren zu beobachten (Tweer, 1976; Fähigkeitskompensation bei ungleichem Ergebnis ist noch nicht untersucht worden). (6) Wenn bei der Ergebnisvorhersage Fälle von ungleicher Fähigkeit zu vergleichen sind, trat eine kombinierte Kovariation erst zwischen zehn und zwölf Jahren auf (Tweer, 1976). (7) Die Kompensationsschemata entwickeln sich im Falle von Erfolgsergebnissen früher als im Falle von Mißerfolgsergebnissen (Kun, 1977; Kun u. Weiner, 1973).

9. Entwicklungsmerkmal: Unterschiedliche Affektwirksamkeit von Fähigkeits- und Anstrengungsattribution

Wie schon in Kap. 11 dargelegt, ist für die Fremdbewertung Anstrengung und für die Selbstbewertung Fähigkeit der maßgebendere Ursachfaktor; zumindest bei Erwachsenen und Jugendlichen. Entwicklungsvoraussetzungen für diese differentielle Affektwirksamkeit sind einmal ein ausdifferenzierter Fähigkeitsbegriff und zum anderen – da häufig aus dem Ergebnis und einer Ursache die andere Ursache zu erschließen ist – die Fähigkeit zur Anstrengungs- und Fähigkeitskompensation. Da beide Ursachfaktoren bei gegebenem Ergebnis in kompensatorischer Beziehung stehen, kann – sobald das Kompensationsschema erworben ist – der affektwirksamere Faktor aus dem weniger affektwirksamen erschlossen werden, wenn nur der letztere bekannt oder deutlicher gegeben ist, oder – falls beide bekannt sind – kann die Ausprägung des weniger affektwirksamen Faktors die angenommene Stärke des affektwirksameren aufwerten oder abwerten.

Da es bislang noch keine Untersuchungen gibt, die die Affektwirksamkeit der Fähigkeits- und Anstrengungsattribution auf die Selbstbewertung bei Kindern unter 10 Jahren geprüft haben, werden wir die Entwicklung vom Erwachsenenalter zurückverfolgen und uns zunächst an die gut dokumentierte Entfaltung der Fremdbewertung halten. Die Frage ist, ab wann Anstrengung und Fähigkeit unterschiedlich bewertet werden und sich in ihrer Affektwirksamkeit für Fremd- und Selbstbewertung auseinander entwickeln.

In insgesamt 6 Experimenten von Weiner u. Kukla (1970) sowie Rest et al. (1973) mit verschiedenen Vpn gingen hohe Leistung und hohe Anstrengung – nicht aber hohe Fähigkeit – mit positiver Bewertung einher (vgl. Abb. 11.12). In drei Experimenten war es nicht hohe, sondern niedrige Fähigkeit, die mit positiver Bewertung einherging. Dem muß Anstrengungskompensation zugrunde gelegen haben; und es ließ sich auch zeigen, daß bei niedriger Fähigkeit die aufgewendete Anstrengung höher eingeschätzt wurde als bei hoher Fähigkeit (Rest et al., 1973; Exp. III).

Mit der gleichen Methode – vorgegeben waren unterschiedliche, fiktive Schülerleistungen sowie unterschiedliche Ausprägungen beider Ursachen – haben Weiner u. Peter (1973) 4- bis 18jährige Leistungen bewerten lassen. Bis zu 10 Jahren war das Leistungsergebnis maßgebend, von 4 bis 9 Jahren wurde Anstrengung stetig wichtiger und mit 10 Jahren ausschlaggebend (vgl. Abb. 13.4). Die Altersangaben sind Durchschnittswerte für weiße und schwarze Vpn aus Los Angeles, zwischen denen es eine erhebliche Entwicklungsverschiebung gab. Bei den weißen Kindern erreichte Anstrengung schon zwischen 7 und 9 Jahren maximale Bedeutsamkeit, bei den schwarzen Kindern erst zwischen 10 und 12 Jahren und – noch etwas gesteigert – zwischen 13 und 15 Jahren. Übereinstimmende Ergebnisse berichtet Nicholls (1978b) für weiße und Maori-Kinder in Neuseeland.

Der generelle Entwicklungswandel entspricht jenem des moralischen Urteils, das sich zunächst vom angerichteten objektiven Schaden und erst später von der Absicht des Handelnden leiten läßt (Piaget, 1930). Fähigkeit spielt in der Leistungsbewertung erst ab 16 Jahren in Verbindung mit Anstrengungskompensation eine Rolle, wie es teilweise auch Weiner u. Kukla (1970) und Rest et al. (1973) bei Erwachsenen gefunden haben: Erfolg wird bei geringer Fähigkeit höher bewertet als bei hoher, weil im ersten Fall mehr Anstrengung kompensierend aufgewandt werden mußte.

Unerwartet war an den Befunden von Weiner u. Peter, daß ab 13 Jahren das Ergebnis wieder etwas ausschlaggebender als Anstrengung wurde, was die Autoren mit Blick auf die moralische Entwicklung als „Regression" bezeichnen. Bei näherer Inspektion beruht die „Regression" darauf, daß nun Erfolg bei vorhandener Fähigkeit und fehlender Anstrengung positiver bewertet wurde. Auch hier ist offensichtlich wieder das Kompensationsschema wirksam: Bei geringer Anstrengung ist hohe Fähigkeit hinreichend (Fähigkeitskompensation), oder bei hoher Fähigkeit ist schon wenig Anstrengung hinreichend (Anstrengungskompensation). Die Anstrengungskompensation entspricht in diesem Falle dem Ökonomieprinzip für aufzuwendende Anstrengungen, das Tweer (1976) in ökonomischen Wahlen bei 65% der 10jährigen realisiert fand.

Weiner u. Peter interpretieren die „Regression" bei den Jugendlichen als ein Durchschlagen der Produktorientierung in hochindustrialisierten Gesellschaften. Es gibt zwei Nachuntersuchungen, eine im Iran mit Vpn von 7 bis 18 Jahren (Salili, Maehr u. Gillmore, 1976) und die andere in England mit Vpn von 4 bis 18 Jahren (Leichman, 1977). In beiden Fällen wurde ebenfalls ab 10 Jahren Anstrengung ausschlaggebender als Ergebnis, dieser Trend kehrte sich jedoch bei den Älteren nicht wieder um (Abb. 13.4 zeigt die englischen Befunde). Für das Ausbleiben der „Regression" geben die Autoren beider Nachuntersuchungen kulturpsychologische Gründe an. Ein weiterer, kulturvergleichend interessanter Unterschied betrifft die Rolle der Fähigkeit. Unter den älteren Vpn legten die amerikanischen bei niedriger Fähigkeit und Erfolg eine Anstrengungskompensation zugrunde; die Bewertungen der englischen Vpn wurden überhaupt nicht von Fähigkeitsunterschieden beeinflußt, zogen also kein Kompensationsschema heran, während die iranischen Vpn sogar dem Kompensationsschema zuwider bewerteten: Unabhängig von Anstrengung trug auch Fähigkeit zur positiveren Bewertung bei.

Zwischen 4 und 8 Jahren sind die mit der verwendeten Geschichtenmethode erzielten Ergebnisse von geringem Aussagewert, da sich erst langsam Fähigkeits- und Anstrengungsbegriff (zumal in ihrer sprachlichen Fassung) voneinander differenzieren. Schon die Frage, ob die jüngsten Kinder die dreifache Information gleichmäßig speichern, gibt zu Zweifeln Anlaß. Da Weiner u. Peter stets die Ergebnisinformation zuletzt gaben, läßt sich die dominante Bedeutung des Ergebnisses in

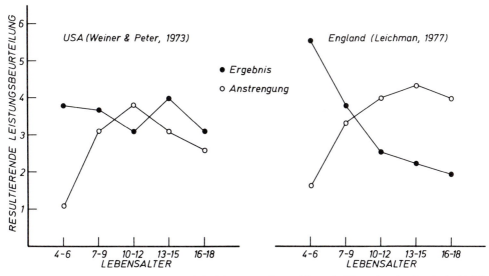

Abb. 13.4. Fremdbewertung fiktiver Schülerleistungen als resultierende Werte für das Ergebnis (Erfolg minus Mißerfolg) und für die Anstrengung (hohe minus geringe Anstrengung) in fünf Lebensaltersgruppen aus den USA (links) und aus England (rechts). (Nach Weiner u. Peter, 1973, und Leichman, 1977)

der Bewertung der jüngeren Kinder teils als *recency*-Effekt erklären (Parsons, Ruble, Klosson, Feldman u. Rholes, 1976).

Vertrauenswürdigere und differenziertere Daten liefert Nicholls (1975a; 1978a) in seiner Studie zu den Entwicklungsstadien des Fähigkeitsbegriffs (vgl. Abb. 13.2). Die Vpn von 5 bis 13 Jahren wurden gefragt, wie sehr ein Lehrer über ein Kind erfreut sei, (a) das gute Noten bekommen habe, weil es sich sehr angestrengt habe, aber nicht weil es klug sei oder (b) das gute Noten bekommen habe, weil es klug sei und nicht weil es sich sehr angestrengt habe. In allen Stadien gaben die Vpn an, daß der Lehrer über das sich sehr anstrengende Kind erfreut sei. Für Vpn der Stadien 1 und 2 (also für solche mit globalem Tüchtigkeitskonzept und mit einfacher Anstrengungskovariation) war der Lehrer zugleich aber auch über ein kluges und sich nicht anstrengendes Kind erfreut. Eine solche Einschätzung war im Stadium 3 (Fähigkeit als ausgesonderte Ursache) und noch mehr im Stadium 4 (Fähigkeitskompensation) – ebenso wie mit zunehmendem Lebensalter – signifikant zurückgegangen.

Die Befunde zeigen, daß vor dem Alter von 10 Jahren Befragungsmethoden wenig angemessen sind, die bereits eine sprachliche Unterscheidung zwischen den Begriffen „Anstrengung" und „Fähigkeit" voraussetzen (wie etwa Weiner u. Peter es getan haben). Im übrigen bestätigen Nicholls' Ergebnisse die Befunde von Weiner u. Peter (1973), Salili et al. (1976) und Leichman (1977), nach welchen etwa ab 10 Jahren (mit kulturgebundenen Verschiebungen) Anstrengung der maßgebende Faktor für die Fremdbewertung von Leistungen ist. Mit Nicholls können wir die Altersangaben aber jetzt durch eine psychologische Bestimmung ersetzen: Sobald das Kind nicht nur über einfache Anstrengungskovariation, sondern auch über Anstrengungs- und Fähigkeitskompensation verfügt. Denn dann hat sich das Kind vom Kopplungsschema frei gemacht und schließt bei Erfolg aufgrund guter Fähigkeit nicht auch schon gleich auf die hochgeschätzte Anstrengung.

Wenn Fremdbewertung sich mehr von Anstrengungs- als von Fähigkeitsunterschieden leiten läßt und wenn sie vom Kompensationsschema Gebrauch macht, dann ist es ein Entwicklungsmerkmal, von welchem Lebensalter ab Schüler an der anstrengungsbewertenden Lob- oder Tadelreaktion ihres Lehrers erkennen können, ob er die Fähigkeit des Schülers hoch oder gering einschätzt. Denn je leichter die Aufgabe ist, für deren erfolgreiche Bewältigung der Lehrer einen Schüler lobt, um so zwingender hat dieser Schüler Grund zu der Annahme, daß seine Fähigkeit vom Lehrer gering eingeschätzt wird. Und je mehr es eine schwierigere Aufgabe ist, für deren mißlungene Bearbeitung der Lehrer einen Schüler tadelt, um so unausweichlicher muß dieser Schüler zu dem Schluß kommen, daß seine Fähigkeit vom Lehrer hoch eingeschätzt wird – sofern die Schüler über die Kausalschemata der Anstrengungskompensation (erster Fall) und der Fähigkeitskompensation (zweiter Fall) verfügen. Deshalb müßten nach unseren bisherigen Erkenntnissen solche scheinbar paradoxen Botschaften von Lob und Tadel nicht vor 10 bis 12 Lebensjahren dechiffriert werden können. Das Kind muß in der Lage sein, die richtige Schlußfolgerung aus zwei Prämissen zu ziehen: (1) In der Fremdbewertung wird Anstrengung gelobt und Anstrengungsmangel getadelt, nicht jedoch Fähigkeitsunterschiede; (2) zwischen Fähigkeit und Anstrengung gibt es eine umgekehrte Proportionalität der Kompensation. Nach Piaget verlangt eine solche Schlußfolgerung formale (reversible) Operationen, deren mehrheitliches Auftreten auch kaum vor 10 bis 12 Jahren zu erwarten ist.

Meyer (1978) hat in der Tat gefunden, daß ab 10 bis 12 Jahren Schüler den Lob- und Tadelreaktionen die indirekten Informationen entnehmen, wie der Lehrer die Fähigkeit des Schülers einschätzt. Vpn verschiedener Altersgruppen hatten sich in einen Schüler hineinzuversetzen, der für einen leidlichen Erfolg bei einer leichten Aufgabe im Unterschied zu einem Mitschüler mit der gleichen Leistung entweder gelobt oder kritisiert wurde, und anschließend die Fähigkeit der beiden Schüler einzuschätzen. In einer ähnlichen Studie, in der die Vpn statt ihrer Fähigkeit die Erfolgserwartung einzuschätzen hatten, kamen Meyer u. Plöger (1979) zu den gleichen Ergebnissen (vgl. Kap. 11; Abb. 11.13).

Was nun die Selbstbewertung betrifft, so haben wir die Befundlage bei Erwachsenen und Jugendlichen bereits in den Kap. 11 und 12 erörtert. Insgesamt läßt sich sagen, daß in der Selbstbewertung Fähigkeitsattribution affektwirksamer ist als Anstrengungsattribution (Heckhausen, 1978; Meyer, 1973a; Nicholls, 1976a). In Heckhausens Studie war nach Erfolg die Selbstzuschreibung von Fähigkeit mit mehr Affekt verbunden als die von Anstrengung. Nach Mißerfolg war die Unzufriedenheit mit sich um so geringer, je mehr man sich Mangel an Anstrengung und nicht an Fähigkeit zugeschrieben hatte, so daß aufgrund des Schemas der Anstrengungskompensation die eigene Fähigkeit nicht in Zweifel gezogen zu werden brauchte (vgl. Abb. 11.10).

Die jüngsten bisher untersuchten Vpn-Gruppen waren Schüler von 10 bis 13 Jahren, also des kritischen Altersbereichs für Anstrengungs- und Fähigkeitskompensation. In der Arbeit von Heckhausen (1978; Studie II) war eine Altersgruppe von durchschnittlich 11½ Jahren (5. bis 7. Schuljahr) um so mehr mit sich zufrieden, je mehr sie für die Erfolgsserie ihre Fähigkeit verantwortlich machte. Anstrengungsattribution hatte keinen Effekt. Nach einer Mißerfolgsserie gab es jedoch für beide Motivgruppen unterschiedliche Befunde. Erfolgsmotivierte Vpn zeigten schon das bei Erwachsenen übliche Bild: Wurde der Mißerfolg vornehmlich ungenügender Anstrengung zugeschrieben, so war man mit der Leistung nicht unzufrieden, da die eigene Fähigkeit nicht in Frage gestellt werden muß. Dagegen reagierten die Mißerfolgsmotivierten noch nach dem Muster der Fremdbewertung: Je mehr es vornehmlich an geringer Anstrengung lag, um so weniger zufrieden war man (vgl. Abb. 13.5). In dem gleichen kritischen Altersbereich (5. und 6. Schuljahr) fand Schmalt (1979) jedoch nach einer Erfolgsserie noch das Fremdbewertungsmuster (Stolz korrelierte mit Anstrengung) und nach einer Mißerfolgsserie das Selbstbewertungsmuster (Scham korrelierte mit Fähigkeitsmangel).

Ames, Ames u. Felker (1977) ließen Vpn des 5. Schuljahres paarweise entweder unter

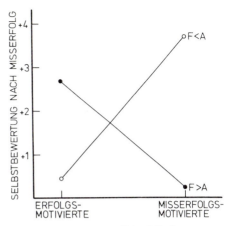

Abb. 13.5. Durchschnittliche Selbstbewertung nach einer erwartungswidrigen Mißerfolgsserie bei erfolgs- und mißerfolgsorientierten Schülern von 10 bis 13 Jahren, die sich für die Aufgabe entweder mehr Fähigkeit und weniger Anstrengung (F > A) oder weniger Fähigkeit und mehr Anstrengung (F < A) zuschrieben. (Nach Heckhausen, 1978, S. 210)

Nicht-Wetteifer- oder Wetteiferbedingungen an *Puzzles* arbeiten, wobei eines der beiden Kinder Erfolg hatte und das andere Mißerfolg. In der Wetteiferbedingung korrelierte Fähigkeitsattribution hochsignifikant mit Zufriedenheit über Erfolg (vgl. auch Ames, 1978); in der Nicht-Wetteiferbedingung korrelierte Zufriedenheit dagegen signifikant mit Anstrengungsattribution. Für Unzufriedenheit nach Mißerfolg ergaben sich keine Zusammenhänge mit Attribution. Einen solch fehlenden Zusammenhang bei Mißerfolg fand auch Nicholls (1975b) bei Vpn des 5. Schuljahres, die bei einer Winkel-Zuordnungsaufgabe *(angle-matching)* in einer Übungs- und Testphase entweder Erfolg oder Mißerfolg hatten. Im Falle von Erfolg zeigte sich jedoch auch wieder eine signifikante Korrelation zwischen Freude über den Erfolg und Fähigkeitsattribution, nicht Anstrengungsattribution.

Alle vier Arbeiten sprechen dafür, daß etwa zwischen 10 und 12 Jahren Fähigkeitsattribuierung zum maßgebenden Faktor der affektiven Selbstbewertung wird. Mit Ausnahme der Studie Schmalts ist bei den jüngeren Kindern die Fähigkeitsattribuierung zunächst nur nach Erfolg für die affektive Selbstbewertung ausschlaggebend. Wenn für Teilgruppen oder unter bestimmten Bedingungen (Nicht-Wetteifer bei Ames et al.) noch die Anstrengungsattribution maßgebender war, so scheinen dafür vielleicht Verzögerungen im Entwicklungsübergang verantwortlich zu sein.

Zusammenfassend läßt sich sagen, daß ab etwa 10 Jahren Fähigkeitsattribution ausschlaggebend für die affektive Selbstbewertung wird; und zwar zunächst nur nach Erfolg, noch nicht nach Mißerfolg. Die Kinder sind in einem Alter, in dem sich der Fähigkeitsbegriff bereits aus einem globalen Tüchtigkeitskonzept ausgegliedert hat. Außerdem beginnen Kinder, über die Kausalschemata der Anstrengungs- und Fähigkeitskompensation zu verfügen. Je mehr für Erfolg Fähigkeit oder für Mißerfolg Unfähigkeit verantwortlich gemacht wird, um so mehr ist man mit sich zufrieden bzw. unzufrieden. Mißerfolg bei hoher Anstrengung wird als deprimierend erlebt, weil er nun nach Herausbildung des Kompensationsschemas auf geringe Fähigkeit schließen läßt. Für die Entsprechung nach Erfolg – weniger Zufriedenheit, wenn hohe Anstrengung nötig war – gibt es bisher kaum Belege (Ausnahme: Meyer, 1973a, S. 153). Ab etwa 12 Jahren ist man jedoch in der Lage, sowohl nach Erfolg als auch nach Mißerfolg aus anstrengungsorientierten Fremdbewertungen die impliziten (auf Kompensationsschema beruhenden) Fähigkeitseinschätzungen zu erschließen.

Kognitive Voraussetzungen für individuelle Motivunterschiede

Während die bisher aufgeführten neun Entwicklungsmerkmale allgemeinpsychologische, d. h. universelle kognitive Voraussetzungen der Motivationsentwicklung spezifizieren, geben die drei folgenden Entwicklungsmerkmale allgemeine Grundlagen ab, auf denen sich – nach teilweise oder ganz durchlaufener kognitiver Entwicklung – individuelle Motivunterschiede herausbilden und verfestigen können. Die drei Entwicklungsmerkmale sind aus einer Fortentwicklung des Risikowahl-Modells und seiner attributionstheoretischen Elaboration abgeleitet, nämlich aus der Konzeption des Leistungsmotivs als eines Selbstbewertungssystems, die wir bereits ausführlich im letzten Kapitel erörtert haben und hier nicht zu wiederholen brauchen (Heckhausen, 1972; 1975a; 1977a). Die drei Entwicklungsmerkmale betreffen die Hauptdeterminanten der Selbstbewertung: (1) Individuelle Unterschiede in der Gewichtung des Anreizes von Erfolg und Mißerfolg, (2) individuell bevorzugte persönliche Standards (Anspruchsniveaus) und (3) individuell bevorzugte Attributionsmuster für Erfolg und Mißerfolg. Das bloße Vorhandensein von Ergebnis-Anreizen, Standards und Attributionsmustern ist – so wird angenommen – ein universelles Produkt der allgemeinen kognitiven Entwicklung, ihre jeweilige individuelle Ausprägung jedoch wird sozialisatorischen Einflüssen zugeschrieben, die das Leistungshandeln bei einzelnen Individuen, Bevölkerungsgruppen, Kulturen und Epochen ganz unterschiedlich gestalten können.

Die drei Merkmale verdienen aus zwei Gründen eine entwicklungspsychologische Betrachtung. Einmal hat man zwischen Erfolgs- und Mißerfolgsmotivierten immer wieder Unterschiede gefunden im Anreizwert, den Erfolg und Mißerfolg haben, im Anspruchsniveau und im Attributionsmuster. Zum anderen scheinen die drei Merkmale zu genügen, um nicht nur die Selbstbewertung als Prozeß, sondern auch deren motivstabilisierende Funktion – sobald die differentielle Entwicklung eine gewisse Verfestigung, wenn auch vielleicht nicht ihr Ende, erreicht hat – zu erklären. Haben die drei Dispositionsmerkmale ihre individuelle Ausprägung, so kann sich das Motivsystem – wie im vorigen Kapitel erörtert – in der Tat perpetuieren und auch gegenüber inkongruenten Erfahrungen und äußeren Zwängen resistent bleiben. Mit anderen Worten, eine immanente Entwicklung im Sinne weiterer Differenzierung findet kaum noch statt, und sozialisatorische Einflüsse bleiben ohne Wirkung.

Wir wissen aber bis heute kaum etwas Verläßliches, wie die Motiventwicklungen interindividuell divergieren. Das hat vor allem damit zu tun, daß bisher fast alle Fortschritte der Theoriebildung und Konstruktdifferenzierung immer an die dichotome Klassifikation der beiden Leistungsmotive gebunden waren. Sie wurden entweder als entwicklungslos betrachtet oder entzogen sich – wenn man ihrer Genese nachforschen wollte – wegen ihres summarischen Charakters einer entwicklungspsychologisch faßbaren Konkretisierung. Was wir zu den drei letzten Entwicklungsmerkmalen zu sagen haben, ist deshalb eher forschungsprogrammatisch als bereits in entwicklungspsychologischer Empirie fundiert.

Kann man die Abfolge allgemeiner Entwicklungsmerkmale aus Querschnittstudien grob feststellen, so sind für die Entfaltung individueller Unterschiede von Entwicklungsmerkmalen Längsschnittstudien unerläßlich. Da für die drei folgenden Entwicklungsmerkmale individueller Unterschiede bisher noch keine Ergebnisse aus Längsschnittstudien vorzuliegen scheinen, ist es schwierig, unsere Vermutungen über die Altersabschnitte zu prüfen, ab denen sich individuelle Unterschiede ausprägen. Deren Bindung an Personvariablen wie Geschlecht, Hautfarbe, I. Q. oder Persönlichkeitsvariablen wie erlebte Selbstverantwortlichkeit und Leistungsmotiv sind ein fraglicher Ersatz für längsschnittliche Daten, um sich vom divergierenden und überdauernden Charakter beobachteter individueller Unterschiede zu überzeugen. Auf die übliche Erforschung der Entwicklung individueller Motivunterschiede – orientiert an summarischer Motivklassifikation und an traditionellen Sozialisationsvorstellungen – werden wir weiter unten noch eingehen.

10. Entwicklungsmerkmal: Individuelle Unterschiede in der Anreizgewichtung von Erfolg und Mißerfolg

Auch wenn der Einfluß individueller Voreingenommenheit der Attributionsmuster für Erfolg und Mißerfolg sowie des Standards in Ansatz gebracht worden war, verblieben zwischen Erfolgs- und Mißerfolgsmotivierten noch Unterschiede der Selbstbewertung nach sonst gleichen Erfolgen und Mißerfolgen (vgl. Heckhausen, 1978). Solche Befunde verweisen auf individuelle Unterschiede in der Anreizgewichtung von Erfolg und Mißerfolg. Dieses Entwicklungsmerkmal beruht auf einem Theorieelement des Risikowahl-Modells und nicht seiner attributionstheoretischen Elaboration, nämlich den individuellen Motivkennwerten, mit denen Erfolgs- und Mißerfolgsanreiz in Atkinsons Formel gewichtet werden.

Individuelle Unterschiede wären schon denkbar, sofern Kinder mindestens über die kognitiven Voraussetzungen des Kausalschemas der einfachen Kovariation von Ergebnis und Tüchtigkeit (noch undifferenziert nach Fähigkeit und Anstrengung) verfügen, d. h. ab 4 bis 5 Jahren (3. Entwicklungsmerkmal).

Unsere Wetteiferstudien legten die Annahme nahe, daß individuelle Unterschiede in der Heftigkeit von Erfolgs- und Mißerfolgsreaktionen 4- bis 6jähriger bereits überdauernde Anreizgewichtungen erkennen lassen. Bei Querschnittanalysen ist jedoch die Gefahr groß, daß man bei Altersgleichen verschiedene Durchgangsstadien der Entwicklung als konstante individuelle Unterschiede mißversteht. In der Tat erwiesen sich etwa unter den Mißerfolgsreaktionen so verschiedene Arten wie Wettmachen durch vermehrte Anstrengung, Nichtwahrhaben und Ausweichen als altersabhängig. Eine weitere Schwierigkeit besteht darin, Anreizgewichtungen direkter zu erfassen. Selbst in der Leistungsmotivationsforschung an Erwachsenen ist diese Frage völlig vernachlässigt worden, weil man sich bisher – statt Anreizgewichte selbst zu bestimmen – nur auf die Erhebung von Motivkennwerten verlassen hat.

Wie statt dessen vorgegangen werden sollte, zeigt beispielhaft eine Längsschnittstudie von Trudewind u. Husarek (1979). Aus dem im Längsschnitt verfolgten gesamten Einschulungsjahrgang einer Großstadt wurden 40 Jungen nach folgenden Gesichtspunkten ausgewählt und in zwei Gruppen aufgeteilt. Beide Gruppen unterschieden sich nicht hinsichtlich demographischer, ökologischer Variablen sowie des intellektuellen Entwicklungsstandes und der Motivausprägung – sie waren weder besonders erfolgs- noch mißerfolgsmotiviert – bei der Einschulung und der Schulnoten im 2. Schuljahr. Worin sich beide Gruppen jedoch unterschieden, war der Motivwandel; am Ende des 1. Schuljahres war die eine Gruppe ausgesprochen erfolgsmotiviert und die andere ausgesprochen mißerfolgsmotiviert. Zur Aufhellung des divergierenden Motivwandels wurde mittels Beobachtungs- und Befragungstechniken eine alltägliche (ökologische) Schlüsselsituation dieser Altersgruppe analysiert, nämlich die Mutter-Kind-Interaktion bei der Anfertigung der Hausaufgaben.

Zwischen den Müttern beider Motivgruppen ergaben sich klare Unterschiede in vierfacher Hinsicht: (1) Hinsichtlich der Gütestandards und Bezugsnormen, die die Mütter bei der Bewertung der Schulleistungen verwandten, (2) hinsichtlich der Selbständigkeit, die sie ihrem Sohn beim Anfertigen der Hausarbeiten gewährten, (3) hinsichtlich der Attributionsmuster, die sie zur Erklärung der Leistungen ihres Sohnes heranzogen und (4) hinsichtlich ihrer Bewertungsreaktionen (Bekräftigungen) auf gute und schlechte Leistungen. Die Mütter jener Jungen, die im Laufe des 1. Schuljahres mißerfolgsängstlicher geworden waren – d. h. inzwischen vermutlich den Anreiz von Mißerfolg stärker gewichteten als den von Erfolg – lassen sich im Unterschied zu den Müttern, deren Söhne erfolgszuversichtlicher geworden waren, wie folgt charakterisieren.

1. Sie orientierten sich mehr an sozialen statt individuellen und sachlichen Bezugsnormen, wollten höhere Gütestandards erfüllt sehen und waren unzufriedener mit den Hausaufgaben, obwohl in den Zeugnisnoten zwischen beiden Gruppen kein Unterschied bestand.
2. Sie strukturierten und kontrollierten die Hausaufgabensituationen stärker, respektierten weniger kindliche Wünsche und ermunterten seltener das Kind zu selbstgefaßten Entscheidungen und zu eigenständigen Arbeiten. Sie waren nicht weniger bereit, Unterstützung zu geben, taten dies jedoch weniger in Form selbständigkeitsrespektierender, indirekter Hinweise zur Aufgabenlösung als in Form direkter Eingriffe in die Aufgabenbearbeitung (vgl. Rosen u. D'Andrade, 1959).
3. Im Interview erklärten sie Erfolg bei den Hausaufgaben weniger mit guter Begabung und Mißerfolg stärker mit mangelnder Begabung. Auch in der Interaktion während des Anfertigens der Hausaufgaben wiesen sie ihren Sohn häufiger auf mangelnde Begabung und mangelnde Anstrengung hin, während sie Erfolge der Leichtigkeit der Aufgabe zuschrieben.
4. Auf gute Leistungen reagierten sie häufiger neutral und lobten oder herzten seltener. Nach schlechten Leistungen tadelten und schimpften sie häufiger.

Wie mit einem Brennglas hat die Analyse dieser ökologischen Schlüsselsituation sozialisatorische Einflüsse aufgedeckt, die einen stark divergierenden, nur innerhalb eines Jahres abgelaufenen Motivwandel im Sinne einer Verschiebung der Anreizgewichte für Erfolg und Mißerfolg erklären können. Allerdings fehlt auf seiten des Kindes die entsprechende Differenzierung an motivationstheoretischen Konstrukten, wie sie auf seiten der Mütter vorgenommen wurde (wieder eine forschungsgeschichtliche Nachwirkung der summarischen Motivklassifikation). So bleibt offen, ob etwa das mißerfolgsmotivierende Attributionsmuster der mütterlichen Fremdbewertung ein entsprechendes Attributionsmuster der kindlichen Selbstbewertung herausgebildet und damit indirekt eine Verschiebung der Anreizgewichte bewirkt hat oder ob dies vielleicht auch direkt geschehen ist. Offen bleibt auch, ob nicht, wie wir vermuteten, schon früher – etwa ab 4 bis 5 Jahren – individuelle Unterschiede der Anreizgewichtung sich ausbilden können.

11. Entwicklungsmerkmal: Individuell bevorzugte persönliche Standards

Unrealistisch hohe oder niedrige Standards haben gegensätzliche Selbstbewertungsfolgen (vgl. Butzkamm, in Vorb.). Unrealistisch hohe Standards vermindern die Häufigkeit von Erfolg zugunsten von Mißerfolg; sie verringern im Falle von Erfolg die affektwirksame positive Diskrepanz zum erzielten Ergebnis und vergrößern im Falle von Mißerfolg die entsprechend negative Diskrepanz. Ein unrealistisch hoher Standard ist (wie das Attribuierungsmuster der Mißerfolgsmotivierten, siehe 12. Entwicklungsmerkmal) eine *self-defeating-strategy,* die eine positive Selbstbewertungsbilanz – die Befriedigungsmöglichkeit durch Leistungshandeln – mindert. Umgekehrt führt ein unrealistisch niedriger Standard zu einer leistungsthematischen „Selbstbefriedigung", die es allerdings – im Unterschied zu hohem Standard – schwer hat, im sozialen Leistungsvergleich ernst genommen und anerkannt zu werden.

Außerdem schwächen zu hohe oder zu niedrige Standards die Affektwirksamkeit von Erfolg und Mißerfolg in der Selbstbewertung ab, weil sie das Gewicht des externalen Ursachfaktors einer zu hohen oder zu geringen Aufgabenschwierigkeit erhöhen. Auf diese Weise verlieren die Ergebnisrückmeldungen an Informationsgehalt zur selbstdiagnostischen Einschätzung der eigenen Fähigkeit – eine Möglichkeit, die viele Mißerfolgsmotivierte bevorzugen.

Individuelle Unterschiede des persönlichen Standards wären auf dem Niveau einfacherer oder anspruchsvollerer kognitiver Voraussetzungen denkbar. Die einfachen Voraussetzungen wären das einfache Konzept der Erfolgswahrscheinlichkeit – nämlich der subjektiven Aufgabenschwierigkeit (3. Entwicklungsmerkmal) – und der proportionalen Beziehung zwischen subjektiver Aufgabenschwierigkeit und Erfolgsanreiz (bzw. umgekehrt proportionalen Beziehung zum Mißerfolgsanreiz; 6. Entwicklungsmerkmal). Beides dürfte frühestens ab 4 bis 5 Jahren zusammen gegeben sein, sofern es um eine Aufgabenwahl mit anschaulichen Besonderheits- und Konsistenzinformationen geht. Das anspruchsvollere kognitive Voraussetzungs-Niveau für wiederholte Zielsetzung bei derselben Aufgabe mit kontinuierlicher Ergebnisvariation (nicht Aufgabenwahl) bestünde allerdings in der Ausbildung der multiplikativen Verknüpfung von Erwartung und Anreiz nach dem Risikowahl-Modell (7. Entwicklungsmerkmal); d. h. in der vollen Entwicklung der Konzepte für Fähigkeit und Erfolgswahrscheinlichkeit (vgl. Kuhls Konzept des persönlichen Standards, 1978b), was kaum vor dem 10. Lebensjahr zu erwarten wäre.

Heckhausen u. Wagner (1965) haben eine mehr offensive oder defensive Aufgabenwahl, die ab 4$^{1}/_{2}$ Jahren (nach Wagner, 1969, und Wasna, 1970, schon ab 3$^{3}/_{4}$ Jahren) eine gewisse Konsistenz über verschiedene Aufgaben aufwies, als erste Anzeichen von individuellen Unterschieden des persönlichen Standards (Anspruchsniveau) interpretiert. Wie wir erörtert haben, ist es vielleicht zutreffender, in den Befunden Unterschiede der Zentrierung auf Erfolgserwartung (niedriges Ziel) oder Erfolgsanreiz (hohes Ziel) während eines Übergangsstadiums der kognitiven Entwicklung zu sehen, ehe beide Perspektiven in ein ausgewogeneres, wenn auch zunächst noch ambivalentes Verhältnis gebracht werden können.

Überzeugendere Hinweise auf stabile individuelle Unterschiede der Aufgabenwahl schon bei 4- und 5jährigen stellten Heckhausen u. Oswald (1969) in einer Wiederholungswahl-Studie mit normalen und gliedmaßgeschädigten Kindern (Dysmelie) fest. Jedes Kind traf seine Vorwahl (nach Konsensinformationen) über die vierfach gestaffelte Schwierigkeit, bearbeitete die Aufgaben und traf die Nachwahl im Beisein der Mutter. Diese hatte zuvor ein Blatt erhalten, auf dem die Aufgabe erklärt und die Schwierigkeitsgrade definiert waren, um ein Anspruchsniveau für die Leistung ihres Kindes einzutragen. Während des Versuches wurde u. a. die Häufigkeit positiver und negativer Bekräftigungen der Mutter (gefühlsbetonte Zuwendung, Ansporn, Leistungsbewertung) protokolliert. Wie Tabelle 13.1 zeigt, wählten jene Kinder eine schwierigere Aufgabe (bei der Nachwahl auch eine solche, bei der sie vorher gescheitert waren), deren Mütter höhere Leistungserwartungen an ihr Kind (Anspruchsniveau) stellten und es bei der Aufgabenbearbeitung positiv und nicht negativ bekräftigten. Entsprechend korrelierten die mütterlichen Variablen auch mit höherem I. Q. des Kindes und einer geringeren Neigung zum Hilfesuchen. Die Zusammenhänge waren bei den gliedmaßgeschädigten Kindern ausgeprägter als bei den normalen.

Der wenn auch schwache Zusammenhang zwischen mütterlichem Anspruchsniveau und I. Q. des Kindes legt die Vermutung nahe, daß es sich vielleicht wiederum noch nicht um individuell-stabile, sondern um Entwicklungsunterschiede der Aufgabenwahl (nicht Zielsetzung) handelt, d. h. daß Kinder mit höherem I. Q. vergleichsweise schon weniger stark auf Erfolgserwartung zentrierten. Da sich jedoch zwischen I. Q. und Vorwahl wie Nachwahl keinerlei Korrelation ergab, scheint es in diesem frühen Alter vielleicht doch schon den Unterschied einer mehr offensiv-zuversichtlichen und einer mehr defensiv-vorsichtigen Aufgabenwahl zu geben, die in plausibler Weise mit Unterschieden der mütterlichen Leistungserwartung und des Bekräftigungsverhaltens einherging. Dieser Befund macht es auch wahrscheinlich, daß die im gleichen Alter gefundenen Unterschiede in den Aufgabenwahl-Studien (Heckhausen u. Wagner, 1965; Wagner, 1969; Wasna, 1970) nicht ausschließlich auf entwicklungsbedingten Zentrierungsverschiebungen beruhten.

Wir können zusammenfassend feststellen, daß Anzeichen eines individuell bevorzugten Standards, die nicht nur entwicklungsbedingt (und damit von allgemeiner und vorübergehender Natur), sondern auch sozialisationsbedingt (und damit von persönlichkeitsdifferentieller und überdauernder Natur) zu sein scheinen, sich schon bei 4- und 5jährigen beobachten lassen. Das gilt allerdings, wie erwartet, nur für die Aufgabenwahl, wenn anschauliche Besonderheits- und Konsistenzinformationen vorlagen.

Wie die Entwicklung individueller Unterschiede im einzelnen ihren Lauf nimmt, ob individuelle Unterschiede in der Zielsetzung erst Jahre später nach individuellen Unterschieden in der Aufgabenwahl auftreten und wieweit der persönliche Standard der Aufgabenwahl dem der späteren Zielsetzung entspricht – darüber scheint es noch keine Längsschnittstudien zu geben. Wir haben vermutet, daß erst nach voller Entwicklung der Konzepte für Fähigkeit und Erfolgswahrscheinlichkeit, also kaum vor dem 10. Lebensjahr, mit stabilen individuellen Unterschieden des persönlichen Standards bei Zielsetzungen zu rechnen ist. Wieweit es sich bei den Aufgabenwahlen der 4- bis 5jährigen tatsächlich um einen mit der weiteren Entwicklung interindividuell zunehmend divergierenden, aber intraindividuell zunehmend stabilen Standard handelt (oder wenigstens um Vorformen davon), ist ohne Längsschnittstudien nicht zu entscheiden.

12. Entwicklungsmerkmal: Individuell bevorzugte Attributionsmuster

Unterschiedliche Attributionsmuster (Kap. 11) führen trotz gleicher Erfolgs- und Mißerfolgsraten und bei gleichen subjektiven Erfolgswahrscheinlichkeiten zu einer Asym-

Tabelle 13.1. Korrelationen des Anspruchsniveaus der Mutter für ihr Kind sowie positiver und negativer Bekräftigung mit der Vorwahl und Nachwahl von Schwierigkeitsgraden, I. Q. und Hilfesuchen von 4- bis 5jährigen normalen und Dysmelie-Kindern (N = 2 × 40; Durchschnittsalter 5,2 Jahre). (Nach Heckhausen u. Oswald, 1969, S. 12)

Variablen der Mutter	Vpn-Gruppe	Variablen des Kindes			
		Vorwahl	Nachwahl	Hilfesuchen	I. Q.
Anspruchs-niveau	normal	0,41++	0,12	−0,27	0,20
	Dysmelie	0,42++	0,51++	−0,36+	0,42++
positive Bekräftigung	normal	0,41++	0,03	0,02	−0,01
	Dysmelie	0,64++	0,32+	−0,20	0,31+
negative Bekräftigung	normal	−0,10	−0,04	−0,17	−0,10
	Dysmelie	−0,42++	−0,41+	−0,26	−0,19

+ $p < 0,05$; ++ $p < 0,01$

metrie der Selbstbewertungsbilanz, wie es an beiden Motivgruppen demonstriert worden ist (Butzkamm, in Vorb.; Heckhausen, 1978). Attributionsmuster haben sich demnach als wichtige Determinanten für individuelle Unterschiede des Leistungshandelns erwiesen. So kosten Erfolgsmotivierte im Vergleich zu Mißerfolgsmotivierten ihre Erfolge stärker aus, sind von Mißerfolgen weniger beeindruckt, lassen sich im Angesicht von Mißerfolg weniger leicht entmutigen und bleiben ausdauernder. Die aufgrund von Attributionsmustern voreingenommene Informationsverarbeitung bei der Selbstbewertung schirmt „Motivdispositionen" gegenüber widersprechenden Erfahrungen ab. Auch eine lang anhaltende Mißerfolgsserie macht einen Erfolgsmotivierten nicht weniger zuversichtlich, und eine lang anhaltende Erfolgsserie macht einen Mißerfolgsmotivierten nicht zuversichtlicher.

Die Ausbildung individueller Unterschiede des Attributionsmusters stellt hohe Anforderungen an die kognitive Entwicklung. Sie setzt voraus, daß Kinder bereits über einen anstrengungsbereinigten Fähigkeitsbegriff und über die kausalen Schemata der Anstrengungs- und Fähigkeitskompensation verfügen sowie daß Fähigkeitsattribution affektwirksamer in der Selbstbewertung ist (4., 8. und 9. Entwicklungsmerkmal). Individuell stabile Attributionsmuster sind demnach kaum vor 10 Jahren zu erwarten.

Die vorliegenden Untersuchungen waren ebenfalls nicht als entwicklungspsychologische Längsschnittstudien angelegt. Sie geben Anhaltspunkte, weil neben dem Lebensalter einzelne Persönlichkeitsmerkmale – wie Selbstkonzept der schulischen Leistungsfähigkeit, I. Q., Leistungsmotiv, geschlechtstypisches Verhalten, erlebte Selbstverantwortlichkeit, erlernte Hilflosigkeit im schulischen Leistungsverhalten – mit Attributionsmustern korreliert sind. Da die Annahme plausibel ist, daß die aufgezählten Persönlichkeitsmerkmale bereits entwicklungsstabil sind, lassen sich auch die damit korrelierenden Attributionsmuster als bereits verfestigte individuelle Entwicklungsunterschiede betrachten. Wie wir sehen werden, liegt der kritische Attributionsunterschied darin, ob Mißerfolg eher mit Mangel an Anstrengung oder an Fähigkeit erklärt wird.

Die jüngste Altersgruppe hat Falbo (1975) untersucht. Wie einnerlich, ließ er 5jährige Kindergartenkinder den Erfolgs- oder Mißerfolgsausgang einer Geschichte anhand von Paarvergleichs-Wahlen der vier Weinerschen Kausalfaktoren erklären. Unterschiedliche Attributionsmuster für Erfolg und Mißerfolg waren mit der Höhe des I. Q. verknüpft. Bei hohem I. Q. wurde Erfolg weit mehr auf (hohe) „Fähigkeit" zurückgeführt als Mißerfolg auf (mangelnde) „Fähigkeit", während bei niedrigem I. Q. Fähigkeit gleich häufig für Erfolg und Mißerfolg angeführt wurde. Aufgabenschwierigkeit wurde von Kindern mit hohem I. Q. zur Erklärung von Mißerfolg und von Kindern mit niedrigem I. Q. zur Erklärung von Erfolg herangezogen. Das Attributionsmuster der Kinder mit niedrigem I. Q. – im Gegensatz zu denen mit hohem I. Q. – schwächt demnach Verantwortlichkeit für und Freude über Erfolg ab, während es bei Mißerfolg selbstwertbelastende Attribution fördert. Es ist allerdings fraglich, ob in diesem jungen Alter die Unterschiede bereits als stabile Attributionsmuster interpretiert werden können. Da der Fähigkeitsbegriff sich bei 5jährigen noch nicht genügend vom Anstrengungsbegriff gelöst hat, handelt es sich vielleicht eher (oder wenigstens zum Teil) um unterschiedliche Entwicklungsniveaus Gleichaltriger, die mit der Höhe des I. Q. einhergehen.

Differenziertere Aufschlüsse gibt die schon erwähnte Querschnittanalyse von Nicholls (1975a; 1978a) an 5- bis 13jährigen in Verbindung mit einer Erfassung des Selbstkonzepts der schulischen Leistungshöhe *(self-concept of attainment)*. Eine solche Selbsteinschätzung beruht vor allem auf sozialer Bezugsnorm, d. h. auf einer Verarbeitung von Konsensinformationen. Nicholls hat die Realitätsangepaßtheit der Selbsteinschätzung bestimmt, indem er jede Vp auf einem Blatt mit 30, in senkrechter Reihe angeordneten Kreisen, die die Gesichter aller Schüler der Klasse darstellten, den eigenen Leistungsrangplatz in einem Schulfach wie Lesen angeben ließ. Die jüngeren Vpn überschätzten ihren Rangplatz erheblich. Die 5- bis 6jährigen setzten sich alle an die Spitze. Erst ab 9 bis 10 Jahren lassen die gemittelten Rangplätze, wie Tabelle 13.2 zeigt, erkennen, daß auch die unteren Rangplätze besetzt wurden; d. h. in einem Alter, in dem sich der Fähigkeitsbegriff entwickelt hat. Wie weiter aus der Tabelle hervorgeht, war auch erst ab 9 bis 10 Jahren die Selbsteinschätzung insoweit realistisch, als sie signifikant mit dem Lehrerurteil korrelierte. Tabelle 13.2 enthält auch die entsprechenden Befunde, wenn man die Vpn nicht nach dem Lebensalter, sondern nach dem erreichten Entwicklungsstadium des Fähigkeitsbegriffs einstuft (vgl. dazu Abb. 13.2). Erst ab Stadium 3 (ausgesonderter Fähigkeitsbegriff) und noch mehr in Stadium 4 (Fähigkeitskompensation) schätzte man sich im sozialen Vergleich realistisch ein.

Sobald Kinder mit 9 oder 10 Jahren in der Lage sind, ihre Schulleistungen aufgrund sozialer Vergleichsinformationen angemessen zu beurteilen, müssen bei der herkömmlichen Unterrichtsorganisation der Jahrgangsklasse sich die guten Schüler als vorwiegend erfolgreich und die schlechten Schüler als vorwiegend untüchtig erleben. Demnach erwarten gute Schüler Erfolg und führen ihn auf den stabil-internalen Faktor guter Fähigkeit zurück, während schlechte Schüler Mißerfolg erwarten und ihn entsprechend mangelnder Fähigkeit zuschreiben. Zur Erklärung erwartungswidriger Leistungen bieten sich variable Ursachfaktoren an: dem guten Schüler bei Mißerfolg mangelnde Anstrengung sowie Pech, und dem schlechten Schüler bei Erfolg hohe Anstrengung sowie Glück.

In einer Studie mit 6- bis 12jährigen Schülern hat Nicholls (1979) die Hypothese des mit dem Alter zunehmend engeren Zusammenhangs zwischen Höhe der Schulleistung und entsprechenden Unterschieden des Attributionsmusters voll bestätigt gefunden. Unter den Zwölfjährigen führten die guten Schüler ihre Erfolge auf gute Fähigkeit und ihre Mißerfolge auf Pech zurück; die schlechten Schüler erklärten dagegen ihre Erfolge mit viel Anstrengung und Glück, ihre Mißerfolge mit mangelnder Fähigkeit. Die Befunde machen deutlich, daß von 6 bis 12 Jahren Fähigkeit und Anstrengung zunehmend differenzierter bei der Attribution unterschieden werden. Zugleich werden beide Kausalfaktoren zu-

Tabelle 13.2. Mittelwerte der selbsteingeschätzten Leistungsrangplätze im Lesen innerhalb der eigenen Schulklasse und die Korrelationen zwischen den Rangplätzen und den Beurteilungen des Klassenlehrers als Funktion des Lebensalters (oben) und des erreichten Stadiums in der Entwicklung des Fähigkeitsbegriffs (unten; vgl. Abb. 13.2). (Nach Nicholls, 1975a; S. 14; 1978a, S. 806)

	Lebensalter								
	5	6	7	8	9	10	11	12	13
Mittlerer Rangplatz	3,1	5,1	9,1	9,0	11,9	13,8	11,6	12,9	15,1
Korrelation mit Lehrerurteil	–	–	0,21	0,27	0,58[+]	0,71[++]	0,57[+]	0,80[++]	0,78[++]

	Entwicklungsstadium des Fähigkeitsbegriffs			
	1	2	3	4
Mittlerer Rangplatz	5,3	9,9	12,7	13,1
Korrelation mit Lehrerurteil	–	0,19	0,59[+++]	0,81[+++]

[+] $p < 0,05$;   [++] $p < 0,01$;   [+++] $p < 0,001$

nehmend realistischer in dem Sinne verwendet, als sie bei Zwölfjährigen ganz in Übereinstimmung mit der eigenen Position innerhalb der Leistungsverteilung der Klasse stehen. In diesem Alter werden also soziale Vergleichsinformationen voll zur Einschätzung der eigenen Leistung wie zu deren Erklärung durch eher gute oder mangelnde Fähigkeit genutzt.

In einer weiteren Studie hat Nicholls (1976b) die Hypothesen über die Entstehung individueller Unterschiede des Attribuierungsmusters bei 11jährigen mit hohem und mit niedrigem Selbstkonzept des schulischen Leistungsstandes geprüft; in einem Alter also, in dem Schüler ihren Leistungsrangplatz innerhalb der Klasse genau einschätzen können. Er ließ sie erklären, woran es läge, wenn sie gut und wenn sie schlecht in Klassenarbeiten abschnitten. Die Hypothesen wurden bestätigt mit einer Ausnahme: Kinder mit niedrigem Selbstkonzept erklärten Erfolg zwar mit Glück aber nicht mit dem anderen variablen Faktor der hohen Anstrengung, sondern statt dessen mit Unterstützung des Lehrers. Demnach ist das Attribuierungsmuster noch ungünstiger als erwartet. Im Falle von Erfolg läßt es kaum Zufriedenheit mit sich selbst und im Falle von Mißerfolg führt es zu Niedergeschlagenheit, die weitere Anstrengung nutzlos erscheinen läßt.

Ames (1978) hat Fünftkläßler mit Hilfe eines Fragebogens nach hohem und niedrigem Selbstkonzept unterschieden und sie in Paaren – entweder mit oder ohne Wetteifer – Aufgaben bearbeiten lassen, für die Preise ausgesetzt waren (wie Ames, Ames u. Felker, 1977). Für Erfolg machten Kinder mit hohem Selbstkonzept mehr ihre gute Fähigkeit verantwortlich, als es die Kinder mit niedrigem Selbstkonzept taten; das war besonders unter Wetteiferbedingungen der Fall.

In der erwähnten Studie Heckhausens (1978) mit Schülern des 5. bis 6. Schuljahres (Durchschnittsalter 11 1/2 Jahre) unterschieden sich Erfolgsmotivierte und Mißerfolgsmotivierte nicht in der Höhe ihrer Fähigkeits- und Anstrengungsattribution innerhalb der Erfolgs- und der Mißerfolgsbedingung. Worin sie sich jedoch unterschieden, war die Affektwirksamkeit beider Faktoren in der Selbstbewertung. Nach einer Erfolgsserie hing die Zufriedenheit bei den Erfolgsmotivierten eher von der Höhe der wahrgenommenen eigenen Fähigkeit, bei den Mißerfolgsmotivierten eher von der aufgewendeten Anstrengung ab. Nach einer Mißerfolgsserie war es für die Erfolgsmotivierten um so entlastender, je weniger der Mißerfolg der Fähigkeit und je mehr mangelnder Anstrengung zugeschrieben wurde; eine Konstellation, die die Mißerfolgsmotivierten dagegen am stärksten belastete, vermutlich weil sie das Schema der Anstrengungskompensation noch nicht genügend beherrschten.

Auch die Wirkung von Motivänderungsprogrammen bei Schülern kann als Beleg für die Entwicklung unterschiedlicher Attributionsmuster gelten. Nach der Konzeption des Leistungsmotivs als eines Selbstbewertungssystems sollten Änderungsprogramme an drei Punkten korrigierend eingreifen, nämlich am Anspruchsniveau, am Attribuierungsmuster und an der Selbstbewertung. Alle drei Punkte haben Krug u. Hanel (1976) in einer ausgelesenen Stichprobe mißerfolgsmotivierter, leistungsschwacher, aber nicht intelligenzschwacher Viertkläßler zu korrigieren versucht (vgl unten: Änderung von Motiven). Nach der Behandlung zeigten die Vpn gegenüber Kontrollgruppen ein motivierungsgünstigeres Attribuierungsmuster nach Mißerfolg, außerdem eine realistischere Anspruchsniveausetzung, eine stärkere positive Selbstbewertung nach Erfolg und auch eine erheblich stärkere Erfolgszuversicht der Leistungsmotiv-Kennwerte. In einer weiteren Motivänderungsstudie nach dem gleichen Programm an lernbehinderten Schülern des 5. und 6. Schuljahres wurden ähnliche Wirkungen erzielt, die auch noch ein halbes Jahr später im wesentlichen vorhanden waren (Krug, Peters u Quinkert, 1977)

Wiederholt sind Geschlechtsunterschiede berichtet worden, nach welchen Mädchen das ungünstige Attribuierungsmuster anwenden und – im Vergleich zu Jungen – Erfolg weniger auf gute Fähigkeit und Mißerfolg mehr auf mangelnde Fähigkeit statt mangelnder Anstrengung oder statt Pech zurückführen (Dweck u. Repucci, 1973; Feather, 1969; Ni-

..., 1975b; 1978a). Damit war eine entsprechend ungünstigere Selbstbewertungsbilanz oder Nachlassen der Anstrengung nach Mißerfolg und Absinken der Leistungen verbunden. Dazu fügt sich gut, daß Mädchen niedrigere Erfolgserwartungen als Jungen haben, wenn sie vor neuen Aufgaben stehen, wie V. C. Crandall (1969) an 7- bis 12jährigen Geschlechtsgruppen mit gleichem IQ und gleicher Schulleistung fand.

Bislang wurden solche Unterschiede global auf eine geschlechtstypisierende Sozialisation in Leistungssituationen zurückgeführt (z. B. V. C. Crandall, 1969). Dweck u. Bush (1976) haben dagegen erwartet und bestätigt gefunden, daß das von Jungen und Mädchen des 5. Schuljahres mehrheitlich bevorzugte Attribuierungsmuster davon abhängt, ob der Beurteiler ein Erwachsener oder ein Gleichaltriger, eine weibliche oder eine männliche Person ist. Nach Mißerfolg hatten Mädchen nur dann ein ungünstiges Attribuierungsmuster, wenn sie von einem weiblichen Erwachsenen beurteilt wurden. Bei einem männlichen Erwachsenen und bei Altersgenossen beiderlei Geschlechts war das Attributionsmuster günstig. Im Falle der Gleichaltrigen als Beurteiler trat nach Mißerfolg auch eine kontinuierliche Leistungsverbesserung auf. Bei Jungen war es im wesentlichen umgekehrt. Mißerfolgsrückmeldung von Erwachsenen wurde günstiger attribuiert (auf mangelnde Anstrengung, teils auch auf mangelnde Fairneß des Erwachsenen) als Mißerfolgsrückmeldung durch Gleichaltrige. Entsprechend verbessert sich im ersten Fall die Leistung rapide, nicht aber im zweiten Fall.

Diese Differenzierung der Befunde erklärten Dweck u. Bush aufgrund der unterschiedlichen Erfahrungen, die Jungen und Mädchen mit den Rückmeldungen von seiten ihres (in aller Regel weiblichen) Lehrers machen. Bei Jungen betreffen Rückmeldungen in der Mehrzahl störendes oder unaufmerksames Verhalten, so daß mangelnde Anstrengung als Mißerfolgsursache naheliegt. Mädchen dagegen, die in der Regel angestrengt im Unterricht mitarbeiten, erhalten vorwiegend recht distinkte Fähigkeitsrückmeldungen, die nach Mißerfolg eher entmutigend sind. Die Umkehrung der Befunde bei gleichaltrigen Beurteilern erklären die Autoren mit der stärkeren *peer orientation* der Jungen.

Eng mit einem ungünstigen Attribuierungsmuster hängt eine chronisch gewordene Gelernte Hilflosigkeit bei Schülern zusammen. Unter Fünftkläßlern haben Dweck u. Repucci (1973) solche Kinder daran identifiziert, daß sie nach Mißerfolgen ihre Leistung zusehends verschlechterten oder ganz aufgaben und ihre Mißerfolge auf das Fehlen von Fähigkeit und nicht auf Anstrengungmangel zurückführten. In Situationen mit mißerfolgsbezogenen Hinweisreizen (wie ein bestimmter Vl, bei dem sie stets Mißerfolg hatten) versagten sie selbst bei Problemen, die sie unter anderen Situationsumständen (Vl, bei dem sie vorher immer Erfolg hatten) ohne weiteres lösen konnten.

Ähnlich wie in den berichteten Motivänderungsstudien von Krug und Mitarbeitern hat sich Gelernte Hilflosigkeit mit einer Art „Attributionstherapie" beheben lassen. Dweck (1975) hat erlernt hilflose Kinder zwischen 8 und 13 Jahren gelegentlich Mißerfolg erfahren lassen und sie angehalten, sich dafür verantwortlich zu fühlen und die Ursache in einer noch unzureichenden Anstrengung zu sehen. Die Kinder zeigten danach eine erheblich verbesserte Leistungsfähigkeit im Angesicht von Mißerfolg und führten diesen mehr als vorher auf Anstrengungsmangel zurück. Ohne jeden Effekt blieb demgegenüber eine bloß positiv bekräftigende Behandlung mit ausschließlichen Erfolgserfahrungen.

Diener u. Dweck (1978) veranlaßten Fünftkläßler, ihre Gedanken laut zu verbalisieren, die sie nach Mißerfolg hatten. Je nachdem, ob sie Mißerfolg kaum oder ausgeprägt mit Anstrengungsmangel erklärten, wurden sie in eine „hilflose" oder „leistungsorientierte" *(mastery-oriented)* Gruppe aufgeteilt. Wieder attribuierten die hilflosen Kinder ihre Mißerfolge einer mangelnden Fähigkeit. Dagegen attribuierten die leistungsorientierten nur wenig, sondern waren statt dessen mit der Überprüfung und Verbesserung ihrer Leistungsstrategien – also mit der aktiven Überwindung von Mißerfolg – beschäftigt. Es ist also nicht nur der Inhalt von Attributionsmustern, sondern auch die Frage, ob und wann sie herangezogen werden, worin sich individuelle Unterschiede ergeben.

Zusammenfassend ist festzustellen, daß etwa ab 9 Jahren individuelle Unterschiede der Attributionsmuster für Erfolg und Mißerfolg zu beobachten sind. Dafür müssen offensichtlich drei Voraussetzungen der kognitiven Entwicklung vorhanden sein: (a) die Ausdifferenzierung des Fähigkeitsbegriffs aus einem globalen Tüchtigkeitsbegriff, (b) die kausalen Schemata der Kompensation und (c) die realistische Verarbeitung von sozialen Vergleichsinformationen zur Einschätzung der eigenen Leistungsfähigkeit. Die letztere Voraussetzung fördert, je nach hohem oder niedrigem Leistungsrangplatz in einer sozialen Bezugsgruppe, ein eher günstiges bzw. ein eher ungünstiges Attributionsmuster. Bei hohem Rangplatz überwiegt Erfolgserwartung, weshalb Erfolge stabil, d. h. auf gute Fähigkeit, und Mißerfolge auf variable Faktoren wie Anstrengung und Pech zurückgeführt werden. Bei niedrigem Rangplatz überwiegt Mißerfolgserwartung und demnach wird Mißerfolg mit Fähigkeitsmangel und Erfolg mit Anstrengung, Glück oder äußerer Hilfe erklärt.

Das letztere, ungünstige Attributionsmuster geht mit konstruktnahen Persönlichkeitsvariablen einher wie niedriges Selbstkonzept, Mißerfolgsmotiv, geringe erlebte Selbstverantwortlichkeit für Mißerfolg, Gelernte Hilflosigkeit. Verschiedene Interventionsverfahren zur Änderung des Attributionsmusters haben sich bei Kindern zwischen 9 und 13 Jahren als erfolgreich erwiesen. Mit einem günstigeren Attributionsmuster erhöhen sich auch die Erfolgserwartungen und verbesserten sich die Leistungen.

Es gibt Hinweise, daß die individuellen Unterschiede sich nicht nur auf die stärkemäßige Einschätzung der einzelnen Kausalfaktoren erstreckt. Erstens ist das Attributionsmuster auch von den Rolleneigenschaften jener Person abhängig, die Rückmeldung gibt oder eine Beurteilung vornimmt, wodurch sich geschlechtstypische Unterschiede neu erklären lassen (Dweck u. Bush, 1976). Zweitens kann bei gleicher Einschätzung von Fähigkeit und Anstrengung die Verknüpfung mit affektwirksamer Selbstbewertung nach Erfolg und Mißerfolg individuell verschieden sein (Heckhausen, 1978). Drittens gibt es individuelle Unterschiede, nach Mißerfolg belastenden Kausalattributionen nachzuhängen statt sich auf eine Überwindung der Schwierigkeiten zu konzentrieren (Diener u. Dweck, 1978).

Integrierender Überblick

Nach der Erörterung aller einzelnen Entwicklungsmerkmale können wir eine Integration versuchen. Einmal gilt es, den Gesamtzusammenhang des Leistungshandelns und des Leistungsmotivs wieder sichtbar zu machen. Das tun wir, indem wir den Zusammenhang der Merkmale innerhalb der drei Gruppen deutlicher machen, die den drei Motivationsdeterminanten des Leistungshandelns – Anreizgewichtung von Erfolg und Mißerfolg, persönlicher Standard, Attributionsmuster – entsprechen und die zugleich (in Gestalt der individuellen Unterschiedsmerkmale 10 bis 12) die Determinanten individueller Motivunterschiede darstellen. Zum andern gilt es, zwischen den einzelnen Entwicklungsmerkmalen und Merkmalsgruppen Querverbindungen anzudeuten, die sich aus funktionslogischen Gründen anbieten und auch in ihrem ersten Auftreten zeitlich aufeinander folgen.

Ein solcher Versuch zur Integration muß natürlich beim jetzigen Kenntnisstand spekulativ bleiben. Er sei dennoch unternommen, um die einzelnen Merkmale wieder in den Zusammenhang der Entwicklung der Leistungsmotivation zu stellen. Außerdem gibt der Versuch Hinweise auf kritische Altersbereiche und Entwicklungsabfolgen, die die künftige Forschung – möglichst in Form von Längsschnittstudien – anregen und leiten könnten. Als ein Orientierungsschema wurde Abb. 13.6 entworfen. Die Säulen stellen die einzelnen Merkmale dar, die nach ihrem Entwicklungsverlauf auf der Lebensalter-Skala aufgetragen sind. Die geschlossenen Teile der Säulen sollen die Übergangsperioden andeuten, innerhalb deren ein Merkmal frühestens

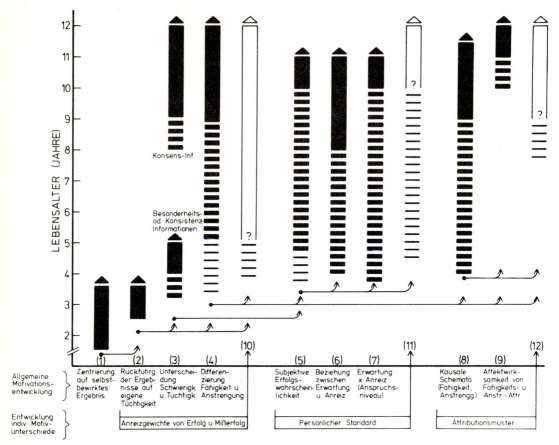

Abb. 13.6. Hypothetisches Schema der lebensaltersbezogenen Entwicklung der zwölf Merkmale der Motivationsentwicklung. (Geschlossene Säulen deuten die Übergangsperiode an, bis ein Merkmal bei der Mehrheit der Gleichaltrigen zu beobachten ist; unterbrochene Säulen zeigen Vorformen und Übergangsstadien des Entwicklungsmerkmals an. Die horizontalen Pfeile unterhalb der Säulen weisen auf mögliche funktionslogische Verknüpfungen zwischen den Merkmalen hin)

bei einigen Kindern auftritt, bis es bei (nahezu) allen Gleichaltrigen zu beobachten ist. Die unterbrochenen unteren Säulenteile zeigen Vorformen der Entwicklung bis zur völligen Ausprägung eines Merkmals an. Die horizontalen Pfeillinien unterhalb der Säulen sollen schließlich auf funktionslogische Beziehungen zwischen Merkmalen – und damit auf mögliche Integrationen zwischen ihnen – hinweisen.

Anreizgewichte von Erfolg und Mißerfolg

Die erste und früheste Gruppe von Entwicklungsmerkmalen betrifft die Reaktionen auf das eigene Handlungsergebnis. Diese Merkmale bilden die kognitiven Voraussetzungen für das Erleben von Erfolg und Mißerfolg und damit für das Anreizgewicht, das beiden Ereignissen aufgrund ihrer Kausalattribution zukommt. Ab $1^{1}/_{2}$ bis spätestens $3^{1}/_{2}$ Jahren beachten Kinder aufmerksam die Ergebnisse ihres Tuns. Freude über den selbstbewirkten Effekt – oder Ärger über den nicht zustandegebrachten – sind noch kein Erleben von Erfolg und Mißerfolg, noch kein Anzeichen von Leistungsmotivation, sondern eine Vorform der zwischen $2^{1}/_{2}$ und $3^{1}/_{2}$ Jahren beobachteten Fähigkeit, das selbstbewirkte Ergebnis auf ein globales Attribut der eigenen Person, auf „Tüchtigkeit" zurückzuführen. Mit dieser globalen Kausalattribution beginnt die Entwicklung der Leistungsmotivation. Die nächste Differenzierung besteht in der Unterscheidung von Aufgabenschwierigkeit und Tüchtigkeit, wobei zunächst zwischen 3 und 4 Jahren noch Schwierigkeit im Vordergrund steht. Beide Kausalfaktoren können ab 4 Jahren nur aus Besonderheits- oder Konsistenzinformationen integriert werden; aus Konsensinformationen wird dies erst ab 8 bis 9 Jahren möglich.

Der nächste Schritt in der Begriffsentwicklung von Kausalfaktoren ist folgerichtig die Differenzierung zwischen Fähigkeit und Anstrengung. Diese Entwicklung erstreckt sich über einen langen Zeitraum, vom 4. und 5. Lebensjahr bis ins zweite Lebensjahrzehnt. Zwar kann schon von einigen Vierjährigen jeder der beiden Faktoren einzeln verwendet werden, um nach dem einfachen Kovariationsschema unterschiedliche Handlungsergebnisse zu erklären. Aber wo das Kind mit beiden Begriffen zugleich hantiert, koppelt es beide noch lange im Sinne korrelativer Größen aneinander. Erst ab etwa 9 Jahren wird Fähigkeit als ein von Anstrengung unabhängiges Konstrukt begriffen, das intraindividuell konstant und interindividuell variabel ist. Eine Voraussetzung hierfür ist sicherlich die im gleichen Alter beobachtbare Fähigkeit des Kindes, aus Konsensinformationen Rückschlüsse auf Schwierigkeit und Tüchtigkeit zu ziehen.

Die drei Entwicklungsmerkmale 2 bis 4 begründen und differenzieren das Erleben von Erfolg und Mißerfolg. Mit anderen Worten, sie machen es möglich, daß Erfolg und Mißerfolg im jeweiligen Aufgabenkontext ihr besonderes Anreizgewicht erhalten. Damit eröffnet sich schon früh die Möglichkeit zur Entwicklung individueller Unterschiede in der Anreizgewichtung; vielleicht beginnt schon ab 4 bis 5 Jahren Leistungshandeln bei einigen Kindern mehr durch den Anreiz vorweggenommenen Erfolges als durch den Anreiz vorweggenommenen Mißerfolges – oder umgekehrt – motiviert zu werden. Wann eine solche Entwicklung individueller Unterschiede einsetzen mag, ist aber noch fraglich, da früh beobachtete individuelle Unterschiede im Leistungshandeln ihre Ursache leicht in interindividuellen Altersverschiebungen der allgemeinen Entwicklung haben können. Zur Kontrolle solcher Altersverschiebungen wären Längsschnittbefunde nötig. Wir kommen auf die Frage, ab wann sich individuelle Unterschiede generalisierter Anreizgewichtung herausbilden mögen, weiter unten zurück, wenn wir Sozialisationsbefunde zur Motiventwicklung erörtern.

Anspruchsniveau-Bildung und persönlicher Standard

Die zweite Gruppe von Entwicklungsmerkmalen betrifft die kognitiven Voraussetzungen für die Herausbildung eines persönlichen Standards im Sinne ausgewogener Anspruchsniveau-Bildung. Das Konstrukt der subjektiven Erfolgswahrscheinlichkeit ist ein schwieriger Begriff, der einerseits einen vollentwickelten (anstrengungsbereinigten) Fähigkeitsbegriff und andererseits die Wahrnehmung der Aufgabenschwierigkeit in objektivierter Weise voraussetzt, d. h. unabhängig von der wahrgenommenen eigenen Fähigkeit. Dazu muß das Kind in der Lage sein, soziale Vergleichsinformationen einschließlich der eigenen Rangposition (Konsens) oder eine gleichmäßig aufgefüllte Matrix von kombinierten Besonderheits- und Konsistenzinformationen zu integrieren (3. Merkmal). Wenn solche Voraussetzungen auch kaum vor 10 Jahren gegeben sind, so lassen sich schon ab 4 Jahren Ansätze von Erfolgserwartungen im Verhalten beobachten. Sie sind allerdings anfangs noch so wunschgeleitet, daß ihr unrealistischer Charakter nicht allein auf die noch unvollkommenen Fähigkeiten zur Integration von Kovariationsinformation zurückgeführt werden kann.

Erfolgserwartungen, wie rudimentär auch ihre frühen Entwicklungsformen sein mögen, sind wiederum Voraussetzung für die Herausbildung einer zentralen Determinante des Leistungshandelns, nämlich einer nach überwundenem Schwierigkeitsgrad variierten Stärke des Anreizes von Erfolg und Mißerfolg. Anfänge einer proportionalen Beziehung zwischen subjektiver Aufgabenschwierigkeit und Stärke der Erfolgsreaktion (als

Anreiz-Indikator) sind ab 4 Jahren zu beobachten. Das Gegenstück einer umgekehrt proportionalen Beziehung im Falle von Mißerfolg läßt dagegen noch länger auf sich warten (wieviel Jahre es noch bis zur Beherrschung der Umkehr-Beziehung bedarf, scheint noch nicht untersucht zu sein). Eine erwartungsgewichtete Variation des Anreizes für Erfolg und für Mißerfolg, die sich auch auf Konsensinformationen stützt, läßt sich kaum vor 8 Jahren beobachten. Dieser Beginn der Übergangsperiode kann jedoch nicht wörtlich genommen werden (wie auch bei anderen Merkmalen hinsichtlich der Vorformen ihrer Entwicklung, mit Ausnahme der kausalen Schemata), weil Längsschnittstudien und auch genauere Kriterien dafür fehlen, wann man von einer vollen Ausbildung eines Merkmals sprechen sollte. Insofern besagt es nicht viel, wenn nach Abb. 13.6 Merkmal 5 (subjektive Erfolgswahrscheinlichkeit) sich erst zwei Jahre nach Merkmal 6 (Beziehung zwischen Erwartung und Anreiz) voll entwickelt zu haben scheint.

Mit Erwartung und deren komplementärer Umkehrgröße, Anreiz, sind Voraussetzungen gegeben, um beide Größen in einer Weise zu verknüpfen, die Aufgabenwahl und Zielsetzung realistisch macht, d. h. die Selbstbewertungsbilanz im voraus optimalisieren läßt.

Diese im Risikowahl-Modell postulierte Fähigkeit zur realistischen Aufgabenwahl und Zielsetzung setzt eine ausgewogene Nutzung von Kovariationsinformationen für beide Größen voraus. Dazu sind Kinder zunächst (etwa ab 4 Jahren) noch nicht in der Lage, weil sie bei der Aufgabenwahl auf Erfolgserwartung (Besonderheitsinformationen) und bei der Zielsetzung auf Erfolgsanreiz (Konsistenzinformationen) zentrieren. Schon bald (etwa ab 5 Jahren) werden Kinder bei der Aufgabenwahl zu einer ausgewogenen Beachtung beider Aspekte fähig, wenn bei wiederholter Ausführung neben Besonderheits- auch Konsistenzinformationen integriert werden. Da bei der Zielsetzung die entsprechende Ergänzung durch Besonderheitsinformationen nicht gegeben ist, muß sich die nötige Beachtung der Erfolgswahrscheinlichkeit vermutlich auf ein kognitiv anspruchsvolleres Konzept stützen, als es die anschauliche subjektive Aufgabenschwierigkeit ist. Aus diesem Grunde scheinen realistischere Zielsetzungen erst später aufzutreten, wenn sich der Fähigkeitsbegriff entwickelt hat und – vermutlich – wenn Konsensinformationen verarbeitet werden können. Das ist erst mit etwa 10 Jahren der Fall.

Damit lassen sich beobachtete individuelle Unterschiede des Anspruchsniveaus (Aufgabenwahl und Zielsetzung) als persönliche Standards im Sinne differentieller Entwicklung einer Determinante des Leistungsmotivs betrachten. Wie auch schon bei der bereits erörterten ersten Motivdeterminante (Anreizgewichte von Erfolg und Mißerfolg) läßt sich natürlich auch beim persönlichen Standard aus der allgemeinen Entwicklung der Motivationsmerkmale nicht erklären, wieso es zu individuellen Unterschieden bei diesen Motivmerkmalen kommt. Sagen läßt sich auch kaum, ab wann solche individuellen Motivunterschiede auftreten und in eine entwicklungskritische Periode, die für Sozialisationseinflüsse besonders empfänglich macht, eintreten könnten (vgl. unten Erziehungspraktiken). Vielmehr läßt sich folgern, ab wann individuelle Unterschiede Altersgleicher im Anspruchsniveau nicht mehr auf Altersverschiebungen der allgemeinen Entwicklung beruhen.

Attributionsmuster

Die dritte Gruppe von Entwicklungsmerkmalen schafft die kognitiven Voraussetzungen für eine dritte differentielle Determinante des Motivsystems, nämlich für Attributionsmuster. Entscheidend ist hierfür die Entwicklung von kausalen Schemata, d. h. von Hypothesenkonzepten über das Zustandekommen von Leitungsergebnissen bei verschieden schweren Aufgaben, wenn – eher ein Normalfall – ungenügende Informationen über Fähigkeit und Anstrengung vorliegen (sei es, daß die Stärke eines der beiden oder beider Kausalfaktoren unbekannt oder unklar ist). Kausale Schemata sind bisher das bestuntersuchte Merkmal der Motivationsentwicklung. Wir kennen die voraussetzungslogische Abfolge der einzelnen Entwicklungsstadien zwischen 4 und 9 Jahren: Die einfache Kovariation (früher für Anstrengung als für Fähigkeit), die kombinierte Kovariation bei der Ergebnisvorhersage, dann Anstrengungskompensation bei der Ergebniserklärung nach Überwindung der zentrierten Kovariation, schließlich auch die Fähigkeitskompensation nach Überwindung der Kopplung von Fähigkeit an Anstrengung; alles zunächst früher für Erfolgs- als für Mißerfolgsergebnisse und auch – im intra- und interindividuellen Vergleich – früher für die Erklärung gleicher Ergebnisse als für die Erklärung ungleicher Ergebnisse.

Ab 9 bis 10 Jahren können so mit Hilfe der Kompensationsschemata für abgestufte Effekte Mehrdeutigkeiten in der Verursachung eines Ergebnisses in verschiedene Proportions-Kombinationen von Fähigkeit und Anstrengung aufgelöst werden. Damit eröffnet sich die Möglichkeit für individuelle Unterschiede des bevorzugten Attributionsmusters nach Erfolg und Mißerfolg. Ob die unterschiedlichen Attributionsmuster Erfolg vornehmlich auf hohe Fähigkeit und weniger auf große Anstrengung als auf geringe Fähigkeit und hohe Anstrengung zurückführen lassen (erster Extremfall) oder ob sie eine umgekehrte Akzentuierung beider Faktoren nahelegen (zweiter Extremfall) – in jedem Fall sind die Attributionsmuster nach dem Kompensationsprinzip in *logischer* Hinsicht äquivalent. Aber sie sind es nicht in *psychologischer* Hinsicht. Denn sobald die Affektwirksamkeit von Fähigkeits- und Anstrengungsattribution sich in der Selbstbewertung (und im Gegensatz zur Fremdbewertung) zugunsten der Fähigkeitsattribution verändert (9. Merkmal), begünstigt der erste Extremfall eines Attributionsmusters auf Dauer positive Selbstbewertungsbilanzen und der zweite negative Bilanzen – mit all ihren motivationspsychologischen Folgen für Erfolgszuversicht, Ausdauer usw. im Leistungshandeln.

Die größere Affektwirksamkeit von Fähigkeitsattribution in der Selbstbewertung scheint das am spätesten, erst ab etwa 11 Jahren, auftretende Entwicklungsmerkmal zu sein; vorher ist eher noch – wie in der Fremdbewertung auch später noch – die Anstrengungsattribution affektwirksamer. Nun sind die letzten Voraussetzungen dafür gegeben, daß sich das Leistungsmotiv aufgrund einseitiger Informationsverarbeitung (Attributionsmuster) selbst bestätigt und bekräftigt. Es perpetuiert sich selbst, weil es sich nicht zuletzt auch gegen Erfahrungen immunisieren kann, die der eigenen Attributionsvoreingenommenheit zu widersprechen scheinen.

Auch hier wieder läßt sich aus der allgemeinen Entwicklung natürlich nur ableiten, daß sich nun individuelle Unterschiede entwickeln und verfestigen können, nicht aber, warum sie im einzelnen Fall so und nicht anders zustandekommen. Wie Interventionsstudien (etwa zur Überwindung Gelernter Hilflosigkeit) gezeigt haben, sind individuelle Unterschiede des Attributionsmusters schon bei Neunjährigen zu beobachten. Auch hier ist die allgemeine Motivationsentwicklung wiederum in eine Motiventwicklung individueller Unterschiede übergegangen, auf die wir im nächsten Abschnitt eingehen.

Zusammenhangsmuster der differentiell-psychologischen Entwicklungsmerkmale

Mit dem dritten und letzten Entwicklungsmerkmal für individuelle Unterschiede erhebt sich die Frage, ob und wie die drei differentiellen Merkmale in ihrer Entwicklung zusammenhängen, sich gegenseitig beeinflussen oder zusammenschließen. Grundsätzlich wäre es möglich, daß die drei Merkmale sich unabhängig voneinander entwickeln und damit in allen möglichen Kombinationen Zusammenhangsmuster der drei Determinanten des Leistungsmotivs bilden. Die differentiell-psychologische Leistungsmotivationsforschung hat dagegen die möglichen Zusammenhangsmuster in der Regel auf die beiden gegensätzlichen Konstellationen des „Erfolgsmotivierten" und des „Mißerfolgsmotivierten" vereinfacht und verengt. Dabei war und ist aufgrund der Motivmessung mittels der TAT-Methode die leitende Motivdeterminante das dominante Gewicht von Erfolgsanreiz oder von Mißerfolgsanreiz. Die weitere Forschung reicherte diesen Unterschied zu zwei gegensätzlichen Zusammenhangsmustern an. Zum dominanten Erfolgsanreiz traten ein realistischer persönlicher Standard und ein motivierungsgünstiges Attributionsmuster; zum dominanten Mißerfolgsanreiz ein unrealistischer persönlicher Standard und ein motivierungsungünstiges Attributionsmuster.

Da die gefundenen Zusammenhänge nicht sonderlich eng sind und gelegentlich auch nicht zu finden waren, mag man skeptisch fragen, ob die Reduktion der möglichen Zusammenhangsmuster auf zwei Konstellationen einfacher Gegensätze in jeder der drei Determinanten (einschließlich intermediärer Konstellationen) nicht eher Folge der Vereinfachungstendenz von Motivationsforschern als Ausdruck einer schlüssig erscheinenden „Entwicklungslogik" ist. Vielleicht gibt es tatsächlich mehr als zwei Zusammenhangsmuster, zu denen die drei Motivdeterminanten zusammentreten. Wir ständen hier vor dem Fall, daß eine entwicklungspsychologische Betrachtung voreilige Schließungen des differentiell-psychologischen Ansatzes wieder aufbrechen und der allgemeinen Motivationsforschung zu neuen Fortschritten verhelfen kann. Allerdings wären zur Klärung der aufgeworfenen Fragen Längsschnittbeobachtungen zu allen drei Merkmalen, vor allem zwischen 8 und 12 Jahren, erforderlich.

Abschließende Bemerkungen

Unsere Suche in einer verstreuten Literatur nach Belegen für Entwicklungsmerkmale der Leistungsmotivation, abgeleitet aus verschiedenen Stadien der motivationspsychologischen Theorieentwicklung, hat sich als fruchtbar erwiesen. Ein voraussetzungslogisches Gerüst kognitiver Entwicklungsschritte ist sichtbar geworden, das der zunehmenden Entfaltung leistungsmotivierten Verhaltens zwischen 3 und 13 Jahren zugrunde liegt. Sicher erlauben die meisten der herangezogenen Untersuchungen nur ein Schlußfolgerungsniveau, das in entwicklungspsychologischer Hinsicht unbefriedigend ist, weil längsschnittliche Daten fehlen und Entwicklungswandel in der Regel nur aus Lokalisierungen auf der Zeitachse des Lebensalters zu erschließen war.

In mancherlei Hinsicht kann die motivationspsychologische Grundlagenforschung die entwicklungspsychologische Forschung anregen. Sie kann aber auch aus der entwicklungspsychologischen Analyse viel von dem zurückgewinnen, was sie bislang übersehen oder nur ungenügend differenziert hat. Beispiele sind der unterschiedliche Einfluß, den die auf Besonderheits-, Konsistenz- oder Konsensinformationen beruhende Ergebniskovariation (Bezugsnormen) auf Kausalattribution, Erfolgswahrscheinlichkeit und Zielsetzung hat – oder der geringere Prägnanzgrad der umgekehrt proportionalen Beziehung zwischen subjektiver Aufgabenschwierigkeit und Mißerfolgsanreiz. Von einer entwicklungspsychologischen Funktionsanalyse des Leistungshandelns hat die Motivationsforschung an Erwachsenen noch viel zu erwarten.

Es sei abschließend aber auch auf weitere Gesichtspunkte hingewiesen, die wir hier vernachlässigt haben. Dazu gehört zunächst die Art der Aktivitäten sowie die Extensität der Aktivitätsbereiche, die mit fortschreitender Entwicklung leistungsthematisch strukturiert werden. Des weiteren haben wir die Erweiterung des Motivationsprozesses auf nicht leistungsthematische Anreize von extrinsischen Nebenfolgen, auf intrinsische Oberziele (Zukunftsorientierung) sowie auf das Konzept der Instrumentalität des Handlungsergebnisses für weitere Folgen ausgeklammert. In all diesen Hinsichten sind ebenfalls Annahmen über voraussetzungslogische Entwicklungsabfolgen nicht abwegig. Harter (1978) hat solche Annahmen für die Entwicklung von intrinsischer und extrinsischer Motivation gemacht.

Schließlich haben wir im Unterschied zur Entwicklung von kognitiven Konzepten einer Entwicklung von leistungsthematischen Affekten und deren Beziehung zu Kognitionen nur wenig Beachtung geschenkt, obwohl die affektiven Folgen von Erfolg und Mißerfolg in der Selbstbewertung als das eigentlich Motivierende angesehen werden. Da die Natur der leistungsthematischen Affekte bis heute kaum erforscht und theoretisch geklärt ist, nahmen wir der Einfachheit halber an, daß Affekte sich aus bestimmten Kognitionsgehalten und -strukturen ergeben.

Entwicklung individueller Motivunterschiede

Entwicklungspsychologische Fragestellungen zum allgemeinen und zum differentiellen Wandel von Entwicklungsmerkmalen haben ihre Abfolge in logischen Fundierungsverhältnissen. Zunächst sollte der allgemeine und grob altersabhängige Wandel geklärt sein. Dann erst ist es möglich, nach Umwelteinflüssen zu suchen, die für altersmäßige Verschiebungen des allgemeinen Entwicklungswandels verantwortlich sind. Ein weiterer Schritt wäre es, die Ursachen nicht für die Geschwindigkeit allgemeiner Entwicklung, sondern für individuelle Unterschiede in der qualitativen Ausprägung von Entwicklungsmerkmalen ausfindig zu machen. Nur mit diesem Problem der Entwicklung interindividueller Divergenzen wollen wir uns hier beschäftigen. Von den Merkmalen, die wir für die Motivationsentwicklung abgeleitet haben, scheinen drei Raum für individuelle Divergenzen zu geben; davon Anreizgewichtung von Erfolg und Mißerfolg vermutlich schon ab 4 Jahren, persönlicher Standard eher später und Attributionsmuster erst ab 9 Jahren. Es handelt sich um Unterschiede, die nicht mehr unmittelbar auf die allgemeine Entwicklung, sondern nur auf besondere sozialisatorische und ökologische Einflüsse zurückgeführt werden können.

Es ist bemerkenswert, daß alle drei Entwicklungsmerkmale die Selbstbewertung betreffen, also ausgerechnet jenes Motivsystem, das das Individuum autonom gegen äußere Einflüsse macht. Dieser Sachverhalt verliert seine scheinbare Paradoxität, wenn man ihn in seiner Entwicklungssequenz betrachtet. In einer frühen Phase prägt sich das Selbstbewertungssystem unter äußeren Einflüssen individuell aus, um danach – einmal ausgeprägt – sich selbst zu regulieren und von äußeren Einflüssen unabhängig zu sein (wobei der Grad der erreichten Unabhängigkeit wiederum ein individueller Entwicklungsunterschied sein mag).

Die Ursachen von individuellen Motivunterschieden sind schwierig zu erforschen. Sie bedürfen insbesondere der aufwendigen Längsschnittstudien. Die üblichen Querschnittstudien eröffnen eine große zeitliche Kluft zwischen jetziger Motivausprägung und erschlossenen Einflüssen, die früher einmal wirksam gewesen sein mögen. Das wirft insbesondere die Frage nach der Validität von Indizes auf, die jene früheren Einflüsse abbilden sollen (z. B. Fragebogen über elterliche Erziehungspraktiken oder jetzt beobachtete und experimentell induzierte Interaktionen). Schließlich bleiben die unterstellten Ursachen-Wirkungsbeziehungen aus zwei Gründen fraglich. Einmal kann potentiell eine Unmenge von Ursachfaktoren am Werk sein, die sich nicht nur addieren, sondern auch gegenseitig ändern, ja aufheben können, so daß univariate Versuchspläne ohne Kontrolle der Kontextbedingungen zu widersprüchlichen Ergebnissen kommen und multivariate Versuchspläne sich in einem Interaktionsgeflecht von „Ursachen" verlieren können, das kaum noch zu durchdringen ist. Zum anderen ist es die Gegenüberstellung von oft sehr spezifizierten Einflußvariablen („Ursachen") mit einem summarischen Motivmaß („Wirkung"), die es unmöglich macht, einen engeren Kausalnexus überhaupt erkennen zu können.

Der summarische Charakter von Entwicklungsvariablen wie Leistungsmotiv hat zu dem wenig aufschlußreichen und eher verwirrenden Befund geführt, daß dieselben Einflußvariablen ganz unterschiedliche Entwicklungsmerkmale zu fördern scheinen. So gehen so unterschiedliche Einflußvariablen wie demokratisches Familienklima, liebesorientierte Erziehungspraktiken und Wertschätzung kindlicher Selbständigkeit sowohl mit fortgeschrittener Gewissensbildung, höherem I. Q., höherer sozialer Kompetenz und stärkerem Leistungsmotiv einher, also mit lauter „erwünschten", aber recht verschiedenen Entwicklungsmerkmalen. Man weiß dann nicht, wodurch speziell das einzelne „Entwicklungsmerkmal" gefördert wird, und der Verdacht drängt sich auf, daß die einzelnen Einflußvariablen lediglich die allgemeine Entwicklung – und über sie die Entwicklung der verschiedenen Merkmale – beschleunigt haben. Man hätte also im oben skizzierten Sinne entwicklungspsychologische Fragestellungen des zweiten, und nicht des dritten, Schritts untersucht.

Die bisherige Befundlage zur Entwicklung individueller Motivunterschiede enthält alle Unschlüssigkeiten der üblichen Sozialisationsforschung. Ein Paradebeispiel ist die Rolle der Frühzeitigkeit von Selbständigkeitserziehung, der wir uns zunächst zuwenden. Danach werden kurz Probleme und Ergebnisse zum Einfluß von Erziehungspraktiken erörtert sowie schließlich ökologisch orientierte Ansätze dargestellt, die die Mängel der Sozialisationsforschung zu überwinden suchen. Es wird kein Versuch gemacht, die verwirrende Fülle der Befunde darzustellen (vgl. zusammenfassend Heckhausen, 1972; Trudewind, 1976; im Druck).

Selbständigkeitserziehung

Winterbottoms (1958) klassisch gewordene Studie über den Zusammenhang zwischen früher mütterlicher Erziehung zur Selbständigkeit und Stärke des Leistungsmotivs beim Kind hat eine Menge weiterer Untersuchungen angeregt. Die Befundlage ist unheitlich. In theoretischer Hinsicht besteht bis heute keine Klarheit, was genauer an Erziehungsvariablen welche Motivationsparameter beeinflußt und differentiell-psychologisch prägt. Von unseren drei Entwicklungsmerkmalen ist in mehr oder weniger expliziter Form schon jedes zur Erklärung herangezogen worden, ohne daß jedoch bis heute ihr differentieller Erklärungswert für Effekte der Selbständigkeitserziehung inzwischen vergleichend überprüft worden wäre. Im folgenden sei zunächst die Befundlage und dann erst die Entwicklung in der Interpretation der Befunde skizziert. Die Akzentverschiebungen in den Interpretationen folgten auch hier wieder in der Hauptsache der Theorieentwicklung der differentiell-orientierten Motivationsforschung, teils auch der Herausforderung durch widersprüchliche Befunde. Schließlich werden wir auf erste Ansätze in der Differenzierung von Einflußvariablen und Entwicklungsmerkmalen in mehreren Untersuchungen hinweisen.

Befunde

Winterbottom (1958) teilte eine Gruppe 8jähriger Jungen am Median der nAch-Verteilung in Hoch- und Niedrigmotivierte, legte deren Müttern u. a. eine Liste mit 20 Anforderungen an die kindliche Selbständigkeit und Tüchtigkeit vor und ließ sie angeben, von welchem Alter ab ihr Kind die einzelnen Anforderungen erfüllen sollte. Alle Mütter machten sich jede der 20 Anforderungen zu eigen. Die Mütter hochmotivierter Kinder erwarteten jedoch in einem früheren Lebensalter ihres Sohnes als die Mütter niedrigmotivierter Kinder, daß die Anforderungen erfüllt wurden (vgl. Abb. 13.7). Dies galt nicht für alle Anforderungen, sondern nur für jene einer kindzentrierten Selbständigkeit, die Autonomie bei der Wahl und Ausführung von Tätigkeiten gewähren, nicht aber für Routinefertigkeiten, die – einmal beherrscht – weder mißlingen können noch ein Risiko darstellen, sondern die Mutter von Betreuungsarbeit entlasten (z. B. sich selbst anziehen).

Befunde — 685

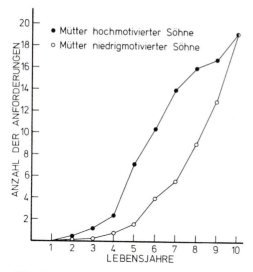

Abb. 13.7. Kumulative durchschnittliche Anzahl der Selbständigkeitsanforderungen pro Lebensjahr des Kindes, die von Müttern hoch- und niedrigmotivierter Söhne gestellt werden. (Nach Winterbottom, 1958, S. 462)

Was die mütterlichen Fragebogendaten betrifft, so sind – auch für alle Nachuntersuchungen – zwei Dinge festzuhalten. Einmal ist es gewiß fraglich, wieweit man die Altersangaben der Mütter in einem anamnestischen Sinne für verläßlich halten kann. Weniger fraglich erscheint es, daß die Frühzeitigkeit ein Index für die Wichtigkeit ist, die die Mütter den einzelnen Anforderungen beimessen. Zum anderen verdient es Beachtung, daß es

auch in allen Nachuntersuchungen nur die kindzentrierten Arten von Selbständigkeit waren, die zwischen den Motivgruppen differenzierten. Da aber gerade solche Selbständigkeiten dem Kind einen Freiraum gewähren, den es selbst zur eigenen Leistungsbewährung strukturieren kann, ist zu folgern, daß nicht so sehr explizite und hohe Tüchtigkeitsnormen der Mütter damit verbunden sind. Gewährung kindzentrierter Selbständigkeit scheint deshalb weniger das Entwicklungsmerkmal des persönlichen Standards differentiell zu beeinflussen als vielmehr in unterschiedlichem Maße Gelegenheit zum Erfahren von Erfolg und Mißerfolg nach selbstgesetzten Standards im Sinne individueller Bezugsnormen zu geben. Von den drei differentiellen Entwicklungsmerkmalen dürfte deshalb am ehesten das der Anreizgewichtung – und zwar im Sinne einer generellen Erhöhung des Erfolgs- wie Mißerfolgsanreizes – beeinflußt werden.

Nachfolgende Untersuchungen brachten widersprüchliche Befunde zutage (vgl. Überblick bei Heckhausen, 1972). Eine Nachuntersuchung an Winterbottoms Vpn – nun 14 bis 16 Jahre – ließ den Zusammenhang zwischen Frühzeitigkeit der Selbständigkeitserziehung und Motivstärke nicht mehr entdecken (Feld, 1967). Man fand den Zusammenhang auch nur bei Teilgruppen wie Mittelschicht (Rosen, 1959) oder Söhnen protestantischer Mütter (Smith, 1969b). Auch Umkeh-

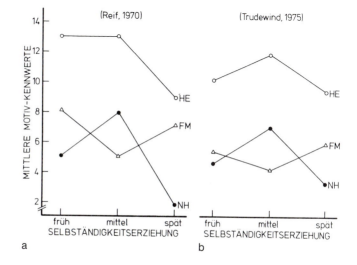

Abb. 13.8 a u. b. Mittlere Kennwerte der Motivausprägung (HE = Hoffnung auf Erfolg; FM = Furcht vor Mißerfolg; NH = Nettohoffnung, HE − FM) in Abhängigkeit von der Frühzeitigkeit der mütterlichen kindzentrierten Selbständigkeitserziehung in Schülergruppen des 4. Schuljahres (links: Reif, 1970) und des 4. und 5. Schuljahres (rechts: Trudewind, 1975). (Nach Meyer, 1973a, s. 181; Trudewind, 1975, S. 122)

rungen gab es, nach denen frühe Selbständigkeitserziehung ein schwaches (Hayashi u. Yamauchi, 1964) oder ein mißerfolgsängstliches Leistungsmotiv (Teevan u. McGhee, 1972) fördern und späte Selbständigkeitsforderungen eher günstig sind (Bartlett u. Smith, 1966). Das nährte die schon von Veroff (1965) geäußerte Vermutung, daß nicht Frühzeitigkeit als solche, sondern Entwicklungsangemessenheit der Selbständigkeitsanforderungen maßgebend sei, so daß global betrachtet, weder ein frühes noch ein spätes Lebensalter, sondern die Zeit dazwischen am günstigsten sein sollte. Das fanden Reif (1970; vgl. Meyer 1973a) und Trudewind (1975) bei ihren männlichen Vpn des 4. und 5. Schuljahres bestätigt, und zwar signifikant für die Differenz beider Leistungsmotive (HE minus FM). Wie Abb. 13.8 zeigt, geht „mittelfrühe" Selbständigkeitserziehung mit höherem Erfolgs- und geringerem Mißerfolgsmotiv einher.

Außer bloßer Frühzeitigkeit wurde in der Untersuchung von Meyer auch ein Index für Entwicklungsangemessenheit herangezogen. In einer Interaktionssituation von Mutter und Kind nach dem Muster von Rosen u. d'Andrade (1959) wurde das Anspruchsniveau der Mutter für die Aufgabenbewältigung des Sohnes erhoben. Es wurde mit dem Intelligenztestniveau des Sohnes in Beziehung gebracht, um einen Index für den Grad mütterlicher Überforderung zu gewinnen. Überfordernde Mütter hatten Söhne mit mißerfolgsängstlicher Motivausprägung (Heckhausen u. Meyer, 1972).

Theorieentwicklung

Auf die Frage, wie frühe Selbständigkeitsanforderungen die Motivausprägung beeinflussen könnten, hat es nacheinander verschiedene theoretische Vorstellungen gegeben. Die frühesten folgen lerntheoretischen Konzeptionen über Affektverknüpfung und Reizgeneralisation. McClelland (1958c; McClelland et al., 1953) postulierte mindestens drei Wirkmechanismen. Einmal sollen Verknüpfungen zwischen Leistungshandeln und affektiven Folgen (in Gestalt elterlicher Sanktionen) um so stärker und löschungsresistenter sein, je früher in der Kindheit sie auftreten. Da zweitens das junge Kind noch ungenügend zur genaueren symbolischen Repräsentation der auslösenden Situationsmerkmale befähigt ist, soll es zu einer Reizgeneralisation der Affektverknüpfung kommen, so daß auch ein breites Spektrum ähnlicher Situationen leistungsthematische Affekterwartungen auslöst. Drittens sollen frühe Selbständigkeitsforderungen zugleich auch hohe mütterliche Gütestandards für das Kind beinhalten, die das Kind sich zu eigen macht. Dieser letzte Wirkmechanismus müßte die Ausbildung eines hohen persönlichen Standards fördern. Diese Vermutung ist, wie bereits erörtert, wenig plausibel, da die entscheidenden Selbständigkeitsanforderungen dem Kind ja gerade Aktivitätsbereiche zur eigenständigen Bewältigung freistellen. Der erste und zweite Wirkmechanismus müßte dagegen die Anreizgewichtung erhöhen, und zwar ohne differentielle Gewichtung für Erfolg und Mißerfolg.

Veroff (1965) hat dagegen eine differentielle Gewichtung im Sinne einer Erfolgs- vs. Mißerfolgsorientierung im Auge gehabt. Im Rahmen der gleichen lerntheoretischen Konzeptionen postulierte er, daß nicht frühe, sondern mittelfrühe Zeitpunkte optimal seien. Zu früh sind Selbständigkeitsforderungen, wenn das Kind die affektauslösenden Situationsmerkmale noch nicht genügend differenzieren kann. Es soll dann von Unsicherheit überwältigt werden und ein Meidungsmotiv erwerben. Zu spät sind Zeitpunkte, wenn das Kind schon so gut kognitiv differenzieren kann, daß die Affektverknüpfung sehr speziell bleibt und nicht über ähnliche Situationen generalisiert wird. Eine geringe Motivstärke soll die Folge sein. Optimale Zeitpunkte liegen zwischen beiden Extremen, wenn die Differenzierungsfähigkeit nur wenig überfordert wird, Generalisierung der Affektverknüpfung stattfindet und sich deshalb ein erfolgszuversichtliches Motiv entwickeln soll. Alle diese Mutmaßungen Veroffs lassen die von entwicklungsbedingter Differenzierungsfähigkeit abhängigen Generalisierungsbreiten unmittelbar in affektive Anreizgewichte gegensätzlicher Art umschlagen. Direkte Belege gibt es dafür nicht, wenn auch manche Befunde (vgl. Abb. 13.7) für die optimale Wirkung „mittelfrüher" Zeitpunkte sprechen.

Schließlich ist auch zur Erklärung der gleichen Befunde die Attributionstheorie herangezogen worden. Heckhausen (1972) und Meyer (1973a) hielten wie Veroff nicht die Frühzeitigkeit, sondern die Entwicklungsangemessenheit für maßgebend. Zu frühe, d. h. entwicklungsüberfordernde Selbständigkeitserziehung sollte zu vermehrtem Mißerfolg führen, für den dann wegen der Konsistenz seines Auftretens das Kind einen konstanten Personfaktor – d. h. Fähigkeitsmangel – verantwortlich macht. Entwicklungsangemessene Zeitpunkte begünstigen dagegen eine Gleichverteilung von Erfolg und Mißerfolg, und die damit sich einstellende geringe Konsistenz der Ergebnisse sollte den variablen Faktor der Anstrengung als Erklärung nahelegen und so das typische Attributionsmuster des Erfolgsmotivierten entstehen lassen. Schwierigkeiten machte die attributionstheoretische Erklärung dafür, daß sich bei späten Zeitpunkten ein niedriges und mißerfolgsängstliches Motiv herausbildet. Da hier Erfolgserfahrungen konsistent sind, müßten sie eigentlich hohe Fähigkeit attribuieren und ebenfalls ein erfolgszuversichtliches Motiv entstehen lassen. Um einer solchen, der Befundlage widersprechenden Schlußfolgerung zu entgehen, wurden in diesem Fall Konsensinformationen als ausschlaggebend angesehen: Das Kind sollte deprimiert feststellen, daß es nur bei solchen Aufgaben Erfolg hat, die für Gleichaltrige schon zu leicht geworden sind.

Erste Differenzierungen

Inzwischen gibt es Grund genug, die attributionstheoretische Erklärung fallenzulassen. Sie unterstellt jüngeren Kindern kognitive Fähigkeiten, die sie noch nicht besitzen. Abgesehen von der Unterstellung, schon Konsensinformationen (und dazu noch an Gleichaltrigkeit orientiert) verarbeiten zu können, erfordert die Entwicklung von Attributionsmustern – wie wir gesehen haben – einen anstrengungsbereinigten Fähigkeitsbegriff und das Verfügen über kompensatorische Kausalschemata; also lauter Errungenschaften, die erst gegen Ende des ersten Lebensjahrzehnts anzutreffen sind. Im übrigen ist die attributionstheoretische Erklärung bisher auch als einzige direkt überprüft worden – mit negativem Ergebnis. Bei 10- bis 12jährigen Mädchen und Jungen fand Burkert (1977) keinen der postulierten Zusammenhänge zwischen Attributionsmuster der Kinder und Frühzeitigkeit der mütterlichen Selbständigkeitserziehung. Auch wenn man statt bloßer Frühzeitigkeit die Entwicklungsangemessenheit heranzog (erschlossen aus der Diskrepanz zwischen mütterlichem Anspruchsniveau für das Kind und dessen Leistungsfähigkeit bei verschiedenen Testaufgaben) ließen sich bei 8- bis 9jährigen die postulierten Zusammenhänge nicht finden (Fraune, 1976).

Von den drei differentiellen Merkmalen der Motivationsentwicklung kommen also nur Anreizgewichtung und persönlicher Standard in Frage, um Zusammenhänge zwischen Selbständigkeitserziehung und der Entwicklung individueller Motivunterschiede zu erklären. Welches der beiden Entwicklungsmerkmale – und wieso – affiziert wird, muß solange im dunklen bleiben, wie sowohl das mütterliche Drängen auf Selbständigkeit (Prädiktor) als auch die Motivparameter beider Merkmale der Motivationsentwicklung (Kriterium) nicht differenziert erfaßt werden.

Erste Differenzierungen auf der Prädiktorseite hat Lütkenhaus (1976) vorgenommen, indem er die Frühzeitigkeit auf drei Bedingungsfaktoren zurückzuführen suchte: den Entwicklungsstand der kindlichen Leistungsfähigkeit, die Sensibilität der Mutter für die Wahrnehmung des kindlichen Entwicklungsstandes und das mütterliche Anspruchsniveau für die Tüchtigkeit ihres Kindes. Die Leistungsfähigkeit der 5- bis 6jährigen Kinder stellte Lütkenhaus an fünf verschiedenartigen Testaufgaben fest. Danach wurden dieselben Aufgaben der Mutter vorgelegt, um sie schätzen zu lassen, wie gut ihr Kind bei jeder Aufgabe abgeschnitten habe. Aufgrund der Diskrepanz zwischen kindlicher Leistung und mütterlicher Schätzung wurden die Mütter in

„Unterschätzende", „Sensible" und „Überschätzende" eingeteilt. Das mütterliche Anspruchsniveau wurde auf die mütterliche Tüchtigkeitseinschätzung bezogen und somit als das Ausmaß eher über- vs. unterfordernder Leistungserwartungen gefaßt.

Es gab keine Haupteffekte, sondern Wechselwirkungen der drei Faktoren. Ein überforderndes mütterliches Anspruchsniveau war nur bei weniger sensiblen Müttern mit früher Selbständigkeitserziehung verbunden. Waren die überfordernden Mütter zugleich sensibel, so war das Gegenteil der Fall: Sie gaben sehr späte Zeitpunkte an. Eine solche Wechselwirkung von Anspruchsniveau und Sensibilität spricht dagegen, daß die Selbständigkeitserziehung direkt individuelle Entwicklungsunterschiede im persönlichen Standard bewirkt. Oder man müßte vermuten, daß ein hohes Anspruchsniveau nur bei früher Selbständigkeitserziehung (unsensibler Mutter) die Motiventwicklung in Gestalt des persönlichen Standards beeinflußt, nicht aber bei späten Zeitpunkten (was nicht wahrscheinlich ist; vgl. unten Erziehungspraktiken). Oder die Frühzeitigkeit hätte je nach Konstellation von Anspruchsniveau und Sensibilität der Mutter unterschiedliche Wirkungen.

Welche Motiveffekte beim Kind ein überforderndes mütterliches Anspruchsniveau hat, ist von Stark (1977) mit Hilfe der Daten von Lütkenhaus geprüft worden. Dabei kam es entscheidend auf den Entwicklungsstand der Leistungsfähigkeit der 5- bis 6jährigen an. War die Leistungsfähigkeit des Kindes gering, so war eine mit der Überforderung gepaarte Sensibilität der Mutter für die Leistungsfähigkeit ihres Kindes mit der günstigen Wirkung, nämlich einem erfolgszuversichtlichen Leistungsmotiv (NH), verbunden. Unterschätzung und Überschätzung haben dagegen eine ungünstige Wirkung, die signifikant von einer eher förderlichen Wirkung bei den Kindern mit hoher Leistungsfähigkeit abstach. Bei den letzteren erwies sich die Sensibilität der überfordernden Mutter kaum als ausschlaggebend.

Auf der Kriteriumsseite hat Schmalt (1975) Differenzierungen vorgenommen. Er hat einmal den entwicklungspsychologischen Primat der individuellen Bezugsnorm (vgl. Kap. 12; Veroff, 1969) bei der Messung des Motivs beherzigt. Er hat die 18 Bildsituationen des Gitter-Tests danach aufgeteilt, ob sie eher individuelle oder soziale Bezugsnorm nahelegen. Nur ein Motivindex aufgrund von Anregungsmaterial mit individueller Bezugsnorm ist für die Verarbeitungsmöglichkeit von Kovariationsinformationen (insbesondere Konsistenz, aber noch nicht Konsens) während der frühen Selbständigkeitserziehung angemessen. Deshalb sollten sich auch nur für ihn Zusammenhänge finden lassen. Die zweite Differenzierung betrifft das Mißerfolgsmotiv, nämlich die Unterscheidung zwischen einem Konzept mangelnder eigener Fähigkeit (FM 1) und affektiven Mißerfolgsbefürchtungen im Sinne einer Furcht vor sozialen Konsequenzen des Mißerfolgs (FM 2; vgl. Kap. 6). Da eine frühe Selbständigkeit mehr als eine späte zu Enttäuschungen auf seiten der Mutter führen muß, sollte mit der Frühzeitigkeit auch eher eine größere Furcht vor sozialen Konsequenzen des Mißerfolgs (FM 2) als ein Konzept mangelnder eigener Fähigkeit (FM 1) verbunden sein; zumal im letzten Fall soziale Vergleichsinformationen noch keine Rolle spielen, weil sie kaum vorliegen und auch vom Kind noch nicht verarbeitet werden können.

An einer Stichprobe von Jungen und Mädchen des 3. Schuljahres ließ sich mit beiden Differenzierungen des Motivkriteriums der Einfluß der Frühzeitigkeit spezifizieren. Wie Abb. 13.9a zeigt, kovariiert nur der auf individueller Bezugsnorm basierte Motivindex mit der Frühzeitigkeit. Mittlere Zeitpunkte (also die in der Regel mehr entwicklungsangemesseneren) gehen mit einer stärkeren Erfolgszuversichtlichkeit der Motivausprägung (HE-FM) einher. Differenziert man andererseits das Mißerfolgsmotiv, so fördert die Frühzeitigkeit, wie Abb. 13.9b zeigt, nicht ein Konzept mangelnder eigener Fähigkeit (FM 1), sondern Furcht vor sozialen Konsequenzen des Mißerfolgs (FM 2).

Schmalts Befunde legen nahe, daß frühe, entwicklungsüberfordernde Selbständigkeitserziehung negativen Fremdbewertungsanreizen ein besonderes Gewicht bei der Herausbildung des Motivsystems gibt. Welches der

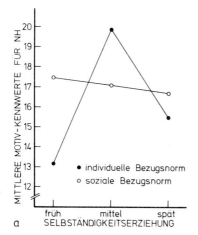 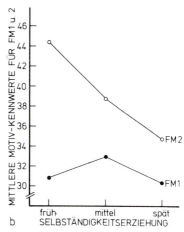

Abb. 13.9a u. b. Mittlere Motivkennwerte im 3. Schuljahr in Abhängigkeit von der Frühzeitigkeit der kindzentrierten Selbständigkeitserziehung: **a** hinsichtlich des entweder auf individueller oder sozialer Bezugsform basierten Erfolgsmotivs (NH = HE − FM) und **b** hinsichtlich der beiden Mißerfolgsmotive ‚Konzept mangelnder eigener Fähigkeit' (FM1) und ‚Furcht vor sozialen Konsequenzen des Mißerfolgs' (FM2). (Nach Schmalt, 1975, S. 31, 32)

beiden differentiellen Entwicklungsmerkmale (Anreizgewichtung und persönlicher Standard) dagegen für das Zustandekommen des typischen Befundes (Abb. 13.8a) – kurvilineare Abhängigkeit einer erfolgszuversichtlichen Motivausprägung in Abhängigkeit von der Frühzeitigkeit – maßgebend ist, ist nach wie vor unklar. Manches spricht dafür, daß die Einflüsse eher über differentielle Anreizgewichtung als über persönlichen Standard die Motiventwicklung affizieren. Eine Klärung wird erst möglich sein, wenn sowohl auf seiten der mütterlichen Einflußvariablen als auch der kindlichen Motivariablen einander theoretisch entsprechende Differenzierungen vorgenommen werden. Derartige Untersuchungen fehlen bisher.

Erziehungspraktiken

Leistungsthematische Erziehungspraktiken kommen insbesondere in elterlichen Reaktionen zum Ausdruck, wenn Leistungsbemühen des Kindes intensiv oder unzureichend sind, wenn das Kind Aufgabenschwierigkeiten zu überwinden hat sowie nach Erfolg oder Mißerfolg bei Aufgaben von unterschiedlichem Schwierigkeitsgrad. Meist hat man mütterliche Reaktionen auf Erfolg und Mißerfolg oder auch mütterliche Leistungserwartungen (Standards) mit Hilfe von Fragebogen von der Mutter (oder vom Kind aus seiner Sicht) erfragt. Auch Winterbottom (1958) hatte nicht nur nach der Frühzeitigkeit von Selbständigkeitsanforderungen gefragt. Sie fand auch, daß Mütter hochmotivierter Söhne neu gewonnene Tüchtigkeit mit mehr zärtlicher Zuneigung belohnen, als es Mütter niedrigmotivierter Söhne tun. Überschaut man die Literatur (vgl. Heckhausen, 1972), so tut sich ein eher einfaches Bild auf: Ein starkes und erfolgszuversichtliches Leistungsmotiv scheint gefördert zu werden, wenn (1) Erfolg mit Lob und Zuwendung belohnt und (2) auf Mißerfolg eher neutral reagiert wird sowie (3) hohe Leistungserwartungen an das Kind herangetragen werden.

Es gibt Gründe, diesem Bild zu mißtrauen. Zunächst einmal ist es von fraglichem Wert, wenn Mütter (oder Kinder) konkrete und um Jahre zurückliegende Erziehungspraktiken anhand von Fragebogen zuverlässig rekonstruieren sollen. Überzeugender sind statt dessen Beobachtungen von Eltern-Kind-Interaktionen unter quasiökologischen Bedingungen. Ein Beispiel ist die schon erwähnte Beobachtung von Trudewind u. Husarek (1979). In dieser Studie wurde neben Sanktionen das Gewähren von Selbständigkeit, Attribution und Standards differenziert. Über ihre spezifischen Auswirkungen kann man jedoch nur rätseln, weil auf der Motivseite keine entsprechenden Differenzierungen vorgenommen wurden (insofern ist unsere Zuordnung der Ergebnisse dieser Studie zum Entwicklungsmerkmal der Anreizgewichtung eher eine Verlegenheit).

Ein weiterer Grund, dem einfachen Befundbild zu mißtrauen, liegt in der Tatsache (vgl. Heckhausen, 1972), daß die gleichen einzelnen Erziehungsreaktionen je nach ihrer Einbettung in das übergreifende „Erziehungsklima" einen anderen Stellenwert haben. So verlieren etwa negative Sanktionen nach Mißerfolg ihre ungünstige Wirkung, wenn sie in einem freundlichen und das Kind respektierenden Erziehungsumfeld praktiziert werden. Ein anderes Beispiel ist ein Befund zur Selbständigkeitserziehung von Meyer u. Wacker (1970). Eine weder zu frühe noch zu späte Selbständigkeitserziehung hatte nur dann einen förderlichen Einfluß auf die Selbstverantwortlichkeit für Mißerfolge, wenn das Familienklima durch freundliche Zuwendung und nicht durch Abweisung gekennzeichnet war. Solche Konstellationswirkungen werden bei univariaten Versuchsplänen leicht übersehen und als Fehlervarianz behandelt.

Schließlich und vor allem sind Sozialisationsstudien gewöhnlich einem einfachen lerntheoretischen Bekräftigungsklischee verhaftet, so daß schon von vornherein bei Befragung oder Beobachtung wichtige Differenzierungen übersehen werden. Dazu gehört vor allem die Tatsache, daß im Erleben des Kindes elterliche Reaktionen nicht bloß den Charakter von „Bekräftigung" (im Sinne von Belohnung und Strafe), sondern auch von Informationen über Standards, Fähigkeitseinschätzungen und Leistungserwartungen haben, die das Kind stärker beeinflussen können als bloße Bekräftigung. Diese Information ist mehr in der Kontingenz als in den Arten der Bekräftigung enthalten. Wird dem Kind klar, wie schwer und mühsam eine Aufgabe mindestens sein muß, damit die Mutter bei Erfolg zu loben beginnt und bei Mißerfolg zu tadeln aufhört, so weiß es auf mittelbare Weise um den Standard, an dem es gemessen wird.

So kann es, worauf Meyer (1978) hinweist, zu Wirkungen kommen, die im Lichte der üblichen bekräftigungstheoretischen Vorstellungen paradox erscheinen. Wird ein Kind überwiegend und auch schon bei minimalem Erfolg gelobt, so wird ihm mit deprimierendem Effekt klar, daß die Mutter es für wenig fähig hält und nicht viel von ihm erwartet. Umgekehrt zeigt bei schweren Aufgaben ein Tadel, wenn sie nicht gelingen, und ein Ausbleiben von Lob, wenn sie gelingen, eine hohe Meinung von der kindlichen Leistungstüchtigkeit an. Tadel kann also auch beglücken und Lob deprimieren.

Aus dieser Betrachtung ergeben sich Differenzierungen für das Bekräftigungsverhalten der Mutter und seiner Wirkungen auf das Kind. Was die Mutter betrifft, so ist dreierlei zu differenzieren: erstens, wieweit sie ihre Bekräftigungen überhaupt von schwierigkeitsbezogenen Standards abhängig macht (und nicht bloß auf alle Erfolge positiv und Mißerfolge negativ reagiert); zweitens, wie hoch ihr Standard liegt, den ihre Bekräftigungskontingenz erkennen läßt; drittens, wieweit ihr Standard entwicklungsangemessen ist. Je mehr die Kontingenz schwierigkeitsabhängig, umso informativer ist die Bekräftigung und dürfte eher den persönlichen Standard des Kindes beeinflussen als sich direkt auf Anreizgewichtungen auswirken. Und andererseits: Je anspruchsvoller und dennoch entwicklungsangemessen der Kontingenzstandard ist, desto mehr sollte eine hohe und erfolgszuversichtliche Motivstärke gefördert werden – wobei es fast belanglos wäre, ob Standard und Fähigkeitseinschätzung vornehmlich durch Lob oder durch Tadel eingegrenzt würden.

Scheinbar paradoxe Bekräftigungseffekte

Wenn es auch bisher keine Untersuchungen gibt, die das Sanktionsverhalten in der vorgeschlagenen Weise differenzieren, so gibt es doch schon eine Reihe von Belegen für scheinbar paradoxe Bekräftigungseffekte, bei denen der Informationsaspekt maßgebend gewesen sein muß. Es handelt sich in all diesen Studien um Kinder zwischen 8 und 10 Jahren. Bartlett u. Smith (1966) fanden, daß Mütter hochmotivierter Söhne in Leistungssituationen mehr tadeln und weniger loben als Mütter niedrigmotivierter Söhne. In Mutter-Kind-Interaktionen beobachtete Reif (1970) bei Müttern erfolgsmotivierter Söhne halb soviel positive Sanktionen wie bei Müttern mißerfolgsmotivierter Söhne. Die Aufgaben waren nach Schwierigkeit gestaffelt, Erfolg und Mißerfolg wurden für alle Kinder konstant gehalten. Hinsichtlich negativer Sanktionen gab es zwischen beiden Gruppen keine Unterschiede. Vollmer (1971) befragte Eltern, wie sie das gerade erhaltene Zeugnis ihres Sohnes beurteilten und wie sie darauf reagiert hätten. Beurteilten sie das Zeugnis als gut, so war ihre positive emotionale Reaktion um so stärker, je mißerfolgsmotivierter ihr Sohn war. Gleiches fand Trudewind (1975) für gute Schulleistungen. Auch die schon erwähnte Beobachtungsstudie der Hausaufgaben von Trudewind u. Husarek (1979) ist ein Beleg. Mütter von Schülern, die im Laufe des 1. Schuljahrs mißerfolgsmotivierter wurden, hatten inzwischen ihren Standard an einem herausragenden Schüler der Klasse orientiert und waren mit der Hausaufgabenbearbeitung ihres Sohnes unzufrieden (obwohl die Gruppe der mißerfolgsängstlich gewordenen Schüler in der Mitte des 2. Schuljahrs im Mittel keine schlechteren Noten erzielte als die nicht mißerfolgsängstlich gewordene).

Andererseits wirft unsere Betrachtung auf der Seite des Kindes die Frage auf, ab wann Kinder kognitiv in der Lage sind, aus den Bekräftigungen Informationen über den Standard der Mutter und ihre Tüchtigkeitseinschätzung zu ziehen. Wir haben bereits den Fall ungleicher Lehrersanktionen auf gleiche Schulleistungen erörtert, der den Schülern Schlußfolgerungen erlaubt, daß der Lehrer ihre Fähigkeit unterschiedlich einschätzt (Meyer u. Plöger, 1979; vgl. Kap. 11; Abb. 11.13). Da hierzu Kinder über kompensatorische Kausalschemata (vgl. oben 8. Entwicklungs-

merkmal) verfügen müssen, sind sie vor Ende des ersten Lebensjahrzehnts kaum zu solchen Schlußfolgerungen in der Lage. Aber auch schon ohne sozialen Vergleich und bevor es über Kompensationsschemata verfügt, sollte das Kind in der Lage sein, aus den Sanktionen der Mutter deren Standard und Einschätzung der eigenen Tüchtigkeit zu erschließen, sofern es Schwierigkeitsgrade einer Aufgabe (bezogen auf die eigene Tüchtigkeit) unterscheiden kann. Dazu sind 4- und 5jährige bereits in der Lage. Allerdings ist es fraglich, ob es schon in diesem Lebensalter wiederkehrende, wenn nicht gar tägliche, Aufgaben gibt, für die Eltern einen Tüchtigkeitsmaßstab und Standard aufbauen, von dem sie ihre Sanktionen abhängig machen. Wahrscheinlich ist, daß Eltern – je jünger ihr Kind – unabhängig vom Ergebnis die bloßen Leistungsbemühungen (deren Intensität und Ausdauer) sanktionieren. Der informative Aspekt von Bekräftigungen sollte deshalb erst mit zunehmendem Lebensalter – und insbesondere nach Schuleintritt – relevanter werden.

Lebensaltersabhängigkeit der Bekräftigungseffekte

Wenn dem so ist, dann sollte auch mit zunehmendem Lebensalter ein Zusammenhang zwischen Bekräftigungsmuster und Motivausprägung nach dem lerntheoretischen Klischee verlorengehen. Bei jüngeren Kindern sollte das Überwiegen positiver oder negativer Bekräftigungen entscheidender sein als bei älteren Kindern, und bei älteren Kindern eher die Höhe des elterlichen Standards, die aus positiven wie aus negativen Bekräftigungen erkennbar wird. Dafür gibt es in der Tat Belege, wenn man die Eltern-Kind-Interaktionsstudie von Rosen u. d'Andrade (1959) mit 9- bis 11jährigen Jungen mit ihrer Replikation in Mutter-Kind-Dyaden von Heckhausen u. Oswald (1969) mit 4- bis 5jährigen Mädchen und Jungen vergleicht.

Die Versuche fanden im Elternhaus statt. Während das Kind eine Aufgabe bearbeitete, wurde das Verhalten der neben ihm sitzenden Eltern (Mutter) beobachtet und protokolliert.

Das Kind hatte verschiedenartige Aufgaben mit unterschiedlichen Schwierigkeitsvarianten zu lösen (wie Turmbauen, *Puzzles* zusammensetzen). Vor jeder Aufgabenbearbeitung notierten die Eltern (die Mütter) das Anspruchsniveau, daß sie für ihr Kind hatten. Während der Aufgabenbearbeitung war es ausdrücklich freigestellt, sich mit dem Kind zu unterhalten und Hinweise zu geben; nicht jedoch, die Aufgabe anstelle des Kindes zu lösen. Protokolliert wurde u. a., wie häufig positiv oder negativ bekräftigt und auf direkte oder indirekte (d. h. selbständigkeitsrespektierende) Weise in die Lösungsbemühungen des Kindes eingegriffen wurde.

Bei den 9- bis 11 jährigen in Rosen u. d'Andrades Studie unterschieden sich die Mütter (und auch die Väter) hochmotivierter Söhne am deutlichsten von denen niedrigmotivierter Söhne in dem anspruchsvollen Standard, den sie für ihr Kind setzten. In ihrem Sanktionsverhalten zeigten diese Mütter einerseits zwar viel mehr „Wärme" *(positive evaluation, positive tension release),* zugleich aber auch etwas mehr „Zurückweisung" *(hostility, negative tension release)* als die Mütter niedrigmotivierter Söhne. Die Autoren charakterisieren das Sanktionsverhalten zusammenfassend wie folgt: „As a boy works his mother tends to become emotionally involved. No only is she more likely to reward him with approval (Warmth) but also to punish him with hostility (Rejection). In a way it is this factor of involvement that most clearly sets the mother of high *n*Achievement boys apart from the mothers of low *n*Achievement boys" (S. 216).

Bei den 4- bis 5jährigen dagegen in Heckhausen u. Oswalds Studie teilten sich die Mütter nach ihren Sanktionen klar in zwei gegensätzliche Gruppen. Die eine Gruppe verwendete häufig positive und selten negative Bekräftigungen und die andere umgekehrt häufig negative und selten positive Bekräftigungen. In ihren Anspruchsniveaus unterschieden sich beide Gruppen dagegen nicht. Die Söhne der Mütter der ersten Gruppe (mit überwiegend positiven Sanktionen) bevorzugten schwierigere Aufgaben und suchten seltener um Hilfe nach als die Jungen der zweiten Gruppe; zeigten also ein Verhalten, wie es einem erfolgszuversichtlichen Leistungsmotiv entspricht. Ähnliche Beobachtungen haben auch Crandall et al. (1960) an 3- bis 5jährigen gemacht. Wurden deren Leistungsversuche zu Hause von ihren Müttern ermuntert und positiv bekräftigt, so zeigten die Kinder im Kindergarten eine größere Initiative im Malen, Zeichnen, Modellieren und Bilderbuchlesen.

Insgesamt läßt sich sagen, daß das elterliche Bekräftigungsverhalten in Leistungssituationen nicht lediglich die Anreizgewichte für Erfolg und Mißerfolg in der Entwicklung des kindlichen Motivsystems differentiell beeinflußt. Das scheint nur bei jüngeren Kindern zuzutreffen, sei es, weil Eltern für sie noch keine Standards für frühkindliche Leistungen gebildet haben oder sei es, weil die Kinder noch nicht in der Lage sind, aus den Bekräftigungen standardanzeigende Informationen herauszulesen. Beides ist jedoch bei älteren Kindern, etwa ab Schuleintritt, der Fall. Entscheidender als positive oder negative Bekräftigung selbst ist nun deren implizite Information über den elterlichen Tüchtigkeitsstandard. Dabei gibt es scheinbar paradoxe Bekräftigungswirkungen. Wir haben hier mit dem Fall zu tun, daß eine äußerlich gleiche Einflußvariable – elterliche Bekräftigungen – im Laufe der Entwicklung ihren Effekt von einem Merkmal der Motivationsentwicklung auf ein anderes verlagert, von der Anreizgewichtung auf den persönlichen Standard.

Ökologische Einflüsse

Ökologische Einflüsse stecken vor allem den Rahmen an Realisierungsmöglichkeiten für dispositionelle Entwicklungsmerkmale ab. Sie sind maßgebend für eine Verhaltenserklärung auf den vierten Blick (vgl. Kap. 1). Nicht nur die Eltern in ihrem unmittelbaren Umgang mit dem Kind, sondern auch die Sachumwelt des kindlichen Entwicklungsraumes trägt zur Herausbildung individueller Motivunterschiede bei. Größe und Einrichtung der Wohnung, Spielzeug, Bücher, Fernsehen, die nähere Umgebung des Wohnhauses – all das kann zu entwicklungsbeeinflussender Interaktion herausfordern. Greift man einzelne Dinge heraus, ergeben sich kuriose Effekte. So hatten 9- bis 11jährige ein eher mißerfolgsorientiertes Leistungsmotiv, wenn sie ihr Krabbelalter im Laufställchen verbringen mußten; oder wenn sie in ihrem jetzigen Alter kein Fahrrad besaßen oder – falls sie doch eines besaßen – es wegen einer verkehrsreichen Hauptstraße nur in einem eng abgezirkelten Bereich benutzen durften. In der gleichen Untersuchung (Trudewind, 1975) gab es eine Reihe von Dingen, von denen ein Zuwenig oder Zuviel mit einer ungünstigen, ein ausgewogenes Mittelmaß aber mit einer günstigen Motivausprägung einherging; so die Anzahl von Spielzeug und Malgerät sowie die wöchentliche Fernsehdauer. Es wäre verwegen, einem unmittelbaren Einfluß der aufgezählten Dinge auf die Motiventwicklung anzunehmen. Statt dessen sind sie Indikatoren teils für elterliche „Erziehungsphilosophien", teils für die Anregungsvielfalt des kindlichen Lebensraumes zu leistungsthematischer Betätigung.

Wie verwickelt die Zusammenhänge sein mögen, zeigt eine Analyse der Effekte des Fernsehens auf die Motivausprägung 6- und 7jähriger. Jennessen (1979) hat die bevorzugten Fernsehsendungen samt der dazu von den Eltern gebotenen Unterstützungen auf ihr entwicklungsangemessenes und aktivitätsanregendes Potential analysiert und bestimmt; desgleichen auch den Grad der „Stimulation durch Ausstattungen der häuslichen Umwelt". Beides – Fernsehanregung und häusliche Stimulation – addierten sich keineswegs in ihren Effekten auf die Motivausprägung, sondern standen in einer Wechselwirkung. War die häusliche Stimulation gering, so wuchs mit wachsender Fernsehanregung die Stärke einer erfolgszuversichtlichen Motivausprägung. War jedoch schon die häusliche Stimulation stark, so hatte hohe Fernsehanregung einen ungünstigen Effekt: Mit zunehmender Fernsehanregung sank bei solchen Kindern die Motivstärke ab, so als sei das Kind von zuviel Anregung überschwemmt.

Weil sich, wie in diesem Falle, die Einflußrichtung je nach der Konstellation anderer Variablen im Bedingungsumfeld umkehren kann, ist ein ökologischer Ansatz darauf aus, möglichst viele relevant erscheinende Umweltvariablen zu erfassen und auf ihre Wechselwirkungen zu analysieren. Relevant sind dabei konkrete Alltagsgegebenheiten der physischen und sozialen Umwelt, denen sich motivationspsychologische Vermutungen über einen möglichen Einfluß auf die Motiventwicklung abgewinnen lassen. Um eine solche Analyse überschaubar zu halten, müssen die vielen einzelnen Variablen in einer motivationspsychologisch konzipierten Taxonomie zu Gruppen zusammengefaßt und die Datenfülle reduziert werden.

Einen solchen Versuch hat Trudewind (1975) unternommen. Er hat 31 Variablen nach drei Dimensionen geordnet. Die erste Dimension umfaßt den Anregungsgehalt der Umwelt mit Untergruppen wie: Weite des Erlebnishorizonts, Ausstattungen der häuslichen Umwelt, Förderung bei den Schularbeiten, soziale Kontakte, Spracherziehung. Die zweite Dimension umfaßt den elterlichen Leistungsdruck und die dritte kumulierte Erfolgs- und Mißerfolgserfahrungen des Kindes. In einer Stichprobe 9- bis 11jähriger Jungen ergaben sich enge Beziehungen zwischen einzelnen Dimensionen (von denen jede ja eine Fülle verschiedenartiger Einzelvariablen umfaßt) und Motivunterschieden. So korrelierte das Ausmaß kumulierter Erfolgserfahrungen mit der Motivstärke und die Höhe des elterlichen Leistungsdrucks mit der Höhe des persönlichen Standards.

Aus der Fülle der Befunde (vgl. auch erste Ergebnisse einer Längsschnittstudie, die 6jährige bis zum 11. Lebensjahr verfolgte; Trudewind, im Druck) sei nur ein bemerkenswerter Wechselwirkungseffekt zwischen den Dimensionen Anregungsgehalt und Leistungsdruck berichtet. Auch ein starker elterlicher Leistungsdruck erhöhte nicht – wie man hätte erwarten können – das Mißerfolgsmotiv, wenn zugleich die Umwelt nur wenig Anregungsgehalte anbot, deren Bewältigung Anforderungen an die Tüchtigkeit des Kindes stellte. Erst wenn es zugleich auch viele Anregungsgehalte gab, hatte ein hoher elterlicher Leistungsdruck ein stark ausgeprägtes Mißerfolgsmotiv zur Folge (vgl. Abb. 13.10). Eine nähere

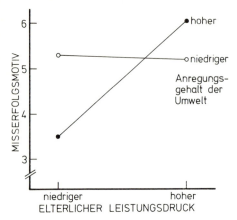

Abb. 13.10. Mittelwerte des Mißerfolgsmotivs von Schülern des 4. Schuljahres bei niedrigem und hohem Anregungsgehalt ihrer häuslichen Umwelt und schwachem oder starkem Leistungsdruck ihrer Eltern. (Nach Trudewind, 1975, S. 146)

Analyse zeigte, daß dieser ungünstige Wechselwirkungseffekt vor allem in der Auseinandersetzung des Kindes mit den dinglichen und sozialen Anregungsbedingungen seiner Nahumwelt und weniger in der Eltern-Kind-Interaktion zustande kam. Das läßt vermuten, daß bei überhöhten elterlichen Standards (Leistungsdruck) das Kind sich in einem anregungsarmen Milieu auf vergleichsweise wenig Leistungstüchtigkeiten konzentrieren und spezialisieren kann, um den geforderten Gütestandard zu erreichen. In einer anregungsreichen Umwelt ist es jedoch überfordert, überall den hohen Erwartungen zu entsprechen; was zudem die Eltern dann zu vermehrten Eingriffen und zur Konstatierung von Mißerfolg veranlaßt.

Die günstigste Konstellation ist, wie Abb. 13.10 zeigt, ein geringer elterlicher Leistungsdruck mit hohem Anregungsgehalt der Umwelt. Eine solche Bedingungspaarung eröffnet dem Kind die meisten Möglichkeiten zu eigenständiger Kompetenzerprobung. In vielfältiger Auseinandersetzung mit dem Umweltangebot können sich persönliche Standards herausbilden, die dem jeweiligen Entwicklungsstand angemessen sind. Schon früh wird so das Gewicht elterlicher Fremdbewertung und ihrer ungünstigen Wirkungen bei Über- und Unterforderung vermindert zugunsten einer Motiventwicklung in Richtung auf ein autonomes Selbstbewertungssystem.

Änderung von Motiven

Unter den Anwendungen, die die Leistungsmotivationstheorie gefunden hat, sind Versuche, Motive zu ändern, die spektakulärsten. Denn sie unternehmen, etwas zu ändern, was nach einem Grundpostulat der Motivationstheorie recht zeitstabil sein sollte. Schon in der frühen Kindheit sollten sich nach McClelland et al. (1953) feste Kopplungen zwischen situativen Hinweisreizen und Erwartungseffekten bezüglich Erfolg und Mißerfolg herausgebildet haben, die in allen Situationen, die einen Affektwandel verheißen, „redintegriert" werden. Es sollte gerade die Resistenz der etablierten Kopplungen zwischen Situationshinweisen und Erwartungsaffekten gegen jedes spätere Umlernen sein, was den dispositionellen Charakter des Motivs ausmacht. Glücklicherweise hielt sich McClelland nicht an das, was er an dispositioneller Stabilität des Motivs Jahre zuvor verkündet hatte. Warum sollte man den Optimismus, das Verhalten von Menschen zu ändern, allein den Therapeuten, Missionaren, ideologischen Weltverbesserern und politischen Führern überlassen?

Ausgangspunkt war die Beziehung zwischen starkem Leistungsmotiv, unternehmerischer Tätigkeit und wirtschaftlichem Aufschwung (McClelland, 1961; vgl. oben Kap. 6 und 7). In einer Längsschnittstudie fand McClelland (1965b) hochmotivierte Harvard-Studenten nach Jahren überzufällig in leitenden Wirtschaftspositionen wieder. Da in Entwicklungsländern Menschen mit hohem Leistungsmotiv selten sind, müßte dessen Vermittlung für die wirtschaftliche Entwicklung eine Art Katalysator-Funktion haben. Solche Aussichten und der Drang, etwas zu tun, waren stärker als theoriebegründete Überzeugung. Im Jahre 1967 begann McClelland in Entwicklungsländern die ersten Motivtrainingskurse von 10–14 Tagen abzuhalten, um das Leistungsmotiv kleiner und mittlerer Geschäftsleute zu verstärken. Solche Trainingskurse sind bis heute in Anwendung, sie gehören z. B. zum Interventionsrepertoire der UNIDO *(United Nations Industrial Development Organization)*. In leicht abgewandelter Form wurden solche Trainingskurse auch für Schüler eingerichtet.

Wie bei der Erörterung von Merkmalen der Motivationsentwicklung sind es wiederum Etappen der Theorieentwicklung, die die praktischen Interventionsverfahren zur Motivänderung nicht nur umgestaltet, sondern auch zunehmend in ihrer theoriegeleiteten Fokussierung verschärft haben. Die ursprünglichen Trainingskurse waren in theoretischer und methodischer Hinsicht nur lose aus der damaligen Leistungsmotivationstheorie abgeleitet und insgesamt recht eklektisch. In einer zweiten Etappe – Ende der sechziger Jahre – kamen Motivänderungsprogramme auf, die – wenn auch in einzelnen Punkten Verfahrensweisen der ursprünglichen Trainingskurse übernehmend – sich in zwei Punkten deutlich davon unterschieden. Sie leiteten zum einen ihre Vorgehensweisen weit enger aus dem damaligen Stand der Leistungsmotivationstheorie ab, insbesondere aus deren kausalattributionstheoretischer Elaboration; d. h. aus postulierten kognitiven Zwischenprozessen der Attribution von Erfolg und Mißerfolg und der Selbstbewertung. Eine dritte Etappe seit Ende der siebziger Jahre faßte diese Gesichtspunkte schließlich in einem Ansatz zusammen, der individuelle Bezugsnormen der Leistungsbewertung in den Mittelpunkt von Änderungsprogrammen für Lehrer und Schüler und von unterrichtsorganisatorischen Maßnahmen stellte. Wenden wir uns den drei Etappen der Reihe nach zu.

Motivtrainingskurse

Die theoretische Begründung – oder besser Rechtfertigung – der Trainingskurse, denen durchaus ein gewisser Erfolg beschieden war, lieferte McClelland (1965a) erst nachträglich in einem Artikel von 1965. Darin musterte er viele Bereiche der zeitgenössischen Psychologie durch, die in der einen oder anderen Form Verhaltensänderungen zu bewirken schienen; so insbesondere die Lernforschung, die Psychotherapie und die Einstellungsänderung. Was dabei theoretisch herauskam, war nicht nur eklektizistisch, sondern auch so allgemein, daß es nicht sehr überzeugt. Motive wurden als affektiv getönte „assoziative Netzwerke" angesehen, die in einer Dominanzhierarchie zueinanderstehen. Um ein schwach ausgeprägtes Leistungsmotiv dominant zu machen, sollte deshalb in seinem Netzwerk die Anzahl der affektiven Assoziationen erhöht werden. Aber wie? Lauter konkrete Situationen mit Erwartungsaffekten wie in der frühen Kindheit zu besetzen, wäre viel zu aufwendig, abgesehen von den Grenzen der Praxismöglichkeiten und des Umgangs mit erwachsenen Mitmenschen. Könnten statt dessen aber nicht schon bloß vorstellungsmäßige Kopplungen von Situationshinweisen und Erwartungsaffekten das assoziative Netzwerk dichter knüpfen und dominanter machen? Dies hielt McClelland für gesichert, da Handeln und Vorstellen sich offenbar gegenseitig beeinflussen, ja, die zwei Seiten ein und desselben Sachverhalts zu sein scheinen. Schließlich hatte sich ja gezeigt, daß Gedankenstichproben im TAT tatsächlich Verhalten vorhersagen können.

Wenn Vorstellungen und simuliertes Handeln einen Motivwandel in Gang setzen lassen, so muß nach McClelland im Trainingskurs viererlei verfolgt werden: (1) Man muß das asoziative Netzwerk ausdehnen, verstärken und verbessern, (2) man muß es in seinen Teilen klarer wahrnehmen und vor allem benennen können, (3) man muß es mit den Gegebenheiten des alltäglichen Lebens verknüpfen und (4) man muß die Beziehungen des neuen Netzwerks mit übergeordneten Assoziationsmustern – wie Selbst, Realität und kulturelle Werte – herausarbeiten und harmonisieren. Unter diesen vier Aspekten stellte McClelland insgesamt 12 „inputs" für den Trainingskurs zusammen, von denen je drei zu einer Gruppe zusammengefaßt sind, nämlich Studieren und Einüben des Leistungssyndroms, Selbststudium, Zielsetzung, soziale Unterstützung. Zu den einzelnen *inputs* gehören etwa: Inhaltsanalyse der eigenen TAT-Geschichten nach dem *n*Ach-Schlüssel, Erörtern von Fallbeispielen leistungsmotivierten Unternehmer-Handelns, Einüben realistischer Zielsetzungen in Selbsterfahrungsspielen, Überprüfen der Erwünschtheit leistungsmotivierten Handelns für die eigene Lebensführung und im Rahmen der persönlichen Lebensumstände (vgl. Erörterung von Krug, 1976).

McClelland u. Winter (1969) haben mehrere Trainingskurse im indischen Bundesstaat Andrah Pradesh in einem Buch ausführlich dokumentiert. Im Vergleich zu Kontrollgruppen (am Kurs interessierte, aber auf Warteliste gesetzte Personen) ließ sich bei mehr Teilnehmern eine Erhöhung der wirtschaftlichen Aktivität nach dem Kurs beobachten. So stieg die Anzahl der unternehmerisch Aktiven von 18% auf 51% nach dem Kurs, während für die Kontrollgruppe die Vergleichszahlen für beide Zeitpunkte 22 und 25% betrugen. Ähnliches wurde z. B. für neue Kapitalinvestitionen (von 32 auf 84% vs. 29 auf 40%) oder für die Schaffung neuer Arbeitsplätze (von 35 auf 59% vs. 31 auf 33%) beobachtet. Bei einer Nacherhebung von 1971 in der Stadt Kakinada, in der 1963 die Trainingskurse stattgefunden hatten, zeigte sich eine weit größere Beschäftigungsquote als in einer vergleichbaren Nachbarstadt mit gleichen Ausgangsbedingungen im Jahre 1963 (McClelland, 1978). Die höhere Aktivität trat vor allem bei jenen Kursteilnehmern auf, die beruflich sich in eher selbständigen Entscheidungspositionen befanden. Damit sich ein Motivwandel auch längerfristig im Verhalten durchsetzt, bedarf es auch der äußeren Realisierungsmöglichkeiten, die bei unselbständiger Tätigkeit offensichtlich zu gering sind.

Unter dem Gesichtspunkt von Kosten und Nutzen stellen sich die Trainingskurse günstiger als viele Projekte der Entwicklungshilfe dar. So hat der Kurs von Kakinada bei einem Aufwand von 6 Monaten und von etwa 25 000 Dollar den Lebensstandard von etwa 1000 Familien aufgrund zunehmender Beschäftigung in den folgenden Jahren gehoben (McClelland, 1978). Auch in den USA haben sich die Trainingskurse als sehr kostengünstig für die Förderung kleiner Betriebe und Läden sowie für eine höhere Beschäftigungsquote in Minoritätengruppen erwiesen.

Soweit waren die Trainingskurse durchaus erfolgreich. Aber hat sich tatsächlich das Motiv gewandelt, wie theoretisch postuliert worden war? Unmittelbar nach dem Kurs waren die *n*Ach-Werte auf ein Mehrfaches ihres Standes vor dem Kurs gestiegen und zwei bis drei Jahre später waren sie immer noch erhöht, wenn auch inzwischen abgefallen. Da die Kursteilnehmer jedoch darin trainiert worden waren, *n*Ach-haltige TAT-Geschichten zu schreiben und den Inhaltsschlüssel sich angeeignet hatten, haben wir es eher mit einem Effekt des Lernens, des Gedächtnisses oder der sozialen Erwünschtheit als mit einem unverfälschten Anzeichen von Motivwandel zu tun. Der Trainingskurs hatte das TAT-Verfahren als Meßinstrument wertlos gemacht. Die aufgeblähten TAT-Werte konnten auch nicht zwischen aktiven und nicht-aktiven Teilnehmern nach dem Kurs differenzieren. Einige Jahre später, nachdem Trainingskurse für Schüler – im Unterschied zu Manager-Kursen – ziemlich erfolglos geblieben waren, kam McClelland zu der Schlußfolgerung: „we think it is parsimonious and more theoretically sound to conclude that achievement motivation training courses improve school learning by improving classroom and life management skills rather than by changing *n*Achievement levels directly" (1972a, S. 145).

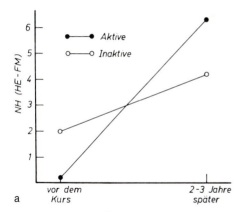 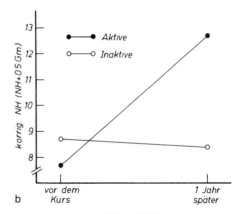

Abb. 13.11a u. b. Änderung der Motivwerte für Netto-Hoffung (NH = HE − FM) zwischen erster Messung vor dem Trainingskurs und späterer Messung bei Teilnehmern, die sich nach dem Kurs als aktiv und als inaktiv erwiesen haben. **a** Reanalyse der indischen Kurse von McClelland & Winter (1969) durch Heckhausen (1971, S. 258). **b** Evaluation von UNIDO-Kursen in Indonesien, Pakistan, Persien und Polen durch Varga (1977, S. 193)

Eine Reanalyse der TAT-Protokolle der indischen Trainingskurse, die Heckhausen (1971) mit Hilfe des Inhaltsschlüssels für Erfolgs- (HE) und Mißerfolgsmotiv (FM) durchgeführt hat, läßt McClellands Schlußfolgerung als voreilig erscheinen. Da die Kursteilnehmer diesen Schlüssel nicht kennengelernt hatten, konnten sie auch ihre Geschichten nicht danach gestalten. Vor allem ließen sich die beiden gegensätzlichen Motivtendenzen unmittelbar zu Beginn des Kurses und zwei bis drei Jahre später bestimmen (die Protokolle des TAT unmittelbar nach dem Kurs waren leider verlorengegangen). Die Neuverrechnung des TAT-Materials ergab klare Motivunterschiede zwischen den Teilnehmern, die nach dem Kurs aktiv geworden und jenen, die inaktiv geblieben waren. Die größte Gewähr für einen Kurserfolg boten jene, die vorher eher mißerfolgsmotiviert (FM > HE) gewesen waren; und zwar insbesondere dann, wenn sie zugleich eine wirtschaftliche Entscheidungsposition innehatten. Sie zeigten zwei bis drei Jahre später einen erheblichen Motivwandel zu einem dominierenden Erfolgsmotiv (HE > FM). Wer dagegen in den Kurs bereits mit erfolgszuversichtlicher Ausprägung des Leistungsmotivs eingetreten war, verließ ihn eher inaktiv und – sofern er über eine selbständige Entscheidungsposition verfügte – sogar mit einem dominant gewordenen Mißerfolgsmotiv.

Abb. 13.11a zeigt den Motivwandel (NH) zwischen Kurseintritt und zwei bis drei Jahren danach bei den aktiven (erfolgreichen) und inaktiven (nicht erfolgreichen) Kursteilnehmern, ohne in beiden Gruppen noch nach Selbständigkeit der Position zu unterscheiden. Heckhausen (1971) interpretiert die Ergebnisse wie folgt:

> Der nach zwei bis drei Jahren erzielte Motivwandel in Richtung auf vorwiegende Erfolgszuversichtlichkeit beruht auf einer Wechselwirkung von überwiegender Mißerfolgsmotivation vor dem Kurs und wirtschaftlichem Aktivwerden nach dem Kurs. Wirtschaftliche Selbständigkeit verstärkt diese, den Motivwandel fördernde Wechselwirkung.
>
> Die Voraussetzungen eines maximalen Motivwandels bestehen demnach in zwei zeitlich aufeinanderfolgenden Bedingungen: (1) in einer möglichst großen Dissonanz zwischen der anfänglichen Motivation und den angestrebten Programmzielen während des Kurses und (2) in einer längerfristigen Erprobung neuer Verhaltensmöglichkeiten im Sinne des absolvierten Kursprogramms. Die erste, kurzfristige Bedingung scheint einen initialen Beschleunigungseffekt auf den Motivwandel zu haben, der sich aber nur dann weiter fortsetzt und Bestand hat, wenn er längerfristig mit einem entsprechenden Verhaltenswandel gekoppelt ist (S 267).

Varga (1977) hat im Auftrage der UNIDO mehrere Trainingskurse in Indonesien, Pakistan, Persien und Polen daraufhin evaluiert, ob sich auch in ihnen der von Heckhausen konstatierte Motivwandel als Wechselwirkung von überwiegendem Mißerfolgsmotiv vor dem Kurs und wirtschaftlichem Aktivwerden nach dem Kurs wiederfindet. Zu diesem Zweck machte er durchschnittlich 12 Monate nach dem Kurs eine TAT-Erhebung und verglich deren HE- und FM-Werte mit den entsprechenden Daten des TAT-Materials vor den Kursen. Varga verwandte einen korrigierten NH-Wert (NH+0,5 Gm), um HE-Werte gegenüber FM-Werten bei höherer Gesamtmotivation (Gm) stärker zu gewichten als bei niedriger. Die Ergebnisse (Abb. 13.10b) entsprechen denen von Heckhausens Reanalyse: Die Unterschiede vor und nach dem Kurs sowie der Anstieg bei Aktiven sind sehr signifikant. Bemerkenswert ist, daß die Ergebnisse sich schon so deutlich nach einem Jahr herausgebildet haben.

Trainingskurse für Schüler

Als erster hat Kolb (1965) Struktur und Inhalte der Motivtrainingskurse für Unternehmer auf eine Schülergruppe mit erwartungswidrig schlechten Schulleistungen (I.Q. über 120) übertragen. Alle Schüler erhielten während eines sechswöchigen Ferienlagers Nachhilfe-Unterricht. Mit einer Hälfte von ihnen wurde zusätzlich das Motivtrainingsprogramm durchgeführt (Juni 1961). Sieben Monate später (Januar 1962) verzeichneten beide Gruppen Leistungssteigerungen, die jedoch ein weiteres Jahr später (Januar 1963) in der Gruppe ohne Motivtrainingsprogramm wieder abfielen. In der Experimentalgruppe hatte bei den Schülern aus höheren Sozialschichten die Leistungsverbesserung jedoch weiter steil zugenommen, während sie bei den Schülern aus unteren Sozialschichten wieder – wie in den Kontrollgruppen beider Sozialschichten ohne Training – abgeflacht war.

Eine Harvard-Gruppe um McClelland hat in den folgenden Jahren viele Intensivkurse für Schüler außerhalb des Unterrichts durchgeführt, jeweils an die örtlichen Belange angepaßt (vgl. Alschuler, Tabor u. McIntire, 1970; Alschuler, 1973). Insgesamt haben all diese Kurse keine nennenswerte Verbesserungen der Schulleistungen zuwege gebracht (McClelland, 1972a). Offensichtlich bot der Schulalltag wenig Realisierungsmöglichkeiten für die nahegebrachten neuen Motivationstendenzen. Denn einerseits fanden die Kurse außerhalb der Schule statt und andererseits waren sie nicht mit schulischen Lernstoffen oder mit Nachhilfeunterricht verbunden. Dennoch waren die Kurse nicht wirkungslos. In außerschulischen Aktivitäten, in Berufswünschen und berufsvorbereitenden Tätigkeiten ließ sich eine erhöhte leistungsorientierte Aktivität feststellen; etwa in Telefoninterviews ein Jahr nach Beendigung der Trainingskurse (vgl. McClelland u. Alschuler, 1971).

Die Wirkungsweise der Harvard-Trainingskurse, bei Unternehmern sowohl wie bei Schülern, ist bis heute ungeklärt; abgesehen von so allgemeinen Schlußfolgerungen wie der, daß vollständigere und zeitlich länger erstreckte Programme effektiver sind (Smith u. Troth, 1975). Ursprünglich wollte McClelland (1965a) die zwölf *„inputs"* ein um das andere verringern, um auf diese „subtraktive Methode" herauszufinden, was im einzelnen entbehrlich und was entscheidend sei. Dazu ist es nie gekommen. Offenbar war man (vielleicht auch die Geldgeber) mehr an praktischen Effekten als an theoretischen Klärungen interessiert. Eine besondere Schwierigkeit lag auch darin, daß man einen Motivwandel nicht mittels TAT-Methode (weil während des Kurses der nAch-Inhaltsschlüssel erlernt wurde) erheben konnte. Als schlüssiger haben sich Motivänderungsprogramme erwiesen, die unmittelbar in den Schulunterricht eingebaut wurden oder sich aus kognitiven Komponenten einer erweiterten Motivationstheorie herleiten, denen wir uns nun zuwenden.

Attributionszentrierte Motivänderungsprogramme

In der Folgezeit haben andere die Anregungen McClellands und seiner Harvard-Gruppe aufgegriffen und fortentwickelt. Sie haben die Vielgestaltigkeit der Vorgehensweisen auf wesentliche Bestandteile konzentriert, insbesondere auf das Einüben realistischer Zielsetzungen. Zugleich haben sie die Gestaltung der Änderungsprogramme zunehmend an die aktuelle Theorieentwicklung herangeführt. Ebenso anregend wir fruchtbar wirkte sich dabei die attributionstheoretische Elaboration der Leistungsmotivation aus.

Kausalattribuierung als impliziter Programmgehalt

Eine Übergangsstellung nehmen die Änderungsprogramme von Mehta (1968; 1969; Mehta u. Kanade, 1969) in Indien ein. Sie lehnten sich noch eng an die Harvard-Programme an, hatten noch keine Anteile, die attributionstheoretischen Überlegungen entlehnt wären, integrierten jedoch das Programm in den Unterricht und bezogen die Lehrer in ein Voraustraining ein. Zwei Programme wurden angewandt, eines zur Erhöhung des Leistungsmotivs und ein anderes zur anspruchsvollen Zielsetzung. Das entsprechende Voraustraining für Lehrer dauerte beim ersten Programm 10 und beim zweiten Programm 2 Tage. Beide Programme wurden entweder getrennt oder kombiniert für vier Wochenstunden über vier Monate in den Schulunterricht eingeführt. Das Programm für anspruchsvolle Zielsetzung enthält implizit ein Attributionselement. Um den Schülern ein günstigeres Bild von ihrer Leistungsfähigkeit zu vermitteln, hatten sie sich Ziele für die monatlichen Leistungstests zu setzen und erhielten ermutigende Rückmeldungen. Die Kombination beider Programme brachte sowohl hinsichtlich erhöhter Motivkennwerte als auch größerer Verbesserung der Schulleistungen (ausgeprägt nur in den naturwissenschaftlichen Fächern) die deutlichsten Effekte. Die Befunde sind nicht einheitlich, die schulischen Leistungsverbesserungen bleiben außerdem nicht längerfristig erhalten.

Besonders der Sportunterricht bietet sich zur Motivförderung an, weil Schwierigkeitsanforderungen und Leistungsverbesserungen sich in vielen Übungsarten anschaulich dosieren bzw. registrieren lassen. Hecker (1971; 1974) und seine Mitarbeiter (Kleine, 1976; Kleine u. Hecker, 1977; zusammenfassend Hecker, Kleine, Wessling-Lünnemann u. Beier, 1979) haben in ein- bis mehrjährigen Sportunterrichtsprogrammen gefunden, daß freie Wahl der Aufgabenschwierigkeit (z. B. bei einem eigens dafür hergerichteten *„Jump-Trainer"*-Gerät) und die Förderung realistischer Zielsetzung sowohl die konzentrierte Ausdauer sportlicher Betätigungen wie auch die Erfolgsorientierung der Leistungsmotivkennwerte im Vergleich zu Kontrollklassen erhöhte. Im Mittelpunkt der Änderungsprogramme stand eine enge Entsprechung zwischen erreichtem individuellen Tüchtigkeitsstand und Anforderungen der Aufgabe (vgl. individuelle Bezugsnorm, Kap. 12). In einem neueren Unterrichtsversuch mit Drittkläßlern wurde geprüft, ob sich auch im Laufe des Schuljahres die Kausalattribuierung, die nicht unmittelbar beeinflußt worden war, geändert hatte. Das war – neben einem Anstieg des Erfolgsmotivs und einer realistischeren Anspruchsniveausetzung – für die Attribuierung von Erfolg (aber nicht Mißerfolg) der Fall. Die Versuchsschüler schrieben Erfolg stärker eigener Begabung und weniger dem Zufall (Glück) zu. Der Befund bestätigt die naheliegende Erwartung, daß mit einem realistischer werdenden Anspruchsniveau internale Faktoren sich zunehmend gegenüber externalen bei der Ursachenerklärung aufdrängen müssen, da bei mittelschweren Aufgaben Fähigkeit und Anstrengung ausschlaggebender als bei leichten oder schweren dafür sind, ob ein positives oder negatives Ergebnis erzielt wird.

Ähnlich lagen die günstigen Änderungen, die Stamps (1973) bei hoch mißerfolgsängstlichen Schülern des 4. bis 6. Schuljahres mit Hilfe zweier Interventionsstrategien, Selbstbekräftigung und Gruppentherapie, im Vergleich zu einer Kontrollgruppe erzielt hat. Beim Selbstbekräftigungsverfahren erhielten die Schüler in zehn halbstündigen Sitzungen während einer Zweiwochenperiode je 10 Rechenaufgaben und hatten ihre Erwartung festzulegen, wieviel Aufgaben sie richtig lösen würden; ebenfalls den sog. Anspruchsbereich, jenseits dessen sie ein Erfolg oder Mißerfolg überraschen würde. Erreichten sie ihr Anspruchsniveau, so konnten sie in Abwesenheit des Vls sich jedesmal eine Marke nehmen, die sie am Ende des Versuchs gegen ausgesetzte Preise austauschen konnten (die Schüler nahmen sich übrigens öfter auch dann Marken, wenn sie ihr Anspruchsniveau nicht erreicht hatten). Dieses Vorgehen drängt den Schüler, sich an eigenen früheren Leistungen zu orientieren und nicht mit Leistungen anderer Schüler zu vergleichen (individuelle Bezugsnorm) sowie Ziele zu setzen, die er bei einiger Anstrengung noch erreichen kann. In der gruppentherapeutischen Intervention wetteiferten die Schüler in verschiedenen Gesellschaftsspielen, eigener Erfolg und Mißerfolg hing also von den Leistungen der anderen ab (soziale Bezugsnorm). Der Vl lobte bei Erfolg und reagierte auf Mißerfolg neutral. Angestrengte Bemühungen wurden besonders gewürdigt, Erfolgs- und Mißerfolgsgefühle im Sinne nicht-direktiver Therapie verständnisvoll reflektiviert und geklärt.

Nach jeder der beiden Interventionen nahm die Mißerfolgsängstlichkeit stark ab (*Hostile Press;* nAch nahm jedoch nicht zu). Aber die Anspruchsniveausetzung wurde nach Selbstbekräftigung realistischer und der Anspruchsniveaubereich enger, nicht aber nach gruppentherapeutischer Intervention. In der Selbstbekräftigungsbedingung haben die Schüler nicht lediglich ihr Anspruchsniveau gesenkt, um mehr Marken nehmen zu können, sie haben auch ihre Leistung erheblich gesteigert. Gelegenheit zur Selbstbekräftigung nach individueller Bezugsnorm genügte bereits, um ohne gruppentherapeutische Fremdbeeinflussung Mißerfolgsängstlichkeit abzubauen sowie um das Anspruchsniveau realistischer und (vermutlich zusammen mit stärkerer internaler Attribuierung) präziser zu machen.

„Verursacher-Erleben"

Wenden wir uns jetzt Arbeiten zu, die explizit auf eine Änderung der Kausalattribution abzielen. Ohne im Gefolge der Heiderschen Attributionstheorie zu stehen, hat deCharms (1968; 1976) das zentrale Erlebnisphänomen des Motiviertseins, „feeling to be an origin", herausgearbeitet und dazu ein unterrichtsintegriertes Motivänderungsprogramm entworfen und durchgeführt (deCharms, 1968; 1973; 1976). Attributionstheoretisch gesehen, handelt es sich um die Intentionalität von Handlungen und um die persönliche Verantwortlichkeit für ihre Ergebnisse. „Verursacher-Erleben" als das erwünschte Ziel der Motivänderung hat deCharms wie folgt umschrieben: (1) sich selbst realistische, aber anspruchsvolle Ziele setzen, (2) seine eigenen Stärken und Schwächen kennen, (3) Selbstvertrauen in die Wirksamkeit des eigenen Handelns haben, (4) konkrete Verhaltensweisen bestimmen, mit denen man *jetzt* seine Ziele erreichen kann, (5) Rückmeldungen einholen, ob man sein Ziel erreicht hat, (6) Selbstverantwortlichkeit für die eigenen Handlungen und deren Folgen übernehmen, auch für andere Verantwortung tragen.

Nach diesem Steckbrief, der einem hohen und erfolgszuversichtlichem Leistungsmotiv nahesteht, hat deCharms (1968; 1973) zwei diagnostische Verfahren entwickelt; eines, dem Leistungsmotiv-TAT ähnliches, um unter Schülern „Verursacher" herauszufinden, und einen Fragebogen für Schüler, um das „Verursacher-Klima" in ihrer Klasse zu bestimmen (d. h. wieweit ihr Lehrer eine Unterrichtsatmosphäre verbreitet, die ihnen Gelegenheit zu eigener Initiative und Selbstverantwortlichkeit gibt). Wie erwartet, hatten gute Schüler des 5. bis 7. Schuljahres höhere „Verursacher"-Werte als schlechte Schüler, auch wenn Unterschiede der gemessenen Intelligenz berücksichtigt wurden. In einer Stichprobe von 23 Klassen korrelierte das „Verursacher-Klima" mit der mittleren Lernrate.

Noch eindrucksvoller waren die Ergebnisse verschiedener Änderungprogramme (zusammenfassend deCharms, 1976). In einem einwöchigen Voraustraining machten die Lehrer

Selbsterfahrungen zum „Verursacher-Erleben" und formten unter Mithilfe der Psychologen ihre Unterrichtseinheiten in einer solchen Weise, die den Schülern Möglichkeiten eröffnet, Entscheidungen selbst zu treffen, Verantwortlichkeit zu übernehmen, verbindliche Ziele zu stecken, kurz, sich als „Verursacher" zu erleben. Unmittelbare Erfahrungsübungen wie „Mein wahres Selbst", „Geschichten von Erfolg und Leistung" und schriftliche Anleitungen, wie ein „Verursacher" fühlt und denkt, nahmen an 3 bis 4 Wochentagen je eine halbe Stunde ein. Verschiedene Programmteile erstreckten sich über 3 bis 4 Wochen, insgesamt wurden einzelne Klassen bis zu einem oder zwei Jahren trainiert. Die erzielten Effekte ließen sich nicht nur in einem Anstieg der Kennwerte für „Verursacher-Erleben" und „Verursacher-Klassenklima", sondern in der realistischeren Anspruchsniveau-Setzung und in verbesserten Schulleistungen (gegenüber nationalen Schuljahresnormen) erkennen. Im Vergleich zu den vielfältigen anderen schulischen Förderungsprogrammen, die seit Mitte der sechziger Jahre in den USA entwickelt und angewandt wurden, ist deCharms' Programm als bemerkenswert effektiv anzusehen (vgl. McClelland, 1978).

„Pygmalion im Klassenzimmer" als motivändernder Attributionseffekt

Eine attributionstheoretische Zentrierung in der Gestaltung des Motivänderungsprogramms für Schüler hat der von Rosenthal u. Jacobsen (1968) verkündete, aber weithin bezweifelte (vgl. Elashoff u. Snow, 1971) „Pygmalion-Effekt" provoziert. Genügt wirklich die gutgläubige Erwartung des Lehrers in die vermeintlich hohen Fähigkeiten seiner Schüler, um deren I. Q. zu heben? Ein bloßer Erwartungseffekt „selbsterfüllender Prophetie" ist bis heute weder empirisch überzeugend nachgewiesen noch theoretisch schlüssig dargelegt worden. Eine attributionstheoretische Sichtweise kann beiden Mängeln abhelfen. Danach müßten sich bei jenen Schülern die Schulleistungen (wenn nicht ihr I. Q.) verbessern, die unter dem Einfluß eines veränderten Lehrerverhaltens ihr ungünstiges Attribuierungsmuster für Erfolg und Mißerfolg ändern, sich entsprechend mehr anstrengen und ihre Leistungsmöglichkeiten voller ausschöpfen. Ein Pygmalion-Effekt müßte eintreten, wenn ein Lehrer sein Fähigkeitsurteil, das er über einen schwachen Schüler hat, nach oben revidiert und damit dessen Mißerfolge eher auf Mangel an Anstrengung als an Begabung zurückführt, der Schüler die Änderung der Lehrer-Attribuierung wahrnimmt, sie sich zunehmend zu eigen macht, Erfolg auf gute eigene Begabung, Mißerfolg auf noch unzureichende Anstrengung zurückführt, demgemäß mehr Anstrengung und Ausdauer aufwendet, seine Leistungsmöglichkeiten mehr als bisher nutzt, bessere Schulleistungen erzielt und schließlich den Lehrer in seiner geänderten Attribuierung bestätigt.

Diese attributionstheoretische Interpretation des Pygmalion-Effekts konnte in einer Änderungsstudie bestätigt werden (Scherer, 1972; vgl. Heckhausen, 1976b, S. 119ff.). Aus jeder von 12 Klassen des vierten Schuljahres wurden einige Schüler ausgelesen, die ihre Mißerfolge stärker auf Mangel an Fähigkeit als an Anstrengung zurückführten und die aufgrund ihrer Intelligenztestwerte bessere Schulnoten zu erreichen imstande schienen. Beides wurde dem Lehrer mitgeteilt, zusammen mit einer kurzen Darlegung der kausalattributionstheoretischen Erklärung des Pygmalion-Effekts. Sie wurden gebeten, die genannten Schüler bei geeigneten Gelegenheiten darauf hinzuweisen, daß sie bei vermehrter Anstrengung Besseres zu leisten imstande seien. Vier Monate vor und nach der Erwartungsinduktion wurden in den experimentellen und in den Kontrollklassen Leistungsmotive, Kausalattribuierung für Erfolg und Mißerfolg, Intelligenztestwerte, Ängstlichkeit, Schulleistung im Rechnen und Schulnoten erhoben. Im Nachtest zeigten sich die Effekte der förderlichen Kausalattribuierung des Lehrers nicht nur bei den namentlich herausgehobenen Zielschülern, sondern unerwarteterweise auch bei den meisten der übrigen Schüler der Klasse. Im Vergleich zu den Kontrollklassen jedoch führten Schüler der

Experimentalklassen Mißerfolge nun stärker auf noch unzureichende Anstrengung zurück und senkten ihr Anspruchsniveau seltener, erzielten höhere Testwerte bei einzelnen Intelligenzaufgaben und waren weniger ängstlich.

Einüben von Attributionsmustern zu günstigerer Selbstbewertung

In neueren Interventionsstudien gehören motivationsfördernde Änderungen der Ursachenerklärung von Erfolg und Mißerfolg zum Programm, das die Vpn selbst erfahren und zu üben haben. Vorwerg (1977) gab einer mißerfolgsmotivierten Extremgruppe von Lehrerstudenten, die sich freiwillig zum Trainingskurs gemeldet hatten, zehn Übungseinheiten von je anderthalb Stunden über drei Wochen. Trainer war der Psychologie-Dozent der Studenten. Zunächst wurde den Vpn ihr mißerfolgsmotiviertes Erleben und Handeln (einschließlich der motivdiagnostischen Daten) erläutert und mit erfolgsmotivierten Sichtweisen kontrastiert, wobei die Unterschiede der Kausalattribuierung besonders betont wurden. Danach übten die Vpn erfolgsmotivierte Handlungsentwürfe ein, die sie in Rollenspielen stabilisierten. Im Vergleich zu einer gleich stark mißerfolgsmotivierten Kontrollgruppe zeigte das Motivtraining in den folgenden Variablen förderliche Wirkungen: Entschlossenheit und Entscheidungssicherheit, Erfolgserwartung, ausgewogenes Anspruchsniveau, geringere Neurotizismus- und Rigiditätswerte. Der Autor interpretiert seine Ergebnisse wie folgt:

> Das Training hat bei den Probanden ... eine realistischere Selbstbewertung ihrer Leistungskompetenz und damit verbunden eine höhere Konsistenz von Leistungsbewertung und Kausalattribuierung erreicht. Das ist eine wichtige Voraussetzung für erfolgsmotiviertes Verhalten in Leistungssituationen (1977, S. 235).

Faßt man das Leistungsmotiv als ein Selbstbewertungssystem auf (Kap. 12), so sind es die drei Determinanten des Motivsystems, die man – einzeln oder zusammen – in einem Änderungsprogramm korrigierend beeinflussen sollte. Sie beeinflussen die Prozesse der Anspruchsniveausetzung, der Kausalattribuierung und der Selbstbewertung. Die Determinanten entsprechen den schon erörterten drei Entwicklungsmerkmalen für individuelle Unterschiede: (1) persönlicher Standard, (2) Attributionsmuster für Erfolg und Mißerfolg und (3) generelle Anreizgewichtung von Erfolg und Mißerfolg.

In einem Förderungsunterrichts-Programm von 16 Sitzungen über viereinhalb Monate haben Krug u. Hanel (1976) alle drei Determinanten ziemlich direkt zu korrigieren versucht, und zwar durch wiederholtes Üben der erwünschten Verhaltensweise, durch Lob und Anerkennung von seiten des Trainingsleiters, durch Lernen am Vorbild des Trainingsleiters sowie durch Selbstbeobachtung, Protokollierung und Verbalisierung (inneres Sprechen) aller motivrelevanten Verhaltensweisen und Kognitionen. Vpn waren eine ausgelesene Stichprobe von mißerfolgsmotivierten, leistungs-, aber nicht intelligenzschwachen Viertkläßlern, die in eine Experimental-, eine Erwartungskontroll- und eine Kontrollgruppe aufgeteilt wurden. Das Programm schritt von attraktiven und schulfernen Aufgaben (z. B. Ringwurfspiel) zu unterrichtsnahen Rechen- und Rechtschreibeübungen fort.

Die Zusammenhänge zwischen den Prozessen der Anspruchsniveausetzung, Ursachenzuschreibung und Selbstbewertung wurden anhand jeder Aufgabe konkret erörtert und vom Trainingsleiter auch vorbildhaft in der Bearbeitung der jeweiligen Aufgabe vorgeführt, wobei er Gedanken über Anspruchsniveausetzung, Ursachenzuschreibung und Selbstbewertung laut äußerte. Danach kamen die Vpn an die Reihe, zwischendurch fanden individuelle Beratungen statt etc. (vgl. im einzelnen Krug u. Hanel, 1976).

Am Ende zeigten die Vpn gegenüber der Erwartungskontroll- und der Kontrollgruppe nicht nur eine realistischere Zielsetzung (persönlicher Standard), eine motivierungsgünstigere Kausalattribuierung nach Mißerfolg (Attributionsmuster) und eine stärker positive Selbstbewertung nach Erfolg (generelle Anreizgewichtung), sondern auch eine erheblich stärker gewordene Erfolgszuversicht des Leistungsmotivs (nach Gittertest von Schmalt) und höhere Intelligenztestwerte. Allerdings fanden sich innerhalb des Schulhalbjahres noch keine Verbesserungen der Schulnoten und der Schulleistungstestwerte. Es ist offen, ob für Leistungsänderungen der Zeitraum zu kurz war, oder ob die Unterrichtsbedingungen dem verbesserten Leistungsmotiv nicht genügend Anregungen boten, um sich auch im Schulalltag zu aktualisieren. Eine solche Möglichkeit bedarf besonderer Beachtung und Vorsorge, da ohne alltägliche Realisierungschancen in Gang gebrachte Motivänderung sich wohl kaum langfristig verfestigt, wie die Motivänderungskurse von McClelland u. Winter (1969) mit indischen Unternehmern gezeigt haben.

In einer neueren Studie mit lernbehinderten Sonderschülern des 5. und 6. Schuljahres (und einem I.Q. von mindestens 70) haben Krug, Peters u. Quinkert (1977) die erzielte Motivänderung auch noch ein halbes Jahr nach dem Training im zweiten Nachtest kontrolliert. Das Programm entsprach dem von Krug u Hanel (1976), adaptiert für Sonderschüler. Von den drei trainierten Bereichen zeigte, im Vergleich zu einer Kontrollgruppe, nur das Zielsetzungsverhalten die erwartete Änderung im Nachtest. Kausalattribuierung und Selbstbewertung ließen zwar während des Trainings auch die erwünschten Änderungen erkennen, die sich jedoch im Nachtest statistisch nicht sichern ließen. Dagegen hatten sich alle globaleren Persönlichkeitsmerkmale signifikant verbessert: Die eigene Fähigkeit wurde jetzt höher eingeschätzt (Selbstkonzept der Begabung), Prüfungsangst, manifeste Angst und Schulunlust hatten sich vermindert. Vor allem war der Motivwandel in der erwünschten Richtung ausgeprägt und nachhaltig. In einem zweiten Nachtest ein halbes Jahr später war die Verminderung des Mißerfolgsmotivs (Gittertest) zugunsten eines erfolgszuversichtlichen Leistungsmotivs noch erhalten (Abb. 13.12). Einen weiteren Aspekt von Motivänderungsprogrammen, die Bezugsnorm-Orientierung, werden wir noch erörtern.

Inzwischen gibt es auch Trainingsprogramme, in denen man wie mit dem „Holzhammer" auf Anstrengungsattribuierung getrimmt wird. Andrews u. Debus (1978) haben zunächst in einer Schülergruppe des 6. Schuljahrs eine Beziehung zwischen Ausdauer und Löschungsresistenz einerseits und Attribuierung von Mißerfolgen auf mangelnde Anstrengung andererseits festgestellt. Jene Schü-

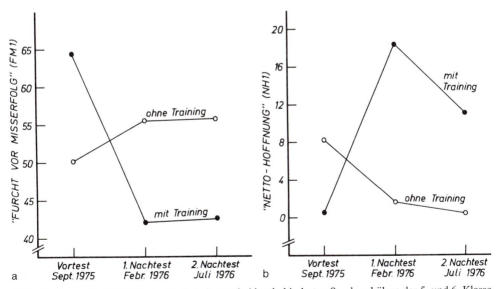

Abb. 13.12. a u. b. Stabilität der Motivänderung bei lernbehinderten Sonderschülern der 5. und 6. Klasse mit und ohne Motivförderungsprogramm, aufgeteilt nach **a** „Furcht vor Mißerfolg" und **b** „Netto-Hoffnung". (Nach Krug, Peters u. Quinkert, 1977, S. 673)

ler, die Mißerfolg am wenigsten auf Anstrengungsmangel zurückführten, wurden anschließend einer Kontrollgruppe, einer Gruppe mit sozialer Bekräftigung oder einer Gruppe zugeführt, die sowohl soziale wie Münz-Bekräftigung erhielt. Eine Bekräftigung (oder Bekräftigungskombination) wurde gegeben, wenn die Vp auf einem „Attributionskasten" mit zwei Vierfeldertafeln der vier Weinerschen Kausalfaktoren nach Erfolg das Feld „Anstrengung" und nach Mißerfolg das Feld „Mangelnde Anstrengung" zum Aufleuchten brachte. Unmittelbar danach sowie vier Monate später wurden Nachtests an der Trainingsaufgabe wie an zwei Transferaufgaben angestellt. In beiden Bekräftigungsgruppen zeigte sich gegenüber einem Vortest sowohl ein signifikanter Anstieg der Ausdauer nach Mißerfolg wie eine Zunahme der Anstrengungsattribuierung.

Einüben von Attribuierungsmustern zur Überwindung „Gelernter Hilfslosigkeit"

Unabhängig von der Leistungsmotivationsforschung hat Dweck (1975) die Wirksamkeit einer geänderten Attribuierung von Mißerfolg in eindrucksvoller Weise bei der Beseitigung gelernter Hilfslosigkeit demonstriert. Dweck u. Repucci (1973) hatten schon vorher nachgewiesen, daß Kinder, die nach Mißerfolgen ihre Leistung zusehends verschlechterten oder ganz aufgaben, ihre Erfolge und Mißerfolge – sofern sie sich überhaupt dafür verantwortlich fühlten – auf das Vorliegen bzw. Fehlen von Fähigkeit und nicht auf aufgewandte Anstrengung zurückführten. In Situationen mit mißerfolgsbezogenen Hinweisreizen (wie ein bestimmter Vl, bei dem sie stets Mißerfolg hatten) versagten sie selbst bei Problemen, die sie unter anderen Situationsumständen (Vl, bei dem sie vorher immer Erfolg hatten) ohne weiteres lösen konnten.

Dweck (1975) wählte 8- bis 13jährige Schulkinder mit extremer gelernter Hilflosigkeit aus und unterzog sie einem von zwei Interventionsprogrammen von 25 Sitzungen. In dem einen Programm erfuhren die Kinder gelegentlich Mißerfolg; sie wurden angehalten, sich für Mißerfolg verantwortlich zu fühlen und ihn einer noch mangelnden Anstrengung zuzuschreiben. Das andere Programm folgte einer in der Klinischen Psychologie üblichen Strategie positiver Bekräftigung, die Kinder erzielten nur Erfolge. Nach dieser Behandlung trat später nach Mißerfolg keinerlei Verbesserung des Leistungsverhaltens und der Leistungsergebnisse ein. Nach der „Attribuierungstherapie" (vgl. Valins u. Nisbett, 1971) dagegen zeigten die Kinder eine Verbesserung ihrer Leistungsfähigkeit im Angesicht von Mißerfolg und führten diesen mehr als vorher auf unzureichende Anstrengung zurück.

Bezugsnorm-Effekte im Unterricht

Die Auffassung des Leistungsmotivs als eines Selbstbewertungssystems hat in den Motivänderungsprogrammen zu einer Trias von Angriffspunkten geführt: Anspruchsniveau, Kausalattribution und Selbstbewertung. Alle drei Punkte erfahren durch eine individuelle Bezugsnorm der Leistungsbewertung – der wir in Kap. 12 einen motivations- und entwicklungspsychologischen Primat zugesprochen haben – eine motivförderliche Konstellation. Das gilt besonders für den Schulunterricht und seine Organisation. Legen die Lernsituationen dem Schüler eine individuelle Bezugsnorm nahe, so ist die Grundvoraussetzung für einen persönlichen Standard gegeben, der realistische Anforderungen an die eigene Tüchtigkeit stellt, für eine Kausalattribution, die die Selbstverantwortlichkeit für Handlungsergebnisse erhöht, für eine Selbstbewertung, die den Handelnden autonomer macht und nach Mißerfolg nicht schnell resignieren läßt.

Abb. 13.13 soll dies verdeutlichen. Auf der linken Seite sind vier Punkte einer motivationsfördernden Unterrichtsgestaltung aufgeführt. Es beginnt mit der individuellen Bezugsnorm des Lehrers bei dessen Leistungs-

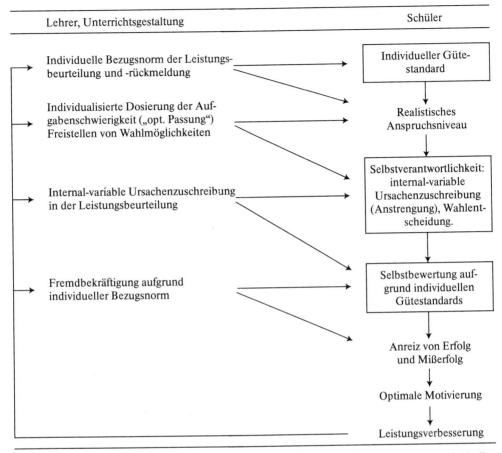

Abb. 13.13. Wirkungsgefüge einer optimalen Leistungsmotivierung von Schülern bei einer individuellen Bezugsnorm-Orientierung des Lehrers und seiner Unterrichtsgestaltung

beurteilung und -rückmeldung und wird fortgesetzt über die Individualisierung der Aufgabenschwierigkeit, möglichst auch Freistellen von Wahlmöglichkeiten, der Betonung von internal-variabler Ursachenzuschreibung in der Leistungsbeurteilung des Lehrers bis zur Fremdbekräftigung aufgrund der individuellen Bezugsnorm. Jeder dieser Punkte fördert einzelne Prozeßstadien der Schülermotivation, wie die rechte Seite der Abb. 13.13 zeigt. Auf der Unterrichtsseite scheint alles schon mit einer individuellen Bezugsnorm der Leistungsbeurteilung und -rückmeldung in Gang gesetzt zu werden. Da Rheinberg (1980) und seine Mitarbeiter schon nachgewiesen haben, daß Lehrer mit individueller Bezugsnorm-Orientierung bereits alle vier Punkte auf der Unterrichtsseite, wo und soweit es geht, realisieren und zugleich Klassen mit günstigeren Ausprägungen des Leistungsmotivs haben, liegt es nahe, ein Motivänderungsprogramm ohne jeden Eingriff *in situ* ablaufen zu lassen. Das einzige Erfordernis wäre, die Bezugsnorm-Orientierung des Lehrers in Richtung einer individuellen zu ändern. Soweit dies dauerhaft gelänge, müßte sich das Wirkungsgefüge der Abb. 13.13 „von selbst" entfalten und seinen Lauf nehmen.

Die ersten Befunde haben Kraeft u. Krug (1979) an 9 Lehrern und Klassen des dritten Jahrgangs gesammelt. Die Lehrer wurden 8 Wochen lang trainiert, gegenüber ihren mißerfolgsmotivierten und leistungsschwachen

Schülern sich im Sinne individueller Bezugsnorm-Orientierung zu verhalten. Dabei standen die einzelnen Verhaltensaspekte (Individualisierung der Aufgabenschwierigkeit und motivierungsgünstiges Attributionsmuster) und nicht das zentrale kognitive Element, der intraindividuelle Leistungsvergleich, im Vordergrund. Änderungen der Bezugsnorm-Orientierung wurden einerseits durch direkte Beobachtung des Unterrichtsverhaltens und andererseits durch Fragebogen (FEBO; Rheinberg, 1979) festgestellt. Im Vergleich zu 10 Kontrollklassen nahm das Mißerfolgsmotiv der Zielschüler signifikant um so mehr ab, je mehr es den einzelnen Lehrern gelungen war, ihr Verhalten im beabsichtigten Sinne zu ändern, insbesondere Anstrengungsattribution zu verwenden und sich an einer individuellen Bezugsnorm zu orientieren.

Bezugsgruppen-Effekt

Da jedes Bildungssystem die Schüler aufgrund ihrer Leistungsfähigkeit nach Schulformen und Klassen gruppiert, drängt sich für Lehrer wie Schüler ein sozialer Vergleich, besonders innerhalb der Klasse, auf. Der Klassenverband Gleichaltriger als Organisationsprinzip des Unterrichts legt die soziale Bezugsnorm nahe. Sozialer Vergleich ist die wichtigste Informationsquelle zur Selbst- und Fremdeinschätzung der Begabung (vgl. Meyer, 1973a). Je leistungsverschiedener die Gleichaltrigen im Klassenverband sind, umso mehr legt die soziale Bezugsnorm Begabungsattribuierungen nahe. Wie ausgeprägt dabei die Begabung eines Schülers innerhalb der Klasse diesem selbst, den Mitschülern oder dem Lehrer erscheint, hängt von dem ungefähren Platz ab, den der Schüler in der Leistungsverteilung der Klasse einnimmt. Vergleicht man objektiv gleich befähigte Schüler aus Klassen mit unterschiedlicher Leistungsverteilung oder verfolgt man sie beim Übergang von einer Klasse zu anderen, so müßte die Selbsteinschätzung der eigenen Fähigkeit und damit vielleicht auch die Erfolgszuversichtlichkeit des Leistungsmotivs einem Bezugsgruppen-Effekt unterliegen. Zu den gleichen Schlußfolgerungen kommt Nicholls (1978a).

Die unterrichtsorganisatorische Gruppierung der Schüler nach Leistungsfähigkeiten könnte demnach nicht nur die Motivation, sondern auf Dauer auch die Motiventwicklung beeinflussen. Ein erstes Beispiel dafür ist die bereits erwähnte Entwicklung der Bevorzugung von individueller über sozialer Bezugsnorm in der Selbstbeurteilung: Bei heterogen gruppierten Gesamtschülern fand diese Entwicklung zwischen der 5. und 13. Klasse verzögerter statt als bei homogen gruppierten Gymnasiasten (Rheinberg et al., 1977; vgl. oben Abb. 13.1).

Einen Bezugsgruppen-Effekt bei intelligenzgleichen Schülern in unterschiedlichen Schulformen haben Rheinberg u. Enstrup (1977; Krug, Rheinberg u. Peters, 1977) festgestellt. Sie haben Schüler der 4. bis 9. Klassenstufe, die sich bei gleichen mäßigen Intelligenztestwerten ($70 < I. Q. < 86$) entweder in der Sonderschule oder in Grund- bzw. Hauptschulen befanden, auf Unterschiede des Selbstkonzepts der Begabung, der Prüfungsängstlichkeit und des Leistungsmotivs miteinander verglichen. Im Sinne des Bezugsgruppen-Effekts besaßen die Sonderschüler ein besseres Selbstkonzept der Begabung und weniger Prüfungsängstlichkeit als die Grund- und Hauptschüler. Die Unterschiede verringerten sich von der 4. bis zur 9. Klassenstufe. Hinsichtlich des Leistungsmotivs hatten Sonderschüler allerdings nur in der Tendenz ein erfolgszuversichtlicheres Leistungsmotiv als die Grund- und Hauptschüler. Bemerkenswert und hochsignifikant war jedoch in allen Schulformen, daß das Erfolgsmotiv von Klassenstufe zu Klassenstufe schwächer wurde.

Noch unmittelbarer läßt sich der Bezugsgruppen-Effekt prüfen, wenn man Schüler beim Übergang in eine andere Schulform verfolgt. Krug u. Peters (1977) haben Schüler (I. Q.-Mittelwert von 86), die vom 3. und 4. Grundschuljahr auf die Sonderschule überwiesen wurden, mit intelligenztestgleichen Schülern verglichen, die in der Grundschule verblieben. Die überwiesenen Schüler müßten sich in ihrer neuen Klassenumgebung relativ zu ihrer früheren als weit leistungsstärker erleben und dementsprechend ihr Selbstkonzept der Begabung erheblich aufbessern, an Prüfungsängstlichkeit verlieren, eine Abschwächung des Mißerfolgsmotivs und Zunahme des Erfolgsmotivs erfahren. Alle diese Effekte ließen sich in drei Meßpunkten – unmittelbar nach der Überweisung, ein halbes Jahr später und am Ende des Schuljahres – nachweisen und auch gegenüber den Entwicklungsverläufen jener Schüler absichern, die in der Grundschule verblieben waren (als Wechselwirkung zwischen Schulform und Zeitpunkt der Messung). Ein Motivförderungsprogramm bei den überwiesenen Sonderschülern (Krug et al., 1977) erwies sich im Unterschied zu langjährigen Sonderschülern als wenig effektiv, weil die Neuüberwiesenen bereits aufgrund des Bezugsgruppen-Effekts eine günstige Persönlichkeitsentwicklung nahmen.

Die Anwendungsrelevanz der berichteten Bezugsgruppen-Effekte liegt auf der Hand. Sie widersprechen einer einfachen Stigmatisierungsthese (Goffmann, 1967; Lösel, 1975), nach welcher die Mitglieder einer gesellschaftlich negativ bewerteten Bezugsgruppe (wie Sonderschüler) mit einem selbstwertabträglichen Stigma belegt werden. Stigmatisierung läßt sich als eine besondere Form des Bezugsgruppen-Effekts auffassen (Rheinberg u. Krug, 1978a, b). Ein wenig differenziertes Verständnis des Stigmatisierungs-Effekts ist ein bildungspolitischer Beweggrund zur Schaffung „integrierter" und großer Schulsysteme (Gesamtschule, Eingliederung von Sonderschulen in Gesamtschulen, Gesamthochschulen). Dabei wird übersehen, daß „Integration" anstelle eines selbstwertförderlichen Intragruppen-Vergleichs einen diskriminierenden Intergruppen-Vergleich mit selbstwertbelastenden Konsequenzen nahelegt.

Insgesamt ist zu sagen, daß die motivationspsychologische Technologie zur Förderung und Verbesserung des Leistungsmotivs mit den Fortschritten der Theorieentwicklung Schritt gehalten hat. Inzwischen ist ein Punkt erreicht, wo nicht nur Anwendungen von Theoriefortschritten der Grundlagenforschung profitieren, sondern umgekehrt auch die Motivationstheorie einen Realitätstest in der Praxis zu bestehen hat und von dort entscheidende Impulse zur weiteren Klärung empfangen kann. Natürlich werfen motivationspsychologische Technologien der Motivänderungen Wertfragen und ethische Probleme auf. Sie sind unter persönlichkeitspsychologischen und gesellschaftlichen Aspekten an anderer Stelle (Heckhausen et al., im Druck; McClelland, 1978) eingehend erörtert worden.

14 Literaturverzeichnis

Abel, T. M.: Neuro-circularity reaction and the recall of unfinished and completed tasks. *Journal of Psychology,* 1938, *6,* 377–383

Abramson, L. Y., Seligman, M. E. P., Teasdale, J. D.: Learned helplessness in humans: Critique and reformulation. *Journal of Abnormal Psychology,* 1978, *87,* 49–74

Ach, N.: *Über den Willensakt und das Temperament.* Leipzig: Quelle und Meyer, 1910

Ach, N.: Analyse des Willens. In E. Abderhalden (Hg.), *Handbuch der biologischen Arbeitsmethoden.* Bd. VI. Berlin: Urban u. Schwarzenberg, 1935

Adams, J. S.: Towards an understanding of inequity. *Journal of Abnormal and Social Psychology,* 1963, *67,* 422–436

Adams, J. S., Freedman, S.: Equity theory revisited: Comments and annotated bibliography. In L. Berkowitz and E. Walster (Hg.), *Advances in Experimental Social Psychology* (Vol. 9). New York: Academic Press, 1976. S. 43–90

Aderman, D.: Elation, depression, and helping behavior. *Journal of Personality and Social Psychology,* 1972, *24,* 91–101

Aderman, D., Berkowitz, L.: Observation set, empathy, and helping. *Journal of Personality and Social Psychology,* 1970, *14,* 141–148

Adler, A.: *Über den nervösen Charakter* (3. Aufl.). München: Bergmann, 1922

Adler, D. L., Kounin, J. S.: Some factors operating at the moment of resumption of interrupted tasks. *Journal of Psychology,* 1939, *7,* 255–267

Ajzen, I., Fishbein, M.: The prediction of behavioral intentions in a choice situation. *Journal of Experimental Social Psychology,* 1969, *5,* 400–416

Ajzen, I., Fishbein, M.: Attitude-behavior relations: A theoretical analysis and review of empirical research. *Psychological Bulletin,* 1977, *84,* 888–918

Alker, H. A.: Is personality situationally specific or intrapsychically consistent? *Journal of Personality,* 1972, *40,* 1–16

Allport, G. W.: *Personality: A psychological interpretation.* New York: Holt, 1937

Allport, G. W.: *Persönlichkeit.* Stuttgart: Klett, 1949

Allport, G. W.: The trend in motivation theory. *American Journal of Orthopsychiatry,* 1953, *23,* 107–119

Allport, G. W.: Traits revisited. *American Psychologist,* 1966, *21,* 1–10

Allport, G. W., Odbert, H. S.: Trait-names: A psycho-lexical study. *Psychological Monographs,* 1936, *47,* (Whole No. 211)

Alper, T. G.: Task-orientation vs. ego-orientation in learning and retention. *American Journal of Psychology,* 1946, *59,* 236–248

Alper, T. G.: Predicting the direction of selective recall: Its relation to ego strength and *n* achievement. *Journal of Abnormal and Social Psychology,* 1957, *55,* 149–165

Alper, T. G.: Achievement motivation in college women: A now-you-see-it-now-you-don't phenomenon. *American Psychologist,* 1974, *29,* 194–203

Alpert, R., Haber, R. N.: Anxiety in academic achievement situations *Journal of Abnormal and Social Psychology,* 1960, *61,* 207–215

Alschuler, A. S.: *Developing achievement motivation in adolescents.* Englewood Cliffs: Educational Technology Publications, 1973

Alschuler, A. S., Tabor, D., McIntire, J.: *Teaching achievement motivation.* Middletown, Conn.: Educational Ventures, 1970

Ames, C.: Children's achievement attributions and self-reinforcement: Effects of self-concept and competitive reward structure. *Journal of Educational Psychology,* 1978, *70,* 345–355

Ames, C., Ames, R. u. Felker, D. W.: Effects of competitive reward structure and valence of outcome on children's achievement attributions. *Journal of Educational Psychology,* 1977, *69,* 1–8

Ames, R., Ames, C., Garrison, W.: Children's causal ascriptions for positive and negative interpersonal outcomes. *Psychological Reports,* 1977, *41,* 595–602

Amsel, A.: Frustrative nonreward in partial reinforcement and discrimination learning: Some recent history and a theoretical extension. *Psychological Review,* 1962, *69,* 306–328

Amsel, A., Prouty, D. L.: Frustrated factors in selective learning with reward and nonreward as discriminanda. *Journal of Experimental Psychology,* 1959, *57,* 224–230

Amsel, A., Roussel, J.: Motivational properties of frustration: I. Effect on a running response of the addition of frustration to the motivational complex. *Journal of Experimental Psychology,* 1952, *43,* 363–368

Amsel, A., Ward, J. S.: Motivational properties of frustration: II. Frustration drive stimulus and frustration reduction in selective learning. *Journal of Experimental Psychology,* 1954, *48,* 37–47

Anderson, N. H.: Primacy effects in personality impression formation using a generalized order effect paradigm. *Journal of Personality and Social Psychology,* 1965, *2,* 1–9

Anderson, N. H.: Cognitive algebra: Integration theory applied to social attribution. In L. Berkowitz (Hg.), *Advances in Experimental Social Psychology.* Vol. 7. New York: Academic Press, 1974, S. 1–101

Anderson, N. H., Butzin, C. A.: Performance = motivation × ability: An integration-theoretical analysis. *Journal of Personality and Social Psychology,* 1974, *30,* 598–604.

Anderson, R., Manoogian, S. T., Reznick, J. S.: The undermining and enhancing of intrinsic motivation in preschool children. *Journal of Personality and Social Psychology,* 1976, *34,* 915–922

Andrews, G. R., Debus, R. L.: Persistence and the causal perception of failure: Modifying cognitive attributions. *Journal of Educational Psychology,* 1978, *70,* 154–166

Andrews, J. D. W.: The achievement motive and advancement in two types of organizations. *Journal of Personality and Social Psychology,* 1967, *6,* 163–168

Angelini, A. L.: Studies in projective measurement of achievement motivation of Brazilian students, males and females. Proceedings of the 15th International Congress of Psychology, Brussels, 1957. *Acta Psychologica,* 1959, *XV,* 359–360

Angermeier, W. F.: *Kontrolle des Verhaltens.* Berlin: Springer, 1972

Angermeier, W. F., Peters, M.: *Bedingte Reaktionen.* Berlin: Springer, 1973

Arnold, M. B.: *Emotion and personality:* Vol. I. Psychological aspects. Vol. II. Neurological and physiological aspects. New York: Columbia University Press, 1960

Aronfreed, J.: *Conduct and conscience.* New York: Academic Press, 1968

Aronfreed, J.: The socialization of altruistic and sympathetic behavior: Some theoretical and experimental analysis. In J. Macaulay und L. Berkowitz (Hg.), *Altruism and helping behavior.* New York: Academic Press, 1970. S. 103–126

Aronfreed, J., Paskal, V.: Altruism, empathy, and the conditioning of positive affect. Unveröffentlichtes Manuskript, University of Pennsylvania, 1965

Aronson, E.: The need for achievement as measured by graphic expression. In J. W. Atkinson (Hg.), *Motives in fantasy, action, and society.* Princeton, N. J.: Van Nostrand, 1958. S. 249–265

Aronson, E.: Dissonance theory: Process and problems. In R. P. Abelson, E. Aronson, W. J. McGuire, T. M. Newcomb, M. J. Rosenberg und P. H. Tannenbaum (Hg.), *Theories of*

cognitive consistency: A sourcebook. Chicago: Rand McNally, 1968. S. 5–162
Aronson, E., Carlsmith, J. M.: Performance expectancy as a determinant of actual performance. *Journal of Abnormal and Social Psychology,* 1962, *65,* 178–183
Arsenian, S.: Own estimate and objective measurement. *Journal of Educational Measurement,* 1942, *33,* 291–302
Asch, S. E.: Forming impressions of personality. *Journal of Abnormal and Social Psychology,* 1946, *41,* 258–290
Atkinson, J. W.: The achievement motive and recall of interrupt and completed tasks. *Journal of Experimental Psychology,* 1953, *46,* 381–390
Atkinson, J. W.: Motivational determinants of risktaking behavior. *Psychological Review,* 1957, *64,* 359–372
Atkinson, J. W. (Hg.) *Motives in fantasy, action, and society.* Princeton, N. J.: Van Nostrand, 1958
Atkinson, J. W.: Personality dynamics. *Annual Review of Psychology,* 1960, *11,* 255–290
Atkinson, J. W.: *An introduction to motivation.* Princeton, N. J.: Van Nostrand, 1964
Atkinson, J. W.: Change of activity: A new focus for the theory of motivation. In T. Mischel (Hg.), *Human action.* New York: Academic Press, 1969. S. 105–133. (a)
Atkinson, J. W.: Comments on papers by Crandall and Veroff. In C. P. Smith (Hg.), *Achievement-related motives in children.* New York: Russell Sage, 1969. S. 200–206. (b)
Atkinson, J. W.: Strength of motivation and efficiency of performance. In J. W. Atkinson und J. O. Raynor (Hg.), *Motivation and achievement.* Washington, D. C.: Winston, 1974. S. 193–218. (a)
Atkinson, J. W.: Motivational determinants of intellective performance and cumulative achievement. In J. W. Atkinson und J. O. Raynor (Hg.), *Motivation and achievement.* Washington, D. C.: Winston, 1974. S. 389–410. (b)
Atkinson, J. W., Bastian, J. R., Earl, R. W., Litwin, G. H.: The achievement motive, goal setting and probability preferences. *Journal of Abnormal and Social Psychology,* 1960, *60,* 27–36
Atkinson, J. W., Birch, D. A.: *A dynamic theory of action.* New York: Wiley, 1970
Atkinson, J. W., Birch, D.: The dynamics of achievement-oriented activity. In J. W. Atkinson und J. O. Raynor (Hg.), *Motivation and achievement.* Washington, D. C.: Winston, 1974. S. 271–325
Atkinson, J. W., Birch, D.: *Introduction to motivation.* (2. Aufl.) New York: Van Nostrand, 1978
Atkinson, J. W., Bongort, K., Price, L. H.: Explorations using computer simulation to comprehend thematic apperceptive measurement of motivation. *Motivation and Emotion,* 1977, *1,* 1–27

Atkinson, J. W., Cartwright, D.: Some neglected variables in contemporary conceptions of decision and performance. *Psychological Reports,* 1964, *14,* 575–590
Atkinson, J. W., Feather, N. T. (Hg.): *A theory of achievement motivation.* New York: Wiley, 1966
Atkinson, J. W., Heyns, R. W., Veroff, J.: The effect of experimental arousal of the affiliation motive on thematic apperception. *Journal of Abnormal and Social Psychology,* 1954, *49,* 405–410
Atkinson, J. W., Lens, W., O'Malley, P. M.: Motivation and ability: Interactive psychological determinants of intellective performance, educational achievement, and each other. In W. H. Sewell, R. M. Hauser und D. L. Featherman (Hg.), *Schooling and achievement in American society.* New York: Academic Press, 1976. S. 29–60
Atkinson, J. W., Litwin, G. H.: Achievement motive and test anxiety conceived as motive to approach success and motive to avoid failure. *Journal of Abnormal und Social Psychology,* 1960, *60,* 52–63
Atkinson, J. W., McClelland, D. C.: The projective expression of needs: II. The effect of different intensities of the hunger drive on thematic apperception. *Journal of Experimental Psychology,* 1948, *33,* 643–658
Atkinson, J. W., O'Connor, P.: Neglected factors in studies of achievement-oriented performance; Social approval as incentive and performance decrement. In J. W. Atkinson und N. T. Feather (Hg.), *A theory of achievement motivation.* New York: Wiley, 1966. S. 299–325
Atkinson, J. W., Raphelson, A. C.: Individual differences in motivation and behavior in particular situations. *Journal of Personality,* 1956, *24,* 349–363
Atkinson, J. W., Raynor, J. O. (Hg.): *Motivation and achievement.* Washington, D. C.: Winston, 1974
Atkinson, J. W., Reitman, W. R.: Performance as a function of motive strength and expectancy of goal attainment. *Journal of Abnormal and Social Psychology,* 1956, *53,* 361–366
Atkinson, J. W., Walker, E. L.: The affiliation motive and perceptual sensitivity to faces. *Journal of Abnormal and Social Psychology,* 1956, *53,* 38–41
Bäumler, G., Breitenbach, W.: Zusammenhänge zwischen Intelligenz, Konzentration, Angst und Leistungsmotivation bei einer studentischen Stichprobe. *Psychologie und Praxis,* 1970, *14,* 37–40
Bäumler, G., Dvorak, H. P.: Weitere Untersuchungen zum Zweifaktorenmodell der Leistungsmotivation. *Psychologie und Praxis,* 1969, *13,* 122–138
Bäumler, G., Weiss, R.: Eine Zweifaktorentheorie der nach der TAT-Methode gemessenen Lei-

stungsmotivation (Heckhausen). *Psychologie und Praxis,* 1967, *11,* 23–45

Balagura, S.: *Hunger. A biopsychological analysis.* New York: Basic Books, 1973

Bandura, A.: Influence of models' reinforcement contingencies on the acquisition of imitative responses. *Journal of Personality and Social Psychology,* 1965, *1,* 589–595

Bandura, A.: *Principles of behavior modification.* New York: Holt, Rinehart and Winston, 1969

Bandura, A.: Vicarious and self-reinforcement processes. In R. Glaser (Hg.), *The nature of reinforcement.* New York: Academic Press, 1971. S. 228–278. (a)

Bandura, A.: Social learning theory of aggression. In J. F. Knutson (Hg.), *Control of aggression: Implications from basic research.* Chicago: Aldine-Atherton, 1971. S. 201–250. (b)

Bandura, A.: *Aggression: A social learning analysis.* Englewood Cliffs: Prentice-Hall, 1973

Bandura, A.: Behavior theory and the models of man. *American Psychologist,* 1974, *29,* 859–869

Bandura, A.: Self-reinforcement: Theoretical and methodological considerations. *Behaviorism,* 1976, *4,* 135–155

Bandura, A.: Self-efficacy: Toward a unifying theory of behavioral change. *Psychological Review,* 1977, *84,* 191–215

Bandura, A., Kupers, C. J.: Transmission of patterns of self-reinforcement through modeling. *Journal of Abnormal and Social Psychology,* 1964, *69,* 1–9

Bandura, A., Perloff, B.: Relative efficacy of self-monitored and externally imposed reinforcement systems. *Journal of Personality and Social Psychology,* 1967, *7,* 111–116

Bandura, A., Ross, D., Ross, S. A.: Transmission of aggression through imitation of aggressive models. *Journal of Abnormal and Social Psychology,* 1961, *63,* 575–582

Bandura, A., Underwood, B., Fromson, M. E.: Disinhibition of aggression through diffusion of responsibility and dehumanization of victims. *Journal of Research in Personality,* 1975, *9,* 253–269

Bandura, A., Walters, R. H.: *Adolescent aggression.* New York: Ronald, 1959

Bandura, A., Walters, R. H.: *Social learning and personality development.* New York: Holt, 1963

Barker, R. G.: *Ecological psychology.* Stanford, Calif.: Stanford University Press, 1968

Barker, R. G., Dembo, T., Lewin, K.: Frustration and regression: An experiment with young children. *University of Iowa Studies in Child Welfare,* 1941, *18,* No. 1

Barker, R. G., Gump, P. V. (Hg.): *Big school, small school: High school size and student behavior.* Stanford: Stanford University Press, 1964

Baron, R. A.: Threatened retaliation from the victim as an inhibitor of physical aggression. *Journal of Research in Personality,* 1973, *7,* 103–115

Baron, R. A.: Aggression as a function of victim's pain cues, level of prior anger arousal, and exposure to an aggressive model. *Journal of Personality and Social Psychology,* 1974, *29,* 318–322. (a)

Baron, R. A.: Threatened retaliation as an inhibitor of human aggression: Mediating effects of the instrumental value of aggression. *Bulletin of the Psychonomic Society,* 1974, *3* (3 B), 217–219 (b)

Baron, R. A.: *Human aggression.* New York: Plenum Press, 1977

Baron, R. A., Bell, P. A.: Aggression and heat: Mediating effects of prior provocation and exposure to an aggressive model. *Journal of Personality and Social Psychology,* 1975, *31,* 825–832

Baron, R. A., Eggleston, R. J.: Performance on the „aggression machine": Motivation to help or harm? *Psychonomic Science,* 1972, *26,* 321–322

Bar-Tal, D.: *Prosocial behavior.* Washington, D. C.: Hemisphere, 1976

Bartlett, E. W., Smith, C. P.: Childrearing practices, birth order and the development of achievement-related motives. *Psychological Reports,* 1966, *19,* 1207–1216

Bartmann, T.: Der Einfluß von Zeitdruck auf die Leistung und das Denkverhalten bei Volksschülern. *Psychologische Forschung,* 1963, *27,* 1–61

Batson, C. D.: Attribution as a mediator of bias in helping. *Journal of Personality and Social Psychology,* 1975, *32,* 455–466

Beckman, L. J.: Effects of students' performance on teachers' and of observers' attributions of causality. *Journal of Educational Psychology,* 1970, *61,* 76–82

Belanger, D., Feldman, S. M.: Effect of water deprivation upon heart rate and instrumental activity in the rat. *Journal of Comparative Physiological Psychology,* 1962, *55,* 220–225

Bem, D. J.: Self-perception: An alternative interpretation of cognitive dissonance phenomena. *Psychological Review,* 1967, *74,* 183–200

Bem, D. J.: The epistemological status of interpersonal simulations: A reply to Jones, Linder, Kiesler, Zanna, and Brehm. *Journal of Experimental Social Psychology,* 1968, *4,* 270–274

Bem, D. J.: Self-perception theory. In L. Berkowitz (Hg.), *Advances in Experimental Social Psychology* (Vol. 6). New York: Academic Press, 1972. S. 1–62

Bem, D. J., Allen, A.: On predicting some of the people some of the time: The search for cross-situational consistencies in behavior. *Psychological Review,* 1974, *81,* 506–520

Bem, D. J., Funder, D. C.: Predicting more of the people more of the time: Assessing the personality of situations. *Psychological Review,* 1978, *85,* 485–501

Bem, D. J., McConnell, H. K.: Testing the self-perception explanation of dissonance phenomena: On the salience of pre-manipulation attitudes.

Journal of Personality and Social Psychology, 1970, *14,* 23–31
Benson, J. S., Kennelly, K. J.: Learned helplessness: The result of uncontrollable reinforcements or uncontrollable aversive stimuli? *Journal of Personality and Social Psychology,* 1976, *34,* 138–145
Berkowitz, L.: *Aggression: A social psychological analysis.* New York: McGraw-Hill. 1962.
Berkowitz, L. (Hg.): *Roots of aggression: A re-examination of the frustration-aggression hypothesis.* New York: Aldine, 1969. (a)
Berkowitz, L.: Resistance to improper dependency relationships. *Journal of Experimental Social Psychology,* 1969, *5,* 283–294. (b)
Berkowitz, L.: The self, selfishness, and altruism. In J. Macaulay und L. Berkowitz (Hg.), *Altruism and helping behavior.* New York: Academic Press, 1970. S. 143–151
Berkowitz, L.: Some determinants of impulsive aggression: The role of mediated associations with reinforcements for aggression. *Psychological Review,* 1974, *81,* 165–176
Berkowitz, L., Daniels, L. R.: Responsibility and dependency. *Journal of Abnormal and Social Psychology,* 1963, *66,* 429–436
Berkowitz, L., Daniels, L. R.: Affecting the salience of the social responsibility norm: Effects of past help on the response to dependency relationships. *Journal of Abnormal and Social Psychology,* 1964, *68,* 275–281
Berkowitz, L., Klanderman, S. B., Harris, R.: Effects of experimenter awareness and sex of subject and experimenter on reactions to dependency relationships. *Sociometry,* 1964, *27,* 327–337
Berkowitz, L., LePage, A.: Weapons as aggression-eliciting stimuli. *Journal of Personality and Social Psychology,* 1967, *7,* 202–207
Berkowitz, L., Lepinski, J. P., Angulo, E. J.: Awareness of own anger level and subsequent aggression. *Journal of Personality and Social Psychology,* 1969, *11,* 293–300
Berkowitz, L., Rawlings, E.: Effects of film violence on inhibitions against subsequent aggression. *Journal of Abnormal and Social Psychology,* 1963, *66,* 405–412
Berle, A. A.: *Power.* New York: Harcourt, Brace and World, 1967
Berlyne, D. E.: The influence of complexity and novelty in visual figures on orienting responses. *Journal of Experimental Psychology,* 1958, *55,* 289–296
Berlyne, D. E.: *Conflict, arousal, and curiosity.* New York: McGraw-Hill, 1960
Berlyne, D. E.: Motivational problems raised by exploratory and epistemic behavior. In S. Koch (Hg.), *Psychology: A study of a science* (Vol. V). New York: McGraw-Hill, 1963. S. 284–364. (a)
Berlyne, D. E.: Complexity and incongruity variables as determinants of exploratory choice and evaluative ratings. *Canadian Journal of Psychology,* 1963, *17,* 274–290. (b)
Berlyne, D. E.: *Structure and direction in thinking.* New York: Wiley, 1965
Berlyne, D. E.: Arousal and reinforcement. In D. Levine (Hg.), *Nebraska Symposium on Motivation, 1967.* Lincoln: University of Nebraska Press, 1967. S. 1–110
Berlyne, D. E.: *Aesthetics and psychobiology.* New York: Appleton-Century-Crofts, 1971
Berlyne, D. E.: The vicissitudes of aplopathematic and thelematoscopic pneumatology (or the hydrography of hedonism). In D. E. Berlyne und K. B. Madsen (Hg.), *Pleasure, reward, preference.* New York: Academic Press, 1973. S. 1–34
Berlyne, D. E. (Hg.): *Studies in the new experimental aesthetics.* New York: Wiley, 1974
Berlyne, D. E., Crozier, J. B.: Effects of complexity and prechoice stimulation on exploratory choice. *Perception and Psychophysics,* 1971, *10,* 242–246
Bernard, L. L.: *Instinct: A study in social psychology.* New York: Holt, 1924
Bernoulli, D.: Specimen theoriae novae de mensura sortis. *Commentarii Academiae Scientiarum Imperialis Petropolitanae,* 1738, *5,* 175–192
Bexton, W. H., Heron, W., Scott, T. H.: Effects of decreased variation in the sensory environment. *Canadian Journal of Psychology,* 1954, *8,* 70–76
Bialer, I.: Conceptualization of success and failure in mentally retarded and normal children. *Journal of Personality,* 1961, *29,* 303–320
Bickman, L.: Social influence and diffusion of responsibility in an emergency. *Journal of Experimental Psychology,* 1972, *8,* 438–445
Bierbrauer, G.: Effect of set, perspective, and temporal factors in attribution. Unveröffentlichte Dissertation, Stanford University, 1973
Bierbrauer, G.: *Why did he do it?* Psychologische Forschungsberichte aus dem Fachbereich 3 der Universität Osnabrück, Nr. 6. 1975
Bigelow, R.: The evolution of cooperation, aggression, and self-control. In J. K. Cole und D. D. Jensen (Hg.), *Nebraska Symposium on Motivation 1972.* Lincoln: Nebraska University Press, 1973. S. 1–57
Bindra, D.: *Motivation: A systematic reinterpretation.* New York: Ronald Press, 1959
Bindra, D.: The interrelated mechanisms of reinforcement and motivation, and the nature of their influences on response. In W. J. Arnold und D. Levine (Hg.), *Nebraska Symposium on Motivation, 1969.* Lincoln: University of Nebraska Press, 1969. S. 1–38
Bindra, D.: A motivational view of learning, performance, and behavior modification. *Psychological Review,* 1974, *81,* 199–213
Birch, D., Atkinson, J. W., Bongort, K.: Cognitive control of action. In B. Weiner (Hg.), *Cognitive*

views of human motivation. New York: Academic Press, 1974. S. 71–84
Birney, R. C., Burdick, H., Teevan, R. C.: *Fear of failure motivation.* New York: Van Nostrand, 1969
Blaney, P. H.: Contemporary theories of depression: Critique and comparison. *Journal of Abnormal Psychology*, 1977, *86*, 203–223
Bludau, H.-F.: *Mobilitätstendenzen im Gefangenen-Dilemma-Spiel.* Unveröffentlichte Diplomarbeit, Psychologisches Institut der Ruhr-Universität Bochum, 1976
Blodgett, H. C.: The effect of the introduction of reward upon the maze performance of rats. *University of California Publications in Psychology*, 1929, *4*, 113–134
Bolles, R. C.: Readiness to eat: Effects of age, sex, and weight loss. *Journal of Comparative Physiological Psychology*, 1965, *60*, 88–92
Bolles, R. C.: *Theory of motivation.* New York: Harper and Row, 1967
Bolles, R. C.: Reinforcement, expectancy, and learning. *Psychological Review*, 1972, *79*, 394–409
Bolles, R. C.: Cognition and motivation: Some historical trends. In B. Weiner (Hg.), *Cognitive views of human motivation.* New York: Academic Press, 1974. S. 1–20
Bolles, R. C.: *Theory of motivation* (2. Aufl.). New York: Harper and Row, 1975
Bolles, R. C., Moot, S. A.: Derived motives. *Annual Review of Psychology*, 1972, *23*, 51–72
Bongort, K.: Most recent revision of computer program for dynamics of action. Unpublished program, University of Michigan, Ann Arbor, 1975
Bootzin, R. R., Herman, C. P., Nicassio, P.: The power of suggestion: Another examination of misattribution and insomnia. *Journal of Personality and Social Psychology*, 1976, *34*, 673–679
Borden, R.: Witnessed aggression: Influence of an observer's sex and values on aggressive responding. *Journal of Personality and Social Psychology*, 1975, *31*, 567–573
Boring, E. G.: *A history of experimental psychology.* New York: Appleton-Century-Crofts, 1929
Bowers, K. S.: Situationism in psychology: An analysis and a critique. *Psychological Review*, 1973, *80*, 307–336
Boyce, R.: In the shadow of Darwin. In R. G. Geen u. E. C. O'Neal (Hg.), *Perspectives on aggression.* New York: Academic Press, 1976. S. 11–35
Brackhane, R.: *Bezugssysteme im Leistungsverhalten.* Unveröffentlichte Dissertation, Philosophische Fakultät der Universität Münster, 1976
Bradley, G. W.: Self-serving biases in the attribution process: A reexamination of the fact or fiction question. *Journal of Personality and Social Psychology*, 1978, *36*, 56–71
Bramel, D.: Dissonance, expectation, and the self. In R. P. Abelson, E. Aronson, W. J. McGuire, T. M. Newcomb, M. H. Rosenberg und P. H. Tannenbaum (Hg.), *Theories of cognitive consistency: A sourcebook.* Chicago: Rand McNally, 1968. S. 355–365
Brauckmann, L.: Erstellung und Erprobung eines Lehrerverhaltenstrainings zur Veränderung der motivanregenden Bedingungen des Unterrichts. Unveröffentlichte Diplomarbeit, Psychologisches Institut der Ruhr-Universität Bochum, 1976
Brehm, J. W.: Post decision changes in the desirability of alternatives. *Journal of Abnormal and Social Psychology*, 1956, *52*, 384–389
Brehm, J. W.: Increasing cognitive dissonance by a fait accompli. *Journal of Abnormal and Social Psychology*, 1959, *58*, 379–382
Brehm, J. W.: *A theory of psychological reactance.* New York: Academic Press, 1966
Brehm, J. W.: *Responses to loss of freedom. A theory of psychological reactance.* Morristown, N. J.: General Learning Press, 1972
Brehm, J. W., Cohen, A. R.: *Explorations in cognitive dissonance.* New York: Wiley, 1962
Brehm, J. W., Cole, A. H.: Effects of a favor which reduces freedom. *Journal of Personality and Social Psychology*, 1966, *3*, 420–426
Breit, S.: Arousal of achievement motivation with causal attributions. *Psychological Reports*, 1969, *25*, 539–542
Breland, K., Breland, M.: The misbehavior of animals. *American Psychologist*, 1961, *16*, 681–684
Broadhurst, P. I.: The interaction of task difficulty and motivation: The Yerkes-Dodson law revived. *Acta Psychologica*, 1959, *16*, 321–338
Brock, T. C., Balloun, J. L.: Behavioral receptivity to dissonant information. *Journal of Personality and Social Psychology*, 1967, *6*, 413–428
Brookover, W. B., Thomas, S., Paterson, A.: Self-concept of ability and school achievement. *Sociology of Education*, 1966, *37*, 271–278
Brown, J. F.: Über die dynamischen Eigenschaften der Realitäts- und Irrealitätsschichten. *Psychologische Forschung*, 1933, *18*, 1–26
Brown, J. S.: Gradients of approach and avoidance responses and their relation to model of motivation. *Journal of Comparative and Physiological Psychology*, 1948, *41*, 450–465
Brown, J. S.: Problems presented by the concept of aquired drives. In J. S. Brown et al. (Hg.), *Current theory and research in motivation: A symposium.* Lincoln: University of Nebraska Press, 1953. S. 1–21
Brown, J. S.: *The motivation of behavior.* New York: McGraw Hill, 1961
Brown, P. L., Jenkins, H. M.: Auto-shaping of the pigeon's key-peck. *Journal of the Experimental Analysis of Behavior*, 1968, *11*, 1–8
Brunswik, E.: *The conceptual framework of psychology.* Chicago: The University of Chicago Press, 1952

Brunswik, E.: *Perception and the representative design of psychological experiments.* Berkeley: University of California Press, 1956

Bryan, J.: Children's reactions to helpers: Their money isn't where their mouths are. In J. Macaulay und L. Berkowitz (Hg.), *Altruism and helping behavior.* New York: Academic Press, 1970. S. 61–73

Bryan, J., Test, M.: Models and helping: Naturalistic studies in aiding behavior. *Journal of Personality and Social Psychology,* 1967, 6, 400–407

Buchwald, A. M., Coyne, J. C., Cole, C. S.: A critical evaluation of the learned helplessness model of depression. *Journal of Abnormal Psychology,* 1978, 87, 180–193

Buckert, U., Meyer, W.-U., Schmalt, H.-D.: Effects of difficulty and diagnosticity on choice among tasks in relation to achievement motivation and perceived ability. *Journal of Personality and Social Psychology,* 1979, 37, 1172–1178

Bühler, C., Hetzer, H., Mabel, F.: Die Affektwirksamkeit von Fremdheitseindrücken im ersten Lebensjahr. *Zeitschrift für Psychologie,* 1928, 107, 30–40

Bühler, K.: *Abriß der geistigen Entwicklung des Kindes.* Leipzig: Quelle und Meyer, 1919

Bulman, R. J., Wortman, C. B.: Attributions of blame and coping in the „real world": Severe accident victims react to their lot. *Journal of Personality and Social Psychology,* 1977, 35, 351–363

Burkert, U.: Leistungsmotivgenese: Ermunterung zur Selbständigkeit und zum sozialen Leistungsvergleich. Unveröffentlichte Diplomarbeit, Psychologisches Institut der Ruhr-Universität Bochum, 1977

Buss, A. H.: *The psychology of aggression.* New York: Wiley, 1961

Buss, A. H.: The effect of harm on subsequent aggression. *Journal of Experimental Research in Personality,* 1966, 1, 249–255

Buss, A. H.: Aggression pays. In J. T. Singer (Hg.), *The control of aggression and violence.* New York: Academic Press, 1971. S. 7–18

Buss, A. H., Durkee, A.: An inventory for assessing different kinds of hostility. *Journal of Consulting Psychology,* 1957, 21, 343–348

Buss, A. R.: Causes and reasons in attribution theory: A conceptual critique. *Journal of Personality and Social Psychology,* 1978, 36, 1311–1321

Buss, D. M., Scheier, M. F.: Self-consciousness, self-awareness, and self-attribution. *Journal of Research in Personality,* 1976, 10, 463–468

Butler, R. A.: Discrimination learning by rhesus monkeys to visual-exploration motivation. *Journal of Comparative Physiological Psychology,* 1953, 46, 95–98

Butterfield, E. C.: The interruption of tasks: Methodological, factual and theoretical issues. *Psychological Bulletin,* 1964, 62, 309–322

Butterfield, E. C.: The role of competence motivation in interrupted task recall and repetition choice. *Journal of Experimental Child Psychology,* 1965, 2, 354–370

Butzkamm, J.: Informationseinholung über den eigenen Leistungsstand in Abhängigkeit vom Leistungsmotiv und von der Aufgabenschwierigkeit. Unveröffentlichte Diplomarbeit, Psychologisches Institut der Ruhr-Universität Bochum, 1972

Butzkamm, J.: Motivierungsprozesse bei erwartungswidrigen Rückmeldungen. Unveröffentlichte Dissertation, Gesamthochschule Duisburg, (in Vorbereitung)

Butzkamm, J., Halisch, F., Posse, N.: Selbstregulationsforschung und Selbstkonzepte. In S. H. Filipp (Hg.), *Selbstkonzeptforschung: Probleme, Befunde, Perspektiven.* Stuttgart: Klett-Cotta, 1979, S. 203–220

Byrne, D., McDonald, R. D., Mikawa, J.: Approach and avoidance affiliation motives. *Journal of Personality,* 1963, 31, 21–37

Calder, B. J., Staw, B. M.: The interaction of intrinsic and extrinsic motivation: Some methodological notes. *Journal of Personality and Social Psychology,* 1975, 31, 76–80

Calsyn, R. J., Kenny, D. A.: Self-concept of ability and perceived evaluation of others: Cause or effect of academic achievement? *Journal of Educational Psychology,* 1977, 69, 136–145

Camp, B. W.: Verbal mediation in young aggressive boys. *Journal of Abnormal Psychology,* 1977, 86, 145–153

Campbell, B. A., Sheffield, F. D.: Relation of random activity to food deprivation. *Journal of Comparative Physiological Psychology,* 1953, 46, 320–322

Campbell, D. T.: On the genetics of altruism and the counter-hedonic components in human culture. *Journal of Social Issues,* 1972, 28, 21–37 (No. 3)

Campbell, J. P., Dunnette, M. D., Lawler, E. E., Weick, K. E.: *Managerial behavior performance and effectiveness.* New York: McGraw Hill, 1970

Cannon, W. B., Washburn, A. L.: An explanation of hunger. *American Journal of Physiology,* 1912, 29, 441–454

Carlsmith, J. M., Collins, B. E., Helmreich, R. L.: Studies in forced compliance: I. The effect of pressure for compliance on attitude change produced by face-to-face role playing and anonymous essay writing. *Journal of Personality and Social Psychology,* 1966, 4, 1–13

Carlson, E. R.: Attitude change through modification of attitude structure. *Journal of Abnormal and Social Psychology,* 1956, 52, 256–261

Caron, A. J., Wallach, M. A.: Recall of interrupted tasks under stress: A phenomenon of memory or learning? *Journal of Abnormal and Social Psychology,* 1957, 55, 372–381

Caron, A. J., Wallach, M. A.: Personality determinants of repressive and obsessive reactions to failure stress. *Journal of Abnormal and Social Psychology*, 1959, *59*, 236–245

Carroll, J. S.: Causal attributions in expert parole decisions. *Journal of Personality and Social Psychology*, 1978, *36*, 1501–1511

Carroll, J. S., Payne, J. W.: The psychology of the parole decision process: A joint application of attribution theory and information processing psychology. In J. S. Carroll und J. W. Payne (Hg.), *Cognition and social behavior*. Hillsdale, N. J.: Erlbaum, 1976. S. 13–32

Carroll, J. S., Payne, J. W.: Judgments about crime and the criminal: A model and a method for investigating parole decision. In B. D. Sales (Hg.), *Prospectives in law and psychology* (Vol. 1). The criminal justice system. New York: Plenum, 1977

Cartwright, D.: The effect of interruption, completion and failure upon the attractiveness of activities. *Journal of Experimental Psychology*, 1942, *31*, 1–16

Cartwright, D.: A field theoretical conception of power. In D. Cartwright (Hg.), *Studies in social power*. Ann Arbor: The University of Michigan, 1959. S. 183–220. (a)

Cartwright, D.: Lewinian theory as a contemporary systematic framework. In S. Koch (Hg.), *Psychology: A study of a science* (Vol. II). New York: McGraw Hill, 1959. S. 7–91. (b)

Cartwright, D.: Influence, leadership, and control. In J. G. March (Hg.), *Handbook of organizations*. Chicago: Rand McNally, 1965. S. 1–47

Cartwright, D., Festinger, L.: A quantitative theory of decision. *Psychological Review*, 1943, *50*, 595–621

Carver, C. S.: Physical aggression as a function of objective self-awareness and attitudes toward punishment. *Journal of Experimental Social Psychology*, 1975, *11*, 510–519

Cattell, R. B.: *The description and measurement of personality*. New York: World, 1946

Cattell, R. B.: *Personality: A systematic, theoretical, and factual study*. New York: McGraw-Hill, 1950

Cattell, R. B.: *Personality and motivation: Structure and measurement*. Yonkers, N. Y.: World Book, 1957

Cattell, R. B.: Extracting the correct number of factors in factor analysis. *Educational Psychological Measurement*, 1958, *18*, 791–838

Cattell, R. B.: *The scientific analysis of personality*. Baltimore: Penguin Books, 1965

Cattell, R. B.: *Handbook of modern personality theory*. Englewood Cliffs, N. J.: Prentice-Hall, 1974

Cattell, R. B., Child, D.: *Motivation and dynamic structure*. New York: Halsted Press, 1975

Cattell, R. B., Saunders, D. R., Stice, G. F.: *The 16 P.F. Questionnaire*. Champaign, Ill.: Institute of Personality and Ability Testing, 1957

Chapman, L. J., Chapman, J. P.: Genesis of popular but erroneous psychodiagnostic observations. *Journal of Abnormal Psychology*, 1967, *72*, 193–204

Chapman, L. J., Chapman, J. P.: Illusory correlation as an obstacle to the use of valid psychodiagnostic signs. *Journal of Abnormal Psychology*, 1969, *74*, 271–280

Chodoff, P., Friedman, S., Hamburg, D.: Stress defenses and behavior: Observations in parents of children with malignant disease. *American Journal of Psychiatry*, 1964, *120*, 743–749

Christie, R., Geis, F. L.: *Studies in machiavellianism*. New York: Academic Press, 1970

Cialdini, R. B., Brayer, S. L., Lewis, S. K.: Attributional bias and the easily persuaded other. *Journal of Personality and Social Psychology*, 1974, *30*, 631–637

Cialdini, R. B., Kenrick, D. T, Hoerig, J. H.: Victim derogation in the Lerner paradigm: Just world or just justification. *Journal of Personality and Social Psychology*, 1976, *33*, 719–724

Clark, R. A.: The projective measurement of experimental induced levels of sexual motivation. *Journal of Experimental Psychology*, 1952, *44*, 391–399

Clark, R. A., Sensibar, M. R.: The relationship between symbolic and manifest projections of sexuality with some incidental correlates. *Journal of Abnormal and Social Psychology*, 1955, *50*, 327–334

Clark, R. D., Ward, L.: Why don't bystanders help? Because of ambiguity? *Journal of Personality and Social Psychology*, 1972, *24*, 392–400

Cofer, C. N., Appley, M. H.: *Motivation: Theory and research*. New York: Wiley, 1964

Cohen, J., Hansel, C. E. M.: Experimental risktaking. *Journal of Psychology and Psychotherapy* 1955, *3*, 382–388

Cohen, S., Rothbart, M., Phillips, S.: Locus of control and the generality of learned helplessness in humans. *Journal of Personality and Social Psychology*, 1976, *34*, 1049–1056

Coke, J. S., Batson, C. D., McDavis, K.: Empathic mediation of helping: A two-stage model. *Journal of Personality and Social Psychology*, 1978, *36*, 752–766

Collins, B. E.: Four components of the Rotter Internal-External Scale: Belief in a difficult world, a just world, a predictable world, and a politically responsive world. *Journal of Personality and Social Psychology*, 1974, *29*, 381–391

Combs, A. W.: A comparative study of motivation as revealed in thematic apperception stories and autobiography. *Journal of Clinical Psychology*, 1947, *3*, 65–75

Condry, J.: Enemies of exploration: Self-initiated versus other-initiated learning. *Journal of Personality and Social Psychology*, 1977, *35*, 459–477

Coombs, C. H., Dawes, R. M., Tversky, A.: *Mathe-*

matical Psychology. Englewood Cliffs, N. J.: Prentice-Hall, 1970

Coopersmith, S.: Self-esteem and need achievement as determinants of selective recall and repetition. Journal of Abnormal and Social Psychology, 1960, 60, 310–317

Cordray, D. S., Shaw, J. I.: An empirical test of the covariation analysis in causal attribution. Journal of Experimental Social Psychology, 1978, 14, 280–290

Craik, F. I. M., Lockhart, R. S.: Levels of processing: A framework for memory research. Journal of Verbal Learning and Verbal Behavior, 1972, 11, 671–684

Crandall, V. C.: Sex differences in expectancy of intellectual and academic reinforcement. In C. P. Smith (Hg.), Achievement-related motives in children. New York: Russell Sage 1969. S. 11–45

Crandall, V. C., Katkovsky, W., Crandall, V. J.: Children's beliefs in their own control of reinforcements in intellectual-academic achievement situations. Child Development, 1965, 36, 91–109

Crandall, V. J., Katkovsky, W., Preston, A.: A conceptual formulation for some research on children's achievement development. Child Development, 1960, 31, 787–797

Crandall, V. J., Rabson, A.: Children's repetition choices in an intellectual achievement situation following success and failure. Journal of Genetic Psychology, 1960, 97, 161–168

Crespi, L. P.: Quantitative variation of incentive and performance in the white rat. American Journal of Psychology, 1942, 55, 467–517

Crespi, L. P.: Amount of reinforcement and level of performance. Psychological Review, 1944, 51, 341–357

Cronbach, L. J.: The two disciplines of scientific psychology. American Psychologist, 1957, 12, 671–684

Cronbach, L. J.: Beyond the two disciplines of scientific psychology. American Psychologist, 1975, 30, 116–127

Cronbach, L. J., Meehl, P. E.: Construct validity in psychological tests. Psychological Bulletin, 1955, 52, 281–302

Csikszentmihalyi, M.: Beyond boredom and anxiety. San Francisco: Jossey-Bass, 1975

Cunningham, J. D., Kelley, H. H.: Causal attributions for personal events of varying magnitudes. Journal of Personality, 1975, 43, 74–93

Dahl, R. A.: The concept of power. Behavioral Sciences, 1957, 2, 201–215

Darley, J. M., Batson, C. D.: „From Jerusalem to Jericho": A study of situational and dispositional variables in helping behavior. Journal of Personality and Social Psychology, 1973, 27, 100–108

Darley, J. M., Latané, B.: Bystander intervention in emergencies: Diffusion of responsibility. Journal of Personality and Social Psychology, 1968, 8, 377–383

Darwin, C.: Origin of species by means of natural selection. London: John Murray, 1859

Davidson, W. Z., Andrews, J. W., Ross, S.: Effects of stress and anxiety on continuous high-speed color naming. Journal of Experimental Psychology, 1956, 52, 13–17

Davison, G. D., Tsujimoto, R. N., Glaros, A. G.: Attribution and the maintenance of behavior change in falling asleep. Journal of Abnormal Psychology, 1973, 82, 124–133

Dawe, H. C.: An analysis of two hundreds quarrels of preschool children. Child Development, 1934, 5, 139–157

de Bruyn, E.: Level of aspiration setting as an alternative for achievement-instructions in arousing achievement motivation. Psychologica Belgica, 1976, 16, 43–60

deCharms, R.: Affiliation motivation and productivity in small groups. Journal of Abnormal and Social Psychology, 1957, 55, 222–226

deCharms, R.: Personal causation. New York: Academic Press, 1968

deCharms, R.: Ein schulisches Trainingsprogramm zum Erleben eigener Verursachung. In W. Edelstein und D. Hopf (Hg.), Bedingungen des Bildungsprozesses. Stuttgart: Klett, 1973. S. 60–78

deCharms, R.: Enhancing motivation: Change in the classroom. New York: Irvington, 1976

deCharms, R., Moeller, G. H.: Values expressed in American children's readers: 1800–1950. Journal of Abnormal and Social Psychology, 1962, 64, 136–142

Deci, E. L.: Effects of externally mediated rewards on intrinsic motivation. Journal of Personality and Social Psychology, 1971, 18, 105–115

Deci, E. L.: Intrinsic motivation, extrinsic reinforcement and inequity. Journal of Personality and Social Psychology, 1972, 22, 113–120. (a)

Deci, E. L.: Effects on contingent and non-contingent rewards and controls on intrinsic motivation. Organizational Behavior and Human Performance, 1972, 8, 217–229. (b)

Deci, E. L.: Intrinsic motivation. New York: Plenum, 1975

Deci, E. L., Benware, C., Landy, D.: The attribution of motivation as a function of output and rewards. Journal of Personality, 1974, 42, 652–667

Deci, E. L., Cascio, W. F., Krusell, J.: Cognitive evaluation theory and some comments on the Calder and Staw critique. Journal of Personality and Social Psychology, 1975, 31, 81–85

Deese, J., Carpenter, J. A.: Drive level and reinforcement. Journal of Experimental Psychology, 1951, 42, 236–238

Dember, W. N., Earl, R. W.: Analysis of exploratory, manipulatory, and curiosity behaviors. Psychological Review, 1957, 64, 91–96

Dembo, T.: Der Ärger als dynamisches Problem. Psychologische Forschung, 1931, 15, 1–44

Dengerink, H. A.: Personality variables as mediators of attack-instigated aggression. In R. G. Geen und E. C. O'Neal (Hg.), *Perspectives on aggression*. New York: Academic Press, 1976. S. 61–98

Dengerink, H. A., Levendusky, P. G.: Effects of massive retaliation and balance of power on aggression. *Journal of Experimental Research in Personality*, 1972, *6*, 230–236

Dengerink, H. A., O'Leary, M. R., Kasner, K. H.: Individual differences in aggressive responses to attack: Internal-external locus of control and field dependence-independence. *Journal of Research in Personality*, 1975, *9*, 191–199

Detweiler, R. A., Zanna, M. P.: Physiological mediation of attitudinal responses. *Journal of Personality and Social Psychology*, 1976, *33*, 107–116

Deutsch, M.: An experimental study of the effects of cooperation and competition upon group processes. *Human Relations*, 1949, *2*, 81–95

Deutsch, M.: Comments on Dr. Bandura's paper. In M. R. Jones (Hg.), *Nebraska Symposium on Motivation, 1962*. Lincoln, Nebr.: University of Nebraska Press, 1962. S. 273–274

Dienstbier, R. A., Hillman, D., Lehnhoff, J., Hillman, J., Valkenaar, M. C.: An emotion-attribution approach to moral behavior: Interfacing cognitive and avoidance theories of moral development. *Psychological Review*, 1975, *82*, 299–315

Diener, C. I., Dweck, C. S.: An analysis of learned helplessness: Continuous changes in performance, strategy, and achievement cognitions following failure. *Journal of Personality and Social Psychology*, 1978, *36*, 451–462

Diggory, J. C.: *Self-evaluation: Concepts and studies*. New York: Wiley, 1966

Diller, L.: Conscious and unconscious self-attitudes after success and failure. *Journal of Personality*, 1954, *23*, 1–12

Dilthey, W.: Ideen über eine beschreibende und zergliedernde Psychologie. *Sitzungsberichte der Königlich Preußischen Adademie der Wissenschaften zu Berlin (Philosophisch-historische Classe)*. Berlin, 1894, LIII, 1309–1407

DiVitto, B., McArthur, L. Z.: Developmental differences in the use of distinctiveness, consensus, and consistency information for making causal attributions. *Developmental Psychology*, 1978, *14*, 474–482

Doctor, R. M., Altman, F.: Worry and emotionality as components of test anxiety: Replication and further data. *Psychological Reports*, 1969, *24*, 563–568

Dollard, J., Doob, L., Miller, N. E., Mowrer, H. O., Sears, R. R.: *Frustration and aggression*. New Haven: Yale University Press, 1939

Dollard, J., Miller, N. E.: *Personality and psychotherapy: An analysis in terms of learning, thinking, and culture*. New York: McGraw-Hill, 1950

Dollinger, S. J., Thelen, M. H.: Overjustification and children's intrinsic motivation: Comparative effects of four rewards. *Journal of Personality and Social Psychology*, 1978, *36*, 1259–1269

Donley, R. E., Winter, D. G.: Measuring the motives of public officials at a distance: An exploratory study of American presidents. *Behavioral Sciences*, 1970, *15*, 227–236

Donnerstein, E., Donnerstein, M., Evans, R.: Erotic stimuli and aggression: Facilitation or inhibition. *Journal of Personality and Social Psychology*, 1975, *32*, 237–244

Dorsky, F.: The effects of social and physical anxiety on human aggressive behavior. Unveröffentlichte Dissertation, Kent State University, 1972

Dudycha, G. J.: An objective study of punctuality in relation to personality and achievement. *Archives of Psychology*, 1936, *204*, 1–319

Düker, H.: *Psychologische Untersuchungen über freie und zwangsläufige Arbeitsweise. Experimentelle Beiträge zur Willens- und Arbeitspsychologie*. Leipzig: Barth, 1931

Düker, H.: *Untersuchungen über die Ausbildung des Wollens*. Bern: Huber, 1975

Düker, H., Lienert, G. A.: *Konzentrations-Leistungs-Test*. Göttingen: Hogrefe, 1959

Duffy, E.: The relationship between muscular tension and quality of performance. *American Journal of Psychology*, 1932, *44*, 535–546

Duffy, E.: Emotion: An example of the need for reorientation in psychology. *Psychological Review*, 1934, *41*, 184–198

Duffy, E.: An explanation of „emotional" phenomena without the use of the concept „emotion". *Journal of General Psychology*, 1941, *25*, 283–293

Duffy, E.: The psychological significance of the concept of „arousal" or „activation". *Psychological Review*, 1957, *64*, 265–275

Duffy, E.: *Activation and behavior*. New York: Wiley, 1962

Duncker, K.: Über induzierte Bewegung. *Psychologische Forschung*, 1929, *12*, 180–259

Duncker, K.: *Zur Psychologie des produktiven Denkens*. Berlin: Springer, 1935

Duval, S., Wicklund, R. A.: *A theory of objective self-awareness*. New York: Academic Press, 1972

Duval, S., Wicklund, R. A.: Effects of objective self-awareness on attribution of causality. *Journal of Experimental Social Psychology*, 1973, *9*, 17–31

Dweck, C. S.: The role of expectations and attributions in the alleviation of learned helplessness. *Journal of Personality and Social Psychology*, 1975, *31*, 674–685

Dweck, C. S., Bush, E. S.: Sex differences in learned helplessness: I. Differential debilitation with peer and adult evaluators. *Developmental Psychology*, 1976, *12*, 147–156

Dweck, C. S., Repucci, N. D.: Learned helplessness and reinforcement responsibility in children.

Journal of Personality and Social Psychology, 1973, *25*, 109–116

Dyck, R. J., Rule, B. G.: Effect on retaliation of causal attributions concerning attack. *Journal of Personality and Social Psycholgy*, 1978, *36*, 521–529

Dyer, L., Parker, D. F.: Classifying outcomes in work motivation research: An examination of the intrinsic-extrinsic dichotomy. *Journal of Applied Psychology*, 1975, *60*, 455–458

Easterbrook, J. A.: The effect of emotion on cue utilization and the organization of behavior. *Psychological Review*, 1959, *66*, 183–201

Eckhardt, G.: Die entwicklungspsychologische Abhängigkeit der Konfliktreaktion vom Grad der Mißerfolgswahrscheinlichkeit. Unveröffentlichte Vordiplomarbeit, Psychologisches Institut der Universität Münster, 1968

Edwards, W.: The theory of decision-making. *Psychological Bulletin*, 1954, *51*, 380–417

Edwards, W.: Utility, subjective probability, their interaction, and variance perferences. *Journal of Conflict Resolution*, 1962, *6*, 42–51

Ehrlich, D., Guttman, I., Schönbach, P., Mills, J.: Postdecision exposure to relelevant information. *Journal of Abnormal and Social Psychology*, 1957, *54*, 98–102

Eibl-Eibesfeldt, I. v.: *Grundriß der vergleichenden Verhaltensforschung. Ethologie.* München: Piper, 1968

Eibl-Eibesfeldt, I. v.: *Der vorprogrammierte Mensch.* Wien: Molden, 1973

Elashoff, J. D., Snow, R. E.: *Pygmalion reconsidered. A case study in statistical inference: Reconsideration of the Rosenthal-Jacobson data on teacher expectancy.* Belmont, Calif.: Wadsworth, 1971

Elig, T. W., Frieze, I. H.: A multi-dimensional scheme for coding and interpreting perceived causality for success and failure events: The Coding Scheme of Perceived Causality (CSPC). *SAS: Catalog of Selected Documents in Psychology*, 1975, *5*, 313

Elke, G.: Die Erfassung und Dimensionierung des Kausalfaktoren-Repertoires zur „naiv"-psychologischen Ursachenerklärung von Schülerleistungen. Unveröffentlichte Diplomarbeit, Psychologisches Institut der Ruhr-Universität Bochum, 1978

Elliott, M. H.: The effect of change of reward on the maze performance of rats. *University of California Publications in Psychology*, 1928, *4*, 19–30

Elliott, M. H.: The effect of change of „drive" on maze performance. *University of California Publications in Psychology*, 1929, *4*, 185–188

Engel, G. L.: Psychologic stress, vasodepressor (vasovagal) syncope, and sudden death. *Annals of Internal Medicine*, 1978, *89*, 403–412

Entin, E. E.: The relationship between the theory of achievement motivation and performance on a simple and a complex task. Unveröffentlichte Dissertation, University of Michigan, 1968

Entin, E. E.: Effects of achievement-oriented and affiliative motives on private and public performance. In J. W. Atkinson und J. O. Raynor (Hg.), *Motivation and achievement.* Washington, D. C.: Winston, 1974. S. 219–236

Entin, E. E., Raynor, J. O.: Effects of contingent future orientation and achievement motivation on performance in two kinds of tasks. *Journal of Experimental Research in Personality*, 1973, *6*, 314–320

Entwisle, D. R.: To dispel fantasies about fantasy-based measures of achievement motivation. *Psychological Bulletin*, 1972, *77*, 377–391

Enzle, M. E., Hansen, R. D., Lowe, C. A.: Causal attribution in the mixed motive game.: Effects of facilitory and inhibitory environmental forces. *Journal of Personality and Social Psychology*, 1975, *31*, 50–54

Epstein, S.: The measurement of drive and conflict in humans: Theory and experiment. In M. R. Jones (Hg.), *Nebraska Symposium on Motivation, 1962.* Lincoln: University of Nebraska Press, 1962. S. 127–206

Epstein, S.: The self-concept revisited. *American Psychologist*, 1973, *28*, 404–416

Epstein, S., Taylor, S. P.: Instigation to aggression as a function of degree of defeat and perceived aggressive intent of the opponent. *Journal of Personality*, 1967, *35*, 265–289

Erikson, E. H.: *Childhood and society.* (Rev. Auflage) New York: Norton, 1963

Escalona, S. K.: The effect of success and failure upon the level of aspiration and behavior in manic-depressive psychoses. *University of Iowa, Studies in Child Welfare*, 1940, *16*, 199–302

Estes, W. K.: Stimulus-response theory of drive. In M. R. Jones (Hg.), *Nebraska Symposium on Motivation, 1958.* Lincoln: University of Nebraska Press, 1958. S. 35–69

Eswara, H. S.: Administration of reward and punishment in relation to ability, effort, and performance. *Journal of Social Psychology*, 1972, *87*, 139–140

Eysenck, H. J.: Historical and integrative: A review of *An Introduction to Modivation* by J. W. Atkinson. *Contemporary Psychology*, 1966, *11*, 122–126. (a)

Eysenck, H. J.: Personality and experimental psychology. *British Psychological Society Bulletin.* 1966, *19*, 62, 1–28 (b)

Eysenck, H. J.: *The biological basis of personality.* Springfield: Thomas, 1967

Fajans, S.: Die Bedeutung der Entfernung für die Stärke eines Aufforderungscharakters beim Säugling und Kleinkind. *Psychologische Forschung*, 1933, *17*, 215–267

Falbo, T.: Achievement attributions of kindergarteners. *Developmental Psychology*, 1975, *11*, 529–530

Feather, N. T.: Subjective probability and decision under uncertainty. *Psychological Review*, 1959, *66*, 150–164. (a)

Feather, N. T.: Success probability and choice behavior. *Journal of Experimental Psychology*, 1959, *58*, 257–266. (b)

Feather, N. T.: The relationship of persistence at a task to expectation of success and achievement related motives. *Journal of Abnormal and Social Psychology*, 1961, *63*, 552–561

Feather, N. T.: The study of persistence. *Psychological Bulletin*, 1962, *59*, 94–115

Feather, N. T.: The relationship of expectation of success to reported probability, task structure, and achievement-related motivation. *Journal of Abnormal and Social Psychology*, 1963, *66*, 231–238. (a)

Feather, N. T.: Persistence at a difficult task with alternative task of intermediate difficulty. *Journal of Abnormal and Social Psychology*, 1963, *66*, 604–609. (b)

Feather, N. T.: The relationship of expectation of success to need achievement and test anxiety. *Journal of Personality and Social Psychology*, 1965, *1*, 118–126

Feather, N. T.: Effects of prior success and failure on expectations of success and subsequent performance. *Journal of Personality and Social Psychology*, 1966, *3*, 287–298

Feather, N. T.: Valence of outcome and expectation of success in relation to task difficulty and perceived locus of control. *Journal of Personality and Social Psychology*, 1967, *7*, 372–386

Feather, N. T.: Change in confidence following success or failure as a predictor of subsequent performance. *Journal of Personality and Social Psychology*, 1968, *9*, 38–46

Feather, N. T.: Attribution of responsibility and valence of success and failure in relation to initial confidence and task performance. *Journal of Personality and Social Psychology*, 1969, *13*, 129–144.

Feather, N. T., Saville, M. R.: Effects of amount of prior success and failure on expectations of success and subsequent task performance. *Journal of Personality and Social Psychology*, 1967, *5*, 226–232

Feather, N. T., Simon, J. G.: Attribution of responsibility and valence of outcome in relation to initial confidence and success and failure of self and other. *Journal of Personality and Social Psychology*, 1971, *18*, 173–188

Federoff, N. A., Harvey, J. H.: Focus of attention, self-esteem and the attribution of causality. *Journal of Research in Personality*, 1976, *10*, 336–345

Feingold, B. D., Mahoney, M. J.: Reinforcement effects on intrinsic interest: Undermining the overjustification hypothesis. *Behavior Therapy*, 1975, *6*, 367–377

Feld, S. C.: Longitudinal study of the origins of achievement strivings. *Journal of Personality and Social Psychology*, 1967, *7*, 408–414

Feldman, N. S., Higgins, E. T., Karlovac, M., Ruble, D. N.: Use of consensus information in causal attribution as a function of temporal presentation and availability of direct information. *Journal of Personality and Social Psychology*, 1976, *34*, 694–698

Fenigstein, A., Scheier, M. F., Buss, A. H.: Public and private self-consciousness: Assessment and theory. *Journal of Consulting and Clinical Psychology*, 1975, *43*, 522–527

Fenz, W. D.: Strategies for coping with stress. In I. G. Sarason und C. D. Spielberger (Hg.), *Stress and anxiety* (Vol. 2). Washington: Hemisphere, 1975. S. 305–336

Ferguson, E. D.: Ego involvement: A critical examination of some methodological issues. *Journal of Abnormal and Social Psychology*, 1962, *64*, 407–417

Feshbach, N.: The relationship of child-rearing factors to children's aggression. In J. de Wit und W. W. Hartup (Hg.), *Determinants and origins of aggressive behavior*. Den Haag: Mouton, 1974. S. 427–436

Feshbach, N.: Studies on empathetic behavior in children. In B. A. Maher (Hg.), *Progress in Experimental Personality Research* (Vol. 8). New York: Academic Press, 1978. S. 1–47

Feshbach, N., Feshbach, S.: The relationship between empathy and aggression in two age groups. *Developmental Psychology*, 1969, *1*, 102–107

Feshbach, S.: The drive-reducing function of fantasy behavior. *Journal of Abnormal and Social Psychology*, 1955, *50*, 3–11

Feshbach, S.: The influence of drive arousal and conflict upon fantasy behavior. In J. Kagan und G. S. Lesser (Hg.), *Contemporary issues in thematic apperception methods*. Springfield: Thomas, 1961. S. 119–140

Feshbach, S.: The function of aggression and the regulation of aggressive drive. *Psychological Review*, 1964, *71*, 257–272

Feshbach, S.: Aggression. In P. H. Mussen (Hg.), *Carmichael's manual of child psychology* (Rev. Aufl.). New York: Wiley, 1970. S. 159–259

Feshbach, S.: Dynamics and morality of violence and aggression: Some psychological considerations. *American Psychologist*, 1971, *26*, 281–292

Feshbach, S.: The development and regulation of aggression: Some research gaps and a proposed cognitive approach. In J. de Wit und W. W. Hartup (Hg.), *Determinants and origins of aggressive behavior*. Den Haag: Mouton, 1974. S. 167–191

Feshbach, S., Singer, R. D.: *Television and aggression: An experimental field study*. San Francisco: Jossey-Bass, 1971

Feshbach, S., Stiles, W. B., Bitter, E.: The reinforcing effect of witnessing aggression. *Journal of*

Experimental Research in Personality, 1967, 2, 133–139

Festinger, L.: Wish, expectation, and group standards as factors influencing level of aspiration. *Journal of Abnormal and Social Psychology*, 1942, *37*, 184–200. (a)

Festinger, L.: A theoretical interpretation of shifts in level of aspiration. *Psychological Review*, 1942, *49*, 235–250. (b)

Festinger, L.: A theory of social comparison processes. *Human Relations*, 1954, *7*, 117–140

Festinger, L.: *A theory of cognitive dissonance.* Evanston, Ill.: Row, Peterson, 1957

Festinger, L.: *Conflict, decision, and dissonance.* Stanford: Stanford University Press, 1964

Festinger, L., Carlsmith, J. M.: Cognitive consequences of forced compliance. *Journal of Abnormal and Social Psychology*, 1959, *58*, 203–210

Festinger, L., Riecken, H. W., Schachter, S.: *When prophecy fails.* Minneapolis: University of Minnesota Press, 1956

Filipp, S. H. (Hg.): *Selbstkonzeptforschung: Probleme, Befunde, Perspektiven.* Stuttgart: Klett-Cotta, 1979

Fineman, S.: The achievement motive construct and its measurement: Where are we now? *British Journal of Psychology*, 1977, *68*, 1–22

Fisch, R.: *Konfliktmotivation und Examen.* Meisenheim: Hain, 1970

Fisch, R., Schmalt, H.-D.: Vergleich von TAT- und Fragebogendaten der Leistungsmotivation. *Zeitschrift für Experimentelle und Angewandte Psychologie*, 1970, *18*, 608–634

Fischer, G. H.: *Einführung in die Theorie psychologischer Tests.* Bern: Huber, 1974

Fischhoff, B.: Attribution theory and judgment under uncertainty. In J. H. Harvey, W. J. Ickes, R. F. Kidd (Hg.), *New directions in attribution research* (Vol. 1). Hillsdale, N. J.: Erlbaum, 1976. S. 421–452

Fishman, D. B.: Need and expectancy as determinants of affiliative behavior in small groups. *Journal of Personality and Social Psychology*, 1966, *4*, 155–164

Fiske, D. W., Maddi, S. R.: A conceptual framework. In D. W. Fiske und S. R. Maddi (Hg.), *Functions of varied experience.* Homewood, Ill.: Dorsey, 1961. S. 11–56

Fitch, G.: Effects of self-esteem, perceived performance, and choice on causal attributions. *Journal of Personality and Social Psychology*, 1970, *16*, 311–315

Fitz, D. A.: A renewed look at Miller's conflict theory of aggression displacement. *Journal of Personality and Social Psychology*, 1976, *33*, 725–732

Flavell, J. H.: *The development of role-taking and communication skills in children.* New York: Wiley, 1968

Fontaine, G.: Social comparison and some determinants of expected personal control and expected performance in a novel task situation. *Journal of Personality and Social Psychology*, 1974, *29*, 487–496

Fontaine, G.: Causal attribution in simulated versus real situations: When are people logical, when are they not? *Journal of Personality and Social Psychology*, 1975, *32*, 1021–1029

Forrest, D. W.: The role of muscular tension in the recall of interrupted tasks. *Journal of Experimental Psychology*, 1959, *58*, 181–184

Fowler, H.: Implications of sensory reinforcement. In R. Glaser (Hg.), *The nature of reinforcement.* New York: Academic Press, 1971. S. 151–195

Frank, J. D.: Individual differences in certain aspects of the level of aspiration. *American Journal of Psychology*, 1935, *47*, 119–128

Frank, L. K.: Time perspectives. *Journal of Social Philosophy*, 1939, *4*, 293–312

Frankel, A., Snyder, M. L.: Poor performance following unsolvable problems: Learned helplessness or egotism? *Journal of Personality and Social Psychology*, 1978, *36*, 1415–1423

Fraune, V.: Auswirkungen fähigkeitsangemessener und fähigkeitsunangemessener Leistungsanforderungen der Mutter auf Leistungsmotiv und Begabungskonzept des Kindes. Unveröffentlichte Diplomarbeit, Psychologisches Institut der Ruhr-Universität Bochum, 1976

Freeman, G. L.: Changes in tonus during completed and interrupted mental work. *Journal of Genetic Psychology*, 1930, *4*, 309–334

French, E. G.: Some characteristics of achievement motivation. *Journal of Experimental Psychology*, 1955, *50*, 232–236

French, E. G.: Motivation as a variable in work-partner selection. *Journal of Abnormal and Social Psychology*, 1956, *53*, 96–99

French, E. G.: Development of a measure of complex motivation. In J. W. Atkinson (Hg.), *Motives in fantasy, action, and society.* Princeton: Van Nostrand: 1958. S. 242–248. (a)

French, E. G.: Effects of the interaction of motivation and feedback on task performance. In J. W. Atkinson (Hg.), *Motives in fantasy, action, and society.* Princeton, N. J.: Van Nostrand, 1958. S. 400–408. (b)

French, E. G., Chadwick, I.: Some characteristics of affiliation motivation. *Journal of Abnormal and Social Psychology*, 1956, *52*, 296–300

French, E. G., Lesser, G. S.: Some characteristics of the achievement motive in women. *Journal of Abnormal and Social Psychology*, 1964, *68*, 119–128

French, E. G., Thomas, F. H.: The relation of achievement motivation to problem-solving effectiveness. *Journal of Abnormal and Social Psychology*, 1958, *56*, 45–48

French, J. R. P., Raven, B. H.: The basis of social power. In D. Cartwright (Hg.), *Studies in social power.* Ann Arbor: The University of Michigan, 1959. S. 150–167

Freud, S.: *Die Abwehrneuropsychosen.* (1894). Gesammelte Werke, Bd. I. Frankfurt: Fischer, 1952

Freud, S.: Entwurf einer Psychologie. (1895). In S. Freud (Hg.), *Aus den Anfängen der Psychoanalyse.* London: Imago Publishing, 1950. S. 370–466

Freud, S.: *Die Traumdeutung.* (1900). Gesammelte Werke, Bde. II–III. Frankfurt: Fischer, 1952

Freud, S.: *Zur Psychopathologie des Alltagslebens.* (1901). Gesammelte Werke, Bd. IV. Frankfurt: Fischer, 1952.

Freud, S.: Drei Abhandlungen zur Sexualtheorie. (1905). *Gesammelte Werke,* Bd. V (3. Aufl.). Frankfurt: Fischer, 1961. S. 108–131

Freud, S.: *Triebe und Triebschicksale.* (1915). Gesammelte Werke, Bd. X. Frankfurt: Fischer, 1952

Freud, S.: *Hemmung, Symptom, Angst.* (1926). Gesammelte Werke, Bd. XIV. Frankfurt: Fischer, 1952

Freud, S.: Das Unbehagen in der Kultur. (1930). *Gesammelte Werke,* Bd. XIV (3. Aufl.). Frankfurt: Fischer, 1963. S. 419–506

Freud, S.: Warum Krieg? (1932). *Gesammelte Werke,* Bd. XVI. Frankfurt: Fischer, 1950. S. 13–27

Freud, S., Breuer, J.: Studien über Hysterie. (1895). *Gesammelte Werke,* Bd. I. Frankfurt: Fischer, 1952. S. 75–312

Frey, D., Irle, M.: Some conditions to produce a dissonance and an incentive effect in a „forced-compliance" situation. *European Journal of Social Psychology,* 1972, *2,* 45–54

Frey, D., Wicklund, R. A., Scheier, M. F.: Die Theorie der objektiven Selbstaufmerksamkeit. In D. Frey (Hg.), *Theorien der Sozialpsychologie.* Bern: Huber, 1978. S. 192–216

Frieze, I. H.: Causal attributions and information seeking to explain success and failure. *Journal of Research in Personality,* 1976, *10,* 293–305

Frieze, I. H., Weiner, B.: Cue utilization and attributional judgments for success and failure. *Journal of Personality,* 1971, *39,* 591–606

Frodi, A., Macaulay, J. R., Thome, P.: Are woman always less aggressive than men? A review of the experimental literature. *Psychological Bulletin,* 1977, *84,* 634–660

Fuchs, R.: *Gewißheit, Motivation und bedingter Reflex.* Meisenheim: Hain, 1954

Fuchs, R.: The role of understanding in the acquisition of motives. In D. C. McClelland (Hg.), *Studies in motivation.* New York: Appleton-Century-Crofts, 1955. S. 25–29

Fuchs, R.: Funktionsanalyse der Motivation. *Zeitschrift für experimentelle und angewandte Psychologie,* 1963, *10,* 626–645

Fuchs, R.: Über die Darstellung motivierender Erwartungen. *Psychologische Beiträge,* 1965, *8,* 516–563

Fuchs, R.: Furchtregulation und Furchthemmung des Zweckhandelns. In A. Thomas (Hg.), *Psychologie der Handlung und Bewegung.* Meisenheim: Hain, 1976. S. 97–162

Gabler, H.: *Aggressive Handlungen im Sport.* Schorndorf: Hofmann, 1976

Galbraith, J., Cummings, L.: An empiric investigation of the motivational determinants of past performance: Interactive effects between instrumentality-valence, motivation, and ability. *Organizational Behavior and Human Performance,* 1967, *2,* 237–257

Garbarino, J.: The impact of anticipated rewards on cross-age tutoring. *Journal of Personality and Social Psychology,* 1975, *32,* 421–428

Gatchel, R. J., Paulus, P. B., Maples, C. W.: Learned helplessness and self-reported affect. *Journal of Abnormal Psychology,* 1975, *84,* 732–734

Gavin, J. F.: Ability, effort, and role perception as antecedents of job performance. *Experimental Publication System,* 1970, *5,* manuscript number 190 A

Gebhard, M.: Effects of success and failure upon the attractiveness of activities as a function of experience, expectation, and need. *Journal of Experimental Psychology,* 1948, *38,* 371–388

Gebhard, M.: Permanence of experimentally induced changes in the attractiveness of activities. *Journal of Experimental Psychology,* 1949, *39,* 708–713

Geen, R. G.: Observing violence in the mass media: Implications of basic research. In R. G. Geen und E. C. Neal (Hg.), *Perspectives on aggression.* New York: Academic Press, 1976. S. 193–234

Geen, R. G., Quanty, M. B.: The catharsis of aggression: An evaluation of a hypothesis. In L. Berkowitz (Hg.), *Advances in Experimental Social Psychology* (Vol. 10). New York: Academic Press, 1977. S. 1–37

Geen, R. G., Rakosky, J. J., Pigg, R.: Awareness of arousal and its relation to aggression. *British Journal of Social and Clinical Psychology,* 1972, *11,* 115–121

Geen, R. G., Stonner, D.: Context effects in observed violence. *Journal of Personality and Social Psychology,* 1973, *25,* 145–150

Georgopolous, B. S., Mahoney, G. M., Jones, N. W.: A path-goal approach to productivity. *Journal of Applied Psychology,* 1957, *41,* 345–353

Gergen, K. J.: *The concept of self.* New York: Holt, Rinehardt and Winston, 1971

Gergen, K. J., Gergen, M. M., Meter, K.: Individual orientations to prosocial behavior. *Journal of Social Issues,* 1972, *28,* 3, 105–130

Gibbons, F. X., Wicklund, R. A.: Selective exposure to self. *Journal of Research in Personality,* 1976, *10,* 98–106

Gilmor, T. M., Minton, H. L.: Internal versus external attribution of task performance as a function of locus of control, initial confidence and success – failure outcome. *Journal of Personality,* 1974, *42,* 159–174

Gjesme, T.: Motive to achieve success and motive to avoid failure in relation to school performance for pupils of different ability levels. *Scandinavian Journal of Educational Research*, 1971, *15*, 81–99

Gjesme, T.: Achievement-related motives and school performance for girls. *Journal of Personality and Social Psychology*, 1973, *26*, 131–136

Gjesme, T.: Goal distance in time and its effects on the relations between achievement motives and performance. *Journal of Research in Personality*, 1974, *8*, 161–171

Gjesme, T.: Slope of gradients for performance as a function of achievement motive, goal distance in time, and future time orientation. *Journal of Psychology*, 1975, *91*, 143–160

Gjesme, T.: Future-time gradients for performance in test-anxious individuals. *Perceptual and Motor Skills*, 1976, *42*, 235–242

Gjesme, T.: General satisfaction and boredom at school as a function of the pupils' personality characteristics. *Scandinavian Journal of Educational Research*, 1977, *21*, 113–146

Gjesme, T, Nygard, R.: Achievement-related motives: Theoretical considerations and construction of a measuring instrument. Unveröffentlichtes Manuskript, Universitiy of Oslo, 1970

Glixman, A. F.: An analysis of the use of the interruption-technique in experimental studies of „repression". *Psychological Bulletin*, 1948, *45*, 491–506

Glueck, S., Glueck, E.: *Unraveling juvenile delinquency.* Cambridge, Mass.: Harvard University Press, 1950

Gniech, G., Grabitz, H.-J.: Freiheitseinengung und psychologische Reaktanz. In D. Frey (Hg.), *Kognitive Theorien der Sozialpsychologie.* Bern: Huber, 1978. S. 48–73

Görlitz, D.: Motivationshypothesen in der Alltagskommunikation. *Kölner Zeitschrift für Soziologie und Sozialpsychologie*, 1974, *26*, 538–567

Goffman, E.: *Stigma.* Frankfurt/M.: Suhrkamp, 1967

Goldberg, L. R.: Differential attribution of trait-descriptive terms to oneself as compared to well-liked, neutral, and disliked others: A psychometric analysis. *Journal of Personality and Social Psychology*, 1978, *36*, 1012–1028

Golding, S. L.: Flies in the ointment: Methodological problems in the analysis of the percentage of variance due to persons and situations. *Psychological Bulletin*, 1975, *82*, 278–288

Golding, S. L., Rorer, L. G.: „Illusory correlation" and the learning of clinical judgment. *Journal of Abnormal Psychology*, 1972, *80*, 249–260

Goodenough, F. L.: *Anger in young children.* Minneapolis: University of Minnesota Press, 1931

Goodman, P. S., Rose, J. H., Furcon, J. E.: Comparison of motivational antecedents of the work performance of scientists and engineers. *Journal of Applied Psychology*, 1970, *54*, 491–495

Goodstadt, B. E., Hjelle, L. A.: Power to the powerless: Locus of control and the use of power. *Journal of Personality and Social Psychology*, 1973, *27*, 190–196

Goranson, R. E., Berkowitz, L.: Reciprocity and responsibility reactions to prior help. *Journal of Personality and Social Psychology*, 1966, *3*, 227–232

Gould, R., Sigall, H.: The effects of empathy and outcome on attribution: An examination of the divergent-perspectives hypothesis. *Journal of Experimental Social Psychology*, 1977, *13*, 480–491

Gouldner, A.: The norm of reciprocity: A preliminary statement. *American Sociological Review*, 1960, *25*, 161–178

Grabitz, H. J.: Die Bewertung von Information vor Entscheidungen in Abhängigkeit von der verfolgten Alternative und der Verläßlichkeit der Information. *Zeitschrift für Sozialpsychologie*, 1971, *2*, 383–388

Graefe, O.: Über Notwendigkeit und Möglichkeit der psychologischen Wahrnehmungslehre. *Psychologische Forschung*, 1961, *26*, 262–298

Graen, G.: Instrumentality theory of work motivation: Some experimental results and suggested modifications. *Journal of Applied Psychology Monographs*, 1969, *53*, 1–25

Graumann, C. F.: Die Dynamik von Interessen, Wertungen und Einstellungen. In H. Thomae (Hg.), *Handbuch der Psychologie* (Bd. II). Göttingen: Hogrefe, 1965. S. 272–305

Graumann, C. F.: Psychologie – humanistisch oder human? *Psychologie heute*, 1977, *4*, Heft 8, 40–45

Green, D.: Dissonance and self-perception analyses of „forced compliance": When two theories make competing predictions. *Journal of Personality and Social Psychology*, 1974, *29*, 819–828

Green, D. R.: Volunteering and the recall of interrupted tasks. *Journal of Abnormal and Social Psychology*, 1963, *66*, 397–401

Greene, D., Lepper, M. R.: Effects of extrinsic rewards on children's subsequent intrinsic interest. *Child Development*, 1974, *45*, 1141–1145

Greene, D., Lepper, M. R. (Hg.): *The hidden costs of reward.* Hillsdale, N. J.: Erlbaum, 1977

Greene, D., Sternberg, B., Lepper, M. R.: Overjustification in a token economy. *Journal of Personality and Social Psychology*, 1976, *34*, 1219–1234

Greenwald, A. G.: Does the Good Samaritan parable increase helping? A comment on Darley and Batson's no-effect conclusion. *Journal of Personality and Social Psychology*, 1975, *32*, 578–583. (a)

Greenwald, A. G.: On the inconclusiveness of „crucial" cognitive tests of dissonance versus self-perception theories. *Journal of Experimental Social Psychology*, 1975, *11*, 490–499 (b)

Greenwald, A. G., Ronis, D. L.: Twenty years of cognitive dissonance: Case study of the evolution of a theory. *Psychological Review*, 1978, *85*, 53–57

Greenwell, J., Dengerink, H. A.: The role of perceived versus actual attack in human physical aggression. *Journal of Personality and Social Psychology*, 1973, *26*, 66–71

Griffith, M.: Effects of noncontingent success and failure on mood and performance. *Journal of Personality*, 1977, *45*, 442–457

Grinker, J.: Cognitive control of classical eyelid conditioning. In P. G. Zimbardo (Hg.), *The cognitive control of motivation*. Glenview: Scott, Foresman, 1969. S. 126–135

Groeben, N., Scheele, B.: *Argumente für eine Psychologie des reflexiven Subjekts*. Darmstadt: Steinkopff, 1977

Grusec, J.: Demand characteristics of the modeling experiment: Altruism as a function of age and aggression. *Journal of Personality and Social Psychology*, 1972, *22*, 139–148

Gurack, E.: Die Entwicklung des Fähigkeitskonzepts im Vorschulalter. Unveröffentlichte Diplomarbeit, Psychologisches Institut der Ruhr-Universität Bochum, 1978

Guthrie, E. R.: *The psychology of learning*. New York: Harper and Row, 1935

Haber, R. N.: Discrepancy from adaptation level as a source of affect. *Journal of Experimental Psychology*, 1958, *56*, 370–375

Haber, R. N., Alpert, R.: The role of situation and picture cues in projective measurement of the achievement motive. In J. W. Atkinson (Hg.), *Motives in fantasy, action, and society*. Princeton: Van Nostrand, 1958. S. 644–663

Hackman, J. R., Porter, L. W.: Expectancy theory predictions of work effectiveness. *Organizational Behavior and Human Performance*, 1968, *3*, 417–426

Halisch, C.: Zur kognitiven Grundlage des frühen Wetteiferverhaltens. Unveröffentlichte Diplomarbeit, Psychologisches Institut der Ruhr-Universität Bochum, 1979

Halisch, F.: Die Selbstregulation leistungsbezogenen Verhaltens: Das Leistungsmotiv als Selbstbekräftigungssystem. In H.-D. Schmalt und W.-U. Meyer (Hg.), *Leistungsmotivation und Verhalten*. Stuttgart: Klett, 1976. S. 137–164

Halisch, F.: Vorbildeinfluß und Motivationsprozesse. Unveröffentlichte Dissertation, Abteilung für Philosophie, Pädagogik, Psychologie der Ruhr-Universität Bochum, 1980

Halisch, F., Butzkamm, J., Posse, N.: Selbstbekräftigung: I. Theorieansätze und experimentelle Erfordernisse. *Zeitschrift für Entwicklungspsychologie und Pädagogische Psychologie*, 1976, *8*, 145–164

Halisch, F., Butzkamm, J., Posse, N.: Selbstbekräftigung: II. Individuelle Unterschiede und Anwendungen in Schule und Therapie. *Zeitschrift für Entwicklungspsychologie und Pädagogische Psychologie*, 1977, *9*, 127–149

Halisch, F., Heckhausen, H.: Search for feedback information and effort regulation during task performance. *Journal of Personality and Social Psychology*, 1977, *35*, 724–733

Hallermann, B.: Untersuchungen zur Anstrengungskalkulation. Unveröffentlichte Diplomarbeit, Psychologisches Institut der Ruhr-Universität Bochum, 1975

Hamilton, J. O.: Motivation and risk-taking behavior. *Journal of Personality and Social Psychology*, 1974, *29*, 856–864

Hammen, C. L., Krantz, S.: Effects of success and failure on depressive cognitions. *Journal of Abnormal Psychology*, 1976, *85*, 577–586

Hansen, R. D., Stonner, D. M.: Attributes and attributions: Inferring stimulus properties, actors' dispositions, and causes. *Journal of Personality and Social Psychology*, 1978, *36*, 657–667

Hanusa, B. H., Schulz, R.: Attributional mediators of learned helplessness. *Journal of Personality and Social Psychology*, 1977, *35*, 602–611

Hardyck, J. A., Braden, M.: Prophecy fails again: A report of a failure to replicate. *Journal of Abnormal and Social Psychology*, 1962, *65*, 136–141

Harlow, H. F.: Learning and satiation of response in intrinsically motivated complex puzzle performance by monkeys. *Journal of Comparative and Physiological Psychology*, 1950, *43*, 289–294

Harlow, H. F.: Motivation as a factor in the acquisition of new responses. In: *Current theory and research in motivation: A symposium*. Lincoln: University of Nebraska Press, 1953. S. 24–49

Harter, S.: Pleasure derived by children from cognitive challenge and mastery. *Child Development*, 1974, *45*, 661–669

Harter, S.: Developmental differences in the manifestation of mastery motivation on problem solving tasks. *Child Development*, 1975, *46*, 370–378

Harter, S.: Effectance motivation reconsidered. *Human Development*, 1978, *21*, 34–64

Hartmann, D. P.: Influence of symbolically modeled instrumental aggression and pain cues on aggressive behavior. *Journal of Personality and Social Psychology*, 1969, *11*, 280–288

Hartshorne, H., May, M. A.: *Studies in the nature of character*. (Vol. I). Studies in deceit. New York: Macmillan, 1928

Hartshorne, H., May, M. A.: *Studies in the nature of character*. (Vol. 2). Studies in service and self-control. New York: Macmillan, 1929

Hartshorne, H., May, M. A., Shuttleworth, F. K.: *Studies in the nature of character*. (Vol. 3). Studies in the organization of character. New York: Macmillan, 1930

Hartup, W. W.: Aggression in childhood: Developmental perspectives. *American Psychologist*, 1974, *29*, 336–341

Harvey, O. J., Hunt, D. E., Schroder, H. M.: *Conceptual systems and personality organization.* New York: Wiley, 1961

Hayashi, T., Habu, K. A.: A research on achievement motive: An experimental test of the „thought sampling" method by using Japanese students. *Japanese Psychological Research*, 1962, *4*, 30–42

Hayashi, T., Yamauchi, K.: The relation of children's need for achievement to their parents' home discipline in regard to independence and mastery. *Bulletin of Kyoto Gakugei University*, 1964, *A 25*, 31–40

Hebb, D. O.: On the nature of fear. *Psychological Review*, 1946, *53*, 259–276

Hebb, D. O.: *The organization of behavior.* New York: Wiley, 1949

Hebb, D. O.: Heredity and environment in mammalian behavior. *British Journal of Animal Behavior*, 1953, *1*, 43–47

Hebb, D. O.: Drives and the C.N.S. (Conceptual nervous system). *Psychological Review*, 1955, *62*, 243–254

Hecker, G.: *Leistungsentwicklung im Sportunterricht.* Weinheim: Beltz, 1971

Hecker, G.: Bericht über eine Untersuchung zur Leistungsentwicklung im Sportunterricht des 1. und 2. Schuljahres. *Sportunterricht*, 1974, *6*, 191–197

Hecker, G., Kleine, W., Wessling-Lünnemann, G., Beier, A.: Untersuchung zum Einfluß von Sportunterricht auf die Entwicklung der Leistungsmotivation. *Zeitschrift für Entwicklungspsychologie und Pädagogische Psychologie*, 1979, *11*, 1–17

Heckhausen, H.: Motivationsanalyse der Anspruchsniveau-Setzung. *Psychologische Forschung*, 1955, *25*, 118–154

Heckhausen, H.: Die Problematik des Projektionsbegriffs und die Grundlagen und Grundannahmen des Thematischen Auffassungstests. *Psychologische Beiträge*, 1960, *5*, 53–80

Heckhausen, H.: Einige Zusammenhänge zwischen Zeitperspektive und verschiedenen Motivationsvariablen. Bericht über den 22. Kongreß der Deutschen Gesellschaft für Psychologie, Heidelberg 1959. Göttingen: Hogrefe, 1960. S. 294–297. (b)

Heckhausen, H.: *Hoffnung und Furcht in der Leistungsmotivation.* Meisenheim: Hain, 1963. (a)

Heckhausen, H.: Eine Rahmentheorie der Motivation in zehn Thesen. *Zeitschrift für experimentelle und angewandte Psychologie*, 1963, *10*, 604–626. (b)

Heckhausen, H.: Entwurf einer Psychologie des Spielens. *Psychologische Forschung*, 1964, *27*, 225–243. (a)

Heckhausen, H.: Über die Zweckmäßigkeit einiger Situationsbedingungen bei der inhaltsanalytischen Erfassung der Motivation. *Psychologische Forschung*, 1964, *27*, 244–259. (b)

Heckhausen, H.: Leistungsmotivation. In H. Thomae (Hg.), *Handbuch der Psychologie* (Bd. II). Göttingen: Hogrefe, 1965. S. 602–702. (a)

Heckhausen, H.: Wachsen und Lernen in der Genese von Persönlichkeitseigenschaften. Bericht über den 24. Kongreß der Deutschen Gesellschaft für Psychologie, Wien, 1964. Göttingen: Hogrefe, 1965. S. 125–132. (b)

Heckhausen, H.: *The anatomy of achievement motivation.* New York: Academic Press, 1967

Heckhausen, H.: Achievement motive research: Current problems and some contributions toward a general theory of motivation. In W. J. Arnold (Hg.), *Nebraska Symposium on Motivation, 1968.* Lincoln: University of Nebraska Press, 1968. S. 103–174

Heckhausen, H.: *Allgemeine Psychologie in Experimenten.* Göttingen: Hogrefe, 1969

Heckhausen, H.: Trainingskurse zur Erhöhung der Leistungsmotivation und der unternehmerischen Aktivität in einem Entwicklungsland: Eine nachträgliche Analyse des erzielten Motivwandels. *Zeitschrift für Entwicklungspsychologie und Pädagogische Psychologie*, 1971, *3*, 253–268

Heckhausen, H.: Die Interaktion der Sozialisationsvariablen in der Genese des Leistungsmotivs. In C. F. Graumann (Hg.), *Handbuch der Psychologie* (Bd. 7/2). Göttingen: Hogrefe, 1972. S. 955–1019

Heckhausen, H.: Intervening cognitions in motivation. In D. E. Berlyne and K. B. Madsen (Hg.), *Pleasure, reward, and preference.* New York: Academic Press, 1973. S. 217–242. (a)

Heckhausen, H.: Die Entwicklung des Erlebens von Erfolg und Mißerfolg. In C. F. Graumann und H. Heckhausen (Hg.), *Pädagogische Psychologie* (Bd. 1). Entwicklung und Sozialisation. Frankfurt: Fischer-Taschenbuch, 1973. S. 95–122. (b)

Heckhausen, H.: *Leistungsmotivation und Chancengleichheit.* Göttingen: Hogrefe, 1974. (a)

Heckhausen, H.: *Motivationsanalysen.* Heidelberg: Springer, 1974. (b)

Heckhausen, H.: Fear of failure as a self-reinforcing motive system. In I. G. Sarason and C. Spielberger (Hg.), *Stress and anxiety* (Vol. II). Washington, D. C.: Hemisphere, 1975. S. 117–128. (a)

Heckhausen, H.: Effort expenditure, aspiration level and self-evaluation before and after unexpected performance shifts. Unveröffentlichtes Manuskript, Psychologisches Institut der Ruhr-Universität Bochum, 1975. (b)

Heckhausen, H.: Perceived ability, achievement motive and information choice: A study by Meyer reanalyzed and supplemented. Unveröffentlichtes Manuskript, Psychologisches Institut der Ruhr-Universität Bochum, 1975. (c)

Heckhausen, H.: Kompetenz. In *Historisches Wörterbuch der Psychologie* (Bd. IV). Basel: Karger, 1976. S. 922–923. *(a)*

Heckhausen, H.: Lehrer-Schüler-Interaktion. In F. E. Weinert, C. F. Graumann, H. Heckhausen und M. Hofer (Hg.), *Pädagogische Psychologie. Teil IV.* Weinheim: Beltz, 1976. S. 85–124. (b)

Heckhausen, H.: Bessere Lernmotivation und neue Lernziele. In F. E. Weinert, C. F. Graumann, H. Heckhausen und M. Hofer (Hg.), *Pädagogische Psychologie, Teil IV.* Weinheim: Beltz, 1976. S. 125–154. (c)

Heckhausen, H.: Achievement motivation and its constructs: A cognitive model. *Motivation and Emotion,* 1977, *1,* 283–329. (a)

Heckhausen, H.: Motivation: Kognitionspsychologische Aufspaltung eines summarischen Konstrukts. *Psychologische Rundschau,* 1977, *28,* 175–189. (b)

Heckhausen, H.: Selbstbewertung nach erwartungswidrigem Leistungsverlauf: Einfluß von Motiv, Kausalattribution und Zielsetzung. *Zeitschrift für Entwicklungspsychologie und Pädagogische Psychologie,* 1978, *10,* 191–216

Heckhausen, H.: Task-irrelevant cognitions during an exam: Incidence and effects. In H. W. Krohne und L. Laux (Hg.), *Achievement, stress, and anxiety.* Washington, D. C.: Hemisphere, 1980

Heckhausen, H.: The development of achievement motivation. In: W. W. Hartup (Hg.), *Review of Child Development Research* (Vol. 6). Chicago: University of Chicago Press. (Im Druck)

Heckhausen, H. (Hg.): *Fähigkeit und Motivation in erwartungswidriger Schulleistung.* Göttingen: Hogrefe (in Vorbereitung)

Heckhausen, H., Boteram, N., Fisch, R.: Attraktivitätsänderung der Aufgabe nach Mißerfolg. Kognitive Dissonanztheorie versus Leistungsmotivationstheorie. *Psychologische Forschung,* 1970, *33,* 208–222

Heckhausen, H., Ertel, S., Kiekheben-Roelofsen, I.: *Die Anfänge der Leistungsmotivation im Wetteifer des Kleinkindes.* Sound Film. Göttingen: Institut für den Wissenschaftlichen Film, 1966

Heckhausen, H., Meyer, W.-U.: Selbständigkeitserziehung und Leistungsmotiv. *Mitteilungen der Deutschen Forschungsgemeinschaft,* 1972, *4,* 10–14

Heckhausen, H., Oswald, A.: Erziehungspraktiken der Mutter und Leistungsverhalten des normalen und gliedmaßengeschädigten Kindes. *Archiv für die gesamte Psychologie,* 1969, *121,* 1–30

Heckhausen, H., Roelofsen, I.: Anfänge und Entwicklung der Leistungsmotivation: (I.) im Wetteifer des Kleinkindes. *Psychologische Forschung,* 1962, *26,* 313–397. (Auch in Heckhausen, 1974b)

Heckhausen, H., Schmalt, H.-D., Schneider, K.: Fortschritte der Leistungsmotivationsforschung. In H. Thomae (Hg.), *Handbuch der Psychologie* (2. Band, 2. Auflage). Göttingen: Hogrefe, (im Druck)

Heckhausen, H., Wagner, I.: Anfänge der Entwicklung der Leistungsmotivation: (II) in der Zielsetzung des Kleinkindes. Zur Genese des Anspruchsniveaus. *Psychologische Forschung,* 1965, *28,* 179–245

Heckhausen, H., Wasna, M.: Erfolg und Mißerfolg im Leistungswetteifer des imbezillen Kindes. *Psychologische Forschung,* 1965, *28,* 391–421

Heckhausen, H., Weiner, B.: The emergence of a cognitive psychology of motivation. In P. C. Dodwell (Hg.), *New horizons in psychology* (Vol. II). London: Penguin Books, 1972. S. 126–147

Heider, F.: Attitudes and cognitive organization. *Journal of Psychology,* 1946, *21,* 107–112

Heider, F.: *The psychology of interpersonal relations.* New York: Wiley, 1958

Heider, F.: The Gestalt theory of motivation. In M. R. Jones (Hg.), *Nebraska Symposium on Motivation, 1960.* Lincoln: University of Nebraska Press, 1960. S. 145–172

Heider, F.: *Psychologie der interpersonalen Beziehungen.* (Übersetzung von Heider, 1958). Stuttgart: Klett, 1977

Heider, F., Simmel, M.: An experimental study of apparent behavior. *American Journal of Psychology,* 1944, *57,* 243–259

Helson, H.: Adaptation level as a basis for a quantitative theory of frames of reference. *Psychological Review,* 1948, *55,* 297–313

Helson, H.: *Adaptation-level theory.* New York: Harper and Row, 1964

Helson, H.: A common model for affectivity and perception: An adaption-level approach. In D. E. Berlyne und K. B. Madsen (Hg.), *Pleasure, reward, preference.* New York: Academic Press, 1973. S. 167–188

Heneman, H. H., Schwab, D. P.: Evaluation of research on expectancy theory predictions of employee performance. *Psychological Bulletin,* 1972, *78,* 1–9

Henle, M.: The influence of valence on substitution. *Journal of Psychology,* 1944, *17,* 11–19

Herbart, J. F.: *Pädagogische Briefe oder Briefe über die Anwendung der Psychologie auf die Pädagogik.* (1831). Ausgabe von Willmann-Fritsch, Bd. II. Osterwick–Leipzig, 1913

Hermans, H. J. M.: A questionnaire measure of achievement motivation. *Journal of Applied Psychology,* 1970, *54,* 353–363

Hermans, H. J. M.: *Prestatiemotief en faalangst in gezin en onderwijs.* Amsterdam: Swets en Zeitlinger, 1971

Hermans, H. J. M.: *Leistungsmotivationstest für Jugendliche.* Amsterdam: Swets en Zeitlinger, 1976

Hess, E. H.: Ethology. In T. M. Newcomb (Hg.), *New directions in psychology, I.* New York: Holt, Rinehart and Winston, 1962. S. 157–266

Hetzer, H.: *Kind und Schaffen.* Jena: Gustav Fischer, 1931

Heyns, R. W., Veroff, J., Atkinson, J. W.: A scoring manual for the affiliation motive. In J. W. Atkinson (Hg.), *Motives in fantasy, action, and society.*

Princeton, N. J.: Van Nostrand, 1958. S. 205–218

Hilke, R.: Wie aggressiv sind Versuchspersonen wirklich? Einige Überlegungen zur „klassischen" experimentellen Versuchsanordnung der Aggressionsforschung aus Anlaß eines anscheinend nicht alltäglichen Befundes. *Zeitschrift für Sozialpsychologie*, 1977, *8*, 137–155

Hill, W. F.: Sources of evaluative reinforcement. *Psychological Bulletin*, 1968, *69*, 132–146

Hillgruber, A.: Fortlaufende Arbeit und Willensbetätigung. *Untersuchungen zur Psychologie und Philosophie*, 1912, *1*, Heft 6.

Hinde, R. A.: The study of aggression: Determinants, consequences, goals, and functions. In J. de Wit und W. W. Hartup (Hg.), *Determinants and origins of aggressive behavior*. Den Haag: Mouton, 1974. S. 3–27

Hiroto, D. S.: Locus of control and learned helplessness. *Journal of Experimental Psychology*, 1974, *102*, 187–193

Hodges, W. F., Spielberger, C. D.: The effects of threat of shock on heart rate for subjects who differ in manifest anxiety and fear of shock. *Psychophysiology*, 1966, *2*, 287–294

Hoffman, L. W.: Fear of success in males and females: 1965 and 1972. *Journal of Consulting and Clinical Psychology*, 1974, *42*, 353–358

Hoffman, L. W.: Fear of success in 1965 and 1974: A follow-up study. *Journal of Consulting and Clinical Psychology*, 1977, *45*, 310–321

Hoffman, M. L.: Developmental synthesis of affect and cognition and its implications for altruistic motivation. *Developmental Psychology*, 1975, *11*, 607–622

Hoffman, M. L.: Empathy, its development and prosocial implications. In C. B. Keasey (Hg.), *Nebraska Symposium on Motivation 1977*. Lincoln: Nebraska University Press, 1978. S. 169–217

Hogan, R.: Development of an empathy scale. *Journal of Consulting and Clinical Psychology*, 1969, *33*, 307–316

Hogan, R.: Moral conduct and moral character: A psychological perspective. *Psychological Bulletin*, 1973, *79*, 217–232

Hokanson, J., Burgess, M.: The effects of status, type of frustration, and aggression on vascular processes. *Journal of Abnormal and Social Psychology*, 1962, *65*, 232–237

Holder, W. B., Marx, M. N., Holder, E. E., Collier, G.: Response strength as a function of delay in a runway. *Journal of Experimental Psychology*, 1957, *53*, 316–323

Holmes, D. S.: Dimensions of projection. *Psychological Bulletin*, 1968, *69*, 248–268

Homans, G. C.: *Social behavior: Its elementary forms*. New York: Harcourt, Brace and World, 1961

Hoppe, F.: Untersuchungen zur Handlungs- und Affektpsychologie. IX. Erfolg und Mißerfolg. *Psychologische Forschung*, 1930, *14*, 1–63

Horner, M. S.: Sex differences in achievement motivation and performance in competitive and non-competitive situations. Unveröffentlichte Dissertation, University of Michigan, 1968

Horner, M. S.: Fail: Bright woman. *Psychology Today*, 1969, *3*, (6), 36–38, 62

Horner, M. S.: Feminity and successful achievement: A basic inconsistency. In J. M. Barawick, E. Douvan, M. S. Horner und D. Gutmann (Hg.), *Feminine personality and conflict*. Belmont, Calif.: Brooks/Cole, 1970

Horner, M. S.: Toward an understanding of achievement-related conflicts in women. *Journal of Social Issues*, 1972, *28*, No. 1, 157–175

Horner, M. S.: The measurement and behavioral implications of fear of success in women. In J. W. Atkinson und J. O. Raynor (Hg.), *Motivation and achievement*. Washington, D. C.: Winston, 1974. S. 91–117. (a)

Horner, M. S.: Performance of men in noncompetitive and interpersonal competitive achievement oriented situations. In J. W. Atkinson und J. O. Raynor (Hg.), *Motivation and achievement*. Washington, D. C.: Winston, 1974. S. 237–254. (b)

Horner, M. S., Tresemer, D. W., Berens, A. E., Watson, R. I.: Scoring manual for an empirical derived scoring system for motive to avoid success. Unveröffentlichtes Manuskript, Harvard University, 1973

Hornstein, H. A.: Promotive tension: The basis of prosocial behavior from a Lewinian perspective. *Journal of Social Issues*, 1972, *28*, 3, 191–218

Hornstein, H. A.: *Cruelty and kindness: A new look at aggression and altruism*. Englewood Cliffs, N. J.: Prentice-Hall, 1976

Hornstein, H. A., Fisch, E., Holmes, M.: Influence of a model's feelings about his behavior and his relevance as a comparison on other observers' helping behavior. *Journal of Personality and Social Psychology*, 1968, *10*, 222–226

Horowitz, I. A.: Effect of choice and locus of dependence on helping behavior. *Journal of Personality and Social Psychology*, 1968, *8*, 373–376

Hovland, C. I., Janis, I., Kelley, H. H.: *Communication and persuasion*. New Haven: Yale University Press, 1953

Hovland, C. I., Sears, R. R.: Experiments on motor conflict: I. Types of conflict and their modes of resolution. *Journal of Experimental Psychology*, 1938, *23*, 477–493

Howell, W. S.: Compounding uncertainty from internal sources. *Journal of Experimental Psychology*, 1972, *95*, 6–13

Hull, C. L.: Knowledge and purpose as habit mechanisms. *Psychological Review*, 1930, *37*, 511–525

Hull, C. L.: Goal attraction and directing ideas conceived as habit phenomena. *Psychological Review*, 1931, *38*, 487–506

Hull, C. L.: The goal gradient and maze learning. *Psychological Review*, 1932, *39*, 25–43

Hull, C. L.: Differential habituation to internal stimuli in the albino rat. *Journal of Comparative Psychology*, 1933, *16*, 255–273

Hull, C. L.: The concept of the habit-family hierarchy, and maze learning. *Psychological Review*, 1934, *41*, 33–54; 134–152

Hull, C. L.: The mechanism of the assembly of behavior segments in novel combinations suitable for problem solution. *Psychological Review*, 1935, *42*, 219–245

Hull, C. L.: *Principles of behavior*. New York: Appleton-Century-Crofts, 1943

Hull, C. L.: *Essentials of behavior*. New Haven: Yale University Press, 1951

Hull, C. L.: *A behavior system: An introduction to behavior theory concerning the individual organism*. New Haven: Yale University Press, 1952

Hunt, J. McV.: Intrinsic motivation and its role in psychological development. In D. Levine (Hg.), *Nebraska Symposium on Motivation, 1965*. Lincoln, Nebr.: University of Nebraska Press, 1965. S. 189–282

Hunt, J. McV.: Intrinsic motivation: Information and circumstances. In H. M. Schroder und P. Suedfeld (Hg.), *Personality theory and information processing*. New York: Ronald, 1971. S. 85–117

Ickes, W. J., Kidd, R. F.: An attributional analysis of helping behavior. In J. H. Harvey, W. J. Ickes und R. F. Kidd (Hg.), *New directions in attribution research* (Vol. 1). Hillsdale, N. J.: Erlbaum, 1976. S. 311–334. (a)

Ickes, W. J., Kidd, R. F.: Attributional determinants of monetary help-giving. *Journal of Personality*, 1976, *44*, 163–178. (b)

Irle, M.: *Lehrbuch der Sozialpsychologie*. Göttingen: Hogrefe, 1975

Irle, M., Krolage, J.: Kognitive Konsequenzen irrtümlicher Selbsteinschätzung. *Zeitschrift für Sozialpsychologie*, 1973, *4*, 36– 50

Irle, M., Möntmann, V.: Die Theorie der kognitiven Dissonanz: Ein Resumée ihrer theoretischen Entwicklung und empirischen Ergebnisse 1957–1976. In M. Irle und V. Möntmann (Hg.), *Leon Festinger, Theorie der kognitiven Dissonanz*. Bern: Huber, 1978. S. 274–365

Irwin, F. W.: Stated expectations as functions of probability and desirability of outcomes. *Journal of Personality*, 1953, *21*, 329–339

Irwin, F. W.: *Intentional behavior and motivation. A cognitive theory*. Philadelphia: Lippincott, 1971

Isaacson, R. L., Raynor, J. O.: Achievement-related motivation and perceived instrumentality of grades to future career success. Unveröffentlichtes Manuskript, University of Michigan, Ann Arbor, 1966

Isen, A. M.: Success, failure, attention, and reaction to others: The warm glow of success. *Journal of Personality and Social Psychology*, 1970, *15*, 294–301

Isen, A. M., Clark, M., Schwartz, M. F.: Duration of the effect of good mood on helping: „Footprints on the sands of time". *Journal of Personality and Social Psychology*, 1976, *34*, 385–393

Isen, A. M., Horn, N., Rosenhan, D. L.: Effect of success and failure on children's generosity. *Journal of Personality and Social Psychology*, 1973, *27*, 239–247

Israel, G., Tajfel, H. (Hg.): *The context of social psychology*. London: Academic Press, 1972

Ittelson, W. H., Proshansky, H. M., Rivlin, L. G., Winkel, G. H.: *An introduction to environmental psychology*. New York: Holt, Rinehart and Winston, 1974

Ivancevich, J. M.: Effects of goal setting on performance and job satisfaction. *Journal of Applied Psychology*, 1976, *61*, 605–612

Jacobs, B.: A method for investigating the cue characteristics of pictures. In J. W. Atkinson (Hg.), *Motives in fantasy, action, and society*. Princeton: Van Nostrand, 1958. S. 617–629

Jäger, A. O.: Einige emotionale, conative und zeitliche Bedingungen des Erinnerns (1. und 2. Teil). *Zeitschrift für experimentelle und angewandte Psychologie*, 1959, *6*, 737–765 und 1960, *7*, 1–28

James, W.: *The principles of psychology*. (2 vols). New York: Holt, 1890

James, W.: *Psychology: The briefer course*. New York: Holt, 1892

James, W., Rotter, J. B.: Partial and 100% reinforcement under chance and skill conditions. *Journal of Experimental Psychology*, 1958, *55*, 397–403

Jenkins, T. N., Warner, L. H., Warden, C. J.: Standard apparatus for the study of animal behavior. *Journal of Comparative Psychology*, 1926, *6*, 361–382

Jennessen, H.: Die Bedeutung des Fernsehens für die Leistungsmotiventwicklung: Eine empirische Untersuchung bei Schulanfängern. Unveröffentlichte Dissertation, Abteilung für Philosophie, Pädagogik, Psychologie der Ruhr-Universität Bochum, 1979

Johnson, T. J., Feigenbaum, R., Weiby, M.: Some determinants and consequents of the teacher's perception of causation. *Journal of Educational Psychology*, 1964, *55*, 237–246

Jones, E. E.: How do people perceive the causes of behavior? *American Scientist*, 1976, *64*, 237–246

Jones, E. E.: The rocky road from acts to dispositions. *American Psychologist*, 1979, *34*, 107–117

Jones, E. E., Davis, K. E.: From acts to dispositions: The attribution process in person perception. In L. Berkowitz (Hg.), *Advances in Experimental Social Psychology* (Vol. 2). New York: Academic Press, 1965. S. 219–266

Jones, E. E., Goethals, G. R.: *Order effects in im-*

pression formation: Attribution context and the nature of the entity. Morristown, N. J.: General Learning Press, 1971

Jones, E. E., Goethals, G. R., Kennington, G. E., Severance, I. J.: Primacy and assimilation in the attribution process: The stable entity proposition. *Journal of Personality,* 1972, *40,* 250–274

Jones, E. E., McGillis, D.: Correspondent inferences and the attribution cube: A comparative appraisal. In J. H. Harvey, W. J. Ickes und R. F. Kidd (Hg.), *New directions in attribution research* (Vol. 1). Hillsdale, N. J.: Erlbaum, 1976. S. 387–420

Jones, E. E., Nisbett, R. E.: *The actor and the observer: Divergent perceptions of the causes of behavior.* New York: General Learning Press, 1971

Jones, E. E., Rock, L., Shaver, K. G., Goethals, G. R., Ward, L. M.: Pattern of performance and ability attribution: An unexpected primacy effect. *Journal of Personality and Social Psychology,* 1968, *10,* 317–340

Jones, E. E., Worchel, S., Goethals, G. R., Grumet, J. F.: Prior expectancy and behavioral extremity as determinants of attitude attribution. *Journal of Experimental and Social Psychology,* 1971, *7,* 59–80

Jones, E. E., Wortman, C. B.: *Ingratiation: An attributional approach.* Morristown, N. J.: General Learning Press, 1973

Jones, M. R. (Hg.): *Nebraska symposium on motivation.* Lincoln: University of Nebraska Press, 1955

Jones, R. A., Linder, D. E., Kiesler, C. A., Zanna, M. P., Brehm, J. W.: Internal states or external stimuli: Observers' attitude judgments and the dissonance theory-self perception controversy *Journal of Personality and Social Psychology,* 1968, *4,* 247–269

Jopt, U.-J.: *Extrinsische Motivation und Leistungsverhalten.* Unveröffentlichte Dissertation, Abteilung für Philosophie, Pädagogik, Psychologie der Ruhr-Universität Bochum, 1974

Jopt, U.-J., Ermshaus, W.: Wie generalisiert ist das Selbstkonzept eigener Fähigkeit? Eine motivationspsychologische Untersuchung zur Aufgabenabhängigkeit der Fähigkeitswahrnehmung. *Zeitschrift für experimentelle und angewandte Psychologie,* 1977, *24,* 578–601

Jopt, U.-J., Ermshaus, W.: Untersuchung zur Motivspezifität des Zusammenhangs zwischen Selbstbelohnung und Kausalattribuierung nach Erfolg und Mißerfolg. *Archiv für Psychologie,* 1978, *130,* 53–68

Jopt, U.-J., Sprute, J.: Schulische Verhaltens- und Attribuierungskonsequenzen naiver Fähigkeitswahrnehmung. *Newsletter „Selbstkonzepte".* Universität Trier, 1978, *2,* Nr. 1

Joseph, J., Kane, T., Nacci, P., Tedeschi, J. T.: Perceived aggression: A re-evaluation of the Bandura modeling paradigm. *Journal of Social Psychology,* 1977, *103,* 277–289

Jucknat, M.: Leistung, Anspruchsniveau und Selbstbewußtsein. *Psychologische Forschung,* 1938, *22,* 89–179

Junker, E.: *Über unterschiedliches Behalten eigener Leistungen.* Frankfurt: Waldemar Kramer, 1960

Kagan, J.: The measurement of overt aggression from fantasy. *Journal of Abnormal and Social Psychology,* 1956, *52,* 390–393

Kaminski, G. (Hg.): *Umweltpsychologie.* Stuttgart: Klett, 1976

Kanfer, F. H.: Self-regulation: Research, issues, and speculations. In C. Neuringer und J. L. Michael (Hg.), *Behavior modification in clinical psychology.* New York: Appleton, 1970. S. 178–220

Kanfer, F. H.: The maintenance of behavior by self-generated stimuli and reinforcement. In A. Jakobs und L. B. Sachs (Hg.), *Psychology of private events.* New York: Academic Press, 1971. S. 39–59

Kanfer, F. H.: Self-management methods. In F. H. Kanfer und A. P. Goldstein (Hg.), *Helping people change.* New York: Pergamon Press, 1975. S. 309–355

Kanfer, F. H., Grimm, L. G.: Freedom of choice and behavioral change. *Journal of Consulting and Clinical Psychology,* 1978, *46,* 873–878

Kanouse, D. E.: *Language, labeling, and attribution.* Morristown, N. J.: General Learning Press, 1971

Karabenick, J. D., Heller, K. A.: A developmental study of effort and ability attributions. *Developmental Psychology,* 1976, *12,* 559–560

Karabenick, S. A.: Valence of success and failure as a function of achievement motives and locus of control. *Journal of Personality and Social Psychology,* 1972, *21,* 101–110

Karabenick, S. A.: Fear of success, achievement and affiliation dispositions, and the performance of men and women under individual and competitive conditions. *Journal of Personality,* 1977, *45,* 117–149

Karabenick, S. A., Youssef, Z. I.: Performance as a function of achievement level and perceived difficulty. *Journal of Personality and Social Psychology,* 1968, *10,* 414–419

Karoly, P., Kanfer, F. H.: Situational and historical determinants of self-reinforcement. *Behavior Therapy,* 1974, *5,* 381–390

Karsten, A.: Psychische Sättigung. *Psychologische Forschung,* 1928, *10,* 142–254

Kaufmann, H.: *Aggression and altruism.* New York: Holt, 1970

Kazdin, A. E.: Methodological and assessment considerations in evaluating reinforcement programs in applied settings. *Journal of Applied Behavior Analysis,* 1973, *6,* 517–531

Kazdin, A. E., Bootzin, R. R.: The token economy: An evaluative review. *Journal of Applied Behavior Analysis,* 1972, *5,* 343–372

Kelly, G. A.: *The psychology of personal constructs* (Vols. I, II). New York: Norton, 1955

Kelly, G. A.: Man's construction of his alternatives. In G. Lindzey (Hg.), *Assessment of human motives*. New York: Rinehart, 1958. S. 33–64

Kelley, H. H.: Attribution theory in social psychology. In D. Levine (Hg.), *Nebraska Symposium on Motivation, 1967*. Lincoln: University of Nebraska Press, 1967. S. 192–238

Kelley, H. H.: *Attribution in social interaction*. New York: General Learning Press, 1971

Kelley, H. H.: *Causal schemata and the attribution process*. New York: General Learning Press, 1972

Kelley, H. H.: The process of causal attribution. *American Psychologist*, 1973, 28, 107–128

Kelley, H. H.: Recent research in causal attribution. Invited address, Western Psychological Association, Los Angeles, April 10, 1976

Kemmler, L.: Untersuchung über den frühkindlichen Trotz. *Psychologische Forschung*, 1957, 25, 279–338

Kipnis, D.: Does power corrupt? *Journal of Personality and Social Psychology*, 1972, 24, 33–41

Kipnis, D.: The powerholder. In J. T. Tedeschi (Hg.), *Perspectives on social power*. Chicago: Aldine, 1974. S. 82–122

Klages, L.: *Prinzipien der Charakterologie*. Leipzig: Barth, 1910

Klamma, M.: Über das Selbermachenwollen und Ablehnen von Hilfen bei Kleinkindern. Unveröffentlichte Vordiplomarbeit, Psychologisches Institut der Universität Münster, 1957

Klein, D. C., Fencil-Morse, E., Seligman, M. E. P.: Learned helplessness, depression, and the attribution of failure. *Journal of Personality and Social Psychology*, 1976, 33, 508–516

Kleinbeck, U.: *Motivation und Berufswahl*. Göttingen: Hogrefe, 1975

Kleinbeck, U.: Berufserfolg – Berufszufriedenheit – berufliche Entwicklung. In K. H. Seifert (Hg.), *Handbuch der Berufspsychologie*. Göttingen: Hogrefe, 1977. S. 345–396

Kleinbeck, U., Schmidt, K.-H.: Aufgabenwahl im Ernstfall einer betrieblichen Ausbildung: Instrumentalitätstheoretische Ergänzung zum Risikowahlmodell. *Zeitschrift für Entwicklungspsychologie und Pädagogische Psychologie*, 1979, 11, 1–11

Kleine, W.: Förderung der Leistungsmotivation im Sportunterricht der Grundschule. Unveröffentlichte Dissertation der Pädagogischen Hochschule Rheinland, Abt. Aachen, 1976

Kleine, W., Hecker, G.: Zur Förderung der Leistungsmotivation und der Sportmotorik im Sportunterricht der Grundschule. *Sportwissenschaft*, 1977, 7, 63–76

Klinger, E.: Fantasy need achievement as a motivational construct. *Psychological Bulletin*, 1966, 66, 291–308

Klinger, E.: Modelling effects on achievement imagery. *Journal of Personality and Social Psychology*, 1967, 7, 49–62

Klinger, E.: *Structure and functions of fantasy*. New York: Wiley, 1971

Klinger, E.: Consequences of commitment to and disengagement from incentives. *Psychological Review*, 1975, 82, 1–25

Klinger, E.: Modes of normal conscious flow. In K. S. Pope und J. L. Singer (Hg.), *The stream of consciousness: Scientific investigations into the flow of human experience*. New York: Plenum, 1978. S. 225–258

Kluckhohn, C.: Values and value-orientations in the theory of action: An exploration in definition and classification. In T. Parsons und E. A. Shils (Hg.), *Toward a general theory of action*. Cambridge: Harvard University Press, 1962 (5. Aufl.). S. 388–433

Kluckhohn, F. R., Strodtbeck, F. L.: *Variations in value orientations*. Evanston: Row, Peterson, 1961

Knott, P. D., Lasater, L., Shuman, R.: Aggression-guilt and conditionability for aggressiveness. *Journal of Personality*, 1974, 42, 332–344

Koch, S.: Behavior as „intrinsically" regulated: Work notes towards a pre-theory of phenomena called „motivational". In M. R. Jones (Hg.), *Nebraska Symposium on Motivation, 1956*. Lincoln, Nebr.: University of Nebraska Press, 1956. S. 42–87

Koch, S. (Hg.): *Psychology: A study of a sciene*. New York: McGraw-Hill, 1959–1963

Kock, S. E.: *Företagsledning och motivation*. Helsingfors: Svenska Handelshögskolan, Affärsekonomiska Förlagsföreningen, 1965

Kock, S. E.: Företagsledning och motivation. *Nordisk Psykologi*, 1974, 26, 211–219

Kohlberg, L.: The development of children's orientations toward a moral order: I. Sequence in the development of moral thought. *Vita Humana*, 1963, 6, 11–33

Kohlberg, L.: Stage and sequence: The cognitive-developmental approach to socialization. In D. Goslin (Hg.), *Handbook of socialization theory and research*. Chicago: Rand McNally, 1969. S. 347–480

Kolb, D. A.: Achievement motivation training for underachieving high-school boys. *Journal of Personality and Social Psychology*, 1965, 2, 783–792

Koller, P. S., Kaplan, R. M.: A two-process theory in learned helplessness. *Journal of Personality and Social Psychology*, 1978, 36, 1177–1183

Kornadt, H.-J.: Experimentelle Untersuchungen über qualitative Änderungen von Reproduktionsinhalten. *Psychologische Forschung*, 1958, 25, 353–423

Kornadt, H.-J.: Thematische Apperzeptionsverfahren. In R. Heiss (Hg.), *Handbuch der Psychologie* (Bd. VI). Psychologische Diagnostik. Göttingen: Hogrefe, 1964. S. 635–684

Kornadt, H.-J.: TAT zur Erfassung von Aggressivität und Aggressions-Hemmung. Unveröffentlichtes Manuskript, Fachrichtung Erziehungswissenschaft der Universität des Saarlandes, Saarbrücken, 1973

Kornadt, H.-J.: Toward a motivational theory of aggression and aggression inhibition: Some considerations about an aggression motive and their application to TAT and catharsis. In J. deWit und W. W. Hartup (Hg.), *Determinants and origins of aggressive behavior.* Den Haag: Mouton, 1974. S. 567–577

Kornadt, H.-J.: *Aggressionsmotiv. Motivationstheorie und Konstruktvalidierung eines Aggressions-TAT.* Bern: Huber (in Vorbereitung).

Kornadt, H.-J., Eckensberger, L. H., Emminghaus, W. B.: Cross-cultural research on motivation and its contribution to a general theory of motivation. In H. C. Triandis (Hg.), *Handbook of Cross-Cultural Psychology* (Vol. 3). Basic processes. Boston: Allyn and Bacon (im Druck)

Kraeft, U., Krug, S.: Ursachenzuschreibung in schulischen Lernsituationen. In L. Eckensberger (Hg.), *Bericht über den 31. Kongreß der Deutschen Gesellschaft für Psychologie, Mannheim, 1978.* Göttingen: Hogrefe, 1979. S. 59–60

Krantz, D. L., Allen, D.: The rise and fall of McDougall's instinct doctrine. *Journal of the History of the Behavioral Sciences,* 1967, *3,* 326–338

Krantz, D. S., Glass, D. C., Snyder, M. L.: Helplessness, stress level, and the coronary-prone behavior pattern. *Journal of Experimental Social Psychology,* 1974, *10,* 284–300

Krebs, D. L.: Altruism: An examination of the concept and a review of the literature. *Psychological Bulletin,* 1970, *73,* 258–302

Krebs, D. L.: Empathy and altruism. *Journal of Personality and Social Psychology,* 1975, *32,* 1134–1146

Krech, D., Crutchfield, R. S., Ballachey, E. L.: *Individual in society.* New York: McGraw-Hill, 1962

Krohne, H. W.: Kognitive Strukturiertheit als Bedingung und Ziel schulischen Lernens. *Zeitschrift für Entwicklungspsychologie und Pädagogische Psychologie,* 1977, *9,* 54–75

Krüger, H.: Anfänge der Entwicklung des Anstrengungskonzepts im Kindergartenalter. Unveröffentlichte Diplomarbeit, Psychologisches Institut der Ruhr-Universität Bochum, 1978

Krug, B.: Mißerfolgsattribuierung und deren Auswirkungen auf Erwartungs- und Leistungsänderungen sowie auf Persistenz. Unveröffentlichte Diplomarbeit, Psychologisches Institut der Ruhr-Universität Bochum, 1972

Krug, S.: Der Einfluß von kognitiven Variablen auf Determinanten leistungsmotivierten Verhaltens. Unveröffentlichte Diplomarbeit, Psychologisches Institut der Ruhr-Universität Bochum, 1971

Krug, S.: Förderung und Änderung des Leistungsmotivs: Theoretische Grundlagen und deren Anwendung. In H.-D. Schmalt und W.-U. Meyer (Hg.), *Leistungsmotivation und Verhalten.* Stuttgart: Klett, 1976. S. 221–247

Krug, S.: Lehrererwartung und Schülerattribuierung. Unveröffentlichte Dissertation, Abteilung für Philosophie, Pädagogik, Psychologie der Ruhr-Universität Bochum, 1980

Krug, S., Bachmann, D., Egeri, M., Kanz, F.-J., Wecker, F.: Die Wirksamkeit von Selbstkontrollmaßnahmen im normalen Schulunterricht. *Zeitschrift für Entwicklungspsychologie und Pädagogische Psychologie,* 1978, *10,* 242–257

Krug, S., Hage, A., Hieber, S.: Anstrengungsvariation in Abhängigkeit von der Aufgabenschwierigkeit, dem Konzept eigener Tüchtigkeit und dem Leistungsmotiv. *Archiv für Psychologie,* 1978, *130,* 265–278

Krug, S., Hanel, J.: Motivänderung: Erprobung eines theoriegeleiteten Trainingsprogrammes. *Zeitschrift für Entwicklungspsychologie und Pädagogische Psychologie,* 1976, *8,* 274–287

Krug, S., Peters, J.: Persönlichkeitsänderung nach Sonderschuleinweisung. *Zeitschrift für Entwicklungspsychologie und Pädagogische Psychologie,* 1977, *9,* 181–184

Krug, S., Peters, J., Quinkert, H.: Motivförderungsprogramm für lernbehinderte Sonderschüler. *Zeitschrift für Heilpädagogik,* 1977, *28,* 667–674

Krug, S., Rheinberg, F., Peters, J.: Einflüsse der Sonderbeschulung und eines zusätzlichen Motivänderungsprogrammes auf die Persönlichkeitsentwicklung von Sonderschülern. *Zeitschrift für Heilpädagogik,* 1977, *28,* 431–439

Kruglanski, A. W.: The endogenous-exogenous partition in attribution theory. *Psychological Review,* 1975, *82,* 387–406

Kruglanski, A. W., Alon, S., Lewis, T.: Retrospective misattribution and task enjoyment. *Journal of Experimental Social Psychology,* 1972, *8,* 493–501

Kruglanski, A. W., Freedman, I., Zeevi, G.: The effects of extrinsic incentive on some qualitative aspects of task performance. *Journal of Personality,* 1971, *39,* 606–617

Kruglanski, A. W., Riter, A., Amitai, A., Margolin, B.-S., Shabtai, L., Zaksh, D.: Can money enhance intrinsic motivation? : A test of the content-consequence hypothesis. *Journal of Personality and Social Psychology,* 1975, *31,* 744–750

Kruglanski, A. W., Riter, A., Arazi, D., Agassi, R., Montequio, J., Peri, I., Peretz, M.: Effects of task-intrinsic rewards upon extrinsic and intrinsic motivation. *Journal of Personality and Social Psychology,* 1975, *31,* 699–705

Kuhl, J.: An integrative approach to the theory of achievement motivation: Coordinating cognitive and dynamic theory. Unveröffentlichtes Manuskript, Psychologisches Institut der Ruhr-Universität Bochum, 1976

Kuhl, J.: *Meß- und prozeßtheoretische Analysen einiger Person- und Situationsparameter der Leistungsmotivation.* Bonn: Bouvier, 1977

Kuhl, J.: Situations-, reaktions- und personbezogene Konsistenz des Leistungsmotivs bei der Messung mittels des Heckhausen TAT. *Archiv für Psychologie,* 1978, *130,* 37–52. (a)

Kuhl, J.: Standard setting and risk preference: An elaboration of the theory of achievement motivation and an empirical test. *Psychological Review,* 1978, *85,* 239–248. (b)

Kuhl, J., Blankenship, V.: The Dynamic Theory of achievement motivation: From episodic to dynamic thinking. *Psychological Review,* 1979, *86,* 141–151. (a)

Kuhl, J., Blankenship, V.: Behavioral change in a constant environment: Moving to more difficult tasks in spite of constant expectations of success. *Journal of Personality and Social Psychology,* 1979, *37,* 551–563. (b)

Kuhl, U.: Entwicklung der Ursachenerklärung von gelungenen und mißlungenen Handlungsergebnissen im Vorschulalter. Unveröffentlichte Diplomarbeit, Psychologisches Institut der Ruhr-Universität Bochum, 1975

Kuiper, N. A.: Depression and causal attributions for success and failure. *Journal of Personality and Social Psychology,* 1978, *37,* 236–246

Kukla, A.: Foundations of an attributional theory of performance. *Psychological Review,* 1972, *79,* 454–470. (a)

Kukla, A.: Attributional determinants of achievement-related behavior. *Journal of Personality and Social Psychology,* 1972, *21,* 166–174. (b)

Kukla, A.: Performance as a function of resultant achievement motivation (perceived ability) and perceived difficulty. *Journal of Research in Personality,* 1974, *7,* 374–383

Kukla, A.: Preferences among impossibly difficult or trivially easy tasks: A revision of Atkinson's theory of choice. *Journal of Personality and Social Psychology,* 1975, *32,* 338–345

Kukla, A.: Self-perception of ability and resultant achievement motivation. Unveröffentlichtes Manuskript, Scarborough College, University of Toronto. 1977

Kukla, A.: An attributional theory of choice. In L. Berkowitz (Hg.), *Advances in Experimental Social Psychology* (Vol. 11). New York: Academic Press, 1978. S. 113–144

Kun, A.: Development of the magnitude-covariation and compensation schemata in ability and effort attributions of performance. *Child Development,* 1977, *48,* 862–873

Kun, A.: Evidence for preschoolers' understanding of causal direction in extended causal sequences. *Child Development,* 1978, *49,* 218–222

Kun, A., Garfield, T., Sipowicz, C.: Causality pleasure in young children: An experimental study of effectance motivation. *Developmental Psychology,* (im Druck)

Kun, A., Parsons, J. E., Ruble, D. N.: Development of integration processes using ability and effort information to predict outcome. *Developmental Psychology,* 1974, *10,* 721–732

Kun, A., Weiner, B.: Necessary versus sufficient causal schemata for success and failure. *Journal of Research in Personality,* 1973, *7,* 197–207

Kurdek, L. A.: Perspective taking as the cognitive basis of children's moral development: A review of the literature. *Merill-Palmer Quarterly,* 1978, *24,* 3–28

Lacey, J. I.: Somatic response patterning and stress: Some revisions of activation theory. In M. H. Appley und R. Trumbull (Hg.), *Psychological stress. Issues and research.* New York: Appleton, 1969. S. 14–39

Lambert, W. W.: Cross-cultural exploration of children's aggressive strategies. In J. deWit und W. W. Hartup (Hg.), *Determinants and origins of aggressive behavior.* Den Haag: Mouton, 1974. S. 437–460

Langer, E. J.: The illusion of control. *Journal of Personality and Social Psychology,* 1975, *32,* 311–328

Langer, E. J.: The psychology of chance. *Journal for the Theory of Social Behaviour,* 1977, *7,* 185–207

Lansing, J. B., Heyns, R. W.: Need affiliation and frequency of four types of communication. *Journal of Abnormal and Social Psychology,* 1959, *58,* 365–372

Lanzetta, J. T., Hannah, T. E.: Reinforcing behavior of „naive" trainers. *Journal of Personality and Social Psychology,* 1969, *11,* 245–252

Latané, B., Darley, J. M.: Group inhibition of bystander intervention in emergencies. *Journal of Personality and Social Psychology,* 1968, *10,* 215–221

Latané, B., Darley, J. M.: *The unresponsive bystander: Why doesn't he help?* New York: Appleton-Century-Crofts, 1970

Latané, B., Rodin, J. A.: A lady in distress: Inhibiting effects of friends and strangers on bystander intervention. *Journal of Experimental Social Psychology,* 1969, *5,* 189–202

Latta, M. R.: Differential tests of two cognitive theories of performance: Weiner versus Kukla. *Journal of Personality and Social Psychology,* 1976, *34,* 295–304

Laufen, A.: Validierungsschlüssel des TAT-Verfahrens zur Erhebung der Anschlußmotivation. Unveröffentlichte Diplomarbeit, Psychologische Institut der Ruhr-Universität Bochum, 1967

Lawler, E. E.: A correlational-causal analyse of the relationship between expectancy attitudes and job performance. *Journal of Applied Psychology,* 1968, *52,* 462–468

Lawler, E. E., Porter, L. W.: Antecedent attitudes of effective managerial job performance. *Organizational Behavior and Human Performance,* 1967, *2,* 122–142

Lawrence, D. M., Festinger, L.: *Deterrents and reinforcement: The psychology of insufficient reward.* Stanford, Calif.: Stanford, University Press, 1962

Lazarus, R. S.: A substitutive defense conception of apperceptive fantasy. In J. Kagan u. G. S. Lesser (Hg.), *Contemporary issues in thematic apperceptive methods.* Springfield: Charles C. Thomas, 1961. S. 51–71

Lazarus, R. S.: Emotion and adaption: Conceptual and empirical relations. In W. J. Arnold (Hg.) *Nebraska Symposium on Motivation, 1968.* Lincoln: University of Nebraska Press, 1968. S. 175–270

Lazarus, R. S., Opton, E. M., Nomikos, M. S., Rankin, N. D.: The principle of short-circuiting of threat: Further evidence. *Journal of Personality,* 1965, *33,* 622–635

Leander, J. D., Lippmann, L. G., Meyer, M. E.: Fixed-interval performance as related to subjects' verbalizations of the reinforcement contingency. *Psychological Record,* 1968, *18,* 469–474

Leeper, R. W.: The role of motivation in learning: A study of the phenomenon of differential motivational control of the utilization of habits. *Journal of Genetic Psychology,* 1935, *4 b,* 3–40

Leeper, R. W.: *Lewin's topological and vector psychology.* Eugene: University of Oregon Press, 1943

Lefcourt, H. M., Hogg, E., Struthers, S., Holmes, C.: Causal attributions as a function of locus of control, initial confidence, and performance outcomes. *Journal of Personality and Social Psychology,* 1975, *32,* 391–397

Lehmann, H. C., Witty, P. A.: Faculty psychology and personality traits. *American Journal of Psychology,* 1934, *46,* 486–500

Leichman, G. A.: Is it whether you win or lose, or is it how you play the game: A cross-cultural analysis of achievement evaluations. Unveröffentlichtes Manuskript, University of Sussex, 1977

Le Magnen, J., Tallon, S.: La periodicité spontanée de la prise d'aliments ad libitum du rat blanc. *Journal de Physiologie,* 1966, *58,* 323–349

Lens, W.: A comparative study of motivational contents in projective and in direct first person thought samples. *Psychologica Belgica,* 1974, XIV–I, 29–52

Lepper, M. R., Greene, D.: Turning play into work: Effects of adults surveillance and extrinsic rewards on children's intrinsic motivation. *Journal of Personality and Social Psychology,* 1975, *31,* 479–486

Lepper, M. R., Greene, D.: On understanding „overjustification": A reply to Reiss and Sushinsky. *Journal of Personality and Social Psychology,* 1976, *33,* 25–35

Lepper, M. R., Greene, D., Nisbett, R. E.: Undermining children's intrinsic interest with extrinsic rewards: A test of the overjustification hypothesis. *Journal of Personality and Social Psychology,* 1973, *28,* 129–137

Lerner, M. J.: Social psychology of justice and interpersonal attraction. In T. Huston (Hg.), *Foundations of interpersonal attraction.* New York: Academic Press, 1974. S. 331–351

Lerner, M. J., Matthews, G.: Reactions to suffering of others under conditions of indirect responsibility. *Journal of Personality and Social Psychology,* 1967, *5,* 319–325

Lerner, M. J., Miller, D. T.: Just world research and the attribution process: Looking back and ahead. *Psychological Bulletin,* 1978, *85,* 1030–1051

Lersch, Ph.: *Aufbau des Charakters.* München: Barth, 1938

Lersch, Ph.: *Aufbau der Person.* (4. Aufl. von *Aufbau des Charakters.* Leipzig: Barth, 1938.) München: Barth, 1951

Lesser, G. S.: The relationship between overt and fantasy aggression as a function of maternal response to aggression. *Journal of Abnormal and Social Psychology,* 1957, *55,* 218–221

Lesser, G. S., Krawitz, R., Packard, R.: Experimental arousal of achievement motivation in adolescent girls. *Journal of Abnormal and Social Psychology,* 1963, *65,* 59–66

Levine, F. M., Fasnacht, G.: Token rewards may lead to token learning. *American Psychologist,* 1974, *29,* 816–820

Levine, M.: Hypothesis theory and nonlearning despite ideal S-R reinforcement contingencies. *Psychological Review,* 1971, *78,* 130–140

Lewin, K.: Die psychische Tätigkeit bei der Hemmung von Willensvorgängen und das Grundgesetz der Assoziation. *Zeitschrift für Psychologie,* 1917, *77,* 212–247. (a)

Lewin, K.: Kriegslandschaft. *Zeitschrift für angewandte Psychologie,* 1917, *12,* 212–247. (b)

Lewin, K.: Das Problem der Willensmessung und das Grundgesetz der Assoziation. I und II. *Psychologische Forschung,* 1922, *1,* 191–302 und 1922, *2,* 65–140

Lewin, K.: Untersuchungen zur Handlungs- und Affekt-Psychologie. I.: Vorbemerkungen über die psychischen Kräfte und Energien und über die Struktur der Seele. *Psychologische Forschung,* 1926, *7,* 294–329. (a)

Lewin, K.: Untersuchungen zur Handlungs- und Affekt-Psychologie. II.: Vorsatz, Wille und Bedürfnis. *Psychologische Forschung,* 1926, *7,* 330–385. (b)

Lewin, K.: Kindlicher Ausdruck. *Zeitschrift für Pädagogische Psychologie,* 1927, *28,* 510–526

Lewin, K.: *Die psychologische Situation bei Lohn und Strafe.* Leipzig: Hirzel, 1931. (a)

Lewin, K.: Environmental forces in child behavior and development. In C. Murchison (Hg.), *Handbook of child psychology.* Worcester, Mass.: Clark University Press, 1931. S. 94–127. (b)

Lewin, K.: Ersatzhandlung und Ersatzbefriedigung. Bericht über den 12. Kongreß der Deutschen Gesellschaft für Psychologie, Hamburg, 1931. Jena: Fischer, 1932. S. 382–384

Lewin, K.: Der Richtungsbegriff in der Psychologie: Der spezielle und allgemeine hodologische Raum. *Psychologische Forschung*, 1934, *19*, 249–299

Lewin, K.: *A dynamic theory of personality: Selected papers.* New York: McGraw-Hill, 1935

Lewin, K.: *Principles of topological psychology.* New York: McGraw-Hill, 1936

Lewin, K.: *The conceptual representation and the measurement of psychological forces.* Durham, N. C.: Duke University Press, 1938

Lewin, K.: Field theory and experiment in social psychology. *American Journal of Sociology*, 1939, *44*, 868–897

Lewin, K.: Time perspective and morale. In G. B. Watson (Hg.), *Civilian Morale.* Boston: Houghton Mifflin, 1942

Lewin, K.: Defining the „field at a given time". *Psychological Review*, 1943, *50*, 292–310

Lewin, K.: Behavior and development as a function of the total situation. In L. Carmichael (Hg.), *Manual of child psychology.* New York: Wiley, 1946. S. 791–844. (a)

Lewin, K.: Action research and minority problems. *Journal of Social Issues*, 1946, *2*, 34–46. (b)

Lewin, K.: Group decision and social change. In E. E. Maccoby, T. M. Newcomb, E. L. Hartley (Hg.), *Readings in social psychology.* New York: Holt, Rinehart u. Winston, 1947. S. 197–211

Lewin, K.: *Field theory in social science.* New York: Harper and Row, 1951

Lewin, K.: *Feldtheorie in den Sozialwissenschaften.* Bern: Huber, 1963

Lewin, K.: *Grundzüge der topologischen Psychologie.* Bern: Huber, 1969

Lewin, K., Dembo, T., Festinger, L., Sears, P. S.: Level of aspiration. In J. McV. Hunt (Hg.), *Personality and the behavior disorders* (Vol. I). New York: Ronald Press, 1944. S. 333–378

Liebert, R. M., Morris, L. W.: Cognitive and emotional components of test anxiety: A distinction and some initial data. *Psychological Reports*, 1967, *20*, 975–978

Liebhart, E. H.: Perspektive, Projektion und Konsensus als Determinanten intuitiver Verhaltenserklärung und -vorhersage. Unveröffentlichtes Manuskript, Psychologisches Institut der Universität Marburg, 1977. (a)

Liebhart, E. H.: Fähigkeit und Anstrengung im Lehrerurteil: Der Einfluß inter- versus intraindividueller Perspektive. *Zeitschrift für Entwicklungspsychologie und Pädagogische Psychologie*, 1977, *9*, 94–102. (b)

Liebhart, E. H.: Wahrgenommene autonome Veränderungen als Determinanten emotionalen Verhaltens. In D. Görlitz, W.-U. Meyer u. B. Weiner (Hg.), *Bielefelder Symposium über Attribution.* Stuttgart: Klett-Cotta, 1978. S. 107–137

Liebling, B. A., Shaver, P.: Evaluation, self-awareness, and task performance. *Journal of Experimental Social Psychology*, 1973, *9*, 297–306

Lienert, G. A.: *Testaufbau und Testanalyse* (2. Aufl.). Weinheim: Beltz, 1967

Lindsley, D. B.: Psychophysiology and motivation. In M. R. Jones (Hg.), *Nebraska Symposium on Motivation, 1957.* Lincoln: University of Nebraska Press, 1957. S. 44–105

Lippitt, R.: An experimental study of the effect of democratic and authoritarian group atmospheres. *University of Iowa Studies in Child Welfare*, 1940, *16*, 45–195

Lissner, K.: Die Entspannung von Bedürfnissen durch Ersatzhandlungen. *Psychologische Forschung*, 1933, *18*, 218–250

Littig, L. W.: Effects of motivation on probability preferences. *Journal of Personality*, 1963, *31*, 417–427

Litwin, G. H.: Achievement motivation, expectancy of success, and risk-taking behavior. In J. W. Atkinson u. N. T. Feather (Hg.), *A theory of achievement behavior.* New York: Wiley, 1966. S. 103–115

Litwin, G. H., Stringer, R. A.: *Motivation and organizational climate.* Boston, Mass.: Harvard University, Graduate School of Business Administration, Division of Research, 1968

Liverant, S., Scodel, A.: Internal and external control as determinants of decision-making under conditions of risk. *Psychological Reports*, 1960, *7*, 59–67

Locke, E. A.: Toward a theory of task motivation and incentives. *Organizational Behavior and Human Performance*, 1968, *3*, 157–189

Locke, E. A.: Personnel attitudes and motivation. *Annual Review of Psychology*, 1975, *26*, 457–480

Lösel, F.: Prozesse der Stigmatisierung in der Schule. In M. Brusten u. J. Hohmeier (Hg.), *Stigmatisierung 2.* Darmstadt: Luchterhand, 1975. S. 7–32

Loevinger, J., Wessler, R.: *Measuring ego development* (Vol. I). San Francisco: Jossey-Bass, 1970

Logan, F. A.: *Incentives: How the conditions of reinforcement affect the performance of rats.* New Haven: Yale University Press, 1960

London, P.: The rescuers: Motivational hypotheses about Christians who saved Jews from the Nazis. In J. R. Macaulay u. L. Berkowitz (Hg.), *Altruism and helping behavior.* New York: Academic Press, 1970. S. 241–250

Lorenz, K.: Über die Bildung des Instinktbegriffs. *Naturwissenschaften*, 1937, *25*, 289–331

Lorenz, K.: Die angeborenen Formen möglicher Erfahrung. *Zeitschrift für Tierpsychologie*, 1943, *5*, 235–409

Lorenz, K.: The comparative method of studying innate behavior patterns. Society for Experimental Biology (Hg.), Symposium No. 4, *Physiological mechanisms in animal behavior.* New York: Academic Press, 1950. S. 221–268

Lorenz, K.: *Das sogenannte Böse. Zur Naturgeschichte der Aggression.* Wien: Borotha-Schoeler, 1963

Lorenz, K.: Ethologie, die Biologie des Verhaltens. In F. Gessner u. L. V. Bertalanffy (Hg.), *Handbuch der Biologie* (Bd. II). Frankfurt: Athenäum, 1966. S. 341–559

Lowe, C. A., Medway, F. J.: Effects of valence, severity, and relevance on responsibility and dispositional attribution. *Journal of Personality,* 1976, *44,* 518–538

Lowell, E. L.: *A methodological study of projectively measured achievement motivation.* Unpublished master's thesis. Wesleyan University, 1950

Lowell, E. L.: The effect of need for achievement on learning and speed of performance. *Journal of Psychology,* 1952, *33,* 31–40

Lowin, A.: Approach and avoidance: Alternate modes of selective exposure to information. *Journal of Personality and Social Psychology,* 1967, *6,* 1–9

Lück, H. E.: *Prosoziales Verhalten.* Köln: Kiepenheuer u. Witsch, 1975

Lührmann, J. V.: Bezugsnorm: Perzeption und Orientierung bei Schülern. Unveröffentlichte Diplomarbeit, Psychologisches Institut der Ruhr-Universität Bochum, 1977

Lütgerhorst, H. J.: Kausalattribuierungen und affektive Konsequenzen (Selbstbekräftigung) bei erwartungswidrigem Leistungsverlauf. Unveröffentlichte Diplomarbeit, Psychologisches Institut der Ruhr-Universität Bochum, 1974

Lütkenhaus, P.: Bedingungsfaktoren der Selbständigkeitserziehung. Unveröffentlichte Diplomarbeit, Psychologisches Institut der Ruhr-Universität Bochum, 1976

Luginbuhl, J. E. R., Crowe, D. H., Kahan, J. P.: Causal attribution for success and failure. *Journal of Personality and Social Psychology,* 1975, *31,* 86–93

Lynch, J. G., Cohen, J. L.: The use of subjective expected utility theory as an aid to understanding variables that influence helping behavior. *Journal of Personality and Social Psychology,* 1978, *36,* 1138–1151

Macaulay, J. R., Berkowitz, L. (Hg.): *Altruism and helping behavior.* New York: Academic Press, 1970

MacCasland, B. W.: The relation of aggressive fantasy to aggressive behavior in children. *Dissertation Abstract,* 1962, *23* (1), 300–301

Maccoby, E. E. (Hg.): *The development of sex differences.* Stanford: Stanford University Press, 1966

Maccoby, E. E., Jacklin, C. N.: *The psychology of sex differences.* Stanford, Calif.: Stanford University Press, 1974

MacCorquodale, K., Meehl, P. E.: On a distinction between hypothetical constructs and intervening variables. *Psychological Review,* 1948, *55,* 95–107

Madsen, K. B.: *Theories of motivation.* Copenhagen: Munksgaard, 1959

Madsen, K. B.: *Modern theories of motivation.* Copenhagen: Munksgaard, 1974

Maehr, M. L.: Culture and achievement motivation. *American Psychologist,* 1974, *29,* 887–896

Maehr, M. L., Stallings, W. M.: Freedom from external evaluation. *Child Development,* 1972, *43,* 177–185

Magnusson, D., Endler, N. S. (Hg.): *Personality at the crossroads: Current issues in interactional psychology.* Hillsdale, N. J.: Erlbaum, 1977

Mahler, W.: Ersatzhandlungen verschiedenen Realitätsgrades. *Psychologische Forschung,* 1933, *18,* 27–89

Mahone, C. H.: Fear of failure and unrealistic vocational aspiration. *Journal of Abnormal and Social Psychology,* 1960, *60,* 253–261

Maier, S. F., Seligman, M. E. P.: Learned helplessness: Theory and evidence. *Journal of Experimental Psychology: General,* 1976, *105,* 3–46

Mallick, S. K., McCandless, B. R.: A study of catharsis of aggression. *Journal of Personality and Social Psychology,* 1966, *4,* 591–596

Malmo, R. B.: Measurement of drive: An unsolved problem. In M. R. Jones (Hg.), *Nebraska Symposium on Motivation, 1958.* Lincoln: University of Nebraska Press, 1958. S. 229–265

Malmo, R. B.: Activation: A neurophysiological dimension. *Psychological Review,* 1959, *66,* 367–386

Mandler, G., Kremen, I.: Autonomic feedback: A correlational study. *Journal of Personality,* 1958, *26,* 388–399

Mandler, G., Sarason, S. B.: A study of anxiety and learning. *Journal of Abnormal and Social Psychology,* 1952, *47,* 166–173

Mandler, G., Watson, D. L.: Anxiety and the interruption of behavior. In C. D. Spielberger (Hg.), *Anxiety and behavior.* New York: Academic Press, 1966. S. 263–288

Mansson, H. H.: The relation of dissonance reduction to cognitive, perceptual, consummatory, and learning measures of thirst. In P. G. Zimbardo (Hg.), *The cognitive control of motivation.* Glenview: Scott, Foresman, 1969. S. 78–97

Marks, R. W.: The effect of probability, desirability and „privilege" on the stated expectations of children. *Journal of Personality,* 1951, *19,* 332–351

Markus, H.: Self-schemata and processing information about the self. *Journal of Personality and Social Psychology,* 1977, *35,* 63–78

Marlett, N. J., Watson, D. L.: Test anxiety and immediate or delayed feedback in a test-like avoidance task. *Journal of Personality and Social Psychology,* 1968, *8,* 200–203

Marrow, A. J.: Goal tensions and recall: I. *Journal of General Psychology,* 1938, *19,* 3–35

Martin, J. R.: Reminiscence and Gestalt theory. *Psychological Monographs,* 1940, *52,* 1–37

Martire, J. C.: Relationship between the self-concept and differences in the strength and generality of achievement motivation. *Journal of Personality,* 1956, *24,* 364–375

Maselli, M. D., Altrocchi, J.: Attribution of intent. *Psychological Bulletin,* 1969, *71,* 445–454

Maslow, A. H.: *Motivation and personality.* New York: Harper, 1954

Maslow, A. H.: Deficiency motivation and growth motivation. In M. R. Jones (Hg.), *Nebraska Symposium on Motivation, 1955.* Lincoln: University of Nebraska Press, 1955. S. 1–30

Maslow, A. H.: Eupsychia, the good society. *Journal of Humanistic Psychology,* 1961, *1,* 1–11

Masters, J. C., Furman, W., Barden, R. C.: Effects of achievement standards, tangible rewards and self-dispensed achievement evaluations on children's task mastery. *Child Development,* 1977, *48,* 217–224

McArthur, C. C.: The effects of need for achievement on the content of TAT stories: A re-examination. *Journal of Abnormal and Social Psychology,* 1953, *48,* 532–536

McArthur, L. A.: The how and what of why: Some determinants and consequences of causal attribution. *Journal of Personality and Social Psychology,* 1972, *22,* 171–193

McArthur, L. A.: The lesser influence of consensus than distinctiveness information on causal attribution. *Journal of Personality and Social Psychology,* 1976, *33,* 733–742

McClelland, D. C.: *Personality.* New York: Holt, Rinehart and Winston, 1951

McClelland, D. C.: Risk taking in children with high and low need for achievement. In J. W. Atkinson (Hg.), *Motives in fantasy, action, and society.* Princeton N. J.: Van Nostrand, 1958. S. 306–321. (a)

McClelland, D. C.: Methods of measuring human motivation. In J. W. Atkinson (Hg.), *Motives in fantasy, action, and society.* Princeton, N. J.: Van Nostrand, 1958. S. 7–42. (b)

McClelland, D. C.: The importance of early learning in the formation of motives. In J. W. Atkinson (Hg.), *Motives in fantasy, action, and society.* Princeton, N. J.: Van Nostrand, 1958. S. 437–452. (c)

McClelland, D. C.: Issues in the identification of talent. In D. C. McClelland, A. L. Baldwin, U. Bronfenbrenner, F. L. Strodtbeck (Hg.), *Talent and society.* Princeton, N. J.: Van Nostrand, 1958, 1–28. (d)

McClelland, D. C.: *The achieving society.* Princeton N. J.: Van Nostrand, 1961

McClelland, D. C.: Toward a theory of motive acquisition. *American Psychologist,* 1965, *20,* 321–333. (a)

McClelland, D. C.: N achievement and entrepreneurship: A longitudinal study. *Journal of Personality and Social Psychology,* 1965, *1,* 389–392. (b)

McClelland, D. C.: Longitudinal trends in the relation of thought to action. *Journal of Consulting Psychology,* 1966, *30,* 479–483

McClelland, D. C.: The two faces of power. *Journal of International Affairs,* 1970, *24,* 29–47

McClelland, D. C.: *Assessing human motivation.* New York: General Learning Press, 1971

McClelland, D. C.: What is the effect of achievement motivation training in the schools? *Teachers College Record,* 1972, *74,* 129–145. (a)

McClelland, D. C.: Opinions predict opinions: So what else is new? *Journal of Consulting and Clinical Psychology,* 1972, *38,* 325–326. (b)

McClelland, D. C.: *Power: The inner experience.* New York: Irvington, 1975

McClelland, D. C.: Managing motivation to expand human freedom. *American Psychologist,* 1978, *33,* 201–210

McClelland, D. C., Alschuler, A. S.: Achievement motivation development project. Unveröffentlichtes Manuskript, Cambridge, Mass.: Harvard University, 1971

McClelland, D. C., Atkinson, J. W., Clark, R. A., Lowell, E. L.: *The achievement motive.* New York: Appleton-Century-Crofts, 1953

McClelland, D. C., Clark, R. A., Roby, T. B., Atkinson, J. W.: The projective expression of need for achievement on thematic apperception. *Journal of Experimental Psychology,* 1949, *39,* 242–255

McClelland, D. C., Davis, W. N., Kalin, R., Wanner, E.: *The drinking man.* New York: The Free Press, 1972

McClelland, D. C., Liberman, A. M.: The effects of need for achievement on recognition of need related words. *Journal of Personality,* 1949, *18,* 236–251

McClelland, D. C., Teague, G.: Predicting risk preference among power related tasks. *Journal of Personality,* 1975, *43,* 266–285

McClelland, D. C., Watson, R. I.: Power motivation and risk-taking behavior. *Journal of Personality,* 1973, *41,* 121–139

McClelland, D. C., Winter, D. G.: *Motivating economic achievement.* New York: Free Press, 1969

McDonald, P. J.: Reactions to objective self awareness. *Journal of Research in Personality,* (im Druck)

McDougall, W.: *An introduction to social psychology.* London: Methuen, 1908

McDougall, W.: *The energies of men.* London: Methuen, 1932

McGuire, W. J.: The current status of cognitive consistency theories. In S. Feldman (Hg.), *Cognitive consistency.* New York: Academic Press, 1966. S. 1–46

McKeachie, W. J.: Motivation, teaching methods, and college learning. In M. R. Jones (Hg.), *Nebraska Symposium on Motivation, 1961.* Lincoln: University of Nebraska Press, 1961. S. 111–142

McMahan, I. D.: Relationships between causal attributions and expectancy of success. *Journal of Personality and Social Psychology*, 1973, *28*, 108–114

McReynolds, P.: The nature and assessment of intrinsic motivation. In P. McReynolds (Hg.), *Advances in psychological assessment* (Vol. 2). Palo Alto: Science and Behavior Books, 1971

Medea, A., Thompson, K.: *Against rape.* New York: Farrar, Straus, Giroux, 1974

Medway, F. J., Lowe, C. A.: The effect of stimulus person valence on divergent self-other attributions for success and failure. *Journal of Research in Personality*, 1976, *10*, 266–278

Mehrabian, A.: Male and female scales of the tendency to achieve. *Educational and Psychological Measurement*, 1968, *28*, 493–502

Mehrabian, A.: Measures of achieving tendency. *Educational and Psychological Measurement,* 1969, *29*, 445–451

Mehrabian, A.: The development and validation of measures of affiliative tendency and sensitivity to rejection. *Educational and Psychological Measurement*, 1970, *30*, 417–428

Mehrabian, A.: Verbal and nonverbal interaction of strangers in a waiting situation. *Journal of Experimental Research in Personality*, 1971, *5*, 127–138

Mehrabian, A.: *Nonverbal communication.* Chicago: Aldine-Atherton, 1972

Mehrabian, A., Epstein, N.: A measure of emotional empathy. *Journal of Personality*, 1972, *40*, 525–543

Mehrabian, A., Ksionzky, S.: *A theory of affiliation.* Lexington, Mass.: Heath, 1974

Mehta, P.: Achievement motivation training for educational development. *Indian Educational Review*, 1968, *3*, 1–29

Mehta, P.: *The achievement motive in high school boys.* New Delhi: National Council of Educational Research and Training, 1969

Mehta, P., Kanade, H. M.: Motivation development for educational growth: A follow-up study. *Indian Journal of Psychology*, 1969, *46*, 1–20

Meichenbaum D.: Cognitive modification of test anxious college students. *Journal of Consulting and Clinical Psychology*, 1972, *39*, 370–380

Mendelson, R., Shultz, T. R.: Covariation and temporal contiguity as principles of causal inference in young children. *Journal of Experimental Child Psychology*, 1976, *22*, 408–412

Merz, F.: *Geschlechtsunterschiede und ihre Entwicklung.* Göttingen: Hogrefe, 1979

Metzger, W.: *Gesetze des Sehens.* Frankfurt/M.: Waldemar Kramer, 1953 (2. Aufl.)

Metzger, W.: *Psychologie.* Darmstadt: Steinkopff, 1954 (2. Aufl.)

Meyer, T. P.: Effects of viewing justified and unjustified real film violence on aggressive behavior. *Journal of Personality and Social Psychology*, 1972, *23*, 21–29

Meyer, W.-U.: Anspruchsniveau und erlebte Selbstverantwortlichkeit für Erfolg und Mißerfolg. *Psychologische Beiträge*, 1969, *11*, 328–348

Meyer, W.-U.: Überlegungen zur Konstruktion eines Fragebogens zur Erfassung von Selbstkonzepten der Begabung. Unveröffentlichtes Manuskript, Psychologisches Institut der Ruhr-Universität Bochum, 1972

Meyer, W.-U.: *Leistungsmotiv und Ursachenerklärung von Erfolg und Mißerfolg.* Stuttgart: Klett, 1973. (a)

Meyer, W.-U.: Anstrengungsintention in Abhängigkeit von Begabungseinschätzung und Aufgabenschwierigkeit. *Archiv für Psychologie*, 1973, *125*, 245–262. (b)

Meyer, W.-U.: Leistungsorientiertes Verhalten als Funktion von wahrgenommener eigener Begabung und wahrgenommener Aufgabenschwierigkeit. In H.-D. Schmalt u. W.-U. Meyer (Hg.), *Leistungsmotivation und Verhalten.* Stuttgart: Klett, 1976. S. 101–135

Meyer, W.-U.: Der Einfluß von Sanktionen auf Begabungsperzeptionen. In D. Görlitz, W.-U. Meyer u. B. Weiner (Hg.), *Bielefelder Symposium über Attribution.* Stuttgart: Klett-Cotta, 1978. S. 71–87

Meyer, W.-U., Butzkamm, A.: Ursachenerklärung von Rechennoten: I. Lehrerattribuierungen. *Zeitschrift für Entwicklungspsychologie und Pädagogische Psychologie*, 1975, *7*, 53–66

Meyer, W.-U., Folkes, V., Weiner, B.: The perceived informational value and affective consequences of choice behavior and intermediate difficulty task selection. *Journal of Research in Personality*, 1976, *10*, 410–423

Meyer, W.-U., Hallermann, B.: Anstrengungsintention bei einer leichten und schweren Aufgabe in Abhängigkeit von der wahrgenommenen eigenen Begabung. *Archiv für Psychologie*, 1974, *126*, 85–89

Meyer, W.-U., Hallermann, B.: Intended effort and informational value of task outcome. *Archiv für Psychologie*, 1977, *129*, 131–140

Meyer, W.-U., Heckhausen, H., Kemmler, L.: Validierungskorrelate der inhaltsanalytisch erfaßten Leistungsmotivation guter und schwacher Schüler des dritten Schuljahres. *Psychologische Forschung*, 1965, *28*, 301–328

Meyer, W.-U., Plöger, F.-O.: Scheinbar paradoxe Wirkungen von Lob und Tadel auf die wahrgenommene eigene Begabung. In H. Filipp (Hg.), *Selbstkonzept-Forschung: Probleme, Befunde und Perspektiven.* Stuttgart: Klett-Cotta, 1979. S. 221–235

Meyer, W.-U., Wacker, A.: Die Entstehung der erlebten Selbstverantwortlichkeit: (1) in Abhängigkeit vom Zeitpunkt der Selbständigkeitserziehung. *Archiv für die gesamte Psychologie*, 1970, *122*, 24–39

Michaelis, W.: *Verhalten ohne Aggression?* Köln: Kiepenheuer u. Witsch, 1976

Michotte, A. E.: La causalité physique est-elle une donnée phénoménale? *Tijdschrift voor Philosophie,* 1941, *3,* 290–328

Michotte, A. E.: *La perception de la causalité.* Paris: J. Frin, 1946

Midlarsky, E.: Aiding responses: An analysis and review. *Merrill-Palmer Quarterly,* 1968, *14,* 229–260

Midlarsky, E., Bryan, J.: Training charity in children. *Journal of Personality and Social Psychology,* 1967, *5,* 408–415

Mierke, K.: *Wille und Leistung.* Göttingen: Hogrefe, 1955

Miles, G. H.: Achievement drive and habitual modes of task approach as factors in skill transfer. *Journal of Experimental Psychology,* 1958, *55,* 156–162

Milgram, S.: Behavioral study of obedience. *Journal of Abnormal and Social Psychology,* 1963, *67,* 371–378

Miller, D. T.: Ego involvement and attribution for success and failure. *Journal of Personality and Social Psychology,* 1976, *34,* 901–906

Miller, D. T., Ross, M.: Self-serving biases in the attribution of causality: Fact or fiction? *Psychological Bulletin,* 1975, *82,* 213–225

Miller, I. W., III, Norman, W. H.: Learned helplessness in humans: A review and attribution-theory model. *Psychological Bulletin,* 1979, *86,* 93–118

Miller, N. E.: An experimental investigation of acquired drives. *Psychological Bulletin,* 1941, *38,* 534–535

Miller, N. E.: Experimental studies of conflict. In J. McV. Hunt (Hg.), *Personality and the behavioral disorders* (Vol. I). New York: Ronald Press, 1944. S. 431–465

Miller, N. E.: Studies of fear as an acquirable drive: I. Fear as motivation and fear-reduction as reinforcement in the learning of new responses. *Journal of Experimental Psychology,* 1948, *38,* 89–101

Miller, N. E.: Learnable drives and rewards. In S. S. Stevens (Hg.), *Handbook of experimental psychology.* New York: Wiley, 1951. S. 435–472

Miller, N. E.: Effects of drugs on motivation: The value of using a variety of measures. *Annual of the New York Academy of Science,* 1956, *65,* 318–333

Miller, N. E.: Liberalization of basic S-R concepts: Extensions to conflict behavior, motivation, and social learning. In S. Koch (Hg.), *Psychology: A study of a science* (Vol. II). New York: McGraw-Hill, 1959. S. 196–292

Miller, N. E.: Analytical studies of drive and reward. *American Psychologist,* 1961, *16,* 739–754

Miller, N. E.: Some reflections on the law of effect produce a new alternative to drive reduction. In M. R. Jones (Hg.), *Nebraska Symposium on Motivation, 1963.* Lincoln: University of Nebraska Press, 1963. S. 65–112

Miller, N. E., Dollard, J.: *Social learning and imitation.* New Haven: Yale University Press, 1941

Miller, W. R., Seligman, M. E. P.: Depression and learned helplessness in man. *Journal of Abnormal Psychology,* 1975, *84,* 228–238

Misavage, R., Richardson, J. T.: The focussing of responsibility: An alternative hypothesis in help-demanding situations. *European Journal of Social Psychology,* 1974, *4,* 5–15

Mischel, T.: Wundt and the conceptual foundations of psychology. *Philosophical and Phenomenological Research,* 1970, *31,* 1–26

Mischel, W.: *Personality and assessment.* New York: Wiley, 1968

Mischel, W.: Toward a cognitive social learning reconceptualization of personality. *Psychological Review,* 1973, *80,* 251–283

Mischel, W.: On the future of personality measurement. *American Psychologist,* 1977, *32,* 246–254

Mischel, W., Ebbesen, E. B., Zeiss, A. R.: Selective attention to the self: Situational and dispositional determinants. *Journal of Personality and Social Psychology,* 1973, *27,* 129–142

Mischel, W., Ebbesen, E. B., Zeiss, A. R.: Determinants of selective memory about the self. *Journal of Consulting and Clinical Psychology,* 1976, *44,* 92–103

Misiak, H., Sexton, V. S.: *Phenomenological, existential, and humanistic psychologies: A historical survey.* New York: Grune and Stratton, 1973

Mitchell, T. R., Albright, D.: Expectancy theory predictions of job satisfaction, job effort, job performance, and retention of naval aviation officers. *Organizational Behavior and Human Performance,* 1972, *8,* 1–20

Mitchell, T. R., Biglan, A.: Instrumentality theories: Current uses in psychology. *Psychological Bulletin,* 1971, *76,* 432–454

Mittag, H.-D.: Über personale Bedingungen des Gedächtnisses für Handlungen. *Zeitschrift für Psychologie,* 1955, *158,* 40–120

Mittenecker, E., Raab, E.: *Informationstheorie für Psychologen: Eine Einführung in Methoden und Anwendungen.* Göttingen: Hogrefe, 1973

Molish, B.: Projective methodologies. *Annual Review of Psychology,* 1972, *23,* 577–614

Monahan, L., Kuhn, D., Shaver, P.: Intrapsychic versus cultural explanations of the „fear of success" motive. *Journal of Personality and Social Psychology,* 1974, *29,* 60–64

Monson, T. C., Snyder, M.: Actors, observers, and the attribution process. *Journal of Experimental Social Psychology,* 1977, *13,* 89–111

Montague, A. (Hg.): *Man and aggression.* New York: Oxford University Press, 1968

Montague, A.: *The nature of human aggression.* New York: Oxford University Press, 1976

Montgomery, K. C.: The role of exploratory drive in learning. *Journal of Comparative and Physiological Psychology,* 1954, *47,* 60–64

Mooshage, B.: Auswirkung der erlebten Selbstverantwortlichkeit für Erfolg und Mißerfolg in Leistungssituationen auf das Behalten und die Wiederholungswahl von vollendeten und unterbrochenen Aufgaben. Unveröffentlichte Diplomarbeit, Psychologisches Institut der Ruhr-Universität Bochum, 1969

Morgan, C. D., Murray, H. A.: A method for investigating fantasies: The Thematic Apperception Test. *Archives of Neurological Psychiatry*, 1935, *34*, 289–306

Morgan, C. T.: *Physiological psychology.* New York: McGraw-Hill. 1943

Morgan, J. N.: The achievement motive and economic behavior. *Economic Development and Cultural Change*, 1964, *12*, 243–267

Morgan, S. W., Mausner, B.: Behavioral and fantasied indicators of avoidance of success in men and women. *Journal of Personality*, 1973, *41*, 457–469

Morris, L. W., Liebert, R. M.: Effects of anxiety on timed and untimed intelligence tests. *Journal of Consulting and Clinical Psychology*, 1969, *33*, 240–244

Morris, L. W., Liebert, R. M.: Relationship of cognitive and emotional components of test anxiety to physiological arousal and academic performance. *Journal of Consulting and Clinical Psychology*, 1970, *35*, 332–337

Morrison, H. W.: Validity and behavioral correlates of female need for achievement. Unpublished master's thesis, Wesleyan University, 1954

Moruzzi, G., Magoun, H. W.: Brain stem reticular formation and activation of the EEG. *EEG and Clinical Neurophysiology*, 1949, *1*, 455–473

Mosher, D.: Measurement of guilt in females by self-report inventories. *Journal of Consulting and Clinical Psychology*, 1968, *32*, 690–695

Moulton, R. W.: Notes for a projective measure for fear of failure. In J. W. Atkinson (Hg.), *Motives in fantasy, action, and society.* Princeton, N.J.: Van Nostrand, 1958. S. 563–571

Moulton, R. W.: Effects of success and failure on level of aspiration as related to achievement motives. *Journal of Personality and Social Psychology*, 1965, *1*, 399–406

Moulton, R. W.: Age group and ability group norms as determinants of level of aspiration. Unveröffentlichtes Manuskript, University of California, Berkeley, 1967

Moulton, R. W.: Motivational implications of individual differences in competence. In J. W. Atkinson u. J. O. Raynor (Hg.), *Motivation and achievement.* Washington, D. C.: Winston, 1974. S. 77–82

Mowrer, H. O.: Preparatory set (expectancy) – a determinant in motivation and learning. *Psychological Review*, 1938, *45*, 62–91

Mowrer, H. O.: A stimulus-response analysis of anxiety and its role as a reinforcing agent. *Psychological Review*, 1939, *46*, 553–565

Mowrer, H. O.: On the dual nature of learning: A re-interpretation of „conditioning" and „problem-solving". *Harvard Educational Review*, 1947, *17*, 102–148

Mowrer, H. O.: *Learning theory and personality dynamics.* New York: Ronald, 1950

Mowrer, H. O.: *Learning theory and behavior.* New York: Wiley, 1960

Moyer, K. E.: *The physiology of aggression.* Chicago: Markham, 1971

Moyer, K. E.: *The psychology of aggression.* New York: Harper and Row, 1976

Mücher, H., Heckhausen, H.: Influence of mental activity and achievement motivation on skeletal muscle tonus. *Perceptual and Motor Skills*, 1962, *14*, 217–218

Müller, A.: Über die Entwicklung des Leistungsanspruchsniveaus. *Zeitschrift für Psychologie*, 1958, *162*, 238–253

Munsinger, H. L., Kessen, W.: Uncertainty, structure, and preference. *Psychological Monographs*, 1964, *78*, No. 9 (whole No. 586)

Murray, E. J., Berkun, M. M.: Displacement as a function of conflict. *Journal of Abnormal and Social Psychology*, 1955, *51*, 47–56

Murray, H. A.: The effect of fear upon estimates of the maliciousness of other personalities. *Journal of Social Psychology*, 1933, *4*, 310–329

Murray, H. A.: *Explorations in personality.* New York: Oxford University Press, 1938

Murray, H. A.: *Thematic Apperception Test Manual.* Cambridge: Harvard University Press, 1943

Murray, H. A.: Toward a classification of interaction. In T. Parsons u. E. A. Shils (Hg.), *Toward a general theory of action.* Cambridge, Mass.: Harvard University Press, 1951. S. 434–464

Murstein, B. I.: *Theory and research in projective techniques (emphasizing the TAT).* New York: Wiley, 1963

Murstein, B. I., Pryer, R. S.: The concept of projection: A review. *Psychological Bulletin*, 1959, *56*, 353–374

Mussen, P. H., Naylor, H. K.: The relationship between overt and fantasy aggression. *Journal of Abnormal and Social Psychology*, 1954, *49*, 235–240

Nelson, E. A., Grinder, R. E., Mutterer, M. L.: Sources of variance in behavioral measures of honesty in temptation situations: Methodological analyses. *Developmental Psychology*, 1969, *1*, 265–279

Neumann, J. von, Morgenstern, O.: *Theory of games and economic behavior.* Princeton, N. J.: Princeton University Press, 1944

Newcomb, T. M.: *Consistency of certain extrovert-introvert behavior patterns in 51 problem boys.* New York: Columbia University, Teachers College, Bureau of Publications, 1929

Newtson, D.: Dispositional inference from effects of actions: Effects chosen and effects foregone.

Journal of Experimental Social Psychology, 1974, 10, 489–496

Newtson, D.: Foundations of attribution: The perception of ongoing behavior. In J. H. Harvey, W. J. Ickes u. R. F. Kidd (Hg.), *New directions in attribution research* (Vol. 1). Hillsdale, N. J.: Erlbaum, 1976. S. 223–247

Nicholls, J. G.: An approach to the development of achievement motivation. Invited address: New Zealand Psychological Society Annual Conference, August 1975. Victoria University of Wellington, 1975. (a)

Nicholls, J. G.: Causal attributions and other achievement-related cognitions: Effects of task outcome, attainment value, and sex. *Journal of Personality and Social Psychology*, 1975, 31, 379–389. (b)

Nicholls, J. G.: Effort is virtuous, but it's better to have ability: Evaluative responses to perceptions of effort and ability. *Journal in Personality Research*, 1976, 10, 306–315. (a)

Nicholls, J. G.: When a scale measures more than its name denotes: The case of the Test Anxiety Scale for Children. *Journal of Consulting and Clinical Psychology*, 1976, 44, 976–985. (b)

Nicholls, J. G.: The development of the concepts of effort and ability, perception of academic attainment, and the understanding that difficult tasks require more ability. *Child Development*, 1978, 49, 800–814. (a)

Nicholls, J. G.: Development of causal attributions and evaluative responses to success and failure in Maori and Pakeha children. *Developmental Psychology*, 1978, 14, 687–688. (b)

Nicholls, J. G.: Development of perception of own attainment and causal attributions for success and failure in reading. *Journal of Educational Psychology*, 1979, 71, 94–99

Nickel, T. W.: The attribution of intention as a critical factor in the relation between frustration and aggression. *Journal of Personality*, 1974, 42, 482–492

Nisbett, R. E., Borgida, E.: Attribution and the psychology of prediction. *Journal of Personality and Social Psychology*, 1975, 32, 932–943

Nisbett, R. E., Borgida, E., Crandall, R., Reed, H.: Popular induction: Information is not necessarily informative. In J. Carroll u. J. Payne (Hg.), *Cognitive and social behavior*. Hillsdale, N. J.: Erlbaum, 1976. S. 113–133

Nisbett, R. E., Caputo, C., Legant, P., Marecek, J.: Behavior as seen by the actor and as seen by the observer. *Journal of Personality and Social Psychology*, 1973, 27, 154–164

Nisbett, R. E., Schachter, S.: Cognitive manipulation of pain. *Journal of Experimental Social Psychology*, 1966, 2, 227–236

Nisbett, R. E., Valins, S.: *Perceiving the causes of one's own behavior*. New York: General Learning Press, 1971

Nisbett, R. E., Wilson, T. D.: Telling more than we can know: Verbal reports on mental processes. *Psychological Review*, 1977, 84, 231–259

Notz, W. W.: Work motivation and the negative effects of extrinsic rewards. *American Psychologist*, 1975, 30, 884–891

Nuttin, J. M. Jr.: *The illusion of attitude change: Towards a response contagion theory of persuasion*. New York: Academic Press, 1975

Nuttin, J. R.: The future time perspective in human motivation and learning. *Acta Psychologica*, 1964, 23, 60–82

Nuttin, J. R.: Pleasure and reward in human motivation and learning. In D. E. Berlyne u. K. B. Madsen (Eds.), *Pleasure, reward, and preference*. New York: Academic Press, 1973. S. 243–274

Nuttin, J. R.: La perspective temporelle dans le comportement humain. In P. Fraisse (Hg.), *Du temps biologique au temps psychologique*. Paris: Presses Universitaire de France, 1978. S. 1–62

Nygard, R.: A reconsideration of the achievement motivation theory. *European Journal of Social Psychology*, 1975, 5, 61–92

Nygard, R.: *Personality, situation, and persistence*. Oslo: Universitetsforlaget, 1977

O'Connor, P., Atkinson, J. W., Horner, M. S.: Motivational implications of ability grouping in schools. In J. W. Atkinson u. N. T. Feather (Hg.), *A theory of achievement motivation*. New York: Wiley, 1966. S. 231–248

Olds, J.: Physiological mechanisms of reward. In M. R. Jones (Hg.), *Nebraska Symposium on Motivation, 1955*. Lincoln: University of Nebraska Press, 1955. S. 73–139

Olds, J.: Satiation effects in self-stimulation of the brain. *Journal of Comparative and Physiological Psychology*, 1958, 51, 675–679

Olds, J.: The central nervous system and the reinforcement of behavior. *American Psychologist*, 1969, 24, 114–132

Olds, J.: Brain mechanisms of reinforcement learning. In D. E. Berlyne u. K. B. Madsen (Hg.), *Pleasure, reward, preference*. New York: Academic Press, 1973. S. 35–64

Olds, J., Milner, P.: Positive reinforcement produced by electrical stimulation of septal area and other regions of rat brain. *Journal of Comparative Physiological Psychology*, 1954, 47, 419–427

Olds, J., Olds, M.: Drives, rewards, and the brain. In T. M. Newcomb (Hg.), *New directions in psychology* (Vol. II). New York: Holt, Rinehart, Winston, 1965. S. 327–404

Oltersdorf, G.: Persistenzverhalten Mißerfolgsmotivierter nach Mißerfolg. Unveröffentlichte Diplomarbeit, Psychologisches Institut der Ruhr-Universität Bochum, 1978

Olweus, D.: *Prediction of aggression. On the basis of a projective test*. Stockholm: Skandinaviska Testförlaget, Box 461, S-12604 Haegersten 4, Sweden, 1969

Olweus, D.: Personality and aggression. In J. K. Cole u. D. D. Jensen (Hg.), *Nebraska Symposium on Motivation, 1972.* Lincoln, Nebr.: University of Nebraska Press, 1972. S. 261–321

Olweus, D.: Development of a multi-faceted aggression inventory for boys. *Reports from the Institute of Psychology,* University of Bergen, Norway, 1975, No. 6

Olweus, D.: Der „moderne" Interaktionismus von Person und Situation und seine varianzanalytische Sackgasse. *Zeitschrift für Entwicklungspsychologie und Pädagogische Psychologie,* 1976, *8,* 171–185

Orvis, B. R., Cunningham, J. D., Kelley, H. H.: A closer examination of causal inference: The role of consensus, distinctiveness, and consistency information. *Journal of Personality and Social Psychology,* 1975, *32,* 605–616

Orvis, B. R., Kelley, H. H., Butler, D.: Attributional conflict in young couples. In J. H. Harvey, W. J. Ickes u. R. F. Kidd (Hg.), *New directions in attribution research* (Vol. 1). Hillsdale, N. J.: Erlbaum, 1976. S. 353–386

Ostrove, N.: Expectations for success on effort-determined tasks as a function of incentive and performance feedback. *Journal of Personality and Social Psychology,* 1978, *36,* 909–916

capable shock upon subsequent escape and avoidance responding. *Journal of Comparative and*

Overmier, J. B., Seligman, M. E. P.: Effects of ines- *Physiological Psychology,* 1967, *63,* 28–33

Overton, W. F., Reese, H. W.: Models of development: Methodological implications. In J. R. Nesselroade u. H. W. Reese (Hg.), *Life-span developmental psychology: Methodological issues.* New York: Academic Press, 1973. S. 65–86

Ovsiankina, M.: Die Wiederaufnahme unterbrochener Handlungen. *Psychologische Forschung,* 1928, *11,* 302–379

Parsons, J. E., Ruble, D. N.: Attributional processes related to the development of achievement-related affect and expectancy. *American Psychological Association Proceedings, 80th Annual Convention,* 1972, 105–106

Parsons, J. E., Ruble, D. N.: The development of achievement-related expectancies. *Child Development,* 1977, *48,* 1075–1079

Parsons, J. E., Ruble, D. N., Klosson, E. C., Feldman, N. S., Rholes, W. S.: Order effects on children's moral and achievement judgments. *Development Psychology,* 1976, *12,* 357–358

Parsons, T., Shils, E. A. (Hg.): *Towards a general theory of action.* Cambridge: Harvard University Press, 1951

Passini, F. T., Norman, W. T.: A universal conception of personality structure. *Journal of Personality and Social Psychology,* 1966, *4,* 44–49

Patten, R. L., White, L. A.: Independent effects of achievement motivation and overt attribution on achievement behavior. *Motivation and Emotion,* 1977, *1,* 39–59

Patterson, G. R., Littman, R. A., Bricker, W.: Assertive behavior in children: A step toward a theory of aggression. *Monographs of the Society for Research in Child Development,* 1967, *32,* No. 5

Patterson, M. L.: An arousal model of interpersonal intimacy. *Psychological Review,* 1976, *83,* 235–245

Pawlow, I. P.: *Conditioned reflexes.* London: Oxford University Press, 1927

Peak, H.: Attitude and motivation. In M. R. Jones (Hg.), *Nebraska Symposium on Motivation, 1955.* Lincoln: University of Nebraska Press, 1955. S. 149–189

Penner, D. D., Fitch, G., Weick, K. E.: Dissonance and the revision of choise criteria. *Journal of Personality and Social Psychology,* 1966, *3,* 701–705

Penner, L. A., Summers, L. S., Brookmire, D. A., Dertke, M. C.: The lost dollar: Situational and personality determinants of pro- and antisocial behavior. *Journal of Personality,* 1976, *44,* 274–293

Peper, D.: Überlegungen zum Problem der Katharsis im Sport. In J. Dieckert u. K.-H. Leist (Hg.), *Auf der Suche nach Theorie-Praxis- Modellen im Sport.* Schorndorf: Hofmann, 1975. S. 52–61

Peper, D.: Zum Problem der Katharsis im Sport: Katharsis unter den Bedingungen verschiedener sportlicher Aktivitäten und unterschiedlicher Zielerreichungen. Unveröffentlichte Dissertation, Fachrichtung Erziehungswissenschaft der Universität des Saarlandes. Saarbrücken (in Vorbereitung)

Peplau, L. A.: Impact of fear of failure and sex-role attitudes on women's competitive achievement. *Journal of Personality and Social Psychology,* 1976, *34,* 561–568

Perin, C. I.: Behavioral potentiality as a joint function of the amount of training and the degree of hunger at the time of extinction. *Journal of Experimental Psychology,* 1942, *30,* 93–113

Peter, R.: Motivationale Effekte der Bezugsnorm-Orientierung von Lehrern: Eine Längsschnittstudie an Hauptschulen der 5. und 7. Klassenstufen. Unveröffentlichte Diplomarbeit, Psychologisches Institut der Ruhr-Universität Bochum, 1978

Peters, R. S.: *The concept of motivation.* London: Routledge and Kegan Paul, 1958

Peterson, C.: Learning impairment following insoluble problems: Learned helplessness or altered hypothesis pool? *Journal of Experimental Social Psychology,* 1978, *14,* 53–68

Pfänder, A.: Motive und Motivation. In A. Pfänder (Hg.), *Münchener Philosophische Abhandlungen.* (Festschrift für Theodor Lipps). Leipzig: Barth, 1911. S. 163–195

Pfänder, A.: *Zur Psychologie der Gesinnungen.* Bd. I. Halle: Max Niemeyer, 1922

Phares, E. J.: Expectancy changes in skill and chance situations. *Journal of Abnormal and Social Psychology*, 1957, *54*, 339–342

Phares, E. J.: Test anxiety, expectancies, and expectancy changes. *Psychological Reports*, 1968, *22*, 259–265

Phares, E. J.: *Locus of control in personality*. Morristown, N. J.: General Learning Press, 1976

Phares, E. J.: Locus of control. In H. London u. I. E. Exner (Hg.), *Dimensions of personality*. New York: Wiley, 1978. S. 263–304

Piaget, J.: *Le jugement moral chez l'enfant*. Paris: Alcan, 1930

Piaget, J.: *La naissance de l'intelligence chez l'enfant*. Neuchâtel: Delachaux et Niestlé, 1936

Piaget, J.: *La construction du réel chez l'enfant*. Neuchâtel: Delachaux et Niestlé, 1950

Piliavin, I. M., Piliavin, J. A., Rodin, J.: Costs, diffusion, and the stigmatized victim. *Journal of Personality and Social Psychology*, 1975, *32*, 429–438

Piliavin, I. M., Rodin, J., Piliavin, J. A.: Good samaritanism: An underground phenomenon? *Journal of Personality and Social Psychology*, 1969, *13*, 289–299

Piliavin, J. A., Piliavin, I. M.: The effect of blood on reaction to a victim. *Journal of Personality and Social Psychology*, 1972, *23*, 253–261

Piliavin, J. A., Piliavin, I. M., Loewenton, E. P., McCauley, C., Hammond, P.: On observers' reproduction of dissonance effects: The right answers for the wrong reasons? *Journal of Personality and Social Psychology*, 1969, *13*, 98–106

Pollard, W. E., Mitchell, T. R.: Decision theory analysis of social power. *Psychological Bulletin*, 1972, *78*, 433–446

Porter, L. W., Lawler, E. E.: *Managerial attitudes and performance*. Homewood: Irwin-Dorsey, 1968

Posse, N.: Die Wirkung von Erfolg und Mißerfolg auf die Leistung in Abhängigkeit von der Leistungsmotivation und dem kognitiven Stil der Reflexivität-Impulsivität. Unveröffentlichte Diplomarbeit, Psychologisches Institut der Ruhr-Universität Bochum, 1975

Postman, L., Solomon, R. L.: Perceptual sensitivity to completed and incompleted tasks. *Journal of Personality*, 1949, *18*, 347–357

Pottharst, B. C.: The achievement motive and level of aspiration after experimentally induced success and failure. Unveröffentlichte Dissertation, University of Michigan, 1955

Prasad, J. A.: A comparative study of rumors and reports in earthquakes. *British Journal of Psychology*, 1950, *41*, 129–144

Preston, M. G., Baratta, P.: An experimental study of the auction-value of an uncertain outcome. *American Journal of Psychology*, 1948, *61*, 183–193

Pritchard, R. D., Sanders, M. S.: The influence of valence, instrumentality, and expectancy of effort and performance. *Journal of Applied Psychology*, 1973, *57*, 55–60

Pruitt, D. G.: Reciprocity and credit building in a laboratory dyad. *Journal of Personality and Social Psychology*, 1968, *8*, 143–147

Pryor, J. B., Gibbons, F. X., Wicklund, R. A., Fazio, R. H., Hood, R.: Self-focused attention and self-report validity. *Journal of Personality*, 1977, *45*, 513–527

Pryor, J. B., Kriss, M.: The cognitive dynamics of salience in the attribution process. *Journal of Personality and Social Psychology*, 1977, *35*, 49–55

Purkey, W. W.: *Self-concept and school achievement*. Englewood Cliffs, N. J.: Prentice-Hall, 1970

Quanty, M. B.: Aggression catharsis: Experimental investigations and implications. In R. G. Geen u. E. C. O'Neal (Hg.), *Perspectives on aggression*. New York: Academic Press, 1976. S. 99–132

Rand, P.: Some validation data of the Achievement Motives Scale (AMS). *Scandinavian Journal of Educational Research*, 1978, *22*, 155–171

Rapaport, D.: The structure of psychoanalytic theory: A systematjzing attempt. In S. Koch (Hg.), *Psychology: A study of a science* (Vol. III). New York: Mc Graw-Hill, 1959. S. 55–183

Rapaport, D.: On the psychoanalytic theory of motivation. In M. R. Jones (Hg.), *Nebraska Symposium on Motivation, 1960*. Lincoln: University of Nebraska Press, 1960. S. 173–247

Rasch, G.: *Probabilistic models for some intelligence and attainment tests*. Kopenhagen: Nielson und Lydicke, 1960

Raup, R. B.: *Complacency, the foundation of human behavior*. New York: Macmillan, 1925

Raven, B. H.: The comparative analysis of power and power preference. In J. T. Tedeschi (Hg.), *Perspectives on social power*. Chicago: Aldine, 1974. S. 172–198

Raven, B. H., Kruglanski, A. W.: Conflict and power. In P. Swingle (Hg.), *The structure of conflict*. New York: Academic Press, 1970. S. 69–109

Raynor, J. O.: Future orientation and motivation of immediate activity: An elaboration of the theory of achievement motivation. *Psychological Review*, 1969, *76*, 606–610

Raynor, J. O.: Relationship between achievement-related motives, future orientation, and academic performance. *Journal of Personality and Social Psychology*, 1970, *15*, 28–33

Raynor, J. O.: Future orientation in the study of achievement motivation. In J. W. Atkinson u. J. O. Raynor (Hg.), *Motivation and achievement*. Washington, D. C.: Winston, 1974. S. 121–154. (a)

Raynor, J. O.: Motivation and career striving. In J. W. Atkinson u. J. O. Raynor (Hg.), *Motivation and achievement*. Washington, D. C.: Winston, 1974. S. 369–387. (b)

Raynor, J. O.: Future orientation, self evaluation, and motivation for achievement. Unveröffentlichtes Manuskript, State University of New York, Buffalo, 1976

Raynor, J. O., Atkinson, J. W., Brown, M.: Subjective aspects of achievement motivation immediately before an examination. In J. W. Atkinson u. J. O. Raynor (Hg.), *Motivation and achievement*. Washington, D. C.: Winston, 1974. S. 155–171

Raynor, J. O., Entin, E. E.: Achievement motivation as a determinant of persistence in contingent and noncontingent paths. Unveröffentlichtes Manuskript, State University of New York, Buffalo, 1972

Raynor, J. O., Rubin, I. S.: Effects of achievement motivation and future orientation on level of performance. *Journal of Personality and Social Psychology*, 1971, *17*, 36–41

Raynor, J. O., Sorrentino, R. M.: Effects of achievement motivation and task difficulty on immediate performance in contingent paths. Unveröffentlichtes Manuskript, State University of New York, Buffalo, 1972

Regan, D. T., Totten, J.: Empathy and attribution: Turning observers into actors. *Journal of Personality and Social Psychology*, 1975, *32*, 850–856

Reif, M.: Leistungsmotivation in Abhängigkeit vom Erziehungsverhalten der Mutter. Unveröffentlichte Diplomarbeit, Psychologisches Institut der Ruhr-Universität Bochum, 1970

Reiss, S., Sushinsky, L. W.: Overjustification, competing responses, and the acquisition of intrinsic interest. *Journal of Personality and Social Psychology*, 1975, *31*, 1116–1125

Reiss, S., Sushinsky, L. W.: The competing response hypothesis of decreased play effects: A reply to Lepper and Greene. *Journal of Personality and Social Psychology*, 1976, *33*, 233–244

Reiß, G.: Der Einfluß von Erfolgs- und Mißerfolgsmotivierung auf das Behalten eigener Leistungen. Unveröffentlichte Dissertation, Philosophische Fakultät der Universität Münster, 1968

Reitman, W. R.: Motivational induction and the behavioral correlates of the achievement and affiliation motives. *Journal of Abnormal and Social Psychology*, 1960, *60*, 8–13

Rescorla, R. A., Solomon, R. L.: Two-process learning theory: Relationship between Pavlovian conditioning and instrumental learning. *Psychological Review*, 1967, *74*, 151–182

Rest, S.: Schedules of reinforcement: An attributional analysis. In J. H. Harvey, W. J. Ickes u. R. F. Kidd (Hg.), *New directions in attribution research* (Vol. 1). Hillsdale, N. J.: Erlbaum. 1976. S. 97–120

Rest, S., Nierenberg, R., Weiner, B., Heckhausen, H.: Further evidence concerning the effects of perceptions of effort and ability on achievement evaluation. *Journal of Personality and Social Psychology*, 1973, *28*, 187–191

Reutenbach, A.: Anspruchsniveausetzung von Erstkläßlern in Abhängigkeit von einer gegebenen Leistungsnorm und Wiederaufnahme gelöster und ungelöster Aufgaben bei Belohnung und Nichtbelohnung. Unveröffentlichte Diplomarbeit, Psychologisches Institut der Ruhr-Universität Bochum, 1968

Revelle, W., Michaels, E. J.: The theory of achievement motivation revisited: The implications of inertial tendencies. *Psychological Review*, 1976, *83*, 394–404

Reynolds, W. F., Anderson, J. E.: Choice behavior in a T-maze as a function of deprivation period and magnitude of reward. *Psychological Reports*, 1961, *8*, 131–134

Rheinberg, F.: Zeitstabilität und Steuerbarkeit von Ursachen schulischer Leistung in der Sicht des Lehrers. *Zeitschrift für Entwicklungspsychologie und Pädagogische Psychologie*, 1975, *7*, 180–194

Rheinberg, F.: *Leistungsbewertung und Lernmotivation*. Göttingen: Hogrefe, 1980

Rheinberg, F., Duscha, R., Michels, U.: Leistungsvergleich mit anderen oder mit sich selbst? Leistungsmotiv, Anspruchsniveau und Kausalattribuierung unter verschiedenen Vergleichsbedingungen. (In Vorbereitung).

Rheinberg, F., Enstrup, B.: Selbstkonzept der Begabung bei Normal- und Sonderschülern gleicher Intelligenz: Ein Bezugsgruppeneffekt. *Zeitschrift für Entwicklungspsychologie und Pädagogische Psychologie*, 1977, *9*, 171–180

Rheinberg, F., Krug, S.: Innere und äußere Differenzierung, Motivation und Bezugsnorm-Orientierung. In K. J. Klauer u. H. J. Kornadt (Hg.), *Jahrbuch für empirische Erziehungswissenschaft 1978*. Düsseldorf: Schwann, 1978. S. 165–195. (a)

Rheinberg, F., Krug, S.: Bezugsgruppenwechsel: Übernahme eines Stigmas oder neuer Vergleichsmaßstab zur Selbsteinschätzung? Replik auf Casparis. *Zeitschrift für Entwicklungspsychologie und Pädagogische Psychologie*, 1978, *10*, 269–273. (b)

Rheinberg, F., Lührmann, J. V., Wagner, H.: Bezugsnorm-Orientierung von Schülern der 5.–13. Klasse bei der Leistungsbeurteilung. *Zeitschrift für Entwicklungspsychologie und Pädagogische Psychologie*, 1977, *9*, 90–93

Rheinberg, F., Schmalt, H.-D., Wasser, I.: Ein Lehrerunterschied, der etwas ausmacht. *Zeitschrift für Entwicklungspsychologie und Pädagogische Psychologie*, 1978, *10*, 3–7

Riemer, B.: Influence of causal beliefs on affect and expectancy. *Journal of Personality and Social Psychology*, 1975, *31*, 1163–1167

Ring, K.: Experimental social psychology: Some sober questions about some frivolous values. *Journal of Experimental Social Psychology*, 1967, *3*, 113–123

Rizley, R.: Depression and distortion in the attribution of causality. *Journal of Abnormal Psychology*, 1978, *87*, 32–48

Rösler, H.-D.: Über das Behalten von Handlungen schwachsinniger und normaler Kinder. *Zeitschrift für Psychologie*, 1955, *158*, 161–231

Rogers, T. B., Kuiper, N. A., Kirker, W. S.: Self-reference and the encoding of personal information. *Journal of Personality and Social Psychology*, 1977, *35*, 677–688

Rohracher, H.: *Theorie des Willens auf experimenteller Grundlage*. Leipzig: Barth, 1932

Rokeach, M.: *The nature of human values*. New York: The Free Press, 1973

Rosen, B. C.: Race, ethnicity, and the achievement syndrome. *American Sociological Review*, 1959, *24*, 47–60

Rosen, B. C., D'Andrade, R.: The psychological origins of achievement motivation. *Sociometry*, 1959, *22*, 185–218

Rosenbaum, R. M.: A dimensional analysis of the perceived causes of success and failure. Unveröffentlichte Dissertation, University of California, Los Angeles, 1972

Rosenberg, G. J.: Cognitive structure and attitudinal affect. *Journal of Abnormal and Social Psychology*, 1956, *53*, 367–372

Rosenfeld, H. M., Franklin, S. S.: Arousal of need for affiliation in women. *Journal of Personality and Social Psychology*, 1966, *3*, 245–248

Rosenhan, D. L.: Learning theory and prosocial behavior. *Journal of Social Issues*, 1972, *28*, 3, 151–163

Rosenthal, R., Jacobson, L. J.: *Pygmalion in the classroom*. New York: Holt, Rinehart and Winston, 1968

Rosenzweig, S.: Preferences in the repetition of successful and unsuccessful activities as a function of age and personality. *Journal of Genetic Psychology*, 1933, *42*, 423–441

Rosenzweig, S.: Need-persistive and ego-defensive reactions to frustration as demonstrated by an experiment on repression. *Psychological Review*, 1941, *48*, 347–349

Rosenzweig, S.: Experimental study of „repression" with special reference to need-persistive and ego-defensive reactions to frustration. *Journal of Experimental Psychology*, 1943, *32*, 64–74

Rosenzweig, S.: Further comparative data on repetition choice after success anf failure as related to frustration tolerance. *Journal of Genetic Psychology*, 1945, *66*, 75–81

Ross, L.: The intuitive psychologist and his shortcomings: Distortions in the attribution process. In L. Berkowitz (Hg.), *Advances in Experimental Social Psychology* (Vol. 10). New York: Academic Press, 1977. S. 173–220

Ross, L., Bierbrauer, G., Polly, S.: Attribution of educational outcomes by professional and nonprofessional instructors. *Journal of Personality and Social Psychology*, 1974, *29*, 609–618

Ross, L., Greene, D., House, P.: The „false consensus effect": An egocentric bias in social perception and attribution processes. *Journal of Experimental and Social Psychology*, 1977, *13*, 279–301

Ross, L., Rodin, J., Zimbardo, P. G.: Toward an attribution therapy: The reduction of fear through induced cognitive-emotional misattribution. *Journal of Personality and Social Psychology*, 1969, *12*, 279–288

Ross, M.: Salience of reward and intrinsic motivation. *Journal of Personality and Social Psychology*, 1975, *32*, 245–254

Ross, M., Shulman, R. F.: Increasing the salience of initial attitudes: Dissonance vs. self-perception theory. *Journal of Personality and Social Psychology*, 1973, *28*, 138–144

Rosswork, S. G.: Goal setting: The effects on an academic task with varying magnitudes of incentive. *Journal of Educational Psychology*, 1977, *69*, 710–715

Roth, S., Bootzin, R. R.: Effects of experimentally induced expectancies of external control: An investigation of learned helplessness. *Journal of Personality and Social Psychology*, 1974, *29*, 253–264

Roth, S., Kubal, L.: Effects of noncontingent reinforcement on tasks of differing importance: Facilitation and learned helplessness. *Journal of Personality and Social Psychology*, 1975, *32*, 680–691

Rotter, J. B.: *Social learning and clinical psychology*. Englewood Cliffs, N. J.: Prentice-Hall, 1954

Rotter, J. B.: The role of the psychological situation in determining the direction of human behavior. In M. R. Jones (Hg.), *Nebraska Symposium on Motivation, 1955*. Lincoln: Nebraska University Press, 1955. S. 245–269

Rotter, J. B.: Some implications of a social learning theory for the prediction of goal directed behavior from testing procedures. *Psychological Review*, 1960, *67*, 301–316

Rotter, J. B.: Generalized expectancies for internal versus external control of reinforcement. *Psychological Monographs*, 1966, *80*, No. 1 (whole No. 609), 1–28

Rotter, J. B., Chance, J. E., Phares, E. J.: *Applications of a social learning theory of personality*. New York: Holt, Rinehart u. Winston, 1972

Rotter, J. B., Liverant, S., Crowne, D. P.: The growth and extinction of expectancies in chance controlled and skilled tasks. *Journal of Psychology*, 1961, *52*, 161–177

Rubin, K. H., Schneider, F. W.: The relationship between moral judgment, egocentrism, and altruistic behavior. *Child Development*, 1973, *44*, 661–665

Ruble, D. N., Feldman, N. S.: Order of consensus, distinctiveness, and consistency information and causal attribution. *Journal of Personality and Social Psychology*, 1976, *34*, 930–937

Ruble, D. N., Feldman, N. S., Boggiano, A. K.: Social comparison between young children in achievement situations. *Developmental Psychology,* 1976, *12,* 192–197

Ruble, D. N., Parsons, J. E., Ross, J.: Self-evaluative responses of children in an achievement setting. *Child Development,* 1976, *47,* 990–997

Rudin, S. A.: The personal price of national glory. *Transaction,* 1965, *2,* 4–9

Ruhland, D., Feld, S. C.: The development of achievement motivation in black and white children. *Child Development,* 1977, *48,* 1362–1368

Rule, B. G.: The hostile and instrumental functions of human aggression. In J. deWit u. W. W. Hartup (Hg.), *Determinants and origins of aggressive behavior.* Den Haag: Mouton, 1974. S. 125–145

Rule, B. G., Nesdale, A. R.: Emotional arousal and aggressive behavior. *Psychological Bulletin,* 1976, *83,* 851–863

Russell, B.: *Power.* London: Allen and Unwin, 1938

Rust, L. D.: Chances in bar pressing performance and heart rate in sleep-deprived rats. *Journal of Comparative and Physiological Psychology,* 1962, *55,* 621–625

Ryan, T. A.: *Intentional behavior.* New York: Ronald Press, 1970

Sader, M., Keil, W.: Faktorenanalytische Untersuchungen zur Projektion der Leistungsmotivation. *Archiv für die gesamte Psychologie.* 1968, *120,* 25–53

Sader, M., Specht, H.: Leistung, Motivation und Leistungsmotivation: Korrelationsstatistische Untersuchungen zur Leistungsmotivmessung nach Heckhausen. *Archiv für die gesamte Psychologie,* 1967, *119,* 90–130

Salili, F., Maehr, M. L., Gillmore, G.: Achievement and morality: A cross-cultural analysis of causal attribution and evaluation. *Journal of Personality and Social Psychology,* 1976, *33,* 327–337

Sanford, R. N.: The effects of abstinence from food upon imaginal processes: A preliminary experiment. *Journal of Psychology,* 1937, *3,* 145–159

Sanford, R. N., Risser, J.: What are the conditions of self-defensive forgetting? *Journal of Personality,* 1948, *17,* 244–260

Sarason, I. G.: Interrelationships among individual difference variables, behavior in psychotherapy, and verbal conditioning. *Journal of Abnormal and Social Psychology,* 1958, *56,* 339–344. (a)

Sarason, I. G.: The effects of anxiety, reassurance, and meaningfulness of material to be learned in verbal learning. *Journal of Experimental Psychology,* 1958, *56,* 472–477. (b)

Sarason, I. G.: Empirical findings and theoretical problems in the use of anxiety scales. *Psychological Bulletin,* 1960, *57,* 403–415

Sarason, I. G.: Experimental approaches to test anxiety: Attention and the uses of information. In C. D. Spielberger (Hg.), *Anxiety: Current trends in theory and research* (Vol. II). New York: Academic Press, 1972. S. 383–403

Sarason, I. G.: Test anxiety and cognitive modeling. *Journal of Personality and Social Psychology,* 1973, *28,* 58–61

Sarason, I. G.: Test anxiety and the self-disclosing coping model. *Journal of Consulting and Clinical Psychology,* 1975, *43,* 143–153

Sarason, I. G., Palola, E. G.: The relationship of test and general anxiety, difficulty of task, and experimental instructions to performance. *Journal of Experimental Psychology,* 1960, *59,* 185–191

Sarason, S. B., Davidson, K. S., Lighthall, F. F., Waite, R. R., Ruebush, B. K.: *Anxiety in elementary school children.* New York: Wiley, 1960

Sarup, K.: Historical antecedents of psychology. The recurrent issue of old wine in new bottles. *American Psychologist,* 1978, *33,* 478–485

Sawusch, J. R.: Computer simulation of the influence of ability and motivation on test performance and cumulative achievement and the relation between them. In J. W. Atkinson u. J. O. Raynor (Hg.), *Motivation and achievement.* Washington, D. C.: Winston, 1974. S. 425–438

Saxe, L., Greenberg, M. S., Bar-Tal, D.: Perceived relatedness of trait dispositions to ability and effort. *Perceptual and Motor Skills,* 1974, *38,* 39–42

Schachter, S.: The interaction of cognitive and physiological determinants of emotional state. In L. Berkowitz (Hg.), *Advances in Experimental Social Psychology* (Vol. I). New York: Academic Press, 1964. S. 49–80

Schachter, S., Singer, J. E.: Cognitive, social, and physiological determinants of emotional state. *Psychological Review,* 1962, *69,* 379–399

Scheier, M. F.: Self-awareness, self-consciousness, and angry aggression. *Journal of Personality,* 1976, *44,* 627–644

Scheier, M. F., Buss, A. H., Buss, D. M.: Self-consciousness, self-report of aggressiveness, and aggression. *Journal of Research in Personality,* 1978, *12,* 133–140

Scheier, M. F., Carver, C. S.: Self-focused attention and the experience of emotion: Attraction, repulsion, elation, and depression. *Journal of Personality and Social Psychology,* 1977, *35,* 625–636

Scheier, M. F., Fenigstein, A., Buss, A. H.: Self-awareness and physical aggression. *Journal of Experimental Social Psychology,* 1974, *10,* 264–273

Scherer, J.: Änderungen von Lehrerattribuierungen und deren Auswirkungen auf Leistungsverhalten und Persönlichkeitsmerkmale von Schülern. Unveröffentlichte Diplomarbeit, Psychologisches Institut der Ruhr-Universität Bochum, 1972

Schertel, K.: Selbstbekräftigung in Abhängigkeit von der persönlichen Wichtigkeit einer Aufgabe. Unveröffentlichte Diplomarbeit, Psychologisches Institut der Ruhr-Universität Bochum, 1976

Schiffer, M.: Ärgeraffekt – Aktivierung und aggressives Verhalten in Abhängigkeit von der kognitiven Interpretation einer Frustration. Unveröffentliche Magister-Arbeit, Fachrichtung Erziehungswissenschaft der Universität des Saarlandes. Saarbrücken, 1975

Schill, T. R.: Aggression and blood pressure response of high- and low-guilt subjects following frustration. *Journal of Consulting and Clinical Psychology*, 1972, *38*, 461

Schlenker, B. R.: Self-presentation: Managing the impression of consistency when reality interferes with self-enhancement. *Journal of Personality and Social Psychology*, 1975, *32*, 1030–1037

Schmalt, H.-D.: Die GITTER-Technik – ein objektives Verfahren zur Messung des Leistungsmotivs bei Kindern. *Zeitschrift für Entwicklungspsychologie und Pädagogische Psychologie*, 1973, *5*, 231–252

Schmalt, H.-D.: Selbständigkeitserziehung und verschiedene Aspekte des Leistungsmotivs. *Zeitschrift für Entwicklungspsychologie und Pädagogische Psychologie*, 1975, *7*, 24–37

Schmalt, H.-D.: *Die Messung des Leistungsmotivs*. Göttingen: Hogrefe, 1976. (a)

Schmalt, H.-D.: *Das LM-GITTER. Handanweisung*. Göttingen: Hogrefe, 1976. (b)

Schmalt, H.-D.: Leistungsmotivation und kognitive Zwischenprozesse im Erleben von Erfolg und Mißerfolg. Unveröffentlichtes Manuskript, Psychologisches Institut der Ruhr-Universität Bochum, 1976. (c)

Schmalt, H.-D.: Leistungsthematische Kognitionen I: Kausalerklärungen für Erfolg und Mißerfolg. *Zeitschrift für experimentelle und angewandte Psychologie*, 1978, *25*, 246–272

Schmalt, H.-D.: Leistungsthematische Kognitionen II: Kausalattribuierungen, Erfolgserwartungen und Affekte. *Zeitschrift für experimentelle und angewandte Psychologie*, 1979, *26*, 509–531

Schmidt, H. D., Schmidt-Mummendey, A.: Waffen als aggressionsbahnende Hinweisreize: Eine kritische Betrachtung experimenteller Ergebnisse. *Zeitschrift für Sozialpsychologie*, 1974, *5*, 201–218

Schmidtke, H.: *Die Ermüdung*. Bern: Huber, 1965

Schnackers, U.: Entwicklung und Validierung eines TAT-Verfahrens zur Messung der überdauernden Machtmotivation. Unveröffentlichte Diplomarbeit, Psychologisches Institut der Ruhr-Universität Bochum, 1973

Schnackers, U., Kleinbeck, U.: Machtmotiv und machtthematisches Verhalten in einem Verhandlungsspiel. *Archiv für Psychologie*, 1975, *127*, 300–319

Schneider, K.: Leistungs- und Risikoverhalten in Abhängigkeit von situativen und überdauernden Komponenten der Leistungsmotivation: Kritische Untersuchungen zu einem Verhaltensmodell. Unveröffentlichte Dissertation, Abteilung für Philosophie, Pädagogik, Psychologie der Ruhr-Universität Bochum, 1971

Schneider, K.: The relationship between estimated probabilities and achievement motivation. *Acta Psychologica*, 1972, *36*, 408–416

Schneider, K.: *Motivation unter Erfolgsrisiko*. Göttingen: Hogrefe, 1973

Schneider, K.: Subjektive Unsicherheit und Aufgabenwahl. *Archiv für Psychologie*, 1974, *126*, 147–169

Schneider, K.: Leistungsmotive, Kausalerklärungen für Erfolg und Mißerfolg und erlebte Affekte nach Erfolg und Mißerfolg. *Zeitschrift für experimentelle und angewandte Psychologie*, 1977, *24*, 613–637

Schneider, K.: Atkinson's „risk preference" model: Should it be revised? *Motivation and Emotion*, 1978, *2*, 333–344

Schneider, K., Gallitz, H.: Leistungsänderung nach Erfolg und Mißerfolg bei leichten und schwierigen Aufgaben. In K. Schneider, *Motivation unter Erfolgsrisiko*. Göttingen: Hogrefe, 1973. S. 80–106

Schneider, K., Heckhausen, H.: Subjective uncertainty and task preference. In H. I. Day (Hg.), *Advances in intrinsic motivation and aesthetics*. New York: Plenum. (In Vorb.)

Schneider, K., Kreuz, A.: Die Effekte unterschiedlicher Anstrengung auf die Mengen- und Güteleistung bei einer einfachen und schweren Zahlensymbolaufgabe. *Psychologie und Praxis*, 1979, *23*, 34–42

Schneider, K., Meise, C.: Leistungs- und anschlußmotiviertes Risikoverhalten bei der Aufgabenwahl. In K. Schneider, *Motivation unter Erfolgsrisiko*. Göttingen: Hogrefe, 1973. S. 212–238

Schneider, K., Posse, N.: Subjektive Unsicherheit, Kausalattribuierung und Aufgabenwahl I. *Zeitschrift für experimentelle und angewandte Psychologie*, 1978, *25*, 302–320. (a)

Schneider, K., Posse, N.: Subjektive Unsicherheit, Kausalattribuierungen und Aufgabenwahl II. *Zeitschrift für experimentelle und angewandte Psychologie*, 1978, *25*, 474–499. (b)

Schneider, K., Posse, N.: Der Einfluß der Erfahrung mit einer Aufgabe auf die Aufgabenwahl, subjektive Unsicherheit und die Kausalerklärungen für Erfolge. *Psychologische Beiträge*, 1978, *20*, 228–250. (c)

Schneider, K., Rieke, K.: Entscheidungszeit, Konfidenz, subjektive Wahrscheinlichkeit und Aufgabenwahl bei einem Glücksspiel. Arbeitsbericht, Psychologisches Institut der Ruhr-Universität Bochum, 1976

Schönbach, P.: Dissonanz und Interaktionssequenzen. *Kölner Zeitschrift für Soziologie und Sozialpsychologie*, 1966, *18*, 253–270

Schoenfeld, W. N.: An experimental approach to anxiety, escape, and avoidance behavior. In

P. M. Hoch u. J. Zubin (Hg.), *Anxiety.* New York: Grune and Stratton, 1950. S. 70–99

Schopler, J.: An investigation of sex differences on the influence of dependence. *Sociometry,* 1967, *30,* 50–63

Schopler, J.: An attribution analysis of some determinants of reciprocating a benefit. In J. R. Macaulay u. L. Berkowitz (Hg.), *Altruism and helping behavior.* New York: Academic Press, 1970. S. 231–238

Schopler, J., Matthews, M. W.: The influence of the perceived causal locus of partner's dependence on the use of interpersonal power. *Journal of Personality and Social Psychology,* 1965, *2,* 609–612

Schroder, H. M., Driver, M. J., Streufert, S.: *Human information processing.* New York: Holt, Rinehart and Winston, 1967

Schuck, J., Pisor, K.: Evaluating an aggression experiment by the use of simulating subjects. *Journal of Personality and Social Psychology,* 1974, *29,* 181–186

Schultz, C. B., Pomerantz, M.: Some problems in the application of achievement motivation to education: The assessment of motive to succeed and probability of success. *Journal of Educational Psychology,* 1974, *66,* 599–608

Schwartz, S. H.: Words, deeds, and the perception of consequences and responsibility in action situations. *Journal of Personality and Social Psychology,* 1968, *10,* 232–242

Schwartz, S. H.: Moral decision making and behavior. In J. R. Macaulay u. L. Berkowitz (Hg.), *Altruism and helping behavior.* New York: Academic Press, 1970. S. 127–141

Schwartz, S. H.: Normative evaluations of helping behavior: A critique, proposal, and empirical test. *Journal of Experimental Social Psychology,* 1973, *9,* 349–364

Schwartz, S. H.: Normative influences on altruism. In L. Berkowitz (Hg.), *Advances in Experimental Social Psychology* (Vol. 10). New York: Academic Press, 1977. S. 221–279

Schwartz, S. H., Clausen, G.: Responsibility, norms, and helping in an emergency. *Journal of Personality and Social Psychology,* 1970, *16,* 299–310

Scott, W. A.: The avoidance of threatening material in imaginative behavior. *Journal of Abnormal and Social Psychology,* 1956, *52,* 338–346

Sears, R. R.: Personality. *Annual Review of Psychology,* 1950, *1,* 105–118

Sechenov, I.: (The reflexes of the brain). *Medizinsky Vestnik,* 1863 (In I. Sechenov, Selected works. Amsterdam: Bonset, 1968. S. 263–336)

Seibt, G.: Über das Verhalten von Kleinkindern im freien Spiel. Unveröffentlichte Vordiplomarbeit, Psychologisches Institut der Universität Münster, 1960

Seidenstücker, G., Seidenstücker, E.: Contribution to a computer evaluation of the Thematic Achievement Motivation Test by Heckhausen. *Psychologische Beiträge,* 1974, *16,* 68–92

Seligman, M. E. P.: *Helplessness: On depression, development, and death.* San Francisco: Freeman, 1975

Seligman, M. E. P., Maier, S. F.: Failure to escape traumatic shock. *Journal of Experimental Psychology,* 1967, *74,* 1–9

Seltzer, R. A.: Simulation of the Dynamics of Action. *Psychological Reports,* 1973, *32,* 859–872

Seltzer, R. A., Sawusch, J. R.: Appendix A: Computer program written to simulate the Dynamics of Action. In J. W. Atkinson, J. O. Raynor (Hg.), *Motivation and achievement.* Washington, D. C.: Winston, 1974. S. 411–423

Selz, O.: *Über die Gesetze des geordneten Denkverlaufs.* Stuttgart: Spemann, 1913

Selz, O.: *Die Gesetze der produktiven und reproduktiven Geistestätigkeit. Kurzgefaßte Darstellung.* Bonn. F. Cohen, 1924

Seward, J. P.: Note on the externalization of drive. *Psychological Review,* 1942, *49,* 197–199

Seward, J. P.: Experimental evidence for the motivating function of reward. *Psychological Bulletin,* 1951, *48,* 130–149

Shaklee, H.: Development in inferences of ability and task difficulty. *Child Development,* 1976, *47,* 1051–1057

Shannon, C. E., Weaver, W.: *The mathematical theory of communication.* Urbana: University of Illinois Press, 1949

Shantz, D. W., Voydanoff, D. A.: Situational effects on retaliatory aggression at three age levels. *Child Development,* 1973, *44,* 149–153

Shapira, Z.: Expectancy determinants of intrinsically motivated behavior. *Journal of Personality and Social Psychology,* 1976, *34,* 1235–1244

Sheffield, F. D., Campbell, B. A.: The role of experience in the „spontaneous" activity of hungry rats. *Journal of Comparative and Physiological Psychology,* 1954, *47,* 97–100

Sheffield, F. D., Roby, T. B.: Reward value of nonnutrive sweet taste. *Journal of Comparative and Physiological Psychology,* 1950, *43,* 471–481

Sheffield, F. D., Roby, T. B., Campbell, B. A.: Drive reduction versus consummatory behavior as determinants of reinforcement. *Journal of Comparative and Physiological Psychology,* 1954, *47,* 349–355

Sheffield, F. D., Wulff, J. J., Backer, R.: Reward value of copulation without sex drive reduction. *Journal of Comparative and Physiological Psychology,* 1951, *44,* 3–8

Shipley, T. E., Veroff, J.: A projective measure of need for affiliation. *Journal of Experimental Psychology,* 1952, *43,* 349–356

Shortell, J., Epstein, S., Taylor, S. P.: Instigation to aggression as a function of degree of defeat and the capacity for massive retaliation. *Journal of Personality,* 1970, *38,* 313–328

Shrauger, J. S., Sorman, P. B.: Self-evaluations, initial success and failure, and improvements as determinants of persistence. *Journal of Consulting and Clinical Psychology,* 1977, *45,* 784–795

Shultz, T. R., Mendelson, R.: The use of covariation as a principle of causal analysis. *Child Development,* 1975, *46,* 394–399

Sigall, H., Michela, J.: I'll bet you say that to all the girls: Physical attractiveness and reactions to praise. *Journal of Personality,* 1976, *44,* 611–626

Silver, L. B., Dublin C. C., Lourie, R. S.: Does violence breed violence? Contributions from a study of child abuse syndrome. *American Journal of Psychiatry,* 1969, *126,* 404–407

Silverman, J.: Self-esteem and differential responsiveness to success and failure. *Journal of Abnormal and Social Psychology,* 1964, *69,* 115–118

Silverman, W. H.: The effects of social contact, provocation, and sex of opponent upon instrumental aggression. *Journal of Experimental Research in Personality,* 1971, *5,* 310–316

Simon, H. A.: *Models of man.* New York: Wiley, 1957

Simmons, R.: The relative effectiveness of certain incentives in animal learning. *Comparative Psychology Monographs,* 1924, *2* (serial Nr. 7)

Skinner, B. F.: Two types of a conditional reflex and a pseudotype. *Journal of General Psychology,* 1935, *12,* 66–77

Skinner, B. F.: *The behavior of organisms: An experimental approach.* New York: Appleton-Century, 1938

Skinner, B. F.: *Science and human behavior.* New York: Macmillan, 1953

Skinner, B. F.: *The technology of teaching.* New York: Appleton-Century-Crofts, 1968

Sliosberg, S.: Zur Dynamik des Ersatzes von Spiel- und Ernstsituationen. *Psychologische Forschung,* 1934, *19,* 122–181

Slovic, P.: Hypothesis testing in the learning of positive and negative linear functions. *Organizational Behavior and Human Behavior,* 1974, *11,* 368–376

Smedslund, J.: The concept of correlation in adults. *Scandinavian Journal of Psychology,* 1963, *4,* 165–173

Smedslund, J.: *Becoming a psychologist.* Oslo: Universitetsforlaget, 1972

Smith, A. A.: An electromyographic study of tension in interrupted and completed tasks. *Journal of Experimental Psychology,* 1953, *46,* 32–36

Smith, C. P.: Relationships between achievement-related motives and intelligence, performance level, and persistence. *Journal of Abnormal and Social Psychology,* 1964, *68,* 523–532

Smith, C. P.: The influence of testing conditions and need for achievement scores and their relationship to performance scores. In J. W. Atkinson u. N. T. Feather (Hg.), *A theory of achievement motivation.* New York: Wiley, 1966. S. 277–297

Smith, C. P. (Hg.): *Achievement-related motives in children.* New York: Russell Sage, 1969. (a)

Smith, C. P.: The origin and expression of achievement-related motives in children. In C. P. Smith (Hg.), *Achievement-related motives in children.* New York: Russel-Sage, 1969. (b)

Smith, C. P., Feld, S. C.: How to learn the method of content analysis for *n* achievement, *n* affiliation, and *n* power. In J. W. Atkinson (Hg.), *Motives in fantasy, action, and society.* Princeton, N. J.: Van Nostrand, 1958. S. 685–818

Smith, E. R.: Miller, F. D.: Limits on perception of cognitive processes: A reply to Nisbett and Wilson. *Psychological Review,* 1978, *85,* 355–362

Smith, R. L., Troth, W. A.: Achievement motivation: A rational approach to psychological education. *Journal of Counseling Psychology,* 1975, *22,* 500–504

Smock, C. D.: Recall of interrupted and non-interrupted tasks as a function of experimentally induced anxiety and motivational relevance of the task stimuli. *Journal of Personality,* 1957, *25,* 589–599

Snyder, M.: Attribution and behavior: Social perception and social causation. In J. H. Harvey, W. J. Ickes u. R. F. Kidd (Hg.), *New directions in attribution research.* Hillsdale, N. J.: Erlbaum, 1976, S. 53–72

Snyder, M. L., Stephan, W. G., Rosenfield, D.: Egotism and attribution. *Journal of Personality and Social Psychology,* 1976, *33,* 435–441

Sogin, S. R., Pallak, M. S.: Bad decisions, responsibility, and attitude change: Effects of volition, foreseeability, and locus of causality of negative consequences. *Journal of Personality and Social Psychology,* 1976, *33,* 300–306

Sohn, D.: Affect-generating powers of effort and ability self attributions of academic success and failure. *Journal of Educational Psychology,* 1977, *69,* 500–505

Sokolov, E. N.: *Vospriiate i uslovny refleks.* Moscow: University of Moscow Press, 1958. (russ.)

Sokolov, E. N.: *Perception and the conditioned reflex.* New York: Macmillan, 1963

Solomon, R. L., Wynne, L. C.: Traumatic avoidance learning: Acquisition in normal dogs. *Psychological Monographs,* 1953, *67,* (whole No. 354)

Sorrentino, R. M., Sheppard, B. H.: Effects of affiliation-related motives on swimmers in individual versus group competition: A field experiment. *Journal of Personality and Social Psychology,* 1978, *36,* 704–714

Sorrentino, R. M., Short, J.-A.: The case of the mysterious moderates: Why motives sometimes fail to predict behavior. *Journal of Personality and Social Psychology,* 1977, *35,* 478–484

Southwood, K. E.: Some sources of political disorder: A cross-national analysis. Unveröffentlichte Dissertation. University of Michigan, 1969

Spates, C. R., Kanfer, F. H.: Self-monitoring, self-evaluation and self-reinforcement in children's learning: A test of a multistage self-regulation model. *Behavior Therapy,* 1976, *8,* 9–16

Spence, J., Spence, K. W.: The motivational components of manifest anxiety: Drive and drive stimuli. In C. D. Spielberger (Hg.), *Anxiety and behavior.* New York: Academic Press, 1966. S. 291–326

Spence, K. W.: *Behavior theory and conditioning.* New Haven: Yale University Press, 1956

Spence, K. W.: A theory of emotionally based drive (D) and its relation to performance in simple learning situations. *American Psychologist,* 1958, *13,* 131–141. (a)

Spence, K. W.: Behavior theory and selective learning. In M. R. Jones (Hg.), *Nebraska Symposium on Motivation, 1958.* Lincoln: University of Nebraska Press, 1958. S. 73–107. (b)

Spence, K. W.: *Behavior theory and learning: Selected papers.* Englewood Cliffs, N. J.: Prentice-Hall, 1960

Spence, K. W.: Anxiety (drive) level and performance in eyelid conditioning. *Psychological Bulletin,* 1964, *61,* 129–139

Spence, K. W., Farber, T. E., McFann, H. H.: The relation of anxiety (drive) level to performance in competitional and noncompetitional paired-associates. *Journal of Experimental Psychology,* 1956, *52,* 296–305

Spence, K. W., Runquist, W. N.: Temporal effects of conditioned fear on the eyelid reflex. *Journal of Experimental Psychology,* 1958, *55,* 613–616

Spiegler, M. D., Morris, L. W., Liebert, R. M.: Cognitive and emotional components of test anxiety: Temporal factors. *Psychological Reports,* 1968, *22,* 451–456

Spielberger, C. D. (Hg.): *Anxiety and behavior.* New York: Academic Press, 1966

Spielberger, C. D., Gorsuch, R. L., Lushene, R. E.: *STAI Manual for the state-trait anxiety inventory.* Palo Alto: Consulting Psychologists Press, 1970

Spielberger, C. D., O'Neil, H. F., Hansen, D. N.: Anxiety, drive theory, and computer assisted learning. In B. A. Maher (Hg.), *Progress in Experimental Personality Research* (Bd. 6). New York: Academic Press, 1972. S. 109–148

Stamps, L.: The effects of intervention techniques on children's fear of failure behavior. *Journal of Genetic Psychology,* 1973, *123,* 85–97

Stark, M.: Mütterliche Sensibilität für die Leistungsfähigkeit ihres Kindes und dessen Leistungsmotivation. Unveröffentlichte Diplomarbeit, Psychologisches Institut der Ruhr-Universität Bochum, 1977

Starke, E.: Informationseinholung über die eigene Leistung in Abhängigkeit vom Leistungsmotiv und wahrgenommener eigener Begabung. Unveröffentlichte Diplomarbeit, Psychologisches Institut der Ruhr-Universität Bochum, 1975

Staub, E.: Helping a distressed person: Social, personality, and stimulus determinants. In L. Berkowitz (Hg.), *Advances in Experimental Social Psychology* (Vol. 7). New York: Academic Press, 1974. S. 293–341

Steiner, I. O.: Self-perception and goal-setting behavior. *Journal of Personality,* 1957, *25,* 344–355

Stern, W.: *Allgemeine Psychologie auf personalistischer Grundlage.* Den Haag: Martinus Nijhoff, 1935

Stewart, A. J., Winter, D. G.: Arousal of the power motive in women. *Journal of Consulting and Clinical Psychology,* 1976, *44,* 495–496

Stewart, A. J.: *Scoring system for stages of psychological development.* Unveröffentlichtes Papier, Harvard University, Department of Psychology and Social Relations, 1973

Stevens, L., Jones, E. E.: Defensive attribution and the Kelley cube. *Journal of Personality and Social Psychology,* 1976, *34,* 809–820

Stone, P. J., Dunphy, D. C., Smith, M. S., Ogilvie, D. M.: *The general inquirer.* Cambridge, Mass.: MIT Press, 1966

Stonner, D. M.: The study of aggression: Conclusions and prospects for the future. In R. G. Geen u. E. C. O'Neal (Hg.), *Perspectives on aggression.* New York: Academic Press, 1976. S. 235–260

Storms, M. D.: Videotape and the attribution process: Reversing actors' and observers' point of view. *Journal of Personality and Social Psychology,* 1973, *27,* 165–175

Storms, M. D., Nisbett, R. E.: Insomnia and the attribution process. *Journal of Personality and Social Psychology,* 1970, *16,* 319–328

Stotland, E.: Exploratory investigations of empathy. In L. Berkowitz (Hg.), *Advances in Experimental Social Psychology* (Vol. 4). New York: Academic Press, 1969. S. 271–314

Swingle, P. (Hg.): *The structure of conflict.* New York: Academic Press, 1970

Tagiuri, R., Petrullo, L.: *Person perception and interpersonal behavior.* Stanford, Calif.: Stanford University Press, 1958

Taub, E., Berman, A. J.: Movement and learning in the absence of sensory feedback. In S. J. Freedman (Hg.), *The neuropsychology of spatially oriented behavior.* Homewood: Dorsey Press, 1968. S. 173–192

Taylor, J. A.: The relationship of anxiety to the conditioned eyelid response. *Journal of Experimental Psychology,* 1951, *41,* 81–92

Taylor, J. A.: A personality scale of manifest anxiety. *Journal of Abnormal and Social Psychology,* 1953, *48,* 285–290

Taylor, J. A.: Drive theory and manifest anxiety. *Psychological Bulletin,* 1956, *53,* 303–320

Taylor, J. A., Spence, K. W.: The relationship of anxiety level to performance in serial learning. *Journal of Experimental Psychology,* 1952, *44,* 61–64

Taylor, S. E., Fiske, S. T.: Point of view and perception of causality. *Journal of Personality and Social Psychology,* 1975, *32,* 439-445

Taylor, S. P.: The relationship of expressed and inhibited hostility to physiological activation. Unveröffentlichte Dissertation, University of Massachusetts, 1965

Taylor, S. P.: Aggressive behavior and physiological arousal as a function of provocation and the tendency to inhibit aggression. *Journal of Personality,* 1967, *35,* 297-310

Tedeschi, J. T.: *Perspectives on social power.* Chicago: Aldine, 1974

Tedeschi, J. T., Smith, R. B., Brown, R. C.: A reinterpretation of research on aggression. *Psychological Bulletin,* 1974, *81,* 540-562

Teevan, R. C., McGhee, P. E.: Childhood development of fear of failure motivation. *Journal of Personality and Social Psychology,* 1972, *21,* 345-348

Tennen, H., Eller, S. J.: Attributional components of learned helplessness and facilitation. *Journal of Personality and Social Psychology,* 1977, *35,* 265-271

Tennyson, R. D., Woolley, F. R.: Interaction of anxiety with performance on two levels of task difficulty. *Journal of Educational Psychology,* 1971, *62,* 463-467

Terborg, J. R.: The motivational components of goal setting. *Journal of Applied Psychology,* 1976, *61,* 613-621

Terborg, J. R., Miller, H. E.: Motivation, behavior, and performance: A closer examination of goal setting and monetary incentives. *Journal of Applied Psychology,* 1978, *63,* 29-39

Terhune, K. W.: Motives, situation, and interpersonal conflict within Prisoner's Dilemma. *Journal of Personality and Social Psychology Monograph Supplement,* 1968, *8,* 3, Part 2. (a)

Terhune, K. W.: Studies of motives, cooperation, and conflict within laboratory microcosms. *Buffalo Studies,* 1968, *4,* 1, 29-58. (b)

Terhune, K. W.: The effects of personality in cooperation and conflict. In P. Swingle (Hg.), *The structure of conflict.* New York: Academic Press, 1970. S. 193-234

Thibaut, J. W., Kelley, H. H.: *The social psychology of groups.* New York: Wiley, 1959

Thomae, H.: *Das Wesen der menschlichen Antriebsstruktur.* Leipzig: Barth, 1944

Thomae, H.: *Der Mensch in der Entscheidung.* München: Barth, 1960

Thomae, H. (Hg.): *Allgemeine Psychologie II: Motivation.* Handbuch der Psychologie. (Bd. 2.) Göttingen: Hogrefe, 1965

Thomae, H.: *Das Individuum und seine Welt.* Göttingen: Hogrefe, 1968

Thomae, H.: *Vita humana. Beiträge zu einer genetischen Anthropologie.* Frankfurt: Athenäum, 1969

Thomae, H.: *Konflikt, Entscheidung, Verantwortung.* Stuttgart: Kohlhammer, 1974

Thorndike, E. L.: Animal intelligence: An experimental study of associative processes in animals. *Psychological Review Monographs Supplement,* 1898, *5,* 551-553

Thorndike, E. L.: *Animal intelligence.* New York: Macmillan, 1911

Thorndike, E. L.: *Educational psychology.* New York: Teachers College Press, 1913

Thorndike, R. L.: *The concepts of over- and underachievement.* New York: Bureau of Publications, Teachers College, Columbia University, 1963

Thornton, J. W., Powell, G. D.: Immunization to and alleviation of learned helplessness in man. *American Journal of Psychology,* 1974, *87,* 351-367

Thurstone, L. L: Ability, motivation, and speed. *Psychometrika,* 1937, *2,* 249-254

Tinbergen, N.: *The study of instinct.* London: Oxford University Press, 1951

Tolman, E. C.: The nature of fundamental drives. *Journal of Abnormal and Social Psychology,* 1926, *5,* 349-358. (a)

Tolman, E. C.: A behavioristic theory of ideas. *Psychological Review,* 1926, *33,* 352-369. (b)

Tolman, E. C.: *Purposive behavior in animals and men.* New York: Appleton-Century, 1932

Tolman, E. C.: A psychological model. In T. Parsons u. E. Shils (Hg.), *Toward a general theory of action.* Cambridge: Harvard University Press, 1951. S. 279-361

Tolman, E. C.: A cognition motivation model. *Psychological Review,* 1952, *59,* 389-400

Tolman, E. C.: Principles of performance. *Psychological Review,* 1955, *62,* 315-326

Tolman, E. C.: Principles of purposive behavior. In S. Koch (Hg.), *Psychology: A study of a science* (Vol. II). New York: McGraw-Hill, 1959, S. 92-157

Tolman, E. C., Honzik, C. A.: Degrees of hunger, reward and nonreward, and maze learning in rats. *University of California Publications in Psychology,* 1930, *4,* 241-256

Toman, W.: *Introduction to psychoanalytic theory.* London: Pergamon Press, 1960. (a)

Toman, W.: On the periodicity of motivation. In M. R. Jones (Hg.), *Nebraska Symposium on Motivation, 1960.* Lincoln: University of Nebraska Press, 1960. S. 80-96. (b)

Touhey, J. C., Villemez, W. J.: Need achievement and risk-taking preference: A clarification. *Journal of Personality and Social Psychology,* 1975, *32,* 713-719

Tresemer, D. W.: Fear of success: Popular but unproven. *Psychology Today,* March 1974, *7,* 82-85

Triandis, H.: *The analysis of subjective culture.* New York: Wiley, 1972

Trope, Y.: Seeking information about one's own ability as a determinant of choice among tasks. *Journal of Personality and Social Psychology,* 1975, *32,* 1004-1013

Trope, Y., Brickman, P.: Difficulty and diagnosticity as determinants of choice among tasks. *Journal of Personality and Social Psychology,* 1975, *31,* 918–926

Trudewind, C.: *Häusliche Umwelt und Motiventwicklung.* Göttingen: Hogrefe, 1975

Trudewind, C.: Die Entwicklung des Leistungsmotivs. In H.-D. Schmalt u. W.-U. Meyer (Hg.), *Leistungsmotivation und Verhalten.* Stuttgart: Klett, 1976. S. 193–219

Trudewind, C.: Ecological determinants in the development of the achievement motive and its individual differences. In W. W. Hartup (Hg.), *Review of Child Development Research* (Vol. 6). Chicago: University of Chicago Press. (Im Druck)

Trudewind, C., Husarek, B.: Mutter-Kind-Interaktion bei der Hausaufgabenanfertigung und die Leistungsmotiventwicklung im Grundschulalter – Analyse einer ökologischen Schlüsselsituation. In H. Walter u. R. Oerter (Hg.), *Ökologie und Entwicklung.* Stuttgart: Klett, 1979. S. 229–246

Turner, C. W., Simons, L. S.: Effects of subject sophistication on aggressive response to weapons. *Journal of Personality and Social Psychology,* 1974, *30,* 341–348

Tversky, A., Kahnemann, D.: The belief in the „law of small numbers". *Psychological Bulletin,* 1971, *76,* 105–110

Tversky, A., Kahnemann, D.: Availability: A heuristic for judging frequency and probability. *Cognitive Psychology,* 1973, *5,* 207–232

Tweer, R.: Das Ökonomieprinzip in der Anstrengungskalkulation: Eine entwicklungspsychologische Untersuchung. Unveröffentlichte Diplomarbeit, Psychologisches Institut der Ruhr-Universität Bochum, 1976

Uleman, J. S.: A new TAT measure of the need for power. Unpublished Ph. D. thesis. Harvard University, 1966

Uleman, J. S.. Dyadic influence in an „ESP study" and TAT measures of the needs for influence and power. *Journal of Personality Assessment,* 1971, *35,* 248–251

Uleman, J. S.: The need for influence: Development and validation of a measure, and comparison with the need for power. *Genetic Psychology Monographs,* 1972, *85,* 157–214

Valins, S.: Cognitive effects of false heart-rate feedback. *Journal of Personality and Social Psychology,* 1966, *4,* 400–408

Valins, S.: Emotionality and information concerning internal reactions. *Journal of Personality and Social Psychology,* 1967, *6,* 458–463

Valins, S.: The perception and labeling of bodily changes as determinants of emotional behavior. In P. Block (Hg.), *Physiological correlates of emotion.* New York: Academic Press, 1970. S. 229–243

Valins, S.: Persistent effects of information about internal reactions: Ineffectiveness of debriefing. In R. H. London u. R. E. Nisbett (Hg.), *Thought and feeling: Cognitive modification of feeling states.* Chicago: Aldine, 1974. S. 116–124

Valins, S., Nisbett, R. E.: *Some implications of attribution processes for the development and treatment of emotional disorders.* New York: General Learning Press, 1971

Valle, V. A.: The effect of the stability of attributions on future expectations. JSAS *Catalog of Selected Documents in Psychology,* 1974, *4,* 110 (Ms. No. 739)

Valle, V. A., Frieze, I. H.: Stability of causal attributions as a mediator in changing expectations for success. *Journal of Personality and Social Psychology,* 1976, *33,* 579–587

Valzelli, L.: Aggressiveness by isolation in rodents. In J. de Wit u. W. W. Hartup (Hg.), *Determinants and origins of aggressive behavior.* Den Haag: Mouton, 1974. S. 299–308

Varble, D.: Current status of the TAT. In P. McReynolds (Hg.), *Advances in psychological assessment* (Vol. 2). Palo Alto, Calif.: Science and behavior books, 1971. S. 216–235

Varga, K.: Who gains from achievement motivation training? *Vikalpa* (The Journal for Decision Makers). Indian Institute of Management, Ahmedabad, 1977, *2,* 187–200

Veroff, J.: Development and validation of a projective measure of power motivation. *Journal of Abnormal and Social Psychology,* 1957, *54,* 1–8

Veroff, J.: Theoretical background for studying the origins of human motivational dispositions. *Merrill-Palmer Quarterly,* 1965, *11,* 3–18

Veroff, J.: Social comparison and the development of achievement motivation. In C. P. Smith (Hg.), *Achievement-related motives in children.* New York: Russell Sage, 1969. S. 46–101

Veroff, J. Atkinson, J. W., Feld, S. C., Gurin, G.: The use of thematic apperception to assess motivation in a nationwide interview study. *Psychological Monographs,* 1960, *74,* 12 (Whole number 499)

Veroff, J., Feld, S. C.: *Marriage and work in America.* New York: Van Nostrand-Reinhold, 1970

Veroff, J., Veroff, J. B.: Theoretical notes on power motivation *Merrill-Palmer Quarterly.* 1971, *17,* 59–69

Veroff, J., Veroff, J. B.: Reconsideration of a measure of power motivation. *Psychological Bulletin,* 1972, *78,* 279–291

Veroff, J., Wilcox, S., Atkinson, J. W.: The achievement motive in high school and college-age women. *Journal of Abnormal and Social Psychology,* 1953, *48,* 103–119

Vollmer, P.: Elternreaktionen auf Schulnoten und deren Einfluß auf die überdauernde Leistungsmotivation. Unveröffentlichte Diplomarbeit, Psychologisches Institut der Ruhr-Universität Bochum, 1971

Vontobel, J.: *Leistungsbedürfnis und soziale Umwelt.* Bern: Huber, 1970

Vorwerg, M.: Adaptives Training der Leistungsmotivation. *Zeitschrift für Psychologie*, 1977, *185*, 230–236

Vroom, V. H.: *Work and motivation.* New York: Wiley, 1964

Wachtel, P. L.: Anxiety, attention, and coping with threat. *Journal of Abnormal and Social Psychology*, 1968, *73*, 137–143

Wachtel, P. L.: Psychodynamics, behavior therapy, and the implacable experimenter: An inquiry into the consistency of personality. *Journal of Abnormal Psychology*, 1973, *82*, 324–334

Wagner, H.: Entwicklung und Erprobung eines Beobachtungsschlüssels zur Erfassung bezugsnormspezifischer Aspekte im Lehrerverhalten. Unveröffentlichte Diplomarbeit, Psychologisches Institut der Ruhr-Universität Bochum, 1977

Wagner, I.: Das Zielsetzungsverhalten von vier ausgewählten Gruppen normaler Kleinkinder in Einzel- und in Paarsituationen. Unveröffentlichte Dissertation, Abteilung für Philosophie, Pädagogik, Psychologie der Ruhr-Universität Bochum, 1969

Wahba, M. A., House, R. J.: Expectancy theory in work and motivation: Some logical and methodological issues. *Human Relations*, 1974, *27*, 121–147

Wahl, D.: *Erwartungswidrige Schulleistungen.* Weinheim: Beltz, 1975

Wainer, H. A., Rubin, I. M.: Motivation of research and development entrepreneurs: Determinants of company success. In D. A. Kolb, I. M. Rubin, J. McIntire (Hg.), *Organizational Psychology.* Englewood Cliffs, N. J.: Prentice-Hall, 1971. S. 131–139

Walker, E. L.: Reinforcement – The one ring. In J. T. Trapp (Hg.), *Reinforcement and behavior.* New York: Academic Press, 1969. S. 47–62

Walker, E. L.: Psychological complexity and preference: A hedgehog theory of behavior. In D. E. Berlyne u. K. B. Madsen (Hg.), *Pleasure, reward, preference.* New York: Academic Press, 1973. S. 65–97

Walker, E. L., Atkinson, J. W.: The expression of fear-related motivation in thematic apperception as a function of proximity to an atomic explosion. In J. W. Atkinson (Hg.), *Motives in fantasy, action, and society.* New York: Van Nostrand, 1958. S. 143–159

Walker, E. L., Heyns, R. W.: Conformity and conflict of needs. In E. L. Walker u. R. W. Heyns, *Anatomy for conformity.* Belmont, Calif.: Wadsworth, 1962. S. 54–68 (Deutsch in C. F. Graumann u. H. Heckhausen, Hg., Pädagogische Psychologie, Grundlagentexte (1): Entwicklung und Sozialisation, Frankfurt: Fischer Taschenbuch, 1973. S. 123–137)

Walster, E.: The temporal sequence of post-decision processes. In L. Festinger (Hg.), *Conflict, decision, and dissonance.* Stanford, Calif.: Stanford University Press, 1964, S. 112–127

Walster, E : Assignment of responsibility for an accident. *Journal of Personality and Social Psychology*, 1966, *3*, 73–79

Walster, E., Berscheid, E., Walster, G. W.: New directions in equity research. *Journal of Personality and Social Psychology*, 1973, *25*, 151–176

Walster, E., Piliavin, J. A.: Equity and the innocent bystander. *Journal of Social Issues*, 1972, *28*, 3, 165–189

Warden, C. J., Jenkins, T. N., Warner, L. H.: *Comparative psychology.* New York: Ronald, 1936

Wasna, M.: *Die Entwicklung der Leistungsmotivation.* München: Ernst Reinhardt, 1970

Wasna, M.: *Motivation, Intelligenz und Lernerfolg.* München: Kösel, 1972

Watson, J. B.: Psychology as the behaviorist views it. *Psychological Review*, 1913, *20*, 158–177

Watson, J. B.: *Behavior. An introduction to comparative psychology.* New York: Holt, 1914

Watson, J. B.: *Psychology from the standpoint of a behaviorist.* Philadelphia: Lippincott, 1919

Watson, J. B.: *Behaviorism.* New York: People's Institute, 1924

Watson, J. B , Rayner, R.: Conditioned emotional responses. *Journal of Experimental Psychology*, 1920, *3*, 1–14

Weber, M.: *Grundriß der Sozialökonomik.* III. Abteilung. Wirtschaft und Gesellschaft. I. Die Wirtschaft und die gesellschaftlichen Ordnungen und Mächte. Tübingen: Mohr-Siebeck, 1921

Weber, M.: Die protestantische Ethik und der Geist des Kapitalismus. *Archiv für Sozialwissenschaft und Sozialpolitik*, 1904, *20*, 1–54; 1905, *21*, 1–110

Wegner, D. M., Schaefer, D.: The concentration of responsibility: An objective self-awareness analysis of group size effects in helping situations. *Journal of Personality and Social Psychology*, 1978, *36*, 147–155

Weick, K. E.: Reduction of cognitive dissonance through task enhancement and effort expenditure. *Journal of Abnormal and Social Psychology*, 1964, *68*, 533–539

Weiner, B.: Need achievement and the resumption of incompleted tasks. *Journal of Personality and Social Psychology*, 1965, *1*, 165–168. (a)

Weiner, B.: The effects of unsatisfied achievement motivation on persistence and subsequent performance. *Journal of Personality*, 1965, *33*, 428–442. (b)

Weiner, B.: Achievement motivation and task recall in competitive situations. *Journal of Personality and Social Psychology*. 1966, *3*, 693–696. (a)

Weiner, B.: The role of success and failure in the learning of easy and complex tasks. *Journal of Personality and Social Psychology*, 1966, *3*, 339–343. (b)

Weiner, B.: Implications of the current theory of achievement motivation for research and performance in the classroom. *Psychology in the School*, 1967, *4*, 164–171

Weiner, B.: New conceptions in the study of achievement motivation. In B. Maher (Hg.), *Progress in Experimental Personality Research* (Vol. 5). New York: Academic Press, 1970. S. 67–109

Weiner, B.: *Theories of motivation.* Chicago: Markham, 1972

Weiner, B.: *Achievement motivation and attribution theory.* Morristown, N. J.: General Learning Press, 1974

Weiner, B.: Attribution and affect: Comments on Sohn's critique. *Journal of Educational Psychology*, 1977, *69*, 506–511

Weiner, B.: Achievement strivings. In H. London u. J. Exner (Hg.), *Dimensions of Personality.* New York: Wiley, 1978. S. 1–36

Weiner, B.: A theory of motivation for some classroom experiences. *Journal of Educational Psychology*, 1979, *71*, 3–25

Weiner, B., Frieze, I. H., Kukla, A., Reed, L., Rest, S., Rosenbaum, R. M.: *Perceiving the causes of success and failure.* New York: General Learning Press, 1971

Weiner, B., Heckhausen, H., Meyer, W.-U., Cook, R. E.: Causal ascriptions and achievement behavior: A conceptual analysis of effort and reanalysis of locus of control. *Journal of Personality and Social Psychology*, 1972, *21*, 239–248

Weiner, B., Kukla, A.: An attributional analysis of achievement motivation. *Journal of Personality and Social Psychology*, 1970, *15*, 1–20

Weiner, B., Kun, A.: The development of causal attributions, and the growth of achievement and social motivation. In S. Feldman u. D. Bush (Hg.), *Cognitive development and social development.* Hillsdale, N. J.: Erlbaum (in Vorbereitung)

Weiner, B., Nierenberg, R., Goldstein, M.: Social learning (locus of control) versus attributional (causal stability) interpretations of expectancy of success. *Journal of Personality*, 1976, *44*, 52–68

Weiner, B., Peter, N.: A cognitive-developmental analysis of achievement and moral judgments. *Developmental Psychology*, 1973, *9*, 290–309

Weiner, B., Potepan, P. A.: Personality characteristics and affective reactions toward exams of superior and failing college students. *Journal of Educational Psychology*, 1970, *61*, 144–151

Weiner, B., Rosenbaum, R. M.: Determinants of choice between achievement- and nonachievement-related activities. *Journal of Experimental Research in Personality*, 1965, *1*, 114–121

Weiner, B., Russell, D., Lerman, D.: Affective consequences of causal ascriptions. In J. H. Harvey, W. J. Ickes, R. F. Kidd (Hg.), *New directions in attribution research* (Vol. 2). Hillsdale, N. J.: Erlbaum, 1978. S. 59–90. (a)

Weiner, B., Russell, D., Lerman, D.: Affektive Auswirkungen von Attributionen. In D. Görlitz, W.-U. Meyer u. B. Weiner (Hg.), *Bielefelder Symposium über Attribution.* Stuttgart: Klett-Cotta, 1978. S. 139–174. (b)

Weiner, B., Russell, D., Lerman, D.: The cognition-emotion process in achievement-related contexts. *Journal of Personality and Social Psychology*, 1979, *37*, 1211–1220

Weiner, B., Schneider, K.: Drive versus cognitive theory: A reply to Boor and Harmon. *Journal of Personality and Social Psychology*. 1971, *18*, 258–262

Weiner, B., Sierad, J.: Misattribution for failure and enhancement of achievement strivings. *Journal of Personality and Social Psychology*, 1975, *31*, 415–421

Weiner, J., Brehm, J. W.: Buying behavior as a function of verbal and monetary inducements. In J. W. Brehm (Hg.), *A theory of psychological reactance.* New York: Academic Press, 1966. S. 82–90

Weir, S.: The perception of motion: Michotte revisited. *Perception*, 1978, *7*, 247–260

Welford, A. T.: *Skilled performance: Perceptual and motor skills.* Glenview, Ill.: Scott, Foresman, 1976

Welker, W. L.: Some determinants of play and exploration in chimpanzees. *Journal of Comparative and Physiological Psychology*, 1956, *49*, 84–89

Wells, G. L., Harvey, J. H.: Do people use consensus information in making causal attributions? *Journal of Personality and Social Psychology*, 1977, *35*, 279–293

Wendt, H. W.: Verhaltensmodelle des Nichtwissenschaftlers: Einige biographische und Antriebskorrelate der wahrgenommenen Beziehung zwischen Erfolgswahrscheinlichkeit und Zielanreiz. *Psychologische Forschung*, 1967, *30*, 226–249

Wener, A. E., Rehm, L. P.: Depressive affect: A test of behavioral hypotheses. *Journal of Abnormal Psychology*, 1975, *84*, 221–227

Werbik, H.: Das Problem der Definition ‚aggressiver' Verhaltensweisen. *Zeitschrift für Sozialpsychologie*, 1971, *2*, 233–247

Werbik, H., Munzert, R.: Kann Aggression handlungstheoretisch erklärt werden? *Psychologische Rundschau*, 1978, *29*, 195–208

Wertheimer, M.: *Productive thinking.* New York: Harper, 1945

White, R. W.: Motivation reconsidered: The concept of competence. *Psychological Review*, 1959, *66*, 297–333

White, R. W.: Competence and the psychosexual stages of development. In M. R. Jones (Hg.), *Nebraska Symposium on Motivation, 1960.* Lincoln: University of Nebraska Press, 1960. S. 97–140

Whiting, B. B., Whiting, J. W. M.: *Children of six cultures.* Cambridge, Mass.: Harvard University Press, 1975

Wicklund, R. A.: Objective self-awareness. In L.

Berkowitz (Hg.), *Advances in Experimental Social Psychology* (Vol. 8). New York: Academic Press, 1975. S. 233–275

Wicklund, R. A., Brehm, J. W.: *Perspectives on cognitive dissonance.* Hillsdale, N. J.: Erlbaum, 1976

Wicklund, R. A., Duval, S.: Opinion change and performance facilitation as a result of objective self-awareness. *Journal of Experimental Social Psychology,* 1971, *7,* 319–342

Wieczerkowski, W., Nickel, H., Janowski, A., Fittkau, B., Rauer, W.: *AFS-Handanweisung für die Durchführung und Auswertung und Interpretation.* Braunschweig: Westermann, 1974

Wilkins, J. L., Scharff, W. H., Schlottmann, R. S.: Personality type, reports of violence, and aggressive behavior. *Journal of Personality and Social Psychology,* 1974, *30,* 243–247

Williams, D. R., Williams, H.: Auto-maintenance in the pigeon: Sustained pecking despite contingent non-reinforcement. *Journal of the Experimental Analysis of Behavior,* 1969, *12,* 511–520

Williams, S. B.: Resistance to extinction as a function of the number of reinforcements. *Journal of Experimental Psychology,* 1938, *23,* 506–521

Wine, J.: Test anxiety and direction of attention. *Psychological Bulletin,* 1971, *76,* 92–104

Winter, D. G.: Power motivation in thought and action. Unpublished Ph. D. thesis. Harvard University, 1967

Winter, D. G.: *The power motive.* New York: The Free Press, 1973

Winter, D. G., Stewart, A. J.: Power motive reliability as a function of retest instructions. *Journal of Consulting and Clinical Psychology,* 1977, *45,* 436–440

Winter, D. G., Wiecking, F. A.: The new Puritans: Achievement and power motives of New Left radicals. *Behavioral Science,* 1971, *16,* 523–530

Winterbottom, M. R.: The relation of need for achievement to learning experiences in independence and mastery. In J. W. Atkinson (Hg.), *Motives in fantasy, action, and society.* Princeton, N. J.: Van Nostrand, 1958. S. 453–478

Wish, P. A., Hasazi, J. E.: Motivational determinants of curricular choice behavior in college males. Paper presented at the Eastern Psychological Association, Boston, April 1972

Wispé, L. G.: Positive forms of social behavior: An overview. *Journal of Social Issues,* 1972, *28,* 3, 1–19

Witte, W.: Ist all das, was man umgangssprachlich Handeln nennt, Verhalten spezifischer Art? In A. Thomas (Hg.), *Psychologie der Handlung und Bewegung.* Meisenheim: Hain, 1976. S. 23–55

Woodworth, R. S.: *Dynamic psychology.* New York: Columbia University Press, 1918

Worchel, P.: Adaptability screening of flying personnel: Development of a self-concept inventory for predicting maladjustment. *USAF School of Aviation Medicine Report,* 1957, Nr. 56–62

Wortman, C. B.: Some determinants of perceived control. *Journal of Personality and Social Psychology,* 1975, *31,* 282–294

Wortman, C. B.: Causal attributions and personal control. In J. H. Harvey, W. J. Ickes u. R. F. Kidd (Hg.), *New directions in attribution research* (Vol. 1). Hillsdale, N. J.: Erlbaum, 1976. S. 23–52

Wortman, C. B., Brehm, J. W.: Responses to uncontrollable outcomes: An integration of reactance theory and the learned helplessness model. In L. Berkowitz (Hg.), *Advances in Experimental Social Psychology* (Vol. 8). New York: Academic Press, 1975. S. 277–336

Wortman, C. B., Costanzo, P. R. Witt, T. R.: Effect of anticipated performance on the attributions of causality to self and others. *Journal of Personality and Social Psychology,* 1973, *27,* 372–381

Wortman, C. B., Dintzer, L.: Is an attributional analysis of the learned helplessness phenomenon viable? A critique of the Abramson–Seligman–Teasdale reformulation. *Journal of Abnormal Psychology,* 1978, *87,* 75–90

Wortman, C. B., Panciera, L., Shusterman, L., Hibscher, J.: Attributions of causality and reactions to uncontrollable outcomes. *Journal of Experimental and Social Psychology,* 1976, *12,* 301–316

Wundt, W.: *Grundzüge der physiologischen Psychologie.* Leipzig: Engelmann, 1874

Wundt, W.: *Logik.* Stuttgart: Enke, 1883

Wundt, W.: Über psychische Causalität und das Princip des psychophysischen Parallelismus. *Philosophische Studien,* 1894, *10,* 1–124

Wundt, W.: *Grundriß der Psychologie.* Leipzig: Engelmann, 1896

Wylie, R. C.: *The self concept: A critical survey of pertinent research literature.* Lincoln, Nebr.: University of Nebraska Press, 1961

Wylie, R. C.: The present status of self theory. In E. F. Borgatta u. W. W. Lambert (Hg.), *Handbook of personality theory and research.* Chicago: Rand McNally, 1968. S. 728–787

Wylie, R. C.: *The self-concept: A review of methodological considerations and measuring instruments* (Vol. 1). Lincoln, Nebr.: University of Nebraska Press, 1974

Yerkes, R. M., Dodson, J. D.: The relation of strength of stimulus to rapidity of habit-formation. *Journal of Comparative and Neurological Psychology,* 1908, *18,* 459–482

Yerkes, R. M., Morgulis, S.: The method of Pavlov in animal psychology. *Psychological Bulletin,* 1909, *6,* 257–273

Young, P. T.: *Motivation of behavior: The fundamental determinants of human and animal activity.* New York: Wiley, 1936

Young, P. T.: The experimental analysis of appetite. *Psychological Bulletin,* 1941, *38,* 129–164

Young, P. T.: Studies of food preference, appetite, and dietary habit: VII. Palatability in relation to learning and performance. *Journal of Comparative and Physiological Psychology*, 1947, 40, 37–72

Young, P. T.: Food-seeking drive, affective process, and learning. *Psychological Review*, 1949, 56, 98–121.

Young, P. T.: The role of affective processes in learning and motivation. *Psychological Review*, 1959, 66, 104–125

Young, P. T.: *Motivation and emotion. A survey of the determinants of human and animal activity.* New York: Wiley, 1961

Zajonc, R. B.: Cognitive theories in social psychology. In G. Lindzey u E. Aronson (Hg.), *Handbook of social psychology* (Vol. I, 2nd ed.). Reading, Mass.: Addison-Wesley, 1968. S. 320–411

Zaks, M., Walters, R. H.: First steps in the construction of a scale for the measurement of aggression. *Journal of Psychology*, 1959, 47, 199–208

Zander, A., Fuller, R., Armstrong, W.: Attributed pride and shame in group and self. *Journal of Personality and Social Psychology*, 1972, 23, 346–352

Zanna, M. P., Hamilton, D. L.: Further evidence for meaning change in impression formation. *Journal of Experimental Social Research*, 1977, 13, 224–238

Zeaman, D.: Response latency as a function of the amount of reinforcement. *Journal of Experimental Psychology*, 1949, 39, 466–483

Zeigarnik, B.: Über das Behalten von erledigten und unerledigten Handlungen. *Psychologische Forschung*, 1927, 9, 1–85

Zillmann, D.: Excitation transfer in communication-mediated aggressive behavior. *Journal of Experimental Social Psychology*, 1971, 7, 419–434

Zillmann, D., Cantor, J.: Effect of timing of information about mitigating circumstances on emotional responses to provocation and retaliatory behavior. *Journal of Experimental Social Psychology*, 1976, 12, 38–55.

Zillmann, D., Johnson, R., Day, K.: Attribution of apparent arousal and proficiency of recovery from sympathetic activation affecting excitation transfer to aggressive behavior. *Journal of Experimental Social Psychology*, 1974, 10, 503–515

Zillmann, D., Katcher, A. H., Milavsky, B.: Excitation transfer from physical exercise to subsequent aggressive behavior. *Journal of Experimental Social Psychology*, 1972, 8, 247–259

Zimbardo, P. G.: *The cognitive control of motivation.* Glenview, Ill.: Scott, Foresman, 1969

Zuckerman, M.: Actions and occurrences in Kelley's cube. *Journal of Personality and Social Psychology*, 1978, 36, 647–656

Zuckerman, M., Gerbasi, K. C.: Belief in internal control or belief in a just world: The use and misuse of the I-E scale in prediction of attitudes and behavior. *Journal of Personality*, 1977, 45, 356–378

Zuckerman, M., Wheeler, L. To dispel fantasies about the fantasy-based measure of fear of success. *Psychological Bulletin*, 1975, 82, 932–946

Zumkley, H.: *Aggression und Katharsis.* Göttingen: Hogrefe, 1978

Zumkley, H.: Der Einfluß des Zeitpunkts der Attribution einer „bösen" Absicht auf das Aggressionsverhalten und die Aktivierung. Unveröffentlichtes Manuskript, Institut für Erziehungswissenschaft der Universität des Saarlandes, Saarbrücken, 1979. (a)

Zumkley, H.: Zur Gültigkeit von Banduras Modeling-Paradigma für die Aggressionsforschung. Unveröffentlichtes Manuskript, Institut für Erziehungswissenschaft der Universität des Saarlandes, Saarbrücken (1979). (b)

Zunich, M.: Children's reactions to failures. *Journal of Genetic Psychology*, 1964, 104, 19–24

15 Sachverzeichnis

Abhängigkeitsmotiv 287, 301, 314
Abwehrreaktion 82, 135, 342, 451
Abwertungsprinzip 446, 448, 468, 477, 479, 558, 561, 563, 612, 618, 664
Achievement Anxiety Test (AAT) 243, 249, 259
Achievement Motivation Scale (AMS) 268, 413, 427
Ach-Lewin-Kontroverse 116, 118–120, 126, 129, 176
Adaptationsniveau 60, 152, 609
Ängstlichkeit, allgemeine (s. auch Prüfungsängstlichkeit) 72, 85, 131–132, 146, 237–242
–, situative Anregung von 237–239
– und soziale Bezugsnorm im Unterricht 581–582
– als Disposition und als Zustand 239–242, 250
– und Erfolgswahrscheinlichkeit 393
– in Gelernter Hilflosigkeit 499, 501
– und Leistung 72, 132–133, 237–239, 241–242, 435
– und Motivänderung 703
Äquifinalität 12, 27, 89, 100, 182, 458, 476
Äquivalenzklasse 15–16, 66, 87–89, 104
–, Abstraktionsniveau von 109
– von Handlungen 15–16, 35–36, 64, 66, 89, 95, 97, 107–114, 564
– des Leistungshandelns 111–114
– von Persondispositionen 16, 35–36, 87–89, 94, 108, 113, 263, 266, 633, 635
– von Situationen 15–16, 30, 35–36, 66, 88–91, 94, 97, 104, 107–114, 263, 564
– von TAT-Inhaltskategorien 266, 565
Ärger 154, 156, 178
– und Aggression 354, 359–360, 362, 367–369, 372, 377–378, 561
– in Gelernter Hilflosigkeit 499–500
– im Leistungshandeln 534, 540–541, 545, 644
Ästhetik 151
Affekt (s. auch Emotion) 55, 57, 60, 178–179, 189, 568
–, affektive Befriedigung vs. Informationsgewinn 548–551, 556, 590–592, 599, 607
–, affektive Wertgeladenheit 226–227
– und Aggression 354, 359–360, 362, 367–369, 372, 377–378, 381–384
–, Aktivation und 78–79
– vs. Emotion 545
– nach Fähigkeits- vs. Anstrengungsattribution
– – in der Fremdbewertung 541–544, 664–668, 681
– – in der Selbstbewertung 522–523, 536–539, 541–544, 664, 667–668, 671, 673, 677, 681
–, Gelernte Hilflosigkeit und 513
– im Leistungshandeln 534–553, 556, 622, 659, 682–683

Sachverzeichnis

Affekt und selbstbezogene Kognitionen 245–249, 534
– und Zieldistanz 194
Affiliation, need 103
Aggression (s. auch Aggressionsmotiv) 53–54, 56, 108, 114, 156, 257, 310, 343, 349–384, 544
–, Abgrenzungen der 349–351
– und Ärger 354, 359–360, 362, 367–369, 372, 377–378, 381–384
–, Anregung der 350, 361–362, 372
–, Arten der 350–351, 611
–, Befriedigungswert 366–369
– und Desaktivierung 378–384
–, Enthemmung 356–358
–, Entsagung und 507
– und Erregung 368–370, 377–380
– und Erwartung 363–364, 376
–, feindselige vs. instrumentelle 350–351
– und Frustration 350, 356, 368, 377, 381–384
–, Frustrations-Aggressionstheorie 359–360, 377–378
– und Geschlechtsunterschiede 352, 358
–, Hinweisreize 359, 364–365, 368
–, Intentionsattribuierung 349–350, 353, 355, 362–363, 384, 443, 459–462, 561–563
Aggressionsmotiv (s. auch Aggression) 352, 361, 370–376, 380–384
–, Entwicklung des 352–356, 373
–, Furcht vor Strafe 373, 376
–, Geschlechtsunterschied im 358
–, Hemmungsmotiv 361, 365, 368, 370–376, 380–384
–, instrumentelle 350–351, 611
– und Katharsis 359, 368, 377–384
– und Machthandeln 351–352
–, Massenmedien und 379
–, Messung von 373–376, 380–383
– als Motivkonstrukt 371–376
– als Personmerkmal 370–371

–, Phantasie-Aggression 372–373, 375–376
– und Schuldgefühl 355, 366, 373, 376, 384
–, Selbstaufmerksamkeit und 594
– und Selbstbewertung 366–369
– und Selbstrechtfertigung 356–357
–, soziale Lerntheorien des 359–360, 383
–, TAT-Inhaltsschlüssel für 361, 370, 372–376
–, Triebtheorien des 358–360, 379, 383
– und Vergeltungserwartung 363–364
–, Wertungsnormen des 349, 352–358, 363–364, 366–367
–, –, der Gegenseitigkeit 353–356, 364
–, –, der sozialen Verantwortlichkeit 356–358
–, –, der Vergeltung 354–355, 363–364, 366, 377
Aggressivität s. Aggressionsmotiv
Akkomodation 21, 80
Aktivation 62–85, 145–153, 208–209
–, affektive 81, 335
– und Aggression 360, 368–370, 377–382, 561
–, Aktivations- vs. Hinweisfunktion 79, 146
–, Aktivationssysteme 78–83, 145–146
– und Anregungspotential 80, 151–152, 609
–, Anreiz und 208
– und Attribution 154–156, 336, 369–370, 450–452, 544
– und Bekräftigungsfunktion 150, 208, 237
– und Emotion 78–79, 81, 146, 153–157
– und Gefühlston 148–150, 152
– und Handlungseffizienz 79, 81
– und Hilfehandeln 335–337, 342
– und intrinsische Motivation 609–610
– und Leistung 271–272
–, Optimalniveau der 80, 151–152, 608–609
– und Risikowahl-Modell 412
–, Theorien der 145–152, 600, 609–610

Aktivität 1–4
–, Aktivitätsstrom 1–2, 44–45, 54–55, 61, 632
–, –, Einheiten 1–2, 44
–, –, Organisation 2
–, Arten 2–4
Altruismus-Paradox (s. auch Hilfeleistung) 326
Angeborener auslösender Mechanismus (AAM) 53, 359
Angsttheorie, psychoanalytische 74, 135
Anregungspotential 80, 148–152
– und Aktivationsniveau 80, 151
– der Umwelt 693–694
Anreiz (s. auch Valenz) 42, 130, 138, 171, 173–234
–, zusätzlicher Anreiz 166, 277, 530
–, Anreizmanipulation im Machthandeln 298–299, 310
–, Anreizmotivation 72, 81, 83, 128–129, 135, 173, 186, 216, 229
–, – nach Bindra 215–216
–, – nach Bolles 211–215
–, – nach Klinger 507, 510
–, –, S-R-theoretisch 206–209
–, Anreizobjekt 81, 122–124, 173, 185–186, 196–202, 206
–, Anreizvariation 197–198, 210
– für Anschlußhandeln 280–282, 286–287, 291–293
–, Arten von 619, 622–623
–, Bedürfnis und 185–187
–, Entsagungs-Zyklus 507–508, 510
–, Erfolgswahrscheinlichkeit und 229, 386–387, 625
–, –, Entwicklung der Beziehung von 651–652, 654–658, 671–672, 679–680
– und Erwartung 202–216, 281–282, 285, 387–388, 394, 396, 399, 536, 619
– extrinsischer Nebenwirkungen 622–624, 630, 682
– der Folgen 62, 113, 174, 228–230, 232–234, 246, 378, 572, 574, 596, 622–624
–, Gewichtung von Erfolg und Mißerfolg 386, 388, 668–670, 679, 683, 685–687, 689–690, 692, 702
–, „K" 71–72, 206–207, 213–214, 217

- für Leistungshandeln 386–390, 548–551, 555–556
- –, geschlechtsgebundener 627–632
- und Motivstärke 386–387
- des Oberziels 623, 625–628, 682
- –, persönlicher Standard und 405
- im Risikowahl-Modell 61, 229, 386–390, 548
- der Selbst- oder Fremdbewertung 344, 346, 574, 622–624
- und Valenz 386–387, 626
Anschlußhandeln (s. auch Anschlußmotiv)
- –, Attribution und 454–455, 557–558
- –, Einschmeicheln 558
- –, Reziprozität des 279–281, 295, 364
- –, Statusunterschiede und 281, 293–294, 557–558
- –, Verhaltensindizes des 293–294
Anschlußmotiv (s. auch Anschlußhandeln) 17–18, 37, 94–95, 103, 276, 279–295, 311
- –, Anregungsbedingungen des 282–289
- und Anspruchsniveau 623–624
- –, Entwicklung des 281–282, 287
- –, Furcht vor Erfolg und 631
- –, Hoffnung auf Anschluß vs. Furcht vor Zurückweisung 280–287, 557–558, 624–625
- in Konflikt mit Leistungsmotiv 288–289, 291, 629–631
- in Leistungssituationen 289–291, 388, 435–436
- in Management-Positionen 320–322
- nach Mehrabian u. Ksionzky 282, 291–295
- –, Messung des 282–287
- –, –, Fragebogen 286–287
- –, –, TAT-Inhaltsschlüssel 282–286
- –, Verhaltenskorrelate des 287–295
- –, Verknüpfung von Erwartung und Anreiz 281–282, 285, 364
Anspruchsniveau (s. auch Risikowahl-Modell) 57, 60, 62, 91–92, 174, 188, 216, 219–223, 366, 624–625, 636–638

- und Anstrengung 431–432
- und Attributionstheorie 534, 548–550, 555
- –, Aufgabenwahl vs. Zielsetzung 392, 400, 656–658, 671
- in Berufswahl 407–408, 423
- und Bezugsnorm 577
- –, Definition 220
- –, Einflußvariablen des 221
- –, Entwicklung des (s. Entwicklung des Anspruchsniveaus)
- und Erfolgswahrscheinlichkeit 392
- im kontingenten Handlungspfad 425
- –, Leistungsmotiv und 221, 259–260, 263, 268–270, 277, 400–404, 433, 624–625
- –, Mißerfolgsmotivierter 624–625, 636–638
- in Motivänderungsprogrammen 696, 699–702
- bei Oberzielvalenz 625–628
- vs. persönlicher Standard 406, 572
- als resultierende Valenz 222–223
- in Risikowahl 222, 386–387, 400–404, 589
- und Selbstbewertung 572–573
- und Selbstkonzept der Fähigkeit 586, 589–592
- –, Verschiebung des 220–222, 528, 550, 658
- –, –, atypische 401–403, 577
- –, Zieldiskrepanz 221, 392, 406, 408, 577
Anstrengung 65, 230, 232
- –, Anstrengungskalkulation (-regulation) 62, 231, 428, 577, 587–599, 602, 605, 622
- –, – und Risikowahl-Modell 588–590
- am Arbeitsplatz 230, 233
- als Attributionsfaktor 65, 456–457, 466, 529–533
- – und Affekt 536–544
- –, Entwicklung des Konzepts von 646, 650–651, 658–665, 673
- –, Selbstbestimmung und 554
- und Bekräftigung 165–166, 530–531
- –, intendierte 62, 393, 428, 431, 433, 553, 577, 587, 597–599, 604

- und kognitive Dissonanz 165–166
- und Leistungsergebnis 271, 431, 434
- –, selbstwertdienliche Strategie 511
Anstrengungskalkulation s. Anstrengung
Antizipatorische Zielreaktion (r_G–s_G) 72, 75, 124, 127–128, 174, 186, 203–209, 213, 217, 255
- –, fragmentarischer Charakter der 204
Antriebserlebnisse 90–91
Anxiety Scale for Children (TASC) 245
Appetenzverhalten 53
ARAS 79–83, 145–146
Arbeitsleistung, berufliche, 230, 233–234
Arbeitsplatzzufriedenheit 58, 230, 233, 628
Arbeitspsychologie 227, 628
Arbeitsrolle 233
Aristotelische vs. galileische Betrachtungsweise 176, 186
Arousal s. Aktivation
Assoziationstheorie (s. auch Reiz-Reaktions-Theorien) 14, 60, 72, 80, 173–174, 202
- –, Lewins Kritik der 118–120, 176–177
- –, Problemgeschichte der 69–85, 120–138, 202–209
Assoziative Reproduktionstendenz 118–119
Attribuierung (s. auch Motivationsattribuierung) 41, 214, 226, 442–443, 452–455
- und Affekt 544–548, 659
- in der Aggression 362–364
- im Anschlußhandeln 454–455, 557–558
- –, Asymmetrie der
- –, –, im Anschlußhandeln 557–558
- –, –, für Erfolg und Mißerfolg 482–484, 487–489, 513, 524, 532, 535, 554, 556, 588, 590
- –, Attributionsmuster 509–511, 513–515, 522–525, 559–560, 568, 605, 629, 668–670, 672–677, 680–682
- –, –, Geschlechtsunterschiede 675–676
- –, Attributionstherapie 511, 594, 676–677

Attribuierung, Auftreten von 469–470, 515
–, Auswirkungen auf
–, –, Aufgabenwahl 548–550
–, –, Ausdauer 551–552
–, –, Einholen von Rückmeldungen 550–551
–, –, Erfolgserwartung 525–533, 555–556
–, –, Fremdbewertung vs. Selbsterleben 541–544
–, –, Leistungsergebnisse 552–553
–, –, selbstbewertende Emotionen 525, 534–541, 548, 551–552
–, –, Verhaltensänderungen 553–554
– als Bedürfnis 452–454
– von Bekräftigung 531–532
– und Beobachtungsperspektive 455–456, 465, 471–472, 474, 484–489, 536
–, Bezugsnorm und 576, 580, 582, 601–602
–, Dimensionen der
–, – und Emotionen 544–548
–, –, Globalität 509–511, 514, 517
–, –, Konfundierung der 529–530
–, –, Kontingenz 517, 525, 529–532
–, –, Kontrolle (Steuerbarkeit) 517, 525, 530, 541–544, 559
–, –, Lokation 490, 509–511, 516, 524–525, 527, 530, 534–541, 546, 559, 601–602
–, –, Stabilität 490, 509–511, 516, 524–529, 532–533, 559
– von Einstellungen 459, 461–462
– und Emotion 153–154, 155–156, 369–370, 450–452
–, Entwicklung der (s. Entwicklung der Attribuierung)
–, Fehlattribution 336–337, 369, 443, 451–452, 454
–, –, egozentrische 472, 482, 485
–, –, Erwartungseffekt 472–473
–, –, gegendefensive 481–482
–, –, falscher Konsens 472, 485–486
–, –, Perspektive-Diskrepanz 484–489, 491, 536, 557–558, 560
–, –, Reaktions-Diskordanz 485

–, –, selbstwertdienliche 480–484, 487–488, 524, 583, 623
–, fundamentaler Atributionsfehler 448, 468, 471, 474–475, 485, 487, 490–491
– in Gelernter Hilflosigkeit 496, 498–501, 503–511, 513–515, 673, 676
–, Geschlechtsunterschiede 675–676
– von Handlungen vs. Ereignissen 612
– in Hilfe-Situationen 332–333, 346, 559–561
– und Informationsnutzung 470–471, 484–489, 519
– und Intention 384, 456–461, 475–477
–, Kausale Schemata (s. dort)
–, Kausalfaktoren 516–518, 533, 544
–, –, Bedingungskonstellationen für 518–519
–, –, förderliche vs. hinderliche 467–468, 477, 519–520
– im Leistungshandeln 515–556
–, Meta-Attribuierung 455, 592
– und Motivation 453–454, 554
–, Motivationsvoreingenommenheit von 480–484, 491–493
–, motivbedingte Unterschiede 520, 522–525, 537–538, 556–558, 566, 570–573, 667, 670–673
–, Prozeß der 473–480, 561, 563, 618
– und Pygmalion-Effekt 700–701
– und Selbstbewertung 524–525, 534–541, 556–558, 566, 664, 667
– und selbstbezogene Kognitionen 245–247, 595–596
–, Sequenz-Effekte bei der 519
– und soziale Beziehungen 454–455
– in sozialen Handlungen 557–563
–, Universalität von 113, 517–518
– und Valins-Effekt 155–156
– von Verantwortlichkeit 489–493
–, Weiners Klassifikationsschema für 516–517

Attributionstheorie 62, 64–65, 169, 441–494, 526, 593, 620
– für Aggression 362–363, 368–370, 561–563
– für Anschlußhandeln 557–558
– förderliche vs. hinderliche Ursachen 467–468, 477, 519–520
– für Gelernte Hilflosigkeit 497, 509–511, 514
–, Gründe vs. Ursachen 442, 476, 517, 612
– für Hilfehandeln 559–560
–, Kausale Schemata 467–469, 502, 519–522
– für Leistungshandeln 516–530, 532–539, 548–556
–, Modelle der 455–469, 586
–, –, Decis Prozeßmodell 478–480, 561, 563, 618
–, –, Heider 456–459, 611, 642
–, –, Jones u. Davis 459–462, 468, 476, 561
–, –, Kausale Schemata 467–469
–, –, Kelley 462–467, 642
–, –, Weiner 515–518, 525, 548, 550, 554–556, 642
–, Problemgeschichte der 443–452
– vs. Risikowahl-Modell 394, 400, 548–556
– vs. soziale Lerntheorie 525, 527–530
Aufforderungscharakter (s. auch Valenz und Anreiz) 58–59, 61, 70, 139, 173, 179–180, 185, 188
Aufgabenschwierigkeit
– und Ängstlichkeit 239–242
– und Aktivationsniveau 146
– und Anstrengung 431–433
– als Attributionsfaktor 65, 393, 456–458, 466
– –, Primat der Schwierigkeitsattribution 650
– und Ausdauer 272
–, Bevorzugung von (s. Anspruchsniveau)
–, Charakteristika der 419, 429–430, 435–436
– und Diagnostizität 601–602
–, Instrumentalitätsfunktion für Selbstbewertung 622
–, Menge vs. Güte 429–434
– und Motivationsstärke 271
–, Schwierigkeitsgesetz der Mo-

tivation 62, 420, 432–433, 577, 587
– vs. Tüchtigkeit 647–653, 679
Aufgabenwahl s. Anspruchsniveau
Aufmerksamkeit 245, 248, 471, 479, 484, 488, 593
–, Selbstaufmerksamkeit 43–44, 244–249, 331, 367, 594–595
Aufwertungsprinzip 468, 618, 664
Ausdauer 194, 196, 218, 272, 577, 699
– und Attributionstheorie 551–552, 650
– im kontingenten Handlungspfad 424–425
–, psychologische Distanz und 194
– und Risikowahl-Modell 408–413
–, Selbstkonzept und 583
– und Trägheitsdendenz 416–419

Bedürfnis 63, 100, 121, 124, 192, 196, 205, 233
– und Aktivität 121–124, 197, 207–208
–, Entzugsdauer und 123, 126–127, 211, 251–253
– als gespanntes System 59, 177–180, 185–186, 414
–, Hierarchie der 67, 104–107
– und kognitive Dissonanz 162–164
–, *need* (Murray) 59, 101–104, 109, 251
–, organismisches 81, 121, 199–200
–, Quasi-Bedürfnis 57–58, 178–179, 188–191
– und Trieb 71, 120–127, 130, 209
– und Valenz 185–186, 190, 214, 228, 233, 386
Bedürfnisreduktion (s. auch Triebreduktion) 45, 55, 205, 211
Behaviorismus 3, 45, 77, 98, 104, 116, 175, 196
–, „psychologischer" 42, 62, 71, 174, 195
Bekräftigung 69, 71, 76–78, 81, 124–126, 172–174, 198, 205–216
– und Aktivation 150, 208–209

– und Anreiz-Bildung 207, 209
–, Anstrengung und 165–166, 530–531
–, Attribution der 531–532
–, Bekräftigungsplan 166, 531, 616
–, Bekräftigungstheorie 71, 124–126, 173–174, 198, 205–210, 566, 570, 607
–, –, Kritik der 209–215
–, –, Revision durch Spence 206–207, 242
–, Bekräftigungswert 224, 226
–, – in der Aggression 366–368
–, Bezugsnorm-Orientierung des Lehrers und 580
–, einfühlende (oder stellvertretende) 333–335
– als überflüssiger Erklärungsbegriff 210–216, 571
– und Erwartung 71, 197, 209, 211–214, 223–224
–, internale vs. externale Kontrolle von (s. dort)
–, kontrollierend vs. informierend 615, 690–692
–, partielle 165–166, 225, 530–531
– als Prozedur vs. Prozeß 212
–, Selbstbekräftigung (s. dort)
– mittels *token economy* 615–617
– und Triebreduktion 129–131, 136–138, 150–151, 196, 205, 208–209
–, Zielgerichtetheit und 81
Beobachtungsperspektive 6–8, 43–45, 65, 87, 90
– und Attribution 455–456, 465, 468, 471–472, 474, 484–489, 491, 536, 557–558, 560
– bei Perspektivwechsel 7, 488–489
Bereitschaft
–, habituelle 9, 90–92
– als Zustand 70
Berufswahl 62, 230, 407–408, 423
Bezugsgruppen-Effekt 706–707
Bezugsnorm 112, 221, 471, 574–582, 648–649, 655–656, 673, 677
–, Arten von 575–576
– und Attribution 576, 580, 582
– und Bezugsgruppen-Effekt 706–707

– – vs. Stigmatisierung 707
–, Bezugsnorm-Orientierung 578–582, 706
–, – in der Fremdbewertung 578–580, 670
–, – und Individualisierung im Unterricht 580, 705–706
–, – des Lehrers und Effekte beim Schüler 578–582, 705
–, – und Leistungsmotiv 578, 581
–, Entwicklung der 648–649
– und Erfolgswahrscheinlichkeit 392, 417, 577
– und Fähigkeitseinschätzung 591–592
–, individuelle vs. soziale 575, 706
–, Motivabhängigkeit der 578–580
–, Motivänderung und 695
– und motivationsfördernde Unterrichtsgestaltung 579–582, 704–706
–, motivationspsychologischer Primat der individuellen 576–578, 648, 688
– und Motiventwicklung 581–582
– und Selbstbewertung 576, 578–580, 704
–, soziale Vergleichsinformation, Nutzung von 648, 652, 673–675, 677, 679–680, 687–688
–, Veroffs Stadientheorie 648

*C*harakterologie 87, 90–92
Commitment 161–162, 168, 277, 450, 507
Common-Sense-Psychologie 444, 470, 475
Computersimulation 32, 42, 61, 264, 439, 634–635
–, Modellüberprüfung durch 597–600, 635–636
Coping 145, 156
Crespi-Effekt 198, 205–206
Current Concern 507, 510

Depression 505, 507, 510, 513–514, 522–523, 525
Determinierende Tendenz 50, 54, 57, 118–119, 176
Diagnostizität 601–602
Differentielle Psychologie 8, 11, 16, 66–68, 236
Diskrepanzmodell 60, 79–80, 147–148, 152, 544, 609

Dissonanz s. kognitive Dissonanz
Distanz, psychologische 140–145, 182, 187, 193–194, 207, 336
–, Ähnlichkeitsdimension 142–144
–, räumlicher Abstand 140–144, 193–194
–, zeitlicher Abstand 143–145
–, – und Leistung 427–428
– und Valenzstärke 193–194
Don-Juan-Legende 315
Dynamische Handlungstheorie 61, 415, 632–638

Effizienz des Leistungshandelns 18, 430, 434–440, 495
Egotismus 511
Eigenschaftstheorien 8–11, 17–21, 66–68, 82, 86–115, 264, 442
Einfühlung 325–326, 333–337, 340, 342, 344
– bei Aggression 355–356
–, emotionale (s. auch Hilfeleistung) 335–337, 342, 345–347
–, empathische Not 335, 344
–, Entwicklung der 335
– und Perspektivwechsel 488–489
Einstellung 23, 24, 26, 50, 65, 67, 93–96, 162, 226–227
–, Attribution von 459, 461–462
–, Einstellungsänderung 64, 162, 168–170, 316, 449–450, 474–475, 695
Emotion (s. auch Affekt) 95–96, 98–99, 153–157, 606
– vs. Affekt 545
–, Aktivation und 78–79, 81, 146, 153–157
– und autonome Erregungsmuster 154
–, einfühlende 334–337
–, Erwartungsemotionen 57, 74–75, 209, 217, 237, 694–695
– in Gelernter Hilflosigkeit 499–501, 513
–, Kausaldimensionen und 544–548, 556
– im Leistungshandeln 534–553
–, Schachters Zweifaktorentheorie der 153–154, 156, 369–370, 450, 545

–, –, Modifikation durch Valins 154–156, 450–451
– und Selbstaufmerksamkeit 594
–, selbstbewertende 385, 525, 532, 534–541, 548, 551–552, 568, 571, 599
–, –, Anstrengungs- vs. Fähigkeitsattribution und 535–539
–, –, Arten von 539–541
Empathie s. Einfühlung
Entscheidung 51, 61, 67, 160–162, 183
–, Entscheidungszeit 395–400, 603
–, Kaufentscheidung 174, 218
Entscheidungstheorie 61, 218–219, 386
Entwicklung des Anspruchsniveaus
–, Erfolgswahrscheinlichkeit, subjektive 651–654, 671–672, 677, 679
–, Erwartung und Anreiz 651–652, 654–656, 671, 679–680
–, –, multiplikative Verknüpfung von 651–652, 656, 658, 671
–, –, Zentrierung auf 656–658, 671–672
Entwicklung der Attribuierung
–, Attributionsmuster 659, 668–670, 672–677, 680–682
–, – und Gelernte Hilflosigkeit 676–677, 681
–, –, Geschlechtsunterschiede 675–676
–, Aufgabenschwierigkeit vs. Tüchtigkeit 647–653, 679
–, –, Primat der Schwierigkeitsattribution 650
–, –, Tüchtigkeitserleben 643, 645–651
–, –, Tüchtigkeitskonzept, globales 647–653, 658, 660, 663, 666, 668, 677
–, Fähigkeit vs. Anstrengung 646, 650–651, 658–664, 679
–, –, Anstrengungskonzept 646, 650–651, 658–665, 673
–, –, Fähigkeitskonzept 646, 650–651, 658–665, 671–674, 677, 679–680, 687
–, Kausale Schemata 646, 651, 653, 658–668, 673–675, 681, 687, 691
–, Zentrierung auf Handlungsergebnis 644–645
Entwicklung des Leistungsmotivs 668–677, 679–694

–, Anreizgewichtung von Erfolg und Mißerfolg 683, 685–687, 689–690, 692, 702
–, Anstrengungskonzept (s. Anstrengung)
–, Attributionsmuster 668–670, 672–677, 680–683, 687, 702
– und Bezugsnorm im Unterricht 581–582
–, elterliche Bekräftigung 670–672, 686
–, Eltern-Kind-Interaktion 670–672, 691–692
–, Erziehungspraktiken 689–692
–, –, Bekräftigungseffekte 690–692
–, –, elterlicher Leistungsdruck 693–694
–, –, Entwicklungsangemessenheit 690
–, –, Erziehungsklima 690
–, –, Lebensaltersabhängigkeit 691–692
–, Fähigkeitskonzept 687
–, Fremdbewertung 688, 694
–, Kompensatorisches Kausalschema 687, 691
–, Längsschnitt- vs. Querschnittstudien 683
–, lerntheoretische Erklärung 686, 690–691
–, Nutzung von Konsensinformation 673–675, 677, 679–680, 687–688
–, ökologische Einflüsse 692–694
–, –, Anregungsgehalt der Umwelt 693–694
–, –, Fernsehen 693
–, persönlicher Standard 668–672, 679–680, 682–683, 685–690, 702
–, Selbständigkeit, kindzentrierte 684–685
–, Selbständigkeitserziehung
–, –, Entwicklungsangemessenheit der 686–687
–, –, Frühzeitigkeit der 685–689
–, –, mütterliche Gütestandards in der 686–687
–, –, Theorieansätze 686–687
–, Selbstbewertungssystem 668, 670–673, 675–677, 683, 694
Entwicklung der Leistungsmotivation 639–683
–, Affektwirksamkeit von Fähigkeits- vs. Anstrengungsattribution

–, – in der Fremdbewertung 664–668, 681
–, – in der Selbstbewertung 664, 667–668, 671, 673, 675, 677, 681
–, Anspruchsniveau
–, –, Erfolgswahrscheinlichkeit, subjektive 651–654, 671–672, 677, 679
–, –, Erwartung und Anreiz 651–652, 654–656, 658, 671, 679–680
–, –, Zentrierung auf Erwartung oder Anreiz 656–658, 671–672
–, Attribuierung
–, –, Anstrengungskonzept 646, 650–651, 658–665, 673
–, –, Aufgabenschwierigkeit vs. Tüchtigkeit 647–653, 679
–, –, Fähigkeit vs. Anstrengung 646, 650–651, 658–664, 679
–, –, Fähigkeitskonzept 646, 650–651, 658–665, 671–674, 677, 679–680, 687
–, –, kausale Schemata 646, 651, 653, 658–664
–, –, Primat der Schwierigkeitsattribution 650
–, –, Tüchtigkeitserleben 643, 645–651
–, –, Tüchtigkeitskonzept, globales 647–653, 658, 660, 663, 666, 668, 677–678
–, –, Zentrierung auf Handlungsergebnis 644–645
–, Bezugsnormen 648–649, 655–656, 673, 677
–, – in der Fremdbewertung 670
–, –, Primat der individuellen 648, 688
–, –, Veroffs Stadientheorie 648
–, Geschlechtsunterschiede in der 675–677
– und Intelligenz 669, 671–673
–, Kulturvergleich 663–666
– vs. Motiventwicklung 639–640
–, Motivunterschiede, individuelle (s. Entwicklung des Leistungsmotivs)
–, –, Anreizgewichtung von Erfolg und Mißerfolg 668–670, 679, 683, 685–687, 689–690, 692
–, –, Attributionsmuster 659, 668–670, 672–677, 680–683, 687

–, –, persönlicher Standard 668–672, 679–680, 682–683, 685–690
–, Nutzung von Konsensinformation 648, 652, 673–675, 677, 679–680, 687–688
–, Problemgeschichte der 640–642
–, Selbermachenwollen 644, 652
– in selbstbewertenden Reaktionen 646–648, 652, 655–656, 662
–, Selbstbewertungssystem 668, 670–673, 675–677, 683, 694
–, Tüchtigkeitsmaßstab 642, 647–649, 655, 670
–, Überblick 678–683
Equity-Theorie 328, 333, 363
Erfolgswahrscheinlichkeit, subjektive 42, 61–62, 222–224, 228–231, 390–396
–, Anreiz und 394, 396, 399, 625
–, Attribution und 526–533, 659
– und Bezugsnorm 392, 417, 577
–, Determinanten der 387, 392–394
– und Entscheidungszeit 395–399, 603
–, Entwicklung der 651–654, 671–672, 677, 679
– im Fremdurteil 532–533
– und Handlungspfad 422–423
– und Motivdisposition 393, 588
– vs. objektive 390–392
–, Potenz 187, 216–217, 222
– im Risikowahl-Modell 386–390
– und Selbstkonzept der Fähigkeit 587–589
– vs. Trägheitstendenz 417–419
– und subjektive Unsicherheit 395–400
–, Urteilsverzerrung der 218–219, 391
– und Valenz 222–224
– für Zufallsereignisse 651–654, 671–672, 677, 679
Ergonomie 430
Erkundungsverhalten s. Explorationsverhalten
Erregung s. Aktivation
Ersatzbildung 633–635
Ersatzhandlung 54, 57, 178, 189, 192–193, 646

– für Aggression 372, 383
–, Ersatzwert der 192–193, 415
– für Machtbesitz 315
– und Realitätsgrad 193
–, Trägheitstendenz und 415
– und Valenz 193
Erwartung (s. auch Erfolgswahrscheinlichkeit) 42, 63, 70, 72, 124, 167, 171–234, 621–622
– in der Aggression 363–364, 376
– und Anreiz 202, 217, 529, 559, 619
– –, Entwicklung der Beziehung von 651–652, 654–658, 671–672, 679–680
– im Anschlußhandeln 281–282, 285–287, 291–293
–, Arten von 172–173, 211–212, 620–623
–, Attribution und 525–533, 555–556, 622–623
– und Bekräftigung 71, 165–166
– *efficacy expectation* 509, 593
–, Ergebnis-Folge-Erwartung (s. auch Instrumentalität) 229, 363–364, 508–509, 530, 621
–, Erwartungsänderung 225, 409–411, 414, 416–419, 510, 525–533, 551–552, 555
–, Erwartungsemotionen 74–75, 163, 209–210, 217, 547
–, Erwartungs-mal-Wert-Theorien 42, 59–60, 76, 174, 187–188, 200–202, 216–234, 548, 616–618
–, Handlungs-Ergebnis-Erwartung 63, 199, 210, 223–224, 246, 530, 622
–, Handlungs-Folge-Kontingenz 173, 195, 211, 213–215, 217, 229
–, Mittel-Zweck-Erwartung 70, 196, 199, 214, 216
–, Situations-Folge(-Ergebnis)-Erwartung (auch: Stimulus-Folge-Kontingenz) 172–173, 211, 213–215, 229, 621
–, spezifische vs. generalisierte 224, 507–511
– und Zielgerichtetheit 195–196
Erwartungsemotionen 74–75, 163, 209–210, 217, 547

Erwartungs-mal-Wert-Theorien 42, 59–60, 76, 174, 187–188, 200–202, 216–234, 556, 558, 620
– für Aggression 364
– für Anschlußhandeln 280–282, 285–287, 291–292, 364
–, Bolles' kognitives Modell 172–174, 211–215, 620
–, Entscheidungstheorie 218–219
–, Erweitertes Modell 596, 619–628
– und extrinsische Anreize 616–618
– für Hilfehandeln 347–349
–, Instrumentalitätstheorie 58–59, 62, 174, 226–234
– für Leistungshandeln 281, 385–386, 388–389, 394, 400, 548–556, 619–628, 651–658
– für Machthandeln 310–312
–, resultierende Valenz in 217, 221–223
–, Soziale Lerntheorie (Rotter) 223–226, 525, 527–530
–, S-R-theoretisch konzipiert 202–209
–, –, der frühe Hull 202–205
–, –, der mittlere und späte Hull 205–206
–, –, Weiterentwicklungen 207–209
Ethologie 49, 53–55, 98, 212, 214, 358
Evolution 48–50, 52, 69, 98, 358, 453
Existentialismus 104, 107
Explorationsverhalten 80, 85, 127, 130, 148, 166, 208, 607
–, diversive Exploration 80, 151, 609
–, spezifische (epistemische) Exploration 80, 151, 155, 452, 609
Extinktion s. Löschung
Extraversion vs. Introversion 82, 88
Extrinsisch s. Intrinsische vs. extrinsische Motivation

Fähigkeit (s. auch Selbstkonzept der Fähigkeit) 92, 271, 437–438
– als Attributionsfaktor 65, 225, 270, 456–457, 509–510, 526, 535
– – und Affekt 536–544, 664–668, 681

– –, Entwicklung des Fähigkeitskonzepts 646, 650–651, 658–665, 671–674, 677, 679–680, 687
–, Entwicklung von 438–440
– zur Informationsverarbeitung 470–472, 640, 642–643, 679
– in Instrumentalitätstheorie 231–233
– und Leistung 437
– und Motivation 366, 438–440
–, implizite Urteile über 542–543, 690
Fehlhandlung 2, 56
Fehlleistung s. Fehlhandlung
Feldtheorie (s. auch Umweltmodell) 9–10, 58, 63, 139–140, 158, 173, 175–194, 209, 215, 222, 297–298, 644–645
– und Einfühlung 336
–, experimentelle Beiträge 188–194
– und hypothetische Konstrukte 187
– und Instrumentalitätstheorie 230
–, Kritik der 184–188
Fixierung 56
Fluchtlernen 136–137
Folgen des Handlungsergebnisses 13–16, 89, 108, 111, 113, 169, 566
–, Aggression und 360
– für andere 340–343, 345–346
– und Depression 507
–, Erwünschtheit der 460–462, 468
–, extrinsische 298, 622–624
– nach Instrumentalitätstheorie 174, 228–230, 232–234
– und Motivationsattribution 460–462, 468
–, Nicht-Kontingenz von 507–509, 530
Fremdbeobachtung s. Beobachtungsperspektive
Fremdbewertung in der Aggression 367–369
–, Anreiz der 344, 346, 622–623, 655, 657
– und Attribution 517, 522–523, 525, 664, 668, 670–671, 673, 675, 677, 681
– im Hilfehandeln 344, 346, 559
– von Leistung 534–536, 541–544, 688, 694

French Test of Insight (FTI) 267, 284
Frustration 133–135, 193–194, 208, 350, 356, 368, 381–384, 500, 562
–, Anreiz-Entsagungs-Zyklus 507–508
–, Frustrations-Aggressionstheorie 359–360, 377–378
Funktionelle Autonomie der Motive 66, 133, 607
Furcht 73–74, 85, 129, 142, 156–157, 163, 209, 451, 594
– vor Erfolg 628–632
–, Konditionieren von 73, 136–137, 495
– vor Mißerfolg (s. auch Leistungsmotiv) 585, 629
– vor Strafe 373, 376
– als erworbener Trieb 73, 85, 129, 135–138
– vor Zurückweisung (s. Anschlußmotiv)

Gedächtnisprozeß 190–191, 665
Gelernte Hilflosigkeit 480, 495–516, 522, 525, 530
–, Affektwandel in 513
–, Attribution und 496, 498–501, 503–508
–, Attributionsmuster der 509–511, 513–515, 673, 676
–, Attributionstheorie der 509–511, 514
–, Depression und 507, 510, 513–514, 522
–, Generalisierung von 507–511
–, Geschlechtsunterschiede 513, 522–523
–, Immunisierung gegen 503
– und Konsens-Informationen 504–506
– und erlebte Kontingenz 497–508, 514
– und internale Kontrolle 496, 503, 509–510, 513, 522–523
– und erlebte Kontrollierbarkeit 497, 500–503, 505–507, 509–510, 512–514
– und Leistungsverbesserung 500, 503–507
– und Reaktanz 506–507
– und Risikowahl-Modell 511
– und erlebte Schwierigkeit 497–500, 505, 510–512

–, selbstbezogene Kognitionen und 510–513, 515
–, Therapie gegen 704
–, Unfähigkeitsattribution und 498–500, 505, 510–513, 515
–, individuelle Unterschiede von 512–514
–, Zwei-Prozeß-Modell der 502
Gerechte Welt, Glaube an eine 492–493
Geschlechtsrollen 628–632, 653, 676
Gesetz der Wirkung 69, 72, 77, 117–118, 196, 199, 204, 210
Gestalttheorie 64, 157, 444
Gewissen 56–57, 684
Gewohnheitstätigkeit (s. auch *habit*) 2, 3, 8, 49–51, 57, 88, 100, 180, 214
Glück s. Zufall als Attributionsfaktor
Glücksspiel 174, 218, 311, 534, 613
Gütemaßstab s. Tüchtigkeitsmaßstab

habit (s. auch Gewohnheitstätigkeit) 3, 8, 49–50, 57, 70–73, 75, 81, 120, 125, 153, 173–174, 206–208, 210, 214, 217
–, Bekräftigung und 208–211
– und Triebstärke 126, 128–129, 131–133, 196, 198, 208
– und Zielgradient 141
Handlung 1–6, 43–45, 95, 112, 279
–, Äquivalenzklasse von 15–16, 35–36, 64, 66, 89, 95, 97, 107–114, 564
–, auffällige 4–6, 54
–, Autonomie der 566, 569–570
–, Beobachtungsperspektive auf (s. auch Beobachtungsperspektive) 6–8, 43–45, 65, 87, 90, 455–456, 465
–, Beurteilungsdimension für 4–6, 12–15
–, Endhandlung (s. auch konsummatorische Reaktion) 53
–, Ergebnis vs. Folgen der 621
–, Ersatzhandlung (s. dort)
–, Fehlhandlung 2, 56
–, Handlungserklärung 6–24, 42, 45–47, 64, 170, 176, 441–443, 456
–, – aufgrund von Personeigenschaften 8–9, 14–21, 88, 446–448
–, – aufgrund von Realisierungsmöglichkeiten 22–23
–, – aufgrund von Situationsdeterminiertheit 9–21, 88, 115, 234, 450–452, 636
–, – aufgrund von Wechselwirkung zwischen Person und Situation 17–22, 30, 63, 107, 110, 176, 327, 620
–, Handlungsfelder 22–23
–, Handlungssituation 108, 111–114
–, naive Handlungstheorie 296, 456–459
–, Handlungsvalenz 621, 626
–, Kovariationsdimensionen der 4–6, 11, 462–464
–, Leerlaufhandlung 53
–, Reflexivität der 3, 43, 534, 554, 557, 583, 637
–, regelgeleitete 3–4, 14
–, Regulation (Organisation) von 2, 556–569, 582, 613
– und Selbstbewertung (s. auch dort) 569–570
– vs. Verhalten 3
– und Vorstellen 695
–, Wahlhandlung 63, 218, 220, 222, 228, 460
–, Willenshandlung 2, 47–52, 57
– und Zukunftsorientierung 421
–, zweckfreie 608–609, 613
Handlungs- vs. Lageorientierung 512
Handlungspfad 182, 186–187, 194, 214, 216, 420, 624
–, kontingenter vs. nicht kontingenter 421–428, 440, 626
– im Umweltmodell 182, 186–187, 194, 214, 216
Hedonistisches Prinzip 55, 69, 590, 600, 601, 606
Herzinfarkt-Anfälligkeit 513
Herzschlagfrequenz 147, 155, 259
Hilfeleistung 324–349
– und Attribution 329–330, 332–333, 346, 443, 559–561
–, Definitionen 324–325
– und Einfühlung 325–326, 333–337, 340, 342, 344–347
–, empathische Not 335, 344
–, Entwicklung 335
– – in feldtheoretischer Sicht 336
– – in lerntheoretischer Sicht 334–335
–, Zweistufenmodell 336–337
–, Hilfeleistungsmotiv 324, 327, 346
–, –, Entwicklung 335
–, intrinsisch vs. extrinsisch 344
–, Kosten-Nutzen-Bilanz 328–332, 342, 344–345, 347
–, Motivationsmodell 344–347
–, – von Schwartz 340–344, 346
–, Normen 338–340, 344–347
–, –, Gegenseitigkeit 333, 338, 344
–, –, soziale Verantwortlichkeit 332, 338–339, 344–347, 558–559
–, Persönlichkeitsdispositionen 337–340
–, Selbstverantwortlichkeit und 340–347, 559–560
– und Selbstbewertung 326, 332–333, 342–346, 574
–, Situationsbedingungen 327–332, 346
–, Verantwortlichkeitsdiffusion 328, 330–332
–, Verknüpfung von Erwartung und Wert 347–349
Hilfesuchen 671–672
Hirnreizung 79, 130–131
Hodologie 182, 201
Homeostase 55, 58, 121, 176, 607
Hostile Press (HP) 267, 700
Humanistische Psychologie 67, 104, 106–107
Hypnose 55, 377
Hysterie 377

Ich 56, 192
–, Ich-Beteiligung 243
–, Ich-Nähe 177
Identifikation 56
Ideographisches Verfahren 16, 66, 87, 97, 236, 250, 584, 597
Illusion der Kontrolle 472, 491–492
Illusionäre Korrelationen 472, 491
Imitationslernen s. Vorbildlernen

Individualpsychologie 297
Informationsintegration 446
Informationstheorie 397, 400, 600, 602–603
Informationsverarbeitung 470–472, 640, 642–643
Inhaltsanalyse (s. auch Thematischer Auffassungstest) 60, 341, 421, 629–630
Inkongruenz (s. auch Diskrepanzmodell) 80, 147
– und intrinsische Motivation 608–609
–, optimale 609
Instinkttheorie 48–49, 51–54, 67, 95, 98–101, 124, 175, 214
–, Instinktkontroverse 52, 70, 98–100, 116, 120
–, Liste von Instinkten 99–101, 104, 106, 325
–, Zirkularität des Instinktbegriffs 52, 99
Instrumentalität 17–18, 58–59, 226–234, 682
– in der Aggression 363–364
– und extrinsische Motivation 612
– bei Gelernter Hilflosigkeit 508
– in der Hilfeleistung 345, 347
– im Leistungshandeln 389, 426
– für Oberziel 389, 426, 624
– für Selbstbewertung 624
Instrumentalitätstheorie 58–59, 62, 174, 226–234, 345, 347, 620, 622, 628
–, Ausführungsmodell 231
–, Befunde zur 233–234
–, Handlungsmodell 230–231, 233–234
–, intrinsische und extrinsische Anreize 616–617
–, Valenzmodell 229–231, 233–234
– und Zukunftsorientierung 421, 426
Intelligenz 49–50, 69, 98, 175, 437–440, 669, 671–673, 684, 686, 701–703
Intentionalität 3, 55, 62–63, 108, 362–363, 588
–, Anstrengungsintention 62, 393, 428, 431, 433, 553, 577, 587, 597–599, 604
–, Attribution von 384, 456–461, 475–477, 479, 516–517, 587–588, 618
–, Entwicklung von 643–645

–, erlebte 535, 554, 700
–, Selbstbestimmung und 554
– in sozialen Handlungen 557, 559–563
– und Verantwortlichkeit 489–490
Interaktion s. Wechselwirkung
Interaktionismus 21–22, 66, 87–88, 101, 104, 476, 620
Interessen 93–94
Interferenztheorie 72, 616
Internale vs. externale Kontrolle der Bekräftigung 224, 236, 302, 446–447
– und Aggressivität 371
– als Attributionsfaktor 525, 527–530
– als Eigenschaftskonstrukt 447
– und Erfolgswahrscheinlichkeit 394
– und Gelernte Hilflosigkeit 496, 503, 509–510, 512
– und Hilfehandeln 338–340
– und Leistungsmotiv 447
–, Risikowahl-Modell und 585
Intervenierende Variable (s. auch Konstrukt, hypothetisches) 28, 45, 70–71, 78
Intrinsische vs. extrinsische Motivation 609–619
– in Aggression 351, 611
–, Aktivation und 608–610
–, Attribuierung von 476–479, 610–613, 618–619
– und Bekräftigungsprogramme 615–617
–, Belohnung und 613–619, 647, 655
–, –, kontrollierender vs. informierender Aspekt 615, 690
–, –, nach Wegfall von 618
– und Erwartungs-mal-Wert-Modelle 616–618
–, Fluß-Erleben 610, 612
– und Gleichthematik (Endogenität) 611–613
–, Inkongruenz und 608–610, 643
–, Kontrolle durch andere und 615
–, verschiedene Konzeptionen 608–614
–, Korrumpierungseffekt 613–616, 627
– und Leistung 619, 647
– im Leistungshandeln 388–389, 422, 435, 437, 614–618, 647, 682

– und Leistungsmotiv 617–618
–, Selbstbestimmung und 544, 610, 613, 615
–, Überveranlassung und 610, 613, 618, 627
–, Valenz von 232–233, 344
Introspektion (vgl. auch Beobachtungsperspektive) 44–45, 49–50, 54, 77, 90, 93, 184, 251, 445–446, 593
–, Introspektionsillusion 445
Irrealität 178, 183–185, 221

Katharsis-Hypothese 359, 368, 377–384
Kausalattribuierung s. Attribuierung
Kausale Schemata 467–468, 502, 519–522, 658–659
– abgestufter Effekte 468, 519–521, 542, 554
–, Abwertungsprinzip 446, 448, 468, 477, 479, 558, 561, 563, 612, 619, 664
–, Aufwertungsprinzip 468, 619, 664
–, Entwicklung der
–, –, abgestufter Effekte 658–660, 681
–, –, der Anstrengungskompensation 653, 659–668, 673, 675, 681
–, –, der Fähigkeitskompensation 653, 659–668, 673–674, 681
–, –, der Kompensation 658–660, 677, 687, 691
–, –, der Kopplung 659–660, 666, 681
–, –, der einfachen Kovariation 646, 651, 654, 656, 659–660, 663, 666, 669, 679, 681
–, –, der kombinierten Kovariation 658, 660, 663–664, 681
–, –, Kulturvergleich 663
–, –, der zentrierten Kovariation 659–660, 663, 681
– der Kompensation 519–522, 537–539, 542, 554, 573
– multipel hinreichender vs. notwendiger Ursachen 457, 519–521, 660
Kausalität 50
–, Anfänge erlebter 645
–, kausale Schemata 467–469
–, Kovariationsprinzip und 462

–, persönliche vs. nicht-persönliche 457–459, 467–478
–, phänomenale 444, 452–453, 478–479
–, psychologische 445
– vs. Verantwortlichkeit 489
Kelley-Würfel s. Kovarianzmodell
Klinische Psychologie 237, 251, 446, 472, 704
Können, Konzept des 456–457, 526–529, 534–535, 555, 611
–, Entwicklung des 652
Kognitionen 40–43, 45, 593, 606, 636
–, antizipatorische 100
–, selbstbezogene (s. Selbstaufmerksamkeit)
–, –, Attribuierung und 245–247, 546, 595–596, 677
–, – und Erwartung 593
–, – in der Leistungsmotivationsforschung 595–597
–, –, gehobenes Selbstgefühl 334, 559, 593
–, –, Selbstzweifel 246, 595–596
Kognitive Ausgewogenheit (cognitive balance) 157–158, 170
Kognitive Dissonanz 41, 64, 153, 158–170, 449–450, 456
– und Attribution 448, 475
–, Bedürfnis und 162–164
–, Bumerang-Effekt 165
– Commitment 161–162, 168, 277, 450
–, Divergenz- vs. Konvergenz-Effekt 160–161
–, Einstellungsänderung nach 162, 169–170, 449–450, 474–475
– durch erzwungene Einwilligung 161–164, 448, 475
– nach in Frage gestellter Überzeugung 164–165
–, Informationsselektion nach 164
– vs. Leistungsmotivationstheorie 277–278
– und Motivation 170
– in Nachentscheidungskonflikten 160–161
–, Postulate der Theorie der 159–160
– mit Selbstkonzept 167, 169
–, Theoriegeschichte der 168–170
– nach unerwarteten Handlungsergebnissen und -folgen 165–168, 530–531

– nach ungenügender Rechtfertigung 161–163, 169, 277, 448, 610, 618
– und Verantwortlichkeit 161, 169
Kognitive Entwicklungspsychologie 21, 79–80, 608, 641
–, Entwicklungsstadien 656, 666
Kognitive Karte 196, 214, 255
Kognitive Strukturiertheit 23
Koborteneffekt 630
Kollative Variablen 80, 148–149
Komplexität (s. auch kollative Variablen) 80, 148–149, 151, 609
Konditionieren 49–50
– von Furcht 73, 136–137, 495
–, instrumentelles (s. operantes)
–, klassisches 49–50, 72–73, 75–77, 117, 124, 135, 137, 172, 203, 207, 209–210, 213, 255, 359
– der Lidschlagreaktion 163
–, operantes 49–50, 75, 77, 117, 124, 137, 209–210, 212–213, 359
Konditionierte Hemmung 75
Konflikt 54–58, 67, 82, 104, 116, 119, 153, 172, 194, 206
– in der Aggression 380
–, Arten des 139
–, Aufsuchen vs. Meidengradient 141–145
–, Furcht vor Erfolg 629–632
–, Gefangenen-Dilemma 317–318
–, Kollative Variablen in 80, 148–149
–, Lewins Konflikttheorie 139–140
–, Millers Konflikttheorie 73, 141–145
– nach Mißerfolg 646, 653
–, Nachentscheidungskonflikte 160–161
–, sozialer 295–296
Konformität 287, 319, 655
Konsistenz
– des Handelns
– – über Situationen 4, 6, 8–16, 20, 64, 87–90
– – über Zeit (Stabilität) 5–6, 8–16, 64, 89–90
– der TAT-Motivmessung 264, 267, 635
Konsistenztheorien 64, 153, 158, 170

Konstrukt
–, hypothetisches 26, 28–40, 42, 45–46, 62, 66, 70, 77–78, 91, 101, 174, 187, 195, 211
–, Konstruktvalidierung 37
–, persönliches 16, 26, 446
–, summarisches 619–620
–, Zusatzbedeutungen von 32, 71, 203, 215, 217
Konsummatorische Reaktion 95, 120–121, 124, 127, 129–130, 134, 206, 208
Kontiguitätsprinzip 72, 117–118, 137, 207, 645
Kontingenz, erlebte
– von Belohnungen 614–615, 690
– bei Gelernter Hilflosigkeit 497–508, 514
– als Ursachen-Dimension 517, 525, 529–532
Kontrollierbarkeit 491–492, 495, 516
– und Attribution 496–497, 500–503, 505–507, 509–510, 512–514, 553
– vs. Kontingenz 500–502, 530
– als Ursachen-Dimension 517, 525, 530
Kontrollmotivation 491–492, 506
Kontrollverlust 506, 516
Korrespondenzmodell (Jones u. Davis) 459–462, 468, 476, 561
Kosten-Nutzen-Bilanz
– im Hilfehandeln 328–332, 342, 344–345, 347, 559
– im Machthandeln 298
Kovarianzmodell (Kelley) 462–467, 483, 518, 548, 555, 561
– und Aufgabenwahl 549–550
– und Bezugsnormen 575, 643
–, intrinsische Motivation und 612
–, Kovariationsdimensionen
–, –, Besonderheit 462–466, 518–519, 657–658
–, –, Konsens 462–466, 471–472, 504–506, 518–519, 548, 648, 652, 657–658
–, –, Konsistenz 462–466, 518–519
–, –, Priorität der 473–480
–, –, Situationsumstände 463–464, 466, 548

Kovarianzmodell und Motivationsentwicklung 642–643, 647–648, 654
Kraft
–, antreibende vs. hemmende 633–636
–, konsummatorische 633, 635, 637
–, Personkraft 456–457, 642
–, psychologische 186–187, 230, 297
–, Umweltkraft 457
Kreisreaktionen 643, 645
Kriminalität 349, 365–366
Kulturanthropologie 109, 112, 307
–, kulturvergleichende Einzelanalysen 352–353, 663–666

Laborforschung vs. Feldstudien 229, 234, 326, 362
Langeweile 80, 151, 611
Latentes Lernen 71, 174, 198–200, 205, 207, 210–211, 214, 217
Lebensraum (s. auch Feldtheorie) 58, 195, 214–215
Lehrer-Schüler-Interaktion 577–582
Leistungsergebnis
– und Attributionstheorie 552–553
– nach Erfolg und Mißerfolg 132–133, 433–434
–, extrinsische Motivation und 619
–, Gelernte Hilflosigkeit und 496, 498, 500, 502–507, 512
–, kumulatives 62, 271, 434, 437–440
–, Leistungsmotiv und 270–272, 589
–, Menge vs. Güte 429–434, 619
– bei Rückmeldung 276, 502
–, Schulleistungen 38, 271–272, 428–429, 438–440
–, Selbstaufmerksamkeit und 595
–, selbstbezogene Kognitionen und 244–249, 512, 596
Leistungshandeln 111–114, 646
–, Attribution im 515–556, 600–602
–, Aufgabenwahl 268–270, 395–407, 425, 548–550, 625, 637–638

–, Ausdauer 272, 408–413, 416–419, 424–425, 551–552
–, Effizienz des 430, 434–440
–, Entwicklung des (s. Entwicklung der Leistungsmotivation)
– nach Erfolg und Mißerfolg 132–133, 433–434, 525
–, Ergebnisse von 270–272, 275–276, 412, 416–417, 419, 425–434, 552–553
– und Gelernte Hilflosigkeit 495–515
–, Geschlechtsunterschiede im 629–632, 675–676
– und Selbstbewertung 385, 389, 405–407, 424–426, 525, 534–541, 548, 551–552, 556, 570–574, 597–599, 622, 656
– und soziale Bezugsnorm 471
–, unter- vs. übermotiviertes 435–438
–, Vorformen des 643–645
–, Wozu-Frage des 590–592, 599–607
Leistungsmotiv (s. auch need for achievement)
–, Änderungsprogramme für 694–707
–, Anregungseffekte auf 277–278
– und Attributionsmuster 520, 523–525 (s. auch unter Attribuierung)
–, attributionstheoretische Elaboration des 516–517, 554–556, 600–602
– und Aufgabenwahl 268–270, 395–407, 425, 548–550, 624–625
– und Ausdauer 272, 408–413, 416–419, 424–425, 551–552
– und Berufswahl 230, 407–408, 423
– und Bezugsnorm im Unterricht 578, 581
– und Bezugsnorm-Orientierung 578, 581
–, Definitionen des 221, 253, 263, 389, 549, 642
–, Entwicklung des (s. dort)
–, „Hoffnung auf Erfolg" (HE) vs. „Furcht vor Mißerfolg" (FM) 61, 132–133, 246, 257–259, 261–263, 681–682
– und intrinsische Motivation 617–618
–, Korrelation mit n Ach 260–261

– und Leistungsergebnisse 270–272, 275–276, 412, 416–417, 419, 425–434, 438–440, 552–553
– –, Effizienz 430, 434–440
– – nach Erfolg und Mißerfolg 132–133, 433–434, 525
– –, kumulative 434, 437–440
– –, Menge vs. Güte 429–434
– in Management-Positionen 273–275, 318–322
–, Messung 259–263, 267–268
–, –, zwei FM-Faktoren 262–263, 266
–, –, Gitter-Test 261–264, 266–267, 269
–, –, Konsistenzproblematik 264–267, 636
–, –, Konstruktvalidität 268–272
–, –, TAT 259–261
–, –, TAT-Inhaltsschlüssel 260, 263, 421
–, –, Testgütekriterien 263–267
–, –, andere Verfahren 267–268
–, Mißerfolgsmotiv als hemmende Kraft 387–388, 390, 433–435, 437, 636
– als Selbstbewertungssystem 484, 554, 556, 570–574, 582, 587, 599, 668, 670–673, 675–677, 702
–, Selbstkonzept der Fähigkeit und 588–593
–, sozialkulturelle Unterschiede 275
– als summarisches Konstrukt 570, 582, 590, 619–620, 624, 639, 669–670, 683–684
–, Verhaltenskorrelate des 268–272
– und Zeiterleben 272–273
Leistungsmotiv (LM)-Gitter 261–264, 266–267, 269, 585
Leistungsmotivationsforschung 169, 250–278, 385–440, 619, 629
–, attributionstheoretischer Beitrag 516–517, 554–556, 600–602, 652, 695
–, Leistungsmotivationstheorie 385–390, 534, 600, 620, 681–682
– und Motivänderungsprogramme 694–696
– zur Motiventwicklung 640–641

Lernen
- und artspezifisches Verhalten 212–214
-, *auto-shaping* 212
- ohne Bekräftigung 199, 211–213
-, Bindras Modell für 215–216
-, Bolles' Gesetze des Lernens 213–215
-, latentes 71, 174, 198–200, 205, 207, 210–211, 214, 217
- von Mittel-Zweck-Erwartungen 199–200
- vs. Motivation 71, 118, 124, 126
- ohne Reaktionsausführung 215
- vs. Verhalten 196–200
-, Vermeidungslernen 73–74, 135–138, 213
- am Vorbild 215, 322, 354–356, 360, 366, 569–570, 573, 702
Lernforschung 3, 49, 53, 69–85, 116, 124–138, 174, 196–200, 202–217, 695
Lerntheorien
-, Bindras Modell 215–216
-, Bolles' kognitive Revision 172–174, 211–215
-, Fortentwicklungen 207–210, 620
-, Grundpostulat 567
-, klassische 70–76, 116–118, 124–138, 172–175, 202–210, 213, 223, 237, 326, 452, 686, 690
-, Kritik an 208–216
-, soziale 223–226, 360, 370, 378, 383, 525, 527–530, 640
-, Spences Revision 206–207, 242, 244
-, Tolman Version 70–71, 195–202
-, Walkers Analyse 210–211
Libido s. Sexualtrieb
Lidschlagreflex 237–238
Locus of control (s. auch internale vs. externale Kontrolle) 516, 525
Löschung 69, 508, 530–531
-, Löschungsresistenz 125–126, 135, 137–138, 166, 225–226, 447, 686, 703
-, - und Kontingenzattribution 530–532
-, - und Stabilitätsattribution 525
Lust
-, Funktionslust 643

-, Kausalitätslust 643
-, Lustprinzip 55

Machiavellismus 307, 313, 316–317, 339
Machthandeln (s. auch Machtmotiv) 295–304
- und Aggression 351–352
-, Anreizmanipulation im 298–299
-, Bereiche 304
-, Definitionen von Macht 296–297
-, Fähigkeit zu 302, 316
-, Furcht vor 300, 303–304
-, individuelle Unterschiede des 301–304
-, instrumentelles vs. intrinsisches 299, 304
- in Kriteriumsgruppen 318–322
- und Machiavellismus 307, 313, 316–317
-, Machtquellen und 297–300
-, Moralität und 303
-, Motivbasis für 297–300
-, Ziele des 299, 301–303
Machtmotiv (s. auch Machthandeln) 37, 91, 103, 301–323
- und Aggression 310
- und Alkoholkonsum 303, 313, 315
- und Anreizmanipulation 298–299, 310
- und Berufe 302, 314
-, Definitionen 304–307, 310
-, Entwicklungsstadien 307–309, 319
- bei Frauen 309–310
-, Furcht vor Macht 305–307, 312, 315
-, historischer Wandel 305, 315, 322–323
- in Managementpositionen 318–322
- und Organisationsklima 319
-, personalisiertes vs. sozialisiertes 303, 308, 311–312, 315
- in Regierungsämtern 302, 321–322
-, sozialkulturelle Unterschiede 305, 312–313, 315, 322
-, TAT-Inhaltsschlüssel 305–309
-, - nach Stewart 309
-, - nach Uleman 306, 313–314
-, - nach Veroff 305, 312–314

-, - nach Winter 306–307, 314–316
-, Verknüpfung von Erwartung und Anreiz 310–312
Management s. Unternehmertum
Manifest Anxiety Scale (MAS) 131, 237–239, 245
Manipulationstrieb 148, 607
Massenmedien 379, 693
Mehrabian Achievement Risk Preference Scale (MARPS) 267–268
Minderwertigkeitskomplex 297
Minnesota Multiphasic Personality Inventory (MMPI) 237, 370–371
Modell-Lernen s. Vorbildlernen
Moralische Normen s. Wertungsnormen
Moralisches Urteil 333, 335, 490, 655, 664
Motiv 4–6, 8, 16, 18, 23–30, 50, 59–63, 85, 90–92, 98, 100, 115, 177, 238, 251, 564–565
-, Änderung von 24, 32, 62, 694–707
-, Anregung von 24, 30–32, 34–38, 40, 54, 59–60, 63, 65, 76, 87, 90, 97, 100, 103–104, 186–187
-, -, Aggression 350, 361–367, 372
-, -, Anschluß 276, 282–286
-, -, Furcht vor Erfolg 629
-, -, Furchtmotive 35
-, -, Leistung 251–253, 276–278
-, -, Macht 299, 312–314
-, Entwicklung des 24, 33, 36, 57, 60, 62, 76, 87, 97, 186, 639
-, -, Aggression 352–356, 373
-, -, Anschluß 281–282, 287
-, -, Hilfeleistung 335
-, -, Leistung 668–677, 679–694
-, -, Macht 307–309, 319
-, Grundprobleme des Motivbegriffs 23–28, 32, 40, 59, 85, 570, 582, 619–620, 624
-, historischer Wandel von 273–275, 305, 315, 322–323, 630
- als hypothetisches Konstrukt 26, 28–40
-, Katalog von 102–104, 106–114

Motiv, Klassifikation der 24, 26, 32, 35, 54, 56, 68, 86–114, 186–187, 564, 620
–, –, Hierarchie-Modell 104–107
–, –, nach Instinkten 95, 98–101
–, –, nach Person-Umwelt-Bezug 87, 101–104, 107–108, 110–111
–, – als Taxonomieproblem 107–111
–, konkurrierendes 271, 288–289, 291, 438, 582
–, Konstruktparameter von 624–625
–, Messung von 24, 29–30, 32–40, 56, 60, 86–87, 92–97, 103–104, 186–187, 236
–, –, Aggressivität 373–376, 380–383
–, –, Anschluß 282–287
–, –, Furcht vor Erfolg 628–629
–, –, Leistung 251–268
–, –, Macht 305–309
–, Motiv-Index-Verhalten 33, 35–38, 93–94, 255–257
–, Motivkomponenten 565
– als nomologisches Netzwerk 37
– als Person-Umwelt-Bezug 24–25, 29–30
–, phylogenetische Kontinuität von 109
– als Selbstbewertungssystem 570–574
– als summarisches Konstrukt 570, 582, 590, 619–620, 624, 639, 669–670, 683–684
–, Universalität des 109–114
–, Versuchsplan-Typen 33–40, 87, 92, 94, 236, 250, 268, 639–640
–, zentraler Motivzustand 121, 215–216
Motivänderung 24, 32, 62, 694–707
–, attributionszentrierte Programme 675, 699–704
– gegen Gelernte Hilflosigkeit 704
– und individuelle Bezugsnorm 695, 700
–, Pygmalion-Effekt und 701–707
– und realistische Zielsetzung 696, 699–702
– für Schüler 698
– und Selbstbewertung 695, 702–703

– für Unternehmer 694–697
– und Verursacher-Erleben 448, 700–701
– und wirtschaftlicher Erfolg 694–696
Motivation 23–30, 60–63, 85, 90–92, 120, 171, 238
–, Anreizmotivation 72, 81, 83, 128–129, 135, 172–234
–, energetisierende Funktion der 26, 52, 55, 67, 119, 153, 173, 177
–, –, Aggressionstrieb 358, 360, 368, 377
–, – in Triebtheorie 71, 73, 79, 120–122, 124, 129, 206–209
–, Entwicklung von (s. Entwicklung der Leistungsmotivation)
– durch Erwartung und Anreiz 172–234, 280–282, 285–287, 291–292, 310–312
– und Fähigkeit 366, 438–440
–, Grundprobleme des Motivationsbegriffs 23–28, 40, 47–48, 59, 85
– als hypothetisches Konstrukt 26, 28–40
– und Kognitionen 40–42
–, Konflikt 25, 32, 36, 65, 76, 139–145, 172, 182, 187, 288–289, 291
– und kumulative Leistung 438–440
– vs. Lernen 71, 118, 124, 174, 198–200
–, Nachwirkung der 25, 32, 39, 188–193, 632
–, Unter- vs. Übermotivation 435–438, 512
–, Versuchsplan-Typen 33–40, 87, 92, 94, 103, 236, 250, 639–640
–, Wirkungen der 25, 31–32, 65, 68, 82, 100, 108, 177, 182, 187
–, zentraler Motivzustand 121–122, 215–216
Motivationsattribuierung 441–443, 445, 457, 459–462
– aggressiver Handlungen 349–350, 353, 355, 362–363, 366, 384, 443, 561–563
– im Anschlußhandeln 558
–, Decis Prozeßmodell der 478–480
– Handlungsfolgen und 460–462

– der Hilfehandlung 329–330, 333, 559
– und Intention 384, 456–461, 475–477, 479
– intrinsischer vs. extrinsischer Handlungen 476–479, 610–613
–, Modell der korrespondierenden Schlußfolgerung 459–462, 468, 476, 561
– persönlicher Verursachung 447–448
–, Schmeichelei und 558
– und Selbstwahrnehmung 449–450
– in sozialen Handlungen 557–563
Motivationsförderung 577
Motivationsforschung, Problemgeschichte der 47–85
–, assoziationstheoretischer Problemstrang 49, 51, 69–85, 98, 100
–, –, aktivationspsychologische Linie 50, 69, 74, 76–85, 116, 145–157, 608–609
–, –, lernpsychologische Linie 50, 69–76, 82–83, 124–138, 202–215
–, Generation der Pioniere 48–51
–, instinkttheoretischer Problemstrang 49, 51–54, 98–101, 358–360
– ohne Motive 170
–, persönlichkeitstheoretischer Problemstrang 49–68
–, –, kognitionspsychologische Linie 54, 63–65, 116, 157–170, 443–468
–, –, motivationspsychologische Linie 53–54, 58–63, 71, 118–120, 175–202
–, –, persönlichkeitspsychologische Linie 54, 66–68, 87–114, 90–97, 101–107
Motivationskomponenten (Cattell) 93–97
Motivationstheorien
–, affektive Befriedigung vs. Informationsgewinn 548–551, 556, 590–592, 599–607
–, Aktivation 145–152, 600, 602, 608–609
–, Anstrengungskalkulation 587–590, 598–599, 602
–, Attributionstheorie 455–469, 515–518, 548–556, 600–602
–, Diskrepanzmodell 60,

79–80, 147–148, 152, 544, 609
–, Dynamische Handlungstheorie 61, 415, 632–638
–, Entscheidungstheorie 61, 218–219, 386
–, episodische vs. dynamische 632–633
–, Equity-Theorie 328, 333, 363
–, Erwartung-mal-Wert 42, 59–60, 76, 174, 187–188, 216–234
–, –, Matrix von 200–202, 216
–, –, psychologischer Syllogismus 172–174, 211–215, 621
–, –, S-R-theoretisch 202–209, 593
–, Erweitertes Modell 595, 616–628, 631
–, Frustrations-Aggressions-Theorie 359–360, 377–378
– für Hilfehandeln 344–347
–, Instrumentalitätstheorie 58–59, 62, 174, 226–234, 616–617
– für intrinsische Motivation 608–613
–, Kosten-Nutzen-Bilanz 298, 328–330
–, Lokaltheorie der Motivation 120–121
–, Modellüberprüfung durch Computersimulation 597–600
–, psychohydraulische 53–54, 180, 358
–, resultierende Valenz 217, 222–223, 347, 386, 415
–, Risikowahl-Modell 385–390, 534–535, 548–550, 599
–, Schwierigkeitsgesetz der Motivation 62, 420, 432–433, 577, 587
–, Selbstbewertungssystem 570–574, 582, 599, 668
–, Soziale Lerntheorie 223–226, 360, 370, 378, 383, 525, 527–530
–, Triebtheorie 71–73, 124–133, 207–209
Motivkonstellation 317–323
–, „imperiale" 319, 322–323
– in Management-Positionen 318–322
– in Protestbewegungen 322
– in Regierungsämtern 302, 321–322

– in Verhandlungsspielen 317–318
Muskeltonus 81–82, 189, 271–272

Nahrungs- und Flüssigkeitsaufnahme 121, 123, 127, 129, 133, 162–163, 208, 251
Need (s. auch Bedürfnis) 59, 101–104, 109, 251
Need for Achievement (n Ach) 103, 192, 252–259, 311
–, Anregungsbedingungen und -effekte 252–253, 275–277, 628
– bei Frauen 257, 628–629
–, historisch-ökonomischer Wandel des 273–275
–, Konstruktvalidität des 268–272
– in Management-Positionen 273–275, 318–322
–, Messung von 251–259
–, resultierendes Motiv 259
–, sozialkulturelle Unterschiede von 272–275
–, –, epochale 274–275
–, –, konfessionelle 273, 275
–, –, nationale 273–274
–, –, soziale Schichten 275
–, TAT-Inhaltsschlüssel 253–255, 273–275
–, TAT-Messung 252–253, 255–257
–, –, Geschlechtsunterschiede in 628–629
–, Testgütekriterien von 256, 264
–, –, innere Konsistenz 264, 635
–, Verhaltenskorrelate 268–272
–, –, Aufgabenwahl 268–270, 395–407, 425, 624–625, 636–638
–, –, Ausdauer 272, 408–413, 416–419, 424–425
–, –, Berufswahl 230, 407–408, 423
–, –, Leistungsergebnisse 270–272, 275–276, 412, 416–417, 419, 425–434
– und Wirtschaftswachstum 273–275, 318
Need for Affiliation s. Anschlußmotiv
Neugier 80, 130, 148, 151, 452, 607
Neurose 55–56, 237
Neurotizismus 82, 702
Nomothetischer Fallstrick 16, 35–36, 66, 89, 97

Nomothetisches Verfahren 16, 66, 89, 597
Normen s. Wertungsnormen
Nutzen 218–219, 347, 386

Oberziel 18, 421, 426, 435, 620, 622, 682
–, Anreiz des 623, 625–628
– und Anspruchsniveau 625–628
Ödipuskomplex 56
Ökonomieprinzip 587, 665
Operantes vs. respondentes Verhalten 77, 250, 259, 568, 571
Organisationsklima 318–320
Orientierungsreaktion 77, 82
Over- vs. Underachievement 438
Ovsiankina-Effekt 178, 188–190, 192, 414

Paarassoziationslernen 118–119, 132–133, 163, 237, 429
Pädagogische Psychologie 438
Pech s. Zufall als Attributionsfaktor
Persistenz s. Ausdauer
Persönlichkeitsentwicklung 179–180, 184, 189
Persönlichkeitspsychologie 8, 11, 16, 88, 90–107, 200–201, 236, 446, 597
–, idiographische 16, 66, 87, 97, 236, 250, 584
–, nomothetische 16, 66, 89
–, „persönlichkeitspsychologische Korrelation" 88
Personalismus 66, 106
Personmodell (s. auch gespanntes System) 58, 176–180, 183–190, 192–193, 201
–, Bereiche (Regionen) 177–180, 185, 189, 192
–, Beziehung zum Umweltmodell 184–188
–, Exekutivfunktionen 177–178, 180, 185
–, gespanntes System 58–59, 178–180, 185–193
–, Kritik am 180
–, Wandfestigkeit 177–180, 189, 192
Personwahrnehmung 63, 444–446, 448, 519
Phänomenanalyse 67, 90–92, 107
Phobie 155
Prägung 53

press 59, 101–104
Programmierte Instruktion 77
Projektion 250
–, attributive 472, 485
Protestantische Ethik 273
Prüfungsängstlichkeit 242–249, 259
–, Aufgeregtheit vs. Selbstzweifel 245–246, 248–249, 259, 266
–, Aufmerksamkeitshypothese 245–249, 595
– und Bezugsgruppen-Effekt 706–707
– und Erfolgswahrscheinlichkeit 393
– und Leistung 243–245, 427, 430
–, Mandler u. Sarasons Theorie 242
– als Maß für Furcht vor Mißerfolg 258–259
– und *range of cue utilization* 248
– und selbstwertbezogene Kognitionen 243–249
–, soziale Bezugsnorm im Unterricht und 581
–, –, Störeinfluß von 246–249
–, Therapie von 248–249, 703
Psychische Sättigung 57, 147
Psychoanalyse 2, 9, 49, 54–57, 66, 72, 95, 104, 106, 135, 138, 175, 188, 191, 307, 326, 358, 372, 377, 452
Psychophysisches Problem 184–185
Psychosexuelle Phasen 56
Pygmalion-Effekt 701–702

Quasi-Bedürfnis 57–58, 178–179, 188–191, 336, 507

Rationalisierung 356
Reaktanz 506–507
– in Gelernter Hilflosigkeit 506–507
– im Hilfehandeln 332–333
Reaktion
–, antizipatorisch emotionale 237
–, antizipatorische Zielreaktion (r_G) 72, 75, 124, 127–128, 174, 186, 203–209, 213, 217
–, instrumentelle 124, 127, 204, 206, 208–209
–, konkurrierende 132–133, 237, 242, 244, 616
–, konsummatorische 95, 120–121, 124, 127, 129–130, 134, 206, 208

–, kontrollierende 567
–, respondente vs. operante 77, 250, 259, 568, 571
–, vorbereitende 120
–, Zielreaktion 125, 134, 203–205, 208–209
Reaktionspotential 71–72, 126, 141–143, 206, 224
Reaktionszeit 119
– bei Aufgabenwahl 395–400, 603
Reflex 49, 76–77, 98, 117–120
–, hautgalvanischer 81, 95, 145–146, 156–157
Reflexivität 3, 43, 534, 554, 557, 582, 637
Reflexologie 49, 76–77, 81, 98
Regression 56, 179, 664–665
Reiz
–, äußerer vs. innerer 55, 75, 80, 83, 117, 120–121, 124, 126, 136, 141–142, 148, 153, 203–206
–, affektiver 80, 148
–, auslösender 53, 359, 364–365, 368
– mit Bekräftigungswert 138
–, diskriminativer 570
– und Gefühlston 148–152
–, Hinweisreiz 60, 73, 129, 135, 146, 209, 237, 364–365
–, „reine Stimulus-Akte" 204
–, Reizentzug 147–148
–, Reizgeneralisation 143, 207, 686
–, Reizvariation 147–148, 207–208
–, Triebreiz 55, 127, 141–142, 204–205
–, unkonditionierter vs. konditionierter 76, 163
–, zielbezogener 142, 144, 205
Reiz-Reaktions-Theorien (s. auch Lerntheorie) 3, 26, 41, 45, 49, 62–63, 100, 174–177, 196, 199–200
–, Assoziationstheoretischer Problemstrang 69–85, 120–138
–, Kritik der Reaktionsbekräftigung 210–217
–, Lerntheorie 120–138
–, Lewins Kritik der 118–120, 176–177
–, Reiz-Reaktionsverbindungen 117–118
–, Verknüpfung von Erwartung und Anreiz 202–209

Resultierende Tendenz 61, 387–389, 625, 633
Risikowahl-Modell
– und Aktivationstheorie 412
– und Anstrengungskalkulation 588–590, 599
– vs. Attributionstheorie 548–556, 600, 604
– und Aufgabenwahl 395–407, 425, 624–625, 636–638
– und Ausdauer 408–413, 416–419, 424–425
– und Berufswahl 407–408, 423
– und Diagnostizität 601–602
– als episodisches Modell 632, 634
– und Gelernte Hilflosigkeit 511
– und Informationsgewinn 397, 400, 548–551, 556, 590–592, 602–603
–, kognitive Voraussetzungen des 651–658, 668–669
– und Leistungsergebnisse 412, 416–417, 419, 425–435
–, –, Effizienz 430, 434–440
– –, nach Erfolg und Mißerfolg 433–434
– –, kumulative 434, 437–440
– –, Menge vs. Güte 429–434
– und Mißerfolgsmotivierte 400–403
– und Motivationsentwicklung 642, 651–652, 656
–, Revisionen des 404
–, –, asymmetrische 396–400, 418–419, 425, 617
–, –, von Feather 586
–, –, von Hamilton 403–404
–, –, von Heckhausen 396–397
–, –, von Nygard 411–413, 428
–, –, persönlicher Standard (Kuhl) 404–407
–, –, Trägheitstendenz 414–420, 428, 433
–, –, Zukunftsorientierung (Raynor) 420–427, 440, 626
– und Selbstbewertung 385, 389, 405–407, 426, 570, 574, 616
–, Selbstkonzept der Fähigkeit und 588–590, 599

Rollenübernahme 335–337, 345, 355–356
Rollenvorschrift 460, 468
–, geschlechtstypische 628–632, 653, 676–677
Rückmeldungen, Einholen von 550–551, 556, 589, 604–605, 700
–, Aspekte der Rückmeldung 615, 671

Scheinfütterung 130
Schema
–, kognitives 21
–, Selbstschema 584–585
Schlaflosigkeit 451–452, 553–554
Schlüsselreiz 53
Schmerz 73–74, 131, 135–138, 147, 238, 503
Schreckreaktion 147–148
Schulleistungen
–, Leistungsmotiv und 38, 271–272, 428–429, 438–440
– nach Motivänderungsprogrammen 698–699, 701, 703
–, Selbstkonzept und 584
Schwachsinn 180, 645
Schwierigkeitsgesetz der Motivation 62, 420, 432–433, 577, 587
Selbstachtung 99, 192, 238, 240, 243, 301, 484, 532
Selbstaufmerksamkeit 43–44, 594–595
– in der Aggression 367, 594
– und Emotion 594
– im Hilfehandeln 331
– und Leistung 595
–, Prüfungsängstlichkeit und 244–249
–, Theorie der 593–595
– und Verantwortlichkeitsdiffusion 331
Selbstbefangenheit 367, 510
Selbstbekräftigung (s. auch Selbstbewertung) 60, 62, 326, 333, 360, 566–571, 582
–, Definition 567
–, internale vs. externale 573
–, Kanfers Selbstregulationsmodell 567–569
– und Motivänderung 699–700
–, Selbstbewertung und 567–569, 571
– und Selbstkontrolle 567–569
– und Standardsetzung 567–573

Selbstbeobachtung (s. auch Introspektion und Beobachtungsperspektive) 567–568, 702
Selbstbestimmung 447–448, 476, 479, 490–491, 535, 543, 592
– und Intention 554
– und intrinsische Motivation 609–610, 613, 614
– in Motivänderungsprogrammen 700–701
Selbstbewertung (s. auch Selbstbekräftigung) 62, 167, 220–221, 232, 253, 332, 566–574
– in der Aggression 366–369
–, Anreiz der 344, 346, 574, 622–623
–, Anspruchsniveau und 572–573
–, Attribution und 524–525, 534–541, 556–558, 566, 664, 667–668, 670–673, 675, 677, 681
– und Autonomie 566, 569–570
–, Bezugsnorm und 576, 578–580, 704
–, Emotionen der 385, 525, 532, 534–541, 548, 551–552, 568, 571, 599
– in Gelernter Hilflosigkeit 500–501, 510–513, 515
– im Hilfehandeln 326, 332–333, 342–346, 574
– im Leistungshandeln 385, 389, 405–407, 426, 424–426, 525, 548, 551–552, 534–541, 556, 570–574, 597–599, 622, 656
– und Motivänderung 695
– als Motivationsprinzip 566–574
–, motivbezogene Attributionsunterschiede und 524, 537–538, 556–558, 566, 570–573, 622
–, gehobenes Selbstgefühl 334, 559, 593
–, selbstbewertende Reaktionen 644–648, 652, 655–656, 669
–, Selbstbewertungssystem 570–574, 582, 597, 599, 642, 668, 670–673, 675–677, 702
– und Selbstkonzept der Fähigkeit 591–593
– vs. Ungewißheitsreduktion 603–607

–, Valenz der 625–626
Selbstbezogene Kognitionen s. Kognitionen
Selbstkontrolle 567–569, 582
Selbstkonzept 99, 167, 342, 407, 582–586, 594
– und Anspruchsniveau 583, 586, 589
– und Attribuierungsasymmetrie 532, 557, 677
– und Ausdauer 583
– und Fähigkeitsattribution nach Erfolg 675
– in der Leistungsmotivationsforschung 585–592
– und persönlicher Standard 586
– und Schulerfolg 584
–, Selbstschema 584–585
– als naives Selbstverständnis 584, 592
– und Zeigarnik-Effekt 583
Selbstkonzept der Fähigkeit 62, 263, 393, 524, 532, 582, 585–592
– und Anspruchsniveau 587, 589–592
– und Anstrengungskalkulation 587–588
–, Attribution des Lehrers und 584
–, aufgabenspezifisches 590–591
–, Begabungseinschätzung als Motivziel 590–592
– und Bezugsgruppen-Effekt 706–707
– und Bezugsnorm 581, 649, 673
–, Differenziertheit des 584
–, Entwicklung des Fähigkeitskonzepts (s. Fähigkeit)
– und Erfolgswahrscheinlichkeit 62, 587–590
– und Leistungsmotiv 263, 393, 524, 532, 578, 588–592, 600
– und Motivänderung 703
– und Risikowahl-Modell 588–590
– des schulischen Leistungsstands 649, 673, 675
– –, Attributionsmuster und 675
– und Selbstbewertung 591–592
–, *self-efficacy* 509, 593
–, statisches vs. dynamisches 592
Selbstregulation 566–569, 582, 613

Selbstverantwortlichkeit
(s. auch Verantwortlichkeit)
– als Disposition 339–340
– im Hilfehandeln 340–347, 559–560
– im Leistungshandeln 447, 470, 523, 585–586, 657, 669, 673, 677, 700
– im Unterricht 704
Selbstverwirklichung 104–106, 232
Selbstwahrnehmung (s. auch Beobachtungsperspektive) 168–169, 446–447
–, Selbstwahrnehmungstheorie 169, 449–450, 532, 610, 614
Selbstwert s. Selbstachtung und Kognitionen, selbstbezogene
Sensorische Deprivation 79
Sexualtrieb 56, 91, 108, 123, 124, 129–130, 133, 142–143, 208, 257, 297
Simulationsstudien 328–329
Situation 17–23, 42–43, 45, 175–176
–, Äquivalenzklasse von 15–16, 30, 35–36, 66, 88–91, 94, 97, 107–114, 263, 564
–, Beurteilung von 152–157, 230, 240
–, – und Emotion 153–157
–, –, postperzeptuell 153
– und Feldbegriff 175–176, 180
–, Neubewertung der 156–157, 164, 342, 378, 384, 451, 545
–, Situationsvalenz 621
–, soziale 223
Situationismus 9–10, 13, 17, 19, 442
Soziale Lerntheorie 223–226, 360, 370, 378, 383, 525, 527–530, 640
Sozialisationsforschung 20–21, 36–37, 335, 352–354, 358, 639–640, 668–669, 676, 684
Sozialpsychologie 326, 446, 475
Spannungszustand 176–180, 185–193, 206, 208
–, gespanntes System 59, 177–180, 185–186, 414
Spielen 148, 184, 608–609, 611
Standard, persönlicher 404–407, 566, 572, 582, 586, 624, 668–672, 679–680, 682–683, 685–690, 702

– vs. Anspruchsniveau 406, 572
State-Trait Anxiety Inventory (STAI) 239–242
Strafjustiz 354, 490
Streßsituation 156–157, 238, 294–295

Taxonomie von Motiven (s. auch Motiv-Klassifikation) 107–114
Terrorismus 305, 349, 356–357
Test Anxiety Questionnaire (TAQ) 243, 245, 259, 269
Testtheorie
–, klassische 263–264
–, stochastisches Testmodell 263–266, 597–599
Thema (Thematik) 102–104, 111
–, Gleichthematik 611–613
–, Leistungsthematik 112–113, 260
Thematischer Auffassungstest (TAT) 59, 62, 102–104, 236, 250–251
–, zur Messung von
–, – Aggressivität 361, 370, 372–376, 379–384
–, – Anschlußmotiven 282–286
–, – beiden Leistungsmotiven 259–267, 565, 595, 681
–, – Machtmotiv 305–309
–, – *need for achievement* 251–257, 565, 628–629, 696
–, – „persönlicher Verursachung" 447
– als projektives Verfahren 250–251, 695
–, Umkehrbeziehung im 257, 372, 375–376
Therapie 56, 72–73, 142, 144, 192, 248–249, 500, 560–561, 695, 699
–, Attribution von Therapieerfolg 480
–, Attributionstherapie 511, 594, 676–677, 699–704
–, Desensibilisierung 249
– von Gelernter Hilflosigkeit 503
– zur Motivänderung 694–707
–, nicht-direktive 700
–, Selbstinstruktion 249, 568
–, *token economy* 615–617, 704
–, Verhaltenstherapie 77, 302

Topologie (s. auch Feldtheorie) 176, 182
Trägheitstendenzen 61, 409, 414–420, 428, 433, 633, 634
– und Befriedigungswert 419–420
Traumdeutung 55
Trieb 26, 28, 42, 52, 54–57, 63, 67, 70–72, 79, 81, 98, 100, 120–138, 141–142, 146–148, 162, 199–200
–, Aggression als 358–360, 379, 383
– und Aktivationsniveau 79, 146–147, 237
–, allgemeiner Charakter des 131–132, 146, 173, 175, 237
–, Bedürfnis und 71, 120–127, 130, 209
–, emotionaler 82
–, energetisierende Funktion des 116, 120, 124, 129, 131, 133, 192, 207, 209, 237
–, Entwicklung des 56
–, erworbener (sekundärer) 73, 76, 85, 116, 129, 131, 133–138
–, Externalisierung des 209
–, Frustrationstrieb 135
– und *habit* 126, 128–129, 131–133, 196, 198, 208, 237
– und Herzschlagfrequenz 147
–, Katalog von 109
–, Lokaltheorie der Motivation 120–121
–, spezifischer vs. unspezifischer 71, 73, 131–132, 146, 173, 175, 217, 237, 242
–, starker Reiz als 73, 116, 133, 136, 242
–, Sublimation des 56, 192
–, Triebinduktion 74–75, 130, 134, 207–209, 217
–, Triebquelle 56, 73, 131
– Triebreduktion (s. dort)
–, Triebreiz 55, 127, 141–142, 204–207, 414
–, Triebschicksal 56, 66, 192
–, Triebsummation und Triebsubstitution 131–133
–, Triebtheorie 71–73, 116, 124–133, 153, 172–173, 175, 180, 187, 196, 203, 207–209, 237, 242, 244
–, zentraler Motivzustand 121–122, 215–216
–, Zielreiz und 207
Triebreduktion 55, 69, 71–72, 74, 79, 118, 125,

129–131, 136–138, 150–151, 196, 205, 208
– und Bekräftigung 129–131, 137–138, 150–151, 208, 210, 217
– vs. intrinsische Motivation 608, 613
–, Triebe ohne 148, 607–608, 613
Tüchtigkeitsmaßstab 112–113, 253–254, 642, 647–649, 655, 670, 691

Übermotivation 435–438, 512
Überraschungsgehalt 80, 148–149
Umweltmodell (s. auch Feldtheorie) 180–188, 190, 193–194, 201, 216
–, Barriere 182, 194
–, Bereiche (Regionen) 58, 181–183, 185–186, 216
–, Beziehung zum Personmodell 184–188
–, „fremde Hülle" 184–186
–, Handlungspfad im 182, 186–187, 194, 214, 216
–, hodologische Betrachtung 182, 201
–, Kraft im 181–182, 185–187, 190, 194, 224, 230–232
–, Lebensraum und 184–186
–, Mittel-Zweck-Bezüge im 181–182, 185–187, 194
–, postdiktiver Charakter des 182–184
–, Potenz 187, 216–217, 222
– und Realitätsebene 183–184
– und Zeitperspektive 183–184
Umweltpsychologie 22–23
Unbewußtes 54–55
Ungewißheit (s. auch kollative Variablen und Unsicherheit) 80, 148–149, 155, 400, 602–607
–, Reduktion von vs. Selbstbewertung 603–607
Unsicherheit, subjektive 395–400
Unternehmertum 273, 318–322, 694–697
Unterrichtsgestaltung, motivationsfördernde 579–582, 704–706
Ursachenzuschreibung s. Attribuierung
Utility s. Nutzen

Valenz (s. auch Anreiz)
– und Anreiz 386–387, 626
–, Arten von 620–621
–, Attraktivität von Aufgaben 189, 192–193, 277–278
–, Aufforderungscharakter 58–59, 61, 70, 139, 173, 179–180, 185, 188
– und Bedürfnis 185, 190, 214, 233, 386
– und psychologische Distanz 193–194
– von Erfolg und Mißerfolg 222–223, 386
– und Erfolgserwartung 222–224, 387
– in der Feldtheorie Lewins 61, 173, 179–182, 185–187, 190, 214, 216
– der Handlungsergebnis-Folgen 227–233
– des Handlungsergebnisses 229–233, 336
– in der Instrumentalitätstheorie 59, 228–231
–, intrinsische vs. extrinsische 232–233, 344
– und Motivstärke 387
– des Oberziels 625–628
–, resultierende gewichtete 222–223, 347, 386, 415, 620
– im Risikowahl-Modell 386–390, 548
– der Selbstbewertung 625–626
–, Valenz-Gradient 140–145, 387, 623–624
– als persönliche Wichtigkeit 228, 234, 383, 435, 535–536, 555
– und Zukunftsorientierung 420
Valins-Effekt 155–156, 336, 450–451, 454, 469
Verantwortlichkeit (s. auch Selbstverantwortlichkeit) 328, 455, 459
–, Attribution von 489–493
–, Diffusion von 328, 330–332
–, Leugnung von 342–343
Verdrängung 56, 188, 191
Vergewaltigung 492
Vergleichende Psychologie 49
Vergleichende Verhaltensforschung s. Ethologie
Verhalten (s. auch Handeln)
–, Änderung von 544, 553–554
–, artspezifisches 212–214
–, Erklärung des 6–24, 42,

45–47, 64, 170, 176, 441–443, 456
–, Verhaltensgleichung, allgemeine 18, 176, 456
–, Verhaltenspotential 224
Verhaltenspotential 224
Vermeidungslernen 73–74, 135–138, 213, 495–497, 512–513
Vermögenspsychologie 98–99
Vernunft 48, 65, 452
Verschiebung 142–144, 633–635
Versuch und Irrtum 69, 117, 124, 196
Verursacher-Erleben s. Selbstbestimmung
Völkerpsychologie 50
Vorbildlernen 215, 332, 354–356, 360, 366, 569–570, 573, 702
Vornahme 178–179

Wachtraum, gelenkter 595
Wahlsituation 63, 135, 160, 162, 200–202, 228, 230, 460
Wahrscheinlichkeit s. Erfolgswahrscheinlichkeit
Wechselwirkung 17–22, 85
– im Anschlußhandeln 279–281, 295
– als gegenseitiger Beeinflussungsprozeß 21–22, 42, 58, 279
– im Hilfehandeln 327, 333
– im Leistungshandeln 385
– zwischen Person und Situation 17–23, 30, 63, 107, 110, 176, 327, 620
–, statistische 17–21, 38–39, 42, 92
Wertungsdisposition 24, 81, 95–96, 99, 110
Wertungsnorm 56
– in der Aggression 349, 352–358, 363–364, 366–367
– in Diskrepanz zum Verhalten 594
– der Gegenseitigkeit 333, 338, 353–356, 364
– im Hilfehandeln 332–334, 338–340, 344–347
– im Leistungshandeln 539–541
– im moralischen Urteil 333, 339–340, 345, 353–354
– der sozialen Verantwortlichkeit 332, 338–339
– der Vergeltung 354–355, 363–364, 366, 377

Wertungsnorm, weibliche vs. männliche 628, 653, 676
Wetteifer 189, 361, 436–437, 623, 629, 631, 644–645, 648, 667, 675
Wiederaufnahme von Aufgaben (s. auch Ovsiankina-Effekt) 94, 414–415, 614, 632, 655
–, Wiederholungswahl 189, 657
Willen zur Macht 297
Willenshandlung 2, 47–52, 57
–, Willensfreiheit 48
–, Willensmessung 57, 118–120
Wirksamkeitsmotivation 296–297, 608, 643
Wirtschaftswachstum
– und Anschlußmotiv 320–321
– und Leistungsmotiv (n Ach) 273–275, 319–321, 694–696
– und Machtmotiv 319–321
Würzburger Schule 50, 55, 57, 67, 118
Wundt-Kurve 148–150

Yerkes-Dodson-Regel 62, 146, 271, 434

Zeigarnik-Effekt 57, 178, 188–192, 276, 414
– als Gedächtnis- und kein Lerneffekt 191
–, Hilfeleistung und 336
–, individuelle Unterschiede des 192
–, Komplikationen des 190–192
–, Leistungsmotiv und 192, 258–259, 270
–, Selbstkonzept und 583
– nach induzierter Stimmung 595
–, Versuchsfehler beim Herstellen des 190
Zeitdruck 271
Zeiterleben 272–273
Zeitperspektive (s. auch Zukunftsorientierung) 183–184, 272–273
Zentraler Motivzustand 121, 215–216
Zielgerichtetheit 12, 25–28, 52, 55, 63, 69–70, 81–82, 98, 101, 104, 124, 182, 195–202, 205, 210, 414
– als Äquifinalität (s. dort)
–, Aspekte der 196
–, Tolmans Analyse 195–202
Zielsetzung s. Anspruchsniveau
Zufall als Attributionsfaktor 65, 113, 232, 456, 517, 532
– in Sozialer Lerntheorie 224–226
– in Sozialer Lerntheorie vs. Attributionstheorie 529–530
– in Verantwortlichkeitsattribution 491–492
Zukunftsorientierung 113, 409, 538–539, 592, 623–624, 682
– als Person-Disposition 427–428
– im Raynor-Modell 420–427, 440
Zweifaktorentheorie
– von Mowrer 137
– von Schachter 153–154, 156

16 Namenverzeichnis

Abel, T. M. 190
Abramson, L. Y. 497, 500–502, 506, 507, 509, 511, 513–514, 517
Ach, N. 50–51, 54–55, 57, 62, 68, 84, 116, 118–120, 126, 129, 176, 420, 432, 587
Adams, J. S. 328, 363
Aderman, D. 334, 488
Adler, A. 296–297
Adler, D. L. 193
Agassi, R. 612
Ajzen, I. 24, 227
Albright, D. 232–233
Alker, H. A. 264
Allen, A. 16, 35–36, 66, 89, 258, 584–585, 597
Allen, D. 52, 100
Allport, G. W. 50, 53, 58, 66, 68, 84, 87–89, 106, 110–111, 113, 133, 251, 264, 607
Alon, S. 614
Alper, T. G. 190–192, 628, 630
Alpert, R. 243, 254, 256, 263, 393, 408
Alschuler, A. S. 698
Altman, F. 245
Altrocchi, J. 362
Ames, C. 532, 557, 667–668, 675
Ames, R. 557, 667–668, 675
Amitai, A. 613
Amsel, A. 134–135, 208, 507
Anderson, J. E. 207
Anderson, N. H. 446, 521
Anderson, R. 614
Andrews, G. R. 551, 703
Andrews, J. D. W. 318
Andrews, J. W. 238
Angelini, A. L. 628

Angermeier, W. F. 76, 117–118
Angulo, E. J. 369
Appley, M. H. 48, 54, 85
Arazi, D. 612
Aristipp 69
Aristoteles 176, 377
Armstrong, W. 542
Arnold, M. B. 156, 606
Aronfreed, J. 334–336, 342, 346, 568
Aronson, E. 167, 169, 267, 604
Arsenian, S. 590
Asch, S. E. 446
Atkinson, J. W. 35, 37, 41–42, 56, 58–63, 65, 68, 71–73, 80, 84, 104, 152, 192, 209, 223, 229, 251–260, 264, 268–270, 272, 275, 277, 283–287, 289, 291, 305, 322, 370, 385–394, 398, 400–401, 409, 414–416, 419–421, 426, 428–429, 433–440, 534, 539, 544, 549, 566, 570, 582, 587–588, 599, 609, 615, 622–625, 628, 632–636, 640–642, 669, 685, 694

Bachmann, D. 569
Backer, R. 130, 208
Bäumler, G. 266
Balagura, S. 121
Ballachey, E. L. 105
Balloun, J. L. 164
Bandura, A. 134, 215, 350, 353–357, 359–362, 366, 368, 372, 379, 383, 509, 568–570, 573, 593
Baratta, P. 391
Barden, R. C. 647

Barker, R. G. 112, 183–184
Baron, R. A. 349, 361, 363–364, 366–367, 369, 562
Bar-Tal, D. 337, 517
Bartlett, E. W. 686, 691
Bartmann, T. 271
Bastian, J. R. 588
Batson, C. D. 327, 333–334, 336, 346, 475, 479, 560–561
Bechterew, V. M. 76
Beckman, L. J. 481
Beier, A. 699
Belanger, D. 147
Bell, P. A. 369
Bem, D. J. 16, 35–36, 66, 89, 169, 258, 449–450, 532, 584–585, 597, 610, 614
Benson, J. S. 501–502
Benware, C. 477–479
Berens, A. E. 631
Berkowitz, L. 325, 328, 332–334, 338–339, 344, 346, 350, 359–361, 364–365, 368–369, 377, 379, 488, 559
Berkun, M. M. 144
Berle, A. A. 296
Berlyne, D. E. 80, 82–85, 130, 148–152, 155, 397, 412, 452, 602, 609
Berman, A. J. 215
Bernard, L. L. 52
Bernoulli, D. 218
Berscheid, E. 355–356, 363
Bexton, W. H. 147
Bialer, I. 657
Bickman, L. 330
Bierbrauer, G. 474–475, 491, 481
Bigelow, R. 358
Biglan, A. 230, 233
Bindra, D. 81, 83–84, 146, 174, 186, 215–216
Birch, D. A. 48, 61, 415, 419, 566, 632–636
Binet, A. 50
Birney, R. C. 267, 405, 585
Bitter, E. 366
Blaney, P. H. 513
Blankenship, V. 419, 636–637
Blodgett, H. C. 198–199
Bludau, H.-F. 317
Boggiano, A. K. 648
Bolles, R. C. 47–48, 76, 81, 121, 127, 129, 131, 138, 173–174, 186, 206, 210–215, 217, 223, 229, 620
Bongort, K. 264, 634–636
Bootzin, R. R. 452, 505, 615
Borden, R. 368

Borgida, E. 465, 471, 485, 519
Boring, E. G. 49
Boteram, N. 169, 277–278, 414
Bowers, K. S. 18–20, 101
Boyce, R. 54
Brackhane, R. 575
Braden, M. 165
Bradley, G. W. 167, 481–482, 623
Bramel, D. 169
Brauckman, L. 581
Braver, S. L. 454, 507
Brehm, J. W. 160–161, 164, 167–169, 277, 332–333, 449, 497, 506–507
Breit, S. 535–536
Breitenbach, W. 266
Breland, K. 212, 214
Breland, M. 212, 214
Brentano, F. 55
Breuer, J. 377
Bricker, W. 353
Brickman, P. 601
Broadhurst, P. I. 434
Brock, T. C. 164
Brookmire, D. A. 328–329, 338
Brookover, W. B. 590
Brown, J. F. 178, 184
Brown, J. S. 41, 72–74, 83–84, 129, 135, 138, 142–143
Brown, M. 426
Brown, P. L. 212
Brown, R. C. 351–352
Brunswik, E. 27, 458
Bryan, J. 332, 335
Buchwald, A. M. 513
Buckert, U. 602
Bühler, C. 67, 147
Bühler, K. 643
Bulman, R. J. 507, 515
Burdick, H. 267, 405, 585
Burgess, M. 380
Burkert, U. 687
Bush, E. S. 513, 522–523, 676–677
Buss, A. H. 350, 353, 361–363, 367, 370–371, 376, 510, 562, 594–595
Buss, A. R. 442, 517, 612
Buss, D. M. 367, 510
Butler, D. 454, 557
Butler, R. A. 130, 607
Butterfield, E. C. 190, 657
Butzin, C. A. 521
Butzkamm, A. 517, 522
Butzkamm, J. 407, 550–551, 568–569, 572–574, 586,

589, 591–592, 604, 670, 673
Byrne, D. 281–282, 285

Calder, B. J. 614
Calsyn, R. J. 584
Camp, B. W. 384
Campbell, B. A. 121–122, 129, 207–208
Campbell, D. T. 326
Campbell, J. P. 232–233, 617
Camus, A. 107
Cannon, W. B. 120
Cantor, J. 362
Caputo, C. 7
Carlsmith, J. M. 161–162, 167, 448, 475
Carlson, E. R. 227
Caron, A. J. 189, 191
Carpenter, J. A. 128
Caroll, J. S. 490
Cartwright, D. 61, 183, 189, 192, 194, 276–277, 297, 299–300, 409, 414–416, 420, 632
Carver, C. S. 367, 594, 595
Cascio, W. F. 614
Cattell, R. B. 19, 50, 67–68, 84, 87, 89, 92–93, 95–99, 101, 103, 110
Chadwick, I. 284–285
Chance, J. E. 224
Chapman, J. P. 472, 491
Chapman, L. J. 472, 491
Child, D. 96
Chodoff, P. 492
Christie, R. 307, 316–317, 339
Cialdini, R. B. 454, 493, 507
Clark, M. 334, 559
Clark, R. A. 56, 60, 73, 80, 84, 104, 142, 152, 209, 252–258, 260, 268, 270, 291, 370, 393, 421, 544, 586, 609, 624, 628, 640, 642, 685, 694
Clark, R. D. 331
Clausen, G. 331, 339
Cofer, C. N. 48, 54, 85
Cohen, A. R. 161, 168–169, 277
Cohen, J. 392
Cohen, J. L. 347–348
Cohen, S. 497–498, 508–509, 513
Coke, J. S. 333, 336, 346, 479
Cole, A. H. 333
Cole, C. S. 513
Collier, G. 134
Collins, B. E. 162, 447
Combs, A. W. 251

Condry, J. 613
Cook, R. E. 515, 526, 549, 552, 600, 642
Coombs, C. H. 391
Coopersmith, S. 189, 192, 583
Cordray, D. S. 466
Costanzo, P. R. 481
Coyne, J. C. 513
Craik, F. I. M. 585
Crandall, R. 465
Crandall, V. C. 447, 470, 523, 586, 640, 653, 657, 676, 692
Crandall, V. J. 447, 470, 523, 586, 640, 657, 692
Crespi, L. P. 39, 198, 205–206
Cronbach, L. J. 10–11, 19, 37, 235, 338, 584
Crowe, D. H. 482
Crowne, D. P. 225, 527, 530–531
Crozier, J. B. 151
Crutchfield, R. S. 105
Csikszentmihalyi, M. 610–612
Cummings, L. 232–233
Cunningham, J. D. 465, 467, 473

Dahl, R. A. 296
D'Andrade, R. 640, 670, 686, 691–692
Daniels, L. R. 328, 332, 339–340
Darley, J. M. 327–328, 330–331, 334, 339, 475
Darwin, C. 48–52, 54, 59, 64, 68–69, 71, 83–84, 452
Davidson, K. S. 245
Davidson, W. Z. 238
Davis, K. E. 6, 456–459, 461–462, 468–469, 476, 561
Davis, W. N. 303, 308
Davison, G. D. 544, 553
Dawe, H. C. 353
Dawes, R. W. 391
Day, K. 369
deBruyn, E. 432
Debus, R. L. 551, 703
deCharms, R. 261, 274, 285, 447–448, 490, 535–536, 543, 593, 609–610, 612–613, 618, 700–701
Deci, E. L. 456, 476–480, 543, 561, 563, 609–610, 612–614, 618, 623
Deese, J. 128
Dember, W. N. 609
Dembo, T. 59, 178, 184, 216, 220–222, 386, 500, 622

Dengerink, H. A. 360, 362–363, 366–367, 371
Dertke, M. C. 328–329, 338
Detweiler, R. A. 155
Deutsch, M. 336, 366
Diener, C. I. 470, 512, 516, 676–677
Dienstbier, R. A. 337
Diggory, J. C. 583, 586
Diller, L. 583
Dilthey, W. 104
DiVitto, B. 648
Dintzer, L. 509, 513, 515
Doctor, R. M. 245
Dodson, J. D. 62, 146, 271, 434
Dollard, J. 72–73, 134, 136, 138, 242, 350, 359–360, 377
Dollinger, S. J. 614
Donley, R. E. 302, 322
Donnerstein, E. 369
Donnerstein, M. 369
Doob. L. 134, 350, 359–360, 377
Dorsky, F. 371
Driver, M. J. 23
Dublin, C. C. 354
Dudycha, G. J. 88
Duffy, E. 81, 83–84, 146
Düker, H. 51, 57, 432, 436
Duncker, K. 444, 471
Dunnette, M. D. 232–233, 617
Dunphy, D. C. 263
Durkee, A. 371, 376
Duscha, R. 577
Duval, S. 43, 331, 367, 483, 593, 595
Dvorak, H. P. 266
Dweck, C. S. 470, 508–509, 511–513, 516, 522–523, 675–677, 704
Dyck, R. J. 479, 561–562
Dyer, L. 608

Earl, R. W. 588, 609
Easterbrook, J. A. 248
Ebbesen, E. B. 593
Ebbinghaus, H. 47
Eckensberger, L. H. 112–114, 352
Eckhardt, G 653
Edwards, W. 61, 174, 218
Egeri, M. 569
Eggleston, R. J. 361, 562
Ehrlich, D. 164
Eibl-Eibesfeld, I. v. 53–54
Einstein, A. 358
Elashoff, J. D. 701
Elig, T. W. 517, 544
Elke, G. 580

Eller, S. J. 505, 509, 511
Elliot, M. H. 39, 197–198
Emminghaus, W. B. 112–114, 352
Endler, N. S. 13, 21, 101
Engel, G. L. 513
Enstrup, B. 706
Entin, E. E. 424, 426, 435
Entwisle, D. R. 264, 635
Enzle, M. E. 477, 479, 561
Epstein, N. 345–346, 356
Epstein, S. 35, 144, 363, 369, 561–562, 584
Erikson, E. H. 104, 307, 309
Ermshaus, W. 523, 525, 589–590
Ertel, S. 645
Escalona, S. K. 61, 174, 226
Estes, W. K. 128
Eswara, H. S. 541
Evans, R. 369
Eysenck, H. J. 82–85, 435

Fajans, S. 187–188, 193–195
Falbo, T. 647, 673
Fales, E. 644
Farber, T. E. 132
Fasnacht, G. 615
Fazio, R. H. 594
Feather, N. T. 39, 61, 216, 222, 385, 388, 392–394, 401, 408, 410–411, 413–414, 416, 425, 428, 438, 481, 516, 522–523, 526, 528, 551, 586, 588, 632, 675
Fechner, G. T. 50
Federoff, N. A. 482–483
Feigenbaum, R. 480
Feingold, B. D. 616
Feld, S. C. 263, 275, 305, 313, 322, 684, 656–657, 685
Feldman, N. S. 465, 648, 666
Feldman, S. M. 147
Felker, D. W. 667–668, 675
Fencil-Morse, E. 500, 505–506, 508, 511
Fenigstein, A. 367, 510, 595
Fenz, W. D. 35, 145
Ferguson, E. D. 221
Feshbach, N. 356
Feshbach, S. 134, 256, 350, 353–361, 366, 370, 379
Festinger, L. 41, 59, 61, 64, 68, 84, 153, 158–162, 164–171, 174, 183, 216, 220–223, 386, 404, 448, 475, 530, 568, 575, 622
Filipp, S. H. 583
Fineman, S. 263, 267
Fisch, E. 330, 336

Fisch, R. 35, 144, 169, 243, 261, 277–278, 414
Fischer, G. H. 263, 597
Fischhoff, B. 469, 471
Fishbein, M. 24, 227
Fishman, D. B. 284–285, 287
Fiske, D. W. 150–151, 608
Fiske, S. T. 471
Fitch, G. 160, 167, 484, 532
Fittkau, B. 581
Fitz, D. A. 361
Flavell, J. H. 345
Folkes, V. 549–550, 555–556, 589, 600, 603
Fontaine, G. 482, 527
Forrest, D. W. 189
Fowler, H. 148
Frank, J. D. 221
Frank, L. K. 184, 250
Frankel, A. 498, 511–512
Franklin, S. S. 284
Fraune, V. 687
Freedman, I. 614, 619
Freedman, S. 363
Freeman, G. L. 189
French, E. G. 17, 37, 267, 272, 275–276, 284–285, 288–289, 409, 623, 629
French, J. R. P. 297
Freud, S. 2, 9, 39, 49, 51, 53–59, 61, 63, 66, 68, 72, 74, 83–84, 100, 102–103, 109, 117, 120, 135, 142, 173, 180, 188, 192, 204, 250–251, 297, 358, 360, 377, 383, 414, 632
Frey, D. 162, 594
Friedman, S. 492
Frieze, I. H. 394, 471, 515–518, 525, 527–528, 533–534, 544, 548–550, 552, 600, 642
Frodi, A. 358
Fromson, M. E. 356–357, 362
Fuchs, R. 57, 189, 387, 587, 600, 603
Fuller, R. 542
Funder, D. C. 585, 597
Furcon, J. E. 233
Furman, W. 647

Gabler, H. 353
Galbraith, J. 232–233
Galilei, G. 176
Gallitz, H. 132–133, 239
Galton, F. 50, 67
Garbarino, J. 619
Garfield, T. 643
Garrison, W. 557
Gatchel, R. J. 499
Gavin, J. F. 231, 233

Gebhard, M. 189, 277
Geen, R. G. 365–366, 370, 377, 379
Geis, F. L. 307, 316–317, 339
Georgopolous, B. S. 227, 233
Gerbasi, K. C. 447
Gergen, K. J. 338, 583
Gergen, M. M. 338
Gibbons, F. X. 594–595
Gillmore, G. 541, 665–666
Gilmor, T. M. 522–523, 528
Gjesme, T. 267–268, 413, 427–429
Glaros, A. G. 544, 553
Glass, D. C. 513
Glixman, A. F. 191
Glueck, E. 354
Glueck, S. 354
Gniech, G. 506
Görlitz, D. 443
Goethals, G. R. 390, 446, 461, 471, 519
Goffman, E. 707
Goldberg, L. R. 487–488
Golding, S. L. 21, 472
Goldstein, M. 527–529
Goodenough, F. L. 353
Goodman, P. S. 233
Goodstadt, B. E. 301–302
Goranson, R. E. 333
Gorsuch, R. L. 239
Gould, R. 488–489
Gouldner, A. 333
Grabitz, H. J. 161, 506
Graefe, O. 185
Graen, G. 233
Graumann, C. F. 94, 106, 110
Green, D. 450
Green, D. R. 191–192
Greenberg, M. S. 517
Greene, D. 472, 610, 614–616, 619, 655
Greenwald, A. G. 168, 334, 450
Greenwell, J. 362
Griffith, M. 501
Grimm, L. G. 544, 554
Grinder, R. E. 19
Grinker, J. 163, 169
Groeben, N. 582
Grumet, J. F. 461
Grusec, J. 332
Gump, P. V. 183
Gurack, E. 646, 650
Gurin, G. 275, 305, 322
Guthrie, E. R. 41
Guttman, I. 164

Haber, R. N. 152, 243, 254, 256, 263, 393, 408
Habu, K. A. 628

Hackman, J. P. 233
Hage, A. 433
Halisch, C. 644
Halisch, F. 41, 62, 556, 568–569, 573, 586, 591, 604–606
Hallermann, B. 433, 587–588, 590, 602
Hamburg, D. 492
Hamilton, D. L. 446
Hamilton, J. O. 403, 419, 421, 425
Hammen, C. L. 513
Hammond, P. 443, 449
Hanel, J. 675, 702–703
Hannah, T. E. 541
Hansel, C. E. M. 392
Hansen, D. N. 240–241
Hansen, R. D. 465, 477, 479, 485–486, 561
Hanusa, B. H. 497–498, 504, 506, 515
Hardyck, J. A. 165
Harlow, H. F. 130, 148, 607
Harris, R. 332
Harter, S. 643, 654–655, 682
Hartmann, D. P. 366
Hartshorne, H. 12, 19, 66, 88, 338
Hartup, W. W. 353
Harvey, J. H. 465, 482–483
Harvey, O. J. 23
Hasazi, J. E. 425
Hayashi, T. 628, 686
Hebb, D. O. 79–84, 146–148, 150–151, 412, 608–609
Hecker, G. 699
Heckhausen, H. 37, 39–41, 43, 57, 60, 62, 112, 148, 157, 169, 192, 209, 220, 221, 246, 247, 250–251, 253, 256–257, 259–261, 263–264, 267–273, 275, 277–278, 296, 317, 387, 390, 392, 393, 396, 398, 401, 404, 406, 412, 414, 418–419, 421, 425, 427–428, 433, 438, 470, 508–509, 512, 515–517, 526, 536–538, 540–541, 546, 549–550, 552, 554, 556, 568, 570–575, 577–578, 589, 591, 593, 595–599, 603–606, 611, 618, 620–621, 623–625, 628, 637, 640, 642–645, 653–654, 656–657, 663–664, 667–669, 671–673, 675, 677, 684–687, 689–691, 697–698, 701, 707

Heider, F. 6, 41, 64, 68, 84, 153, 157–158, 170, 185, 189, 360, 444–446, 452–453, 455–458, 462, 464, 466, 468–469, 475–476, 478–479, 482, 485, 489, 516, 526, 534, 587, 611, 642, 700
Heller, K. A. 661, 663
Helmreich, R. L. 162
Helson, H. 60, 152, 609
Heneman, H. H. 231, 233
Henle, M. 178, 193, 415
Herbart, J. F. 576
Herman, C. P. 452
Hermans, H. J. M. 267–268
Heron, W. 147
Hess, E. H. 54
Hetzer, H. 147, 644
Heyns, R. W. 283–288, 291, 609
Hibscher, J. 504
Hieber, S. 433
Higgins, E. T. 465
Hilke, R. 362
Hill, W. F. 568
Hillgruber, A. 420, 428, 432, 577, 587
Hillman, D. 337
Hillmann, J. 337
Hinde, R. A. 54, 358
Hiroto, D. S. 495–496, 503, 513
Hjelle, L. A. 301–302
Hodges, W. F. 240
Hoerig, J. H. 493
Hoffmann, L. W. 630–631
Hoffmann, M. L. 335, 342
Hogan, R. 335, 346
Hogg, E. 523
Hokanson, J. 380
Holder, E. E. 134
Holder, W. B. 134
Holmes, C. 523
Holmes, D. S. 472, 485
Holmes, M. 330, 336
Homans, G. C. 333
Honzik, C. A. 199
Hood, R. 594
Hoppe, F. 57, 188, 220–221
Horn, N. 593
Horner, M. S. 429, 435–437, 623, 628–631
Hornstein, H. A. 330, 336, 342, 346
Horowitz, I. A. 332, 340
House, P. 472
House, R. J. 216, 233
Hovland, C. I. 139, 168
Howell, W. S. 391
Hull, C. L. 41–42, 59–60, 68–69, 71–76, 80–81, 83–84, 116, 118, 124–127, 129, 131, 133, 135–136, 141, 146–147, 150, 153, 162, 171, 173–174, 180, 186, 196–198, 200, 202–207, 209–210, 214, 217, 223–224, 237, 242, 255, 359, 607
Hume, D. 444
Hunt, D. E. 23
Hunt, J. McV. 568, 608–609, 643
Husarek, B. 669, 690–691

Ickes, W. J. 346, 559–560
Irle, M. 158, 161–162, 165, 167
Irwin, F. W. 41–42, 62–63, 68, 219, 394, 460, 490
Isaacson, R. L. 426
Isen, A. M. 334, 559, 593
Israel, G. 326
Ittelson, W. H. 22
Ivancevich, J. M. 588

Jacklin, C. N. 358
Jacobs, B. 256
Jacobson, L. J. 701
Jäger, A. O. 189
James, W. 49, 51–52, 83–84, 98, 173, 583
James, W. 527
Janis, I. 168
Janowski, A. 581
Jenkins, H. M. 212
Jenkins, T. N. 123
Jennessen, H. 693
Johnson, R. 369
Johnson T. J. 480
Jones, E. E. 6, 43, 390, 446, 455–459, 461–462, 465, 468–469, 471–472, 474, 476, 479, 483–484, 487–488, 491, 519, 557–558, 561
Jones, M. R. 26
Jones, N. W. 227, 233
Jones, R. A. 449
Jopt, U.-J. 289–290, 401, 523, 525, 582, 589–590, 592, 623
Joseph, J. 366
Jucknat, M. 57, 220–221
Junker, E. 190–191

Kagan, J. 339, 373
Kahan, J. P. 482
Kahnemann, D. 471–472, 491, 498
Kalin, R. 303, 308
Kaminski, G. 22
Kanade, H. M. 699
Kane, T. 366
Kanfer, F. H. 544, 554, 567–569, 571
Kanouse, D. E. 471
Kanz, F.-J. 569
Kaplan, R. M. 502–503
Karabenick, J. D. 661, 663
Karabenick, S. A. 387–388, 429–430, 623, 631
Karlovac, M. 465
Karoly, P. 568
Karsten, A. 57, 147
Kasner, K. H. 371
Katcher, A. H. 369
Katkovsky, W. 447, 470, 523, 586, 640, 657, 692
Kaufmann, H. 350
Kazdin, A. E. 615
Keil, W. 266
Kelly, G. A. 26, 446
Kelley, H. H. 4, 6, 41, 64, 168, 298, 303, 328, 452, 454, 456–457, 459, 462–465, 467–469, 472–473, 475–476, 478–479, 483–484, 491, 507, 518–519, 548–549, 554–555, 557, 561–563, 575, 601, 611–612, 642–643, 652, 654, 658–659
Kemmler, L. 259, 353
Kennelly, K. J. 501–502
Kennington, G. E. 519
Kenny, D. A. 584
Kenrick, D. T. 493
Kessen, W. 148–149
Kidd, R. F. 346, 559–560
Kiekheben-Roelofsen, I. (siehe auch Roelofsen) 645
Kiesler, C. A. 449
Kipnis, D. 299–301, 304, 615
Kirker, W. S. 585
Klages, L. 87, 90
Klamma, M. 644
Klanderman, S. B. 332
Klein, D. C. 500, 505–506, 508, 511
Kleinbeck, U. 17, 62, 302, 306–307, 315–316, 407, 625, 627
Kleine, W. 699
Klinger, E. 1, 2, 108, 148, 256, 272, 372, 507–508, 510, 608
Klosson, E. C. 666
Kluckhohn, C. 110
Kluckhohn, F. R. 110
Knott, P. D. 371
Koch, S. 48, 607

Kock, S. E. 320–321
Köhler, W. 64
Koffka, K. 64
Kohlberg, L. 333, 335,
 339–340, 345, 354, 490, 655
Kolb, D. A. 698
Koller, P. S. 502–503
Kornadt, H.-J. 44, 112–114,
 251, 350, 352, 361–362,
 372–373, 376, 378,
 380–381, 383–384
Kounin, J. S. 193
Kraeft, U. 705
Krantz, D. L. 52, 100
Krantz, D. S. 513
Krantz, S. 513
Krawitz, R. 629
Krebs, D. L. 333, 337
Krech, D. 105
Kremen, I. 154
Kreuz, A. 430–431
Kriss, M. 488
Krohne, H. W. 23
Krolage, J. 167
Krüger, H. 643, 646, 650
Krug, B. 523
Krug, S. 62, 433, 549, 569,
 581, 586, 601, 675–676,
 696, 702, 705–707
Kruglanski, A. W. 296–298,
 442, 611–614, 619
Krusell, J. 614
Ksionzky, S. 282, 286,
 291–292, 294–295
Kubal, L. 504–505
Kuhl, J. 42, 62, 264–267,
 399, 404–407, 419, 512,
 565, 572, 582, 584, 586,
 597–599, 619, 624,
 636–637, 671
Kuhl, U. 646, 650, 661
Kuhn, D. 630
Kuiper, N. A. 502, 585
Kukla, A. 231, 393–394, 469,
 472, 515–516, 523, 525,
 534–536, 539–542,
 548–550, 552–554,
 577–578, 582, 587–590,
 597, 600, 642, 664
Kun, A. 521–522, 554, 643,
 645, 653, 658–660, 663–664
Kupers, C. J. 569
Kurdeck, L. A. 337

Lacey, J. I. 146, 154
Lambert, W. W. 352–353
Landy, D. 477–479
Langer, E. J. 472, 491, 498
Lansing, J. B. 287
Lanzetta, J. T. 541

Lasater, L. 371
Latané, B. 327–328,
 330–331, 339
Latta, M. R. 588
Laufen, A. 286, 289
Lawler, E. E. 231–234, 617
Lawrence, D. M. 165–168,
 530
Lazarus, R. S. 41, 153,
 156–157, 240, 257, 451, 545
Leander, J. D. 531
Leeper, R. W. 127, 185
Lefcourt, H. M. 523
Legant, P. 7
Lehmann, H. C. 66
Lehnhoff, J. 337
Leichman, G. A. 541,
 665–666
Le Magnen, J. 127
Lens, W. 251, 439
LePage, A. 359, 364
Lepinski, J. P. 369
Lepper, M. R. 610, 613–616,
 619, 655
Lerman, D. 540, 544–545,
 554–555
Lerner, M. J. 492–493
Lersch, Ph. 53, 67–68, 84, 87,
 89–92, 104
Lesser, G. S. 373, 629
Levendusky, P. G. 363
Levine, F. M. 615
Levine, M. 498
Lewin, K. 9, 18, 41–42, 50,
 57–59, 61, 63–64, 68,
 70–71, 81, 83–84, 116,
 118–120, 126, 129,
 139–140, 153, 158, 171,
 173–189, 191–195,
 198–199, 201–202,
 207–210, 214–217,
 220–222, 224, 227, 230,
 296–298, 336, 378, 386,
 414, 421, 456, 507, 622,
 632, 645
Lewis, S. K. 454, 507
Lewis, T. 614
Liberman, A. M. 270
Liebert, R. M. 245–246, 259,
 266
Liebhart, E. H. 155–156,
 469, 472, 485–486, 580
Liebling, B. A. 595
Lienert, G. A. 263, 432
Lighthall, F. F. 245
Linder, D. E. 449
Lindsley, D. B. 79, 145
Lindworsky, J. 51
Linschoten, J. 107
Lippitt, R. 183
Lippmann, L. G. 531

Lissner, K. 57, 178, 189,
 193–194, 415
Littig, L. W. 311, 534
Littman, R. A. 353
Litwin, G. H. 269, 272, 311,
 318, 387, 392, 401, 409,
 535, 588, 623
Liverant, S. 225, 447, 527,
 530–531
Locke, E. A. 419, 428,
 430–432, 437, 588
Lockhart, R. S. 585
Lösel, F. 707
Loevinger, J. 106
Loewenton, E. P. 443, 449
Logan, F. A. 210
London, P. 326
Lorenz, K. 49, 53, 84, 98,
 180, 358–360, 377, 379, 383
Lourie, R. S. 354
Lowe, C. A. 472, 477, 479,
 481, 490, 492, 561
Lowell, E. L. 56, 60, 73, 80,
 84, 104, 152, 209, 252–258,
 260, 268, 270, 291, 370,
 393, 421, 544, 586, 609,
 624, 628, 640, 642, 685, 694
Lowin, A. 164
Lück, H. E. 337–338
Lührmann, J. V. 580, 649,
 706
Lütkenhaus, P. 687–688
Lüttgerhorst, H. J. 537
Luginbuhl, J. E. R. 482
Lushene, R. E. 239
Lynch, J. G. 347–348

Mabel, F. 147
Macaulay, J. R. 325, 344, 358
MacCasland, B. W. 373
Maccoby, E. E. 358
MacCorquodale, K. 28
Maddi, S. R. 150–151, 608
Madsen, K. B. 48, 51, 85
Maehr, M. L. 112–113, 541,
 615, 665–666
Magnusson, D. 13, 21, 101
Magoun, H. W. 79, 145
Mahler, W. 57, 178, 189, 193,
 415
Mahone, C. H. 407–408, 423
Mahoney, G. M. 227, 233
Mahoney, M. J. 616
Maier, S. F. 495, 503
Mallick, S. K. 362, 443
Malmo, R. B. 146–147
Mandler, G. 154, 242–245,
 248, 291
Manoogian, S. T. 614
Mansson, H. H. 162–163, 169
Maples, C. W. 499

Namenverzeichnis — 781

Marecek, J. 7
Margolin, B.-S. 613
Marks, R. W. 394
Markus, H. 584–585
Marlett, N. J. 245
Marrow, A. J. 189–192
Martin, J. R. 189
Martire, J. C. 254
Marx, M. N. 134
Maselli, M. D. 362
Maslow, A. H. 67–68, 84, 104–106, 109
Masters, J. C. 647
Matthews, G. 492–493
Matthews, M. W. 559
Mausner, B. 630
May, M. A. 12, 19, 66, 88, 338
May, R. 67
McArthur, C. C. 257
McArthur, L. A. 464–466, 471, 473–475, 483, 519
McArthur, L. Z. 648
McCandless, B. R. 362, 443
McCauley, C. 443, 449
McClelland, D. C. 56, 59–62, 68, 73, 79–80, 84, 104, 152, 209, 251–258, 260, 264, 267–270, 273–274, 291, 299, 303, 305, 307–312, 315, 318–319, 322–323, 370, 393, 401, 421, 585–586, 609, 624, 628, 640, 642, 657, 685, 694–699, 701, 703, 707
McConnell, H. K. 449
McDavis, K. 333, 336, 346, 479
McDonald, P. J. 595
McDonald, R. D. 281–282, 285
McDougall, W. 49, 51–52, 59, 66–68, 84, 95, 98–103, 109, 116, 120, 173, 325, 359
McFann, H. H. 132
McGhee, P. E. 686
McGillis, D. 461
McGuire, W. J. 64, 158
McIntire, J. 698
McKeachie, W. J. 289–290, 313
McMahan, I. D. 527–528, 653
McReynolds, P. 608
Medea, A. 492
Medway, F. J. 472, 481, 490, 492
Meehl, P. E. 28, 37
Mehrabian, A. 267–268, 280, 282, 286–287, 291–295, 345–346, 356, 586, 589, 625

Mehta, P. 699
Meichenbaum, D. 249
Meise, C. 290, 582, 623
Mendelson, R. 645
Merleau-Ponty, M. 107
Merz, F. 358
Messer, A. 50
Meter, K. 338
Metzger, W. 444
Meyer, M. E. 531
Meyer, T. P. 365
Meyer, W.-U. 39, 62, 231, 259, 393, 433, 515, 517, 522–524, 526, 532, 537, 543, 549–550, 552, 555–556, 585–591, 593, 597, 600–603, 642, 666–668, 686–687, 690–691, 706
Michaelis, W. 366
Michaels, E. J. 419–421, 425
Michela, J. 558
Michels, U. 577
Michotte, A. E. 445
Midlarsky, E. 335, 559
Mierke, K. 430, 437, 623
Mikawa, J. 281–282, 285
Milavsky, B. 369
Miles, G. H. 412
Milgram, S. 368, 474–475
Mill, J. S. 458, 462
Miller, D. T. 169, 473, 482, 493, 535, 623
Miller, F. D. 44, 445–446
Miller, H. E. 588
Miller, I. W. 495, 497, 506, 509, 511, 514, 517
Miller, N. E. 41–42, 72–74, 78, 83–85, 130, 133–134, 136, 138–139, 141–143, 237, 242, 350, 359–360, 377
Miller, W. R. 499, 513
Mills, J. 164
Milner, P. 79, 130, 145
Minton, H. L. 522–523, 528
Misavage, R. 331
Mischel, T. 50
Mischel, W. 8–9, 13, 16, 18, 88, 593, 621
Misiak, H. 107
Mitchell, T. R. 230–233, 296
Mittag, H.-D. 192
Mittenecker, E. 397
Möntmann, V. 158, 161, 165
Moeller, G. H. 274
Molish, B. 372
Monahan, L. 630
Monson, T. C. 486–488
Montague, A. 358
Montequio, J. 612
Montgomery, K. C. 148, 607

Mooshage, B. 657
Moot, S. A. 210
Morgan, C. D. 250
Morgan, C. T. 121–122, 215
Morgan, J. N. 535
Morgan, S. W. 630
Morgenstern, O. 61, 174, 218
Morgulis, S. 77
Morris, L. W. 245–246, 259, 266
Morrison, H. W. 628
Moruzzi, G. 79, 145
Mosher, D. 384
Moulton, R. W. 192, 258–259, 390, 401–403, 414, 550, 578, 587
Mowrer, H. O. 68, 72, 74–75, 83–84, 133–138, 174, 209–210, 217, 237, 350, 359–360, 377
Moyer, K. E. 358
Mücher, H. 271–272
Müller, A. 644, 646, 657
Munsinger, H. L. 148–149
Munzert, R. 362
Murray, E. J. 144
Murray, H. A. 50, 53, 56, 58–59, 66, 68, 84, 97, 101–103, 108–111, 116, 250–251, 280, 304–305, 325, 332, 421
Murstein, B. I. 250, 372
Mussen, P. H. 372
Mutterer, M. L. 19

Nacci, P. 366
Naylor, H. K. 372
Nelson, E. A. 19
Nesdale, A. R. 366, 368–369, 443
Neumann, J. von 61, 174, 218
Newcomb, T. M. 88
Newton, I. 415
Newtson, D. 44, 461
Nicassio, P. 452
Nicholls, J. G. 245, 536–539, 590, 649, 653, 655–657, 660, 663–664, 667, 673–676, 706
Nickel, H. 581
Nickel, T. W. 363
Nierenberg, R. 517, 527–529, 536, 541, 664
Nisbett, R. E. 6–7, 43–44, 169, 445, 448–449, 451, 455–456, 465, 468, 470–472, 474, 484–485, 487–488, 491, 511, 519, 557, 593, 610, 614, 619, 704
Nomikos, M. S. 156–157

Norman, W. H. 495, 497, 506, 509, 511, 514, 517
Norman, W. T. 110
Notz, W. W. 613
Nuttin, J. M., Jr. 169
Nuttin, J. R. 421, 643
Nygard, R. 267–268, 409, 411–414, 427–428

O'Connor, P. 289, 429
Odbert, H. S. 110
Ogilvie, D. M. 263
Olds, J. 79, 82, 130, 145, 149
Olds, M. 149
O'Leary, M. R. 371
Oltersdorf, G. 551
Olweus, D. 20–21, 361, 371, 373–376, 378, 620
O'Malley, P. M. 439
O'Neil, H. F. 240–241
Opton, E. M. 156–157
Orvis, B. R. 454, 465, 473, 557
Ostrove, N. 517, 529
Oswald, A. 657, 671–672, 691–692
Overmier, J. B. 495
Overton, W. F. 21
Ovsiankina, M. 57, 178, 188–190, 192, 378, 414, 614

Packard, R. 629
Pallak, M. S. 168
Palola, E. G. 239
Panciera, L. 504
Parker, D. F. 608
Parsons, J. E. 646–648, 650, 653, 655, 660, 663
Parsons, T. 110
Pascal, B. 218
Paskal, V. 335
Passini, F. T. 110
Paterson, A. 590
Patten, R. L. 552, 556
Patterson, G. R. 353
Patterson, M. L. 295
Paulus, P. B. 499
Pawlow, I. P. 49–51, 69, 72, 75–79, 83–84, 117–118, 137, 203, 208–210, 255
Payne, J. W. 490
Peak, H. 60, 226–227
Penner, D. D. 160
Penner, L. A. 328–329, 338
Peper, D. 383
Peplau, L. A. 630
Peretz, M. 612
Peri, I. 612
Perin, C. I. 125
Perloff, B. 569
Peter, N. 541, 664–666

Peter, R. 580
Peters, J. 675, 703, 706–707
Peters, M. 76, 117
Peters, R. S. 3, 442
Peterson, C. 497–498
Petrullo, L. 446
Pfänder, A. 47, 51, 90
Phares, E. J. 224, 393, 447, 516, 527
Phillips, S. 497–498, 508–509, 513
Piaget, J. 21, 79–80, 296, 354, 490, 608–609, 643, 645, 656, 664
Pigg, R. 370
Piliavin, I. M. 331, 443, 449, 559
Piliavin, J. A. 328, 331, 443, 449, 559
Plöger, F.-O. 543, 593, 667, 691
Pollard, W. E. 296
Polly, S. 481
Pomerantz, M. 268
Porter, L. W. 231, 233
Posse, N. 397–398, 535, 549–550, 556, 568–569, 586, 591, 601, 603, 637
Postman, L. 189
Potepan, P. A. 523
Pottharst, B. C. 588
Powell, G. D. 503
Prasad, J. A. 158
Preston, A. 640, 692
Preston, M. G. 391
Price, L. H. 264, 635
Pritchard, R. D. 233
Proshansky, H. M. 22
Prouty, D. L. 135
Pruitt, D. G. 333
Pryer, R. S. 250
Pryor, J. B. 488, 594
Purkey, W. W. 584

Quanty, M. B. 377
Quinkert, H. 675, 703, 707

Raab, E. 397
Rabson, A. 657
Rakosky, J. J. 370
Rand, P. 268
Rankin, N. D. 156–157
Rapaport, D. 57
Raphelson, A. C. 289
Rasch, G. 263–264, 266, 597–598
Rauer, W. 581
Raup, R. B. 121
Raven, B. H. 296–298
Rawlings, E. 379
Rayner, R. 77

Raynor, J. O. 61, 272, 409, 420–428, 434, 440, 623, 625–626
Reed, H. 465
Reed, L. 394, 515–516, 525, 534, 548–550, 552, 600, 642
Reese, H. W. 21
Regan, D. T. 488
Rehm, L. P. 513
Reif, M. 685–686, 691
Reiss, S. 615–616
Reiß, G. 595
Reitman, W. R. 435–436, 615
Repucci, N. D. 508–509, 513, 675–676, 704
Rescorla, R. A. 210
Rest, S. 394, 515–517, 525, 530–532, 534, 536, 541, 548–550, 552, 600, 642, 664
Reutenbach, A. 657
Revelle, W. 419–421, 425
Reynolds, W. F. 207
Reznick, J. S. 614
Rheinberg, F. 62, 517, 522, 533, 576–581, 649, 705–707
Rholes, W. S. 666
Richardson, J. T. 331
Richter, C. P. 121–122, 207
Riecken, H. W. 164
Rieke, K. 398–399
Riemer, B. 527, 538
Ring, K. 326
Risser, J. 190–191
Riter, A. 612–613
Rivlin, L. G. 22
Rizley, R. 513, 522–523, 525
Roby, T. B. 130, 208, 252–253, 255, 628
Rock, L. 390, 519
Rodin, J. 331, 451, 559
Roelofsen, I. 643–645, 653, 657
Rösler, H.-D. 191
Rogers, C. R. 67
Rogers, T. B. 585
Rohracher, H. 51
Rokeach, M. 338–339
Ronis, D. L. 168
Rorer, L. G. 472
Rorschach, H. 381, 383
Rose, J. H. 233
Rosen, B. C. 640, 670, 685–686, 691–692
Rosenbaum, R. M. 314, 418, 515–517, 525, 534, 548–550, 552, 600, 642
Rosenberg, G. J. 226
Rosenfeld, H. M. 284
Rosenfield, D. 482, 623
Rosenhan, D. L. 326, 593
Rosenthal, R. 701

Rosenzweig, S.   189, 191, 657
Ross, D.   366
Ross, J.   646–648, 650, 655
Ross, L.   362, 448, 451, 467–469, 471–476, 479, 481, 485, 487, 491
Ross, M.   450, 473, 482, 614
Ross, S.   238
Ross, S. A.   366
Rosswork, S. G.   588
Roth, S.   504–505
Rothbart, M.   497–498, 508–509, 513
Rotter, J. B.   41, 218, 223–226, 302, 336, 339–340, 371, 394, 446–447, 496, 509, 516, 525, 527, 529–531, 585
Roussel, J.   134–135, 208
Rubin, I. M.   320
Rubin, I. S.   425–426
Rubin, K. H.   335
Ruble, D. N.   465, 646–648, 650, 653, 655, 660, 663, 666
Rudin, S. A.   313
Ruebush, B. K.   245
Ruhland, D.   648, 656–657
Rule, B. G.   350–351, 366, 368–369, 443, 479, 561–562
Runquist, W. N.   137
Russell, B.   295–296
Russell, D.   540, 544–545, 554–555
Rust, L. D.   147
Ryan, T. A.   588

Sader, M.   263, 266
Salili, F.   541, 665–666
Sanders, M. S.   233
Sanford, R. N.   190–191, 251
Sarason, I. G.   238–239, 243–244, 248
Sarason, S. B.   242–245, 248, 291
Sartre, J. P.   107
Sarup, K.   158
Saunders, D. R.   110
Saville, M. R.   416
Sawusch, J. R.   438, 634
Saxe, L.   517
Schachter, S.   153–154, 156, 164, 369–370, 450–451, 545
Schaefer, D.   331
Scharff, W. H.   370
Scheele, B.   582
Scheier, M. F.   367, 510, 594–595
Scherer, J.   701
Schertel, K.   535–536
Schiffer, M.   384
Schill, T. R.   384

Schlenker, B. R.   481
Schlottmann, R. S.   370
Schmalt, H. D.   62, 243, 261–264, 267, 269, 401, 482, 523, 532, 540, 556, 573, 581, 585, 602, 619, 667, 688–689, 702, 707
Schmidt, H. D.   365
Schmidt, K.-H.   17, 625, 627
Schmidtke, H.   79
Schmidt-Mummendey, A.   365
Schnackers, U.   37, 302, 306–307, 315–317
Schneider, F. W.   335
Schneider, K.   39, 61, 132–133, 239, 244, 259, 263, 267, 290, 387–388, 390–391, 393, 395–399, 401, 404, 418–419, 421, 428, 430–431, 433, 435, 525–526, 539–540, 549–550, 556, 582, 601, 603, 623, 637–638, 656, 707
Schönbach, P.   164–165
Schoenfeld, W. N.   138
Schopler, J.   328, 333, 559
Schroder, H. M.   23
Schuck, J.   362
Schultz, C. B.   268
Schulz, R.   497–498, 504, 506, 515
Schwab, D. P.   231, 233
Schwartz, M. F.   334, 559
Schwartz, S. H.   331, 339–343, 345–346, 560
Scodel, A.   447
Scott, T. H.   147
Scott, W. A.   257, 629
Sears, P. S.   59, 216, 220–222, 386, 622
Sears, R. R.   134, 139, 191, 350, 359–360, 377
Sechenov, I.   76
Seibt, G.   643
Seidenstücker, E.   263
Seidenstücker, G.   263
Seligman, M. E. P.   495–503, 505–509, 511, 513–514, 517
Seltzer, R. A.   634
Selz, O.   57
Sensibar, M. R.   142
Severance, I. J.   519
Seward, J. P.   209–210
Sexton, V. S.   107
Shabtai, L.   613
Shaklee, H.   647–648
Shannon, C. E.   397, 602
Shantz, D. W.   355
Shapira, Z.   617

Shaver, K. G.   390, 519
Shaver, P.   595, 630
Shaw, J. I.   466
Sheffield, F. D.   121–122, 129–130, 207–210
Sheppard, B. H.   291, 436
Sherrington, C. S.   120
Shils, E. A.   110
Shipley, T. E.   282–283, 305
Short, J.-A.   258
Shortell, J.   363, 369
Shrauger, J. S.   583
Shulman, R. F.   450
Shultz, T. R.   645
Shuman, R.   371
Shusterman, L.   504
Shuttleworth, F. K.   12, 19
Sierad, J.   551, 553
Sigall, H.   488–489, 558
Silver, L. B.   354
Silverman, J.   583
Silverman, W. H.   368
Simmel, M.   445
Simmons, R.   197–198
Simon, H. A.   299
Simon, J. G.   481, 528
Simons, L. S.   365
Singer, J. E.   153–154, 370
Singer, R. D.   134
Sipowicz, C.   643
Skinner, B. F.   41, 78, 81–84, 138, 212, 250, 567, 607
Sliosberg, S.   184
Slovic, P.   654
Smedslund, J.   472, 582, 654
Smith, A. A.   189
Smith, C. P.   263, 409, 435–436, 640, 685–686, 691
Smith, E. R.   44, 445–446
Smith, M. S.   263
Smith, R. B.   351–352
Smith, R. L.   698
Smock, C. D.   191
Snow, R. E.   701
Snyder, M.   486–488
Snyder, M. L.   482, 498, 511–513, 623
Sogin, S. R.   168
Sohn, D.   536, 539
Sokolov, E. N.   77, 81–84
Solomon, R. L.   137, 189, 210
Sorman, P. B.   583
Sorrentino, R. M.   258, 291, 426, 436
Southwood, K. E.   305
Spates, C. R.   569
Spearman, C.   67
Specht, H.   263
Spence, J.   238, 435

Spence, K. W. 41–42, 71–72, 74, 83–85, 129, 131–132, 137, 174, 186, 203, 206–208, 217, 223, 237–238, 242, 244, 435
Spencer, H. 69
Spiegler, M. D. 245
Spielberger, C. D. 238–241, 250
Sprute, J. 592
Stallings, W. M. 615
Stamps, L. 699
Stark, M. 688
Starke, E. 550–551, 590, 604
Staub, E. 338–340, 345
Staw, B. M. 614
Steiner, I. O. 583
Stephan, W. G. 482, 623
Stern, W. 66–68, 84
Sternberg, B. 616
Stewart, A. J. 309, 314
Stevens, L. 483, 487
Stice, G. F. 110
Stiles, W. B. 366
Stone, P. J. 263
Stonner, D. M. 349, 352, 365–366, 465, 485–486
Storms, M. D. 7, 451, 488
Stotland, E. 333
Streufert, S. 23
Stringer, R. A. 318
Strodtbeck, F. L. 110
Stroop, J. R. 509
Struthers, S. 523
Summers, L. S. 328–329, 338
Sushinsky, L. W. 615–616
Swingle, P. 295

Tabor, D. 698
Tagiuri, R. 446
Tajfel, H. 326
Tallon, S. 127
Taub, E. 215
Taylor, J. A. 72, 85, 131, 237–238, 242, 244
Taylor, S. E. 471
Taylor, S. P. 361, 363, 369, 371, 561–562
Teague, G. 310
Teasdale, J. D. 497, 500–502, 506–507, 509, 511, 513–514, 517
Tedeschi, J. T. 295, 351–352, 366
Teevan, R. C. 267, 405, 585, 686
Tennen, H. 505, 509, 511
Tennyson, R. D. 241–242
Terborg, J. R. 588
Terhune, K. W. 313, 317–318

Test, M. 332
Thelen, M. H. 614
Thibaut, J. W. 298, 303, 328
Thomae, H. 16, 48, 51, 67–68, 84–85
Thomas, F. H. 272
Thomas, S. 590
Thome, P. 358
Thompson, K. 492
Thorndike, E. L. 49–51, 69–72, 75–78, 83–84, 117–118, 124, 196, 199, 205, 209–210
Thorndike, R. L. 437
Thornton, J. W. 503
Thurstone, L. L. 430
Tinbergen, N. 49, 53, 84, 98
Tolman, E. C. 28, 41–42, 58–59, 62–63, 68, 70–72, 75–76, 81, 83–84, 98, 109–110, 118, 124, 133, 171, 173–174, 186, 195–197, 199–202, 207–208, 210, 213–214, 216–217, 223, 255
Toman, W. 57
Totten, J. 488
Touhey, J. C. 588–590
Tresemer, D. W. 630–631
Triandis, H. 517
Trope, Y. 601–602
Troth, W. A. 698
Trudewind, C. 62, 669, 684–686, 690–691, 693–694
Tsujimoto, R. N. 544, 553
Turner, C. W. 365
Tversky, A. 365, 391, 471–472, 491, 498
Tweer, R. 653, 660–665

Underwood, B. 356–357, 362
Uleman, J. S. 306, 309, 313–314

Valins, S. 153–156, 169, 336, 448–451, 454, 469, 511, 704
Valkenaar, M. C. 337
Valle, V. A. 527–528, 533
Valzelli, L. 350
Varble, D. 372
Varga, K. 697–698
Veroff, J. 275, 282–286, 291, 299, 305–306, 308–309, 312–314, 317–318, 320, 322, 628, 648, 656–657, 686–688
Veroff, J. B. 305, 308, 313
Villemez, W. J. 588–590
Vollmer, P. 691
Vontobel, J. 275, 640
Vorwerg, M. 702

Voydanoff, D. A. 355
Vroom, V. H. 58–59, 62, 68, 84, 174, 227–234, 421, 426, 435, 587, 616

Wachtel, P. L. 22, 248
Wacker, A. 690
Wagner, H. 580, 649, 706
Wagner, I. 637, 643, 654, 657–658, 671–672
Wahba, M. A. 216, 233
Wahl, D. 438
Wainer, H. A. 320
Waite, R. R. 245
Walker, E. L. 35, 148, 174, 210–212, 287–288, 609
Wallach, M. A. 189, 191
Walster, E. 161, 328, 355–356, 363, 492
Walster, G. W. 355–356, 363
Walters, R. H. 350, 353, 371, 372
Wanner, E. 303, 308
Ward, J. S. 135
Ward, L. 331
Ward, L. M. 390, 519
Warden, C. J. 123
Warner, L. H. 123
Washburn, A. L. 120
Wasna, M. 38, 428, 645, 653–654, 658, 671–672
Wasser, I. 581
Watson, D. L. 245
Watson, J. B. 3, 41, 52, 77, 98, 204
Watson, R. I. 310–312, 631
Watt, H. J. 50
Weaver, W. 397, 602
Weber, M. 3, 273, 296, 314
Wecker, F. 569
Wegner, D. M. 331
Weiby, M. 480
Weick, K. E. 160, 232–233, 618, 617
Weiner, B. 37, 40–42, 48, 62, 64–65, 71–72, 84, 132, 192, 239, 244, 394, 409, 414–419, 428–429, 433, 435, 469, 471–472, 509, 515–518, 521–523, 525–530, 534, 536, 539–542, 544–546, 548–556, 558, 589, 590, 593, 600–601, 603, 642, 652, 659, 664–666, 673, 704
Weiner, J. 506
Weir, S. 445
Weiss, R. 266
Welford, A. T. 430
Welker, W. L. 607
Wells, G. L. 465

Wendt, H. W.   404, 617
Wener, A. E.   513
Werbik, H.   350, 362
Wertheimer, M.   64, 610
Wessler, R.   106
Wessling-Lünnemann, G.   699
Wheeler, L.   629–630, 633
White, L. A.   552, 556
White, R. W.   296–297, 608–610, 643
Whiting, B. B.   352
Whiting, J. W. M.   352
Wicklund, R. A.   43, 164, 169, 331, 367, 483, 583, 594–595
Wiecking, F. A.   322
Wieczerkowski, W.   581
Wilcox, S.   628
Wilkins, J. L.   370
Williams, D. R.   212
Williams, H.   212
Williams, S. B.   125, 128
Wilson, T. D.   44, 445, 470, 593
Wine, J.   243–245, 595
Winkel, G. H.   22
Winter, D. G.   60, 264, 299, 301–302, 304, 306, 309, 312, 314–315, 317, 322, 696–697, 703
Winterbottom, M. R.   272, 409, 684–685, 689
Wish, P. A.   425
Wispé, L. G.   326
Witt, T. R.   481
Witte, W.   2, 57
Witty, P. A.   66
Woodworth, R. S.   70, 83–84, 98, 120, 133, 607, 636
Woolley, F. R.   241–242
Worchel, P.   192
Worchel, S.   461
Wortman, C. B.   481, 491–492, 497, 504, 506–507, 509, 513, 515, 530, 558
Wulff, J. J.   130, 208
Wundt, W.   50–52, 54–55, 57, 66, 68, 84, 148
Wylie, R. C.   583, 590
Wynne, L.   137

Yamauchi, K.   686
Yerkes, R. M.   62, 77, 146, 271, 434
Youssef, Z. I.   429–430
Young, P. T.   48, 74, 80–81, 83–84, 109, 130, 185–186, 198, 208–209

Zajonc, R. B.   64, 158–159
Zaks, M.   371
Zaksh, D.   613
Zander, A.   542
Zanna, M. P.   115, 155, 446, 449
Zeaman, D.   206
Zeevi, G.   614, 619
Zeigarnik, B.   57, 178, 188–192, 258, 270, 276, 336, 378, 414, 583, 595
Zeiss, A. R.   593
Zillmann, D.   362, 369, 443
Zimbardo, P. G.   162, 168, 451
Zuckerman, M.   447, 612, 629–630, 633
Zumkley, H.   134, 362–363, 366, 377, 379, 381–383
Zunich, M.   646

J. Bortz
Lehrbuch der Statistik
Für Sozialwissenschaftler

Korrigierter Nachdruck. 1979. 69 Abbildungen, 213 Tabellen. XI, 871 Seiten
DM 68,–; approx. US $ 38.10
ISBN 3-540-08028-7

Inhaltsübersicht: Einleitung. – Elementarstatistik: Deskriptive Statistik. Wahrscheinlichkeitstheorie und Wahrscheinlichkeitsverteilungen. Stichprobe und Grundgesamtheit. Formulierung und Überprüfung von Hypothesen. Verfahren zur Überprüfung von Unterschiedshypothesen. Verfahren zur Überprüfung von Zusammenhangshypothesen. Varianzanalytische Methoden: Einfaktorielle Versuchspläne. Mehrfaktorielle Versuchspläne. Versuchspläne mit Meßwiederholungen. Kovarianzanalyse. Unvollständige, mehrfaktorielle Versuchspläne. Theoretische Grundlagen der Varianzanalyse. – Multivariate Methoden: Multiple Korrelation und Regression. Faktorenanalyse. Multivariate Mittelwertsvergleiche. Diskriminanzanalyse und kanonische Korrelation. – Anhang: Lösungen der Übungsaufgaben. – Tabellen. – Literaturverzeichnis. – Namenverzeichnis. – Sachverzeichnis.

Dieses Lehrbuch informiert über elementarstatistische, varianzanalytische und multivariate Methoden und umfaßt damit die wichtigsten Bereiche der in den Sozialwissenschaften verwendeten Auswertungsverfahren. Es wendet sich in erster Linie an Studenten der Psychologie, der Soziologie, der Pädagogik und Medizin und will mit einfachen Zahlenbeispielen, Lesehilfen und Übungsaufgaben auch den mathematisch wenig geschulten Leser an kompliziertere Verfahren heranführen. Dem fortgeschrittenen Studenten eröffnet das Buch die Möglichkeit, den mathematischen Hintergrund einzelner Verfahren zu vertiefen und neuere, in der deutschsprachigen Literatur bisher noch nicht behandelte Ansätze kennenzulernen.

Springer-Verlag
Berlin
Heidelberg
New York

P. G. Zimbardo
Lehrbuch der Psychologie
Eine Einführung für Studenten der Psychologie, Medizin und Pädagogik

Unter beratender Mitarbeit von F. L. Ruch
Bearbeitet und herausgegeben von
W. F. Angermeier, J. C. Brengelmann,
T. J. Thiekötter
Übersetzt aus dem Englischen von E. Hachmann, M. Langlotz, G. Niebel, G. Wurm-Bruckert, M. Kolb

3., neubearbeitete Auflage. 1978. 227 zum Teil farbige Abbildungen, 22 Tabellen. XIV, 580 Seiten
DM 48,–; approx. US $ 26.90
ISBN 3-540-08719-2

Inhaltsübersicht: Die wissenschaftlichen und menschlichen Grundlagen: Die Psychologie als wissenschaftliches System. Die physiologischen Grundlagen des Verhaltens. Entwicklungsprozesse. – Aus Erfahrung lernen: Lernen. Denken, Sprache und Gedächtnis. Wahrnehmung. – Innere Determinanten und Persönlichkeit: Motivation und Emotion. Theorie und Beurteilung der Persönlichkeit. – Das Potential des Individuums und der Gruppe: Möglichkeiten und Gefahren: Abweichungen, Pathologie und Irresein. Die therapeutische Modifikation des Verhaltens. Die sozialen Grundlagen des Verhaltens. Die Pervertierung des menschlichen Potentials. – Nachwort: Ein Zukunftstraum.

Mit Beschluß des Kultusministeriums von Baden-Württemberg UA III 3210/3 ist dieses Buch als Schulbuch an den Gymnasien des Landes Baden-Württemberg zugelassen.

K. Westhoff
Arbeitsheft zur 3., neubearbeiteten Auflage P.G.Zimbardo/F.L.Ruch Lehrbuch der Psychologie

1980. Etwa 60 Seiten
DM 12,–; approx. US $ 6.80
ISBN 3-540-09884-4

Inhaltsübersicht: Einleitung. – Die wissenschaftlichen und menschlichen Grundlagen der Psychologie. – Aus Erfahrung lernen. – Innere Determinanten und Persönlichkeit. – Das Potential des Individuums und der Gruppe: Möglichkeiten und Gefahren.

H. Heckhausen
Motivationsanalysen
Anspruchsniveau, Motivmessung, Aufgabenattraktivität und Mißerfolg, Spielen, Frühentwicklung leistungsmotivierten Verhaltens
1974. 63 Abbildungen. V, 269 Seiten
DM 45,60; approx. US $ 25.60
ISBN 3-540-06822-8

G. R. Lefrançois
Psychologie des Lernens
Report von Kongor dem Androneaner
Übersetzt und bearbeitet von W. F. Angermeier, P. Leppmann, T. Thiekötter
1976. 41 Abbildungen, 10 Tabellen. XI, 215 Seiten
DM 31,–; approx. US $ 17.40
ISBN 3-540-07588-7

R. I. Evans
Psychologie im Gespräch
Übersetzt aus dem Englischen und bearbeitet von M. Hürten, B. Wansel-Pfau, W. F. Angermeier
1979. 28 Abbildungen. XV, 386 Seiten
DM 48,–; approx. US $ 26.90
ISBN 3-540-09451-2

R. E. Mayer
Denken und Problemlösen
Eine Einführung in menschliches Denken und Lernen
Übersetzt aus dem Englischen von E. M. Pinto
1979. 65 Abbildungen. XI, 256 Seiten
(Heidelberger Taschenbücher, Band 199, Basistext Psychologie)
DM 28,80; approx. US $ 16.20
ISBN 3-540-09325-7

J. B. Rotter, D. J. Hochreich
Persönlichkeit
Theorien, Messung, Forschung
Übersetzt aus dem Englischen von P. Baumann-Frankenberger
1979. 4 Abbildungen, 3 Tabellen. X, 206 Seiten
(Heidelberger Taschenbücher, Band 202, Basistext Psychologie)
DM 26,–; approx. US $ 14.60
ISBN 3-540-09469-5

J. M. Ackerman
Operante Lernmethoden im Unterricht
Übersetzt aus dem Englischen von A. Orlovius, C. Rasokat
1980. 18 Abbildungen. XVI, 172 Seiten
(Heidelberger Taschenbücher, Band 203)
DM 24,80; approx. US $ 13.90
ISBN 3-540-09687-6

Springer-Verlag
Berlin
Heidelberg
New York